山田健太・植村八潮・野口武悟 編

日外アソシエーツ

Bibliography

of

Mass Communication and Journalism

1945 ～ 2014

Compiled by
Kenta Yamada, Yashio Uemura and Takenori Noguchi

Nichigai Associates, Inc.
Printed in Japan, 2015

●編集担当● 青木 竜馬

序

　本書は戦後 70 年間に発表されたマスコミ・ジャーナリズムに関する研究論文、著作を集大成し、大きく歴史、理論、制度、ジャーナリズムの下に分類し、時系列に配列する研究文献要覧である。収録件数は雑誌記事 28,611 件、図書 5,279 件の計 33,890 件となった。

　編集にあたっては、日外アソシエーツの図書内容データベース（bookplus）、雑誌記事データベース（magazineplus）などの文献データベースを活用した。しかしながら書誌データがデータベース化されていない雑誌記事は多く、上記、雑誌記事 28,611 件の内、約 1/3 は新たに調査、採録・データ化し収録したものである。

　IT 技術が進み、いつでも、どこからでも文献探索が可能となったが、この様に肝心の書誌データがデジタル化されていないケースは依然として多い。昨今では、ネットで検索し、抽出されないものをあたかも存在しないかのように捉えられる風潮があるが、過去の事例を調査し新たな論考を加えるのであれば、ネットに頼るだけでなく地道な文献調査が必要である。本書はその役割も果たすものである。とはいえ、抜け落ちている書誌のデータ化は研究のためにも社会的にも必要なインフラ整備といえるのではないだろうか。

　一口に 70 年と言っても、この間、気が遠くなるような膨大な数の報道が地球上を駈け巡った。政治、経済、戦争・紛争、事件、事故、災害、科学、文化、スポーツなどなど。ジャーナリストおよびメディアの活動によって、我々は国内はもとより世界中で何が起きているのかを知ることが出来るようになった。このことは戦前と戦後を画するもっとも大きな違いの一つではないだろうか。

　しかし半面、報道は過ぎてしまえば過去の記憶となり忘れ去られてしまう。また例えば、犯罪が起き、容疑者が逮捕されても、その後の裁判までをメディアが追いかけるケースはまれである。社会への影響や仕組みを考える上で裁判後が重要となるケースもあるが、この点においてメディアの報道は十分とは言えない。ここで重要となるのが専門家、研究者が事象について調査、分析、考察を加えた論文、著作ではないだろうか。本書ではジャーナリズム関係の雑誌だけではなく、他分野の専門誌、一般誌にも対象

を広げ出来うる限り重要な論文をカバーする様に努めた。

　記憶は時とともに薄れていく。しかし記録は残すことができる。そして残された記録があれば、それをもとに新た論考を加えることが出来るであろう。本書によって大学院生や若い研究者が掲載した先人達の優れた研究を知り、自らの研究に役立ててもらえたならば幸甚である。

　最後に、本書の刊行は、青木竜馬さんほか日外アソシエーツの皆さんのデータ収集と分類の献身的作業のたまものであることを記しておきたい。ジャーナリズム関連のアーカイブを進めるという強い意志のもと、この3年間で「3. 11」関連の文献・テレビ番組の書誌データを3冊、そしてジャーナリズム人名事典を2冊、さらには文献集としての本書と、ジャーナリズム研究の基礎となるデータの整備と集約に努めてこられた同氏ほか編集部の努力を、ジャーナリズム教育に携わる者としてここに改めてお礼申し上げたい。

　　　2015 年 6 月

　　　　　　　　　　　　　　　　　　　山田 健太・植村 八潮・野口 武悟

凡　　例

1．概　要

　　本書は、1945年から2014年12月までの70年間に日本国内で発表された、マスコミ・ジャーナリズムに関する研究文献33,890点（図書5,279点、雑誌記事714誌・28,611点）を収録した文献目録である。なお、これらの書誌とは別に、研究文献の調査方法、および最近の研究用基本文献・参考図書について紹介した「マスコミ・ジャーナリズム研究文献要覧1945-2014」の解説と利用案内を巻頭に付している。

2．採録の基準

（1）一般原則

　1）マスコミ・ジャーナリズムに関する研究書、研究論文を採録した。

　2）マスコミ・ジャーナリズムといってもその対象は広く、歴史（日本、外国）、理論（コミュニケーション、メディアリテラシーなど）、制度（言論・表現の自由、放送の自由など）ジャーナリズム（ジャーナリスト、新聞、放送、出版、広告、ネットワークなど）に関連する文献を精選し収録している。

　3）新聞、放送、出版メディアに関わりの深い媒体及び法律、総合誌などに掲載された文献もマスコミ・ジャーナリズムの研究資料として有用なものを採録した。

（2）図書

　1）主に日本十進分類法（NDC）新訂9版の"070（070～077）ジャーナリズム・新聞"に加え、関連領域の"674　広告・宣伝""699　放送事業"、部門に該当する専門書、研究書、実務書とみなせるものを採録した。

　2）論文集に掲載された論文は、「図書の一部」として個々の文献単位で収録した。

（3）雑誌記事

　1）マスコミ、マスメディア、ジャーナリズム、新聞、放送、出版、広告、ネットワークに関する各種雑誌、大学紀要類、総合誌、一般誌などを採録対象とした。

　2）さらにマスコミ・ジャーナリズムに関わる周辺分野として、法律、社会学に関する代表的な雑誌からも論文や記事を採録した。

3．文献の分類と排列

（1）文献の分類

　1）採録した文献は、「歴史」「理論」「制度」「ジャーナリズム」の4項目に大別した。各大見出しの下はそれぞれの項目内の文献数に従って細区分した。

(5)

2）内容による分類の他、文献の形態・種類によって〔図書〕〔雑誌〕に区分した。

3）分類体系、分類見出しの詳細は目次に示した。

(2) 文献の排列

1）各区分における文献は刊行年月順に排列した。

2）刊行年月が同じ文献は、書名、雑誌名の順に排列した。

4．文献の記述

(1) 図書

著者名／書名、副題、巻次、各巻書名／版表示／出版者／刊行年月／頁数／大きさ／定価／（叢書名）

（例）　清水英夫　表現の自由と第三者機関—透明性と説明責任のために　小学館　2009.8　205p　18cm　720 円

(2) 雑誌記事

著者名／論題／（特集名）／：掲載雑誌名／巻号／〔刊行年月〕／該当頁または開始頁

（例）　早樫一男 , 宮井研治　出版の自由、知る権利を阻害　秘密保護法制の再編と秘密保全法：出版ニュース　通号 2268〔2012.2〕p4 ～ 9

5．索　引

(1) 著者名索引

1）各文献の著者、編者、訳者、対談者などを索引の見出しとした。

2）文献の所在は掲載頁で示した。

3）排列はまず姓の五十音順、次に名の五十音順とし、アルファベット表示の著者名は五十音順の末尾にまとめた。

4）排列に際しては濁音、半濁音は清音扱い、ヂ→シ、ヅ→スとみなし、拗促音は直音扱い、長音記号は無視した。

(2) 事項名索引

1）それぞれの分類見出しに包括されるテーマや団体名などを索引の見出しとした。

2）文献の所在は、分類見出しとその掲載（開始）頁で示した。

3）各事項名は五十音順で排列した。その他の排列方法は著者名索引に準じた。

6．収録誌名一覧

1）採録対象として調査した雑誌、紀要類などのうち、実際に文献を収録できた雑誌名、刊行者を掲載した。

2）排列は雑誌名の五十音順とし、アルファベットで始まるものは五十音順の末尾にまとめて掲載した。

3）排列に際しては濁音、半濁音は清音扱い、ヂ→シ、ヅ→スとみなし、拗促音は直音扱い、長音記号は無視した。

「マスコミ・ジャーナリズム研究文献要覧：1945 〜 2014」の解説と利用案内

山田 健太・植村 八潮・野口 武悟

解説

　戦後70年を迎える今般、教育・研究の分野では、ジャーナリズムのとらえ直しが進んでいる。近年、いくつかの教育機関において、「ジャーナリズム」を主要対象に据えた大学院や学部教育、あるいは研究組織がスタートするに至った。また、複数の「ジャーナリズム事典（辞典）」も相次いで刊行されている。本書の類書として位置付けられるであろう『ジャーナリズム人名事典』（日外アソシエーツ、2冊セット）の刊行も、昨2014年のことであった。

　一方で、新聞や放送などの、旧来、日本のジャーナリズムの中核を担ってきたメディアに対する批判はますます強まり、その存在自体が揺らぐ事態になっている。インターネットの世界では、こうした既存のマスメディアへの否定が高じて、ジャーナリズムの存在自体を否定する声さえ聞こえてくる。しかし、政治・社会状況に目を転じると、日本の国のかたちを変えかねないような歴史的転換点に立っているといえ、こうした社会選択におけるジャーナリズムの役割は増すことはあっても減じることはないといえるだろう。

　そうしたなかで、ジャーナリズムのあり方を考えるうえで、過去の研究は欠くことができない財産であり、そのためのツールが求められる。とはいえ、「ジャーナリズム」研究の全体像をわずか1冊でカバーすることは到底不可能である。そこで本書では、研究対象を伝統的なマスメディアである、新聞・放送・出版に限定し、最低限必要に応じて、通信・インターネットについても対象を拡大することとした。

　また物理的な問題として、ジャーナリズム関連文献に関し、後の利用案内でも触れる通り書誌データがデジタル化されていないものがきわめて多く、そのため本書に収める論文等が掲載されている雑誌を、ある程度特定し絞らざるを得なかった。具体的には、本書の収録誌名一覧（p796〜）の通り、新聞・放送・出版に関する内容で一定程度継続して出されている、あるいは出されていた雑誌群である。それでも今回の編集作業のために、膨大なデータのデジタル化を行い、ここにはじめて検察可能な状態にした意味は大きいと考える。

　したがってこの段階で、短期間で姿を消したメディア系雑誌や、ジャーナリズムの現場の状況をよく表しているものの、まったく書誌データがデジタル化されていないもの（たとえば『噂の真相』のような媒体）は涙を呑んで割愛をしている。さらには、インターネット系、広告系、写真系の膨大な刊行物（書籍・雑誌）も、ここでは一切除いた。先に必要に応じて対象にしたとしたのは、伝統的メディアとの関連でそれらを対象にした

雑誌に掲載されたものを、あえて除外しなかったという意味である。

　しかしこうした状況は裏返せば、これまでのジャーナリズム研究が雑誌論稿でいえば、検索が可能な大学紀要等に掲載される、もっぱら専門的論稿を先行研究として利用してきた可能性を否定できない。それはたしかに、理論・制度・歴史研究については相当程度の意味があるものである一方、あえていえばジャーナリズム現場の状況を理解し、そのうえで問題分析や解決策を問ううえでは、その研究素材がかたよっていた可能性も否定できないのではなかろうか。

　そうしたことから、本書の大きな特徴は、まさにジャーナリズムの「現場」を伝える雑誌論稿の書誌データの集約にある。もちろんその前提となる、理論や制度、歴史についても掲載しているが、とりわけ歴史に関しては、むしろ本書よりも、すでに確立された研究ツールが存在している。また、表現の自由に関しては当然、憲法や行政法といった法律専門雑誌や単行本で多くの議論がされてきたが、それらも本書の収録対象からは外れている。これらもまた、すでに研究ツールが確立しているからであって、本書に頼る必要がないからである。

　こうして主対象に選んだジャーナリズムの現場の議論については、その対象別に分類を試みた。目次からわかる通り、政治、戦争、経済等がそれであるが、結果としては雑誌や書籍のタイトルだけからはきれいに分けることはできなかった。したがって、たとえば紛争報道に関する文献を探す際には、国際と戦争といった項目の両方を見てもらう必要があるだろう。

　なお、ジャーナリズムに関する研究論文、著作のうち、出版および出版ジャーナリズムに関わる論稿は、出版研究のうちの雑誌ジャーナリズムを中心とし、出版史、出版流通と言論表現、電子書籍、印刷技術など多岐にわたる。文献調査する場合には、出版ジャーナリズムの特徴を踏まえた上で、関連領域を探すことになる。そこで出版ジャーナリズムの特徴について、簡単に触れておく。

　出版メディアは主に文字による表現活動であるが、その執筆活動の中核を担うのは、作家や出版社に所属しないフリーライターである。さらに出版物という製造を担う部門は、印刷・製本業であり、流通・販売を担っているのは取次・書店である。このように出版活動を行う上でのインフラが外部に委託されていることから、一般に出版社は小資本で活動することができる。また、出版メディアの特徴のもう一つに、特別の許可や届けを必要とせずに活動できる点がある。誰でもが出版という言論表現活動に参加することができ、多様な活動が展開することが可能となっているのである。

　これらの特徴を背景に、出版ジャーナリズムは、ミニコミ誌、地域誌、専門誌などの形態をとりながら、少数意見の紹介や体制批判が可能となっている。その中核を担うのは、雑誌であり、出版ジャーナリズムは雑誌ジャーナリズムと多くが重なり合っている。

　雑誌は、大手マスメディアが取り上げにくい政治家のスキャンダルや報道タブーと言われるテーマに果敢に取り組んできた。また隣接領域である新聞や放送メディアへの批判も期待されてきた。しかしながら、雑誌は広告よりも読者の購読に大きく依存することから、売り上げを伸ばすためには、どうしても興味本位な記事になりがちで、「イエロー

(9)

ジャーナリズム」に陥りやすい危険をはらんでいる。一方で、そのスキャンダリズムこそが、ときに大手マスコミが暴けない権力の本質を暴くことがあり、従来のジャーナリズム研究が見落としてきた文献ともいえる。

　このように、社会的な環境・要請の中で、ジャーナリズムを位置づけるとともに、もう一つの大きな視座が技術の変遷である。15世紀半ばにおける印刷技術の発展を受けて、新聞とともに最も古いメディア産業として誕生した出版は、その後登場した、メディア技術の挑戦を受けながら発展してきたといえよう。ラジオ・テレビなどの放送メディアに続き、20世紀末に急速に発展したインターネットは、音声映像ばかりでなく、文字流通にも革命を起こしている。ジャーナリズムの領域においても、インターネットの特長を生かしたさまざまな取り組みが行われている。ネット・ジャーナリズム研究も遅れをとることがあってはならない。あまりに劇的な、時には悲劇的な出来事が続く世界情勢のなかで、急激に変化する情報環境、言論の自由を脅かす制度の導入が続く。このような時こそ、調査と検証に基づく事実報道、信頼に足る情報提供者としてジャーナリズムが必要とされる。ジャーナリズム研究を充実させることで、マスコミ・ジャーナリズムの活性化を期待したい。

　本書の掲載情報が不十分なものであることは十二分に承知の上で、それでもこの刊行がきっかけとなり、より分かりやすいカテゴリーわけ等が提案されるなど、ジャーナリズム研究の足掛かりとなり、学問領域として発展するための一助になることを願う。

利用案内

　本書は、1945（昭和20）年から2014（平成26）年まで、すなわち戦後から現在に至るまでに発表されたマス・コミュニケーションとジャーナリズムに関する33,890件の文献（図書5,279件、論文・記事28,611件）をまとめた書誌である。意外に思われるかもしれないが、これまで類書は刊行されていない。したがって、本書がこの主題の書誌としては本邦初となる。

　近年は、文献の書誌探索システムの整備が進み、論文・記事であれば「CiNii Articles」（http://ci.nii.ac.jp）、図書であれば「CiNii　Books」（http://ci.nii.ac.jp/books）などを利用することで容易に探索できるようになった。それゆえ、あえて本書を刊行することの意義は無いのではないかと思われる人もいることだろう。

　ところが、「CiNii　Articles」などのシステムを用いての探索には、限界もあるのである。それは、採録漏れの存在である。これに気づかずに、あたかもこれらのシステムでの探索結果が先行研究のすべてを網羅しているかのように勘違いをする大学院生や若手研究者は少なくない。こうした事態は研究遂行上好ましくないし、結果として研究の質の低下にもつながりかねない。

　では、なぜ採録漏れが起こるのだろうか。例えば、「CiNii　Articles」は、国立国会図書館の雑誌記事索引データベースや各大学の機関リポジトリなどの採録データを基

に、これらのデータを同定・統合したシステムである。したがって、基になっているデータベースのいずれにも採録されていない雑誌に掲載されている論文・記事を「CiNii Articles」で探索することは不可能なのである。なぜ採録されていないのか。その理由は定かではない。

　本書に採録している約 30,000 件の研究論文・記事のうちの 1/3 にあたる約 10,000 件は、これらのデータベースには採録されていない。具体的には、『放送レポート』『NHK 放送文化研究所年報』『出版ニュース』『別冊新聞研究』など数十タイトルもの雑誌に掲載されている論文・記事の全部または一部がデータベースには採録されていないのである。これまで、データベース未採録の論文・記事を探索するには、現物に直接あたる（各号の目次を自分で見る）しか方法がなかったわけであるが、本書を利用することでその不便さを一気に解消することができるだろう。

　また、「CiNii　Books」は、全国の大学図書館が共同で作成している書誌ユーティリティである。つまり、各大学図書館が所蔵している図書の書誌データを自ら入力して、それを共有する形で出来上がっているシステムということである。したがって、存在はしていても、どこの図書館にも所蔵されていない図書（自費出版した図書、報告書など。これらは「灰色文献」と呼ばれている）は探索できない。「灰色文献」とは、「流通の体制が整っていないために、刊行や所在の確認、入手が困難な資料」＊のことである。こうした文献にも学術的に価値の高いものが含まれているにもかかわらず、見逃されてしまう可能性が高い。

　「CiNii　Articles」などの書誌探索システムと本書の大きな違いは、本書がこうした既存のシステムにおける採録漏れや「灰色文献」の存在にも留意して追加調査を行い、文献を採録したことである。本書と既存の書誌探索システムを併用することで、戦後に発表されたマス・コミュニケーションとジャーナリズムに関する研究文献は、ほぼ網羅的に探索することが可能となる。

　ただし、本書には、学会の大会発表論文集（予稿集や発表要旨集などともいう）掲載の論文は採録していない。利用するに当たっては、この点を注意してもらいたい。採録しなかった理由は、文献数が多く紙幅の関係上掲載が難しかったということが大きい。大会発表論文集掲載の論文も「CiNii　Articles」などの書誌探索システムには採録されていないことが多く、今後、本書の続編ないし補遺編を刊行して、この点を補っていく必要があると考えている。

＊日本図書館情報学会用語辞典編集委員会編『図書館情報学用語辞典（第 4 版）』丸善出版、2013 年、p.196

目　次

凡　例 …………………………………………… (5)
「マスコミ・ジャーナリズム研究文献要覧 1945
　〜2014」の解説と利用案内 ………………… (8)

歴史

日本 ……………………………………………… 3
日本（放送）…………………………………… 37
　横浜事件 …………………………………… 43
世界 …………………………………………… 44
　アメリカ・カナダ ………………………… 44
　ヨーロッパ ………………………………… 45
　イギリス …………………………………… 46
アジア ………………………………………… 46

理論

コミュニケーション ………………………… 48
教育 …………………………………………… 59
メディアリテラシー ………………………… 82
アクセシビリティ …………………………… 86

制度

言論・表現の自由 …………………………… 90
言論・表現の自由（海外）………………… 116
放送の自由・放送法 ………………………… 121
取材の自由・取材源の秘匿 ………………… 131
情報公開・知る権利・アクセス権 ………… 136
秘密保護法・国家秘密 ……………………… 145
名誉・プライバシー ………………………… 150
差別・ジェンダー …………………………… 166
少年 …………………………………………… 174
猥褻 …………………………………………… 178
自主規制・アカウンタビリティ …………… 181
倫理 …………………………………………… 186

誤報 …………………………………………… 196
アーカイブズ ………………………………… 199

ジャーナリズム

ジャーナリズム（日本）…………………… 203
ジャーナリズム（海外）…………………… 260
ジャーナリスト ……………………………… 290
　紙面作り（編集・制作）………………… 305
　読者・世論 ………………………………… 311
　新聞産業 …………………………………… 319
　地方紙ほか ………………………………… 332
　印刷・技術 ………………………………… 338
放送ジャーナリズム ………………………… 341
　ドキュメンタリー ………………………… 383
　番組制作 …………………………………… 388
　視聴者・視聴率 …………………………… 394
　番組批評 …………………………………… 404
　放送産業 …………………………………… 412
　NHK ………………………………………… 456
　ラジオ ……………………………………… 462
出版ジャーナリズム ………………………… 469
通信・インターネット ……………………… 496
戦争 …………………………………………… 503
政治・選挙 …………………………………… 517
権力・国益 …………………………………… 545
皇室報道 ……………………………………… 550
国際 …………………………………………… 556
経済 …………………………………………… 572
環境 …………………………………………… 576
科学・農業 …………………………………… 578
災害 …………………………………………… 583
核・原発 ……………………………………… 603
医療 …………………………………………… 610
教育 …………………………………………… 612
スポーツ ……………………………………… 614

目　次

生活・文化 ……………………………… 623

社会・事件 ……………………………… 627

地方・地域・市民 ……………………… 640
　　沖縄 ……………………………………… 655

ジャーナリズム教育 …………………… 658

メディア特権 …………………………… 663
　　記者クラブ ……………………………… 663
　　再販 ……………………………………… 667

用字用語 ………………………………… 669

写真・映像 ……………………………… 687

広告・広報 ……………………………… 696

社説・コラム …………………………… 720

著者名索引 ……………………………… 725

事項名索引 ……………………………… 791

収録誌名一覧 …………………………… 796

文 献 目 録

歴史

日本
〔雑誌記事〕

富田正文	新聞人福沢諭吉―中―：新聞研究　通号4　〔1948.9〕　p41～45	
富田正文	新聞人福沢諭吉―下―：新聞研究　通号5　〔1948.12〕　p45～48	
山浦貫一	新聞の30年：政治　1(1)　〔1948.12〕　p60～66	
山浦貫一	茂木惣兵衛と私――新聞30年：政治　2(2)　〔1949.2〕　p58～63	
近盛晴嘉	"新聞の父"ジョセフ・ヒコ：新聞研究　通号6　〔1949.3〕　p48～53	
山浦貫一	慶応と時事新報と私――新聞の30年：政治　2(3)　〔1949.3〕　p56～61	
山浦貫一	関東大震災と新聞――新聞30年―5―：政治　2(4)　〔1949.4〕　p48～51	
小野秀雄	先進記者禁獄ものがたり：新聞研究　通号11　〔1950.6〕　p17～24	
岡崎鴻吉	「大毎」と本山彦一翁の日記：新聞研究　通号12　〔1950.10〕　p33～38	
住谷申一	海外新聞とジョセフ・ヒコ：人文学　通号4　〔1951.1〕　p141～157	
簗田欽次郎	日本新聞発展を顧みて：新聞研究　通号14　〔1951.5〕　p13～15	
権藤猛	福岡県新聞史――地方別日本新聞史―1―：新聞研究　通号15　〔1951.8〕　p37～48	
浦上五六	古新聞から：新聞研究　通号16　〔1951.10〕　p34～36	
近藤侃一	山形県新聞史――地方別日本新聞史―2―：新聞研究　通号16　〔1951.10〕　p37～44	
掛川喜遊	愛知県新聞史――地方別日本新聞史―3―：新聞研究　通号17　〔1951.12〕　p41～48	
杉山栄	岸田吟香遺聞：新聞研究　通号17　〔1951.12〕　p12～15	
小野秀雄	新聞の客観性を発生史的に観る：新聞研究　通号17　〔1951.12〕　p1～4	
和田洋一	「伯林夕刊新聞」について：新聞研究　通号17　〔1951.12〕　p8～11	
緒方竹虎	新聞今昔(對談)：政界往来　18(1)　〔1952.1〕　p28～41	
小野秀雄	翻刻新聞雑誌の原書について：新聞学評論　1(1)　〔1952.3〕　p52～73	
小木曽旭晃	岐阜県新聞史――地方別日本新聞史(第4回)：新聞研究　通号18　〔1952.3〕　p40～48	
岡野他家夫	成島柳北――内外新聞人列伝：新聞研究　通号18　〔1952.3〕　p27～33	
下村海南, 大橋八郎	放送回顧27年：放送文化　7(4)　〔1952.4〕　p24～25	
郡山辰巳	地方別日本新聞史―6―岡山県新聞史：新聞研究　通号20　〔1952.8〕　p40～47	
西田長寿	内外新聞人列伝―4―子安峻：新聞研究　通号20　〔1952.8〕　p26～30	
越智二良	新聞人子規：伊予史談　通号132　〔1952.10〕　p24～28	
山下草園	ハワイ邦人言論機関発達史―上―：新聞研究　通号22　〔1952.12〕　p25～31	
中島及	地方別日本新聞史―7―高知県新聞史：新聞研究　通号22　〔1952.12〕　p40～49	
小糸忠吾	内外新聞人列伝―5―ヘンリー・J.レーモンド：新聞研究　通号22　〔1952.12〕　p36～39	
住谷申一	〔大阪滑稽新聞〕について：新聞学評論　2(1)　〔1953〕	
横山春陽	徳島県新聞史――地方別日本新聞史―8―：新聞研究　通号23　〔1953.2〕　p38～47	
小野秀雄	内外新聞人列伝―6―黒岩周六：新聞研究　通号23　〔1953.2〕　p31～37	
山下草園	ハワイ邦人言論機関発達史―下―：新聞研究　通号24　〔1953.5〕　p22～26	
渡辺一雄	北海道新聞史：新聞研究　通号24　〔1953.5〕　p39～49	
岸克己	池辺三山：新聞研究　通号25　〔1953.7〕　p30～33	
木村時次郎, 柚田為重	富山県新聞史：新聞研究　通号25　〔1953.7〕　p38～47	
井上靖	壁を相手の新聞小説：新聞研究　通号25　〔1953.7〕　p16～17	
西田長寿	平民新聞とその時代――非戦論を中心として：文学　21(10)　〔1953.10〕　p973～982	
近盛晴嘉	新聞人としての啄木―上―：新聞研究　通号28　〔1953.11〕　p18～22	
伊藤徳一	青森県新聞史：新聞研究　通号28　〔1953.11〕　p36～45	
住谷申一	佐幕派新聞の性格：人文学　通号13　〔1953.12〕　p19～40	
後藤武男	茨城県新聞史：新聞研究　通号29　〔1953.12〕　p37～45	
天羽英二	国策通信社を回想する：新聞研究　通号29　〔1953.12〕　p9～12	
近盛晴嘉	新聞人としての啄木―下―：新聞研究　通号29　〔1953.12〕　p30～33	
山本文雄	報道の始原的概念について――日本古代史からの分析：新聞学評論　3(1)　〔1954〕　p28～47	
小林静	地方別日本新聞史―14―：新聞研究　通号30　〔1954.1〕　p36～46	
小林静	地方別日本新聞史―15―：新聞研究　通号31　〔1954.2〕　p34～45	
坂井基始良	新聞人としての内村鑑三：新聞研究　通号32　〔1954.3〕　p16～20	
小林静	地方別日本新聞史―16―：新聞研究　通号32　〔1954.3〕　p35～44	
吉田勇蔵	鹿児島県新聞史：新聞研究　通号33　〔1954.4〕　p31～39	
近藤晴嘉	新聞の福沢精神―1―：新聞研究　通号34　〔1954.5〕　p20～24	
久保田正衛	石川県新聞史：新聞研究　通号34　〔1954.5〕　p34～44	
堀川寛一	群馬県新聞史：新聞研究　通号35　〔1954.6〕　p39～48	
近藤晴嘉	新聞の福沢精神―2―：新聞研究　通号35　〔1954.6〕　p25～29	
近藤晴嘉	新聞の福沢精神―3―：新聞研究　通号36　〔1954.7〕　p25～29	
近藤晴嘉	新聞の福沢精神―4―：新聞研究　通号37　〔1954.7〕　p30～34	

日本	歴史

萩田梢村　静岡県新聞史：新聞研究　通号37〔1954.7〕p39～49
佐藤民宝　福島県新聞史：新聞研究　通号36〔1954.7〕p39～48
鈴木安蔵　自由民権運動と新聞（鼎談）：世界　通号103〔1954.7〕p153～169
小野秀雄　創始以来の新聞史に見る自由に対する態度の転換：世界　通号103〔1954.7〕p146～152
鈴木実　鳥取県新聞史：新聞研究　通号38〔1954.9〕p39～48
大庭元　京都府新聞史：新聞研究　通号39〔1954.10〕p40～49
樋口宅三郎　神奈川県新聞史：新聞研究　通号40〔1954.11〕p37～49
荒瀬豊　日本新聞史年表：思想　通号368〔1955.1〕
長谷川如是閑　新聞的性格の退化：新聞研究　通号42〔1955.1〕p4～9
矢成政朋　安原コレクションからの複製について（1）～（3）：NHK文研月報　5（1）〔1955.1〕
矢成政朋　安原コレクションからの複製について―2―：NHK文研月報　5（2）〔1955.1〕
矢成政朋　安原コレクションからの複製について―3―：NHK文研月報　5（3）〔1955.1〕
松本和夫　即興劇場――BA第31回分析調査：NHK文研月報　5（2）〔1955.1〕
木村緑生　滋賀県新聞史：新聞研究　通号43〔1955.2〕p44～49
池田林儀　福沢諭吉と諺文新聞――付・諺文新聞小史：新聞研究　通号43〔1955.2〕p24～26
近盛晴嘉　「海外新聞」発刊90年：新聞学評論　通号4〔1955.4〕
鈴木秀三郎　新聞史々料雑考：新聞学評論　通号4〔1955.4〕
吉岡大蔵　島根県新聞史：新聞研究　通号45〔1955.4〕p37～49
生駒奉昭　香川県新聞史：新聞研究　通号46〔1955.5〕p40～48
姫野良平　大分県新聞史：新聞研究　通号47〔1955.6〕p38～47
難波栄　佐賀県新聞史：新聞研究　通号48〔1955.7〕p41～49
松本朱像　和歌山県新聞史：新聞研究　通号50〔1955.9〕p38～46
西田長寿　新聞雑誌の発達：国語と国文学　32（10）〔1955.10〕p45～54
中山軍次　長崎県新聞史：新聞研究　通号51〔1955.10〕p37～46
西田長寿　東京都新聞史：新聞研究　通号52〔1955.11〕p36～46
信松茂　愛媛県新聞史：新聞研究　通号53〔1955.12〕p35～45
中村秀人　宮崎県新聞史：新聞研究　通号54〔1956.1〕p36～43
高洲一美　広島県新聞史：新聞研究　通号55〔1956.2〕p38～46
福島隆三　奈良県新聞史：新聞研究　通号56〔1956.3〕p38～45
大平安孝　三重県新聞史：新聞研究　通号57〔1956.4〕p29～36
鎌倉亀久馬　栃木県新聞史：新聞研究　通号57〔1956.4〕p37～45
後藤力　岩手県新聞史：新聞研究　通号58〔1956.5〕p40～48
松阪隆次郎　宮城県新聞史：新聞研究　通号59〔1956.6〕p36～45
加瀬俊雄　千葉県新聞史：新聞研究　通号60〔1956.7〕p39～46
武智一一　山口県新聞史：新聞研究　通号61〔1956.8〕p38～46
小野秀雄　大阪府新聞史―後論―：新聞研究　通号62〔1956.9〕p39～48
小野秀雄　新聞倫理化運動の展望：新聞研究　通号63〔1956.10〕p5～8
本多助太郎　長野県新聞史：新聞研究　通号63〔1956.10〕p37～46
猿山儀生　埼玉県新聞史：新聞研究　通号64〔1956.11〕p48～51
小野秀雄　東京都新聞史：新聞研究　通号65〔1956.12〕p35～44
山本文雄　日本における掲示伝達法の変遷：新聞学評論　通号6〔1957.1〕
小野秀雄　東京都新聞史：新聞研究　通号66〔1957.1〕p41～50
柳村喜一　福井県新聞史：新聞研究　通号67〔1957.2〕p38～46
岡野他家夫　明治大正六十年の出版文化：出版ニュース　通号378〔1957.4〕
長谷川進一　日本における英字新聞略史：新聞研究　通号71〔1957.6〕p12～17
千葉雄次郎　情報局の機構的系譜について：新聞研究　通号72〔1957.7〕p13～16
宮島善高　近代新聞発達の文化的背景：新聞学評論　通号7〔1957.10〕
清水三郎　狂死した若菜胡蝶園――先覚記者逸聞録―1―：新聞研究　通号78〔1958.1〕p39～43
清水三郎　先覚記者逸聞録―2―：新聞研究　通号79〔1958.2〕p37～41
清水三郎　コレラで死んだ津田隼水―先覚記者逸聞録―3―：新聞研究　通号80〔1958.3〕p21～25
岡野他家夫　出版文化史―27―：出版ニュース　通号0409〔1958.4〕
岡野他家夫　出版文化史―28―：出版ニュース　通号0410〔1958.4〕
岡野他家夫　出版文化史―29（終）―：出版ニュース　通号0411〔1958.4〕
清水三郎　先覚記者逸聞録―4―：新聞研究　通号81〔1958.4〕p29～33
清水三郎　先覚記者逸聞録―5―：新聞研究　通号82〔1958.5〕p37～41
清水三郎　先覚記者逸聞録―6―：新聞研究　通号83〔1958.6〕p37～41
住谷申一　東京珍聞と獄中新聞――成島柳北の手書新聞覚え書：人文学　通号39〔1958.12〕p19～33
小野秀雄　日本最初の日刊紙"横浜毎日"の創刊日：新聞研究　通号90〔1959.1〕p38～41
山本文雄　明治初期における新聞普及状況：新聞学評論　通号9〔1959.3〕
山本正秀　小新聞談話体文章の実態：茨城大学文理学部紀要. 人文科学　通号10〔1959.12〕p27～40
津金沢聡広　日本新聞連載漫画史―1―：思想の科学. 第4次　通号18〔1960.6〕
伊藤逸平　近代ジャーナリズムにおける漫画の位置：新聞研究　通号107〔1960.6〕p14～20
内川芳美　「上野理一伝」：新聞研究　通号107〔1960.6〕p36～38
津金沢聡広　日本新聞連載漫画史―2―：思想の科学. 第4次　通号21〔1960.9〕
住谷申一　静岡事件と大務新聞：人文学　通号50〔1960.10〕p44～52
内川芳美　日本新聞百年史：新聞研究　通号114〔1961.1〕p78～79

香内三郎	マス・コミュニケーション史ノート——史的唯物論の視点から：新聞研究　通号116　〔1961.3〕　p43～50	
亀田小蛄	新聞「小日本」について——子規居土60回忌に寄す：ビブリア．天理図書館報　通号18　〔1961.4〕	
長谷川進一	日本最初の英字新聞——ナガサキ・シッピング・リスト・アンド・アドバタイザー：新聞研究　通号120　〔1961.7〕　p58～61	
由利和久	日本新聞協会15年史：新聞研究　通号120　〔1961.7〕　p64～76	
木村毅	明治ジャーナリズムの発生と文学：國文學　解釈と教材の研究　6（11）〔1961.8〕	
柏崎昌彦	最近の新聞紙面の傾向：新聞研究　通号126　〔1962.1〕　p28～34	
前田雄二	たたかいの言論人——桐生悠々：新聞研究　通号130　〔1962.5〕　p48～53	
竹内好	小新聞の可能性——特集・ジャーナリズムのつくりかえ：思想の科学．第5次　（4）〔1962.7〕　p8～10	
隅谷三喜男	平民新聞とその後続紙——明治社会主義機関誌紙：思想　通号461　〔1962.11〕	
内川芳美	マス・メディアの歴史：新聞研究　通号136　〔1962.11〕　p19～25	
小野秀雄	三代論説史：新聞研究　通号140　〔1963.3〕　p10～20	
後藤和彦	日本における放送研究の展開—放送開始時から日中戦争まで：NHK放送文化研究所年報　8　〔1963.6〕　p165～186	
小野秀雄	近代的紙面構成のはしり——明治4年の「横浜毎日新聞」：新聞研究　通号144　〔1963.7〕　p58～60	
青山与平	吉田翁と6人の新聞記者：新聞研究　通号145　〔1963.8〕　p40～44	
本田一二	明治初年の医学記事：新聞研究　通号146　〔1963.9〕　p52～56	
長谷川進一	日本最初の英字新聞——The Nagasaki Shipping List and Advertiser（No.3～28）The Nagasaki Shipping List：新聞学評論　通号13　〔1964.1〕	
横溝光暉	「京城日報」終刊始末記：新聞研究　通号153　〔1964.4〕　p37～41	
太田昌秀	明治時代の沖縄の新聞　上中下：新聞研究　通号154　〔1964.5～1964.8〕　p61～65	
渡辺奨	自由民権運動における都市知識人の役割——とくに関東自由党，立憲改進党と民権派ジャーナリズムとの関係について：歴史評論　通号165　〔1964.5〕	
渡辺奨	自由民権運動における都市知識人の役割——とくに関東自由党，立憲改進党と民権派ジャーナリズムとの関係について—2：歴史評論　通号166　〔1964.6〕	
太田昌秀	明治時代の沖縄の新聞—中—：新聞研究　通号156　〔1964.7〕　p66～70	
太田昌秀	明治時代の沖縄の新聞—下—：新聞研究　通号157　〔1964.8〕　p55～61	
渡辺奨	自由民権運動における都市知識人の役割——とくに関東自由党，立憲改進党と民権派ジャーナリズムとの関係について—3：歴史評論　通号168　〔1964.8〕	
樋口宅三郎	"横浜毎日"第1号発見の記：新聞研究　通号159　〔1964.10〕　p52～54	
渡辺奨	自由民権運動における都市知識人の役割——とくに関東自由党，立憲改進党と民権派ジャーナリズムとの関係について—4：歴史評論　通号170　〔1964.10〕	
渡辺奨	自由民権運動における都市知識人の役割——とくに関東自由党，立憲改進党と民権派ジャーナリズムとの関係について—5：歴史評論　通号171　〔1964.11〕	
生田正輝	新聞史上における「時事新報」の位置と性格：法学研究　37（12）〔1964.12〕　p263～287	
渡辺奨	自由民権運動における都市知識人の役割——とくに関東自由党・立憲改進党と民権派ジャーナリズムとの関係について—6（完）：歴史評論　通号172　〔1964.12〕	
新井直之	戦後ジャーナリズム史年表——特集・日本のジャーナリズム：思想の科学．第5次　（35）〔1965.2〕　p99～104	
平野岑一	新聞デッチの思い出——一編集人の人生記録から：新聞研究　通号164　〔1965.3〕　p46～52	
植原路郎	明治文化研究 明治語典（1）～（25）：出版ニュース　通号0655　〔1965.4～1965.12〕　p16～16	
長谷川進一	百年前のジャパンタイムズ：新聞研究　通号167　〔1965.6〕　p46～50	
岩佐直喜	蘆溝橋・運命の一発——私の新聞づくり40年—4—：新聞研究　通号168　〔1965.7〕　p24～30	
津金沢聡広	"小新聞"成立の社会的基盤——日本マス・コミュニケーション史研究ノート—1—：関西学院大学社会学部紀要　通号11　〔1965.8〕　p89～101	
岩佐直喜	「マニラ新聞」時代——私の新聞づくり40年—5—：新聞研究　通号169　〔1965.8〕　p69～74	
岩佐直喜	敗戦・喜びも悲しみも——私の新聞づくり40年—6—：新聞研究　通号170　〔1965.9〕　p54～59	
岩佐直喜	占領下に三紙放浪—私の新聞づくり40年—7—：新聞研究　通号171　〔1965.10〕　p66～71	
久保田芳太郎	編集者白井吉見と杉森久英——戦後の文学をおしすすめたジャーナリスト：國文學：解釈と教材の研究　10（13）〔1965.11〕	
茂木政	第2次大戦後にみる世界の新聞の変革——大衆社会化現象と政治的影響力：新聞研究　通号173　〔1965.12〕　p24～28	
藤原常太郎	新聞の原初形態——ニュースレターについて：関西大学新聞学研究　通号16　〔1966.3〕　p1～25	
瀬沼茂樹	戦後文学の動向：出版ニュース　通号0694　〔1966.6〕　p23～23	
小野秀雄	営業新聞をかかげた明治十年代の「熊本新聞」：新聞研究　通号184　〔1966.11〕　p42～44	
岡野他家夫	近代日本言論史‐12～17：総合ジャーナリズム研究　04（01）～04（06）〔1967.1～1967.6〕　p59～64	
小野秀雄	新聞研究50年（1）——新聞との出会い：新聞研究　通号186　〔1967.1〕　p48～52	
岩井肇	黒岩涙香の新聞思想：関西大学新聞学研究　通号17・18・19　〔1967.2〕　p151～174	
近盛晴嘉	新聞人としての漱石と啄木：関西大学新聞学研究　通号17・18・19　〔1967.2〕　p1～19	
長谷川了	日本新聞発達史序説：関西大学新聞学研究　通号17・18・19　〔1967.2〕　p55～72	
小野秀雄	新聞研究50年（2）——演劇界への夢潰ゆ：新聞研究　通号187　〔1967.2〕　p68～73	
塩原勉	明治の新聞の変動過程——20年代初期の動向をめぐって：関西学院大学共同研究紀要　通号1　〔1967.3〕　p57～65	
藤原恵	明治時代のマス・コミ研究——明治の錦絵新聞について：関西学院大学共同研究紀要　通号1　〔1967.3〕　p67～76	
塚本三夫	近代日本ジャーナリズムにおける日朝関係の構造と展開：新聞学評論　通号16　〔1967.3〕　p85～97	
山本武利	明治30年代前半の新聞記者層：新聞学評論　通号16　〔1967.3〕　p98～123	
小野秀雄	新聞研究50年（3）——「万朝」の指導精神：新聞研究　通号188　〔1967.3〕　p62～68	
小野秀雄	新聞研究50年（4）——「万朝」をやめる：新聞研究　通号189　〔1967.3〕　p32～37	
鈴木英夫	新聞の文章の近代化——明治12～20年の朝日新聞を中心として：国語と国文学　44（4）〔1967.4〕　p67～78	
小野秀雄	新聞研究50年（6）——「東日」の記者となる：新聞研究　通号191　〔1967.6〕　p58～64	
岩井肇	徳富蘇峰の記者像：政経研究　4（1）〔1967.6〕　p20～50	

小野秀雄　新聞研究50年 (7) ——学界問題と取り組む：新聞研究　通号192　〔1967.7〕 p58〜64

近盛晴嘉　新聞人としての石川啄木-上下：総合ジャーナリズム研究　04 (08)/04 (09)　〔1967.8〜1967.9〕 p41〜44, 46〜48

小野秀雄　新聞研究50年 (8) ——社会面担当領域の拡大：新聞研究　通号193　〔1967.8〕 p72〜78

美ノ谷和雄　マス・メディア産業史の研究—1—：立正大学文学部論叢　通号28　〔1967.8〕 p3〜34

黒田秀俊　昭和言論弾圧史—1〜13：総合ジャーナリズム研究　04 (10) 〜06 (04)　〔1967.10〜1969.10〕 p101〜105

小野秀雄　新聞研究50年 (10) ——新聞の研究に興味をもつ：新聞研究　通号195　〔1967.10〕 p56〜61

小野秀雄　新聞研究50年 (11) ——まず歴史研究に着手：新聞研究　通号196　〔1967.11〕 p50〜55

池島信平　言論統制に耐えて (昭和思想史への証言) (2) ——「社会部記者」で活躍：エコノミスト　45 (46)　〔1967.11〕 p74〜78

池島信平　言論統制に耐えて (昭和思想史への証言) (3) ——複雑な日本編集者会：エコノミスト　45 (47)　〔1967.11〕 p70〜74

池島信平　言論統制に耐えて (昭和思想史への証言) (4) ——社内右翼の台頭：エコノミスト　45 (48)　〔1967.11〕 p72〜76

池島信平　言論統制に耐えて (昭和思想史への証言) (5) ——「満州文春」に赴任：エコノミスト　45 (49)　〔1967.11〕 p70〜74

小野秀雄　新聞研究50年 (12) ——大学院に入学：新聞研究　通号197　〔1967.12〕 p66〜71

池島信平　明治思想史への証言＝言論統制に耐えて (7) ——よみがえった出版界：エコノミスト　45 (51)　〔1967.12〕 p66〜70

池島信平　昭和思想史への証言＝言論統制に耐えて (8) ——占領下の哀歓：エコノミスト　45 (52)　〔1967.12〕 p67〜71

池島信平　昭和思想史への証言＝言論統制に耐えて (9完) ——現代編集者の責任：エコノミスト　45 (53)　〔1967.12〕 p70〜74

長谷川如是閑　明治との対話 (対談)：総合ジャーナリズム研究　05 (01)　〔1968.1〕 p4〜9

巌谷大四　明治・大正・昭和・出版文化を開拓した人々 (1) ——田口鼎軒：総合ジャーナリズム研究　05 (01)　〔1968.1〕 p84〜86

巌谷大四　明治・大正・昭和・出版文化を開拓した人々-6-滝田樗陰と嶋中雄作：総合ジャーナリズム研究　05 (06)　〔1968.1〕 p118〜124

池島信平　明治百年をどう評価すべきか (座談会)：総合ジャーナリズム研究　05 (01)　〔1968.1〕 p10〜22

総合ジャーナリズム研究編集部　明治百年をめぐる出版界の姿勢——近代再評価のため発掘される貴重な資料：総合ジャーナリズム研究所　05 (01)　〔1968.1〕 p23〜30

小野秀雄　新聞研究50年 (13) ——わが国新聞の元祖の追及：新聞研究　通号198　〔1968.1〕 p68〜73

近盛晴嘉　「横浜毎日新聞」創刊日論争に終止符：総合ジャーナリズム研究　05 (02)　〔1968.2〕 p57〜63

長谷川如是閑, 萩原延寿　明治との対話 (対談) -下-：総合ジャーナリズム研究　05 (02)　〔1968.2〕 p28〜33

巌谷大四　明治・大正・昭和・出版文化を開拓した人々-2-岩波茂雄：総合ジャーナリズム研究　05 (02)　〔1968.2〕 p82〜85

池内啓　明治期における福井県新聞史——「福井新聞」を中心にして-上-：総合ジャーナリズム研究　05 (03)　〔1968.3〕 p40〜48

巌谷大四　明治・大正・昭和・出版文化を開拓した人々-3-佐藤義亮：総合ジャーナリズム研究　05 (03)　〔1968.3〕 p74〜77

山口功二　明治後期における地方言論人の役割——大石誠之助とその周辺：新聞学評論　通号17　〔1968.3〕 p105〜119

近盛晴嘉　「海外新聞」の慶応発刊説は誤り：総合ジャーナリズム研究　05 (04)　〔1968.4〕 p44〜48

池内啓　明治期における福井県新聞史——「福井新聞」を中心にして-下-：総合ジャーナリズム研究　05 (04)　〔1968.4〕 p32〜38, 43

巌谷大四　明治・大正・昭和・出版文化を開拓した人々-4-大橋佐平・新太郎父子：総合ジャーナリズム研究　05 (04)　〔1968.4〕 p74〜77

香内三郎, 春原昭彦　通信社変遷小史——国内・海外 (現代通信社論 (特集))：新聞研究　通号201　〔1968.4〕 p34〜50

小野秀雄　新聞研究50年—16—：新聞研究　通号202　〔1968.5〕 p66〜70

有竹修二　「帝国議会と報道」余話——政治記者の回想 (新しい議会報道の方向を探る (特集))：新聞研究　通号202　〔1968.5〕 p24〜29

近盛晴嘉　彦の「海外新聞」元治発刊説：新聞研究　通号202　〔1968.5〕 p71〜73

小野秀雄　新聞研究50年—17—：新聞研究　通号203　〔1968.6〕 p54〜59

巌谷大四　明治・大正・昭和・出版文化を開拓した人々-5-下中弥三郎——世界連邦を夢みた大型出版人：総合ジャーナリズム研究　05 (05)　〔1968.7〕 p170〜175

小野秀雄　新聞研究50年—18—岩崎家から洋行費寄付：新聞研究　通号204　〔1968.7〕 p68〜73

小野秀雄　新聞研究50年—19—ベルリンへの約40日：新聞研究　通号205　〔1968.8〕 p56〜61

小野秀雄　新聞研究50年—20—未曽有のインフレにあう：新聞研究　通号206　〔1968.9〕 p56〜61

岡野他家夫, 瀬沼茂樹, 布川角左衛門, 弥吉光長　近代出版文化の集大成　『日本出版百年史年表』編集委員に聞く 座談会：出版ニュース　通号0776　〔1968.10〕 p6〜11

阿刀田高, 稲村徹元　明治百年 読書論の系譜 共同討議：出版ニュース　通号0778　〔1968.10〕 p6〜12

小野秀雄　新聞研究50年—21—ドイツからスイスへ：新聞研究　通号207　〔1968.10〕 p68〜73

金久保通雄　競争意識と仲間意識 (新聞百年 (特集)) —記者かたぎの今昔：新聞研究　通号208　〔1968.11〕 p66〜67

内藤国夫　"現代っ子"記者のつぶやき (新聞百年 (特集)) —記者かたぎの今昔：新聞研究　通号208　〔1968.11〕 p71〜73

西島芳二　言論機関としての新聞百年 (新聞百年 (特集))：新聞研究　通号208　〔1968.11〕 p6〜16

春原昭彦　新聞百年人物史 (新聞百年 (特集))：新聞研究　通号208　〔1968.11〕 p30〜41

堀太一　新聞編集の百年 (新聞百年 (特集))：新聞研究　通号208　〔1968.11〕 p22〜29

青木彰　"戦中派"記者——思考と行動 (新聞百年 (特集)) —記者かたぎの今昔：新聞研究　通号208　〔1968.11〕 p68〜71

伊豆富人　大記者時代と私 (新聞百年 (特集)) —記者かたぎの今昔：新聞研究　通号208　〔1968.11〕 p61〜63

高田元三郎　良き時代の良き記者 (新聞百年 (特集)) —記者かたぎの今昔：新聞研究　通号208　〔1968.11〕 p64〜66

小野秀雄　新聞研究50年—23—米国を経て帰国：新聞研究　通号209　〔1968.12〕 p68〜73

巌谷大四　明治・大正・昭和・出版文化を開拓した人々-7-坂本嘉治馬——富山房を築いた着実な歩み：総合ジャーナリズム研究　06 (01)　〔1969.1〕 p153〜158

小野秀雄　新聞研究50年—24—新聞史の講義を開始：新聞研究　通号210　〔1969.1〕 p48〜53

小野秀雄　新聞研究50年—25—渋沢子爵が研究支持：新聞研究　通号211　〔1969.2〕 p48〜53

香内三郎　大正後期の「無産階級」新聞論 (ジャーナリズム論の再検討 (特集)) —第2部 日本におけるジャーナリズム論の系

	譜）：新聞学評論　通号18　〔1969.3〕　p76～87
山本明	日本ジャーナリズム論史の一デッサン（ジャーナリズム論の再検討（特集）—第2部 日本におけるジャーナリズム論の系譜）：新聞学評論　通号18　〔1969.3〕　p61～69
山本文雄	日本近代の流言について：新聞学評論　通号18　〔1969.3〕　p134～144
和田洋一	明治・大正期のジャーナリズム論（ジャーナリズム論の再検討（特集）—第2部 日本におけるジャーナリズム論の系譜）：新聞学評論　通号18　〔1969.3〕　p70～75
小野秀雄	新聞研究50年—26—東大を追い出される：新聞研究　通号212　〔1969.3〕　p68～73
巌谷大四	明治・大正・昭和・出版文化を開拓した人々-8-野間清治：総合ジャーナリズム研究　06（02）〔1969.4〕　p107～113
巌谷大四	明治・大正・昭和・出版文化を開拓した人々-9-菊池寛--「文芸春秋」隆盛の基礎を築く：総合ジャーナリズム研究　06（03）〔1969.7〕　p94～100
小野秀雄	新聞研究50年—29—東大ついに奨学金を受理：新聞研究　通号216　〔1969.7〕　p54～59
岩井肇	国民新聞の興亡とその評価：政経研究　6（1）〔1969.7〕　p34～58
小野秀雄	新聞研究50年—30—研究事業軌道に乗る：新聞研究　通号217　〔1969.8〕　p60～65
小野秀雄	新聞研究50年—31—「新聞原論」と新聞学科を作る：新聞研究　通号218　〔1969.9〕　p56～61
稲葉三千男, 斎藤英夫	戦後ベストセラー史：出版ニュース　通号0811　〔1969.10〕　p6～11
小野秀雄	新聞研究50年—32—太平洋戦争と新聞学：新聞研究　通号219　〔1969.10〕　p54～59
小野秀雄	新聞研究50年—33—用紙割当委員となる：新聞研究　通号220　〔1969.11〕　p78～83
巌谷大四	明治・大正・昭和・出版文化を開拓した人々-10-山本実彦--「改造」の急進主義と円本革命：総合ジャーナリズム研究　07（01）〔1970.1〕　p114～119
小野秀雄	新聞研究50年—34—新聞研究所ついに成立：新聞研究　通号222　〔1970.1〕　p64～69
藤原恵	近代新聞への胎動—中外新聞から内外新聞まで：関西学院大学社会学部紀要　通号20　〔1970.3〕　p27～39
巌谷大四	明治・大正・昭和・出版文化を開拓した人々-11-石川武美--婦人家庭雑誌の創造者：総合ジャーナリズム研究　07（02）〔1970.4〕　p122～128
小野秀雄	新聞研究五十年—37完—講学と記者教育論議のため海外に出張：新聞研究　通号225　〔1970.4〕　p70～77
神野璣予子	新聞小説史—1—明治初期—1—：新聞研究　通号225　〔1970.4〕　p56～63
原田栄	明治末期における新聞産業——地方新聞を中心に（特集・生産の歴史地理——第2・3次産業を中心として）：歴史地理学紀要　通号12　〔1970.4〕　p183～208
高木健夫	新聞小説史—2—明治初期—2—〔付・年表〕：新聞研究　通号226　〔1970.5〕　p86～93
高木健夫	新聞小説史—3—明治初期—3—：新聞研究　通号227　〔1970.6〕　p74～82
児島宋吉	「都」「東京」新聞覚え帳—1～10：総合ジャーナリズム研究　07（03）～09（04）〔1970.7～1972.10〕　p124～134
臼井吉見, 巌谷大四, 古田晁	明治・大正・昭和・出版文化を開拓した人々—完-良心的出版の車の両輪：総合ジャーナリズム研究　07（03）〔1970.7〕　p118～123
弥吉光長	出版史の研究法：出版研究　通号1　〔1970.7〕　p40～56
高木健夫	新聞小説史—4—明治初期—4—：新聞研究　通号228　〔1970.7〕　p62～70
高木健夫	新聞小説史—5—明治初期—5—〔明治12～13年（1879～80）〕：新聞研究　通号229　〔1970.8〕　p50～57
高木健夫	新聞小説史—6—明治初期—6—〔明治14年～15年（1881～1882）〕：新聞研究　通号230　〔1970.9〕　p50～57
高木健夫	新聞小説史—7—明治初期—7—〔明治11年～20年（1878～87）〕：新聞研究　通号231　〔1970.10〕　p70～77
高木健夫	新聞小説史—8—明治初期—8—〔明治20～22年（1887～1889）〕：新聞研究　通号232　〔1970.11〕　p74～81
高木健夫	新聞小説史—9—明治初期—9—〔政治小説年表 明治16～17年（1883～84）〕：新聞研究　通号233　〔1970.12〕　p90～97
高木健夫	新聞小説史—10—明治中期—1—〔明治18～19年（1885～86）付年表〕：新聞研究　通号234　〔1971.1〕　p64～72
高木健夫	新聞小説史—11—明治中期—2—〔明治20年（1887）〕：新聞研究　通号235　〔1971.2〕　p70～78
高木健夫	新聞小説史—12—明治中期—3—〔明治21（1888）〕：新聞研究　通号236　〔1971.3〕　p78～86
高木健夫	新聞小説史—13—明治中期—4—：新聞研究　通号237　〔1971.4〕　p66～74
高木健夫	新聞小説史—14—明治中期—5—〔明治22～23年〕：新聞研究　通号238　〔1971.5〕　p72～80
鈴木正	雉本朗造——大正デモクラシー期の法学者（伝記の試み）：思想の科学. 第5次　（119）〔1971.7〕　p88～100
高木健夫	新聞小説史—16—明治中期—7—：新聞研究　通号240　〔1971.7〕　p88～96
高木健夫	新聞小説史—17—明治中期—8—：新聞研究　通号241　〔1971.8〕　p80～88
弥吉光長	出版文化史を築く道程：出版研究　通号2　〔1971.9〕　p17～31
井上輝子	「女学雑誌」の執筆者構成——明治二十年代ジャーナリズム構造解明のための試験：出版研究　通号2　〔1971.9〕　p96～137
高木健夫	新聞小説史—18—明治中期—9—：新聞研究　通号242　〔1971.9〕　p86～94
高木健夫	新聞小説史—19—明治中期—10—：新聞研究　通号243　〔1971.10〕　p68～76
高木健夫	新聞小説史—20—明治中期—11—：新聞研究　通号244　〔1971.11〕　p48～56
小野秀雄	元治2年に創刊された「海外新聞」——天理図書館所蔵のヒコ自筆メモにより判明：新聞研究　通号245　〔1971.12〕　p61～63
高木健夫	新聞小説史—21—明治中期—12—：新聞研究　通号245　〔1971.12〕　p52～60
高木健夫	新聞小説史—22—明治中期—13—：新聞研究　通号246　〔1972.1〕　p64～72
高木健夫	新聞小説史—23—明治中期——14—：新聞研究　通号247　〔1972.2〕　p54～61
高木健夫	新聞小説史—24—明治中期—15—：新聞研究　通号248　〔1972.3〕　p58～66
小野秀雄	「東京仮名書新聞」——ジョセフ・ヒコ第2の新聞——その分析と価値：新聞研究　通号248　〔1972.3〕　p78～83
高木健夫	新聞小説史—25—明治中期—16—：新聞研究　通号249　〔1972.4〕　p56～64
近盛晴嘉	「海外新聞」の創刊年について：新聞研究　通号250　〔1972.5〕　p49～57
高木健夫	新聞小説史—26—明治後期—1—：新聞研究　通号250　〔1972.5〕　p68～76
放送史編集室	緬甸（ビルマ）放送管理局のあゆみ（1）：NHK文研月報　22（06）〔1972.6〕　p38

高木健夫	新聞小説史―27―明治後期―2―：新聞研究　通号251　〔1972.6〕　p46～54
放送史編集室	緬甸（ビルマ）放送管理局のあゆみ（2）：NHK文研月報　22（07）〔1972.7〕　p43
比嘉光代	沖縄新聞史（沖縄のコミュニケーション環境と新聞）：新聞研究　通号252　〔1972.7〕　p33～40
高木健夫	新聞小説史―28―明治後期―3―：新聞研究　通号252　〔1972.7〕　p84～92
高木健夫	新聞小説史―29―明治後期―4―：新聞研究　通号253　〔1972.8〕　p78～86
高木健夫	新聞小説史―30―明治後期―5―：新聞研究　通号254　〔1972.9〕　p72～80
今田洋三	江戸出版業の展開とその特質：出版研究　通号3　〔1972.10〕　p22～55
高木健夫	新聞小説史―31―明治後期―6―：新聞研究　通号255　〔1972.10〕　p62～70
高木健夫	新聞小説史―32―明治後期―7―：新聞研究　通号256　〔1972.11〕　p58～66
岩井肇	正力松太郎と読売新聞：政経研究　9（2）〔1972.11〕　p54～81
高木健夫	新聞小説史―33―明治後期―8―：新聞研究　通号257　〔1972.12〕　p88～96
江口圭一	満州事変と大新聞：思想　通号583　〔1973.1〕　p98～113
高木健夫	新聞小説史―34―明治後期―9―：新聞研究　通号258　〔1973.1〕　p74～82
高木健夫	新聞小説史―35―明治後期―10―：新聞研究　通号259　〔1973.2〕　p48～56
藤竹暁	凍結の文体からワタクシの文体へ（テレビ放送20年）：新聞研究　通号259　〔1973.2〕　p17～23
高木健夫	新聞小説史―36―明治後期―11―：新聞研究　通号260　〔1973.3〕　p52～60
高木健夫	新聞小説史―37―明治後期―12―：新聞研究　通号261　〔1973.4〕　p86～94
高木健夫	新聞小説史―38―明治後期―13―：新聞研究　通号262　〔1973.5〕　p62～69
高木健夫	新聞小説史―39―明治後期―14―：新聞研究　通号263　〔1973.6〕　p72～80
土方正己	都新聞史－－今日新聞から東京新聞まで－1～56：総合ジャーナリズム研究所　10（03）～24（02）〔1973.7～1987.4〕　p10～51
高木健夫	新聞小説史―40―明治後期―15―：新聞研究　通号264　〔1973.7〕　p74～82
高木健夫	新聞小説史―41―明治後期―16―：新聞研究　通号265　〔1973.8〕　p72～80
高木健夫	新聞小説史―42―明治後期―17―：新聞研究　通号266　〔1973.9〕　p62～70
高木健夫	新聞小説史―43―明治後期―18―：新聞研究　通号267　〔1973.10〕　p102～110
岩井肇	村山竜平と朝日新聞：政経研究　10（2）〔1973.10〕　p110～146
高木健夫	新聞小説史―44―明治後期―19―：新聞研究　通号268　〔1973.11〕　p72～80
松尾尊兌	大正デモクラシーと石橋湛山先生：世界　通号336　〔1973.11〕　p306～313
川中康弘	上智大学新聞学科40年の歩み：コミュニケーション研究　通号6　〔1973.12〕　p1～23
高木健夫	新聞小説史―45―明治後期―20―：新聞研究　通号269　〔1973.12〕　p66～74
高橋正則	日独伊三国同盟と新聞報道――朝日新聞の場合：法学論集　通号10　〔1973.12〕　p155～172
総合ジャーナリズム研究編集部	「時事新報史」研究事始め：総合ジャーナリズム研究所　11（01）〔1974.1〕　p43～53
鹿野政直	急進的自由主義と石橋湛山――言論人としての出発をめぐって：現代の眼　15（1）〔1974.1〕　p154～165
高木健夫	新聞小説史―46―大正前期―1―：新聞研究　通号270　〔1974.1〕　p66～74
高木健夫	新聞小説史―47―大正前期―2―：新聞研究　通号271　〔1974.2〕　p48～56
高木健夫	新聞小説史―48―大正前期―3―：新聞研究　通号272　〔1974.3〕　p52～60
竹田道太郎	明治の手書き「可戯也新聞」発見：総合ジャーナリズム研究　11（02）〔1974.4〕　p80～85
高木健夫	新聞小説史―49―大正前期―4―：新聞研究　通号273　〔1974.4〕　p46～54
高木健夫	新聞小説史―50―大正前期―5―：新聞研究　通号274　〔1974.5〕　p78～86
高木健夫	新聞小説史―51―大正前期―6―：新聞研究　通号275　〔1974.6〕　p56～64
前田愛	総合雑誌の100年－－NHK教育・教養特集番組から：総合ジャーナリズム研究　11（03）〔1974.7〕　p115～129
高木健夫	新聞小説史―52―大正前期―7―：新聞研究　通号276　〔1974.7〕　p54～62
安藤直正	雑誌の編集――一編集者の回想（編集論（特集））：出版研究　通号5　〔1974.8〕　p35～46
高木健夫	新聞小説史―53―大正前期―8―：新聞研究　通号277　〔1974.8〕　p42～50
高木健夫	新聞小説史―54―大正前期―9―：新聞研究　通号278　〔1974.9〕　p48～56
高木健夫	新聞小説史―55―大正前期―10―：新聞研究　通号279　〔1974.10〕　p54～62
高木健夫	新聞小説史―56―大正前期―11―：新聞研究　通号280　〔1974.11〕　p34～42
高木健夫	新聞小説史―57―大正前期―12―：新聞研究　通号281　〔1974.12〕　p44～52
高木健夫	新聞小説史―58―大正前期―13―：新聞研究　通号282　〔1975.1〕　p42～50
赤木海三	体験を普遍化するための志（現代社会と新聞報道の責務―戦後30年の足跡と新聞報道の使命）：新聞研究　通号282　〔1975.1〕　p29～34
田中菊次郎	毎日新聞「検閲週報」（昭和17～18年）の証言―上―（戦時情報局の役割――発見された毎日新聞「検閲週報」の証言から）：新聞研究　通号282　〔1975.1〕　p62～66
高木健夫	新聞小説史―59―大正前期―14―：新聞研究　通号283　〔1975.2〕　p56～64
田中菊次郎	毎日新聞「検閲週報」（昭和17～18年）の証言―中―：新聞研究　通号283　〔1975.2〕　p69～73
小寺正一	明治期のナショナリズム研究―1―陸羯南の「国民旨義」：京都教育大学紀要. A, 人文・社会　通号46　〔1975.3〕　p63～72
高木健夫	新聞小説史―60―大正前期―15―：新聞研究　通号284　〔1975.3〕　p56～64
田中菊次郎	毎日新聞「検閲週報」（昭和17～18年）の証言―下―：新聞研究　通号284　〔1975.3〕　p77～81
岩井肇	新聞の危機と混迷：政経研究　11（3）〔1975.3〕　p371～389
寿岳文章	ある出版者についての思い出：日本出版学会会報　（21）〔1975.3〕　p2～3
高木健夫	新聞小説史―61―大正後期―1―：新聞研究　通号285　〔1975.4〕　p48～56
高木健夫	新聞小説史―62―大正後期―2―：新聞研究　通号286　〔1975.5〕　p38～46
高木健夫	新聞小説史―63―大正後期―3―：新聞研究　通号287　〔1975.6〕　p24～32
松浦総三	言論弾圧資料をもとめて：新聞研究　通号289　〔1975.8〕　p62～65

宮本吉夫	戦時下の新聞再編成―1―：新聞研究　通号289　〔1975.8〕　p75～81	
高木健夫	新聞小説史―64―大正後期―4―：新聞研究　通号290　〔1975.9〕　p58～66	
宮本吉夫	戦時下の新聞再編成―2―：新聞研究　通号290　〔1975.9〕　p71～77	
内川芳美	岡島真蔵――販売店から見た新聞裏面史：別冊新聞研究　(1)〔68〕〔1975.10〕　p63	
春原昭彦, 西田長寿, 内川芳美	高石真五郎――新聞界きっての国際通：別冊新聞研究　(1)〔68〕〔1975.10〕　p21	
春原昭彦, 西田長寿, 殿木圭一, 内川芳美	長谷川如是閑――新聞記者時代の如是閑翁：別冊新聞研究　(1)〔68〕〔1975.10〕　p9	
春原昭彦, 西田長寿, 内川芳美	板倉卓造――貴重な時事新報史：別冊新聞研究　(1)〔68〕〔1975.10〕　p93	
高木健夫	新聞小説史―65―大正後期―5―：新聞研究　通号291　〔1975.10〕　p70～78	
宮本吉夫	戦時下の新聞再編成―3―：新聞研究　通号291　〔1975.10〕　p79～85	
石井経夫	スポーツ紙の歩みと編集者（スポーツ・ジャーナリズム）：新聞研究　通号292　〔1975.11〕　p40～43	
高木健夫	新聞小説史―66―大正後期―6―：新聞研究　通号292　〔1975.11〕　p62～70	
宮本吉夫	戦時下の新聞再編成―4―：新聞研究　通号292　〔1975.11〕　p71～77	
米田利昭	文献伊藤左千夫―2―左千夫と「東京日日新聞」：宇都宮大学教育学部紀要. 第1部　通号25　〔1975.12〕　p17～47	
小林一喜	社会 戦後30年の節目（新聞報道――75年から76年へ）：新聞研究　通号293　〔1975.12〕　p15～18	
高木健夫	新聞小説史―67―大正後期―7―：新聞研究　通号293　〔1975.12〕　p52～60	
宮本吉夫	戦時下の新聞再編成―5完―：新聞研究　通号293　〔1975.12〕　p61～66	
門奈直樹	自由民権運動と西河通徹――ある木鐸的言論人の軌跡：総合ジャーナリズム研究　14(01)〔1976.1〕　p64～72	
高木健夫	新聞小説史―68―大正後期―8―：新聞研究　通号294　〔1976.1〕　p42～50	
高木健夫	新聞小説史―69―大正後期―9―：新聞研究　通号295　〔1976.2〕　p76～84	
高木健夫	新聞小説史―70―大正後期―10―：新聞研究　通号296　〔1976.3〕　p88～96	
春原昭彦, 内川芳美	永江真郷――昭和の激動期を歩む：別冊新聞研究　(2)〔53〕〔1976.4〕　p77	
後藤丙午	横山四郎右衛門――難航した富山県下の新聞統合：別冊新聞研究　(2)〔53〕〔1976.4〕　p95	
金親不二男, 春原昭彦, 内川芳美	花田大五郎――「白虹事件」渦中の人：別冊新聞研究　(2)〔53〕〔1976.4〕　p9	
春原昭彦, 西田長寿, 内川芳美	〈座談会〉魅力ある新聞人たち－「聴きとり」の舞台裏－(下)：別冊新聞研究　(2)〔53〕〔1976.4〕　p68	
金親不二男, 山田大介, 春原昭彦, 上西鵬一, 内川芳美	上野精一――英国新聞史の専門家：別冊新聞研究　(2)〔53〕〔1976.4〕　p27	
春原昭彦, 内川芳美	田中正治――戦前の地方新聞の楽屋裏：別冊新聞研究　(2)〔53〕〔1976.4〕　p57	
高木健夫	新聞小説史―71―大正後期―11―：新聞研究　通号297　〔1976.4〕　p56～64	
高木健夫	新聞小説史―72―大正後期―12―：新聞研究　通号298　〔1976.5〕　p40～48	
高木健夫	新聞小説史―73―大正後期―13―：新聞研究　通号299　〔1976.6〕　p48～56	
鬼頭鎮雄	菊竹六鼓のこと――「理想の死」と職業観（日本新聞学会特別講演）：新聞研究　通号300　〔1976.7〕　p81～87	
高木健夫	新聞小説史―74―大正後期―14―：新聞研究　通号300　〔1976.7〕　p72～80	
鬼頭鎮雄	菊竹六鼓先生のこと：新聞学評論　通号25　〔1976.8〕　p109～131	
高木健夫	新聞小説史―75―大正後期―15―：新聞研究　通号301　〔1976.8〕　p46～53	
小寺正一	明治期のナショナリズム研究―2―陸羯南の対外論：京都教育大学紀要. A, 人文・社会　通号49　〔1976.9〕　p135～147	
高木健夫	新聞小説史―76―大正後期―16―：新聞研究　通号302　〔1976.9〕　p94～102	
春原昭彦, 前田雄二	阿部暢太郎――「福日」筆政を主宰：別冊新聞研究　(3)〔63〕〔1976.10〕　p47	
春原昭彦, 内川芳美	山田大介――通信部の充実に足跡：別冊新聞研究　(3)〔63〕〔1976.10〕　p57	
春原昭彦, 西田長寿, 内川芳美	鹿倉吉次――「大毎」を支えた販売の重鎮：別冊新聞研究　(3)〔63〕〔1976.10〕　p81	
春原昭彦, 西田長寿, 内川芳美	七海又三郎――「東日」の"切り込み隊長"：別冊新聞研究　(3)〔63〕〔1976.10〕　p9	
高木健夫	新聞小説史―77―大正後期―17―：新聞研究　通号303　〔1976.10〕　p40～48	
高木健夫	新聞小説史―78―昭和初期―1―：新聞研究　通号304　〔1976.11〕　p50～58	
高木健夫	新聞小説史―79―昭和初期―2―：新聞研究　通号305　〔1976.12〕　p62～70	
島守光雄	広告史的「戦後雑誌広告論」の試み：出版研究　通号8　〔1977〕　p80～114	
大久保久雄	書店・出版社の社史と伝記（資料）：出版研究　通号8　〔1977〕　p167～184	
伊藤元雄	戦後出版労働関連史年表（資料）：出版研究　通号8　〔1977〕　p154～166	
高木健夫	新聞小説史―80―昭和初期―3―：新聞研究　通号306　〔1977.1〕　p46～54	
高木健夫	新聞小説史―81―昭和初期―4―：新聞研究　通号307　〔1977.2〕　p34～42	
西田長寿	伊豆富人――節義を重んずる大記者：別冊新聞研究　(4)〔61〕〔1977.3〕　p95	
赤瀬川原平	宮武外骨とパロディジャーナリズム：出版ニュース　通号1069　〔1977.3〕　p6～11	
務台光雄	太田正孝さんの思い出：別冊新聞研究　(4)〔61〕〔1977.3〕　p4	
春原昭彦, 西田長寿, 内川芳美	太田正孝――「報知」に理想を求めて：別冊新聞研究　(4)〔61〕〔1977.3〕　p75	
後藤丙午, 平尾道雄	中島及中島成功――波乱をきわめた高知新聞界：別冊新聞研究　(4)〔61〕〔1977.3〕　p9	
春原昭彦, 清水三郎, 西田長寿, 内川芳美	美土路昌一――言論弾圧と闘った気骨の人：別冊新聞研究　(4)〔61〕〔1977.3〕　p21	
高木健夫	新聞小説史―82―昭和初期―5―：新聞研究　通号308　〔1977.3〕　p56～64	
高木健夫	新聞小説史―83―昭和初期―6―：新聞研究　通号309　〔1977.4〕　p50～58	
高木健夫	新聞小説史―84―昭和初期―7―：新聞研究　通号310　〔1977.5〕　p52～60	
鈴木雄雅	明治期英字新聞史考〔含 英字新聞所在目録(1861-1912)〕：新聞研究　通号310　〔1977.5〕　p82～89	
田村穣生	昭和40年代のマスコミ(1)メディアの特質と普及：NHK文研月報　27(06)〔1977.6〕　p1	
高木健夫	新聞小説史―85―昭和初期―8―：新聞研究　通号311　〔1977.6〕　p52～60	
田村穣生	昭和40年代のマスコミ(2)マスコミ内容の変化：NHK文研月報　27(07)〔1977.7〕　p11	
高木健夫	新聞小説史―86―昭和初期―9―：新聞研究　通号312　〔1977.7〕　p44～52	
田村穣生	昭和40年代のマスコミ(3)メディアの経費的側面：NHK文研月報　27(08)〔1977.8〕　p23	

高木健夫	新聞小説史—87—昭和初期—10—：新聞研究　通号313　〔1977.8〕 p46〜54
小寺正一	明治期のナショナリズム研究—3—三宅雪嶺の「国粋主義」：京都教育大学紀要. A, 人文・社会　通号51　〔1977.9〕 p69〜78
高木健夫	新聞小説史—88—昭和初期—11—：新聞研究　通号314　〔1977.9〕 p54〜62
松浦総三	雑誌『改造』の歴史 私のみた山本実彦：出版ニュース　通号1092　〔1977.10〕 p6〜10
田中菊次郎	若き日の小野秀雄先生：別冊新聞研究　(5)〔48〕〔1977.10〕 p2
春原昭彦, 西田長寿, 内川芳美	小野秀雄——新聞学研究の開拓者：別冊新聞研究　(5)〔48〕〔1977.10〕 p11
春原昭彦, 西田長寿, 内川芳美	石井光次郎——朝日社内の近代化に尽くす：別冊新聞研究　(5)〔48〕〔1977.10〕 p73
春原昭彦, 内川芳美	大西利夫——「白虹」記事の筆者：別冊新聞研究　(5)〔48〕〔1977.10〕 p59
春原昭彦, 西田長寿, 内川芳美	長谷川光太郎——飄々と "新聞記者行脚"：別冊新聞研究　(5)〔48〕〔1977.10〕 p35
藤原恵	『白虹事件』と「朝日」：別冊新聞研究　(5)〔48〕〔1977.10〕 p6
近盛晴嘉	ジョセフ彦の足跡を訪ねて：新聞研究　通号315　〔1977.10〕 p79〜84
高木健夫	新聞小説史—89—昭和初期—12—：新聞研究　通号315　〔1977.10〕 p70〜78
高木健夫	新聞小説史—15—明治中期—6—〔明治23・24年〕：新聞研究　通号239　〔1971.6〕 p56〜64
高木健夫	新聞小説史—90—昭和初期—13—：新聞研究　通号316　〔1977.11〕 p42〜50
高木健夫	新聞小説史—91—昭和初期—14—：新聞研究　通号317　〔1977.12〕 p60〜68
弥吉光長	江戸時代出版資本の独占過程——須原屋茂兵衛と出雲寺和泉の対抗：出版研究　通号9　〔1978〕 p45〜75
西川洋	「愛国新聞」（日農三重県連・三重県水平社同機関紙）について：三重大学教育学部研究紀要　29(3)〔1978〕 p1〜13
伊藤一男	日本移民七十年祭と邦字新聞：総合ジャーナリズム研究　15(04)〔15.10〕 p27〜36
高木健夫	新聞小説史—92—昭和初期—15—：新聞研究　通号318　〔1978.1〕 p58〜66
西田長寿	明治新聞雑誌文庫五十周年によせて：新聞研究　通号318　〔1978.1〕 p67〜69
松浦総三	『現代用語の基礎知識』の30年 長谷川国雄氏の発想と方法：出版ニュース　通号1103　〔1978.2〕 p4〜8
安井康雄	新聞のラジオ・テレビ欄(1)〜(3)〜22年間の推移〜：NHK文研月報　28(02)〔1978.2〜1978.4〕 p21
安井康雄	新聞のラジオ・テレビ欄(2)〜22年間の推移〜：NHK文研月報　28(03)〔1978.3〕 p41
高木健夫	新聞小説史—94—昭和中期—1—：新聞研究　通号320　〔1978.3〕 p52〜60
新井達夫	阿部賢一氏について：別冊新聞研究　(6)〔59〕〔1978.4〕 p5
春原昭彦, 西田長寿, 内川芳美	阿部賢一——大学・新聞・言論人：別冊新聞研究　(6)〔59〕〔1978.4〕 p51
春原昭彦, 内川芳美	浦忠倫——新聞界一途に：別冊新聞研究　(6)〔59〕〔1978.4〕 p75
吉村正夫	小西作太郎さんのこと：別冊新聞研究　(6)〔59〕〔1978.4〕 p7
春原昭彦, 内川芳美	小西作太郎——工務近代化の先駆者：別冊新聞研究　(6)〔59〕〔1978.4〕 p89
安井康雄	新聞のラジオ・テレビ欄(3)〜22年間の推移〜：NHK文研月報　28(04)〔1978.4〕 p24
春原昭彦, 内川芳美	森田久——昭和史を生きた新聞人：別冊新聞研究　(6)〔59〕〔1978.4〕 p33
春原昭彦, 内川芳美	東季彦——新聞統合の渦中で：別冊新聞研究　(6)〔59〕〔1978.4〕 p11
高木健夫	新聞小説史—95—昭和中期—2—：新聞研究　通号321　〔1978.4〕 p62〜70
高木健夫	新聞小説史—96—昭和中期—3—：新聞研究　通号322　〔1978.5〕 p62〜70
東元春夫	「東雲新聞」と条約改正問題：新聞学評論　通号27　〔1978.6〕 p68〜78
高木健夫	新聞小説史—97—昭和中期—4—：新聞研究　通号323　〔1978.6〕 p64〜72
高木健夫	新聞小説史—98—昭和中期—5—：新聞研究　通号324　〔1978.7〕 p58〜66
高木健夫	新聞小説史—99—昭和中期—6—：新聞研究　通号325　〔1978.8〕 p72〜81
	新聞小説史—100—昭和中期—7—：新聞研究　通号326　〔1978.9〕 p42〜50
春原昭彦, 西田長寿, 内川芳美	一力次郎——伝統を継ぐ新聞一家：別冊新聞研究　(7)〔69〕〔1978.10〕 p101
廣田文士	回想の木村巳之吉君：別冊新聞研究　(7)〔69〕〔1978.10〕 p2
春原昭彦, 西田長寿, 内川芳美	後藤武男——スクープ秘話をかかえて：別冊新聞研究　(7)〔69〕〔1978.10〕 p67
高田元三郎	後藤武男君の世界的大スクープ：別冊新聞研究　(7)〔69〕〔1978.10〕 p7
篠田菊治	神戸新聞社長の朝倉氏：別冊新聞研究　(7)〔69〕〔1978.10〕 p6
春原昭彦, 西田長寿	前田久吉——新聞界の風雲児：別冊新聞研究　(7)〔69〕〔1978.10〕 p31
後藤丙午	朝倉斯道——興味深い大正初期の記者気質：別冊新聞研究　(7)〔69〕〔1978.10〕 p59
春原昭彦, 内川芳美	木村巳之吉——広告外交に奇才発揮：別冊新聞研究　(7)〔69〕〔1978.10〕 p11
高木健夫	新聞小説史—101—昭和中期—8—：新聞研究　通号327　〔1978.10〕 p86〜94
高木健夫	新聞小説史—102—昭和中期—9—：新聞研究　通号328　〔1978.11〕 p40〜48
高田知波	新聞小説記者時代の広津柳浪：国語と国文学　55(12)〔1978.12〕 p28〜42
高木健夫	新聞小説史—103—昭和中期—10—：新聞研究　通号329　〔1978.12〕 p64〜72
今田洋三	近世出版史の研究動向：出版研究　通号10　〔1979〕 p138〜158
森睦彦	日本出版史研究の十か年——明治以降の部：出版研究　通号10　〔1979〕 p159〜179
深井徹	放送技術史研究序説—1—：日本大学芸術学部紀要　通号9　〔1979〕 p92〜105
近盛晴嘉	日・米のジョセフ彦史料：総合ジャーナリズム研究　16(01)〔1979.1〕 p78〜87
高木健夫	新聞小説史—104—昭和中期—11—：新聞研究　通号330　〔1979.1〕 p54〜62
高木健夫	新聞小説史—105—昭和中期—12—：新聞研究　通号331　〔1979.2〕 p58〜66
春原昭彦, 内川芳美	横溝光暉——情報部の生みの親 育ての親：別冊新聞研究　(8)〔65〕〔1979.3〕 p95
春原昭彦, 内川芳美	御手洗辰雄——特色ある新聞の編集幹部歴：別冊新聞研究　(8)〔65〕〔1979.3〕 p69
岩佐直喜	高田元三郎さん：別冊新聞研究　(8)〔65〕〔1979.3〕 p2
春原昭彦, 内川芳美	高田元三郎——困難な時代の筆政を指揮：別冊新聞研究　(8)〔65〕〔1979.3〕 p9
春原昭彦, 内川芳美	大角盛美——体験に基づく販売史：別冊新聞研究　(8)〔65〕〔1979.3〕 p41
平田万里遠	新聞人伊藤欽亮——時事新報時代を中心にして：慶応義塾大学新聞研究所年報　通号12　〔1979.3〕 p23〜60

高木健夫	新聞小説史—106—昭和中期—13—：新聞研究　通号332　〔1979.3〕　p60〜68	
近盛晴嘉	新聞創始者と「民間新聞」創始者：総合ジャーナリズム研究　16（02）〔1979.4〕　p104〜110	
高木健夫	新聞小説史—107—昭和中期—14—：新聞研究　通号333　〔1979.4〕　p60〜68	
高木健夫	新聞小説史—108—昭和中期—15—：新聞研究　通号334　〔1979.5〕　p54〜62	
山本文雄	太陽コレクション「かわら版・新聞——江戸明治三百事件」：新聞学評論　通号28　〔1979.6〕　p148〜150	
高木健夫	新聞小説史—109—昭和中期—16—：新聞研究　通号335　〔1979.6〕　p64〜72	
諏訪博	一葦の記 私の民放営業史（第1回）：月刊民放　09（97）〔1979.7〕　p8〜15	
高木健夫	新聞小説史—110—昭和中期—17—：新聞研究　通号336　〔1979.7〕　p62〜70	
南利明	戦前ローカル放送の軌跡—JONK（長野）小史《特集》海外の公共放送の現状と問題：NHK放送文化研究年報　24　〔1979.7〕　p292〜317	
南利明	泪のトレモロ——草創期の録音放送：NHK文研月報　29（08）〔1979.8〕　p43	
高木健夫	新聞小説史—111—昭和中期—18—：新聞研究　通号337　〔1979.8〕　p44〜52	
高木健夫	新聞小説史—112—昭和中期—19—：新聞研究　通号338　〔1979.9〕　p46〜54	
間宮達男	ジャーナリズム史の中の「三島事件」－－その一断章：総合ジャーナリズム研究　16（04）〔1979.10〕　p64〜69	
高須正郎, 春原昭彦	ハワード・今関：別冊新聞研究　（9）〔84〕〔1979.10〕　p40	
高須正郎, 春原昭彦	言次茂生：別冊新聞研究　（9）〔84〕〔1979.10〕　p57	
高須正郎, 春原昭彦	橋田悌穂：別冊新聞研究　（9）〔84〕〔1979.10〕　p83	
高須正郎, 春原昭彦	駒井明：別冊新聞研究　（9）〔84〕〔1979.10〕　p73	
高須正郎, 春原昭彦	佐藤鉄雄：別冊新聞研究　（9）〔84〕〔1979.10〕　p94	
高須正郎, 春原昭彦	山本常一：別冊新聞研究　（9）〔84〕〔1979.10〕　p119	
高須正郎, 春原昭彦	浅野七之助：別冊新聞研究　（9）〔84〕〔1979.10〕　p12	
高須正郎, 春原昭彦	沱添一馬・梅津孜：別冊新聞研究　（9）〔84〕〔1979.10〕　p30	
高須正郎, 春原昭彦	菱木寛、丸谷潤子：別冊新聞研究　（9）〔84〕〔1979.10〕　p102	
高須正郎, 春原昭彦	平井隆三：別冊新聞研究　（9）〔84〕〔1979.10〕　p148	
高木健夫	新聞小説史—113—昭和中期—20—：新聞研究　通号339　〔1979.10〕　p54〜62	
南利明	戦前議会・選挙放送実現の経緯（1）：NHK文研月報　29（11）〔1979.11〕　p46	
高木健夫	新聞小説史—114—昭和中期—21—：新聞研究　通号340　〔1979.11〕　p46〜54	
高木健夫	新聞小説史—115—昭和中期—22—：新聞研究　通号341　〔1979.12〕　p44〜52	
江幡清	報道——新聞にとって70年代とは何であったか（70年代の検証/80年代への視座）：新聞研究　通号341　〔1979.12〕　p10〜15	
高木健夫	新聞小説史—116—昭和中期—23—：新聞研究　通号342　〔1980.1〕　p52〜60	
高木健夫	新聞小説史—117—昭和中期—24—：新聞研究　通号343　〔1980.2〕　p48〜56	
高木健夫	新聞小説史—118—昭和中期—25—：新聞研究　通号344　〔1980.3〕　p72〜80	
春原昭彦, 菅原勲, 内川芳美	伊藤利孝——北海道の販売競争で活躍：別冊新聞研究　（10）〔67〕〔1980.4〕　p11	
門奈直樹	弘中柳三と「中国評論」－－暗い時代の地方言論人：総合ジャーナリズム研究　17（02）〔1980.4〕　p84〜93	
金圭煥, 春原昭彦	高在旭——日章旗抹消事件の体験：別冊新聞研究　（10）〔67〕〔1980.4〕　p123	
春原昭彦, 内川芳美	津田正夫——大役果たす協会初代事務局長：別冊新聞研究　（10）〔67〕〔1980.4〕　p81	
春原昭彦, 西田長寿, 内川芳美	福岡誠一——昭和の著名な通信記者：別冊新聞研究　（10）〔67〕〔1980.4〕　p49	
春原昭彦	柳光烈——民族紙の受乱期を経験：別冊新聞研究　（10）〔67〕〔1980.4〕　p113	
高木健夫	新聞小説史—119—昭和中期—26—：新聞研究　通号345　〔1980.4〕　p50〜58	
高木健夫	新聞小説史—120—昭和中期—27—：新聞研究　通号346　〔1980.5〕　p50〜58	
高木健夫	新聞小説史—121—昭和中期—28—：新聞研究　通号347　〔1980.6〕　p42〜50	
高木健夫	新聞小説史—122—昭和中期—29—：新聞研究　通号348　〔1980.7〕　p52〜60	
高木健夫	新聞小説史—123—昭和中期—30—：新聞研究　通号349　〔1980.8〕　p52〜60	
鈴木雄雅	明治前期の英字紙と外人ジャーナリスト：新聞研究　通号349　〔1980.8〕　p89〜93	
高木健夫	新聞小説史—124—昭和中期—31—：新聞研究　通号350　〔1980.9〕　p52〜60	
春原昭彦, 内川芳美	宮下與吉——新聞人生活73年で現役：別冊新聞研究　（11）〔52〕〔1980.10〕　p9	
加藤巳一郎	佐藤信彌氏のこと：別冊新聞研究　（11）〔52〕〔1980.10〕　p6	
春原昭彦, 内川芳美	佐藤信彌——中京地盤の販売体験史：別冊新聞研究　（11）〔52〕〔1980.10〕　p69	
門奈直樹	住谷天来と「聖化」－－戦時下、ある非戦の言論：総合ジャーナリズム研究　17（04）〔1980.10〕　p86〜95	
後藤丙午	松井敬——新潟県下の新聞統合の渦中で：別冊新聞研究　（11）〔52〕〔1980.10〕　p91	
藤森文雄	戦後史を抉る新聞川柳－－投句にみる市井のジャーナリズム批判から：総合ジャーナリズム研究　17（04）〔1980.10〕　p70〜78	
江尻進, 春原昭彦, 内川芳美	白石古京——地方紙の地位向上に貢献：別冊新聞研究　（11）〔52〕〔1980.10〕　p29	
水田朝吉	廣田文士さんの思い出：別冊新聞研究　（11）〔52〕〔1980.10〕　p4	
春原昭彦	廣田文士——広告倫理化実践の先駆者：別冊新聞研究　（11）〔52〕〔1980.10〕　p53	
高木健夫	新聞小説史—125—昭和中期—32—：新聞研究　通号351　〔1980.10〕　p48〜56	
高木健夫	新聞小説史—126—昭和中期—33—：新聞研究　通号352　〔1980.11〕　p50〜58	
高木健夫	新聞小説史—127—昭和中期—34—：新聞研究　通号353　〔1980.12〕　p54〜62	
福島鋳郎	もう一つの戦後出版——小冊子類の刊行を追う：出版研究　通号12　〔1981〕　p196〜215	
矢作勝美	近代における揺籃期の出版流通——明治初年—明治二十年代へ（出版流通問題の実証的研究<特集>）：出版研究　通号12　〔1981〕　p89〜123	
稲岡勝	金港堂「社史」の方法について（出版研究の方法と状況<特集>）：出版研究　通号12　〔1981〕　p124〜148	
門奈直樹	明治社会主義言論の流域－－碧川企救男と反戦ジャーナリズム：総合ジャーナリズム研究　18（01）〔1981.1〕　p110〜120	

日本	歴史

高木健夫　新聞小説史—128—昭和中期—35—：新聞研究　通号354　〔1981.1〕　p64〜72

高木健夫　新聞小説史—129—昭和中期—36—：新聞研究　通号355　〔1981.2〕　p48〜56

高木健夫　新聞小説史—130—昭和中期—37—：新聞研究　通号356　〔1981.3〕　p54〜62

高木健夫　新聞小説史—131—昭和中期—38—：新聞研究　通号357　〔1981.4〕　p64〜72

春原昭彦, 内川芳美　岡村二一——新聞統合の渦中にあって：別冊新聞研究　（12）〔62〕〔1981.5〕　p63

春原昭彦, 西田長寿, 内川芳美　岩本清——通信社マンとして生涯送る：別冊新聞研究　（12）〔62〕〔1981.5〕　p93

春原昭彦, 内川芳美　松本重治——稀有な国際ジャーナリスト：別冊新聞研究　（12）〔62〕〔1981.5〕　p7

佐藤彰　新聞における戦後把握の前提（歴史と新聞）：新聞研究　通号361　〔1981.8〕　p45〜48

尾崎秀樹　「新聞小説史」と高木健夫：新聞研究　通号361　〔1981.8〕　p55〜58

高橋昭夫　戦後史の＜定点＞としての北海道（歴史と新聞—戦後史を構成する試み）：新聞研究　通号361　〔1981.8〕　p41〜44

熊田重克　歴史, 戦後, そして新聞（歴史と新聞）：新聞研究　通号361　〔1981.8〕　p24〜28

春原昭彦, 内川芳美　児島宋吉——異色紙「都新聞」の編集幹部：別冊新聞研究　（13）〔68〕〔1981.10〕　p103

門奈直樹　小林橘川と「名古屋新聞」−−戦時下, ある自由主義ジャーナリストの敗北：総合ジャーナリズム研究　18（04）〔1981.10〕　p114〜124

春原昭彦, 内川芳美　務臺光雄——読売興隆の裏面史をきく：別冊新聞研究　（13）〔68〕〔1981.10〕　p7

西谷能雄　出版業界は構造不況なのか——内側から見た"かげり"の実態：エコノミスト　59（43）〔1981.10〕　p94〜100

山中速人　三・一独立運動と日本の新聞——「事件」報道の経過と論調分析（日本新聞学会創立30周年記念）：新聞学評論　通号30　〔1981.11〕　p255〜266

春原昭彦　戦後ジャーナリズム史研究に貴重なプランゲ文庫：新聞研究　通号365　〔1981.12〕　p68〜73

稲岡勝　近代出版史と社史——矢作勝美編著「有斐閣百年史」, 植村清二他著「丸善百年史」, 三省堂百年記念事業委員会「三省堂百年史」：出版研究　通号13　〔1982〕　p95〜103

香内信子　出版統制下の「読書運動」：出版研究　通号13　〔1982〕　p161〜187

高橋正実　出版流通機構の変遷——一六〇三〜一九四五：出版研究　通号13　〔1982〕　p188〜228

広岡知男　折々の回想−−新聞記者のひとこと−1〜13：総合ジャーナリズム研究　19（01）〜22（02）〔1982.1〜1985.4〕　p46〜54

江藤淳　閉ざされた言語空間——占領軍の検閲と戦後日本—1—：諸君！　日本を元気にするオピニオン雑誌　14（2）〔1982.2〕　p34〜109

五十嵐武士　戦後史料と情報公開：新聞研究　通号367　〔1982.2〕　p58〜62

南利明　戦前, 放送民営論の−考察——大阪放送局沿革史から：NHK文研月報　32（03）〔1982.3〕　p53

門奈直樹　「現代新聞批判」とその周辺−−戦時下, ある小型ジャーナリズムの抵抗：総合ジャーナリズム研究　19（02）〔1982.4〕　p130〜140

富塚秀樹　長谷川如是閑と馬場恒吾——自由主義的ジャーナリストの二つの系譜：新聞学評論　通号31　〔1982.6〕　p37〜53

春原昭彦, 内川芳美　加藤萬寿男——草創期の海外報道に功績：別冊新聞研究　（14）〔64〕〔1982.7〕　p45

春原昭彦, 内川芳美　楠山després太郎——リットン報告スクープ記者：別冊新聞研究　（14）〔64〕〔1982.7〕　p7

春原昭彦, 内川芳美　波多尚——昭和期の「電通」通信部を語る：別冊新聞研究　（14）〔64〕〔1982.7〕　p105

江川卓　受難の文学——検閲と亡命（共同討議）：文学界　36（7）〔1982.7〕　p128〜152

上林吾郎　証言 高度成長期の日本—64—大衆化社会の誕生—3—週刊誌ブーム：エコノミスト　60（31）〔1982.7〕　p82〜89

棚木宏侑　グラフは語る——番組統計からみたテレビ30年：NHK文研月報　32（09）〔1982.9〕　p41

東季晴　日本の新聞経営史に見る若干の句読点——地域的視点を中心に：慶應義塾大学新聞研究所年報　通号19　〔1982.9〕　p35〜60

春原昭彦, 西松五郎, 内川芳美　篠原菊治——一貫して会計畑を歩む：別冊新聞研究　（15）〔52〕〔1982.11〕　p43

藤綱亮三　篠原菊治氏のこと：別冊新聞研究　（15）〔52〕〔1982.11〕　p3

春原昭彦, 内川芳美　樋口宅三郎——神奈川の地域紙と新聞統合：別冊新聞研究　（15）〔52〕〔1982.11〕　p7

太田昌秀, 内川芳美　牧港篤三 上間正論——沖縄の戦中戦後新聞史：別冊新聞研究　（15）〔52〕〔1982.11〕　p77

佐藤彰　暮らし, 女からみた戦後史——家庭面の30年（家庭・生活面の現状と展望）：新聞研究　通号376　〔1982.11〕　p48〜51

江藤淳　閉ざされた言語空間——占領軍の検閲と戦後日本—2—：諸君！　日本を元気にするオピニオン雑誌　14（12）〔1982.12〕　p224〜267

塩田陽平　密室の朝日新聞紛争秘史——村山家と社側のパイプ役が初めて明かす真相：諸君！　日本を元気にするオピニオン雑誌　15（1）〔1983.1〕　p142〜169

塩田陽平　密室の朝日新聞紛争秘史——村山家と社側のパイプ役が初めて明かす真相—2—：諸君！　日本を元気にするオピニオン雑誌　15（2）〔1983.2〕　p200〜221

梶山雅史　明治期における教科書の編纂・出版実態ならびに編纂権威・権限の移行過程の研究—1—：岐阜大学教育学部研究報告. 人文科学　通号31　〔1983.3〕　p145〜110

塩田陽平　密室の朝日新聞紛争秘史——村山家と社側のパイプ役が初めて明かす真相—3—：諸君！　日本を元気にするオピニオン雑誌　15（3）〔1983.3〕　p142〜167

春原昭彦　坂本令太郎——「信毎」の記者群像を語る：別冊新聞研究　（16）〔49〕〔1983.4〕　p49

鈴木信治郎　「新聞批判」解説（新聞批判−−長谷川如是閑の未発表原稿）：総合ジャーナリズム研究　20（02）〔1983.4〕　p46〜51

総合ジャーナリズム研究編集部　新聞批判−−長谷川如是閑の未発表原稿：総合ジャーナリズム研究　20（02）〔1983.4〕　p129〜132

江尻進, 春原昭彦, 内川芳美　西村二郎——地方紙育てた新聞界の調整役：別冊新聞研究　（16）〔49〕〔1983.4〕　p7

近盛晴嘉　戦場の「マニラ新聞バギオ版」（記録）：総合ジャーナリズム研究　20（02）〔1983.4〕　p74〜83

春原昭彦　田中武夫——興味深い長野新聞事情：別冊新聞研究　（16）〔49〕〔1983.4〕　p73

塩田陽平　密室の朝日新聞紛争秘史——村山家と社側のパイプ役が初めて明かす真相—4—「アカイアカイアサヒアサヒ」事件：諸君！　日本を元気にするオピニオン雑誌　15（4）〔1983.4〕　p204〜222

塩田陽平　密室の朝日新聞紛争秘史——村山家と社側のパイプ役が初めて明かす真相—5—「広岡パンフレット」にみる九つの疑問：諸君！　日本を元気にするオピニオン雑誌　15（5）〔1983.5〕　p136〜162

塩田陽平　密室の朝日新聞紛争秘史——村山家と社側のパイプ役が初めて明かす真相—6完—「百億円出す」と田中角栄はいっ

歴史   日本

	た：諸君！ 日本を元気にするオピニオン雑誌 15（6）〔1983.6〕 p136～158
門奈直樹	明治地域主義言論の担い手――毛利柴庵と「牟婁新報」：総合ジャーナリズム研究 20（03）〔1983.7〕 p46～55
倉本正一	写真部復帰のころ（戦後新聞写真史―2―「ボン焚き三年」たちの戦（いくさ））：新聞研究 通号386 〔1983.9〕 p46～47
高須正郎, 春原昭彦	ジョアン・二宮：別冊新聞研究 （17）〔63〕〔1983.12〕 p104
高須正郎, 春原昭彦	羽田靖：別冊新聞研究 （17）〔63〕〔1983.12〕 p90
海野稔	開戦前のメキシコ邦字紙：別冊新聞研究 （17）〔63〕〔1983.12〕 p4
高須正郎, 春原昭彦	白井昇：別冊新聞研究 （17）〔63〕〔1983.12〕 p79
梶山雅史	明治期における教科書の編纂・出版実態ならびに編纂権威・権限の移行過程の研究―2―樺山・松田文相期の検討：岐阜大学教育学部研究報告. 人文科学 通号32 〔1984〕 p154～140
伊藤正徳, 山本透, 小田原敏	草創期の「ラヂオ気分」――東京朝日新聞の記事から：コミュニケーション研究 通号14 〔1984〕 p71～150
有山輝雄	192, 30年代のメディア普及状態――給料生活者, 労働者を中心に：出版研究 通号15 〔1984〕 p30～58
弥吉光長	「近世日蓮宗出版史研究」冠賢一著――書籍目録の再吟味：出版研究 通号15 〔1984〕 p216～226
高橋正実	出版流通機構の変遷――1945～1949：出版研究 通号15 〔1984〕 p59～113
稲岡勝	明治出版史から見た奥付とその周辺：出版研究 通号15 〔1984〕 p10～29
河内光治	戦後帝大新聞史―1―廃墟の中の原点：幾徳工業大学研究報告 A 人文社会科学編 通号8 〔1984.3〕 p70～50
山田晴通	宮城県石巻市における地域紙興亡略史――地域紙の役割変化を中心に：新聞学評論 通号33 〔1984.6〕 p215～229
大蔵雄之助	民間放送の課題（高度情報化社会論<特集>―高度情報化社会への課題）：新聞学評論 通号33 〔1984.6〕 p118～125
春原昭彦	占領検閲の意図と実態―中―：新聞研究 通号396 〔1984.7〕 p96～101
春原昭彦	占領検閲の意図と実態―下―：新聞研究 通号397 〔1984.8〕 p88～96
戸板康二	回想の東京新聞（東京新聞創刊一〇〇年記念特集）：総合ジャーナリズム研究 21（04）〔1984.10〕 p22～27
春原昭彦	新聞史に占める都新聞の位置（東京新聞創刊一〇〇年記念特集）：総合ジャーナリズム研究 21（04）〔1984.10〕 p28～36
池田恵美子	東京新聞創刊一〇〇年記念特集：総合ジャーナリズム研究 21（04）〔1984.10〕 p70～77
江藤淳	閉ざされた言語空間――占領軍の検閲と戦後日本―2―（承前）東京裁判と「奴隷の言葉」：諸君！ 日本を元気にするオピニオン雑誌 16（10）〔1984.10〕 p248～263
奥泉栄三郎	GHQ検閲資料見たまま感じたまま：新聞研究 通号399 〔1984.10〕 p89～91
塩沢実信	「一人おいて」の編集者たち 『雑誌記者池島信平』を書き終えて：出版ニュース 通号1340 〔1984.11〕 p4～7
春原昭彦, 内川芳美	加藤三之雄――枢軸国で初の特派員活動：別冊新聞研究 （18）〔59〕〔1984.11〕 p69
春原昭彦, 内川芳美	千葉雄次郎――日本言論界の重鎮：別冊新聞研究 （18）〔59〕〔1984.11〕 p5
弥吉光長	新聞紙条例と讒謗律の犠牲者（明治初期出版変転―1―）：出版研究 通号16 〔1985〕 p51～71
山口順子	明治前期における新聞雑誌の売捌状況――巌々堂を中心にして：出版研究 通号16 〔1985〕 p126～151
稲岡勝	明治前期教科書出版の実態とその位置：出版研究 通号16 〔1985〕 p72～125
赤瀬川原平	インタビュー いま, 宮武外骨をどうとらえるか その全方位的面白さ：出版ニュース 通号1344 〔1985.1〕 p4～9
大牟田稔	「四十年」の理想と現実――被爆地・広島の現場から：新聞研究 通号402 〔1985.1〕 p14～17
河内光治	戦後帝大新聞史―2―政治的季節の中で：幾徳工業大学研究報告 A 人文社会科学編 通号9 〔1985.3〕 p114～60
井出孫六	桐生悠々の軌跡を追って（新聞記者読本'85）：新聞研究 通号404 〔1985.3〕 p22～24
近藤四郎	アルゼンチンの邦字紙について：別冊新聞研究 （19）〔65〕〔1985.4〕 p5
木本至	「戦後雑誌」を読む視座 総合雑誌から風俗雑誌まで：出版ニュース 通号1364 〔1985.8〕 p4～7
半藤一利	朝日新聞と満州事変――「世論」は新聞が作るのか：諸君！ 日本を元気にするオピニオン雑誌 17（11）〔1985.11〕 p46～60
大村立三	各紙にみる昭和史企画：新聞研究 通号412 〔1985.11〕 p55～57
三木康弘	「昭和史」から読者の欲求を掘り起こす――「私たちの昭和史」から：新聞研究 通号412 〔1985.11〕 p61～63
宮古康文	歴史との対話から現在をみつめる――「風雪の年輪」から：新聞研究 通号412 〔1985.11〕 p58～60
弥吉光長	雑誌のシュトルム・ウント・ドランク期（明治初期出版変転―2―）：出版研究 通号17 〔1986〕 p91～112
伊達宗克	お濠の中のスクープ合戦――放送記者生活34年をふりかえって：総合ジャーナリズム研究 23（01）〔1986.1〕 p76～80
布川角左衛門	納本制度の歴史と現在 検閲・思想統制の手段から文化財の保存・蓄積へ：出版ニュース 通号1379 〔1986.1〕 p4～7
一ノ坪俊一	黙殺されまいとして燃え続けた――私の「記事審査」13年：新聞研究 通号414 〔1986.1〕 p71～73
河内光治	戦後帝大新聞史―3―意欲的な編集を展開：幾徳工業大学研究報告 A 人文社会科学編 通号10 〔1986.3〕 p96～61
神先秀雄	『朝日』にもあった「アス開戦」情報――太平洋戦争勃発45年目にあたって（新聞史研究ノート）：総合ジャーナリズム研究 23（02）〔1986.4〕 p88～105
田中浩	長谷川如是閑から学ぶこと：新聞研究 通号417 〔1986.4〕 p60～62
春原昭彦, 大森繁雄	芝均平――親子二代の英字紙経営：別冊新聞研究 （20）〔56〕〔1986.5〕 p29
内川芳美	東ヶ崎潔――戦後, タイムズの基盤を築く：別冊新聞研究 （20）〔56〕〔1986.5〕 p7
松山巌	世紀末の1年―26―1900年7月――マスメディア―1―戦争とメディア：Asahi journal 28（28）〔1986.7〕 p64～66
松山巌	世紀末の1年―27―1900年7月――マスメディア―2―万朝報と二六新報：Asahi journal 28（29）〔1986.7〕 p58～60
松山巌	世紀末の1年―28―1900年7月――マスメディア―3―暴露合戦と広告合戦：Asahi journal 28（30）〔1986.7〕 p58～60
松山巌	世紀末の1年―29―1900年7月――マスメディア―4―「不安」のメディア：Asahi journal 28（31）〔1986.7〕 p64～66
萩谷美子	ある出版人の死：日本出版学会会報 （59）〔1986.9〕 p11
村上直之	犯罪報道の社会史―5―知識への課税との戦い1830―36―1―：法セミ 通号381 〔1986.9〕 p160～163

長谷川進一	時事新報盛衰の跡をたどる——廃刊50年に寄せて：新聞研究　通号423　〔1986.10〕　p70～74	
春原昭彦, 小松原久夫	アーネスト・ホーブライト——占領下で活躍した米人記者：別冊新聞研究　(21)〔64〕〔1986.12〕　p27	
春原昭彦, 小松原久夫	カイズ・ビーチ——戦闘記者をへて駐日特派員：別冊新聞研究　(21)〔64〕〔1986.12〕　p9	
春原昭彦	クック小林やよい——検閲第一線での体験：別冊新聞研究　(21)〔64〕〔1986.12〕　p79	
小松原久夫	馬場フランク正三——放送の民主化に大きな功績：別冊新聞研究　(21)〔64〕〔1986.12〕　p93	
和田稔	"時代"を語り伝える——明治, 大正, 昭和「ふくい新聞録」の舞台裏：新聞研究　通号425　〔1986.12〕　p50～53	
田中浩	長谷川如是閑の「新聞論」―上―：新聞研究　通号425　〔1986.12〕　p54～61	
田村紀雄	電話帳出版と創業期のL.M.ベリー社：出版研究　通号18　〔1987〕　p182～200	
岩野裕一	鉄道新聞輸送の変遷を辿る――明治・大正・昭和, 特運制度の歴史からみた「新聞紙」流通最前線（新聞「輸送」事情の今昔＜特別企画＞）：総合ジャーナリズム研究　24(01)〔1987.1〕　p18～33	
田中浩	長谷川如是閑の「新聞論」―下―：新聞研究　通号426　〔1987.1〕　p76～82	
河内光治	戦後帝大新聞史―4―停滞と混迷を経て：幾徳工業大学研究報告 A 人文社会科学編　通号11　〔1987.3〕　p118～84	
杉森久英	大政翼賛会前後―1―私の中央公論社時代：諸君！　日本を元気にするオピニオン雑誌　19(4)〔1987.4〕　p212～224	
東元春夫	移民新聞の盛衰と同化に関する一考察——「羅府新報」の場合：新聞学評論　通号36　〔1987.4〕　p43～56	
杉森久英	大政翼賛会前後―2―私の中央公論社時代―2―：諸君！　日本を元気にするオピニオン雑誌　19(5)〔1987.5〕　p270～281	
花島喜春	憲法の"あす"をだれが担うか——戦後教育を考える視点（憲法40年とジャーナリズム）：新聞研究　通号430　〔1987.5〕　p40～43	
杉森久英	大政翼賛会前後―3―私の中央公論社時代―3―：諸君！　日本を元気にするオピニオン雑誌　19(6)〔1987.6〕　p244～255	
青山裕	「時刻表」出版戦争の今昔：総合ジャーナリズム研究　24(03)〔1987.7〕　p54～57	
杉森久英	大政翼賛会前後―4―非常時局の時代：諸君！　日本を元気にするオピニオン雑誌　19(7)〔1987.7〕　p278～289	
杉森久英	大政翼賛会前後―5―昭和研究会の設立：諸君！　日本を元気にするオピニオン雑誌　19(8)〔1987.8〕　p250～261	
荒田茂夫	新聞街としての幕を閉じるフリート街：新聞研究　通号434　〔1987.9〕　p69～71	
春原昭彦, 内川芳美	岩佐直喜——戦前, 戦後を生きた名整理記者：別冊新聞研究　(22)〔66〕〔1987.10〕　p7	
春原昭彦, 内川芳美	石橋恒喜——軍の動きみつめた陸軍記者：別冊新聞研究　(22)〔66〕〔1987.10〕　p51	
春原昭彦, 松下功, 内川芳美	平田陽一郎——愛媛マスコミ界をリード：別冊新聞研究　(22)〔66〕〔1987.10〕　p85	
松下功	平田陽一郎氏に仕えて：別冊新聞研究　(22)〔66〕〔1987.10〕　p5	
杉森久英	大政翼賛会前後―6―精神総動員の時代：諸君！　日本を元気にするオピニオン雑誌　19(10)〔1987.10〕　p242～254	
高梨正樹	菊竹六鼓の言論と現在：マスコミ市民　通号231　〔1987.11〕　p60～65	
杉森久英	大政翼賛会前後―7―興亜局企画部の時代：諸君！　日本を元気にするオピニオン雑誌　19(11)〔1987.11〕　p246～258	
杉本久英	大政翼賛会前後―8―戦況いよいよ悪化：諸君！　日本を元気にするオピニオン雑誌　19(12)〔1987.12〕　p240～252	
山中恒	戦時下の言論統制――マル秘文書が明かす「国民精神総動員」の方法：Asahi journal　29(52)〔1987.12〕　p23～26	
稲岡勝	近代出版に関する複刻版資料：出版研究　通号19　〔1988〕　p155～176	
高梨正樹	桐生悠々の言論抵抗——関東防空大演習を嗤う：マスコミ市民　通号232　〔1988.1〕　p56～61	
池井優	日中戦争と日本のマスメディアの対応：法学研究　61(1)〔1988.1〕　p41～65	
高梨正樹	桐生悠々の言論抵抗——記者に再び覚悟のいる時代が来た：マスコミ市民　通号233　〔1988.2〕　p50～55	
杉森久英	大政翼賛会前後―9―文化部の時代：諸君！　日本を元気にするオピニオン雑誌　20(2)〔1988.2〕　p256～267	
春原昭彦, 内川芳美	高田市太郎——禁酒法時代からの外信記者：別冊新聞研究　(23)〔56〕〔1988.3〕　p7	
春原昭彦, 内川芳美	日比野恒次——世界の「電通」の礎石かためる：別冊新聞研究　(23)〔56〕〔1988.3〕　p63	
春原昭彦	富永令一——戦前の広告代理業を中心に：別冊新聞研究　(23)〔56〕〔1988.3〕　p87	
河内光治	戦後帝大新聞史―6完―終刊への経過と終刊号：幾徳工業大学研究報告 A 人文社会科学編　通号12　〔1988.3〕　p104～81	
杉森久英	大政翼賛会前後―10―「赤」の時代：諸君！　日本を元気にするオピニオン雑誌　20(3)〔1988.3〕　p252～264	
杉森久英	大政翼賛会前後―11―「読書運動」の時代：諸君！　日本を元気にするオピニオン雑誌　20(4)〔1988.4〕　p252～263	
杉森久英	大政翼賛会前後―12―「カバン持ち」の時代：諸君！　日本を元気にするオピニオン雑誌　20(5)〔1988.5〕　p252～264	
杉森久英	大政翼賛会前後―13完―召集・敗戦の時代：諸君！　日本を元気にするオピニオン雑誌　20(6)〔1988.6〕　p252～264	
総合ジャーナリズム研究編集部	「総合ジャーナリズム研究」で綴る--マスコミ批評の25年-1～5-（〔総合ジャーナリズム研究〕創刊5周年記念・特別企画）：総合ジャーナリズム研究所　25(03)～27(01)〔1988.7～1990.1〕　p13～28	
春原昭彦, 内川芳美	城戸又一——大戦前, 激動の欧州を伝える：別冊新聞研究　(24)〔62〕〔1988.10〕　p5	
桂敬一, 春原昭彦	長谷川勝三郎——技術面から新聞発展に尽くす：別冊新聞研究　(24)〔62〕〔1988.10〕　p77	
木野主計	官報創刊と福沢諭吉の官板新聞発行の挫折——井上毅の画策を中心として：出版研究　通号20　〔1989〕　p286～314	
岸雅裕	近世出版史（80年代の出版研究——回顧と展望＜特集＞）：出版研究　通号20　〔1989〕　p14～27	
山口順子	近代出版史（80年代の出版研究——回顧と展望＜特集＞）：出版研究　通号20　〔1989〕　p28～55	
植田康夫	「読者論」の現在（80年代の出版研究——回顧と展望＜特集＞）：出版研究　通号20　〔1989〕　p90～107	
塚本三夫	戦前日本における新聞ジャーナリズムの変容と「公共サービス」認識（メディアと公共性の現在——放送と公共性・再考＜特集＞）：放送学研究　通号39　〔1989〕　p45～64	
春原昭彦, 内川芳美	原四郎——「読売社会部」の代名詞：別冊新聞研究　(25)〔52〕〔1989.3〕　p5	
春原昭彦, 内川芳美	小楠正雄——昭和期「報知」の民政党記者：別冊新聞研究　(25)〔52〕〔1989.3〕　p55	
塚本晴二朗	明治期における大新聞の紙面転換——「報知新聞」の紙面分析を中心として：政経研究　26(1)〔1989.6〕　p109～134	
放送史研究グループ	GHQ文書による占領初期放送政策史年表―1945年4月から1946年6月まで：NHK放送文化調査研究年報　34〔1989.11〕　p123～146	

佐々木凜一　ベルリン特派員江尻進さん：別冊新聞研究　（26）［70］〔1989.12〕p3

春原昭彦, 内川芳美　伊藤昇――遊軍の本質示した社会部記者：別冊新聞研究　（26）［70］〔1989.12〕p5

横山和雄　印刷の昭和戦後史から「技術革新」は出版にどのように影響したか：出版ニュース　通号1515〔1989.12〕p8～11

春原昭彦, 内川芳美　江尻進――激動の欧州から戦後新聞界へ：別冊新聞研究　（26）［70］〔1989.12〕p37

植田康夫　＜業界本的ベストセラー＞の台頭――1980年代の出版現象の一側面：出版研究　通号21〔1990〕p131～149

小松謙二郎　「朱筆（2）」出版太郎――言論出版の自由の定点観測記 出版界20年の事件簿：出版研究　通号21〔1990〕p201～233

香内信子　「日本古典全集」刊行周辺――1920年代後半の出版「大衆化」と小出版社・印刷所の位置：出版研究　通号21〔1990〕p56～84

総合ジャーナリズム研究所　日本出版学会20年：総合ジャーナリズム研究　27（01）〔1990.1〕p85～94

有山輝雄　戦後ジャーナリズムと民衆の歴史の交錯――プランゲコレクションが示すもの：新聞研究　通号462〔1990.1〕p51～55

稲野強　牧野伸顕と日露戦争（二）―オーストリアの新聞から見た戦争世論：群馬県立女子大学紀要　（10）〔1990.3〕p33～47

竹川昌利　シベリア残留邦人の戦後（戦後45年ジャーナリズムは今…―戦争を伝える）：新聞研究　通号469〔1990.8〕p23～25

永守良孝　危険はらむ日韓の歴史認識の差――韓国紙の盧大統領訪日関連報道を分析する（戦後45年ジャーナリズムは今…）：新聞研究　通号469〔1990.8〕p39～41

Odrich, Peter, 新聞研究編集部　似ている過去の出来事 異なる新聞の対応――西ドイツ/日本の紙面比較（戦後45年ジャーナリズムは今…）：新聞研究　通号469〔1990.8〕p42～44

大蔵雄之助　新聞よ、国民と共に立つな――ジャーナリズムの歴史観を問う（戦後45年ジャーナリズムは今…）：新聞研究　通号469〔1990.8〕p14～18

小宮山一衛　真実を伝えることが新聞の生きる道（戦後45年ジャーナリズムは今…）：新聞研究　通号469〔1990.8〕p10～13

古川博　世界に向けるヒロシマの声（戦後45年ジャーナリズムは今…―戦争を伝える）：新聞研究　通号469〔1990.8〕p31～33

後藤雅実　世代をこえて語り継ぐ（戦後45年ジャーナリズムは今…―戦争を伝える）：新聞研究　通号469〔1990.8〕p36～38

石橋正一　平和と繁栄の陰に（戦後45年ジャーナリズムは今…―戦争を伝える）：新聞研究　通号469〔1990.8〕p25～28

桜井孝三　「横浜毎日新聞」は木活字で創刊――横浜の印刷技術変遷史―1―：印刷雑誌　73（9）〔1990.9〕p37～43

林邦夫　新たなる出版史への展望 『講談社の80年』の執筆を終えて：出版ニュース　通号1544〔1990.10〕p8～12

楓元夫　コーヒー党－小山武夫さんのこと：別冊新聞研究　（27）［75］〔1990.12〕p3

春原昭彦, 内川芳美　岡本敏雄――広告の発展期に生きる：別冊新聞研究　（27）［75］〔1990.12〕p79

春原昭彦, 内川芳美, 北野栄三　坂田勝郎――教育記者時代にスクープ連発：別冊新聞研究　（27）［75］〔1990.12〕p7

春原昭彦, 内川芳美　小山武夫――特A待遇だった政治記者：別冊新聞研究　（27）［75］〔1990.12〕p41

増田れい子　貧しいペンの回想―上―戦後大卒女性記者第1号の38年：新聞研究　通号479〔1991.6〕p47～51

植田康夫　大宅壮一の「知的労働の集団化」論が戦後の週刊誌編集に与えた影響：コミュニケーション研究　通号22〔1992〕p87～108

石橋正子　錦誠堂尾崎富五郎出版目録（稿）――幕末明治初期のある出版人の軌跡：出版研究　通号23〔1992〕p227～253

田英夫　坂田二郎さんのこと：別冊新聞研究　（28）［62］〔1992.2〕p2

春原昭彦, 内川芳美　坂田二郎――同盟・共同きってのソ連通記者：別冊新聞研究　（28）［62］〔1992.2〕p5

春原昭彦, 内川芳美　渡辺孟次――稀有の通信社人生60年：別冊新聞研究　（28）［62］〔1992.2〕p63

小池正行　明治憲法制定史における憲法思想の研究―1―明治14年における朝野新聞の法思想と政治批判―上―：岐阜大学教育学部研究報告. 人文科学　通号40〔1992.3〕p69～102

土方正巳　「都新聞史」余話：新聞研究　通号489〔1992.4〕p61～64

土屋礼子　明治初期小新聞にみる投書とコミュニケーション：新聞学評論　通号41〔1992.5〕p184～199

有山輝雄　メディア史研究の活性化をめざして 既存のワクを越えたネットワークづくり：出版ニュース　通号1604〔1992.8〕p8～11

春原昭彦　東京タイムズ休刊――ユニークな戦後新興紙の歴史を振り返る：新聞研究　通号494〔1992.9〕p64～67

山本芳明　成島柳北のジャーナリズム観――漢学と近代メディアの間で：学習院大学文学部研究年報　通号40〔1993〕p149～171

牧野正久　科学の発展に対する出版の貢献――戦後日本の自然科学系出版史から：出版研究　通号24〔1993〕p101～118

小池正行　明治憲法制定史における憲法思想の研究―2―明治14年における朝野新聞の法思想と政治批判―中―：岐阜大学教育学部研究報告. 人文科学　通号41〔1993.3〕p21～64

加藤敬子　大正期における婦人雑誌広告：慶応義塾大学新聞研究所年報　通号40〔1993.3〕p43～71

井川充雄　占領期における新興紙と全国紙――「中京新聞」を中心にして（メディア文化の位相＜特集＞）：マス・コミュニケーション研究　通号42〔1993.3〕p151～162

秦正流　川添隆行さんのこと：別冊新聞研究　（29）［52］〔1993.4〕p2

春原昭彦, 内川芳美　川添隆行――新聞労働戦線のトップリーダー：別冊新聞研究　（29）［52］〔1993.4〕p5

子安泰　増山太助君と武藤三徳君：別冊新聞研究　（29）［52］〔1993.4〕p3

春原昭彦, 内川芳美　増山太助――第二次読売争議を指導：別冊新聞研究　（29）［52］〔1993.4〕p57

春原昭彦　知られざるジャーナリスト――北村守光と毎月会事件：新聞研究　通号509〔1993.12〕p87～90

李相哲　営口「満洲日報」と中島真雄――満洲における初の日本人経営の新聞とその創刊者について：マス・コミュニケーション研究　通号43〔1993.12〕p160～172

栗田幸助, 石島庸男　山形県出版史の一断面――県内出版和本・和装本目録を編んで：出版研究　通号25〔1994〕p193～202

木野主計　明治期出版関係法令の成立とその問題点：出版研究　通号25〔1994〕p143～156

岩崎勝海　現代編集者の誕生――出版と社会・1930年前後：マスコミ・ジャーナリズム論集　通号2〔1994〕p93～114

田村穣生　「近代日本メディア文化史」の構想 時代区分と問題領域のマトリックスから：出版ニュース　通号1659〔1994.3〕p8～11

小池正行　明治憲法制定史における憲法思想の研究―3―明治14年における朝野新聞の法思想と政治批判―下―：岐阜大学教育

| | | 日本　　　　　　　　　　　　　　　　　　歴史 |

学部研究報告. 人文科学　42 (2)〔1994.3〕p31〜72

藤田万喜子　子規と新聞「日本」：聖徳学園岐阜教育大学国語国文学　(13)〔1994.3〕p42〜49

山口功二　ニュースの発見—2—「東京日日新聞」と岸田吟香のジャーナリズム：評論・社会科学　通号49〔1994.3〕p65〜108

朴順愛　「15年戦争期」における言論政策——政府広報誌『週報』を中心として：マス・コミュニケーション研究　通号44〔1994.3〕p101〜115

加瀬俊一　至誠純情の人—長谷川進一君：別冊新聞研究　(30)〔51〕〔1994.4〕p2

春原昭彦, 内川芳美　長谷川進一——"松岡外交"の舞台裏を取材：別冊新聞研究　(30)〔51〕〔1994.4〕p5

江尻進　佃正弘さんのこと：別冊新聞研究　(30)〔51〕〔1994.4〕p3

春原昭彦, 内川芳美——『日経』興隆期の責任者：別冊新聞研究　(30)〔51〕〔1994.4〕p43

山本武利　第二の開国と国際情報——占領期メディア研究——軍需と『日本タイムズ』(上)：広告　(304)〔1994.5〕p52〜57

有山輝雄　占領軍検閲再考 民間検閲支隊 (CCD) の同窓会に出席して：出版ニュース　通号1667〔1994.6〕p6〜9

山本武利　第二の開国と国際情報——占領期メディア研究——軍需と『日本タイムズ』(下)：広告　(305)〔1994.7〕p52〜57

山本武利　第二の開国と国際情報——占領期メディア研究 (3)『リーダースダイジェスト』の時代 (上)：広告　(306)〔1994.9〕p56〜61

総合ジャーナリズム研究編集部　<ジャーナリズム>幻想が消えたあとで (戦後50年・日本の言論<特別企画>)：総合ジャーナリズム研究所　31 (04)〔1994.10〕p16〜24

本田一二　戦後50年日本の言論——原爆投下！「第1報」日米報道比較——1945年8月—1—：総合ジャーナリズム研究　31 (04)〔1994.10〕p102〜107

後藤靖　自由党系新聞の帝国憲法論 (2)：京都橘女子大学研究紀要　通号22〔1995〕p45〜70

水谷静馬　マスコミ現場 朝鮮侵略百年史の「歪曲と忘却」：マスコミ市民　通号314〔1995.1〕p61〜65

総合ジャーナリズム研究編集部　戦後50年・日本の言論—1〜4：総合ジャーナリズム研究所　32 (01)〜32 (04)〔1995.1〜1995.10〕p8〜47

猪口孝　カラオケ・ジャーナリズムから脱皮を (戦後50年と新聞)：新聞研究　通号522〔1995.1〕p61〜63

中島信一　求められる内なる変革 (戦後50年と新聞)：新聞研究　通号522〔1995.1〕p45〜48

関谷高彦　検証 戦後50年報道——語り部の心でつづる戦後半世紀——1994年 社・論説, 企画総覧 (戦後50年と新聞)：新聞研究　通号522〔1995.1〕p64〜72

小寺聡　「新聞の原点」に立ち返って (戦後50年と新聞)：新聞研究　通号522〔1995.1〕p53〜56

荻野直紀　世におもねらず, 責任を持って (戦後50年と新聞)：新聞研究　通号522〔1995.1〕p37〜40

松下宗之　戦後50年と新聞の課題 (戦後50年と新聞)：新聞研究　通号522〔1995.1〕p10〜25

三橋規宏　日本経済再出発の時代に (戦後50年と新聞)：新聞研究　通号522〔1995.1〕p49〜52

黒川貢三郎　幕末・維新期の新聞：政経研究　31 (2)〔1995.1〕p339〜369

土屋礼子　ニュース・メディアとしての錦絵新聞：マス・コミュニケーション研究　通号46〔1995.1〕p142〜156

後藤允　検証 戦後50年報道——鮮明になる社論の分極化——在京6紙の正月紙面から：新聞研究　通号523〔1995.2〕p62〜65

平野敏也　新聞記者・徳富蘇峰論——その晩年：熊本学園大学経済論集　1 (3・4)〔1995.3〕p245〜260

稲葉暁　新聞人としての柳田国男：社会科学討究　40 (3)〔1995.3〕p1195〜1211

室岡和男　検証 戦後50年報道——平和の尊さかみしめ憲法の役割を評価——地方紙の正月紙面から：新聞研究　通号524〔1995.3〕p93〜100

総合ジャーナリズム研究所　原爆投下！「第1報」日米報道比較-3-1945年8月 (戦後50年・日本の言論-2-)：総合ジャーナリズム研究　32 (02)〔1995.4〕p28〜34

春原昭彦, 内川芳美　殿木圭一——根っからのジャーナリスト：別冊新聞研究　(31)〔65〕〔1995.4〕p53

春原昭彦, 千住方, 内川芳美　福田利光——西日本新聞中興の祖：別冊新聞研究　(31)〔65〕〔1995.4〕p7

高畠和也　検証 戦後50年報道——21世紀へ向け戦後の歩み糧に——北海道・東北の連載・継続企画：新聞研究　通号525〔1995.4〕p79〜84

関谷高彦　検証 戦後50年報道——満蒙開拓, 産業復興——反映する各紙の地域特性——関東・近畿各紙の連載・継続企画：新聞研究　通号526〔1995.5〕p87〜93

後藤允　検証 戦後50年報道——戦争の教訓と足元からの見直し探る好特集——中部・北陸各紙の連載・継続企画：新聞研究　通号527〔1995.6〕p75〜79

大橋正信　夫人が語った人間・桐生悠々—10時間余りの録音テープを聞いて (発掘戦後50年)：新聞研究　通号527〔1995.6〕p68〜71

クリントン・A・ファイスナー, フランク・S・馬場, 五百旗頭真, 大森幸男, 内川芳美, 武井照子, 野崎茂　戦後50年企画 シンポジウム「検証 戦後放送の黎明〜新しい放送が日本を変えた〜」：月刊民放　25 (289)〔1995.7〕p4〜11

吉田安三　戦後はまだ続いている——沖縄の新聞として (戦後50年)：新聞研究　通号528〔1995.7〕p58〜61

由井晶子　特異な歴史体験を未来に (戦後50年)：新聞研究　通号528〔1995.7〕p54〜57

山本巌　"1銭5厘"たちに学んだこと——戦後50年国会決議に関連して (戦後50年 地方で語り継ぐ戦争)：新聞研究　通号529〔1995.8〕p43〜45

山本牧　50年前の記者と向き合って (戦後50年 地方で語り継ぐ戦争)：新聞研究　通号529〔1995.8〕p23〜25

谷川宗一　あの時地元紙があったら… (戦後50年 地方で語り継ぐ戦争)：新聞研究　通号529〔1995.8〕p41〜42

横田光俊　「せんそう」って何だ (戦後50年 地方で語り継ぐ戦争)：新聞研究　通号529〔1995.8〕p26〜28

今中亘, 朝長昭生　ヒロシマ・ナガサキ被爆地の地元紙として (被爆2紙編集局長対談) (戦後50年 地方で語り継ぐ戦争)：新聞研究　通号529〔1995.8〕p10〜22

石井伸一　ポ宣言黙殺の翻訳は歴史的誤訳か (発掘戦後50年)：新聞研究　通号529〔1995.8〕p50〜55

渡部永和　繰り返しの中に生きた言葉——花岡事件から半世紀 (戦後50年 地方で語り継ぐ戦争)：新聞研究　通号529〔1995.8〕p29〜31

御供文範　庶民の体験を次世代へ (戦後50年 地方で語り継ぐ戦争)：新聞研究　通号529〔1995.8〕p32〜34

加藤幹敏　戦無派が挑んだ「歴史」検証 (戦後50年 地方で語り継ぐ戦争)：新聞研究　通号529〔1995.8〕p38〜40

斎藤隆　地域で「平和」を学ぶ (戦後50年 地方で語り継ぐ戦争)：新聞研究　通号529〔1995.8〕p35〜37

歴史	日本

小宮寛治　求められる「三つ目」記者——地方との関係で報じる（戦後50年 これまで，これから＜特集＞—世界の中で）：新聞研究　通号530　〔1995.9〕　p39～41

日本新聞協会審査室　検証 戦後50年報道——歴史掘り起こし，21世紀を展望——在京各紙・通信社の連載・継続企画：新聞研究　通号530　〔1995.9〕　p77～83

友田浩　「現地化」通じ真の相互理解を——アジアとの関係を報じる（戦後50年 これまで，これから＜特集＞—世界の中で）：新聞研究　通号530　〔1995.9〕　p42～45

小野昌和　地方紙・編集責任者座談会——地方から半世紀を振り返る（戦後50年 これまで，これから＜特集＞）：新聞研究　通号530　〔1995.9〕　p10～26

島津邦弘　「ヒロシマ50年」報道——特集「検証 ヒロシマ1945～1995」，連載「核と人間」，インタビューシリーズ「核時代 昨日・今日・明日」——中国新聞社——「ヒロシマ新時代への橋渡し」（平成7年度新聞協会賞—授賞理由/受賞報告）：新聞研究　通号531　〔1995.10〕　p14～17

春原昭彦　戦前の言論規制——内閣情報局の指導をめぐって：コミュニケーション研究　通号26　〔1996〕　p1～20

石橋正子　『出版史研究』第1-4輯：出版研究　通号27　〔1996〕　p169～174

石塚純一　戦後出版史の一視角——岩波講座『日本歴史』の検証：出版研究　通号27　〔1996〕　p61～85

文研50周年記念プロジェクト出版分科会　放送文化研究所 調査研究50年の歩み：NHK放送文化調査研究年報　通号41　〔1996〕　p245～267

藤原隆祥　戦後50年・日本の言論－5－資料編 テレビ「戦後50年」関連番組：総合ジャーナリズム研究　33（01）〔1996.1〕　p100～110

清水英夫　布川角左衛門氏のこと：総合ジャーナリズム研究　33（02）〔1996.4〕　p36～37

土屋礼子　メディア史研究の動向——明治大正期：メディア史研究　通号4　〔1996.5〕　p151～161

中園裕　戦前期検閲制度運用論——記事差止命令の成立と構造を中心に（特集＝メディアと言説）：メディア史研究　通号4　〔1996.5〕　p81～104

杉原志啓　「綜合型知識人」の歴史叙述——三宅雪嶺『同時代史』と徳富蘇峰『近世日本国民史』の比較検討（特集＝メディアと言説）：メディア史研究　通号4　〔1996.5〕　p39～58

梶田明宏　「藩閥打破」の論理——初期議会における徳富蘇峰の言論政治戦略（特集＝メディアと言説）：メディア史研究　通号4　〔1996.5〕　p19～38

朴順愛　朝鮮総督府の情報宣伝政策：マス・コミュニケーション研究　通号49　〔1996.7〕　p143～160

武市銀治郎　アメリカの対日占領期における検閲政策——原爆報道を中心にして：防衛大学校紀要. 社会科学分冊　通号73　〔1996.9〕　p39～85

矢島重巻　共同社史編さんを終えて：新聞通信調査会報　通号407　〔1996.10〕

関口実　「時事通信社五十年史」：新聞通信調査会報　通号407　〔1996.10〕

井川充雄　メディア史研究の動向——昭和期：メディア史研究　通号5　〔1996.11〕　p157～170

春原昭彦，内川芳美　安保久武——報道写真の草分け：別冊新聞研究　（33）〔61〕〔1996.12〕　p49

春原昭彦，内川芳美　山田一郎——『国通』時代の最後：別冊新聞研究　（33）〔61〕〔1996.12〕　p5

松田浩　日本におけるジャーナリスト運動の歴史的形成：社会論集　（3）〔1997.3〕　p25～117

沢目健介　大正期『国民新聞』署名記事に見る徳富蘇峰の言論動向：成蹊大学法学政治学研究　（16）〔1997.3〕　p111～132

尾崎宏次　「番組批評」の途を開く…〔含 略歴〕（追悼 土方正巳氏を偲ぶ）：総合ジャーナリズム研究　34（02）〔1997.4〕　p44～46

丸林久信　虜囚の壁新聞・文苑のことなど——いつか来た道：公評　34（3）〔1997.4〕　p106～115

土屋礼子　『いろは新聞』にみる自由民権運動期の小新聞（特集＝ジャーナリズムの断面）：メディア史研究　通号6　〔1997.5〕　p1～21

谷本奈穂　人気マンガの魅力の構造：マス・コミュニケーション研究　通号51　〔1997.7〕　p168～181

小出鐸男　試論「編集企画の背景」1950年代の新書出版について：出版研究　通号29　〔1998〕　p121～139

土屋礼子　戦前期新聞研究における読売瓦版・錦絵新聞・小新聞——新聞の大衆性をめぐって：人文研究 : 大阪市立大学大学院文学研究科紀要　50（9分冊）〔1998〕　p615～634

斎藤吉久　朝日新聞と神道人（第2回）戦時体制と闘った神道人：正論　通号307　〔1998.3〕　p244～255

岡久雄　岡久雄－－『読売』カラー化の推進役：別冊新聞研究　（34）〔58〕〔1998.4〕　p57

斎藤吉久　朝日新聞と神道人（最終回）新聞人の夢を葦津珍彦に託した緒方竹虎：正論　通号308　〔1998.4〕　p238～249

岡久雄　岡久雄——『読売』カラー化の推進役（聴きとりでつづる新聞史）：別冊新聞研究　通号34　〔1998.4〕　p57～107

浅野健一　不逞の暴徒と決め付けた日帝メディア韓国三・一運動はどう報道されたか：評論・社会科学　通号58　〔1998.6〕　p121～134

井田進也　福沢諭吉『時事新報』論説の再認定——丸山真男の旧福沢選集第四巻「解題」批判：思想　通号891　〔1998.9〕　p92～103

加藤裕治　新聞報道の誕生——西南戦争をめぐる報道からの考察：社会学評論　49（2）通号194　〔1998.9〕　p270～285

西山武典　通信社ルーツ文書あり発掘：新聞通信調査会報　通号431　〔1998.9〕　p14

田原茂行　「放送の多様化」の歴史的考察（その1）：人間科学 : 常磐大学人間科学部紀要　16（1）〔1998.10〕　p49～58

春原昭彦　新聞界の共同機関・日本新聞会と日本新聞協会その成立に至る歴史的経緯について：日本新聞教育文化財団研究室年報　通号17　〔1999〕　p39～49

山崎茂男　聴きとりでつづる新聞史 略史：日本新聞教育文化財団研究室年報　通号17　〔1999〕　p8～15

春原昭彦　戦後、地方紙「廃刊」の軌跡（Feature 地方紙のゆくえ）：総合ジャーナリズム研究　36（01）（通号167）〔1999.1〕　p17～22

池内紀　カール・クラウスの戦術（世紀末、千年紀末の新聞）：新聞研究　通号570　〔1999.1〕　p34～37

水野剛也　日系アメリカ人戦時収容所のキャンプ新聞と冬季休暇報道——収容初年の冬季休暇報道に見る二面性とキャンプ新聞の言論活動の再検討：マス・コミュニケーション研究　通号54　〔1999.1〕　p184～198

奥武則　遥（はる）かなる明治期ジャーナリズムの遊び心——「滑稽新聞」の編集遊び主義（「遊び心」と新聞）：新聞研究　通号571　〔1999.2〕　p15～18

岩村正史　日独伊防共協定以前における対独世論の変遷—新聞論調を中心として：慶応義塾大学大学院法学研究科論文集

17

	（39）（平成10年度）〔1999.3〕 p77～94
小泉雅弘	幕末風刺画とその受容層——近代的「世論」形成の一前提として：駒沢史学　通号53〔1999.3〕p100～122
土屋礼子	政党系小新聞にみる明治十年代後半の小新聞の変貌（特集＝変動期のメディア）：メディア史研究　通号8〔1999.3〕p27～55
水野剛也	日系アメリカ人立ち退き・収容問題と日系人擁護派プレス——三つの日系人擁護論とその特質（特集＝変動期のメディア）：メディア史研究　通号8〔1999.3〕p56～75
乾照夫	幕末期の成島柳北——幕末奥儒者の生活と漢文学の動向（特集＝変動期のメディア）：メディア史研究　通号8〔1999.3〕p1～26
佐伯安彦	戦争や不況など世相を反映「昭和メディア史」の周辺：新聞通信調査会報　通号437〔1999.4〕p14～16
田島泰彦, 浜田純一	対談 この10年のマスコミ判例を振り返って：新聞研究　通号576〔1999.7〕p51～65
古関彰一, 佐藤一, 前坂俊之	座談会 戦後ジャーナリズムの検証(2)下山・三鷹・松川事件50年、レッドパージ、講和条約：マスコミ市民　通号369〔1999.9〕p26～39
神英雄	明治期における新宗教と新聞報道——阿吽鉢羅婆（あむはらば）教排斥報道を中心として：竜谷史壇　通号113〔1999.10〕p53～74
冨塚秀樹	日本新聞学史における杉村楚人冠：京都精華大学紀要　（19）〔2000〕p205～218
大和博幸	90年代の近世出版史研究（特集 1990年代の出版研究）：出版研究　通号31〔2000〕p19～34
佐藤正晴	90年代の近代出版史研究（特集 1990年代の出版研究）：出版研究　通号31〔2000〕p35～47
植田康夫	巻頭文 1990年代の出版研究のレビューが語るもの（特集 1990年代の出版研究）：出版研究　通号31〔2000〕p1～5
土屋礼子	大阪の小新聞：人文研究 ： 大阪市立大学大学院文学研究科紀要　52（5分冊）〔2000〕p455～477
中司廣志	「甲申事変」報道にみる「大新聞」の朝鮮・清国政策：法政論叢　37(1)〔2000〕p162～172
有山輝雄	1930年40年体制と言論の多様性（特集 メディア支配と言論の多様性）：マス・コミュニケーション研究　通号56〔2000.1〕p50～63
水野剛也	日系アメリカ人立ち退き・収容におけるアメリカ政府の邦字紙管理政策1941～1942：マス・コミュニケーション研究　通号56〔2000.1〕p174～189
名和悦子	内藤湖南と「間島問題」に関する新聞論調：岡山大学大学院文化科学研究科紀要　通号9〔2000.3〕p216～198
本多秀樹, 木原健太郎	軍靴の中を生きた新聞人——緒方竹虎：公評　37(2)〔2000.3〕p98～105
廉舒	満州事変と中国マスメディア——『大公報』の論調を中心に：法学政治学論叢 ： 法律・政治・社会　通号44〔2000.3〕p97～125
井上敦	三国干渉前後の言論統制の一端：法政史学　通号53〔2000.3〕p12～34
谷暎子	占領期の検閲と北海道の児童出版物：北星学園女子短期大学紀要　通号36〔2000.3〕p13～23
佐藤純子	満洲国通信社の設立と情報対策（特集＝メディアの周辺、周辺のメディア）：メディア史研究　通号9〔2000.3〕p24～43
広井脩	検証・東海村臨界事故報道/市民はメディアをどう評価したか——東海村臨界事故についての調査研究から：新聞研究　通号585〔2000.4〕p31～35
佐伯安彦	開花した「電波の時代」続・昭和メディア史の周辺：新聞通信調査会報　通号451〔2000.6〕p14～16
西村幹夫	何が見えず、何が障害となり、何ができたのか——事件年表でジャーナリズムの空白を埋めたい（特集 水俣病報道とは何なのか）：新聞研究　通号587〔2000.6〕p36～39
牧野守	内務省令「活動写真『フィルム』検閲規則」の制定における立法の思想と背景（特集 メディア史のなかの映画）：メディア史研究　10〔2000.10〕p16～36
井上祐子	太平洋戦争下の報道技術者——今泉武治の「報道美術」と写真宣伝：立命館大学人文科学研究所紀要　（75）〔2000.11〕p161～205
谷暎子	人文科学 占領期・地方出版の児童雑誌——1945年～1949年：北星学園女子短期大学紀要　（37）〔2001〕p7～20
水野剛也	日系アメリカ人強制収容所における新聞の「検閲」と「監督」——立ち退き・収容初期における政府の新聞発行・管理政策：マス・コミュニケーション研究　通号58〔2001〕p126～141
谷藤悦史	戦後社会の「市民」とマスメディア——市民社会論の視点から（特集 メディア・社会・人びと）：新聞研究　（594）〔2001.1〕p27～31
前川佐重郎	ニュース, 自主取材の足跡～戦前・戦中から占領期へ：放送研究と調査　51(5)通号600〔2001.5〕p50～55
鈴木希依子	初期「讀賣新聞」にみられる解説記事：表現と創造　（2）〔2001.6〕p27～35
河崎吉紀	新聞記者の制度化——戦前期における採用と学歴：評論・社会科学　（66）〔2001.7〕p141～159
春名幹男	日米関係の深層を探ろう——その時々の表面を追い掛けるのに忙殺された戦後日本の日米報道（特集 「講和・安保50年」と新聞）：新聞研究　（604）〔2001.11〕p10～13
阿部修二郎, 杉崎繁, 鈴木嘉一	座談会 放送史の編集を終えて——社史・放送史は放送界共通の財産（特集 民放50周年記念特集——後世に何を残すか）：月刊民放　31(12)通号366〔2001.12〕p34～43
吉田則昭	戦時期メディア界再編成の理論と実際——資本・権力の相剋する場としての新聞新体制：社会学研究科年報　（9）〔2002〕p21～34
中村幹	90年代の出版印刷技術研究（1990年代の出版研究（続々））：出版研究　通号33〔2002〕p11～27
谷暎子	人文科学 占領下の児童書検閲——科学読み物の場合：北星学園女子短期大学紀要　（38）〔2002〕p9～19
宮守正雄	昭和の激動期の書評新聞編集者——日本読書新聞・圖書新聞・週刊読書人が誕生するまでの記録：マスコミ・ジャーナリズム論集　（10）〔2002〕p1～25
河崎吉紀	1920年代における新聞記者の学歴——日本新聞年鑑所収「名鑑」の分析を通して：マス・コミュニケーション研究　通号61〔2002〕p121～133
水野剛也	日系アメリカ人仮収容所における新聞検閲——収容所規則と新聞検閲の一般的特徴：マス・コミュニケーション研究　通号61〔2002〕p221～234
阪本博志	『平凡』読者の連帯と戦後大衆文化：マス・コミュニケーション研究　通号60〔2002〕p122～136
山本武利	エコノミスト・リポート 占領期秘話 GHQ検閲雑誌15万冊が物語る 著名作家らの意外な占領期思想史：エコノミスト　80(4)通号3544〔2002.1〕p44～45
浅利光昭	STUDY 歴史研究・関東大震災後の東京の新聞界--「時事新報」の財務分析を手がかりとして：総合ジャーナリ

	ズム研究　39（02）（通号 180）〔2002.3〕p56〜60
壱岐一郎	日米開戦60周年と記者桐生悠々：沖縄大学人文学部紀要　（3）〔2002.3〕p1〜12
加藤哲郎	幻の日本語新聞『ベルリン週報』を求めて——サイバー・メディアによるクラシック・メディア探索記：Intelligence　（1）〔2002.3〕p64〜72
鎌垣英人，菊地泰博，田口久美子　座談会 "活字" はどこへゆく——出版取次・鈴木書店の倒産が語るもの：金曜日　10（9）通号 410〔2002.3〕p44〜49
内田剛弘	表現の自由は、いま（9）言論封殺に狂奔した蓑田胸喜——治安維持法時代の民間思想検察官：マスコミ市民　通号 399〔2002.4〕p20〜31
松崎稔	明治20年代の青年結社と演説・討論——大成会・辛卯会・町田倶楽部（特集 声のメディア史）：メディア史研究　12〔2002.4〕p29〜44
乾照夫	明治のメディアに見る「語り」の状況（特集 声のメディア史）：メディア史研究　12〔2002.4〕p5〜28
田島奈都子	近代日本におけるポスターの認識とその展開——明治・大正期のポスター展を中心として（特集＝「放送」の成立）：メディア史研究　13〔2002.11〕p74〜91
里見脩	同盟通信社設立の起源——通信社と国家（特集＝「放送」の成立）：メディア史研究　13〔2002.11〕p92〜109
前川佐重郎	明らかになった戦時下の放送検閲——新発見史料『放送事項取締彙報（いほう）』：放送研究と調査　52（12）通号 619〔2002.12〕p2〜13
丁意平	戦後日本の農業出版ジャーナリズムの展開——農山漁村文化協会（農文協）を事例として：出版研究　通号34〔2003〕p79〜104
河崎吉紀	新聞記者制度の言説分析——戦前期における保護と統制：マス・コミュニケーション研究　通号63〔2003〕p98〜111
山田俊治	未完の物語——「郵便報知新聞」の連載記事（続き物）：横浜市立大学論叢. 人文科学系列　55（1）〔2003〕p227〜245
大沢正作	思い出の同盟通信社航空部 身が震えた志摩機長の殉職：新聞通信調査会報　通号483〔2003.2〕p22〜23
江藤文夫	戦争体験を欠く日本のテレビ50年 テレヴィジョンの昨日・今日・明日（特集 放送評論の地平）：月刊民放　33（4）通号382〔2003.4〕p22〜24
井川充雄	メディア・イベントとしての南極観測支援事業：メディア史研究　14〔2003.4〕p98〜114
吉田直哉，杉崎繁，前川佐重郎　放送史への証言 雑誌に仕掛けられた「素顔論争」——吉田直哉氏に聞く：放送研究と調査　53（11）通号630〔2003.11〕p84〜89
有山輝雄	ある地域社会における新聞雑誌購読——福島県梁川町・明治期の事例（特集＝地域社会とメディア）：メディア史研究　15〔2003.11〕p66〜88
浦部信義	社団法人大阪放送局の成立と変遷（特集＝地域社会とメディア）：メディア史研究　15〔2003.11〕p46〜65
佐藤純子	戦時体制下の同盟通信社と情報網——南米・欧州情報網の構築と活動の実態：メディア史研究　15〔2003.11〕p108〜125
仙石和道	時事通信社『時事通信・時事解説版』と大熊信行——1946〜1948年を中心として：出版研究　通号35〔2004〕p65〜82
水野剛也	第二次世界大戦初期のアメリカ政府による日本語新聞の利用——事実統計局（OFF）および初期戦時情報局（OWI）の情報提供と編集介入を中心に：マス・コミュニケーション研究　通号65〔2004〕p116〜132
大谷正	国際通信社設立の前史——清国新聞電報通信とニューヨークの東洋通報社について（特集＝日本を伝える 世界を観る）：メディア史研究　16〔2004.4〕p1〜18
O'Connor, Peter, 辻みどり　日本関係評論における欧米人ジャーナリストの影響力の推移——二〇世紀初頭から太平洋戦争まで（上）（特集＝日本を伝える 世界を観る）：メディア史研究　16〔2004.4〕p37〜52
宮里立士	日露戦後における日米関係の一断面——アメリカ主力艦隊世界周航と日本寄航問題の新聞報道を中心に（特集＝日本を伝える 世界を観る）：メディア史研究　16〔2004.4〕p19〜36
橋本晃	メディア統制の構造と動態——戦時報道の歴史から学ぶ：新聞研究　（634）〔2004.5〕p31〜34
寺師祥一	消えた『鹿児島新報』の45年（FEATURE 地方紙のゆくえ2004）：総合ジャーナリズム研究　41（04）（通号 190）〔2004.9〕p21〜25
香内三郎，田村紀雄，有山輝雄　インタビュー 香内三郎氏に聞く＝回想・戦後初期のマスコミュニケーション研究：メディア史研究　17〔2004.11〕p143〜171
O'Connor, Peter, 辻みどり　日本関係評論における欧米人ジャーナリストの影響力の推移——二〇世紀初頭から太平洋戦争まで（下）（特集 人と人をつなぐメディア 面談・書簡・電信・電話）：メディア史研究　17〔2004.11〕p112〜121
有山輝雄	メディア史研究における読者研究——視座の転換を目指して（特集 メディア史研究の方法再考——メッセージの生産と受容の歴史）：マス・コミュニケーション研究　通号67〔2005〕p34〜50
香内三郎	「言論史」の方法的諸問題——戦後研究史のなかでの一つの見取図（特集 メディア史研究の方法再考——メッセージの生産と受容の歴史）：マス・コミュニケーション研究　通号67〔2005〕p15〜33
有山輝雄	内川芳美先生を偲ぶ（追悼 内川芳美先生）：マス・コミュニケーション研究　通号67〔2005〕p6〜9
山田俊治	未完の物語——「東京絵入新聞」の連載記事（続き物・1）：横浜市立大学論叢. 人文科学系列　57（1・2）〔2005〕p89〜124
趙軍	日中戦争期間中の中国における「大アジア主義」——留日同学会の言論と活動を中心として：駒沢史学　（64）〔2005.2〕p109〜129
梁永厚	戦前の在日朝鮮人の新聞、雑誌目録：関西大学人権問題研究室紀要　（50）〔2005.3〕p39〜70
市川祥子	「上毛新聞」と有島武郎：群馬県立女子大学国文学研究　（25）〔2005.3〕p83〜93
松岡僖一	新聞が報じた士族の反乱（1876）：高知大学教育学部研究報告　（65）〔2005.3〕p55〜72
有山輝雄	戦後60年とジャーナリズム（2）自明の「民主主義性」に疑いを——大衆社会とマスメディア、そしてジャーナリズム：新聞研究　（644）〔2005.3〕p60〜63
NHK放送文化研究所メディア経営部放送史グループ，玉木存，畑節生　放送史への証言 新聞に追いつき追い越せ——報道現場3氏の回想：放送研究と調査　55（3）通号646〔2005.3〕p62〜71
石川旺	戦後60年とジャーナリズム（3）映像が提示する非論理性の陥穽——テレビは報道をどう変えたか：新聞研究　（645）〔2005.4〕p25〜28

草薙聡志	半井桃水 小説記者の時代(1)大衆紙としての東京朝日新聞：AIR21 （179）〔2005.4〕 p2〜16	
草薙聡志	半井桃水 小説記者の時代(2)新聞小説と文学的小説：AIR21 （180）〔2005.5〕 p80〜95	
中原雄太郎	業界動向 明治の印刷物・新聞と絵はがきの役割：印刷雑誌 88(6)〔2005.6〕 p41〜44	
草薙聡志	半井桃水 小説記者の時代(3)新聞小説の成り立ちとともに：AIR21 （181）〔2005.6〕 p77〜93	
草薙聡志	半井桃水 小説記者の時代(4)引っ越してきた「文学」：AIR21 （182）〔2005.7〕 p107〜121	
草薙聡志	半井桃水 小説記者の時代(5)「東洋のタイムス」の幸田露伴：AIR21 （183）〔2005.8〕 p120〜136	
寺田浩章	「あの日を今に問う」視点で——“夏”にとらわれない「戦後60年の原点」の取り組み（終戦とジャーナリズム）：新聞研究 （650）〔2005.9〕 p10〜13	
北村順生	学生がつづる「戦後60年」特集記事——新潟大と新潟日報・紙面共同企画の試み：新聞研究 （650）〔2005.9〕 p64〜67	
菱木一美	戦後60年とジャーナリズム(4)閉鎖的ナショナリズムの打破を——国際報道の軌跡と課題：新聞研究 （650）〔2005.9〕 p38〜41	
谷暎子	占領下の児童書検閲——違反に問われた絵本をめぐって：北星学園大学文学部北星論集 43(1)通号44 〔2005.9〕 p91〜100	
草薙聡志	半井桃水 小説記者の時代(6)「非文芸の時代」と樋口一葉：AIR21 （184）〔2005.9〕 p153〜170	
藤実久美子	1990年代以降の書籍文化史研究（近世）（特集 近世・近代出版史研究の現状と課題）：日本出版史料 通号10 〔2005.10〕 p2〜16	
草薙聡志	半井桃水 小説記者の時代(7)ヒーローは朝鮮を目指す：AIR21 （185）〔2005.10〕 p136〜152	
熊谷伸一郎	検証 南京事件・「百人斬り」訴訟——問われる戦後責任・報道責任：世界 （745）〔2005.11〕 p225〜235	
熊谷伸一郎	歴史修正主義との闘い 検証 南京事件・「百人斬り」訴訟——問われる戦後責任・報道責任：世界 （745）〔2005.11〕 p225〜235	
石崎等	越境の報道学——「日支事変」と従軍作家たち(1)：立教大学大学院日本文学論叢 （5）〔2005.11〕 p1〜32	
今西光男	白虹事件の教訓 新聞経営の危機はどのようにして克服されたか：AIR21 （186）〔2005.11〕 p25〜47	
草薙聡志	半井桃水 小説記者の時代(8)師匠が弟子にしてやれること：AIR21 （186）〔2005.11〕 p79〜98	
御代川貴久夫	プランゲ文庫データベースからみる占領期における科学技術（第1報）科学技術ジャンルの雑誌の出版および検閲の状況：Intelligence （6）〔2005.11〕 p59〜66	
松本和也	事変下メディアのなかの火野葦平——芥川賞「糞尿譚」からベストセラー「麦と兵隊」へ：Intelligence （6）〔2005.11〕 p79〜91	
内田満	草創期早稲田とジャーナリズム：Intelligence （6）〔2005.11〕 p50〜58	
総合ジャーナリズム研究所	戦後ジャーナリズム史略年表（FEATURE 「戦後60年」のジャーナリズム1）：総合ジャーナリズム研究 42(01)（通号191）〔2005.12〕 p25〜38	
伊藤洋子	びっくり仰天！ 負の歴史 メディアへの政治介入 パート2 1998年〜1999年・事件簿：ぎゃらく 通号438 〔2005.12〕 p26〜35	
三鬼浩子	近代日本における新聞発行権と女性——1883年新聞紙条例をめぐって（特集＝歴史のなかの女性とメディア）：メディア史研究 19 〔2005.12〕 p1〜16	
小林聡明	米軍政期南朝鮮におけるパーソナルメディア検閲体制の変容——CCDからの離脱/第二四軍団への移管を中心に：メディア史研究 19 〔2005.12〕 p124〜140	
草薙聡志	半井桃水 小説記者の時代(9)涙香の本領 探偵小説に挑む：AIR21 （187）〔2005.12〕 p89〜110	
仙石和道	大日本言論報国会時代の大熊信行——雑誌『公論』を巡る一考察：出版研究 通号37 〔2006〕 p165〜189	
磯部敦	『開化新聞』『石川新聞』の出版史的考察——明治初期地方紙出版の一モデル：書物・出版と社会変容 （1）〔2006〕 p143〜171	
宮下丘	占領軍検閲統制と左翼メディア（上・第1部）軍事裁判訴追の歴史的背景を中心に：新聞学 : 文化とコミュニケーション （21）〔2006〕 p34〜75	
草薙聡志	半井桃水 小説記者の時代(10)新聞小説は戦争に適応できたか：AIR21 （188）〔2006.1〕 p106〜126	
草薙聡志	半井桃水 小説記者の時代(11)「みかん箱製造」人と「まことの詩人」：AIR21 （189）〔2006.2〕 p130〜156	
桂敬一, 江口浩, 前田耕一, 田村紀雄, 藤田博司, 有山輝雄	第8回・通信社問題研究座談会 「同盟」の対外発信を総合的に収集 米、開戦時の情報戦でも日本を圧倒：新聞通信調査会報 通号527 〔2006.3〕 p1〜14	
今西光男	緒方竹虎と朝日新聞(1)白虹事件をどう克服したのか：AIR21 （190）〔2006.3〕 p85〜112	
草薙聡志	半井桃水 小説記者の時代(12)紙面改良の挫折、大物スカウトの失敗：AIR21 （190）〔2006.3〕 p126〜149	
今西光男	緒方竹虎と朝日新聞(2)満州事変への道——軍部に抗することはできたのか：AIR21 （191）〔2006.4〕 p128〜156	
草薙聡志	半井桃水 小説記者の時代(13)高級志向に転じる東京朝日：AIR21 （191）〔2006.4〕 p157〜181	
伊藤洋子	びっくり仰天！ 負の歴史 メディアへの政治介入 パート3 1996年〜1997年・事件簿：ぎゃらく 通号443 〔2006.5〕 p28〜35	
今西光男	緒方竹虎と朝日新聞(3)東条英機とゾルゲ事件——酸素がだんだん乏しくなって来た：AIR21 （192）〔2006.5〕 p122〜152	
草薙聡志	半井桃水 小説記者の時代(14)「新聞記者≠文学者」という常識：AIR21 （192）〔2006.5〕 p153〜179	
今西光男	緒方竹虎と朝日新聞(4)日米開戦——中野正剛の憤死：AIR21 （193）〔2006.6〕 p85〜118	
草薙聡志	半井桃水 小説記者の時代(15)言文一致の晩学者は長唄の達人：AIR21 （193）〔2006.6〕 p119〜148	
千葉慎一	共同通信社、「60周年記念写真集」刊行：新聞通信調査会報 通号531 〔2006.7〕 p10	
今西光男	緒方竹虎と朝日新聞(5)戦争末期——「反緒方」のクーデター：AIR21 （194）〔2006.7〕 p37〜65	
草薙聡志	半井桃水 小説記者の時代(16)不惑を過ぎて日露戦争に従軍：AIR21 （194）〔2006.7〕 p110〜134	
山本武利	GHQ民間情報教育局による日本新聞分析——1948年：Intelligence （7）〔2006.7〕 p36〜49	
石井秀一	スポーツ新聞60年 時代の上澄みをすくい上げる——“固有名詞”を中心にすえた紙面づくり：新聞研究 （661）〔2006.8〕 p67〜70	
今西光男	緒方竹虎と朝日新聞(6)敗戦——潰された和平工作：AIR21 （195）〔2006.8〕 p38〜68	
草薙聡志	半井桃水 小説記者の時代(17)「機械との戦い」だった旅順戦：AIR21 （195）〔2006.8〕 p99〜128	
西山清雄	関西だより 発足して10年—協同組合スコーポ：放送レポート 202号 〔2006.9〕 p48	

今西光男	緒方竹虎と朝日新聞（7）敗戦——「朝日内閣」と児玉誉士夫：AIR21　（196）〔2006.9〕 p68〜99			
草薙聡志	半井桃水 小説記者の時代（18）奉天会戦後の留守居役として：AIR21　（196）〔2006.9〕 p121〜149			
今西光男	緒方竹虎と朝日新聞（8）マッカーサーの顔色：AIR21　（197）〔2006.10〕 p133〜164			
草薙聡志	半井桃水 小説記者の時代（19）従軍から帰ると「浦島太郎」：AIR21　（197）〔2006.10〕 p193〜221			
伊藤洋子	びっくり仰天！ 負の歴史 メディアへの政治介入 パート4 1995年・事件簿：ぎゃらく　通号449〔2006.11〕 p29〜35			
今西光男	緒方竹虎と朝日新聞（9）戦争責任と「十月革命」——占領前期：AIR21　（198）〔2006.11〕 p94〜125			
草薙聡志	半井桃水 小説記者の時代（20）夏目漱石が「新聞屋」に降臨する：AIR21　（198）〔2006.11〕 p126〜154			
大谷正	日清戦争報道とグラフィック・メディア——従軍した記者・画工・写真師を中心に（特集＝メディアの伝える戦争）：メディア史研究　21〔2006.12〕 p1〜19			
里見脩	「満州国通信社」序論——通信社と国家（特集＝メディアの伝える戦争）：メディア史研究　21〔2006.12〕 p69〜88			
今西光男	緒方竹虎と朝日新聞（10）GHQ、社主家、三等重役、そして労働組合：AIR21　（199）〔2006.12〕 p91〜121			
草薙聡志	半井桃水 小説記者の時代（21）漱石という浸透圧：AIR21　（199）〔2006.12〕 p122〜154			
黒田俊太郎	『読売新聞』における〈新聞小説〉の編成過程——明治二〇年前後、逍遥の思考と意志の行方：藝文研究　（93）〔2007〕 p1〜28			
柴野京子	赤本の近代——その流通変容と日本の出版市場形成：出版研究　通号38〔2007〕 p1〜26			
磯部敦	明治期甲州新聞解話会：書物・出版と社会変容　（2）〔2007〕 p97〜105			
小林宗之	アジア・太平洋戦争期における号外発行と新聞界：新聞学： 文化とコミュニケーション　（22）〔2007〕 p82〜108			
許在哲	旧日本軍慰安婦に関する日本メディアの報道傾向——2007年2月中旬〜3月中旬の米下院の決議案をめぐる論争を中心に：新聞学： 文化とコミュニケーション　（22）〔2007〕 p127〜133			
宮下丘	占領軍検閲統制と左翼メディア（下 第2部 前編）軍事裁判訴追の歴史的背景を中心に：新聞学： 文化とコミュニケーション　（22）〔2007〕 p1〜43			
石川徳幸	明治中期におけるジャーナリズムの対外思潮——日露開戦論と国粋主義的ジャーナリズムを中心として：日本大学大学院法学研究年報　（37）〔2007〕 p425〜464			
飯塚浩一	メディアの歴史——研究動向と今後の展望（特集 マス・コミュニケーション研究 回顧と展望）：マス・コミュニケーション研究　通号70〔2007〕 p67〜78			
宮武実知子	「帝大七博士事件」をめぐる輿論と世論——メディアと学者の相利共生の事例として：マス・コミュニケーション研究　通号70〔2007〕 p157〜175			
安形輝，上田修一	『時事新報』初期の社説の著者推定：三田図書館・情報学会研究大会発表論文集　2007年度〔2007〕 p57〜60			
諸岡達一	「野球報道史」と言葉力——時代とともに興奮伝えた豊富なボキャブラリー（新聞のことば）：新聞研究　（666）〔2007.1〕 p14〜17			
今西光男	緒方竹虎と朝日新聞（11）社主家の攻勢と「アサヒ・マン」：AIR21　（200）〔2007.1〕 p168〜201			
草薙聡志	半井桃水 小説記者の時代（22）「文芸欄」が政治経済面に出現：AIR21　（200）〔2007.1〕 p202〜231			
今西光男	緒方竹虎と朝日新聞（12）公職追放と「フジヤマのトビウオ」：AIR21　（201）〔2007.2〕 p100〜130			
草薙聡志	半井桃水 小説記者の時代（23）講談の席巻と文芸欄の破綻：AIR21　（201）〔2007.2〕 p131〜165			
今西光男	緒方竹虎と朝日新聞（13）朝鮮戦争と「ゾルゲ」の呪縛：AIR21　（202）〔2007.3〕 p75〜105			
草薙聡志	半井桃水 小説記者の時代（24）「明治」が消えゆくなかで：AIR21　（202）〔2007.3〕 p106〜134			
堀義明	通信社の先輩が語る「私の体験記」（1）中国、仏、アフリカを駆け巡る関東大震災、2・26事件も鮮明に記憶：新聞通信調査会報　通号542〔2007.4〕 p6〜8			
今西光男	緒方竹虎と朝日新聞（14・最終回）かかる時 君しあらば：AIR21　（203）〔2007.4〕 p102〜140			
草薙聡志	半井桃水 小説記者の時代（25）六百回の長丁場をしのぐ：AIR21　（203）〔2007.4〕 p141〜174			
山本武利	GHQ民間情報教育局による日本新聞分析——1948年（続）：Intelligence　（8）〔2007.4〕 p35〜60			
草薙聡志	半井桃水 小説記者の時代（26）六百回の長丁場をしのぐ（承前）：AIR21　（204）〔2007.5〕 p104〜146			
有山輝雄	大正前半期梁川町のメディア・コミュニケーション——新聞・雑誌の普及と情報格差：メディア史研究　22〔2007.6〕 p63〜90			
草薙聡志	半井桃水 小説記者の時代（27）武田仰天子の退場と夏目漱石の死：AIR21　（205）〔2007.6〕 p61〜98			
草薙聡志	半井桃水 小説記者の時代（28）「新講談」に割り込まれながら：AIR21　（206）〔2007.7〕 p107〜142			
草薙聡志	半井桃水 小説記者の時代（29・最終回）大家になって下さるな：AIR21　（207）〔2007.8〕 p107〜142			
小野耕世	「週刊子供マンガ新聞」の時代：Intelligence　（9）〔2007.11〕 p113〜123			
土屋礼子	第二次世界大戦インド・ビルマ戦域における英国指揮下の対日宣伝——岡繁樹と「軍陣新聞」を中心に：Intelligence　（9）〔2007.11〕 p92〜112			
梶田明宏	大正十年皇太子海外御巡遊とメディア（特集 日本の対外イメージ発信）：メディア史研究　23〔2007.12〕 p42〜60			
片山慶隆	日露開戦過程におけるマス・メディアの日英同盟認識（特集 日本の対外イメージ発信）：メディア史研究　23〔2007.12〕 p139〜159			
松村正義	日露戦争と日本在外公館の「外国新聞操縦」——北米とラテン・アメリカ（特集 日本の対外イメージ発信）：メディア史研究　23〔2007.12〕 p1〜24			
大澤聡	「論壇時評」の誕生——一九三〇年代日本のジャーナリズム空間：出版研究　通号39〔2008〕 p129〜151			
井上進	明末の出版統制とその後：名古屋大学東洋史研究報告　通号32〔2008〕 p31〜64			
李其珍	新聞論評漫画の社会的機能に関する一考察——日清・日露戦争期における新聞漫画の内容分析から：マス・コミュニケーション研究　通号72〔2008〕 p117〜132			
中嶋晋平	戦間期における軍縮輿論と新聞——『時事新報』の内容分析を中心に：マス・コミュニケーション研究　通号73〔2008〕 p21〜39			
堀口剛	戦時期における岩波文庫の受容——古典と教養の接合をめぐって：マス・コミュニケーション研究　通号72〔2008〕 p40〜57			
山田俊治	未完の物語——「東京曙新聞」の連載記事（続き物）（1）：横浜市立大学論叢. 人文科学系列　59（3）〔2008〕 p267〜322			
嶋崎さや香	幕末から明治初期における新聞受容——竹川竹斎と射和村：リテラシー史研究　（1）〔2008〕 p1〜13			
鈴木隆敏	時事新報は生きている——現代の新聞に与える示唆：新聞研究　（681）〔2008.4〕 p72〜76			

日本	歴史

汲田和久　明治・大正期紙面をデジタル化——創刊号からの記事を自在に検索できる環境目指す（最新データベース事情—歴史的遺産の保存）：新聞研究　（681）〔2008.4〕p22～25

向井嘉之　記憶の伝承に向けた新聞の役割——戦後60年の夏、各紙紙面の調査から：新聞研究　（685）〔2008.8〕p76～79

有山輝雄　一九二〇年代の梁川社会とメディア——大衆化・平準化・個人化と地域社会（特集 国民形成とメディア）：メディア史研究　24〔2008.8〕p1～23

白土康代　プランゲ文庫に見る大分県の活字文化と検閲——地方誌は「閉ざされた言語空間」に囚われていたか：Intelligence（10）〔2008.8〕p87～94

総合ジャーナリズム研究編集部　新聞ジャーナリズム－－近年出来事略史（「新聞」は、大丈夫なのか－－揺らぐ産業基盤と新聞ジャーナリズム）：総合ジャーナリズム研究所　45（04）（通号206）〔2008.9〕p36～44

塩倉裕　朝日新聞社の軍需生産 護国第4476工場を追う（1）名古屋本社 "社史" に「航空工場」の文字：Journalism　（221）〔2008.10〕p82～88

塩倉裕　新聞と戦争 朝日新聞社の軍需生産 護国第4476工場を追う（2）地下工場に呼び集められた社員たち：Journalism（222）〔2008.11〕p76～86

塩倉裕　朝日新聞社の軍需生産 護国第4476工場を追う（3）「革命と社命に基いて」と書き残した元幹部：Journalism　（223）〔2008.12〕p96～104

谷口幸代　野村胡堂の誕生——『報知新聞』文芸欄を視座として：出版研究　通号40〔2009〕p125～139

小川明子　ローカル新聞と日露戦争——豊橋『新朝報』における読者参加を例に：マス・コミュニケーション研究　通号75〔2009〕p92～110

岡安儀之　政論新聞化と読者啓蒙——『東京日日新聞』入社期における福地源一郎を中心に：武蔵大学人文学会雑誌　40（4）通号159〔2009〕p93～118

山田俊治　未完の物語——「東京曙新聞」の連載記事（続き物）（2）：横浜市立大学論叢. 人文科学系列　60（1）〔2009〕p137～177

山田俊治　未完の物語「東京曙新聞」の連載記事（続き物）（3）：横浜市立大学論叢. 人文科学系列　60（2）〔2009〕p341～391

河崎吉紀　戦前の記者クラブに対する数量的分析——『日本新聞年鑑』を用いて：評論・社会科学　（87）〔2009.1〕p71～94

塩倉裕　朝日新聞社の軍需生産 護国第4476工場を追う（4）東京・武蔵野にもあった朝日の軍需工場：Journalism　（224）〔2009.1〕p82～91

塩倉裕　朝日新聞社の軍需生産 護国第4476工場を追う（5）軍用機メーカー5社と共同出資、「航空化学工業」設立：Journalism　（225）〔2009.2〕p102～109

黒川貢三郎　明治社会主義ジャーナリズムの終焉——日刊『平民新聞』の盛衰を中心に：ジャーナリズム＆メディア ： 新聞学研究所紀要　（2）〔2009.3〕p55～74

塩倉裕　朝日新聞社の軍需生産 護国第4476工場を追う（6）東京本社内にも分工場、女子勤労報国隊が生産：Journalism（226）〔2009.3〕p70～81

徐園　初期の新聞子ども漫画に見られる動物擬人化表現考——大正期『万朝報』の「日曜漫画」欄を中心に：マンガ研究　15〔2009.4〕p6～27

塩倉裕　朝日新聞社の軍需生産 護国第4476工場を追う（最終回）そして敗戦。歴史の闇に消えた軍需工場：Journalism（227）〔2009.4〕p90～100

春原昭彦　日刊新聞法の歴史的経緯——戦後の商法改正から現在まで（日刊新聞法の今日的意義）：新聞研究　（694）〔2009.5〕p30～33

総合ジャーナリズム研究編集部　年譜＝社会と「週刊誌」の50余年（「週刊誌」が何をしたのか－－雑誌ジャーナリズムの昨日、今日、明日）：総合ジャーナリズム研究所　46（03）（通号209）〔2009.6〕p20～31

総合ジャーナリズム研究編集部　年譜・「自民政権」下のジャーナリズム－－1955～2009（明日の「政権と報道」のために－－長期政権下のジャーナリズムからの脱却）：総合ジャーナリズム研究所　46（04）（通号210）〔2009.9〕p13～19

山口順子　仮名垣魯文とハンセン病の啓蒙——「綴合於伝仮名書」の上演をめぐって（特集 娯楽とメディア）：メディア史研究　26〔2009.10〕p23～44

平正人　新聞がメディアになるとき——定期購読、娯楽記事、読書実践、そしてフランス革命（特集 娯楽とメディア）：メディア史研究　26〔2009.10〕p1～22

横山尊　明治後期—大正期における科学ジャーナリズムの生成——雑誌『科学世界』の基礎的研究を通して：メディア史研究　26〔2009.10〕p81～106

石川徳幸　日露開戦過程における非戦論に関する一考察——『萬朝報』および週刊『平民新聞』を中心として：政経研究　46（2）〔2009.11〕p391～415

松村正義　日露戦争と日本在外公館の「外国新聞操縦（パブリック・ディプロマシー）」——ヨーロッパの中堅諸国：政治経済史学　通号517〔2009.11〕p1～35

荒井魏　新聞はなぜ戦争に加担したのか——平和を考える上での新聞昭和前史再検証：環太平洋大学研究紀要　（3）〔2010〕p91～98

若林治美　田中正造と下野新聞——「田中正造物語」の連載を終えて：救現 ： 田中正造大学ブックレット　通号11〔2010〕p44～56

寺島宏貴　「官許・官准」新聞の成立と機能——明治二年（一八六九）刊『中外新聞』を軸に：書物・出版と社会変容　（9）〔2010〕p23～58

岩坪充雄　毛筆文化研究——「書」と書物出版の関係：書物・出版と社会変容　（9）〔2010〕p59～97

石田あゆう　「若い女性」雑誌にみる戦時と戦後——『新女苑』を中心として（特集 昭和の記憶とメディア）：マス・コミュニケーション研究　通号76〔2010〕p69～83

福間良明　「昭和」の記憶とメディア——特集企画の趣旨（特集 昭和の記憶とメディア）：マス・コミュニケーション研究　通号76〔2010〕p3～5

工藤雅人　「服飾雑誌」の歴史的成立——1950～60年代の『装苑』の誌面構成と読者の変容に焦点を当てて：マス・コミュニケーション研究　通号76〔2010〕p157～176

井上紘一　日本の新聞が報じたピウスツキ関係記事（1903-1939）（上）：関西外国語大学研究論集　（91）〔2010.3〕p267～280

松野良一　メディア漂流（12）戦前日本のジャーナリスト養成学校「新聞学院」（1）：調査情報. 第3期　（493）〔2010.3〕p65～69

有山輝雄	感情のメディア史への提言——メディア史研究の方法を考える（研究集会の記録 感情のメディア史——その方法を考える）：メディア史研究　27　〔2010.3〕 p1～13
寺島宏貴	初期新聞における「公議」と言論競争——慶応四年（一八六八）刊『中外新聞』・『内外新聞』を軸に：メディア史研究　27　〔2010.3〕 p48～70
平塚千尋	体験的マルチメディア史：立正大学社会学論叢　（9）〔2010.3〕 p27～34
西山清雄	関西だより 日米安保と最後の？『街頭録音』：放送レポート　224号　〔2010.5〕 p59
羅京洙	再発見された国際的言論空間 雑誌「亜細亜公論」と柳泰慶（上）：Journalism　（240）〔2010.5〕 p70～76
上丸洋一	書かれたこと、書かれなかったこと——時代状況と向き合った連載「検証 昭和報道」：新聞研究　（707）〔2010.6〕 p72～75
羅京洙	再発見された国際的言論空間 雑誌「亜細亜公論」と柳泰慶（下）：Journalism　（241）〔2010.6〕 p64～71
山根康治郎, 松野良一	メディア漂流(14)戦前日本のジャーナリスト養成学校「新聞学院」(3)卒業生インタビュー（後編）：調査情報. 第3期　（495）〔2010.7・8〕 p74～77
内海紀雄	欧州で大戦勃発、古野氏が同盟社長に——一通信社記者の「昭和」——その軌跡を手紙と日記に見る(3)：メディア展望　（583）〔2010.8〕 p16～18
井上紘一	日本の新聞が報じたビウスツキ関係記事(1903-1939)（下）：関西外国語大学研究論集　（92）〔2010.9〕 p185～201
松野良一	メディア漂流(15)戦前日本のジャーナリスト養成学校「新聞学院」(4)日中戦争前までの論調：調査情報. 第3期　（496）〔2010.9・10〕 p78～81
乾照夫	明治初期における言論規制の構図について——新聞紙条例と讒謗律をめぐって（特集 マス・メディアの自由と規制）：メディア史研究　28　〔2010.9〕 p1～22
内海紀雄	戦時体制下に「同盟」調査部門を拡充——一通信社記者の「昭和」——その軌跡を手紙と日記に見る(4)：メディア展望　（584）〔2010.9〕 p14～16
松野良一	メディア漂流(16)戦前日本のジャーナリスト養成学校「新聞学院」(5)日中戦争から太平洋戦争へ：調査情報. 第3期　（497）〔2010.11・12〕 p74～77
中村健	白井喬二「新撰組」と『サンデー毎日』の関係性の検証と意義 ： 戦前週刊誌の巻頭に関する一考察：出版研究　（42）〔2011〕 p191～209
岩坪充雄	寺本海若の出版と書丹[含 図版]：書物・出版と社会変容　（10）〔2011〕 p37～61
嵯峨景子	『女学世界』にみる読者共同体の成立過程とその変容——大正期における「ロマンティック」な共同体の生成と衰退を中心に：マス・コミュニケーション研究　通号78　〔2011〕 p129～147
大久保遼	『日露戦争実記』における視覚の構成——誌面構成・従軍写真班・活動写真：マス・コミュニケーション研究　通号78　〔2011〕 p209～230
山田俊治	未完の物語——「有喜世新聞」の連載記事（続き物）(2)：横浜市立大学論叢. 人文科学系列　62(1)〔2011〕 p109～130
松野良一	メディア漂流(17)戦前日本のジャーナリスト養成学校「新聞学院」(6)戦争を支持した背景とは？：調査情報. 第3期　（498）〔2011.1・2〕 p74～77
内海紀雄	東京初空襲の「謎」と「心配」—戦局転換へ——一通信社記者の「昭和」——その軌跡を手紙と日記に見る(8)：メディア展望　（588）〔2011.1〕 p17～19
山口誠	実況化するニュース——二・二六事件における臨時ニュースの変容：メディア史研究　29　〔2011.2〕 p92～117
新藤雄介	明治三〇年代前半における新聞『日本』愛読者団体の位相——日本青年会の設立過程とその活動：メディア史研究　29　〔2011.2〕 p55～73
壱岐一郎	関西だより・拡大版 優れてグローバルなMBS『映像30年史』：放送レポート　229号　〔2011.3〕 p32～36
内海紀雄	戦局悪化に「我ら覚悟を要する時」と記す——一通信社記者の「昭和」——その軌跡を手紙と日記に見る(10)：メディア展望　（590）〔2011.3〕 p22～24
内海紀雄	同盟解散、古野元社長に戦犯容疑…病床から気遣う——一通信記者の「昭和」——その軌跡を手紙と日記に見る（12）：メディア展望　（592）〔2011.5〕 p32～34
鳥居英晴	同盟海外部、APに開戦を速報——真珠湾攻撃——同盟電はどう打電されたか(1)：メディア展望　（594）〔2011.7〕 p13～15
平山昇	大正元年の『東京朝日新聞』「思ひつぎつぎ」欄——投書欄における少数意見表出と議論活性化：メディア史研究　30　〔2011.8〕 p91～108
佐藤卓己	電体主義のメディア史——電脳社会の系譜学に向けて（特集 歴史のなかのクロス・メディア）：メディア史研究　30　〔2011.8〕 p1～16
村上聖一	民放開設期における新聞社と放送事業者の資本関係——置局政策・資本所有規制が与えた影響（特集 歴史のなかのクロス・メディア）：メディア史研究　30　〔2011.8〕 p42～66
鳥居英晴	「平和の望みは3割」とワシントン支局長——真珠湾攻撃——同盟電はどう打電されたか(4)：メディア展望　（597）〔2011.10〕 p14～16
鳥居英晴	日米で抑留特派員の扱いに大差 ： 真珠湾攻撃——同盟電はどう打電されたか(5・完)：メディア展望　（598）〔2011.11〕 p16～18
掛野剛史	00年代の近代出版史研究（特集 00年代の出版研究）：出版研究　（43）〔2012〕 p3～23
石川徳幸	雑誌『東洋』と『日本週報』 ： 日露開戦過程における対外硬派のメディア利用：出版研究　（43）〔2012〕 p149～168
三原穂	編集者と原著者の境界 ： 18世紀後半の英国における古詩編集をめぐる対立：出版研究　（43）〔2012〕 p169～186
森暢平	敗戦直後のジャーナリスト教育導入 ： 占領当局・大学・新聞社の関係をめぐって：マス・コミュニケーション研究　（81）〔2012〕 p67～85
新藤雄介	明治30—40年代における書籍を巡る協同行為と地域組織 ： 図書閲覧所から巡回文庫へ：マス・コミュニケーション研究　通号80　〔2012〕 p133～152
小林宗之	終戦報道に関する一考察 ： 1945年8月15日付の新聞を中心に：メディア学 ： 文化とコミュニケーション　（27）〔2012〕 p21～36
樋口摩彌	明治前期の京都で発行された新聞・雑誌の基礎的調査 ： 所蔵調査と創廃刊日の特定作業：メディア学 ： 文化とコミュニケーション　（27）〔2012〕 p97～110

井上亮	「非常時」のジャーナリズムの教訓：昭和前期の言論人の軌跡から：新聞研究　（726）〔2012.1〕p50～53
水藤眞樹太	秘密報告書「下山白書」の謎を追う：共同・事件記者の聞き書き(2)：メディア展望　（600）〔2012.1〕p12～15
有山輝雄	特別講演 新聞記者 陸羯南の誕生と弘前：陸羯南会誌　（2）〔2012.2〕p11～29
有山輝雄	醜聞（スキャンダル）メディアの社会史（特集 醜聞（スキャンダル）メディアの社会史）：メディア史研究　31〔2012.2〕p1～20
水藤眞樹太	戦中・戦後を駆け抜けた二つの軌跡：共同・事件記者の聞き書き(3・完)：メディア展望　（601）〔2012.2〕p12～15
鳥居英晴	船舶新聞のルーツを探る：日露戦後の米「白船艦隊」来日が契機：メディア展望　（601）〔2012.2〕p16～18
田村紀雄	ジャーナリスト梅月高市評伝：戦時、カナダ在住日本人を救った男(1)：公評　49(2)〔2012.3〕p104～107
田村紀雄	ジャーナリスト梅月高市評伝(2)戦時、カナダ在住日本人を救った男：公評　49(3)〔2012.4〕p94～97
田村紀雄	ジャーナリスト梅月高市評伝：戦時、カナダ在住日本人を救った男(3)：公評　49(4)〔2012.5〕p94～97
飯塚浩一	ニュースが「読み物」だった時代：近代ジャーナリズムの形成と新聞小説の魅力：新聞研究　（730）〔2012.5〕p56～59
田村紀雄	ジャーナリスト梅月高市評伝：戦時、カナダ在住日本人を救った男(4)：公評　49(5)〔2012.6〕p82～85
田村紀雄	ジャーナリスト梅月高市評伝：戦時、カナダ在住日本人を救った男(5)：公評　49(6)〔2012.7〕p94～97
田村紀雄	ジャーナリスト梅月高市評伝(6)戦時、カナダ在住日本人を救った男：公評　49(7)〔2012.8〕p92～95
田村紀雄	ジャーナリスト梅月高市評伝(7)戦時、カナダ在住日本人を救った男：公評　49(8)〔2012.9〕p70～73
向後英紀	占領下GHQの放送検閲：インフォーメーション・プログラムの翳（特集 検閲の諸相）：メディア史研究　32〔2012.9〕p42～63
田村紀雄	ジャーナリスト梅月高市評伝(8)戦時、カナダ在住日本人を救った男：公評　49(9)〔2012.10〕p72～75
田村紀雄	ジャーナリスト梅月高市評伝(9)戦時、カナダ在住日本人を救った男：公評　49(10)〔2012.11〕p90～93
田村紀雄	ジャーナリスト梅月高市評伝(10)戦時、カナダ在住日本人を救った男：公評　49(11)〔2012.12〕p84～87
鳥居英晴	自前の社屋を持たなかった「同盟」：「東方」跡地に「聯合」新社屋建設 地図でたどる通信社の歴史（下）：メディア展望　（612）〔2012.12〕p21～23
山森宙史	「コミックス」という出版メディアの生成：1960-70年代における新書判マンガ単行本出版を事例に：マス・コミュニケーション研究　（82）〔2013〕p153～172
白戸健一郎	満州電信電話株式会社の多言語放送政策：マス・コミュニケーション研究　（82）〔2013〕p91～110
樋口摩彌	明治初年の京都で発行された新聞の見出しに関する一考察：「新聞記事目録」とともに：メディア学：文化とコミュニケーション　（28）〔2013〕p19～57
田村紀雄	ジャーナリスト梅月高市評伝(11)戦時、カナダ在住日本人を救った男：公評　50(1)〔2013.1〕p72～75
田村紀雄	ジャーナリスト梅月高市評伝(12)ヴァンクーヴァー時代、『日刊民衆』を背負って：公評　50(2)〔2013.3〕p80～87
福井純子	「下からのメディア史」によせて（メディア史研究会二〇周年記念シンポジウム 「下からのメディア史」の試み：メディア史研究の読者・視聴者研究の方法）：メディア史研究　（33）〔2013.3〕p53～58
有山輝雄	下からのメディア史の試み：メディア史研究の読者・視聴者研究の方法（メディア史研究会二〇周年記念シンポジウム 「下からのメディア史」の試み：メディア史研究の読者・視聴者研究の方法）：メディア史研究　（33）〔2013.3〕p2～11
團藤充己	台湾出兵と『東京日日新聞』：「報道」と「言論」の両側面から：メディア史研究　（33）〔2013.3〕p59～76
乾照夫	地域社会に生きる人びととメディア：明治・大正期の地主クラスの日記資料から（メディア史研究会二〇周年記念シンポジウム 「下からのメディア史」の試み：メディア史研究の読者・視聴者研究の方法）：メディア史研究　（33）〔2013.3〕p12～28
田村紀雄	ジャーナリスト梅月高市評伝(13)ヴァンクーヴァー時代、『日刊民衆』を背負って：公評　50(3)〔2013.4〕p80～87
小池三子男	河出書房風雲録・抄：エディターシップ　Vol.2　〔2013.5〕
石塚純一	本屋と薬屋〔日本出版文化史研究〕：エディターシップ　Vol.2　〔2013.5〕
田村紀雄	ジャーナリスト梅月高市評伝(14)ヴァンクーヴァー時代、『日刊民衆』を背負って：公評　50(4)〔2013.5〕p76～83
田村紀雄	ジャーナリスト梅月高市評伝(15)ヴァンクーヴァー時代、『日刊民衆』を背負って：公評　50(5)〔2013.6〕p74～81
田村紀雄	ジャーナリスト梅月高市評伝(16)ヴァンクーヴァー時代、『日刊民衆』を背負って：公評　50(6)〔2013.7〕p74～81
田村紀雄	ジャーナリスト梅月高市評伝：ヴァンクーヴァー時代、『日刊民衆』を背負って(17)：公評　50(7)〔2013.8〕p82～89
田村紀雄	ジャーナリスト梅月高市評伝：ヴァンクーヴァー時代、『日刊民衆』を背負って(18)：公評　50(8)〔2013.9〕p80～87
三鬼浩子	在郷軍人会家庭向け雑誌『我が家』（特集 中・小規模メディアの一断面）：メディア史研究　34　〔2013.9〕p21～39
田村紀雄	ジャーナリスト梅月高市評伝(19)ヴァンクーヴァー時代の終焉、日米戦争と全日本人の強制収容：公評　50(9)〔2013.10〕p74～81
松崎新一	97歳の証言 盧溝橋事件が「同盟ニュース」第1号：悲喜こもごもの日本映画社時代 インドシナ中心に従軍取材：メディア展望　（622）〔2013.10〕p18～21
田村紀雄	ジャーナリスト梅月高市評伝(20)ヴァンクーヴァー時代の終焉、日米戦争と全日本人の強制収容：公評　50(10)〔2013.11〕p76～83
水野由多加	関西大学社会学部メディア専攻の前史：関西大学社会学部紀要　45(1)〔2013.12〕p129～138
田村紀雄	ジャーナリスト梅月高市評伝(21)ヴァンクーヴァー時代の終焉、日米戦争と全日本人の強制収容：公評　50(11)〔2013.12〕p76～83
團康晃	マンガ読書経験とジェンダー：二つの調査の分析から：マス・コミュニケーション研究　（85）〔2014〕p205～224
新藤雄介	大正期における文庫の遍在：蔵書の多様化する形態と施設：マス・コミュニケーション研究　（85）〔2014〕p83～102

三矢惠子	誕生から60年を経たテレビ視聴：NHK放送文化研究所年報　58　〔2014〕　p7〜44
田村紀雄	ジャーナリスト梅月高市評伝(22)ヴァンクーヴァー時代の終焉、日米戦争と全日本人の強制収容：公評　51(1)　〔2014.1〕　p76〜83
田村紀雄	ジャーナリスト梅月高市評伝(23)ヴァンクーヴァー時代の終焉、日米戦争と全日本人の強制収容：公評　51(2)　〔2014.3〕　p76〜83
佐幸信介	論文・学術部門 長谷川如是閑のジャーナリズム論と界の構造 ： メディアとジャーナリズムが交叉する場所：ジャーナリズム＆メディア ： 新聞学研究所紀要　(7)〔2014.3〕　p159〜182
石堂彰彦	1870年代の新聞投書者の動向に関する一考察：成蹊大学文学部紀要　(49)〔2014.3〕　p155〜171
村上聖一	放送史料 探訪 旧NHK秘書室所蔵・GHQとの折衝文書 ： 占領当局との緊密なやり取りの実態：放送研究と調査　64(3)通号754　〔2014.3〕　p96〜99
田村紀雄	ジャーナリスト梅月高市評伝(24)ロッキー山脈東麓の里・カズロー時代と『ニュー・カナディアン』編集者へ：公評　51(3)〔2014.4〕　p78〜85
田村紀雄	ジャーナリスト梅月高市評伝(25)ロッキー山脈東麓の里・カズロー時代と『ニュー・カナディアン』編集者へ：公評　51(4)〔2014.5〕　p70〜77
石塚純一	戦時『FRONT』の東方社と戦後の平凡社：エディターシップ　Vol.3　〔2014.6〕
井出彰	「日本読書新聞」と混沌の六〇年代：エディターシップ　Vol.3　〔2014.6〕
田村紀雄	ジャーナリスト梅月高市評伝(26)ロッキー山脈東麓の里・カズロー時代と『ニュー・カナディアン』編集者へ：公評　51(5)〔2014.6〕　p70〜77
田村紀雄	ジャーナリスト梅月高市評伝(27)カズロー時代の幕開け、地元白人週刊紙に同居して：公評　51(6)〔2014.7〕　p80〜87
二藤部義人	国営紙から普通の新聞への変身格闘記 ： ミャンマー最古の英字日刊紙 古巣の共同通信の依頼で：メディア展望　(631)〔2014.7〕　p20〜23
田村紀雄	ジャーナリスト梅月高市評伝(28)風光明媚なクートネイ湖畔カズローの地元新聞社に同居して：公評　51(7)〔2014.8〕　p68〜75
奥武則	ハンサードとブラック ： 日本ジャーナリズム史の始まりに関する一断章：メディア史研究　36　〔2014.8〕　p83〜102
片山慶隆	一九世紀末における『時事新報』のアメリカ観(特集 メディアの中の日米関係)：メディア史研究　36　〔2014.8〕　p18〜41
水野剛也	日系アメリカ人強制立ち退き・収容をめぐる日本の対外プロパガンダ ： 第二次世界大戦時のラジオ・トウキョウと「人質」論の再考(特集 メディアの中の日米関係)：メディア史研究　36　〔2014.8〕　p42〜65
王琪穎	明治初期の対ロシア論 ： 樺太問題をめぐる諸新聞の議論：メディア史研究　36　〔2014.8〕　p125〜148
樋口摩彌	明治初年における「新聞」受容の風景 ： 『京都府布令書』を手がかりに：メディア史研究　36　〔2014.8〕　p103〜124
田村紀雄	ジャーナリスト梅月高市評伝(29)風光明媚なクートネイ湖畔カズローの地元新聞社に同居して：公評　51(8)〔2014.9〕　p66〜73
田村紀雄	ジャーナリスト梅月高市評伝(30)クートネイ湖畔カズローの週刊新聞社に居候：公評　51(9)〔2014.10〕　p86〜93
鳥居英晴	同盟の打電マニュアルを入手 ： 36年作成、日本最多の海外取材網 日本人の眼で見たニュースを：メディア展望　(634)〔2014.10〕　p16〜19
田村紀雄	ジャーナリスト梅月高市評伝(31)クートネイ湖畔カズローの週刊新聞社に居候：公評　51(10)〔2014.11〕　p66〜73
熊谷明泰	朝鮮語新聞「毎日新報」(朝鮮総督府機関紙)に掲載された「国語」欄の歴史的変遷(一九三九年〜一九四四年)：関西大学人権問題研究室紀要　(68)〔2014.12〕　p1〜216
田村紀雄	ジャーナリスト梅月高市評伝(32)クートネイ湖畔カズローの週刊新聞社に居候：公評　51(11)〔2014.12〕　p66〜73

〔図 書〕

長谷川如是閑	新聞論　政治教育協会　1947　220p　19cm　（国民大学文庫）
伊藤正徳	新聞五十年史　新版 再版　鱒書房　1947　325p　18cm
高倉新一郎	北海道出版小史　日本出版協会北海道支部　1947　64p　19cm
篠田鉱造	明治新聞綺談　須藤書店　1947　267p　19cm
小野秀雄	図解新聞発生史　東京堂　1948　図版32枚　22cm
山本文雄	日本新聞史　国際出版　1948　286p　21cm
山陽新聞社	山陽新聞七十年略史　山陽新聞社　1949　170p 図版　19cm
小野秀雄	日本新聞史　良書普及会　1949　396p　22cm
朝日新聞社	朝日新聞七十年小史　朝日新聞社　1949.1　390, 94p　19cm　非売品
川崎浩良	山形県新聞史話―県政党の略史　山形新聞社　1949.10　169p　22cm
赤沼三郎	新聞太平記―昭和・大正の争覇戦　雄鶏社　1950　313p　19cm
黒田秀俊	血ぬられた言論―戦時言論弾圧史　学風書院　1951　298p　19cm
中部日本新聞社	中部日本新聞十年史　中部日本新聞社　1951　280p（図版共）図版11枚　27cm
西日本新聞社	西日本新聞社史　西日本新聞社　1951　467, 34p 図版　22cm
御手洗辰雄	新聞太平記　鱒書房　1952　230p（図版共）　19cm
北海道新聞社	北海道新聞十年史　北海道新聞社　1952　321p 図版 地図 表　22cm
毎日新聞社社史編纂委員会	毎日新聞七十年　毎日新聞社　1952　649p 図版8枚　19cm
杉村武	近代日本大出版事業史　朝日新聞社　1953　413p　25cm　（朝日新聞調査研究室報告社内用 第44）
神戸新聞社社史編纂委員会	神戸新聞五十五年史　神戸新聞社　1953　322, 26, 76p 図版 表　22cm
朝日新聞社	朝日新聞重要紙面の七十五年―1879-1954　朝日新聞社　1954　155p　31cm
高知新聞社社史編纂委員会	高知新聞五十年史　高知新聞社　1954　398, 35p 図版　22cm
山陽新聞社	山陽新聞七十五年史　山陽新聞社　1954　466p 図版 地図　22cm
長谷川如是閑	新聞　朝日新聞社　1954　205p 図版　19cm

日本		歴史

鹿倉吉次　新聞経営苦闘の三十年　新聞之世界社　1954　166p 図版　19cm

北国新聞社　北国新聞社六十年小史　北国新聞社　1954　93p 図版21枚 地図　26cm

四国新聞社　四国新聞六十五年史　四国新聞社　1955　281p 図版16p　22cm

白名徹夫　島根県新聞史　山陰新報社　1955　236p 図版 表　19cm

岡野他家夫　出版文化史　第2　室町書房　1955 2刷　221p　18cm　（室町新書）

小野秀雄　新聞の歴史―瓦版から輪転機時代まで　同文館　1955　189p 図版　18cm　（新聞の知識シリーズ 第12）

中央公論社　中央公論社七十年史　中央公論社　1955　648p 図版　22cm

牛島俊作　日本言論史―新聞論説の九十年　河出書房　1955　196p　18cm　（河出新書）

読売新聞社社史編纂室　読売新聞八十年史　読売新聞社　1955　744p(附12p共) 図版55p 表　27cm

愛媛新聞社　愛媛新聞八十年史　愛媛新聞社　1956　407p 図版 地図　22cm

脇阪要太郎　大阪出版六十年のあゆみ　大阪出版協同組合　1956　246p 図版　19cm

熊本日日新聞社　熊日十五年史　熊本日日新聞社　1956　118p 図版　22cm

さくらだくらぶ, 松下紀久雄　新聞むかしむかし　角川書店　1956　222p　22cm　（日本むかしむかし 5）

日本新聞協会　地方別日本新聞史　日本新聞協会　1956　538p　27cm

中国新聞社社史編纂委員会　中国新聞六十五年史　中国新聞社　1956　303, 63p 図版　22cm

日本経済新聞社社史編纂室　日本経済新聞八十年史　日本経済新聞社　1956　677, 94p 図版 表　22cm

日本新聞協会　日本新聞協会十年史　日本新聞協会　1956　924p 図版　22cm

小林啓善　新聞千一夜　東京ライフ社　1957　224p　19cm　（東京選書）

式正次　新聞外史　新聞之新聞社〔ほか〕　1958　284p 図版　19cm

通信社史刊行会　通信社史　通信社史刊行会　1958　1051p(図版96p共)　22cm

伊藤徳一　東奥日報と明治時代　東奥日報社　1958　473p 図版　22cm

講談社　講談社の歩んだ五十年　講談社　1959　2冊　22cm

文芸春秋新社　文芸春秋三十五年史稿　文芸春秋新社　1959　310p(図版共)　27cm

国立国語研究所　明治初期の新聞の用語　秀英出版　1959　319p 図版　22cm　（国立国語研究所報告 第15）

日本新聞百年史刊行会　日本新聞百年史　日本新聞百年史刊行会　1960　1060p(図版77p共)　26cm

共同通信社　共同通信十五年の歩み　共同通信社　1961　206p　19cm

熊本日日新聞社　熊日二十年史　熊本日日新聞社　1961　107p 図版　22cm

佐賀新聞社　佐賀新聞七十五年史　佐賀新聞社　1961　523p 図版　22cm

Boivin, Emile., 稲葉三千男, 城戸又一　新聞の歴史　白水社　1961　160p　18cm　（文庫クセジュ）

小野秀雄　新聞の歴史　東京堂　1961　208p 図版　19cm

西田長寿, 林茂　平民新聞論説集　岩波書店　1961　322p　15cm　（岩波文庫）

静岡新聞小史―静岡文化と新聞　静岡市　1961.3　1冊　26cm　（静岡市史研究紀要 第1号）

朝日新聞社大阪本社社史編集室　朝日新聞グラビア小史―出版印刷部40年の記録　朝日新聞社　1962　227p 図版　22cm

笠井助治　近世藩校に於ける出版書の研究　吉川弘文館　1962　693p 図版46枚　22cm

中部日本新聞社　中部日本新聞二十年史　中部日本新聞社　1962　426p 図版21枚 表　26cm

西日本新聞社　西日本新聞戦後小史　西日本新聞社　1962　169p 図版　27cm

小川菊松　日本出版界のあゆみ　誠文堂新光社　1962　337p 図版　19cm

日本新聞百年史　日本新聞連盟　1962　1060p(図共)　27cm

内外問題研究所　反共報道資料集　第2輯　内外問題研究所　1962　86p　26cm

毎日新聞社　毎日新聞九十年―その歩みの中から　毎日新聞社　1962　106p 図版　35cm

岩波書店　岩波書店五十年　岩波書店　1963　602p　26cm

山梨日日新聞社　山梨日日新聞九十年小史　山梨日日新聞社　1963　88p　26cm

山陽新聞社　山陽新聞八十五年史　山陽新聞社　1964　363p 図版　27cm

橋本求　日本出版販売史　講談社　1964　774p　22cm

北海道新聞社　北海道新聞二十年史　北海道新聞社　1964　562p 図版18枚　22cm

細川隆元　朝日新聞外史―騒動の内幕　秋田書店　1965 4版　273p　19cm

戦後20年・日本の出版界編集委員会　戦後20年・日本の出版界　日本出版販売弘報課　1965　160p 図版　26cm

中央公論社　中央公論社の八十年　中央公論社　1965　542p 図版　18cm　非売

日刊工業新聞社　日刊工業新聞二十年史　日刊工業新聞社　1965　322p 図版12枚　27cm　非売

新潮社　新潮社七十年　新潮社　1966　445p 図版　22cm　非売

伊藤徳一　東奥日報と大正時代　東奥日報社　1966　241p 図版　22cm　非売

小野秀雄　内外新聞史　新訂版　日本新聞協会　1966　240p 図版　18cm　390円　（新聞文庫 2）

日本経済新聞社　日本経済新聞九十年史　日本経済新聞社　1966　563p 図版　26cm　非売

日本新聞協会　日本新聞協会二十年史　日本新聞協会　1966　1010p 図版　22cm

マスコミ倫理懇談会全国協議会　マスコミの社会的責任　日本新聞協会　1966　386p　22cm　1300円

西田長寿　明治時代の新聞と雑誌　増補版　至文堂　1966　299p　19cm　490円　（日本歴史新書）

後藤嘉一　山形県新聞史話　続　山形新聞社　1966　189p 図版　22cm　非売

朝日新聞社　中之島三丁目三番地―大阪社会部戦後二十年史　朝日新聞大阪本社社会部　1966.8　560p　16×21cm　非売品

河北新報社　河北新報の七十年　河北新報社　1967　262p 図版　22cm　非売

杉村武　近代日本大出版事業史　出版ニュース社　1967　408p　22cm　1600円

中央公論社労働組合　「言論の自由」問題に関する資料　第1　二・一事件、「思想の科学」問題をめぐって　中央公論社労働組合
　　　1967　134p　25cm　（組合ニュース 資料編）

内川芳美　新聞史話―生態と興亡　社会思想社　1967　224p　19cm　420円

新潟日報社　新潟日報二十五年史　新潟日報社　1967　537p 図版16枚　27cm　非売

日本雑誌協会　日本雑誌協会十年史　日本雑誌協会　1967　372p 図版　22cm　非売

歴史　　日本

日本書籍出版協会　日本書籍出版協会十年史　日本書籍出版協会　1967　145, 926p 図版　22cm　非売
塩沢茂　　放送をつくった人たち　オリオン出版社　1967　259p　19cm　480円
楳本捨三　明治・大正・昭和特ダネ事件にっぽん史―明治百年・話の泉　日本文芸社　1967　245p　18cm　280円
神戸新聞社社史編纂委員会　神戸新聞社七十年史　神戸新聞社　1968　444, 110p（付共）図版40p 表　27cm　非売
日本書籍出版協会　日本出版百年史年表　日本書籍出版協会　1968　1128p　27cm　15000円
日本ジャーナリスト会議　マスコミ黒書　労働旬報社　1968　304p　21cm　480円
朝日新聞社出版局　朝日新聞出版局史　朝日新聞社出版局　1969　565, 282p（付共）図版　20cm　非売
朝日新聞社　朝日新聞の九十年　朝日新聞社　1969　492, 92p 図版　21cm　非売
北日本新聞社　北日本新聞社八十五年史　北日本新聞社　1969　558p 図　22cm　非売
京都新聞社　京都新聞九十年史　京都新聞社　1969　575p 図版12枚　27cm　非売
小野秀雄　号外百年史　読売新聞社　1969　412p　30cm　2500円
山陽新聞社　山陽新聞九十年史　山陽新聞社　1969　411p 図版14枚 表 地図　26cm　非売
沖縄タイムス社　新聞・沖縄戦後史―沖縄タイムス社史　沖縄タイムス社　1969　297p 図　18cm
新妻莞　新聞人・鳥居素川―ペン・剣に勝つ　朝日新聞社　1969　297p 図版　20cm　880円
日本新聞販売協会　新聞販売百年史　日本新聞販売協会　1969　858p 図版　27cm　6500円
春原昭彦　日本新聞通史―紙面クロニクル　現代ジャーナリズム出版会　1969　331p 図版　22cm　1300円
城市郎　発禁本百年―書物にみる人間の自由　桃源社　1969　350p 図版　20cm　650円　（桃源選書）
関豊作　読売新聞生れて95年　新聞通信社　1969.10　295p　19cm　500円
門奈直樹　沖縄言論統制史　現代ジャーナリズム出版会　1970　377p　20cm　1000円
杉村楚人冠　最近新聞紙学　中央大学出版部　1970　367p　19cm　850円　（UL双書）
近盛晴嘉　人物日本新聞史　新人物往来社　1970　269p　19cm　630円
一力一夫　新聞道五十年―一力次郎の生涯　河北新報社　1970　102p（おもに図）　22cm
山本文雄　日本マス・コミュニケーション史　東海大学出版会　1970　338p　22cm　900円
宮守正雄　ひとつの出版・文化界史話―敗戦直後の時代　中央大学出版部　1970　253p　19cm　650円　（UL双書）
岩堀喜之助, 平凡出版株式会社　平凡通信この10年―平凡出版株式会社小史 岩堀喜之助連載対談　平凡出版　1970　554p（肖像
　　共）　27cm　非売
芳文社　芳文社20年の歩み　芳文社　1970　215p（図・肖像共）　27cm
長坂金雄　雄山閣と共に　雄山閣出版　1970　226p 図11枚　22cm　非売
朝日新聞社広告部　出版文化のあゆみ　朝日新聞社広告部　1970.2　32p　30cm
杉浦正　新聞事始め　毎日新聞社　1971　314p 図　19cm　750円
出雲路敬豊　新聞史話―出雲路敬豊遺稿集　出雲路敬直　1971　110p 図　21cm
中部経済新聞社　中部経済新聞二十五年史　中部経済新聞社　1971　211p 図10枚　19cm　非売
日本大学新聞社　日本大学新聞五十年の歩み　日本大学新聞社　1971　222p 図 肖像　22cm　非売
来栖琴子　「婦人ニュース」奮戦記　読売新聞社　1971　318p　18cm　490円
中村喜代三　近世出版法の研究　日本学術振興会 丸善（発売）　1972　172p　22cm　1300円
小野秀雄　新聞錦絵　毎日新聞社　1972　181p（図共）　38cm　8000円
中央公論事業出版　小さな会社中央公論事業出版の15年史　中央公論事業出版 丸ノ内出版（発売）　1972　438p 図　22cm
　　2500円
中国新聞社　中国新聞八十年史　中国新聞社　1972　489, 47p 図12枚　26cm　非売品
中日新聞社　中日新聞三十年史―創業85年の記録　中日新聞社　1972　424, 136p 図19枚　26cm　非売
青野聡　天地報道　鳥書房　1972　245p　20cm　750円
毎日新聞社　毎日新聞百年史―1872-1972　毎日新聞社　1972　622p 図　28cm　非売
日本マスコミ市民会議　マスコミ現代史'70　社会思想社　1972　360p　15cm　（現代教養文庫）
山梨日日新聞社　山梨日日新聞百年史　山梨日日新聞社　1972　199p（図・肖像共）　27cm
米沢新聞社　米沢新聞社二十五年史　米沢新聞社　1972　139p 図　21cm　非売品
岡満男　近代日本新聞小史―その誕生から企業化まで　改訂　ミネルヴァ書房　1973　263p　18cm　800円　（社会科学選
　　書 60）
野村尚吾　週刊誌五十年―サンデー毎日の歩み　毎日新聞社　1973　405p　20cm　950円
高嶺朝光　新聞五十年　沖縄タイムス社　1973　592p　19cm　1500円
宮脇良一　豊橋言論史―郷土新聞をめぐる人々　東海日日新聞社　1973　251p 図 肖像　20cm　1300円
日本加除出版株式会社　日本加除出版創立三十年誌　日本加除出版　1973　179p　21cm　非売品
信濃毎日新聞社　百年のあゆみ―信濃毎日新聞　信濃毎日新聞　1973　555p 図 肖像　27cm　非売品
北海道新聞社　北海道新聞三十年史　北海道新聞社　1973　742p 図・肖像20枚　22cm　非売品
日本マスコミ市民会議　マスコミ現代史'71　社会思想社　1973　276p　15cm　320円　（現代教養文庫）
琉球新報社　琉球新報八十年史―新聞にみる沖縄の世相　琉球新報社　1973　416p 図 肖像　27cm
外務省情報文化局　ソ連の新聞等における「日本軍国主義」批判とこれに対する米, 仏紙論評　外務省情報文化局　1973.3　32p
　　21cm　非売品
戦後出版物はどのように普及してきたか　出版科学研究所　1973.10　40p　21cm
京都新聞社　京都新聞社小史　京都新聞社　1974　230p 肖像　26cm　非売品
後藤基治　戦時報道に生きて―附「海軍乙事件」聞書　後藤基治遺稿刊行会　1974　283p 図 肖像　20cm　非売品
松浦総三　占領下の言論弾圧　増補決定版　現代ジャーナリズム出版会　1974　407, 13p 図　20cm　1900円
春原昭彦　日本新聞通史　新訂増補　現代ジャーナリズム出版会　1974　350p 図版　22cm　2000円
宮武外骨　筆禍史　改訂増補　崇文書房　1974　208p 図　23cm　2400円
尾崎秀樹, 平凡社教育産業センター　平凡社六十年史　平凡社　1974　264, 148p（図共）図　27cm　7000円
日本マスコミ市民会議　マスコミ現代史'72　社会思想社　1974　312p　15cm　360円　（現代教養文庫）

27

| 日本 | | | | 歴史 | | | | | |

岩永信吉　物語・通信社史　新聞通信調査会　1974　102p　18cm　150円　（新聞通信調査会シリーズ no.8）
小学館　小学館五十年史年表　小学館社史調査委員会　1975　175p　図　27cm　非売品
松浦総三　戦後ジャーナリズム史論―出版の体験と研究　出版ニュース社　1975　326p　19cm　1300円
松浦総三　戦時下の言論統制―体験と資料　白川書院　1975　262p　20cm　1300円
宮崎日日新聞社　宮崎日日新聞社史―35年のあゆみ　宮崎日日新聞社　1975　534p　図　22cm　非売品
百目鬼恭三郎　新潮社八十年小史　新潮社　1976　88p　18cm　非売品
岩出貞夫　東京堂の八十五年　東京堂　1976　594p　図　肖像　22cm　非売品
日本経済新聞社　日本経済新聞社百年史　日本経済新聞社　1976　693p　図　22cm
全日本新聞連盟　日本報道百年史―戦争・世相・事件・年表　新聞記者ルポルタージュ　全日本新聞連盟　1976　620p　図　31cm　20000円
山形新聞社―創刊一〇〇周年・新館竣工記念　〔山形新聞社〕　1976　1冊（頁付なし）　24×26cm
読売新聞社　読売新聞百年史　読売新聞社　1976　951p　27cm　非売品
河北新報社　河北新報の八十年　河北新報社　1976.1　331p（図・肖像共）　22cm　非売品
日本新聞協会　日本新聞協会三十年史　日本新聞協会　1976.7　968p　22cm
愛媛新聞社　愛媛新聞百年史　愛媛新聞社　1976.9　316p　22cm
田所太郎　戦後出版の系譜　日本エディタースクール出版部　1976.12　292p　19cm　1600円　（エディター叢書）
畑中繁雄　覚書昭和出版弾圧小史　第2版　図書新聞　1977.1　305p　22cm　2500円
三木佐助, 水田紀久　明治出版史話　ゆまに書房　1977.3　1冊　22cm　7200円　（書誌書目シリーズ 4）
日本ニュース映画史―開戦前夜から終戦直後まで　毎日新聞社　1977.4　530p　28cm　2000円
東京ニュース通信社　東京ニュース通信社の三十年　東京ニュース通信社　1977.5　250p　肖像　22cm　非売品
早稲田大学　ジョセフ彦海外新聞　早稲田大学出版部　1977.6　342p　27cm　12000円　（早稲田大学図書館資料叢刊 2）
吉田満　朝日新聞社時代の松本清張―学歴の壁を破った根性の人　九州人文化の会　1977.7　240p　18cm　780円
永井亀一　関東新聞販売外史　永井亀一　1977.12　167p　21cm
諏訪春雄　出版事始―江戸の本　毎日新聞社　1978.1　222p　20cm　980円　（江戸シリーズ 11）
榊原亀之甫　記者のみた電電あのころこのころ　続　東京出版センター　1978.2　273p　19cm　1600円
神戸新聞社　神戸新聞社史―創刊八十周年　発展への歩み十年　神戸新聞社　1978.2　208p　27cm　非売品
西日本新聞社　西日本新聞百年史　西日本新聞社　1978.3　720p　図版10枚　31cm
日刊スポーツ新聞社　日刊スポーツ三十年史―1946-1976　日刊スポーツ新聞社　1978.3　336p　図版14枚　27cm　非売品
小林善八　日本出版文化史　青裳堂書店　1978.3　1026, 24, 7p　22cm　15000円　（日本書誌学大系 1）
高橋正則　マスコミ発達史　高文堂出版社　1978.3　244p　22cm　2450円
かわら版・新聞江戸・明治三百事件　4　オッペケペ節から乃木希典殉死　平凡社　1978.12　158p　29cm　2000円　（太陽コレクション 8）
東京12チャンネル　東京12チャンネル15年史　〔東京12チャンネル〕　1979　104p　27cm
朝日イブニングニュース社　朝日イブニングニュース社二十五年の歩み　朝日イブニングニュース社　1979.1　111p　19cm　非売品
東奥日報社　東奥日報と昭和時代　前期　東奥日報社　1979.3　423p　22cm　非売品
朝日新聞社　朝日新聞販売百年史―大阪編　朝日新聞大阪本社　1979.5　620, 27p　22cm　非売品
清田昌弘　一つの出版史　トラベラー同人会　1979.6　238p　19cm　1500円
新井直之　新聞戦後史―ジャーナリズムのつくりかえ　増補版　双柿舎　1979.7　384p　19cm　2400円
内務省警保局　新聞雑誌社特秘調査　大正出版　1979.10　749p　27cm　18000円
日本新聞販売協会　新聞販売概史　日本新聞販売協会　1979.10　533, 202p　22cm　非売品
日本記者クラブ　日本記者クラブ10年の歩み　日本記者クラブ　1979.10　165p　27cm
京都新聞社　京都新聞百年史　京都新聞社　1979.12　661p　図版12枚　31cm　非売品
大阪城天守閣　明治の錦絵新聞―テーマ展示　大阪城天守閣特別事業委員会　1980.3　20p　26cm　（南木コレクションシリーズ 6）
井出孫六　抵抗の新聞人桐生悠々　岩波書店　1980.6　218p　18cm　380円　（岩波新書）
豊原兼一　消えていく壁新聞―文革から近代化へ　日本放送出版協会　1980.9　274p　19cm　1100円
全日本新聞連盟　近代日本新聞大観　第2集　百年史改訂増資編　全日本新聞連盟　1980.9　1012p　27cm　28000円
蛯原八郎　日本欧字新聞雑誌史　名著普及会　1980.10　298p　20cm
太田正弘　尾張出版文化覚書　〔太田正弘〕　1981　1冊　21cm
岡野他家夫　日本出版文化史　原書房　1981.1　663p　22cm　4200円
山本文雄　日本マス・コミュニケーション史　増補　東海大学出版会　1981.3　392p　22cm　2000円
吉田宗夫　年表・愛媛新聞販売史　吉田宗夫　1981.3　305p　図版16枚　22cm
泉大津市教育委員会　明治期新聞資料集―朝日新聞・毎日新聞　泉大津市教育委員会　1981.3　162p　21cm　（泉大津市史紀要　第6号）
毎日新聞社　昭和新聞漫画史―笑いと風刺でつづる世相100年　毎日新聞社　1981.4　274p　28cm　1500円
名古屋市博物館　名古屋の出版―江戸時代の本屋さん　名古屋市博物館　1981.5　52p　26cm
南日本新聞社　南日本新聞百年志　南日本新聞社　1981.5　721p　図版12枚　27cm　非売品
山本武利　近代日本の新聞読者層　法政大学出版局　1981.6　436, 7p　20cm　2600円　（叢書・現代の社会科学）
講談社　講談社七十年史年表　講談社　1981.6　255p　図版12枚　27cm　非売品
朝日新聞社　一九五〇年七月二八日―朝日新聞社のレッドパージ証言録　晩声社　1981.7　267p　20cm　1800円
朝日新聞社　朝日新聞販売百年史―西部編　朝日新聞西部本社　1981.8　283, 32p　22cm　非売品
北海タイムス社　北海タイムス三十五年史　北海タイムス社　1981.8　487p　図版12枚　22cm　非売品
森恭三　私の朝日新聞社史　田畑書店　1981.9　244p　20cm　1700円
共同通信社　共同通信社三十五年　共同通信社　1981.10　688p　22cm　非売品
静岡新聞社　静岡新聞四十年史　静岡新聞社　1981.12　413p　27cm　非売品

歴史　　　　　　　　　　　　　　　　　　　　　　　　　　　　　　　　　　　　　　　日本

RKB毎日放送株式会社　放送この十年　RKB毎日放送　1981.12　202p　27cm
山田昭次　　関東大震災期朝鮮人暴動流言をめぐる地方新聞と民衆　「朝鮮問題」懇話会　1982.2　30p　21cm　（「朝鮮問題」
　　　　　　学習・研究シリーズ　第18号）
寿岳文章　　図説本の歴史　日本エディタースクール出版部　1982.2　187p　20cm　1800円　（エディター叢書 27）
小野秀雄　　日本新聞発達史　五月書房　1982.2　506,14p　23cm　7800円
大輪盛登　　メディア伝説―活字を生きた人びと　時事通信社　1982.2　282p　20cm　1500円
川成洋　　　資料三〇年代日本の新聞報道―スペイン戦争の受容と反応　彩流社　1982.3　240p　22cm　3500円
熊本日日新聞社　熊日四十年史―熊本の言論百年　熊本日日新聞社　1982.5　531p　図版11枚　27cm　非売品
中国新聞社　中国新聞最近十年史―創刊九十周年1982　中国新聞社　1982.5　313p　27cm　非売品
木村徳三　　文芸編集者その矜音　ティビーエス・ブリタニカ　1982.6　302p　20cm　1500円
八木橋武実　日露戦争号外集　緑の笛豆本の会　1982.7　159p　19×26cm　4000円
全日本新聞連盟　日本新聞大観　第3集　従軍記者改訂増資編　全日本新聞連盟　1982.7　599p　27cm　32000円
宗政五十緒　近世京都出版文化の研究　同朋舎出版　1982.12　454p　22cm　9000円
宇部時報社　報道七十年　宇部時報社　1982.12　689p　22cm　非売品
朝日新聞社　朝日新聞販売百年史―名古屋編　朝日新聞名古屋本社　1983.7　470,32p　22cm　非売品
川瀬一馬　　入門講話日本出版文化史　日本エディタースクール出版部　1983.7　257p　20cm　2400円　（エディター叢書 33）
信濃毎日新聞社　信濃毎日新聞に見る一一〇年　信濃毎日新聞社　1983.7　2冊　31cm　各14000円
日本プレスセンター　日本プレスセンター十年史　日本プレスセンター　1983.8　136p　22cm
興津要　　　新聞雑誌発生事情　角川書店　1983.9　227p　19cm　880円　（角川選書 76）
岡野他家夫　明治言論史　増訂　原書房　1983.12　507,10p　図版37p　22cm　8500円
徳間書店　　徳間書店の30年―1954-1983　徳間書店　1984.2　407p　27cm　非売品
武市英雄　　日米新聞史話―ニュースの変遷をたどって　福武書店　1984.3　221p　20cm　1400円
京都新聞社　京都新聞一〇五年小史―第二世紀・激動の五年　京都新聞社　1984.6　203p　30cm　非売品
読売新聞社　読売新聞西部20年のあゆみ　読売新聞西部本社　1984.9　183p　27cm　非売品
高知新聞社　高知新聞八十年史　高知新聞社　1984.10　565p　図版12枚　27cm　非売品
佐賀新聞社　佐賀新聞百年史―世紀の歴史を未来へ　佐賀新聞社　1984.10　263p　30cm　非売品
反帝同窓会　反帝新聞―編集復刻版　不二出版　1984.10　516p　27cm　28000円
下野新聞社　下野新聞百年史　下野新聞社　1984.12　422p　26cm　非売品
日本新聞インキ株式会社　新聞とともに四十年　日本新聞インキ　1985.3　412p　27cm
東大阪市史編纂委員会　明治大正新聞資料集成　朝日新聞 9　東大阪市　1985.3　149p　21cm　（東大阪市史資料 第3集 9）
井上宏　　　放送演芸史　世界思想社　1985.4　340,27p　22cm　5000円
神奈川新聞社　神奈川新聞小史―横浜貿易新聞から九十五年　神奈川新聞社（製作）　1985.5　106p　21cm
佐藤文雄　　気仙沼地方新聞七十年史―弁論史・武道史・自伝の追録　〔佐藤文雄〕　1985.5　280p　21cm
春原昭彦　　日本新聞通史―1861年‐1973年　新泉社　1985.5　350p　21cm　2800円
講談社　　　講談社七十年史　戦後編　講談社　1985.6　428p　図版12枚　27cm　非売品
丸山尚　　　ミニコミ戦後史―ジャーナリズムの原点をもとめて　三一書房　1985.7　319,18p　20cm　2700円
功刀真一　　北海道・樺太の新聞雑誌―その歩みと言論人　北海道新聞社　1985.8　301p　21cm　2000円
鵜飼新一　　朝野新聞の研究　みすず書房　1985.9　350,60p　22cm　8600円
日刊工業新聞社　日刊工業新聞七十年史　日刊工業新聞社　1985.9　520p　29cm　非売品
雄鶏社　　　雄鶏社40年のあゆみ　雄鶏社　1985.10　90p　28cm
日本実業出版社　日本実業出版社のあゆみ　巻1　日本実業出版社　1985.10　310p　22cm　非売品
朝日新聞社　朝日新聞名古屋本社五十年史　朝日新聞名古屋本社　1985.11　668p　図版20枚　22cm
芳賀綏　　　言論100年日本人はこう話した　三省堂　1985.11　253p　19cm　1300円　（三省堂選書 123）
鈴木省三　　日本の出版界を築いた人びと　柏書房　1985.11　361p　19cm　2000円
放送用中波空中線60年史編集委員会　放送用中波空中線六十年史　放送用中波空中線60年史編集委員会　1985.11　316,165,
　　　　　　110p　図版19,56p　31cm
明治大正言論資料 20　明治新聞雑誌関係者略伝　宮武外骨，西田長寿/著　みすず書房　1985.11　315p　23cm　7500円
丹羽漢吉，平鹿次郎　明治六年の『長崎新聞』　長崎文献社　1985.11　200p　21cm　2500円　（長崎近代双書 第1巻）
内田健三　　言論は日本を動かす　第1巻　近代を考える　三谷太一郎/編　講談社　1986.1　315p　20cm　1800円
粕谷一希　　言論は日本を動かす　第6巻　体制に反逆する　講談社　1986.2　330p　20cm　1800円
毎日コミュニケーションズ　明治ニュース事典　総索引　毎日コミュニケーションズ　1986.2　797p　29cm　29000円
山崎正和　　言論は日本を動かす　第3巻　アジアを夢みる　講談社　1986.4　293p　20cm　1800円
茶園義男　　巣鴨プリズン・シベリア日本新聞　不二出版　1986.4　245p　27cm　4800円
三谷太一郎　言論は日本を動かす　第5巻　社会を教育する　講談社　1986.5　12,312p　20cm　1800円
内田健三　　言論は日本を動かす　第4巻　日本を発見する　講談社　1986.6　342p　20cm　1800円
工藤与志男　新聞記者石川啄木　こころざし出版社　1986.7　177p　18cm　1000円
丸谷才一　　言論は日本を動かす　第9巻　文明を批評する　講談社　1986.8　10,327p　20cm　1800円
町田市立博物館　明治の新聞展―羽島コレクション　町田市立博物館　1986.9　102p　30cm　（町田市立博物館 第52集）
奈良新聞社　奈良新聞四十年社史　奈良新聞社　1986.10　378p　22cm　非売品
北根豊　　　明治新聞雑誌　日本古書通信社　1986.10　84p　11cm　500円　（こつう豆本 74）
早稲田大学出版部　早稲田大学出版部一〇〇年小史　早稲田大学出版部　1986.10　135,54p　21cm　1000円
日本新聞協会　日本新聞協会四十年史　日本新聞協会　1986.11　974p　22cm
日本経済新聞　日本経済新聞社110年史　日本経済新聞　1986.12　802p　27cm
多田代三　　岩手・新聞物語　岩手日報社　1987.1　307p　21cm　2000円
河北新報社　河北新報この十年―王道歩んで3万2千号　河北新報社　1987.1　264p　22cm　非売品

日本		歴史

田中浩　　　近代日本のジャーナリスト　御茶の水書房　1987.2　1246p　22cm　15000円

小宮山量平　日本出版クラブ三十年史—戦後出版史への一証言　日本出版クラブ　1987.2　398p　27cm　7000円

東京ニュース通信社　東京ニュース通信社四十年史　東京ニュース通信社　1987.3　345p　27cm

中央大学人文科学研究所　長谷川如是閑一人・時代・思想と著作目録　著作目録索引　中央大学　1987.3　89p　26cm

朝日学生新聞社　朝日学生新聞社二十年史　朝日学生新聞社　1987.4　106p　21cm　非売品

山下恭弘　誤報・虚報の戦後史—大新聞のウソ　東京法経学院出版　1987.4　213p　18cm　880円　（ライトブックス・おもしろ情報百科）

塩沢実信　戦後出版文化史　下　創刊号に賭けた編集者　論創社　1987.4　269p　20cm　1800円

福武書店　福武書店30年史—1955～1985　福武書店　1987.4　319p　図版10枚　29cm

上毛新聞社　上毛新聞百年史　上毛新聞社　1987.5　414p　27cm　非売品

山口放送株式会社　山口放送三十年史　山口放送　1987.6　593p　図版18枚　27cm

渡辺礼三　ハワイ報知創刊七十五周年記念誌　ハワイ報知社　1987.7　28, 306p　26cm

高崎隆治　戦時下のジャーナリズム　新日本出版社　1987.8　234p　19cm　1300円

中日新聞社　中日新聞創業百年史　中日新聞社　1987.8　1135p　図版23枚　27cm　非売品

日本書籍出版協会　日本書籍出版協会三十年史　日本書籍出版協会　1987.10　391p　22cm　5000円

白水社　白水社70年のあゆみ　白水社　1987.10　251p　21cm　非売品

鈴木秀三郎　本邦新聞の起原　新版　ぺりかん社　1987.11　421p　図版17枚　20cm　3800円

読売新聞社　読売新聞発展史　読売新聞社　1987.11　666p　図版16枚　27cm　非売品

猿田量　新聞錦絵—文明開化の事件簿　ジャーナリズム史研究会　1988　127p　30cm

ブラウ, モニカ, 立花誠逸　検閲1945-1949—禁じられた原爆報道　時事通信社　1988.2　312p　20cm　2000円

神戸新聞社　神戸新聞社九十年史　神戸新聞社　1988.2　209, 101p　図版11枚　27cm　非売品

岩手日報社　岩手日報百年史　岩手日報社　1988.3　697p　22cm　非売品

全国新聞情報農業協同組合連合会　日本農業新聞60年の歩み　全国新聞情報農業協同組合連合会　1988.3　152p　31cm

岩手日日新聞社　岩手日日弐万号史　岩手日日新聞社　1988.4　292p　27cm　非売品

熊倉正弥　言論統制下の記者　朝日新聞社　1988.4　350p　15cm　540円　（朝日文庫）

河内光治　戦後帝大新聞の歴史　不二出版　1988.4　365p　22cm　2500円

小野秀雄　かわら版物語—江戸時代マスコミの歴史　雄山閣出版　1988.5　365, 9p　図版12枚　22cm　4800円　（雄山閣books 23）

日本共産党　「赤旗」の六十年　日本共産党中央委員会出版局　1988.7　159p　19cm　800円

岩波書店七十年　岩波書店　1988.7　1104p　27cm　6800円

東奥日報社　東奥日報百年史　東奥日報社　1988.8　648, 67, 2p　図版14枚　22cm　非売品

川井行雄　報道報国五十年　泰流社（制作）　1988.9　250p　20cm

西日本新聞社　西日本新聞百十年史　西日本新聞社　1988.10　167p　27cm

四国新聞社　四国新聞百年史　四国新聞社　1989.4　437p　27cm　非売品

片山隆康　明治新聞ものがたり　大阪経済法科大学出版部　1989.4　273p　19cm　1545円

新井直之　メディアの昭和史　岩波書店　1989.4　63p　21cm　310円　（岩波ブックレット no0130）

朝日新聞社　朝日新聞出版局50年史　朝日新聞社出版局　1989.5　2冊（別巻とも）　22cm　非売品

盛合聡　北辺の記者—評伝・小国露堂　熊谷印刷出版部　1989.5　318p　20cm　1340円

高橋康雄　物語・万朝報—黒岩涙香と明治のメディア人たち　日本経済新聞社　1989.5　454p　20cm　2900円

木本至　「団団珍聞」「驥尾団子」がゆく　白水社　1989.6　298p　20cm　1950円

小林新聞舗　小林新聞舗の100年　小林新聞舗　1989.8　232p　27cm

前坂俊之　兵は凶器なり—戦争と新聞1926-1935　社会思想社　1989.8　259p　20cm　1700円

徳間書店　徳間書店の35年—1954-1989　徳間書店　1989.9　231p　18cm　非売品

福武哲彦, 福武書店　福武の心—ひとすじの道　福武書店　1989.9　275p　22cm　非売品

京都新聞社　京都新聞110年史　京都新聞社　1989.10　488p　図版16枚　31cm　非売品

十勝毎日新聞社　十勝毎日新聞七十年史　十勝毎日新聞社　1989.10　957p　図版17枚　27cm　非売品

日本実業出版社　日本実業出版社のあゆみ　巻2　日本実業出版社　1989.10　331p　22cm　非売品

共同印刷株式会社　ニュースきょうどう100号のあゆみ　共同印刷　1989.10　27p　26cm

日本ジャーナリスト会議出版支部　目で見る出版ジャーナリズム小史　増補版　高文研　1989.10　135p　21cm　1339円

日本記者クラブ　日本記者クラブ二十年の歩み　日本記者クラブ　1989.11　193p　27cm

西田長寿　日本ジャーナリズム史研究　みすず書房　1989.11　531p　22cm　8755円

田中浩　長谷川如是閑研究序説—「社会派ジャーナリスト」の誕生　未来社　1989.12　337, 7p　22cm　2884円

NHK取材班, 橋本憲一, 森崎和江, 畑山博, 野添憲治　NHK聞き書き庶民が生きた昭和　1　日本放送出版協会　1990.2　277p　20cm　1600円

山陽新聞社　山陽新聞百十年史　山陽新聞社　1990.3　756p　27cm　非売品

東京堂　東京堂百年の歩み　東京堂　1990.5　616p　27cm　非売品

後藤孝夫　記者兆民　みすず書房　1990.7　231, 4p　20cm　2575円

講談社　講談社の80年—1909～1989　講談社　1990.7　525p　29cm　非売品

茨城新聞社　幻の言論人「佐藤秋蘋」—「いはらき」明治後期の主筆　茨城新聞　1990.7　205p　26cm

講談社サイエンティフィク　講談社サイエンティフィク20年史　講談社サイエンティフィク　1990.9　108p　22cm　非売品

塙作楽　岩波物語—私の戦後史　塙作楽著作刊行会　1990.12　214p　20cm　1600円

清水文吉　寺村五一と白水社　日本エディタースクール出版部　1990.12　167p　20cm　1800円　（出版人評伝シリーズ）

日高一郎　日本の放送のあゆみ　人間の科学社　1991.1　332p　20cm　1854円

日本放送協会　あなたとともに60年　NHK長野放送局　1991.3　113p　21cm

京都出版史編纂委員会　京都出版史—明治元年～昭和二十年　日本書籍出版協会京都支部　1991.3　665p　27cm　20000円

| | | | | | | |

歴史　　　日本

山本駿次朗　　報道画家山本松谷の生涯　青蛙房　1991.6　291p　22cm　3800円
大和書房　　　大和書房三十年のあゆみ　大和書房　1991.7　240p　22cm　非売品
葦津泰国　　　日本の新聞百二十年　神社新報社　1991.7　327p　19cm　1500円
大分合同新聞社　　大分合同新聞社百年史　大分合同新聞社　1991.9　358p　22cm　非売品
大阪商業大学商業史研究所　　新聞の付録展―明治・大正・昭和に見るすごろくから商業史資料まで　大阪商業大学商業史研究所
　　　　　　　1991.10　79p　26cm
東京大学出版会　　東京大学出版会四十年の歩み　東京大学出版会　1991.10　237, 165p　21cm　非売品
金子勝昭　　　歴史としての文芸春秋　日本エディタースクール出版部　1991.10　214p　20cm　2200円　（出版人評伝シリーズ）
静岡新聞社　　静岡新聞五十年史　静岡新聞社　1991.12　350p　27cm　非売品
文藝春秋　　　文藝春秋七十年史　本篇　文藝春秋　1991.12　534p　図版22枚　27cm　非売品
ファング, アーヴィング・E., 岡本幸雄, 小糸忠吾, 松本たま, 石田こずえ　ラジオ黄金時代―アメリカのニュース解説者たち　荒
　　　　　　　地出版社　1991.12　323, 12p　22cm　3800円
毎日新聞社　　毎日新聞120年の記録―1872年～1992年　毎日新聞社　1992.2　91p　35cm　非売品
高橋克彦　　　江戸のニューメディア―浮世絵情報と広告と遊び　角川書店　1992.3　155p　22cm　2900円
桂敬一　　　　明治・大正のジャーナリズム　岩波書店　1992.3　59p　21cm　350円　（岩波ブックレット―シリーズ日本近代史
　　　　　　　15）
岡島新聞舗　　歩み続けて百二十年　岡島新聞舗　1992.4　381p　27cm　非売品
竹内繁　　　　読売新聞の創始者子安峻―建学の精神の原点を求めて　日本生産性本部　1992.4　164p　19cm
有山輝雄　　　徳富蘇峰と国民新聞　吉川弘文館　1992.5　367, 10p　22cm　6500円
高橋克彦　　　新聞錦絵の世界　角川書店　1992.7　181p　15cm　640円　（角川文庫）
小糸忠吾　　　新聞の歴史―権力とのたたかい　新潮社　1992.8　283p　20cm　1100円　（新潮選書）
共同通信社社会部　　共同通信社会部　共同通信社　1992.9　313p　19cm　1400円
福島民報社　　福島民報百年史―伝えて、新世紀　1892-1992　福島民報社　1992.9　611, 264p　図版18枚　27cm
熊本日日新聞社　　熊日50年史　熊本日日新聞社　1992.10　643p　27cm　非売品
中日新聞社社友会　　中日新聞社社友会三十年史　中日新聞社社友会　1992.10　236p　22cm　非売品
松岡僴一　　　「自由新聞」を読む―自由党にとっての自由民権運動　ユニテ　1992.11　314p　22cm　7800円
新潟日報社　　新潟日報五十年史　新潟日報社　1992.11　491p　図版16枚　27cm
高山尚武　　　ドキュメント産経新聞私史―広告マンOBが綴る水野―鹿内ファミリーの実像　青木書店　1993.3　262p　19cm
　　　　　　　2060円
宇部時報社　　報道八十年　宇部時報社　1993.3　574p　22cm
橋本典明　　　メディアの考古学　工業調査会　1993.3　222p　22cm　2580円
大和博幸, 朝倉治彦　　近世地方出版の研究　東京堂出版　1993.5　293p　22cm　5800円
水野公寿　　　明治期熊本の新聞　熊本近代史研究会　1993.9　262p　21cm
琉球新報社　　琉球新報百年史　琉球新報社　1993.9　750p　図版16枚　27cm　非売品
弥吉光長　　　未刊史料による日本出版文化　第8巻　幕末明治出版史料　ゆまに書房　1993.12　485, 4p　22cm　18540円　（書
　　　　　　　誌書目シリーズ 26）
韮沢忠雄　　　「赤旗」の源流を訪ねて―ジャーナリズム史のなかの「赤旗」　白石書店　1994.1　315p　20cm　2987円
青森放送株式会社　　青森放送40年表　青森放送　1994.3　238, 14p　27cm
昆憲治　　　　岩手県の郷土紙物語―敗戦後発行の県中南部の郷土紙　〔昆憲治〕　1994.3　308p　26cm　非売品
下野新聞社　　下野新聞この10年　下野新聞社　1994.5　187p　27cm　非売品
熊本日日新聞情報文化センター　　熊本放送40年史　熊本放送　1994.6　170p　27cm
徳島新聞社　　新聞の歩み―徳島新聞創刊50周年記念「新聞展」から　徳島新聞社　1994.6　58p　30cm　1200円
長友千代治　　近世上方作家・書肆研究　東京堂出版　1994.8　383, 11p　22cm　7500円
孔健　　　　　中国新聞史の源流―孫文と辛亥革命を読む　批評社　1994.9　220p　19cm　2400円
高橋昭　　　　放送うらおもて―地方民放の四十年　宝文堂　1994.9　271p　20cm　2000円
京都新聞社　　京都新聞115年小史　京都新聞社　1994.10　261p　30cm　非売品
Collins, A.S., 榎本洋, 青木健　十八世紀イギリス出版文化史―作家・パトロン・書籍商・読者　彩流社　1994.10　327, 9p
　　　　　　　20cm　3800円
高橋康雄　　　メディアの曙―明治開国期の新聞・出版物語　日本経済新聞社　1994.10　372p　20cm　2800円
慶応義塾大学　　二・二六事件と日本のマスメディア　慶応義塾大学法学部政治学科玉井清研究会　1994.11　156p　26cm　2000
　　　　　　　円　（近代日本政治資料 2）
読売新聞社　　読売新聞百二十年史　読売新聞社　1994.11　686p　27cm
文藝春秋　　　文藝春秋七十年史　資料篇　文藝春秋　1994.12　334, 176p　27cm　非売品
朝日新聞社　　朝日新聞社史　資料編　朝日新聞社　1995.1　685p　23cm　非売品
南条岳寺　　　一九四五年マニラ新聞―ある毎日新聞記者の終章　草思社　1995.2　269p　20cm　2266円
地方小出版流通センター　　地方・小出版流通センター20年のあゆみ　地方・小出版流通センター　1995.2　9, 11p　26cm
太田正弘　　　尾張出版文化史　六甲出版　1995.3　200p　21cm　3980円
宍戸啓一, 大西林五郎　　日本新聞発展史―明治・大正編　樽書房　1995.3　603p　27cm　12000円
有山輝雄　　　近代日本ジャーナリズムの構造―大阪朝日新聞白虹事件前後　東京出版　1995.4　403, 11p　22cm　6695円
大久保久雄, 福島鋳郎　戦時下の言論　日外アソシエーツ　1995.5　881p　27cm　60000円　（復刻シリーズ大東亜戦争下の記録
　　　　　　　2）
柴田秀利　　　戦後マスコミ回遊記　上巻　中央公論社　1995.7　372p　16cm　820円　（中公文庫）
信濃毎日新聞社　　百二十年の歩み―この二十年　信濃毎日新聞　1995.7　322p　図版12枚　27cm　非売品
木村徳三　　　文芸編集者の戦中戦後　大空社　1995.7　315p　22cm　2800円
小野秀雄　　　新聞資料明治話題事典　東京堂出版　1995.9　4, 15, 408p　19cm　2800円
五十嵐勲　　　戦前・戦中報道の軌跡　近代企業　1995.9　303p　19cm　1800円

日本	歴史

鎗田清太郎　角川源義の時代―角川書店をいかにして興したか　角川書店　1995.10　349p　22cm　2200円

荘司徳太郎　私家版・日配史―出版業界の戦中・戦後を解明する年代記　出版ニュース社　1995.11　445p　30cm　10000円

立命館大学国際平和ミュージアム　戦時下日本の報道写真―梅本忠男と『写真週報』　立命館大学国際平和ミュージアム　1995.11　35p　26cm

土屋礼子　大阪の錦絵新聞　三元社　1995.12　231,24p　21cm　3495円

朝日新聞取材班　戦後五〇年メディアの検証　三一書房　1996.2　246p　19cm　1700円

坪田護　「戦後五十年」教育・出版・世相―教育事象・出版物から時代を読む　近代文芸社　1996.3　226p　20cm　1800円

山本武利　占領期メディア分析　法政大学出版局　1996.3　661,8p　22cm　9991円

北谷町教育委員会　北谷関係新聞記事目録　第1集　戦前編　北谷町教育委員会　1996.3　355p　26cm　（北谷町史編集資料 9）

日刊スポーツ新聞社　日刊スポーツ五十年史　日刊スポーツ新聞社　1996.3　347p　27cm　非売品

宮崎日日新聞労働組合　宮崎日日新聞労働組合五十年史　宮崎日日新聞労働組合　1996.3　441p　22cm

門奈直樹　アメリカ占領時代沖縄言論統制史―言論の自由への闘い　雄山閣出版　1996.6　286p　22cm　3914円

共同通信社　共同通信社50年史　共同通信社　1996.6　771p　27cm

胆江日日新聞社　胆江日日新聞五十年史　胆江日日新聞社　1996.6　297p　31cm　非売品

白井健策　天声人語の七年―750字で考えた日々　河出書房新社　1996.6　285p　20cm　1600円

太田愛人　石川啄木と朝日新聞―編集長佐藤北江をめぐる人々　恒文社　1996.7　221p　20cm　1800円

日本新聞協会　日本新聞協会五十年史　日本新聞協会　1996.7　736p　27cm

信濃毎日新聞労働組合　信濃毎日新聞労組五十年史　信濃毎日新聞労働組合　1996.9　521p　27cm　非売品

有山輝雄　占領期メディア史研究―自由と統制・1945年　柏書房　1996.9　295,5p　21cm　3914円　（ポテンティア叢書 42）

三陸新報社　三陸新報の50年―社史　三陸新報社　1996.10　606p　22cm　非売品

平田一夫　明治の新聞切り抜き帖―毎日新聞（群馬編）　平田一夫　1996.10　295p　26×37cm

岩波書店　岩波書店八十年　岩波書店　1996.12　1391p　27cm　9800円

愛媛新聞社　愛媛新聞・百二十年史―地域とともに　愛媛新聞社　1996.12　1089p　27cm　非売品

中日新聞社　中日新聞社の110年　中日新聞社　1996.12　230p　27cm　非売品

日本経済新聞社　日本経済新聞社120年史　日本経済新聞社　1996.12　980p　27cm

日本放送協会放送文化研究所　文研50年のあゆみ　日本放送協会放送文化研究所　1996.12　262p　26cm

奥武則　スキャンダルの明治―国民を創るためのレッスン　筑摩書房　1997.1　222p　18cm　680円　（ちくま新書）

羽島知之　新聞の歴史―写真・絵画集成 1 新聞の誕生　日本図書センター　1997.2　199p　31cm　（ビジュアル版日本文化史シリーズ）

徳島新聞社　徳島新聞五十年史　徳島新聞社　1997.3　575,111p　27cm

興津要　明治新聞事始め―「文明開化」のジャーナリズム　大修館書店　1997.3　229p　19cm　1648円

北山節郎　太平洋戦争メディア資料 2 終戦と対外報道　緑蔭書房　1997.4　648p　27cm

西日本新聞社　西日本新聞百二十年史　西日本新聞社　1997.4　523p　27cm

明治書院　明治書院百年史　明治書院　1997.5　362p　27cm　非売品

紅野謙介,高橋修,小森陽一　メディア・表象・イデオロギー―明治三十年代の文化研究　小沢書店　1997.5　338,8p　22cm　3143円

雄山閣出版株式会社　雄山閣八十年　雄山閣出版　1997.5　365p　27cm

為郷恒淳　読売外伝―わが心の秘録　アクトビューロー　1997.7　235p　22cm　1429円

北山節郎　太平洋戦争放送宣伝資料　緑蔭書房　1997.8　4冊　22cm　全64000円

河北新報社　河北新報の百年　河北新報社　1997.9　887p　図版32p　27cm　非売品

後藤総一郎　飯田・下伊那新聞雑誌発達史―郷土百年のジャーナリズム　南信州新聞社出版局　1997.10　290,21p　26cm　8000円

宮住冨士夫　県紙の興亡―愛媛新聞日刊新愛媛　宮住冨士夫　1997.10　398p　22cm　2300円

慶応義塾大学法学部　三国干渉と日本のマスメディア　慶應義塾大学法学部政治学科玉井清研究会　1997.11　372p　26cm　（近代日本政治資料 5）

南海日日新聞社　南海日日新聞五十年史　南海日日新聞社　1997.11　413p　図版12枚　27cm

大阪新聞社　大阪新聞75周年記念誌　大阪新聞社　1997.12　154p　27cm

伊豫田康弘,上滝徹也,田村穣生,煤孫勇夫,八木信忠,野田慶人　テレビ史ハンドブック　改訂増補版　自由国民社　1998.1　278p　26cm　2800円　（総解説シリーズ）

全国新聞情報農業協同組合連合会　日本農業新聞創刊70年史―新聞連創立50年　全国新聞情報農業協同組合連合会　1998.3　321p　31cm

津金沢聡広　現代日本メディア史の研究　ミネルヴァ書房　1998.6　314,13p　22cm　4000円

江戸時代新聞―1603～1867　新人物往来社　1998.7　195p　26cm　1600円　（別冊歴史読本 78号）

吉田実　日中報道回想の三十五年　潮出版社　1998.7　486p　19cm　2000円　（潮ライブラリー）

佐藤卓己　現代メディア史　岩波書店　1998.9　259p　21cm　2300円　（岩波テキストブックス）

津金沢聡広,有山輝雄　戦時期日本のメディア・イベント　世界思想社　1998.9　250p　22cm　3200円

田村紀雄　田中正造をめぐる言論思想―足尾鉱毒問題の情報化プロセス　社会評論社　1998.9　202p　20cm　2200円

北海道新聞労働組合　北海道新聞労組50年史―DREAM夢を束ねて 1946～1996　新聞労連・北海道新聞労働組合　1998.9　2冊（資料編とも）　31cm　非売品

飯田下伊那新聞販売組合　飯田下伊那新聞販売組合五十年のあゆみ　南信州新聞社出版局　1998.11　20p　26cm

慶応義塾大学法学部　大津事件と日本のマスメディア　慶應義塾大学法学部政治学科玉井清研究会　1998.11　332p　26cm　（近代日本政治資料 6）

神戸新聞社　神戸新聞百年史　神戸新聞社　1998.11　2冊（資料編とも）　27cm

司馬遼太郎　司馬遼太郎が語る雑誌言論一〇〇年　中央公論社　1998.11　492p　20cm　2200円

高島国男　出版五十年創業者の理念と記録　世界思想社　1998.11　338p　図版［22］枚　27cm　非売品

沖縄タイムス社　激動の半世紀―沖縄タイムス社50年史　沖縄タイムス社　1998.12　599p　27cm

歴史　　日本

日本出版クラブ　日本出版大年表―明治篇　〔日本出版クラブ事務局〕　1999　表48枚　38×53cm
スポーツニッポン新聞社　スポーツニッポン新聞50年史　改訂版　スポーツニッポン新聞大阪本社　1999.3　2冊　27cm　非売品
秋山高志　近世常陸の出版　青裳堂書店　1999.4　255p　22cm　15000円　（日本書誌学大系 83）
山陽新聞社　山陽新聞百二十年史　山陽新聞社　1999.4　944p　図版50p　27cm
斎藤嘉博　メディアの技術史―洞窟画からインターネットへ　東京電機大学出版局　1999.6　216p　22cm　2300円
吉原健一郎　落書というメディア―江戸民衆の怒りとユーモア　教育出版　1999.6　202p　19cm　1500円　（江戸東京ライブラ
　　リー 7）
木村栄文　記者ありき―六畝・菊竹淳の生涯　日本障害者リハビリテーション協会　1999.9　CD-ROM1枚　12cm
ウベニチ新聞社　ウベニチ50年史　ウベニチ新聞社　1999.10　190p　22cm　非売品
岸雅裕　尾張の書林と出版　青裳堂書店　1999.10　421p　22cm　22000円　（日本書誌学大系 82）
京都新聞社　京都新聞120年史　京都新聞社　1999.10　303p　31cm　非売品
東京書籍株式会社　東京書籍90年のあゆみ―1909～1999　東京書籍　1999.10　63p　31cm
十勝毎日新聞社　十勝毎日新聞八十年史　十勝毎日新聞社　1999.10　767p　図版17枚　27cm
慶応義塾大学法学部　統帥権干犯問題と日本のマスメディア　慶應義塾大学法学部政治学科玉井清研究会　1999.11　276p
　　26cm　2500円　（近代日本政治資料 7）
小森孝児, 二宮厚美, 日本機関紙協会大阪府本部, 林直道　機関紙の歴史　戦後編　日本機関紙出版センター　1999.12　410p
　　27cm　4571円
土屋礼子　日本錦絵新聞集成―For Windows & Macintosh　文生書院　2000　CD-ROM1枚　12cm　38000円
池田一之　記者たちの満州事変―日本ジャーナリズムの転回点　人間の科学新社　2000.4　219p　20cm　2000円
李相哲　満州における日本人経営新聞の歴史　凱風社　2000.5　370p　22cm　4400円
針ケ谷良一　夕刊戦国史　文芸社　2000.5　211p　20cm　1500円
新潟日報事業社　新潟日報事業社五十年史　新潟日報事業社　2000.6　167p　27cm
八重山毎日新聞社　八重山毎日新聞五十年史　八重山毎日新聞社　2000.8　514p　27cm
日本書籍出版協会　京都出版史　戦後編　昭和20-32年　日本書籍出版協会京都支部　2000.10　342p　30cm
山室清　横浜から新聞を創った人々　神奈川新聞社　2000.10　285p　20cm　1429円
芝田正夫　新聞の社会史―イギリス初期新聞史研究　晃洋書房　2000.11　229p　22cm　2500円　（関西学院大学社会学部研究
　　叢書 第7編）
羽生紀子　西鶴と出版メディアの研究　和泉書院　2000.12　458p　22cm　15000円　（研究叢書 262）
RKB毎日放送株式会社　九州・福岡RKB放送史事典―RKB毎日放送創立50年記念　RKB　2001　CD-ROM1枚　12cm
国際連合地域開発センター　報道記録―国際連合地域開発センターの活動 2000年7月～2001年6月　国際連合地域開発センター
　　2001　59p　30cm
子規記念博物館　ジャーナリスト子規―子規一〇〇年祭in松山特別企画展　松山市立子規記念博物館　2001.1　60p　26cm
大里巌　マス・コミュニケーション理論と社会の現実　渓水社　2001.2　124p　22cm　2600円
テレビ熊本, 熊本リビング新聞社　テレビ熊本30年史　テレビ熊本　2001.3　345p　26cm
宮崎日日新聞社　宮崎日日新聞60年史　宮崎日日新聞社　2001.3　573p　31cm　非売品
講談社　講談社の90年　講談社　2001.4　797p　29cm　非売品
西田長寿　明治新聞雑誌文庫の思い出　＜リキエスタ＞の会　2001.4　73p　21cm　1000円
東京大学出版会　東京大学出版会50年の歩み　東京大学出版会　2001.5　341p　27cm　非売品
楠田実　産経新聞政治部秘史　講談社　2001.6　426p　20cm　2800円
南日本新聞社　南日本新聞の百二十年　南日本新聞社南日本新聞百二十年史編纂委員会　2001.6　584, 142p　図版32p　27cm　非
　　売品
長崎新聞社　激動を伝えて一世紀―長崎新聞社史　長崎新聞社　2001.9　585p　31cm　非売品
松本昌次　戦後出版と編集者　一葉社　2001.9　241, 8p　20cm　2000円
北原糸子, 木下直之　幕末明治ニュース事始め―人は何を知りたがるのか　東京大学社会情報研究所コレクション　中日新聞社
　　2001.9　119p　26cm
毎日放送　毎日放送50年史　毎日放送　2001.9　519p　27cm
日本マスコミュニケーション学会　日本マス・コミュニケーション学会50年史　日本マス・コミュニケーション学会　2001.10
　　435p　22cm　3500円
吉見俊哉, 土屋礼子, 日本新聞博物館　明治のメディア師たち―錦絵新聞の世界　企画展　ニュースパーク　2001.10　120, 23p
　　26cm
池田恵美子　出版女性史―出版ジャーナリズムに生きる女性たち　世界思想社　2001.11　309p　19cm　2500円　（Sekaishiso
　　seminar）
門奈直樹　民衆ジャーナリズムの歴史―自由民権から占領下沖縄まで　講談社　2001.11　389p　15cm　1200円　（講談社学術
　　文庫）
菅聡子　メディアの時代―明治文学をめぐる状況　双文社出版　2001.11　213p　22cm　2800円
碓田のぼる　占領軍検閲と戦後短歌―続評伝・渡辺順三　かもがわ出版　2001.12　239p　20cm　2200円
中国新聞社　中国新聞平和ライブラリー　中国新聞社　2002　CD-ROM1枚　12cm
井上進　中国出版文化史―書物世界と知の風景　名古屋大学出版会　2002.1　370, 16p　22cm　4800円
「毎日」の3世紀―新聞が見つめた激流130年　上巻　毎日新聞社　2002.2　930, 19p　23cm
吉見俊哉　一九三〇年代のメディアと身体　青弓社　2002.3　255p　19cm　1600円　（青弓社ライブラリー 23）
津金沢聡広　戦後日本のメディア・イベント―1945-1960年　世界思想社　2002.3　350p　22cm　3800円
国文学研究資料館　明治の出版文化　臨川書店　2002.3　397p　23cm　3400円
熊本日日新聞社　熊日六十年史　資料・年表編　熊本日日新聞社　2002.4　159p　27cm　非売品
熊本日日新聞社　熊日六十年史　本編　熊本日日新聞社　2002.4　341p　27cm　非売品
日本実業出版社　日本実業出版社のあゆみ　巻3　日本実業出版社　2002.5　342p　22cm　非売品
秋山勇造　明治のジャーナリズム精神―幕末・明治の新聞事情　五月書房　2002.5　259, 7p　20cm　2400円
塩沢実信　定本ベストセラー昭和史　展望社　2002.7　290p　20cm　2200円

日本		歴史

熊谷印刷　報道にみる出版部50年の歩み　熊谷印刷　2002.8　105p　30cm　非売品

吉田健二　『民報』に集ったジャーナリストたち―戦後改革期の政論新聞　文化書房博文社　2002.8　346p　22cm　4200円　（ソキウス研究叢書 2）

山田俊治　大衆新聞がつくる明治の＜日本＞　日本放送出版協会　2002.10　270p　19cm　1020円　（NHKブックス）

奥山滋　メディアの発達史　奥山美紗子　2002.10　189p　21cm　2500円

前野昭吉, 方厚枢　中国出版史話　新曜社　2002.11　449p　22cm　6500円

慶応義塾大学法学部　日英同盟と日本のマスメディア　慶應義塾大学法学部政治学科玉井清研究会　2002.11　300p　26cm　2000円　（近代日本政治資料 8）

土屋礼子　大衆紙の源流―明治期小新聞の研究　世界思想社　2002.12　296p　22cm　3200円

放送番組向上協議会　放送番組向上委員会の33年―議題と歴代委員　放送番組向上協議会　2002.12　46p　30cm

原敬記念館　原敬新聞界で活躍―マスコミ経験が総理への大きな資質に 第三十回企画展　原敬記念館　2003　14p　30cm　（原敬研究資料 原敬日記を繙く 34）

山陰中央新報社　山陰中央新報百二十年史　山陰中央新報社　2003.3　846p 図版12枚　27cm　非売品

北海道新聞社　北の大地に刻む―北海道新聞60年史　北海道新聞社　2003.5　495p　27cm

春原昭彦　日本新聞通史―1861年―2000年　4訂版　新泉社　2003.5　391, 18p　21cm　3800円

吉田豊　江戸のマスコミ「かわら版」―「寺子屋式」で原文から読んでみる　光文社　2003.6　334p　18cm　840円　（光文社新書）

大石学　江戸時代新聞―小学館版　小学館　2003.9　223p　30cm　2200円

櫻井秀勲　戦後名編集者列伝―売れる本づくりを実践した鬼才たち　編書房　2003.9　291p　20cm　1900円

岩手日日新聞社　岩手日日八十年史―貳万号史から十五年　岩手日日新聞社　2003.10　219p　27cm　非売品

日本児童図書出版協会　日本児童図書出版協会のあゆみ―四十年史補遺：創立五十周年　日本児童図書出版協会　2003.10　286p　22cm　4000円

大島宏彦　新聞の歴史と未来―名古屋大学大学院メディアプロフェッショナル論講義録　中日新聞社　2003.11　125p　18cm　476円

慶応義塾大学法学部　ポーツマス講和条約と日本のマスメディア　慶應義塾大学法学部政治学科玉井清研究会　2003.11　340p　26cm　3000円　（近代日本政治資料 9）

日本大学出版部協会　日本大学出版部協会40年の歩み―大学と社会を結ぶ知のネットワーク　日本大学出版部協会　2003.12　184p　15×21cm　800円

小学館　小学館80年の出版史―1922～2002 DVD-ROM版　小学館　2004　DVD-ROM1枚　12cm

小学館　小学館の80年―1922～2002　小学館　2004.5　446p　24cm

谷暎子　占領下の児童書検閲―プランゲ文庫・児童読み物に探る　資料編　新読書社　2004.5　211p　26cm　2500円

佐藤卓己　言論統制―情報官・鈴木庫三と教育の国防国家　中央公論新社　2004.8　437p　18cm　980円　（中公新書）

畠奈津子　「百人斬り」報道を斬る―敵はシナ中共政府と我が国の偏向マスコミだ　日新報道　2004.9　110p　19cm　1000円

高知市立自由民権記念館, 高知新聞社, 日本新聞博物館　高知新聞の100年―自由民権と土佐　高知新聞社　2004.10　118p　30cm　1500円

竹山昭子, 有山輝雄　メディア史を学ぶ人のために　世界思想社　2004.11　367p　19cm　2200円

北日本新聞社　北日本新聞百二十年史　北日本新聞社　2004.12　643p 図版16枚　27cm　非売品

高知新聞社　高知新聞100年史　高知新聞社　2004.12　485p　31cm　非売品

高知新聞社　高知新聞100年史記録集―資料・年表　高知新聞社　2004.12　347p　31cm　非売品

竹山恭二　報道電報検閲秘史―丸亀郵便局の日露戦争　朝日新聞社　2004.12　283p　19cm　1300円　（朝日選書 765）

松田尚士　武藤山治と時事新報　國民會館　2004.12　203p　22cm　1400円

北海道新聞社　北海道新聞三十年史　北海道新聞社　2005　DVD-ROM1枚　12cm　（未来への遺産シリーズ）

北海道新聞社　北海道新聞十年史　北海道新聞社　2005　DVD-ROM1枚　12cm　（未来への遺産シリーズ）

北海道新聞社　北海道新聞二十年史　北海道新聞社　2005　DVD-ROM1枚　12cm　（未来への遺産シリーズ）

有山輝雄　昭和初期新聞ジャーナリズム論集　第3巻　ゆまに書房　2005.5　611p　22cm　18600円

牧村健一郎　新聞記者夏目漱石　平凡社　2005.6　229p　18cm　780円　（平凡社新書）

Flichy, Patrice, 江下雅之, 山本淑子　メディアの近代史―公共空間と私生活のゆらぎのなかで　水声社　2005.8　343p　20cm　3000円

小川文弥, 田中義久　テレビと日本人―「テレビ50年」と生活・文化・意識　法政大学出版局　2005.9　335, 8p　21cm　3800円

新潟日報社　新潟日報の168時間―中越地震と新聞発行の記録　新潟日報社　2005.10　223p　19cm　1400円

北山節郎　続太平洋戦争メディア資料　3　日系人強制収容所の日本放送傍受記録　緑蔭書房　2005.11　227p　27cm

大久保久雄, 福島鋳郎　戦後初期の出版社と文化人一覧　第3巻　金沢文圃閣　2005.12　352p　19cm　15000円　（文圃文献類従 8-3）

歴史記者クラブ昭和班　太平洋戦争新聞―史実と戦時報道を徹底比較　廣済堂出版　2005.12　160p　26cm　1400円

伊丹市立美術館　明治大阪の錦絵新聞―大衆ジャーナリズムの開花　伊丹市立美術館　2006　29p　30cm

藤実久美子　近世書籍文化論―史料論的アプローチ　吉川弘文館　2006.1　326, 9p　22cm　9500円

日下幸男　近世国書板本の研究　龍谷大学文学部日下研究室　2006.3　396p　21cm　非売品　（龍谷大学仏教文化研究所共同研究報告書 2005年度）

高木元　近世出版文化史における＜雑書＞の研究　2004-2005年度　千葉大学大学院社会文化科学研究科　2006.3　108p　30cm　（社会文化科学研究科研究プロジェクト報告書 第133集）

明治期に刊行されたチリメン本の基礎的研究　石井正己　2006.3　287p　30cm

鹿野政直　岩波新書の歴史　岩波書店　2006.5　386, 172p　18cm　900円　（岩波新書）

春原昭彦, 日本新聞博物館　新聞のあゆみ―明治から現代まで　日本新聞博物館　2006.5　41p　30cm

福間良明　「反戦」のメディア史―戦後日本における世論と輿論の拮抗　世界思想社　2006.5　386p　19cm　2300円　（Sekaishiso seminar）

山田公平　名古屋新聞・小山松寿関係資料集　第6巻　龍溪書舎　2006.7　743p 図版8p　27cm　20000円

愛媛新聞社　愛媛新聞年表―創刊百三十周年記念　愛媛新聞社　2006.9　106p　31cm　非売品

| | | 歴史 | | | | 日本 |

黄民基　　唯今戦争始め候。明治十年のスクープ合戦　洋泉社　2006.9　222p　18cm　820円　（新書y）

中日新聞社　中日新聞社の120年　中日新聞社　2006.9　241p　27cm　非売品

『週刊サンニュース』の時代—報道写真と「名取学校」　JCIIフォトサロン　2006.11　31p　24×25cm　1000円　（JCII Photo Salon library 185）

慶応義塾大学法学部　第一次世界大戦参戦と日本のマスメディア　慶應義塾大学法学部政治学科玉井清研究会　2006.11　314p　26cm　2500円　（近代日本政治資料 12）

日本新聞協会　日本新聞協会60年史　日本新聞協会　2006.11　730p　27cm

日本経済新聞社　日本経済新聞社130年史　日本経済新聞社　2006.12　48,800p　27cm

文藝春秋　文藝春秋の八十五年　文藝春秋　2006.12　513p　27cm　非売品

鈴木容子, 鈴木陽二　洋書の歴史雑記帳—私家版　鈴木容子　2006.12　133p　22cm

大山勝美　私説放送史—「巨大メディア」の礎を築いた人と熱情　講談社　2007.1　327p　19cm　1900円

山口放送株式会社　山口放送の50年　山口放送　2007.3　319p　30cm

共同通信社　共同通信社60年史—1995-2005　共同通信社　2007.4　374p　27cm

西日本新聞社　西日本新聞百三十年史　西日本新聞社　2007.4　668p　27cm

梶山季之資料室　梶山季之と月刊「噂」　松籟社　2007.5　1冊　22cm　2300円

前坂俊之　太平洋戦争と新聞　講談社　2007.5　439p　15cm　1250円　（講談社学術文庫）

今西光男　新聞資本と経営の昭和史—朝日新聞筆政・緒方竹虎の苦悩　朝日新聞社　2007.6　360,8p　19cm　1400円　（朝日選書 824）

小汀利得, 小林勇, 石橋湛山, 長谷川如是閑　反骨の言論人　日本経済新聞出版社　2007.10　389p　15cm　1400円　（日経ビジネス人文庫—私の履歴書）

慶応義塾大学法学部　浅間丸事件と日本のマスメディア　慶應義塾大学法学部政治学科玉井清研究会　2007.11　262p　26cm　2500円　（近代日本政治資料 13）

田村哲三　近代出版文化を切り開いた出版王国の光と影—博文館興亡六十年　法学書院　2007.11　211p　20cm　1600円

牧村健一郎　ジャーナリスト漱石発言集　朝日新聞社　2007.11　316p　15cm　660円　（朝日文庫）

宮古毎日新聞社　宮古毎日新聞創刊五十年史　宮古毎日新聞社　2007.11　457p　27cm

朝日学生新聞社　朝日学生新聞40年史　朝日学生新聞社　2007.12　225p　22cm　非売品

テレビ神奈川　テレビ神奈川35年史—1972-2007　テレビ神奈川　2007.12　215p　27cm

半藤一利　戦う石橋湛山—昭和史に異彩を放つ屈伏なき言論　新装版　東洋経済新報社　2008.1　314p　20cm　1800円

千葉市美術館　文明開化の錦絵新聞—東京日々新聞・郵便報知新聞全作品　国書刊行会　2008.1　207p　30cm　3800円

石井幸之助　報道班員従軍記—若きカメラマンのマレー・千島戦記　光人社　2008.1　228p　16cm　638円　（光人社NF文庫）

神戸新聞社　神戸新聞百十年史　デイリースポーツ六十年史　神戸新聞社　2008.2　328,139p 図版［10］枚　30cm

三重大学人文学部　「伊勢新聞」東紀州関係記事一覧（明治年間）　三重大学人文学部塚本明研究室　2008.3　156p　30cm

今西光男　占領期の朝日新聞と戦争責任—村山長挙と緒方竹虎　朝日新聞社　2008.3　379,10p　19cm　1400円　（朝日選書 840）

日下幸男　文庫及び書肆の研究　龍谷大学文学部日下研究室　2008.3　293,92p　21cm　非売品　（龍谷大学仏教文化研究所個人研究報告書 2007年度）

町田市立自由民権資料館　民権期武相の新聞・雑誌—地域からの発信/地域への発信　町田市教育委員会　2008.3　96p　21cm　（民権ブックス 21号）

浅川保　偉大な言論人石橋湛山　山梨日日新聞社　2008.4　214p　18cm　1200円　（山日ライブラリー）

川合道雄　戦時下の博文館と『新青年』編集部—付・私の戦中記　近代文芸社　2008.5　76p　18cm　1000円　（近代文芸社新書）

日本農業新聞　日本農業新聞80年史　日本農業新聞　2008.5　261p　31cm　非売品

宝島社　戦後ジャーナリズム事件史　宝島社　2008.7　254p　16cm　476円　（宝島sugoi文庫）

小西聖一, 小泉澄夫　日本初、新聞が発行された—幕末の漂流者ジョセフ・ヒコがまいた種　理論社　2008.7　141p　22cm　1200円　（新・ものがたり日本歴史の事件簿 6）

松本昌次　わたしの戦後出版史　トランスビュー　2008.8　352p　20cm　2800円

北鹿新聞社　北鹿新聞社90年史　北鹿新聞社　2008.10　67p　31cm

慶応義塾大学法学部　義和団事件と日本のマスメディア　慶應義塾大学法学部政治学科玉井清研究会　2008.11　368p　26cm　3000円　（近代日本政治資料 14）

北海道の出版文化史編集委員会　北海道の出版文化史—幕末から昭和まで　北海道出版企画センター　2008.11　762p　22cm　6000円

加藤秀俊, 前田愛　明治メディア考　河出書房新社　2008.12　242p　19cm　2000円

李相哲　朝鮮における日本人経営新聞の歴史——一八八一—一九四五　角川学芸出版　2009.2　239p　20cm　2500円

京都新聞社　京都新聞グループ130年史　京都新聞社　2009.3　DVD-ROM1枚　12cm

山陽新聞社　山陽新聞百三十年史　山陽新聞社　2009.5　353,454p 図版52p　27cm

小田光雄　出版状況クロニクル　論創社　2009.5　229p　20cm　2000円

加藤秀俊　メディアの発生—聖と俗をむすぶもの　中央公論新社　2009.5　618p　20cm　3000円

堺市立文化館　ジャーナリスト与謝野晶子—山の動く日きたる　特別展パンフレット　堺市立文化館与謝野晶子文芸館　2009.10　16p　26cm

東海テレビ放送株式会社　東海テレビ放送開局50年史—つたえるつなぐ　東海テレビ放送　2009.10　278p　24×25cm

東海ラジオ放送株式会社　東海ラジオ放送創立50年のあゆみ—50th anniversary　東海ラジオ放送　2009.11　192p　25cm　非売品

浅岡邦雄　〈著者〉の出版史—権利と報酬をめぐる近代　森話社　2009.12　255p　20cm　2700円

後藤基治　日米開戦をスクープした男—実録・海軍報道戦記　新人物往来社　2009.12　318p　15cm　667円　（新人物文庫 46）

横浜開港資料館　横濱開港新聞—激動の幕末～文明開化の明治へ　横浜開港150周年記念　神奈川新聞社　2010　DVD-ROM1枚　12cm　1470円

講談社　年表・資料講談社の100年　講談社　2010.1　455p　26cm　非売品

鍋島高明　反骨のジャーナリスト中島及と幸徳秋水　高知新聞社　2010.1　93p　21cm　762円　（高知新聞ブックレット no. 14）

講談社　物語講談社の100年　第1巻　草創―明治～大正中期　講談社　2010.1　280p　21cm　非売品

神奈川新聞社　神奈川新聞120年の歩み―資料集　神奈川新聞社　2010.2　303p　26cm　非売品

吉川登　近代大阪の出版　創元社　2010.2　301p　20cm　2300円

規制推進連絡協議会　検閲された本～義理姉弟～　暗黒通信団　2010.3　11p　21cm　200円

坂の上の雲ミュージアム　新聞『日本』と子規―第4回企画展テーマ展示　坂の上の雲ミュージアム　2010.3　35p　25×26cm　（日露戦争と明治のジャーナリズム 1）

中央公論新社　中央公論新社120年史　中央公論新社　2010.3　766p　20cm　非売品

北羽新報社　北羽新報社史　北羽新報社　2010.5　146p　26cm

吉田則昭　戦時統制とジャーナリズム―1940年代メディア史　昭和堂　2010.6　267, 40p　22cm　2800円

東京堂　東京堂百二十年史　東京堂　2010.6　622p　27cm　非売品

小田光雄　出版状況クロニクル 2（2009年4月～2010年3月）　論創社　2010.7　331p　20cm　2000円

東京書籍株式会社　東京書籍百年史　東京書籍　2010.9　412, 135p　31cm　非売品

東京書籍株式会社　東京書籍100年のあゆみ　東京書籍　2010.9　127p　31cm　非売品

塩沢実信, 小田光雄　戦後出版史―昭和の雑誌・作家・編集者 戦後出版界40年の興亡史　論創社　2010.12　450p　22cm　3800円

日外アソシエーツ編集部　日本出版文化史事典―トピックス1868-2010　日外アソシエーツ　2010.12　556p　21cm　14095円

紀伊民報　紀伊民報創刊100周年記念誌―田辺地域の新聞の歴史と紀伊民報の歩み　紀伊民報　2011.2　211p　27cm

早稲田大学政治経済学部　ジャーナリスト・メディア関係者個人史聞き取り調査プロジェクト―Oral history project of Japanese journalism and media　第1回調査報告書　早稲田大学政治経済学部土屋礼子研究室　2011.3　391p　30cm

永江朗　筑摩書房それからの四十年（よんじゅうねん）―1970-2010　筑摩書房　2011.3　377p　19cm　1800円　（筑摩選書 X002）

和田芳恵　筑摩書房の三十年―1940-1970　筑摩書房　2011.3　267p　19cm　1600円　（筑摩選書 X001）

中日新聞社社友会　中日新聞社社友会五十年史―時代とともに新聞とともに　中日新聞社社友会　2011.4　279p　22cm　非売品

箕輪成男　近代「出版者」の誕生―西欧文明の知的装置　出版ニュース社　2011.6　354p　21cm　3300円

秋蘋の会　茨城・幻の言論人「佐藤秋蘋」―「いはらき」明治後期の主筆　秋蘋の会　2011.7　318p　26cm

中嶋隆　西鶴と元禄メディア―その戦略と展開　新版　笠間書院　2011.11　198p　19cm　1600円

高屋肇　闇の新聞裏面史―販売店主が見てきた乱売と「押し紙」の50年　花伝社　2011.11　135, 23p　19cm　1500円

中国新聞社　中国新聞最近二十年史―創刊120周年1892-2012　中国新聞社　2012　DVD-ROM 1枚　12cm

上田美和　石橋湛山論―言論と行動　吉川弘文館　2012.3　421, 9p　20cm　3800円

早稲田大学政治経済学部　ジャーナリスト・メディア関係者個人史聞き取り調査プロジェクト　第2回調査報告書　早稲田大学政治経済学部土屋礼子研究室, 早稲田大学20世紀メディア研究所　2012.3　396p　30cm

小田光雄　出版状況クロニクル 3（2010年3月～2011年12月）　論創社　2012.3　268p　19cm　2000円

石川徳幸　日露開戦過程におけるメディア言説―明治中期の対外思潮をめぐる一試論　櫻門書房　2012.3　222p　22cm　2800円

播磨町郷土資料館　新聞の父ジョセフ・ヒコ展―ジョセフ・ヒコの軌跡と「新聞誌・海外新聞」の発行　播磨町町制施行50周年記念企画展　播磨町ふるさとの先覚者顕彰会　2012.4　6p　30cm

磯部敦　明治前期の本屋覚き書き　金沢文圃閣　2012.5　308p　22cm　19000円　（文圃文献類従 26）

中部経済新聞社　中部経済新聞社65年史―未来をひらく報道めざして　中部経済新聞社　2012.10　159p　30cm

日外アソシエーツ編集部　日本ジャーナリズム・報道史事典―トピックス1861-2011　日外アソシエーツ　2012.10　481p　21cm　14200円

李相哲　日中韓の戦後メディア史　藤原書店　2012.12　324p　22cm　3800円

岡村敬二　満洲出版史　吉川弘文館　2012.12　333, 10p　22cm　8500円

北海道新聞社　北の大地とともに―北海道新聞70年史：1942-2012　北海道新聞社　2013.1　441p　31cm　非売品

金子貴昭　近世出版の板木研究　法藏館　2013.2　318p　22cm　7500円

福生市教育委員会　新聞錦絵―頴原退蔵・尾形仂コレクション　福生市教育委員会　2013.2　61p　30cm

ハワイ報知社, 鈴木啓　ハワイ報知百年史　ハワイ報知社　2013.2　150, 41p　26cm

山陰中央新報社　山陰中央新報百三十年史―平成15年から10年の歩み　山陰中央新報社　2013.3　396p　27cm　非売品

早稲田大学政治経済学部　ジャーナリスト・メディア関係者個人史聞き取り調査プロジェクト―第三回調査報告書　および2012年度日本広告学会研究プロジェクト「聞き取り調査による戦後日本広告誌の基礎研究」調査報告書　早稲田大学政治経済学部土屋礼子研究室　2013.3　377p　30cm

小学館　小学館90年の歩み―1922-2012　小学館　2013.3　67p　21cm

長崎放送　長崎放送60年史　長崎放送　2013.3　429p　29cm

山陰中央新報社　山陰中央新報新聞製作130年史　山陰中央新報社　2013.4　330p　27cm　非売品

サンケイ新聞社, 産業経済新聞社, 産経新聞　新聞記者司馬遼太郎　文藝春秋　2013.6　299p　16cm　620円　（文春文庫 し1-251）

松尾尊兊　近代日本と石橋湛山―『東洋経済新報』の人びと　東洋経済新報社　2013.7　341, 5p　20cm　3400円

我孫子市杉村楚人冠記念館　新聞記者・楚人冠の足跡―杉村楚人冠記念館平成25年度夏期企画展解説書　我孫子市教育委員会文化・スポーツ課　2013.7　35p　30cm　（我孫子市文化財報告 第7集）

竹山昭子　その時ラジオは―太平洋戦争下　朝日新聞出版（発売）　2013.7　273p　20cm　1600円

Romi, 土屋和之　三面記事の歴史　国書刊行会　2013.9　384p　図版12p　22cm　3800円

紅野謙介　物語岩波書店百年史　1　「教養」の誕生　岩波書店　2013.9　310p　20cm　2200円

琉球新報社　琉球新報百二十年史　琉球新報社　2013.9　199p　図版［10］枚　27cm　非売品

坂田記念ジャーナリズム振興財団　関西ジャーナリズム顕彰足跡と展望―坂田記念ジャーナリズム振興財団20周年記念誌　坂田記念ジャーナリズム振興財団　2013.10　142p　27cm

自費出版編集者フォーラム　日本自費出版史――九〇三―二〇一二　自費出版編集者フォーラム　2013.10　221p　19cm　2000円

播磨町郷土資料館　ヒコの新聞と錦絵新聞―ジョセフ・ヒコ新聞発行150周年プレ・イヤー特別展　播磨町郷土資料館　2013.10

歴史　　　　　　　　　　　　　　　　　　　　　　　　　　　　　　　　　　　　　日本（放送）

佐藤卓己　物語岩波書店百年史 2　「教育」の時代　岩波書店　2013.10　378p　20cm　2400円
苅部直　物語岩波書店百年史 3　「戦後」から離れて　岩波書店　2013.10　255, 43p　20cm　2200円
慶応義塾大学法学部　第一次上海事変と日本のマスメディア　慶應義塾大学法学部政治学科玉井清研究会　2013.11　470p
　　　　26cm　4000円　（近代日本政治資料 18）
北海道放送株式会社　北海道放送創立60周年社史—2002-2012　北海道放送　2013.11　207p　30cm
杉原志啓, 富岡幸一郎　稀代のジャーナリスト・徳富蘇峰—1863-1957　藤原書店　2013.12　325p　21cm　3600円
愛媛県歴史文化博物館　愛媛県内民俗関係新聞記事目録　愛媛県歴史文化博物館　2014.2　118p　30cm　（愛媛県歴史文化博物
　　　　館資料目録 第22集）
浅見雅一　近世印刷史とイエズス会系「絵入り本」—EIRI報告書　慶應義塾大学文学部　2014.2　249p　22cm　非売品
大友展也　新聞原典史料『アヴィーゾ』『レラツィオーン』—新聞発達史上の午前0時について　東北大学出版会　2014.2
　　　　200p　21cm　2200円
早稲田大学政治経済学部　ジャーナリスト・メディア関係者個人史聞き取り調査プロジェクト—第四回調査報告書 および現代政
　　　　治経済研究所2013年度問題解決型プロジェクト「戦後日本の科学ジャーナリズムの経験知」調査報告書　早稲田
　　　　大学政治経済学部土屋礼子研究室　2014.3　338p　30cm
新潟テレビ21　新潟テレビ21 30年史—笑顔でつながる。心がとべる。　新潟テレビ21　2014.3　119p　30cm
立命館大学日露戦争史料調査会　日露戦争を報道した海外紙記事翻訳集—2009-2013松山市受託研究報告書　松山市　2014.3
　　　　143p　30cm
奥野卓司　江戸〈メディア表象〉論—イメージとしての〈江戸〉を問う　岩波書店　2014.5　240p　20cm　2700円
陶山幾朗　「現代思潮社」という閃光　現代思潮新社　2014.5　210p　20cm　2400円
原田裕　戦後の講談社と東都書房　論創社　2014.8　209p　19cm　1600円　（出版人に聞く 14）
播磨町郷土資料館　ヒコの生涯と新聞史—ジョセフ・ヒコ新聞発行150周年記念特別展　播磨町郷土資料館　2014.10　44p　30cm

日本（放送）

〔雑誌記事〕
平岡正之　ラジオ小劇場「蛾」の反響：NHK文研月報　3 (5)　〔1953.5〕　p14～16
平岡正之　ラジオ小劇場「ちぎれ雲」の反響：NHK文研月報　3 (11)　〔1953.11〕　p17～18
生田正輝　日本のテレビジョン—その歴史と性格：新聞学評論　通号10　〔1960.3〕
山本明　1950年新聞・放送レッド・パージ覚え書：人文学　通号50　〔1960.10〕　p64～87
放送博物館　「テレビジョン今昔展」——報告：NHK文研月報　13 (05)　〔1963.5〕　p42
市川重一　日本放送史編集ノートから：NHK文研月報　15 (08)　〔1965.8〕　p83
藤竹暁　生活にとけこんだテレビ——昭和40年度国民生活時間調査春季調査の結果から：NHK文研月報　15 (10)　〔1965.
　　　　10〕　p56
臼井吉見, 栗田確也, 美作太郎, 布川角左衛門, 野間省一　出版百年の歩みを語る NHK教育テレビ "産業百年史・出版" より：出版
　　　　ニュース　通号0676　〔1965.11〕　p6～10
内川芳美　戦後日本の放送政策——戦後放送制度の確立過程—下—：放送学研究　通号11　〔1965.12〕
熊本重清　日本放送史について——ラジオ・ニュースの発達過程：政経研究　3 (1)　〔1966.6〕　p168～180
市川重一　放送史話——東京放送局の試験放送：NHK文研月報　18 (03)　〔1968.3〕　p64
佐藤知恭　知られざる放送——FENの歴史と現状：総合ジャーナリズム研究　05 (04)　〔1968.4〕　p90～93
岩下豊彦　放送の成果をどのように考えるか 番組評価システム試案：NHK放送文化研究年報　13　〔1968.6〕　p79～105
田中達雄　放送史研究の方向：NHK文研月報　18 (07)　〔1968.7〕　p1
佐藤勝造　豊原放送局史話：NHK文研月報　18 (09)　〔1968.9〕　p40
後藤和彦　70年代の放送（70年のマスコミ（特集））：総合ジャーナリズム研究　06 (04)　〔1969.1〕　p64～73
石坂丘　沖縄放送局史話：NHK文研月報　19 (05)　〔1969.5〕　p74
伊藤信　FM放送の過去と未来——FM東海の歩みが意味するもの：総合ジャーナリズム研究　07 (03)　〔1970.7〕　p72～81
放送史編集室, 放送事情調査部　沖縄の放送《開設から本土復帰まで》：NHK文研月報　22 (04)　〔1972.4〕　p37
石井清司　戦後放送事件譚2 風刺のいらない国：放送批評　No.060　〔1973.1〕
石井清司　戦後放送事件譚3 サビぬきのワサビ：放送批評　No.061　〔1973.2〕
大森幸男, 藤井恒男　テレビの歴史 新聞の立場（テレビ放送20年）：新聞研究　通号259　〔1973.2〕　p7～13
石井清司　戦後放送事件譚4 一分二十秒の気迫：放送批評　No.062　〔1973.3〕
石井清司　戦後放送事件譚5 日本人の悲鳴：放送批評　No.063　〔1973.4〕
石井清司　戦後放送事件譚6 風刺作家の誕生：放送批評　No.064　〔1973.5〕
佐藤勝造　昭南（シンガポール）放送管理局史話：NHK文研月報　23 (06)　〔1973.6〕　p57
石井清司　戦後放送事件譚7 「やられる前に、やれ！」：放送批評　No.065　〔1973.6〕
橋本信也, 後藤達彦, 小谷正一, 小田久栄門, 澤田隆治　座談会 テレビ20年の歩みから未来を語る 続：月刊民放　03 (28)　〔1973.
　　　　9〕　p28～36
石井清司　戦後放送事件譚9 軍部御用の録音盤、今もなお…：放送批評　No.067　〔1973.9〕
時野谷浩　メディア史（テレビジョンの20年テレビ研究の20年（特集））：新聞学評論　通号22　〔1973.10〕　p85～93
岡村黎明　報道（テレビジョンの20年テレビ研究の20年（特集））：新聞学評論　通号22　〔1973.10〕　p34～46
放送史編集室, 放送事情調査部　年表 世界の放送50年のあゆみ：NHK文研月報　25 (03)　〔1975.3〕　p35
山本透　日本放送制度の変遷：コミュニケーション研究　通号10　〔1977〕　p73～102
美土路脩一　放送五十年史の刊行を終わって（上）：NHK文研月報　27 (10)　〔1977.10〕　p25
美土路脩一　放送五十年史の刊行を終わって（下）：NHK文研月報　27 (11)　〔1977.11〕　p39
小関三平, 中野収, 平野秀秋　特集・テレビ二十五年を迎えて 座談会 テレビ番組の二十五年を語る：月刊民放　08 (86)　〔1978.8〕
　　　　p10～19
小林與三次　特集・テレビ二十五年を迎えて 正力松太郎のテレビ思想 小林與三次氏（日本テレビ社長）にきく：月刊民放　08
　　　　(86)　〔1978.8〕　p4～9

日本（放送）　　　　　　　　　　　　　　歴史

南利明	野球放送ことはじめ：NHK文研月報　28（08）〔1978.8〕　p40
工藤洋一	太平洋戦争と臨時放送所：NHK文研月報　28（12）〔1978.12〕　p33
深井徹	放送技術史研究序説─2─音と映像の時代：日本大学芸術学部紀要　通号10〔1980〕　p71～86
米田武	創業期のアナウンサー：NHK文研月報　30（05）〔1980.5〕　p57
宇佐美昇三	英語教育番組略史─大正14年から昭和54年まで（《特集》海外の公共放送の現状と問題（II））：NHK放送文化研究年報　25〔1980.8〕　p339～426
総合ジャーナリズム研究編集部	日本軍のある“戦場謀略放送”──ジャワ島上陸作戦で威力を発揮した唯一の試みとは（特別手記・戦後三十五年目の証言）：総合ジャーナリズム研究所　17（04）〔1980.10〕　p38～50
三浦嘉久	放送による社会教育の一九三〇年代──その放送制度と放送機構について：社会教育　35（10）〔1980.10〕　p35～40
加納民夫	自民党のNHK制圧をはね返すために──圧殺される「言論の自由」：マスコミ市民　通号161〔1981.8〕　p2～17
米田武	昭和初期のアナウンサーとアナウンスメント（1）～（4）：NHK文研月報　32（02）〔1982.2～1982.12〕　p37
米田武	昭和初期のアナウンサーとアナウンスメント（2）：NHK文研月報　32（04）〔1982.4〕　p52
服部孝章	テレビ30年（週刊TVガイド別冊）：放送批評　No.156〔1982.5〕
米田武	昭和初期のアナウンサーとアナウンスメント（3）：NHK文研月報　32（08）〔1982.8〕　p35
米田武	昭和初期のアナウンサーとアナウンスメント（4）：NHK文研月報　32（12）〔1982.12〕　p45
放送史編修部	図表 テレビ30年：NHK文研月報　33（01）〔1983.1〕　p10
土肥良造	「都新聞」は風俗資料の宝庫なんです（東京新聞創刊一〇〇年記念特集）：総合ジャーナリズム研究　21（03）〔1984.7〕　p43～51
露木茂	特集 新しいアナウンサー像を探る 民放アナウンサーの歴史：月刊民放　21（240）〔1991.6〕　p6～9
卓南生	テレビ40年の足跡－上－（資料）（テレビ40年──不惑の検証－1－<特別企画>）：総合ジャーナリズム研究　29（04）〔1992.10〕　p55～57
天野勝文	テレビ40年の足跡－下－（資料）（テレビ40年──不惑の検証－2－<特別企画>）：総合ジャーナリズム研究　30（02）〔1993.4〕　p72～79
大蔵雄之助	放送界事件史10 TBS成田闘争<前篇>：放送批評　No.308〔1995.3〕
大蔵雄之助	放送界事件史10 TBS成田闘争<後篇>：放送批評　No.309〔1995.4〕
本橋春紀	被爆・終戦番組の40年（戦後50年──連続と不連続<特集>）：マス・コミュニケーション研究　通号47〔1995.7〕　p30～44
国枝忠雄	語り継ぐ民間放送史（第1回）無料できける楽しいラジオ：月刊民放　25（290）〔1995.8〕　p36～39
斎藤守慶	語り継ぐ民間放送史（第2回）テレビネットワーク事始め：月刊民放　25（291）〔1995.9〕　p34～37
富原薫	語り継ぐ民間放送史（第3回）みなさまの北海道放送です：月刊民放　25（292）〔1995.10〕　p40～43
高木盛久	語り継ぐ民間放送史（第4回）街頭テレビが時代を開いた：月刊民放　25（293）〔1995.11〕　p26～29
村上七郎	語り継ぐ民間放送史（第5回）フジテレビが走り出したころ：月刊民放　25（294）〔1995.12〕　p32～35
青山行雄	語り継ぐ民間放送史（第6回）テレビ系列はこうしてできた：月刊民放　26（295）〔1996.1〕　p32～35
石川良彦	語り継ぐ民間放送史（第7回）地方ラジオ局の自転車操業時代：月刊民放　26（296）〔1996.2〕　p30～33
鈴木充	語り継ぐ民間放送史（第8回）新聞、電波の共存共栄で発展：月刊民放　26（297）〔1996.3〕　p30～33
藤井桑正	語り継ぐ民間放送史（第9回）録音機のゼンマイ巻いて：月刊民放　26（298）〔1996.4〕　p32～35
吉田稔	語り継ぐ民間放送史（第10回）民放技術は共通の資産：月刊民放　26（299）〔1996.5〕　p32～35
尾藤正二郎	明治初期の新聞文章と言文一致運動──福地桜痴の「文論」を読む：神戸親和女子大学研究論叢　通号30〔1996.10〕　p36～66
斎藤吉久	朝日新聞と神道人 第1回 師弟関係にあった緒方竹虎と葦津珍彦：正論　通号306〔1998.2〕　p254～265
田原茂行	「放送の多様化」政策の歴史的考察（その2）：人間科学 : 常磐大学人間科学部紀要　17（1）〔1999.10〕　p11～18
田原茂行	「放送の多様化」政策の歴史的考察（その3）：人間科学 : 常磐大学人間科学部紀要　17（2）〔2000.3〕　p37～44
田原茂行	「放送の多様化」政策の歴史的考察（4）：人間科学 : 常磐大学人間科学部紀要　18（1）〔2000.10〕　p13～21
古田尚輝	『20世紀放送史』の視点──刊行を前に：放送研究と調査　51（3）通号598〔2001.3〕　p2～11
古田尚輝	ラジオ第2放送70年 編成の分析──教育放送への道のり：放送研究と調査　51（10）通号605〔2001.10〕　p2～27
斎藤守慶	テレビ50年の風景（特集 民放50周年記念特集──後世に何を残すか─民放半世紀 後世に何を残すか）：月刊民放　31（12）通号366〔2001.12〕　p20～22
国枝忠雄	放送60年を歩みきて（特集 民放50周年記念特集──後世に何を残すか─民放半世紀 後世に何を残すか）：月刊民放　31（12）通号366〔2001.12〕　p13～15
横山滋	50年のテレビ編成の変化とその背景──報道番組を中心に：NHK放送文化研究所年報　47〔2002〕　p111～172
牧田徹雄	「テレビ視聴理論」研究50年史（その1）1950年代＝「期待」と「おそれ」の間で：放送研究と調査　52（2）通号609〔2002.2〕　p20～31
井川充雄	戦後VOA日本語放送の再開（特集 声のメディア史）：メディア史研究　12〔2002.4〕　p45～64
牧田徹雄	「テレビ視聴理論」研究50年史（2）1960年代＝「受け手」に生命を吹き込む：放送研究と調査　52（7）通号614〔2002.7〕　p80～97
多菊和郎	放送の黎明期における“自由”の視点──雑誌『無線と実験』を読む：放送研究と調査　52（8）通号615〔2002.8〕　p28～47
牧田徹雄	「テレビ視聴理論」研究50年史（その3）1970年代＝「情報化」の進行に対応して：放送研究と調査　52（11）通号618〔2002.11〕　p62～77
牧田徹雄	テレビとメディア・コミュニケーションの変化（特集 テレビ50年の光と影）：マス・コミュニケーション研究　通号63〔2003〕　p4～21
横山滋	テレビ50年 番組編成はどう変わってきたか：放送研究と調査　53（1）通号620〔2003.1〕　p22～33
牧田徹雄	「テレビ視聴理論」研究50年史（完結編）1980・90年代＝マクロとミクロの両面から：放送研究と調査　53（2）通号621〔2003.2〕　p2～15
海老沢勝二,吉井勇,三宅有美	テレビ50年新春インタビュー 海老沢勝二・NHK会長──放送は技術を活用した文化。我々には文化を創造し、後世に残し、文明のかけ橋となる務めがある：New media　21（2）通号236〔2003.2〕　p11～13
前川佐重郎	「テレビニュース」の始発──テレビ50年の里程：放送研究と調査　53（4）通号623〔2003.4〕　p2～11

吉井勇, 氏家齋一郎　テレビ50年特別インタビュー 氏家齊一郎・民法連会長——地上デジタル放送移行は「国策」で進める以上、まず「負担」責任を明確にすべきだ：New media　21（4）通号238　〔2003.4〕　p15〜17

前川佐重郎　放送史への証言 占領下, 「放送委員会」が果たした役割——放送委員2人の証言：放送研究と調査　53（10）通号629　〔2003.10〕　p54〜61

前川佐重郎, 村木良彦, 太田昌宏　放送史への証言 「テレビプロダクション」の草創——村木良彦氏に聞く：放送研究と調査　53（12）通号631　〔2003.12〕　p74〜81

NHK放送文化研究所メディア経営部放送史グループ, 大塚利兵衛　放送史への証言 現場に出るニュースアナウンサー 大塚利兵衛氏に聞く：放送研究と調査　54（5）通号636　〔2004.5〕　p106〜111

向後英紀　GHQの放送番組政策——CI&Eの「情報番組」と番組指導（特集 戦時におけるメディアと権力——日本を中心として）：マス・コミュニケーション研究　通号66　〔2005〕　p20〜36

高坂龍次郎　放送お騒が史（Part5）1971年〜1973年：ぎゃらく　通号429　〔2005.3〕　p30〜36

太田昌宏　放送80年 ラジオ放送草創期の諸論議——新聞界, 実業界, 通信省の確執：放送研究と調査　55（4）通号647　〔2005.4〕　p42〜51

高坂龍次郎　放送お騒が史（Part6）1971年〜1973年：ぎゃらく　通号431　〔2005.5〕　p31〜36

榎並和雅, 吉井勇　75周年を迎えたNHK技研のNEXT：New media　23（11）通号270　〔2005.11〕　p8〜10

浦部信義　日本における放送開始と通信省：メディア史研究　19　〔2005.12〕　p102〜123

越川洋　テレビ表現の変遷——変わる送り手と視聴者の関係：NHK放送文化研究所年報　50　〔2006〕　p165〜188

浦部信義　社団法人名古屋放送局の成立（特集＝放送80周年特集）：メディア史研究　20　〔2006.5〕　p1〜25

古田尚輝　教育テレビ放送の50年：NHK放送文化研究所年報　53　〔2009〕　p175〜210

西村秀樹　関西だより 悩む記者たち 関西マスコミ五〇年誌を出版：放送レポート　219号　〔2009.7〕　p69

湯浅正次, 廣谷鏡子　放送史への証言 カメラマンは被写体と対話する——テレビドキュメンタリーの青春期（前編）：放送研究と調査　61（2）通号717　〔2011.2〕　p40〜49

笹田佳宏　日本の民間放送の系譜——その発展と特質（特集 放送の現在——向後英紀教授のご退職を記念して）：ジャーナリズム＆メディア ： 新聞学研究所紀要　（4）〔2011.3〕　p43〜52

笹田佳宏　放送界のこの1年（2009年9月〜2010年9月）：ジャーナリズム＆メディア ： 新聞学研究所紀要　（4）〔2011.3〕　p271〜275

湯浅正次, 廣谷鏡子　放送史への証言 知識より感性——直感を信じて, 撮る テレビドキュメンタリーの青春期（後編）：放送研究と調査　61（3）通号718　〔2011.3〕　p56〜65

宮川大介　放送史料探訪 『集金の実際と技巧』——戦前の受信料（聴取料）制度：放送研究と調査　61（5）通号720　〔2011.5〕　p64〜67

三原康博, 山田満郎, 廣谷鏡子　放送史への証言 テレビはもう一度 "生"に戻れ——雑魚番組が輝いた！ 美術デザイナーの楽しき挑戦：放送研究と調査　61（7）通号722　〔2011.7〕　p76〜89

米倉律　放送史料探訪 『テレビ創業期の人たちの証言集1〜7』(1978年)：放送研究と調査　61（7）通号722　〔2011.7〕　p96〜99

藤竹暁, 米倉律　放送史への証言 現場から汲み上げる放送研究をめざして——「テレビ的リアリティー」をどう理解するか：放送研究と調査　61（9）通号724　〔2011.9〕　p54〜63

岡村黎明　制度 民放の原点からの再出発——60年の総括と将来の展望（特集 民間放送60年—放送新時代への期待）：月刊民放　41（11）通号485　〔2011.11〕　p12〜14

磯﨑咲美, 宮川大介, 村上聖一　放送史資料 収集・保存・公開をめぐる課題 ： 歴史研究者やアーカイブ専門家は現状をどう見ているか：放送研究と調査　61（11）通号726　〔2011.11〕　p38〜51

宮川大介　放送史料探訪 週刊NHKラジオ新聞 ： 情報雑誌の先駆者：放送研究と調査　61（11）通号726　〔2011.11〕　p80〜83

加藤元宣, 竹山昭子　放送史への証言 竹山昭子さん（放送史研究家）戦前・戦中・戦後を通してみた体験的放送史（前編）『兵に告ぐ』から『玉音放送』へ：放送研究と調査　61（12）通号727　〔2011.12〕　p38〜49

松山秀明, 廣谷鏡子　オーラル・ヒストリーを用いた新しい放送史研究の可能性：放送研究と調査　62（1）通号728　〔2012.1〕　p46〜55

加藤元宣, 竹山昭子　放送史への証言 竹山昭子さん（放送史研究家）戦前・戦中・戦後を通してみた体験的放送史（後編）初期マス・コミュニケーション研究から民間放送の現場へ：放送研究と調査　62（1）通号728　〔2012.1〕　p34〜45

村上聖一　放送史料探訪 荘safely文書 ： 放送政策形成の現場から：放送研究と調査　62（1）通号728　〔2012.1〕　p76〜79

柴田隆, 樋口秀夫　放送史への証言 樋口秀夫さん（元NHK事業部長）放送と視聴者をつないだ事業の仕掛け人30年の歴史：放送研究と調査　62（2）通号729　〔2012.2〕　p58〜69

村上聖一, 大場吉延　放送史への証言 大場吉延さん（元NHK理事）規格統一で揺れ続けたハイビジョン開発 ： MUSE開発からデジタル方式への転換まで：放送研究と調査　62（4）通号731　〔2012.4〕　p70〜79

宮川大介　「放送史」の過去・現在・未来 ： 次の「放送史」作成・編集への手がかりを探る：放送研究と調査　62（5）通号732　〔2012.5〕　p104〜113

廣谷鏡子　放送のオーラル・ヒストリー 「生ドラマ」時代の放送現場：放送研究と調査　63（1）通号740　〔2013.1〕　p52〜70

廣谷鏡子　放送史料 探訪 時代考証と再現を一手に ： 書画デザイナー・加藤整（ひとし）さんを訪ねて：放送研究と調査　63（3）通号742　〔2013.3〕　p88〜91

田代範子　テレビ60年/「思い出の番組」を読み解く 視聴者に寄り添った番組たち：月刊民放　43（4）通号502　〔2013.4〕　p32〜37

小川博司　テレビ60年 ： 「思い出の番組」を読み解く 思い出のテレビ番組と週末の家族視聴：月刊民放　43（5）通号503　〔2013.5〕　p34〜37

渡辺久哲　テレビ60年 ： 「思い出の番組」を読み解く 心に深く刻み込まれた家族で観た生放送：月刊民放　43（6）通号504　〔2013.6〕　p32〜35

桜井均　テレビ60年の考古学 ： 1970年代ドキュメンタリーに何が起きていたか：放送研究と調査　63（6）通号745　〔2013.6〕　p68〜85

小川博司　テレビ60年 ： 「思い出の番組」を読み解く 思い出のラジオ番組とつながりの確認：月刊民放　43（7）通号505　〔2013.7〕　p32〜35

渡辺久哲　テレビ60年 ： 「思い出の番組」を読み解く テレビに期待される文化伝承の役割：月刊民放　43（8）通号506

日本（放送）　　　　　　　　　　　　　歴史

〔2013.8〕 p34〜37

加藤昌男　　テレビ60年 ニュース文体はこう変わった ： 「です・ます調」から「叫び口調」へ（特集 放送で使うことば）：月刊民放　43（11）通号509 〔2013.11〕 p4〜7

大寺廣幸　　テレビ60年/テレビ中継回線事業の歴史II ご成婚中継を実現させたマイクロ回線網：月刊民放　43（12）通号510 〔2013.12〕 p32〜35

大寺廣幸　　テレビ60年/テレビ中継回線事業の歴史(3)民放ネットワークの構築と回線運営センター：月刊民放　44（1）通号511 〔2014.1〕 p38〜41

廣谷鏡子　　放送のオーラル・ヒストリー 「テレビ美術」の成立と変容(1)文字のデザイン：放送研究と調査　64（1）通号752 〔2014.1〕 p58〜75

宮川大介　　放送史料 探訪 日刊ラヂオ新聞 ： ラジオ草創期の専門紙：放送研究と調査　64（1）通号752 〔2014.1〕 p96〜99

大寺廣幸　　テレビ60年/テレビ中継回線事業の歴史(4)ネットワーク切り替えと地上民放テレビ4局化構想：月刊民放　44（2）通号512 〔2014.2〕 p32〜35

大寺廣幸　　テレビ60年/テレビ中継回線事業の歴史(5)テレビ中継回線運営の歩み ： 回線運営センターと電電公社：月刊民放　44（4）通号514 〔2014.4〕 p36〜39

廣谷鏡子　　放送のオーラル・ヒストリー 「テレビ美術」の成立と変容(2)ドラマのセットデザイン：放送研究と調査　64（4）通号755 〔2014.4〕 p30〜45

大寺廣幸　　テレビ60年/テレビ中継回線事業の歴史(6)新たなシステムで次なる飛躍へ：月刊民放　44（5）通号515 〔2014.5〕 p34〜37

島田匠子　　放送史料 探訪 江上フジ関係資料 ： 女性放送ジャーナリスト先駆者の記録：放送研究と調査　64（9）通号760 〔2014.9〕 p70〜73

〔図書〕

徳川夢声　　放送話術二十七年　白揚社　1951　240p　19cm

丹羽保次郎　テレビ今昔　石崎書店　1954　249p　19cm

朝日放送株式会社　ABC　朝日放送　1956　272,36p（図版共）　27cm

室伏高信　　テレビと正力　大日本雄弁会講談社　1958　243p 図版　19cm

中部日本放送株式会社　民間放送史　四季社　1959　322p　22cm

毎日放送　　毎日放送十年史　毎日放送　1961　284p 図版14枚　22×22cm

日本民間放送連盟　民間放送十年史　日本民間放送連盟　1961　782p 図版　27cm

朝日放送株式会社・十周年記念誌編集委員会　ABC十年　朝日放送　1961　198p（図版共）　26×26cm

北日本放送株式会社　北日本放送十年史　北日本放送　1962　336p 図版　27cm

東北放送株式会社　東北放送十年史　東北放送　1962　223p（図版,地図共）　28cm

長崎放送　　長崎放送十年史　長崎放送　1962　227p 図版　22×21cm

RKB毎日放送株式会社　放送十年―RKB毎日社史　RKB毎日放送　1962　224p 図版　27cm

北海道放送株式会社　北海道放送十年　北海道放送放送業務室　1963　868p（図版共）　27cm

南日本放送株式会社　南日本放送十年史　南日本放送　1963　301p（図版共）　27cm

熊本放送　　熊本放送10年史　熊本放送　1964　264p 図版16枚　22cm

南海放送株式会社　南海放送十年　南海放送　1964　334p 図版　27cm

東京放送　　東京放送のあゆみ　東京放送　1965　631p（図版共）　29cm

日本放送協会　日本放送史 別巻　日本放送出版協会　1965　372p 図版 シート4枚　30cm　非売

琉球放送株式会社　琉球放送十年誌　琉球放送　1965　162p 図 肖像　27cm

金沢覚太郎　放送文化小史・年表　岩崎放送出版社　1966　247p　22cm　1200円

中国放送　　RCC15年のあゆみ　中国放送　1967　1冊（頁付なし）　25×26cm

新潟放送　　新潟放送十五年のあゆみ　新潟放送　1967　651p 図版25枚 地図　29cm

札幌テレビ放送　STV10年の歩み　札幌テレビ放送　1968　236,93p　18cm

南日本放送　MBC十五年の歩み　南日本放送　1968　52p（図版共）　26×27cm

関西テレビ放送株式会社　関西テレビ放送10年史　関西テレビ放送　1968　772p（図版共）　30cm

テレビ西日本　テレビ西日本十年史　テレビ西日本　1968　164p 図版　31cm

長崎放送　　長崎放送社史 第2 昭和37年から昭和42年まで　長崎放送　1968　235p 図版14枚 表　22cm

読売テレビ放送株式会社　近畿の太陽―読売テレビ10年史　読売テレビ放送　1969　467p（図版共）　31cm

藤田圭一　　素顔の放送史　新日本出版社　1969　300p　19cm　480円

東海ラジオ放送株式会社　東海ラジオ放送十年史　東海ラジオ放送　1969　1冊（頁付なし）　25cm

前田昭治　　沖縄の放送史　NHK沖縄総局　1970.1　94p　22cm

嶋崎栄治　　民放ゲバゲバ物語　フォトにっぽん　1971　201p　19cm　480円

大場格之助　民放創生期の風濤　放送ジャーナル社　1971　242p　19cm　680円

中国放送　　RCC20年のあゆみ　中国放送　1972　1冊（頁付なし）　28×29cm

東北放送株式会社　東北放送二十年史　東北放送　1972　229p（図共）　27cm　非売

熊本放送　　熊本放送20年史　熊本放送　1973　269p 図・肖像14枚　27cm　非売品

静岡放送株式会社　静岡放送20年史　静岡放送 カルチャー出版社（制作）　1973　251p（図・肖像共）　27cm　非売

酒井三郎　　民放20年私記―放送番組向上のための提言　兼六館出版　1973　315p　19cm　800円

RKB毎日放送株式会社　民放20年―RKB毎日放送社史　RKB毎日放送　1973.12　372,26p 図版［27］枚　27cm

日本放送協会　放送五十年史　日本放送出版協会　1977.3　2冊（資料編共）　27cm

日本放送協会　放送の五十年―昭和とともに　日本放送出版協会　1977.3　347p　19cm　980円

志賀信夫　　人物による放送史　源流社　1977.4　352p　20cm　1600円

民間放送教育協会　民教協10年の歩み―テレビで結ぶみんなの輪　民間放送教育協会　1977.6　143p 図　26cm　非売品

柳田邦男　　NHK日本の戦後取材記 下 終戦の決算　学習研究社　1978.4　295p　19cm　980円

歴史　　　日本（放送）

山陽放送　山陽放送二十五年史　山陽放送　1978.4　388, 24, 72p　図版22枚　27cm　非売品
塩沢茂　ドキュメント・テレビ時代―25年史の人間ドラマ　講談社　1978.6　346p　19cm
札幌テレビ放送　札幌テレビ放送二十年史　札幌テレビ放送　1978.12　766p　27cm
新井和子　わたしの民間放送史―出会いを求めて　評論社　1979.9　304p　19cm　1500円　（評論社の現代選書 26）
東海ラジオ放送株式会社　東海ラジオ放送二十年史　東海ラジオ放送　1979.11　378p　26cm
日本放送協会　NHK記者のみた山口県この10年の記録―1970～'79　白藤書店　1980.8　171p　19cm　950円
青森放送株式会社　青森放送二十五年史　青森放送　1980.9　475p　図版12枚　27cm
日本放送協会　あなたとともに50年　NHK長野放送局　1981.3　133p　21cm
日本放送協会　NHK福岡放送50年史　NHKサービスセンター福岡支局　1981.3　229p　22cm
松田浩　ドキュメント放送戦後史　2　操作とジャーナリズム　双柿舎　1981.5　388p　19cm　2800円
日本民間放送連盟　民間放送三十年史　日本民間放送連盟　1981.9　637p　27cm
沖縄放送協会資料保存研究会　沖縄放送協会史　沖縄放送協会資料保存研究会　1982.5　126, 40, 275p　図版12枚　26cm　非売品
山日YBSグループ創業百十年略史　山日YBSグループ各社　1982.7　159p　26cm
広島テレビ放送株式会社　あなたと共に20年―広島テレビ放送開局20周年記念誌　広島テレビ　1982.9　143p　31cm
日本放送協会　放送記録新潟昭和史　NHK新潟放送局　1983　114p　21cm　200円
青森放送株式会社　青森放送三十年表　青森放送　1983.12　127p　27cm
福島テレビ　福島テレビ20年史　福島テレビ　1983.12　277p　31cm
全国朝日放送株式会社　テレビ朝日社史―ファミリー視聴の25年　全国朝日放送　1984.2　429p　図版34枚　29cm
吉村善太郎, 庄司浅水　目でみる本の歴史　出版ニュース社　1984.2　2冊（別冊とも）　27cm　200000円
高知放送　高知放送三十年史　高知放送　1984.3　615p　31cm
テレビ東京　テレビ東京20年史　テレビ東京　1984.4　129p　27cm
宮本吉夫　戦時下の新聞・放送　エフエム東京　1984.10　183p　20cm　1200円　（シリーズ・昭和裏面史 3）
宮崎放送　宮崎放送三十年史　宮崎放送　1984.12　351p　図版12枚　27cm
日本放送協会　名古屋放送局60年小史　[NHK名古屋放送局]CK地域活動委員会　1986.3　93p　26cm
日本放送協会　NHK山形50年のあゆみ―開局50周年記念誌　NHK山形放送局　1987.3　144p　26cm
日本放送協会　NHK放送のことばハンドブック　日本放送出版協会　1987.4　253p　21cm　1800円
春原昭彦　日本新聞通史―1861年-1986年　3訂版　新泉社　1987.5　369, 17p　21cm　3000円
民間放送教育協会　民教協20年の歩み―テレビで結ぶみんなの輪　民間放送教育協会　1987.6　187p　26cm
高柳健次郎, 浜松電子工学奨励会　静岡大学テレビジョン技術史―高柳健次郎先生文化勲章受章記念　浜松電子工学奨励会　1987.8　381p　27cm　非売品
高橋昭　山形放送三十三年誌　山形放送　1987.10　659p　図版12枚　22cm　非売品
日本放送協会　NHK仙台放送局60年のあゆみ　NHK仙台放送局　1988.12　78p　26cm
「NHK報道の記録」刊行委員会　NHK報道の50年―激動の昭和とともに　近藤書店　1989.1　433p　22cm　2500円
関西テレビ放送株式会社　関西テレビ放送30年史　関西テレビ放送　1989.3　214p　28cm
西日本放送株式会社　西日本放送35年史年表　西日本放送　1989.3　93p　26cm
テレビ東京　テレビ東京25年史　テレビ東京　1989.4　141p　27cm
日本テレビ報道局天皇取材班　昭和最後の日―テレビ報道は何を伝えたか　日本テレビ放送網　1989.5　397p　23cm　1650円
富山テレビ放送株式会社　富山テレビ二十年の歩み　富山テレビ放送　1989.5　151p　27cm
青森テレビ　ATV20年のあゆみ　青森テレビ　1989.11　347p　28cm
沖縄テレビ放送株式会社　沖縄テレビ30年史　沖縄テレビ放送　1989.11　201p　31cm
安里慶之助　放送余聞―草創期のラジオ・テレビ　〔安里慶之助〕　1989.11　209p　21cm　非売品
日本放送協会　放送文化財保存目録　映像編（芸能・民俗）　NHKデータ情報部放送文化財ライブラリー　1990.3　194p　30cm
三重テレビ放送株式会社　三重テレビ放送20年史　三重テレビ放送　1990.3　117p　31cm
志賀信夫　昭和テレビ放送史　上　早川書房　1990.7　363p　20cm　2200円
静岡第一テレビ　静岡第一テレビ十年史　静岡第一テレビ　1991.2　336p　27cm
NHKサービスセンター　NHKサービスセンター40　NHKサービスセンター　1991.3　176p　25×27cm
毎日放送　毎日放送の40年　毎日放送　1991.9　697p　27cm
RKB毎日放送株式会社　RKB30～40年―多メディア時代への挑戦　RKB毎日放送　1991.12　303p　27cm
菅原政雄　NHK・北見の放送五十年史―地域の文化と共に　「北見叢書」刊行会　1991.12　206p　18cm　700円　（北見叢書 2）
名古屋テレビ放送株式会社　名古屋テレビ放送30年　名古屋テレビ放送　1992.4　323p　図版10枚　27cm
橋本一夫　日本スポーツ放送史　大修館書店　1992.4　350p　20cm　2266円
テレビ大阪株式会社　テレビ大阪10年の歩み　テレビ大阪　1992.7　171p　27cm
新潟放送　新潟放送四十年のあゆみ　新潟放送　1992.10　529p　29cm
北海道放送株式会社　北海道放送四十年　北海道放送　1992.10　990p　27cm
長崎放送　長崎放送編年史―40周年　長崎放送　1992.12　277p　27cm
福島テレビ　福島テレビ30年史　福島テレビ　1993.6　153p　31cm
北海道新聞社　北海道新聞五十年史　北海道新聞社　1993.7　780p　27cm　非売品
持木一明　激動の平成ビデオ史―映像メディアの未来像を大胆に予言する　究極のビデオ2　電波新聞社　1993.10　361p　19cm　1500円
大森幸男　放送界この20年―放送史・月録1972～93　下　新聞通信調査会　1994.3　389p　20cm　2575円　（新聞通信選書 8）
テレビ東京　テレビ東京30年史　テレビ東京　1994.4　188p　27cm
フジテレビジョン　タイムテーブルからみたフジテレビ35年史　〔フジテレビ編成局調査部〕　1994.5　150p　30cm
メディア総合研究所, 松田浩　戦後史にみるテレビ放送中止事件　岩波書店　1994.9　62p　21cm　400円　（岩波ブックレット no0357）
読売新聞芸能部　テレビ番組の40年　日本放送出版協会　1994.11　646p　20cm　3500円

日本（放送）　　　　　　　　　　　歴史

宮崎放送　　宮崎放送開局40周年記念誌―1985～1994　MRT宮崎放送　1994.11　171p　30cm
宮城悦二郎　沖縄・戦後放送史――一九四五－一九七二年　ひるぎ社　1994.12　369p　20cm　2000円
放送文化基金　放送史への証言―放送関係者の聞き取り調査から　2　日本放送教育協会　1995.3　206p　19cm　1700円
柳沢恭雄　　検閲放送―戦時ジャーナリズム私史　けやき出版　1995.7　171p　20cm　1800円
遠藤敦司　　テレビ草創伝説―演出家23人の足跡　三一書房　1995.7　292p　20cm　2800円
はかま満緒　はかま満緒の放送史探検　朝日新聞社　1995.10　228p　15cm　600円　（朝日文庫）
山陰放送　　山陰放送40年譜　山陰放送　1996.3　161p　図版11枚　30cm
朝日放送株式会社　検証戦後放送―シンポジウム　朝日放送戦後50年企画ABC推進委員会　1996.9　255p　21cm　非売品
テレビ愛知株式会社　テレビ愛知15年史　テレビ愛知　1998.9　195p　30cm
青森テレビ　青森テレビ30年のあゆみ　青森テレビ　1998.12　319p　28cm
フジテレビジョン　タイムテーブルからみたフジテレビ40年史　フジテレビ編成局調査部　1999.7　174p　30cm
熊本朝日放送株式会社　熊本朝日放送10年のあゆみ　熊本朝日放送　1999.10　44p　30cm
朝日放送株式会社　朝日放送の50年　朝日放送　2000.3　3冊　28cm　非売品
テレビ東京　テレビ東京史―20世紀の歩み　テレビ東京　2000.4　335p　27cm
NHK放送研修センター　データで綴るNHK放送研修センター15年の軌跡　NHK放送研修センター　2000.7　58p　30cm
中部日本放送株式会社　中部日本放送50年のあゆみ　中部日本放送　2000.12　459p　29cm　非売品
電波法放送法施行50周年記念誌編集委員会　電波・放送五十年の軌跡　電気通信振興会　2000.12　350p　27cm　3800円
日本放送協会　NHK山口放送局60年のあゆみ　NHK山口放送局　2001.4　113p　30cm
柳沢恭雄　　戦後放送私見―ポツダム宣言・放送スト・ベトナム戦争報道　けやき出版　2001.9　351p　19cm　2000円
冨士昭雄　　江戸文学と出版メディア―近世前期小説を中心に　笠間書院　2001.10　399,19p　22cm　8500円
信越放送株式会社　信越放送の50年　信越放送　2001.10　341p　27cm
日本民間放送連盟　民間放送50年史　日本民間放送連盟　2001.11　705p　27cm
RKB毎日放送株式会社　九州・福岡RKB放送史事典　RKB毎日放送　2001.12　31,483,55p　27cm
ばばこういち　されどテレビ半世紀　リベルタ出版　2001.12　222p　20cm　1800円
東京放送　　TBS50年史　東京放送　2002.1　2冊　27cm
李錬　　　　朝鮮言論統制史―日本統治下朝鮮の言論統制　信山社出版，大学図書〔発売〕　2002.3　545,7p　21cm　15000円
日本放送協会放送文化研究所，日本放送出版協会　放送の20世紀―ラジオからテレビ、そして多メディアへ　日本放送出版協会
　　2002.3　364p　19cm　2000円
四国放送株式会社　四国放送の50年　四国放送　2002.7　349p　27cm
東北放送株式会社　東北放送の50年―1952-2002　東北放送　2002.9　52p　29cm　非売品
長崎放送　　長崎放送50年史　長崎放送　2002.9　632p　29cm
ラジオ関西　ラジオ関西50年史　ラジオ関西　2002.9　223p　27cm
中国放送　　中国放送の50年―その時、いつもそばにいた　中国放送　2002.10　408p　28cm
放送番組向上協議会　テレビ50年を問う―放送倫理セミナー　放送番組向上協議会　2003　44p　26cm
日本新聞博物館　新聞附録万華鏡―”おまけ”にみる明治・大正・昭和　企画展　ニュースパーク（日本新聞博物館）　2003.3　119p
　　26cm　1200円
福井テレビ　福井テレビ33年のあゆみ―虹色の未来に向かって　福井テレビジョン放送　2003.3　394p　31cm
NHK放送文化研究所，日本放送協会放送文化研究所　20世紀放送史　資料編　日本放送出版協会　2003.3　727p　31cm　22000円
大分放送　　大分放送50年史―ありがとう大分　大分放送　2003.10　471p　図版10枚　27cm
山形放送株式会社　山形放送の50年―開局50周年記念出版　山形放送　2003.10　435p　30cm
南日本放送　MBC50年の軌跡　南日本放送　2004　272p　30cm
久保康夫　　正義の旗を守って―テレビ報道37年の泣き笑い　文芸社　2004.1　203p　19cm　1200円
西日本放送株式会社　西日本放送50年史年表―アナログ時代の半世紀　昭和28年（1953）～平成15年（2003）　西日本放送　2004.1
　　213p　26cm
村瀬孝矢，林正儀　放送技術80年のドラマ―ラジオ、白黒TV、そして地上波デジタル放送へ　毎日コミュニケーションズ　2004.
　　2　213p　21cm　1700円
酒井昭　　　放送五〇年―その光と蔭　岩崎学術出版社　2004.4　337p　20cm　3000円
日本コミュニティ放送協会　日本コミュニティ放送協会10年史―未来に広がる地域の情報ステーション　日本コミュニティ放送
　　協会　2004.5　160p　30cm
青森放送株式会社　青森放送50年史　青森放送　2004.6　183p　26cm
熊本放送　　熊本放送50年史　熊本放送　2004.6　217p　29cm
名古屋テレビ塔株式会社　名古屋テレビ塔50年の歩み―放送と地域社会の発展とともに　名古屋テレビ塔　2004.6　63p　30cm
九州朝日放送株式会社　九州朝日放送50年史　九州朝日放送　2004.10　463p　26cm
九州朝日放送株式会社　九州朝日放送50年史　資料編　九州朝日放送　2004.10　273p　26cm
テレビマンユニオン　テレビマンユニオン史―1970-2005　テレビマンユニオン　2005.2　543p　26cm
NHKサービスセンター　放送80年―それはラジオからはじまった　NHKサービスセンター　2005.3　161p　29cm　1886円
　　（ステラmook）
日本放送協会　NHK大阪放送局開局80年―大正・昭和から平成へ（1925年～2005年）　NHK大阪放送局BK開局80周年記念誌編
　　集委員会　2005.3　107p　30cm　非売品
琉球放送株式会社　琉球放送50年史　琉球放送　2005.4　283p　31cm
日本ケーブルテレビ連盟　日本のケーブルテレビ発展史―社団法人日本ケーブルテレビ連盟25周年記念誌　日本ケーブルテレビ
　　連盟　2005.6　223p　27cm
メディア総合研究所　放送中止事件50年―テレビは何を伝えることを拒んだか　花伝社　2005.7　85p　21cm　800円　（メディ
　　ア総研ブックレット　no.10）
神松一三　　「日本テレビ放送網構想」と正力松太郎　三重大学出版会　2005.11　169p　21cm　1800円
慶応義塾大学法学部　不戦条約と日本のマスメディア　慶應義塾大学法学部政治学科玉井清研究会　2005.11　254p　26cm

歴史　　　　　　　　　　　　　　　　　　　　　　　　　　　　　　　　日本（放送）

　　　　　　　　2500円　（近代日本政治資料 11）
木村愛二　　　放送メディアの歴史と理論　社会評論社　2005.11　347p　19cm　2400円
濱田信夫　　　マスメディア産業の革新者―正力松太郎と吉田秀雄　法政大学イノベーション・マネジメント研究センター　2006.
　　　　　　　　1　37p　30cm　（Working paper series no.13―日本の企業家活動シリーズ no.38）
TVQ九州放送　TVQ 15年史　TVQ九州放送　2006.4　87p　30cm
洛西ケーブルビジョン株式会社　洛西ケーブルビジョン社史30年の歩み　洛西ケーブルビジョン　2006.10　91p　30cm　非売品
テレビ大阪株式会社　テレビ大阪25年のあゆみ―since 1982　テレビ大阪　2007.5　159p　27cm
日本放送協会　NHKアーカイブスカタログ―NHKは何を伝えてきたか テレビ番組放送記録+番組小史1953～2008　NHK放送総
　　　　　　　　局ライツ・アーカイブスセンター　2008.2　127p　30cm
長沢泰治　　　NHKと共に七〇年―わが回想の九〇年　藤原書店　2008.4　295p　20cm　2000円
札幌テレビ放送　札幌テレビ放送50年の歩み　札幌テレビ放送　2008.6　367p　26cm
琉球朝日放送株式会社　琉球朝日放送10年史―QAB　琉球朝日放送　2008.6　183p　31cm
テレビ西日本　テレビ西日本開局50年史―おっ!?テレ西　テレビ西日本　2008.8　454p　27cm
小森陽一　　　天皇の玉音放送　朝日新聞出版　2008.8　316p　15cm　1000円　（朝日文庫）
テレビ朝日映像株式会社　テレビ朝日映像の50年―テレビ朝日映像株式会社創立50周年記念社史　テレビ朝日映像　2008.11
　　　　　　　　237p　30cm
関西テレビ放送株式会社　関西テレビ放送50年史　関西テレビ放送　2009.3　271p　29cm
関西テレビ放送株式会社　関西テレビ放送50年史　資料編　関西テレビ放送　2009.3　106p　29cm
日本海テレビジョン放送株式会社　日本海テレビのあゆみ　日本海テレビジョン放送　2009.3　165p　30cm
フジテレビジョン　タイムテーブルからみたフジテレビ50年史　フジテレビ編成制作局知財情報センター調査部　2009.4　218p
　　　　　　　　30cm
読売テレビ放送株式会社　読売テレビ50年社史　讀賣テレビ放送　2009.4　343p　29cm
日本放送作家協会　テレビ作家たちの50年　日本放送出版協会　2009.8　431p　20cm　2000円
フジテレビジョン開局50年史―1959-2009（昭和34年～平成21年）　フジ・メディア・ホールディングス　2009.8　2冊（data book
　　　　　　　　とも）　29cm
熊本朝日放送株式会社　熊本朝日放送20年史　熊本朝日放送　2009.10　96p　30cm
十勝毎日新聞社　十勝毎日新聞九十年史　十勝毎日新聞社　2009.10　804p 図版[20]枚　27cm
慶応義塾大学法学部　ノルマントン号事件と日本のマスメディア　慶應義塾大学法学部政治学科玉井清研究会　2009.11　224p
　　　　　　　　26cm　2500円　（近代日本政治資料 16）
NHKスペシャル20年の歴史―deluxe edition　NHKサービスセンター　2009.12　録音ディスク 3枚：CD　4800円　（NHK CD）
沖縄テレビ放送株式会社　沖縄テレビ50年史　沖縄テレビ放送　2010.3　327p　29cm
NHK出版　「NHK出版」80年のあゆみ　NHK出版　2011.4　231p　26cm
坂本慎一　　　戦前のラジオ放送と松下幸之助―宗教系ラジオ知識人と日本の実業思想を繋ぐもの　PHP研究所　2011.5　403, 7p
　　　　　　　　20cm　2200円
武田晴人　　　日本の情報通信産業史―2つの世界から1つの世界へ　有斐閣　2011.5　350p　22cm　2700円
TVQ九州放送　TVQ九州放送20年史　TVQ九州放送　2011.5　122p　26cm
RKB毎日放送株式会社　RKB 50-60年史―アナログからデジタルへ　RKB毎日放送　2011.12　338, 22p　27cm
名古屋テレビ放送株式会社　名古屋テレビ放送50年史　名古屋テレビ放送　2012.4　276p　30cm
放送批評懇談会50周年記念出版委員会　放送批評の50年―NPO法人放送批評懇談会50周年記念出版　学文社　2013.6　955p
　　　　　　　　22cm　12000円
熊本放送　　　熊本放送60年史―1953-2013　熊本放送　2014.6　123p　29cm
テレビ北海道　テレビ北海道25年史　テレビ北海道　2014.10　64p　30cm

横浜事件
〔雑誌記事〕
池島信平　　　言論統制に耐えて（昭和思想史への証言）(6)――横浜事件の真相：エコノミスト　45（50）〔1967.12〕 p60～64
森川金寿　　　いまなぜ横浜事件再審請求か？「治安立法」の実態を白日のもとに：出版ニュース　通号1409 〔1986.11〕 p8～11
木村亨　　　　出版界でいま（上）(中)(下)「横浜事件」再審裁判へのたたかい：出版ニュース　通号1407 〔1986.11〕 p24～24
木村亨　　　　出版界でいま（中）「横浜事件」再審裁判へのたたかい：出版ニュース　通号1408 〔1986.11〕 p29～29
木村亨　　　　出版界でいま（下）「横浜事件」再審裁判へのたたかい：出版ニュース　通号1409 〔1986.11〕 p30～30
森川方達　　　"血ぬられた言論"の逆襲――再審・横浜事件と国家秘密法：マスコミ市民　通号224 〔1987.4〕 p38～45
大川隆司　　　横浜事件再審請求 その後「細川記録」と「泊会議」[追]体験のこと：出版ニュース　通号1436 〔1987.9〕 p8～10
田中伸尚　　　横浜事件 木村亨さん波瀾の82年 第1回 第三次再審請求目前に近く：金曜日　6（33）〔1998.8〕 p26～29
橋本進　　　　雑誌編集者から見た横浜事件――50年にわたって封印された真相：世界　通号666 〔1999.10〕 p246～259
内田剛弘　　　今、を考える素材として 横浜事件と第三次再審請求――獄死した浅石晴世とその時代：マスコミ市民　通号383
　　　　　　　　〔2000.11・12〕 p34～45
田北康成　　　共謀罪・改憲で脅かされる表現の自由――横浜事件の再審決定を踏まえて：出版ニュース　通号2048 〔2005.8〕
　　　　　　　　p6～9
荻野富士夫　　「横浜事件」フレーム・アップの構図――『横浜事件と治安維持法』の著者が高裁判決を批判する：出版ニュース
　　　　　　　　通号2098 〔2007.2〕 p6～9
内田剛弘　　　横浜事件再審・東京高裁判決を批判する（特集 「マスコミ市民」40年のあゆみ）：マスコミ市民　通号458 〔2007.3〕
　　　　　　　　p32～35
荻野富士夫　　横浜事件再審免訴判決の確定に寄せて――特高警察への再注目を：出版ニュース　通号2138 〔2008.4〕 p6～9
橋本進　　　　言論・表現・思想の自由にかかわる二つの最高裁判決と報道――横浜事件再審とNHK番組改変事件裁判：明治学院
　　　　　　　　大学社会学・社会福祉学研究　通号130 〔2009.2〕 p121～163
荻野富士夫　　「横浜事件」第四次再審「免訴」判決を聞いて――治安維持法そのものが問われる[横浜地方裁判所平成21.3030]：
　　　　　　　　出版ニュース　通号2174 〔2009.5〕 p14～17

木村まき	横浜事件＝刑事補償請求決定まで——横浜事件の本質、国の司法の犯罪を追及し続ける：出版ニュース　通号2202〔2010.3〕p6～10
白取祐司	歴史の区切りと残された不条理——横浜事件の再審、刑事補償決定を考える：新聞研究　（706）〔2010.5〕p65～68
内田剛弘	横浜事件の再審・刑事補償決定の意義と最近のマスコミの抵抗力の衰弱（月刊「マスコミ市民」創刊500号によせて）：マスコミ市民　通号500〔2010.9〕p35～37
内海紀雄	日本出版社構想の挫折と横浜事件——一通信社記者の「昭和」——その軌跡を手紙と日記に見る（9）：メディア展望（589）〔2011.2〕p22～24
加藤久晴	「秘密保護法」と重なる"横浜事件"（特集 秘密保護法案）：放送レポート　（246）〔2014.1〕p20～23
青木理	司法を正す（第7回）戦時下の言論弾圧「横浜事件」で国の責任を問い続ける木村まきさん 国家秘密法案の国会提出に危機抱き再審を請求：金曜日　22（8）通号998〔2014.2〕p56～58

〔図書〕

渡辺潔, 美作太郎, 不二昌男	言論の敗北—横浜事件の真実　三一書房　1959　246p　18cm　（三一新書）
青山憲三	横浜事件—「改造」編集者の手記　弘文堂　1966　167p 図版　18cm　290円　（フロンティア・ブックス）
黒田秀俊	横浜事件　学芸書林　1976　273p　20cm　1500円
梅田正己, 畑中繁雄	日本ファシズムの言論弾圧抄史—横浜事件・冬の時代の出版弾圧　高文研　1986.3　291p　19cm　1800円
小坂多喜子, 青山憲三	横浜事件—元『改造』編集者の手記　希林書房　1986.10　295p　19cm　1600円
木村亨	横浜事件の真相—再審裁判へのたたかい　増補2版　笠原書店　1986.10　220p　20cm　1800円
笹下同志会	横浜事件資料集　東京ルリコール　1986.12　247p　21cm　1800円
奥平康弘, 海老原光義, 畑中繁雄	横浜事件—言論弾圧の構図　岩波書店　1987.1　71p　21cm　250円　（岩波ブックレット no.78）
気賀すみ子, 小野貞	横浜事件—妻と妹の手記　高文研　1987.11　219p　19cm　1200円
小野貞	横浜事件を風化させないで—横浜事件・再審請求＝私の抗告草案　小野貞　1988.9　38p　21cm　300円
小野貞	横浜事件・真実を求めて　小野貞　1990.5　43p　21cm　325円
小野貞, 大川隆司	横浜事件・三つの裁判—十五年戦争下最大の言論・思想弾圧事件　高文研　1995.1　134p　19cm　1030円

世界
〔雑誌記事〕

小糸忠吾	ホーラス・グリーレー——世界新聞人列伝—1—：新聞研究　通号17〔1951.12〕p37～40
松井敬	新潟県新聞史——地方別日本新聞史—5—：新聞研究　通号19〔1952.5〕p41～47
山下草園	ハワイ邦人言論機関発達史—中—：新聞研究　通号23〔1953.2〕p22～27
広瀬英彦	外国における裁判報道史：新聞研究　通号181〔1966.8〕p42～49
小野秀雄	新聞研究50年—22—フランスからイギリスへ：新聞研究　通号208〔1968.11〕p76～81
鈴木雄雅	オーストラリア新聞発達史—1—植民地ジャーナリズムの生成過程：コミュニケーション研究　通号15〔1985〕p51～103
鈴木雄雅	オーストラリア新聞発達史—2—NSW植民地新聞界の発展：コミュニケーション研究　通号16〔1986〕p21～64
鈴木雄雅	オーストラリア新聞発達史—3—タスマニア, 西オーストラリア植民地新聞界：コミュニケーション研究　通号17〔1987〕p21～77
鈴木雄雅	オーストラリア新聞発達史—4—南オーストラリア, ビクトリア植民地新聞界：コミュニケーション研究　通号18〔1988〕p81～138
鈴木雄雅	19世紀後半のオーストラリア新聞界——大衆化の幕開け—1—：コミュニケーション研究　通号20〔1990〕p83～115
鈴木雄雅	19世紀後半のオーストラリア新聞界—2—：コミュニケーション研究　通号24〔1994〕p129～151
鈴木雄雅	19世紀後半のオーストラリア新聞界—3—：コミュニケーション研究　通号25〔1995〕p45～66
鈴木雄雅	ニュージーランド新聞史（1）1860年代から日刊紙化：新聞通信調査会報　通号437〔1999.4〕p4～6
鈴木雄雅	ニュージーランド新聞史（2）世界との距離縮めた電信：新聞通信調査会報　通号444〔1999.11〕p14～16
今井圭子	アルゼンチン主要紙による戦前の日本移民をめぐる報道：上智大学外国語学部紀要　（36）〔2001〕p149～170
鈴木雄雅	19世紀オーストラリア植民地新聞の生成過程：コミュニケーション研究　（33）〔2003〕p49～62
今井圭子	アルゼンチン主要紙にみる第二次世界大戦末期の報道——対枢軸宣戦布告と在亜邦人処遇問題を中心に：上智大学外国語学部紀要　（38）〔2003〕p151～168
飯塚浩一	ノースクリフ革命の起源 ： ヴィクトリア朝後期における大衆読者の形成（特集 醜聞（スキャンダル）メディアの社会史）：メディア史研究　31〔2012.2〕p21～35

アメリカ・カナダ
〔雑誌記事〕

生田正輝	新聞倫理化の歴史的基礎——アメリカ新聞史上よりの考察：法学研究　22（6・7）〔1949.7〕p63～72
生田正輝	新聞倫理化の歴史的基礎——アメリカ新聞史による考察：新聞研究　通号12〔1950.10〕p4～6
中屋健一	ジョセフ・ピュリッツァー—内外新聞人列伝—3—：新聞研究　通号19〔1952.5〕p35～39
内野茂樹	ジャーナリストベンジヤミン, フランクリンの地位——アメリカ新聞史におけるフランクリン家の地位—2—：新聞学評論　通号4〔1955.4〕
内野茂樹	週刊制から日刊制へ——米国新聞史における意義：新聞学評論　通号8〔1957.12〕
内野茂樹	アメリカ初期新聞について：新聞研究　通号109〔1960.8〕p39～43
三木淳男	一八世紀イギリスにおける"議事報道"の自由に関する一考察：人文論究　13（1）〔1962.5〕
マーリス, ジョージ, 藤原恒太	ワールド・J・トリビューン廃刊の真相〔Columbia Journalism Review掲載〕：総合ジャーナリズム研究　05（01）〔1968.1〕p57～60
ウェルス, ワリス, 藤原恒太	サタデー・イブニング・ポスト廃刊の真相：総合ジャーナリズム研究　06（03）〔1969.7〕p74～80
箕輪成男	アメリカの学術出版——大学出版部の歴史によせて：出版研究　通号2〔1971.9〕p73～95

| 歴史 | | 世界 |

大井眞二　アメリカ新聞史に関する一考察——特にボストン・ニュースレターを中心として：政経研究　13（1）〔1976.5〕
　　　　p156～185

美土路脩一　ラジオ以前の事——第一次大戦中の米国の例から：NHK文研月報　28（06）〔1978.6〕　p50

広瀬英彦　世界一長寿の高級紙——「ノイエチュリッヒャー・ツァイトゥング」の歩みとその権威：総合ジャーナリズム研究
　　　　17（01）〔1980.1〕　p61～69

田中宏　「ワシントン・スター」一二八年の終幕（米・夕刊紙危機の“容体”から……）：総合ジャーナリズム研究　18（03）
　　　　〔1981.7〕　p67～73

東元春夫　「ユタ日報」最後の読者：新聞研究　通号495　〔1992.10〕　p90～96

尹良富　「史上最も成功したテレビ番組」の慧眼（米CBS「60ミニッツ」の四半世紀）：総合ジャーナリズム研究　31（01）
　　　　〔1994.1〕　p57～63

横間恭子　誰もが言った「インフォーマティブ！」——NY発特別取材レポート（米CBS「60ミニッツ」の四半世紀）：総合
　　　　ジャーナリズム研究　31（02）〔1994.4〕　p61～65

潮見高男　米CBS「60ミニッツ」の四半世紀：総合ジャーナリズム研究　31（02）〔1994.4〕　p34～39

堀田正男　驚きのアメリカ放送史——商業放送はどのようにして確立したか：放送芸術学　通号13　〔1997.12〕　p26～46

鈴木雄雅　研究ノート・カナダの新聞 草創期の植民地新聞史：新聞通信調査会報　通号454　〔2000.9〕　p14～16

別府三奈子　米ジャーナリズム史にみられるプロフェッション化（専門職化）運動の経緯とその特徴：コミュニケーション研究
　　　　（31）〔2001.3〕　p93～107

大竹秀子　CURRENT メディアウォッチ組織米「FAIR」の活動一五年：総合ジャーナリズム研究　39（02）（通号 180）
　　　　〔2002.3〕　p32～37

大井眞二　ある新聞発行者の生涯——ジェームズ・パーカー：政経研究　39（4）〔2003.3〕　p1975～2002

武市英雄　アメリカ報道史の翻訳に当たって：コミュニケーション文化論集　大妻女子大学コミュニケーション文化学会機関
　　　　誌　通号7　〔2009.3〕　p97～107

井川充雄　もう一つの世論調査史 アメリカの「広報外交」と世論調査（特集 世論と世論調査）：マス・コミュニケーション研究
　　　　通号77　〔2010〕　p21～38

東山一郎　放送のオーラル・ヒストリー 放送の国際化の現場（1）国際関係業務の実相 ： 1970—80年代を中心に：放送研究と
　　　　調査　63（5）通号744　〔2013.5〕　p52～66

東山一郎　放送のオーラル・ヒストリー 放送の国際化の現場（2）「スポーツ放送国際化」の舞台裏：放送研究と調査　63（10）
　　　　通号749　〔2013.10〕　p2～21

〔図 書〕

Barnouw, Erik, 岩崎昶　映像の帝国—アメリカ・テレビ現代史　サイマル出版会　1973　238p 図　19cm　890円

磯部佑一郎　アメリカ新聞史　ジャパンタイムズ　1984.4　270p　19cm　1500円

田村紀雄, 白水繁彦　米国初期の日本語新聞　勁草書房　1986.9　453, 10p　22cm　7000円

水越伸　メディアの生成—アメリカ・ラジオの動態史　同文館出版　1993.2　326p　21cm　3200円

堀田正男　アメリカ放送史物語　上　堀田正男　1996　185, 7p　21cm

ニューヨーク日米新聞—1945～1952 敗戦後日系社会の情報機関紙 重要紙面・縮刷版　五月書房　1996.4　1冊　31cm　49440円

三輪裕範　ニューヨーク・タイムズ物語—紙面にみる多様性とバランス感覚　中央公論新社　1999.11　267p　18cm　780円
　　　　（中公新書）

Nasaw, David, 井上広美　新聞王ウィリアム・ランドルフ・ハーストの生涯　日経BP社　2002.9　786p 図版12枚　22cm　5800円

ヨーロッパ

〔雑誌記事〕

袋一平　三十五年間のソ連出版：出版ニュース　通号234　〔1953〕　p16

ヘルフゲン, ハインツ　ナチス・ドイツの宣伝機構：新聞研究　通号23　〔1953.2〕　p5～8

小野秀雄　カール・デスターの思い出：新聞研究　通号68　〔1957.3〕　p32～34

小野秀雄　カール・デスターの生涯と業績：新聞研究　通号109　〔1960.8〕　p32～38

加藤三之雄　独裁政治下の新聞人——パウル・シェファーの特異な生涯：関西大学新聞学研究　通号17・18・19　〔1967.2〕
　　　　p229～425

秋元春朝　ソ連の出版の50年（1967年, モスクワ, C199）：新聞学評論　通号17　〔1968.3〕　p153～155

松浦直治　コンスタンチノ・ドラートスのこと——日本最初の活字ニュース：新聞研究　通号239　〔1971.6〕　p48～53

阿部幸男　帝政期のロシアの新聞：新聞学評論　通号22　〔1973.10〕　p185～196

小糸忠吾　ニュースの植民地時代, 1870—1934——英仏独通信社の協調と角逐：コミュニケーション研究　通号6　〔1973.12〕
　　　　p25～59

三浦謹一　ナチス体制下のオーストリア放送「オーストリア放送50年史」から：NHK文研月報　26（06）〔1976.6〕　p49

笠置正明　西独の新聞王シュプリンガー氏の死去：新聞研究　通号412　〔1985.1〕　p80～82

内藤耕　オランダ領東インドにおけるインドネシア語新聞の成立：慶応義塾大学新聞研究所年報　通号42　〔1994〕　p85～110

内野隆司　ドイツ公共放送ARDの半世紀——連合体の軌跡：NHK放送文化調査研究年報　通号44　〔1999〕　p225～254

伊藤暢章　海外出版レポート ドイツ ドイツ出版業界の歴史：出版ニュース　通号1909　〔2001.7〕　p18

伊藤暢章　海外出版レポート ドイツ ドイツ出版統計の50年：出版ニュース　通号1963　〔2003.2〕　p23

山口昌子　20世紀の証言者 フランソワーズ・ジルーの死：総合ジャーナリズム研究　40（02）（通号 184）〔2003.3〕　p44～46

野呂康　フランス近世出版統制史の記述について——その用語と定義：武蔵大学人文学会雑誌　38（2）通号149　〔2006〕
　　　　p178～156

熱川容子　ナチスによる新聞界に対する国家統制：歴史　106　〔2006.4〕　p1～24

平正人　フランス革命期のメディア——国王ルイ一六世の処刑と新聞（特集 日本の対外イメージ発信）：メディア史研究　23
　　　　〔2007.12〕　p76～99

高坂純子　検閲の時代を生きる——H.E.ノサックとH.カーザックの「秘密言語」：KGゲルマニスティク ： 関西学院大学文学
　　　　部ドイツ文学研究室年報　（14）〔2009〕　p33～62

アジア　　　　　　　　　　　　　　　　　　歴史

〔図書〕
梶谷素久　　ヨーロッパ新聞史—近代ヨーロッパの新聞　新訂2版　桜楓社　1971　243p　22cm　1200円
Ivanovich, Esin, Boris., 阿部玄治, 阿部幸男　ロシア新聞史　未来社　1974　198p　19cm　750円　（社会科学ゼミナール）
梶谷素久　　新・ヨーロッパ新聞史—ヨーロッパ社会と情報　ブレーン出版　1991.5　204p　21cm　2000円
鹿島茂　　　新聞王伝説—パリと世界を征服した男ジラルダン　筑摩書房　1991.9　241, 5p　20cm　1900円
戸叶勝也　　ドイツ出版の社会史—グーテンベルクから現代まで　三修社　1992.12　318p　22cm　5800円
鹿島茂　　　新聞王ジラルダン　筑摩書房　1997.5　293p　15cm　840円　（ちくま文庫）
Strassner, Erich, 大友展也　ドイツ新聞学事始—新聞ジャーナリズムの歴史と課題　三元社　2002.10　270p　22cm　3200円
戸叶勝也　　ヨーロッパの出版文化史　朗文堂　2004.10　201p　27cm　4700円

●イギリス
〔雑誌記事〕
香内三郎　　エリサベス時代の職業的ライター——研究史の動向とあわせて：新聞研究　通号103　〔1960.1〕　p20～25
藤田達朗　　名誉革命体制期における「出版の自由」の歴史的構造——イギリスにおける近代的「出版の自由」の史的展開—1
　　　　　　　—：立命館法学　通号161　〔1982.6〕　p20～78
津村憲文　　19世紀の英国小説と出版—2—出版社七景：広島修大論集, 人文編　24(1)　〔1983.6〕　p177～202
津村憲文　　19世紀の英国小説と出版—3—フィクションをめぐる攻防：広島修大論集, 人文編　24(2)　〔1983.12〕　p1～26
津村憲文　　19世紀の英国小説と出版—4—スラムの哀歓：広島修大論集, 人文編　25(2)　〔1984.12〕　p1～23
池田恵美子　ザ・タイムズの200年：総合ジャーナリズム研究　22(01)　〔1985.1〕　p79～85
門奈直樹　　イギリス言論界のひとつの節目－－現地からの研究報告（ザ・タイムズの200年）：総合ジャーナリズム研究　22
　　　　　　　(02)　〔1985.4〕　p15～25
浅井泰範　　英国の浮沈を反映した“偉大な新聞”（ザ・タイムズの200年）：総合ジャーナリズム研究　22(02)　〔1985.4〕　p6～14
香内三郎　　「読者層」（Reading Public）と「リテラシー」（Literacy）のあいだ——イギリス出版史研究点描：出版研究　通号17
　　　　　　　〔1986〕　p10～43
津村憲文　　19世紀の英国小説と出版—5—各種団体：広島修大論集, 人文編　27(1)　〔1986.6〕　p85～110
芝田正夫　　イギリス新聞草創期におけるcorantoについて：関西学院大学社会学部紀要　通号56　〔1988.3〕　p109～119
芝田正夫　　18世紀初期におけるイギリス新聞の研究—1—特許法の廃止と独立新聞・地方紙の出現：関西学院大学社会学部紀要
　　　　　　　通号64　〔1991.11〕　p269～285
芝田正夫　　18世紀初期におけるイギリス新聞の研究—2—スタンプ税法の成立と読者の問題を中心に：関西学院大学社会学部紀
　　　　　　　要　通号65　〔1992.3〕　p135～153
芝田正夫　　18世紀イギリスにおける新聞と法：関西学院大学社会学部紀要　通号67　〔1993.3〕　p191～197
芝田正夫　　イギリス新聞史研究の資料について——ビブリオグラフィーを中心に：関西学院大学社会学部紀要　通号71
　　　　　　　〔1994.10〕　p115～118
芝田正夫　　1679年の特許検閲法失効とイギリス新聞：関西学院大学社会学部紀要　通号87　〔2000.3〕　p89～95
向後英紀　　イギリス放送会社の誕生——会社設立の経緯とその歴史的意義（特集 日本の対外イメージ発信）：メディア史研究
　　　　　　　23　〔2007.12〕　p100～118

〔図書〕
磯部佑一郎　イギリス新聞史　ジャパンタイムズ　1984.4　228p　19cm　1500円
出口保夫　　イギリス文芸出版史　研究社出版　1986.9　208, 15p　20cm　1800円
フェザー, ジョン, 箕輪成男　イギリス出版史　玉川大学出版部　1991.7　387p　20cm　3914円
清水一嘉　　イギリス小説出版史—近代出版の展開　日本エディタースクール出版部　1994.10　274p　20cm　2800円

アジア
〔雑誌記事〕
千寛宇　　　戦後の韓国新聞界：新聞研究　通号186　〔1967.1〕　p37～42
西村忠郎　　中国新聞小史——新聞の発生から文化大革命下の新状況まで：新聞研究　通号189　〔1967.3〕　p17～22
阪田秀　　　戒厳令下のマニラ新聞界－－付フィリピンの新聞史－－西・米・日の弾圧を潜りぬけて（アジアの新聞（特集））：総
　　　　　　　合ジャーナリズム研究　11(01)　〔1974.1〕　p31～41
佐藤勝造　　爪哇（ジャワ）放送管理局のあゆみ(1)：NHK文研月報　24(11)　〔1974.11〕　p31
佐藤勝造　　爪哇（ジャワ）放送管理局のあゆみ(2)：NHK文研月報　25(02)　〔1975.2〕　p39
佐藤勝造　　調査研究ノート　ボホールに消ゆ「比島（フィリピン）放送管理局のあゆみ」補遺：NHK文研月報　26(05)　〔1976.
　　　　　　　5〕　p56
三沢玲爾, 足立利雄　中国報紙（新聞）史研究—2—邸報および小報について：関西大学社会学部紀要　15(1)　〔1983.11〕　p187～
　　　　　　　216
中川満利　　「南十字星」の20年－－日本語で刻み続ける東南アジア現代史のひとコマ：総合ジャーナリズム研究　22(03)
　　　　　　　〔1985.7〕　p22～33
卓南生　　　中国最初の華字日刊紙の新事実および新説——「香港船頭貨価紙」および「香港中外新報」をめぐって：新聞学評
　　　　　　　論　通号35　〔1986.3〕　p31～46
李錬　　　　韓国の新聞成立に果たした井上角五郎の役割：新聞学評論　通号37　〔1988.4〕　p143～152
西里喜行　　台湾事件(1871—1874)と清国ジャーナリズム（資料編I）：琉球大学教育学部紀要. 第一部・第二部　通号33　〔1988.
　　　　　　　9〕　p233～303
西里喜行　　台湾事件(1871—1874)と清国ジャーナリズム（資料篇III）：琉球大学教育学部紀要. 第一部・第二部　通号35
　　　　　　　〔1989.12〕　p31～51
西里喜行　　台湾事件(1871—1874)と清国ジャーナリズム（資料篇II）：琉球大学教育学部紀要. 第一部・第二部　通号34
　　　　　　　〔1990.3〕　p145～180
西里喜行　　台湾事件(1871—1874)と清国ジャーナリズム（資料扁IV）：琉球大学教育学部紀要. 第一部・第二部　通号36

	〔1990.3〕 p87～101
西里喜行	琉球問題と清国ジャーナリズム（資料篇I）：琉球大学教育学部紀要. 第一部・第二部　通号38　〔1991.3〕 p45～118
西里喜行	琉球問題と清国ジャーナリズム（資料篇II）：琉球大学教育学部紀要. 第一部・第二部　通号39　〔1991.11〕 p15～55
馬挺	中国最古の印刷新聞「題奏事件」について：マス・コミュニケーション研究　通号43　〔1993.12〕 p117～131
李雲山	韓国開化期におけるキリスト教出版の展開（上）：出版研究　通号26　〔1995〕 p49～98
春原昭彦	韓国初の民間紙『独立新聞』の歴史的意義——創刊百周年記念国際会議に参加して：新聞研究　通号540　〔1996.7〕 p50～52
浅野健一	日帝支配下の韓国の言論——「東亜日報」日章旗抹消事件を中心に：評論・社会科学　通号55　〔1996.9〕 p27～46
西里喜行	越南問題と清国ジャーナリズム（資料編—1—）：琉球大学教育学部紀要 第一部・第二部　通号53　〔1998.10〕 p76～164
西里喜行	清末のジャーナリズムと琉球問題（三編）—日清再交渉の時期：琉球大学教育学部紀要. 第一部・第二部　通号54　〔1999.3〕 p29～52
西里喜行	清末のジャーナリズムと琉球問題（3編）日清再交渉の時期：琉球大学教育学部紀要 第一部・第二部　通号54　〔1999.3〕 p29～52
西里喜行	越南問題と清国ジャーナリズム（資料編2）：琉球大学教育学部紀要　通号55　〔1999.10〕 p37～69
西里喜行	越南問題と清国ジャーナリズム（資料編III）：琉球大学教育学部紀要　通号56　〔2000.3〕 p155～180
西里喜行	越南問題と清国ジャーナリズム（資料編4）：琉球大学教育学部紀要　62　〔2003.3〕 p347～363
西里喜行	越南問題と清国ジャーナリズム（資料編5）：琉球大学教育学部紀要　63　〔2003.9〕 p357～387
竹内誠	清末民初の北京における新聞事業一斑——「京話日報」の功績をめぐって：京都外国語大学研究論叢　通号65　〔2005〕 p113～120
谷井俊仁	清乾隆朝にみる出版の権威性：人文論叢　（22）〔2005〕 p1～16
西里喜行	越南問題と清国ジャーナリズム（資料編7）：琉球大学教育学部紀要　67　〔2005.9〕 p307～329
李相哲	植民地統治下の抵抗ジャーナリズム——戦前朝鮮半島における「民族紙」の系譜を辿る：龍谷大学国際社会文化研究所紀要　（8）〔2006.5〕 p303～319
島崎英威	海外出版レポート 中国 「中国現代出版史」上梓！：出版ニュース　通号2125　〔2007.11〕 p25
陳愛陽	中国から見た日中メディア「清華大学・朝日研究助成論文集」から「亜東時報」考——並びに清末期におけるアジア主義の主張について：AIR21　（211）〔2007.12〕 p95～110
卓南生	寧波『中外新報』(1854—1861)の編集方針と報道姿勢（日中ジャーナリズム交流史の系譜についての研究）：龍谷大学国際社会文化研究所紀要　（10）〔2008.6〕 p131～154
中川未来	植民地統治初期の台湾と新聞 ： 『台湾新報』と『台湾日報』について：メディア史研究　31　〔2012.2〕 p72～89
尹韓羅	朝鮮後期における情報統制 ： 西学の独占と統制：メディア史研究　31　〔2012.2〕 p130～151

〔図　書〕

東亜会	東亜新報おぼえがき—戦中・華北の新聞記者の記録　東亜会　1984.4　214p　19cm　2000円
卓南生	中国近代新聞成立史—1815-1874　ぺりかん社　1990.12　307p　22cm　5850円
工藤一郎	中国の図書情報文化史—書物の話　柏植書房新社　2007.3　206p　19cm　1800円

理論

コミュニケーション

〔雑誌記事〕

小川隆, 池内一, 梅岡義貴　ニュース価値の測定―〔上〕―紙面の心理学的分析：新聞研究　通号14　〔1951.5〕　p21～30
小川隆, 池内一, 梅岡義貴　ニュース価値の測定―下―紙面の心理学的分析：新聞研究　通号15　〔1951.8〕　p18～23
蝋山政道　マッス・コミュニケーションは新聞の本質を変えるか：新聞研究　通号16　〔1951.10〕　p1～3
南江治郎　マス・コミュニケーションと放送：放送文化　7(2)　〔1952.2〕　p8～9
池内一　マス・コミュニケーション序説：放送文化　7(2)　〔1952.2〕　p4～7
碓井正久　マス・コミュニケーションと教育：放送文化　7(3)　〔1952.3〕　p4～6
南博　マス・コミュニケーションとしての大衆娯楽：放送文化　7(3)　〔1952.3〕　p7～9
布留武郎　読者と聴取者――新聞型とラジオ型の考察――マス・コミュニケーションの研究：放送文化　7(4)　〔1952.4〕　p8～11
千葉雄次郎　放送と新聞――機能についての考察――マス・コミュニケーションの研究：放送文化　7(4)　〔1952.4〕　p4～7
井口一郎　マス・コミュニケーションとF・C・Cの役割――アメリカのコミュニケーション政策における諸問題：放送文化　7(6)　〔1952.6〕　p10～13
長谷川如是閑　マス・コミュニケーションと現代社会――ラジオ・テレビの世界的機能：放送文化　7(6)　〔1952.6〕　p4～7
鳥居博　マス・コミュニケーション・ミラー・ボール：放送評論　1(2)　〔1953.11〕　p50～54
シュラム, ウイルバー　マス・コミュニケイションのはたらき―上―：新聞研究　通号29　〔1953.12〕　p14～17
シュラム, ウイルバー　マス・コミュニケイションのはたらき―中―：新聞研究　通号30　〔1954.1〕　p24～28
シュラム, ウイルバー　マス・コミュニケイションのはたらき―下―：新聞研究　通号31　〔1954.2〕　p16～21
川中康弘　マス・コミュニケイション研究の課題と方法：新聞研究　通号33　〔1954.4〕　p16～19
バイエット, アルバート・M.　テレヴィジョンと新聞：新聞研究　通号臨　〔1954.8〕　p58～61
生田正輝　マス・コミュニケイション・メディアとしての新聞：法学研究　27(10)　〔1954.10〕　p695～715
鳥居博　マス・コミュニケーション講座：放送評論　2(5)　〔1954.12〕　p8～13
鳥居博　マス・コミュニケーション講座―2―：放送評論　3(1)　〔1955.1〕
鳥居博　マス・コミュニケーション講座―3―：放送評論　3(2)　〔1955.2〕　p19～26, 54
生田正輝　マス・コミュニケイションの媒体としてのラジオ：法学研究　28(3)　〔1955.3〕　p1～22
南博　マスコミュニケーションの論理と表現：思想　通号370　〔1955.4〕
井上吉次郎　群衆と客衆――集団交通の過程或は構造：新聞学評論　通号4　〔1955.4〕
波多野完治　マス・コミュニケーション研究(座談会)―1―：新聞研究　通号90　〔1959.1〕　p16～26
波多野完治　マス・コミュニケーション研究(座談会)―2―：新聞研究　通号91　〔1959.2〕　p22～25
高瀬広居　マス・コミュニケーション研究―3―：新聞研究　通号93　〔1959.4〕　p28～34
福武直　戦後農民意識の変容とマス・コミュニケーション：新聞研究　通号95　〔1959.6〕　p1～6
池内一　農民はマス・メディアにいかに接触しているか：新聞研究　通号95　〔1959.6〕　p7～11
池松文雄　"世論"について考える：新聞研究　通号96　〔1959.7〕　p1～4
波多野完治　マス・コミュニケーション研究(座談会)―5―：新聞研究　通号98　〔1959.9〕　p54～60
波多野完治　マス・コミュニケーション研究―6―：新聞研究　通号99　〔1959.10〕　p20～23
波多野完治　マス・コミュニケーション研究―7―：新聞研究　通号100　〔1959.11〕　p32～35
大河内一男　マス・コミュニケーションと労働問題：新聞研究　通号104　〔1960.1〕　p7～10
稲葉三千男　マス・コミュニケーション研究―10―：新聞研究　通号104　〔1960.1〕　p34～39
稲葉三千男　マス・コミュニケーション研究―8―：新聞研究　通号102　〔1960.1〕　p42～45
稲葉三千男　マス・コミュニケーション研究―9―：新聞研究　通号103　〔1960.1〕　p26～32
平沢薫　コミュニケーションの"二段階の流れ"仮説について：新聞研究　通号105　〔1960.4〕　p36～38
内川芳美　マス・コミュニケーション研究―11―：新聞研究　通号105　〔1960.4〕　p39～46
生田正輝　マス・コミュニケーション研究―12―：新聞研究　通号109　〔1960.8〕　p44～48
南博　マス・コミュニケーションと青年：新聞研究　通号110　〔1960.9〕　p87～85
加藤秀俊　日本人のコミュニケーション生活：新聞研究　通号111　〔1960.10〕　p8～13
内川芳美　マス・コミュニケーション研究の回顧と展望(座談会)：新聞研究　通号115　〔1961.2〕　p2～12
稲葉三千男　新安保体制下の言論操作と反体制勢力：思想　通号441　〔1961.3〕　p338～348
ライリー, J.M., 宇賀博　マス・コミュニケーションと社会体系―上―：新聞研究　通号118　〔1961.5〕　p28～33
ニクソン, R.B., 村上澄子　マス・コミュニケーション比較研究の現状と課題：新聞研究　通号118　〔1961.5〕　p34～38
ライリー, J.M., 宇賀博　マス・コミュニケーションと社会体系―中―：新聞研究　通号121　〔1961.8〕　p42～49
ライリー, J.M., 宇賀博　マス・コミュニケーションと社会体系―下―：新聞研究　通号122　〔1961.9〕　p52～59
遠藤泰弘　マス・コミュニケーションの歴史性と大衆性：新聞学評論　通号11　〔1961.10〕
張光夫　マス・メディアの効果と「大衆社会」論―1―：関西学院大学社会学部紀要　通号5　〔1962.7〕　p73～87
平田栄一　わが国におけるマス・コミュニケーション構造研究の方法論について：新聞学評論　通号12　〔1962.12〕
林伸郎　マス・コミュニケーション制度論の方法論について：新聞学評論　通号12　〔1962.12〕
多田俊文　映像コミュニケーションの基礎的研究：NHK放送文化研究所年報　8　〔1963.6〕　p187～199
藤竹暁　テレビ・コミュニケーションの社会学―序説：NHK放送文化研究所年報　9　〔1964.7〕　p1～40
多田俊文　概念形成における視聴覚的方法の機能に関する研究：NHK放送文化研究所年報　9　〔1964.7〕　p41～71

布留武郎	マス・コミュニケーション研究における理論と調査――テレビの影響の問題を中心として（シンポジウム）：新聞学評論　通号15　〔1965.7〕 p62〜84	
池内一	マス・コミュニケーション研究における理論と調査――テレビ視聴行動を中心として（シンポジウム）：新聞学評論　通号15　〔1965.7〕 p85〜102	
吉田光邦	日本人におけるコミュニケーション意識の形成：新聞研究　通号184　〔1966.11〕 p27〜31	
バーノー, E.	マクルーハン理論を考える‐‐われわれに影響を与えるのは媒体そのものか内容か？：総合ジャーナリズム研究　04（10）〔1967.1〕 p39〜41	
岡田敦	マス・コミュニケーション受容の条件（本誌創刊3周年記念懸賞論文）：総合ジャーナリズム研究　04（08）〔1967.8〕 p93〜101	
川上宏	地域社会の変質とマス・メディア消費の対象としての政治とニュース――ニューヨーク水ききんは現代のコミュニティーとマス・メディアの実態をどう象徴するか（地方政治とマス・メディア（シンポジウム））：新聞学評論　通号17　〔1968.3〕 p93〜97	
越智昇	地域民主主義運動におけるコミュニケーション状況（地方政治とマス・メディア（シンポジウム））：新聞学評論　通号17　〔1968.3〕 p88〜93	
メスビン, ユージン H.	マス・メディアと群集暴力：総合ジャーナリズム研究　05（04）〔1968.4〕 p20〜23	
宮崎健蔵	二つのメディア論〔藤竹暁「環境について」（放送学研究16）・竹内郁郎「マス・コミュニケーションの機能」（吉田民人他「社会的コミュニケーション」所収）：コミュニケーション研究　通号2　〔1968.5〕 p119〜122	
多田俊文	映像認知の発達に関する実験研究　13　〔1968.6〕 p107〜149	
北村日出夫	受け手はどう批判しうるか（特集・ジャーナリズムの姿勢を問う）：思想の科学．第5次　（78）〔1968.8〕 p53〜58	
松木修二郎	世論形成における二・三の問題――その心理的側面：法学紀要　通号10　〔1968.10〕 p195〜205	
仲晃	マスコミ受容のメカニズム：総合ジャーナリズム研究　06（01）〔1969.1〕 p32〜43	
早川善治郎	マス・コミュニケーション論とジャーナリズム論（ジャーナリズム論の再検討（特集）―第1部 現代ジャーナリズム論）：新聞学評論　通号18　〔1969.3〕 p8〜17	
総合ジャーナリズム研究編集部	放送コミュニケーション論：総合ジャーナリズム研究所　06（03）〔1969.7〕 p122〜146	
加藤春恵子	コミュニケーションと人間（「情報化社会」におけるマス・メディア（特集））：新聞学評論　通号19　〔1970.3〕 p12〜26	
田中義久	マス・コミュニケーション理論の現実的課題：新聞学評論　通号19　〔1970.3〕 p75〜114	
李相禧	「近代化に関するコミュニケーション理論」についての一つの異なる視角：新聞学評論　通号19　〔1970.3〕 p45〜62	
米沢弘	情報化社会におけるマス・コミュニケーション――その考察の際の若干の提言（「情報化社会」におけるマス・メディア（特集））：新聞学評論　通号19　〔1970.3〕 p9〜11	
岡田直之	「情報化社会」の社会学的・社会心理学的問題点（「情報化社会」におけるマス・メディア（特集））：新聞学評論　通号19　〔1970.3〕 p6〜8	
中野収	情報社会におけるニュース：新聞研究　通号225　〔1970.4〕 p12〜17	
田中靖政	コミュニケーション効果分析のケース・スタディ――第32回衆議院選挙のテレビ政見放送：放送学研究　通号22　〔1971.3〕 p47〜81	
恩田紀明	印象形成研究概観―情報統合過程に関するconfigural modelについて：NHK放送文化研究年報　16　〔1971.7〕 p31〜58	
近藤耕人	映像表現と想像力‐‐人間コミュニケーション回復への道：総合ジャーナリズム研究　09（01）〔1972.1〕 p54〜63	
吉田光邦	言語表現のロゴスとパトス――イメージ情報時代の陥穽をつく：新聞研究　通号250　〔1972.5〕 p37〜41	
総合ジャーナリズム研究編集部	経済的発展と国際コミュニケーション‐‐英字新聞発達史からの一考察：総合ジャーナリズム研究所　09（03）〔1972.7〕 p56〜85	
恩田紀明	情諸的意味空間に関する一考察―意味空間構造の個人差について：NHK放送文化研究年報　17　〔1972.7〕 p255〜271	
田中義久	社会的コミュニケーションの構造―上―：新聞研究　通号257　〔1972.12〕 p56〜63	
小松左京	産業社会の論理 人間・文化の論理――変容するコミュニケーション構造を考える：新聞研究　通号258　〔1973.1〕 p18〜29	
田中義久	社会的コミュニケーションの構造：新聞研究　通号259　〔1973.2〕 p39〜44	
田中義久	社会的コミュニケーションの構造：新聞研究　通号263　〔1973.6〕 p48〜55	
田中義久	社会的コミュニケーションの構造：新聞研究　通号270　〔1974.1〕 p58〜65	
佐藤忠男	スタアとタレント ＜特集＞同時代における光と闇―「テレビ的」「映画的」の関係位相：放送批評　No.072　〔1974.2・3〕	
鳥山拡	テレビと映画の危険な相似形 ＜特集＞同時代における光と闇―「テレビ的」「映画的」の関係位相：放送批評　No.072　〔1974.2・3〕	
鈴木均	テレビと映画の交錯 ＜特集＞同時代における光と闇―「テレビ的」「映画的」の関係位相：放送批評　No.072　〔1974.2・3〕	
都築忠彦	「テレビ的」その負と正 ＜特集＞同時代における光と闇―「テレビ的」「映画的」の関係位相：放送批評　No.072　〔1974.2・3〕	
斉藤正治	「映画的」戦略草案 ＜特集＞同時代における光と闇―「テレビ的」「映画的」の関係位相：放送批評　No.072　〔1974.2・3〕	
佐々木昭一郎	空想鰭誤 ＜特集＞同時代における光と闇―「テレビ的」「映画的」の関係位相：放送批評　No.072　〔1974.2・3〕	
佐怒賀三夫	第二の機能的分析 ＜特集＞同時代における光と闇―「テレビ的」「映画的」の関係位相：放送批評　No.072　〔1974.2・3〕	
真鍋一史	マス・コミュニケーションの調査――新聞記事の内容分析：関西学院大学社会学部紀要　通号28　〔1974.3〕 p15〜36	
山本明	現代社会におけるニュースの機能（現代新聞記者の副読本）：新聞研究　通号272　〔1974.3〕 p33〜37	
江藤文夫	「受け手の時代」の開幕（送り手‐受け手（特集））：総合ジャーナリズム研究　11（02）〔1974.4〕 p19〜24	
鈴木均	「総理と語る」のコミュニケーション的意味 ＜特集＞＜嘘＞の間隙と創造：放送批評　No.075　〔1974.6〕	
伊藤陽一, 榊博文, 小川浩一	デマの研究‐‐愛知県豊川信用金庫"取り付け"騒ぎの現地調査（概論・諸事実稿）：総合ジャーナリズム研究　11（03）〔1974.7〕 p70〜80	

コミュニケーション	理論

Molina, Antonio G. 「コミュニケーションと進歩」における世論の一考察：コミュニケーション研究　通号7〔1974.12〕p32〜46

田中義久　社会的コミュニケーションの構造—4完—：新聞研究　通号281〔1974.12〕p53〜59

村瀬真文　放送衛星と国際コミュニケーション（放送技術文化論＜特集＞）：放送学研究　通号27〔1975.3〕p185〜211

江尻進　ヨーロッパ各国にみるコミュニケーション政策の動向：新聞研究　通号289〔1975.8〕p24〜28

広瀬英彦　西ドイツのコミュニケーション政策の現段階（海外情報）：新聞研究　通号289〔1975.8〕p66〜69

上滝徹也　放送等現象の研究における方法論序説——ジャーナリズム学をめざして：日本大学芸術学部紀要　通号6〔1976〕p71〜85

弥吉光長　計量マスコミ学＜特集＞：総合ジャーナリズム研究　13（01）〔1976.1〕p54〜58

大山勝美　（計量マスコミ学＜特集＞）大衆の"見えざる手"の中で：総合ジャーナリズム研究　13（01）〔1976.1〕p20〜25

上滝徹也　放送等現象の研究における方法論序説——マス・コミュニケーション論からジャーナリズム論へ：日本大学芸術学部学術研究　通号5〔1976.3〕p30〜40

石福秀太郎　テレビニュースの新聞への影響——NABの調査結果から（海外情報）：新聞研究　通号297〔1976.4〕p76〜79

津村喬　メディア作用 ロッキード・スキャンダルは利用されている：放送批評　No.095〔1976.5〕

榊博文　漏れ聞くことの説得性について――オーバーハード・コミュニケーションの効果：総合ジャーナリズム研究　13（04）〔1976.10〕p91〜100

田中義久　マス・コミュニケーションの社会学——「受け手」論の視点と再構成：新聞学評論　通号26〔1977.10〕p73〜105

竹内郁郎　マス・コミュニケーション研究の課題と現状——「マスコミ受容行動」特集に寄せて（マスコミの受容行動＜特集＞：新聞学評論　通号26〔1977.10〕p1〜6

岡田直之　マスコミ研究史ノート——大衆社会論的マスコミ論と実証主義的マスコミ研究：新聞学評論　通号26〔1977.10〕p106〜126

佐藤喜春　マスコミ接触構造と媒介変数（マスコミの受容行動＜特集＞）：新聞学評論　通号26〔1977.10〕p35〜47

北村日出夫　受容行動研究への覚え書き（マスコミの受容行動＜特集＞）：新聞学評論　通号26〔1977.10〕p66〜72

萩原滋　説得的コミュニケーションの受容に関する実験的研究（マスコミの受容行動＜特集＞）：新聞学評論　通号26〔1977.10〕p48〜55

竹内成明　状況と思想（コミュニケーションと市民参加＜シンポジウム＞）：新聞学評論　通号27〔1978.6〕p6〜15

古川正之　情報行動とマスメディア——「日本人のテレビ観」もうひとつの側面：NHK文研月報　28（07）〔1978.7〕p41

早川浩一　マス・メディア文化の構造と矛盾：社会学論叢　通号72〔1978.7〕p14〜23

横川真顕　説得とコミュニケーションの考察—2—マス・メディアの発達—1—：日本大学芸術学部紀要　通号9〔1979〕p12〜20

野崎茂　アスペン研究所——「コミュニケーション政策会議」概要と感想（国際シンポジウム動向紹介）：新聞学評論　通号28〔1979.6〕p69〜78

石川明　コミュニケーション政策とその背景——西ドイツの「KtK報告」を中心に（コミュニケーション政策＜特集＞）：新聞学評論　通号28〔1979.6〕p13〜23

伊藤陽一　コミュニケーション政策の現状と問題点——アメリカの場合を中心に（コミュニケーション政策＜特集＞）：新聞学評論　通号28〔1979.6〕p33〜43

鈴木沙雄　第三世界のコミュニケーション政策——ペルーとスリランカの事例——現状と問題点（コミュニケーション政策＜特集＞）：新聞学評論　通号28〔1979.6〕p44〜58

米沢弘　コミュニケーションとは何か—概念分析とモデル論の立場から（《特集》海外の公共放送の現状と問題）：NHK放送文化研究年報　24〔1979.7〕p226〜250

小松原久夫　新情報秩序をめぐる新たな論義：新聞研究　通号340〔1979.11〕p92〜96

田所泉　「コミュニケートする権利」の現段階（海外情報）：新聞研究　通号341〔1979.12〕p84〜87

榊博文　意見の食い違いと態度変容（コミュニケーション研究・レポート）：総合ジャーナリズム研究　17（01）〔1980.1〕p79〜89

秋田安弘　変わるアメリカのコミュニケーション状況：新聞研究　通号350〔1980.9〕p43〜51

角知行　コミュニケーションにおける行為の構造——発話行為について：新聞学評論　通号29〔1980.10〕p67〜79

田中伯知　受容過程分析における現象学的視座：新聞学評論　通号29〔1980.10〕p102〜115

牧田亮　情報伝達過程に内在するメカニズム：新聞学評論　通号29〔1980.10〕p92〜101

村瀬真文　新世界情報コミュニケーション秩序と情報の自由——アメリカのユネスコ政策から：NHK文研月報　32（07）〔1982.7〕p16

村瀬真文　新世界情報コミュニケーション秩序とアメリカ——レーガン政権の国際コミュニケーション政策とその背景：NHK文研月報　32（08）〔1982.8〕p29

斎藤隆雄　「政策決定者」は誰なのか（報道の行き過ぎ!?＜特集＞　体外受精児報道をめぐって）：総合ジャーナリズム研究　21（01）〔1984.1〕p13〜18

碓井巧　「時間」の中の社会と人間（'84の報道課題—'84・報道課題を考える）：新聞研究　通号390〔1984.1〕p21〜24

Weaver, David H., 大石裕　メディアの争点設定と世論〔英文〕：慶応義塾大学新聞研究所年報　通号22〔1984.3〕p1〜22

児島和人　マス・コミュニケーションの新たな効果モデルの生成（放送研究の新しい視座を求めて＜特集＞）：放送学研究　通号34〔1984.3〕p117〜143

岡田直之　マス・コミュニケーション研究の展開と現況——マス・メディアの効果・影響をめぐって（放送研究の新しい視座を求めて＜特集＞）：放送学研究　通号34〔1984.3〕p9〜37

村松泰子　マス・コミュニケーション内容とその変容に関する女性学的考察（放送研究の新しい視座を求めて＜特集＞）：放送学研究　通号34〔1984.3〕p57〜79

石川旺　過密社会とコミュニケーションの変容（放送研究の新しい視座を求めて＜特集＞）：放送学研究　通号34〔1984.3〕p39〜56

竹下俊郎　議題設定研究の視角——マスコミ効果研究における理論と実証（放送研究の新しい視座を求めて＜特集＞）：放送学研究　通号34〔1984.3〕p81〜116

植田豊　成熟のための二，三の条件（高度情報化社会論＜特集＞—高度情報化社会への課題）：新聞学評論　通号33〔1984.6〕

	理論	コミュニケーション

p115～117

村瀬真文　国際コミュニケーション論（放送学研究の25年＜特集＞）：放送学研究　通号35　〔1985〕　p137～147

小松原久夫　ゆがむ日米間のコミュニケーション：新聞研究　通号411　〔1985.10〕　p104～107

Guattari, Felix, 浅田彰, 粉川哲夫　ポスト・メディア時代への展望＜〔朝日〕ジャーナル・ライブ シンポジウム＞：Asahi journal　27（53）〔1985.12〕　p6～14

田中義久　コミュニケーション行為と社会関係（放送の公共経済学＜特集＞）：放送学研究　通号36　〔1986〕　p119～140

広井脩　マス・コミュニケーション理論の方法論的検討——批判理論との対話（放送の公共経済学＜特集＞）：放送学研究　通号36　〔1986〕　p163～181

小林直毅　生活世界とコミュニケーション行為（放送の公共経済学＜特集＞）：放送学研究　通号36　〔1986〕　p141～161

藤井潔　特集 メディア感覚変容へのアプローチ 確かに緩やかに動く "美感遊創" への時代感覚 いま、必要な、制作者の "人間の目" で捉えるファンダメンタルな情報：月刊民放　16（175）〔1986.1〕　p6～9

王東順, 篠崎敏男, 小田久栄門, 松尾羊一, 都築忠彦　特集 メディア感覚変容へのアプローチ 視聴者の意識変化と「情報系番組」定着の意味「本音化」への早い流れに、"生活感覚を共有し、テレビ言語で真実情報伝達" を＜座談会＞：月刊民放　16（175）〔1986.1〕　p14～22

鈴木淳生　特集 メディア感覚変容へのアプローチ 視聴者の "心" に働きかける主体的な編成を 様態変動の把握とともに、「不動の部分」への熱意ある対応が必要：月刊民放　16（175）〔1986.1〕　p10～13

林利隆　特集 メディア感覚変容へのアプローチ 情報環境深化にこそ有効な新聞の "環境監視機能"「センス＝分解＝ニーズ分化」に、期待される情報のリダンダンシー：月刊民放　16（175）〔1986.1〕　p28～33

斎藤精一　特集 メディア感覚変容へのアプローチ "新しいマス" を求める雑誌媒体「変化」のベクトル 個性化から "均質化" の時代へ——キイ概念としての戦後第三世代：月刊民放　16（175）〔1986.1〕　p33～37

杉山光信　価値前提と客観性——2つの例からの考察（「客観報道」再考）：新聞研究　通号425　〔1986.12〕　p36～39

石野博宣　マスコミ言語序説——放送のことば研究への一提言（特集 メディア環境の変化と公共放送）：NHK放送文化調査研究年報　32　〔1987.8〕　p187～204

中野収　かくてメディア化社会は進行する（メディアと大衆文化の現在）：新聞研究　通号434　〔1987.9〕　p10～15

塚本三夫　メディア変容のなかのジャーナリズム（メディアと大衆文化の現在）：新聞研究　通号434　〔1987.9〕　p21～25

遊佐雄彦　批評者の資格とは：放送批評　No.222　〔1988.1〕

レント, ジョン・A　日米両国のコミュニケーションと情報の流れ：新聞研究　通号438　〔1988.1〕　p50～54

佐藤毅　もう1つの受け手論——戦略的メディア言説の読みをめざして（新しい「受け手」論の探究＜特集＞）：新聞学評論　通号37　〔1988.4〕　p113～130

吉岡至　ニュースのアクチュアリティとその現実構成機能：新聞学評論　通号37　〔1988.4〕　p181～195

塚本三夫　メディア・「受け手」・文化——問題提起と1つの視点（新しい「受け手」論の探究＜特集＞）：新聞学評論　通号37　〔1988.4〕　p99～111

大畑裕嗣　社会運動, マス・メディア, 受け手（新しい「受け手」論の探究＜特集＞）：新聞学評論　通号37　〔1988.4〕　p83～97

藤田真文　「読み手」の発見——批判学派における理論展開（新しい「受け手」論の探究＜特集＞）：新聞学評論　通号37　〔1988.4〕　p67～82

有山輝雄　歴史のなかの受け手——1930年代, 同潤会共同住宅居住者の生活（新しい「受け手」論の探究＜特集＞）：新聞学評論　通号37　〔1988.4〕　p5～24

宮崎千勝　「受」から「送」へ変身するために——イメージ情報のデータベースが必要（変ぼうする調査・資料部）：新聞研究　通号442　〔1988.5〕　p60～62

正木鞆彦　（＜90年代＞を考える＜特集＞）市民のメディアとパーソナル・コミュニケーション：総合ジャーナリズム研究　26（01）〔1989.1〕　p48～54

江川昌　ソ連のコミュニケーションの変化（変わるソ連と報道）：新聞研究　通号453　〔1989.4〕　p13～15

竹内成明　メディアの政治学・序説—3—：評論・社会科学　通号39　〔1990.3〕　p1～28

阿部耕一朗　メディア複合化の時代：広島経済大学研究論集　12（4）〔1990.3〕　p29～47

石田勝利, 石田勝利　イデオロギー的マス・メディア観の可能性についての一考察—カルチュラル・スタディ派の研究を中心に：明治学院大学大学院社会学研究科社会学専攻紀要　（13）〔1990.3〕　p1～23

小池保夫　重要な現状認識と「歴史」（2001年への「新聞」の旅-1-)：総合ジャーナリズム研究　27（02）〔1990.4〕　p78～80

阿部潔　ハーバーマス理論における「コミュニケーション観」の批判的検討——アドルノのミメーシス概念のコミュニケーション的解釈を巡って：新聞学評論　通号39　〔1990.4〕　p223～236

小川恒夫, 小川浩一　影響・効果論——5つのモデルをめぐって（マス・コミュニケーション研究の系譜（1951～1990）——日本新聞学会の研究活動を中心に）：新聞学評論　通号39　〔1990.4〕　p213～221

田中義久　原風景（マス・コミュニケーション研究の系譜（1951～1990）——日本新聞学会の研究活動を中心に—社会学——原風景・全体像の喪失・転換の時代）：新聞学評論　通号39　〔1990.4〕　p191～197

藤田真文　言説編成の権力の分析に向けて（マス・コミュニケーション研究の系譜（1951～1990）——日本新聞学会の研究活動を中心に—記号論——構造主義以降のコミュニケーション理論）：新聞学評論　通号39　〔1990.4〕　p131～147

伊藤守　構造主義以降の言語理論（マス・コミュニケーション研究の系譜（1951～1990）——日本新聞学会の研究活動を中心に—記号論——構造主義以降のコミュニケーション理論）：新聞学評論　通号39　〔1990.4〕　p121～131

鶴木真　国際コミュニケーション論——国際コミュニケーション研究を振り返る——80年代の議論とパラダイム選択（マス・コミュニケーション研究の系譜（1951～1990）——日本新聞学会の研究活動を中心に）：新聞学評論　通号39　〔1990.4〕　p57～77

柳井道夫　全体像の喪失（マス・コミュニケーション研究の系譜（1951～1990）——日本新聞学会の研究活動を中心に—社会学——原風景・全体像の喪失・転換の時代）：新聞学評論　通号39　〔1990.4〕　p197～203

小林宏一　通領域的メディア論（マス・コミュニケーション研究の系譜（1951～1990）——日本新聞学会の研究活動を中心に—メディア論——開拓途上における研究の位相と展開）：新聞学評論　通号39　〔1990.4〕　p51～56

小川浩一　転換の時代（マス・コミュニケーション研究の系譜（1951～1990）——日本新聞学会の研究活動を中心に—社会学——原風景・全体像の喪失・転換の時代）：新聞学評論　通号39　〔1990.4〕　p204～211

マクドナルド, ダンカン, 前沢猛　敬称の復活？ 編集者は否定的：新聞研究　通号465　〔1990.4〕　p82～86

総合ジャーナリズム研究編集部　「文の抗争」への参加者たち--マス・コミュニケーション論のポスト・モダンのための覚書

	き：総合ジャーナリズム研究所　27(03)〔1990.7〕p9～42
総合ジャーナリズム研究編集部	「大勢順応」社会とマスコミと：総合ジャーナリズム研究所　27(04)〔1990.10〕p9～40
田中義久	近代におけるコミュニケーションの位置(社会の情報化とメディアの歴史意識<特集>)：新聞学評論　通号40〔1991〕p25～41
花田達朗	公的意味空間論ノート(社会の情報化とメディアの歴史意識<特集>)：新聞学評論　通号40〔1991〕p60～81
鶴木真	社会の情報化とメディアの歴史意識(誌上シンポジウム)(社会の情報化とメディアの歴史意識<特集>)：新聞学評論　通号40〔1991〕p2～24
小川浩一	生活営為とコミュニケーションの自己組織性(社会の情報化とメディアの歴史意識<特集>)：新聞学評論　通号40〔1991〕p96～110
水野博介	文化指標研究と涵養効果分析――そのアイデア・発展・現状と評価：新聞学評論　通号40〔1991〕p274～290
田村穣生	マスメディアの経済システム(マスメディアの文化性と経済性<特集>)：放送学研究　通号41〔1991〕p107～151
粉川哲夫	「おたく族」がメディアを変える――「現実」を「模写」する時代は終わる：エコノミスト　69(2)〔1991.1〕p70～73
マックウェール, デニス, 高橋直之, 佐藤毅	高度情報化社会は何をもたらすか：新聞研究　通号477〔1991.4〕p53～60
中村理	情報社会からコミュニケーション社会へ―上―情報は受け手が選ぶようになった――伝達メディアは飽和状態：エコノミスト　69(27)〔1991.6〕p64～67
花田達朗	グローバルな公共圏は可能か――国際コミュニケーション政策における<外部―内部>の視座と視界(「多メディア時代」におけるマス・コミュニケーション研究――課題とその方法を探る<特集>)：新聞学評論　通号41〔1992.5〕p119～140
川竹和夫	国際コミュニケーション・メディア――構造の変化について(「多メディア時代」におけるマス・コミュニケーション研究――課題とその方法を探る<特集>)：新聞学評論　通号41〔1992.5〕p141～154
吉岡至	情報ネットワークの進展とコミュニケーションの構造変化(「多メディア時代」におけるマス・コミュニケーション研究――課題とその方法を探る<特集>)：新聞学評論　通号41〔1992.5〕p88～102
桂敬一	新しい社会情報学へのアプローチ(「多メディア時代」におけるマス・コミュニケーション研究――課題とその方法を探る<特集>)：新聞学評論　通号41〔1992.5〕p31～57
高橋直之	多メディア時代におけるマス・コミュニケーション研究の理論課題(「多メディア時代」におけるマス・コミュニケーション研究――課題とその方法を探る<特集>)：新聞学評論　通号41〔1992.5〕p3～30
水野博介	「情報生活論」序説――生活の情報化に関する生活者主体の理論枠設定の試み(メディア文化の位相<特集>)：マス・コミュニケーション研究　通号42〔1993.3〕p194～207
大石裕, 藤田真文	政治コミュニケーションと文化(メディア文化の位相<特集>)：マス・コミュニケーション研究　通号42〔1993.3〕p100～116
牧野信彦	マスメディアの対外発信機能に関する考察―国際間コミュニケーション・ギャップへの対応：情報と社会　：江戸川大学紀要　(3)〔1993.4〕p1～12
松田美佐	噂研究から噂を通じた研究へ――A.Schutzの生活世界論の検討を通じて：マス・コミュニケーション研究　通号43〔1993.12〕p132～145
岩本一善	人間コミュニケーション・プロセスに関する一考察――物理的情報と心的情報との間にある断層について：マス・コミュニケーション研究　通号43〔1993.12〕p90～102
前沢猛	送り手機構の自己検証機能(報道と倫理――その今日的な意味合い<特集>)：マス・コミュニケーション研究　通号43〔1993.12〕p32～44
梅津顕一郎	日本のマス・コミュニケーション研究における「読み手」論の今日的地平――「読み手」論と「担い手」論をめぐって：マス・コミュニケーション研究　通号43〔1993.12〕p103～116
今田高俊	高度情報化とメディア空間の変容(新・放送メディア論<特集>)：放送学研究　通号44〔1994〕p7～31
浦谷年良	体験的映像メディア産業論(新・放送メディア論<特集>)：放送学研究　通号44〔1994〕p93～117
多喜弘次	「情報化」よ！ ―2―<創刊30周年記念特別企画>：総合ジャーナリズム研究　31(01)〔1994.1〕p66～75
伊藤高史	アルチュセールのイデオロギー論とディスクールの理論, およびその方法について：マス・コミュニケーション研究　通号44〔1994.3〕p1～14
前田益尚	マス・コミュニケーション・プロセスにおける「受け手の主体性」の所在：マス・コミュニケーション研究　通号44〔1994.3〕p116～127
伊藤守	情報と意味・コミュニケーション――モダンの脱構築としてのコミュニケーション：マス・コミュニケーション研究　通号44〔1994.3〕p15～28
小川葉子	日常生活としてのグローバル・コミュニケーション――時間―空間の再編成の中のエスニック・アイデンティティ：マス・コミュニケーション研究　通号44〔1994.3〕p43～57
石田勝利, 石田勝利	マス・メディアを中心とした言説流通の社会過程―メディアの言説生産システムと内的・外的圧力：明治学院大学大学院社会学研究科社会学専攻紀要　(17)〔1994.3〕p1～17
岩本一善	テクスチュラル・コミュニケーション――伝達・共有・兵站術から表面へ：マス・コミュニケーション研究　通号46〔1995.1〕p171～184
李光鎬	イシュー報道におけるニュース・ソースの分布――「脳死・臓器移植」報道を対象として：マス・コミュニケーション研究　通号47〔1995.7〕p168～179
福田充	活字メディアにおけるオーガナイザー効果に関する実証的研究――見出し, 写真が読み手に与える影響についての認知的心理学的再検討：マス・コミュニケーション研究　通号47〔1995.7〕p127～139
石田勝利	新聞の言説生産過程とマスコミ労働者の可能性――S.ホール/稲葉三千男の議論を手がかりとして：マス・コミュニケーション研究　通号47〔1995.7〕p140～152
塚本三夫	戦後ジャーナリズムの自己認識――認識の基本軸をめぐって(戦後50年――連続と不連続<特集>)：マス・コミュニケーション研究　通号47〔1995.7〕p3～16
新井克弥	電子メディアによる「書くこと」の変容：マス・コミュニケーション研究　通号47〔1995.7〕p153～167
横川和夫	横並び思考からの脱却を――問題意識を喪失しつつある記者たち(特集〈変容〉の時代とジャーナリズム意識)：マス・コミュニケーション研究　通号48〔1996.1〕p86～100
牧田徹雄	受け手の変容とジャーナリズムの課題(特集〈変容〉の時代とジャーナリズム意識)：マス・コミュニケーション研究

	通号48 〔1996.1〕 p101~114
水越伸	新しいメディア表現者の登場と日本のジャーナリズム(特集〈変容〉の時代とジャーナリズム意識):マス・コミュニケーション研究　通号48　〔1996.1〕 p35~53
藤田高弘	電子コミュニケーション空間における批判性――産業論的・ポストモダン的アプローチを超えて:マス・コミュニケーション研究　通号48　〔1996.1〕 p175~189
西島建男	文化変容とジャーナリズム意識(特集〈変容〉の時代とジャーナリズム意識):マス・コミュニケーション研究　通号48　〔1996.1〕 p54~67
本村安彦	基礎講座/マス・コミュニケーション研究――「利用と満足研究」の受け手像:総合ジャーナリズム研究　33(02)〔1996.4〕 p71~77
田中伯知	大学におけるコミュニケーション教育――拡大する学部・学科・授業科目:総合ジャーナリズム研究　33(02)〔1996.4〕 p94~105
大谷正	「新聞操縦」から「対外宣伝」へ――明治・大正期の外務省対中国宣伝活動の変遷(特集=政治のなかのコミュニケーション):メディア史研究　通号5　〔1996.11〕 p71~97
白水繁彦	エスニシティ(特集 現代マス・コミュニケーション理論のキーワード――50号を記念して―国際コミュニケーション論):マス・コミュニケーション研究　通号50　〔1997.1〕 p120~126
岩倉誠一	マス・コミュニケーション研究における変化と持続――学会誌30号~49号に見る座標軌道(特集 現代マス・コミュニケーション理論のキーワード――50号を記念して):マス・コミュニケーション研究　通号50　〔1997.1〕 p3~8
斎藤文男	権力(特集 現代マス・コミュニケーション理論のキーワード――50号を記念して―ジャーナリズム論):マス・コミュニケーション研究　通号50　〔1997.1〕 p38~46
仲佐秀雄	公共性(特集 現代マス・コミュニケーション理論のキーワード――50号を記念して―メディア産業論):マス・コミュニケーション研究　通号50　〔1997.1〕 p56~63
本多周爾	国家(特集 現代マス・コミュニケーション理論のキーワード――50号を記念して―国際コミュニケーション論):マス・コミュニケーション研究　通号50　〔1997.1〕 p111~119
茶本繁正	メディア・レポート<61>『朝鮮時報』と『統一日報』にみる現在コリア事情の深淵:放送レポート　145号〔1997.3〕 p56~59
伊藤陽一	国際コミュニケーション過程の理論と実証(特集 ポスト冷戦時代の国際コミュニケーション論):マス・コミュニケーション研究　通号51　〔1997.7〕 p18~33
鶴木真	東西冷戦崩壊後の「国際コミュニケーション研究」における方法論的展開(特集 ポスト冷戦時代の国際コミュニケーション論):マス・コミュニケーション研究　通号51　〔1997.7〕 p3~17
白石信子	現代人の情報行動――新たな分析軸の探求:NHK放送文化調査研究年報　通号43　〔1998〕 p257~279
斉藤正美	クリティカル・ディスコース・アナリシス――ニュースの知/権力を読み解く方法論――新聞の「ウーマン・リブ運動」(1970)を事例として:マス・コミュニケーション研究　通号52　〔1998.1〕 p88~103
高橋利枝	オーディエンス研究におけるアクティブ-パッシブ論争を越えて――二項対立の限界:マス・コミュニケーション研究　通号53　〔1998.7〕 p137~152
李光鎬	メッセージ分析による送り手研究――主な研究事例と今後の課題(特集 マス・コミュニケーション理論の展開):マス・コミュニケーション研究　通号53　〔1998.7〕 p53~64
斎藤慎一	メディア変容の時代におけるオーディエンス研究(特集 マス・コミュニケーション理論の展開):マス・コミュニケーション研究　通号53　〔1998.7〕 p34~52
北田暁大	《観察者》としての受け手――ルーマン・社会システム論的視座からの,「メディア論」および「メディア・リテラシー」概念の再検討:マス・コミュニケーション研究　通号53　〔1998.7〕 p83~96
小川恒夫	受容効果研究の展開と今後の課題(特集 マス・コミュニケーション理論の展開):マス・コミュニケーション研究　通号53　〔1998.7〕 p18~33
竹内郁郎	戦後日本のマス・コミュニケーション理論の系譜(特集 マス・コミュニケーション理論の展開):マス・コミュニケーション研究　通号53　〔1998.7〕 p5~17
是永論	「メールのやりとり」という行為はいかにして可能か――相互行為的実践としてのCMCの分析:マス・コミュニケーション研究　通号54　〔1999.1〕 p156~170
中野収	ザ・ミーディアム メディア論の試み(1):社会労働研究　45(3)通号157　〔1999.3〕 p9~42
小川真	キーワードを疑う［共生］ヒトはきのこに学べるか(記者読本'99):新聞研究　通号572　〔1999.3〕 p66~68
伊藤守	オーディエンスの変容を<記述>する視点と方法――オーディエンス・スタディーズとメディア消費の空間論(特集 転換期のマス・メディア):マス・コミュニケーション研究　通号55　〔1999.7〕 p110~130
栗田宣義	プリクラ・コミュニケーション――写真シール交換の計量社会学的分析:マス・コミュニケーション研究　通号55　〔1999.7〕 p131~152
山本武利	「往来交通」のコミュニケーション時代は来るか(特集 転換期のマス・メディア):マス・コミュニケーション研究　通号55　〔1999.7〕 p4~14
林茂樹	佐藤智雄先生を偲ぶ:マス・コミュニケーション研究　通号57　〔2000〕 p156~158
津田正太郎	社会的コミュニケーション論から見た国民形成過程――文化の共有と「想像」の相互作用:マス・コミュニケーション研究　通号57　〔2000〕 p109~121
横山滋	大衆の視点と専門家の使命(特集 マス・メディア批判の軸をめぐって):マス・コミュニケーション研究　通号57　〔2000〕 p65~77
後藤嘉宏	中井正一とコミュニケーションの双方向性:マス・コミュニケーション研究　通号57　〔2000〕 p122~137
烏谷昌之	ジャーナリズムの「日常」の問題をめぐる一考察―「実践の論理」の喪失と「説明の論理」の成立:慶応義塾大学大学院法学研究科論文集　通号40　〔2000.3〕 p57~70
坂根治美	マス・メディアの社会的影響力に関する一考察――映画『民族の祭典』およびその批評をめぐって:仙台大学紀要　31(2)〔2000.3〕 p37~46
岩谷宏	宣言的言語と対話的言語――コミュニケーションにおける言葉の動的存在位相(特集 ことばはいま、力を持っているか):新聞研究　通号588　〔2000.7〕 p10~13
小林宏一	メディア変容と既存マスメディアの役割(特集 メディア変容の時代と放送):放送学研究　通号50　〔2001〕 p7~30
田村紀雄	コミュニケーション学部の設計と建設――九年間の"一貫"教育体系へ(特集 変貌と模索の中のマス・コミュニケー

	ション教育）：マス・コミュニケーション研究　通号59　〔2001〕　p52〜66
烏谷昌之	フレーム形成過程に関する理論的一考察——ニュース論の統合化に向けて：マス・コミュニケーション研究　通号58　〔2001〕　p78〜93
大井眞二	マス・コミュニケーション教育の現在——日米の教育調査から（特集 変貌と模索の中のマス・コミュニケーション教育）：マス・コミュニケーション研究　通号59　〔2001〕　p81〜106
山下玲子, 村田光二, 藤島喜嗣	参加者固定CMCにおける対人関係——発言数と発言応答構造の分析を通じて：マス・コミュニケーション研究　通号58　〔2001〕　p171〜183
小田原敏	「情報学」の構築（特集 変貌と模索の中のマス・コミュニケーション教育）：マス・コミュニケーション研究　通号59　〔2001〕　p67〜80
清原慶子	文理融合によるディジタル時代の「メディア・エキスパート」育成の試み（特集 変貌と模索の中のマス・コミュニケーション教育）：マス・コミュニケーション研究　通号59　〔2001〕　p30〜51
小谷敏	「大衆」への挽歌——大衆社会論の視点から（特集 メディア・社会・人びと）：新聞研究　（594）〔2001.1〕　p32〜36
田村紀雄	巻頭インタビュー 田村紀雄——東京経済大学コミュニケーション学部教授：MJ　（404）〔2001.1〕　p2〜5
研究会JU	「情報化」の主体性原理(1)ザ・コントロール－－生活情報社会創生への道：総合ジャーナリズム研究　38（02）（通号 176）〔2001.3〕　p51〜55
貝塚康宣	数字はプロセスを物語る——調査データの精度：その利用目的と要求水準（特集 データに見る真実——数字の客観性を再考する）：月刊民放　31（4）通号358　〔2001.4〕　p24〜27
研究会JU	SERIES 「情報化」の主体性原理(2)コミュニティ－－新たな統合創出の可能性：総合ジャーナリズム研究　38（03）（通号 177）〔2001.6〕　p37〜41
藤田薫, 平塚千尋	高度情報化社会におけるメディア行動(2)2001年・富山県八尾町インターネット利用者調査から：放送研究と調査　51（10）通号605　〔2001.10〕　p82〜105
鈴木努	ニュース・テクストのイシュー連関構造分析：マス・コミュニケーション研究　通号60　〔2002〕　p137〜152
富山英彦	間柄としてのメディア・コミュニケーション——和辻哲郎の主体論を手がかりに：マス・コミュニケーション研究　通号60　〔2002〕　p153〜175
小室広佐子	議題設定もうひとつの潮流——単一争点長期アプローチ：マス・コミュニケーション研究　通号60　〔2002〕　p92〜107
竹下俊郎	議題設定研究の新たな課題（特集 パワフル・メディア論再考）：マス・コミュニケーション研究　通号60　〔2002〕　p6〜18
白石信子	特集「パワフル・メディア論再考」をめぐって（特集 パワフル・メディア論再考）：マス・コミュニケーション研究　通号60　〔2002〕　p3〜5
熱川容子	「ヒトラー神話」の形成と新聞統制——1934年の「フェルキッシャー・ベオバハター」を中心にして：ヨーロッパ文化史研究　（3）〔2002.3〕　p37〜75
黒須俊夫	メディア人間論の構図(1)メディア人間論の台頭：群馬大学社会情報学部研究論集　10　〔2003〕　p205〜215
阿部潔	コミュニケーションとしての「放送の公共性」の意義——公的な世界／私的な世界の媒介に向けて（特集・デジタル時代の公共空間）：放送メディア研究　通号2　〔2004〕　p49〜67
山田富秋	エスノメソドロジー・会話分析におけるメッセージ分析の方法（特集 メッセージ分析の可能性）：マス・コミュニケーション研究　通号64　〔2004〕　p70〜86
林香里	「オルターナティヴ・メディア」は公共的か——その再帰的公共性の考察（特集 メディア秩序の変容と新しい公共性）：マス・コミュニケーション研究　通号65　〔2004〕　p34〜52
山腰修三	カルチュラル・スタディーズにおける批判的コミュニケーション論の再構成——スチュアート・ホールの視座転換を手がかりにして：マス・コミュニケーション研究　通号64　〔2004〕　p150〜163
水島久光	メディアと公共性の原理の現在——パブリック・システムとしての放送を再考する（特集 メディア秩序の変容と新しい公共性）：マス・コミュニケーション研究　通号65　〔2004〕　p5〜27
岡井崇之	言説分析の新たな展開——テレビのメッセージをめぐる研究動向（特集 メッセージ分析の可能性）：マス・コミュニケーション研究　通号64　〔2004〕　p25〜40
日吉昭彦	内容分析研究の展開（特集 メッセージ分析の可能性）：マス・コミュニケーション研究　通号64　〔2004〕　p5〜24
徳安彰	林論文へのコメント（特集 メディア秩序の変容と新しい公共性）：マス・コミュニケーション研究　通号65　〔2004〕　p53〜58
外山仁	「知識」より「意識」と「コミュニケーション」が大切（シリーズ特集 放送局のコンプライアンス(1)）：月刊民放　34（8）通号398　〔2004.8〕　p31〜34
佐々木隆	桂太郎・山県有朋間の政治的コミュニケーション（特集 人と人をつなぐメディア 面談・書簡・電信・電話）：メディア史研究　17　〔2004.11〕　p18〜33
橋詰武宏	ニュースにみるメディア文化の変化：仁愛大学研究紀要　（4）〔2005〕　p129〜140
原由美子	メディア利用の分化はどのように進むのか——先端的メディア利用者の事例研究から（特集 情報空間の多様化と生活文化）：放送メディア研究　通号3　〔2005〕　p57〜90
山口誠	オーディエンスの作法とメディアの三層構造（特集 メディア史研究の方法再考——メッセージの生産と受容の歴史）：マス・コミュニケーション研究　通号67　〔2005〕　p51〜66
加藤裕康	ゲームセンターにおけるコミュニケーション空間の生成：マス・コミュニケーション研究　通号67　〔2005〕　p106〜122
佐藤卓己	メディア史的アプローチ——歴史教科書の場合（特集 メディア史研究の方法再考——メッセージの生産と受容の歴史）：マス・コミュニケーション研究　通号67　〔2005〕　p84〜104
山腰修三	「新自由主義」に関するメディア言説の編成——朝日・読売両紙における電電改革報道（1982・一一一1985・四）を事例として：マス・コミュニケーション研究　通号67　〔2005〕　p123〜139
築地達郎	権力主体の拡散とジャーナリズムの新地平：龍谷大学社会学部紀要　（27）〔2005〕　p15〜24
黒崎政男	大変動するコミュニケーション形態——デジタル社会とはなにか（特集 ネットと新聞）：新聞研究　（642）〔2005.1〕　p28〜32
今野勉	ふたたびの「多様性への妄想」（再構築 放送の2元体制(2)）：月刊民放　35（3）通号405　〔2005.3〕　p24〜27
山口仁	情報社会論とインターネット社会論の連続性——未来社会論的視座を超えるための一考察（特集：戦後日本社会のメ

	ディアと市民意識）：メディア・コミュニケーション ： 慶応義塾大学メディア・コミュニケーション研究所紀要 (55)〔2005.3〕 p19～32
椎名達人	「エンコーディング/デコーディング」論の理論的背景及び批判的潜在力の所在：マス・コミュニケーション研究 通号68〔2006〕p115～130
鍵本優	オーディエンス/像をめぐる「受動性」概念の再検討——「衝撃の受動性」を手がかりに：マス・コミュニケーション研究 通号69〔2006〕p57～72
岡田直之	伊藤論文への論評：メディア・コミュニケーション ： 慶応義塾大学メディア・コミュニケーション研究所紀要 (56)〔2006.3〕p29～35
伊藤高史	権力論とジャーナリズム研究——桶川ストーカー事件を事例にして：メディア・コミュニケーション ： 慶応義塾大学メディア・コミュニケーション研究所紀要 (56)〔2006.3〕p157～169
難波功士	メディアとサブカルチャー（特集 マス・コミュニケーション研究 回顧と展望）：マス・コミュニケーション研究 通号70〔2007〕p29～39
羽渕一代	メディアとライフスタイル——新しいメディア利用による親密性と公的空間の再編：ライフスタイルを超えて（特集 マス・コミュニケーション研究 回顧と展望）：マス・コミュニケーション研究 通号70〔2007〕p41～53
池田守	マスメディアと社会福祉活動(2)昭和初期の地域福祉活動・朝日出世資金の創設とその成果について：目白大学総合科学研究 (3)〔2007〕p125～137
大黒岳彦	「メディアの一般理論」の展開——「映像」のコミュニケーション論的考察：明治大学社会科学研究所紀要 45(2) 通号66〔2007.3〕p95～105
伊藤高史	アジェンダビルディングとジャーナリズム研究：メディア・コミュニケーション ： 慶応義塾大学メディア・コミュニケーション研究所紀要 (57)〔2007.3〕p133～144
新倉貴仁	海賊版としてのナショナリズム——ナショナリズムとメディアをめぐる理論的視座の構築：マス・コミュニケーション研究 通号73〔2008〕p79～96
佐野麻由子, 小川（西秋）葉子	S.ホールの「文化の回路」「表象のストラテジー」からみたグローバル・コミュニケーションとジェンダー——現代ネパールにおけるファッション・メディア・擬似市場：メディア・コミュニケーション ： 慶応義塾大学メディア・コミュニケーション研究所紀要 (58)〔2008.3〕p87～99
近藤薫子	ロンドン駐在家庭における子供向けグローバルメディア（特集 トランスナショナル時代のコミュニケーション）：メディア・コミュニケーション ： 慶応義塾大学メディア・コミュニケーション研究所紀要 (58)〔2008.3〕p19～30
伊藤高史	ロバート・M・エントマンのフレーム分析と「滝流れモデル」についての検討——ジャーナリズムの影響に関する政治社会学的研究と「正当性モデル」の視点から：メディア・コミュニケーション ： 慶応義塾大学メディア・コミュニケーション研究所紀要 (59)〔2009.3〕p141～155
Hadl, Gabriele, 浜田忠久	コミュニケーションへの権利と市民社会メディア——政策の新しい方向性：マス・コミュニケーション研究 通号77〔2010〕p149～166
越川洋	メディア研究の課題 D.ウォルトンの視点から（後半）：放送研究と調査 60(1)通号704〔2010.1〕p52～63
武市英雄	私の四つのマス・コミュニケーション研究方法——これからのジャーナリズム視点をめざして：コミュニケーション文化論集 ： 大妻女子大学コミュニケーション文化学会機関誌 通号8〔2010.3〕p69～88
李美淑	マスメディアにおける他者化言説の形成過程——韓国の結婚移住女性に関する時事報道番組を中心に：情報学研究 ： 東京大学大学院情報学環紀要 (78)〔2010.3〕p181～195
難波功士	なぜ「メディア文化研究」なのか（特集 メディア文化研究の課題と展望）：マス・コミュニケーション研究 通号78〔2011〕p19～33
長谷川一	メディアとしての……——暗黙知, 枠組み, コンテクスト・マーカー（特集 メディア文化研究の課題と展望）：マス・コミュニケーション研究 通号78〔2011〕p35～60
長谷正人	メディアはなぜあるのか（特集 メディア文化研究の課題と展望）：マス・コミュニケーション研究 通号78〔2011〕p3～18
成田康昭	「メディア文化」にとって「現実」とはなにか（特集 メディア文化研究の課題と展望）：マス・コミュニケーション研究 通号78〔2011〕p81～89
Ha, Kyungjin	「公報」, あるPR（パブリック・リレーションズ）の類型——1960年代, 韓国における政府コミュニケーションをめぐって：マス・コミュニケーション研究 通号79〔2011〕p133～151
岩渕功一	多文化社会のメディア——文化シティズンシップの実践に向けて（特集 多文化社会とメディア）：マス・コミュニケーション研究 通号79〔2011〕p5～25
酒井厚, 渡辺誓司	家庭におけるメディア・コミュニケーションと家族関係——小学生の子どもがいる家族の調査研究：NHK放送文化研究所年報 55〔2011〕p155～205
佐幸信介	ジャーナリズムにとって相対的自律性は可能か——P.Bourdieuの「界」（champ）概念の射程：ジャーナリズム＆メディア ： 新聞学研究所紀要 (4)〔2011.3〕p221～234
Kopper, Gerd G., 林香里	ドイツのコミュニケーション研究・メディア研究の歴史と現況（ジャーナリズム＆マス・コミュニケーションの海外動向2010）：ジャーナリズム＆メディア ： 新聞学研究所紀要 (4)〔2011.3〕p305～307
Tay, Seow Boon, 渋谷明子, 李光鎬	メディア接触と異文化経験と外国・外国人イメージ——ウェブ・モニター調査（2010年2月）の報告(2)：メディア・コミュニケーション ： 慶応義塾大学メディア・コミュニケーション研究所紀要 (61)〔2011.3〕p103～125
竹川俊一	社説と報道によるフレーミング分析 ： 2001年歴史教科書問題に関する朝日と読売を事例に：マス・コミュニケーション研究 通号80〔2012〕p211～229
野村和	近代メディアによるコミュニティ文化の形成過程：人文科学 (17)〔2012.3〕p79～87
蜷川幸雄	日本人の身体（第3回）日本人とメディア：マグナカルタ 5〔2013.Win〕p228～235
伊藤高史	相互行為としてのジャーナリズムと構造化・情報源・界をめぐる社会学的考察：マス・コミュニケーション研究 (83)〔2013〕p97～114
小川（西秋）葉子	コミュニケーション・デザインとエージェンシー ： グローバライゼーションのメディア学のために（特集 萩原滋教授 退職記念号）：メディア・コミュニケーション ： 慶応義塾大学メディア・コミュニケーション研究所紀要 (63)〔2013.3〕p33～44
山本信人	ポスト・フクシマと東アジアの公共的なコミュニケーション空間・試論 ： 日本とマレーシアでの運動と報道の比較

| コミュニケーション | 理論 |

からみえてくるもの（特集 萩原滋教授 退職記念号）：メディア・コミュニケーション ： 慶応義塾大学メディア・コミュニケーション研究所紀要 （63）〔2013.3〕 p1～17

菅谷実 ポスト・メディア融合時代の情報通信市場 ： 「政府・企業関係」に焦点をあてて（特集 萩原滋教授 退職記念号）：メディア・コミュニケーション ： 慶応義塾大学メディア・コミュニケーション研究所紀要 （63）〔2013.3〕 p19～32

李光鎬, 鈴木万希枝 メディア環境の変化とニュース普及過程の変容 ： 金正日死亡のニュースはどのように拡まったか（特集 萩原滋教授 退職記念号）：メディア・コミュニケーション ： 慶応義塾大学メディア・コミュニケーション研究所紀要 （63）〔2013.3〕 p63～75

平和博 欧米におけるデータジャーナリズムの今 ： ジャーナリズムのイノベーション（データジャーナリズムとは何か）：新聞研究 （743）〔2013.6〕 p46～49

山口仁 「ジャーナリズム」の構築過程に関する一考察 ： 不確実性下における「信頼」概念を手掛かりに（特集 メディア研究と政治・社会理論）：メディア・コミュニケーション ： 慶応義塾大学メディア・コミュニケーション研究所紀要 （64）〔2014.3〕 p53～64

津田正太郎 ナショナル・アイデンティティ, マスメディア, 社会政策 ： 領域横断的分析フレームの探究（特集 メディア研究と政治・社会理論）：メディア・コミュニケーション ： 慶応義塾大学メディア・コミュニケーション研究所紀要 （64）〔2014.3〕 p25～40

イー, タン, ウィーバー, デイヴィッド, 李洪千 マス・メディア, 世論, 政策間の関係に関する実証的研究（1956年～2004年）： 第2レベルの課題設定研究の視点から：メディア・コミュニケーション ： 慶応義塾大学メディア・コミュニケーション研究所紀要 （64）〔2014.3〕 p147～164

新嶋良恵 マス・メディア表象研究におけるカルチュラル・スタディーズの意義 ： スチュアート・ホールの文化的アイデンティティ理論をてがかりに（特集 メディア研究と政治・社会理論）：メディア・コミュニケーション ： 慶応義塾大学メディア・コミュニケーション研究所紀要 （64）〔2014.3〕 p85～98

烏谷昌幸 メディアフレームとメディアの権力 ： The Whole World is Watchingを読む（特集 メディア研究と政治・社会理論）：メディア・コミュニケーション ： 慶応義塾大学メディア・コミュニケーション研究所紀要 （64）〔2014.3〕 p5～23

鈴木祐司 メディア新陳代謝（第1回）集合知で素材調達：B-maga 13（4）通号143 〔2014.4〕 p26～28

椿梨奈 Media Scope デジタル時代の報道の方法論とは ： 『検証ハンドブック』を発行：新聞研究 （754）〔2014.5〕 p66～69

〔図 書〕

井口一郎 マス・コミュニケイション―どんなふうに大衆へはたらきかけるか その理論とその実証 光文社 1951 257p 22cm

Schramm, Wilbur, 学習院大学社会学研究室 マス・コミュニケーション 創元社 1954 360p 19cm （現代社会科学叢書）

南博 現代のマス・コミュニケーション 要書房 1955 173p 19cm （要選書）

国立国語研究所, 日本新聞協会 青年とマス・コミュニケーション 金沢書店 1956 252p 19cm

渡辺彰 マス・コミュニケーション 光風出版 1956 249p 19cm （光風教育新書）

加藤秀俊 マス・コミュニケイション 大日本雄弁会講談社 1957 223p 18cm （ミリオンブックス）

生田正輝 マス・コミュニケーションの諸問題 慶応通信 1957 336p 22cm

東京出版販売株式会社出版科学研究所 マス・コミュニケーションの媒体：その発展と競合 東京出版販売出版科学研究所 1957 35p 26cm

東京社会科学研究所 マス・コミュニケーション読本 東洋経済新報社 1959 218p 21cm

Schramm, Wilbur, 崎山正毅 マス・コミュニケーションと社会的責任 日本放送出版協会 1959 577p 22cm

関西大学経済政治研究所 マス・コミの研究人事心理の問題 関西大学経済政治研究所 1960 125p 21cm （研究双書 第5冊）

関西大学経済政治研究所 マス・コミュニケーションの研究 関西大学経済政治研究所 1960 124p 21cm （研究双書 第7冊）

Wright, Charles, Robert, 小林栄一 マス・コミュニケーションの理論 緑風社 1960 151p 18cm

清水幾太郎 講座現代マス・コミュニケーション 第1 マス・コミュニケーション総論 清水幾太郎/編 河出書房新社 1961 258p 19cm

江田忠, 平沢薫, 堀秀一 青年とマス・コミ 文教書院 1961 214p 19cm （現代青年選書 第4）

西田春彦, 池田一貞 マスコミ統計学 誠信書房 1962 331p 22cm

大阪市立大学 学生とマス・コミュニケーション―関西地方における大学生に対するアンケート調査 サンケイ新聞社広告局企画調査課 1963.5 72,12p 26cm

新聞総合調査委員会 市民生活とマス・メディア 日本生産性本部 1965 336p 22cm

Maletzke, Gerhard, 日本放送協会放送文化研究所 マス・コミュニケーション心理学 日本放送出版協会 1965 527p 22cm

Klapper, Joseph, T., 日本放送協会放送文化研究所 マス・コミュニケーションの効果 日本放送出版協会 1966 338p 22cm 950円

稲葉三千男, 佐藤毅, 日高六郎 マス・コミュニケーション入門 有斐閣 1967 259p 19cm 430円 （有斐閣双書）

Pye, Lucian, W., 日本放送協会放送文化研究所 マス・メディアと国家の近代化 日本放送出版協会 1967 348p 22cm 1100円

藤竹暁 現代マス・コミュニケーションの理論 日本放送出版協会 1968 389p 22cm 1400円

シュラム, ウイルバー, 学習院大学社会学研究室 マス・コミュニケーション―マス・メディアの総合的研究 新版 東京創元新社 1968 369p 19cm 750円 （現代社会科学叢書）

生田正輝 マス・コミュニケーションの研究 慶応通信 1968 347p 22cm 980円

千葉雄次郎 マス・コミュニケーション要論 有斐閣 1968 218p 19cm 400円 （有斐閣双書）

三崎敦, 布留武郎 情報化社会とマス・コミュニケーション 協同出版 1970 260p 19cm 800円

阿久津喜弘 マス・コミュニケーション論 学文社 1970 238p 22cm 800円 （社会学叢書 6）

田村紀雄 コミュニティ・メディア論―地域の復権と自立に 現代ジャーナリズム出版会 1972 270p 20cm 860円

鈴木均 現代報道論 時事通信社 1974 250p 20cm 1200円

堀川直義 現代マス・コミュニケーション論 川島書店 1974 282p 22cm 2500円

| | | 理論 | コミュニケーション |

城戸又一　講座現代ジャーナリズム　6　ジャーナリスト　時事通信社　1974　298p　22cm　1500円

高橋正則　入門マスコミュニケーション史　高文堂出版社　1974　190p（図共）　22cm　1680円

Carter, Martin, D., 渡部正郎　マスコミ入門―現代社会における新聞と放送　日本経済新聞社　1974　198p　19cm　900円

稲葉三千男　現代コミュニケーションの理論　青木書店　1975　268p　20cm　1400円

真鍋一史　世論とマス・コミュニケーション―その理論と調査　慶応通信　1983.4　392p　22cm　3800円　（関西学院大学研究叢書 第42篇）

中野収　メディアの快楽　勁草書房　1983.12　242p　20cm　1900円

中野収　コミュニケーションの記号論―情報環境と新しい人間像　有斐閣　1984.11　243, 6p　19cm　1400円　（有斐閣選書）

野上明　メディアの相克　花曜社　1985.2　208p　22cm　2000円

佐藤智雄　マス・コミュニケーション論　2　大衆文化とマス・メディア　放送大学教育振興会　1985.3　198p　21cm　（放送大学教材）

McQuail, Denis, 竹内郁郎　マス・コミュニケーションの理論　新曜社　1985.12　279, 21p　21cm　2400円

岡庭昇　メディアの現象学―情報という名の牢獄を読む　青峰社　1986.2　235p　20cm　1300円

柳田邦男　事実からの発想　講談社　1986.3　383p　15cm　480円　（講談社文庫）

中野収　メディアと人間―コミュニケーション論からメディア論へ　有信堂高文社　1986.3　245p　20cm　1800円　（ホモ・メディウスシリーズ 2）

稲葉三千男　マスコミの総合理論　創風社　1987.5　461p　22cm　4800円

サリヴァン, ハリー・スタック, 中井久夫　メディア論―人間の拡張の諸相　みすず書房　1987.6　381, 3p　22cm　4800円

藤竹暁　メディアになった人間―情報と大衆現象のしくみ　中央経済社　1987.7　282p　20cm　1500円

川井良介　世論とマス・コミュニケーション　ブレーン出版　1987.7　277p　21cm　3000円

Innis, Harold, Adams, 久保秀幹　メディアの文明史―コミュニケーションの傾向性とその循環　新曜社　1987.10　384p　20cm　2900円

Fenby, Jonathan., 小糸忠吾　国際報道の裏表　新聞通信調査会　1988.3　477p　20cm　2500円　（新聞通信選書 5）

堀江湛　情報化社会とマスコミ　有斐閣　1988.6　255p　19cm　1500円　（有斐閣選書）

山田実　マス・コミュニケーション研究への招待　芦書房　1988.9　282p　20cm　2900円

シュラム, ウイルバー, 学習院大学　マス・コミュニケーション―マス・メディアの総合的研究　新版　東京創元社　1988.12　369p　19cm　1900円　（現代社会科学叢書）

稲葉三千男　コミュニケーション発達史　創風社　1989.4　273p　19cm　1500円

美ノ谷和成　日常生活のマス・メディア　中央大学出版部　1989.4　192p　21cm　2400円

鈴木裕久　マス・コミュニケーションの調査研究法　創風社　1990.11　202p　21cm　1957円

竹内郁郎　マス・コミュニケーションの社会理論　東京大学出版会　1990.12　336, 4p　22cm　4944円　（現代社会学叢書）

市川昌, 堀江固功　マス・コミュニケーション―情報と文化の社会学　日本放送教育協会　1991.4　255p　21cm　1700円

Inglis, Fred, 伊藤誓, 磯山甚一　メディアの理論―情報化時代を生きるために　法政大学出版局　1992.7　363, 13p　20cm　3399円　（叢書・ウニベルシタス 372）

児島和人　マス・コミュニケーション受容理論の展開　東京大学出版会　1993.11　223p　22cm　4635円

Ball-RoKeach, Sandra., DeFleur, Melvin, Lawrence, 谷藤悦史, 柳井道夫　マス・コミュニケーションの理論　敬文堂　1994.4　431p　22cm　3800円

Baran, Stanley, J., Davis, Dennis, K., 山中正剛, 清原慶子, 武市英雄　マス・コミュニケーションの空間―批判的研究のパースペクティブ　松籟社　1994.5　273, 7p　22cm　2472円

Einsiedel, Edna, McCombs, Maxwell, Weaver, David, 大石裕　ニュース・メディアと世論　関西大学出版部　1994.8　171, 23p　19cm　1500円

桂敬一　日本の情報化とジャーナリズム　日本評論社　1995.1　280p　21cm　2678円

鶴木真, 田村穣生　メディアと情報のマトリックス　弘文堂　1995.3　373p　19cm　2500円

Arnett, Peter, 沼沢洽治　戦争特派員―CNN名物記者の自伝　新潮社　1995.7　453p　20cm　2500円

立命館大学教育科学研究所　メディアと表現文化に関する総合的研究　立命館大学教育科学研究所　1996.3　112p　26cm　（立命館教育科学プロジェクト研究シリーズ 4）

桂英史　メディア論的思考―端末市民の連帯意識とその深層　青弓社　1996.4　216p　20cm　2472円

宮田加久子, 栗田宣義, 向後千春, 諸井克英, 成田健一, 川浦康至, 川上善郎　メディアサイコロジー―メディア時代の心理学　富士通経営研修所　1996.5　266p　20cm　2200円　（富士通ブックス）

浅野健一　メディア・ファシズムの時代　明石書店　1996.5　308p　19cm　2575円

犬田充　メディアの快楽―情報ネットワーク社会の到来　NECクリエイティブ　1996.6　262p　19cm　1600円

山口正紀, 浅野健一　無責任なマスメディア―権力介入の危機と報道被害　現代人文社　1996.12　239p　19cm　1800円

久保田晃弘　20世紀のメディア　4　環境生活としてのコンピュータ　ジャストシステム　1996.12　251p　22cm　2621円

Ellison, Sarah, 池上千寿子　アメリカ人はなぜメディアを信用しないのか―拝金主義と無責任さが渦巻くアメリカ・ジャーナリズムの実態　はまの出版　1998.2　342p　20cm　2200円

宇田川悟　欧州メディアの興亡　リベルタ出版　1998.7　286p　20cm　2300円

今井澂, 山川清弘　世界のメディア王マードックの謎　東洋経済新報社　1998.7　241p　20cm　1600円

井上輝夫, 梅垣理郎　メディアが変わる知が変わる―ネットワーク環境と知のコラボレーション　有斐閣　1998.11　245p　22cm　2200円

田村紀雄　コミュニケーション―理論・教育・社会計画　柏書房　1999.3　252p　21cm　2800円

de, Kerckhove, Derrick, 中沢豊, 片岡みい子　ポストメディア論―結合知に向けて　NTT出版　1999.7　295p　22cm　3500円

早稲田大学アジア太平洋研究センター, 田中伯知　コミュニケーションと変容―早稲田大学アジア太平洋研究センターコミュニケーション研究部会報告書　早稲田大学コミュニケーション（情報と社会変動）研究会　2000.3　109p　19cm　1000円

日本コミュニケーション学会　日本のレトリックとコミュニケーション　三省堂　2000.6　127p　21cm　2300円　（日本コミュニケーション学会創立30周年記念論文集 第1巻）

吉見俊哉, 水越伸　メディア論　放送大学教育振興会　2001.3　199p　21cm　2200円　(放送大学教材 2001)
中野収　メディア空間―コミュニケーション革命の構造　勁草書房　2001.4　212, 7p　20cm　2600円
服部桂　メディアの予言者―マクルーハン再発見　廣済堂出版　2001.5　237p　19cm　1000円　(廣済堂ライブラリー 3)
加藤晴明　メディア文化の社会学　福村出版　2001.5　204p　21cm　2300円
吉崎正弘, 荒木功, 天野昭　メディアと人間　昭和堂　2001.12　322p　21cm　2400円
加藤保弥　メディアは人間である―私の情報メディア論　DTP出版　2002.3　166p　26cm
和田敦彦　メディアの中の読者―読書論の現在　ひつじ書房　2002.5　267, 8p　20cm　2200円　(未発選書 11)
林香里　マスメディアの周縁、ジャーナリズムの核心　新曜社　2002.6　462p　22cm　5500円
伊藤守　メディア文化の権力作用　せりか書房　2002.6　248, 5p　21cm　2400円　(せりかクリティク)
竹村健一　メディアの軽業師たち―マクルーハンで読み解く現代社会　ビジネス社　2002.7　207p　20cm　1500円
McLuhan, Eric, McLuhan, Marshall, 高山宏, 中沢豊　メディアの法則　NTT出版　2002.10　335p　22cm　4500円
Curran, James, Patrick Prendergast, 杉山光信, 大畑裕嗣, 朴明珍　メディア理論の脱西欧化　勁草書房　2003.2　306p　22cm　3700円
慶応義塾大学湘南藤沢学会　コミュニケーション論のひろがり　慶應義塾大学湘南藤沢学会　2003.3　211p　21cm　2000円　(Keio SFC journal v.2 no.1)
Silverstone, Roger, 伊藤守, 吉見俊哉, 土橋臣吾　なぜメディア研究か―経験・テクスト・他者　せりか書房　2003.4　350p　20cm　2800円
児島和人, 田崎篤郎　マス・コミュニケーション効果研究の展開　改訂新版　北樹出版　2003.4　171p　22cm　1800円
田村紀雄　コミュニケーション学入門―進路とキャリア設計のために　NTT出版　2003.5　269p　21cm　2600円
伊藤守, 正村俊之, 西垣通　パラダイムとしての社会情報学　早稲田大学出版部　2003.5　227p　21cm　3200円　(シリーズ社会情報学への接近 1)
武蔵大学社会学部メディア社会学科　メディア社会学レポート―ソシオロジスト・スペシャル2003　海象社　2003.8　190p　21cm　1000円
伊藤守, 小林宏一, 正村俊之　電子メディア文化の深層　早稲田大学出版部　2003.9　194p　21cm　3200円　(シリーズ社会情報学への接近 2)
坂元章　メディアと人間の発達―テレビ, テレビゲーム, インターネット, そしてロボットの心理的影響　学文社　2003.12　247p　22cm　2700円
上智大学情報科学教育研究センター　メディア・対話・レトリック　上智大学　2004　DVD-ROM1枚　12cm　1429円　(上智大学講義仕様マルチメディア教材シリーズ 2)
青山学院大学総合研究所　メディアの異文化間影響力―青山学院大学総合研究所学際研究プロジェクト研究成果報告論集　Research Institute of Aoyama Gakuin University　2004.3　126 p.　26 cm.
水島久光　閉じつつ開かれる世界―メディア研究の方法序説　勁草書房　2004.6　286, 9p　22cm　3000円
阿部潔, 難波功士　メディア文化を読み解く技法―カルチュラル・スタディーズ・ジャパン　世界思想社　2004.6　292p　19cm　1800円
仲川秀樹, 露木茂　マス・コミュニケーション論―マス・メディアの総合的視点　学文社　2004.9　245p　22cm　2600円
小城英子　『劇場型犯罪』とマス・コミュニケーション　ナカニシヤ出版　2004.10　155p　22cm　4400円
和田伸一郎　存在論的メディア論―ハイデガーとヴィリリオ　新曜社　2004.12　349p　20cm　3200円
小川浩一　マス・コミュニケーションへの接近　八千代出版　2005.1　278p　21cm　2600円
岡田直之　現代社会におけるマスコミ・世論の種々相　学文社　2005.3　239p　22cm　2600円
橋元良明, 児島和人, 竹内郁郎　メディア・コミュニケーション論　2　新版　北樹出版　2005.5　p220-370　21cm　1800円
伊藤守　記憶・暴力・システム―メディア文化の政治学　法政大学出版局　2005.7　214, 30p　20cm　2800円　(《思想・多島海》シリーズ)
大石裕　ジャーナリズムとメディア言説　勁草書房　2005.10　268, 12p　22cm　3700円
Luhmann, Niklas, 林香里　マスメディアのリアリティ　木鐸社　2005.11　216p　22cm　2500円
小川文弥　コミュニケーションとテレビ視聴　DTP出版　2006.3　465p　26cm　5500円
佐藤卓己　メディア社会―現代を読み解く視点　岩波書店　2006.6　221p　18cm　740円　(岩波新書)
小林弘和　メディアが世論を決める　新風舎　2006.8　212p　19cm　1600円
メディアの責任　言論NPO　2006.12　77p　21cm　700円　(言論ブログ・ブックレット 私ならこう考えるー有識者の主張 3)
坂巻善生, 島崎哲彦　マス・コミュニケーション調査の手法と実際　学文社　2007.3　314p　22cm　3300円
遠藤薫　間メディア社会と〈世論〉形成―TV・ネット・劇場社会　東京電機大学出版局　2007.5　252p　22cm　2900円
Baran, Stanley, J., Davis, Dennis, K., 宮崎寿子, 大坪寛子, 李光鎬, 李津娥, 鈴木万希枝　マス・コミュニケーション理論―メディア・文化・社会　上　新曜社　2007.5　315p　21cm　3600円
Baran, Stanley, J., Davis, Dennis, K., 宮崎寿子, 大坪寛子, 李光鎬, 李津娥, 鈴木万希枝　マス・コミュニケーション理論―メディア・文化・社会　下　新曜社　2007.5　p316-593　21cm　3300円
原宏之　表象メディア論講義　正義篇　慶應義塾大学出版会　2008.7　330p　20cm　2400円
竹下俊郎　メディアの議題設定機能―マスコミ効果研究における理論と実証　増補版　学文社　2008.9　295, 33p　22cm　3000円
小林弘人　新世紀メディア論―新聞・雑誌が死ぬ前に　バジリコ　2009.4　301p　19cm　1500円
岡井崇之, 藤田真文　プロセスが見えるメディア分析入門―コンテンツから日常を問い直す　世界思想社　2009.4　215p　21cm　2300円
相田敏彦　構築主義メディア理論への招待―カルチュラル・スタディーズの視角から　八千代出版　2010.3　328, 4p　21cm　2800円
伊藤高史　ジャーナリズムの政治社会学―報道が社会を動かすメカニズム　世界思想社　2010.4　256p　19cm　2200円　(Sekaishiso seminar)
McQuail, Denis, 大石裕　マス・コミュニケーション研究　慶應義塾大学出版会　2010.4　809p　22cm　8000円
Fiore, Quentin, McLuhan, Marshall, 南博　メディアはマッサージである　新装版　河出書房新社　2010.12　181p　24cm　2200円
Bray, John　メディア社会を生きる　成美堂　2011.1　100p　26cm　1800円

		理論	教育

橋元良明　メディアと日本人―変わりゆく日常　岩波書店　2011.3　195, 12p　18cm　760円　（岩波新書 新赤版1298）

吉見俊哉　メディア文化論―メディアを学ぶ人のための15話　改訂版　有斐閣　2012.12　285p　19cm　1800円　（有斐閣アルマ―Specialized）

軍司達男　「メディアの風」原発事故を見つめた日々　［軍司達男］　2013　286p　21cm

稲葉竹俊, 近藤邦雄, 飯田仁　メディア学入門　コロナ社　2013.3　185p　21cm　2600円　（メディア学大系 1）

遠藤英樹, 江藤茂博, 松本健太郎　メディア文化論　ナカニシヤ出版　2013.3　239p　19cm　2400円　（〈シリーズ〉メディアの未来 2）

猪瀬直樹　欲望のメディア　小学館　2013.3　503p　16cm　733円　（小学館文庫 い7-4）

伊藤守　情動の権力―メディアと共振する身体　せりか書房　2013.5　271, 10p　20cm　2500円

駒澤大学マスコミュニケーション研究所　社会とメディア　成文堂　2013.11　295p　22cm　3000円　（駒澤大学マスコミ研究所叢書）

駒澤大学マスコミュニケーション研究所　政治とメディア　成文堂　2013.11　343p　22cm　3000円　（駒澤大学マスコミ研究所叢書）

佐藤卓己　災後のメディア空間―論壇と時評2012-2013　中央公論新社　2014.2　270p　20cm　1700円

水越伸　21世紀メディア論―情報学プログラム　改訂版　放送大学教育振興会　2014.3　296p　21cm　3300円　（放送大学大学院教材―放送大学大学院文化科学研究科）

水野博介　ポストモダンのメディア論―過渡期のハイブリッド・メディアと文化　学文社　2014.3　275p　22cm　2800円

目白大学社会学部メディア表現学科　メディアと表現―情報社会を生きるためのリテラシー　学文社　2014.3　230p　21cm　2500円

大野俊　メディア文化と相互イメージ形成―日中韓の新たな課題　新装版　九州大学出版会　2014.5　178p　19cm　1800円　（東アジア地域連携シリーズ 2）

宍倉学, 春日教測, 鳥居昭夫　ネットワーク・メディアの経済学　慶應義塾大学出版会　2014.7　326p　22cm　4000円

伊藤明己　メディアとコミュニケーションの文化史　世界思想社　2014.9　258p　21cm　2300円

遠藤薫　間メディア社会の〈ジャーナリズム〉―ソーシャルメディアは公共性を変えるか　東京電機大学出版局　2014.10　331p　22cm　3600円

教育

〔雑誌記事〕

高橋甫　横浜の教育と放送：放送教育　4(8)〔1949.11〕p21

遠山茂樹　新聞から何を学ぶか――下山事件と歴史学方法論（歴史評論）：歴史評論　4(1)通号19〔1950.1〕p38〜45

片桐顕智　放送教育：文部時報　通号869〔1950.2〕p28〜30

片桐顕智　ラジオと国語教育：放送教育　4(12)〔1950.3〕p6〜7

坪井敏雄　愛知県の放送教育：放送教育　4(12)〔1950.3〕p20〜21

ホスキンス, ルエラ　中等学校生徒にラジオはいかに役立つたか：放送教育　5(1)〔1950.4〕p2〜3

片桐顕智　ラジオと国語教育：放送教育　5(2)〔1950.5〕p1〜5

愛知県大野小学校　放送教育による国語指導の研究：放送教育　5(2)〔1950.5〕p21〜24

松下丈夫　ラジオの教育性：放送教育　5(3)〔1950.6〕p14〜15

鈴木良和　我が校の放送教育：放送教育　5(3)〔1950.6〕p21〜23

西本三十二, 青木章心　アメリカの教育放送―上―（対談）：放送教育　5(6)〔1950.9〕p1〜5

西本三十二, 青木章心　アメリカの教育放送―下―（対談）：放送教育　5(7)〔1950.10〕p22〜25

長坂端午　社会科とラジオ：放送教育　5(7)〔1950.10〕p1〜3

関根博範　社会科指導とラジオの利用――本校の場合：放送教育　5(7)〔1950.10〕p8〜9

青木章心　ラジオの教育的利用への反省：放送教育　5(11)〔1951.2〕p10〜13

河合良三　国語学習とラジオ：放送教育　5(11)〔1951.2〕p1〜3

山川武正　へき地の小さな学校とラジオ：放送教育　6(1)〔1951.4〕p22〜23

高橋増雄　放送教育と学校経営（座談会）：放送教育　6(1)〔1951.4〕p1〜5

豊田昭　放送と成人教育――教養放送の研究：放送文化　6(4)〔1951.4〕p8〜10

田中達雄　放送による児童教育の可能性とその限界について――教養放送の研究：放送文化　6(4)〔1951.4〕p11〜13

川上行蔵　放送の教育性――教養放送の研究：放送文化　6(4)〔1951.4〕p4〜8

金久保通雄　新聞教育と「学校版」：新聞研究　通号14〔1951.5〕p6〜8

榎村順雄　教材としての新聞：新聞研究　通号15〔1951.8〕p34〜36

荒瀬豊, 木原啓吉　新聞は理解されているか――高校生を対象とした理解度調査：新聞研究　通号17〔1951.12〕p30〜36

今岡赳　わたくしの社会科指導――ラジオをつかつて：放送教育　6(9)〔1951.12〕p13〜14

今岡赳　わたしの社会科指導にラジオをつかつて：放送教育　6(9)〔1951.12〕p13〜14

西本三十二　社会科教育とラジオ――シムポウジアム：放送教育　6(9)〔1951.12〕p1〜9

海後宗臣　どうすれば放送教育を振興させるか（座談会）：放送教育　6(10)〔1952.1〕p13〜18

片桐顕智　ラジオによる方言の指導―1―：放送教育　6(11)〔1952.2〕p15〜16

金久保通雄　中等教育における新聞の位置：新聞学評論　1(1)〔1952.3〕p74〜87

久保島武　放送教育と指導主事：放送教育　6(12)〔1952.3〕p18

石山脩平　テレビと教育の問題：放送文化　7(3)〔1952.3〕p10〜12

落合嬌一　もし学校向けテレヴィ放送が実施されたら：放送教育　7(1)〔1952.4〕p16〜23

西本三十二　国語教育とラジオ・シンポウジアム：放送教育　7(1)〔1952.4〕p8〜14

西本三十二　視聴覚教育とラジオの役割（座談会）：放送文化　7(4)〔1952.4〕p12〜18

向山嘉章　放送教育についての随想：放送教育　7(2)〔1952.5〕p20〜21

西本三十二　ラジオと幼児教育――シムポウジアム：放送教育　7(3)〔1952.6〕p5〜12

鎌田しん　幼児とラジオ――私の手帖から：放送教育　7(3)〔1952.6〕p15

教育	理論

山村きよ　幼児にラジオをきかせるにはどんな注意をしたらよいか——私の手帖から：放送教育　7(3)〔1952.6〕　p14～15

千葉雄次郎　新聞・放送と社会教育：社会教育　7(7)〔1952.7〕　p4～9

江上フジ　ラジオといえば幼児の時間を：放送教育　7(4)〔1952.7〕　p10～11

坂元彦太郎　聴視覚教育におけるラジオ：放送教育　7(4)〔1952.7〕　p2～5

金久保通雄　新聞と教育はどう結びつくか：新聞研究　通号20〔1952.8〕　p11～15

石山脩平　学校教育における放送の使命：放送文化　7(9)〔1952.9〕　p7～10

海後宗臣　教育放送の研究—上—聞くことの教育性：放送文化　7(9)〔1952.9〕　p4～7

高萩竜太郎　教育テレビジョンの題材：放送教育　7(7)〔1952.10〕　p32～33

西本三十二　歴史教育とラジオ——シムポウジアム：放送教育　7(7)〔1952.10〕　p2～10

川上行蔵　公共放送と教育放送：放送文化　7(10)〔1952.10〕　p4～6

豊田昭　放送と成人教育——過去・現在・将来：放送文化　7(10)〔1952.10〕　p11～14

吉田行範　放送と青少年教育：放送文化　7(10)〔1952.10〕　p9～11

鈴木博　放送と幼児教育：放送文化　7(10)〔1952.10〕　p6～8

樺俊雄　放送と社会教育：放送教育　7(9)〔1952.12〕　p10～13

伊藤義雄　新聞と学習の諸問題：新聞学評論　2(1)〔1953〕

西本三十二　放送教育20年：放送教育　7(10)〔1953.1〕　p2～5

石山脩平　放送教育の批判にこたえて：放送教育　7(10)〔1953.1〕　p6～8

西本三十二　テレビジョンの教育的利用：放送教育　7(11)〔1953.2〕　p2～12

西本三十二　テレビジョンの教育的利用（シムポジュウム）：放送教育　7(11)〔1953.2〕　p2～12

榎本久, 若林恂　放送教育の向上をはかるために行つた私の学校の方法について：放送教育　7(11)〔1953.2〕　p22～30

大谷省三　農村青少年の育成とラジオ：放送文化　8(2)〔1953.2〕　p10～13

金子鉄雄　PTAと放送教育：放送教育　7(12)〔1953.3〕　p32～33

大浦猛　生き生きしたコミュニケイションと放送教育：放送教育　8(1)〔1953.4〕　p19

西本三十二　通信教育とラジオ：放送教育　8(1)〔1953.4〕　p10～18

石山脩平　放送教育の問題点：放送教育　8(2)〔1953.5〕　p2～4

大浦猛　教師の現職教育とラジオの利用——批判：放送教育　8(3)〔1953.6〕　p4～10

青木章心　聴視覚教育とテレビジョン（座談会）：放送教育　8(3)〔1953.6〕　p18～24

山崎英吉　放送を利用した学習への感想：放送教育　8(4)〔1953.7〕　p14～15

恵羅一彦　放送聴取の効果について：放送教育　8(4)〔1953.7〕　p30～32

近藤輝夫　2つのディスク・ジョッキー番組について：NHK文研月報　3(9)〔1953.9〕　p7～8

大野連太郎　学校新聞の実状と指導方針：新聞研究　通号27〔1953.10〕　p7～12

西本三十二　TV（テレビ）教育とAV（視聴覚）教育：放送教育　8(7)〔1953.10〕　p12～13

碧川宗伝　アメリカのテレビ教育放送：放送評論　1(2)〔1953.11〕　p19～23

工藤定一　どの番組がよく利用されているか——中学校の時間（座談会）：放送教育　8(9)〔1953.12〕　p11～14

西本三十二　アメリカの教育放送を見る—1—：放送教育　8(11)〔1954.2〕　p2～6

西本三十二　アメリカの教育放送を見る—2—：放送教育　8(12)〔1954.3〕　p12～18

高萩竜太郎　視聴覚教育における放送の利用について——素朴な質問：放送教育　9(1)〔1954.4〕　p9～10

宮原誠一　放送教育を展望する（座談会）：放送教育　9(1)〔1954.4〕　p2～8

西本三十二, 波多野完治　社会科教育とラジオ・映画の利用（対談）：放送教育　9(3)〔1954.6〕　p2～9

碧川宗伝　アメリカ・イギリス・カナダ・オーストラリアにおける学校向けラジオ放送—〔1〕—：NHK文研月報　4(6)〔1954.6〕　p1～13

高萩竜太郎　教育テレビジョンの教材価値：放送教育　9(4)〔1954.7〕　p24～26

碧川宗伝　アメリカ・イギリス・カナダ・オーストラリアにおける学校向けラジオ放送—2：NHK文研月報　4(7)〔1954.7〕　p1～14

碧川宗伝　アメリカ・イギリス・カナダ・オーストラリアにおける学校向けラジオ放送—3—：NHK文研月報　4(8)〔1954.8〕　p1～9

中屋健一　読ませるための努力が不足：新聞研究　通号38〔1954.9〕　p32～34

鈴木博　放送と教育：放送評論　2(5)〔1954.12〕　p21～24

石元安幸　へき地においての放送教育：放送教育　9(12)〔1955.1〕

黒崎昇勝　放送教育の実践：放送教育　9(10)〔1955.1〕　p2～6

斎藤伊都夫　へき地における放送教育の諸問題：放送教育　9(11)〔1955.2〕　p2～5

亀井一綱　少年の新聞への接近と理解：新聞学評論　通号4〔1955.4〕

石山脩平　放送教育と学級経営：放送教育　10(1)〔1955.4〕　p4～5

西本三十二　これからの放送教育（座談会）：放送教育　10(3)〔1955.6〕　p8～14

上野辰美　放送教育の評価について：放送教育　10(4)〔1955.7〕　p2～6

赤松恒太　ラジオ国語教室を利用する：放送教育　10(5)〔1955.8〕　p32～33

馬場四郎　社会科教育と新聞：新聞研究　通号50〔1955.9〕　p23～25

村井道明　教師養成大学における放送教育コース：放送教育　10(7)〔1955.10〕　p10～12

西本三十二　放送教育に対する私の提案：放送教育　10(7)〔1955.10〕　p2～7

碧川宗伝　テレビは家庭と学校とを結びつけることができるか：NHK文研月報　5(11)〔1955.10〕

馬場四郎　社会科学習とラジオ・テレビ：放送教育　10(8)〔1955.11〕　p2～5

石田岩夫, 布留武郎　学校放送聴取効果の測定—ラジオ国語教室についての概要：放送教育研究集録　通号2〔1956〕　p169～182

西本三十二　放送教育における自主性の問題その他：放送教育　10(11)〔1956.2〕　p8～10

桑山三郎　放送教育の高い壁について：放送教育　10(11)〔1956.2〕　p8～10

横田ふみ　幼児の指導とラジオ：放送教育　10(11)〔1956.2〕　p36～37

理論　　　　　　　　　　　　　　　　　　　　　　　　　　　　　　　　　　　　　教育

飯村大平	各地域における学校教育とラジオ・新聞・映画の普及状態：日本放送協会放送文化研究所調査研究報告　通号1〔1956.3〕p39〜47
近藤輝夫	放送が児童に与える影響—とくに言葉に与える影響を中心として：日本放送協会放送文化研究所調査研究報告　通号1〔1956.3〕p12〜25
横山静子	ことばの指導とラジオの利用：放送教育　11(2)〔1956.5〕p32〜33
平沢薫	新聞と教育：新聞研究　通号62〔1956.9〕p29〜31
野元菊雄	高校新聞の文章：新聞研究　通号65〔1956.12〕p29〜30
野津良夫	アメリカにおける放送教育：放送教育研究集録　通号2〔1956.12〕p219〜225
岩本時雄	テレビによる学習指導：放送教育研究集録　通号2〔1956.12〕p208〜218
盛田昭夫	トランジスタ工業と放送教育：放送教育研究集録　通号2〔1956.12〕p103〜109
田宮ふじえ	ラジオの好きな教師とラジオを待つ児童のいる教室から：放送教育研究集録　通号2〔1956.12〕p198〜207
保坂佐智子	一年生と放送聴取：放送教育研究集録　通号2〔1956.12〕p193〜197
高橋英夫	家庭におけるラジオ聴取とその効果を挙げるための留意点について：放送教育研究集録　通号2〔1956.12〕p183〜192
布留武郎	学校放送聴取効果の測定——ラジオ国語教室についての概要：放送教育研究集録　通号2〔1956.12〕p169〜182
清水正男	教師養成における放送教育：放送教育研究集録　通号2〔1956.12〕p154〜160
鈴木博	国語教育と放送：放送教育研究集録　通号2〔1956.12〕p118〜126
松本正達	放送教育に於ける学習効果：放送教育研究集録　通号2〔1956.12〕p127〜153
桑山三郎	カリキュラムを豊かにする放送聴取：放送教育研究集録　通号3〔1957〕p45〜46
中田孝久	テレビ学習の問題点：放送教育研究集録　通号3〔1957〕p114〜115
日比野輝雄	学校におけるテレビ教育の実際：放送教育研究集録　通号3〔1957〕p94〜109
平塚幸弘	学校における投写型テレビ：放送教育研究集録　通号3〔1957〕p118〜118
岩本時雄	教育テレビに望む：放送教育研究集録　通号3〔1957〕p112〜113
宇川勝美	教育テレビ用としてVHFチャネルを要望する：放送教育研究集録　通号3〔1957〕p119〜120
松本晟広	教科内容と放送内容：放送教育研究集録　通号3〔1957〕p44〜44
宮川定三, 東城敦也, 布留武郎	放送のリスナビリティの研究：放送教育研究集録　通号3〔1957〕p125〜145
北野正光	放送学習の形態の自由について：放送教育研究集録　通号3〔1957〕p81〜82
村井道明	放送教育とカリキュラム：放送教育研究集録　通号3〔1957〕p15〜20
上野辰美	放送教育とカリキュラム：放送教育研究集録　通号3〔1957〕p20〜23
湯本守	放送教育の3つの問題点：放送教育研究集録　通号3〔1957〕p51〜53
松本喜一郎	放送聴取流動を理想的形態へ：放送教育研究集録　通号3〔1957〕p73〜75
勝田建, 勝田建, 勝田節	幼児とテレビ教育：放送教育研究集録　通号3〔1957〕p116〜117
江島多賀子	幼児教育と放送教育：放送教育研究集録　通号3〔1957〕p79〜80
勝田建, 勝田建, 勝田節	幼稚園のカリキュラムと放送教育：放送教育研究集録　通号3〔1957〕p46〜48
千葉雄次郎	ヨーロッパ各国の新聞教育：新聞学評論　通号6〔1957.1〕p46〜62
海後宗臣	現代教育の方向と放送教育の意義：放送教育　11(10)〔1957.1〕p6〜7
波多野完治	視聴覚教育と放送教育（座談会）：放送教育　11(11)〔1957.2〕p10〜15
波多野完治	視聴覚教育と放送教育（座談会）：放送教育　11(12)〔1957.3〕p6〜14
林強	放送教育と学習効果：放送教育　12(2)〔1957.5〕p12〜16
西本三十二	放送教育の思い出：放送教育　12(3)〔1957.6〕p36〜39
太田静樹	幼児放送教育の問題点：放送教育　12(4)〔1957.7〕p31〜33
大鳥豊彦	アメリカにおける教育テレビの現況：NHK文研月報　7(7)〔1957.7〕
井口武男	ラジオ・映画・テレビジョンと教育——M.ルイス講演要旨：NHK文研月報　7(8)〔1957.7〕
西本三十二	教育テレビを語る（対談）（特集・テレビジョンと教育）：放送教育　12(7)〔1957.10〕p12〜19
永田清	教育テレビを語る（対談）：放送教育　12(8)〔1957.11〕p12〜18
塚本寿一	米国新聞教育論序説：新聞学評論　通号8〔1957.12〕p53〜72
大橋富貴子	国語学習指導とラジオ・テレビ：放送教育　12(9)〔1957.12〕p12〜16
辰野文人	カリキュラムと放送のズレの解決：放送教育研究集録　通号3〔1957.12〕p29〜35
斎藤伊都夫	ラジオ教材に対する児童の反応と教師の影響：放送教育研究集録　通号3〔1957.12〕p150〜155
前田隆吉	ラジオ聴取の累積的効果：放送教育研究集録　通号3〔1957.12〕p35〜37
近藤輝夫	ラジオ聴取状況ならびに聴取希望調査の結果の概要：放送教育研究集録　通号3〔1957.12〕p156〜160
宮川定三	ラジオ放送のリスナビリティの研究：放送教育研究集録　通号3〔1957.12〕p125〜126
日比野輝雄	学校におけるテレビ教育の実際（テレビ教育）：放送教育研究集録　通号3〔1957.12〕p94〜109
坂元彦太郎	教育テレビに関する提言（テレビ教育）：放送教育研究集録　通号3〔1957.12〕p85〜87
高木東三	教育計画と放送聴取：放送教育研究集録　通号3〔1957.12〕p26〜29
村井道明	教員養成大学におけるテレビ教育（テレビ教育）：放送教育研究集録　通号3〔1957.12〕p109〜112
橋本栄一	放送学習にきまった形態はない：放送教育研究集録　通号3〔1957.12〕p76〜78
堀田鶴好	放送学習にどのような形態があるか：放送教育研究集録　通号3〔1957.12〕p57〜62
西本三十二	放送教育とカリキュラムおよび学習形態：放送教育研究集録　通号3〔1957.12〕p11〜15
馬場四郎	放送教育は量より質を：放送教育研究集録　通号3〔1957.12〕p23〜26
小堀和子	放送聴取とこどもたち——シリーズ放送継続聴取の立場から：放送教育研究集録　通号3〔1957.12〕p199〜207
湯本守	放送聴取の3つの問題点：放送教育研究集録　通号3〔1957.12〕p51〜53
鈴木博	放送聴取の利用体制：放送教育研究集録　通号3〔1957.12〕p63〜68
松本喜一郎	幼稚園児の放送聴取における注意集中：放送教育研究集録　通号3〔1957.12〕p216〜221
小島英男	学校新聞に提言する——顧問教師の悩みと訴え：新聞研究　通号78〔1958.1〕p44〜46

徳武清助	最近の中学校新聞の諸問題——顧問教師の悩みと訴え：新聞研究　通号78　〔1958.1〕 p47～49	
近藤輝夫	児童とラジオ—児童のためのラジオの役割：日本放送協会放送文化研究所調査研究報告　通号3　〔1958.3〕 p43～62	
布留武郎	放送と児童の問題—アメリカにおける研究概観：日本放送協会放送文化研究所調査研究報告　通号3　〔1958.3〕 p121～140	
有光成徳	ラジオテレビと教材研究—1—：放送教育　13（1）〔1958.4〕 p20～22	
有光成徳	ラジオテレビと教材研究—2—：放送教育　13（2）〔1958.5〕 p22～24	
山下静雄	教育の生産性と放送教材：放送教育　13（2）〔1958.5〕 p18～20	
小島英男	高校新聞はどう読まれているか：新聞研究　通号83　〔1958.6〕 p32～36	
有光成徳	ラジオテレビと教材研究—3—：放送教育　13（3）〔1958.6〕 p20～22	
佐々木毅, 佐々木剛	教育テレビジョンの諸問題—ラジオ・映画との比較において：立教大学心理・教育学科研究年報　通号2　〔1958.6〕 p7～12	
坂元彦太郎	教育TVの本格的放送開始にあたつて（座談会）：文部時報　通号972　〔1958.7〕	
鈴木博	放送教育の現状と今後：文部時報　通号972　〔1958.7〕 p43～47	
後藤和彦	テレビジョンと子供——イギリスのある調査結果：NHK文研月報　8（12）〔1958.10〕	
高須正郎	教科書体活字の字体変更について——文初教第446号の意味するもの：新聞研究　通号88　〔1958.11〕 p41～44	
波多野完治	教育におけるテレビの位置：放送教育　13（8）〔1958.11〕 p12～17	
崎山正毅	アジア放送事情：放送教育研究集録　通号4　〔1958.12〕 p38～59	
西本三十二	アメリカの教育テレビ：放送教育研究集録　通号4　〔1958.12〕 p9～37	
布留武郎	ラジオとこどもの生活：放送教育研究集録　通号4　〔1958.12〕 p188～224	
川上行蔵	教育テレビの将来：放送教育研究集録　通号4　〔1958.12〕 p89～99	
飯塚銀次	教育・教養番組の性格と位置：放送教育研究集録　通号4　〔1958.12〕 p142～149	
金沢覚太郎	商業教育テレビの構想：放送教育研究集録　通号4　〔1958.12〕 p100～111	
太田静樹	番組と評価——幼児の場合：放送教育研究集録　通号4　〔1958.12〕 p127～130	
碧川宗伝	テレビジョンと教育の将来：日本放送協会放送文化研究所調査研究報告　通号4　〔1959.3〕 p63～82	
吉田潤, 布留武郎	マス・メディアに関する児童調査：日本放送協会放送文化研究所調査研究報告　通号4　〔1959.3〕 p16～50	
豊田銀之助	イタリアのテレビ学校：NHK文研月報　09（04）〔1959.4〕 p2	
井口武男	オーストラリアにおけるテレビ教育番組の実験：NHK文研月報　09（05）〔1959.5〕 p2	
有光成徳	テレビの影響と問題点：文部時報　通号982　〔1959.6〕 p9～16	
唐沢重光	学校から見たテレビ利用：文部時報　通号982　〔1959.6〕	
高須正郎	守り通した自主的運営——全国高校新聞連盟十年の歩み：新聞研究　通号97　〔1959.8〕 p54～57	
高須正郎	学校新聞——その独自性をつく：新聞研究　通号98　〔1959.9〕 p34～37	
小山賢市	テレビ教育番組製作うら話：文部時報　通号986　〔1959.10〕	
田中正吾	これからの放送教育（シンポジアム）：放送教育研究集録　通号5　〔1959.12〕 p39～60	
坂元彦太郎, 田中正吾, 波多野完治	シンポジアム "これからの放送教育"：放送教育研究集録　通号5　〔1959.12〕 p39～60	
上野辰美	テレビジョンと幼児の生活：放送教育研究集録　通号5　〔1959.12〕 p138～154	
首藤貞美	テレビジョンの教育的利用 テレビチューター論の吟味：放送教育研究集録　通号5　〔1959.12〕 p131～137	
大岩功典	テレビ学習における学習活動の諸段階：放送教育研究集録　通号5　〔1959.12〕 p163～168	
橋本栄一	テレビ親子セットによる視聴の実際と事後指導の考察：放送教育研究集録　通号5　〔1959.12〕 p169～176	
西本三十二, 百名盛之	テレビ "物理学講座" の評価：放送教育研究集録　通号5　〔1959.12〕 p205～232	
村野賢哉	科学番組と放送教育：放送教育研究集録　通号5　〔1959.12〕 p77～80	
東城敦也	児童向ラジオ・ドラマの研究：放送教育研究集録　通号5　〔1959.12〕 p81～99	
北野正光	小学校 "道徳" において放送の継続聴取は問題であるということについて：放送教育研究集録　通号5　〔1959.12〕 p70～76	
太田静樹	幼児とテレビ教材について：放送教育研究集録　通号5　〔1959.12〕 p155～162	
青木茂之	幼稚園, 保育所放送利用状況調査：放送教育研究集録　通号5　〔1959.12〕 p100～113	
波多野完治	映像と教育——放送教育の心理的基礎：新聞学評論　通号10　〔1960.3〕	
中沢郁	イギリスの学校向けテレビ放送：日本放送協会放送文化研究所調査研究報告　通号5　〔1960.3〕 p223～232	
小山賢市	へき地教育のテレビ利用：文部時報　通号993　〔1960.5〕	
安達健二	高校通信教育におけるラジオ・テレビの利用：文部時報　通号993　〔1960.5〕	
高須正郎	学校新聞に迫る灰色の影：新聞研究　通号107　〔1960.6〕 p40～45	
大内茂男	学校教育における放送教材利用の問題点——とくに教材観と指導計画の問題を中心として：文部時報　通号996　〔1960.7〕	
高須正郎	学校新聞の諸問題：新聞研究　通号110　〔1960.9〕 p91～96	
辻功	アメリカにおけるテレビと児童に関する研究：放送教育研究集録　通号6　〔1960.12〕 p174～187	
稲生和子	イギリスにおけるテレビと児童に関する一研究：放送教育研究集録　通号6　〔1960.12〕 p163～174	
橋本栄一, 橋本秀一	テレビ（ラジオ）中学校番組視聴後のグループデスカッションの効果について：放送教育研究集録　通号6　〔1960.12〕 p28～43	
吉田潤	テレビ視聴の最適条件について：放送教育研究集録　通号6　〔1960.12〕 p109～120	
玄永牧子	日本におけるテレビと児童に関する調査の概観：放送教育研究集録　通号6　〔1960.12〕 p139～163	
河合重	日本における宗教放送——キリスト教放送を中心として：放送教育研究集録　通号6　〔1960.12〕 p57～74	
外国資料研究班	諸外国における教育テレビ放送の現況：NHK文研月報　11（03）〔1961.3〕 p23	
布留武郎	テレビジョンと児童——静岡調査の概要：新聞研究　通号116　〔1961.3〕 p12～16	
宇川勝美	校外生活・学業成績におよぼすテレビの影響：新聞研究　通号116　〔1961.3〕 p25～30	
近藤唯一	青少年に対するテレビの影響——文部省が行なった最近の調査結果を中心にして：新聞研究　通号116　〔1961.3〕 p4～11	
外国資料研究班	放送の教育的使命——BBCの方針：Education in Broadcasting-A statement of policy by the BBC：NHK文	

		研月報　11（05）〔1961.5〕　p2
生田正輝		アメリカにおけるマス・コミュニケーション教育：新聞研究　通号119　〔1961.6〕　p48〜52
高須正郎		高校新聞における自由の問題をめぐって：新聞研究　通号122　〔1961.9〕　p21〜25
中屋健一		青少年教育と学校新聞：新聞研究　通号122　〔1961.9〕　p16〜20

稲生和子, 布留武郎　児童の番組視聴のパタンと番組選択に関連する要因について―テレビと児童IX：NHK放送文化研究所年報　6　〔1961.9〕　p223〜261

辻功, 布留武郎　知能を仲介としてみたテレビの効果―テレビと児童VIII：NHK放送文化研究所年報　6　〔1961.9〕　p189〜222

碧川宗伝　主要国における教育テレビ放送の実態（1）アメリカ：NHK文研月報　11（10）〔1961.10〕　p17

碧川宗伝　主要国における教育テレビ放送の実態（2）－イギリス－：NHK文研月報　11（11）〔1961.11〕　p1

波多野完治　これからの放送教育（パネル討論）：放送教育研究集録　通号7　〔1961.11〕　p9〜59

川島淳一　テレビと児童の問題――調査研究の概観とその考察：放送教育研究集録　通号7　〔1961.11〕　p149〜166

大羽蓁　テレビ教育とテレビ研究における若干の見落し：放送教育研究集録　通号7　〔1961.11〕　p167〜175

野津良夫　市街地青年のマスコミとの接触：放送教育研究集録　通号7　〔1961.11〕　p124〜128

布留武郎　小学校向けテレビ理科番組の構成に関する実験的研究：放送教育研究集録　通号7　〔1961.11〕　p185〜222

笠原明　道徳番組の制作について：放送教育研究集録　通号7　〔1961.11〕　p176〜184

太田静樹　僻地のテレビ調査（僻地テレビ教育）：放送教育研究集録　通号7　〔1961.11〕　p85〜91

国際基督教大学視聴覚センター　僻地テレビ教育調査：放送教育研究集録　通号7　〔1961.11〕　p98〜111

文部省社会教育局視聴覚教育課　僻地学校におけるテレビ利用状況調査（僻地テレビ教育）：放送教育研究集録　通号7　〔1961.11〕　p92〜97

藤井美一　僻地校の実態（僻地テレビ教育）：放送教育研究集録　通号7　〔1961.11〕　p79〜84

阿久津喜弘　放送による教育と放送教材の特性：放送教育研究集録　通号7　〔1961.11〕　p73〜76

太田静樹　放送教材のあり方：放送教育研究集録　通号7　〔1961.11〕　p71〜72

碧川宗伝　主要国における教育テレビ放送の実態（3）－カナダ・フランス・イタリア・ソビエト・チェコスロバキア－：NHK文研月報　11（12）〔1961.12〕　p1

野村精一　放送教育の諸問題――テレビ時代における＜ことば＞：國文學：解釈と教材の研究　7（2）〔1962.1〕

橋本良治　アメリカのテレビ教育：レファレンス　12（2）〔1962.2〕

波多野完治　児童心理とテレビ――テレビ影響力調査について：新聞研究　通号128　〔1962.3〕　p2〜6

岩生直子, 辻功　学校放送番組の評価（4）－テレビ理科教室6年生「輪軸」－：NHK文研月報　12（05）〔1962.5〕　p14

生田正輝　教育テレビについての一考察――アメリカの現状とその問題：法学研究　35（6）〔1962.6〕　p1〜18

池内一　小・中学生に対するテレビの影響―上―：新聞研究　通号133　〔1962.8〕　p38〜47

吉田潤, 布留武郎　ラジオ・テレビに対する児童の接触習慣に関する質問紙法の妥当性と信頼性―テレビジョンと児童XI：NHK放送文化研究所年報　7　〔1962.8〕　p89〜105

辻功, 布留武郎　文化環境を仲介としてみたテレビの効果―テレビジョンと児童X：NHK放送文化研究所年報　7　〔1962.8〕　p58〜87

重松敬一　学校新聞の意義：新聞研究　通号134　〔1962.9〕　p34〜39

横山英志　高校生教育と新聞：新聞研究　通号134　〔1962.9〕　p40〜49

高須正郎　最近の学校新聞：新聞研究　通号134　〔1962.9〕　p50〜53

池内一　小・中学生に対するテレビの影響―中―：新聞研究　通号134　〔1962.9〕　p56〜64

池内一　小・中学生に対するテレビの影響―下―：新聞研究　通号137　〔1962.12〕　p55〜63

金築修, 野津良夫　テレビ学校放送理科番組の利用における僻地児童の学習反応：放送教育研究集録　通号8　〔1962.12〕　p207〜229

布留武郎　欧米における教育テレビ研究：放送教育研究集録　通号8　〔1962.12〕　p7〜21

中沢茂夫　校内放送テレビ装置について：放送教育研究集録　通号8　〔1962.12〕　p68〜74

小木新造　高等学校におけるテレビ教育の現状と問題点：放送教育研究集録　通号8　〔1962.12〕　p58〜67

中西尚道　国民生活時間調査について――学習と余暇ならびにラジオ・テレビ聴視時間を中心にして：放送教育研究集録　通号8　〔1962.12〕　p75〜86

野間郁夫　埼玉県の僻地学校とテレビ教育：放送教育研究集録　通号8　〔1962.12〕　p167〜177

太田静樹　作文分析によるテレビ視聴能力の比較研究：放送教育研究集録　通号8　〔1962.12〕　p198〜206

堀田鶴好　四国地区の僻地校におけるテレビ教育：放送教育研究集録　通号8　〔1962.12〕　p230〜245

柳田長十郎　秋田県僻地学校のテレビ教育：放送教育研究集録　通号8　〔1962.12〕　p163〜166

西本三十二　世界におけるテレビ教育の現状：放送教育研究集録　通号8　〔1962.12〕　p22〜40

石川桂司　複式学級におけるテレビ利用：放送教育研究集録　通号8　〔1962.12〕　p147〜162

百名盛之　僻地テレビ教育調査特別委員会：放送教育研究集録　通号8　〔1962.12〕　p260〜261

国際基督教大学視聴覚センター　僻地校におけるテレビ視聴状況調査：放送教育研究集録　通号8　〔1962.12〕　p246〜252

早田立秋　放送教育推進の活路：放送教育研究集録　通号8　〔1962.12〕　p51〜57

岩橋八洲民　理科指導におけるテレビジョン―1―：福岡学芸大学紀要　13（第4部）〔1963〕

斎藤伊都夫　テレビの児童におよぼす影響：文部時報　通号1026　〔1963.2〕

小田原肇　マスコミの教育的利用価値の認識（教育方法改新の一研究）：愛知学芸大学研究報告. 社会科学　通号12　〔1963.3〕　p59〜72

岩生直子　学校放送番組の評価（7）－小学校テレビ理科教室6年生「輪軸」（その2）－：NHK文研月報　13（05）〔1963.5〕　p27

辻功　学校放送番組の評価8－ラジオ中学校道徳番組「信夫の日記」－：NHK文研月報　13（06）〔1963.6〕　p12, 24

石津博久　学校放送番組の評価9－日本の地理・世界の地理「国土のすがた」－：NHK文研月報　13（06）〔1963.6〕　p21

辻功　へき地児童に与えるテレビ学校放送の効果（3）―知能検査, 学力検査の効果を中心として：NHK放送文化研究所年報　8　〔1963.6〕　p142〜163

朝倉和子, 東城敦也　教育テレビ番組のプログラムアピールに関する研究：NHK放送文化研究所年報　8　〔1963.6〕　p123〜141

斎藤伊都夫　テレビの幼児におよぼす影響――テレビ影響力調査から：文部時報　通号1032　〔1963.8〕　p57〜62

教育	理論

湊吉正　学校放送番組の評価(10) − テレビ社会科番組「日本国憲法」− : NHK文研月報　13(09)〔1963.9〕p71

宇川勝美　テレビ学校放送の継続利用の効果(2)——理科教室3年生を中心に : 放送教育研究集録　通号9〔1963.12〕p104～119

馬場四郎　テレビ社会科番組の画面構成と児童の反応——テレビの旅「筑豊炭田」を中心に : 放送教育研究集録　通号9〔1963.12〕p149～190

金築修, 野津良夫　テレビ理科番組の利用における僻地児童の学習反応 : 放送教育研究集録　通号9〔1963.12〕p216～224

辻功　ラジオ中学校道徳番組の研究——信夫の日記いうこととすることを中心として : 放送教育研究集録　通号9〔1963.12〕p67～85

タイラー, キース　現代の教育と放送の役割 : 放送教育研究集録　通号9〔1963.12〕p20～31

タイラー, K.　世界におけるテレビ教育の諸問題 : 放送教育研究集録　通号9〔1963.12〕p7～19

楢戸誠　中学生のテレビ接触状況について——実態調査を中心に : 放送教育研究集録　通号9〔1963.12〕p86～103

阿久津喜弘　僻地テレビ教育研究特別委員会 : 放送教育研究集録　通号9〔1963.12〕p273～275

国際基督教大学視聴覚センター　僻地校におけるテレビ視聴状況調査 : 放送教育研究集録　通号9〔1963.12〕p254～262

辻功　僻地児童とテレビ : 放送教育研究集録　通号9〔1963.12〕p225～253

福島孝雄　放送教材による児童の道徳性に及ぼす影響 : 放送教育研究集録　通号9〔1963.12〕p59～66

福島孝雄　放送教材に(ラジオ生活指導番組)による児童の道徳性に及ぼす影響 : 放送教育研究集録　通号9〔1963.12〕p59～66

岩生直子　学校放送番組の評価(11) − ラジオ国語教室6年生「効果的な話し方」− : NHK文研月報　14(01)〔1964.1〕p43

岩生直子　学校放送番組の評価(12) − テレビ英語教室Lesson27"A Christmas Story" : NHK文研月報　14(05)〔1964.5〕p6, 20

中西尚道　アメリカにおける教育テレビの内容 : NHK文研月報　15(04)〔1965.4〕p61

岩崎八洲民　理科指導におけるテレビジョン−2− : 福岡学芸大学紀要　14(第4部)〔1965.5〕

多田俊文　「考えさせる」教育番組の条件はなにか(1)映像と言葉の相互作用について : NHK文研月報　15(08)〔1965.8〕p1

多田俊文　教育番組研究の展望と提案 : NHK放送文化研究年報　10〔1965.8〕p180～202

多田俊文　「考えさせる」教育番組の条件は何か(2) − 映像と言葉の相互作用について − : NHK文研月報　15(09)〔1965.9〕p18

20年後の新聞製作技術——技術的側面から見た可能性 : 新聞研究　通号175〔1966.2〕p41～45

高塚暁　新しい通信教育の姿を求めて——NHK学園の教育実践の側面 : 文部時報　通号1067〔1966.7〕p49～56

多田俊文　子どもの思考力からみた番組のあり方に関する実験研究 : NHK放送文化研究年報　11〔1966.8〕p15～46

多田俊文　子どもの認知タイプと視覚教材のみかたの関係について——CSTによる実験の報告 : NHK放送文化研究年報　11〔1966.8〕p47～69

多田俊文　放送教育における指導タイプの実験的研究(1) : NHK文研月報　16(12)〔1966.12〕p45

春原昭彦　高校生と新聞 : 新聞研究　通号190〔1967.5〕p72～80

藤田信勝　新聞と教育 : 総合ジャーナリズム研究　04(08)〔1967.8〕p53～55

神戸与夫　新聞教育の位置づけをめぐって(座談会) : 総合ジャーナリズム研究　04(08)〔1967.8〕p56～65

伊藤昇　なぜ学校で新聞を勉強するか−−教育におけるマスコミの位置(インタビュー) : 総合ジャーナリズム研究　04(09)〔1967.9〕p25～28

阿部恒子　児童のマス・メディア接触行動と母親の養成態度 : 総合ジャーナリズム研究　04(12)〔1967.12〕p92～98

木田宏　マスメディアと教育 : 文部時報　通号1086〔1968.1〕p44～49

コナント, T.R., 本田宏　テレビによる教育 : 文部時報　通号1087〔1968.2〕p113～121

神戸与夫　新聞教育の課題と展望−−義務教育課程での一考察 : 総合ジャーナリズム研究　05(03)〔1968.3〕p65～71

菊地信彦　幼児番組の利用の実態と放送教育観 : NHK文研月報　18(04)〔1968.4〕p4

奥田五郎, 藤村茂　TV理科番組の活用法に関する研究−1−小学校TV理科教室番組の授業に対する位置付けについて : 北海道教育大学紀要. 第1部. C, 教育科学編　19(1)〔1968.8〕p69～87

奥田五郎, 藤村茂　TV理科番組の活用法に関する研究−2−小学校TV理科教室授業に対する位置付けについて : 北海道教育大学紀要. 第1部. C, 教育科学編　19(2)〔1968.12〕p147～158

「子どもの生活とテレビ」研究会, 総合文研・番組研究　子どもの生活とテレビ 第1部第1報告 調査の概要 : NHK文研月報　19(04)〔1969.4〕p1

総合文研・番組研究部　子どもの生活とテレビ 第1部第2報告 子どもの生活時間(その1) : NHK文研月報　19(04)〔1969.4〕p17

総合文研番組研究部　子どもの生活とテレビ 第1部第3報告 子どもの生活時間(その2) : NHK文研月報　19(05)〔1969.5〕p1

斎藤伊都夫　生涯教育と放送 : 文部時報　通号1102〔1969.5〕p47～54

総合文研・番組研究部　子どもの生活とテレビ 第1部第4報告 子どもの生活時間(その3) : NHK文研月報　19(07)〔1969.7〕p1

奥田五郎, 藤村茂　TV理科番組の活用法に関する研究−3−小学校TV理科教育番組の授業に対する位置付けについて : 北海道教育大学紀要. 第1部. C, 教育科学編　20(1)〔1969.7〕p75～94

西村熊雄　なぜ教科書検定は必要か——回想と回答 : 文部時報　通号1104〔1969.7〕p33～39

総合文研・番組研究部　子どもの生活とテレビ 第1部第5報告 子どもの生活時間(その4) : NHK文研月報　19(09)〔1969.9〕p1

江尻進　青少年と新聞(現代社会状況とマス・メディア(特集)) : 新聞研究　通号219〔1969.10〕p34～37

志賀信夫　教養とテレビとの問題—第五回民教協全国大会に出席して : 放送批評　No.025〔1969.12〕

玉木徹志　現代青少年とマスメディア : 文部時報　通号1112〔1970.3〕p48～55

奥田五郎, 藤村茂　TV理科番組の活用法に関する研究—4—小学校TV理科番組とその感情相的視点 : 北海道教育大学紀要. 第1部. C, 教育科学編　21(1)〔1970.7〕p73～85

相馬一郎　カラー教育番組の効果 : NHK文研月報　20(09)〔1970.9〕p1

麻生誠　マスコミと社会教育 : 文部時報　通号1122〔1970.12〕p39～45

太田静樹　テレビ視聴能力についての考察 : 放送教育研究　(1・2)〔1971.3〕p133～148

笠原始　指導過程への放送教材の位置づけ : 放送教育研究　(1・2)〔1971.3〕p125～132

石川桂司　社会教育における放送利用の一考察 : 放送教育研究　(1・2)〔1971.3〕p107～124

中野渓子, 平田啓一, 堀達陽　大学におけるテレビ英会話番組の利用 : 放送教育研究　(1・2)〔1971.3〕p149～174

| | 理論 | 教育 |

村田良一　放送と学校教育：放送教育研究　（1・2）〔1971.3〕p26～43

高村久夫　放送と社会教育：放送教育研究　（1・2）〔1971.3〕p44～64

西本三十二, 波多野完治, 富永重作　放送教育の研究と振興：放送教育研究　（1・2）〔1971.3〕p81～92

寺脇信夫　放送教育の組織・機構：放送教育研究　（1・2）〔1971.3〕p65～80

斎藤伊都夫　放送教育の定義：放送教育研究　（1・2）〔1971.3〕p1～25

近藤達夫　館山市の有線テレビによる教育のシステム化：日本教材文化研究財団研究紀要　（1）〔1971.8〕p36～43

藤岡英雄　教育技術革新と放送――アメリカにおける研究開発の動向：NHK文研月報　21（10）〔1971.10〕p36

安藤夏　「放送学」教育の一視点：総合ジャーナリズム研究　09（02）〔1972.4〕p70～77

高須正郎　学校新聞はどこへ行く：新聞研究　通号253〔1972.8〕p74～77

奥田五郎, 藤村茂　放送番組を統合する理科授業の研究――行動因子と授業目標の行動化：北海道教育大学紀要. 第1部. C, 教育科学編　23（1）〔1972.9〕p91～107

加藤六美　大学教育と放送：文部時報　通号1149〔1973.2〕p17～35

村上昭造　テレビによる新しい教育の創造をめざして――広島大学附属小・中学校の閉回路テレビの利用：文部時報　通号1152〔1973.5〕p70～74

柿本勇　何を目指す「こども向け新聞」：総合ジャーナリズム研究　10（04）〔1973.10〕p74～84

総合文研・番組研究部　若者の意識とテレビ観（1）～人生態度・自己像の因子～：NHK文研月報　23（10）〔1973.10〕p14

大庭景利　テレビ理科番組の利用と探求の過程：放送教育研究　（4）〔1974.3〕p48～62

秋山隆志郎　中学校・高等学校における放送利用の特質――社会科番組利用実態調査から：NHK文研月報　24（06）〔1974.6〕p1

藤原恵　関西学院史に見る新聞教育――小山東助・河上丈太郎の先駆的役割：関西学院大学社会学部紀要　通号29〔1974.12〕p3～16

金子鉄朗　調査研究ノート 放送教育と実践研究：NHK文研月報　25（01）〔1975.1〕p37

秋山隆志郎　教師の放送教育観を考える――小学校教師の利用意識調査から：NHK文研月報　25（02）〔1975.2〕p11

大庭景利　情報理論の解説とテレビ視聴への適用について：放送教育研究　（5）〔1975.3〕p40～45

竹村安弘　放送大学と映像による教育：放送教育研究　（5）〔1975.3〕p1～9

石川憲朗　花ざかりの教育新聞－－父母・教師はそっぽを向くが…：総合ジャーナリズム研究　13（01）〔1976.1〕p43～46

秋山隆志郎　放送教育の変容と将来：NHK文研月報　26（06）〔1976.6〕p1

大楽武男　米・高校新聞にみる自由と責任：新聞研究　通号299〔1976.6〕p38～42

藤岡英雄　学習補助情報とその効果（講座番組の研究6）――仲間についての情報は放送利用個人学習に役立つか：NHK文研月報　26（10）〔1976.10〕p1

川島真理子　テレビによる観察模倣学習の一実験的研究：放送教育研究　（6・7）〔1977.10〕p45～56

石川桂司　国語能力に及ぼす放送教育の効果について：放送教育研究　（6・7）〔1977.10〕p23～32

飯塚章雄, 飯塚泰弘　児童のテレビ視聴と学業成績：放送教育研究　（6・7）〔1977.10〕p33～44

水越敏行　放送教育の方法論を求めて：放送教育研究　（6・7）〔1977.10〕p3～22

井上英治　英BBC学校放送の背景：NHK文研月報　28（08）〔1978.8〕p1

萩原勝　特集「児童向け番組」の開発をめざして 教育番組の真の味方は視聴者のみなさんです：月刊民放　09（91）〔1979.1〕p16～18

佐藤忠男　特集「児童向け番組」の開発をめざして 想像力を喚起する子ども番組を：月刊民放　09（91）〔1979.1〕p4～8

鈴木みどり　特集「児童向け番組」の開発をめざして 米国の子ども番組の現状をみる：月刊民放　09（91）〔1979.1〕p24～27

寒川泰寿　放送利用成人学習・4つのタイプ――「ひろしま放送文化講座」の試み：NHK文研月報　29（02）〔1979.2〕p30

太田静樹　CATVにおける住民参加について：放送教育研究　（9）〔1979.3〕p1～12

荒木紀幸　継続的なテレビ視聴が創造性の発達に及ぼす効果の研究：放送教育研究　（9）〔1979.3〕p23～39

布施和博　子どもとテレビ「子ども向け番組」を考える：総合ジャーナリズム研究　16（03）〔1979.7〕p64～74

総合ジャーナリズム研究編集部　子どもとテレビ2－“テレビの在り方”をめぐって：総合ジャーナリズム研究所　16（04）〔1979.10〕p7～55

西田文子　テレビ番組を起点として自ら取り組む地域学習への誘い―中学年におけるテレビ学習の歩み：放送教育の探究　16〔1979.11〕p7～18

大分県日田市立大明中学校　一人一人を伸ばす発展的な学習をめざして―放送利用八年のあゆみ：放送教育の探究　16〔1979.11〕p99～101

河本みよ子　専科と視聴覚機器の利用―「ラジオ音楽教室」を利用して：放送教育の探究　16〔1979.11〕p78～88

加藤忠彦　「聴くこと」と「話すこと」の能力の育成―テレビ番組視聴五年間の実践：放送教育の探究　16〔1979.11〕p67～77

長縄美智子　放送を利用して親子のふれ合いの場をつくる―学校と家庭を結ぶ同時視聴：放送教育の探究　16〔1979.11〕p89～95

秋山隆志郎　世界の教育放送の動向――第12回日本賞教育番組国際コンクールのアンケートより：NHK文研月報　30（02）〔1980.2〕p16

宮崎寿子　児童の発達とテレビジョンの理解：放送教育研究　（10）〔1980.3〕p87～104

今泉さち子　中学生, 高校生の英語学習における放送の役割：NHK文研月報　30（08）〔1980.8〕p43

井上英治　BBCにおける教育放送の立場（《特集》海外の公共放送の現状と問題（II））：NHK放送文化研究年報　25〔1980.8〕p129～171

竹内郁郎　企画のねらい（子供とテレビ＜シンポジウム＞）：新聞学評論　通号29〔1980.10〕p5～7

無藤隆　報告 テレビと子どもの発達――認知発達社会論的アプローチ（子供とテレビ＜シンポジウム＞）：新聞学評論　通号29〔1980.10〕p30～37

萩原滋　報告 テレビの子供番組の内容に関する実証的な分析事例とその方法（子供とテレビ＜シンポジウム＞）：新聞学評論　通号29〔1980.10〕p18～29

片岡輝　報告 子供とテレビをめぐる視聴者運動（子供とテレビ＜シンポジウム＞）：新聞学評論　通号29〔1980.10〕p8～17

渡辺守　テレビの特性を生かした授業のあり方を求めて―低学年社会科番組を継続利用して：放送教育の探究　17〔1980.11〕p45～56

教育	理論

北海道札幌市立伏見中学校　豊かな人間性を育てる放送学習の実践―放送教育の大衆化に対応した全校利用体制を求めて：放送教育の探究　17　〔1980.11〕　p100～102

馬場淳子　幼児と共に―感動を大切に！―わが園における放送教育のあゆみ：放送教育の探究　17　〔1980.11〕　p25～34

秋山隆志郎　幼児の教育とテレビの影響：NHK文研月報　31（06）〔1981.6〕　p26

藤岡英雄　教育番組のマーケット・リサーチ（1）"マーケット"をどうとらえるか－その性格と構造：NHK文研月報　31（09）〔1981.9〕　p33

藤岡英雄　教育番組のマーケット・リサーチ（2）マーケット情報の種類と要件：NHK文研月報　31（11）〔1981.11〕　p33

有久幸子　四歳児とラジオ―私の保育実践：放送教育の探究　18　〔1981.12〕　p41～49

中島正次　書く力を育てたテレビ『あいうえお』――年国語番組の継続視聴を通して：放送教育の探究　18　〔1981.12〕　p83～91

藤岡英雄　教育番組のマーケット・リサーチ（3）教育番組需要調査の開発－調査の要件と問題点－：NHK文研月報　32（01）〔1982.1〕　p46

河内晶子　若者と活字の周辺（＜読み＞の状況）：新聞研究　通号369　〔1982.4〕　p50～58

浅井昭治　読む習慣を育てる（＜読み＞の状況―読書の現実を見て）：新聞研究　通号369　〔1982.4〕　p46～49

藤岡英雄　教育番組のマーケット・リサーチ（4）学習行動把握の方法と問題点：NHK文研月報　32（05）〔1982.5〕　p20

藤岡英雄　教育番組のマーケット・リサーチ（5）学習関心把握の方法と問題点：NHK文研月報　32（06）〔1982.6〕　p28

秋山隆志郎　幼稚園・保育所におけるテレビ利用：NHK文研月報　32（07）〔1982.7〕　p34

秋山隆志郎　幼児向けテレビ番組の実験的研究：NHK文研月報　33（01）〔1983.1〕　p22

野田学園幼稚園　よりよい視聴指導を求めて―テレビ『できるかな』の比較実践：放送教育の探究　19　〔1983.1〕　p93～95

倉橋政道　テレビの継続視聴とその効果―高校化学：放送教育の探究　19　〔1983.1〕　p6～16

大谷鉱三　感動を知性へと高めるテレビ学習―批判力を培うテレビ意見集づくり：放送教育の探究　19　〔1983.1〕　p17～25

大室健司　子ども一人ひとりが持つ可能性や能力を最大限に引き出す放送学習―子どもたちが「学ぶ喜び」を持てる放送学習のあり方を求めて：放送教育の探究　19　〔1983.1〕　p57～65

日隈健二　生徒指導にテレビ『中学時代』をとり入れて―ゆとりの時間の放送教材の利用法：放送教育の探究　19　〔1983.1〕　p83～92

水口克昭　「放送による学習」を求めて―イメージ形成から発展学習へ：放送教育の探究　19　〔1983.1〕　p35～47

南本長穂　社会教育における放送利用 学習者の定着化を中心として：放送教育研究　（12）〔1983.7〕　p16～30

田上博幸　テレビ一般番組利用による授業の効果―農業後継者育成を目指して：放送教育の探究　20　〔1984.1〕　p81～89

草野浩一　言語活動を育てる放送利用―実践研究の積み上げから：放送教育の探究　20　〔1984.1〕　p17～26

中西愛子　豊かな心を育てたテレビ学習―入学から卒業まで道徳番組とチームを組んで：放送教育の探究　20　〔1984.1〕　p27～39

市川昌　メディアと教育―1―戦前におけるラジオ講演番組の系譜：月刊社会教育　28（6）〔1984.6〕　p56～64

市川昌　メディアと教育―2―戦後の社会教育と集団視聴：月刊社会教育　28（7）〔1984.7〕　p68～77

秋山隆志郎, 小平さち子　"子どもとテレビ"論に関する考察―テレビ30年の中で：NHK放送文化調査研究年報　29　〔1984.8〕　p99～118

高桑康雄　日本におけるメディア教育の発展――研究序説：上智大学教育学論集　通号20　〔1985〕　p52～69

秋山隆志郎　放送教育論の考察―放送教育の特性論を中心に：NHK放送文化調査研究年報　30　〔1985.8〕　p95～120

山村賢明　特集 「子ども」の意識変化と番組対応 いま、求められる「子ども―テレビ」関係の確立 都青少年問題協議会・「第四の生活の場」有効利用をめぐって〈インタビュー〉：月刊民放　16（179）〔1986.5〕　p6～9

小平さち子　特集 「子ども」の意識変化と番組対応 欧米各国における "子どもとテレビ"関係の方向 メディア環境変化のなかで、「子どもにとってのテレビ」再考を：月刊民放　16（179）〔1986.5〕　p31～34

荻作子, 対木重次, 大島正, 中西ひとみ　特集 「子ども」の意識変化と番組対応 子どもの感性を捉え良質な番組を 制作者の「ねらい」と「思い」：月刊民放　16（179）〔1986.5〕　p22～30

高山英男　特集 「子ども」の意識変化と番組対応 子どもの「遊び」変化に現れるテレビとの "醒めた関係" 「つまみ見」と「玩具」のテレビへ、危うい関係に向かう子どもの意識：月刊民放　16（179）〔1986.5〕　p10～13

横山貞利　特集 「子ども」の意識変化と番組対応 "時代の流れ"を敏感に反映する「子ども番組」の軌跡 番組への多様な接触で、なくなりつつある「一家団樂」番組：月刊民放　16（179）〔1986.5〕　p14～19

山口修平　報道の眼 事実の重みに「マスコミの責任」感じて…… 高隈事件差し戻し審：月刊民放　16（180）〔1986.6〕　p38～38

小平さち子　イギリスにおける教育放送改革の動向：NHK放送文化調査研究年報　31　〔1986.8〕　p23～46

清原慶子　「情報リテラシー」から見る読者の関心（読者はいま何を求めているのか＜特集＞）：新聞研究　通号426　〔1987.1〕　p39～43

妹尾彰　日本におけるNIE〔Newspaper in Education〕計画の課題：新聞研究　通号426　〔1987.1〕　p70～73

大串夏身　図書館をめぐるマスコミと住民――新聞記事を手がかりに：新聞研究　通号432　〔1987.7〕　p57～61

小平さち子　子ども文化としてのテレビ―海外の "子どもとテレビ"をめぐる動向から（特集 メディア環境の変化と公共放送）：NHK放送文化調査研究年報　32　〔1987.8〕　p127～155

ステーン, ヤン・V　NIEは将来への保険：新聞研究　通号436　〔1987.11〕　p67～69

四方洋　学生新聞の現在：新聞研究　通号437　〔1987.12〕　p58～63

高須正郎　NIE推進の日本的課題－－急がれる教育実践の土壌づくり：総合ジャーナリズム研究　25（01）〔1988〕　p84～91

Mohammad, Akbar Arezo　異文化交流を目的とするテレビ教育番組の試作研究――「外国人から見た日本人――道ばたでごみを燃やすのはなぜ？」の自作を通して：名古屋大學教育學部紀要. 教育学科　通号35　〔1988〕　p33～46

清原慶子　放送と教育（放送研究の課題と方法＜特集＞）：放送学研究　通号38　〔1988〕　p157～172

深沢亘　新聞協会NIE〔教育に新聞を〕委員会が発足（マスコミの焦点）：新聞研究　通号441　〔1988.4〕　p84～86

影山樽三雄　夢ひろがる「教育110番」ネットワーク（新聞メディアのフォーラム機能）：新聞研究　通号441　〔1988.4〕　p26～29

佐々木輝美　テレビ視聴による「文化化」（enculturation）に関する実証的研究：放送教育研究　（16）〔1988.6〕　p61～73

モハマッド・アクバル・アルゾ　子供の視聴反応に関する研究―自作番組「遊びの世界地理」を使って〈その2〉：放送教育研究　（16）〔1988.6〕　p15～30

児玉邦二, 秋山隆志郎, 小町真之	通信制高校における放送利用に関する研究 卒業生の放送利用学習への評価を中心に：放送教育研究　（16）〔1988.6〕p43～60	

児玉邦二, 秋山隆志郎, 小町真之　通信制高校における放送利用に関する研究 卒業生の放送利用学習への評価を中心に：放送教育研究　（16）〔1988.6〕p43～60

秋山隆志郎, 小平さち子　低年齢幼児向けアニメの開発とアニメ視聴におけるメディア・ミックス：放送教育研究　（16）〔1988.6〕p31～42

安良城竜太　第17回米国NIE大会 NIEの歴史などで討議（マスコミの焦点）：新聞研究　通号445〔1988.8〕p88～91

天野勝文　新聞にとってNIEとは何か——自らの反省の機会として：新聞研究　通号447〔1988.10〕p85～88

持田浩志　教育現場からみたNIE：新聞研究　通号448〔1988.11〕p39～48

岸田功　大学におけるジャーナリズム教育：新聞研究　通号448〔1988.11〕p62～65

浅井真慧　テレビと絵本に子どもが求めるもの：NHK放送文化調査研究年報　33〔1988.11〕p127～150

鈴木伸男　「帰りの会」を利用した「コラム読み」学習——NIEの1つの試み：新聞研究　通号449〔1988.12〕p50～53

岩田薫　現代キャンパス内メディア事情——大学新聞からミニコミまで：新聞研究　通号449〔1988.12〕p59～63

浜野保樹　ハイパーメディアと教育II—アラン・ケイを中心に：放送教育開発センター研究紀要　（1）〔1988.12〕p77～94

佐賀啓男　多メディア利用事態における学習者のメディア知覚と教師の役割：放送教育開発センター研究紀要　（1）〔1988.12〕p95～115

加藤秀俊　放送社会学の反省——研究者の書誌学から：放送教育開発センター研究紀要　（1）〔1988.12〕p1～38

高嶋伸欣　NIE（教育に新聞を）を考える——民主主義を支えるマスコミと教育をめざして：新聞研究　通号450〔1989.1〕p66～69

杉本薫　NIE（教育に新聞を）を考える——学級の時間を活用した新聞学習：新聞研究　通号451〔1989.2〕p64～68

室伏勇　NIE（教育に新聞を）を考える——茨城方式のNIE運動を推進して：新聞研究　通号452〔1989.3〕p52～56

吉成勝好　NIE（教育に新聞を）を考える——小学校における新聞利用学習：新聞研究　通号453〔1989.4〕p64～67

吉田圭子　NIE（教育に新聞を）を考える——高校家庭科における新聞の活用：新聞研究　通号454〔1989.5〕p94～96

妹尾彰　NIE（教育に新聞を）を考える——教育現場は新聞に何を期待しているか——NIEアンケート調査中間報告：新聞研究　通号455〔1989.6〕p56～60

平出明弘　NIE（教育に新聞を）を考える——高校社会科・生きた社会を伝える：新聞研究　通号456〔1989.7〕p70～73

近藤均, 中住早苗　NIE（教育に新聞を）を考える——子供の心に訴える題材を求めて：新聞研究　通号457〔1989.8〕p79～82

向井吉人　NIE（教育に新聞を）を考える——小学生のことば遊び・作文と新聞：新聞研究　通号458〔1989.9〕p80～82

岩永雅也　新時代への賭け—放送大学の現状と課題：放送教育開発センター研究紀要　（2）〔1989.9〕p1～41

遠藤忠　NIE（教育に新聞を）を考える——「生きる」ことを伝えるために：新聞研究　通号459〔1989.10〕p84～87

西山恵子　NIE（教育に新聞を）を考える——教室にはいつも新聞が——中3公民'87：新聞研究　通号460〔1989.11〕p54～56

須藤由子　NIE（教育に新聞を）を考える——新聞をより効果的に活用する：新聞研究　通号461〔1989.12〕p73～75

鈴木克明　テレビ放送番組による外国語教育を補うドリル型CAIの構築について：放送教育研究　（17）〔1989.12〕p21～37

モハマッド・アクバル・アルゾ　異文化教育番組に対する子供の視聴反応の分析—自作教育番組「外国人から見た日本人」を使って：放送教育研究　（17）〔1989.12〕p39～57

佐賀啓男　情報とメディアを統合する教材開発の系譜：放送教育研究　（17）〔1989.12〕p1～19

土屋二彦　大学生の「テレビの見方」についての一考察：放送教育研究　（17）〔1989.12〕p59～63

高桑康雄　オーストラリアにおけるメディア教育の動向に関するメモ：上智大学教育学論集　通号25〔1990〕p32～45

持田浩志　NIE（教育に新聞を）を考える——パイロットプラン 小学校で公開授業：新聞研究　通号462〔1990.1〕p65～68

細谷絢子　NIE（教育に新聞を）を考える——現実認識と心の表現力を養う：新聞研究　通号463〔1990.2〕p74～77

妹尾彰　NIE（教育に新聞を）を考える——日本的NIEの確立に向けて——新聞協会NIEプロジェクト中間まとめ：新聞研究　通号464〔1990.3〕p86～89

多田方　印刷教材と放送教材の複合効果—『日本政治思想』の試み：放送教育開発センター研究紀要　（3）〔1990.3〕p147～167

若松茂, 田代和久　遠隔高等教育における教育・学習方法の研究(1)—放送大学学生における電話ファクスを用いる質疑応答の実験的試行について：放送教育開発センター研究紀要　（3）〔1990.3〕p97～115

若松茂, 田代和久　遠隔高等教育における教育・学習方法の研究(2)—開学初期の放送大学の学生にみる学習環境・学習方法と達成率：放送教育開発センター研究紀要　（3）〔1990.3〕p117～130

市川昌　放送教材における講義プラス映像形式についての文体論的考察：放送教育開発センター研究紀要　（3）〔1990.3〕p79～95

水越敏行　これからのメディア教育と放送教育：放送教育研究　（18）〔1990.3〕p12～15

秋山隆志郎　これからの放送教育：放送教育研究　（18）〔1990.3〕p7～11

内田安昭　これからの放送教育：放送教育研究　（18）〔1990.3〕p55～58

高桑康雄　これからの放送教育の課題：放送教育研究　（18）〔1990.3〕p3～6

小平さち子　これからの放送教育—国際化, マルチメディア展開の中で：放送教育研究　（18）〔1990.3〕p46～50

松本勝信　「これまでの」と「これからの」放送教育—ハードの考察から人間教育の本質の考察へ：放送教育研究　（18）〔1990.3〕p38～41

佐賀啓男　学習における文脈と放送を用いる教室文化：放送教育研究　（18）〔1990.3〕p19～23

鈴木勢津子　心豊かな子どもを育てるための放送教育へ—これからの放送教育：放送教育研究　（18）〔1990.3〕p42～45

村川雅弘　多メディア時代の放送教育の課題：放送教育研究　（18）〔1990.3〕p24～27

石川桂司　放送教育の可能性を広げる：放送教育研究　（18）〔1990.3〕p16～18

内海成治　放送教育の国際協力における課題：放送教育研究　（18）〔1990.3〕p51～54

児玉邦二　放送教育は"運動"か"研究"か—放送教育の温故知新：放送教育研究　（18）〔1990.3〕p34～37

二神重雄　放送教育への執着：放送教育研究　（18）〔1990.3〕p32～33

新井久爾夫　2つのベクトルに分かれた投票行動——世論調査から選挙結果を読む（'90年代の政治とジャーナリズム）：新聞研究　通号465〔1990.4〕p29～32

市川昌　開発途上国におけるテレビ教育番組改善の条件と制作技術協力の課題：放送教育開発センター研究紀要　（4）〔1990.9〕p41～68

教育		理論

佐賀啓男　教育のためのコンピュータ通信：日本におけるパソコン通信教育利用の展望：放送教育開発センター研究紀要　(4)〔1990.9〕p227～248

小町真之　放送大学の授業番組における『聞き手』の役割：放送教育開発センター研究紀要　(4)〔1990.9〕p217～226

大串兎紀夫　生涯学習社会とマスメディアの役割：NHK放送文化調査研究年報　35〔1990.11〕p101～134

高桑康雄　オーストラリアの教育とメディア：上智大学教育学論集　通号26〔1991〕p92～108

水野昂子　特集 美しい日本語とナレーション 教育現場からみた子供の世界と言葉：月刊民放　21(236)〔1991.2〕p17～19

新聞研究編集部　NIEをめぐる動き（資料）（広がるNIE〔教育に新聞を〕）：新聞研究　通号475〔1991.2〕p54～56

進藤卓也　「いまどき」の「中学編集局」——新聞に親しむ一助に（広がるNIE〔教育に新聞を〕）：新聞研究　通号475〔1991.2〕p50～53

柿沼利昭　学校教育と新聞——新聞教材の意義（広がるNIE〔教育に新聞を〕）：新聞研究　通号475〔1991.2〕p44～46

佐賀啓男　教育メディア研究への反省と今後の展望（研究展望）：放送教育開発センター研究紀要　(5)〔1991.3〕p85～100

舘昭　「放送利用の大学公開講座」における「テーマ研究」発足の経緯と番組の制作に関する研究成果：放送教育開発センター研究紀要　(5)〔1991.3〕p47～63

成田雅博　学校における適切なメディア利用の研究課題：北海道大学教育学部紀要　通号55〔1991.3〕p207～218

水木栄一　21世紀に向けたマルチメディア画像システム—1—：日本写真学会誌　54(2)〔1991.4〕p116～124

鳥井輝明　子供たちは，いま——活字離れとNIE：新聞研究　通号481〔1991.8〕p60～62

石沢友隆　日本独自のNIEを——アメリカのNIEを視察して：新聞研究　通号481〔1991.8〕p63～66

若松茂　遠隔教育・学習メディアの評価と課題——アメリカ政府の技術評価調査報告から双方向テレビ授業を考える（研究展望）：放送教育開発センター研究紀要　(6)〔1991.12〕p139～147

吉原恵子　「平等」概念と差異化のメカニズム——「ジェンダーの視点」がもたらしたもの：放送教育開発センター研究紀要　(6)〔1991.12〕p115～132

奥村訓代　マルチメディアと語学教育：放送芸術学 : メディア研究　(7)〔1991.12〕p127～137

石黒成治　教えられるのはどちら？——富山県のNIE1年：新聞研究　通号487〔1992.2〕p71～74

和田芳信　テレビ教材を体験学習の導入に活用する教育的意義の検証的実践：日本教材学会年報　3〔1992.3〕p38～41

久実　放送教育実践指導報告I：和歌山大学教育学部教育実践研究指導センター紀要　(1)〔1992.3〕p39～61

外山滋比古, 後藤和彦　テレビを"読む"論——リテラシー v.オラリティー（「放送文化シンポジウム'90」記念講演）：新聞学評論　通号41〔1992.5〕p260～271

中沢一議　「きょういく探険隊」の試み（子供をどう報じるか）：新聞研究　通号491〔1992.6〕p17～19

赤堀正宜　教師教育における放送の役割——「北海道現職放送教育講座」の事例を中心に：放送教育開発センター研究紀要　(7)〔1992.7〕p1～20

岸尾祐二　米国・豪州NIEから学ぶこと：新聞研究　通号496〔1992.11〕p76～79

シュワルツ, ハロルド・A, 新聞研究編集部　米国NIEを見つめ続けて〔含 質疑応答〕：新聞研究　通号497〔1992.12〕p75～79

千葉武夫　放送教育番組の創始期の問題点——日本放送協会と文部省の関係を中心に：聖和大学論集　通号21〔1993〕p231～238

内仲英樹　NIEの意義と今後を討議——第1回NIEセミナー開かれる：新聞研究　通号498〔1993.1〕p81～83

小池保夫　大学生のメディア接触時間の実態——「大学生のコミュニケーション行動調査」をもとに：新聞研究　通号498〔1993.1〕p61～70

玉置哲世　新聞離れとNIE——危機意識をもって取り組もう（〔新聞研究〕創刊500号記念号——記者とは何か）：新聞研究　通号500〔1993.3〕p42～44

佐藤拓, 和田芳信　テレビ教材を活用した性教育：日本教材学会年報　4〔1993.3〕p123～125

飯塚章雄　地域社会を学ぶ教材—自作VTRを中心として：日本教材学会年報　4〔1993.3〕p24～26

平塚千尋　ある地震津波流言騒動——揺籃期の地震予知とメディアの情報伝達：放送教育開発センター研究紀要　(8)〔1993.3〕p33～87

高浦照明　昭和初期の「NIE」：新聞研究　通号501〔1993.4〕p66～69

大久保正ścig　新聞の「生活化」と「教材化」——新潟でのNIEの実践から：新聞研究　通号507〔1993.10〕p80～83

平塚千尋　コミュニティメディアとしてのテレビの可能性——CATV初期における地域自主放送の試み その1.郡上八幡テレビ：放送教育開発センター研究紀要　(9)〔1993.12〕p133～148

小町真之　大学レベルの教育番組の系譜——ラジオ初期の10年：放送教育開発センター研究紀要　(9)〔1993.12〕p1～60

斉藤里美　放送教育による日本語教師養成の課題——放送大学の講座「日本語の教育とその理論」を中心に：放送教育開発センター研究紀要　(9)〔1993.12〕p61～73

奥村訓代　マルチメディアと語学教育2：新しい視聴覚教材の開発：放送芸術学 : メディア研究　(9)〔1993.12〕p57～66

小池保夫　高校生のメディア接触時間の実態——「高校生のコミュニケーション行動調査」をもとに：新聞研究　通号510〔1994.1〕p73～83

柳沢寛, 和田芳信　テレビ教材を活用して体育の技能を習得させることができるか——NHK学校放送の『はりきって体育』の視聴を通して：日本教材学会年報　5〔1994.3〕p47～49

井出定利, 今津孝次郎, 清水俊朗　テレビ大学放送公開講座における番組作品評価の試み：放送教育開発センター研究紀要　(10)〔1994.3〕p1～21

花野元哉, 山本正樹, 浜田耕治　マルチメディアシステムを用いた教材と教育環境について(1)——ビデオおよびマルチメディア教材の制作手法と評価：放送教育開発センター研究紀要　(10)〔1994.3〕p23～37

小平さち子　タイにおけるNHKテレビ教育番組の効果——小学生を対象とした調査から：放送教育研究　(19)〔1994.3〕p19～44

海後宗男　マス・メディア報道源への接触量および信頼性と準統計能力に関する実証的研究：放送教育研究　(19)〔1994.3〕p57～72

秋山隆志郎　放送教育の特性について——情報生産システムからの考察：放送教育研究　(19)〔1994.3〕p1～17

内仲英樹　「新聞と情報教育」テーマに議論——東京NIE推進委員会主催シンポジウム開かれる：新聞研究　通号518〔1994.9〕p74～76

佐々木多生　全国展開始めるNIEパイロット計画——1994年度の実践者決まる：新聞研究　通号518〔1994.9〕p70～73

小池保夫　中学生のメディア接触時間の実態——「中学生のコミュニケーション行動調査」をもとに：新聞研究　通号520

〔1994.11〕 p67～79

徳永康彦　NIE推進のために──教師，新聞社の実践から（第2回NIEセミナー）：新聞研究　通号521　〔1994.12〕 p68～70

Sullivan, Betty L.　教育に新聞を──その世界的な展開（第2回NIEセミナー）：新聞研究　通号521　〔1994.12〕 p60～67

古田晴行，秋山隆志郎，和田芳信　韓国の放送教育──放送教育の国際比較研究の試み：教育メディア研究　1(2)〔1995.3〕 p34～48

河村好市　NIEとは何か──新聞のルネサンス運動（記者読本'95）：新聞研究　通号524　〔1995.3〕 p37～40

石川めぐみ，和田芳信　放送教材を生かした課題追求のあり方：日本教材学会年報　6　〔1995.3〕 p119～121

佐島群巳，小堂十　放送教材を生かした福祉教育の試み─放送教材利用による，国際理解教育から福祉教育への発展：日本教材学会年報　6　〔1995.3〕 p116～118

妻城英治郎，鶴田裕子　放送教材を生かして子どもの感性を育てる─「おはなしのくに」の読書指導を通して：日本教材学会年報　6　〔1995.3〕 p125～127

佐藤拓，小滝一志　放送教材を生かして子どもの感性を育てる─『命＝生きている』をめぐって：日本教材学会年報　6　〔1995.3〕 p122～124

平塚千尋　コミュニティメディアとしてのテレビの可能性──CATV初期における地域自主放送の試み その2.新紀テレビ：放送教育開発センター研究紀要　(11)〔1995.3〕 p15～47

芝崎順司　メディア教育の一つの試み─映像制作の効果について：放送教育開発センター研究紀要　(11)〔1995.3〕 p49～69

井出定利　「放送と教育」映像試論─大学放送講座の制作ノートから：放送教育開発センター研究紀要　(11)〔1995.3〕 p129～142

Claude-Jean, Bertrand, 飯田薫　21世紀のジャーナリズム──50年後に期待されるメディアの姿（フランスから）：新聞研究　通号532　〔1995.11〕 p57～62

山岸駿介　NIEは私たちの社会を根底から変える（民主主義と教育と新聞──NIE活動10年）：新聞研究　通号533　〔1995.12〕 p10～13

小池保夫　メディア接触の現状とNIEの可能性（民主主義と教育と新聞──NIE活動10年）：新聞研究　通号533　〔1995.12〕 p23～25

河村好市　新聞「丸ごと活用」の勧め（民主主義と教育と新聞──NIE活動10年）：新聞研究　通号533　〔1995.12〕 p20～22

西尾嘉門　専門家が納得し小学生でも分かる紙面（民主主義と教育と新聞──NIE活動10年）：新聞研究　通号533　〔1995.12〕 p14～17

岩本広美　未来に希望を与えるのも新聞の使命（民主主義と教育と新聞──NIE活動10年）：新聞研究　通号533　〔1995.12〕 p26～28

井出定利　「放送と教育」映像試論(2)メディア特性による学習の再構築を：放送教育開発センター研究紀要　通号13　〔1996〕 p119～129

佐賀啓男　学習場面でのメディアに対する大学生の性格づけの構造：放送教育開発センター研究紀要　(12)〔1996.1〕 p21～39

ジェオフ，アージャ，宮代彰一，若松茂，須永勝之，難波誠一，柳町昭夫，鈴木隆　番組多重テレビ方式の放送教育への応用─シミュレーションによる検討と放送大学への提言：放送教育開発センター研究紀要　(12)〔1996.1〕 p1～19

高木幸子　食物学習における教育メディアの複合利用：日本教材学会年報　通号7〔1996.3〕 p52～54

佐藤拓　放送教育における『いのちを育てる』学習─小学校2年を例に：日本教材学会年報　通号7〔1996.3〕 p169～171

和田芳信　放送教材を生かした歴史学習─6年社会「歴史たんけん」を導入した『大山古墳作り』：日本教材学会年報　通号7〔1996.3〕 p166～168

井出定利　「放送と教育」映像試論II─メディア特性による学習の再構築を：放送教育開発センター研究紀要　(13)〔1996.3〕 p119～130

赤石竹夫，陸培春　学校で拒否された戦争被害報道：金曜日　4(22)〔1996.6〕 p38～41

二神重越　教育放送史への証言 テレビ『英語教室』(1)：放送教育　51(4)〔1996.7〕 p65～68

佐野博彦　学校教育におけるマルチメディア利用の現状とその考え方：放送研究と調査　46(7)〔1996.7〕 p28～39

原由美子　放送を利用して学ぶ──教養系番組・生活関連番組・講座番組はどのように見られているか：放送研究と調査　46(7)〔1996.7〕 p2～19

小平さち子　変容する世界の子ども向け番組──英,独,米を中心に（特集 子ども・テレビ・ラジオ）：月刊民放　26(8)〔1996.8〕 p12～15

赤堀侃司　メディアの特性を生かす（特集 放送と他メディアとの関連利用）：放送教育　51(5)〔1996.8〕 p14～17

二神重越　教育放送史への証言 テレビ『英語教室』(2)：放送教育　51(5)〔1996.8〕 p64～68

浅井伸行　放送・マルチメディア・そしてインターネットへ（特集 放送と他メディアとの関連利用）：放送教育　51(5)〔1996.8〕 p22～25

内田安昭　教育放送史への証言 テレビ道徳番組<1>道徳番組の誕生：放送教育　51(6)〔1996.9〕 p60～64

上田旬司　大震災から「生」を考える──『みんな生きている』を視聴して（特集 「心と命」を育てる放送学習）：放送教育　51(6)〔1996.9〕 p22～24

小平さち子　欧米にみる "子どもに及ぼす映像描写の影響"研究：放送研究と調査　46(9)〔1996.9〕 p2～21

内山守　海外教育放送事情 「数学教育」についての世界の関心は何か──第8回数学教育国際会議に参加して：放送教育　51(7)〔1996.10〕 p45～49

内田安昭　教育放送史への証言 テレビ道徳番組2─道徳番組の転換期：放送教育　51(7)〔1996.10〕 p62～66

小林紀子，松本勝信，竹内美津子　保育と放送：放送教育　51(7)〔1996.10〕 p54～61

宇佐美昇三　海外教育放送事情 衛星放送時代とメディア教育──国際マスコミ学会に出席して(1)：放送教育　51(8)〔1996.11〕 p46～50

木原俊行　放送番組からの発展学習の設計に関する研究─若手教師と経験教師の比較を通じて：教育メディア研究　3(1)〔1996.12〕 p1～11

宇佐美昇三　海外教育放送事情──メディア教育の国際的動向──国際マスコミ学会に参加して(2)：放送教育　51(9)〔1996.12〕 p48～51

竹内功　教育放送史への証言──学校放送・音楽番組の源流<1>─豊かな音楽性をめざして：放送教育　51(9)〔1996.12〕 p62～66

教育	理論

市川昌, 秋山隆志郎, 内田安昭　座談会/教育放送における国際協力<1>：放送教育　51(9)〔1996.12〕p41～45

高橋勉　教育とメディア学習の展望：フィロソフィア　通号85〔1997〕p19～42

小平さち子　教育放送に関する研究の動向と考察——新しい時代の"教育とメディア"研究へ向けて：NHK放送文化調査研究年報　通号42〔1997〕p49～102

竹内功　教育放送史への証言 学校放送・音楽番組の源流<2>：放送教育　51(10)〔1997.1〕p70～74

小林紀子, 小林友子, 松本勝信　保育と放送：放送教育　51(10)〔1997.1〕p62～69

市川昌, 秋山隆志郎, 内田安昭　座談会——教育放送における国際協力<2>：放送教育　51(11)〔1997.2〕p51～55

児玉邦二, 秋山隆志郎　中華人民共和国における教育放送の展望(2)教育放送の利用と課題：教育メディア研究　3(2)〔1997.3〕p38～42

阪田秀　社会への関心を新聞で——NIE・博物館事業の意義(記者読本'97)：新聞研究　通号548〔1997.3〕p48～50

寺村勉, 杉沢礼, 鶴田裕子, 和田芳信　放送教材への注視点と学習課題追求との関連——NHK学校放送中学年・社会「くらし発見」(4年)を通して：日本教材学会年報　通号8〔1997.3〕p180～182

桑山裕明, 佐島群巳, 小堂十　放送教材を核にした環境教育カリキュラム——「たったひとつの地球」「わたしとかんきょう」を中心として：日本教材学会年報　通号8〔1997.3〕p174～176

小山賢市　教育放送史への証言——30—揺籃期の<幼稚園保育所の時間><1>昭和31年(1956年)：放送教育　51(12)〔1997.3〕p64～68

小平さち子　多様化する世界の教育番組～『日本賞』教育番組国際コンクールを中心に：放送研究と調査　47(3)〔1997.3〕p42～57

岡明秀忠　ニュース番組を社会科系授業作りにどう生かすか(2)高度情報化社会におけるニュース番組と社会科系授業の関わりを中心に：明治学院論叢　通号600〔1997.3〕p63～83

近藤勲, 網野憲一郎　教科書に見られる情報技術の進歩との格差——教科書, 新聞, テレビニュースに見られる情報関連用語と編集内容の分析を通して：日本教育工学会研究報告集　通号JET97-2〔1997.3〕p9～16

新聞協会教育文化部　着実に増す理解・関心・活動——「NIE展開状況調査」結果から：新聞研究　通号549〔1997.4〕p60～63

酒井行　海外教育放送事情 EBU「バーゼル・セミナー」に参加して：放送教育　52(1)〔1997.4〕p66～69

小山賢市　教育放送史への証言——31—揺籃期の<幼稚園・保育所の時間><2>：放送教育　52(1)〔1997.4〕p58～62

高桑康雄　展望 変わるメディアと教育：放送教育　52(1)〔1997.4〕p11～13

松本勝信　保育に放送を取り入れるにあたって—13—番組の選び方と放送の生かし方—1—：放送教育　52(1)〔1997.4〕p51～53

井谷豊, 佐野博彦, 斎藤建作　教育現場における放送を中心としたメディア利用の現況——平成8年度学校放送利用状況調査から：放送研究と調査　47(4)〔1997.4〕p12～29

アジア放送教育セミナー事務局　海外教育放送事情 アジア放送教育ネットワークに向けて——アジア放送教育セミナー・教育番組ワークショップの開催(含 参加印象記)：放送教育　52(2)〔1997.5〕p50～56

佐賀啓男　教育におけるメディアをめぐる風景と言語(特集 変わるメディアと教育)：放送教育　52(2)〔1997.5〕p34～37

丸山雄一郎　多様なメディアを授業に取り入れて(特集 変わるメディアと教育—実践報告)：放送教育　52(2)〔1997.5〕p29～31

松本勝信　保育に放送を取り入れるにあたって—14—番組の選び方と放送の生かし方—2—「なぜ？」と「いかに？」(保育と放送)：放送教育　52(2)〔1997.5〕p57～59

井谷豊, 小平さち子　幼児教育におけるメディア利用の現況と展望——平成8年度学校放送利用状況調査から：放送研究と調査　47(5)〔1997.5〕p36～51

大西誠　海外教育放送事情 教育番組と市場性<1>MIP—TV「教育番組デー」に参加して：放送教育　52(3)〔1997.6〕p62～66

木原俊行　新・放送教育ゼミ 「放送教育」とは何か：放送教育　52(3)〔1997.6〕p34～37

田中博之, 野口悠紀雄　メディアと教育 情報革命が教室を変える：放送教育　52(4)〔1997.7〕p34～38

大西誠　海外教育放送事情 教育番組と市場性<2>MIP—TV「教育番組デー」に参加して：放送教育　52(4)〔1997.7〕p58～61

木原俊行　新・放送教育ゼミ 放送番組で子どもたちに感動を——映像メディアとしての持ち味を生かす：放送教育　52(4)〔1997.7〕p28～31

佐賀啓男　教授デザイン理論と教育メディア研究に橋渡しをする授業研究のスタイル：日本教育工学会研究報告集　通号JET97-4〔1997.7〕p39～46

横山詔一, 近松暢子, 野崎浩成　新聞と雑誌における漢字使用頻度の分析：日本教育工学雑誌　21(Suppl.)〔1997.8〕p21～24

橋本典明, 鈴木敏恵　メディアと教育 ホームページが登竜門!?：放送教育　52(5)〔1997.8〕p34～38

佐野博彦　海外教育放送事情 アメリカの教育における放送・通信の利用状況：放送教育　52(5)〔1997.8〕p59～63

木原俊行　新・放送教育ゼミ 継続視聴の可能性：放送教育　52(5)〔1997.8〕p30～33

松本信勝　保育と放送 保育に放送を取り入れるにあたって 遊びの主体性を高める放送教育——「つくってあそぼ」の場合：放送教育　52(5)〔1997.8〕p45～47

佐野博彦　アメリカの教育における放送・通信の利用状況：放送研究と調査　47(8)〔1997.8〕p2～19

木原俊行　新・放送教育ゼミ 放送番組からの発展学習づくり：放送教育　52(6)〔1997.9〕p36～39

松本勝信　保育に放送を取り入れるにあたって——遊びの主体性を高める放送教育『つくってあそぼ』の場合：放送教育　52(6)〔1997.9〕p51～53

木原俊行　新・放送教育ゼミ—5—総合的学習と放送番組：放送教育　52(7)〔1997.10〕p38～41

松本勝信　保育に放送を取り入れるにあたって—19—遊びの主体性を高める放送教育—4—：放送教育　52(7)〔1997.10〕p57～60

前野和俊, 大泉俊雄, 的場ひろし　VTRとPCの連動によるマルチメディア教材の実現：日本教育工学会研究報告集　通号JET97-5〔1997.10〕p37～42

小原友行　「生きる力」をはぐくむNIE——NIE全国大会パネルディスカッションを振り返って：新聞研究　通号556〔1997.11〕p46～49

新聞協会教育文化部　低学年層ほど顕著な効果——NIE効果測定調査結果から：新聞研究　通号556〔1997.11〕p50～53

越桐国雄, 大桃美代子　メディアと教育——情報の海の羅針盤：放送教育　52(8)〔1997.11〕p46～50

日比美彦　海外教育放送事情——ファーストヴュー'97とアメリカ教育放送の新しい流れ：放送教育　52（8）〔1997.11〕　p68〜71

木原俊行　新・放送教育ゼミ—6—放送教育の推進と教師たちの共同研究：放送教育　52（8）〔1997.11〕　p42〜45

松本勝信　保育に放送を取り入れるにあたって—20—継続視聴による子どもの変容（1）年間指導計画への位置づけ（1）（保育と放送）：放送教育　52（8）〔1997.11〕　p59〜61

黒田卓, 杉本圭優, 堀田竜也　学校現場の情報メディア利用の実態と課題——情報メディア利用と支援に関する調査より：日本教育工学会研究報告集　通号JET97-6　〔1997.12〕　p75〜80

遠藤敏郎, 中田美喜子, 武良微文　生涯学習におけるマルチメディアの利用——公開講座において：日本教育工学会研究報告集　通号JET97-6　〔1997.12〕　p15〜20

大西誠　海外教育放送事情 放送番組の効果的な使い方——アメリカNTTIのマニュアルから：放送教育　52（9）〔1997.12〕　p58〜61

木原俊行　新・放送教育ゼミ—7—制作者と利用者の共同体制：放送教育　52（9）〔1997.12〕　p34〜37

松本勝信　保育に放送を取り入れるにあたって—21—継続視聴による子どもの変容—2—年間指導計画への位置づけ—2—：放送教育　52（9）〔1997.12〕　p51〜53

立花隆　メディアと教育 デジタル革命が大学を変える：放送教育　52（10）〔1998.1〕　p52〜56

海老沢勝二, 植田豊　新春対談 これからの放送と教育：放送教育　52（10）〔1998.1〕　p33〜37

木原俊行　新・放送教育ゼミ<最終回>放送教育の再生に向けて：放送教育　52（10）〔1998.1〕　p48〜51

松本勝信　保育に放送を取り入れるにあたって—22—継続視聴による子どもの変容（3）年間指導計画への位置づけ<3>（保育と放送）：放送教育　52（10）〔1998.1〕　p63〜65

田頭勉, 美馬のゆり　メディアと教育 だれでも作曲家になれる!?コンピュータがひらく音楽教育：放送教育　52（11）〔1998.2〕　p40〜44

大西誠　海外教育放送事情 教育放送の双方向性について：放送教育　52（11）〔1998.2〕　p62〜65

松本勝信　保育に放送を取り入れるにあたって 継続視聴による子どもの変容——思考力の変容と番組特性：放送教育　52（11）〔1998.2〕　p51〜53

浦川朋司, 吉田貞介, 久保田賢一, 江上芳郎, 黒田卓, 市川晶, 若松茂, 瀬川武夫, 瀬川良明, 赤堀正宜, 川本佳代, 藤沢真喜子, 辺見幸恵, 北條礼子, 堀江固功, 和田正人　大学における視聴覚・放送メディアの利用の現状と課題（特集）：教育メディア研究　4（2）〔1998.3〕　p1〜32

永野和男, 近藤勲　教育工学における教育システム・メディアの開発に関する10年の動向：日本教育工学雑誌　21（4）〔1998.3〕　p191〜201

井部良一　情報教育を意識した問題解決的学習の展開—放送を中心としたメディアミックス学習：日本教材学会年報　通号9　〔1998.3〕　p163〜165

松元新一郎　新聞記事を活用した数学的モデル化教材の開発と実践——「イチローのヒット数」をグラフ電卓で求める：日本教材学会年報　通号9　〔1998.3〕　p79〜81

苅間澤勇人, 佐々木佳史, 大河原清　『虹』のVTR教材の開発—虹の発生装置の開発と試行：日本教材学会年報　通号9　〔1998.3〕　p154〜156

佐島群巳, 小堂十　放送教材を生かした総合的学習の試み：日本教材学会年報　通号9　〔1998.3〕　p160〜162

岩倉三好　映像と新聞を利用した放射線に関する教育（特集 実践研究 総合的学習を考える）：放送教育　52（12）〔1998.3〕　p24〜28

松本勝信　保育に放送を取り入れるにあたって—24完—放送による保育をとおして保育の固定観念の打破を：放送教育　52（12）〔1998.3〕　p45〜47

小平さち子　イギリスの子ども向けテレビはどう変わったか：放送研究と調査　48（3）〔1998.3〕　p2〜15

岡明秀忠　ニュース番組を社会科系授業づくりにどう生かすか（3）47年版学習指導要領とニュース番組の構成原理の比較：明治学院論叢　通号614　〔1998.3〕　p73〜94

石野隆, 鶴田亜希美, 平野篤士　座談会 NIE活動, 学校教育の現場から（特集：生きた教材・新聞広告, 注目あびるNIE）：日経広告手帖　42（6）〔1998.4〕　p6〜12

河村好市　総論 NIE（教育に新聞を）運動と新聞広告（特集：生きた教材・新聞広告, 注目あびるNIE）：日経広告手帖　42（6）〔1998.4〕　p2〜5

佐賀啓男　21世紀のメディアと教育——わたしのキーワード（1）認知的得失：放送教育　53（1）〔1998.4〕　p24〜27

佐伯胖, 秋田喜代美　メディアと教育 インターネットはこう使う——新しい学校間交流の試み：放送教育　53（1）〔1998.4〕　p50〜54

日比美彦　海外教育放送事情 双方向メディアと学習環境の近未来——ミリア'98（milia'98）に参加して：放送教育　53（1）〔1998.4〕　p66〜70

浅井和行　教育現場からのメッセージ（1）マルチメディア時代の放送教育——なぜ, 今また放送教育なのか：放送教育　53（1）〔1998.4〕　p40〜43

栗田瑞子, 村田保太郎　放送を取り入れた保育実践と研究（第1回）4月のテーマ 安心して園生活に入るために（保育と放送）：放送教育　53（1）〔1998.4〕　p58〜61

佐野博彦　アメリカ学校教育におけるテレビ・ビデオ利用〜アメリカ公共放送協会（CPB）調査から：放送研究と調査　48（4）〔1998.4〕　p34〜41

佐賀啓男　21世紀のメディアと教育 わたしのキーワード（2）文化的真贋：放送教育　53（2）〔1998.5〕　p28〜31

永野和男, 松本侑子　メディアと教育 決定版！マルチメディア活用術：放送教育　53（2）〔1998.5〕　p42〜47

浅井和行　教育現場からのメッセージ マルチメディア時代の放送教育 私を引きつけた放送番組との出会い：放送教育　53（2）〔1998.5〕　p38〜41

岩倉三好　実践研究 放送を取り入れた生物の授業：放送教育　53（2）〔1998.5〕　p66〜69

栗田瑞子, 村田保太郎　保育と放送 放送を取り入れた保育実践と研究<第2回>5月のテーマ視聴を楽しむために：放送教育　53（2）〔1998.5〕　p52〜55

佐賀啓男　21世紀のメディアと教育 わたしのキーワード—3—批判的寛容：放送教育　53（3）〔1998.6〕　p30〜33

鈴木克明　メディアで表現力をどう育てるか（特集 表現力とメディア）：放送教育　53（3）〔1998.6〕　p14〜17

船津貴弘　海外教育放送事情 「学び」が変わる, 「教え」が変わる〜アメリカ学校改革のいま：放送教育　53（3）〔1998.6〕

	p60〜64
浅井和行	教育現場からのメッセージ—3—マルチメディア時代の放送教育 「歴史番組」を中核にすえた放送学習：放送教育 53（3）〔1998.6〕 p40〜43
高橋賢哉	全校一斉「メディアタイム」による映像リテラシーの育成（特集 表現力とメディア）：放送教育 53（3）〔1998.6〕 p22〜25
栗田瑞子, 村田保太郎	放送を取り入れた保育実践と研究＜第3回＞6月のテーマ 保育参観とテレビ視聴（保育と放送）：放送教育 53（3）〔1998.6〕 p52〜55
山内祐平	21世紀のメディアと教育 わたしのキーワード 電子コミュニティ：放送教育 53（4）〔1998.7〕 p34〜37
浅井和行	教育現場からのメッセージ マルチメディア時代の放送教育 音楽番組と自己表現力の育成：放送教育 53（4）〔1998.7〕 p50〜53
栗田瑞子, 村田保太郎	放送を取り入れた保育実践と研究＜第4回＞7月のテーマ 保育の流れと番組の適時性：放送教育 53（4）〔1998.7〕 p60〜63
白石信子	親の53％が「メディア教育必要」と回答——小・中・高校生とテレビ（特集 青少年問題と放送局）：月刊民放 28（8）〔1998.8〕 p20〜23
辻大介	21世紀のメディアと教育 わたしのキーワード 教育メディアのデジタル化：放送教育 53（5）〔1998.8〕 p32〜35
浅井和行	教育現場からのメッセージ マルチメディア時代の放送教育——放送を基幹としたメディアミックス：放送教育 53（5）〔1998.8〕 p46〜49
栗田瑞子, 村田保太郎	放送を取り入れた保育実践と研究＜第5回＞8月のテーマ 伝統行事と放送の利用：放送教育 53（5）〔1998.8〕 p58〜61
小平さち子	映像描写をめぐる海外の調査研究最新動向——“子どもとテレビ”を中心に：放送研究と調査 48（8）〔1998.8〕 p2〜21
辻大介	21世紀のメディアと教育 わたしのキーワード デジタルメディア時代の「学校」：放送教育 53（6）〔1998.9〕 p32〜35
浅井和行	教育現場からのメッセージ マルチメディア時代の放送教育 放送とコンピュータを活用した環境教育：放送教育 53（6）〔1998.9〕 p48〜51
栗田瑞子, 村田保太郎	放送を取り入れた保育実践と研究＜第6回＞9月のテーマ 保育における幼児のためこみ：放送教育 53（6）〔1998.9〕 p58〜61
棟方哲弥	21世紀のメディアと教育 わたしのキーワード ユニバーサル・メディア・デザイン：放送教育 53（7）〔1998.10〕 p36〜39
浅井和行	教育現場からのメッセージ マルチメディア時代の放送教育 生活科とメディア 多メディアからマルチメディアへ：放送教育 53（7）〔1998.10〕 p46〜49
梶田叡一	展望 「心」の教育とメディアの活用：放送教育 53（7）〔1998.10〕 p11〜13
栗田瑞子, 村田保太郎	放送を取り入れた保育実践と研究（7）10月のテーマ 子どものニーズに応じる放送利用：放送教育 53（7）〔1998.10〕 p56〜59
棟方哲弥	21世紀のメディアと教育—— わたしのキーワード（2）高次臨場感：放送教育 53（8）〔1998.11〕 p46〜49
浅井和行	教育現場からのメッセージ（8）マルチメディア時代の放送教育 ハイビジョンによる放送教育：放送教育 53（8）〔1998.11〕 p50〜53
栗田瑞子, 村田保太郎	放送を取り入れた保育実践と研究（8）11月のテーマ 保育者は、映像と子どもとのつなぎ手になる：放送教育 53（8）〔1998.11〕 p58〜61
田口真奈	構造に着目した放送番組の分析研究——NHK理科番組を事例として：教育メディア研究 5（1）〔1998.12〕 p51〜63
園屋高志	大学における視聴覚・放送メディアの利用の現状と課題（特集）：教育メディア研究 5（1）〔1998.12〕 p1〜2
山本慶裕	21世紀のメディアと教育〜わたしのキーワード「学習の経験」：放送教育 53（9）〔1998.12〕 p38〜41
浅井和行	教育現場からのメッセージ マルチメディア時代の放送教育 放送教育とインターネット：放送教育 53（9）〔1998.12〕 p48〜52
本德文惠	実践研究 やわらかい心、かたい心 心をはぐくむテレビ番組利用：放送教育 53（9）〔1998.12〕 p58〜61
栗田瑞子, 村田保太郎	放送を取り入れた保育実践と教育＜第9回＞12月のテーマ 視聴で意欲を触発され、自信を得た子（保育と放送）：放送教育 53（9）〔1998.12〕 p62〜65
古田尚輝	教育波から文化・生涯学習波へ——教育テレビ40年 編成の分析：放送研究と調査 48（12）〔1998.12〕 p2〜21
白石信子, 無藤隆	子どものメディア利用と生活行動の変容 ——小・中・高校生調査による最近の動向と考察：NHK放送文化調査研究年報 通号44〔1999〕 p255〜302
原由美子	成人学習の現在とテレビの利用：NHK放送文化調査研究年報 通号44〔1999〕 p79〜96
井部良一	アジア放送教育セミナー——実践を通してお互いに学び合う（特集 第49回放送教育研究会全国大会東京大会リポート）：放送教育 53（10）〔1999.1〕 p34〜37
浅井和行	教育現場からのメッセージ（10）マルチメディア時代の放送教育——「総合的な学習」を志向して、生活科におけるテレビ番組を活用した「心の教育」：放送教育 53（10）〔1999.1〕 p48〜52
栗田瑞子, 村田保太郎	放送を取り入れた保育実践と研究（第10回）1月のテーマ——“つくる”意欲を深め友達とかかわりを広げる——『つくってあそぼ』の保育活動から：放送教育 53（10）〔1999.1〕 p56〜59
無藤隆	子どもとマス・メディアとの関係因果論から生態学的システム論へ（特集 マス・メディアと子ども）：マス・コミュニケーション研究 通号54〔1999.1〕 p21〜37
小平さち子	「子どもとメディア」研究の動向——新たな研究の方向をさぐるために（特集 マス・メディアと子ども）：マス・コミュニケーション研究 通号54〔1999.1〕 p4〜20
鈴木みどり	子どもをめぐるメディア環境を考える——グローバルな視野から（特集 マス・メディアと子ども）：マス・コミュニケーション研究 通号54〔1999.1〕 p38〜54
坂元章	21世紀のメディアと教育——わたしのキーワード（1）マルチメディアによる心の教育：放送教育 53（11）〔1999.2〕 p32〜35
鈴木克明	アジア教育番組国際ワークショップに参加して——放送番組制作・利用の交流に向けて：放送教育 53（11）〔1999.2〕 p47〜51

理論　　　　　　　　　　　　　　　　　　　　　　　　　　　　　　　　　　　　教育

浅井和行　　教育現場からのメッセージ(11)マルチメディア時代の放送教育——環境教育の学習の素地を培う放送番組:放送教育　53(11)〔1999.2〕p42〜45

栗田瑞子, 村田保太郎　保育と放送　放送を取り入れた保育実践と研究(11)2月のテーマ——テレビ視聴の生活科:放送教育　53(11)〔1999.2〕p58〜61

田中孝宏　　わたしたちの生活と情報——新聞情報でテレビ番組をつくる試み:日本教材学会会報　10通号40〔1999.3〕p9〜12

浅井和行　　教育現場からのメッセージ(12)マルチメディア時代の放送教育——広がる放送教育の世界:放送教育　53(12)〔1999.3〕p16〜19

栗田瑞子, 村田保太郎　放送を取り入れた保育実践と研究(第12回)3月のテーマ　放送で育つ創造性・協調性:放送教育　53(12)〔1999.3〕p26〜29

宇野正人　　21世紀のメディアと教育　わたしのキーワード(1)人間の成長とゲーム:放送教育　54(1)〔1999.4〕p34〜37

浅井和行　　新・教育現場からのメッセージ　放送教育へのこだわり(1)放送番組, そして人との出会い:放送教育　54(1)〔1999.4〕p46〜49

佐野博彦, 斎藤建作　メディア選択利用がすすむ学校現場——平成10年度学校放送利用状況調査から:放送研究と調査　49(4)通号575〔1999.4〕p48〜65

青木貞伸, 島田益吉, 無藤隆　公開シンポジウム<テレビと児童・青少年>児童・青少年に向かって、テレビは何をなすべきか:月刊民放　29(5)通号335〔1999.5〕p22〜31

宇野正人　　21世紀のメディアと教育　わたしのキーワード(2)情報の価値:放送教育　54(2)〔1999.5〕p32〜35

小平さち子　青少年と変容するメディア環境——ヨーロッパ12か国調査から:放送研究と調査　49(5)通号576〔1999.5〕p68〜77

山下洋子, 小平さち子　多様化する幼稚園・保育所でのメディア利用——平成10年度幼児向け放送利用状況調査から:放送研究と調査　49(5)通号576〔1999.5〕p78〜95

佐々木輝美　21世紀のメディアと教育　わたしのキーワード(1)適切なコミュニケーション手法:放送教育　54(3)〔1999.6〕p30〜33

浅井和行　　新・教育現場からのメッセージ　放送教育へのこだわり(3)「総合的な学習」の単元の導入に力を発揮する放送番組:放送教育　54(3)〔1999.6〕p40〜43

伊東章　　　マルチメディアが大学教育と図書館を変革する:Lisn : Library & information science news　通号99〔1999.6〕p18〜21

佐々木輝美　21世紀のメディアと教育　わたしのキーワード(2)向社会的行動スクリプト(prosocial behavior scripts):放送教育　54(4)〔1999.7〕p34〜37

浅井和行　　新・教育現場からのメッセージ　放送教育へのこだわり(4)放送とともに学ぶ歴史学習「刀狩り」:放送教育　54(4)〔1999.7〕p46〜50

古田尚輝　　教育テレビ40年　学校教育番組の変遷(その1)学校放送番組:放送研究と調査　49(7)通号578〔1999.7〕p42〜65

後藤康志, 生田孝至　受信・発信メディアに対する児童の先有知覚に関する研究:日本教育工学雑誌　23(Suppl.)〔1999.8〕p85〜88

森田健宏　　幼児向け教育テレビ番組に見られる映像技法の実態:日本教育工学雑誌　23(Suppl.)〔1999.8〕p39〜44

田中博之　　21世紀のメディアと教育——わたしのキーワード(1)マルチメディアを活用した国際交流学習:放送教育　54(5)〔1999.8〕p30〜33

大西好宣　　海外教育放送事情　ある国際民間財団の取り組み:放送教育　54(5)〔1999.8〕p45〜47

浅井和行　　新・教育現場からのメッセージ　放送教育へのこだわり(5)ニュースや市販のVTR番組の教育利用:放送教育　54(5)〔1999.8〕p40〜43

古田尚輝　　教育テレビ40年　学校教育番組の変遷　その2　通信講座番組:放送研究と調査　49(8)通号579〔1999.8〕p30〜53

田中博之　　21世紀のメディアと教育/わたしのキーワード(2)マルチメディアプロジェクトによる総合的な学習の実践:放送教育　54(6)〔1999.9〕p30〜33

市川昌　　　海外教育放送事情/バーチャル・スクール——放送と通信制をめぐって・世界遠隔教育会議〈ウィーン〉:放送教育　54(6)〔1999.9〕p48〜51

浅井和行　　新・教育現場からのメッセージ——放送教育へのこだわり(6)放送番組を中核にすえた「総合的な学習」のプロジェクトと京放協の研究の歴史:放送教育　54(6)〔1999.9〕p42〜45

小平さち子　アメリカにみるデジタル時代の子ども向けサービス〜PBS Kids Channelの開始をめぐって〜:放送研究と調査　49(9)通号580〔1999.9〕p2〜27

黒田卓　　　21世紀のメディアと教育　わたしのキーワード(1)学校の情報化とイントラネット:放送教育　54(7)〔1999.10〕p38〜41

国津賢三　　実践記録　知的障害養護学校における放送教育(特集　盲・ろう・養護学校における放送利用):放送教育　54(7)〔1999.10〕p60〜63

浅井和行　　新・教育現場からのメッセージ　放送教育へのこだわり(7)地域の先達から学ぶ「冬の遊び」:放送教育　54(7)〔1999.10〕p42〜45

黒上晴夫　　海外教育放送事情/ED—Media国際学会(アメリカ)とカナダ・ドイツの教育事情:放送教育　54(8)〔1999.11〕p48〜51

押谷由夫　　子どもが感動できる授業を——道徳教育における放送の利用(特集　道徳的実践力をどう育てるか):放送教育　54(8)〔1999.11〕p14〜17

浅井和行　　新・教育現場からのメッセージ——放送教育へのこだわり(8)「道はつながる」を使っての「総合的な学習」への志向:放送教育　54(8)〔1999.11〕p42〜45

古田尚輝　　「技能講座」から「趣味講座」へ——教育テレビ40年　生涯学習番組の変遷:放送研究と調査　49(11)通号582〔1999.11〕p40〜71

赤堀正宜　　海外教育放送事情　ペルーの放送教育:放送教育　54(9)〔1999.12〕p62〜65

浅井和行　　新・教育現場からのメッセージ——放送教育へのこだわり(9)「総合的な学習」と放送教育:放送教育　54(9)〔1999.12〕p44〜47

森田健宏　　幼児向け教育テレビ番組に見られるショットの種類と画面構成:日本教育工学雑誌　24(Suppl.)〔2000〕p159〜164

教育	理論

小平さち子　「子どもに及ぼすテレビの影響」をめぐる各国の動向——新たな論議と研究の展開に向けて：NHK放送文化調査研究年報　通号45〔2000〕p37〜97

芝崎順司　21世紀のメディアと教育 わたしのキーワード（2）生涯学習者としての準備におけるICTの役割と情報リテラシー：放送教育　54（10）〔2000.1〕p36〜39

浅井和行　新・教育現場からのメッセージ 放送教育へのこだわり（10）「総合的な学習」と放送教育（2）：放送教育　54（10）〔2000.1〕p44〜47

小平さち子　デジタル時代の教育放送サービス——BBCの試みを中心に（特集 メディアの明日）：放送研究と調査　50（1）通号584〔2000.1〕p26〜51

河崎吉紀　新聞教育の構想——1950年代、新聞界の言説を中心に：マス・コミュニケーション研究　通号56〔2000.1〕p145〜158

岡部昌樹　21世紀のメディアと教育——わたしのキーワード（1）放送と通信の融合：放送教育　54（11）〔2000.2〕p42〜45

浅井和行　新・教育現場からのメッセージ——放送教育へのこだわり（11）「総合的な学習」と放送教育（3）子どもによるビデオ番組作り：放送教育　54（11）〔2000.2〕p46〜49

佐藤洋一，左近妙子　国語科における"メディア・リテラシー教育"——導入としてのテレビコマーシャル・アンケート調査と考察（中学校における実践）：愛知教育大学教育実践総合センター紀要　通号3〔2000.3〕p89〜97

金子実，高野健一，須藤こずえ　生きる力を育む放送学習——生命教育番組「みんな生きている」の活用：日本教材学会年報　11〔2000.3〕p192〜194

市川昌　海外教育放送事情 微笑と合掌の国のテレビ〈タイ〉：放送教育　54（12）〔2000.3〕p48〜51

浅井和行　新・教育現場からのメッセージ——放送教育へのこだわり（最終回）新しい時代とともに生きる放送教育：放送教育　54（12）〔2000.3〕p44〜47

林直哉　デジタル時代・放送が変わる 高校放送部のメディア・リテラシー体験：放送文化　通号69〔2000.3〕p44〜47

高島秀之　今、放送は教育に何ができるか？（1）TV goes back to TV：放送教育　55（2）〔2000.5〕p32〜37

宇治橋祐之　海外教育放送事情 アメリカ・カナダのメディア教育事情：放送教育　55（3）〔2000.6〕p40〜43

松田稔樹　教育とメディア——次世代へのキーワード——情報教育（特集 ことばの学習とメディア——感性と表現力を育てる（国語））：放送教育　55（3）〔2000.6〕p28〜31

卯月啓子　教室に広がることばの世界——ラジオ「ことばの教室」をヒントにして（特集 ことばの学習とメディア——感性と表現力を育てる（国語））：放送教育　55（3）〔2000.6〕p18〜21

高島秀之　今、放送は教育に何ができるか？（2）Content is King：放送教育　55（3）〔2000.6〕p34〜39

大橋伊都子　保育と放送 ことば遊びや体験を通し子どもの心をのばす：放送教育　55（3）〔2000.6〕p59〜61

官林祐治　日本の明日を決めるNIE 今秋全国センターがオープン：新聞通信調査会報　通号452〔2000.7〕p14〜16

梶田叡一　NIE基礎研究「最終報告」をまとめて：新聞研究　通号588〔2000.7〕p44〜49

宮田興　海外教育放送事情 デジタルメディア時代の教育コンテンツ：放送教育　55（4）〔2000.7〕p62〜65

林武文　教育とメディア 次代へのキーワード——教育コンテンツ：放送教育　55（4）〔2000.7〕p44〜47

山本慶裕　今、放送は教育に何ができるか？（3）感情のテクノロジー（上）：放送教育　55（4）〔2000.7〕p48〜51

木原俊行　放送教育におけるコラボレーション——ネットワークによる拡充：放送教育　55（4）〔2000.7〕p38〜41

清水康敬，藤田由美子　情報教育指導者育成のための居ながら学習支援システムの開発と評価（マルチメディア・ネットワークを利用した教育実践）：日本教育工学会研究報告集　2000（4）〔2007.8〕p51〜58

谷口泰三　学校・母親から注がれるかつてない熱い視線——子供の活字離れとジュニア紙（特集 こども・情報・メディア）：新聞研究　（589）〔2000.8〕p15〜18

渥美勝朗　現代の子どもたちに新聞の魅力を伝える——子どもの目線を基本にした紙面づくり（特集 こども・情報・メディア）：新聞研究　（589）〔2000.8〕p19〜22

山城興勝　紙面づくりを通じて社会参加意識育てたい——こどもへの情報提供・学校との連携も深めて（特集 こども・情報・メディア）：新聞研究　（589）〔2000.8〕p23〜26

松井孝二　「情報」教育と新聞——ジャーナリズム授業化一年間の実践から（特集 こども・情報・メディア）：新聞研究　（589）〔2000.8〕p27〜30

黒田卓　海外教育放送事情——シンガポールの情報教育事情：放送教育　55（5）〔2000.8〕p56〜59

市川尚　教育とメディア＝次代へのキーワード——ホームページによる学校の情報発信：放送教育　55（5）〔2000.8〕p36〜39

山本慶裕　今、放送は教育に何ができるか？（4）感情のテクノロジー（下）：放送教育　55（5）〔2000.8〕p40〜43

清水康敬，野崎浩成　新聞における漢字頻度特性の分析とNIEのための漢字学習表の開発：日本教育工学雑誌　24（2）〔2000.9〕p121〜132

苅宿俊文　教育とメディア＝次代へのキーワード 情報ボランティア：放送教育　55（6）〔2000.9〕p38〜41

堀江固功　今、放送は教育に何ができるか？（5）歴史のなかに検証する教育と放送：放送教育　55（6）〔2000.9〕p42〜45

服部公一　展望 私と教育テレビ 昨日今日明日：放送教育　55（6）〔2000.9〕p11〜13

大西好宣　海外教育放送事情 視聴覚教育促進のための国際支援とメディア環境調査：放送教育　55（7）〔2000.10〕p51〜53

篠原文陽児　教育とメディア＝次代へのキーワード——情報通信ネットワーク：放送教育　55（7）〔2000.10〕p40〜43

堀江固功　今、放送は教育に何ができるか？（6）続・歴史のなかに検証する教育と放送：放送教育　55（7）〔2000.10〕p36〜39

加藤一彦　教育分野におけるマルチメディア導入の現状と課題：流通経済大学大学院社会学研究科論集　（7）〔2000.10〕p1〜23

影山清四郎　NIEこそ社会性育成の支柱——第5回NIE全国大会（横浜）報告：新聞研究　（592）〔2000.11〕p77〜80

三嶋博之，大野木裕明，田代光一　小中学生のメディアリテラシー：自己効力感の構造：福井大学教育実践研究　（26）〔2001〕p161〜169

柴田実　「21世紀に残したいふるさとのことば」の記録：NHK放送文化調査研究年報　通号46〔2001〕p115〜201

小平さち子　子ども向けサービスの展望——欧米メディアの最新動向から：放送研究と調査　51（1）通号596〔2001.1〕p56〜87

高橋佳恵，小平さち子　教育現場にみるメディア利用の新展開——50年を迎えたNHK学校放送利用状況調査から：放送研究と調査　51（4）通号599〔2001.4〕p26〜59

阪田秀　NIE活動とメディアリテラシー（特集 メディアリテラシー）：月刊民放　31（5）通号359〔2001.5〕p28〜31

藤原正彦	インタビュー 藤原正彦さん（お茶の水女子大学教授）放送に期待する教育的役割：放送研究と調査 51（6）通号601 〔2001.6〕 p46〜51
藤久ミネ	「青少年に見てもらいたい番組」を見る――テレビは何を発信し表現しているのか（特集 青少年向け番組とは何か）：月刊民放 31（7）通号361 〔2001.7〕 p4〜7
原寿雄	インタビュー 原寿雄さん（「放送と青少年に関する委員会」委員長）子どもにとってのメディア環境を考える：放送研究と調査 51（7）通号602 〔2001.7〕 p106〜111
横山英治	子どもたちといっしょに番組を作った！ 民放労連近畿地連視聴者会議2001：放送レポート 173号 〔2001.11〕 p64〜68
小平さち子	米・同時多発テロ その時、メディアは子どもにどう対応したか：放送研究と調査 51（12）通号607 〔2001.12〕 p2〜25
冨塚秀樹	NIE（教育に新聞を）の課題と展望――特に公民科教育に視点をおいて：京都精華大学紀要 （22）〔2002〕 p145〜154
荒井昭博, 諏訪道彦	こどもとテレビ～番組制作者の現場報告から（民放50周年記念大会シンポジウム）：月刊民放 32（1）通号367 〔2002.1〕 p16〜25
福田徹	情報を見抜く力を養うNIE――送り手に突きつけられた課題も大きい（特集 「メディアリテラシー」を読み解く）：新聞研究 （607）〔2002.2〕 p14〜17
山崎悟, 小川亮	高等学校におけるメディア・リテラシ教育の実践的研究（授業研究と教育評価）：日本教育工学会研究報告集 02（2）〔2002.3〕 p97〜104
高橋守	調査から見るNIE活動の課題――実践継続に向けた環境づくりが必要に：新聞研究 （609）〔2002.4〕 p76〜78
林直哉	ニューススタジオを作ろう――気づき生んだ中学生の生放送制作：月刊民放 32（7）通号373 〔2002.7〕 p26〜33
藤田文知	ご存じですか？ 青少年委員会（特集 子どもとテレビ）：月刊民放 32（8）通号374 〔2002.8〕 p17〜20
西光晴彦	マスコミ環境の改善と現代の子ども達へのメディア教育（2）現代メディアの状況を踏まえてマス・コミュニケーションを考える：芦屋大学論叢 （38）〔2003〕 p69〜90
原亮, 三由文久	新聞を教材にした新しい教養教育の創造：金沢医科大学教養論文集 31 〔2003〕 p23〜32
長谷川晶子	新聞記事を活用したアメリカ文化論の授業実践：常葉学園大学研究紀要. 外国語学部 （20）〔2003〕 p233〜256
小平さち子	世界にみる子ども向け教育番組の動向――「日本賞」コンクールを中心に：放送研究と調査 53（1）通号620 〔2003.1〕 p44〜55
細川和仁, 西森章子, 姫野完治	新聞を用いた授業設計における教師の思考（教育工学的アプローチによる教科教育の改革）：日本教育工学会研究報告集 03（1）〔2003.1〕 p1〜8
木原俊行	我が国の放送教育の研修システムに関する考察（特集：放送教育運動の総括から新たな発展のために）：教育メディア研究 9（2）〔2003.3〕 p18〜24
大黒岳彦	放送教育のメディア論的・メディア史的考察（特集：放送教育運動の総括から新たな発展のために）：教育メディア研究 9（2）〔2003.3〕 p31〜37
市川昌	放送教材の同時代性と開かれた作品性――ジャーナリズム精神と映像解読力の育成（特集：放送教育運動の総括から新たな発展のために）：教育メディア研究 9（2）〔2003.3〕 p2〜10
浜野俊彦	ラジオ 『子育て支援番組』から見たラジオ：月刊民放 33（3）通号381 〔2003.3〕 p28〜31
橿淵めぐみ, 坂元章, 小林久美子	学校におけるインターネットの活用が生徒の情報化社会レディネスに及ぼす効果――中学生を対象にした準実験による評価研究：日本教育工学雑誌 26（4）〔2003.3〕 p377〜383
柳澤伸司	北欧のNIE事情 社会とかかわり市民として育てる媒介に：新聞研究 （623）〔2003.6〕 p64〜67
小平さち子	変化する幼稚園・保育所におけるメディアの利用と意識――2002年度幼児向け放送利用状況調査から：放送研究と調査 53（6）通号625 〔2003.6〕 p50〜69
中野佐知子	多様化する幼児のメディア利用――幼児生活時間調査2003・報告：放送研究と調査 53（8）通号627 〔2003.8〕 p46〜63
坂上浩子	子どもがおもしろいものは大人もおもしろい!?――NHK『にほんごであそぼ』の制作をめぐって：月刊民放 34（3）通号393 〔2004.3〕 p36〜39
広田勝己	若者の新聞観を探る――「読む派」「読まない派」から意見を募集：新聞研究 （633）〔2004.4〕 p62〜65
中山憲康	子どもとメディアの新しい関係を求めて：放送レポート 188号 〔2004.5〕 p36〜39
小平さち子	最新動向リポート イギリスのメディア・リテラシー教育：放送研究と調査 54（6）通号637 〔2004.6〕 p58〜71
横山英治	地域で、子どもたちと、ラジオを作ろう！ ―近畿地連視聴者会議2004：放送レポート 191号 〔2004.11〕 p26〜30
小平さち子	子ども向けテレビ番組をめぐる世界の動向：放送研究と調査 54（11）通号642 〔2004.11〕 p8〜27
沢井佳子	いまこそ民放に幼児教育番組を――明晰な思考と温かな安心をおくるメディア：月刊民放 34（12）通号402 〔2004.12〕 p32〜35
近江玲, 坂元章, 田島祥	教育番組を分類する基本的次元の抽出と放送時間との関係の検討：日本教育工学会論文誌 29（Suppl.）〔2005〕 p13〜16
野中博史	報道による意見形成効果――NIEへの指針：宮崎公立大学人文学部紀要 13（1）〔2005〕 p261〜274
小林登志生, 青木久美子	メディアと国際交流――大学における国際交流活動に関するアンケート調査の結果より（国際交流と教育工学）：日本教育工学会研究報告集 05（1）〔2005.1〕 p43〜48
斎藤次郎	テレビは子どもの本音を聞けるか？（特集「放送と青少年に関する委員会」の5年）：月刊民放 35（3）通号405 〔2005.3〕 p17〜19
小平さち子	欧米の子ども番組制作から見えること（特集「放送と青少年に関する委員会」の5年）：月刊民放 35（3）通号405 〔2005.3〕 p14〜16
植村昌人, 川上明希	青少年に見てもらいたい番組（特集1 テレビと子どもの“いい”関係）：放送文化 通号6 〔2005.3〕 p2〜11
植村昌人, 川上明希	幼児を取り巻くテレビ環境最前線（特集1 テレビと子どもの“いい”関係）：放送文化 通号6 〔2005.3〕 p12〜23
村川雅弘, 渡邉正博	評価活動を重視したNIEの単元開発――デジタル新聞づくりを通して（学校改善・授業改善と教師教育）：日本教育工学会研究報告集 05（3）〔2005.3〕 p95〜102
小平さち子, 西村規子	デジタル時代の教育現場におけるメディア利用と今後の展望――2004年度NHK学校放送利用状況調査を中心に：放送研究と調査 55（5）通号648 〔2005.5〕 p28〜47

小平さち子	変容する幼児教育におけるメディアの利用――2004年度幼児向け放送利用状況調査を中心に：放送研究と調査 55(6) 通号649 〔2005.6〕 p34〜49	
岡田誠太郎	日本型NIEの将来を考える――歴史の厚み痛感した米国視察：新聞研究 (648)〔2005.7〕 p72〜75	
青柳かおり	NIE――高校生と新聞に関する調査：AIR21 (182)〔2005.7〕 p122〜136	
内野哲也	重点をソフト面での協力へ――転機のNIE、新聞社の役割（NIE週間特集）：新聞研究 (652)〔2005.11〕 p69〜72	
植村八潮, 矢口博之	教育利用から見た読書装置の特性に関する実証的考察：出版研究 (通号 37)〔2006〕 p147〜164	
益子典文, 前田康裕	小学校社会科におけるデジタルコンテンツを活用した授業設計方略の検討：日本教育工学会論文誌 30(Suppl.)〔2006〕 p129〜132	
高田喜久司	NIEで育てたい力――学習指導論の立場から：日本NIE学会誌 （[1]）〔2006〕 p99〜102	
小田迪夫	NIEで育てたい力――国語科の場合：日本NIE学会誌 （[1]）〔2006〕 p91〜94	
三上久代, 瀬川良明	NIE・学校図書館を活用した中学校国語の授業実践――新聞記事データベース・インターネット情報検索の試行と評価：日本NIE学会誌 （[1]）〔2006〕 p57〜64	
小原友行	NIE学習の理論化に関する研究――広島県における実践報告書の分析を通して：日本NIE学会誌 （[1]）〔2006〕 p1〜8	
徳本侑子	「意思決定力」を育成するNIE授業の構想――社会科授業におけるNIE：日本NIE学会誌 （[1]）〔2006〕 p17〜26	
角田将士, 鶴田輝樹	『社説』を活用したNIE実践の創造と開発――合理的意思決定力の育成をめざす公民科授業の一方略として：日本NIE学会誌 （[1]）〔2006〕 p37〜46	
板垣雅夫	新聞活用実践教師14人の思いを分析：日本NIE学会誌 （[1]）〔2006〕 p87〜90	
中善則	地域ミニコミ誌づくりをとおしたNIE――街の交信基地をめざして：日本NIE学会誌 （[1]）〔2006〕 p47〜56	
山路伸子, 田中敬子	理解と表現を育む算数科グラフ指導――新聞の活用とその効果：日本NIE学会誌 （[1]）〔2006〕 p27〜36	
井上豊久	子どもとメディアに関する研究：福岡教育大学紀要. 第4分冊, 教職科編 (55)〔2006〕 p25〜39	
野中博史	報道による意見形成効果――意見の寡占化とその修正：NIEへの指針：宮崎公立大学人文学部紀要 14(1)〔2006〕 p323〜341	
高田喜久司	NIEで育てたい力―学習指導論の立場から（シンポジウム）：日本NIE学会誌 （[1]）〔2006.3〕 p99〜102	
小田迪夫	NIEで育てたい力―国語科の場合（シンポジウム）：日本NIE学会誌 （[1]）〔2006.3〕 p91〜94	
高木まさき, 森田英嗣	NIEで育てたい力―理論化を目指して（シンポジウム）：日本NIE学会誌 （[1]）〔2006.3〕 p85〜86	
三上久代, 瀬川良明	NIE・学校図書館を活用した中学校国語の授業実践―新聞記事データベース・インターネット情報検索の試行と評価（実践論文）：日本NIE学会誌 （[1]）〔2006.3〕 p57〜64	
小原友行	NIE学習の理論化に関する研究―広島県における実践報告書の分析を通して（研究論文）：日本NIE学会誌 （[1]）〔2006.3〕 p1〜8	
徳本侑子	「意思決定力」を育成するNIE授業の構想―社会科授業におけるNIE（研究論文）：日本NIE学会誌 （[1]）〔2006.3〕 p17〜26	
角田将士, 鶴田輝樹	『社説』を活用したNIE実践の創造と開発―合理的意思決定力の育成をめざす公民科授業の一方略として（実践論文）：日本NIE学会誌 （[1]）〔2006.3〕 p37〜46	
板垣雅夫	新聞活用実践教師14人の思いを分析（シンポジウム）：日本NIE学会誌 （[1]）〔2006.3〕 p87〜90	
中善則	地域ミニコミ誌づくりをとおしたNIE―街の交信基地をめざして（実践論文）：日本NIE学会誌 （[1]）〔2006.3〕 p47〜56	
山路伸子, 田中敬子	理解と表現を育む算数科グラフ指導―新聞の活用とその効果（実践論文）：日本NIE学会誌 （[1]）〔2006.3〕 p27〜36	
坂本篤志, 内垣戸貴之, 渕一憲	教師用コンテンツの活用を促すwikiを用いたウェブサイトの開発（教育の情報化――ポスト2005年の教室）：日本教育工学会研究報告集 06(2)〔2006.3〕 p25〜30	
河岸美穂	幼児理解を深めることを目的としたメディアを活用したグループ学習の有効性――高校生の意識の変化から（教育の情報化――ポスト2005年の教室）：日本教育工学会研究報告集 06(2)〔2006.3〕 p157〜162	
駒谷真美, 無藤隆	小学校低学年向けメディアリテラシー教材の開発研究：日本教育工学会論文誌 30(1)〔2006.5〕 p9〜17	
西村規子	乳児はテレビにどのように接しているか――0, 1, 2歳のメディア接触実態の変遷：放送研究と調査 56(5) 通号660〔2006.5〕 p66〜77	
苅宿俊文	メディアを利用したワークショップでの協同的な活動について――状況論的学習とワークショップのかかわりを通して（メディアと子ども）：日本教育工学会研究報告集 06(3)〔2006.5〕 p43〜50	
山田太造, 相原健郎, 藤沢仁子	学校教育における文化財コンテンツ利活用のための教育支援システム（メディアと子ども）：日本教育工学会研究報告集 06(3)〔2006.5〕 p23〜30	
北川裕行, 木原俊行	授業におけるデジタルコンテンツ利用の現状分析――教師へのアンケート調査から（メディアと子ども）：日本教育工学会研究報告集 06(3)〔2006.5〕 p31〜38	
小平さち子	多様化する教師のメディア利用とメディア観――「小学校教師調査」から（特集・新しい放送サービスを展望する）：放送研究と調査 56(6) 通号661〔2006.6〕 p62〜77	
影山清四郎	NIEの意義と必要性を考える――地についた学びを生みだす大地の役割（NIE週間に寄せて）：新聞研究 (664)〔2006.11〕 p34〜37	
赤池幹	教師の声にみるNIEの課題――学びの園に花を根付かせるために（NIE週間に寄せて）：新聞研究 (664)〔2006.11〕 p29〜33	
森田健宏	幼児のテレビ視聴による手続き理解における再現順序の検討：日本教育工学会論文誌 31(Suppl.)〔2007〕 p5〜8	
寺岡聖豪, 赤沢早人, 北野幸子	福岡教育大学における「メディアと教育」の構想――附属学校園と大学の連携の試み：日本教育大学協会研究年報 25〔2007〕 p81〜93	
橋本暢夫	NIEの先駆者大村はま――単元「新聞」による「自己学習力」の育成：日本NIE学会誌 (2)〔2007〕 p1〜10	
田中孝一	教育課程の改善とNIE：日本NIE学会誌 (2)〔2007〕 p105〜107	
伊藤裕康	教師教育現場におけるNIE実践の開発――「社会科教育法」での試みから：日本NIE学会誌 (2)〔2007〕 p61〜70	
本田清	社会参加意識向上を目指す新聞活用――自分で考え利用する力の育成を目指して：日本NIE学会誌 (2)〔2007〕 p91〜98	
府川源一郎	「新聞」という発想と教育実践：日本NIE学会誌 (2)〔2007〕 p109〜112	

豊嶌啓司	全国紙におけるNIE実践の分析——NIEの理論化に向けて：日本NIE学会誌　(2)〔2007〕p21〜30
中善則	地域ミニコミ誌づくりをとおしたNIE(2)市民性の育成をめざして：日本NIE学会誌　(2)〔2007〕p81〜90
熊倉千砂都	中学生の新聞記事選択に関する実証的研究——記事選択における生徒の意識調査から：日本NIE学会誌　(2)〔2007〕p31〜40
岡山三智子	米国NIEにおける新聞界の教材開発：日本NIE学会誌　(2)〔2007〕p41〜50
井上豊久	子どもとメディアのよりよい関係づくりに関する実験的研究：福岡教育大学紀要. 第4分冊, 教職科編　(56)〔2007〕p1〜12
野中博史	不合理なニュースの受容——合理的推論の欠如 NIEへの指針：宮崎公立大学人文学部紀要　15(1)〔2007〕p265〜286
苑復傑, 清水康敬	大学教員の教育力強化とメディア活用——アメリカの事例分析とその含意(特集：FD (ファカルティ・ディベロップメント)：大学教員の教育方法の改善への取り組み)：メディア教育研究　4(1)通号7〔2007〕p19〜30
小平さち子	デジタル時代の教育サービスの可能性を探る——2006年「日本賞」教育番組国際コンクール参加作品から：放送研究と調査　57(2)通号669〔2007.2〕p2〜15
本橋春紀	民放報道人の必須科目に——報道記者研修会, この10年：月刊民放　37(3)通号429〔2007.3〕p38〜41
橋本暢夫	NIEの先駆者大村はま一単元「新聞」による「自己学習力」の育成(研究論文)：日本NIE学会誌　(2)〔2007.3〕p1〜10
阿部昇, 影山清四郎	リテラシーを育てるNIE—教育課程改革とNIE (シンポジウム)：日本NIE学会誌　(2)〔2007.3〕p99〜100
田中孝一	教育課程の改善とNIE (シンポジウム)：日本NIE学会誌　(2)〔2007.3〕p105〜107
伊藤裕康	教師教育現場におけるNIE実践の開発—「社会科教育法」での試みから(実践論文)：日本NIE学会誌　(2)〔2007.3〕p61〜70
本田清	社会参加意識向上を目指す新聞活用—自分で考え利用する力の育成を目指して(実践論文)：日本NIE学会誌　(2)〔2007.3〕p91〜98
府川源一郎	「新聞」という発想と教育実践(シンポジウム)：日本NIE学会誌　(2)〔2007.3〕p109〜112
豊嶌啓司	全国紙におけるNIE実践の分析—NIEの理論化に向けて(研究論文)：日本NIE学会誌　(2)〔2007.3〕p21〜30
中善則	地域ミニコミ誌づくりをとおしたNIE(2)市民性の育成をめざして(実践論文)：日本NIE学会誌　(2)〔2007.3〕p81〜90
熊倉千砂都	中学生の新聞記事選択に関する実証的研究—記事選択における生徒の意識調査から(研究論文)：日本NIE学会誌　(2)〔2007.3〕p31〜40
岡山三智子	米国NIEにおける新聞界の教材開発(研究論文)：日本NIE学会誌　(2)〔2007.3〕p41〜50
萩原滋	大学生のメディア利用と外国認識——首都圏13大学での調査結果の報告(特集 外国関連報道が構築する世界像(2))：メディア・コミュニケーション：慶応義塾大学メディア・コミュニケーション研究所紀要　(57)〔2007.3〕p5〜33
西森年寿, 辻靖彦, 葉田善章	大学生のPCや携帯電話などのメディア利用行動に関する調査——予備調査の実施と結果(授業実践とメディア活用)：日本教育工学会研究報告集　07(1)〔2007.3〕p109〜116
水谷文勇	CBCこども未来キャンペーン こどもたちを救おう！ こどもたちの未来を守ろう！(特集 子どもの未来を育む試み)：月刊民放　37(5)通号431〔2007.5〕p11〜13
大川信夫	「GOG0！RKB」体験ツアー こどもたちに番組づくりの楽しさを(特集 子どもの未来を育む試み)：月刊民放　37(5)通号431〔2007.5〕p17〜19
和田のり子	TBSキッズプロジェクト みんなで作ろう！ 大好きなアニメ(特集 子どもの未来を育む試み)：月刊民放　37(5)通号431〔2007.5〕p5〜7
桃井康子	キッザニア東京の「テレビ局」 リアルな体験を通して社会を楽しく学ぶ(特集 子どもの未来を育む試み)：月刊民放　37(5)通号431〔2007.5〕p8〜10
村野井均	少子化の進行とテレビを見る力——放送局が子どもにすべきこと(特集 子どもの未来を育む試み)：月刊民放　37(5)通号431〔2007.5〕p20〜23
小平さち子, 渡辺誓司	デジタル時代の教育とメディア(1)学校教育現場のデジタル化とメディア利用の展開——2006年度NHK学校放送利用状況調査から：放送研究と調査　57(5)通号672〔2007.5〕p22〜43
宮本克美, 増田智子	減少した "見る人""学ぶ人"——平成18年12月「教育テレビに関する調査」から：放送研究と調査　57(5)通号672〔2007.5〕p44〜55
黒坂俊介, 佐々木束, 尾崎廉	ICTを活用した授業への1stステップ——黒板用コンテンツによるわかる授業へのアプローチ(地域教育力と情報教育)：日本教育工学会研究報告集　07(2)〔2007.5〕p41〜44
工藤さほ	発祥の地で考えたNIEの在り方——WAN/第七回世界若者読者会議に参加して：新聞研究　(671)〔2007.6〕p58〜61
小平さち子	デジタル時代の教育とメディア(2)幼稚園・保育所におけるメディア利用の現況と今後の展望——2006年度NHK幼児向け放送利用状況調査を中心に：放送研究と調査　57(6)通号673〔2007.6〕p64〜79
西村規子	乳児期から幼児期へ変わり始めるテレビの見方——3歳になったフォローアップ調査の対象児たち：放送研究と調査　57(7)通号674〔2007.7〕p62〜73
後藤康志	メディアに対する先有知覚の学年間比較(授業とメディア)：日本教育工学会研究報告集　07(3)〔2007.7〕p25〜32
吉原圭介	子どもとつくる「平和新聞」——ウェブと連動, ワールドワイドな試み：新聞研究　(673)〔2007.8〕p54〜57
渡辺誓司	デジタル時代の教育とメディア(3)小学校・英語学習の現況とメディア利用——2006年度NHK学校放送利用状況調査から：放送研究と調査　57(8)通号675〔2007.8〕p76〜83
門馬務	生涯学習をメーンに地域文化を全国発信——40周年迎えた民教協の活動：月刊民放　37(9)通号435〔2007.9〕p34〜37
加瀬雄二	小地域密着型「スモールNIE」の勧め——転機の新聞活用教育の現状と展望：新聞研究　(675)〔2007.10〕p58〜61
増田智子	減少した "幼児のテレビ視聴時間"——平成19年6月「幼児視聴率調査」から：放送研究と調査　57(10)通号677〔2007.10〕p58〜67
後藤康志	メディアに対する批判的思考の測定と学年間比較(一般高等教育とeラーニング/一般)：日本教育工学会研究報告集　07(5)〔2007.12〕p25〜32
橋場義之	新聞と学生——受講生アンケートから：コミュニケーション研究　(38)〔2008〕p31〜48

教育	理論

鎌田隆　NIEが育む対話力——モニタークラスでの実践とその効果の検討：日本NIE学会誌　（3）〔2008〕p61〜70

阪根健二, 山本木ノ実　NIE実践の理論化に向けて——四国4県のNIE実践報告書の分析を通して：日本NIE学会誌　（3）〔2008〕p21〜30

伊奈諭, 木村千夏　オンライン記事を活用したNIEによる読解力育成の試みと実践——問題作りとワークシートを手立てにして：日本NIE学会誌　（3）〔2008〕p41〜50

平石隆敏　シンポジウム 教員養成課程でのNIE入門講座から：日本NIE学会誌　（3）〔2008〕p95〜97

中西一彦　シンポジウム 週に一度はNIE——誰もができるNIE：日本NIE学会誌　（3）〔2008〕p85〜87

種谷克彦　シンポジウム 認識主体を育てるNIE——教材としての必然性を問い続けて：日本NIE学会誌　（3）〔2008〕p89〜93

柳澤伸司　シンポジウム 優れたNIE実践とは——理論化のためのフレームづくり：日本NIE学会誌　（3）〔2008〕p81〜83

空健太, 小原友行, 川口広美　リテラシーを育成するNIE学習の教育的効果に関する研究——連載記事を用いた中学校社会科授業の実践を通して：日本NIE学会誌　（3）〔2008〕p11〜20

三上久代　学校図書館における新聞の活用とNIE——学校図書館司書教諭講習テキストの分析を通して：日本NIE学会誌　（3）〔2008〕p31〜39

大杉卓三　大学における映像・音声メディアの戦略的利用に関する事例調査：比較社会文化：九州大学大学院比較社会文化学府紀要　14〔2008〕p105〜109

井上豊久　子どもとメディアに関する研究：福岡教育大学紀要. 第4分冊, 教職科編　（57）〔2008〕p147〜155

李暁鳳　中国におけるNIE活動の展望——日本の事例を参考に：メディア学：文化とコミュニケーション　（23）〔2008〕p1〜25

小西順人　新聞閲読啓蒙教育「メディアとビジネス」の現在：山梨学院大学現代ビジネス研究　（1）〔2008.2〕p45〜55

神作晋一　テレビ番組を用いた日本語聴解授業の実践について——台湾の高等教育機関でのケース：國學院雑誌　109（6）通号1214〔2008.6〕p11〜25

渡邊あや　フィンランドにおける読解力の育成——教科と現実をつなぐ新聞の役割（読解力と新聞）：新聞研究　（683）〔2008.6〕p18〜21

小谷野弘子　学びの中核となる情報センター——NIEにおける学校図書館の役割（読解力と新聞）：新聞研究　（683）〔2008.6〕p22〜25

阿部昇　吟味の方法を学ばせる指導へ——NIEの可能性と教科改革への期待（読解力と新聞）：新聞研究　（683）〔2008.6〕p14〜17

赤池幹　「言語力育成」に新聞活用の効果認知——社会性広げ豊かなコミュニケーション（読解力と新聞）：新聞研究　（683）〔2008.6〕p10〜13

赤田貞治　子どもに新聞を近づける——教育界で新聞社の果たす役割（読解力と新聞）：新聞研究　（683）〔2008.6〕p26〜29

Auckland, George　公共放送BBCが提供する新時代の教育サービス（英米公共放送の教育サービス最新動向——NHK Broadcasting Studies (2008) から）：放送研究と調査　58（6）通号685〔2008.6〕p79〜88

渡辺誓司　放送・メディアが小学校英語を豊かにする——韓国の事例から（2008年「春の研究発表」特集）：放送研究と調査　58（6）通号685〔2008.6〕p56〜65

小林利行, 増田智子　人々の学習関心とメディアに求めているもの——「学習関心とメディア調査」から：放送研究と調査　58（8）通号687〔2008.8〕p2〜31

大作光子　学校図書館メディア・プログラムにおける児童生徒の学習達成度に関する研究手法について：日本教育工学会研究報告集　08（4）〔2008.9〕p21〜26

菅谷克彦, 長滝美都子　教材としての電子書籍に関する一考察（教育システム・教材開発のためのICT活用/一般）：日本教育工学会研究報告集　08（5）〔2008.12〕p1〜6

高橋純, 中山実, 木原俊行　小学校の学習単元における学校放送番組やICTの活用に関する調査（教育システム・教材開発のためのICT活用/一般）：日本教育工学会研究報告集　08（5）〔2008.12〕p165〜170

丸山裕輔, 後藤康志　メディアに対する批判的思考を育成する教材パッケージの開発：日本教育工学会論文誌　33（Suppl.）〔2009〕p89〜92

空健太　「社会」を読み解く高等学校NIE実践の開発——社会系教科目におけるNIEの先行実践の分析を通して：日本NIE学会誌　（4）〔2009〕p1〜10

樋口克次　新聞と大学教育：日本NIE学会誌　（4）〔2009〕p31〜40

橋本祥夫　新聞を活用し社会事象の読み解きに重点を置いた社会科学習の構想——小学校社会科学習を事例に：日本NIE学会誌　（4）〔2009〕p41〜50

今西珠江, 森田英嗣, 馬野範雄　「読解力」育成のための新聞活用授業の構成とその効果：日本NIE学会誌　（4）〔2009〕p11〜20

井上豊久　子どもとメディアの関係に関する実践的研究：福岡教育大学紀要. 第4分冊, 教職科編　（58）〔2009〕p217〜233

赤上裕幸　活字から活映へ——水野新幸と『映画教育（活映）』：マス・コミュニケーション研究　通号75〔2009〕p111〜128

渡辺裕子　NIEで向こう三軒両隣——地域NIEの取り組みから見えてきたもの：新聞研究　（692）〔2009.3〕p80〜84

神村伸一　ICTとローテクを併用した大学基礎科目「情報倫理」の授業実践と考察（ICTの教育活用と授業設計/一般）：日本教育工学会研究報告集　09（1）〔2009.3〕p87〜90

町田智雄, 辻美早子, 豊福晋平　学校子どもブログの交流活動を支える技術的要素とその課題（ICTの教育活用と授業設計/一般）：日本教育工学会研究報告集　09（1）〔2009.3〕p207〜212

今井亜湖, 棚橋美保　教員養成におけるメディア・リテラシー育成カリキュラムの開発と評価（ICTの教育活用と授業設計/一般）：日本教育工学会研究報告集　09（1）〔2009.3〕p335〜340

小林利光　学生と格闘続けた紙面づくり——「キャンパる」20年の歩みから見た若者と新聞：新聞研究　（693）〔2009.4〕p63〜66

Cole, Charlotte F.　どのような違いをもたらすか？——国際共同制作版『セサミストリート』の教育効果研究からの知見（子ども向け教育メディアの研究意義——NHK Broadcasting Studies (2009) 寄稿論文から）：放送研究と調査　59（5）通号696〔2009.5〕p84〜100

丸山裕輔, 後藤康志, 高橋健　メディアに対する批判的思考育成プログラムの開発（ICTを活用したFD/一般）：日本教育工学会研究報告集　09（2）〔2009.5〕p129〜136

小平さち子　幼児教育におけるメディア利用の課題と展望——2008年度NHK幼児向け放送利用状況調査を中心に：放送研究と調査　59（7）通号698〔2009.7〕p90〜105

枝元一三	NIEを広める上での課題——入門ガイド発行を機に考える：新聞研究　（697）〔2009.8〕　p60～63	
浜野隆	家庭の活字環境と子どもの学力——親の読書・新聞閲読が与える影響：新聞研究　（698）〔2009.9〕　p75～78	
中村純子	西オーストラリア州におけるメディア・リテラシー教育の現状と課題：日本教育工学会論文誌　33（2）〔2009.10〕　p161～170	
稲井達也	NIEの源流としての新聞学習——1950年の読売新聞社による実験の分析：日本NIE学会誌　（5）〔2010〕　p1～10	
木村博一	NIEの目標の体系化と授業構成論の構築——第5回大会の課題研究における岸尾，前野，堤実践の分析を通して（特集 日本型NIEの理論化に関する研究）：日本NIE学会誌　（5）〔2010〕　p137～142	
朝倉淳	NIE実践研究方法論の構築——『日本NIE学会誌』実践論文の分析を通して（特集 日本型NIEの理論化に関する研究）：日本NIE学会誌　（5）〔2010〕　p143～150	
野津孝明	NIE実践力の向上を図る教員研修実施に関する一提案——教育センターにおける研修プログラムの分析を通して（特集 日本型NIEの理論化に関する研究）：日本NIE学会誌　（5）〔2010〕　p113～121	
橋本祥夫	小学校におけるNIE導入の初期指導——言語活動の充実を図るNIE活動：日本NIE学会誌　（5）〔2010〕　p77～80	
臼井淑子	小学校国語科におけるNIEカリキュラム構想——メディア・リテラシーの育成を根幹に（特集 日本型NIEの理論化に関する研究）：日本NIE学会誌　（5）〔2010〕　p97～104	
小原友行	情報読解力の育成からみた新聞社におけるNIEの理論化——中国新聞社の場合（特集 日本型NIEの理論化に関する研究）：日本NIE学会誌　（5）〔2010〕　p123～128	
秋元美輝, 小原友行, 野上歩美	「情報編集力」を育成するNIE授業開発の研究——中学校NIE授業単元「切り抜き新聞を作って留学生へ日本のことを伝えよう！」を事例に：日本NIE学会誌　（5）〔2010〕　p39～48	
佐々木孝夫	大学におけるNIEとネットの活用——［平成国際大学］法学部におけるメディア政治研究の事例から：日本NIE学会誌　（5）〔2010〕　p21～27	
樋口克次	大学における新聞利用のあり方——読み，理解し，表現する：日本NIE学会誌　（5）〔2010〕　p11～19	
植田恭子	中学校国語科におけるNIEカリキュラム構想——「他者」との出会いを視点として（特集 日本型NIEの理論化に関する研究）：日本NIE学会誌　（5）〔2010〕　p105～112	
阪根健二	日本におけるNIE実践の現状と課題——実践報告書の分析を通して（特集 日本型NIEの理論化に関する研究）：日本NIE学会誌　（5）〔2010〕　p129～136	
柳澤伸司	日本型NIEの課題と展望——さらなる新聞（ジャーナリズム）研究にむけて（特集 日本型NIEの理論化に関する研究）：日本NIE学会誌　（5）〔2010〕　p151～158	
森田英嗣	<発表・交流活動>の活性化と新聞の活用（シンポジウム 言語活動の充実を目指すNIE）：日本NIE学会誌　（5）〔2010〕　p91～93	
勝田吉彰	福祉職養成におけるNIE導入の試み——社会性豊かな専門職養成に向けて：日本NIE学会誌　（5）〔2010〕　p69～72	
奥谷雅之	理科教育の中の言語活動（シンポジウム 言語活動の充実を目指すNIE）：日本NIE学会誌　（5）〔2010〕　p87～89	
菅原ますみ, 西村規子, 中井俊朗	乳幼児期のテレビ接触を規定する要因——"子どもに良い放送"プロジェクト・中間総括報告書から：NHK放送文化研究所年報　54〔2010〕　p295～325	
植田恭子	新聞を活用して「読書センター」「情報・学習センター」としての機能を高める：Lisn　Library & information science news　（145）〔2010.秋〕　p10～14	
小平さち子	乳幼児とメディアをめぐる海外の研究動向：放送研究と調査　60（1）通号704〔2010.1〕　p36～51	
大江昇	報道から学ぶ——テロ首謀者：Keisatsu jiho　65（1）〔2010.1〕　p29～36	
藪田正弘	動画のチカラを教育に！——防災教材「ビジュアル版幸せ運ぼう」の試み：月刊民放　40（2）通号464〔2010.2〕　p34～37	
山田政寛	SNSの使用，学習コミュニティー参加と学習意識の関係性に関する検討（教育実践を指向した学習支援システム／一般）：日本教育工学会研究報告集　10（1）〔2010.3〕　p17～20	
坂本弘子	新聞との幸せな出会いの場を——コンテンツやノウハウを生かして（教育・教養事業の取り組み）：新聞研究　（706）〔2010.5〕　p8～11	
村田育也	情報モラル教育のあり方——情報メディアの匿名性と個人性に注目して（情報モラル教育・ネットいじめ対策／一般）：日本教育工学会研究報告集　10（2）〔2010.5〕　p27～32	
菅谷克行	教育分野における電子書籍活用に向けて（メディアの活用と教育・学習環境／一般）：日本教育工学会研究報告集　10（4）〔2010.10〕　p37～42	
関根光男, 木村寿雄, 野村泰朋	教授意図の分析に焦点を当てたICT活用による授業改善の考え方に関する教員研修の提案と試行（メディアの活用と教育・学習環境／一般）：日本教育工学会研究報告集　10（4）〔2010.10〕　p81～88	
花田達朗	セカンドメディアとしての責任と未来——大学のジャーナリズム教育と放送ライブラリーの活用（特集 使おう！ 放送ライブラリー）：月刊民放　40（12）通号474〔2010.12〕　p28～31	
越地真一郎	NIEは何者か，どこへ行くのか——「めくるめくる」新聞，社会全体での活用を（国民読書年を振り返る）：新聞研究　（713）〔2010.12〕　p28～31	
松本昌樹	活字の重要性，継続的に訴える——毎日新聞社の読書推進関連事業（国民読書年を振り返る）：新聞研究　（713）〔2010.12〕　p16～19	
小原友行	情報読解力の向上とNIE——国民読書年に当たって（国民読書年を振り返る）：新聞研究　（713）〔2010.12〕　p32～35	
山本朋弘, 森本容介, 清水康敬	小学校外国語活動のためのテレビ会議システムの運用と評価：日本教育工学会論文誌　34（Suppl.）〔2010.12〕　p125～128	
宮弘美	NIEで学ぶ日本語・日本社会——日本語学校の取り組みと展望について：日本NIE学会誌　（6）〔2011〕　p93～97	
橋本祥夫	NIEにおける情報探索と学習効果に関する一考察——図書館・情報学の情報探索を鍵概念に：日本NIE学会誌　（6）〔2011〕　p11～20	
久保田亘, 佐藤有紀	NIEの授業実践における「昔の新聞」の活用に関する研究——中学校社会科と大学における実践の紹介を通して：日本NIE学会誌　（6）〔2011〕　p59～68	
阪根健二, 田中義人	NIEを基盤とした保護者・地域との連携——ファミリーフォーカスの視点から：日本NIE学会誌　（6）〔2011〕　p49～58	
阪根健二	シンポジウム メディア社会とNIE：日本NIE学会誌　（6）〔2011〕　p117～126	
中根淳一	スクールジャーナリズムとNIE——民主主義創造の原点：日本NIE学会誌　（6）〔2011〕　p39～47	

野村理恵	新学習指導要領と新聞活用——活用力・探究力をはぐくむ授業を目指して（シンポジウム 新学習指導要領と新聞活用）：日本NIE学会誌　（6）〔2011〕　p111～113
岡本光子	「読む」「書く」「話す」「聞く」力を伸ばすNIE実践上の工夫——NIE実践事例を通して：日本NIE学会誌　（6）〔2011〕　p79～88
勝田吉彰	留学生専門教育におけるNIE実践に向けての予備調査——留学生の新聞利用実態調査：日本NIE学会誌　（6）〔2011〕　p21～28
小平さち子	「日本賞」コンクールにみる世界の教育番組・コンテンツの潮流：放送研究と調査　61（3）通号718　〔2011.3〕　p72～88
大島光博	誠実な会見の重要性を強調——広報担当者向け「メディアトレーニング」の取り組み：新聞研究　（717）〔2011.4〕　p66～69
藤田和之	楽しく読んで、学力を——「読売KODOMO新聞」の挑戦（新聞を学校に、家庭に）：新聞研究　（718）〔2011.5〕　p18～21
橋本祥夫	新聞活用と学習効果——社会を教室に持ち込む（新聞を学校に、家庭に）：新聞研究　（718）〔2011.5〕　p33～35
高木まさき	他者との関係性を回復する場に——新学習指導要領の意義と新聞の力（新聞を学校に、家庭に）：新聞研究　（718）〔2011.5〕　p36～39
小平さち子, 渡辺誓司	進展する教室のデジタル化と教育利用のこれから——2010年度NHK学校放送利用状況調査から：放送研究と調査　61（6）通号721　〔2011.6〕　p58～82
齋藤徹	震災を児童・生徒に伝える新聞の役割——NIE全国大会の議論から考える（東日本大震災と報道）：新聞研究　（723）〔2011.10〕　p72～74
下村勉, 須曽野仁志, 西村和貫	小学校外国語活動におけるマルチメディアデータベースを用いた能動的学習の試み：日本教育工学会論文誌　35（Suppl.）〔2011.12〕　p93～96
益子典文, 前田康裕, 武田裕二	新聞記事制作を体験する情報教育研修プログラムの開発：日本教育工学会論文誌　35（Suppl.）〔2011.12〕　p21～24
伊藤昌亮	イギリスにおけるメディア教育の現況（平成21・22年度 特別教育研究 社会的視座を有するメディアの送り手をどう育てるか ： 送り手のメディア・リテラシー育成を巡る大学教育の役割）：愛知淑徳大学論集. メディアプロデュース学部篇　（2）〔2012〕　p74～83
二田貴広	21世紀に求められるcitizenship（市民的教養）とNIE ： 中等教育段階での道徳教育への提言と実践：日本NIE学会誌　（7）〔2012〕　p79～89
柳澤伸司	NIEのこれまでとこれから ： 3・11以降の「新聞」教育とジャーナリズム研究：日本NIE学会誌　（7）〔2012〕　p115～117
臼井淑子	NIEの自己実践のこれまでとこれから：日本NIE学会誌　（7）〔2012〕　p119～121
柳澤伸司	NIEの歴史的諸課題 ： さらなる新聞教育の研究にむけて：日本NIE学会誌　（7）〔2012〕　p1～10
神﨑友子	国語科における新聞教育に関する研究 ： 昭和20年代から30年代にかけての実践および理論の考察：日本NIE学会誌　（7）〔2012〕　p23～32
宛彪, 庄本恵子, 福井駿	社会科NIE授業を実践できる教員養成用大学講義計画の開発研究：日本NIE学会誌　（7）〔2012〕　p43～52
岩渕満, 小原友行, 藤本奈央子	主権者を育成する社会科NIE単元の開発研究 ： 中学校社会科「東日本大震災後の社会を考えよう」の開発：日本NIE学会誌　（7）〔2012〕　p53～62
胤森裕暢	新聞を活用した公民科「倫理」の授業改善：日本NIE学会誌　（7）〔2012〕　p11～21
大津友美	新聞記事読解のためのストラテジーの分析 ： より良い新聞記事読解をめざして：日本NIE学会誌　（7）〔2012〕　p33～42
勝田吉彰	福祉系国際教育におけるNIEの展開 ： ご近所のニホン人フォーカスなど：日本NIE学会誌　（7）〔2012〕　p63～70
岡本光子	防災教育における新聞活用 ： 事例と効果：日本NIE学会誌　（7）〔2012〕　p111～114
放送レポート編集部	子ども番組の今と明日を考える：放送レポート　235号　〔2012.3〕　p32～35
大室昌樹	新聞記事を活用した歴史授業の展開—津軽森林鉄道を例に：群馬大学社会科教育論集　（19）〔2012.3〕　p157～164
二田貴広	学校と新聞社の互恵関係 ： 社会を支える市民育てる：新聞研究　（728）〔2012.3〕　p78～80
後藤康志	AHPを用いたメディア特性の理解の可視化（ICTを活用したFD/一般）：日本教育工学会研究報告集　12（3）〔2012.7〕　p31～36
豊福晋平	学校子どもブログ活動サポートシステムの構築（ICTを活用したFD/一般）：日本教育工学会研究報告集　12（3）〔2012.7〕　p93～98
植田詩織, 田原俊哉, 平川成一	高等教育におけるメディアリテラシー教育実践に関する研究 ： 参加型授業の特徴と学生の学びとの関連に着目した（ICTを活用したFD/一般）：日本教育工学会研究報告集　12（3）〔2012.7〕　p13～16
四戸友也	「考える」を育てる教育と新聞活用 ： NIEの可能性を確認した福井大会：新聞研究　（734）〔2012.9〕　p54～57
池田瑞穂	Web教材システムに基づいた教材コンテンツ評価モデルの作成と実装：日本教育工学会研究報告集　12（4）〔2012.10〕　p49～54
三好仁司	11月はNIE月間 期待される言語活動の充実 ： 新学習指導要領で広がる新聞活用の可能性：新聞研究　（736）〔2012.11〕　p44～46
片山浩子, 木村邦彦	NIEがもたらす社会の関心度 ： 実践・非実践校における調査からの考察：社会情報研究　（10）〔2012.12〕　p31～47
佐藤和紀, 大山努, 南部昌敏	中学生への追跡調査による小学校におけるメディア・リテラシー育成要素の提案：日本教育工学会論文誌　36（Suppl.）〔2012.12〕　p149～152
金子幹夫	NIEと「動くカリキュラム」の実践研究 ： 社会科を中心にした取り組み：日本NIE学会誌　（8）〔2013〕　p23～33
佐々木孝夫	NIEデジタルコンテンツを利用した大学教育の展開：日本NIE学会誌　（8）〔2013〕　p45～48
岸尾祐二	NIE研究の国際化 ： 韓国の取組から学ぶ：日本NIE学会誌　（8）〔2013〕　p79～87
松岡靖	メディアによる世論形成論に基づく社会科NIE授業の開発 ： 小5「原子力発電を伝える新聞メディア」の場合：日本NIE学会誌　（8）〔2013〕　p13～22
伊吹侑希子	古典文学から "現在" を読み解く ： 古典の授業で取り組むNIEの実践報告：日本NIE学会誌　（8）〔2013〕　p49～52
橋本祥夫	社会参画能力を育成するNIE活動 ： 総合的な学習における新聞づくりを通して：日本NIE学会誌　（8）〔2013〕

	p1〜11
稲井達也	大学の教養教育におけるNIE ： 1, 2年次必修科目「国語表現」の授業実践：日本NIE学会誌 （8）〔2013〕p53〜57
菅原久美	東日本大震災とNIE ： 子どもたちの心とどう向き合っていくか（学会第9回秋田大会・シンポジウム 東日本大震災とNIE）：日本NIE学会誌 （8）〔2013〕p75〜77
阪根健二	防災とNIEについて（学会第9回秋田大会・シンポジウム 東日本大震災とNIE）：日本NIE学会誌 （8）〔2013〕p71〜73
安井明代, 山口宗芳, 長谷川literal	SNSの教育利用とソーシャルラーニング（情報メディア学部・基礎教育センター・食と栄養研究所開設記念号）：名古屋文理大学紀要 （13）〔2013.3〕p51〜58
小平さち子, 渡辺誓司	多様化進む教室のメディア環境と教育コンテンツ ： 2012年度NHK学校放送利用状況調査から：放送研究と調査 63（6）通号745〔2013.6〕p46〜67
吉田雅巳	現職教育におけるメディア情報リテラシーの現状と課題（大学教育への教育工学的アプローチ/一般）：日本教育工学会研究報告集 13（3）〔2013.7〕p97〜102
北村敏広	NIEのすそ野を広げるために ： 第18回NIE全国大会から（誰もが取り組めるNIE）：新聞研究 （746）〔2013.9〕p52〜55
高木まさき	新聞で育まれる言葉の力 ： NIEを広げるために今考えること（誰もが取り組めるNIE）：新聞研究 （746）〔2013.9〕p56〜60
野口武悟	学校図書館は電子書籍とどう向き合うべきか（特集 電子書籍ってどんなもの？ ： 子どもの読書にとって）：子どもと読書 （402）〔2013.11・12〕p6〜10
稲垣忠, 亀井美穂子, 寺嶋浩介	Web教材を用いた児童のメディア制作活動支援の分析：日本教育工学会論文誌 37（Suppl.）〔2013.12〕p77〜80
間嶋雅樹, 丸山裕輔, 後藤康志	メディアに対する批判的思考（技能）ルーブリックを用いた自己評価：日本教育工学会論文誌 37（Suppl.）〔2013.12〕p25〜28
金子幹夫	NIEとキャリア教育 ：「人はどうして働くのか？」を新聞記事から考える：日本NIE学会誌 （9）〔2014〕p55〜64
森田英嗣, 中島順子	NIEにおける〈本来的な読み〉の意義と効果：日本NIE学会誌 （9）〔2014〕p43〜53
臼井淑子, 橋本祥夫	NIEのカリキュラム化の現状と課題 ： 市全体でNIEに取り組む自治体の実践を事例に：日本NIE学会誌 （9）〔2014〕p31〜41
羽田潤, 春香クリスティーン, 大谷昭宏	シンポジウム 真価問われるデジタル時代のNIE ： 価値ある情報を教育に：日本NIE学会誌 （9）〔2014〕p95〜102
小原友行, 瀬戸康輝, 大坂遊	我が国の新聞社が提供するNIEプラン改善の方向性 ： 諸外国の新聞社におけるNIEレッスンプランの分析を通して：日本NIE学会誌 （9）〔2014〕p21〜30
伊吹侑希子	学校図書館を活用したNIE ： 小論文指導の実践報告：日本NIE学会誌 （9）〔2014〕p89〜93
菅原友子, 中島平	手書きパッドを用いた被災地におけるNIE実践授業の検討：日本NIE学会誌 （9）〔2014〕p65〜73
熊本喬, 森田英嗣	新聞記事を題材にしたコミュニケーションが活性化する条件に関する研究：日本NIE学会誌 （9）〔2014〕p75〜78
谷本泰正	大学初年次化学教育へのNIEの導入 ： 学内LANを用いた意見交換の取り組み：日本NIE学会誌 （9）〔2014〕p79〜83
岡本光子	「朝NIE」で育む力と社会を見る目 ： 新聞読解ワークの実践を通して：日本NIE学会誌 （9）〔2014〕p85〜88
小平さち子	調査60年にみるNHK学校教育向けサービス利用の変容と今後の展望 ： 「学校放送利用状況調査」を中心に：NHK放送文化研究所年報 58〔2014〕p91〜169
倉掛崇	Google Appsの教育活用を推進するビデオコンテンツの開発：日本福祉大学全学教育センター紀要 （2）〔2014.3〕p75〜86
野口武悟	学校図書館におけるメディアの選択 ： その理論と方法（特集 学校図書館メディアの選択）：学校図書館 （762）：〔2014.4〕p39〜41
山本光	教員の著作権使用料に関する意識調査の結果（ICTを活用した教育・学習/一般）：日本教育工学会研究報告集 14（2）〔2014.5〕p63〜68
宮田輝美	「心でつながる」ための体験授業 ： オープンスクール@カンテーレ（特集 開かれた放送局へ ： 地域とともに）：月刊民放 44（7）通号517〔2014.7〕p10〜12
三谷徹	NIEの現実と今後の課題 ： 全国大会の開催を通じて見えたもの：新聞研究 （758）〔2014.9〕p44〜47
キーン, ドナルド	記念講演 文字離れと未来 ： 新聞の役割（第67回新聞大会から）：新聞研究 （761）〔2014.12〕p30〜33

〔図書〕

全国新聞教育研究会 新聞教育の展開―新聞教育の実験報告 読売新聞社 1951 197p 19cm （新聞教育資料 第2)

文部省社会教育局視聴覚教育課 テレビと社会教育―農村におけるテレビ集団聴視実験調査報告書 日本放送教育協会 1958 218p（図版共）21cm （視聴覚教育資料 第8集）

依田新, 日高六郎, 木原健太郎 講座マス・コミュニケーションと教育 第3巻 学校教育とマス・コミュニケーション 明治図書出版 1965 240p 22cm

日本放送協会総合放送文化研究所 放送教育の研究と理論 日本放送出版協会 1966 273p 22cm 550円

岐阜市立長森中学校 放送教材の活用―学習効果を高めるために、放送教材の豊かさをどのように活用したらよいか。 岐阜市立長森中学校 1967.10 108p 25cm

渡辺彰 現代TV教育論―現場実践の立場から 新光閣書店 1969 267p 27cm 1000円

全国放送教育研究会連盟 放送利用のABC―幼稚園小学校 全国放送教育協会 197 1冊 26cm

Harmonay, Maureen., 子どもによりよいテレビを！ 行動する市民の会, 子どものテレビの会 テレビと障害をもつ子どもたち 聖文舎 1981.3 375, 31p 19cm 2800円

Retter, Hein. 反テレビなしの子どもの教育 小学館 1984.6 190p 19cm 880円 （小学館創造選書 71）

後藤和彦, 高桑康雄, 坂元昂, 平沢茂 メディア教育のすすめ 2 メディアを読む ぎょうせい 1987.6 231p 21cm 2200円

大内文一, 大木薫 教育に新聞を―NIEの授業展開 ぎょうせい 1989.1 263p 21cm 1800円

鈴木伸男 新聞教育入門―ゆたかな学級づくりのために 白順社 1989.4 287p 21cm 2240円

放送教育開発センター メディアの教育史―試論 放送教育開発センター教育メディア関係機器収集委員会 1994 44p 30cm

メディアリテラシー　　　　　　　　理論

高桑康雄　　メディアと教育　放送大学教育振興会　1995.3　192p　21cm　2270円　（放送大学教材 1995）
新友会パピルス　新聞教育のあゆみ―全新研を育てた人たち　新友会パピルス　1995.7　293p　22cm
岸尾祐二, 吉田伸弥　新聞をエンジョイ！―誰でもできるNIEガイド　東洋館出版社　1998.6　99p　26cm　2200円
高桑康雄, 白鳥元雄　メディアと教育　放送大学教育振興会　1999.3　228p　21cm　2200円　（放送大学教材 1999）
小川和久　ニュースを疑え！　日本障害者リハビリテーション協会　1999.10　CD-ROM1枚　12cm
新聞を学ぶ　サン・エデュケーショナル　2000　ビデオカセット1巻：VHS　（Educational video§実践NIE入門 2）
新聞活用の基礎知識　サン・エデュケーショナル　2000　ビデオカセット1巻：VHS　（Educational video§実践NIE入門 3）
「総合的な学習の時間」でのNIE　2 地域・環境　サン・エデュケーショナル　2000　ビデオカセット1巻：VHS　（Educational video§実践NIE入門 5）
NIEを知る　サン・エデュケーショナル　2000　ビデオカセット1巻：VHS　（Educational video§実践NIE入門 1）
放送番組向上協議会　「メディア教育」の実践的研究―調査研究報告　放送番組向上協議会　2000.3　62p　30cm
吉成勝好　新聞で情報をあつめよう　岩崎書店　2001.4　47p　27cm　2800円　（新聞をつかった総合学習実践集 1）
吉成勝好　新聞で情報をつたえよう　岩崎書店　2001.4　47p　27cm　2800円　（新聞をつかった総合学習実践集 3）
吉成勝好　新聞おもしろ学習アイデア　岩崎書店　2001.4　47p　27cm　2800円　（新聞をつかった総合学習実践集 4）
吉成勝好　新聞なんでもブック　岩崎書店　2001.4　47p　27cm　2800円　（新聞をつかった総合学習実践集 5）
放送番組向上協議会　「家庭におけるメディア教育」の研究―調査研究報告　放送番組向上協議会　2001.5　110p　30cm
中条敏江, 堀田竜也　メディアが身近に感じる情報教育の授業　明治図書出版　2002.2　145p　26cm　2700円　（ここから始める情報教育 教師の仕事365日 3）
日本NIE研究会　新聞でこんな学力がつく　東洋館出版社　2004.4　195p　26cm　2200円
妹尾彰　NIEの20年―"教育に新聞を"-その歩みと可能性を探る　晩成書房　2004.5　239p　21cm　2200円
今井康雄　メディアの教育学―「教育」の再定義のために　東京大学出版会　2004.6　322p　22cm　5000円
「養護教諭から見た子どもに及ぼすメディアからの影響」に関する調査　全国養護教員会事務局　2004.8　43p　30cm
鈴木伸男　新聞わくわく活用事典―読む力、考える力、調べる力が身につく NIE・新聞学習のヒントがいっぱい！　PHP研究所　2005.1　79p　29cm　2800円
影山清四郎　学びを開くNIE―新聞を使ってどう教えるか newspaper in education　春風社　2006.8　284p　21cm　2381円
渡千鶴子　記事を読んで意見を言おう！　大阪教育図書　2008.4　81p　26cm　1800円
日本NIE学会　情報読解力を育てるNIEハンドブック―newspaper in education　明治図書出版　2008.12　392p　21cm　3860円
柳澤伸司　新聞教育の原点―幕末・明治から占領期日本のジャーナリズムと教育　世界思想社　2009.3　432p　22cm　3800円
小宮山博仁　新聞コラム活用術―本物の学力が身に付く　ぎょうせい　2009.8　175p　19cm　1429円
妹尾彰　NIE新聞で自由研究―家庭で学ぶ新聞活用　晩成書房　2009.8　129p　26cm　1800円
気谷陽子, 山本順一　情報メディアの活用　改訂新版　放送大学教育振興会　2010.6　276p　21cm　2600円　（放送大学教材）
愛知教育大学　NIEのすすめ―教育に新聞を　中部日本教育文化会　2010.7　66p　21cm　800円
池上彰　池上彰の新聞活用術　ダイヤモンド社　2010.9　251p　19cm　1200円
越田清四郎, 石川實　新聞教育の文化誌―NIEはこうして始まった　白順社　2010.11　315p　20cm　2800円
荻上チキ, 飯田泰之, 鈴木謙介　ダメ情報の見分けかた―メディアと幸福につきあうために　日本放送出版協会　2010.12　197p　18cm　700円　（生活人新書 334）
新聞活用ガイドブック―新学習指導要領対応　秋田魁新報社　2011.2　150p　30cm
メディアの活用力を育てる実践事例集―小学校国語　光村図書出版　2011.2　253p　26cm　3000円
東京新聞新聞記者の内観体験記　内観　2011.4　38p　15cm
池上彰　池上彰の新聞勉強術　文藝春秋　2011.12　263p　16cm　600円　（文春文庫 い81-1）
富山県小学生学力向上研究グループ　NIE指導案集―新学習指導要領で新聞の活用がクローズアップ！　指導案10編と授業で使用できるワークシート5例を収載　小学校編　富山県小学生学力向上研究グループ　2012.2　56p　30cm　非売品
越田清四郎, 石川實　新聞教育ルネサンスへ―NIEで子どもが変わる、学校が変わる　白順社　2012.3　299p　21cm　2800円
早稲田大学ジャーナリズム教育研究所, 放送番組センター　放送番組で読み解く社会的記憶―ジャーナリズム・リテラシー教育への活用　日外アソシエーツ　2012.6　379p　21cm　5000円
日本新聞協会　新聞活用の工夫提案―学習指導要領に沿って NIEガイドブック　高等学校編　日本新聞協会　2013.3　104p　30cm　334円
苑復傑, 中川一史　メディアと学校教育　放送大学教育振興会　2013.3　294p　21cm　3300円　（放送大学教材）
村上浩一　新聞から授業が見える―NIE実践読本　熊本日日新聞社　2013.6　167p　21cm　1500円
森本洋介　メディア・リテラシー教育における「批判的」な思考力の育成　東信堂　2014.2　316p　22cm　4800円
苑復傑, 中川一史　情報化社会と教育　放送大学教育振興会　2014.3　276p　21cm　2800円　（放送大学教材）
山形新聞社　新聞活用ガイドブック―教育に新聞を　山形新聞社　2014.9　90p　30cm

メディアリテラシー

〔雑誌記事〕

佐藤健二　メディア・リテラシーと読者の身体（メディア文化の位相＜特集＞）：マス・コミュニケーション研究　通号42　〔1993.3〕　p134～150

立命館大学鈴木ゼミ2期生　メディア・リテラシー研究 オウム事件「松本被告初公判の日」のワイドショーを読む：放送レポート　148号　〔1997.9〕　p62～67

渡辺武達　市民のためのメディア・リテラシー――温暖化防止京都会議（COP3）報道の情報操作：マスコミ市民　通号349　〔1998.1〕　p64～71

渡辺武達　市民のためのメディア・リテラシー――テレビ東京「ポケモン」騒動と社会汚染の構図：マスコミ市民　通号350　〔1998.2〕　p65～69

渡辺武達　市民のためのメディア・リテラシー――めざすべき市民主権社会とその「市民像」：マスコミ市民　通号351　〔1998.3〕　p66～75

渡辺武達　市民のためのメディア・リテラシー――あいまいなニュース価値基準とメディア批評の不在：マスコミ市民　通号352　〔1998.4〕　p49～55

渡辺武達	市民のためのメディア・リテラシー——メディアによる「ステレオタイプ」づくり：マスコミ市民　通号353〔1998.5〕p68〜73
渡辺武達	市民のためのメディア・リテラシー　カルチュラル・スタディーズとしてのメディア批評：マスコミ市民　通号354〔1998.6〕p66〜72
渡辺武達	市民のためのメディア・リテラシー/「プライド——運命の瞬間」のメディア・リテラシー：マスコミ市民　通号355〔1998.7〕p62〜68
菅谷明子	メディア・リテラシー最前線(1)　画面から暴力と性を遮断したVチップの限界：論座　通号40〔1998.8〕p72〜81
隅井孝雄	拡充進む米国の子ども・教育番組——活発な市民運動と放送局の積極的対応(特集 視聴者の変化をどうとらえるか——メディア・リテラシー考)：月刊民放　28(9)〔1998.9〕p20〜23
水越伸	放送人とメディア・リテラシー——複合的な能力としての理解が必要(特集 視聴者の変化をどうとらえるか——メディア・リテラシー考)：月刊民放　28(9)〔1998.9〕p12〜15
石川弘義	僕の「メディア・リテラシー論」——テレビと映画はどう違うのか(特集 視聴者の変化をどうとらえるか——メディア・リテラシー考)：月刊民放　28(9)〔1998.9〕p8〜11
渡辺武達	市民のためのメディア・リテラシー——Vチップ問題とメディア・アカウンタビリティ：マスコミ市民　通号357〔1998.9〕p62〜69
菅谷明子	メディア・リテラシー最前線(2)——メディア教育を牽引する「マクルーハンの申し子」たち：論座　通号41〔1998.9〕p66〜75
渡辺武達	市民のためのメディア・リテラシー/草原の国・モンゴルの言論・情報環境：マスコミ市民　通号358〔1998.10〕p59〜67
菅谷明子	メディア・リテラシー最前線(最終回)アメリカが気づき始めた「メディア教育」の威力：論座　通号42〔1998.10〕p100〜109
渡辺武達	市民のためのメディア・リテラシー——メディアにおける娯楽と性表現(1)：マスコミ市民　通号359〔1998.11〕p54〜62
渡辺武達	市民のためのメディア・リテラシー　メディアにおける娯楽と性表現(2)：マスコミ市民　通号360〔1998.12〕p52〜59
松井孝二	高校におけるジャーナリズム教育の実践に向けて——カナダのメディア・リテラシーとアメリカのジャーナリズム教育を考察して：日本新聞教育文化財団研究室年報　通号17〔1999〕p71〜80
鈴木みどり	メディアリテラシーの現在と未来<1・新連載> 多彩な担い手たち：放送レポート　159号〔1999.7〕p54〜58
鈴木みどり	メディアリテラシーの現在と未来<2> カナダのテレビ界で今、何が始まっているか：放送レポート　160号〔1999.9〕p44〜48
鈴木みどり	メディアリテラシーの現在と未来<3> ビデオ・リソース・パッケージ：放送レポート　161号〔1999.11〕p56〜60
芝崎順司	21世紀のメディアと教育——わたしのキーワード(1)インターネット・リテラシーと情報の評価：放送教育　54(9)〔1999.12〕p34〜37
乾昭治, 田代光一, 渡邊輝幸	教職志望大学生のメディアリテラシー観——NHK総合チャンネル「教育トゥデイ」の視聴を手がかりに：福井大学教育実践研究　(25)〔2000〕p63〜82
江藤文夫	〈受け手主体〉とは何か——教養—リテラシー——について(特集 マス・メディア批判の軸をめぐって)：マス・コミュニケーション研究　通号57〔2000〕p6〜22
宮崎寿子	メディアリテラシーの現在と未来<4> 理論的基盤：放送レポート　162号〔2000.1〕p61〜65
若井俊一郎	海外教育放送事情 カナダのメディア・リテラシー教育が教えてくれたこと：放送教育　54(11)〔2000.2〕p50〜53
鈴木みどり	展望 メディア・リテラシー教育の課題：放送教育　54(11)〔2000.2〕p11〜13
荒鷹かおり	シリーズ メディア・リテラシーを学ぶ(1)ニュース報道の構成「和歌山毒物カレー事件」初公判報道を読み解いて：ヒューマンライツ　通号147〔2000.6〕p61〜67
立命館大学鈴木ゼミ3回生	メディアリテラシー研究 和歌山毒物カレー事件「初公判報道」を読み解く：放送レポート　165号〔2000.7〕p34〜41
竹内淳	海外レポート 社会的多様性を育むメディア・リテラシー——カナダの取り組みに学ぶ：月刊民放　30(7)通号349〔2000.7〕p30〜33
寺西太郎	シリーズ メディア・リテラシーを学ぶ(2)テロップや「音」は意味をつくりだす：ヒューマンライツ　通号148〔2000.7〕p62〜67
高嶋義典	メディア・リテラシーを学ぶ(第3回)人物の構成——「作られる」悪女像：ヒューマンライツ　(149)〔2000.8〕p58〜65
西村寿子	メディアリテラシーの現在と未来<6> サミット2000：放送レポート　166号〔2000.9〕p58〜62
中嶋貴義	メディア・リテラシーを学ぶ(第4回)自分自身の価値観を問うCM分析：ヒューマンライツ　(151)〔2000.10〕p58〜65
増田幸子	メディアリテラシーの現在と未来<7> 注意深く見てクリティカルに考える：放送レポート　167号〔2000.11〕p62〜66
柴田邦臣	メディア・リテラシーの"成功"と現実——カナダにみる背景：社会学年報　(30)〔2001〕p119〜147
飯塚浩一	大学教育における<送り手>教育の試み(特集 変貌と模索の中のマス・コミュニケーション教育)：マス・コミュニケーション研究　通号59〔2001〕p8〜18
宮田加久子	情報ネットワーク社会に求められるメディア・リテラシー：明治学院論叢　(658)〔2001.3〕p1〜35
林直哉	テレビは変われるか——送り手の顔が見えるメディアに(特集 メディアリテラシー)：月刊民放　31(5)通号359〔2001.5〕p10〜14
無藤隆	メディアリテラシーの普及・定着に向けて(特集 メディアリテラシー)：月刊民放　31(5)通号359〔2001.5〕p4〜9
春田亮介	暗中模索、そして自ら語ることの難しさ(特集 メディアリテラシー——民放の取り組み)：月刊民放　31(5)通号359〔2001.5〕p22〜24
山本敏	住民ディレクター——新たな地域情報発信の試み(特集 メディアリテラシー——民放の取り組み)：月刊民放　31(5)通号359〔2001.5〕p25〜27
大野照夫	「民放連・NHK共同企画番組 子どもとテレビ」を制作して(特集 メディアリテラシー——民放の取り組み)：月刊民放　31(5)通号359〔2001.5〕p15〜18

メディアリテラシー　　　　　　　　　　理論

高嶋義典	メディア・リテラシーを学ぶ(5) メディアの視点・市民の視点——「沖縄サミット報道」を読む：ヒューマンライツ (158)〔2001.5〕p58〜70
高嶋義典	メディア・リテラシーを学ぶ(6) コミュニケーションを創りだす——クリティカルからクリエイティブ：ヒューマンライツ (159)〔2001.6〕p50〜59
谷内博一	メディア・リテラシーを学ぶ(7) 放送事業者による「メディア・リテラシー」番組を読み解く：ヒューマンライツ (160)〔2001.7〕p52〜58
長谷川善一	メディア・リテラシーを学ぶ(8)「朝の情報番組」と私たち——自分らしく情報社会を生きる：ヒューマンライツ (162)〔2001.9〕p42〜49
野口由紀	メディア・リテラシーを学ぶ(9) 朝の情報番組って何？——ニュース班編：ヒューマンライツ (163)〔2001.10〕p55〜61
水越伸	送り手と受け手を結ぶ回路——新聞とメディアリテラシー展望と方向(特集 「メディアリテラシー」を読み解く)：新聞研究 (607)〔2002.2〕p26〜29
嘉納新	大学生のリテラシー能力をどう高めるか——立命館大学における協力講座の試み(特集 「メディアリテラシー」を読み解く)：新聞研究 (607)〔2002.2〕p18〜21
文室直人	メディア・リテラシーを学ぶ(10)「朝の情報番組」分析、そして…：ヒューマンライツ (168)〔2002.3〕p54〜61
山内祐平	メディア・リテラシーと民放連プロジェクトの取り組み：月刊民放 32(5)通号371〔2002.5〕p32〜39
栗田典年, 三宅正太郎	テレビやテレビゲームが子どもたちの行動や生活意識に及ぼす影響の調査研究(教育のIT化とメディアリテラシーの育成)：日本教育工学会研究報告集 02(3)〔2002.5〕p45〜52
笠置隆宜	校内LANの構築と教育利用(教育のIT化とメディアリテラシーの育成)：日本教育工学会研究報告集 02(3)〔2002.5〕p1〜6
園屋高志	大学生に対するメディア教育の試み(5)「情報メディア論」等の授業実践を通して(教育のIT化とメディアリテラシーの育成)：日本教育工学会研究報告集 02(3)〔2002.5〕p93〜98
鈴木政彦	法律によるメディア規制およびメディアリテラシーに関する一考察：流通経済大学大学院社会学研究科論集 (9)〔2002.10〕p1〜14
大野木裕明	メディアリテラシー関連教材(小学校国語科)の内容分析：福井大学教育地域科学部紀要. 第4部, 教育科学 (58)〔2002.12〕p21〜55
門倉正美	メディア・リテラシーとリテラシー——メディア・リテラシーは日本語教育に何をもたらすか：横浜国立大学留学生センター紀要 (10)〔2003〕p37〜52
西村幸祐	メディアの解体——ワールドカップと北朝鮮報道の正体を暴く, メディアリテラシーの新しい波：現代コリア (428)〔2003.1・2〕p52〜65
北口末広	走りながら考える(22) メディア・リテラシーの重要性——人権教育の最重要課題：ヒューマンライツ (178)〔2003.1〕p38〜41
中澤秀雄	メディア産業論から視聴覚リテラシーへ——『情報メディア論』における映像・Web教材の利用と課題：社会情報 12(2)〔2003.3〕p27〜37
岩佐克彦	メディア・リテラシーと情報主体形成：日本体育大学紀要 32(2)〔2003.3〕p171〜181
春田亮介, 長谷部牧, 湯田邦彦	座談会 4地区の実践を振り返って(特集 メディアリテラシー——民放連プロジェクト外伝)：月刊民放 33(5)通号383〔2003.5〕p6〜17
七海陽	メディアと子どもをめぐる研究リテラシー——ゲーム脳仮説が浮き彫りにした新たな課題：月刊民放 33(6)通号384〔2003.6〕p28〜33
本橋春紀	拡がる民放のメディアリテラシー活動——35社が実施, 民放連放送基準審議会の調査から：月刊民放 34(6)通号396〔2004.6〕p34〜37
原田大介	国語科におけるメディア・リテラシー教育の新たな位置づけ——ミクロ的な視点とマクロ的な視点との相互作用による批評形態の変容に向けて：日本教科教育学会誌 27(4)〔2005〕p21〜30
石井久雄	メディア・リテラシーの諸相：人間の発達と教育 ： 明治学院大学教職課程論叢 (1)〔2005〕p77〜93
水越伸	再構築 放送の2元体制(第3回)公共放送の構造転換——ビジョンと対話のためのメディアリテラシー：月刊民放 35(4)通号406〔2005.4〕p24〜27
本橋春紀	日本におけるメディアリテラシーの展開——『メディアリテラシーの道具箱 テレビを見る・つくる・読む』刊行に寄せて：月刊民放 35(9)通号411〔2005.9〕p32〜35
西村寿子, 鈴木みどり	9.11総選挙報道と映像ジャーナリズム——2005年9月12日夜のTVニュース番組の分析を手がかりにして(特集 メディア・リテラシースタディズ)：立命館産業社会論集 41(3)通号126〔2005.12〕p95〜111
水越伸	「東アジアにおけるメディア・リテラシーをめぐる協働活動へ向けての東京宣言」試案——メルプロジェクト・シンポジウム2006より：情報学研究 ： 東京大学大学院情報学環紀要 (71)〔2006〕p51〜57
田中順子	政治報道に関するメディア・リテラシー研究試論——自衛隊海外派遣報道の比較考察を例として：情報社会試論 11〔2006〕p5〜20
迫有香	メディアリテラシーを育成する中学校社会科NIE学習の開発：日本NIE学会誌 （[1]）〔2006〕p65〜74
古市将樹	実践分析からみたメディア・リテラシー教育論の問題点——学習の主体と目的に関連して：フィロソフィア 通号94〔2006〕p59〜71
村主進	メディア・リテラシーについて：放射線教育 10(1)〔2006〕p85〜89
迫有香	メディアリテラシーを育成する中学校社会科NIE学習の開発(実践論文)：日本NIE学会誌 （[1]）〔2006.3〕p65〜74
安吉寿美子	メディア情報の受けとめ方とメディア・リテラシー：青少年問題 53(春季)通号622〔2006.4〕p38〜43
水越伸	メディアリテラシーと新聞——メルプロジェクトからのメッセージ：新聞研究 (659)〔2006.6〕p61〜66
植田恭子	メディアリテラシーを育成するNIEの開発——情報の送り手体験を通して：日本NIE学会誌 (2)〔2007〕p71〜80
植田恭子	メディアリテラシーを育成するNIEの開発——情報の送り手体験を通して(実践論文)：日本NIE学会誌 (2)〔2007.3〕p71〜80
生田孝至	メディアリテラシー教育と新聞(シンポジウム)：日本NIE学会誌 (2)〔2007.3〕p103〜104
有馬進一	中学生に培いたい学び(リテラシー)とNIEの意義—アンケート調査結果をふまえて(シンポジウム)：日本NIE学会誌 (2)〔2007.3〕p101〜102

理論	メディアリテラシー

井上はねこ, 黒上晴夫　コミュニケーションとメディアリテラシーの教育——小学校における授業実践への提案（授業実践とメディア活用）：日本教育工学会研究報告集　07（1）〔2007.3〕　p121〜128

谷村千絵　「メディア・教育・社会」の布置に関する一考察——メディア・リテラシー論の系譜を手がかりに：鳴門教育大学情報教育ジャーナル　（4）〔2007.3〕　p41〜46

山口正紀, 松本恭幸, 浅井久仁臣　特集 メディアの役割を考える マスコミ本来の役割とは!?——メディア・リテラシーと「市民メディア」の可能性：マスコミ市民　通号462〔2007.7〕　p2〜29

丸山裕輔　教員のメディアリテラシー向上を目指した研修プログラムに関する研究（授業とメディア）：日本教育工学会研究報告集　07（3）〔2007.7〕　p39〜42

立川和美　大学における国語教育——メディアリテラシー向上への取り組み：流通経済大学論集　42（2）通号157〔2007.10〕　p153〜158

松岡靖　メディア・リテラシーを育成する社会科NIE授業の有効性に関する研究——戦時中の新聞を活用した小学校社会科授業の実践を通して：日本NIE学会誌　（4）〔2009〕　p81〜90

臼井淑子　小学校国語科においてNIEで育てるリテラシー：日本NIE学会誌　（4）〔2009〕　p51〜60

福本徹　情報源探索および比較に着目した司書教諭のメディアリテラシー実践（ICTを活用したFD／一般）：日本教育工学会研究報告集　09（2）〔2009.5〕　p117〜122

山内千代子　プロジェクト06年度実践社 拡がる場、深まる"学び"と"気づき"（特集 地域から拓く——メディアリテラシーの新たな地平）：月刊民放　39（9）通号459〔2009.9〕　p10〜13

浦里和弘　プロジェクト06年度実践社 新たなネットワークの構築を（特集 地域から拓く——メディアリテラシーの新たな地平）：月刊民放　39（9）通号459〔2009.9〕　p14〜17

粥川暁　プロジェクト07年度実践社 自らの足元を見つめ直す契機に（特集 地域から拓く——メディアリテラシーの新たな地平）：月刊民放　39（9）通号459〔2009.9〕　p18〜21

高橋誠　プロジェクト08年度実践社 地域ユーザーとの新たな関係づくり（特集 地域から拓く——メディアリテラシーの新たな地平）：月刊民放　39（9）通号459〔2009.9〕　p26〜29

水越伸　プロジェクト10年の成果とこれから 放送を市民的に「新生」させるために（特集 地域から拓く——メディアリテラシーの新たな地平）：月刊民放　39（9）通号459〔2009.9〕　p6〜9

佐藤拓司　プロパガンダ映画を用いたメディア・リテラシー教育——レトリックの観点から：青山スタンダード論集　（5）〔2010.1〕　p39〜50

水越伸, 林田真心子　送り手のメディア・リテラシー——民放連プロジェクト実践者へのインタビューから：情報学研究 ： 東京大学大学院情報学環紀要　（79）〔2010.11〕　p65〜87

渡辺真由子　ネット上の性情報に対する規制とメディア・リテラシー教育のあり方の国際比較（特集 ネット時代のメディア・リテラシー）：メディア・コミュニケーション ： 慶応義塾大学メディア・コミュニケーション研究所紀要　（61）〔2011.3〕　p59〜73

田中絵麻　米国におけるデジタル・リテラシー政策の変遷過程の分析——デジタル・デバイドの社会的コストとガバナンスの役割（特集 ネット時代のメディア・リテラシー）：メディア・コミュニケーション ： 慶応義塾大学メディア・コミュニケーション研究所紀要　（61）〔2011.3〕　p33〜47

鈴木裕美子　メディアリテラシー活動の「再開発」——テレビ朝日「ろっぽんプロジェクト」：月刊民放　41（7）通号481〔2011.7〕　p20〜24

小平さち子　「メディア・リテラシー」教育をめぐるヨーロッパの最新動向 ： リテラシーの向上に向けた政策と放送局にみる取り組み：放送研究と調査　62（4）通号731〔2012.4〕　p40〜57

三浦麻子, 末吉南美　政治意識へのマスメディア効果に対するメディア・リテラシーと批判的思考態度の影響：関西学院大学心理科学研究　39〔2013.3〕　p81〜88

西村秀樹, 大橋充典　スポーツにおけるメディア・リテラシー教育の実践報告：健康科学　36〔2014〕　p41〜46

林田真心子　音とラジオのメディア・リテラシー実践 ： 身近な音でつづるストーリーづくり：福岡女学院大学紀要. 人文学部編　（24）〔2014.3〕　p183〜202

〔図書〕

FCT, カナダオンタリオ州教育省　メディア・リテラシー——マスメディアを読み解く　リベルタ出版　1992.11　228p　25cm　3440円

渡辺武達　メディア・リテラシー——情報を正しく読み解くための知恵　ダイヤモンド社　1997.1　196p　19cm　1600円

鈴木みどり　メディア・リテラシーを学ぶ人のために　世界思想社　1997.6　305p　19cm　2200円

トロント市教育委員会, 吉田孝　メディア・リテラシー授業入門——情報を読み解き自ら考える力をつける　学事出版　1998.12　159p　21cm　1700円　（ネットワーク双書—「総合的学習」シリーズ）

森田英嗣　メディア・リテラシー教育をつくる　アドバンテージサーバー　2000.2　213p　26cm　1800円

菅谷明子　メディア・リテラシー——世界の現場から　岩波書店　2000.8　230, 4p　18cm　660円　（岩波新書）

藤ını大祐　メディアリテラシー教育の実践事例集——情報学習の新展開　学事出版　2000.10　159p　21cm　1600円　（ネットワーク双書—「総合的学習」シリーズ）

水越敏行　メディアリテラシーを育てる　明治図書出版　2000.11　175p　22cm　2160円　（21世紀型授業づくり 13）

小中陽太郎　メディア・リテラシーの現場から　風媒社　2001.4　219p　19cm　1800円　（エラスムス叢書 2）

鈴木みどり　メディア・リテラシーの現在と未来　世界思想社　2001.10　266p　21cm　2300円

Silverblatt, Art, 安田尚　メディア・リテラシーの方法　リベルタ出版　2001.10　303, 31p　20cm　2800円

井上尚美, 中村敦雄　メディア・リテラシーを育てる国語の授業　明治図書出版　2001.11　213p　22cm　2500円　（21世紀型授業づくり 41）

こどもくらぶ, 中村司　メディアの真実をさぐろう——メディア・リテラシー実践編　ポプラ社　2002.4　45p　29cm　2800円　（情報の選び方・使い方 2）

斎藤俊則　メディア・リテラシー　共立出版　2002.8　181p　24cm　3000円　（情報がひらく新しい世界 9）

国立教育政策研究所　メディア・リテラシーへの招待——生涯学習社会を生きる力　東洋館出版社　2004.2　175p　26cm　2500円

井上泰浩　メディア・リテラシー——媒体と情報の構造学　日本評論社　2004.5　229p　21cm　2400円

山上通恵, 西端律子, 林英夫　メディアリテラシー——情報を読み解き、発信する　実教出版　2004.11　80p　21cm　381円　（情

アクセシビリティ　　　　　　　　　　　理論

報books plus！）
児童言語研究会　メディア・リテラシーを伸ばす国語の授業　小学校編　一光社　2005.3　267p　21cm　1900円
東京大学情報学環メルプロジェクト，日本民間放送連盟，民間放送連盟，民放連　メディアリテラシーの道具箱―テレビを見る・つくる・読む　東京大学出版会　2005.7　209p　21cm　2500円
富山英彦　メディア・リテラシーの社会史　青弓社　2005.12　229p　19cm　2000円
Buckingham, David, 鈴木みどり　メディア・リテラシー教育―学びと現代文化　世界思想社　2006.12　283p　22cm　3200円
渡辺真由子　オトナのメディア・リテラシー　リベルタ出版　2007.10　206p　19cm　1500円
岸尾祐二，清水克彦　メディアリテラシーは子どもを伸ばす―家庭でできること，学校でできること　東洋館出版社　2008.3　186p　19cm　1600円
芸術メディア研究会　メディア・リテラシー―知とコミュニケーションの創発に向けて　ITSC静岡学術出版事業部　2008.9　213p　18cm　1000円　（静岡学術出版メディア新書）
メディア・リテラシー教育の挑戦　アドバンテージサーバー　2009.4　122p　21cm　700円
諸橋泰樹　メディアリテラシーとジェンダー―構成された情報とつくられる性のイメージ　現代書館　2009.6　253p　20cm　2200円
水越伸，東京大学情報学環メルプロジェクト　メディアリテラシー・ワークショップ―情報社会を学ぶ・遊ぶ・表現する　東京大学出版会　2009.11　240p　21cm　2800円
佐藤元状，坂倉杏介　メディア・リテラシー入門―視覚表現のためのレッスン　慶應義塾大学教養研究センター　2010.3　112p　19cm　700円　（慶應義塾大学教養研究センター選書 7）
森達也　世界を信じるためのメソッド―ぼくらの時代のメディア・リテラシー　イースト・プレス　2011.10　153p　19cm　1200円　（よりみちパン！　セ P 19）
池田理知子　メディア・リテラシーの現在（いま）―公害/環境問題から読み解く　ナカニシヤ出版　2013.5　248p　19cm　2400円　（〈シリーズ〉メディアの未来 3）
植田祐子，増永良文　メディアリテラシ　サイエンス社　2013.8　257p　22cm　2500円　（Computer Science Library 15）
坂本旬　メディア情報教育学―異文化対話のリテラシー　法政大学出版局　2014.3　227p　21cm　2500円　（キャリアデザイン選書）
中橋雄　メディア・リテラシー論―ソーシャルメディア時代のメディア教育　北樹出版　2014.4　174p　22cm　2200円
長谷川豊　テレビの裏側がとにかく分かる「メディアリテラシー」の教科書　サイゾー（発売）　2014.5　202p　19cm　1200円
渡辺武達　メディアリテラシーとデモクラシー―積極的公正中立主義の時代　論創社　2014.6　221p　19cm　1800円
小林正幸　メディア・リテラシーの倫理学　風塵社　2014.6　292, 3p　19cm　1800円

アクセシビリティ

〔雑誌記事〕

亀田和夫　聴覚伝達形成の生理学的メカニズム：広告　（168）〔1962.3〕p7〜9
岩下豊彦　カラー・テレビの文字テロップの色彩に関して：NHK文研月報　13（06）〔1963.6〕p25
岩下豊彦　読みとりやすい文字テロップの研究において昭和37年度の実験作業が占める位置：NHK文研月報　13（07）〔1963.7〕p21
岩下豊彦　適切な文字テロップの表記・提示基準を考える際の諸indexについて：NHK文研月報　13（08）〔1963.8〕p30, 48
藤竹暁　テロップにおける文字サイズに関して：NHK文研月報　13（12）〔1963.12〕p32
岩下豊彦　文字テロップの表記・提示基準の基礎となる諸実験の概要（1）：NHK文研月報　14（03）〔1964.3〕p34
岩下豊彦　文字テロップの表記・提示基準の基礎となる諸実験の概要（2）：NHK文研月報　14（04）〔1964.4〕p26
番組研究部用語研究班　テレビの画面の表記について（その2）：NHK文研月報　14（12）〔1964.12〕p55
岩下豊彦　スーパー・テロップの認知しやすさについて：NHK文研月報　15（01）〔1965.1〕p30
河崎栄子　盲人と放送（付解説・藤竹暁）：放送学研究　通号16　〔1967.10〕p105〜110
伊藤海彦　聴覚劇についてのノートから：放送批評　No.011　〔1968.10〕
石川明, 中島巌　調査研究ノート 放送と社会的参加「オラーケル」をめぐって ヨーロッパのコミュニケーション研究情報センター：NHK文研月報　24（11）〔1974.11〕p57
銭本三千年　「点字毎日」の半世紀：新聞研究　通号290　〔1975.9〕p67〜70
田中章治　視覚障害者の読書環境 出版関係者に望むこと：出版ニュース　通号1054　〔1976.9〕p6〜10
秋山隆志郎　心身障害児教育における放送利用：NHK文研月報　26（12）〔1976.12〕p1
今泉さち子, 秋山隆志郎　盲学校・ろう学校・養護学校における放送利用：NHK文研月報　28（06）〔1978.6〕p28
スミス, ジョー・D, 新聞研究編集部　"新しい文盲"は新聞の脅威か（第32回FIEJ総会報告）：新聞研究　通号337　〔1979.8〕p62〜65
大庭景利, 藤山一恵　聾学校におけるテレビ視聴に関する研究：放送教育研究　（10）〔1980.3〕p105〜113
聴力障害者向けテレビ番組研究グループ　テレビにおける手話――情報伝達方法としての諸問題：NHK文研月報　30（07）〔1980.7〕p10
後藤和彦　テキスト・コミュニケーションと放送：NHK文研月報　30（10）〔1980.10〕p14
久保田美津子　全盲児でもテレビ学習はできるか―全盲児のテレビ学習について：放送教育の探究　17　〔1980.11〕p74〜82
総合ジャーナリズム研究編集部　身障者をめぐる出版情況とその周辺：総合ジャーナリズム研究所　18（01）〔1981.1〕p7〜55
津田道夫　類書解題・障害者教育を考えるために さまざまな流れ，さまざまな展望：出版ニュース　通号1205　〔1981.1〕p4〜7
伊豫田康弘　国際障害者年と民放：月刊民放　11（119）〔1981.5〕p32〜35
岩田温　メディア・アクセス論に対する一考察：慶応義塾大学新聞研究所年報　通号17　〔1981.9〕p91〜110
山本雅生　"生きる"ことの喜びと悲しみを共にして――「あすの障害者福祉」（受賞報告）（昭和56年度新聞協会賞編集部門受賞者受賞理由受賞報告）：新聞研究　通号363　〔1981.10〕p58〜61
中村晧一　米テレビ界と聴力障害者問題――コロンビア特別区連邦高裁の判決を中心に：NHK文研月報　31（11）〔1981.11〕p1
山口県立防府養護学校華の浦分教室　重度重複障害児を対象にしたテレビによる学習の実践と考察：放送教育の探究　18〔1981.12〕p61〜71

大庭景利	心身障害児に対する放送教育：放送教育研究 （11）〔1982.3〕 p53～58
秋山隆志郎	ヨーロッパ4か国の聴力障害者向け放送サービス：NHK文研月報 32（05）〔1982.5〕 p4
宇佐美昇三, 大串兎紀夫	養護学校とテレビ―義務化から5年：NHK放送文化調査研究年報 29 〔1984.8〕 p119～138
小川三千彦, 馬場慎	情報化社会とアクセス権：日本大学生産工学部報告B 18（1）〔1985.6〕 p1～10
市橋正晴	視覚障害者の読書権と著作権問題 シンポジウム「障害者の読書を考える」を終えて：出版ニュース 通号1375 〔1985.12〕 p4～8
奥平康広	「アクセス権」そのほか――ことばとの戯れ：法セミ 通号387 〔1987.3〕 p12～15
広田伊蘇夫	精神障害者処遇の歴史と記者の目――精神衛生法改正を機に：新聞研究 通号436 〔1987.11〕 p47～51
上谷宣正	マスコミは障害者を子どもにどう伝えまた伝えようとしているか――1992年のテレビ分析を通して：北海道教育大学紀要. 第1部. C, 教育科学編 45（1）〔1994.10〕 p115～128
都築繁幸	聴覚障害者と字幕放送サービス：放送教育開発センター研究紀要 （11）〔1995.3〕 p155～171
市橋正晴	スタートした本格的大活字本の企画制作 弱視者・低視力者を対象に：出版ニュース 通号1741 〔1996.8〕 p8～11
野沢和弘	ホンモノの「分かりやすさ」とは――知的障害者の新聞「ステージ」創刊にかかわって：新聞研究 通号549 〔1997.4〕 p44～47
成田滋, 竹中ナミ	メディアと教育 インターネットで出会いの場を――障害児教育とマルチメディア：放送教育 52（9）〔1997.12〕 p38～42
菅谷実	放送のユニバーサル・サービスとは何か：新・調査情報passingtime 2期（51）通号422 〔1998.5〕 p92～94
重松昭生, 星野好久, 表柳四郎	私の番組アクセス法（特集 インタラクティブへの挑戦）：放送教育 53（2）〔1998.5〕 p18～21
市橋正光	弱視者, 高齢者の文字環境の改善をめざして 幅広いジャンルの大活字本を書店へ, 図書館へ：出版ニュース 通号1809 〔1998.8〕 p8～11
古田尚輝	「テレビろう学校」から「手話ニュース」へ～教育テレビ40年 障害者向け番組の系譜：放送研究と調査 49（3）通号574 〔1999.3〕 p42～59
市橋正光	弱視者・高齢者向けの大活字出版の現状――需要を開拓するための課題とは：出版ニュース 通号1846 〔1999.9〕 p6～9
栗原清	実践記録 肢体不自由養護学校での放送利用（特集 盲・ろう・養護学校における放送利用）：放送教育 54（7）〔1999.10〕 p64～67
坂田紀行	盲・ろう・養護学校における放送教育の役割・展望（特集 盲・ろう・養護学校における放送利用）：放送教育 54（7）〔1999.10〕 p56～59
中和正彦	The Challengedとメディアサポート（26）福祉とITで地域づくり チャレンジド・ジャパン・フォーラム第5回みやぎ会議：New media 17（11）通号194 〔1999.11〕 p64～66
清原慶子, 浅野史郎, 半田康延	The Challengedとメディアサポート（27）「福祉は産業だ！」――宮城からのメッセージ：New media 18（1）通号196 〔2000.1〕 p8～11
中和正彦	The Challengedとメディアサポート（30）養護学校の情報教育をNPOが支援：New media 18（5）通号200 〔2000.5〕 p62～65
松井進	誰でも読みやすい本の出版をめざして――『二人五脚』のバリアフリー出版：出版ニュース 通号1916 〔2001.10〕 p6～9
宇野和博	求められる拡大教科書出版――弱視児の学習権はこれでよいのか：出版ニュース 通号1935 〔2002.4〕 p6～9
貝谷嘉洋, 竹中ナミ, 野田聖子	The Challengedとメディアサポート（52）有能なチャレンジドが働けないのは, 国の悲劇！：New media 20（4）通号225 〔2002.4〕 p64～66
清原慶子	字幕放送の意義と拡充計画実施における課題（特集 放送バリアフリーをどう進めるか）：月刊民放 32（5）通号371 〔2002.5〕 p4～11
中村章	世界初のリアルタイム字幕放送――NHK, 音声認識技術用いて自動的に文字化（特集 放送バリアフリーをどう進めるか）：月刊民放 32（5）通号371 〔2002.5〕 p12～14
Cooper, Roger, 民法連研究所	米国における字幕放送の現状（特集 放送バリアフリーをどう進めるか）：月刊民放 32（5）通号371 〔2002.5〕 p26～31
松井進	出版のユニバーサルデザイン化をめざして――「盲導犬ハンドブック」での取り組みを例に：出版ニュース 通号1944 〔2002.8〕 p6～9
磯野正典	IT時代こそ情報弱者に恩恵を――視覚障碍者の情報環境改善・EYEマーク運動10年の軌跡と課題：出版ニュース 通号1952 〔2002.10〕 p6～9
松井進	究極のバリアフリー出版を目指して――「盲導犬アンドリューの一日」の取り組みを例に：出版ニュース 通号1954 〔2002.11〕 p6～9
中村美子	英国の聴覚障害者向け字幕放送――テレビ・アクセスの100％保障に向けて：放送研究と調査 52（12）通号619 〔2002.12〕 p48～61
ウェルトン, ダーナ・アン, 谷井享, 竹中ナミ	The Challengedとメディアサポート（62）チャレンジド社長, 機会均等と自立のIT大国に学ぶ：New media 21（3）通号237 〔2003.3〕 p50～52
松井進	バリアフリー出版の新たな展開――「ホームページの自由利用マーク」「井出孫六氏が選んだ100冊」：出版ニュース 通号1972 〔2003.6〕 p6～10
宇野和博	拡大教科書出版のその後――弱視児の学習環境はこれでよいのか!?：出版ニュース 通号1975 〔2003.7〕 p6～14
松井進	出版社が中心となって実現できる「バリアフリー出版」――『見えない目で生きるということ』で目指したもの：出版ニュース 通号1980 〔2003.8〕 p6～10
西山清之, 西野彰一, 中沢学	フジテレビ 統合型字幕制作・送出システムの開発：放送技術 56（12）通号679 〔2003.12〕 p1327～1333
加藤一志, 津田正夫	放送における聴覚障害者の情報環境――独立メディア「目で聴くテレビ」を中心に：立命館産業社会論集 39（3）通号118 〔2003.12〕 p33～52
松本恭幸	市民によるメディアアクセスの可能性――放送とインターネットを利用した実践と課題（特集・デジタル時代の公共空間）：放送メディア研究 通号2 〔2004〕 p163～188
田中章治	障害者の情報バリアフリー――出版物のアクセシビリティを考えるセミナーを開催して：出版ニュース 通号1998 〔2004.3〕 p6～9

アクセシビリティ	理論

坂井律子　スウェーデン公共放送におけるマイノリティーサービスの挑戦と課題——手話番組に聴覚障害者はどう関わってきたのか：放送研究と調査　54（7）通号638　〔2004.7〕　p66～73

松井進　『わかる！盲導犬のすべて』のバリアフリー出版の取り組みについて——誰にでも不便やストレスなく読書ができる：出版ニュース　通号2027　〔2005.1〕　p22～25

成松一郎　読書障害者へテキストデータの提供を！——特別なニーズをもつ読者と出版社の橋渡しをめざすNPO法人設立：出版ニュース　通号2028　〔2005.1〕　p6～10

坂井律子　障害者に災害情報は届いたか——中越地震被災の視覚障害者・聴覚障害者聞き取り調査から：放送研究と調査　55（9）通号652　〔2005.9〕　p16～25

川野楠己　視覚障害者にとってのラジオ（総力特集 ラジオ聴くべし。）：放送文化　通号12　〔2006.秋〕　p70～73

坂井律子　障害者と「情報のユニバーサルデザイン」——デジタル放送時代の課題と可能性：放送研究と調査　56（1）通号656　〔2006.1〕　p30～41

萩野正昭　ロービジョンに向けた読書支援——T—Timeの視覚障碍者対応版の展開：出版ニュース　通号2068　〔2006.3〕　p6～10

春原美樹, 西山清之, 中沢学　デジタル字幕放送における送出機とANCインサータの開発：放送技術　59（5）通号708　〔2006.5〕　p517～520

坂井律子　TV for all（すべての人々のためのテレビ）——イギリス・障害者向け放送サービスの模索（特集・新しい放送サービスを展望する）：放送研究と調査　56（6）通号661　〔2006.6〕　p38～49

宇野和博　安定的な拡大教科書供給を実現するために——教科書バリアフリーは国の責任で：出版ニュース　通号2082　〔2006.8〕　p6～9

萩野正昭　音読する電子書籍——拡張するT—Time「電子かたりべ」：出版ニュース　通号2088　〔2006.10〕　p6～10

成松一郎　多様な読者のニーズから考える出版のユニバーサルデザイン——「出版ユニバーサルデザイン研究会」の取り組みから：出版ニュース　通号2090　〔2006.11〕　p6～10

宇野和博　特別支援教育と教科書バリアフリー——拡大教科書の問題を中心に：出版ニュース　通号2100　〔2007.3〕　p6～9

松井進　日本初10媒体によるユニバーサルデザイン（UD）出版を実現——『Q&A盲導犬』の発売について：出版ニュース　通号2130　〔2008.1〕　p10～14

宇野和博　「教科書バリアフリー法」の制定を目指して——平等な学習権の観点から：出版ニュース　通号2134　〔2008.3〕　p6～9

宇野和博　教科書バリアフリー法の成立で出版界に望むこと——国・教科書出版社に期待するもの：出版ニュース　通号2145　〔2008.7〕　p6～9

原哲, 古田知宏, 公文隆雄　NHKの字幕放送の現状（特集：字幕放送への取り組み）：放送技術　61（8）通号735　〔2008.8〕　p60～66

形山晋治　TBSの字幕放送への取り組みについて（特集：字幕放送への取り組み）：放送技術　61（8）通号735　〔2008.8〕　p71～76

加藤和昭　テレビ東京 字幕放送運用の現状（特集：字幕放送への取り組み）：放送技術　61（8）通号735　〔2008.8〕　p86～88

坂口裕直, 村田康博, 鈴木寿晃　日本テレビの字幕放送設備（特集：字幕放送への取り組み）：放送技術　61（8）通号735　〔2008.8〕　p67～70

今井亨　放送における情報バリアフリーのための研究開発——生字幕制作のための音声認識（特集：字幕放送への取り組み）：放送技術　61（8）通号735　〔2008.8〕　p89～93

松井進　ユニバーサルデザインが出版業界を変える 活字による読書の困難な人たちが消費者としてマーケットに参加できるようにするために：出版ニュース　通号2151　〔2008.9〕　p6～11

市橋正光　大活字本出版に購入費助成制度を——父の志を自らの志として：出版ニュース　通号2156　〔2008.10〕　p6～9

萩野正昭　"本の音声読上げ"が歩いた道のり——視覚障害者のためのシステム：出版ニュース　通号2161　〔2008.12〕　p6～10

羽山慎亮　点字メディアの歴史と意義：メディア学　文化とコミュニケーション　（24）〔2009〕　p37～49

市橋正光　日本全国に大活字本の普及を——弱視者（低視力者・高齢者）の願いを叶える：出版ニュース　通号2165　〔2009.2〕　p6～9

宇野和博　教科書バリアフリー法施行と視覚障害児の学習権——望まれる教材アクセスセンター：出版ニュース　通号2175　〔2009.5〕　p18～21

市橋正光　全ての人に読書の機会を提供するしくみ——混迷の時代の中で、協力・連携することで実現できること：出版ニュース　通号2185　〔2009.9〕　p6～10

宇野和博　2010年「国民読書年」に向けて障害者・高齢者の「読書バリアフリー」を考える——文字・活字文化振興法の役割：出版ニュース　通号2190　〔2009.10〕　p12～15

近藤友子　出版物の障害者支援 点字図書・録音図書からの考察（国際交流 第14回国際出版研究フォーラム）：出版研究　（41）〔2010〕　p25～32

市橋正光　本を読むこと、生きること——全ての人に読書する機会を提供する仕組みの実現：出版ニュース　通号2201　〔2010.2〕　p6～9

宇野和博　障害者・高齢者のための「読書バリアフリー」を目指して——2010年国民読書年と電子書籍元年に文字・活字文化の共有を：出版ニュース　通号2207　〔2010.4〕　p12～15

宇野和博　拡大教科書に関する現状と教科書バリアフリーの今後の展望——国民に等しく情報を保障する環境整備が必要：出版ニュース　通号2215　〔2010.7〕　p10～13

松井進　誰もが読める図書への進化の願い——電子書籍時代の新たなアクセシビリティーの確保：出版ニュース　通号2252　〔2011.8〕　p6～10

田村英彰　矯正施設における読書支援 矯正と図書館サービス連絡会・設立から一年：出版ニュース　通号2260　〔2011.11〕　p6～9

茂木信幸　実名ルポに徹し、地方から発信する ：「あなたの隣に 発達障害と向き合う」を連載して：新聞研究　（733）〔2012.8〕　p56～59

野口武悟　学校図書館におけるバリアフリー資料の意義と役割（特集 バリアフリー資料の活用）：学校図書館　（743）：〔2012.9〕　p16～18

河村宏　ブック・ストリート 電子出版物のアクセシビリティ：出版ニュース　通号2289　〔2012.9〕　p14

河村宏	ブック・ストリート アクセシビリティ 知識のアクセス：出版ニュース　通号2298　〔2012.12〕　p16
河村宏	ブック・ストリート アクセシビリティ 米国のアクセシブルな電子版教科書：出版ニュース　通号2300　〔2013.1〕　p20
河村宏	ブック・ストリート アクセシビリティ 途上国国立図書館との対話：出版ニュース　通号2303　〔2013.2〕　p20
河村宏	ブック・ストリート アクセシビリティ アクセシブルな日本語電子書籍の国際展開：出版ニュース　通号2306　〔2013.3〕　p20
河村宏	ブック・ストリート アクセシビリティ 教科書のアクセシビリティとEPUB規格交渉：出版ニュース　通号2309　〔2013.4〕　p14
河村宏	ブック・ストリート アクセシビリティ EPUB3の普及に寄せて：出版ニュース　通号2311　〔2013.5〕　p28
河村宏	ブック・ストリート アクセシビリティ 情報アクセスから知識アクセスへ：出版ニュース　通号2320　〔2013.8〕　p14
河村宏	ブック・ストリート アクセシビリティ 障害者差別解消法と出版および図書館：出版ニュース　通号2323　〔2013.9〕　p14
河村宏	ブック・ストリート アクセシビリティ アクセシブルなマルチメディア：出版ニュース　通号2326　〔2013.10〕　p20
河村宏	ブック・ストリート アクセシビリティ ボーン・アクセシブル：出版ニュース　通号2329　〔2013.11〕　p14
河村宏	ブック・ストリート アクセシビリティ 国連障害者権利条約の批准：出版ニュース　通号2332　〔2013.12〕　p16
植村八潮, 成松一郎, 野口武悟	電子書籍のアクセシビリティに関する実証的研究(1)音声読み上げ機能の検討を中心に：人文科学年報　（44）〔2014〕　p197～216
河村宏	ブック・ストリート アクセシビリティ 災害と電子出版：出版ニュース　通号2334　〔2014.1〕　p20
河村宏	ブック・ストリート アクセシビリティ 防災・復興と電子出版：出版ニュース　通号2340　〔2014.3〕　p15
河村宏	ブック・ストリート アクセシビリティ EPUB出版と被災者の著作権：出版ニュース　通号2343　〔2014.4〕　p14
河村宏	ブック・ストリート 「アクセシビリティ」と「利用の容易さ」：出版ニュース　通号2345　〔2014.5〕　p24
河村宏	ブック・ストリート 国連の会議のアクセシビリティ：出版ニュース　通号2348　〔2014.6〕　p16
河村宏	ブック・ストリート アクセシビリティ ABCへの期待：出版ニュース　通号2351　〔2014.7〕　p16
河村宏	ブック・ストリート アクセシビリティ 広報のボーン・デジタル化：出版ニュース　通号2354　〔2014.8〕　p14
河村宏	ブック・ストリート アクセシビリティ 「識る」ための電子出版：出版ニュース　通号2357　〔2014.9〕　p14
河村宏	ブック・ストリート アクセシビリティ 国連防災世界会議：出版ニュース　通号2360　〔2014.10〕　p14
河村宏	ブック・ストリート アクセシビリティ 利用しやすい図書館：出版ニュース　通号2363　〔2014.11〕　p14
河村宏	ブック・ストリート アクセシビリティ 超台風ルビー：出版ニュース　通号2366　〔2014.12〕　p16
成松一郎, 中和正彦, 野口武悟	電子書籍のアクセシビリティに関する実証的研究(2)携帯型汎用端末による視覚障害者の自立的な読書の検討を中心に：人文科学年報　（45）〔2015〕　p187～199

〔図書〕

視覚障害者読書権保障協議会	視覚障害者の読書と著作権―著作権問題討議資料集　視覚障害者読書権保障協議会　1976.11　59p　26cm
堀部政男	アクセス権とは何か―マス・メディアと言論の自由　岩波書店　1978.11　230, 7p　18cm　320円　（岩波新書）
国際障害者年日本推進協議会, 国際連合	障害に関する報道改善をめざして―国連セミナーによる勧告　国際障害者年日本推進協議会　1984.7　18p　26cm
ベリガン, フランシス・J., 岩田温, 桜内篤子, 大石裕, 鶴木真	アクセス論―その歴史的発生の背景　慶応通信　1991.4　306p　22cm　3296円
聴覚障害者の文字情報字幕放送シンポジウム	1991年「聴覚障害者の文字情報字幕放送」シンポジウム実行委員会　1992.3　59p　30cm　1000円
日本障害者リハビリテーション協会	「聴覚障害者の文字情報―字幕放送」シンポジウム―報告書　日本障害者リハビリテーション協会　1992.3　98p　26cm
字幕放送研究会	聴覚障害者の文字情報―字幕放送―大阪シンポジウム報告書　第3回　〔「聴覚障害者の文字情報―字幕放送」シンポジウム大阪実行委員会〕　1994　110p　26cm
全日本難聴者中途失聴者団体連合会	聴覚障害者の文字情報―放送―大阪シンポジウム報告書　第3回　〔「聴覚障害者の文字情報―字幕放送」シンポジウム大阪実行委員会〕　1994　110p　26cm
郵政省	放送における視聴者の加入者個人情報の保護に関するガイドラインについて　郵政省　1996.9　1冊　30cm
北村肇, 野沢和弘	発達障害とメディア　現代人文社　2006.2　207p　19cm　1700円
視覚障害学生の入学が決まったら―手や耳や低視力で読めるメディア変換を知ろう――音声ガイドつき　筑波技術大学障害者高等教育研究支援センター障害者支援研究部　2013.11　ビデオディスク 1枚：DVD
衆議院	視聴覚的実演に関する北京条約（条約第10号）に関する資料―外務参考資料　衆議院調査局外務調査室　2014.4　46p　30cm

制度

言論・表現の自由

〔雑誌記事〕

神古百市　「報道自由」への一筋道：新聞研究　通号4　〔1948.9〕　p18〜22

山根真治郎　外へ広がる編集権──不正の摘発と名誉権観念の修正：新聞研究　通号6　〔1949.3〕　p5〜9

江尻進　編集権の由来と現状：新聞研究　通号6　〔1949.3〕　p14〜16

大森信　新聞の自由──政界夜話：政治経済　2(11)　〔1949.11〕　p20〜23

久野収　言論の自由と責任──一つの原理的考察：思想　通号317　〔1950〕　p1〜9

門司良弼　言論及び新聞の取締について：Keisatsu jiho　5(9)　〔1950.9〕　p15〜18

河原畯一郎　新聞の法律上の位置──現代新聞論：思想　通号324　〔1951〕　p36〜44

杉捷夫　言論の自由について：世界　通号61　〔1951.1〕　p123〜124

清水幾太郎　言論の自由のために──チャタレイ裁判をどう見るか：婦人公論　37(8)通号411　〔1951.8〕　p28〜33

馬屋原成男　憲法における表現自由の原則と出版犯罪：法律のひろば　4(7)　〔1951.8〕　p36〜39

戒能通孝　新聞の自由と法制（座談会）：法律時報　24(2)　〔1952.2〕　p135〜145

生田正輝　新聞の自由に関する一考察：新聞学評論　1(1)　〔1952.3〕　p11〜22

河原畯一郎　治安立法と言論の自由：新聞研究　通号18　〔1952.3〕　p1〜3

千葉雄次郎　「新聞の自由」の再検討：新聞研究　通号19　〔1952.5〕　p1〜8

滝川幸辰　言論・思想・学問の自由──国民の権利と当面の問題─1─：世界　通号78　〔1952.6〕　p87〜94

山根真治郎　新聞取締の回顧と展望──破防法をめぐって（座談会）：新聞研究　通号20　〔1952.8〕　p19〜24

山根真治郎　新聞取締の回顧と展望──破防法をめぐつて（座談会）：新聞研究　通号20　〔1952.8〕　p19〜24

松方三郎　「新聞の自由」を中心に：世界　通号83　〔1952.11〕　p36〜41

松方三郎　続「新聞の自由」を中心に：世界　通号84　〔1952.12〕　p32〜38

荒垣秀雄　新聞の自由と個人の自由：文芸春秋　30(18)　〔1952.12〕　p14〜22

中島健蔵　言論の自由（座談会）：群像　8(2)　〔1953.2〕　p170〜186

福田歓一　偏見からの自由と報道への権利─〔1〕─：世界　通号96　〔1953.12〕　p67〜87

岡野他家夫　言論の自由とその限界：新聞学評論　3(1)　〔1954〕　p1〜16

福田歓一　偏見からの自由と報道への権利─2─：世界　通号98　〔1954.2〕　p148〜160

福田歓一　偏見からの自由と報道への権利─3─：世界　通号101　〔1954.5〕　p130〜150

岸盛一　裁判の公正と新聞の自由：新聞研究　通号35　〔1954.6〕　p11〜15

中島健蔵　言論弾圧への抵抗（座談会）：群像　9(8)　〔1954.7〕　p140〜168

小山房二　行きすぎの検閲：新聞研究　通号38　〔1954.9〕　p22〜25

鵜飼信成　憲法改正と言論の自由：新聞研究　通号41　〔1954.12〕　p2〜6

戒能通孝　言論の自由と公共の福祉：思想　通号368　〔1955.1〕

蠟山政道　言論の自由の保障について：新聞研究　通号42　〔1955.1〕　p2〜3

日高六郎　言論の自由とマス・コミの問題：世界　通号110　〔1955.2〕　p170〜178

内川芳美　大津事件の報道をめぐる統制と抵抗：新聞学評論　通号4　〔1955.4〕

中川善之助　表現の自由：法律時報　27(8)　〔1955.8〕

鈴木安蔵　社会主義国家における表現の自由：公法研究　通号13　〔1955.10〕　p27〜45

河原畯一郎　表現の自由について：公法研究　通号13　〔1955.10〕　p1〜26

矢田俊隆　思想・言論の自由とデモクラシー：北大季刊　通号9　〔1955.10〕

新田宇一郎　放送の公共性：新聞研究　通号52　〔1955.11〕　p1〜4

松下正寿　言論自由─1─：法学新報　63(1)　〔1956.1〕　p24〜53

松下正寿　言論自由─2・完─：法学新報　63(2)　〔1956.2〕　p146〜178

牧田喜義　言論の自由と放送倫理：広告　(096)　〔1956.3〕　p5〜8

安藤利男　言論自由の広場：新聞研究　通号56　〔1956.3〕　p8〜10

千葉雄次郎　マス・メディアと表現の自由：新聞研究　通号63　〔1956.10〕　p1〜4

ブルカン, J.　国際的見地から見た報道の自由と記者養成の問題（国際新聞発行者協会（F.I.E.J.）1956年第9回年次総会）：新聞研究　通号臨　〔1956.11〕　p28〜30

田中耕太郎　自由論議の盲点：新聞研究　通号64　〔1956.11〕　p33〜37

江尻進　新聞の自由と倫理：新聞研究　通号67　〔1957.2〕　p4〜8

山川均　がんじがらめの言論の自由：法律時報　29(3)　〔1957.3〕

玉置保　言論の自由と不当労働行為：名城法学　6(3・4)　〔1957.3〕　p33〜42

中屋健一　都留証言と言論の自由：群像　12(6)　〔1957.6〕　p104〜109

ヒューバーマン, L0　社会の進歩と言論の自由（対談）：世界　通号138　〔1957.6〕　p106〜115

岩立勲　集会・結社, 言論・出版その他表現の自由に関する各国憲法の規定：レファレンス　通号83　〔1958.1〕

笠信太郎　日本における自由な新聞とその存立の特殊条件：新聞研究　通号84　〔1958.7〕　p23〜29

山本桂一　言論の自由─1─：国家学会雑誌　72(11)　〔1959.1〕

山本桂一　言論の自由─2(完)─：国家学会雑誌　72(12)　〔1959.4〕

秋山ూ夫　自由世界における新聞の自由の動向──近年の新聞制限立法を中心に：新聞研究　通号95　〔1959.6〕　p36〜40

朝広正利　アデナウアー民主主義と"言論の自由"：新聞研究　通号97　〔1959.8〕　p48〜52

	制度		言論・表現の自由

笠信太郎　　新聞の自由：新聞研究　通号98〔1959.9〕p18～26

小野秀雄　　無視されたプレスの自由――問題の中華民国新出版法：新聞研究　通号98〔1959.9〕p38～41

ポラック, O0　新聞の自由――国際新聞発行者協会第八回総合報告：新聞研究　通号99〔1959.10〕p24～28

伊藤正己　　裁判批判と言論の自由：新聞研究　通号100〔1959.11〕p12～17

岡本清一　　直言と毒舌と言論の自由：新聞研究　通号100〔1959.11〕p7～11

城戸又一　　言論の自由と暴力：思想　通号431〔1960.5〕

小川優　　　新聞の自由：新聞研究　通号106〔1960.5〕p2～14

江尻進　　　新聞の自由と暴力：思想　通号432〔1960.6〕p810～815

杉捷夫　　　フランスにおける新聞の自由：新聞研究　通号107〔1960.6〕p2～6

尾吹善人　　思想・言論の自由―1―：法学　24(2)〔1960.6〕p32～79

小椋広勝　　権力と新聞の自由――SCAP時代の今日：思想　通号434〔1960.8〕p122～128

荒瀬豊　　　果して言論は自由であるか―――研究者のノートから――特集・主権者は国民である：世界　通号176〔1960.8〕p203～216

伊藤正己　　表現の自由と公共の福祉：新聞研究　通号111〔1960.10〕p2～7

デレック, H., 村上澄子　英国の映画検閲制度：新聞研究　通号112〔1960.11〕p34～39

尾吹善人　　思想・言論の自由―2(完)―：法学　24(4)〔1960.11〕p63～126

鈴木房太郎　思想表現の自由と法的規制：宮城学院女子大学研究論文集　通号19〔1961〕

鈴木安蔵　　明治権力と言論・出版等の自由：産業と科学　通号7〔1961.3〕????

渡辺洋三　　「言論の自由」と「右翼の暴力」――嶋中事件におもう：思想　通号441〔1961.3〕

竹山道雄　　言論の自由と規制(討論)：思想の科学. 第4次　通号27〔1961.3〕p24～33

なかのしげはる　ある状態――特集・言論の自由と民主主義：世界　通号184〔1961.4〕p84～86

宮内ددد　テロリズムと警察の姿勢――特集・言論の自由と民主主義：世界　通号184〔1961.4〕p99～106

宮沢俊義　　警察の責任――特集・言論の自由と民主主義：世界　通号184〔1961.4〕p71～75

日高六郎　　言論を護るもの侵すもの――特集・言論の自由と民主主義：世界　通号184〔1961.4〕p76～83

矢内原忠雄　言論自由の思想的根拠――特集・言論の自由と民主主義：世界　通号184〔1961.4〕p66～70

中野好夫　　国会論議に失望する――特集・言論の自由と民主主義：世界　通号184〔1961.4〕p87～92

伊藤正己　　自由な言論の責任――特集・言論の自由と民主主義：世界　通号184〔1961.4〕p93～98

高桑純夫　　言論の自由に対する考察――形式的自由は実質的自由を根拠づける：新聞研究　通号118〔1961.5〕p2～6

布川角左衛門　戦時の出版統制：文学　29(5)〔1961.5〕p579～591

山田年栄　　最近における報道の自由の諸問題：新聞研究　通号119〔1961.6〕p10～15

池松文雄　　新聞の中立性：新聞研究　通号119〔1961.6〕p6～9

内川芳美　　日本ファシズム形成期のマス・メディア統制――マス・メディア組織化の政策および機構とその変容―1―：思想　通号445〔1961.7〕p23～40

中川剛　　　ピケッティングと言論の自由：法学論叢　69(4)〔1961.7〕p116～129

池島信平　　民主主義と言論の自由(座談会)：新聞研究　通号121〔1961.8〕p22～32

伊藤正己　　言論の自由とその限界：新聞研究　通号122〔1961.9〕p2～11

江尻進　　　新聞の自由について：新聞学評論　通号11〔1961.10〕

白井浩司　　言論の自由のための闘い(世界文学展望)：文学界　15(12)〔1961.10〕

四宮恭二　　"言論の自由"の論理と倫理：新聞研究　通号124〔1961.11〕p30～34

植松正　　　言論の自由とわいせつ文書の取り締まり：新聞研究　通号126〔1962.1〕p4～10

妹尾芳郎　　新聞の自由・西独の場合：新聞研究　通号129〔1962.4〕p36～40

日本新聞協会国際課　"報道の自由"と国連の活動：新聞研究　通号129〔1962.4〕p54～58

久保田きぬ子　報道の自由に関する条約案――その意義と問題点について：新聞研究　通号129〔1962.4〕p48～53

金戸嘉七　　特派員について：関西大学新聞学研究　通号9〔1962.6〕

伊藤正己　　マス・メディアの公共性と言論の自由：新聞研究　通号131〔1962.6〕p10～14

宮沢俊義　　表現の自由をめぐって――憲法講話―1―：世界　通号201〔1962.9〕p39～49

ガスパール, A.　国家権力と新聞の自由：新聞研究　通号135〔1962.10〕p45～50

福田歓一　　民主主義の日本的状況と言論の力：世界　通号202〔1962.10〕p12～24

樋口秀雄　　近世における出版と検閲：國文学 : 解釈と教材の研究　8(4)〔1963.3〕p174～181

山本明　　　検閲と精神的自由にかんする二つの文献――Versions of censorship, an anthology.Edited by John Mccormick & Mairi Maclnnes.1961. 清水英夫「良心・思想および言論の自由」：人文学　通号66〔1963.3〕p105～109

伊藤正己　　言論の自由：新聞研究　通号149〔1963.12〕p51～58

林伸郎　　　新聞法制の再検討：新聞研究　通号151〔1964.2〕p59～63

加藤三之雄　新聞の自由を脅かすもの：関西大学新聞学研究　通号12〔1964.3〕

江尻進　　　新聞の自由と責任：新聞研究　通号152〔1964.3〕p4～14

山本明　　　言論の自由と「社会的責任論」――言論機関の「自己規制」をめぐって：思想　通号480〔1964.6〕

笠信太郎　　日本の言論――その序説として：新聞研究　通号155〔1964.6〕p8～18

山本明　　　新聞の自由と山陽新聞事件裁判――真実の報道とプレス・キャンペーンとの関連を中心に：人文学　通号73〔1964.10〕

森恭三　　　言論の自由：新聞研究　通号161〔1964.12〕p10～19

愛川重義　　新聞の自由と新聞人の責任――昭和40年代の新聞(座談会)：新聞研究　通号162〔1965.1〕p14～27

森睦彦　　　蕃書調所の出版検閲：法政史学　通号17〔1965.3〕p100～110

清水英夫　　現代的自由権としての言論の自由：新聞学評論　通号15〔1965.7〕p5～20

鵜飼信成　　新聞の自由：新聞研究　通号169〔1965.8〕p10～13

リプマン, W.　自由な新聞：新聞研究　通号170〔1965.9〕p12～16

ショークロス, H.W.　新聞の自由と公共の利益：新聞研究　通号170〔1965.9〕p26～31

千葉雄次郎	新聞記者の自由と責任：新聞研究　通号173　〔1965.12〕　p12～19	
和田洋一	検閲とは何か――検定の問題をも含めて：人文学　通号87　〔1966.3〕　p1～13	
松浦総三	占領下の言論統制――現代における言論弾圧の一断面：文学　34(5)　〔1966.5〕　p79～91	
森恭三	新聞の自由と責任：新聞研究　通号183　〔1966.10〕　p7～14	
水谷昭	マスコミ法律講座－18～21：総合ジャーナリズム研究　04(01)～04(07)　〔1967.1～1967.7〕　p120～123	
小野秀雄	新聞の生命は「新聞の自由」：関西大学新聞学研究　通号17・18・19　〔1967.2〕　p311～314	
藤原恵	朝日新聞社事件――マスコミはいかにとりあげたか：関西学院大学社会学部紀要　通号14　〔1967.4〕　p61～73	
杉村武	杉村楚人冠――新聞界の鬼才楚人冠杉村広太郎：自由　9(12)　〔1967.12〕　p74～81	
鵜飼信成	言論の自由・思想の自由：新聞研究　通号197　〔1967.12〕　p50～54	
清水英夫	マスコミと法―1―：法学セミナー　通号143　〔1968.2〕　p66～71	
伊藤正己	表現の自由と公共の福祉(1960年10月号から)(200号記念重要論文再録)：新聞研究　通号200　〔1968.3〕　p32～38	
芦部信喜	言論の自由と青少年保護――最近のアメリカ憲法判例をめぐって：政治経済論叢　17(3・4)　〔1968.3〕　p126～142	
大沢章	表現の自由(遺稿)：比較法　通号6　〔1968.3〕　p1～6	
清水英夫	マスコミと法―2完―：法学セミナー　通号144　〔1968.3〕　p70～75	
奥平康広	「表現の自由」をはばむもの――報道・言論統制の実態分析：エコノミスト　46(20)　〔1968.5〕　p34～41	
植田康夫	報道をめぐる内圧と外圧：月刊労働問題　通号122　〔1968.6〕　p18～29	
前田雄二	編集権と編集方針：新聞研究　通号203　〔1968.6〕　p36～49	
黒川貢三郎	言論の自由と経済的自由――その優位性をめぐって：政経研究　5(1)　〔1968.6〕　p200～219	
岩井肇	言論、報道の自由と限界の視点：政経研究　5(1)　〔1968.6〕　p181～199	
松浦総三	言論・報道の自由の現状　あるルポ・ライターのメモから：出版ニュース　通号0769　〔1968.7〕　p6～9	
伊藤正己	現代社会における表現の自由(第21回新聞大会記念講演)：新聞研究　通号209　〔1968.12〕　p33～39	
伊藤正己	現代社会における表現の自由(第21回新聞大会特集)：新聞研究　通号209　〔1968.12〕　p33～39	
黒川貢三郎	言論の自由とその限界：政経研究　5(3)　〔1969.2〕　p70～109	
奥平康広	表現の自由と捜索・押収――国学院大学映画研究会フィルム押収事件をめぐって：法学セミナー　通号155　〔1969.2〕　p68～85	
小林孝輔	表現の自由と学問の自由――東大社研編「基本的人権4」を読む：青山法学論集　10(4)　〔1969.3〕　p129～135	
伊藤正己	憲法からみた表現の自由(第2回総合ジャーナリズム講座講演速記)：総合ジャーナリズム研究　06(02)　〔1969.4〕　p37～50	
羽仁五郎	表現の自由と占拠の論理：現代の眼　10(4)　〔1969.4〕　p24～33	
千葉雄次郎	新聞の自由と責任(現代新聞記者読本)：新聞研究　通号213　〔1969.4〕　p6～10	
滝沢克己	破壊と創造の論理――"思想の自由"から"自由なる思想"へ：別冊潮　通号13　〔1969.4〕　p24～59	
永田守男	「報道の自由」とはなにか：広島ジャーナリスト　23　〔1969.6〕	
藤原健固	報道の自由における取材源秘匿問題：社会学論叢　通号45　〔1969.6〕　p20～35	
角南俊輔	報道の自由と黙秘権・肖像権――菊屋橋101号をめぐる諸問題：法律時報　41(7)　〔1969.6〕　p93～96	
黒川貢三郎	言論の自由とその変質：政経研究　6(1)　〔1969.7〕　p72～89	
奥平康広	明治20年新聞紙条例・出版条例についての若干の考察――明治憲法における表現の自由の考察の前提として：社會科學研究：東京大学社会科学研究所紀要　21(1)　〔1969.12〕　p110～126	
奥平康広	言論の自由について：新聞研究　通号221　〔1969.12〕　p50～53	
中川剛	反社会的言論の限界――アメリカ最高裁判例を中心にして：法学論叢　86(3)　〔1969.12〕　p37～52	
芦部信喜	報道の自由と人権擁護：マスコミ市民　通号035　〔1970.3〕　p2～3	
奥平康広	明治20年新聞紙条例・出版条例についての若干の考察――明治憲法における自由の考察の前提として―2―：社會科學研究：東京大学社会科学研究所紀要　21(4)　〔1970.3〕　p103～110	
奥平康広	現代における言論の自由――最近の事例を中心に(現代新聞記者の基礎知識(特集))：新聞研究　通号224　〔1970.3〕　p8～13	
黒川貢三郎	言論の自由と公共の福祉：政経研究　6(3)　〔1970.3〕　p119～152	
奥平康広	最高裁と報道の自由――昭和44.11.26最高裁大法廷決定に関して：法学セミナー　通号169　〔1970.3〕　p7～11	
藤島宇内	表現の自由は存在するか：現代の眼　11(4)　〔1970.4〕　p134～143	
伊藤峻	出版・言論の自由問題と公共図書館：月刊社会教育　14(5)　〔1970.5〕　p44～47	
村田聖明	「言論の自由」は神聖不可侵か：自由　12(5)　〔1970.5〕　p38～45	
新聞編集関係法制研究会	新聞編集関係法制の研究―1―総論――言論・表現の自由：新聞研究　通号226　〔1970.5〕　p69～78	
戒能通孝	言論の自由と財産権：世界　通号294　〔1970.5〕　p36～45	
小田実	表現の自由を奪うのは誰か：文芸春秋　48(5)　〔1970.5〕　p108～114	
小林孝輔	現代における表現の自由――清水英夫著「法とマス・コミュニケーション」：青山法学論集　12(1)　〔1970.6〕　p75～78	
小林孝輔	報道の自由と裁判の公正――テレビフィルム提出命令事件：青山法学論集　12(1)　〔1970.6〕　p63～73	
新聞編集関係法制研究会	新聞編集関係法制の研究―2―犯罪報道―1―：新聞研究　通号227　〔1970.6〕　p53～60	
有倉遼吉	表現の自由と治安(治安と人権)：法律時報　42(8)　〔1970.6〕　p17～25	
松浦総三	言論・出版妨害事件その後：総合ジャーナリズム研究　07(03)　〔1970.7〕　p88～96	
堀太一	出版妨害事件の波紋〔日誌 45.3.5～6.10〕-2-(言論・出版妨害事件その後)：総合ジャーナリズム研究　07(03)　〔1970.7〕　p4～27	
新聞編集関係法制研究会	新聞編集関係法制の研究―3―犯罪報道―2―：新聞研究　通号228　〔1970.7〕　p71～79	
新聞編集関係法制研究会	新聞編集関係法制の研究―4―国家秘密と報道―1―：新聞研究　通号229　〔1970.8〕　p65～71	
家永三郎	教科書裁判とマスコミ：マスコミ市民　通号041　〔1970.9〕　p4～7	
新聞編集関係法制研究会	新聞編集関係法制の研究―4の統―国家秘密と報道―2―：新聞研究　通号230　〔1970.9〕　p67～74	
新聞編集関係法制研究会	新聞編集関係法制の研究―6―議会と報道：新聞研究　通号231　〔1970.10〕　p53～61	
新聞編集関係法制研究会	新聞編集関係法制の研究―7―裁判報道―1―：新聞研究　通号232　〔1970.11〕　p41～50	

奥平康広	明治20年新聞紙条例・出版条例についての若干の考察——明治憲法における表現の自由の考察の前提として—3—：社會科學研究：東京大学社会科学研究所紀要　22（2）〔1970.12〕p107〜150
新聞編集関係法制研究会	新聞編集関係法制の研究—8—裁判報道—2—：新聞研究　通号233〔1970.12〕p73〜82
五十嵐清	表現の自由と人格権の保護（判例と学説 民法—25—）：法学セミナー　通号180〔1971.2〕p14〜17
大谷堅志郎	海外放送事情＝米, 出そろった選挙放送関係法案＝ほか：NHK文研月報　21（03）〔1971.3〕p65
芦部信喜	言論・表現の自由の現代的状況（新しく新聞記者となる人のために）：新聞研究　通号236〔1971.3〕p7〜11
正村公宏	言論の自由と知識産業：マスコミ市民　通号051〔1971.7〕p2〜3
金子勝	表現の自由の終焉—最高裁軽犯罪法1条33号合憲判決批判：愛知論叢　（10）〔1971.7〕p21〜34
千葉和郎	最高裁はこう考える（司法と報道（特集）：新聞研究　通号240〔1971.7〕p19〜23
田代喜久雄	裁判官の独立と報道の責任（司法と報道（特集）：新聞研究　通号240〔1971.7〕p14〜18
井出嘉憲	裁判所の広報活動とその問題点（司法と報道（特集）：新聞研究　通号240〔1971.7〕p39〜44
阿部竹松	報道の自由に関する理論の推移とその社会的背景：日本大学芸術学部学術研究　通号1〔1971.7〕p42〜54
森永和彦	自由主義社会の新聞：自由　13（9）〔1971.9〕p114〜121
新聞編集関係法制研究会	新聞編集関係法制の研究—17—秘密文書報道事件の法的問題点（特別座談会）：新聞研究　通号242〔1971.9〕p67〜83
清水知久	「報道の自由」と戦争責任：世界　通号310〔1971.9〕p202〜208
土方正巳	言論の自由（特集）：総合ジャーナリズム研究　08（04）〔1971.10〕p53〜57
山田進一	国家と言論の歴史的対立－－果たしてN.Y.タイムズは完勝したのか（特集・言論の自由）：総合ジャーナリズム研究　08（04）〔1971.10〕p4〜18
清水英夫	写真をめぐる二つの法律問題 情報化時代の権利侵害の一断面：出版ニュース　通号0883〔1971.11〕p6〜13
広岡知男	経営権と編集権：新聞研究　通号244〔1971.11〕p7〜11
佐藤毅	編集権の現代的問題点：新聞研究　通号244〔1971.11〕p12〜16
小林直樹	言論のタブーについて：マスコミ市民　通号056〔1972.1〕p2〜3
新聞編集関係法制研究会	新聞編集関係法制の研究—21—新聞の権利—1—：新聞研究　通号246〔1972.1〕p53〜61
香山健一	新聞亡国論——自由な新聞の条件：自由　14（2）〔1972.2〕p32〜57
新聞編集関係法制研究会	新聞編集関係法制の研究—23—新聞の権利—3—新聞の著作権：新聞研究　通号248〔1972.3〕p67〜76
井上宏	特集II 放送表現規制の倫理と法理 新しい放送を創る（4）編成機能の主体確立への道：月刊民放　02（11）〔1972.4〕p31〜35
入江通雅	国際政治と言論の自由：自由　14（4）〔1972.4〕p26〜33
新聞編集関係法制研究会	新聞編集関係法制の研究—24完—現代における言語・表現の自由：新聞研究　通号249〔1972.4〕p65〜73
新聞編集関係法制研究会	新聞編集関係法制の研究—24完—現代における言論・表現の自由：新聞研究　通号249〔1972.4〕p65〜73
林建彦	韓国のマスコミ事情－－"言論自由守護闘争"の波乱を経て：総合ジャーナリズム研究　09（03）〔1972.7〕p86〜94
松浦総三	占領下の言論抑圧, 27年目の証言－－メリーランド大学にあるGHQ検閲の墓場から：総合ジャーナリズム研究　09（03）〔1972.7〕p133〜142
伊藤慎一	北アイルランドの"血の日曜日"事件と言論規制——政府の調査活動と新聞報道の対立：新聞研究　通号252〔1972.7〕p78〜81
矢崎泰久	さよなら△、またきて口 ＜特集＞「表現の自由」を語る位相、語らない位相：放送批評　No.056〔1972.9〕
松浦総三	タブウと言論弾圧 ＜特集＞「表現の自由」を語る位相、語らない位相：放送批評　No.056〔1972.9〕
山口文憲	デモの思想を語る為の序章 ＜特集＞「表現の自由」を語る位相、語らない位相：放送批評　No.056〔1972.9〕
近藤光次	マスコミを追いつめる広告税問題 ＜特集＞「表現の自由」を語る位相、語らない位相：放送批評　No.056〔1972.9〕
斉藤正治	「一七五」権力の思考と手口 ＜特集＞「表現の自由」を語る位相、語らない位相：放送批評　No.056〔1972.9〕
佐藤正弥, 石田脩作, 大星光次, 田原総一朗, 田村侃三	座談会 第二回東北編 裏面からの発言 ＜特集＞「表現の自由」を語る位相、語らない位相：放送批評　No.056〔1972.9〕
奥平康広	組織的構造的侵害に対する反撃 ＜特集＞「表現の自由」を語る位相、語らない位相：放送批評　No.056〔1972.9〕
松尾羊一	入力から出力過程に何が起きているか ＜特集＞「表現の自由」を語る位相、語らない位相：放送批評　No.056〔1972.9〕
スミス, スタンフォード, 橋本正邦	プレスの自由の歴史と現状——米新聞協会の見解：新聞研究　通号256〔1972.11〕p67〜73
石村善治	マス・メディアと表現の自由（判例と学説 憲法—10—）：法学セミナー　通号203〔1972.11〕p97〜101
清水英夫	新聞編集関係法制研究会編「法と新聞」：法律時報　45（2）〔1973.2〕p130〜132
佐藤幸治	新聞の自由と市民への責任——表現の自由をめぐる現代的状況（現代新聞記者読本）：新聞研究　通号260〔1973.3〕p37〜42
江尻進, 森恭三, 清水英夫	新聞の自由と責任：新聞学評論　通号22〔1973.10〕p203〜208
鈴木均	'73年報道をかえりみて ＜特集＞何故、ジャーナリズムか？：放送批評　No.070〔1973.12〕
清水英夫	刑法改正—極めて露骨な取締る側の論理 ＜特集＞何故、ジャーナリズムか？：放送批評　No.070〔1973.12〕
田中美知太郎	自由な新聞のあり方（新聞大会記念講演）：新聞研究　通号269〔1973.12〕p8〜13
中村智子	「赤旗」と言論の自由についての一つの体験〔宮本百合子〕：思想の科学. 第6次　通号26〔1974.1〕p81〜87
芦部信喜	言論の自由の現代的構造——知る権利を中心として：新聞研究　通号270〔1974.1〕p46〜55
中岡哲郎	新聞社の組織と「言論」：新聞研究　通号270〔1974.1〕p34〜41
清水英夫	刑法改正と出版界：出版ニュース　通号0961〔1974.2〕p6〜11
奥田剣志郎	「言論」と「行動」の区理論に関する三つの「言論」規制基準について：青山社会科学紀要　（2）〔1974.3〕p28〜50
三好修, 石原慎太郎	「言論の自由」は取引できるか——意見広告と「取材拒否」：自由　16（3）〔1974.3〕p40〜57
広瀬英彦	市民的権利としての「言論・表現の自由」——言論機関の"優位的地位"への疑問をめぐって（海外情報）：新聞研究　通号272〔1974.3〕p84〜87

言論・表現の自由	制度

右崎正博　占領軍による言論政策と言論の自由：早稲田法学会誌　通号24　〔1974.3〕　p471～502

入江通雅　「収容所列島」と言論の自由：自由　16 (4)　〔1974.4〕　p121～130

香山健一　「言論の自由」への新しい挑戦——「科学的社会主義」と「誹謗中傷」：自由　16 (5)　〔1974.5〕　p74～84

吉川経夫　刑法「改正」と表現の自由：新聞研究　通号274　〔1974.5〕　p6～10

古橋政次　言論・報道条項の論調（刑法改正と報道の自由—「刑法改正」と新聞論調）：新聞研究　通号280　〔1974.11〕　p73～75

吉永洸　「新聞の自由」と言論の自由——「サンケイ」裁判をめぐる問題構造：文化評論　通号160　〔1974.11〕　p2～11

松浦総三　空の護りに関する言論弾圧事件－－発見された "新聞紙処分日誌" から：総合ジャーナリズム研究　12 (01)　〔1975.1〕　p39～48

小林賢太郎　新聞の寡占化と言論の自由（問題提起）：経済セミナー　通号242　〔1975.3〕　p46～55

足立昌勝　法務省文書を批判する--刑法第230条の2の系譜と言論の自由（シリーズ・刑法「改正」研究-2-）：総合ジャーナリズム研究　12 (02)　〔1975.4〕　p106～112

広瀬英彦　西ドイツにおけるジャーナリストの編集権参加問題（海外情報）：新聞研究　通号286　〔1975.5〕　p74～77

影山日出弥　表現の自由と公共の福祉（公共の福祉の現代的意義<特集>）：法律のひろば　28 (5)　〔1975.5〕　p12～18

小松原久夫　コミュニケーション政策と新聞の自由——欧州会議の「新聞の集中に関する専門会議」から（海外情報）：新聞研究　通号287　〔1975.6〕　p84～87

Greenslade, D.R.W., 日本新聞協会国際部　新聞の自由（The Freedom of the Press）：新聞研究　通号291　〔1975.10〕　p45～48

堀部政男　基本的人権——表現の自由を中心として（日本法と英米法の30年<特集>—日本の法制度と英米法——憲法）：ジュリスト　通号600　〔1975.11〕　p163～171

石田栄仁郎　「表現の自由」に関する現代的課題——プレスにおける「反論権」，「フェア・プレス」対「フリー・プレス」をめぐる米国の判例，学説を中心に：近大法学　23 (2)　〔1975.12〕　p33～71

小松原久夫　「国際検閲」とマスメディア——プレスに対する外国政府の圧力（海外情報）：新聞研究　通号293　〔1975.12〕　p72～75

右崎正博　国家の安全と言論結社の自由—2——一九五〇年マッカラン法：早稲田法学会誌　通号27　〔1976〕　p125～157

清水英夫　現代社会における言論の自由とマス・コミュニケーション——アクセス権問題を中心に（マス・コミュニケーションと現代<特集>）：季刊科学と思想　通号19　〔1976.1〕　p405～416

井川一久　ベトナム報道と「表現」の自由について——丸山静雄先生の一文について：世界　通号363　〔1976.2〕　p291～294

中谷実　表現の自由——日米の比較：滋賀大学教育学部紀要, 人文科学・社会科学・教育科学　通号25　〔1976.3〕　p154～144

右崎正博　国家の安全と言論結社の自由——1940年スミス法：早稲田法学会誌　通号26　〔1976.3〕　p359～397

為田英一郎　ペンに立ちふさがる剣——韓国の言論状況：新聞研究　通号298　〔1976.5〕　p58～63

洪哲熙　自由言論の戦いは敗れたか——「東亜日報」記者の闘争報告：世界　通号366　〔1976.5〕　p244～249

小松原久夫　裁判報道の自由と事前抑制——米最高裁で審理始まる（海外情報）：新聞研究　通号299　〔1976.6〕　p66～69

朴京ヨウ　「朝鮮日報」記者の闘い——言論自由の旗をふり返る：世界　通号367　〔1976.6〕　p260～266

松浦総三　返還された発禁図書 生々しい天皇制検閲の実態：出版ニュース　通号1053　〔1976.9〕　p6～11

広瀬英彦　西ドイツの "編集権参加" に新たな動き（海外情報）：新聞研究　通号307　〔1977.2〕　p80～83

石福秀太郎　英国で組合の編集権「干渉」めぐり論議——波紋広がるアスター氏の論文（海外情報）：新聞研究　通号309　〔1977.4〕　p76～79

総合ジャーナリズム研究編集部　（毎日新聞問題の本質<特集>）新聞経営の危機と編集権－－あに, 毎日新聞のみならんや：総合ジャーナリズム研究　14 (03)　〔1977.7〕　p33～44

塚越喜昭　「新聞の自由——継続する戦い」から（パネルディスカッション）（第30回FIEJ東京総会<特集>）：新聞研究　通号312　〔1977.7〕　p36～39

堀部政男　雑誌自販機規制条例と表現の自由（法と国制<特集>）：一橋論叢　78 (6)　〔1977.12〕　p643～661

春原昭彦, 川井良弥, 服部孝章　戦時報道の実態—2—：コミュニケーション研究　通号11　〔1978〕　p59～97

山田年栄　新聞と法律（現代新聞記者読本）：新聞研究　通号320　〔1978.3〕　p76～79

中井誠治　報道自由条約立案過程をめぐる諸問題：日本大学大学院法学研究年報　(8)　〔1978.11〕　p115～170

マクレガー, オリバー・R　新聞の自由を維持するものはだれか（第三十一回新聞大会記念講演）：新聞研究　通号329　〔1978.12〕　p8～16

野中康夫　表現の自由の論理とその現代的展開：明治大学大学院紀要. 法学篇　16　〔1978.12〕　p97～108

角替晃　表現の自由に関する一考察—合衆国における忠誠・保安審査制をめぐって（三）：早稲田政治公法研究　通号7　〔1978.12〕　p85～99

清水英夫　出版の自由——一九七〇年代における問題と文献：出版研究　通号10　〔1979〕　p103～125

川口是　表現の自由と公職選挙法：人文　通号29　〔1979〕　p28～56

松浦総三, 松岡英夫　言論をとりまく状況そして新聞（現代の逆流と新聞）：新聞研究　通号330　〔1979.1〕　p10～25

竹嶋和　占領期の検閲と放送——ラジオ・コード：NHK文研月報　29 (02)　〔1979.2〕　p24

キム・ラサン　自由言論は永遠の実践課題：マスコミ市民　通号134　〔1979.3〕　p54～55

江藤淳　忘れたことと忘れさせられたこと—承前—占領軍の言論統制：諸君！　日本を元気にするオピニオン雑誌　11 (5)　〔1979.5〕　p118～133

中村泰次　条例規制と言論の自由——戦後の変遷をたどって：新聞学評論　通号28　〔1979.6〕　p112～125

ビンコウスキー, ヨハネス, 新聞研究編集部　プレスの自由を脅かすもの（第32回FIEJ総会報告）：新聞研究　通号337　〔1979.8〕　p57～61

Beuve-Mery, Hubert　ジャーナリストの自由と責任：新聞研究　通号341　〔1979.12〕　p62～71

清水英夫　出版の自由と出版学：日本出版学会会報　(40)　〔1980.3〕　p2

石井寿美雄　ケイト—書簡と新聞の自由：新聞学評論　通号29　〔1980.10〕　p116～126

角替晃　表現の自由に関する一考察：早稲田政治公法研究　通号9　〔1980.12〕　p107～120

清水英夫　検閲——その史的概観——十七世紀まで〔含 資料〕：出版研究　通号12　〔1981〕　p169～195

大井眞二　プレスの自由論とその受容過程——「植民地理論」の再検討：法学紀要　通号22　〔1981〕　p315～348

阪本昌成　プレスの自由とアクセス権——サンケイ新聞意見広告訴訟控訴審判決を機縁とする一試論：法学セミナー　通号311

		〔1981.1〕 p2～9
高桑幸吉	占領下における新聞の事前検閲―1―：新聞研究　通号359　〔1981.6〕　p40～44	
三潴信邦	教科書批判と言論の自由：新聞研究　通号360　〔1981.7〕　p57～63	
高桑幸吉	占領下における新聞の事前検閲―2―：新聞研究　通号360　〔1981.7〕　p64～68	
橋本正邦	米新聞界にみるチェーンと編集権（海外情報）：新聞研究　通号360　〔1981.7〕　p82～85	
高桑幸吉	占領下における新聞の事前検閲―3―：新聞研究　通号361　〔1981.8〕　p75～79	
高桑幸吉	占領下における新聞の事前検閲―4―：新聞研究　通号362　〔1981.9〕　p64～69	
高桑幸吉	占領下における新聞の事前検閲―5―：新聞研究　通号363　〔1981.10〕　p83～87	
清水英夫	ジャーナリズム・法制（日本新聞学会創立30周年記念―マスコミ研究三十年――回顧と展望＜特集＞）：新聞学評論　通号30　〔1981.12〕　p65～83	
江藤文夫	新聞の言葉 新聞の文章（新聞文章論）：新聞研究　通号364　〔1981.11〕　p10～25	
高桑幸吉	占領下における新聞の事前検閲―6完―：新聞研究　通号364　〔1981.11〕　p61～65	
鶏徳啓登	表現の自由の一考察―アクセス権を中心に：駒沢大学大学院公法学研究　（8）〔1981.12〕　p45～60	
堀部政男	司法的事前抑制の合憲性と問題性――「北方ジャーナル」事件の最高裁判決をめぐって：新聞研究　通号365　〔1981.12〕　p35～40	
美作太郎	教科書問題と出版の自由について：日本出版学会会報　（45）〔1981.12〕　p5	
山住正己	言論出版の自由と教科書検定：日本出版学会会報　（45）〔1981.12〕　p6	
Grunwald, Gerald, 福井厚	言論の自由と刑法：法學志林　79（2）〔1982.1〕　p117～130	
西部邁	言論の悪しき政治化――知識人の言語障害を考える：エコノミスト　60（2）〔1982.1〕　p72～81	
山口昌子	映画の中の報道人，権力そして自由：総合ジャーナリズム研究　19（02）〔1982.4〕　p88～95	
江藤文夫	読むことの意味（＜読み＞の状況）：新聞研究　通号369　〔1982.4〕　p23～27	
阪本昌成	表現の自由と事前の抑制：法学セミナー　通号326　〔1982.4〕　p76～83	
大江伸子	占領下の新聞事前検閲――日本的ジャーナリズムの体質がみえる：総合ジャーナリズム研究　19（03）〔1982.7〕　p53～61	
藤井弥太郎	《特集》集会・表現の自由　「教育・言論の自由」の危機状況：マスコミ市民　通号172　〔1982.8〕　p8～11	
松野修	《特集》集会・表現の自由　“教科書報道”を考える：マスコミ市民　通号172　〔1982.8〕　p16～21	
小糸忠吾	権力と新聞の自由――伊英仏独露における政治哲学の背景と統制の歴史：コミュニケーション研究　通号13　〔1983〕　p1～51	
藤田達朗	「議会報道の自由」の形成過程―1～4―イギリスにおける近代的「出版の自由」の史的展開：立命館法學　通号172～通号178　〔1983〕　p793～825	
藤田達朗	「議会報道の自由」の形成過程―1―イギリスにおける近代的「出版の自由」の史的展開：立命館法學　通号172　〔1983〕　p793～825	
奥平康広, 五十嵐清, 柏木千秋	名誉毀損と報道の自由（現代の視点）：法学セミナー　通号335　〔1983.1〕　p16～33	
奥平康広	基本的人権と報道の自由：新聞研究　通号380　〔1983.3〕　p64～72	
高桑幸吉	国際シンポジウム「日本占領研究」――マッカーサーの検閲：諸君！　日本を元気にするオピニオン雑誌　15（4）〔1983.4〕　p128～157	
吉原公一郎	おびやかされる報道・言論の自由――岐路に立つ『毎日新聞』：マスコミ市民　通号182　〔1983.7〕　p2～11	
鶏徳啓登	表現の自由の一考察―「思想の市場」論は「古典的解釈」か？：駒沢大学大学院公法学研究　（10）〔1983.12〕　p1～12	
奥平康広	新聞・人間・権力――報道の自由・考：法学セミナー　通号349　〔1984.2〕　p8～11	
清水英夫	“図書類規制法案”の企図するもの　“角を矯めて牛を殺す”規制立法：出版ニュース　通号1316　〔1984.3〕　p4～8	
松浦総三	また「検閲の時代」が…――“図書類規制法案”の狙い：マスコミ市民　通号190　〔1984.4〕　p2～7	
日本新聞協会国際部	プレスの自由に関するIPI報告―3―（資料）：新聞研究　通号393　〔1984.4〕　p91～102	
小宮山一衛	図書規制法案に直面するマスコミの課題：新聞研究　通号394　〔1984.5〕　p89～91	
春原昭彦	占領検閲の意図と実態―上―：新聞研究　通号395　〔1984.6〕　p80～84	
江藤淳	閉ざされた言語空間――占領軍の検閲と戦後日本―2―（承前）占領軍宣伝文書「太平洋戦争史」の原罪：諸君！　日本を元気にするオピニオン雑誌　16（7）〔1984.7〕　p276～296	
宮城一夫	報道の眼　不可解な、「判決要旨」の遅延「松山事件」での法廷内撮影許可：月刊民放　14（159）〔1984.9〕　p36～36	
江藤淳	閉ざされた言語空間――占領軍の検閲と戦後日本―2―（承前）蘆花「謀叛論」も抹殺した東京裁判：諸君！　日本を元気にするオピニオン雑誌　16（11）〔1984.11〕　p236～252	
奥平康広	なぜ、新聞は自由なのか（〔新聞研究〕創刊400号記念号―新聞に望むこと）：新聞研究　通号400　〔1984.11〕　p10～17	
堀部政男	マスメディアをめぐる法的環境の変容――昭和50年代を回顧して（〔新聞研究〕創刊400号記念号）：新聞研究　通号400　〔1984.11〕　p73～77	
大森幸男	ニューメディア時代のジャーナリズム――資本の論理に押される言論の自由：新聞研究　通号403　〔1985.2〕　p64～67	
スポールディング, ロバート・M, 春原昭彦, 鈴木雄雅	占領軍の報道検閲政策：新聞研究　通号403　〔1985.2〕　p73～80	
内田剛弘	《特集》いま、ジャーナリズムに… みせかけの「表現の自由」をほんものに：マスコミ市民　通号200　〔1985.3〕　p10～12	
杣正夫	《特集》いま、ジャーナリズムに… 言論・表現の自由の現状：マスコミ市民　通号200　〔1985.3〕　p68～70	
清水英夫	情報化社会における表現の自由――ネガティヴな保障からポジティヴな保障へ：青山法学論集　26（3・4）〔1985.3〕　p49～61	
井出三洋	「報道のじゆう」のじさつ：諸君！　日本を元気にするオピニオン雑誌　17（3）〔1985.3〕　p136～145	
大森幸男	ニューメディア時代の法制と言論報道機関（プレスの自由と法規制――第38回FIEJ〔国際新聞発行者協会〕東京総会―第2セッション「言論の自由に対する法的規制の動き」）：新聞研究　通号408　〔1985.7〕　p22～26	
リナカー, ゴードン	開会式あいさつ　新聞の自由個人の自由（プレスの自由と法規制――第38回FIEJ〔国際新聞発行者協会〕東京総会）：新聞研究　通号408　〔1985.7〕　p11～13	
春原昭彦	占領軍の検閲活動と新聞――1945～1948年：コミュニケーション研究　通号16　〔1986〕　p1～20	

橋本基弘	言論の自由と商業的言論：比較法雑誌　20(1)〔1986〕p69～102
福島鋳郎	戦時言論統制機関の再検証「情報局」への道程－1－内閣情報委員会設立とその背景：総合ジャーナリズム研究　23(01)〔1986.1〕p98～108
江藤淳	閉ざされた言語空間――占領軍の検閲と戦後日本―2―(承前)―完―「使わないことば」と「使うことば」：諸君！日本を元気にするオピニオン雑誌　18(2)〔1986.2〕p48～57
田上穣治	表現の自由の規制について：亜細亜法学　20(1・2)〔1986.3〕p173～179
立山紘毅	マス・メディアの自由とマスコミ労働者の自由――いわゆる「編集参加論」への分析視角と一試論―1―：名古屋大学法政論集　通号108〔1986.3〕p45～88
福島鋳郎	戦時言論統制機関の再検証「情報局」への道程－2－内閣情報部の時代：総合ジャーナリズム研究　23(02)〔1986.4〕p68～77
小松原久夫	ワシントンの情報環境―下―：新聞研究　通号418〔1986.5〕p68～70
清水英夫	パロディ・謝罪広告・不敬罪 モンタージュ写真裁判差し戻し判決にふれて：出版ニュース　通号1394〔1986.6〕p8～11
立山紘毅	マス・メディアの自由とマスコミ労働者の自由――いわゆる「編集参加論」への分析視角と一試論―2完―：名古屋大学法政論集　通号111〔1986.6〕p441～486
福島鋳郎	戦時言論統制機関の再検証「情報局」への道程－3完－君臨する情報局とその崩壊：総合ジャーナリズム研究　23(03)〔1986.7〕p62～71
奥平康広	いい加減にあしらわれた言論の自由――政見放送カット高裁判決―上―：法セミ　通号379〔1986.7〕p12～15
清水英夫	形骸化をたどる検閲禁止――北方ジャーナル大法廷判決批判：マスコミ市民　通号216〔1986.8〕p24～29
吉田健	「言論の自由」守る責任は言論人に（「北方ジャーナル」事件最高裁判決をめぐって〔含 判決文〕）：新聞研究　通号421〔1986.8〕p45～48
竹田稔	司法による表現行為事前差止めの法理（「北方ジャーナル」事件最高裁判決をめぐって〔含 判決文〕）：新聞研究　通号421〔1986.8〕p39～44
奥平康広	「北方ジャーナル」上告審判決――情報大衆化の中で問われるメッセージのあり方：法セミ　通号380〔1986.8〕p12～17
津川徹	「情報」の歴史的考察：NHK放送文化調査研究年報　31〔1986.8〕p211～226
奥平康広	いい加減にあしらわれた言論の自由――政見放送カット高裁判決―下―：法セミ　通号381〔1986.9〕p12～16
総合ジャーナリズム研究編集部	北方ジャーナル訴訟判決の「原則」と「例外」：総合ジャーナリズム研究所　23(04)〔1986.10〕p6～43
江藤淳	総理官邸の「事前検閲」：諸君！日本を元気にするオピニオン雑誌　18(11)〔1986.11〕p26～35
Gossel, Karl Heinz, 本間一也	刑事手続きにおける報道の自由(Medienfreiheit)の保護：北大法学論集　37(6)〔1987〕p893～920
高橋正俊	検閲について：法学　50(7)〔1987.1〕p1342～1368
山口和秀	表現の自由をめぐる判例の動向と学説：岡山大学法学会雑誌　36(3・4)〔1987.3〕p619～638
江橋崇	司法の表現規制に厳しい目を（新聞記者読本'87―新聞に望むこと）：新聞研究　通号428〔1987.3〕p22～26
清水英夫, 平川宗信	表現の自由をめぐる憲法と刑法の交錯：法律時報　59(5)〔1987.4〕p66～77
野々山真輝帆	ニカラグア――2つの到達点から見た現実―下―人権と表現の自由をめぐる葛藤（ルポ）：Asahi journal　29(16)〔1987.4〕p110～113
清水英夫	表現の自由の保障――その現代的意義――自由と規制をめぐる葛藤（かっとう）（憲法40年とジャーナリズム）：新聞研究　通号430〔1987.5〕p21～25
古川純	報道・取材の自由と憲法判例の軌跡――優越的自由の保障をめぐって（憲法40年とジャーナリズム）：新聞研究　通号430〔1987.5〕p26～31
大里坦	選挙運動の規制と言論表現の自由――特に公職選挙法142条をめぐって：法政論叢　通号23〔1987.5〕p42～57
福地恒男	《特集》朝日新聞襲撃事件と言論の自由 けっして忘れないことだ：マスコミ市民　通号226〔1987.6〕p24～25
伊藤嘉男	《特集》朝日新聞襲撃事件と言論の自由 テロと権力が暴走する時代：マスコミ市民　通号226〔1987.6〕p29～30
三好真一郎	《特集》朝日新聞襲撃事件と言論の自由 テロに屈するな：マスコミ市民　通号226〔1987.6〕p46～47
岡本愛彦	《特集》朝日新聞襲撃事件と言論の自由 テロリストを赦してきたのは誰か：マスコミ市民　通号226〔1987.6〕p42～46
右崎正博	《特集》朝日新聞襲撃事件と言論の自由 ファシズムの再来を許さないために：マスコミ市民　通号226〔1987.6〕p67～69
印南正	《特集》朝日新聞襲撃事件と言論の自由 ペンよ挫けるな！：マスコミ市民　通号226〔1987.6〕p18～20
鈴木修	《特集》朝日新聞襲撃事件と言論の自由 マスコミは暴力に敏感であれ：マスコミ市民　通号226〔1987.6〕p66～67
大森信行	《特集》朝日新聞襲撃事件と言論の自由 一人ひとりが責任を負うことだ：マスコミ市民　通号226〔1987.6〕p16～18
前田啓一郎	《特集》朝日新聞襲撃事件と言論の自由 一大運動で社会進歩の世論づくりを：マスコミ市民　通号226〔1987.6〕p54～55
阿部昭二	《特集》朝日新聞襲撃事件と言論の自由 一日も早く真相の解明を：マスコミ市民　通号226〔1987.6〕p78～78
久野収	《特集》朝日新聞襲撃事件と言論の自由 "開いた"社会への努力を：マスコミ市民　通号226〔1987.6〕p4～12
土屋一夫	《特集》朝日新聞襲撃事件と言論の自由 記者の死を無駄にしないために：マスコミ市民　通号226〔1987.6〕p72～74
近藤一	《特集》朝日新聞襲撃事件と言論の自由 逆説・正論――沖縄地獄戦よりみる：マスコミ市民　通号226〔1987.6〕p71～72
畠中千畝	《特集》朝日新聞襲撃事件と言論の自由 教室に怒りが充満：マスコミ市民　通号226〔1987.6〕p65～66
右田末人	《特集》朝日新聞襲撃事件と言論の自由 近い将来の恐るべき予兆：マスコミ市民　通号226〔1987.6〕p40～42
菊池武信	《特集》朝日新聞襲撃事件と言論の自由 憲法護持：マスコミ市民　通号226〔1987.6〕p50～51
仁田坂喬一	《特集》朝日新聞襲撃事件と言論の自由 憲法破壊の政治と社会状況：マスコミ市民　通号226〔1987.6〕p34～35
松浦総三	《特集》朝日新聞襲撃事件と言論の自由 現在からみる"一九三六年"：マスコミ市民　通号226〔1987.6〕p20～22
滝沢正樹	《特集》朝日新聞襲撃事件と言論の自由 言論の自由――その死と再生：マスコミ市民　通号226〔1987.6〕p25～28

竹中岳彦	《特集》朝日新聞襲撃事件と言論の自由 「言論の自由」を私たちの手で：マスコミ市民　通号226　〔1987.6〕　p22～24	
太田一男	《特集》朝日新聞襲撃事件と言論の自由 言論人よ毅然と立て：マスコミ市民　通号226　〔1987.6〕　p55～58	
杉本保男	《特集》朝日新聞襲撃事件と言論の自由 言論抑圧に抗していく努力を：マスコミ市民　通号226　〔1987.6〕　p39～40	
川上力男	《特集》朝日新聞襲撃事件と言論の自由 後戻りをしてはならない：マスコミ市民　通号226　〔1987.6〕　p51～52	
松本昌悦	《特集》朝日新聞襲撃事件と言論の自由 国民の“知る権利”の抹殺：マスコミ市民　通号226　〔1987.6〕　p63～65	
斎藤文男	《特集》朝日新聞襲撃事件と言論の自由 四年半の中曽根政治が……：マスコミ市民　通号226　〔1987.6〕　p13～15	
梶谷善久	《特集》朝日新聞襲撃事件と言論の自由 市井無頼の徒と国家の暴力：マスコミ市民　通号226　〔1987.6〕　p35～38	
前田真人	《特集》朝日新聞襲撃事件と言論の自由 市民と連帯できる報道を：マスコミ市民　通号226　〔1987.6〕　p69～70	
松本修	《特集》朝日新聞襲撃事件と言論の自由 事件は氷山の一角やもしれない：マスコミ市民　通号226　〔1987.6〕　p58～59	
柳澤伸司	《特集》朝日新聞襲撃事件と言論の自由 事件を基点として活性化を：マスコミ市民　通号226　〔1987.6〕　p60～61	
坂田奉文	《特集》朝日新聞襲撃事件と言論の自由 書かれた者の痛みを知ること：マスコミ市民　通号226　〔1987.6〕　p70～71	
冨田博之	《特集》朝日新聞襲撃事件と言論の自由 小さな暴力事件にも敏感な対応を：マスコミ市民　通号226　〔1987.6〕　p61～63	
本田雅和	《特集》朝日新聞襲撃事件と言論の自由 小尻知博記者の死に思う：マスコミ市民　通号226　〔1987.6〕　p78～81	
鈴田ノブ子	《特集》朝日新聞襲撃事件と言論の自由 真のジャーナリストであり続けてほしい：マスコミ市民　通号226　〔1987.6〕　p15～16	
茶本繁正	《特集》朝日新聞襲撃事件と言論の自由 戦前戦後のマスコミテロル：マスコミ市民　通号226　〔1987.6〕　p82～89	
城戸又一	《特集》朝日新聞襲撃事件と言論の自由 戦前戦中の闇黒時代の再来：マスコミ市民　通号226　〔1987.6〕　p52～54	
平良亀之助	《特集》朝日新聞襲撃事件と言論の自由 日本人全体の自由と正義への試練：マスコミ市民　通号226　〔1987.6〕　p33～34	
松岡英夫	《特集》朝日新聞襲撃事件と言論の自由 “犯人”を産み出したもの：マスコミ市民　通号226　〔1987.6〕　p47～50	
佐藤毅	《特集》朝日新聞襲撃事件と言論の自由 不透明な言論状況：マスコミ市民　通号226　〔1987.6〕　p59～60	
内田剛弘	《特集》朝日新聞襲撃事件と言論の自由 「報道の自由を守る日」を提唱する：マスコミ市民　通号226　〔1987.6〕　p30～33	
宇賀村精介	《特集》朝日新聞襲撃事件と言論の自由 民主主義・国民に対する挑戦：マスコミ市民　通号226　〔1987.6〕　p38～39	
金子勝	《特集》朝日新聞襲撃事件と言論の自由 歴史の転換点と銃声：マスコミ市民　通号226　〔1987.6〕　p74～76	
武久善彦	《特集》朝日新聞襲撃事件と言論の自由 歴史を繰り返してはならない：マスコミ市民　通号226　〔1987.6〕　p28～29	
大蔵雄之助	言論の問題は言論で争うべし：諸君！　日本を元気にするオピニオン雑誌　19（6）〔1987.6〕　p263～265	
島田茂男	「プレスの自由」に対する挑戦－－シンガポール，マレーシアの言論にやがて“暗黒時代”が…：総合ジャーナリズム研究　24（03）〔1987.7〕　p66～71	
新井直之	朝日新聞阪神支局襲撃事件に寄せて－－言論の自由に「いやな感じ」：総合ジャーナリズム研究　24（03）〔1987.7〕　p47～53	
児嶋昭	危険と隣り合わせの中で（朝日記者殺傷事件――時代の状況とジャーナリズム―取材現場で考えること）：新聞研究　通号432　〔1987.7〕　p22～24	
福井尚	記者生活で最も重い事件（朝日記者殺傷事件――時代の状況とジャーナリズム―取材現場で考えること）：新聞研究　通号432　〔1987.7〕　p15～17	
高士薫	市民と記者――離れ過ぎていないか（朝日記者殺傷事件――時代の状況とジャーナリズム―取材現場で考えること）：新聞研究　通号432　〔1987.7〕　p17～19	
長江和弘	取材活動に驕りや怠慢はないか（朝日記者殺傷事件――時代の状況とジャーナリズム―取材現場で考えること）：新聞研究　通号432　〔1987.7〕　p25～27	
高橋義夫	否めない報道機関への理解不足（朝日記者殺傷事件――時代の状況とジャーナリズム―取材現場で考えること）：新聞研究　通号432　〔1987.7〕　p20～22	
田川五郎	「国情」と言論の自由――討議内容を振り返る（第40回FIEJ総会）：新聞研究　通号434　〔1987.9〕　p58～60	
塚本晴二朗	新聞の企業化と新聞紙法における言論統制―1909年新聞紙法を中心として：日本大学大学院法学研究年報　（17）〔1987.9〕　p447～509	
中村泰次	強まる言論・出版の自由への権力の介入 北方ジャーナル事件，たけし事件両判決が示すもの：出版ニュース　通号1440　〔1987.10〕　p8～11	
稲葉三千男	朝日新聞社襲撃事件をめぐる推理と切望：マスコミ市民　通号230　〔1987.10〕　p2～7	
鈴木敏	朝日新聞襲撃事件――謎の“赤報隊”を追う：Asahi journal　29（43）〔1987.10〕　p23～26	
江橋崇	新聞法制研究会―1―：新聞研究　通号437　〔1987.12〕　p45～53	
中村泰次	出版の自由と公権力の動き―人権との関係を中心に：日本出版学会会報　（63）〔1987.12〕　p3	
紙谷雅子	表現の自由――合衆国最高裁判所にみる表現の時間，場所，方法および態様に対する規制と，表現の方法と場所の類型―1―：国家学会雑誌　101（1・2）〔1988.1〕　p1～55	
江橋崇	新聞法制研究会―2―：新聞研究　通号438　〔1988.1〕　p35～45	
江橋崇	新聞法制研究会―3―：新聞研究　通号439　〔1988.2〕　p35～42	
橋本正邦	米国プレスは真に自由か――米国新聞編集者協会の分析と意見：新聞研究　通号439　〔1988.2〕　p58～60	
田中伸尚	冒される取材・表現の自由 「連続家宅捜索事件」はなぜ起こったのか：出版ニュース　通号1453　〔1988.3〕　p8～11	
江橋崇	新聞法制研究会―4―：新聞研究　通号440　〔1988.3〕　p78～86	
江橋崇	新聞法制研究会―5―：新聞研究　通号441　〔1988.4〕　p40～48	
江橋崇	新聞法制研究会―6―：新聞研究　通号442　〔1988.5〕　p76～87	
江橋崇	新聞法制研究会―7―：新聞研究　通号443　〔1988.6〕　p39～47	
江橋崇	新聞法制研究会―8―：新聞研究　通号444　〔1988.7〕　p49～59	
長谷部恭男	市場・自由・公正――放送制度論を素材として（論争・憲法学―13―）：法律時報　60（8）〔1988.7〕　p50～53	
依田彰, 西井泰之	清志郎の“反原発ソング”が発禁――表現の自由をぶっとばした企業国家日本の文化度：Asahi journal　30（28）〔1988.7〕　p28～32	
江橋崇	新聞法制研究会―9―：新聞研究　通号445　〔1988.8〕　p71～79	

言論・表現の自由		制度

江橋崇	新聞法制研究会—10—：新聞研究　通号446　〔1988.9〕　p60〜68	
江橋崇	新聞法制研究会—11—：新聞研究　通号447　〔1988.10〕　p65〜76	
高見勝利	「なぜ『表現の自由』か」奥平康弘：社會科學研究：東京大学社会科学研究所紀要　40（4）〔1988.11〕　p196〜208	
江橋崇	新聞法制研究会—12—：新聞研究　通号448　〔1988.11〕　p49〜56	
韓桂玉	韓国の言論民主化はどこまで？：マスコミ市民　通号243　〔1988.12〕　p86〜95	
江橋崇	新聞法制研究会—13—：新聞研究　通号449　〔1988.12〕　p64〜73	
紙谷雅子	表現の自由——合衆国最高裁判所に見る表現の時間，場所，方法および態様に対する規制と，表現の方法と場所の類型—2—：国家学会雑誌　102（1・2）〔1989.1〕　p46〜115	
江橋崇	新聞法制研究会—14—：新聞研究　通号450　〔1989.1〕　p70〜80	
立山紘毅	マス・メディアにおける経済的自由と精神的自由——西ドイツにおける最近の連邦憲法裁判所判決を機縁として：名古屋大学法政論集　通号124　〔1989.1〕　p487〜514	
植村隆	NTV系反戦社会派番組に右翼が突きつけた「言論の自由」——優秀賞も再上映中止，台本掲載拒否，釈明のテロップも流れて…：Asahi journal　31（3）〔1989.1〕　p80〜83	
江橋崇	新聞法制研究会—15—：新聞研究　通号451　〔1989.2〕　p75〜81	
江橋崇	新聞法制研究会—16—：新聞研究　通号452　〔1989.3〕　p57〜63	
江橋崇	新聞法制研究会—17—：新聞研究　通号453　〔1989.4〕　p54〜62	
紙谷雅子	表現の自由——合衆国最高裁判所に見る表現の時間，場所，方法および態様に対する規制と，表現の方法と場所の類型—3完—：国家学会雑誌　102（5・6）〔1989.5〕　p243〜335	
川原洋文	「言論自由」の精神を引き継いで（読者との交流・その展開）：新聞研究　通号455　〔1989.6〕　p54〜56	
萩原重夫	「北方ジャーナル」以降の表現事前抑制（マスコミの焦点）：新聞研究　通号455　〔1989.6〕　p78〜82	
平井久志	「編集権の独立」を模索する韓国新聞界：新聞研究　通号456　〔1989.7〕　p52〜59	
中村泰次	中村泰次の“蟻の一穴”－3－「尊重」するが「保障」せず「法廷メモ原則自由」勝ちとったが…：総合ジャーナリズム研究　26（04）〔1989.10〕　p88〜91	
阿部照哉	傍聴人のメモの制限と表現の自由・裁判の公開（最判平成1.3.8）：判例時報　通号1321　〔1989.11〕　p196〜200	
いいだもも	表現の自由：群像　44（12）〔1989.12〕　p190〜193	
清水英夫	80年代と言論・表現の自由（80年代を検証する）：新聞研究　通号461　〔1989.12〕　p25〜30	
中村泰次	中村泰次の“蟻の一穴”－4－最高裁が選んだ「情報の規制によって生ずる危険」な道：総合ジャーナリズム研究　27（01）〔1990.1〕　p41〜43	
清水英夫	出版をめぐる法の昭和史 戦前編 行政と司法のはさみうち状況のなかで：出版ニュース　通号1519　〔1990.2〕　p8〜12	
藤	＜特集＞ 本島長崎市長狙撃事件と「言論」 ジャーナリストの眼 天皇の戦争責任を問わないマスコミ：マスコミ市民　通号259　〔1990.3〕　p28〜31	
石巻靖治	＜特集＞ 本島長崎市長狙撃事件と「言論」 右翼・自民党の妄動、そして言論が撃たれた：マスコミ市民　通号259　〔1990.3〕　p8〜15	
日高六郎	＜特集＞ 本島長崎市長狙撃事件と「言論」 構造的テロリズムに反対する：マスコミ市民　通号259　〔1990.3〕　p2〜3	
谷内真理子	＜特集＞ 本島長崎市長狙撃事件と「言論」 市長の背後に隠れたジャーナリズム：マスコミ市民　通号259　〔1990.3〕　p4〜7	
藤原彰	＜特集＞ 本島長崎市長狙撃事件と「言論」 昭和史と右翼テロ：マスコミ市民　通号259　〔1990.3〕　p18〜21	
中村泰次	＜特集＞ 本島長崎市長狙撃事件と「言論」 戦争責任をタブーとするマスコミ：マスコミ市民　通号259　〔1990.3〕　p16〜17	
藤井平八郎	＜特集＞ 本島長崎市長狙撃事件と「言論」 天皇・安保・自衛隊の論議を活発に：マスコミ市民　通号259　〔1990.3〕　p26〜27	
岩松繁俊	＜特集＞ 本島長崎市長狙撃事件と「言論」 本島市長銃撃とマスコミ報道：マスコミ市民　通号259　〔1990.3〕　p22〜25	
戸松秀典	死者の名誉棄損と取材・報道の自由——エイズ報道訴訟（マスコミの焦点）：新聞研究　通号464　〔1990.3〕　p94〜96	
山崎哲	「言論の自由」と共同幻想－－本島市長狙撃事件－－すっぽり抜け落ちた言論の「内容」：総合ジャーナリズム研究　27（02）〔1990.4〕　p8〜14	
中村泰次	中村泰次の“蟻の一穴”－5－問われる報道倫理の感性－－選挙調査データ流出は語る：総合ジャーナリズム研究　27（02）〔1990.4〕　p94〜97	
浜田純一	法律・制度論——マス・コミュニケーションに対する法学的アプローチ（マス・コミュニケーション研究の系譜（1951〜1990）——日本新聞学会の研究活動を中心に）：新聞学評論　通号39　〔1990.4〕　p156〜166	
大江泰一郎	ソ連マスメディア法を読む：新聞研究　通号470　〔1990.9〕　p47〜54	
清水英夫	接見不許可処分の違憲性——ジャーナリストを逆差別する刑務行政（司法取材と報道）：新聞研究　通号470　〔1990.9〕　p27〜30	
辰村吉康	表現の自由と事前抑制についての考察—1—：法学論集　26（1）〔1990.10〕　p1〜12	
清水英夫	出版の自由を形骸化させてはならない：出版ニュース　通号1545　〔1990.11〕　p10〜11	
大井眞二, 谷藤悦史	近代の始まり——「プレスの自由論」再考に向けて（社会の情報化とメディアの歴史意識＜特集＞）：新聞学評論　通号40　〔1991〕　p42〜59	
中村泰次	中村泰次の“蟻の一穴”－8－戦中の「注意通告」を想起－－霞クラブ・報道差し控え取り決め：総合ジャーナリズム研究　28（01）〔1991.1〕　p50〜54	
浜田純一	1990年マスコミ関係判例回顧：新聞研究　通号475　〔1991.2〕　p80〜84	
池端忠司	言論の自由の価値と裁判所の役割—1—リー・C.ボリンジャーの「寛容な社会」を素材として：香川大学経済論叢　63（4）〔1991.3〕　p71〜123	
中村睦男	憲法21条と取材・報道の自由（次代を担う君たちへ——記者読本'91）：新聞研究　通号476　〔1991.3〕　p26〜29	
中村泰次	中村泰次の“蟻の一穴”－9－コミック本の自主規制－－外圧回避策に終わらせるな：総合ジャーナリズム研究　28（02）〔1991.4〕　p102〜105	
長谷川淳一	西側出版物に厳しい規制——シンガポールの言論管理（マスコミの焦点）：新聞研究　通号477　〔1991.4〕　p81〜83	

伊豫田康弘	集中排除原則の現状を国際比較 民放研が報告書：月刊民放　21（239）〔1991.5〕　p32～32
駒村圭吾	表現の自由の「価値」・「機能」・「成立条件」――「優先的地位論」・「思想の自由市場論」の再検討に向けての序論的考察：慶應義塾大学新聞研究所年報　通号37　〔1991.9〕　p99～123
中村泰次	中村泰次の"蟻の一穴"－11－証券不祥事報道に考える－－新聞の快挙と責任：総合ジャーナリズム研究　28（04）〔1991.10〕　p108～111
阪口正二郎	第1次大戦前の合衆国における表現の自由と憲法学―1―表現の自由の優越的地位形成過程の歴史研究序説：社會科學研究 ： 東京大学社会科学研究所紀要　43（4）〔1991.12〕　p1～77
木野主計	出版法制定過程の研究：出版研究　通号23　〔1992〕　p127～169
小嶋勇介	《大特集》私の発言 約束を無視した取材活動は報道の任務か：マスコミ市民　通号279　〔1992.1〕　p57～58
中村泰次	中村泰次の"蟻の一穴"－12－ワンマン企画のおとし穴――中国新聞"B・C級戦犯"の教訓：総合ジャーナリズム研究　29（01）〔1992.1〕　p96～99
池端忠司	言論の自由の価値と裁判所の役割―2―リー・C.ボリンジャーの「寛容な社会」を素材として：香川大学経済論叢　64（4）〔1992.2〕　p911～1018
浜田純一	1991年マスコミ関係判例回顧――「ロス疑惑報道」をめぐる諸判決を中心に：新聞研究　通号487　〔1992.2〕　p61～65
Lenz, Karl-Friedrich	ドイツにおけるマスコミ法：法の支配　通号87　〔1992.3〕　p26～37
高良鉄美	日の丸焼却と表現の自由―上―：琉大法學　通号48　〔1992.3〕　p71～86
中村泰次	中村泰次の"蟻の一穴"－13－在監者への接見の自由に壁－－相互アクセス権訴訟が意味するもの：総合ジャーナリズム研究　29（02）〔1992.4〕　p78～81
中村泰次	中村泰次の"蟻の一穴"－14－犯罪取材をどうする－－小野・北野無罪判決への対応から：総合ジャーナリズム研究　29（03）〔1992.7〕　p42～45
吉田健	民事訴訟法改正とメディア――新聞協会小委員会の論議と意見書の考え方：新聞研究　通号493　〔1992.8〕　p68～71
高良鉄美	日の丸焼却と表現の自由―下―：琉大法學　通号49　〔1992.9〕　p1～23
榎彰	今こそ情報格差是正の時（日本列島情報格差）：新聞研究　通号496　〔1992.11〕　p27～29
服部弘昭	表現の自由からみた拡声機規制条例の問題点（マスコミの焦点）：新聞研究　通号497　〔1992.12〕　p86～88
浜田純一	1992年マスコミ関係判例回顧――名誉毀損訴訟を中心とした動向：新聞研究　通号499　〔1993.2〕　p34～38
駒村圭吾	表現の自由の経済学的分析―いわゆる「法と経済学」的手法の憲法学的領域への応用可能性：慶応義塾大学新聞研究所年報　通号40　〔1993.3〕　p73～104
松井茂記	なぜ、新聞は自由なのか（〔新聞研究〕創刊500号記念号――記者とは何か）：新聞研究　通号500　〔1993.3〕　p28～32
関千枝子	「表現の自由」の浸透度（憲法を語る）：新聞研究　通号502　〔1993.5〕　p44～47
右崎正博	現代メディアと「表現の自由」理論の課題（現代メディアと民主主義＜特集＞）：法の科学 ： 民主主義科学者協会法律部会機関誌「年報」　通号22　〔1994〕　p154～158
服部孝章	現代日本のメディア状況――その構図と課題（現代メディアと民主主義＜特集＞）：法の科学 ： 民主主義科学者協会法律部会機関誌「年報」　通号22　〔1994〕　p149～153
奥田史郎	言論の情景・1918年――シベリア出兵・米騒動・「ジゴマ」・風俗壊乱：マスコミ・ジャーナリズム論集　通号2　〔1994〕　p46～67
田島泰彦	1993年マスコミ関係判例回顧――名誉・肖像権・プライバシーなどの動向を中心に―上―：新聞研究　通号512　〔1994.3〕　p96～99
田島泰彦	1993年マスコミ関係判例回顧――名誉・肖像権・プライバシーなどの動向を中心に―下―：新聞研究　通号513　〔1994.4〕　p76～79
清水英夫	90年代の日本の言論状況はどう変化するか（表現の自由・マスメディアを考える第1歩＜特集＞）：法学セミナー　通号475　〔1994.7〕　p72～76
高野善夫	新潟における弁護士とメディア記者との交流（報道と人権＜特集＞）：自由と正義　45（8）〔1994.8〕　p79～82
池端忠司	言論の自由の価値と裁判所の役割―3―リー・C.ボリンジャーの「寛容な社会」を素材として：香川大学経済論叢　67（2）〔1994.10〕　p509～576
ダグラス・ラミス	言論の自由以前――自らタブーつくる日本の言論・報道界：マスコミ市民　通号313　〔1994.12〕　p18～22
清水英夫	「現代メディアと法」の理論的課題――論議へのいくつかのヒント〔含 コメント〕（現代メディアと民主主義＜特集＞）：法の科学 ： 民主主義科学者協会法律部会機関誌「年報」　通号23　〔1995〕　p136～142
Walt, Potter, 日本新聞協会国際部	情報ハイウエー時代の言論の自由：新聞研究　通号523　〔1995.2〕　p74～78
田島泰彦	1994年マスコミ関係判例回顧――名誉・プライバシー，情報公開などの動向を中心に―上―：新聞研究　通号524　〔1995.3〕　p88～92
長谷部恭男	表現の自由，知る権利とプレス（記者読本'95）：新聞研究　通号524　〔1995.3〕　p16～19
山崎英寿	「表現の自由」の積極的側面：法学研究論集　（2）〔1995.3〕　p309～326
田島泰彦	1994年マスコミ関係判例回顧――名誉・プライバシー，情報公開などの動向を中心に―下―：新聞研究　通号525　〔1995.4〕　p73～78
長尾一紘	検閲の法理―1―ドイツにおける検閲法理を手がかりとして：法学新報　101（7）〔1995.5〕　p1～23
阪口正二郎	合衆国表現の自由理論の現在―2―表現の自由の20世紀システムの動揺？：社會科學研究 ： 東京大学社会科学研究所紀要　47（1）〔1995.8〕　p201～261
岩本一郎	表現の自由の理論―1―リベラリズムはいかに表現の自由を基礎づけるか：北大法学論集　46（2）〔1995.9〕　p231～304
中村泰次	中村泰次の"蟻の一穴"－27－：総合ジャーナリズム研究　32（04）〔1995.10〕　p60～63
大石泰彦	ジャーナリストの自由と倫理――フランス，そして日本（フランスから）：新聞研究　通号532　〔1995.11〕　p63～66
浜田純一	憲法が「規制緩和」に優越するとき――表現の自由・知る権利と新聞再販：新聞研究　通号534　〔1996.1〕　p13～15
伊藤高史	イデオロギーとしての表現の自由と差別的表現――筒井康隆『無人警察』論争を手がかりとして：マス・コミュニケーション研究　通号48　〔1996.1〕　p115～129
市川正人	ケースメソッド憲法―9―署名活動と表現の自由：法学セミナー　通号494　〔1996.2〕　p81～85
渡辺武達	ニュースにならなかったニュース－アメリカのメディア検閲とその調査活動の実態：放送レポート　139号　〔1996.

		3〕p28〜32
田島泰彦	1995年マスコミ関係判例回顧（上）情報の収集と公開をめぐって：新聞研究　通号536　〔1996.3〕p94〜97	
田島泰彦	1995年マスコミ関係判例回顧（下）名誉・プライバシーを中心に：新聞研究　通号537　〔1996.4〕p76〜81	
浅岡邦雄	『万国新聞』発行停止問題の構図（特集＝メディアと言説）：メディア史研究　通号4　〔1996.5〕p1〜18	
浜田純一	マス・メディアと表現の自由（＜特集＞日本国憲法50年の軌跡と展望—第二部 日本国憲法理念の定着と変容）：ジュリスト　通号1089　〔1996.5〕p218〜222	
長岡徹	検閲と事前抑制（＜特集＞日本国憲法50年の軌跡と展望—第二部 日本国憲法理念の定着と変容）：ジュリスト　通号1089　〔1996.5〕p237〜242	
山口正紀	＜報道の自由＞の近未来像：総合ジャーナリズム研究　33（03）〔1996.7〕p8〜9	
山口泉	虹の野帖—9—言論の「自由」と「無力」について：世界　通号624　〔1996.7〕p313〜319	
飯室勝彦	民訴法改正 改正民訴法から消えたメディアの証言拒絶権：法学セミナー　通号501　〔1996.9〕p18〜19	
明珍美紀	蟻の一穴の精神−−本誌連載に辿る（追悼企画 中村泰次と“蟻の一穴”−−ジャーナリズムの危機を再考する）：総合ジャーナリズム研究　33（04）〔1996.10〕p40〜41	
山田健太	追い続けた「プレスの自由と責任」（追悼企画 中村泰次と“蟻の一穴”−−ジャーナリズムの危機を再考する）：総合ジャーナリズム研究　33（04）〔1996.10〕p14〜19	
芦部信喜	検閲・事前抑制の禁止——言論・出版の自由（11）（憲法講義ノート67）：法学教室　通号193　〔1996.10〕p127〜134	
大沢秀介	現代人権展望（19）4 科学技術の発展と人権 インターネットと表現の自由：法学教室　通号194　〔1996.11〕p81〜89	
芦部信喜	基礎講座 検閲・事前抑制の禁止（2）——言論・出版の自由（12）＜憲法講義ノート68＞：法学教室　通号195　〔1996.12〕p68〜72	
伊藤高史	表現の自由の政治学——差別的表現の社会的規制と表現の自由の共和主義的理解：マス・コミュニケーション研究　通号50　〔1997.1〕p140〜154	
芦部信喜	漠然性・過度広汎性の法理——言論・出版の自由（13）（憲法講義ノート69）：法学教室　通号197　〔1997.2〕p102〜107	
田島泰彦	1996年マスコミ関係判例回顧（上）記者クラブ・番組確認請求・情報公開をめぐって：新聞研究　通号548　〔1997.3〕p86〜89	
田島泰彦	1996年マスコミ関係判例回顧（下）名誉棄損判例の動向——配信記事の掲載責任などをめぐって：新聞研究　通号549　〔1997.4〕p77〜80	
芦部信喜	厳格審査の基準——言論・出版の自由（14）（憲法講義ノート（70））：法学教室　通号199　〔1997.4〕p123〜127	
茂山憲史	マスコミの焦点 朝日新聞阪神支局襲撃事件十年の軌跡と現状：新聞研究　通号550　〔1997.5〕p91〜92	
原田章弘	「言論の自由」という「いいがかり」：マスコミ市民　通号342　〔1997.6〕p2〜6	
加藤暁子	自己規制しないことの大切さ——陳方安生スピーチの意味するもの（香港返還とアジアの言論）：新聞研究　通号551　〔1997.6〕p25〜26	
原野喜一郎	増す自由，求められる自覚（タイ）（亜州言論）：新聞研究　通号551　〔1997.6〕p48〜50	
塚田哲之	表現の自由 最高裁判例理論の「新展開」？：法学セミナー　通号510　〔1997.6〕p30〜34	
市川正人	憲法判例50年（4）表現の自由と「公共の福祉」論（表現の自由（1））：法学教室　通号202　〔1997.7〕p70〜80	
湯浅俊彦	『フォーカス』『週刊新潮』販売中止の波紋と公的規制 急がれるガイドライン：出版ニュース　通号1774　〔1997.8〕p6〜9	
市川正人	憲法判例50年（5）表現の自由制約の違憲審査基準（表現の自由（2））：法学教室　通号203　〔1997.8〕p52〜61	
前川英樹	メディア デジタル時代を迎えるためのロジック：新・調査情報passingtime 2期（51）通号418　〔1997.9〕p76〜77	
坂西友秀	記事の読者の原因帰属，意図帰属に及ぼす識者のコメントの効果：社会心理学研究　13（1）〔1997.9〕p53〜63	
国蓮教育科学文化機関, 国連教育科学文化機関	『プレスの自由の侵害を調査する記者のための実践ガイド』：新聞研究　通号554　〔1997.9〕p50〜68	
芦部信喜	表現内容中立規制の審査基準（1）——言論・出版の自由（16）（憲法講義ノート72）：法学教室　通号204　〔1997.9〕p58〜63	
青山武憲	電脳空間と表現の自由：法令ニュース　32（10）〔1997.10〕p64〜68	
菊住昌一	平成絵草紙の「表現の自由」：公評　34（10）〔1997.11〕p80〜87	
市川正人	憲法判例50年（8）事前抑制の禁止と明確性の要件（表現の自由（3））：法学教室　通号206　〔1997.11〕p34〜43	
芦部信喜	表現内容中立規制の審査基準（2）言論・出版の自由（17）（憲法講義ノート73）：法学教室　通号206　〔1997.11〕p81〜88	
市川正人	憲法判例50年（9）集会の自由（表現の自由（4））：法学教室　通号207　〔1997.12〕p42〜51	
総合ジャーナリズム研究編集部	現地取材報告＝「報禁」解放10年，変貌する台湾新聞界：総合ジャーナリズム研究所　35（01）〔1998.1〕p12〜25	
生田真司	マルチメディア時代の「表現の自由」（多様化するマス・コミュニケーション研究—「自由」をめぐる諸問題）：政経研究　34（3）〔1998.1〕p615〜631	
岡部一明	インターネットで差別とたたかう——表現の自由を求める米マイノリティー（コンピュータネットワークと差別表現）：部落解放　通号431　〔1998.1〕p30〜38	
浜田純一	ネットワーク時代の表現の自由——アメリカの「通信品位法」違憲判決とドイツの「マルチメディア法」（コンピュータネットワークと差別表現）：部落解放　通号431　〔1998.1〕p22〜29	
芦部信喜	表現内容中立規制の判例法理（2）言論・出版の自由（18）（憲法講義ノート74）：法学教室　通号208　〔1998.1〕p89〜96	
小林宏一	ディジタル時代におけるメディア環境——グローバリゼーションとローカリゼーションのはざまで（特集 ディジタル化時代におけるメディア環境）：マス・コミュニケーション研究　通号52　〔1998.1〕p76〜87	
Binark, F.Mutlu	トルコにおけるジェンダーとコミュニケーション研究の現状：マス・コミュニケーション研究　通号52　〔1998.1〕p132〜146	
清水英夫	表現の自由保障と著作物の再販制度：図書　通号586　〔1998.2〕p10〜13	
田島泰彦	1997年マスコミ関係判例回顧（上）「ロス疑惑」報道判決の動向：新聞研究　通号560　〔1998.3〕p71〜74	

加藤雅信	「悪意」報道と法的対応(上):判例タイムズ　49(16)〔1998.6〕　p28～33
末広昭	思想の言葉——アジア報道と「方法としてのアジア」:思想　通号889〔1998.7〕　p1～3
張西明	18年の長い道程、新聞法生みの苦しみ(中国):新聞研究　通号564〔1998.7〕　p56～64
加藤雅信	「悪意」報道と法的対応(下):判例タイムズ　49(18)〔1998.7〕　p69～75
福島力洋	インターネットと表現の自由:阪大法学　48(4)〔1998.8〕　p997～1022
渡辺武達	市民のためのメディア・リテラシー/「編集権」は市民の「知る権利」に帰属する:マスコミ市民　通号356〔1998.8〕　p60～67
木内英仁	憲法における営利的表現の自由に関する一考察:法学政治学論究 : 法律・政治・社会　通号38〔1998.9〕　p77～99
Burmeister, Joachim, 上村都	意見表明の自由と名誉保護:名城法学　48(2)〔1998.10〕　p1～40
住田良能	追放から再開まで——〔産経新聞社〕中国総局設置に至る31年間の対立と対話:新聞研究　通号569〔1998.12〕　p42～44
総合ジャーナリズム研究編集部	Feature「法」とジャーナリズム:総合ジャーナリズム研究所　36(04)(通号170)〔1999.1〕　p63～65
山部晶子	『表現の自由』再考—日本における『二重の基準論』の根拠論構築への道:法学ジャーナル　(14)〔1999.3〕　p219～310
赤尾光史	メディアフォーラム 変わりゆく「表現の自由」の風景——昨今の表現規制が孕む危うさ:法学セミナー　44(3)通号531〔1999.3〕　p124～125
田島泰彦	1998年マスコミ関係判例回顧——出版差し止めの動向や放送責任などをめぐって:新聞研究　通号573〔1999.4〕　p59～64
五十嵐二葉	「表現の自由」の枠組み再考——迫られる具体化、問われる原則:新聞研究　通号573〔1999.4〕　p34～38
鈴木秀美	インターネットと表現の自由——ドイツ・マルチメディア法制の現状と課題:ジュリスト　通号1153〔1999.4〕　p91～98
鈴木秀美	インターネットと表現の自由—ドイツ・マルチメディア法制の現状と課題(リレー連載・インターネットをめぐる法律問題):ジュリスト　通号1153〔1999.4〕　p91～98
多賀谷一照	インターネットとマルチメディア著作物—フランス法の場合(リレー連載・インターネットをめぐる法律問題):ジュリスト　通号1154〔1999.4〕　p82～86
豊田彰	プレスの自由とパブリシティの権利(メディア研究の諸領域—広報メディア論):政経研究　36(1)〔1999.5〕　p171～194
川岸令和	インターネット(表現の自由2)(特集 キーワードで学ぶ憲法の基礎):法学教室　通号224〔1999.5〕　p20～23
山口和秀	番組の自主規制(表現の自由1)(特集 キーワードで学ぶ憲法の基礎):法学教室　通号224〔1999.5〕　p16～19
矢野直明	「表現の自由」の現代的危機について——インターネット規制と「サイバーリテラシー」:朝日総研リポート　通号138〔1999.6〕　p4～25
上村貞美	表現の自由・名誉毀損・証明責任:香川法学　19(1)通号60〔1999.6〕　p53～95
林浩	民主主義型の言論の自由——言論の自由の研究・類型論編(4):早稲田大学大学院法研論集　通号90〔1999.6〕　p333～362
藤森研	とても楽観的にはなれない——報道機関への信頼喪失と運用主体への疑義(通信傍受法案と取材・報道の自由):新聞研究　通号577〔1999.8〕　p39～41
久保潔	安心・安全のための犠牲——単純なキャッチフレーズは本質を誤解させる(通信傍受法案と取材・報道の自由):新聞研究　通号577〔1999.8〕　p36～38
久保潔	安心・安全のための犠牲—単純なキャッチフレーズは本質を誤解させる(通信傍受法案と取材・報道の自由):新聞研究　通号577〔1999.8〕　p36～38
福島力洋	サイバースペース上の名誉毀損と表現の自由:阪大法学　49(2)通号200〔1999.8〕　p565～594
西原博史	表現の自由と裁判官の政治的中立——寺西判事補分限事件抗告審最高裁決定(最高裁決定平成10.12.1):法学教室　通号227〔1999.9〕　p98～99
青山武憲	論評 日本国憲法21条(表現の自由規定)の見直しを:法令ニュース　34(9)通号620〔1999.9〕　p48～53
林浩	民主主義型の言論の自由——言論の自由の研究・類型論編(5):早稲田大学大学院法研論集　通号91〔1999.9〕　p233～256
奥平康広	「表現の自由」をめぐる二つの最高裁判決—最三小判平成11.2.23 最二小判平成11.2.26:ジュリスト　通号1162〔1999.9〕　p80～86
村上孝止	モデル作品と名誉・プライバシーの問題——『石に泳ぐ魚』事件判決をめぐって:久留米大学法学　通号36〔1999.10〕　p111～129
鈴木秀美	「石に泳ぐ魚」判決をめぐって——論争呼んだモデル小説とプライバシー侵害:新聞研究　通号579〔1999.10〕　p88～92
浜田純一	憲法学原論 憲法解釈の基底にあるもの(7)憲法とコミュニケーション秩序:法学教室　通号229〔1999.10〕　p84～90
松浦康彦	新聞各社「報道の自由」への懸念表明—政府の「検討部会」ヒアリングから〔含 個人情報保護検討部会ヒアリング意見〕(記事データベースと個人情報保護——情報の自由な流れを求めて(2)):新聞研究　通号580〔1999.11〕　p28～33
橋場義之	高まる報道規制論とマス倫懇全国大会——議論には積極的に加わっていかなければならない:新聞研究　通号581〔1999.12〕　p52～55
田島泰彦	表現の自由/「石に泳ぐ魚」東京地裁判決を考える——プライバシー・名誉・差し止めの判断をめぐって〔含 判決要旨〕:法学セミナー　44(12)通号540〔1999.12〕　p63～68
海部一男	公共放送の候補者討論番組とパブリック・フォーラムの理論——米最高裁, 公共放送局の編集権を広く認める:放送研究と調査　49(12)通号583〔1999.12〕　p48～67
林浩	民主主義型の言論の自由——言論の自由の研究・類型論編(6):早稲田大学大学院法研論集　通号92〔1999.12〕　p233～257
総合ジャーナリズム研究編集部	報道の自由に関する政党の意識調査から－－報道の自由と独立の意味〔含 調査結果〕:総合ジャーナリズム研究所　37(01)(通号171)〔2000.1〕　p11～24

平井裕子	司法報道 開かれるか制約の中の裁判取材（特集 今日の日本、報道の課題）：月刊民放　30（1）通号343　〔2000.1〕p25～27
桂敬一, 原寿雄, 田島泰彦	時代とメディア—メディア不信とメディア規制の狭間で：放送レポート　163号　〔2000.3〕p18～35
田島泰彦	1999年マスコミ関係判例回顧/少年事件報道、名誉毀損などを中心に：新聞研究　通号585　〔2000.4〕p43～48
原寿雄	Person of the Month 原寿雄——言論の自由は俗悪を含めた自由である!!：ぎゃらく　通号370　〔2000.5〕p4～6
矢口俊昭	事実と意見——名誉毀損的表現における区分（特集 メディアと憲法——表現の自由の意味と価値を考える）：法学教室　通号236　〔2000.5〕p9～11
戸松秀典	「表現の自由」今日の議論状況 個別の問題について深めた論議の展開を——優越的地位の確保のために：新聞研究　通号587　〔2000.6〕p41～44
井沢元彦	緊急寄稿 あえて、「言論弾圧」に反駁する！ 再教育されるべきは生徒ではなく「憲法真理教」を掲げる教師だ：Sapio　12（12）通号253　〔2000.7〕p27～29
深田卓	ブック・ストリート 出版——「出版の自由」委員会大集合！：出版ニュース　通号1875　〔2000.7〕p36～37
原寿雄	自律強化と攻めのジャーナリズムこそ——メディア規制迫る世論と権力の挟撃の中で：新聞研究　（589）〔2000.8〕p32～35
立山紘毅	「表現の自由」今日の議論状況 「魔法のつえ」は存在しない——いわゆる「有害情報」と表現の自由：新聞研究　（589）〔2000.8〕p36～39
鈴木賢士	Current 強まる報道規制とメディアの反応：総合ジャーナリズム研究　37（04）（通号174）〔2000.9〕p4～6
飯室勝彦	強制調査権がもたらす「報道の自由」の危機——権力の介入を防ぐために市民と連帯せよ：新聞研究　（590）〔2000.9〕p56～59
小川一	記者から見た報道規制の危険性とメディア改革の行方（表現の自由は、いま（1））：マスコミ市民　通号381　〔2000.9〕p4～10
浅野健一	徹底追及第2弾 地元新聞に「おわび・訂正」させた山形大学の言論介入：金曜日　8（33）通号337　〔2000.9〕p31～33
阪本昌成	「表現の自由」——今日の議論状況 表現の自由を支えるもの：新聞研究　（591）〔2000.10〕p34～38
梓沢和幸, 桂敬一, 原寿雄, 田島泰彦, 藤森研, 飯室勝彦, 飯田正剛, 飯田正剛	『メディアと市民・評議会』の可能性 アンケート調査から（メディア）：世界　（680）〔2000.10〕p155～163
浜田純一	憲法学原論——憲法解釈の基底にあるもの（15）憲法とコミュニケーション秩序（2）：法学教室　通号241　〔2000.10〕p98～104
加藤厚子	映画法施行以降における映画統制——映画新体制を中心に（特集 メディア史のなかの映画）：メディア史研究　10〔2000.10〕p37～54
中西正之	テレビ大阪「暴走行為教唆事件」と報道の自由：放送レポート　167号　〔2000.11〕p10～13
二木一夫	「国家介入だ」「報道も聖域ではない」——日弁連・第四十三回人権擁護大会 人権救済機関設置をめぐる議論から：新聞研究　（593）〔2000.12〕p44～47
長谷部恭男	表現の自由——今日の議論状況 「マスメディアの表現の自由」は「人権」とは異なる：新聞研究　（593）〔2000.12〕p40～43
臺宏士	報道の自由 権力と世論に挟撃される報道の自由——個人情報保護基本法大綱をめぐって：法学セミナー　45（12）通号552　〔2000.12〕p53～57
臺宏士	包囲される報道の自由（特集 メディアに対する規制強化）：Aura　通号144　〔2000.12〕p2～8
中根哲夫	デジタル時代の著作権保護と表現の自由：中央大学大学院研究年報　（31）（法学研究科篇）〔2001〕p387～403
駒村圭吾	表現の自由の公共的使用——マス・メディアの人権享有主体性を中心に：法政論叢　37（2）〔2001〕p15～22
林香理	「プレスの社会的責任理論」再訪——「米国プレスの自由委員会」一般報告書提出から53年を経て：マス・コミュニケーション研究　通号58　〔2001〕p109～125
中北龍太郎	表現の自由を踏みにじる司法の危険な動き——富山県近代美術館「コラージュ」判決：マスコミ市民　通号384　〔2001.1〕p26～31
日本雑誌協会, 日本書籍出版協会, 日本新聞協会	「人権救済制度の在り方に関する中間取りまとめ」への各界の意見——メディア規制強化への危機を訴える：出版ニュース　通号1894　〔2001.2〕p6～11
植田豊喜	メディア規制立法と視聴者「力学」——法の介入を許さないために（特集 放送の自律と公的規制—メディア自律の視点）：月刊民放　31（2）通号356　〔2001.2〕p22～25
武藤斌	FEATURE 「報道」を規制するもの：総合ジャーナリズム研究　38（02）（通号176）〔2001.3〕p18～21
総合ジャーナリズム研究編集部	IT時代にマスコミ規制法の愚（FEATURE 新聞「第三者機関」の背後）：総合ジャーナリズム研究所　38（02）（通号176）〔2001.3〕p78～80
岩田和夫	マスメディアに対する差し止めの事例と理論——権利侵害の排除もしくは予防と表現の自由との調整のあり方をめぐって：愛国学園大学人間文化研究紀要　（3）〔2001.3〕p1～18
右崎正博	表現の自由——今日の議論状況 保障されるべきは「情報受領の自由」——表現の自由の現代的構造：新聞研究　（596）〔2001.3〕p62～65
円谷勝男	表現の自由とその制約：東洋法学　44（2）通号97　〔2001.3〕p43～78
坪内圭	マスコミ・ウォッチング（2001年1月）（表現の自由は、いま（5））：マスコミ市民　通号386　〔2001.3〕p22～33
植田豊喜	"メディアへの公的規制"の危険性——法務省・審議会の「中間取りまとめ」批判（表現の自由は、いま（5））：マスコミ市民　通号386　〔2001.3〕p4～11
東狂介	話題を斬る（354）外務省機密費横領問題/報道の自由と報道に対する規制：Keisatsu koron　56（4）〔2001.4〕p2～5
田島泰彦	2000年マスコミ関係判例回顧（下）出版差し止め、情報へのアクセスを中心に：新聞研究　（598）〔2001.5〕p62～65
紙谷雅子	『石に泳ぐ魚』二審判決 その意味と影響——表現の自由の抑制という観点から：新聞研究　（598）〔2001.5〕p66～70
青木里加	「公民」教科書のメディア観――もうひとつの教科書問題：総合ジャーナリズム研究　38（03）（通号177）〔2001.6〕p32～36
佐滝剛弘, 島田浩志, 北村肇	特集 座談会 表現の自由は、いま——メディア規制でマスコミ現場は：マスコミ市民　通号389　〔2001.6〕p2～17
竹内一晴	NHK・ETV2001 『問われる戦時性暴力』改変にみる「編集権」とは何か〈上〉：放送レポート　171号　〔2001.7〕p36～41

元木昌彦, 坂本衛, 川島正	座談会 メディア規制をブッ飛ばせせ!!：ぎゃらく　通号384　〔2001.7〕　p30～37
魚住昭	客観報道の根底にある虚無感――雑誌が滅びる社会に新聞の自由はない（特集 私にとってジャーナリズムとは何か）：新聞研究　（600）〔2001.7〕　p34～36
奥平康広	法と人文科学（22）確信・熱狂・表現の自由：法学セミナー　46（7）通号559　〔2001.7〕　p78～81
飯室勝彦	司法に守ってもらった「報道の自由」――「ダイオキシン汚染報道判決」で裁判所に抜かれたメディア：新聞研究　（601）〔2001.8〕　p44～48
市川正人	「表現の自由」――今日の議論状況 メディアに固有の表現の自由・考――ジャーナリズム性強化のための試論：新聞研究　（601）〔2001.8〕　p49～52
竹内一晴	NHK・ETV2001『問われる戦時性暴力』改変にみる「編集権」とは何か〈下〉：放送レポート　172号　〔2001.9〕　p40～43
丸橋透, 橋場義之, 三好晴海, 山田健太, 松尾守, 石井潤一郎	パネル・ディスカッション メディア自主規制と表現の自由：放送レポート　172号　〔2001.9〕　p22～34
千葉一幹	クリニック・クリティック（19）未だ手にされざる「表現の自由」：文學界　55（9）〔2001.9〕　p244～249
松井茂記	表現の自由――今日の議論状況 表現の自由が持つ政治的機能を再評価せよ――マスメディアは民主主義に不可欠な存在だ：新聞研究　（603）〔2001.10〕　p51～57
辺見庸	インタビュー 危機の根源はメディアの言語にある（特集・言論・表現の自由の転機）：世界　（693）〔2001.10〕　p86～95
桂敬一, 原寿雄, 田島泰彦	座談会・メディア規制にどう対抗するか（特集・言論・表現の自由の転機）：世界　（693）〔2001.10〕　p96～116
藤田博司	報道の自由守り抜いた新聞経営者――「自己変革の人」キャサリン・グラハム：新聞研究　（604）〔2001.11〕　p56～59
赤尾光史	メディア規制立法とメディア分断（特集2・追いつめられる言論・表現の自由）：法学セミナー　46（12）通号564　〔2001.12〕　p35～37
魚住昭	官僚たちの危険な思惑（特集2・追いつめられる言論・表現の自由）：法学セミナー　46（12）通号564　〔2001.12〕　p44～46
植野妙実子	基本に学ぶ憲法（16）現代社会における表現の自由：法学セミナー　46（12）通号564　〔2001.12〕　p75～79
本橋春紀	青少年社会環境対策基本法案の何が問題か（特集2・追いつめられる言論・表現の自由）：法学セミナー　46（12）通号564　〔2001.12〕　p41～43
阪本昌成	総論・包囲されるプレスの自由（特集2・追いつめられる言論・表現の自由）：法学セミナー　46（12）通号564　〔2001.12〕　p28～34
魚住昭, 橋場義之, 五十嵐二葉	鼎談・メディア規制の背後に何があるか〔上〕（特集2・追いつめられる言論・表現の自由）：法学セミナー　46（12）通号564　〔2001.12〕　p47～56
稲葉治久	食品の健康広告表示と営利的表現の自由――保健機能食品を中心として：中央大学大学院研究年報　（32）（法学研究科篇）〔2002〕　p331～343
奥平康広	「表現の自由」の現在 表現の自由――今日の議論状況 なぜ「表現の自由」か――「体制内化」の懸念払拭のために再考を：新聞研究　（606）〔2002.1〕　p10～17
森脇敦史	言論市場の「自由」と「制約」について――Cass R.Sunsteinの「現状中立性」批判を手がかりとして：阪大法学　51（5）通号215　〔2002.1〕　p939～967
池端忠司	反論権（特集1・〈表現の自由〉のポイントはコレだ）：法学セミナー　47（1）通号565　〔2002.1〕　p18～21
市川正人	表現の自由の現在（特集1・〈表現の自由〉のポイントはコレだ）：法学セミナー　47（1）通号565　〔2002.1〕　p2～5
山口いつ子	デフォルトとしての「思想の自由市場」（特集 “表現の自由”の探求――メディア判例研究会五周年記念企画）：法律時報　74（1）通号913　〔2002.1〕　p16～22
阪口正二郎	芸術に対する国家の財政援助と表現の自由（特集 “表現の自由”の探求――メディア判例研究会五周年記念企画）：法律時報　74（1）通号913　〔2002.1〕　p30～36
長谷部恭男	通信制度とグローバライゼーション（特集 “表現の自由”の探求――メディア判例研究会五周年記念企画）：法律時報　74（1）通号913　〔2002.1〕　p10～15
浜田純一	表現の自由のインフラストラクチャー（特集 “表現の自由”の探求――メディア判例研究会五周年記念企画）：法律時報　74（1）通号913　〔2002.1〕　p4～9
立山紘毅	情報ネットワークと法（8）情報規制と表現の自由：法律のひろば　55（1）〔2002.1〕　p53
田島泰彦	表現の自由は、いま（8）メディア規制の動向とその問題点――いま、何が進められようとしているのか：マスコミ市民　通号397〔2002.2〕　p2～21
松井修視	STUDY 配信記事と報道機関の責任：総合ジャーナリズム研究　39（02）（通号180）〔2002.3〕　p44～49
蟹瀬誠一, 原寿雄, 田島泰彦	座談会 メディア規制の正念場：放送レポート　175号　〔2002.3〕　p2～12
砂川労	マスコミ裁判（10）翻案権侵害と表現の自由――NHKドキュメンタリー『江差追分』訴訟：マスコミ市民　通号398〔2002.3〕　p74～79
田北康成	人権としての表現の自由――アンバランスな天秤の平衡を保つために：出版ニュース　通号1933　〔2002.4〕　p6～9
松井茂記	人権救済機関とマスメディア――見失われた表現の自由（特集 メディアの存立と規制立法）：月刊民放　32（4）通号370　〔2002.4〕　p22～27
鶴岡憲一	高まる「表現・報道の自由」の危機――規制指向濃厚な三法案が国会上程へ：新聞研究　（609）〔2002.4〕　p40～43
田島泰彦	2001年マスコミ関係判例回顧（下）名誉毀損判断の動向――損害賠償の高額化を中心に：新聞研究　（610）〔2002.5〕　p63～66
津山昭英	大いに「恐れ」を語ろう――日本の民主主義のためにメディア規制法案は全面的に見直すべきだ：新聞研究　（610）〔2002.5〕　p42～45
樋田毅	見えない「赤報隊」を追って――朝日新聞阪神支局襲撃事件の15年：世界　（701）〔2002.5〕　p158～168
田島泰彦	世界の潮 正念場に立つ「表現の自由」：世界　（701）〔2002.5〕　p20～24
初宿正典	集会・結社・表現の自由（21条）（特集 重要条文コンメンタール 憲法）：法学教室　通号260　〔2002.5〕　p22～23
泉あつこ	メディア規制法案に『読売』がトンデモ修正案を出した理由 “ナベツネ帝国”崩壊のはじまり：金曜日　10（19）通号420　〔2002.5〕　p24～26

言論・表現の自由	制度

魚住昭　記者が本当に自由であってこそ――新聞が人々の味方であり続けるために（特集 時効なき「自由な言論」――朝日阪神支局襲撃から15年）：新聞研究　（611）〔2002.6〕　p18～21

五十嵐二葉　国民の権利と言論の自由確保を――メディア規制法案の新たな段階：新聞研究　（611）〔2002.6〕　p30～33

砂川労　マスコミ裁判（13）報道は支配権力の下請け機関でよいのか――和歌山カレー事件のテープ証拠採用：マスコミ市民　通号401　〔2002.6〕　p34～40

刑部明　社会と刑事法 報道の自由と公正な裁判――和歌山毒物カレー事件裁判での民放ビデオの証拠採用：Keisatsu jiho　57（6）〔2002.6〕　p75～80

奥平康広　「やさしい顔」の言論統制：放送レポート　177号　〔2002.7〕　p18～23

河野義行　Person of the Month 河野義行――権力の人権侵害を許すメディア規制に絶対反対!!：ぎゃらく　通号396　〔2002.7〕　p4～6

民放連番組部　資料 全国に広がる「表現・メディア規制」反対活動（続）：月刊民放　32（7）通号373　〔2002.7〕　p34～37

清水英夫　出版倫理協議会議長の十二年――出版の自由と倫理の狭間で思う：出版ニュース　通号1946　〔2002.8〕　p6～9

茶本繁正　メディア・レポート〈94〉再び批判する！ 有事法案は新・国家総動員法だ：放送レポート　178号　〔2002.9〕　p30～33

臺宏士　空転続いた国会審議――強まる表現・報道の自由制約への懸念（継続審議となった個人情報保護法案）：新聞研究　（614）〔2002.9〕　p18～21

阿部岳　情報統制の恐ろしさを伝えたい――沖縄・千四百人以上の署名集めた反対声明（継続審議となった個人情報保護法案）：新聞研究　（614）〔2002.9〕　p24～26

田島泰彦　表現の自由は、いま（9）メディア規制の展開と対抗の基軸：マスコミ市民　通号404　〔2002.9〕　p4～13

丸山重威　「言論規制3法案」と情報・メディア法制のあり方を考える――法案審議と反対運動が残したもの：関東学院法学　12（1・2）〔2002.10〕　p105～154

原寿雄　表現の自由は、いま（10）ニュースの当事者に金を払ってよいのか――テレビ東京窃盗団事件とジャーナリズム倫理：マスコミ市民　通号405　〔2002.10〕　p10～14

舟田正之　『集中排除原則』見直し試案（特集 マスメディア集中排除原則を考える）：月刊民放　32（11）通号377　〔2002.11〕　p10～21

山崎公士　「人権擁護法案」はメディア規制法か？（表現・メディア規制を問う（4））：月刊民放　32（11）通号377　〔2002.11〕　p28～30

土屋美明　裁判員制度と報道の自由――4番目のメディア規制法案としないために：新聞研究　（616）〔2002.11〕　p52～54

田島泰彦　世界の潮 メディア規制法案――修正か廃案か：世界　（707）〔2002.11〕　p25～28

奥平康広,吉岡忍　特別対談 「反メディア規制」のパラダイムを超えて（上）9・11と個人・国家・社会、そしてメディア：法学セミナー　47（11）通号575　〔2002.11〕　p64～73

右崎正博　個人情報保護法案と報道・取材の自由（特集2 メディア規制と表現の自由）：法律時報　74（12）通号924　〔2002.11〕　p48～51

松井茂記　人権擁護法案とマス・メディアの表現の自由（特集2 メディア規制と表現の自由）：法律時報　74（12）通号924　〔2002.11〕　p52～59

服部孝章　青少年有害社会環境対策基本法案批判（特集2 メディア規制と表現の自由）：法律時報　74（12）通号924　〔2002.11〕　p60～63

田島泰彦　表現・メディア規制の批判的考察――規制法案の特質と修正提案を中心に（特集2 メディア規制と表現の自由）：法律時報　74（12）通号924　〔2002.11〕　p42～47

松井茂記　肖像権侵害と表現の自由（1）：民商法雑誌　127（2）〔2002.11〕　p155～189

ロー・フォーラム メディア・フォーラム 裁判員制の導入と刑事事件報道：法学セミナー　47（12）通号576　〔2002.12〕　p134～135

奥平康広,吉岡忍　特別対談 「反メディア規制」のパラダイムを超えて（下）――9・11と個人・国家・社会、そしてメディア：法学セミナー　47（12）通号576　〔2002.12〕　p56～63

松本逸也　過熱するマスコミ報道――集団的過熱取材とメディア規制の動き：目白大学短期大学部研究紀要　（39）〔2002.12〕　p1～20

小山剛　人権擁護立法の意義と課題（特集 日本における立憲主義――その現状と理論―第一部 日本における立憲主義――その現状（〔全国憲法研究会〕春季研究集会シンポジウム））：憲法問題　通号14　〔2003〕　p51～64

長谷川真里　大学生における言論の自由の正当化についての知識が自由を支持する程度に与える影響：人間文化論叢　6　〔2003〕　p159～168

西正　PART1 規制緩和案の矛盾を衝く！（特集1 マスコミ集中排除）：放送界　48（163）〔2003.陽春〕　p28～34

放送レポート編集部　拉致報道・気になる「用語」：放送レポート　180号　〔2003.1〕　p11～13

木内英仁　マスメディアの編集の自由に関する一考察：情報と社会 ： 江戸川大学紀要　（13）〔2003.2〕　p1～5

飯室勝彦　司法への奉仕を当然視――和歌山・毒入りカレー事件判決に表れたメディア観：新聞研究　（619）〔2003.2〕　p36～39

田島泰彦　ロー・ジャーナル メディア規制 メディア規制の新展開と表現の自由――規制法案の修正提案と刑事事件の報道規制をめぐって：法学セミナー　48（2）通号578　〔2003.2〕　p64～68

原寿雄　CURRENT 戦時こそ言論・報道の自由を――国民ジャーナリズムから市民ジャーナリズムへ：総合ジャーナリズム研究　40（02）通号184）〔2003.〕　p30～34

山田健太　公判報道の自由と規律――裁判員制度導入議論を契機に考える：月刊民放　33（3）通号381　〔2003.3〕　p22～27

久保健助　検閲の概念に関する諸説の関係について：日本女子体育大学紀要　33　〔2003.3〕　p49～55

三田誠広,田島泰彦,飯田正剛　メディア・フォーラム 作家の権利とモデルの権利をめぐって 柳美里裁判にみる『表現の自由と人権』：マスコミ市民　通号410　〔2003.3〕　p40～56

渡部伸二　「討論・言論の自由」を封じる愛媛県議会の時代錯誤：マスコミ市民　通号411　〔2003.4〕　p3～6

右崎正博　報道の自由に一定の配慮――『週刊文春』少年報道めぐる最高裁判決：新聞研究　（622）〔2003.5〕　p52～55

森脇敦史　言論活動への政府資金助成に対する憲法上の規律：阪大法学　53（1）通号223　〔2003.5〕　p113～142

平田篤州　「表現の自由」の意義を考慮せよ――裁判員制度で編集委が見解表明：新聞研究　（623）〔2003.6〕　p36～38

中林暁生　「表現の自由」論の可能性（1）：法学　67（2）〔2003.6〕　p228～290

岩崎貞明,田島泰彦,藤森研　座談会 窒息する表現の自由：放送レポート　183号　〔2003.7〕　p26～38

松井茂記	公正な裁判とマスメディア——裁判員制度と取材・報道の自由を考える：新聞研究　（624）〔2003.7〕p32〜37	
飯室勝彦	裁判員制度 国民の目と耳をふさぐ報道規制：マスコミ市民　通号414　〔2003.7〕p44〜51	
棚田梓	「言論の自由」の危機：自由　45（8）通号522　〔2003.8〕p26〜42	
板垣竜太	自主規制機関と編集権 何が「表現の自由」をはばんでいるか——NHKの「放送倫理違反」を考える（特集 めざめよ！ メディア）：世界　（717）〔2003.8〕p143〜150	
中林暁生	「表現の自由」論の可能性（2・完）：法学　67（3）〔2003.8〕p338〜402	
初宿正典, 小山剛	ロー・クラス 憲法学説に聞く（14）憲法21条が保障する権利：法学セミナー　48（8）通号584　〔2003.8〕p102〜109	
君塚正臣	表現による不法行為と憲法の第三者効力論（1）日本の憲法学は憲法の私人間効力をどのように考えていくべきか（3の1）：横浜国際経済法学　12（1）〔2003.9〕p39〜70	
廣瀬健二	時の判例 刑事訴訟法 少年法61条で禁じられる推知報道の判断基準——長良川リンチ殺人報道訴訟事件——最高裁平成15.3.14第二小法廷判決：法学教室　通号277　〔2003.10〕p102〜103	
奈須祐治	表現の自由保障における内容中立性原則（Content Neutrality Principle）の一考察——アメリカの判例・学説を素材として：法学ジャーナル　（74）〔2003.10〕p475〜560	
Coase, R. H., 増田辰良	資料 アイデア（言論・出版・報道の自由）市場への政府介入：法学研究　39（3）通号105　〔2003.12〕p467〜478	
吉田文彦	内容分析研究におけるコンピュータの利用状況——米国の事例を中心として（特集 メッセージ分析の可能性）：マス・コミュニケーション研究　通号64　〔2004〕p41〜69	
飛田綾子	アメリカの表現の自由の「特殊性」——「ポルノグラフィー」「ヘイト・スピーチ」規制をめぐって：早稲田政治公法研究　（76）〔2004〕p199〜230	
田島泰彦	所沢ダイオキシン報道「最高裁判決」を問う：放送レポート　186号　〔2004.1〕p20〜23	
田島泰彦	表現・メディア規制の現段階と課題——表現の自由をメディアの自由に矮小化せず, 市民社会全体の自由としてとらえる：出版ニュース　通号1993　〔2004.1〕p10〜13	
井上嘉仁	市場と表現の自由理論（1）経済学的分析導入のための基礎的考察：広島法学　27（3）通号100　〔2004.1〕p35〜62	
田島泰彦	日本が向かっている方向と表現の自由——「監視社会」化を中心に：マスコミ市民　通号420　〔2004.1〕p22〜35	
君塚正臣	表現による不法行為と憲法の第三者効力論（2・完）日本の憲法学は憲法の私人間効力をどのように考えていくべきか（3の2）：横浜国際経済法学　12（2）〔2004.1〕p41〜84	
小山剛	表現の自由の保護領域——基本権の区分に関する一考察：法学研究　77（2）〔2004.2〕p1〜31	
総合ジャーナリズム研究編集部	「いつか来た道」への不安（FEATURE 言論の自由と怪しい「世論」−−『文春』出版差し止め事件, イラク人質事件にみる「この時代」の危うさ）：総合ジャーナリズム研究所　41（02）（通号188）〔2004.3〕p49〜51	
井上嘉仁	市場と表現の自由理論（2・完）経済学的分析導入のための基礎的考察：広島法学　27（4）通号101　〔2004.3〕p133〜159	
市川正人	アメリカにおける法人の表現の自由：立命館大学人文科学研究所紀要　（84）〔2004.3〕p63〜80	
徳永正明	報道の自由と安全の確保両立を追求——イラク現地の自衛隊取材ルールを策定して：新聞研究　（633）〔2004.4〕p37〜39	
小林聡明	米軍政期南朝鮮におけるパーソナルメディアと検閲——米軍による検閲体制の成立過程を中心に：メディア史研究　16　〔2004.4〕p130〜146	
総合ジャーナリズム研究編集部	FEATURE 言論の自由と怪しい「世論」−−『文春』出版差し止め事件, イラク人質事件にみる「この時代」の危うさ：総合ジャーナリズム研究所　41（03）（通号189）〔2004.6〕p17〜29	
斎藤貴男	取材に裏打ちされた独自の視座を（FEATURE 言論の自由と怪しい「世論」−−『文春』出版差し止め事件, イラク人質事件にみる「この時代」の危うさ）：総合ジャーナリズム研究　41（03）（通号189）〔2004.6〕p13〜16	
飯室勝彦	『週刊文春』出版禁止問題（FEATURE 言論の自由と怪しい「世論」−−『文春』出版差し止め事件, イラク人質事件にみる「この時代」の危うさ）：総合ジャーナリズム研究　41（03）（通号189）〔2004.6〕p8〜12	
大石泰彦	出版差し止めと取材・報道の自由——『週刊文春』事件でメディアが考えるべきこと：新聞研究　（635）〔2004.6〕p47〜50	
箕輪幸人	裁判の密室性に風穴は開くか——裁判員制度へ報道からの視点（特集2 裁判員制度と取材・報道）：月刊民放　34（7）通号397　〔2004.7〕p24〜27	
小川裕夫	立川テント村メンバー逮捕事件の現場を歩く 言論・表現・思想の弾圧と "戦争ができる国" づくり：マスコミ市民　通号426　〔2004.7〕p28〜31	
田島泰彦	いま, なぜ言論表現の自由なのか——メディアの監視と市民の発言を：出版ニュース　通号2014　〔2004.8〕p6〜9	
佐藤英雄	マスメディア関連の裁判を見る（1）ニュース記事の見出しに著作権はない：新聞通信調査会報　通号504　〔2004.8〕p10〜12	
有山輝雄	報道の自由と統制（特集 情報統制とメディア——半世紀前からの照射）：月刊民放　34（8）通号398　〔2004.8〕p11〜16	
佐藤英雄	マスメディア関連の裁判を見る（2）ウェブ写真の無断使用で判決：新聞通信調査会報　通号505　〔2004.9〕p12〜14	
佐藤英雄	マスメディア関連の裁判を見る（3）体系的構成に編集著作物の保護はない：新聞通信調査会報　通号506　〔2004.10〕p12〜14	
佐藤英雄	マスメディア関連の裁判を見る（4）判決は意見ないし論評に相当：新聞通信調査会報　通号508　〔2004.11〕p12〜14	
佐藤英雄	マスメディア関連の裁判を見る（5）加除, 修正しても著作者にはならない：新聞通信調査会報　通号509　〔2004.12〕p13〜15	
飯塚浩一	特集テーマをめぐって（特集 メディア史研究の方法再考——メッセージの生産と受容の歴史）：マス・コミュニケーション研究　通号67　〔2005〕p12〜14	
朝比奈大作	「子どもの読書活動推進法」から「文字・活字文化振興法」へ——窒息しつつある「言論の自由」：横浜市立大学論叢. 人文科学系列　57（3）〔2005〕p15〜34	
池田正之	漂流するアメリカのメディア所有規制——「規模の経済」の追求か, 多様性の確保か：NHK放送文化研究所年報　49　〔2005〕p7〜55	

言論・表現の自由	制度

佐藤英雄　マスメディア関連の裁判を見る (6) 誰がインタビュー記事の著作者か：新聞通信調査会報　通号510　〔2005.1〕 p14〜16

佐藤英雄　マスメディア関連裁判を見る (7) 著作権消滅後の法的保護の限界：新聞通信調査会報　通号511　〔2005.2〕p12〜14

佐藤英雄　マスメディア関連の裁判を見る (8)「7人の侍」と「武蔵」の争：新聞通信調査会報　通号512　〔2005.3〕p14〜19

奥平康広　表現の自由・「憲法にもとづく民主主義」の過程 (FEATURE「戦後60年」のジャーナリズム (2))：総合ジャーナリズム研究　42 (02)（通号192）〔2005.3〕p8〜15

浅野健一　安倍晋三氏ら権力者による「表現の自由」への重大な侵害——朝日新聞とNHKの泥沼対決に歪曲してはならない：評論・社会科学　(76)〔2005.3〕p133〜263

和田雅俊　袋小路に入り込み自壊する「報道の自由」(特集2 迷走するジャーナリズム)：マスコミ市民　通号434　〔2005.3〕p46〜49

佐藤英雄　マスメディア関連の裁判を見る (9) 外注撮影写真の著作権の帰属：新聞通信調査会報　通号514　〔2005.4〕p12〜14

山田健太　憲法改正国民投票法案と表現の自由：月刊民放　35 (4) 通号406　〔2005.4〕p28〜35

佐藤英雄　マスメディア関連の裁判を見る (10) 芸能人のプライバシー権とパブリシティー権：新聞通信調査会報　通号515 〔2005.5〕p8〜10

田島泰彦　広がるメディア規制と脅かされる表現の自由：月刊民放　35 (5) 通号407　〔2005.5〕p24〜29

下川正晴, 鄭晋錫　DATA 韓国「新聞法」は反民主の悪法だ：現代コリア　(451)〔2005.5〕p74〜76

北谷賢司　米国のメディア所有規制の現況——「新聞・放送クロスオーナーシップ・ルール」を巡って（「ライブドア」が問いかけたもの）：新聞研究　(646)〔2005.5〕p21〜25

小林伸一　表現の自由の「理論」における原理基底論の現状：法学研究　78 (5)〔2005.5〕p341〜372

石埼学　ロー・ジャーナル 立川反戦ビラ事件判決——言論弾圧の先にある社会：法学セミナー　50 (5) 通号605　〔2005.5〕p62〜65

橋本健午　CURRENT「表現の自由」とその限界－－年表『発禁・わいせつ・知る権利と規制の変遷』を出版して：総合ジャーナリズム研究　42 (03)（通号193）〔2005.6〕p46〜49

佐藤英雄　マスメディア関連の裁判を見る (11) 判断が分かれたネット送信の間接侵害：新聞通信調査会報　通号516　〔2005.6〕p14〜16

梓沢和幸, 岩崎貞明, 宮城歓, 渡辺興二郎, 服部孝章　シンポジウム メディアの指定公共機関化を問う：放送レポート　195号〔2005.7〕p48〜60

佐藤英雄　マスメディア関連の裁判を見る (12) ウェブの「簡単な書き込み」も著作物：新聞通信調査会報　通号517　〔2005.7〕p13〜15

佐藤英雄　マスメディア関連裁判を見る (13) 国際空港案内図で著作権争い：新聞通信調査会報　通号518　〔2005.8〕p10〜12

城内実　「人権擁護法案」ナチスも真っ青の危険性——新聞・テレビはなぜ報じないのか：現代　39 (8)〔2005.8〕p200〜205

佐藤英雄　マスメディア関連の裁判を見る (14) 漫画主人公の商品化で争う：新聞通信調査会報　通号519　〔2005.9〕p10〜12

清水英夫　表現の自由の危機——『蜜室』裁判から憲法改正まで：出版ニュース　通号2049〔2005.9〕p6〜10

佐藤英雄　マスメディア関連の裁判を見る (15) 社会的評価が低下しない「引用」は適法：新聞通信調査会報　通号520　〔2005.10〕p14〜16

佐藤英雄　マスメディア関連の裁判を見る (16) 四文字熟語に著作権はない：新聞通信調査会報　通号522　〔2005.11〕p14〜16

紀田順一郎　脅かされる言論表現の普遍性——イスラム系テロ活動に見る価値観の亀裂：公評　42 (10)〔2005.11〕p56〜63

清水英夫　戦後60年とジャーナリズム (6・最終回) 言論・報道の自由と新聞の責務——改めて見直されるべき世論形成の力：新聞研究　(652)〔2005.11〕p42〜45

松田浩　最新判例演習室 憲法 公立図書館の不公正な蔵書廃棄と著作者の表現の自由——最一小判平成17.7.14：法学セミナー　50 (12) 通号612　〔2005.12〕p124

染谷学　マスメディアの表現の自由とAccountability——自律と制度の二重性を視座とした原理論的考察：情報学研究　：東京大学大学院情報学環紀要　(70)〔2006〕p129〜145 [含 英語文要旨]

小林伸一　表現の自由論における脱原理基底論——S・フィッシュ、R・ポズナー、F・シャウァーの比較検討を通して：法政論叢　42 (2)〔2006〕p98〜131

安達光治　「立川自衛隊宿舎反戦ビラ入れ事件」に関する小考——刑法の立場から：立命館法學　2006年 (6) 通号310　〔2006〕p1769〜1805

佐藤英雄　マスメディア関連の裁判を見る (18) 容ぼうもイラスト画なら適法：新聞通信調査会報　通号524　〔2006.1〕p12〜14

杉原周治　基本権競合論 (1) 意見表明の自由と芸術の自由の競合を素材として：広島法学　29 (3) 通号108　〔2006.1〕p27〜55

井上典之　判例にみる憲法実体論 (10) 表現の自由の一般法理 (1)：法学セミナー　51 (1) 通号613　〔2006.1〕p84〜88

佐藤英雄　マスメディア関連の裁判を見る (19) 放送の録画2件を差し止め：新聞通信調査会報　通号525　〔2006.2〕p10〜12

笹沼弘志　講座 路上の憲法学 (6) 表現の自由と国家の義務：月報司法書士　(408)〔2006.2〕p62〜65

山口いつ子　2005年マスコミ関係判例回顧 名誉毀損の免責に関する判断を中心に：新聞研究　(655)〔2006.2〕p55〜60

井上典之　判例にみる憲法実体論 (11) 表現の自由の一般法理 (2)：法学セミナー　51 (2) 通号614　〔2006.2〕p74〜78

佐藤英雄　マスメディア関連の裁判を見る (20) 公的でも自宅内の写真公表は違法：新聞通信調査会報　通号526　〔2006.3〕p15〜17

丸山昇　警察情報が秘匿される！ 禍根を残す「犯罪被害者等基本計画」：放送レポート　199号　〔2006.3〕p2〜5

総合ジャーナリズム研究編集部　警察当局の「匿名発表」の是非、1年－－「犯罪被害者等基本法」と「基本計画」をめぐって（「個人情報保護法」のあれから）：総合ジャーナリズム研究所　43 (02)（通号196）〔2006.3〕p49〜51

鈴木秀美　メディアが置かれている法的環境——公権力抑制の機能を発揮し市民の信頼回復を（記者読本2006—記者となる君へ）：新聞研究　(656)〔2006.3〕p18〜21

吉田弘之　報道の自由をめぐる権力との攻防——米新聞界を取り巻く厳しい状況に切り札はあるか（記者読本2006—記者となる君へ）：新聞研究　(656)〔2006.3〕p22〜25

杉原周治　基本権競合論 (2・完) 意見表明の自由と芸術の自由の競合を素材として：広島法学　29 (4) 通号109　〔2006.3〕p129〜158

佐藤英雄　マスメディア関連の裁判を見る (21) 番組の再放送は無許諾使用か：新聞通信調査会報　通号528　〔2006.4〕p10〜

	12
曽我部真裕	フランスに見る国家助成の考え方――長い伝統に培われた多種多様な制度（新聞の公共性を考える（1）)：新聞研究　（657）〔2006.4〕　p22～25
明石紀雄	「言論の自由」は国民への奉仕のため――アメリカの歴史からその必要性を考える（新聞の公共性を考える（1）)：新聞研究　（657）〔2006.4〕　p10～13
佐藤英雄	マスメディア関連の裁判を見る（22）創作性がない表示画面に著作権はない：新聞通信調査会報　通号529　〔2006.5〕　p14～16
井上典之	ロー・クラス 判例にみる憲法実体論（14）憲法21条と報道・取材の自由：法学セミナー　51（5）通号617　〔2006.5〕　p72～76
佐藤英雄	マスメディア関連の裁判を見る（23）法律解釈の書籍は著作物ではない：新聞通信調査会報　通号530　〔2006.6〕　p10～12
岩倉秀樹	プレスに対する営業規制と表現の自由――公取委の新聞特殊指定の見直しに寄せて：新聞研究　（659）〔2006.6〕　p58～60
杉原周治	プレスの自由と意見表明の自由の競合（1）プレスの自由の主観的権利としての側面：広島法学　30（1）通号110　〔2006.6〕　p127～156
井上典之	ロー・クラス 判例にみる憲法実体論（15）表現内容中立的規制と間接的・付随的規制：法学セミナー　51（6）通号618　〔2006.6〕　p61～65
佐藤英雄	マスメディア関連の裁判を見る（24）許諾がない副教材テストの発行は違法：新聞通信調査会報　通号531　〔2006.7〕　p12～14
堀鉄蔵	戦わなければ流される――市民の知る権利に応えるために（特集 表現の自由は「いま」)：月刊民放　36（7）通号421　〔2006.7〕　p12～15
田島泰彦	表現規制の現局面とメディアの課題――「有事」と「超監視」社会の中で（特集 表現の自由は「いま」)：月刊民放　36（7）通号421　〔2006.7〕　p6～11
佐藤英雄	マスメディア関連の裁判を見る（25）忠実な模写に創作性はない：新聞通信調査会報　通号532　〔2006.8〕　p14～16
佐藤英雄	マスメディア関連の裁判を見る（26）護期間で文化庁解釈の誤りを正す：新聞通信調査会報　通号533　〔2006.9〕　p10～12
佐藤英雄	マスメディア関連の裁判を見る（27）写真著作物の「限界事例」を示す：新聞通信調査会報　通号534　〔2006.10〕　p14～16
	プレスの自由と意見表明の自由の競合（2・完）プレスの自由の主観的権利としての側面：広島法学　30（2）通号111　〔2006.10〕　p71～100
佐藤英雄	マスメディア関連の裁判を見る（28）プロ野球選手の肖像権は球団に：新聞通信調査会報　通号536　〔2006.11〕　p14～16
佐藤敬一	メディアスコープ 葛飾区の政党ビラ配布で無罪判決 裁判所が住居侵入の判断基準示す：新聞研究　（664）〔2006.11〕　p77～79
佐藤英雄	マスメディア関連の裁判を見る（29）危うい黙示の著作権処理：新聞通信調査会報　通号537　〔2006.12〕　p14～16
山口寿一	取材・報道の自由と法務部門（新聞社法務の今)：新聞研究　（665）〔2006.12〕　p10～13
田島泰彦	統制される言論とジャーナリズムから遠ざかるメディア（シンポジウム 国家社会改造政策の現状と背景)：法の科学：民主主義科学者協会法律部会機関誌「年報」　通号38　〔2007〕　p40～53
莫広瑩	日本語記事のフレーム・マッピング法：マス・コミュニケーション研究　通号70　〔2007〕　p117～137
西村敏雄	ジャーナリズムの「取材・報道の自由」と「法廷での証言拒否権」について――日本国内における米国系健康食品会社への追徴税に関するメディアの取材・報道の自由及びそれらを根拠とした「取材源秘匿」を理由とする裁判所での証言拒否の事例から：龍谷大学社会学部紀要　（30）〔2007〕　p21～32
横大道聡	言論市場における「発言者」としての政府――「政府言論」を巡るアメリカでの議論を中心に：法学政治学論究：法律・政治・社会　（72）〔2007.春〕　p215～248
原真	命令制度の廃止を 需要ないテレビ国際放送 NHK改革論議は視聴者を主役に：放送文化　通号14　〔2007.春〕　p81～89
加藤紘一, 小森陽一, 鈴木邦男	シンポジウム いま「言論の自由」を考える――加藤紘一氏へのテロを契機として（特集 「内心の自由」「表現の自由」はどこへ？)：世界　（760）〔2007.1〕　p128～138
佐々木俊尚, 小倉秀夫	ネット社会 対談 ネット社会と「言論の自由」（特集 「内心の自由」「表現の自由」はどこへ？)：世界　（760）〔2007.1〕　p152～161
	特集・「内心の自由」「表現の自由」はどこへ？：世界　（760）〔2007.1〕　p91
杉原周治	職業の自由、意見表明の自由、プレスの自由（1）商業広告をめぐる基本権競合の問題：広島法学　30（3）通号112　〔2007.1〕　p99～128
山田健太	2006年マスコミ関係判例回顧 取材源秘匿めぐる判断が大きな争点に：新聞研究　（667）〔2007.2〕　p31～37
李其珍	風刺漫画とマス・メディアの「表現の自由」――ムハンマド風刺画事件の一考察：評論・社会科学　（82）〔2007.3〕　p31～65
山田賢一	「氷点週刊」停刊事件と『大国崛起』に見る中国メディアの「規制」と「自由化」：放送研究と調査　57（3）通号670　〔2007.3〕　p48～53
石村善治	大企業メディアとビラ・デモ・集会・言論の自由（特集 「マスコミ市民」40年のあゆみ)：マスコミ市民　通号458　〔2007.3〕　p12～15
山田健太	国民投票法案は表現規制立法だ！：ぎゃらく　通号454　〔2007.4〕　p32～34
壱岐一郎	関西だより 特別版 言論の自由を守る日本の「市民力」 朝日新聞阪神支局襲撃20周年：放送レポート　206号　〔2007.5〕　p56～58
雪村まゆみ	戦争とアニメーション――職業としてのアニメーターの誕生プロセスについての考察から：ソシオロジ　52（1）通号159　〔2007.5〕　p87～102
井上禎男	最新判例演習室 憲法 放送番組「編集の自由」と取材対象者の「期待」保障――東京高判2007.1.29：法学セミナー　52（5）通号629　〔2007.5〕　p121
佐藤英雄	マスメディア関連の裁判を見る（30）「まねきTV」の放送ネット配信は合法：新聞通信調査会報　通号544　〔2007.6〕　p10～12

言論・表現の自由		制度

阪口正二郎　ビラ配布規制が映し出す日本の立憲主義の現状（特集＝日本国憲法施行六〇年——憲法学に求められる課題）：法律時報　79（8）通号985　〔2007.7〕　p27～32

塚田哲之　「監視社会」化の進行と人権論（特集＝日本国憲法施行六〇年——憲法学に求められる課題―人権論）：法律時報　79（8）通号985　〔2007.7〕　p70～74

長峯信彦　「権力化」したメディアと表現の自由——《権力による メディアからの市民の自由》と《メディアによる 市民からの権力の自由》（特集＝日本国憲法施行六〇年——憲法学に求められる課題―人権論）：法律時報　79（8）通号985　〔2007.7〕　p75～80

佐藤英雄　マスメディア関連の裁判を見る（31）保護期間消滅後の（a）表示は適法か：新聞通信調査会報　通号547　〔2007.8〕　p14～16

嵯峨仁朗　市民感覚に敏感な記者であれ（特集 言論への弾圧）：マスコミ市民　通号463　〔2007.8〕　p2～8

佐藤英雄　マスメディア関連の裁判を見る（32）問われたスナップ写真の著作物性：新聞通信調査会報　通号548　〔2007.9〕　p14～16

曽我部真裕　日本国憲法60年記念 憲法学の現在・未来（4）表現の自由論の変容——マス・メディアの自由を中心とした覚書：法学教室　通号324　〔2007.9〕　p15～22

齊藤愛　異質性社会における表現の自由（1）デュルケーム社会学を手がかりに：国家学会雑誌　120（9・10）通号1081　〔2007.10〕　p657～719

佐藤英雄　マスメディア関連の裁判を見る（33）雑誌『サライ』外注写真の二次使用：新聞通信調査会報　通号550　〔2007.11〕　p14～16

深田卓　ブック・ストリート 出版 BPO申し立てと裁判員制度：出版ニュース　通号2128　〔2007.12〕　p36～37

山了吉　「裁判員制度」が封殺しかねない事件報道への「縛り」を問う——最高裁判所が「言論・出版の自由」に公然と「イエローカード」：出版ニュース　通号2126　〔2007.12〕　p6～9

齊藤愛　異質性社会における表現の自由（2）デュルケーム社会学を手がかりに：国家学会雑誌　120（11・12）通号1082　〔2007.12〕　p864～909

青山武憲　「集会の自由」序論：日本法學　73（2）　〔2007.12〕　p273～358

佐藤純子　対外発信の自由化と通信社——一九三三年の通信協定交渉を中心に（特集 日本の対外イメージ発信）：メディア史研究　23　〔2007.12〕　p61～75

西土彰一郎　メディア状況の変容と表現の自由（特集 日本国憲法60年——憲法学の成果と課題―日本国憲法60年——憲法学の成果と課題（1））：憲法問題　通号19　〔2008〕　p20～30

藤井正希　マスコミの表現の自由とメディア論：社学研論集　（12）　〔2008〕　p142～156

杉原周治　職業の自由と表現の自由——ドイツにおける職業の自由と意見表明・プレスの自由の基本権競合をめぐる議論：情報学研究：　東京大学大学院情報学環紀要　（73）　〔2008〕　p1～29

駒村圭吾　「メディアの法」から「ジャーナリズムの法」へ——近時の憲法学における理論動向に寄せて（特集「メディア法」はどこへゆくのか——メディア法研究者の認識）：マス・コミュニケーション研究　通号72　〔2008〕　p27～38

大石泰彦　メディア法とメディア法学への考え（特集「メディア法」はどこへゆくのか——メディア法研究者の認識）：マス・コミュニケーション研究　通号72　〔2008〕　p5～12

鈴木秀美　「メディア法」はどこへゆくのか——メディア法研究者の認識（特集「メディア法」はどこへゆくのか——メディア法研究者の認識）：マス・コミュニケーション研究　通号72　〔2008〕　p13～25

上村貞美　集会の自由と敵意ある聴衆の法理：名城ロースクール・レビュー　（9）　〔2008〕　p1～60

石埼学　表現の自由と「社会良心」：立命館法學　2008年（5・6）通号321・322　〔2008〕　p1357～1376

佐藤英雄　マスメディア関連の裁判を見る（34）共著者に同意を得ない論文出版：新聞通信調査会報　通号552　〔2008.1〕　p13～15

川田龍平　ニュースな人たち 川田龍平——メディアはタブー打破を！：ぎゃらく　通号463　〔2008.1〕　p3～5

辻雄一郎　デジタル時代のメディアモデルと憲法学の考察：法と政治　58（3・4）　〔2008.1〕　p641～708

齊藤愛　異質性社会における表現の自由（3）デュルケーム社会学を手がかりに：国家学会雑誌　121（1・2）通号1083　〔2008.2〕　p51～112

森純一　公正な裁判と報道の自由の調和——取材・報道指針策定の経緯と狙い（裁判員制度と取材・報道（第1回））：新聞研究　（679）　〔2008.2〕　p10～13

木村純　マスメディアにおいて表現されるイデオロギー的バイアスと有権者の認知：日本大学大学院総合社会情報研究科紀要　（8）　〔2008.2〕　p253～261

佐藤英雄　マスメディア関連の裁判を見る（35）人気漫画のネット盗用で損害賠償：新聞通信調査会報　通号554　〔2008.3〕　p14～16

田北康成　強まる公権力の表現・情報統制——外務省機密電文事件からビデ倫事件まで：出版ニュース　通号2136　〔2008.3〕　p6～9

総合ジャーナリズム研究編集部　「言論」への暴力、規制 あの事件（言論・表現の自由が危うい――譲れるか。「靖国」・ビラ撒き・情報源）：総合ジャーナリズム研究所　45（02）（通号204）〔2008.3〕　p29～32

総合ジャーナリズム研究編集部　転機を迎える「刑事裁判」報道：総合ジャーナリズム研究所　45（02）（通号204）〔2008.3〕　p33～36

北健一　恫喝訴訟「SLAPP」を許すな！：放送レポート　211号　〔2008.3〕　p34～37

佐々木弘通　猿払事件判決批判・覚書——「表現の自由」論の観点から：成城法学　通号77　〔2008.3〕　p49～75

山田健太　裁判員制度と取材・報道の課題——司法情報見直しの契機に：月刊民放　38（4）通号442　〔2008.4〕　p22～27

佐藤英雄　マスメディア関連の裁判を見る（36）黒沢映画の著作権は保護期間内：新聞通信調査会報　通号556　〔2008.5〕　p14～16

安岡卓治　ニュースな人たち 安岡卓治——「放送」できなきゃ「上映」せよ！：ぎゃらく　通号467　〔2008.5〕　p3～5

総合ジャーナリズム研究編集部　供述調書引用と出版の自由と責任（言論・表現の自由が危うい――譲れるか。「靖国」・ビラ撒き・情報源）：総合ジャーナリズム研究所　45（03）（通号205）〔2008.6〕　p6～23

総合ジャーナリズム研究編集部　言論・表現の自由が危うい――譲れるか。「靖国」・ビラ撒き・情報源：総合ジャーナリズム研究所　45（03）（通号205）〔2008.6〕　p33～41

総合ジャーナリズム研究編集部　講談社の調査委員会報告書から（言論・表現の自由が危うい――譲れるか。「靖国」・ビラ撒き・

	情報源　供述調書引用と出版の自由と責任）：総合ジャーナリズム研究所　45（03）（通号 205）〔2008.6〕 p3〜45
総合ジャーナリズム研究編集部	「表現の自由」と「ビラ配布」事件（言論・表現の自由が危うい－－譲れるか。「靖国」・ビラ撒き・情報源）：総合ジャーナリズム研究所　45（03）（通号 205）〔2008.6〕 p42〜45
総合ジャーナリズム研究編集部	『靖国』上映中止に抗議する緊急記者会見から（言論・表現の自由が危うい－－譲れるか。「靖国」・ビラ撒き・情報源　『靖国』上映問題、議論の推移）：総合ジャーナリズム研究所　45（03）（通号 205）〔2008.6〕 p24〜32
総合ジャーナリズム研究編集部	有村治子参議院議員の国会質問から（言論・表現の自由が危うい－－譲れるか。「靖国」・ビラ撒き・情報源　『靖国』上映問題、議論の推移）：総合ジャーナリズム研究所　45（03）（通号 205）〔2008.6〕 p37〜41
植松健一	特集 続・憲法問題の現局面「表現の自由のゆらぎ」の本質にある "危機"：前衛　日本共産党中央委員会理論政治誌　通号831〔2008.6〕 p133〜142
飯田正剛	表現の自由の実現のために：マスコミ市民　通号473〔2008.6〕 p34〜39
別府三奈子	日本の「表現の自由」は大丈夫か 映像ジャーナリズム・プロフェッション論再考：AIR21　（217）〔2008.6〕 p60〜79
佐藤英雄	マスメディア関連の裁判を見る(37)北朝鮮の著作物は保護の対象外：新聞通信調査会報　通号558〔2008.7〕 p14〜16
元木昌彦, 清水勉, 田島泰彦	座談会 『僕パパ』事件と表現の自由：放送レポート　213号〔2008.7〕 p2〜10
石埼学	政治的表現の自由と市民社会──立川反戦ビラ事件最高裁判決批判（特集 議会制民主主義の再生を求めて──選挙制度と政治資金を検証する）：法と民主主義　（430）〔2008.7〕 p28〜33
伊藤成彦, 筆坂秀世, 鈴木邦男	対談「言論の自由」をめぐる大闘論「憂国主義」と「社会主義」、一致点はあるのか!?：マスコミ市民　通号474〔2008.7〕 p22〜35
深田卓	ブック・ストリート 出版 裁判員制度と犯罪報道：出版ニュース　通号2150〔2008.8〕 p32〜33
田原和政	表現の自由との調整図る制度見直しを──出発点となるメディア内部の議論(個人情報保護法と過剰反応問題)：新聞研究　（685）〔2008.8〕 p10〜13
籾岡宏成	メディアの寡占化と報道の自由──アメリカの名誉毀損訴訟における「現実的悪意」の法理が示唆するもの：北海道教育大学紀要. 人文科学・社会科学編　59（1）〔2008.8〕 p55〜70
高久陽男	日刊新聞法をめぐる新聞経営の課題（上）新聞社株にからむ最近の動きと特例法制定当時の経緯：AIR21　（219）〔2008.8〕 p57〜90
山田健太	『僕はパパを殺すことに決めた』問題と出版・表現の自由（特集 メディアの第三者機関を考える）：AIR21　（220）〔2008.9〕 p2〜26
佐藤英雄	マスメディア関連の裁判を見る(38)著作権で敗れた社保庁と法務局：新聞通信調査会報　通号560〔2008.9〕 p14〜16
高久陽男	日刊新聞法をめぐる新聞経営の課題（下）戦前の譲渡制限の歴史と、特例法制定後の動き：AIR21　（220）〔2008.9〕 p69〜101
田島泰彦	ロー・ジャーナル 表現の自由を履き違えた司法判断──NHK番組改変訴訟最高裁判決：法学セミナー　53（10）通号646〔2008.10〕 p6〜7
安田浩一	パナソニックの正体（新連載・第1回）膨大な広告費に萎縮するメディア：金曜日　16（38）通号736〔2008.10〕 p10〜13
佐藤英雄	マスメディア関連の裁判を見る(39)「堀江裁判傍聴記」は著作物ではない：新聞通信調査会報　通号562〔2008.11〕 p14〜16
小町谷育子, 堀田力, 箕輪幸人	裁判員制度と報道──メディアはどう報じるべきか!? 第56回民間放送全国大会シンポから（特集 裁判員制度と取材・報道）：月刊民放　38（12）通号450〔2008.12〕 p8〜19
神保太郎	メディア批評（第13回）文民統制──メディアが実践すべき本当の「言論の自由」とは TO BE CONTINUED…筑紫哲也氏追悼に代えて：世界　（786）〔2009.1〕 p224〜231
烏賀陽弘道	言論封殺のSLAPPは、民主主義の破壊行為（特集 憲法をとりまく情況）：マスコミ市民　通号480〔2009.1〕 p20〜27
佐藤英雄	マスメディア関連の裁判を見る(40)書名は著作物でも商品表示でもない：新聞通信調査会報　通号565〔2009.2〕 p13〜15
佐藤英雄	マスメディア関連の裁判を見る(41)「祇園祭」と四国霊場の「お札写真」：新聞通信調査会報　通号566〔2009.3〕 p14〜16
成原慧	サイバースペースにおける情報流通構造と表現の自由──米国における「情報流通経路の管理者を介した表現規制」の検討を中心にして：情報学研究 : 東京大学大学院情報学環紀要　（76）〔2009.3〕 p137〜153
山田賢一	新政権の "圧力" に揺れる台湾の公共放送──国民党政権復帰で問われる編集権の独立：放送研究と調査　59（4）通号695〔2009.4〕 p100〜109
高久陽男	日刊新聞法の保護と責任 日経新聞株の取引をめぐる最高裁判決と新聞の公益性：Journalism　（227）〔2009.4〕 p85〜89
佐藤英雄	マスメディア関連の裁判の見る(42)盗作の疑いが晴れた「約束の場所」：メディア展望　通号568〔2009.5〕 p17〜19
成原慧	Unsolicited Bulk E—mailの規制と表現の自由──米国におけるUBEに対する各種の規制に関する判例を題材に：情報ネットワーク・ローレビュー　8〔2009.5〕 p62〜73
河本一郎	「二重譲渡」を防ぐ制度作りの重要性──日刊新聞法に関する最高裁判決から考える（日刊新聞法の今日的意義）：新聞研究　（694）〔2009.5〕 p26〜29
斎藤修一	報道の公益性に理解示した司法判断──日経株式訴訟の経緯と最高裁判決（日刊新聞法の今日的意義）：新聞研究　（694）〔2009.5〕 p10〜15
浅野健一	裁判員裁判と犯罪報道（下）今こそ日本報道評議会設立を：マスコミ市民　通号484〔2009.5〕 p49〜55
清水勉	草薙厚子さんの「僕パパ事件」にみるメディアと検察（特集 報道姿勢とジャーナリズム）：マスコミ市民　通号484〔2009.5〕 p19〜27
松田修一	メディア・リポート 新聞 裁判「対等報道」の小さな試み──八戸母子殺害事件の公判から：Journalism　（228）

	〔2009.5〕 p49〜53
田島泰彦	規制のなかの週刊誌ジャーナリズム——萎縮させるさまざまな原因は何か：出版ニュース　通号2176　〔2009.6〕　p10〜12
片岡健	メディアが報じない和歌山カレー事件上告審の不当性：マスコミ市民　通号485　〔2009.6〕　p58〜63
戸崎賢二	「NHK番組改編事件」と「編集権」：立命館産業社会論集　45（1）通号141　〔2009.6〕　p107〜116
諸永裕司	検証・『僕パパ』調書漏出事件 草薙厚子氏批判の陰でメディアが報じなかったこと：Journalism　（229）〔2009.6〕　p68〜79
山田健太	デジタル時代における作家の書く自由と読者の読む自由－－デジタルアーカイブ構想から考える（特集 著作権をめぐる最近の諸問題）：自由と正義　60（7）（通号726）〔2009.7〕　p59〜65
鬼頭季郎	裁判実務の立場からみた高額化の背景——報道の自由と慰謝料額のバランスについて（名誉棄損訴訟の賠償高額化を考える）：新聞研究　（696）〔2009.7〕　p12〜16
水島宏明	メディア・リポート 放送 ルール化をめざして議論したい現場で働く者の「内部的自由」：Journalism　（230）〔2009.7〕　p54〜57
佐藤英雄	マスメディア関連の裁判を見る（43）放映したドラマの著作権者が別法人だった：メディア展望　通号571　〔2009.8〕　p14〜16
寺西淳	言論の自由のためのメッセージ——「『みる・きく・はなす』はいま」で何を伝えるか（風化を防ぐ——継続報道の重要性）：新聞研究　（697）〔2009.8〕　p12〜15
石埼学	シリーズ憲法（14）立川反戦ビラ事件と表現の自由：日本の科学者　44（8）通号499　〔2009.8〕　p428〜433
北健一	続発！ 経営の「逆ギレ解雇」 踏みにじられる表現の自由：放送レポート　220号　〔2009.9〕　p6〜9
佐藤英雄	マスメディア関連の裁判を見る（44）頭部をすげ替えられた観音立像：メディア展望　通号574　〔2009.11〕　p17〜19
浅岡善治	初期ソヴィエト検閲史料（1）1925年の『機密該当情報一覧』：福島大学人間発達文化学類論集　（10）〔2009.12〕　p11〜22
牧義之	森田草平『輪廻』の出版事情 ： 発禁報道、検閲、伏字、版の異同：出版研究　（41）〔2010〕　p65〜81
辻雄一郎	選挙活動と表現の自由に関する考察 2010年シティズンユナイテッド判決を中心に：駿河台法学　24（1・2）通号45　〔2010〕　p57〜121
Fletcher, William A., 辻雄一郎	講演 アメリカ連邦憲法上の第一修正の保護について：比較法学　44（2）通号93　〔2010〕　p159〜169
Kim, Sungmin	「禁止」と「越境」——50—70年代韓国釜山における日本の「電波越境（spill-over）」現象の文化的意味：マス・コミュニケーション研究　通号76　〔2010〕　p237〜254
志田陽子	表現の自由と知的財産保護——アメリカ連邦最高裁の二つの判決を素材に：武蔵野美術大学研究紀要　（41）〔2010〕　p91〜101
杉山光信	明治期から昭和前期までの日本での言論統制——統制の仕組みとじっさいの運用について：明治大学心理社会学研究　（6）〔2010〕　p17〜31〔含 英語文要旨〕
阪本昌成	「思想の自由市場」論の組み直しに向けて：立教法学　通号80　〔2010〕　p63〜110
市川正人	「厳格な合理性の基準」についての一考察：立命館法學　2010年（5・6）通号333・334（上巻）〔2010〕　p1551〜1575
城野一憲	表現の自由理論における「言論者としての政府」というメタファー——"government speech"をめぐる言説への懸念：早稲田法学会誌　61（1）〔2010〕　p245〜294
佐藤英雄	マスメディア関連の裁判を見る（45）振り付けダイエットで歌手の写真利用：メディア展望　通号576　〔2010.1〕　p17〜19
日隈一雄	マスコミに「編集の自由」はあるのか：マスコミ市民　通号492　〔2010.1〕　p34〜43
長岡義幸	ブック・ストリート 流通 都青少協答申のゆくえ：出版ニュース　通号2199　〔2010.2〕　p34〜35
徳永達哉	「表現の自由」と言葉以外の態度による思想の伝達——Symbolic speechとSpeech plusの比較を通じて：九州国際大学法学論集　16（3）〔2010.3〕　p127〜146
西土彰一郎	憲法理論の再創造（20）第四部 新しい憲法問題・理論の展望（6）表現の自由と秩序：法律時報　82（3）通号1019　〔2010.3〕　p106〜111
佐藤英雄	マスメディア関連の裁判を見る（46）投稿動画の楽曲無断利用に高額賠償：メディア展望　通号579　〔2010.4〕　p20〜22
藤田博司	密約と有識者委の視点（メディア談話室）：メディア展望　通号579　〔2010.4〕　p24〜25
藤田和之	情報のない社会は健全か——「検察リーク」批判は事実に反する（捜査情報をなぜ報道するのか）：新聞研究　（705）〔2010.4〕　p28〜31
後藤寛	ビラ配布は国民の権利——最高裁判決の不当性：前衛　 日本共産党中央委員会理論政治誌　通号855　〔2010.4〕　p205〜214
大河内美紀	「精神的自由の優越的地位」について（特集 憲法訴訟と司法権）：ジュリスト　（1400）〔2010.5〕　p60〜67
木村草太	表現内容規制と平等条項——自由権から〈差別されない権利〉へ（特集 憲法訴訟と司法権）：ジュリスト　（1400）〔2010.5〕　p96〜102
青木理	メディア一撃 官房機密費をもらった"政治評論家"を一刻も早く追放させるには：金曜日　18（17）通号812　〔2010.5〕　p56〜57
阪口正二郎	表現の自由——表現の内容に基づく規制と定義づけ衡量の関係を中心に（特集 つまずきのもと 憲法）：法学教室　通号357　〔2010.6〕　p27〜30
ルポルタージュ研究所, 明石昇二郎	「電子書籍」襲来で危機に晒される未来の「言論の自由」：世界　（806）〔2010.7〕　p196〜204
横大道聡	憲法訴訟研究会（第137回）モニュメント建立と政府言論——Pleasant Grove City v. Summum, 129 S. Ct. 1125（2009）：ジュリスト　（1403）〔2010.7〕　p160〜168
戸田五郎	ビラのポスティングと表現の自由——国際人権基準に照らした覚書（特集 「刑罰からの自由」の現代的意義—ビラ配布と住居等侵入罪）：法律時報　82（9）通号1025　〔2010.8〕　p13〜16
安達光治	集合住宅でのポスティングの意味と刑事規制の限界——立川自衛隊官舎事件〔平成20.4.11〕・葛飾マンション事件〔平成21.11.30〕最高裁判決（特集 「刑罰からの自由」の現代的意義—ビラ配布と住居等侵入罪）：法律時報　82（9）通号1025　〔2010.8〕　p8〜12

田島泰彦	評議の公開求め、権力監視の姿勢を——裁判員裁判とメディアの課題（特集 "開かれた裁判" と報道）：月刊民放　40 (9) 通号471 〔2010.9〕 p4～7
長谷部恭男	続・Interactive憲法——B准教授の生活と意見（第18回）表現の自由の根拠：法学教室　通号360 〔2010.9〕 p65～70
奥平康広, 岡本厚, 川崎泰資	月刊「マスコミ市民」500号記念企画「言論の自由」とメディアの今日的状況（特集 言論の自由とメディア）：マスコミ市民　通号500 〔2010.9〕 p2～15
山口正紀	言論の自由とメディアの二面性——ジャーナリストと市民の役割（月刊「マスコミ市民」創刊500号によせて）：マスコミ市民　通号500 〔2010.9〕 p48～50
加藤厚子	映画法策定過程における検閲制度の再構築（特集 マス・メディアの自由と規制）：メディア史研究　28 〔2010.9〕 p23～40
日隈一雄	ブック・ストリート 言論 デモもできない国でよいのか：出版ニュース　通号2223 〔2010.10〕 p30～31
植村八潮	表現の自由（フリーダム）の維持にはお金を払おう－－インタビュー 東京電機大学出版局長 植村八潮さん あなたの身元が丸裸 "FREE" ビジネスの危うさ：金曜日　18(40) (通号 835) 〔2010.10〕 p22～23
佐藤佳久	言論・表現の自由をめぐる攻防と国際自由権規約を生かす運動を：人権と部落問題　62(13)通号808 〔2010.11〕 p41～46
韓永學	法的制約と過剰な自主規制に問題点——韓国の国民参与裁判制度と取材・報道：新聞研究　(712) 〔2010.11〕 p36～39
安倍晴彦, 米倉洋子	インタビュー・安倍晴彦元裁判官に聞く 戸別訪問禁止違憲判決を担当して（特集 政治活動の自由と民主主義の現在）：法と民主主義　(453) 〔2010.11〕 p50～53
久保木亮介	ビラ配布による言論・表現の自由の意義（特集 政治活動の自由と民主主義の現在）：法と民主主義　(453) 〔2010.11〕 p16～19
西田穣	葛飾ビラ配布弾圧事件のたたかいと到達点（特集 政治活動の自由と民主主義の現在）：法と民主主義　(453) 〔2010.11〕 p11～15
内田雅敏	公安警察の暴走と脅かされる言論社会——立川自衛隊宿舎イラク反戦ビラ入れ事件（特集 政治活動の自由と民主主義の現在）：法と民主主義　(453) 〔2010.11〕 p4～10
長岡徹	国家公務員の政治的行為禁止の違憲性（特集 政治活動の自由と民主主義の現在）：法と民主主義　(453) 〔2010.11〕 p34～39
大久保史郎	国公法事件上告審で何が問われるか——最高裁猿払事件判決の呪縛を解くために（特集 政治活動の自由と民主主義の現在）：法と民主主義　(453) 〔2010.11〕 p27～33
小沢隆一	「集合住宅時代」の自由と民主主義——葛飾事件が提起するもの（特集 政治活動の自由と民主主義の現在）：法と民主主義　(453) 〔2010.11〕 p20～25
石井逸郎	二つの高裁判決（国家公務員法違反事件）の分岐点と、今日の刑事司法が置かれている状況（特集 政治活動の自由と民主主義の現在）：法と民主主義　(453) 〔2010.11〕 p40～45
小松浩	比例定数削減問題と選挙制度改革の展望（特集 政治活動の自由と民主主義の現在）：法と民主主義　(453) 〔2010.11〕 p54～59
日隈一雄	ブック・ストリート 言論 戦争唱導報道にも表現の自由は保障されるか：出版ニュース　通号2229 〔2010.12〕 p30～31
宮川成雄	法人の独立選挙支出の規制と言論の自由——Citizens United v. Federal Election Commission, 130 S.Ct. 876 (2010)（アメリカ法判例研究 (5)）：比較法学　44(3)通号94 〔2011〕 p156～161
橋本基弘	表現内容規制・内容中立規制二分論：現状と争点：比較法雑誌　45(1)通号157 〔2011〕 p1～44
伊藤直孝	市民の究極刑判断をどう報じるか——裁判員裁判と死刑をめぐって：新聞研究　(714) 〔2011.1〕 p32～35
長岡徹	国家公務員の政治活動の自由をめぐる二つの東京高裁判決——堀越事件判決〔2010.3.29〕と世田谷事件判決〔2010.5.13〕の意義：法と政治　61(4) 〔2011.1〕 p1208～1180
小林恭子	「報道の自由」の戦士かテロリストか——波紋広がる「ウィキリークス」：メディア展望　(588) 〔2011.1〕 p6～8
曽我部真裕	表現の自由の現在（特集 憲法訴訟の潮流を読む）：法学セミナー　56(2)通号674 〔2011.2〕 p17～19
中林暁生	「政府の言論の法理」と「パブリック・フォーラムの法理」との関係についての覚書（特集 憲法と経済秩序(2)）：企業と法創造　7(5)通号27 〔2011.3〕 p88～92
稲積重幸	表現の自由の価値に関する一再考——聞き手と話し手と政府言論：札幌大学総合論叢　(31) 〔2011.3〕 p9～29
田島泰彦	コンピュータ監視法の問題点——表現規制のなかのコンピュータ監視法：出版ニュース　通号2249 〔2011.7〕 p10～13
総合ジャーナリズム研究編集部	ウィキリークスの衝撃波…－－新聞との連携によるネット暴露のゆくえ（特集 ネット社会の「取材・報道」カ－－オルタナティブ・ジャーナリズムを考える）：総合ジャーナリズム研究所　48(01) (通号 215) 〔2011.12〕 p17～22
成原慧	代理人を介した表現規制とその変容：マス・コミュニケーション研究　通号80 〔2012〕 p249～267
山田隆司	メディアと法を考える 謝罪・取消広告と「表現の自由」：名誉毀損の救済方法の合憲性：Journalism　(260) 〔2012.1〕 p46～54
山田隆司	法廷写真とイラスト画 : 裁判報道における禁止と容認：情報研究 : 関西大学総合情報学部紀要　(36) 〔2012.2〕 p91～118
総合ジャーナリズム研究編集部	マイナンバー法案と個人情報の壁（取材・報道規制。ふたたび…）：総合ジャーナリズム研究所　49(02)=220 〔2012.3〕 p42290
駒村圭吾	ロー・クラス 憲法訴訟の現代的転回 : 憲法的論証を求めて（第17回）第3部/重要論点補遺 表現の自由をめぐる二分論 : 「間接的・付随的制約」論、内容規制・内容中立規制二分論を中心に：法学セミナー　57(3)通号686 〔2012.3〕 p64～71
臺宏士	要注意！ 新しい「メディア規制」の動き：放送レポート　236号 〔2012.5〕 p26～29
福井健策	TPPの映像・放送分野への影響と欧米を揺るがす「ネットの自由」：月刊民放　42(5)通号491 〔2012.5〕 p28～31
高橋右京	警察権力の暴走を問う(3)「反原発」デモ逮捕者弁護人に聞く 「表現の自由」としてのデモは、民主主義に不可欠：マスコミ市民　(520) 〔2012.5〕 p18～27
西山太吉	隠蔽体質打破こそ重要：広島ジャーナリスト　(09) 〔2012.6〕
総合ジャーナリズム研究編集部	新型インフルエンザ対策法の「指示」（取材・報道規制。ふたたび…）：総合ジャーナリズム研究

所　49（03）＝221〔2012.6〕　p40〜42

長谷部恭男　講演録 表現の自由と著作権：コピライト　52（616）〔2012.8〕　p2〜11

岩田清隆　問われるメディアの「立ち位置」：小沢氏強制起訴事件の一審判決を終えて（司法取材・報道 : 裁判員制度から3年）：新聞研究　（733）〔2012.8〕　p46〜49

岩本隆明, 刑部勝好, 赤荻武　厳しい審査規準で成人番組を安全に視聴できる環境を創出 : SEIRIN Special Talk 成人番組倫理委員会：New media　30（12）通号357〔2012.12〕　p90〜92

田北康成　自由民主党 日本国憲法改正草案を検証する 憲法が変わるとき、表現の自由の形が変えられる：出版ニュース　通号2300〔2013.1〕　p4〜9

関根英生　ラジオで向き合う裁判員制度 : リスナー目線でリアルな“声”伝える：新聞研究　（738）〔2013.1〕　p48〜51

西村裕一　憲法学再入門（第10回）人権編（5）表現の自由論 : その魔力からの解放について：法学教室　（388）〔2013.1〕　p55〜62

田島泰彦　共通番号・秘密保全・人権委員会・児童ポルノ法改正・改憲 自公政権の復活で加速する表現規制と情報統制：出版ニュース　通号2306〔2013.3〕　p4〜10

赤尾光史　「編集権」を再確認する : 『週刊朝日』記事連載中止事件をきっかけに：ジャーナリズム＆メディア : 新聞学研究所紀要　（6）〔2013.3〕　p185〜194

鎌田厚志　ヒュームにおける言論の自由とその条件：政治研究　（60）〔2013.3〕　p207〜238

桶田大介　出版者への権利付与をめぐる諸問題 出版に関する法的基盤整備の検討に関する省察：出版ニュース　通号2308〔2013.4〕　p4〜10

大久保史郎　憲法裁判としての国公法二事件上告審判決（小特集 国公法二事件上告審判決の検討）：法律時報　85（5）通号1059〔2013.5〕　p54〜61

中林暁生　憲法判例としての国公法二事件上告審判決（小特集 国公法二事件上告審判決の検討）：法律時報　85（5）通号1059〔2013.5〕　p62〜66

市川正人　国公法二事件上告審判決と合憲性判断の手法（小特集 国公法二事件上告審判決の検討）：法律時報　85（5）通号1059〔2013.5〕　p67〜72

枝川充志　自民党憲法改正草案 徹底批判シリーズ（5）表現の自由：金曜日　21（18）通号959〔2013.5〕　p28〜29

田島泰彦　自民党改憲草案は市民の自由と権利をどう変質させるか : 表現規制を中心に（特集 自民党改憲案と憲法の危機）：法と民主主義　（479）〔2013.6〕　p25〜29

宍戸常寿　2013年マスコミ関係判例回顧 適切な裏付け取材の必要性 : 「相当性の法理」めぐる裁判、相当数に：新聞研究　（751）〔2014.2〕　p52〜58

山田賢一　統制色強まる中国のメディア・言論政策 : 新政権への「期待」から「失望」へ：放送研究と調査　64（2）通号753〔2014.2〕　p54〜65

小山剛　ロー・クラス 「憲法上の権利」各論（05）表現の自由（1）：法学セミナー　59（3）通号710〔2014.3〕　p42〜48

小山剛　ロー・クラス 「憲法上の権利」各論（06）表現の自由（2）：法学セミナー　59（4）通号711〔2014.4〕　p82〜90

宍戸常寿　法制度から考える放送の現在（特集 そこが知りたい「公共性」）：月刊民放　44（5）通号515〔2014.5〕　p18〜21

小山剛　ロー・クラス 「憲法上の権利」各論（07）表現の自由（3）：法学セミナー　59（5）通号712〔2014.5〕　p72〜79

須永野歩　特派員リレー報告（29）「報道の自由」で日欧比較 金融当局への取材通じ：メディア展望　（629）〔2014.5〕　p32〜34

小山剛　ロー・クラス 「憲法上の権利」各論（08）表現の自由（4）：法学セミナー　59（7）通号714〔2014.7〕　p72〜78

小山剛　ロー・クラス 「憲法上の権利」各論（09）表現の自由（5・完）：法学セミナー　59（8）通号715〔2014.8〕　p96〜104

山田健太　メディアと法 なぜいま「表現の自由」かと問う（特集 法律学習ナビゲーション）：法学セミナー　59（9）＝716：〔2014.9〕　p29

大治浩之輔　メディア時評（58）言論が自由に羽ばたく空間は自覚的に闘い取られねば失われる：マスコミ市民　（550）〔2014.11〕　p61〜63

山田健太　国家の利益と言論の自由（特集 メディアとジャーナリズムの未来）：情報の科学と技術　65（1）〔2015〕　p15〜20

山田健太　「言論の自由」のいま（特集 「言論・表現の自由」の現在）：季論21　（27）：〔2015.冬〕　p34〜48

〔図 書〕

宇野愼三　新聞關係法律問題　新聞研究所　72p　23cm

植木枝盛, 鈴木安蔵　言論自由論・勃爾咢ヲ殺ス　実業之日本社　1948　227p 図版　19cm　（近代日本文化叢書）

Milton, John, 上野精一　言論と自由―アリオパヂテイカ　新月社　1948　148p 19cm　（英米名著叢書）

アメリカプレスの自由委員会, 日本新聞協会編集部　新聞の自由と責任―新聞, ラジオ, 映画, 雑誌など大衆通信機関に関する一般報告書　日本新聞協会　1948　162p 19cm

日本ジャーナリスト連盟　言論弾圧史　銀杏書房　1949　160p 19cm

加藤咄堂　言論の常識　大東出版社　1949　186p 19cm

田中菊次郎　新聞と自由―戦後新聞の諸問題　天地書房　1949　197p 19cm　（学生シリーズ 第5）

関之　思想・言論の自由とその限界　増補再版　白亜書房　1952　231p 19cm

日本新聞協会　新聞の自由　岩波書店　1952　217p 21cm

Milton, John., 石田憲次　言論の自由―アレオパヂティカ　岩波書店　1953　112p 15cm　（岩波文庫）

河原暚一郎　言論及び出版の自由　有斐閣　1954　201p 22cm

日本新聞労働組合連合　真実自由な報道で民主主義守れ―第1回新聞研究集会議事録　日本新聞労働組合連合　1957　129p 図版　18cm

三枝重雄　言論昭和史―弾圧と抵抗　日本評論新社　1958　212, 15p 図版　19cm

伊藤正己　言論・出版の自由―その制約と違憲審査の基準　岩波書店　1959　316p 22cm

Gellhorn, Walter, 猪俣幸一　言論の自由と権力の抑圧　岩波書店　1959　277p 19cm　（岩波現代叢書）

双川喜文　言論の弾圧　法政大学出版局　1959　264p 21cm

Peterson, Theodore, Bernard, Schramm, Wilbur, Siebert, Fredrick, Seaton, 内川芳美　マス・コミの自由に関する四理論　東京創元社　1959　278p 19cm　（現代社会科学叢書）

日本新聞協会　新聞と法律　日本新聞協会　1960　206p 18cm　（新聞文庫 第1）

Solal, Lucien., Terrou, Fernand., 日本新聞協会　世界の放送制度　日本新聞協会　1960　79p　25cm		
田中正人, 平井正俊　放送行政法概説　電波振興会　1960　377p　22cm		
西部謙治　マスコミの自由と責任―主として戦後広告統制より撤廃えの道　旭東通信社　1960　117p　19cm		
柏木成樹　新聞編集権をめぐる労働関係―新聞の自由と新聞労働協約　［朝日新聞社調査研究室］　1960.2　116p　25cm　（朝日新聞調査研究室報告社内用 80）		
伊藤正己　言論の自由を守るために　有信堂　1961　209p　18cm　（文化新書）		
清水英夫　思想・良心および言論の自由―資本主義社会における精神的自由　一粒社　1961　224p　22cm		
日本新聞協会　新聞と独占禁止法―新聞事業の自由競争と法的限界　日本新聞協会　1961　389p　22cm		
Hudon, Edward, Gerard, 松山武夫　近代国家と言論の自由　自由アジア社　1965　392p　22cm		
金子喜三　新聞法制研究―報道・言論に対する法的規制を中心に　芦書房　1966　416p　22cm　970円		
伊藤正己, 清水英夫　マスコミ法令要覧　現代ジャーナリズム出版会　1966　474p　19cm　1350円		
星野安三郎　表現の自由―大衆行動の権利　法律文化社　1969　237p　19cm　480円		
言論出版の自由にかんする懇談会　言論・出版の自由―シンポジウム　飯塚書店　1970　221p　20cm　580円		
奥平康広　表現の自由とはなにか　中央公論社　1970　220p　18cm　250円　（中公新書）		
斎藤文男, 石村善治　問われた報道の自由　法律文化社　1971　332, 2p　19cm　900円		
川中康弘　新聞の自由と責任　南窓社　1972　191, 5p　22cm　1200円		
Emerson, Thomas, Irwin, 横田耕一, 小林直樹　表現の自由　東京大学出版会　1972　267p　19cm　（UP選書）		
放送批評懇談会　放送の自由は死滅したか　社会思想社　1972　332p　19cm　1000円		
新聞編集関係法制研究会, 日本新聞協会　法と新聞　日本新聞協会　1972　352p　22cm　1500円		
福田恒存　言論の自由といふ事　新潮社　1973　291p　20cm　650円		
森恭三　朝日新聞綱領と編集権―中堅記者研修　朝日新聞研修所　1973.6　21p　21cm		
伊藤正己　現代社会と言論の自由　有信堂　1974　325p　19cm　1500円　（Yûshindô sôsho）		
樺俊雄　マスコミの報道と自由―マス・メディアの分析　有信堂　1974　256p　19cm　1500円		
坂田大　言論自由の限界　蘇麓社　1975　196p　19cm　1000円		
香内三郎　言論の自由の源流―ミルトン『アレオパジティカ』周辺　平凡社　1976　298p　20cm　960円　（平凡社選書）		
黒田秀俊　知識人・言論弾圧の記録　白石書店　1976　270p　20cm　1500円　（昭和史の発掘）		
金谷博雄　伏字・検閲・内閲―第4稿　金谷博雄　1976　67p　13cm　非売品		
田丸忠雄　ハワイに報道の自由はなかった―戦時下の邦字新聞を編集して　毎日新聞社　1978.4　236p　20cm　980円		
Anderson, Arthur, James., 藤野幸雄　図書館の自由と検閲―あなたはどう考えるか　日本図書館協会　1980.6　268p　21cm　3200円		
服部敬雄　報道の自由と責任　潮出版社　1980.6　353p　22cm　2500円		
高橋正則　デモクラシーとメディアクラシー―政治とマスコミ　高文堂出版社　1980.7　198p　18cm　880円　（高文堂新書）		
表現の自由を守る―なぜ電柱へのポスター貼りが犯罪なのか　義本君を守る会　1981　34p　21cm　200円		
殿岡昭郎　言論人の生態―思考と行動と知性を衝く　高木書房　1981.7　349, 4p　20cm　1500円		
金井金次郎　言論科学概要―幸せな生活と話し方　学文社　1981.9　308p　22cm　2700円		
林秀彦　左翼検閲―「言論の自由」を如何に守るか　啓正社　1982　19cm　1000円　（啓正社選書）		
森泉章, 清水英夫, 内川芳美　法とジャーナリズム―清水英夫教授還暦記念論集　日本評論社　1983.10　550p　22cm　6500円		
清水英夫　情報と権力　三省堂　1984.2　256p　20cm　1800円		
奥平康広　表現の自由 3　政治的自由　有斐閣　1984.7　345p　22cm　4700円　（東京大学社会科学研究所研究叢書 第62冊）		
曽根威彦　表現の自由と刑事規制―刑法学　一粒社　1985.1　264p　19cm　2000円		
日本新聞協会　新聞の編集権―欧米と日本にみる構造と実態　日本新聞協会　1986.1　395, 18p　22cm　4000円		
佐久田昌一　新聞法律学　有斐閣出版サービス　1986.4　217p　20cm　1700円		
刀祢館正久, 籔下彰治朗　言論―20世紀の軌跡　朝日新聞社　1986.11　265p　20cm　1200円		
清水英夫　言論法研究 2　マス・メディアの法と倫理　学陽書房　1987.5　282p　22cm　2900円		
エスエル出版会　テロリズムとメディアの危機―朝日新聞阪神支局襲撃事件の真実　エスエル出版会　1987.10　196p　19cm　1000円		
エスエル出版会　謀略としての朝日新聞襲撃事件―赤報隊の幻とマスメディアの現在　エスエル出版会　1988.8　220p　19cm　1200円		
沢大洋　言論結社の潮流―明治初年の政治文化と初期都市民権派　太海社　1988.10　103p　30cm		
内川芳美　マス・メディア法政策史研究　有斐閣　1989.6　534p　22cm　7910円		
斎藤禎男　言論のアマチュア精神―札幌から日本について　北海タイムス社　1989.8　468p　19cm		
日本新聞協会研究所　新・法と新聞　日本新聞協会　1990.4　323p　22cm　3200円		
浜田純一　メディアの法理　日本評論社　1990.5　237p　22cm　2600円		
90・2・23集会実行委員会　タブーなき言論の自由を　凱風社　1990.6　206p　19cm　1236円		
郵政省放送行政局　公共性からみた放送　ぎょうせい　1990.11　192p　19cm　1600円		
前坂俊之　言論死して国ついに亡ぶ―戦争と新聞1936-1945　社会思想社　1991.11　255p　20cm　1900円		
安井克也, 藤江民　表現の自由を考える有志展―ドキュメント'91夏「表現の自由を考える有志展」　〔藤江民〕　1992.7　255p　13×19cm　1000円		
オバタカズユキ　言論の自由　双葉社　1993.3　215p　19cm　1200円		
石村善治　言論法教材　信山社出版　1993.5　285p　23cm　3090円		
日外アソシエーツ　表現の自由・著作権・名誉毀損―やさしく引ける判例総覧　日外アソシエーツ　1993.5　768, 17p　22cm　9800円		
石村善治　言論法研究 4　ドイツ言論法研究　信山社出版　1993.7　335, 14p　23cm　9270円		
清水英夫　マスメディアの自由と責任　三省堂　1993.12　250p　20cm　2200円		
松井茂記　マス・メディア法入門　日本評論社　1994.9　272p　19cm　2060円		
清水英夫　出版学と出版の自由―出版学論文選　日本エディタースクール出版部　1995.4　268p　22cm　3708円		

| 言論・表現の自由 | 制度 |

青山学院大学　メディア文化と法―(社)日本レコード協会寄付講座 1994年度　青山学院大学法学部　1995.10　604p　21cm

坂本竜彦　「言論の死」まで―『朝日新聞社史』ノート　岩波書店　1996.4　405p　16cm　1200円　(同時代ライブラリー 260)

立山紘毅　現代メディア法研究―憲法を現実に作動させるファクター　日本評論社　1996.12　255p　22cm　5768円

日本民間放送連盟研究所　「放送の自由」のために―多チャンネル時代のあり方を探る　日本評論社　1997.9　258p　20cm　2200円

日本図書館協会　表現の自由から図書館を考える―図書館の自由に関する宣言採択40周年記念シンポジウム記録　日本図書館協会　1997.10　67p　21cm　700円

朝日新聞社社会部　言論の不自由―朝日新聞「みる・きく・はなす」はいま―十年の記録　径書房　1998.2　253p　20cm　2400円

岡庭昇　かくもさまざまな言論操作　三一書房　1998.3　285p　20cm　3000円

右崎正博，田島泰彦，服部孝章　現代メディアと法　三省堂　1998.3　267p　20cm　2500円

石村善治　現代マスコミ法入門　新版　法律文化社　1998.4　348, 13p　19cm　3000円

有山輝雄　戦後史のなかの憲法とジャーナリズム　柏書房　1998.4　307, 7p　20cm　2600円

三好誠，三潴信吾，三潴明子　言論の責任　高木書房　1998.7　222p　19cm　1600円

松井茂記　マス・メディア法入門　第2版　日本評論社　1998.7　288p　19cm　2100円

Robbins, Louise, S., 川崎良孝　検閲とアメリカの図書館―知的自由を擁護するアメリカ図書館協会の闘い 1939-1969年　日本図書館研究会　1998.9　324p　22cm　6000円

日本民間放送連盟　欧米の放送局所有規制―欧米のメディア所有規制に関する調査研究会報告書　日本民間放送連盟研究所　1999.3　106p　30cm

Steele, Philip, 若菜俊文　言論の自由―考えよう、発言する自由と責任　ほるぷ出版　1999.3　48p　27cm　2800円　(調べてみようにんげんの権利)

鈴木邦男　赤報隊の秘密―朝日新聞連続襲撃事件の真相　復刻新版　エスエル出版会　1999.9　240p　19cm　1500円

芳賀綏　言論と日本人―歴史を創った話し手たち　講談社　1999.10　332p　15cm　960円　(講談社学術文庫)

清水英夫　言論の自由はガラスの城か―マスメディアの自由と責任　三省堂　1999.10　193p　20cm　2000円

後藤登，三浦正広，山田健太，清水英夫，大石泰彦，飯野守　マスコミ判例六法　現代人文社　1999.10　421p　22cm　2800円

松井茂記　アメリカ憲法入門　第4版　有斐閣　2000.2　356p　19cm　2400円　(外国法入門双書)

マグワイア, スカーレット, 子安亜弥　検閲　星の環会　2000.4　63p　26cm　2500円　(＜調べ学習＞激動20世紀の真実と21世紀への課題 6)

表現の自由と「図書館の自由」　日本図書館協会　2000.5　188p　21cm　1900円　(図書館と自由 第16集)

「富山県言論の軌跡」編集委員会　富山県言論の軌跡　北日本新聞社　2000.8　479p　27cm　4000円

鈴木邦男　言論の不自由?!　筑摩書房　2000.9　270p　15cm　640円　(ちくま文庫)

メディア総合研究所　誰のためのメディアか―法的規制と表現の自由を考える　花伝社, 共栄書房〔発売〕　2001.6　80p　21cm　800円　(メディア総研ブックレット No.6)

浅野健一　メディア規制に対抗できるぞ！　報道評議会　現代人文社　2002.1　70p　21cm　900円　(Genjinブックレット 24)

山本栄一　言論のテロリズム　2　鳳書院　2002.2　307p　19cm　1238円

前沢猛　表現の自由が呼吸していた時代―1970年代読売新聞の論説　コスモヒルズ　2002.3　613p　22cm　4600円

鈴木邦男　言論の覚悟　創出版　2002.4　317p　19cm　1600円

赤尾光史，飯室勝彦　包囲されたメディア―表現・報道の自由と規制三法　現代書館　2002.5　228p　20cm　2000円

岩崎勝海追悼集刊行委員会　言論に理性を出版に文化を―岩崎勝海の仕事と生き方　「岩崎勝海追悼集」刊行委員会　2002.8　312p　20cm　2000円

朝日新聞社　新聞社襲撃―テロリズムと対峙した15年　岩波書店　2002.8　266p　20cm　1800円

Peck, Robert, S., 川崎良孝, 前田稔　図書館・表現の自由・サイバースペース―知っておくべき知識　日本図書館協会　2002.8　211p　21cm　2000円

高橋和之，中村睦男，辻村みよ子　欧州統合とフランス憲法の変容　有斐閣　2003.2　370p　21cm　5200円

山本栄一　言論のテロリズム―「捏造雑誌」週刊新潮を解剖する　2　増補改訂版　鳳書院　2003.2　327p　19cm　1238円

森英樹　市民的公共圏形成の可能性―比較憲法的研究をふまえて　日本評論社　2003.2　600p　21cm　9500円

市川正人　表現の自由の法理　日本評論社　2003.2　439p　22cm　8200円

安藤高行，大隈義和　新世紀の公法学―手島孝先生古稀祝賀論集　法律文化社　2003.4　479p　21cm　9000円

Goldstein, Robert, Justin, 城戸朋子, 村山圭一郎　政治的検閲―19世紀ヨーロッパにおける　法政大学出版局　2003.6　286, 33p　20cm　3900円　(叢書・ウニベルシタス 776)

松井茂記　マス・メディア法入門　第3版　日本評論社　2003.6　320p　19cm　2200円

香川大学法学会　香川大学法学部創設二十周年記念論文集　成文堂　2003.7　334p　22cm　5000円

自由人権協会　裁判員制度と取材・報道の自由―討議資料　日本人権協会　2003.10　63p　26cm　1000円

川瀬俊治，孫錫春　言論改革―韓国・新聞権力の世論支配に挑む　みずのわ出版　2004.2　383, 14p　20cm　4500円

大石泰彦　メディアの法と倫理　嵯峨野書院　2004.3　267p　19cm　2500円

立花隆　「言論の自由」 vs.「●●●」　文藝春秋　2004.4　262p　19cm　1238円

Sweeney, Michael, S., 松永寛明, 土屋礼子　米国のメディアと戦時検閲―第二次世界大戦における勝利の秘密　法政大学出版局　2004.4　299, 71p　20cm　4000円　(りぶらりあ選書)

インデックスオンセンサーシップ, 丸山敬子, 増田恵里子, 滝順子, 田島泰彦　表現の自由と検閲を知るための事典　明石書店　2004.6　351p　20cm　5000円

松井茂記, 渡辺武達　メディアの法理と社会的責任　ミネルヴァ書房　2004.6　331, 12p　22cm　3500円　(叢書現代のメディアとジャーナリズム　第3巻)

飯室勝彦　報道の自由が危ない―衰退するジャーナリズム　花伝社　2004.7　256p　19cm　1800円

金泰昌，長谷部恭男　公共哲学　12　法律から考える公共性　東京大学出版会　2004.8　384p　21cm　3800円

田島泰彦　この国に言論の自由はあるのか―表現・メディア規制が問いかけるもの　岩波書店　2004.8　71p　21cm　480円　(岩波ブックレット no0630)

長谷川真里　言論の自由に関する社会的判断の発達　風間書房　2004.12　196p　22cm　8000円

一橋文哉　「赤報隊」の正体―朝日新聞阪神支局襲撃事件　新潮社　2005.5　291p　16cm　438円　(新潮文庫)

| | | 制度 | | 言論・表現の自由 |

粟屋憲太郎, 黒田康弘　言論・出版・集会・結社等臨時取締法制定資料　現代史料出版　2005.6　32, 321p　27cm　24000円

斎藤純一, 藤野寛　表現の"リミット"　ナカニシヤ出版　2005.6　295p　19cm　2600円　（叢書 倫理学のフロンティア）

ELF　言論の自由　TENT HOUSE　2005.7　録音ディスク1枚(26分)：CD　1500円

中井多賀宏　「表現の自由」ってなんだい？　文芸社　2005.7　106p　19cm　1200円

松井茂記　マス・メディアの表現の自由　日本評論社　2005.7　270p　19cm　2000円

Mcleod, Kembrew, 田畑暁生　表現の自由vs知的財産権―著作権が自由を殺す？　青土社　2005.8　368, 30p　20cm　2800円

毛利透　表現の自由の公共性―毛利透教授講演録　自由人権協会　2005.9　18p　26cm　500円

窪田英樹　朝日新聞阪神支局襲撃事件　第4版　The Japanese Spirit　2005.11　141p　30cm

愛敬浩二, 諸根貞夫, 水島朝穂　現代立憲主義の認識と実践―蒲田賢治先生古稀記念論文集　日本評論社　2005.11　595p　21cm　8500円

自由人権協会　憲法の現在　信山社　2005.11　397p　20cm　3200円　（信山社双書 憲法）

Foote, Daniel, H., 長谷部恭男　メディアと制度　東京大学出版会　2005.11　179p　22cm　4500円　（融ける境超える法 4）

志田陽子　文化戦争と憲法理論―アイデンティティの相剋と模索　法律文化社　2006.2　321p　21cm　6200円

中園裕　新聞検閲制度運用論　清文堂出版　2006.6　442p　21cm　10000円

上田伸治　本と民主主義―アメリカの図書館における「表現の自由」の保護と制限　大学教育出版　2006.7　154p　22cm　1800円

Milton, John, 原田純　言論・出版の自由―アレオパジティカ 他一篇　岩波書店　2008.2　195p　15cm　560円　（岩波文庫）

池田公博　報道の自由と刑事手続　有斐閣　2008.5　302p　22cm　6200円

石井研士　テレビと宗教―オウム以後を問い直す　中央公論新社　2008.10　253p　18cm　840円　（中公新書ラクレ）

毛利透　表現の自由―その公共性ともろさについて　岩波書店　2008.12　349, 7p　22cm　5600円

松井茂記　マス・メディア法入門　第4版　日本評論社　2008.12　373p　19cm　2800円

竹島平兵衛　言論商人　龍汀荘　2009　99p　21cm　（肯定の哲学memo no 6）

長岡義幸　出版と自由―周縁から見た出版産業　出版メディアパル　2009　334p　19cm　2400円

胡平, 石塚迅　言論の自由と中国の民主　現代人文社　2009.6　173p　21cm　1800円

紅野謙介　検閲と文学―1920年代の攻防　河出書房新社　2009.10　219p　19cm　1200円　（河出ブックス 004）

日本弁護士連合会　いま表現の自由と知る権利を考える―自由で民主的な社会を築くために　日本弁護士連合会第52回人権擁護大会シンポジウム第1分科会基調報告書　日本弁護士連合会第52回人権擁護大会シンポジウム第1分科会実行委員会　2009.11　459p　30cm

Barnouw, Erik, 比較言論法研究会　言論の自由　雄松堂出版　2010.2　623p　23cm　15000円

内野正幸　表現・教育・宗教と人権　弘文堂　2010.4　291p　21cm　3800円　（憲法研究叢書）

山口いつ子　情報法の構造―情報の自由・規制・保護　東京大学出版会　2010.7　340p　21cm　5600円

藤山清郷　言論の自由なこの国で　丸善プラネット　2010.12　174p　20cm　1500円

山川洋一郎　報道の自由　信山社　2010.12　422, 11p　21cm　9800円　（学術選書 55―憲法・憲法訴訟論）

斎藤貴男, 森達也, 鈴木邦男　言論自滅列島　河出書房新社　2011.3　281p　15cm　760円　（河出文庫 さ23-1）

阪本昌成　表現権理論　信山社　2011.3　237p　22cm　8800円　（学術選書 53―憲法）

駒村圭吾, 鈴木秀美　表現の自由 2 状況から　尚学社　2011.5　513p　22cm　5000円

山田健太, 鈴木秀美　よくわかるメディア法　ミネルヴァ書房　2011.7　243p　26cm　2800円　（やわらかアカデミズム・〈わかる〉シリーズ）

Braw, Monica, 繁沢敦子　検閲―原爆報道はどう禁じられたのか　新版　時事通信出版局　2011.11　262p　20cm　2500円

吉竹幸則　報道弾圧　東京図書出版　2011.12　346p　19cm　1600円

宗像和重, 十重田裕一, 堀ひかり, 鈴木登美　検閲・メディア・文学―江戸から戦後まで　新曜社　2012.3　191, 191p　21cm　3900円

Lewis, Anthony, 池田年穂, 籾岡宏成　敵対する思想の自由―アメリカ最高裁判事と修正第一条の物語　慶應義塾大学出版会　2012.8　262, 4p　20cm　2800円

松井茂記　アメリカ憲法入門　第7版　有斐閣　2012.12　475p　19cm　2800円　（外国法入門双書）

山田健太　言論の自由―拡大するメディアと縮むジャーナリズム　ミネルヴァ書房　2012.12　306, 5p　20cm　2800円　（叢書現代社会のフロンティア 20）

田島泰彦　表現の自由とメディア　日本評論社　2013.1　263p　22cm　4300円

奥平康広, 樋口陽一　危機の憲法学　弘文堂　2013.2　449p　21cm　4100円

柏谷周希　表現の自由を90分講義を読むだけですっきり理解する本―司法試験＆予備試験対策　辰巳法律研究所　2013.3　230p　21cm　1600円　（合格開眼本シリーズ 憲法編）

愛敬浩二, 奥平康広, 青井未帆　改憲の何が問題か　岩波書店　2013.5　264p　19cm　1600円

及川淳子, 高井潔司, 西茹, 孫旭培　中国における報道の自由―その展開と命運　桜美林大学北東アジア総合研究所　2013.7　406p　21cm　3333円　（北東アジア研究叢書）

花田達朗　内部的メディアの自由―研究者・石川明の遺産とその継承　日本評論社　2013.8　323p　22cm　4200円

松井茂記　図書館と表現の自由　岩波書店　2013.9　260p　20cm　2700円

広島市文化協会文芸部会　占領期の出版メディアと検閲（プレスコード）―戦後広島の文芸活動　勉誠出版　2013.10　279p　19cm　1800円

松井茂記　マス・メディア法入門　第5版　日本評論社　2013.10　385p　19cm　2800円

横大道聡　現代国家における表現の自由―言論市場への国家の積極的関与とその憲法的統制　弘文堂　2013.12　393p　22cm　5000円　（憲法研究叢書）

工藤泰志　言論外交―誰が東アジアの危機を解決するのか　NCコミュニケーションズ　2014.4　256p　19cm　1600円

将基面貴巳　言論抑圧―矢内原事件の構図　中央公論新社　2014.9　238p　18cm　840円　（中公新書 2284）

橋本基弘　表現の自由―理論と解釈　中央大学出版部　2014.9　341p　22cm　4300円　（日本比較法研究所研究叢書 98）

牧義之　伏字の文化史―検閲・文学・出版　森話社　2014.12　443p　22cm　4800円

115

言論・表現の自由（海外）

〔雑誌記事〕

河原畯一郎　米国戦後の判例から見た新聞の法廷侮辱罪：新聞研究　通号11〔1950.6〕p14〜16

神古百市　ユネスコの報道自由：新聞研究　通号14〔1951.5〕p9〜12

謝然之　中共の新聞統制：新聞研究　通号16〔1951.10〕p16〜19

林保夫　パキスタンの新聞と通信——言論統制の実情：世界週報　36(24)〔1955.8〕p56〜57

山本桂一　フランスにおける表現の自由：公法研究　通号13〔1955.10〕p46〜58

田上穰治　ボン憲法と表現の自由：公法研究　通号13〔1955.10〕p58〜63

ヴィラレアルM.V0　アジアにおける報道の自由：新聞研究　通号58〔1956.5〕p13〜16

石村善治　ワイマール憲法と表現の自由—1—：福岡大学法學論叢　2(1)〔1957.7〕p1〜71

石村善治　ワイマール憲法と表現の自由—2(完)—：福岡大学法學論叢　2(2)〔1958.1〕p289〜329

ブルカン, J.　報道の自由と国連ユネスコの活動：新聞研究　通号84〔1958.7〕p34〜38

渡辺淳　アルジェリア戦争と表現の自由——ジェローム・ランドン氏と＜深夜書房＞事件：文学　30(3)〔1962.3〕

小林淳宏　フランスにおける報道の自由とその障害：新聞研究　通号129〔1962.4〕p31〜35

近藤貢　米法におけるDeceptive Advertisingの概念——いわゆる"ぎまん"広告の構成要件：新聞研究　通号130〔1962.5〕p37〜44

レノン, P.　フランスの出版検閲：新聞研究　通号151〔1964.2〕p64〜68

芦田定男　東南アジアの取材活動：関西大学新聞学研究　通号16〔1966.3〕p76〜83

川中康弘　米国のマス・メディアの自由と社会的責任：コミュニケーション研究　通号1〔1967.3〕p50〜74

マーゴリン, M., 藤原恒太　アメリカの新聞と反戦広告－－自己検閲で言論の自由を自らの手で束縛する新聞：総合ジャーナリズム研究　04(12)〔1967.12〕p19〜24

城戸又一　ナポレオンと新聞の自由——ジョゼフ・フィエヴェのこと：人文学　通号103〔1968.4〕p1〜18

石村善治　西独における言論統制の現状（マスコミと言論統制(特集)）：法律時報　40(7)〔1968.6〕p23〜32

Werth, A., 内山敏　モスクワの恐れているもの——検閲戦争〔チェコ問題〕：世界　通号276〔1968.11〕p103〜108

伊志嶺恵徹　米国における知る権利と報道の自由——最近の判例動向の素描：琉大法學　通号14〔1973.3〕p1〜34

堀部政男　イギリスの法と新聞：新聞研究　通号265〔1973.8〕p45〜53

石福秀太郎　米国の刑法改正案とジャーナリズム：新聞研究　通号265〔1973.8〕p54〜57

稲村三千夫　新聞は勝利したか——ウォーターゲートと今日の言論状況：世界　通号334〔1973.9〕p214〜222

浦部法穂　新聞独占と表現の自由——アメリカの「新聞保全法」をめぐって：神戸法学雑誌　23(3・4)〔1974.3〕p209〜255

清原瑞彦　スウェーデンのスパイ事件と出版の自由：世界　通号342〔1974.5〕p280〜284

和田敏彦　ウォーターゲート事件とプレス：新聞研究　通号275〔1974.6〕p47〜55

ロッシャ, ヌノ　ポルトガルにおける報道の自由——事前検閲制48年のあと（IPI〔国際新聞編集者協会〕第23回京都総会報告—新聞の自由の限界（第2セッション））：新聞研究　通号276〔1974.7〕p15〜18

小松原久夫　ウォーターゲートの教訓（海外情報）：新聞研究　通号277〔1974.8〕p38〜41

堀部政男　アメリカの法と新聞——マスメディアへのアクセス権—上—：新聞研究　通号279〔1974.10〕p68〜73

石丸和人　"ウォーターゲート"取材記：新聞研究　通号279〔1974.10〕p43〜48

中沢昭敏　言論・表現・出版の自由と裁判所—2—グロス事件と「突撃者」事件（ワイマール司法の軌跡—14—）：法学セミナー　通号229〔1974.10〕p58〜63

小松原久夫　アジェンデ政権倒壊と"言論の自由"——CIA介入によるチリの悲劇（海外情報）：新聞研究　通号280〔1974.11〕p52〜55

堀部政男　アメリカの法と新聞——マスメディアへのアクセス権—下—：新聞研究　通号280〔1974.11〕p65〜70

中沢昭敏　ワイマール司法の軌跡—16—言論・表現・出版の自由と裁判所—3—「前進」発禁事件：法学セミナー　通号230〔1974.11〕p72〜77

石福秀太郎　プレスの自由に関する歴史的な背景——スチュワート米連邦最高裁判事の見解（海外情報）：新聞研究　通号285〔1975.4〕p76〜79

角替晃　表現の自由に関する一考察—合衆国最高裁判所における「優越的地位」の理論の成立をめぐって：早稲田政治公法研究　通号4〔1975.12〕p16〜37

金甲植　韓国の冬——「東亜」言論弾圧の実態：現代の眼　17(3)〔1976.3〕p162〜173

広瀬英彦　オーストリアの新聞助成策と「新メディア法」案（海外情報）：新聞研究　通号298〔1976.5〕p74〜77

西岡祝　西ドイツにおける反論権の研究——プレスに対する反論について—2完—：福岡大學法學論叢　21(1)〔1976.7〕p33〜68

Mauhenheim, Freiherr Egon von　西ドイツにおける新聞法について〔含 質疑応答〕：新聞学評論　通号25〔1976.8〕p1〜14

島田一生　言論の自由の限界——デニス事件を中心として：法学雑誌　23(1)〔1976.9〕p96〜109

広瀬英彦　「フランス・ソワール」は救われたのか——言論の自由をめぐる10日間のスト（海外情報）：新聞研究　通号304〔1976.11〕p76〜79

角替晃　表現の自由に関する一考察—合衆国における忠誠・保安審査制をめぐって：早稲田政治公法研究　通号5〔1976.12〕p15〜30

石福秀太郎　報道の自由をめぐり揺れた国際報道界とその背景——ユネスコ総会で歴史的な激しい論議：新聞研究　通号306〔1977.1〕p60〜63

角替晃　表現の自由に関する一考察—合衆国における忠誠・保安審査制をめぐって（二）：早稲田政治公法研究　通号6〔1977.12〕p1〜15

金学鉉　民主・民族言論の確立に向けて——韓国自由言論のたたかい（その一）〜（その5最終回）：マスコミ市民　通号124〔1978.4〜1978.8〕p36〜43

金学鉉　民主・民族言論の確立に向けて——韓国自由言論のたたかい（その二）：マスコミ市民　通号125〔1978.5〕p50〜57

金学鉉　民主・民族言論の確立に向けて——韓国自由言論のたたかい（その三）：マスコミ市民　通号126〔1978.6〕p50〜57

石福秀太郎　米連邦最高裁判決"言論の自由"に新たな波紋——各種一般法人に初めて政治的言論自由権を保障（海外情報）：新聞

	研究　通号323　〔1978.6〕　p80〜83
金学鉉	民主・民族言論の確立に向けて——韓国自由言論のたたかい(その四)：マスコミ市民　通号127　〔1978.7〕　p50〜57
田所泉	新生インドと新聞の自由(海外情報)：新聞研究　通号324　〔1978.7〕　p76〜79
金学鉉	民主・民族言論の確立に向けて——韓国自由言論のたたかい(最終回)：マスコミ市民　通号128　〔1978.8〕　p54〜61
石村善治	西ドイツにおけるマスコミ法研究の現状と課題—3—：福岡大學法學論叢　23(2)〔1978.11〕　p127〜144
野中康夫	ソ連七七年憲法における表現の自由：明治大学大学院紀要. 法学篇　18〔1981.2〕　p151〜163
カーシュ,トシュテン	スウェーデンにおけるプレスの自由と自主規制：新聞研究　通号356　〔1981.3〕　p63〜68
吉田正也	(韓国・言論界再編成の研究<特集>)第五共和国に必要な「言論の自由」とは(ソウル発)：総合ジャーナリズム研究　18(02)〔1981.4〕　p18〜23
日本新聞協会国際部	プレスの自由に関するIPI報告—上中下—(資料)：新聞研究　通号357〜通号359　〔1981.4〜1981.6〕　p77〜83
日本新聞協会国際部	プレスの自由に関するIPI報告—中—(資料)：新聞研究　通号358　〔1981.5〕　p72〜79
日本新聞協会国際部	プレスの自由に関するIPI報告—下—(資料)：新聞研究　通号359　〔1981.6〕　p84〜89
大塚寿一	ポーランドの新検閲法：新聞研究　通号363　〔1981.10〕　p74〜77
広瀬英彦	オーストリアの新「メディア法」(海外情報)：新聞研究　通号373　〔1982.8〕　p82〜85
野中康夫	ソ連邦における表現の自由と新聞：明治大学大学院紀要. 法学篇　20〔1983.2〕　p173〜186
広瀬英彦	新聞法の制定とイタリア新聞界の動向(海外情報)：新聞研究　通号381　〔1983.4〕　p66〜69
藤田達朗	「議会報道の自由」の形成過程—2—イギリスにおける近代的「出版の自由」の史的展開：立命館法學　通号173〔1984〕　p127〜161
藤田達朗	「議会報道の自由」の形成過程—3—イギリスにおける近代的「出版の自由」の史的展開：立命館法學　通号176〔1984〕　p451〜502
藤田達朗	「議会報道の自由」の形成過程—4完—イギリスにおける近代的「出版の自由」の史的展開：立命館法學　通号177・178　〔1984〕　p602〜645
前沢猛	(報道の行き過ぎ!?<特集>)「報道の自由」と「人権尊重」をめぐる葛藤－－"訴訟社会"アメリカの事例を中心に：総合ジャーナリズム研究　21(01)〔1984.1〕　p50〜58
鈴木博信	フランス新聞法案の二面性：新聞研究　通号391　〔1984.2〕　p77〜81
山田敏雄	アメリカ合衆国に於ける営利的言論と表現の自由：明治大学大学院紀要. 法学篇　21〔1984.2〕　p297〜311
広瀬英彦	西ドイツの新聞集中化の動向：新聞研究　通号393　〔1984.4〕　p82〜85
阪田秀	英オブザーバーの「編集権の独立」をめぐる確執：新聞研究　通号396　〔1984.7〕　p92〜95
奥平康広	選挙運動の自由と憲法——アメリカ合衆国のばあい：社会科學研究： 東京大学社会科学研究所紀要　37(5)〔1985〕　p293〜327
江尻進	「新聞の自由」をめぐる政治的対立——米国のユネスコ脱退をめぐって：新聞研究　通号403　〔1985.2〕　p68〜72
後藤嘉宏	ヴォルテールと言論の自由：新聞学評論　通号36　〔1987.4〕　p1〜13
カーシュ,トシュテン, 永井優子	プレスの自由と人権を守るために——スウェーデンのプレスオンブズマン T・カーシュ氏に聞く：新聞研究　通号429　〔1987.4〕　p50〜52
カーシュ,トシュテン, 山田健太	スウェーデンの報道の自由とプレスオンブズマン〔含 質疑応答〕：法学セミナー　通号377(増刊 総合特集シリーズ：人権と報道を考える)〔1988.1〕　p374〜390
松尾博文	イタリア「プレス法」と刑法における表現の自由—上—：立命館産業社会論集　通号55　〔1988.3〕　p1〜17
柳澤伸司	スウェーデン「1766年版自由法」成立過程：新聞学評論　通号37　〔1988.4〕　p131〜141
中村均	韓国マスコミの"明日なき戦い"——言論の自由は確保されたか：エコノミスト　66(29)〔1988.7〕　p18〜24
モーロ,トニー, 橋本正邦	米国最高裁はなぜカメラを入れないのか：新聞研究　通号453　〔1989.4〕　p68〜74
松尾博文	マールゼルブと哲学者の群像——フランス革命と言論の自由：立命館産業社会論集　通号60　〔1989.6〕　p1〜46
韓桂玉	韓国に吹き荒れる逆風——『ハンギョレ新聞』論説顧問逮捕の背景：マスコミ市民　通号252　〔1989.7〕　p44〜49
韓桂玉	韓国に吹き荒れる逆風：マスコミ市民　通号253　〔1989.8〕　p104〜109
奥平康広	国旗焼却と表現の自由——合衆国最高裁判決によせて(どこへゆく, わが憲法—6—)：法律時報　61(10)〔1989.9〕　p100〜106
大石泰彦	フランスにおける放送利用権(droit a l' antenne)：青山法学論集　31(1〜3)〔1989.11〕　p131〜162
大石泰彦	フランス1881年出版自由法(資料)：青山法学論集　31(4)〔1990.3〕　p209〜233
彭元順	韓国の言論・出版法——その性格と問題点：慶応義塾大学新聞研究所年報　通号34　〔1990.3〕　p1〜14
田島泰彦	現代イギリスのプレスの自由とプライバシー——カルカット委員会報告をめぐって—上—：新聞研究　通号474〔1991.1〕　p56〜61
田島泰彦	現代イギリスのプレスの自由とプライバシー——カルカット委員会報告をめぐって—下—：新聞研究　通号475〔1991.2〕　p85〜90
林暁光	中国新聞法の行方：新聞研究　通号478　〔1991.5〕　p53〜57
布施裕之	ソ連メディア事情——獲得できるか「報道の自由」——報道規制が進むなかで, 経済基盤の強化が急務：新聞研究　通号479　〔1991.6〕　p65〜68
山川洋一郎	現代米国社会と表現の自由：新聞研究　通号489　〔1992.4〕　p57〜60
小島敦	消えゆく報道の自由——旧ユーゴスラビアのマスメディア事情：新聞研究　通号497　〔1992.12〕　p72〜74
萩原重夫	表現規制の限界——"Clear and Present Danger"Testの現在—1—Testはどの位 "Clear" か——最高裁判所の役割と憲法解釈についての米国の議論—3—：愛知県立芸術大学紀要第23〔1993〕　p3〜30
飯野守	ブレナン連邦最高裁判事の表現権理論——アメリカにおける表現の自由理論展開の一側面：青山法学論集　34(3・4)〔1993.3〕　p33〜57
森下敏男	現代ロシアの自由権—上—：神戸法学雑誌　42(4)〔1993.3〕　p577〜637
二藤部義人	再燃した英国報道規制論議の行方(マスコミの焦点)：新聞研究　通号500　〔1993.3〕　p140〜142
岩倉秀樹	アメリカにおける新聞自動販売機の規制と表現の自由——表現規制に対する司法審査の一場面：広島法学　16(4)〔1993.3〕　p195〜234
岩倉秀樹	アメリカにおける新聞自動販売機の規則と表現の自由——表現規制に対する司法審査の一場面—2完—：広島法学

		17（1）〔1993.7〕 p283〜297
萩原重夫	表現規制の限界――"Clear and Present Danger"Testの現在―2―Testの歴史性――最高裁判所の役割と憲法解釈についての米国の議論―4―：愛知県立芸術大学紀要　通号24　〔1994〕 p3〜22
大石泰彦	フランスの新聞法制――リベラリズムとエタティスムのはざまで：マス・コミュニケーション研究　通号44〔1994.3〕 p29〜42
阪口正二郎	合衆国表現の自由理論の現在―1―表現の自由20世紀システムの動揺？：社會科學研究　：東京大学社会科学研究所紀要　46（1）〔1994.8〕 p51〜98
Tewlow, Jules S.	環大西洋8か国における報道の自由に関する調査：新聞研究　通号517　〔1994.8〕 p53〜56
青木貞伸	放送--ハード先行に遅れる言論性の開発（戦後50年・日本の言論-4-)：総合ジャーナリズム研究　32（04）〔1995.10〕p48〜54
水野剛也	第一次世界大戦時のアメリカにおける郵便規制問題と言論・プレスの自由――政府・裁判所・プレス・世論の連関を枠組みとして（特集＝メディアと言説）：メディア史研究　通号4　〔1996.5〕p126〜150
山田健太	報道の自由・情報公開・自主規制――スウェーデンの放送制度を調査して：月刊民放　26（7）〔1996.7〕 p32〜37
安達洋	南北問題の現在 インドネシア（下）言論の不自由：社会民主　通号497　〔1996.9〕 p96〜100
浜田純一	自由（特集 現代マス・コミュニケーション理論のキーワード――50号を記念して―法制度論）：マス・コミュニケーション研究　通号50　〔1997.1〕 p94〜102
蘇正平	「報道の自由」の発展と憂うつ――外部的自由の問題から内部的自由の問題へ（台湾）（亜州言論）：新聞研究　通号551　〔1997.6〕 p30〜33
陳方安生	報道の自由を財産と考える（アジア新聞発行者会議製作技術展示会夕食会スピーチ）（香港返還とアジアの言論）：新聞研究　通号551　〔1997.6〕 p21〜24
長尾一紘	検閲の法理（2）ドイツにおける検閲法理を手がかりとして：法学新報　103（9）〔1997.8〕 p1〜43
山岡永知	アメリカにおける表現の自由――報道機関に関する特別な問題（多様化するマス・コミュニケーション研究―「自由」をめぐる諸問題）：政経研究　34（3）〔1998.1〕 p661〜710
村田尚紀	判例批評 フランスにおけるコミュニケーションの自由と法律の留保――憲法院1996年7月23日電気通信規制法違憲判決覚書：関西大学法学論集　48（2）〔1998.6〕 p273〜289
松井茂記	犯罪報道と表現の自由（特集・犯罪報道のあり方と報道の自由）：ジュリスト　通号1136　〔1998.6〕 p34〜40
松井茂記	犯罪報道と表現の自由（特集 犯罪報道のあり方と報道の自由）：ジュリスト　通号1136　〔1998.6〕 p34〜40
松井茂記,福島力蔵	レノ対アメリカ自由人権協会事件合衆国最高裁判所判決――インターネットと表現の自由：阪大法学　48（4）〔1998.8〕 p1087〜1131
前坂俊之	香港返還1年・香港メディアはどうなったか――言論の自由は漸次消滅？：マスコミ市民　通号357　〔1998.9〕 p8〜15
石川明	ドイツにおける「内部的プレスの自由」――ブランデンブルク州のプレス法の立法過程を中心に：関西学院大学社会学部紀要　通号87　〔2000.3〕 p77〜87
生田真司	ソ連体制下の表現の自由（1）：政経研究　37（1）〔2000.6〕 p143〜166
金井光生	O・W・ホームズ裁判官の「思想の自由市場」論は何であったのか（1）W・ジェイムズvs.C・S・パースのプラグマティズムを分析視座として：東京都立大学法学会雑誌　41（1）〔2000.7〕 p243〜291
石塚迅	中国における言論・表現の自由関連立法の構造とその問題点――「社会主義法治国家」との関わりにおいて：一橋研究　25（2）通号128　〔2000.7〕 p151〜171
石塚迅	中国における言論の自由の特質と「憲法的伝統」：一橋論叢　124（1）通号717　〔2000.7〕 p171〜186
石塚迅	中国における「反革命罪」の名称変更と言論の自由：現代中国　（74）〔2000.9〕 p222〜231
生田真司	ソ連体制下の表現の自由（2）：政経研究　37（2）〔2000.9〕 p291〜317
金井光生	O・W・ホームズ裁判官の「思想の自由市場」論は何であったのか（2）W・ジェイムズvs.C・S・パースのプラグマティズムを分析視座として：東京都立大学法学会雑誌　41（2）〔2001.1〕 p341〜388
石塚迅	中国における「人権」と言論の自由（特集 現代中国のアウトライン）：季報唯物論研究　25（冬）通号75　〔2001.2〕p31〜47
石塚迅	現代中国法における「四つの基本原則」と思想・言論の自由：一橋研究　26（1）通号131　〔2001.4〕 p83〜107
金井光生	O.W.ホームズ裁判官の「思想の自由市場」論とは何であったのか（3）W.ジェイムズvs.C.S.パースのプラグマティズムを分析視座として：東京都立大学法学会雑誌　42（1）〔2001.7〕 p213〜255
オフチンニコフ, フセヴォロド・V.	ロシアにおける言論の自由とジャーナリズム：自由　43（9）通号499　〔2001.9〕 p48〜58
海部一男	マレーシアの新放送行政制度と番組規制：放送研究と調査　51（11）通号606　〔2001.11〕 p66〜85
鈴木秀美	ドイツ個人情報保護法とプレスの自由――2001年改正をめぐって（特集 "表現の自由"の探求――メディア判例研究会五周年記念企画）：法律時報　74（1）通号913　〔2002.1〕 p43〜48
韓永學	表現の自由は、いま（7）韓国、メディアの「税務調査・脱税事件」その後：マスコミ市民　通号396　〔2002.1〕 p64〜70
金井光生	O・W・ホームズ裁判官の「思想の自由市場」論とは何であったのか（4）W・ジェイムズvs.C・S・パースのプラグマティズムを分析視座として：東京都立大学法学会雑誌　43（1）〔2002.7〕 p505〜549
西岡力	焦点・論点 韓国言論の自由の危機・池萬元氏の逮捕の衝撃：現代コリア　（426）〔2002.11〕 p4〜6
右崎正博	アメリカ（特集2 メディア規制と表現の自由―比較法研究/「メディアと人権救済」の国際動向）：法律時報　74（12）通号924　〔2002.11〕 p79〜82
田島泰彦	イギリス――ヨーロッパの動向にも触れて（特集2 メディア規制と表現の自由―メディア規制法案とジャーナリズムの対応――人権法案を中心に）：法律時報　74（12）通号924　〔2002.11〕 p75〜78
韓永學	韓国（特集2 メディア規制と表現の自由―比較法研究/「メディアと人権救済」の国際動向）：法律時報　74（12）通号924　〔2002.11〕 p83〜85
栗田佳泰	言語権の憲法学的考察（1）カナダ憲法判例を素材に：九大法学　（87）〔2003年度.下〕 p322〜255
橋場義之	韓国言論仲裁委員会の活動に関する一考察――韓国メディア調査から：コミュニケーション研究　（33）〔2003〕p63〜82
橋本晃	ユーゴスラビア空爆におけるメディア統制とプロパガンダ：マス・コミュニケーション研究　通号62　〔2003〕p165〜177

徐勝, 中村知子	資料 朴宣映 韓国における表現の自由と国家統制：立命館法學 2003年（2）通号288 〔2003〕 p664～682	
金井光生	O・W・ホームズ裁判官の「思想の自由市場」論とは何であったのか（5）W・ジェイムズvs.C・S・パースのプラグマティズムを分析視座として：東京都立大学法学会雑誌 43（2）〔2003.1〕 p321～373	
毛利透	ドイツの表現の自由判例における萎縮効果論——1990年代：法学論叢 153（1）〔2003.4〕 p1～29	
山田賢一	中国のネット上を賑わす“言論の自由”：放送研究と調査 53（4）通号623 〔2003.4〕 p34～41	
田中利彦	英米法研究（27）通信の秘密と言論の自由：法律のひろば 56（5）〔2003.5〕 p45～55	
金井光生	O・W・ホームズ裁判官の「思想の自由市場」論とは何であったのか（6・完）W・ジェイムズvs.C・S・パースのプラグマティズムを分析視座として：東京都立大学法学会雑誌 44（1）〔2003.7〕 p201～247	
金山勉	米メディア所有規制の緩和をめぐって：月刊民放 33（8）通号386 〔2003.8〕 p28～31	
青木理	海外メディア事情 求められる健全な緊張関係——韓国・盧政権の「言論への対応改革」：新聞研究 （625）〔2003.8〕 p67～69	
橋本直	新聞産業は新たな段階へ——米FCCメディア所有規制緩和：新聞研究 （625）〔2003.8〕 p54～57	
中村美千代	ワシントン発（16）PRANJリポート 情報の自由の侵害とメディア：論座 通号99 〔2003.8〕 p162～167	
君塚正臣	アメリカ新判例を読む——日本法へのインプリケーション（41）暴力的なテレビゲーム規制条例を違憲とする連邦控訴裁判決 Interactive Digital Software Ass'n et al., v. St. Louis County et al., 329 F.3d 954, 2003 U.S. App. LEXIS 11069 (8th Cir., Jun. 3, 2003)：ジュリスト （1253）〔2003.10〕 p205～207	
栗田佳泰	言語権の憲法学的考察（2・完）カナダ憲法判例を素材に：九大法学 （88）〔2004年度〕 p308～251	
小谷順子	米国における表現の自由とヘイトスピーチ規制——Virginia v. Black, 123 S. Ct. 1536（2003）判決を踏まえた検討：法政論叢 40（2）〔2004〕 p149～167	
横大道聡	公的言論助成と表現の自由——Rust判決以降の連邦最高裁判決の展開を中心に：法学政治学論究 : 法律・政治・社会 （63）〔2004.冬季〕 p391～423	
横大道聡	アメリカ連邦最高裁における違憲な条件の法理とその限界——言論助成問題の予備的考察として：法学政治学論究 : 法律・政治・社会 （62）〔2004.秋季〕 p293～326	
籾岡宏成	アメリカ合衆国における報道の自由と懲罰的損害賠償：北海道教育大学紀要. 人文科学・社会科学編 55（2）〔2005.2〕 p43～56	
韓永學	海外メディア事情 韓国メディア規制法——その成立過程と問題点：新聞研究 （645）〔2005.4〕 p72～74	
永島啓一	アメリカ・ジャーナリズムと宗教——「政教分離」と「表現の自由」の位相：放送研究と調査 55（6）通号649 〔2005.6〕 p20～32	
小林恭子	オランダ社会の「寛容精神」の行方——映画監督殺人事件に揺れる表現の自由：新聞研究 （648）〔2005.7〕 p60～63	
金京煥	海外メディア事情 韓国で新聞法が施行——背景とメディアに及ぼす影響：新聞研究 （650）〔2005.9〕 p70～72	
毛利透	アメリカの表現の自由判例における萎縮効果論（1）～（4・完）ウォーレン・コートからバーガー・コートへ：法学論叢 158（1）～159（2）〔2005.10～2006.5〕 p1～23	
山田賢一	中国, メディア自由化にブレーキ：放送研究と調査 55（10）通号653 〔2005.10〕 p58～65	
毛利透	アメリカの表現の自由判例における萎縮効果論（2）ウォーレン・コートからバーガー・コートへ：法学論叢 158（3）〔2005.12〕 p1～32	
松井茂記	講演 レーンキスト・コートと表現の自由：比較法学 39（2）通号78 〔2006〕 p197～243	
毛利透	アメリカの表現の自由判例における萎縮効果論（3）ウォーレン・コートからバーガー・コートへ：法学論叢 158（4）〔2006.1〕 p28～62	
川津一義	ドイツにおけるプレスの自由と制度をめぐる議論（1）P.シュナイダーの見解：愛知學院大學論叢. 法學研究 47（2）〔2006.3〕 p180～165	
白石徹	目覚める中国メディア——市場経済の波にもまれ「報道の自由」を希求：新聞研究 （657）〔2006.4〕 p43～46	
山田賢一	台湾の“独立規制機関”ようやく成立——政治対立に翻弄され前途多難：放送研究と調査 56（4）通号659 〔2006.4〕 p56～63	
小林恭子	外国人嫌いの中の風刺画掲載——デンマーク国内事情とメディアのかかわり方（ムハンマドを描いた西欧社会の深層）：新聞研究 （658）〔2006.5〕 p51～54	
山口昌子	大きな暴動には発展せず——イスラム教を正確に理解するフランス社会（ムハンマドを描いた西欧社会の深層）：新聞研究 （658）〔2006.5〕 p43～46	
的場かおり	近代ドイツにおけるプレスの自由の成立とその展開（上）：阪大法学 56（1）通号241 〔2006.5〕 p75～108	
毛利透	アメリカの表現の自由判例における萎縮効果論（4・完）ウォーレン・コートからバーガー・コートへ：法学論叢 159（2）〔2006.5〕 p1～46	
的場かおり	近代ドイツにおけるプレスの自由の成立とその展開（下）：阪大法学 56（2）通号242 〔2006.7〕 p391～419	
塚田哲之	前期ウォーレン・コートにおける表現の自由法理の形成（比較憲法の今日的課題）：名古屋大学法政論集 通号213 〔2006.9〕 p255～292	
江藤英樹	フランスにおける表現の自由および私生活保障についての考察：法律論叢 79（1）〔2006.9〕 p85～116	
江藤英樹	フランスにおける表現の自由および私生活保障についての考察：法律論叢 79（1）〔2006.9〕 p85～116	
Liu, Melinda	WORLD VIEW 北京五輪を前に加速する情報統制——外国メディアを規制して閉鎖的な大会にするのか：Newsweek 21（38）通号1023 〔2006.10〕 p13	
川瀬俊治	韓国言論改革運動と「新聞法」（特集 韓国人権事情）：部落解放 （574）〔2006.12〕 p28～37	
上出浩	合衆国連邦最高裁判例に見る20世紀中葉の「プレスの自由」観——ユビキタス時代における「プレス」の役割を求めて：立命館法學 2007年（2）通号312 〔2007〕 p358～440	
佐藤親賢	封殺されるロシアの言論——著名記者殺害の背後にある政治・社会の深層：新聞研究 （666）〔2007.1〕 p60～63	
井口文男	営利広告と表現の自由——イタリアの場合：岡山大学法学会雑誌 56（3・4）通号197 〔2007.3〕 p912～892	
鈴木秀美	独連邦憲法裁判所『キケロ』事件判決の意義——雑誌編集部の捜索・押収とプレスの自由〔2007.2.27判決〕：新聞研究 （671）〔2007.6〕 p52～55	
津山恵子	アメリカメディア事情リポート 被害者のプライバシーはどこにある？：ぎゃらく 通号462 〔2007.12〕 p32～34	
重村博美	アメリカにおける裁判官選挙の言論制約と「司法の公平性」：近畿大学法学 55（3）通号148 〔2007.12〕 p89～115	

言論・表現の自由（海外） 制度

Kim, Sungmin 「禁止」と「メディア」——1970年代韓国社会における「日本大衆文化禁止」と「新聞・放送」：マス・コミュニケーション研究 通号72 〔2008〕 p79～96

佐々木秀智 アメリカ合衆国憲法修正第1条における営利的言論の自由論：法律論叢 80（4・5）〔2008.2〕 p25～72

小川澄子 「ウエルタス事件」について——フランコ体制末期のスペインのジャーナリズム自由化に大きな影響を及ぼした事件の概要：異文化. 論文編 通号9 〔2008.4〕 p309～319

大西利尚 言論弾圧が招いた権威の失墜——大統領と対峙するパキスタンメディア：新聞研究 （681）〔2008.4〕 p42～45

津山恵子 クロスオーナーシップ解禁の影響——米FCCの規制緩和決定をめぐって：新聞研究 （682）〔2008.5〕 p39～42

佐々木朋美 韓国 侮辱罪か、表現の自由か 「ネット大国」韓国の論争：エコノミスト 86（69）通号4005 〔2008.12〕 p42～43

的場かおり ザクセンにおける立憲化と「プレスの自由」(1)：名古屋短期大学研究紀要 （47）〔2009〕 p151～159

重村博美 アメリカにおける裁判官選挙の規制と合衆国憲法修正1条：法政論叢 45（2）〔2009〕 p85～108

Safarzadeh, Giti, 小野耕世 イランの諷刺マンガ事情——諷刺週刊誌編集者 ギーティ・サファルザーデさんに聞く：マンガ研究 15 〔2009.4〕 p106～150

曽我部真裕 フランス「活字メディア三部会」の議論——サルコジ大統領が主導する制度改革のあり方：新聞研究 （694）〔2009.5〕 p54～57

田中則広 韓国におけるメディア所有規制の緩和：放送研究と調査 59（11）通号702 〔2009.11〕 p86～93

卞惟行 中国の言論統制に対する一考察：福井工業大学研究紀要 （40）〔2010〕 p593～598

永野秀雄 米国の国防組織と文民統制——国防総省における政治任命者による統制と、軍人の表現の自由に対する軍事司法統一法典等による統制（特集 各国の国防組織）：防衛法研究 （34）〔2010〕 p125～144

青山武憲 ホームズの「明白で現在の危険」のテストの初期思想とその起源（国家と法に関する諸問題）：日本法學 75（3）〔2010.1〕 p937～958

青木宏治 アメリカ連邦最高裁判所の公教育への関与と生徒言論の自由——Tinker判決（1969年）とその後の展開：甲南法学 50（4）〔2010.3〕 p369～396

南島信也 特派員報告 盗聴規制法案に揺れるイタリア ベルルスコーニとメディアの対立：Journalism （243）〔2010.8〕 p68～74

大治浩之輔 ペンタゴン・ペーパーズ事件——政府・議会・裁判所・マスコミ・市民（特集 言論の自由とメディア）：マスコミ市民 通号500 〔2010.9〕 p16～27

松井修視 北京オリンピックとメディアの自由——中国における外国メディアの取材規制緩和措置を手がかりに：関西大学社会学部紀要 42（1）〔2010.11〕 p19～34

浅岡善治 初期ソヴィエト検閲史料(2)1927年の『機密該当問題一覧』：福島大学人間発達文化学類論集 （12）〔2010.12〕 p1～16

的場かおり ザクセンにおける立憲化と「プレスの自由」(2)：名古屋短期大学研究紀要 （49）〔2011〕 p27～40

卞惟行 中国の言論統制に対する一考察（続）：福井工業大学研究紀要 （41）〔2011〕 p542～547

きむちょんみん 植民地朝鮮における「活動写真「フィルム」検閲規則」に関する一考察：メディア史研究 30 〔2011.8〕 p109～133

渡辺浩平 中国・高速鉄道事故とメディア 事故初七日夜、党が報道統制 千の記者の原稿がボツになった：Journalism （257）〔2011.10〕 p66～73

青木伸行 「新時代」を迎えたミャンマーメディア ： 民主化の将来がかかる「言論・報道の自由」：新聞研究 （736）〔2012.11〕 p40～43

重見晋也 ドイツ占領下のフランスにおける検閲制度と文芸誌Confluences ： サルトル『ボードレール』の生成との関連において：HERSETEC ： journal of hermeneutic study and education of textual configuration ： global COE program ： SITE2 7（1）〔2013〕 p25～56

田島泰彦 イギリスのプレス規制の動向 ： 日本の課題にもかかわって：新聞研究 （741）〔2013.4〕 p56～59

田島秀則 ミャンマー民主化と言論の自由 ： 様変わりするメディアと市民：新聞研究 （743）〔2013.6〕 p56～59

浅岡善治 初期ソヴィエト検閲史料(3)1931年の『機密該当問題一覧』：福島大学人間発達文化学類論集 （17）〔2013.6〕 p1～15

シム, チュン・キャット 海外メディア報告 近未来都市シンガポールでなぜ言論の自由が規制されるのか：Journalism （281）〔2013.10〕 p122～127

昼間たかし 韓国アチョン法をめぐる議論 コミックマーケットの現在は表現の自由をめぐる戦いの場：出版ニュース 通号2327 〔2013.11〕 p4～9

イムティハニ, ナジ インドネシアにおける報道の自由と報道評議会：評論・社会科学 （107）〔2014.1〕 p131～146

籾岡宏成 公法と私法の再構築(1)アメリカでのステイト・アクション法理と表現の自由論からの一考察：北海道教育大学紀要. 人文科学・社会科学編 64（2）〔2014.2〕 p13～27

山本賢二 解題・中国「新聞法」草案について：ジャーナリズム＆メディア ： 新聞学研究所紀要 （7）〔2014.3〕 p281～336

〔図書〕

富士ゼロックス小林節太郎記念基金, 李錬 韓日併合前後の朝鮮における言論統制 富士ゼロックス小林節太郎記念基金 1991.8 137p 26cm 非売品

榎原猛 世界のマス・メディア法 嵯峨野書院 1996.4 306p 21cm 2884円（税込）

奥平康広 「表現の自由」を求めて—アメリカにおける権利獲得の軌跡 岩波書店 1999.12 348, 13p 22cm 3800円

島田弦, 富士ゼロックス小林節太郎記念基金 インドネシアにおける表現の自由—プレス規制法令の運用事例 富士ゼロックス小林節太郎記念基金 2001.11 48p 30cm 非売品

横沢泰夫, 戴煌 中国報道と言論の自由—新華社高級記者・戴煌に聞く 中国書店 2003.3 131p 21cm 1200円

石塚迅 中国における言論の自由—その法思想、法理論および法制度 明石書店 2004.1 318p 22cm 4000円

姜光根, 尹龍沢 現代の韓国法—その理論と動態 有信堂高文社 2004.3 268p 21cm 3500円

松井茂記 アメリカ憲法入門 第5版 有斐閣 2004.4 366p 19cm 2500円 （外国法入門双書）

中村元哉 戦後中国の憲政実施と言論の自由1945-49 東京大学出版会 2004.8 259p 22cm 6800円

山本達也 アラブ諸国の情報統制—インターネット・コントロールの政治学 慶應義塾大学出版会 2008.4 287, 5p 22cm 3200円

制度　　　　　　　　　　　　　　　　　　　　　　　　　　　　　　　　　放送の自由・放送法

韓永學　　　　韓国の言論法　日本評論社　2010.7　390p　21cm　6800円
ハンギョレ新聞社, 森類臣, 川瀬俊治　不屈のハンギョレ新聞—韓国市民が支えた言論民主化20年　現代人文社　2012.3　412p
　　　　22cm　3000円

放送の自由・放送法

〔雑誌記事〕
竹田徳義　　　放送法問答——国会の討論経過を中心として：放送文化　5(7)〔1950.7〕p22〜24
野村義男　　　放送事業者の放送権：放送文化　6(7)〔1951.7〕p14〜16
寿岳文章　　　放送統制はよいか悪いか：放送文化　7(7)〔1952.7〕p32〜33
竹田徳義　　　テレビジョンの免許処分に応える：放送文化　7(9)〔1952.9〕p18〜19
戒能通孝　　　言論の自由とテレビジョン：思想　通号413〔1958.10〕
内川芳美　　　電波メディアと表現の自由：法律時報　32(1)〔1960.1〕
千葉次郎　　　放送法における自主規制：新聞学評論　通号10〔1960.3〕
戒能通孝　　　放送事業と言論の自由：新聞研究　通号131〔1962.6〕p15〜19
井上泰三　　　アメリカ放送制度の建設について—1—：放送学研究　通号3〔1962.9〕
辻村明　　　　社会体制と放送制度——ソビエトの放送制度を中心にして—3—：放送学研究　通号4〔1962.11〕
朝広正利　　　シュピーゲル事件と報道の自由：新聞研究　通号138〔1963.1〕p48〜52
笹本駿二　　　シュピーゲル事件と言論の自由：世界　通号205〔1963.1〕p136〜145
大島豊彦　　　欧米における放送法制の現状：法律時報　35(2)〔1963.2〕
戒能通孝　　　放送と言論：法律時報　35(2)〔1963.2〕
戒能通孝　　　新聞社の放送局経営と言論の自由：新聞研究　通号147〔1963.10〕p10〜14
内川芳美　　　戦後日本の放送政策——戦後放送制度の確立過程—上—：放送学研究　通号6〔1963.10〕
松浦総三　　　占領軍の言論弾圧——原爆報道は秘匿された——特集・日本人の構想力：思想の科学. 第5次　(22)〔1964.1〕p55
　　　　　　　　〜64, 74
井上泰三　　　アメリカ放送制度の建設について——1927年の無線法を中心に—2—：放送学研究　通号7〔1964.2〕p29〜72
馬島春樹　　　アメリカ放送界における社説番組の問題—政治放送と言論の自由：NHK放送文化研究所年報　9〔1964.7〕p167
　　　　　　　　〜189
石川宗雄　　　放送法の改正と教育放送：社会教育　21(7)〔1966.7〕p54〜56
大森幸男　　　放送法・電波法改正案——廃案までのいきさつと今後の見通し：新聞研究　通号181〔1966.8〕p56〜58
石村善治　　　西ドイツにおける放送法制論と放送の自由論——第二テレビ訴訟判決をめぐって：放送学研究　通号13〔1967.
　　　　　　　　1〕p75〜103
林伸郎　　　　放送制度とマスコミ制度：放送学研究　通号15〔1967.3〕p85〜105
近藤操　　　　選挙制度における放送の自由：放送学研究　通号16〔1967.10〕p83〜104
中村晧一　　　アメリカの公共放送法：総合ジャーナリズム研究　05(02)〔1968.2〕p86〜90
鳥居博　　　　放送行政についての幾つかの疑問：放送批評　No.005〔1968.4〕
稲葉三千男　　最近の放送弾圧——70年との関連で(マスコミと言論統制(特集))：法律時報　40(7)〔1968.6〕p13〜17
奥平康弘　　　放送における政治と行政(マスコミと言論統制(特集))：法律時報　40(7)〔1968.6〕p4〜12
山本草二　　　直接放送衛生業務と国際法−−国際コミュニケーションの諸問題をめぐって：総合ジャーナリズム研究　08(03)
　　　　　　　　〔1971.7〕p55〜63
石川明　　　　連邦制的放送制度と放送協会の再編成—南西ドイツ地域を中心に：NHK放送文化研究年報　16〔1971.7〕p145〜
　　　　　　　　162
中村晧一　　　守られた放送の自由《CBS対ペンタゴン攻防6ヶ月の記録から》：NHK文研月報　21(10)〔1971.10〕p30
青木貞伸　　　「あなたにとって放送とは何か」構成 ＜特集＞「放送」における現代的課題：放送批評　No.049〔1972.1〕
清水英夫　　　国家と放送 今後の放送行政の問題点 ＜特集＞「放送」における現代的課題：放送批評　No.049〔1972.1〕
和田矩衛　　　再び「放送国民機構」を提唱する試論2 ＜特集＞「放送」における現代的課題：放送批評　No.049〔1972.1〕
矢沢章二　　　特集・放送行政に望む UHFへの移行と「国家補償」 再免許時でも補償は必要である：月刊民放　02(10)〔1972.3〕
　　　　　　　　p4〜7
平井常次郎　　特集・放送行政に望む 民放の長期繁栄に資する法制を 放送法制委員長にきく：月刊民放　02(10)〔1972.3〕p2〜3
石坂悦男　　　「イギリス放送会社」の設立と解散——放送制度成立過程における国家の関与とメディアの態様：放送学研究　通
　　　　　　　　号24〔1972.3〕p33〜63
石川明　　　　編集綱領運動と内部的放送の自由——西ドイツの場合：放送学研究　通号24〔1972.3〕p65〜96
伊부正己　　　特集II 放送表現規制の倫理と法理 放送表現の自由と法規制：月刊民放　02(11)〔1972.4〕p20〜27
今泉武治　　　有線テレビジョン放送法(抄)：月刊民放　02(14)〔1972.7〕p22〜25
大森幸男　　　有線テレビ立法—その背景と性格 留意すべき「ニュー放送規制」へのほね返り：月刊民放　02(14)〔1972.7〕p18
　　　　　　　　〜22
小沼靖　　　　より自由な放送のために：月刊民放　02(16)〔1972.9〕p2〜5
ばばこういち　われこそはテレビ制作者＜小田久栄門の巻＞ ＜特集＞「表現の自由」を語る位相、語らない位相：放送批評　No.
　　　　　　　　056〔1972.9〕
斎藤文男　　　有線テレビ法と言論の自由：社会科学論集　通号13〔1973.1〕p27〜46
鳥居博　　　　鳥居博氏にきく戦後放送制度の一こま 下：放送批評　No.064〔1973.5〕
石坂悦男　　　社説放送と「公平の原則」(上)：月刊民放　03(28)〔1973.9〕p8〜14
石坂悦男　　　社説放送と「公平の原則」(下)：月刊民放　03(29)〔1973.10〕p32〜36
稲葉三千男　　放送法第三条への私の洞察—大森幸男氏「火曜サロン」にふれて：放送批評　No.069〔1973.11〕
浦川浩　　　　放送免許と郵政省の放送行政：マスコミ市民　通号077〔1973.11〕p2〜8
青木貞伸　　　電波行政理念の“破産”−−民放教育局の変身が意味するもの：総合ジャーナリズム研究　11(01)〔1974.1〕p65〜
　　　　　　　　73
浦川浩　　　　寄稿 民放の放送基準改訂問題の周辺：マスコミ市民　通号085〔1974.9〕p42〜47

放送の自由・放送法　　　　　　　　　　　　　制度

石川明　　　放送の社会的規制——西ドイツ放送委員会の一断面：NHK文研月報　25（02）〔1975.2〕　p33
放送事情調査部　資料 オーストリアの新放送法：NHK文研月報　25（05）〔1975.5〕　p53
鳥居博　　　放送法制の「戦後改革」を再検討する意義：放送批評　No.085〔1975.5〕
堀部政男　　マス・メディアへのアクセス権——放送における言論の自由を中心として—上—：法学研究　通号9〔1975.6〕
　　　　　　　p53～111
清水英夫　　放送における不偏不党と言論の自由——アドリブ・アナウンス事件を素材として：マスコミ市民　通号094〔1975.
　　　　　　　7〕　p2～10
石福秀太郎　最近の米国マスコミ関係法制の動き（海外情報）：新聞研究　通号288〔1975.7〕　p46～49
伊藤恒夫　　放送対策——昭和29年より今日まで—1—（松山商科大学文学部開設記念号）：松山商大論集　26（4）〔1975.10〕
　　　　　　　p49～87
Smith, Anthony D.　英国放送制度の課題と展望——アナン委員会勧告の中身と第4チャンネルの行方は：総合ジャーナリズム研
　　　　　　　究　14（01）〔1976.1〕　p52～63
石川明　　　バイエルンにおける放送政策の展開—1972年放送法改正問題を中心に：NHK放送文化研究年報　21〔1976.7〕
　　　　　　　p223～242
石村善治　　西ドイツにおけるマスコミ法研究の現状と課題—1—（野見山温教授・浜田一男教授古稀記念号）：福岡大學法學論叢
　　　　　　　21（3・4）〔1977.3〕　p425～441
村瀬真文　　“情報の自由”か“国家主権の尊重”か——放送衛星をめぐる国際的動向（放送衛星のゆくえ＜特集＞）：新聞研究　通
　　　　　　　号315〔1977.10〕　p23～27
石村善治　　西ドイツにおけるマスコミ法研究の現状と課題—2—（古田竜夫教授・渡辺幸生教授古稀記念号）：福岡大學法學論叢
　　　　　　　22（3・4）〔1978.3〕　p505～529
塩野宏　　　放送法制見直しの背景（放送界の諸問題）：新聞研究　通号323〔1978.6〕　p8～13
石福秀太郎　米連邦最高裁判決，放送番組に厳しい規制（海外情報）：新聞研究　通号326〔1978.9〕　p88～91
野崎茂　　　NABの論評からみた米・通信法改正案の問題点：月刊民放　08（88）〔1978.10〕　p19～22
田所泉　　　米国放送界ゆるがす通信法改正問題（海外情報）：新聞研究　通号327〔1978.10〕　p80～83
スミス，アンソニー　イギリスの放送改革制度の動き：月刊民放　09（94）〔1979.4〕　p26～29
大谷堅志郎　ORTFはなぜ解体されたか—74年放送改革の意味と政治的背景（《特集》海外の公共放送の現状と問題）：NHK放送
　　　　　　　文化研究年報　24〔1979.7〕　p51～87
石川明　　　放送における多元性—北ドイツ放送法の改正問題を中心に（《特集》海外の公共放送の現状と問題）：NHK放送文化
　　　　　　　研究年報　24〔1979.7〕　p88～135
根岸哲　　　アメリカにおける放送の集中化とその規制（放送制度と社会の変化＜特集＞）：放送学研究　通号32〔1980〕　p113
　　　　　　　～148
大谷堅志郎　フランスにおけるラジオ・リーブル問題とその背景（放送制度と社会の変化＜特集＞）：放送学研究　通号32
　　　　　　　〔1980〕　p39～75
石村善治　　メディア集中の憲法論的予備考察——「公的規制」と「多様性」原理（放送制度と社会の変化＜特集＞）：放送学研究
　　　　　　　通号32〔1980〕　p149～170
石坂悦男　　社会変容と放送の制度的対応——イギリスにおける商業テレビの導入をめぐって（放送制度と社会の変化＜特集＞）：
　　　　　　　放送学研究　通号32〔1980〕　p77～111
浜田純一　　放送の自由の価値と理論——西ドイツにおける議論を素材として（放送制度と社会の変化＜特集＞）：放送学研究
　　　　　　　通号32〔1980〕　p7～37
岡村黎明　　放送——大衆に根ざした中心的役割を（80年代のジャーナリズム像）：総合ジャーナリズム研究　17（01）〔1980.1〕
　　　　　　　p17～24
西岡香織　　特集 職業としての放送 80年代・放送の新しい顔 求められる調整者としての役割：月刊民放　10（105）〔1980.3〕
　　　　　　　p12～15
石川明　　　放送協会の組織と放送の自由—ブレーメン放送法の改正問題を中心に（《特集》海外の公共放送の現状と問題（II））：
　　　　　　　NHK放送文化研究年報　25〔1980.8〕　p39～74
稲葉三千男　講演 権力のマスコミ支配と放送法：マスコミ市民　通号151〔1980.9〕　p10～19
放送学研究部　放送制度研究の課題と方法：NHK文研月報　30（09）〔1980.9〕　p1
高品晋，石坂悦男，石川明，浜田純一　放送制度研究-1980——その動向と今後の課題：NHK文研月報　31（01）〔1981.1〕　p1
中村晧一　　アメリカにおけるラジオ規制緩和への動向：NHK文研月報　31（05）〔1981.5〕　p13
中村晧一　　アメリカにおけるラジオ規制緩和への動向（2）－最高裁判所の判決を中心に－：NHK文研月報　31（08）〔1981.8〕
　　　　　　　p45
浜田純一　　放送制度論と放送体制の諸問題（メディア多様化時代の放送法制）：新聞研究　通号372〔1982.7〕　p23～27
大森幸男　　放送法の改正と放送制度の今後（メディア多様化時代の放送法制）：新聞研究　通号372〔1982.7〕　p10～17
石川明，浜田純一　西ドイツのニューメディア政策と公共放送——W.ホフマンリーム教授にきく：NHK文研月報　32（08）
　　　　　　　〔1982.8〕　p9
小野俊郎　　（変わる放送界の深層潮流＜特集＞）放送法制改正の背景と電波行政：総合ジャーナリズム研究　19（04）〔1982.10〕
　　　　　　　p10～16
小野俊郎　　放送法制改正の背景と電波行政－続－：総合ジャーナリズム研究　20（01）〔1983.1〕　p110～119
ペーター・レルヘ，石川明，浜田純一　ニューメディア状況下の西ドイツの放送法制——ペーター・レルヘ教授にきく：NHK文研
　　　　　　　月報　33（03）〔1983.3〕　p17
大谷堅志郎　左翼政権下のフランス放送改革—1982年法とその周辺（《特集》海外の公共放送の現状と問題（V））：NHK放送文化
　　　　　　　研究年報　28〔1983.8〕　p29～57
篠原俊行　　「新しい放送」をめぐる秩序と規律：総合ジャーナリズム研究　21（02）〔1984.4〕　p66～74
大森幸男　　テレビ，近未来の見取図——法制度論を中心に（テレビが変わる）：新聞研究　通号395〔1984.6〕　p10～13
金子弘道　　（情報と通信を考える＜特集＞）情報通信革命を阻む!?既存法と“政治決着”：総合ジャーナリズム研究　22（01）
　　　　　　　〔1985.1〕　p31～35
中村晧一　　アメリカにおける放送規制緩和の展開：NHK放送文化調査研究年報　30〔1985.8〕　p55～64
石川明　　　メディア秩序の変容と西ドイツの放送政策：NHK放送文化調査研究年報　30〔1985.8〕　p35～54

伊豫田康弘	最適な「放送秩序」形成への必要条件 新放送秩序の研究1995〜2000（Ⅱ）：月刊民放　15（171）〔1985.9〕p29〜32
白木龍雄	特集 新しい放送制度像を求めて―放送政策懇談会報告書をどう読むか FM：月刊民放　17（192）〔1987.6〕p19〜20
須藤春夫	特集 新しい放送制度像を求めて―放送政策懇談会報告書をどう読むか 英放送制度「改革論議」に学ぶもの 貫かれる、経過の公開性と論議への国民参加：月刊民放　17（192）〔1987.6〕p23〜27
夏目大介	特集 新しい放送制度像を求めて―放送政策懇談会報告書をどう読むか 衛星放送：月刊民放　17（192）〔1987.6〕p21〜22
篠原俊行	特集 新しい放送制度像を求めて―放送政策懇談会報告書をどう読むか 求められる、「当面」以降の中―長期的な視点 ビジョン構築に、主要課題をどう考えてゆくか：月刊民放　17（192）〔1987.6〕p12〜17
佐々木篁,三善英毅	特集 新しい放送制度像を求めて―放送政策懇談会報告書をどう読むか 実現した二つの「テレビ討論」番組 トピックス・統一地方選報道：月刊民放　17（192）〔1987.6〕p38〜40
古木博	特集 新しい放送制度像を求めて―放送政策懇談会報告書をどう読むか 中波：月刊民放　17（192）〔1987.6〕p18〜19
青木貞伸	特集 新しい放送制度像を求めて―放送政策懇談会報告書をどう読むか 百家争鳴、各界からの白熱した論議を 必要だった、未来を展望する制度と行政組織の根本的検討：月刊民放　17（192）〔1987.6〕p6〜11
田原茂行	特集 新しい放送制度像を求めて―放送政策懇談会報告書をどう読むか 文字放送：月刊民放　17（192）〔1987.6〕p20〜21
石川明	公共放送が提起した憲法訴訟―南ドイツ放送協会と州メディア法（特集 メディア環境の変化と公共放送）：NHK放送文化調査研究年報　32〔1987.8〕p25〜44
花田達朗	放送制度の社会学的分析――西ドイツモデルを手掛りとして（放送研究の課題と方法＜特集＞）：放送学研究　通号38〔1988〕p59〜81
篠原俊行	放送法等改正案の「問題点」を探る〔対照表〕現行法・改正法案・各界の意見：月刊民放　18（202）〔1988.4〕p32〜38
信国隆裕	現状追認にとどまった放送法制の見直し――放送法及び電波法の一部改正：立法と調査　通号145〔1988.4〕p37〜42
清水英夫	「知る権利」を重視した「放送の自由」を 規制の根拠を与えかねない「公共性」概念〈講演「人権と放送倫理の接点」から〉：月刊民放　18（203）〔1988.5〕p6〜11
町田鶴次郎	放送を法で律することへの疑義：総合ジャーナリズム研究　25（03）〔1988.7〕p57〜59
石井清司	57改正からの流れを検証する 法改正の見えざる意図＜特集＞放送法改正とNHK：放送批評　No.230〔1988.9〕
伊藤雅浩	視聴質の正しいポジション＜特集＞放送法改正とNHK：放送批評　No.230〔1988.9〕
松尾羊一	戦前の放送批評について＜特集＞放送法改正とNHK：放送批評　No.230〔1988.9〕
伊藤強	反原発ソング発売中止の波紋＜特集＞放送法改正とNHK：放送批評　No.230〔1988.9〕
須藤春夫	"放送の自律"脅かす英「番組基準評議会」設置 番組事前チェック構想に、野党と報道界反発：月刊民放　18（207）〔1988.9〕p37〜40
清水英夫	放送をめぐる自由と規制――多様性の確保を中心に：青山法学論集　30（2）〔1988.9〕p1〜17
石川明	放送の公共性と放送の自由――西ドイツの公共放送の場合（メディアと公共性の現在――放送と公共性・再考＜特集＞）：放送学研究　通号39〔1989〕p129〜150
小林宏一	変容する英国の放送制度――「放送白書」にみる政策動向（新電気通信時代とマスメディア）：新聞研究　通号456〔1989.7〕p36〜39
山下隆一	放送法改正に対する新聞界の対応（新電気通信時代とマスメディア）：新聞研究　通号456〔1989.7〕p13〜16
駒村圭吾	アメリカ放送法制における「公平原則」の衰退――表現の自由論の一環として：慶応義塾大学新聞研究所年報　通号33〔1989.9〕p95〜115
浜田純一	「国境を越える放送」と情報の自由（国際化の中の放送＜特集＞）：放送学研究　通号40〔1990〕p59〜68
篠原俊行	特集 放送法四十年 環境変化見据えた適切な改革が必要：月刊民放　20（228）〔1990.6〕p10〜13
松田浩	特集 放送法四十年 公共放送NHKが担う使命と役割：月刊民放　20（228）〔1990.6〕p22〜26
今泉至明	特集 放送法四十年 国民の福祉向上のために：月刊民放　20（228）〔1990.6〕p18〜21
大森幸男	特集 放送法四十年 放送の言論・報道機能見直し：月刊民放　20（228）〔1990.6〕p6〜9
井上宏	特集 放送法四十年 放送新時代の番組審議会像を探る：月刊民放　20（228）〔1990.6〕p14〜17
丹羽俊夫	政見放送一部削除「適法」判決の問題点：月刊民放　20（229）〔1990.7〕p20〜21
中村泰次	中村泰次の"蟻の一穴"−7−「TBS事件」最高裁決定でまた狭まった表現の自由：総合ジャーナリズム研究　27（04）〔1990.10〕p100〜103
大石泰彦	放送の公正とメディア・アクセス フランスの「放送利用権」：放送批評　No.257〔1990.12〕
長谷部恭男	英国における放送の自由市場――放送制度改革を機として：新聞研究　通号474〔1991.1〕p68〜72
鈴木秀美	ドイツの二元的放送制度の発展――連邦憲法裁判所第6次放送法判決から：新聞研究　通号479〔1991.6〕p74〜78
米山司理	揺れる英国放送界――ITVの事業免許入札結果をめぐる波紋（マスコミの焦点）：新聞研究　通号486〔1992.1〕p78〜80
堀部政男	「放送の自由」と「通信の自由」の史的展開と将来展望：慶応義塾大学新聞研究所年報　通号39〔1992.9〕p75〜98
佐塚正樹	衛星放送、規制緩和の方向へ――電監審〔電波監理審議会〕の答申まとまる（マスコミの焦点）：新聞研究　通号504〔1993.7〕p87〜90
清水英夫	椿喚問は報道の自由を侵す憲法違反：マスコミ市民　通号301〔1993.12〕p10〜13
テレビ朝日社員	椿喚問 テレビ朝日の内部では：マスコミ市民　通号301〔1993.12〕p18〜21
堀部政男	放送の公平性と放送の自由――米国における公平原則の形成・展開・廃止（椿発言とメディア）：新聞研究　通号509〔1993.12〕p78〜81
中村泰次	中村泰次の"蟻の一穴"−20−特別編 報道の自由と国政調査権の乱用――テレ朝事件 禍転じて福とするために（テレビ朝日"椿発言"にみる――メディアの"権力"・政治の要諦＜特別企画＞）：総合ジャーナリズム研究　31（01）〔1994.1〕p14〜18
鳥越俊太郎	椿発言とメディア――アウトサイダーとしてのジャーナリスト――証人喚問反対声明に至るまで：新聞研究　通号510〔1994.1〕p54〜57
中尾則幸	特集 テレビジャーナリズムの公平・公正について 椿氏の証人喚問に疑義あり：月刊民放　24（272）〔1994.2〕p19

		〜21
清水英夫	特集 テレビジャーナリズムの公平・公正について 放送の自由と政治の介入：月刊民放　24（272）〔1994.2〕　p12〜15	
大森幸男	特集 テレビジャーナリズムの公平・公正について 放送法第三条の二を考える：月刊民放　24（272）〔1994.2〕　p16〜18	
篠原俊行	マスメディアの対応と法制度を考える（椿発言とメディア）：新聞研究　通号511〔1994.2〕　p56〜59	
清水英夫	椿発言問題が残した課題（椿発言とメディア）：新聞研究　通号511〔1994.2〕　p42〜55	
浜田純一	放送の自由とはなにか（法律時評）：法律時報　66（3）〔1994.3〕　p2〜5	
倉澤治雄	テレビというメディア——現場からみたテレビ報道の現状と問題点（表現の自由・マスメディアを考える第1歩＜特集＞）：法学セミナー　通号475〔1994.7〕　p77〜80	
音好宏	日本における放送産業の構造変化とその課題——放送産業分析のための基礎ノートとして（メディア産業構造分析＜特集＞）：マス・コミュニケーション研究　通号45〔1994.7〕　p85〜98	
中村泰次	中村泰次の "蟻の一穴" − 23 − 公権力は隙あらば付け込む−−テレ朝局長発言報道事件から1年（テレビ朝日 "椿発言" 問題は終ったか＜特別企画＞）：総合ジャーナリズム研究　31（04）〔1994.10〕　p97〜101	
松田浩	放送行政と政府のマスコミ対策——UHF局大量免許と新聞・テレビ系列化の意味するもの：立命館産業社会論集　通号82〔1994.12〕　p273〜292	
鈴木秀美	マルチメディア時代における基幹的放送——憲法論の視点から（特集・マルチメディア時代の放送）：放送学研究　通号45〔1995〕　p135〜166	
長屋竜人	マルチメディア時代の新放送サービス——その可能性と制約性（特集・マルチメディア時代の放送）：放送学研究　通号45〔1995〕　p67〜133	
服部孝章	テレビ局にも責任あり 放送法4条5条改正：放送批評　No.308〔1995.3〕	
水上創	放送法の訂正放送期間延長へ（マスコミの焦点）：新聞研究　通号525〔1995.4〕　p88〜91	
服部孝章	揺らぐ放送行政——マルチメディア時代を控えて，準備されている放送法改正の真意とは？：世界　通号607〔1995.4〕　p188〜191	
市川正人	ケースメソッド憲法—1—放送の公平と放送の自由：法学セミナー　通号484〔1995.4〕　p84〜88	
内川芳美	基調講演「占領期の放送制度改革」：月刊民放　25（289）〔1995.7〕　p5〜5	
長谷部恭男	メディア環境の変容と放送の自由（放送制度の将来と放送法＜特集＞）：法律時報　67（8）〔1995.7〕　p6〜9	
伊豫田康弘	通信と放送の郵政省流 "融合"：放送批評　No.313〔1995.8〕	
田中伸尚	放送−−それは人間に何を与え続けてきたか（戦後50年・日本の言論-4-）：総合ジャーナリズム研究　32（04）〔1995.10〕　p12〜20	
清水英夫	特集・短期連載 放送の自由と公的規制（1）放送における公平原則と行政規制：月刊民放　25（293）〔1995.11〕　p8〜11	
松井茂記	特集・短期連載 放送の自由と公的規制（1）放送の公正と憲法：月刊民放　25（293）〔1995.11〕　p12〜15	
真木繁	毎日放送『シネマチップス』中止事件−テレビに映画批評の自由はないのか：放送レポート　137号〔1995.11〕　p6〜10	
大森幸男	「新放送秩序」へ放送・新聞界が声を：新聞研究　通号532〔1995.11〕　p46〜50	
民放連研究所	特集 放送の自由と公的規制（2）放送に対する公的規制の系譜：月刊民放　25（294）〔1995.12〕　p22〜29	
長谷部恭男	特集 放送の自由と公的規制（2）放送の自由とその規律根拠：月刊民放　25（294）〔1995.12〕　p18〜21	
鈴木秀美	放送の「自由」——ドイツにおける議論の展開：法学研究　68（12）〔1995.12〕　p453〜482	
大石泰彦	フランスにおける放送の自由：法政論叢　通号32〔1996〕　p118〜126	
塩野宏, 原寿雄, 鳥越俊太郎, 田島泰彦	短期連載 放送の自由と公的規制（最終回）座談会 放送秩序で本格議論始まる：月刊民放　26（295）〔1996.1〕　p20〜29	
伊東敏朗	特集 96年放送界の展望と課題 放送行政を取り巻く現状と今後の方向：月刊民放　26（295）〔1996.1〕　p16〜19	
小松原久夫	メディア イン ザ ワールド（7）注目に値する英放送法改正案：月刊民放　26（296）〔1996.2〕　p34〜35	
Lenz, Karl-Friedrich	欧州連合における通信法とテレビ法：青山法学論集　37（3・4）〔1996.3〕　p61〜92	
三神正人	米国新通信法は何を描く——放送界を中心にその意味を考える：新聞研究　通号538〔1996.5〕　p70〜74	
本橋春紀	取材・報道の自由の現状を探る——「民放テレビ報道担当者調査」から：月刊民放　26（6）〔1996.6〕　p22〜31	
大井眞二	気になる「取材・報道の自由」意識——「民放テレビ報道担当者調査」を読んで：月刊民放　26（7）〔1996.7〕　p28〜31	
宮崎寿子	郵政省「視聴者と放送に関する懇談会」へのこれだけの疑問：放送レポート　143号〔1996.11〕　p20〜25	
内野隆司	緩和されるドイツ商業テレビの所有規制：放送研究と調査　46（11）〔1996.11〕　p56〜59	
飯野守	国の安全，表現の自由及び情報へのアクセスに関するヨハネスブルク原則：法律時報　68（12）〔1996.11〕　p73〜77	
岡田晋吉	放送法制の運用に関する海外調査から（特集 自主努力——番組向上のために）：月刊民放　26（12）〔1996.12〕　p12〜15	
小松原久夫	英国で新放送法施行——デジタル放送時代の幕開け：新聞研究　通号546〔1997.1〕　p75〜78	
山田健太	放送メディア1996総選挙「公正」の名を借りた「規制」：放送批評　No.331〔1997.2〕	
長尾一紘	ドイツにおける政見放送の自由：法学新報　103（2・3）〔1997.3〕　p163〜189	
清水幹雄	放送の自律性の確保をめぐって〜国会における「放送の公共性」議論の変遷（昭和22年から昭和35年まで）その1：表現の自由の確保：放送研究と調査　47（3）〔1997.3〕　p2〜17	
長尾一紘	政見放送の自由とその限界——判例・学説の批判的検討：法学新報　103（4・5）〔1997.4〕　p361〜389	
清水幹雄	放送の自律性の確保をめぐって——国内における「放送の公共性」議論の変遷（昭和22年から昭和35年まで）その2：経営の独立性の確保：放送研究と調査　47（4）〔1997.4〕　p30〜41	
海部一男	ASEANにおける放送の発展と法制度上の諸課題：放送研究と調査　47（8）〔1997.8〕　p44〜53	
塚本みゆき	おばさん三人郵政省を行く＜1＞ 法に基づかない指導ってなあに？：放送レポート　148号〔1997.9〕　p68〜72	
塚本みゆき	おばさん三人郵政省を行く＜2＞ えっ，あれは取材じゃなくて "突入" なの？：放送レポート　149号〔1997.11〕　p62〜66	
越川洋	デジタル時代の放送規制 第三の道をめざして——アメリカFCCハント委員長の主張：放送研究と調査　47（11）	

		〔1997.11〕 p2〜21
塚本みゆき	おばさん三人郵政省を行く<3> 番組内容を国が監督？：放送レポート 150号 〔1998.1〕 p64〜69
山田健太	放送と通信の融合状況における審理対象の拡大（特集 放送人権委員会12年の現状と課題）：自由と正義 49(2) 〔1998.2〕 p49〜55
塚本みゆき	おばさん三人郵政省を行く<4> えっ、あの「珠玉の暴露記事」が新聞協会賞？：放送レポート 151号 〔1998.3〕 p66〜71
田島泰彦	1997年マスコミ関係判例回顧（下）新聞と放送の取材・報道等を巡る判断の動向：新聞研究 通号561 〔1998.4〕 p80〜83
塚本みゆき	おばさん三人郵政省を行く<5>「政治的公正の判断は最終的には郵政省で…」：放送レポート 152号 〔1998.5〕 p64〜69
塚本みゆき	おばさん三人郵政省を行く<6> 椿事件と新聞報道の責任：放送レポート 153号 〔1998.7〕 p72〜77
森口宏	インドネシア初の放送法の成立とその背景〔含 条文抄訳〕：放送研究と調査 48(7)〔1998.7〕 p42〜51
田島泰彦	行政権限の一層の強化招く、放送の自由に深刻な問題——Vチップ導入問題と表現の自由（特集 青少年問題と放送局）：月刊民放 28(8)〔1998.8〕 p4〜7
Scheller, Andreas, 村上武則	短時間ニュース報道の権利と1998年2月の連邦憲法裁判所判決：阪大法学 48(3)〔1998.8〕 p613〜657
塚本みゆき	おばさん三人郵政省を行く<7>「私はただ、公正中立にとお願いしただけ」か!?：放送レポート 154号 〔1998.9〕 p64〜69
井上禎男	フランス放送行政における「独占」の史的経緯（一）（法学研究科）：福岡大学大学院論集 30(1)〔1998.9〕 p15〜31
塚本みゆき	おばさん三人郵政省を行く<8・最終回> 世におばさんほど恐いものはない！：放送レポート 155号 〔1998.12〕 p62〜67
浜田純一	放送制度論と放送法制の行方（特集 21世紀の放送にむけて）：放送学研究 通号49 〔1999〕 p99〜117
塚本みゆき	おばさん三人郵政省を行く<番外編> 郵政省と市民との論争－放送法の解釈をめぐって：放送レポート 156号 〔1999.1〕 p56〜63
野田聖子	Person of the Month 野田聖子——だから情報通信行って怖い!!：ぎゃらく 通号354 〔1999.1〕 p4〜6
立山紘毅	憲法論から「受けて一送り手」を考える－デジタル化に伴う放送制度の変容（特集・激動—デジタル化する放送メディア）：新聞研究 通号573 〔1999.4〕 p23〜26
服部孝章	「ニュースステーション」発 所沢ダイオキシン報道と報道の自由：放送レポート 158号 〔1999.5〕 p20〜23
田島泰彦	放送制度をこう変えよう（提言）（特別企画 生き返れ！テレビ）：世界 通号661 〔1999.5〕 p142〜146
藤森研	とても楽観的にはなれない——報道機関への信頼喪失と運用主体への疑義（通信傍受法案と取材・報道の自由）：新聞研究 通号577 〔1999.8〕 p39〜41
松井石根	Person of the Month 松井石根（日本PTA全国協議会会長）——免許が怖いテレビなんてつぶれりゃいい!!：ぎゃらく 通号364 〔1999.11〕 p4〜6
西土彰一郎	二元的放送秩序における公共性の異同(1)「基本的供給」概念を手がかりにして：六甲台論集. 法学政治学篇 46(2)〔1999.11〕 p69〜120
岩城康仁	放送メディア環境の変容と「表現の自由」の保障：龍谷大学大学院法学研究 (1)〔1999.12〕 p1〜14
長谷部恭男	芦部信喜教授の人権論—放送制度論を手掛かりとして（特集・芦部憲法学の軌跡と課題）：ジュリスト 通号1169 〔1999.12〕 p36〜42
井上禎男	フランス放送行政における「独占」の史的経緯(2完)：九大法学 (80)〔2000.上〕 p270〜223
塚本みゆき	放送における報道の自由に関する「政党の意識」を調査して：放送レポート 162号 〔2000.1〕 p36〜39
岩田和夫	放送番組における外部出演者等の発言と放送事業者の法的責任——問責の法的構造と放送事業者の客観的注意義務のレベルを中心に：愛国学園大学人間文化研究紀要 (2)〔2000.3〕 p15〜33
海部一男	アジアにおける放送番組規制(1)フィリピン：放送研究と調査 50(3)通号586 〔2000.3〕 p44〜59
清水幹雄, 村瀬真文	国会における「放送の公共性」議論の変遷(2)昭和36年から昭和45年まで（その1）表現の自由と番組規律：放送研究と調査 50(3)通号586 〔2000.3〕 p72〜89
西土彰一郎	二元的放送秩序における公共性の異同(2・完)「基本的供給」概念を手がかりにして：六甲台論集. 法学政治学篇 46(3)〔2000.3〕 p113〜158
猪股英紀	アジアにおける放送番組規制(2)台湾：放送研究と調査 50(4)通号587 〔2000.4〕 p48〜61
多賀谷一照	市場競争下の放送免許事業——メディアの多様化とボトルネック性の喪失（特集 転換期民放の組織と経営）：月刊民放 30(5)通号347 〔2000.5〕 p10〜13
戸村栄子	アジアにおける放送番組規制(3)韓国：放送研究と調査 50(5)通号588 〔2000.5〕 p44〜51
鈴木秀美	メディア判例研究(1)放送判例の50年（特集 放送法50年）：月刊民放 30(6)通号348 〔2000.6〕 p32〜35
菅谷実	メディア融合と放送法——放送の開放市場に向けて（特集 放送法50年）：月刊民放 30(6)通号348 〔2000.6〕 p24〜27
長谷部恭男	憲法と放送法——市民社会の中の放送制度（特集 放送法50年）：月刊民放 30(6)通号348 〔2000.6〕 p20〜23
清家秀哉	国際化と放送法——見直し求められる民放の役割（特集 放送法50年）：月刊民放 30(6)通号348 〔2000.6〕 p28〜31
山本博史, 中田睦, 浜田純一	座談会——放送法の21世紀を考える（特集 放送法50年）：月刊民放 30(6)通号348 〔2000.6〕 p4〜12
曽根俊郎	アジアにおける放送番組規制(4)シンガポール：放送研究と調査 50(6)通号589 〔2000.6〕 p46〜55
西土彰一郎	放送の自由と制度保障——公共放送の憲法上の正当性：六甲台論集. 法学政治学篇 47(1)〔2000.7〕 p137〜154
原寿雄	警察・市民・メディア～市民のための"警察改革"を考える：放送レポート 166号 〔2000.9〕 p2〜10
長谷部恭男	メディア判例研究(20)ケーブルテレビの水平および垂直統合規制を合憲としたコロンビア地区連邦控訴審判決 (Time Warner Entertainment v. United States, decided May 19, 2000)：法律時報 72(10)通号896 〔2000.9〕 p102〜104
今村庸一, 内川芳美	GHQ放送政策裏面史——三法はこうして誕生した（特集 電波三法50年 放送民主化の理念ふたたび）：ぎゃらく 通号375 〔2000.10〕 p20〜22
松田浩	「電波監理委員会設置法」はなぜ葬られたのか？（特集 電波三法50年 放送民主化の理念ふたたび）：ぎゃらく 通号

		375 〔2000.10〕 p12～17
今村庸一	電波三法崩壊で、放送はどう変質したか？（特集 電波三法50年 放送民主化の理念ふたたび）：ぎゃらく　通号375 〔2000.10〕 p23～25	
西土彰一郎	「放送の自由」論の現代的意義——「番組編集原則」の正当化の可能性：六甲台論集. 法学政治学篇　47(2) 〔2000.11〕 p75～98	
生田真司	ソ連体制下での表現の自由（3）：政経研究　37(3)〔2000.12〕 p511～537	
小田桐誠	家庭でのテレビ視聴をめぐって（特集 メディアに対する規制強化）：Aura　通号144 〔2000.12〕 p24～29	
井上禎男	フランスにおける「視聴覚コミュニケーションの自由」(1) 1980年代におけるその形成と展開：九大法学　(82) 〔2001.上〕 p330～256	
井上禎男	フランスにおける「視聴覚コミュニケーションの自由」(2) 1980年代におけるその形成と展開：九大法学　(83) 〔2001年度.下〕 p576～532	
鈴木秀美	通信と放送の融合と制度改革——ドイツ放送法制の動向（特集 メディア変容の時代と放送）：放送学研究　通号50 〔2001〕 p31～53	
越川洋	米ケーブル産業の集中化と規制緩和——FCCのケーブル所有規則の違憲判決を中心に：NHK放送文化調査研究年報 通号46〔2001〕 p1～17	
Cooper, Roger	ブッシュ政権と米国放送政策：月刊民放　31(5)通号359〔2001.5〕 p32～35	
	9・2メディア規制反対集会へ結集を！—それは新たな出発点となるか、それとも悪夢に終わるのか（特集1・なぜ、いまメディア 規制なのか）：創　31(8)通号350〔2001.9〕 p32～37	
吉岡忍, 桂敬一, 原寿雄	座談会 メディア規制と市民社会の危機——メディアの法規制の3点セットが出揃った。単なる言論統制 にとどまらずこの動きには、市民社会でなく国民社会へと戦後の日本を組み換えようとする意志が働いている （特集1 なぜ、いまメディア規制なのか）：創　31(8)通号350〔2001.9〕 p14～31	
田島泰彦	「人権」を旗印にしたメディア規制の本質は—国家が提示する人権機関の危険な側面（特集1・なぜ、いまメディア 規制なのか）：創　31(8)通号350〔2001.9〕 p32～37	
丸山昇	石原都知事も白旗!?記者クラブ制度大揺れ—制度疲労した記者クラブをめぐる複雑怪奇（特集1・なぜ、いまメディ ア規制なのか）：創　31(8)通号350〔2001.9〕 p42～49	
西土彰一郎	機能的基本権としての放送の自由？——ドイツ基本権理論の新傾向に関する覚書：六甲台論集. 法学政治学篇　48 (2)〔2001.11〕 p93～131	
井上禎男	フランスにおける「視聴覚コミュニケーションの自由」(3・完) 1980年代におけるその形成と展開：九大法学　(84) 〔2002年度.上〕 p298～258	
坂上香	NHK・歪められた「改編」の真実〈上〉ETV2001「問われる戦時性暴力」の制作現場で起きたこと：放送レポート 174号〔2002.2〕 p28～32	
魚住昭, 橋場義之, 五十嵐二葉	鼎談・メディア規制の背後に何があるか〔下〕（追いつめられる言論・表現の自由〔2〕）：法学セミ ナー　47(2)通号566〔2002.2〕 p53～61	
坂上香	NHK・歪められた「改編」の真実〈中〉ETV2001「問われる戦時性暴力」と「いまも続く戦時性暴力」をめぐって： 放送レポート 175号〔2002.3〕 p24～29	
坂上香	NHK・歪められた「改編」の真実〈下〉「希望の法廷」とETV2001をめぐって：放送レポート　176号〔2002.5〕 p28～33	
冷泉彰彦	苦悩する米国のテレビ界——公言される「統制」・変質する「報道の自由」：論座　通号84〔2002.5〕 p120～129	
見城武秀	メディアの「読み方」を考える いま市民に必要な「メディアリテラシー」（特集 「マスコミ規制」で泣くのは誰 か!?）：望星　33(7)通号390〔2002.7〕 p30～35	
篠田博之	メディアは市民の批判をどう考えるのか メディアが抱える諸問題に向き合う好機（特集 「マスコミ規制」で泣くの は誰か!?）：望星　33(7)通号390〔2002.7〕 p36～41	
田島泰彦	メディア規制法案策定の背景を読む 立法の精神が「官の監視」から「民の規制」へ（特集 「マスコミ規制」で泣く のは誰か!?）：望星　33(7)通号390〔2002.7〕 p18～23	
筑紫哲也	巻頭インタビュー メディア規制法が意味する「危険な流れ」——ニュースキャスター 筑紫哲也さん（特集 「マスコ ミ規制」で泣くのは誰か!?）：望星　33(7)通号390〔2002.7〕 p10～17	
真田範行	表現の自由か、人権の尊重か いま問われているのは自由であることの責任（特集 「マスコミ規制」で泣くのは誰 か!?）：望星　33(7)通号390〔2002.7〕 p24～29	
西土彰一郎	多チャンネル化時代における「公共的なるもの」——「基本的供給」から「機能的任務」へ：六甲台論集. 法学政治 学篇　49(1)〔2002.7〕 p45～75	
岡久慶	短信 イギリス：通信法案草案：メディア所有の規制緩和：外国の立法 ： 立法情報・翻訳・解説　(214)〔2002.11〕 p169～177	
大沢秀介	入門講座 ファーストステップ憲法(8) 人権(8) マルチメディア化・多チャンネル化の中で放送規制を考える——放 送の自由：法学教室　通号266〔2002.11〕 p49～55	
尾島明	通信社から配信を受けた記事をそのまま掲載した新聞社にその内容を真実と信ずるについて相当の理由があるとは いえないとされた事例—[[1]事件]最三小判平成14.1.29 [[2]事件]最二小判平成14.3.8（時の判例）：ジュリス ト　(1233)〔2002.11〕 p118～120	
遠藤武彦	（首脳インタビュー）エンタケ放談！ 遠藤武彦衆院総務委員長：放送界　No0164〔2003〕	
越川洋	放送制度と市場——米欧の歴史的変遷（特集・メディア変容の時代と放送）：放送メディア研究　1〔2003〕 p127～ 196	
近藤静也	21世紀の日本の放送政策に関する一考察——放送のデジタル化と通信・放送の融合の影響：日本大学大学院総合社 会情報研究科紀要　(3)〔2003.1〕 p321～332	
羽生健二	政府との攻防1年——放送分野の「指定公共機関」制度（特集 有事法制と放送）：月刊民放　33(8)通号386〔2003. 8〕 p12～15	
西正	放送と通信の融合(1) わが国の放送行政のネック：月刊放送ジャーナル　33(11)通号362〔2003.12〕 p76～79	
服部孝章	形骸化する「報道の自由」（ダイオキシン報道訴訟・最高裁判決を考える）：月刊民放　33(12)通号390〔2003.12〕 p23～26	
佐田玄一郎	（TOP INTERVIEW）佐田玄一郎 衆院総務委員長：放送界　No0166〔2004〕	

八代栄太	（首脳インタビュー）八代栄太 衆院議員・元郵政相：放送界　No0165　〔2004〕
西正	放送と通信の融合(2) わが国の放送行政のネック（その2）：月刊放送ジャーナル　34(1)通号363　〔2004.1〕　p78〜81
西正	放送と通信の融合(3) 地上波デジタル放送が抱える課題(1)：月刊放送ジャーナル　34(2)通号364　〔2004.3〕　p78〜81
山田賢一	メディア「自立化」への第一歩——台湾のラジオ・テレビ3法修正：放送研究と調査　54(3)通号634　〔2004.3〕　p50〜57
西正	放送と通信の融合(4) 地上波デジタル放送が抱える課題(2)：月刊放送ジャーナル　34(3)通号365　〔2004.4〕　p72〜75
小田桐誠	放送免許のすべて 第一回 これでも「設備免許なのか」：放送レポート　188号　〔2004.5〕　p2〜9
西正	放送と通信の融合(5) 試練の衛星デジタル放送のコンテンツ戦略(1)：月刊放送ジャーナル　34(4)通号366　〔2004.5〕　p64〜67
西正	放送と通信の融合(6) 試練の衛星デジタル放送、コンテンツ戦略(2)：月刊放送ジャーナル　34(5)通号367　〔2004.6〕　p60〜63
小田桐誠	放送免許のすべて 第二回 多すぎる？ 不開示情報：放送レポート　189号　〔2004.7〕　p6〜13
西正	放送と通信の融合(7) 試練の衛星デジタル放送、コンテンツ戦略(3)：月刊放送ジャーナル　34(6)通号368　〔2004.7〕　p90〜93
西正	放送と通信の融合(第8回) 試練の衛星デジタル放送、コンテンツ戦略（その4）：月刊放送ジャーナル　34(7)通号369　〔2004.8〕　p60〜63
小田桐誠	放送免許のすべて 第三回 問題番組がずらりと：放送レポート　190号　〔2004.9〕　p34〜41
西正	放送と通信の融合(9) ブロードバンド対応の行方：月刊放送ジャーナル　34(8)通号370　〔2004.9〕　p62〜65
松井茂記	政治的公平と放送の自由〔含 資料 テレビ朝日、山形テレビに対する総務省の「厳重注意」（全文）〕（特集 テレビ放送の「政治的公平」）：月刊民放　34(9)通号399　〔2004.9〕　p5〜11
香取淳子	放送・通信規制機関の統合に動く豪州——ABA年次大会に参加して：月刊民放　34(9)通号399　〔2004.9〕　p34〜37
田島泰彦,藤森研,藤川忠宏	座談会 改憲とジャーナリズム：放送レポート　191号　〔2004.11〕　p2〜13
小田桐誠	放送免許のすべて 第4回 不開示情報総まくり：放送レポート　191号　〔2004.11〕　p38〜45
柏村武彦	（特別インタビュー）柏村 武彦・参院総務理事：放送界　No0167　〔2005〕
上原伸元	米国の放送メディアをめぐる所有規制の推移——放送メディアの発展と規制緩和の論理：コミュニケーション研究　(35)　〔2005〕　p105〜116
西土彰一郎	メディアの自由における機能分化の位相(1) 再送信制度を素材として：名古屋学院大学論集. 社会科学篇　41(3)　〔2005〕　p203〜217
西土彰一郎	メディアの自由における機能分化の位相(2) 再送信制度を素材として：名古屋学院大学論集. 社会科学篇　41(4)　〔2005〕　p175〜189
西土彰一郎	メディアの自由における機能分化の位相(3) 再送信制度を素材として：名古屋学院大学論集. 社会科学篇　42(2)　〔2005〕　p69〜89
鈴木祐司	放送と通信・融合のゆくえ：放送文化　通号8　〔2005.秋〕　p68〜73
小田桐誠	放送免許のすべて 第5回 暴かれた株保有の実態：放送レポート　192号　〔2005.1〕　p2〜5
服部孝章	放送法軽視とNHK・民放併存体制の維持（再構築 放送の2元体制(1)）：月刊民放　35(2)通号404　〔2005.2〕　p5〜9
西正	デジタル時代の放送法——その現状と問題点：放送文化　通号6　〔2005.3〕　p87〜93
坂本衛	元政府高官の番組干渉はなぜダメか？（特集 まもろう！ 放送法）：月刊民放　35(4)通号406　〔2005.4〕　p16〜19
伊藤高史	傷ついたのは「ジャーナリズム」だ（特集 まもろう！ 放送法）：月刊民放　35(4)通号406　〔2005.4〕　p20〜23
飯室勝彦	法律時評 NHK番組改変問題と放送法、報道の自由：法律時報　77(4)通号955　〔2005.4〕　p1〜3
小田桐誠	放送免許のすべて 最終回 株保有の奇々怪々：放送レポート　194号　〔2005.5〕　p14〜20
坂上香,服部孝章,野中章弘,簑葉信弘	シンポジウム 市民・政治・放送 〜NHK「政治介入」問題を考える：放送レポート　195号　〔2005.7〕　p2〜17
小田桐誠,松田浩,須藤春夫	座談会 放送免許を考える：放送レポート　197号　〔2005.11〕　p2〜12
音好宏	メディア利用行動の変化と放送の役割——人口動態の加速とメディア革命のはざまで（特集 放送の近未来図——誰のために何を伝えるのか）：月刊民放　35(11)通号413　〔2005.11〕　p22〜25
佐藤英雄	マスメディア関連の裁判を見る(17) 見出しのネット利用は不法行為：新聞通信調査会報　通号523　〔2005.12〕　p10〜12
久保田誠之	（特別インタビュー）久保田 誠之総務省官房審議官 "できること"ではなく"尽くすべきこと"〜あと1000日を切った地上デジタル放送」：放送界　No0185　〔2006〕
野田聖子	（特別インタビュー）野田 聖子・元郵政相：放送界　No0170　〔2006〕
西土彰一郎	メディアの自由における機能分化の位相(4) 再送信制度を素材として：名古屋学院大学論集. 社会科学篇　42(4)　〔2006〕　p113〜131
西土彰一郎	メディアの自由における機能分化の位相(5・完) 再送信制度を素材として：名古屋学院大学論集. 社会科学篇　43(1)　〔2006〕　p125〜143
七沢潔	放送と通信の「融合」・その現在値を探る——2005年 事業者たちのヒアリングから：NHK放送文化研究所年報　50　〔2006〕　p7〜59
山本博史	図説「放送」法(2)：放送文化　通号11　〔2006.夏〕　p89〜103
山本博史	図説「放送」法 特別編 放送制度改革案全比較——竹中懇談会報告書から規制改革・民間開放推進会議中間答申まで：放送文化　通号12　〔2006.秋〕　p92〜101
佐々木秀智	アメリカにおけるケーブルテレビ規制と言論の自由——再送信義務づけ規則を中心として：法律論叢　78(4・5)　〔2006.3〕　p81〜137
河内明子	「通信・放送融合」が迫る放送制度の見直し：レファレンス　56(4)通号663　〔2006.4〕　p105〜124
吉田一雄,高橋郁夫	「通信の秘密」の数奇な運命（憲法）：情報ネットワーク・ローレビュー　5　〔2006.5〕　p44〜70
山口誠	「放送」をつくる「第三組織」——松下電器製作所と「耳」の開発（特集＝放送80周年特集）：メディア史研究　20　〔2006.5〕　p26〜49

鈴木祐司	"通信と放送の融合"はどう議論されたのか?：放送研究と調査　56(10) 通号665 〔2006.10〕 p14~31	
服部孝章	世界の潮 命令国際放送問題とNHKの自立性放棄：世界　(759)〔2006.12〕 p20~24	
有馬哲夫	冷戦のメディア、日本テレビ放送網――正力マイクロ・ウェーヴ網をめぐる米国反共産主義外交・情報政策(3)：早稲田社会科学総合研究　7(2)〔2006.12〕 p13~31	
鳩山邦夫	(新春特別インタビュー)鳩山邦夫 総務大臣 変革時代下の放送政策~国策断行の予想もしない強い光と影：放送界　No0186 〔2007〕	
五十嵐文彦	(特別インタビュー)五十嵐文彦衆院議員・民主党ネクストキャビネット総務相：放送界　No0171 〔2007〕	
Xu, Haowen	中国のテレビ放送における境外資本の進出をめぐる法規変遷の考察：社会学研究科年報　(14)〔2007〕 p109~126	
越川洋	コミュニケーションの自由と公共放送――B.リボワの公共コミュニケーションの哲学から：NHK放送文化研究所年報　51 〔2007〕 p155~193	
山本博史	図説「放送」法(3)：放送文化　通号13 〔2007.冬〕 p90~97	
山本博史	徹底解剖・電気通信役務利用放送法(総力特集 非・地上波テレビ)：放送文化　通号13 〔2007.冬〕 p64~71	
山本博史	図説「放送」法(4)：放送文化　通号14 〔2007.春〕 p94~103	
澤雄二	特別インタビュー 澤雄二参院議員直撃 放送改革、その問題点は!：放送界　52(180)〔2007.夏季〕 p26~30	
山本博史	図説「放送」法(特別編)新・放送法でここが変わる!：放送文化　通号15 〔2007.夏〕 p71~91	
山本博史	図説「放送」法(5)：放送文化　通号16 〔2007.秋〕 p77~89	
前川英樹	放送政策をめぐる磁場の変化への対応を(特集1 展望2007)：月刊民放　37(1)通号427 〔2007.1〕 p4~9	
稲葉一将	行財政研究 日本放送協会の応答責任について：行財政研究　(64)〔2007.2〕 p14~27	
山田健太	憲法改正手続法案と放送の自由――広告禁止問題を中心に：月刊民放　37(2)通号428 〔2007.2〕 p28~33	
小田桐誠	国際放送の現場へGO! 内憂外患のNHK国際放送(特集 国際放送は誰のため? 何のため?)：ぎゃらく　通号453 〔2007.3〕 p18~21	
佐藤勉	「命令放送」の是非(その1)〈拉致問題〉に絡んだ特殊ケース!(特集 国際放送は誰のため? 何のため?)：ぎゃらく　通号453 〔2007.3〕 p12~14	
武正公一	「命令放送」の是非(その2)報道の自由への介入は許さない!(特集 国際放送は誰のため? 何のため?)：ぎゃらく　通号453 〔2007.3〕 p15~17	
松田浩	電波行政は誰が受け持つべきか――あらためて独立行政委員会制度を考える：月刊民放　37(4)通号430 〔2007.4〕 p32~35	
佐藤友之	これでもNHKの受信料を払いますか 第一章――放送法の矛盾：公評　44(3)〔2007.4〕 p104~111	
魚住昭、飯田正剛、服部孝章	座談会「編集の自由」は誰のものか NHK高裁判決をめぐって：放送レポート　206号 〔2007.5〕 p24~32	
丸山昇	「美しい国」の醜い行政指導 「あるある」問題で権限拡大狙う総務省：放送レポート　206号 〔2007.5〕 p2~7	
後藤登	英国における放送番組の「公平・公正性」――放送通信庁の「放送コード」と「苦情処理事例」：月刊民放　37(5)通号431 〔2007.5〕 p28~33	
砂川浩慶	放送の公共性を考える 表現の自由脅かす権力の介入――「メディアの役割」の視点欠いた改正論議の問題点：新聞研究　(670)〔2007.5〕 p32~36	
総合ジャーナリズム研究編集部	図説 放送「問題」史&放送政策史(総務大臣が「放送」を語るとき－－放送の「自由と責任」と権力と)：総合ジャーナリズム研究所　44(03)(通号201)〔2007.6〕 p24~33	
総合ジャーナリズム研究編集部	総務大臣が「放送」を語るとき－－放送の「自由と責任」と権力と：総合ジャーナリズム研究所　44(03)(通号201)〔2007.6〕 p34~40	
山本博史	放送法改正案への疑問――続・「総務省対テレビ局」をめぐる制度的深層：世界　(766)〔2007.6〕 p79~86	
馬屋原潔	国民投票法におけるメディア規制：マスコミ市民　通号461 〔2007.6〕 p38~41	
石井清司	戦後放送の夜明け ファイスナーと放送法 第一回~第十回：放送レポート　207号 〔2007.7~2009.5〕 p57~61	
臺宏士	放送の公共性を考える 「新聞」を射程に収めた総務省――放送法改正と情報通信法構想にみる思惑：新聞研究　(672)〔2007.7〕 p37~40	
井戸秀明	放送への政治介入をやめさせ、放送の独立、自由、自律を(特集 言論への弾圧)：マスコミ市民　通号463 〔2007.8〕 p9~15	
松田浩	何のための「放送の自由」か 市民との連帯関係回復を：放送レポート　208号 〔2007.9〕 p2~10	
藤永延代	関西だより NHK放送命令は9条改憲への近道か?：放送レポート　208号 〔2007.9〕 p37	
石井清司	戦後放送の夜明け ファイスナーと放送法 第2回：放送レポート　208号 〔2007.9〕 p38~41	
井上禎男	「視聴覚通信」領域における独立規制監督機関の役割――フランスCSAの権限行使を中心に：季刊行政管理研究　通号119 〔2007.9〕 p23~43	
石井清司	戦後放送の夜明け ファイスナーと放送法 第3回：放送レポート　209号 〔2007.11〕 p28~31	
岸博幸、岩崎貞明、砂川浩慶	対論「情報通信法」是か非か：放送レポート　209号 〔2007.11〕 p2~10	
小笠原倫明	(Special Interview)小笠原 倫明 総務省情報通信政策局長：放送界　No0182 〔2008〕	
竹田義行	(特別インタビュー)竹田義行・総務省情報通信政策局長：放送界　No0175 〔2008〕	
山本博史	図説「通信・放送」法(3)：放送文化　通号21 〔2008.冬〕 p58~69	
山本博史	図説「放送」法(6)：放送文化　通号17 〔2008.冬〕 p64~71	
西正	「マスメディア集中排除原則の緩和」の効果(改正放送法)：放送文化　通号18 〔2008.春〕 p74~77	
山本博史	図説「放送」法特別編 改正放送法解説(改正放送法)：放送文化　通号18 〔2008.春〕 p64~73	
山本博史	図説「通信・放送」法：放送文化　通号19 〔2008.夏〕 p66~75	
山本博史	図説「通信・放送」法(2)：放送文化　通号20 〔2008.秋〕 p58~67	
服部孝章	講演 放送法改正と表現の自由：放送レポート　210号 〔2008.1〕 p6~12	
石井清司	戦後放送の夜明け ファイスナーと放送法 第4回：放送レポート　210号 〔2008.1〕 p54~57	
石井清司	戦後放送の夜明け ファイスナーと放送法 第5回：放送レポート　211号 〔2008.3〕 p56~59	
砂川浩慶	放送制度 制度の根幹の理解が「信頼」の礎(特集「新・民放人」へのアドバイス)：月刊民放　38(3)通号441 〔2008.3〕 p12~15	
音好宏	放送法改正の経緯と諸論点――認定放送持ち株会社制度を中心に：新聞研究　(680)〔2008.3〕 p65~68	

村上圭子, 鈴木祐司	"通信放送融合"で何が変わるのか?——番組議論と調査から見る現状と今後の展望:放送研究と調査　58 (3) 通号682　〔2008.3〕　p28〜45	
村上聖一	検証 放送法「番組準則」の形成過程——理念か規制か, 交錯するGHQと日本側の思惑:放送研究と調査　58 (4) 通号683　〔2008.4〕　p54〜67	
石井清司	戦後放送の夜明け ファイスナーと放送法 第6回:放送レポート　212号　〔2008.5〕　p56〜59	
石井清司	戦後放送の夜明け ファイスナーと放送法 第7回:放送レポート　213号　〔2008.7〕　p56〜59	
石村耕治, 中村克己	石村PIJ代表に聞く NHK番組改編訴訟, 最高裁「編集の自由」を重視する判断の功罪——"編集の自由"と"取材される人の期待権"とのバランスを考える:CNNニューズ　(54)　〔2008.7〕　p7〜10	
前川英樹	もう一つの「中間論点整理」——通信・放送の総合的法体系を考える:月刊民放　38 (9) 通号447　〔2008.9〕　p4〜10	
長谷部恭男	メディア法廷 NHKのETV2001訴訟の最高裁判決と報道の自由[最高裁平成20.6.12判決]:Journalism　(221)　〔2008.10〕　p90〜93	
石井清司	戦後放送の夜明け ファイスナーと放送法 第8回:放送レポート　215号　〔2008.11〕　p60〜63	
総合ジャーナリズム研究編集部	TOPICS 2007 NHK受信料改定と放送法問題:総合ジャーナリズム研究所　45 (01)　(通号203)　〔2008.12〕　p39〜41	
佐藤友之	これでもNHKの受信料を払いますか 最終章——放送法第1条と「ラジオ深夜便」:公評　45 (11)　〔2008.12〕　p94〜101	
吉田眞人	(特別インタビュー)吉田眞人総務省放送政策課長 「認定放送持株会社〜改正放送法の実際」:放送界　No0183　〔2009〕	
鈴木良男	(特別インタビュー)鈴木 良男 旭リサーチセンター会長・前規制改革・民間開放推進本部議長代理:放送界　No0179　〔2009〕	
韓永學	編集の自由に関する一考察——NHK番組改編訴訟最高裁判決を題材に[最高裁2008.6.12判決]:マス・コミュニケーション研究　通号74　〔2009〕　p133〜151	
山本博史	図説「通信・放送」法(4):放送文化　通号22　〔2009.春〕　p58〜69	
山本博史	図説「通信・放送」法(5):放送文化　通号23　〔2009.夏〕　p60〜71	
山本博史	図説「通信・放送」法(特別編)通信・放送の総合的な法体系の在り方答申案解説:放送文化　通号24　〔2009.秋〕　p54〜65	
村上聖一	「情報通信法」論議で焦点となるコンテンツ規律——表現の自由, 言論の多様性をどう担保するか:放送研究と調査　59 (1) 通号692　〔2009.春〕　p20〜33	
石井清司	戦後放送の夜明け ファイスナーと放送法 第9回:放送レポート　217号　〔2009.3〕　p66〜69	
総合ジャーナリズム研究編集部	放送制度－－規制と緩和の動静(「テレビ」に残されたもの－－地上波TVを支える基盤の揺らぎ事情　社会と「テレビ」－－最近動向(04年〜08年)):総合ジャーナリズム研究所　46 (02)　(通号208)　〔2009.3〕　p23〜26	
石井清司	戦後放送の夜明け ファイスナーと放送法 最終回:放送レポート　218号　〔2009.5〕　p62〜66	
高橋郁夫, 舟橋信, 林紘一郎	通信の秘密の数奇な運命(制定法):情報ネットワーク・ローレビュー　8　〔2009.5〕　p1〜26	
山田健太, 内藤正光	見えてきた民主党メディア改革の全貌「自由と多様性をトコトン守ります。」インタビュー 総務副大臣 内藤正光(特集 民主党政権でテレビはどう変わる?):ぎゃらく　(通号486)〔2009.12〕　p12〜17	
角田卓士	活性化を狙う韓国メディア関連法改正——「保守系大手紙のテレビ支配」との批判も:新聞研究　(701)〔2009.12〕　p42〜45	
内藤正光	(緊急インタビュー)内藤正光 参議院議員 政権交代! 民主党の放送政策は?:放送界　No0189　〔2010〕	
内藤正光	(特別インタビュー)内藤正光 総務副大臣 「融合時代放送大改革・新モデル挑戦求む 跡地利用にらみ地デジ難問へ全手立て」:放送界　No0191　〔2010〕	
大塚一美	ジャーナリストの証言拒絶権法制化に関する一考察——米国を素材として:マス・コミュニケーション研究　通号77　〔2010〕　p167〜186	
山本博史	図説「通信・放送」法(6):放送文化　通号25　〔2010.冬〕　p56〜67	
山本博史	図説「通信・放送」法(7):放送文化　通号26　〔2010.春〕　p66〜77	
山本博史	図説「通信・放送」法(特別編)新・放送法(案)解説:放送文化　通号27　〔2010.夏〕　p48〜59	
山本博史	図説「通信・放送」法(8):放送文化　通号28　〔2010.秋〕　p44〜49	
音好宏	通信・放送法案, 通常国会提出へ(放送時評):メディア展望　通号577　〔2010.2〕　p24〜25	
三宅弘	報道と人権 「放送の自由」と名誉・プライバシーの保護(特集 放送人講座2010):月刊民放　40 (3) 通号465　〔2010.3〕　p26〜29	
村上聖一	電波監理委員会をめぐる議論の軌跡——占領当局, 日本政府, 放送事業者の思惑とその結末:放送研究と調査　60 (3) 通号706　〔2010.3〕　p2〜17	
壱岐一郎	「要請放送」は憲法違反だ 〜司法を疑った三年〜:放送レポート　224号　〔2010.5〕　p18〜21	
日隈一雄	ブック・ストリート 言論 「放送法改正」の危険性:出版ニュース　通号2211　〔2010.6〕　p34〜35	
山田健太	2010年放送法改正の意味と課題(特集 放送の将来像をどう描くか):月刊民放　40 (6) 通号468　〔2010.6〕　p20〜27	
村上聖一	放送関連法再編 残された課題——60年ぶりの通信・放送法体系見直し:放送研究と調査　60 (6) 通号709　〔2010.6〕　p68〜79	
砂川浩慶	「百害あって一利なし」の放送法改正 〜官僚による官僚のための法改正〜:放送レポート　225号　〔2010.7〕　p18〜21	
日隈一雄	ブック・ストリート 言論 靖国をめぐる抗議活動と表現の自由:出版ニュース　通号2220　〔2010.9〕　p26〜27	
有山輝雄	戦後放送制度形成過程研究——放送事業法案まで(特集 マス・メディアの自由と規制):メディア史研究　28　〔2010.9〕　p68〜92	
向後英紀	放送規制の源流を探る——米無線委員会の成立とその機能(特集 マス・メディアの自由と規制):メディア史研究　28　〔2010.9〕　p41〜57	
佐藤勉	(特別インタビュー)佐藤 勉 総務副大臣に聞く 「放送新行政 進む改革と課題!!」:放送界　No0184　〔2011〕	
山本博史	図説「通信・放送」法(9)電波法概説(1):放送文化　通号29　〔2011.冬〕　p44〜49	
山本博史	図説「通信・放送」法(10)電波法概説(2):放送文化　通号30　〔2011.春〕　p44〜49	
山本博史	図説「通信・放送」法(11):放送文化　通号31　〔2011.夏〕　p56〜61	

放送の自由・放送法	制度

山本博史　図説「通信・放送」法（最終回）：放送文化　通号32〔2011.秋〕p56〜67

神余心　メディア激動時代（23）「新放送法」に秘めた行政の狙いは新たな"メディア規制"の法体系：エルネオス　17（1）通号194〔2011.1〕p66〜69

山田健太　放送概念の拡張に伴う放送法の変質 小特集 新放送法の課題：法律時報　83（2）（通号1031）〔2011.2〕p84〜87

新田哲郎　フランス・公共放送改革2年——財源と組織改編で揺れる改革の道筋：放送研究と調査　61（2）通号717〔2011.2〕p28〜38

村上聖一　番組調和原則 法改正で問い直される機能——制度化の理念と運用の実態：放送研究と調査　61（2）通号717〔2011.2〕p2〜15

堀木卓也　放送制度 声に出して読みたい「放送法」（特集 新時代を切り拓け）：月刊民放　41（3）通号477〔2011.3〕p14〜16

音好宏, 山本博史　60年ぶりに抜本改正した放送法を考える：New media　29（3）通号335〔2011.3〕p72〜75

山田賢一　自由化による過当競争が招く事業免許紛争——台湾衛星テレビチャンネルの事例から：放送研究と調査　61（9）通号724〔2011.9〕p94〜101

王慧萍　台湾における通信・放送の融合に向けた規制改革に関する考察：社会情報学研究 : 日本社会情報学会誌　16（1）〔2012〕p81〜94

中村美子　イギリスの公共放送の制度と財源（「世界の公共放送の制度と財源」報告）：NHK放送文化研究所年報　56〔2012〕p140〜163

新田哲郎　フランスの公共放送の制度と財源（「世界の公共放送の制度と財源」報告）：NHK放送文化研究所年報　56〔2012〕p164〜179

山田賢一　台湾の公共放送の制度と財源（「世界の公共放送の制度と財源」報告）：NHK放送文化研究所年報　56〔2012〕p221〜230

原口一博　放送・通信融合時代 独占から分散型へ 変貌するジャーナリズムの在り様 直撃インタビュー 原口一博民主党衆議院議員に聞く!!：放送界　57（200）〔2012.夏季〕p34〜37

村澤繁夫　「放送の自由」を守るため（特集 新放送人講座2012—放送倫理＆コンプライアンス）：月刊民放　42（3）通号489〔2012.3〕p10〜12

王慧萍　通信・放送分野における規制機関の再編成と独立性 : 台湾の国家通信放送委員会（NCC）の設立を中心に：情報学研究 : 東京大学大学院情報学環紀要　（82）〔2012.3〕p85〜102

石井彰　毎日放送『たね蒔きジャーナル』打ち切りと番組存続運動のこれからの課題：マスコミ市民　通号526〔2012.11〕p42〜47

村上聖一　放送局免許をめぐる一本化調整とその帰結 : 裁量行政の変遷と残された影響：放送研究と調査　62（12）通号739〔2012.12〕p2〜21

村上聖一, 東山一郎　結びにかえて（特集 放送・通信融合の進展と放送制度の行方）：放送メディア研究　（10）〔2013〕p283〜291

曽我部真裕　検討課題として残された独立規制機関（特集 放送・通信融合の進展と放送制度の行方—放送・通信融合の進展にどう対応するか）：放送メディア研究　（10）〔2013〕p159〜183

長谷部恭男　研究者の視点から（特集 放送・通信融合の進展と放送制度の行方—インタビュー 放送法改正を考える）：放送メディア研究　（10）〔2013〕p53〜71

鈴木秀美　通信・放送の融合で揺らぐ放送概念と今後の方向性（特集 放送・通信融合の進展と放送制度の行方—放送・通信融合の進展にどう対応するか）：放送メディア研究　（10）〔2013〕p129〜157

西土彰一郎　通信・放送融合時代の公共放送のあり方 : 財源問題を素材にして（特集 放送・通信融合の進展と放送制度の行方—放送・通信融合の進展にどう対応するか）：放送メディア研究　（10）〔2013〕p209〜240

村上聖一　放送側から見た法改正の位置づけと課題（特集 放送・通信融合の進展と放送制度の行方—放送法改正の論点）：放送メディア研究　（10）〔2013〕p73〜104

村上聖一　放送・通信融合の中で地域放送をどう位置づけるか : 放送の地域性維持に向けた制度の機能（特集 放送・通信融合の進展と放送制度の行方—放送・通信融合の進展にどう対応するか）：放送メディア研究　（10）〔2013〕p241, 243〜282

村上聖一　NHK地域放送の編成はどう変わってきたか : 放送時間, 放送エリアの変遷をめぐる分析：放送研究と調査　63（8）通号747〔2013.8〕p18〜35

山田賢一　迷走する香港の「無料テレビ」新規免許問題 : 迫られる香港政府の「結論」：放送研究と調査　63（8）通号747〔2013.8〕p60〜70

村上聖一　初期"テレビ論"を再読する（第3回）制度論 : 放送規制論議の変遷：放送研究と調査　63（11）通号750〔2013.11〕p32〜47

大治浩之輔　メディア時評（50）「放送法の順守」とはなにか : NHK会長の使命：マスコミ市民　（542）〔2014.3〕p60〜62

村上聖一　放送法・受信料関連規定の成立過程 : 占領期の資料分析から：放送研究と調査　64（5）通号756〔2014.5〕p32〜47

砂川浩慶　業界再編狙う"放送法改正" : 「放送持株会社主導」がもたらすものは？：放送レポート　（248）〔2014.5〕p34〜37

西土彰一郎　マスメディアの「公正」その法的意味を捉え直す（特集 「公正・公平」は誰のために）：月刊民放　44（11）通号521〔2014.11〕p18〜22

鈴木秀美　番組編集準則の現代的意味（特集 「公正・公平」は誰のために）：月刊民放　44（11）通号521〔2014.11〕p13〜17

魚住真司　米国のフェアネス・ドクトリンはなぜ廃止されたのか（特集 「公正・公平」は誰のために）：月刊民放　44（11）通号521〔2014.11〕p23〜27

〔図 書〕

国立国会図書館.調査及び立法考査局　放送法改正に関する問題点と主要各国における立法例の概要　国立国会図書館調査及び立法考査局　1957　34p　24cm　（国図調立資料）

荘宏　放送制度論のために　日本放送出版協会　1963　423p　21cm

Coons, John, E., 日本民間放送連盟放送研究所　放送の自由と責任　岩崎放送出版社　1964　242p　22cm

山下巌　電波法のやさしい解説　誠文堂新光社　1969　184p　26cm　450円　（無線と実験ハム・シリーズ）

伊藤正己　放送制度—その現状と展望　3　日本放送出版協会　1978.10　316p　21cm　2500円

岡田新一	偏向NHKへの公開質問状─それでも公共放送と言えますか　岡田新一　1983.12　246p　21cm　700円		

岡田新一　偏向NHKへの公開質問状─それでも公共放送と言えますか　岡田新一　1983.12　246p　21cm　700円

芦部信喜　ニューメディア時代の放送制度像─共同討議　日本放送出版協会　1986.3　285, 42p　21cm　2900円

片岡俊夫　放送概論─制度の背景をさぐる　増補改訂　日本放送出版協会　1990.12　339p　21cm　3700円

情報通信分野競争政策研究会　放送事業と競争政策　情報通信分野競争政策研究会　1992.8　45p　26cm

長谷部恭男　テレビの憲法理論─多メディア・多チャンネル時代の放送法制　弘文堂　1992.12　176, 9p　20cm　1800円

郵政省放送行政局　放送六法　平成6年版　ぎょうせい　1994.3　426p　21cm　2500円

日本民間放送連盟　放送と通信の融合問題─放送制度国際比較　日本民間放送連盟研究所　1994.4　75p　26cm

東京大学社会情報研究所, 東京大学新聞研究所, 東大社会情報研究所, 東大新聞研究所　放送制度論のパラダイム　東京大学出版会　1994.6　351p　22cm　8858円

根岸毅, 堀部政男　放送・通信新時代の制度デザイン─各国の理念と実態　日本評論社　1994.8　271p　22cm　3090円

郵政省「21世紀に向けた通信放送の融合に関する懇談会」　融合メディアの新時代　読売新聞社　1996.9　291p　21cm　3000円

鈴木秀美　放送の自由　信山社出版　2000.6　328p　22cm　9000円

塩野宏　放送法制の課題　オンデマンド版　有斐閣　2001.9　429, 6p　22cm　9800円　（行政法研究　第6巻）

舟田正之, 長谷部恭男　放送制度の現代的展開　有斐閣　2001.11　284p　22cm　5600円

西正　放送・通信融合時代の夜明け　日刊工業新聞社　2002.10　173p　19cm　1400円　（B&Tブックス─放送ビッグバン 6）

稲葉一将　放送行政の法構造と課題─公正な言論空間の変容と行政の公共性　日本評論社　2004.2　262p　22cm　8400円

日本総合研究所　テレビ番組制作業における下請取引実態と改正下請法の内容─改正下請法の円滑な運用に向けて　日本総合研究所　2004.3　69p　30cm

日本民間放送連盟　民放連放送基準解説書2004　コーケン出版　2004.4　546p　22cm　1575円

放送の今日的課題─委員会の役割と今後のテーマ　放送倫理・番組向上機構　2006.9　34p　30cm　（放送番組委員会記録）

衆議院　放送法等の一部を改正する法律案について─総務委員会参考資料　衆議院調査局総務調査室　2007.5　203p　30cm

中村伊知哉　「通信と放送の融合」のこれから─コンテンツ本位の時代を迎えて法制度が変わる　翔泳社　2008.1　262p　20cm　2200円

21世紀政策研究所, 慶應義塾大学SFC研究所　通信と放送の融合をめぐる法制のあり方─慶應義塾大学SFC研究所21世紀政策研究所共同研究　報告書　慶應義塾大学SFC研究所　2008.6　204p　30cm

西正　「放送と通信の融合」がよくわかる本─激変する視聴シーンとビジネスモデル　毎日コミュニケーションズ　2008.9　214p　19cm　1600円

砂川浩慶, 山田健太, 鈴木秀美　放送法を読みとく　商事法務　2009.7　336p　21cm　3300円

放送倫理番組向上機構　放送法と表現の自由─BPO放送法研究会報告書　放送倫理・番組向上機構　2010.2　195p　21cm

日本民間放送連盟　放送の将来像と法制度研究会─報告書　日本民間放送連盟研究所　2010.3　138p　30cm

西土彰一郎　放送の自由の基層　信山社　2011.1　306, 4p　22cm　9800円　（学術選書 57─憲法）

舟田正之　放送制度と競争秩序　有斐閣　2011.12　289p　22cm　6800円

金澤薫　放送法逐条解説　改訂版　情報通信振興会　2012.1　540p　22cm　4800円

林怡蓉　台湾社会における放送制度─デリベラティヴ・デモクラシーとマスメディアの規範理論の新たな地平　晃洋書房　2013.2　213p　22cm　4300円

総務省総合通信基盤局消費者行政課　プロバイダ責任制限法　改訂増補版　第一法規　2014.3　493p　21cm　3600円

衆議院　放送法及び電波法の一部を改正する法律案（内閣提出第69号）について─総務委員会参考資料　衆議院調査局総務調査室　2014.5　159p　30cm

衆議院　放送法の一部を改正する法律案について（原口一博君外3名提出、衆法第3号）─総務委員会参考資料　衆議院調査局総務調査室　2014.5　35p　30cm

取材の自由・取材源の秘匿

〔雑誌記事〕

児島宗吉　取材活動の自由と限界：新聞研究　通号44　〔1955.3〕　p48～51

松村禎彦　いわゆる取材源について倫理慣行と名誉毀損罪における事実証明の程度：法学新報　64（7）〔1957.7〕　p491～497

原四郎　なぜニュース・ソースを秘匿するか（座談会）：世界　通号145　〔1958.1〕　p247～260

内田力蔵　法廷での写真撮影禁止と新聞の自由にかんする米国の最近の事情──エクス・パーティ・スターム事件─3・完─：判例時報　通号157　〔1958.8〕　p4548～4549

河村欣二　取材面からみた新聞と放送：新聞研究　通号131　〔1962.6〕　p29～39

前田雄二　取材活動の倫理と法律：新聞研究　通号136　〔1962.11〕　p26～34

広瀬英彦　プレス・キャンペーン史（欧米編）──取材の研究─10─：新聞研究　通号186　〔1967.1〕　p74～82

春原昭彦　プレス・キャンペーン史（日本編）──取材の研究─10─：新聞研究　通号186　〔1967.1〕　p63～73

青木彰　プレス・キャンペーン──取材の研究─10─：新聞研究　通号186　〔1967.1〕　p53～62

川中康弘　岐路に立つ大学のマスコミ教育－－実務教育か, 理論研究か（座談会）：総合ジャーナリズム研究　04（03）〔1967.2〕　p4～21

稲野治兵衛　取材組織の病理を探る：新聞研究　通号195　〔1967.10〕　p26～34

藤竹暁　環境について──現代ジャーナリズム論序説：放送学研究　通号16　〔1967.10〕　p5～58

青木彰　記者と取材──取材の研究─19─：新聞研究　通号196　〔1967.11〕　p27～39

青木彰　取材記者の基本要件（現代新聞記者読本）：新聞研究　通号213　〔1969.4〕　p15～19

石村善治　TVフィルム提出命令と言論の自由：法律時報　41（13）〔1969.11〕　p78～89

総合ジャーナリズム研究編集部　証拠提出拒否と言論の自由（座談会）：総合ジャーナリズム研究所　07（01）〔1970.1〕　p4～26

山田年栄, 浅野修　取材・報道のルールと法律（現代新聞記者の基礎知識（特集））：新聞研究　通号224　〔1970.3〕　p32～39

鈴木茂嗣　報道機関に対するフィルム提出命令と報道の自由：判例タイムズ　21（3）〔1970.3〕　p103～110

堀部政男　秘密文書報道事件と民事手続（特集・ベトナム機密文書漏洩事件をめぐって）：法律のひろば　24（10）〔1971.10〕　p18～24

取材の自由・取材源の秘匿　　　　　　　　　　制度

上田健一　　情報源と取材活動（新聞講座から）：新聞研究　通号245　〔1971.12〕 p39～44

新聞編集関係法制研究会　新聞編集関係法制の研究―22―新聞の権利―2―資料・フィルム等の提出拒否権：新聞研究　通号247　〔1972.2〕 p63～71

吉岡政　　なぜ私のフィルムを押収したのか：マスコミ市民　通号058　〔1972.3〕 p52～58

清水英夫　信託として知る権利 ＜特集＞非日常のクロニアル―あさまにおける「革命の終焉」劇と「沖縄密約暴露」：放送批評　No.054　〔1972.6〕

石福秀太郎　否定されたニュース源秘匿のための証言拒否権――アメリカ最高裁の判決と波紋（海外情報）：新聞研究　通号253　〔1972.8〕 p96～99

橋本正邦　ニュース源秘匿権立法への動き――米最高裁判決のその後：新聞研究　通号259　〔1973.2〕 p70～75

吉岡政　　法廷内と外とのたたかい――沖縄フィルム押収事件：マスコミ市民　通号072　〔1973.6〕 p24～27

スミス, スタンホード, 橋本正邦　情報の自由な流れと秘匿権――清報源秘匿に関するANPA〔米国新聞協会〕の証言：新聞研究　通号263　〔1973.6〕 p56～59

吉岡政　　寄稿 大詰めにきた「沖縄フィルム押収事件」：マスコミ市民　通号080　〔1974.4〕 p48～53

香川達夫　報道取材の自由とそそのかし：判例時報　通号732　〔1974.4〕 p7～11

石福秀太郎　「取材源秘匿」をめぐる米・報道界の戦い（海外情報）：新聞研究　通号303　〔1976.10〕 p54～57

石福秀太郎　ファーバー記者メモ提出拒否事件――そのいきさつと報道界への影響（海外情報）：新聞研究　通号329　〔1978.12〕 p58～61

堀部政男　記者の証言拒否権――札幌地裁決定と学説〔含 札幌地裁決定全文〕：新聞研究　通号336　〔1979.7〕 p71～75

町野朔　　札幌高裁決定を読んで（北海道新聞記者取材源秘匿裁判）：新聞研究　通号339　〔1979.10〕 p63～68

広瀬英彦　西ドイツの証言拒否権論争――「身元」の解釈が焦点に（海外情報）：新聞研究　通号339　〔1979.10〕 p76～79

総合ジャーナリズム研究編集部　告発ジャーナリズム考：総合ジャーナリズム研究所　17（01）　〔1980.1〕 p122～124

清水英夫　取材源の秘匿と公正な裁判：判例タイムズ　31（1）　〔1980.1〕 p12～17

大野正男　最高裁決定の問題点と今後（北海道新聞記者取材源秘匿裁判）：新聞研究　通号346　〔1980.5〕 p10～27

奥田剣志郎　取材・報道の自由をめぐる司法判断の推移（北海道新聞記者取材源秘匿裁判）：新聞研究　通号346　〔1980.5〕 p45～49

榎原猛　　報道機関の取材上の特権と平等条項―5完―報道機関の証言等拒絶特権（大浦敏弘先生退官記念号）：阪大法学　通号116・117　〔1981.3〕 p55～105

モレンホフ, クラーク・R, 新聞研究編集部　情報源を考える――匿名か否か（ニーマン・レポート誌1981年夏季号）（ワシントン・ポスト紙虚偽報道事件―米国各紙・誌の論評（資料））：新聞研究　通号362　〔1981.9〕 p46～48

鎌田猛, 堀部政男　米連邦最高裁のチャンドラー対フロリダ州事件判決全文（資料）（法廷カメラ取材の諸問題―アメリカの法廷写真取材とチャンドラー判決）：新聞研究　通号373　〔1982.8〕 p24～34

赤尾光史　法廷カメラ取材で編集委, 要望書提出（マスコミの焦点）：新聞研究　通号381　〔1983.4〕 p85～87

藤岡伸一郎　「日刊新愛媛」新聞に対する…"取材拒否"問題の徹底研究－1～9：総合ジャーナリズム研究　22（01）～24（01）　〔1985.1～1987.1〕 p115～129

奥平康広　取材の自由か取材拒否の自由か――愛媛でのできごとを素材に：法学セミナー　通号364　〔1985.4〕 p8～11

奥平康広　取材の自由か取材拒否の自由か―続―いくつかの事例研究：法学セミナー　通号365　〔1985.5〕 p8～11

宝子山幸充　「取材拒否問題」経過報告――愛媛県の日刊新愛媛に対する：新聞研究　通号407　〔1985.6〕 p72～74

ばばこういち, 加東康一, 山本清貴, 太田英昭, 田川一郎　第一線テレビマンが語る取材の裏側 三浦報道総括：放送批評　No.198　〔1985.12〕

塚本重頼　マス・メディアと情報源の開示（英米判例研究―6―）：判例時報　通号1178　〔1986.3〕 p19～21

大早友春　愛媛の実例がせめてプラスに…（「日刊新愛媛」新聞に対する…"取材拒否"問題の徹底研究－－取材拒否から廃刊へ＜総集編＞）：総合ジャーナリズム研究　24（02）　〔1987.4〕 p93～96

中川博司　再び1県1紙となったいま…（「日刊新愛媛」新聞に対する…"取材拒否"問題の徹底研究－－取材拒否から廃刊へ＜総集編＞）：総合ジャーナリズム研究　24（02）　〔1987.4〕 p77～80

宮田生美　真偽, 責任すべて曖昧なまま…（「日刊新愛媛」新聞に対する…"取材拒否"問題の徹底研究－－取材拒否から廃刊へ＜総集編＞）：総合ジャーナリズム研究　24（02）　〔1987.4〕 p81～83

横田俊文　政治権力との拮抗, 摩擦…（「日刊新愛媛」新聞に対する…"取材拒否"問題の徹底研究－－取材拒否から廃刊へ＜総集編＞）：総合ジャーナリズム研究　24（02）　〔1987.4〕 p74～77

藤岡伸一郎　日刊新愛媛の最期（「日刊新愛媛」新聞に対する…"取材拒否"問題の徹底研究－－取材拒否から廃刊へ＜総集編＞）：総合ジャーナリズム研究　24（02）　〔1987.4〕 p66～73

総合ジャーナリズム研究編集部　「日刊新愛媛」新聞に対する…"取材拒否"問題の徹底研究－－取材拒否から廃刊へ＜総集編＞：総合ジャーナリズム研究所　24（02）　〔1987.4〕 p65～96

田口達也　取材の自由と責任――新聞学会春季研究発表会・シンポジウムから：新聞研究　通号432　〔1987.7〕 p80～82

田村進　　法廷内カメラ取材, 1歩前進（マスコミの焦点）：新聞研究　通号439　〔1988.2〕 p77～79

奥平康広　裁判の公開――メモ禁止訴訟東京高裁判決を契機に（新・ジュリストの目）：ジュリスト　通号904　〔1988.3〕 p4～22

ルイス, チャールズ・J, 橋本正邦　匿名情報の取引――ワシントンの記者たちは毎日, 実名か匿名かについて情報源と交渉している：新聞研究　通号443　〔1988.6〕 p62～65

斎藤文男　検察のビデオ押収と「報道の自由」：マスコミ市民　通号244　〔1989.1〕 p26～33

ウィルヘルム, パトリシア, 橋本正邦　情報源の保護－上―：新聞研究　通号450　〔1989.1〕 p47～55

堀部政男　取材ビデオ押収事件と「報道の自由」 日本テレビ・ビデオテープ押収処分に関する意見書〈全文掲載〉（その1）：月刊民放　19（212）　〔1989.2〕 p33～37

堀部政男　ビデオテープ押収事件と報道の自由――アメリカ的発想から問題点を探る：新聞研究　通号451　〔1989.2〕 p39～43

青木正　　議院証言法改正による撮影禁止に対する放送の対応：新聞研究　通号451　〔1989.2〕 p51～54

ウィルヘルム, パトリシア, 橋本正邦　情報源の保護－下―：新聞研究　通号451　〔1989.2〕 p55～63

仙石伸也　日本テレビ・取材テープ押収事件――最高裁が特別抗告を棄却（マスコミの焦点）〔含 資料〕：新聞研究　通号452　〔1989.3〕 p90～92, 94～96

大久保史郎	テレビフィルムの押収と報道・取材の自由——日テレ・ビデオテープ押収事件準抗告審決定を読む：法セミ　通号411　〔1989.3〕　p26～29
浜田純一	傍聴人のメモ採取，原則自由に——「レペタ訴訟」最高裁判決〔含 資料〕（マスコミの焦点）：新聞研究　通号453　〔1989.4〕　p86～91
上口裕	捜査機関による報道資料の差押——日本テレビ事件をめぐって一上一：法律時報　61（13）〔1989.11〕　p63～68
上口裕	捜査機関による報道資料の差押——日本テレビ事件をめぐって一下一：法律時報　62（1）〔1990.1〕　p88～93
岩崎信道	仙台地裁による未編集テープ "検閲" 問題（マスコミの焦点）：新聞研究　通号463　〔1990.2〕　p83～85
服部孝章	TBS未編集テープ押収事件の問題点（マスコミの焦点）：新聞研究　通号468　〔1990.7〕　p86～88
松尾竜彦	テレビと裁判報道（司法取材と報道）：新聞研究　通号470　〔1990.9〕　p44～46
鍔山英次	法廷写真の意義（司法取材と報道）：新聞研究　通号470　〔1990.9〕　p40～43
和田義之	法廷内カメラ取材で1部制限緩和——新運用基準スタート（マスコミの焦点）：新聞研究　通号475　〔1991.2〕　p100～103
河村好市	接見（面会）取材を阻むものはなにか——東京地裁判決を考える：新聞研究　通号491　〔1992.6〕　p49～52
和田義之	取材拒否の慣行を改めよ——検察取材で編集委員会が申し入れ：新聞研究　通号510　〔1994.1〕　p68～71
倉持孝司	イギリスにおけるジャーナリストの情報源保護と一九八一年裁判所侮辱法第一〇条（一）：朝日法学論集　（12）〔1994.6〕　p119～148
吉田健	民事訴訟法改正と取材の自由——新聞協会第2次意見書の考え方：新聞研究　通号515　〔1994.6〕　p74～77
佐久間準	TBS vs. 読売訴訟 取材源「秘匿」・「管理」の考察——読売主張にみる相互不信の構図：マスコミ市民　通号308　〔1994.7〕　p30～40
右崎正博	記者会見拒否は許されるか——小沢新生党代表幹事の会見拒否問題をめぐって（表現の自由・マスメディアを考える　第1歩＜特集＞）：法学セミナー　通号475　〔1994.7〕　p64～67
飯室勝彦	取材・報道と「無罪推定の原則」——元気を出せ事件記者（報道と人権＜特集＞）：自由と正義　45（8）〔1994.8〕　p45～51
桂敬一	ジャーナリズムにとってオフレコとは：世界　通号617　〔1996.1〕　p163～166
林利隆	求められる「専門職」としての意識——TBS取材テープ問題を考える：新聞研究　通号538　〔1996.5〕　p56～58
原寿雄	TBSビデオ問題を考える 問題提起1 ハウツウでなく哲学としてのジャーナリズム倫理を：放送レポート　141号　〔1996.7〕　p2～5
蟹瀬誠一	TBSビデオ問題を考える 問題提起2 専門職としてのジャーナリスト育成するシステムを：放送レポート　141号　〔1996.7〕　p5～8
総合ジャーナリズム研究編集部	TBS自らの「問題」報道1（特別企画 「TBS問題」報道の研究1 ジャーナリズムが失ったもの，得たもの）：総合ジャーナリズム研究所　33（03）〔1996.7〕　p111～144
総合ジャーナリズム研究編集部	「TBS問題」報道の研究2：総合ジャーナリズム研究所　33（03）〔1996.7〕　p66～95
斎藤千代	コラム（凝視）TBS事件に想う（特別企画 「TBS問題」報道の研究1 ジャーナリズムが失ったもの，得たもの）：総合ジャーナリズム研究　33（03）〔1996.7〕　p94～95
蟹瀬誠一	ニュースメディアとしてのテレビの本質的構造欠陥（特別企画 「TBS問題」報道の研究1 ジャーナリズムが失ったもの，得たもの）：総合ジャーナリズム研究　33（03）〔1996.7〕　p73～77
蟹瀬誠一, 吉永春子, 桂敬一, 原寿雄, 田島泰彦, 服部孝章	パネル・ディスカッション TBSビデオ問題を考える：放送レポート　141号　〔1996.7〕　p2～21
諏訪澄	プロデューサーはなぜ懲戒解雇されるのか 処分理由に異議あり TBS坂本弁護士テープ問題：放送批評　No.324　〔1996.7〕
田原茂行	栄光のTBSを腐らせたもの 電波発業業の自己破壊 TBS坂本弁護士テープ問題：放送批評　No.324　〔1996.7〕
総合ジャーナリズム研究所	特別企画 「TBS問題」報道の研究1 ジャーナリズムが失ったもの，得たもの：総合ジャーナリズム研究　33（03）〔1996.7〕　p48～55
北村美憲	特別番組『証言』を検証する－前篇－「坂本弁護士テープ問題」の根源は何か（特別企画 「TBS問題」報道の研究1 ジャーナリズムが失ったもの，得たもの）：総合ジャーナリズム研究　33（03）〔1996.7〕　p78～93
坂本衛	問題は少しも解決しない バッシングに興じたマスコミの罪 TBS坂本弁護士テープ問題：放送批評　No.324　〔1996.7〕
桂敬一	放送ジャーナリズムの復権を考える——TBS事件が問いかけるもの：月刊民放　26（7）〔1996.7〕　p24～27
伊豫田康弘	再生のための宿題 TBS坂本弁護士テープ問題：放送批評　No.325　〔1996.8〕
須藤春夫	事件を生んだ構造的背景 プロデューサー職能の不在 TBS坂本弁護士テープ問題：放送批評　No.325　〔1996.8〕
ばばこういち, 音好宏, 坂本衛, 小玉美意子, 村木正, 辻一郎, 尾中洋一, 服部孝章	揺れるTBS、8つの論点 TBS坂本弁護士テープ問題：放送批評　No.325　〔1996.8〕
真木繁	続・TBSビデオ問題を考える 表現の自由を縛る この番組チェックの横行はなんだ！：放送レポート　142号　〔1996.9〕　p2～7
神田和則	TBS問題 検証番組チームから見えたこと：世界　通号626　〔1996.9〕　p226～234
村木良彦	TBS問題「放送人」は何処へ行ったのか？：世界　通号626　〔1996.9〕　p235～242
小池正春	TBS，そしてあれから…（「TBS問題」報道の研究2）：総合ジャーナリズム研究　33（04）〔1996.10〕　p71～76
総合ジャーナリズム研究所	TBS自らの「問題」報道－2－週刊誌の取り上げ方（「TBS問題」報道の研究2）：総合ジャーナリズム研究所　33（04）〔1996.10〕　p71～100
北村美憲	特別番組『証言』を検証する〔後篇〕「坂本弁護士テープ問題」の根源は何か（「TBS問題」報道の研究2）：総合ジャーナリズム研究　33（04）〔1996.10〕　p84～100
蟹瀬誠一	テレ朝「釈明」に重大疑問 ＜特集＞テレ朝・人見記者 "突撃取材" のどこが悪い！：放送批評　No.334　〔1997.5〕
放送レポート編集部	ペルーの日本大使公邸内取材への非難の嵐とテレビ朝日のおそまつな対応はなぜだ！：放送レポート　146号　〔1997.5〕　p2～4
西田雅夫	原油流出事故の「報道被害」＜特集＞テレ朝・人見記者 "突撃取材" のどこが悪い！：放送批評　No.334　〔1997.5〕
門奈直樹	「報道の自由」を高く掲げよ ＜特集＞テレ朝・人見記者 "突撃取材" のどこが悪い！：放送批評　No.334　〔1997.5〕
清水泰	取材される側からみた「取材洪水」の検証 中華航空機墜落・炎上事故報道をめぐって：放送レポート　149号　〔1997.11〕　p30～34

海部一男	取材活動の特権と限界——アメリカにおける隠しカメラ訴訟：NHK放送文化調査研究年報　通号43〔1998〕p219〜256
金哲薫, 李光鎬	日本と韓国の比較を中心として——ジャーナリストと取材源との相互作用に関する探索的研究：メディア・コミュニケーション：慶応義塾大学メディア・コミュニケーション研究所紀要　通号48〔1998.3〕p133〜144
渥美東洋	取材源秘匿と犯罪解明 利益衡量の必要性（言論環境と法—組織犯罪対策法）：新聞研究　通号562〔1998.5〕p43〜46
村上宣雄	取材内容の傍受を記者は受忍できるか（言論環境と法—組織犯罪対策法）：新聞研究　通号562〔1998.5〕p40〜42
清水泰	テレビカメラが法廷に入る日 オウム裁判はなぜ生中継できないか：放送レポート　154号〔1998.9〕p16〜22
海部一男	証言拒絶権の現代的状況と問題点：NHK放送文化調査研究年報　通号44〔1999〕p159〜192
藤田博司	情報源明示の努力が足りない——日本の新聞の「情報源の扱い」に関する数量的研究から：新聞研究　通号571〔1999.2〕p31〜36
海部一男	加州反パパラッチ法と取材の自由：放送研究と調査　49（2）通号573〔1999.2〕p30〜39
坪井明典	「通信傍受法案」と取材・報道（1）：総合ジャーナリズム研究　36（03）（通号169）〔1999.7〕p7〜15
田城明	私の取材論 テイク・ア・チャンス——反核・平和報道に取り組んで：新聞研究　通号582〔2000.1〕p101〜104
小山剛	取材源の秘匿——取材源秘匿権と憲法21条（特集 メディアと憲法——表現の自由の意味と価値を考える）：法学教室　通号236〔2000.5〕p18〜21
山口昌子	私の取材論 好奇心が取材に挑戦する勇気をくれる——受験勉強同様、付け焼き刃は通用しない：新聞研究　（604）〔2001.11〕p52〜55
右崎正博	法廷におけるカメラ取材の意義と限界（特集 “表現の自由” の探求——メディア判例研究会五周年記念企画）：法律時報　74（1）通号913〔2002.1〕p23〜29
井上泰浩	言論の自由 人権侵害を境界線を越える取材——ジャーナリスト教育の欠如とマスコミ体質：法学セミナー　47（5）通号569〔2002.5〕p62〜66
棟居快行	報道に打撃与える番組ビデオの証拠採用——「公正な裁判の実現」名目に：新聞研究　（611）〔2002.6〕p49〜52
瓜生田和孝, 坂井真, 田島泰彦	座談会 取材の自由 問われる自律（特集 取材の自由が危ない——番組ビデオ証拠採用を機に考え）：月刊民放　32（7）通号373〔2002.7〕p8〜22
横内一美	危機に直面する取材源秘匿 法規制めぐる報道を分析：新聞通信調査会報　通号477〔2002.8〕p18〜20
小樽雅章	「内部告発」をどう考えますか：暮しの手帖. 第3世紀　（99）〔2002.8・9〕p108〜113
放送レポート編集部	安易なビデオ「証拠採用」に物申す 侵食される「取材の自由」：放送レポート　178号〔2002.9〕p6〜10
小西康之	新聞記者の個人HPにおける企業批判行為と懲戒処分の効力—日本経済新聞社（記者HP）事件 東京高判平成14.9.24（労働判例研究（981）：ジュリスト　（1238）〔2003.2〕p138〜141
メディア・フォーラム—制度としての内部告発者保護と取材源の秘匿（ロー・フォーラム）：法学セミナー　48（3）通号579〔2003.3〕p120〜121	
右崎正博	法廷内写真の撮影・公表と報道・取材の自由——和歌山保険金詐欺事件勾留理由開示裁判の法廷内写真をめぐって：独協法学　（60）〔2003.4〕p27〜52
清宮克良	取材源の多様化のために——NGO・NPO取材の意義：新聞研究　（624）〔2003.7〕p56〜59
常田照雄, 津山昭英, 桃井恒和	第1回取材と報道研究会 座談会 新聞の取材・報道環境の現状と課題——自由で責任あるジャーナリズムのために：新聞研究　（624）〔2003.7〕p38〜49
第2回取材と報道研究会 集団的過熱取材対策の現状と課題 真実の追究妨げない対応を——事件・事故報道の質的転換迫る：新聞研究　（625）〔2003.8〕p42〜49	
前田正義	いわゆる取材源秘匿権におけるノンコンフィデンシャル情報の保護：阪大法学　53（2）通号224〔2003.8〕p437〜466
第3回取材と報道研究会 容疑者報道の現状と課題 何を伝えるかの本質論議を——判断の透明性求められる時代：新聞研究　（626）〔2003.9〕p52〜57	
第4回取材と報道研究会 犯罪被害者報道の在り方 求められる自律的対応——冷静な判断保ち、被害者の痛み伝える：新聞研究　（627）〔2003.10〕p50〜55	
オルター, ジョナサン	U.S. AFFAIRS 提言 記者よ、リークを恐れるな：Newsweek　18（39）通号877〔2003.10〕p28
第5回取材と報道研究会——取材手法とルール 正当性判断の核心は公共性——当たり前の姿勢貫く強さと自制：新聞研究　（628）〔2003.11〕p46〜51	
第6回取材と報道研究会 名誉毀損訴訟判決の動向 報道の役割への無理解——揺れる「誤信相当性」の判断：新聞研究　（630）〔2004.1〕p50〜55	
第7回取材と報道研究会 プライバシーとジャーナリズム 肥大化するプライバシー——メディア側から主体的な論理構築を：新聞研究　（631）〔2004.2〕p40〜45	
辰濃哲郎	「無断録音テープ流出問題」の元朝日記者が沈黙を破る 事実か倫理か NHK VS.朝日——取材をめぐる「不毛な論議」：現代　39（3）〔2005.3〕p56〜61
安良城竜太	海外メディア事情 取材源証言拒否への制裁に反発——米報道界、連邦シールド法の制定求める：新聞研究　（644）〔2005.3〕p86〜89
オルター, ジョナサン	スクープと誤報のはざまで——コーラン報道 「匿名の情報源」に頼る理由と、頼りすぎてはいけない理由：Newsweek　20（21）通号957〔2005.6〕p18〜19
藤田博司	匿名情報源とジャーナリズム——時代の落差、日米の落差：新聞研究　（649）〔2005.8〕p69〜72
杉田弘毅	米紙面から消える匿名情報源 求められる読者への説明責任：新聞通信調査会報　通号520〔2005.10〕p1〜3
杉田弘毅	情報源証言拒否と米メディア——払拭できるか国民の不信：新聞研究　（654）〔2006.1〕p46〜49
中畑仁志	メディアスコープ 読売、NHKの取材源開示裁判 分かれた司法判断の争点：新聞研究　（658）〔2006.5〕p85〜87
恒次徹	明暗分けた判断——一連の取材源開示裁判を考察する：新聞研究　（659）〔2006.6〕p44〜47
原寿雄, 前沢猛, 田島泰彦	座談会 情報源とジャーナリズム：放送レポート　201号〔2006.7〕p48〜59
堀部政男	東京高裁決定（2006.3.17）を読み解く——取材源秘匿の意義と課題（特集 表現の自由は「いま」）：月刊民放　36（7）通号421〔2006.7〕p20〜23
服部孝章	「取材源の秘匿」をめぐる報道の自由と知る権利：法学セミナー　51（8）通号620〔2006.8〕p8〜11
一井泰淳, 下久保翼	取材源の秘匿を認めた最高裁決定——取材・報道の自由を守った判断の意義：新聞研究　（665）〔2006.12〕

	p30～35
飯田稔	判例研究 取材源秘匿権とその判断基準[最高裁判所平成18.10.3決定]：亜細亜法学　41（2）〔2007.1〕　p151～168
石高健次	取材と報道 相手との斬り結びそれこそが取材だ（特集 デジタル時代の「新・民放人」へ）：月刊民放　37（3）通号429　〔2007.3〕　p8～11
長谷部恭男	取材源秘匿と公正な裁判──憲法の視点から（特集1 取材源秘匿と公正な裁判）：ジュリスト　（1329）〔2007.3〕　p2～8
坂田宏	取材源秘匿と職業の秘密に基づく証言拒絶権について──いわゆる比較衡量論について（特集1 取材源秘匿と公正な裁判）：ジュリスト　（1329）〔2007.3〕　p9～17
一井泰淳, 川岸令和, 鈴木秀美	新聞法制研究会（第1回）まず取材源の秘匿について論議：新聞研究　（669）〔2007.4〕　p28～33
松井茂記	判例クローズアップ 民事訴訟と取材源の秘匿──最三小決平成18.10.3：法学教室　通号319　〔2007.4〕　p32～38
一井泰淳, 川岸令和, 鈴木秀美	新聞法制研究会（第2回）「取材源秘匿」をめぐる独・米の法制度と現状：新聞研究　（670）〔2007.5〕　p26～31
木下和寛	忍び寄るメディアコントロール──取材源守るための細心の注意を（国家機密と報道）：新聞研究　（670）〔2007.5〕　p10～13
右崎正博	法律時評 取材源についての証言拒絶に関する最高裁決定[最三小決平成18.10.3]：法律時報　79（5）通号982　〔2007.5〕　p1～3
青柳幸一	最近の判例から 記者の取材源秘匿をめぐる最高裁決定[最高裁平成18.10.3決定]：法律のひろば　60（5）〔2007.5〕　p71～78
安達栄司	民事判例研究（第24回）報道関係者の取材源に係る証言拒絶の可否[最三決平成18.10.3]：法律のひろば　60（7）〔2007.7〕　p57～62
総合ジャーナリズム研究編集部	取材源秘匿と記者の収監問題－－CIA工作員名漏洩事件から（米・メディア再編の向こうに…）：総合ジャーナリズム研究所　44（04）（通号202）〔2007.9〕　p14～20
和田武士	判例研究 報道関係者の取材源の秘密が、民訴法197条1項3号にいう「職業の秘密」にあたり、かつ原則として「保護に値する秘密」であるとして、証言の拒絶を認めた事例[最高裁平成18.10.3決定]：立教大学大学院法学研究　通号37　〔2008〕　p51～68
内藤正明	取材源の秘匿──外務省機密漏洩事件・宣誓証言拒否事件 メディアが背負った課題：名古屋外国語大学外国語学部紀要　（34）〔2008.2〕　p245～266
総合ジャーナリズム研究編集部	法廷内取材をめぐる攻防小史（転機を迎える「刑事裁判」報道）：総合ジャーナリズム研究所　45（02）（通号204）〔2008.3〕　p3～36
藤田和之	取材源秘匿はジャーナリストの鉄則──情報提供者を守り、信頼を築く（記者読本2008─記者となる君へ）：新聞研究　（680）〔2008.3〕　p22～25
陶山としか	マスメディアが破壊する「取材源の秘匿」（特集 司法とメディアを考える）：マスコミ市民　通号474　〔2008.7〕　p11～15
奥山俊宏	環境変化をとらえ、取材の枠を広げる──隠された不正を記事化する報道機関の役割（内部告発と取材源保護）：新聞研究　（691）〔2009.2〕　p10～13
阪口徳雄	公益通報者保護法の意義と問題点──国民利益の観点からみた法改正への提言（内部告発と取材源保護）：新聞研究　（691）〔2009.2〕　p14～17
堤秀司	情報の出口を規制する危険な動き──ひるまぬ追及、取材源秘匿の重要性（内部告発と取材源保護）：新聞研究　（691）〔2009.2〕　p22～25
谷川哲也	日本に公益通報の素地はあるのか──愛媛県警巡査部長の内部告発から考える（内部告発と取材源保護）：新聞研究　（691）〔2009.2〕　p18～21
和田武士	イギリスの民事事件における取材源秘匿の展開：立教大学大学院法学研究　通号41　〔2010〕　p1～34
河野正憲	民事手続法判例研究（3）報道関係者の取材源の秘密と証人義務──最高裁平成18年（許）第19号 証拠調べ共助事件における証人の証言拒絶についての決定に対する抗告棄却決定に対する許可抗告事件[平成18.10.3第三小法廷決定]：判例タイムズ　61（9）通号1317　〔2010.4〕　p57～62
小中陽太郎	14歳のくもりなき目 沖縄密約裁判判決に寄せて：放送レポート　225号　〔2010.7〕　p30～31
小町谷育子	沖縄密約『勝利判決』を受けて：放送レポート　225号　〔2010.7〕　p24～28
元木昌彦, 堤未果	元木昌彦のメディアを考える旅（150）堤未果氏（ジャーナリスト）アメリカ化する日本の「矛盾」の原因は政府の憲法軽視とメディアの情報閉鎖：エルネオス　16（7）通号188　〔2010.7〕　p104～109
樋川義樹	冒頭撮影拒否など課題が続出──甲府地裁の事例から（裁判員制度と取材・報道（第5回））：新聞研究　（708）〔2010.7〕　p30～32
山田隆司	ロー・アングル 記者ときどき学者の憲法論（4）事件報道と取材源秘匿：法学セミナー　55（7）通号667　〔2010.7〕　p50～51
畠山理仁	メディア一撃 録音・撮影が認められない"東京地検会見"は記者会見とはいえない：金曜日　18（27）通号822　〔2010.7〕　p56～57
塚越健司	リーク 内部告発を身近にした「ウィキリークス」の衝撃：エコノミスト　88（43）通号4120　〔2010.7〕　p39～41
Dickey, Christopher	THE TAKE ウィキリークスの情報は「事実」か──機密文書 垂れ流しにされたリーク情報は万能じゃない：Newsweek　25（43）通号1225　〔2010.11〕　p23
Haass, Richard	THE TAKE 公電暴露で学んだこと、失ったもの──ウィキリークス 情報の共有に二の足を踏めば、かえって国の安全保障が損なわれる：Newsweek　25（48）通号1230　〔2010.12〕　p24
神保太郎	メディア批評（第38回）（1）ウィキリークスは何を問いかけるか（2）情報を隠すもの、暴くもの：世界　（813）〔2011.2〕　p48～55
山田隆司	ロー・アングル 記者ときどき学者の憲法論（16）取材源秘匿とテープ提出命令：法学セミナー　56（7）通号679　〔2011.7〕　p54～55
神余心	メディア激動時代（30）「ウィキリークス」との連携めぐり火花 「朝日vs.読売」問われるメディアパワー：エルネオス　17（8）通号201　〔2011.8〕　p66～69
森純一	記者会見と取材メモ 手書きメモで取材力の鍛錬を 朝日新聞社「メモ6原則」：Journalism　（260）〔2012.1〕　p78～81

情報公開・知る権利・アクセス権　　　　　　　　　制度

高橋義人	パブリック・フォーラムにおける匿名性と情報テクノロジー：琉大法學　（87）〔2012.3〕　p1～35
藤田博司	メディア・リポート 新聞 裁判所に取材源を明かした日経の原則無視とメディアの鈍感：Journalism　（268）〔2012.9〕　p46～49
溝口烈	取材源秘匿への新たな決意 ： 特定秘密保護法とメディア：新聞研究　（749）〔2013.12〕　p38～42
平井康嗣	「国境なき記者団」に聞く 記者や情報源を護ることを、日本のメディアは真剣に考えているのか：金曜日　22（48）通号1038　〔2014.12〕　p22

〔図書〕

金子喜三	朝日新聞記者の証言拒否事件　［朝日新聞社］　1962　128p　25cm　（朝日新聞調査研究室報告社内用 93）
新聞取材研究会	新聞の取材　上　日本新聞協会　1968　350p　19cm　600円
日本民間放送連盟	取材の自由と公的規制を考える―テレビ報道事例研究報告書　日本民間放送連盟研究所　1996.4　263p　30cm
日本新聞協会	取材と報道　改訂4版　日本新聞協会　2009.10　139p　21cm　572円
藤田博司	どうする情報源―報道改革の分水嶺　リベルタ出版　2010.3　222p　20cm　1900円

情報公開・知る権利・アクセス権

〔雑誌記事〕

何初彦	国民は “知らされ”ているか：新聞研究　通号52　〔1955.11〕　p31～33
李相権	李政権下の言論弾圧と韓国新聞の抵抗：新聞研究　通号107　〔1960.6〕　p52～60
関口泰	米国における情報の自由：新聞研究　通号129　〔1962.4〕　p27～30
ボールドウィン, H., 藤原恒太	政府とニュース管理：総合ジャーナリズム研究　04（03）〔1967.2〕　p57～64
篠原一	国民の「知る権利」と新聞――言論・出版妨害問題事件の提起したもの（70年の政治状況と新聞）：新聞研究　通号227　〔1970.6〕　p7～14
藤木英雄	国民の「知る権利」と機密保護――ベトナム機密文書漏洩事件・米最高裁判決を読んで（特集・ベトナム機密文書漏洩事件をめぐって）：法律のひろば　24（10）〔1971.10〕　p10～17
石村善治	特集・放送ジャーナリズムの課題 「知る権利」とマス・メディア 言論の自由の積極的展開のために：月刊民放　02（09）〔1972.2〕　p4～8
岡村昭彦	特集・「知る権利」の燃えた一週間 だれが国民の心理操作に成功したのか：マスコミ市民　通号060　〔1972.5〕　p58～62
福島新吾	特集・「知る権利」の燃えた一週間 ガラスがくもれば専制政治：マスコミ市民　通号060　〔1972.5〕　p36～36
松山善三	特集・「知る権利」の燃えた一週間 国損：マスコミ市民　通号060　〔1972.5〕　p9～9
市川房枝	特集・「知る権利」の燃えた一週間 国民の「知る権利」と蓮見さんの役割り：マスコミ市民　通号060　〔1972.5〕　p5～5
芹沢彪衛	特集・「知る権利」の燃えた一週間 国民自ら「知る努力」を：マスコミ市民　通号060　〔1972.5〕　p13～13
岩井章	特集・「知る権利」の燃えた一週間 姿をみせた氷山の一角：マスコミ市民　通号060　〔1972.5〕　p8～8
芥川也寸志	特集・「知る権利」の燃えた一週間 私たち自身のために：マスコミ市民　通号060　〔1972.5〕　p10～11
安藤次郎, 伊藤吉春, 岩崎義雄, 菊池之雄, 神津洋, 正村公宏, 清水英夫, 西清子, 大村和徳, 塚本康, 辻中明夫, 田中智子, 日高六郎, 木村恭子, 野村平爾	特集・「知る権利」の燃えた一週間 私の意見 国民の「知る権利」とマスコミ報道について：マスコミ市民　通号060　〔1972.5〕　p42～49
田中寿美子	特集・「知る権利」の燃えた一週間 社会党は立ち上がるべきだ：マスコミ市民　通号060　〔1972.5〕　p7～7
小幡操	特集・「知る権利」の燃えた一週間 重大なる国民への挑戦：マスコミ市民　通号060　〔1972.5〕　p6～6
吉野源三郎, 中野好夫	特集・「知る権利」の燃えた一週間 対談 暗黒時代への警告：マスコミ市民　通号060　〔1972.5〕　p20～31
石村善治	特集・「知る権利」の燃えた一週間 知らせる義務と民主社会：マスコミ市民　通号060　〔1972.5〕　p32～34
稲葉三千男	特集・「知る権利」の燃えた一週間 「知る権利」を守るたたかいはこれからだ：マスコミ市民　通号060　〔1972.5〕　p38～39
大島渚	特集・「知る権利」の燃えた一週間 茶番劇を演じた猿は？：マスコミ市民　通号060　〔1972.5〕　p40～41
上田哲	特集・「知る権利」の燃えた一週間 特別報告 私はこうして首相を責めた：マスコミ市民　通号060　〔1972.5〕　p14～19
中野好夫	特集・「知る権利」の燃えた一週間 日本マスコミ市民会議常任理事として ミソとクソとを一緒にするな：マスコミ市民　通号060　〔1972.5〕　p1～1
木村禧八郎	特集・「知る権利」の燃えた一週間 本質をすりかえてはならぬ：マスコミ市民　通号060　〔1972.5〕　p12～12
星野安三郎	特集・「知る権利」の燃えた一週間 無憲法下の狂気の沙汰：マスコミ市民　通号060　〔1972.5〕　p37～37
吉岡攻	続・押収された私のフイルム：マスコミ市民　通号061　〔1972.6〕　p48～52
鴨良弼	知る権利シリーズ その1 権力とマスコミの自覚：マスコミ市民　通号063　〔1972.8〕　p30～35
梶谷善久	知る権利シリーズ さまざまの国でさまざまなたたかい：マスコミ市民　通号064　〔1972.9〕　p42～47
奥平康広	知る権利シリーズ 「知る権利」のもつ意味：マスコミ市民　通号065　〔1972.10〕　p40～44
稲葉三千男	「知る権利」裁判で何を問うべきか――通らぬスリカエの論理：エコノミスト　50（45）〔1972.10〕　p44～47
山川菊栄	「知らしむべからず」主義と「知る権利」：マスコミ市民　通号066　〔1972.11〕　p2～3
伊藤慎一	“受けとる権利”と“知る自由”――「知る権利」をめぐる二つの論議（海外情報）：新聞研究　通号256　〔1972.11〕　p54～57
峰北夫	特集 仁保事件差し戻し審判決 1 異常な取材規制：広島ジャーナリスト　46　〔1972.12〕
土屋正三	公衆の知る権利〔Corroll P.Corliss　The Public's Right to Know（“Police”1972年3月号）の紹介〕：警察研究　44（4）〔1973.4〕　p3～18
上田哲	記者座談会 「西山無罪」と揺らぐ「知る権利」：マスコミ市民　通号079　〔1974.2〕　p2～15
小林孝輔	知る権利と国家機密：判例時報　通号732　〔1974.4〕　p3～6
石福秀太郎	高まる「反論権」要求の声――米国における最近の動き（海外情報）：新聞研究　通号274　〔1974.5〕　p70～73
千葉雄次郎	知る権利と新聞記者の倫理（「公電漏えい事件」一審判決（特集）：新聞研究　通号274　〔1974.5〕　p27～31

上田勝美	国民の知る権利と国家機密——外務省秘密漏洩事件第一審判決について：判例時報　通号734〔1974.5〕p126～131	
石福秀太郎	米・連邦最高裁 "フロリダ州反論権法は違憲"（海外情報）：新聞研究　通号278〔1974.9〕p68～71	
松井修視	反論権に関する一考察——フランス・アメリカ合衆国を中心に（法学研究科）：福岡大学大学院論集　6（1）〔1974.12〕p69～84	
総合ジャーナリズム研究編集部　刑法「改正」と知る権利（シリーズ・刑法「改正」研究-1-）：総合ジャーナリズム研究所　12（01）〔1975.1〕p149～156		
稲葉三千男	知る権利とジャーナリスト（新聞記者読本）：新聞研究　通号284〔1975.3〕p12～15	
田中至	刑法「改悪」とテレビ報道（シリーズ・刑法「改正」研究-3-）：総合ジャーナリズム研究　12（03）〔1975.7〕p93～103	
総合ジャーナリズム研究編集部　大記者ブローヴィッツと "知る権利"：総合ジャーナリズム研究所　12（03）〔1975.7〕p6～34		
石福秀太郎	米国における「情報の自由改正法」以後の動き（海外情報）：新聞研究　通号291〔1975.10〕p86～89	
吉武輝子	刑法「改悪」反対運動とマスコミ報道（シリーズ・刑法「改正」研究-5-）：総合ジャーナリズム研究　13（01）〔1976.1〕p97～104	
広瀬英彦	西ドイツにおける反論権の特徴（海外情報）：新聞研究　通号295〔1976.2〕p68～71	
西岡祝	西ドイツにおける反論権の研究——プレスに対する反論について—1—：福岡大學法學論叢　20（3）〔1976.2〕p205～230	
西岡祝	西ドイツ州出版法における反論権規定（資料）：福岡大學法學論叢　20（3）〔1976.2〕p231～247	
浦部法穂	マス・コミをめぐる新しい権利——いわゆる「アクセス権」を中心として（新しい人権<特集>）：ジュリスト　通号606〔1976.2〕p42～48	
今橋盛勝	情報管制と住民の知る権利——茨城県「情報取扱基準」の憲法・行政法学的検討（関誠一先生追悼論文集）：茨城大学政経学会雑誌　通号35〔1976.3〕p47～75	
石村善治	知る権利とジャーナリストの今日的課題（新聞記者読本）：新聞研究　通号296〔1976.3〕p7～12	
小松原久夫	ワシントン76年3月——情報の自由を求めるダイナミズム：新聞研究　通号298〔1976.5〕p31～35	
堀部政男	知る権利と米・情報の自由法：新聞研究　通号299〔1976.6〕p11～15	
甲斐良一	告訴は「知る権利」への挑戦：マスコミ市民　通号105〔1976.7〕p28～33	
石福秀太郎	アメリカにおける文書公開の実情（海外情報）：新聞研究　通号300〔1976.7〕p92～95	
橋本正邦	情報の公開求める米ジャーナリズムの動き：新聞研究　通号304〔1976.11〕p45～49	
堀部政男	マス・メディアへのアクセス権——放送における言論の自由を中心として—下—：法学研究　通号10〔1977〕p137～198	
蓮見武雄	<知る権利>裁判の虚像：現代の眼　18（5）〔1977.5〕p283～289	
稲葉三千男	「知る権利」の谷間——過熱する企業競争の陰で：世界　通号379〔1977.6〕p109～115	
稲葉三千男	毎日新聞の再建と国民の知る権利：マスコミ市民　通号119〔1977.10〕p14～31	
小笠原竜三	国民の知る権利にどう役立てるか——マスコミへの影響をみる（放送衛星のゆくえ<特集>）：新聞研究　通号315〔1977.10〕p28～32	
樋口陽一	言論の自由と反論掲載請求権の関係——サンケイ新聞意見広告事件第一審判決を機縁とするひとつの覚書：判例タイムズ　29（1）〔1978.1〕p4～10	
清水英夫	報告 国際コミュニケーション政策研究会議：新聞研究　通号325〔1978.8〕p47～50	
白井健策	サンシャイン法一年半——市民対政府機関の相克の構図（情報の公開と新聞）：新聞研究　通号328〔1978.11〕p36～39	
島崎文彰	サンシャイン法（資料）（情報の公開と新聞）：新聞研究　通号328〔1978.11〕p66～69	
増井誠	<援軍>としての期待のみ（情報の公開と新聞—情報公開と取材活動）：新聞研究　通号328〔1978.11〕p54～57	
斎田一路	記者心理に変革を迫る（情報の公開と新聞—情報公開と取材活動）：新聞研究　通号328〔1978.11〕p58～61	
辻利幸	市民クラブ 住民参加の実現のために（情報の公開と新聞—状況報告・運動のなかで——情報公開の制度化を求めて）：新聞研究　通号328〔1978.11〕p27～30	
秋山幹男	自由人権協会 人権擁護を基軸にして（情報の公開と新聞—状況報告・運動のなかで——情報公開の制度化を求めて）：新聞研究　通号328〔1978.11〕p20～23	
阿部斉	情報の公開と民主政治（情報の公開と新聞）：新聞研究　通号328〔1978.11〕p7～13	
島崎文彰, 堀部政男　情報の自由法——その運用と問題点（情報の公開と新聞）：新聞研究　通号328〔1978.11〕p14～19		
橋本正邦	情報の自由法はこう使われている（情報の公開と新聞）：新聞研究　通号328〔1978.11〕p49～53	
清水英夫	情報公開の制度化に求められる視点（情報の公開と新聞）：新聞研究　通号328〔1978.11〕p31～35	
竹内直一	日本消費者連盟 官僚の情報独占を排す（情報の公開と新聞—状況報告・運動のなかで——情報公開の制度化を求めて）：新聞研究　通号328〔1978.11〕p24～26	
清水英夫	知る権利（法学文献案内—2—）：法学セミナー　通号292〔1979.6〕p68～71	
金子敦郎	金大中事件と情報の自由法：新聞研究　通号336〔1979.7〕p76～79	
秋山幹男	国民の知る権利と情報公開法：マスコミ市民　通号142〔1979.11〕p20～25	
奥平康弘	知る権利——「知る権利」と新聞の立場（70年代の検証/80年代への視座）：新聞研究　通号341〔1979.12〕p38～43	
田岡俊次	内部告発に見た新聞への信頼（乱脈・不正経理を追って）：新聞研究　通号341〔1979.12〕p53～57	
鈴木千秋	アメリカにおける情報公開法制の変遷（11）〔1980.3〕p1～44	
清水英夫	情報公開制の理念と出版界 閉ざされた状況をとりはらう努力を：出版ニュース　通号1178〔1980.4〕p4～7	
奥平康弘	情報公開とジャーナリズム：世界　通号417〔1980.8〕p206～227	
三浦恵次	情報公開をめぐる地方自治体の問題（地方自治体と情報公開）：新聞研究　通号353〔1980.12〕p27～30	
中出征夫	知る権利の制度化をめざして（神奈川県）（地方自治体と情報公開—制度化の検討のなかで）：新聞研究　通号353〔1980.12〕p14～18	
村上孝止	現行法における情報の公開性：新聞研究　通号360〔1981.7〕p74～78	
牧太郎	行政改革と情報公開（行政改革と新聞報道）：新聞研究　通号363〔1981.10〕p46～49	
清水鳩子	知る権利に応えた報道を——行革報道への期待（行政改革と新聞報道）：新聞研究　通号363〔1981.10〕p33～36	
吉田慎一	情報公開と新聞取材（新聞記者読本'82）：新聞研究　通号368〔1982.3〕p68～71	

情報公開・知る権利・アクセス権　　　　　　　　制度

寿田竜輔	「知る権利」——その人権的性格についての私論（〔成城大学〕法学部創設5周年記念特別号）：成城法学　通号11〔1982.3〕　p23～42
潮見高男	発行者及び所有者の役割--一九六二年二月，ニューデリーで開かれた国連主催「情報の自由に関するゼミナール」における村山長挙氏の講演（折々の回想--新聞記者のひとこと-4-）：総合ジャーナリズム研究　19（04）〔1982.10〕　p17～22
寿田竜輔	「知る権利」——その人権的性格についての私論—続—：成城法学　通号12〔1982.10〕　p1～18
清水英夫	情報の自由に関する欧州評議会閣僚委員会の勧告と宣言〔含 資料〕：新聞研究　通号377〔1982.12〕　p52～57
関哲夫	情報公開条例と秘密文書：判例時報　通号1100〔1984.2〕　p14～19
前田利郎	情報"自由化"時代へ——マスコミの使命と課題：新聞研究　通号395〔1984.6〕　p74～79
塚田博康	東京都の情報公開条例成立（マスコミの焦点）：新聞研究　通号400〔1984.11〕　p114～117
石川真澄	議員定数違憲判決と報道の視点：新聞研究　通号410〔1985.9〕　p27～30
小松原久夫	ワシントンの情報環境—上—：新聞研究　通号415〔1986.2〕　p47～52
清水英夫	知る権利と報道の自由——報道機関の社会的責任（第95回新聞講座）：新聞研究　通号415〔1986.2〕　p53～58
小松原久夫	ワシントンの情報環境—中—：新聞研究　通号417〔1986.4〕　p66～69
神津晃生	ズーム・アップ 「知る権利」「知る自由」の概念で教訓……「放送における人権への配慮」講演：月刊民放　16（179）〔1986.5〕　p45～45
奥津茂樹	情報公開制度の現状と課題：新聞研究　通号425〔1986.12〕　p62～67
橋場洋一	特集 いまマスコミの危機 民主主義の墓標——知る権利と国家秘密法：マスコミ市民　通号221/222〔1987.2〕　p70～85
大西健文	1人の目より多くの目——情報公開制度の積極的な活用を（情報の公開を求めて—現場リポート）：新聞研究　通号444〔1988.7〕　p32～35
鳥取部邦夫	何が防衛機密なのか——沖縄における基地取材の壁（情報の公開を求めて—現場リポート）：新聞研究　通号444〔1988.7〕　p25～28
国正武重	情報の公開とジャーナリズム（情報の公開を求めて）：新聞研究　通号444〔1988.7〕　p10～24
三浦宏	情報の暴力とプライバシー——元町長宅電話盗聴事件（情報の公開を求めて—現場リポート）：新聞研究　通号444〔1988.7〕　p35～37
大串夏身	図書館を行政情報の窓口に——「知る権利」の保障を中心に考える（情報の公開を求めて）：新聞研究　通号444〔1988.7〕　p45～48
三宅弘	報道機関における情報公開制度の使い方（情報の公開を求めて）：新聞研究　通号444〔1988.7〕　p38～44
原田淳之助	情報公開閉ざすインサイダー規制：マスコミ市民　通号242〔1988.11〕　p2～8
前沢猛	「情報源明示の原則」を考える——コーエン事件と鬼頭事件から：新聞研究　通号448〔1988.11〕　p57～61
石原智子	サービス面から見た情報公開制度の問題点：Library and information science　通号27〔1989〕　p143～158
佐木隆三	「知る権利」としての法廷メモ（創刊25周年記念特別巻頭論文）：総合ジャーナリズム研究　26（01）〔1989.1〕　p8～16
Floyd, Abrams, 清水英夫	報道の自由と人権——国会証人喚問のTV中継禁止は「知る権利」の侵害：Asahi journal　31（2）〔1989.1〕　p46～50
大石泰彦	フランスにおける反論権〔含 資料〕：青山法学論集　30（4）〔1989.3〕　p39～91
松浦信子	ソ連のエイズ——病禍で試される情報公開（グラスノスチ）：Asahi journal　31（11）〔1989.3〕　p94～97
喜田村洋一	傍聴メモ・最高裁判決——「知る権利」一歩前進の光と影：Asahi journal　31（13）〔1989.3〕　p28～30
三宅弘	今こそ情報公開法の制定を（マスコミの焦点）：新聞研究　通号454〔1989.5〕　p105～108
船田三雄	裁判の公開，知る権利と公正な裁判の実現——法廷メモ最高裁大法廷判決を契機として—下—：判例時報　通号1320〔1989.10〕　p3～14
石川聡	那覇地裁 市の公開決定を1部停止——沖縄・自衛隊施設資料の情報公開問題（マスコミの焦点）：新聞研究　通号461〔1989.12〕　p80～83
石村善治	ジャーナリズム活動と法——知る権利にこたえるとは（新時代の記者たちへ——記者読本'90）：新聞研究　通号464〔1990.3〕　p25～29
井内康文	警察情報の集められ方・使われ方——事件を機に強化された情報管理（個人情報の現状—情報の集められ方・使われ方）：新聞研究　通号466〔1990.5〕　p29～32
阪本昌成	「情報化社会」の情報公開とプライヴァシー（個人情報の現状）：新聞研究　通号466〔1990.5〕　p15～19
中村泰次	中村泰次の"蟻の一穴"-6-確定訴訟記録の閲覧不許可処分とジャーナリスト：総合ジャーナリズム研究　27（03）〔1990.7〕　p62～65
世木義之	情報公開——「知る権利」の確立のために：立法と調査　通号158〔1990.7〕　p52～58
江川紹子	知る権利と刑事確定訴訟記録法——刑事裁判記録の閲覧拒否をめぐって（司法取材と報道）：新聞研究　通号470〔1990.9〕　p31～35
岡本隆吉	なぜ，情報公開を求めるのか——市民による情報公開請求（情報公開——現状と展望）：新聞研究　通号473〔1990.12〕　p30～32
安藤正人	行政情報の総合的管理体制を——情報公開とアーカイブズ（情報公開——現状と展望）：新聞研究　通号473〔1990.12〕　p27～29
三宅弘	情報公開をめぐる動きを解剖する（情報公開——現状と展望）：新聞研究　通号473〔1990.12〕　p10～14
堀部政男	情報公開制度の回顧と展望（情報公開——現状と展望）：新聞研究　通号473〔1990.12〕　p15～19
神野武美	情報公開制度の「恐ろしさ」（情報公開——現状と展望）：新聞研究　通号473〔1990.12〕　p33～36
平松毅	情報公開訴訟の現状と課題（情報公開——現状と展望）：新聞研究　通号473〔1990.12〕　p20～26
山里盛智	防衛情報と情報公開——那覇市情報公開決定取り消し請求訴訟をめぐって（情報公開——現状と展望）：新聞研究　通号473〔1990.12〕　p37～40
沢田博	日・米・欧--動く，放送の規制と「排除」：総合ジャーナリズム研究　29（01）〔1992.1〕　p84～87
瀬木潔	絶えざる監視とくり返しの報道——県条例のない長野県から（青少年保護条例強化をめぐって）：新聞研究　通号487〔1992.2〕　p45～48

加藤雅信	情報公開とその現状：名古屋大学法政論集　通号142　〔1992.5〕　p1〜46
中村泰次	中村泰次の "蟻の一穴" −16−特別編−−金丸裁判記録の公表を迫る−−閲覧不許可は「知る権利」への挑戦〔含 資料〕（政治腐敗とジャーナリズム）：総合ジャーナリズム研究　30（01）〔1993.1〕　p46〜56
奥津茂樹	情報公開の流れを振り返って――節目の年、1992年：新聞研究　通号498　〔1993.1〕　p52〜55
中村泰次	国民の知る権利への挑戦――金丸裁判記録の閲覧、最高裁特別抗告を棄却：新聞研究　通号499　〔1993.2〕　p63〜68
中村泰次	中村泰次の "蟻の一穴" −17−機能していない国政調査権−−金丸裁判記録の公表に壁：総合ジャーナリズム研究　30（02）〔1993.4〕　p68〜71
橋本正邦	報告書「開かれた政府への戦い」から−1−電子的記録公開への道：新聞研究　通号508　〔1993.11〕　p82〜85
渡辺春巳	裁判の現場から――反論権裁判を通してみたメディアと市民（市民のためのジャーナリズムは可能か？――政権交代をむかえた中でのメディアの状況と法＜特集＞）：法と民主主義　通号282　〔1993.11〕　p11〜14
三宅弘	情報公開立法と知る権利――営業秘密・プライバシー等との衡量および非公開審理手続の可否−1−：法律時報　65（12）〔1993.11〕　p17〜22
橋本正邦	報告書「開かれた政府への戦い」から−2−法廷からの召喚状と記者：新聞研究　通号509　〔1993.12〕　p91〜93
田島泰彦	現代メディアと市民の権利――アプローチへの手がかりと課題（現代メディアと民主主義＜特集＞）：法の科学 : 民主主義科学者協会法律部会機関誌「年報」　通号22　〔1994〕　p140〜148
三宅弘	情報公開法の制定を求めて（提言'94）：新聞研究　通号510　〔1994.1〕　p32〜36
三宅弘	情報公開立法と知る権利――営業秘密・プライバシー等との衡量および非公開審理手続の可否−2−：法律時報　66（1）〔1994.1〕　p98〜104
中島昭夫	情報公開制度は取材の手段になるか（記者読本'94）：新聞研究　通号512　〔1994.3〕　p71〜74
三宅弘	情報公開立法と知る権利――営業秘密・プライバシー等との衡量および非公開審理手続の可否−3完−：法律時報　66（3）〔1994.3〕　p26〜30
中村泰次	中村泰次の "蟻の一穴" −21−最高裁判決と情報公開法の前途：総合ジャーナリズム研究　31（02）〔1994.4〕　p97〜100
秋山幹男	知事交際費情報公開訴訟最高裁判決を聞いて：新聞研究　通号513　〔1994.4〕　p71〜75
中村泰次	再び閲覧請求を棄却されて：新聞研究　通号514　〔1994.5〕　p44〜47
奥津茂樹	情報公開はどこまで進んだか（表現の自由・マスメディアを考える第1歩＜特集＞）：法学セミナー　通号475　〔1994.7〕　p81〜83
田島泰彦	「報道被害」救済制度の市民的改革の探究――苦情申立制度と反論権のシステムをめぐって（報道と人権＜特集＞）：自由と正義　45（8）〔1994.8〕　p21〜29
村井竜彦	情報公開制度の意義と個人情報の保護：愛媛法学会雑誌　21（4）〔1995.3〕　p65〜85
松尾直	マス・メディアにおける情報の自由と規制：徳山女子短期大学研究紀要　（4）〔1995.4〕　p9〜37
松元剛	「貫かれた知る権利」を取材して――那覇市情報公開取り消し訴訟判決から考える：新聞研究　通号527　〔1995.6〕　p51〜53
多賀谷一照	意思形成過程情報・機関間情報――まだ決定してない段階のものや他の機関から提供されたものは？（情報公開法がやってくる！＜特集＞―見せてはいけない情報はあるか？）：法学セミナー　通号487　〔1995.7〕　p62〜64
飯田正剛	企業情報――不利益があるというだけで非公開とすべきではない（情報公開法がやってくる！＜特集＞―見せてはいけない情報はあるか？）：法学セミナー　通号487　〔1995.7〕　p52〜54
奥津茂樹	行政運営情報――「困難」「支障」となるかを具体的に検証して判断（情報公開法がやってくる！＜特集＞―見せてはいけない情報はあるか？）：法学セミナー　通号487　〔1995.7〕　p58〜61
松井茂記	手続の流れ――公開・非公開の決定方法や非公開決定への救済措置は？（情報公開法がやってくる！＜特集＞―公開の手続はどうするか）：法学セミナー　通号487　〔1995.7〕　p69〜72
藤原静雄	情報源である企業が公開を阻止するような訴訟を認めるべきか（情報公開法がやってくる！＜特集＞―公開の手続はどうするか）：法学セミナー　通号487　〔1995.7〕　p73〜74
右崎正博	情報公開を考えるための最新文献案内（情報公開法がやってくる！＜特集＞）：法学セミナー　通号487　〔1995.7〕　p79
情報公開制度向上委員会	情報公開制度のうまい利用法（情報公開法がやってくる！＜特集＞）：法学セミナー　通号487　〔1995.7〕　p75〜78
右崎正博	制度の意義と課題――情報公開はなんのため？（情報公開法がやってくる！＜特集＞）：法学セミナー　通号487　〔1995.7〕　p42〜45
野村武司	法令秘情報――他の法令によって非公開と定められた情報は？（情報公開法がやってくる！＜特集＞―見せてはいけない情報はあるか？）：法学セミナー　通号487　〔1995.7〕　p65〜68
三宅弘	防衛・外交情報――「秘密」を自治体レベルでも開示させること（情報公開法がやってくる！＜特集＞―見せてはいけない情報はあるか？）：法学セミナー　通号487　〔1995.7〕　p55〜57
奥津茂樹	情報公開とマスコミ＜1＞「官官接待」追跡で見えてきた情報公開のリアリティ：放送レポート　137号　〔1995.11〕　p62〜66
右崎正博	韓国の情報公開法案：法学セミナー　通号491　〔1995.11〕　p15〜19
奥津茂樹	情報公開とマスコミ＜2＞プライバシーの保護は情報公開とともに：放送レポート　138号　〔1996.1〕　p60〜64
三浦昭彦	21世紀を視野に入れて（96年報道課題と「知る権利」）：新聞研究　通号534　〔1996.1〕　p16〜31
高橋利明	ゆめゆめ御油断なさるべからず――「官官接待追及」全国紙はなぜ市民に後れをとったのか（96年報道課題と「知る権利」―情報公開制度を考える）：新聞研究　通号534　〔1996.1〕　p62〜66
武田芳明	極めて有力な「武器」を使って――「官官接待」取材からみた情報公開制度（96年報道課題と「知る権利」―情報公開制度を考える）：新聞研究　通号534　〔1996.1〕　p52〜54
山根秀夫	激震の95年から96年へ――「この国の仕組み」を告発するために（96年報道課題と「知る権利」）：新聞研究　通号534　〔1996.1〕　p32〜34
朝倉敏夫	「憲法試案」とあるべき情報公開法（96年報道課題と「知る権利」―情報公開制度を考える）：新聞研究　通号534　〔1996.1〕　p46〜48
奥津茂樹	主体的な情報収集のために――制度利用のヒントと意義（96年報道課題と「知る権利」―情報公開制度を考える）：新聞研究　通号534　〔1996.1〕　p61〜63

情報公開・知る権利・アクセス権　　　　　　　　制度

原寿雄	情報公開法が問うジャーナリズムの役割（96年報道課題と「知る権利」―情報公開制度を考える）：新聞研究　通号534　〔1996.1〕　p39〜42	
堀部政男	情報公開法制定審議により多くの関心を（96年報道課題と「知る権利」―情報公開制度を考える）：新聞研究　通号534　〔1996.1〕　p35〜38	
栗栖武士郎	「生活者の地方自治」を視座に持ち（96年報道課題と「知る権利」―情報公開制度を考える）：新聞研究　通号534〔1996.1〕　p49〜51	
中島俊明	総花的報道から軸足を移して（96年報道課題と「知る権利」―情報公開制度を考える）：新聞研究　通号534〔1996.1〕　p43〜45	
浅野詠子	納税者の権利と情報開示――行政の秘密主義下で「固定資産税問題」連載を展開して（96年報道課題と「知る権利」―情報公開制度を考える）：新聞研究　通号534〔1996.1〕　p55〜57	
春名幹男	民主主義のバロメーター――マスコミが日常的に利用する米国FOIA（96年報道課題と「知る権利」―情報公開制度を考える）：新聞研究　通号534〔1996.1〕　p58〜60	
奥津茂樹	情報公開とマスコミ<3>意志決定過程はガラス張りになるのか：放送レポート　139号　〔1996.3〕　p56〜62	
大早友章	「情報公開」と市民とマスコミ――愛媛県食糧費資料開示請求からみえたもの：総合ジャーナリズム研究　33（02）〔1996.4〕　p61〜66	
奥津茂樹	情報公開とマスコミ<4>薬害エイズだけではない医療情報隠しに迫る：放送レポート　140号　〔1996.5〕　p70〜74	
浜田純一	「知る」ことと情報に対する権利（特集 日本国憲法50年と21世紀への展望―新しい理論課題と日本の現実）：法律時報　68（6）〔1996.5〕　p122〜125	
長谷部恭男	情報化と表現の自由――多チャンネル化とメディア法制（<特集>日本国憲法50年の軌跡と展望―第一部 憲法をとりまく環境）：ジュリスト　通号1089　〔1996.5〕　p47〜52	
田島泰彦	知る権利・情報公開・メディア――「公開原則」徹底化の視点と課題（<特集>日本国憲法50年の軌跡と展望―第二部 日本国憲法理念の定着と変容）：ジュリスト　通号1089　〔1996.5〕　p223〜229	
奥津茂樹	情報公開とマスコミ<5>輪郭を現わした情報公開法：放送レポート　141号　〔1996.7〕　p58〜62	
土生照子	実効性のある情報公開法の制定を求める――情報公開部会「中間報告」をめぐって（特集 情報公開法制定への課題）：ジュリスト　通号1093　〔1996.7〕　p38〜47	
室井力	情報公開法要綱案（中間報告）について――自治体条例との比較から（特集 情報公開法制定への課題）：ジュリスト　通号1093　〔1996.7〕　p33〜37	
堀部政男	情報公開法要綱案（中間報告）の背景と情報公開条例との比較（特集 情報公開法制定への課題）：ジュリスト　通号1093　〔1996.7〕　p13〜18	
阪本昌成	情報公開法要綱案（中間報告）を読んで――リベラリストの目から「要綱案」を読む（特集 情報公開法制定への課題）：ジュリスト　通号1093　〔1996.7〕　p26〜32	
奥平康広	中間報告を読んで――ある憲法研究者の感想（特集 情報公開法制定への課題）：ジュリスト　通号1093　〔1996.7〕　p19〜25	
久田徳二	インターネットをこう使う―9―知る権利支える側に立って――北海道の情報公開と電子情報：新聞研究　通号541〔1996.8〕　p46〜48	
長崎和夫	マスコミこそ先頭に より良き情報公開法を――同法要綱案に関する協会意見をまとめて：新聞研究　通号541〔1996.8〕　p49〜51	
秋山幹男	第108回新聞講座から 「情報公開法要綱案」のポイントと課題：新聞研究　通号541　〔1996.8〕　p53〜55	
右崎正博,三宅弘	情報公開 情報公開法要綱案（中間報告）を読む：法学セミナー　通号500　〔1996.8〕　p8〜12	
奥津茂樹	情報公開とマスコミ<6>コンピュータ情報の公開を！：放送レポート　142号　〔1996.9〕　p50〜54	
総合ジャーナリズム研究編集部	「倫理病」の処方箋――「知る権利に応えること」が最大の「職業倫理」である（特集 ジャーナリストの行動規範）：総合ジャーナリズム研究所　33（04）〔1996.10〕　p12〜34	
奥津茂樹	情報公開とマスコミ<7>情報公開法に対する官僚の抵抗が始まった：放送レポート　143号　〔1996.11〕　p58〜62	
宇賀克也	情報公開法要綱案中間報告へのコメントを読んで：法学教室　通号194　〔1996.11〕　p73〜76	
横関洋一	情報公開制度化の課題：立法と調査　通号196　〔1996.11〕　p32〜36	
右崎正博	情報公開法要綱案の批判的検討：マスコミ市民　通号337　〔1996.12〕　p28〜34	
奥津茂樹	情報公開とマスコミ<8>199X年―情報公開法で何が変わるか：放送レポート　144号　〔1997.1〕　p62〜66	
浅野史郎	きれいごとでは済まない情報公開（97年 新聞に望む――曲がり角の時代に）：新聞研究　通号546　〔1997.1〕　p19〜21	
堀部政男	アクセス（特集 現代マス・コミュニケーション理論のキーワード――50号を記念して―法制度論）：マス・コミュニケーション研究　通号50　〔1997.1〕　p103〜110	
奥津茂樹	取材手段としての情報公開（特集 情報公開とマスコミ）：月刊民放　27（2）〔1997.2〕　p14〜19	
秋山幹男	情報公開法要綱案の意義とマスコミ（特集 情報公開とマスコミ）：月刊民放　27（2）〔1997.2〕　p8〜13	
松井茂記	開かれた政府実現のため会議公開法も（情報公開とメディア）：新聞研究　通号547　〔1997.2〕　p69〜72	
中島俊明	知る権利に奉仕するものの責任（情報公開とメディア）：新聞研究　通号547〔1997.2〕　p62〜64	
堀部政男	媒体の活発な法利用を注視する（情報公開とメディア）：新聞研究　通号547〔1997.2〕　p65〜68	
奥津茂樹	情報公開とマスコミ<最終回> 早期制定へ個別法を含めた正念場の検討を！：放送レポート　145号　〔1997.3〕　p64〜68	
安東善博	情報公開時代でも記者は足でかせげ（記者読本'97）：新聞研究　通号548　〔1997.3〕　p18〜20	
森田明, 清水勉, 田島泰彦	座談会 情報公開はどこまで進むか――情報公開法要綱案が法律になったら（上）：法学セミナー　通号507　〔1997.3〕　p20〜25	
飯室勝彦	メディアへの信頼回復かかるポスト破防法報道：新聞研究　通号549　〔1997.4〕　p20〜23	
久保谷洋, 清水勉, 田島泰彦	座談会 情報公開はどこまで進むか（下）情報公開法要綱案が法律になったら：法学セミナー　通号508　〔1997.4〕　p22〜29	
平松毅	情報公開条例の非開示事由に基づき懇談会の目的,開催場所,出席者名並びに懇談会に係る債権者名及び口座名を非開示とした県知事の決定が取り消された事例（仙台地裁判決平成8.7029）：判例時報　通号1591　〔1997.4〕　p200〜204	
三宅弘	情報公開―1―情報公開条例と情報公開法要綱案：社会民主　通号503　〔1997.5〕　p68〜71	

三宅弘	情報公開(2)情報公開法要綱案の問題点：社会民主　通号504　〔1997.6〕　p48～53	
三宅弘	情報公開—3完—特殊法人の情報公開法と条例改正：社会民主　通号505　〔1997.7〕　p84～87	
浅井隆夫	情報公開法と新聞の可能性——組織としての取り組み方：朝日総研リポート　通号127　〔1997.8〕　p17～29	
市村元	「日本民間放送連盟報道指針」作成検討部会における論議——「市民の知る権利」と「真実を伝える良心」：月刊民放　27(8)〔1997.8〕　p24～27	
奥津茂樹, 蟹瀬誠一, 原寿雄, 田島泰彦, 藤森研	パネル・ディスカッション 情報公開とマスメディアの役割：放送レポート　148号　〔1997.9〕　p38～61	
須田浩	続・情報公開とマスコミ 現場からの報告(1) 北海道庁の巨額不正経理を追って：放送レポート　149号　〔1997.11〕　p18～21	
尾形聡彦	続・情報公開とマスコミ 現場からの報告(2) 秋田県知事を辞任に追い込んだ公費乱用の病理を取材して：放送レポート　149号　〔1997.11〕　p22～29	
浅井隆夫	情報公開法と市民の活動——より良き法をつくるために：朝日総研リポート　通号129　〔1997.12〕　p19～34	
江藤英樹	フランスの情報公開制度について：法律時報　70(1)〔1998.1〕　p68～72	
奥原孝志	(世論調査リポート)問われる情報への主体性——「情報公開に関する国民意識調査」から：放送研究と調査　48(2)〔1998.2〕　p22～37	
清水泰	官報接待と情報公開：放送レポート　151号　〔1998.3〕　p2～9	
浅井隆夫	情報公開法案と「知る権利」——政府案に欠ける視点：朝日総研リポート　通号131　〔1998.4〕　p103～117	
田畑皆彦	だれのためか 検証さらに重要に(もう一つの「政治」—情報公開をめぐって)：新聞研究　通号561　〔1998.4〕　p34～36	
中平雅彦	求められる政策形成過程の情報(もう一つの「政治」—情報公開をめぐって)：新聞研究　通号561　〔1998.4〕　p40～42	
橋本大二郎	行政への住民参加支える手段として(もう一つの「政治」—情報公開をめぐって)：新聞研究　通号561　〔1998.4〕　p37～39	
浅野史郎	単純な事実の開示が世の中変える(もう一つの「政治」—情報公開をめぐって)：新聞研究　通号561　〔1998.4〕　p25～27	
田島泰彦	情報公開 情報公開法制定へ向かうイギリス：法学セミナー　通号520　〔1998.4〕　p18～21	
奥津茂樹, 鶴岡憲一, 田島泰彦	座談会 市民とメディア 情報の共同活用時代へ——法で公開されぬヤミの追及, 分析は新聞の仕事(言論環境と法—情報公開法)：新聞研究　通号562　〔1998.5〕　p10～25	
橋本直	情報の自由な流れ求め戦う米国記者——公開・非公開めぐる水面下での激しい「政治」(言論環境と法—情報公開法)：新聞研究　通号562　〔1998.5〕　p36～39	
渡辺真次	調書は犯罪の全貌示さない——問題点と対応策, 国民に提示する努力を(言論環境と法—少年法)：新聞研究　通号562　〔1998.5〕　p59～62	
堀部政男	本来理念に照らし分析, 報道を——地方の情報公開とメディアの役割(言論環境と法—情報公開法)：新聞研究　通号562　〔1998.5〕　p32～35	
浅井隆夫	どう埋める行政と国民との距離——情報公開法案と国会論戦：朝日総研リポート　通号133　〔1998.8〕　p60～74	
山田健太	電子情報による情報公開－－必要な「ネット公開法」(特集 情報公開法の意義を考える)：月刊国民生活　28(11)〔1998.11〕　p32～37	
浅井隆夫	金融不安に吹き飛ばされた情報公開法案——依然固い自民党のガード：朝日総研リポート　通号135　〔1998.12〕　p58～71	
米山哲夫	情報化社会における犯罪報道：駿河台法学　12(1・2)通号21・22　〔1998.12〕　p57～79	
篠塚公	海外の放送局はどこまで情報を公開しているか 豪・英・加三国の公共放送ホームページを分析して：放送レポート　157号　〔1999.3〕　p14～18	
立教大学社会学部砂川ゼミ	放送局の最重要アイテム「情報公開」——情報公開と信頼感の相関関係を調べた学生たちからの提言：ぎゃらく　通号356　〔1999.3〕　p36～39	
総合ジャーナリズム研究所	「情報公開法」問題1 法案衆議院可決へ：総合ジャーナリズム研究　36(02)（通号168）〔1999.4〕　p18～28	
鶴岡憲一	情報公開法——マスメディアにとっての課題：新聞研究　通号574　〔1999.5〕　p60～63	
浅井隆夫	変革の時代、行政の透明化に第一歩——使いながら育てたい情報公開法：朝日総研リポート　通号138　〔1999.6〕　p26～46	
山下幸夫	盗聴法(組織的犯罪対策3法案)をめぐる情勢とマスコミの対応について：マスコミ市民　通号368　〔1999.8〕　p2～8	
堀部政男	イギリスの1998年データ保護法とジャーナリズム目的(記事データベースと個人情報保護——情報の自由な流れを求めて(2))：新聞研究　通号580　〔1999.11〕　p15～20	
春名義弘	世論が支える神奈川県警不祥事報道——あらためて考えさせられた警察取材の在り方：新聞研究　通号581　〔1999.12〕　p56～59	
右崎正博	名誉毀損と反論権——雑誌「諸君！」反論権訴訟(最高裁判決平成10.7017)：法律時報　71(13)通号886　〔1999.12〕　p254～257	
潮見憲三郎	これでよいのか情報公開法：世界　通号671　〔2000.2〕　p242～254	
宇賀克也	講演 情報公開について：法学協会雑誌　117(3)〔2000.3〕　p321～347	
曽野裕夫	情報契約と知的財産権(リレー連載・続インターネットをめぐる法律問題)：ジュリスト　通号1176　〔2000.4〕　p88～92	
石田栄仁郎	反論権——フェア・プレス対フリー・プレス(特集 メディアと憲法——表現の自由の意味と価値を考える)：法学教室　通号236　〔2000.5〕　p26～28	
大西達夫	情報公開条例における非公開個人情報該当性の解釈について：判例タイムズ　51(12)通号1025　〔2000.5〕　p53～75	
浅井隆夫	論議広がる特殊法人の情報公開問題——「いずれ新聞にも波及」の見方も：朝日総研リポート　通号144　〔2000.6〕　p52～68	
曽我部真裕	フランスのプレス助成制度(1)読者の「知る権利」のために：法学論叢　147(3)〔2000.6〕　p89～110	
棟居快行	第5章 新しい人権—環境権・プライバシー権・知る権利と13条(特集・憲法を論ずる)：法学セミナー　45(8)通号548　〔2000.8〕　p48～51	

| 芹澤英明 | インターネット上の情報の公有/共有/私有——Public Domain/Digital Commons/Private Propertyの解釈論（情報社会の秩序問題）：法哲学年報　2001　〔2001〕　p53～62 |

芹澤英明　インターネット上の情報の公有/共有/私有——Public Domain/Digital Commons/Private Propertyの解釈論（情報社会の秩序問題）：法哲学年報　2001　〔2001〕　p53～62

酒匂一郎　法・情報・技術（情報社会の秩序問題）：法哲学年報　2001　〔2001〕　p6～21

魚谷増男　情報公開条例をめぐる法的論点と課題——加須市情報公開条例の制定過程の議論を中心に：平成国際大学論集　（5）〔2001.3〕　p1～22

清水勉　清水勉の情報公開指南（1）地方自治体が裁判で負け続けるワケ：法学セミナー　46（4）通号556　〔2001.4〕　p70～74

清水勉　清水勉の情報公開指南（2）行政の説明責任は氏名の公開から：法学セミナー　46（5）通号557　〔2001.5〕　p82～85

曽我部真裕　フランスのプレス助成制度（2・完）読者の「知る権利」のために：法学論叢　149（2）〔2001.5〕　p99～122

清水勉　清水勉の情報公開指南（3）意思形成過程情報と部分公開：法学セミナー　46（6）通号558　〔2001.6〕　p66～69

カウィ・チョンキッタボーン, 山田健太, 中島昭夫, 田島泰彦　パネルディスカッション メディアと情報公開：放送レポート　171号　〔2001.7〕　p18～26

鶴岡憲一　情報公開法施行で変わるジャーナリズム——メディアの立場を説明できる理論構築が必要だ：新聞研究　（600）〔2001.7〕　p51～54

清水勉　清水勉の情報公開指南（4）情報公開制度の落とし穴——「文書不存在」：法学セミナー　46（7）通号559　〔2001.7〕　p70～73

清水勉　清水勉の情報公開指南（5）情報公開法施行令をあなどってはいけない！：法学セミナー　46（8）通号560　〔2001.8〕　p82～85

清水勉　清水勉の情報公開指南（最終回）審査会は役立つか：法学セミナー　46（9）通号561　〔2001.9〕　p62～65

宇賀克也　判例クローズアップ 知事交際費の情報公開——大阪府知事交際費訴訟第二次上告審判決を中心にして（最高裁平成13.3.27判決）：法学教室　通号253　〔2001.10〕　p46～53

清水勉　清水勉の情報公開指南（番外編）決定打は「法による行政」——住民訴訟の改正は必要か：法学セミナー　46（10）通号562　〔2001.10〕　p66～69

田島泰彦　テロに乗じた国家秘密法の制定——自衛隊法 "改正" による「防衛秘密」導入を許してはならない（特集 アメリカの "正義" と小泉流「ネオ軍国主義」）：マスコミ市民　通号394　〔2001.11〕　p30～34

松元剛　原潜入港のマスコミ非公開——外務省の過剰な情報統制（特集 アメリカの "正義" と小泉流「ネオ軍国主義」）：マスコミ市民　通号394　〔2001.11〕　p36～39

石田栄仁郎　わが国における情報公開制度の現状と課題：比較憲法学研究　通号14　〔2002〕　p111～141

駒村圭吾　情報空間における "Public" の概念——アメリカのデジタル・テレビ規制：比較憲法学研究　通号14　〔2002〕　p1～25

小黒純　情報公開は取材のツールか——外務省への請求118件、全面開示は1割：新聞研究　（606）〔2002.1〕　p52～55

渡邉絋史　NHKの新しい情報公開——情報提供と情報開示（特集 情報公開と局広報）：月刊民放　32（2）通号368　〔2002.2〕　p23～27

田島泰彦　迫られる「メディアの情報公開」（特集 情報公開と局広報）：月刊民放　32（2）通号368　〔2002.2〕　p17～22

深田卓　ブック・ストリート 出版 メディア規制法で死滅する市民の知る権利：出版ニュース　通号1940　〔2002.6〕　p32～33

飯室勝彦　司法 裁判官は「表現取締官」になったのか——判決にみる司法のメディア規制（特集 権力の暴走と迷走——瓦解する劇場型「改革政権」）：世界　（704）〔2002.8〕　p98～106

海部一男　プライバシーの保護より情報の公共性——盗聴テープ放送訴訟事件米最高裁判決：放送研究と調査　52（8）通号615　〔2002.8〕　p48～69

今野耿介　情報公開請求者リスト作成問題について——責任者の毅然とした対応を求める：自由　44（9）通号511　〔2002.9〕　p76～80

宇賀克也　判例クローズアップ 情報公開条例における「公文書」概念についての最高裁判決（最高裁平成13.12.14判決）：法学教室　通号265　〔2002.10〕　p40～48

今里滋　情報公開制度の新展開——自治体実務での経験から：法政研究　69（2）〔2002.10〕　p201～224

鳥居俊一　アメリカの情報公開訴訟の運用について（上）：判例タイムズ　53（26）通号1098　〔2002.10〕　p51～68

鳥居俊一　アメリカの情報公開訴訟の運用について（下）：判例タイムズ　53（29）通号1101　〔2002.11〕　p41～55

實原隆志　情報・自己決定、コミュニケーション：早稲田大学大学院法研論集　（108）〔2003〕　p85～110

小倉孝保　生き残りをかけた「情報公開」——国連イラク査察取材の現場から：新聞研究　（618）〔2003.1〕　p35～37

松村雅生　情報公開法をめぐる諸問題（上）情報公開審査会の答申を踏まえて：ジュリスト　（1240）〔2003.3〕　p80～89

松村雅生　情報公開法をめぐる諸問題（下）情報公開審査会の答申を踏まえて：ジュリスト　（1241）〔2003.3〕　p62～71

中島昭夫　情報公開法は霞が関に風穴を開けたか——朝日新聞の実証事例にみる効力と限界：朝日総研リポート　（162）〔2003.6〕　p53～72

安東義隆　情報公開か風評被害への配慮か——関西SARS騒動取材からの教訓：新聞研究　（625）〔2003.8〕　p50～53

大塚祚保　情報公開制度をめぐる考察：流通経済大学法学部流経法學　3（1）通号4　〔2003.10〕　p1～44

荒田茂夫　言論の自由・メディアの役割めぐり攻防——世界情報社会サミット「宣言」採択まで：新聞研究　（631）〔2004.2〕　p35～37

坂下修　問われる憲法報道の今後——ジャーナリズムの危機を乗り越えるために（第三者委員会の機能と役割）：新聞研究　（634）〔2004.5〕　p18～21

田畑豊　権力掌握と反比例した説明責任——福田官房長官とメディアの3年半：新聞研究　（636）〔2004.7〕　p27～30

熊谷和夫　権力暴走のチェックという原点——言論機関の真価が試されている（憲法論議と新聞の役割——地方の現場から考える）：新聞研究　（637）〔2004.8〕　p18～20

松永勝利　"金網の向こう" の秘密に迫る——基地情報の入手に日々活用（検証・取材ツールとしての情報公開制度）：新聞研究　（638）〔2004.9〕　p26～29

中島昭夫　原点に戻り抜本改正を——活用メリット多いが、制約・不備も（検証・取材ツールとしての情報公開制度）：新聞研究　（638）〔2004.9〕　p14～17

浅野詠子　行政監視する手段として——知る権利追求し、地域社会の公益守る（検証・取材ツールとしての情報公開制度）：新聞研究　（638）〔2004.9〕　p18～21

三木由希子　多様な可能性の開拓へ——開示情報の分析・評価充実への整備が必要（検証・取材ツールとしての情報公開制度）：新聞研究　（638）〔2004.9〕　p30～33

谷川哲也	「保守王国」に風穴開ける——意識改革には積極利用が欠かせない（検証・取材ツールとしての情報公開制度）：新聞研究　（638）〔2004.9〕p22～25
鶴岡憲一	民主主義を進化させる観点で——社会の透明化促す取材補助手段の充実を（検証・取材ツールとしての情報公開制度）：新聞研究　（638）〔2004.9〕p10～13
李子成	韓国における情報公開制度の運用状況と情報管理：社会学年報　（34）〔2005〕p205～223
中島昭夫	情報公開法 改正の論点(8)「利用しやすい」手数料の実現には：AIR21　（176）〔2005.1〕p90～103
中島昭夫	情報公開法 改正の論点(9)裁判をする権利は公平・平等か：AIR21　（177）〔2005.2〕p51～57
Samuels, Richard J.	ON JAPAN 限りなく不透明に近い情報公開——日本でも法律は整備されたが運用面は欠陥だらけ：Newsweek　20(5)通号941〔2005.2〕p13
中島昭夫	情報公開法 改正の論点(10)見直しは尽くしたか——残された課題：AIR21　（178）〔2005.3〕p48～61
曽我部真裕	プレスの自由と反論権法の展開(1)：法学論叢　157(1)〔2005.4〕p1～19
服部孝章	「知る権利」の今日的状況——問われる報道機関のジャーナリズム機能：新聞研究　（646）〔2005.5〕p31～35
曽我部真裕	プレスの自由と反論権法の展開(2)：法学論叢　157(2)〔2005.5〕p1～27
曽我部真裕	プレスの自由と反論権法の展開(3)：法学論叢　157(3)〔2005.6〕p27～53
大塚祚保	情報公開と個人情報保護法：流通経済大学法学部流経法學　5(1)通号8〔2005.6〕p1～31
曽我部真裕	プレスの自由と反論権法の展開(4)：法学論叢　157(4)〔2005.7〕p33～56
曽我部真裕	プレスの自由と反論権法の展開(5)：法学論叢　157(5)〔2005.8〕p36～55
曽我部真裕	プレスの自由と反論権法の展開(6)：法学論叢　157(6)〔2005.9〕p1～27
西山太吉	マスメディアと権力——「外務省沖縄密約事件」が提起した大きな課題（特集 知る権利）：マスコミ市民　通号440〔2005.9〕p2～8
ばばこういち	リベラル派の奮起を求める（特集 知る権利）：マスコミ市民　通号440〔2005.9〕p26～30
北村肇	権力に迎合するマスメディア（特集 知る権利）：マスコミ市民　通号440〔2005.9〕p9～17
美浦克教	「表現の自由」「知る権利」とメディアの報道（特集 知る権利）：マスコミ市民　通号440〔2005.9〕p18～25
曽我部真裕	プレスの自由と反論権法の展開(7・完)：法学論叢　158(1)〔2005.10〕p24～46
田島泰彦	沖縄密約訴訟が問いかけているもの——知る権利とジャーナリズムの役割：出版ニュース　通号2056〔2005.11〕p6～9
守永誠治	情報公開に関する一考察：青山経営論集　40(3)〔2005.12〕p125～145
神保哲生, 川崎泰資, 美浦克教	シンポジューム・報道と「知る権利」（特集 マス・メディアの"今"を問う）：マスコミ市民　通号444〔2006.1〕p4～28
井上典之	判例にみる憲法実体論(13)憲法21条と情報収集・受領の自由：法学セミナー　51(4)通号616〔2006.4〕p64～68
近藤哲雄	情報公開条例における個人情報——公務員の懇談会出席情報を中心として：法学研究　42(1)通号115〔2006.6〕p287～315
荒木高伸, 浜田純一	「知る権利」守る特殊指定は現行維持——公取委が見直し論議で「結論見合わせ」を発表〔含 新聞業の「特殊指定」と報道の自由〕：新聞研究　（661）〔2006.8〕p41～47
田島泰彦	大詰迎えた沖縄密約訴訟と放送命令の暴挙——日本の民主主義が問われている：出版ニュース　通号2092〔2006.12〕p6～9
魚住昭, 溝口敦, 鈴木邦男	右傾化と言論の役割を問う 徹底討論 メディアは国家と戦っているか〔含 加藤紘一「反言論テロのシンボルとしての覚悟」〕：現代　41(1)〔2007.1〕p196～208
田島泰彦	沖縄密約判決とメディアの課題——「知る権利」への関心は高まったか：出版ニュース　通号2105〔2007.4〕p6～9
岡本卓	放送の公共性を考える 放送制度と「皆様のNHK」のありよう——知る権利に応える言論機関としての再確認を：新聞研究　（669）〔2007.4〕p50～55
中根学	［沖縄］県民には実態を"知る権利"がある——基地問題解決に不可欠な国の情報公開（国家機密と報道）：新聞研究　（670）〔2007.5〕p18～21
鈴木秀美	情報法制——現状と展望（特集 日本国憲法60年——現状と展望）：ジュリスト　（1334）〔2007.5〕p144～154
塚越敏彦	中国の情報公開とメディアの役割——「社会監視」報道の効用と限界：新聞研究　（674）〔2007.9〕p41～44
野原仁	マスメディアへのアクセス権の現代的意義——市民参画との関連性から：メディア学 : 文化とコミュニケーション　（23）〔2008〕p26～36
早瀬勝明	判例評釈 「知る権利」の現在地［大阪地裁平成19.8.30判決, 大阪地裁平成19.9.28判決］：山形大学法政論叢　（41・42）〔2008〕p138～126
瀬畑源	情報公開法と歴史研究——公文書管理問題を中心として：歴史学研究　（839）〔2008.4〕p30～37, 64
鳥山忠志	知る権利の危機はらむ事前報道制限——ねじれ国会がもたらした同意人事の迷走劇：新聞研究　（685）〔2008.8〕p64～67
森田明	立法と現場 情報公開法の背景と今後：法学セミナー　53(9)通号645〔2008.9〕p1～3
佐藤直子	政府の秘密主義を突き崩すために——西山太吉氏の国家賠償請求訴訟から考える：新聞研究　（688）〔2008.11〕p47～50
友岡史仁	情報公開訴訟における損害賠償請求事件の構造——不開示決定の違法性を請求原因とする場合を中心にして：法学研究　81(12)〔2008.12〕p371～412
宮西俊秀	情報公開文書から見えた自衛隊久居駐屯地100周年行事：マスコミ市民　通号480〔2009.1〕p66～69
友岡史仁	最新判例演習室 行政法 情報公開訴訟におけるインカメラ審理の是非［最高裁第一小法廷2009.1.15決定］：法学セミナー　54(6)通号654〔2009.6〕p127
畠基晃	情報公開法の現状と課題(1)「事案処理の長期化」の改善に向けて：立法と調査　通号293〔2009.6〕p59～68
安井英俊	情報公開訴訟におけるインカメラ審理の可否：福岡大学法學論叢　54(2・3)通号191・192〔2009.12〕p75～94
右崎正博	公文書管理法制定の意義と課題——情報公開と報道に対する意味：新聞研究　（702）〔2010.1〕p45～50
片山善博	権力を監視し、真実伝えよ——マスコミのチェックで政治の劣化防げ（民主党政権とメディア）：新聞研究　（703）〔2010.2〕p32～35
小山剛	憲法理論の再創造(19)第四部 新しい憲法問題・理論の展望(5)「安全」と情報自己決定権：法律時報　82(2)通号1018〔2010.2〕p99～105

	情報公開・知る権利・アクセス権	制度

清水英夫　国民の知る権利と外交密約(特集 国家の嘘とメディアの責任)：マスコミ市民　通号496　〔2010.5〕　p2～6

阪口由美　「聖域」への扉をどう押し開けるか——福岡地裁の事例から(裁判員制度と取材・報道(第5回))：新聞研究　(708)　〔2010.7〕　p33～35

畠基晃　情報公開訴訟とインカメラ審理——情報公開法の現状と課題(3)：立法と調査　通号306　〔2010.7〕　p90～102

中澤雄大　外交の真意、国民への説明責任——密約問題の取材を振り返って(密約問題の報道視点)：新聞研究　(709)　〔2010.8〕　p8～11

ジョン，バリー　機密文書 ウィキリークス文書、暴露の衝撃度：Newsweek　25(31)通号1213　〔2010.8〕　p20

三宅裕一郎　最新判例演習室 憲法 国の保有する文書に対する国民の「知る権利」——沖縄返還「密約」文書開示請求訴訟[東京地判2010.4.9]：法学セミナー　55(12)通号672　〔2010.12〕　p120

MihoAltheaKim　国際ニュース 米国 ウィキリークス効果で透明性を求める動きが活発化 学生は学費増額の根拠を求め情報公開を請求：金曜日　18(47)通号842　〔2010.12〕　p13

村上裕章　情報公開訴訟におけるインカメラ審理：法政研究　77(4)　〔2011.3〕　p621～661

遠藤薫　権力の監視機能、一層の強化を——オープンガバメント時代におけるマスメディアの役割：新聞研究　(718)　〔2011.5〕　p60～64

日下部聡　公開情報の整理、解釈をプロの仕事に——新聞の立場からみた法制度の意味(情報公開法10年)：新聞研究　(718)　〔2011.5〕　p45～50

奥津茂樹　「聖域」への過剰な配慮に批判を——制度で日本の何を変えるか(情報公開法10年)：新聞研究　(718)　〔2011.5〕　p56～59

三宅弘　日本の情報公開制度の現状と課題——知る権利を明記した改正法案の行方(情報公開法10年)：新聞研究　(718)　〔2011.5〕　p51～55

山田健太　電子情報時代の情報公開--<ネット公開法>の実現に向けて(特集 情報公開の検討課題)：自由と正義　62(8)(通号751)　〔2011.7〕　p98～109

辰巳知二　「世論」束ねた微博と自主報道——中国鉄道事故、「知る権利浸透」の声も：新聞研究　(724)　〔2011.11〕　p63～66

三宅裕一郎　最新判例演習室 憲法 国の保有する文書に対する国民の「知る権利」：沖縄返還「密約」文書開示請求訴訟控訴審判決[東京高判2011.9029]：法学セミナー　57(1)通号684　〔2012.1〕　p126

吉村慎吾　更なる情報公開に求められる報道姿勢とは：大阪地裁官房費開示判決から：新聞研究　(731)　〔2012.6〕　p68～71

井上禎男　情報公開訴訟におけるインカメラ審理の許否[最高裁平成21.1.15決定]：福岡大學法學論叢　57(2)通号203　〔2012.9〕　p211～233

瀬川牧子　元拉致被害帰国者の取材ができない！ ：仏メディアの取材を通して見えた日本政府の情報統制：金曜日　20(41)通号933　〔2012.10〕　p56～57

川崎泰資　右傾化する政治、尖閣・オスプレイ・原発ゼロ 危機を増幅させる、真実を伝えないメディア(特集 どうする、日本の政治の危機)：マスコミ市民　通号526　〔2012.11〕　p20～25

西土彰一郎　「国民の知る権利」実現の期待に応えるために ：新聞の社会的機能と保護の在り方(新聞の社会的役割と税制)：新聞研究　(737)　〔2012.12〕　p26～29

松村雅生　情報公開法と個人情報保護法の異同に関する一考察：日本大学法科大学院法務研究　(10)　〔2013.3〕　p67～91

塚本美穂　ウィキリークスにおける情報開示とメディア革命：比較文化研究　(106)　〔2013.3〕　p181～193

有田司　オバマ政権の「メディア戦争」 ：機密情報リークに厳罰：新聞研究　(745)　〔2013.8〕　p48～51

山田健太　政府の情報隠蔽構造と市民との乖離(特集 情報は誰のものか ：秘密と監視の国家はいらない)：世界　(849)　〔2013.11〕　p84～95

宇都宮健児　黒風白雨(26)情報公開は民主主義の「通貨」である：金曜日　21(44)通号985　〔2013.11〕　p31

山田健太　知る権利と機密保護法：広島ジャーナリスト　(15)　〔2013.12〕

大治朋子　米国ジャーナリズム環境の変化 ：知る権利とセキュリティーの間で(特定秘密保護法とメディア)：新聞研究　(750)　〔2014.1〕　p42～45

川崎泰資　平成のファシズムへ安倍政権の暴走 ジャーナリズムの劣化と特定秘密保護法(特集 安倍政権発足から一年 リベラルはいかに闘うか)：マスコミ市民　(540)　〔2014.1〕　p29～33

井上安正　裁きの全プロセスを監視する役割 ：裁判報道が「結果報道」にならないために(再審・冤罪事件がメディアに問うものとは)：新聞研究　(755)　〔2014.6〕　p8～11

山田健太　「開かれた政府」を求める：広島ジャーナリスト　(18)　〔2014.9〕

三木由希子　THE PERSON 特定非営利活動法人 情報公開クリアリングハウス理事長 三木由希子：ぎゃらく　(545)　〔2014.11〕　p3～5

三宅弘　検証 特定秘密保護法 情報公開法・公文書管理法と特定秘密：法律時報　86(12)通号1079　〔2014.11〕　p111～117

八田真行, 平井康嗣　内部告発サイトを開設する八田真行さんに聞く 個人の自由と人権を、情報技術で護りたい：金曜日　22(48)通号1038　〔2014.12〕　p20～21

〔図書〕

千葉雄次郎　知る権利—現代の新聞自由　東京大学出版会　1972　326p　22cm

マスコミ関連産業労働組合共闘会議　知る権利への証言—マスコミ1972　あゆみ出版社　1972　324p　19cm　600円

奥平康広, 石村善治　知る権利—マスコミと法　有斐閣　1974　283, 5p　19cm　950円　(有斐閣選書)

日本共産党.中央委員会出版局　言論の自由と「サンケイ」問題　日本共産党中央委員会出版局　1977.5　584p　19cm　2000円

産業経済新聞社　サンケイ・日共言論裁判—『自由』を賭けた闘いの記録　サンケイ新聞社　1977.8　559p 図　20cm　3600円

Barron, Jerome, A, 清水英夫　アクセス権—誰のための言論の自由か　日本評論社　1978.6　407, 17p　20cm　2800円

奥平康広　知る権利　岩波書店　1979.3　377p　19cm　1600円　(現代法叢書)

国民の知る権利の確立をめざして—情報公開法を制定しよう 情報公開法要綱とその解説　自由人権協会　1979.9　27p　21cm

石村善治　開かれたマスコミとは何か　時事通信社　1979.10　346p　20cm　1800円

清水英夫　情報公開と知る権利　三省堂　1980.3　316, 7p　20cm　2000円

清水英夫　情報公開　日本評論社　1981.6　232, 4p　20cm　1600円

朝日新聞社	日本での情報公開―開かれた政府を　朝日新聞社　1981.9　294p　19cm　950円	
三浦恵次	情報公開と自治体広報　現代ジャーナリズム出版会　1982.6　298p　20cm　2000円	

朝日新聞社　日本での情報公開―開かれた政府を　朝日新聞社　1981.9　294p　19cm　950円

三浦恵次　情報公開と自治体広報　現代ジャーナリズム出版会　1982.6　298p　20cm　2000円

自由人権協会　情報公開制度の確立をめざして―情報公開法モデル案・情報公開法モデル案の解説　自由人権協会　1988.11　48p　26cm　500円

自由人権協会　情報公開はなぜ必要か　岩波書店　1988.12　62p　21cm　300円　(岩波ブックレット no0125)

自由人権協会　情報公開はなぜ必要か　京都ライトハウス点字出版部　1989.9　153p　27cm　1200円

自由人権協会　情報公開法をつくろう―アメリカ情報自由法に学ぶ　花伝社　1990.9　188p　19cm　1200円

右崎正博, 新橋崇, 新藤宗幸, 清水英夫　政治倫理と知る権利　三省堂　1992.6　269p　20cm　2500円

弘中惇一郎, 坂井真, 山田健太, 中村泰次, 飯田正剛　刑事裁判と知る権利　三省堂　1994.2　279p　22cm　3500円

日本弁護士連合会　アメリカ情報公開の現場から―秘密主義との闘い　日本弁護士連合会調査報告　第40回人権擁護大会シンポジウム第1分科会基調報告書別冊　〔日本弁護士連合会〕　1997　145p　21cm

船津衛, 田崎篤郎　社会情報論の展開　北樹出版　1997.5　157p　22cm　1900円

奥津茂樹　メディアと情報公開―情報公開のリアリティー　花伝社　1997.5　188p　19cm　1500円+税

浅岡美恵, 鶴岡憲一　日本の情報公開法―抵抗する官僚　花伝社　1997.6　346p　19cm　2200円

日本弁護士連合会情報公開法民訴法問題対策本部消費者問題対策委員会　アメリカ情報公開の現場から―秘密主義との闘い　日本弁護士連合会調査報告　花伝社　1997.10　145p　21cm　1200円

自由人権協会, 自由人権協会　情報公開条例の運用と実務―情報公開法要綱案と情報公開条例　下　信山社出版　1997.10　410p　22cm　5800円

メディア総合研究所　情報公開とマスメディア―報道の現場から　花伝社　1998.1　86p　21cm　800円　(メディア総研ブックレット no.2)

岡本篤尚　国家秘密と情報公開―アメリカ情報自由法と国家秘密特権の法理　法律文化社　1998.3　382p　22cm　6500円

情報公開判例研究会　判例情報公開法　ぎょうせい　1998.4　冊(加除式)　22cm

宇賀克也　アメリカの情報公開　良書普及会　1998.9　353, 5p　22cm　5700円

原田三朗, 鳥居壮行, 日笠完治, 和田英夫　情報の法と倫理　北樹出版, 学文社〔発売〕　1999.5　224p　21cm　2600円

下河原忠夫　知る権利とプライヴァシー―21世紀のアクセス権　2001年版　地方自治研究所　2001.1　434p　26cm　3500円

林田学　情報公開法―官民の秘密主義を超えるために　中央公論新社　2001.2　187p　18cm　720円　(中公新書)

自治体国際化協会　米国における情報公開制度の現状　自治体国際化協会　2002.5　76p　30cm　(CLAIR report no0226)

衆議院　知る権利・アクセス権とプライバシー権に関する関係法規集―基本的人権の保障に関する調査小委員会(平成十五年五月十五日の参考関係法規集)　衆議院憲法調査会事務局　2003.5　133p　30cm　(衆憲資 第28号 付録)

衆議院　知る権利・アクセス権とプライバシー権に関する基礎的資料―情報公開法制・個人情報保護法制を含む　基本的人権の保障に関する調査小委員会(平成15年5月15日の参考資料)　衆議院憲法調査会事務局　2003.5　158p　30cm　(衆憲資 第28号)

中村克明　知る権利と図書館　関東学院大学出版会　2005.10　240p　22cm　2300円

韓永學　報道被害と反論権　明石書店　2005.12　288p　22cm　5800円

塩見昇, 川崎良孝　知る自由の保障と図書館　京都大学図書館情報学研究会　2006.12　423p　22cm　6000円

右崎正博, 三宅弘　情報公開を進めるための公文書管理法解説　日本評論社　2011.3　276p　21cm　2800円

秘密保護法・国家秘密

〔雑誌記事〕

大和田能夫　米国の機密保護規定：新聞研究　通号34　〔1954.5〕　p27～31

江尻進　その後に来るもの――秘密保護法成立の意義：新聞研究　通号36　〔1954.7〕　p13～17

宮内裕　秘密保護法の問題点：世界　通号104　〔1954.8〕　p98～101

宮内裕　破防法と表現の自由：法律時報　32(1)　〔1960.1〕

ワット, D.C.　政府の秘密主義との戦い：新聞研究　通号178　〔1966.5〕　p44～46

金子喜三　新聞モラルと法廷証言との二律背反――アメリカ・シールド法への考察を中心に：国士舘大学政経論叢　通号5　〔1966.9〕　p29～55

伊豆見元一　沖縄返還と現地の思想(世界の三大焦点を探る(合同講座))：総合ジャーナリズム研究　06(01)　〔1969.1〕　p43～50

総合ジャーナリズム研究編集部　沖縄返還問題の論調を斬る――社説はきびしい選択を迫られている(シンポジウム)：総合ジャーナリズム研究所　06(02)　〔1969.4〕　p4～36

小松原久夫　ベトナム秘密文書掲載事件の波紋と背景：新聞研究　通号240　〔1971.7〕　p84～87

小松原久夫　経過レポート　アメリカの苦悩と真実(ベトナム秘密文書報道事件の全容―ニューヨーク・タイムズ社説(要約))：新聞研究　通号242　〔1971.9〕　p58～63

堀部政男　秘密文書報道事件と連邦最高裁の裁判官―1―(英米の法律家――人とその思想―24―)：法学セミナー　通号188　〔1971.9〕　p167～173

三島宗彦　報道の自由と差止命令(報道の自由と国家秘密(特集))：法律時報　43(11)　〔1971.9〕　p18～23

堀部政男　秘密文書報道事件と連邦最高裁の裁判官―2―(英米の法律家――人とその思想―25―)：法学セミナー　通号189　〔1971.10〕　p135～141

堀部政男　秘密文書報道事件と連邦最高裁の裁判官―3―(英米の法律家――人とその思想―26―)：法学セミナー　通号190　〔1971.11〕　p136～141

堀部政男　秘密文書報道事件と連邦最高裁の裁判官―3―(英米の法律家――人と思想―26―)：法学セミナー　通号190　〔1971.11〕　p136～141

堀部政男　秘密文書報道事件と連邦最高裁の裁判官―4―(英米の法律家――人とその思想―27―)：法学セミナー　通号191　〔1971.12〕　p145～151

堀部政男　秘密文書報道事件と連邦最高裁の裁判官―5―(英米の法律家――人とその思想―28―)：法学セミナー　通号192　〔1972.1〕　p119～125

堀部政男　秘密文書報道事件と連邦最高裁の裁判官―6―(英米の法律家――人とその思想―29―)：法学セミナー　通号194　〔1972.2〕　p153～157

堀部政男	秘密文書報道事件と連邦最高裁の裁判官—7—（英米の法律家——人とその思想—30—）：法学セミナー　通号195〔1972.3〕p152〜157
茶本繁正	現場からみた"言論の自由"西山記者逮捕問題と出版ジャーナリストの場合：出版ニュース　通号0899〔1972.4〕p6〜11
総合ジャーナリズム研究編集部	国家機密とジャーナリズム（特集）「外務省機密漏洩事件」の新聞・雑誌報道〔タイトル抜すい・経過説明付〕（特別資料）：総合ジャーナリズム研究所　09（02）〔1972.4〕p112〜113
堀部政男	秘密文書報道事件と連邦最高裁の裁判官—9—（英米の法律家——人とその思想—32—）：法学セミナー　通号197〔1972.5〕p153〜157
志賀信夫	「あさま山荘事件」と生中継＜特集＞非日常のクロニアル—あさまにおける「革命の終焉」劇と「沖縄密約暴露」：放送批評　No.054〔1972.6〕
今野勉	ぼく自身のためのメモ＜特集＞非日常のクロニアル—あさまにおける「革命の終焉」劇と「沖縄密約暴露」：放送批評　No.054〔1972.6〕
鈴木均	「沖縄密約報道」批判—私たちの意見と行動＜特集＞非日常のクロニアル—あさまにおける「革命の終焉」劇と「沖縄密約暴露」：放送批評　No.054〔1972.6〕
松尾羊一	管理されたカメラ＜特集＞非日常のクロニアル—あさまにおける「革命の終焉」劇と「沖縄密約暴露」：放送批評　No.054〔1972.6〕
青木貞伸	幻のニュース検閲基準＜特集＞非日常のクロニアル—あさまにおける「革命の終焉」劇と「沖縄密約暴露」：放送批評　No.054〔1972.6〕
津村喬	山上の垂訓—赤軍報道覚え書＜特集＞非日常のクロニアル—あさまにおける「革命の終焉」劇と「沖縄密約暴露」：放送批評　No.054〔1972.6〕
小松一三	取材現場にみる"知る""知らせる"＜特集＞非日常のクロニアル—あさまにおける「革命の終焉」劇と「沖縄密約暴露」：放送批評　No.054〔1972.6〕
小中陽太郎	赤軍への大衆の呪詛＜特集＞非日常のクロニアル—あさまにおける「革命の終焉」劇と「沖縄密約暴露」：放送批評　No.054〔1972.6〕
田原総一朗	癒着＜特集＞非日常のクロニアル—あさまにおける「革命の終焉」劇と「沖縄密約暴露」：放送批評　No.054〔1972.6〕
小林孝輔	国家機密と知る権利：公明　通号116〔1972.6〕p14〜24
堀部政男	秘密文書報道事件と連邦最高裁の裁判官—10完—（英米の法律家——人とその思想—33完—）：法学セミナー　通号198〔1972.6〕p153〜159
小野秀雄	記者の守るべき節義と分限－－外務省機密漏洩事件におもう（国家機密とジャーナリズム（特集））：総合ジャーナリズム研究　09（03）〔1972.7〕p4〜14
長谷川進一	国家機密とジャーナリズム（特集）：総合ジャーナリズム研究　09（03）〔1972.7〕p35〜44
畑秀夫	国家機密とジャーナリズム（特集）ニュースソースの秘匿権－－証言拒否権を中心に・権利の享有主体について：総合ジャーナリズム研究　09（03）〔1972.7〕p101〜109
蜷川真夫	国家機密とジャーナリズム（特集）取材・報道の法とモラル：総合ジャーナリズム研究　09（03）〔1972.7〕p65〜70
総合ジャーナリズム研究編集部	「沖縄"密約"漏洩事件」公判の経過と報道1〜7：総合ジャーナリズム研究所　10（01）〜11（03）〔1973.1〜1974.7〕p110〜113
桜井保之助, 藤田初太郎	イギリスの国家秘密と＜報道の自由＞に関する「フランクス委員会」報告書：レファレンス　23（4）〔1973.4〕p80〜88
松浦総三	戦時下公文書秘匿の実態：現代の眼　14（11）〔1973.11〕p256〜265
清水英夫	沖縄密約暴露事件の判決と今後の問題点：マスコミ市民　通号079〔1974.2〕p16〜21
藤木英雄	国家機密と報道の自由——外務省機密文書漏えい事件判決をめぐって：法律のひろば　27（4）〔1974.4〕p25〜32
伊藤正己	一審判決の問題点と今後（「公電漏えい事件」一審判決（特集））：新聞研究　通号274〔1974.5〕p11〜26
斎藤忠夫	公電漏えい事件二審判決に関する各紙論調（「公電漏えい事件」二審判決＜特集＞）：新聞研究　通号302〔1976.9〕p51〜54
伊藤正己	二審判決の問題点と取材・報道の自由（特別座談会）（「公電漏えい事件」二審判決＜特集＞）：新聞研究　通号302〔1976.9〕p34〜50
反田良雄	毎日新聞問題の本質＜特集＞：総合ジャーナリズム研究　14（03）〔1977.7〕p66〜75
永町敏昭	公電漏えい事件最高裁決定に関する各紙論調（公電漏えい事件最高裁決定＜特集＞）：新聞研究　通号325〔1978.8〕p31〜35
船山泰範	公電漏えい事件・資料 最高裁決定と一審・二審判決の争点（公電漏えい事件最高裁決定＜特集＞）：新聞研究　通号325〔1978.8〕p25〜30
伊藤正己	最高裁決定の問題点と今後（公電漏えい事件最高裁決定＜特集＞）：新聞研究　通号325〔1978.8〕p8〜24
永井敏雄	国家秘密に対する取材活動とそそのかし罪の成否——西山記者事件上告審 最高裁（一小）昭和53年5月31日決定：法律のひろば　31（8）〔1978.8〕p35〜42
佐藤幸治, 松井茂記	外交秘密と「知る権利」——外務省秘密漏洩事件決定によせて：判例時報　通号896〔1978.10〕p116〜128
広瀬英彦	西独刑法官庁秘密漏示罪を削除へ（海外情報）：新聞研究　通号335〔1979.6〕p82〜85
奥平康広	"国家秘密"と情報公開：世界　通号415〔1980.6〕p130〜151
安藤博	公開か非公開か——情報公開に対する政府の姿勢（地方自治体と情報公開）：新聞研究　通号353〔1980.12〕p10〜13
橋本正邦	アメリカン・プレス——ペンタゴン・ペーパーズ事件から十年：新聞研究　通号362〔1981.9〕p52〜58
橋本正邦	情報漏えいに防波堤築くレーガン（海外情報）：新聞研究　通号380〔1983.3〕p82〜85
右崎正博	軍事機密保護法制定の動きと日本国憲法の危機：法と民主主義　通号181〔1983.10〕p41〜46
阪田秀	英国行政府機密法に整備の動き（海外情報）：新聞研究　通号406〔1985.5〕p76〜79
藤森勝年	危険はらむ「スパイ防止法案」：新聞研究　通号407〔1985.6〕p34〜36
大村立三	スパイ防止法案と各紙の社・論説（スパイ防止法案をめぐって）：新聞研究　通号409〔1985.8〕p64〜66
古川純	国家秘密保護法案の歴史的位置づけ——憲法の平和主義の観点から〔含 資料〕：新聞研究　通号412〔1985.11〕p45〜54

橋本進　気楽に、しかも急速に論をひろげよう「国家秘密法に反対する出版人の会」発足：出版ニュース　通号1376〔1985.12〕p4～6
宝子山幸充　新聞協会国家秘密法案に反対見解：新聞研究　通号413〔1985.12〕p26～29
庭山英雄　秘匿される情報――言論の自由脅かす国家秘密法案：新聞研究　通号413〔1985.12〕p30～33
大村立三　「国家秘密法案」に対する各紙の扱い――新聞協会の反対意見に際して：新聞研究　通号414〔1986.1〕p68～70
森義人　固い「守秘」のガード――自治体・企業取材は,いま（情報の"流れ"を考える）：新聞研究　通号415〔1986.2〕p36～39
清水英夫　「国家秘密法案」に対する声明について：日本出版学会会報　(58)〔1986.3〕p6
神野武美　情報公開はどう進んでいるか――「適用除外事由」めぐって相つぐ行政訴訟（ケーススタディー 大阪府・川崎市・東京都）：Asahi journal　28(11)〔1986.3〕p26～29
北山六郎　言論・報道の自由を守るために――秘密保護法と「ゆきすぎ」現象から考える：新聞研究　通号417〔1986.4〕p42～44
木原正博　「国家秘密法案」をめぐる最近の動き（マスコミの焦点）：新聞研究　通号421〔1986.8〕p100～102
小田中聡樹　国家秘密法修正案と言論の自由―上―：新聞研究　通号422〔1986.9〕p43～49
小田中聡樹　国家秘密法修正案と言論の自由―下―：新聞研究　通号423〔1986.10〕p49～54
荒井忠男,北山六郎　言論・表現の自由をおびやかす"国家秘密法"〔日本弁護士連合会会長 北山六郎氏に聞く〕：エコノミスト　64(55)〔1986.12〕p42～45
秋山幹男　特集 いまマスコミの危機 国家秘密法と報道機関：マスコミ市民　通号221/222〔1987.2〕p66～67
百田満広　特集 いまマスコミの危機 国家秘密法――推進派の動き：マスコミ市民　通号221/222〔1987.2〕p86～91
阪田秀　マレーシア「国家秘密法」修正法案の行方：新聞研究　通号427〔1987.2〕p82～85
奥平康広　再び国家秘密法について――報道人免罰規定の意味：世界　通号498〔1987.2〕p119～129
山田健太　国家秘密法をめぐる最近の動き（マスコミの焦点）：新聞研究　通号428〔1987.3〕p112～115
小宮山一衛　「国家秘密法」とジャーナリズム――民主主義「守る」から「強める」へ：新聞研究　通号429〔1987.4〕p33～36
橋本進　広がる国家秘密法反対の活動「出版人の会」の一年半をふりかえる：出版ニュース　通号1425〔1987.5〕p8～11
小田中聡樹　今こそ体験を伝え道理を説くべきとき――国家秘密法は平和を保障しない：マスコミ市民　通号225〔1987.5〕p14～21
牧内良平　「国家秘密法」とジャーナリズム――「地方からの告発」を視座に：新聞研究　通号430〔1987.5〕p59～62
松尾博　「国家秘密法」とジャーナリズム――元高官の"証言"に見る法案の問題性：新聞研究　通号431〔1987.6〕p47～51
作田和幸　「国家秘密法」とジャーナリズム――「情報天国」の安全風景：新聞研究　通号432〔1987.7〕p54～56
新井直之　「国家秘密法」と出版・言論の自由：日本出版学会会報　(62)〔1987.7〕p5
新聞研究編集部　国家秘密法案をめぐる最近の動き（マスコミの焦点）：新聞研究　通号434〔1987.9〕p78～84
新聞研究編集部　国家秘密法案をめぐる最近の動き（マスコミの焦点）：新聞研究　通号443〔1988.6〕p81～83
田島泰彦　イギリスにおける報道・表現規制の動向と秘密法（OSA）改正問題：新聞研究　通号450〔1989.1〕p42～46
中村泰次　中村泰次の"蟻の一穴"－15－危険な「秘密保護手続き」民訴法改正・報道界の意見書から：総合ジャーナリズム研究　29(04)〔1992.10〕p46～49
植村勝慶　国家秘密VS取材の自由――表現の自由・報道の自由・取材の自由（特集 メディアと憲法――表現の自由の意味と価値を考える）：法学教室　通号236〔2000.5〕p22～25
松井茂記　「秘密主義」に憲法上の疑念――61条違反に損害賠償請求や中止命令の可能性も（特集 少年法改正と取材・報道）：新聞研究　(593)〔2000.12〕p26～31
藤森研　「防衛秘密」とメディア 平和憲法体制の亀裂（クラック）：放送レポート　174号〔2002.2〕p12～15
岩見隆夫　西山事件－－いま〈もうひと押し〉がない（FEATURE 30年目のジャーナリズム力）：総合ジャーナリズム研究　39(04)（通号 182）〔2002.9〕p8～11
総合ジャーナリズム研究編集部　言論に「防衛秘密」の鋭い刃（FEATURE 新たな「戦争」と報道と）：総合ジャーナリズム研究所　39(01)（通号 179）〔2002.12〕p69～71
岡村志嘉子　台湾―国家機密保護法の制定（海外法律情報）：ジュリスト　(1240)〔2003.3〕p79
笹田佳宏　武力攻撃事態法案の国会審議から（特集 有事法制と放送）：月刊民放　33(8)通号386〔2003.8〕p16～19
保阪正康　「大本営発表」から見る有事法制下の日本――過去の教訓は生かされているか（特集 情報統制とメディア――半世紀前からの照射）：月刊民放　34(8)通号398〔2004.8〕p5～10
放送レポート編集部　今明かされる「沖縄密約」の真実～政府のウソを追及するジャーナリストたち～：放送レポート　200号〔2006.5〕p44～48
西山太吉　ニュースな人たち 西山太吉――繰り返される"沖縄密約"の構図：ぎゃらく　通号446〔2006.8〕p3～5
海部一男　国家安全保障情報の漏洩と報道の自由――戦い続くブッシュ政権対メディア：放送研究と調査　57(4)通号671〔2007.4〕p56～71
中井良則　政権揺るがす大スクープが内包する苦悩――米メディアの報道姿勢に学ぶ（国家機密と報道）：新聞研究　(670)〔2007.5〕p22～25
田島泰彦　進行する情報・メディア統制と表現の自由――軍事秘密保護法制の再編・強化を中心に：月刊民放　38(5)通号443〔2008.5〕p25～29
右崎正博　検証・国家権力と報道の使命「防衛秘密」漏えいによる自衛官免職処分が問いかけるもの：Journalism　(222)〔2008.11〕p4～9
大治浩之輔　沖縄返還密約の公認と「機密漏洩」事件（特集 国家の嘘とメディアの責任）：マスコミ市民　通号496〔2010.5〕p22～26
小町谷育子　沖縄密約情報公開訴訟の勝訴判決を読みながら（特集 国家の嘘とメディアの責任）：マスコミ市民　通号496〔2010.5〕p7～13
川崎泰資　政権交代の成果、核密約の存在を認定（特集 国家の嘘とメディアの責任）：マスコミ市民　通号496〔2010.5〕p14～21
柴田鉄治　「政府のウソ」を正す闘い 密約文書開示請求訴訟の原告として（特集 国家の嘘とメディアの責任）：マスコミ市民　通号496〔2010.5〕p27～31

金平茂紀	メディア論の彼方へ (33) 内部告発サイトWikiLeaksの破壊力とヘレン・トーマス記者追放の恥辱について：調査情報. 第3期 (496) 〔2010.9・10〕 p64〜69
深田卓	ブック・ストリート 出版 ウィキリークスと公安情報流出本：出版ニュース 通号2230 〔2010.12〕 p36〜37
Underhill, William	THE TAKE イギリス軍叩きの「霧」に惑わされるな——軍事 ウィキリークス騒動で浮上したアフガニスタンでの英軍批判に隠された真実：Newsweek 25(49)通号1231 〔2010.12〕 p24
井口博充	アメリカ合州国通信 (7) ウィキリークスによる合州国外交機密文書の公開：マスコミ市民 通号504 〔2011.1〕 p50〜53
アドラー, ベン	ウィキリークス事件 なぜメディアは沈黙するのか：Newsweek 26(3)通号1234 〔2011.1〕 p31〜32
溝口烈	ビデオの「秘密性」巡る国の迷走——情報統制強化への疑問高まる (外交報道と尖閣ビデオ問題)：新聞研究 (715) 〔2011.2〕 p19〜22
臺宏士	漏えいか、新たな情報開示の形態か——新聞は緻密な議論の場提供を (外交報道と尖閣ビデオ問題)：新聞研究 (715) 〔2011.2〕 p23〜26
澤康臣	ジャーナリズムとは何か 問うメディア——米国の反応から (ウィキリークスをどう見るか)：新聞研究 (717) 〔2011.4〕 p16〜19
別府三奈子	国益、国家機密とジャーナリズム——技術の変化に伴う情報発信主体の多様化 (ウィキリークスをどう見るか)：新聞研究 (717) 〔2011.4〕 p12〜15
喜田尚	描きだした「構図」に自負——ウィキリークスと向き合った米公電報道：新聞研究 (721) 〔2011.8〕 p60〜63
宮脇健	リスクにおけるマスメディア報道：H1N1インフルエンザのマスクに関する報道の分析：尚美学園大学総合政策論集 (13) 〔2011.12〕 p55〜71
神保太郎	メディア批評 (第48回) (1) 各紙は「密約」裁判判決をどう受け止めたか (2) 秘密保全法制 危機意識は十分か：世界 (824) 〔2011.12〕 p106〜113
桂敬一	ウィキリークスの可能性に大きな関心を (特集 ニューズ・オブ・ザ・ワールドとウィキリークス)：マスコミ市民 通号516 〔2012.1〕 p21〜23
井口博充	ウィキリークスの終焉？ (特集 ニューズ・オブ・ザ・ワールドとウィキリークス)：マスコミ市民 通号516 〔2012.1〕 p16〜20
田島泰彦	出版の自由、知る権利を阻害 秘密保護法制の再編と秘密保全法：出版ニュース 通号2268 〔2012.2〕 p4〜9
田島泰彦	秘密保全法制をどう考えるか： 知る権利と取材の自由の観点から：月刊民放 42(2)通号488 〔2012.2〕 p35〜39
日隈一雄	ブック・ストリート 言論 秘密保全法：出版ニュース 通号2271 〔2012.3〕 p17
原寿雄	危険な「秘密保全法」：放送レポート 235号 〔2012.3〕 p12〜15
西山太吉	渦中のひと 西山太吉元毎日新聞記者の告白 機密漏洩、40年の大罪：日経ビジネス (1636) 〔2012.4〕 p52〜55
日隈一雄	ブック・ストリート 言論 中国大使館1等書記官のスパイ疑惑報道は秘密保全法の露払い？：出版ニュース 通号2279 〔2012.6〕 p17
総合ジャーナリズム研究編集部	秘密保全法案、議論の推移 (取材・報道規制。ふたたび…)：総合ジャーナリズム研究所 49(03)＝221〔2012.6〕 p17〜21
右崎正博	メディア規制につながる法制定の動き： 秘密保全法構想を中心として：新聞研究 (732) 〔2012.7〕 p60〜63
松井茂記	ウィキリークスと表現の自由 (上)：法律時報 85(2)通号1056 〔2013.2〕 p54〜63
松井茂記	ウィキリークスと表現の自由 (下)：法律時報 85(3)通号1057 〔2013.3〕 p66〜71
レペタ, ローレンス	特定秘密保護法案反対 この悪法は、政府の下半身を隠すものだ。： マニング、スノーデン両事件に見る「国家秘密」のウソ：金曜日 21(37)通号978 〔2013.9〕 p12〜14
内田誠	ブック・ストリート 言論 特定秘密保護法案：出版ニュース 通号2325 〔2013.10〕 p17
山了吉	言論・表現の自由を規制する法律 日本を戦争のできる国に変えてしまう「特定秘密保護法」の正体：出版ニュース 通号2328 〔2013.11〕 p18〜20
山中倫太郎	取材の自由、最大限に尊重すべき： 秘密保護法とメディアへの影響：新聞研究 (748) 〔2013.11〕 p50〜53
堤秀司	特定秘密保護法案 官僚による官僚のための情報支配： 外交・防衛のおよそ全てが秘密 知る権利に影、いかに取材源守るか：メディア展望 (623) 〔2013.11〕 p6〜9
清水雅彦	特定秘密保護法案反対 立法事実も曖昧、憲法原理にも反する悪法：金曜日 21(43)通号984 〔2013.11〕 p16〜18
内田誠	ブック・ストリート 言論 現代の治安維持法ではないのか。：出版ニュース 通号2331 〔2013.12〕 p17
長岡義幸	流通 特定秘密保護法案と原発：出版ニュース 通号2330 〔2013.12〕 p18
右崎正博	特定秘密保護法と「知る権利」：月刊民放 43(12)通号487 〔2013.12〕 p24〜27
林尚行	「知る権利」制約への懸念： 明かされない特定秘密と取材・報道：新聞研究 (749) 〔2013.12〕 p43〜46
山口響	いまを読み解く 特定秘密保護法になぜ反対するのか：ピープルズ・プラン (63) 〔2013.12〕 p16〜21
斉藤豊治	検証特定秘密保護法 特定秘密保護法案の罰則の検討：法律時報 85(13)通号1067 〔2013.12〕 p352〜359
青井未帆	特定秘密保護法案・考：法律時報 85(13)通号1067 〔2013.12〕 p1〜3
伊藤成彦	人道に反する秘密保護法案は廃案にすべし： 併せて安倍内閣に退陣を求める：マスコミ市民 (539) 〔2013.12〕 p41〜48
桂敬一, 川崎泰資, 藤森研	鼎談 くるところまできたメディアの劣化 特定秘密保護法の本質は、アメリカとの軍事情報の共有化 (特集 なぜメディアは言論の危機を伝えないのか)：マスコミ市民 (539) 〔2013.12〕 p21〜32
山田哲夫	秘密保護法の危険性を伝えるのは、ジャーナリズムの責務 (特集 なぜメディアは言論の危機を伝えないのか)：マスコミ市民 (539) 〔2013.12〕 p33〜40
瀬戸純一	新聞報道の質の維持・向上のために： 特定秘密保護法案の報道をめぐって：メディアと情報資源： 駿河台大学メディア情報学部紀要 20(2) 〔2013.12〕 p19〜30
鈴木哲夫	特定秘密保護法案 戦争準備法の拙速： 安倍首相よ、なぜ急ぐ！：サンデー毎日 92(51)通号5196 〔2013.12〕 p19〜21
前田浩智	東奔政走 特定秘密保護法の修正協議「翼賛体制」の危機：エコノミスト 91(54)通号4319 〔2013.12〕 p86〜87
深田政浩, 長岡義博, 長谷部恭男	秘密保護法、その虚像と実像：Newsweek 28(49)通号1379 〔2013.12〕 p34
韓永學	知る権利と国家機密： 特定秘密保護法を題材に：マス・コミュニケーション研究 (85) 〔2014〕 p123〜141
松原妙華	内部告発を端緒とする報道のあり方： その正当性を担保するジャーナリストの役割：マス・コミュニケーション研

	究 通号84 〔2014〕 p129～149
足立昌勝	特定秘密保護法の核心的問題点は何か：リプレーザ0 2期 （7）〔2014.Spr〕 p89～95
山田健太	秘密保護法の何が、なぜ、問題なのか あまりに危険な秘密保護法：世界 （851）〔2014.1〕 p181～189
内田誠	ブック・ストリート 言論 特定秘密保護法可決：出版ニュース 通号2333 〔2014.1〕 p65
田島泰彦	情報を市民に取り戻す取り組みが必要 秘密保護法後の表現規制と情報統制：出版ニュース 通号2334 〔2014.1〕 p10～15
臺宏士	危ない！ 特定秘密保護法案：ぎゃらく （535）〔2014.1〕 p12～18
山田健太	取材の自由と特定秘密保護法 ： 外務省機密漏洩事件とは何だったのか：月刊民放 44（1）通号511 〔2014.1〕 p34～37
三木由希子	政府の説明責任に欠ける特定秘密保護法：社会民主 （704）〔2014.1〕 p52～55
武田徹	より強いジャーナリズムを目指して ： メディアを取り巻く環境はどう変わったか（特定秘密保護法とメディア）：新聞研究 （750）〔2014.1〕 p38～41
春名幹男	欠けていた制度設計への配慮 ： インテリジェンスの視点から考える（特定秘密保護法とメディア）：新聞研究 （750）〔2014.1〕 p46～49
三木由希子	「知る権利」は保障されるのか ： 進まない情報公開を背景に（特定秘密保護法とメディア）：新聞研究 （750）〔2014.1〕 p54～57
原寿雄	安倍政権は「反革命」だ インタビュー・原寿雄さん（ジャーナリスト・元共同通信編集主幹）（特集 秘密保護法案）：放送レポート （246）〔2014.1〕 p2～8
田島泰彦	「秘密法案」はこの国の言論をどう変えるか（特集 秘密保護法案）：放送レポート （246）〔2014.1〕 p10～13
安藤博	秘密保護法制に対して何ができるか（特集 安倍政権発足から一年 リベラルはいかに闘うか）：マスコミ市民 （540）〔2014.1〕 p20～28
清水晴生, 石村耕治	対論 特定秘密保護法を斬る 違法な行政の活動でも《秘密は秘密》?! ： アメリカのおもてなしに日本国民の知る権利を犠牲に！：CNNニューズ （76）〔2014.1〕 p23～25
佐高信	佐高信の筆刀両断日記 吹き荒れる特定秘密保護法のアラシ ： 2013年11月：社会民主 （705）〔2014.2〕 p39～41
篠崎正人	政治の責任をあいまいにする特定秘密保護法：社会民主 （705）〔2014.2〕 p56～59
吉澤文寿	特定秘密保護法と外交文書公開 ： 日韓国交正常化交渉関連文書を事例として：社会民主 （705）〔2014.2〕 p60～65
神保太郎	メディア批評（第74回）(1) 揃わなかったメディアの足並み ： 秘密保護法報道 (2)「気分はもう戦争」？ ： 安倍政権の存続は許されるか：世界 （852ママ）〔2014.2〕 p71～78
清水勉	検証特定秘密保護法 秘密保護法と公安警察の関係：法律時報 86（2）通号1069 〔2014.2〕 p81～87
藤田早苗	秘密保護法は国際人権規約違反である：マスコミ市民 （541）〔2014.2〕 p38～41
青木理	特定秘密保護法を考える 権益を広げる警備・公安警察 治安立法を許した報道の課題：Journalism （285）〔2014.2〕 p100～107
西山太吉	特定秘密保護法を考える 秘密法で「真実を知り得ない国」に メディアは権力監視の役割確認を：Journalism （285）〔2014.2〕 p108～115
赤尾光史	特定秘密保護法と新聞メディアの記憶 ： 刑法改正およびスパイ防止法論議との比較を中心に：ジャーナリズム＆メディア ： 新聞学研究所紀要 （7）〔2014.3〕 p343～355
韓永學	特定秘密保護法に関する一考察：法学研究 49（4）通号143 〔2014.3〕 p747～780
青井未帆	講演録 秘密保護法・新たなたたかいに向けて：放送レポート （247）〔2014.3〕 p8～15
碇建人, 柳瀬翔央	特定秘密保護法の制定と今後の検討課題：立法と調査 （350）〔2014.3〕 p70～85
菅義偉, 渡辺美喜男	TALKING 内閣官房長官 菅義偉 特定秘密保護法は一般人には関わりがない：リベラルタイム 14（3）通号154 〔2014.3〕 p2～5
山田健太	国民の知る権利と特定秘密保護法 ： 国際的観点から 秘密保護法廃止へ：法律家7団体共催シンポジウム（二〇一四・三・五 於 東京・千代田区）より：法と民主主義 （487）〔2014.4〕 p36～39
シュロスバーグ, ジャスティン, 渡辺武達	イラク戦争検証委員会をめぐる論考 イラク戦争検証委と英国政府の暗闘 反市民的な秘密保護法の存在がカベに：Journalism （287）〔2014.4〕 p132～143
藤田和之	「知る権利」に資するために ： 求められる適切な情報保護措置と周知徹底（個人情報保護法見直しと報道）：新聞研究 （754）〔2014.5〕 p18～21
倉澤治雄	講演録 原発と秘密保護法：放送レポート （248）〔2014.5〕 p18～25
青木理	公安警察の暴走招く恐れ：広島ジャーナリスト （17）〔2014.6〕
山田健太	私たちはいかにして「開かれた政府」を実現するか――秘密保護法時代に立ち向かう視点：エディターシップ Vol.3 〔2014.6〕
斉藤豊治	検証 特定秘密保護法 刑事手続における特定秘密の取扱い：法律時報 86（8）通号1075 〔2014.7〕 p72～80
三木由希子	アメリカの秘密保護法制の実態 多すぎる機密は政策判断を誤らせる 米国での聞き取りでわかったこと：Journalism （290）〔2014.7〕 p124～133
山田健太	岐路に立つ言論の自由 ： 秘密保護法時代の市民社会の役割（特集 情報公開と国家秘密）：法学セミナー 55（5）（通号 665）〔2014.9〕 p12～18
清水勉	検証特定秘密保護法 特定秘密保護法と国会 ： 国会は特定秘密を監視できるか：法律時報 86（10）通号1077 〔2014.9〕 p90～95
津田公男	特定秘密保護法の廃止を：社会主義 （629）〔2014.11〕 p63～70
遠藤比呂通	表現の自由二題 ： 特定秘密とヘイト・スピーチ：法律時報 86（12）通号1079 〔2014.11〕 p1～3
臺宏士	特定秘密保護法シミュレーション 私、捕まるんですか!?（中）新聞記者・西山曜子さん 「ブラック国民リスト」を追う：金曜日 22（47）通号1037 〔2014.11〕 p30～31
青島顕	制度運用と過剰反応に懸念 ： 取材現場への影響を考える（特定秘密保護法が施行へ）：新聞研究 （761）〔2014.12〕 p36～39
レペタ, ローレンス	政府の秘密と不正を暴く報道の役割 ： スノーデン事件と海外メディアの経験から（特定秘密保護法が施行へ）：新聞研究 （761）〔2014.12〕 p40～45
村井敏邦	検証 特定秘密保護法 特定秘密保護法における罰則の問題点：法律時報 86（13）通号1080 〔2014.12〕 p354～359

名誉・プライバシー　　　　　　　　　　　　　　　　制度

臺宏士　　　特定秘密保護法シミュレーション 私、捕まるんですか!?（下）防衛省職員Ａ・Ｍさん 違法行為の告発で懲戒免職：金
　　　　　　曜日　22（48）通号1038　〔2014.12〕　p18〜19

〔図書〕

神奈川新聞社　「言論」が危うい―国家秘密法の周辺　神奈川新聞社　1987.12　261p　20cm　1500円
筑紫哲也　　情報は誰のものか―沖縄密約事件・北朝鮮報道・メディア規制　岩波書店　2003.5　64,8p　21cm　480円　（岩波
　　　　　　ブックレット no0596）
西山太吉　　沖縄密約―「情報犯罪」と日米同盟　岩波書店　2007.5　213p　18cm　700円　（岩波新書）
石川幸憲, 蜷川真夫　ウィキリークス　アスキー・メディアワークス　2011.2　190p　18cm　743円　（アスキー新書 180）
「ガーディアン」特命取材チーム, Harding, Luke, Leigh, David, 月沢李歌子, 島田楓子　ウィキリークス アサンジの戦争　講談
　　　　　　社　2011.2　349p　20cm　1800円
宮崎正弘　　ウィキリークスでここまで分かった世界の裏情勢―機密暴露の衝撃と舞台裏　並木書房　2011.2　227p　19cm
　　　　　　1400円
Rosenbach, Marcel, Stark, Holger, 赤им桃子, 猪股和夫, 福原美穂子　全貌ウィキリークス　早川書房　2011.2　397,10p　19cm
　　　　　　1800円
小林恭子, 津田大介, 塚越健司, 白井聡, 八田真行　日本人が知らないウィキリークス　洋泉社　2011.2　238p　18cm　760円
　　　　　　（新書y 244）
上杉隆　　　ウィキリークス以後の日本―自由報道協会（仮）とメディア革命　光文社　2011.3　209p　18cm　740円　（光文社
　　　　　　新書 510）
Domscheit‐Berg, Daniel, 森内薫, 赤根洋子　ウィキリークスの内幕　文藝春秋　2011.3　324p　20cm　1400円
菅原出　　　ウィキリークスの衝撃―世界を揺るがす機密漏洩の正体　日経BP社　2011.3　260p　19cm　1600円
機密告発サイトウィキリークスの真実！　宝島社　2011.3　143p　21cm　743円　（別冊宝島―Nonfiction）
Mitchell, Greg, 宮前ゆかり　ウィキリークスの時代　岩波書店　2011.6　186,6p　19cm　1900円
Sifry, Micah, L., 田内志文　ウィキリークス革命―透視される世界　柏書房　2011.7　234p　20cm　1800円
清水雅彦, 半田滋, 臺宏士　秘密保護法は何をねらうか―何が秘密？ それは秘密です　高文研　2013.12　111p　21cm　1200円
北海道新聞社, 北海道新聞社　特定秘密保護法を読む―全条文反対声明・意見書　北海道新聞社　2014.1　191p　21cm　648円
仁比聡平　　秘密保護法はすぐ廃止へ！―いま、安倍政権の「終わり」が始まった　日本機関紙出版センター　2014.3　77p
　　　　　　21cm　476円
村井敏邦, 田島泰彦　特定秘密保護法とその先にあるもの―憲法秩序と市民社会の危機　日本評論社　2014.5　176p　21cm
　　　　　　1574円　（別冊法学セミナー no0229―新・総合特集シリーズ 5）
三木由希子　「特定秘密の指定及びその解除並びに適性評価の実施に関し統一的な運用を図るための基準（仮称）（素案）」の解説
　　　　　　と意見のポイント―特定秘密保護法のパブコメを出そう！　指定・解除・監察編　情報公開クリアリングハウス
　　　　　　2014.8　64p　30cm
右崎正博, 清水雅彦, 村井敏邦, 渡辺治, 豊崎七絵　秘密保護法から「戦争する国」へ―秘密保護法を廃止し、集団的自衛権行使を
　　　　　　認めない闘いを　旬報社　2014.10　154p　21cm　1300円
宇都宮健児, 足立昌勝, 堀敏明, 林克明　秘密保護法―社会はどう変わるのか　集英社　2014.11　186p　18cm　700円　（集英社
　　　　　　新書 0761）

名誉・プライバシー

〔雑誌記事〕

馬屋原成男　文化犯罪と人権問題：新聞研究　通号10　〔1950.2〕　p29〜32
松下正寿　　言論自由と名誉毀損の法理：法学新報　60（2）　〔1953.2〕　p97〜118
戒能通孝　　新聞と人権：新聞研究　通号44　〔1955.3〕　p21〜26
小野清一郎　新聞の名誉棄損：新聞研究　通号44　〔1955.3〕　p2〜8
塚本重頼　　ラジオ又はテレビ放送による名誉毀損の責任の軽減：法律のひろば　9（11）　〔1956.11〕　p38〜39
塚本重頼　　新聞の「善意」の報道と裁判所侮辱の成立――英国高等法院の判決の紹介：法学新報　65（9）　〔1958.9〕　p775〜781
鈴木才蔵　　犯罪報道と人権：新聞研究　通号92　〔1959.3〕　p7〜12
戒能通孝　　マス・メディアとプライヴァシー――その実情と対策（座談会）：法律時報　31（6）　〔1959.5〕
香内三郎　　マス・メディアの発達とプライヴァシー：法律時報　31（6）　〔1959.5〕
斎藤茂男　　人権記者の哀歓――徳島事件を追って：世界　通号163　〔1959.7〕　p187〜193
山田年宗　　刑法改正草案と新聞報道：新聞研究　通号107　〔1960.6〕　p32〜35
鈴木才蔵　　人権問題の扱い方：新聞研究　通号108　〔1960.7〕　p6〜10
木村亀二　　表現の自由と名誉毀損罪・侮辱罪：法律時報　33（5）　〔1961.5〕
ハミルトン, D.　アメリカの名誉棄損：新聞研究　通号125　〔1961.12〕　p32〜38
戒能通孝　　名誉棄損とプライバシー：新聞研究　通号136　〔1962.11〕　p35〜41
田代喜久雄　人権に関する犯罪記事のあり方（座談会）：新聞研究　通号145　〔1963.8〕　p16〜23
宮島善高　　新聞と名誉毀損：法学紀要　通号6　〔1964.6〕　p394〜420
奥平康広　　表現の自由と名誉毀損――アメリカ合衆国最高裁の判決：判例時報　通号373　〔1964.6〕　p13898〜13900
馬島春樹　　放送事業と名誉き損――アメリカにおける新判例：NHK文研月報　14（07）　〔1964.7〕　p42
林田広実　　「宴のあと」判決と新聞論調：新聞研究　通号160　〔1964.11〕　p40〜43
和田洋一　　犯罪容疑にかんする新聞の報道について――安達洋裁学院放火事件覚えがき：人文学　通号79　〔1965.5〕
前田雄二　　人権と新聞：新聞研究　通号184　〔1966.11〕　p22〜26
水谷昭　　　マスコミと人権（座談会）：総合ジャーナリズム研究　04（05）　〔1967.4〕　p4〜16
堀部政男　　プライバシーの権利と表現の自由――アメリカ連邦最高裁の最近の判決をめぐって：新聞研究　通号193　〔1967.8〕
　　　　　　p63〜67
藤沢高治　　沖縄のマスコミ状況－－放送法の周辺：総合ジャーナリズム研究　04（11）　〔1967.11〕　p22〜26
中村晧一　　刑事事件・刑事裁判と報道――アメリカの事例から：NHK文研月報　19（02）　〔1969.2〕　p36

水谷昭	名誉毀損に新判例（マスコミ法律講座）：総合ジャーナリズム研究　06（04）〔1969.10〕　p121〜122, 124〜127

総合ジャーナリズム研究編集部　プロ野球の"黒い霧"を追うマスコミの姿勢（報道人権問題座談会）：総合ジャーナリズム研究所　07（03）〔1970.7〕　p107〜111

総合ジャーナリズム研究編集部　「週刊ポスト」告訴事件の意味するもの（報道人権問題座談会 土方正巳他）：総合ジャーナリズム研究所　07（04）〔1970.10〕　p4〜47

西山富夫　新聞と名誉毀損罪：名城法学　20（1・2）〔1970.12〕　p65〜83

有路美紀夫　報道による名誉毀損：国士館法学会誌　（3）〔1971.1〕　p21〜36

新聞編集関係法制研究会　新聞編集関係法制の研究―9―新聞と人権―1―名誉棄損を中心として：新聞研究　通号234　〔1971.1〕　p73〜81

新聞編集関係法制研究会　新聞編集関係法制の研究―10―新聞と人権―2―名誉棄損を中心として：新聞研究　通号235　〔1971.2〕　p51〜59

新聞編集関係法制研究会　新聞編集関係法制の研究―11―新聞と人権―3―名誉棄損を中心として：新聞研究　通号236　〔1971.3〕　p87〜95

水谷昭　プロ野球と人権問題－－荒川選手の場合をめぐって：総合ジャーナリズム研究　08（02）〔1971.4〕　p52〜70

新聞編集関係法制研究会　新聞編集関係法制の研究―12―新聞と人権―4―名誉棄損を中心として：新聞研究　通号237　〔1971.4〕　p75〜83

新聞編集関係法制研究会　新聞編集関係法制の研究―13―新聞と人権―5―名誉棄損を中心として：新聞研究　通号238　〔1971.5〕　p53〜62

新聞編集関係法制研究会　新聞編集関係法制の研究―14―新聞と人権―6―名誉棄損を中心として：新聞研究　通号239　〔1971.6〕　p65〜73

宮城千賀子　汚ない活字の暴力に抗して－－「週刊女性」告訴事件：総合ジャーナリズム研究　08（03）〔1971.7〕　p64〜74

新聞編集関係法制研究会　新聞編集関係法制の研究―15―新聞と人権―7―名誉棄損を中心として：新聞研究　通号240　〔1971.7〕　p59〜66

新聞編集関係法制研究会　新聞編集関係法制の研究―16―新聞と人権―8―名誉棄損を中心として：新聞研究　通号241　〔1971.8〕　p89〜96

新聞編集関係法制研究会　新聞編集関係法制の研究―18―新聞と人権―9―名誉棄損を中心として：新聞研究　通号243　〔1971.10〕　p55〜64

新聞編集関係法制研究会　新聞編集関係法制の研究―19―新聞と人権―10―名誉棄損を中心として：新聞研究　通号244　〔1971.11〕　p57〜66

新聞編集関係法制研究会　新聞編集関係法制の研究―20―新聞と人権―11―名誉棄損を中心として：新聞研究　通号245　〔1971.12〕　p65〜73

森恭三　人権を護る報道を――国民の生きる権利と結びつつ：世界　通号319　〔1972.6〕　p85〜90

広瀬英彦　電話盗聴とプライバシー（海外情報）：新聞研究　通号254　〔1972.9〕　p62〜65

土方正巳　英国のセックス・スキャンダル－－新聞のかかわり方とプライバシーの保護：総合ジャーナリズム研究　10（03）〜24（02）〔1973.7〜1987.4〕　p86〜94

山川洋一郎　意見広告と政党に対する名誉毀損――サンケイ新聞意見広告処分事件をめぐって：判例タイムズ　25（12）〔1974.11〕　p13〜20

清水英夫　名誉毀損事件：日本出版学会会報　（20）〔1974.12〕　p6〜8

田所泉　コトアゲか「名をあげ」か＜特集＞表現・匿名性と署名性―表現流通機構における精神のスタイル：放送批評　No.086　〔1975.6〕

小野雄一　広告における署名性について＜特集＞表現・匿名性と署名性―表現流通機構における精神のスタイル：放送批評　No.086　〔1975.6〕

磯田光一　「匿名」のパラドックス＜特集＞表現・匿名性と署名性―表現流通機構における精神のスタイル：放送批評　No.086　〔1975.6〕

別役実　匿名性と記名性について＜特集＞表現・匿名性と署名性―表現流通機構における精神のスタイル：放送批評　No.086　〔1975.6〕

後藤和彦　放送はエスタブリッシュド・メディアである＜特集＞表現・匿名性と署名性―表現流通機構における精神のスタイル：放送批評　No.086　〔1975.6〕

橋本正邦　オンブズマンの活動――ワシントン・ポストの場合（記事の正確さと名誉権）：新聞研究　通号306　〔1977.1〕　p8〜13

竹田稔　新聞報道と名誉保護（記事の正確さと名誉権）：新聞研究　通号306　〔1977.1〕　p20〜26

伊藤正己　名誉権とプライバシー（講演要旨）（記事の正確さと名誉権）：新聞研究　通号306　〔1977.1〕　p14〜19

竹田稔　犯罪容疑の報道と名誉権侵害（青法協裁判官部会研究ノート―56―）：法律時報　49（2）〔1977.2〕　p69〜76

小松原久夫　人権擁護を求める新たな潮流――注目される6月の「ヘルシンキ宣言・再検討会議」（海外情報）：新聞研究　通号308　〔1977.3〕　p80〜83

平川宗信　事実の真否と名誉毀損罪――表現の自由との関連において：名古屋大学法政論集　通号71　〔1977.3〕　p1〜95

北山六郎　事件報道と人権擁護に思う（警察取材の現場＜特集＞）：新聞研究　通号309　〔1977.4〕　p12〜14

吉村博人　犯罪報道と人権（名誉毀損）――判例を中心として（警察広報の諸問題＜特集＞）：警察学論集　30（6）〔1977.6〕　p46〜72

梶谷素久　英国におけるプライバシー問題――歴史的考察：新聞学評論　通号26　〔1977.10〕　p127〜145

堀部政男　名誉・プライバシー問題の現段階（名誉・プライバシーの新展開＜特集＞）：ジュリスト　通号653　〔1977.12〕　p35〜47

伊藤正己　文学と名誉毀損：日本出版学会会報　（31）〔1978.2〕　p3〜4

村上孝止　新聞による名誉棄損事件の慰謝料を分析する：新聞研究　通号331　〔1979.2〕　p81〜89

山川洋一郎　名誉毀損訴訟における証拠開示とプレスの編集特権――最近の合衆国最高裁判決をめぐって――Anthony Herbert, Petitioner v.Barry Lando et al.（47 U.S.Law Week 4401, April 18, 1979）（海外の新判例紹介）：判例タイムズ　30（15）〔1979.7〕　p25〜30

福井惇　人権感覚――人権への配慮と社会的利益（70年代の検証/80年代への視座）：新聞研究　通号341　〔1979.12〕　p29〜

名誉・プライバシー　　　　　　　　　　　　　制度

33

高橋勲	報道と人権保障の調和（報道と人権の接点）：新聞研究　通号354　〔1981.1〕　p42～47
福田平	名誉棄損と新聞報道（報道と人権の接点）：新聞研究　通号354　〔1981.1〕　p48～52
山中昭	問われる人権意識　連載「人権と報道」の内側（報道と人権の接点）：新聞研究　通号354　〔1981.1〕　p38～41
野村二郎	名誉毀損罪成立の要件——月刊ペン事件最高裁判決：判例タイムズ　32(12)〔1981.6〕　p22～26
阪本昌成, 藤田浩	表現の自由と名誉毀損——「月刊ペン」事件最高裁判決を機縁とする一試論：法学セミナー　通号318　〔1981.8〕　p89～96
平川宗信	名誉毀損罪の免責要件——「月刊ペン」事件を契機にして：判例タイムズ　32(19)〔1981.9〕　p7～18
村上孝止	急進展をみた名誉棄損・プライバシー判例：新聞研究　通号363　〔1981.10〕　p78～82
小田晋	報道と人権の接点を見直す（パネルトーキング）：新聞研究　通号366　〔1982.1〕　p44～60
中西尚道	世論調査とプライバシー：新聞研究　通号372　〔1982.7〕　p62～65
村上孝止	報道と人権をめぐる新聞界の動向：新聞研究　通号374　〔1982.9〕　p51～55
松井修視	イギリスのプライバシー法案とプレス（プライバシー保護と新聞）：新聞研究　通号376　〔1982.11〕　p33～38
村上孝止	プライバシー判例と法規定の展開（プライバシー保護と新聞）：新聞研究　通号376　〔1982.11〕　p25～32
後藤文雄	人権報道　書かれる立場書く立場：自由　25(1)〔1983.1〕　p127～136
五十嵐智友	人権をめぐる新聞報道の基準づくり——朝日新聞社, 読売新聞社の基準を中心に（第22回紙面審査全国懇談会・研究討議）：新聞研究　通号378　〔1983.1〕　p61～76
新山恒彦	現代の名誉毀損と表現の自由——「月刊ペン」事件論告求刑を契機に（現代の視点）：法学セミナー　通号338　〔1983.4〕　p22～25
竹田稔	新聞の報道と名誉・人権：新聞研究　通号390　〔1984.1〕　p78～82
官林祐治	「報道と人権」「紙面審査から見た新聞文章」（第23回紙面審査全国懇談会・自由討議）〔含 資料〕：新聞研究　通号390　〔1984.1〕　p83～87
樋口恵子	《特集》体外受精報道を考える　書かれる側・書く側の「特別扱い」の〔矛〕盾：マスコミ市民　通号189　〔1984.3〕　p10～15
地方記者	《特集》体外受精報道を考える　報道にみるマスコミの人権感覚：マスコミ市民　通号189　〔1984.3〕　p2～9
橋本正邦	アメリカ　損害賠償を警戒する報道界（マスコミと人権—各国にみる「報道と人権」）：新聞研究　通号396　〔1984.7〕　p45～49
庭山英雄	イギリス　法廷侮辱による厳しい報道規則（マスコミと人権—各国にみる「報道と人権」）：新聞研究　通号396　〔1984.7〕　p50～53
浅野健一	スウェーデン　徹底した犯罪報道匿名主義（マスコミと人権—各国にみる「報道と人権」）：新聞研究　通号396　〔1984.7〕　p54～58
清水英夫	マスコミの自浄能力と人権（マスコミと人権）：新聞研究　通号396　〔1984.7〕　p10～13
前沢猛	記者の職業倫理綱領——「ニューズ・ジャーナル」の例を中心に〔含 資料〕（マスコミと人権）：新聞研究　通号396　〔1984.7〕　p63～69
岡留安則	芸能界の論理と市民社会の現実（マスコミと人権—人権を考えるために）：新聞研究　通号396　〔1984.7〕　p28～30
内田剛弘	守られるべき人権実現すべき人権——いま, マスコミに求められるもの（マスコミと人権）：新聞研究　通号396　〔1984.7〕　p14～17
青木悦	人間が見えているのか（マスコミと人権—人権を考えるために）：新聞研究　通号396　〔1984.7〕　p24～26
赤松岳	報道されない自由と権利（マスコミと人権—人権を考えるために）：新聞研究　通号396　〔1984.7〕　p26～28
伊藤斉	「報道と人権」——私の所感（マスコミと人権）：新聞研究　通号396　〔1984.7〕　p18～21
石村善治	報道と人権をめぐる最近の判例——犯罪報道を中心として（マスメディアの現状と国民の人権<特集>）：法と民主主義　通号192　〔1984.11〕　p24～30
前沢猛	欧米諸国の「報道と人権」——新聞評議会の評決事例を中心に：新聞研究　通号402　〔1985.1〕　p38～43
橘弘道	調査報道と人権（第93回新聞講座）：新聞研究　通号403　〔1985.2〕　p49～53
正村公宏	《特集》いま, ジャーナリズムに…　マスコミと言論の自由：マスコミ市民　通号200　〔1985.3〕　p7～9
秋山幹男	《特集》いま, ジャーナリズムに…　実名報道をしない"原則"を：マスコミ市民　通号200　〔1985.3〕　p19～20
飯田弘之	「プライバシーの危機」を考える——進みゆく情報管理社会（新聞記者読本'85）：新聞研究　通号404　〔1985.3〕　p36～39
小松原久夫	教訓残した米国の名誉棄損裁判——シャロン vs.タイム, ウエストモーランド vs0CBS：新聞研究　通号405　〔1985.4〕　p63～67
石村善治	報道と人権<日本と西ドイツの場合>——人格権, 社会復帰の権利, 匿名権を考える：新聞研究　通号408　〔1985.7〕　p60～65
内田剛弘	人権と報道を考える—上—市民的基盤をもつ報道評議会をつくろう！（シンポジウム）：法セミ　通号370　〔1985.10〕　p117～127
内田剛弘	人権と報道を考える—下—市民的基盤をもつ報道評議会をつくろう！（シンポジウム）：法セミ　通号371　〔1985.11〕　p134～145
河村好市	パック・ジャーナリズムと人権配慮——三浦逮捕, 日航機事故取材の教訓（断面'85ジャーナリズム）：新聞研究　通号413　〔1985.12〕　p43～45
梓沢和幸	三浦和義氏逮捕と報道姿勢——警察の威信とマスコミ（今月の犯罪報道）：法律時報　58(1)〔1986.1〕　p112～115
橋本正邦	名誉棄損訴訟とその対応——米国プレスの場合：新聞研究　通号415　〔1986.2〕　p68～72
神津晃生	ズーム・アップ　「放送と人権」で横断的制作現場集会　民放シンポジウム：月刊民放　16(178)〔1986.4〕　p42～42
前沢猛	広がる米「実名報道」の考証：総合ジャーナリズム研究　23(02)〔1986.4〕　p55～62
熊谷耕三	無罪報道の人権侵害：マスコミ市民　通号212　〔1986.5〕　p2～9
平川宗信	「犯罪報道は変えられる」浅野健一：法律時報　58(6)〔1986.5〕　p142～144
大森幸男	特集　放送と人権（名誉・プライバシー）まず, ジャーナリズム意識の定着と高揚から　視聴者との信頼関係存立へ, 求められる「不断の自省と自浄作用」：月刊民放　16(180)〔1986.6〕　p6～9
中村泰次	特集　放送と人権（名誉・プライバシー）情報化社会における"マスコミ倫理"の課題とは　いま問われる"ジャーナリ

	ストとしての努力" 人権への配慮と取材の節度：月刊民放　16 (180)　〔1986.6〕　p10～13
磯崎洋三, 小田久栄門, 松田士朗	特集 放送と人権 (名誉・プライバシー) 節度ある取材へ, マス媒体の自覚を プライバシーとの衝突をはらむ宿命にあって──取材者の意識向上が生む "活力ある報道"：月刊民放　16 (180)　〔1986.6〕　p14～19
清水英夫	特集 放送と人権 (名誉・プライバシー) "放送の自由" 確保へ, 「自浄力」の積極的な提示を 「放送における人権への配慮」 講演から 同義でない, 取材する "自由と権利"：月刊民放　16 (180)　〔1986.6〕　p20～32
堂本暁子	格子のなかの子供たちの悲鳴──水面下で進む人権侵害を伝える：新聞研究　通号420　〔1986.7〕　p42～46
天野勝文	「表現の自由」と「名誉権」の調和点は…：月刊民放　16 (182)　〔1986.8〕　p40～43
堀部政男	表現の自由と名誉権──判決の意義と問題点 (「北方ジャーナル」事件最高裁判決をめぐって〔含 判決文〕)：新聞研究　通号421　〔1986.8〕　p29～38
成沢寿信	「書かれる立場」から見た新聞報道──「今月の犯罪報道」連載を終えて：新聞研究　通号424　〔1986.11〕　p71～74
後藤秀雄	写真誌と人権をめぐる最近の動き (マスコミの焦点)：新聞研究　通号425　〔1986.12〕　p90～93
亀井淳	特集 いまマスコミの危機 ノゾキ写真誌の犯罪──行き詰まりと自壊の兆し：マスコミ市民　通号221/222　〔1987.2〕　p170～181
熊谷耕三	特集 いまマスコミの危機 何のための事件報道か──人権に鈍感な病状と司法の変化：マスコミ市民　通号221/222　〔1987.2〕　p144～155
平松斉	個人情報保護法具体化へ (マスコミの焦点)：新聞研究　通号427　〔1987.2〕　p88～91
春海一郎	ニュース現場で高まる人権意識──「報道と人権・デスクアンケート」から：新聞研究　通号430　〔1987.5〕　p63～66
堀部政男	個人情報保護法の可能性と地方自治体の課題：法律時報　59 (7)　〔1987.6〕　p2～5
斉藤克夫	第27回紙面審査全国懇談会──報道と人権などをめぐり活発な討議：新聞研究　通号432　〔1987.7〕　p72～75
平田聡	あるえん罪事件の問いかけ (「プライバシー」の諸相)：新聞研究　通号433　〔1987.8〕　p53～56
右崎正博	アメリカのプライバシー権論の変遷とマスメディア (「プライバシー」の諸相)：新聞研究　通号433　〔1987.8〕　p31～36
平松毅	プライバシーの権利とその憲法上の地位 (「プライバシー」の諸相)：新聞研究　通号433　〔1987.8〕　p10～16
河村好市	紙面審査の立場で考えること (「プライバシー」の諸相)：新聞研究　通号433　〔1987.8〕　p57～60
堀野広	「書かない」スクープ (「プライバシー」の諸相)：新聞研究　通号433　〔1987.8〕　p49～52
愛波健	書くか, 書かないか (「プライバシー」の諸相)：新聞研究　通号433　〔1987.8〕　p37～39
浜田純一	情報化社会の中のプライバシー (「プライバシー」の諸相)：新聞研究　通号433　〔1987.8〕　p27～30
古川和	信用情報とプライバシー──取材・報道の視点 (「プライバシー」の諸相)：新聞研究　通号433　〔1987.8〕　p44～48
小林節	有名人のプライバシーと報道の自由 (「プライバシー」の諸相)：新聞研究　通号433　〔1987.8〕　p22～26
大出良知	報道被害者アンケート調査報告：法経研究　36 (2)　〔1987.10〕　p94～77
浅野健一	ノンフィクションと「実名報道」『逆転』プライバシー判決の持つ意味：出版ニュース　通号1446　〔1987.12〕　p8～12
山田健太	日弁連人権擁護大会「人権と報道」をテーマに討議 (マスコミの焦点)：新聞研究　通号438　〔1988.1〕　p79～83
井沢徹	新聞編集と「人権」──ケーススタディー (変化の時代の新聞整理)：新聞研究　通号439　〔1988.2〕　p15～19
宮島善高	第四権力 (マス・メディア) の擬制性：政経研究　24 (3)　〔1988.2〕　p403～457
富野暉一郎	「池子問題」報道される側からひとこと (新聞記者読本'88─私の新聞観)：新聞研究　通号440　〔1988.3〕　p14～16
堀部政男	プライバシー権と表現の自由──「逆転」東京地裁判決の意義と課題：法セミ　通号399　〔1988.3〕　p14～17
江橋崇	国外の人権状況について──日本のマスコミは及び腰ではないか：新聞研究　通号441　〔1988.4〕　p55～58
秋山幹男	名ばかりの個人情報保護法案──政府案の問題点：新聞研究　通号442　〔1988.5〕　p34～38
柘哲郎	取材の自由とプライバシーの保護──フライデー記者事件の判決に思う：法律のひろば　41 (5)　〔1988.5〕　p61～63
いのうえせつこ	なぜ, 実名報道なのか？──ピンクチラシ裁判報道をめぐって：マスコミ市民　通号238　〔1988.7〕　p10～15
小山斎, 村上文男	中弁連における報道と人権の調整活動 (人権と報道<特集>)：自由と正義　39 (9)　〔1988.9〕　p65～66
小山齋, 村上文男	中弁連における報道と人権の調整活動 (特集・人権と報道)：自由と正義　39 (9)　〔1988.9〕　p65～66
前沢猛	(あの問題は, いま…<特集>) 実名・匿名報道論議の展開：総合ジャーナリズム研究　25 (04)　〔1988.10〕　p18～20
平川宗信	犯罪報道と人権をめぐる諸問題：名古屋大学法政論集　通号123　〔1988.11〕　p343～403
丸山友岐子	女高生殺人事件──『朝日』の報道に抗議する：マスコミ市民　通号251　〔1989.6〕　p52～53
秋吉健次	「人権と報道」をテーマに討議──マスコミ倫理懇談会'89公開シンポジウムから (マスコミの焦点)：新聞研究　通号457　〔1989.8〕　p97～99
丸山友岐子	マスコミよ, 報道レイプをやめよ！：マスコミ市民　通号254　〔1989.9〕　p6～13
滝鼻卓雄	法務室の3年半──人権意識の広がりの中で：新聞研究　通号459　〔1989.10〕　p74～77
宮沢浩一	幼女殺人過熱報道を問う──守られるべき人権とあるべき捜査のために：世界　通号533　〔1989.10〕　p10～14
清水英夫	個人情報保護法の批判的検討：青山法学論集　31 (1～3)　〔1989.11〕　p59～86
田中俊行	新聞学会「報道と人権」などをめぐって論議 (マスコミの焦点)：新聞研究　通号462　〔1990.1〕　p82～85
乳井洋一	人権と向きあう──アイヌ民族問題に取り組んで：新聞研究　通号463　〔1990.2〕　p44～47
塩口喜乙	なぜ「容疑者」を付けないか：新聞研究　通号464　〔1990.3〕　p77～79
宮沢誠	人権と向きあう──少数者へのまなざし──連載企画「世界市民への道──人権を考える」を担当して：新聞研究　通号465　〔1990.4〕　p75～78
平松斉	個人情報保護とジャーナリズム (個人情報の現状)：新聞研究　通号466　〔1990.5〕　p10～14
奥津茂樹	個人情報 "保護" の実態──「データ管理型」から「権利志向型」へ (個人情報の現状)：新聞研究　通号466　〔1990.5〕　p20～24
古川和	信用情報の集められ方・使われ方──守られない消費者のプライバシー (個人情報の現状─情報の集められ方・使われ方)：新聞研究　通号466　〔1990.5〕　p25～28
馬場周一郎	人権と向きあう──新聞記者の役割──同和問題と人権記者システム：新聞研究　通号466　〔1990.5〕　p64～66
丸山友岐子	報道の "性暴力" に抗議する──書かれる側の痛みわからぬ朝日新聞の連載記事：マスコミ市民　通号262　〔1990.6〕　p22～31

| 名誉・プライバシー | 制度 |

田宮武	人権と向きあう——マスコミの差別問題報道を考える：新聞研究　通号467　〔1990.6〕　p62〜66
丸山友岐子	なぜマスコミは"実名報道"にこだわるのか——"匿名報道"を実現させた切実な願いと怒り：マスコミ市民　通号263　〔1990.7〕　p2〜11
前沢猛	人権と向きあう——自省するアメリカの犯罪報道——マクマーティン事件から：新聞研究　通号469　〔1990.8〕　p61〜65
別所宗郎	人権と向きあう——写真と人権——最近の事例から考える：新聞研究　通号472　〔1990.11〕　p71〜73
古川裕	人権と向きあう——杉本裕弥ちゃん取材・報道が残したこと：新聞研究　通号473　〔1990.12〕　p81〜84
村上孝止	写真の撮影・公表と人権をめぐる判例の展開：新聞学評論　通号40　〔1991〕　p291〜304
塚本晴二朗	ジャーナリズムとプライバシー侵害——「逆転」事件判決における「時の経過」の基準を中心として：法学紀要　通号33　〔1991〕　p295〜319
河地和子	人権と向きあう——日本社会の差別の構図——マスメディアに期待すること：新聞研究　通号475　〔1991.2〕　p63〜65
Lenz, Karl-Friedrich	人権と刑事事件報道——ドイツにおける判例と学説：判例タイムズ　42(8)　〔1991.4〕　p49〜56
石山辰吾	人権と向きあう——テレビピープルのサベツ感覚——「部落差別の現在進行形」をオンエアして：新聞研究　通号478　〔1991.5〕　p49〜52
堺沢亘	個人情報保護条例と高校合格者の氏名（マスコミの焦点）：新聞研究　通号479　〔1991.6〕　p94〜96
千野境子	人権と向きあう——レイプ事件被害者の実名報道——アメリカ報道界での論議：新聞研究　通号479　〔1991.6〕　p43〜46
鎌田理次郎	個人情報保護法の理念：政経研究　28(1)　〔1991.6〕　p165〜182
林陽子	人権と向きあう——傍観報道から脱却を——日本の南ア報道を振り返って：新聞研究　通号482　〔1991.9〕　p62〜65
江橋崇	国際人権保障の動きと報道——国際的に問われる日本の報道機関の姿勢（地球時代の日本と報道）：新聞研究　通号485　〔1991.12〕　p28〜31
藤田のぼる	人権と向きあう——児童文学にとっての「人権」：新聞研究　通号485　〔1991.12〕　p54〜56
吉峯康博	人権とマスメディア——最近の冤罪事件を検証する：Asahi journal　33(52)　〔1991.12〕　p22〜26
尾崎裕敏	ふぉーらむ人権 脳死・臓器移植と報道の倫理：月刊民放　22(247)　〔1992.1〕　p28〜30
赤尾光史	人権面からみた記事データベース：総合ジャーナリズム研究　29(01)　〔1992.1〕　p20〜26
飯田正剛	人権と向きあう——「当番弁護士制度」発足：新聞研究　通号487　〔1992.2〕　p75〜77
山崎智生	マスコミと人権—人権を守るために：国士舘法学会誌　(24)　〔1992.3〕　p1〜17
徳丸勝博	ふぉーらむ人権 「普段着の人権」を考える：月刊民放　22(252)　〔1992.6〕　p31〜33
村上孝止	少年事件報道をめぐる論議（子供をどう報じるか）：新聞研究　通号491　〔1992.6〕　p37〜39
小笠原信之	「東芝府中人権裁判」二審で明るみに：マスコミ市民　通号286　〔1992.8〕　p60〜66
尾高泉	人権配慮を模索するメディア——最近の「事件報道」をめぐる議論から（マスコミの焦点）：新聞研究　通号493　〔1992.8〕　p97〜100
尾崎裕敏	ふぉーらむ人権 日常生活の中で「人権」を考える：月刊民放　22(258)　〔1992.12〕　p34〜35
橋本正邦	プライバシーと知る必要：新聞研究　通号498　〔1993.1〕　p56〜60
青柳幸一	現代社会と憲法——「新しい人権」をめぐって（憲法を語る）：新聞研究　通号502　〔1993.5〕　p39〜43
藤岡伸一郎, 白石春樹	エイズとジャーナリズムの苦い経験――日・米報道の歴史から学ぶもの：総合ジャーナリズム研究　30(03)　〔1993.7〕　p45〜53
赤尾光史	肖像権をめぐる若干の問題——平成5.5.25東京地裁判決を中心に：新聞研究　通号505　〔1993.8〕　p69〜73
立山紘毅	報道のあり方とジャーナリストの人権（現代メディアと民主主義＜特集＞）：法の科学：民主主義科学者協会法律部会機関誌「年報」　通号22　〔1994〕　p159〜165
内野正幸	集団を傷つける言論（違憲審査制の現在＜特集＞—憲法訴訟の現状と可能性）：ジュリスト　通号1037　〔1994.1〕　p151〜155
堀部政男	イギリス・アメリカの名誉・プライバシー論（名誉・プライバシー問題の現段階＜特集＞）：ジュリスト　通号1038　〔1994.2〕　p31〜37
大石泰彦	フランスにおける私生活と名誉の保護（名誉・プライバシー問題の現段階＜特集＞）：ジュリスト　通号1038　〔1994.2〕　p38〜42
古川俊実	「ロス疑惑」事件報道の教訓（名誉・プライバシー問題の現段階＜特集＞）：ジュリスト　通号1038　〔1994.2〕　p43〜47
飯室勝彦	最新の名誉・プライバシー問題を分析する——報道の現場から（名誉・プライバシー問題の現段階＜特集＞）：ジュリスト　通号1038　〔1994.2〕　p12〜30
秋吉健次	名誉・プライバシー関連判例の現状（名誉・プライバシー問題の現段階＜特集＞）：ジュリスト　通号1038　〔1994.2〕　p48〜54
加藤雅信	名誉・プライバシー侵害の救済論——マスコミ・出版事例を中心に（名誉・プライバシー問題の現段階＜特集＞）：ジュリスト　通号1038　〔1994.2〕　p55〜64
林田威男	人権報道の道のり——攻めて守る人権（記者読本'94）：新聞研究　通号512　〔1994.3〕　p64〜67
古森義久	アメリカ「メディアと人権」の現在（人権と向きあう）：新聞研究　通号513　〔1994.4〕　p44〜47
山浦正敬	悪魔ちゃん報道に思う子どもの人権（人権と向きあう）：新聞研究　通号513　〔1994.4〕　p64〜66
阪本昌成	現代のプライバシーの諸相（人権と向きあう）：新聞研究　通号513　〔1994.4〕　p48〜52
梓沢和幸	「事件報道と人権」の現在（人権と向きあう）：新聞研究　通号513　〔1994.4〕　p10〜25
明珍美紀	事実と報道のはざまで——アジアの出稼ぎ女性を報道して（人権と向きあう）：新聞研究　通号513　〔1994.4〕　p61〜63
田中正人	自ら考える慣れを持つ社会に——「人権」を書き続けて（人権と向きあう）：新聞研究　通号513　〔1994.4〕　p40〜43
児嶋昭	若き「芽生え」も——福岡の現場から（人権と向きあう—当番弁護士制度と取材・報道）：新聞研究　通号513　〔1994.4〕　p32〜34
黒川伸一	電話接見の導入は可能か（人権と向きあう—当番弁護士制度と取材・報道）：新聞研究　通号513　〔1994.4〕　p30〜32
林恭一	弁護士取材は広がるか（人権と向きあう—当番弁護士制度と取材・報道）：新聞研究　通号513　〔1994.4〕　p34〜39

浜田謙	事件・事故報道と人権（新聞記者の現在——記者アンケートをよむ）：新聞研究　通号515　〔1994.6〕　p26～29
水谷静馬	マスコミ現場「家系図」に大手振らせる大マスコミの人権感覚：マスコミ市民　通号308　〔1994.7〕　p77～79
山口成樹	名誉毀損法における事実と意見—1—英米法の示唆するもの：東京都立大学法学会雑誌　35（1）〔1994.7〕　p109～125
丸山重威	マスコミの中での「報道と人権」——容疑者呼称と匿名・実名を中心に（報道と人権<特集>）：自由と正義　45（8）〔1994.8〕　p30～36
奥平康広	宗教団体の報道と宗教団体の権利侵害（報道と人権<特集>）：自由と正義　45（8）〔1994.8〕　p37～44
桂充弘	「人権と報道関西の会」について（報道と人権<特集>）：自由と正義　45（8）〔1994.8〕　p83～85
梓沢和幸	当番弁護士名簿公開の是非をめぐって（報道と人権<特集>）：自由と正義　45（8）〔1994.8〕　p52～56
真田範行	日弁連〔日本弁護士連合会〕人権と報道に関する調査研究委員会の活動について（報道と人権<特集>）：自由と正義　45（8）〔1994.8〕　p72～74
寺崎一雄	「福岡の実験」と当番弁護士（報道と人権<特集>）：自由と正義　45（8）〔1994.8〕　p68～71
服部孝章	放送の公正とは何か（報道と人権<特集>）：自由と正義　45（8）〔1994.8〕　p14～20
竹田稔	民事判例から見た写真報道と肖像・プライバシーの保護（報道と人権<特集>）：自由と正義　45（8）〔1994.8〕　p5～13
村上文男, 鈴木泉	名古屋弁護士会における「人権と報道」活動（報道と人権<特集>）：自由と正義　45（8）〔1994.8〕　p75～78
山口成樹	名誉毀損法における事実と意見—2—英米法の示唆するもの：東京都立大学法学会雑誌　35（2）〔1994.12〕　p111～132
秋吉健次	特集 放送と人権 マスコミにおける人権訴訟の経緯：月刊民放　25（284）〔1995.2〕　p24～27
中島久之	特集 放送と人権 事件報道と人権：月刊民放　25（284）〔1995.2〕　p20～21
渡辺眞次	特集 放送と人権 事件報道の留意点：月刊民放　25（284）〔1995.2〕　p12～15
金沢敏子	特集 放送と人権 人権無視の過熱報道に終止符を：月刊民放　25（284）〔1995.2〕　p22～23
笠井青年, 清水英夫, 武市英雄	特集 放送と人権 鼎談 人権配慮と報道責任：月刊民放　25（284）〔1995.2〕　p5～11
福島真平	特集 放送と人権 徹底取材と放送しない勇気：月刊民放　25（284）〔1995.2〕　p16～17
宇都宮恭三	特集 放送と人権 放送と差別的表現：月刊民放　25（284）〔1995.2〕　p18～19
大石泰彦	フランスにおける名誉毀損：兵庫教育大学研究紀要. 第2分冊, 言語系教育, 社会系教育, 芸術系教育　通号15〔1995.2〕　p101～112
加茂紀夫	新聞と読者（記者読本'95）：新聞研究　通号524　〔1995.3〕　p24～27
戸波江二	憲法から考える—15完—報道と名誉毀損：法学セミナー　通号483　〔1995.3〕　p72～76
丸山健	「東京佐川」報道名誉毀損訴訟第1審判決——東京地裁平成6年7月27日判決（謝罪広告等請求事件）（最近の判例から）：法律のひろば　48（3）〔1995.3〕　p68～74
吉見俊哉	「彼ら」と「我ら」の2分法を超えて（オウム・サリン・メディア）：新聞研究　通号528　〔1995.7〕　p44～46
内野正幸	個人情報——公開できないから本人にも見せられない？（情報公開法がやってくる！<特集>—見せてはいけない情報はあるか？）：法学セミナー　通号487　〔1995.7〕　p47～50
徳永康彦	広がる大学合格者名簿掲載中止の動き（マスコミの焦点）：新聞研究　通号533　〔1995.12〕　p80～81
山口成樹	名誉毀損法における事実と意見（3・完）——英米法の示唆するもの：東京都立大学法学会雑誌　36（2）〔1995.12〕　p91～156
松井茂記	意見による名誉毀損と表現の自由：民商法雑誌　113（3）〔1995.12〕　p327～368
門奈直樹	英・プライバシー法案とPCC〔プレス苦情処理委員会〕の行方－－政府報告書「プライバシーとメディアへの侵害」から：総合ジャーナリズム研究　33（01）〔1996.1〕　p39～46
今村庸一	モザイク報道テレビ局の基準：放送批評　No.319　〔1996.2〕
下村健一, 江川紹子, 竹内精一, 芳沢重雄, 北村和也	パネルディスカッション・検証！ オウム事件とテレビ：放送レポート　140号　〔1996.5〕　p12～26
三浦正己	報道の「ゆがみ」是正は私たちの願い——「私の見たオウム被告人」の試み：新聞研究　通号538　〔1996.5〕　p53～55
宮坂宥勝	オウム・社会・メディア 精神世界史的な尺度でオウムを問う——宗教者の任務・報道の責任：新聞研究　通号540〔1996.7〕　p44～46
新聞協会研究所	住民のプライバシー意識調査 都市部と非都市部で認識, 感覚に差：新聞研究　通号544　〔1996.11〕　p55～67
飯田正剛	対話なしに批判も理解もない——「報道被害対策マニュアル——鍛え合う報道と人権」をまとめて：新聞研究　通号547　〔1997.2〕　p79～81
江藤英樹	フランスの個人情報保護法とプライヴァシーの保護：法学研究論集　（6）〔1997.2〕　p71～87
河野義行	松本サリン事件とマスコミとわが闘争：放送レポート　145号　〔1997.3〕　p2～9
田島泰彦	メディア判例研究—2—配信記事掲載と名誉毀損——配信サービスと掲載責任の法理（東京高裁判決平成7.12025）：法律時報　69（3）〔1997.3〕　p107～110
大石泰彦	新聞の「見出し」による名誉毀損（水戸地裁判決平成7.9027）：判例時報　通号1591　〔1997.4〕　p213～216
秋吉健次	ロス疑惑報道訴訟に見る名誉棄損・プライバシー：月刊民放　27（5）〔1997.5〕　p28～31
松井茂記	メディア判例研究 モデル小説と名誉毀損・プライヴァシー侵害——『名もなき道を』事件・『捜査一課長』事件（東京地裁判決平成7.5.19, 大阪地裁判決平成7.12019）：法律時報　69（6）〔1997.5〕　p103～107
池田恵美子	世界の潮 被害女性を蹂躙する事件報道：世界　通号636　〔1997.6〕　p31～34
川田悦子	エイズ報道の恐怖：総合ジャーナリズム研究　34（03）〔1997.7〕　p35～39
矢沢章二	放送と人権等権利に関する委員会機構（BRO）の機能と役割（特集 視聴者と放送局の良好な関係のために）：月刊民放　27（8）〔1997.8〕　p12～15
山口正紀	人権とメディア—2—神戸事件<消えた情報・消えない疑問>：金曜日　5（32）〔1997.8〕　p21
田上節朗	マルチメディア デジタル時代のプライバシー：新・調査情報passingtime　2期（51）通号418　〔1997.9〕　p44～44
飯田正剛	被害者の人権と報道——電力会社女性社員殺害事件を中心に考える：月刊民放　27（9）〔1997.9〕　p32～35
服部孝章	メディア判例研究 議会中継録画放送における議員発言抹消と名誉毀損——ケーブルネットワーク金光・議会発言カット事件（岡山地裁倉敷支部判決平成9.2.6）：法律時報　69（10）〔1997.9〕　p102～104
松浦康彦	新聞記事データベースとプライバシー問題——「前科情報」と個人データ保護について：朝日総研リポート　通号

	128 〔1997.10〕 p22〜37
右崎正博	メディア判例研究 名誉毀損における事実と論評——研究社英和辞典名誉毀損訴訟（東京地裁判決平成8.10.2）：法律時報 69（11）〔1997.10〕 p102〜106
中川健一	連載 メディアを人権から読む——「新民世界」：ヒューマンライツ 通号116 〔1997.11〕 p68〜69
丸山健	最近の判例から ロス疑惑報道名誉毀損訴訟の上告審判決——最高裁（第三小法廷）平成9年5月27日の2つの判決：法律のひろば 50（11）〔1997.11〕 p50〜55
村田歓吾	「新聞と顔写真」を考える——被害者にも「迷惑を拒否する権利」：朝日総研リポート 通号129 〔1997.12〕 p4〜16
中川健一	メディアを人権から読む—19—新聞の信頼回復の道：ヒューマンライツ 通号117 〔1997.12〕 p70〜71
浜田純一	【メディア判例研究】政治家に対する名誉毀損——渡辺美智雄議員名誉毀損事件（東京地裁判決平成8.7030）：法律時報 69（13）〔1997.12〕 p234〜237
塚本晴二朗	名誉毀損とインタビュー記事——雑誌『SAPIO』の事例を中心として（多様化するマス・コミュニケーション研究—「自由」をめぐる諸問題）：政経研究 34（3）〔1998.1〕 p711〜724
斎藤博	新聞の記事による名誉毀損と損害賠償請求（最高裁判決平成9.5027）：法学教室 通号208 〔1998.1〕 p106〜107
田島泰彦	メディア判例研究 有罪判決と名誉毀損——「ロス疑惑」報道訴訟（最高裁判決平成9.5027）：法律時報 70（1）〔1998.1〕 p105〜108
山田りか	報道の自由と名誉毀損罪について—刑法230条の2を中心に：日本大学大学院法学研究年報 （27）〔1998.2〕 p217〜257
長谷部恭男	メディア判例研究 タレントのプライバシー侵害と差止請求——スマップおっかけ本事件（東京地裁判決平成9.6023）：法律時報 70（2）〔1998.2〕 p114〜116
中村哲也	共同通信社から人の名誉を毀損する虚偽の内容の配信を受けこれを報道した新聞社につき当該内容を真実と信じるにつき正当な理由があるとして免責を認めることの当否（1 東京高裁判決平成7.3.29, 2 東京高裁判決平成8.4026）：判例時報 通号1621 〔1998.2〕 p205〜209
秋吉健次	マスコミ判例研究（9）名誉毀損訴訟における刑事事件がらみのテレビ報道：月刊民放 28（3）〔1998.3〕 p30〜31
秋吉健次	マスコミ判例研究（10）名誉毀損訴訟におけるロス疑惑報道とテレビ番組：月刊民放 28（4）〔1998.4〕 p30〜31
和田真一	論評を含む犯罪報道記事による名誉毀損の成立要件（最高裁判決平成9.9.9）：法学教室 通号211 〔1998.4〕 p136〜137
高士薫	「犯人視するマスコミ」と呼ばれて——甲山事件から報道が学ぶべきこと：新聞研究 通号563 〔1998.6〕 p46〜49
木村京子	報道と人権（2）：マスコミ市民 通号354 〔1998.6〕 p50〜54
平井佐和子	報道と人権/『人権』報道への批判に対して：マスコミ市民 通号355 〔1998.7〕 p58〜60
三浦和義	独占掲載「メディアとのわが闘争」：金曜日 6（29）〔1998.7〕 p20〜24
木村京子	報道と人権/山田悦子さんの手：マスコミ市民 通号356 〔1998.8〕 p30〜32
山上皓	国挙げて取り組むべき犯罪被害者支援——被害者の状況理解し, 公器の役割果たしてほしい（被害者報道を考える）：新聞研究 通号566 〔1998.9〕 p39〜42
古賀和裕	容疑者の人権と両輪で——「犯罪被害者の人権を考える」を連載して（被害者報道を考える）：新聞研究 通号566 〔1998.9〕 p43〜46
仮屋篤子	マス・メディアによるプライバシー侵害とその私法的救済についての一考察（一）：法学研究論集 （9）〔1998.9〕 p177〜191
飯室勝彦	ロス疑惑無罪がメディアに突きつけたもの：放送文化 通号51 〔1998.9〕 p66〜69
大城渡	報道と人権 憲法（人権）のあり方とジャーナリズム：マスコミ市民 通号357 〔1998.9〕 p58〜61
西台満	犯罪報道と名誉毀損：社会理論研究 （1）〔1998.10〕 p43〜62
朝比奈豊	真実報じる熱意が広げる新聞の可能性——日本における報道とプライバシーをめぐって（第51回WAN世界新聞大会報告から）：新聞研究 通号567 〔1998.10〕 p38〜41
木村京子	報道と人権/被害者の人権と報道：マスコミ市民 通号358 〔1998.10〕 p38〜40
小田桐誠	誕生から35年！ ワイドショー再考 帝京大ラグビー部員集団暴行事件報道とロス疑惑・三浦高裁判決報道を検証して：放送レポート 155号 〔1998.12〕 p2〜8
梓沢和幸, 飯田正剛	毒物カレー事件報道にいま求められていること 松本サリン事件の教訓は生かされているか：放送レポート 155号 〔1998.12〕 p10〜13
木村京子	報道と人権 ——「'98九州放送映像発」の一歩：マスコミ市民 通号360 〔1998.12〕 p49〜51
前田陽一	「推論の形式」をとる新聞記事と「事実の摘示」による名誉毀損（最高裁小法廷判決平成10.1.30）：判例時報 通号1652 〔1998.12〕 p194〜198
塚本晴二朗	第三者機関に関する一考察——「放送と人権等権利に関する委員会機構」（BRO）を中心として：法学紀要 通号41 〔1999〕 p573〜585
Canaris, Claus-Wilhelm, 藤原正則	メディア・情報社会における現代のドイツ法での人格権保護：比較法学 32（2）通号63 〔1999.1〕 p155〜176
浜田純一	インターネットと人権 ——「表現の自由」VS.「差別表現の規制」の枠組みを考える：ヒューマンライツ 通号130 〔1999.1〕 p2〜17
弘中惇一郎	三浦裁判「ロス疑惑」報道と三浦判決：法学セミナー 44（1）〔1999.1〕 p20〜23
山口いつ子	メディア判例研究（15）ネットワーク番組における出演者の名誉毀損発言についての責任の所在——「三時にあいましょう」事件：法律時報 71（1）〔1999.1〕 p72〜75
内布光	インターネット社会とプライバシー保護（上）：NBL 通号657 〔1999.1〕 p6〜11
仮屋篤子	マス・メディアによるプライバシー侵害とその私法的救済についての一考察（二・完）：法学研究論集 （10）〔1999.2〕 p151〜162
窪田充見	損害発生後の有罪判決と名誉毀損による損害賠償（最判平成9.5.27）：民商法雑誌 119（4・5）〔1999.2〕 p757〜773
内布光	インターネット社会とプライバシー保護（下）：NBL 通号659 〔1999.2〕 p28〜35
松本克美	名誉・プライバシー侵害図書の閲覧制限措置請求権について：早稲田法学 74（3）〔1999.3〕 p575〜596
喜多村俊樹	日本初、全放送局への人権アンケート：ヒューマンライツ 通号133 〔1999.4〕 p54〜59
丹羽俊夫	人権と報道——BRC, Vチップ, そして差別：部落解放 通号452 〔1999.4〕 p90〜97

	制度	名誉・プライバシー

大石泰彦　芸能人に関するゴシップ（噂話）記事の名誉毀損性（東京高裁判決平成10.1028）：判例時報　通号1664　〔1999.4〕 p183〜186

喜多村俊樹　日本初、全放送局への人権アンケート（2）：ヒューマンライツ　通号135　〔1999.6〕 p14〜19

松浦康彦　ネットワーク社会のプライバシー——「個人情報保護法」でどこまで守れるか：朝日総研リポート　通号139　〔1999.8〕 p22〜42

渕野貴生　犯罪報道と適正手続の理念（2完）：法学　63（3）〔1999.8〕 p402〜463

堀部政男研究室　欧州連合（EU）個人情報保護指令の経緯とその仮訳（個人情報保護と取材・報道——情報の自由な流れを求めて）：新聞研究　通号578　〔1999.9〕 p17〜27

堀部政男　個人情報保護——制度整備と影響——適用除外求める説明責任をどう果たすか（個人情報保護と取材・報道——情報の自由な流れを求めて）：新聞研究　通号578　〔1999.9〕 p11〜16

浅野健一　報道機関にこそ求められる「情報開示」——脳死臓器移植とプライバシー保護：評論・社会科学　通号60　〔1999.9〕 p99〜177

磯本典章, 野村豊弘　他人の名誉を毀損するキー局制作のテレビ番組を放送したネット局の責任——東京地判平成10.3.4（民法研究会〔176〕）：ジュリスト　通号1162　〔1999.9〕 p141〜143

鶴岡恵一　個人情報保護問題と報道機関の対応——社内システム整備は避けられない：新聞研究　通号579　〔1999.10〕 p48〜51

宮田一雄　全日空機ハイジャック犯の実名報道——匿名報道への避難に2つの問題：新聞研究　通号579　〔1999.10〕 p60〜63

梓沢和幸, 永田恒治　ロングインタビュー　永田弁護士に聞く　松本サリン事件の捜査と弁護と報道に問われたこと：放送レポート　161号　〔1999.11〕 p6〜13

堀部政男　プライバシー権の歴史的展開（記事データベースと個人情報保護——情報の自由な流れを求めて（2））：新聞研究　通号580　〔1999.11〕 p10〜14

松浦康彦, 朝比奈豊, 鶴岡恵一　記事データベースと個人情報保護をめぐって——今後も求められる自主的な対応策（記事データベースと個人情報保護——情報の自由な流れを求めて（2））：新聞研究　通号580　〔1999.11〕 p21〜27

紙谷雅子　判例クローズアップ　『石に泳ぐ魚』出版差止東京地裁判決について（東京地裁判決平成11.6.22）：法学教室　通号230　〔1999.11〕 p45〜50

羽倉佐知子　実名報道と子どもの人権（特集1 出版とプライバシー）：ジュリスト　通号1166　〔1999.11〕 p19〜23

喜田村洋一　出版による被害に対する救済（特集1 出版とプライバシー）：ジュリスト　通号1166　〔1999.11〕 p24〜29

棟居快行　出版・表現の自由とプライバシー（特集1・出版とプライバシー）：ジュリスト　通号1166　〔1999.11〕 p12〜18

棟居快行　出版・表現の自由とプライバシー（特集1 出版とプライバシー）：ジュリスト　通号1166　〔1999.11〕 p12〜18

只木誠　インターネットと名誉毀損（特集 ハイテク犯罪の現在）：現代刑事法 ： その理論と実務　1（8）通号8　〔1999.12〕 p43〜52

堀部政男　個人情報保護へのアプローチ——個人情報保護検討部会が中間報告まとめる（見えてきた個人情報保護制度の基本原則——情報の自由な流れを求めて（3））：新聞研究　通号581　〔1999.12〕 p10〜14

松浦康彦, 朝比奈豊, 鶴岡恵一　個人情報保護制度の「座長私案」をめぐって——国民との議論にメディアも積極的参加を（見えてきた個人情報保護制度の基本原則——情報の自由な流れを求めて（3））：新聞研究　通号581　〔1999.12〕 p15〜21

新聞労連報道評議会設立特別プロジェクト　報道と人権——メディアに対する規制と新聞協会の動き（1999年、何が起こったか）：マスコミ市民　通号372　〔1999.12〕 p12〜16

大石泰彦　日弁連報告書『人権と報道』を読む––より問題とすべきはジャーナリズム側の怠慢：総合ジャーナリズム研究　37（01）（通号 171）〔2000.1〕 p56〜59

田島泰彦　メディア規制の動向と個人情報保護立法——ジャーナリズムの視点からの批判的検討（特集 今日の日本、報道の課題）：月刊民放　30（1）通号343　〔2000.1〕 p10〜15

小林裕孝　脳死・臓器移植報道　「プライバシー管理」越え視聴者に問いかける（特集 今日の日本、報道の課題）：月刊民放　30（1）通号343　〔2000.1〕 p22〜24

菱木昭八朗　スウェーデン個人情報保護法（特集2 情報の自由な流れを求めて（4））：新聞研究　通号582　〔2000.1〕 p86〜92

高度情報通信社会推進本部個人情報保護検討部会　我が国における個人情報保護システムの在り方について（中間報告）（特集2 情報の自由な流れを求めて（4））：新聞研究　通号582　〔2000.1〕 p74〜85

松浦康彦, 朝比奈豊, 鶴岡憲一　個人情報保護「中間報告」をめぐって——マスコミ独自の対応策を議論するとき（特集2 情報の自由な流れを求めて（4））：新聞研究　通号582　〔2000.1〕 p67〜73

藤原静雄　ドイツの1990年個人情報保護法とメディア特権（特集 情報の自由な流れを求めて（5））：新聞研究　通号583　〔2000.2〕 p31〜35

浜田純一　個人情報保護立法への憲法的視点——マスメディアの活動には公益性が内在：新聞研究　通号583　〔2000.2〕 p36〜39

松浦康彦, 朝比奈豊, 鶴岡憲一　再び、個人情報保護「中間報告」をよむ——基本法への5原則導入にメディア側は反対（特集 情報の自由な流れを求めて（5））：新聞研究　通号583　〔2000.2〕 p23〜28

秋吉穫　法務省人権擁護推進審議会のヒアリングから 「報道による人権侵害」は各社対応が原則——社会の理解と支持を得るために：新聞研究　通号583　〔2000.2〕 p40〜43

清藤恭雄　報道被害の救済と日弁連の活動について（特集2 報道と人権）：自由と正義　51（3）〔2000.3〕 p84〜95

日本雑誌協会, 日本民間放送連盟　個人情報保護に関する「中間報告」への意見——言論・出版の自由、取材・報道の自由を規制：出版ニュース　通号1862　〔2000.3〕 p6〜9

松井茂記　メディア判例研究 自伝的小説の公表とプライヴァシー侵害・名誉毀損・侮辱 『石に泳ぐ魚』事件 東京地裁判決平成11.6.22：法律時報　72（4）通号890　〔2000.4〕 p102〜106

高橋正秀　被害者家族の立場で考えることが原点——柏崎・女性監禁事件報道での人権・プライバシー保護（特集 時代の病理・犯罪・報道）：新聞研究　通号586　〔2000.5〕 p22〜25

桂敬一　狼に羊の皮を頼むのか——「日本型」個人情報保護法の問題点：世界　通号674　〔2000.5〕 p149〜158

紙谷雅子　パブリック・フィギュアと現実の悪意——公的な人物に対する名誉毀損（特集 メディアと憲法——表現の自由の意味と価値を考える）：法学教室　通号236　〔2000.5〕 p15〜17

大林文敏　モデル小説・ノンフィクション——表現の自由とプライバシー権の衝突（特集 メディアと憲法——表現の自由の意味と価値を考える）：法学教室　通号236　〔2000.5〕 p29〜31

名誉・プライバシー	制度

中島茂樹　出版差止め——名誉毀損・検閲・事前差止め（特集 メディアと憲法——表現の自由の意味と価値を考える）：法学教室　通号236　〔2000.5〕p36〜38

山元一　真実性の抗弁——表現の自由と名誉毀損罪（特集 メディアと憲法——表現の自由の意味と価値を考える）：法学教室　通号236　〔2000.5〕p12〜14

三宅弘　個人情報保護基本法の課題——メディアの対応も含めて（個人情報保護法制を考える）：月刊民放　30（9）通号351　〔2000.9〕p28〜31

清水英夫　個人情報保護法制化とメディア——開かれた社会のために（個人情報保護法制を考える）：月刊民放　30（9）通号351　〔2000.9〕p24〜27

塚本晴二朗　臓器移植とジャーナリズム：政経研究　37（2）〔2000.9〕p319〜336

山岸和彦　EU——報道目的の場合等の適用除外を中心として（特集 個人情報保護法制化の動向と課題—個人情報保護法制化の国際動向）：法律時報　72（10）通号896　〔2000.9〕p34〜36

松井茂記　アメリカ——プライヴァシー保護法制の展開（特集 個人情報保護法制化の動向と課題—個人情報保護法制化の国際動向）：法律時報　72（10）通号896　〔2000.9〕p25〜27

牧野二郎　ネットワークと個人情報（特集 個人情報保護法制化の動向と課題）：法律時報　72（10）通号896　〔2000.9〕p19〜24

田島泰彦　個人情報保護制度をどう構想するか——憲法・メディア法の視点から（特集 個人情報保護法制化の動向と課題）：法律時報　72（10）通号896　〔2000.9〕p4〜8

三宅弘　個人情報保護法制化の経緯と課題——緩やかな民間規制か（特集 個人情報保護法制化の動向と課題）：法律時報　72（10）通号896　〔2000.9〕p9〜13

高度情報通信社会推進本部個人情報保護検討部会　資料 我が国における個人情報保護システムの在り方について（中間報告）（特集 個人情報保護法制化の動向と課題）：法律時報　72（10）通号896　〔2000.9〕p37〜43

人見剛　消費者保護と個人情報保護（特集 個人情報保護法制化の動向と課題）：法律時報　72（10）通号896　〔2000.9〕p14〜18

紙谷雅子　メディア判例研究 時間の経過により名誉毀損に基づく絶版・回収請求が認められないとされた事例——『タイ売春読本』絶版・回収請求事件（東京地方裁判所平成10.12.7判決）：法律時報　72（11）通号897　〔2000.10〕p93〜97

日本弁護士連合会の「人権機関設置提案」に関する申し入れ（表現の自由は、いま（2）日弁連人権擁護大会 「無邪気さ」に危惧——メディアに求められる早急な対応）：マスコミ市民　通号382　〔2000.10〕p28〜30

茶本繁正　メディア・レポート<83> 宗教学者が名誉棄損で訴えた「知られざる『強制改宗』めぐる攻防」の問題点：放送レポート　167号　〔2000.11〕p22〜25

権田万治　日米犯罪報道落差を考える 実名報道の理念と問題点：新聞通信調査会報　通号456　〔2000.11〕p4〜6

人権個人情報問題検討会, 日本新聞協会　「個人情報保護基本法制に関する大綱」に対する三つの疑問：新聞研究　（592）〔2000.11〕p27〜29

個人情報保護法制化専門委員会, 情報通信技術（IT）戦略本部　資料 「個人情報保護基本法制に関する大綱」（平成12年10月11日）：新聞研究　（592）〔2000.11〕p32〜42

飯田正剛　日本の報道被害救済制度について（特集 メディアに対する規制強化）：Aura　通号144　〔2000.12〕p36〜39

資料 個人情報の保護に関する法律案の概要ほか（FEATURE 「報道」を規制するもの）：総合ジャーナリズム研究 ： journalism quarterly review　38（3）通号177　〔2001.夏〕p17〜20

村越進, 田島泰彦　対論「人権救済機関とメディア」を問う：放送レポート　168号　〔2001.1〕p48〜58

鈴木秀美　メディア判例研究（22）ノンフィクションノベルと名誉毀損・プライバシー侵害・名誉感情侵害——『女高生・OL連続誘拐殺人事件』損害賠償事件（名古屋高裁平成12.10.25判決）：法律時報　73（1）通号900　〔2001.1〕p105〜109

田宮武　取材、報道の自由と人権——プライバシー侵害：関西大学人権問題研究室紀要　（42）〔2001.2〕p1〜155

田原和政　公人をめぐる報道のあり方に影響も——茨城ゼネコン汚職事件報道訴訟最高裁判決と「一般読者基準」（最高裁平成12.10.20判決）：新聞研究　（595）〔2001.2〕p50〜53

日本民間放送連盟　「人権救済制度の在り方に関する中間取りまとめ」に対する意見（表現の自由は、いま（5））：マスコミ市民　通号386　〔2001.3〕p17〜19

田島泰彦　テレビや雑誌の人権侵害はひどいと思います。マスコミを厳しく規制すべきではないですか？（50問——これが核心だ！一日本の選択肢）：世界　（687）（増刊）〔2001.4〕p212〜215

桂敬一　世界の潮 個人情報保護法案とメディアの責任：世界　（688）〔2001.5〕p26〜29

砂川労　マスコミ裁判（1）モデル小説とプライバシー——柳美里氏の『石に泳ぐ魚』事件：マスコミ市民　通号388　〔2001.5〕p72〜76

塩崎勤　名誉毀損による損害額の算定について（速報・名誉毀損の損害額の算定）：判例タイムズ　52（12）通号1055　〔2001.5〕p4〜13

山地修　名誉毀損の損害額の算定について——諸外国の状況の実証的分析（速報・名誉毀損の損害額の算定）：判例タイムズ　52（12）通号1055　〔2001.5〕p14〜23

斎藤貴男　個人情報保護法とフリージャーナリスト（FEATURE 「報道」を規制するもの）：総合ジャーナリズム研究　38（03）（通号177）〔2001.6〕p13〜16

鈴木秀美　個人情報保護法とメディア：月刊民放　31（6）通号360　〔2001.6〕p36〜39

田島泰彦　「個人情報保護法案とメディア」を問う：放送レポート　171号　〔2001.7〕p2〜9

元木昌彦, 佐野眞一　元木昌彦のメディアを考える旅（40）佐野眞一（ノンフィクション作家）美名の装いでジャーナリズムを縛る「個人情報保護法」案の陰湿な危険：エルネオス　7（7）通号80　〔2001.7〕p94〜97

杉野信雄, 朝比奈豊, 鶴岡憲一　座談会 個人情報保護法案と新聞の立場：新聞研究　（601）〔2001.8〕p10〜25

松原光宏　人格権侵害の憲法論的構成（1）名誉毀損の場合を中心に（第1部 基本的人権の法理）：法学新報　108（3）〔2001.8〕p191〜211

高佐智美　最新判例演習室 憲法 名誉・プライバシー侵害を理由とするモデル小説の出版差止め（東京高判2001.2015）：法学セミナー　46（8）通号560　〔2001.8〕p112

深田卓　ブック・ストリート 出版 個人情報保護法案反対集会に参加して：出版ニュース　通号1915　〔2001.9〕p34〜35

新田博　「書かれる側」への配慮、「書く側」の意識改革——自らを率直に省みて過ちを修正する姿勢を宣言した「読者と道新委員会」（特集 報道・人権・読者——新聞・通信社自主対応の動き（2））：新聞研究　（602）〔2001.9〕p18〜21

砂川労　マスコミ裁判（5）政治家と名誉毀損——森喜朗前首相と『噂の真相』記事訴訟：マスコミ市民　通号392　〔2001.9〕

p74～78
大石泰彦　フランスにおける刑事事件報道の規制――無罪推定原則のマス・メディアへの適用の問題を中心に：関西大学社会学部紀要　33(1)〔2001.10〕 p1～24
坂井真　報道被害 メディアの暴力を許さない(インタビュー)(特集・言論・表現の自由の転機)：世界　(693)〔2001.10〕 p128～131
梅津由美子　報道被害 報道被害者が真に救われるために(特集・言論・表現の自由の転機)：世界　(693)〔2001.10〕 p132～136
東京地方裁判所損害賠償訴訟研究会　特別レポート・マスメディアによる名誉毀損訴訟の研究と提言：ジュリスト　(1209)〔2001.10〕 p63～98
鈴木秀美　メディアによる人権侵害とその救済――人権擁護推進審議会答申を考える(特集 民放報道――テレビジャーナリズムの課題)：月刊民放　31(11)通号365 〔2001.11〕 p30～33
坂本倫城　損害賠償実務研究会を終えての若干の感想(特集 損害賠償請求訴訟における損害額の算定)：判例タイムズ　52(27)通号1070 〔2001.11〕 p25～27
司法研修所　損害賠償請求訴訟における損害額の算定――平成13年度損害賠償実務研究会 結果要旨(特集 損害賠償請求訴訟における損害額の算定)：判例タイムズ　52(27)通号1070 〔2001.11〕 p4～13
井上繁規　名誉毀損による慰謝料算定の定型化及び定額化の試論(特集 損害賠償請求訴訟における損害額の算定)：判例タイムズ　52(27)通号1070 〔2001.11〕 p14～24
臺宏士　個人情報保護法案・法務省「人権委員会」構想への懸念(特集2・追いつめられる言論・表現の自由)：法学セミナー　46(12)通号564 〔2001.12〕 p38～40
砂川労　マスコミ裁判(7)スポーツと名誉毀損――巨人軍の清原、桑田選手のスキャンダル報道：マスコミ市民　通号395〔2001.12〕 p70～75
實原隆志　名誉保護の強化の試みについて(1)：早稲田大学大学院法研論集　(103)〔2002〕 p31～51
實原隆志　名誉保護の強化の試みについて(2・完)：早稲田大学大学院法研論集　(104)〔2002〕 p85～109
林芳樹　孤独な母親たちへ教訓を伝えたい――読者が納得する報道であればプライバシーは侵害しない(特集 家族から現代を問う)：新聞研究　(606)〔2002.1〕 p35～38
駒村圭吾　表現の自由とプライヴァシー(特集1・〈表現の自由〉のポイントはコレだ)：法学セミナー　47(1)通号565 〔2002.1〕 p6～9
松井茂記　マス・メディアと名誉毀損・プライヴァシーの侵害(特集 "表現の自由"の探求――メディア判例研究会五周年記念企画)：法律時報　74(1)通号913 〔2002.1〕 p37～42
砂川労　マスコミ裁判(8)芸能界スキャンダルとプライバシー――女優・大原麗子の『女性自身』訴訟：マスコミ市民　通号396 〔2002.1〕 p56～60
浅野健一　「ロス疑惑」報道に最高裁が警告 問われる日本の犯罪報道システム：金曜日　10(5)通号406 〔2002.2〕 p34～38
茶本繁正　メディア・レポート<91> 東京地裁も認めた「知られざる『強制改宗』めぐる攻防」の名誉毀損：放送レポート　175号 〔2002.3〕 p32～35
箕輪幸人　報道と人権のはざまで伝えなければならないこと(特集 放送人の心構え―変化するメディア環境と放送の仕事)：月刊民放　32(3)通号369 〔2002.3〕 p9～11
臺宏士　個人情報保護法案の行方――成立に意欲示す与党、カギを握る修正案(特集 メディアの存立と規制立法)：月刊民放　32(4)通号370 〔2002.4〕 p32～35
梓沢和幸　人権擁護法案とメディア――弁護士会内論議の帰趨と市民の課題(特集 メディアの存立と規制立法)：月刊民放　32(4)通号370 〔2002.4〕 p28～31
松井茂記　メディア判例研究(25)内閣総理大臣の犯歴報道と名誉毀損――『噂の真相』訴訟(東京地判2001 平成13.4024)：法律時報　74(4)通号916 〔2002.4〕 p101～105
砂川労　マスコミ裁判(11)問われるのはジャーナリストの倫理と節度――「ロス疑惑」配信記事掲載に賠償責任：マスコミ市民　通号399 〔2002.4〕 p48～55
飯室勝彦　メディアと法 「配信の抗弁」否認で問われる事件報道：法学セミナー　47(5)通号569 〔2002.5〕 p57～61
岡崎満義　俗なる週刊誌と政治家スキャンダル(FEATURE 政治と「暴露」とメディア規制)：総合ジャーナリズム研究　39(03)(通号 181)〔2002.6〕 p16～20
北原みのり　田中・辻元報道 なぜ「人格」がバッシングされるのか――田中・辻元報道のジェンダーバイアス：世界　(702)〔2002.6〕 p88～94
桂敬一　新段階迎えた「メディア規制三法案」反対運動――真の人権・プライバシー保護制度の実現をいかに目指すか：Aura　通号153 〔2002.6〕 p20～24
権田万治　実名報道の理念と問題点 米、英、仏、日の現状を探る：新聞通信調査会報　通号476 〔2002.7〕 p4～6
鈴木正朝　情報ネットワークと法(14)プライバシー保護法制の現状：法律のひろば　55(7)〔2002.7〕 p47
右崎正博　メディア判例研究(26)名誉毀損訴訟における損害賠償高額化と表現の自由――清原選手名誉毀損訴訟控訴審(東京高裁平成13.12.26判決)：法律時報　74(9)通号921 〔2002.8〕 p106～112
武村二三夫　寄稿 人権擁護法案の問題点――韓国国家人権委員会に学ぶ：自由と正義　53(10)通号643 〔2002.10〕 p14～21
松原光宏　人格権侵害の憲法論的構成(2)名誉毀損の場合を中心に：法学新報　109(4)〔2002.10〕 p31～56
安藤高行　個人情報保護制度の問題点：法政研究　69(2)〔2002.10〕 p177～200
松井修視　名誉毀損訴訟と損害賠償の高額化問題(特集2 メディア規制と表現の自由)：法律時報　74(12)通号924 〔2002.11〕 p67～70
真田範行, 渡辺眞次　名誉毀損訴訟における慰謝料額の高額化の提案について――弁護士の立場からの考察(特集2 メディア規制と表現の自由)：法律時報　74(12)通号924 〔2002.11〕 p64～66
砂川労　マスコミ裁判(18)テレビと倫理―帝京大学ラグビー部事件とフジテレビの名誉毀損裁判：マスコミ市民　通号406〔2002.11〕 p72～78
吉岡忍　表現・メディア規制を問う(5)個人情報保護法案 拡散する個人に統治の網：月刊民放　32(12)通号378 〔2002.12〕 p30～33
裁判と争点―柳美里氏「石に泳ぐ魚」訴訟最高裁判決(ロー・フォーラム)：法学セミナー　47(12)通号576 〔2002.12〕 p128
松井茂記　肖像権侵害と表現の自由(2・完)：民商法雑誌　127(3)〔2002.12〕 p323～354
磯本典章　判例研究 隠し撮り撮影の方法により取材された被疑者の映像のテレビニュース放映が肖像権侵害に当たるとされた

名誉・プライバシー　　　　　　　　　　　　　　　　制度

　　　　　　　　事例——東京地判平成12.10.27判例タイムズ1053号152頁：学習院大学大学院法学研究科法学論集　（9・10）
　　　　　　　　〔2003〕　p267～272
村井竜彦　　　個人情報の保護と表現の自由：岐阜大学地域科学部研究報告　（13）〔2003〕　p1～6
和田真一　　　インターネット上の名誉毀損における当事者の匿名性をめぐる問題：立命館法學　2003年（6）通号292　〔2003〕
　　　　　　　　p2091～2120
座談会を読むために——資料（柳美里訴訟の概要、一審・二審判旨、最高裁判決、引用判例）（特集2・柳美里『石に泳ぐ魚』最高裁
　　　　　　　　判決）：法学セミナー　48（1）通号577　〔2003.1〕　p50～55
山家篤夫　　　『石に泳ぐ魚』——公共図書館での掲載雑誌の利用制限をめぐって（特集2・柳美里『石に泳ぐ魚』最高裁判決）：法学
　　　　　　　　セミナー　48（1）通号577　〔2003.1〕　p48～49
三田誠広, 田島泰彦, 木村晋介　柳美里『石に泳ぐ魚』最高裁判決をめぐって——判決が投げかけているもの（座談会）（特集2・柳美
　　　　　　　　里『石に泳ぐ魚』最高裁判決）：法学セミナー　48（1）通号577　〔2003.1〕　p38～47
山家篤夫　　　公共図書館『石に泳ぐ魚』掲載雑誌の利用制限をめぐる：マスコミ市民　通号408　〔2003.1〕　p31～37
金井隆夫　　　拉致被害者の取材対応＝新潟 取材制限と現場のぼやき（特集「拉致」報道を考える）：月刊民放　33（2）通号380
　　　　　　　　〔2003.2〕　p18～20
岡崎勝彦　　　裁判報道とプライバシーの保護——民事訴訟記録閲覧制限等の法的性格への予備的作業（特集 山陰法科大学院構想
　　　　　　　　教育実践）：島大法学：島根大学法文学部紀要. 島根大学法文学部法経学科・島根大学大学院法務研究科篇　46
　　　　　　　　（4）〔2003.2〕　p107～159
山本祐司　　　名誉毀損報道——メディア規制法案と週刊誌などの名誉毀損報道（ロー・ジャーナル）：法学セミナー　48（2）通号578
　　　　　　　　〔2003.2〕　p70～73
河原理子　　　CURRENT 米独に見る被害者報道の模索：総合ジャーナリズム研究　40（02）（通号184）〔2003.3〕　p35～39
田北康成　　　"われらみなジャーナリスト"と個人情報保護法——市民の視点からのジャーナリズムを：出版ニュース　通号1964
　　　　　　　　〔2003.3〕　p6～10
神田孝夫　　　論評ないし意見表明による名誉毀損と免責事由（1）判例における「公正な論評」法理の生成と問題点：札幌法学
　　　　　　　　14（2）〔2003.3〕　p7～42
魚谷増男　　　「個人情報保護法制とメディア規制」：平成国際大学論集　（7）〔2003.3〕　p117～131
鈴木秀美　　　判例クローズアップ「ロス疑惑」事件と報道の自由——最高裁平成14.1.29判決/最高裁平成14.3.8判決：法学教室
　　　　　　　　通号270　〔2003.3〕　p30～35
松原光宏　　　人格権侵害の憲法論的構成（3）名誉毀損の場合を中心に：法学新報　109（5・6）〔2003.3〕　p377～417
松原光宏　　　人格権侵害の憲法論的構成（4）名誉毀損の場合を中心に：法学新報　109（7・8）〔2003.3〕　p75～109
井上典之, 長谷部恭男　表現媒体の変化とプライバシー（特集2・憲法学説に聞く〔3〕ロースクール・憲法講義）：法学セミナー
　　　　　　　　48（3）通号579　〔2003.3〕　p28～35
田島泰彦　　　メディア判例研究（27）小説表現の自由とモデルの人権——柳美里「石に泳ぐ魚」裁判最高裁判決（平成14.9024）：
　　　　　　　　法律時報　75（3）通号928　〔2003.3〕　p107～111
田島泰彦　　　個人情報保護修正法案と表現・報道の自由 メディアは修正法案を受け入れてはならない：月刊民放　33（4）通号
　　　　　　　　382　〔2003.4〕　p32～34
窪田充見　　　判例クローズアップ いわゆる「ロス疑惑」に関連する一連の名誉毀損訴訟：法学教室　通号271　〔2003.4〕　p37～43
山口いつ子　　2002年マスコミ関係判例回顧 厳格化する免責要件の判断——名誉棄損、プライバシー・肖像権侵害をめぐって：新
　　　　　　　　聞研究　（622）〔2003.5〕　p46～51
鈴木秀美　　　インターネットと人権——ドイツにおける有害表現規制を手がかりに（特集 人権論の原理と新展開—法の諸領域と
　　　　　　　　人権論の新展開）：ジュリスト　（1244）〔2003.5〕　p101～107
蟻川恒正　　　政府と言論（特集 人権論の原理と新展開—法の諸領域と人権論の新展開）：ジュリスト　（1244）〔2003.5〕　p91～
　　　　　　　　100
土方健男　　　マスコミ規制対応で教訓も 個人情報保護法成立へ：新聞通信調査会報　通号488　〔2003.6〕　p18～20
吉岡忍　　　　Person of the Month 吉岡忍 ノンフィクション作家——個人情報保護。新法案もダメだ!!：ぎゃらく　通号407
　　　　　　　　〔2003.6〕　p4～6
笹田佳宏　　　個人情報保護法をめぐる国会審議：月刊民放　33（7）通号385　〔2003.7〕　p34～36
大屋雄裕　　　判例解説 プライバシと意思（特集 法哲学者が最高裁判例を読む）：法律時報　75（8）通号933　〔2003.7〕　p20～25
北岡弘章　　　個人情報保護法で何が変わるのか（前編）情報開示請求への対応など, 多数の義務を定める：日経バイト　（243）
　　　　　　　　〔2003.8〕　p118～123
北岡弘章　　　個人情報保護法で何が変わるのか（後編）情報開示請求への対応など, 多数の義務を定める：日経バイト　（244）
　　　　　　　　〔2003.9〕　p102～107
浜田純一　　　メディア判例研究（28）名誉毀損における情報提供者の責任——東村山市議死亡事件報道名誉毀損事件（東京地裁平
　　　　　　　　成11.7.19判決, 東京高裁平成13.5.15判決）：法律時報　75（10）通号935　〔2003.9〕　p109～114
砂川労　　　　マスコミ裁判（23）表現の自由とプライバシー——鹿砦社の出版差し止め仮処分訴訟：マスコミ市民　通号418
　　　　　　　　〔2003.11〕　p44～49
鈴木秀美　　　放送の印象と名誉毀損——所沢ダイオキシン報道訴訟上告審判決（ダイオキシン報道訴訟・最高裁判決を考える）：
　　　　　　　　月刊民放　33（12）通号390　〔2003.12〕　p19～22
神田孝夫　　　論評ないし意見表明による名誉毀損と免責事由（2）判例における「公正な論評」法理の生成と問題点：札幌法学
　　　　　　　　15（1）〔2003.12〕　p49～75
韓景芳　　　　中国における社会問題の報道から報道される側の権利を考える——「性別再判定手術報道」と「エイズ感染者の結
　　　　　　　　婚報道」を中心に：新聞学：文化とコミュニケーション　（19）〔2004〕　p1～17
砂川労　　　　マスコミ裁判（最終回）プライバシーと個人情報——エステの盟主「TBC」の顧客データ漏えい事件：マスコミ市民
　　　　　　　　通号420　〔2004.1〕　p40～44
仁田豊文　　　人権と報道「長崎幼児誘拐殺害事件」の報道と人権（特集「新・民放人」読本2004）：月刊民放　34（3）通号393
　　　　　　　　〔2004.3〕　p17～19
田島泰彦, 野中広務　インタビュー 野中広務氏に聞く 戦争・人権・政治家とメディア：放送レポート　188号　〔2004.5〕　p18～26
原田正隆　　　人権報道の深化を促す——実践の場で「書いて守る人権」証明（第三者委員会の機能と役割）：新聞研究　（634）
　　　　　　　　〔2004.5〕　p14～17

緒方謙	どこまで踏み込み、どう書くべきか——事件関係者と向き合って（神戸連続児童殺傷事件の加害男性仮退院をめぐって）：新聞研究　（635）〔2004.6〕p40〜42
志賀俊彦	求められる遺族との対話——信頼関係を紡ぎ続けた7年（神戸連続児童殺傷事件の加害男性仮退院をめぐって）：新聞研究　（635）〔2004.6〕p36〜39
岡田英夫	新・現代の広告と法（7）表現の自由と名誉・プライバシー：日経広告手帖　48（10）〔2004.7〕p52〜54
神田孝夫	論評ないし意見表明による名誉毀損と免責事由（3・完）判例における「公正な論評」法理の生成と問題点：札幌法学　16（1）〔2004.9〕p1〜24
牧野二郎	個人情報保護指針の策定ポイント——新聞社営業部門で考慮すべきこと：新聞研究　（638）〔2004.9〕p58〜62
海部一男	報道の自由とプライバシー権の衝突における日米の法理——「週刊文春事件」を考える：放送文化　通号4〔2004.9〕p95〜105
橋本晃	「情報通信」でねじれる米欧関係 通信傍受、個人情報流出で目立つ亀裂：新聞通信調査会報　通号508〔2004.11〕p8〜10
上机美穂	人の死とプライバシー——死亡報道をめぐって：日本大学大学院法学研究年報　（35）〔2005〕p195〜235
土師守	犯罪被害者と人権：月刊民放　35（1）通号403〔2005.1〕p32〜37
平野新一郎	メディア・スコープ 人権擁護法案で新聞協会、民放連が共同声明：新聞研究　（645）〔2005.4〕p56〜59
植田むねのり	人権擁護法案——なにが問題か：マスコミ市民　通号435〔2005.4〕p58〜61
三木賢治	「らい予防法」とメディアの責任——ハンセン病検証会議に参加して：新聞研究　（646）〔2005.5〕p26〜29
鈴木秀美	有名人のプライバシーと写真報道の自由・再考——欧州人権裁判所モナコ・カロリーヌ王女事件判決のドイツに対する影響：法学研究　78（5）〔2005.5〕p243〜269
村上孝止	「プライバシー」問題の現状——判例でたどるメディア訴訟の課題：新聞研究　（650）〔2005.9〕p52〜57
木村和成	わが国における人格権概念の特質——その再定位の試み（1）：摂南法学　（34）〔2005.12〕p85〜128
川岸令和	表現の自由とその制約——憲法学の立場から（特集 人権とその保障——憲法と国際人権法—表現の自由とその制約）：国際人権　国際人権法学会報　通号17〔2006〕p28〜33
渡辺元	個人情報保護はCATVの緊急課題（2）印刷物の個人情報は、電子情報のように管理する：New media　24（1）通号272〔2006.1〕p71〜73
樋口美佐子	メディア批評・名誉毀損の敗訴で問われる一部週刊誌の"体質"。：潮　通号564〔2006.2〕p140〜141
小泉敬太	実名発表は責任ある報道に不可欠——被害者・遺族取材で明らかになった課題（匿名社会と向き合うメディア）：新聞研究　（655）〔2006.2〕p15〜18
大石泰彦	プライバシーと取材・報道の自由 匿名発表問題をどう見るか（上）：AIR21　（189）〔2006.2〕p2〜9
渡辺元	個人情報保護はCATVの緊急課題（3）TRONSHOW2006レポート ユビキタス・コンピューティングで進化する個人情報保護システム：New media　24（2）通号273〔2006.2〕p63〜65
山田健太	＜報道の自由＞と個人情報保護法（「個人情報保護法」のあれから）：総合ジャーナリズム研究　43（02）（通号196）〔2006.3〕p6〜9
総合ジャーナリズム研究編集部	報道現場の「法」との遭遇−−「個人情報保護法」全面施行後1年、メディアの対応は（「個人情報保護法」のあれから）：総合ジャーナリズム研究所　43（02）（通号196）〔2006.3〕p19〜22
総合ジャーナリズム研究編集部	「法」とメディア、この1年の論調−−新聞各紙の「社説」、識者の意見には（「個人情報保護法」のあれから）：総合ジャーナリズム研究　43（02）（通号196）〔2006.3〕p5〜31
総合ジャーナリズム研究編集部	法制審議過程とメディア規制抵抗の足跡−−基本原則の「報道機関」をめぐって（「個人情報保護法」のあれから）：総合ジャーナリズム研究所　43（02）（通号196）〔2006.3〕p10〜14
樋口美佐子	メディア批評・ジャーナリズムは大衆のために行動せよ：潮　通号565〔2006.3〕p148〜149
井上典之	判例にみる憲法実体論（12）表現の自由と名誉・プライバシー：法学セミナー　51（3）通号615〔2006.3〕p72〜76
大石泰彦	プライバシーと取材・報道の自由 匿名発表問題をどう見るか（下）：AIR21　（190）〔2006.3〕p14〜21
田北康成	個人情報保護法施行から1年——プライバシー保護、秘密保護にゆれている：出版ニュース　通号2069〔2006.4〕p6〜9
樋口美佐子	メディア批評・「メディア・リテラシー」が人権侵害週刊誌を追いつめる。：潮　通号566〔2006.4〕p128〜129
樋口美佐子	メディア批評・高まる"裏づけ取材なし"のメディアへの不信。：潮　通号567〔2006.5〕p122〜123
箕輪幸人	顔の見えない社会は誰のため——個人情報の過保護がもたらす弊害：月刊民放　36（5）通号419〔2006.5〕p28〜31
三浦和義	えん罪を「応援」するマス・メディア——「過熱報道」被害体験からの検証：マスコミ市民　通号448〔2006.5〕p42〜51
渡辺斉	事件報道再考 名古屋刑務所事件に見る容疑者・被告の人権：AIR21　（192）〔2006.5〕p2〜16
樋口美佐子	メディア批評・雑誌のデマに厳しい米国の読者。：潮　通号568〔2006.6〕p204〜205
井上禎男	フランスにおける個人情報保護第三者機関の機能と運用——2004年改正1978年個人情報保護法とCNILの実務：名古屋市立大学大学院人間文化研究科人間文化研究　（5）〔2006.6〕p155〜193
樋口美佐子	メディア批評・メディアは「真実」に対し、最も高い義務を負う。：潮　通号569〔2006.7〕p246〜247
韓永學	個人情報保護法の1年：法学セミナー　51（7）通号619〔2006.7〕p6〜7
魚住昭	えん罪をつくる構図とメディア・スクラム（特集 えん罪報道とメディア・スクラム）：マスコミ市民　通号451〔2006.8〕p2〜8
松井茂記	個人情報保護法に掘り崩されるマスメディアの表現の自由：論座　通号135〔2006.8〕p214〜223
北健一	おかしいぞ！ 名誉毀損裁判：放送レポート　202号〔2006.9〕p14〜17
前田聡	判例研究 「法的な見解の表明」と名誉毀損の成否——いわゆる「ゴーマニズム宣言」事件最高裁判決（平成16.7.15）：筑波法政　（41）〔2006.9〕p85〜96
青木孝, 土江真樹子, 片島紀男	えん罪事件、報道が果たした役割——「三鷹事件」「狭山事件」「沖縄密約事件」が提起したもの（特集 えん罪と報道を考える）：マスコミ市民　通号454〔2006.11〕p18〜41
高橋俊一	匿名社会とどう向き合うか 個人情報保護の制約と取材・報道：AIR21　（198）〔2006.11〕p42〜56
飯室勝彦	「個人情報保護法」のあれから：総合ジャーナリズム研究　43（01）（通号195）〔2006.12〕p13〜17
木村和成	わが国における人格権概念の特質——その再定位の試み（2・完）：摂南法学　（35）〔2006.12〕p69〜113
金井貴	個人情報保護法に基づくコンプライアンスに関するIT支援の動向と今後の課題：明治学院大学法科大学院ローレ

ビュー　（5）〔2006.12〕 p83〜93

横田美香　イギリス名誉毀損訴訟における制限的特権法理の新たな展開——最近のJameel and others v. Wall Street Journal Europe Sprl事件貴族院判決（11 October 2006）を契機として：東海法学　（38）〔2007〕 p125〜156

樋口美佐子　メディア批評 海外の評価と "ギャップ" があり過ぎる一部週刊誌。：潮　通号575〔2007.1〕 p128〜131

高山佳奈子　プライバシーの刑法的保護：法学論叢　160（3・4）〔2007.1〕 p196〜215

伊藤隆裕, 平手里奈, 和久一彦　名誉毀損関係訴訟について——非マスメディア型事件を中心として（大阪民事実務研究）：判例タイムズ　58（1）通号1223〔2007.1〕 p49〜92

岡本晃明　医療現場でもがく患者の思いを伝える——実名で報じることの重みを抱えて（生命倫理へのアプローチ）：新聞研究　（667）〔2007.2〕 p26〜30

内藤正明　集団的過熱取材——人権侵害と裁判員制度への影響——秋田県の連続児童殺害事件と米ジョンベネちゃん事件：名古屋外国語大学外国語学部紀要　（32）〔2007.2〕 p327〜352

高橋俊一　個人情報保護法が生む「隠れ糞社会」の問題点 官公庁、企業の事例を中心に：AIR21　（201）〔2007.2〕 p63〜77

長谷部恭男, 藤田博司, 本林徹　「報道と人権委員会」報告 匿名化社会、被害者の人権、自衛隊イラク派遣の「取材ルール」：AIR21　（201）〔2007.2〕 p45〜62

吉野夏己　名誉毀損的表現の憲法上の価値：岡山大学法学会雑誌　56（3・4）通号197〔2007.3〕 p657〜690

平松毅　硬直的な日本の個人情報保護法——早急に制度の見直しを：月刊民放　37（3）通号429〔2007.3〕 p34〜37

松浦康彦　個人情報保護法めぐる、「過剰反応」と改正への動きを探る：コミュニケーション文化論集　大妻女子大学コミュニケーション文化学会機関誌　通号5〔2007.3〕 p117〜134

山田隆司　アメリカにおける憲法的名誉毀損の再検討——「現実的悪意の法理」に関する学説を手がかりに：阪大法学　56（6）通号246〔2007.3〕 p1499〜1528

青柳卓弥　国家と教育の関係についての考察 教育個人情報の保護に関する憲法上の位置付け——「プライバシー権」v.s.「教育の自由」・「学習権」：平成国際大学研究所論集　（7）〔2007.3〕 p1〜16

山了吉　制約をうける出版メディアの現実——政治と司法の「枷」がつくりだしているもの：出版ニュース　通号2104〔2007.4〕 p6〜9

古賀泰司, 石井勤, 楢崎憲二　座談会 実名・匿名問題にどう向き合うか（実名と報道）：新聞研究　（669）〔2007.4〕 p14〜25

藤原健　『実名と報道』の読み方、読まれ方——記者がその使命を果たすための指針として（実名と報道）：新聞研究　（669）〔2007.4〕 p10〜13

長谷部恭男, 藤田博司, 本林徹　「報道と人権委員会」報告 裁判員制度と取材・報道の自由、知る権利：AIR21　（203）〔2007.4〕 p2〜19

北健一　「批判封じ」訴訟を許すな 武富士・オリコンとジャーナリストたちの戦い：放送レポート　206号〔2007.5〕 p18〜21

木下智史　明確性の原則について（第1部 人権の現代的展開）：現代社会における国家と法 阿部照哉先生喜寿記念論文集〔2007.5〕 p229〜

木村和成　民法におけるプライバシー——本人確認情報をめぐる事例から：摂南法学　（36）〔2007.6〕 p69〜102

総合ジャーナリズム研究編集部　「裁判員制度と報道」問題、議論の推移（転機を迎える「刑事裁判」報道）：総合ジャーナリズム研究所　44（04）（通号202）〔2007.9〕 p3〜42

大隈悠基　「いじめ自殺」とマスコミの報道：マスコミ市民　通号464〔2007.9〕 p78〜81

伊勢田昭弘　郷土紙の進路（下）地域社会と個人情報保護法——情報を生かすも捨てるも人の力：新聞研究　（675）〔2007.10〕 p47〜49

総合ジャーナリズム研究編集部　政府・自民党のメディア規制の展開－－個人情報保護関連法、メディアの対応（「小泉政治」をどう伝えたか－－安倍「政権報道」のための1980日の足跡）：総合ジャーナリズム研究所　44（01）（通号199）〔2007.12〕 p4〜6

山口正紀, 浅野健一, 中嶋啓明　人権とメディア（426）拡大版 1997〜2007 10周年記念座談会：金曜日　15（47）通号697〔2007.12〕 p16〜18

山田健太　インターネットと人権－－デジタルネットワーク時代の企業活動 第38回部落開放・人権夏期講座 報告書　全体講演：部落解放　（592）（増刊）〔2008〕 p19〜33

藤井正希　マスコミの人権侵害の司法的救済方法について：社学研論集　（11）〔2008〕 p218〜232

谷上健次　パパラッチと有名人のプライバシー——カリフォルニア州法と近時の裁判例から：日本大学大学院法学研究年報　（38）〔2008〕 p143〜184

森修　「犯罪記事」は原則非公開——人権意識の高まりに対応（最新データベース事情—公開基準をめぐって）：新聞研究　（681）〔2008.4〕 p13〜15

浅野健一　「架空の事件」見抜けなかったメディア えん罪・志布志事件（上）（特集 警察の犯罪）：マスコミ市民　通号471〔2008.4〕 p28〜35

浅野健一　「架空の事件」見抜けなかったメディア えん罪・志布志事件（中）（特集 えん罪事件の真相）：マスコミ市民　通号472〔2008.5〕 p28〜36

浅野健一　「架空の事件」見抜けなかったメディア えん罪・志布志事件（下）：マスコミ市民　通号473〔2008.6〕 p49〜57

伊藤正志　各地で相次ぐ匿名発表、情報隠し——全国の取材網を通じた実態調査から考える（個人情報保護法と過剰反応問題）：新聞研究　（685）〔2008.8〕 p14〜17

森田明　法改正による問題解消と意識の成熟へ——個人情報保護の制度面からの考察と提言（個人情報保護法と過剰反応問題）：新聞研究　（685）〔2008.8〕 p18〜21

野村武司　KEY WORD 個人情報保護法の課題：法学教室　通号336〔2008.9〕 p2〜3

浅野健一　日米「国家」とメディアの共謀で殺された三浦和義さんの遺志を受け継ごう：マスコミ市民　通号479〔2008.12〕 p42〜49

橋本聖美　個人情報保護法制の対象情報：福岡大学大学院論集　40（2）〔2008.12〕 p85〜103

藤井正希　マスコミ報道と人権：社学研論集　（14）〔2009〕 p287〜301

阪本昌成　プライバシーの権利と表現の自由（1）：立教法学　通号76〔2009〕 p34〜66

阪本昌成　プライバシーの権利と表現の自由（2・完）：立教法学　通号77〔2009〕 p141〜181

我妻憲利, 石村耕治　石村耕治PIJ代表に聞く 福祉、介護受給者のプライバシー保護の課題——受給者にプライバシーの根こそぎ

	放棄を迫る福祉と人権：CNNニュース　（56）〔2009.1〕p2〜11	
山田健太	判例紹介　ネットニュースの見出しによる名誉毀損事例［東京地裁平成20.9.12判決］：コピライト　48（574）〔2009.2〕p52〜59	
溝口烈	「ロス疑惑」が報道に残したもの——事件・事故伝える意義を見つめ直す時代に：新聞研究　（691）〔2009.2〕p26〜29	
山了吉	出版社の社長は雑誌記事の責任をどこまで負うべきなのか？——雑誌記事に対する高額賠償判決の続出に加えて新たな制裁発動も：出版ニュース　通号2173　〔2009.4〕p6〜11	
北口末広	走りながら考える（第96回）ゆがむメディア——政治・人権報道を考える：ヒューマンライツ　（253）〔2009.4〕p32〜35	
中嶋啓明	人権とメディア（491）：金曜日　17（16）通号762　〔2009.4〕p19	
山口正紀	人権とメディア（第492回）裁判員制度と死刑　市民が＜国家殺人＞の共犯者に：金曜日　17（17）通号763　〔2009.5・8〕p58	
浅野健一	人権とメディア（第493回）死刑確定間近の林眞須美さん　客観的証拠がないのに命を奪うのか：金曜日　17（18）通号764　〔2009.5〕p59	
山口正紀	人権とメディア（第494回）「浅野・文春訴訟」二審判決　断罪された〈伝聞セクハラ報道〉：金曜日　17（19）通号765　〔2009.5〕p30	
中嶋啓明	人権とメディア（第495回）中大教授殺害事件　記者は「無罪推定」を勉強し直せ：金曜日　17（20）通号766　〔2009.5〕p21	
日本新聞協会	個人情報保護法に関する日本新聞協会の意見（2009年3月27日）：新聞研究　（695）〔2009.6〕p27〜29	
臺宏士	報道の公共性への配慮明記せよ——個人情報保護法の改正求める新聞協会意見：新聞研究　（695）〔2009.6〕p23〜26	
山口正紀	人権とメディア（第496回）「北朝鮮・核実験」報道　非難の合唱より「なぜ」の検証を：金曜日　17（21）通号767　〔2009.6〕p26	
浅野健一	人権とメディア（第497回）TBSドラマ「二重裁判」　報道加害をメディアは反省しないのか：金曜日　17（22）通号768　〔2009.6〕p31	
山口正紀	人権とメディア（第498回）足利事件　冤罪加担報道を検証し、謝罪を：金曜日　17（23）通号769　〔2009.6〕p28	
中嶋啓明	人権とメディア（第499回）足利事件検証報道　冤罪加担の記者名を明らかに：金曜日　17（24）通号770　〔2009.6〕p25	
田原和政	高額賠償の底流とメディアの責務——議論の出発点としてのジャーナリズム性（名誉棄損訴訟の賠償高額化を考える）：新聞研究　（696）〔2009.7〕p8〜11	
田島泰彦	人々の知る権利を損なう危険性——表現・メディア規制としての高額化問題（名誉棄損訴訟の賠償高額化を考える）：新聞研究　（696）〔2009.7〕p17〜20	
北口末広	走りながら考える（第99回）足利事件報道とメディア：ヒューマンライツ　（256）〔2009.7〕p36〜39	
山口正紀	人権とメディア（第500回）JR浦和電車区事件　不当判決に目を閉ざす司法記者：金曜日　17（25）通号771　〔2009.7〕p26	
浅野健一	人権とメディア（第501回）『しんぶん　赤旗』の匿名原則　知る権利は権力者に向かうべき：金曜日　17（26）通号772　〔2009.7〕p49	
山口正紀	人権とメディア（第502回）足利事件の報道検証　なぜ〈誤報の根源〉に迫らないのか：金曜日　17（27）通号773　〔2009.7〕p21	
中嶋啓明	人権とメディア（第503回）パチンコ店放火容疑者報道　たとえ真犯人でも許されない：金曜日　17（28）通号774　〔2009.7〕p59	
山口正紀	人権とメディア（第504回）時効廃止と冤罪　「真相解明」装い「重罰化」企む法務省：金曜日　17（29）通号775　〔2009.7〕p18	
浅野健一	人権とメディア（第505回）大阪府警の被疑者"引き回し"　事故防止名目でメディアに便宜供与：金曜日　17（30）通号776　〔2009.8〕p60	
山口正紀	人権とメディア（第506回）裁判員裁判スタート　重罰化に利用される"市民参加"：金曜日　17（31）通号777　〔2009.8〕p56	
中嶋啓明	人権とメディア（第507回）女性タレントなどの逮捕　予断持たせる供述報道を改めよ：金曜日　17（32）通号778　〔2009.8〕p52	
土屋大洋	デジタル通信傍受とプライバシー——米国におけるFISA（外国インテリジェンス監視法）を事例に：情報通信学会誌　27（2）通号91　〔2009.9〕p67〜77	
山口正紀	人権とメディア（第508回）富山冤罪国賠　冤罪解明へ全捜査記録の開示を：金曜日　17（33）通号779　〔2009.9〕p29	
浅野健一	人権とメディア（第509回）裁判員裁判第1号の被告　法廷全体が敵で私を懲らしめた：金曜日　17（34）通号780　〔2009.9〕p31	
山口正紀	人権とメディア（第510回）鳩山新政権と政治報道　現象追随から課題検証へ転換を：金曜日　17（35）通号781　〔2009.9〕p59	
中嶋啓明	人権とメディア（第511回）Aleph観察処分更新取消請求　メディアの不作為で進む密室化：金曜日　17（36）通号782　〔2009.9〕p31	
山口正紀	人権とメディア（第512回）日朝平壌宣言から7年　「北朝鮮問題」か「日朝問題」か：金曜日　17（37）通号783　〔2009.10〕p27	
浅野健一	人権とメディア（第513回）官僚と記者会見　鳩山政権は脱「記者クラブ」宣言を：金曜日　17（38）通号784　〔2009.10〕p36	
山口正紀	人権とメディア（第514回）「千葉法相と死刑」報道　「国民的議論」に多様な判断材料を：金曜日　17（39）通号785　〔2009.10〕p60	
中嶋啓明	人権とメディア（第515回）天皇在位20年式典　奉祝一辺倒の報道やめよ：金曜日　17（40）通号786　〔2009.10〕p21	
山口正紀	人権とメディア（第516回）足利事件再審開始　真に裁かれるべきはだれなのか：金曜日　17（41）通号787　〔2009.10〕p19	
山本恒太	裁判員制度スタート　見えなかった被告人の心　望まれる被害者保護への配慮：月刊民放　39（11）通号461　〔2009.	

		11〕 p32〜35
益井公司	表現の自由と肖像権について：政経研究 46 (2)〔2009.11〕 p365〜390	
北口末広	走りながら考える（第103回）足利事件報道の検証は十分か：ヒューマンライツ （260）〔2009.11〕 p24〜27	
浅野健一	人権とメディア（第517回）光市事件実名本「匿名では実像が伝わらない」のウソ：金曜日 17 (42) 通号788 〔2009.11〕 p60	
山口正紀	人権とメディア（第518回）「女優の初公判」報道 マスコミ動員を隠す“傍聴の列"：金曜日 17 (43) 通号789 〔2009.11〕 p28	
中嶋啓明	人権とメディア（第519回）総聯弾圧の国賠訴訟 お粗末な捜索令状請求が明るみに：金曜日 17 (44) 通号790 〔2009.11〕 p27	
山口正紀	人権とメディア（第520回）英女性死体遺棄事件「被疑者の顔」報道に公益性はあるか：金曜日 17 (45) 通号791 〔2009.11〕 p14	
寺田浩章	重い教訓、肝に銘じて——足利事件の報道を考える：新聞研究 （701）〔2009.12〕 p38〜41	
浅野健一	人権とメディア（第521回）鳥取“連続不審死"戦後史に残る冤罪を心配する記者も：金曜日 17 (46) 通号792 〔2009.12〕 p14	
山口正紀	人権とメディア（第522回）裁判員裁判と報道 伝えられない被告人の思い：金曜日 17 (47) 通号793 〔2009.12〕 p47	
中嶋啓明	人権とメディア（第523回）英会話女性講師死亡事件「代用監獄」廃止を訴え続けよ：金曜日 17 (48) 通号794 〔2009.12〕 p26	
山口正紀	人権とメディア（第524回）記者クラブと新政権 官僚の情報操作を打破する好機：金曜日 17 (49) 通号795 〔2009.12.25〜2010.1.8〕 p60	
金澤誠	政府の言論と人権理論 (1)：北大法学論集 60 (5)〔2010〕 p1392〜1339	
金澤誠	政府の言論と人権理論 (2)：北大法学論集 61 (2)〔2010〕 p780〜736	
浅野健一	人権とメディア（第525回）『朝日新聞』ソウル電の嘘 韓国で記者クラブは復権していない：金曜日 18 (1) 通号796 〔2010.1〕 p58	
山口正紀	メディア一撃 人権とメディア（第530回）「DNA冤罪と口封じ死刑」問い直す検証報道を——飯塚事件・再審請求：金曜日 18 (6) 通号801 〔2010.2〕 p56〜57	
山口正紀	メディア一撃 人権とメディア（第532回）三浦和義さんの遺志継ぐ「報道加害」との新たな闘い——「ロス疑惑再燃報道」提訴：金曜日 18 (8) 通号803 〔2010.3〕 p56〜57	
山田隆司	ロー・アングル 記者ときどき学者の憲法論（新連載・1）名誉毀損と高額賠償：法学セミナー 55 (4) 通号664 〔2010.4〕 p62〜64	
宍戸常寿	言論空間への認識は妥当か——ネット名誉毀損事件の最高裁決定を読む：新聞研究 （707）〔2010.6〕 p68〜71	
奥平康弘	「堀越事件」東京高裁無罪判決の意味——「適用違憲」をめぐって[2010.3.29]：世界 （805）〔2010.6〕 p48〜57	
青山武憲	「明白で現在の危険」のテスト論考（原田賢司教授古稀記念号 労働、経営と法に関する諸問題—国家と法）：日本法學 76 (2)〔2010.9〕 p537〜562	
北口末広	走りながら考える（第114回）メディアが冤罪に加担しないために：ヒューマンライツ （271）〔2010.10〕 p32〜35	
山田隆司	ロー・アングル 記者ときどき学者の憲法論 (7) 犯罪と実名報道：法学セミナー 55 (10) 通号670 〔2010.10〕 p62〜63	
山口正紀	メディア一撃 人権とメディア（第564回）復活し動き始めた中国侵略の亡霊——「尖閣/釣魚」諸島問題：金曜日 18 (40) 通号835 〔2010.10〕 p56〜57	
山田隆司	ロー・アングル 記者ときどき学者の憲法論 (9) ネットと名誉毀損：法学セミナー 55 (12) 通号672 〔2010.12〕 p42〜43	
塚本晴二朗	プライバシー侵害に関する倫理学的考察 ：『逆転』事件を手懸かりとして：出版研究 （42）〔2011〕 p69〜86	
村上康二郎	情報プライバシー権と表現の自由の関係に関する一試論 ：アメリカにおける議論を参考にして：法政論叢 48 (1)〔2011〕 p141〜176	
金澤誠	政府の言論と人権理論 (3)：北大法学論集 61 (5)〔2011〕 p1820〜1757	
山田隆司	ロー・アングル 記者ときどき学者の憲法論 (11) 見出しと名誉毀損：法学セミナー 56 (2) 通号674 〔2011.2〕 p52〜53	
山田隆司	ロー・アングル 記者ときどき学者の憲法論 (12) 警察流出資料と出版差止め：法学セミナー 56 (3) 通号675 〔2011.3〕 p50〜51	
中林暁生	表現する場を提供する国家（特集 国家の役割, 個人の権利）：ジュリスト （1422）〔2011.5〕 p94〜98	
山口正紀	メディア一撃 人権とメディア（第592回）雪冤の闘い43年——司法とメディアの課題 布川事件再審無罪：金曜日 19 (21) 通号864 〔2011.6〕 p56〜57	
浅野健一	メディア一撃 人権とメディア（第616回）「北朝鮮」バッシング報道のウソとホント ：平壌・サッカー日朝戦：金曜日 19 (46) 通号889 〔2011.12〕 p56〜57	
中嶋啓明	メディア一撃 人権とメディア（第618回）冤罪被害者を翻弄する情緒的で無責任な報道 ：福井女子中学生殺人事件再審開始決定：金曜日 19 (48) 通号891 〔2011.12〕 p56〜57	
山口正紀	メディア一撃 人権とメディア（第625回）「筋弛緩剤殺人」覆す新証拠 犯人視報道の検証を ：北陵クリニック事件再審請求：金曜日 20 (6) 通号898 〔2012.2〕 p56〜57	
山田隆司	ロー・アングル 記者ときどき学者の憲法論（第23回・最終回）政治家と名誉毀損：法学セミナー 57 (3) 通号686 〔2012.3〕 p48〜49	
小林恭子	海外メディア報告 黒人青年殺人事件と英メディア 18年後、白人犯人に有罪判決：Journalism （262）〔2012.3〕 p88〜95	
中嶋啓明	メディア一撃 人権とメディア（第634回）多大な損害受けたと日本企業が提訴を検討 ：対朝鮮経済制裁：金曜日 20 (15) 通号907 〔2012.4〕 p56〜57	
寺島宗樹	取材対象との信頼関係と報道の公共性のはざまで（特集 「いじめ」報道の課題）：月刊民放 42 (12) 通号498 〔2012.12〕 p24〜26	
金澤誠	政府の言論と人権理論 (4)：北大法学論集 64 (3)〔2013〕 p1152〜1097	
斉藤邦史	個人情報保護法における本人関与規定の民事的効力：法律時報 85 (2) 通号1056 〔2013.2〕 p90〜98	
石瀧豊美	人格攻撃の差別記事だった！ ：『週刊朝日』「ハシシタ」問題決着のされ方：リベラシオン ：人権研究ふくおか	

	（149）〔2013.3〕p111〜117
石井智弥	報道による人格侵害と不法行為の成否 ： 最高裁平成17年11月10日第一小法廷判決の検討：茨城大学政経学会雑誌（83）〔2013.4〕p51〜62
小林恭子	日揮とテロ事件 大手メディアは実名、ネットは匿名支持 ： 人質死亡事件で大論争に：メディア展望 （616）〔2013.4〕p20〜23
神余心	メディア激動時代（53）公益優先か、プライバシー保護か デジタル時代の「負」の影を問う：エルネオス 19（7）通号224 〔2013.7〕p62〜65
村上信夫, 矢口彩香	スポーツにおける不祥事報道に関する一考察 ： 高校野球の不祥事報道をてがかりにして：人文コミュニケーション学科論集 （15）〔2013.9〕p119〜144
川田篤	故人の肖像権・パブリシティ権 ： ドイツ法からの示唆と実務への指針：新聞研究 （751）〔2014.2〕p84〜87
曽我部真裕	ジャーナリズムの新たな挑戦に期待 ： 取材規制や過剰反応にはあらためて注意を（個人情報保護法見直しと報道）：新聞研究 （754）〔2014.5〕p8〜12
田原和政	ステージの変化に応じた議論を ： 独立機関とどう向き合うか（個人情報保護法見直しと報道）：新聞研究 （754）〔2014.5〕p14〜17
三木由希子	公益性・公共性踏まえた制度を ： 情報公開の視点から（個人情報保護法見直しと報道）：新聞研究 （754）〔2014.5〕p28〜31
平坂雄二	引き継がなければならない「教訓」 ： 松本サリン事件から20年：月刊民放 44（7）通号517 〔2014.7〕p33〜37
臺宏士	やっと見直し？ 個人情報保護法：放送レポート （249）〔2014.7〕p28〜31
酒井健次	報道・人権に深刻な影響懸念：広島ジャーナリスト （18）〔2014.9〕
塩田幸司, 関谷道雄	テレビ報道における匿名化とは ： BPO「顔なしインタビュー等についての要望」をめぐって：放送研究と調査 64（12）通号763 〔2014.12〕p2〜21

〔図 書〕

渡辺素直	新聞の名誉毀損法について—アメリカ法と比べながら ［朝日新聞社］ 1952.8 182p 24cm （朝日新聞調査研究室報告社内用 40）
日本新聞協会	新聞の責任—名誉棄損を中心として 岩波書店 1956 212p 21cm
法務総合研究所, 有馬厚彦	プライバシーとマスコミ 法務総合研究所 1968 134p 21cm （法務研究報告書 第55集 第6号）
日本新聞協会調査資料室	新聞の名誉棄損 上 新聞社勝訴例集 新聞通信調査会 1974 101p 18cm 200円 （新聞通信シリーズ）
畷三郎	マスコミ犯罪学—スキャンダル・ネットワーク エフプロ出版 1977.3 198p 19cm 880円
関東弁護士会連合会	報道と人権—報道の自由と人権保障の調和をもとめて シンポジウム 関東弁護士会連合会 1980 117p 26cm
小松道男	マスコミ事件始末記—名誉・人権・わいせつ 時事通信社 1986.10 259p 19cm 1400円
人権と犯罪報道—資料集	日本評論社 1986.11 383p 26cm 2500円 （シリーズ「新・権利のための闘争」）
人権と報道研究会	今なぜ人権と報道か—さまざまな立場から 「人権と報道」研究会 1987.3 51p 26cm
山川洋一郎, 山田卓生	有名人とプライバシー 有斐閣 1987.7 186p 19cm 1100円 （人権ライブラリイ）
清水英夫	マスコミと人権 三省堂 1987.11 294p 20cm 2000円
東京弁護士会	取材される側の権利 日本評論社 1990.2 272p 20cm 2500円
飯室勝彦	報道の中の名誉・プライバシー—「ロス疑惑」にみる法的限界 現代書館 1991.9 222p 20cm 1730円
小林宏誌	人権の敵・マスコミ—「報道の自由」という名の暴力をあばく MBC21 1994.2 212p 19cm 1200円
公共政策調査会	報道に対する不服申立て—英国の不服審査制度と日本への導入試案 公共政策調査会 1995 135p 21cm （研究報告書 no.94002）
人権と報道連絡会	報道の人権侵害と闘う本—やればできる本人訴訟 三一書房 1995.5 222p 18cm 750円 （三一新書）
日本民間放送連盟	報道と人権 日本民間放送連盟 1996.3 107p 21cm （放送倫理ブックレット no.3）
村上孝止	プライバシーvsマスメディア—事例が語る新しい人権 学陽書房 1996.6 263p 20cm 1748円 （陽selection）
東京弁護士会人権擁護委員会	報道被害対策マニュアル—鍛えあう報道と人権 花伝社 1996.10 200p 21cm 1700円
野山智章	マスコミ報道と人権—ヨーロッパ先進国と日本の落差 第三文明社 1997.4 202p 18cm 800円+税
小林弘忠	新聞報道と顔写真—写真のウソとマコト 中央公論社 1998.8 260p 18cm 740円 （中公新書）
田島泰彦, 渡辺真次, 飯室勝彦	報道される側の人権—メディアと犯罪の被害者・被疑者 新版 明石書店 1999.6 280p 19cm 2000円
日本弁護士連合会	人権と報道—報道のあるべき姿をもとめて 日弁連第42回人権擁護大会シンポジウム第2分科会基調報告書 日本弁護士連合会第42回人権擁護大会シンポジウム第2分科会実行委員会 1999.10 204p 30cm
皆川治広	プライバシー権の保護と限界論—フランス法研究 北樹出版, 学文社〔発売〕 2000.2 356p 21cm 5500円
松浦康彦	デジタル世紀のプライバシー・著作権—新聞・出版はどう対応するのか 日本評論社 2000.4 267p 19cm 2300円
鹿砦社編集部	「表現の自由」とは何か？—プライバシーと出版差し止め 鹿砦社 2000.6 168p 21cm 800円 （鹿砦社ブックレット 1）
静岡県弁護士会	情報化時代の名誉毀損・プライバシー侵害をめぐる法律と実務 ぎょうせい 2000.7 347p 21cm 3000円
日本弁護士連合会人権擁護委員会	人権と報道—報道のあるべき姿をもとめて 明石書店 2000.10 485p 21cm 4000円
浅野健一	人権と犯罪報道の現在 同志社 2001.1 28p 19cm 500円 （新島講座 第21回）
Garfinkel, Simson, 橋本恵, 小西透	暴走するプライバシー—テクノロジーが「暴き屋」の武器になる日 ソフトバンクパブリッシング 2001.1 369p 20cm 2000円
人権と報道関西の会	マスコミがやってきた！—取材・報道被害から子ども・地域を守る 現代人文社 2001.1 173p 21cm 1700円
竹田稔, 堀部政男	名誉・プライバシー保護関係訴訟法 青林書院 2001.1 453, 7p 22cm ¥4,900 （新・裁判実務大系 第9巻）
青弓社編集部	プライバシーと出版・報道の自由 青弓社 2001.2 252p 19cm 1600円 （青弓社ライブラリー 12）
井上正治, 坂井真, 小野寺信一	情報・報道と人権 岩崎書店 2001.4 54p 27cm 2300円 （人権を考える本 人が人らしく生きるために 6）

差別・ジェンダー　　　　　　　　　　　　　制度

原寿雄, 田島泰彦　報道の自由と人権救済——＜メディアと市民・評議会＞をめざして　明石書店　2001.7　410p　20cm　3800円
田島泰彦　人権か表現の自由か——個人情報保護法・メディア規制立法を問う　日本評論社　2001.11　295p　19cm　2300円
読売新聞社　「人権」報道——書かれる立場書く立場　中央公論新社　2003.1　382p　19cm　1900円
梓沢和幸, 田島泰彦　誰のための人権か——人権擁護法と市民的自由　日本評論社　2003.5　323p　19cm　2200円
新聞販売所と個人情報保護法——読者の信頼をより一層高めるために　日本新聞協会販売委員会新聞販売法制研究会　2004　24p　30cm
NEC総研　現代人のプライバシー——生活者アンケートの結果から　NEC総研調査グループ　2005.7　223p　30cm　5000円
中川健一　メディアを人権からよむ　部落解放・人権研究所　2006.3　145p　21cm　1500円
右崎正博, 山野目章夫, 田島泰彦　表現の自由とプライバシー——憲法・民法・訴訟実務の総合的研究　日本評論社　2006.4　362p　22cm　4600円
武蔵大学社会学部　多様化するメディア環境と人権　御茶の水書房　2006.5　180p　21cm　1500円
宮原守男, 松村光晃, 中村秀一　名誉毀損・プライバシー——報道被害の救済——実務と提言　ぎょうせい　2006.10　323p　21cm　2381円
梓沢和幸　報道被害　岩波書店　2007.1　224p　18cm　740円　（岩波新書）
自由人権協会　市民的自由の広がり——JCLU 人権と60年　新評論　2007.11　279p　19cm　3000円
山田隆司　公人とマス・メディア——憲法的名誉毀損法を考える　信山社出版　2008.5　199p　20cm　3000円
片野勧　戦後マスコミ裁判と名誉毀損　論創社　2010.2　310p　21cm　3000円
「聖嶽」名誉毀損訴訟弁護団　「聖嶽」事件——報道被害と考古学論争　雄山閣　2010.3　305p　20cm　2800円
静岡県弁護士会　情報化時代の名誉毀損・プライバシー侵害をめぐる法律と実務　新版　ぎょうせい　2010.8　405p　21cm　3238円
三宅弘, 放送と人権等権利に関する委員会　放送人権委員会判断ガイド　2010　放送と人権等権利に関する委員会　2010.11　480p　21cm
松嶋隆弘, 長谷川貞之, 湯浅正敏　メディアによる名誉毀損と損害賠償　三協法規出版　2011.7　324p　21cm　3700円
飯島滋明　憲法から考える実名犯罪報道　現代人文社　2013.5　215p　21cm　1900円
松井茂記　表現の自由と名誉毀損　有斐閣　2013.7　444p　22cm　1900円
海渡雄一, 清水勉, 田島泰彦　秘密保護法何が問題か——検証と批判　岩波書店　2014.3　363p　21cm　1900円
坂井真, 曽我部真裕, 放送と人権等権利に関する委員会　放送人権委員会判断ガイド　2014　放送と人権等権利に関する委員会　2014.9　509p　21cm

差別・ジェンダー

〔雑誌記事〕
井口武男　各国における婦人向け番組：NHK文研月報　4（10）〔1954.10〕p1〜11
円谷文夫　黒人問題と南部の新聞：新聞研究　通号49〔1955.8〕p17〜20
朝広正利　反ユダヤ事件にゆらぐ西独ジャーナリズム：新聞研究　通号104〔1960.1〕p24〜29
青木繁　アメリカの黒人暴動報道（学生デモ報道を再検討する（特集））：新聞研究　通号204〔1968.7〕p24〜28
石川弘義　ジャーナリズムにとって性とはなにか（ジャーナリズムと性）：新聞研究　通号226〔1970.5〕p35〜39
松原治郎　現代社会状況におけるジャーナリズムと性（ジャーナリズムと性）：新聞研究　通号226〔1970.5〕p30〜34
松田道雄　性教育の理想と現実——ジャーナリズムに何を期待するか（ジャーナリズムと性）：新聞研究　通号226〔1970.5〕p66〜68
大熊由紀子　女性記者——その生活と意見：新聞研究　通号265〔1973.8〕p28〜40
西村貞枝　イギリス・フェミニズムの背景——ヴィクトリア期がヴァネスの問題：思想　通号601〔1974.7〕p61〜80
部落解放同盟中央本部書記局　差別語問題についてのわれわれの見解：部落解放　通号77〔1975.11〕p40〜50
川口翠子　女性編集者論（出版 PART 2（特別企画））：総合ジャーナリズム研究　13（01）〔1976.1〕p67〜75
東京婦人記者会　新聞の「女性表現」への疑問：新聞研究　通号297〔1976.4〕p70〜75
岩男寿美子　女性とメディアに関するアジア会議に出席して：新聞研究　通号299〔1976.6〕p57〜59
田所泉　日刊紙の紙面作成計画——「面建て」調査（51年10月）結果から：新聞研究　通号310〔1977.5〕p69〜75
総合ジャーナリズム研究編集部　女性雑誌を考える＜特集＞：総合ジャーナリズム研究所　14（03）〔1977.7〕p6〜44
樋口恵子　（女性雑誌を考える＜特集＞）女性雑誌の中の「消費」と「生産」：総合ジャーナリズム研究　14（03）〔1977.7〕p18〜21
岡満男　（女性雑誌を考える＜特集＞）女性雑誌ジャーナリズムの本流：総合ジャーナリズム研究　14（03）〔1977.7〕p7〜14
秋山照子　（女性雑誌を考える＜特集＞）女性市場×女性雑誌×広告：総合ジャーナリズム研究　14（03）〔1977.7〕p24〜27
佐藤智雄　アメリカのマスメディアとマイノリティー：新聞研究　通号313〔1977.8〕p34〜39
志賀信夫　放送界で活躍する女性たち：放送批評　No.109〔1977.9・10〕
山中正剛　マイノリティの放送参加：月刊民放　08（87）〔1978.9〕p45〜49
野口郁子　男性の価値観に埋没せずに（現代記者読本'79—記者の自画像）：新聞研究　通号332〔1979.3〕p41〜43
三枝佐枝子　いま、女性記者に求められるもの（女性記者と新聞報道）：新聞研究　通号351〔1980.10〕p31〜33
松本文子　どんなにささやかなペンであっても（女性記者と新聞報道—職業としての女性記者）：新聞研究　通号351〔1980.10〕p34〜37
デール, キャロライン, 新聞研究編集部　ジャーナリストとしての誇りと懐疑（女性記者と新聞報道—職業としての女性記者）：新聞研究　通号351〔1980.10〕p40〜47
佐田智子　女性記者の目（女性記者と新聞報道）：新聞研究　通号351〔1980.10〕p10〜25
黒田清　新聞は女性記者をどうとらえるか（女性記者と新聞報道）：新聞研究　通号351〔1980.10〕p26〜30
杉本伊津子　人間としてのジャーナリストに（女性記者と新聞報道—職業としての女性記者）：新聞研究　通号351〔1980.10〕p37〜40
辻田ちか子　開かれた性への道程——「性 おんなの側から」取材記：新聞研究　通号366〔1982.1〕p61〜64
辻和子　「いま, 女の性を考える」を制作して：新聞研究　通号369〔1982.4〕p64〜67

福岡安則	「表現の自由」と「被差別者の人権」：新聞研究　通号379　〔1983.2〕　p54〜58
伊藤雅子	意識下の性差別に目を（マスコミと人権—人権を考えるために）：新聞研究　通号396　〔1984.7〕　p22〜24
井上輝子	女性ジャーナリズム論（ジャーナリズム論を探る——メディア変容とジャーナリズム概念の変化＜特集＞）：新聞学評論　通号34　〔1985.3〕　p51〜65
牧太郎	人種差別発言と「検証」報道：新聞研究　通号425　〔1986.12〕　p46〜49
火田江梨子	事件報道にみる女性への「思い込み」の構図：マスコミ市民　通号227　〔1987.7〕　p2〜11
関千枝子, 吉永春子, 千本福子　特集「女性の時代」と放送 あきらめずに、自分なりの道を拓いて ベテラン女性制作者に聞く：月刊民放　17（194）〔1987.8〕　p9〜14	
増田れい子　特集「女性の時代」と放送 まず、「男女役割分担」の再考を “情報の流れ”をとめる、性別による固定イメージ：月刊民放　17（194）〔1987.8〕　p6〜8	
村松泰子	放送に関する女性学的研究（放送研究の課題と方法＜特集＞）：放送学研究　通号38　〔1988〕　p189〜205
鈴木みどり	海外の放送局 男女平等は地球のテーマ：放送批評　No.229　〔1988.8〕
高木正幸	自信と勇気を与えてくれた15年——新左翼・部落問題を担当して—中—：新聞研究　通号448　〔1988.11〕　p66〜70
高木正幸	自信と勇気を与えてくれた15年——新左翼・部落問題を担当して—下—：新聞研究　通号449　〔1988.12〕　p54〜58
小玉美意子	概説・女性とジャーナリズム（女性とジャーナリズム）：新聞研究　通号451　〔1989.2〕　p10〜14
上江洲由美子　女たちの可能性にかける（女性とジャーナリズム—私の記者生活から）：新聞研究　通号451　〔1989.2〕　p22〜24	
西郷公子	「女性」の冠を意識する時（女性とジャーナリズム—私の記者生活から）：新聞研究　通号451　〔1989.2〕　p25〜27
佐藤洋子	女性記者の移り変わり——ごく個人的体験から（女性とジャーナリズム）：新聞研究　通号451　〔1989.2〕　p15〜18
松田博公	生身の言葉を語りたい——女性運動の取材体験から（女性とジャーナリズム）：新聞研究　通号451　〔1989.2〕　p34〜37
小山仁示	外島保養院事件に関する新聞報道：関西大学人権問題研究室紀要　（18）〔1989.3〕　p91〜114
加藤敬子	女性と情報——明治期の婦人雑誌広告を通して：慶応義塾大学新聞研究所年報　通号32　〔1989.3〕　p31〜58
内野正幸	神を冒瀆する表現の自由——「悪魔の詩」事件を契機として：法セミ　通号413　〔1989.5〕　p14〜17
加藤春恵子	シリーズ——マス・メディアと女性の人権（“性別役割分業型ニュース”批判）：マスコミ市民　通号254　〔1989.9〕　p2〜5
山本夏彦	女性醜聞報道の卑しさ：文芸春秋　67（11）〔1989.10〕　p94〜99
深沢純子	マス・メディアと女性の人権——3——“感性の時代”に終止符を：マスコミ市民　通号256　〔1989.11〕　p66〜69
加藤春恵子	マス・メディアと女性の人権——歴史を拓くドラマを：マスコミ市民　通号258　〔1990.2〕　p52〜55
岡庭昇	テレビは差別メディアである（メディアと性）：新聞研究　通号463　〔1990.2〕　p33〜36
竹信三恵子	嫌だという声に耳を傾けよう——「差別紙面」の共犯者として（メディアと性）：新聞研究　通号463　〔1990.2〕　p30〜32
加藤春恵子	変容する女性とメディア（メディアと性）：新聞研究　通号463　〔1990.2〕　p26〜29
深沢純子	マス・メディアと女性の人権——（7）マス・メディアが再生産する「視姦」の社会：マスコミ市民　通号260　〔1990.4〕　p38〜41
加藤春恵子	マス・メディアと女性の人権——（8）「美人選び」はなぜ女性差別か？：マスコミ市民　通号261　〔1990.5〕　p58〜61
朝日新聞大阪本社社会部取材班　人権と向きあう——「在日」の意味を問いつつ——大阪・猪飼野の「いま」を連載して：新聞研究　通号468　〔1990.7〕　p75〜77	
加藤春恵子	マス・メディアと女性の人権——商品化を超えて：マスコミ市民　通号265　〔1990.9〕　p46〜49
丹羽俊夫	差別語と人権問題 日本人に潜む差別の意識：月刊民放　20（231）〔1990.9〕　p24〜26
田中和子	新聞紙面にあらわれたジェンダー——性差別表現の量的分析を中心に：国学院法学　28（1）〔1990.9〕　p87〜119
深沢純子	マス・メディアと女性の人権——ファインダーからのぞくアイドルたち：マスコミ市民　通号266　〔1990.10〕　p74〜77
吉岡マリ, 諸橋泰樹, 田中和子　新聞家庭面の女性学——性別面建ての歴史とその改廃をめぐって：国学院法学　28（2）〔1990.10〕　p1〜49	
斎藤茂男	ジャーナリズムの現場—4—女という内視鏡が映すもの——男本位制の牙城でいま：新聞研究　通号472　〔1990.11〕　p65〜70
斎藤茂男	ジャーナリズムの現場—5—非力の側に身を据えて——記者が「女である」意味は何か：新聞研究　通号473　〔1990.12〕　p55〜60
村松泰子	90年代の天皇制と戦前との連続性・国民との連続性の問題点——ジェンダーの視点からの皇室報道批判（社会の情報化とメディアの歴史意識＜特集＞）：新聞学評論　通号40　〔1991〕　p193〜211
飯室勝彦	アジアの女性ジャーナリスト——2つの国際会議から（女性とメディア1991＜特別企画＞）：総合ジャーナリズム研究　28（01）〔1991.1〕　p8〜15
総合ジャーナリズム研究編集部　米「女性とメディア」最近事情－－「MEDIA REPORT TO WOMEN」から（女性とメディア1991＜特別企画＞）：総合ジャーナリズム研究所　28（01）〔1991.1〕　p61〜64	
斎藤茂男	ジャーナリズムの現場—6—ときには底なしの孤独感が…——女性記者, 企業最前線をゆく：新聞研究　通号475　〔1991.2〕　p57〜62
加藤春恵子	メディア・スコープ 人権とシェイプ・アップ番組：マスコミ市民　通号271　〔1991.4〕　p30〜33
永井多恵子	国際女性ジャーナリスト会議から：総合ジャーナリズム研究　28（02）〔1991.4〕　p79〜81
今田美香, 斎藤彩子, 鈴木法枝　女性雑誌の変容を辿る－－誌面内容分析からの一アプローチ（研究レポート）：総合ジャーナリズム研究　28（02）〔1991.4〕　p106〜115	
ビーズリー, モーリン・H.　米国における女性とプレス——3分の1占める女性記者の現在位置：新聞研究　通号481　〔1991.8〕　p73〜76	
丹羽俊夫	ふぉーらむ人権 差別表現について最近思うこと：月刊民放　21（246）〔1991.12〕　p34〜35
加藤春恵子	メディア・スコープ 性的分業批判・らしさ固定批判・性的対象物批判：マスコミ市民　通号280　〔1992.2〕　p71〜74
中川隆介	「報道のなかの女の人権」を考える 差別と人権侵害に対するフェミニズム理論の成果：出版ニュース　通号1587　〔1992.2〕　p8〜11
池端忠司	表現の自由と女性差別——ポルノグラフィ規制は道徳の問題か女性差別の問題か：独協法学　通号34　〔1992.3〕

差別・ジェンダー	制度

p251〜288

加藤春恵子　メディア・スコープ 公共放送と差別文化：マスコミ市民　通号283　〔1992.5〕　p72〜75

岩崎千恵子　女性とメディアなど討議——アジア女性会議から（マスコミの焦点）：新聞研究　通号491　〔1992.6〕　p81〜84

広瀬英彦　女性の新聞・テレビ観——情報社会学研究所調査から：新聞研究　通号496　〔1992.11〕　p69〜75

石川旺　マス・メディアとマイノリティー——メディアがマイノリティーを生み出した事例：コミュニケーション研究　通号23　〔1993〕　p1〜12

加藤暁子　女性記者の急増で新聞は変わるか（〔新聞研究〕創刊500号記念号——記者とは何か）：新聞研究　通号500　〔1993.3〕　p54〜56

戸松秀典　表現の自由と差別的言論（憲法状況の展望・世界と日本<特集>）：ジュリスト　通号1022　〔1993.5〕　p57〜62

丹羽俊夫　ふぉーらむ人権 "差別的表現" の普遍的意味は：月刊民放　23（267）〔1993.9〕　p28〜30

松原慶　メディア・スコープ メディアのセカンド・レイプに取り組む女たち：マスコミ市民　通号299　〔1993.10〕　p12〜15

小林弘忠　犯罪報道における人種の<ゆれ>について——最近の記事例から：武蔵野女子大学紀要　29（1）〔1994〕　p79〜89

羽柴駿　マイノリティーの視点を大切に（記者読本'94）：新聞研究　通号512　〔1994.3〕　p24〜26

湯浅俊彦　差別的表現と出版の自由 「言葉狩り」論議を超えて：出版ニュース　通号1663　〔1994.4〕　p6〜9

横田耕一　「差別表現」についてどう考えるべきか（表現の自由・マスメディアを考える第1歩<特集>）：法学セミナー　通号475　〔1994.7〕　p56〜59

阪口正二郎　探究・争論 憲法はいま 問題提起——差別的表現規制が迫る「選択」——合衆国における議論を読む：法と民主主義　通号289　〔1994.7〕　p40〜44

岩崎千恵子, 小玉美意子　メディア産業におけるジェンダー構造とジャーナリズムの新たな地平（メディア産業構造分析<特集>）：マス・コミュニケーション研究　通号45　〔1994.7〕　p54〜69

伊藤高史　「言論の自由」の問題としての「ちびくろさんぼ」の絶版：マス・コミュニケーション研究　通号45　〔1994.7〕　p142〜155

伊藤悟　同性愛者として生きる——風俗の面からしか扱わないマスコミ報道：マスコミ市民　通号309　〔1994.8〕　p44〜47

松原慶　メディア・スコープ メディアの中のレズビアン（上）：マスコミ市民　通号313　〔1994.12〕　p80〜83

田中和子　新聞紙面にあらわれたジェンダ——2—性差別表現をめぐる1991年の紙面分析を中心に：国学院法学　32（3）〔1994.12〕　p117〜179

湯浅俊彦　出版の自由と差別是正のためのガイドライン：出版研究　通号26　〔1995〕　p99〜109

松原慶　メディア・スコープ メディアの中のレズビアン（下）：マスコミ市民　通号314　〔1995.1〕　p80〜83

宮田加congratulations子　ジェンダーの視点から見た電子メディア（映像コミュニケーション研究の新展開<特集>）：マス・コミュニケーション研究　通号46　〔1995.1〕　p59〜71

加藤春恵子　メディア・スコープ 言論表現の自由の平等化を求めて：マスコミ市民　通号315　〔1995.2〕　p58〜61

友永健三　差別問題に積極的取り組みを（第105回新聞講座）：新聞研究　通号523　〔1995.2〕　p66〜70

新井直之　「マルコポーロ」事件と言論の質——「言論の自由」を語るためには，事実の検証に裏づけられた言論の質が要求される：世界　通号607　〔1995.4〕　p184〜187

四方田美　戦時下における性役割キャンペーンの変遷——「主婦之友」の内容分析を中心に：マス・コミュニケーション研究　通号47　〔1995.7〕　p111〜126

村松泰子　ジェンダーの視点から見たメディア組織<4>世界のメディアへの女性の参画：放送レポート　136号　〔1995.9〕　p43〜47

藤竹暁　NGOフォーラム「メディア」関連プログラム（北京世界女性会議の「女性とメディア」<特別企画>　資料編）：総合ジャーナリズム研究　32（04）〔1995.10〕　p40〜47

有馬哲夫　色盲のテレビと『エイモス・ン・アンディー』—1950年代のテレビと黒人問題：放送芸術学 ： メディア研究　（11）〔1995.12〕　p19〜29

村松泰子, 藤原千賀　「会議」はどう報道されたか--朝日・毎日・読売新聞の紙面分析から（北京世界女性会議の「女性とメディア」<特別企画>）：総合ジャーナリズム研究　33（01）〔1996.1〕　p74〜80

総合ジャーナリズム研究編集部　取材記者・取材態勢は…（北京世界女性会議の「女性とメディア」<特別企画>　資料編）：総合ジャーナリズム研究所　33（01）〔1996.1〕　p91〜93

井上輝子　変革への女性たちの取組み--NGOフォーラム「メディア」関連ワークショップに参加して（北京世界女性会議の「女性とメディア」<特別企画>）：総合ジャーナリズム研究　33（01）〔1996.1〕　p68〜73

総合ジャーナリズム研究編集部　北京世界女性会議の「女性とメディア」<特別企画>：総合ジャーナリズム研究所　33（01）〔1996.1〕　p90

加藤春恵子　北京「世界女性会議」はメディアに何を求めたか：放送レポート　138号　〔1996.1〕　p47〜51

京極純一　新聞の特性と再販制度：新聞研究　通号534　〔1996.1〕　p10〜12

松田美佐　ジェンダーの観点からのメディア研究再考——ジェンダーとメディアの社会の構成に焦点を当てながら：マス・コミュニケーション研究　通号48　〔1996.1〕　p190〜203

丹羽俊夫　徹底論議で意思の疎通を 表現の自由と差別表現：月刊民放　26（296）〔1996.2〕　p26〜29

鈴木みどり　依然根強い性別役割意識——ニュース番組の分析からみる放送メディアとジェンダー（新考「女性とメディア」）：新聞研究　通号535　〔1996.2〕　p49〜51

田中優子　「個性」として「差」をとらえる——中央との格差の中で（新考「女性とメディア」）：新聞研究　通号535　〔1996.2〕　p46〜48

越村佳代子, 佐藤千矢子, 北村節子　（座談会）「女性と新聞——働くこと，伝えること」（新考「女性とメディア」）：新聞研究　通号535　〔1996.2〕　p10〜25

土井由三　時代を読む感性を鍛える——「女性」表現は変わったか（新考「女性とメディア」）：新聞研究　通号535　〔1996.2〕　p37〜39

川村史子　自分自身にも生きやすい社会に——働く農村女性も視野に入れて（新考「女性とメディア」）：新聞研究　通号535　〔1996.2〕　p43〜45

千野境子　新聞の将来と女性記者の可能性（新考「女性とメディア」）：新聞研究　通号535　〔1996.2〕　p40〜42

栗木千恵子　「数」の問題から個人の能力へ——米国ジャーナリズムの中の女性たち（新考「女性とメディア」）：新聞研究　通号

	535 〔1996.2〕 p52～54
安藤守人	増えていく直接的な「参加」──北京会議「行動綱領」を受けて(新考「女性とメディア」):新聞研究 通号535 〔1996.2〕 p34～36
村松泰子	北京会議後の新聞に求められるもの(新考「女性とメディア」):新聞研究 通号535 〔1996.2〕 p26～28
山田健太	人種差別撤廃条約批准とメディアの役割:放送批評 No.320 〔1996.3〕
生田真司	表現の自由と差別表現の規制:政経研究 32(4)〔1996.3〕 p697～721
用語問題取材班	マスコミ界「差別用語」最前線<17>「竜馬」糾弾から「差別用語実験テスト」モデル回答まで:放送レポート 140号 〔1996.5〕 p28～32
用語問題取材班	マスコミ界「差別用語」最前線<18>広告表現の自由と「シナ」問題を再び考える:放送レポート 141号 〔1996.7〕 p22～26
石田恵子	「女性とメディア」動向レポート 石田恵子さんに聞く:総合ジャーナリズム研究 33(03)〔1996.7〕 p59～61
加藤春恵子	コミュニケーションとジェンダー(特集 女性とマス・コミュニケーション研究の新潮流):マス・コミュニケーション研究 通号49 〔1996.7〕 p36～47
塚本晴二朗	ドゥウォーキン─マッキノン理論と反センサーシップ派フェミニスト(特集 女性とマス・コミュニケーション研究の新潮流):マス・コミュニケーション研究 通号49 〔1996.7〕 p71～81
小玉美意子	国際間の対立から市民的ネットワークへ──歴史的転換を示した北京・世界女性会議(特集 女性とマス・コミュニケーション研究の新潮流):マス・コミュニケーション研究 通号49 〔1996.7〕 p48～59
阿部潔	批判的メディア/コミュニケーション研究における「ジェンダー」の意義──フェミニズムとの「出会い」がカルチュラル・スタディーズにもたらしたもの(特集 女性とマス・コミュニケーション研究の新潮流):マス・コミュニケーション研究 通号49 〔1996.7〕 p60～70
用語問題取材班	マスコミ界「差別用語」最前線<19>「環日本海」が「北東アジア地域」に変更される最近アジア事情:放送レポート 142号 〔1996.9〕 p20～23
丹羽俊夫	差別は人間の本性にあらず──固定観念・常識をガラガラポンとひっくり返せ:月刊民放 26(10)〔1996.10〕 p22～25
用語問題取材班	マスコミ界「差別用語」最前線<20>30年前、ことば狩りはこうして始まった:放送レポート 143号 〔1996.11〕 p30～34
山田健太	人種差別撤廃条約とメディア 人種差別撤廃条約加入1年:ヒューマンライツ (通号105)〔1996.12〕 p2～14
市川正人	ケースメソッド憲法(17)人種差別撤廃条約と差別的表現の規制:法学セミナー 通号504 〔1996.12〕 p80～84
用語問題取材班	マスコミ界「差別用語」最前線<21>筒井康隆「断筆」闘争がメディアに問うたもの:放送レポート 146号 〔1997.5〕 p44～47
坂本充, 深草耕太郎, 浅井真慧	「的を得た」は的を射ているか──第7回ことばのゆれ全国調査から(2):放送研究と調査 47(5)〔1997.5〕 p52～61
用語問題取材班	マスコミ界「差別用語」最前線<22>『獄門島』のキーワード消え『TVタックル』にレッドカード:放送レポート 147号 〔1997.7〕 p22～26
総合ジャーナリズム研究編集部	女性とメディア インタビュー 相原真理子/動向レポート:総合ジャーナリズム研究所 34(03)〔1997.7〕 p42～44
岩男寿美子	「性暴力とメディア」に関する意識調査をまとめて:新聞研究 通号552 〔1997.7〕 p57～60
阿部るり	マス・メディアとレイシズムに関する一考察──1990年代ドイツにおける「外国人」に関する報道:マス・コミュニケーション研究 通号51 〔1997.7〕 p104～121
用語問題取材班	マスコミ界「差別用語」最前線<23>『毎日ムック「戦後50年」』『電通報』回収事件:放送レポート 148号 〔1997.9〕 p30～35
総合ジャーナリズム研究編集部	女性とメディア インタビュー 佐々木久子/動向レポート:総合ジャーナリズム研究所 34(04)〔1997.10〕 p74～76
用語問題取材班	マスコミ界「差別用語」最前線<24>性差別反対運動はなぜカタカナ語の氾濫なのか:放送レポート 149号 〔1997.11〕 p36～39
用語問題取材班	マスコミ界「差別用語」最前線<25>「マンカインド」はダメで「ヒューマン」はなぜいいのか:放送レポート 150号 〔1998.1〕 p22～25
用語問題取材班	マスコミ界「差別用語」最前線<26>「女流棋士」から「世界のアヤコ」「女の時代」まで:放送レポート 151号 〔1998.3〕 p32～38
斉藤正美, 浅生幸子, 鈴木明子	メディアと女性表現をめぐる現状と課題 用語問題取材班の批判に応えて:放送レポート 153号 〔1998.7〕 p66～71
女性と新聞メディア研究会	新聞は女性をどのように表現しているか──「新聞紙面にあらわれたジェンダー」1996年調査より:国学院法学 36(1)〔1998.7〕 p85～150
均等法研究会作業部会, 女性と新聞メディア研究会, 田中和子	新聞求人広告にみるジェンダーの現状──1996年求人広告調査を中心に:国学院法学 36(3)通号140 〔1998.12〕 p157～223
伊崎恭子	「女性とメディア」動向レポート──インタビュー 伊崎恭子さんに聞く──トラベルライター・編集者として:総合ジャーナリズム研究 36(04)(通号170)〔1999.1〕 p52～55
三宅菊子	「女性とメディア」動向レポート インタビュー三宅菊子さんに聞く──無署名フリーライターとして:総合ジャーナリズム研究 36(01)(通号167)〔1999.1〕 p69～72
浜田純一	インターネットによる差別の扇動:部落解放研究 : 部落解放・人権研究所紀要 通号126 〔1999.2〕 p44～58
梶川涼子	インタビュー 梶川涼子──「女性とメディア」動向レポート:総合ジャーナリズム研究 36(02)(通号168)〔1999.4〕 p65～67
用語問題取材班	マスコミ界差別用語最前線<28>「部落」は「集落」に言い換えるべきか:放送レポート 158号 〔1999.5〕 p40～45
野口圭子	インタビュー 野口圭子 「女性とメディア」動向レポート:総合ジャーナリズム研究 36(03)(通号169)〔1999.7〕 p36～38
用語問題取材班	マスコミ界差別用語最前線<29>辞書から「差別語」削除は果たして朗報か:放送レポート 159号 〔1999.7〕 p26～30

用語問題取材班	マスコミ界差別用語最前線<30> 略語「北鮮・南鮮」は蔑称、差別語か：放送レポート　160号　〔1999.9〕　p18〜21
小谷順子	合衆国憲法修正一条の表現の自由とヘイトスピーチ：法政論叢　36(1)〔1999.11〕p160〜169
伊藤悟	セクシュアリティを疑え！(8)「見せ物」にして笑う第4権力マスコミの罪：金曜日　7(45)通号299〔1999.11〕p50〜53
佐々木和子	「女性とメディア」動向レポート/インタビュー 佐々木和子さんに聞く−−食生活ジャーナリストとして：総合ジャーナリズム研究　37(01)（通号171）〔2000.1〕p69〜71
呂曉慧	日本社会におけるジェンダー，メディアと消費：比較文化研究　通号46〔2000.1〕p56〜67
用語問題取材班	マスコミ界差別用語最前線<31>「仕事でチョンボ」は果たして差別語か：放送レポート　163号〔2000.3〕p36〜40
小玉美意子	STUDY マスコミ講座におけるジェンダー意識：総合ジャーナリズム研究　37(03)（通号173）〔2000.7〕p36〜39
杉浦真由美	インタビュー 杉浦真由美さんに聞く--教科書の編集者として(WOMEN & MEDIA「女性とメディア」動向レポート)：総合ジャーナリズム研究　37(03)（通号173）〔2000.7〕p40〜42
用語問題取材班	マスコミ界差別用語最前線<33> 石原都知事、三国人発言「遺憾」までの一部始終：放送レポート　165号〔2000.7〕p20〜26
奥田良胤	東京で初のアジア女性ジャーナリスト会議：連合国際レポート　(4)〔2000.8〕p17〜19
別府章子	インタビュー 別府章子さんに聞く--児童書の編集者として(WOMEN & MEDIA 女性とメディア)：総合ジャーナリズム研究　37(04)（通号174）〔2000.9〕p66〜70
用語問題取材班	マスコミ界差別用語最前線<34>「百姓」から衝撃の「放送禁止歌」放送まで：放送レポート　167号〔2000.11〕p32〜35
石月静恵	大阪朝日新聞にみる女性問題(1)恩田和子史料の紹介を中心に：桜花学園大学研究紀要　(4)〔2001〕p195〜210
安西文雄	ヘイト・スピーチ規制と表現の自由：立教法学　通号59〔2001〕p1〜44
用語問題取材班	マスコミ界「差別用語」最前線<35> クロワッサン回収事件はチェック態勢の問題か：放送レポート　168号〔2001.1〕p18〜21
小形桜子	インタビュー 小形桜子さんに聞く--フリー記者、編集者として(WOMEN&MEDIA「女性とメディア」動向レポート)：総合ジャーナリズム研究　38(02)（通号176）〔2001.3〕p62〜66
関千枝子	テレビの泣きどころ<5> 女性問題にテレビのニュースはなぜ冷たい？：放送レポート　169号〔2001.3〕p40〜41
用語問題取材班	マスコミ界「差別用語」最前線<36>『鬼平犯科帳』100時間視聴に挑む！：放送レポート　169号〔2001.3〕p34〜38
用語問題取材班	マスコミ界「差別用語」最前線<37>「レームダック」から「漁夫の利」まで：放送レポート　170号〔2001.5〕p28〜31
用語問題取材班	マスコミ界「差別用語」最前線<38> ハンセン病患者・家族 慟哭の90年とメディア：放送レポート　171号〔2001.7〕p12〜16
河野俊史	説明を尽くすことで差別や偏見をなくす——精神病院への通院歴ある容疑者の報道について(大阪・池田小学校児童殺傷事件とメディア)：新聞研究　(602)〔2001.9〕p31〜34
用語問題取材班	マスコミ界「差別用語」最前線〈39〉なつかしいあの落語が聞けない理由とは…：放送レポート　173号〔2001.11〕p20〜23
中沢芽久美	インタビュー 中沢芽久美さんに聞く--編集プロダクション社長として(Women & Media「女性とメディア」動向レポート)：総合ジャーナリズム研究　38(01)（通号175）〔2001.12〕p66〜69
石月静恵	大阪朝日新聞にみる女性問題(2)全関西婦人連合会に関する史料を中心に：桜花学園大学人文学部研究紀要　(5)〔2002〕p155〜170
北村毅	メディアの政治学——女性性の社会的構築をめぐる言説分析：ヒューマンサイエンスリサーチ　11〔2002〕p53〜67
加藤春恵子, 源啓美, 村松泰子	シンポジウム3 二一世紀のメディアをジェンダーの視点から拓く(2001年度〔日本マス・コミュニケーション学会〕春季研究発表会)：マス・コミュニケーション研究　通号60〔2002〕p172〜174
楠本孝	ドイツ連邦共和国における外国人排斥言論に対する刑事規制の成立と展開：関東学院法学　11(2)〔2002.3〕p87〜117
加藤春恵子	政治の商品化とジェンダー(FEATURE 政治と「暴露」とメディア規制)：総合ジャーナリズム研究　39(03)（通号181）〔2002.6〕p24〜26
用語問題取材班	マスコミ界「差別用語」最前線〈40〉「オカマ」は差別か『週刊金曜日』が揺れた六ヵ月：放送レポート　177号〔2002.7〕p36〜42
大熊由紀子	インタビュー 大熊由紀子さんに聞く(WOMEN&MEDIA「女性とメディア」動向レポート)：総合ジャーナリズム研究　39(04)（通号182）〔2002.9〕p71〜75
石月静恵	大阪朝日新聞にみる女性問題(3)20世紀前半の『大阪朝日新聞』社説における女性問題関係記事の変遷：桜花学園大学人文学部研究紀要　(6)〔2003〕p131〜151
田中東子	ジェンダー化された身体とスポーツ(特集 メディアイベントとしてのスポーツ)：マス・コミュニケーション研究　通号62〔2003〕p40〜57
木暮啓	故松井やよりの軌跡(WOMEN&MEDIA「女性とメディア」動向レポート)：総合ジャーナリズム研究　40(02)（通号184）〔2003.3〕p60〜62
若林翼	言葉の力——差別的表現・法・法理論(1)批判的人権理論・フェミニズム法理論と法実践：阪大法学　52(6)通号222〔2003.3〕p181〜205
柳原良江	性の多様性への侵害について——性的スキャンダル報道からの考察：ヒューマンサイエンス　15(2)〔2003.3〕p64〜77
若林翼	言葉の力—差別的表現・法・法理論(2・完)批判的人種理論・フェミニズム法理論と法実践：阪大法学　53(2)通号224〔2003.8〕p381〜405
ロー・フォーラム メディアフォーラム	発表された内閣府によるジェンダー表現のガイドライン——『男女共同参画の視点からの公的広報の手引』から：法学セミナー　48(8)通号584〔2003.8〕p134〜135
田邊園子	インタビュー 田邊園子さんに聞く--文芸書編集者として(WOMEN&MEDIA「女性とメディア」動向レポート)：

	総合ジャーナリズム研究　40（04）（通号 186）〔2003.9〕p68～71
四方由美	「ジェンダーとメディア」研究におけるメッセージ分析（特集 メッセージ分析の可能性）：マス・コミュニケーション研究　通号64〔2004〕p87～102
奈須祐治	ヘイト・スピーチの害悪と規制の可能性（1）アメリカの諸学説の検討：関西大学法学論集　53（6）〔2004.2〕p1319～1369
町田民世子	インタビュー 町田民世子さんにきく－－フェミニズム本の編集者：総合ジャーナリズム研究　41（02）（通号 188）〔2004.3〕p72～75
奈須祐治	ヘイト・スピーチ規制に関するアメリカ連邦最高裁判例の最近の動向——Virginia v. Black, 123 S. Ct. 1536（2003）の意義と射程：法学ジャーナル　（75）〔2004.3〕p73～111
奈須祐治	ヘイト・スピーチの害悪と規制の可能性（2・完）アメリカの諸学説の検討：関西大学法学論集　54（2）〔2004.7〕p313～366
井上輝子	WOMEN&MEDIA 「女性とメディア」動向レポート インタビュー 井上輝子さんに聞く－－「女性とメディア」研究者として：総合ジャーナリズム研究　41（04）（通号 190）〔2004.9〕p57～61
総合ジャーナリズム研究編集部	INTERVIEW 渡辺晴子さんに聞く--国際ジャーナリストとして（WOMEN&MEDIA 「女性とメディア」動向レポート）：総合ジャーナリズム研究所　41（01）（通号 187）〔2004.12〕p8～19
奈須祐治	イギリスにおける憎悪煽動（Incitement to Hatred）の規制：名古屋短期大学研究紀要　（43）〔2005〕p111～130
早川与志子	WOMEN&MEDIA インタビュー 早川与志子さんに聞く/海外事情：総合ジャーナリズム研究　42（02）（通号 192）〔2005.3〕p67～73
藤井樹也	ヘイト・スピーチの規制と表現の自由——アメリカ連邦最高裁のR.A.V.判決とBlack判決：国際公共政策研究　9（2）通号16〔2005.3〕p1～15
北口末広	走りながら考える（第47回）唖然とするサンデープロジェクトの差別放送——視聴率アップのために部落差別を利用していないか：ヒューマンライツ　（204）〔2005.3〕p22～25
早川与志子	「女性の視点」を追い続けて（特集 活躍! 女性放送人）：月刊民放　35（6）通号408〔2005.6〕p12～14
満田康子	WOMEN&MEDIA 「女性とメディア」動向レポート インタビュー 満田康子さんに聞く－－法律書の編集者として：総合ジャーナリズム研究　42（01）（通号 191）〔2005.12〕p63～66
梶原健佑	ヘイト・スピーチと「表現」の境界：九大法学　（94）〔2006年度〕p49～115
小玉美意子	放送は男女共同参画に向かっているか？ －「放送ウーマン2004」調査より：放送レポート　198号〔2006.1〕p36～45
総合ジャーナリズム研究編集部	QUARTERLY 海外ジャーナル/ムハンマド風刺漫画問題：総合ジャーナリズム研究所　43（02）（通号 196）〔2006.3〕p15～18
小林恭子	ムハンマドの風刺画で対立深まる 衝突するイスラム教と西欧の価値観：新聞通信調査会報　通号526〔2006.3〕p8～9
森達也	追悼・日下雄一さん：放送レポート　199号〔2006.3〕p35
女性と新聞メディア研究会	新聞において女性はどのように表現されているか——「新聞紙面にあらわれたジェンダー」第四回調査を中心に：国学院法学　43（4）通号169〔2006.3〕p69～162
広瀬英彦	メディアのみ込んだ風刺画騒動——欧米各紙の論調に見る掲載是非の判断基準（ムハンマドを描いた西欧社会の深層）：新聞研究　（658）〔2006.5〕p38～42
田中喜美子	WOMEN&MEDIA インタビュー 田中喜美子さんに聞く：総合ジャーナリズム研究　43（03）（通号 197）〔2006.6〕p55～57
北口末広	走りながら考える（第63回）「飛鳥会事件」の分析を徹底して行う——自らを律し、報道の検証を：ヒューマンライツ　（220）〔2006.7〕p20～23
岩室紳也, 宮田一雄, 日比野守男	エイズ対策を評価する（9）マスコミ報道を考える（上）：公衆衛生　70（9）〔2006.9〕p716～722
岩室紳也, 宮田一雄, 日比野守男	エイズ対策を評価する（10）マスコミ報道を考える（下）：公衆衛生　70（10）〔2006.10〕p801～805
カリル, クリスチャン	沈黙を拒んだ女性記者の死 追悼 チェチェン紛争でプーチン政権を糾弾し続けたA・ポリトコフスカヤを悼む：Newsweek　21（41）通号1026〔2006.10〕p36～37
小林恭子	反ムスリムの機運高まる デンマーク風刺画事件から1年：新聞通信調査会報　通号537〔2006.12〕p6～8
石月静恵	大阪朝日新聞にみる女性問題（4）1946年の社説をめぐって：桜花学園大学人文学部研究紀要　（9）〔2007〕p1～15
四方由美	犯罪報道は変化したか——メディアが伝える女性被害者・女性被疑者：宮崎公立大学人文学部紀要　15（1）〔2007〕p115～132
島崎洵子	新聞投書の文体分析——性差を中心に：武庫川女子大学言語文化研究所年報　（19）〔2007〕p5～35
北口末広	走りながら考える（第69回）このテレビ報道は偏っていないか——過日の毎日放送・報道番組を見て：ヒューマンライツ　（226）〔2007.1〕p26～29
女性とメディア研究会, 西川恵美子	WOMAN & MEDIA インタビュー 西川恵美子さんに聞く/データ＝メディアの中の女性たち：総合ジャーナリズム研究　44（02）（通号 200）〔2007.3〕p44～48
女性とメディア研究会	WOMAN & MEDIA インタビュー 吉廣紀代子さんに聞く：総合ジャーナリズム研究　44（03）（通号 201）〔2007.6〕p46～48
寺本眞名	関西だより 拡大版 放送に寄せる女性の思い 『届いてますか？ あなたの思い！』冊子をまとめて：放送レポート　207号〔2007.7〕p38～39
女性とメディア研究会, 小玉美意子	WOMEN & MEDIA インタビュー 小玉美意子さんに聞く/海外事情：総合ジャーナリズム研究　44（04）（通号 202）〔2007.9〕p43～47
丸山昇	「日本テレビ本」をめぐる「アカデミック・ハラスメント問題」＜上＞：放送レポート　212号〔2008.5〕p32～36
丸山昇	「日本テレビ本」をめぐる「アカデミック・ハラスメント問題」（下）：放送レポート　213号〔2008.7〕p28～34
岩崎貞明	ハラスメント問題をめぐる本誌編集長の見解：放送レポート　214号〔2008.9〕p73
「女性とメディア」研究会, 坂元良江	女性とメディア インタビュー 坂元良江さんに聞く/海外事情：総合ジャーナリズム研究　45（04）（通号 206）〔2008.9〕p45～48
工藤美代子	関東大震災「朝鮮人虐殺」の真実（第12回）第4章 「襲来」報道を抑えた後藤新平の腹——戒厳令下の治安担当者たち（第1回）：Sapio　20（23）通号454〔2008.11〕p67～70

| 工藤美代子 | 関東大震災「朝鮮人虐殺」の真実(第13回)第4章 「襲来」報道を抑えた後藤新平の腹——戒厳令下の治安担当者たち(第2回):Sapio 20(24)通号455〔2008.11〕p39～42 |

工藤美代子　関東大震災「朝鮮人虐殺」の真実(第13回)第4章 「襲来」報道を抑えた後藤新平の腹——戒厳令下の治安担当者たち(第2回):Sapio 20(24)通号455〔2008.11〕p39～42

川崎けい子　WOMEN&MEDIA インタビュー 川崎けい子さんに聞く:総合ジャーナリズム研究 45(01)(通号203)〔2008.12〕p56～59

梅津義宣　Oscar Wildeとジャーナリズム——The woman's world編集によるジェンダー・イデオロギー解体への志向:尚絅学院大学紀要 56〔2008.12〕p33～41

工藤美代子　関東大震災「朝鮮人虐殺」の真実(第14回)第4章 「襲来」報道を抑えた後藤新平の腹——戒厳令下の治安担当者たち(第3回):Sapio 20(26)通号457〔2008.12〕p41～44

工藤美代子　関東大震災「朝鮮人虐殺」の真実(第15回)第4章 「襲来」報道を抑えた後藤新平の腹——戒厳令下の治安担当者たち(第4回):Sapio 21(1)通号458〔2009.1〕p41～44

「女性とメディア」研究会,佐々木有美　インタビュー 佐々木有美さんに聞く:総合ジャーナリズム研究 46(02)(通号208)〔2009.3〕p44～46

女性と新聞メディア研究会,田中和子　ミレニアムを通過した新聞ジェンダー表現の現在——「新聞紙面にあらわれたジェンダー」第五回調査を中心に:国学院法学 46(4)通号181〔2009.3〕p55～134

「女性とメディア」研究会,伊藤洋子　WOMEN&MEDIA インタビュー 伊藤洋子さんに聞く:総合ジャーナリズム研究 46(04)(通号210)〔2009.9〕p44～47

総合ジャーナリズム研究編集部　WOMEN&MEDIA インタビュー 内田ひろ子さんに聞く:総合ジャーナリズム研究所 46(01)(通号207)〔2009.12〕p57～59

田中和子　ミレニアムを通過した新聞ジェンダー表現の現在(その2)第五回調査データの多変量解析と投書欄、テレビ面・ラジオ面、「少年」の用法の分析を中心に:国学院法学 47(3)通号184〔2009.12〕p1～83

小島祥子　英国新聞のエスニックマイノリティ表象——二〇〇五年ロンドン同時爆破事件を中心に:慶応義塾大学大学院法学研究科論文集 (51)〔2010〕p145～201

藤原梨恵　新聞の四コマ漫画における言葉の性差・時代差:武庫川女子大学言語文化研究所年報 (22)〔2010〕p33～58

加藤夏希　差別語規制とメディア——『ちびくろサンボ』問題を中心に:リテラシー史研究 (3)〔2010〕p41～54

神戸幸夫　ホームレスを取材する ホームレスを報道する:マスコミ市民 通号493〔2010.2〕p74～77

「女性とメディア」研究会,池田恵理子　WOMEN&MEDIA インタビュー 池田恵理子さんに聞く:総合ジャーナリズム研究 47(03)(通号213)〔2010.6〕p41～45

「女性とメディア」研究会,瀬谷道子　WOMEN&MEDIA 女性とメディア インタビュー 瀬谷道子さんに聞く:総合ジャーナリズム研究 47(04)(通号214)〔2010.9〕p43～46

野崎清　関西だより 放送と女性ネットワーク賞を終えて:放送レポート 227号〔2010.11〕p33

石月静恵　大阪朝日新聞にみる女性問題(5)1907(明治40)年の連載記事「紡績工女」について:桜花学園大学人文学部研究紀要 (13)〔2011〕p15～30

藤田結子　多文化社会アメリカとメディア——人種・ジェンダーの表象を中心として(特集 多文化社会とメディア):マス・コミュニケーション研究 通号79〔2011〕p45～61

須田真司　女性専門チャンネル LaLa TV 10年の変遷——女性を元気にしたい(特集 つくる女性 見る女性):放送文化 通号29〔2011.冬〕p40～43

山口昌子　WOMEN&MEDIA インタビュー 山口昌子さんに聞く:総合ジャーナリズム研究 48(02)(通号216)〔2011.3〕p42～47

女性と新聞メディア研究会,田中和子　ミレニアムを通過した新聞ジェンダー表現の現在(その3)「延べ語数」と「異なり語数」の経年分析および「言語計画」の観点から:国学院法学 48(4)通号189〔2011.3〕p127～231

カーツ,ハワード　SCOPE InternationaList JOURNALISM それでも戦場に向かう女性記者:Newsweek 26(9)通号1240〔2011.3〕p15

海南友子　インタビュー 海南友子さんに聞く:総合ジャーナリズム研究 48(04)(通号218)〔2011.9〕p45～47

四方由美　Media Scope 日本と世界の報道機関における女性——国際女性メディア財団が報告書を公表:新聞研究 (724)〔2011.11〕p81～83

竹信三恵子,福島みずほ　対談 ジャーナリスト 竹信三恵子 社民党党首 福島みずほ 女性や障がい者などの意思が反映する復興対策と支援のネットワークづくりが必要:社会民主 (682)〔2012.3〕p56～61

東澤靖　表現の自由をめぐる憲法と国際人権法の距離: 自由権規約委員会一般的意見34の検討を中心に:明治学院大学法科大学院ローレビュー (16)〔2012.3〕p93～111

「女性とメディア」研究会,市川美根　「女性とメディア」動向レポート INTERVIEW 市川美根さんに聞く : 民法・放送ウーマンとして:総合ジャーナリズム研究 49(03)=221〔2012.6〕p43～45

国谷裕子,上野千鶴子　上野千鶴子のニッポンが変わる、女が変える(4)マスメディアに未来はあるか:婦人公論 97(17)通号1354〔2012.8〕p50～55

「女性とメディア」研究会,白石草　「女性とメディア」動向レポート INTERVIEW 白石草(はじめ)さんに聞く : 「OurPlanet-TV」代表:総合ジャーナリズム研究 49(04)=222〔2012.9〕p48～51

越村佳代子　「女性とメディア」動向レポート INTERVIEW 越村佳代子さんに聞く : 新聞記者として:総合ジャーナリズム研究 49(01)=219〔2012.12〕p56～59

女性と新聞メディア研究会,田中和子　新聞はジェンダーをどのように表現してきたか : 定型化されたダブルスタンダード表現としての「さん」と「氏」の使い分けをめぐって:国学院法学 50(3)通号196〔2012.12〕p35～130

安田浩一,三浦小太郎　在特会の提起したもの…言論とは何か、差別とは何か : 『ネットと愛国』著者・安田浩一氏インタビュー:光射せ! : 北朝鮮収容所国家からの解放を目指す理論誌 (10)〔2012.12〕p64～73

岡本直美,原由美子,田中東子　マスコミ従業と女性問題の現在 : 岡本直美さんに聞く(特集 女性による表現文化の現在とメディア):マス・コミュニケーション研究 (83)〔2013〕p47～63

東園子　紙の手ごたえ : 女性たちの同人活動におけるメディアの機能分化(特集 女性による表現文化の現在とメディア):マス・コミュニケーション研究 (83)〔2013〕p31～45

長岡義幸　ブック・ストリート 流通 被差別部落の地名報道をめぐって:出版ニュース 通号2304〔2013.3〕p16

「女性とメディア」研究会,清宮美稚子　「女性とメディア」動向レポート INTERVIEW 清宮美稚子さんに聞く :『世界』編集長として:総合ジャーナリズム研究 50(02)=224〔2013.3〕p45～47

| 制度 | 差別・ジェンダー |

長岡義幸　ブック・ストリート 流通 部落差別記事を考える：出版ニュース　通号2318　〔2013.8〕 p11

「女性とメディア」研究会, 東京社, 鈴木和枝　「女性とメディア」動向レポート INTERVIEW 鈴木和枝さんに聞く ： 英文ジャーナリストとして：総合ジャーナリズム研究　50（04）＝226〔2013.9〕 p33～35

林瑛香　主流メディアにおけるマイノリティ・ジャーナリストの困難性 ： 在日コリアン記者のインタビュー調査を通して：マス・コミュニケーション研究　通号84〔2014〕 p151～168

小林恭子　英独仏の規制体制, 権力との戦い方は：欧州メディアと国家機密をめぐる報道（特定秘密保護法とメディア）：新聞研究（750）〔2014.1〕 p50～53

好井裕明　「差別的日常」に気付かせる報道を：東京都議会やじ問題から考える：新聞研究 （758）〔2014.9〕 p56～59

山田健太　メディア判例研究拡大版 ヘイトスピーチにどう向き合うか ： 高裁判決からメディアが読み取ること〔大阪高裁2013.7.8判決〕：月刊民放　44（10）通号520〔2014.10〕 p46～49

斉藤健　右派メディアの暴走とヘイトスピーチに想う：マスコミ市民 （550）〔2014.11〕 p80～83

深田卓　ブック・ストリート 出版 出版社が反社会的勢力ではないと確約する？：出版ニュース　通号2366〔2014.12〕 p12

山田健太　仏紙風刺画をめぐって「表現の自由」を考える：広島ジャーナリスト （20）〔2015.3〕

〔図書〕

清水幾太郎　ジャーナリズム　4版　岩波書店　1950　169p　18cm　（岩波新書 第5）

松田ふみ子　私の名はおんな記者　学風書院　1953　264p 図版　19cm

Hotchkiss, Christine., 大谷正義　婦人特派員の瞳　自由アジア社　1959　296p　19cm

Noble, Iris, 佐藤亮一　婦人記者No.1―ネリー・ブライ物語　河出書房新社　1960　240p　19cm

島田一男　女社会部記者ノート　雄山閣出版　1962　316p　19cm

三枝佐枝子　女性編集者　筑摩書房　1967　247p 図版　20cm　520円

部落解放ジャーナリストの会　マスコミと部落問題―取材の中から　解放出版社　1978.2　324p　19cm　980円

八木晃介　反差別メディア論―新聞記者として　批評社　1980.11　422p　20cm　1800円

橋本吉人　婦人記者橋本恵子―房総秘録　生々文庫出版会　1982.3　66p　19cm　480円　（生々文庫 5）

マスコミと人権問題研究会　マスコミにおける差別用語問題の社会学的調査　マスコミと人権問題研究会　1982.10　130p　26cm

大熊由紀子　女性科学ジャーナリストの眼　勁草書房　1985.1　272p　20cm　2100円

講談社　女性ディレクターの現場　講談社　1985.7　288p　20cm　1200円

部落問題研究所　表現の自由と「差別用語」　部落問題研究所出版部　1985.9　389p　19cm　2000円

東京都生活文化局　マスメディア文化と女性に関する調査研究　東京都生活文化局　1986.11　312p　26cm

部落解放同盟　朝日新聞のここが問題だ！―その差別の体質を問う　部落解放同盟中央本部　1987.12　208p　21cm　1000円

高木正幸　新編差別用語の基礎知識―何が差別語・差別表現か？　土曜美術社　1990.1　368p　19cm　2910円

子どもの本の明日を考える会　『ちびくろ・さんぼ』はどこへいったの？　子どもの本の明日を考える会　1990.2　129p　19cm　800円

川口是　表現の自由と「差別問題」　兵庫部落問題研究所　1991.8　63p　21cm　500円　（ヒューマンブックレット no.15）

小玉美意子　ジャーナリズムの女性観　新訂版　学文社　1991.10　242p　19cm　1900円

北村兼子　婦人記者廃業記―伝記・北村兼子　大空社　1992.7　264, 6p　22cm　7000円　（伝記叢書 94）

成沢栄寿　表現の自由と部落問題　部落問題研究所　1993.6　293p　19cm　2200円

MacKinnon, Catharine, A., 奥田暁子, 加藤春恵子, 山崎美佳子, 鈴木みどり　フェミニズムと表現の自由　明石書店　1993.8　515p　20cm　5500円

メディアの中の性差別を考える会　メディアに描かれる女性像―新聞をめぐって 増補・反響編付　桂書房　1993.11　320p　26cm　2060円

岩崎千恵子, 春原昭彦, 池田恵美子, 平野恭子, 米田佐代子　女性記者―新聞に生きた女たち　世界思想社　1994.1　292p　19cm　1950円　（Sekaishiso seminar）

Edwards, Julia, 太田昭子　戦場の女性特派員　平凡社　1994.1　405p　20cm　2800円　（20世紀メモリアル）

湯浅俊彦　「言葉狩り」と出版の自由―出版流通の現場から　明石書店　1994.5　230p　20cm　2500円

日本女性放送者懇談会　放送ウーマンの70年　講談社　1994.6　384p　20cm　3500円

岡庭昇　メディアと差別　解放出版社　1994.8　261p　20cm　2000円

週刊文春　徹底追及「言葉狩り」と差別　文芸春秋　1994.10　235p　20cm　1400円

部落解放研究所　表現と人権　部落解放研究所　1994.12　286p　19cm　1800円

井上輝子, 江原由美子, 上野千鶴子　表現とメディア　岩波書店　1995.4　244p　19cm　2000円　（日本のフェミニズム 7）

山中央　「差別」とメディアの自己規制　部落問題研究所　1995.6　90p　21cm　800円　（部落研ブックレット 14）

栗木千恵子　ニュースペーパーウーマン―大統領番から戦争特派員まで　中央公論社　1995.7　298p　20cm　1850円

Rauch, Jonathan, 飯坂良明　表現の自由を脅かすもの　角川書店　1996.9　271p　19cm　1600円　（角川選書 275）

湯浅俊彦, 武田春子　多文化社会と表現の自由―すすむガイドライン作り　明石書店　1997.5　326p　20cm　3200円

Gössmann, Hilaria, 村松泰子　メディアがつくるジェンダー―日独の男女・家族像を読みとく　新曜社　1998.2　351p　20cm　3200円

市川伸一　『チビクロさんぼ』の出版は是か非か―心理学者・学生による電子討論の記録　北大路書房　1998.12　241p　21cm　2000円

橋本尚江　メディアの中の女性像を読み解く―日英国際シンポジウム　北海道大学言語文化部　2000.3　121p　21cm　（言語文化部研究報告叢書 38）

三浦春子　女性記者奔る―いまだから話せるこの事件, あの話　澪標　2000.5　300p　18cm　1143円

Bloom, Lisa, とちぎあきら, 斉藤綾子　視覚文化におけるジェンダーと人種―他者の眼から問う　彩樹社　2000.11　273p　21cm　2500円

西尾秀和　差別表現の検証―マスメディアの現場から　講談社　2001.3　212p　20cm　2000円

諸橋泰樹　ジェンダーの語られ方, メディアのつくられ方　現代書館　2002.12　245p　20cm　2300円

堀田貢得　実例・差別表現―糾弾理由から後始末まで, 情報発信者のためのケーススタディ　大村書店　2003.7　264p　19cm　2000円

173

諸橋泰樹	ジェンダーとジャーナリズムのはざまで　批評社　2005.4　212p　20cm　1800円　（季節の変わり目 pt.2）	
伊藤高史	「表現の自由」の社会学―差別的表現と管理社会をめぐる分析　八千代出版　2006.2　256p　19cm　2600円	
日本女性放送者懇談会, 日本婦人放送者懇談会　放送ウーマンのいま―厳しくて面白いこの世界　ドメス出版　2011.3　270p　21cm　2500円		
新聞用語懇談会　放送で気になる言葉　2011　日本新聞協会　2011.3　124p　21cm　572円		
国広陽子, 東京女子大学女性学研究所　メディアとジェンダー　勁草書房　2012.1　268, 7p　20cm　2800円		
千野境子	女性記者―論説委員室の片隅で　産経新聞出版　2012.10　191p　19cm　1500円	
中島美幸	堀場清子のフェミニズム―女と戦争と 堀場清子全詩集「別冊」　ドメス出版　2013.12　82p　22cm　2000円	

少年

〔雑誌記事〕

鶴田正三	猥せつ出版の取締と青少年保護条例：法律時報　27 (5)　〔1955.5〕	
金子喜三	少年事件の報道について：新聞研究　通号70　〔1957.5〕　p14～19	
近藤貢	少年犯の氏名発表問題：新聞研究　通号72　〔1957.7〕　p31～35	
前田雄二	少年犯罪者の氏名, 写真の扱い：新聞研究　通号91　〔1959.2〕　p4～9	
森田宗一	少年法とその運用――とくに第61条に関連して：新聞研究　通号92　〔1959.3〕　p27～31	
土屋正三	表現の自由と青少年保護：青少年問題　8 (1)　〔1961.1〕　p6～11	
船木亮介	マスコミと青少年問題：月刊社会教育　5 (2)　〔1961.2〕	
森田宗一	少年法と新聞――浅沼・嶋中事件に関連して（研究座談会）：新聞研究　通号118　〔1961.5〕　p42～52	
ブルカン, J.	新聞に対する経済的圧力：新聞研究　通号135　〔1962.10〕　p35～44	
中西尚道	テレビと青少年非行について――青少年非行問題調査小委員会（米国上院）報告書から：NHK文研月報　15 (02)　〔1965.2〕　p47	
金子喜三	連合赤軍事件の報道と少年法――報道の主体性確立に一段の努力を：国士舘大学政経論叢　通号16　〔1972.6〕　p121～139	
黒羽亮一	マスコミと青少年：社会教育　32 (10)　〔1977.10〕　p115～118	
中村泰次	青少年条例ラッシュの実態――表現の自由に憂慮すべき兆候：新聞研究　通号327　〔1978.10〕　p43～48	
大森幸男	青少年条例とテレビ――条例規制にとり込まれる危険性（青少年条例とマスコミ）：新聞研究　通号329　〔1978.12〕　p48～50	
堀部政男	青少年条例と文書規制（資料）（青少年条例とマスコミ）：新聞研究　通号329　〔1978.12〕　p52～55	
清水英夫	青少年条例の批判的考察（青少年条例とマスコミ）：新聞研究　通号329　〔1978.12〕　p21～25	
笠原亨二	青少年条例をめぐって――表現の自由と社会的責任（青少年条例とマスコミ）：新聞研究　通号329　〔1978.12〕　p26～42	
詫摩武俊	日本の青少年問題を考える：月刊民放　09 (95)　〔1979.5〕　p40～43	
清水英夫	青少年条例と最近の動向：マスコミ市民　通号148　〔1980.6〕　p24～29	
森潤	有害図書規制とマスコミの責任：新聞研究　通号394　〔1984.5〕　p85～88	
奥平康広	"たくましい文化"と"び―・ファッショナブル"――青少年の有害図書規制をめぐって：法学セミナー　通号355　〔1984.7〕　p8～11	
清田義昭	いまなぜ "有害図書" か（マスメディアの現状と国民の人権＜特集＞）：法と民主主義　通号192　〔1984.11〕　p31～37	
浜田純一	青少年保護条例とビデオ「包括規制」――宮城県条例改正にみる問題点：新聞研究　通号446　〔1988.9〕　p74～77	
塚本晴二朗	犯罪報道と少年法――木村一八事件の事例を中心として：法学紀要　通号31　〔1989〕　p555～575	
津田玄児	「実名報道」と少年法61条：新聞研究　通号456　〔1989.7〕　p63～65	
新井直之	少年犯罪実名報道問題の本質：世界　通号529　〔1989.7〕　p15～18	
多賀幹子	日米「少年犯罪報道」こんなに違う：文芸春秋　67 (9)　〔1989.8〕　p336～344	
佐々木光明	少年法改正「論議」の現在――女子高生監禁殺害事件報道の問題点：法セミ　通号418　〔1989.10〕　p14～17	
清水英夫	"有害図書" 販売規制と最高裁判決――岐阜県青少年条例の合憲判決批判：マスコミ市民　通号257　〔1990.1〕　p30～41	
浅野健一	匿名報道主義への大きな前進――「呼び捨て」報道廃止の意義：法セミ　通号425　〔1990.5〕　p24～27	
塚本晴二朗	学校名報道と少年法の理念――ある高校の事例研究を中心として：政経研究　27 (1)　〔1990.6〕　p131～155	
清水英夫	青少年の健全育成と出版の責任――日本におけるコミックス規制問題を中心に：出版研究　通号22　〔1991〕　p217～227	
清水英夫	公権力による出版規制の危険性と問題点――規制強化の意味するもの（青少年保護条例強化をめぐって）：新聞研究　通号487　〔1992.2〕　p42～44	
横川和夫	時代を見据え, 社会構造に迫る目を――少年事件報道に求められるもの（子供をどう報じるか）：新聞研究　通号491　〔1992.6〕　p20～23	
松井茂記	青少年保護育成条例による「ポルノ・コミック」の法的規制について―1―：自治研究　68 (7)　〔1992.7〕　p67～79	
松井茂記	青少年保護育成条例による「ポルノ・コミック」の法的規制について―2―：自治研究　68 (8)　〔1992.8〕　p90～106	
松井茂記	青少年保護育成条例による「ポルノ・コミック」の法的規制について―3完―：自治研究　68 (9)　〔1992.9〕　p45～61	
船山泰範	少年犯罪「報道」の視座――少年法51条を手がかりに：政経研究　29 (2)　〔1992.11〕　p557～574	
湯浅俊彦	出版の自由と書店――大阪府青少年健全育成条例を中心に：出版研究　通号25　〔1994〕　p33～62	
石川明	放送メディアと少年保護――ドイツにおける規制のメカニズムとメディア政策上の諸問題：関西学院大学社会学部紀要　通号70　〔1994.3〕　p143～154	
浅利祐一	少年裁判手続における実名報道の禁止――アメリカ少年司法における少年の匿名性の保護：北海道教育大学紀要. 第1部. B, 社会科学編　44 (2)　〔1994.3〕　p35～47	
浅野健一	犯罪報道の匿名報道主義と無罪推定法理――「イカロスは甦るか」所収の田島教授論文への疑問：評論・社会科学　通号50　〔1994.9〕　p15～44	
高木強	分かれる匿名, 実名の判断――青物横町駅医師射殺事件のケースから（マスコミの焦点）：新聞研究　通号522　〔1995.1〕　p90～92	

横川和夫	綿密な取材無しには真相に迫れない——困難さ増す時代の少年事件報道(子ども・教育を報じる):新聞研究 通号541 〔1996.8〕 p33～35
村瀬真文	ヨーロッパ国際機関の青少年保護法制～EU(欧州連合), 欧州評議会, EBUの原則の背景をさぐる:放送研究と調査 47(6) 〔1997.6〕 p68～77
亀井淳	報道 顔写真に前代未聞の拒否反応, 裏目に出た新潮社の打算:金曜日 5(26)〔1997.7〕 p8
茶本繁正	メディア・レポート<64> 少年法無視の『フォーカス』の暴走と悪書追放・マスコミ規制の危険な短絡:放送レポート 148号 〔1997.9〕 p25～28
堀部政男	少年法守ることはジャーナリズムの使命(神戸・児童連続殺傷事件):新聞研究 通号554 〔1997.9〕 p20～22
織戸新	新聞は真相を伝え切れたか(神戸・児童連続殺傷事件):新聞研究 通号554 〔1997.9〕 p10～13
小林道雄	『FOCUS』「顔写真問題」の底流:世界 通号639 〔1997.9〕 p27～30
総合ジャーナリズム研究編集部	神戸・連続児童殺傷事件(資料編)(特集 煽情的ジャーナリズム考):総合ジャーナリズム研究所 34(04) 〔1997.10〕 p32～38
総合ジャーナリズム研究編集部	報道の全経緯と論議(特集 煽情的ジャーナリズム考 神戸・連続児童殺傷事件(資料編)):総合ジャーナリズム研究所 34(04) 〔1997.10〕 p7～45
斉藤豊治	少年法の精神とは——メディアとの接点(特集 少年犯罪報道を考える):月刊民放 27(12) 〔1997.12〕 p4～7
尾田清貴	青少年の健全育成とマスメディア(多様化するマス・コミュニケーション研究—「自由」をめぐる諸問題):政経研究 34(3) 〔1998.1〕 p725～745
佐々木央	少年事件 神戸事件とマスコミ:法学セミナー 通号519 〔1998.3〕 p23～26
藤田岳男	神戸・小学生連続殺傷事件が問いかける<報道と人権>:ヒューマンライツ 通号121 〔1998.4〕 p60～66
小林よしのり	『新・ゴーマニズム宣言』第64章 少年Aをめぐる報道と倫理:Sapio 10(6)〔1998.4〕 p65～72
園田寿	児童ポルノ処罰法 「虐待防止」理由にした表現への過剰介入防げ(言論環境と法):新聞研究 通号562 〔1998.5〕 p51～54
山家篤夫	「判断するためにまず読みたい」——情報の公共的保存と閲覧を考える(言論環境と法—少年法):新聞研究 通号562 〔1998.5〕 p63～65
山田健太	「少年の保護」と表現の自由(特集 犯罪報道のあり方と報道の自由):ジュリスト (通号1136)〔1998.6〕 p47～58
藤田英典	"Vチップ"導入は, 状況を悪化させるおそれも——青少年問題とメディア環境(特集 青少年問題と放送局):月刊民放 28(8) 〔1998.8〕 p8～11
大山勝美	"臆病な巨人"も反論が必要——制作現場で性・暴力表現を考える(特集 青少年問題と放送局):月刊民放 28(8) 〔1998.8〕 p16～19
服部孝章	Vチップと表現の自由(特集 表現の自由と少年の人権—メディアと青少年保護):法律時報 70(11) 〔1998.10〕 p34～36
紙谷雅子	チャイルド・ポルノグラフィと表現の自由(特集 表現の自由と少年の人権—メディアと青少年保護):法律時報 70(11)〔1998.10〕 p37～40
正木祐史, 田島泰彦	共同研究 「少年事件報道と法」の国際的動向(特集 表現の自由と少年の人権):法律時報 70(11)〔1998.10〕 p23～33
原寿雄	少年事件とジャーナリズム(特集 表現の自由と少年の人権—少年事件と情報の自由):法律時報 70(11)〔1998.10〕 p8～10
飯田正剛	少年事件と情報公開(特集 表現の自由と少年の人権—少年事件と情報の自由):法律時報 70(11)〔1998.10〕 p20～22
田島泰彦	少年事件と表現の自由(特集 表現の自由と少年の人権—少年事件と情報の自由):法律時報 70(11)〔1998.10〕 p11～15
新倉修	少年事件報道と少年の人権(特集 表現の自由と少年の人権—少年事件と情報の自由):法律時報 70(11)〔1998.10〕 p16～19
山口いつ子	風営法改正と青少年保護——インターネット上の表現に対する規制を中心として(特集 表現の自由と少年の人権—メディアと青少年保護):法律時報 70(11)〔1998.10〕 p41～44
村井敏邦	少年事件と情報公開(特集 少年法厳罰化で解決するか—法の理念から問う焦点):法学セミナー 43(11)〔1998.11〕 p66～70
民放連番組著作権部	「青少年と放送」問題に関する専門家聞き取り調査および関係団体との懇談結果について——民放連報告書から:月刊民放 28(12)〔1998.12〕 p28～31
橋本健午	試論・"有害図書"と出版倫理活動 ないがしろにされてきた当事者・子供たち:出版ニュース 通号1823 〔1999.1〕 p15～18
田島泰彦	少年事件報道の"自由と規律"——表現の自由からのアプローチ(特集 マス・メディアと子ども):マス・コミュニケーション研究 通号54 〔1999.1〕 p67～81
牧野二郎	少年の保護とは一体なにか——ネットワーク上の「言論統制」と報道:新聞研究 通号571 〔1999.2〕 p42～45
田島泰彦	放送から青少年をどう保護するか——郵政省「青少年と放送に関する調査研究会」報告への疑問:法律時報 71(2) 通号875 〔1999.2〕 p66～69
斎藤慎一	テレビが青少年に与える影響——NHK「メディアと中学・高校生・1998調査」を読んで:新聞研究 通号574 〔1999.5〕 p81～85
松井茂記	少年事件と報道の自由:民商法雑誌 120(2)〔1999.5〕 p189～233
石井昂	二百万円分のシンナーを吸われたらどううする——「実名報道」とりあえずは十九歳通り魔に敗れたが:時事解説 通号10712 〔1999.7〕 p8～11
広瀬哲雄	NHKの取り組み 青少年の健全育成への「先導役」として(特集 青少年問題に果たす放送の役割):月刊民放 29(8) 通号338 〔1999.8〕 p16～19
村澤繁夫	英仏における苦情処理と青少年問題対応(特集 青少年問題に果たす放送の役割):月刊民放 29(8) 通号338 〔1999.8〕 p28～31
渡辺眞次	「青少年と放送に関する専門家会合」を終えて——検討経過と結論(特集 青少年問題に果たす放送の役割):月刊民放 29(8) 通号338 〔1999.8〕 p4～9
岡田晋吉	民放の取り組み 視聴者の信頼を裏切らない放送であるために(特集 青少年問題に果たす放送の役割):月刊民放

	29 (8) 通号338 〔1999.8〕 p10〜15
南方敏尚	郵政省の取り組み 放送分野における青少年問題への対応 (特集 青少年問題に果たす放送の役割)：月刊民放　29 (8) 通号338 〔1999.8〕 p20〜23
服部孝章	「青少年と放送」で何が変わるか!?専門家会合の「取りまとめ」とメディア総研の「提言」の対立を中心に：放送レポート　160号 〔1999.9〕 p53〜61
坪井節子	子どもの人権——子ども買春・子どもポルノ禁止法：法学セミナー　44 (9) 通号537 〔1999.9〕 p54〜57
飯室勝彦	少年事件と報道——少年法の理念と報道の使命 (シンポジウム 少年非行と少年法)：法律時報　71 (10) 通号883 〔1999.9〕 p100〜104
金井塚康弘	講演 「少年犯罪」と報道：龍谷法学　32 (2) 〔1999.9〕 p287〜308
坂本衛	5時から9時まで番組はこう変わる!? (特集 テレビ自粛は子どもを救うか!?)：ぎゃらく　通号363 〔1999.10〕 p34〜39
川島正	テレビと青少年、歴史はこうして繰り返す (特集 テレビ自粛は子どもを救うか!?)：ぎゃらく　通号363 〔1999.10〕 p30〜33
毛利子来	テレビ害悪論は大間違いである!! (特集 テレビ自粛は子どもを救うか!?—青少年とTV, 私はこう思う)：ぎゃらく　通号363 〔1999.10〕 p16〜19
小玉美意子	「専門家会合」は何を話し合ったか？ (特集 テレビ自粛は子どもを救うか!?)：ぎゃらく　通号363 〔1999.10〕 p12〜15
津山昭英	「推知報道の禁止」判決と報道倫理——少年報道のあり方の論議を深めるとき：新聞研究　通号580 〔1999.11〕 p53〜56
浜田純一	「青少年と放送に関する専門家会合」座長・濱田純一東大教授にきく：ぎゃらく　通号365 〔1999.12〕 p24〜27
葛野尋之	犯罪報道の公共性と少年事件報道：立命館法學　2000年 (3・4) 通号271・272 (上巻) 〔2000〕 p937〜966
辻脇葉子	報道の自由か少年の人権か？——アメリカ少年裁判所制度の帰趨：明治大学短期大学紀要　通号66 〔2000.3〕 p105〜161
飯室勝彦	妥当なジャーナリズム論と法律論の分離——実名報道を否定しながらも法の出動に抑制的な判断 (特集2 堺通り魔事件・新潮社逆転勝訴判決をよむ)：新聞研究　通号586 〔2000.5〕 p36〜39
堤秀司	報道につきまとう少年事件の「危うさ」——少年法改正論議と草加事件損害賠償訴訟判決 (特集 時代の病理・犯罪・報道)：新聞研究　通号586 〔2000.5〕 p18〜21
原寿雄	少年犯罪報道の自由と自律 (世界の潮)：世界　通号674 〔2000.5〕 p21〜25
笹田栄司	青少年保護と「有害な表現とは何か」・犯罪報道 (特集 メディアと憲法——表現の自由の意味と価値を考える)：法学教室　通号236 〔2000.5〕 p32〜35
井上泰浩	子供ポルノ—インターネットの子供ポルノ (ロー・ジャーナル)：法学セミナー　45 (5) 通号545 〔2000.5〕 p68〜71
葛野尋之	少年裁判 少年の公開刑事裁判は公正な裁判か？——バルジャー事件裁判に関するヨーロッパ人権裁判所の判決：法学セミナー　45 (6) 通号546 〔2000.6〕 p62〜66
芹沢俊介	PREFACE 少年が事件を起こす理由：総合ジャーナリズム研究　37 (03) (通号173) 〔2000.7〕 p7〜9
清水英夫	東京都青少年健全育成条例改正に関する意見 包括指定と緊急指定制度は都条例の変貌につながる：出版ニュース　通号1877 〔2000.8〕 p6〜9
坂本衛, 清水英夫, 田原総一朗	青少年有害環境対策基本法をけっとばせ！：ぎゃらく　通号373 〔2000.8〕 p22〜25
田島泰彦	メディア判例研究 (19) 少年の実名掲載と少年法61条——「新潮45」少年実名報道事件 (大阪高裁平成12.2.29判決)：法律時報　72 (9) 通号895 〔2000.8〕 p93〜97
海部一男	未成年者保護のための成人向け番組規制と表現の自由〜米最高裁, CATVでの規制に違憲判決〜：放送研究と調査　50 (10) 通号593 〔2000.10〕 p14〜33
蟻川恒正	国家と自由/憲法学の可能性 (28) 表現の自由：法律時報　72 (11) 通号897 〔2000.10〕 p88〜92
倉田原志	最新判例演習室 憲法 少年法61条と表現の自由——「新潮45」実名報道事件控訴審判決 (大阪高判2000.2029)：法学セミナー　45 (11) 通号551 〔2000.11〕 p113
真鍋弘樹	厳罰化を望んでいるのはだれか——被害者側の感情は大きく揺れ動いている (特集 少年法改正と取材・報道)：新聞研究　(593) 〔2000.12〕 p10〜13
三枝玄太郎	失態の警察、動き鈍いメディア——栃木・市貝町リンチ殺人事件の取材・報道から (特集 少年法改正と取材・報道)：新聞研究　(593) 〔2000.12〕 p18〜21
丸山伸一	「実名」による少年への「制裁」を考える——マス倫懇全国大会「少年事件とマスコミ報道」分科会に参加して (特集 少年法改正と取材・報道)：新聞研究　(593) 〔2000.12〕 p14〜17
志賀俊彦	報道使命と人権と競争と——神戸・連続児童殺傷事件取材を振り返って (特集 少年法改正と取材・報道)：新聞研究　(593) 〔2000.12〕 p22〜25
山口俊一, 水島広子, 服部孝章	鼎談 メディアが倫理を守らない以上青少年保護育成のための法案は作らざるを得ない (特集 メディアに対する規制強化)：Aura　通号144 〔2000.12〕 p9〜19
前沢猛, 飯室勝彦, 飯田正剛	『被疑少年のプライバシー保護』と表現の自由 (研究会の記録 (2000年11月〜2001年3月))：マス・コミュニケーション研究　通号59 〔2001〕 p230〜232
倉田原志	最新判例演習室 憲法 年齢識別装置付き自動販売機への有害図書収納行為と表現の自由——埼玉県青少年健全育成条例事件控訴審判決 (東京高判平成12.2016)：法学セミナー　46 (1) 通号553 〔2001.1〕 p106
竹内淳	「青少年社会環境対策基本法案」——包括的メディア規制が意味するもの (特集 放送の自律と公的規制)：月刊民放　31 (2) 通号356 〔2001.2〕 p30〜33
今井佐知子, 水島広子, 石井道子	緊急・公開シンポジウム "青少年有害環境"問題とメディアの自律——規制立法は必要か：月刊民放　31 (3) 通号357 〔2001.3〕 p28〜41
高山文彦	実名報道 「堺十九歳通り魔」裁判の忘れ物：新潮45　20 (3) 通号227 〔2001.3〕 p64〜70
石井昂	実名報道 「常識」を倒錯させた人権派弁護士と大新聞：新潮45　20 (3) 通号227 〔2001.3〕 p71〜75
松倉聡史	アメリカにおける生徒の表現の自由 (1) ティンカー判決以後の判例の分析を中心にして：法学研究　36 (3) 通号95 〔2001.3〕 p459〜476
田島泰彦	2000年マスコミ関係判例回顧 (上) 少年事件報道をめぐって：新聞研究　(597) 〔2001.4〕 p46〜50
村澤繁夫	民主主義社会危うくする公的規制——青少年問題はメディアの自主対応が基本：新聞研究　(597) 〔2001.4〕 p41

	～44
寺島祐二	「青少年法案」と放送の "痛み" ある自主規制（FEATURE 「報道」を規制するもの）：総合ジャーナリズム研究　38（03）（通号 177）〔2001.6〕p21～24
Cooper, Roger, 民法連研究所	米国PTCの活動と放送局の青少年対応（特集 青少年向け番組とは何か）：月刊民放　31（7）通号361〔2001.7〕p28～32
松倉聡史	アメリカにおける生徒の表現の自由（2）ティンカー判決以後の判例の分析を中心にして：法学研究　37（2）通号97〔2001.11〕p455～487
大沼和子, 中村秀一	イギリスにおける少年事件報道――バルジャー事件を素材として：法律時報　73（12）通号911〔2001.11〕p61～67
田島泰彦	青少年保護と表現の自由――「青少年有害社会環境対策基本法案」の検討（特集 "表現の自由" の探求――メディア判例研究会五周年記念企画）：法律時報　74（1）通号913〔2002.1〕p49～53
服部孝章	自主規制を無意味にする自民党法案（緊急企画 「青少年有害社会環境対策基本法案」の問題点）：月刊民放　32（2）通号368〔2002.2〕p12～14
田島泰彦	自主・自律の根幹が問われている（緊急企画 「青少年有害社会環境対策基本法案」の問題点）：月刊民放　32（2）通号368〔2002.2〕p10～12
松倉聡史	アメリカにおける生徒の表現の自由（3）ティンカー判決以後の判例の分析を中心にして：法学研究　37（3）通号98〔2002.3〕p711～733
橋場義之, 清水英夫, 田中直紀	パネル討論 青少年有害環境法案を考える――法規制とメディアの自律（特集 メディアの存立と規制立法―公開シンポジウム 青少年有害環境法案を考える――法規制とメディアの自律）：月刊民放　32（4）通号370〔2002.4〕p9～21
原寿雄	講演 表現規制をめぐる情勢と青少年環境対策法の危険性（特集 メディアの存立と規制立法―公開シンポジウム 青少年有害環境法案を考える――法規制とメディアの自律）：月刊民放　32（4）通号370〔2002.4〕p4～8
杉原周治	芸術の自由と青少年保護（1）ドイツの有害図書規制を素材として：広島法学　26（1）通号94〔2002.6〕p145～165
松倉聡史	アメリカにおける生徒の表現の自由（4）ティンカー判決以降の判例の分析を中心にして：法学研究　38（1）通号99〔2002.6〕p129～165
有川賢司	人名は "本人の顔"（新聞の「ことば」考）：新聞研究　（614）〔2002.9〕p36～38
松倉聡史	アメリカにおける生徒の表現の自由（5）ティンカー判決以後の判例の分析を中心にして：法学研究　38（2）通号100〔2002.9〕p377～424
杉原周治	芸術の自由と青少年保護（2・完）ドイツの有害図書規制を素材として：広島法学　26（2）通号95〔2002.11〕p129～155
原寿雄	（首脳インタビュー）原 寿雄 青少年委員会委員長：放送界　No0163〔2003〕
上原有紀子	我が国における青少年を取り巻く「有害環境」対策の現状：レファレンス　53（4）通号627〔2003.4〕p116～133
飯室勝彦	少年事件報道 事件報道に大きな影響を与える長良川事件・最高裁判決――少年の身元推知をめぐって：法学セミナー　48（6）通号582〔2003.6〕p106～109
砂川労	マスコミ裁判（21）少年犯罪報道と名誉毀損――『新潮45』実名と『週刊文春』仮名訴訟：マスコミ市民　通号414〔2003.7〕p74～78
長岡義幸	ブック・ストリート 流通 自民党の青少年健全育成基本法案骨子（案）：出版ニュース　通号1981〔2003.9〕p30～31
角田美穂子	最新判例演習室 民法 少年事件報道による名誉毀損・プライバシー侵害と出版社の不法行為責任（最三小判平成15.3014）：法学セミナー　48（9）通号585〔2003.9〕p113
黒岩哲三	根源的な「なぜ」を解き明かしたい――長崎・男児誘拐殺害事件の紙面づくり（少年報道の現場から）：新聞研究　（627）〔2003.10〕p43～46
平良武	紙面に込める再発防止の願い――沖縄・北谷町中二殺害遺棄事件を振り返る（少年報道の現場から）：新聞研究　（627）〔2003.10〕p47～49
平田篤州	社会的存在としての対象に迫る――赤坂・女児監禁事件で追ったもの、追わなかったもの（少年報道の現場から）：新聞研究　（627）〔2003.10〕p39～42
坂本衛	断固として葬れ!!「健全育成基本法案」「青少年有害社会環境の自主規制法案」：ぎゃらく　通号412〔2003.11〕p38～40
長岡義幸	ブック・ストリート 流通 都青少年条例改定案が可決成立：出版ニュース　通号2004〔2004.5〕p26～27
杉田弘毅	実名原則をより明確に――米二大有力紙の情報源に関する新指針を読む：新聞研究　（634）〔2004.5〕p48～52
大石泰彦	国家による「環境規制」を許してはならない――青少年2法案と表現の自由（特集 情報統制とメディア――半世紀前からの照射）：月刊民放　34（8）通号398〔2004.8〕p22～27
田島泰彦	少年事件の公開捜査と報道――メディアはどう伝えるべきか：新聞研究　（637）〔2004.8〕p58～61
小田桐誠	メディアの今を考える（4）公開捜査容認と少年事件報道：放送文化　通号4〔2004.9〕p138～145
原寿雄	放送人はどんな青少年像を描いているのか――市民自治の番組チェックを振り返って（特集 「放送と青少年に関する委員会」の5年）：月刊民放　35（3）通号405〔2005.3〕p5～9
ブリスリン, トム, 井上泰浩	実名・匿名の判断に顕著な差――少年犯罪報道に対する日米記者意識の比較調査から：新聞研究　（646）〔2005.5〕p44～48
文教大学水野ゼミナール	「元少年」再犯と実名報道：放送レポート　197号〔2005.11〕p64～67
松倉聡史	アメリカにおける生徒の表現の自由（6・完）ティンカー判決以後の判例の分析を中心にして：法学研究　41（3）通号113〔2005.12〕p443～480
丸山雅夫	少年法61条の意義：社会と倫理　（20）〔2006〕p63～79
長岡義幸	ブック・ストリート 流通 若者論と青少年条例：出版ニュース　通号2069〔2006.4〕p24～25
長岡義幸	ブック・ストリート 流通 少年事件の実名報道：出版ニュース　通号2086〔2006.10〕p24～25
内藤正明	実名報道と匿名報道の社会的役割――「国民の知る権利」と「少年法61条・推知報道の禁止」：名古屋外国語大学外国語学部紀要　（33）〔2007.8〕p97～125
長岡義幸	ブック・ストリート 流通 少女向けマンガが「有害」図書に：出版ニュース　通号2120〔2007.10〕p26～27
田島泰彦	強まる公権力の表現規制――少年事件の供述調書引用をめぐって：新聞研究　（677）〔2007.12〕p41～44
青野篤	アメリカ少年司法と合衆国憲法修正1条（1）：大分大学経済論集　59（4・5）〔2008.1〕p117～157

長岡義幸	ブック・ストリート 流通 児童ポルノ禁止法の不穏な動き：出版ニュース　通号2134　〔2008.3〕　p24〜25	
青野篤	アメリカ少年司法と合衆国憲法修正1条（2・完）：大分大学経済論集　59（6）〔2008.3〕　p159〜188	
山口正紀	光市母子殺害事件報道を検証する（特集 司法とメディアを考える）：マスコミ市民　通号474　〔2008.7〕　p2〜10	
林恭一	メディアスコープ 青少年有害情報規制法が成立：新聞研究　（685）〔2008.8〕　p82〜84	
昼間たかし	児童ポルノ法改正案でゆれる表現の自由の危機――単純所持だけで罰せられる法案の問題点：出版ニュース　通号2153　〔2008.9〕　p6〜9	
総合ジャーナリズム研究編集部	TOPICS 2007 少年法と取材・表現の自由：総合ジャーナリズム研究所　45（01）（通号203）〔2008.12〕　p25〜30	
橋元良明	青少年にとってテレビの何が問題なのか（特集 放送と青少年）：月刊民放　39（2）通号452　〔2009.2〕　p12〜15	
高宮由美子	青少年向け番組に期待すること（特集 放送と青少年）：月刊民放　39（2）通号452　〔2009.2〕　p20〜23	
荻野祥三	青少年問題と公的規制の関係を解き明かす（特集 放送と青少年）：月刊民放　39（2）通号452　〔2009.2〕　p16〜19	
小黒純	少年事件報道に関する研究――「実名」にすべきか、「匿名」にすべきか：龍谷大学国際社会文化研究所紀要　（11）〔2009.6〕　p279〜302	
長岡義幸	ブック・ストリート 流通 出版の自由に抵触する児童ポルノ規制：出版ニュース　通号2182　〔2009.8〕　p28〜29	
田島泰彦	ジャーナリズムを読む（5）児童ポルノ法改正案と表現の自由：時評　51（8）通号557　〔2009.8〕　p99〜101	
長岡義幸	ブック・ストリート 流通 東京都青少年問題協議会の不穏な動き：出版ニュース　通号2191　〔2009.11〕　p32〜33	
長岡義幸	ブック・ストリート 流通 都議会に上程された青少年条例改定案：出版ニュース　通号2205　〔2010.4〕　p36〜37	
長岡義幸	ブック・ストリート 流通 表現の自由を蔑ろにする青少年条例：出版ニュース　通号2208　〔2010.5〕　p36〜37	
昼間たかし	「非実在青少年」問題のその後と出版界の責任――すべての図書は自由であるべきか：出版ニュース　通号2222　〔2010.10〕　p6〜9	
長岡義幸	ブック・ストリート 流通 再び東京都青少年条例改定の動き：出版ニュース　通号2228　〔2010.12〕　p32〜33	
チャン, アグネス	特別講演会 期待される報道の役割――子どもの人権問題を考える：メディア展望　（587）〔2010.12〕　p1〜5	
長岡義幸	ブック・ストリート 流通 都青少年条例「施行規則」改定経緯の不自然さ：出版ニュース　通号2233　〔2011.2〕　p32〜33	
長岡義幸	ブック・ストリート 流通 表現者が青少年条例を容認する愚：出版ニュース　通号2236　〔2011.3〕　p36〜37	
鈴木秀美	メディア融合時代の青少年保護――ドイツの動向（特集 ネット時代のメディア・リテラシー）：メディア・コミュニケーション：慶応義塾大学メディア・コミュニケーション研究所紀要　（61）〔2011.3〕　p21〜32	
山田隆司	ロー・アングル 記者ときどき学者の憲法論（17）死刑確定と元少年の実名：法学セミナー　56（8・9）通号680　〔2011.8・9〕　p76〜77	
昼間たかし	いま問われる表現の自由と責任――都条例・児童ポルノ法・ビデ倫・エロコス：出版ニュース　通号2256　〔2011.10〕　p6〜9	
崎山右京	新聞報道における「少年犯罪」の語られ方の変化：竜谷大学大学院研究紀要. 社会学・社会福祉学　（20）〔2012〕　p1〜21	
長谷川玲	「犯行時少年」の死刑確定と実名報道 ： 死刑の透明性を確保するために（光市母子殺害事件の判決報道から）：新聞研究　（730）〔2012.5〕　p44〜47	
中村洋介	刑事裁判の原則を忘れずに ： 「区分審理」事件と少年事件の死刑判決から（司法取材・報道 ： 裁判員制度から3年）：新聞研究　（733）〔2012.8〕　p42〜45	
山本一宗	なにより求められる「冷静さ」（特集 「いじめ」報道の課題）：月刊民放　42（12）通号498　〔2012.12〕　p27〜29	
渡邊淳子	問題の本質を検証する姿勢を ： 大津中学生自殺事件を受けて（特集 「いじめ」報道の課題）：月刊民放　42（12）通号498　〔2012.12〕　p20〜23	
李佩蓉	台湾における少年事件報道とメディアの自主規制：龍谷大学社会学部紀要　（42）〔2013〕　p90〜101	
昼間たかし	表現規制と情報統制の法案 児童ポルノ法改「悪」を止めることはできるか：出版ニュース　通号2313　〔2013.6〕　p4〜9	
長岡義幸	ブック・ストリート 流通 再び児童ポルノ禁止法の改訂強化の動き：出版ニュース　通号2315　〔2013.7〕　p16	
長岡義幸	ブック・ストリート 流通 児童ポルノ禁止法強化に残る疑問：出版ニュース　通号2349　〔2014.7〕　p16	
山了吉	「児童ポルノの単純所持」も罰する法改正が出版界に及ぼす重大な影響と懸念 緊急動議！「児童ポルノ禁止法」改正は「出版・表現の自由」を侵害しないのか？：出版ニュース　通号2350　〔2014.7〕　p4〜9	
加藤理	「青少年向け番組」の問い直しを（特集 平成26年日本民間放送連盟賞―特別表彰部門）：月刊民放　44（10）通号520　〔2014.10〕　p40〜42	

〔図 書〕

内閣官房　テレビと青少年問題　内閣官房内閣調査室　1963.12　51p　25cm　（社会風潮調査資料 22）

日本民間放送連盟　児童・青少年　日本民間放送連盟　1999.3　133p　21cm　（放送倫理ブックレット no.5）

新倉修, 田島泰彦　少年事件報道と法―表現の自由と少年の人権　日本評論社　1999.7　203p　21cm　2000円

松井茂記　少年事件の実名報道は許されないのか―少年法と表現の自由　日本評論社　2000.11　225p　19cm　1600円

高山文彦　少年犯罪実名報道　文藝春秋　2002.7　239p　18cm　720円　（文春新書）

第二東京弁護士会, 東京弁護士会　少年事件報道と子どもの成長発達権―少年の実名・推知報道を考える　現代人文社　2002.11　223p　21cm　1800円

橋本健午　有害図書と青少年問題―大人のオモチャだった"青少年"　明石書店　2002.11　475p　19cm　2800円

猥褻

〔雑誌記事〕

新田宇一郎	チャタレイ判決批判――「出版の自由」と広告：新聞研究　通号18　〔1952.3〕　p9〜10	
浦松佐美太郎	ワイセツ表現をどうするか（座談会）：新聞研究　通号45　〔1955.4〕　p24〜29	
大和田能夫	わいせつ出版物はいかに規制されているか――諸外国の例：新聞研究　通号126　〔1962.1〕　p45〜48	
稲川竜雄	表現の自由とエロチシズム（座談会）：法律のひろま　18（1）〔1965.1〕　p4〜17	
ギルモア, D.M., 広瀬英彦	「わいせつ」のジレンマ：新聞研究　通号174　〔1966.1〕　p23〜31	

前田雄二	性表現とマスコミの倫理（現代社会状況とマス・メディア（特集））：新聞研究　通号219　〔1969.10〕　p38〜41
森本哲郎	ジャーナリズムの機能と性表現——性をいかに考えるか（ジャーナリズムと性）：新聞研究　通号226　〔1970.5〕　p8〜13
伊藤政文	マスコミ倫理と性表現（ジャーナリズムと性）：新聞研究　通号226　〔1970.5〕　p52〜53
今野勉	映像のなかの性（ジャーナリズムと性）：新聞研究　通号226　〔1970.5〕　p62〜65
竹内理一	性はいかに表わすべきか（ジャーナリズムと性）：新聞研究　通号226　〔1970.5〕　p40〜46
原四郎	性表現の自由と限界（ジャーナリズムと性）：新聞研究　通号226　〔1970.5〕　p14〜29
香内三郎	性表現の歴史（ジャーナリズムと性）：新聞研究　通号226　〔1970.5〕　p54〜57
福田定良	日本人の倫理意識と性表現（ジャーナリズムと性）：新聞研究　通号226　〔1970.5〕　p47〜51
清水英夫	猥せつ出版物と表現の自由：日本出版学会会報　（3）〔1970.5〕　p7〜8
中山研一	社会変容とわいせつ概念：新聞研究　通号250　〔1972.5〕　p8〜15
桜井敏郎	特集・「解放」の中の性表現 III 風土と文化と歴史に根づく「性」太陽を食べる国を訪れて：月刊民放　02（14）〔1972.7〕　p9〜15
酒井昭	特集・「解放」の中の性表現 II 性の解放と放送の対応：月刊民放　02（14）〔1972.7〕　p7〜8
熊倉正弥	特集・「解放」の中の性表現 I 性の非公然性と性表現：月刊民放　02（14）〔1972.7〕　p2〜7
前田雄二	ヨーロッパ諸国の性表現の現状——マスコミ倫理懇談会の視察旅行を終えて：新聞研究　通号252　〔1972.7〕　p68〜75
広瀬英彦	"わいせつ観念"からの自由（海外情報）：新聞研究　通号258　〔1973.1〕　p68〜71
阪本昌成	「わいせつ」という名の神話：政経論叢　23（2）〔1973.8〕　p135〜150
小林孝輔	ポルノ規制と表現の自由：日本出版学会会報　（18）〔1974.7〕　p5
岩崎昶, 斉藤正治	対談 日共宮本委員長「ポルノ批判」発言を考える 性・頽廃・文化と映像：放送批評　No.089　〔1975.10〕
清水英夫	現代社会と読者の立場 ポルノ規制問題を中心として：出版ニュース　通号1023　〔1975.11〕　p6〜11
清水英夫	もうひとつの四畳半裁判 書店も処罰される"自由"社会：出版ニュース　通号1065　〔1977.1〕　p6〜10
清水英夫	地方条例の動向と表現規制：月刊民放　08（84）〔1978.6〕　p22〜27
清水英夫	条例規制と表現の自由：青山法学論集　20（1）〔1978.6〕　p1〜32
伊藤礼	わが「チャタレイ夫人」闘争記——全訳を阻む壁は何か：エコノミスト　56（44）〔1978.10〕　p34〜40
総合ジャーナリズム研究編集部	条例研究－3－ポルノ出版物規制と条例問題の危険な方位：総合ジャーナリズム研究所　16（01）〔1979.1〕　p127〜129
村上尚文	わいせつ文書, 図画のわいせつ性に関する判例の動向—上一：警察学論集　32（6）〔1979.6〕　p36〜56
清水英夫	わいせつ性判断の基準と方法——四畳半襖の下張事件控訴審判決（昭和54年3月20日東京高裁判決）：ジュリスト　通号692　〔1979.6〕　p101〜106
村上尚文	わいせつ文書, 図画のわいせつ性に関する判例の動向—下一：警察学論集　32（7）〔1979.7〕　p95〜123
奥平康広	「四畳半襖の下張」判決と表現の自由——昭和五四年三月二〇日東京高裁判決をめぐって：法律時報　51（8）〔1979.7〕　p37〜46
宮沢浩一	「四畳半」判決考（最近の話題判例から——昭和53年行政判例の動向<特集>）：判例タイムズ　30（16）〔1979.7〕　p59〜66
丸谷才一	四畳半襖の下張裁判二審判決を批判する：世界　通号406　〔1979.9〕　p257〜268
大野真義	わいせつ性の判断基準と構成要件の明確化——「四畳半襖の下張」事件の控訴審判決をめぐって：判例時報　通号931　〔1979.9〕　p148〜155
木下毅	「四畳半襖の下張」事件控訴審判決と合衆国憲法判例の動向：判例時報　通号931　〔1979.9〕　p140〜147
山田一仁	性と表現の自由をめぐる論議：新聞研究　通号366　〔1982.1〕　p65〜68
土本武司	ポルノ税関検査—1—：判例時報　通号1054　〔1982.11〕　p2〜8
土本武司	ポルノ税関検査—2—：判例時報　通号1057　〔1982.12〕　p7〜13
松本昌悦	「愛のコリーダ」事件控訴審判決——東京高裁昭和57.6.8判決（憲法判例研究—3—）：中京法学　17（2）〔1983.1〕　p22〜43
土本武司	ポルノ税関検査—3完—：判例時報　通号1060　〔1983.1〕　p9〜15
中谷実	わいせつ図画の販売禁止に関する最高裁判決（最判昭和58.3.8）：ジュリスト　通号791　〔1983.6〕　p76〜80
石川弘義	風俗と新聞（第90回新聞講座）：新聞研究　通号384　〔1983.7〕　p82〜85
内田剛弘	表現の自由とわいせつ罪：日本出版学会会報　（50）〔1983.7〕　p13
阪本昌成	わいせつ物規制と表現の自由の基本理論（現代の視点）：法学セミナー　通号343　〔1983.8〕　p48〜53
中村泰次, 木原正博	急浮上した少女雑誌規制問題（マスコミの焦点）：新聞研究　通号393　〔1984.4〕　p103〜105
横田耕一	有害図書規制と表現の自由：新聞研究　通号394　〔1984.5〕　p80〜84
宝金敏明	表現の自由と名誉毀損（展望判例法 憲法—4—）：判例タイムズ　35（16）〔1984.7〕　p49〜53
武田誠	猥褻概念の再検討——日本の判例・学説を素材にして：関西大学法学論集　38（1）〔1988.4〕　p138〜227
村上孝止	行き過ぎた性表現など減少（マスコミの焦点）：新聞研究　通号441　〔1988.4〕　p86〜88
中村泰次	中村泰次の"蟻の一穴"—2—「輸入禁制品指定」取消訴訟, 最高裁判決と…：総合ジャーナリズム研究　26（03）〔1989.7〕　p80〜83
長谷川卓也	猥褻罪に犯された出版の自由：日本出版学会会報　（68）〔1989.9〕　p5
湯浅俊彦	「有害」コミック規制を批判する 大阪府青少年健全育成条例改定の動きを中心に：出版ニュース　通号1581　〔1991.11〕　p8〜11
清水英夫	性表現の現在と問題点——性表現の自由とメディア倫理：出版研究　通号23　〔1992〕　p213〜226
総合ジャーナリズム研究所特別取材班	事例検証「青少年条例」と「有害」図書問題－－規制強化！大阪"落城"の軌跡－1〜7：総合ジャーナリズム研究　29（02）〜32（01）〔1992.4〜1995.1〕　p95〜101
長岡徹	ポルノコミック規制 その合憲性を問う視点（法学ガイダンス——時事問題に学ぶ—2—<特集>）：法学セミナー　通号449　〔1992.5〕　p70〜73
横田耕一	コミックの規制と表現の自由（検証「有害」図書規制<特集>—考えるべき問題は何か）：法と民主主義　通号268

紙谷雅子	猥褻・ポルノグラフィ・エロティカ（検証「有害」図書規制＜特集＞—考えるべき問題は何か）：法と民主主義　通号268　〔1992.6〕　p30〜34
土居靖美	わいせつ的表現論—概念と規制について：姫路法学　（12）〔1992.12〕　p1〜28
松井茂記	表現の自由をめぐる今日的問題——東京高裁ポルノ輸入事件控訴審判決を契機に（憲法をめぐる今日的課題）：法律のひろば　46（5）〔1993.5〕　p19〜28
佐久間修	「わいせつ」情報の頒布，販売，公然陳列について——ビデオテープの複写と通信回線を利用した情報授受の罪責—1—：産大法学　27（2）〔1993.7〕　p211〜239
立山紘毅	性表現規制は緩んだのか？——「健全な」性をめぐって（表現の自由・マスメディアを考える第1歩＜特集＞）：法学セミナー　通号475　〔1994.7〕　p68〜71
斎藤慎一	米国における性表現とメディア倫理——ビデオソフトに関する規制状況を中心に：慶応義塾大学新聞研究所年報　通号43　〔1994.9〕　p39〜64
円谷勝男	表現の自由と刑法175条：比較法　通号32　〔1995.3〕　p83〜121
市川正人	ケースメソッド憲法—1—「表現の自由とわいせつ」：法学セミナー　通号486　〔1995.6〕　p84〜88
三島聡	性表現の刑事規制（1）アメリカ合衆国における規制の歴史的考察：法学雑誌　43（2）〔1996.12〕　p181〜208
長谷部恭男	メディア判例研究　インターネットによるわいせつ画像の発信——ベッコアメ・インターネット事件（東京地裁判決平成8.4022）：法律時報　69（1）〔1997.1〕　p123〜126
三島聡	性表現の刑事規制（2）アメリカ合衆国における規制の歴史的考察：法学雑誌　43（4）〔1997.3〕　p636〜664
水島朝穂	現場からの憲法学—6—性表現の自由と「わいせつ」——インターネット時代のチャタレイ夫人：法学セミナー　通号513　〔1997.9〕　p80〜84
三島聡	性表現の刑事規制（3）アメリカ合衆国における規制の歴史的考察：法学雑誌　44（1）〔1997.11〕　p38〜68
三島聡	性表現の刑事規制（4）アメリカ合衆国における規制の歴史的考察：法学雑誌　45（1）〔1998.11〕　p75〜112
後藤啓二	コンピュータ・ネットワークにおけるポルノ問題（上）：ジュリスト　通号1144　〔1998.11〕　p107〜113
後藤啓二	コンピュータ・ネットワークにおけるポルノ問題（下）：ジュリスト　通号1145　〔1998.11〕　p80〜85
城所岩生	米国インターネット・ポルノ再規制法（上）：国際商事法務　26（12）〔1998.12〕　p1267〜1272
城所岩生	米国インターネット・ポルノ再規制法（中）：国際商事法務　27（1）通号439　〔1999.1〕　p60〜65
城所岩生	米国インターネット・ポルノ再規制法（下）：国際商事法務　27（2）通号440　〔1999.2〕　p176〜181
真嶋理恵子	サイバーポルノ判断の米国連邦最高裁法理の問題点—通信品位法違憲判決後も残る「コミュニティ・スタンダード」（リレー連載・インターネットをめぐる法律問題）：ジュリスト　通号1159　〔1999.7〕　p98〜105
塩見淳	インターネットとわいせつ犯罪（特集　ハイテク犯罪の現在）：現代刑事法：その理論と実務　1（8）通号8　〔1999.12〕　p35〜42
大沼和弘, 中村秀一	少年事件報道について（特集2　報道と人権）：自由と正義　51（3）〔2000.3〕　p108〜121
村澤繁夫	マスメディアの一元的規制が最終ねらい——表現・報道の自由と青少年社会環境対策基本法案（素案）：新聞研究　（591）〔2000.10〕　p39〜42
竹内淳	表現の自由は，いま（3）言論・表現の自由を脅かす「青少年社会環境対策基本法案」：マスコミ市民　通号383　〔2000.11・12〕　p64〜72
三島聡	性表現の刑事規制（5）アメリカ合衆国における規制の歴史的考察：法学雑誌　48（2）〔2001.11〕　p441〜478
三島聡	性表現の刑事規制（6）アメリカ合衆国における規制の歴史的考察：法学雑誌　48（3）〔2001.12〕　p707〜730
長峯信彦	“わいせつ”映像類はどこまで自由に表現できるか（特集1・〈表現の自由〉のポイントはコレだ）：法学セミナー　47（1）通号565　〔2002.1〕　p14〜17
築山尚美	横浜会議ワークショップ報告　マンガは児童ポルノじゃない！：放送レポート　175号　〔2002.3〕　p64〜66
澤田康広	実例捜査セミナー　インターネットを利用した児童ポルノ公然陳列事件の捜査手法：捜査研究　51（11）通号614　〔2002.11〕　p38〜43
大橋充直	研修講座　ハイテク犯罪捜査官入門（13）わいせつな？　ハードディスク〔犯行供用物件〕：研修　（657）〔2003.3〕　p63〜70
江藤孝	わいせつ画像データとわいせつ物公然陳列罪の成否——アルファーネット事件上告審決定を機縁として：志學館法学　（4）〔2003.3〕　p123〜136
田代亜紀	ポルノグラフィーをめぐる議論—その憲法学的考察：東北法学　（21）〔2003.3〕　p67〜134
安田拓人	わいせつ情報を化体した有体物の公然陳列行為について：阪大法学　52（6）通号222　〔2003.3〕　p37〜68
大橋充直	研修講座　ハイテク犯罪捜査官入門（14）続・わいせつな？　ハードディスク〔犯行供用物件〕：研修　（658）〔2003.4〕　p101〜118
原田伸一朗	「わいせつ」コミック裁判の情報メディア論的分析：情報ネットワーク・ローレビュー　6　〔2007.5〕　p134〜149
内山良雄	特別刑法判例研究（11）児童ポルノ，わいせつ物であるMOを販売用CD−R作成に備えたバック・アップ用に製造所持した行為と児童ポルノ禁止法7条2項，刑法175条の販売目的〔最三小決平成18.5.16〕：法律時報　79（8）通号985　〔2007.7〕　p168〜172
山田健太	「有害」図書規制法案の問題点——国レベルの立法化は問題である：出版ニュース　通号2131　〔2008.2〕　p6〜9
君塚正臣	性表現規制のゆるやかな変化として——最高裁第二次メイプルソープ写真集事件判決の影響〔最高裁第3小平成20.2.19判決〕：新聞研究　（681）〔2008.4〕　p50〜53
田代亜紀	リベラリズムとフェミニズムの対話可能性（1）ポルノグラフィをめぐる議論についての一試論：法学　72（1）〔2008.4〕　p96〜157
長岡義幸	ブック・ストリート　流通　「有害」情報規制の目指すもの：出版ニュース　通号2142　〔2008.6〕　p26〜27
齊藤愛	メディア法廷　猥褻表現とは？　規制の根拠とは？　メイプルソープの写真集判決〔最高裁平成20.2.19判決〕：Journalism　（223）〔2008.12〕　p90〜95
赤岩友香	ろくでなし子さん逮捕事件を受け東京藝大でシンポ　言論統制はエロから始まる：金曜日　22（39）通号1029　〔2014.10〕　p49

制度　　　　　　　　　　　　　　　　　　　　自主規制・アカウンタビリティ

〔図 書〕
永井善之　　サイバー・ポルノの刑事規制　信山社出版, 大学図書〔発売〕　2003.4　351p　21cm　9000円
Strossen, Nadine, 岸田美貴, 松沢呉一　ポルノグラフィ防衛論—アメリカのセクハラ攻撃・ポルノ規制の危険性　ポット出版
　　　　2007.10　481p　19cm　3400円
加藤隆之　　性表現規制の限界—「わいせつ」概念とその規制根拠　ミネルヴァ書房　2008.3　352p　21cm　5000円

自主規制・アカウンタビリティ
〔雑誌記事〕
井口武男　　アメリカ放送改善審議会の活動—〔上〕—：NHK文研月報　4 (2)〔1954.2〕p1～5
井口武男　　アメリカ放送改善審議会の活動—下—：NHK文研月報　4 (3)〔1954.3〕p1～6
前田雄二　　マス・コミの自己規制 (座談会)：新聞研究　通号52〔1955.11〕p10～14
スティンス, M0　新聞内部の圧力：新聞研究　通号臨増〔1957.10〕p48～52
千葉雄次郎　英国の新聞総評議会について：新聞研究　通号90〔1959.1〕p28～33
渡辺文太郎　記事審査を通じて見た最近の新聞：新聞研究　通号93〔1959.4〕p42～45
柏崎昌彦　　各社の紙面審査機構：新聞研究　通号119〔1961.6〕p21～25
梅津八重蔵　新聞の紙面審査——その実情と問題点：新聞研究　通号134〔1962.9〕p10～22
戒能通孝　　新聞報道の責任：新聞研究　通号161〔1964.12〕p20～28
千葉雄次郎　自主規制機関の責任 (座談会)：新聞研究　通号172〔1965.11〕p10～19
餌取章男　　関東・東海・近畿20局 番組審議会に関する調査資料 <特集>番組審議会：放送批評　No.038〔1971.2〕
鳥山拡　　　十二歳の放送番組審議会 <特集>番組審議会：放送批評　No.038〔1971.2〕
山本明　　　番組の将来は— <特集>番組審議会：放送批評　No.038〔1971.2〕
和田矩衛　　民放研究10 サンテレビジョン <特集>番組審議会：放送批評　No.038〔1971.2〕
渡辺久男　　歌番組 骨がらみの論理 <特集>自主規制の構造：放送批評　No.045〔1971.9〕
村木良彦　　<自主>幻想の底辺について <特集>自主規制の構造：放送批評　No.045〔1971.9〕
須藤忠昭　　報道 機構ぐるみの統制支配 <特集>自主規制の構造：放送批評　No.045〔1971.9〕
清水英夫　　放送の自由について <特集>自主規制の構造：放送批評　No.045〔1971.9〕
鈴木武樹　　野球 プロ野球放送のタブー <特集>自主規制の構造：放送批評　No.045〔1971.9〕
菅野達雄　　関係団体シリーズ (2) 市民社会の期待と批判を反映 番組向上委員会の目標と活動：月刊民放　02 (08)〔1972.1〕
　　　　p57～61
高橋信三　　特集II 放送表現規制の倫理と法理 番組自主規制の論理：月刊民放　02 (11)〔1972.4〕p16～20
安部健児　　特集II 放送表現規制の倫理と法理 放送倫理情報 わが社の審査委員長 小田原登志郎氏〔長崎放送〕：月刊民放　02
　　　　(11)〔1972.4〕p46～47
林伸郎　　　50周年迎えた米国新聞倫理綱領 (キャノンズ・オブ・ジャーナリズム) (海外情報)：新聞研究　通号261〔1973.4〕
　　　　p78～81
石福秀太郎　米国日刊紙の記事審査機構 (海外情報)：新聞研究　通号271〔1974.2〕p44～47
伊藤慎一　　新聞評議会の旅：新聞研究　通号291〔1975.10〕p56～65
宗田文隆　　紙面審査の現状と問題点：新聞研究　通号293〔1975.12〕p43～46
橋本直　　　追跡報道をめぐって (第十七回紙面審査全国懇談会)：新聞研究　通号316〔1977.11〕p74～77
広瀬英彦　　ハイジャック・テロ事件に対する西独政府の報道抑制 (海外情報)：新聞研究　通号319〔1978.2〕p74～77
ピーターソン, ジョナサン, ネプラー, マイケル・K, 阪田秀　オンブズマンの揺れる椅子 (紙面批評と記事審査)：新聞研究　通号
　　　　342〔1980.1〕p45～51
青木忠義　　変わる記事審査の機能 (紙面批評と記事審査)：新聞研究　通号342〔1980.1〕p28～31
林利隆　　　誘かい報道協定の歴史と問題点〔含 資料〕：新聞研究　通号347〔1980.6〕p65～75
稲葉三千男　報道協定の問題点 (日本の潮)：世界　通号415〔1980.6〕p193～196
高橋審也　　「誘拐・報道協定」現場からの報告：諸君！ 日本を元気にするオピニオン雑誌　13 (1)〔1981.1〕p238～254
潮見高男　　「誘かい報道の取り扱い方針」と「誘かい報道協定の解説」(明日の"誘拐報道"を考える)：総合ジャーナリズム研究
　　　　18 (02)〔1981.4〕p71～77
福井惇　　　危機に立つ誘拐報道協定：文芸春秋　59 (13)〔1981.12〕p196～207
林利隆　　　誘拐報道協定をめぐって：新聞研究　通号372〔1982.7〕p90～95
水野雅博　　報道の眼 再考したい報道協定 女子大生狂言誘拐事件：月刊民放　12 (136)〔1982.10〕p26～26
石川正達　　紙面審査は変わったか——「紙面審査機構の現状」調査の二十一年：新聞研究　通号378〔1983.1〕p77～80
斎藤文男　　自己規制の構図——筑紫キャスターが消えた：マスコミ市民　通号183〔1983.8〕p14～19
宝子山幸充　「誘拐報道協定」運用をめぐる問題点：新聞研究　通号395〔1984.6〕p85～88
稲葉三千男　報道協定について——グリコ・森永・ハウス事件：マスコミ市民　通号199〔1985.2〕p34～37
宝子山幸充　「グリコ・森永事件」報道協定をめぐる動き：新聞研究　通号403〔1985.2〕p33～37
古野喜政　　ドキュメント「グリコ・森永事件」報道協定：新聞研究　通号403〔1985.2〕p26～32
針生誠吉　　《特集》いま、ジャーナリズムに… マスコミ自主規制は日本資本主義を滅ぼす：マスコミ市民　通号200〔1985.3〕
　　　　p47～48
山内敏弘　　《特集》いま、ジャーナリズムに… 正当化の枠を広げた危険な"報道管制"：マスコミ市民　通号200〔1985.3〕p18
　　　　～19
清水英夫　　特集 放送の公共性と自主規制 求められる、"強いメディア倫理"の徹底 「表現の自由」規制に対し、自主自律の対応
　　　　を：月刊民放　15 (168)〔1985.6〕p10～13
仲佐秀雄　　特集 放送の公共性と自主規制 児童・青少年への配慮とメディア規制 世論への対応と自律態勢整備の三十年：月刊
　　　　民放　15 (168)〔1985.6〕p14～19
岩田和夫　　特集 放送の公共性と自主規制 時代に即応した民放の主体的判断のために 十年ぶり「民放連・放送基準解説書」改
　　　　訂の要点：月刊民放　15 (168)〔1985.6〕p20～24

181

自主規制・アカウンタビリティ	制度

山崎修　特集 放送の公共性と自主規制 "相互照射の場" として機能する番組審議会 責任ある発言と、「至言・直言」と受けとめる姿勢が要：月刊民放　15（168）〔1985.6〕 p25〜28

絹村和夫　特集 放送の公共性と自主規制 「表現の自由」確保へ、"放送基準の精神" 定着を ぶつかり合い、収斂する、放送基準の "心"〈インタビュー〉：月刊民放　15（168）〔1985.6〕 p6〜9

前沢猛　社内オンブズマンの素顔——北米オンブズマン大会を中心に：新聞研究　通号409 〔1985.8〕 p80〜83

ライリー，ジョン，新聞研究編集部　弁護士による記事審査：新聞研究　通号415 〔1986.2〕 p73〜78

村上孝止　変容する紙面審査機構——9回目を迎えたアンケート調査から：新聞研究　通号419 〔1986.6〕 p52〜55

橋本正邦　米国政府の報道抑制とプレス側の対応——ペルトン事件報道を振り返る：新聞研究　通号422 〔1986.9〕 p64〜69

小松道男　週刊誌と記事審査——出版社系週刊誌記事審査20年のくりごと：新聞研究　通号426 〔1987.1〕 p90〜93

鈴木均　たけしの虚と実 緊急提言ビートたけし、北島三郎のダブルパンチ 放送局の弱腰をどうする!?：放送批評　No.212 〔1987.3〕

遊佐雄彦　たけし的アクションへの評価 緊急提言ビートたけし、北島三郎のダブルパンチ 放送局の弱腰をどうする!?：放送批評　No.212 〔1987.3〕

稲葉三千男　ゴタゴタについてのクダクダ 緊急提言ビートたけし、北島三郎のダブルパンチ 放送局の弱腰をどうする!?：放送批評　No.212 〔1987.3〕

服部孝章　テレビ局は "時の過ぎゆくままに" 緊急提言ビートたけし、北島三郎のダブルパンチ 放送局の弱腰をどうする!?：放送批評　No.212 〔1987.3〕

田所泉　「ビートくん」の気持ち 緊急提言ビートたけし、北島三郎のダブルパンチ 放送局の弱腰をどうする!?：放送批評　No.212 〔1987.3〕

高瀬広居　活字メディア対映像メディア 緊急提言ビートたけし、北島三郎のダブルパンチ 放送局の弱腰をどうする!?：放送批評　No.212 〔1987.3〕

平岡正明　喜劇役者は戦闘的なのである 緊急提言ビートたけし、北島三郎のダブルパンチ 放送局の弱腰をどうする!?：放送批評　No.212 〔1987.3〕

伊豫田康弘　同情から批判へ急転の心理 緊急提言ビートたけし、北島三郎のダブルパンチ 放送局の弱腰をどうする!?：放送批評　No.212 〔1987.3〕

前沢猛　オンブズマン気質（かたぎ）とその思考：新聞研究　通号429 〔1987.4〕 p59〜62

前沢猛　日米比較－－新聞社内オンブズマンの意識：総合ジャーナリズム研究　24（04）〔1987.10〕 p80〜86

大石泰彦　報道機関の責任に関する一考察（上）—フランスにおける諸制度を素材として：青山社会科学紀要　16（1）〔1987.10〕 p37〜70

酒井昭　報道と人権の「調和」をめぐる論議 日弁連・第30回大会シンポジウムから：月刊民放　18（199）〔1988.1〕 p29〜31

播谷実　新聞の倫理と社会的責任——「空気」に負けぬクールさを〈新聞の社会的責任〉：新聞研究　通号447 〔1988.10〕 p23〜26

高木敏行　「紙面委員制度」の実際と課題（チェック機能の再考）：新聞研究　通号463 〔1990.2〕 p14〜16

清水英夫　タイヤルQ2倫理規程：放送批評　No.266 〔1991.9〕

堀部政男　特集 放送と受け手の声 公的機関による苦情処理 イギリスの放送苦情処理委員会：月刊民放　21（243）〔1991.9〕 p23〜26

上村喜孝　特集 放送と受け手の声 視聴者センター 番組に活用させたい "視聴者の声"：月刊民放　21（243）〔1991.9〕 p16〜18

山田圭子　特集 放送と受け手の声 社外番組モニター 視聴者とのコミュニケーションをめざして：月刊民放　21（243）〔1991.9〕 p19〜20

在京7社担当者　特集 放送と受け手の声 番組審議会〈座談会〉番審の機能は活用されているか：月刊民放　21（243）〔1991.9〕 p6〜12

小西弘太郎　特集 放送と受け手の声 番組審議会 自主自浄の活性化を：月刊民放　21（243）〔1991.9〕 p13〜15

沖山彰子　特集 放送と受け手の声 放送番組向上委員会と同協議会 「放送のあるべき姿」考える場に：月刊民放　21（243）〔1991.9〕 p21〜22

国府一郎　「皇太子妃報道協定」締結まで（マスコミの焦点）：新聞研究　通号490 〔1992.5〕 p82〜84

大条成昭　映像倫理規制の各国事情（自主規制を考える一断章（特別企画）：総合ジャーナリズム研究　29（03）〔1992.7〕 p54〜59

竹内和芳　自主規制を考える一断章（特別企画）：総合ジャーナリズム研究　29（03）〔1992.7〕 p22〜27

清水英夫　性的表現とメディア倫理－－日本における問題点（自主規制を考える一断章（特別企画）：総合ジャーナリズム研究　29（03）〔1992.7〕 p48〜54

林利隆　衝突と調和——「報道協定」におけるメディアの倫理性をめぐって（皇太子妃報道）：新聞研究　通号501 〔1993.4〕 p27〜31

浜田純一　Innere Freiheitと自己規制——「法でないこと」の法的効用（違憲審査制の現在＜特集＞—憲法訴訟の現状と可能性）：ジュリスト　通号1037 〔1994.1〕 p156〜160

総合ジャーナリズム研究編集部　「誤報を正す」作業の今日的意味（「自己検証」番組を検証する＜特別企画＞）：総合ジャーナリズム研究所　31（02）〔1994.4〕 p56〜65

河村好市　DNA鑑定報道を "鑑定" する——果たして人権は擁護されるか（人権と向きあう）：新聞研究　通号513 〔1994.4〕 p53〜57

吉永春子　ドキュメンタリー制作に必要なこと（「自己検証」番組を検証する＜特別企画＞）：総合ジャーナリズム研究　31（03）〔1994.7〕 p12〜15

音好宏　検証で問われるメディアの真価（「自己検証」番組を検証する＜特別企画＞）：総合ジャーナリズム研究　31（03）〔1994.7〕 p16〜20

鳥越俊太郎　「自己検証」番組を検証する＜特別企画＞：総合ジャーナリズム研究　31（03）〔1994.7〕 p21〜25

渡辺真次　放送番組調査会での体験とテレビメディア（報道と人権＜特集＞）：自由と正義　45（8）〔1994.8〕 p62〜67

金政起　韓国、「新聞倫理綱領」を大幅改正——正確性に加え真実性原則打ち出す：新聞研究　通号544 〔1996.11〕 p49〜51

清水英夫　放送における自主規制と第三者機関（特集 自主努力——番組向上のために）：月刊民放　26（12）〔1996.12〕 p4〜7

大谷堅志郎　放送に関する独立規制機関——欧州諸国における制度化と多様性：NHK放送文化調査研究年報　通号42 〔1997〕 p131〜154

制度　　　　　　　　　　　　　　　　　　　　　　　　　　　　自主規制・アカウンタビリティ

潮昭太　　　　新聞倫理綱領，新聞人（記者）の倫理綱領（素案），放送倫理基本綱領（特集 ジャーナリストの行動規範）：総合ジャーナリズム研究　34（01）〔1997.1〕p45～49

横銭秀一　　　「放送と倫理」にひそむ危機――自主規制を作っても，有能なテレビマンは育たない（特集 ジャーナリストの行動規範）：総合ジャーナリズム研究　34（01）〔1997.1〕p11～16

原寿雄，田島泰彦，浜田純一　鼎談・多チャンネル懇「最終報告」の攻防 編集絶対論と第三者機関設置の狭間で：放送レポート145号　〔1997.3〕p38～49

三浦朱門，清水英夫　番組審議会委員長対談 お上の規制はよけいなお世話：月刊民放　27（3）〔1997.3〕p24～33

原寿雄，市村元，小櫃真佐己　座談会 テレビ報道ガイドライン検証 元気のでる倫理綱領：放送批評　No.333　〔1997.4〕

原龍男　　　　監視機関が調査の質を向上させる――メディア調査のお目付け役，米EMRCの活動：月刊民放　27（4）〔1997.4〕p22～25

森文弥　　　　＜在京民放五社放送番組審議会委員長会議＞「番組審議会は"防波堤"の役割を」――放送局の急務は自律的システムの整備：月刊民放　27（6）〔1997.6〕p24～27

堀部政男　　　放送と外部的チェックの役割（特集 視聴者と放送局の良好な関係のために）：月刊民放　27（8）〔1997.8〕p8～11

柏木勇一　　　信頼ある報道の黒子として（紙面審査のこれから）：新聞研究　通号553　〔1997.8〕p54～57

南部哲郎　　　変わる社内審査機構・活動――調査にみる四半世紀の歩み（紙面審査のこれから）：新聞研究　通号553　〔1997.8〕p46～49

鈴木みどり　　市民・メディア・人権――多チャンネル懇最終報告とBRO〔放送と人権等に関する委員会機構〕をめぐって：ヒューマンライツ　通号115　〔1997.10〕p2～17

田島泰彦　　　BRC（放送と人権等権利に関する委員会）とはなにか？：ぎゃらく　通号341　〔1997.12〕p34～37

仲佐秀雄　　　民放「自律」体制の新段階――各局の原点に返って"攻め"の論理へ（特集 番組審議会の活用を考える）：月刊民放　28（6）〔1998.6〕p4～7

小田桐誠　　　BRC（放送と人権等権利に関する委員会）が"サンディエゴ事件"で問われたもの：放送文化　通号49　〔1998.7〕p43～49

岡田晋吉　　　多くの問題をはらむ"Vチップ"システム――放送番組規制動向に関する米国調査を終えて（特集 青少年問題と放送局）：月刊民放　28（8）〔1998.8〕p24～27

向後英紀　　　米FCCの地上波放送番組規制政策――その理念と実態：NHK放送文化調査研究年報　通号44　〔1999〕p1～42

原寿雄，清水英夫，草柳大蔵　放送倫理関連機関3委員長・鼎談 試されている放送の自律性強化――「子どもとテレビ」本格的検討を：月刊民放　29（1）〔1999.1〕p4～13

田北康成　　　放送の自主規制と番組基準：社会学研究科論集　（6）〔1999.3〕p109～118

小田桐誠　　　BRC（放送と人権等権利に関する委員会）が放送界に問いただしたもの：放送文化　通号60　〔1999.6〕p50～55

大井眞二　　　「報道規範」誕生の歴史的経緯と現状（批判媒体としての新聞）：新聞研究　通号576　〔1999.7〕p24～27

岩本太郎　　　「放送禁止歌」なんて存在しない!!：ぎゃらく　通号361　〔1999.8〕p26～29

清水英夫　　　放送の第三者機関 その有効機能のための条件（特集 青少年問題に果たす放送の役割）：月刊民放　29（8）通号338　〔1999.8〕p24～27

梓沢和幸，桂敬一，原寿雄，前沢猛，田島泰彦，藤森研，飯田正剛　「メディアと市民・評議会」を提案する（共同宣言）：世界　通号667　〔1999.11〕p149～158

鈴木秀美　　　海外放送事情 ドイツ放送法制の動向――放送のデジタル化と集中排除：月刊民放　30（1）通号343　〔2000.1〕p40～43

清水英夫　　　出版規制の現時点――繰り返される提言：出版ニュース　通号1860　〔2000.2〕p6～9

岡田晋吉　　　"民放界の良心"を志して――放送倫理小委員会が取り組んだもの：月刊民放　30（6）通号348　〔2000.6〕p36～39

中馬清福　　　新「新聞倫理綱領」制定にあたって：新聞研究　（589）〔2000.8〕p11～14

放送レポート編集部　誘拐報道協定の暗闇～なぜテレビカメラを締め出すのか!?：放送レポート　166号　〔2000.9〕p12～15

田北康成　　　メディア規制の潮流とマス・メディアの消極的対応――信頼をどう回復するのか：出版ニュース　通号1885　〔2000.11〕p6～9

春原昭彦　　　旧・新聞倫理綱領制定の経緯から――生きている歴史的精神（新・新聞倫理綱領制定に思う）：新聞研究　（592）〔2000.11〕p60～63

朝比奈豊　　　独自のオンブズマン「開かれた新聞」委員会――メディア批判の広がりは無視できない：新聞研究　（592）〔2000.11〕p43～46

武村二三夫　　国内人権機関と日弁連の立場（特集 放送の自律と公的規制）：月刊民放　31（2）通号356　〔2001.2〕p10～13

矢沢章二　　　自主自律のための「委員会決定」――BRC/BROの3年半（特集 放送の自律と公的規制―第三者機関の活動と役割）：月刊民放　31（2）通号356　〔2001.2〕p14～17

加藤滋紀　　　積極的かかわりの中で得られる視聴者の信頼――向上委員会と青少年委員会（特集 放送の自律と公的規制―第三者機関の活動と役割）：月刊民放　31（2）通号356　〔2001.2〕p18～21

田島泰彦　　　表現・メディア規制の動向とメディアの課題（特集 放送の自律と公的規制）：月刊民放　31（2）通号356　〔2001.2〕p4～9

清水光雄　　　「人命の尊重」が脅かされてはならない――誘拐報道協定の改定と取材の自由：新聞研究　（595）〔2001.2〕p46～49

総合ジャーナリズム研究編集部　FEATURE 新聞「第三者機関」の背後：総合ジャーナリズム研究所　38（02）（通号176）〔2001.3〕p34～50

総合ジャーナリズム研究編集部　メディア不信へ応える道――新潟日報「読者・紙面委員会」の取り組み（FEATURE 新聞「第三者機関」の背後）：総合ジャーナリズム研究所　38（02）（通号176）〔2001.3〕p70～77

桂敬一　　　　政府と市民から挟み撃ちに合うメディア（FEATURE 新聞「第三者機関」の背後）：総合ジャーナリズム研究　38（02）（通号176）〔2001.3〕p8～12

フィールズ，ジョージ，元木昌彦　元木昌彦のメディアを考える旅（36）ジョージ・フィールズ（国際ビジネスコンサルタント）政治レベルの表現規制は危険だ メディアが自主規制をするのがいい：エルネオス　7（3）通号76　〔2001.3〕p94～97

浅野健一　　　再論・新聞各社の苦情対策組織とメディア責任制度――日本報道評議会設立への課題：評論・社会科学　（65）〔2001.3〕p102～172

濱田実玲　　　海外レポート ドイツにおける放送番組規制と事業者の取り組み：月刊民放　31（4）通号358　〔2001.4〕p36～39

自主規制・アカウンタビリティ		制度

朝比奈豊　新聞が見直されていることを実感——創設から半年の「『開かれた新聞』委員会」（特集 報道・人権・読者——新聞社自主対応の動き）：新聞研究　（597）〔2001.4〕 p14～17

佐藤公正　第三者性、透明性の担保が重要——「報道と人権委員会」で本社対応のプロセスを読者に（特集 報道・人権・読者——新聞社自主対応の動き）：新聞研究　（597）〔2001.4〕 p10～13

梓沢和幸, 清水英夫, 大石芳野　BROシンポジウム・パネルディスカッション 規制と自律——放送と人権を考える：月刊民放　31（6）通号360 〔2001.6〕 p24～35

桂敬一　「あるべき番審」と放送の自主自律基盤の強化（特集 番組審議会——その活動と役割）：月刊民放　31（6）通号360 〔2001.6〕 p4～9

井上泰浩　コングロマリット化進む米メディア——ジャーナリズムの自己規制と不公正を危惧：新聞研究　（599）〔2001.6〕 p53～56

南部哲郎　審査結果の浸透と読者の声の反映目指して——第13回「紙面審査機構の現状」アンケート結果から：新聞研究　（601）〔2001.8〕 p60～64

江畑忠彦　状況変化への自主的、主体的処方箋——加盟社と一体となって取り組む「『報道と読者』委員会」（特集 報道・人権・読者——新聞・通信社自主対応の動き（2））：新聞研究　（602）〔2001.9〕 p14～17

菊池恵美　人権報道を深化させる積極的機能が特徴——「書いて守る人権」と「人権と報道・西日本委員会」（特集 報道・人権・読者——新聞・通信社自主対応の動き（2））：新聞研究　（602）〔2001.9〕 p22～25

高橋利行　幅広く、新聞のあるべき姿を論議——新聞監査委員会「顧問」「審査委員」制度を、読者の信頼を勝ち得る手がかりに（特集 報道・人権・読者——新聞・通信社自主対応の動き（2））：新聞研究　（602）〔2001.9〕 p10～13

佐藤公正, 山田哲夫, 朝比奈豊　座談会・報道検証機関をなぜ設置したか（特集・言論・表現の自由の転機）：世界　（693）〔2001.10〕 p137～143

佐藤公正, 山田哲夫, 朝比奈豊　座談会 報道検証機関をなぜ設置したか（特集 言論・表現の自由の転機）：世界　（693）〔2001.10〕 p137～143

玉木明, 原寿雄, 青木彰　特集 座談会 メディアは市民の声をどう受け止める？——広がる「第三者委員会」 目的と行方：マスコミ市民　通号393 〔2001.10〕 p2～23

原寿雄　政府主導の思想善導キャンペーン（緊急企画 「青少年有害社会環境対策基本法案」の問題点）：月刊民放　32（2）通号368 〔2002.2〕 p4～6

総合ジャーナリズム研究編集部　FEATURE 政治と「暴露」とメディア規制：総合ジャーナリズム研究所　39（02）（通号180）〔2002.3〕 p61～70

北健一　「自主規制」を打ち破れ—えひめ丸事件をめぐる二つの報道から：放送レポート　176号 〔2002.5〕 p16～19

蟹瀬誠一　テレビがつくるサウンドバイト社会（FEATURE 政治と「暴露」とメディア規制）：総合ジャーナリズム研究　39（03）（通号181）〔2002.6〕 p12～15

江畑忠彦　メディア規制の意図が明白 三法案の問題点を探る：新聞通信調査会報　通号475 〔2002.6〕 p1～3

清水英夫　権力に委ねず "自由" を守る——清水英夫BRC委員長インタビュー（特集 BRO/BRCの5年——放送界の自主的第三者機関の活動）：月刊民放　32（6）通号372 〔2002.6〕 p4～6

江川紹子, 高村裕, 小池振一郎　第2回BROシンポジウム「言論の自由とメディアの責任」パネルディスカッション「事件・事故 報道と人権」（特集 BRO/BRCの5年——放送界の自主的第三者機関の活動）：月刊民放　32（6）通号372 〔2002.6〕 p17～29

浜田純一　表現の自由の「装置」としての第三者機関（特集 BRO/BRCの5年——放送界の自主的第三者機関の活動）：月刊民放　32（6）通号372 〔2002.6〕 p7～11

三好晴海　普遍的倫理マインド含むBRC決定——8事案17件が指摘する取材・制作上の留意点（特集 BRO/BRCの5年——放送界の自主的第三者機関の活動）：月刊民放　32（6）通号372 〔2002.6〕 p12～16

笠原文夫　現場での自主的解決が最優先——人権擁護法案の行方にらみ集団的過熱取材対策急ぐ：新聞研究　（611）〔2002.6〕 p26～29

香川東洋男　「社会を動かす使命感」を読者と考える——双方向性を重視する「報道検証委員会」（報道・人権・読者——新聞・通信社自主対応の動き（3））：新聞研究　（612）〔2002.7〕 p46～48

桂敬一　表現・メディア規制を問う（1）番組審議会のあり方問う メディアへの公的規制：月刊民放　32（8）通号374 〔2002.8〕 p30～33

杉原洋　報道・人権・読者——新聞・通信社自主対応の動き（4）信頼の中身を厳しく見つめ直す——改善点を提言する「『読者と報道』委員会」：新聞研究　（613）〔2002.8〕 p54～56

楠根重和　マス・メディアと公共性ドイツ報道評議会と日本型苦情委員会：金沢法学　45（1）〔2002.11〕 p131～191

羽生健二　着実に実績重ねる集団的過熱取材対策（表現・メディア規制を問う（4））：月刊民放　32（11）通号377 〔2002.11〕 p31～34

永田恒治, 大谷昭宏, 猪野憲一　報道姿勢は変わったのか（第6回民放連報道記者研修会 パネル討論より）：月刊民放　33（1）通号379 〔2003.1〕 p34～39

メディア・フォーラム—報道機関規制法案を考える（ロー・フォーラム）：法学セミナー　48（1）通号577 〔2003.1〕 p130～131

小玉美意子　新機構に期待する 21世紀型市民社会の発想で（特集2「放送倫理・番組向上機構」発足）：月刊民放　33（7）通号385 〔2003.7〕 p31～33

諸澤英道, 島森路子, 崔洋一　放送の「第三者機関」を考える——第3回BROシンポジウムから（特集2「放送倫理・番組向上機構」発足）：月刊民放　33（7）通号385 〔2003.7〕 p28～30

清水英夫　Person of the Month 放送倫理・番組向上機構（BPO）理事長 清水英夫——「第三者性」を強め、窓口一本化：ぎゃらく　通号410 〔2003.9〕 p4～6

三好晴海　BPOの組織と活動 視聴者と放送局を結び、信頼築く（特集 「新・民放人」読本2004）：月刊民放　34（3）通号393 〔2004.3〕 p23～25

遠山昭弘　『民放連放送基準解説書』の5年ぶり改訂について：月刊民放　34（7）通号397 〔2004.7〕 p32～35

川畑年弘　信頼という無形資産を維持すること（シリーズ特集 放送局のコンプライアンス（1））：月刊民放　34（8）通号398 〔2004.8〕 p35～37

田中早苗　自主規制機関の判断と行政指導〔含 資料 放送局に対する「厳重注意」の系譜〕（特集 テレビ放送の「政治的公平」）：月刊民放　34（9）通号399 〔2004.9〕 p12～15

		制度	自主規制・アカウンタビリティ

清水英夫　体験的メディア比較論(5) メディアの第三者機関——出版と放送を中心として：出版ニュース　通号2038　〔2005.5〕　p18～21

岩本太郎　特集 テレビ「自己検証番組」を検証する！＜不祥事篇＞：ぎゃらく　通号434　〔2005.8〕　p12～17

五阿弥宏安　問われるメディアの説明責任——集団的過熱取材への対応をめぐって：新聞研究　(655)〔2006.2〕　p42～45

中谷洋一　正確な放送と放送倫理の向上のために——BPOの組織と活動(特集 「新民放人」読本2006——民放の輝かしい明日のために—テーマ編　報道と人権)：月刊民放　36(3)通号417　〔2006.3〕　p16～18

大木圭之介　"装置"としての第三者機関に——10年目を迎えるBRC：月刊民放　36(6)通号420　〔2006.6〕　p26～29

浅沼周　内部統制システムで果たす社会的責任——あらゆるリスクに対応するために(新聞社法務の今)：新聞研究　(665)〔2006.12〕　p17～20

奥田良胤　判例法的積み上げ、着実に形成される倫理基準——BRC10年の歩み：NHK放送文化研究所年報　51　〔2007〕　p265～299

飽戸弘　BPOの新たな活動について——放送倫理検証委員会を設置(BPO放送倫理検証委員会を設置)：月刊民放　37(6)通号432　〔2007.6〕　p4～9

荒井透雅, 瀬戸秋穂　放送の自律と規制の在り方——放送法等の一部を改正する法律案：立法と調査　通号271〔2007.8〕　p83～91

橋元良明　今、テレビは子どもたちにどう見られているか？——BPO「小中学生36人インタビュー＆アンケート調査」から：月刊民放　37(11)通号437　〔2007.11〕　p28～31

本橋春紀　BPO(放送倫理・番組向上機構) 放送の自主自律を守るために(特集 「新・民放人」へのアドバイス)：月刊民放　38(3)通号441　〔2008.3〕　p20～23

奥村信幸　メディアを監視する社会的な必要——米国NGOの理念と方法論から学ぶ：立命館産業社会論集　43(4)通号136　〔2008.3〕　p69～90〔含 英語文要旨〕

深田卓　ブック・ストリート 出版 放送倫理・番組向上機構(BPO)の決定書：出版ニュース　通号2141　〔2008.5〕　p50～51

長岡義幸　ブック・ストリート 流通 フィルタリングの自主規制と出版規制：出版ニュース　通号2140　〔2008.5〕　p32～33

後藤登　BPOの意義と課題——英・放送通信庁と比較して(特集 BPO・放送倫理検証委 この1年)：月刊民放　38(5)通号443　〔2008.5〕　p12～15

後藤東, 青木吾朗, 藤原康延　座談会 『あるある』以降の番組づくり より一層、緊張感ある制作現場に(特集 BPO・放送倫理検証委 この1年)：月刊民放　38(5)通号443　〔2008.5〕　p16～24

原寿雄　新局面を迎えた放送界の自律強化——権力と向き合う役割を(特集 BPO・放送倫理検証委 この1年)：月刊民放　38(5)通号443　〔2008.5〕　p8～11

川端和治　放送倫理検証委員会意見書に見るテレビ界の課題(特集 BPO・放送倫理検証委 この1年)：月刊民放　38(5)通号443　〔2008.5〕　p4～7

松田士朗　問い詰められたメディアの倫理——放送倫理・番組向上機構(BPO)の活動5年を振り返って：ヒューマンライツ　(248)〔2008.11〕　p14～19

君塚正臣　二重の基準論の応用と展望：横浜国際経済法学　17(2)〔2008.12〕　p1～34

奥田良胤　問われる放送界の倫理観——BPO検証委 検証事例から：NHK放送文化研究所年報　53　〔2009〕　p145～173

本橋春紀　放送倫理とBPO 放送倫理をめぐる四つのキーワード(特集 デジタル放送時代の君たちへ)：月刊民放　39(3)通号453　〔2009.3〕　p26～29

鈴木彩花　グリコ・森永事件——劇場型犯罪と報道協定〔含 講評〕：立正大学社会学論叢　(8)〔2009.3〕　p110～117

堀野紀　BPO——インタビュー 対話による"放送倫理"高揚の場に——放送局には「権力介入の防波堤」意識の徹底を——BPO・放送人権委員会委員長 堀野紀：月刊民放　39(6)通号456　〔2009.6〕　p30～33

鈴木嘉一　「モグラたたき」の連鎖をどう断つか——BPOの充実と「放送の自主・自律」強化に向けて(特集 いま、あらためて「放送倫理」)：月刊民放　39(7)通号457　〔2009.7〕　p20～24

松田浩　現場に自由闊達な気風は張っているか——放送倫理検証委『問われる戦時性暴力』意見書が提起したもの(特集 いま、あらためて「放送倫理」)：月刊民放　39(7)通号457　〔2009.7〕　p12～15

汐見稔幸　BPO——インタビュー 本音で語り合える"応援隊"に——放送は「学び」「癒し」「楽しむ」拠点——BPO・青少年委員会委員長 汐見稔幸：月刊民放　39(8)通号458　〔2009.8〕　p8～13

木原正博　メディアスコープ 厳しい環境下における可能性——紙面審査機構の概観調査結果から：新聞研究　(697)〔2009.8〕　p82～84

八木秀次　検証テレビの大問題 テレビ界のお目付け役「BPO」の「放送倫理」が報道番組をますます萎縮させる：Sapio　21(15)通号472　〔2009.8〕　p31～33

総合ジャーナリズム研究編集部　BPOの活動と「放送」の倫理(Yearbook ジャーナリズム2009)：総合ジャーナリズム研究所　46(04)（通号20）〔2009〕　p3～43

服部孝章　メディアの透明性・説明責任と第三者機関——メディアのあり方を基本的に見直す必要がある：出版ニュース　通号2186　〔2009.9〕　p6～9

服部孝章　誰のため、何のための訂正放送か——BPOの2つの勧告から：月刊民放　39(10)通号460　〔2009.10〕　p8～11

吉岡忍, 森達也　対談 検証番組を検証する：放送レポート　221号　〔2009.11〕　p2～11

奥田良胤　『真相報道 バンキシャ！』『サンデージャポン』に放送倫理違反——BPO 2委員会が相次いで「勧告」：放送研究と調査　59(11)通号702　〔2009.11〕　p70～84

上杉隆　怒りのキャンペーン第3弾 国民から知る権利を奪う「報道自主規制」という悪弊：Sapio　21(21)通号478　〔2009.12〕　p96～98

横澤彪　BPO「最近のテレビ・バラエティー番組に関する意見」を受けて テレビ界全体を覆う大いなる錯覚：放送文化　通号26　〔2010.春〕　p88～91

大石泰彦　フランスのメディア倫理——ジャーナリスト養成教育制度を中心に：青山法学論集　51(3・4)〔2010.3〕　p187～221

奥村信幸　BPO(放送倫理・番組向上機構)の機能と社会的意義——放送倫理検証委員会の取り組みを中心に：立命館産業社会論集　45(4)通号144　〔2010.3〕　p1～29〔含 英語文要旨〕

山田賢一　国際比較研究：放送・通信分野の独立規制機関(第1回) 台湾NCC(国家通信放送委員会)——「政治的独立」をめぐる苦悩：放送研究と調査　60(6)通号709　〔2010.6〕　p52～66

倫理	制度

田中則広　国際比較研究：放送・通信分野の独立規制機関（第2回）韓国KCC（放送通信委員会）とKCSC（放送通信審議委員会）──政治からの「独立性」は保てるか：放送研究と調査　60（7）通号710　〔2010.7〕　p46〜57

柴田厚　国際比較研究：放送・通信分野の独立規制機関（第3回）アメリカFCC（連邦通信委員会）──インターネット時代の規制とは：放送研究と調査　60（8）通号711　〔2010.8〕　p30〜41

中村美子　国際比較研究：放送・通信分野の独立規制機関（第4回）イギリスOfcom（放送通信庁）──放送規制と市民/消費者：放送研究と調査　60（9）通号712　〔2010.9〕　p26〜39

新田哲郎　国際比較研究：放送・通信分野の独立規制機関（第5回）フランスCSA（視聴覚高等評議会）──放送倫理の確立/その方法と特質：放送研究と調査　60（10）通号713　〔2010.10〕　p76〜87

杉内有介　国際比較研究：放送・通信分野の独立規制機関（第6回）ドイツ州メディア監督機関──連邦的規制と共同規制：放送研究と調査　60（11）通号714　〔2010.11〕　p72〜85

広塚洋子　国際比較研究：放送・通信分野の独立規制機関（第7回）イタリアAGCOM──二極体制の打開と多様性の確保：放送研究と調査　60（12）通号715　〔2010.12〕　p40〜49

宮田鈴子　コンプライアンス　「信頼のメディア」であるために（特集 新時代を切り拓く）：月刊民放　41（3）通号477　〔2011.3〕　p11〜13

重松清, 桶山珠美　前へ進んで行くために──インタビュー 作家/BPO放送倫理検証委員会委員 重松清：月刊民放　41（10）通号484　〔2011.10〕　p4〜9

山田健太　放送の「自律」と「他律」（特集 新放送人講座2012─放送倫理＆コンプライアンス）：月刊民放　42（3）通号489　〔2012.3〕　p7〜9

川端和治　（緊急インタビュー）BPO放送倫理検証委員会 川端和治委員長 不祥事真因は放送システムの構造にあるのか？ 〜発足5年を経て何が変わったか：放送界　No0201　〔2013〕

佐藤潤司　BPO「放送人権委員会」の審理に関する批判的考察　：決定第46号の事例を中心に：マス・コミュニケーション研究　（82）〔2013〕　p133〜151

山田健太　自由な言論をだれが妨げているのか　：「自主規制」という名の言論統制（特集 圧縮される言論・表現）：季論21　（21）：〔2013.夏〕　p115〜125

奥田良胤　番組倫理の検証から見えてくるもの　：BPO・放送倫理検証委員会の5年：放送研究と調査　63（2）通号741　〔2013.2〕　p20〜35

三宅弘　判断のグラデーションと放送倫理：月刊民放　43（12）通号510　〔2013.12〕　p4〜7

今野勉　キーノートスピーチ テレビ60年、今、テレビのポジションは？（BPO設立10周年記念シンポジウム テレビよ、変われ！ テレビよ、変わるな！）：月刊民放　44（3）通号513　〔2014.3〕　p32〜35

テリー伊藤, 江川紹子, 尾木直樹　パネルディスカッション（BPO設立10周年記念シンポジウム テレビよ、変われ！ テレビよ、変わるな！）：月刊民放　44（3）通号513　〔2014.3〕　p35〜41

三好晴海　THE PERSON BPO［放送倫理・番組向上機構］専務理事 三好晴海：ぎゃらく　（541）〔2014.7〕　p3〜5

〔図書〕

イギリス新聞に関する王立委員会, 朝日新聞社調査研究室　新聞に関する英国王立委員会報告　〔朝日新聞社〕　1949　558p　25cm　（朝日新聞調査研究室報告社内用 12）

イギリス新聞に関する王立委員会, 日本新聞協会　イギリスの新聞経営─現状分析と批判　日本新聞協会　1963　203p　21cm

放送番組向上委員会　よりよい放送のために─放送番組向上委員会報告 1965-68　放送番組向上協議会　1970　223p　26cm　400円

放送番組向上委員会, 放送番組向上協議会　よりよい放送のために─放送番組向上委員会報告　1971年版　放送番組向上協議会　1971　180p　26cm

放送番組向上委員会, 放送番組向上協議会　よりよい放送のために─放送番組向上委員会報告　1972年版　放送番組向上協議会　1972　199p　26cm　500円

放送番組向上委員会, 放送番組向上協議会　よりよい放送のために─放送番組向上委員会報告　1973年版　放送番組向上協議会　1973　321p　26cm　1000円

放送番組向上委員会, 放送番組向上協議会　よりよい放送のために─放送番組向上委員会報告　1974年版　放送番組向上協議会　1974　211p　26cm　1000円

放送番組向上委員会, 放送番組向上協議会　よりよい放送のために─放送番組向上委員会報告　1975年版　放送番組向上協議会　1975　153p　26cm

山川力　新聞の自己規制　未来社　1984.3　222p　20cm　1600円

丸山昇　報道協定─日本マスコミの緩慢な自死　第三書館　1992.5　521p　20cm　2500円

藤原宏高　サイバースペースと法規制　日本経済新聞社　1997.10　351p　20cm　2500円

浅倉拓也　アメリカの報道評議会とマスコミ倫理─米国ジャーナリズムの選択　現代人文社　1999.1　163p　20cm　1800円

Bertrand, Claude, Jean., 前沢猛　世界のメディア・アカウンタビリティ制度─デモクラシーを守る七つ道具　明石書店　2003.5　590p　19cm　6800円　（明石ライブラリー 49）

放送界における第三者機関のあり方を考える　放送倫理・番組向上機構　2003.7　27p　30cm　（放送番組委員会記録）

現代ジャーナリズム研究会　放送における取材・報道ガイドラインの分析　現代ジャーナリズム研究会　2005.4　121p　26cm

放送と人権等権利に関する委員会　放送人権委員会判断基準　追補（2009）　「BPO」放送倫理・番組向上機構放送と人権等権利に関する委員会　2009.7　72p　21cm

清水英夫　表現の自由と第三者機関─透明性と説明責任のために　小学館　2009.8　205p　18cm　720円　（小学館101新書 046）

Middleton, John　報道被害者の法的・倫理的救済論─誤報・虚報へのイギリス・オーストラリアの対応を中心として　有斐閣　2010.3　330p　22cm　5900円　（一橋大学大学院法学研究科叢書）

倫理

〔雑誌記事〕

山根真治郎　錯誤律──新聞倫理の心理的方面：新聞研究　通号9　〔1949.11〕　p4〜8

城戸又一　新聞の中立性──現代新聞論：思想　通号324　〔1951〕　p17〜23

江尻進	新聞倫理の歴史的発展──世界的単一化への歩み：新聞研究　通号20　〔1952.8〕　p1〜5	
阿部真之助	報道客観主義の批判──千葉・内海論争によせて：新聞研究　通号36　〔1954.7〕　p2〜3	
村田為五郎	新聞のモラル：新聞研究　通号49　〔1955.8〕　p26〜28	
小池信行	客観報道のむずかしさ（座談会）：新聞研究　通号54　〔1956.1〕　p14〜18	
長谷川了	新聞倫理の性格：新聞学評論　通号5　〔1956.4〕	
中屋健一	アカデミズムとジャーナリズム：學鐙　53（7）〔1956.7〕	
児島宋吉	編集精神を作興せよ：新聞研究　通号60　〔1956.7〕　p1〜3	
江尻進	記者としての心構え（座談会）：新聞研究　通号67　〔1957.2〕　p13〜20	
千葉雄次郎	取材活動の限界：新聞研究　通号67　〔1957.2〕　p10〜12	
江尻進	新聞をよくするための英国の試み──新聞総評議会と記者訓練機構：新聞研究　通号78　〔1958.1〕　p21〜25	
生田正輝	「新聞の中立性」について（シンポジウム）：新聞学評論　通号9　〔1959.3〕　p1〜26	
児島宋吉	形式より内容の追求へ──特集・客観報道について：新聞研究　通号98　〔1959.9〕　p6〜9	
香内三郎	報道の客観性を歴史的にみる──特集・客観報道について：新聞研究　通号98　〔1959.9〕　p10〜16	
クレァラ・S・ローガン	アメリカ放送番組改善協会の活動：NHK文研月報　09（10）〔1959.10〕　p18	
田中寛次	新聞倫理の諸問題（座談会）：新聞研究　通号100　〔1959.11〕　p38〜51	
川中康弘	ピオ12世とマスコミの倫理：新聞研究　通号104　〔1960.1〕　p47〜49	
加藤三之雄	新聞の公共的責任──マシュー将軍会見記の場合：關西大學文學論集　10（2）〔1960.5〕	
川中康弘	マスコミ倫理学の課題と方法──マスコミュニケーション研究：新聞研究　通号112　〔1960.11〕　p48〜53	
井倉大雄	松川事件と新聞報道──商業新聞の中立性の問題：歴史評論　通号132　〔1961.7〕	
金戸嘉七	報道の真実性についての一考察：新聞学論集　通号11　〔1961.10〕	
前田雄二	新聞編集の基礎──法律問題と倫理：新聞研究　通号134　〔1962.9〕　p24〜30	
近藤貢	第二次英国王立新聞調査委員会報告と新聞界の反響：新聞研究　通号138　〔1963.1〕　p58〜68	
堀太一	見出しの "正確" と "公正"：新聞研究　通号139　〔1963.2〕　p40〜44	
千葉雄次郎	「放送の社会的責任」：NHK文研月報　14（08）〔1964.8〕　p1	
城戸又一	職業としてのジャーナリズム：関西大学新聞学研究　通号13　〔1964.10〕	
曽木耕一	現代マスコミの指導方向：月刊社会教育　8（11）〔1964.11〕	
笠信太郎	"不偏不党" その他：新聞研究　通号162　〔1965.1〕　p10〜13	
金子勝昭	編集者の良識感覚──特集・日本のジャーナリズム：思想の科学. 第5次　（35）〔1965.2〕　p22〜28	
春原昭彦	ドイツ新聞評議会の活動：新聞研究　通号174　〔1966.1〕　p68〜71	
金戸嘉七	報道の偏向と論説：関西大学新聞学研究　通号16　〔1966.3〕　p49〜57	
崎山正毅	国際社会における放送の責任：放送学研究　通号12　〔1966.4〕　p5〜17	
内川芳美	アメリカの放送における社会的責任論──その系譜と展開：放送学研究　通号13　〔1967.1〕　p5〜30	
総合ジャーナリズム研究編集部	マスコミの偏向とは何か（特集）：総合ジャーナリズム研究所　05（06）〔1968.1〕　p4〜45	
辻村明	マスコミの偏向とは何か（特集）マスコミの偏向とは何か－－判定の基準をどこに求めるかを探る（シンポジウム）：総合ジャーナリズム研究　05（06）〔1968.1〕　p140〜150	
藤原健固	プレスの社会的責任──J.エドワード・ジラルドの見解：社会学論叢　通号40　〔1968.1〕　p13〜22	
新井裕	"ライフル魔" 報道の問題点を探る：新聞研究　通号201　〔1968.4〕　p78〜87	
蠟山政道	客観報道の構造と機能（講演要旨）：新聞研究　通号209　〔1968.12〕　p62〜65	
前田雄二	取材・報道の倫理とルール（現代新聞記者読本）：新聞研究　通号213　〔1969.4〕　p24〜32	
波多野誼余夫	ニュース報道における主観と客観（現代ニュース論（特集））：新聞研究　通号214　〔1969.5〕　p12〜16	
高田秀二	書く自由・書かない自由──学生紛争の報道をめぐって（現代ニュース論（特集））：新聞研究　通号214　〔1969.5〕　p17〜21	
城塚登	専門職としてのジャーナリストの将来──その職業倫理と価値観（70年代の新聞記者像を探る）：新聞研究　通号234　〔1971.1〕　p7〜12	
千葉雄次郎	マスコミ倫理の諸問題：NHK文研月報　21（05）〔1971.5〕　p46	
矢部利茂	報道における真実性：芸術 : 大阪芸術大学紀要　通号1　〔1971.9〕　p18〜21	
久野収, 森恭三	ジャーナリストの "良心" と責任：新聞研究　通号242　〔1971.9〕　p8〜17	
青木照夫	新聞における客観報道とセンセーショナリズム（センセーショナリズムについて）：新聞研究　通号247　〔1972.2〕　p21〜24	
加藤秀俊	「正義」の問題（センセーショナリズムについて）：新聞研究　通号247　〔1972.2〕　p8〜14	
河原淳, 布川角左衛門	対談 出版倫理の問題：出版ニュース　通号0894　〔1972.3〕　p6〜13	
大平和夫	特集II 放送表現規制の倫理と法理 放送倫理情報 テレビと暴力 MASS鏡：月刊民放　02（11）〔1972.4〕　p46〜47	
前野和久	記者の "良心" とモラル：新聞研究　通号249　〔1972.4〕　p16〜27	
小松原大夫	クリークバウム「言論に対する圧迫」──"ニュー・ジャーナリズム" への胎動のいくつか（海外情報）：新聞研究　通号251　〔1972.6〕　p72〜75	
青木貞伸	複眼 「魔女狩り」の季節の恐怖：放送批評　No.055　〔1972.7・8〕	
ダイヤモンド, エドウィン, 小松原久夫	定着する記者の権利──最近のアメリカ・ジャーナリズムの傾向：新聞研究　通号254　〔1972.9〕　p56〜61	
総合ジャーナリズム研究編集部	高松塚報道批判を解体する－－無定見こそマスコミの使命：総合ジャーナリズム研究所　09（04）〔1972.10〕　p4〜19	
安谷吉雄, 山田昭元, 手島寛, 菅玄助, 西四辻公敏, 泉毅一	座談会 欧米の放送倫理に何を学ぶか：月刊民放　04（32）〔1974.1〕　p26〜32	
松下次郎	「私」の発見から「私たち」の連帯へ──新聞の倫理学（現代の新聞と読者）：新聞研究　通号270　〔1974.1〕　p7〜14	
安永寿延	問われる新聞の公器性──弱者のための情報社会を目ざして（くらしと新聞報道）：新聞研究　通号275　〔1974.6〕　p37〜40	
加藤秀俊, 青地晨, 田所泉	座談会 一九七五年、マスコミの責任は：マスコミ市民　通号088　〔1975.1〕　p4〜16	

倫理	制度

橋本正邦	新聞は建設的な批評者——APMEの採択した倫理綱領：新聞研究　通号288　〔1975.7〕　p50～54
加瀬英明	正義に名を借りた「多数の横暴」——民主主義をかざして「丸紅」に抗議した集団とマスコミの偏向報道を批判する：自由　18（9）〔1976.9〕　p18～33
藤島宇内	"盗作"問題とアカデミズム　在野研究者の立場から：出版ニュース　通号1099　〔1978.1〕　p7～9
新聞研究編集部, 鈴木邦芳	取材する側への要望——広報担当者インタビュー（現代新聞記者読本——警察広報をめぐって）：新聞研究　通号320　〔1978.3〕　p30～34
家永三郎	一部マスコミの奇怪な動きをめぐって——私への不法な中傷をめぐって：マスコミ市民　通号124　〔1978.4〕　p12～19
石川明	放送における均衡性—西ドイツにおける論議を素材として：NHK放送文化研究年報　23　〔1978.7〕　p231～257
建部直文	体験的「新聞報道と人権論」の試み（報道と人権の接点）：新聞研究　通号354　〔1981.1〕　p33～37
沢野久雄	新聞に袋叩きにあった話——ことの起りは「煙草をすう人のところへはお嫁に行きません」という標語だった：諸君！　日本を元気にするオピニオン雑誌　13（4）〔1981.4〕　p142～149
鴨下信一	新入社員のための特集創る—放送人の条件　自分自身が変わるという期待を　新入社員アンケートを読んで：月刊民放　12（129）〔1982.3〕　p21～23
桐原久	新入社員のための特集創る—放送人の条件　創造する放送人　放送はクリエイティブな企業である：月刊民放　12（129）〔1982.3〕　p6～9
磯野恭子, 合田一道, 三神正人, 松田好哉, 中村敏夫, 釣巻耕秀, 田上悌三, 茂木乾一郎	新入社員のための特集創る—放送人の条件　放送現場における"創る"とは？：月刊民放　12（129）〔1982.3〕　p10～17
高橋正則	自由な新聞の報道原理——客観報道と主観報道の問題：駒澤大學法學部研究紀要　通号39・40　〔1982.3〕　p1～28
安孫子誠人	報道における責任——最近のNHK報道から：マスコミ市民　通号168　〔1982.4〕　p14～21
坂口義弘	内藤国夫氏（元毎日記者）にみる創価学会スクープの論理——山崎・原島氏らの画策とジャーナリズム：自由　24（4）〔1982.4〕　p64～73
香山健一	新聞記者の倫理を問う——教科書問題誤報事件・情報汚染のメカニズム：文芸春秋　60（13）〔1982.11〕　p94～114
鈴木和年	体外受精児報道への各社の対応（報道の行き過ぎ!?<特集>　体外受精児報道をめぐって）：総合ジャーナリズム研究　21（01）〔1984.1〕　p103～109
総合ジャーナリズム研究編集部	大切な患者, 医師との信頼関係（報道の行き過ぎ!?<特集>　体外受精児報道をめぐって）：総合ジャーナリズム研究所　21（01）〔1984.1〕　p13～29
総合ジャーナリズム研究編集部	報道の行き過ぎ!?<特集>：総合ジャーナリズム研究所　21（01）〔1984.1〕　p30～49
総合ジャーナリズム研究編集部	（報道の行き過ぎ!?<特集>）体外受精児報道をめぐって：総合ジャーナリズム研究　21（01）〔1984.1〕　p26～29
漆戸靖治	特集　放送人の目配り　まず, 媒体を好きになることから　感性と科学する心を肥やし, 外部への触角に：月刊民放　14（153）〔1984.3〕　p12～13
伊豆百合子, 境政郎, 今村和朗, 山内理夫, 青柳良明, 千田三郎, 中村良男, 南美希子, 浜昭臣, 綿野憲治	特集　放送人の目配り　クリエイティビティ発揮の要件　私の「ジャーナリスティックな感性」培養法：月刊民放　14（153）〔1984.3〕　p20～30
日枝久	特集　放送人の目配り　既成概念に捕われぬ柔軟な発想を　"好奇心"が生む, 複眼視点と異領域への感性：月刊民放　14（153）〔1984.3〕　p14～16
吉村繁雄	特集　放送人の目配り　入社後十年は, 広範な知識吸収期　"ソフトの時代"に, フレキシビリティ発揮を：月刊民放　14（153）〔1984.3〕　p13～14
松元真	特集　放送人の目配り　予見を排し, "結論"を用意するな　放送にしかない, 号外性と視聴者との一体感：月刊民放　14（153）〔1984.3〕　p10～12
居作昌果	特集　放送人の目配り　"理不尽さ"超越の心構えが必要だ　社会の動きを"肌"で感じ, チャンスをつくれ：月刊民放　14（153）〔1984.3〕　p16～18
川内通康	特集　放送人の目配り　「理論人間」を超え, 感性を磨け　ルーカスとスピルバーグの共通点：月刊民放　14（153）〔1984.3〕　p6～9
森勝紀	特集　放送人の目配り　貪欲なノウハウ吸収と的確な判断　迫る世代交代期に, 「ゼネラリスト」をめざせ：月刊民放　14（153）〔1984.3〕　p18～19
続天	報道の眼　無情な報道姿勢に反省を　三井三池有明鉱坑内火災事件：月刊民放　14（153）〔1984.3〕　p38～38
安田紀夫	取材倫理と報道倫理（新聞記者読本'84）：新聞研究　通号392　〔1984.3〕　p19～22
田上時子	報道の行き過ぎ!?−2−記事・番組の品質管理：総合ジャーナリズム研究　21（02）〔1984.4〕　p91～95
家永三郎	《特集》いま, ジャーナリズムに…『マスコミ市民』存在の意義：マスコミ市民　通号200　〔1985.3〕　p80～81
中村泰次	マスコミ倫理の向上と表現の自由確保のために——マスコミ倫懇30年をふりかえって：新聞研究　通号406　〔1985.5〕　p66～69
仲田誠	報道の自由とマスコミの倫理：松山商大論集　36（2）〔1985.6〕　p61～84
渡辺忠恕	記者保護のための行動計画——国際赤十字を中心に動き始める：新聞研究　通号410　〔1985.9〕　p78～80
新聞研究編集部	問われる倫理と報道の使命（パネルディスカッション）（第95回新聞講座）：新聞研究　通号415　〔1986.2〕　p63～67
竹内大祐	特集——新民放人のために　生活とともにあるメディアの使命　イベント：月刊民放　16（177）〔1986.3〕　p20～22
白井清也	特集——新民放人のために　生活とともにあるメディアの使命　テレビ営業：月刊民放　16（177）〔1986.3〕　p30～31
横澤彪	特集——新民放人のために　生活とともにあるメディアの使命　テレビ制作：月刊民放　16（177）〔1986.3〕　p14～16
長谷川和生	特集——新民放人のために　生活とともにあるメディアの使命　ネット営業：月刊民放　16（177）〔1986.3〕　p23～25
筑紫哲也	特集——新民放人のために　生活とともにあるメディアの使命　メディアの可能性を活かし, 大いにチャレンジを　「ここだけは譲らない」という価値観を確立し, プロをめざせ：月刊民放　16（177）〔1986.3〕　p6～9
大沼郁夫	特集——新民放人のために　生活とともにあるメディアの使命　ラジオ営業：月刊民放　16（177）〔1986.3〕　p31～32
宮本幸一	特集——新民放人のために　生活とともにあるメディアの使命　ラジオ制作：月刊民放　16（177）〔1986.3〕　p16～18
岩田公雄	特集——新民放人のために　生活とともにあるメディアの使命　レポーター：月刊民放　16（177）〔1986.3〕　p27～28
金村武敏	特集——新民放人のために　生活とともにあるメディアの使命　ローカル営業：月刊民放　16（177）〔1986.3〕　p22～23
徳丸勝博	特集——新民放人のために　生活とともにあるメディアの使命　考査：月刊民放　16（177）〔1986.3〕　p25～27

上田洋介	特集——新民放人のために 生活とともにあるメディアの使命 調査：月刊民放	16（177）〔1986.3〕p18～20
萩原敏雄	特集——新民放人のために 生活とともにあるメディアの使命 編成：月刊民放	16（177）〔1986.3〕p13～14
井口真一	特集——新民放人のために 生活とともにあるメディアの使命 編成：月刊民放	16（177）〔1986.3〕p32～33
田畑光永	特集——新民放人のために 生活とともにあるメディアの使命 報道：月刊民放	16（177）〔1986.3〕p10～13
境真理子	特集——新民放人のために 生活とともにあるメディアの使命 報道：月刊民放	16（177）〔1986.3〕p29～30

山田健太 マスコミ倫理懇談会全国協議会創立三十周年記念・公開シンポジウム——いま，マスコミに問われているもの：新聞研究 通号417 〔1986.4〕p78～81

筈見有弘 アメリカ映画の新聞記者像：新聞研究 通号421 〔1986.8〕p62～65

原寿雄 「客観報道」を問い直す——その弊害と主観性復活の危険：新聞研究 通号423 〔1986.10〕p33～38

奥田智子	特集 新民放人のために—媒体環境を捉え、創造的行動を アナウンス：月刊民放	17（189）〔1987.3〕p38～38
佐藤順彦	特集 新民放人のために—媒体環境を捉え、創造的行動を イベント：月刊民放	17（189）〔1987.3〕p29～31
山内久司	特集 新民放人のために—媒体環境を捉え、創造的行動を テレビ制作：月刊民放	17（189）〔1987.3〕p15～17
西野正夫	特集 新民放人のために—媒体環境を捉え、創造的行動を テレビ編成：月刊民放	17（189）〔1987.3〕p19～20
花里康生	特集 新民放人のために—媒体環境を捉え、創造的行動を ドキュメンタリー：月刊民放	17（189）〔1987.3〕p12～13
竹下尚子	特集 新民放人のために—媒体環境を捉え、創造的行動を ラジオ制作：月刊民放	17（189）〔1987.3〕p17～18
升家誠司	特集 新民放人のために—媒体環境を捉え、創造的行動を ラジオ制作：月刊民放	17（189）〔1987.3〕p34～35
山本和弘	特集 新民放人のために—媒体環境を捉え、創造的行動を ラジオ編成：月刊民放	17（189）〔1987.3〕p20～22
中沢隆司	特集 新民放人のために—媒体環境を捉え、創造的行動を レポーター：月刊民放	17（189）〔1987.3〕p14～15
山内郁二	特集 新民放人のために—媒体環境を捉え、創造的行動を ローカル営業：月刊民放	17（189）〔1987.3〕p22～23
高田徹	特集 新民放人のために—媒体環境を捉え、創造的行動を 営業：月刊民放	17（189）〔1987.3〕p36～37
分校由平	特集 新民放人のために—媒体環境を捉え、創造的行動を 営業：月刊民放	17（189）〔1987.3〕p37～38
小林健一	特集 新民放人のために—媒体環境を捉え、創造的行動を 技術：月刊民放	17（189）〔1987.3〕p31～32
吉田抄子	特集 新民放人のために—媒体環境を捉え、創造的行動を 広報：月刊民放	17（189）〔1987.3〕p35～36
杉本哲男	特集 新民放人のために—媒体環境を捉え、創造的行動を 考査：月刊民放	17（189）〔1987.3〕p23～25
横山貞利	特集 新民放人のために—媒体環境を捉え、創造的行動を 調査：月刊民放	17（189）〔1987.3〕p25～27
盛山毅	特集 新民放人のために—媒体環境を捉え、創造的行動を 番組宣伝：月刊民放	17（189）〔1987.3〕p27～29
田窪俊司	特集 新民放人のために—媒体環境を捉え、創造的行動を 報道：月刊民放	17（189）〔1987.3〕p10～12
山中明	特集 新民放人のために—媒体環境を捉え、創造的行動を 報道：月刊民放	17（189）〔1987.3〕p33～34

斎藤守慶 特集 新民放人のために—媒体環境を捉え、創造的行動を 民放人に求められるバランス感覚と行動型創造 二元的要素の融和を導く、"職際的プロデューサー感覚"：月刊民放 17（189）〔1987.3〕p6～9

新聞研究編集部 マスコミ倫理懇談会全国協議会'87公開シンポジウム——いま，マスコミに問われているもの——メディアの活力と節度を中心に：新聞研究 通号429 〔1987.4〕p72～74

藤田博司 「客観報道」再考——まず情報源明示の努力を：新聞研究 通号429 〔1987.4〕p10～15

近藤隆之輔 新聞は自ら廃業宣言するのか：諸君！ 日本を元気にするオピニオン雑誌 19（5）〔1987.5〕p148～156

深津真澄 憲法理念の定着と戦後政治の流れ（憲法40年とジャーナリズム）：新聞研究 通号430 〔1987.5〕p10～15

マクガイア，ティム・J 問い直されるプライバシーの権利——APME「フリーダム・オブ・インフォメーション」から：新聞研究 通号430 〔1987.5〕p72～77

本田靖春 「客観報道」の問題点は何か：新聞研究 通号431 〔1987.6〕p10～24

藤田博司 廃止決定した米国放送会の「公平の原則」：新聞研究 通号435 〔1987.10〕p73～75

高木教典 特集 新民放人のために・民放の原点と現状 環境変化で迫られる、多様な"地域性"の強化 民放の原点「地域社会」への限りなきアプローチを望む：月刊民放 18（201）〔1988.3〕p6～8

中澤忠正 特集 新民放人のために・民放の原点と現状 手づくりの"一品生産"の世界で高度な分業が成立 放送「実学」講座I 総論—番組の制作から放送まで：月刊民放 18（201）〔1988.3〕p17～22

篠原俊行, 小山和彦, 新藤晃, 大杉豊 特集 新民放人のために・民放の原点と現状 必要な、媒体環境を捉えた知識の蓄積 放送「実学」講座II 各論——放送法制/基準・考査/著作権/調査・視聴率：月刊民放 18（201）〔1988.3〕p17～22

王東順, 鎌内啓子, 石川一彦, 早河洋, 八木康夫 特集 新民放人のために・民放の原点と現状 "普通人の感覚"を持つスペシャリストたれ 新入社員に何を期待するか〈第一線制作者座談会〉：月刊民放 18（201）〔1988.3〕p9～16

椿貞良 よい放送記者になるために——"電脳人間"を自称する若い友人へ（記者読本'89）：新聞研究 通号452 〔1989.3〕p34～36

土井亮二 メディアの大規模化と報道倫理——紙面審査の立場から：新聞研究 通号457 〔1989.8〕p10～12

村瀬真文 放送の国際化時代における放送の公共的機能——西ヨーロッパの放送に関する2つの国際規範をめぐって（国際化の中の放送＜特集＞）：放送学研究 通号40 〔1990〕p33～57

八巻信生	「放送倫理・学」事始め（1）"考査"以前に求められる放送人の「良識」：月刊民放	20（223）〔1990.1〕p24～27
八巻信生	「放送倫理・学」事始め（2）『放送基準』の順守で放送倫理の確立を：月刊民放	20（224）〔1990.2〕p24～27
八巻信生	「放送倫理・学」事始め（3）マスコミによる人権擁護と倫理確立の現状：月刊民放	20（225）〔1990.3〕p30～33

木山久男 まず倫理観を身につける（新時代の記者たちへ——記者読本'90—現場の一線から）：新聞研究 通号464 〔1990.3〕p69～71

八巻信生	「放送倫理・学」事始め（4）政見放送、意見広告、社説放送をめぐる動向：月刊民放	20（226）〔1990.4〕p34～37
八巻信生	「放送倫理・学」事始め（5）差別解消への道——言語以上に意識改革が重要：月刊民放	20（227）〔1990.5〕p34～37
八巻信生	「放送倫理・学」事始め（6）差別される者の痛みを知り、差別の解消を：月刊民放	20（228）〔1990.6〕p34～37
八巻信生	「放送倫理・学」事始め（7）放送は優れたチェック機能を有効に：月刊民放	20（229）〔1990.7〕p32～35
八巻信生	「放送倫理・学」事始め（9）医療法改正案と医業・歯科医業の広告：月刊民放	20（231）〔1990.9〕p34～37
八巻信生	「放送倫理・学」事始め（10）実りある社員教育で、考査マインドの徹底を：月刊民放	20（232）〔1990.10〕p34～37

萩元晴彦 特集 新放送人への期待とメッセージ 「AS IT IS」からの出発：月刊民放 21（237）〔1991.3〕p6～9

倫理	制度

神村謙二　特集 新放送人への期待とメッセージ テレビ営業 過去に拘泥せず、異質な発想を：月刊民放　21 (237)　〔1991.3〕 p24～26

杉田成道　特集 新放送人への期待とメッセージ テレビ制作 常識に抵抗し、人の傷に敏感に：月刊民放　21 (237)　〔1991.3〕 p20～22

加藤光夫　特集 新放送人への期待とメッセージ テレビ編成 情熱持った "豊か" な戦略家であれ：月刊民放　21 (237)　〔1991.3〕 p15～17

植田豊喜　特集 新放送人への期待とメッセージ テレビ報道 生活者の感覚で事実の再構成を：月刊民放　21 (237)　〔1991.3〕 p10～12

栗盛信太郎　特集 新放送人への期待とメッセージ ラジオ営業 リスナーとの共生空間創出を：月刊民放　21 (237)　〔1991.3〕 p22～24

中川隆博　特集 新放送人への期待とメッセージ ラジオ制作 人の心の痛み理解することが基本：月刊民放　21 (237)　〔1991.3〕 p17～19

稲葉昭典　特集 新放送人への期待とメッセージ ラジオ編成 目に見えぬ聴取者をどう摑むか：月刊民放　21 (237)　〔1991.3〕 p12～14

橋本正邦　ジャーナリズムの倫理と自由——APME倫理綱領を手がかりに（次代を担う君たちへ——記者読本'91）：新聞研究　通号476　〔1991.3〕 p30～32

田村進　第5回訂正記事掲載状況調査：新聞研究　通号481　〔1991.8〕 p77～80

河合久光　特集 新放送人に贈ることば テレビ営業 高度なサービスのプロデューサーに：月刊民放　22 (249)　〔1992.3〕 p24～25

中村敏夫　特集 新放送人に贈ることば テレビ制作 野心、自信、持続力を持つ楽天家に：月刊民放　22 (249)　〔1992.3〕 p20～21

馬場俊明　特集 新放送人に贈ることば テレビ編成 知ってほしいTVの現状と問題点：月刊民放　22 (249)　〔1992.3〕 p16～17

大友英紀　特集 新放送人に贈ることば ラジオ営業 期待される営業マンになるために：月刊民放　22 (249)　〔1992.3〕 p22～23

秋信利彦　特集 新放送人に贈ることば ラジオ制作 自己主張と協調性の調和が大切：月刊民放　22 (249)　〔1992.3〕 p18～19

土屋寛　特集 新放送人に贈ることば ラジオ編成 多くの人に会い、刺激受けよ：月刊民放　22 (249)　〔1992.3〕 p14～15

酒井寿男　特集 新放送人に贈ることば 技術 マルチメディア時代の船出を祝う：月刊民放　22 (249)　〔1992.3〕 p26～27

富原薫　特集 新放送人に贈ることば 「地域のための民放」を基本理念に：月刊民放　22 (249)　〔1992.3〕 p6～8

久木保　特集 新放送人に贈ることば 報道 報道で長くメシを食う法：月刊民放　22 (249)　〔1992.3〕 p12～13

古賀愛人　特集 新放送人に贈ることば 民放は永遠に生きてゆく：月刊民放　22 (249)　〔1992.3〕 p9～11

古川俊実　英国の新聞苦情処理委員会発足から1年：新聞研究　通号488　〔1992.3〕 p86～88

高尾元通　特集 再点検・放送倫理 "マスコミの暴力的な目" のつけどころ：月刊民放　22 (250)　〔1992.4〕 p21～24

梁瀬秀臣　特集 再点検・放送倫理 他人の不幸を伝える意味は？：月刊民放　22 (250)　〔1992.4〕 p17～20

松田士朗　特集 再点検・放送倫理 報道被害 刑事被告人・北野宏氏の告発：月刊民放　22 (250)　〔1992.4〕 p25～28

清水英夫　特集 再点検・放送倫理 放送の自由と放送倫理とのあいだ：月刊民放　22 (250)　〔1992.4〕 p6～9

長谷川尚　特集 再点検・放送倫理 放送基準の遵守で、視聴者の信頼を：月刊民放　22 (250)　〔1992.4〕 p10～12

丹羽俊夫　特集 再点検・放送倫理 問われるマスコミの自浄力：月刊民放　22 (250)　〔1992.4〕 p13～16

原田三朗　取材記者の職業倫理についての試論—日米ジャーナリズムの比較を中心に：駿河台大学論叢　(6)　〔1992.11〕 p131～148

徳丸勝博　特集 明日の民放を担う君たちへ 「いかに生くべきか」を常に頭の片隅に：月刊民放　23 (261)　〔1993.3〕 p14～15

立田厚子　特集 明日の民放を担う君たちへ 「どうせローカル」排し、中央動かす情報を：月刊民放　23 (261)　〔1993.3〕 p16～17

若林邦彦　特集 明日の民放を担う君たちへ ニュースの前で途方に暮れるあなたへ：月刊民放　23 (261)　〔1993.3〕 p18～19

藤原徹朗　特集 明日の民放を担う君たちへ メディア全体の発展願う自覚を：月刊民放　23 (261)　〔1993.3〕 p29～30

今林清志　特集 明日の民放を担う君たちへ ラジオの新鮮さを一緒に取り戻そう：月刊民放　23 (261)　〔1993.3〕 p22～23

堤寛　特集 明日の民放を担う君たちへ 映像支える民放営業マンの仕事に誇り：月刊民放　23 (261)　〔1993.3〕 p26～28

坂井康朗　特集 明日の民放を担う君たちへ 確かな視野持ち、技術者への期待に応えよう：月刊民放　23 (261)　〔1993.3〕 p10～11

小牧次郎　特集 明日の民放を担う君たちへ 君は放送局で何をやりたいのか？：月刊民放　23 (261)　〔1993.3〕 p20～21

大山勝美　特集 明日の民放を担う君たちへ 若い力に期待したいソフト開発：月刊民放　23 (261)　〔1993.3〕 p6～9

西山弘道　特集 明日の民放を担う君たちへ 中波ラジオの新たな可能性を追求せよ：月刊民放　23 (261)　〔1993.3〕 p12～13

望月達史　特集 明日の民放を担う君たちへ 放送にふさわしいバランス感覚を磨く：月刊民放　23 (261)　〔1993.3〕 p24～26

田島泰彦　コミュニケーション倫理をめぐる国際的動向——メディア倫理・責任システムの研究と展開を中心に（ジャーナリズムの現在——その課題と可能性＜特集＞）：マス・コミュニケーション研究　通号42　〔1993.3〕 p59～79

江川紹子　山崎浩子さん騒動 限度をこえたマスコミの報道と姿勢：マスコミ市民　通号294　〔1993.5〕 p6～9

天野勝文　ジャーナリズムの倫理——実践すべき3つの課題（報道と倫理——その今日的な意味合い＜特集＞）：マス・コミュニケーション研究　通号43　〔1993.12〕 p3～16

塚本晴二朗　ジャーナリズム教育における倫理の位置づけ—日米比較を中心として（報道と倫理——その今日的な意味合い＜特集＞）：マス・コミュニケーション研究　通号43　〔1993.12〕 p76～89

大井眞二　センセーショナリズムを考える——アメリカ・ジャーナリズム史の文脈から（報道と倫理——その今日的な意味合い＜特集＞）：マス・コミュニケーション研究　通号43　〔1993.12〕 p45～62

青木貞伸, 田島泰彦　テレビにとって公平とは何か——前テレビ朝日報道局長の証人喚問問題を考える：世界　通号590　〔1994.1〕 p225～236

奥平康広　特集 テレビジャーナリズムの公平・公正について なぜ "放送における公正" か：月刊民放　24 (272)　〔1994.2〕 p6～11

門奈直樹　特集 テレビジャーナリズムの公平・公正について ジャーナリズムとしてのテレビのあり方：月刊民放　24 (272)　〔1994.2〕 p22～25

樋口恵子　特集 テレビジャーナリズムの公平・公正について 「社会の常識の範囲内」で局の主張出して：月刊民放　24 (272)

制度　　　倫理

〔1994.2〕　p29～31

後藤和彦　　特集 テレビジャーナリズムの公平・公正について 多メディア多チャンネル時代の「報道の公平さ」：月刊民放　24（272）〔1994.2〕　p26～28

横田一　　特集 新放送人のために 「こんなん、面白いんちゃう？」を出し合おう：月刊民放　24（273）〔1994.3〕　p28～29

福田博之　　特集 新放送人のために さっきまで視聴者だった君たちへ：月刊民放　24（273）〔1994.3〕　p20～21

三村晃久　　特集 新放送人のために まずラジオ営業から入ることを勧めます：月刊民放　24（273）〔1994.3〕　p18～19

田端能明　　特集 新放送人のために 私の人生をテレビ番組に見立てる：月刊民放　24（273）〔1994.3〕　p16～17

山崎甲子男　　特集 新放送人のために 社外のヒューマンネットを大切にせよ：月刊民放　24（273）〔1994.3〕　p12～13

磯崎洋三　　特集 新放送人のために 情熱と誇り、そして使命感を：月刊民放　24（273）〔1994.3〕　p6～9

喜多冬子　　特集 新放送人のために 新入社員諸君！ 異動を恐るるなかれ：月刊民放　24（273）〔1994.3〕　p14～15

伴りか　　特集 新放送人のために 他人の痛み、思いやる気持ちを：月刊民放　24（273）〔1994.3〕　p26～27

田島明朗　　特集 新放送人のために 「普通のオジサンが普通に作っているんだよ」：月刊民放　24（273）〔1994.3〕　p10～11

岩田淳　　特集 新放送人のために 放送人としての基本は「営業力」である：月刊民放　24（273）〔1994.3〕　p24～25

井上波　　特集 新放送人のために 迷路の中で途方に暮れる1記者から：月刊民放　24（273）〔1994.3〕　p22～23

小島徹　　市民社会の敵にならずに──ジャーナリズムの倫理（記者読本'94）：新聞研究　通号512　〔1994.3〕　p27～30

花田達朗　　「新聞の公共性」の運命──マスメディア，ジャーナリズム，公共圏の相互関連において：新聞研究　通号512〔1994.3〕　p90～95

小川浩　　冤罪・狭山事件から31年──世間の記憶から消えつつ：マスコミ市民　通号309　〔1994.8〕　p68～72

古川俊実　　メディアは対応を迫られている──マスコミ倫理懇談会公開シンポジウムの論議から（マスコミの焦点）：新聞研究　通号517　〔1994.8〕　p76～78

小池正春　　透けて見えたテレビ局と「当局」（テレビ朝日 "椿発言" 問題は終ったか＜特別企画＞）：総合ジャーナリズム研究　31（04）〔1994.10〕　p82～86

五井千鶴子　　特集 新放送人に勧める ちょっとだけ、爪先だってやりたいナ：月刊民放　25（285）〔1995.3〕　p12～13

森谷和郎　　特集 新放送人に勧める リスナーと送り手の表情が見えてくるように：月刊民放　25（285）〔1995.3〕　p10～11

橋本康成　　特集 新放送人に勧める 「何も起こらない」ことにも情報がある：月刊民放　25（285）〔1995.3〕　p14～15

今道彰　　特集 新放送人に勧める 細いペン先に、何百万人もの耳が……：月刊民放　25（285）〔1995.3〕　p24～25

磯野恭子　　特集 新放送人に勧める 視聴者に迎合せず、地域密着へ気概：月刊民放　25（285）〔1995.3〕　p8～9

平松英俊　　特集 新放送人に勧める 進め！ 電波営業少年：月刊民放　25（285）〔1995.3〕　p18～19

西本泰子　　特集 新放送人に勧める 人が好きなればこそ、視聴者が感動：月刊民放　25（285）〔1995.3〕　p22～23

吉野達也　　特集 新放送人に勧める 図々しく、怒鳴るケンカをしながら：月刊民放　25（285）〔1995.3〕　p26～27

山中明　　特集 新放送人に勧める 説得力ある映像を撮り、早く送る：月刊民放　25（285）〔1995.3〕　p16～17

篠倉政昭　　特集 新放送人に勧める 専門研修の前に、放送の方式と流れを！：月刊民放　25（285）〔1995.3〕　p20～21

青山行雄　　特集 新放送人に勧める 放送はソフト、そのソフトに木鐸意識を：月刊民放　25（285）〔1995.3〕　p5～7

前沢猛　　記者の職業倫理──「公私のけじめ」の視点から（記者読本'95）：新聞研究　通号524　〔1995.3〕　p20～23

高丘季昭　　ジャーナリズムと自浄力：総合ジャーナリズム研究　32（02）〔1995.4〕　p12～16

山本清貴　　just you and me CBSの取材倫理：放送批評　No.311　〔1995.6〕

中村泰次　　中村泰次の "蟻の一穴" –26– 戦後50年－－今こそ新聞倫理綱領の実践を：総合ジャーナリズム研究　32（03）〔1995.7〕　p60～63

波野始　　社長の衆院選出馬で問われる西日本放送（香川）の「ぐるみ選挙」と「放送の公正」：放送レポート　136号　〔1995.9〕　p2～7

安楽城格　　放送倫理向上に緊密な連携で取り組む：月刊民放　25（292）〔1995.10〕　p60～60

岩倉誠一　　迷路に入ったメディアの倫理：マスコミ市民　通号323　〔1995.10〕　p48～51

橋本直　　行動原理は自由・公正・多様性──激変するメディア環境下，新聞界が選んだ舞台設定（アメリカから）：新聞研究　通号532　〔1995.11〕　p71～77

仮屋朋子　　特集 民放を担う新人たちへ 気取らず、自然体で：月刊民放　26（297）〔1996.3〕　p24～24

六車俊治　　特集 民放を担う新人たちへ 仕事に楽しみを見つける：月刊民放　26（297）〔1996.3〕　p25～25

長谷川秀春　　特集 民放を担う新人たちへ 取材報道 公正を貫く強い意思を：月刊民放　26（297）〔1996.3〕　p12～14

三崎由紀　　特集 民放を担う新人たちへ 書を読み、番組を見、触れ合いの旅を：月刊民放　26（297）〔1996.3〕　p20～21

隅田裕則　　特集 民放を担う新人たちへ 前向きに探究心を持つ：月刊民放　26（297）〔1996.3〕　p27～27

青瀧博文　　特集 民放を担う新人たちへ 相手への "痛み" を忘れずに：月刊民放　26（297）〔1996.3〕　p26～26

高橋正彦　　特集 民放を担う新人たちへ 著作権 放送番組は権利の塊：月刊民放　26（297）〔1996.3〕　p15～17

西英隆　　特集 民放を担う新人たちへ 「蛮勇と謙虚さ」を持って：月刊民放　26（297）〔1996.3〕　p28～28

塚越孝　　特集 民放を担う新人たちへ 怖そうな人の懐に飛び込め：月刊民放　26（297）〔1996.3〕　p22～23

蔦信彦　　特集 民放を担う新人たちへ 放送は、ペン、剣よりも強し：月刊民放　26（297）〔1996.3〕　p18～19

岩田和夫　　特集 民放を担う新人たちへ 放送基準 社会の信頼を保持するために：月刊民放　26（297）〔1996.3〕　p8～11

前沢猛　　メディアの職業倫理を考える：新聞通信調査会報　通号402　〔1996.5〕

佐藤毅　　特集 報道の倫理と責任 TBS事件─問われる報道の倫理─ TBS事件とその「報道」「論評」──事件の点火と展開：マスコミ市民　通号330　〔1996.5〕　p30～33

井上宏　　特集 報道の倫理と責任 TBS事件─問われる報道の倫理─ 「TBS問題」に思う：マスコミ市民　通号330　〔1996.5〕　p34～40

武市英雄　　特集 報道の倫理と責任 TBS事件─問われる報道の倫理─ ジャーナリスト教育のシステム化を：マスコミ市民　通号330　〔1996.5〕　p18～18

斎藤文男　　特集 報道の倫理と責任 TBS事件─問われる報道の倫理─ ジャーナリズムとしてのテレビの復権を：マスコミ市民　通号330　〔1996.5〕　p42～46

川崎泰資　　特集 報道の倫理と責任 TBS事件─問われる報道の倫理─ 背景に、ワイドショーは放送界の「住専」論：マスコミ市民　通号330　〔1996.5〕　p2～12

倫理		制度

広瀬英彦　特集 報道の倫理と責任 TBS事件―問われる報道の倫理― 報道の自由と倫理と責任：マスコミ市民　通号330
〔1996.5〕 p14〜17

桂敬一　特集 報道の倫理と責任 TBS事件―問われる報道の倫理― 放送ジャーナリズムの復権と発展のために：マスコミ市民　通号330　〔1996.5〕 p19〜25

田宮武　特集 報道の倫理と責任 TBS事件―問われる報道の倫理― 暴走しかねないテレビメディア――自己点検の強化を期待する：マスコミ市民　通号330　〔1996.5〕 p26〜29

中郡英男　実証された自浄能力の限界：新聞通信調査会報　通号403　〔1996.6〕

原寿雄　テレビは報道機関の自覚を――TBS事件の教訓（特集 再考・放送倫理）：月刊民放　26（6）〔1996.6〕 p4〜7

岸田功　汝, ジャーナリズムを知れ――メディア操作の時代（特集 再考・放送倫理）：月刊民放　26（6）〔1996.6〕 p8〜11

田島泰彦　放送倫理をめぐる課題――TBS問題を契機に（特集 再考・放送倫理）：月刊民放　26（6）〔1996.6〕 p12〜15

清水英夫　謝罪広告の強制と憲法――韓国憲法裁判所の違憲決定から考える：新聞研究　通号539　〔1996.6〕 p59〜62

仁平俊夫　正確で迅速な当確を愚直に守る（メディアと政治）：新聞研究　通号539　〔1996.6〕 p47〜49

浜田純一　自由の武器としての倫理――理解と信頼得るため不可欠, と位置づけて（新聞が問われているもの――新聞倫理綱領50周年）：新聞研究　通号540　〔1996.7〕 p38〜40

斎藤隆　問われるものはと問われて（新聞が問われているもの――新聞倫理綱領50周年）：新聞研究　通号540　〔1996.7〕 p35〜37

渡辺武達　メディアの論理と人間社会の倫理：自由　38（8）〔1996.8〕 p80〜85

市村元　フランスのテレビ界・報道倫理事情（特集 テレビジャーナリズム―その再構築2）：新・調査情報passingtime　2期（51）通号413　〔1996.11〕 p26〜27

後藤和彦　「報道倫理ガイドライン」策定をめぐる各局担当者座談会（特集 テレビジャーナリズム―その再構築2）：新・調査情報passingtime　2期（51）通号413　〔1996.11〕 p14〜21

木脇豊　「報道倫理ガイドライン」策定作業その後（特集 テレビジャーナリズム―その再構築2）：新・調査情報passingtime　2期（51）通号413　〔1996.11〕 p22〜23

藤田博司　パブリック・ジャーナリズム――米報道改革の試みをめぐって：コミュニケーション研究　通号27　〔1997〕 p51〜61

清水英夫, 大条成昭　映像における暴力表現の問題性――映像表現の基準に関する第4回国際会議：総合ジャーナリズム研究　34（01）〔1997.1〕 p39〜44

総合ジャーナリズム研究編集部　特集 ジャーナリストの行動規範：総合ジャーナリズム研究所　34（01）〔1997.1〕 p28〜30

飯田薫　報道ガイドラインの中身――NHK・主要民放各局の“報道倫理ブック”を読む 付・欧米の報道ガイドライン（特集 ジャーナリストの行動規範）：総合ジャーナリズム研究　34（01）〔1997.1〕 p31〜38

大石泰彦　倫理（特集 現代マス・コミュニケーション理論のキーワード――50号を記念して―ジャーナリズム論）：マス・コミュニケーション研究　通号50　〔1997.1〕 p31〜37

吉永みち子, 原寿雄, 天野祐吉　民間放送45周年記念全国大会記念シンポジウムB「放送倫理を考える」：月刊民放　27（2）〔1997.2〕 p28〜37

家永三郎　教科書裁判とマスコミ：マスコミ市民　通号034　〔1997.3〕 p2〜3

藤田博司　広がるか「公共報道」の試み 模索する米ジャーナリズム：新聞通信調査会報　通号412　〔1997.3〕 p1〜3

池田恵美子, 藤岡伸一郎　CJを生んだ背景と問題点――客観主義報道の原則を踏み越えて（特集/ザ・シビック・ジャーナリズム）：総合ジャーナリズム研究　34（02）〔1997.4〕 p46〜49

朝田富次　なぜ「やらせ」をやるのか 映像の裏にひそむ落とし穴：新聞通信調査会報　通号413　〔1997.4〕 p14〜16

総合ジャーナリズム研究所　地元市民から――「非国民」を作るマスコミ（重油流出事故報道）：総合ジャーナリズム研究　34（02）〔1997.4〕 p32〜43

鈴木慎治　良質の番組を提供する姿勢と自信をアピール（特集 ステーション・イメージ（Station Image）の浸透をめざして――97年4月の番組改編をケーススタディーに）：月刊民放　27（6）〔1997.6〕 p8〜11

小川邦雄　ペルー報道を振り返って 経過表付き 「人質の安全確保」と「メディアの責任」のはざまで：新・調査情報passingtime　2期（51）通号417　〔1997.7〕 p34〜37

総合ジャーナリズム研究編集部　問われる“偏向”報道（特別企画/「教科書問題」とジャーナリズム）：総合ジャーナリズム研究所　34（03）〔1997.7〕 p69〜97

原寿雄　市民のモラルと放送ジャーナリズムの倫理（特集 視聴者と放送局の良好な関係のために）：月刊民放　27（8）〔1997.8〕 p4〜7

大石泰彦　フランスにおける報道倫理：関西大学社会学部紀要　29（2）〔1997.9〕 p1〜21

三森八重子　CJを実践する記者たち：総合ジャーナリズム研究　34（04）〔1997.10〕 p58〜65

白岩尚　「客観報道がすべて」の誤解根強く――「鳥取発特報」記事をめぐる不買運動から：新聞研究　通号559　〔1998.2〕 p48〜50

渡辺真次　放送に欠かせない人権への配慮（特集 新・放送人講座）：月刊民放　28（3）〔1998.3〕 p16〜19

藤田博司　パブリック・ジャーナリズム――メディアの役割をめぐる1990年代米国の論争：コミュニケーション研究　通号28　〔1998.3〕 p33〜61

村田歓吾　埋めがたい新聞と週刊誌の溝――方向づけできぬマスコミ倫理懇の限界：朝日総研リポート　通号135　〔1998.12〕 p4〜7

植田豊喜　和歌山事件報道――「松本サリン」の教訓は生かされたか：新・調査情報passingtime　2期（51）通号426　〔1999.1〕 p6〜7

酒井謙弥　ガイドラインとマスコミ報道（《特集》どうする新たな戦前）：マスコミ市民　通号366　〔1999.6〕 p38〜40

松浦康彦, 朝比奈豊, 鶴岡憲一　メディア側の理論構築が急務――包括的個人情報保護の法制化をめぐって（個人情報保護と取材・報道――情報の自由な流れを求めて）：新聞研究　通号578　〔1999.9〕 p28〜33

太田一朗　米国メディアと倫理問題――オレゴン州法, ケヴォーキアン医師事件から：比較文化研究　（45）〔1999.11〕 p17〜23

柳澤伸司　新聞批判とジャーナリズム倫理（特集 マス・メディア批判の軸をめぐって）：マス・コミュニケーション研究　通号57　〔2000〕 p23〜34

清水幹雄, 村瀬真文　国会における「放送の公共性」議論の変遷2――昭和36年から昭和45年まで（3）放送メディアの多様化と教

| | 制度 | 倫理 |

	育専門局の制度的問題：放送研究と調査　50(5)通号588　〔2000.5〕　p52～69	
原寿雄	なぜ、いま「新聞倫理綱領」改定か：総合ジャーナリズム研究　37(04)（通号174）〔2000.9〕　p40～42	
青木彰	高い倫理性、優れた国家理念を確信——新綱領の意味を心の奥でかみしめてほしい（新・新聞倫理綱領制定に思う）：新聞研究　（592）〔2000.11〕　p48～51	
原寿雄	自律の内面化には職場論議が不可欠——べからず倫理の前に新聞の使命を掲げよ（新・新聞倫理綱領制定に思う）：新聞研究　（592）〔2000.11〕　p56～59	
内川芳美	新聞倫理綱領制定の国際的な歴史と動向——民主主義を支える新聞の自由への読者の支持が背景（新・新聞倫理綱領制定に思う）：新聞研究　（592）〔2000.11〕　p52～55	
辻泉	週刊誌記事からみる性的記号の消費に関する研究——性規範のダブル・スタンダードと記事の中のエロス：出版研究　通号32　〔2001〕　p119～145	
松田士朗	番組・CM考査——いま諸君の「自主自律」が問われている（特集 放送のプロとして——新放送人に—プロの仕事とは何か）：月刊民放　31(3)通号357　〔2001.3〕　p14～16	
竹内希六	自らを誠実に伝え、地域読者の疑問にこたえる——「読者・紙面委員会」で説明責任を果たしたい（特集 報道・人権・読者——新聞社自主対応の動き）：新聞研究　（597）〔2001.4〕　p22～25	
中馬清福	私案「新聞記者行動規範」われわれはかく行動する：新聞研究　（598）〔2001.5〕　p10～15	
佐々木敏裕	メディアが拡大する「風評被害」——被害の発生にうわさは関係しているのか：朝日総研リポート　（151）〔2001.8〕　p70～86	
嶌信彦	読者は冷静な判断力を失っていない——メディアの質的向上と報道のあり方が問われている（小泉・田中現象とメディア）：新聞研究　（601）〔2001.8〕　p31～34	
浜口武司	問題放置はマスコミの病理——「控訴へ」横一線報道も同根だ（ハンセン病報道を振り返る）：新聞研究　（601）〔2001.8〕　p35～38	
江島潔	OPINION 朝日新聞の報道倫理とは：正論　通号348　〔2001.8〕　p48～51	
徳山喜雄	集団取材による「報道被害」をなくすために——新しいメディア・エシックスの確立に向けて：朝日総研リポート　（152）〔2001.10〕　p48～67	
浅野健一	「やらせ爆弾漁法」と報道倫理 NHK対「現代」損害賠償裁判から：評論・社会科学　（68）〔2002.3〕　p71～190	
岩崎拓郎	メディアスクラム対策現地リポート 「競争」と「人権」のはざまで——小倉・少女監禁致傷事件：新聞研究　（613）〔2002.8〕　p60～62	
広岡尚弥	メディアスクラム対策現地リポート 人権尊重が取材対象との距離を縮める——津山・主婦行方不明事件：新聞研究　（614）〔2002.9〕　p44～47	
森岡孝二	制度的欠陥に目を向ける——報道に求められる視点（特集「隠ぺい」の構造）：新聞研究　（617）〔2002.12〕　p22～25	
大石泰彦	報道倫理に関する一考察——日仏の制度を比較して：関西学院大学社会学部紀要　（94）〔2003〕　p17～28	
中正樹	「客観報道論争」と戦後日本ジャーナリズム研究——「客観報道」はどのようにして語られてきたか：武蔵大学総合研究所紀要　（13）〔2003〕　p43～47	
駒村圭吾	ジャーナリズムの法と倫理——批判者の倫理の再設定を：新聞研究　（618）〔2003.1〕　p43～46	
河原理子	人の一生を物語る感性を——犯罪被害者の声を聴き続けて見えてきたもの：新聞研究　（618）〔2003.1〕　p55～59	
浅野健一	続・NHK「やらせ爆弾漁法」損害賠償裁判権力に対する「調査報道の自由」の視点から：評論・社会科学　（69）〔2003.1〕　p33～153	
渡辺武達	メディアの倫理とアカウンタビリティ：評論・社会科学　（70）〔2003.3〕　p23～65	
外岡秀俊	メディアと政治、報道倫理を考える——英BBC「情報操作疑惑」報道：新聞研究　（628）〔2003.11〕　p26～29	
下村博文, 河野義行, 佐木隆三	民放連シンポジウム・パネル討論 事件報道・裁判報道を考える：月刊民放　34(4)通号394　〔2004.4〕　p30～37	
岸本卓也	競争の中で質をどう保つか——英BBCの「疑惑報道問題」の背景と波紋：新聞研究　（633）〔2004.4〕　p46～49	
山口いつ子	裁判の増加、争点多様化進む——2003年マスコミ関係判例回顧：新聞研究　（633）〔2004.4〕　p67～72	
降幡賢一	新聞は本気で検証してきたか——「オウム法廷」連載記者の八年半：新聞研究　（633）〔2004.4〕　p52～55	
山内雅史	主体的に報道する姿勢示す——「おことわり」掲載の経緯と議論（神戸連続児童殺傷事件の加害男性仮退院をめぐって）：新聞研究　（635）〔2004.6〕　p43～46	
清水英夫	政治的公平と放送事業者（特集 テレビ放送の「政治的公平」）：月刊民放　34(9)通号399　〔2004.9〕　p20～23	
坂本衛	「政治的公平」の議論は番組で深めよ（特集 テレビ放送の「政治的公平」）：月刊民放　34(9)通号399　〔2004.9〕　p16～19	
横大道聡	公的言論助成・パブリックフォーラム・観点差別——連邦最高裁判決の検討を中心に：法学政治学論究：法律・政治・社会　（65）〔2005.夏季〕　p165～197	
鄭寿泳	説明責任を果たすコミュニケーション・チャンネルとしての自己検証番組：放送文化　通号8　〔2005.秋〕　p86～91	
畠中千鶴	海外メディア事情 AP通信社が新倫理基準案——匿名情報源の扱いなど盛り込む：新聞研究　（644）〔2005.3〕　p89～91	
清水英夫	体験的メディア比較論(4) メディアの倫理とは——媒体ごとに異なる倫理問題：出版ニュース　通号2035　〔2005.4〕　p12～15	
大石泰彦	いま、問われるべきは「倫理」である——NHK問題とわが国ジャーナリズムのゆくえ（特集 まもろう！ 放送法）：月刊民放　35(4)通号406　〔2005.4〕　p8～12	
岡村黎明	戦後民主主義を映す放送と公共性（特集 放送の公共性・新論）：月刊民放　35(5)通号407　〔2005.5〕　p16～19	
中馬清福	今、記者倫理を問い直す——すべての活動は国民の「知る権利」への奉仕のために（記者読本2006—記者となる君へ）：新聞研究　（656）〔2006.3〕　p14～17	
岡田直之	新聞の公共性とは何か——その今日的な位置づけをめぐって（新聞の公共性を考える(3)）：新聞研究　（659）〔2006.6〕　p30～33	
池田信夫	ニュースな人たち 池田信夫 メディアよ、特権意識を捨てろ！：ぎゃらく　通号445　〔2006.7〕　p3～5	
浅野健一	犯罪被害者とジャーナリズム——事件事故報道の解体的出直しを：評論・社会科学　（80）〔2006.8〕　p37～146	
飯田正剛	メディア・スクラムをめぐる問題点について——秋田・連続児童遺体発見事件の現地調査を通じて考えたこと（特集 えん罪報道とメディア・スクラム）：マスコミ市民　通号451　〔2006.8〕　p16～21	

倫理	制度

岩崎貞明	メディア・スクラムを生む「構造と力」（特集 えん罪報道とメディア・スクラム）：マスコミ市民　通号451　〔2006.8〕 p27～31
鶴岡憲一	メディアスクラム対策の到達点——秋田連続児童殺害事件の取材現場から：新聞研究　（662）〔2006.9〕 p26～29
原昌平	偏見拡大の報道から、偏見なくす報道へ——メディアの積極的かかわりが社会を変える（メンタルヘルスの報じ方）：新聞研究　（662）〔2006.9〕 p32～35
芋原一善, 山田健太, 森賢, 飯田正剛	座談会 集団的過熱取材（メディアスクラム）——秋田連続児童殺害事件を例に（特集 犯罪の取材と報道）：月刊民放　36（11）通号425　〔2006.11〕 p4～15
吉原公一郎	青梅事件——レッドパージの嵐のなかで（上）（特集 えん罪と報道を考える）：マスコミ市民　通号454　〔2006.11〕 p42～45
塚本晴二朗	クリフォード・クリスチャンズのメディア倫理学——出版倫理の視座：出版研究　通号38　〔2007〕 p107～122
塚本晴二朗	アメリカ・ジャーナリズム倫理研究の潮流——日本が学ぶべきこと：マス・コミュニケーション研究　通号70　〔2007〕 p80～95
大石泰彦	メディアと倫理（特集 マス・コミュニケーション研究 回顧と展望）：マス・コミュニケーション研究　通号70　〔2007〕 p17～27
宇治敏彦	もう一人の自分を大切にしよう——「記者倫理」が問われる時代だからこそ（記者読本2007—記者となる君へ）：新聞研究　（668）〔2007.3〕 p14～17
鈴木嘉一	「テレビの危機」をどう乗り越えるか——番組の捏造問題と放送の自主・自律（特集 「放送倫理」を考察する）：月刊民放　37（4）通号430　〔2007.4〕 p20～23
山本雅弘	“高い志”で豊かな放送文化を築こう——放送倫理向上の具体的な取り組み（特集 「放送倫理」を考察する）：月刊民放　37（4）通号430　〔2007.4〕 p14～17
井上宏	情報氾濫の中に埋没しない制作を——番組制作者へ直言する（特集 「放送倫理」を考察する）：月刊民放　37（4）通号430　〔2007.4〕 p24～27
広瀬道貞, 今野勉, 澤田隆治	鼎談 番組づくりは信頼関係で成り立つ——民放連会長が聞く制作会社の本音（特集 「放送倫理」を考察する）：月刊民放　37（4）通号430　〔2007.4〕 p4～13
永島啓一	米テレビ報道と「公共の利益」——誰のための, 何のための放送か：放送研究と調査　57（5）通号672　〔2007.5〕 p56～72
宍戸常寿	放送の公共性を考える 期待される社会的役割からの考察：新聞研究　（672）〔2007.7〕 p33～36
箕輪幸人	子曰く「信なくば立たず」——市民の信頼を回復するために（特集 取材・報道の壁を越えろ）：月刊民放　37（8）通号434　〔2007.8〕 p14～17
小宮一夫	右翼ジャーナリストの再軍備論——斎藤忠を例に（特集 日本の対外イメージ発信）：メディア史研究　23　〔2007.12〕 p160～181
大井眞二	新聞の信頼性とは何か——米ジャーナリズム調査からの考察：新聞研究　（679）〔2008.2〕 p63～66
三島良広	放送局とコンプライアンス 常に“視聴者のために”の意識を（特集 「新・民放人」へのアドバイス）：月刊民放　38（3）通号441　〔2008.3〕 p16～19
菊池恵美	記者倫理は市民感覚の中にある——志は高く、温もり伝えられる記者に（記者読本2008—記者となる君へ）：新聞研究　（680）〔2008.3〕 p14～17
横井正彦	読者に信頼される新聞とは——知るべきことを問い、伝える役割（記者読本2008—記者となる君へ）：新聞研究　（680）〔2008.3〕 p10～13
落合由治	「客観報道」の技法への一考察——新聞の報道記事の文章構成をめぐって：比較文化研究　（81）〔2008.3〕 p1～15
鈴木嘉一	テレビが自らを検証する時：ぎゃらく　通号471　〔2008.9〕 p36～39
塚本晴二朗	ジャーナリズム倫理の五原則——ジャーナリストの行為規範の確立を目指して：ジャーナリズム＆メディア ： 新聞学研究所紀要　（2）〔2009.3〕 p75～86
西村睦生	過度の予断与えぬ表現求めて——テレビの特性を考慮（裁判員制度と取材・報道（第3回））：新聞研究　（693）〔2009.4〕 p22～24
高久陽男	メディア研究 新聞は誰のものか——公器性についての歴史的考察（上）：Journalism　（229）〔2009.6〕 p80～89
松田士朗	今こそ共有すべき「放送倫理マインド」——マスコミの倫理とは、マスコミの節度（特集 いま、あらためて「放送倫理」）：月刊民放　39（7）通号457　〔2009.7〕 p4～7
高久陽男	メディア研究 新聞は誰のものか——公器性についての歴史的考察（中）：Journalism　（230）〔2009.7〕 p86～98
中井孔人	放送倫理・コンプライアンス 「夢」の実現をバックアップ（特集 放送人講座2010）：月刊民放　40（3）通号465　〔2010.3〕 p18～21
塚本晴二朗	アメリカ・ジャーナリズム倫理学における行為規範の基盤：ジャーナリズム＆メディア ： 新聞学研究所紀要　（3）〔2010.3〕 p75～86
松田修一	メディア・リポート 新聞 事件報道の新ガイドラインは報道に変化をもたらしたか：Journalism　（246）〔2010.11〕 p54～57
北透	メディアスクランブル「問われる『ネット社会と報道倫理』」：広島ジャーナリスト　（03）〔2010.12〕
鈴木秀美	倫理 番組内容の適正さを保つために（特集 民間放送60年—放送新時代への期待）：月刊民放　41（11）通号485　〔2011.11〕 p21～23
藤田博司	守られなかった報道の基本 鉢呂経産相辞任問題を考える：新聞研究　（725）〔2011.12〕 p51～54
水藤眞樹太	菅生事件の闇に潜むもの ： 共同・事件記者の聞き書き（1）：メディア展望　（599）〔2011.12〕 p18～21
竹内朗	暴力団排除条例と企業に求められる対応 ： 放送業界における留意点：月刊民放　42（4）通号490　〔2012.4〕 p32～37
前川茂之	検証できる仕組みづくりを ： 二つの強制起訴裁判を取材して（司法取材・報道 ： 裁判員制度から3年）：新聞研究　（733）〔2012.8〕 p50～53
山村武彦	メディアの責任としてのBCPとは（特集 放送局の災害対策）：月刊民放　42（9）通号495　〔2012.9〕 p4～7
上出義樹, 沈霄虹, 鈴木雄雅	東アジアにおけるマス・メディア規範理論構築への手がかり ： 3.11東日本大震災及び福島原発事故報道から：コミュニケーション研究　（43）〔2013〕 p61～78
細川康雄	取材・報道 正直さと謙虚さと（特集 新放送人講座2013）：月刊民放　43（3）通号501　〔2013.3〕 p10～12
飽戸弘	新放送人に期待すること（特集 新放送人講座2013）：月刊民放　43（3）通号501　〔2013.3〕 p4～6

制度　　　　　　　　　　　　　　　　　　　　　　　　　　　　　　　　　倫理

| 駒村圭吾 | 新聞の公共性とは何か：憲法学の観点から（新聞の公共性を考える）：新聞研究　（747）〔2013.10〕p68〜71 |

駒村圭吾　　新聞の公共性とは何か：憲法学の観点から（新聞の公共性を考える）：新聞研究　（747）〔2013.10〕p68〜71
金平茂紀　　メディア論の彼方へ（53）「中立」と「傍観」と「加担」について：調査情報. 第3期　（516）〔2014.1・2〕p56〜61
加藤浩丈　　「放送倫理」って…？（特集 新放送人講座2014）：月刊民放　44（3）通号513〔2014.3〕p8〜10
武田徹　　　二つの公共性が目指した先：求められる新たなメディア空間（特集 そこが知りたい「公共性」）：月刊民放　44（5）
　　　　　　通号515〔2014.5〕p26〜29
伊藤一郎　　刑事司法改革への影響を読む：袴田事件再審開始決定を受けて（再審・冤罪事件がメディアに問うものとは）：新聞
　　　　　　研究　（755）〔2014.6〕p27〜30
沼尾歩, 島野剛　導き出された教訓を生かす：足利事件の検証報道から（再審・冤罪事件がメディアに問うものとは）：新聞研究
　　　　　　（755）〔2014.6〕p18〜21
佐藤章弘　　背後の事象を丁寧に伝え続ける：袴田事件再審開始決定から見える課題（再審・冤罪事件がメディアに問うものと
　　　　　　は）：新聞研究　（755）〔2014.6〕p14〜17
後藤俊哉　　ネットも意識した想定や配慮を：「ネット時代の報道倫理を考える」報告書から：新聞研究　（760）〔2014.11〕
　　　　　　p46〜48

〔図書〕

Enderlin, Hans., 東京大学.新聞研究所　新聞における匿名性の概念と保護　日本新聞協会　1950　74p　18×25cm　（外国新聞
　　　　　　法制調査 第4篇）
Levy, Herman, Phillip, 伊藤慎一　新聞倫理綱領—判決例にもとづく ザ・プレス・カウンシル　時事通信社　1968　466p　19cm
　　　　　　1000円
清水英夫　　心なき記事　山手書房　1980.1　221p　20cm　980円
池田一之　　新聞の犯した戦争責任—ある戦中派記者の証言　経済往来社　1981.10　297p　20cm　1500円
諸岡達一　　新聞のわび状—「訂正記事」のウラ話　毎日新聞社　1982.3　221p　19cm　950円
山本祐司　　ドキュメント三面記事裁判　番町書房　1983.6　209p　20cm　980円
片野勤　　　マスコミ裁判—戦後編　幸洋出版　1983.6　323p　20cm　1400円
Hulteng, John, L., 橋本正邦　アメリカの新聞倫理　新聞通信調査会　1984.7　152p　20cm　2000円　（新聞通信選書 4）
清水英夫　　情報の倫理学　筑摩書房　1985.7　206p　20cm　1600円
中野収　　　「スキャンダル」の記号論　講談社　1987.3　213p　18cm　480円　（講談社現代新書）
八木昌蔵　　過失を犯した老記者の告白—くりかえすな国家秘密法！　けやきの街　1987.8　249p　19cm　980円
仲村祥一　　犯罪とメディア文化—逸脱イメージはつくられる　有斐閣　1988.2　258, 7p　19cm　1500円　（有斐閣選書）
清水英夫　　マスコミの倫理学　三省堂　1990.9　282p　20cm　2200円
浅野健一　　客観報道—隠されたニュースソース　筑摩書房　1993.1　233p　20cm　1500円
舘沢貢次　　テレビの“やらせ”を衝く—なぜ生まれるのか、なぜなくならないのか？　日新報道　1993.8　197p　19cm　1200円
大谷健　　　問題記事—ある朝日新聞記者の回顧　草思社　1993.11　270p　20cm　2000円
放送の公正と真実を問う—テレビ朝日の偏向報道問題　日本共産党中央委員会出版局　1994.1　95p　21cm　580円
朝日新聞社社会部　被告席のメディア　朝日新聞社　1994.4　205p　19cm　1200円　（News & documents ND books）
江藤文夫　　オウム報道　かもがわ出版　1995.10　62p　21cm　550円　（かもがわブックレット 85）
亀井淳　　　反人権雑誌の読み方—体験的「週刊新潮」批判　第三文明社　1996.11　227p　19cm　1200円
Mathien, Michel, 松本伸夫　ジャーナリストの倫理　白水社　1997.1　144, 2p　18cm　980円　（文庫クセジュ 786）
鶴木真　　　客観報道—もう一つのジャーナリズム論　成文堂　1999.5　247p　21cm　2500円
飯室勝彦　　「客観報道」の裏側　現代書館　1999.7　222p　20cm　2200円
タイ女性の友　出版倫理とアジア女性の人権—『タイ売春読本』抗議・裁判の記録　明石書店　2000.3　253p　19cm　2000円
　　　　　　（Akashi人権ブックス 10）
越智貢, 水谷雅彦, 土屋俊　情報倫理学—電子ネットワーク社会のエチカ　ナカニシヤ出版　2000.7　323p　19cm　2400円　（叢
　　　　　　書 倫理学のフロンティア 4）
広瀬英彦　　情報の倫理—インターネット時代を生きる　富士書店　2000.9　254p　19cm　2300円　（富士思想叢書）
柏倉康夫　　マスコミの倫理学　丸善出版事業部　2002.10　166p　19cm　1900円　（現代社会の倫理を考える 第9巻）
小林雅一　　隠すマスコミ、騙されるマスコミ　文藝春秋　2003.5　230p　18cm　700円　（文春新書）
前原政之　　裁かれた捏造報道—創価学会に謝罪した『週刊新潮』の大罪　潮出版社　2003.8　142p　19cm　762円　（潮ライブ
　　　　　　ラリー）
第三文明編集部　ウソ・デマを見破る本—創価学会をめぐる捏造事件の構図　第三文明社　2005　55p　26cm　381円
　　　　　　（Daisanbunmei book extra report）
「放送品位」を考える—事件・事故報道のあり方　放送倫理・番組向上機構　2005.6　32p　30cm　（放送番組委員会記録）
Bertrand, Claude, Jean., 前沢猛　メディアの倫理と説明責任制度—「情報の自由」と「品質管理」のためのテキスト　明石書店
　　　　　　2005.9　291p　20cm　3400円　（明石ライブラリー 80）
放送番組委員会　テレビ制作者たちはいま—放送の公共性を考える 公開シンポジウム 報告書　放送倫理・番組向上機構放送番組
　　　　　　委員会　2006　62p　30cm
和田伸一郎　メディアと倫理—画面は慈悲なき世界を救済できるか　NTT出版　2006.1　201, 7p　20cm　2300円　（叢書コミニ
　　　　　　ス 1）
中正樹　　　「客観報道」とは何か—戦後ジャーナリズム研究と客観報道論争　新泉社　2006.4　333, 22p　22cm　3800円
井崎正敏　　倫理としてのメディア—公共性の装置へ　NTT出版　2006.7　221p　20cm　2000円
朝倉喬司　　スキャンダリズムの明治　洋泉社　2007.1　253p　19cm　1800円
平川宗信　　報道被害とメディア改革—人権と報道の自由の視点から　部落解放・人権研究所　2010.3　95p　21cm　1200円
　　　　　　（ヒューマンライツベーシック）
大手マスコミが報じないタブーの真相—SPA！リアルドキュメント　扶桑社　2010.4　261p　19cm　476円　（扶桑社ムック）
塚本晴二朗　ジャーナリズム倫理学試論—ジャーナリストの行為規範の研究　南窓社　2010.5　238p　22cm　3048円
関谷直也　　風評被害—そのメカニズムを考える　光文社　2011.5　210p　18cm　740円　（光文社新書 521）
マッド渡辺　偏向放送塔からイマジン—夢星府コラムニスト20年の軌跡　都政新報社　2011.5　507p　19cm　1600円

195

倫理	制度

日本民間放送連盟　放送倫理手帳　2012　日本民間放送連盟　2011.11　138p　21cm

上杉隆　　　新聞・テレビはなぜ平気で「ウソ」をつくのか　PHP研究所　2012.2　199p　18cm　720円　（PHP新書 786）

佐藤佳弘　　メディア社会やって良いこと悪いこと　源　2012.6　157p　19cm　1238円

我孫子和夫, 藤田博司　ジャーナリズムの規範と倫理―信頼性を確保するために　新聞通信調査会　2014.3　256p　22cm　2500円

誤報

〔雑誌記事〕

桑沢一　　　「問題番組」とその背景：放送批評　No.052　〔1972.4〕

橋本正邦　　ワシントン・ポスト紙虚偽報道事件とその波紋：新聞研究　通号359　〔1981.6〕　p33〜39

新井直之　　W.ポスト紙 "虚報事件" の一部始終〔含 資料〕：総合ジャーナリズム研究　18 (03)　〔1981.7〕　p46〜54

シープ, チャールズ B, 新聞研究編集部　ねつ造事件はちょっと配慮すれば防げたか（プレスタイム誌1981年6月号）（ワシントン・ポスト紙虚偽報道事件―米国各紙・誌の論評（資料））：新聞研究　通号362　〔1981.9〕　p44〜46

新聞研究編集部　"ジミー" 物語の終わり（ワシントン・ポスト社説1981年4月16日）（ワシントン・ポスト紙虚偽報道事件―米国各紙・誌の論評（資料））：新聞研究　通号362　〔1981.9〕　p38〜39

グリーン, ビル, 新聞研究編集部　ジャネットの世界（ワシントン・ポスト紙虚偽報道事件）：新聞研究　通号362　〔1981.9〕　p23〜37

尾崎実　　　ジャネット・クック記者のことなど（ワシントン・ポスト紙虚偽報道事件―ポスト紙事件――私の見方）：新聞研究　通号362　〔1981.9〕　p15〜18

サファイア, ウイリアム, 新聞研究編集部　ブラドレーの世界（ニューヨーク・タイムズ1981年4月20日）（ワシントン・ポスト紙虚偽報道事件―米国各紙・誌の論評（資料））：新聞研究　通号362　〔1981.9〕　p41〜42

伊藤慎一　　ワシントン・ポスト紙虚報事件の背景（ワシントン・ポスト紙虚偽報道事件）：新聞研究　通号362　〔1981.9〕　p10〜14

ルイス, アンソニー, 新聞研究編集部　憲法修正第一条による傲慢（ニューヨーク・タイムズ1981年4月19日）（ワシントン・ポスト紙虚偽報道事件―米国各紙・誌の論評（資料））：新聞研究　通号362　〔1981.9〕　p39〜40

平岡洋一　　取材記者からみた「朝日」記事への疑問：総合ジャーナリズム研究　19 (02)　〔1982.4〕　p141〜146

時野谷浩　　ある「誤報」の研究――平塚・地震警戒宣言誤報事件の調査から：総合ジャーナリズム研究　19 (04)　〔1982.10〕　p69〜78

森徹　　　　「ロッキード」と同じ「構造汚職」ですョ…――テレビ朝日 "ヤラセ事件"：マスコミ市民　通号208　〔1985.11〕　p36〜41

ばばこういち　テレビ朝日やらせ事件の顛末――非難を増幅した幹部のお粗末：Asahi journal　27 (49)　〔1985.11〕　p92〜97

古敷谷義房, 根津武夫, 小田昭太郎, 石光章, 鈴木均　やらせリンチ事件後テレビはどうかわる!? 放送現場からの検証 アフタヌーンショーは対岸の火事じゃない：放送批評　No.199　〔1986.1〕

田中紘太郎　（あの問題は, いま…＜特集＞）門口に立った "秋田魁問題"：総合ジャーナリズム研究　25 (04)　〔1988.10〕　p66〜72

橋本正邦　　「同根の危険性」をかみしめる（「サンゴ事件」が残したもの）：新聞研究　通号457　〔1989.8〕　p17〜20

上口裕　　　取材協力者の犯罪と報道資料の差押――TBSビデオテープ差押事件の問題点：法セミ　通号431　〔1990.11〕　p14〜18

仙石伸也　　"協力者" 存在せず――日経, イトマン工作で最終報告書公表（マスコミの焦点）：新聞研究　通号489　〔1992.4〕　p80〜83

鳥井守幸　　読売新聞対TBS--報道の虚実をめぐって-2- (資料)：総合ジャーナリズム研究　29 (04)　〔1992.10〕　p65〜71

藤田真文　　「やらせ事件（疑惑）」録（資料）（「やらせ事件」を考える＜特別企画＞）：総合ジャーナリズム研究　30 (01)　〔1993.1〕　p30〜36

鈴木嘉一　　"やらせ" 事件に根深く横たわる 局と制作プロの歪んだ関係：放送批評　No.284　〔1993.3〕

総合ジャーナリズム研究編集部　「やらせ事件」を考える＜特別企画＞：総合ジャーナリズム研究所　30 (02)　〔1993.4〕　p64〜67

ばばこういち　「やらせ事件」報道のあり方を問う――求められる活字ジャーナリズムの認識（「やらせ事件」を考える＜特別企画＞）：総合ジャーナリズム研究　30 (02)　〔1993.4〕　p56〜63

坂本衛　　　"やらせ" 多発でハリキリ監督官庁 行政介入エスカレート 「禁断の王国・ムスタン」 "やらせ" 事件：放送批評　No.286　〔1993.5〕

諏訪澄　　　本末転倒の "やらせ" たたき 朝日新聞のヒステリー 「禁断の王国・ムスタン」 "やらせ" 事件：放送批評　No.286　〔1993.5〕

青木貞伸　　問われるのはNHKの体質だ 「禁断の王国・ムスタン」 "やらせ" 事件：放送批評　No.286　〔1993.5〕

渡辺武達　　メディア・ホークス―1―「やらせ」番組の社会構造：評論・社会科学　通号47　〔1993.7〕　p14〜86

北川泰三　　ドキュメンタリーにおける真実の表現―「ムスタン」やらせ問題の検証から：放送芸術学：メディア研究　(9)　〔1993.12〕　p6〜34

吉沢正一　　日経がイトマン「協力者」問題の最終見解発表――鶴田社長が吉永検事総長に申し入れ（マスコミの焦点）：新聞研究　通号512　〔1994.3〕　p109〜111

北川泰三　　ドキュメンタリーにおける真実の映像―「ザ・スクープ」やらせ検証報道が提起した問題：放送芸術学：メディア研究　(10)　〔1994.12〕　p1〜30

吉田嘉清　　朝日新聞社と「花田問題」によせて：金曜日　4 (22)　〔1996.6〕　p23〜25

高橋史朗　　破綻した「従軍慰安婦の強制連行」説――公開された政府調査資料と「朝日」報道：正論　通号298　〔1997.6〕　p88〜98

石黒重光　　「サンゴ事件」から10年――その再検証と, 以後の新聞写真の変化：朝日総研リポート　通号132　〔1998.6〕　p78〜99

市村佐登美　アメリカで相次いだ記事捏造の不祥事とその背景：金曜日　6 (31)　〔1998.8〕　p67〜69

毛坂一洋　　大事典の項目は無限に「あるある」――『発掘！ あるある大事典』（特集 新たなソフトの鉱脈を探る――サブカルチャーの逆襲）：月刊民放　29 (9) 通号339　〔1999.9〕　p20〜22

本多勝一　　加害報道 第1部 河野義行さんの場合 (上) 松本サリン事件の誤認捜査と誤報：金曜日　7 (38) 通号292　〔1999.10〕　p18〜21

本多勝一　　加害報道（第1部）河野義行さんの場合 (中) 取材攻勢から守るという名の警護と監視：金曜日　7 (39) 通号293

	〔1999.10〕 p44〜47
河野義行	加害報道＜第1部＞河野義行さんの場合（下）疑い晴れてもはがれぬレッテル：金曜日　7（40）通号294　〔1999.10〕 p28〜31
井川充雄	日本出版協会の事業者団体法違反事件（特集＝メディアの周辺、周辺のメディア）：メディア史研究　通号9　〔2000.3〕 p44〜64
与良正男	朝日の記事盗用事件－－情報機器時代の"落とし穴"：総合ジャーナリズム研究　37（04）（通号174）〔2000.9〕 p8〜11
梓沢和幸	なぜNHKに「訂正放送」を命じたか『生活ほっとモーニング』東京高裁判決をめぐって：放送レポート　173号　〔2001.11〕 p26〜28
放送レポート編集部	テレ東「窃盗団報道」は何が問題か：放送レポート　179号　〔2002.11〕 p20〜22
梅本浩志	『時事通信』の闇——内幕レポート 拉致事件大誤報で露呈した病根と欠陥体質（上）（中）（下）：マスコミ市民　通号406〜通号408　〔2002.11〜2003.1〕 p28〜33
鳥越俊太郎, 田島泰彦	鳥越俊太郎氏に聞く（特集2 立ち上がった視聴者——『ザ・スクープ』打ち切り問題）：マスコミ市民　通号406　〔2002.11〕 p47〜51
梅本浩志	『時事通信』の闇——内幕レポート 拉致事件大誤報で露呈した病根と欠陥体質（中）：マスコミ市民　通号407　〔2002.12〕 p74〜81
梅本浩志	『時事通信』の闇——内幕レポート 拉致事件大誤報で露呈した病根と欠陥体質（下）：マスコミ市民　通号408　〔2003.1〕 p60〜69
竹内一晴	『ETV2001』問題・BRC決定をどうみるか〈下〉：放送レポート　184号　〔2003.9〕 p32〜35
水野剛也	「われわれの問題」として論議——米新聞界の受け止め方（NYタイムズ・ブレア事件の波紋）：新聞研究　（628）〔2003.11〕 p14〜16
石沢靖治	背景と構造的問題点を探る——記事の捏造・盗用はなぜ起きたか（NYタイムズ・ブレア事件の波紋）：新聞研究　（628）〔2003.11〕 p10〜13
岩崎貞明	何が彼をそうさせたのか——日本テレビ視聴率「買収」事件を問う：マスコミ市民　通号419　〔2003.12〕 p2〜9
総合ジャーナリズム研究編集部	FILE・J NHK、一連の不祥事をめぐって（1）〜（7）：総合ジャーナリズム研究所　41（04）（通号190）〜43（02）（通号196）〔2004.9〜2006.3〕 p53〜56
小股憲明	『濃飛日報』の紀元節社説不敬罪事件——「犯上抗官」時代の終焉（2）：人間科学　大阪府立大学紀要　1　〔2005〕 p170〜134
綿井健陽	番組は誰のために、何のために放送するのか——NHK番組改変問題をめぐって（特集 まもろう！ 放送法）：月刊民放　35（4）通号406　〔2005.4〕 p13〜15
小林逸雄	テレビ放送における捏造事件の教えるもの——一連の報道から見えてくる社会的影響の一考察：仁愛大学研究紀要　（6）〔2007〕 p99〜118
藤岡伸一郎	関西から見る「『あるある』問題」の問題：放送文化　通号15　〔2007.夏〕 p92〜99
総合ジャーナリズム研究編集部	「再発防止」と総務省の行政指導——『発掘！ あるある大事典2』捏造問題にみる権力介入の後先（総務大臣が「放送」を語るとき－－放送の「自由と責任」と権力と）：総合ジャーナリズム研究所　44（02）（通号200）〔2007.3〕 p4〜43
飯田正剛	司法による救済の重要性 NHK番組改編事件控訴審判決について：マスコミ市民　通号458　〔2007.3〕 p66〜69
橋本テツヤ	テレビ業界の裏側（1）「あるある」捏造問題は構造的問題！ 視聴率至上主義の「真犯人」とは：エルネオス　13（4）通号149　〔2007.4〕 p64〜67
今野勉	『あるある大事典』捏造と行政介入 テレビ回生への道をどう開くか：世界　（763）〔2007.4〕 p48〜56
山本博史	『あるある大事典』捏造と行政介入 「総務省対テレビ局」をめぐる制度的深層：世界　（763）〔2007.4〕 p57〜63
戸崎賢二, 林香里, 鈴木秀美	座談会 NHK番組改変問題 控訴審判決は何を提起したか：世界　（763）〔2007.4〕 p36〜47
岩崎貞明	「あるある大事典」捏造問題が投げかけたもの（特集 メディアの再生に向けて）：マスコミ市民　通号459　〔2007.4〕 p15〜18
橋本テツヤ	テレビ業界の裏側（2）孫請け任せの番組制作体制が「捏造・やらせ」を生む原因：エルネオス　13（5）通号150　〔2007.5〕 p92〜95
右崎正博	ロー・ジャーナル 番組改編問題でNHKの責任を認めた高裁判決——東京高裁2007.1.29判決の検討：法学セミナー　52（5）通号629　〔2007.5〕 p4〜5
須藤春夫	『あるある』報告書を読み解く 制作費の流れと捏造の背景：放送レポート　207号　〔2007.7〕 p2〜6
関西テレビ労働組合	関西だより 『あるある大事典』捏造問題で労組の対応：放送レポート　209号　〔2007.11〕 p11
深井勉	『発掘！ あるある大事典2』捏造にみる「テレビ番組制作」の課題：人間文化研究　京都学園大学人間文化学会紀要　（20）〔2007.12〕 p61〜105
梓沢和幸	『ETV2001』番組改変事件の現在：放送レポート　212号　〔2008.5〕 p20〜23
飯室勝彦	報道の責任ますます重く——NHK番組改変訴訟をめぐる最高裁判決の意味：新聞研究　（684）〔2008.7〕 p44〜47
神保太郎	メディア批評（第8回）終わらない「ETV2001」問題 ネットの渦に巻き込まれたメディア：世界　（781）〔2008.8〕 p89〜95
飯田正剛	NHK番組改編事件・最高裁判決は間違っている：マスコミ市民　通号475　〔2008.8〕 p36〜47
総合ジャーナリズム研究編集部	TOPICS 2007『発掘！ あるある大事典2』捏造問題：総合ジャーナリズム研究所　45（01）（通号203）〔2008.12〕 p36〜38
大場英幸	『あるある』以降——経営改革・現場改革の接続と相剋：月刊民放　39（1）通号451　〔2009.1〕 p34〜37
総合ジャーナリズム研究編集部	『週刊新潮』虚報問題の一部始終（「週刊誌」が何をしたのか－－雑誌ジャーナリズムの昨日、今日、明日）：総合ジャーナリズム研究所　46（03）（通号209）〔2009.6〕 p3〜45
浮田哲	外部ディレクターから見た「真相報道バンキシャ！」問題：世界　（795）〔2009.9〕 p238〜247
服部孝章	経営陣は現場を理解しているか——「真相報道バンキシャ！」虚偽証言放送問題から見える課題：新聞研究　（699）〔2009.10〕 p56〜59
大治浩之輔	バンキシャ！ 検証番組を見る（特集 新聞・放送に未来はあるのか）：マスコミ市民　通号489　〔2009.10〕 p17〜21
神保太郎	メディア批評（第23回）メディア「変えるな」コール ETV2001年問題 新たな展開：世界　（797）〔2009.11〕 p129〜136

倫理	制度

吉井勇　『バンキシャ！』など一連の番組不祥事問題を放送法から捉え直す：New media　27(11)通号319　〔2009.11〕　p78〜80

永田浩三, 広瀬京二, 小玉美意子, 長井暁, 野中章弘　あのとき、何があったのか(ETV改変事件 八年目の真実)：放送レポート　222号　〔2010.1〕　p4〜15

永田浩三, 戸崎賢二, 長井暁　NHK番組改変事件・その時何が起こったのか(特集 NHK番組改変事件 何が残された問題か)：マスコミ市民　通号492　〔2010.1〕　p14〜27

戸崎賢二　「NHK番組改変事件」は終わらない(特集 NHK番組改変事件 何が残された問題か)：マスコミ市民　通号492　〔2010.1〕　p28〜33

奥田良胤　『あるある大事典2』のねつ造問題 関西テレビの信頼回復への取り組みと課題：放送研究と調査　61(2)通号717　〔2011.2〕　p16〜27

奥武則　「スキャンダル」を売る新聞 : 再考・『萬朝報』の相馬事件報道(特集 醜聞(スキャンダル)メディアの社会史)：メディア史研究　31　〔2012.2〕　p36〜52

垣田達哉　くらしの泉 食「トマトでメタボ解消」騒動でわかる納豆騒動の反省なきマスコミ：金曜日　20(12)通号904　〔2012.3〕　p31

総合ジャーナリズム研究編集部　「iPS臨床」誤報問題(Yearbook 2012)：総合ジャーナリズム研究所　49(04)=222〔2012.9〕　p42198

山田健太　ジャーナリズムは本当に大丈夫か─続発する誤報問題を考える─：エディターシップ　Vol.2　〔2013.5〕

隅俊之　「南方週末」記事改ざん問題 : 中国のメディア規制と言動の自由を求める動き：新聞研究　(742)〔2013.5〕　p64〜67

総合ジャーナリズム研究編集部　『週刊朝日』"橋下大阪市長"記事連載中止問題(Yearbook 2012)：総合ジャーナリズム研究所　50(01)=223〔2013.12〕　p18〜21

グループ1947　"「売国」講師を辞めさせなければ爆弾を仕掛ける"と大学には脅迫状も 元『朝日』記者の社会的抹殺を狙う"テロ"を許すな！：金曜日　22(36)通号1026　〔2014.9〕　p14〜15

桂敬一　戦後ジャーナリズム最大の危機 朝日がコケたらなにが起こるか(特集 新聞週間にメディアを考える)：マスコミ市民　(549)〔2014.10〕　p2〜6

永田浩三　朝日新聞への攻撃は正当なものか : 「慰安婦」問題検証記事を考える(特集 新聞週間にメディアを考える)：マスコミ市民　(549)〔2014.10〕　p14〜17

醍醐聰　朝日新聞バッシングにみる日本のメディアの歴史認識の歪み : 新聞週間にあたり、慰安婦報道のあり方を考える(特集 新聞週間にメディアを考える)：マスコミ市民　(549)〔2014.10〕　p7〜13

池田恵理子　朝日新聞「慰安婦」検証記事問題を考える(特集 新聞週間にメディアを考える)：マスコミ市民　(549)〔2014.10〕　p26〜34

ペン, マイケル　マイケル・ペンのペンと剣(けん)(03)『朝日新聞』よ、おじけづくなかれ：金曜日　22(38)通号1028　〔2014.10〕　p26

青木理　朝日誤報問題にみるジャーナリズムの危機 社会全体を覆う排外主義 : 「国益損ねた」「売国行為」と暴力的に沈黙強いる：月刊労働組合　(603)〔2014.11〕　p38〜41

柴田鉄治　OBから見た朝日新聞問題 : 3つの「オウン・ゴール」(特集 朝日新聞問題とメディアのあり方を考える)：マスコミ市民　(550)〔2014.11〕　p44〜47

深津真澄　朝日新聞は歴史修正主義に断固対決せよ(特集 朝日新聞問題とメディアのあり方を考える)：マスコミ市民　(550)〔2014.11〕　p36〜43

新崎盛吾　朝日問題と産経事件 : 危機的な「政治とメディア」の状況(特集 朝日新聞問題とメディアのあり方を考える)：マスコミ市民　(550)〔2014.11〕　p28〜35

金平茂紀　朝日新聞問題 メディア・リポート 放送 過去の失敗から学び、それを現在に生かしていくことが基本の基本：Journalism　(294)〔2014.11〕　p160〜169

神保太郎　メディア批評(第84回)(1)「吉田調書」報道 : 記事取り消しの撤回を (2)世界史的変化のなかの姑息な「安倍暴走」：世界　(863)〔2014.12〕　p76〜83

高井潔司　情報源の扱い 朝日問題の背景に過信と驕り : 評判の連載「紅の党」を点検する：メディア展望　(636)〔2014.12〕　p26〜29

大石裕　朝日新聞問題を考える 激しい誤報批判の底流にある戦後の価値観を問い直す動き：Journalism　(295)〔2014.12〕　p175〜183

青木理　朝日新聞問題を考える 朝日は歴史修正主義の蠢きに屈せず本気の覚悟でジャーナリズムを貫け：Journalism　(295)〔2014.12〕　p160〜166

魚住昭　朝日新聞問題を考える 「報道に重大な誤り」PRCの結論に疑問 記者から活躍の場を奪わないでほしい：Journalism　(295)〔2014.12〕　p167〜174

長谷川綾　元『朝日新聞』記者の大学講師を雇用継続へ 世界が注視した北星学園大学脅迫事件：金曜日　22(50)通号1040　〔2014.12〕　p16〜17

山田健太, 柴田鉄治, 青木理　朝日バッシング後の新聞界の現状(特集 新聞社の徹底研究)：創　45(3)=493：〔2015.4〕　p18〜28

〔図書〕

城戸又一　誤報　日本評論新社　1957　223p　19cm

日本新聞協会　有線放送問題研究資料 no.11　有線テレビ法の成立とその背景　日本新聞協会　1972　298p　25cm

神楽子治　新聞の"誤報"と読者　三一書房　1977.8　268p　18cm　480円　(三一新書)

中川勉　テレビ朝日やらせリンチ事件の真実─ピエロの城　コアラブックス　1986.3　237p　19cm　980円

後藤文康　誤報 新聞報道の死角　岩波書店　1996.5　209p　18cm

後藤文康　誤報と虚報 "幻の特ダネ"はなぜ？　岩波書店　1990.4　209p　18cm

神山冴　TBSザ・検証─局にかわって私がやる！ 総力取材　鹿砦社　1996.6　254p　20cm　1400円

黒田清　TBS事件とジャーナリズム　岩波書店　1996.7　55p　21cm　400円　(岩波ブックレット no0406)

田原茂行　TBSの悲劇はなぜ起こったか　草思社　1996.10　213p　20cm　1648円

川辺克朗　「報道のTBS」はなぜ崩壊したか─組織の自滅と再生　光文社　1997.9　256p　20cm　1600円

| | | 制度 | アーカイブズ |

池田竜夫　新聞の虚報・誤報―その構造的問題点に迫る　創樹社　2000.6　188p　19cm　1800円

VAWW・NETジャパン　NHK番組改変と政治介入―女性国際戦犯法廷をめぐって何が起きたか　世織書房　2005.6　126p　21cm　1000円

番組トラブル防止を考える　放送倫理・番組向上機構　2006.1　34p　30cm　（放送番組委員会記録）

メディアの危機を訴える市民ネットワーク　番組はなぜ改ざんされたか―「NHK・ETV事件」の深層　一葉社　2006.1　494p　21cm　2800円

TBS「報道テロ」全記録―反日放送局の事業免許取り消しを！　晋遊舎　2007.2　175p　21cm　838円　（晋遊舎ムック）

相次ぐ番組トラブル―どうしたらテレビ番組が良くなるか　放送倫理・番組向上機構　2007.3　38p　30cm　（放送番組委員会記録）

放送倫理番組向上機構　『発掘！あるある大事典2』問題　その2　放送倫理・番組向上機構　2007.4　43p　30cm　（放送番組委員会記録）

ケンブリッジフォーキャストグループ, 藤井厳喜　NHK捏造事件と無制限戦争の時代―猫と学ぶ超平易な解説付き　総和社　2009.11　494p　19cm　2000円

放送を語る会　NHK番組改変事件―制作者9年目の証言　かもがわ出版　2010.1　95p　21cm　1000円

「戦争と女性への暴力」日本ネットワーク, 西野瑠美子, 東海林路得子　暴かれた真実NHK番組改ざん事件―女性国際戦犯法廷と政治介入　現代書館　2010.11　342p　20cm　2600円

「戦争と女性への暴力」日本ネットワーク, NHK番組改変裁判弁護団　女性国際戦犯法廷NHK番組改変裁判記録集　日本評論社　2010.12　952p　23cm　1200円

西村幸祐　朝日新聞「大崩壊」の真相―なぜ「クオリティペーパー」は虚報に奔ったのか　イースト・プレス　2014.11　237p　18cm　999円　（知的発見！BOOKS 024）

西岡力　朝日新聞「日本人への大罪」―「慰安婦捏造報道」徹底追及　悟空出版　2014.11　286p　19cm　1400円

池田信夫　朝日新聞世紀の大誤報―慰安婦問題の深層　アスペクト　2014.12　197p　18cm　1000円

朝日新聞の落日―苦悩する「メディアの帝王」　宝島社　2014.12　111p　26cm　1000円　（別冊宝島2257）

古森義久　なにがおかしいのか？朝日新聞　海竜社　2014.12　238p　18cm　1200円

アーカイブズ

〔雑誌記事〕

猪熊謙吾　放送博物館：NHK文研月報　5（3）〔1955.1〕

猪熊謙吾　放送博物館―設置より今日まで：日本放送協会放送文化研究所調査研究報告　通号3　〔1958.3〕　p181～182

猪熊謙吾　放送博物館報告―33年度報告と資料収集計画について：日本放送協会放送文化研究所調査研究報告　通号4　〔1959.3〕　p121～123

鳥羽信也　音のライブラリーの1年間：NHK文研月報　11（05）〔1961.5〕p25

石成元雄　第15回音のライブラリー諮問委員会と音のライブラリー紹介と講演の会の開催：NHK文研月報　11（12）〔1961.12〕p21

石成元雄　音のライブラリーの一年：NHK文研月報　12（05）〔1962.5〕p26

千葉胤男　音のライブラリーの江戸邦楽収録覚え書き（1）：NHK文研月報　12（06）〔1962.6〕p48

千葉胤男　音のライブラリーの江戸邦楽収録覚え書き（3）：NHK文研月報　12（08）〔1962.8〕p26

鳥羽信也　音のライブラリーの紹介と講演の会（東京）の開催――報告：NHK文研月報　12（11）〔1962.11〕p58

鳥羽信也　音のライブラリーの紹介と講演の会（仙台）の開催（報告）：NHK文研月報　13（01）〔1963.1〕p82

鳥羽信也　音のライブラリーの1年：NHK文研月報　13（07）〔1963.7〕p43

久地岡明子, 宮本馨太郎, 高野国本, 新井重三, 鶴田総一郎, 片桐顕智　特集 座談会「放送博物館の現在と将来」：NHK文研月報　14（01）〔1964.1〕p1

番組研究部放送文化財ライブラリー班　放送文化財ライブラリーの1年：NHK文研月報　14（06）〔1964.6〕p48

鳥羽信也　放送文化財ライブラリーの一年：NHK文研月報　15（06）〔1965.6〕p54

番組研究部放送文化財ライブラリー班　放送文化財ライブラリーの1年：NHK文研月報　16（06）〔1966.6〕p14

吉沢素夫　NHKの放送資料活動――情報資料の周辺（新聞の情報管理と情報検索）：新聞研究　通号254　〔1972.9〕p49～51

藤川正信　現代の情報管理サービス（新聞の情報管理と情報検索）：新聞研究　通号254　〔1972.9〕p28～34

羽島知之　新聞資料保存問題へのある提言――どうする貴重な「個人のコレクション」：総合ジャーナリズム研究　10（01）〔1973.1〕p81～89

内川芳美　出版物納付法案の問題と背景――近代日本の納本制度に関する一考察〔含第65帝国議会提出（昭和9年3月）法案全文〕：出版研究　通号4　〔1973.12〕p197～217

井口泰子　「再現フィルム・ライブラリー」設立提唱者に聞く：放送批評　No.077　〔1974.8〕

羽島知之　新聞「記念号」解説要覧（新聞史研究者のための重要資料）―上下：総合ジャーナリズム研究　13（01）/13（02）〔1976.1～1976.4〕p118～124

羽島知之　50年前, 政府の新聞・雑誌調査には……：総合ジャーナリズム研究　14（02）〔1977.4〕p116～127

羽島知之　「新聞愛好家のつどい」から――密にすべき新聞資料収集家たちの情報交換：総合ジャーナリズム研究　15（03）〔1978.7〕p90～93

山本武利　出版資料館への期待と現実 利用者・研究者の立場からの要望：出版ニュース　通号1173　〔1980.2〕p4～7

三谷一　放送文化財ライブラリー30年のあゆみ：NHK文研月報　32（05）〔1982.5〕p58

松田浩　提言・テレビ番組を国民的文化財に（1）必要な、映像ライブラリーの設置：月刊民放　13（145）〔1983.7〕p43～43

平原日出夫　提言・テレビ番組を国民的文化財に（2）われらが内なる巨大な空洞：月刊民放　13（146）〔1983.8〕p45～45

牛山純一　提言・テレビ番組を国民的文化財に（3）放送人共通の願い――収集から国際交流へ：月刊民放　13（147）〔1983.9〕p43～43

後藤和彦　提言・テレビ番組を国民的文化財に（4）サンプルの集積を――後世に伝える貴重な資料：月刊民放　13（148）〔1983.10〕p43～43

野崎茂　提言・テレビ番組を国民的文化財に（5）「通念」の怖ろしさ――番組は消え去るものではない：月刊民放　13（149）〔1983.11〕p41～41

アーカイブズ　　　　　　　　　　　　　　　　　制度

大山勝美	提言・テレビ番組を国民的文化財に（6）資料が生む新しい価値：月刊民放　13（150）〔1983.12〕　p44〜44
遠藤千舟	文献情報とニューメディアの関連性について：出版研究　通号15　〔1984〕　p171〜184
松村純	ニュース素材の情報検索——フジテレビでの実用化の経験から（電子ライブラリーへの道＜特集＞）：新聞研究　通号398　〔1984.9〕　p32〜34
広木守雄	情報検索技術の革新と新聞——一般ニュースのデータベース・サービスの試み（電子ライブラリーへの道＜特集＞）：新聞研究　通号398　〔1984.9〕　p24〜28
足立公一郎	新聞・通信社データ部門の課題と見通し（電子ライブラリーへの道＜特集＞）：新聞研究　通号398　〔1984.9〕　p10〜20
荒木啓介	文書情報処理・検索自動化の可能性と問題点（電子ライブラリーへの道＜特集＞）：新聞研究　通号398　〔1984.9〕　p35〜39
鈴木ケイ	米国新聞・通信社の「電子ライブラリー」化の現況（電子ライブラリーへの道＜特集＞）：新聞研究　通号398　〔1984.9〕　p40〜42
前田康博	毎日新聞社の社外向け情報サービスの現状（電子ライブラリーへの道＜特集＞）：新聞研究　通号398　〔1984.9〕　p21〜23
羽島知之	古書情報をめぐる最近事情：総合ジャーナリズム研究　23（03）〔1986.7〕　p32〜40
酒井昭, 平原日出夫, 野崎茂	特集 映像ライブラリー実現への途 「映像文化」の保存と活用への課題 国際ビデオライブラリー フォーラムから：月刊民放　17（187）〔1987.1〕　p14〜19
後藤和彦	特集 映像ライブラリー実現への途 公共ライブラリー実現へ、まず「自局の番組保存」推進を 日々の「表現の記録」を番組のまま残し、「館内で公開」するために：月刊民放　17（187）〔1987.1〕　p6〜9
大山勝美, 鈴木昭伸	特集 映像ライブラリー実現への途 新しい創造へ、「財産」活用の拠点に 制作者の考える「ライブラリー」の意義—利用には細心の注意を払い、ニーズに対応：月刊民放　17（187）〔1987.1〕　p24〜29
牛山純一	特集 映像ライブラリー実現への途 "第三の映像ネットワーク"を開拓する心構えで 映像情報・番組販売の窓口「情報プール」設立に不可欠な、制作機関の協力：月刊民放　17（187）〔1987.1〕　p10〜13
矢沢章二	特集 映像ライブラリー実現への途 望ましい、著作権「一括処理ルール」の確立 ライブラリーと著作権—権利者の理解と協力が前提：月刊民放　17（187）〔1987.1〕　p20〜23
佐藤英雄	発足したエレクトロニック・ライブラリー（マスコミの焦点）：新聞研究　通号426　〔1987.1〕　p100〜102
羽島知之	「新聞資料」をめぐる最近動向：総合ジャーナリズム研究　24（04）〔1987.10〕　p106〜111
石坂丘	放送事業体における史料の保存と利用——放送史研究の立場から（放送研究の課題と方法＜特集＞）：放送学研究　通号38　〔1988〕　p47〜58
野崎茂	特集 200号記念 いま、ドキュメンタリーは… 公的 "映像資料館" 設立へ、連絡協議会結成が急務：月刊民放　18（200）〔1988.2〕　p40〜42
有山輝雄	新聞社内資料の保存・公開について：新聞研究　通号442　〔1988.5〕　p70〜73
中村弘之	日本初の新聞博物館——熊本日日新聞社：印刷雑誌　71（8）〔1988.8〕　p45〜48
後藤和彦	放送ライブラリー設立への視点：新聞研究　通号445　〔1988.8〕　p53〜57
野口巌	「新聞博物館」構想と課題：広告　（271）〔1988.11〕　p34〜
羽島知之	「天皇報道」の研究＜特集＞号外, 列島を走る〔含 資料〕：総合ジャーナリズム研究　26（02）〔1989.4〕　p22〜27
羽島知之	京都新聞 創刊日のナゾを解いた広告ビラ：総合ジャーナリズム研究　26（03）〔1989.7〕　p84〜86
稲村徹元	国立国会図書館法の制定経過と納本規定——西沢哲四郎文書に見る＜議会と図書館＞：出版研究　通号22　〔1991〕　p133〜151
南部哲郎	動き始めた新聞博物館創設計画（マスコミ焦点）：新聞研究　通号478　〔1991.5〕　p74〜76
羽島知之	甦る新聞号外：総合ジャーナリズム研究　28（04）〔1991.10〕　p75〜81
乾直明	アメリカの放送博物館を見学して 欠かせない「草の根運動」——日本企業もバックアップ：月刊民放　22（255）〔1992.9〕　p30〜33
乾直明	世界の映像ミュージアム（1）アメリカ映画博物館：広告　（296）〔1993.1〕　p28〜31
乾直明	世界の映像ミュージアム（2）アメリカ放送博物館：広告　（297）〔1993.3〕　p38〜41
乾直明	世界の映像ミュージアム（3）シカゴ商業放送博物館：広告　（298）〔1993.5〕　p34〜37
乾直明	世界の映像ミュージアム（4）ドイツ映画博物館：広告　（299）〔1993.7〕　p40〜43
乾直明	欧州各地の放送博物館を訪ねる 英、独に比べ博物館充実への意欲薄い仏、伊：月刊民放　23（267）〔1993.9〕　p31〜33
乾直明	世界の映像ミュージアム（5）英国国立映像博物館：広告　（300）〔1993.9〕　p46〜49
乾直明	世界の映像ミュージアム（6）ロンドン映像博物館：広告　（301）〔1993.11〕　p36〜39
乾直明	世界の映像ミュージアム（7）フランス映画博物館：広告　（302）〔1994.1〕　p38〜41
乾直明	世界の映像ミュージアム（8）ビデオテック・ド・パリ：広告　（303）〔1994.3〕　p36〜39
乾直明	世界の映像ミュージアム（9）ドイツ放送博物館：広告　（304）〔1994.5〕　p34〜37
塩崎博	特集 情報の大航海 CMの保存 ACCとJACの対応：月刊民放　24（279）〔1994.9〕　p32〜33
河西三千代, 久徳富子, 松崎晧, 武田信博, 明峰治彦	特集 情報の大航海 座談会 放送素材と "活字" の利用と保存 テレビ局の記憶力を強めるために：月刊民放　24（279）〔1994.9〕　p19〜26
西田恒久	特集 情報の大航海 新聞クリッピングの光ファイル化：月刊民放　24（279）〔1994.9〕　p12〜15
丸山昭二郎	特集 情報の大航海 知的大航海時代にむけて：月刊民放　24（279）〔1994.9〕　p34〜37
明神正	特集 情報の大航海 放送ライブラリーの番組保存と公開：月刊民放　24（279）〔1994.9〕　p27〜29
野田泰弘	特集 情報の大航海 民放レコード室の三課題 アナログ・レコード, 共通入力, そして情報：月刊民放　24（279）〔1994.9〕　p16〜18
原秀成	戦後改革と納入制度——出版物と電子情報の間隙：出版研究　通号28　〔1997〕　p25〜98
中村英	電子化の波にさらされる調査・資料部門——切り抜き資料とデータベースアンケート調査から：新聞研究　通号554　〔1997.9〕　p46〜49
安良城竜太	新聞博物館、三年後開館へ 準備進展、横浜でビル着工：新聞通信調査会報　通号421　〔1997.12〕　p4〜5
山本武利	米国立公文書館とナチゴールド資料騒動：総合ジャーナリズム研究　35（02）〔1998.4〕　p45〜51

井筒郁夫, 梶原拓, 武邑光裕	地方公共団体が推進するデジタル・アーカイブ デジタル・ミュージアム構想：New media　17 (10) 通号193　〔1999.10〕　p63～70	

井筒郁夫, 梶原拓, 武邑光裕　地方公共団体が推進するデジタル・アーカイブ デジタル・ミュージアム構想：New media　17 (10) 通号193　〔1999.10〕　p63～70

原秀成　出版物納入制度の受容と変容――権利から義務の体系へ：出版研究　通号31　〔2000〕　p145～159

合庭惇　デジタルアーカイブと放送――市民社会の文化装置として（特集 放送ライブラリー）：月刊民放　30 (10) 通号352　〔2000.10〕　p4～7

武田光弘, 野尻裕司　海外レビュー 欧米の放送ライブラリー事情（特集 放送ライブラリー）：月刊民放　30 (10) 通号352　〔2000.10〕　p30～33

鴨下信一　＜作品主義＞＜完璧主義＞に陥ることなかれ――制作者から見た放送ライブラリー像（特集 放送ライブラリー）：月刊民放　30 (10) 通号352　〔2000.10〕　p8～11

重定尚志　新・放送ライブラリーが開館――豊かな放送文化創造のために（特集 放送ライブラリー）：月刊民放　30 (10) 通号352　〔2000.10〕　p12～17

村上重美　新聞博物館開館 その今日的意義――あらゆる分野での調査・研究の広がりを願う：新聞研究　（592）〔2000.11〕　p65～68

高柳寛樹, 平良絹代　日米放送博物館比較＜上.＞ アメリカ放送博物館をゆく：放送レポート　168号　〔2001.1〕　p64～67

高柳寛樹, 平良絹代　日米放送博物館比較＜中＞ 放送アーカイブを支えるのは誰か：放送レポート　169号　〔2001.3〕　p64～67

高柳寛樹, 平良絹代　日米放送博物館比較＜下＞ 放送アーカイブの未来形：放送レポート　170号　〔2001.5〕　p60～63

西野泰司　テレビ初期の番組はなぜ残っていないのか――メディアの成熟と文化：文化情報学 : 駿河台大学文化情報学部紀要　8 (2)〔2001.12〕　p87～92

羽島知之　STUDY 『海外新聞』の創刊年が判明：総合ジャーナリズム研究　39 (04)（通号 182）〔2002.9〕　p46～49

北村肇　「想像力」養う場を多くの人に――新聞博物館「点字毎日展」を企画して：新聞研究　（631）〔2004.2〕　p51～53

鈴木嘉一　放送に関するアーカイブの動向――CMの原版大量廃棄問題を中心に：月刊民放　34 (11) 通号401　〔2004.11〕　p30～33

新藤健一　共同通信社が戦争写真展 米社から取得の幻の2万9千枚：新聞通信調査会報　通号512　〔2005.3〕　p7～10

植村八潮　オンデマンド出版の＜場＞としての図書館：大学の図書館　19 (3)（通号 316）〔2006.4〕　p48～50

井上徹　ニュース アーカイブ・プロジェクトの活動：都市文化研究　（8）〔2006.9〕　p114～118

山田敏之　アーカイヴス紹介 国立国会図書館憲政資料室所蔵「日本占領関係資料」――収集事業の歩みを中心に：Intelligence　（8）〔2007.4〕　p61～73

長井暁　映像アーカイブに期待される役割とは――中国の最新事情を手がかりに：放送研究と調査　57 (6) 通号673　〔2007.6〕　p54～63

鞍田朝夫　記録と継承の「ブックレポート」――番組活字化への取り組み：月刊民放　37 (12) 通号438　〔2007.12〕　p26～29

桜井均　アーカイブス研究の方法と可能性――公共圏における視線の移動と揺らぎ：放送研究と調査　57 (12) 通号679　〔2007.12〕　p60～71

長井暁　世界の映像アーカイブの現状と課題：放送研究と調査　58 (3) 通号682　〔2008.3〕　p46～59

長倉正知　国民の「文化財」を未来へ――毎日フォトバンクの取り組みから（最新データベース事情―歴史的遺産の保存）：新聞研究　（681）〔2008.4〕　p26～29

川内友明　事実を記録し伝えるために――事件・事故の記事も含め、原則公開する理由（最新データベース事情―公開基準をめぐって）：新聞研究　（681）〔2008.4〕　p10～12

長井暁　デジタル映像アーカイブは何をもたらすのか――フランス「INA」の挑戦：放送研究と調査　58 (7) 通号686　〔2008.7〕　p48～59

牟田昌平　アーカイヴス紹介 国立公文書館アジア歴史資料センター――先駆的デジタルアーカイブとして：Intelligence　（10）〔2008.8〕　p50～58

橋本正一　新オンラインデータベース 「ヨミダス歴史館」の開発と実用化：新聞技術　53 (2) 通号208　〔2009〕　p35～40

香取俊介　日本脚本アーカイブズとは何か――その意義と将来展望：月刊民放　39 (4) 通号454　〔2009.4〕　p34～37

香取俊介　＜日本脚本アーカイブズ＞が目指すもの：ぎゃらく　通号481　〔2009.7〕　p38～41

ロード, ジャン・ミシェル　基調講演 アーカイブはメディア情報空間に何をもたらすのか――理念と実践（特集 2009年春の研究発表・シンポジウム―テレビ番組研究は新たな時代へ――シンポジウム「映像アーカイブはテレビを拡張する」より）：放送研究と調査　59 (7) 通号698　〔2009.7〕　p25～31

植村八潮　デジタル時代の出版と図書館の役割 第11回図書館総合展：薬学図書館　55 (2)（通号 208）〔2010〕　p109～114

吉見俊哉　メディアの公共性とアーカイブの未来（特集 ジャーナリズムの劣化とメディアの可能性）：マスコミ市民　通号493　〔2010.2〕　p22～32

安藤博　マスコミとアーカイブ 「記録の人」阿波根昌鴻の島で：マスコミ市民　通号496　〔2010.5〕　p44～50

徳山喜雄　映像アーカイブ構想の現状 消滅の危機迫る古い記録映像 急がれる国の本格的対策：Journalism　（242）〔2010.7〕　p68～77

松岡資明　記録資料への意識見直す契機に――再認識された公文書管理の重要性（密約問題の報道視点）：新聞研究　（709）〔2010.8〕　p20～23

伊藤純　重い言葉、体系化して伝える――「戦争証言アーカイブス」の取り組み：新聞研究　（712）〔2010.11〕　p32～35

吉井勇　国立国会図書館（NDL）デジタルアーカイブの全容と現状：New media　28 (11) 通号331　〔2010.11〕　p27～32

工藤俊一郎　文化財としての保存・公開充実に向けて――放送ライブラリーの10年とこれから（特集 使おう！ 放送ライブラリー）：月刊民放　40 (12) 通号474　〔2010.12〕　p20～26

阿部康彦　NHKアーカイブス「学術利用トライアル研究」の試み（特集 始動するアーカイブ研究――テレビ・ドキュメンタリーは何を語るか）：放送メディア研究　8〔2011〕　p273～278

桜井均, 水島久光, 西兼志　NHKアーカイブスの構成に関する研究（前編）：放送研究と調査　61 (4) 通号719　〔2011.4〕　p38～57

西兼志　アーカイブの結晶学 (2) アーカイブ, ドキュメンタリー, ジャーナリズム（NHKアーカイブスの構成に関する研究（後編））：放送研究と調査　61 (6) 通号721　〔2011.6〕　p90～94

桜井均　視聴者が描くテレビの自画像――アーカイブが開かれるとき（NHKアーカイブスの構成に関する研究（後編））：放送研究と調査　61 (6) 通号721　〔2011.6〕　p94～100

延明美, 植村八潮　講演会 第595回例会 電子書籍流通基盤構築と図書館：神資研　（47）〔2012〕　p42～48

アーカイブズ	制度

磯﨑咲美, 宮川大介, 村上聖一　放送史資料 収集・保存・公開の方法論を探る ： NHK文研所蔵資料の研究活用に向けて：NHK放送文化研究所年報　56　〔2012〕　p97〜134

原由美子　NHKアーカイブス学術利用トライアル研究から 堀江秀史著「寺山修司のテレビメディア認識 ： NHKアーカイブス発掘資料『一匹』(1963)を中心に」：放送研究と調査　62(7)通号734　〔2012.7〕　p102〜105

今野勉　岩波映画の1億フレーム 記録映画アーカイブが迫るドキュメンタリー史の見直し：調査情報. 第3期　(509)〔2012.11・12〕　p44〜49

牧義之　国立国会図書館所蔵検閲関係資料・〈特500〉資料群に関する基礎的研究：Intelligence　(13)〔2013.3〕　p122〜132

宮本聖二　「次」に備えるために ： 東日本大震災NHKアーカイブスの取り組み(東日本大震災と報道 ： アーカイブズの活用と課題)：新聞研究　(742)〔2013.5〕　p13〜16

八浪英明　「成長するアーカイブ」を目指して ： 河北新報震災アーカイブの試み(東日本大震災と報道 ： アーカイブズの活用と課題)：新聞研究　(742)〔2013.5〕　p8〜12

石橋映里　脚本の国立国会図書館での保存・公開に向けて：月刊民放　43(8)通号506　〔2013.8〕　p30〜33

七沢潔　アーカイブ番組を大学教育にいかす(第1回)映像が「読み込まれる」とき ： 「番組eテキストシステム」の可能性：放送研究と調査　63(8)通号747　〔2013.8〕　p36〜59

宮田章　アーカイブ番組を大学教育にいかす(第2回)学生を"考えさせるシステム" ： 「番組eテキストシステム」受講生の反応から：放送研究と調査　63(9)通号748　〔2013.9〕　p16〜39

丹羽美之　民放もアーカイブの公開・活用を！：月刊民放　43(11)通号509　〔2013.11〕　p24〜28

岩﨑康彦, 吉井勇, 所洋一　NHKアーカイブス大いなる刷新 映像"資料"から映像"資産"へ もっとも意欲的なチャレンジ！：New media　31(12)通号369　〔2013.12〕　p10〜12

原由美子, 小林直毅　アーカイブ番組を大学教育にいかす(第3回)アーカイブ視聴が生み出す効果：放送研究と調査　64(6)通号757　〔2014.6〕　p72〜92

小貫智晴, 野口武悟　MLA連携に関する研究 ： 日本の実践事例にみる現状と課題：図書館綜合研究　(14)〔2014.8〕　p1〜17

〔図 書〕

日本放送協会放送博物館　放送博物館10年—創立より昭和41年3月末まで　日本放送協会放送博物館　1967　189p 図版11枚　26cm　非売

国立国会図書館　新聞の保存と利用—第2回資料保存シンポジウム講演集　日本図書館協会　1991.12　197p　21cm　2200円（資料保存シンポジウム 2）

放送番組センター　放送ライブラリー開設記念フォーラム記録—魅力ある放送ライブラリーを目ざして　放送番組センター　1992.3　51p　26cm

放送番組センター　放送ライブラリー開設一周年記念フォーラム記録　放送番組センター　1993.3　45p　26cm

放送番組センター　放送ライブラリーフォーラム記録　1993　放送番組センター　1994.3　48p　26cm

放送番組センター　放送ライブラリーフォーラム記録　1994　放送番組センター　1995.2　50p　26cm

放送番組センター　放送ライブラリーフォーラム記録　1995　放送番組センター　1996.1　43p　26cm

放送番組センター　放送ライブラリーフォーラム記録　1996　放送番組センター　1997.1　43p　26cm

ディジタルアーカイブズ　メディア・ニュー・ジェネレーション—Digital producer's bible すべてのデジタル・コンテンツ・クリエイターたちへ　毎日コミュニケーションズ　1997.10　263p　24cm　1600円

放送番組センター　放送ライブラリーフォーラム記録　1997　放送番組センター　1998.1　46p　26cm

放送番組センター　放送ライブラリーフォーラム記録　1998　放送番組センター　1999.1　41p　26cm

放送番組センター　デジタルアーカイブ新時代—情報化社会と番組アーカイブ 新・放送ライブラリー開館記念国際シンポジウム　放送番組センター　2000　27p　30cm

放送番組センター　放送ライブラリーフォーラム記録　1999　放送番組センター　2000.1　41p　26cm

全国歴史資料保存利用機関連絡協議会　日本のアーカイブズ論　岩田書院　2003.3　601p　22cm　9900円

日本放送協会放送博物館　放送博物館の動態保存—図録　NHK放送博物館　2004.3　90p　30cm

放送番組センター　放送ライブラリーニュース映画公開一覧　放送番組センター　2004.4　114p　30cm

国立公文書館　電子媒体による公文書等の適切な移管・保存・利用に向けて—調査研究報告書　国立公文書館　2006.3　118, 60, 77p　30cm

記録管理学会, 日本アーカイブズ学会　入門・アーカイブズの世界—記憶と記録を未来に 翻訳論文集　日外アソシエーツ　2006.6　267p　21cm　2800円

樫村雅章　貴重書デジタルアーカイブの実践技法—HUMIプロジェクトの実例に学ぶ　慶應義塾大学出版会　2010.4　272p　22cm　4000円

ジャーナリズム

ジャーナリズム（日本）

〔雑誌記事〕

宮本百合子	ジャーナリズムの内側から：文芸春秋　26（9）〔1948.9〕　p20～29
宗徳和	日本新聞界への挑戦：世界評論　3（10）〔1948.10〕　p18～21
白畑準之助	ジャーナリズム界の回顧と期待：政経時潮　4（1）〔1949.1〕　p17～23
山本夏彦	商品としての文学――或は現代ジャーナリズム風景：文芸春秋　27（5）〔1949.5〕　p102～105
鈴木力衛	発生期のジャーナリズムと文学の社会的地位――17世紀フランスの場合：世界　通号42〔1949.6〕　p48～57
阿部真之助	新聞に苦言を呈する：婦人公論　35（12）通号391〔1949.12〕　p80～85
鈴木文史朗	新聞に対する態度について：婦人公論　35（12）通号391〔1949.12〕　p50～53
土屋清	新聞の使命：婦人公論　35（12）通号391〔1949.12〕　p60～62
武谷三男	新聞は真実を伝えているか：婦人公論　35（12）通号391〔1949.12〕　p68～71
岩永信吉	今後海外に出る新聞人のために：新聞研究　通号11〔1950.6〕　p12～13
岡野他家夫	新聞研究文献：新聞研究　通号12〔1950.10〕　p39～48
千葉雄次郎	新聞の独占――現代新聞論：思想　通号324〔1951〕　p10～16
久野収	新聞の報道機能について――現代新聞論：思想　通号324〔1951〕　p1～5
桑原武夫	小さな国の大きな新聞：群像　6（2）〔1951.2〕　p57～61
生田正輝	新聞の社会的機能：新聞研究　通号14〔1951.5〕　p4～5
近盛晴嘉	新聞の反省：世界　通号67〔1951.7〕　p162
山内藤介, 梅津八重蔵	「新聞批判」を批判する――新聞の実態：新聞研究　通号15〔1951.8〕　p29～31
稲田二郎	新聞界の激震：政界往来　18（1）〔1952.1〕　p74～81
島崎憲一	現代新聞の本質的究明：新聞学評論　1（1）〔1952.3〕　p110～120
内野茂樹	現代新聞をめぐる二三の問題：新聞学評論　1（1）〔1952.3〕　p36～51
権藤猛	新聞記事に及ぼす記者の心理的影響：新聞学評論　1（1）〔1952.3〕　p95～109
和田洋一	報道は誘導する：新聞学評論　1（1）〔1952.3〕　p140～150
堀川直義	新聞インタービューの心理学的分析―下―：新聞研究　通号18〔1952.3〕　p34～39
美作太郎	週刊ジャーナリズム論：出版ニュース　通号207〔1952.8〕　p1～4
権藤猛	報道記事構造の発生史的考察――新聞文章論の断章：新聞研究　通号20〔1952.8〕　p31～39
城戸又一	新聞をうごかすもの：世界　通号80〔1952.8〕　p54～61
双川耳介	ジャーナリズムの世界へ：學鐙　49（11）〔1952.11〕　p51～53
松永孝	テレビ・新聞・ラジオ：新聞研究　通号22〔1952.12〕　p1～4
堀川直義	新聞記事に及ぼす記者の心理的影響：新聞学評論　2（1）〔1953〕
中曽根松衛	音楽ジャーナリズム論：フィルハーモニー　25（6）〔1953.6〕　p22～27
金久保通雄	新聞をどう利用したか：新聞研究　通号25〔1953.7〕　p25～28
野村秀雄	新聞の猛省を促す：文芸春秋　31（10）〔1953.7〕　p94～100
さねとうけいしゅう	日中ジャーナリズムの交渉：文学　21（9）〔1953.9〕　p895～903
林達夫	新聞について：文學界　7（9）〔1953.9〕　p94～99
三好武二	新聞の野党的精神：新聞研究　通号27〔1953.10〕　p23
中沢道夫	批判される新聞：新聞研究　通号27〔1953.10〕　p43～44
井上吉次郎	新聞の自然史序説：關西大學文學論集　3（3）〔1953.11〕　p1～36
宮島善高	新聞魂の鍛錬場：新聞研究　通号29〔1953.12〕　p24～25
岡本順一	新聞という概念：新聞学評論　3（1）〔1954〕　p17～27
三崎敦	新聞学文献解題―1―：新聞学評論　3（1）〔1954〕　p101～112
千葉雄次郎	新聞を毒するもの：政界往来　20（5）〔1954〕　p166～168
堤寒三	漫画とジャーナリズム：政界往来　20（10）〔1954〕　p174～182
広瀬亮輔	明るい新聞への希望：政界往来　20（12）〔1954〕　p139～141
上田秀夫	アフリカの新聞記者――同じ有色人種ではあるが：世界週報　35（1）〔1954.1〕　p60～61
青野季吉	ジャーナリズムと文学：群像　9（2）〔1954.2〕　p180～186
大和田能夫	ニュースの保護について：新聞研究　通号32〔1954.3〕　p11～13
村山公之	現代の新聞を裁く（座談会）：別冊東洋経済　通号1〔1954.3〕　p95～100
亀井一綱	新聞は90%信頼されている：新聞研究　通号33〔1954.4〕　p22～28
青地晨	ジャーナリズムと恐怖：思想　通号360〔1954.6〕　p701～705
千葉雄次郎, 内海丁三	新聞はリンチする権利があるか（対談）：新聞研究　通号35〔1954.6〕　p5～10
長谷川如是閑	時代と新聞（鼎談）：世界　通号103〔1954.7〕　p170～182
岡本順一	新聞・ラジオ・映画：新聞研究　通号38〔1954.9〕　p9～13
金森徳次郎	新聞に望む：新聞研究　通号40〔1954.11〕　p19～23
北川正夫	勇気と確信をもって：新聞研究　通号43〔1955.2〕　p31～34
江尻進	新聞に注文する（座談会）：新聞研究　通号44〔1955.3〕　p32～40
三崎敦	新聞学文献解題―2―：新聞学評論　通号4〔1955.4〕
伊藤昇	あゆみ会事件と新聞の責任：新聞研究　通号45〔1955.4〕　p10～13

ジャーナリズム（日本）　　　　　　　　　ジャーナリズム

横山英志	ある一つの立場：新聞研究　通号46　〔1955.5〕　p31〜33
梅津八重蔵	大ニュースの殺到：新聞研究　通号47　〔1955.6〕　p33〜37
福原麟太郎	新聞について：學鐙　52(7)　〔1955.7〕
佐々木斐夫	戦後ジャーナリズムの功罪：婦人公論　40(8)通号460　〔1955.8〕
日高六郎	マス・コミュニケーションの効果：新聞研究　通号50　〔1955.9〕　p19〜22
住本利男	試験委員の立ち場：新聞研究　通号51　〔1955.10〕　p25〜27
本田親男	日本における新聞の対外活動：新聞研究　通号51　〔1955.10〕　p1〜2
湯川秀樹	新聞に望む：新聞研究　通号52　〔1955.11〕　p19〜22
末常卓郎	新聞は正確が第一：新聞研究　通号54　〔1956.1〕　p31〜35
二藤茂雄	これからが本格的競争(座談会)：新聞研究　通号55　〔1956.2〕　p12〜18
川崎正雄	のんびりした新聞：新聞研究　通号56　〔1956.3〕　p19〜21
豊田銀之助	ユーロビジョンの成立と発展：日本放送協会放送文化研究所調査研究報告　通号1　〔1956.3〕　p121〜125
藤田進一郎	ジャーナリズムの質と量：新聞学評論　通号5　〔1956.4〕
大和田能夫	裁かれる新聞：新聞学評論　通号5　〔1956.4〕
熊本重清	新聞公示性の発展過程について：新聞学評論　通号5　〔1956.4〕
荒瀬豊	物語マンガと現代新聞：新聞学評論　通号5　〔1956.4〕
斎藤正躬	報道の真実とは(座談会)：世界　通号124　〔1956.4〕　p81〜96
加藤秀俊	新聞と意味論：思想　通号383　〔1956.5〕
小山栄三	うき身をやつす新聞：新聞研究　通号58　〔1956.5〕　p37〜39
米谷雅夫	新聞の功罪：Hotel review　通号74　〔1956.6〕　p12〜13
笠信太郎	新聞の主張：新聞研究　通号62　〔1956.9〕　p1〜8
伊藤好道	新聞への注文：新聞研究　通号62　〔1956.9〕　p23〜24
芦田均	民主主義の新聞：新聞研究　通号62　〔1956.9〕　p21〜23
横田実	新聞の今後のあり方：新聞研究　通号64　〔1956.11〕　p15〜28
愛川重義	新聞の雑誌化と企画記事：新聞研究　通号64　〔1956.11〕　p43〜47
高木健夫	新聞社の見た新聞小説：群像　11(12)　〔1956.12〕　p196〜199
千葉雄次郎	新聞報道の宿題(座談会)：新聞研究　通号65　〔1956.12〕　p12〜20
新田宇一郎	新聞界ことしの課題：新聞研究　通号66　〔1957.1〕　p1〜6
島崎憲一	ニュースの本質：新聞研究　通号67　〔1957.2〕　p21〜24
江口勝彦	ニュース価値の判定について：新聞研究　通号69　〔1957.4〕　p9〜12
和田洋一	新聞とヒューマニズム：新聞研究　通号69　〔1957.4〕　p41〜44
高橋義孝	新聞の偏見と新聞への偏見：新聞研究　通号69　〔1957.4〕　p1〜4
後藤武男	かく取材し，かく打電した：新聞研究　通号71　〔1957.6〕　p23〜31
金久保通雄	曲り角にたった新聞：新聞研究　通号71　〔1957.6〕　p44〜47
新島繁	ジャーナリズムに創価学会ブーム：出版ニュース　通号0388　〔1957.7〕
後藤武男	新聞と大衆(座談会)：新聞研究　通号76　〔1957.10〕　p16〜25
渡瀬亮輔	ジャーナリズム——現代の課題(座談会)—1—：群像　13(1)　〔1958.1〕　p168〜183
長谷川次次	あまりに植民地的な——新聞記事月評：新聞研究　通号78　〔1958.1〕　p52〜55
千葉雄次郎	現代新聞の諸問題：新聞研究　通号78　〔1958.1〕　p16〜20
小野秀雄	新聞研究の歴史を語る——「新聞研究」創刊十周年に寄せて：新聞研究　通号78　〔1958.1〕　p36〜38
豊田銀之助	ユーロビジョンの進歩：NHK文研月報　8(2)　〔1958.1〕
加藤秀俊	テレビ時代の新聞：新聞研究　通号81　〔1958.4〕　p1〜5
城戸又一	日本新聞学会第8回総会をかえりみて：新聞研究　通号85　〔1958.8〕　p34〜37
本田親男	新聞界に望む——新聞大会あいさつ：新聞研究　通号88　〔1958.11〕　p14〜16
杉靖三郎	マスコミと精神衛生：新聞研究　通号91　〔1959.2〕　p1〜3
ランドルフ, J.	外人記者の見た日本の新聞：新聞研究　通号93　〔1959.4〕　p6〜10
松丸志摩三	マスコミに対する農村のカベ——農民の立場から：新聞研究　通号95　〔1959.6〕　p17〜21
曽我耕一	右旋回するマスコミ——警職法改定反対以降の大新聞：月刊労働問題　通号14　〔1959.7〕
久野収	客観論——特集・客観報道について：新聞研究　通号98　〔1959.9〕　p2〜5
ブラッカー, H., 近藤貢	新聞の生き残る道：新聞研究　通号98　〔1959.9〕　p42〜48
佐伯彰一	マス・メディアの王たち：文學界　13(10)　〔1959.10〕
三枝博音	ジャーナリズムと日本文化：新聞研究　通号100　〔1959.11〕　p2〜6
児島宋吉	新聞報道の性格の変化——主観の客観的提示：新聞研究　通号102　〔1960.1〕　p7〜11
山田年栄	転機を迎えた報道取材——当面の諸問題をさぐって：新聞研究　通号104　〔1960.1〕　p40〜44
林蕀	最近の新聞批判：新聞研究　通号105　〔1960.4〕　p53〜57
関根弘	新聞・週刊誌論調の変転：思想の科学. 第4次　通号19　〔1960.7〕　p56〜65
中野好夫	変転する新聞論調：思想　通号434　〔1960.8〕　p129〜139
和田洋一	日本の新聞学と即日性：人文学　通号50　〔1960.10〕　p1〜13
森恭三	現代ニュース論：新聞研究　通号114　〔1961.1〕　p2〜7
高木教典	日本ファシズム形成期のマス・メディア統制——マス・メディア組織化の実態とマス・メディア—2—：思想　通号449　〔1961.11〕　p80〜97
江口勝彦	ニュース本の質：新聞研究　通号124　〔1961.11〕　p46〜49
城戸又一	現代の新聞(座談会)：新聞研究　通号124　〔1961.11〕　p40〜43
タイヤーマン, D0	新聞は信頼されているか：新聞研究　通号125　〔1961.12〕　p17〜24
金戸嘉七	新聞報道における推理性：關西大學文學論集　11(6)　〔1962.1〕
坂西志保	現代社会の秩序と混乱：新聞研究　通号126　〔1962.1〕　p16〜27

重松敬一	マスコミの中のこども——"おとな文化"と"こども文化"の断絶：新聞研究　通号128　〔1962.3〕　p7～10	
鶴見俊輔	現代史と新聞：関西大学新聞学研究　通号9　〔1962.6〕　p131～140	
大村陽一	現代新聞の娯楽的傾向：関西大学新聞学研究　通号9　〔1962.6〕	
坂本真治	ある通信社の変貌——特集・ジャーナリズムのつくりかえ：思想の科学．第5次　（4）〔1962.7〕　p50～56	
山本明	イデオロギーとしてのジャーナリズム——マス・コミュニケイションのイデオロギー認識のために：人文学　通号61　〔1962.7〕　p25～44	
カドリップ, HO	青少年と新聞：新聞研究　通号135　〔1962.10〕　p59～61	
堀川直義	インタビューの理論と技術：新聞研究　通号136　〔1962.11〕　p59～64	
千葉雄次郎	新聞の社会的責任：新聞研究　通号136　〔1962.11〕　p10～18	
渡辺文太郎	新聞の将来とこれからの新聞記者(座談会)：新聞研究　通号136　〔1962.11〕　p42～54	
クロスランド, C.A.R., 直井武夫	マス・メディア：自由　5(2)通号39　〔1963.2〕　p110～119	
磯村英一	プレスキャンペーンの再評価——交通問題をめぐって：新聞研究　通号139　〔1963.2〕　p14～21	
曽木耕一	マス・コミはどこへゆく——新聞・放送反動化の実態：社会主義　通号138　〔1963.3〕　p46～53	
蝋山政道	新聞と世論：新聞研究　通号140　〔1963.3〕　p42～55	
桑原武夫	マスコミと日本の文化：新聞研究　通号142　〔1963.5〕　p10～13	
笠信太郎	日本の新聞を語る(座談会)：新聞研究　通号143　〔1963.6〕　p10～27	
小林雅昭	大衆社会と新聞：関西大学新聞学研究　通号11　〔1963.9〕	
笠信太郎	新聞のつとめ：新聞研究　通号146　〔1963.9〕　p22～37	
青木彰	「みんな勇気を——許すまい小暴力」など小暴力追放キャンペーン：新聞研究　通号148　〔1963.11〕　p14～18	
酒井幸雄	取材現場の諸問題(座談会)：新聞研究　通号149　〔1963.12〕　p68～75	
千葉雄次郎	日本新聞論：新聞研究　通号149　〔1963.12〕　p44～50	
川中康弘	岐路に立つ新聞学——これからの課題と方法：新聞学評論　通号13　〔1964.1〕	
香内三郎	長谷川「新聞」理論の一解釈——等高線試図：新聞学評論　通号13　〔1964.1〕	
岩倉誠一	内野茂樹博士とアメリカ新聞史研究：新聞学評論　通号13　〔1964.1〕	
金戸嘉七	国際問題と新聞：関西大学新聞学研究　通号12　〔1964.3〕	
甘利省吾	新聞の電波利用——電波新聞の可能性について：新聞研究　通号158　〔1964.9〕　p42～45	
蝋山政道	政策決定と新聞：新聞研究　通号159　〔1964.10〕　p10～13	
北田耕也	マスコミの傾向と国民の自己形成：月刊社会教育　8(11)〔1964.11〕	
ステンペル, A.	新聞は生き残れるか：新聞研究　通号160　〔1964.11〕　p49～51	
ブラッカー, H.	新聞は滅びない：新聞研究　通号160　〔1964.11〕　p51～55	
児島宋吉	新聞維新のとき：新聞研究　通号160　〔1964.11〕　p10～15	
京橋五郎	新聞戦国冬の陣：現代の眼　5(12)〔1964.12〕　p115～123	
大野力	ジャーナリズムの近代化——特集・日本のジャーナリズム：思想の科学．第5次　（35）〔1965.2〕　p71～79	
西浦義道	ヒモツキ新聞の論理——特集・日本のジャーナリズム：思想の科学．第5次　（35）〔1965.2〕　p35～39	
赤松明	現代ジャーナリズムに何を求めるか(アンケート)——特集・日本のジャーナリズム：思想の科学．第5次　（35）〔1965.2〕　p89～98	
小林信司	マス・メディアの中立性：関西大学新聞学研究　通号14　〔1965.3〕	
内川芳美	日本の新聞(シンポジウム)：新聞学評論　通号14　〔1965.4〕	
岩佐直喜	「天国に結ぶ恋」——私の新聞づくり40年―1―：新聞研究　通号165　〔1965.4〕　p60～65	
渡辺友左	マス・メディアと市民——長岡市と松江市の市民の場合：新聞研究　通号166　〔1965.5〕　p35～43	
岩佐直喜	国家主義の高潮へ——私の新聞づくり40年―3―：新聞研究　通号167　〔1965.6〕　p40～45	
キング, C.H.	社会に対する新聞の役割りはなにか：新聞研究　通号170　〔1965.9〕　p21～24	
池田喜作	「足で書く記事は尊い」という神話——「パブリシティーと新聞」批判に答える：新聞研究　通号170　〔1965.9〕　p79～81	
井上吉次郎	ジャーナリズムからマスコミへ：関西大学新聞学研究　通号15　〔1965.10〕	
江口勝彦	ジャーナリズムの価値観：新聞研究　通号171　〔1965.10〕　p62～65	
稲野治兵衛	水キキンから都政刷新まで：新聞研究　通号171　〔1965.10〕　p42～46	
新井直之	ジャーナリズムの思想——特集・1965年の思想：思想の科学．第5次　（45）〔1965.12〕　p20～26	
岩佐直喜	電波と週刊誌の間で——私の新聞づくり40年―9(完)―：新聞研究　通号173　〔1965.12〕　p52～58	
後藤武男	日本の進路と新聞(座談会)：新聞研究　通号173　〔1965.12〕　p60～71	
丸山真男	日本の言論(対談)：新聞研究　通号174　〔1966.1〕　p10～22	
辻清明	現在の新聞への注文と将来のあるべき姿(アンケート)：新聞研究　通号175　〔1966.2〕　p10～12, 63～64	
田宮武	新聞総合調査委員会編「市民生活とマス・メディア」：関西大学新聞学研究　通号16　〔1966.3〕　p84～88	
波多野完治	マスコミの今日的役割——教育心理学からの見かた：社会教育　21(5)〔1966.4〕　p8～12	
長谷川了	新聞学の再出発とその構造：政経研究　3(1)〔1966.6〕　p1～19	
高橋義孝	大衆文化と新聞：新聞研究　通号182　〔1966.8〕　p6～10	
西島芳二	現代の新聞における言論の役割：別冊潮　通号3　〔1966.10〕　p86～96	
川上源太郎	現代ジャーナリズムの条件：別冊潮　通号3　〔1966.10〕　p24～37	
前田雄二	新聞の未来像：別冊潮　通号3　〔1966.10〕　p118～125	
斎藤栄一	新聞の報道性と指導性(座談会)：新聞研究　通号185　〔1966.12〕　p6～23	
総合ジャーナリズム研究編集部	新聞と民主主義--Symposium in Journalism-12－：総合ジャーナリズム研究所　04(01)〔1967.1〕　p22～39	
酒井寅吉	新聞は言論の主体性を失ったか(座談会)：総合ジャーナリズム研究　04(10)〔1967.1〕　p4～20	
新井直之	新聞ジャーナリズムの文献：総合ジャーナリズム研究　04(10)〔1967.1〕　p61～67	
林伸郎	比較新聞学方法論序説：関西大学新聞学研究　通号17・18・19　〔1967.2〕　p105～124	
小糸忠吾	ニュース性の認知, 取材, 誤報, 偏向——心理学的考察：コミュニケーション研究　通号1　〔1967.3〕　p1～25	

尼ヶ崎彬	現代マスコミ論：総合ジャーナリズム研究　04（05）〔1967.4〕p90〜97	
土屋清	新聞のこと——続・忙中閑語—4—：社会思想研究　19（4）〔1967.4〕p32〜35	
大和勇三	のびる婦人の力と新聞：新聞研究　通号190〔1967.5〕p23〜27	
福島慎太郎	対立激化する共同・時事（インタビュー）：総合ジャーナリズム研究　04（06）〔1967.6〕p32〜40	
新井利夫	大衆社会に果たす新聞の役割：総合ジャーナリズム研究　04（06）〔1967.6〕p74〜80	
阪本泉	新聞批判についての若干の疑問：政経研究　4（1）〔1967.6〕p1〜19	
加藤三之雄	電波時代の新聞：関西大学社会学論集　1（2）〔1967.7〕p1〜11	
山崎端ний	今日の新聞の役割り——会田教授の所論に答える：新聞研究　通号193〔1967.8〕p21〜24	
会田雄次	新聞女性化論：新聞研究　通号193〔1967.8〕p15〜20	
林三郎	新聞報道における「事実」と「真実」：新聞研究　通号193〔1967.8〕p10〜14	
相島敏夫	電波による新聞の未来像：総合ジャーナリズム研究　04（09）〔1967.9〕p57〜60	
カーン, L.E., 武田昭二郎	日本の三大紙を批判する：総合ジャーナリズム研究　04（09）〔1967.9〕p17〜20	
池島信平	困ったマスコミ——マスコミ競争が生み出した妙な傾向：自由　9（9）〔1967.9〕p160〜165	
梶谷善久	朝日新聞への七つの疑問：現代の眼　8（10）〔1967.10〕p174〜181	
西島芳二	新聞はなぜ「公器」といわれるか：新聞研究　通号195〔1967.10〕p5〜10	
前田雄二	日本の新聞の特性を生み出すもの：新聞研究　通号195〔1967.10〕p11〜17	
青木貞伸	電波と活字の間−−ラジオ・テレビ欄は試行錯誤の繰返し：総合ジャーナリズム研究　04（11）〔1967.11〕p98〜101	
藤竹暁	新メディア論の周辺：新聞研究　通号196〔1967.11〕p12〜16	
原四郎	新聞批判と新聞編集の態度：新聞研究　通号196〔1967.11〕p44〜47	
安田寿明	情報革命下のマス・メディア−−そして革命後の世界はどうなるか：総合ジャーナリズム研究　04（12）〔1967.12〕p74〜82	
影山三郎	ニュース源としての大衆−−記者感覚と民衆意識の結合へ（マスコミの偏向とは何か（特集））：総合ジャーナリズム研究　05（06）〔1968.1〕p34〜45	
高田秀二	マスコミは偏向しているか（マスコミの偏向とは何か（特集））：総合ジャーナリズム研究　05（06）〔1968.1〕p30〜32	
川中康弘	現代アメリカのマスコミ論：総合ジャーナリズム研究　05（06）〔1968.1〕p58〜69	
西村克己	にじの橋と三等兵の悲しみ（整理記者の訴え）：新聞研究　通号199〔1968.2〕p33〜35	
小野秀雄	新聞研究50年—14—「海外新聞」を再検討する：新聞研究　通号199〔1968.2〕p48〜54	
笠信太郎	新聞のつとめ（1963年9月号から）（200号記念重要論文再録）：新聞研究　通号200〔1968.3〕p6〜21	
千葉雄次郎	新聞の社会的責任（1962年11月号から）（200号記念重要論文再録）：新聞研究　通号200〔1968.3〕p22〜31	
丸山真男, 森恭三	日本の言論（1966年1月号から）（200号記念重要論文再録）：新聞研究　通号200〔1968.3〕p68〜80	
田代喜久雄	いまこそ「原理」にたちかえるとき（現代通信社論（特集）—期待される通信社像）：新聞研究　通号201〔1968.4〕p17〜19	
大島信太郎	国際通信の進展と将来の展望（現代通信社論（特集）：新聞研究　通号201〔1968.4〕p63〜67	
奥村邦教	受益者本位の体制を（現代通信社論（特集）—期待される通信社像）：新聞研究　通号201〔1968.4〕p21〜23	
千葉雄次郎	世界における日本の通信社の進むべき道（現代通信社論（特集））：新聞研究　通号201〔1968.4〕p58〜62	
殿木圭一	組織形態からみた比較通信社論（現代通信社論（特集））：新聞研究　通号201〔1968.4〕p51〜57	
尾崎竹四郎	通信社の基本課題に答えよ———私見として（現代通信社論（特集）—期待される通信社像）：新聞研究　通号201〔1968.4〕p26〜28	
長谷川才次, 福島慎太郎	通信社はいかにあるべきか（現代通信社論（特集））：新聞研究　通号201〔1968.4〕p6〜16	
中山了	通信社は全新聞社の張り番を（現代通信社論（特集）—期待される通信社像）：新聞研究　通号201〔1968.4〕p19〜21	
中屋健一	新聞報道これでいいのか〔佐世保事件〕：文芸春秋　46（5）〔1968.5〕p118〜124	
堀川直義	インタビュー論：総合ジャーナリズム研究　05（05）〔1968.7〕p120〜132	
ペパー, トマス, 中一	繁栄するアングラ新聞：総合ジャーナリズム研究　05（05）〔1968.7〕p105〜110	
バージェス, ジョン	テレビ時代の新聞の役割り（新聞とテレビの共存（FIEJ京都総会報告））：新聞研究　通号204〔1968.7〕p56〜58	
千葉雄次郎	社会変革期における新聞のあり方：新聞研究　通号207〔1968.10〕p6〜11	
田中香苗	社会変動下における客観報道（第21回新聞大会特集）：新聞研究　通号209〔1968.12〕p6〜19	
ウィーバー, デービッド・H., 藤原恒太	デーリー・ニュースの横顔：総合ジャーナリズム研究　06（01）〔1969.1〕p117〜128	
千葉雄次郎	転換期のジャーナリズム：総合ジャーナリズム研究　06（01）〔1969.1〕p73〜86	
後藤和彦	情報社会における新聞と放送（情報社会における新聞の機能（特集））：新聞研究　通号210〔1969.1〕p32〜36	
田中靖政	情報社会における新聞の課題（情報社会における新聞の機能（特集））：新聞研究　通号210〔1969.1〕p16〜21	
高畠通敏	真の公器性に目ざめよ（情報社会における新聞の機能（特集）—“情報”時代の新聞に求めるもの）：新聞研究　通号210〔1969.1〕p28〜29	
川島広守	大学紛争問題と新聞の姿勢：新聞研究　通号211〔1969.2〕p56〜72	
春原昭彦	新聞人のジャーナリズム論の再検討（特集）—第2部 日本におけるジャーナリズム論の系譜）：新聞学評論　通号18〔1969.3〕p102〜110	
佐藤毅	戦後のジャーナリズム論（ジャーナリズム論の再検討（特集）—第2部 日本におけるジャーナリズム論の系譜）：新聞学評論　通号18〔1969.3〕p88〜101	
稲葉三千男	中井正一の“媒介”論紹介（ジャーナリズム論の再検討（特集）—第2部 日本におけるジャーナリズム論の系譜）：新聞学評論　通号18〔1969.3〕p111〜118	
江尻進	日本の新聞の特色と現代的課題（第2回総合ジャーナリズム講座講演速記）：総合ジャーナリズム研究　06（02）〔1969.4〕p51〜65	
春原昭彦	わが国新聞の発達（現代新聞記者読本）：新聞研究　通号213〔1969.4〕p78〜82	
森恭三	変革期における新聞と記者（現代新聞記者読本）：新聞研究　通号213〔1969.4〕p11〜14	

稲野治兵衛	プレス・キャンペーンの基本態度(現代ニュース論(特集)):新聞研究 通号214 〔1969.5〕 p29〜33	
江藤文夫	経過報道の論理と課題——報道の"時間"について(現代ニュース論(特集)):新聞研究 通号214 〔1969.5〕 p42〜45	
伊藤牧夫	現代のスクープ(現代ニュース論(特集)):新聞研究 通号214 〔1969.5〕 p22〜28	
小野秀雄	新聞研究50年—27—シベリア経由で再びドイツへ:新聞研究 通号214 〔1969.5〕 p48〜53	
小糸忠吾	ジャーナリズムとその機能——社会的責任の基底探求:コミュニケーション研究 通号3 〔1969.6〕 p33〜64	
宮崎健蔵	新聞批判の系譜序説——反体制的な批判を中心として:コミュニケーション研究 通号3 〔1969.6〕 p1〜32	
小野秀雄	新聞研究50年—28—学会で多数の学者にあう:新聞研究 通号215 〔1969.6〕 p70〜75	
藤竹暁	70年のマスコミ(特集):総合ジャーナリズム研究 06(03)〔1969.7〕 p148〜172	
三好修	70年の選択と三大新聞:総合ジャーナリズム研究 06(03)〔1969.7〕 p4〜32	
新井直之	ジャーナリズム思想——ジャーナリズムとは"場"である:総合ジャーナリズム研究 06(03)〔1969.7〕 p53〜65	
ウィトカバー, ジュールス, 藤原恒太	ニクソンの新聞政策(「Columbia journalism review」):総合ジャーナリズム研究 06(03)〔1969.7〕 p66〜73	
山本明	関西ジャーナリズム論:出版ニュース 通号0804 〔1969.7〕 p6〜9	
岸田純之助	情報化社会とマス・コミュニケーション:総合ジャーナリズム研究 06(03)〔1969.7〕 p33〜52	
山本明, 小和田次郎, 田英夫	マスコミ批判の眼(座談会):世界 通号284 〔1969.7〕 p214〜225	
黒田秀俊	大学闘争と報道者の立場:思想の科学. 第5次 (91)〔1969.8〕 p82〜88	
加太こうじ, 丸山邦男, 高瀬広居	企画記事に望む(企画記事(特集)):新聞研究 通号217 〔1969.8〕 p47〜52	
岡満男	「企画記事」の今昔(企画記事(特集)):新聞研究 通号217 〔1969.8〕 p17〜23	
鷲見重蔵	「企画記事」私論——その使命と役割りについて(企画記事(特集)):新聞研究 通号217 〔1969.8〕 p12〜16	
佐藤智雄	現代新聞における「企画記事」の機能(企画記事(特集)):新聞研究 通号217 〔1969.8〕 p6〜11	
岩井正彦	東京新聞「こちら特報部」(企画記事(特集))—「企画記事」の実際):新聞研究 通号217 〔1969.8〕 p30〜33	
生田正輝	新聞の傾向に関する研究——新聞の傾向についての量的分析:法学研究 42(8)〔1969.8〕 p5〜32	
片岡啓治	マスコミ幻想と労働の主体:現代の眼 10(9)〔1969.9〕 p136〜145	
山本明	70年代のジャーナリズムをむかえるために(70年のマスコミ(特集)):総合ジャーナリズム研究 06(04)〔1969.10〕 p30〜32, 34〜37	
新名丈夫	ジャーナリズムにおけるタブー考:出版ニュース 通号0811 〔1969.10〕 p12〜15	
総合ジャーナリズム研究編集部	現代ジャーナリズム論——70年代の諸問題を展望しつつ(シンポジウム):総合ジャーナリズム研究所 06(04)〔1969.10〕 p84〜111	
生田正輝	現代マスコミの課題と展望(第3回総合ジャーナリズム講座速記)(70年のマスコミ(特集)):総合ジャーナリズム研究 06(04)〔1969.10〕 p4〜16	
高須正郎	情報革命と新聞の変容(70年のマスコミ(特集)):総合ジャーナリズム研究 06(04)〔1969.10〕 p38〜42, 44〜45, 83	
犬田充	現代の社会心理とマス・メディア(現代社会状況とマス・メディア(特集)):新聞研究 通号219 〔1969.10〕 p20〜24	
松岡英夫	現代社会と新聞報道(現代社会状況とマス・メディア(特集)):新聞研究 通号219 〔1969.10〕 p15〜19	
千葉雄次郎	現代社会状況とマス・メディア(現代社会状況とマス・メディア(特集)):新聞研究 通号219 〔1969.10〕 p9〜14	
筑波常治	マスコミと知識人の神話:自由 11(12)〔1969.12〕 p76〜83	
奥田教久	新聞記者の未来像:新聞研究 通号221 〔1969.12〕 p64〜68	
粕谷一希	70年代のマスコミ展望(第4回ジャーナリズム講座公開シンポジウム)(司会・片岡正巳):総合ジャーナリズム研究 07(01)〔1970.1〕 p93〜96	
むのたけじ	ミニコミの発言:マスコミ市民 通号033〜通号043 〔1970.1〜1970.11〕 p22〜23	
ディーボルド, ジョン, 南千春	活字文化は生き残れるか:総合ジャーナリズム研究 07(01)〔1970.1〕 p51〜54	
ブラックマン, S.G., 阿野二郎	現代の新聞はどうあるべきか——高度の調査方法が必要:総合ジャーナリズム研究 07(01)〔1970.1〕 p131〜137	
大前正臣	情報化時代の新聞と読者——読者の立場から:総合ジャーナリズム研究 07(01)〔1970.1〕 p28〜36	
奥田教久	70年代における新聞の変容(70年代における新聞(特集)):新聞研究 通号222 〔1970.1〕 p8〜27	
伊藤牧夫	「取材論」ノート(新聞取材の再検討(特集)):新聞研究 通号223 〔1970.2〕 p45〜50	
小野秀雄	新聞研究50年—35—新聞研究所授業を開始:新聞研究 通号223 〔1970.2〕 p64〜69	
生田正輝	新聞の傾向に関する研究——新聞の内容についての質的分析:法学研究 43(2)〔1970.2〕 p1〜21	
岡満男	ジャーナリズム論の再検討:新聞学評論 通号19 〔1970.3〕 p115〜152	
田中靖政	情報化社会と新聞の役割り(現代新聞記者の基礎知識(特集)):新聞研究 通号224 〔1970.3〕 p23〜27	
田村紀雄	異色の新聞批判者——酒井寅吉君を偲ぶ:総合ジャーナリズム研究 07(02)〔1970.4〕 p66〜78	
田内幸一	質疑応答(70年代のマスコミ展望(第4回ジャーナリズム講座公開シンポジウム)(司会・片岡正巳)):総合ジャーナリズム研究 07(02)〔1970.4〕 p17〜23	
杉浦栄三	新聞ジャーナリズムの課題——意見機能を中心として:総合ジャーナリズム研究 07(02)〔1970.4〕 p80〜91	
片岡正巳	略年譜(異色の新聞批判者——酒井寅吉君を偲ぶ):総合ジャーナリズム研究 07(02)〔1970.4〕 p144〜146	
三樹精吉	新しい見出しへの兆候:新聞研究 通号225 〔1970.4〕 p52〜54	
高木教典, 上田哲, 新井直之	座談会 新聞よ、重すぎないか:マスコミ市民 通号038 〔1970.6〕 p48〜58	
影山三郎	「ひととき」欄20年 投書の報道的機能:マスコミ市民 通号039〜通号170 〔1970.7〜1982.6〕 p36〜39	
大野明男	大マスコミ, 只今「激戦中」(調査レポート):現代の眼 11(8)〔1970.8〕 p196〜205	
永井道雄	70年代と新聞:新聞研究 通号229 〔1970.8〕 p58〜64	
大門一樹	消費時代のマスコミ:マスコミ市民 通号041 〔1970.9〕 p2〜3	
伊東光晴	マスコミとヒモつき人種:マスコミ市民 通号042 〔1970.10〕 p2〜3	
山田宗睦	現代都市のコミュニケーション構造(新しい街ダネの探求):新聞研究 通号231 〔1970.10〕 p23〜27	
相馬健一	在野精神をもとに(新しい街ダネの探求—「街ダネ」物語):新聞研究 通号231 〔1970.10〕 p36〜37	

ジャーナリズム（日本）　　　　　　　　　ジャーナリズム

三国一朗, 滝沢正樹, 涌井昭治　新聞・街・人間——街ダネの復権のために（新しい街ダネの探求）：新聞研究　通号231　〔1970.10〕　p12～22

小野敏　　　　"生活の歌"をうたう（新しい街ダネの探求—「街ダネ」物語）：新聞研究　通号231　〔1970.10〕　p32～34

真柄和夫　　　"虫瞰者"への脱皮（新しい街ダネの探求—「街ダネ」物語）：新聞研究　通号231　〔1970.10〕　p28～30

倉沢進　　　　都市社会の変容と新聞（新しい街ダネの探求）：新聞研究　通号231　〔1970.10〕　p42～46

坂井孝之　　　民衆の心にドリルを（新しい街ダネの探求—「街ダネ」物語）：新聞研究　通号231　〔1970.10〕　p30～32

赤塚行雄　　　ジャーナリズムとわかものたち（新聞編集と若者）：新聞研究　通号233　〔1970.12〕　p26～30

西平直喜　　　現代の青年・その心理的特質（新聞編集と若者）：新聞研究　通号233　〔1970.12〕　p31～37

青木照夫　　　新聞づくりと若者の世界（新聞編集と若者）：新聞研究　通号233　〔1970.12〕　p20～25

三好修　　　　1971年日本のジャーナリズムの課題－－中国の年か, 世界政策の年か：総合ジャーナリズム研究　08（01）　〔1971.1〕　p4～12

伊達宗克　　　トップ記者との10分間：マスコミ市民　通号044　〔1971.1〕　p26～27

乾孝, 中川作一　マスコミのキャンペーンに対する受け手の反応——よど号乗取り事件報道の場合：社会労働研究　17（1・2）　〔1971.1〕　p101～145

吉田光邦　　　コミュニケーション体系の変容と新聞記者（70年代の新聞記者像を探る）：新聞研究　通号234　〔1971.1〕　p53～58

牧野拓司　　　あくまでも弱き者の味方（変動期の記者の課題と要件）：新聞研究　通号236　〔1971.3〕　p32～34

高瀬善夫　　　価値観の混沌の中で（変動期の記者の課題と要件）：新聞研究　通号236　〔1971.3〕　p39～41

杉浦英男　　　国際環境の変化に対応して（変動期の記者の課題と要件）：新聞研究　通号236　〔1971.3〕　p44～46

渡辺孟次　　　通信社の機能と新聞（変動期の記者の課題と要件）：新聞研究　通号236　〔1971.3〕　p49～52

三宅卓　　　　トップ記者との10分間：マスコミ市民　通号048　〔1971.4〕　p20～21

辻村明　　　　キャンペーンの機能と課題（プレス・キャンペーンの今日的意義を探る）：新聞研究　通号237　〔1971.4〕　p51～63

松下圭一, 木谷忠　都市化状況をいかに対応するか（プレス・キャンペーンの今日的意義を探る）：新聞研究　通号237　〔1971.4〕　p8～21

宇佐美滋　　　トップ記者との10分間　シーボルト元駐日大使から日中関係への「証言」をとった：マスコミ市民　通号052　〔1971.8〕　p36～37

梶谷善久　　　新聞の権威：マスコミ市民　通号052　〔1971.8〕　p2～3

岡村昭彦, 篠原一, 上田哲　特集・「マスコミ市民」五周年記念　ディスカッション　ゆれ動くマスコミ：マスコミ市民　通号053　〔1971.9〕　p10～27

黒田敬雄　　　マスコミよ, お前もか：マスコミ市民　通号054　〔1971.10〕　p51～55

赤井直恭　　　「朝日新聞」波高し－－この危機をいかにして乗り切るか：総合ジャーナリズム研究　08（04）　〔1971.10〕　p28～39

稲葉三千男　　マス・コミュニケーション研究の視座と展望：新聞研究　通号243　〔1971.10〕　p7～20

香内三郎　　　「まわり灯ろう」の論理と倫理（71年の新聞報道を顧りみる）：新聞研究　通号245　〔1971.12〕　p19～24

新井直之　　　重い課題をにないつつ明日へ（71年の新聞報道を顧りみる）：新聞研究　通号245　〔1971.12〕　p25～32

藤竹暁　　　　新聞は「反響板」のない楽器か（71年の新聞報道を顧りみる）：新聞研究　通号245　〔1971.12〕　p33～38

和田洋一　　　ジャーナリズムとその日その日主義：評論・社会科学　通号3　〔1971.12〕　p1～15

新井直之, 矢野舜一　座談会　朝日新聞を心配する：マスコミ市民　通号056　〔1972.1〕　p41～52

尾崎秀樹　　　新聞週間への提言と示唆－－アンケート（新聞週間を考える－－"新聞は世界の対話を生む広場"）：総合ジャーナリズム研究　09（01）　〔1972.1〕　p17～21

亀山旭　　　　新旧"潮流"の交錯の中で（激動する国際情勢と日本の新聞）：新聞研究　通号246　〔1972.1〕　p24～27

兼子仁　　　　マスコミについて思うこと：マスコミ市民　通号057　〔1972.2〕　p2～3

鈴木均　　　　反作用　こんげつのざっしから：放送批評　No.050　〔1972.2〕

大田到　　　　投稿　「報道」の「死滅」のために：放送批評　No.052　〔1972.4〕

青木貞伸　　　複眼資本・マスメディア・教育—この危険な関係：放送批評　No.052　〔1972.4〕

佐藤忠男, 森本哲郎　事実と意見——言論の有効性について：新聞研究　通号249　〔1972.4〕　p7～15

青木貞伸　　　複眼　汎庸する慷慨説と「さらけ出しの論理」：放送批評　No.053　〔1972.5〕

辻清明　　　　マスコミへのひとつの注文：マスコミ市民　通号061　〔1972.6〕　p2～7

渡辺允　　　　「編集の大前提」を踏まえた改革を（「新聞編集システムへの一提言」を読んで）：新聞研究　通号251　〔1972.6〕　p81～83

福田正彦　　　マスコミと若者（特集）：総合ジャーナリズム研究　09（03）　〔1972.7〕　p95～100

坂田稔　　　　若者世代と新聞ジャーナリズム－－無視できぬ社会階層そのサイクル（マスコミと若者（特集））：総合ジャーナリズム研究　09（03）　〔1972.7〕　p56～64

永田照海　　　現代新聞報道論：新聞研究　通号254　〔1972.9〕　p20～27

田中義久　　　報道における合理と非合理——現代ジャーナリズム論：世界　通号322　〔1972.9〕　p31～41

小松原久夫　　ニュー・ジャーナリズムは何処へ行く－－"完全な真実"を伝えるために……：総合ジャーナリズム研究　09（04）　〔1972.10〕　p37～47

暉峻康隆　　　特殊を媒介に普遍の問題提起を：月刊民放　02（17）　〔1972.10〕　p7～9

青木貞伸　　　複眼　どちらの側に立つか：放送批評　No.057　〔1972.10〕

中平卓馬　　　日本的なるものではなくジャーナリズム的なるもの　<特集>「にっぽんてきなるもの」の登場する思想的磁場：放送批評　No.058　〔1972.11〕

米沢弘　　　　新聞による情報摂取の現況：新聞研究　通号257　〔1972.12〕　p70～83

山口功二　　　自助論とメディア自立——山路愛山をめぐって：評論・社会科学　通号5　〔1972.12〕　p40～61

渡辺洋三　　　私のマスコミ観：マスコミ市民　通号067　〔1973.1〕　p11～11

栗三直隆　　　明るみに出た電力会社のマスコミ操作：マスコミ市民　通号067　〔1973.1〕　p12～17

小林直樹, 森恭三　憲法の精神と新聞：新聞研究　通号258　〔1973.1〕　p7～17

志賀錬三　　　「時代の位相」反映した紙面づくり（レジャーとマスコミ（特集）—「レジャー記事」きのう・きょう・あす）：新聞研究　通号258　〔1973.1〕　p48～50

いいだもも　マスコミは特務―謀略的情報活動を担いつつある＜特集＞報道とパブリシティの間：放送批評　No.061　〔1973.2〕

青地晨　私のマスコミ観：マスコミ市民　通号068　〔1973.2〕　p11〜11

小川文弥　若者とマス・コミをめぐる問題状況（1）若者とマス・コミュニケーション：NHK文研月報　23（02）〔1973.2〕　p16

高階秀爾, 志水速雄, 西尾幹二　言論は無力化したか：自由　15（2）〔1973.2〕　p66〜85

西清子　私のマスコミ観：マスコミ市民　通号069　〔1973.3〕　p44〜44

小川文弥　若者とマス・コミュニケーション（2）その行動と意識を中心にして：NHK文研月報　23（03）〔1973.3〕　p29

森本哲郎, 鈴木均　対談 事件・事実・真実＜特集＞「真実」・消失する地平蘇生する地平―「真実」への「傾向学的洞察」の試み：放送批評　No.062　〔1973.3〕

山田一郎　戦後社会と新聞と記者と――私的・戦後新聞小史（現代新聞記者読本）：新聞研究　通号260　〔1973.3〕　p83〜87

篠原信行　歴史を見つめる者としての眼（現代新聞記者読本―新聞整理の方向と課題）：新聞研究　通号260　〔1973.3〕　p26〜29

和田洋一　私のマスコミ観：マスコミ市民　通号070　〔1973.4〕　p31〜31

国分一太郎　私のマスコミ観：マスコミ市民　通号071　〔1973.5〕　p50〜50

石村善治　私のマスコミ観：マスコミ市民　通号072　〔1973.6〕　p44〜44

涌井昭治　事実と真実について――「新聞文章衰退化」の背景（新・新聞文章講座）：新聞研究　通号264　〔1973.7〕　p30〜32

鈴木均　ハミダシ文化論：放送批評　No.067　〔1973.9〕

繁村長孝　情報化時代の新聞と行政（特集・情報化時代の都市行政）：都市問題研究　25（9）〔1973.9〕　p80〜91

原田三朗　新聞記者の競争と協調――「ミンダナオ島の人違い取材から帰って」に関連して：マスコミ市民　通号076　〔1973.10〕　p56〜58

堀太一　深層取材（特集）：総合ジャーナリズム研究　10（04）〔1973.10〕　p64〜72

林利隆　ふたつの"自由回答"〔職業の選択, 年間最大ニュース〕あれこれ（現代の新聞記者意識〔日本新聞協会アンケート調査（特集）〕）：新聞研究　通号267　〔1973.10〕　p96〜99

青地晨　言論人にも責任が：世界　通号335　〔1973.10〕

許文道　金大中事件と日本の新聞（となりの国からの便り―韓国）：自由　15（11）〔1973.11〕　p182〜184

菱木一美　金大中事件報道における我々の"認識"＜特集＞何故、ジャーナリズムか？：放送批評　No.070　〔1973.12〕

土本典昭　"知らせただけで済むか"＜特集＞何故、ジャーナリズムか？：放送批評　No.070　〔1973.12〕

松尾羊一　不可視のメロ・ポリティックス＜特集＞何故、ジャーナリズムか？：放送批評　No.070　〔1973.12〕

荻昌弘　私の新聞のつきあい方：新聞研究　通号269　〔1973.12〕　p56〜59

大門一樹　寄稿 マスコミの陰影：マスコミ市民　通号078　〔1974.1〕　p16〜20

大木薫　新聞投書欄の扱い方（高校新聞部員の自殺事件をめぐって〔都立高校新聞部員の日教組批判自殺事件〕）：総合ジャーナリズム研究　11（01）〔1974.1〕　p49〜53

小松原久夫　長い沈黙を破る韓国ジャーナリスト――新たな段階へ移行した金大中事件の波紋（海外情報）：新聞研究　通号270　〔1974.1〕　p42〜45

山口功二　マス・ジャーナリズムとしての批評――杉山平助をめぐって―1―：評論・社会科学　通号7　〔1974.1〕　p38〜59

殿岡昭郎　「朝日」と「赤旗」――中正と偏向の手品：自由　16（2）〔1974.2〕　p88〜97

小林宏一　最近のメディア論議をめぐって：社会学年誌　通号15　〔1974.3〕　p1〜9

小室直樹　岐路にたつジャーナリズムの精神（現代新聞記者の副読本）：新聞研究　通号272　〔1974.3〕　p17〜26

仲村祥一　社会不安とマスペーパー（現代新聞記者の副読本）：新聞研究　通号272　〔1974.3〕　p38〜41

山田一郎　新聞社と通信社――共同通信社の基本的課題についてのノート（現代新聞記者の副読本）：新聞研究　通号272　〔1974.3〕　p42〜46

正村公宏, 武山泰雄　知識産業としての新聞（現代新聞記者の副読本）：新聞研究　通号272　〔1974.3〕　p6〜16

広瀬英彦　マスコミ専攻学生の「生活と意見」――ミュンヘン大学での調査結果から（海外情報）：新聞研究　通号275　〔1974.6〕　p74〜77

中村恵一　言論機能強化が先決：月刊民放　04（37）〔1974.7〕　p22〜26, 14〜14

岡本愛彦　寄稿 あなたは何をしている？――NTV（韓国問題）事件とジャーナリズム：マスコミ市民　通号085　〔1974.9〕　p16〜21

伊藤陽一, 榊博文, 小川浩一　デマの研究――愛知県豊川信用金庫"取り付け"騒ぎの現地調査（考察・分析編）：総合ジャーナリズム研究　11（04）〔1974.10〕　p100〜111

森恭三, 鶴見俊輔　現代ジャーナリズムを語る：新聞研究　通号279　〔1974.10〕　p7〜24

竹内郁郎　マスコミ研究の再点検――完結した四講座の成果と課題：新聞研究　通号281　〔1974.12〕　p64〜78

猪狩章　民主化に決起した韓国の新聞記者たち：新聞研究　通号281　〔1974.12〕　p32〜36

細川隆一郎　新聞の責任を問う（昭和50年代のマスコミ（特集））：総合ジャーナリズム研究　12（01）〔1975.1〕　p17〜38

上田哲　年頭巻頭言 マスコミについての大状況と小状況：マスコミ市民　通号088　〔1975.1〕　p2〜3

千葉雄次郎　新聞ジャーナリズムの責務（現代社会と新聞報道の責務）：新聞研究　通号282　〔1975.1〕　p24〜28

岡本愛彦　寄稿 いま、何をなすべきか？――「東亜日報」と日本マスコミ人：マスコミ市民　通号089　〔1975.2〕　p12〜19

大森幸男　新たな展開をみせる新聞と民放の系列化：新聞研究　通号283　〔1975.2〕　p65〜68

堀川直義　危機の報道とジャーナリズムの危機（危機意識とジャーナリズム――終末論的視点発揚の背景・現状・問題点＜シンポジウム＞）：新聞学評論　通号23・24　〔1975.3〕　p13〜20

平野勇夫　新聞の危機認識（危機意識とジャーナリズム――終末論的視点発揚の背景・現状・問題点＜シンポジウム＞）：新聞学評論　通号23・24　〔1975.3〕　p2〜6

杉山光信　日常と危機との関係（危機意識とジャーナリズム――終末論的視点発揚の背景・現状・問題点＜シンポジウム＞）：新聞学評論　通号23・24　〔1975.3〕　p6〜13

武市英雄　本州四国架橋とその報道――現代におけるニュースの意味合い：新聞学評論　通号23・24　〔1975.3〕　p61〜74

松村寛　もう一つの"18歳の春"（新聞記者読本―地方紙記者12, 7, 3年）：新聞研究　通号284　〔1975.3〕　p34〜35

杉田盛彦　人間性を呼び覚ます"白い雲"（新聞記者読本―地方紙記者12, 7, 3年）：新聞研究　通号284　〔1975.3〕　p40〜41

田中至　メディアの背後を衝く＜特別企画＞：総合ジャーナリズム研究　12（02）〔1975.4〕　p56〜69

椎名良吉　社会通念・世論・大新聞：自由　17（4）〔1975.4〕　p113〜120

小野秀雄　苦難時代の新聞学――東大新聞研究室の思い出：新聞研究　通号285　〔1975.4〕　p57〜61

森恭三	このごろ想うこと：新聞研究　通号286〔1975.5〕p32〜37
新井直之	(新聞列島異変<特集>)全国紙の飽くなき"覇道"の争い――もうこのへんで新聞の信頼を取戻すことを考えたら：総合ジャーナリズム研究　12(03)〔1975.7〕p19〜34
山田実	戦後日本におけるマス・コミュニケーション研究の動向－上－：総合ジャーナリズム研究　12(03)〔1975.7〕p48〜56
清水英夫	戦後ジャーナリズムの責任――日本新聞学会「シンポジウム」における報告から：新聞研究　通号288〔1975.7〕p55〜59
山田実	戦後日本におけるマス・コミュニケーション研究の動向－下－：総合ジャーナリズム研究　12(04)〔1975.10〕p86〜96
山本七平	山本七平の「最近新聞紙学」：文芸春秋　54(1)〔1976.1〕p196〜199
山本七平	山本七平の「最近新聞紙学」：文芸春秋　54(3)〔1976.3〕p240〜243
山本七平	山本七平の「最近新聞紙学」――言葉で殺された方：文芸春秋　54(4)〔1976.4〕p186〜195
中沢道明	いま新聞記者は――取材・報道活動の現状(シンポジウム・現場からの報告)：新聞研究　通号298〔1976.5〕p14〜30
田所泉	ニュース放送にみる新聞・放送の関係：新聞研究　通号298〔1976.5〕p64〜67
山本七平	山本七平の「最近新聞紙学」――投書欄に見る「ロッキードと日本人」：文芸春秋　54(6)〔1976.6〕p126〜135
総合ジャーナリズム研究編集部	政府と民衆との距離――サンケイ・オピニオンの独自性とは何か(ロッキード報道の断面<特別企画>)：総合ジャーナリズム研究所　13(03)〔1976.7〕p74〜85
総合ジャーナリズム研究編集部	東京－大阪の報道感覚(ロッキード報道の断面<特別企画>)：総合ジャーナリズム研究所　13(03)〔1976.7〕p6〜25
春原昭彦	コミュニケーションと市民参加(新聞学会シンポジウムから)：新聞研究　通号300〔1976.7〕p88〜91
千葉雄次郎	近ごろ新聞について思うこと(〔新聞研究〕創刊300号記念号)：新聞研究　通号300〔1976.7〕p13〜16
秦正流	新聞は何を問われているか(〔新聞研究〕創刊300号記念号)：新聞研究　通号300〔1976.7〕p7〜12
佐藤毅	新聞ジャーナリズムの原点を問う(〔新聞研究〕創刊300号記念号)：新聞研究　通号300〔1976.7〕p17〜37
ヒールシャー, ゲプハルト, 日本新聞協会国際部	滞日十年――日本の新聞についての一考察(〔新聞研究〕創刊300号記念号)：新聞研究　通号300〔1976.7〕p49〜52
ハローラン, リチャード	日本のジャーナリズム：新聞研究　通号301〔1976.8〕p68〜71
小此木啓吾	マスコミと自我の分裂：マスコミ市民　通号107〔1976.9〕p28〜32
小松原久夫	「ニュー・ジャーナリズム」論はいま(海外情報)：新聞研究　通号302〔1976.9〕p80〜83
新井直之	ジャーナリズムの三反省・四戦訓――第二, 第三の構造汚職事件を防ぐために, 何を報道すべきか(ロッキード報道)：総合ジャーナリズム研究　13(04)〔1976.10〕p101〜111
清水英夫	コミュニケーション政策論の一視点：新聞研究　通号303〔1976.10〕p49〜53
上田哲	崩壊するマスコミ神話：マスコミ市民　通号110〔1977.1〕p2〜3
片柳英司	"最初の読者"からの注文(新聞記者読本)：新聞研究　通号308〔1977.3〕p40〜45
伊藤慎一	新聞が自らを省みることについて(新聞記者読本)：新聞研究　通号308〔1977.3〕p70〜73
生田正輝	日本の新聞の特質と構造――その制度論的分析：法学研究　50(3)〔1977.3〕p441〜460
上前淳一郎	誰が番組を中止させたか――事件記事による新聞：文芸春秋　55(4)〔1977.4〕p276〜292
大高淳	メディア開発懇談会「新聞と電波の接点」で報告書(マスコミの焦点)：新聞研究　通号310〔1977.5〕p102〜104
北村日出夫	コミュニケーション研究の現在的問題――発展につながる系統的整理を(研究者の窓)：新聞研究　通号311〔1977.6〕p68〜71
岡田直之	転換点に立つマスコミ研究――影響研究への視点の組みかえについて(研究者の窓)：新聞研究　通号313〔1977.8〕p40〜43
古川正之	日常生活とメディア空間――最近のアメリカにおける状況：NHK文研月報　27(10)〔1977.10〕p38
サルツバーガー, A.O, 大軒順三	新聞のあり方を考える：新聞研究　通号315〔1977.10〕p8〜16
石福秀太郎	ニュース報道は新聞の本質――米国・閲読調査が再確認(海外情報)：新聞研究　通号317〔1977.12〕p76〜79
牧内節男	日本の新聞を見直す(第三十回新聞大会編集部門研究座談会)(新聞報道の課題を追って<特集>)：新聞研究　通号317〔1977.12〕p8〜22
伊東光晴	現代経済とマスコミ：マスコミ市民　通号121〔1978.1〕p7〜22
内山勝男	われらが祖国は「蛸」(海外邦字紙記者座談会)：諸君！日本を元気にするオピニオン雑誌　10(1)〔1978.1〕p206〜217
田所泉	「サービス・ジャーナリズム」への警鐘(海外情報)：新聞研究　通号318〔1978.1〕p78〜81
塚本三夫	マスコミ研究の新展開とマスコミ状況――一つの問題提起として(研究者の窓)：新聞研究　通号318〔1978.1〕p54〜57
加藤秀俊, 森本哲郎	日本人と新聞：新聞研究　通号318〔1978.1〕p19〜32
真鍋毅	マスコミのパターン化された「反権力」：マスコミ市民　通号123〔1978.3〕p40〜43
中尾昇司	開かれた地域主義へ(現代新聞記者読本―地域主義と地方紙の課題)：新聞研究　通号320〔1978.3〕p20〜23
吉田誠一, 山下淳二, 木嶋信行	慣れこそは敵(わが支局 わが日々)(現代新聞記者読本)：新聞研究　通号320〔1978.3〕p24, 29, 61
神山宗興	自己の中に構築するもの(現代新聞記者読本―記者自身の記者論)：新聞研究　通号320〔1978.3〕p48〜51
八木晃介	「自分の眼」への執着と検証(現代新聞記者読本―記者自身の記者論)：新聞研究　通号320〔1978.3〕p45〜48
津金沢聰広	新聞のためのメディア環境論(現代新聞記者読本)：新聞研究　通号320〔1978.3〕p12〜15
牧内節男	新聞は現代の<黙示録>である――新聞記者に求められるものはなにか(現代新聞記者読本)：新聞研究　通号320〔1978.3〕p8〜11
中島祥一	新聞は毎日身を削る(現代新聞記者読本―記者自身の記者論)：新聞研究　通号320〔1978.3〕p39〜42
春原昭彦	新聞論――この一〇冊(現代新聞記者読本)：新聞研究　通号320〔1978.3〕p80〜83
総合ジャーナリズム研究編集部	新聞・放送の不正常化と当事者能力：総合ジャーナリズム研究　15(02)〔1978.4〕p14〜23
鈴木均	異形の加害者：放送批評　No.115〔1978.5〕

本多勝一	“ルポ”の可能性について（ルポルタージュと新聞）：新聞研究　通号322　〔1978.5〕　p26〜30	
鎌田慧, 斎藤茂男	ルポルタージュと新聞（ルポルタージュと新聞）：新聞研究　通号322　〔1978.5〕　p8〜20	
稲葉三千男	見る自分と戦う自分と――新聞ルポに望むこと（ルポルタージュと新聞）：新聞研究　通号322　〔1978.5〕　p21〜25	
西島雄造	五感と感性を駆使すること（ルポルタージュと新聞―ルポルタージュ最前線）：新聞研究　通号322　〔1978.5〕　p34〜37	
林進	社会的コミュニケーション論の再検討――中間コミュニケーションに新たな照明を（研究者の窓）：新聞研究　通号322　〔1978.5〕　p58〜61	
江藤友彦	素材としてのルポルタージュ（ルポルタージュと新聞―ルポルタージュ最前線）：新聞研究　通号322　〔1978.5〕　p37〜40	
長田衛	日本のジャーナリズム研究所の発足 在野精神を堅持して“独ジャ”から脱皮：出版ニュース　通号1113　〔1978.6〕　p4〜7	
「マスコミ」を考える会	新聞を裁く――マスコミの“ドン”――諸悪の根源ユニオン・ショップ制 新聞と世論の乖離を考える：自由　20（6）　〔1978.6〕　p158〜170	
佐桑徹	日本のマスコミ――その現実とあるべき姿――大学生のマスコミ批判：自由　20（6）　〔1978.6〕　p153〜157	
稲村啓	ニューメディア――求められる理念に基づく新秩序（放送界の諸問題）：新聞研究　通号323　〔1978.6〕　p58〜61	
山本七平	「風派」人物と日本の新聞――新聞の研究＝日本的発想について：文芸春秋　56（6）　〔1978.6〕　p176〜185	
総合ジャーナリズム研究編集部	マス・メディア産業と文化事業：総合ジャーナリズム研究所　15（03）　〔1978.7〕　p15〜16	
山本七平	成田報道史十二年の虚構――新聞の研究＝報道史的視点の欠如：文芸春秋　56（8）　〔1978.8〕　p92〜102	
佐藤毅	異化論構築のための試み（研究者の窓）：新聞研究　通号327　〔1978.10〕　p54〜57	
江口義孝	護憲大会に対する右翼と警察とマスコミ：マスコミ市民　通号131　〔1978.11〕　p52〜54	
小松原久夫	ニューヨーク大休刊――「新聞がない社会」の実験：諸君！　日本を元気にするオピニオン雑誌　10（11）　〔1978.11〕　p80〜89	
清水勝人	サンケイ新聞「変節」す：諸君！　日本を元気にするオピニオン雑誌　10（12）　〔1978.12〕　p166〜178	
内藤国夫	「開かれた新聞」考：新聞研究　通号329　〔1978.12〕　p17〜20	
中村泰次	新聞と私――「紙面批評」を書き終わって：総合ジャーナリズム研究　16（01）　〔1979.1〕　p119〜126	
羽鳥昇兵	世相はくり返す――分析したい国民の不安（現代の逆流と新聞）：新聞研究　通号330　〔1979.1〕　p30〜33	
石川真澄	大義に強権がはびこる前に（現代の逆流と新聞）：新聞研究　通号330　〔1979.1〕　p26〜29	
市川定夫	朝日新聞の「ムラサキツユクサ否定論」に反論する――再び台頭する言論の暴力：マスコミ市民　通号133　〔1979.2〕　p18〜28	
萩野棟省	「朝日新聞」の見識――ハイジャックは悪事か：自由　21（2）　〔1979.2〕　p40〜48	
鈴木宣重	現代新聞批判（体験的新聞論）―1―新聞は何に強くて何に弱いか：慶応義塾大学新聞研究所年報　通号12　〔1979.3〕　p61〜85	
石福秀太郎	“建国の父たち”は取材の自由を支持したか（海外情報）：新聞研究　通号332　〔1979.3〕　p92〜95	
岸井成格	構造汚職の深部にメスを（現代記者読本’79―前線記者・ダグラス・グラマン事件を追う）：新聞研究　通号332　〔1979.3〕　p82〜84	
山崎竹宣	思い知る日日（私の失敗談）（現代記者読本’79）：新聞研究　通号332　〔1979.3〕　p54	
疋田桂一郎	取材ということ（現代記者読本’79）：新聞研究　通号332　〔1979.3〕　p18〜21	
江尻進	新聞の変容をうながすもの（現代記者読本’79）：新聞研究　通号332　〔1979.3〕　p49〜53	
橋本正邦	新聞をよくする道――ラルフ・ネーダーの提言と米紙の努力（現代記者読本’79）：新聞研究　通号332　〔1979.3〕　p22〜27	
江藤淳	忘れたことと忘れさせられたこと――敗戦直後の新聞に探る：諸君！　日本を元気にするオピニオン雑誌　11（4）　〔1979.4〕　p56〜71	
横川和夫, 斎藤茂男	有森国雄氏会見「8時間テープ」の全容――昭和51年秋・共同通信記者に語り尽した事実の数々：諸君！　日本を元気にするオピニオン雑誌　11（4）　〔1979.4〕　p32〜53	
小野善邦	親子関係に自殺の原因を探る（子供の自殺とマスコミ）：新聞研究　通号333　〔1979.4〕　p37〜41	
鈴木均	表情のない表情から何を聞きとれるのか：放送批評　No.125　〔1979.5〕	
江藤淳	忘れたことと忘れさせられたこと―承前―新聞の転向：諸君！　日本を元気にするオピニオン雑誌　11（6）　〔1979.6〕　p117〜125	
レンフォルス, ペール・E, 渡辺忠恕	新聞の企業性と公器性（第32回FIEJ総会報告）：新聞研究　通号337　〔1979.8〕　p53〜56	
栗山一成	積もりゆく年輪を紙面に刻む（高齢化社会と新聞―高齢化社会の取材と紙面）：新聞研究　通号337　〔1979.8〕　p27〜30	
荒垣秀雄, 水野肇, 尾崎実	迫りくる高齢化社会と新聞報道（高齢化社会と新聞）：新聞研究　通号337　〔1979.8〕　p10〜23	
山下重一	J.S.ミルの政治的ジャーナリズム――「新聞ノート」（一八三四年）について：国学院法学　17（2）　〔1979.9〕　p73〜117	
猪又久夫	省エネルギーとマスコミ―1―資料 “省エネ”事象カタログ：総合ジャーナリズム研究　16（04）　〔1979.10〕　p89〜92	
孤淵緑	マス・メディアに現れた社会病理現象の実相把握：社会問題研究　29（3）　〔1979.10〕　p87〜105	
碇稔	天下の大記者山田一郎の生涯：自由　21（10）　〔1979.10〕　p151〜155	
鬼頭鎮三	“プレオリ”取材体験記：新聞研究　通号339　〔1979.10〕　p82〜85	
山内大介	これからの新聞はどう変わるべきか――第三十二回新聞大会編集部門研究座談会：新聞研究　通号341　〔1979.12〕　p72〜81	
原寿雄	情報操作――発表ジャーナリズム時代への抵抗（70年代の検証/80年代への視座）：新聞研究　通号341　〔1979.12〕　p16〜23	
野村正男	自由人の眼――司法記者30年：法の支配　通号41　〔1979.12〕　p147〜153	
山岸健	パークと新聞：慶応義塾大学新聞研究所年報　通号14　〔1980〕　p17〜37	
谷久光	80年代のジャーナリズム像：総合ジャーナリズム研究　17（01）　〔1980.1〕　p45〜52	
青木彰	新聞――「選択」のための模索の時代へ（80年代のジャーナリズム像）：総合ジャーナリズム研究　17（01）　〔1980.1〕　p8〜16	

ジャーナリズム（日本）　　　　　　　　　　ジャーナリズム

総合ジャーナリズム研究編集部	電波雑誌と読者の波長：総合ジャーナリズム研究所　17（01）〔1980.1〕　p25〜43
吉原公一郎	スパイ事件──サル回しに踊らされたマスコミ：マスコミ市民　通号144　〔1980.2〕　p26〜35
吉原公一郎	続・右傾化したマスコミの責任：マスコミ市民　通号145　〔1980.3〕　p40〜47
中村文宣	"アタリ"の現実（新聞記者読本'80＜特集＞──思い出の取材メモから）：新聞研究　通号344　〔1980.3〕　p30
中江利忠	変革の時代における新聞報道の課題（新聞記者読本'80＜特集＞）：新聞研究　通号344　〔1980.3〕　p10〜14
川名紀美	母と子、この現実への問い（新聞記者読本'80＜特集＞──記者とテーマ 問題の所在を追い求めて）：新聞研究　通号344　〔1980.3〕　p37〜40
香内三郎	報道形態の変化と調査報道（新聞記者読本'80＜特集＞）：新聞研究　通号344　〔1980.3〕　p44〜47
中道武	省エネルギーとマスコミ─2─政府対マスコミ──民放テレビ界の対応を中心に〔含 政府の省エネ対策〕：総合ジャーナリズム研究　17（02）〔1980.4〕　p57〜60
高田正純	ニュージャーナリズムの季節：新聞研究　通号346　〔1980.5〕　p68〜71
気賀沢洋文	社外の言論を反映させて（＜意見の広場＞としての新聞─意見の広場をつくる──各社事例）：新聞研究　通号347　〔1980.6〕　p26〜29
宮田弘司	新聞の言論機能──いま新聞に求められているもの（＜意見の広場＞としての新聞）：新聞研究　通号347　〔1980.6〕　p10〜14
早川浩一	マス・メディアへのアクセスと大衆社会：社会学論叢　通号78　〔1980.7〕　p1〜12
高須正郎	コミュニケーション開発協力政府間会議に参加して：新聞研究　通号348　〔1980.7〕　p61〜64
藤岡伸一郎	何が報道を変えたか 身近な出来事への関心 視聴者が明日の報道をつくる：月刊民放　10（110）〔1980.8〕　p27〜32
高田正純	ニュージャーナリズムの落とし穴：新聞研究　通号349　〔1980.8〕　p61〜64
森恭三	調査報道について思うこと（"調査報道"の限界と可能性）：新聞研究　通号350　〔1980.9〕　p25〜28
彎田隆史	"調査報道"の功と罪（"調査報道"の限界と可能性）：新聞研究　通号350　〔1980.9〕　p10〜24
西村秀俊	子ども・若者の世界と新聞報道（子ども・若者の世界と新聞の目）：新聞研究　通号352　〔1980.11〕　p10〜26
伊大知昭嗣	衰退した意見機能の指導性と言論機関「新聞」の抱える苦悩：日本大学芸術学部紀要　通号11　〔1981〕　p107〜98
永井道雄, 梅棹忠夫	現代社会と新聞：新聞研究　通号354　〔1981.1〕　p10〜25
青木彰	調査報道の現在（パネルトーキング）：新聞研究　通号354　〔1981.1〕　p53〜63
中込道夫	ある冤罪と朝日新聞：現代の眼　22（3）〔1981.3〕　p230〜233
森茂	それでも書き続けていたい（新聞記者読本'81─十年目の自問自答）：新聞研究　通号356　〔1981.3〕　p37〜40
ローマン・ドベール	朝日新聞の"骨抜き"報道に抗議する：マスコミ市民　通号158　〔1981.5〕　p52〜57
秋吉健次	教科書に見るマスコミ像──その概況と問題点：新聞研究　通号358　〔1981.5〕　p65〜70
吉原公一郎	教科書・マスコミ──日米「同盟」の陰謀（1）（6・最終回）：マスコミ市民　通号161　〔1981.8〜1982.2〕　p30〜37
中込道夫	現代マスコミ批判──その機能的解明：自由　23（8）〔1981.8〕　p43〜52
稲葉三千男	ジャーナリズムと歴史（歴史と新聞）：新聞研究　通号361　〔1981.8〕　p29〜32
歌代俊哉	現代の語り部をめざして（歴史と新聞─戦後史を構成する試み）：新聞研究　通号361　〔1981.8〕　p37〜40
加太こうじ	伝えられなかった真実（歴史と新聞）：新聞研究　通号361　〔1981.8〕　p33〜36
河合秀和, 内田健三, 粕谷一希	歴史をとらえる新聞の目（歴史と新聞）：新聞研究　通号361　〔1981.8〕　p10〜23
吉原公一郎	教科書・マスコミ──日米「同盟」の陰謀（2）：マスコミ市民　通号162　〔1981.9〕　p44〜51
ロバートソン黎子	おかしなおかしな日本の新聞：諸君！ 日本を元気にするオピニオン雑誌　13（9）〔1981.9〕　p104〜107
青木彰	日本型ジャーナリズムの重要性（ワシントン・ポスト紙虚偽報道事件─ポスト紙事件──私の見方）：新聞研究　通号362　〔1981.9〕　p19〜22
佐藤伸	マスコミの門－－乱塾編：総合ジャーナリズム研究　18（04）〔1981.10〕　p48〜56
鳥居英晴	学会と"実際界"の道程を定点観測する（日本新聞学会・三十年の研究-1-）：総合ジャーナリズム研究　18（04）〔1981.10〕　p57〜66
吉原公一郎	教科書・マスコミ──日米「同盟」の陰謀（3）：マスコミ市民　通号163　〔1981.10〕　p46〜53
むのたけじ	甦る道はイロハのイから：マスコミ市民　通号163　〔1981.10〕　p2〜9
吉原公一郎	教科書・マスコミ──日米「同盟」の陰謀（4）：マスコミ市民　通号164　〔1981.11〕　p44〜51
遊佐雄彦	新聞週間にあえて内部告発をする：現代の眼　22（11）〔1981.11〕　p260〜265
竹下俊郎	マス・メディアの議題設定機能──研究の現状と課題（日本新聞学会創立30周年記念）：新聞学評論　通号30　〔1981.11〕　p203〜218
吉原公一郎	教科書・マスコミ──日米「同盟」の陰謀（5）：マスコミ市民　通号165　〔1982.1〕　p40〜51
辻村明	朝日新聞の仮面──「論壇時評」の偏向と欺瞞をつく：諸君！ 日本を元気にするオピニオン雑誌　14（1）〔1982.1〕　p132〜164
岸田純之助	日本の進路と新聞の役割（論説委員長座談会）：新聞研究　通号366　〔1982.1〕　p10〜25
吉原公一郎	教科書・マスコミ──日米「同盟」の陰謀（最終回）：マスコミ市民　通号166　〔1982.2〕　p28〜35
辻村明	朝日新聞の仮面──「論壇時評」の偏向と欺瞞をつく─2完─：諸君！ 日本を元気にするオピニオン雑誌　14（2）〔1982.2〕　p224〜243
周郷顕夫	談合報道の現段階：新聞研究　通号367　〔1982.2〕　p72〜75
佐々克明	病める巨象・朝日新聞私史──内側から見た大新聞の実態─1─：諸君！ 日本を元気にするオピニオン雑誌　14（3）〔1982.3〕　p142〜163
長元朝浩	えんえんと続く金網の外側で（軍事）（新聞記者読本'82─記者群像──わたし自身の記者論）：新聞研究　通号368　〔1982.3〕　p49〜52
今里義郎	ジャーナリズムの活性化（新聞記者読本'82）：新聞研究　通号368　〔1982.3〕　p21〜24
小松原久夫	ニューメディアの基礎知識（新聞記者読本'82）：新聞研究　通号368　〔1982.3〕　p72〜76
村上陽一郎	一般読者として、科学批判者として（新聞記者読本'82）：新聞研究　通号368　〔1982.3〕　p25〜28
川原一之	記者に贈る言葉──土呂久との出会いのなかから（新聞記者読本'82）：新聞研究　通号368　〔1982.3〕　p29〜33
雨森勇	「国際障害者年」にみる新聞報道：新聞研究　通号368　〔1982.3〕　p84〜88
前野和久	情報操作と戦うために（新聞記者読本'82）：新聞研究　通号368　〔1982.3〕　p62〜67

福島市男	変容強いられる米どころ（新聞記者読本'82―地域社会を描く）：新聞研究　通号368　〔1982.3〕 p56～58
田村秀男	貿易摩擦の底流にあるもの（経済）（新聞記者読本'82―記者群像――わたし自身の記者論）：新聞研究　通号368　〔1982.3〕 p43～46
香内三郎	メディアと人間：総合ジャーナリズム研究　19（02）〔1982.4〕 p8～23
新井直之	＜類書解題＞マス・コミ，ジャーナリズムを知るための本 新聞，放送，出版，広告へのアプローチ：出版ニュース　通号1248　〔1982.4〕 p4～7
佐々克明	病める巨象・朝日新聞私史――内側から見た大新聞の実態―2―：諸君！　日本を元気にするオピニオン雑誌　14（4）〔1982.4〕 p167～167
佐々克明	病める巨象・朝日新聞私史――内側から見た大新聞の実態―3―：諸君！　日本を元気にするオピニオン雑誌　14（5）〔1982.5〕 p216～241
藤竹暁	ジャーナリズムにおける表現様式と人間像（いま，整理部に求められるもの―第八七回新聞講座から）：新聞研究　通号370　〔1982.5〕 p42～47
天野祐吉	若者の情報読み取り感覚（いま，整理部に求められるもの―第八七回新聞講座から）：新聞研究　通号370　〔1982.5〕 p48～51
佐々克明	病める巨象・朝日新聞私史――内側から見た大新聞の実態―4―60年安保 "右旋回" と "政治部スト"：諸君！　日本を元気にするオピニオン雑誌　14（6）〔1982.6〕 p208～233
高根正昭	新聞がつくる反核運動：諸君！　日本を元気にするオピニオン雑誌　14（7）〔1982.7〕 p48～60
佐々克明	病める巨象・朝日新聞私史――内側から見た大新聞の実態―5―紛争勃発！ 社長私邸の "押しかけ重役会"：諸君！　日本を元気にするオピニオン雑誌　14（7）〔1982.7〕 p136～162
オニール, マイクル, 橋本正邦	力は賢明に使おう：新聞研究　通号372　〔1982.7〕 p81～87
佐々克明	病める巨象・朝日新聞私史――内側から見た大新聞の実態―6―木村編集局長の追放と死：諸君！　日本を元気にするオピニオン雑誌　14（8）〔1982.8〕 p140～167
江尻進	ニューメディア時代と新聞の進路：新聞研究　通号373　〔1982.8〕 p54～59
佐々克明	病める巨象・朝日新聞私史――内側から見た大新聞の実態―7―小佐野賢治も乗り出した朝日株ドロ沼の "仕手戦"：諸君！　日本を元気にするオピニオン雑誌　14（9）〔1982.9〕 p196～221
中野収	表徴の現象学―9―空虚さの表現――あるいは大衆社会とメディアの方法：ユリイカ　14（9）〔1982.9〕 p16～21
佐々克明	病める巨象・朝日新聞私史――内側から見た大新聞の実態―8―読者が逃げていった中国報道偏向の失敗：諸君！　日本を元気にするオピニオン雑誌　14（10）〔1982.10〕 p132～161
佐野和彦	即興の中で真実を（新聞がひとを描くとき―ひとを描く）：新聞研究　通号375　〔1982.10〕 p27～30
佐々克明	病める巨象・朝日新聞私史――内側から見た大新聞の実態―9―社主・村山長挙の葬儀に列席を拒否された朝日人：諸君！　日本を元気にするオピニオン雑誌　14（11）〔1982.11〕 p244～267
永井道雄	大衆社会とマスコミ：新聞研究　通号376　〔1982.11〕 p66～71
佐々克明	病める巨象・朝日新聞私史――内側から見た大新聞の実態―10完―朝日新聞の株主は騙されている!?：諸君！　日本を元気にするオピニオン雑誌　14（12）〔1982.12〕 p144～169
北井良彦	教科書問題とサンケイの立場（教科書問題と新聞報道）：新聞研究　通号377　〔1982.12〕 p41～45
阿部義正	国際 流動する世界情勢のなかで（検証――1982年の報道）：新聞研究　通号377　〔1982.12〕 p25～28
高須正郎	「世界コミュニケーション年」とマスコミの役割：総合ジャーナリズム研究　20（01）〔1983.1〕 p66～72
渡部昇一	朝日新聞への公開質問十四カ条――前号・朝日新聞社会部長中川昇三氏の反論に応える：諸君！　日本を元気にするオピニオン雑誌　15（1）〔1983.1〕 p24～44
原寿雄	ニューメディアと新聞の未来：新聞研究　通号378　〔1983.1〕 p42～47
中江利忠	変化の時代のなかで――記者と紙面の将来を語る：新聞研究　通号378　〔1983.1〕 p10～21
森永和彦	自由圏と共産圏の基本的に異なる言論機関の使命――レフチェンコ事件の背景：自由　25（2）〔1983.2〕 p64～69
渡部昇一	なぜ，朝日新聞は回答しないのか？：諸君！　日本を元気にするオピニオン雑誌　15（2）〔1983.2〕 p98～104
田中康夫	社会的紛争とマス・メディア―岩内原発と北海道新聞を事例とする予備的考察：慶応義塾大学新聞研究所年報　通号20　〔1983.3〕 p183～198
加藤明彦	レフチェンコ証言報道にみる朝日新聞の虚報：諸君！　日本を元気にするオピニオン雑誌　15（3）〔1983.3〕 p94～104
鈴木卓郎	朝日新聞公安記者がみた犯罪天国・中国：諸君！　日本を元気にするオピニオン雑誌　15（3）〔1983.3〕 p202～216
富塚三夫	もっと温かい目で（新聞記者読本'83―いまジャーナリズムに求めたいこと）：新聞研究　通号380　〔1983.3〕 p42～43
綿貫譲治	ニーズへの対応が勝負（新聞記者読本'83―いまジャーナリズムに求めたいこと）：新聞研究　通号380　〔1983.3〕 p41～42
小林宏一	ニューメディアは新聞を変えるか：新聞研究　通号380　〔1983.3〕 p73～81
竹田稔	一般市民への配慮を（新聞記者読本'83―いまジャーナリズムに求めたいこと）：新聞研究　通号380　〔1983.3〕 p44
野添憲治	解説をどう位置づけるか（新聞記者読本'83―いまジャーナリズムに求めたいこと）：新聞研究　通号380　〔1983.3〕 p43～44
原田宏	欠かせぬ "足腰" を鍛える努力（新聞記者読本'83―記者論――取材現場で考える）：新聞研究　通号380　〔1983.3〕 p46～48
広瀬一郎	新聞批判に思うこと（新聞記者読本'83）：新聞研究　通号380　〔1983.3〕 p36～39
小峰丈郎	生の声に事実をみる（新聞記者読本'83―記者論――取材現場で考える）：新聞研究　通号380　〔1983.3〕 p61～63
黒井千次	脱がれている靴（新聞記者読本'83―いまジャーナリズムに求めたいこと）：新聞研究　通号380　〔1983.3〕 p40～41
今村睦	読者に啓発されながら歩む（新聞記者読本'83―記者論――取材現場で考える）：新聞研究　通号380　〔1983.3〕 p55～57
池田恵美子	情報の国際化とマス・メディアの役割－－シンポジウム「国際コミュニケーションの課題と展望」から：総合ジャーナリズム研究　20（02）〔1983.4〕 p35～41
香山健一, 渡部昇一	朝日新聞は日本のプラウダか？――なぜ虚報批判に答えないのか：諸君！　日本を元気にするオピニオン雑誌　15（4）〔1983.4〕 p24～44
牛島秀彦	朝日新聞の "超人" 匿名家Q氏へ：現代の眼　24（5）〔1983.5〕 p178～183

木屋隆安	朝日新聞にあえて挑戦する「われのみぞ真実（プラウダ）」か：自由　25（5）〔1983.5〕　p56〜65
香山健一	朝日新聞の戦後責任：諸君！　日本を元気にするオピニオン雑誌　15（6）〔1983.6〕　p24〜48
東山禎之	技術発展によるマスメディア状況の変容＜シンポジウム＞：新聞学評論　通号32〔1983.6〕　p67〜93
新井直之, 青木貞伸, 粕谷一希	ニューメディアとジャーナリズムの思想を問う：総合ジャーナリズム研究　20（03）〔1983.7〕 p7〜25
桂敬一	ニューメディア"ニュー論議"のすすめ：総合ジャーナリズム研究　20（03）〔1983.7〕　p26〜35
八藤鈴子	報道の眼 危険な、周辺のみの報道：月刊民放　13（145）〔1983.7〕　p34〜34
筑紫哲也	活字文化と映像文化の将来（パネルトーキング）：新聞研究　通号385〔1983.8〕　p60〜69
潮見高男	（ニューメディア症候群＜特集＞）ニューメディアへの視点：総合ジャーナリズム研究　20（04）〔1983.10〕　p46〜48
植田豊	（ニューメディア症候群＜特集＞）多様性の追求こそが国民ニーズ：総合ジャーナリズム研究　20（04）〔1983.10〕 p13〜17
佐々克明	朝日記者・石川真澄論文の波紋：諸君！　日本を元気にするオピニオン雑誌　15（10）〔1983.10〕　p200〜205
島上哲	朝日新聞が歪曲したサハロフ論文：諸君！　日本を元気にするオピニオン雑誌　15（10）〔1983.10〕　p44〜56
陳加昌	アジアからみた日本の新聞報道（アジア報道の視点）：新聞研究　通号388〔1983.11〕　p35〜37
仲衛	危機に立つ集会の自由と新聞の役割：新聞研究　通号388〔1983.11〕　p58〜62
阿川弘之	私達が新聞を信じない理由（アンケート特集）：諸君！　日本を元気にするオピニオン雑誌　16（1）〔1984.1〕　p24〜46
今井賢一	ニューメディア時代——情報・通信政策三つのシナリオ——"複線型"が現実的：エコノミスト　62（4）〔1984.1〕 p42〜51
屋山太郎	毎日新聞も日本のプラウダか？：諸君！　日本を元気にするオピニオン雑誌　16（2）〔1984.2〕　p218〜235
香山健一	「1984年」の朝日新聞：諸君！　日本を元気にするオピニオン雑誌　16（3）〔1984.3〕　p40〜58
四方洋	インタビューについて（新聞記者読本'84）：新聞研究　通号392〔1984.3〕　p23〜27
久保光男	磨きをかけたい平衡感覚（新聞記者読本'84—確かな足跡を残していきたい）：新聞研究　通号392〔1984.3〕　p48〜50
大山勝美	ニューメディアの担い手を求めて——メディア・ワークショップ旅立ちの記：総合ジャーナリズム研究　21（02）〔1984.4〕　p75〜83
佐々克明	"ミスター朝日新聞"への鎮魂歌：諸君！　日本を元気にするオピニオン雑誌　16（4）〔1984.4〕　p268〜273
上原徹	ひとの内面に迫ることの難しさ——「てぃんさぐぬ花や〜いま豊かさの中で」の取材から：新聞研究　通号393〔1984.4〕　p71〜74
羽仁魁	第二セッション——世論と新聞の責務（第8回日米編集者会議——相互理解を深めるために）：新聞研究　通号393〔1984.4〕　p32〜35
スオン, ニール・D., 橋本正邦	番犬を見張るのはだれか——プレスに向けられる批判の目：新聞研究　通号393〔1984.4〕　p43〜51
新井直之	週刊誌化する新聞報道：世界　通号462〔1984.5〕　p160〜163
時野谷浩	一九七〇年代以降の日本におけるマス・コミュニケーションの理論的・実証的研究史——利用満足研究を中心として：新聞学評論　通号33〔1984.6〕　p179〜190
北村公一	情報メディアの変革と対応（高度情報化社会論＜特集＞—高度情報化社会への課題）：新聞学評論　通号33〔1984.6〕 p126〜128
堀義明	バラ色の夢が実現するか？——仏のケーブル計画：新聞研究　通号396〔1984.7〕　p102〜105
ヒューバート・K., マクリーン	アメリカン・ジャーナリズム・エキスプレス—5—保守回帰に傾く政治とメディア——ウォーターゲートから十年目の夏：総合ジャーナリズム研究　21（04）〔1984.10〕　p118〜125
松浦総三	ジャーナリズム研究の方法「松浦総三の仕事」全3巻の刊行にあたって：出版ニュース　通号1336〔1984.10〕　p4〜7
多喜弘次	「メディア環境の変化と新聞」を読む：総合ジャーナリズム研究　21（04）〔1984.10〕　p97〜100
新井直之	情報操作に惑わされぬ報道の確立を——新聞報道の変化をみる（〔新聞研究〕創刊400号記念号）：新聞研究　通号400〔1984.11〕　p68〜72
増田れい子	新聞は変わったか（〔新聞研究〕創刊400号記念号—新聞に望むこと）：新聞研究　通号400〔1984.11〕　p56〜60
今西光男	新聞記者はいま——取材の第一線で考えること（〔新聞研究〕創刊400号記念号—新聞に望むこと）：新聞研究　通号400〔1984.11〕　p22〜39
高畠通敏	癒着主義を排す（〔新聞研究〕創刊400号記念号—新聞に望むこと）：新聞研究　通号400〔1984.11〕　p18〜21
奥平康広, 本多勝一	マスメディアの現状とその問題状況（マスメディアの現状と国民の人権＜特集＞）：法と民主主義　通号192〔1984.11〕　p2〜11
中村憲明	日本におけるマス・メディア論の新局面：京都外国語大学研究論叢　通号26〔1985〕　p328〜335
稲葉三千男	「恥ずべき」常識の全体を撃て——高度情報社会においても「ジャーナリズムはジャーナリズム」：総合ジャーナリズム研究　22（01）〔1985.1〕　p6〜16
秦正流	新聞のジャーナリズム機能——記者に志操と識見を：新聞研究　通号402〔1985.1〕　p10〜13
青木英明	特集＝拡充すすむニュースの"視点"『ニュース』枠拡大が現場に求めるもの ドキュメンタリーに近づくニュースへ、"観察する眼"と"組織の質"が要：月刊民放　15（164）〔1985.2〕　p26〜28
関沢英彦, 竹下隆夫, 猪口邦子	「情報源としての新聞」を考える：広告　（249）〔1985.3〕　p18〜24
佐藤毅	《特集》いま、ジャーナリズムに…「いっぽん国」にさせないために：マスコミ市民　通号200〔1985.3〕　p76〜77
竹内直一	《特集》いま、ジャーナリズムに… がまんできない記者の不勉強さ：マスコミ市民　通号200〔1985.3〕　p24〜25
田宮武	《特集》いま、ジャーナリズムに… たたかう姿勢の強化をめざしてほしい：マスコミ市民　通号200〔1985.3〕　p59〜61
大門一樹	《特集》いま、ジャーナリズムに… なかみの掘り崩しから展望を：マスコミ市民　通号200〔1985.3〕　p63〜65
儀同保	《特集》いま、ジャーナリズムに… もっと南に目を向けて：マスコミ市民　通号200〔1985.3〕　p72〜73
岡本愛彦	《特集》いま、ジャーナリズムに… ジャーナリストたちよ、自らを糾弾せよ！：マスコミ市民　通号200〔1985.3〕 p70〜72

稲葉三千男	《特集》いま、ジャーナリズムに… ジャーナリズムであることの困難な言論状況：マスコミ市民　通号200　〔1985.3〕　p17～18
伊藤吉春	《特集》いま、ジャーナリズムに… ジャーナリズム批判：マスコミ市民　通号200　〔1985.3〕　p37～38
梶谷善久	《特集》いま、ジャーナリズムに… ソ連脅威論の脅威：マスコミ市民　通号200　〔1985.3〕　p34～35
佐藤司	《特集》いま、ジャーナリズムに… マスコミと憲法第九条問題：マスコミ市民　通号200　〔1985.3〕　p73～74
清水英夫	《特集》いま、ジャーナリズムに… マスコミ・ミステリー：マスコミ市民　通号200　〔1985.3〕　p9～10
高木敏子	《特集》いま、ジャーナリズムに… マスコミ関係者の皆さんへ：マスコミ市民　通号200　〔1985.3〕　p14～15
小林孝輔	《特集》いま、ジャーナリズムに…『マスコミ市民』二〇〇号に寄せて：マスコミ市民　通号200　〔1985.3〕　p81～82
原田勝正	《特集》いま、ジャーナリズムに… ローラーで地均らしされないために：マスコミ市民　通号200　〔1985.3〕　p79～79
三笑亭笑三	《特集》いま、ジャーナリズムに… "益混み非民"に：マスコミ市民　通号200　〔1985.3〕　p20～22
猪野健治	《特集》いま、ジャーナリズムに… 寡占化の危険：マスコミ市民　通号200　〔1985.3〕　p62～63
弓削達	《特集》いま、ジャーナリズムに… 核、靖国、大嘗祭を一つの問題として：マスコミ市民　通号200　〔1985.3〕　p12～14
吉原公一郎	《特集》いま、ジャーナリズムに…「危機管理」は国家総動員体制の日常化：マスコミ市民　通号200　〔1985.3〕　p33～34
栗原貞子	《特集》いま、ジャーナリズムに… 軍拡の時代に消されたヒロシマ：マスコミ市民　通号200　〔1985.3〕　p30～32
辰村吉康	《特集》いま、ジャーナリズムに… 原稿料にまつわる話：マスコミ市民　通号200　〔1985.3〕　p51～53
吉原功	《特集》いま、ジャーナリズムに… 現象の「精髄」の提供を：マスコミ市民　通号200　〔1985.3〕　p48～50
鹿子木幹雄	《特集》いま、ジャーナリズムに… 現代の「農民層分解」を見ぬくために：マスコミ市民　通号200　〔1985.3〕　p44～45
岩井章	《特集》いま、ジャーナリズムに… 今また似た情況：マスコミ市民　通号200　〔1985.3〕　p82～82
片桐薫	《特集》いま、ジャーナリズムに… 混迷のなかの新しさに注目を：マスコミ市民　通号200　〔1985.3〕　p50～50
芝田進午	《特集》いま、ジャーナリズムに… 再び原爆報道に期待すること：マスコミ市民　通号200　〔1985.3〕　p32～33
永井憲一	《特集》いま、ジャーナリズムに… 最近のテレビや新聞に想う：マスコミ市民　通号200　〔1985.3〕　p50～51
粕谷進	《特集》いま、ジャーナリズムに… 事実は正しく報道されているか：マスコミ市民　通号200　〔1985.3〕　p74～76
田村紀雄	《特集》いま、ジャーナリズムに… 持続はちから、こころざしの雑誌：マスコミ市民　通号200　〔1985.3〕　p61～62
前田寿夫	《特集》いま、ジャーナリズムに… 時流に流されない報道を：マスコミ市民　通号200　〔1985.3〕　p29～29
染谷俶子	《特集》いま、ジャーナリズムに… 自らの主体的な情報選択から：マスコミ市民　通号200　〔1985.3〕　p53～55
冨田浩太郎	《特集》いま、ジャーナリズムに… 若者たちとの共通の言葉を：マスコミ市民　通号200　〔1985.3〕　p55～57
茶本繁正	《特集》いま、ジャーナリズムに… 手おくれにならないために：マスコミ市民　通号200　〔1985.3〕　p6～7
相原茂	《特集》いま、ジャーナリズムに… 小さな一つの注文：マスコミ市民　通号200　〔1985.3〕　p82～83
山川暁夫	《特集》いま、ジャーナリズムに… 情報氾濫と現実との"ズレ"：マスコミ市民　通号200　〔1985.3〕　p15～17
中島誠	《特集》いま、ジャーナリズムに… 情報万事カネの世のなか：マスコミ市民　通号200　〔1985.3〕　p66～68
岩倉誠一	《特集》いま、ジャーナリズムに… 新聞から消失したもの：マスコミ市民　通号200　〔1985.3〕　p22～23
滝沢正樹	《特集》いま、ジャーナリズムに… 人間としての問いかけ：マスコミ市民　通号200　〔1985.3〕　p46～47
新井直之	《特集》いま、ジャーナリズムに… 専門的知識をもった"ジャーナリスト"へ：マスコミ市民　通号200　〔1985.3〕　p25～27
斎藤文男	《特集》いま、ジャーナリズムに… 戦後ジャーナリズムの転機：マスコミ市民　通号200　〔1985.3〕　p4～6
藤井治夫	《特集》いま、ジャーナリズムに… 全体像の分析を期待する：マスコミ市民　通号200　〔1985.3〕　p65～66
嶋田英男	《特集》いま、ジャーナリズムに… 草の根を育てよ：マスコミ市民　通号200　〔1985.3〕　p35～37
小倉喜久	《特集》いま、ジャーナリズムに… "足で書く"報道を：マスコミ市民　通号200　〔1985.3〕　p23～24
コロムビアライト	《特集》いま、ジャーナリズムに… 漫談ふう、誌上寸断：マスコミ市民　通号200　〔1985.3〕　p42～44
金子勝	《特集》いま、ジャーナリズムに… 歴史の転換点とジャーナリズムの課題：マスコミ市民　通号200　〔1985.3〕　p77～79
中村紀一	特集＝創造力発揮へ、全体像を摑め 個性ある"自分の放送世界"構築を 世代交代期に、次の三十年を見据え "優れた人間の眼"を磨け：月刊民放　15(165)　〔1985.3〕　p6～9
亀垣幸男	特集＝創造力発揮へ、全体像を摑め 報道：月刊民放　15(165)　〔1985.3〕　p10～11
和田洋一	ジャーナリズムとはなにか（ジャーナリズム論を探る——メディア変容とジャーナリズム概念の変化＜特集＞）：新聞学評論　通号34　〔1985.3〕　p87～99
石川旺	市民生活とジャーナリズム（ジャーナリズム論を探る——メディア変容とジャーナリズム概念の変化＜特集＞）：新聞学評論　通号34　〔1985.3〕　p29～38
児島和人	世代変動とジャーナリズム——方法論的考察と分析試論（ジャーナリズム論を探る——メディア変容とジャーナリズム概念の変化＜特集＞）：新聞学評論　通号34　〔1985.3〕　p66～86
阿部雅美	いま、何がニュースか（新聞記者読本'85—取材前線で考える）：新聞研究　通号404　〔1985.3〕　p40～42
石橋修	見え隠れする現実を突き止めたい（新聞記者読本'85—取材前線で考える）：新聞研究　通号404　〔1985.3〕　p43～45
沢岻悦子	"弱味"をプラスに（新聞記者読本'85—取材前線で考える）：新聞研究　通号404　〔1985.3〕　p53～55
磯野恭子	人間にどこまで迫れるか（新聞記者読本'85—私の取材方法）：新聞研究　通号404　〔1985.3〕　p29～31
横山利夫	"歴史の一断面"を描く（新聞記者読本'85—私の取材方法）：新聞研究　通号404　〔1985.3〕　p25～28
総合ジャーナリズム研究編集部	マスコミ研究における「利用と満足」の方法論的私見：総合ジャーナリズム研究所　22(02)　〔1985.4〕　p6～25
森本真章	モスクワ放送と朝日新聞の連環：諸君！　日本を元気にするオピニオン雑誌　17(4)　〔1985.4〕　p58～66
今中亘	暴力と闘うペン：新聞研究　通号405　〔1985.4〕　p52～54
岡本愛彦, 清水英夫, 茶本繁正	座談会 マスコミ制覇を仕組む"総攻撃"の構造——新風営法、民放・NHK批判、スパイ防止法をめぐって——警察権限を拡大する治安立法——警察が夜を支配する戒厳令の思想——民放番組を規制し一方でNHK攻撃——番組批判と「指示」の"荒唐無稽"——ジャーナリストを弾圧するスパイ防止法——着々とすすむ準戦時体制の布石：マスコミ市民　通号202　〔1985.5〕　p2～21

ジャーナリズム（日本）　　　　　　　　ジャーナリズム

小笠原一清　報道の眼 事実報道が市民の勇気結集に 山口組・一和会対立抗争：月刊民放　15（167）〔1985.5〕　p36〜36
杉山隆男　メディア・ルネッサンス―1―情報革命と企業：諸君！ 日本を元気にするオピニオン雑誌　17（5）〔1985.5〕　p186〜207
中川剛　マス・メディアはどこへ行く：総合ジャーナリズム研究　22（03）〔1985.7〕　p66〜72
原寿雄　新聞ジャーナリズムの現在：新聞研究　通号408〔1985.7〕　p56〜59
中野収　知的共同体の崩壊とジャーナリズム：新聞研究　通号408〔1985.7〕　p66〜70
上田洋介　特集 多様化する"ニーズ"の意味 テレビにはあてはまらない「広告効果」理論 高視聴率番組に表れる視聴者ニーズ―鍵はドラマの"仮面・集団・連続"性：月刊民放　15（170）〔1985.8〕　p10〜15
中野収　特集 多様化する"ニーズ"の意味 マスメディアに要求される"情報ニーズ"とは 生活空間への結合努力が生んだ、"情報""メディア"ニーズの反転：月刊民放　15（170）〔1985.8〕　p6〜9
岡村黎明, 佐々木共成, 佐藤辰雄　特集 多様化する"ニーズ"の意味 私の、"ニーズ"の捉えとアプローチ ニーズ多様化の"芽"をどこにどう見るか、それへの対応策は：月刊民放　15（170）〔1985.8〕　p26〜30
桐原久　特集 多様化する"ニーズ"の意味「新世代」の追究こそが生むテレビ文化の移行・拡大 マーケティング理論は視聴者像に適用できるか―時間・世代軸から：月刊民放　15（170）〔1985.8〕　p16〜19
岸田功　特集 多様化する"ニーズ"の意味 番組への異化型参加に、「どう分衆するか」 一九八〇年代のテレビ態様分析で見える、視聴者の"成熟"度：月刊民放　15（170）〔1985.8〕　p20〜25
マロリー, スチーブ, ハーン, ピーター, 徳岡孝夫　朝日新聞に教えたい――「虚偽の体制」に挑む記者魂：諸君！ 日本を元気にするオピニオン雑誌　17（8）〔1985.8〕　p144〜153
桂敬一　若ものの"新聞離れ"――ル・モンド別刷り特集から考える：新聞研究　通号409〔1985.8〕　p84〜90
津川徹　メディア新時代の展望と課題：NHK放送文化調査研究年報　30〔1985.8〕　p81〜94
後藤文康　「ジャーナリズム論」の出発点――中野収教授の論考に寄せて：新聞研究　通号410〔1985.9〕　p70〜72
下村満子　心の鏡みがく努力を――私の体験的取材論：新聞研究　通号410〔1985.9〕　p47〜50
茶本繁正　「新聞攻撃」――何のために？：世界　通号479〔1985.9〕　p310〜326
森脇逸男　まず基本に忠実であれ（新聞は信頼されているか）：新聞研究　通号411〔1985.10〕　p15〜19
広瀬道貞　新聞の信頼を高める道（新聞は信頼されているか）：新聞研究　通号411〔1985.10〕　p10〜14
近藤紘一　ふりむけばアジア-10―ベテラン記者の死：諸君！ 日本を元気にするオピニオン雑誌　17（11）〔1985.11〕　p208〜213
タタリアン, ロジャー, 橋本正邦　UPIの苦悩――一つの歴史的展望（「E&P」誌9月7日号より）：新聞研究　通号412〔1985.11〕　p73〜76
安江良介, 原寿雄, 秦正流　揺らぐ新聞ジャーナリズム：世界　通号481〔1985.11〕　p129〜150
清水克雄　メディア空間の「変容」と新聞（断面'85ジャーナリズム）：新聞研究　通号413〔1985.12〕　p55〜58
根来昭一郎　批判を謙虚に受けとめて――新聞週間の社説・紙面企画から：新聞研究　通号413〔1985.12〕　p70〜72
山本明　「ジャーナリズムの危機」とは何か――民主社会の危機にまっとうに対応しないことから、それは生まれる：総合ジャーナリズム研究　23（01）〔1986.1〕　p6〜17
池田恵美子　ニューメディアの現実-2-：総合ジャーナリズム研究　23（01）〔1986.1〕　p81〜87
水野一成　読売新聞の研究：マスコミ市民　通号209〔1986.1〕　p2〜13
村上兵衛　朝日新聞の「戦争責任」論――秦正流氏に借問す：諸君！ 日本を元気にするオピニオン雑誌　18（1）〔1986.1〕　p40〜53
佐野洋司　よりよき情報伝達のために（情報の"流れ"を考える）：新聞研究　通号415〔1986.2〕　p10〜24
田川憲生　情報攻勢の中で原点をみつめる――自治体・企業取材は、いま（情報の"流れ"を考える）：新聞研究　通号415〔1986.2〕　p40〜42
三上俊治　「大衆社会論」の系譜〔付「大衆社会論」関連文献目録〕（大衆社会論とジャーナリズム＜特集＞）：新聞学評論　通号35〔1986.3〕　p74〜101
清水洋一　いつも新聞のことを考える――いい新聞記者になるコツ（新聞記者読本'86）：新聞研究　通号416〔1986.3〕　p22〜24
栗原隆平　ジャーナリズムの社会的役割を問う――テレビシンポジウムを企画して：新聞研究　通号416〔1986.3〕　p79〜82
國弘正雄　ジャーナリズムの"貧血症状"を憂える（新聞記者読本'86）：新聞研究　通号416〔1986.3〕　p43〜47
斎藤文男　危機に立つ戦後ジャーナリズム（新聞記者読本'86）：新聞研究　通号416〔1986.3〕　p48〜52
出雲敏　県民のいたみを自分のいたみとして（新聞記者読本'86―一線記者として今考えること）：新聞研究　通号416〔1986.3〕　p70〜73
石原俊洋　現場主義を貫く（新聞記者読本'86―一線記者として今考えること）：新聞研究　通号416〔1986.3〕　p67〜70
池本正文　社会現象の底流を見定める（新聞記者読本'86―一線記者として今考えること）：新聞研究　通号416〔1986.3〕　p76〜78
小林義人　手取川に人間ドラマを求めて（新聞記者読本'86―一線記者として今考えること）：新聞研究　通号416〔1986.3〕　p64〜67
なだいなだ　新聞に望むこと（新聞記者読本'86）：新聞研究　通号416〔1986.3〕　p39〜42
上野隆三　読者が新聞に求めるもの――新聞の役割を考える（新聞記者読本'86）：新聞研究　通号416〔1986.3〕　p18〜21
岡崎醇平　不思議な国の編集者――整理記者に求められているもの（新聞記者読本'86）：新聞研究　通号416〔1986.3〕　p36〜38
島津邦弘　「歴史」を通し「今」を見る（新聞記者読本'86）：新聞研究　通号416〔1986.3〕　p53〜56
池田一之　新聞ジャーナリズムの思想・行動――国家の進路選択時にみる一考察―上―：政経論叢　54（4〜6）〔1986.4〕　p255〜284
森下和生　右派ジャーナリズムとしての静岡新聞：マスコミ市民　通号213〔1986.5〕　p2〜9
山本進　私の新聞批評――衰弱するひたむきな姿勢：世界　通号488〔1986.5〕　p294〜297
中島達郎　あらゆる機会を現場として（ジャーナリズムと現場）：新聞研究　通号419〔1986.6〕　p28〜31
岩though隆夫, 江藤文夫　ジャーナリズムにとって現場とは何か（ジャーナリズムと現場）：新聞研究　通号419〔1986.6〕　p10〜22
青木賢児　メディアの特性と報道現場（ジャーナリズムと現場）：新聞研究　通号419〔1986.6〕　p40〜44

高田孝治	見える現場, 見えざる現場 (ジャーナリズムと現場)：新聞研究　通号419〔1986.6〕p32〜35	
宇吹暁	新聞の「記録性」を考える：新聞研究　通号419〔1986.6〕p45〜47	
土肥良造	新聞人は新聞の未来をどう見通しているか：総合ジャーナリズム研究　23(03)〔1986.7〕p27〜31	
笹本駿二	漂泊の断片−−想い出すひとびと−1〜4：総合ジャーナリズム研究　23(03)〜24(02)〔1986.7〜1987.4〕p41〜49	
赤尾光史	問われる「歴史意識」——日本新聞学会シンポジウムから：新聞研究　通号420〔1986.7〕p72〜76	
志村剛	私の新聞批評——風の速さで逃げられるだろうか：世界　通号490〔1986.7〕p266〜269	
山本実	「人間ドラマ」を追求せよ (新聞文章を考える)：新聞研究　通号421〔1986.8〕p26〜28	
山添勝寛	批判すべきは「バスに乗り遅れるな」式の安易な姿勢——ニューメディア・コミュニティ, テレトピア計画, etc. ——岩手 (技術社会と報道の視座<特集>)：新聞研究　通号424〔1986.11〕p35〜38	
田村泰章	「縦」の連携プレー——苦悩する道内産業と報道現場 (「部際取材」の現状と課題)：新聞研究　通号425〔1986.12〕p28〜31	
柴田穂	分析より主張を (変容する社会と社説の視点)：新聞研究　通号426〔1987.1〕p57〜59	
秦正流	言論人の「自殺行為」：世界　通号496〔1987.1〕p19〜22	
本郷圭一郎	私の新聞批評——朝鮮報道の浅さ：世界　通号496〔1987.1〕p314〜317	
原寿雄	特集 いまマスコミの危機 ジャーナリズムに未来はあるか——報道人, 経営者, そして読者へ：マスコミ市民　通号221/222〔1987.2〕p24〜37	
韓桂玉	特集 いまマスコミの危機 韓国・虚報事件とマスコミ：マスコミ市民　通号221/222〔1987.2〕p224〜237	
前田寿夫	特集 いまマスコミの危機 『市民版・防衛白書』と新聞報道のあり方：マスコミ市民　通号221/222〔1987.2〕p208〜209	
稲葉三千男	特集 いまマスコミの危機 初志と現実——できたこと・できなかったこと：マスコミ市民　通号221/222〔1987.2〕p2〜23	
井上輝子	特集 いまマスコミの危機 生活のファッション化と人生観の卑俗化——「女性雑誌」隆盛の意味するもの：マスコミ市民　通号221/222〔1987.2〕p182〜193	
真壁昊	ジャーナリズムの陥穽——編集者の姿勢と責任に関する覚え書：法セミ　通号386〔1987.2〕p132〜137	
伊牟田浩平	勉強と歴史認識と市民感覚 (新聞記者読本'87—取材・報道の現状と課題)：新聞研究　通号428〔1987.3〕p38〜40	
黒田清, 本田靖春	当世東西比較文化講座—4—メディア編——新聞の可能性と不安 (AJライブ in 上本町)：Asahi journal　29(12)〔1987.3〕p18〜24	
東玲治	もうひとつ, 書いておかねば…(「日刊新愛媛」新聞に対する…"取材拒否"問題の徹底研究−−取材拒否から廃刊へ<総集編>)：総合ジャーナリズム研究　24(02)〔1987.4〕p84〜88	
西部邁	アカジャーのすすめ−−死に瀕する論壇, 低きに堕ちた言論−−蘇生の方途：総合ジャーナリズム研究　24(02)〔1987.4〕p6〜14	
小松原弘人	スクラップ1冊では少なかった…(「日刊新愛媛」新聞に対する…"取材拒否"問題の徹底研究−−取材拒否から廃刊へ<総集編>)：総合ジャーナリズム研究　24(02)〔1987.4〕p89〜92	
池田恵美子	(マスコミを「学ぶ」,「マスコミ」に学ぶ<特集>)「コミュニケーション」をどうとらえるか−−課題と方法：総合ジャーナリズム研究　24(02)〔1987.4〕p118〜125	
岩見隆夫	今日のジャーナリズム状況とその課題 (シンポジウム)<特集>：新聞学評論　通号36〔1987.4〕p73〜128	
野村一夫	社会学的反省の理論としてのジャーナリズム論：新聞学評論　通号36〔1987.4〕p29〜41	
田所泉	マスコミを「学ぶ」,「マスコミ」に学ぶ<特集>：総合ジャーナリズム研究　24(03)〔1987.7〕p58〜65	
山田実	(マスコミを「学ぶ」,「マスコミ」に学ぶ<特集>)マスコミ研究の流れと「全国大学マスコミ関係講座」：総合ジャーナリズム研究　24(03)〔1987.7〕p39〜46	
佐藤智雄	(マスコミを「学ぶ」,「マスコミ」に学ぶ<特集>)マス・メディアめがね論−−研究対象の2重構造とさまざまな現実問題：総合ジャーナリズム研究　24(03)〔1987.7〕p8〜15	
川井良介	(マスコミを「学ぶ」,「マスコミ」に学ぶ<特集>)「出版」を科学するために−−まず"原報"からはじめよ：総合ジャーナリズム研究　24(03)〔1987.7〕p31〜34	
岩倉誠一	(マスコミを「学ぶ」,「マスコミ」に学ぶ<特集>)「新聞」に何を学ぶか−−ジャーナリズムの無気力さのシグナル!?：総合ジャーナリズム研究　24(03)〔1987.7〕p20〜24	
石川弘義	(マスコミを「学ぶ」,「マスコミ」に学ぶ<特集>)「大衆社会」の理論史−−文献スケッチから：総合ジャーナリズム研究　24(03)〔1987.7〕p35〜38	
岸田功	(マスコミを「学ぶ」,「マスコミ」に学ぶ<特集>)「放送」を学ぶ基礎−−受け手の関心によって多様なアプローチが…：総合ジャーナリズム研究　24(03)〔1987.7〕p25〜30	
山口定	時代の特性を考える——管理社会の中の「生活保守主義」(朝日記者殺傷事件——時代の状況とジャーナリズム)：新聞研究　通号432〔1987.7〕p10〜14	
小田晋	時代精神病理の側面から——大衆心理とジャーナリズム (朝日記者殺傷事件——時代の状況とジャーナリズム)：新聞研究　通号432〔1987.7〕p28〜32	
井崎均	「東京問題」は「日本問題」である (4全総を報ずる視点)：新聞研究　通号433〔1987.8〕p64〜66	
渡部誠一郎	「理念」が欠落していないか (4全総を報ずる視点)：新聞研究　通号433〔1987.8〕p61〜63	
清水克雄	情報消費社会と新聞のアイデンティティー (メディアと大衆文化の現在)：新聞研究　通号434〔1987.9〕p16〜20	
マクスウェル, ロバート, 橋本正邦	日本のメディアに多大な関心——ロバート・マクスウェル氏に聞く：新聞研究　通号436〔1987.11〕p56〜59	
原一男	日本的感性のベクトル——「ゆきゆきて, 神軍」制作者の心象風景 (平和の創造とジャーナリズム)：新聞研究　通号437〔1987.12〕p25〜27	
永田照海	新聞の未来——空想的試論：新聞研究　通号438〔1988.1〕p64〜73	
田中博	新聞界の動き—1986〜1987年：法学セミナー　通号377(増刊 総合特集シリーズ：人権と報道を考える)〔1988.1〕p431〜437	
樋口正紀	足腰鍛え直す時ではないか——調査報道の現状と課題 (新聞記者読本'88—ジャーナリズムの課題と記者活動)：新聞研究　通号440〔1988.3〕p27〜30	
香内三郎	歴史としてのジャーナリズム (新聞記者読本'88)：新聞研究　通号440〔1988.3〕p65〜68	

稲葉三千男	自閉症状と自己表現欲と（新聞メディアのフォーラム機能）：新聞研究　通号441　〔1988.4〕　p22〜25	
山下弘三	ジャーナリズムの腐敗と衰退——情報利益追及主義が新聞を滅ぼす：マスコミ市民　通号237　〔1988.6〕　p2〜13	
稲葉三千男	歴史を点に分解してはいけない——NHK世論調査ボツ事件の報道をめぐって：マスコミ市民　通号238　〔1988.7〕　p24〜27	
丸山実	ジャーナリズム不在の時代に：出版ニュース　通号1468　〔1988.8〕　p10〜11	
竹内成明	メディアの政治学・序説—1—：評論・社会科学　通号36　〔1988.9〕　p1〜27	
室田康子	新聞が言論を封殺するとき——「北国新聞」にみる地方メディアの"体質"：Asahi journal　30（40）　〔1988.9〕　p86〜88	
赤塚行雄	百姓型ジャーナリズム考－－その「となりの百姓」的な体質について：総合ジャーナリズム研究　25（04）　〔1988.10〕　p8〜14	
井上毅	私見・新聞の社会的責任論（新聞の社会的責任）：新聞研究　通号447　〔1988.10〕　p27〜30	
高木正幸	自信と勇気を与えてくれた15年——新左翼・部落問題を担当して—上—：新聞研究　通号447　〔1988.10〕　p77〜81	
伊藤邦男、森浩一、青木彰	新聞に問われているもの（新聞の社会的責任）：新聞研究　通号447　〔1988.10〕　p10〜22	
稲葉三千男	清水先生と私のマスコミ研究：新聞研究　通号447　〔1988.10〕　p82〜84	
内田健三	歴史と世界の中で位置付ける習慣を（新聞の社会的責任）：新聞研究　通号447　〔1988.10〕　p31〜33	
若林盛亮	記者の後ろには国民の運命があることを：マスコミ市民　通号242　〔1988.11〕　p62〜70	
新聞研究編集部	新聞学会　特別報告「韓国の日本報道」など（マスコミの焦点）：新聞研究　通号449　〔1988.12〕　p80〜82	
林利隆	マスメディアの公共性とプライバシー（メディアと公共性の現在——放送と公共性・再考＜特集＞）：放送学研究　通号39　〔1989〕　p151〜169	
杉山光信	知識人の現在と公共性（メディアと公共性の現在——放送と公共性・再考＜特集＞）：放送学研究　通号39　〔1989〕　p23〜44	
総合ジャーナリズム研究編集部	（＜90年代＞を考える＜特集＞）ハイパーテキスト時代に向かう文字と紙のこれから：総合ジャーナリズム研究所　26（01）〔1989.1〕　p17〜54	
浜野保樹	（＜90年代＞を考える＜特集＞）情報化の進展と試練の「マスコミ産業」：総合ジャーナリズム研究　26（01）〔1989.1〕　p38〜44	
鈴木富美子	肩ひじ張らず、しなやかに（女性とジャーナリズム—私の記者生活から）：新聞研究　通号451　〔1989.2〕　p19〜21	
重松修、太田英昭、田畑光永、日下雄一、柳澤紀夫	特集 多メディア時代をどう迎えるか "こだわり" と "自己主張" を大事に　第一線制作者《座談会》：月刊民放　19（213）〔1989.3〕　p11〜19	
横井亮介、重村一、小林英昭、大島守、猪狩惇夫、備前島文夫	特集 多メディア時代をどう迎えるか 広い視野と柔軟な対応力を　先輩6氏からの助言とアドバイス：月刊民放　19（213）〔1989.3〕　p20〜20, 22〜22, 24〜24, 26〜28, 30〜32	
北川信	特集 多メディア時代をどう迎えるか「時代」は民放人に何を求めているか：月刊民放　19（213）〔1989.3〕　p8〜10	
伊藤直	いかにして行政の壁を越えるか（記者読本'89）：新聞研究　通号452　〔1989.3〕　p25〜27	
林駿一	いま、何が新聞に求められているのか（記者読本'89）：新聞研究　通号452　〔1989.3〕　p18〜21	
宇都宮徳馬	勇気を持て、過去の失敗に学べ（記者読本'89）：新聞研究　通号452　〔1989.3〕　p37〜39	
座光寺昭典	歴史の一コマを "切り撮れ"（記者読本'89—取材現場からのメッセージ）：新聞研究　通号452　〔1989.3〕　p40〜42	
篠原一	新聞の社会的機能とは何か——新聞の異様さ、3つの側面（天皇報道を振り返る）：新聞研究　通号454　〔1989.5〕　p28〜30	
樋口恵子	情報・メディアの「値段」考＜特集＞：総合ジャーナリズム研究　26（03）〔1989.7〕　p8〜12	
小出透	（情報・メディアの「値段」考＜特集＞）異変!?"情報消費者"のメディア観：総合ジャーナリズム研究　26（03）〔1989.7〕　p27〜31	
橋本進司	（情報・メディアの「値段」考＜特集＞）新聞代を消費者が読むと…：総合ジャーナリズム研究　26（03）〔1989.7〕　p32〜34	
森口以佐夫	（情報・メディアの「値段」考＜特集＞）多様化する情報利用の決済：総合ジャーナリズム研究　26（03）〔1989.7〕　p14〜19	
新藤健一	朝日新聞 "KY事件" を追う：マスコミ市民　通号253　〔1989.8〕　p2〜23	
伊藤直	新聞の機能をいかんなく発揮した1年間（リクルート報道を振り返る）：新聞研究　通号458　〔1989.9〕　p15〜29	
杉山光信	「内部」へ向くジャーナリズム：総合ジャーナリズム研究　26（04）〔1989.10〕　p8〜16	
小糸忠吾	日米関係「衝突」へ傾く最近論調：総合ジャーナリズム研究　26（04）〔1989.10〕　p46〜53	
滝沢正樹	マス・コミ研究と現場との交流——新しい社会科学の構想に立って：新聞研究　通号460　〔1989.11〕　p46〜50	
竹内光	〔日本新聞協会〕編集委員会 航空取材規制で申し入れ（マスコミの焦点）：新聞研究　通号460　〔1989.11〕　p75〜78	
原寿雄	80年代の遺産と90年代への課題（80年代を検証する）：新聞研究　通号461　〔1989.12〕　p31〜34	
日比野和幸	歴史の曲がり角に立って考える（80年代を検証する）：新聞研究　通号461　〔1989.12〕　p10〜14	
植田康夫	日本における「調査報道」の先駆——立花隆「田中角栄研究」の意義：コミュニケーション研究　通号20　〔1990〕　p117〜139	
総合ジャーナリズム研究編集部	メディアの正義から "正義のメディア" へ－－事件・犯罪報道の危険な方向と2つの提言：総合ジャーナリズム研究所　27（01）〔1990.1〕　p8〜29	
原寿雄	社会的正義観を問い直せ（これからの "社会部" －－90年代社会と事件報道＜誌上シンポジウム＞）：総合ジャーナリズム研究　27（01）〔1990.1〕　p15〜19	
太田昌秀	ジャーナリズムの歴史観を問う（次代を読む視点＜特集＞）：新聞研究　通号462　〔1990.1〕　p15〜20	
小糸忠吾	日本の "国際化" に果たすマスメディアの役割（次代を読む視点＜特集＞）：新聞研究　通号462　〔1990.1〕　p10〜14	
加藤順一	「ゆるやかなシステム」の中で考える——デスクと記者の信頼関係と「職業的対決」（チェック機能の再考）：新聞研究　通号463　〔1990.2〕　p17〜20	
福井惇	新聞ジャーナリズムの再構築に向けて（チェック機能の再考）：新聞研究　通号463　〔1990.2〕　p10〜13	
桂敬一	多メディア時代の新聞の位置（新時代の記者たちへ——記者読本'90）：新聞研究　通号464　〔1990.3〕　p30〜32	
岸本重陳	必要な情報を、分かりやすく——国民所得統計と「政府経済見通し」報道を例に（新時代の記者たちへ——記者読本'90）：新聞研究　通号464　〔1990.3〕　p20〜24	
沢田博	2001年への「新聞」の旅－1－：総合ジャーナリズム研究　27（02）〔1990.4〕　p98〜102	

総合ジャーナリズム研究編集部	急がれる「公共性原理」の確立(2001年への「新聞」の旅-1-):総合ジャーナリズム研究所　27 (02)〔1990.4〕p69〜73
根来守生	特集 進展する企業の文化活動 アジア諸国の現代文芸を持続的に紹介:月刊民放　20(227)〔1990.5〕p20〜23
鈴木信次	東京/大阪--メディア事情の再検証<特集>:総合ジャーナリズム研究　27(03)〔1990.7〕p55〜59
広瀬道貞	真の豊かさを求めて——新聞は何ができるのか("豊かさ"の本質を探る):新聞研究　通号468〔1990.7〕p10〜15
池田一之	新聞ジャーナリズムの思想・行動——国家の進路選択時における一考察一中一:政経論叢　59(1・2)〔1990.8〕p61〜81
伊藤勝男	情報ハキダメ社会への逆襲:放送批評　No.254〔1990.9〕
斎藤茂男	ジャーナリズムの現場—3—問われる精神のしなやかさ——感性の土壌に地割れが走る:新聞研究　通号471〔1990.10〕p74〜80
藤竹暁	若者たちの情報ネットワーク(生活情報と新聞):新聞研究　通号471〔1990.10〕p18〜21
樋口恵子	メディアは暴走を止められるか——あれよあれよの「海外派兵」:Asahi journal　32(45)〔1990.11〕p14〜19
桂敬一	転換期における新聞の文化的役割と経済的条件(マスメディアの文化性と経済性<特集>):放送学研究　通号41〔1991〕p31〜65
平塚竜	経済大国ニッポンの「国際化」に弱い!?取材・報道:総合ジャーナリズム研究　28(01)〔1991.1〕p28〜34
斎藤茂男	ジャーナリズムの現場—7—世代を超えた交感は可能か——若手記者が望んでいること:新聞研究　通号476〔1991.3〕p76〜80
小島正興	志を高く,足は大地を踏みしめて(次代を担う君たちへ——記者読本'91):新聞研究　通号476〔1991.3〕p22〜25
森浩一	情報化・国際化時代の新聞記者(次代を担う君たちへ——記者読本'91):新聞研究　通号476〔1991.3〕p14〜17
浅野順一	新聞の公共的使命と経営の特異性——新聞経営入門(次代を担う君たちへ——記者読本'91):新聞研究　通号476〔1991.3〕p64〜66
秋葉忠利	真実のみ,そして真実のすべて(次代を担う君たちへ——記者読本'91):新聞研究　通号476〔1991.3〕p10〜13
斎藤茂男	ジャーナリズムの現場—10—変革の夢と破局の夢と——何も信じない世代のリアリズム:新聞研究　通号479〔1991.6〕p37〜42
総合ジャーナリズム研究編集部	企業としての新聞・放送:総合ジャーナリズム研究所　28(03)〔1991.7〕p55〜76
反田良雄	泡と消えた「関西新聞」(企業としての新聞・放送):総合ジャーナリズム研究　28(03)〔1991.7〕p22〜25
稲垣武	朝日新聞血風録—1—さらば,欺瞞のメディア帝国——文革の呪縛に刃向かう「週刊朝日」:諸君！ 日本を元気にするオピニオン雑誌　23(7)〔1991.7〕p130〜149
加藤博久	組織と個人の努力が記者を育てる——「現代デスク考」を読んで:新聞研究　通号480〔1991.7〕p61〜63
稲垣武	朝日新聞血風録—2—ソ連を愛しすぎた人々:諸君！ 日本を元気にするオピニオン雑誌　23(8)〔1991.8〕p216〜235
斎藤茂男	ジャーナリズムの現場—12—「共生」の発想へ転換できるか——模索する記者たちの問い:新聞研究　通号481〔1991.8〕p54〜59
稲垣武	朝日新聞血風録—3—塗り潰された「戦争協力の研究」:諸君！ 日本を元気にするオピニオン雑誌　23(9)〔1991.9〕p206〜229
リッケン,ロルフ,橋本正邦	正確さへの新しい戦略——米国紙に見る訂正の取り組み:新聞研究　通号482〔1991.9〕p71〜75
稲垣武	朝日新聞血風録—4完—迎合主義の病根:諸君！ 日本を元気にするオピニオン雑誌　23(10)〔1991.10〕p210〜235
市村元	「報道の時代」は来るか?:月刊民放　21(246)〔1991.12〕p30〜31
馬橋憲男	国連広報センターの活動とマスメディア・市民の関心(地球時代の日本と報道):新聞研究　通号485〔1991.12〕p51〜53
市岡揚一郎	地球時代の日本に求められる報道の視点(地球時代の日本と報道):新聞研究　通号485〔1991.12〕p10〜27
武市英雄	〔上智大学文学部〕新聞学科創立60年——過去10年(1982〜91年度)を振りかえる:コミュニケーション研究　通号22〔1992〕p123〜127
山本透	新聞学科の皆さんに:コミュニケーション研究　通号22〔1992〕p4〜17,肖像巻頭1枚
三好崇一	中国・新聞研究所代表団来日:コミュニケーション研究　通号22〔1992〕p117〜112
今城力夫	在日外国人記者がみたわがニッポンのジャーナリズム一1—グローリア・バイロン 「三角形のバランス関係がない…」:総合ジャーナリズム研究　29(01)〔1992.1〕p64〜66
青木彰	戦後新聞ジャーナリズム私論-1-そこに「広場の孤独」の緊張感が…:総合ジャーナリズム研究　29(01)〔1992.1〕p28〜38
長原春雄	《大特集》私の発言 ああ,マスコミっていうのは…:マスコミ市民　通号279〔1992.1〕p49〜50
稲垣昭彦	《大特集》私の発言 ニュース・報道番組で気になること:マスコミ市民　通号279〔1992.1〕p48〜49
斎藤俊也	《大特集》私の発言 強行・暴挙という言葉がない読売新聞の報道:マスコミ市民　通号279〔1992.1〕p5〜6
小泉みね子	《大特集》私の発言 産経新聞が起用した"識者"とは:マスコミ市民　通号279〔1992.1〕p13〜14
国吉辰俊	《大特集》私の発言 自分のことになると口をぬぐう新聞:マスコミ市民　通号279〔1992.1〕p56〜57
杉本徳太郎	《大特集》私の発言 社会党の日の丸容認に便乗する新聞:マスコミ市民　通号279〔1992.1〕p58〜59
岡部敦	《大特集》私の発言 松下政経塾の太鼓もちをする読売新聞:マスコミ市民　通号279〔1992.1〕p31〜32
渡辺重雄	《大特集》私の発言 新聞によつて違う日教組「日の丸」見解:マスコミ市民　通号279〔1992.1〕p26〜27
高野裕一	《大特集》私の発言 多過ぎる道路工事にマスコミがメスを:マスコミ市民　通号279〔1992.1〕p62〜63
津島信太郎	《大特集》私の発言 朝日新聞の四コマ漫画は掲載やめたら?:マスコミ市民　通号279〔1992.1〕p69〜70
市村香	《大特集》私の発言 朝日新聞の歴史感覚を問う:マスコミ市民　通号279〔1992.1〕p9〜9
入山雅樹	《大特集》私の発言 日の丸問題で国家主義を鼓吹する読売:マスコミ市民　通号279〔1992.1〕p30〜31
吉波曽死	《大特集》私の発言 "反骨精神"がなさすぎるマスコミ:マスコミ市民　通号279〔1992.1〕p70〜71
芝公彦	《大特集》私の発言 批判精神を失った巨大メディア:マスコミ市民　通号279〔1992.1〕p47〜47
石川久男	《大特集》私の発言 毎日新聞の"改革"にガッカリ:マスコミ市民　通号279〔1992.1〕p67〜68
斎藤茂男	ジャーナリズムの現場—16—求道の初心いま——現実追随の流れに抵抗して:新聞研究　通号486〔1992.1〕p44〜49
深沢亘	メディアとしての新聞の強化を——現代社会における責任と存在意義を再確認して(マスコミの焦点):新聞研究

ジャーナリズム（日本）　　　　　　　ジャーナリズム

通号486　〔1992.1〕p80～83
Reston, James　デッドライン――20世紀の現場から――元ニューヨーク・タイムズ記者ジェームズ・レストン回想録―1―ロンドンで迎えた開戦：Asahi journal　34(1)〔1992.1〕p26～36
田勢康弘　日本のジャーナリズムが抱える問題（日米情報摩擦）：新聞研究　通号487〔1992.2〕p14～17
黒田清，斎藤茂男，塚本三夫　突出する『読売新聞』――ジャーナリズムを衰退させた「ナベツネの恐怖政治」：Asahi journal　34(11)〔1992.3〕p14～18
高木教典，平野純一　新聞の名を捨てたのは時代の流れ（この人と1時間）：エコノミスト　70(13)〔1992.3〕p38～41
今城力夫　在日外国人記者がみた－ニッポンのジャーナリズム―2－アンドルー・ホルバート「ベッドルームまで案内してくれない日本の新聞」：総合ジャーナリズム研究　29(02)〔1992.4〕p92～94
青木彰　戦後新聞ジャーナリズム私論－2－過去の過ちと“1人の戦い”：総合ジャーナリズム研究　29(02)〔1992.4〕p56～64
江沢和広　情報量の増大と的確な情報分析――変革のなかの新聞（独立国家共同体の行方）：新聞研究　通号489〔1992.4〕p18～21
遊佐雄彦　マスコミは年貢の納め時：放送批評　No.274〔1992.5〕
塚本三夫　活字メディアの変容と理論的課題（「多メディア時代」におけるマス・コミュニケーション研究――課題とその方法を探る＜特集＞）：新聞学評論　通号41〔1992.5〕p58～75
崔禎鎬　巨視的観点から見た日本のDBSが韓国に及ぼす文化的・社会的影響（アジア地域の衛星コミュニケーションシンポジウム）：新聞学評論　通号41〔1992.5〕p272～283
小川葉子　最近のメディア受容研究における「オーディエンス・エスノグラフィー」の位置づけ――学術的言説にみる認知モデルの比較考察：新聞学評論　通号41〔1992.5〕p155～169
塚田博康　都心取材の29年間（街を見つめて）：新聞研究　通号490〔1992.5〕p17～20
山岸章　「虚像」を作ったのはマスコミだ：文芸春秋　70(6)〔1992.6〕p126～132
森下和生　マスコミ現場 読売新［聞］の報道と人権――外国人労働者の治療費をめぐって：マスコミ市民　通号285〔1992.7〕p54～57
今城力夫　在日外国人記者がみたニッポンのジャーナリズム―3－ディビット・バッツと「記者達は批判することを我慢している」：総合ジャーナリズム研究　29(03)〔1992.7〕p19～21
稲葉三千男　思いあぐねていること－－バッド・ニュースの因果と報道：総合ジャーナリズム研究　29(03)〔1992.7〕p8～12
青木彰　戦後新聞ジャーナリズム私論－3－“草書”体の「新聞の自由と責任」：総合ジャーナリズム研究　29(03)〔1992.7〕p32～41
清田義昭　ビジュアル化するメディアと社会（「ビジュアル化」の意味するもの）：新聞研究　通号492〔1992.7〕p10～22
芝沼隆一　ビジュアル化時代の新聞整理（「ビジュアル化」の意味するもの）：新聞研究　通号492〔1992.7〕p27～30
青木彰　敢えて，ジャーナリズムを問う（「ビジュアル化」の意味するもの）：新聞研究　通号492〔1992.7〕p23～26
高岸勝　難民鎖国“日本”を追いかけて――中国人女性，林桂珍の叫びから3年：新聞研究　通号492〔1992.7〕p64～66
豊原幹治　いのちの意味を考える（現代社会に「命」を報ずる）：新聞研究　通号494〔1992.9〕p27～29
田辺宏　なぜ死を選んだのか――大阪の少年連続自殺の背後にあるもの（現代社会に「命」を報ずる）：新聞研究　通号494〔1992.9〕p34～36
吉沢正一　邦人記者暴行事件，日中政府間で協議（マスコミの焦点）：新聞研究　通号494〔1992.9〕p79～82
今城力夫　在日外国人記者がみたニッポンのジャーナリズム―4－ブルース・ダニング「情報はスプーンで食べさせてもらう…」：総合ジャーナリズム研究　29(04)〔1992.10〕p33～35
松林竹雄　対象と視点――新聞文章をめぐる課題：政経研究　29(2)〔1992.11〕p677～691
今城力夫　在日外国人記者がみたニッポンのジャーナリズム―5－楊国光「日本の記者でなければ書かないことでしょうが…」：総合ジャーナリズム研究　30(01)〔1993.1〕p43～45
青木彰　戦後新聞ジャーナリズム私論－5－社会部記者活動の原点：総合ジャーナリズム研究　30(01)〔1993.1〕p82～92
櫓田隆史　「大きな思い」を「小さな結晶」に（現代の新聞文章）：新聞研究　通号498〔1993.1〕p17～19
佐久間準　読売vsTBS――読売・佐川土地取引の深淵：マスコミ市民　通号291〔1993.2〕p10～21
片岡正巳　大新聞の世論操作 1992年総覧――「PKO」から「天皇訪中」まで：諸君！ 日本を元気にするオピニオン雑誌　25(2)〔1993.2〕p200～211
小倉重男，瀬木博道　情報をめぐるニュース・ソースと報道との関係：新聞研究　通号499〔1993.2〕p76～78
清水幹夫　新聞の持つ言論機能とは――力量が問われるのはこれから（佐川事件報道）：新聞研究　通号499〔1993.2〕p10～15
小笠原信之　マスコミ送り手受け手：マスコミ市民　通号292～通号321〔1993.3～1995.8〕p28～31
高須正郎　草創期の「新聞研究」（［新聞研究］創刊500号記念号――記者とは何か）：新聞研究　通号500〔1993.3〕p100～103
是永論　電子メディアと生活状況――多元的なメディア状況によるリアリティの変容（メディア文化の位相＜特集＞）：マス・コミュニケーション研究　通号42〔1993.3〕p163～178
今城力夫　在日外国人記者がみたニッポンのジャーナリズム―6-W.ポスト＝トーマス・R.リード極東総局長が語る「噂がニュースに変ったら…」（省察・皇太子妃報道＜特別企画＞［含 資料］）：総合ジャーナリズム研究　30(02)〔1993.4〕p16～21
善財優　取材と報道の現場（13）生徒への禁煙指導と学校側の苦悩を探る：月刊民放　23(262)〔1993.4〕p34～35
坪内寿夫，藤岡伸一郎　「新聞」へ！＜特集＞：総合ジャーナリズム研究　30(02)〔1993.4〕p99～104
清野徹　新聞はどこまでテレビを嗤えるか：諸君！ 日本を元気にするオピニオン雑誌　25(4)〔1993.4〕p136～143
橘川幸夫　時代と若者とメディア――「情報化」の意味と新聞の存在：新聞研究　通号501〔1993.4〕p61～65
河合善久　マスコミ現場 ワープロの功罪：マスコミ市民　通号294〔1993.5〕p74～79
田中蔵積　憲法を語る視点――論説責任者座談会（憲法を語る）：新聞研究　通号502〔1993.5〕p10～26
奥平康広　憲法議論に思う（憲法を語る）：新聞研究　通号502〔1993.5〕p27～31
中村泰次　手堅い調査報道に軍配――中曽根対朝日新聞裁判を傍聴して：新聞研究　通号502〔1993.5〕p55～58
原寿雄　日本人の責任の取り方“やらせ”考：放送批評　No.287〔1993.6〕
下嶋哲朗　「日の丸＝国旗」判決の誤報はなぜ起きたか：世界　通号583〔1993.6〕p242～248
井出耕也　（「新聞」へ！＜特集＞）もっともっとスクープを…：総合ジャーナリズム研究　30(03)〔1993.7〕p20～22

関永堅, 今城力夫	「「新聞」へ！<特集>）在日外国人記者がみたニッポンのジャーナリズムー7－日本の取材は非常に楽で恵まれています：総合ジャーナリズム研究　30（03）〔1993.7〕 p26～28	
青木彰	戦後新聞ジャーナリズム私論－7－立松記者事件－－失ったものと得たもの：総合ジャーナリズム研究　30（03）〔1993.7〕 p54～62	
丸山重威	「ニュースの交差点」で考える通信社のチェックシステム（技術の進展と紙面チェック）：新聞研究　通号505〔1993.8〕 p30～32	
佐藤二雄	マス・メディア報道の現実をどう教えるか…：新聞研究　通号505〔1993.8〕 p88～91	
桂敬一	高度情報社会のジャーナリズム（技術の進展と紙面チェック）：新聞研究　通号505〔1993.8〕 p33～36	
佐久間準	TBSvs読売訴訟 暴かれた読売の奥座敷――渡辺広康証言の衝撃：マスコミ市民　通号298〔1993.9〕 p6～20	
原寿雄	300号記念特集 ナショナリズムの危険性とマスコミ（上）：マスコミ市民　通号299〔1993.10〕 p6～11	
Jerry, Norton, 今城力夫	在日外国人記者がみたニッポンのジャーナリズムー8－記者会見では質問者まで決まっている：総合ジャーナリズム研究　30（04）〔1993.10〕 p78～80	
花田達朗	「情報化」よ！－1－<創刊30周年記念特別企画>：総合ジャーナリズム研究　30（04）〔1993.10〕 p13～21	
青木彰	戦後新聞ジャーナリズム私論－8－私の「60年安保」体験：総合ジャーナリズム研究　30（04）〔1993.10〕 p48～58	
原寿雄	ナショナリズムの危険性とマスコミ（下）：マスコミ市民　通号300〔1993.11〕 p36～41	
竹内希衣子	特集1 三〇〇号記念 私とマスコミ テレビの作り手を "生活者" に――視聴者市民としてテレビへの提言：マスコミ市民　通号300〔1993.11〕 p14～18	
家永三郎	特集1 三〇〇号記念 私とマスコミ マスコミの内側を伝えてくれる雑誌：マスコミ市民　通号300〔1993.11〕 p18～21	
浅井基文	特集1 三〇〇号記念 私とマスコミ メディアと付き合って三十年：マスコミ市民　通号300〔1993.11〕 p10～13	
松崎明	特集1 三〇〇号記念 私とマスコミ 現代労働運動とマスコミ：マスコミ市民　通号300〔1993.11〕 p26～30	
桜井陽子	新聞の「生活」視点にひと言（「生活」視点のジャーナリズム）：新聞研究　通号508〔1993.11〕 p64～69	
花田紀凱	中身あってのタイトルです：新聞研究　通号508〔1993.11〕 p71～74	
筑紫哲也	ホンモノのジャーナリズムをめざして（市民のためのジャーナリズムは可能か？――政権交代をむかえた中でのメディアの状況と法<特集>――なぜ今、「金曜日」か！――「週刊金曜日をバックアップする法律家たちの会」の講演会より）：法と民主主義　通号282〔1993.11〕 p34～37	
本多勝一	マスコミの堕落と司法の堕落（市民のためのジャーナリズムは可能か？――政権交代をむかえた中でのメディアの状況と法<特集>――なぜ今、「金曜日」か！――「週刊金曜日をバックアップする法律家たちの会」の講演会より）：法と民主主義　通号282〔1993.11〕 p38～41	
服部孝章	座談会（市民のためのジャーナリズムは可能か？――政権交代をむかえた中でのメディアの状況と法<特集>）：法と民主主義　通号282〔1993.11〕 p19～32	
資料（市民のためのジャーナリズムは可能か？――政権交代をむかえた中でのメディアの状況と法<特集>）：法と民主主義　通号282〔1993.11〕 p46～48		
田島泰彦	序論・いまメディアの置かれている位置――メディア批判とメディアの位置づけ（市民のためのジャーナリズムは可能か？――政権交代をむかえた中でのメディアの状況と法<特集>）：法と民主主義　通号282〔1993.11〕 p3～8	
服部孝章	総括・メディアの視点――ジャーナリズムの再生のために（市民のためのジャーナリズムは可能か？――政権交代をむかえた中でのメディアの状況と法<特集>）：法と民主主義　通号282〔1993.11〕 p14～18	
原寿雄	社説廃止論――署名社説による自由闊達な主張の時代（上）：マスコミ市民　通号301〔1993.12〕 p50～54	
佐木隆三	特集1 三〇〇号記念 私とマスコミ わがマスコミ日誌：マスコミ市民　通号301〔1993.12〕 p37～41	
江川紹子	特集1 三〇〇号記念 私とマスコミ テレビ、雑誌の優勢 新聞の劣勢：マスコミ市民　通号301〔1993.12〕 p32～36	
荒井信一	特集1 三〇〇号記念 私とマスコミ 現代政治とジャーナリズム：マスコミ市民　通号301〔1993.12〕 p28～32	
福島瑞穂	特集1 三〇〇号記念 私とマスコミ 「女はこうあるべき」というバッシング：マスコミ市民　通号301〔1993.12〕 p41～45	
むのたけじ	特集1 三〇〇号記念 私とマスコミ 良貨で悪貨を駆逐する――報道の仕事を自滅から救う道：マスコミ市民　通号301〔1993.12〕 p24～28	
勝方信一	取材者と被取材者の対話の極致――インタビューコラム論（新聞と「人」）：新聞研究　通号509〔1993.12〕 p42～44	
蓑田剛治	「人」を通して災害の実相に近づく（新聞と「人」）：新聞研究　通号509〔1993.12〕 p54～56	
玉木研二	人間ドラマこそニュース――「あした天気になぁれ」「探信音」の試み（新聞と「人」）：新聞研究　通号509〔1993.12〕 p36～38	
中野収	「人間創造」のメカニズム――ジャーナリズムの生理と論理（新聞と「人」）：新聞研究　通号509〔1993.12〕 p14～17	
吉岡忍	「当事者」という自覚と切実感を（新聞と「人」）：新聞研究　通号509〔1993.12〕 p18～21	
玉木明	未知の部分にとどく言葉を――署名入り記事の可能性（新聞と「人」）：新聞研究　通号509〔1993.12〕 p22～25	
水谷静馬	マスコミ現場 税制の抜本改革とマスコミの姿勢：マスコミ市民　通号302〔1994.1〕 p78～83	
Powers, David, 今城力夫	在日外国人記者がみたニッポンのジャーナリズムー9－ショー・ビジネスのようなニュース番組が多い：総合ジャーナリズム研究　31（01）〔1994.1〕 p44～46	
青木彰	戦後新聞ジャーナリズム私論－9－内と外からみた「報道協定」－1－：総合ジャーナリズム研究　31（01）〔1994.1〕 p78～88	
日垣隆	社会 調査報道以前の問題（提言'94）：新聞研究　通号510〔1994.1〕 p45～48	
原寿雄	模索から具体的変革実践の年へ（提言'94）：新聞研究　通号510〔1994.1〕 p10～14	
吉岡至, 塚本晴二朗, 藤田真文	アジアにおける国際情報システムの実態――「東京サミット」の新聞報道に関する内容分析：新聞研究　通号510〔1994.2〕 p65～74	
橋本大二郎	過程をどう見せるか（記者会見とは何か―取材される側の論理）：新聞研究　通号511〔1994.2〕 p27～30	
田中琢	新聞の歴史記事への注文（第103回新聞講座）：新聞研究　通号511〔1994.2〕 p75～78	
穂積健	「55年体制」崩壊に関する報道の研究：人文科学論集　（53）〔1994.2〕 p157～194	
佐久間準	TBS VS 読売訴訟 真向かいは中曽根さん――"料亭会談"渡辺広康証言 全容：マスコミ市民　通号304〔1994.3〕 p26～34	

水谷静馬	マスコミ現場 薄れる時代切り開く「目」：マスコミ市民　通号304　〔1994.3〕　p79～83	
生井久美子	この仕事への思い（記者読本'94）：新聞研究　通号512　〔1994.3〕　p38～56	
塚本三夫	憲法21条とプレス——プレスの位置と現実（記者読本'94）：新聞研究　通号512　〔1994.3〕　p20～23	
藤田博司	事実をどう伝えるか（記者読本'94）：新聞研究　通号512　〔1994.3〕　p60～63	
三浦俊章	取材の一線から（記者読本'94）：新聞研究　通号512　〔1994.3〕　p75～87	
暉峻淑子	操作されないジャーナリズムを——確かな市民の目を失わないために（記者読本'94）：新聞研究　通号512　〔1994.3〕　p16～19	
渡辺武達	メディア・ホークス—3—報道にとっての公正と中立：評論・社会科学　通号49　〔1994.3〕　p109～188	
Kakuch, Suvendrini P., 今城力夫	在日外国人記者がみたニッポンのジャーナリズムー10－スペンドリーニ・カクチ「自分で考え、ポリシーをもって取材することが少ない」：総合ジャーナリズム研究　31（02）〔1994.4〕　p45～47	
青木彰	戦後新聞ジャーナリズム私論－10－内と外からみた「報道協定」－2－：総合ジャーナリズム研究　31（02）〔1994.4〕　p68～78	
鈴木孝雄	「新聞メディアの強化に関する委員会」発足（マスコミの焦点）：新聞研究　通号513　〔1994.4〕　p85～87	
島脩	記者としての基礎と広い視野を（記者教育を考える）：新聞研究　通号514　〔1994.5〕　p10～12	
今城力夫	在日外国人記者がみたニッポンのジャーナリズムー11－ロジャー・シュレフラー「情報源の言う事をもっと信頼して書けばよい」：総合ジャーナリズム研究　31（03）〔1994.7〕　p41～43	
朝野富三	いま新聞の特性を生かすために（新聞はどう読まれているか）：新聞研究　通号516　〔1994.7〕　p27～30	
野口悠紀雄	現代人にとっての「情報」と「新聞」（新聞はどう読まれているか）：新聞研究　通号516　〔1994.7〕　p20～22	
吉岡至	「新聞」として残るもの（新聞はどう読まれているか）：新聞研究　通号516　〔1994.7〕　p15～19	
柴田鉄治	新聞はジャーナリズムの王道を歩め（新聞はどう読まれているか）：新聞研究　通号516　〔1994.7〕　p10～14	
宮崎仁士	「新聞」への思い（新聞はどう読まれているか）：新聞研究　通号516　〔1994.7〕　p34～36	
多田俊五	整理進む「皆川号外コレクション」：新聞研究　通号516　〔1994.7〕　p56～59	
水谷静馬	マスコミ現場 翼賛体制が手を伸ばすのはマス・メディア？：マスコミ市民　通号310　〔1994.9〕　p52～55	
星野安三郎	統一ドイツ憲法草案に学ぶ——読売新聞社の憲法改正試案を比較して：マスコミ市民　通号310　〔1994.9〕　p8～11	
赤尾光史	「やりがい」「貢献感」の後退その背後（変化する仕事環境と記者の意識）：総合ジャーナリズム研究　31（04）〔1994.10〕　p16～19	
村上盛男	からむニスト、言いたい放談——批評性を前面に（コラムの粋）：新聞研究　通号519　〔1994.10〕　p32～34	
小田川興	21世紀へ「共生の道」を探る——第32回日韓編集セミナー開かれる（マスコミの焦点）：新聞研究　通号521　〔1994.12〕　p74～76	
稲葉三千男	けんかこそジャーナリズムの花（現代社会とキャンペーン報道）：新聞研究　通号521　〔1994.12〕　p10～12	
岩井信	求められる堅実な調査報道（現代社会とキャンペーン報道）：新聞研究　通号521　〔1994.12〕　p35～37	
木村卓而	新聞が元気をとり戻すために（現代社会とキャンペーン報道）：新聞研究　通号521　〔1994.12〕　p16～18	
青木彰	新聞にキャンペーンは不可欠（現代社会とキャンペーン報道）：新聞研究　通号521　〔1994.12〕　p13～15	
今中亘	勇気を出して立ち向かえ（現代社会とキャンペーン報道）：新聞研究　通号521　〔1994.12〕　p19～21	
飯室勝彦	表現・報道の自由とマスメディアをめぐる今日的状況——権力の監視・チェック機能を中心に〔含 コメント〕（現代メディアと民主主義＜特集＞）：法の科学 ： 民主主義科学者協会法律部会機関誌「年報」　通号23　〔1995〕　p143～149	
総合ジャーナリズム研究編集部	巨大メディアの改憲試案提示をこう考える（巨大メディアが憲法改正試案を提示する是非）：総合ジャーナリズム研究所　32（01）〔1995.1〕　p78～97	
むのたけじ	根腐れを病むマスコミ——言論，ジャーナリズム——起死回生への三つの課題（戦後50年・日本の言論＜特別企画＞）：総合ジャーナリズム研究　32（01）〔1995.1〕　p9～15	
James, P. Colligan, 今城力夫	在日外国人記者がみたニッポンのジャーナリズムー12－ジェームス・P・コリガン「大衆に充分な情報を提供していない」：総合ジャーナリズム研究　32（01）〔1995.1〕　p63～65	
佐久間準	新たに浮かぶ“疑惑”——TBS・読売訴訟が結審：マスコミ市民　通号314　〔1995.1〕　p44～55	
本田一二	真実の追求と「会社主義」（戦後50年・日本の言論＜特別企画＞）：総合ジャーナリズム研究　32（01）〔1995.1〕　p39～47	
青木彰	戦後新聞ジャーナリズム私論－13－社会部時代，心に刺さった2つの棘：総合ジャーナリズム研究　32（01）〔1995.1〕　p50～59	
門奈直樹	総特集 戦後五〇年、マスコミ論調を検証する 悪しき現実主義への追随——権力の顔色窺い続けた五〇年：マスコミ市民　通号314　〔1995.1〕　p8～17	
田中健五	新聞に期待し，注文する（第47回新聞大会・研究座談会—1—）：新聞研究　通号522　〔1995.1〕　p26～36	
本橋春紀	問われるべきは報道の質：月刊民放　25（284）〔1995.2〕　p4～4	
後藤秀雄	取材飛行の安全確保へ努力を——相次ぐ報道関係機墜落事故（マスコミの焦点）：新聞研究　通号523　〔1995.2〕　p85～88	
赤尾晃一	放送とインターネットの間の深いミゾ インターネット幻想：放送批評　No.308　〔1995.3〕	
中島健一郎	何のために，を常に問う（記者読本'95）：新聞研究　通号524　〔1995.3〕　p31～33	
川上高志	取材の一線から（記者読本'95）：新聞研究　通号524　〔1995.3〕　p56～71	
山崎哲	新聞に望むこと（記者読本'95）：新聞研究　通号524　〔1995.3〕　p49～51	
中嶋道生	人とのかかわりの中から真実が（記者読本'95）：新聞研究　通号524　〔1995.3〕　p34～36	
神塚明弘	想像力ゆたかな批判と事実の砲手に（記者読本'95）：新聞研究　通号524　〔1995.3〕　p10～12	
渡辺武達	メディア・ホークス—5—メディアの公正と社会的責任：評論・社会科学　通号51　〔1995.3〕　p107～255	
大竹秀子	メディアの「リベラルな偏向」：総合ジャーナリズム研究　32（02）〔1995.4〕　p108～110	
Goozner, Merrill, 今城力夫	在日外国人記者がみたニッポンのジャーナリズムー13－メリル・グーズナー「もっとフィーチャー的な記事を掲載すべきだ」：総合ジャーナリズム研究　32（02）〔1995.4〕　p65～67	
青木彰	戦後新聞ジャーナリズム私論－14－論説委員時代の大きな収穫：総合ジャーナリズム研究　32（02）〔1995.4〕　p70～80	
陸培春	日本のマスコミはマスゴミになりつつある!?：法学セミナー　通号484　〔1995.4〕　p76～80	

赤尾晃一	マルチメディア・ソフトの知恵：放送批評　No.311　〔1995.6〕
丸山重威	実態見極めつつ責任を論じよ——ロス疑惑2つの判決を読んで（「配信サービスの抗弁」をめぐって）：新聞研究　通号527　〔1995.6〕　p46～48
Peter, Kenny, 今城力夫	在日外国人記者がみたニッポンのジャーナリズムー14－ピーター・ケニー「お上のメッセージを伝えている」：総合ジャーナリズム研究　32（03）〔1995.7〕　p45～47
鈴木均	昨日の敵は今日の友…か 硫黄島日米合同追悼式典をみて：放送批評　No.312　〔1995.7〕
青木彰	戦後新聞ジャーナリズム私論－15－異色の"経営者"水野さんのこと：総合ジャーナリズム研究　32（03）〔1995.7〕　p50～59
関千枝子	総保守化のはじまりを作ったマスコミ－－地獄への道は善意が舗装する：総合ジャーナリズム研究　32（03）〔1995.7〕　p12～18
大竹秀子	大金もたらすニューメディア（FROM U.S0A.）：総合ジャーナリズム研究　32（03）〔1995.7〕　p19～21
中馬清福	憲法論に果たす新聞の役割（戦後50年）：新聞研究　通号528　〔1995.7〕　p10～24
井上すみれ	リスク報道の経年変化の分析：慶応義塾大学新聞研究所年報　通号45　〔1995.9〕　p59～76
渡辺武達	メディアの公共性と公益性：評論・社会科学　通号52　〔1995.9〕　p81～198
Gebhard, Hielsher, 今城力夫	在日外国人記者がみたニッポンのジャーナリズムー15－ゲプハルト・ヒールシャー「新聞は上等なデパートみたいですね」：総合ジャーナリズム研究　32（04）〔1995.10〕　p88～90
青木彰	戦後新聞ジャーナリズム私論－16－示唆に富む"実験"の成功と失敗：総合ジャーナリズム研究　32（04）〔1995.10〕　p78～87
中村泰次	中村泰次の"蟻の一穴"－1－：総合ジャーナリズム研究所　26（02）〔1995.10〕　p53～79
福井千秋	敗戦50年と新聞の歴史認識－－新聞ジャーナリズムは50年間「8.15」の核心をボカし続けた：総合ジャーナリズム研究　32（04）〔1995.10〕　p37～39
新聞協会審査室	検証 戦後50年報道——課題抱え込んだままポスト戦後50年へ——8月15日の各紙紙面から：新聞研究　通号531　〔1995.10〕　p58～63
茶本繁正	メディア・レポート<53>統一協会偽装組織の招待で来日したブッシュ前米大統領も"動く広告塔"か：放送レポート　137号　〔1995.11〕　p34～37
原寿雄, 坂井泰, 斉藤茂男, 本多勝一	長崎フォーラム・パネルディスカッション－ジャーナリズムの過去・現在・未来：放送レポート　137号　〔1995.11〕　p12～24
岸田功	ジャーナリズム概念：情報研究　（16）〔1995.12〕　p55～66
北谷賢司	メディア イン ザ ワールド（6）メガメディアM&Aブームの真相と実態：月刊民放　26（295）〔1996.1〕　p36～37
今城力夫, 裴仁俊	在日外国人記者がみたニッポンのジャーナリズムー16－ベ・インジュン「ニュースソースの影響を受けやすい」：総合ジャーナリズム研究　33（01）〔1996.1〕　p64～66
青木彰	戦後新聞ジャーナリズム私論－17－大阪時代の私の発見：総合ジャーナリズム研究　33（01）〔1996.1〕　p54～63
冠木雅夫	「ジャーナリズム」の揺らぎと転換（特集（変容）の時代とジャーナリズム意識）：マス・コミュニケーション研究　通号48　〔1996.1〕　p20～34
大井眞二	ジャーナリズム意識の研究－－米ジャーナリスト研究のインプリケーション（特集（変容）の時代とジャーナリズム意識）：マス・コミュニケーション研究　通号48　〔1996.1〕　p68～85
藤竹暁	メディアイベントの展開とニュース概念の変化（特集（変容）の時代とジャーナリズム意識）：マス・コミュニケーション研究　通号48　〔1996.1〕　p3～19
茶本繁正	メディア・レポート<55>100冊の本がコーナーをつくるいじめ大国日本の戦慄：放送レポート　139号　〔1996.3〕　p38～41
青木貞伸	検証！ ジャーナリズムの戦後50年 技術革新はジャーナリズムをどう変えたか：放送レポート　139号　〔1996.3〕　p16～20
新井直之	検証！ ジャーナリズムの戦後50年 大衆ジャーナリズムの出現とその役割：放送レポート　139号　〔1996.3〕　p10～15
Paletz, David L., 斎藤慎一	メディアと虚構の暴力：慶応義塾大学新聞研究所年報　通号46　〔1996.3〕　p27～34
後藤秀雄, 徳永康彦	マスコミの焦点 編集委員会, オフレコ問題で見解公表　証言拒絶権盛らず民訴法改正要綱案：新聞研究　通号536　〔1996.3〕　p103～105
関口和一	メディア多様化時代の新聞記者（記者読本'96）：新聞研究　通号536　〔1996.3〕　p40～43
老川祥一	「事実」を発見・発掘する苦闘——取材とは何か（記者読本'96）：新聞研究　通号536　〔1996.3〕　p18～21
岡村啓太郎, 佐藤忠則, 長谷川秀行	《取材の一線から》（記者読本'96）：新聞研究　通号536　〔1996.3〕　p49～72
福井博孝	新聞 今, その読者と——ある「現場」から（記者読本'96）：新聞研究　通号536　〔1996.3〕　p31～33
恒川昌久	世界に発信する気概を持って——地方紙の新聞記者に期待する（記者読本'96）：新聞研究　通号536　〔1996.3〕　p14～17
住田良能	批判方法の検証を——言論の自由と責任（記者読本'96）：新聞研究　通号536　〔1996.3〕　p10～13
Edith, Updike, 今城力夫	在日外国人記者がみたニッポンのジャーナリズム（17）イーデス・アップダイク：総合ジャーナリズム研究　33（02）〔1996.4〕　p68～70
朝田富次	心の報道を考える：新聞通信調査会報　通号401　〔1996.4〕
今村庸一	新聞が空中を飛び交う日：放送批評　No.321　〔1996.4〕
青木彰	戦後新聞ジャーナリズム私論－18－司馬遼太郎さんへのレクイエム：総合ジャーナリズム研究　33（02）〔1996.4〕　p24～35
鈴木均	冷たい拍手：放送批評　No.323　〔1996.6〕
杜正文	情報とマルチメディア：文化情報学：駿河台大学文化情報学部紀要　3（1）〔1996.6〕　p47～56
今城力夫	在日外国人記者がみたニッポンのジャーナリズム（18）ウォルター・ハミルトン：総合ジャーナリズム研究　33（03）〔1996.7〕　p32～34
林利隆	ジャーナリズム精神のゆくえ——民放連研究所報道担当者調査を読むために：新聞研究　通号540　〔1996.7〕　p47～49
広瀬克哉	新しい情報環境の倫理はだれが作る（新聞が問われているもの——新聞倫理綱領50周年）：新聞研究　通号540　〔1996.7〕　p41～43

原寿雄, 内橋克人	＜対談＞新聞が問われているもの（新聞が問われているもの――新聞倫理綱領50周年）：新聞研究　通号540　〔1996.7〕 p10～25
清水真	批判的世論空間は残ったか――体制転換後のチェコ新聞事情：新聞研究　通号540　〔1996.7〕 p53～55
藤森研	歴史感覚と共感性――面白い新聞とは何だろう（新聞が問われているもの――新聞倫理綱領50周年）：新聞研究　通号540　〔1996.7〕 p26～28
野上明	マスメディアにおける公正（1）：公評　33（7）〔1996.8〕 p106～113
茶本繁正	メディア・レポート＜58＞最悪の完全失業率が予告する「大量失業時代」の不気味な足音：放送レポート　142号　〔1996.9〕 p46～49
片岡正巳	朝日新聞の戦後責任―1―一相哭から東京裁判史観への変身：正論　通号289　〔1996.9〕 p238～250
今城力夫	在日外国人記者がみたニッポンのジャーナリズム（19）最終回ユーゲット・ラブリーズ：総合ジャーナリズム研究　33（04）〔1996.10〕 p35～39
青木彰	戦後新聞ジャーナリズム私論－20－納得のいく新聞をつくってみたい：総合ジャーナリズム研究　33（04）〔1996.10〕 p58～67
今井正俊	朝日新聞世論調査の半世紀（上）GHQが大きな関心：朝日総研リポート　通号122　〔1996.10〕 p94～106
菊住昌一	テレビ・新聞その事実と真実：公評　33（9）〔1996.10〕 p122～129
片岡正巳	朝日新聞の戦後責任 第2回 「憲法9条」信仰の愚昧とその罪：正論　通号290　〔1996.10〕 p238～248
茶本繁正	メディア・レポート＜59＞国際社会の「条理」を一蹴した韓国・朝鮮元BC級戦犯訴訟判決の憂うつ：放送レポート　143号　〔1996.11〕 p50～53
片岡正巳	朝日新聞の戦後責任（第3回）執拗な「9条の地球化」の幻想：正論　通号291　〔1996.11〕 p232～242
内山秀夫	新聞研究所50周年記念 福沢諭吉と新聞：三田評論　通号985　〔1996.11〕 p20～28
片岡正巳	朝日新聞の戦後責任 第4回 極東の平和と「安保危険論」の撞着：正論　通号292　〔1996.12〕 p224～234
岩崎勝海	私のマスコミ・ゼミ講義――新聞について：マスコミ・ジャーナリズム論集　通号5　〔1997〕 p1～17
茶本繁正	メディア・レポート＜60＞統一協会系新聞社「世界日報」が出版した『「霊感商法」の真相』の啞然、茫然：放送レポート　144号　〔1997.1〕 p52～55
四茂野修	『世界』よ！ お前もか！――警察の情報操作に踊るジャーナリズム：マスコミ市民　通号338　〔1997.1〕 p77～81
青木彰	戦後新聞ジャーナリズム私論－21－事件報道史に輝く大スクープ「企業爆破事件」：総合ジャーナリズム研究　34（01）〔1997.1〕 p64～75
野上明	マスメディアにおける公正（2）：公評　34（1）〔1997.1〕 p120～127
宇田川勝明, 荒木高伸, 倉重篤郎	＜各部キャップ・デスク座談会＞現場から, 現状打破を模索する：新聞研究　通号546　〔1997.1〕 p53～70
橋本大二郎	国民の考える力 助けるような分析を（97年 新聞に望む――曲がり角の時代に）：新聞研究　通号546　〔1997.1〕 p16～18
石川真澄	時代見抜く環境をどう作るか（97年 新聞に望む――曲がり角の時代に）：新聞研究　通号546　〔1997.1〕 p22～24
波多野敬雄	「世界の非常識」と言われぬために（97年 新聞に望む――曲がり角の時代に）：新聞研究　通号546　〔1997.1〕 p37～39
萱野茂	先住者としてのアイヌを認め, 伝えて（97年 新聞に望む――曲がり角の時代に）：新聞研究　通号546　〔1997.1〕 p28～30
片岡正巳	朝日新聞の戦後責任――第5回―"60年安保"に果たした役割：正論　通号293　〔1997.1〕 p226～237
佐藤毅	戦争（特集 現代マス・コミュニケーション理論のキーワード――50号を記念して―ジャーナリズム論）：マス・コミュニケーション研究　通号50　〔1997.1〕 p47～55
片岡正巳	朝日新聞の戦後責任 第6回 冷戦下に日米安保解消を唱える：正論　通号294　〔1997.2〕 p224～234
前川英樹	メディア 多チャンネル時代の「制度」をどう考えるか：新・調査情報passingtime　2期（53）通号415　〔1997.3〕 p68～69
山本義彦	清沢洌のジャーナリズム論――「非常時」日本の自由主義と新聞：静岡大学経済研究　1（3・4）〔1997.3〕 p33～59
桂敬一	デジタル統合をジャーナリズムに生かす（記者読本'97）：新聞研究　通号548　〔1997.3〕 p45～47
小島宣夫	メディア飽食時代の新聞（記者読本'97）：新聞研究　通号548　〔1997.3〕 p42～44
西村一成	現場こそ教師である――水俣病報道と地方紙（記者読本'97）：新聞研究　通号548　〔1997.3〕 p14～17
川名紀美	身近なものに目を凝らそ――報道と人権（記者読本'97）：新聞研究　通号548　〔1997.3〕 p27～30
樽田隆史	縄のれん新聞文章論よ奮起せよ（記者読本'97）：新聞研究　通号548　〔1997.3〕 p21～23
片岡正巳	朝日新聞の戦後責任――（第7回）「プラウダ日本版」の本領発揮：正論　通号295　〔1997.3〕 p220～230
総合ジャーナリズム研究編集部	ペルー公邸人質事件とジャーナリズム－－全記録・事件と「問題報道」の波紋（2）：総合ジャーナリズム研究所　34（02）〔1997.4〕 p3～18
蟹瀬誠一	看板倒れのメディアの危うさ－－"突撃"取材で危険にさらされたのは人質の生命ではない（ペルー公邸人質事件とジャーナリズム）：総合ジャーナリズム研究　34（02）〔1997.4〕 p26～31
青木彰	戦後新聞ジャーナリズム私論－22－米政府極秘文書を発掘する：総合ジャーナリズム研究　34（02）〔1997.4〕 p58～67
総合ジャーナリズム研究編集部	特集/ザ・シビック・ジャーナリズム：総合ジャーナリズム研究所　34（02）〔1997.4〕 p44～49
三森八重子	米・現地取材レポート 試行錯誤のメディアとCJ（特集/ザ・シビック・ジャーナリズム）：総合ジャーナリズム研究　34（02）〔1997.4〕 p10～18
竹下弘一	マルチメディア時代への橋頭保――忘れてならない「大衆」と「ニーズ」（特集 離陸するか, データ放送）：月刊民放　27（4）〔1997.4〕 p4～7
片岡正巳	朝日新聞の戦後責任――第8回ひた走った親ソ路線とその結末：正論　通号296　〔1997.4〕 p230～240
田上節朗	マルチメディア 車を変えるコンピュータ：新・調査情報passingtime　2期（51）通号416　〔1997.5〕 p43～43
茶本繁正	メディア・レポート＜62＞「忠君愛国」の昔が思い起こされる個人崇拝と独裁の"共和国"：放送レポート　146号　〔1997.5〕 p67～70
松田浩	問題を直視し, 克服を ジャーナリズムとタブー：新聞通信調査会報　通号414　〔1997.5〕 p14～16
原田浩司	ジャーナリストは最後の保証人――ペルー日本大使公邸人質事件に関する一考：新聞研究　通号550　〔1997.5〕

	p67〜71
戸部恒夫	データベース検索の落とし穴（サイバージャーナリズム）：新聞研究　通号550　〔1997.5〕 p60〜62
片岡正巳	朝日新聞の戦後責任（第9回）中国にとって愛い新聞の偏向報道：正論　通号297　〔1997.5〕 p220〜230
中川健一	メディアを人権からよむ——子どもの買春の根絶を：ヒューマンライツ　通号110　〔1997.5〕 p72〜73
片岡正巳	朝日新聞の戦後責任 第10回 対中国スタンスの忌まわしい道程：正論　通号298　〔1997.6〕 p234〜244
岡山茂, 荻野文隆	日本語メディアの異常な欠落：世界　通号636　〔1997.6〕 p206〜211
田上節朗	マルチメディア デジタルへの幻想：新・調査情報passingtime　2期(51)通号417　〔1997.7〕 p45〜45
前川英樹	メディア デジタル社会のはらむ諸問題：新・調査情報passingtime　2期(51)通号417　〔1997.7〕 p78〜79
家永三郎	創刊30周年記念 特集〈マスコミ・平和・人権〉愛媛・靖国神社玉串料大法廷判決：マスコミ市民　通号343　〔1997.7〕 p6〜7
原寿雄	創刊30周年記念 特集〈マスコミ・平和・人権〉一色に染まるマスコミの危険性：マスコミ市民　通号343　〔1997.7〕 p12〜13
斎藤文男	創刊30周年記念 特集〈マスコミ・平和・人権〉「孤」から「個」へ：マスコミ市民　通号343　〔1997.7〕 p2〜4
小出昭一郎	創刊30周年記念 特集〈マスコミ・平和・人権〉次にコケるのはマス・メディアか：マスコミ市民　通号343　〔1997.7〕 p7〜9
國弘正雄	創刊30周年記念 特集〈マスコミ・平和・人権〉白日のもとにさらされた仮面：マスコミ市民　通号343　〔1997.7〕 p4〜6
赤阪徳浩	報道 わたしのめがねは：新・調査情報passingtime　2期(51)通号417　〔1997.7〕 p38〜38
下田博次	メディアとしてのバーチャル・モールの発展について——新しい対話メディアの可能性の検討：群馬大学社会情報学部研究論集　4　〔1997.7〕 p41〜54
小林修一	現代のメディア状況と〈神話作用〉：群馬大学社会情報学部研究論集　4　〔1997.7〕 p1〜19
河本弘	私の新聞批評・国家観欠如の日本：自由　39(7)　〔1997.7〕 p144〜151
副島隆彦	鼎談『日本「言論人」地図』に対する反論：自由　39(7)　〔1997.7〕 p24〜33
塩倉裕	この社会を変えられなくとも——「人と生きたい, 引きこもる若者たち」を連載して（心をどう報じるか）：新聞研究　通号552　〔1997.7〕 p43〜46
橋本直	ストレス, 不満, 悲観強める新聞記者——ASNE「90年代の新聞ジャーナリスト」調査から：新聞研究　通号552　〔1997.7〕 p61〜64
生井久美子, 滝野隆浩, 福士千恵子	《座談会》命への共感ある報道を——現代における心の風景とジャーナリズム（心をどう報じるか）：新聞研究　通号552　〔1997.7〕 p10〜25
西山明	生きる意味を探す人々と出会って（心をどう報じるか）：新聞研究　通号552　〔1997.7〕 p30〜34
芹沢俊介	「生き難さ」への支持と共感惜しまずに（心をどう報じるか）：新聞研究　通号552　〔1997.7〕 p47〜50
片岡正巳	朝日新聞の戦後責任 第11回 "凍土の独裁国"への熱い眼差し：正論　通号299　〔1997.7〕 p242〜254
増田れい子	創刊30周年記念 特集〈マスコミ・平和・人権〉記念講演 花・風にひらく——歴史をひらくのは私たち：マスコミ市民　通号344　〔1997.8〕 p2〜11
福原桂太郎	創刊30周年記念 特集〈マスコミ・平和・人権〉時代をどう見るか：マスコミ市民　通号344　〔1997.8〕 p25〜26
片岡正巳	朝日新聞の戦後責任——第12回——教科書問題で露骨に見せた正体：正論　通号300　〔1997.8〕 p246〜256
江原直人	ジャストナウ——マスコミ報道と防犯：Keisatsu jiho　52(8)　〔1997.8〕 p12〜15
片岡正巳	朝日新聞の戦後責任——第13回 国柄を否定する執拗な反日主義：正論　通号301　〔1997.9〕 p236〜246
橋田光雄	「何か」が見えない）ままに（特集 煽情的ジャーナリズム考）：総合ジャーナリズム研究　34(04)　〔1997.10〕 p14〜19
総合ジャーナリズム研究所	特集 煽情的ジャーナリズム考：総合ジャーナリズム研究　34(04)　〔1997.10〕 p20〜26, 32〜45
赤塚行雄	「脳脊髄神経型犯罪」と社会とマスコミ（特集 煽情的ジャーナリズム考）：総合ジャーナリズム研究　34(04)　〔1997.10〕 p8〜13
宮武久佳	分かっていること分からないこと——電子メディア時代におけるジャーナリズムの展望：新聞研究　通号555　〔1997.10〕 p62〜65
一力雅彦	連載企画・キャンペーン「オリザの環（わ）」（河北）——グローバルな発想, ローカルな取り組み（平成9年度新聞協会賞）：新聞研究　通号555　〔1997.10〕 p19〜22
片岡正巳	朝日新聞の戦後責任（第14回）国会の謝罪決議に血道をあげる：正論　通号302　〔1997.10〕 p268〜280
茶本繁正	メディア・レポート<65> 最高裁判決ではっきりした霊感商法の違法性と統一協会の責任：放送レポート　149号　〔1997.11〕 p40〜43
小谷直道	改善積み重ねるしかない——読売調査でも明らかになった信頼度低下（信頼度調査を読んで）：新聞研究　通号556　〔1997.11〕 p40〜42
片岡正巳	朝日新聞の戦後責任（第15回）グロテスクな "従軍慰安婦" 報道：正論　通号303　〔1997.11〕 p246〜257
グラハム, キャサリン	現代マスメディアの問題：LA international　34(14)　〔1997.11〕 p21〜23
田中伯知	マスコミ理論からみた受け手：社会科学討究　43(2)　〔1997.12〕 p573〜586
中野収	まずはメディアとしての位置づけから（再考「新聞文章」）：新聞研究　通号557　〔1997.12〕 p34〜36
松本一弥	意識を調律して, あくまでリアルに——「『語り部』の向こう側」の連載から（再考「新聞文章」）：新聞研究　通号557　〔1997.12〕 p25〜27
関浩三	人間社会のあるべき姿を抽出——いま, 心に届く見出しとは（再考「新聞文章」）：新聞研究　通号557　〔1997.12〕 p31〜33
鈴木健二	日本のナショナリズムとジャーナリズム——森恭三の「国家論」を再考する：新聞研究　通号557　〔1997.12〕 p49〜52
片岡正巳	朝日新聞の戦後責任：正論　通号304　〔1997.12〕 p232〜244
林利隆	思想としてのジャーナリズム——その原理的課題についての控えめな覚え書（特集・デジタル時代の放送〜デジタル時代における放送の再構築〜）：放送学研究　通号48　〔1998〕 p201〜225
速川和男, 大河原宣明	山本有三のジャーナリズム文学について——吉屋信子にも触れて：立正大学地域研究センター年報　通号22　〔1998〕 p91〜101

稲葉三千男	ジャーナリズムは本気か（地方分権とジャーナリズム）：総合ジャーナリズム研究　35（01）〔1998.1〕　p8～11
茶本繁正	メディア・レポート<66> のほほんとしたメディアがぼかす改憲・有事・教科書をめぐる日本の争点：放送レポート　150号　〔1998.1〕　p44～47
吉弘香苗	私のジャーナリズム論 ジャーナリストの規制緩和を：出版ニュース　通号1789　〔1998.1〕　p15～18
青木彰	戦後新聞ジャーナリズム私論－25－私の思念，二つの疑問：総合ジャーナリズム研究　35（02）〔1998.1〕　p56～67
菅直人	菅直人（衆議院議員・民主党代表）「大本営発表」報道はやめてくれ！：ぎゃらく　通号342　〔1998.1〕　p4～6
武市英雄	「なぜ伝えるか」真剣に答えることから──新しい新聞学への脱皮（新聞と新聞学の再生）：新聞研究　通号558　〔1998.1〕　p40～43
浜田純一	ジャーナリズムをめぐる<空気>の変容と新聞学（新聞と新聞学の再生）：新聞研究　通号558　〔1998.1〕　p15～19
花田達朗	新聞を「学」することの困難と希望（新聞と新聞学の再生）：新聞研究　通号558　〔1998.1〕　p36～39
柴山哲也	世界に通ずるモデル確立のために──日本型メディア・システム再構築の課題（新聞と新聞学の再生）：新聞研究　通号558　〔1998.1〕　p44～47
木村義延	マスコミ現場 ご都合主義：マスコミ市民　通号349　〔1998.1〕　p72～73
富田英典	若い世代とメディア環境（特集 ディジタル化時代におけるメディア環境）：マス・コミュニケーション研究　通号52　〔1998.1〕　p49～66
谷沢永一	本好き人好き 101 新聞記者と文学者『現代名士出世物語と立身之捷径』中村吉蔵河野義博『近代演劇史論』：國文學：解釈と教材の研究　43（2）〔1998.2〕　p160～163
斎藤茂男	新しい弱肉強食社会に警告を──競争から共生へ（不安の時代，新聞は）：新聞研究　通号559　〔1998.2〕　p42～44
山口義行	「人間主役」意識した報道姿勢こそ（不安の時代，新聞は）：新聞研究　通号559　〔1998.2〕　p39～41
吉野理佳	生きる意味考える手掛かりになれば──「会社が消える」を担当して（不安の時代，新聞は）：新聞研究　通号559　〔1998.2〕　p35～38
木村義延	マスコミ現場 根深い腐敗：マスコミ市民　通号350　〔1998.2〕　p34～35
田上節朗	マルチメディア プッシュサービスの可能性：新・調査情報passingtime　2期（51）通号421　〔1998.3〕　p51～51
福田柾人	現場へ，そして一歩前へ──失敗恐れぬアグレッシブな姿勢で（記者読本'98―記者となる君に）：新聞研究　通号560　〔1998.3〕　p18～21
及川正也,広瀬英治,筒井厚至	先輩記者から（記者読本'98）：新聞研究　通号560　〔1998.3〕　p36～53
木戸湊	粘る，察する，機転を利かす──私の二つの体験から（記者読本'98―記者となる君に）：新聞研究　通号560　〔1998.3〕　p10～13
菊池哲郎	判断力を磨くこと，しかし…──何がニュースか，考え続ける（記者読本'98―記者となる君に）：新聞研究　通号560　〔1998.3〕　p22～24
青木彰	戦後新聞ジャーナリズム私論－26－辞表は受け取っていただきます：総合ジャーナリズム研究　35（03）〔1998.4〕　p26～36
佐藤純	「追随」脱し，新たな取材法探る必要（もう一つの「政治」―情報公開をめぐって）：新聞研究　通号561　〔1998.4〕　p28～30
茶本繁正	メディア・レポート<68> いじめから殺傷・強盗へと暴走する少年たちにのしかかる "重圧" とは何か：放送レポート　152号　〔1998.5〕　p54～57
雨森勇	配られてこその「新聞」に求められる透明性──「近未来の新聞像研究会」報告書をまとめて：新聞研究　通号562　〔1998.5〕　p69～72
赤尾光史	ジャーナリズム論の批判的検証に向けて：新聞研究　通号563　〔1998.6〕　p50～53
青木彰	戦後新聞ジャーナリズム私論－27－心に決めた後半生の課題：総合ジャーナリズム研究　35（04）〔1998.7〕　p64～73
小池正春	特集 多チャンネル時代のソフト戦略 揺籃期の現状：新・調査情報passingtime　2期（49）通号423　〔1998.7〕　p10～29
宮島喬	自己中心、矮小な見方排せ──新聞報道に期待すること（欧州統合を見据えて）：新聞研究　通号564　〔1998.7〕　p47～49
清水健太郎	前線記者 「清水王国」の独裁者──東大阪市長疑惑を取材して：新聞研究　通号564　〔1998.7〕　p78～79
西岡力	慰安婦「国家賠償」判決を支える大新聞の罪 これは新しい戦争の典型例だ！：正論　通号311　〔1998.7〕　p44～53
本田靖春	私の同時代ノート ジャーナリズムの本分を忘れた中日新聞：現代　32（8）〔1998.8〕　p106～109
茶本繁正	メディア・レポート<70> 「最悪の失業率」で見えてきたなんでもありの "使い捨て" 政策の非情：放送レポート　154号　〔1998.9〕　p54～57
田上節朗	人 マルチメディアで会社を辞めること：新・調査情報passingtime　2期（51）通号424　〔1998.9〕　p70～71
金平茂紀	報道 クリントンはキャスターである：新・調査情報passingtime　2期（51）通号424　〔1998.9〕　p47～47
平田周	キーワードを疑う──危機管理 リスク・マネジメントに役立つ情報を：新聞研究　通号566　〔1998.9〕　p50～52
桜井哲夫	キーワードを疑う──自己責任 為政者が使う言葉の背景探れ：新聞研究　通号566　〔1998.9〕　p47～49
青木彰	戦後新聞ジャーナリズム私論－24－ "私の産経" の解体作業：総合ジャーナリズム研究　35（01）〔1998.10〕　p36～46
水島朝穂	キーワードを疑う──リーダーシップ──信頼は専制の親である：新聞研究　通号568　〔1998.11〕　p64～67
Ryan, Buck	マエストロ・コンセプト──新聞づくりの新しいアプローチ（わかりやすさとは何か）：新聞研究　通号568　〔1998.11〕　p40～45
本多勝一	創刊5周年特別企画 本多勝一編集のページ──報道加害天国・日本──マスコミにこそPL法を：金曜日　6（46）通号250　〔1998.11〕　p9～21
茶本繁正	メディア・レポート<71> テポドン発射で急浮上した戦域ミサイル防衛構想十数兆円の冷水：放送レポート　155号　〔1998.12〕　p47～50
本郷美則	『朝日新聞』の「危機」とは何か：諸君！　日本を元気にするオピニオン雑誌　30（12）〔1998.12〕　p74～86
野間裕子	より良い死の前のより良い老い──死生観を情報として読者に提供（「生と死」のジャーナリズム）：新聞研究　通号569　〔1998.12〕　p14～17
上田紀行	キーワードを疑う「癒し」──お手軽な情報提供は無意味：新聞研究　通号569　〔1998.12〕　p69～71
青木隆直	新しい日韓関係の可能性を学ぶ──東亜日報との合同企画「祖国へ！」を連載して：新聞研究　通号569　〔1998.

	〔12〕 p53〜56
渡辺節子	「生と死」の重さにどう向き合うか——「死を取り戻す時代」の記者として（「生と死」のジャーナリズム）：新聞研究　通号569　〔1998.12〕 p18〜21
江原直人	ジャストナウ 報道のあり方を考えながら：Keisatsu jiho　53（12）〔1998.12〕 p12〜15
松田三郎	現代ジャーナリズムの苦悩（2）：北陸大学紀要　通号23　〔1999〕 p109〜123
関千枝子	あまりにも不十分なメディアの報道（Feature「法」とジャーナリズム）：総合ジャーナリズム研究　36（04）（通号170）〔1999.1〕 p20〜24
木村卓而	［視角］ジャーナリズム研究の中枢：総合ジャーナリズム研究　36（04）（通号170）〔1999.1〕 p38〜41
清武英利	こだわること、現場に聞くこと（「現場」の風景）：新聞研究　通号570　〔1999.1〕 p18〜21
坂本竜彦	キーワードを疑う（歴史認識）体に刻み込まれた歴史——江沢民発言を「かけ引き」と見る甘さ：新聞研究　通号570　〔1999.1〕 p56〜59
斉藤修	記者の意識を「守り」から「攻め」に——「ザ・現場」をスタートさせて（「現場」の風景）：新聞研究　通号570　〔1999.1〕 p14〜17
清水克雄	文明の転換期に——新聞のある未来、ない未来（世紀末、千年紀末の新聞）：新聞研究　通号570　〔1999.1〕 p30〜33
大林三郎	忙中日誌：新聞研究　通号570　〔1999.1〜2003.5〕 p38〜41
明神駆	ナショナリズムとメディア（2）「福地問題」——ナショナリズムの陣地戦：マスコミ市民　通号361　〔1999.1〕 p58〜65
大石裕	アジェンダ（議題）設定メディアとしての新聞：新聞研究　通号571　〔1999.2〕 p37〜41
井上宏	新聞は正確でまじめならいい、の？（「遊び心」と新聞）：新聞研究　通号571　〔1999.2〕 p10〜14
栗生将信	「遊」と「旅」の緊密な関係——旅取材の経験から（「遊び心」と新聞）：新聞研究　通号571　〔1999.2〕 p27〜30
隈元信一	遊び心と新聞のつれない関係——芸能ニュースの現場から（「遊び心」と新聞）：新聞研究　通号571　〔1999.2〕 p23〜26
斎田一路、立花宗鑑	転換期を迎えたジャーナリズム——（共同通信社社長）斎田一路君：三田評論　通号1010　〔1999.2〕 p64〜69
茶本繁正	メディア・レポート〈73〉あふれる情報にかりたてられて暴走する若者たちの淋しい淋しい心：放送レポート　157号　〔1999.3〕 p57〜60
田中克彦	意識の底までもぐり込む新聞のことば（記者読本'99）：新聞研究　通号572　〔1999.3〕 p34〜37
吉原功	社会の精髄を形あるものとして示す——新聞とはどのようなメディアか（記者読本'99）：新聞研究　通号572　〔1999.3〕 p38〜41
内山節	「真理」が価値を失った時代に——哲学とジャーナリズムの間（記者読本'99）：新聞研究　通号572　〔1999.3〕 p30〜33
井上実于	世の人の関心のありどころ常に探って（記者読本'99）：新聞研究　通号572　〔1999.3〕 p18〜21
渡辺武達	現代メディア研究の課題——同志社大学大学院文学研究科博士課程後期開設記念シンポジウムの記録：評論・社会科学　通号59　〔1999.3〕 p55〜90
林福松	朝日新聞の読み方：建設オピニオン　6（4）通号61　〔1999.4〕 p70〜72
原寿雄	当事者にならぬ原則保て——警察への腕章貸与、捜査本部への「ねぎらい」問題から：新聞研究　通号573　〔1999.4〕 p55〜58
大林三郎	忙中日誌（'99年2月9日〜3月4日）：新聞研究　通号573　〔1999.4〕 p82〜85
茶本繁正	メディア・レポート〈74〉日の丸・君が代 "法制化"で突撃迫るもうひとつの戦場：放送レポート　158号　〔1999.5〕 p48〜51
谷沢永一	本好き人好き（116）記者生活硬派軟派 湯朝観明「記者生活硬派軟派」桑野桃華「女優論」：國文學：解釈と教材の研究　44（6）通号641　〔1999.5〕 p160〜163
大林三郎	忙中日誌（'99年3月5日〜4月11日）：新聞研究　通号574　〔1999.5〕 p56〜59
谷沢永一	本好き人好き（117）新聞記者の表裏：國文學：解釈と教材の研究　44（7）通号642　〔1999.6〕 p158〜161
神田俊英	マスコミの焦点/葵クラブの歴史に幕——検討の経緯・今後の課題：新聞研究　通号575　〔1999.6〕 p82〜84
大林三郎	忙中日誌（'99年4月12日〜5月8日）：新聞研究　通号575　〔1999.6〕 p46〜49
馬淵直城	カンボジア問題の現状とマスコミ：マスコミ市民　通号366　〔1999.6〕 p41〜47
川本和弘	マスコミの不可思議な姿勢（《特集》どうする新たな戦前）：マスコミ市民　通号366　〔1999.6〕 p34〜36
茶本繁正	メディア・レポート〈75〉屁理屈と数の力で国会を突破した参戦法の次は改憲か：放送レポート　159号　〔1999.7〕 p32〜35
鎌田慧、原寿雄、辛淑玉、青木貞伸、柳川喜郎	メディア総研設立5周年記念シンポジウム「市民とメディア」：放送レポート　159号　〔1999.7〕 p2〜19
岩見隆夫、元木昌彦	元木昌彦のメディアを考える旅（16）客観主義から主観主義へ 新聞に迫られる報道姿勢の変革：エルネオス　5（7）通号56　〔1999.7〕 p110〜113
菊住昌一	流行・メディア・だんごの3兄弟——マスコミ社会論的一考察：公評　36（6）〔1999.7〕 p102〜109
阿部潔	55年体制の呪縛と「批判」の貧困——矛盾を生きる想像力を持つには（批判媒体としての新聞）：新聞研究　通号576　〔1999.7〕 p28〜31
水越伸	キーワードを疑う リテラシー——政治性と可能性見据えて：新聞研究　通号576　〔1999.7〕 p78〜81
関曠野	社会の学習プロセスを代表する使命——国家と社会をいかに媒介するか（批判媒体としての新聞）：新聞研究　通号576　〔1999.7〕 p20〜23
大林三郎	忙中日誌（'99年5月9日〜6月6日）：新聞研究　通号576　〔1999.7〕 p74〜77
岸井成格	「歴史の痛み」かみしめ慎重な論議を——転換点で方向感覚を失わないために（批判媒体としての新聞）：新聞研究　通号576　〔1999.7〕 p13〜16
富永信哉	「ニッポンをほめよう」に協賛した新聞の責任を問う：マスコミ市民　通号367　〔1999.7〕 p26〜32
古関彰一、佐藤一、前坂俊之	座談会 21世紀の新しいジャーナリズムをめざして——戦後ジャーナリズムの検証：マスコミ市民　通号367　〔1999.7〕 p12〜25
鶴木眞	マスメディアの国際環境監視機能と報道枠組み——ジャーナリズムの行方（特集 転換期のマス・メディア）：マス・コミュニケーション研究　通号55　〔1999.7〕 p94〜109

赤尾光史	今世紀、新聞はどのようなメディアであったか——「社会的責任意識」を手掛かりとして（特集 転換期のマス・メディア）：マス・コミュニケーション研究　通号55　〔1999.7〕　p68〜78
白水繁彦	在日外国人のメディアとその周辺：三田評論　通号1015　〔1999.7〕　p24〜29
大林三郎	忙中日誌（'99年6月7日〜7月7日）：新聞研究　通号577　〔1999.8〕　p78〜81
茶本繁正	メディア・レポート<76> 違憲のおそれもある盗聴法案に新聞協会会長のこの発言はなぜだ！：放送レポート　160号　〔1999.9〕　p12〜15
保坂渉	ルポルタージュとは何か 現代社会の実相を読者に伝える手法——試される記者一人ひとりの感性：新聞研究　通号578　〔1999.9〕　p39〜42
大林三郎	忙中日誌（'99年7月8日〜8月9日）：新聞研究　通号578　〔1999.9〕　p73〜76
月尾嘉男, 浜野保樹, 武邑光裕	東京大学大学院新領域創成科学研究科「メディア環境学」開講 "学融合" による知のフロンティア開拓に挑戦：New media　17（9）通号192　〔1999.9〕　p79〜82
青木彰	ジャーナリズム私論（第28回・完）戦後ジャーナリズムの "後遺症"：総合ジャーナリズム研究　36（01）（通号167）〔1999.10〕　p27〜36
大林三郎	忙中日誌（'99年8月10日〜9月8日）：新聞研究　通号579　〔1999.10〕　p81〜84
菊地竹史	市民のひろば 監督官庁・政治の責任を追及しないマスコミ（緊急特集 東海ウラン臨界事故）：マスコミ市民　通号370　〔1999.10〕　p10〜11
茶本繁正	メディア・レポート<77> のぞき、痴漢、バクチ、目を覆うメディアのモラルハザードはなぜだ：放送レポート　161号　〔1999.11〕　p17〜20
千野境子	たたけよ、さらば開かれん——過去から現在、未来を読む：新聞研究　通号580　〔1999.11〕　p47〜50
大林三郎	忙中日誌（'99年9月9日〜10月9日）：新聞研究　通号580　〔1999.11〕　p78〜81
Kapuscinski, Ryszard, 姜弘美	メディアは現実を映し出しているか——新しい検閲・巧妙な操作：世界　通号667　〔1999.11〕　p159〜165
大林三郎	忙中日誌（'99年10月12日〜11月7日）：新聞研究　通号581　〔1999.12〕　p79〜82
江原直人	ジャストナウ マスコミ報道への注目：Keisatsu jiho　54（12）〔1999.12〕　p12〜15
萩原滋	テレビと新聞が伝えるニュースの重複と分化：マス・コミュニケーション研究　通号57　〔2000〕　p95〜108
西正	渇望される日本版シンジケーション：放送界　45通号153　〔2000.秋季〕　p103〜106
茶本繁正	メディア・レポート<78> つくられたベストセラー『国民の歴史』と肩入れする産経新聞社の役割：放送レポート　162号　〔2000.1〕　p24〜27
芹沢俊介	［凝視］「死生観」が大きく違うと…：総合ジャーナリズム研究　37（01）（通号171）〔2000.1〕　p32〜33
溝上瑛	事実認識の基本を欠く報道の横行：総合ジャーナリズム研究　37（01）（通号171）〔2000.1〕　p7〜10
テリー伊藤, 元木昌彦	元木昌彦のメディアを考える旅（22）テリー伊藤（演出家）「政治が一面」の発想の新聞なんてそのうちだれも読まなくなる：エルネオス　6（1）通号62　〔2000.1〕　p110〜113
渡辺恒雄	新聞の公共性と新聞倫理（特集 20世紀の終焉——ジャーナリズムの何が課題か）：新聞研究　通号582　〔2000.1〕　p10〜13
大林三郎	忙中日誌（'99年11月8日〜12月5日）：新聞研究　通号582　〔2000.1〕　p118〜121
浅井基文	世界の中で日本・マスコミ・私たちの責任と役割（特集 21世紀に向けて）：マスコミ市民　通号373　〔2000.1〕　p2〜15
張寧	ニュース報道におけるメディア間の共振性の検証：マス・コミュニケーション研究　通号56　〔2000.1〕　p130〜144
石田あゆう	〈土に還る〉文明批評家、室伏高信のメディア論：マス・コミュニケーション研究　通号56　〔2000.1〕　p78〜94
木村卓爾	新聞は自分を語れるか（上）メディア欄の検証を通して：朝日総研リポート　通号142　〔2000.2〕　p119〜134
松田浩	今日のジャーナリズムの現状：月刊保団連　通号642　〔2000.2〕　p40〜43
大林三郎	忙中日誌（1999年12月6日〜2000年1月5日）：新聞研究　通号583　〔2000.2〕　p82〜85
小和田次郎	メディア日記（2000年1月）：マスコミ市民　通号374　〔2000.2〕　p2〜14
又木毅正	管轄権の域外適用とその対応—取材による事例分析を基に：慶応義塾大学大学院法学研究科論文集　通号40　〔2000.3〕　p21〜38
藤田博司	研究ノート ジャーナリズムとNPO——改革運動の背景に見る日米の落差：コミュニケーション研究　通号30　〔2000.3〕　p73〜90
寺田理恵	メディア取材/「メディア」という切り口で見る（特集 記者読本2000—先輩記者から）：新聞研究　通号584　〔2000.3〕　p42〜44
玉木明, 朝比奈豊, 鈴木規雄	座談会 ジャーナリズムの何が課題か（特集 記者読本2000）：新聞研究　通号584　〔2000.3〕　p46〜62
島田昌幸	私たちの居るべき位置はどこなのか——志は高く、視線は低く（特集 記者読本2000）：新聞研究　通号584　〔2000.3〕　p10〜13
大井誠	電子メディア/ニュースは24時間途切れない（特集 記者読本2000—先輩記者から）：新聞研究　通号584　〔2000.3〕　p39〜41
大林三郎	忙中日記（2000年1月6日〜2月6日）：新聞研究　通号584　〔2000.3〕　p86〜89
小和田次郎	メディア日記 2000年2月：マスコミ市民　通号375　〔2000.3〕　p20〜31
中村宗悦, 田中秀臣	雑誌『サラリーマン』と『時局新聞』におけるジャーナリズム批判（特集＝メディアの周辺、周辺のメディア）：メディア史研究　通号9　〔2000.3〕　p1〜23
本田靖春	「我、拗（す）ね者として生涯を閉ず」——体験的ジャーナリズム論（1）社会部記者が持つべき「骨」：現代　34（4）〔2000.4〕　p138〜151
樋野健	加盟社共通の素材をどう提供できるか——読者ニーズ、普遍的テーマを考慮しながら（特集 震災・メディアの5年間）：新聞研究　通号585　〔2000.4〕　p18〜21
大林三郎	忙中日記（2000年2月7日〜3月5日）：新聞研究　通号585　〔2000.4〕　p64〜67
小和田次郎	メディア日記（2000年3月）：マスコミ市民　通号376　〔2000.4〕　p36〜49
大前研一	コンビニの「ネット・ビジネス」進出を大ニュース扱いする日本の新聞の不見識：Sapio　12（6）通号247　〔2000.4〕　p75〜77
大林三郎	忙中日記（2000年3月6日〜4月5日）：新聞研究　通号586　〔2000.5〕　p74〜77

坪内圭	マスコミウォッチング（2000年4月）：マスコミ市民　通号377　〔2000.5〕　p52〜67
大林三郎	忙中日誌（2000年4月6日〜5月10日）：新聞研究　通号587　〔2000.6〕　p67〜70
坪内圭	マスコミウォッチング（2000年5月）：マスコミ市民　通号378　〔2000.6〕　p42〜57
石丸次郎	民衆が浮き彫りにするアジア　連載開始にあたって——独立ジャーナリストは発信する：マスコミ市民　通号378　〔2000.6〕　p60〜65
高橋恒美	CURRENT　「にわか」とマスコミ報道－－庶民の目線はとり戻せるか：総合ジャーナリズム研究　37（03）（通号173）〔2000.7〕　p25〜29
伊勢暁史	敗れたり！　朝日新聞　建設省との『河口堰』ネット論争に終止符（1）：建設オピニオン　7（7）通号76　〔2000.7〕　p52〜55
玉木研二	記事に力を持たせて初めて意味を持つ「署名」（特集　ことばはいま、力を持っているか）：新聞研究　通号588　〔2000.7〕　p22〜25
花岡信昭	「主張」は読者に届いているか（特集　ことばはいま、力を持っているか）：新聞研究　通号588　〔2000.7〕　p26〜29
大林三郎	忙中日誌（2000年5月11日〜6月11日）：新聞研究　通号588　〔2000.7〕　p67〜70
門奈直樹	ジャーナリズムの歴史責任と未来責任——近代日本100年の「戦争」と「平和」の言論から：マスコミ市民　通号379　〔2000.7〕　p26〜39
坪内圭	マスコミ・ウォッチング（2000年6月）：マスコミ市民　通号379　〔2000.7〕　p7〜23
伊藤千尋, 本多勝一	対談　貧困なる精神（122）日本に真のジャーナリズムを創るために（上）：金曜日　8（27）通号331　〔2000.7〕　p44〜47
伊藤千尋, 本多勝一	対談　貧困なる精神（123）日本に真のジャーナリズムを創るために（下）：金曜日　8（28）通号332　〔2000.7〕　p50〜53
元木昌彦	元木昌彦のメディアを考える旅（29）メディアにいる人たちこそが日本人の生き方にビジョンの提示を：エルネオス　6（8）通号69　〔2000.8〕　p94〜97
伊勢暁史	敗れたり！　朝日新聞　建設省との『河口堰』ネット論争に終止符：建設オピニオン　7（8）通号77　〔2000.8〕　p62〜66
湯地英里	第一面30年の変化を分析する——朝日、毎日、読売3紙を例にして：新聞研究　（589）〔2000.8〕　p71〜74
大林三郎	忙中日誌（2000年6月12日〜7月9日）：新聞研究　（589）〔2000.8〕　p75〜78
坪内圭	マスコミウォッチング（2000年7月）：マスコミ市民　通号380　〔2000.8〕　p30〜43
伊勢暁史	敗れたり！　朝日新聞　建設省との『河口堰』ネット論争に終止符（3完）巨大メディア・朝日新聞の体質を問う：建設オピニオン　7（9）通号78　〔2000.9〕　p30〜33
坪内圭	マスコミ・ウォッチング（2000年8月）：マスコミ市民　通号381　〔2000.9〕　p32〜43
大林三郎	忙中日誌（2000年8月11日〜9月7日）：新聞研究　（591）〔2000.10〕　p73〜76
坪内圭	マスコミ・ウォッチング——2000年10月：マスコミ市民　通号382　〔2000.10〕　p54〜65
後藤嘉宏	中井正一の映画理論の理解のために——基礎射影とコブラ両概念に着目して（特集　メディア史のなかの映画）：メディア史研究　10　〔2000.10〕　p55〜75
小野善邦	海外への情報発信システムの構築を：月刊民放　30（11）通号353　〔2000.11〕　p32〜35
大林三郎	忙中日誌（2000年9月8日〜10月7日）：新聞研究　（592）〔2000.11〕　p93〜96
坪内圭	マスコミ・ウォッチング（2000年10月）：マスコミ市民　通号383　〔2000.11・12〕　p74〜85
大林三郎	忙中日誌（2000年10月8日〜11月7日）：新聞研究　（593）〔2000.12〕　p61〜64
松田三郎	現代ジャーナリズムの苦悩（3）：北陸大学紀要　（25）〔2001〕　p107〜122
茶本繁正	メディア・レポート<84> 詭弁を弄して“厳罰化”を急ぐ少年法改正の次はメディア監視法：放送レポート　168号　〔2001.1〕　p44〜47
川名紀美	しみついた木鐸意識を捨てて——市民にもっと寄り添い、新しい動きを受けとめること（特集　メディア・社会・人びと）：新聞研究　（594）〔2001.1〕　p15〜18
白水繁彦	エスニック・メディアに注目する理由——多文化社会論の視点から（特集　メディア・社会・人びと）：新聞研究　（594）〔2001.1〕　p37〜41
吉田信行	新聞には賢い競者がついている——IT革命・グローバリゼーションと新聞の進む道（特集　メディア・社会・人びと）：新聞研究　（594）〔2001.1〕　p19〜22
大林三郎	忙中日誌（2000年11月8日〜12月4日）：新聞研究　（594）〔2001.1〕　p73〜76
坪内圭	マスコミ・ウォッチング（2000年11月）：マスコミ市民　通号384　〔2001.1〕　p50〜63
岩井奉信	求められる自律性と専門性——行政報道の現在と課題（特集　行政の「変革」と新聞の立場）：新聞研究　（595）〔2001.2〕　p23〜26
大林三郎	忙中日誌（2000年12月5日〜2001年1月11日）：新聞研究　（595）〔2001.2〕　p67〜70
渡辺雅春	歴史のわい曲を暴く公益性が優先される——旧石器発掘ねつ造事件の取材・報道にあたって：新聞研究　（595）〔2001.2〕　p54〜57
坪内圭	マスコミ・ウォッチング（2000年12月）：マスコミ市民　通号385　〔2001.2〕　p40〜52
滝田健二	ニュースの新しい価値基準とは——単なる情報サービス業にはない視点、視座を（特集　記者読本2001—記者となる君たちへ）：新聞研究　（596）〔2001.3〕　p39〜41
大林三郎	忙中日誌（2001年1月12日〜2月12日）：新聞研究　（596）〔2001.3〕　p79〜82
竹下俊郎	ニュース報道における共振性に関する研究：明治大学社会科学研究所紀要　39（2）通号54　〔2001.3〕　p151〜160
元木昌彦, 野田正彰	元木昌彦のメディアを考える旅（37）野田正彰（京都女子大学教授）鋭く追及しないマスメディアが閉塞社会の補完物になっている：エルネオス　7（4）通号77　〔2001.4〕　p94〜97
大林三郎	忙中日誌（2001年2月13日〜3月11日）：新聞研究　（597）〔2001.4〕　p75〜78
坪内圭	マスコミウォッチング（2001.2）：マスコミ市民　通号387　〔2001.4〕　p66〜77
前沢猛	演説館　新聞の病理——見失った独立性：三田評論　（1034）〔2001.4〕　p58〜61
茶本繁正	メディア・レポート<86> この重苦しい“先ゆき不安”にのしかかる“シンキロー内閣”の憂鬱：放送レポート　170号　〔2001.5〕　p33〜36
桂敬一	誰のためのメディアか　人権擁護のたたかいとジャーナリズムの営みをたしかなものにするために：放送レポート　170号　〔2001.5〕　p22〜27

菊住昌一	IT時代、新聞の情報質を問う：公評　38（4）〔2001.5〕　p74〜81
大林三郎	忙中日誌（2001年3月12日〜4月8日）：新聞研究　（598）〔2001.5〕　p93〜96
坪内圭	マスコミウォッチング 2001年3月：マスコミ市民　通号388〔2001.5〕　p34〜41
西山明	語り始めた男たちの行方——長期連載企画「日本漂流記」を終えて：新聞研究　（599）〔2001.6〕　p43〜47
佐柄木俊郎，中村啓三，藤田博司	座談会「提言報道」を考える（特集「提言報道」を考える）：新聞研究　（599）〔2001.6〕　p10〜25
大林三郎	忙中日誌（2001年4月9日〜5月6日）：新聞研究　（599）〔2001.6〕　p77〜80
永野健二	クイナは飛ばずに、あゆみ続ける——「情報」と「ジャーナリズム」のはざまで（特集 私にとってジャーナリズムとは何か）：新聞研究　（600）〔2001.7〕　p19〜21
鈴木規雄	「共感のジャーナリズム」という合言葉——市民との距離を縮め、もう一度、信頼関係を構築したい（特集 私にとってジャーナリズムとは何か）：新聞研究　（600）〔2001.7〕　p10〜12
青木暢之	現場を歩く、見る、聞く——そして一番ふさわしい説得力ある言葉で伝える（特集 私にとってジャーナリズムとは何か）：新聞研究　（600）〔2001.7〕　p28〜30
石塚嘉一	「変動」を市場の拡大、対外発信強化の源に——日本の視点で英文ジャーナリズムを追究するジャパンタイムズ（変わる英字紙）：新聞研究　（600）〔2001.7〕　p47〜49
大林三郎	忙中日誌（2001年5月7日〜6月10日）：新聞研究　（600）〔2001.7〕　p85〜88
大林三郎	忙中日誌（2001年6月11日〜7月8日）：新聞研究　（601）〔2001.8〕　p80〜83
渡邉正裕	記者の言論・良心の自由を封じる『日経』を訴える：金曜日　9（32）通号384〔2001.8〕　p55〜57
茶本繁正	メディア・レポート<88>「新しい歴史教科書をつくる会」がアジアにつくる新しい火ダネ：放送レポート　172号〔2001.9〕　p44〜47
大林三郎	忙中日誌（2001年7月9日〜8月5日）：新聞研究　（602）〔2001.9〕　p78〜81
吉田則昭	近衛新体制における朝日新聞——「経済新体制」記事からの一考察（特集＝文化装置としてのメディア）：メディア史研究　11〔2001.9〕　p77〜91
大林三郎	忙中日誌（2001年8月12日〜9月9日）：新聞研究　（603）〔2001.10〕　p79〜82
元木昌彦，梨元勝	元木昌彦のメディアを考える旅（44）梨元勝氏（芸能ジャーナリスト）芸能プロダクションの圧力にも対抗する「梨元チャンネル」構想：エルネオス　7（11）通号84〔2001.11〕　p110〜113
谷沢永一	本好き人好き（146）新聞記者腕競べ——小川定明『新聞記者腕競べ』，小山文太郎『男女学生の向ふべき職業と学校の撰定』：國文學：解釈と教材の研究　46（13）通号676〔2001.11〕　p146〜149
大林三郎	忙中日誌（2001年9月10日〜10月8日）：新聞研究　（604）〔2001.11〕　p78〜81
宇田有三	ジヤーナリズムが存在する限り（Feature 新世紀への伝言）：総合ジャーナリズム研究　38（01）（通号175）〔2001.12〕　p23〜26
ばばこういち	主体的ジヤーナリズムの復権を（Feature 新世紀への伝言）：総合ジャーナリズム研究　38（01）（通号175）〔2001.12〕　p13〜17
井上安正	「聞き取りジヤーナリズム」との決別（Feature 新世紀への伝言）：総合ジャーナリズム研究　38（01）（通号175）〔2001.12〕　p8〜12
大林三郎	忙中日誌（2001年10月9日〜11月11日）：新聞研究　（605）〔2001.12〕　p68〜71
川崎泰資	世界の潮 空洞化するジャーナリズム：世界　（695）〔2001.12〕　p26〜29
浅野健一	靖国参拝から参戦へ極右化する日本とマスメディア——1930年代の過ちを繰り返す大新聞とNHK〔含 資料〕：評論・社会科学　（67）〔2001.12〕　p65〜136
本沢二郎	外務官僚の大暴走と『朝日』の変質（特集「戦争協力法」とメディア）：マスコミ市民　通号395〔2001.12〕　p4〜10
松本逸也	過熱するマスコミ報道——"お受験殺人"にみる、思い込み報道の危険性：目白大学短期大学部研究紀要　（38）〔2001.12〕　p1〜15
武市英雄	武市教授最終講義 ニュースの変遷をたどって——私とニュースとの出合い：コミュニケーション研究　（32）〔2002〕　p5〜27
藤田結子	エスニック・メディアのニュース制作——ニューヨーク市の日系新聞を事例として：マス・コミュニケーション研究　通号61〔2002〕　p191〜206
Donsbach, Wolfgang, 牛山佳菜代, 後藤潤平	メディア・デモクラシー——メディアは政治システムをどのように変えるか（特集 2 国際シンポジウム——メディア・政治・権力）：マス・コミュニケーション研究　通号61〔2002〕　p51〜77
小林聡明	在日朝鮮人メディア研究序説——GHQ占領下における在日朝鮮人新聞の成立と変容：マス・コミュニケーション研究　通号61〔2002〕　p146〜161
山口寿一	信頼されるメディアの姿を確立するために——集団的過熱取材に関する見解をまとめて：新聞研究　（606）〔2002.1〕　p47〜49
保坂渉	新聞報道が社会病理を照射する——問題の核心部分を岩盤まで掘り下げるしかない（特集 家族から現代を問う）：新聞研究　（606）〔2002.1〕　p18〜21
大林三郎	忙中日誌（2001年11月12日〜12月9日）：新聞研究　（606）〔2002.1〕　p73〜76
佐藤和文	デジタル社会の新聞メディアを問い直す——地域社会との新たなネットワークづくり（特集「メディアリテラシー」を読み解く）：新聞研究　（607）〔2002.2〕　p22〜25
大林三郎	忙中日誌（2001年12月10日〜2002年1月6日）：新聞研究　（607）〔2002.2〕　p85〜88
森達也	ESSAY「なぜ？」が分からないままに…：総合ジャーナリズム研究　39（02）（通号180）〔2002.3〕　p7〜10
上智大学田島泰彦ゼミ	新聞は何を伝えたか—薬害エイズ・安倍被告無罪判決報道を検証する：放送レポート　175号〔2002.3〕　p58〜62
牧太郎	時代をデッサンする「覚悟」——新人クン、新聞記者って、結構、大変なんだ（特集 記者読本2002—記者となる君へ）：新聞研究　（608）〔2002.3〕　p18〜21
江崎丈	読者と新聞と記者活動——取材現場での体感として思うこと（特集 記者読本2002—記者となる君へ）：新聞研究　（608）〔2002.3〕　p22〜25
大林三郎	忙中日誌（2002年1月7日〜2月11日）：新聞研究　（608）〔2002.3〕　p84〜87
窪田英樹	現代日本のジャーナリズムに表れた新左派的傾向の検証：Journal of IOND University, Japan　（1）〔2002.3〕　p51〜96

大林三郎	忙中日誌（2002年2月12日～3月10日）：新聞研究 （609）〔2002.4〕 p84～87
茶本繁正	メディア・レポート〈92〉フリーターを選択する若者たちの冷めた目にうつる不安と不信：放送レポート 176号〔2002.5〕 p22～25
大林三郎	忙中日誌（2002年3月11日～4月14日）：新聞研究 （610）〔2002.5〕 p68～71
谷沢永一	本好き人好き（153）新聞雑誌記者となるには——森本巌夫『新聞雑誌記者となるには？』，戸川秋骨『凡人崇拝』：國文学 : 解釈と教材の研究 47（7）通号684〔2002.6〕 p144～147
清武英利	きょうも悲しい事件がなくてよかった——「幸せの新聞」400日：新聞研究 （611）〔2002.6〕 p40～43
大林三郎	忙中日誌（2002年4月15日～5月12日）：新聞研究 （611）〔2002.6〕 p61～64
赤尾光史	ロー・ジャーナル ジャーナリズム 再考・ジャーナリズム論——批判軸の確立に向けて（1）議論開始にあたっての序論：法学セミナー 47（6）通号570〔2002.6〕 p66～69
大林三郎	忙中日誌（2002年5月13日～6月14日）：新聞研究 （612）〔2002.7〕 p78～81
元木昌彦, 立川談志	元木昌彦のメディアを考える旅（53）立川談志（落語家・立川流家元）「俺は傲慢ではない」と言う新聞に本当に知りたいことは書いてない：エルネオス 8（8）通号93〔2002.8〕 p102～105
大住良之	背景にある社会や人びとの思いに迫る——最新情報を盛り込んだプレビューこそ新聞で（ワールドカップ取材と報道）：新聞研究 （613）〔2002.8〕 p47～50
大林三郎	忙中日誌（2002年6月15日～7月14日）：新聞研究 （613）〔2002.8〕 p81～84
赤木孝次	ロー・ジャーナル 再考・ジャーナリズム論（2）：法学セミナー 47（8）通号572〔2002.8〕 p81～84
大竹秀子	CURRENT 真価と技が問われるリーク報道：総合ジャーナリズム研究 39（04）（通号182）〔2002.9〕 p30～33
北野隆一	FEATURE 30年目のジャーナリズム力：総合ジャーナリズム研究 39（04）（通号182）〔2002.9〕 p24～29
野崎勲	手のひらサイズの「速報」 身軽さが武器——バッグひとつで今日も“獲物”探し（新聞記者 動画取材格闘記）：新聞研究 （614）〔2002.9〕 p48～50
斎藤貴男	人間の自由や尊厳を奪う本質に迫れ——情報管理社会の行方とジャーナリズムの役割：新聞研究 （614）〔2002.9〕 p27～30
大林三郎	忙中日誌（2002年7月15日～8月10日）：新聞研究 （614）〔2002.9〕 p81～84
岩城徳治	市民のひろば 反省なきマスコミの怠慢と罪：マスコミ市民 通号404〔2002.9〕 p39～43
大林三郎	忙中日誌（2002年8月16日～9月16日）：新聞研究 （615）〔2002.10〕 p66～69
茶本繁正	メディア・レポート〈95〉“日本語本”出版ブームが映し出す先行き見えない不況と閉塞感：放送レポート 179号〔2002.11〕 p28～31
田島泰彦	窃盗団報道が問いかけているもの：放送レポート 179号〔2002.11〕 p23～24
大林三郎	忙中日誌（2002年9月17日～10月10日）：新聞研究 （616）〔2002.11〕 p81～84
本橋春紀	ロー・ジャーナル 再考・ジャーナリズム論（3）批判軸の確立に向けて 『新聞研究』誌にみる戦後ジャーナリズム論の諸論点：法学セミナー 47（11）通号575〔2002.11〕 p88～91
牧野義司	調査・検証報道の灯を消すな——「存続を求める会」が投げかけたもの（特集2 立ち上がった視聴者——『ザ・スクープ』打ち切り問題）：マスコミ市民 通号406〔2002.11〕 p34～38
武市英雄	ニュース価値基準の行方：コミュニケーション文化論集 : 大妻女子大学コミュニケーション文化学会機関誌 （1）〔2002.12〕 p35～41
大林三郎	忙中日誌（2002年10月11日～11月10日）：新聞研究 （617）〔2002.12〕 p72～75
石川真澄	現在学・入門（52）ジャーナリズムに希望はあるか：世界 （708）〔2002.12〕 p184～186
谷藤悦史	市民社会，メディア，ジャーナリズムそして公共サービス・メディア——市民社会とメディア，ジャーナリズムの歴史と展望（特集・メディア変容の時代と放送）：放送メディア研究 1〔2003〕 p103～126
浜田純一	対談を終えて（特集・メディア変容の時代と放送）：放送メディア研究 1〔2003〕 p95～102
吉村卓也, 杉山幹夫	札幌における市民ジャーナリズムの試み——「シビックメディア」の実例から：北海道東海大学紀要 人文社会科学系 （16）〔2003〕 p165～189
新井佑美	歴史的イベント報道に関する理論の再検討に向けて：武蔵野女子大学大学院紀要 （3）〔2003〕 p21～32
佐藤俊樹	岐路に立つ国民のメディア——変わる一般紙と世論の関係：新聞研究 （618）〔2003.1〕 p47～50
佐木隆三, 大治朋子	事件が照射する現代の闇——官と民，家族と社会，そして報道 大治朋子（毎日東京）×佐木隆三（作家）（特集 対談 時代と新聞 Part1）：新聞研究 （618）〔2003.1〕 p22～33
星浩, 田丸美寿々	変革の波をどうとらえるか——確固たる視座を築く 星浩（朝日東京）×田丸美寿々（キャスター）（特集 対談 時代と新聞 Part1）：新聞研究 （618）〔2003.1〕 p10～21
大林三郎	忙中日誌（2002年11月11日～12月8日）：新聞研究 （618）〔2003.1〕 p66～69
大林三郎	忙中日誌（2002年12月9日～2003年1月10日）：新聞研究 （619）〔2003.2〕 p72～75
村尾国士	現代の肖像 渡辺みどり——ジャーナリスト：Aera 16（5）通号794〔2003.2〕 p56～61
林鴻亦	パブリック・ジャーナリズムの試み：総合ジャーナリズム研究 40（02）（通号184）〔2003.3〕 p63～66
堀内洋助	決定的瞬間をどうとらえるか——ビッグチャンスは等しく訪れる（特集 記者読本2003—記者となる君へ）：新聞研究 （620）〔2003.3〕 p34～37
熊坂隆光	新聞の未来，可能性に自信を持とう——基本は人間くさい，血のかよった紙面（特集 記者読本2003—記者となる君へ）：新聞研究 （620）〔2003.3〕 p10～13
南部哲郎	成熟度増し低成長時代に——数字でみる新聞産業の軌跡（特集 記者読本2003—記者となる君へ）：新聞研究 （620）〔2003.3〕 p50～53
井上安正	調査報道を担える取材力磨け——現場に身を置くということ（特集 記者読本2003—記者となる君へ）：新聞研究 （620）〔2003.3〕 p18～21
田川憲生	徹底した取材と果敢な報道——体験を積み基礎を築く（特集 記者読本2003—記者となる君へ）：新聞研究 （620）〔2003.3〕 p14～17
伊藤一哉	熱意を失わず，冷静な視線で——相手の「すべて」を引き出すインタビューの技術（特集 記者読本2003—記者となる君へ）：新聞研究 （620）〔2003.3〕 p26～29
臼井研一	文章は書き手自身を反映する——本質をつかみ，記事を書くための心構え（特集 記者読本2003—記者となる君へ）：新聞研究 （620）〔2003.3〕 p30～33

ジャーナリズム（日本）　　　　　　　　　　　　ジャーナリズム

大林三郎	忙中日誌（2003年1月11日〜2月9日）：新聞研究　（620）〔2003.3〕　p76〜79

鈴木健二　若者の情報行動と新聞の未来——5年間の成蹊大学生アンケート調査をもとに：成蹊大学文学部紀要　（38）〔2003.3〕　p53〜68

烏谷昌之　スキャンダル・ニュースの生産——メディア・ソース間関係に関する一考察：メディア・コミュニケーション：慶応義塾大学メディア・コミュニケーション研究所紀要　（53）〔2003.3〕　p179〜190

大井浩一　林語堂「忠言」記事の意味——「メディアにおける知識人」に関する一考察：Intelligence　（2）〔2003.3〕　p74〜85

及川仁　戦場で民衆の声を拾う——見えない戦争をどう伝えるか（有事・戦争・メディア）：新聞研究　（621）〔2003.4〕　p26〜29

清武英利, 内橋克人　対談 時代と新聞（3）本流を見極える視座——企業社会をどう報じるか 内橋克人（経済評論家）×清武英利（読売東京）：新聞研究　（621）〔2003.4〕　p38〜49

佐藤成文　二分される世論とメディア——「ブッシュ・ドクトリン」以降の米国内の報道（有事・戦争・メディア）：新聞研究　（621）〔2003.4〕　p18〜21

大林三郎　忙中日誌（2003年2月10日〜3月6日）：新聞研究　（621）〔2003.4〕　p80〜83

前田益尚　アンチテーゼとしてのジャーナリズム論（上）ある制度的小集団における異化政策：マスコミ市民　通号411〔2003.4〕　p66〜71

河崎吉紀　近代日本における新聞学の成立：メディア史研究　14〔2003.4〕　p58〜77

佐藤卓己　問題提起 メディア研究における「過去の密輸」をめぐって——ノエル・ノイマン論争の意味（特集＝メディア史研究会10周年記念シンポジウム「メディアがつくる歴史と記憶」）：メディア史研究　14〔2003.4〕　p27〜33

大林三郎　忙中日誌（2003年3月7日〜3月31日・最終回）：新聞研究　（622）〔2003.5〕　p82〜85

赤尾光史　再考・ジャーナリズム論——批判軸の確立に向けて（6）ジャーナリズムと「主体性」：法学セミナー　48（5）通号581〔2003.5〕　p86〜89

前田益尚　アンチテーゼとしてのジャーナリズム論（下）ある制度的小集団における異化政策：マスコミ市民　通号412〔2003.5〕　p76〜81

赤木孝次　ロー・ジャーナル 再考・ジャーナリズム——批判軸の確立に向けて（6）ジャーナリズムとオーディエンス：法学セミナー　48（8）通号584〔2003.8〕　p112〜115

栗原達男　橋上市場は消えたが、サケがやってきた——反骨のジャーナリスト・鈴木東民が遺したもの：金曜日　11（29）通号480〔2003.8〕　p32〜35

岡村黎明　NHKの「ジャーナリズムの基本」（FEATURE テレビ50歳の危機（3））：総合ジャーナリズム研究　40（04）（通号186）〔2003.9〕　p46〜51

高橋哲哉　ジャーナリズムの原点に立て——「遅い、暗い、闘わない」を超えて：放送レポート　184号〔2003.9〕　p2〜10

茶本繁正　メディア・レポート〈100〉続発する少年たちの異常事件、その背景は大人たちの価値観崩壊だ：放送レポート　184号〔2003.9〕　p26〜29

桂敬一　世界のつくり替えと日本メディアの課題（FEATURE 米・英メディアの「戦力」）：総合ジャーナリズム研究　40（04）（通号186）〔2003.9〕　p25〜32

矢野正美　感覚研ぎ澄まし時代に対応——号外が日常化、版切り替えも頻繁に（整理記者の今）：新聞研究　（626）〔2003.9〕　p44〜47

橋本聡　業務の比重は輪番から担当テーマへ——専門性と総合力は必須の要件（特集 現代デスク論—現場から）：新聞研究　（626）〔2003.9〕　p21〜23

岡山一郎　思考回路の転換が迫られている——ありのままの地域を伝えるために（特集 現代デスク論—現場から）：新聞研究　（626）〔2003.9〕　p27〜29

重田育哉　柔軟な思考で時代の針路を読む——調整力、主導性と高度な知識が不可欠（特集 現代デスク論—現場から）：新聞研究　（626）〔2003.9〕　p18〜20

赤尾光史　ロー・ジャーナル 再考・ジャーナリズム論——批判軸の確立に向けて（7）ジャーナリズムと「主体性」（2）：法学セミナー　48（9）通号585〔2003.9〕　p108〜111

板村英典, 木村洋二, 林文川　「李登輝来日」をめぐる4大新聞の荷重報道の比較研究：関西大学社会学部紀要　35（1）〔2003.10〕　p157〜210

メディアフォーラム メディアの公共性・公益性とは：法学セミナー　48（10）通号586〔2003.10〕　p126〜127

Samuelson, Robert J.　SOCIETY コラム メディアの力なんてたかが知れている：Newsweek　18（40）通号878〔2003.10〕　p49

谷沢永一　本好き人好き（170）編輯者の苦心談——住合成一『新聞雑誌の作方と読方』 砂原清編『水落露石氏 追悼篇』：國文學：解釈と教材の研究　48（13）通号704〔2003.11〕　p168〜171

本木周一　メディアの悪と大衆の愚：自由　45（11）通号525〔2003.11〕　p134〜138

高木強　ロー・ジャーナル ジャーナリズム 再考・ジャーナリズム論（9）批判軸の確立に向けて プロフェッションとしてのジャーナリスト試論：法学セミナー　48（11）通号587〔2003.11〕　p104〜107

漆間治, 米倉律　"国家・市民・メディア"の関係をどうとらえるか——報告 マスコミ倫理懇談会全国協議会・全国大会：放送研究と調査　53（11）通号630〔2003.11〕　p56〜62

乾照夫, 内川芳美, 有山輝雄　インタビュー 内川芳美氏に聞く＝回想・初期の新聞研究：メディア史研究　15〔2003.11〕　p147〜170

原寿雄, 広瀬道貞　（舌鋒討論）広瀬 道貞×原 寿雄：放送界　No0184〔2004〕

千田利史　メディア観察ノート（2/3）メディア相互の関係性をめぐって：放送界　49（166）〔2004.新年〕　p124〜129

藤田結子　グローバル化時代におけるエスニック・メディアの社会的機能——ニューヨーク市の日系新聞読者調査から：マス・コミュニケーション研究　通号64〔2004〕　p121〜134

干川剛史　水島論文へのコメント（特集 メディア秩序の変容と新しい公共性）：マス・コミュニケーション研究　通号65〔2004〕　p28〜31

千田利史　メディア観察ノート（3）タイムシフトとモバイルがテレビに与える影響：放送界　49（167）〔2004.陽春〕　p94〜102

茶本繁正　メディア・レポート〈102〉視聴率買収、外務省腐敗、イラク派兵 メディアは浄化剤となりえるか：放送レポート　186号〔2004.1〕　p16〜19

岩本貞明, 桂敬一, 原寿雄, 田島泰彦　座談会 世界の"転機"とメディア：放送レポート　187号〔2004.3〕　p2〜15

菊池哲郎, 上村武志, 村松泰雄　座談会 日本の行方とジャーナリズムの役割——イラク・自衛隊・憲法：新聞研究　（632）

		〔2004.3〕 p54～65
寺島実郎, 漆間治	連続インタビュー・転換期のメディア(1)知的優位性の時代へ——日本総研理事長・寺島実郎氏：放送研究と調査 54(4)通号635 〔2004.4〕 p24～35	
総合ジャーナリズム研究所	CURRENT 事実を見る「目」、思いを聞く「耳」：総合ジャーナリズム研究 41(03) (通号189) 〔2004.6〕 p24～29	
宮台真司, 漆間治	連続インタビュー・転換期のメディア(3)社会の変容とメディア——社会学者・宮台真司氏：放送研究と調査 54(6)通号637 〔2004.6〕 p44～57	
前田朗	国連人権委員会における三つの問題——マスメディアはなぜ伝えないのか：マスコミ市民 通号425 〔2004.6〕 p40～44	
萩原雅之	ブロードバンド普及によるウェブ利用行動の変化(特集1 テレビ視聴の構造変化)：月刊民放 34(7)通号397 〔2004.7〕 p15～19	
井上泰浩	「メディア外交」の到来とその課題——事実にもとづき主体的判断を：新聞研究 (636) 〔2004.7〕 p54～57	
月尾嘉男, 鈴木祐司	連続インタビュー・転換期のメディア(4)IT・デジタルの行方——東大名誉教授・月尾嘉男氏：放送研究と調査 54(7)通号638 〔2004.7〕 p54～65	
片山善博, 鈴木祐司	連続インタビュー・転換期のメディア(6)デジタル新時代と地方分権の行方——鳥取県知事・片山善博氏：放送研究と調査 54(9)通号640 〔2004.9〕 p94～105	
符祝慧	日本の新聞、テレビ報道に一言——日本のマスコミはどうしたのか？：マスコミ市民 通号429 〔2004.10〕 p32～37	
茶本繁正	メディア・レポート〈107〉激増するニート、派遣、請負…すさまじい労働現場の変貌：放送レポート 191号 〔2004.11〕 p32～35	
矢野直明	新聞のアイデンティティー再構築への時——ブログとマスメディアと新しいジャーナリズム：新聞研究 (640) 〔2004.11〕 p55～59	
ばばこういち	風見鶏ジャーナリズムに未来はない——読者の勇気が時代をかえる：マスコミ市民 通号431 〔2004.12〕 p2～7	
林利隆	ジャーナリズム再生への提言 メディア市民学とジャーナリズムのエチカ：放送文化 通号8 〔2005.秋〕 p150～158	
茶本繁正	メディア・レポート〈108〉読売新聞、NHK、西武…ワンマン経営者に落ちる影：放送レポート 192号 〔2005.1〕 p30～33	
清水英夫	体験的メディア比較論(1)活字と映像のはざまで：出版ニュース 通号2027 〔2005.1〕 p14～17	
白田秀彰	「網論」との共生関係構築へ——公論形成に向けたマスメディアの役割(特集 ネットと新聞)：新聞研究 (642) 〔2005.1〕 p19～22	
山田賢一	日中国際シンポジウムより メディアに影響される"日中摩擦"：放送研究と調査 55(1)通号644 〔2005.1〕 p44～51	
三浦基, 木村剛	連続インタビュー・転換期のメディア(10)ネットジャーナリズムの可能性 KFi社長・木村剛氏：放送研究と調査 55(1)通号644 〔2005.1〕 p52～57	
川本裕司	メディアの分岐点——シナリオが崩れるとき(1)INSとキャプテン：AIR21 (176) 〔2005.1〕 p18～29	
清水英夫	体験的メディア比較論(2)雑誌とテレビ その似ているところと非なところ：出版ニュース 通号2029 〔2005.2〕 p10～13	
元木昌彦, 森達也	元木昌彦のメディアを考える旅(83)森達也氏(ドキュメンタリー映画監督) メディアは、すぐに思考停止して何も考えずに自己規制する：エルネオス 11(2)通号123 〔2005.2〕 p106～109	
ばばこういち	『待つ』ことだけでは時代は動かない(特集 マスコミと権力)：マスコミ市民 通号433 〔2005.2〕 p14～19	
総合ジャーナリズム研究編集部	FEATURE 「戦後60年」のジャーナリズム(2)：総合ジャーナリズム研究所 42(02) (通号192) 〔2005.3〕 p7～20	
水野由多加	新聞記事における「番組提供」言説の混乱——記事観察分析を通じたその無差別性、融通性の確認：関西大学社会学部紀要 36(3) 〔2005.3〕 p27～49	
イブラヒーム, ハッサン, 永ъ島啓一, 石田英敬	メディアと自由 シンポジウム グローバル・メディアの現在：世界 (737) 〔2005.3〕 p68～79	
Menard, Robert, 桂敬一	対談 今、問われるジャーナリズムの本義——「国境なき記者団」の挑戦：世界 (737) 〔2005.3〕 p59～67	
横江広幸, 西垣通	連続インタビュー・転換期のメディア(12)IT革命はマスメディアをどう変えるか——情報学者 西垣通氏：放送研究と調査 55(3)通号646 〔2005.3〕 p38～49	
天野勝文	ジャーナリズム再生への提言 拡大路線の大転換こそ：放送文化 通号6 〔2005.3〕 p150～156	
川本裕司	メディアの分岐点——シナリオが崩れるとき(2)構想倒れに終わった「テレポート」：AIR21 (178) 〔2005.3〕 p62～73	
川本裕司	メディアの分岐点——シナリオが崩れるとき(3)縦割り行政のシンボル「地域情報化政策」：AIR21 (179) 〔2005.4〕 p37～49	
高橋俊一	新聞神話の崩壊(3)二人が生きた真冬の大地：AIR21 (179) 〔2005.4〕 p27～36	
高杉良, 東谷暁	スペシャルトーク 作家 高杉良 VS ジャーナリスト 東谷暁 "裏読み"日本経済新聞：Forbes 14(4)通号157 〔2005.4〕 p56～60	
壱岐一郎	関西だより<新連載> 権力から距離のある地域で：放送レポート 194号 〔2005.5〕 p21	
水島久光	社会システムにおける公共性とメディアの位置——放送とインターネットの本当の関係(特集 放送の公共性・新論)：月刊民放 35(5)通号407 〔2005.5〕 p4～11	
川越史郎	国境のかなたの歳月 ソ連の対日マスメディアで活躍した日本人(2)：社会主義 (512) 〔2005.5〕 p110～116	
松野良一	都内3大学300人の学生のアンケート調査から(1)ジャーナリズムは大丈夫か？：新・調査情報passingtime 2期(53) 通号464 〔2005.5・6〕 p20～23	
総合ジャーナリズム研究所	「愛国無罪」を分析すれば…(FEATURE 「戦後60年」のジャーナリズム(3)日本国憲法を考える)：総合ジャーナリズム研究 42(03) (通号193) 〔2005.6〕 p33～35	
清水英夫	体験的メディア比較論(6)権力からの距離——新聞・放送・雑誌：出版ニュース 通号2040 〔2005.6〕 p10～13	
小森陽一	「沈黙の螺旋」、あれから…(FEATURE 「戦後60年」のジャーナリズム(3)日本国憲法を考える)：総合ジャーナリズム研究 42(03) (通号193) 〔2005.6〕 p8～13	
川越史郎	国境のかなたの歳月 ソ連の対日マスメディアで活躍した日本人(3)：社会主義 (513) 〔2005.6〕 p103～110	

ジャーナリズム（日本）　　　　　　　　　　　　　ジャーナリズム

七沢潔, 中尾哲雄　連続インタビュー・情報社会のゆくえ(1)「ホリエモン」はIT社会の花ではない──株式会社インテック会長・中尾哲雄氏：放送研究と調査　55(6)通号649　〔2005.6〕 p62～69

水越伸　ジャーナリズム再生への提言 循環型情報社会を目指した新しいメディア・リテラシーの展開：放送文化　通号7　〔2005.6〕 p148～155

藤竹暁　メディアの脆弱なリアリズム──次世代の放送人たちへ：放送文化　通号7　〔2005.6〕 p78～83

山口順子　ヴァンリードの新聞『もしほ草』官許をめぐって──書誌データと史料による考証：メディア史研究　18　〔2005.6〕 p64～85

木下和寛　「パワー」としてのメディア(20＝最終回)アフガンからイラクへ──米戦略の破綻(下)：AIR21　(181)〔2005.6〕 p94～108

高橋俊一　新聞神話の崩壊(4)素手ではい上がれるか、復刊までの急勾配：AIR21　(181)〔2005.6〕 p65～76

ラスブリッジャー, アラン　MEDIA ジャーナリズム 語られない報道の「真実」：Newsweek　20(21)通号957　〔2005.6〕 p22

市村元　過疎・高齢化地域におけるデジタル化への課題：月刊民放　35(7)通号409　〔2005.7〕 p32～37

川越史郎　国境のかなたの歳月 ソ連の対日マスメディアで活躍した日本人(4)：社会主義　(514)〔2005.7〕 p109～116

松野良一　都内3大学300人の学生のアンケート調査から(2)求められているのはジャーナリズムの原点：新・調査情報 passingtime　2期(54)通号465　〔2005.7・8〕 p52～55

小林和夫　荒れる調査環境を考察する──よりよいデータを収集するために(今、調査の現場で)：新聞研究　(648)〔2005.7〕 p23～27

権田万治　問われるメディアの公共性 一連のマスコミ騒動に思う：新聞通信調査会報　通号518　〔2005.8〕 p6～8

福島清彦　「EU憲法」否決報道に見る大手新聞の大いなる怠慢──欧州統合に揺るぎなし：現代　39(8)〔2005.8〕 p192～199

千野境子　アジアに向けられる世界の視線──発展成長の地域で新聞の現状と未来を考える(世界の新聞界の潮流──WANソウル大会から)：新聞研究　(649)〔2005.8〕 p19～21

山口光　情報マーケットの未来に向けて──経営・編集両面から読者ニーズに応える努力を(世界の新聞界の潮流──WANソウル大会から)：新聞研究　(649)〔2005.8〕 p22～26

橋本太郎, 七沢潔　連続インタビュー 情報社会のゆくえ(3)ネットはテレビをさらに「おいしく」する──ソフトバンク・ブロードメディア株式会社 代表取締役 橋本太郎氏：放送研究と調査　55(8)通号651　〔2005.8〕 p72～80

高橋俊一　新聞神話の崩壊(5)戦後新聞崩壊史──加速する廃刊の実相とその意味：AIR21　(183)〔2005.8〕 p108～119

桂敬一　8・15──退行か、前進か…(FEATURE 「戦後60年」のジャーナリズム(4))：総合ジャーナリズム研究　42(04)(通号 194)〔2005.9〕 p8～13

沢田猛　CURRENT よいジャーナリストとは…──米国、ポインターの短期ジャーナリストセミナーに参加して：総合ジャーナリズム研究　42(04)(通号 194)〔2005.9〕 p35～39

総合ジャーナリズム研究編集部　FEATURE 「戦後60年」のジャーナリズム(4)：総合ジャーナリズム研究所　42(04)(通号 194)〔2005.9〕 p8～17

総合ジャーナリズム研究編集部　QUARTERLY 海外ジャーナル CIA工作員名漏洩事件(2)ミラー記者、『ニューヨーク・タイムズ』退社：総合ジャーナリズム研究所　42(04)(通号 194)〔2005.9〕 p62～64

牧田真由美　WOMEN&MEDIA インタビュー 牧田真由美さんに聞く：総合ジャーナリズム研究　42(04)(通号 194)〔2005.9〕 p45～48

菅沼堅吾　「記憶」を受け継ぐ記者たち──取材通じ体験を自らに刻み込む(終戦とジャーナリズム)：新聞研究　(650)〔2005.9〕 p14～17

高橋俊一　新聞神話の崩壊(6)死臭ただよう瓦礫の街：AIR21　(184)〔2005.9〕 p83～97

桂敬一, 犬養康彦, 江口浩, 佐藤純子, 前田耕一, 田村紀雄, 有山輝雄　第7回・通信社問題研究座談会 同盟誕生へ "外堀" 埋める 満州国通信社の設立と意義：新聞通信調査会報　通号521　〔2005.10〕 p1～17

川越史郎　国境のかなたの歳月 ソ連の対日マスメディアで活躍した日本人(5)：社会主義　(517)〔2005.10〕 p104～108

広瀬知明　取材のセンス磨き、真相に迫れ──日常の「おかしい」「変だ」を端緒に(調査報道の力(1))：新聞研究　(651)〔2005.10〕 p54～56

大島秀利　"真の弱者"見極める問題意識を──社会の改善のためになすべきこと(調査報道の力(1))：新聞研究　(651)〔2005.10〕 p46～49

可越　身近な日本を中国へ伝える──東京視点(特集 市民メディア＆ローカルメディア)：マスコミ市民　通号441　〔2005.10〕 p44～47

高橋俊一　新聞神話の崩壊(7)神戸 破壊と再生の狭間で見たものは：AIR21　(185)〔2005.10〕 p67～79

安田好弘, 元木昌彦　元木昌彦のメディアを考える旅(92)安田好弘氏(弁護士) メディアが麻原被告に接触し、公判に臨める能力を判断すべきだ：エルネオス　11(11)通号132　〔2005.11〕 p126～129

高橋俊一　新聞神話の崩壊(8)神戸 記者の目線・被災者の目線：AIR21　(186)〔2005.11〕 p48～61

総合ジャーナリズム研究所　FEATURE 「戦後60年」のジャーナリズム1～5：総合ジャーナリズム研究　42(01)(通号 191)〔2005.12〕 p68～73

原寿雄　総括・国民ジャーナリズムを問い直す(FEATURE 「戦後60年」のジャーナリズム1)：総合ジャーナリズム研究　42(01)(通号 191)〔2005.12〕 p8～15

藤田博司　特別講演会 大胆な改革で生き残りを 多メディア時代のジャーナリズム：新聞通信調査会報　通号523　〔2005.12〕 p1～5

稲垣嗣夫, 大島寅夫, 北村正任　パネルディスカッション 「新聞力」強化の処方箋(その2)(第58回新聞大会・研究座談会)：新聞研究　(653)〔2005.12〕 p35～45

高島肇久　メディアは健全な批判精神を──外務報道官の三年間を振り返って(政権とメディア)：新聞研究　(653)〔2005.12〕 p22～26

松井茂記　基調講演 ジャーナリズムと公共性(第58回新聞大会・研究座談会)：新聞研究　(653)〔2005.12〕 p31～34

松本逸也　過熱するマスコミ報道──誤報がもたらした騒動2例を検証する：目白大学短期大学部研究紀要　(42)〔2005.12〕 p125～143

岩倉誠一, 飯塚浩一, 有山輝雄　《インタビュー》岩倉誠一氏に聞く＝回想・早稲田大学の新聞学科と新聞学会：メディア史研究　19　〔2005.12〕 p141～167

大屋定晴　社会運動としてのメディア運動、メディア運動としての社会運動──韓国メディア・センターを訪問して：ピープ

	ルズ・プラン　（34）〔2006.Spr〕 p119～122
橋場義之	IT時代の新聞ジャーナリズムの変容（特集 メディア変容時代のジャーナリズム）：マス・コミュニケーション研究　通号68　〔2006〕 p5～21
松本恭幸	ジャーナリズムへの市民参加（特集 メディア変容時代のジャーナリズム）：マス・コミュニケーション研究　通号68〔2006〕 p22～41
池田守	マスメディアと社会福祉活動――わが国初の欠食児童給食運動と紙面連動キャンペーン：目白大学総合科学研究（2）〔2006〕 p183～195
根本かおる	人道危機とメディアの可能性：放送レポート　198号　〔2006.1〕 p30～32
高橋俊一	新聞神話の崩壊（9）調査報道こそメディアの神髄：AIR21　（188）〔2006.1〕 p41～54
森泉知行	ニュースな人たち 森泉知行――デジタルをアナログ発想で売る：ぎゃらく　通号440　〔2006.2〕 p3～5
宮崎昌治	タブーのない取材で報じる真実――「CM間引き」と「指南書」問題を通じて考える（調査報道の力（2））：新聞研究（655）〔2006.2〕 p36～39
梓沢和幸	市民社会の危機に本格的な取り組みを――急がれる現場取材の理論化と記者訓練（匿名社会と向き合うメディア）：新聞研究　（655）〔2006.2〕 p10～14
粕谷卓志	新聞の命をともし続けたい――「不正・不合理に挑む」実践にあたっての留意点（調査報道の力（2））：新聞研究（655）〔2006.2〕 p33～35
高橋俊一	新聞神話の崩壊（10）調査報道の進展とその条件：AIR21　（189）〔2006.2〕 p23～34
鷲嶽正道	新聞報道記事の分析――語彙―文法的資源の利用と「事実」の構築：愛知学院大学短期大学部研究紀要　（14）〔2006.3〕 p63～98
山本明	ソフトニュースが伝える外国像（特集：外国関連報道が構築する世界像）：メディア・コミュニケーション ： 慶応義塾大学メディア・コミュニケーション研究所紀要　（56）〔2006.3〕 p73～88
田島泰彦	いまジャーナリズムに問われていること――メディア規制の強化に対しジャーナリズムの役割は果たしていない：出版ニュース　通号2071　〔2006.4〕 p6～9
成田康昭	ネット社会で求められる新聞の役割――既存メディアのジャーナリズムに新たな公共性の展開を（新聞の公共性を考える（1））：新聞研究　（657）〔2006.4〕 p26～29
桂木隆夫	公共性の所在とその意味――現場に徹したバランス感覚で歴史つむぐ報道を（新聞の公共性を考える（1））：新聞研究　（657）〔2006.4〕 p18～21
駒村圭吾	新聞は生き残る必要があるのか――ジャーナリストの存在意義を憲法学的見地から考察する（新聞の公共性を考える（1））：新聞研究　（657）〔2006.4〕 p14～17
依光隆明	誰のために書くのか――高知新聞流「記者公僕論」（新聞の公共性を考える（1））：新聞研究　（657）〔2006.4〕 p30～33
地域の国際交流を進める南河内の会	「なぜ」という疑問から始まった新聞記事分析――多文化共生社会を願って：ヒューマンライツ　（217）〔2006.4〕 p38～41
川本裕司	メディアの分岐点（12・最終回）ニューメディア――「誤算」の構造：AIR21　（191）〔2006.4〕 p33～51
高橋俊一	新聞神話の崩壊（11）調査報道と警察取材、尾を引く因縁：AIR21　（191）〔2006.4〕 p52～69
東浩紀	ニュースな人たち 東浩紀――僕たちは情報革命の中にいる。：ぎゃらく　通号443　〔2006.5〕 p3～5
喜田村洋一	憲法が予定する報道機関の存在――「国家機関の監視」で発揮される新聞の高い公共性（新聞の公共性を考える（2））：新聞研究　（658）〔2006.5〕 p14～17
原真	市場原理に委ねられぬメディアの役割――放送の公共性と日米欧の制度改革（新聞の公共性を考える（2））：新聞研究　（658）〔2006.5〕 p26～29
川岸令和	自由なメディアとしての新聞の機能――求められる機能を果たす覚悟はあるか（新聞の公共性を考える（2））：新聞研究　（658）〔2006.5〕 p18～21
柴田鉄治	五十周年を迎える日本の南極観測――“平和の世紀”に向け報道の役割を考える：新聞研究　（659）〔2006.6〕 p54～57
吉田理恵, 白石信子	「日本人とメディア」総合調査研究報告（1）デジタルメディア・利用の裾野はどこまで広がるか――2006年1月「日本人とメディア」世論調査結果から（特集・新しい放送サービスを展望する）：放送研究と調査　56（6）通号661　〔2006.6〕 p22～37
岩下俊三	いまメディアにできることは？一日中同時制作・同時放送番組の挑戦：放送レポート　201号　〔2006.7〕 p34～37
浅野史郎	基調講演 なぜ警察と対峙したか―宮城県警・捜査報償費問題とメディア（放送レポート200号記念シンポジウム「官」の腐敗に迫る）：放送レポート　201号　〔2006.7〕 p3～8
岩木敏久	住民とともに“あるもの”探し――移動編集局で明日へのヒント示す（地域社会に提言する）：新聞研究　（660）〔2006.7〕 p14～17
佐柄木俊郎	メディアと社会 「言葉のチカラ」と新聞、そしてテレビ：世界　（754）〔2006.7〕 p147～155
渡辺誓司, 米倉律	「日本人とメディア」総合調査研究報告（2）拡張する「選択性」とテレビ視聴――デジタルメディア・ユーザーの事例研究から：放送研究と調査　56（7）通号662　〔2006.7〕 p46～55
七沢潔, 鈴木敏夫	連続インタビュー 動くか, 日本の映像コンテンツ（3）コンテンツなんて言葉は, 大嫌いだ。――スタジオジブリ社長 鈴木敏夫氏：放送研究と調査　56（7）通号662　〔2006.7〕 p30～45
高橋俊一	新聞神話の崩壊（12）調査報道と権力情報の収集、両立の命題：AIR21　（194）〔2006.7〕 p26～36
前田健太郎	告発と政策対応――マスメディアの影響力とそのメカニズムに関する考察：国家学会雑誌　119（7・8）通号1074〔2006.8〕 p519～585
内藤正明	日本のジャーナリズムが抱える課題：名古屋外国語大学外国語学部紀要　（31）〔2006.8〕 p125～154
七沢潔, 松本悟	連続インタビュー 動くか, 日本の映像コンテンツ（4）ネットでも強い！ アニメのチカラ――（株）バンダイチャンネル社長 松本悟氏：放送研究と調査　56（8）通号663　〔2006.8〕 p32～43
高岡健	報道におけるバランス感覚とは――精神科医からみたメディアへの注文（メンタルヘルスの報じ方）：新聞研究（662）〔2006.9〕 p40～43
原由美子	「日本人とメディア」総合調査研究報告（3）デジタルメディア・ユーザーとはどんな人たちか：放送研究と調査　56（9）通号664　〔2006.9〕 p54～65
桂敬一, 犬養康彦, 江口浩, 前田耕一, 田村紀雄, 藤田博司, 有山輝雄	第9回・通信社問題研究座談会 IT時代の通信社へ苦難の道

ジャーナリズム（日本）　　　　　　　　　ジャーナリズム

　　　　　　　　ジャーナリズム衰退の一因に：新聞通信調査会報　通号535　〔2006.10〕　p1～21
岩井悟, 岩口忠司, 鈴木祐司　連続インタビュー 動くか, 日本の映像コンテンツ(5)プリクラ感覚の市民参加放送：放送研究と調査　56(10)通号665　〔2006.10〕　p44～53
森達也, 森口豁　ドキュメンタリー対談 第8回 沖縄への思い：放送レポート　203号　〔2006.11〕　p14～26
荒田茂夫, 佐藤日出夫　新聞はどう読まれているか？「Web2・0時代」の新聞媒体力：AIR21　(198)〔2006.11〕　p26～41
総合ジャーナリズム研究編集部　FEATURE「戦後60年」この先のジャーナリズム：総合ジャーナリズム研究所　43(01)（通号195）〔2006.12〕　p7～17
桂敬一　言論は戻れないカーブを曲がったか（FEATURE「戦後60年」この先のジャーナリズム）：総合ジャーナリズム研究　43(01)（通号195）〔2006.12〕　p7～12
総合ジャーナリズム研究編集部, 飯室勝彦　怠惰な客観報道主義を捨てよ（FEATURE「戦後60年」この先のジャーナリズム）：総合ジャーナリズム研究所　43(01)（通号195）〔2006.12〕　p65～106
一力雅彦, 宇治敏彦, 吉田慎一　パネルディスカッション 新聞の公共性・文化性を考える（第59回新聞大会・研究座談会）：新聞研究　(665)〔2006.12〕　p41～51
藤田博司　基調講演 インターネット時代における新聞の公共性（第59回新聞大会・研究座談会）：新聞研究　(665)〔2006.12〕　p37～40
佐々木俊尚　市民ジャーナリズムは, 混乱と炎上を越えて立ち上がるか—オーマイニュース日本版船出の裏側：論座　通号139〔2006.12〕　p130～137
エイブラムソン, ジル, フェレンジ, トマ, 藤原治　シンポジウム報告 ジャーナリズムの力——試練と可能性：AIR21　(199)〔2006.12〕　p2～45
河野正一郎　生き方「コーハ」で行こう——夕方の硬派番組が視聴率1位, カントが重版：Aera　19(56)通号1023　〔2006.12〕　p18～21
Chung, Minsoo, 音好宏, 莫広瑩　メディアに描かれた消費者運動・団体：コミュニケーション研究　(37)〔2007〕　p101～132
佐々木圭史, 別所智樹, 巫坤達　ジャーナリズムの"定義"に関する一考察：社会学研究科年報　(14)〔2007〕　p127～139
津田正太郎　ナショナリズムの生成および再生産過程におけるマス・メディアの役割——ナショナリズム概念の再検討による新たな視座の探求：マス・コミュニケーション研究　通号70　〔2007〕　p195～211
岡田朋之　メディアとテクノロジー——ウェブとケータイの革新と普及から（特集 マス・コミュニケーション研究 回顧と展望）：マス・コミュニケーション研究　通号70　〔2007〕　p55～66
藤田結子　国境を越えるメディアとナショナル・アイデンティティ——米国・英国における日本人の若者の民族誌的調査から：マス・コミュニケーション研究　通号70　〔2007〕　p97～115
鈴木雄雅　第70号特集「マス・コミュニケーション研究：回顧と展望」（承前）メディアとグローバリゼーション：マス・コミュニケーション研究　通号71　〔2007〕　p53～63
桂敬一　特集 第12回国際事情研究会 孤立する日本とメディア——内向するジャーナリズムと台頭するナショナリズム［含 質疑応答］：Fukuoka UNESCO　(43)〔2007〕　p40～85, 図巻頭1p
出田稔　衛星系メディアのデータ標準化と開示の進展：放送界　52(181)（特集号）〔2007.秋季〕　p84～89
奥武則　文体からの考察, その過去と未来——書き手は危うさを自覚し, 変化に迎合することなく（新聞のことば）：新聞研究　(666)〔2007.1〕　p10～13
信井文夫　ニュースな人たち 信井文夫——"ニューメディア"の名付け親：ぎゃらく　通号452　〔2007.2〕　p3～5
三上貴教　『朝日』『読売』社説の中の国益概念——討議を阻む言説の問題：修道法学　29(2)通号57　〔2007.2〕　p355～375
石坂悦男　メディアと記憶——イメージ空間の支配：社会志林　53(4)通号190　〔2007.3〕　p1～21
伊藤芳明　新聞にしかできない報道がある——やりがいあるこの仕事に読者が寄せる信頼の重み（記者読本2007—記者となる君へ）：新聞研究　(668)〔2007.3〕　p10～13
奥野昌宏　日韓両国民の相互意識とメディアの役割——新たな関係の構築に向けて：成蹊大学文学部紀要　(42)〔2007.3〕　p85～102
金子勝　マス・メディアの現代的課題（特集「マスコミ市民」40年のあゆみ）：マスコミ市民　通号458　〔2007.3〕　p50～53
松本恭幸　市民メディア訪問(12)大隅半島に開局したNPO放送局：マスコミ市民　通号458　〔2007.3〕　p74～77
元木昌彦, 溝口敦　元木昌彦のメディアを考える旅(109)溝口敦氏（ジャーナリスト・作家）——暴力団, 浅田満, 細木数子——知られていないことを日に晒す：エルネオス　13(4)通号149　〔2007.4〕　p106～109
「日本人とメディア」総合調査研究プロジェクト　「日本人とメディア」総合調査研究報告(1)デジタルメディア・進む地上デジタル放送の認知——2007年1月「日本人とメディア」世論調査結果から：放送研究と調査　57(4)通号671〔2007.4〕　p2～19
神保哲生　マス・メディアの実態と構造（特集 メディアの再生に向けて）：マスコミ市民　通号459　〔2007.4〕　p2～14
リービー, スティーブン　BUSINESS ネット「ジュースト」があればテレビはいらない？：Newsweek　22(18)通号1053　〔2007.5〕　p38
岡部直明　スクープ力と論説・解説力が新聞の強み——複眼的思考で日本経済の進路を示す（ネット時代の社説・論説）：新聞研究　(671)〔2007.6〕　p22～25
前坂俊之　本質に迫るための検証報道の成果——メディアは速報性のワナにはまらず, その背景に迫れ（ネット時代の社説・論説）：新聞研究　(671)〔2007.6〕　p37～40
金子敦郎　日米は「価値観」を共有しているのか 求められるマスコミの「批判力」：新聞通信調査会報　通号545　〔2007.7〕　p6～8
石丸次郎　アジアメディア最前線(46)拉致進展のために, 経済制裁に代わる政策を：マスコミ市民　通号462　〔2007.7〕　p78～81
原寿雄, 小田桐誠　コンプライアンスがジャーナリズムを滅ぼす！（特集 潜行する！ 規制の時代）：ぎゃらく　通号458　〔2007.8〕　p12～15
常石敬一　第13回編集者が選ぶ雑誌ジャーナリズム賞企画賞に異議あり：マスコミ市民　通号463　〔2007.8〕　p26～30
三浦基, 小林憲一　VOD普及のキーコンテンツは何か——相関係数と共分散構造分析によるアプローチ：放送研究と調査　57(9)通号676　〔2007.9〕　p2～9
高橋祥友　マスメディアを考える「群発自殺」を防ぐための自殺報道とは［含 質疑応答］：AIR21　(208)〔2007.9〕　p91～112
サミュエルソン, ロバート　反論 メディアが陥る「悪者捜し」の愚：Newsweek　22(33)通号1068　〔2007.9〕　p47

西崎哲郎	通信社の先輩が語る「私の体験記」(7) 通信社の醍醐味と怖さを痛感外信部経て良き時代の日銀・大蔵を取材：新聞通信調査会報　通号549　〔2007.10〕　p9～12
岩瀬達哉, 元木昌彦	元木昌彦のメディアを考える旅(116)岩瀬達哉氏(ジャーナリスト) 年金改革に弾みがつかないのは、メディア、特に新聞の責任が大きい：エルネオス　13(10)通号155　〔2007.10〕　p106～109
元木昌彦, 田中森一	元木昌彦のメディアを考える旅(117)田中森一氏(元特捜検事) マスコミが取材源確保のために検察にぶら下がるしかない現実：エルネオス　13(11)通号156　〔2007.11〕　p132～136
総合ジャーナリズム研究編集部	200号を重ねた時代の中で…―1964～2007年/一般事象・ジャーナリズム・関連特集(嗚呼、ジャーナリズムよ！――本誌[総合ジャーナリズム研究]創刊200号記念特別号)：総合ジャーナリズム研究所　44(01)（通号 199）〔2007.12〕　p42～45
山口誠	メディアが創る時間――新聞と放送の参照関係と時間意識に関するメディア史的考察：マス・コミュニケーション研究　通号73　〔2008〕　p2～20
築地達郎	パブリック・リレーションズとジャーナリズム精神：龍谷大学社会学部紀要　(33)　〔2008〕　p1～9
神保太郎	メディア批評(新連載・第1回)メディア批評宣言：世界　(773)〔2008.1〕　p148～158
日隈一雄	News for the People in Japan(特集 ジャーナリズムの過去・現在・未来)：マスコミ市民　通号468　〔2008.1〕　p14～17
篠田博之	マスコミの劣化と空洞化(特集 ジャーナリズムの過去・現在・未来)：マスコミ市民　通号468　〔2008.1〕　p7～9
北村肇	メディアのあるべき姿(特集 ジャーナリズムの過去・現在・未来)：マスコミ市民　通号468　〔2008.1〕　p4～6
小田桐誠	リッチメディア・プアジャーナリズム脱却は可能か!?(特集 ジャーナリズムの過去・現在・未来)：マスコミ市民　通号468　〔2008.1〕　p10～13
高橋俊一	悩みながら続く継承への試行錯誤 「こだわり」を地方紙は新人記者にどう伝えるか：AIR21　(212)〔2008.1〕　p77～87
神保太郎	メディア批評(第2回)(1)なぜ「渡邉ジャーナリズム」への批判がないのか (2)死刑執行と光市母子殺害事件報道にみるTVの問題：世界　(775)〔2008.2〕　p63～70
鑓田隆史	新聞と既成事実：ジャーナリズム＆メディア：新聞学研究所紀要　(1)〔2008.3〕　p47～58
中田協	不確実性の序章――新聞の明日のために：ジャーナリズム＆メディア：新聞学研究所紀要　(1)〔2008.3〕　p59～67
金平茂紀	メディア論の彼方へ(18)「善き人」のためのソナタ――村木良彦・キヨ・阿部勉・榎本陽介：調査情報. 第3期　(481)〔2008.3・4〕　p56～59
福永勝也	混迷するジャーナリズムの諸相――情報民主主義的観点からの考察：人間文化研究：京都学園大学人間文化学会紀要　(21)〔2008.3〕　p169～276
藤田結子	メディアが構築する外国イメージと若者の国際移動(特集 トランスナショナル時代のコミュニケーション)：メディア・コミュニケーション：慶応義塾大学メディア・コミュニケーション研究所紀要　(58)〔2008.3〕　p5～18
阿部真大, 音好宏, 堀井憲一郎	「若者はどこにいるのか」を考える(第2回)若者とメディア：New media　26(3)通号298〔2008.3〕　p83～85
神保太郎	メディア批評(第4回)「朝日・読売・日経」連合への疑問 沖縄少女暴行事件、「またか」では済まされぬ：世界　(777)〔2008.4〕　p205～212
上智大学田島泰彦ゼミ, 立教大学服部孝章ゼミ	ロー・フォーラム メディアゼミ・フォーラム2007/2008 問われる「事件・スポーツ報道」とジャーナリズム：法学セミナー　53(4)通号640　〔2008.4〕　p144～145
神保太郎	メディア批評(第5回)日銀人事の一方的報道 イージス艦事故報道で語られ損ねた軍隊の本質：世界　(778)〔2008.5〕　p67～74
松野良一	メディア漂流(新連載・1)メディアを組み合わせる視点：調査情報. 第3期　(482)〔2008.5・6〕　p76～79
金平茂紀	メディア論の彼方へ(19)T君とY嬢。ふたりの危険な関係について：調査情報. 第3期　(482)〔2008.5・6〕　p64～67
神保太郎	メディア批評(第6回)指が月をさすとき、賢者は指をみる メディアの裏切り――道路特定財源：世界　(779)〔2008.6〕　p81～88
鈴木祐司	準基幹メディアへの道――2008年1月「日本人とメディア」世論調査から(2)：放送研究と調査　58(6)通号685〔2008.6〕　p66～77
音好宏, 山田健太, 野中章弘	座談会 踊るメディア、細るジャーナリズム(特集 メディアとジャーナリズムは共存できるか)：論座　(通号 158)〔2008.7〕　p52～73
元木昌彦, 高山俊吉	元木昌彦のメディアを考える旅(126)高山俊吉氏(弁護士) 全政党・新聞が揃って推進する裁判員制度は権力翼賛システム：エルネオス　14(7)通号164　〔2008.7〕　p106～110
佐々木竜介	新聞の強みは情報整理力――2007年全国メディア接触・評価調査の結果から：新聞研究　(684)〔2008.7〕　p48～52
水野剛也	在米日本語新聞とナショナリズムの相克――日米開戦直後におけるロサンゼルスの日本語紙『羅府新報』を事例として(特集 国民形成とメディア)：メディア史研究　24　〔2008.8〕　p61～92
日向英実	ニュースな人たち 日向英実――マルチユースを意識して：ぎゃらく　通号471　〔2008.9〕　p3～5
佐々木俊尚	報道とやじ馬の境どこに――市民による現場撮影・発信が提起するもの(秋葉原無差別殺傷事件は何を問うのか)：新聞研究　(686)〔2008.9〕　p27～30
金平茂紀	メディア論の彼方へ(21)バラク・オバマ、スーパースター：調査情報. 第3期　(484)〔2008.9・10〕　p52～55
金平茂紀	メディア論の彼方へ(22)Everything Must Change.「金融危機」と「オバマ大統領」：調査情報. 第3期　(485)〔2008.11・12〕　p72～75
湯浅誠	「マスコミ市民」読者のみなさま：マスコミ市民　通号478　〔2008.11〕　p47～49
安藤清志, 結城裕也, 板村英典	新聞ジャーナリストの惨事ストレス対策に関する意識：横浜国立大学大学院教育学研究科教育相談・支援総合センター研究論集　(9)〔2009〕　p81～98
出田稔	2011年のメディアコンディション雑感(その2)：放送界　54(188)〔2009.夏季〕　p100～104
元木昌彦, 若宮啓文	元木昌彦のメディアを考える旅(132)若宮啓文氏(朝日新聞社コラムニスト) 著書『闘う社説』で記録した「世論の陣取り合戦」の現実と苦悩：エルネオス　15(1)通号170　〔2009.1〕　p104～109
金平茂紀	メディア論の彼方へ(23)古い船をいま動かせるのは古い水夫じゃないだろう：調査情報. 第3期　(486)〔2009.1・2〕　p58～63

ジャーナリズム（日本）　　　　　　ジャーナリズム

長妻昭　　　　　講演・私の調査報道 権力の徹底批判こそジャーナリズムの任務：Journalism　（224）〔2009.1〕 p92～100

神余心　　　　　メディア激動時代 (1) 赤字転落の新聞・テレビに明日はある？　迫り来る「マスメディア総崩れ」の重み：エルネオス　15 (2) 通号171 〔2009.2〕 p60～63

小俣一平　　　　「調査報道」の社会史（第1回）調査報道とは何か：放送研究と調査　59 (2) 通号693 〔2009.2〕 p2～23

岩渕美克　　　　共同研究プロジェクト メディアをとりまく環境の変化とメディアシステムの再編：ジャーナリズム＆メディア： 新聞学研究所紀要　（2）〔2009.3〕 p175～198

宮脇健, 佐幸信介, 大井眞二　共同研究プロジェクト 持続と変化の中の「メディアの自由」――アンケート調査の結果から：ジャーナリズム＆メディア： 新聞学研究所紀要　（2）〔2009.3〕 p151～174

小川浩一　　　　日本の階層固定化とジャーナリズム：ジャーナリズム＆メディア： 新聞学研究所紀要　（2）〔2009.3〕 p129～150

大井眞二　　　　比較ジャーナリズム学の視座――序論：ジャーナリズム＆メディア： 新聞学研究所紀要　（2）〔2009.3〕 p33～54

神保太郎　　　　メディア批評（第15回）ニュースの貧困――NHKニュース 「派遣村」から見えてきた希望：世界　（788）〔2009.3〕 p126～133

金平茂紀　　　　メディア論の彼方へ（24)「戴冠式」と「戦争」について：調査情報. 第3期　（487）〔2009.3・4〕 p54～59

小俣一平　　　　「調査報道」の社会史（第2回)「調査報道」と「特別調査報道」：放送研究と調査　59 (3) 通号694 〔2009.3〕 p34～47

水島宏明　　　　メディア・リポート 放送 直接行動に抵抗感を抱く私たち 首相邸ツアー、派遣村取材から：Journalism　（226）〔2009.3〕 p54～57

辻大介　　　　　研究室からのメディア・リポート 調査データから探る「ネット右翼」の実態：Journalism　（226）〔2009.3〕 p62～69

小俣一平　　　　「調査報道」の社会史（第3回)「特別調査報道」の社会的影響：放送研究と調査　59 (4) 通号695 〔2009.4〕 p66～80

片方善治　　　　変貌する世界のメディア（348）各社の先進サービス戦略の展望：月刊放送ジャーナル　39 (4) 通号421 〔2009.5〕 p58～61

箕輪幸人　　　　怯むな、されど謙虚であれ――21世紀の事件記者たちへ（特集 裁判員制度で何を伝えるか）：月刊民放　39 (5) 通号455 〔2009.5〕 p20～23

峰久和哲　　　　民主主義の補完装置としての矜持を――求められる冷静さとモラル（特集 「世論調査」再考）：月刊民放　39 (5) 通号455 〔2009.5〕 p16～19

金平茂紀　　　　メディア論の彼方へ（25）僕が今、書き留めておきたいいくつかのことがら：調査情報. 第3期　（488）〔2009.5・6〕 p54～59

小俣一平　　　　「調査報道」の社会史（第4回)「調査報道」を阻む壁：放送研究と調査　59 (5) 通号696 〔2009.5〕 p50～64

一之瀬正史　　　取材対象者との関係（特集 報道姿勢とジャーナリズム）：マスコミ市民　通号484 〔2009.5〕 p35～37

豊秀一　　　　　批判的な読者との対話を通じ、ジャーナリズムを鍛える（特集 報道姿勢とジャーナリズム）：マスコミ市民　通号484 〔2009.5〕 p28～34

本多勝一　　　　貧困なる精神（401）16年間のご支持に感謝しつつ……（下）説得力あるルポは苛酷な現場取材と表裏：金曜日　17 (17) 通号763 〔2009.501・8〕 p60

高嶋伸欣　　　　メディア・ウォッチング（31）行動する主権者の姿を伝えず、知的衰退に正面から取り組まない全国紙誌の黄昏：金曜日　17 (19) 通号765 〔2009.5〕 p59

西村秀樹　　　　市民の目線こそ存在理由――関西マス倫懇五十年誌を出版して（関西ジャーナリズムの今）：新聞研究　（695）〔2009.6〕 p8～11

野瀬吉信　　　　徹底した現場主義で対象に迫る――模索を続ける関西ジャーナリズム（関西ジャーナリズムの今）：新聞研究　（695）〔2009.6〕 p12～15

小俣一平　　　　「調査報道」の社会史（第5回)「調査報道」がジャーナリズムを活性化させる：放送研究と調査　59 (6) 通号697 〔2009.6〕 p72～81

金平茂紀　　　　メディア論の彼方へ（26）メディア論のための積み木箱@早稲田大学：調査情報. 第3期　（489）〔2009.7・8〕 p70～75

堺屋太一, 竹中平蔵, 鈴木祐司　"融合"時代 放送メディアの課題と可能性 (2) 岐路に立つテレビ――ピンチとチャンスにどう対峙するのか？（特集 2009年春の研究発表・シンポジウム）：放送研究と調査　59 (7) 通号698 〔2009.7〕 p2～23

高久陽男　　　　メディア研究 新聞は誰のものか――公器性についての歴史的考察（下）：Journalism　（231）〔2009.8〕 p84～98

古賀純一郎　　　危機の米新聞業界――懸念されるジャーナリズムの衰退：人文コミュニケーション学科論集　（7）〔2009.9〕 p209～217

山田賢一　　　　「言論の多様性」と「公正な報道」には何が必要か――台湾旺旺集団のメディア進出をめぐって：放送研究と調査　59 (9) 通号700 〔2009.9〕 p78～85

元木昌彦, 山口一臣　元木昌彦のメディアを考える旅（141）山口一臣氏（「週刊朝日」編集長）週刊誌の衰退を喜ぶのは権力者、編集姿勢は基本的に反権力：エルネオス　15 (10) 通号179 〔2009.10〕 p104～109

中馬清福　　　　「可能性への期待」を捨てるな――新聞人の目線を下げることから始めよう（700号特集 新聞の明日）：新聞研究　（700）〔2009.11〕 p8～13

岡本厚　　　　　情報の重要性を判断し提供する役割――新聞の社会問題化機能と取材力（700号特集 新聞の明日）：新聞研究　（700）〔2009.11〕 p18～21

金平茂紀　　　　メディア論の彼方へ（28)「のりピー」をめぐる冒険――パラレル・ワールドにて：調査情報. 第3期　（491）〔2009.11・12〕 p68～73

日下部聡　　　　社の壁を超えた議論が記者を元気にする：マスコミ市民　通号490 〔2009.11〕 p40～44

河上和雄　　　　河上和雄の辛口応援歌！（VOL.8）報道記者との付き合い：Keisatsu koron　64 (11) 〔2009.11〕 p57～60

高嶋伸欣　　　　メディア・ウォッチング（37）官僚震撼の重大答弁伝えた『日経』地味記事に拍手！ 他社国会担当記者たちの失態責任を衝く：金曜日　17 (44) 通号790 〔2009.11〕 p57

水木楊　　　　　特別講演会 新聞はもっと自己主張を 現代日本の病とジャーナリズムに思う：メディア展望　通号575 〔2009.12〕 p1～6

福原義春　　　　基調講演 新聞に望むこと――不確実な社会を生き抜く知の獲得（第62回新聞大会・研究座談会）：新聞研究　（701）〔2009.12〕 p20～23

越川洋　　　　　メディア研究の課題 D.ウォルトンの視点から（前半）：放送研究と調査　59 (12) 通号703 〔2009.12〕 p56～68

柴田鉄治　　　　新聞・テレビの「組織」ジャーナリズムを問う：マスコミ市民　通号491 〔2009.12〕 p34～41

岡本厚	編集者の立場から「メディアの公共性」を問う：マスコミ市民　通号491〔2009.12〕p42〜50
藤井正希	マスコミの情報操作と国民主権：社学研論集　(15)〔2010〕p107〜122
巫坤達	A.グラムシの「ジャーナリズム」論をめぐって——『獄中ノート』の諸覚書から：マス・コミュニケーション研究　通号76〔2010〕p197〜215
光岡寿郎	なぜミュージアムでメディア研究か？——ロジャー・シルバーストーンのミュージアム論とその射程：マス・コミュニケーション研究　通号76〔2010〕p119〜137
酒井信一郎	メディア・テクストのネットワークにおける成員カテゴリー化の実践：マス・コミュニケーション研究　通号77〔2010〕p243〜259
峰久和哲	新聞の世論調査手法の変遷(特集 世論と世論調査)：マス・コミュニケーション研究　通号77〔2010〕p39〜58
烏谷昌幸	「ジャーナリズムとノンフィクション」研究のための調査ノート：武蔵野大学政治経済学部紀要　(2)〔2010〕p117〜128
小俣一平	「発表報道」と「調査報道」——「特別調査報道」の定義とその社会的影響をめぐる一考察：NHK放送文化研究所年報　54〔2010〕p241〜293
日隈一雄	ブック・ストリート 言論 確立されるべきは「情報流通の自由」：出版ニュース　通号2197〔2010.1〕p68〜69
神余心	メディア激動時代(11)共同通信加盟で全国紙の看板を下ろす毎日新聞社は「新聞凋落」の象徴か：エルネオス　16(1)通号182〔2010.1〕p48〜51
金平茂紀	メディア論の彼方へ(29)絶対に笑えないパロディに満ちたありのままの世界について：調査情報. 第3期　(492)〔2010.1・2〕p54〜59
Osnos, Peter	ジャーナリズムの衰退を考える：Foreign affairs report　2010(1)〔2010.1〕p29〜36
太田昌克	メディア一撃「国家のうそ」が焦点 核密約をめぐる国の調査報道の真髄発揮を：金曜日　18(3)通号798〔2010.1〕p56〜57
日隈一雄	ブック・ストリート 言論 クロスオーナーシップ規制、原口総務大臣の歴史的発言：出版ニュース　通号2200〔2010.2〕p28〜29
藤田博司	対日不信と報道の「公正」(メディア談話室)：メディア展望　通号577〔2010.2〕p20〜21
辻大介	若者の今、メディアの現在(1)「便所飯」とケータイ——絶え間なきつながりの時代：ぎゃらく　通号488〔2010.2〕p32〜35
乾正人	多様で健全な言論空間のために——是々非々で臨む産経新聞の立場(民主党政権とメディア)：新聞研究　(703)〔2010.2〕p12〜15
伊藤高史	政治社会学としてのジャーナリズム研究と「正当性モデル」：法学研究　83(2)〔2010.2〕p367〜388
日隈一雄	ブック・ストリート 言論 小沢報道に学ぶメディアリテラシー：出版ニュース　通号2203〔2010.3〕p26〜27
チャールズ, ルイス	新しい「調査報道」のかたち−−C・ルイス(「調査報道」の新局面)：総合ジャーナリズム研究　47(02)(通号212)〔2010.3〕p6〜10
小俣一平	日本の「調査報道」、昔といま(「調査報道」の新局面)：総合ジャーナリズム研究　47(02)(通号212)〔2010.3〕p28〜30
総合ジャーナリズム研究編集部	日本「調査報道」、過去の主な事例(「調査報道」の新局面)：総合ジャーナリズム研究所　47(02)(通号212)〔2010.3〕p51〜55
総合ジャーナリズム研究編集部	米「調査報道」NPOの活動事情(「調査報道」の新局面)：総合ジャーナリズム研究所　47(02)(通号212)〔2010.3〕p20〜22
井出智明	ジャーナリズム・マーケティング：情報学研究 : 東京大学大学院情報学環紀要　(78)〔2010.3〕p107〜134
大沢陽一郎	読者の熱い期待を背負って——新聞にしか担えない調査報道(記者読本2010—記者となる君へ)：新聞研究　(704)〔2010.3〕p24〜27
磯野彰彦	読者思いが良い記事の基本——大切なのは現場の実践(記者読本2010—記者となる君へ)：新聞研究　(704)〔2010.3〕p20〜23
金平茂紀	メディア論の彼方へ(30)思いは、必ず、どこかで、つながる：調査情報. 第3期　(493)〔2010.3・4〕p58〜64
水島宏明	メディア・リポート 放送 公設派遣村を報じた私たち どこまで「事実」を伝えたのか：Journalism　(238)〔2010.3〕p74〜77
日隈一雄	ブック・ストリート 言論：出版ニュース　通号2206〔2010.4〕p30〜31
辻大介	若者の今、メディアの現在(3・最終回)マスコミvs.インターネット？——「対話」の回路をどう開くか：ぎゃらく　通号490〔2010.4〕p32〜35
津田正夫	新たな社会構造への意識を——マスメディアとNPOの協働は可能か(NPO・メディア・市民)：新聞研究　(705)〔2010.4〕p12〜15
金平茂紀	メディア論の彼方へ(31)いのちを慈しむことand/or「殺すな！」のメッセージ——井上ひさしさんのこと：調査情報. 第3期　(494)〔2010.5・6〕p66〜71
石塚さとし	メディア時評(5)公共の利益を考える：マスコミ市民　通号496〔2010.5〕p67〜69
伊藤陽一, 桂敬一, 有山輝雄	第3回対外情報発信研究座談会 海外紙に見る日本の情報発信——改めて問われる通信社の役割：メディア展望　(580)〔2010.5〕p9〜22
河野俊史	新聞再生に向け、ニュースを深堀り——編集改革と共同再加盟の狙い：新聞研究　(707)〔2010.6〕p30〜33
武田徹	「ダダ漏れ」報道とジャーナリズム：エコノミスト　88(37)通号4114〔2010.6〕p42〜44
日隈一雄	ブック・ストリート 言論 映画「ザ・コーヴ」について：出版ニュース　通号2214〔2010.7〕p32〜33
金平茂紀	メディア論の彼方へ(32)TOKYOを亡命者のごとく……：調査情報. 第3期　(495)〔2010.7・8〕p60〜65
内海紀雄	同盟、「言論不安時代」に船出——通信社記者の「昭和」——その軌跡を手紙と日記に見る(2)：メディア展望　(582)〔2010.7〕p14〜19
山本武利	噴出する内外メディアの問題点：メディア展望　(582)〔2010.7〕p10〜12
水島宏明	メディア・リポート 放送「生活保護」でまた誤報!? 専門家がテレビ局に質問状：Journalism　(242)〔2010.7〕p58〜63
日隈一雄	ブック・ストリート 言論 MediACTのその後と「メディア行動」：出版ニュース　通号2217〔2010.8〕p32〜33
本多勝一	貧困なる精神(445)"不肖の弟子"として梅棹忠夫先生を偲ぶ(5)助言を実行した『極限の民族』取材：金曜日　18(31)通号826〔2010.8〕p49

豊秀一, 齊藤譲	対談 ジャーナリズムの未来を語る ～2010年IFJ総会に出席して～：放送レポート 226号 〔2010.9〕 p24〜29
長沼節夫	ああペンは無力なり（月刊「マスコミ市民」創刊500号によせて）：マスコミ市民 通号500 〔2010.9〕 p43〜45
飯室勝彦	行儀良すぎるメディア（月刊「マスコミ市民」創刊500号によせて）：マスコミ市民 通号500 〔2010.9〕 p40〜42
横田一	マスコミ不信はなぜ強まるのか 『朝日』の小沢バッシング：金曜日 18（34）通号829 〔2010.9〕 p14〜16
日隈一雄	ブック・ストリート 言論 組織的ジャーナリズムに対する課題：出版ニュース 通号2226 〔2010.11〕 p30〜31
元木昌彦, 高杉良	元木昌彦のメディアを考える旅（154）魅力的な人物が輩出しないのはメディアの傷みが背景にある：エルネオス 16（11）通号192 〔2010.11〕 p122〜127
金平茂紀	メディア論の彼方へ（34）カブール・ダイアリー：調査情報. 第3期 （497）〔2010.11・12〕 p60〜65
北口末広	走りながら考える（第115回）メディア企業も真剣に検証を：ヒューマンライツ （272）〔2010.11〕 p34〜37
大治浩之輔	メディア時評（11）民主主義か衆愚主義か──検察・マスコミ・検察審査会：マスコミ市民 通号502 〔2010.11〕 p58〜61
永田浩三, 柴田鉄治	対談 ジャーナリズムにおける組織と個人：マスコミ市民 通号502 〔2010.11〕 p22〜35
水島宏明	メディア・リポート 放送 議論する「場」ありますか？ エース検事と記者の相似形：Journalism （246）〔2010.11〕 p58〜61
弘中百合子	WOMEN&MEDIA インタビュー 弘中百合子さんに聞く：総合ジャーナリズム研究 47（01）（通号 211）〔2010.12〕 p56〜59
総合ジャーナリズム研究編集部	メディアの組織再編（Yearbook ジャーナリズム2009）：総合ジャーナリズム研究所 47（01）（通号 211）〔2010.12〕 p26〜28
総合ジャーナリズム研究編集部	「調査報道」の新局面：総合ジャーナリズム研究所 47（01）（通号 211）〔2010.12〕 p20〜25
神余心	メディア激動時代（22）告発メディアの主役はネットに交代、 尖閣ビデオ流失事件が起こした「事件」：エルネオス 16（12）通号193 〔2010.12〕 p64〜67
村上信夫	報道における不祥事概念の構築に関する一考察──1991年「証券不祥事」を事例として：社会学研究科年報 （18）〔2011〕 p49〜61
坂元章, 中島紗由理	メディアの違いがニュース記事の記憶に及ぼす影響──新聞とネットニュースの比較：社会情報学研究 ：日本社会情報学会誌 15（1）〔2011〕 p65〜76
玄武岩	コリアン・ネットワークから見るディアスポラ・メディア研究の地平（特集 多文化社会とメディア）：マス・コミュニケーション研究 通号79 〔2011〕 p27〜44
大澤聡	人物評論の時代──一九三〇年代日本のジャーナリズムにおける固有名消費：マス・コミュニケーション研究 通号78 〔2011〕 p109〜127
松葉侑子, 上田修一	テレビニュースと新聞におけるエピソード型フレームとテーマ型フレーム──総選挙報道の分析：Library and information science （65）〔2011〕 p83〜107
上杉隆	インタビュー メディアのあり方 テレビや新聞はフェアな言論空間を認めよ（総力特集 テレビはどこへ向かうのか──大震災、地デジ化を経て）：放送文化 通号32 〔2011.秋〕 p32〜35
北健一	フリーランスの理想と現実 －報告・フリーランス文化祭2010－：放送レポート 228号 〔2011.1〕 p36〜39
日隈一雄	ブック・ストリート 言論 流出情報は同一の規準では保護されない：出版ニュース 通号2231 〔2011.1〕 p68〜69
宇都宮健児, 元木昌彦	元木昌彦のメディアを考える旅（156）宇都宮健児氏（日本弁護士連合会会長）──捜査情報に頼るメディアでは冤罪を防げない：エルネオス 17（1）通号194 〔2011.1〕 p100〜105
金平茂紀	メディア論の彼方へ（35）今のメディア状況は、かなり危機的だと思うのだ：調査情報. 第3期 （498）〔2011.1・2〕 p60〜65
浅野健一	朝日新聞の「いきなり島を砲撃は蛮行」は捏造だ──南北砲撃戦：マスコミ市民 通号504 〔2011.1〕 p42〜47
日隈一雄	ブック・ストリート 言論 クロスオーナーシップの弊害：出版ニュース 通号2234 〔2011.2〕 p26〜27
神保哲生	これはジャーナリズムの生き残りをかけた戦いだ──普通の産業として通用するメディアへ脱皮せよ（特集 新聞メディアのゆくえ）：マスコミ市民 通号505 〔2011.2〕 p18〜31
河内孝	オープンコンバージェンス時代のジャーナリズム（特集 新聞メディアのゆくえ）：マスコミ市民 通号505 〔2011.2〕 p12〜17
片山慶隆	論争の場としての新聞──日露戦争期を題材として（特集 論争の場としてのメディア）：メディア史研究 29 〔2011.2〕 p1〜14
北透	メディアスクランブル 深くて広い「WLとジャーナリズム」の問題：広島ジャーナリスト （04）〔2011.3〕
総合ジャーナリズム研究編集部	守れるか、ジャーナリズム力（特集 ネット社会の「取材・報道」力－－オルタナティブ・ジャーナリズムを考える）：総合ジャーナリズム研究所 48（02）（通号 216）〔2011.3〕 p7〜18
藤田博司	政治家、ネット利用に「変」!?（特集 ネット社会の「取材・報道」力－－オルタナティブ・ジャーナリズムを考える）：総合ジャーナリズム研究 48（02）（通号 216）〔2011.3〕 p4〜6
総合ジャーナリズム研究編集部	特集 ネット社会の「取材・報道」力－－オルタナティブ・ジャーナリズムを考える：総合ジャーナリズム研究所 48（02）（通号 216）〔2011.3〕 p20〜26
総合ジャーナリズム研究編集部	米・ネット系「調査報道」の躍進（特集 ネット社会の「取材・報道」力－－オルタナティブ・ジャーナリズムを考える）：総合ジャーナリズム研究所 48（02）（通号 216）〔2011.3〕 p3〜41
佐藤卓己	「新聞学なるものの学問としての性格」再考：京都大学生涯教育学・図書館情報学研究 （10）〔2011.3〕 p1〜4
大井眞二	信頼に足るジャーナリズム──多くの声、ひとつの思い──日本のジャーナリスト「1000人調査」の「自由回答」から（特集 ニュースメディアの現在）：新聞学研究所紀要 （4）〔2011.3〕 p79〜132
高橋俊一	調査ジャーナリズムの現状と諸問題──調査報道原論への試み（特集 ニュースメディアの現在）：ジャーナリズム＆メディア ： 新聞学研究所紀要 （4）〔2011.3〕 p133〜147
伝川幹	実践、論理、そして感性──記者に求められるもの（記者読本2011─記者となる君へ）：新聞研究 （716）〔2011.3〕 p8〜11
風間正人	取材力、文章力をつけ成長を──自分と新聞の将来に目を配りつつ（記者読本2011─記者となる君へ）：新聞研究 （716）〔2011.3〕 p28〜31
佐藤吉哉	報道力と人間力で新聞の未来を拓く──紙とインターネットで広がる記者の可能性（記者読本2011─記者となる君へ）：新聞研究 （716）〔2011.3〕 p20〜23
西村磨	埋もれた真実を掘り起こす──新聞の力を示す調査報道の役割（記者読本2011─記者となる君へ）：新聞研究

	(716)〔2011.3〕p12～15
金平茂紀	メディア論の彼方へ(36)モスクワ・カイロ・トーキョー——新・三都物語：調査情報. 第3期　（499）〔2011.3・4〕p62～67
金井啓子	現場の声に学ぶマスメディア入門：文学・芸術・文化：近畿大学文芸学部論集　22(2)〔2011.3〕p53～68
山口仁	クレイム申し立ての中のマス・メディア報道——小泉首相の靖国参拝問題論争（2005—2006）を事例に：メディア・コミュニケーション：慶応義塾大学メディア・コミュニケーション研究所紀要　（61）〔2011.3〕p161～172
元木昌彦, 蜷川真夫	元木昌彦のメディアを考える旅(159)蜷川真夫氏（J—CAST ニュース発行人）何よりも大事なのは独立採算でクオリティの高い人材を養成する：エルネオス　17(4)通号197　〔2011.4〕p100～105
外岡秀俊	鉄則を堅持し、新メディアに向き合う——問題の所在と既存メディアの立場（ウィキリークスをどう見るか）：新聞研究　（717）〔2011.4〕p8～11
内海紀雄	敗戦に「自失の体」「地団太踏む思い」——一通信社記者の「昭和」——その軌跡を手紙と日記に見る(11)：メディア展望　（591）〔2011.4〕p13～15
神余心	メディア激動時代(27)次代の主役は「スマートテレビ」世界の潮流に取り残される日本：エルネオス　17(5)通号198　〔2011.5〕p68～71
村上雅通	戦争、水俣、そして……——私の「地域ジャーナリズム」論（特集 取材の持久力）：月刊民放　41(5)通号479〔2011.5〕p8～11
金平茂紀	メディア論の彼方へ(37)われら皆、「大津波」の同時代人、われら皆、「フクシマ」のこどもたち：調査情報. 第3期（500）〔2011.5・6〕p108～113
岩沢武夫	マスメディアとの相乗効果を——ネットコミュニティーとの連携模索（ソーシャルメディアは何を変えるのか）：新聞研究　（719）〔2011.6〕p34～37
京井良彦	共感を起点に変わる消費行動——新聞が目指すべき「ロングエンゲージメント」（ソーシャルメディアは何を変えるのか）：新聞研究　（719）〔2011.6〕p47～50
日隈一雄	ブック・ストリート 言論 日本のマスメディアは事実を伝えているのか——再生可能エネルギーを巡る報道について：出版ニュース　通号2248〔2011.7〕p32～33
金平茂紀	メディア論の彼方へ(38)畏友Y氏との15年ぶりの対話：調査情報. 第3期　（501）〔2011.7・8〕p111～117
丸山昇	メディア一撃 100億円超の東電債持つNHKが東電を批判できるのか：金曜日　19(29)通号872　〔2011.7〕p56～57
壱岐一郎	「9・11」10周年と「3・11」：放送レポート　232号　〔2011.9〕p54～57
高田昌幸, 上杉隆, 日隈一雄	ジャーナリスト関連4団体・公開討論会「いまメディアと市民はどう動くべきか」：出版ニュース　通号2254　〔2011.9〕p6～14
日隈一雄	ブック・ストリート 言論 当事者のごまかしが問題なのか、監督官庁のお目こぼしが問題なのか？：出版ニュース　通号2254　〔2011.9〕p32～33
神保太郎	メディア批評（第45回）(1)3.11後のメディア危機 (2)「企業海外移転」キャンペーン：世界　（821）〔2011.9〕p217～224
金平茂紀	メディア論の彼方へ(39)8月15日にフクシマから伝えたいことがある：調査情報. 第3期　（502）〔2011.9・10〕p68～73
金井啓子	現場の声に学ぶジャーナリズム実践：文学・芸術・文化：近畿大学文芸学部論集　23(1)〔2011.9〕p96～79
岩上安身, 日隈一雄, 福島みずほ	福島みずほ鼎談 日隈一雄さん（弁護士）、岩上安身さん（フリージャーナリスト）主権者である国民が、情報を受けるだけでなく発信し、共有する「情報主権社会」が必要：社会民主　（677）〔2011.10〕p48～54
赤木孝次	1960年代における新聞と時間の関係をめぐる議論——テレビへの対応としての発展と限界、そして可能性：情報学研究：東京大学大学院情報学環紀要　（81）〔2011.10〕p39～53
神余心	メディア激動時代(33)バラ色の未来が描けない厳しい環境で事業者が争う「BS多チャンネル時代」：エルネオス　17(11)通号204〔2011.11〕p64～67
石沢靖治	不安定化・不透明化の進行と拡大——国際社会とメディアの10年（9・11後の10年を読む）：新聞研究　（724）〔2011.11〕p20～23
金平茂紀	メディア論の彼方へ(40)トランス・リビア・ダイアリー（抄）：調査情報. 第3期　（503）〔2011.11・12〕p62～67
桂敬一, 柴田鉄治, 藤田博司	座談会 メディアの報道と権威の崩壊（特集 2011年マスコミ報道の検証）：マスコミ市民　（515）〔2011.12〕p2～21
篠田悠三	良識ある見解を無視する紙面「死のまち」発言をめぐる朝日新聞報道：マスコミ市民　（515）〔2011.12〕p70～72
原口一博	（特別インタビュー）新聞と伍する報道機関たりうるのか 加速するインターネット テレビの生き様は？ 原口一博 衆院総務委員長：放送界　No0195〔2012〕
関千枝子	報道されない大事なニュース：放送レポート　234号　〔2012.1〕p24～25
金平茂紀	メディア論の彼方へ(41)「御用ジャーナリスト」について僕が知っている2、3のことがら：調査情報. 第3期（504）〔2012.1・2〕p62～67
鎌田慧, 大畑太郎	「異端」のジャーナリストに聞く（NO.2）原点は町工場の労働運動：マスコミ市民　通号516　〔2012.1〕p24～29
日隈一雄	ブック・ストリート 言論 メディアの検証報道は真意なのか、アリバイなのか？：出版ニュース　通号2268　〔2012.2〕p19
神保太郎	メディア批評（第50回）(1)読売「内紛」と各紙の距離感 (2)沖縄防衛局長「オフ懇」発言の波紋：世界　（827）〔2012.2〕p132～139
服部孝章	いま求められる表現・報道機関が一斉にあげる批判 ジャーナリズム機能の衰退と公権力の介入：出版ニュース　通号2271〔2012.3〕p4～9
関千枝子	歴史に学ばない日本人：放送レポート　235号　〔2012.3〕p36～37
神余心	メディア激動時代(37)ネットのクチコミサイトは信頼できるか？ 密かに広まる「ステマ問題」の実相を探る：エルネオス　18(3)通号208　〔2012.3〕p66～69
杉田成道	THE PERSON 日本映画衛星放送株式会社代表取締役社長 杉田成道：ぎゃらく　通号513　〔2012.3〕p3～5
高橋俊一	捜査当局と調査ジャーナリズムの微妙な関係：ジャーナリズム＆メディア：新聞学研究所紀要　（5）〔2012.3〕p97～119

林芳樹	じっと耳を傾ける ： 記者の仕事、記者の倫理（記者読本 2012 記者となる君へ）：新聞研究 　（728）〔2012.3〕 p12～15
清水純一	音読に耐えられる記事こそベスト ： 読み手の想像力働かせる書き方も（記者読本 2012 記者となる君へ）：新聞研究 （728）〔2012.3〕 p24～27
大野更紗	志と気概と使命感で頼られる記者に ： 「誰にも負けない」取材テーマを持って（記者読本 2012 記者となる君へ）：新聞研究 （728）〔2012.3〕 p36～39
谷川哲也	新聞の存在意義高める調査報道 ： 慎重な取材をもとに果敢に攻める（記者読本 2012 記者となる君へ）：新聞研究 （728）〔2012.3〕 p20～23
松村茂雄	真実を的確につかむ力を基礎として ： ネット時代の記者に求められる資質（記者読本 2012 記者となる君へ）：新聞研究 （728）〔2012.3〕 p28～31
森耕一郎	目線は常に足もとへ ： 口蹄疫報道を経験して感じたこと（記者読本 2012 記者となる君へ）：新聞研究 （728）〔2012.3〕 p32～35
金平茂紀	メディア論の彼方へ（42）シリア・ダイアリー ： 細部に真実は宿りたまいき：調査情報. 第3期 （505）〔2012.3・4〕 p62～67
三谷文栄	対外政策とメディア ： 「正当化」の観点からの一考察：メディア・コミュニケーション ： 慶応義塾大学メディア・コミュニケーション研究所紀要 （62）〔2012.3〕 p205～216
岸井成格, 石田紗英子	石田紗英子のFree Talking 岸井成格 毎日新聞社主筆 新聞は「社会の木鐸（ぼくたく）」であり続ける：リベラルタイム 12（3）通号130 〔2012.3〕 p72～74
小林啓倫	データジャーナリズムを考える ネットの力を取り込んで英米で始まる新たな調査報道：Journalism （262）〔2012.3〕 p60～69
水島宏明	メディア・リポート 放送 「現場」に行かないテレビ記者 サラリーマン化する報道現場：Journalism （262）〔2012.3〕 p72～75
神余心	メディア激動時代（38）スマホ向け「国策メディア」開局 有料放送「NOTTV」に勝算はあるか？：エルネオス 18（4）通号209 〔2012.4〕 p70～73
小山薫堂	インタビュー 思考をうながすメディアの役割 ： 上質な好奇心を持って建設的な問題提起を：新聞研究 （729）〔2012.4〕 p54～57
三ヶ野大典	正攻法の取材で得たスクープ ： 今も尾を引く靖国A級戦犯合祀：メディア展望 （603）〔2012.4〕 p7～9, 18
松波功	データジャーナリズムを考える メディアに求められるデータを可視化する発想と能力：Journalism （263）〔2012.4〕 p52～61
日隈一雄	ブック・ストリート 言論 情報漏洩で騒ぐべきは、沖縄自衛隊選挙講話問題か、京都小学生交通事故での出来事か：出版ニュース 通号2277 〔2012.5〕 p21
金平茂紀	メディア論の彼方へ（43）誠実であることとは何か？：調査情報. 第3期 （506）〔2012.5・6〕 p66～71
小林秀章	新聞は究極のキュレーションメディア ： 2011年全国メディア接触・評価調査の結果から：新聞研究 （732）〔2012.7〕 p78～83
金平茂紀	メディア論の彼方へ（44）今、目の前で進行している〈反動〉について：調査情報. 第3期 （507）〔2012.7・8〕 p66～71
平和博	データジャーナリズムを考える 国際ジャーナリズムフェスティバル報告 進化するデジタル報道 各国で続く挑戦と協力：Journalism （266）〔2012.7〕 p66～75
内田誠	ブック・ストリート 言論 電力会社社員によるポジショントークは許されるのか：出版ニュース 通号2285 〔2012.8〕 p19
濱野智史	熱く盛り上がる「生」の映像を ： 放送とソーシャルメディアの相性に関する試論（ソーシャルメディアと放送）：月刊民放 42（8）通号494 〔2012.8〕 p24～27
神保太郎	メディア批評（第56回）（1）メディアの市民性問う52年後の「6.15」 （2）萎縮する慰安婦問題報道：世界 （833）〔2012.8〕 p52～59
真崎哲	メディアスクランブル 直接民主主義への渇望：広島ジャーナリスト （10）〔2012.9〕
井口裕介	いかにキラーコンテンツを確保するか ： 可能性と課題見えたウェブ活用（ロンドン五輪から吹くデジタルの風）：新聞研究 （734）〔2012.9〕 p48～50
東哲也	若手育成に求められる計画的な研修制度 ： 「新聞・通信社における若手社員の育成方法」報告書から（変わる取材環境と記者教育）：新聞研究 （734）〔2012.9〕 p8～11
神保太郎	メディア批評（第57回）（1）情報は「拡大」から「拡散」の時代に （2）「集団的自衛権問題」はどう報じられたか：世界 （834）〔2012.9〕 p76～83
金平茂紀	メディア論の彼方へ（45）絶望の政治、希望のデモ ： 2012年8月10日の取材メモから：調査情報. 第3期 （508）〔2012.9・10〕 p68～73
横山尊	新優生学のメディアキャンペーン ： おぎゃー献金の登場と展開：メディア史研究 32 〔2012.9〕 p106～128
綿井健陽	山本美香さん殺害で求められる批評と議論 水面下で広く根を張る「自己責任論」：金曜日 20（33）通号925 〔2012.9〕 p30
大治浩之輔	メディア時評（34）「身代わりになっていただいている」という感覚：マスコミ市民 （525）〔2012.10〕 p35～37
金平茂紀	メディア論の彼方へ（46）中国行きのエンプティ・フライト：調査情報. 第3期 （509）〔2012.11・12〕 p68～73
本多勝一	貧困なる精神（535）伊藤マキさんを想う（2）ベトナム解放区取材で "行方不明"：金曜日 20（43）通号935 〔2012.11〕 p55
神余心	メディア激動時代（46）パソコン時代の終わりの始まり 火花散る「タブレット」戦線：エルネオス 18（12）通号217 〔2012.12〕 p72～75
大治浩之輔	メディア時評（36）特ダネの意味 ： ジャーナリズムの存在理由：マスコミ市民 通号527 〔2012.12〕 p66～73
篠田悠三	安倍 橋下 石原は「保守」なのか!? ： 「朝日新聞」の書き方：マスコミ市民 通号527 〔2012.12〕 p22～24
熊谷徹	海外メディア報告 失墜したハイテク大国日本への信頼 福島原発事故とドイツのメディア：Journalism （271）〔2012.12〕 p68～75
ナイハード, クリストフ, デミリア, ピオ, 瀬川牧子	海外メディア記者座談会（第2回）ドイツ、インド、イタリア 原発と日本社会 日本のメディアは国民に嘘をついていないか：金曜日 20（48）通号940 〔2012.12〕 p30～33

三浦元　「データジャーナリズム」の展開とその可能性をめぐる考察：杏林社会科学研究　29（2）通号93　〔2013〕　p49～71

橋場義之　最終講義 ネット時代のジャーナリズムとジャーナリズム論：コミュニケーション研究　（43）〔2013〕　p5～26

佐々木悠亮　メディアのゲートキーピング研究：現状と課題：マス・コミュニケーション研究　（82）〔2013〕　p193～210

金平茂紀　メディア論の彼方へ（46）情況への発言：わたしたちはどこから来て、どこへ向かおうとしているのか：調査情報.
第3期　（510）〔2013.1・2〕　p72～77

ふるまいよしこ　「新年特別号」を当局が改ざん 「南方週末」事件が暴露した中国メディアの理想と現実：Journalism　（273）
〔2013.2〕　p52～59

元木昌彦, 馬淵澄夫　元木昌彦のメディアを考える旅（182）不作為による無責任の連鎖：メディアは問題の本質を伝えるべき：
エルネオス　19（3）通号220　〔2013.3〕　p100～105

外岡秀俊　「新製品」を作り出すつもりで：伝わる新聞記事の書き方（記者読本2013 記者となる君へ）：新聞研究　（740）
〔2013.3〕　p32～35

松本元裕　変わるものと変わらないもの：ネット時代の新聞記者（記者読本2013 記者となる君へ）：新聞研究　（740）〔2013.
3〕　p28～31

金平茂紀　メディア論の彼方へ（48）フランスでアルジェリアの事件を考えた：調査情報. 第3期　（511）〔2013.3・4〕　p62～67

山田厚史　現代の肖像 サステナ代表取締役 マエキタミヤコ 広告を武器に明るく世直し：Aera　26（13）通号1388　〔2013.3〕
p52～56

内田誠　ブック・ストリート 言論 デモクラTV：出版ニュース　通号2308　〔2013.4〕　p19

伊原智人, 元木昌彦　元木昌彦のメディアを考える旅（183）客観的なコスト提示が重要だが、原発の実相を伝えきれないメディア
今月の同行者／伊原智人氏（Green Earth Instituteゼネラルマネージャー）：エルネオス　19（4）通号221　〔2013.
4〕　p112～117

上智大学田島泰彦ゼミ, 立教大学服部孝章ゼミ　ロー・フォーラム メディアゼミ・フォーラム2012/2013 この国の報道と情報は
市民にとって有益か：法学セミナー　58（4）通号699　〔2013.4〕　p154～155

安富信　日本のマスコミの現状と課題：新聞製作の現場と読者の変遷：安全・安心社会システム研究：文部科学省「戦略
的大学連携支援事業」, ポーアイ4大学による連携事業, 安全・安心・健康のための総合プログラムを軸として　2
（1）通号3　〔2013.5〕　p1～8

津山恵子　調査報道とマルチメディアで生き残り：地元新聞廃刊のコロラドにニューメディア（日刊紙が消えた街とメディ
ア）：新聞研究　（742）〔2013.5〕　p26～28

金平茂紀　メディア論の彼方へ（49）嫌なものを弱者に押し付け続ける「美しい国」：調査情報. 第3期　（512）〔2013.5・6〕
p68～73

大治浩之輔　メディア時評（40）憎しみの内攻する社会：マスコミ市民　（532）〔2013.5〕　p44～46

石塚さとし, 野中章弘　「異端」のジャーナリストに聞く（NO.17）ジャーナリスト精神を心に刻む人たちに、環境を整えていく
こと：マスコミ市民　（532）〔2013.5〕　p32～41

真崎哲　メディアスクランブル 憲法・共同通信不祥事：広島ジャーナリスト　（13）〔2013.6〕

松浦茂樹　インタビュー 良質な言論空間築くために：「メディア設計者」としての役割：新聞研究　（743）〔2013.6〕　p52～
55

赤倉優蔵　新たな報道手法に注目集まる：報道とテクノロジーの融合で新たな可能性（データジャーナリズムとは何か）：新
聞研究　（743）〔2013.6〕　p42～45

赤川省吾　読者のグローバル化が進むなかで：ドイツメディアの現状：新聞研究　（743）〔2013.6〕　p66～69

岸井成格, 渡辺美喜男　TALKING 毎日新聞社特別編集委員/TBSテレビ「NEWS23」アンカー 岸井成格 ニュースの本質に迫る
時代背景を伝えたい！：リベラルタイム　13（6）通号145　〔2013.6〕　p4～7

見田宗介　編集長インタビュー 良心的なジャーナリズムが陥りがちな罠から抜け出そう：Journalism　（277）〔2013.6〕
p122～127

内田誠　ブック・ストリート 言論 元CIA職員の告発：出版ニュース　通号2316　〔2013.7〕　p19

元木昌彦, 斎藤貴男　元木昌彦のメディアを考える旅（186）ジャーナリズムやアカデミズムがネット社会に引っ張られている危
険：エルネオス　19（7）通号224　〔2013.7〕　p96～101

下山純　一歩前に踏み出すために：ネット時代とどう向き合うか：新聞研究　（744）〔2013.7〕　p66～69

金平茂紀　メディア論の彼方へ（50）アッツ・ダイアリー：まだ放送していないのに例外的に記す取材日誌：調査情報. 第3期
（513）〔2013.7・8〕　p62～67

むのたけじ, 門奈直樹　特別インタビュー いまジャーナリズムに問われているもの：マスコミ市民　（534）〔2013.7〕　p44～54

斉藤孝, 津田大介, 片山善博　シンポジウム ニュースや知識をどう支えるか：ネット時代にメディアの公共性を考える：新聞研
究　（745）〔2013.8〕　p32～42

神保太郎　メディア批評（第68回）(1) 生きた姿を蘇らせよ：大阪・天満の母子 (2) "最重要のリーク"は日本と無関係なの
か：世界　（846）〔2013.8〕　p54～61

小野高道　米国有数の言論サイトと朝日新聞が手を組んだ ザ・ハフィントン・ポストは日本版で何を目指すのか？：
Journalism　（279）〔2013.8〕　p58～65

内田誠　ブック・ストリート 言論 派遣使いたい放題法へ：出版ニュース　通号2322　〔2013.9〕　p19

金平茂紀　メディア論の彼方へ（51）夏の手紙 2013年：調査情報. 第3期　（514）〔2013.9・10〕　p66～71

根津朝彦　『世界』編集部と戦後知識人：知的共同体の生成をめぐって（特集 中・小規模メディアの一断面）：メディア史研
究　34　〔2013.9〕　p40～63

斎藤孝光　新聞と民主主義の「親密度」を計測する：ネットと何がどう違うのか（新聞の公共性を考える）：新聞研究　（747）
〔2013.10〕　p72～75

内田誠　ブック・ストリート 言論 TPPと食の安全・安心：出版ニュース　通号2328　〔2013.11〕　p23

栗山倫子　アントレプレニュリアル・ジャーナリズム：核は信頼性の高い報道と読者ニーズ：新聞研究　（748）〔2013.11〕
p54～57

吉田伸八, 小松夏樹, 小俣一平　デスク座談会 報道現場のいま：新聞研究　（748）〔2013.11〕　p8～27

金平茂紀　メディア論の彼方へ（52）今年のトップニュース・東京五輪招致をめぐる断章：調査情報. 第3期　（515）〔2013.11・
12〕　p72～77

神余心　メディア激動時代（58）ネットメディアは脅威だが共存できる?!「現代日本のジャーナリスト像」調査を読む：エル

ネオス　19 (12) 通号229　〔2013.12〕　p62〜65

藤代裕之　Media Scope 米英から学ぶデータジャーナリズム実践のヒント：新聞研究　(749)〔2013.12〕　p54〜58

茨木正治　マス・メディアの「極化」現象の考察　：研究動向と応用可能性の検討：法政論叢　50 (2)〔2014〕　p1〜13

栗木千恵子　「語り」とジャーナリズム：人文学部研究論集　(31)〔2014.1〕　p103〜115

橋元良明　激変 メディア環境 (第1回) 曲がり角にきたマスメディア：日経広告研究所報　48 (1) 通号273　〔2014.2・3〕　p28〜33

鳥居英晴　大多数は欧米勢力との衝突予測せず　同盟通信の日中戦争世論調査：メディア展望　(626)〔2014.2〕　p16〜18

むのたけじ　インタビュー 目的意識を明確に持とう　：最年長記者からのメッセージ (記者読本2014 記者となる君へ)：新聞研究　(752)〔2014.3〕　p43〜47

引野肇　グローバルな視野と市井の感覚で　：「科学」を分かりやすく報じるために (記者読本2014 記者となる君へ)：新聞研究　(752)〔2014.3〕　p32〜35

上野千鶴子　報道ジャーナリズムが生き延びるために (記者読本2014 記者となる君へ)：新聞研究　(752)〔2014.3〕　p40〜42

垣添忠生　緻密な取材と抑制された熱意を　：虫の目と鳥の目と複眼の思考の重要性 (記者読本2014 記者となる君へ)：新聞研究　(752)〔2014.3〕　p36〜39

神余心　メディア激動時代 (62) 頭打ちの有料多チャンネル放送 ライバル台頭で「CS」変容、生き残りへ総力：エルネオス　20 (4) 通号233　〔2014.4〕　p64〜67

内田誠　ブック・ストリート 言論 メディアの現状：出版ニュース　通号2345　〔2014.5〕　p17

丹野恒一　「実像」を正しく伝えるために　：当事者を取材・報道する意義と課題 (LGBTをめぐる問題をどう報じるか)：新聞研究　(754)〔2014.5〕　p40〜43

村木真紀　適切な理解と価値判断を　：メディアに求められる視点とは (LGBTをめぐる問題をどう報じるか)：新聞研究　(754)〔2014.5〕　p34〜39

金平茂紀　メディア論の彼方へ (55) 国家が無実の人間を48年間にわたり拘置した悲劇をめぐる簡略なる叙述：調査情報. 第3期　(518)〔2014.5・6〕　p68〜73

鈴木祐司　メディア新陳代謝 (第2回 1) ニュースアプリの時代：B-maga　13 (5) 通号144　〔2014.5〕　p22〜25

真崎哲　メディア論余滴 炭鉱のカナリア：広島ジャーナリスト　(17)〔2014.6〕

神保太郎　メディア批評 (第78回) (1) 夕刊と広告に映る新聞の「変調」　(2) 個人情報保護法はメディアをどう変えたか：世界　(857)〔2014.6〕　p57〜64

内田誠　ブック・ストリート 言論 安倍内閣の命運：出版ニュース　通号2350　〔2014.7〕　p17

神余心　メディア激動時代 (64) 新旧メディア融合の挑戦は奏効するか KADOKAWA・ドワンゴ統合：エルネオス　20 (7) 通号236　〔2014.7〕　p60〜63

金平茂紀　メディア論の彼方へ (56)『動物農場』の羊たちと、オルガの悩ましき服装について：調査情報. 第3期　(519)〔2014.7・8〕　p56〜61

飯田裕美子　多様な能力で強いジャーナリズムを　：『女性活用』といわれる時代のマス・メディア 日本マスコミ学会で初シンポジウム：メディア展望　(631)〔2014.7〕　p24〜27

佐藤慶一　ニュース体験を考慮した発信を　：今後の取り組みが戦略の「常識」をつくる (デジタルメディアの新展開)：新聞研究　(757)〔2014.8〕　p41〜43

神保太郎　メディア批評 (第80回) (1) 戦後最大の曲がり角へ　：国民とメディアの「共犯関係」　(2) 裁判員制度5年 事件報道の検証を：世界　(859)〔2014.8〕　p48〜55

鈴木祐司　メディア新陳代謝 (第5回) ネット動画の時代：B-maga　13 (8) 通号147　〔2014.8〕　p40〜42

渡部睦美　取材も署名もなしで北朝鮮批判ニュースをネット配信 2ちゃんねる化する『産経新聞』の報道精神：金曜日　22 (31) 通号1021　〔2014.8〕　p35

真崎哲　メディアスクランブル 見えない部分が多すぎる：広島ジャーナリスト　(18)〔2014.9〕

飛鳥勝幸　未来を考え、次世代に伝える　：『現代ジャーナリズム事典』を編集して：月刊民放　44 (9) 通号519　〔2014.9〕　p30〜33

金平茂紀　メディア論の彼方へ (57)「殺すな！」から遠く離れてゆく世界のなかで：調査情報. 第3期　(520)〔2014.9・10〕　p66〜71

寺島英弥　メディア・リポート 新聞 戦後69年の夏に響くもの、重なるもの 二・二六事件の青年将校遺族を取材して：Journalism　(293)〔2014.10〕　p161〜163

金平茂紀　メディア論の彼方へ (58) しかしその敗北から何も学びとらないのは大いなる恥辱である　：畏友Y氏との、おそらく最後になるかもしれない対話：調査情報. 第3期　(521)〔2014.11・12〕　p68〜73

山田厚史　メディアは何のために存在するのか　：「朝日叩き」から見えるもの：メディア展望　(635)〔2014.11〕　p12〜16

植村八潮　ジャーナリズムとメディアの現在　：理念を駆動する社会的装置 (特集 メディアとジャーナリズムの未来)：情報の科学と技術　65 (1)〔2015〕　p2〜7

〔図 書〕

矢部謙次郎　ニュース蒐集とニュース源　新聞研究所　60p　23cm

小山栄三　新聞學要綱　同文館　1946.10　85, 2p　18cm

扇谷正造, 入江徳郎　書かれざる特ダネ　話社　1948　227p　18cm

関西学院新聞部　現代ジャーナリズム論―その分析と批判　駸々堂　1948　263p　21cm

ニューヨークタイムズ社, 朝日新聞社　現代の新聞―製作と意義　トッパン　1948　313p　18cm

日本ジャーナリスト連盟　ジャーナリズム入門　銀杏書房　1948　297p　19cm

波多野完治　新聞記事―文章心理学的研究　日本新聞協会　1948　84p　18cm　（新聞協会資料 第11）

日本新聞協会編集部　新聞講座 編集編　日本新聞協会　1948　514p　19cm

奥村信太郎　新聞に終始して　文芸春秋新社　1948　272p　19cm

島崎憲一　新聞の顔―これからの新聞教科書　国際出版　1948　250p　19cm

浦上五六　新聞の知識　再版　天地書房　1948　138p　19cm　（学生シリーズ 第1）

権藤猛, 小田部啓次郎　新聞の話　西日本新聞社　1948　134p　19cm　（少国民文化読本 12）

山主俊夫　　機関紙編集読本　浅間書房　1949　216p　19cm

鈴木文史朗　　ジャーナリズム批判　弘文堂　1949　62p　15cm　（アテネ文庫 第69）

土屋清　　新聞　弘文堂　1949　62p　15cm　（アテネ文庫 第63）

松本幸輝久　　新聞学概論　国民教育社　1949　392p　19cm

東京新聞社.社会部　　新聞とその見方作り方―社会科教育　文治書院　1949　170p 図版　19cm

梅津八重蔵　　新聞の出来るまで　日本新聞協会　1949　61p　19cm　（新聞文庫 第3）

永島寛一　　新聞の話　再版　成城国文学会　1949　141p 図版　19cm　（文芸読本 第3 20）

Garrett, Julian, Anthony., 式正次　　正統ジャーナリズム　再版　新聞之新聞社　1949　89p　18cm

朝日新聞社浦和支局同人　　ペン偽らず―本庄事件　再版　花人社　1949　368p　19cm

新島繁　　ジャーナリズム　ナウカ社　1950　184p　19cm　（ナウカ講座）

毎日新聞社　　新聞　毎日新聞社　1950　331p　19cm　（毎日ライブラリー）

岡野他家夫　　新聞学　3　日本大学　195　196p　22cm

竹田真夫, 長新太　　新聞ができるまで　小峰書店　1950　49p 図版　19cm　（小学生文庫 26）

和田伊都夫　　新聞の常識　柏書房　1950　226p　19cm

Bastian, George, C., Case, Leland, D., 日本新聞協会　新聞編集の実際　時事通信社　1950　312p　19cm

渋川環樹　　新聞理解の常識　冬芽書房　1950　123p　19cm

日本新聞協会　　民主的新聞のあり方　日本新聞協会　1950　121p　19cm　（新聞協会資料 第13）

小山栄三　　新聞社会学　有斐閣　1951　265p　22cm　（社会学選書）

木下宗一　　新聞の基礎知識　磯部書房　1951　199p　18×11cm　（智慧の実教室 第9）

大島泰平　　新聞の話　筑摩書房　1951　163p 図版　19cm　（中学生全集 34）

荒垣秀雄　　新聞の眼　河出書房　1951　276p　19cm

Jones, John, Paul., 日本新聞協会　新聞報道の実際　上巻　時事通信社　1951　272p　19cm

劉光炎　　新聞学講話　中華文化出版事業委員会　1952　228p　19cm　（現代国民基本知識叢書 第1輯）

小野秀雄　　新聞原論　増補版　東京堂　1953 6版　330p　22cm

永田久光　　下から読む新聞―広告記者の生活日記　学風書院　1954　250p　19cm

末松満　　ジャーナリスト入門―新聞記者の職業と生活　みすず書房　1954　211p　19cm

荒垣秀雄　　新聞の片隅の言葉―天声人語から　暮しの手帖社　1954　406p　19cm

笠信太郎　　新聞の読み方に関する十二章　中央公論社　1954 3版　224p　18cm

河出書房　　マス・コミュニケーション講座　第3　新聞・雑誌・出版　城戸又一/編　河出書房　1954　348p　22cm

荒垣秀雄　　朝日新聞の自画像　鱒書房　1955　248p　20cm

安西均　　オセンチ記者―ある学芸記者の生活記録　学風書院　1955　181p　18cm

伊藤恒夫　　真実と新聞　関書院　1955　220p　19cm

角川書店　　新聞　角川書店　1955　68p(図版, 解説共)　19cm　（角川写真文庫）

千葉雄次郎　　新聞　有斐閣　1955　234, 13p　19cm　（らいぶらりい・しりいず）

小山栄三　　新聞学入門　同文館　1955　145p　18cm　（新聞の知識シリーズ 第1）

楢崎観一　　新聞記者五十年　毎日新聞社　1955　217p 図版　19cm

Martin, Kingsley, 島田巽　新聞と大衆　岩波書店　1955　203, 18p 図版　19cm　（時代の窓）

伊藤慎一　　新聞の事典　同文館　1955　152p　18cm

山田年栄　　新聞の取材　同文館　1955　160p 図版　18cm　（新聞の知識シリーズ）

由利和久　　新聞の出来るまで　同文館　1955　133p　18cm　（新聞の知識シリーズ）

友沢秀爾　　日本の新聞　同文館　1955　156p　18cm　（新聞の知識シリーズ）

住本利男　　毎日新聞の24時間　鱒書房　1955　248p　20cm

渡辺一雄　　新聞風俗帖―筆からエンピツへ　万里閣新社　1956　250p　17cm

小山栄三　　比較新聞学　増補版　有斐閣　1956 2版　249p 図版　22cm

扇谷正造　　現代のマスコミ―週刊朝日編集長の覚書　春陽堂書店　1957　217p　19cm

Bond, Frank, Fraser, 山口駒夫, 島田巽　ジャーナリズム入門　時事通信社　1957　391p　17cm

長島又男　　新聞革命　三一書房　1957　179p　18cm　（三一新書）

古谷綱正　　新聞作法―ジャーナリスト的ものの考え方　光文社　1957　206p　18cm　（カッパ・ブックス）

茂木政　　新聞・新聞社・新聞記者　三省堂　1957　209p 図版　17cm　（三省堂百科シリーズ）

植原路郎　　新聞たちばなし　虎書房　1957　172p　19cm

宇野隆保　　新聞のことば　宝文館　1957　215p　19cm

日本経済新聞社　　新聞の話　日本経済新聞社　1957　161p　17cm　（日経文庫）

水野正次　　マス・コミへの抵抗　虎書房　1957　274p　19cm

窪田隆人, 三木一楽　特ダネをにがすな―見知らぬ世界　集英社　1958　122p　22cm　（テレビ漫画文庫 6）

野依秀市　　朝日新聞を衝く―国民の敵・容共　実業之世界社　1959　311p　19cm

藤川幸吉　　新聞づくり―真実を書く技術　理論社　1959　270p　19cm

高岡幸雄　　新聞横町　六月社　1959　180p　18cm

関西大学経済政治研究所　　マス・コミの研究　関西大学経済政治研究所　1959　53p　21cm　（研究双書 第3冊）

小山栄三　　マス・コミの功罪　全国地方銀行協会　1959　71p 図版　15cm　（銀行文庫）

新聞総合調査委員会　　新聞総合調査報告　新聞総合調査委員会　1959.11　406p　25cm

Clark, Wesley, Clarke, 岡田耕　明日のジャーナリズム　ダヴィッド社　1960　239p　19cm

金戸嘉七　　概説新聞学　関書院　1960　208p　19cm

今尾登　　新聞学総論　啓文社　1960　247p　19cm

井上吉次郎, 関西大学新聞学会　新聞学論集―井上先生古稀記念　関西大学新聞学会　1960　163p 図版　22cm

牧瀬恒二　　新聞の論理―ジャーナリズムの二つの顔　三一書房　1960　262p　18cm　（三一新書）

ジャーナリズム（日本）　　　　ジャーナリズム

高岡幸雄　　新聞漫歩　六月社　1960　5版　221p　18cm
Whittemore, Edward, P., 入江通雅　三大新聞批判　時事通信社　1962　148p　18cm　（時事新書）
黒田静男　　地方記者の回顧―大正時代　月曜附録から学芸欄の創設　黒田静男記念文集刊行会　1963　321p　図版　19cm
佐藤信　　朝日新聞の内幕　実業之世界社　1966　334p　18cm　320円
新井直之　　新聞ジャーナリズム―戦後のあゆみ　図書新聞社　1966　265p　19cm　580円　（図書新聞双書 2）
伊豆富人　　新聞人生　熊本日日新聞社　1966　298p　図版　19cm　非売
Bradley, Duane., 入江通雅　新聞と民主主義　時事通信社　1966　150p　18cm　150円　（時事新書）
扇谷正造　　新聞の上手な読み方　秋田書店　1966　236p　17cm　290円　（サンデー新書）
小林雄一　　日本のマスコミ　新日本出版社　1966　175p　18cm　200円　（新日本新書）
Terrou, Fernand., 稲葉三千男　報道　白水社　1966　146p　18cm　230円　（文庫クセジュ）
伊藤慎一　　マスコミ物語　現代ジャーナリズム出版会　1966　234p　19cm　450円　（いるか叢書 2）
重森守　　やったるで!!スクープ―警察記者のド根性　桂文館　1966　294p　18cm　320円　（クラウンブック）
山本明　　現代ジャーナリズム　雄渾社　1967　338p　20cm　630円
長谷川了　　新聞学に関する諸問題―長谷川了博士古稀記念論文　日本大学法学部新聞研究室　1967　430p　図版　22cm　2200円
秋田魁新報社　　新聞人・安藤和風　秋田魁新報社　1967　302p　図版　22cm　非売
Reston, James, Barrett, 名倉礼子　新聞と政治の対決　鹿島研究所出版会　1967　166p　19cm　320円
総合ジャーナリズム研究所, 福田恭助　新聞に生きる福田恭助　東京社　1967　218p　図版　22cm　非売
小山栄三　　新聞・放送と社会生活　国土社　1967　193p　22cm　（社会科学習シリーズ 5）
藤田信勝　　体験的新聞論　潮出版社　1967　227p　18cm　260円　（潮新書）
金久保通雄　　マスコミ文章読本　現代ジャーナリズム出版会　1967　327p　19cm　500円
三崎敦　　理論新聞学　笠間書院　1967　143p　19cm　400円
マスコミ関連産業労働組合共闘会議　　激動するマスコミ―1970年への真実の報道を守るために　労働旬報社　1968　174p　19cm　280円
Brown, David., Bruner, W.Richard., 内山敏　現代史の目撃者　読売新聞社　1968　339p　18cm　460円
島崎憲一　　現代新聞の原理―ニュース加工論　弘文堂新社　1968　324p　19cm　880円
杉村楚人冠　　最近新聞紙学　朝日新聞研修所　1968　318p　19cm　非売
稲野治兵衛　　取材入門　現代ジャーナリズム出版会　1968　296p　19cm　500円
佐藤信　　新聞を批判する　潮文社　1968　275p　18cm　320円　（潮文社新書）
酒井寅吉　　戦後ジャーナリズム―未来への活路をどう求めるか　大和書房　1968　242p（図版共）　19cm　450円　（大和選書）
鳥居博　　マスコミと現代社会―通信理論を中心として　表現社　1968　331p　22cm　1100円
荻元晴彦, 今野勉, 村木良彦　お前はただの現在にすぎない―テレビになにが可能か　田畑書店　1969　371p　20cm　860円
鈴木均　　現代ジャーナリズム論　三一書房　1969　218p　18cm　290円　（三一新書）
日本民間放送連盟放送研究所　　情報産業の将来―新しい主導産業はいかにして形づくられるか　現代ジャーナリズム出版会　1969　511p　22cm　2500円
小山栄三　　新聞学原理　同文館出版　1969　508p　22cm　1800円
反米世界ジャーナリスト大会重要文献集　在日本朝鮮言論出版人協会　1969　123p　図　21cm　150円
橋本徹馬　　暴動学生問題と朝日新聞社批判　時事通信社　1969　224p　18cm　250円　（時事新書）
寺内礼治郎, 波多野完治　マスコミの世界　大日本図書　1969　220p　18cm　360円　（心理学入門講座 新版 12）
服部敬雄　　情報化社会と新聞放送　時事通信社　1970　356p　22cm　1000円
高木教典　　図説現代のマス・コミュニケーション　青木書店　1970　378, 80, 13p　20cm　2500円
小和田次郎, 大沢真一郎　総括安保報道―戦後史の流れの中で　現代ジャーナリズム出版会　1970　776p　20cm　1900円
藤原弘達　　体験的マスコミ批判　日新報道　1970　314p　19cm　480円　（この日本をどうする 3）
日高六郎　　マスコミ―戦後資料　日本評論社　1970　505p　27cm　4300円
小野秀雄　　新聞研究五十年　毎日新聞社　1971　318p　図　20cm　1200円
小林信司　　新聞の行動原理　毎日新聞社　1971　302p　22cm　1200円
マスコミ関連産業労働組合共闘会議　マスコミ大国を告発する―マスコミ1971　労働旬報社　1971　298p　19cm　600円
Hohenberg, John., 川井仁史　マスコミの世界　産業能率短期大学出版部　1971　406p　20cm　1000円
マス・コミュニケーション事典　学芸書林　1971　961, 47p　22cm　5000円
新しい新聞への挑戦　毎日新聞　1971.4　44p　26cm
新聞亡国論　自由社　1972　293p　19cm　730円　（自由選書）
衛藤瀋吉, 三好修　中国報道の偏向を衝く―調査報告 自由な新聞の危機　日新報道　1972　277p　19cm　500円
田英夫　　マスコミの危機―権力に屈する日本のジャーナリズム　市民書房　1972　222p　18cm　580円
藤竹暁　　マス・コミュニケーションの社会学―系譜研究ノート　竹内書店　1972　301p　19cm　980円　（社会科学選書）
講座現代日本のマス・コミュニケーション　4　マス・メディアの構造とマス・コミ労働者　編集委員：北川隆吉〔等〕　青木書店　1973　406p　20cm　2000円
Lepape, Pierre., 勝岡宣　新聞の危機―その病理性と未来性　サイマル出版会　1973　236p　19cm　890円
河合勇　　新聞の今昔―激動する新聞戦国史　新日本新聞社（製作）東京 錦正社（発売）　1973　213p　20cm　700円
マスコミ関連産業労働組合共闘会議　操作されるマスコミ―マスコミレポート　第一出版センター　1973　419p　19cm　880円
日本文化会議　日本におけるジャーナリズムの特質―東西文化比較研究　研究社出版　1973　362p　19cm　870円
松田政男　　不可能性のメディア　田畑書店　1973　318p　20cm　1200円
渡辺渉　　崩壊期に立つ巨大新聞　山崎書房　1973　273p　18cm　480円
矢野健一郎　　マスコミはこれでよいのか―金大中事件と日本のマスコミ　時局研究会　1973.11　40p　19cm　（偏向事例研究 第2集）
森恭三　　記者遍路　朝日新聞社　1974　210p　19cm　580円　（朝日選書 10）
林三郎　　新聞をどう読むか　PHP研究所　1974　197p　18cm　550円　（PHP books）

岩井肇	新聞と新聞人　現代ジャーナリズム出版会　1974　266p　22cm　1800円	
加瀬英明	新聞批判入門　浪曼　1974　198p　20cm　750円	
桶谷繁雄	大新聞の虚像・実像　日本教文社　1974　232p　19cm　800円	
清水英夫, 川中康弘, 林伸郎	マス・コミュニケーション概論　学陽書房　1974　234p　21cm　1200円	
近藤日出造	政治と漫画について　全国都道府県議会議長会事務局　1974.6　32p　21cm　（議会職員執務資料シリーズ no0165）	
村中嘉二郎	朝日新聞の偏向を語る　経営問題研究所出版部　1975　360p　19cm　840円	
加藤秀俊	取材学―探求の技法　中央公論社　1975　184p　18cm　340円　（中公新書）	
阿部賢一	新聞と大学の間―学究・記者・早大紛争　毎日新聞社　1975　244p　図　20cm　950円	
矢野健一郎	新聞の欠陥をつく　日本教文社　1975　261p　19cm　800円	
福田恒存	新聞のすべて　高木書房　1975　366p　20cm　1300円　（日本の将来）	
日本新聞労働組合連合.新聞研究部	現代の新聞―国民の知る権利と取材・報道　民衆社　1976　350p　19cm　1300円	
稲葉三千男	現代マスコミ論　青木書店　1976　276p　20cm　1400円	
鈴木均	ジャーナリズムとその敵―報道・文化・政治を見すえて　芸立出版　1976　214p　20cm	
鈴木均	ジャーナリズムとは何か―現場学へのアプローチ　サイマル出版会　1976　231p　19cm　1200円	
金子喜三	新聞学研究　芦書房　1976　265, 9p　22cm　2500円	
吉田潤史	新聞学通論　晃洋書房　1976　178p　22cm　1500円	
日本新聞協会	新聞編集の基準　新訂　日本新聞協会　1976　145p　17cm　500円	
辻村明	新聞よ驕るなかれ　高木書房　1976　294p　19cm　1000円	
梶谷善久	マスコミにもの申す　泰流社　1976　372p　19cm　980円　（泰流選書）	
大久保忠利, 堀川直義	マスコミ見方聞き方上達法　あゆみ出版　1976　243p　19cm　980円　（現代人コトバシリーズ 5）	
田村紀雄	ミニコミの論理―「知らせる権利」の復権　学陽書房　1976　273p　20cm　1600円	
加藤秀俊	メディアの周辺　文芸春秋　1976　269p　20cm　980円	
丸山邦男	遊撃的マスコミ論―オピニオン・ジャーナリズムの構造　創樹社　1976　278p　20cm　1500円	
本田靖春	体験的新聞紙学　潮出版社　1976.10　329p　20cm　980円	
はじめにメディアありき	朝日新聞社広告部　1977　1冊　30×16cm　（新・新聞広告10考 8）	
松浦総三	現代ジャーナリズム事件誌―最近『文春』誌学・『週刊新潮』論他　白川書院　1977.2　248p　19cm　980円	
楠本光雄	新聞の素顔　高文堂出版社　1977.2　244p　19cm　680円	
毎日新聞社	毎日新聞ロッキード取材全行動　講談社　1977.2　356p　19cm　980円	
繁村長孝	現代新聞考　学陽書房　1977.3　225p　20cm　1300円	
稲葉三千男, 新井直之	新聞学　日本評論社　1977.3　298p　22cm　1800円	
井出孫六	明治・取材の旅　現代史出版会　1977.3　237p　20cm　1300円	
扇谷正造	現代マスコミ入門　実業之日本社　1977.5　260p　18cm　580円　（実日新書）	
田村紀雄	ジャーナリズムの社会学　ブレーン出版　1977.5　190p　19cm　950円	
金日成	『読売新聞』編集局長一行とおこなった談話―1977年4月23日　在日本朝鮮人総聯合会中央常任委員会　1977.5　14p　肖像　22cm　200円	
稲葉三千男	現代ジャーナリズム批判　青木書店　1977.8　256p　20cm　1400円	
野崎茂, 鈴木均	マスコミ産業入門―放送・新聞・出版・広告・フリーへの道　ナツメ社　1977.9　303p　19cm　980円	
狩野近雄	記者とその世界　狩野戦太郎　1977.10　30, 128p　20cm	
猪俣敬太郎	三大新聞は自由社会のユダか　興論社　1977.10　237p　19cm　980円	
日本ジャーナリスト会議	『毎日新聞』研究―「開かれた新聞」をめざして　汐文社　1977.10　235p　20cm　980円　（同時代叢書）	
高橋正則	新聞概論―マスコミの理論と実際　改訂　高文堂出版社　1977.11　247p　22cm　2380円	
日本新聞労働組合連合	新聞が危ない！―現場からの報告・討論　晩声社　1977.12　274p　20cm　1400円	
佐賀純一	朝日の「記事」はどこまで信じられるか―正義と偽善・その虚実を衝く 一市民の素朴な疑問　日新報道　1978.1　271p　19cm　890円	
Servan-Schreiber, Jean, Louis., 岡山隆, 勝俣誠	第四の権力―深まるジャーナリズムの危機　日本経済新聞社　1978.2　344p　20cm　2800円	
加瀬英明	日本の良識をダメにした朝日新聞　山手書房　1978.2　270p　19cm　960円	
毎日新聞社	毎日新聞重要紙面　1977　毎日新聞社　1978.2　255p　29cm　1400円	
新聞発表	大蔵省　1978.3　5p　37cm	
栗林利彰	ニュー・ジャーナリズム―「日刊ゲンダイ」第一面の研究　汐文社　1978.3　213p　20cm　（同時代叢書）	
新井直之	新井直之のマスコミ日誌　日本ジャーナリスト専門学院出版部　1978.4　302p　19cm　980円　（ジャーナリスト双書 3）	
武田勝彦	新聞をどう読むか　講談社　1978.4　233p　18cm　600円　（Big backs）	
吉田潤史	新聞学の基礎　晃洋書房　1978.4　202p　22cm　1900円	
加藤和雄, 木内宏	新聞記者　合同出版　1978.4　242p　20cm　980円	
全日本ジャーナリスト協会	号外戦線―血みどろの報道史　全日本ジャーナリスト協会　1978.5　643p　27cm　20000円	
立花隆	ジャーナリズムを考える旅　文芸春秋　1978.5　238p　20cm　920円	
南博	マス・コミュニケーション入門―現代を支配するもの　新版　光文社　1978.5　278, 10p　18cm　680円　（カッパ・ブックス）	
矢島翠	女性特派員ノート　人文書院　1978.6　175p　20cm　980円	
生田正輝	新聞を斬る　サンケイ出版　1978.7　222p　19cm　980円	
清水勝人	新聞の秘密　日本評論社　1978.7　257p　19cm　980円	
辻村明	日本の新聞―報道は偏向しているか　全国都道府県議会議長会事務局　1978.7　59p　21cm　（議会職員執務資料シリーズ no0221）	
日本新聞連盟	新聞大観　第1集　歴史と技術　日本新聞連盟　1978.9　980p　27cm　20000円	

ジャーナリズム（日本）　　　　　　　　　ジャーナリズム

日本共産党　　日本の進路と「赤旗」　日本共産党中央委員会出版局　1978.9　134p　18cm　480円
新井直之　　　ジャーナリズム―いま何が問われているか　東洋経済新報社　1979.2　233p　19cm　1200円　（東経選書）
早川善治郎　　マス・コミュニケーション入門　有斐閣　1979.3　196, 5p　18cm　530円　（有斐閣新書）
新井直之　　　現代新聞・放送批判―報道の内実と問題点をつく、マスコミ日誌'78　日本ジャーナリスト専門学院出版部　1979.4
　　　　　　　253p　19cm　（ジャーナリスト双書 9）
日本新聞労働組合連合　紙面で勝負する！―「読者のための新聞」への討論 現場からの報告・討論　晩声社　1979.4　215p
　　　　　　　20cm　1300円
竹内宏　　　　新聞には読み方がある　ごま書房　1979.4　213p　19cm　650円　（ゴマブックス）
本多信一　　　マスコミ業界　ビジネス社　1979.4　242p　18cm　800円　（就職ガイドシリーズ 2）
筑紫哲也　　　猿になりたくなかった猿―体験的メディア論　日本ブリタニカ　1979.7　272p　19cm　980円
Righter, Rosemary., 佐藤紀久夫　西側報道支配への挑戦　時事通信社　1979.8　278, 4p　20cm　1400円
片岡正巳　　　新聞は死んだ―驕り、偽善、エゴを衝く　日新報道　1979.10　222p　19cm　930円
香内三郎　　　5W1Hの知的世界史―ジャーナリズムでとらえた時代の流れ　情報センター出版局　1979.11　203p　19cm　780円
　　　　　　　（Century press）
McQuail, Denis, 時野谷浩　マス・メディアの受け手分析　誠信書房　1979.11　176p　22cm　2000円
中野収　　　　現代人の情報行動　日本放送出版協会　1980.4　237p　19cm　700円　（NHKブックス 366）
村上幸雄, 丹羽斌　新聞と雑誌のはなし　ポプラ社　1980.4　102p　22cm　900円　（新・おはなし社会科 20）
新井直之　　　新聞・放送批判―「マスコミ日誌」'79年版　日本ジャーナリスト専門学院出版部　1980.4　293p　19cm　1200円
　　　　　　　（ジャーナリスト双書 12）
エネルギー・マスコミ・世論―パネル座談会　日本原子力文化振興財団　1980.5　34p　26cm　（エネルギー・原子力を考えるシ
　　　　　　　リーズ 7）
毎日新聞社　　毎日ニュース事典　第8巻（1980年版）　毎日新聞社　1980.5　882, 68, 22p　29cm　22000円
小楠正雄　　　記者魂の記　行政問題研究所出版局　1980.7　286p　20cm　1200円
浜谷靖夫　　　新聞づくりが楽しくなる本―ミニコミ編集のコツ　オーエス出版　1980.7　230p　19cm　980円　（Today books）
篠宮幸男　　　体験的に現代マスコミを考える―変貌する社会と報道　マネジメント社　1980.8　211p　19cm　980円
丸山実　　　　マスコミの内側―『現代の眼』編集長が語る　幸洋出版　1980.10　222p　19cm　1200円
和田洋一　　　新聞学を学ぶ人のために　世界思想社　1980.12　242, 5p　19cm　1300円
松田銑　　　　二つのジャーナリズムの谷間から―リーダーズダイジェストと私　冬樹社　1981.1　194p　20cm　1000円
片岡正巳　　　朝日の「論調」ここが納得できない―読者を惑わす"言論の手品師"の解剖　日新報道　1981.2　220p　19cm　980円
津野海太郎　　小さなメディアの必要　晶文社　1981.3　259p　19cm　1400円
秋元春朝　　　現代マスコミ論批判―精神的交通論ノート　世界思想社　1981.5　198p　19cm　1300円　（Sekaishiso seminar）
伊大知昭嗣　　報道論入門―ニュースの世界　教育史料出版会　1981.5　262p　20cm　1800円　（芸術教育叢書）
岡崎万寿秀　　現代マスコミ危機論　新日本出版社　1981.6　350p　20cm　1800円
戸叶陽三　　　ジャーナリズムの読み方　太平出版社　1981.7　207p　20cm　1300円
稲葉三千男　　メディア・権力・市民　青木書店　1981.8　277p　20cm　1900円
朝日新聞労働組合　報道の死角―識者と記者による朝日新聞批評　講談社　1981.9　254p　19cm　980円
藤田書店　　　マスコミ業界入門―業界研究・就職研究・企業情報　藤田書店　1981.9　206p　18cm　800円　（藤田書店新書―業
　　　　　　　界入門シリーズ 101）
成瀬伸次　　　マスコミの仕事師たち　学陽書房　1981.9　245p　19cm　1200円
藤村拓郎　　　現代ニュース論ノート　幻想社　1981.11　247p　19cm　980円
上田哲　　　　荒野のマスコミ―現代センセーショナリズム考　広済堂出版　1981.11　265p　19cm　980円
早川善治郎, 中野収　マスコミが事件をつくる―情報イベントの時代　有斐閣　1981.11　241, 8p　19cm　1400円　（有斐閣選書）
上智大学　　　上智大学新聞学科五十年の記録　上智大学文学部新聞学科　1981.12　259p　22cm
鈴木宣重　　　新聞のアキレス腱―記者生活35年の反省と直言　サンケイ出版　1981.12　197p　19cm　1000円
朝日新聞記者の証言 8　新聞の死んだ日々　熊倉正弥/著　朝日ソノラマ　1982.4　286p　19cm　1000円
吉田潤史　　　マス・メディア通論　晃洋書房　1982.4　225p　22cm　2300円
片岡正巳　　　朝日新聞はこの日本をどうする気か―日米離反を画策するソ連に媚びる「朝日の読み方」　日新報道　1982.6
　　　　　　　207p　19cm　1000円
児島和人, 竹内郁郎　現代マス・コミュニケーション論―全体像の科学的理解をめざして　有斐閣　1982.7　452p　22cm　3700
　　　　　　　円　（有斐閣大学双書）
志賀信夫　　　ニューメディアへの提言　日本工業新聞社　1982.7　392p　20cm　2000円　（Ohtemachi books）
津金沢聡広　　マス・メディアの社会学―情報と娯楽　世界思想社　1982.10　241p　19cm　1500円　（Sekaishiso seminar）
小糸忠吾　　　激動の第三世界と大国のマスメディア　理想出版社　1982.11　255p　19cm　1200円　（現代情報双書 1）
内藤国夫　　　新聞この仁義なき戦い―朝毎読泥沼の販売戦略　大陸書房　1982.11　222p　19cm　980円
粉川哲夫　　　メディアの牢獄―コンピューター化社会に未来はあるか　晶文社　1982.11　198p　20cm　1300円
新井直之, 内川芳美　日本のジャーナリズム―大衆の心をつかんだか　有斐閣　1983.1　272, 9p　19cm　1400円　（有斐閣選書）
佐藤毅　　　　ベタ記事恐るべし―情報過剰時代の新聞の価値ある読みかた　サイマル出版会　1983.1　255p　19cm　1300円
朝日新聞社　　記事の内側―ニュースがぐっと身近になる情報資料 1　朝日新聞社　1983.5　63p　21cm　250円　（朝日ブック
　　　　　　　レット 2）
本多勝一　　　ジャーナリズム論 増補版　すずさわ書店　1983.5　356p　22cm　2500円　（本多勝一著作集 8）
本田靖春　　　ちょっとだけ社会面に窓をあけませんか―読売新聞大阪社会部の研究　潮出版社　1983.8　259p　20cm　1200円
Halberstam, David, 斎田一路, 筑紫哲也　メディアの権力―勃興と富と苦悶と　3　サイマル出版会　1983.9　480p　19cm
　　　　　　　1600円
岡庭昇　　　　創価学会問題とジャーナリズム―メディアの罠・権力としてのマスコミ　エース企画出版　1983.10　294p　19cm
　　　　　　　1200円　（マスコミ叢書）
新井直之　　　新聞を読む眼、テレビを見る眼―マスコミ日誌'82　潮出版社　1983.11　262p　19cm　880円

塩田陽平　朝日新聞への遺書―初めて明かす密室の紛争秘史　日新報道　1983.12　277p　19cm　1300円

一力一夫　実践新聞論―東京大学新聞研究所講義録　河北新報社　1983.12　311p　22cm

社会とマスコミ―NHK社会科資料集1984　NHK視聴者本部広報室　1984　44p　26cm

佐竹弘造　毎朝読む大新聞は死亡記事しか信用できない　山手書房　1984.1　187p　19cm　1000円

坂本樹徳　大新聞のウラをどう読むか―「疑う眼」が真実を解き明かす　光文社　1984.2　206p　18cm　650円　（カッパ・ホームス）

三浦恵次　現代ニューメディア論　学文社　1984.3　249p　22cm　2300円

Ganley, Gladys, D., Ganley, Oswald, Harold., 広松毅　国際メディア争奪戦　日本経済新聞社　1984.3　298p　20cm　1800円

朝日新聞社　情報多重列島　朝日新聞社　1984.7　219, 7p　19cm　980円

本田靖春　新聞記者の詩―読売新聞大阪社会部の研究　潮出版社　1984.7　259p　15cm　350円　（潮文庫）

志賀信夫　いま、ニューメディアの時代―情報革命が社会を変える　朝日新聞社　1984.8　63p　21cm　250円　（朝日ブックレット 34）

扇谷正造　現代ジャーナリズム入門　増補改訂　角川書店　1984.9　364p　15cm　420円　（角川文庫）

本多信一　職業相談・マスコミへの招待―私の体験的ガイドブック　ビジネス社　1984.9　229p　19cm　980円

橘川幸夫　メディアが何をしたか？　ロッキング・オン　1984.9　276p　19cm　980円

田村晋也　落ちこぼれのためのマスコミ裏口入門　光村推古書院　1984.10　272p　19cm　980円

新井直之　新聞の読み方、考え方―マスコミ日誌'83　潮出版社　1984.10　241p　19cm　880円

北海道新聞労働組合　戦争と新聞―たかが一片の広告だけど　径書房　1984.10　233p　20cm　1500円

新井直之　戦後ジャーナリズムの断面　双柿舎　1984.11　251, 8p　20cm　1800円

藤原恵　ジャーナリズムの周辺　関西学院大学生活協同組合出版会　1984.12　373p　22cm

柳田邦男　事実を見る眼　新潮社　1985.2　333p　15cm　400円　（新潮文庫）

柳田邦夫　ジャーナリズム読本　青峰社　1985.4　240p　20cm　1300円

鈴木志郎康　メディアと<私>の弁証　三省堂　1985.4　231p　19cm　1200円　（三省堂選書 114）

岡留安則　マスコミ・ゲリラ宣言―ジャーナリズムの頽廃を撃つ！　大陸書房　1985.6　302p　19cm　1200円

稲葉三千男　マスコミの同時代史　平凡社　1985.7　326p　19cm　1700円

筑紫哲也　メディアの海を漂流して　朝日新聞社　1985.8　270p　15cm　400円　（朝日文庫）

小糸忠吾　ニュースの源流―中国の新聞千二百年　教育社　1985.10　359p　20cm　2300円　（World books）

渋谷重光　ジャーナリズムの意識　ブレーン出版　1985.11　230p　19cm　2000円

植田康夫　メディアの狩人―時代のコンセプトをどう読むか　花曜社　1985.11　271p　19cm　1200円

研究集団コミュニケーション'90　マスコミの明日を問う　4　変貌するマスメディア　大月書店　1985.12　269p　21cm　1700円

講談社　新聞をどう読むか　講談社　1986.3　243p　18cm　480円　（講談社現代新書）

佐藤毅　現代のマスコミ入門　青木書店　1986.4　230, 4p　20cm　2000円　（青木教養選書）

岩淵慶造, 徳永和子　報道　偕成社　1986.4　218p　22cm　950円　（偕成社の創作）

黒田清　体験的取材学―いい仕事をするための主観技術　情報センター出版局　1986.5　212p　19cm　880円　（Century press）

小板橋二郎　朝日vs.日経最後の情報戦争　講談社　1986.8　213p　19cm　1000円　（講談社ビジネス）

朝日新聞東京社会部OB会　朝日新聞社会部記者の回想　講談社　1986.9　317p　20cm　1800円

生田正輝　新聞報道のあり方―その問題点を衝く　慶応通信　1986.9　239p　19cm　1800円

世界日報「朝日」問題取材班　朝日新聞の犯罪―誰がために情報は操作される　世界日報社　1986.10　281p　19cm　1200円

青木貞伸　メディアの生態学　大月書店　1986.10　236p　20cm　1500円

スタジオコム　マスコミ　1　新聞・出版　イカロス出版　1986.11　104p　21cm　720円　（適職大発見シリーズ 3）

本多勝一　文筆生活の方法　晩声社　1987.3　285p　19cm　1300円

香内三郎　現代メディア論　新曜社　1987.4　299p　21cm　2500円

読売新聞社　ザ・マスコミ会社―新聞・放送・出版・広告企業の全貌　コア出版　1987.4　279p　19cm　1300円

上条勝弘, 福生武　ニュースをつたえる　ポプラ社　1987.4　35p　27cm　1500円　（小学生・社会科見学シリーズ）

佐藤永充　マスコミ転戦記　文一総合出版　1987.4　262p　19cm　1200円

森可昭　現場の地方新聞論　垣内出版　1987.5　286p　22cm　2600円

稲葉三千男　メディアの死と再生―青い地平をみつめて　平凡社　1987.5　270p　20cm　2200円

岡満男　大阪のジャーナリズム　大阪書籍　1987.6　278p　19cm　1500円

黒田清　新聞が衰退するとき　文芸春秋　1987.8　237p　20cm　1000円

日比野和幸　新聞のヘソ　晶文社　1987.10　294p　19cm　1300円

国際地域研究センター　世界のメディア　教育社　1987.10　849p　27cm　30000円　（World information 1）

柳田邦男　事実の読み方　新潮社　1987.11　348p　15cm　400円　（新潮文庫）

朝日カルチャーセンター　新聞記者入門　大阪書籍　1988.4　332p　19cm　1500円　（朝日カルチャーブックス 80）

新聞よ！　宣伝会議　1988.4　205p　21cm　980円

松木修二郎　マスメディアの科学　改訂版　芦書房　1988.6　215p　22cm　2800円

筑紫哲也　時評・戯評・批評　朝日新聞社　1988.7　236p　15cm　460円　（朝日文庫）

今吉賢一郎　毎日新聞の源流―江戸から明治情報革命を読む　毎日新聞社　1988.7　238p　20cm　1300円

森秀樹　朝日新聞と東亜の人びと　スバルインターナショナル　1988.8　170, 8p　26cm　2800円

佐瀬昌盛　『朝日』の報道はここがおかしい―軍事情報をめぐる虚と実　力富書房　1988.8　280p　19cm　1000円　（リキトミブックス 27）

大城光雄　ウラから見たマスコミ―調査機関元情報部長の奮闘記　光データシステム　1988.8　222p　19cm　1200円

佐瀬昌盛　虚報はこうしてつくられた―核情報をめぐる虚と実　力富書房　1988.8　345p　19cm　1100円　（リキトミブックス 26）

鈴木宣重　新聞報道への疑問―戦後の新聞報道を検証する　世界日報社　1988.8　262p　19cm　1400円

韮沢忠雄　マスコミの右傾化と「赤旗」　新日本出版社　1988.8　211p　19cm　1400円

ジャーナリズム（日本）　　　　　　　　　ジャーナリズム

秋元秀雄　　　秋元秀雄のニュースの読み方―情報・人間・時代をつかむ　リクルート出版　1988.9　202p　19cm　980円
稲葉三千男, 新井直之　新聞学　新版　日本評論社　1988.9　356p　22cm　3000円
韮沢忠雄　　　マスコミのタブーと「赤旗」　白石書店　1988.9　227p　19cm　1600円
俵孝太郎　　　我、「朝日新聞」と戦えり―日本最後のタブーを斬る　光文社　1988.10　212p　18cm　700円　（カッパ・ホームス）
岩井肇　　　　新聞と新聞学の旅路　新聞情報社　1988.11　250p　19cm　1000円
田中満男　　　記事づくり最前線―広報マン必携　ぎょうせい　1988.12　201p　19cm　1200円
マスコミの内幕―創刊記念幻の特ダネ　月刊沖縄社　1989.1　104p　21cm　500円　（月刊沖縄ブックレット no.1）
メイヤー, マーチン, 川崎泰資, 大谷堅志郎　ニュースとは何か―不屈のジャーナリズム　ティビーエス・ブリタニカ　1989.3　345p　20cm　2000円
谷口明生　　　新聞が消えた！　風媒社　1989.4　264p　19cm　1442円
中野収, 日本放送協会　メディアの中の人間―現代文化を読む　日本放送出版協会　1989.4　155p　21cm　350円　（NHK市民大学）
杉山光信　　　学問とジャーナリズムの間―80年代イデオロギー批判　みすず書房　1989.5　222p　20cm　1854円
潮昭太　　　　日本報道―日本のイメージはこうして作られる　東洋経済新報社　1989.5　194p　20cm　1600円
野崎茂　　　　メディアの熟成―情報産業成長史論　東洋経済新報社　1989.8　225p　21cm　2400円
真神博　　　　「虚報」の構造―新聞はなぜミスリードするのか？　文芸春秋　1989.10　259p　20cm　1300円
堀本和博　　　朝日新聞に内部崩壊が始まった―サンゴだけでないこの驚くべき病巣　第一企画出版　1989.11　243p　20cm　1300円
丸谷才一　　　丸谷才一と16人の東京ジャーナリズム大批判　青土社　1989.11　310p　19cm　1500円
テレビ朝日出版部　激論マスコミ＆ジャーナリズム―朝まで生テレビ！　全国朝日放送　1989.12　306p　19cm　1000円
渡辺潤　　　　メディアのミクロ社会学　筑摩書房　1989.12　231, 6p　20cm　1750円
ガンパート, ゲーリィ, 石丸正　メディアの時代　新潮社　1990.1　283p　19cm　1300円　（新潮選書）
日比野和幸　　新聞の目玉　晶文社　1990.2　251p　19cm　1350円
桂敬一　　　　現代の新聞　岩波書店　1990.3　224p　18cm　520円　（岩波新書）
佐藤毅　　　　マスコミの受容理論―言説の異化媒介的変換　法政大学出版局　1990.4　287, 8p　20cm　3090円　（叢書・現代の社会科学）
川上澄江　　　新聞の秘密―紙面に隠されたウラ情報を読む！　JICC出版局　1990.5　63p　21cm　390円　（JICCブックレット―Current）
久留米郁　　　「新聞」のウラの裏がわかる本―特ダネと誤報・虚報は紙一重＝ベテラン一流紙記者が明かす新聞づくりの舞台裏　ぴいぷる社　1990.10　214p　19cm　1140円
丸谷才一　　　丸谷才一と16人の世紀末ジャーナリズム大批判　青土社　1990.10　286p　19cm　1500円
林ケ谷昭太郎　日本の新聞報道―"誤報" "虚報" "ねつ造"を生む歪みの構造徹底検証！　アメリカからの緊急提言　池田書店　1990.11　222p　19cm　1500円
Hannaford, Peter., 中野慶之　メディアはこう使え　メイナード出版　1990.12　274p　20cm　1900円
菊地四郎　　　遊軍記者―凡人句集　善本社　1990.12　171p　20cm　3000円　（青山叢書 第15集）
渋谷重光　　　大衆操作の系譜　勁草書房　1991.1　269p　22cm　2781円
西部邁　　　　マスメディアを撃て　PHP研究所　1991.2　229p　20cm　1300円
電気通信政策総合研究所　日本におけるメディア・ソフト事業の展開―通信衛星を利用した番組供給事業の動向調査　電気通信政策総合研究所　1991.3　167p　26cm
三島昭男　　　起て、不屈のペン―新聞が大罪を償うとき　情報センター出版局　1991.4　349p　20cm　1500円
志賀信夫　　　多メディア時代を考える　電波新聞社　1991.7　315p　19cm　1500円
茶本繁正　　　マスコミはたたかっているか　大月書店　1991.7　212p　19cm　1500円
尼ヶ崎彬　　　メディアの現在　ぺりかん社　1991.7　238p　19cm　2400円
柳尾邦男　　　事実の考え方　新潮社　1991.10　353p　15cm　440円　（新潮文庫）
岸尾祐二　　　新聞のほん　リブリオ出版　1991.10　112p　31cm　5356円
韮沢忠雄　　　マスコミ信仰の破たん―発表ジャーナリズムの落とし穴　白石書店　1991.10　268p　19cm　1854円
新聞・通信　1993　二期出版　1991.12　222p　19cm　1200円　（大学生になったら始めたい産業と会社研究シリーズ 17）
西山武典　　　「ザ・リーク」新聞報道のウラオモテ　講談社　1992.1　234p　20cm　1500円
藤竹暁　　　　マスメディアと現代　放送大学教育振興会　1992.3　190p　21cm　1650円　（放送大学教材 1992）
日本新聞協会　私は「新聞」です　日本新聞協会　1992.3　46p　26cm　300円　（NIE（教育に新聞を）ガイドブック・シリーズ 3）
金子厚男　　　「記者」の光景―戦後四十年　海鳥社　1992.5　242p　19cm　1800円
松岡由綺雄　　ニュースよ日本語で語ってほしい―放送文章入門　兼六館出版　1992.5　291p　19cm　1800円
岩崎恭裕, 尾上進勇　マスコミ業界　教育社　1992.5　314p　18cm　1100円　（教育社新書―産業界シリーズ no0643）
田辺敏雄, 板倉由明, 片岡正巳　間違いだらけの新聞報道―限りなき虚報のさまざま　南京大虐殺事件・万人坑問題　閣文社　1992.5　301p　19cm　1500円
河合正義　　　ニュース報道・取材のしくみがわかる本―知ってるつもり　明日香出版社　1992.7　227p　19cm　1300円　（Asuka business & language books）
鈴木健二　　　日米「危機」と報道　岩波書店　1992.8　263p　19cm　2100円
鈴木明　　　　ジャーナリズムの原点はゴシップである　マゼラン出版　1992.9　222p　19cm　1400円
西口孝四郎　　新聞特ダネを深読みする―The newspaper scoop　講談社　1992.9　294p　20cm　1500円
日本共産党　　日本のジャーナリズムと「赤旗」の役割　日本共産党中央委員会出版局　1992.10　70p　21cm　300円
Powers, David, 木村千旗　不思議の国の特派員　日本放送出版協会　1992.10　213p　20cm　1300円
木村愛二　　　読売vsTBS―マスコミ大戦争　汐文社　1992.11　120p　21cm　1200円
永田照海　　　世論の嘘新聞の偽善　新潮社　1992.11　237p　20cm　1300円
武田徹　　　　ジャーナリストは「日常」をどう切り取ればいいのか　勁草書房　1992.12　222p　20cm　2163円

岡田直之	マスコミ研究の視座と課題　東京大学出版会　1992.12　260, 4p　22cm　5356円	
今里仁	マスコミ・情報の考現学入門　東洋書店　1992.12　258p　19cm　1800円	
岡庭昇	メディアは踊る―「反・創価学会」報道の本質　書肆ルネッサンス　1992.12　254p　19cm　1400円	
朝日新聞社社会部	Vs.朝日新聞　朝日新聞社　1993.1　194p　19cm　1200円	
深江義幸	現代新聞論　大阪経済法科大学出版部　1993.3　184p　18cm　1030円　（経法大新書1）	
丸谷才一	丸谷才一と17人の90年代ジャーナリズム大批判　青土社　1993.3　334p　19cm　1600円	
朝倉治彦	『三重新聞』考　大空社　1993.3　142p　22cm　6500円　（四日市大学教育研究叢書3）	
桂敬一, 杉山光信, 石坂悦男	メディアと情報化の現在　日本評論社　1993.4　416p　22cm　7210円	
佐藤国雄	えんぴつ記者　白日社　1993.5　302p　20cm　2200円	
清原貞雄	ジャーナリズムと教員　編集工房旅と湯と風　1993.5　201p　19cm　1500円	
安川一, 花田達朗, 吉見俊哉, 古賀豊, 広瀬英彦, 香内三郎, 山本武利, 小玉美意子, 真鍋一史, 田村穣生, 林利隆　メディアの現在形　新曜社　1993.5　359p　21cm　2987円		
前沢猛	日本ジャーナリズムの検証　三省堂　1993.7　212p　20cm　2200円	
香取淳子	メディアの逆襲！―＜欲望の結晶＞としてのヒーローはどのようにして生まれるのか　芸文社　1993.7　245p　19cm　1300円	
Kronenwetter, Michael., 渡辺武達　ジャーナリズムの倫理　新紀元社　1993.8　344p　18cm　2000円		
阿部汎克, 川嶋保良, 前田利郎, 天野勝文　マス・メディアへの視点―考えるヒントとして　新版　地人書館　1993.9　216p　22cm　2060円		
門奈直樹	ジャーナリズムの現在　日本評論社　1993.10　327p　22cm　4944円	
柚口篤	メディアブック―これからの出版・マスコミを考える　インプレス　1993.10　319p　19cm　1400円	
山本武利	新聞と民衆―日本型新聞の形成過程　紀伊国屋書店　1994.1　210p　20cm　1800円　（精選復刻紀伊国屋新書）	
山本明, 藤竹暁	図説日本のマス・コミュニケーション　第3版　日本放送出版協会　1994.3　244p　19cm　890円　（NHKブックス690）	
岡庭昇	メディア支配を越えて―「反・創価学会」報道の本質PartⅡ　メディア・ルネッサンス　1994.3　218p　19cm　1200円	
林進	メディア社会の現在　学文社　1994.4　220p　22cm　2800円	
青木彰	私のメディア評論―見る読む叱る　東京新聞出版局　1994.4　254p　20cm　1500円	
土屋道雄	報道は真実か　図書刊行会　1994.5　239p　19cm　1700円	
丸谷才一	丸谷才一と17人のちかごろジャーナリズム大批判　青土社　1994.5　268p　19cm　1600円	
原寿雄	歪んだ鏡―日本の新聞とテレビ　アドバンテージサーバー　1994.5　59p　21cm　500円　（ブックレット生きる13）	
原寿雄	ジャーナリズムは変わる―新聞・テレビ市民革命の展望　晩声社　1994.6　249p　20cm　1854円	
マスコミ学がわかる。	朝日新聞社アエラ発行室　1994.6　200p　26cm　1000円　（Aera mook 2―やわらかアカデミズム「学問がわかる。」シリーズ）	
宇波彰	誘惑するメディア―同時代を読む哲学　自由国民社　1994.6　254p　18cm　1100円　（J.K books）	
岩本宣明	新聞の作り方　社会評論社　1994.7　157p　20cm　1648円	
小板橋二郎	文春vs朝日―雑誌対新聞の死闘から、現代日本の何が読めるか　ごま書房　1994.10　213p　19cm　1000円	
日本記者クラブ	とっておきの話―「日本記者クラブ会報」から　3　日本記者クラブ　1994.11　378p　19cm　非売品	
猪瀬直樹	ニュースの考古学　3　文芸春秋　1994.11　263p　19cm　1500円	
大島黎爾	マスコミュニケーションガイドライン―講義要項　大島黎爾　1994.11　141p　21cm　非売品	
粕谷一希	メディアの逆走―誇りなき報道が国を亡ぼす　PHP研究所　1994.11　259p　19cm　1600円	
吉見俊哉	メディア時代の文化社会学　新曜社　1994.12　330p　20cm　2884円	
Curran, James, Gurevitch, Michael　マスメディアと社会―新たな理論的潮流　勁草書房　1995.1　240, 24p　22cm　3296円		
谷口正和	個客ジャーナリズム　ダイヤモンド社　1995.2　207p　20cm　1600円	
井川陽次郎, 庄司修也, 瀬川至朗, 中村慎一, 浜田俊宏, 蜷川由彦　これからのメディアとネットワークがわかる事典―映像、通信、ビジネス…あらゆる分野のマルチメディア事情のすべて　日本実業出版社　1995.2　298, 9p　19cm　1600円		
大下英治	報道戦争―ニュース・キャスターたちの闘い　講談社　1995.2　337p　20cm　1800円	
ジャーナリスト会議, 日本ジャーナリスト会議　日本への心配と疑問　高文研　1995.3　205p　19cm　1236円		
佐藤毅	日本のメディアと社会心理　新曜社　1995.3　323p　20cm　2678円	
新聞うちあけ話　朝日新聞社　1995.4　230p　19cm　1400円		
稲葉三千男, 桂敬一, 新井直之　新聞学　第3版　日本評論社　1995.4　423p　22cm　3399円		
嶌信彦	メディア影の権力者たち　講談社　1995.4　356p　20cm　1800円	
千田利史	メディア社会の未来地図　日本放送出版協会　1995.4　270p　22cm　1800円	
日本新聞協会研究所	いま新聞を考える　日本新聞協会研究所　1995.5　382p　22cm　2500円	
中日新聞社会部	記者たちの迷宮―終わりなき取材ノートから　解放出版社　1995.5　227p　19cm　1600円	
検証「新聞報道」―戦後50年と憲法　「検証新聞報道」編集委員会　1995.5　218p　19cm　1200円		
津金沢聡広, 有山輝雄　現代メディアを学ぶ人のために　世界思想社　1995.7　243, 3p　19cm　1950円		
石田収	新聞が日本をダメにした―太平洋戦争「煽動」の構図　現代書林　1995.7　205p　20cm　1800円	
安田将三, 石橋孝太郎　朝日新聞の戦争責任―東スポもびっくり！の戦記記事を徹底検証　太田出版　1995.8　262p　21cm　1800円		
朝日新聞は主張する　朝日新聞社　1995.10　333p　20cm　2000円		
校条論	メディアの先導者たち　NECクリエイティブ　1995.10　267p　19cm　1600円	
水曜会	朝日新聞政治部小史　水曜会　1995.11　144p　19cm	
ジャーナリスト会議, 日本ジャーナリスト会議　病めるマスコミと日本―アジア・環境破壊・天皇制・国連・憲法　高文研　1995.11　261p　19cm　2060円		
皿田修平	くたばれ！株式会社朝日新聞　いんさいど　1995.12　199p　19cm　1500円	
北村肇	腐敗したメディア―新聞に再生の道はあるのか　現代人文社　1996.3　255p　19cm　1600円	

ジャーナリズム（日本）　　　ジャーナリズム

国際シンポジウム実行委員会, 日本マスコミュニケーション学会, 日本新聞協会　変貌する放送と通信―東アジアにおける情報流通　学文社　1996.3　154p　22cm　2060円

和田恭三　マスコミがわかる本―はじめて学ぶ人のために　啓草社　1996.3　192p　21cm　1800円

村手久枝　メディアを動かす顔―新聞から見た雑誌人　東京新聞出版局　1996.3　270p　19cm　1200円

白水繁彦　エスニック・メディア―多文化社会日本をめざして　明石書店　1996.4　266, 28p　20cm　2884円

松岡由綺雄, 村上孝止, 天野勝文　現場からみたマスコミ学―新聞・テレビ・出版の構造　改訂版　学文社　1996.4　207p　22cm　2369円

稲垣武　新聞裏読み逆さ読み―マスコミの生理と病理　草思社　1996.4　239p　20cm　1800円

杉山明子, 川竹和夫　メディアの伝える外国イメージ　圭文社　1996.4　298p　22cm　2000円

橋元良明, 児島和人　変わるメディアと社会生活　ミネルヴァ書房　1996.5　255p　21cm　2884円　（高度情報化社会における人間のくらしと学び 1）

奥野卓司　20世紀のメディア　2　速度の発見と20世紀の生活　ジャストシステム　1996.5　222p　22cm　2600円

朝日新聞社　情報を市民に！―公開法制定の論点　岩波書店　1996.6　61p　21cm　400円　（岩波ブックレット no0404）

山下国誌　日本型ジャーナリズム―構造分析と体質改善への模索　九州大学出版会　1996.7　253p　20cm　2781円

田村紀雄　メディア事典　KDDクリエイティブ　1996.8　319p　19cm　2000円

松岡由綺雄, 植田康夫, 天野勝文　現場からみたマスコミ学　2　学文社　1996.9　186p　22cm　2369円

谷峰夫　新聞摘抄　講談社出版サービスセンター（製作）　1996.9　62p　19cm　1068円

猪瀬直樹　瀕死のジャーナリズム　文芸春秋　1996.9　285p　20cm　1700円

新メディア社会の誕生―変貌する意識・生活・文化　日本経済新聞社　1996.10　248p　19cm　1500円

本多勝一　滅びゆくジャーナリズム　朝日新聞社　1996.10　318p　15cm　500円　（朝日文庫）

桂敬一, 天野勝文, 渡辺修, 藤岡伸一郎, 林利隆　岐路に立つ日本のジャーナリズム―再構築への視座を求めて　日本評論社　1996.11　358p　22cm　4944円

浅野健一　激論・新聞に未来はあるのか―同志社大学文学部浅野ゼミ・シンポの記録　現代人文社　1996.11　79p　21cm　800円　（GENJINブックレット 3）

佐々木輝美　メディアと暴力　勁草書房　1996.11　207, 21p　22cm　2884円

柴田鉄治, 川崎泰資　ジャーナリズムの原点―体験的新聞・放送論　岩波書店　1996.12　215p　19cm　1854円

Randle, John.　現代のマスコミュニケーション　研究社出版　1997.1　64p　26cm　1800円

黒田清　地を這うペン―ちをはうペン　近代文芸社　1997.1　258p　20cm　1500円

渡辺武達　メディアの公正と社会的責任　同志社　1997.1　63p　19cm　500円　（新島講座 第17回）

神威光一　聖なるメディア　近代文芸社　1997.2　208p　20cm　1500円

黒川貢三郎　マス・コミュニケーション論　南窓社　1997.3　244p　22cm　3200円

日比野正明　現代の国際関係とマス・メディア　玉川大学出版部　1997.4　213p　22cm　2800円

金沢寛太郎　現代のメディア環境―通信空間と放送空間の変容　学文社　1997.4　203p　22cm　2300円＋税

磯部成志, 島崎哲彦, 八田正信　現代マス・コミュニケーションの再考　学文社　1997.4　158p　22cm　2900円＋税

原寿雄　ジャーナリズムの思想　岩波書店　1997.4　194p　18cm　630円　（岩波新書）

鈴木健二　ナショナリズムとメディア―日本近代化過程における新聞の功罪　岩波書店　1997.4　347p　20cm　3000円

奥平康広　ジャーナリズムと法　新世社　1997.6　363p　22cm　2800円　（新法学ライブラリ 34）

牧内節男　女性が読まない新聞は滅びる―スポニチ社長・会長7年7ヵ月の軌跡　藍書房　1997.6　214p　19cm　1500円

変革期のメディア　有斐閣　1997.6　394p　26cm　2800円　（ジュリスト増刊―新世紀の展望 1）

赤祖父哲二　メディアと近代―表現史の試み　夢譚書房　1997.6　367p　21cm　2500円

小板橋二郎　新聞ジャーナリズムの危機―新聞添削日記　かや書房　1997.7　270p　20cm　2200円

伊藤洋子, 桂敬一, 須藤春夫, 服部孝章　21世紀のマスコミ　1　新聞―転機に立つ新聞ジャーナリズムのゆくえ　大月書店　1997.7　269p　21cm　2200円

中野収　メディア人間―コミュニケーション革命の構造　勁草書房　1997.9　364, 10p　20cm　2800円

柴山哲也　日本型メディア・システムの崩壊―21世紀ジャーナリズムの進化論　柏書房　1997.10　270p　20cm　2200円

宮部修　インタビュー取材の実践　晩聲社　1997.11　166p　19cm　1400円

桂敬一　21世紀のマスコミ　5　マルチメディア時代とマスコミ　大月書店　1997.11　253p　21cm　2200円

Balzac, Honoré, de, 鹿島茂　ジャーナリズム性悪説　筑摩書房　1997.12　332p　15cm　760円　（ちくま文庫）

茂木一之　「新」マルチメディア時代を生きる知恵―デジタル社会の知的生活法　中央経済社　1997.12　238p　21cm　2600円

McCord, Richard, 佐々木信雄　メディアの侵略者―巨大ニュース帝国との戦いの記録　朝日新聞社　1997.12　366p　20cm　2500円

田所昌幸, 木村昌人　外国人特派員―こうして日本イメージは形成される　日本放送出版協会　1998.1　237p　19cm　870円　（NHKブックス）

片岡正巳　朝日新聞の「戦後」責任―国を危める報道と論説を糺す　展転社　1998.2　350p　20cm　1800円

杉山隆男　メディアの興亡　下　文藝春秋　1998.3　439p　16cm　552円　（文春文庫）

Green, John, 小田嶋由美子, 武邑光裕　メディアはどこまで進化するか　三田出版会　1998.4　235p　20cm　1400円　（サイエンス・フォーカス 2）

鳥越俊太郎　異見（あまのじゃく）―鳥越俊太郎のジャーナリズム日誌　現代人文社　1998.5　207p　22cm　1800円

デ・ケリコフ, デリック, 高城剛, 水口哲也, 武邑光裕, 福富忠和, 米沢麻子　メディアの遺伝子―デジタル・ゲノムの行方　昭和堂　1998.5　287p　21cm　2400円

Steed, Henry, Wickham, 浅井泰範　理想の新聞　みすず書房　1998.5　342, 5p　20cm　2700円

高田豊, 小泉寿男　メディアの融合　産業図書　1998.6　182p　19cm　1600円

藤原肇　朝日と読売の火ダルマ時代―大ジャーナリズムを蝕むデカダンス　改訂版　国際評論社出版事業部　1998.7　312p　19cm　1809円

井上宏　現代メディアとコミュニケーション　世界思想社　1998.7　266p　19cm　2300円　（Sekaishiso seminar）

新聞労連, 日本新聞労働組合連合　新聞が消えた日―2010年へのカウントダウン　現代人文社　1998.7　143p　21cm　1200円

ジャーナリズム　　　　　　　　　　　　　　　　　　　　　　　　ジャーナリズム（日本）

丸谷才一, 向井敏, 三浦雅士, 山室恭子, 島森路子　丸谷才一と21人のもうすぐ21世紀ジャーナリズム大合評　都市出版　1998.7　325p　19cm　1800円

橋本秀一　アジア太平洋情報論　酒井書店　1998.9　141p　21cm　1900円

黒藪哲哉　新聞ジャーナリズムの「正義」を問う―販売現場からの告発　リム出版新社　1998.9　127p　21cm　1100円　（時代を読むbooklet 6）

西垣通　メディアの森―オタク嫌いのたわごと　朝日新聞社　1998.10　239p　20cm　1500円

黒田清　News少年Aの時代―ニュースらいだー1997〜1998.6　近代文芸社　1998.10　293p　21cm　1700円

黒田清　News震災以後―ニュースらいだー1995・1996　近代文芸社　1998.10　294p　21cm　1700円

黒田清　News平成を撃つ―ニュースらいだー1989〜1994　近代文芸社　1998.10　303p　21cm　1700円

音好宏, 小関健　グローバル・メディア革命　リベルタ出版　1998.12　236p　21cm　2300円

春原昭彦, 武市英雄　「ゼミナール」日本のマス・メディア　日本評論社　1998.12　214p　21cm　2300円

矢野直明　マス・メディアの時代はどのように終わるか　洋泉社　1998.12　254p　20cm　1700円

毎日新聞総合メディア事業局　電脳記者が行く　毎日新聞社　1999.4　207p　19cm　1500円

松岡新児, 植田康夫, 天野勝文　「現代マスコミ論」のポイント―新聞・放送・出版・マスメディア　学文社　1999.5　232p　22cm　2500円

朝日新聞社会部メディア班　新聞をひらく―わたしたちの現場から　樹花舎　1999.5　187p　21cm　1000円

国保徳丸　マスコミビッグバン―メディアを襲うデジタル革命　木本書店　1999.6　370p　20cm　2200円

図書館情報大学　メディアそれぞれの時代―粘土板から電子書物まで　図書館情報大学開学20周年創基80周年記念特別展示会　丸善　1999.8　60p　30cm　953円

ジャーナリスト会議, 日本ジャーナリスト会議　ダイオキシン汚染報道―所沢野菜騒動から見えたもの　リム出版新社　1999.9　111p　21cm　950円　（時代を読むbooklet 7）

溝上瑛　マスコミ解剖―万余の新聞を読む　解放出版社　1999.10　216p　19cm

高橋文利　メディア資本主義―金融・市場のインターネット革命　講談社　1999.10　189p　18cm　640円　（講談社現代新書）

大衆文化とマスメディア　岩波書店　1999.11　248p　22cm　2600円　（近代日本文化論 7）

山口正紀　ニュースの虚構メディアの真実―現場で考えた'90〜'99報道検証　現代人文社　1999.11　374p　22cm　1800円

吉見俊哉, 木下直之　ニュースの誕生―かわら版と新聞錦絵の情報世界　東京大学総合研究博物館　1999.11　311p　30cm　3800円　（東京大学コレクション 9）

花田達朗　メディアと公共圏のポリティクス　東京大学出版会　1999.11　222, 13p　22cm　4000円

Halberstam, David, 斎田一路, 筑紫哲也, 東郷茂彦　メディアの権力 3　朝日新聞社　1999.11　463p　15cm　980円　（朝日文庫）

井沢元彦, 小林よしのり　朝日新聞の正義　小学館　1999.12　285p　15cm　495円　（小学館文庫）

神戸新聞社　神戸新聞の100日　角川書店　1999.12　360p　15cm　857円　（角川文庫―角川ソフィア文庫）

梶村太一郎, 金子マーティン, 新美隆, 石田勇治, 本多勝一　ジャーナリズムと歴史認識―ホロコーストをどう伝えるか　凱風社　1999.12　333p　19cm　1900円

後藤将之　マス・メディア論　有斐閣　1999.12　277p　19cm　1800円　（有斐閣コンパクト）

関西プレスクラブ　21世紀ジャーナリストフォーラム―実施報告書　2000　関西プレスクラブ　2000　56p　30cm

林英夫　安心報道―大震災と神戸児童殺傷事件をめぐって　集英社　2000.1　236p　18cm　680円　（集英社新書）

青木彰　新聞との約束―戦後ジャーナリズム私論　日本放送出版協会　2000.1　446p　20cm　2500円

本多勝一　マスコミかジャーナリズムか　朝日新聞社　2000.1　324p　15cm　520円　（朝日文庫）

朝日新聞東京本社企画報道室　一からわかる、朝日新聞“ニュースな言葉”　宝島社　2000.2　254p　18cm　690円　（宝島社新書）

原寿雄　市民社会とメディア　リベルタ出版　2000.2　229, 7p　20cm　1900円

原由美子, 桜井武, 杉山明子, 川竹和夫　外国メディアの日本イメージ―11カ国調査から　学文社　2000.3　179p　21cm　2100円

社会経済生産性本部　現代メディアをめぐる諸問題―社会経済生産性本部メディア研究会報告書　社会経済生産性本部　2000.3　86p　21cm

北野栄三　メディアの人々　毎日新聞社　2000.3　275p　20cm　1600円

朝日新聞労働組合新聞研究委員会　朝日新聞よ、変わりなさい！　葉文館出版　2000.4　399p　19cm　2200円

NTTインターコミュニケーションセンター　ニュー・メディアニュー・フェイス/ニューヨーク　NTT出版社　2000.4　87p　23cm　1715円

渡辺武達　メディアと情報は誰のものか―民衆のコミュニケーション権からの発想　潮出版社　2000.4　252, 3p　19cm　1600円　（潮ライブラリー）

奥武則　大衆新聞と国民国家―人気投票・慈善・スキャンダル　平凡社　2000.7　247p　20cm　2400円　（平凡社選書 208）

小林康夫, 松浦寿輝　メディア―表象のポリティクス　東京大学出版会　2000.7　331p　22cm　3200円　（表象のディスクール 5）

Bourdieu, Pierre, 櫻本陽一　メディア批判　藤原書店　2000.7　212p　19cm　1800円　（シリーズ＜社会批判＞）

露木茂　メディアの社会学　いなほ書房　2000.8　136p　22cm　1800円　（社会学選書 1）

藤竹暁　図説日本のマスメディア　日本放送出版協会　2000.10　306p　19cm　1160円　（NHKブックス）

鳥越俊太郎　鳥越俊太郎のあのくさ、こればい！―最近のニュースが3分間でわかる　プラネット出版　2000.10　413p　19cm　1480円

里見脩　ニュース・エージェンシー―同盟通信社の興亡　中央公論新社　2000.10　298p　18cm　880円　（中公新書）

岩田温, 大石裕, 藤田真文　現代ニュース論　有斐閣　2000.11　260p　19cm　1800円　（有斐閣アルマ Specialized）

伊藤光彦　ジャーナリズム曠野紀行―1980〜2000どんな時代だったか　明窓出版　2000.12　367p　19cm　1500円

本郷美則　新聞があぶない　文藝春秋　2000.12　230p　18cm　690円　（文春新書）

前沢猛　新聞の病理―21世紀のための検証　岩波書店　2000.12　317, 4p　20cm　2200円

関西プレスクラブ　21世紀ジャーナリストフォーラム―実施報告書　2001　関西プレスクラブ　2001　56p　30cm

山本博　朝日新聞の「調査報道」　小学館　2001.1　317p　15cm　619円　（小学館文庫）

玉木明　ゴシップと醜聞―三面記事の研究　洋泉社　2001.3　205p　18cm　680円　（新書y）

原寿雄　ジャーナリズムの世界に生きて　川崎市生涯学習振興事業団かわさき市民アカデミー出版部　2001.3　85p　21cm

650円　（かわさき市民アカデミー講座ブックレット no.4）
新聞をつくろう―ハイパーキューブネット＆ハイパーキューブネット・ジュニア　芸文社　2001.3　32p　26cm　381円　（総合的な学習の時間で使うワークブック ステップ3）
北村肇　　新聞記者をやめたくなったときの本　現代人文社　2001.3　173p　21cm　1700円
松岡新児, 植田康夫, 天野勝文　現代マスコミ論のポイント―新聞・放送・出版・マルチメディア　第2版　学文社　2001.4　238p　22cm　2500円
ウノカマキリ, 長崎武昭　新聞社　岩崎書店　2001.4　38p　27cm　2400円　（くらしをまもる・くらしをささえる 校外学習 18）
佐々木眞徳　瓶椀記者がゆく　創栄出版　2001.4　114p　19cm　1000円
原寿雄, 筑紫哲也, 内橋克人　斎藤茂男―ジャーナリズムの可能性　共同通信社　2001.5　357p　20cm　2000円
鳥越俊太郎　そのニュースちょっと待った！　PHP研究所　2001.5　196p　19cm　1000円
藤原肇　　夜明け前の朝日―マスコミの堕落とジャーナリズム精神の現在　鹿砦社　2001.5　236p　20cm　1800円
霞ヶ浦報道　続　常陽新聞社　2001.6　1158p　21cm　6000円
駒村圭吾　ジャーナリズムの法理―表現の自由の公共的使用　嵯峨野書院　2001.7　347p　21cm　2800円
井上ひさし, 岡野弘彦, 海老沢泰久, 丸谷才一, 久田恵, 轡田隆史, 向井敏, 高島俊男, 黒岩徹, 根本長兵衛, 三浦雅士, 鹿島茂, 諸井薫, 小西聖子, 小沢昭一, 沼野充義, 大岡信, 猪口邦子, 張競, 島森路子, 東海林さだお, 日高普, 豊田泰光　丸谷才一と22人の千年紀ジャーナリズム大合評　都市出版　2001.7　415p　19cm　2333円
西正　　　メディア解体新書　中央経済社　2001.7　216p　19cm　1500円　（CK books）
井沢元彦, 読売新聞論説委員会　読売vs朝日―社説対決50年　中央公論新社　2001.8　316p　18cm　720円　（中公新書ラクレ）
IT, Pro編集部　記者の眼―2000.09.01～2001.08.31　日経BP社　2001.9　300p　21cm　1429円
岩瀬達哉　新聞が面白くない理由　講談社　2001.9　349p　15cm　648円　（講談社文庫）
柳田邦男　人間の事実　1　文藝春秋　2001.9　358p　16cm　514円　（文春文庫）
原寿雄, 大谷昭宏, 筑紫哲也　メディアの内と外―ジャーナリストと市民の壁を超えて　岩波書店　2001.10　63p　21cm　440円　（岩波ブックレット no0549）
ウェーブ産経事務局　産経が変えた風―正論を貫いて　産経新聞ニュースサービス　2001.11　214p　20cm　1238円
新マスコミ学がわかる。　朝日新聞社　2001.11　176p　26cm　1200円　（アエラムック no.74）
伊勢暁史　「朝日新聞」を疑え　日新報道　2001.12　182p　19cm　1500円
山中正剛, 石川弘義　戦後メディアの読み方―活字・映像・広告・セクシュアリティを考える　勁草書房　2001.12　268p　20cm　2800円
関西プレスクラブ　21世紀ジャーナリストフォーラム―実施報告書　2002　関西プレスクラブ　2002　46p　30cm
読売新聞社調査研究本部　提言報道―読売新聞の挑戦　中央公論新社　2002.2　351p　22cm　2800円
生田真司, 天野勝文　現場からみた新聞学―取材・報道を中心に　新版　学文社　2002.4　219p　22cm　2500円
Hamill, Pete, 武田徹　新聞ジャーナリズム　日経BP社　2002.4　225p　20cm　1600円
羽島知之　新聞と報道　日本図書センター　2002.4　47p　31cm　4400円　（目でみるマスコミとくらし百科 2）
大橋弘　　新聞論をこえて　風媒社　2002.4　263p　19cm　1800円　（エラスムス叢書 3）
読売新聞社調査研究本部　実践ジャーナリズム読本―新聞づくりの現場から　中央公論新社　2002.6　327p　19cm　1850円
毎日新聞社　開かれた新聞―新聞と読者の間で　明石書店　2002.6　278p　19cm　2200円
日中コミュニケーション研究会　日中相互理解とメディアの役割　日本僑報　2002.7　124p　21cm　1600円
保岡裕之　メディアのからくり―公平中立を謳う報道のウソを暴く　ベストセラーズ　2002.7　243p　18cm　680円　（ベスト新書）
千田利史　メディアショック　3　電通　2002.8　269p　21cm　2500円
早稲田大学人間科学部河西ゼミ　学生に語るジャーナリストの仕事　平原社　2002.10　306p　19cm　2000円
鳥越俊太郎　報道は欠陥商品と疑え　ウェイツ　2002.10　102p　21cm　750円　（That's Japan 1）
Kovach, Bill, Rosenstiel, Tom, 加藤岳文, 斎藤邦泰　ジャーナリズムの原則　日本経済評論社　2002.12　328p　20cm　1800円
坂本太郎　マスコミの秘密―気づかなかった！知らなかった　アストラ　2002.12　237p　19cm　1300円
高橋秀明, 坂元昂, 山本博樹　メディア心理学入門　学文社　2002.12　251p　21cm　2400円
小森陽一, 松浦寿輝, 沼野充義, 富山太佳夫, 兵藤裕己　メディアの力学　岩波書店　2002.12　246p　22cm　3400円　（岩波講座 文学 2）
関西プレスクラブ　21世紀ジャーナリストフォーラム―実施報告書　2003　関西プレスクラブ　2003　50p　30cm
岡朋郎一, 浅野雅巳　世界ニュース展望　2003年版　金星堂　2003.1　46p　26cm　1400円
南博　　　マスコミと風俗　勁草書房　2003.2　504p　20cm　14000円　（南博セレクション 4）
小室広佐子, 萩原弘巳, 柏倉康failed　マスメディア論　放送大学教育振興会　2003.3　178p　21cm　1900円　（放送大学教材 2003）
岡田直之, 広瀬英彦　現代メディア社会の諸相　学文社　2003.4　203p　22cm　2300円
中馬清福　新聞は生き残れるか　岩波書店　2003.4　206p　18cm　700円　（岩波新書）
田中正明　朝日が明かす中国の嘘　高木書房　2003.5　341p　19cm　1600円
美ノ谷和成　新聞を読む――九九二年から二〇〇一年まで　隆文館　2003.5　192p　20cm　2000円
徳山喜雄　報道危機―リ・ジャーナリズム論　集英社　2003.6　206p　18cm　680円　（集英社新書）
データバンク21　ニュースの疑問が解ける本　成美堂出版　2003.8　253p　16cm　524円　（成美文庫）
田村紀雄　エスニック・ジャーナリズム―日系カナダ人、その言論の勝利　柏書房　2003.9　389p　22cm　3800円　（Kashiwa学術ライブラリー 4）
国際社会経済研究所, 青木日照, 湯川鶴章　ネットは新聞を殺すのか―変貌するマスメディア　NTT出版　2003.9　227p　19cm　1500円
原寿雄, 武市英雄　グローバル社会とメディア　ミネルヴァ書房　2003.10　286, 10p　22cm　3500円　（叢書現代のメディアとジャーナリズム 第1巻）
宮沢徹甫, 熊坂隆光, 黒岩祐治, 野田清行　マスコミ改革を考える　自由国民社　2003.10　189p　19cm　952円　（虎ノ門dojoブックス）
吉見俊哉, 水越伸　メディア・プラクティス―媒体を創って世界を変える　せりか書房　2003.10　286p　21cm　2500円　（せりかクリティク）

ジャーナリズム　　　　　　　　　　　　　　　　　　ジャーナリズム（日本）

武田竜夫　　マス・メディアの犯罪—日本の悪口、不安をあおる反日メディアを斬る　日新報道　2003.11　236p　19cm　1500円
山本博　　ジャーナリズムとは何か　悠飛社　2003.12　228p　20cm　1600円
青木彰　　新聞力　東京新聞出版局　2003.12　286p　20cm　1600円
露木茂　　メディア論—2001年度社会意識論講義より　早稲田大学人間科学部河西宏祐研究室気付産業社会学研究室　2003.12
　　56p　26cm　（早稲田大学人間科学部産業社会学調査実習資料　第21集）
新聞はともだち　読売新聞　2004　31p　30cm
関西プレスクラブ　21世紀ジャーナリストフォーラム—実施報告書　2004　関西プレスクラブ　2004　41p　30cm
大塚将司　　スクープ—記者と企業の攻防戦　文藝春秋　2004.1　210p　18cm　690円　（文春新書）
ニューズラボ研究会, 花田達朗　実践ジャーナリスト養成講座　平凡社　2004.2　293p　21cm　2200円
金武伸弥　　新聞と現代日本語　文藝春秋　2004.2　254p　18cm　720円　（文春新書）
大井浩一　　メディアは知識人をどう使ったか—戦後「論壇」の出発　勁草書房　2004.2　245, 7p　20cm　2400円
柴山哲也　　日本のジャーナリズムとは何か—情報革命下で漂流する第四の権力　ミネルヴァ書房　2004.3　430, 3p　21cm
　　3500円
亘英太郎　　ジャーナリズム「現」論—取材現場からメディアを考える　世界思想社　2004.4　242p　19cm　1600円
松岡新児, 植田康夫, 天野勝文　新現代マスコミ論のポイント　学文社　2004.4　285p　22cm　2600円
大井眞二, 田村紀雄, 林利隆　現代ジャーナリズムを学ぶ人のために　世界思想社　2004.5　346p　19cm　2200円
秋岡伸彦　　現代ジャーナリズム論—講義テキスト　東京農業大学出版会　2004.5　79p　21cm　600円
武田徹　　調べる、伝える、魅せる！—新世代ルポルタージュ指南　中央公論新社　2004.5　221p　18cm　760円　（中公新書
　　ラクレ）
春原昭彦, 武市英雄　「ゼミナール」日本のマス・メディア　第2版　日本評論社　2004.5　253p　21cm　2300円
西野嘉章　　プロパガンダ1904-45—新聞紙・新聞誌・新聞史　東京大学総合研究博物館　2004.5　221p　26cm　3500円　（東京
　　大学コレクション 18）
総合ジャーナリズム講座　第12巻　日本図書センター　2004.6　405p　22cm
山口正紀　　メディアが市民の敵になる—さようなら読売新聞　現代人文社　2004.8　270p　22cm　1900円
山本武信　　グローバルメディアの世紀—新しいコミュニケーションの課題と展望　日本図書センター　2004.9　312p　22cm
　　4600円　（学術叢書）
磯貝陽悟, 下村健一, 河野義行, 森達也, 林直哉　報道は何を学んだのか—松本サリン事件以後のメディアと世論　岩波書店
　　2004.10　71p　21cm　480円　（岩波ブックレット no0636）
神戸新聞社　21世紀を生きる新聞—その役割と現場　神戸新聞・神戸学院大学連携講座から　神戸学院大学人文学会　2004.10
　　197p　21cm　1500円
日本記者クラブ　とっておきの話—「日本記者クラブ会報」から　5　日本記者クラブ　2004.11　392p　19cm　非売品
柴田鉄治, 川崎泰資　検証日本の組織ジャーナリズム—NHKと朝日新聞　岩波書店　2004.12　221p　19cm　2200円
国広陽子, 萩原滋　テレビと外国イメージ—メディア・ステレオタイピング研究　勁草書房　2004.12　295p　22cm　3500円
後藤嘉宏　　中井正一のメディア論　学文社　2005.1　542, 19, 5p　22cm　8000円
渡邉正裕　　これが本当のマスコミだ—社員が教える企業ミシュラン　東邦出版　2005.2　271p　19cm　1500円
仲井幹也　　ニュースを読もう、ドイツと日本　2004　同学社　2005.2　34p　21cm　1600円
奥野昌宏　　マス・メディアと冷戦後の東アジア—20世紀末北東アジアのメディア状況を中心に　学文社　2005.2　330p　22cm
　　3500円　（成蹊大学アジア太平洋研究センター叢書）
山際澄夫　　朝日新聞が中国を驕らせる—反日、反米の呪いと親中媚態言論の正体　日新報道　2005.3　254p　19cm　1400円
徳山喜雄　　報道不信の構造　岩波書店　2005.3　221p　19cm　2500円　（ジャーナリズムの条件 2）
田中良紹　　メディア裏支配—語られざる巨大マスコミの暗闘史　講談社　2005.3　278p　20cm　1600円
メディア・ビオトープ—メディアの生態系をデザインする　紀伊國屋書店　2005.3　194, 3p　19cm　1500円
佐野眞一　　メディアの権力性　岩波書店　2005.4　233p　19cm　2500円　（ジャーナリズムの条件 3）
Chevalier, Louis, 小倉孝誠, 岑村傑　三面記事の栄光と悲惨—近代フランスの犯罪・文学・ジャーナリズム　白水社　2005.5
　　208p　20cm　2400円
野中章弘　　ジャーナリズムの可能性　岩波書店　2005.5　234p　19cm　2500円　（ジャーナリズムの条件 4）
原剛　　報道が社会を変える—石橋湛山記念早稲田ジャーナリズム大賞記念講座講義録　早稲田大学出版部　2005.5　203p
　　21cm　1800円
桐山勝　　マスコミの現場—このままでいいのか？　白桃書房　2005.5　313p　21cm　2381円
ラクレ編集部, 保阪正康　メディアの迷走—朝日・NHK論争事件　中央公論新社　2005.5　190p　18cm　700円　（中公新書ラク
　　レ）
岡留安則　　「噂の眞相」イズム—反権力スキャンダリズムの思想と行動　WAVE出版　2005.6　255p　19cm　1300円
DeWit, Andrew, 金子勝　メディア危機　日本放送出版協会　2005.6　237p　19cm　920円　（NHKブックス 1031）
阿保順子, 高岡健　メディアと精神科医—見識ある発言と冷静な受容のために　批評社　2005.6　179p　21cm　1800円　（メン
　　タルヘルス・ライブラリー 12）
現代ジャーナリズムに求められるもの—学生アンケート調査から　放送倫理・番組向上機構　2005.7　31p　30cm　（放送番組委
　　員会記録）
歌川令三　　新聞がなくなる日　草思社　2005.9　206p　19cm　1400円
佐田智子, 朝日新聞社　新聞なんていらない？—記者たちの大学講義 newspaper & society　朝日新聞社　2005.9　237p　21cm
　　1200円
藤竹暁　　図説日本のマスメディア　第2版　日本放送出版協会　2005.9　289, 12p　19cm　1120円　（NHKブックス 1039）
浅野健一, 野田正彰　日本のマスメディアと私たち—対論　晃洋書房　2005.9　197p　20cm　1800円
元木昌彦　　メディアを思う日々—編集者の学校　日が暮れてからの授業編　ロコモーションパブリッシング　2005.9　271p
　　20cm　1700円
森達也, 森巣博　ご臨終メディア—質問しないマスコミと一人で考えない日本人　集英社　2005.10　222p　18cm　680円　（集
　　英社新書）
池田竜夫　　崖っぷちの新聞—ジャーナリズムの原点を問う　花伝社　2005.11　248p　19cm　1700円

ジャーナリズム（日本）　　　　ジャーナリズム

高取武　　日本の新聞をカラーに変えた男　鳥影社　2005.11　191p　19cm　1500円

山本泰夫, 青木塾, 天野勝文　ジャーナリズムの情理―新聞人・青木彰の遺産　産経新聞出版　2005.12　450p　19cm　1600円

成蹊大学文学部　メディアの現在とコミュニケーションのいま―論文集　現代社会学科演習1、2D　2005年度　成蹊大学文学部現代社会学科　2006　107p　30cm

Balsamo, William, M., 廣田典子　ニュースの背景を読む　続　金星堂　2006.1　49p　26cm　1500円

別府三奈子　ジャーナリズムの起源　世界思想社　2006.2　450p　22cm　5524円

市川学園　新聞research―各新聞はいかに報道したか　市川学園図書委員会　2006.2　27p　26cm

McNair, Brian, 小川浩一, 赤尾光史　ジャーナリズムの社会学　リベルタ出版　2006.3　284, 10p　20cm　2600円

ヴィットインターナショナル企画室　新聞にかかわる仕事―マンガ　ほるぷ出版　2006.3　142p　22cm　2200円　（知りたい！なりたい！職業ガイド）

大阪市立大学大学院文学研究科都市文化研究センター　新聞の現在と将来―大阪における記者と読者の調査から　大阪市立大学大学院文学研究科COE都市文化研究センター「大阪のメディア文化と新聞の将来」研究会　2006.3　237p　30cm

林利隆　戦後ジャーナリズムの思想と行動　日本評論社　2006.3　291p　22cm　4200円

貴志俊彦, 川島真, 孫安石　戦争・ラジオ・記憶　勉誠出版　2006.3　343p　21cm　3500円

時野谷浩　ニュース普及の研究　芦書房　2006.3　188p　20cm　2000円

山本武利　メディアのなかの「帝国」　岩波書店　2006.3　319, 72p　22cm　4800円　（岩波講座「帝国」日本の学知　第4巻）

長沢彰彦　ジャーナリズムの基礎知識　シャッフル・クリエイション　2006.4　327p　19cm　2000円

伊藤守　テレビニュースの社会学―マルチモダリティ分析の実践　世界思想社　2006.4　252p　21cm　2300円

日本能率協会総合研究所　日中若者のメディア接触実態調査―集計表　日本能率協会総合研究所マーケティング・データ・バンク　2006.4　80枚　30cm　80000円　（MDBネットサーベイChina）

松尾邦之助, 大沢正道　無頼記者、戦後日本を撃つ―1945・巴里より「敵前上陸」　社会評論社　2006.4　318p　20cm　2400円

各務英明　報道とマスメディア　酒井書店　2006.5　169p　19cm　1800円

伊藤高史, 宿南達志郎, 生明俊雄, 湯淺正敏, 内山隆　メディア産業論　有斐閣　2006.5　255p　19cm　1800円　（有斐閣コンパクト）

松本逸也　一極集中報道―過熱するマスコミを検証する　現代人文社　2006.6　287p　19cm　2000円

柴山哲也　日本型メディアシステムの興亡―瓦版からブログまで　ミネルヴァ書房　2006.6　355p　20cm　3000円　（叢書・現代社会のフロンティア 6）

Fulford, Benjamin　日本マスコミ「臆病」の構造―なぜ真実が書けないのか　宝島社　2006.10　221p　16cm　600円　（宝島社文庫）

山本信人, 大石裕　メディア・ナショナリズムのゆくえ―「日中摩擦」を検証する　朝日新聞社　2006.10　241, 23p　19cm　1200円　（朝日選書 807）

原剛　ジャーナリズムの方法　早稲田大学出版部　2006.11　207p　21cm　1800円　（石橋湛山記念早稲田ジャーナリズム大賞記念講座講義録 2）

黒田勝弘, 市川速水　朝日vs.産経ソウル発―どうするどうなる朝鮮半島　朝日新聞社　2006.12　189p　18cm　700円　（朝日新書）

大石裕　ジャーナリズムと権力　世界思想社　2006.12　234p　19cm　1900円　（Sekaishiso seminar）

隅井孝雄, 古野喜政, 川瀬俊治　ジャーナリズムのいま―新聞・放送・デジタルメディア、そして民衆運動の現場から　みずのわ出版　2006.12　217p　21cm　2800円

面谷信　新聞の未来を展望する―電子ペーパーは救世主となれるか　新聞通信調査会　2006.12　181p　21cm　1000円

梶山方忠　「日経」と「しんぶん赤旗」を読みくらべる　pt.2　清風堂書店出版部　2006.12　173p　21cm　1714円

島崎哲彦, 鈴木裕久　マス・コミュニケーションの調査研究法　新版　創風社　2006.12　211p　21cm　1900円

現代ニュース研究会　日本のニュース賛否両論わかる本　Pan Rolling　2007　録音ディスク11枚（660分）：CD　1470円　（Audio book series）

斎藤貴男　報道されない重大事　筑摩書房　2007.1　381p　15cm　840円　（ちくま文庫）

西岡将　記者魂の半世紀―記事評論集　東京新聞出版局（製作）　2007.2　570p　22cm

嶺隆　新聞人群像―操觚者たちの闘い　中央公論新社　2007.3　410p　20cm　2800円

大塚将司　新聞の時代錯誤―朽ちる第四権力　東洋経済新報社　2007.3　269p　20cm　1700円

宿南達志郎, 菅谷実　トランスナショナル時代のデジタル・コンテンツ　慶應義塾大学出版会　2007.3　262p　22cm　3600円　（叢書21COE-CCC多文化世界における市民意識の動態 19）

小中陽太郎　一人ひとりのマスコミ　創森社　2007.3　317p　20cm　1800円

寄川条路, 川島建太郎, 大塚直, 仲正昌樹, 縄田雄二　メディア論―現代ドイツにおける知のパラダイム・シフト　御茶の水書房　2007.3　194p　21cm　2000円

原寿雄　戦争・メディア・人権　「歴史のナビゲーション」事務局　2007.4　44p　21cm　（歴ナビブックレット no.6）

佐藤卓己, 小室広佐子, 柏倉康夫　日本のマスメディア　放送大学教育振興会　2007.4　172p　21cm　1900円　（放送大学教材 2007）

放送・通信融合時代とNGN（次世代ネットワーク）への道　インプレスR&D　2007.4　183p　28cm　1886円　（Impress mook）

吉井博明　メディアエコロジーと社会　北樹出版　2007.4　244p　21cm　2200円

Bolter, Jay, David, Gromala, Diane, 田畑暁生　メディアは透明になるべきか　NTT出版　2007.4　263, 4p　21cm　2800円

羽生輝彦　これでいいのか！『天声人語』―すべての受験生に捧げる　文芸社　2007.5　175p　19cm　1200円

堀越作治　反骨の記者松林悶　東京図書出版局　2007.5　140p　19cm　1200円

須藤忠昭, 杉本時哉, 相澤嘉久治, 内田雅夫　メディア帝国の恐怖と貧困―マスコミの集中排除運動と早坂茂三　いちい書房　2007.5　505p　20cm　2300円

岡満男, 山口功二, 渡辺武達　メディア学の現在　新訂　世界思想社　2007.6　338p　19cm　2200円　（Sekaishiso seminar）

小寺信良　メディア進化社会　洋泉社　2007.6　312p　19cm　952円　（Yosensha paperbacks 28）

宮嶋茂樹　不肖・宮嶋メディアのウソ、教えたる！　河出書房新社　2007.8　221p　19cm　1200円　（14歳の世渡り術）

丸山明, 酒井紀美, 信友建志, 新宮一成　メディアと無意識―「夢語りの場」の探求　弘文堂　2007.8　348p　20cm　2400円　（シリーズ生きる思想 10）

ジャーナリズム　　　　　　　　　　　　ジャーナリズム（日本）

黒藪哲哉　崩壊する新聞—新聞狂時代の終わり　花伝社　2007.9　215p　19cm　1700円　（新聞販売黒書 pt.2）
柏木肇　新メディア論—コミュニケーションからコラボレーションへ　柏木肇　2007.10　36p　21cm　1500円
斎藤環　メディアは存在しない　NTT出版　2007.10　301p　20cm　2200円
辺見庸　言葉と死　毎日新聞社　2007.11　248p　20cm　1500円　（辺見庸コレクション 2）
池上彰　ニュースの読み方使い方　新潮社　2007.11　297p　16cm　476円　（新潮文庫）
大井眞二, 日本大学法学部　メディアの変貌と未来　八千代出版　2007.11　208p　21cm　2400円
山際澄夫　これでも朝日新聞を読みますか？　ワック　2007.12　291p　20cm　1400円
ニュースのミューズたち　朝日新聞社　2007.12　112p　29cm　1600円　（アエラムック）
矢澤正之　メディアの扉をひらく—矢澤昇の人と足跡　南信州新聞社出版局（印刷）　2007.12　128p　31cm
読売新聞論説委員会　読売vs朝日—21世紀・日本のゆくえ　中央公論新社　2008.1　212p　18cm　700円　（中公新書ラクレ）
田村紀雄　海外の日本語メディア—変わりゆく日本町と日系人　世界思想社　2008.2　330p　21cm　2800円
柴田鉄治, 川崎泰資　組織ジャーナリズムの敗北—続・NHKと朝日新聞　岩波書店　2008.2　208p　19cm　1800円
角田光男　メディアつれづれ帖　虔　2008.2　242, 4p　20cm　1500円
NHK放送文化研究所, 日本放送協会放送文化研究所　現代社会とメディア・家族・世代　新曜社　2008.3　339p　22cm　3300円
有山輝雄　「中立」新聞の形成　世界思想社　2008.5　246p　20cm　2300円
上杉隆　ジャーナリズム崩壊　幻冬舎　2008.7　234p　18cm　740円　（幻冬舎新書）
岩田公雄　テレビで言えなかったニュースの裏側—報道現場から世界の真実が見える！　学習研究社　2008.8　227p　19cm　1600円
新聞産業の退職者懇談会　オレンジの旗—新聞OBわが人生　第9集　新聞産業の退職者懇談会　2008.9　272p　21cm
池上彰　記者になりたい！　新潮社　2008.9　319p　16cm　476円　（新潮文庫）
連合通信社　取材と記事に自信がつく本—機関紙編集者ガイドブック　連合通信社　2008.9　63p　26cm　800円
岩田温　チベット大虐殺と朝日新聞—朝日新聞はチベット問題をいかに報道してきたか　オークラ出版　2008.9　293p　19cm　1500円
高増明, 斉藤日出治　アジアのメディア文化と社会変容　ナカニシヤ出版　2008.10　201p　22cm　2500円
内田安伊子, 内田紀子　構成・特徴・分野から学ぶ新聞の読解—中上級日本語教材　スリーエーネットワーク　2008.10　104p　26cm　1400円
橋場義之, 天野勝文　新現場からみた新聞学　学文社　2008.10　288p　22cm　2600円
メディア総合研究所　貧困報道—新自由主義の実像をあばく　花伝社　2008.10　83p　21cm　800円　（メディア総研ブックレット no.12）
甲子園短期大学　メディアと情報　甲子園短期大学　2008.11　192p　18cm　600円
仲築間卓蔵　いまなぜメディアを読み解く目　フリーダム　2008.12　208p　19cm　1600円
藤竹暁　環境になったメディア—マスメディアは社会をどう変えているか　改訂版　北樹出版　2008.12　183p　22cm　2000円
畑仲哲雄　新聞再生—コミュニティからの挑戦　平凡社　2008.12　210p　18cm　760円　（平凡社新書）
原寿雄　ジャーナリズムの可能性　岩波書店　2009.1　212p　18cm　700円　（岩波新書 新赤版1170）
猪熊建夫　新聞・TV（テレビ）が消える日　集英社　2009.2　195p　18cm　700円　（集英社新書 0479B）
永井芳和　大阪ジャーナリズムの系譜—西鶴・近松からネット時代へ　フォーラム・A　2009.3　206p　19cm　1600円　（こんちは出前授業です！）
船津重人　新聞裏街道をゆく　新聞展望社　2009.3　355p　22cm　6000円
鈴木隆敏　新聞人福澤諭吉に学ぶ—現代に生きる『時事新報』　産経新聞出版　2009.3　261p　19cm　1429円　（産経新聞社の本）
奥村宏　徹底検証日本の五大新聞　七つ森書館　2009.3　221p　20cm　1800円
関西地区マスコミ倫理懇談会50周年記念誌企画委員会　阪神大震災・グリコ森永vsジャーナリスト—権力と市民の間で何をしたか　日本評論社　2009.3　344p　19cm　2500円
八幡耕一　メディアを読み解く　名古屋大学大学院国際言語文化研究科　2009.3　187p　21cm　（言語文化研究叢書 8）
高成田享　こちら石巻さかな記者奮闘記—アメリカ総局長の定年チェンジ　時事通信出版局　2009.4　234p　20cm　1600円
津金沢聡広, 渡辺武達, 武市英雄　叢書現代のメディアとジャーナリズム　第8巻　メディア研究とジャーナリズム21世紀の課題　ミネルヴァ書房　2009.4　416, 48p　22cm　4500円
桂敬一, 田島泰彦, 浜田純一　新聞学　新訂　日本評論社　2009.5　445p　21cm　3000円
矢野直明　総メディア社会とジャーナリズム—新聞・出版・放送・通信・インターネット　知泉書館　2009.5　221p　23cm　2400円
小野善邦　本気で巨大メディアを変えようとした男—異色NHK会長「シマゲジ」・改革なくして生存なし　現代書館　2009.5　369p　20cm　2300円
山田健太, 清水英夫, 武市英雄, 林伸郎　マス・コミュニケーション概論　新版　学陽書房　2009.5　261p　21cm　2600円
烏賀陽弘道　「朝日」ともあろうものが。　河出書房新社　2009.6　343p　15cm　880円　（河出文庫 う11-1）
Franklin, Bob, Hamer, Martin, Hanna, Mark, Kinsey, Marie, Richardson, John, E., 門奈直樹　ジャーナリズム用語事典　国書刊行会　2009.6　491p　22cm　4200円
陳立新　梁啓超とジャーナリズム　芙蓉書房出版　2009.6　378p　22cm　5700円
上原光晴　現代史の目撃者—朝日新聞記者たちの昭和事件史　光人社　2009.7　322p　20cm　2000円
日垣隆　秘密とウソと報道　幻冬舎　2009.7　205p　18cm　740円　（幻冬舎新書 136）
古賀純一郎　メディア激震—グローバル化とIT革命の中で　NTT出版　2009.7　288p　21cm　2200円
世古一穂, 土田修　マスメディア再生への戦略—NPO・NGO・市民との協働　明石書店　2009.8　237p　19cm　2200円
大沢正道　くたばれ！朝日新聞—国民を欺く卑怯なメディア　日新報道　2009.9　241p　19cm　1500円
出口弘, 小山友介, 田中秀幸　コンテンツ産業論—混淆と伝播の日本型モデル　東京大学出版会　2009.9　361p　22cm　4400円
水迫其廣　紙面に意地を載せて—たかが業界紙、されど業界紙　西海出版　2009.9　194p　19cm　1200円
碓井広義　ニュースの大研究—報道のしくみがよくわかる どうつくり, どう伝えてる？　PHP研究所　2009.9　79p　29cm　2800円

257

ジャーナリズム（日本）　　ジャーナリズム

三橋貴明　　マスゴミ崩壊―さらばレガシーメディア　扶桑社　2009.9　243p　19cm　1400円

坪田知己　　2030年メディアのかたち　講談社　2009.9　254p　18cm　1000円　（現代プレミアブック）

柴山佐利　　マスメディアの「構造」と「空気」―問いかけと問い直しのメディア論　宣伝会議　2009.10　467p　21cm　1800円

中島清成　　無名記者の挽歌　中央公論新社　2009.10　251p　20cm　1900円

伊藤公雄, 井上俊　　メディア・情報・消費社会　世界思想社　2009.10　251p　19cm　2000円　（社会学ベーシックス　第6巻）

岡林春雄　　メディアと人間―認知的社会臨床心理学からのアプローチ　金子書房　2009.10　183p　21cm　2400円

宮崎正弘　　朝日新聞がなくなる日―新聞・テレビ崩壊！　ワック　2009.11　253p　18cm　900円　（Wac bunko B-113）

花田達朗　　「可視化」のジャーナリスト―石橋湛山記念早稲田ジャーナリズム大賞記念講座2009　早稲田大学出版部　2009.11　223p　21cm　1800円

日本記者クラブ　とっておきの話―「日本記者クラブ会報」から　6　日本記者クラブ　2009.11　423p　19cm　非売品

富坂聰　　中国報道の「裏」を読め！　講談社　2009.12　269p　19cm　1400円

梶山方忠　　「日経」と「朝日」と「しんぶん赤旗」を読みくらべる―日本の食・医療・労働「アメリカいいなり」を支えるしくみ　清風堂書店出版部　2009.12　221p　21cm　1714円

勝間和代　　ニュースの裏が読める思考のフレームワーク32　日経BP社　2010.1　114p　26cm　838円　（日経BPムック）

石坂悦男　　市民的自由とメディアの現在　法政大学現代法研究所　2010.2　366p　22cm　4400円　（法政大学現代法研究所叢書 31）

ひろゆうこ, 青木萌　新聞のひみつ　学研パブリッシングコミュニケーションビジネス事業室　2010.3　126p　23cm　（学研まんがでよくわかるシリーズ 50）

成田龍一　　〈歴史〉はいかに語られるか―1930年代「国民の物語」批判　増補　筑摩書房　2010.3　363p　15cm　1100円　（ちくま学芸文庫 ナ18-1）

早川善治郎　概説マス・コミュニケーション　新版　学文社　2010.4　367p　22cm　3300円

アレックス・S.ジョーンズ, 古賀林幸　新聞が消える―ジャーナリズムは生き残れるか　朝日新聞出版　2010.4　318p　19cm　1800円

米田綱路　　ジャーナリズム考　凱風社　2010.5　830p　20cm　5000円　（本に拠る 1）

西正　　競合か協調か―メディア企業選択の時―2011年完全デジタル化目前！　サテマガ・ビー・アイ　2010.6　171p　21cm　1714円

北村肇　　新聞新生―ネットメディア時代のナビゲーター　現代人文社　2010.6　171p　19cm　1700円

大西正行　　マスメディア論―現場と社説と地方紙と　春風社　2010.6　221p　19cm　1800円

慶應義塾大学メディアコミュニケーション研究所, 朝日新聞社ジャーナリスト学校　報道現場　慶應義塾大学出版会　2010.7　192p　19cm　2000円

吉見俊哉, 土屋礼子　叢書現代のメディアとジャーナリズム　第4巻　大衆文化とメディア　ミネルヴァ書房　2010.8　386, 9p　22cm　3800円

内田樹　　街場のメディア論　光文社　2010.8　213p　18cm　740円　（光文社新書 474）

下村健一　　マスコミは何を伝えないか―メディア社会の賢い生き方　岩波書店　2010.9　223p　19cm　1900円

西村幸祐　　メディア症候群―なぜ日本人は騙されているのか？　総和社　2010.9　346p　19cm　1500円

記者ハンドブック―新聞用字用語集　第12版　共同通信社　2010.10　740p　18cm　1800円

奥平康広, 加藤紘一, 斎藤貴男, 枝野幸男, 若宮啓文　ジャーナリズム・権力・世論を問う　新泉社　2010.10　136p　21cm　1200円　（シリーズ時代を考える）

奥武則　　熟慮ジャーナリズム―「論壇記者」の体験から　平凡社　2010.10　229p　18cm　760円　（平凡社新書 549）

北野栄三　　メディアの光景　毎日新聞社　2010.10　253p　20cm　1600円

福永勝也　　衰退するジャーナリズム―岐路に立つマス・メディアの諸層　ミネルヴァ書房　2010.11　297, 10p　20cm　2800円　（叢書・現代社会のフロンティア 15）

まつもとあつし　生き残るメディア死ぬメディア―出版・映像ビジネスのゆくえ　アスキー・メディアワークス　2010.12　267p　18cm　743円　（アスキー新書 173）

畠山理仁　　記者会見ゲリラ戦記　扶桑社　2010.12　287p　18cm　760円　（扶桑社新書 084）

筑紫哲也　　批評（ジャーナリズム）を考える。―自我作古　日本経済新聞出版社　2011.1　383p　20cm　2000円

猪熊建夫　　ジャーナリズムが亡びる日―ネットの猛威にさらされるメディア　花伝社　2011.1　251p　19cm　1700円

山本武利　　朝日新聞の中国侵略　文藝春秋　2011.2　283p　20cm　1900円

原寿雄　　ジャーナリズムに生きて―ジグザグの自分史85年　岩波書店　2011.2　243p　15cm　920円　（岩波現代文庫 S212）

山口治男　　メディア学概論　オーム社　2011.3　172p　21cm　2400円　（IT text）

瀬野宏　　"トリックマスコミ"朝日新聞の全貌―平和・人権を掲げて侵略・大虐殺・弾圧・冤罪に加担　展転社　2011.6　326p　19cm　2000円

原寿雄, 山本博, 田島泰彦　調査報道（Investigative reporting）がジャーナリズムを変える　花伝社　2011.6　243p　19cm　1700円

Gillmor, Dan, 平和博　あなたがメディア！―ソーシャル新時代の情報術　朝日新聞出版　2011.7　382, 21p　20cm　2300円

田原総一朗　ジャーナリズムの陥（おと）し穴―明治から東日本大震災まで　筑摩書房　2011.7　219p　18cm　740円　（ちくま新書 911）

藤田真文　　メディアの卒論―テーマ・方法・実際　ミネルヴァ書房　2011.7　278p　21cm　3000円

Dovifat, Emil, 吉田慎吾　ジャーナリズムの使命―エミール・ドヴィファト著『新聞学』　晃洋書房　2011.8　302p　22cm　2900円

山田健太　　ジャーナリズムの行方　三省堂　2011.8　302p　19cm　2200円

井上亮　　非常時とジャーナリズム　日本経済新聞出版社　2011.8　271p　18cm　870円　（日経プレミアシリーズ 132）

仲川秀樹, 塚越孝　メディアとジャーナリズムの理論―基礎理論から実践的なジャーナリズム論へ　同友館　2011.8　229p　21cm　2500円

難波功士　　メディア論　人文書院　2011.8　223p　19cm　1800円　（ブックガイドシリーズ基本の30冊）

三橋貴明　　疑惑の報道―大マスコミ　飛鳥新社　2011.9　302p　19cm　1238円

志村一隆　　明日のメディア―3年後のテレビ、SNS、広告、クラウドの地平線　ディスカヴァー・トゥエンティワン　2011.10　252p　18cm　1000円　（ディスカヴァー携書 71）

原マサル　マスコミが国家を危うくする　文芸社　2011.10　193p　19cm　1200円

北島圭　マスコミは、ネットを一体どうしたいのか？―主要マスコミ31社への徹底取材でわかった、マスコミとネットの現実　サイゾー　2011.10　271p　19cm　1400円

Luyendijk, Joris, 高山真由美, 田口俊樹　こうして世界は誤解する―ジャーナリズムの現場で私が考えたこと　英治出版　2011.12　283p　20cm　2200円

高木強, 赤尾光史　ジャーナリズムの原理　日本評論社　2011.12　213p　21cm　3200円

Buell, Hal, Halberstam, David, 河野純治　ピュリッツァー賞受賞写真全記録　日経ナショナルジオグラフィック社　2011.12　319p　23cm　3800円

川端幹人　タブーの正体！―マスコミが「あのこと」に触れない理由　筑摩書房　2012.1　268p　18cm　840円　（ちくま新書939）

ジョセフ・ショールズ, ジェニングズ, スティーブン, 伊藤晶子, 斎藤早苗　メディア社会の光と影　改訂新版　マクミランランゲージハウス　2012.1　98p　25cm　1900円

朝日新聞事件報道小委員会　事件の取材と報道　2012　朝日新聞出版　2012.2　191p　26cm　1500円

山本泰夫　メディアとジャーナリズム―これから学ぶ人のために　産経新聞出版　2012.2　367p　19cm　1700円

原孝文　激動記者の政治・報道秘話　文芸社　2012.3　397p　15cm　740円

大石裕　戦後日本のメディアと市民意識―「大きな物語」の変容　ミネルヴァ書房　2012.3　240, 3p　20cm　3500円　（叢書・現代社会のフロンティア 19）

志位和夫　日本の巨大メディアを考える　日本共産党中央委員会出版局　2012.3　24p　21cm　95円

山本祐司　毎日新聞社会部　河出書房新社　2012.3　465p　15cm　950円　（河出文庫 や26-1）

三橋貴明　メディアの大罪―テレビ、新聞はなぜ「TPP戦争」を伝えないのか　PHP研究所　2012.3　273p　19cm　1400円

鈴木雄雅　新聞を読もう！　3　新聞博士になろう！　教育画劇　2012.4　55p　27cm　3300円

佐藤卓己　天下無敵のメディア人間―喧嘩ジャーナリスト・野依秀市　新潮社　2012.4　454, 8p　20cm　1700円　（新潮選書）

上杉隆　ニュースにならなかったあぶない真実―大手メディアが隠す　PHPエディターズ・グループ　2012.4　221p　18cm　1200円

烏賀陽弘道　報道の脳死　新潮社　2012.4　255p　18cm　740円　（新潮新書 467）

渡辺武達　メディアへの希望―積極的公正中立主義からの提言　論創社　2012.5　226p　19cm　1800円

谷久光　朝日新聞の危機と「調査報道」―原発事故取材の失態　同時代社　2012.6　254p　19cm　2000円

メディアアクティビスト懇談会, 細谷修平　メディアと活性　インパクト出版会　2012.6　255, 3p　21cm　1800円

ファクラー, マーティン　「本当のこと」を伝えない日本の新聞　双葉社　2012.7　221p　18cm　800円　（双葉新書 044）

藤竹暁　図説日本のメディア　NHK出版　2012.9　301p　19cm　1200円　（NHKブックス 1196）

四方由美　マスメディアと社会生活―ジェンダー・地方・ダイバーシティの視座から　学文社　2012.9　236p　22cm　2500円

羽渕一代, 岩佐光広, 内藤直樹　メディアのフィールドワーク―アフリカとケータイの未来　北樹出版　2012.9　203p　21cm　2200円

西部邁　「世論」の逆がおおむね正しい―西部邁ゼミナール　産経新聞出版　2012.10　237p　19cm　1300円

青池愼一　ニュースの普及過程分析　慶應義塾大学出版会　2012.10　353p　21cm　3400円

後藤謙次, 江川紹子, 佐野眞一, 深川由起子, 早稲田大学広報室, 八巻和彦　ジャーナリズムの〈いま〉を問う―早稲田ジャーナリズム大賞パネルディスカッションより　早稲田大学出版部　2012.11　102p　21cm　940円　（早稲田大学ブックレット―「震災後」に考える 25）

上杉隆, 森達也　誰がこの国を壊すのか―人類はメディアによって滅ぶかもしれない　ビジネス社　2012.11　209p　18cm　952円

久田将義, 青木理　僕たちの時代　毎日新聞社　2012.12　222p　20cm　1600円

就職活動研究会　朝日新聞社の会社研究―JOB HUNTING BOOK　2014年度版　協同出版　2013.1　283p　21cm　1500円　（会社別就職試験対策シリーズ 64）

橋本五郎　新聞の力―新聞の読み方で世界が見える　労働調査会　2013.1　168p　21cm　1500円

弓削信夫　ウソ記事・ダメ記事・アキレ記事　一粒書房　2013.2　301p　19cm　非売品

武田邦彦　新聞・テレビは「データ」でウソをつく―政府とメディアのデータ・トリックを見破る方法　日本文芸社　2013.2　295p　19cm　1300円

宇田川敬介　日本人が知らない「新聞」の真実　祥伝社　2013.2　204p　18cm　780円　（祥伝社新書 309）

小川三和子, 池上彰　池上彰の新聞活用大事典―調べてまとめて発表しよう！　4　新聞を作ってみよう！　文溪堂　2013.3　47p　29cm　2900円

土田修　調査報道―公共するジャーナリズムをめざして　緑風出版　2013.3　221p　20cm　2200円

三田格, 粉川哲夫　無縁のメディア―映画も政治も風俗も　Pヴァイン　2013.3　255p　19cm　1900円　（ele-king books）

NHK「メディアのめ」制作班, 池上彰　池上彰と学ぶメディアのめ　NHK出版　2013.4　207p　21cm　1300円

早稲田大学ジャーナリズム教育研究所　エンサイクロペディア現代ジャーナリズム　早稲田大学出版部　2013.4　403p　21cm　3600円

バラエティアートワークス　瓦版ジャーナリスト魂　イースト・プレス　2013.4　191p　15cm　552円　（タイムスクープハンターコミック TSHC002）

松本恭幸, 中橋雄　メディアプロデュースの世界　北樹出版　2013.4　143p　21cm　1900円　（叢書現代の社会学とメディア研究 第6巻）

谷藤悦史　「危機」と向き合うジャーナリズム　早稲田大学出版部　2013.6　223p　21cm　1800円　（石橋湛山記念早稲田ジャーナリズム大賞記念講座 2012）

小島正美　メディアを読み解く力　エネルギーフォーラム　2013.7　254p　18cm　900円　（エネルギーフォーラム新書 018）

朝日新聞「検証昭和報道」取材班　新聞と「昭和」　上　朝日新聞出版　2013.8　381p　15cm　780円　（朝日文庫 あ61-1）

孫崎享　日本を疑うニュースの論点　角川学芸出版　2013.8　195p　19cm　1200円

深光富士男　毎日新聞社記事づくりの現場　佼成出版社　2013.8　143p　22cm　1500円　（このプロジェクトを追え！）

高井潔司, 西茹　新聞ジャーナリズム論―リップマンの視点から中国報道を読む　桜美林大学北東アジア総合研究所　2013.9　204p　18cm　800円

岡本厚, 丸山重威, 仲築間卓蔵, 北村肇　これでいいのか！日本のメディア―なぜ、これほどまでに情けなくなってしまったの

	か!?　あけび書房　2013.11　253p　19cm　1600円
長谷川幸洋	2020年新聞は生き残れるか　講談社　2013.11　229p　19cm　1400円
阪井宏	報道の正義社会の正義―現場から問うマスコミ倫理　花伝社　2013.12　271p　19cm　1700円
谷口俊治, 米田公則, 林文俊	メディアと人間―メディア情報学へのいざない　ナカニシヤ出版　2014.2　324p　22cm　3500円 （椙山女学園大学研究叢書 45）
早稲田大学メディア文化研究所	メディアの将来像を探る　一藝社　2014.2　222p　21cm　2000円
Ishi, Angelo, 小田原敏	マスコミュニケーションの新時代　北樹出版　2014.4　142p　21cm　1900円　（叢書現代の社会学とメディア研究 第4巻）
長澤秀行	メディアの苦悩―28人の証言　光文社　2014.5　280p　18cm　820円　（光文社新書 695）
岩田行雄	世論と新聞報道が平和憲法を誕生させた！―押し付け憲法論への、戦後の61紙等に基づく実証的反論　岩田行雄　2014.5　239p　26cm　1000円
谷藤悦史	ジャーナリズムの「可能性」　早稲田大学出版部　2014.6　223p　21cm　1800円　（石橋湛山記念早稲田ジャーナリズム大賞記念講座 2013）
西村幸祐	マスコミ堕落論―反日マスコミが常識知らずで図々しく、愚行を繰り返すのはなぜか　青林堂　2014.7　225p　19cm　1200円　（SEIRINDO BOOKS）
粉川哲夫	メディアの臨界―紙と電子のはざまで　せりか書房　2014.7　260, 15p　20cm　2800円
大鹿靖明	ジャーナリズムの現場から　講談社　2014.8　349p　18cm　920円　（講談社現代新書 2276）
ジャパンプレス, 山本美香, 山梨日日新聞社	山本美香が伝えたかったこと　山梨日日新聞社　2014.8　158p　19cm　1300円
前川恵司	朝日新聞元ソウル特派員が見た「慰安婦虚報」の真実　小学館　2014.9　220p　19cm　1300円
高橋光輝	コンテンツ産業論―コンテンツをマネジメントするための必須知識　ボーンデジタル　2014.9　155p　26cm　3000円
塩沢実信	昭和の名編集長物語―戦後出版史を彩った人たち　展望社　2014.9　308p　19cm　1900円
読売新聞編集局	徹底検証朝日「慰安婦」報道　中央公論新社　2014.9　190p　18cm　720円　（中公新書ラクレ 509）
田母神俊雄	なぜ朝日新聞はかくも安倍晋三を憎むのか　飛鳥新社　2014.9　255p　19cm　1204円
望月義人	メディア学のすすめ―コミュニケーション力をつけるために　人間社　2014.9　63p　26cm　1111円
Bolls, Paul, D., Potter, Robert, F., 入戸野宏	メディア心理生理学　北大路書房　2014.9　271p　21cm　3600円
小板橋二郎	"朝日新聞の正義"を検証してみよう―『〈復刻版〉文春VS朝日』から読み解く、変わらぬその〈大権威主義〉　ごま書房新社　2014.10　214p　19cm　1200円
高橋義雄	近現代日本政治と読売新聞―ジャーナリズムの使命を問い直す　明石書店　2014.10　288p　20cm　2500円
藤田博司	ジャーナリズムよ―メディア批評の15年 1999-2014　新聞通信調査会　2014.10　438, 8p　20cm　2000円
奥武則	ジョン・レディ・ブラック―近代日本ジャーナリズムの先駆者　岩波書店　2014.10　319, 9p　22cm　6800円
山田健太	法とジャーナリズム　第3版　学陽書房　2014.10　444p　21cm　3000円
大塚英志	メディアミックス化する日本　イースト・プレス　2014.10　335p　18cm　907円　（イースト新書 039）
東京新聞編集局	坂本龍一×東京新聞―脱原発とメディアを考える　東京新聞　2014.11　189p　18cm　900円
木村葉子	新聞は、あなたと世界をつなぐ窓―NIE教育に新聞を　汐文社　2014.11　119p　20cm　1400円
森達也	たったひとつの「真実」なんてない―メディアは何を伝えているのか？　筑摩書房　2014.11　201p　18cm　820円　（ちくまプリマー新書 221）
日本記者クラブ	とっておきの話―「日本記者クラブ会報」から　7　日本記者クラブ　2014.11　374p　21cm　非売品
室谷克実	朝日新聞「戦時社説」を読む　毎日ワンズ　2014.12　225p　19cm　1400円
門奈直樹	ジャーナリズムは再生できるか―激変する英国メディア　岩波書店　2014.12　271, 13p　19cm　2400円　（岩波現代全書 050）
青木理	抵抗の拠点から―朝日新聞「慰安婦報道」の核心　講談社　2014.12　253p　19cm　1400円
堤哲	伝説の鉄道記者たち―鉄道に物語を与えた人々　交通新聞社　2014.12　270p　18cm　800円　（交通新聞社新書 074）
佐藤卓己	八月十五日の神話―終戦記念日のメディア学　増補　筑摩書房　2014.12　358, 8p　15cm　1200円　（ちくま学芸文庫 サ31-2）

ジャーナリズム（海外）

〔雑誌記事〕

生田正輝	アメリカ革命と新聞：法学研究　21 (6)〔1948.6〕p1～32
日本新聞協会	数字から見た米国の新聞界：新聞研究　通号4〔1948.9〕p40
村上知行	中国の新聞と新聞人：新聞研究　通号4〔1948.9〕p33～36
なかむらしげなお	アメリカの新聞ニュースとラジオ・ニュース：新聞研究　通号11〔1950.6〕p3～7
ローレンス, マーガレット	オーストラリヤの婦人プロデューサー：放送文化　5 (8)〔1950.8〕p28～29
南博	アメリカの新聞――大衆コミュニケーションの問題として・現代新聞論：思想　通号324〔1951〕p53～62
野村義男	デンマークの放送－上－：放送文化　6 (2)〔1951.2〕p20～22
野村義男	デンマークの放送－下－：放送文化　6 (3)〔1951.3〕p18～21
殿木圭一	アメリカ新聞界点描：新聞研究　通号14〔1951.5〕p18～20
北村善八	BBC見学記－下－：放送文化　6 (5)〔1951.5〕p20～23
古垣鉄郎	高級文化をめざすBBCの第三放送――世界をめぐる：放送文化　6 (9)〔1951.9〕p18～19
近藤貢	米国における新聞原価計算：新聞研究　通号16〔1951.10〕p10～15
松田英一	放送権をめぐる諸問題――アメリカにおける現状：放送文化　6 (12)〔1951.12〕p14～16
阪本泉	二つの国際ジャーナリスト連盟：新聞研究　通号19〔1952.5〕p40
牛島俊作	共産中国の新聞：新聞研究　通号20〔1952.8〕p16～18
マニ, A.D.	昨今のインド新聞：新聞研究　通号22〔1952.12〕p32～35
近藤貢	協同主義通信社の傾向とその分担金賦課方式：新聞研究　通号24〔1953.5〕p10～19

スミス, バーナード	岐路に立つアメリカのテレビジョン：NHK文研月報　3(5)〔1953.5〕p1〜4	
近藤貢	AFPと協同主義：新聞研究　通号25〔1953.7〕p21〜22	
天羽貞一	イギリスの商業テレビをめぐる最近の動き：NHK文研月報　3(8)〔1953.8〕p4〜7	
米田治雄	アメリカのテレビとラジオ：放送評論　1(2)〔1953.11〕p33〜35	
なかむらしげなお	アメリカの有料テレビジョン：放送評論　1(2)〔1953.11〕p24〜28	
グールド, ジャック	アメリカのテレビとヨーロッパのテレビ：NHK文研月報　4(1)〔1954.1〕p5〜9	
井口武男	海外市場への進出をめざすB・B・Cのテレビ・フィルム計画：NHK文研月報　4(1)〔1954.1〕p1〜5	
新田宇一郎	米国の新聞と商業放送の闘争：新聞研究　通号31〔1954.2〕p2〜6	
伊藤あい子	イギリス新聞雑感：新聞研究　通号37〔1954.7〕p26〜27	
染矢為助	パリの新聞社訪問記：新聞研究　通号40〔1954.11〕p30〜32	
金久保通雄	アメリカ新聞の政党化：新聞研究　通号41〔1954.12〕p28〜30	
大島豊彦	イギリスにも商業テレビ登場：新聞研究　通号41〔1954.12〕p24〜27	
石原祐市郎	アメリカ・テレビの名司会者：広告　(082)〔1955.1〕p20〜23	
小糸忠吾	経営合理化に徹するアメリカ新聞：新聞研究　通号42〔1955.1〕p33〜36	
中沢郁	インドの放送事情：NHK文研月報　5(3)〔1955.1〕	
佐々木秀雄	アメリカ新聞いろいろ：新聞研究　通号43〔1955.2〕p6〜9	
村山有	米国の邦字新聞とその運命：新聞研究　通号43〔1955.2〕p10〜11	
松岡義彦	イギリスの大衆新聞──人口の9割以上が読んでいる：世界週報　36(5)〔1955.2〕p48〜49	
新田宇一郎	米国に於ける商業テレビの進出と商業放送ネットワーク：新聞学評論　通号4〔1955.4〕	
高畠直定	アメリカの地方新聞：新聞研究　通号46〔1955.5〕p6〜9	
金沢覚太郎	イギリス商業テレビの地位：広告　(088)〔1955.7〕p6〜8	
高田秀二	フランスの新聞──発行部数が自慢にはならN：世界週報　36(34)〔1955.12〕p32〜33	
小林栄一	イギリスにおける新聞の独占：人文学　通号23〔1956.1〕	
小山房二	気の毒なヴェトナムの新聞：新聞研究　通号56〔1956.3〕p15〜16	
園田哲太郎	アメリカにおけるテレビとラジオの関係：日本放送協会放送文化研究所調査研究報告　通号1〔1956.3〕p126〜132	
中沢郁	イギリスの商業テレビジョン：日本放送協会放送文化研究所調査研究報告　通号1〔1956.3〕p133〜138	
モラエス, F0	アジアにおける報道通信手段：新聞研究　通号58〔1956.5〕p26〜29	
モラエス, F.	アジアにおける報道通信手段小委員会：新聞研究　通号58〔1956.5〕p29〜31	
シュヴァルツ, ウルス	日本, インド, パキスタンのニュース交流：新聞研究　通号58〔1956.5〕p17〜21	
テルケルセン, T.M0	日本, フィリピン, ビルマ, インドネシアのニュース交流：新聞研究　通号58〔1956.5〕p21〜26	
山戸利生	イギリスにおける放送事業の変遷─1─：レファレンス　通号66〔1956.7〕p16〜34	
サルモン, R.	フランス新聞界の現状─1─：新聞研究　通号61〔1956.8〕p19〜20	
長谷川進一	世界融和をはたす英字紙：新聞研究　通号61〔1956.8〕p34〜37	
城戸又一	プラウダ記者との三時間：世界　通号130〔1956.10〕p69〜72	
大島豊彦	アメリカにおけるテレビと映画：新聞研究　通号65〔1956.12〕p21〜23	
サルモン, R.	フランス新聞界の現状─2─.：新聞研究　通号65〔1956.12〕p5〜11	
中沢郁	BBCの第3放送の沿革と発展：NHK文研月報　7(2)〔1957.1〕	
碧川宗伝	BBCの国外向け放送とその行方：日本放送協会放送文化研究所調査研究報告　通号2〔1957.3〕p149〜154	
中沢郁	BBCの第3放送の番組構成と聴取状況：日本放送協会放送文化研究所調査研究報告　通号2〔1957.3〕p144〜148	
豊田銀之助	ヨーロッパ諸国におけるテレビジョンと映画との関係：日本放送協会放送文化研究所調査研究報告　通号2〔1957.3〕p131〜134	
碧川宗伝	アメリカの放送あの話この話：NHK文研月報　7(4)〔1957.4〕	
豊田銀之助	オランダのテレビジョン：NHK文研月報　7(5)〔1957.4〕	
新田理蔵	西ドイツのテレビジョン放送の現状：NHK文研月報　7(3)〔1957.4〕	
金圭煥	外国ニューズの選択と評価について：新聞学評論　通号7〔1957.10〕	
近藤貢	英国のTUCとデーリー・ヘラルド：新聞研究　通号76〔1957.10〕p31〜36	
斧田大公望	ポーランドの新聞：新聞研究　通号77〔1957.12〕p15〜18	
千葉愛雄	ニューヨークタイムスにのつた心中：新聞研究　通号79〔1958.2〕p44〜48	
島田巽	インドの旅・インドの新聞：新聞研究　通号80〔1958.3〕p7〜10	
原田稔	新中国の新聞と整風運動：新聞研究　通号80〔1958.3〕p15〜20	
新田理蔵	テレビと映画の提携について──西ドイツの現状：日本放送協会放送文化研究所調査研究報告　通号3〔1958.3〕p175〜180	
豊田銀之助	フランスの放送研究活動─実験クラブと放送研究所：日本放送協会放送文化研究所調査研究報告　通号3〔1958.3〕p169〜174	
山本忠雄	BBCとその国内放送：NHK文研月報　8(4)〔1958.4〕	
後藤和彦	CBSのテレビ・ニュース：NHK文研月報　8(5)〔1958.4〕	
前田雄二	アメリカ新聞見聞記──IPI会議を中心に：新聞研究　通号85〔1958.8〕p5〜9	
新田理蔵	西ドイツの国外向放送の沿革と将来：NHK文研月報　09(02)〔1959.2〕p2	
碧川宗伝	足踏するアメリカのカラー・テレビ放送：NHK文研月報　09(03)〔1959.3〕p2	
中沢郁	東南アジアの放送事情：日本放送協会放送文化研究所調査研究報告　通号4〔1959.3〕p83〜92	
林伸郎	危機に立つ韓国の新聞界：新聞研究　通号96〔1959.7〕p32〜37	
小野秀雄	台湾の新聞事情：新聞研究　通号96〔1959.7〕p20〜24	
辻村明	スターリン批判以後のソビエトの新聞：新聞研究　通号101〔1959.12〕p51〜56	
山本忠雄	カナダのテレビ放送：NHK文研月報　10(02)〔1960.2〕p24	
豊田銀之助	緊密に協力するスカンディナビア諸国のテレビ局：NHK文研月報　10(05)〔1960.5〕p10	
辻村明	ソビエト新聞界の動向：新聞研究　通号107〔1960.6〕p21〜26	

清水幸雄	権力に抵抗できないインドネシアの新聞：新聞研究　通号109　〔1960.8〕　p27～31
江尻進	ヨーロッパ新聞雑感：新聞研究　通号111　〔1960.10〕　p14～20
江藤淳	批評・小説・ジャナリズム——アーノルドと19世紀の英国ジャーナリズム：文學界　14(11)　〔1960.10〕
中沢郁	イギリスにおけるラジオ・テレビの聴取・視聴状況：NHK文研月報　10(11)　〔1960.11〕　p23
クリークバウム, H., 小松原久夫	アメリカにおけるマスコミ調査の現状：新聞研究　通号112　〔1960.11〕　p44～47
磯田勇	ソビエトのテレビ事情：新聞研究　通号112　〔1960.11〕　p40～43
高須正郎	アメリカの新聞社近況——社屋とその設備：新聞研究　通号118　〔1961.5〕　p12～17
山崎功	イタリアの新聞：新聞研究　通号118　〔1961.5〕　p18～21
永井道雄	現代新聞の二つの顔——イギリスの新聞の教えるもの：新聞研究　通号118　〔1961.5〕　p7～11
笠置正明	豪州の新聞：新聞研究　通号118　〔1961.5〕　p22～26
村上澄子	スウェーデンの新聞：新聞研究　通号119　〔1961.6〕　p43～47
渡辺忠恕	フィンランドの新聞事情：新聞研究　通号119　〔1961.6〕　p38～42
和田洋一	東ドイツの新聞「ノイエス・ドイッチュラント」の場合：新聞研究　通号121　〔1961.8〕　p50～55
ジャカンデ, L.K0	アジア・アフリカの新聞：新聞研究　通号125　〔1961.12〕　p25～30
片桐顕智	欧米における放送研究：NHK文研月報　12(02)　〔1962.2〕　p1
近藤貢	アメリカの新聞経営の現状——ニューヨーク・タイムズを中心に：新聞研究　通号127　〔1962.2〕　p25～34
朝広正利	西ドイツ新聞人の意見：新聞研究　通号127　〔1962.2〕　p36～39
和田洋一	東独脱出者に関する新聞の報道について：人文学　通号57　〔1962.3〕　p30～43
大竹貞雄	アジアの新聞——その開発をめぐって（アジア国際諸会議出席者座談会）：新聞研究　通号130　〔1962.5〕　p10～21
関根弘	欧米の新聞は歴史の曲り角にどう対処したか——特集・ジャーナリズムのつくりかえ：思想の科学. 第5次　(4)　〔1962.7〕　p32～40
ロビンス, R.	イギリス新聞界の集中化とその対策：新聞研究　通号135　〔1962.10〕　p52～54
後藤和彦	放送を判断する基準——1960年イギリス放送委員会報告書：放送学研究　通号4　〔1962.11〕
辻村明	ソビエトにおける最近のマス・コミ文献：新聞学評論　通号12　〔1962.12〕
和田洋一	旅行者の見た北朝鮮の新聞：新聞研究　通号138　〔1963.1〕　p53～57
林正	横目でにらんだアメリカの新聞：新聞研究　通号141　〔1963.4〕　p50～53
津田正夫	アルゼンチンの新聞気質：新聞研究　通号145　〔1963.8〕　p46～50
枝松茂之	アメリカの記者活動：関西大学新聞学研究　通号11　〔1963.9〕
江尻進	ソビエト新聞界の印象——新聞・通信社・ジャーナリスト：新聞研究　通号146　〔1963.9〕　p43～48
ラザースフェルド, P., 後藤和彦	アメリカにおける放送研究：放送学研究　通号6　〔1963.10〕
春原昭彦	ドイツ新聞学の成立過程：新聞学評論　通号13　〔1964.1〕
藤沼昌次	A.ジルバーマン：ヨーロッパにおけるマス・コミ研究の動向——文研での特別発表：NHK文研月報　14(02)　〔1964.2〕　p61
Le, Monde	フランス人のラジオ, テレビ聴視状況：NHK文研月報　14(02)　〔1964.2〕　p67
マレッチ, G., 藤沼昌次	ドイツにおける放送研究：放送学研究　通号7　〔1964.2〕
藤間常太郎	ロイ・トムソンのマスコミ帝国：関西大学新聞学研究　通号12　〔1964.3〕
荒井正大	私の見た韓国の新聞事情：新聞研究　通号153　〔1964.4〕　p31～36
豊田銀之助	ヨーロッパ諸国のカラーテレビへの動き：NHK文研月報　14(06)　〔1964.6〕　p22
倉田保雄	現代イギリス新聞界の明暗——イギリス・ジャーナリズムの見えざる危機：新聞研究　通号156　〔1964.7〕　p32～38
渋沢輝二郎	ニューヨークタイムスの紙面構成——平日版と日曜版：新聞研究　通号157　〔1964.8〕　p62～68
江尻進	ヨーロッパの新聞と大衆：新聞研究　通号157　〔1964.8〕　p36～41
橋本明	ユーゴスラビアの新聞事情：新聞研究　通号158　〔1964.9〕　p54～59
香内三郎	ビーバーブルック小伝——イギリス新聞界に残した功罪：新聞研究　通号159　〔1964.10〕　p63～69
笠置正明	国際新聞界の動向：新聞研究　通号161　〔1964.12〕　p93～97
中西尚道	アメリカにおける放送ならびに調査に関する教育：NHK文研月報　15(03)　〔1965.3〕　p31
江尻進	インドの新聞と大衆：新聞研究　通号164　〔1965.3〕　p28～32
菊地弘	アラブ諸国の新聞事情：新聞研究　通号166　〔1965.5〕　p19～23
朝広正利	西ドイツ新聞界の断面：新聞研究　通号168　〔1965.7〕　p48～52
加藤三之雄	「ベルリン新聞盛衰記」覚書：関西大学新聞学研究　通号16　〔1966.3〕　p58～61
浜田善輝	中国のジャーナリズム界：関西大学新聞学研究　通号16　〔1966.3〕　p66～75
小林信司	ヨーロッパの新聞と放送管見：甲南大学文学会論集　通号30　〔1966.4〕　p113～127
エメット, B.P., 後藤和彦	イギリスにおける放送の調査研究——1936～1965：放送学研究　通号12　〔1966.4〕　p59～84
中島巌	低開発国におけるテレビジョンの将来性——パキスタンにおける実態調査から：NHK文研月報　16(06)　〔1966.6〕　p63
三雲四郎	「ザ・タイムズ」の紙面改革：新聞研究　通号181　〔1966.8〕　p52～55
川中康弘	最近のアメリカの新聞学：新聞研究　通号184　〔1966.11〕　p36～41
天川潤次郎	ジャーナリストとしてのダニエル・デフォー：新聞研究　通号186　〔1967.1〕　p43～47
村井仁	イギリスの「放送白書」：総合ジャーナリズム研究　04(03)　〔1967.2〕　p71～31
桜井孝児	アジア新聞人の横顔：新聞研究　通号187　〔1967.2〕　p78～80
小松原久夫	イギリスにおける全国紙の病状分析——エコノミスト調査団報告書から：新聞研究　通号189　〔1967.3〕　p69～75
後藤基夫	危機に立つイギリス新聞界：新聞研究　通号189　〔1967.3〕　p64～68
朝広正利	西ドイツ新聞界も斜陽化のきざし：新聞研究　通号189　〔1967.3〕　p76～80
新井宝雄	文化大革命と中国のマスコミ：新聞研究　通号189　〔1967.3〕　p23～31
ビュルジュラン, O.	構造的分析とマス・コミュニケーション——フランスにおけるマスコミ研究の一傾向：放送学研究　通号15　〔1967.3〕　p55～84
薩摩正	シカゴにおける郊外紙：総合ジャーナリズム研究　04(05)　〔1967.4〕　p56～61

| 近藤貢 | タイムズ・ニュースペーパーズの発足－－その成立の経緯と意義：総合ジャーナリズム研究　04（04）〔1967.4〕p89～94, 96～102 |

近藤貢　タイムズ・ニュースペーパーズの発足－－その成立の経緯と意義：総合ジャーナリズム研究　04（04）〔1967.4〕p89～94, 96～102

ロットマン, H.　ドゴールの必読紙「ル・モンド」：総合ジャーナリズム研究　04（04）〔1967.4〕p20～25

薩摩林正　ロサンゼルスの郊外紙：新聞研究　通号190　〔1967.5〕p63～67

荒井正大　韓国人とマス・メディア――マス・メディアに対する接触と態度の実態：新聞研究　通号190　〔1967.5〕p55～62

中村晧一　アメリカにおける公共放送論の発生と展開 第1部：NHK文研月報　17（06）〔1967.6〕p14

堀健三　文化大革命とソ連の新聞：総合ジャーナリズム研究　04（06）〔1967.6〕p18～21

末松氷海子　フランスのマスコミ界：総合ジャーナリズム研究　04（07）〔1967.7〕p32～35

倉田保雄　転機を迎えた「フリート街の大記者時代」――スワッハ, カサンドラの後継者なし：新聞研究　通号192　〔1967.7〕p23～29

ハミルトン, D.　イギリス新聞界の "危機" とは何か：新聞研究　通号194　〔1967.9〕p43～46

ヘザリントン, O.　ガーディアンを救ったものは何か：新聞研究　通号194　〔1967.9〕p46～49

笹本駿二　西ドイツ新聞界の非常事態：総合ジャーナリズム研究　04（12）〔1967.12〕p30～35

甲斐静馬　アジア・アフリカの新聞：総合ジャーナリズム研究　05（01）〔1968.1〕p64～70

近藤貢　イギリスの "第二次" 新聞革命－－とくに高級新聞の大衆化について：総合ジャーナリズム研究　05（06）〔1968.1〕p46～56

梅原一雄　韓国新聞界の現状を見る：総合ジャーナリズム研究　05（01）〔1968.1〕p61～63

中村晧一　アメリカにおける公共放送建設計画――カーネギー勧告と1967年公共放送法を中心に：放送学研究　通号17　〔1968.1〕p85～121

バグディキアン, B.H., 藤原恒太　ワシントンのコラムニスト－－政治に対する恐るべき影響力〔Columbia Journalism Review 掲載〕：総合ジャーナリズム研究　05（03）〔1968.3〕p25～31

佐藤嘉男　韓国の婦人記者：新聞研究　通号201　〔1968.4〕p90～92

中村晧一　アメリカにおける公共放送組織の性格と役割―政府および商業放送との関係を中心に：NHK放送文化研究年報　13　〔1968.6〕p185～194

総合ジャーナリズム研究編集部　ソ連のマスコミと政治（新聞と政治（合同講座））：総合ジャーナリズム研究所　05（05）〔1968.7〕p4～83

ファスト, ブルース・バン, 藤原恒太　西ドイツの新聞王シュプリンガー：総合ジャーナリズム研究　05（05）〔1968.7〕p96～104

秋元春朝　ソ連におけるマスコミ研究の動向：新聞研究　通号206　〔1968.9〕p62～65

和田洋一　ドイツ新聞学の受容をめぐって：人文学　通号109　〔1968.11〕p106～113

コブカインド, アンドリュー　タイムの偏向と将来：総合ジャーナリズム研究　06（01）〔1969.1〕p108～116

秋元春朝　キベルニェーチカとジュルナリスチカ（ジャーナリズム論の再検討（特集）―第1部 現代ジャーナリズム論）：新聞学評論　通号18　〔1969.3〕p50～53

藤沼昌次　西ドイツの場合（ジャーナリズム論の再検討（特集）―第1部 現代ジャーナリズム論）：新聞学評論　通号18　〔1969.3〕p54～60

川中康弘　米国を中心として（ジャーナリズム論の再検討（特集）―第1部 現代ジャーナリズム論）：新聞学評論　通号18　〔1969.3〕p42～49

Talese, G., 藤原恒太　ニューヨーク・タイムス論－－その栄光と派閥抗争：総合ジャーナリズム研究　06（02）〔1969.4〕p67～94

キング, セシル, 奥沢靖　情報化時代とマスコミ－－英国の新聞・テレビと政治：総合ジャーナリズム研究　06（03）〔1969.7〕p107～113

大前正臣　アメリカ新聞の「企画記事」（企画記事（特集））：新聞研究　通号217　〔1969.8〕p43～46

ニューフィールド, ジャック, 藤原恒太　ニューヨークポストの横顔：総合ジャーナリズム研究　07（01）〔1970.1〕p146～156

エーベル, ボブ　米新聞界の現状と将来：総合ジャーナリズム研究　07（01）〔1970.1〕p138～145

石川明　西ドイツにおける新聞の集中化と公共放送の理念：NHK放送文化研究年報　15　〔1970.6〕p102～116

ダイヤモンド, エドウィン, 藤原恒太　NYタイムスの "秘密結社" －発言権を求める新聞記者：総合ジャーナリズム研究　07（03）〔1970.7〕p112～117

総合ジャーナリズム研究編集部　イギリスのマスコミ（特集）：総合ジャーナリズム研究所　07（03）〔1970.7〕p94～96

小松原久夫　斜陽化する英国新聞界（イギリスのマスコミ（特集））：総合ジャーナリズム研究　07（04）〔1970.10〕p23～31

大前正臣　偏見にみちた「ザ・タイムズ」（イギリスのマスコミ（特集））：総合ジャーナリズム研究　07（04）〔1970.10〕p4～12

福永伊佐男　アメリカの新聞界におけるコンピューター利用状況（新聞編集とコンピューター）：新聞研究　通号232　〔1970.11〕p28～29

藤竹暁　アメリカにおけるマス・コミュニケーション研究：NHK文研月報　20（12）〔1970.12〕p1

高瀬広居　NHK・川上行蔵放送総局長に訊く ＜特集＞放送はこれからどう変わるか？…：放送批評　No.037　〔1971.1〕

渡辺修　アメリカ（特集版の発行と編集の諸問題―アメリカ, イギリスの日曜新聞）：新聞研究　通号235　〔1971.2〕p39～42

鈴木茂　イギリス（特集版の発行と編集の諸問題―アメリカ, イギリスの日曜新聞）：新聞研究　通号235　〔1971.2〕p42～44

笹本駿二　西ドイツにおけるジャーナリズムの社会的地位（西ドイツのマスコミ（特集））：総合ジャーナリズム研究　08（02）〔1971.4〕p4～9

渡辺修　西ドイツのマスコミ（特集）：総合ジャーナリズム研究　08（02）〔1971.4〕p34～43

西岡将　西ドイツの新聞 "高級紙" から "異色紙" まで（西ドイツのマスコミ（特集））：総合ジャーナリズム研究　08（02）〔1971.4〕p11～22

北元隆教　偏見にみちた大前氏の英国新聞論〔本誌7巻4号所載「偏見にみちた『ザ・タイムズ』」を読んで〕：総合ジャーナリズム研究　08（02）〔1971.4〕p119～121

大前正臣　米国新聞界にキャンペーンの原型を探る（プレス・キャンペーンの今日的意義を探る）：新聞研究　通号237　〔1971.4〕p32～34

東城敦也　カナダのCATVの動向《放送システムへの統合化めざして》：NHK文研月報　21（06）〔1971.6〕p28

李治白　韓国の地方新聞（70年代の地方紙――その理念と現実）：新聞研究　通号241　〔1971.8〕p74～77

榊原亀之甫　アメリカの邦字新聞・今と昔：総合ジャーナリズム研究　09（01）〔1972.1〕p32～41

藤岡伸一郎	フランスのマスコミ（特集）：総合ジャーナリズム研究　09（02）〔1972.4〕 p135〜145
総合ジャーナリズム研究編集部	フランスのマスコミ（特集）芸術の国の出版界事情－－無政府状態からの脱皮をめざして：総合ジャーナリズム研究所　09（02）〔1972.4〕 p4〜45
河村厚	経営難にあえぐ大衆新聞－－最後の切り札・国の援助と値上げ（フランスのマスコミ（特集）)：総合ジャーナリズム研究　09（02）〔1972.4〕 p4〜15
豊田銀之助	第三テレビ開設と放送界（フランスのマスコミ（特集）)：総合ジャーナリズム研究　09（02）〔1972.4〕 p26〜35
須藤泰秀	スコットランドにおける放送の問題：新聞学評論　通号21〔1972.4〕 p15〜25
石福秀太郎	矛盾，跛行する米新聞界の現象（海外情報）：新聞研究　通号249〔1972.4〕 p76〜79
藤原恒太	激動の年を迎えた米テレビ界 経営の基盤を揺さぶる独禁法提訴：月刊民放　02（14）〔1972.7〕 p26〜29
中村晧一	放送をめぐる市民運動—アメリカにおける史的展開：NHK放送文化研究年報　17〔1972.7〕 p272〜291
放送事情調査部	主要国の放送番組——欧米7か国の新傾向をさぐる：NHK文研月報　22（08）〔1972.8〕 p10
ブラウン，ハロウェイ，山岡清二	米国の活字メディアにおける「ニュー・ジャーナリズム」（国際新聞界の動向と課題）：新聞研究　通号253〔1972.8〕 p8〜16
岸川純治	アメリカにおける有料テレビの「復活」とCATV：月刊民放　02（16）〔1972.9〕 p8〜12
松木修二郎	CATVについて——CATV法案の制定の契機とその過程：法学紀要　通号14〔1972.9〕 p351〜378
小松原久夫	谷間にあえぐ東南アジアの新聞界——ますます深まる大国日本とのコミュニケーション・ギャップ（海外情報）：新聞研究　通号255〔1972.10〕 p74〜77
大森幸男	韓国放送界の現状：新聞研究　通号256〔1972.11〕 p48〜51
佐々木典明	パリ会談に寄せて一中国であったベトナム人記者の思い出：広島ジャーナリスト　46〔1972.12〕
石福秀太郎	変容する米新聞界の経営環境（海外情報）：新聞研究　通号257〔1972.12〕 p64〜67
小松原久夫	アメリカのマスコミ評論誌<MORE>：総合ジャーナリズム研究　10（01）〔1973.1〕 p45〜47
大谷乙彦	中国放送界の指向するもの 明らかになった沿革と文革以後の実状：月刊民放　03（21）〔1973.2〕 p30〜33
小松原久夫	欧米新聞界の動向 アメリカ（現代新聞記者読本）：新聞研究　通号260〔1973.3〕 p92〜94
石福秀太郎	欧米新聞界の動向 ヨーロッパ（現代新聞記者読本）：新聞研究　通号260〔1973.3〕 p94〜96
奥平康広	オートラリア放送委員会の成立と発展（放送と公共性（特集）)：放送学研究　通号25〔1973.3〕 p99〜128
石村善治	放送の公共性——西ドイツを中心に（放送と公共性（特集）)：放送学研究　通号25〔1973.3〕 p69〜97
中村晧一	アメリカの公共放送（1）"発展を支えた要因"：NHK文研月報　23（04）〔1973.4〕 p27
伊藤慎一	「ジャマイカ宣言」と中南米の言論危機（海外情報）：新聞研究　通号262〔1973.5〕 p82〜85
中村晧一	アメリカの公共放送（2）-ざ折から再建へ：NHK文研月報　23（06）〔1973.6〕 p28
小松原久夫	動く潮の流れ——最近のヨーロッパ新聞界（海外情報）：新聞研究　通号263〔1973.6〕 p44〜47
倉沢昌之	米・CBS－－静かな経営路線の転換：総合ジャーナリズム研究　10（03）〔1973.7〕 p61〜68
小松原久夫	近づくファシズムの軍靴——イタリア新聞産業の現状：新聞研究　通号266〔1973.9〕 p44〜47
総合ジャーナリズム研究編集部	アジアの新聞（特集）：総合ジャーナリズム研究所　10（04）〔1973.10〕 p110〜111
河村厚	仏・無広告紙の萌芽をみる－－「リベラシオン」と「キャナール・アンシェイネ」：総合ジャーナリズム研究　10（04）〔1973.10〕 p46〜53
FALK, RAY, 磯部佑一郎	米人記者活動の実際－－こうして記者は鍛えられる（深層取材（特集）)：総合ジャーナリズム研究　10（04）〔1973.10〕 p17〜22
Molina, Antonio G.	チェコスロバキアの新聞界——人間の顔をもった社会主義のドラマ：コミュニケーション研究　通号6〔1973.12〕 p61〜83
緒方良彦	ニューヨーク・タイムズ・インフォメーション・バンクについて：新聞研究　通号269〔1973.12〕 p48〜55
小松原久夫	クーデター後のタイ新聞（アジアの新聞（特集）)：総合ジャーナリズム研究　11（01）〔1974.1〕 p24〜30
総合ジャーナリズム研究編集部	海外のフリー・ペーパー－－アメリカとオーストラリアの場合：総合ジャーナリズム研究所　11（01）〔1974.1〕 p13〜41
東城敦也	新局面を迎えた米有料テレビ：NHK文研月報　24（01）〔1974.1〕 p34
放送事情調査部	ヨーロッパのケーブルテレビ——現況と発展の方向：NHK文研月報　24（03）〔1974.3〕 p27
東季晴	タイム誌が選んだ米日刊紙ベスト・テン（資料編）：総合ジャーナリズム研究　11（02）〔1974.4〕 p51〜55
鬼頭健太郎	タブロイド判の新聞王－－北米に進出したR・マードック：総合ジャーナリズム研究　11（02）〔1974.4〕 p98〜104
小松原久夫	スウェーデンの新聞救済策（海外情報）：新聞研究　通号273〔1974.4〕 p68〜71
石村善治	寄稿 西独のマス・メディアと日本の場合：マスコミ市民　通号082〔1974.6〕 p56〜60
岩永信吉	アラブ新聞界の現状：新聞研究　通号275〔1974.6〕 p65〜71
岩永信吉	アラブの新聞社－－歴訪の旅から：総合ジャーナリズム研究　11（03）〔1974.7〕 p4〜8
岩倉誠一	カナダのジャーナリズム教育：新聞研究　通号277〔1974.8〕 p68〜73
小松原久夫	英国流マス・メディア改造論：総合ジャーナリズム研究　11（04）〔1974.10〕 p90〜99
オーバードーファー, D.	米・新聞界の新たな自覚：新聞研究　通号279〔1974.10〕 p39〜42
小糸忠吾	アメリカの新聞とAP——組合通信社の成長期, 1848〜1934：コミュニケーション研究　通号7〔1974.12〕 p1〜31
広瀬英彦	西ドイツ新聞評議会の「ジャーナリスト基本綱領」（海外情報）：新聞研究　通号282〔1975.1〕 p70〜73
豊田銀之助	新メディアをめぐる西ヨーロッパの動向：NHK文研月報　25（03）〔1975.3〕 p29
小松原久夫	インドネシアにおける政府と言論・報道界の関係（海外情報）：新聞研究　通号284〔1975.3〕 p84〜87
布施茂芳	東亜日報の記者たち：新聞研究　通号284〔1975.3〕 p65〜69
藤岡伸一郎	最近の英米新聞界事情（資料）：総合ジャーナリズム研究　12（02）〔1975.4〕 p123〜135
総合ジャーナリズム研究編集部	揺れる世界の公共放送<特集>：総合ジャーナリズム研究所　12（02）〔1975.4〕 p113
村井仁	（揺れる世界の公共放送<特集>）BBC・ORTFの動きとネライ：総合ジャーナリズム研究　12（02）〔1975.4〕 p13〜19
大森幸男	（揺れる世界の公共放送<特集>）放送制度の改変を余儀なくさせるもの：総合ジャーナリズム研究　12（02）〔1975.4〕 p4〜12
中島源吾	スウェーデンの新聞事情：新聞研究　通号287〔1975.6〕 p80〜83

ストーリン, マシュー・V, 日本新聞協会国際部	"歴史の終幕"を取材したアメリカ人記者として：新聞研究　通号288　〔1975.7〕 p35～37	
石川明	戦後西ドイツにおける放送改革—バイエルンを中心に：NHK放送文化研究年報　20　〔1975.7〕 p208～228	

ストーリン, マシュー・V, 日本新聞協会国際部　"歴史の終幕"を取材したアメリカ人記者として：新聞研究　通号288　〔1975.7〕 p35～37

石川明　戦後西ドイツにおける放送改革—バイエルンを中心に：NHK放送文化研究年報　20　〔1975.7〕 p208～228

総合文研放送事情調査部　米英のテレビ・ローカル番組：NHK文研月報　25 (08)　〔1975.8〕 p1

青木猪一郎　ギリシャの新聞事情：新聞研究　通号289　〔1975.8〕 p70～74

岡部慶三　西ドイツにおけるマスコミ研究の現状：NHK文研月報　25 (09)　〔1975.9〕 p30

磯部佑一郎　「アメリカ新聞研究所」への旅–上中下：総合ジャーナリズム研究　12 (04)～13 (02)　〔1975.10～1976.4〕 p120～125

井上宏　現代西ドイツのテレビ放送––ここに民主化された放送制度の一つの典型をみる（日独テレビ・ゼミナールから）：総合ジャーナリズム研究　12 (04)　〔1975.10〕 p97～104

総合文研放送事情調査部　西ヨーロッパの公共放送——放送観と制度 (1)：NHK文研月報　25 (10)　〔1975.10〕 p45

佐藤毅　イギリスのマスコミ研究〔含 イギリスにおけるマスコミ研究主要文献〕：新聞研究　通号291　〔1975.10〕 p49～55

放送事情調査部　西ヨーロッパの公共放送 (2)～財政と受信料制度～：NHK文研月報　25 (11)　〔1975.11〕 p30

中島宏　中国のマスコミ事情：新聞研究　通号292　〔1975.11〕 p52～56

放送事情調査部　西ヨーロッパの公共放送 (3) 広告放送・受信料改定：NHK文研月報　25 (12)　〔1975.12〕 p16

吉田健正　カナダの米国マス・メディア対策––「タイム」カナダ版の休刊に関連して：総合ジャーナリズム研究　14 (01)　〔1976.1〕 p32～41

春原昭彦　ヨーロッパのジャーナリズム——日本新聞学会75年秋季研究発表会から：新聞研究　通号294　〔1976.1〕 p57～60

マウヘンハイム, エゴンフライヘル・フォン　西ドイツ新聞評議会の組織と活動：新聞研究　通号294　〔1976.1〕 p51～56

石福秀太郎　米新聞界が当面する編集上の諸問題——AP編集局長会の各専門委員会レポートから（海外情報）：新聞研究　通号294　〔1976.1〕 p66～69

豊田銀之助　改革から1年フランスの放送：NHK文研月報　26 (02)　〔1976.2〕 p20

金一善　韓国言論に関する報告（共同取材）：世界　通号363　〔1976.2〕 p106～120

山口昌子　正しいヨーロッパ報道のために––ジャーナリストのためのEC講座に出席して〔含 仏・ジャーナリスト養成所について〕：総合ジャーナリズム研究　13 (02)　〔1976.4〕 p60～69

田中久大　斜陽化する英国新聞界–2–王立新聞委員会の中間報告––危機打開の重要なカギを：総合ジャーナリズム研究　13 (03)　〔1976.7〕 p20～21

橋本正邦　建国二百年の米ジャーナリズム：新聞研究　通号300　〔1976.7〕 p59～64

加藤久子　寄稿 なぜ韓国報道番組は消えるのか：マスコミ市民　通号106　〔1976.8〕 p20～27

小松原久夫　圧殺されたメキシコの最有力紙——エクセルシオール, 60年の伝統が一夜で崩壊（海外情報）：新聞研究　通号305　〔1976.12〕 p54～57

石井清司　韓国放送界の近況（上）：放送批評　No.102　〔1977.1〕

橋本正邦　カーターとプレス：新聞研究　通号309　〔1977.4〕 p44～49

常盤新平　（女性雑誌を考える<特集>）アメリカの女性雑誌三態：総合ジャーナリズム研究　14 (03)　〔1977.7〕 p27～32

吉原功　危機深まるフランス新聞界：新聞研究　通号312　〔1977.7〕 p60～69

石福秀太郎　再燃する米国の「新聞社情報サービス」論議（海外情報）：新聞研究　通号312　〔1977.7〕 p70～73

山口秀夫　米TV3大商業ネットワークプライムタイム娯楽番組の変遷 (1953～1977)：NHK放送文化研究年報　22　〔1977.7〕 p156～186

石福秀太郎　「王立委員会最終報告」公表される——内容は多岐にわたるが, 英新聞界にはおしなべて不評（マスコミの焦点）：新聞研究　通号315　〔1977.10〕 p98～100

金学鉉　特集 韓国言論界の状況 暗闇の真実を光のもとへ——韓国言論の受難と抵抗：マスコミ市民　通号120　〔1977.11〕 p2～13

鄭淵珠　特集 韓国言論界の状況 言論界の先輩・同僚たちに：マスコミ市民　通号120　〔1977.11〕 p14～24

鄭敬謨　特集 韓国言論界の状況 朝鮮日報自由言論闘争委の不当解雇無効確認 請求訴訟法廷における鮮氏の証言：マスコミ市民　通号120　〔1977.11〕 p25～31

広瀬英彦　西ドイツ新聞界変動の核シュプリンガー・コンツェルン（海外情報）：新聞研究　通号316　〔1977.11〕 p70～73

井口大介　オーストリアの出版事情：出版研究　通号9　〔1978〕 p114～135

江尻進　世界の新聞経営の基調（現代新聞記者読本）：新聞研究　通号320　〔1978.3〕 p72～75

石福秀太郎　米新聞界——昨年の回顧と今年の展望（海外情報）：新聞研究　通号320　〔1978.3〕 p86～89

山口昌子　ブーヴ＝メリーは斯く語りき––「ル・モンド」創立者単独会見記：総合ジャーナリズム研究　15 (02)　〔1978.4〕 p106～113

工藤幸雄　ポーランドのマスコミ——西側との情報交流を見る：新聞研究　通号321　〔1978.4〕 p56～61

五十川仁達　西独・新聞印刷ストの波紋––コンピュータがつくった"新聞の出ない日"：総合ジャーナリズム研究　15 (03)　〔1978.7〕 p62～67

Halberstam, David, 徳岡孝夫　メディアを握った男——雑誌「タイム」の創始者ヘンリー・ルースとベトナム戦争：諸君！　日本を元気にするオピニオン雑誌　10 (7)　〔1978.7〕 p120～143

広瀬英彦　溝深まる西独新聞界の「共同決定」交渉（海外情報）：新聞研究　通号325　〔1978.8〕 p88～91

高須正郎　アメリカー西海岸・ハワイの邦字新聞視察記：総合ジャーナリズム研究　15 (04)　〔1978.10〕 p38～47

橋本正邦　米・新聞経営の現状と展望：総合ジャーナリズム研究　15 (04)　〔1978.10〕 p48～55

石井清司　宇宙へ画策する中国のテレビ <特集>世界のテレビ：放送批評　No.122　〔1979.1〕

藤田信勝　（最近イギリス新聞放送事情<特集>）BBC＝テレビ・ストの意味：総合ジャーナリズム研究　16 (01)　〔1979.1〕 p101～106

望月和郎　台湾テレビ事情 <特集>世界のテレビ：放送批評　No.122　〔1979.1〕

井口大介　オーストリアの新聞（研究者の窓）：新聞研究　通号330　〔1979.1〕 p46～49

鈴木博　フランス記者会運動論：新聞研究　通号330　〔1979.1〕 p39～45

広瀬英彦　「シュピーゲル」——世論調査の現状を批判（海外情報）：新聞研究　通号331　〔1979.2〕 p90～93

クルカルニ, V.G.　情報の不均衡——その是正策としてのアジア通信社の設立（マスメディア宣言と今後の展開）：新聞研究　通

	号331〔1979.2〕p51～55	
鈴木沙雄	「新世界情報秩序」への対応（マスメディア宣言と今後の展開）：新聞研究　通号331〔1979.2〕p40～45	
堀川敏雄	第三世界と国際通信社（マスメディア宣言と今後の展開）：新聞研究　通号331〔1979.2〕p46～50	
山中正剛	中国のマスコミ事情（中国報道の現場で）：新聞研究　通号331〔1979.2〕p32～34	
内川芳美	中国・新聞研究所訪問記（中国報道の現場で）：新聞研究　通号331〔1979.2〕p29～31	
田所竹彦	中国報道の現場で（中国報道の現場で）：新聞研究　通号331〔1979.2〕p10～24	
西谷茂	米テレビ界と番組の輸出入：NHK文研月報　29(03)〔1979.3〕p44	
相崎由松	ルパート・マードックの"新聞哲学"：総合ジャーナリズム研究　16(02)〔1979.4〕p42～50	
潮見高男	最近イギリス新聞放送事情＜特集＞：総合ジャーナリズム研究　16(02)〔1979.4〕p30～35	
佐藤圭一	（最近イギリス新聞放送事情＜特集＞）タイムズが選んだ道（立体構成）：総合ジャーナリズム研究　16(02)〔1979.4〕p18～29	
酒向莞三	（最近イギリス新聞放送事情＜特集＞）揺れ動く英国新聞界：総合ジャーナリズム研究　16(02)〔1979.4〕p8～16	
渡辺忠恕	イギリス報道界の最近の動向（海外情報）：新聞研究　通号334〔1979.5〕p76～79	
Smith, Anthony	ヨーロッパにおけるコミュニケーション政策（コミュニケーション政策＜特集＞）：新聞学評論　通号28〔1979.6〕p24～32	
井口大介	オーストリアのマスコミュニケーションと出版：日本出版学会会報　(37)〔1979.6〕p6～7	
石福秀太郎	米新聞界で進む資料室のコンピューター化（海外情報）：新聞研究　通号336〔1979.7〕p88～91	
田所泉	ASEAN新聞界の現在（海外情報）：新聞研究　通号337〔1979.8〕p78～81	
橋本正邦	ニューヨーク・タイムズ紙の高齢者向けウィークリー（高齢化社会と新聞）：新聞研究　通号337〔1979.8〕p31～33	
宮田昇	転機の英米「契約」意識（活字をめぐる"権"の研究＜特集＞　出版界の"権利"意識を探る）：総合ジャーナリズム研究　16(04)〔1979.10〕p33～36	
渡辺忠恕	フィンランド新聞界の現実：新聞研究　通号339〔1979.10〕p86～89	
石川康昭	取材は政庁新聞処に始まって（香港）（難民報道の視点―難民：ニュースソースとその信頼性）：新聞研究　通号339〔1979.10〕p19～22	
山田寛	詳細な情報は首相・軍の手に（バンコク）（難民報道の視点―難民：ニュースソースとその信頼性）：新聞研究　通号339〔1979.10〕p14～18	
石福秀太郎	グループ化進む米新聞界（海外情報）：新聞研究　通号340〔1979.11〕p70～73	
永井良和	メルボルンの新聞：新聞研究　通号340〔1979.11〕p64～67	
佐藤圭一	甦ったザ・タイムズ：総合ジャーナリズム研究　17(01)〔1980.1〕p108～112	
西谷茂	オーストラリアの放送界とテレビ番組の輸出入：NHK文研月報　30(02)〔1980.2〕p55	
ブラドリー, ベンジャミン, 橋本正邦	われわれはいまどこに立っているのか――B.ブラドリー氏に聞く（アメリカン・プレスの現在＜特集＞）：新聞研究　通号343〔1980.2〕p10～17	
常盤新平	ニューハース vs マードック――現在のハーストとピュリッツァー（アメリカン・プレスの現在＜特集＞）：新聞研究　通号343〔1980.2〕p32～36	
レービンダー, マンフレッド, 浜田純一	ヨーロッパのマスメディア法：新聞研究　通号343〔1980.2〕p74～83	
石福秀太郎	好調続く新聞経営の概況（アメリカン・プレスの現在＜特集＞）：新聞研究　通号343〔1980.2〕p42～46	
広瀬英彦	西ドイツのマスメディア秩序論議（海外情報）：新聞研究　通号343〔1980.2〕p86～89	
西岡将	中国の民主化と新聞：新聞研究　通号343〔1980.2〕p57～61	
渡辺忠恕	イギリス新聞界の最近事情（海外情報）：新聞研究　通号346〔1980.5〕p88～91	
鈴木俊信	ル・モンドの賭け――記者会による社長候補直接選挙制の実験：新聞研究　通号346〔1980.5〕p74～77	
広瀬英彦	試練の年を迎えたエルサン新聞帝国（海外情報）：新聞研究　通号347〔1980.6〕p78～81	
鈴木みどり	オーストラリアの新聞・放送界：総合ジャーナリズム研究　17(03)〔1980.7〕p42～46	
田所泉	ロング氏のマクブライド委員会報告批判（海外情報）：新聞研究　通号349〔1980.8〕p94～97	
加藤祐三	中国の新聞のおもしろさ（論壇）：世界　通号417〔1980.8〕p19～23	
Holloway, Brown, 新聞研究編集部	アメリカの新聞における調査報道（"調査報道"の限界と可能性）：新聞研究　通号350〔1980.9〕p29～37	
長笠原栄風	いま，アメリカのジャーナリズムは…＜特集＞：総合ジャーナリズム研究　17(04)〔1980.10〕p106～119	
高須正郎	中南米の邦字新聞―上―：新聞研究　通号352〔1980.11〕p70～73	
瀬田宏	（いま，アメリカのジャーナリズムは…＜特集＞）NY新聞戦争で「ジャーナル」は着実に全国紙の地位を固めつつある：総合ジャーナリズム研究　18(01)〔1981.1〕p14～22	
小糸忠吾	（いま，アメリカのジャーナリズムは…＜特集＞）あの，世界のマスコミ研究を圧倒した米・学会はなお優位を保っている：総合ジャーナリズム研究　18(01)〔1981.1〕p42～45	
渥美育子	（いま，アメリカのジャーナリズムは…＜特集＞）女性解放第二世代の雑誌「サヴィ」は働く女性（ワーキング・ウーマン）の上昇志向に訴えている：総合ジャーナリズム研究　18(01)〔1981.1〕p34～41	
ニューメディア研究グループ	（いま，アメリカのジャーナリズムは…＜特集＞）新聞も，テレビもニューメディア台頭の波に揺れ動きはじめた：総合ジャーナリズム研究　18(01)〔1981.1〕p23～29	
小松原久夫	（いま，アメリカのジャーナリズムは…＜特集＞）頂上をきわめたアメリカン・ジャーナリズムに"権力の存在"がみえる：総合ジャーナリズム研究　18(01)〔1981.1〕p8～13	
高須正郎	中南米の邦字新聞事情：総合ジャーナリズム研究　18(01)〔1981.1〕p98～108	
渡辺忠恕	イギリス新聞界の憂鬱（海外情報）：新聞研究　通号354〔1981.1〕p102～105	
高須正郎	中南米の邦字新聞―中―：新聞研究　通号354〔1981.1〕p95～99	
中島源吾	どう変わる？――ニューメディアにかこまれたアメリカの新聞：新聞研究　通号355〔1981.2〕p83～87	
鈴木博信	ル・モンド＝ペールフィット戦争：新聞研究　通号355〔1981.2〕p57～61	
高須正郎	中南米の邦字新聞―下―：新聞研究　通号355〔1981.2〕p78～82	
三田英彬	マスコミを賑わすソ連脅威論の仕掛人（調査レポート）：現代の眼　22(3)〔1981.3〕p202～211	
広瀬英彦	高まる西ドイツのニューメディア論議（海外情報）：新聞研究　通号356〔1981.3〕p76～79	

波多野善大	臨城事件の人質になって―アメリカ人ジャーナリストの記録:竜谷史壇　通号79　〔1981.3〕　p74～95	
総合ジャーナリズム研究編集部	CBSチーフプロデューサーD.フゥイット氏のTVジャーナリズム哲学(TV"報道の時代"はホンモノか?――民放,大型報道番組の現場検証):総合ジャーナリズム研究所　18(02)　〔1981.4〕　p86～89	
佐藤圭一	タイムズ買収劇の終幕(ドキュメント構成):総合ジャーナリズム研究　18(02)　〔1981.4〕　p116～129	
内藤武昭	韓国・言論界再編成の研究<特集>:総合ジャーナリズム研究　18(02)　〔1981.4〕　p52～59	
総合ジャーナリズム研究編集部	(韓国・言論界再編成の研究<特集>)韓国マスコミ界,「再編成」前・後の実態:総合ジャーナリズム研究所　18(02)　〔1981.4〕　p7～51	
藤岡伸一郎	(韓国・言論界再編成の研究<特集>)七〇年代「記者受難の時代」を経て…:総合ジャーナリズム研究　18(02)　〔1981.4〕　p24～37	
小松原久夫	マードック氏の英タイムズ買収(海外情報):新聞研究　通号357　〔1981.4〕　p86～89	
工藤幸雄	八〇年夏以後のポーランド・ジャーナリズム:新聞研究　通号357　〔1981.4〕　p73～76	
西谷茂	転機に立つオーストラリアの放送 現地調査報告(1):NHK文研月報　31(06)　〔1981.6〕　p40	
田所泉	最近のインド新聞事情(海外情報):新聞研究　通号359　〔1981.6〕　p90～93	
常盤新平	アメリカン・ジャーナリズムの断面 小説より、ノンフィクションが読まれている:出版ニュース　通号1222　〔1981.7〕　p4～7	
西谷茂	オーストラリアのユニークな放送局――パブリック・ラジオ局とSBS:NHK文研月報　31(07)　〔1981.7〕　p42	
総合ジャーナリズム研究編集部	韓国・言論界再編成の研究-2-:総合ジャーナリズム研究所　18(03)　〔1981.7〕　p7～45	
広瀬英彦	再編すすむベルギー新聞界(海外情報):新聞研究　通号361　〔1981.8〕　p66～69	
山口秀夫	アメリカにおける公共放送(3)―ボストンWGBH局の沿革と現況(海外の公共放送の現状と問題(III)):NHK放送文化研究年報　26　〔1981.8〕　p155～194	
大谷堅志郎	インデペンデンスとアカウンタビリティー英アナン委員会の考え方(海外の公共放送の現状と問題(III)):NHK放送文化研究年報　26　〔1981.8〕　p91～109	
石川明	西ドイツにおける公共放送擁護論―その背景と論点(海外の公共放送の現状と問題(III)):NHK放送文化研究年報　26　〔1981.8〕　p111～153	
安養寺敏郎	最近の米国新聞製作事情:印刷雑誌　64(9)　〔1981.9〕　p11～16	
新聞研究編集部	ニュージャーナリズムの新しい見方(ワシントン・スター社説1981年4月21日)(ワシントン・ポスト紙虚偽報道事件―米国各紙・誌の論評(資料)):新聞研究　通号362　〔1981.9〕　p42～44	
潮見高男	米・夕刊紙危機の"容体"から……:総合ジャーナリズム研究　18(04)　〔1981.10〕　p96～103	
小松原久夫	再編なった韓国言論界のその後(海外情報):新聞研究　通号363　〔1981.10〕　p88～91	
井上茂治	混迷の7年:イタリアの放送――電波は独占から多数所有へ、そして今:NHK文研月報　31(11)　〔1981.11〕　p25	
大谷堅志郎	政変にゆれるフランス放送界――新たな放送改革の焦点:NHK文研月報　31(11)　〔1981.11〕　p13	
鈴木雄雅	オーストラリアのマス・メディア(研究ノート)(日本新聞学会創立30周年記念):新聞学評論　通号30　〔1981.11〕　p237～254	
ガリナー,ピーター	ヨーロッパにおける新聞の所有・経営・編集をめぐる諸問題―上―(講演要旨):新聞研究　通号364　〔1981.11〕　p56～60	
橋本正邦	名誉棄損訴訟に悩まされる米新聞界(海外情報):新聞研究　通号364　〔1981.11〕　p70～73	
ガリナー,ピーター	ヨーロッパにおける新聞の所有・経営・編集をめぐる諸問題―下―:新聞研究　通号365　〔1981.12〕　p78～83	
鈴木啓介	ソ連新聞の読み方、解き方-1-クレムリン用語の軽重度を分析する:総合ジャーナリズム研究　19(01)　〔1982.1〕　p55～69	
相崎由松	米・新聞界が迎えた新たな局面―――九八二年:総合ジャーナリズム研究　19(01)　〔1982.1〕　p70～79	
ハイララ,カシム・アリ	日本と中東の架け橋――日本のイスラーム系通信社:自由　24(1)　〔1982.1〕　p155～157	
阪田秀	英新聞界に漂うビンゴ戦争の暗雲(海外情報):新聞研究　通号366　〔1982.1〕　p84～87	
中村晴一	アメリカ社会の保守化とマスコミの動向:NHK文研月報　32(02)　〔1982.2〕　p64	
堀義明	フランス新聞界の焦燥(海外情報):新聞研究　通号367　〔1982.2〕　p84～87	
武市英雄	マス・メディアと社会正義―フィリピンの場合を中心に〈研究メモ〉:社会正義:上智大学社会正義研究所紀要　(1)　〔1982.3〕　p43～53	
鈴木啓介	ソ連新聞の読み方、解き方-2-ソ連公式発表文への覚え書-1-:総合ジャーナリズム研究　19(02)　〔1982.4〕　p96～105	
中村晴一	岐路に立つ米公共放送(1)-1981年公共放送修正法の成立を中心に-:NHK文研月報　32(04)　〔1982.4〕　p11	
中村晴一	岐路に立つ米公共放送(2)-1981年公共放送修正法の成立を中心に-:NHK文研月報　32(05)　〔1982.5〕　p26	
北谷賢司	米放送界のニューメディア対策(1)不確実な将来に悩むダイナソーたち:月刊民放　12(131)　〔1982.5〕　p30～33	
メイヤー,フィリップ	ニュースリサーチというパズル:新聞研究　通号370　〔1982.5〕　p67～74	
阪田秀	繰り返す英タイムズの経営危機(海外情報):新聞研究　通号370　〔1982.5〕　p86～89	
村井仁	'86年打ち上げをめざすイギリス――政府決定で優位に立つBBC:NHK文研月報　32(06)　〔1982.6〕　p3	
中村晴一	岐路に立つ米公共放送(3)-1981年公共放送修正法の成立を中心に-:NHK文研月報　32(06)　〔1982.6〕　p11	
後藤和彦	特集シリーズ:世界の衛星放送(1):NHK文研月報　32(06)　〔1982.6〕　p1	
北谷賢司	米放送界のニューメディア対策(II)サーバイバル作戦は着実に進むが:月刊民放　12(132)　〔1982.6〕　p32～35	
鈴木雄雅	植民地ジャーナリズムへの一考察―――八二〇年代のオーストラリア新聞界:新聞学評論　通号31　〔1982.6〕　p73～90	
山口秀夫	アメリカにおける直接放送衛星計画:NHK文研月報　32(07)　〔1982.7〕　p8	
鈴木啓介	ソ連新聞の読み方、解き方-3-ソ連公式発表文への覚え書-2-:総合ジャーナリズム研究　19(03)　〔1982.7〕　p62～74	
後藤和彦	特集シリーズ:世界の衛星放送(2)衛星放送のインパクトを考える:NHK文研月報　32(07)　〔1982.7〕　p1	
村井仁	特集シリーズ:世界の衛星放送(3)放送衛星と国際関係――ルクセンブルクと北欧の事例:NHK文研月報　32(08)　〔1982.8〕　p1	
山口秀夫	アメリカにおけるケーブルテレビの沿革と現況(《特集》海外の公共放送の現状と問題(IV)):NHK放送文化研究年	

	報　27　〔1982.8〕　p85～116
石川明	西ドイツにおけるニューメディア論議―CATV実験計画を中心に（《特集》海外の公共放送の現状と問題（IV））：NHK放送文化研究年報　27　〔1982.8〕　p1～37
放送事情調査部	特集シリーズ：世界の衛星放送（最終回）近づく衛星放送時代――ESA・西独・仏・伊・加・豪・印・ARABSATの計画：NHK文研月報　32（09）〔1982.9〕　p1
阪田秀	シンガポールの新聞再編策（海外情報）：新聞研究　通号374　〔1982.9〕　p86～89
ベッカー, リヒャルト, 新聞研究編集部　西ドイツにおけるメディア状況：新聞研究　通号374　〔1982.9〕　p59～64
鈴木啓介	ソ連新聞の読み方, 解き方－4完－ソ連公式発表文への覚え書き－3－：総合ジャーナリズム研究　19（04）〔1982.10〕　p122～128
諏訪部道臣	国際通信社「UPI」の起死回生：総合ジャーナリズム研究　19（04）〔1982.10〕　p61～68
堀義明	印刷不能に泣く英・仏の有力紙（海外情報）：新聞研究　通号375　〔1982.10〕　p76～79
山口秀夫	アメリカニューメディア現況1982：NHK文研月報　32（11）〔1982.11〕　p53
鈴木博信	ル・モンド1979～82年――社長直接選挙制の理想と現実：新聞研究　通号376　〔1982.11〕　p72～77
橋本正邦	編集に介入する新聞経営者たち（海外情報）：新聞研究　通号376　〔1982.11〕　p82～85
広瀬英彦	西独政権交代はメディア自由化に拍車をかけるか（海外情報）：新聞研究　通号377　〔1982.12〕　p78～81
武市英雄	アメリカ新聞ニュースの変遷：コミュニケーション研究　通号13　〔1983〕　p53～75
金平聖之助	米「TVガイド」の栄光と苦悩（"テレビ雑誌"は浮上するか!?）：総合ジャーナリズム研究　20（01）〔1983.1〕　p24～32
朝倉弘	米国ローカル新聞"留職"の記：総合ジャーナリズム研究　20（01）〔1983.1〕　p8～15
三枝道春	米・三大ネットを脅かすT.ターナーの策：総合ジャーナリズム研究　20（01）〔1983.1〕　p60～65
阪田秀	陽光がさしはじめた英新聞界の経営環境（海外情報）：新聞研究　通号378　〔1983.1〕　p86～89
橋本正邦	USAツデーがめざすもの：新聞研究　通号379　〔1983.2〕　p59～64
阪田秀	エスカレートする英大衆紙のセンセーショナリズム（海外情報）：新聞研究　通号382　〔1983.5〕　p82～85
時野谷浩	欧米におけるマス・コミュニケーションの機能研究史：新聞学評論　通号32　〔1983.6〕　p55～66
堀義明	ニューメディアに処処する西欧新聞界（海外情報）：新聞研究　通号383　〔1983.6〕　p78～81
広瀬英彦	ビルトシルムテキストと岐路に立つ西独新聞事業（海外情報）：新聞研究　通号385　〔1983.8〕　p84～87
山口秀夫	アメリカにおける国内衛星利用の沿革と現況（《特集》海外の公共放送の現状と問題（V））：NHK放送文化研究年報　28　〔1983.8〕　p59～97
石川明	ニューメディアの導入と政策的対応―西ドイツにおける事例の検討（《特集》海外の公共放送の現状と問題（V））：NHK放送文化研究年報　28　〔1983.8〕　p1～27
福原亨一	紙面に生気よみがえる文革後の中国新聞界：新聞研究　通号386　〔1983.9〕　p64～66
ヒューバート・K., マクリーン　アメリカン・ジャーナリズム・エキスプレス―1―レーガン政権の中米政策にジャーナリズムは過剰なほどに警戒的だ：総合ジャーナリズム研究　20（04）〔1983.10〕　p106～113
斉藤悠	〔米〕岐路に立つケーブルテレビ（ニューメディア症候群＜特集＞　番外＝アメリカ＆ヨーロッパの断面）：総合ジャーナリズム研究　20（04）〔1983.10〕　p43～46
阪田秀	ロイターの変身と労働党の新聞所有の動き（海外情報）：新聞研究　通号387　〔1983.10〕　p78～81
堀義明	西ドイツのメディア状況（海外情報）：新聞研究　通号388　〔1983.11〕　p98～101
春原昭彦	中国のマスコミ研究と教育の現状：新聞研究　通号388　〔1983.11〕　p81～83
三好崇一	中国の新聞の特色：コミュニケーション研究　通号14　〔1984〕　p1～46
星川正秋	アメリカ・タブロイド週刊誌「ナショナル・エンクワィアラー」の研究：出版研究　通号15　〔1984〕　p185～195
ヒューバート・K., マクリーン　アメリカン・ジャーナリズム・エキスプレス―2―レーガンの巧妙な世論操作が, メディア敵視の国民感情をつくり出す：総合ジャーナリズム研究　21（01）〔1984.1〕　p120～127
北谷賢司	利権獲得が主眼の米メディア経営 米国におけるニューメディア経営抗争の仕組：月刊民放　14（151）〔1984.1〕　p36～41
北谷賢司	米国"レッド・ホット"経営の現在 転売を意図した価値の付加と, 販促偏重に学ぶもの：月刊民放　14（153）〔1984.3〕　p39～42
小糸忠吾	中国の新聞・放送の現況：新聞研究　通号392　〔1984.3〕　p70～74
佐藤毅	イギリスにおけるマス・コミュニケーション研究（放送研究の新しい視座を求めて＜特集＞）：放送学研究　通号34　〔1984.3〕　p167～199
杉山光信	現代フランスのマスコミ研究（放送研究の新しい視座を求めて＜特集＞）：放送学研究　通号34　〔1984.3〕　p145～166
ヒューバート・K., マクリーン　アメリカン・ジャーナリズム・エキスプレス―3―すべてのニュースメディアの関心は予備選挙と党大会に集中する：総合ジャーナリズム研究　21（02）〔1984.4〕　p1～46
総合ジャーナリズム研究編集部　＜チャンネル17＞の憂うつ――カナダのケーブル・テレビ, 現場最前線からの報告：総合ジャーナリズム研究所　21（02）〔1984.4〕　p5～57
諏訪部道臣	ニュースの商人からデータビジネスへ――ロイター通信社の新事業をめぐる"収入と支出"：総合ジャーナリズム研究　21（02）〔1984.4〕　p58～65
北谷賢司	西欧にみるCATV成立の要件 欧州での新動向に, わが国ニューメディアの将来像を探る：月刊民放　14（154）〔1984.4〕　p30～35
福永勝也	寡占化進む米マスメディアの光と影――"反権力"がビジネス化する風土（現地報告）：エコノミスト　62（16）〔1984.4〕　p79～84
笠原英彦	ルジャンドルと政府系英字新聞：新聞学評論　通号33　〔1984.6〕　p205～214
ヒューバート・K., マクリーン　アメリカン・ジャーナリズム・エキスプレス―4―プリントメディアよりテレビを重視する"テフロン張りの大統領"：総合ジャーナリズム研究　21（03）〔1984.7〕　p100～106
大木勝	台北・二大新聞チェーンの研究：総合ジャーナリズム研究　21（03）〔1984.7〕　p21～26
総合ジャーナリズム研究編集部　揺れるシンガポール新聞界――新・戦国時代の前哨戦をみる：総合ジャーナリズム研究　21（03）〔1984.7〕　p84～91
星川正秋	アメリカ＝タブロイド週刊誌『ナショナル＝エンクワィアラー』の研究：日本出版学会会報　（53）〔1984.7〕　p6

高木教典	欧米の新聞経営の現状—1—ザ・スコッツマン，イブニング・ニュースとウエスタン・メール，サウス・ウェールズ・エコー——トムソン・グループのイギリス地方紙—上—：新聞研究　通号397〔1984.8〕p82〜87
広瀬英彦	西独のニューメディア開発状況：新聞研究　通号397〔1984.8〕p98〜101
山口秀夫	アメリカのCATVビジネスに関する一考察——HBOはいかにして第4ネットワークになったか：NHK放送文化調査研究年報　29〔1984.8〕p183〜204
高木教典	欧米の新聞経営の現状—2—ザ・スコッツマン，イブニング・ニュースとウエスタン・メール，サウス・ウェールズ・エコー——トムソン・グループのイギリス地方紙—下—：新聞研究　通号398〔1984.9〕p88〜93
藤岡伸一郎	再々編成に揺れるシンガポール新聞界−−二大グループの一本化実現：総合ジャーナリズム研究　21（04）〔1984.10〕p101〜117
阪田秀	マックスウェル氏に買収されたミラー・グループ：新聞研究　通号399〔1984.10〕p98〜101
高木教典	欧米の新聞経営の現状—3—バーミンガム・イブニング・メール——バーミンガム・ポスト・アンド・イブニング・メール社：新聞研究　通号399〔1984.10〕p92〜96
マレー，J.エドワード	米国におけるニュース報道の質と倫理：新聞研究　通号399〔1984.10〕p83〜88
高木教典	欧米の新聞経営の現状—4—ザ・ガーディアンとマンチェスター・イブニング・ニュース：新聞研究　通号400〔1984.11〕p98〜104
高木教典	欧米の新聞経営の現状—5—デーリー・エクスプレスとデーリー・スター：新聞研究　通号401〔1984.12〕p78〜84
ヒューバート・K.，マクリーン	アメリカン・ジャーナリズム・エキスプレス−6−大統領選の敗者のひとつにプレスも入れねばならない：総合ジャーナリズム研究　22（01）〔1985.1〕p107〜114
大谷堅志郎	フランス・テレビ界多様化への賭け：総合ジャーナリズム研究　22（01）〔1985.1〕p68〜78
橋本正邦	メディア・リポーターの登場——ロサンゼルス・タイムズとデビット・ショー記者のケース：新聞研究　通号402〔1985.1〕p33〜37
高木教典	欧米の新聞経営の現状—6—ザ・タイムズとザ・サン上—：新聞研究　通号402〔1985.1〕p86〜91
高木教典	欧米の新聞経営の現状—7—ザ・タイムズとザ・サン下—：新聞研究　通号403〔1985.2〕p81〜84
阪田秀	共産圏のマスメディア状況——「操られる情報」から：新聞研究　通号403〔1985.2〕p86〜89
渡辺良智	ソ連のジャーナリズム論（ジャーナリズム論を探る——メディア変容とジャーナリズム概念の変化<特集>）：新聞学評論　通号34〔1985.3〕p100〜107
彭元順	韓国におけるマスコミュニケーション研究の現状：新聞学評論　通号34〔1985.3〕p226〜229
斎藤吉史	第三世界のジャーナリズム——（体験からみた）権力と新聞（ジャーナリズム論を探る——メディア変容とジャーナリズム概念の変化<特集>）：新聞学評論　通号34〔1985.3〕p108〜114
寧新	中国の新聞学研究の近状：新聞学評論　通号34〔1985.3〕p230〜234
高木教典	欧米の新聞経営の現状—8—ラ・リプブリカ：新聞研究　通号404〔1985.3〕p90〜94
松山幸雄	若い記者の皆さんに（新聞記者読本'85）：新聞研究　通号404〔1985.3〕p10〜13
堀義明	前途けわしい新体制下のル・モンド：新聞研究　通号404〔1985.3〕p96〜99
ヒューバート・K.，マクリーン	アメリカン・ジャーナリズム・エキスプレス−7−エリート・メディアはアメリカ国民の理想と目標からひどく逸脱している：総合ジャーナリズム研究　22（02）〔1985.4〕p105〜112
高木教典	欧米の新聞経営の現状—9—ダゲンス・ニヘターとエクスプレッセン：新聞研究　通号405〔1985.4〕p68〜72
高木教典	欧米の新聞経営の現状—10—スベンスカ・ダーグブラデット：新聞研究　通号406〔1985.5〕p70〜74
高木教典	欧米の新聞経営の現状—11—フランクフルター・アルゲマイネ：新聞研究　通号407〔1985.6〕p75〜79
ヒューバート・K.，マクリーン	アメリカン・ジャーナリズム・エキスプレス−8−米・ジャーナリズムは，現代史の意味づけをどう行おうとしているか：総合ジャーナリズム研究　22（03）〔1985.7〕p97〜103
池田恵美子	フィリピンの基層社会とジャーナリズム：総合ジャーナリズム研究　22（03）〔1985.7〕p58〜65
岡村黎明，山口秀夫	米・ネットワークテレビ買収劇の真相と背景：総合ジャーナリズム研究　22（03）〔1985.7〕p7〜21
大蔵雄之助	CBSテレビ乗っ取り事件——ここまで来たアメリカ放送局ビジネス：エコノミスト　63（33）〔1985.7〕p76〜81
広瀬英彦	思惑通りに進まない西独のニューメディア：新聞研究　通号409〔1985.8〕p92〜95
村井仁	イギリスにおけるメディア政策の展開：NHK放送文化調査研究年報　30〔1985.8〕p1〜16
大谷堅志郎	ミッテラン政権の規制緩和政策とフランス放送界の変容：NHK放送文化調査研究年報　30〔1985.8〕p17〜33
山口秀夫	米テレビ界におけるメディア間勢力地図の変遷—既存のテレビとCATVを中心に：NHK放送文化調査研究年報　30〔1985.8〕p65〜80
清水英夫	スペインの「出版首都」バルセロナ訪問記：出版ニュース　通号1367〔1985.9〕p8〜9
阪田秀	サッチャー政権のBBC介入問題：新聞研究　通号410〔1985.9〕p82〜85
高木教典	欧米の新聞経営の現状—12—デ・テレグラフ：新聞研究　通号410〔1985.9〕p74〜77
門奈黎樹	最近イギリス・マスコミ事情−1−ザ・タイムズと新聞界の現況：総合ジャーナリズム研究　22（04）〔1985.10〕p26〜39
高木教典	欧米の新聞経営の現状—13—ヘット・ラーテステ・ニエウス：新聞研究　通号411〔1985.10〕p99〜103
今井博	モスクワ特派員2000日：諸君！　日本を元気にするオピニオン雑誌　17（12）〔1985.12〕p95〜106
広瀬英彦	メディア・バロン マードック王国の版図：新聞研究　通号413〔1985.12〕p74〜77
門奈直樹	最近イギリス・マスコミ事情−2−放送界の現況と商業テレビの動向：総合ジャーナリズム研究　23（01）〔1986.1〕p62〜75
田村哲夫	アジア的視点の報道を築くために（世界の潮流と日本の立場——報道の視点）：新聞研究　通号414〔1986.1〕p46〜49
阪田秀	マレーシアにおける開発ジャーナリズム論：新聞研究　通号414〔1986.1〕p74〜77
和崎信哉	ASEANジャーナリスト連盟の10年：総合ジャーナリズム研究　23（02）〔1986.4〕p36〜41
門奈直樹	最近イギリス・マスコミ事情−3−マスコミ・ジャーナリズム教育の現状：総合ジャーナリズム研究　23（02）〔1986.4〕p42〜54
阪田秀	英国新聞界の動向：新聞研究　通号418〔1986.5〕p88〜91
門奈直樹	最近イギリス・マスコミ事情−4完−人民戦線運動と同時代の知識人たち：総合ジャーナリズム研究　23（03）〔1986.7〕p50〜61

広瀬英彦	西ドイツ若年・高年層のメディア接触・メディア観：新聞研究　通号420　〔1986.7〕　p66〜69
阪田秀	ツデー紙の経営悪化と新聞の発行計画ラッシュ：新聞研究　通号421　〔1986.8〕　p92〜95
ヒューバート・K., マクリーン	アメリカ "グレート・コミュニケーター" レーガンと守勢のプレス（最新海外マスコミ事情）：総合ジャーナリズム研究　23（04）〔1986.10〕　p6〜12
須藤春夫	イギリス 政治・文化の多様化とメディアのジレンマ（最新海外マスコミ事情）：総合ジャーナリズム研究　23（04）〔1986.10〕　p14〜21
草野靖夫	フィリピン 「二月政変」前後の新聞と「人民の力」（最新海外マスコミ事情）：総合ジャーナリズム研究　23（04）〔1986.10〕　p29〜36
山口昌子	フランス 「TFI」民営移行と新聞の情報紙化（最新海外マスコミ事情）：総合ジャーナリズム研究　23（04）〔1986.10〕　p22〜28
池田恵美子	最新海外マスコミ事情：総合ジャーナリズム研究　23（04）〔1986.10〕　p66〜73
広瀬英彦	インドのマスメディア環境──国際マスコミ学会第15回大会に出席して：新聞研究　通号423　〔1986.10〕　p86〜89
阪田秀	英国の新聞創刊ブーム：新聞研究　通号424　〔1986.11〕　p78〜81
門奈直樹	マードックの新聞を買うな!!−−病めるイギリス社会での民衆の怒り：総合ジャーナリズム研究　24（01）〔1987.1〕　p66〜73
山口昌子	「ル・モンド」若者たちへの挑戦−−「CAMPUS」は政治離れを止められるか：総合ジャーナリズム研究　24（01）〔1987.1〕　p74〜79
広瀬英彦	変わりつつあるオーストリアのメディア地勢図：新聞研究　通号426　〔1987.1〕　p94〜97
門奈直樹	歴史的転換期を迎えた英国新聞界：新聞研究　通号426　〔1987.1〕　p83〜88
花田達朗	メディア変動における規範理論と政治経済的力学──西ドイツの第4次放送判決を巡って：新聞研究　通号427　〔1987.2〕　p66〜72
ヒューバート・K., マクリーン	レーガンランドの居眠りプレス−−イラン・コントラ・スキャンダルで虚飾の政治は崩れるか：総合ジャーナリズム研究　24（02）〔1987.4〕　p97〜105
武市英雄	アメリカ新聞学会の近況（海外学界事情）：新聞学評論　通号36　〔1987.4〕　p163〜166
荒田茂夫	スパイ衛星報道事件に揺れる英国報道界：新聞研究　通号429　〔1987.4〕　p37〜40
広瀬英彦	変化するスイスのメディア秩序：新聞研究　通号429　〔1987.4〕　p76〜79
小出宣昭	ロンドン夕刊紙戦争の現況：新聞研究　通号431　〔1987.6〕　p70〜73
広瀬英彦	EC諸国におけるニューメディアの普及：新聞研究　通号432　〔1987.7〕　p86〜89
王鳳超	中国新聞事情のあらまし：新聞研究　通号432　〔1987.7〕　p76〜79
阪田秀	南米で初のIPI年次総会──「政治権力とメディア」などを討議：新聞研究　通号433　〔1987.8〕　p70〜73
山口秀夫	アメリカにおける公共テレビの財政とCorporate Underwritingに関する一考察（特集 メディア環境の変化と公共放送）：NHK放送文化調査研究年報　32　〔1987.8〕　p87〜106
中村晧一	アメリカに見る多チャンネル時代の到来と公平の原則（特集 メディア環境の変化と公共放送）：NHK放送文化調査研究年報　32　〔1987.8〕　p65〜85
上野正英	ヨーロッパにおける衛星放送サービス（特集 メディア環境の変化と公共放送）：NHK放送文化調査研究年報　32　〔1987.8〕　p45〜64
阪田秀	イラン・コントラ事件公聴会が米国メディアに残した課題（マスコミの焦点）：新聞研究　通号434　〔1987.9〕　p76〜78
永井清彦	オルタナティブ・プレスの盛況と若者たち──西ドイツ新聞事情：新聞研究　通号435　〔1987.10〕　p32〜35
清水英夫	苦悩する韓国のマス・メディア 第三回国際出版学術発表会に出席して：出版ニュース　通号1444　〔1987.11〕　p8〜11
阪田秀	再び危ぶまれるUPIの存続（海外情報）：新聞研究　通号437　〔1987.12〕　p72〜75
三好崇一, 中国社会科学院新聞研究所, 呂学如	中国におけるマス・コミュニケーション研究の課題と現状──日本新聞学会学術訪中団の質問に答える：コミュニケーション研究　通号18　〔1988〕　p13〜34
新井直之	変わりゆく中国新聞界──日本新聞学会学術交流訪中団に参加して：新聞研究　通号438　〔1988.1〕　p55〜59
阪田秀	好況の米国新聞界──'88年も大勢は強気の見方：新聞研究　通号439　〔1988.2〕　p70〜73
平井久志	変わる韓国のマスコミ状況──日刊紙の発行ラッシュの中で：新聞研究　通号443　〔1988.6〕　p31〜34
仁科健一	韓国の新聞は「解放」されたか──"セマウル疑惑" 報道（世界の新聞を読む）：世界　通号515　〔1988.6〕　p258〜261
ノル, スティーブ, 橋本正邦	VOA（ボイス・オブ・アメリカ）──自由な国・米国での報道が禁止されている（ワシントン・ジャーナリズム・レビュー 5月号）：新聞研究　通号445　〔1988.8〕　p63〜67
大田信男	中国マスコミの現状と問題点：政経研究　25（2）〔1988.9〕　p243〜266
池田恵美子	最古の新聞, 中国「邸報」をめぐって：総合ジャーナリズム研究　25（04）〔1988.10〕　p74〜77
野口巌	アメリカ新聞界にみる「PC革命」の波：広告　（272）〔1989.1〕　p34〜34
門奈直樹	フリート・ストリートの終幕−−マードック対マックスウェル−−メディア王国の闘い（現地取材レポート）：総合ジャーナリズム研究　26（01）〔1989.1〕　p66〜77
鈴木雄雅	オーストラリアのメディア事情：新聞研究　通号451　〔1989.2〕　p69〜74
李相禧	韓国言論の対日報道内容分析研究：慶應義塾大学新聞研究所年報　通号32　〔1989.3〕　p1〜30
黒田宏	テレビにも「グラスノスチ」の波（変わるソ連と報道）：新聞研究　通号453　〔1989.4〕　p23〜25
中村晧一	米国における「放送」の現状（新電気通信時代とマスメディア）：新聞研究　通号456　〔1989.7〕　p32〜35
井上宏	海外放送情報 米国 多チャンネルCATV視聴体験記（1）〜（3）：月刊民放　19（218）〔1989.8〜1989.12〕　p26〜28
マドゥラペルマ, ニッサンカ	スリランカのマスメディア事情：新聞研究　通号457　〔1989.8〕　p87〜91
川本裕司	覇権争うマードックとマックスウェル（英国のマスメディア事情）：新聞研究　通号458　〔1989.9〕　p46〜49
小西昭之	USAツデーの論争面「多様性の統一」に向けて：新聞研究　通号459　〔1989.10〕　p78〜83
山越正道	韓国の新聞・書籍：訪韓学術研究視察報告書　12　〔1989.10〕　p38〜39
井上宏	海外放送情報 米国 多チャンネルCATV視聴体験記（2）：月刊民放　19（221）〔1989.11〕　p26〜28
山口秀夫	米テレビ3大ネットワークのプライムタイム娯楽番組の編成：NHK放送文化調査研究年報　34　〔1989.11〕　p51〜88
井上宏	海外放送情報 米国「広場」の形成に貢献する討論番組：月刊民放　20（223）〔1990.1〕　p28〜30

井上宏	海外放送情報 米国「トーク・ジャーナリズム」の伝統は健在：月刊民放　20（224）〔1990.2〕 p28～30
徐正宇	韓国のマスメディア環境：新聞研究　通号463　〔1990.2〕 p57～61
韓桂玉	韓国マスコミ再生への激動：マスコミ市民　通号259　〔1990.3〕 p79～85
橋本正邦	英全国紙の行動綱領をめぐる動き：新聞研究　通号464　〔1990.3〕 p81～85
鈴木啓介	ソ連の「新聞法」草案・全文－－新聞及びその他の大量情報手段に関するソ連邦法律・草案：総合ジャーナリズム研究　27（02）〔1990.4〕 p23～27
総合ジャーナリズム研究編集部	東西ドイツ 崩れるメディアの“壁”の間で…：総合ジャーナリズム研究所　27（02）〔1990.4〕 p56～73
岩見隆夫	有権者の意識の内側（90年代の政治とジャーナリズム）：新聞研究　通号465　〔1990.4〕 p25～28
ガリナー, ピーター, 橋本正邦	英国・東欧諸国のプレス事情――ピーター・ガリナーに聞く：新聞研究　通号466　〔1990.5〕 p77～79
アジア動向研究会	韓国を揺さぶったKBS闘争の一ヵ月：マスコミ市民　通号263　〔1990.7〕 p16～22
森千春	東ドイツ 時代の激動をとらえる――ジャーナリストの基本に立ち返って（東欧変革を追う）：新聞研究　通号468　〔1990.7〕 p46～48
卓南生	東南アジア報道はどこへ向かうか――シンガポール（アジアの視点）：新聞研究　通号469　〔1990.8〕 p52～54
アジア動向研究会	政府と言論――韓国KBS闘争：マスコミ市民　通号265　〔1990.9〕 p40～43
橋本正邦	記者と政治活動――妊娠中絶をめぐり米国新聞界で論争：新聞研究　通号470　〔1990.9〕 p74～76
長畑誠	ロシア共和国出版・情報相は語る－－「紙は文化のパンである…」－－「論拠と事実」紙インタビューより：総合ジャーナリズム研究　27（04）〔1990.10〕 p61～65
加藤久晴	活気あふれるソ連のマスコミ――『嵐の中のペレストロイカ』を取材して：マスコミ市民　通号266　〔1990.10〕 p11～15
牧野賢治	動く東欧諸国事情・電波編：総合ジャーナリズム研究　27（04）〔1990.10〕 p44～51
名越健郎	最近ソ連新聞事情：新聞研究　通号471　〔1990.10〕 p81～84
Kohler, Rainer, 宮本貢	インタビュー 東独・ADN東京特派員ライナー・ケェーラーさん――目隠しのままポルシェに：Asahi journal　32（40）〔1990.10〕 p3～5
加藤久晴	変わりゆくソ連の映像メディア――続・『嵐の中のペレストロイカ』を取材して：マスコミ市民　通号267　〔1990.11〕 p18～21
山口秀夫	アメリカのケーブルテレビ事業におけるソフト供給の沿革：NHK放送文化調査研究年報　35　〔1990.11〕 p183～216
モストフシコフ, アレクサンドル M, カルペンコ, マリア I	激動するソ連プレス――ソ連ジャーナリスト同盟代表団に聞く：新聞研究　通号473　〔1990.12〕 p75～80
工藤幸雄	混乱の前途に洋々たる未来――ポーランドのマスコミの「戦後」：新聞研究　通号473　〔1990.12〕 p71～74
川上宏	東欧・ソビエトの変化とマスメディア――ザクレブ大学ノボセル教授の理論を中心に：新聞研究　通号473　〔1990.12〕 p61～64
林暁光	中国＝マス・コミ環境の変化と報道政策：総合ジャーナリズム研究　28（01）〔1991.1〕 p88～97
平井久志	韓国マスコミ界1990年の現住所：新聞研究　通号474　〔1991.1〕 p62～67
深谷志寿	ハンガリーにおける報道の変遷：新聞研究　通号475　〔1991.2〕 p66～69
大石泰彦	フランスにおけるジャーナリストの法的地位――いわゆる「良心条項（clause de conscience）」を中心に：青山法学論集　32（3・4）〔1991.3〕 p155～183
芝田正夫	ロンドン・ガゼットについて――王政復古期の新聞：関西学院大学社会学部紀要　通号63　〔1991.3〕 p671～696
辻昌宏	イギリス小出版社の研究――キャクストンの類似点：人文科学論集　通号37・38　〔1991.3〕 p60～39
矢野宏	揺れつづく“東西”ドイツ新聞界：総合ジャーナリズム研究　28（03）〔1991.7〕 p19～21
門奈直樹	EC市場統合と英雑誌界の苦悩－－ロンドン発：総合ジャーナリズム研究　28（04）〔1991.10〕 p20～28
藤本直道	アメリカで法廷テレビ開局：新聞研究　通号484　〔1991.11〕 p83～85
喜田尚	ソ連「8月革命」とマスメディア：新聞研究　通号484　〔1991.11〕 p53～56
Breitner, Miklos	東欧メディア市場における外国資本――ハンガリーの事例：新聞研究　通号484　〔1991.11〕 p68～71
赤尾光史	ダウ・ジョーンズ社の申請認める――新聞記事抄訳サービス停止仮処分（マスコミの焦点）：新聞研究　通号485　〔1991.12〕 p77～80
鈴木雄雅	混迷続くオーストラリアメディア界：新聞研究　通号485　〔1991.12〕 p58～64
渡辺和彦	フランス革命期前後の出版文化史研究序論――出版流通面からの展望－中―：出版研究　通号23　〔1992〕 p109～125
堂本暁子	マスコミ王マックスウェル死す！ －－その帝国は積木の城か, 根強い大樹か：総合ジャーナリズム研究　29（01）〔1992.1〕 p8～12
田中至	ムスマンスク, レニングラード, ペテロザボーツクを歩く－－市民に信頼される「声」のメディア：総合ジャーナリズム研究　29（01）〔1992.1〕 p14～19
只野哲	欧米ペイテレビの軌跡 学ぶべき教訓は何か：月刊民放　22（247）〔1992.1〕 p31～34
Reston, James, 吉本晋一郎	デッドライン――20世紀の現場から――元ニューヨーク・タイムズ記者ジェームズ・レストン回想録―2―初めて見たソ連――1943年：Asahi journal　34（2）〔1992.1〕 p27～31
Reston, James, 吉本晋一郎	デッドライン――20世紀の現場から――元ニューヨーク・タイムズ記者ジェームズ・レストン回想録―3―原爆投下の決定：Asahi journal　34（3）〔1992.1〕 p76～80
Reston, James, 吉本晋一郎	デッドライン――20世紀の現場から――元ニューヨーク・タイムズ記者ジェームズ・レストン回想録―4―欧州統合の父ジャン・モネ：Asahi journal　34（4）〔1992.1〕 p27～31
前沢猛	会社内ジャーナリズムからの脱却――体験的新聞論：世界　通号564　〔1992.2〕 p190～199
Reston, James, 吉本晋一郎	デッドライン――20世紀の現場から――元ニューヨーク・タイムズ記者ジェームズ・レストン回想録―5―連邦最高裁判事フランクファーター：Asahi journal　34（5）〔1992.2〕 p27～31
Reston, James, 吉本晋一郎	デッドライン――20世紀の現場から――元ニューヨーク・タイムズ記者ジェームズ・レストン回想録―6―アイゼンハワー――大統領になった凱旋将軍：Asahi journal　34（6）〔1992.2〕 p27～31

Reston, James, 吉本晋一郎　デッドライン——20世紀の現場から——元ニューヨーク・タイムズ記者ジェームズ・レストン回想録—7—ケネディ家の栄光と悲劇：Asahi journal　34（7）〔1992.2〕　p27～31

Reston, James, 吉本晋一郎　デッドライン——20世紀の現場から——元ニューヨーク・タイムズ記者ジェームズ・レストン回想録—8—続・ケネディ家の栄光と悲劇：Asahi journal　34（8）〔1992.2〕　p27～31

室谷克実　新聞は「読みやすさ」だけでいいのか：自由　34（3）〔1992.3〕　p10～17

田中義久　新聞の「公共性」とは何か——17世紀英国，ジョン・ロックの近代市民社会の原理に学ぶ（記者を志した君へ——記者読本'92）：新聞研究　通号488〔1992.3〕　p22～25

スミス, アンドレア・ウィッタム, 門奈直樹　未来志向の「新聞」像：新聞研究　通号488〔1992.3〕　p89～97

Reston, James, 吉本晋一郎　デッドライン——20世紀の現場から——元ニューヨーク・タイムズ記者ジェームズ・レストン回想録—9—ベトナムの米国人記者：Asahi journal　34（10）〔1992.3〕　p75～79

Reston, James, 吉本晋一郎　デッドライン——20世紀の現場から——元ニューヨーク・タイムズ記者ジェームズ・レストン回想録—10—ニクソン——誰も信用しなかった男：Asahi journal　34（11）〔1992.3〕　p75～79

Reston, James, 吉本晋一郎　デッドライン——20世紀の現場から——元ニューヨーク・タイムズ記者ジェームズ・レストン回想録—11—ハリウッドがワシントンにやってきた：Asahi journal　34（12）〔1992.3〕　p75～79

Reston, James, 吉本晋一郎　デッドライン——20世紀の現場から——元ニューヨーク・タイムズ記者ジェームズ・レストン回想録—12—ブッシュと「新世界秩序」：Asahi journal　34（13）〔1992.3〕　p77～81

藤岡伸一郎　マックスウェル "マスコミ帝国" の崩壊——その巨大グループの経営は余りにも短く，奔放だった：総合ジャーナリズム研究　29（02）〔1992.4〕　p87～91

Reston, James, 吉本晋一郎　デッドライン——20世紀の現場から——元ニューヨーク・タイムズ記者ジェームズ・レストン回想録—13完—新聞に何が起きたのか？：Asahi journal　34（14）〔1992.4〕　p37～41

黒田勝弘　韓国マスコミの写真「日帝の蛮行」をめぐって（焦点・論点）：現代コリア　通号321〔1992.5〕　p16～23

林暁光　中国マス・コミ構造の性格，変動像とその問題点：新聞学評論　通号41〔1992.5〕　p200～218

横間恭子　ニューヨーク発 米フリーランス・ライターたちの素顔——アメリカン・ジャーナリズムを支える "現場" から：総合ジャーナリズム研究　29（04）〔1992.10〕　p15～21

佐々木謙一　国際通信社UPIの栄光と挫折：総合ジャーナリズム研究　29（04）〔1992.10〕　p58～64

青木彰　戦後新聞ジャーナリズム私論—4—人生の転機, 私の社会部：総合ジャーナリズム研究　29（04）〔1992.10〕　p36～45

広瀬英彦　ドイツ統一と旧東ドイツ新聞産業の構造変容：政経研究　29（2）〔1992.11〕　p645～655

鈴木雄雅　ある英人新聞発行者を追って——A.W.ハンサードの軌跡：コミュニケーション研究　通号23〔1993〕　p67～103

渡辺和彦　フランス革命期前後の出版文化史研究序論——出版流通面からの展望—下—：出版研究　通号24〔1993〕　p43～57

一場慎司　『『国際コミュニケーション』としての出版』箕輪成男：出版研究　通号24〔1993〕　p149～154

大塚喬重　強まる権力による情報操作——アメリカ・ジャーナリズムの衰退：修道法学　15（1）〔1993.1〕　p1～22

ウィリアム・ブルックス　取材と報道の現場（11）国際交流に外国人記者の使命感：月刊民放　23（260）〔1993.2〕　p34～35

門奈直樹　現代イギリスのポピュラー・ジャーナリズム——メディア神話の崩壊と再生（ジャーナリズムの現在——その課題と可能性＜特集＞）：マス・コミュニケーション研究　通号42〔1993.3〕　p14～30

吉原功　転機にたつフランス・ジャーナリズム（ジャーナリズムの現在——その課題と可能性＜特集＞）：マス・コミュニケーション研究　通号42〔1993.3〕　p31～58

中村泰次　中村泰次の "蟻の一穴" —18—旧ソ連邦5都市駆け歩る記——監獄の中庭に出たくらいの自由：総合ジャーナリズム研究　30（03）〔1993.7〕　p68～71

後藤文夫　韓国で相次ぐ記者逮捕事件（マスコミの焦点）：新聞研究　通号505〔1993.8〕　p97～99

陳先進　中国のマスコミは変わる：自由　35（10）〔1993.10〕　p31～37

会田弘継　世界の記者会見——ワシントン, ジュネーブでの体験から（記者会見とは何か）：新聞研究　通号511〔1994.2〕　p19～21

大石泰彦　フランスにおけるジャーナリストの職業倫理：兵庫教育大学研究紀要. 第2分冊, 言語系教育, 社会系教育, 芸術系教育　通号14〔1994.2〕　p169～181

木原正博　拡大する中台報道界の交流（マスコミの焦点）：新聞研究　通号512〔1994.3〕　p111～113

小松原久夫　英国新聞値下げ戦争の現状と背景：新聞研究　通号517〔1994.8〕　p37～40

呉鎮煥　韓国マスコミの特質を考える：慶応義塾大学新聞研究所年報　通号43〔1994.9〕　p1～17

宮崎寿子　メディア・スコープ パブリック対コマーシャリズム——転換期を迎えるオランダのテレビ放送：マスコミ市民　通号311〔1994.10〕　p69～71

門奈直樹　英BBC放送のサバイバル作戦——白書「BBCの将来」にみる放送政策の転換：総合ジャーナリズム研究　31（04）〔1994.10〕　p63～67

大島裕史　金日成が死んだソウルの暑い夏——朝鮮日報対ハンギョレ新聞 "進歩" と "保守" の間で：総合ジャーナリズム研究　31（04）〔1994.10〕　p39～44

内嶋善之助　米・市場志向型ジャーナリズムの台頭（変化する仕事環境と記者の意識）：総合ジャーナリズム研究　31（04）〔1994.10〕　p12～15

小松原久夫　メディアの帝王、ルパート・マードック：月刊民放　24（281）〔1994.11〕　p20～23

青木隆直　韓国マスコミの広島アジア大会報道（焦点・論点）：現代コリア　通号346〔1994.11〕　p14～17

渡辺和彦　フランスにおける出版学の系譜（上）——「中世から18世紀末まで」の時代におけるフランスと西欧全域の「書物」「出版・印刷業者」「書物市場と読者層」等の重要研究書：出版研究　通号26〔1995〕　p25～47

山本武利　アメリカ通信社の外電支配（上）：広告　（308）〔1995.1〕　p52～57

恒川昌久　米国のマルチメディア事情——電子新聞・マルチメディア視察団報告：新聞研究　通号522〔1995.1〕　p74～77

Kann, Peter, 橋本正邦　米国ジャーナリズム——10項目の困った傾向：新聞研究　通号522〔1995.1〕　p82～85

山本武利　アメリカ通信社の外電支配（下）：広告　（309）〔1995.3〕　p52～57

Becker, Lee B., 斎藤友里子　アメリカ合衆国におけるニューメディアの普及と利用状況：関西学院大学社会学部紀要　通号72〔1995.3〕　p11～19

小松原久夫　欧州新聞界の現状（記者読本'95）：新聞研究　通号524〔1995.3〕　p41～43

北谷賢司　メディア イン ザ ワールド（1）マードックの戦略動向と日本市場：月刊民放　25（290）〔1995.8〕　p33～35

藤森研	中国のラジオ，テレビジョン放送事業：愛知論叢　(59)〔1995.9〕p203〜240
小松原久夫	メディア イン ザ ワールド (3) <イタリア>放送制度で国民投票：月刊民放　25(292)〔1995.10〕p44〜45
横間恭子	米・図書館は純粋に民主的なメディア−−フリー・ジャーナリストの仕事場−−NYリサーチ図書館から(NY発＝取材レポート)：総合ジャーナリズム研究　32(04)〔1995.10〕p91〜97
北谷賢司	メディア イン ザ ワールド (4) オンライン事業への米メディア産業の対応：月刊民放　25(293)〔1995.11〕p30〜31
岩崎千恵子，飯田薫	マスメディアの現状と信頼度——歴史と文化を反映して(フランスから)：新聞研究　通号532〔1995.11〕p51〜56
小松原久夫	メディア イン ザ ワールド (5) 英労働党の「情報スーパーハイウエー」：月刊民放　25(294)〔1995.12〕p36〜37
植田康夫	ロンドン・メディア・スケッチ——1996年2月，IRAのテロ再開の時期に：コミュニケーション研究　通号26〔1996〕p45〜50
大竹秀子	FROM U.S.A.−−メディア再編と番組の低俗化：総合ジャーナリズム研究　33(01)〔1996.1〕p31〜33
音好宏	アジア 欧米化が進むメディア状況への危機感：新・調査情報passingtime　2期(51)通号412〔1996.1〕p84〜85
前川英樹	メディア マードック登場の読み方：新・調査情報passingtime　2期(51)通号412〔1996.1〕p78〜79
大竹秀子	FROM U.S.A.−−ニュース・メディア界の大変動：総合ジャーナリズム研究　33(02)〔1996.4〕p51〜53
横間恭子	NY発＝取材レポート−−メディア・ウォッチドッグの草の根活動：総合ジャーナリズム研究　33(02)〔1996.4〕p38〜43
韓勝憲	韓国における出版の自由と統制 いまもまだ残るさまざまな障害：出版ニュース　通号1734〔1996.6〕p6〜9
野上二郎	メディア王マードックの大きな野望：金曜日　4(27)〔1996.7〕p22〜24
永井浩	ビルマの現実——ビルマ報道の"犯罪"：金曜日　4(28)〔1996.7〕p30〜32
橋本直	シンプソン事件報道の事件性——媒体の「当事者」への変質：新聞研究　通号541〔1996.8〕p66〜68
広瀬隆	MEDIA 短期集中連載・最終回 世界のメディアを動かす16人の男たち——ハリウッドが仕掛ける米大統領選のマインドコントロール：Sapio　8(15)〔1996.8〕p89〜92
小松原久夫	英国に見る新聞メディアと政治：新聞研究　通号542〔1996.9〕p55〜57
下山進	自らの「特権と責任」を見つめ直す必要——欧米メディアコングロマリットの進出と日本の新聞：新聞研究　通号542〔1996.9〕p49〜51
岡田聡	韓国人記者は日本をどう見ているか：現代コリア　通号365〔1996.10〕p48〜63
音好宏	アジア タイのメディア資本の集中が教えるもの：新・調査情報passingtime　2期(51)通号413〔1996.11〕p84〜85
前川英樹	メディア JETのアジア展開：新・調査情報passingtime　2期(51)通号413〔1996.11〕p78〜79
箕輪成男	インドネシアの出版流通における文化と文明——E.J.J.M.Kimman理論の検証：出版研究　通号28〔1997〕p11〜24
山中明	アジア 国内外にメディア戦略を進める中国：新・調査情報passingtime　2期(51)通号414〔1997.1〕p82〜83
総合ジャーナリズム研究編集部	独のオープンチャンネル−−多メディア・多チャンネル時代の市民メディア空間：総合ジャーナリズム研究所　34(01)〔1997.1〕p6〜30
林香里	仏ジャーナリズムの変容−−ジャーナリストが仕事をしなくなる時：総合ジャーナリズム研究　34(01)〔1997.1〕p52〜59
簑葉信弘	BBCの新特許状・協定書と公共放送のアカウンタビリティー：放送研究と調査　47(2)〔1997.2〕p2〜11
前川英樹	アジア 東南アジア、メディア探訪記：新・調査情報passingtime　2期(51)通号416〔1997.5〕p84〜85
浅井正義	アジア衛星放送市場に出遅れた日本——求められるアジアコミュニティーへの参加：新聞研究　通号551〔1997.6〕p67〜70
陸培春	"自粛"に徹し，中庸・寛容の立場とる(マレーシア)(亜州言論)：新聞研究　通号551〔1997.6〕p39〜41
朱家麟	社会的利益か，経済的利益か——「有償新聞」に見るジャーナリズムの現状(中国)(亜州言論)：新聞研究　通号551〔1997.6〕p27〜29
窪田新一	人口230万人に50紙がひしめく——非社会主義政権による新聞規制も(モンゴル)(亜州言論)：新聞研究　通号551〔1997.6〕p64〜66
田畑光永	大きなアイロニーの中で——香港ジャーナリズムの行方は中国の近未来も左右する(香港返還とアジアの言論)：新聞研究　通号551〔1997.6〕p10〜14
根津清	「秩序ある社会」乱す報道は御法度(シンガポール)(亜州言論)：新聞研究　通号551〔1997.6〕p42〜44
川瀬真人	内在する問題と向き合う若手記者(フィリピン)(亜州言論)：新聞研究　通号551〔1997.6〕p45〜47
司馬文武	物極まれば必ず反(かえ)る——香港返還後のアジア言論地図(香港返還とアジアの言論)：新聞研究　通号551〔1997.6〕p18〜20
大畑裕嗣	「民主化」の運命を担えるか——90年代韓国新聞界の一断面(韓国)(亜州言論)：新聞研究　通号551〔1997.6〕p34〜36
李怡	民族主義という新たな脅威——返還後の香港メディアの中国報道(香港返還とアジアの言論)：新聞研究　通号551〔1997.6〕p15〜17
音好宏	アジア 香港返還で大きく動くメディア産業：新・調査情報passingtime　2期(51)通号417〔1997.7〕p82〜83
仲田誠	メディアと世論—1950、60年代のアメリカにおけるメディアと社会意識の関係：群馬大学社会情報学部研究論集　4〔1997.7〕p21〜40
日下部正樹	アジア メディアの問題でもある一国二制度：新・調査情報passingtime　2期(51)通号418〔1997.9〕p80〜81
菅原秀	アジアの言語と報道：公評　34(8)〔1997.9〕p120〜127
劉雪雁	流通改革から見る中国新聞界の実情：新聞研究　通号557〔1997.12〕p59〜63
赤堀正宜	アメリカ公共放送の発達におけるフォード財団の貢献とその思想：メディア教育研究　通号1〔1998〕p1〜18
渡辺光一	変貌するアジアのテレビ・メディア——成長から停滞への1990年代：NHK放送文化調査研究年報　通号43〔1998〕p185〜217
中村竜一郎	情報基地は守れるか 返還後の香港メディア：放送文化　通号43〔1998.1〕p17〜33
藤田博司	民主化への大きな期待と遠い道のり——モンゴル最新新聞事情：新聞研究　通号563〔1998.6〕p58〜61
下世古幸雄	世界の衛星通信および放送システムの最近の動き(2)：ITUジャーナル　28(6)〔1998.6〕p50〜64

河本知之	朱鎔基の中国――北京最新メディア事情：新・調査情報passingtime　2期(49)通号423　〔1998.7〕　p4～5
沢井俊光	民主化の波、着実に浸透 現代アフリカ新聞事情：新聞通信調査会報　通号428　〔1998.7〕　p4～6
豊田一夫	欧米デジタル放送の動向(3)仏ケーブル界に急速なデジタル化の波：放送研究と調査　48(7)〔1998.7〕　p2～7
三神正人	地上波テレビのデジタル化と米国放送産業の構造変化：月刊民放　28(8)〔1998.8〕　p30～33
内野隆司	欧米デジタル放送の動向(4) 苦戦するドイツのデジタルテレビ：放送研究と調査　48(8)〔1998.8〕　p44～47
林正郁	全記事に記者のEメールアドレスを付けて――韓国・朝鮮日報の挑戦(双方向性強める新聞)：新聞研究　通号566　〔1998.9〕　p28～32
総合ジャーナリズム研究編集部	Current 返還1年・現地リポート 香港メディア最新事情：総合ジャーナリズム研究所　35(04)　〔1998.10〕　p7～33
総合ジャーナリズム研究編集部	NY発・CNN誤報事件の陥穽(揺らぐアメリカ・ジャーナリズム)：総合ジャーナリズム研究所　35(04)〔1998.10〕　p38～50
中井良則	不祥事に至る伝統的価値の後退(揺らぐアメリカ・ジャーナリズム)：総合ジャーナリズム研究　35(04)〔1998.10〕　p11～15
藤田博司	揺らぐアメリカ・ジャーナリズム：総合ジャーナリズム研究　35(04)〔1998.10〕　p23～29
山口秀夫	欧米衛星放送事情 成否のカギはケーブルとの連携に――スポーツ・映画を軸にチャンネル構成はパターン化(特集 ニューラジオを考える)：月刊民放　28(10)〔1998.10〕　p22～25
山口秀夫	アメリカにおける地上波テレビのデジタル化とソフトの供給：ITUジャーナル　28(10)〔1998.10〕　p6～11
岡本英信	アジアのメディア・この一〇年の変貌：新・調査情報passingtime　2期(51)通号425　〔1998.11〕　p34～35
北谷賢司	欧州最新テレビ事情：新・調査情報passingtime　2期(51)通号425　〔1998.11〕　p36～40
橋本秀一	台湾・公共テレビ開局への「公共観」の変化：放送研究と調査　48(11)〔1998.11〕　p10～19
霜鳥秀雄	米商業テレビネットワーク50年の軌跡――プライムタイム番組編成からの考察：NHK放送文化調査研究年報　通号44　〔1999〕　p193～224
柳澤伸司	スウェーデン社会とメディアのいま：新聞研究　通号570　〔1999.1〕　p51～55
金山勉	国際番組伝送・放送サービス(TV Japan)に関する米国視聴調査――タイム・ワーナーサテライトサービスOhioの事例研究：コミュニケーション研究　通号29　〔1999.3〕　p29～53
鄭淳日	韓国の放送と日本の大衆文化～締め出しから開放までの半世紀(特集：近づく韓国での日本の放送番組の解禁)：放送研究と調査　49(3)通号574　〔1999.3〕　p9～21
橋本秀一	自立を促す韓国の放送政策(特集：近づく韓国での日本の放送番組の解禁)：放送研究と調査　49(3)通号574　〔1999.3〕　p3～8
池田純一	米国動向から探る事業化の可能性――将来戦略の中で明確な位置付けを(特集 放送局のインターネット利用法)：月刊民放　29(4)通号334　〔1999.4〕　p4～9
片方善治	変貌する世界のメディア(238)新しいTVへの挑戦：月刊放送ジャーナル　29(4)通号311　〔1999.5〕　p70～73
前沢猛	米国の新聞、20世紀末の苦悩――ASNE報告が指摘する「信頼性の喪失」：新聞研究　通号574　〔1999.5〕　p64～68
佐藤雅彦	98年版・米国黙殺報道ベスト10――化学製品の危険性も，米国企業の兵器用微生物輸出も米国の大マスコミでは報じられない：エコノミスト　77(22)通号3396　〔1999.5〕　p100～101
片方善治	変貌する世界のメディア(239)米放送業界大手NBCの周辺：月刊放送ジャーナル　29(5)通号312　〔1999.6〕　p62～65
館野哲	韓国の「有害図書」規制の現状－－花村萬月著『ゲルマニウムの夜』を煽情的刊行物と認定：出版ニュース　通号1839　〔1999.7〕　p6～9
前沢猛	米国メディア・インターンシップの実情：総合ジャーナリズム研究　36(03)（通号169)〔1999.7〕　p24～28
片方善治	変貌する世界のメディア(240)放送・通信分野の新動向：月刊放送ジャーナル　29(6)通号313　〔1999.7〕　p98～101
岩村立郎	ピュー研究所調査にみる米国報道メディアの揺らぎ：新聞研究　通号576　〔1999.7〕　p66～73
片方善治	変貌する世界のメディア(241)活発になった米CATV産業の動き：月刊放送ジャーナル　29(7)通号314　〔1999.8〕　p84～87
ピューリサーチセンター	米国ジャーナリストの意識と価値観(上)：新聞研究　通号577　〔1999.8〕　p71～77
中村美子	イギリスの地上デジタルテレビ放送～放送開始1年を迎えるONdigitalとBBC～：放送研究と調査　49(8)通号579　〔1999.8〕　p2～17
李相哲	エスニック・メディア研究―在日中国語メディアと社会的意義に関する考察：竜谷紀要　21(1)〔1999.8〕　p95～106
片方善治	変貌する世界のメディア(242)中国の放送・通信関連事業の動向：月刊放送ジャーナル　29(8)通号315　〔1999.9〕　p98～101
ピューリサーチセンター	米国ジャーナリストの意識と価値観(下)：新聞研究　通号578　〔1999.9〕　p77～85
片方善治	変貌する世界のメディア(243)次世代をにらんだ米CATV業界：月刊放送ジャーナル　29(9)通号316　〔1999.10〕　p60～63
古城ゆかり	急変するアメリカのケーブルテレビ事業――広帯域サービスをめざして(特集 世界のケーブルテレビ)：放送研究と調査　49(10)通号581　〔1999.10〕　p2～13
片方善治	変貌する世界のメディア(244)放送メディアとインターネット：月刊放送ジャーナル　29(10)通号317　〔1999.11〕　p86～89
別府三奈子	岐路に立つ米国ジャーナリズム研究・教育：新聞研究　通号580　〔1999.11〕　p61～64
片方善治	変貌する世界のメディア(245)米欧の放送関連技術開発の動向：月刊放送ジャーナル　29(11)通号318　〔1999.12〕　p90～93
竹内義昭	シンガポールの新聞事情：月報　1999(12)〔1999.12〕　p1～6
下野誠一郎	アメリカ――オンラインブックショップで業績伸長の小出版社(海外出版レポート)：出版ニュース　通号1856　〔1999.12〕　p17
塚本晴二朗	改革解放20年＝現地リポート 中国のマスメディア最新事情：総合ジャーナリズム研究　37(01)（通号171)〔2000.1〕　p62～63
片方善治	変貌する世界のメディア(246)米欧放送分野の提携開発状況：月刊放送ジャーナル　30(1)通号319　〔2000.1〕　p94～97

Stolte, Dieter, 内野隆司　ドイツ：放送の主役を担う公共放送——ディーター・シュトルテZDF会長（特集 インタビュー：21世紀の公共放送像を求めて）：放送研究と調査　50（1）通号584　〔2000.1〕　p2〜10

松本悟　インドシナ共産主義政党とマスメディア——ラオスとベトナムの新聞統制：マス・コミュニケーション研究　通号56　〔2000.1〕　p95〜112

横山香　ポピュラー・カルチャーとしてのタブロイド——ドイツの「タブロイド・テレビ」をめぐって：マス・コミュニケーション研究　通号56　〔2000.1〕　p113〜129

別府三奈子　米国ジャーナリズム研究・教育のスタンダード——「ブライヤー・アプローチ」の史的考察：マス・コミュニケーション研究　通号56　〔2000.1〕　p190〜202

安本吉雄, 李作裕　シンガポールにおけるデジタルテレビ：月報　2000（2）〔2000.2〕　p22〜26

下野誠一郎　海外出版レポート アメリカ——電子出版の様々な試み：出版ニュース　通号1861　〔2000.2〕　p19

鈴木将史　フォス新聞——ドイツ語圏最初の教養新聞（1）：小樽商科大学人文研究　通号99　〔2000.3〕　p61〜83

片方善治　変貌する世界のメディア（247）CATV、デジタルTV、IネットTV、プラズマTVとその周辺の動向：月刊放送ジャーナル　30（2）通号320　〔2000.3〕　p104〜107

浅野健一　途上国民主化とメディア——インドネシアとティモール・ロロサエ調査から：評論・社会科学　通号62　〔2000.3〕　p1〜29

門奈直樹　アイルランドのメディア最新情報：総合ジャーナリズム研究　37（02）（通号172）〔2000.4〕　p44〜49

別府三奈子　ジャーナリズム向上のための米大学の試み：総合ジャーナリズム研究　37（02）（通号172）〔2000.4〕　p50〜55

片方善治　変貌する世界のメディア（248）デジタル放送時代の提携・同盟（アライアンス）：月刊放送ジャーナル　30（3）通号321　〔2000.4〕　p74〜77

遠藤絢一, 大石芳野　教育（デジタル元年 テレビジョン事始——NHK・公共放送の新しい展開）：放送文化　通号70　〔2000.4〕　p24〜27

片方善治　変貌する世界のメディア（249）デジタル時代のFCCの舵とり：月刊放送ジャーナル　30（4）通号322　〔2000.5〕　p62〜66

名雲俊忠　海外レビュー 米国の動向にみる民放経営の未来図（特集 転換期民放の組織と経営）：月刊民放　30（5）通号347　〔2000.5〕　p30〜33

伊藤政彦　米新聞界が閲読率アップへ反転攻勢——マーケティング導入し差別化図る：朝日総研リポート　通号144　〔2000.6〕　p32〜51

片方善治　変貌する世界のメディア（251）デジタル放送・映画伝送の新動向：月刊放送ジャーナル　30（6）通号324　〔2000.7〕　p108〜111

片方善治　変貌する世界のメディア（252）インターネットによるテレビ視聴：月刊放送ジャーナル　30（7）通号325　〔2000.8〕　p86〜89

鈴木将史　フォス新聞——ドイツ語圏最初の教養新聞（2）：小樽商科大学人文研究　100　〔2000.9〕　p151〜177

片方善治　変貌する世界のメディア（253）米AOLのメディア戦略と行動：月刊放送ジャーナル　30（8）通号326　〔2000.9〕　p98〜101

伊藤千尋　闘う新聞——『ハンギョレ』の12年（1）「真のジャーナリズム」を求めて：金曜日　8（33）通号337　〔2000.9〕　p26〜29

伊藤千尋　闘う新聞『ハンギョレ』の12年（2）貧者の一灯：金曜日　8（34）通号338　〔2000.9〕　p46〜49

片方善治　変貌する世界のメディア（254）アメリカTV産業の新戦略：月刊放送ジャーナル　30（9）通号327　〔2000.10〕　p84〜87

伊藤千尋　闘う新聞『ハンギョレ』の12年（6）若者をつかんだ多角化戦略：金曜日　8（38）通号342　〔2000.10〕　p48〜51

伊藤千尋　闘う新聞『ハンギョレ』の12年（7）批判と存在価値：金曜日　8（39）通号343　〔2000.10〕　p44〜47

伊藤千尋　闘う新聞『ハンギョレ』の12年（8）残された課題と日本の私たち：金曜日　8（40）通号344　〔2000.10〕　p48〜51

島崎英威　海外出版レポート／中国 中国の出版流通について（2）：出版ニュース　通号1887　〔2000.11〕　p21

片方善治　変貌する世界のメディア（255）中国の情報産業発信計画、TVデジタル化計画：月刊放送ジャーナル　30（10）通号328　〔2000.11〕　p76〜79

門奈直樹　英大衆紙の部数拡大主義と「社会正義」——小児性犯罪前歴者公表と英国社会：新聞研究　（592）〔2000.11〕　p69〜72

島崎英威　海外出版レポート 中国 中国の出版流通について（3）：出版ニュース　通号1890　〔2000.12〕　p21

片方善治　変貌する世界のメディア（256）2003年、レーザーTV発売か：月刊放送ジャーナル　30（11）通号329　〔2000.12〕　p74〜77

大井眞二　ドイモイ以後のヴェトナムのメディア政策：政経研究　37（3）〔2000.12〕　p483〜510

金亮郝, 水越伸, 劉雪雁　デジタル情報化と東アジアのメディア文化——韓国社会、華人社会におけるメディア実践と文化形成（特集 情報技術の進展とメディア秩序の変容）：マス・コミュニケーション研究　通号58　〔2001〕　p51〜77

茂木崇　『ニューヨークタイムズ』におけるOp—Edページの展開：マス・コミュニケーション研究　通号58　〔2001〕　p142〜153

広瀬英彦　ヨーロッパにおけるマス・メディアの変容（特集 情報技術の進展とメディア秩序の変容）：マス・コミュニケーション研究　通号58　〔2001〕　p34〜50

本田親史　台湾におけるメディア公共圏の生成と変容——地下媒体の発展史を中心に：マス・コミュニケーション研究　通号59　〔2001〕　p151〜163

内藤耕　東南アジアの開発主義とメディア政策——国際競争の進展のなかで（特集 情報技術の進展とメディア秩序の変容）：マス・コミュニケーション研究　通号58　〔2001〕　p7〜20

山口秀夫　米テレビ市場におけるメディア間勢力地図の変遷と最近の動向（特集 情報技術の進展とメディア秩序の変容）：マス・コミュニケーション研究　通号58　〔2001〕　p21〜33

井上泰浩　米国ジャーナリズムにおけるコンピュータ援用取材（CAR）の革新性と問題点：マス・コミュニケーション研究　通号59　〔2001〕　p124〜137

飯田正剛　イギリスの報道被害救済制度を調査して〜日本のメディアにいま求められていること：放送レポート　168号　〔2001.1〕　p60〜63

片方善治　変貌する世界のメディア（257）ネット時代に変り行くTVの周辺：月刊放送ジャーナル　31（1）通号330　〔2001.1〕

	p104〜107
片方善治	変貌する世界のメディア(258)カナダ、8都市の家庭用双方向通信：月刊放送ジャーナル　31(2)通号331　〔2001.3〕 p104〜107
三科浩美	特集 シンガポールのメディア事情：月報　2001(3)〔2001.3〕　p12〜16
伴浩美	シンガポール英字新聞の計量言語学的変遷：人文社会学部紀要　1　〔2001.3〕　p107〜115
片方善治	変貌する世界のメディア(259)画像配信新ソフトの開発競争：月刊放送ジャーナル　31(3)通号332　〔2001.4〕 p72〜75
片方善治	変貌する世界のメディア(260)高性能壁掛けTV現実化(中国)：月刊放送ジャーナル　31(4)通号333　〔2001.5〕 p54〜57
韓永學	自発的改革迫られる韓国新聞界——税務調査が問う言論改革の行方：新聞研究　(598)〔2001.5〕　p53〜57
片方善治	変貌する世界のメディア(261)DTV時代に向けた開発動向：月刊放送ジャーナル　31(5)通号334〔2001.6〕　p58 〜61
会田弘継	アジアの声を世界に発信 共同の英文アジアデスク：新聞通信調査会報　通号464〔2001.7〕　p14〜16
片方善治	変貌する世界のメディア<262>携帯電話をめぐる世界の明暗：月刊放送ジャーナル　31(6)通号335　〔2001.7〕 p88〜91
穴井郁夫	「英字紙ビッグバン」が始まった——内外情報の強化を進めたデイリー・ヨミウリの新紙面(変わる英字紙)：新聞 研究　(600)〔2001.7〕　p44〜46
片方善治	変貌する世界のメディア(263)変革期のCATVネットワーク：月刊放送ジャーナル　31(7)通号336　〔2001.8〕 p76〜79
鈴木嘉一	CURRENT キャサリン・グラハム－－その死と米・ジャーナリズム：総合ジャーナリズム研究　38(04)(通号 178)〔2001.9〕　p20〜23
前田康博	ベトナムにおけるマスメディアの役割とドイモイ政策の現状(上)活字メディアを中心に：北九州市立大学外国語学 部紀要　(102)〔2001.9〕　p19〜85
片方善治	変貌する世界のメディア(264)双方向TVをめぐるMS社と反MS24社の新組織：月刊放送ジャーナル　31(8)通号 337〔2001.9〕　p104〜107
水野剛也	米国のメディア・アカウンタビリティー——ジャーナリズムの信用回復のための自己説明責任：新聞研究　(602) 〔2001.9〕　p57〜60
安海龍, 石丸次郎	アジア・メディア最前線(1)韓国マスコミの灼熱の夏(司法制度改革)：マスコミ市民　通号392　〔2001.9〕 p48〜51
飯塚浩一	〈ポピュラーな〉ニュース・メディアの捉え直しに向けて——英国大衆紙の役割とその変容を手掛かりにして(特 集=文化装置としてのメディア)：メディア史研究　11〔2001.9〕　p40〜55
片方善治	変貌する世界のメディア(266)未来に向けた中国とアメリカの企業提携：月刊放送ジャーナル　31(10)通号339 〔2001.11〕　p78〜81
舟橋良治	マハティール首相の政権基盤に一石——華字紙買収とマレーシア新聞事情：新聞研究　(604)〔2001.11〕　p47〜50
小倉孝保	注目集める衛星テレビ アルジャジーラ——タブーに挑戦する自由な報道姿勢で支持を獲得：新聞研究　(604) 〔2001.11〕　p43〜46
前坂俊之	Current ベトナムのマスメディア最新事情－－「ドイモイ」政策一五年=現地リポート：総合ジャーナリズム研究 38(01)(通号175)〔2001.12〕　p42〜47
片方善治	変貌する世界のメディア(267)各国にひろがる“ブロードバンド”戦略：月刊放送ジャーナル　31(11)通号340 〔2001.12〕　p82〜85
金山勉	ブッシュ共和党政権下で変革期を迎えた放送業界——ギガ・メディア時代を進む地上波デジタル化：コミュニケー ション研究　(32)〔2002〕　p65〜82
坂田邦子	インドネシアの国家開発とマスメディア——「サンプンラサ・コミュニケーション」と「クロンプンチャピル」：マ ス・コミュニケーション研究　通号60〔2002〕　p108〜121
馬挺	中国の新聞紙面研究についての考察(上)：明星大学研究紀要. 日本文化学部・言語文化学科　(10)〔2002〕　p69〜 81
前田康博	ベトナムにおけるマスメディアの役割とドイモイ政策の現状(下)電波メディアを中心に：北九州市立大学外国語学 部紀要　(103)〔2002.1〕　p1〜47
片方善治	変貌する世界のメディア(268)アジア・太平洋地域に進出する欧米企業：月刊放送ジャーナル　32(1)通号341 〔2002.1〕　p102〜105
音好宏	迷走する米国メディア 「思想の自由市場」の揺らぎ：放送レポート　174号〔2002.2〕　p16〜20
丸山勝	台湾の地上波テレビ局改造案——公共化の可能性を中心に：目白大学人間社会学部紀要　(2)〔2002.2〕　p335〜348
片方善治	変貌する世界のメディア(269)進化するデジタルTVに取り組む中国：月刊放送ジャーナル　32(2)通号342 〔2002.3〕　p68〜71
片方善治	変貌する世界のメディア(270)放送のデジタル化と海外の動向：月刊放送ジャーナル　32(3)通号343　〔2002.4〕 p68〜71
中村美子	スウェーデンとフィンランドの地上デジタルテレビ放送——多チャンネル・サービスから発展を模索：放送研究と 調査　52(4)通号611〔2002.4〕　p26〜37
石丸二郎	アジアメディア最前線(3)北朝鮮を見る目、伝える目(上)：マスコミ市民　通号399〔2002.4〕　p34〜36
片方善治	変貌する世界のメディア(271)デジタルメディア市場の行方：月刊放送ジャーナル　32(4)通号344　〔2002.5〕 p74〜77
多菊和郎	スペインの地上デジタルテレビジョン放送：放送研究と調査　52(5)通号612〔2002.5〕　p2〜19
片方善治	変貌する世界のメディア(272)完全放送デジタル化とFCCの新要求：月刊放送ジャーナル　32(5)通号345　〔2002. 6〕　p60〜63
阿部るり	トルコ新聞事情 転機に立つ言論環境——EU加盟めぐる民主化と体制維持のはざまで：新聞研究　(611)〔2002.6〕 p57〜59
太田昌宏	アルジャジーラと中東メディア環境(「春の研究発表とシンポジウム」特集—同時多発テロとテレビ報道)：放送研究 と調査　52(6)通号613〔2002.6〕　p68〜75

石丸二郎	アジアメディア最前線（4）北朝鮮を見る目、伝える目（中）難民が揺さぶる北朝鮮：マスコミ市民　通号401　〔2002.6〕　p31～33
魚住真司	欧州メディアアクセス見聞録（4）イギリス　公共放送にも市民の視点：放送レポート　177号　〔2002.7〕　p62～65
片方善治	変貌する世界のメディア（273）欧米のAV&IT関連市場予測：月刊放送ジャーナル　32（6）通号346　〔2002.7〕　p96～99
呉智英	「ILLEGAL MIND」講義（後編）「ジャーナリストの正義」は「陰湿で後味悪い」こともある：Sapio　14（13）通号298　〔2002.7〕　p26～28
片方善治	変貌する世界のメディア（274）"ネットワーク"時代と事業経営・利用者：月刊放送ジャーナル　32（7）通号347　〔2002.8〕　p72～75
田村紀雄	Wゲート事件－－衰弱する米ジャーナリズム（FEATURE 30年目のジャーナリズム力）：総合ジャーナリズム研究　39（04）（通号182）〔2002.9〕　p42～45
片方善治	変貌する世界のメディア（275）中国へ注力する米・欧・印の企業：月刊放送ジャーナル　32（8）通号348　〔2002.9〕　p108～111
中村美千代	批判精神失わないアメリカ――情報の自由の危機の中で（9・11テロ1年――米メディアの現在）：新聞研究　（614）〔2002.9〕　p14～17
古居みずえ	アジアメディア最前線（7）ジェニン国連報告書報道における日本メディアへの疑問：マスコミ市民　通号404　〔2002.9〕　p52～55
片方善治	変貌する世界のメディア（276）義務付けられたアメリカのTVデジタル化：月刊放送ジャーナル　32（9）通号349　〔2002.10〕　p68～71
古城ゆかり	緩和進むアメリカのメディア所有規制――公共の利益か市場競争重視か：放送研究と調査　52（10）通号617　〔2002.10〕　p2～11
片方善治	変貌する世界のメディア（277）デジタル時代のCATVとラジオの新潮流：月刊放送ジャーナル　32（10）通号350　〔2002.11〕　p82～85
音好宏	制度的枠組みと米国の動向（特集 マスメディア集中排除原則を考える）：月刊民放　32（11）通号377　〔2002.11〕　p4～9
賈珊	中国テレビ放送 最新事情（上）「制播分離」と民営制作会社：月刊民放　32（11）通号377　〔2002.11〕　p35～39
太田昌宏	アフガニスタンのメディア事情――混迷のなかの体制づくり：放送研究と調査　52（11）通号618　〔2002.11〕　p2～11
山田賢一	「台湾公共テレビ」の挑戦――「高品質」と「政治的中立」を求めて：放送研究と調査　52（11）通号618　〔2002.11〕　p32～37
石丸次郎	アジアメディア最前線（8）拉致事件の衝撃とメディア報道（上）：マスコミ市民　通号406　〔2002.11〕　p60～63
向後英紀	アメリカにおける「放送」概念の形成――アメリカ型商業放送システム前史（特集＝「放送」の成立）：メディア史研究　13　〔2002.11〕　p1～18
前坂俊之	CURRENT モンゴルのメディア最新事情：総合ジャーナリズム研究　39（01）（通号179）〔2002.12〕　p49～55
門奈直樹	STUDY 中国・激変するメディア環境と教育：総合ジャーナリズム研究　39（01）（通号179）〔2002.12〕　p42～48
森田明子	英新聞界「勝者なき値下げ競争」の苦悩――経営の破綻と個性の喪失に直面：朝日総研リポート　（159）〔2002.12〕　p46～58
片方善治	変貌する世界のメディア（278）双方向デジタルTVとスパムメール：月刊放送ジャーナル　32（11）通号351　〔2002.12〕　p82～85
馬挺	中国の新聞紙面研究についての考察（下）：明星大学研究紀要. 日本文化学部・言語文化学科　（11）〔2003〕　p99～108
片方善治	変貌する世界のメディア（279）ヨーロッパの双方向TV市場：月刊放送ジャーナル　33（1）通号352　〔2003.1〕　p94～97
門奈直樹	最新・中国新聞事情 社会主義タブロイド紙「都市報」の行方：新聞研究　（618）〔2003.1〕　p38～42
前田康博	モンゴルの変容とマスメディアの興亡（上）マスコミ関係者20人の面談調査を中心に：北九州市立大学外国語学部紀要　（107）〔2003.3〕　p19～83
片方善治	変貌する世界のメディア（280）ブロードバンド時代の欧米企業の戦略：月刊放送ジャーナル　33（2）通号353　〔2003.3〕　p70～73
生方淳子	フランスのマスメディアの歴史と現状について（1）：国士舘大学政経論叢　2003（1）通号123　〔2003.3〕　p27～45
新谷恵司	メディア アルジャジーラの挑戦：世界　（711）〔2003.3〕　p184～190
永島啓一	アメリカ・ジャーナリズム研究最前線――論文集『9.11後のジャーナリズム』を中心に：放送研究と調査　53（3）通号622　〔2003.3〕　p50～67
片方善治	変貌する世界のメディア（281）IPTVの現状と将来展望：月刊放送ジャーナル　33（3）通号354　〔2003.4〕　p64～67
林利隆	瞥見 現代中国のメディア専門ジャーナル：月刊民放　33（4）通号382　〔2003.4〕　p35～39
柳本通彦	アジアメディア最前線（12）IT時代をにらむ台湾メディアの困惑：マスコミ市民　通号411　〔2003.4〕　p52～55
片方善治	変貌する世界のメディア（282）デジタル放送時代の市場の行方：月刊放送ジャーナル　33（4）通号355　〔2003.5〕　p66～69
片方善治	変貌する世界のメディア（283）ドイツのTVなどメディアの状況：月刊放送ジャーナル　33（5）通号356　〔2003.6〕　p60～63
片方善治	変貌する世界のメディア（283）波乱含みの情報メディア市場の行方：月刊放送ジャーナル　33（6）通号357　〔2003.7〕　p90～93
内野隆司	ドイツデジタル放送のモデル――ベルリン（4/23シンポジウム 世界は地上デジタルテレビにどう取り組んでいるか）：放送研究と調査　53（7）通号626　〔2003.7〕　p38～40
豊田一夫	成功への道を模索するフランス（4/23シンポジウム 世界は地上デジタルテレビにどう取り組んでいるか）：放送研究と調査　53（7）通号626　〔2003.7〕　p41～43
Goodman, Jack	変貌する米メディア市場と法規制（4/23シンポジウム 世界は地上デジタルテレビにどう取り組んでいるか）：放送研究と調査　53（7）通号626　〔2003.7〕　p5～9
佐藤成文	寡占化、多様性、商業性がキーワード 元記者が見る米国のメディア：新聞通信調査会報　通号490　〔2003.8〕　p4～6

前田康博	モンゴルの変容とマスメディアの興亡（下）マスコミ関係者20人の面接調査を中心に：北九州市立大学外国語学部紀要　（108）〔2003.8〕p129～174
片方善治	変貌する世界のメディア(285)デジタル衛星放送の今日と明日：月刊放送ジャーナル　33（6ママ）通号358　〔2003.8〕p76～79
中島源吾	海外メディア事情 危機打開策を探る——世界新聞大会・編集者フォーラム開催：新聞研究　（625）〔2003.8〕p69～72
堀信一郎	FEATURE 米・英メディアの「戦力」：総合ジャーナリズム研究　40（04）（通号186）〔2003.9〕p64～67
小松原久夫	英＝歴史は彼らを許すのか（FEATURE 米・英メディアの「戦力」）：総合ジャーナリズム研究　40（04）（通号186）〔2003.9〕p13～17
片方善治	変貌する世界のメディア(286)ドイツの"キルヒメディア"崩壊か：月刊放送ジャーナル　33（8）通号359　〔2003.9〕p118～121
橋本直	米国新聞社のウエブ事業事情：月刊民放　33（9）通号387　〔2003.9〕p38～41
隈部紀生	特別寄稿 アメリカのメディア所有規制緩和と日本の放送 放送の多様性と経営の強化：New media　21（9）通号243　〔2003.9〕p52～54
片方善治	変貌する世界のメディア(287)米CATV事業の新戦略：月刊放送ジャーナル　33（9）通号360　〔2003.10〕p68～71
佐柄木俊郎	"適性"確認する機会を提供——韓国言論財団が「記者予備校」を開設：新聞研究　（627）〔2003.10〕p68～71
宝利尚一	自己主張する中東・イスラム・メディア：北海学園大学人文論集　（25）〔2003.10〕p41～90
石丸次郎	アジアメディア最前線(15)北朝鮮食糧支援を考える：マスコミ市民　通号417〔2003.10〕p30～33
片方善治	変貌する世界のメディア(288)有料コンテンツサービスビジネスの実態（米）：月刊放送ジャーナル　33（10）通号361　〔2003.11〕p68～71
木下和寛	「パワー」としてのメディア(5)アメリカ合衆国の挫折：朝日総研リポート　（165）〔2003.12〕p180～199
片方善治	変貌する世界のメディア(289)デジタルTV放送をめぐる各国の動き：月刊放送ジャーナル　33（11）通号362　〔2003.12〕p80～83
岩崎千恵子	海外メディア事情 シアトルの「共同経営協定」紛争——米新聞の競争政策の限界：新聞研究　（629）〔2003.12〕p70～72
木原正博	海外メディア事情 戒厳令解除後15年の歩み——台湾新聞記者協会が報告書まとめる：新聞研究　（629）〔2003.12〕p67～70
和田博幸	アジアメディア最前線(17)宗教紛争をまねいた国営通信の誤報——インドネシア・マルク島から：マスコミ市民　通号419　〔2003.12〕p10～13
鈴木みどり	第十一回日韓国際シンポジウム 「イラク戦争とジャーナリズム」第四部討論とパネル・ディスカッション：マス・コミュニケーション研究　通号64　〔2004〕p178～192
海部一男	イラク戦争におけるブッシュ政権の情報操作とメディアの責任：NHK放送文化研究所年報　48　〔2004〕p71～109
片方善治	変貌する世界のメディア(290)アメリカは「CATV大国」に戻れるのか：月刊放送ジャーナル　34（1）通号363　〔2004.1〕p82～85
劉志明	インタビュー 中国メディアと日本報道（日中間の「コミュニケーションギャップ」と両国のメディアの役割——日中の研究報告会・シンポジウムより）：放送研究と調査　54（2）通号633　〔2004.2〕p91～93
玉本英子	アジアメディア最前線(19)イラク、衛星テレビ事情：マスコミ市民　通号421　〔2004.2〕p26～29
片方善治	変貌する世界のメディア(291)薄型TV市場におけるAVとITの激突：月刊放送ジャーナル　34（2）通号364　〔2004.3〕p82～85
高根祐子	海外メディア事情 民業圧迫と報道界が批判——BBCネットサービスめぐり議論高まる：新聞研究　（632）〔2004.3〕p87～89
片方善治	変貌する世界のメディア(292)IPv6が支えるTVへの影響：月刊放送ジャーナル　34（3）通号365　〔2004.4〕p76～79
佐藤成文	重要性増す米深夜トークショー 大統領選挙で不可欠な役割に：新聞通信調査会報　通号501　〔2004.5〕p4～6
片方善治	変貌する世界のメディア(293)再編・提携が進む米メディア業界：月刊放送ジャーナル　34（4）通号366　〔2004.5〕p68～71
小林恭子	市場原理導入めぐり賛否両論——英国で論議続く公共放送の在り方：新聞研究　（634）〔2004.5〕p62～65
塙和磨	インドのテレビ最新事情（2004年 春の研究発表とシンポジウム——デジタル時代 世界の放送最前線——欧米・アジアの放送最新事情）：放送研究と調査　54（5）通号636　〔2004.5〕p27～30
山田賢一	中国のデジタル化,本格化へ——ケーブル有料チャンネルと移動体放送（2004年 春の研究発表とシンポジウム——デジタル時代 世界の放送最前線——欧米・アジアの放送最新事情）：放送研究と調査　54（5）通号636　〔2004.5〕p31～35
古城ゆかり	文化主権を求めるカナダ放送界の課題：放送研究と調査　54（5）通号636　〔2004.5〕p112～117
小林恭子	英型公共放送は生き延びれるか ユネスコ主催シンポで議論沸騰：新聞通信調査会報　通号502　〔2004.6〕p16～17
片方善治	変貌する世界のメディア(294)高品位デジタルのTVとラジオ：月刊放送ジャーナル　34（5）通号367　〔2004.6〕p64～67
片方善治	変貌する世界のメディア(295)米・英・仏・中国の放送サービス新展開：月刊放送ジャーナル　34（6）通号368　〔2004.7〕p94～97
斎藤仁	米新聞界の閲読向上の取り組み——良質なブランドイメージ確立を目指す：新聞研究　（636）〔2004.7〕p60～64
小林恭子	英EU報道は変わっていくか？ 欧州不信を助長する英メディア：新聞通信調査会報　通号504　〔2004.8〕p14～16
片方善治	変貌する世界のメディア(296)デジタルコンテンツをめぐる拡大とDRMの戦略展開：月刊放送ジャーナル　34（7）通号369　〔2004.8〕p64～67
塙和磨	世界の公共放送 デジタル時代の課題と財源(1)韓国 広告収入依存からの脱却をめざすKBS：放送研究と調査　54（8）通号639　〔2004.8〕p2～13
廣瀬和司	アジアメディア最前線(22)弾圧のなかで何を伝えていくのか：マスコミ市民　通号427　〔2004.8〕p20～23
清宮克良	USAトゥデー紙の希望の裏側——米大衆紙の編集・経営戦略の行方を追う：新聞研究　（638）〔2004.9〕p64～67
赤津陽治	アジアメディア最前線(23)ビルマ・ディペーインの証言者たち：マスコミ市民　通号428　〔2004.9〕p76～79
片方善治	変貌する世界のメディア(298)アメリカCATV事業の新戦略：月刊放送ジャーナル　34（9）通号371　〔2004.10〕

	p62〜65
小林恭子	海外メディア事情 BBCの現状と改革の行方——改革への基本方針示すニール・リポート：新聞研究 （639）〔2004.10〕 p68〜70
山田賢一	「公共化」か「民営化」か——台湾の政府持ち株テレビ局の行方：放送研究と調査 54（10）通号641 〔2004.10〕 p82〜91
片方善治	変貌する世界のメディア（299）デジタルTV放送のコンテンツ保護の動向：月刊放送ジャーナル 34（10）通号372 〔2004.11〕 p118〜121
豊田一夫	世界の公共放送 デジタル時代の課題と財源（4）フランス 地上デジタル放送への意欲と財政難のジレンマ：放送研究と調査 54（11）通号642 〔2004.11〕 p2〜7
片方善治	変貌する世界のメディア（300）TVとケイタイの融合と海外の動き：月刊放送ジャーナル 34（11）通号373 〔2004.12〕 p82〜85
山田賢一	メディアの"行き過ぎ"を監視——台湾のメディアNGOの取り組み：放送研究と調査 54（12）通号643 〔2004.12〕 p54〜63
宇田有三	アジアメディア最前線（24）気になるビルマ報道の質低下（上）：マスコミ市民 通号431 〔2004.12〕 p40〜43
李錬	韓国におけるテレビ番組の輸出政策について——韓国における放送環境の変化と日本のテレビ番組輸入政策を中心に：コミュニケーション研究 （35）〔2005〕 p71〜89
阿部るり	中東メディアの発展とその社会的影響——衛星放送をめぐる議論から：コミュニケーション研究 （35）〔2005〕 p45〜70
藤田博司	藤田博司教授最終講義 アメリカ・ジャーナリズム・大学：コミュニケーション研究 （35）〔2005〕 p5〜28, 図巻頭1p
蔡星慧	海外の出版研究 90年代以降の韓国出版研究の動向——学位論文・学会誌・書籍を中心に（特集：海外の出版研究（1））：出版研究 通号36 〔2005〕 p39〜50
江代修	海外の出版研究 ドイツの出版研究（特集：海外の出版研究（1））：出版研究 通号36 〔2005〕 p17〜37
宮麗穎	中国の雑誌出版と雑誌広告市場——高度成長期を中心に：出版研究 通号36 〔2005〕 p125〜141
本多周爾	台湾における新聞の役割の変化——戒厳令期と民主化以後にみる新聞：武蔵野大学現代社会学部紀要 （6）〔2005〕 p105〜116
広瀬英彦	ヨーロッパ新聞界の潮流（1）フリーペーパー 若者をとらえ、都市に浸透——メディアの再編、多様化を進める：新聞研究 （642）〔2005.1〕 p41〜45
木幡洋子	世界の公共放送 デジタル時代の課題と財源（第5回）イタリア 新メディア法と公共放送への影響：放送研究と調査 55（1）通号644 〔2005.1〕 p36〜43
宇田有三	アジアメディア最前線（25）気になるビルマ報道の質低下（下）：マスコミ市民 通号432 〔2005.1〕 p68〜71
広瀬英彦	ヨーロッパ新聞界の潮流（2）タブロイド化 市場の拡大・開拓目指す——読者のニーズが後押ししたドミノ現象：新聞研究 （643）〔2005.2〕 p50〜55
米倉律	世界の公共放送 デジタル時代の課題と財源（6）アメリカ PBSが進める多チャンネル戦略：放送研究と調査 55（2）通号645 〔2005.2〕 p2〜15
山田賢一	台湾における"少数派住民"向け放送：放送研究と調査 55（2）通号645 〔2005.2〕 p82〜85
ジョナサン, オルター	WORLD AFFAIRS メディア アメリカの報道機関が失った独立の気概：Newsweek 20（6）通号942 〔2005.2〕 p33
小山猛	海外出版レポート アメリカ 出版界の伝説になった理由：出版ニュース 通号2034 〔2005.3〕 p21
広瀬英彦	ヨーロッパ新聞界の潮流（3）買収・合併 他産業含めた合従連衡——国境を越えた展開進む：新聞研究 （644）〔2005.3〕 p66〜71
大村一朗	アジアメディア最前線（27）イラン・摘み取られる言論の芽：マスコミ市民 通号434 〔2005.3〕 p70〜75
片方善治	変貌する世界のメディア（303）デジタルTV移行をめぐる海外の動向：月刊放送ジャーナル 35（3）通号376 〔2005.4〕 p82〜85
広瀬英彦	ヨーロッパ新聞界の潮流（第4回）東欧市場 西側メディアのなだれ込み——拡大する市場で進む均質化：新聞研究 （645）〔2005.4〕 p50〜54
石丸次郎	アジアメディア最前線（28）北朝鮮メディアの現状を現役記者に聞く：マスコミ市民 通号435 〔2005.4〕 p68〜71
小山猛	海外出版レポート アメリカ 初版部数と出版界の常識：出版ニュース 通号2039 〔2005.5〕 p27
片方善治	変貌する世界のメディア（304）多様化するTVメディアサービス：月刊放送ジャーナル 35（4）通号377 〔2005.5〕 p54〜57
広瀬英彦	ヨーロッパ新聞界の潮流（第5回）全国紙の危機 深刻な経営続く主要紙——後戻りできぬ変革への道：新聞研究 （646）〔2005.5〕 p65〜69
ハス, アミラ, 土井敏邦	インタビュー なぜ占領を伝え続けるのか——あるイスラエル人記者のジャーナリズム観：世界 （739）〔2005.5〕 p222〜229
キム, ヘギョン	アジアメディア最前線（29）独島（竹島）問題で日韓メディアに感じたこと：マスコミ市民 通号436 〔2005.5〕 p63〜65
片方善治	変貌する世界のメディア（305）IPテレビ配信に向けた開発動向：月刊放送ジャーナル 35（5）通号378 〔2005.6〕 p68〜71
大空博	サイゴン陥落から30年 ベトナム報道にみる神話の虚実——「民族解放」にかすんだもう一つの視点：新聞研究 （647）〔2005.6〕 p30〜33
広瀬英彦	ヨーロッパ新聞界の潮流（第6回）政策・制度・法律 新聞の多様性めぐる制度の模索——プレス評議会の役割もますます重要に：新聞研究 （647）〔2005.6〕 p60〜64
奥村皓一	米国通信・メディア産業における再編・統合化の最終段階（上）：経済系 関東学院大学経済学会研究論集 224 〔2005.7〕 p70〜95
片方善治	変貌する世界のメディア（306）放送型サービスとメディア・コンテンツ・プロジェクト：月刊放送ジャーナル 35（6）通号379 〔2005.7〕 p90〜93
藤田博司	窒息するジャーナリズム——米メディアの劣化は明日の日本の姿か：現代 39（7）〔2005.7〕 p262〜269
池田正之, 米倉律	アメリカにおける放送とデジタルサービスの新展開——NAB2005年次大会での諸論点を中心に：放送研究と

	調査 55（7）通号650 〔2005.7〕 p2〜19
坂本卓	アジアメディア最前線（31）伝えられないイラクとメディアのいま：マスコミ市民 通号438 〔2005.7〕 p52〜57
片方善治	変貌する世界のメディア（307）ブロードバンド時代の新サービスの展開：月刊放送ジャーナル 35（7）通号380 〔2005.8〕 p70〜73
荒田茂夫	英国「新聞戦争」の新潮流（上）広がる「新聞は無料」：AIR21 （183）〔2005.8〕 p63〜78
片方善治	変貌する世界のメディア（308）次世代メディアに向けた戦略的提携・拡大：月刊放送ジャーナル 35（8）通号381 〔2005.9〕 p64〜67
荒田茂夫	英国「新聞戦争」の新潮流（下）「全ページカラーは常識」の時代に：AIR21 （184）〔2005.9〕 p66〜82
奥村皓一	米国通信・メディア産業における再編・統合化の最終段階（下）：経済系 関東学院大学経済学会研究論集 225 〔2005.10〕 p47〜66
片方善治	変貌する世界のメディア（309）IPTVに向けてマイクロソフトとモトローラが提携拡張：月刊放送ジャーナル 35（9）通号382 〔2005.10〕 p64〜67
佐藤成文	伸び目立つ米国のフリーペーパー 沈滞ムードの新聞業界とは対照的：新聞通信調査会報 通号522 〔2005.11〕 p6〜8
片方善治	変貌する世界のメディア（310）欧米各社が取り組む新TVサービス：月刊放送ジャーナル 35（10）通号383 〔2005.11〕 p130〜133
川越史郎	国境のかなたの歳月 ソ連の対日マスメディアで活躍した日本人（6）：社会主義 （518）〔2005.11〕 p107〜116
遠矢浩司	世界のニュース現場から（13）"国でない隣国"台湾を報じる——「対中国」という思考の枠を超えて：新聞研究 （652）〔2005.11〕 p48〜51
玉本英子	アジアメディア最前線（34）禁じられてきた言葉——トルコのクルド語メディアはいま：マスコミ市民 通号442 〔2005.11〕 p54〜59
片方善治	変貌する世界のメディア（311）TVネット局、CATV、衛星放送、それぞれの事業戦略（アメリカ）：月刊放送ジャーナル 35（11）通号384 〔2005.12〕 p86〜89
加峯尋	アジアメディア最前線（35）米政府系メディアが伝えたチベット 「冬虫夏草」事件の真相：マスコミ市民 通号443 〔2005.12〕 p49〜53
新藤謙	世論とマス・メディア——国家を超える思想の構築：マスコミ市民 通号443 〔2005.12〕 p77〜81
門奈直樹	公共放送の将来 英BBCはいかにして受信料制度を維持したか：AIR21 （187）〔2005.12〕 p2〜20
阿部るり	西ヨーロッパにおけるエスニック・マイノリティ・メディアの変遷——ドイツ、イギリスを中心とした移民と放送メディアの関係性の変化から：コミュニケーション研究 （36）〔2006〕 p105〜147
金山勉	米地上放送デジタル化の転換点：コミュニケーション研究 （36）〔2006〕 p79〜103
金京煥, 李虎栄	韓国における無料新聞の紙面構成と広告に関する研究——「メトロ」、「AM7」、「ザデイリーフォーカス」の事例を中心に：マス・コミュニケーション研究 通号69 〔2006〕 p90〜107
李洋陽	中国人の日本人イメージに見るメディアの影響——北京での大学生調査の結果から：マス・コミュニケーション研究 通号69 〔2006〕 p22〜40
太田昌宏	アルジャジーラ, 10年の歩みと新たな戦略——中東ジャーナリズムが問いかけたもの：NHK放送文化研究所年報 50 〔2006〕 p125〜164
片方善治	変貌する世界のメディア（312）iPodとアメリカの放送メディア：月刊放送ジャーナル 36（1）通号385 〔2006.1・2〕 p90〜93
山田賢一	中国, HDTV放送をケーブルで開始：放送研究と調査 56（1）通号656 〔2006.1〕 p26〜29
宇田有三	アジアメディア最前線（37）軍事独裁の国・ビルマから日本へ：マスコミ市民 通号445 〔2006.2〕 p48〜51
小山猛	海外出版レポート アメリカ 出版社の買収は魅力的か：出版ニュース 通号2068 〔2006.3〕 p21
片方善治	変貌する世界のメディア（313）メディアの新市場"トリプルプレイ"：月刊放送ジャーナル 36（2）通号386 〔2006.〕 p62〜65
宮前ゆかり	メディアと市民 アメリカで広がる独立メディアの挑戦——報道空間という公共資産を守る「第四階級」の使命：世界 （750）〔2006.3〕 p219〜229
片方善治	変貌する世界のメディア（314）成長する音楽配信市場と周辺動向：月刊放送ジャーナル 36（3）通号387 〔2006.4〕 p64〜67
片方善治	変貌する世界のメディア（315）デジタル・マルチメディア放送と再編機運：月刊放送ジャーナル 36（4）通号388 〔2006.5〕 p66〜69
門奈直樹	現代の民主主義支える公共財——イギリスにおけるプレス論議にその役割を見る（新聞の公共性を考える（2））：新聞研究 （658）〔2006.5〕 p10〜13
島崎英威	海外出版レポート 中国 中国出版の不思議：出版ニュース 通号2076 〔2006.6〕 p23
片方善治	変貌する世界のメディア（316）TV放送サービスビジネスの新展開：月刊放送ジャーナル 36（5）通号389 〔2006.6〕 p62〜65
片方善治	変貌する世界のメディア（317）マイクロソフトのインターネットTV戦略：月刊放送ジャーナル 36（6）通号390 〔2006.7〕 p90〜93
片方善治	変貌する世界のメディア（318）注目されるIPテレビの成長性：月刊放送ジャーナル 36（7）通号391 〔2006.8〕 p68〜71
片方善治	変貌する世界のメディア（319）アメリカ・衛星放送会社の新事業への取り組み：月刊放送ジャーナル 36（8）通号392 〔2006.9〕 p70〜73
杉田弘毅	政権との攻防続ける米メディア——情報操作を跳ね飛ばす特ダネに期待（9・11米同時多発テロから5年）：新聞研究 （662）〔2006.9〕 p14〜17
金子敦郎	危機に立つ米ジャーナリズム（1）時代が変わった—ニュースが変わった：新聞通信調査会報 通号534 〔2006.10〕 p4〜6
片方善治	変貌する世界のメディア（320）グーグルの映像広告事業への本格進出：月刊放送ジャーナル 36（9）通号393 〔2006.10〕 p62〜65
小山猛	海外出版レポート アメリカ 出版の二極分化：出版ニュース 通号2091 〔2006.11〕 p21
金子敦郎	危機に立つ米ジャーナリズム（2）「ニュースより利益」—捏造・誤報・盗用も：新聞通信調査会報 通号536 〔2006.

11〕 p10〜12

| 片方善治 | 変貌する世界のメディア（321）TVメディア関連の多様な開発：月刊放送ジャーナル　36（10）通号394　〔2006.11〕p70〜73 |

赤津陽治　アジアメディア最前線（43）ミャンマーの核開発疑惑：マスコミ市民　通号454　〔2006.11〕p60〜63

何威　「清華大学・朝日研究助成論文集」から 中国新聞業界のデジタル化戦略：AIR21　（198）〔2006.11〕p2〜15

山口昌子　CURRENT パリ発・揺れる仏新聞界：総合ジャーナリズム研究　43（01）（通号195）〔2006.12〕p24〜27

金子敦郎　危機に立つ米ジャーナリズム（3）「リベラル・メディア」をたたく：新聞通信調査会報　通号537　〔2006.12〕p10〜12

片方善治　変貌する世界のメディア（322）TDtv始動の状況と今後の展望：月刊放送ジャーナル　36（11）通号395　〔2006.12〕p88〜91

Alter, Jonathan　WORLD VIEW 米メディアにみるイラク報道の弱腰——今までイラクの惨状が内戦と報じられなかった理由：Newsweek　21（48）通号1033　〔2006.12〕p13

金山勉, 小寺敦之, 姜恩貞　「戦後60周年」はどのように報道されたか——東アジア主要新聞の量的比較分析：コミュニケーション研究　（37）〔2007〕p81〜100

野呂康　現代フランスの学生運動とその報道——大学改革に関する「ペクレス法」への抗議運動を事例として：武蔵大学総合研究所紀要　（17）〔2007〕p145〜165

金子敦郎　危機に立つ米ジャーナリズム（4）イラク戦争強行—メディアは操作できる：新聞通信調査会報　通号538　〔2007.1〕p10〜12

片方善治　変貌する世界のメディア（323）欧米におけるIPTVとモバイルTVの動向：月刊放送ジャーナル　37（1）通号396　〔2007.1・2〕p78〜81

上原伸元　英国の放送メディアとテロリズム報道 北アイルランド紛争の経験：新聞通信調査会報　通号539　〔2007.2〕p6〜8

金子敦郎　危機危機に立つ米ジャーナリズム（5）「情報操作」の落とし穴—メディアにも傷：新聞通信調査会報　通号539　〔2007.2〕p10〜12

金子敦郎　危機に立つ米ジャーナリズム（6）秘匿権拒否、スパイ防止法の二正面攻撃：新聞通信調査会報　通号540　〔2007.3〕p14〜16

佐藤成文　誌面刷新、人員整理に走る『タイム』 ネット時代の生き残り策を模索—米週刊誌：新聞通信調査会報　通号540　〔2007.3〕p1〜4

片方善治　変貌する世界のメディア（324）放送分野へ接近する企業群：月刊放送ジャーナル　37（2）通号397　〔2007.3〕p56〜59

楊韜　ジャーナリスト鄒韜奮とジョン・デューイ思想——近代中国知識人の一つのあり方：メディアと文化　（3）〔2007.3〕p73〜87

福田伸生　急加速する米国紙のマルチメディア化——利益のため身を削るか、再生のため投資をするか：AIR21　（202）〔2007.3〕p2〜16

坂巻幸子　メディア ネット時代の苦悩 ニュースの質低下の懸念 米新聞社の大リストラ：エコノミスト　85（15）通号3883　〔2007.3〕p48〜49

小林恭子　BBCに「報道差し止め令」 英上院融資疑惑で政治介入批判：新聞通信調査会報　通号542　〔2007.4〕p10〜12

金子敦郎　危機に立つ米ジャーナリズム（7・完）「事実と意見の分離」原理が揺らぐ：新聞通信調査会報　通号542　〔2007.4〕p14〜16

片方善治　変貌する世界のメディア（325）CBSなどが取り組む携帯向け放送サービス：月刊放送ジャーナル　37（3）通号398　〔2007.4〕p56〜59

鈴木祐司　"融合"が進む米国の通信と放送——CES2007と事業者ヒアリングから：放送研究と調査　57（4）通号671　〔2007.4〕p40〜55

片方善治　変貌する世界のメディア（326）加速する中国の新メディア開発：月刊放送ジャーナル　37（4）通号399　〔2007.5〕p56〜59

倉橋憲史　「怪物」報じる米メディア——"興味本位"から「本物」との評価獲得まで：新聞研究　（670）〔2007.5〕p44〜46

Samuelson, Robert J.　World View ジャーナリスト魂は過去の遺物か——マードックのWSJ買収は業界の困窮を象徴する：Newsweek　22（20）通号1055　〔2007.5〕p13

片方善治　変貌する世界のメディア（327）ネット革命と欧米メディアの提携戦略：月刊放送ジャーナル　37（5）通号400　〔2007.6〕p62〜65

山田賢一　公共放送拡大に向かう台湾——"過当競争"改善への期待と課題：放送研究と調査　57（6）通号673　〔2007.6〕p38〜53

片方善治　変貌する世界のメディア（328）新時代に向けた放送事業の様々な取り組み：月刊放送ジャーナル　37（6）通号401　〔2007.7〕p98〜101

片方善治　変貌する世界のメディア（329）デジタル放送、WiMAXなどの動きを追う：月刊放送ジャーナル　37（7）通号402　〔2007.8〕p80〜83

歌田明弘　DIGITAL PUBLISHING（55）情報検索の包括性：出版ニュース　通号2119　〔2007.9〕p25

総合ジャーナリズム研究編集部　DJ社買収劇、3カ月の攻防——マードック＝ニューズ社の野望と展望（米・メディア再編の向こうに…）：総合ジャーナリズム研究所　44（04）（通号 202）〔2007.9〕p30〜36

総合ジャーナリズム研究編集部　メディアの合従連衡、近年の動きから——ニューズ社、ダウ・ジョーンズ社、タイム・ワーナーほか（米・メディア再編の向こうに…）：総合ジャーナリズム研究所　44（04）（通号 202）〔2007.9〕p24〜29

小山猛　海外出版レポート アメリカ 出版における「歴史は繰り返す」：出版ニュース　通号2119　〔2007.9〕p19

藤田博司　米・メディアの動向資料——メディア複合企業の売上高ランキングほか（米・メディア再編の向こうに…）：総合ジャーナリズム研究　44（04）（通号 202）〔2007.9〕p4〜6

総合ジャーナリズム研究編集部　米・メディア再編の向こうに…：総合ジャーナリズム研究所　44（04）（通号 202）〔2007.9〕p21〜23

片方善治　変貌する世界のメディア（330）IPTV、モバイルTV、そしてネット台頭・メディア再編：月刊放送ジャーナル　37（8）通号403　〔2007.9〕p62〜65

広瀬英彦　世界の新聞界の動き（12）仏メディア界の再編の波——他業種資本も参加の機会をうかがう：新聞研究　（674）

〔2007.9〕 p73～75

| 田中則広 | 韓国メディアの国際発信力強化——急成長続けるKBS WORLD TV：放送研究と調査　57(9)通号676　〔2007.9〕 p10～19 |

片方善治　変貌する世界のメディア(331) "放送"の成長を支配する様々なコンテンツ：月刊放送ジャーナル　37(9)通号404 〔2007.10〕 p62～65

山田賢一　白熱する香港の公共放送改革論議——検討委員会報告書がもたらした波紋(第一部)：放送研究と調査　57(10)通号 677 〔2007.10〕 p16～35

杉内有介　問われる公共放送の任務範囲とガバナンス——EUの競争政策とドイツ公共放送：放送研究と調査　57(10)通号677 〔2007.10〕 p36～47

片方善治　変貌する世界のメディア(332)人気の "iフォン" に対抗するライバルの戦略：月刊放送ジャーナル　37(10)通号405 〔2007.11〕 p86～89

佐々木良寿　ウェブシフトとニュースルーム改革——ニューヨーク・タイムズ紙を中心に(米ジャーナリズムの現在)：新聞研究 (676) 〔2007.11〕 p10～13

山田賢一　白熱する香港の公共放送改革論議——検討委員会報告書がもたらした波紋(第2部)：放送研究と調査　57(11)通号 678 〔2007.11〕 p42～55

キム, ヘギョン　アジアメディア最前線(48)アフガニスタン人質事件報道で問われる韓国メディア：マスコミ市民　通号466 〔2007.11〕 p66～69

片方善治　変貌する世界のメディア(333)モバイルTV/IPTVをめぐる新動向：月刊放送ジャーナル　37(11)通号406　〔2007. 12〕 p98～101

李茸　中国から見た日中メディア「清華大学・朝日研究助成論文集」から 人民日報はどのように日本の国家イメージを形 成しているか：AIR21 (211)〔2007.12〕 p86～94

高瑩瑩　青島初の中国語新聞『膠州報』に関する研究：神戸大学史学年報 (23)〔2008〕 p1～26

李錬　韓国におけるマス・メディア研究の始まりと現状：コミュニケーション研究 (38)〔2008〕 p91～102

高永才　新自由主義と闘う独立メディア運動——韓国「韓米FTA阻止独立映画実践団」の経験から：ピープルズ・プラン (41)〔2008.Win〕 p119～123

島崎英威　海外出版レポート 中国 中国出版社の出版能力比較：出版ニュース　通号2130 〔2008.1〕 p29

片方善治　変貌する世界のメディア(334)オンライン広告業界再編時代の戦略展開：月刊放送ジャーナル　38(1)通号407 〔2008.1・2〕 p90～93

井部正之　アジアメディア最前線(49)長井さんの死に影を落とすマスコミの「体質」：マスコミ市民　通号468 〔2008.1〕 p44～47

伊藤暢章　海外出版レポート ドイツ 活力を取り戻したドイツ出版業界：出版ニュース　通号2133 〔2008.2〕 p20

大村一朗　アジアメディア最前線(50)マスコミのセンセーショナリズムが自己責任論を生む：マスコミ市民　通号469 〔2008.2〕 p58～62

広瀬英彦　欧州で無料紙、新聞をしのぐ勢い 独で続く強硬な排斥の動き：新聞通信調査会報　通号554 〔2008.3〕 p4～5

片方善治　変貌する世界のメディア(335)薄型TVビジネスの新しいビジネスモデル：月刊放送ジャーナル　38(2)通号408 〔2008.3〕 p72～75

向後英紀　アメリカ型放送システムの原点を探る：ジャーナリズム＆メディア ： 新聞学研究所紀要 (1)〔2008.3〕 p19～33

片方善治　変貌する世界のメディア(336)IPTVの成長性を見込んだ各社の戦略：月刊放送ジャーナル　38(3)通号409 〔2008.4〕 p100～103

ロバーツ, ジョニー　マードック流「脱・経済紙」の衝撃——メディア 買収したウォールストリート・ジャーナルの改革に乗り 出した「帝王」の真意：Newsweek 23(17)通号1101 〔2008.4.30～2008.5.7〕 p32～35

山田賢一　拡大する中国のデジタルサービス——北京五輪を目前にして：放送研究と調査 58(5)通号684 〔2008.5〕 p46～60

リムジンガン編集部　アジアメディア最前線(51)リムジンガンと北朝鮮人ジャーナリストの出現：マスコミ市民　通号472 〔2008.5〕 p56～59

杉田知裕　強まる米通信・新聞業界再編の嵐 ネット革命と景気悪化が直撃：新聞通信調査会報　通号557 〔2008.6〕 p6～8

片方善治　変貌する世界のメディア(338)メディア主戦場の移行と様々なトレンド：月刊放送ジャーナル　38(5)通号411 〔2008.6〕 p68～71

清水勝彦　世界に広がる中国語サイト 「チベット」「聖火リレー」の報道内容と大論争：AIR21 (217)〔2008.6〕 p80～99

片方善治　変貌する世界のメディア(339)次世代映像コンテンツ配信への取り組み：月刊放送ジャーナル　38(6)通号412 〔2008.7〕 p96～99

Alter, Jonathan　WORLD VIEW オバマ風刺画の見えない脅威——メディア ニューヨーカー誌の表紙騒動が物語る風説と国民 心理のメカニズム：Newsweek 23(29)通号1113 〔2008.7〕 p15

片方善治　変貌する世界のメディア(340)マイクロソフトのIPTVへの取り組み：月刊放送ジャーナル　38(7)通号413 〔2008.8〕 p84～87

片方善治　変貌する世界のメディア(341)モバイルTV事業展開への各社の戦略：月刊放送ジャーナル　38(8)通号414 〔2008.9〕 p70～73

片方善治　変貌する世界のメディア(342)クラウド・コンピューティングという新潮流：月刊放送ジャーナル　38(9)通号415 〔2008.10〕 p60～63

中村美子　世界の公共放送のインターネット展開(第2回)イギリス・BBC——公共サービス・コンテンツを360度展開へ：放送 研究と調査 58(10)通号689 〔2008.10〕 p2～16

国末憲人　海外メディア報告 ルモンド紙と経済紙レゼコー内紛で露呈したフランスの新聞危機：Journalism (221)〔2008. 10〕 p94～99

片方善治　変貌する世界のメディア(343)地デジ完全化、次世代携帯などをめぐる世界の動き：月刊放送ジャーナル　38(10) 通号416 〔2008.11〕 p68～71

千田利史　世界のメディアブランド(4)紙とデジタルの協調 その新局面 講談社：調査情報. 第3期 (485)〔2008.11・12〕 p98～103

山口誠, 米倉律　韓国における「デジタル公共圏」——放送, ネット, 市民の新たな関係性：放送研究と調査　58(11)通号690 〔2008.11〕 p40～53

長井暁	世界の公共放送のインターネット展開（第3回）フランス・France TelevisionsとINA——VODサービスの最先端事例に見る公共放送の役割の転換：放送研究と調査　58 (11) 通号690　〔2008.11〕　p32〜39
片方善治	変貌する世界のメディア (344) 2013年世界のIPTV加入者は一億か：月刊放送ジャーナル　38 (11) 通号417　〔2008.12〕　p98〜101
山田賢一	"激動の一年"における中国のメディア政策——重大ニュースはどう伝えられたか：放送研究と調査　58 (12) 通号691　〔2008.12〕　p52〜63
伊藤文	世界の公共放送のインターネット展開（第4回）ドイツ・ZDF——公共放送から公共メディアへ：放送研究と調査　58 (12) 通号691　〔2008.12〕　p30〜43
吉井勇	欧州放送業界イベントIBCと英国の次世代放送サービス戦略の視察から：New media　26 (12) 通号307　〔2008.12〕　p76〜78
森類臣	韓国『ハンギョレ新聞』の創刊精神とその背景——創刊過程を中心に：メディア学 : 文化とコミュニケーション　(24)　〔2009〕　p1〜15
柴田厚	アメリカ、地上デジタル放送への全面移行：放送文化　通号24　〔2009.秋〕　p96〜99
片方善治	変貌する世界のメディア (345) IPTV、モバイルTVetcの市場予測：月刊放送ジャーナル　39 (1) 通号418　〔2009.1・2〕　p82〜85
渡辺将人	米メディア報道をめぐる批判的検証——地殻変動起こす「地上戦」の掘り下げが鍵（米大統領選とメディア）：新聞研究　(690)　〔2009.1〕　p18〜21
ロバーツ, ジョニー	最後に笑ったルパート・マードック——新聞 メディア王の軍門に下ったウォールストリート・ジャーナル再生への道：Newsweek　24 (2) 通号1135　〔2009.1〕　p51〜53
及川淳子	現代中国の言論空間における「一二・九知識人」：日本大学大学院総合社会情報研究科紀要　(9)　〔2009.2〕　p257〜268
山田賢一	世界の公共放送のインターネット展開（第5回）台湾公共放送グループ・香港RTHK——視聴者の情報発信のプラットフォーム：放送研究と調査　59 (2) 通号693　〔2009.2〕　p48〜57
片方善治	変貌する世界のメディア (346) 明日のビジネスを変えるクラウド環境：月刊放送ジャーナル　39 (2) 通号419　〔2009.3〕　p54〜57
伊藤英一	ヨーロッパにおけるメディア政策の視座：ジャーナリズム＆メディア : 新聞学研究所紀要　(2)　〔2009.3〕　p7〜23
田中則広	世界の公共放送のインターネット展開（第6回）韓国・KBS——IT先進国に見る視聴者サービスのありかた：放送研究と調査　59 (3) 通号694　〔2009.3〕　p48〜55
北清順一	海外メディア報告 米国のテレビ事情 完全デジタル化4カ月先送りで浮かび上がってきた問題：Journalism　(226)　〔2009.3〕　p82〜86
小林恭子	BBCが放映拒否で非難の的に ガザ侵攻めぐり中立性問われる英報道：メディア展望　通号567　〔2009.4〕　p16〜18
佐藤成文	目立ってきた英ニュース媒体の米進出 米国での"すき間"狙う：メディア展望　通号567　〔2009.4〕　p19〜20
岩渕功一	越境する東アジアのTV文化 (1) 国を越える「視聴者＝市民」への想像力とテレビの公共性：ぎゃらく　通号478　〔2009.4〕　p34〜37
片方善治	変貌する世界のメディア (347) IPTVの視聴可能地域拡大競争：月刊放送ジャーナル　39 (3) 通号420　〔2009.4〕　p54〜57
小林恭子	海外メディア報告 ロシア富豪は英国がお好き——ロンドン老舗夕刊紙を買収した元KGB情報員レベジェフ氏の野望と実力：Journalism　(227)〔2009.4〕　p101〜105
小山猛	海外出版レポート アメリカ 出版社への提言：出版ニュース　通号2175　〔2009.5〕　p32
笹本史子	海外出版レポート イギリス 電子書籍ビジネスの進展：出版ニュース　通号2178　〔2009.6〕　p22
橋本晃	深刻な打撃受ける米ジャーナリズム 危機に直面する新聞ビジネスモデル：メディア展望　通号569　〔2009.6〕　p14〜16
岩渕功一	越境する東アジアのTV文化 (3) <国・際>を越えるメディア文化の対話力：ぎゃらく　通号480　〔2009.6〕　p34〜37
片方善治	変貌する世界のメディア (349) クラウド・コンピューティング時代の到来：月刊放送ジャーナル　39 (5) 通号422　〔2009.6〕　p52〜55
サミュエルソン, ロバート	World Affairs メディア オバマびいき報道の危うさ：Newsweek　24 (23) 通号1156　〔2009.6〕　p19
奥村信幸	米ニュースメディアの地殻変動 その1 マルチメディア・ジャーナリストの試行錯誤：放送レポート　219号　〔2009.7〕　p22〜26
片方善治	変貌する世界のメディア (350) メディア関連分野（世界）の市場予測：月刊放送ジャーナル　39 (6) 通号423　〔2009.7〕　p80〜83
小山猛	海外出版レポート アメリカ 電子書籍市場の拡大：出版ニュース　通号2184　〔2009.8〕　p23
片方善治	変貌する世界のメディア (351) WiGig・世界大手15社の大同団結：月刊放送ジャーナル　39 (7) 通号424　〔2009.8〕　p48〜51
伊藤暢章	海外出版レポート ドイツ ドイツの電子書籍市場の現在：出版ニュース　通号2187　〔2009.9〕　p30
奥村信幸	米ニュースメディアの地殻変動 その2 ニュースとは何かを問い直す：放送レポート　220号　〔2009.9〕　p32〜36
片方善治	変貌する世界のメディア (352) 地上波TVのデジタル完全移行後の新市場（アメリカ）：月刊放送ジャーナル　39 (8) 通号425　〔2009.9〕　p70〜73
小山猛	海外出版レポート アメリカ 出版の未来を考察する記事：出版ニュース　通号2190　〔2009.10〕　p25
片方善治	変貌する世界のメディア (353) CATV、薄型TV、モバイルの新動向：月刊放送ジャーナル　39 (9) 通号426　〔2009.10〕　p52〜55
高井潔司	海外メディア報告 吉林省・鋼鉄会社社長殺人事件報道にみる中国メディアの現状：Journalism　(233)　〔2009.10〕　p84〜91
黄盛彬	韓国メディア法をめぐる大闘争—政権交代と新聞・放送の再編：放送レポート　221号　〔2009.11〕　p32〜35
片方善治	変貌する世界のメディア (354) LED TVの誕生とその行方：月刊放送ジャーナル　39 (10) 通号425ママ　〔2009.11〕　p60〜63
大井眞二	米ジャーナリズム文化とプロフェッショナリズム——客観性を巡って：政経研究　46 (2)　〔2009.11〕　p197〜223
井口博充	オバマ政権の一年 (2) オバマ大統領と合衆国マス・メディアの現状：マスコミ市民　通号490　〔2009.11〕　p50〜53
井口博充	オバマ政権の一年 (2) オバマ大統領と合衆国マス・メディアの現状 (2)：マスコミ市民　通号491　〔2009.12〕　p62

片方善治	変貌する世界のメディア (356) 期待される "スマートホーム"市場：月刊放送ジャーナル　40 (1) 通号429　〔2010.1・2〕　p70〜73
張倩	「清華大学・朝日研究助成論文集」から 経済危機と新聞のデジタル化──中国の新聞でいま起きていること：Journalism　(236)〔2010.1〕　p78〜87
飛田正夫	フランスメディア事情 紙媒体に乗り出しはじめたWeb新聞：金曜日　18 (2) 通号797　〔2010.1〕　p22〜23
及川淳子	現代中国の言論空間──雑誌『炎黄春秋』をめぐる政治力学：日本大学大学院総合社会情報研究科紀要　(10)〔2010.2〕　p111〜122
山田賢一	「対外発信強化」に動く中国──政府のメディア政策転換が国内外に与える影響：放送研究と調査　60 (2) 通号705〔2010.2〕　p28〜43
歌田明弘	DIGITAL PUBLISHING (85) 高級な通販カタログとしての雑誌：出版ニュース　通号2204　〔2010.3〕　p15
片方善治	変貌する世界のメディア (357) 欧・米・中のTV放送事業の新動向：月刊放送ジャーナル　40 (2) 通号430　〔2010.3〕　p50〜53
片方善治	変貌する世界のメディア (358) 米・欧CATVの新しいサービス展開：月刊放送ジャーナル　40 (3) 通号431　〔2010.4〕　p56〜59
津山恵子	米国新旧メディアの変動──企業の統合と分離から見えるもの：月刊民放　40 (4) 通号466　〔2010.4〕　p38〜41
植村八潮	出版の変容と「デジタル維新」──グーグルブック検索訴訟は何をもたらしたか：新聞研究　(705)〔2010.4〕　p42〜45
奥山俊宏	米国で広がる非営利の報道──ジャーナリズムの危機への処方箋として：新聞研究　(705)〔2010.4〕　p36〜41
小林恭子	海外メディア報告 調査報道こそジャーナリズム 英紙ガーディアンの流儀：Journalism　(239)〔2010.4〕　p72〜77
片方善治	変貌する世界のメディア (359) 2010年および以降の各分野市場予測：月刊放送ジャーナル　40 (4) 通号432　〔2010.5〕　p44〜47
松下佳世	海外メディア報告 転進記者たちが模索する新たなメディアの形：Journalism　(240)〔2010.5〕　p78〜83
小山猛	海外出版レポート アメリカ 出版社の電子書籍への取り組み：出版ニュース　通号2212　〔2010.6〕　p25
笹本史子	海外出版レポート イギリス 電子書籍端末と消費者心理：出版ニュース　通号2212　〔2010.6〕　p24
片方善治	変貌する世界のメディア (360) 米国の成長戦略と放送・通信への影響：月刊放送ジャーナル　40 (5) 通号433〔2010.6〕　p68〜71
片方善治	変貌する世界のメディア (361) 3Dテレビと最新機能・技術の展望：月刊放送ジャーナル　40 (6) 通号434　〔2010.7〕　p74〜77
片方善治	変貌する世界のメディア (362) 中国のIPTV・スマートフォンの展望：月刊放送ジャーナル　40 (7) 通号435〔2010.8〕　p52〜55
佐藤卓己	世論調査は国民投票か(「世論調査」報道の是非−−政治ジャーナリズム、これ「民意」に拠りかからず)：総合ジャーナリズム研究　47 (04)（通号 214)〔2010.9〕　p4〜6
片方善治	変貌する世界のメディア (363) IPTV全加入者へのバンドル提供時代の到来：月刊放送ジャーナル　40 (8) 通号436〔2010.9〕　p64〜67
渡辺浩平	海外メディア報告 対外発信力の増大を図る中国の国際メディア戦略：Journalism　(244)〔2010.9〕　p72〜77
片方善治	変貌する世界のメディア (364)「スマートフォン」から「スマートTV」へ：月刊放送ジャーナル　40 (9) 通号437〔2010.10〕　p46〜49
大黒岳彦	「エンターテインメント」のメディア論的・哲学的研究──ナチ時代に至るドイツの文化状況をめぐって：明治大学社会科学研究所紀要　49 (1) 通号73　〔2010.10〕　p125〜136
笹本史子	海外出版レポート イギリス 電子書籍におけるテリトリー：出版ニュース　通号2227　〔2010.11〕　p18
片方善治	変貌する世界のメディア (365) 多チャンネルサービス市場と事業展開：月刊放送ジャーナル　40 (10) 通号438〔2010.11〕　p40〜43
橋元良明, 楊霜	中国におけるメディアの多元化と日本人イメージの変化──その変化に内在する「人間本位」意識のあり方を中心に：情報学研究：東京大学大学院情報学環紀要　(79)〔2010.11〕　p47〜63
片方善治	変貌する世界のメディア (366) "次世代"を目ざす各社のスマートテレビ：月刊放送ジャーナル　40 (11) 通号439〔2010.12〕　p68〜71
小林恭子	海外メディア報告 マードック傘下の英大衆紙消えぬ巨大電話盗聴疑惑：Journalism　(247)〔2010.12〕　p62〜69
津田正夫	アメリカの「メディアリフォーム」運動：放送レポート　228号　〔2011.1〕　p16〜19
片方善治	変貌する世界のメディア (367) "クラウド"で進化するテレビ：月刊放送ジャーナル　41 (1) 通号440　〔2011.1・2〕　p58〜61
信太謙三	激変する中国メディアの光と闇──商業化とネットがもたらす変化：新聞研究　(714)〔2011.1〕　p44〜47
北清順一	海外メディア報告 米ヒスパニック系テレビが4大ネットを凌駕する日：Journalism　(248)〔2011.1〕　p64〜68
Kim, Miho Althea	国際ニュース 米国 ネットで情報を得て社会運動につなげる若者たち「歴史もメディアも企業ではなく私たちが作る」：金曜日　19 (7) 通号850　〔2011.2〕　p13
平田渡	国際的ジャーナリストの草分け、エンリケ・ゴメス＝カリーリョの塵の世を浮遊する魂：関西大学外国語学部紀要　(4)〔2011.3〕　p55〜67
片方善治	変貌する世界のメディア (368) 次世代TVビジネスの成長予測：月刊放送ジャーナル　41 (2) 通号441　〔2011.3〕　p58〜61
別府三奈子	アメリカ ソーシャルメディアとジャーナリズムの新たな関係を構築する（ジャーナリズム＆マス・コミュニケーション研究の海外動向2010）：ジャーナリズム＆メディア：新聞学研究所紀要　(4)〔2011.3〕　p295〜299
向後英紀	アメリカ公共放送の源流──教育放送から公共放送へ（特集 放送の現在──向後英紀教授のご退職を記念して）：ジャーナリズム＆メディア：新聞学研究所紀要　(4)〔2011.3〕　p9〜29
鈴木雄雅	オーストラリアの放送──多様化の進展──SBSの今日的状況（特集 放送の現在──向後英紀教授のご退職を記念して）：ジャーナリズム＆メディア：新聞学研究所紀要　(4)〔2011.3〕　p53〜61
本多周爾	変貌する台湾の放送システム（特集 放送の現在──向後英紀教授のご退職を記念して）：ジャーナリズム＆メディア：新聞学研究所紀要　(4)〔2011.3〕　p30〜42
井口博充	アメリカ合州国通信 (9) 合州国メディアにおける高齢化社会の問題：マスコミ市民　通号506　〔2011.3〕　p52〜55

安江則子	EUにおける視聴覚メディア政策と公共放送——市場と文化の間で：立命館国際地域研究　(33)〔2011.3〕p13〜28
茂木崇	ニューヨーク・メディア事情　シリコンアレーにみるデジタルメディア育成の条件：Journalism　(250)〔2011.3〕p76〜82
片方善治	変貌する世界のメディア(369)2014年前後のTVビジネス：月刊放送ジャーナル　41(3)通号442〔2011.4〕p44〜47
小林恭子	ガーディアンの編集方針と勇気——欧州各国の反応から(ウィキリークスをどう見るか)：新聞研究　(717)〔2011.4〕p20〜23
小林恭子	海外メディア報告　英ガーディアンとウィキリークス　「メガリーク」報道の舞台裏：Journalism　(251)〔2011.4〕p60〜65
片方善治	変貌する世界のメディア(370)アメリカ、2大キャリアのIPTV：月刊放送ジャーナル　41(4)通号443〔2011.5〕p48〜51
片方善治	変貌する世界のメディア(371)外国資本の参入に悩む米国通信業界：月刊放送ジャーナル　41(5)通号444〔2011.6〕p50〜53
保坂修司	中東の革命とメディアの関係——インターネット、フェイスブックを中心に(ソーシャルメディアは何を変えるのか)：新聞研究　(719)〔2011.6〕p58〜62
片方善治	変貌する世界のメディア(372)過去最高の広告収入となった米CATV：月刊放送ジャーナル　41(6)通号445〔2011.7〕p56〜59
柴田厚	ネットへの対応を迫られる米ニュースメディア——Pew Research Centerの現状分析から：放送研究と調査　61(7)通号722〔2011.7〕p90〜93
バーンスタイン, カール	暴かれたマードックの陰謀——ジャーナリズム　タブロイド紙の盗聴事件で責任逃れするメディア王の大罪：Newsweek　26(28)通号1259〔2011.7〕p40〜42
片方善治	変貌する世界のメディア(373)ネットワークTVと米企業の未来戦略：月刊放送ジャーナル　41(7)通号446〔2011.8〕p44〜47
小林恭子	海外メディア報告　英最大の日曜紙、突然の廃刊　盗聴疑惑に揺れるマードック帝国：Journalism　(255)〔2011.8〕p60〜69
片方善治	変貌する世界のメディア(374)米国の放送事業、好調路線へ：月刊放送ジャーナル　41(8)通号447〔2011.9〕p46〜49
古賀純一郎	第5の権力が登場か——世界を動かす新興メディアの研究：人文コミュニケーション学科論集　(11)〔2011.9〕p65〜87
小林恭子	組織ぐるみか、大規模盗聴——英紙廃刊とマードック帝国のほころび(上)：メディア展望　(596)〔2011.9〕p1〜5
笹本史子	海外出版レポート　イギリス　電子書籍の公共貸与権と図書館：出版ニュース　通号2258〔2011.10〕p20
片方善治	変貌する世界のメディア(375)欧米CATVの活発な動き：月刊放送ジャーナル　41(9)通号448〔2011.10〕p36〜39
神保太郎	メディア批評(第46回)(1)マードック事件をどう見るか(2)福島「子どもの声」に報道は応えられるか：世界　(822)〔2011.10〕p91〜98
小林恭子	迫られる経営の透明性——英紙廃刊とマードック帝国のほころび(下)：メディア展望　(597)〔2011.10〕p10〜12
津山恵子	海外メディア報告　9・11同時多発テロから10年　アメリカの新聞は何を特集したか：Journalism　(257)〔2011.10〕p60〜65
片方善治	変貌する世界のメディア(376)衛生ラジオ・大手CATV(米)の増益内容：月刊放送ジャーナル　41(10)通号449〔2011.11〕p40〜43
山中季広	変わりゆくジャーナリズムと担い手——米メディアと9・11(9・11後の10年を読む)：新聞研究　(724)〔2011.11〕p12〜15
片方善治	変貌する世界のメディア(377)収益増加の米CATV、だが楽観は無用：月刊放送ジャーナル　41(11)通号450〔2011.12〕p54〜57
柴田厚	多様化するアメリカの非営利メディア：彼らはどんな役割を果たしているのか・現地調査より(特集　メディア融合時代のジャーナリズムの新しい可能性——ネット時代に変容するメディアのあり方)：放送メディア研究　(9)〔2012〕p177〜211
千葉悠志	新国際情報秩序とアラブ・メディア：1970〜80年代における情報自立化の試行とその行方：マス・コミュニケーション研究　通号80〔2012〕p113〜132
田中則広	韓国の公共放送の制度と財源(「世界の公共放送の制度と財源」報告)：NHK放送文化研究所年報　56〔2012〕p209〜220
片方善治	変貌する世界のメディア(378)TV分野の新サービスと様々な連携の動き：月刊放送ジャーナル　42(1)通号451〔2012.1〕p46〜49
門奈直樹	「帝王マードック」の終焉と調査報道の衰退：市場主導型ジャーナリズムの末路(特集　ニューズ・オブ・ザ・ワールドとウィキリークス)：マスコミ市民　通号516〔2012.1〕p2〜15
片方善治	変貌する世界のメディア(379)利用シーンを生み出す主役としての薄型テレビ：月刊放送ジャーナル　42(2)通号452〔2012.3〕p34〜37
伊藤英一	海外研究動向　ヨーロッパ　「記憶する義務」から「忘れられる権利」の時代へ：ジャーナリズム＆メディア：新聞学研究所紀要　(5)〔2012.3〕p230〜232
片方善治	変貌する世界のメディア(380)大手CATV3社(米)所有　周波数の新役[割]：月刊放送ジャーナル　42(3)通号453〔2012.4〕p32〜35
片方善治	変貌する世界のメディア(381)本格化に向うスマートTV：サムスンとLGの強い勢い：月刊放送ジャーナル　42(4)通号454〔2012.5〕p38〜41
片方善治	変貌する世界のメディア(382)TVエブリウェア時代の到来：月刊放送ジャーナル　42(5)通号455〔2012.6〕p34〜37
片方善治	変貌する世界のメディア(383)アメリカ・CATV大手4社の健闘：月刊放送ジャーナル　42(6)通号456〔2012.7〕p52〜55
ふるまいよしこ	海外メディア報告　変化する中国メディアの視点　この頃反日デモが起きない理由：Journalism　(267)〔2012.8〕p64〜69

| 片方善治 | 変貌する世界のメディア (385) 増収に取組む米国CATV大手の実態：月刊放送ジャーナル 42 (8) 通号458 〔2012.9〕 p38～41 |

片方善治　変貌する世界のメディア (385) 増収に取組む米国CATV大手の実態：月刊放送ジャーナル　42 (8) 通号458　〔2012.9〕　p38～41

新田哲郎　「コネクテッドテレビ」が変える仏メディア界 ： ネット界の巨人にどう立ち向かうのか ： "La television connectee"（フランス政府文書, 2011年11月）を読み解く：放送研究と調査　62 (9) 通号736　〔2012.9〕　p18～25

小林恭子　海外メディア報告 英ガーディアン紙が実践するオープン・ジャーナリズムって何？：Journalism　(268)　〔2012.9〕　p60～67

片方善治　変貌する世界のメディア (386) グーグル（米）遂にTVサービス市場へ：月刊放送ジャーナル　42 (9) 通号459　〔2012.10〕　p32～35

片方善治　変貌する世界のメディア (387) 次世代テレビと韓国のビッグパワー：月刊放送ジャーナル　42 (10) 通号460　〔2012.11〕　p44～47

奥山俊宏　米国の調査報道NPOとの提携 ： 新しい手法を取り入れ、紙面の価値を高めるために：新聞研究　(736)　〔2012.11〕　p32～35

片方善治　変貌する世界のメディア (388) 有機ELテレビを巡る主導権争い：月刊放送ジャーナル　42 (11) 通号461　〔2012.12〕　p48～51

森類臣　韓国メディア企業における資本調達および構造の一考察 ： 『ハンギョレ』の「国民株方式」を事例に：マス・コミュニケーション研究　(82)　〔2013〕　p211～230

片方善治　変貌する世界のメディア (389) 多様化を継続するテレビの進化：月刊放送ジャーナル　43 (1) 通号462　〔2013.1・2〕　p50～53

田中則広　韓国大手新聞社の放送事業本格参入から1年 ： 「総合編成チャンネル」はいま：放送研究と調査　63 (2) 通号741　〔2013.2〕　p46～58

小林恭子　海外メディア報告 性犯罪疑惑放送中止事件とBBC 放送の巨人に蔓延するサイロ思考：Journalism　(273)　〔2013.2〕　p70～77

総合ジャーナリズム研究編集部　現代中国のメディア事情イロハ（特集 中国.メディアと報道 ： 「中国」の伝え方、伝えられ方）：総合ジャーナリズム研究所　50 (02) =224〔2013.3〕　p33～36

片方善治　変貌する世界のメディア (390) 超高精細（4Kテレビ）時代の到来へ：月刊放送ジャーナル　43 (2) 通号463　〔2013.3〕　p44～47

伊藤英一　海外研究動向 ヨーロッパ 人と忘却と情報メディア：ジャーナリズム＆メディア ： 新聞学研究所紀要　(6)　〔2013.3〕　p246～253

別府三奈子　海外研究動向 米国 「ジャーナリズム・ルネッサンス」と「コンピュテイショナル・ジャーナリズム」：ジャーナリズム＆メディア ： 新聞学研究所紀要　(6)　〔2013.3〕　p254～256

片方善治　変貌する世界のメディア (391) 次世代STBから「STBエネルギー保持協定」まで：月刊放送ジャーナル　43 (3) 通号464　〔2013.4〕　p32～35

片方善治　変貌する世界のメディア (392) メディアの近未来予測とテレビの進化：月刊放送ジャーナル　43 (4) 通号465　〔2013.5〕　p40～43

山田賢一　中国への「配慮」強まる台湾・香港メディア（上）中国への "迎合" 目立つ台湾メディア：放送研究と調査　63 (5) 通号744　〔2013.5〕　p16～33

猪股英紀　世界のメディア曼荼羅華（第131話）クロスメディア展開で広告売上を獲得 ： スターキャット・ケーブルネットワーク（名古屋）：B-maga　12 (5) 通号132　〔2013.5〕　p30～32

熊谷徹　海外メディア報告 なぜドイツのメディアはナチスの過去を心に刻み続けるか：Journalism　(276)　〔2013.5〕　p78～85

片岡善治　変貌する世界のメディア (393) スマートTVをめぐる未来戦略：月刊放送ジャーナル　43 (5) 通号466　〔2013.6〕　p46～49

山田賢一　中国との関係に揺らぐ台湾メディア ： 経済緊密化を背景に進む「親中化」：新聞研究　(743)　〔2013.6〕　p60～64

山田賢一　中国への「配慮」強まる台湾・香港メディア（下）中国報道で「自己規制」する香港メディア：放送研究と調査　63 (6) 通号745　〔2013.6〕　p86～101

猪股英紀　世界のメディア曼陀羅華（第132話）韓国のメディア産業の強さの秘密はここにある ： さようならケータイ、こんにちはスマホ：B-maga　12 (6) 通号133　〔2013.6〕　p24～26

小林聡明　海外メディア報告 原発大国化阻む韓米協定に不満 再燃した核武装論と韓国メディア：Journalism　(277)　〔2013.6〕　p104～111

片岡善治　変貌する世界のメディア (394) モバイルテレビ（無線）と超高速テレビサービス（有線）：月刊放送ジャーナル　43 (6) 通号467　〔2013.7〕　p50～53

小林恭子　「データジャーナリズム」に焦点 ： 分析ツールで新視点提供 イタリアで国際ジャーナリズム祭：メディア展望　(619)　〔2013.7〕　p24～27

猪股英紀　世界のメディア曼陀羅華（第133話）チーズを作る方より宣伝する方が実入りが多いとは！ ： 米国メディア産業の一断面：B-maga　12 (7) 通号134　〔2013.7〕　p36～38

バレス, チャールズ, 川崎剛　海外メディア報告 地域ニュースの新たな担い手 米西海岸オンライン・メディア：Journalism　(278)　〔2013.7〕　p88～93

スミス, パトリック　アシアナ機事故報道はウソばかり ： 航空：Newsweek　28 (28) 通号1358　〔2013.7〕　p28～29

片方善治　変貌する世界のメディア (395) テレビ広告の行方、韓国の4Kをめぐる動き：月刊放送ジャーナル　43 (7) 通号468　〔2013.8〕　p52～55

猪股英紀　世界のメディア曼陀羅華（第134話）対前年比の売上高増加局52%、減少局48% ： 「ケーブルテレビの現状2012年」と決算公告から：B-maga　12 (8) 通号135　〔2013.8〕　p30～32

小林恭子　海外メディア報告 電子版でいかに収益を上げるか 各国新聞社の取り組みと危うさ：Journalism　(279)　〔2013.8〕　p74～79

神余心　メディア激動時代 (55)「ワシントン・ポスト」がネット長者に身売り 「新聞」の終焉を象徴する歴史的事件：エルネオス　19 (9) 通号226　〔2013.9〕　p60～63

片方善治　変貌する世界のメディア (396) 韓国・次世代放送システム実現の強化策：月刊放送ジャーナル　43 (8) 通号469　〔2013.9〕　p36～39

猪股英紀	世界のメディア曼陀羅華（第135話）エリア内の世帯数で比較したケーブルテレビTOP100 ： 「ケーブル年鑑2014」発行を前に：B-maga　12（9）通号136　〔2013.9〕　p31～33	
片方善治	変貌する世界のメディア（397）放送サービス・ポートフォリオの新戦略 ： エリクソンの放送向けビジネス展開：月刊放送ジャーナル　43（9）通号470　〔2013.10〕　p34～37	
小林憲一	中南米における地上デジタルテレビ放送 日本方式の進展と可能性 ： 緊急警報放送（EWBS）の規格合意を契機に：放送研究と調査　63（10）通号749　〔2013.10〕　p58～70	
猪股英紀	世界のメディア曼陀羅華（第136話）今秋、提供エリアは拡大して22都道府県へ ： 開始から10年のオプティキャスト：B-maga　12（10）通号137　〔2013.10〕　p30～33	
趙章恩	「韓国ケーブルテレビ」最新レポート（1）スマートTV時代のケーブルテレビは大手メーカーに負けないプラットフォーム戦略で勝負：New media　31（10）通号367　〔2013.10〕　p54～56	
片方善治	変貌する世界のメディア（398）CATVを脅かす"コード・カッティング"：月刊放送ジャーナル　43（10）通号471　〔2013.11〕　p44～47	
猪股英紀	世界のメディア曼陀羅華（第137話）多チャンネルの加入減少局が大幅に増えている！ ： 『ケーブル年鑑2014』のデータを読む（1）：B-maga　12（11）通号138　〔2013.11〕　p34～37	
片方善治	変貌する世界のメディア（399）コードシェービングに対する米・CATV：月刊放送ジャーナル　43（11）通号472　〔2013.12〕　p46～49	
猪股英紀	世界のメディア曼陀羅華（第138話）高齢者はケーブルテレビを"頼り"にしている ： 『ケーブル年鑑2014』のデータを読む（2）：B-maga　12（12）通号139　〔2013.12〕　p34～37	
石川幸憲	IT企業CEOの大手新聞社買収の真実 アマゾンのベゾスの才覚に賭ける ワシントン・ポストの次の一手は？：Journalism　（283）　〔2013.12〕　p132～142	
趙章恩	海外メディア報告 新聞放送兼営は成功したのか？ 韓国・総合編成チャンネル開局から2年：Journalism　（283）〔2013.12〕　p144～149	
片方善治	変貌する世界のメディア（400）欧米で展開が続くメディア戦略：月刊放送ジャーナル　44（1）通号473　〔2014.1・2〕　p46～49	
猪股英紀	世界のメディア曼陀羅華（第139話）売上高増加ケーブル局は日本海側に集中 ： 『ケーブル年鑑2014』のデータを読む（3）：B-maga　13（1）通号140　〔2014.1〕　p30～33	
猪股英紀	世界のメディア曼陀羅華（第140話）4K, 8Kの普及はソフト次第。急かせず見守りたい ： データで見る世界の衛星デジタル放送：B-maga　13（2）通号141　〔2014.2〕　p36～39	
片方善治	変貌する世界のメディア（401）新興メディア勢力と米CATV企業群：月刊放送ジャーナル　44（2）通号474　〔2014.3〕　p50～53	
五十嵐浩司	イスラム体制下におけるイランのマス・メディア：コミュニケーション文化論集 ： 大妻女子大学コミュニケーション文化学会機関誌　（12）〔2014.3〕　p103～120	
山本賢二	海外研究動向 中国のジャーナリズム・イデオロギー・憲政運動：ジャーナリズム＆メディア ： 新聞学研究所紀要（7）〔2014.3〕　p386～394	
猪股英紀	世界のメディア曼陀羅華（第141話）日本海局は多チャンネルもネットも高い加入率が強み ： 『ケーブル年鑑2014』のデータを読む（4）：B-maga　13（3）通号142　〔2014.3〕　p30～32	
片方善治	変貌する世界のメディア（402）4Kテレビの需要はどう予測されているか：月刊放送ジャーナル　44（23ママ）〔2014.4〕　p32～35	
猪股英紀	世界のメディア曼陀羅華（第142話）売上が増えると男性社員が増え、減ると女性社員が増加する ： 『ケーブル年鑑2014』のデータを読む（5）：B-maga　13（4）通号143　〔2014.4〕　p30～32	
近藤大介	なぜ止まらない 中国の「対日宣伝戦」 中国全土で25万人「記者試験」習近平体制がメディア統制強化：Journalism（287）〔2014.4〕　p124～131	
片方善治	変貌する世界のメディア（403）放送市場の大激戦と通信キャリアの主導権：月刊放送ジャーナル　44（4）通号476〔2014.5〕　p38～41	
猪股英紀	世界のメディア曼陀羅華（第143話）わずかだが、有料放送契約世帯が初めて減少した ： 米国映像配信業界の最新事情：B-maga　13（5）通号144　〔2014.5〕　p28～30	
片方善治	変貌する世界のメディア（404）アメリカのCATVとスマートテレビ：月刊放送ジャーナル　44（5）通号477　〔2014.6〕　p44～47	
猪股英紀	世界のメディア曼陀羅華（第144話）スマホ・タブレットが変えるテレビの視聴 ： いまや愛用者は若くて高学歴・高所得：B-maga　13（6）通号145　〔2014.6〕　p22～24	
中井大助	アメリカのジャーナリズムは今 組織にとらわれない自由さを求めて 有名紙を離れ、独立サイトに移る米記者：Journalism　（289）〔2014.6〕　p121～129	
片方善治	変貌する世界のメディア（405）4Kテレビに勢いづく中国と韓国のメーカー：月刊放送ジャーナル　44（6）通号478〔2014.7〕　p44～47	
奥山俊宏	米調査報道NPOの現状と展開 ： 技術革新に適応し、あらゆる発信の場を模索：新聞研究　（756）〔2014.7〕　p50～54	
猪股英紀	世界のメディア曼陀羅華（第145話）2040年には自治体型ケーブルの2/3が消滅?! ： 日本創成会議のデータを読む：B-maga　13（7）通号146　〔2014.7〕　p36～39	
和賀えり子	アフリカ メディア戦争（2）"メディア"を支配するのは誰か 「世界最後の広告市場」をめぐる攻防：金曜日　22（26）通号1016　〔2014.7〕　p34～37	
笹本史子	海外出版レポート イギリス ： 「電子書籍オンリー」の出版社：出版ニュース　通号2354　〔2014.8〕　p18～19	
片方善治	変貌する世界のメディア（406）欧米の放送・通信メディア・バトル：月刊放送ジャーナル　44（7）通号479　〔2014.8〕　p56～59	
津山恵子	Media Scope 予想以上に進む世界のデジタルビジネス ： オンライン記事の近未来像とは：新聞研究　（757）〔2014.8〕　p66～70	
猪股英紀	世界のメディア曼陀羅華（第146話）ネットは京都府、ケーブルは奈良県が優等生 ： 総務省発表の2つのデータから：B-maga　13（8）通号147　〔2014.8〕　p36～39	
神余心	メディア激動時代（66）東南アジアに続々「日系チャンネル」 官民こぞって放送コンテンツ輸出：エルネオス　20（9）通号238　〔2014.9〕　p58～61	

片方善治	変貌する世界のメディア（407）放映権をめぐる米・中の裏側：月刊放送ジャーナル　44（8）通号480　〔2014.9〕　p48～51
韓永學	Media Scope 韓国メディアの現状 ： 危機に直面する新聞：新聞研究　（758）〔2014.9〕　p62～65
猪股英紀	世界のメディア曼陀羅華（第147話）3年ぶりに好決算のケーブルテレビ業界 ： 官報＋HPからみた2013年度の経営状況：B-maga　13（9）通号148　〔2014.9〕　p36～38
片方善治	変貌する世界のメディア（408）米国TV・メディア業界再編への序章か：月刊放送ジャーナル　44（9）通号481　〔2014.10〕　p34～37
猪股英紀	世界のメディア曼陀羅華（第148話）エリアの特性から見たケーブルの現況 ： 「ケーブル年鑑2015」を読むために：B-maga　13（10）通号149　〔2014.10〕　p32～34
片方善治	変貌する世界のメディア（409）テレビ需要低迷後の中国企業未来戦略：月刊放送ジャーナル　44（10）通号482　〔2014.11〕　p54～57
西茹	Media Scope 中国メディアの現状 ： 「都市報」の衰退と統制強化：新聞研究　（760）〔2014.11〕　p50～53
猪股英紀	世界のメディア曼陀羅華（第149話）緩やかに下る「テレビ」、勢いのある「電話」 ： 「ケーブル年鑑2015」のデータを読む（1）：B-maga　13（11）通号150　〔2014.11〕　p32～36
高橋恭子	米国のNPOメディアを考える 米国「調査報道センター」の取り組み 既存メディアにない新しい形とは：Journalism　（294）〔2014.11〕　p170～175
片方善治	変貌する世界のメディア（410）ヨーロッパのテレビ潮流は4Kシフト：月刊放送ジャーナル　44（11）通号483　〔2014.12〕　p48～51
鈴木重周	19世紀末フランスにおける反ユダヤ主義の拡散とジャーナリズム ： エドゥアール・ドリュモン『ユダヤのフランス』をめぐって：ユダヤ・イスラエル研究　（28）〔2014.12〕　p12～23
猪股英紀	世界のメディア曼陀羅華（第150話）「おなじみさん」が占めている増収の上位局 ： 「ケーブル年鑑2015」のデータを読む（2）：B-maga　13（12）通号151　〔2014.12〕　p32～36

〔図書〕

細入藤太郎	アメリカ新聞読本　コバルト社　1946　58p　14cm　（ラツキー文庫）
島崎憲一	アメリカの放送企業　朝日新聞社　1950　220p　24cm　（朝日新聞調査研究室報告 社内用 19）
日本新聞協会編集部	世界の新聞　第6篇　販売部数監査の実際―米国における“ABC”の組織と活動　ウイリアム・H.ボイエントン/著;伊藤慎一/訳　日本新聞協会　1952　102p　19cm
Denoyer, Pierre., 城戸又一	世界の新聞　白水社　1953　127p　18cm　（文庫クセジュ 第77）
式正次	アメリカ新聞見学記　新聞之新聞社　1953.3　151, 49p 図版31枚　19cm
Mott, Frank, Luther, 皆藤幸蔵	アメリカの新聞　時事通信社　1955　334p　19cm
伊藤慎一	外国の新聞―権力と自由の歴史　同文館　1955　192p　18cm　（新聞の知識シリーズ 第9）
芝田稔	中国新聞の読み方　江南書院　1956　152p 図版　19cm
Bernard, Fay	アメリカのジャーナリズム　第三書房　1957.9　45p　19cm
内野茂樹	アメリカ新聞の生産過程　弘文堂　1960　465p 図版　22cm
日本新聞協会	アメリカの新聞販売―米国新聞販売事情視察団報告　日本新聞協会　1961　135p　22cm
今道潤三	アメリカのテレビネットワーク―機能と運営　広放図書　1962　567, 88p 図版　22cm
アジア経済研究所	アジア・アフリカの新聞　アジア経済研究所　1964　295p　21cm　（文献解題シリーズ 第8集）
中央青少年問題協議会	アメリカにおけるマス・コミュニケーションの影響に関する研究　中央青少年問題協議会事務局　1964　295p　18cm　（中央青少協シリーズ 第7）
Weisberger, Bernard, A, 入江通雅	アメリカの新聞人　時事通信社　1964　173p　18cm　（時事新書）
中央青少年問題協議会	欧米における青少年に有害なマス・コミ対策の概要　中央青少年問題協議会事務局　1964　84p　18cm　（中央青少協シリーズ 第6）
国際連合教育科学文化機関, 殿木圭一	世界の通信社　新聞通信調査会　1964　81p　21cm　非売品　（新聞通信調査会シリーズ 6）
辻村明	ソ連のジャーナリズム―社会学的ソ連紀行　弘文堂　1964　202p 図版　18cm　（フロンティア・ブックス）
	アメリカの記者アンナ・ルイズ・ストロングとの談話　外文出版社　1967　32p　15cm　（毛主席著作学習資料）
Adler, Ruth., 佐伯五郎, 川村哲夫, 渡辺敏	ニューヨーク記者気質　朝日新聞社　1967　260p　19cm　380円
アジア経済研究所, 大橋正璋	アジアのマス・コミュニケーション　アジア経済研究所　1969　157p　18cm　280円　（アジアを見る眼 31）
Joachim, Glaubitz, 吉田正己	ドイツ新聞を読もう　芸林書房　1969.2　73p　19cm
アメリカ合衆国暴力の原因ならびに阻止に関する委員会, 伊藤慎一	マスメディアと暴力―暴力の原因ならびに阻止に関する委員会への報告　時事通信社　1970　474p　19cm　1500円
磯部佑一郎	アメリカ新聞物語　ジャパンタイムズ　1971　402p 図 肖像　22cm　1500円
	アメリカのデータ通信とCATV　機械振興協会経済研究所　1971.2　248p　25cm　（機械工業経済研究海外調査シリーズ 45-F-3）
Adler, Ruth., 山本晶	ニューヨーク・タイムズの一日　平凡社　1973　316p 図　19cm　780円
磯部佑一郎	イギリス新聞物語　ジャパン・タイムズ　1974　230p 図・肖像　22cm　1700円
鴨志田恵一	新中東記者事情―特派員の目・アラブ編　朝日ソノラマ　1977.4　269p 図　19cm　750円　（海外取材シリーズ）
Bertrand, Claude, Jean., 松野道男	アメリカのマスメディア　白水社　1977.5　186p　18cm　550円　（文庫クセジュ）
河本英三	米国マス・メディアの実態とそれへの有効な対応策　経済広報センター　1981.10　39p　17cm　200円　（経済広報センター・シリーズ no.21）
Thomas, Dana, Lee, 常盤新平	アメリカ・マスコミ事情　ティビーエス・ブリタニカ　1982.9　281p　20cm　1600円
小糸忠吾	米・ソのマスメディア戦争　理想出版社　1982.11　222p　19cm　1200円　（現代情報双書 2）
徐鋳成, 李克世	中国報道界のうらばなし　続　第一書房　1983.5　268, 5p　19cm　1200円
小糸忠吾	世界の新聞・通信社　3　日本と国際コミュニケーション　理想出版社　1983.9　288p　20cm　1800円　（マスコミシリーズ 7）
江尻進	ヨーロッパの新聞　上　日本新聞協会　1983.9　278, 7p　17cm　950円　（新聞文庫―世界の新聞シリーズ 2）

立花隆　アメリカジャーナリズム報告　文芸春秋　1984.3　295p　16cm　340円　（文春文庫）

姜東鎮　日本言論界と朝鮮―1910-1945　法政大学出版局　1984.5　374, 6p　20cm　3500円　（叢書・現代の社会科学）

Lendvai, Paul, 片岡啓治　操られる情報―ソ連・東欧のマス・メディア　朝日新聞社　1984.8　282p　20cm　1800円

佐々木凛一　ヨーロッパの新聞　下　日本新聞協会　1984.8　212, 6p　17cm　950円　（新聞文庫―世界の新聞シリーズ 3）

Bagdikian, Ben, H, 藤竹暁　メディアの支配者―米マスコミ界を独占する50の企業　光文社　1985.6　319p　20cm　1600円

林理介　アジア・太平洋の新聞　日本新聞協会　1985.12　303, 9p　18cm　1200円　（新聞文庫―世界の新聞シリーズ 4）

マッカロック, フランク, 前沢猛　米国マスコミのジレンマと決断―報道倫理の日米比較　ビジネス社　1986.10　230p　19cm　1600円

中村均　韓国のマスコミと民衆　春秋社　1986.12　323p　20cm　1800円

シャーフ, エドワード・E., 笹岡洋子　ウォールストリートジャーナル―世界をめざした非凡と異端の男たち　講談社　1987.7　414p　20cm　2000円

バーバー, ライオネル, ローレンソン, ジョン, 篠山一旭, 中川一郎　ロイターの奇跡　朝日新聞社　1987.7　262p　20cm　1900円

金正日, 金日成　出版報道活動について　チュチェ思想国際研究所　1987.8　179p　15cm　300円　（白峰文庫 49）

山本賢二　中国の新聞の読み方　大学書林　1987.12　436p　22cm　5200円

ロジャー, サイモン, 横山和子　ジャーナリストはなぜ疑い深いか　中央公論社　1988.3　258p　20cm　1350円

橋本正邦　アメリカの新聞　新訂　日本新聞協会　1988.12　259, 2p　18cm　1000円　（新聞文庫―世界の新聞シリーズ 1）

リープマン, マイケル, 桜井広雄　BBC王国の崩壊―ドキュメント　日本放送出版協会　1989.7　428p　20cm　2800円

水野富久司　激動のなかの欧・米・ソ新聞製作事情―視て歩く記 世界一周40000キロ　日本専門新聞協会　1990　77p　26cm

牛波　中国人記者の声―勝てない大国―北京アジア大会発　黄河　1990.11　220p　19cm

ホイットモア, ハンク, 神山啓二　急成長のCNN―世界を変える米メディア企業の内幕　上巻　全国朝日放送　1991.4　318p　20cm　1800円

壱岐一郎　北京放送365日　河合出版　1991.5　332p　19cm　1800円

浜野保樹　メディアの世紀―アメリカ神話の創造者たち　岩波書店　1991.7　498p　20cm　3600円

藤田博司　アメリカのジャーナリズム　岩波書店　1991.8　234, 4p　18cm　580円　（岩波新書）

ブロック, アレックス・B., 渡辺昭子　米国メディア戦争最前線―全米TV界制覇戦略　角川書店　1991.8　401p　20cm　2400円

タリーズ, ゲイ, 橋本直　王国と権力―ニューヨーク・タイムズをつくった人々　上　早川書房　1991.10　319p　20cm　2400円

彭元順　韓国のマス・メディア　電通　1991.11　242p　22cm　2900円

金日成　アメリカの「ワシントン・タイムズ」記者団の質問にたいする回答　外国文出版社　1992　12p　19cm

Salisbury, Harrison, E., 小川水路　メディアの戦場―ニューヨーク・タイムズと記者ニール・シーハンたちの物語　集英社　1992.7　607p　20cm　2800円

小田桐誠　人気TV番組の裏側―スタッフがうち明ける　アイペックプレス　1992.10　62p　17cm　250円　（News package chase 124）

Auletta, Ken, 小野善邦　巨大メディアの攻防―アメリカTV界に何が起きているか　新潮社　1993.4　562p　22cm　3800円

内田明宏　変わるロシア・ソ連のマスメディア―激動のグラスノスチ・八月革命をへて　インパクト出版会　1993.6　358p　22cm　3090円

日本情報通信振興協会　米国のマルチメディア通信とONA―第9次海外調査団報告書　日本情報通信振興協会　1993.12　164p　26cm

小林裕子　地方発=アメリカ・ジャーナリズム　創思社出版　1994.1　250p　19cm　1800円

友安弘　フランスの政治ジャーナリズムと視聴覚メディア―多元主義と平等主義とに関する法制度論的分析　風間書房　1994.2　277p　22cm　14420円

小田勝己　アメリカ新聞界の良識―『クリスチャン・サイエンス・モニター』の名記者たち　八潮出版社　1994.12　161p　20cm　1800円

戸丸広安　世界最強の新聞―アメリカを動かしソ連を崩壊に導いた 知られざるワシントン・タイムズの実力　光言社　1994.12　190p　18cm　800円

デヒーリ, デヴィッド, 山根一眞, 福嶋忠和, 福本義裕　メディアの現在―Multimedia2000/1995 電子生活入門戦略型録　文化放送ブレーン　1995　248p　22cm　3000円

下山進　アメリカ・ジャーナリズム　丸善　1995.1　268p　18cm　700円　（丸善ライブラリー 146）

ZhuJia・Lin　現代中国のジャーナリズム―形成・変遷・現状の研究　田畑書店　1995.9　349p　19cm　2400円　（現代アジア叢書 26）

アジア経済研究所　第三世界のマスメディア　明石書店　1995.12　312p　20cm　3296円

倉田保雄　ニュースの商人ロイター　朝日新聞社　1996.1　305p　15cm　660円　（朝日文庫）

Servan・Schreiber, Jean・Jacques, 奈良道子　フランスのジャーナリストの挑戦―JJSS回想録（青年時代）　近代文芸社　1996.1　414p　20cm　2500円

林暁光　現代中国のマス・メディア―近代化と民主化の岐路　ソフィア　1996.2　247p　22cm　9000円

Frei, Norbert, Schmitz, Johannes, 五十嵐智友　ヒトラー独裁下のジャーナリストたち　朝日新聞社　1996.8　332, 8p　19cm　1600円　（朝日選書 560）

桂敬一　メディア王マードック上陸の衝撃　岩波書店　1996.10　63p　21cm　400円　（岩波ブックレット no0412）

菅谷実　アメリカのメディア産業政策―通信と放送の融合　中央経済社　1997.5　174p　22cm　3400円

アメリカの市民とメディア調査団　アメリカにおける市民とメディア―パブリック・アクセス・チャンネルの現況 調査報告書　「アメリカの市民とメディア」調査団　1998.1　141p　30cm　1000円

劉志明　中国のマスメディアと日本イメージ　エピック　1998.7　198p　22cm　2000円

何義麟, 富士ゼロックス小林節太郎記念基金　戦後台湾のメディア政策と言語粉争―1945-1950 新聞雑誌の日本語使用禁止問題をめぐって　富士ゼロックス小林節太郎記念基金　1998.9　34p　26cm　非売品

関西プレスクラブ　アジア・太平洋ジャーナリストフォーラム―実施報告書　1999　関西プレスクラブ　1999　36p　30cm

大石泰彦　フランスのマス・メディア法　現代人文社　1999.9　277p　22cm　4800円

アメリカ新聞編集者協会, 日本新聞協会　新聞の信頼度を調査する―一般の人々と新聞人の見方　日本新聞協会　2000.6　128p　26cm　1239円

| 伊藤千尋 | たたかう新聞—「ハンギョレ」の12年　岩波書店　2001.1　71p　21cm　440円　（岩波ブックレット　no0526） |
| Elfenbein, Stefan, W, 赤間聡, 服部高宏, 茂木崇　ニューヨークタイムズ—あるメディアの権力と神話　木鐸社　2001.3　280p　21cm　3000円 |
| アジアプレスインターナショナル　メディアが変えるアジア　岩波書店　2001.4　74p　21cm　440円　（岩波ブックレット　no0535） |
| 小林雅一　グローバル・メディア産業の未来図—米マスコミの現場から　光文社　2001.12　227p　18cm　700円　（光文社新書） |
| 段躍中　日本の中国語メディア研究—1985〜1994　北溟社　2003.8　170p　22cm　4800円 |
| Ménard, Robert, 大岡優一郎　闘うジャーナリストたち—国境なき記者団の挑戦　岩波書店　2004.10　263, 24p　20cm　2600円 |
| 山本浩　仁義なき英国タブロイド伝説　新潮社　2004.12　207p　18cm　680円　（新潮新書） |
| 内田洋子　ジャーナリズムとしてのパパラッチ—イタリア人の正義感　光文社　2005.10　230p　18cm　720円　（光文社新書） |
| 井出敬二　中国のマスコミとの付き合い方—現役外交官第一線からの報告　日本僑報社　2005.12　117, 81p　21cm　2000円 |
| 越朋彦　イギリスの新聞を読む—大衆紙から高級紙まで　研究社　2007.10　67p　26cm　1900円 |
| 渡辺浩平　変わる中国変わるメディア　講談社　2008.7　234p　18cm　720円　（講談社現代新書） |
| 渡辺武達, 米国プレスの自由調査委員会　自由で責任あるメディア—マスメディア（新聞・ラジオ・映画・雑誌・書籍）に関する一般報告書　米国プレスの自由調査委員会報告書　論創社　2008.10　205p　20cm　1800円 |
| 飯島一孝　ロシアのマスメディアと権力　東洋書店　2009.2　64p　21cm　600円　（ユーラシア・ブックレット　no0133） |
| 大場吾郎　アメリカ巨大メディアの戦略—グローバル競争時代のコンテンツ・ビジネス　ミネルヴァ書房　2009.9　198p　22cm　3800円 |
| 卓南生　東アジアジャーナリズム論—官版漢字新聞から戦時中傀儡政権の新聞統制、現代まで　彩流社　2010.2　292p　22cm　3500円　（龍谷大学国際社会文化研究所叢書　第11巻） |
| 村上直之　近代ジャーナリズムの誕生—イギリス犯罪報道の社会史から　改訂版　現代人文社　2010.12　284p　21cm　2500円 |
| 前嶋和弘　アメリカ政治とメディア—「政治のインフラ」から「政治の主役」に変貌するメディア　北樹出版　2011.1　182p　22cm　2400円 |
| 原麻里子, 柴山哲也　公共放送BBCの研究　ミネルヴァ書房　2011.3　336p　22cm　4500円 |
| 福島香織　中国のマスゴミ—ジャーナリズムの挫折と目覚め　扶桑社　2011.3　255p　18cm　760円　（扶桑社新書　088） |
| 鈴木雄雅, 蔡星慧　韓国メディアの現在　岩波書店　2012.1　216p　21cm　3200円 |
| 日隈一雄　マスコミはなぜ「マスゴミ」と呼ばれるのか—権力に縛られたメディアのシステムを俯瞰する　補訂版　現代人文社　2012.1　261p　19cm　1800円 |
| 大治朋子　アメリカ・メディア・ウォーズ—ジャーナリズムの現在地　講談社　2013.9　261p　18cm　780円　（講談社現代新書　2227） |
| 河村昌子, 柴静, 杉村安幾子, 鈴木将久　中国メディアの現場は何を伝えようとしているか—女性キャスターの苦悩と挑戦　平凡社　2014.4　309p　19cm　1800円 |

ジャーナリスト

〔雑誌記事〕

山本登	「職業社会学」から見た新聞記者の地位：新聞研究　通号4　〔1948.9〕　p28〜32
亀井一綱	新聞記者の資質に関する研究—1—：新聞学評論　1(1)〔1952.3〕　p88〜94
中島健蔵	鉛筆にこめる喜びと悲しみ——第一線新聞記者の生活と意見(座談会)：文芸春秋　30(18)〔1952.12〕　p114〜122
鈴木茂三郎	私の新聞記者時代：文芸春秋　30(18)〔1952.12〕　p101〜113
染矢為助	パリの新聞記者とカフエー：新聞研究　通号24　〔1953.5〕　p20〜21
村上元彦	新聞編集の心理：新聞研究　通号25〔1953.7〕　p1〜5
鈴木茂三郎	現代新聞記者論：文芸春秋　31(17)〔1953.12〕　p92〜100
中島及	記者新聞屋呼称考：新聞研究　通号32〔1954.3〕　p21〜22
千葉雄次郎	若い新聞記者へ：新聞研究　通号42〔1955.1〕　p10〜13
江尻進	大使級の老記者たち：新聞研究　通号49〔1955.8〕　p21〜25
中政雄	新聞記者生活を語る(座談会)：新聞研究　通号51〔1955.10〕　p13〜17
後藤武男	新聞記者の団結：新聞研究　通号53〔1955.12〕　p1〜5
千葉雄次郎	新聞記者の職業教育：新聞研究　通号61〔1956.8〕　p6〜10
海老原光義	ジャーナリスト国際集会に出席して：世界　通号130〔1956.10〕　p334〜335
豊原兼一	ダテや酔狂じゃ記者にはなれぬ(座談会)：新聞研究　通号75〔1957.10〕　p32〜40
井上吉次郎	ジャーナリスト・人と機能と地位と：新聞学評論　通号9〔1959.3〕
江尻進	良い新聞は良い記者から—欧米新聞界の新しい動きを見て：新聞研究　通号96〔1959.7〕　p26〜30
森恭三	現代記者論：新聞研究　通号102〔1960.1〕　p2〜6
石川巌	取材記者の仕事と生活(座談会)：新聞研究　通号125〔1961.12〕　p44〜51
山領健二	ジャーナリストの転向——室状高信論——特集・ジャーナリズムのつくりかえ：思想の科学. 第5次　(4)〔1962.7〕　p57〜67
樋口勝	新聞記者にのぞむ：新聞研究　通号149〔1963.12〕　p59〜67
熊本良忠	現代新聞記者論：新聞研究　通号150〔1964.1〕　p11〜15
太田正文	「新聞人」・「放送人」——Electronic Journalist考：新聞研究　通号150〔1964.1〕　p29〜31
岩井弘融	大衆社会における新聞記者の位置：新聞研究　通号150〔1964.1〕　p16〜21
岩立一郎	通信社の記者：新聞研究　通号150〔1964.1〕　p25〜28
俵孝太郎	わたしの記者ともかせぎ：新聞研究　通号153〔1964.4〕　p62〜64
森本哲郎	新聞記者の条件(特集・現代の新聞)：自由　6(5)通号54〔1964.5〕　p2〜13
阿部真之助	新聞人はこれでよいか(特集・現代の新聞)：自由　6(5)通号54〔1964.5〕　p14〜21
重田光晴	記者づくり雑考：新聞研究　通号157〔1964.8〕　p25〜29

橋本雅敏	田舎記者一代——中尾幸治の主張とその生涯：新聞研究　通号157　〔1964.8〕　p30～35
北尾正康	新聞記者と放送記者：関西大学新聞学研究　通号13　〔1964.10〕
黒金泰美	新聞記者への注文：新聞研究　通号161　〔1964.12〕　p64～72
森永和彦	新聞報道のジレンマ（特集・ベトナム戦争と日本）：自由　7(10)通号71　〔1965.10〕　p10～19
辻本芳雄	取材と記者：新聞研究　通号173　〔1965.12〕　p35～38
前尾繁三郎	新聞記者に注文する（座談会）：新聞研究　通号173　〔1965.12〕　p29～34
水野肇	新聞記者の病気：新聞研究　通号176　〔1966.3〕　p54～58
富永健一	新聞記者の職業意識：新聞研究　通号179　〔1966.6〕　p16～28
土屋清	専門職としての新聞記者：新聞研究　通号179　〔1966.6〕　p6～9
西島芳二	日本新聞記者論：新聞研究　通号179　〔1966.6〕　p10～13
野村正男	司法記者の今昔——法廷と市民をつなぐもの：新聞研究　通号181　〔1966.8〕　p21～24
青木彰	遊軍記者——取材の研究—7—：新聞研究　通号183　〔1966.10〕　p87～97
内木敏市	記者さまざま：新聞研究　通号192　〔1967.7〕　p30～37
北川隆吉	社会の変化と新聞記者：新聞研究　通号192　〔1967.7〕　p6～10
藤原恵	新聞学を拓いた人たち——日本ジャーナリズム成立史に悼さす：関西学院大学社会学部紀要　通号15　〔1967.12〕　p85～96
青木彰	新聞記者の進路と使命——取材の研究—20—：新聞研究　通号197　〔1967.12〕　p29～41
笠信太郎	笠信太郎氏と語る（座談会）：新聞研究　通号198　〔1968.1〕　p16～26
橋本正邦	新聞記者と通信記者——通信記者の所感（現代通信社論（特集）：新聞研究　通号201　〔1968.4〕　p30～33
江尻進	プロフェッションとしてのジャーナリスト：コミュニケーション研究　通号2　〔1968.5〕　p29～55
扇谷正造	ニュースとともに33年：文芸春秋　46(5)〔1968.5〕　p246～255
中川順	"情報"時代の新聞記者像（情報社会における新聞の機能（特集）：新聞研究　通号210　〔1969.1〕　p12～15
江堀厳男	書いた記者は一歩前へ：マスコミ市民　通号041　〔1970.9〕　p8～13
大坪檀	「スペシャリスト」の時代——その概念の分析（70年代の新聞記者像を探る）：新聞研究　通号234　〔1971.1〕　p48～52
岩崎弘	"経験の重み"を知る（70年代の新聞記者像を探る—わが10年のあゆみ）：新聞研究　通号234　〔1971.1〕　p38～41
高橋文利	時代の要求にこたえられる記者とは（70年代の新聞記者像を探る—わが10年のあゆみ）：新聞研究　通号234　〔1971.1〕　p36～38
稲野治兵衛	情報化時代の新聞記者像（70年代の新聞記者像を探る）：新聞研究　通号234　〔1971.1〕　p13～17
中沢道明	新聞記者の光と影（シンポジウム）（70年代の新聞記者像を探る）：新聞研究　通号234　〔1971.1〕　p18～31
菊村到	昔の記者今の記者（70年代の新聞記者像を探る）：新聞研究　通号234　〔1971.1〕　p32～35
稲葉三千男	マスコミと自立 ジャーナリストの姿勢を問う：出版ニュース　通号0859　〔1971.2〕　p6～11
江藤洋	記者の目 一片の「大臣回答」：マスコミ市民　通号047　〔1971.3〕　p25～27
伊藤牧夫	現代の「ニュース」と記者の主体性（新しく新聞記者となる人のために）：新聞研究　通号236　〔1971.3〕　p17～21
中山了	現代社会における新聞記者の使命と役割り（新しく新聞記者となる人のために）：新聞研究　通号236　〔1971.3〕　p12～16
三嶋毅	トップ記者との10分間 私鉄ストで三晩徹夜放送した：マスコミ市民　通号049　〔1971.5〕　p24～25
高橋武彦	学者とジャーナリストの間（激動する国際情勢と日本の新聞）：新聞研究　通号246　〔1972.1〕　p42～43
扇谷正造	人間としての倫理を欠いた新聞人：自由　14(4)〔1972.4〕　p227～237
武山泰雄	職業としての新聞記者：新聞研究　通号257　〔1972.12〕　p43～55
柳田邦夫	独立ジャーナリスト群団（集団の発見—26—）：現代の眼　14(1)〔1973.1〕　p248～253
沢佳子	機関紙記者のつぶやき：広島ジャーナリスト　48　〔1973.2〕
真鍋一史	新聞記者の職業意識：関西学院大学社会学部紀要　通号26　〔1973.3〕　p63～86
三上正良	新しい記者像をもとめて：広島ジャーナリスト　50　〔1973.4〕
広瀬英彦	ジャーナリストの価値変容と態度形成——"参加"と"中立"的意識の分析（海外情報）：新聞研究　通号264　〔1973.7〕　p68～71
林知己夫	いま, 新聞記者は……（現代の新聞記者意識〔日本新聞協会アンケート調査（特集））：新聞研究　通号267　〔1973.10〕　p78～95
春原昭彦	現代の新聞記者意識——調査結果報告（現代の新聞記者意識〔日本新聞協会アンケート調査（特集））：新聞研究　通号267　〔1973.10〕　p8～49
林知己夫	新聞記者タイプを探る——多元的分析による（現代の新聞記者意識〔日本新聞協会アンケート調査（特集））：新聞研究　通号267　〔1973.10〕　p56～68
溝口実	記者活動の現場から：新聞研究　通号268　〔1973.11〕　p6～17
加藤周一, 高瀬善夫, 内田義彦	現代社会と新聞記者：新聞研究　通号268　〔1973.11〕　p27～45
田中豊	わが新聞人生を語る：新聞研究　通号269　〔1973.12〕　p34～45
笠置正明	アジアの新聞人交流（東南アジア報道を考える）：新聞研究　通号273　〔1974.4〕　p43～45
鈴木孝雄	アジア・セミナーで来日したタイの新聞人たち（東南アジア報道を考える）：新聞研究　通号273　〔1974.4〕　p59～61
松浦直治	エンピツ半世紀——思い出すままに：新聞研究　通号276　〔1974.7〕　p63～67
足立倫行	取材記者の生活と意見：出版ニュース　通号0984　〔1974.9〕　p28～30
中沢道明	記者活動——その現実と理想と（第一線記者シンポジウム）（現代社会と新聞報道の責務）：新聞研究　通号282　〔1975.1〕　p6～23
小笠井俊一	駆け出しの記（新聞記者読本—地方紙記者12, 7, 3年）：新聞研究　通号284　〔1975.3〕　p46～47
藤田信勝	職業としての新聞記者（新聞記者読本）：新聞研究　通号284　〔1975.3〕　p7～11
池田信一	ジャーナリストの連帯 なぜグループを作るのか：出版ニュース　通号1006　〔1975.5〕　p6～11
山崎宗次	現代事件記者論：新聞研究　通号289　〔1975.8〕　p15～19
茶本繁正	私的フリーランサー論 "認知されざる世界"の住人たち：出版ニュース　通号1020　〔1975.10〕　p6～11

林駿一	機動性と人間臭さを柱に（特別報道部）（新聞記者読本—取材記者論）：新聞研究　通号296〔1976.3〕p67～70	
青木彰	現代新聞記者の要件（新聞記者読本）：新聞研究　通号296〔1976.3〕p18～21	
桑島久男	職業としての新聞記者（新聞記者読本）：新聞研究　通号296〔1976.3〕p36～50	
田原総一朗	企業内ジャーナリストの立場 限りなく〈私〉であること：出版ニュース　通号1051〔1976.8〕p6～10	
乳井昌史	「割り切れぬこと」との戦い（新聞記者読本——一線記者から）：新聞研究　通号308〔1977.3〕p28～30	
秦正流	日ごろ，若い記者に話していること（新聞記者読本）：新聞研究　通号308〔1977.3〕p9～12	
荒井良	報道者の責任と心（新聞記者読本）：新聞研究　通号308〔1977.3〕p65～69	
竹中労	黒子の「仁義」ゴースト・ライター心得帖：出版ニュース　通号1084〔1977.8〕p6～9	
疋田桂一郎	ある新聞人の生涯——信夫韓一郎小伝—上—：諸君！ 日本を元気にするオピニオン雑誌　10（1）〔1978.1〕p140～176	
疋田桂一郎	ある新聞人の生涯——信夫韓一郎小伝—下—：諸君！ 日本を元気にするオピニオン雑誌　10（2）〔1978.2〕p172～198	
堀川直義	小野秀雄名誉会長を偲ぶ（追悼 小野秀雄先生）：新聞学評論　通号27〔1978.6〕p108～111	
内川芳美	先生の研究業績を回顧して（追悼 小野秀雄先生）：新聞学評論　通号27〔1978.6〕p112～116	
百目鬼恭三郎	専門記者の世界：新聞研究　通号327〔1978.10〕p8～21	
総合ジャーナリズム研究編集部	坂井米夫氏の"平記者一代"記（坂井米夫氏を悼む）：総合ジャーナリズム研究所　16（01）〔1979.1〕p7～56	
土方正巳	坂井米夫氏を悼む：総合ジャーナリズム研究　16（01）〔1979.1〕p128～129	
小沢武雄	書くものすべてが遺書（坂井米夫氏を悼む）：総合ジャーナリズム研究　16（01）〔1979.1〕p127～128	
稲見宗孝	特集・新入社員のための副読本 新しい文化の創造を：月刊民放　09（93）〔1979.3〕p9～13	
鈴木隆敏	もっと悩み，もっと苦しんで（現代記者読本'79—記者の自画像）：新聞研究　通号332〔1979.3〕p36～38	
原寿雄	現代の新聞記者へ（現代記者読本'79）：新聞研究　通号332〔1979.3〕p10～13	
緒方彰	私の歩いた道——体験的記者論（新聞記者読本'80＜特集＞）：新聞研究　通号344〔1980.3〕p49～54	
安田武	状況論的発想のパラドックスと新聞記者——若い記者たちへ（新聞記者読本'80＜特集＞）：新聞研究　通号344〔1980.3〕p15～18	
松浦総三	大宅壮一の読み方 「大宅壮一全集」全30巻の刊行にふれて：出版ニュース　通号1197〔1980.10〕p4～7	
宮島善高	東季彦先生を悼む：新聞学評論　通号29〔1980.10〕p172～173	
杉本健	提督と新聞記者—2—嶋田繁太郎と豊田副武：諸君！ 日本を元気にするオピニオン雑誌　13（2）〔1981.2〕p274～284	
伊藤壮	顔付きが変わる日まで——支局長から新人記者へ（新聞記者読本'81）：新聞研究　通号356〔1981.3〕p19～22	
谷川寛	駆け出しの十年選手（新聞記者読本'81—十年目の自問自答）：新聞研究　通号356〔1981.3〕p43～45	
上田健一	若い記者へ——生涯一記者のつぶやき（新聞記者読本'81）：新聞研究　通号356〔1981.3〕p10～14	
白鳥邦夫	新聞断想——生活のなかから（新聞記者読本'81—十年目の自問自答）：新聞研究　通号356〔1981.3〕p46～50	
北詰洋一	"神秘"のない街での取材の難しさ（新聞記者読本'81—国際ニュースを追う）：新聞研究　通号356〔1981.3〕p31～33	
永畑道子	人間が人間を取材することの怖さ（新聞記者読本'81—十年目の自問自答）：新聞研究　通号356〔1981.3〕p51～53	
黒岩徹	人間平等主義対外国人＝異種論のなかで（新聞記者読本'81—国際ニュースを追う）：新聞研究　通号356〔1981.3〕p27～30	
深町泰男	＜墓穴＞を掘るまえに（新聞記者読本'81—十年目の自問自答）：新聞研究　通号356〔1981.3〕p40～43	
藤村邦苗	現代の記者たちへ（新聞記者読本'82）：新聞研究　通号368〔1982.3〕p10～16	
鶴田卓彦	情報多様化時代の新聞記者像（新聞記者読本'83）：新聞研究　通号380〔1983.3〕p10～14	
樋口恵子	新聞記者に言いたいこと（新聞記者読本'83）：新聞研究　通号380〔1983.3〕p19～22	
西村敏夫	瀬戸内からの手紙——ある新米・地方記者の思い：新聞研究　通号386〔1983.9〕p52～56	
長田和子	手探りのなかで「記者」を考える（新聞記者読本'84—確かな足跡を残していきたい）：新聞研究　通号392〔1984.3〕p45～47	
富森叡児	新聞記者という仕事（新聞記者読本'84）：新聞研究　通号392〔1984.3〕p10～13	
久野収	《追悼》中野好夫先生 ある私的追悼の辞：マスコミ市民　通号201〔1985.4〕p2～7	
新崎盛暉	《追悼》中野好夫先生 沖縄問題からみた中野先生：マスコミ市民　通号201〔1985.4〕p10～13	
森瀧市郎	《追悼》中野好夫先生 核廃絶にかけて——中野好夫氏を偲ぶ：マスコミ市民　通号201〔1985.4〕p7～10	
秦正流	《追悼》中野好夫先生 敬慕と感謝と哀惜と：マスコミ市民　通号201〔1985.4〕p13～15	
安孫子誠人	《追悼》中野好夫先生 中野先生と『マスコミ市民』：マスコミ市民　通号201〔1985.4〕p17～21	
山本安英	《追悼》中野好夫先生 中野先生のこと：マスコミ市民　通号201〔1985.4〕p16～17	
高瀬善夫	先人に学ぶ記者の役割：新聞研究　通号406〔1985.5〕p62～65	
前沢猛	実年記者のアメリカ遊学雑記：新聞研究　通号415〔1986.2〕p86～90	
小池唯夫	ヒューマニズムを基本に——私の新聞記者論（新聞記者読本'86）：新聞研究　通号416〔1986.3〕p10～13	
奥田斐規	リビアで学んだ記者の基本（新聞記者読本'86）：新聞研究　通号416〔1986.3〕p28～31	
木下輝一	新聞記者にとっての二つの"J"（新聞記者読本'86）：新聞研究　通号416〔1986.3〕p14～17	
宮沢徳雄	地下水脈を探る———線記者の体験的取材論（ジャーナリズムと現場）：新聞研究　通号419〔1986.6〕p36～39	
古川博	試される記者の人間観と感性（町ダネ取材を考える）：新聞研究　通号423〔1986.10〕p64～66	
土屋繁	「教養」積む勤勉さが必要なのだが…（新聞記者の現在位置＜特集＞）：新聞研究　通号427〔1987.2〕p14～16	
松原修蔵	刑事と記者の「間柄」再考（新聞記者の現在位置＜特集＞）：新聞研究　通号427〔1987.2〕p27～29	
三浦均	新聞を人々の生活の"糧"としたい（新聞記者の現在位置＜特集＞）：新聞研究　通号427〔1987.2〕p39～41	
宮田重徳	地球人の幸せ願って苦心するの図（新聞記者の現在位置＜特集＞）：新聞研究　通号427〔1987.2〕p20～23	
古川洋	面白さを追いかけてはきたものの（新聞記者の現在位置＜特集＞）：新聞研究　通号427〔1987.2〕p24～26	
荒牧万佐行	ある日の"交番会議"（新聞記者読本'87—私の取材スタイル）：新聞研究　通号428〔1987.3〕p61～65	
清野博子	おぼろげに見える一つの道すじ（新聞記者読本'87——線記者として考えること）：新聞研究　通号428〔1987.3〕	

		p83～85
森茂	記者は本来無名である（新聞記者読本’87―新しい記者諸君へ）：新聞研究　通号428　〔1987.3〕　p18～21	
太田俊郎	「記者ライセンス」3つの要件（新聞記者読本’87―新しい記者諸君へ）：新聞研究　通号428　〔1987.3〕　p10～13	
佐藤毅	「旧人類」からのメッセージ（新聞記者読本’87―新しい記者諸君へ）：新聞研究　通号428　〔1987.3〕　p14～17	
村上義千代	「現場」に学ぶ（新聞記者読本’87―一線記者として考えること）：新聞研究　通号428　〔1987.3〕　p77～79	
夏目求	時代に向かって笛を吹け――疾駆するレフェリーとしての編集者（新聞記者読本’87―取材・報道の現状と課題）：新聞研究　通号428　〔1987.3〕　p51～53	
深尾凱子	書きたいことを夢中で書いてきた（新聞記者読本’87―私の取材スタイル）：新聞研究　通号428　〔1987.3〕　p66～69	
北山修	新聞報道の心理的側面について（新聞記者読本’87―新聞に望むこと）：新聞研究　通号428　〔1987.3〕　p27～29	
井川一久	人間ぎらいではつとまらない（新聞記者読本’87―私の取材スタイル）：新聞研究　通号428　〔1987.3〕　p57～60	
斉藤富夫	枠を超えて、外へ（新聞記者読本’87―取材・報道の現状と課題）：新聞研究　通号428　〔1987.3〕　p41～43	
春原昭彦	新聞記者時代の長谷川如是閑――大阪朝日新聞時代を中心として：慶応義塾大学新聞研究所年報　通号30　〔1988.3〕　p3～20	
中江利忠	いま，ジャーナリストの責務は――新人記者に考えてほしいこと（新聞記者読本’88）：新聞研究　通号440　〔1988.3〕　p10～13	
宮内令子	ニシン漁の女たちに学んだこと（新聞記者読本’88―記者活動――私の視点）：新聞研究　通号440　〔1988.3〕　p51～54	
竹内直一	記者自身の人間性回復を（新聞記者読本’88―私の新聞観）：新聞研究　通号440　〔1988.3〕　p17～20	
村岡博人	私の取材姿勢を決めた先輩記者（新聞記者読本’88―記者活動――私の視点）：新聞研究　通号440　〔1988.3〕　p43～46	
大谷克弥	部際取材の第一義は好奇心（新聞記者読本’88―記者活動――私の視点）：新聞研究　通号440　〔1988.3〕　p39～42	
滝川忠正	記者修業の第1歩――取材最前線で考えること（記者読本’89）：新聞研究　通号452　〔1989.3〕　p28～30	
加藤博久	新しく記者になった皆さんに（記者読本’89）：新聞研究　通号452　〔1989.3〕　p10～13	
春名幹男	パワーゲームの中心地で（新時代の記者たちへ――記者読本’90―現場の一線から）：新聞研究　通号464　〔1990.3〕　p66～69	
稲積謙次郎	鋭い視点と優しい目配り――時代を超えた記者像（新時代の記者たちへ――記者読本’90）：新聞研究　通号464　〔1990.3〕　p15～19	
秋山耿太郎	基本は目と耳と足（新時代の記者たちへ――記者読本’90―現場の一線から）：新聞研究　通号464　〔1990.3〕　p59～61	
鮫島敬治	記者として巣立つ人たちに（新時代の記者たちへ――記者読本’90）：新聞研究　通号464　〔1990.3〕　p10～14	
坪井裕	「事実は現場に」が鉄則（新時代の記者たちへ――記者読本’90―現場の一線から）：新聞研究　通号464　〔1990.3〕　p64～66	
大久保真紀	自分のアンテナを磨く時（新時代の記者たちへ――記者読本’90―現場の一線から）：新聞研究　通号464　〔1990.3〕　p74～76	
本間義人	専門記者とは自らが選択する道（新時代の記者たちへ――記者読本’90―様々な生き方の中から）：新聞研究　通号464　〔1990.3〕　p40～43	
林利隆	ジャーナリストによるジャーナリスト論（マス・コミュニケーション研究の系譜（1951～1990）――日本新聞学会の研究活動を中心に―ジャーナリズム論――80年代の議論の方向と広がり）：新聞学評論　通号39　〔1990.4〕　p25～32	
斎藤茂男	ジャーナリズムの現場―1―醒めゆく若い夢――退職する記者たちを追って：新聞研究　通号467　〔1990.6〕　p41～46	
斎藤茂男	ジャーナリズムの現場―2―若い記者たちを蝕むもの――空疎化する取材の情景：新聞研究　通号469　〔1990.8〕　p55～60	
Wellman, Bill, 橋本正邦	新たな課題に直面するジャーナリストたち――統一前の東ドイツ通信社を訪ねて：新聞研究　通号472　〔1990.11〕　p76～80	
内川芳美	千葉雄次郎先生のご逝去を悼む：新聞学評論　通号40　〔1991〕　p334～337	
岩切信	もうひとつのジャーナリスト活動－－日本ジャーナリスト会議（JCJ）はそしている：総合ジャーナリズム研究　28（01）〔1991.1〕　p35～40	
斎藤茂男	ジャーナリズムの現場―8―何が記者を育てるか――不条理が見えない時代に：新聞研究　通号477　〔1991.4〕　p47～52	
増田れい子	貧しいペンの回想―下―一人はモノに生まれない。モノになるのだ：新聞研究　通号480　〔1991.7〕　p75～79	
原寿雄	ジャーナリストの責務とは何か 生命の危険と取材のあいだ：放送批評　No.267　〔1991.10〕	
因藤泉石	無冠の帝王――新ジャーナリスト考：マスコミ市民　通号278　〔1991.11〕　p40～41	
奥野昌宏	マス・メディアと日韓関係に関するジャーナリストの意識――日韓共同送り手調査の結果より：新聞研究　通号484　〔1991.11〕　p57～63	
下村満子, 本多勝一	下村満子の大好奇心―58―本多勝一 新聞記者：Asahi journal　34（2）〔1992.1〕　p48～53	
斎藤茂男	ジャーナリズムの現場―17―飼育の檻を踏み越えて――若ものが記者を志すとき：新聞研究　通号487　〔1992.2〕　p66～70	
松下宗之	ひるまず，全力でぶつかれ（記者を志した君へ――記者読本’92）：新聞研究　通号488　〔1992.3〕　p14～17	
斎藤茂男	ジャーナリズムの現場―18完―現実凝視の光よ甦れ――取材をひとまず終えて思うこと：新聞研究　通号488　〔1992.3〕　p76～83	
萱野典世	ニュース処理通して大きくなる（記者を志した君へ――記者読本’92―取材の一線から）：新聞研究　通号488　〔1992.3〕　p69～71	
前野和久	ニューメディアと記者（記者を志した君へ――記者読本’92）：新聞研究　通号488　〔1992.3〕　p50～53	
皆川広宗	今も変わらぬ社会の木鐸として（記者を志した君へ――記者読本’92）：新聞研究　通号488　〔1992.3〕　p47～49	
松原英夫	社会部記者喜怒哀楽（記者を志した君へ――記者読本’92―取材の一線から）：新聞研究　通号488　〔1992.3〕　p61～63	
山室寛之	取材とは「木を見て森も見る」こと（記者を志した君へ――記者読本’92）：新聞研究　通号488　〔1992.3〕　p26～28	

ジャーナリスト	ジャーナリズム

今中亘　住民の味方，公器としての真価を（記者を志した君へ──記者読本'92）：新聞研究　通号488〔1992.3〕p18〜21

永瀬郷太郎　体温を肌で感じる取材を（記者を志した君へ──記者読本'92─取材の一線から）：新聞研究　通号488〔1992.3〕p66〜69

斎藤茂男　記者の現場，ジャーナリズムの命脈――"ひ弱さ"の自覚をバネに，新しい可能性を：総合ジャーナリズム研究　29（04）〔1992.10〕p9〜14

斎藤茂男，小栗敬太郎，田中正廷　21世紀の新聞記者像（〔新聞研究〕創刊500号記念号──記者とは何か）：新聞研究　通号500〔1993.3〕p12〜27

河原理子　記者とは何か（若手記者討論会）（〔新聞研究〕創刊500号記念号──記者とは何か）：新聞研究　通号500〔1993.3〕p62〜94

吉田健　記者活動と法的センス（〔新聞研究〕創刊500号記念号──記者とは何か）：新聞研究　通号500〔1993.3〕p45〜48

五十嵐二葉　ジャーナリスト進化論　求める記者像：マスコミ市民　通号295〔1993.6〕p66〜68

Thomson, Thomas D.　菊とペン──日本の外国人記者：Keidanren　41（6）〔1993.6〕p54〜57

水谷静馬　マスコミ現場　大手ゼネコン汚職──問われるのはマスコミ記者の体質：マスコミ市民　通号299〔1993.10〕p66〜70

神塚明弘　自立した記者集団に──署名入り記事の現在とこれから（新聞と「人」）：新聞研究　通号509〔1993.12〕p26〜28

清原武彦　時代を読む報道を──記者を志した君へ（記者読本'94）：新聞研究　通号512〔1994.3〕p10〜12

山根秀夫　「優しい」平成記者諸君へ（記者読本'94）：新聞研究　通号512〔1994.3〕p13〜15

赤尾光史　現代新聞記者像──「新聞記者アンケート」から─上─（現代新聞記者像）：新聞研究　通号514〔1994.5〕p48〜64

水島宏明　テレビ記者から見た新聞記者（新聞記者の現在──記者アンケートをよむ）：新聞研究　通号515〔1994.6〕p40〜42

鈴木規雄　何が書けないのか（新聞記者の現在──記者アンケートをよむ）：新聞研究　通号515〔1994.6〕p22〜25

辺見秀逸　楽天的，あまりに楽天的な（新聞記者の現在──記者アンケートをよむ）：新聞研究　通号515〔1994.6〕p43〜46

赤尾光史　現代新聞記者像──「新聞記者アンケート」から─下─：新聞研究　通号515〔1994.6〕p52〜72

宮島真希子　個人としての記者と組織人としての記者（新聞記者の現在──記者アンケートをよむ）：新聞研究　通号515〔1994.6〕p34〜36

原田康久　新・ブン屋小唄（新聞記者の現在──記者アンケートをよむ）：新聞研究　通号515〔1994.6〕p47〜49

山根一眞　新聞の危機と新聞記者──時代の先端たりえているか（新聞記者の現在──記者アンケートをよむ）：新聞研究　通号515〔1994.6〕p10〜12

市岡揚一郎　「知らないことを知りたい」ただこれあるのみ（新聞記者の現在──記者アンケートをよむ）：新聞研究　通号515〔1994.6〕p30〜33

朝比奈豊　調査が示す「これからのテーマ」（新聞記者の現在──記者アンケートをよむ）：新聞研究　通号515〔1994.6〕p37〜39

長谷部剛　「冷めた新聞観」を持ち始めた記者たち（新聞記者の現在──記者アンケートをよむ）：新聞研究　通号515〔1994.6〕p50〜51

青木彰　戦後新聞ジャーナリズム私論－11－岩佐直喜さんが遺したもの：総合ジャーナリズム研究　31（03）〔1994.7〕p60〜69

吉村卓也　マルチメディアとジャーナリスト──アメリカの事例から：新聞研究　通号517〔1994.8〕p41〜44

内川芳美　検証！ジャーナリズムの戦後50年　ジャーナリストの意識はどう変わってきたか：放送レポート　139号〔1996.3〕p20〜27

松本正　記者として強い緊張感と気構えを──事件報道と名誉棄損，プライバシーをめぐって（記者読本'96）：新聞研究　通号536〔1996.3〕p34〜36

玉木明　変わり始めた日本の新聞－－住専問題－－「報道主体の確立」へ向けて：総合ジャーナリズム研究　33（02）〔1996.4〕p18〜23

総合ジャーナリズム研究所　本田一二氏を偲ぶ：総合ジャーナリズム研究　33（02）〔1996.4〕p78〜83

武井東子　「国境なき記者団」の闘い：世界　通号624〔1996.7〕p163〜166

総合ジャーナリズム研究編集部　泰さんへ，そしてジャーナリズムへ（追悼企画　中村泰次と"蟻の一穴"－－ジャーナリズムの危機を再考する）：総合ジャーナリズム研究所　33（04）〔1996.10〕p20〜23

総合ジャーナリズム研究編集部　追悼企画　中村泰次と"蟻の一穴"－－ジャーナリズムの危機を再考する：総合ジャーナリズム研究所　33（04）〔1996.10〕p24〜34

総合ジャーナリズム研究所　「記者」の途を歩いて…（追悼　土方正巳氏を偲ぶ）：総合ジャーナリズム研究　34（01）〔1997.1〕p17〜27

中坊公平　記者は現場を徹底的に踏んでほしい（97年　新聞に望む──曲がり角の時代に）：新聞研究　通号546〔1997.1〕p10〜12

松永年生　記者よ，町に飛び出そう──読者と新聞の間合いへのささやかな挑戦（記者読本'97）：新聞研究　通号548〔1997.3〕p24〜26

飯塚幸宏　己を知るジャーナリストに（記者読本'97）：新聞研究　通号548〔1997.3〕p10〜13

黒田清　少しでも長く，現場に行ける記者であれ（記者読本'97）：新聞研究　通号548〔1997.3〕p31〜33

古田信二，田子由紀，豊川雄之　先輩記者から（記者読本'97）：新聞研究　通号548〔1997.3〕p51〜70

落合誓子　追悼　土方正巳氏を偲ぶ：総合ジャーナリズム研究　34（02）〔1997.4〕p22〜23

後藤正治　現代の肖像　柳田邦男（ノンフィクション作家）「遺された者」の新たな歩み：Aera　10（17）〔1997.4〕p52〜56

青木彰　ジャーナリスト　戦後新聞ジャーナリズム私論＜第23回＞"私の産経"最後のスクープ，そして…：総合ジャーナリズム研究　34（03）〔1997.7〕p26〜34

三枝佐枝子　インタビュー三枝佐枝子/動向レポート：総合ジャーナリズム研究　35（01）〔1998.1〕p58〜60

春原昭彦　春原教授最終講義　新聞人群像──もう一人の新聞人：コミュニケーション研究　通号28〔1998.3〕p13〜32

越村佳代子　世間を語るように，世界を語りたい（記者読本'98─記者となる君に）：新聞研究　通号560〔1998.3〕p25〜28

総合ジャーナリズム研究編集部　インタビュー　大橋鎮子/動向レポート：総合ジャーナリズム研究所　35（02）〔1998.4〕p68〜75

青木彰　英知，義侠心，自由な精神──戦後第一世代記者からの提言（取材力を考える）：新聞研究　通号563〔1998.6〕p10〜13

玉木明	記者の感受性こそ問題だ（取材力を考える）：新聞研究　通号563　〔1998.6〕　p22～25
黒田清	記者を信頼して動かす――取材力を持った記者が育つために（取材力を考える）：新聞研究　通号563　〔1998.6〕　p14～17
畑仲哲雄	肩書はずしノウハウ伝えあおう――記者サイトを提案する（取材力を考える）：新聞研究　通号563　〔1998.6〕　p32～35
栃折久美子	インタビュー　栃折久美子/動向レポート：総合ジャーナリズム研究　35（04）〔1998.10〕　p74～76
谷沢永一	本好き人好き（112）余が新聞に志した動機：國文學　解釈と教材の研究　44（1）〔1999.1〕　p158～161
玉木明	現場至上主義の盲点――記者にとって「現場」とは何か（「現場」の風景）：新聞研究　通号570　〔1999.1〕　p10～13
老川祥一	記者は社会現象の最初の接触者――的確な報道と提言の担い手となる君に（記者読本'99）：新聞研究　通号572　〔1999.3〕　p10～13
浅野満司	新聞記者よ、いつまでも青臭くあれ（記者読本'99）：新聞研究　通号572　〔1999.3〕　p14～17
川本裕司	社会の鏡としてのメディア（メディア"番記者"取材の記）：総合ジャーナリズム研究　36（02）（通号168）〔1999.4〕　p8～12
白石昊一	読者に一番近い記者として（メディア"番記者"取材の記）：総合ジャーナリズム研究　36（02）（通号168）〔1999.4〕　p55～58
魚住昭	「日本の首領」渡邉恒雄（読売新聞社長）の「栄光」と「孤独」（2）日韓交渉、児玉誉士夫、そして利権との関わり：現代　33（6）〔1999.6〕　p88～119
黒田清, 大谷昭宏, 矢野宏	黒田ジャーナルマスコミカルテ新聞・テレビ・雑誌批評：宝石　27（6）〔1999.6〕　p94～99
黒田清, 大谷昭宏, 矢野宏	黒田ジャーナル　マスコミカルテ：宝石　27（7）〔1999.7〕　p66～71
魚住昭	この国を牛耳る「怪老」の素顔を克明に描く大河ノンフィクション「日本の首領」渡辺恒雄（読売新聞社社長）の「栄光」と「孤独」――4―社会帝国主義を打倒せよ：現代　33（8）〔1999.8〕　p276～301
黒田清, 大谷昭宏, 矢野宏	黒田ジャーナル・マスコミカルテ　新聞・テレビ・雑誌批評：宝石　27（8）〔1999.8〕　p98～103
魚住昭	「日本の首領」渡辺恒雄（読売新聞社長）の「栄光」と「孤独」（6）社長就任、そして巨大メディアがきしんでいる：現代　33（10）〔1999.10〕　p204～226
前沢猛	渡辺恒雄氏におけるジャーナリズムの研究：世界　通号670　〔2000.1〕　p160～175
相原秀起	北方領土取材/趣味の分野で豊かな記者人生を（特集　記者読本2000―先輩記者から）：新聞研究　通号584　〔2000.3〕　p36～38
扇田彦彦	私の取材論　演劇界の新しい才能の本質を読者に――時代の動きに鋭敏に反応して：新聞研究　通号586　〔2000.5〕　p45～48
伊丹敬之, 元木昌彦	元木昌彦のメディアを考える旅（28）伊丹敬之（一橋大学商学部教授）メディアが作る不安イメージの罪　自分の頭で考え、調べる記者も少ない：エルネオス　6（7）通号62　〔2000.7〕　p94～97
春名幹男	私の取材論　調査報道記者を"自任"して――豊かな人間関係と情報公開制度がカギ：新聞研究　通号588　〔2000.7〕　p35～38
比嘉要	現場に出よ、中堅以上の記者（FEATURE 首相と記者と報道と）：総合ジャーナリズム研究　37（04）（通号174）〔2000.9〕　p30～35
田勢康弘	私の取材論　相手に気付かせずにニュースをつかむ――政治家の言葉や表情を記憶する作業の面白さ：新聞研究　（591）〔2000.10〕　p48～51
松田浩	批判的ジャーナリストを貫いて～青木貞伸さんを偲ぶ：放送レポート　167号　〔2000.11〕　p58～61
志賀信夫, 太田喜晟, 野崎茂	追悼　青木貞伸――反骨の放送ジャーナリスト逝く：ぎゃらく　通号376　〔2000.11〕　p38～41
元木昌彦, 田中秀征	元木昌彦のメディアを考える旅（33）田中秀征（元経済企画庁長官）長野県知事選挙の流れが今の政治状況　記者一人一人が自分の方向性を持て：エルネオス　6（12）通号73　〔2000.12〕　p94～97
本田靖春	再開！　名作を著してきた筆者が病床に綴る自伝的ノンフィクション　我、拗（す）ね者として生涯を閉ず――体験的ジャーナリズム論（5）少数派なりの「愛国心」：現代　34（12）〔2000.12〕　p172～181
本田靖春	病床に綴る自伝的ノンフィクション　我、拗（す）ね者として生涯を閉ず（6）戦後民主主義、輝く：現代　35（1）〔2001.1〕　p124～133
後藤新弥	私の取材論　「常識」こそが取材者の武器だ――真の障害は、自分の内側にある：新聞研究　（594）〔2001.1〕　p60～63
本田靖春	死期を悟って遺す自伝的ノンフィクション　我、拗ね者として生涯を閉ず（7）この母にして、この子あり：現代　35（2）〔2001.2〕　p144～153
壱岐一郎	黒田清のトーク・ジャーナリズム：沖縄大学人文学部紀要　（2）〔2001.3〕　p43～52
松田浩	いま記者を志す人に薦める本――時代の閉塞状況を読む手がかりとして（特集 記者読本2001―記者となる君たちへ）：新聞研究　（596）〔2001.3〕　p42～45
橋本達明	とことん聞く、調べまくる、足で書く――「記者は素人」という謙虚な姿勢を大事に（特集 記者読本2001―記者となる君たちへ）：新聞研究　（596）〔2001.3〕　p10～13
原寿雄	もっと攻撃的、知的で面白い仕事に――ジャーナリストをめぐる厳しい環境に立ち向かう道（特集 記者読本2001―記者となる君たちへ）：新聞研究　（596）〔2001.3〕　p18～21
矢野良二	「書く勇気」と「書かない勇気」――条件は体力、知力、好奇心と感動、冷静さ、そして常識（特集 記者読本2001―記者となる君たちへ）：新聞研究　（596）〔2001.3〕　p14～17
山本博	調査報道とは何か――リクルート事件報道から得た教訓（特集 記者読本2001―記者となる君たちへ）：新聞研究　（596）〔2001.3〕　p22～25
野口純	磨かれた感性で見据え、判断する――自らが生きる地域に立脚して（特集 記者読本2001―記者となる君たちへ）：新聞研究　（596）〔2001.3〕　p34～37
本田靖春	祝・雑誌ジャーナリズム賞受賞　我、拗（す）ね者として生涯を閉ず（8）美しき哉、十七歳のころ：現代　35（6）〔2001.6〕　p72～81
谷沢永一	本好き人好き（141）人間秘話――松崎天民『記者懺悔 人間秘話』 石川誠『文検受験用 国語科研究者のために』：國文學　解釈と教材の研究　46（7）通号670　〔2001.6〕　p156～159
角井佑好	岩間芳樹というひとつのジャンル――戦後史を描き続けた50年：放送研究と調査　51（6）通号601　〔2001.6〕　p24～45

本田靖春	我、拗(す)ね者として生涯を閉ず(10)新宿とヤクザと特ダネと：現代　35(8)〔2001.8〕　p134〜143
岡崎満義	求められるジャーナリストの統合力(Feature 新世紀への伝言)：総合ジャーナリズム研究　38(01)(通号175)〔2001.12〕p18〜22
本田靖春	我、拗(す)ね者として生涯を閉ず(12)学生に社説を任せるのどかな時代：現代　35(12)〔2001.12〕　p140〜147
外岡秀俊	えんぴつ記者から、デジタル記者へ——技術革新の激流を生きるための「覚書」(特集 記者読本2002—記者となる君へ)：新聞研究　(608)〔2002.3〕p30〜33
田島泰彦	メディアに幾重もの規制措置——市民の一層のアクセスと自律への取り組み強化を(特集 記者読本2002—記者となる君へ)：新聞研究　(608)〔2002.3〕p34〜37
河田稔	視座を地域に置くことを常に意識して——地方紙は読者との距離が近い(特集 記者読本2002—記者となる君へ)：新聞研究　(608)〔2002.3〕p14〜17
秋山耿太郎	取材の基礎体力をしっかり身につけて——新聞の原点は「読者の信頼」(特集 記者読本2002—記者となる君へ)：新聞研究　(608)〔2002.3〕p10〜13
宇佐波雄策	私の取材論 現代史の布を織る「フィールド・ワーク派」——出来事という横糸に歴史という縦糸をからめて：新聞研究　(610)〔2002.5〕p38〜41
元木昌彦, 猪瀬直樹	元木昌彦のメディアを考える旅(51)猪瀬直樹(作家) 日本のメディアは単なる野次馬 官僚の手口をもっと検証・批判せよ：エルネオス　8(6)通号91〔2002.6〕p102〜105
本田靖春	我、拗(す)ね者として生涯を閉ず(18)かくして社会部復帰を果たす：現代　36(6)〔2002.6〕　p146〜153
深田卓	ブック・ストリート 出版 対馬滋＝名編集者にして人権活動家の早すぎる死：出版ニュース　通号1946〔2002.8〕p32〜33
本田靖春	我、拗(す)ね者として生涯を閉ず(21)男気を私に残し、社会部崩れゆく：現代　36(9)〔2002.9〕　p174〜182
本田靖春	我、拗(す)ね者として生涯を閉ず(25)スクープとは何か——報道の意義を考える：現代　37(1)〔2003.1〕　p204〜213
本沢二郎	ブルータスお前もか——『霞が関の犯罪』を書けない新聞記者：マスコミ市民　通号409〔2003.2〕p42〜47
南井徹	ひるまず、しかし細心に——記者に求められる倫理とは(特集 記者読本2003—記者となる君へ)：新聞研究　(620)〔2003.3〕p22〜25
岸井成格, 元木昌彦	元木昌彦のメディアを考える旅(61)岸井成格(毎日新聞社・役員待遇編集委員) 日本人を深く考えさせなくさせた取材不足の短絡報道を危惧：エルネオス　9(4)通号101〔2003.4〕p102〜105
谷沢永一	本好き人好き(163)新聞人の苦悩——松崎天民『四十男の悩み』 野口雨情『童謡と児童の教育』：國文學 : 解釈と教材の研究　48(5)通号696〔2003.4〕p158〜161
本田靖春	我、拗(す)ね者として生涯を閉ず(29)新聞記者が国を動かす瞬間(とき)：現代　37(5)〔2003.5〕　p170〜180
本田靖春	我、拗(す)ね者として生涯を閉ず(30)五年にわたる主観報道が落とした敵：現代　37(6)〔2003.6〕　p176〜186
本田靖春	我、拗(す)ね者として生涯を閉ず——体験的ジャーナリズム論(31)テレビを観るとバカになる：現代　37(7)〔2003.7〕p140〜150
本田靖春	我、拗(す)ね者として生涯を閉ず——体験的ジャーナリズム論(33)ついに退社の経緯を書くときがきた：現代　37(9)〔2003.9〕p174〜183
小野博宣	新人記者に刺激と機会を——支局の教育機能を考える(特集 現代デスク論—現場から)：新聞研究　(626)〔2003.9〕p30〜32
本田靖春	我、拗(す)ね者として生涯を閉ず——体験的ジャーナリズム論(34)家庭を犠牲にしてもすべき職業：現代　37(10)〔2003.10〕p238〜248
本田靖春	我、拗(す)ね者として生涯を閉ず——体験的ジャーナリズム論(35)正力松太郎という男の「功罪」：現代　37(11)〔2003.11〕p146〜154
本田靖春	我、拗(す)ね者として生涯を閉ず——体験的ジャーナリズム論(36)社主へのごますりが紙面を蝕む：現代　37(12)〔2003.12〕p141〜150
坂井克彦	ニュースは自分の近くにある——誰に向けて何をどう書くか(特集 記者読本2004——記者となる君へ)：新聞研究　(632)〔2004.3〕p10〜13
柴沼均	ネット取材の利点と陥穽——記者の基本を徹底的に身に着けることが先決(特集 記者読本2004——記者となる君へ)：新聞研究　(632)〔2004.3〕p28〜31
溝口烈	感性と嗅覚研ぎ澄まし、信念貫け——調査報道を始めるチャンスは常にある(特集 記者読本2004——記者となる君へ)：新聞研究　(632)〔2004.3〕p14〜17
野中章弘	自律したジャーナリストたれ——視野、人脈の拡大とあくなき能力開発を(特集 記者読本2004——記者となる君へ)：新聞研究　(632)〔2004.3〕p32〜35
武藤斌	読者おそるべし——さまざまな出会いから知的冒険を(特集 記者読本2004——記者となる君へ)：新聞研究　(632)〔2004.3〕p24〜27
春原昭彦	内川さんと学会——学会をめぐる内川さんとの思い出(追悼 内川芳美先生)：マス・コミュニケーション研究　通号67〔2005〕p3〜5
桐山勝, 福西七重	あやかり対談60分 桐山勝さん(日経CNBC常勤監査役) マスコミ人として、「生涯現役」を貫く桐山流現場主義：月刊総務　43(1)通号514〔2005.1〕p72〜75
本田靖春	我、拗(す)ね者として生涯を閉ず——長期連載ついに最終章へ(46)ノンフィクションの黎明にも自らを裏切らず：現代　39(1)〔2005.1〕p128〜131
吉田則昭	滞欧時代(1940〜1948年)の笠信太郎——戦時における朝日新聞と「藤村工作」に関する一考察：Intelligence　(5)〔2005.1〕p97〜105
田原総一朗	わがジャーナリズムの総決算 権力の正体(第1回)岩波学校と「60年安保」の本質：プレジデント　43(3)〔2005.1〕p142〜146
田原総一朗	わがジャーナリズムの総決算 権力の正体(第2回)TV局転職とケネディ暗殺：プレジデント　43(4)〔2005.2〕p78〜82
田原拓治	「ニュース」とは意思である——不可解、理不尽、不条理を伝えるリングの上で(記者読本2005——記者となる君へ)：新聞研究　(644)〔2005.3〕p32〜35
江刺正嘉	ベタ記事でも社会を変えられる——弱者、被害者の声に耳を傾けて(記者読本2005——記者となる君へ)：新聞研究

　　　　　　　（644）〔2005.3〕 p28～31
平山一城　自分が「ナビ」になる覚悟を――支局は記者の骨格をつくる（記者読本2005――記者となる君へ）：新聞研究
　　　　　　　（644）〔2005.3〕 p20～23
白石興二郎　傲らず、卑下せず選んだ道を歩む――自己改革が勝ち残る条件（記者読本2005――記者となる君へ）：新聞研究
　　　　　　　（644）〔2005.3〕 p10～13
コピーニ, シリル, メナール, ロベール, 桂敬一, 大岡優一郎　対談・今、問われるジャーナリズムの本義―「国境なき記者団」の
　　　　　　　挑戦：世界　（737）〔2005.3〕 p59～67
神保哲生　神保哲生さんインタビュー マスメディアは社会のウォッチドッグになりうるか（下）マスコミの「報道」と「世論」
　　　　　　　（特集2 迷走するジャーナリズム）：マスコミ市民　通号434〔2005.3〕 p38～45
田原総一朗　わがジャーナリズムの総決算 権力の正体（第3回）安部公房とコンピュータ時代の曙：プレジデント　43（5）〔2005.
　　　　　　　3〕 p100～103
田原総一朗　わがジャーナリズムの総決算 権力の正体（第4回）ソ連幻想の崩壊とテレビ局倒産：プレジデント　43（6）〔2005.3〕
　　　　　　　p116～119
魚住昭, 元木昌彦　元木昌彦のメディアを考える旅（85）魚住昭氏（ノンフィクションライター）客観報道主義は建前、当局依存報
　　　　　　　道で荒廃したマスコミ：エルネオス　11（4）通号125〔2005.4〕 p106～109
田原総一朗　わがジャーナリズムの総決算 権力の正体（5）革新知事のブームとタブーなき報道：プレジデント　43（7）〔2005.4〕
　　　　　　　p118～122
田原総一朗　わがジャーナリズムの総決算 権力の正体（6）全共闘のエネルギーと決死の番組づくり：プレジデント　43（8）
　　　　　　　〔2005.4〕 p118～123
田原総一朗　わがジャーナリズムの総決算 権力の正体（7）大阪万博の熱狂と渾身の映画作り：プレジデント　43（9）〔2005.5〕
　　　　　　　p118～122
田原総一朗　わがジャーナリズムの総決算 権力の正体（8）七転八倒の映画監督業：プレジデント　43（10）〔2005.5〕 p114～118
田原総一朗　わがジャーナリズムの総決算 権力の正体（9）NHK、原発取材と報道圧力：プレジデント　43（11）〔2005.5〕 p122
　　　　　　　～126
田原総一朗　わがジャーナリズムの総決算 権力の正体（10）田中角栄失脚と通貨マフィアの攻防：プレジデント　43（12）〔2005.
　　　　　　　6〕 p102～107
田原総一朗　わがジャーナリズムの総決算 権力の正体（第11回）霞が関の若き獅子たち：プレジデント　43（13）〔2005.7〕 p126
　　　　　　　～131
田原総一朗　わがジャーナリズムの総決算 権力の正体（第12回）青年ビル・ゲーツとパソコン戦国時代：プレジデント　43（14）
　　　　　　　〔2005.7〕 p118～122
田原総一朗　わがジャーナリズムの総決算 権力の正体（第13回）「遺伝子工学」狂騒曲：プレジデント　43（15）〔2005.8〕 p104
　　　　　　　～107
田原総一朗　わがジャーナリズムの総決算 権力の正体（第14回）盛田昭夫と松下幸之助：プレジデント　43（16）〔2005.8〕 p102
　　　　　　　～106
田原総一朗　わがジャーナリズムの総決算 権力の正体（第15回）丹羽、ゴーン、御手洗の改革の流儀：プレジデント　43（17）
　　　　　　　〔2005.8〕 p96～100
田原総一朗　わがジャーナリズムの総決算 権力の正体（第16回）「田中角栄」五時間インタビュー：プレジデント　43（18）
　　　　　　　〔2005.9〕 p88～92
田原総一朗　わがジャーナリズムの総決算 権力の正体（第17回）首相を動かす“裏の首領”たち：プレジデント　43（19）〔2005.
　　　　　　　10〕 p108～112
田原総一朗　わがジャーナリズムの総決算 権力の正体（第18回）無制限一本勝負“朝まで生テレビ！”：プレジデント　43（20）
　　　　　　　〔2005.10〕 p114～118
田原総一朗　わがジャーナリズムの総決算 権力の正体（第19回）大島渚、西部邁、野坂昭如……論客が激突：プレジデント　43
　　　　　　　（21）〔2005.10〕 p118～122
大岡優一郎　CURRENT「国境なき記者団」の精神と活動：総合ジャーナリズム研究　42（01）（通号191）〔2005.12〕 p58～62
田原総一朗　わがジャーナリズムの総決算 権力の正体（第21回）「天皇論」に真っ向挑む：プレジデント　43（23）〔2005.12〕
　　　　　　　p128～133
田原総一朗　わがジャーナリズムの総決算 権力の正体（第22回）差別される側の論理：プレジデント　43（25）〔2005.12〕 p120
　　　　　　　～123
白水繁彦　追悼 堀川直義先生 堀川直義先生を偲ぶ：マス・コミュニケーション研究　通号69〔2006〕 p126～129
田原総一朗　わがジャーナリズムの総決算 権力の正体（第23回）湾岸戦争と小沢一郎：プレジデント　44（1）〔2006.1〕 p132～
　　　　　　　136
谷沢永一　本好き人好き（197）化込み婦人記者――花井一雄『鵜の目鷹の目 化込み婦人記者の手記』 安成二郎訳『警句集 女
　　　　　　　と悪魔』：國文學 : 解釈と教材の研究　51（2）通号733〔2006.2〕 p172～175
櫻井よしこ　私情に負けない真の記者魂を――事実に基づく「物の見方」から見えてくるもの（調査報道の力（2））：新聞研究
　　　　　　　（655）〔2006.2〕 p29～32
斎藤史郎　志の高い俗物たれ――自らを律する強い意志を持って（記者読本2006―記者となる君へ）：新聞研究　（656）〔2006.
　　　　　　　3〕 p10～13
川崎博　多様なメディアに接する読者――経営厳しい時代にこそやりがいある記者の仕事（記者読本2006―記者となる君
　　　　　　　へ）：新聞研究　（656）〔2006.3〕 p30～33
松田浩　追悼・茶本繁正さん 最後まで時代に警鐘を乱打して：放送レポート　200号〔2006.5〕 p18～19
藤田博司　岐路に立つ既存メディア――ウェブ時代に将来見通せぬ米ジャーナリズム：新聞研究　（660）〔2006.7〕 p46～49
保阪正康　ジャーナリストが「歴史」に向き合う能力とは何か（特集「八月ジャーナリズム」のゆくえ――体験と歴史のはざ
　　　　　　　まで）：月刊民放　36（8）通号422〔2006.8〕 p4～11
浜田奈美　言論 辺見庸は沈黙せず がんから復活し地をはう抵抗：Aera　19（37）通号1004〔2006.8〕 p34～36
熊谷博子　WOMEN&MEDIA インタビュー 熊谷博子さんに聞く：総合ジャーナリズム研究　43（04）（通号198）〔2006.9〕
　　　　　　　p47～50
猪瀬直樹　（特別インタビュー）猪瀬直樹 構造改革とジャーナリズム～TVの強さの原点“生”へ回帰：放送界　No0187〔2007〕
岡田直之　ジャーナリズム断章――新人ジャーナリストへのメッセージ（記者読本2007―記者となる君へ）：新聞研究　（668）

	〔2007.3〕 p38～41
柳田邦男	プロフェッショナルな記者の条件——自らの頭で問題の核心をとらえよう（記者読本2007—記者となる君へ）：新聞研究 （668）〔2007.3〕 p42～45
星春海	記者は体験を重ね学んでいく——取材の効率化と記者教育のはざまで（記者読本2007—記者となる君へ）：新聞研究 （668）〔2007.3〕 p18～21
門奈直樹	『マスコミ市民』と城戸先生、そして私（特集 「マスコミ市民」40年のあゆみ）：マスコミ市民　通号458 〔2007.3〕 p4～6
二木啓孝	ジャーナリスト入門 二木啓孝：ダカーポ　27（5）通号602 〔2007.3〕 p103～107
森田智嗣	ジャーナリスト入門 魚住昭：ダカーポ　27（6）通号603 〔2007.4〕 p117～121
大野栄三郎	通信社の先輩が語る「私の体験記」(2) 住友本社から記者稼業に戦後の混乱期で苦労の連続：新聞通信調査会報　通号543 〔2007.5〕 p14～16
半藤一利	朝日新聞社新人記者研修から ジャーナリストが歴史から学ぶべき教訓［含 質疑応答］：AIR21 （204）〔2007.5〕 p3～18
有山輝雄	朝日新聞社新人記者研修から 戦後ジャーナリズムの原点と課題［含 質疑応答］：AIR21 （204）〔2007.5〕 p19～32
森田智嗣	ジャーナリスト入門 辺真一：ダカーポ　27（8）通号605 〔2007.5〕 p103～107
新山藍朗	ジャーナリスト入門 佐野眞一：ダカーポ　27（9）通号606 〔2007.5〕 p117～121
深瀬和巳	通信社の先輩が語る「私の体験記」(3) 三度も出掛けた「南極野郎」犬生存の朗報に恵まれて：新聞通信調査会報　通号544 〔2007.6〕 p6～8
新山藍朗	ジャーナリスト入門 綿井健陽：ダカーポ　27（10）通号607 〔2007.6〕 p103～107
新山藍朗	ジャーナリスト入門 溝口敦：ダカーポ　27（11）通号608 〔2007.6〕 p117～121
松崎新一, 潮田三代治	通信社の先輩が語る「私の体験記」(4) 同盟の映像部門で悪戦苦闘伝え切れなかった戦争の悲惨さ：新聞通信調査会報　通号545 〔2007.7〕 p10～13
新山藍朗	ジャーナリスト入門 猪瀬直樹：ダカーポ　27（12）通号609 〔2007.7〕 p93～97
新山藍朗	ジャーナリスト入門 元木昌彦：ダカーポ　27（13）通号610 〔2007.7〕 p105～109
森永和彦	通信社の先輩が語る「私の体験記」(5) 悲願だった「マスメ」再開ゼロからの出発で寝食忘れる：新聞通信調査会報　通号547 〔2007.8〕 p10～12
新山藍朗	ジャーナリスト入門 岩瀬達哉：ダカーポ　27（14）通号611 〔2007.8〕 p103～107
新山藍朗	ジャーナリスト入門 星浩：ダカーポ　27（15）通号612 〔2007.8〕 p103～107
田久保忠衛	通信社の先輩が語る「私の体験記」(6) 強烈だった「琉球ナショナリズム」沖縄復帰に見た歴史の深淵：新聞通信調査会報　通号548 〔2007.9〕 p10～12
大井眞二	持続と変化の中のジャーナリスト——「日本のジャーナリスト1000人調査」から：月刊民放　37（9）通号435 〔2007.9〕 p24～29
新山藍朗	ジャーナリスト入門 田畑光永：ダカーポ　27（16）通号613 〔2007.9〕 p103～107
新山藍朗	ジャーナリスト入門 金子達仁：ダカーポ　27（17）通号614 〔2007.9〕 p117～121
新山藍朗	ジャーナリスト入門 岸井成格：ダカーポ　27（18）通号615 〔2007.10〕 p103～107
小関哲哉	通信社の先輩が語る「私の体験記」(8) 別世界だったイスラム社会入社3年、急きょカラチ特派員に：新聞通信調査会報　通号550 〔2007.11〕 p10～12
新山藍朗	ジャーナリスト入門 井田徹治：ダカーポ　27（20）通号617 〔2007.11〕 p103～107
新山藍朗	ジャーナリスト入門 上杉隆：ダカーポ　27（21）通号618 〔2007.11〕 p103～107
嘉納愛夏, 橋田幸子, 麻木久仁子	婦人公論井戸端会議 戦場ジャーナリストという仕事：婦人公論　92（23）通号1237 〔2007.11〕 p146～151
田口久美子	WOMEN&MEDIA インタビュー 田口久美子さんに聞く：総合ジャーナリズム研究　44（01）（通号 199）〔2007.12〕 p46～48
福原亨一	通信社の先輩が語る「私の体験記」(9) 文革の波にもまれて日中正常化の前と後：新聞通信調査会報　通号551 〔2007.12〕 p12～14
山路徹	なぜ紛争地取材を続けるのか——ビルマで落命した長井健司さんとAPF通信社が目指したもの：新聞研究 （677）〔2007.12〕 p45～49
新山藍朗	ジャーナリスト入門 財部誠一：ダカーポ　27（22）通号619 〔2007.12〕 p117～121
新山藍朗	ジャーナリスト入門 斎藤貴男：ダカーポ　28（1）通号620 〔2007.12.19～2008.1.2〕 p103～107
増山栄太郎	通信社の先輩が語る「私の体験記」(10) 異色の天才政治家を追った日々 角栄番記者、哀歓の10有余年：新聞通信調査会報　通号552 〔2008.1〕 p10～12
真鍋和彦	原稿を「書く」意識の徹底図る——新人記者手書き研修の成果：新聞研究 （678）〔2008.1〕 p63～66
金子敦郎	通信社の先輩が語る「私の体験記」(11) 大統領山荘で「缶詰め会談」「カーター、テロの根源で「勇気ある発言」：新聞通信調査会報　通号553 〔2008.2〕 p10～12
総合ジャーナリズム研究編集部	WOMEN&MEDIA インタビュー 佃由美子さんに聞く／データ＝メディアの中の女性たち／海外事情：総合ジャーナリズム研究所　45（02）（通号 204）〔2008.3〕 p37～43
桑野巍	通信社の先輩が語る「私の体験記」(12) 万博成功が大阪のピーク 地方行財政に目を向けて：新聞通信調査会報　通号554 〔2008.3〕 p6～8
日本大学法学部新聞学研究所	「日本のジャーナリスト1000人調査」報告書：ジャーナリズム＆メディア ： 新聞学研究所紀要 （1）〔2008.3〕 p83～122
池上彰	大きな意味を持つ記者の仕事——ジャーナリズムにできることを考えよう（記者読本2008—記者となる君へ）：新聞研究 （680）〔2008.3〕 p38～41
刈田徹	満川亀太郎の青少年期の思想と行動に関する一考察——その民声新聞時代を中心に：政治・経済・法律研究　10（2）〔2008.3〕 p107～119
Rees, Gavin	心に傷を負うジャーナリストたち——英国BBCが展開するトラウマ対策：AIR21 （215）〔2008.4〕 p36～48
小路春美	通信社の先輩が語る「私の体験記」(14) カメラで追った戦時下の南方 歴史の瞬間に立ち会った3年余：新聞通信調査会報　通号556 〔2008.5〕 p10～12

ジャーナリズム	ジャーナリスト

鹿糠敏和　国家事業を見続ける記者の目──「しらせ」最後の航海となった南極観測隊同行：新聞研究　（682）〔2008.5〕p65〜68

石川隼人　通信社の先輩が語る「私の体験記」(16)「伝書鳩」の全盛期を振り返る：新聞通信調査会報　通号558〔2008.7〕p10〜12

佐藤成文　通信社の先輩が語る「私の体験記」(17)「速報」が命の通信記者 外信部と海外勤務繰り返し37年：新聞通信調査会報　通号559〔2008.8〕p14〜16

中島宏　通信社の先輩が語る「私の体験記」(18) 文革からの生還に遭遇（トウ）小平の復活劇を回想する：新聞通信調査会報　通号560〔2008.9〕p7〜9

藤原作弥　通信社の先輩が語る「私の体験記」(19)「人間生活の営み」に興味 ニクソン・ショックで苦闘：新聞通信調査会報　通号561〔2008.10〕p8〜10

山田一郎　通信社の先輩が語る「私の体験記」(20) 全文取り消し"ポツダム記事"「満州」の崩壊と国通の終えんに立ち会う：新聞通信調査会報　通号562〔2008.11〕p10〜12

前田耕一　通信社の先輩が語る「私の体験記」(21) 不況を追いかけて十数年 "経済裏街道"で多くを学ぶ：新聞通信調査会報　通号563〔2008.12〕p12〜14

大谷昭宏　事件記者（新連載・1）「KEEP OUT」を乗り越えろ：月刊百科　（554）〔2008.12〕p4〜9

結城裕也, 畑中美穂, 福岡欣治　新聞ジャーナリストが経験する惨事の特徴とストレス反応：横浜国立大学大学院教育学研究科教育相談・支援総合センター研究論集　（9）〔2009〕p101〜120

下村健一　追悼 筑紫哲也さんの3つの"松明"：放送文化　season22〔2009.春〕p90〜93

佐藤貞夫　通信社の先輩が語る「私の体験記」(22) 国際情勢の影を色濃く反映 運動記者から見たスポーツの祭典：新聞通信調査会報　通号564〔2009.1〕p13〜15

中澤孝之　通信社の先輩が語る「私の体験記」(23) でっち上げられてCIA協力者に ブレジネフ時代の終えんに立ち会う：新聞通信調査会報　通号565〔2009.2〕p10〜12

松井豊　ジャーナリストの惨事ストレス──記者の心身の変化に目を向ける：新聞研究　（691）〔2009.2〕p71〜75

佐々木坦　通信社の先輩が語る「私の体験記」(24) サイゴン陥落後も続けた取材活動 最後の支局長として1年以上「籠城」：新聞通信調査会報　通号566〔2009.3〕p10〜12

中河孝博　まっとうな人間を書け！──コペルニクス的転回信じて（記者読本2009─記者となる君へ）：新聞研究　（692）〔2009.3〕p30〜33

太田巌　現場で考える 現場で学ぶ──「なぜ書くのか」絶えず自問を（記者読本2009─記者となる君へ）：新聞研究　（692）〔2009.3〕p14〜17

篠原慎一郎　紙とネット融合時代の記者──カナロコの挑戦から四年（記者読本2009─記者となる君へ）：新聞研究　（692）〔2009.3〕p34〜37

尾関謙一郎　取材先そして読者の目を常に意識して──取材する側・される側で見えたこと（記者読本2009─記者となる君へ）：新聞研究　（692）〔2009.3〕p26〜29

山本修司　小さな事件おろそかにしない姿勢を──調査報道は日常の取材の「結晶」（記者読本2009─記者となる君へ）：新聞研究　（692）〔2009.3〕p22〜25

後藤謙次　人間関係構築への努力を肝に銘じて──激動の時代をとらえるために（記者読本2009─記者となる君へ）：新聞研究　（692）〔2009.3〕p18〜21

斎藤勉　歴史的感性を日々研ぎ澄まそう──戦略的複眼で木も森も見る視点（記者読本2009─記者となる君へ）：新聞研究　（692）〔2009.3〕p10〜13

門奈直樹　安孫子前編集長を偲ぶ(2) 安孫子さんと「マスコミ市民」──私の人生の羅針盤：マスコミ市民　通号482〔2009.3〕p43〜45

佐藤睦　通信社の先輩が語る「私の体験記」(25) アポロ月面着陸で孤軍奮闘 体力頼みのアナログ取材続く：メディア展望　通号567〔2009.4〕p13〜15

菱木一美　通信社の先輩が語る「私の体験記」(26) 冷戦終結、激変の中で金日成と会見 実を結んだ息の長い人脈づくり：メディア展望　通号569〔2009.6〕p18〜20

信太謙三　通信社の先輩が語る「私の体験記」(27) 徒弟制度で身に付いた記者感覚 記者稼業を支えてくれた屈辱の日々：メディア展望　通号571〔2009.8〕p10〜12

長沼節夫　安孫子前編集長を偲ぶ(6) マスコミ・出版の少数派労働運動への変わらぬ支援に感謝：マスコミ市民　通号487〔2009.8〕p71〜73

佐藤信行　通信社の先輩が語る「私の体験記」(28) 崩壊と再生のドラマを描く 「プラハの春」とその挫折が原点：メディア展望　通号574〔2009.11〕p10〜12

井上果子, 松井豊, 福岡欣治　新聞ジャーナリストにおける日常の職務ストレスとソーシャル・サポート──基礎的分析：横浜国立大学大学院教育学研究科教育相談・支援総合センター研究論集　（10）〔2010〕p97〜118［含 英語文要旨］

美浦克教　記者もメディアも見られている：放送レポート　222号〔2010.1〕p18〜21

山崎真二　通信社の先輩が語る「私の体験記」(29) 現地に溶け込み、人脈をつくる 苦しくも楽しかったリマ特派員時代：メディア展望　通号576〔2010.1〕p14〜16

大谷昭宏　事件記者(15) 初任地・徳島を離れる日：月刊百科　（568）〔2010.2〕p38〜43

河津市三　記者の原点に立ち戻ろう──「足で書く」取材、読まれる新聞づくりの探求へ（記者読本2010─記者となる君へ）：新聞研究　（704）〔2010.3〕p8〜11

二階堂敏文　新たな時代の新聞を築く「創造力」──インターネットで変わる記者の仕事（記者読本2010─記者となる君へ）：新聞研究　（704）〔2010.3〕p36〜39

刈田徹　満川亀太郎の青年期の思想と行動に関する一考察──その『海国日報』記者時代を中心に：政治・経済・法律研究　12(2)〔2010.3〕p89〜100

河内孝, 元木昌彦　元木昌彦のメディアを考える旅(148) 河内孝氏（ジャーナリスト）これからのジャーナリズム・報道機関は紙を離れて限定的な相手に情報を売る：エルネオス　16(5) 通号186〔2010.5〕p106〜111

本多勝一　貧困なる精神(447) 石川真澄記者の遺言に寄せて(1) 戦争の知識を次世代に伝えるべきだった：金曜日　18(33) 通号828〔2010.9〕p31

本多勝一　貧困なる精神(448) 石川真澄記者の遺言に寄せて(2) まつろわぬ者を排除しようとする国：金曜日　18(35) 通号

		830 〔2010.9〕 p53
本多勝一	貧困なる精神（450）石川真澄記者の遺言に寄せて（3）「4割得票で6割の議席」の小選挙区制：金曜日　18（37）通号832 〔2010.10〕 p60	
本多勝一	貧困なる精神（451）石川真澄記者の遺言に寄せて（4）21世紀の新聞は、象の尻尾のネズミになるか：金曜日　18（39）通号834 〔2010.10〕 p26	
速水由紀子	現代の肖像 津田大介 メディアジャーナリスト：Aera　23（49）通号1253 〔2010.11〕 p54～58	
桂敬一	秋信利彦さん死去 勇気ある言論の実践：広島ジャーナリスト　（03）〔2010.12〕	
大谷昭宏	事件記者（25）ネコ型記者が放った特ダネ：月刊百科　（578）〔2010.12〕 p26～31	
大島十二愛	新聞記者時代の久留島武彦と子ども向けジャーナル——中央新聞『ホーム』のデジタル化保存と分析を中心に：共立女子大学文芸学部紀要　57 〔2011.1〕 p125～141	
小黒純	新人記者のための取材・執筆講座（第1回）ニュースをとらえる——ニュース感覚を磨き価値を見極める：Journalism　（248）〔2011.1〕 p70～79	
小黒純	新人記者のための取材・執筆講座（第2回）5W1Hを把握し明快な「リード」を作る：Journalism　（249）〔2011.2〕 p76～87	
早野透	ペンと共に人々に寄り添う——新聞記者の生き方とは（記者読本2011—記者となる君へ）：新聞研究　（716）〔2011.3〕 p40～43	
上原光晴	昭和マスコミ史秘話 危機を救った二人の新聞記者（上）：マスコミ市民　通号506 〔2011.3〕 p56～69	
上原光晴	昭和マスコミ史秘話 危機を救った二人の新聞記者（下）：マスコミ市民　通号507 〔2011.4〕 p42～53	
速水由紀子	現代の肖像 山路徹 APF通信社代表：Aera　24（30）通号1292 〔2011.6〕 p48～52	
平和博	新人記者のためのネット取材講座（1）ネットの向こうの取材相手に記事の手がかりを探してみる：Journalism　（257）〔2011.10〕 p74～82	
平和博	新人記者のためのネット取材講座（2）ソーシャルメディアも取材ツールに 読者と会話し、記事に生かす：Journalism　（258）〔2011.11〕 p66～76	
平和博	新人記者のためのネット取材講座（最終回）ネットの中の人の動き自体がこれから取材「現場」になる：Journalism　（259）〔2011.12〕 p87～95	
林美子	新人記者のための連載企画講座（1）身の回りにたくさん転がる連載企画のヒントを見逃すな：Journalism　（260）〔2012.1〕 p68～77	
高田昌幸, 柴田鉄治	「異端」のジャーナリストに聞く（NO.3）新聞業界にガリバーが生まれる：マスコミ市民　（517）〔2012.2〕 p36～49	
林美子	新人記者のための連載企画講座（2）連載の第一歩は設計図作り 取材、書き直しを繰り返そう：Journalism　（261）〔2012.2〕 p62～69	
川崎泰資, 日隈一雄	「異端」のジャーナリストに聞く（NO.4）情報はジャーナリストのためではなく、国民のためにある：マスコミ市民　（518）〔2012.3〕 p2～11	
林美子	新人記者のための連載企画講座（最終回）データを整理し、いよいよ執筆 細部にこだわり、起承転結をつけよう：Journalism　（262）〔2012.3〕 p80～87	
乙骨正生, 川崎泰資	「異端」のジャーナリストに聞く（NO.5）メディアがタブーにする創価学会：マスコミ市民　（519）〔2012.4〕 p30～39	
藤代裕之	THE PERSON ジャーナリスト 藤代裕之：ぎゃらく　通号515 〔2012.5〕 p3～5	
大治浩之輔	メディア時評（29）ジャーナリストの志、科学者の使命感、市民の支持：マスコミ市民　（520）〔2012.5〕 p30～32	
今井一, 川崎泰資	「異端」のジャーナリストに聞く（NO.6）国民投票・住民投票は「おれがやるしかない!!」：マスコミ市民　（520）〔2012.5〕 p36～44	
魚住昭, 石塚さとし	「異端」のジャーナリストに聞く（NO.7）「3.11」以降の姿勢を貫けば、新聞の展望は見えてくる：マスコミ市民　（521）〔2012.6〕 p26～35	
大治浩之輔, 土井敏邦	「異端」のジャーナリストに聞く（NO.8）構造的暴力に対するアプローチ パレスチナは人生の学校：マスコミ市民　（522）〔2012.7〕 p57～71	
井口幸久	新人記者のための「めざせ！ 特ダネ」講座（第1回）新人時代＝苦闘編 抜かれ続けたサツ回りの日々 地元紙を慌てさせたいの一心：Journalism　（266）〔2012.7〕 p97～105	
井口幸久	新人記者のための「めざせ！ 特ダネ」講座（第2回）中堅時代＝充実編 「読者との近さ」が地方版の価値 連載企画で人の心のヒダに迫る：Journalism　（267）〔2012.8〕 p70～78	
岩上安身, 川崎泰資	「異端」のジャーナリストに聞く（NO.10）インターネットは、メディアにとっては革命的な変化：マスコミ市民　通号524 〔2012.9〕 p57～67	
井口幸久	新人記者のための「めざせ！ 特ダネ」講座（最終回）ベテラン時代＝挑戦編 「介護タクシー」と老画家の大作 覚悟と迫力に「慢心」を打たれる：Journalism　（268）〔2012.9〕 p68～76	
川崎泰資, 綿井健陽	「異端」のジャーナリストに聞く（NO.11）世論や批判を無視して、やりたい取材をガンガンやってほしい：マスコミ市民　（525）〔2012.10〕 p60～71	
岡田力	新人記者のための取材力養成講座（第1回）取材の基本 正確に事態を把握するため多くの人に話を聞こう：Journalism　（269）〔2012.10〕 p86～94	
大塚将司, 中尾庸蔵	「異端」のジャーナリストに聞く（NO.12）もう、ジャーナリストと呼ばれるのは願い下げだ！：マスコミ市民　通号526 〔2012.11〕 p48～55	
岡田力	新人記者のための取材力養成講座（第2回）発掘力 本当のことを聞き出すため情報源との接し方を考えよう：Journalism　（270）〔2012.11〕 p90～98	
坂上香, 川崎泰資	「異端」のジャーナリストに聞く（NO.13）私のアイデンティティをはく奪した番組改変事件：マスコミ市民　通号527 〔2012.12〕 p50～57	
岡田力	新人記者のための取材力養成講座（最終回）裏付け力 総合力が問われる裏付け取材 「書く意志」が事態を打開する：Journalism　（271）〔2012.12〕 p76～84	
鶴木眞	生田正輝先生（日本新聞学会第17・18期会長）を偲ぶ：マス・コミュニケーション研究　（82）〔2013〕 p273～276	
篠田博之, 川崎泰資	「異端」のジャーナリストに聞く（NO.14）このままでは、ジャーナリズムは非常に危機的な状況に陥る：マスコミ市民　（528）〔2013.1〕 p40～48	

| 川崎泰資, 北村肇 | 「異端」のジャーナリストに聞く（NO.15）メディアの自殺 ： 理想はアメリカのプロパブリカ：マスコミ市民 （529）〔2013.2〕 p23〜31 |

川崎泰資, 北村肇　「異端」のジャーナリストに聞く（NO.15）メディアの自殺 ： 理想はアメリカのプロパブリカ：マスコミ市民 （529）〔2013.2〕 p23〜31

加古陽治　たゆみなくパネルを開ける ： 疑問の目から始まる調査報道（記者読本2013 記者となる君へ）：新聞研究 （740）〔2013.3〕 p16〜19

斎藤孝光　寄せ鍋をつついて奔走する ： 「より豊かな社会」のための経済報道（記者読本2013 記者となる君へ）：新聞研究 （740）〔2013.3〕 p20〜23

成田淳　記者としての立ち位置を意識して ： 読者との信頼関係を続けていくために（記者読本2013 記者となる君へ）：新聞研究 （740）〔2013.3〕 p8〜11

藤井靖　先輩は乗り越えるためにある ： 新しい時代の新しい特派員に（記者読本2013 記者となる君へ）：新聞研究 （740）〔2013.3〕 p24〜27

阿川佐和子　「聞く力」は「伝える力」 ： 人と人との橋渡しをするために（記者読本2013 記者となる君へ）：新聞研究 （740）〔2013.3〕 p36〜39

神保哲生, 石塚さとし　「異端」のジャーナリストに聞く（NO.16）当たり前のジャーナリズムを実践できる受け皿を作るために：マスコミ市民 （530）〔2013.3〕 p26〜41

岡本峰子　新人記者のための「くらし報道」講座（最終回）報道を深めるに 「カレンダー」に左右されず 息の長い報道を心がけよう：Journalism （274）〔2013.3〕 p86〜94

川崎泰資, 本多勝一　「異端」のジャーナリストに聞く（NO.18・最終回）現場に行かない記者はジャーナリストではない：マスコミ市民 （534）〔2013.7〕 p55〜63

岡田力　記者講座 ジャーナリストになる（第1回）伝えるとは 好奇心と情熱を持ち事実の力で民主主義を支える：Journalism （278）〔2013.7〕 p101〜110

山口昌子, 杉山文彦　話題の人 ジャーナリストとしてレジオン・ドヌール勲章を受章 元産経新聞パリ支局長 山口昌子（やまぐちしょうこ）さん：三田評論 （1170）〔2013.8・9〕 p40〜45

岡田力　記者講座 ： ジャーナリストになる（第2回）何を伝えるのか 「驚き」を伴うニュースが人々の心を揺さぶり社会を動かす：Journalism （279）〔2013.8〕 p88〜97

白山映子　「英文報国」ジャーナリスト 山縣五十雄：メディア史研究 34 〔2013.9〕 p160〜176

岡田力　記者講座 ： ・ジャーナリストになる（最終回）どう考えて伝えるのか 「街の声」と専門知識を両輪に誰とでも同じ目線で向き合おう：Journalism （280）〔2013.9〕 p124〜133

堀内京子　調査報道記者・編集者協会（IRE）大会報告 データ分析やビジュアルを駆使した米調査報道の最前線で起きていること：Journalism （280）〔2013.9〕 p98〜101

田原牧　インタビュー 田原牧さんに聞く 「アラブの春」の行方とシリア内戦 ： 「革命」とは何か：ピープルズ・プラン （63）〔2013.12〕 p83〜94

川名壮志　記者として、遺族の隣人として：Kotoba ： 多様性を考える言論誌 （15）〔2014.春〕 p134〜137

黄碍, 徳永光展　ジャーナリストに求められる資質 ： ニーズを見極める力：社会環境学 3（1）〔2014.3〕 p67〜82

市川速水　見つからない答え探し続ける ： 記者の葛藤と醍醐味（記者読本2014 記者となる君へ）：新聞研究 （752）〔2014.3〕 p11〜14

梅崎晴光　専門記者として歴史を発掘 ： 二足のわらじで琉球競馬を追う：新聞研究 （753）〔2014.4〕 p71〜75

堀潤　THE PERSON ジャーナリスト/NPO法人「8bitNews」代表 堀潤：ぎゃらく （543）〔2014.9〕 p3〜5

〔図 書〕

田中香苗　新聞と新聞記者　翰林書院　1949　193p　19cm　（ブルー・リボン・ブックス）

三一書房編集部　新聞記者の告白—捏造された記事　三一書房　1950　191p　19cm

赤谷達　新聞と新聞記者　養徳社　1951　205p　19cm

富田八郎　若き新聞記者の怒り　みすず書房　1954　215p　19cm

池島信平　ジャーナリスト—その喜びと悲しみ　大蔵出版　1955　232p　19cm

酒井寅吉　ジャーナリスト—新聞に生きる人びと　平凡社　1956　254p　19cm　（人間の記録双書）

池島信平　ジャーナリズムの窓から　修道社　1956　256p　18cm

門田勲　新聞記者—エンピツの嘆きと喜びと　同文館　1956　145p　19cm

高村暢児　新聞記者千夜一夜　河出書房　1956　176p図版　18cm　（河出新書）

勝田重太朗　新聞に生きる一落第記者から社長まで　東洋書館　1956　214p図版　18cm

戸川幸夫　かけだし記者　和同出版社　1958　298p　19cm

篠原菊治　神戸新聞社での生活四十年　篠原菊治　1958　224p　19cm

戸川幸夫　新聞記者呆助物語　和同出版社　1958　287p　19cm

Noble, Iris., 佐藤亮一　世界の新聞王—ジョゼフ・ピューリッツァー伝　講談社　1958　234p　20cm

城戸礼　旋風記者　東京文芸社　1958　364p　20cm

進藤純孝　ジャアナリスト作法—編集者の告白　角川書店　1959　184p　18cm

朝日新聞社社会部　新聞記者の手帳　光書房　1959　285p　20cm

北野吉内追悼録刊行会　新聞人北野吉内　北野吉内追悼録刊行会　1959.3　321p（図・肖像共）　22cm　非売品

高木健夫　新聞記者一代　講談社　1962　287p図版　20cm

高村暢児　遊軍記者　講談社　1962　233p　20cm

畑山博　三四郎記者—事件の底に流れるもの　六月社　1963　267p　18cm

古谷糸子　ジャーナリスト—新聞記者の眼　社会思想社　1963　263p　16cm　（現代教養文庫）

門田勲　新聞記者　筑摩書房　1963　233p　18cm　（グリーンベルト・シリーズ）

木下健二　記者読本—ニュースのうらおもて　共同通信社開発局　1964　284p図版　18cm

扇谷正造　ジャーナリスト入門　実業之日本社　1966　246p　18cm　290円　（実日新書）

坂口あさ　記者生活三十年　出版　1967　119p図版　19cm　250円

高田元三郎　記者の手帖から　時事通信社　1967　362p図版　19cm　700円

小俣行男　戦場と記者　冬樹社　1967　344p（図版共）　20cm　450円

ジャーナリスト   ジャーナリズム

入江徳郎　　　泣虫記者　改訂版　春陽堂書店　1967　351p　16cm　（春陽文庫）
久米茂　　　　消えた新聞記者　雪書房　1968　444p（図版共）　20cm　580円
久保田清　　　鈍行記者―あるジャーナリストの歩んだ道　弥生書房　1968　377p　19cm　680円
太田雅夫　　　桐生悠々―ある反戦ジャーナリストの生涯　紀伊国屋書店　1970　215p　図版　18cm　300円　（紀伊国屋新書）
首藤一　　　　新聞記者半世紀　首藤文庫　1970　238p　図　19cm　750円
伊豆富人, 前田雄二　新聞に生きる　時事通信社　1970　361p　肖像　19cm　5000円
Hohenberg, John., 天野景司　ピューリッツア賞物語―ジャーナリストの栄光と足跡　産業能率短期大学出版部　1970　444p　図版　20cm　1200円
ノンフィクションクラブ　大宅壮一と私―追悼文集　季竜社　1971　358p　肖像　20cm　2000円
落合巳代治　　おっちゃん記者奮戦記―岳南市民新聞十七年　たいまつ社　1971　283p　肖像　20cm　850円
朝日新聞社　　マスコミとコンピュータ　共立出版　1971　177, 4p　18cm　450円　（科学ブックス 13）
鈴木均　　　　ジャーナリストに何が可能か　三一書房　1972　231p　18cm　（三一新書）
田英夫　　　　真実とはなにか―わが体験的ジャーナリズム論　社会思想社　1972　213p　20cm　580円
鈴木均　　　　われみなジャーナリスト―現代報道論　第三文明社　1972　222p　20cm　620円
新延修三　　　われらヒラ記者―朝日新聞を築いた人たち　波書房　医事薬業新報社（発売）　1973　228p　図　19cm　620円
内藤国夫　　　新聞記者として　筑摩書房　1974　287p　19cm　980円
高木健夫　　　読売新聞・風雲の紳士録　読売新聞社　1974　289p　19cm　900円
樹下春生　　　或るジャーナリストの死　紀元社出版　1975　166p　19cm　800円
藤原つた, 藤原鎌兄　記者五十年のうらばなし―北京二十年日本三十年　藤原つた　1975　316p　図　肖像　19cm　非売品
斧泰彦　　　　朝日新聞記者による特派員の目・東南アジア編　朝日ソノラマ　1976　254p　19cm　700円　（海外取材シリーズ）
Jean, Daniel, 堀嘉彦　ジャーナリストの誕生―職業的自伝の試み　サイマル出版会　1976　309p　肖像　19cm　1300円
新聞人信夫韓一郎　「新聞人信夫韓一郎」刊行会　1977.10　440p　19cm　非売品
内藤国夫　　　新聞記者の世界―報道現場からの新聞研究　日本ジャーナリスト専門学校出版部　1977.11　318p　19cm　980円
　　　　　　　（ジャーナリスト双書）
浅野恭平　　　新聞記者の文章作法　地産出版　1977.12　236p　18cm　600円　（Chisan books）
小坂新夫　　　なぐれ記者　印象社（製作）　1978.3　325p　19cm　非売品
小和田次郎　　ジャーナリストへの条件　蝸牛社　1978.11　238p　20cm　1300円
人間の科学の会　ジャーナリストたちの履歴書　現代新社　1978.11　186p　18cm　880円
八木淳　　　　記事にできなかった話―朝日記者30年の取材メモから　学陽書房　1979.11　259p　20cm　1200円
原寿雄　　　　新聞記者―私の仕事　東洋経済新報社　1979.11　246, 8p　19cm　1200円
平野実　　　　外交記者日記―鳩山外交の一年　行政通信社　1980.1　291p　19cm　1200円
深谷安男　　　新聞記者だということだ　人間の科学社　1980.4　192p　19cm　1200円　（人間の科学叢書）
鈴木均　　　　ジャーナリスト　三一書房　1980.11　222p　18cm　650円　（三一新書）
新井直之　　　新井直之のマスコミ日誌'80―新聞・放送批判　日本ジャーナリスト専門学院　1981.3　321p　19cm　1200円
　　　　　　　（ジャーナリスト双書 15）
宮本源七郎　　外報記者一代―駆け巡る異国での青春　東京ブレインズ　1981.9　186p　19cm　1200円
小山武夫　　　補充兵記者　東京新聞出版局　1981.10　235p　19cm　980円
中野五郎　　　朝日新聞記者の見た昭和史　光人社　1981.12　326p　20cm　1500円
太田克彦　　　ジャーナリスト感覚　冬樹社　1982.1　241p　20cm　1200円
丸山実, 坂口義弘　花形記者は転んだ―ジャーナリスト内藤国夫の素顔　幸洋出版　1982.3　214p　20cm　1100円
新井直之　　　新井直之のマスコミ日誌'81―新聞・放送批判　日本ジャーナリスト専門学校　1982.4　315p　19cm　（ジャーナリスト双書 18）
朝居正彦　　　新聞人の世話手帖　千人社　1982.7　436p　19cm　3500円
岡崎万寿秀, 城戸又一　ジャーナリストの原点　大月書店　1982.8　270p　20cm　1400円　（大月フォーラムブックス 11）
諸岡達一　　　裸の新聞記者―整理記者の世界　三修社　1982.12　272p　19cm　1200円
遊佐雄彦　　　読売新聞ヒラ記者25年　幸洋出版　1983.5　269p　20cm　1200円
朝日新聞社　　記者の証言―事件の内側の日々　朝日新聞社　1983.6　63p　21cm　250円　（朝日ブックレット 6）
仲晃　　　　　ジャーナリストの肖像―報道の自由と国家機密　PHP研究所　1983.6　219p　19cm　1100円
マスコミ問題研究会　ジャーナリスト年鑑　1983年版　マスコミ評論社　1983.7　793p　22cm　18000円
読売新聞社　　ドキュメント新聞記者―三菱銀行事件の42時間　角川書店　1984.1　372p　15cm　460円　（角川文庫）
本多勝一　　　職業としてのジャーナリスト　朝日新聞社　1984.3　317p　15cm　400円
猪狩章　　　　ジャーナリスト式諸事百般―もどってこい！常識と良識　情報センター出版局　1984.4　219p　19cm　830円
　　　　　　　（Century press）
Hanson, Edith.　ジャーナリスト・アイ―日本どうなる！どうする？　柏書房　1984.5　192p　20cm　1200円
前坂俊之　　　新聞記者　実務教育出版　1984.11　158p　19cm　800円　（気になる仕事の本）
柴田俊治, 深代惇郎　記者ふたり世界の街角から　朝日新聞社　1985.4　254p　15cm　380円　（朝日文庫）
茶本繁正　　　現代フリーライター論―ジャーナリストの"志"とは何か　三一書房　1985.5　246p　20cm　1800円
黒田清　　　　新聞記者の現場　講談社　1985.5　180p　18cm　450円　（講談社現代新書）
河田稔　　　　ある新聞人の生涯―評伝井上江花　新興出版社　1985.7　251p　20cm　1800円
毎日新聞社　　記者の目　1985年7月〜9月　らくだ出版　1985.10　160p　19cm　750円
福沢亜夫　　　夜駆ける記者―第一線記者の目がとらえた経済事件簿　時の経済社　1985.12　225p　20cm　1300円
斎藤信也　　　記者四十年　朝日新聞社　1987.1　263p　15cm　480円　（朝日文庫）
広瀬道貞　　　新聞記者という仕事　ぺりかん社　1987.6　201p　20cm　1600円　（仕事シリーズ 3）
岩波書店　　　新聞記者の仕事とは―支局襲撃事件の衝撃　岩波書店　1987.6　63p　21cm　250円　（岩波ブックレット no.92）
大谷昭宏　　　新聞記者が危ない―内そとからの砲火　朝日ソノラマ　1987.8　287p　20cm　1200円
黒田清　　　　黒田軍団かく闘えり―社会部長日誌　講談社　1987.10　255p　20cm　1200円

朝日新聞静岡支局　かけだし泣きむし地方記者　ひくまの出版　1987.11　319p　19cm　1200円

原寿雄　新聞記者の処世術　晩声社　1987.11　216p　19cm　1500円

南風原英育　南の島の新聞人—資料にみるその変遷　ひるぎ社　1988.9　274p　18cm　900円　（おきなわ文庫 41）

中野五郎　朝日新聞記者の見た昭和史　光人社　1989.3　326p　20cm　1500円

原寿雄　それでも君はジャーナリストになるか—続新聞記者の処世術　晩声社　1990.1　239p　19cm　1545円

高木伯之　命がけやねんこの取材　全国朝日放送　1990.3　301p　19cm　990円

斎藤信也遺稿追悼集編集委員会　新聞記者斎藤信也—昭和を名文で綴った男　素朴社　1990.6　373p　20cm　1545円

宮居康太郎　新聞界人物評伝　日本図書センター　1990.9　209p　22cm　5150円　（日本人物誌叢書 10）

大鶴不二人さん記念会・追悼集編集委員会　わが記者人生に異議なし—大鶴不二人と私たち　大鶴不二人さん記念会・追悼集編集委員会　1990.9　260p　21cm　非売品

山本武利　新聞記者の誕生—日本のメディアをつくった人びと　新曜社　1991.1　357p　20cm　2884円

綱島正人　新聞記者　あかね書房　1991.3　39p　26cm　1500円　（やってみたいなこんなしごと 20）

柳田邦夫　ジャーナリスト精神　晩声社　1991.10　202p　19cm　1545円

ロジャー, サイモン, 横山和子　ジャーナリストはなぜ疑い深いか　中央公論社　1991.10　272p　16cm　540円　（中公文庫）

斎藤茂男　新聞記者を取材した　岩波書店　1992.3　259p　19cm　1300円

原寿雄　新しいジャーナリストたちへ—テレビは戦争の何を伝えたのか　晩声社　1992.4　199p　19cm　1545円

山県裕一郎　私のアメリカ・ジャーナリズム修行—Reflections of New York　東洋経済新報社　1992.4　189p　19cm　1400円

Malcolm, Janet, 小林宏明　ジャーナリストと殺人者　白水社　1992.8　221p　20cm　1700円

池田知隆　新聞記者—時代を見る、時代を書く、時代を生きる　実業之日本社　1992.10　238p　19cm　1030円　（仕事—発見シリーズ 17）

団野信夫　一新聞記者の昭和体験　団野信夫　1992.12　352p　19cm

石井久　生涯新聞記者　第1輯　緑と花と健康—生涯記者とロータリアン　新千葉新聞社　1992.12　220p　22cm　非売品

毎日新聞労働組合　新聞記者は正義の味方か!?—市民とジャーナリストの対話　新日本医学出版社　1993.5　95p　19cm　700円　（あすへの対話 2）

松井柏軒　四十五年記者生活—伝記・松井柏軒　大空社　1993.6　394, 5p　22cm　13000円　（伝記叢書 117）

平田久　新聞記者之十年間—伝記・平田久　大空社　1993.6　452, 32, 6p　22cm　14000円　（伝記叢書 112）

薄田斬雲　天下之記者——名山田一郎君言行録 伝記・山田一郎　大空社　1993.6　1冊　22cm　12000円　（伝記叢書 113）

黒田清　原点—新聞記者物語　三五館　1993.8　302p　20cm　1700円

土井清之　車いす記者奮戦記　朝日新聞社　1993.9　178p　20cm　1300円

梶原ほずみ　ドサ回り記者の泣き笑い日記—新聞記者もサラリーマン　恒友出版　1994.1　230p　19cm　1360円

プレスネットワーク94　新聞のウラもオモテもわかる本—現役記者5人が書いた 徹底研究　かんき出版　1994.3　223p　19cm　1400円

竹下俊郎　変化するメディア環境と新聞読者—全国新聞信頼度第2回総合調査(1991年)コードブック　筑波大学多目的データバンク　1994.3　137, 22p　26cm

朝日新聞記者夏目漱石　立風書房　1994.7　211p　26cm　1800円

新聞労連, 日本新聞労働組合連合　新聞記者を考える　晩声社　1994.9　283p　19cm　1545円

黒田清　未来のジャーナリストたちへ　マガジンハウス　1994.11　341p　19cm　1800円

門静琴似　わたしは悪い新聞記者—1日やったらやめられない新聞記者の優雅な日々　データハウス　1995.3　204p　18cm　1000円

菊池知之, 坂口二郎　新聞人坂口二郎　昭和編　日記・論説　草文書林　1995.4　358p　22cm　6500円　（紫水叢書）

田村昌夫　おにぎり記者—戦後五十年激動期を見すえて　北日本新聞社　1995.7　350p　21cm　1700円

大場登志男　新聞屋奮闘記　成星出版　1995.8　267p　20cm　1700円

船戸光雄　報道戦士は報われたか　船戸光雄　1995.9　80p　20cm

有田芳生　私の取材ノート　同時代社　1995.10　222p　19cm　1200円

田村紀雄　正義は我に在り—在米・日系ジャーナリスト群像　社会評論社　1995.12　309p　22cm　3200円

北村幸雄　地方記者一代　北村幸雄　1996.8　311p　21cm　2000円

小田橋弘之　記者は死んだか!　晩声社　1996.11　309p　19cm　1854円

鈴木史朗　号外記者　創栄出版　1996.11　169p　19cm　1456円

小笠原信之　職業としてのフリージャーナリスト　晩声社　1996.12　250p　19cm　1545円

坂本竜彦, 生井久美子　新聞記者の仕事　岩波書店　1997.2　216p　18cm　650円　（岩波ジュニア新書）

木村栄文　記者ありき—六鼓・菊竹淳の生涯　朝日新聞社　1997.6　279p　20cm　2200円

林かおり　日系ジャーナリスト物語—海外における明治の日本人群像　信山社出版　1997.9　288p　19cm　2900円

田上倉平　新聞大好き男の半生——地方紙記者の哀歓　徳島出版(印刷)　1997.10　200p　21cm

衣笠周司　戦時下の記者たち—セレベス新聞を読む　向陽書房　1997.12　157p　19cm　1600円

小林寿　新聞屋親父の独り言　小林新聞舗　1998　1冊（ページ付なし）　27cm

田勢康弘　ジャーナリストの作法　日本経済新聞　1998.2　220cm　1400円

牧太郎　新聞記者で死にたい—障害は「個性」だ　中央公論社　1998.4　256p　18cm　720円　（中公新書）

久野収　ジャーナリストとして　岩波書店　1998.5　305p　20cm　3500円　（久野収集 1）

今津弘　ジャーナリストその優しさと勁さ—近現代史への新たな旅立ち　スリーエーネットワーク　1998.7　321p　20cm　1600円

伊藤保太郎　新聞と私—コラム十余年 私家版　伊藤保太郎　1998.8　197p　21cm

五十嵐智友　歴史の瞬間とジャーナリストたち—朝日新聞にみる20世紀　朝日新聞社　1999.2　473, 38p　22cm　2600円

板垣恭介　無頼記者—板さんのマスコミ批判 続　マルジュ社　1999.5　326p　20cm　1800円

Whymant, Robert, 加瀬英明　私は一流新聞の犬記者　講談社　1999.6　256p　20cm　1600円

田村紀雄, 林利隆　ジャーナリズムを学ぶ人のために　新版　世界思想社　1999.12　300p　19cm　1950円

松岡孝一　一地方記者の記録—東奥日報とともに半世紀　東奥日報社　2000.7　317p　22cm　2500円

岡元隆治, 河内孝	ジャーナリストになるには　ぺりかん社　2000.7　173p　19cm　1170円　（なるにはbooks 17）
楓元夫	記者の遠吠え―マスコミ栄えて記者魂は衰退!?　小説　東京図書出版会　2000.9　203p　19cm　1238円
坂東愛彦	新聞記者の仕事　早稲田大学人間科学部産業社会学研究室　2000.12　31p　26cm　（早稲田大学人間科学部産業社会学調査実習資料　第5集―シリーズ『ジャーナリストへの招待状』2）
高杉治男	赤筆記者走る―新聞の裏舞台から見た戦後史　時空出版　2001.5　236p　20cm　1800円
鎌田慧	ルポライターの仕事　早稲田大学人間科学部産業社会学研究室　2001.7　34p　26cm　（早稲田大学人間科学部産業社会学調査実習資料　第8集―シリーズ『ジャーナリストへの招待状』5）
鳥越俊太郎	ニュースの職人―「真実」をどう伝えるか　PHP研究所　2001.10　217p　18cm　660円　（PHP新書）
松本清張記念館	証言―朝日新聞社時代の松本清張―没後10年記念事業　北九州市立松本清張記念館　2002.1　19p　30cm　（特別企画展ふるさと小倉シリーズ5）
筑紫哲也	ジャーナリストの仕事―お前はただの現在に過ぎない　早稲田大学人間科学部河西宏祐研究室付産業社会学研究室　2002.3　75p　26cm　（早稲田大学人間科学部産業社会学調査実習資料　第16集―シリーズ『ジャーナリストへの招待状』9）
田勢康弘	ジャーナリストの冒険　新潮社　2002.3　316p　16cm　619円　（新潮OH！文庫）
江川紹子	フリージャーナリストの仕事　早稲田大学人間科学部河西研究室気付産業社会学研究室　2002.3　47p　26cm　（早稲田大学人間科学部産業社会学調査実習資料　第15集―シリーズ『ジャーナリストへの招待状』8）
別冊宝島編集部	立花隆「嘘八百」の研究　宝島社　2002.7　333p　16cm　686円　（宝島社文庫）
筑紫哲也	いまジャーナリストとして考えること―北朝鮮拉致被害者報道をめぐって　早稲田大学人間科学部産業社会学研究室　2003.3　52p　26cm　（早稲田大学人間科学部産業社会学調査実習資料　第19集―シリーズ『ジャーナリストへの招待状』10）
有志記者の会	若い記者たちへ―松井やよりの「遺言」　2002年10月25日講演の記録　樹花舎　2003.3　95p　21cm　800円
鳥越俊太郎	あめりか記者修業　改版　中央公論新社　2003.4　303p　16cm　781円　（中公文庫）
柴田鉄治	新聞記者という仕事　集英社　2003.8　206p　18cm　660円　（集英社新書）
筑紫哲也	職業としてのジャーナリスト　岩波書店　2005.2　258p　19cm　2500円　（ジャーナリズムの条件1）
東玲治	記者物語　続　創風社出版　2005.4　297p　20cm　1800円
宮田伍良	新聞記者　JCI Teleworkers' Network（印刷）　2005.7　522p　26cm
森正蔵	あるジャーナリストの敗戦日記―1945～1946　ゆまに書房　2005.8　413p　20cm　2800円
武蔵大学社会学部	メディア社会学的な『視点』を求めて―外国人ジャーナリスト＆ドキュメンタリー作家へのインタビュー集　調査報告書　武蔵大学社会学部アンジェロ・イシ研究室　2006.3　74p　30cm
河崎吉紀	制度化される新聞記者―その学歴・採用・資格　柏書房　2006.11　21cm　2800円
志葉玲	たたかう！ジャーナリスト宣言―ボクの観た本当の戦争　社会批評社　2007.6　251p　19cm　1800円
スポンタ中村, 歌川三,佐々木俊尚, 森健,湯川鶴章	サイバージャーナリズム論―「それから」のマスメディア　ソフトバンククリエイティブ　2007.7　279p　18cm　700円　（ソフトバンク新書）
原剛	ジャーナリストの仕事　早稲田大学出版部　2007.11　192, 12p　21cm　1800円　（石橋湛山記念早稲田ジャーナリズム大賞記念講座講義録3）
外岡秀俊, 柴田鉄治	新聞記者―疋田桂一郎とその仕事　朝日新聞社　2007.11　293p　19cm　1200円　（朝日選書833）
小田光康	パブリック・ジャーナリスト宣言。　朝日新聞社　2007.11　222p　18cm　720円　（朝日新書）
高島俊男	天下之記者―「奇人」山田一郎とその時代　文藝春秋　2008.2　378p　18cm　1000円　（文春新書）
読売新聞東京本社教育支援部	ジャーナリストという仕事　中央公論新社　2008.3　158p　20cm　1500円
花田達朗	「個」としてのジャーナリスト―石橋湛山記念早稲田ジャーナリズム大賞記念講座2008　早稲田大学出版部　2008.11　255p　21cm　1800円
本多勝一	新聞と新聞記者のいま　新樹社　2008.11　198p　19cm　1300円
木戸湊	記者たちよハンターになれ！―元毎日新聞主筆の回想録　新風書房　2009.5　142p　19cm　1200円
土屋礼子	近代日本メディア人物誌　創始者・経営者編　ミネルヴァ書房　2009.6　277p　21cm　2800円
中川一徳	メディアの支配者　下　講談社　2009.6　503p　15cm　790円　（講談社文庫 な79-2）
河谷史夫	記者風伝　朝日新聞出版　2009.7　295, 6p　20cm　1800円
佐高信	田原総一朗とメディアの罪　講談社　2009.7　208p　15cm　600円　（講談社文庫 さ33-31）
本多勝一	疋田桂一郎という新聞記者がいた　新樹社　2009.7　238p　19cm　1300円
片山正彦	ここに記者あり！―村岡博人の戦後取材史　岩波書店　2010.3　321p　19cm　1900円
花田達朗	「境界」に立つジャーナリスト―石橋湛山記念早稲田ジャーナリズム大賞記念講座2010　早稲田大学出版部　2010.11　223p　21cm　1800円
牧太郎	新聞記者で死にたい―オウム事件と闘病の日々　中央公論新社　2010.11　285p　16cm　686円　（中公文庫 ま41-1）
前田耕一	通信社マンひと筋―雑草魂で生き抜く自分史　前田耕一　2010.12　229p　20cm　非売品
岩垂弘	ジャーナリストの現場―もの書きをめざす人へ　同時代社　2011.10　494p　22cm　2800円
花田達朗	「対話」のジャーナリスト―石橋湛山記念早稲田ジャーナリズム大賞記念講座2011　早稲田大学出版部　2011.11　223p　21cm　1800円
報道人ストレス研究会	ジャーナリストの惨事ストレス　現代人文社　2011.12　167p　21cm　1900円
田原総一朗	田原総一朗の遺言―一線を越えたジャーナリスト達　－　テレビ東京　2012.1　ビデオディスク 1枚（153分）：DVD　3990円
田原牧	新聞記者が本音で答える「原発事故とメディアへの疑問」　クレヨンハウス　2012.3　63p　21cm　500円　（わが子からはじまるクレヨンハウス・ブックレット007）
鎌田慧	反骨のジャーナリスト市長鈴木東民の闘争　七つ森書館　2012.4　429p　19cm　2400円　（ノンフィクション・シリーズ"人間" 6）
宮沢徳雄	地方記者の半生記―酒と麻雀とペン　[宮澤徳雄]　2012.6　209p　18cm　800円
河谷史夫	新聞記者の流儀―戦後24人の名物記者たち　朝日新聞出版　2012.7　343p　15cm　740円　（朝日文庫 か52-1）
竹内洋	メディアと知識人―清水幾太郎の覇権と忘却　中央公論新社　2012.7　373p　20cm　2300円
稲田陽子	荒野のジャーナリスト稲田芳弘―～愛と共有の「ガン呪縛を解く」　Eco・クリエイティブ　2012.11　220p　19cm

			1800円					

岩手日報社編集局　風化と闘う記者たち―忘れない平成三陸大津波　早稲田大学出版部　2012.11　136p　21cm　940円　（早稲田大学ブックレット―「震災後」に考える 26）

山本美香　ザ・ミッション―山本美香最終講義 戦場からの問い　早稲田大学出版部　2013.3　309p　19cm　1800円

山根芳美　新聞の鬼山根真治郎―ジャーナリスト養成の祖「新聞学院」をつくった男　文芸社　2013.3　280p　15cm　700円

若宮啓文　新聞記者―現代史を記録する　筑摩書房　2013.9　234, 4p　18cm　860円　（ちくまプリマー新書 202）

伊藤友治　報道人の作法―メディアを目指す人たちへ　慶應義塾大学出版会　2014.2　282p　19cm　2000円

山下久猛　新聞社・出版社で働く人たち―しごとの現場としくみがわかる！　ぺりかん社　2014.7　156p　21cm　1900円　（しごと場見学！）

佐高信　不敵のジャーナリスト筑紫哲也の流儀と思想　集英社　2014.7　205p　18cm　720円　（集英社新書 0747）

岡田力　報道記者の原点―記者入門ガイド What is a journalist?　メディアを目指す、すべての人へ　リーダーズノート出版　2014.7　285p　19cm　1400円

NTV, 山本美香, 日本テレビ, 日本テレビホールディングス, 日本テレビ放送網　山本美香という生き方　新潮社　2014.8　270p　図版16p　16cm　670円　（新潮文庫 やー73-1）

山田健太　ジャーナリスト人名事典　明治～戦前編　日外アソシエーツ　2014.9　415p　21cm　13500円

「ジャーナリスト人名事典」編集委員会　ジャーナリスト人名事典　戦後～現代編　日外アソシエーツ　2014.12　386p　21cm　13500円

Balzac, Honoré, de, 鹿島茂　ジャーナリストの生理学　講談社　2014.12　313p　15cm　1050円　（講談社学術文庫 2273）

紙面作り（編集・制作）

〔雑誌記事〕

日本新聞協会編集部　ドンな記事がドレだけ？――新聞の紙面解剖：新聞研究　通号6　〔1949.3〕　p39～47

権藤猛　新聞制作の基礎：新聞研究　通号8　〔1949.8〕　p35～39

村上元彦　見出しの強さ・美：新聞研究　通号9　〔1949.11〕　p20～25

小川隆, 梅岡義貴　紙面のスタイル：新聞研究　通号9　〔1949.11〕　p25～36

波多野完治　標題の機能＝文章：新聞研究　通号9　〔1949.11〕　p10～20

坂西志保　親しまれる新聞：婦人公論　35 (12) 通号391　〔1949.12〕　p76～79

コバヤシ, ヒデオ　記事文章の特質――「社会記事」前進のために：新聞研究　通号10　〔1950.2〕　p24～28

堀川直義　新聞インタービューの心理学的分析-上-：新聞研究　通号17　〔1951.12〕　p16～24

高木友三郎　記者として名人達人の佐藤密蔵先生：エコノミスト　30 (10)〔1952.4〕　p38

村上元彦　見出しの文章：新聞学評論　2 (1)〔1953〕

浦上五六　整理記者の像：新聞学評論　2 (1)〔1953〕

末常卓郎　僕ならこう書く――新聞文章の実験：新聞研究　通号36　〔1954.7〕　p35～36

アルム, ブルノ　規格化委員会の活動：新聞研究　通号臨　〔1954.8〕　p61～63

梅津八重蔵　新聞社資料部の重要性：新聞研究　通号38　〔1954.9〕　p19～21

原四郎　僕ならこう書く――新聞文章の実験：新聞研究　通号38　〔1954.9〕　p37～38

金戸嘉七　我が国新聞文章の変遷過程：新聞学評論　通号4　〔1955.4〕

伴俊彦　グラフの編集：新聞研究　通号別冊　〔1955.4〕　p18～25

中山善三郎　暖かい目で見た記事を：新聞研究　通号45　〔1955.4〕　p9

牛島俊作　国際的地位を反映する紙面：新聞研究　通号50　〔1955.9〕　p33～37

今村武雄　企画性の不足：新聞研究　通号53　〔1955.12〕　p30～34

江口勝彦　新聞紙面構成試論：新聞研究　通号55　〔1956.2〕　p27～28

塚本寿一　企画時代に入った紙面：新聞研究　通号56　〔1956.3〕　p33～37

後藤武男　全編集者会議に望む：新聞研究　通号57　〔1956.4〕　p1～2

笠信太郎　アジアの新聞が利用できるニュース・ソース：新聞研究　通号58　〔1956.5〕　p4～7

岩永信吉　金に糸目をつけぬ速報：新聞研究　通号59　〔1956.6〕　p30～32

小島文夫　新聞の編集について：新聞研究　通号60　〔1956.7〕　p4～6

堀川直義　新聞文章について：新聞研究　通号60　〔1956.7〕　p27～31

前田雄二　整理記者の養成（座談会）：新聞研究　通号60　〔1956.7〕　p12～18

大軒順三　整理技術の諸問題：新聞研究　通号60　〔1956.7〕　p19～21

杏名秋次　新聞の経営と紙面の公共性：新聞研究　通号61　〔1956.8〕　p1～5

長谷川勝三郎　どうすれば無駄を防げるか：新聞研究　通号66　〔1957.1〕　p18～23

高畠直定　編集責任者懇談会に思う：新聞研究　通号66　〔1957.1〕　p6～8

堀川直義　インタービューの諸問題：新聞研究　通号67　〔1957.2〕　p25～28

永松脩　新しい編集手法：新聞研究　通号67　〔1957.2〕　p34～37

斎藤兵衛　門松原稿とジャーナリズム：文學界　11 (2)〔1957.2〕

斎賀秀夫　電文記事の表記差：新聞研究　通号70　〔1957.5〕　p34～39

荒尾達雄　立体的で奥行きの深い報道：新聞研究　通号76　〔1957.10〕　p40～44

東季晴　新聞声価に関する一考察：新聞学評論　通号8　〔1957.12〕

福岡誠一　速報競争と正確度：新聞研究　通号77　〔1957.12〕　p40～43

高田謙二　新聞紙面の解剖――昭和32年度：新聞研究　通号81　〔1958.4〕　p6～12

木村照彦　新聞編集の諸問題：新聞研究　通号82　〔1958.5〕　p1～5

松岡夏雄　整理の諸問題について：新聞研究　通号82　〔1958.5〕　p16～19

浦上五六　整理部の責務と権限：新聞研究　通号82　〔1958.5〕　p6～10

マカヒル, C.F.　いかに新聞製作費を引下げるか：新聞研究　通号84　〔1958.7〕　p13～16

沢山勇三　整理部の"カン"：新聞研究　通号92　〔1959.3〕　p42～45

日高六郎	作らせるもの作るもの——岐路に立つマス・コミ：世界　通号163　〔1959.7〕　p158〜166	
金久保通雄	今後の新聞整理：新聞研究　通号108　〔1960.7〕　p34〜42	
児島栄吉	新聞の編集：新聞研究　通号108　〔1960.7〕　p2〜5	
亀井一綱	整理部記者の労働実体と適性：新聞研究　通号108　〔1960.7〕　p44〜50	
亀井一綱	整理部記者の労働実体と適性—2—：新聞研究　通号115　〔1961.2〕　p46〜60	
金久保通雄	テレビ時代における新聞の速報性：新聞研究　通号131　〔1962.6〕　p20〜24	
大軒順三	新聞編集の将来：新聞研究　通号142　〔1963.5〕　p14〜17	
堀川直義	報道記事の構成——“情報量”と“冗文率”の調和：新聞研究　通号142　〔1963.5〕　p50〜54	
金戸嘉七	新聞の娯楽面——大阪三紙の紙面分析：関西大学新聞学研究　通号11　〔1963.9〕	
古谷綱正	新聞文章について：新聞研究　通号149　〔1963.12〕　p76〜80	
長谷川実雄	かくてエース登板——紙面づくりのヒント：新聞研究　通号151　〔1964.2〕　p36〜39	
田中菊次郎	新整理論：新聞研究　通号151　〔1964.2〕　p14〜20	
平野明	整理部記者の未来像：新聞研究　通号151　〔1964.2〕　p25〜29	
青園謙三郎	大編集局制と整理部：新聞研究　通号151　〔1964.2〕　p30〜34	
三樹精吉	新聞資料管理の近代化：新聞研究　通号153　〔1964.4〕　p57〜61	
林田広実	新聞各社の編集基準実例——完全原稿と報道倫理向上のために：新聞研究　通号154　〔1964.5〕　p29〜39	
岩立一郎	新聞編集近代化への道：新聞研究　通号158　〔1964.9〕　p18〜20	
高田秀二	放送記事のスタイルと約束ごと：新聞研究　通号161　〔1964.12〕　p36〜44	
林田広実	オリンピック後の紙面傾向——紙面構成の刷新と新企画：新聞研究　通号163　〔1965.2〕　p32〜35	
浦上五六	紙面割り決定の基準：新聞研究　通号163　〔1965.2〕　p10〜13	
後藤丙午	新聞紙面の解剖——昭和39年度秋季：新聞研究　通号163　〔1965.2〕　p49〜55	
渡辺文太郎	編集デスク会議：新聞研究　通号163　〔1965.2〕　p36〜39	
金戸嘉七	新聞の「社告」と「本社記事」：関西大学新聞学研究　通号14　〔1965.3〕	
新聞整理研究会	新聞整理の研究—13—：新聞研究　通号166　〔1965.5〕　p24〜34	
織田稔	記事企画の立案と決定——その工房生産的過程について：新聞研究　通号167　〔1965.6〕　p27〜31	
高田景次	記事企画雑感：新聞研究　通号167　〔1965.6〕　p34〜36	
新聞整理研究会	新聞静理の研究—14—：新聞研究　通号167　〔1965.6〕　p54〜67	
浦上五六	報道と記事企画：新聞研究　通号167　〔1965.6〕　p17〜21	
塩沢鴻一	漢テレ体制の総仕上げ——速記課廃止の問題をめぐって：新聞研究　通号168　〔1965.7〕　p42〜45	
梅棹忠夫	新聞の編集あれこれ（対談）：新聞研究　通号169　〔1965.8〕　p38〜44	
伊藤慎一	変わりつつある整理部の役割り（座談会）：新聞研究　通号169　〔1965.8〕　p48〜53	
ベネット, C.L0	オートメーションと新聞記者：新聞研究　通号170　〔1965.9〕　p32〜39	
金戸嘉七	新聞編集者の役割変化：關西大學文學論集　15（1・2・3・4）〔1965.11〕　p157〜172	
岩佐直喜	読売・大阪冬の陣——私の新聞づくり40年—8—：新聞研究　通号172　〔1965.11〕　p54〜59	
中谷不二男	整理の条件と記事の周辺：新聞研究　通号173　〔1965.12〕　p39〜42	
小林朴	夜討ち朝がけをされる立ち場・する立ち場（対談）——取材の研究—3—：新聞研究　通号179　〔1966.6〕　p66〜72	
青木彰	夜討ち朝がけ——取材の研究—3—：新聞研究　通号179　〔1966.6〕　p55〜65	
木下健二	前線本部さまざま——取材の研究—4—：新聞研究　通号180　〔1966.7〕　p92〜94	
青木彰	前線本部——取材の研究—4—：新聞研究　通号180　〔1966.7〕　p81〜91	
辻本芳雄	デスク12年——取材の研究—6—：新聞研究　通号182　〔1966.8〕　p81〜84	
平野勇夫	デスクは訴える——取材の研究—6—：新聞研究　通号182　〔1966.8〕　p73〜80	
青木彰	デスク——取材の研究—6—：新聞研究　通号182　〔1966.8〕　p53〜62	
青園謙三郎	デスク養成のいろいろ——取材の研究—6—：新聞研究　通号182　〔1966.8〕　p63〜72	
青木彰	取材経費——取材の研究—5—：新聞研究　通号181　〔1966.8〕　p77〜86	
轡田三男	取材費考——取材の研究—5—：新聞研究　通号181　〔1966.8〕　p87〜91	
高桑幸吉	紙面構成：新聞研究　通号183　〔1966.10〕　p34〜36	
高桑幸吉	新聞整理：新聞研究　通号183　〔1966.10〕　p57〜60	
中谷不二男	編集機構と記者活動：新聞研究　通号183　〔1966.10〕　p24〜34	
田代喜久雄	編集方針：新聞研究　通号183　〔1966.10〕　p14〜24	
高桑幸吉	整理と取材：新聞研究　通号185　〔1966.12〕　p60〜63	
青木彰	機械化と取材——取材の研究—13—：新聞研究　通号189　〔1967.3〕　p45〜56	
青木彰	取材と社内機構——取材の研究—14—：新聞研究　通号191　〔1967.6〕　p65〜75	
坂本哲男	神戸新聞社の「専門調査報道室」——専門記者制度の諸問題：新聞研究　通号192　〔1967.7〕　p17〜20	
村上重美	整理技術の諸問題：新聞研究　通号193　〔1967.8〕　p25〜27	
堀川直義	取材方法の今昔：新聞研究　通号195　〔1967.10〕　p18〜25	
市川正三	新聞編集の内面にあるもの：新聞研究　通号195　〔1967.10〕　p35〜43	
赤井直恭	現代報道文章論(13)－－スポーツの文章：総合ジャーナリズム研究　04（12）〔1967.12〕　p39〜43	
西沢勇	コンピューターとマスコミの未来：総合ジャーナリズム研究　05（06）〔1968.1〕　p70〜86	
梅田恭平	技術革新と整理部：新聞研究　通号199　〔1968.2〕　p38〜41	
枝松茂之	新時代における新聞編集の機能：新聞研究　通号199　〔1968.2〕　p5〜11	
堀太一	新聞編集のゆがみをつく：新聞研究　通号199　〔1968.2〕　p60〜63	
吉村孝一	整理らくがき帳：新聞研究　通号199　〔1968.2〕　p42〜47	
高畠稔	整理記者の光と影（整理記者の訴え）：新聞研究　通号199　〔1968.2〕　p31〜33	
三室恒彦	整理本部について 毎日新聞社（整理機構の再検討）：新聞研究　通号199　〔1968.2〕　p12〜15	
高桑幸吉	編集の立ち場から〔堀太一氏「新聞編集のゆがみをつく」に対して〕：新聞研究　通号199　〔1968.2〕　p63〜66	

茂貫正人　編集委員制度の功罪 朝日新聞社（整理機構の再検討）：新聞研究　通号199 〔1968.2〕 p15～17
藤岡謙六　新聞編集者の立ち場で（現代通信社論（特集）―期待される通信社像）：新聞研究　通号201 〔1968.4〕 p23～25
大西仁　新聞編集の未来（講演要旨）：新聞研究　通号209 〔1968.12〕 p51～55
堀川直義　インタビューで注意すること（現代新聞記者読本）：新聞研究　通号213 〔1969.4〕 p41～43
由利和久　記者と製作工程――原稿のもうひとつの役割り（現代新聞記者読本）：新聞研究　通号213 〔1969.4〕 p74～77
平野一郎　取材の「コツ」――そんな重宝な薬はどこにもない（現代新聞記者読本）：新聞研究　通号213 〔1969.4〕 p20～23
大西仁　新聞編集の実際――新入記者と語りあってみたい“あの二日間”〔'69.1“安田トリデ”攻防戦を例として〕（現代新聞記者読本）：新聞研究　通号213 〔1969.4〕 p68～73
三輪隆正　報道部（現代新聞記者読本―取材各部の現状）：新聞研究　通号213 〔1969.4〕 p63～65
土屋勉也　新聞製作とニュース判断（現代ニュース論（特集））：新聞研究　通号214 〔1969.5〕 p34～37
大野晋　新聞文章の方向：新聞研究　通号221 〔1969.12〕 p58～63
中山了　ニュースの変質と取材機構の再検討（新聞取材の再検討（特集））：新聞研究　通号223 〔1970.2〕 p8～23
山田一郎　通信者の新しい取材と報道（新聞取材の再検討（特集））：新聞研究　通号223 〔1970.2〕 p41～44
高木四郎　遊軍の新しい使命（新聞取材の再検討（特集））：新聞研究　通号223 〔1970.2〕 p29～31
鷲見重蔵　紙面編集の基本方針（現代新聞記者の基礎知識（特集））：新聞研究　通号224 〔1970.3〕 p43～46
稲野治兵衛　取材の基本（現代新聞記者の基礎知識（特集））：新聞研究　通号224 〔1970.3〕 p18～22
八木淳　新聞社の取材機構――全国紙：新聞研究　通号224 〔1970.3〕 p78～81
伊藤慎一　日本の新聞の特質（新聞社の取材機構――地方紙）：新聞研究　通号224 〔1970.3〕 p84～86
水谷節雄　「技術革新」下の整理記者：新聞研究　通号225 〔1970.4〕 p45～47
日下学　整理デスク24時間――ニュースの広場で：新聞研究　通号225 〔1970.4〕 p48～51
高田秀二　通信社の機能と新聞編集――近代都市の交通巡査を目ざす：新聞研究　通号225 〔1970.4〕 p35～39
高津幸男　転換期の新聞整理：新聞研究　通号225 〔1970.4〕 p8～11
春原昭彦　新聞の署名人制度――その意義と変容：新聞研究　通号230 〔1970.9〕 p75～79
武山泰雄　あすの新聞――編集部門：新聞研究　通号233 〔1970.12〕 p7～19
大森浩　サンケイ新聞「ヤング面」――紙面のセグメント化（新聞編集と若者―「若者欄」新設の意図と背景）：新聞研究　通号233 〔1970.12〕 p56～58
臼井英雄　なぜ別刷「日曜版」を出さないか〔「岐阜日日新聞」〕（特集版の発行と編集の諸問題）：新聞研究　通号235 〔1971.2〕 p18～21
小野顕　特集版の現状と将来（特集版の発行と編集の諸問題）：新聞研究　通号235 〔1971.2〕 p6～17
日下令光　日曜版あれこれ（特集版の発行と編集の諸問題）：新聞研究　通号235 〔1971.2〕 p22～31
下沢夫美子　日曜版に望む（特集版の発行と編集の諸問題）：新聞研究　通号235 〔1971.2〕 p45～50
北村日出夫　言語としての報道――時枝誠記の言語論からの一考察：評論・社会科学　通号1 〔1971.2〕 p1～15
加藤秀俊　取材道について：マスコミ市民　通号047 〔1971.3〕 p2～3
青木照夫　タテ割り機構と“新しい波”――全国紙（変動期の記者の課題と要件―新聞編集の基準とルール）：新聞研究　通号236 〔1971.3〕 p66～68
石田信一　新聞製作の技術革新と記者（変動期の記者の課題と要件）：新聞研究　通号236 〔1971.3〕 p72～75
塩沢鴻一　進行する取材機能の細分化――地方紙（変動期の記者の課題と要件―取材機構の現状と変革の方向）：新聞研究　通号236 〔1971.3〕 p69～71
小松錬平　変動期の取材のあり方――体験的取材論（新しく新聞記者となる人のために）：新聞研究　通号236 〔1971.3〕 p22～26
城森外夫　変動期の新聞編集の方向――新しい整理論（新しく新聞記者となる人のために）：新聞研究　通号236 〔1971.3〕 p27～31
曽我興三　プレス・キャンペーンの取材・報道体制を考える（プレス・キャンペーンの今日的意義を探る）：新聞研究　通号237 〔1971.4〕 p47～50
森本哲郎　無刀取りインタビュー論：新聞研究　通号239 〔1971.6〕 p35～39
江藤文夫　映像時代における新聞整理の方向：新聞研究　通号243 〔1971.10〕 p34～37
近江明　「整理記者」の健康管理：新聞研究　通号243 〔1971.10〕 p46～49
大野宗次郎　整理部をめぐる諸問題：新聞研究　通号243 〔1971.10〕 p38～45
中谷不二男　CTS化とデスク機能の変容（取材部デスクの態様と機能）：新聞研究　通号244 〔1971.11〕 p22～25
青木久　デスク“デスク”を語る（取材部デスクの態様と機能）：新聞研究　通号244 〔1971.11〕 p32～42
高木正幸　懐疑と希望と（取材部デスクの態様と機能）：新聞研究　通号244 〔1971.11〕 p28～31
由利和久　技術展望における遠近法――デスクのための（取材部デスクの態様と機能）：新聞研究　通号244 〔1971.11〕 p26～27
波多野誼余夫　現代デスク論（取材部デスクの態様と機能）：新聞研究　通号244 〔1971.11〕 p17～21
藤川岩雄　新聞編集システムへの一提言：新聞研究　通号250 〔1972.5〕 p16～21
多田道太郎　市民意識の変容と新聞編集の将来（第69回新聞講座〔整理研究会〕から）：新聞研究　通号253 〔1972.8〕 p51～55
山田年栄　新聞整理のかかえる今日的課題（第69回新聞講座〔整理研究会〕から）：新聞研究　通号253 〔1972.8〕 p56～58
中沢道明　メモと切り抜きと名刺と――情報の管理と検索・新聞記者にとってはそれは何か（新聞の情報管理と情報検索）：新聞研究　通号254 〔1972.9〕 p43～48
松岡英夫　インタビューの方法と実際（現代新聞記者読本）：新聞研究　通号260 〔1973.3〕 p78～82
秋山秀夫　“最初の読者”としての心構え（現代新聞記者読本―新聞整理の方向と課題）：新聞研究　通号260 〔1973.3〕 p22～25
中沢道明　私説 部際記者とは何か（現代新聞記者読本）：新聞研究　通号260 〔1973.3〕 p49～51
辰濃和男　「自分の足で捜せ」――取材記者の要件と心構え（現代新聞記者読本）：新聞研究　通号260 〔1973.3〕 p7～11
千葉雄次郎　新聞の編集方針と新聞記者（現代新聞記者読本）：新聞研究　通号260 〔1973.3〕 p16～21
山田年栄　新聞編集の基準（現代新聞記者読本）：新聞研究　通号260 〔1973.3〕 p88～91
広瀬英彦　欧米新聞の「面建て」を見る（紙面構成の現状と課題（特集））：新聞研究　通号262 〔1973.5〕 p45～52

安達光雄, 水田汎	紙面を総合編集の感覚で(紙面構成の現状と課題(特集)—整理部デスクと紙面構成):新聞研究　通号262 〔1973.5〕 p53～55
浅野恭平	紙面構成と総合編集(紙面構成の現状と課題(特集)—紙面構成の基本方針と視点):新聞研究　通号262 〔1973.5〕 p17～20
永町敏昭	紙面刷新の傾向(紙面構成の現状と課題(特集)):新聞研究　通号262 〔1973.5〕 p41～44
杉本清	住民意識を先取りしつつ(紙面構成の現状と課題(特集)—紙面構成の基本方針と視点):新聞研究　通号262 〔1973.5〕 p25～27
後藤和彦	新聞の「編集」と放送の「編成」——紙「面」とは何か(紙面構成の現状と課題(特集)):新聞研究　通号262 〔1973.5〕 p28～33
大野宗次郎	総合編集の現状と未来——新しい紙面づくりへの対応(紙面構成の現状と課題(特集)):新聞研究　通号262 〔1973.5〕 p6～11
一戸克夫	「勇気ある論調」への努力(紙面構成の現状と課題(特集)—整理部デスクと紙面構成):新聞研究　通号262 〔1973.5〕 p55～58
渡辺喜久雄	編集局長の椅子:新聞研究　通号263 〔1973.6〕 p31～36
青木正久	改善すべき機関紙づくりの体制(政党機関紙(特集)):総合ジャーナリズム研究　10(03)〔1973.7〕 p23～29
矢野久義	減ページ下の紙面編集(現代新聞記者の副読本):新聞研究　通号272 〔1974.3〕 p47～51
笹原金次郎	手作りの新聞考――雑誌編集と新聞編集のあいだで…:総合ジャーナリズム研究　11(03)〔1974.7〕 p110～114
由利和久	これからの新聞編集システム――CTSは編集の道具(新聞記者読本):新聞研究　通号284 〔1975.3〕 p70～72
松岡英夫	記者にとって取材とは何か――体験的政治記者論(新聞記者読本):新聞研究　通号284 〔1975.3〕 p16～20
加野和夫	整理記者の課題(新聞記者読本):新聞研究　通号284 〔1975.3〕 p42～45
石福秀太郎	激動の5年間にみる新聞「面建て」の変化とその調査分析:新聞研究　通号287 〔1975.6〕 p44～53
山本武	現代新聞の解説機能(現代新聞の解説機能):新聞研究　通号288 〔1975.7〕 p7～20
関口泰	新聞報道と解説記事(現代新聞の解説機能):新聞研究　通号288 〔1975.7〕 p21～24
宮本章夫	中日――解説のページ(現代新聞の解説機能—「解説欄」――開設のねらいと今後の課題(事例報告)):新聞研究　通号288 〔1975.7〕 p29～32
由利和久	よりよい紙面づくりへ(整理部記者の米・電子編集視察報告):新聞研究　通号289 〔1975.8〕 p36～38
合阪律	アメリカの新聞のあり方(整理部記者の米・電子編集視察報告):新聞研究　通号289 〔1975.8〕 p34～35
青木彰	「取材群キャップ制」の目ざすもの――サンケイ新聞社の取材組織改革:新聞研究　通号289 〔1975.8〕 p11～14
藤戸伸一	昭和60年の初夢(整理部記者の米・電子編集視察報告):新聞研究　通号289 〔1975.8〕 p32～33
白井文吾	進む編集革命(整理部記者の米・電子編集視察報告):新聞研究　通号289 〔1975.8〕 p29～31
新聞研究編集部	整理部をめぐる諸問題――第76回新聞講座から:新聞研究　通号293 〔1975.12〕 p67～71
新井直之	現代調査部論:新聞研究　通号295 〔1976.2〕 p34～38
望陀定雄	"新聞の常識"の打破をねらって(紙面改革とニュース企画):新聞研究　通号295 〔1976.2〕 p15～18
秋山秀夫	「面白くためになる紙面」を合言葉に(紙面改革とニュース企画):新聞研究　通号295 〔1976.2〕 p11～14
池田竜夫	「夕刊ワイド」の方法と成果(紙面改革とニュース企画):新聞研究　通号295 〔1976.2〕 p7～10
山田年栄	新聞編集の基準(新聞記者読本):新聞研究　通号296 〔1976.3〕 p71～73
山田年栄	この十年の新聞編集上の諸問題(〔新聞研究〕創刊300号記念号):新聞研究　通号300 〔1976.7〕 p44～48
藤村邦苗	サンケイ・編集本部制のねらい:新聞研究　通号302 〔1976.9〕 p74～77
岩永信吉	非同盟諸国の通信社プール問題:新聞研究　通号303 〔1976.10〕 p70～75
山田年栄	新聞編集の基準(新聞記者読本):新聞研究　通号308 〔1977.3〕 p46～49
総合ジャーナリズム研究編集部	コンピュータ時代の新聞づくり<特集>:総合ジャーナリズム研究所　14(03)〔1977.7〕 p46～75
伊藤聖	(コンピュータ時代の新聞づくり<特集>)ニュース面の"テレビ編集"にアプローチ――朝日新聞 NELSON計画の課題:総合ジャーナリズム研究　14(04)〔1977.10〕 p16～21
関山道雄	(コンピュータ時代の新聞づくり<特集>)紙面製作の主導権は編集にあり――日本経済新聞 ANNECS計画の軌跡:総合ジャーナリズム研究　14(04)〔1977.10〕 p23～29
山口秀夫	新ENG論(1)－コストからみたアメリカのENG－:NHK文研月報　27(10)〔1977.10〕 p1
池田竜夫	新聞整理の今日と明日(パネルトーキング)(新聞整理の新しい方向(第79回新聞講座・整理研究会より)):新聞研究　通号318 〔1978.1〕 p38～48
加野和夫	新聞整理の新しい方向を求めて(新聞整理の新しい方向(第79回新聞講座・整理研究会より)):新聞研究　通号318 〔1978.1〕 p49～53
由利和久	アメリカの新聞製作技術の動向:印刷雑誌　61(2)〔1978.2〕 p3～7
坪井良一	新聞整理に思うこと――新ジャーナリズムの待望(現代新聞記者読本):新聞研究　通号320 〔1978.3〕 p68～71
石若和男	整理部からみた新聞写真(新聞写真の新しい鼓動):新聞研究　通号326 〔1978.9〕 p37～39
岡田雪生	新聞整理のポイントとCTS下の整理(現代記者読本'79):新聞研究　通号332 〔1979.3〕 p55～59
藤村邦苗	八〇年代の紙面を考える――編集の立場と広告の立場(講座「新聞編集研究会」パネルトーキング):新聞研究　通号333 〔1979.4〕 p46～59
深尾勝枝, 長尾長男	新聞の死亡欄に関する調査:公衆衛生　43(11)〔1979.11〕 p829～831
黒田清	新聞づくりのためのひとつの試論――私説大阪ジャーナリズム論(第82回新聞講座から):新聞研究　通号340 〔1979.11〕 p55～59
牧内節男	紙面批評の位置と役割――それは新聞に活力をもたらす(紙面批評と記事審査):新聞研究　通号342 〔1980.1〕 p10～14
青木彰	紙面批評を担当して(紙面批評と記事審査):新聞研究　通号342 〔1980.1〕 p15～18
藤牧新平	新聞批評と紙面審査――第十九回紙面審査全国懇談会・パネルトーキング(紙面批評と記事審査):新聞研究　通号342 〔1980.1〕 p32～44
吉野正弘	取材の仕方 記事の書き方(新聞記者読本'80<特集>):新聞研究　通号344 〔1980.3〕 p19～23
大島宏彦	育ちはじめたビデオテックス――「プレステル」やら「ビルトシルムテキスト」やら……:総合ジャーナリズム研

	究　17（03）〔1980.7〕 p52〜59	
リース，ジョン，新聞研究編集部	"調査"に対する編集者の立場（第33回FIEJ〔国際新聞発行者協会〕総会）：新聞研究　通号349 〔1980.8〕 p81〜84	
真柄和夫	視覚化時代の紙面づくり：新聞研究　通号350　〔1980.9〕 p61〜65	
南部哲郎	報道各社の調査・資料部業務の現状：新聞研究　通号356〔1981.3〕p69〜72	
黒田清	逆説的新聞文章論（新聞文章論）：新聞研究　通号364〔1981.11〕p35〜38	
飯沢匡	新聞文章考 私の一言（新聞文章論）：新聞研究　通号364〔1981.11〕p26〜30	
日高旺	魅力的な新聞の文章（新聞文章論）：新聞研究　通号364〔1981.11〕p39〜42	
佐藤健	私の取材スタイル：新聞研究　通号367〔1982.2〕p76〜79	
大西克寛	ニュースバリューと新聞整理（いま，整理部に求められるもの）：新聞研究　通号370〔1982.5〕p10〜28	
境清	整理記者に何が求められているか（いま，整理部に求められるもの—第八七回新聞講座から）：新聞研究　通号370 〔1982.5〕p39〜41	
篠崎克己	タブロイド判で多様な紙面展開（夕刊の新しい方向）：新聞研究　通号371〔1982.6〕p56〜58	
山本雅生	ナウな感覚で夕刊紙面を刷新（夕刊の新しい方向）：新聞研究　通号371〔1982.6〕p53〜55	
横内恭	新聞文字大型化の波：総合ジャーナリズム研究　19（03）〔1982.7〕p46〜50	
後藤文康	「ひと」——編集現場からの報告（新聞がひとを描くとき—ひとを描く）：新聞研究　通号375〔1982.10〕p14〜17	
坂野将受	「ひと味」違う「ひと欄」づくりを（新聞がひとを描くとき—ひとを描く）：新聞研究　通号375〔1982.10〕p18〜20	
安井康雄	受け手のメディア・ミックスの実態（1）〜（3）−テレビ・ラジオ・新聞・雑誌の接触状況から−：NHK文研月報 32（11）〔1982.11〜1983.3〕p11	
柴田鉄治	現代テクノロジーに対する新聞の姿勢（先端技術を追う＜特集＞）：新聞研究　通号384〔1983.7〕p10〜14	
水野雅夫	謙虚さと広い視野が基本に（新聞記者読本'84—新聞記者——私の歩み）：新聞研究　通号392〔1984.3〕p39〜41	
辰濃和男	雑録・書くことについて（新聞記者読本'84）：新聞研究　通号392〔1984.3〕p28〜30	
秋山秀夫	体験的「新聞整理」論（新聞記者読本'84）：新聞研究　通号392〔1984.3〕p31〜34	
早川仁朗	整理記者のモノサシ（新聞記者読本'85）：新聞研究　通号404〔1985.3〕p56〜59	
斎藤強	変わる製作現場と新聞記者（新聞記者読本'85）：新聞研究　通号404〔1985.3〕p63〜65	
作田和幸	画一的な情報提供を見直す（紙面改革のねらい）：新聞研究　通号407〔1985.6〕p31〜33	
服部朋子	報道各社における調査・資料部業務の現状：新聞研究　通号412〔1985.11〕p77〜79	
金指正雄	取材先との間合いをどうとるか（新聞記者読本'87—取材・報道の現状と課題）：新聞研究　通号428〔1987.3〕p34 〜37	
松尾文夫	「コンピューター・ジャーナリズム」試論：新聞研究　通号437〔1987.12〕p64〜69	
上塚建次	CTS時代の整理マン（変化の時代の新聞整理）：新聞研究　通号439〔1988.2〕p20〜23	
山本重樹	整理の発想は紙面改革の起点——整理"受難"の時代（変化の時代の新聞整理）：新聞研究　通号439〔1988.2〕p27 〜30	
森茂	整理部門も，また"主役"です（変化の時代の新聞整理）：新聞研究　通号439〔1988.2〕p10〜14	
石塚茂	「新しい業務の担い手」に——「道新データベース」構築を機に（変ぼうする調査・資料部）：新聞研究　通号442 〔1988.5〕p67〜69	
三上瞻	電子化情報時代を迎えて——"喜寿"になった調査部への私見（変ぼうする調査・資料部）：新聞研究　通号442 〔1988.5〕p57〜59	
折橋泰男	前例なき紙面作りの舞台裏（1988年の報道課題を振り返る—史上最大の"報道オリンピック"を終えて）：新聞研究 通号449〔1988.12〕p37〜40	
堤輝夫	電算編集時代の整理記者とは（記者読本'89）：新聞研究　通号452〔1989.3〕p31〜33	
阪田秀	編集長の任務などを討議——第66回ASNE総会（マスコミの焦点）：新聞研究　通号455〔1989.6〕p82〜84	
原孝文	週休2日と新聞——ライフスタイルの変化にどう対応するか（余暇時代の中の新聞）：新聞研究　通号457〔1989.8〕 p24〜27	
山本英雄	発想の転換が迫られる週末紙面（余暇時代の中の新聞）：新聞研究　通号457〔1989.8〕p31〜32	
岸本光右	夕刊紙の土曜日対策（余暇時代の中の新聞）：新聞研究　通号457〔1989.8〕p33〜35	
徳久英彦	記者ワープロ導入とチェック機構（チェック機能の再考）：新聞研究　通号463〔1990.2〕p23〜25	
小口弘幸	日進月歩の新聞製作技術——記事が紙面になるまで（新時代の記者たちへ——記者読本'90）：新聞研究　通号464 〔1990.3〕p56〜58	
上野英房	編集部門にハイテクの波（新時代の記者たちへ——記者読本'90）：新聞研究　通号464〔1990.3〕p52〜55	
小池保夫，竹下俊郎	記者用ワープロの利用実態——新聞記者アンケート調査結果より：新聞研究　通号469〔1990.8〕p66〜71	
水田朋花	調査・資料部業務の現状と課題：新聞研究　通号469〔1990.8〕p84〜86	
松友宏吉	デスクがすべきこととは（現代デスク考）：新聞研究　通号478〔1991.5〕p26〜28	
杉田亮毅	デスクに求める3つのキーワード（現代デスク考）：新聞研究　通号478〔1991.5〕p23〜25	
小田隆裕	変容するデスク業務——新聞作りのキーマンに求められるもの（現代デスク考）：新聞研究　通号478〔1991.5〕 p10〜22	
藤高伊都	調査・資料部に望むこと——取材記者から見た調査・資料部の役割（第24回資料管理講座・パネルディスカッショ ン）：新聞研究　通号485〔1991.12〕p65〜67	
尾高泉	＜パネルディスカッション＞今，整理記者に求められるもの（第100回新聞講座）：新聞研究　通号486〔1992.1〕 p70〜73	
伊藤成南	現代整理記者論—1—整理部とは何か：新聞研究　通号489〔1992.4〕p47〜56	
山本英雄	現代整理記者論—2—ニュースの価値判断：新聞研究　通号490〔1992.5〕p27〜35	
藤島啓之助	現代整理記者論—3—技術革新と整理部：新聞研究　通号491〔1992.6〕p40〜48	
藤島啓之介	現代整理記者論—4—総合編集：新聞研究　通号492〔1992.7〕p52〜61	
上沢孝二	現代整理記者論—5—ブロック紙・地方紙整理部長座談会：新聞研究　通号493〔1992.8〕p50〜63	
伊藤成南	現代整理記者論—6—見出し—1—：新聞研究　通号494〔1992.9〕p45〜55	

伊藤成南	現代整理記者論—7—転機迎える見出し：新聞研究　通号495　〔1992.10〕　p77～86
伊藤成南	現代整理記者論—8—読みやすい紙面とは：新聞研究　通号496　〔1992.11〕　p54～64
伊藤成南	現代整理記者論—9—CTS時代の可能性：新聞研究　通号497　〔1992.12〕　p48～56
春原昭彦	新聞社における調査部の役割とその変遷：コミュニケーション研究　通号23　〔1993〕　p55～66
荒木暢也	報道表現研究の背景——現代社会におけるジャーナリズムの役割：武蔵野女子大学紀要　通号28　〔1993〕　p69～78
玉木明	ジャーナリズムと無署名性言語の地平：総合ジャーナリズム研究　30 (01)　〔1993.1〕　p74～81
岩崎勝海	出版・編集の現場を離れても マスコミ・ジャーナリズム研究誌を創刊するまで：出版ニュース　通号1619　〔1993.1〕　p8～11
伊藤成南	現代整理記者論—10—ビジュアルマインドとは：新聞研究　通号498　〔1993.1〕　p36～45
安藤徹	現代整理記者論—11—紙面づくりのキーマンの横顔：新聞研究　通号499　〔1993.2〕　p39～56
上塚建次	現代整理記者論—12—CTSの新展開：新聞研究　通号500　〔1993.3〕　p128～136
上塚建次	現代整理記者論—13完—未来の新聞づくり：新聞研究　通号501　〔1993.4〕　p42～60
後藤登	高度情報化の進展と新聞メディアの変容——編集と制作の融合現象を中心に：新聞研究　通号501　〔1993.4〕　p70～75
小池保夫, 竹下俊郎	新聞編集の電子化と整理記者の意識——「新聞整理のコンピューター化に関する調査」をもとに：新聞研究　通号503　〔1993.6〕　p52～59
田村進	紙面審査機構の現状——会員新聞・通信社アンケート調査より：新聞研究　通号504　〔1993.7〕　p62～69
吉川俊夫	これからの新聞づくりと校閲機能の在り方 (技術の進展と紙面チェック)：新聞研究　通号505　〔1993.8〕　p10～25
磯和春美	記者の道具考——パソコンの可能性 (技術の進展と紙面チェック)：新聞研究　通号505　〔1993.8〕　p44～46
秦豊	編集電子化とデスクワーク (技術の進展と紙面チェック)：新聞研究　通号505　〔1993.8〕　p41～43
池田竜夫	今こそ整理部の強化を——連載「現代整理記者論」を読んで：新聞研究　通号508　〔1993.11〕　p79～81
西尾嘉門	エディターシップを考える (新聞はどう読まれているか)：新聞研究　通号516　〔1994.7〕　p23～26
門馬晋	あのころの遊軍記者 (“遊軍”記者<特集>)：新聞研究　通号517　〔1994.8〕　p22～25
池田清志	時代に合った「ボーダーレス遊軍」を (“遊軍”記者<特集>)：新聞研究　通号517　〔1994.8〕　p29～31
小栗敬太郎	「編集局遊軍」の考え方——一種の運動としての理解 (“遊軍”記者<特集>)：新聞研究　通号517　〔1994.8〕　p26～28
森純一	遊軍記者の現在 (“遊軍”記者<特集>)：新聞研究　通号517　〔1994.8〕　p10～21
竹下俊郎	変化する仕事環境と記者の意識：総合ジャーナリズム研究　31 (04)　〔1994.10〕　p20～24
後藤秀雄	麻原逮捕で航空共同取材——例外措置ながら自主判断に意義 (マスコミの焦点)：新聞研究　通号529　〔1995.8〕　p86～87
富永久雄	「記者編集」のもたらすもの (変わる紙面づくりの現場)：新聞研究　通号532　〔1995.11〕　p32～34
加藤高実	「出稿部割り付け」移管元年の半年 (変わる紙面づくりの現場)：新聞研究　通号532　〔1995.11〕　p38～40
木暮美奈夫	「出稿部大組み」導入から半年 (変わる紙面づくりの現場)：新聞研究　通号532　〔1995.11〕　p35～37
松上文彦	「編集者組み版」と整理機能の将来 (変わる紙面づくりの現場)：新聞研究　通号532　〔1995.11〕　p41～43
高橋勝	キーワードは「紙面の質」——記者が紙面も組む時代の新聞作り (記者読本'96)：新聞研究　通号536　〔1996.3〕　p44～46
原淳二郎	インターネットをこう使う (6) ネットが変える取材とクラブ——記者は参加してウオッチを：新聞研究　通号538　〔1996.5〕　p79～81
桂敬一	マルチメディア時代のジャーナリズムの試練：新聞研究　通号538　〔1996.5〕　p75～78
寺井睦久	十勝毎日新聞－－「原則署名」スタートの苦渋と杞憂 (新聞「署名記事」化を考える)：総合ジャーナリズム研究　33 (03)　〔1996.7〕　p10～15
総合ジャーナリズム研究編集部	署名入りで, 変わること, 変わらないこと (新聞「署名記事」化を考える)：総合ジャーナリズム研究所　33 (03)　〔1996.7〕　p67～72
総合ジャーナリズム研究所	新聞「署名記事」化を考える：総合ジャーナリズム研究　33 (03)　〔1996.7〕　p16～25
青木彰	戦後新聞ジャーナリズム私論－19－リビング新聞「白い紙の挑戦」：総合ジャーナリズム研究　33 (03)　〔1996.7〕　p36～45
佐々木多生	マスコミの焦点 航空機事故で取材飛行の安全対策を確認：新聞研究　通号540　〔1996.7〕　p81～83
勝田敏彦	急がれる取材側の問題整理と組織的対応 (サイバージャーナリズム)：新聞研究　通号550　〔1997.5〕　p27～30
井上実于, 桂敬一, 鵜沢哲雄	《座談会》新聞の本領をいかに発揮できるか (サイバージャーナリズム)：新聞研究　通号550　〔1997.5〕　p10～26
吉村卓也	情報の海の導き手として——新聞機能の原点に帰る (サイバージャーナリズム)：新聞研究　通号550　〔1997.5〕　p39～42
宮内巌	“本家の味”言論で差別化を——新聞らしさ, 地方紙らしさとは (サイバージャーナリズム)：新聞研究　通号550　〔1997.5〕　p35～38
佐々木伸尚	問題解決は市民と新聞の連携プレーで (サイバージャーナリズム)：新聞研究　通号550　〔1997.5〕　p52～55
村田歓吾	署名記事はどこまで可能か——毎日新聞の「多用化」1年を考察する：朝日総研リポート　通号126　〔1997.6〕　p61～79
田所泉	署名で社会的責任明確に 予想報道の現状を考える：新聞通信調査会報　通号417　〔1997.8〕　p4～6
横田光俊	「記事を書く私」は何者か——原則署名記事化から2年 (再考「新聞文章」)：新聞研究　通号557　〔1997.12〕　p28～30
原寿雄	「署名記事」への厳しい教訓——不買運動と新聞ジャーナリズム：新聞研究　通号559　〔1998.2〕　p51～53
粕谷卓志	基本は「調べて, 書く」——取材現場からの報告 (取材力を考える)：新聞研究　通号563　〔1998.6〕　p29～31
取違孝昭	記事が躍動する新聞を目指して——「署名の多用化」スタートから2年 (取材力を考える)：新聞研究　通号563　〔1998.6〕　p26～28
飯久保広嗣	真に鋭い質問とは何か (取材力を考える)：新聞研究　通号563　〔1998.6〕　p36～39
柴山哲也	水平型組織で質の競争を——取材力向上のために必要な全面的機構改革 (取材力を考える)：新聞研究　通号563　〔1998.6〕　p18～21
岩下誠徳	「聞く」スキルを見直す——私の出会ったカルチャー・ショック (取材力を考える)：新聞研究　通号563　〔1998.6〕

ジャーナリズム　　　　　　　　　　　　　　　　　　　　　ジャーナリスト

　　　　　　　　p40〜42
西尾嘉門　　やさしい記事の時代——中学生との交流が教えてくれた双方向性（双方向性強める新聞）：新聞研究　通号566
　　　　　　　〔1998.9〕　p19〜21
小曽俊之　　「読んでみたい」と思わせる紙面づくり（わかりやすさとは何か）：新聞研究　通号568　〔1998.11〕　p21〜24
総合ジャーナリズム研究編集部　Study　「タブロイド化」論争とジャーナリズム：総合ジャーナリズム研究所　36（01）（通号
　　　　　　　167）〔1999.1〕　p75〜77
総合ジャーナリズム研究編集部　新聞は自分の文体をもてるか：総合ジャーナリズム研究所　36（04）（通号 170）〔1999.1〕　p7
　　　　　　　〜35
河谷史夫　　「だれを」書くかより「だれが」書くか（当今インタビュー事情）：新聞研究　通号573　〔1999.4〕　p47〜50
岡村黎明　　デジタル・ジャーナリズムの可能性——技術的影響範囲をはるかに超えて（激動——デジタル化する放送メディ
　　　　　　　ア）：新聞研究　通号573　〔1999.4〕　p15〜18
原口真一郎　整理WSがひらく新しい紙面づくり（記者組版への移行）：新聞研究　通号575　〔1999.6〕　p57〜60
壱岐一郎　　メディアの訂正能力を問う：公評　37（1）〔2000.1〕　p76〜83
前川重明　　ニュースはどこにでも転がっている——「足で稼ぐ」は不変の手法（特集 記者読本2000）：新聞研究　通号584
　　　　　　　〔2000.3〕　p14〜17
加賀野井秀一　言葉の論理面の復権を——「言葉の希薄化」「言葉の聞き流し」「言葉のフィーリング化」（特集 ことばはいま、力
　　　　　　　を持っているか）：新聞研究　通号588　〔2000.7〕　p14〜17
桃井恒和　　デジタル時代の取材と報道——新聞メディアの本質は変わらない（特集 記者読本2001—記者となる君たちへ）：新聞
　　　　　　　研究　（596）〔2001.3〕　p26〜29
猪狩淳一　　ネット時代の記事利用を自在にする「NewsML」——新聞技術の標準化推進に記者も参加を：新聞研究　（599）
　　　　　　　〔2001.6〕　p49〜52
伊高浩昭　　第42回紙面審査全国懇談会 メディア規制の動きと新聞報道：新聞研究　（612）〔2002.7〕　p56〜58
本田優　　　CURRENT この歪んだ「新聞」の構造−−産経夕刊廃止をめぐって：総合ジャーナリズム研究　39（01）（通号
　　　　　　　179）〔2002.12〕　p20〜24
宇田川勝明　新聞編集の魅力は不変——共感呼ぶ紙面づくりを目指して（整理記者の今）：新聞研究　（626）〔2003.9〕　p40〜43
沢辺隆雄　　付加価値をいかに高めるか——夕刊廃止によるデスク業務と紙面の変化（特集 現代デスク論—現場から）：新聞研究
　　　　　　　（626）〔2003.9〕　p24〜26
杉原洋　　　「読まれる夕刊」への脱皮——改革の情熱持続させマンネリ化避けたい（地方紙・夕刊改革最前線）：新聞研究
　　　　　　　（630）〔2004.1〕　p38〜41
谷沢永一　　本好き人好き（186）新聞製作者 記者 読者——若月一歩『新聞を造る人・記者になる人・読む人の学』 無名氏『新聞
　　　　　　　読者眼』：國文學：解釈と教材の研究　50（3）通号721　〔2005.3〕　p156〜159
亘理信雄　　「顔の見える新聞」を目指して——署名を拡充し、一層の説明責任を果たす：新聞研究　（647）〔2005.6〕　p42〜45
赤座弘一　　メディアとしての優位保つ武器——新聞初の「解説面」事始め（新聞の解説機能）：新聞研究　（664）〔2006.11〕
　　　　　　　p10〜13
馬場宣房　　編集フロアにみなぎった使命感——怒号飛び交う紙面制作現場で（長崎市長射殺事件）：新聞研究　（671）〔2007.6〕
　　　　　　　p44〜46
長岡義幸　　ブック・ストリート 流通 東京新聞の紙面へのわだかまり：出版ニュース　通号2287　〔2012.9〕　p16

〔図 書〕
三樹精吉　　新聞の編集—「整理」と呼ぶ活字の造型術　向文館　1955　212p　18cm
金戸嘉七　　新聞編集の理論と実際　関書院新社　1962　226p　19cm
山本文雄　　新聞編集論　東明社　1964　284p　19cm
新聞整理研究会　新聞整理の研究　日本新聞協会　1966　247p　27cm　820円
三樹精吉　　新聞の編集と整理　現代ジャーナリズム出版会　1966　285p　19cm　500円
全国文化運動協会　機関紙編集ブック　全国文化運動協会　1972　116p 図　19cm　300円
諸岡達一　　整理記者の新聞考—新聞はこうして作られる　三修社　1980.12　272p　19cm　1200円
朝日新聞社　活字のぬくもり—朝日新聞活版の記録　朝日新聞東京本社制作部（製作）　1990.3　157p　22cm
毎日新聞ことばんく　字件ですよ！ 校閲ウンチク話　毎日新聞社　1993.7　237p　18cm　800円　（ミューブックス）
富士通株式会社　新聞作り、その限りなき挑戦—PRESS 20年の発展　富士通　1999　164p　26cm
塩原経央　　校閲記者の泣き笑い人生　チクマ秀版社　1999.11　246p　20cm　1600円　（チクマの実学創書）
衣笠周司　　新聞雑記帳—読む・考える・作る　第2版　たまご書房　2002.4　268p　21cm　1700円
小出宣昭　　ニュースを食え—「編集局デスク」から　続　中日新聞社　2004.10　311p　20cm　1700円
熊取義純　　新聞製作入門—入稿から配送までのA to Z　印刷学会出版部　2010.4　83p　19cm　1400円

読者・世論
〔雑誌記事〕
吉原一真　　その可能性と限界——世論調査と新聞：新聞研究　通号7　〔1949.6〕　p17〜22
坂西志保　　新聞・生活のために——米国の新聞と読者・愛読される特別欄等：新聞研究　通号7　〔1949.6〕　p43〜48
戸田貞三　　世論の報道と指導——世論調査と新聞：新聞研究　通号7　〔1949.6〕　p3〜6
佐藤良一郎　世論調査の数理——世論調査と新聞：新聞研究　通号7　〔1949.6〕　p30〜35
松宮一也　　調査の見方に就いて——世論調査と新聞：新聞研究　通号7　〔1949.6〕　p10〜17
Pasoin博士　問題の諸様相批判——世論調査と新聞：新聞研究　通号7　〔1949.6〕　p7〜9
宮沢俊義　　新聞の読み方：婦人公論　35（12）通号391　〔1949.12〕　p54〜57
磯野清　　　新聞と世論調査——現代新聞：思想　通号324　〔1951〕　p24〜31
日高六郎　　新聞と読者の要求——現代新聞論：思想　通号324　〔1951〕　p6〜9
伊藤慎一　　地方小都市の新聞読者——白河市を中心とした読者関心の調査：新聞研究　通号18　〔1952.3〕　p13〜12
大島輝孝　　新聞に関する世論調査：新聞研究　通号25　〔1953.7〕　p13〜15

311

児島宗吉	痛い所と痛くない所――新聞批判に答えて：新聞研究　通号39　〔1954.10〕　p11～13	
吉川実治	新聞投書に見る新聞批判：新聞研究　通号41　〔1954.12〕　p32～34	
淵真吉	新聞と世論：法政思潮　8(2)〔1955.1〕	
福田恒存	世論を強いる新聞：新聞研究　通号43　〔1955.2〕　p2～5	
亀井一綱	全国新聞読者実態調査：新聞学評論　通号4　〔1955.4〕	
和田洋一	新聞読者の受働性と能働性：人文学　通号23　〔1956.1〕	
城戸又一	新聞・雑誌・世論：世界　通号121　〔1956.1〕　p155～158	
亀井一綱	新聞はどう読まれているか――上――：新聞研究　通号59　〔1956.6〕　p5～10	
亀井勝一郎	新聞時評はこれでよいのか：文學界　10(6)〔1956.6〕	
亀井一綱	新聞はどう読まれているか――下――：新聞研究　通号61　〔1956.8〕　p11～16	
戒能通孝	記者と法律知識：新聞研究　通号67　〔1957.2〕　p1～9	
光田顕司	婦人モニターの活動：新聞研究　通号72　〔1957.7〕　p28～30	
山田要	もっと平易にわかりやすく――新聞週間における読者の声：新聞研究　通号77　〔1957.12〕　p23～25	
磯村英一	新聞購読の地域性について――新聞読者調査―1―：新聞研究　通号88　〔1958.11〕　p32～40	
秋山憲夫	西ドイツの日刊新聞読者調査――新聞読者調査―2―：新聞研究　通号88　〔1958.11〕　p36～40	
山田一郎	ラジオ・テレビ欄の現状と批判――読者と聴視者への二重奉仕：新聞研究　通号95　〔1959.6〕　p28～31	
石光真人	新聞への集団的抵抗――組織化された読者大衆の問題：新聞研究　通号97　〔1959.8〕　p7～10	
キンバール, ペン	新聞がないときの読者：新聞研究　通号103　〔1960.1〕　p2～9	
今村誠次	日本だったらどうだろうか――新聞がないときの読者：新聞研究　通号103　〔1960.1〕　p9～12	
亀谷茂	新聞と読者：新聞研究　通号108　〔1960.7〕　p11～23	
愛川重義	世論と新聞：新聞研究　通号109　〔1960.8〕　p8～10	
坂西志保	新聞・社会・大衆：新聞研究　通号119　〔1961.6〕　p2～5	
加藤秀俊	現代の読者：新聞研究　通号120　〔1961.7〕　p9～13	
堀川直義	新聞読者の実態：新聞研究　通号120　〔1961.7〕　p14～18	
内川芳美	新聞読者の変遷：新聞研究　通号120　〔1961.7〕　p19～27	
中野好夫	新聞読者論：新聞研究　通号120　〔1961.7〕　p3～8	
春原昭彦	都市とマス・メディア：新聞研究　通号147　〔1963.10〕　p50～56	
林田広実	新聞に望む読者の声――新聞週間中の紙面から：新聞研究　通号149　〔1963.12〕　p32～34	
三樹精吉	大都会の新聞読者――3年間の新聞閲読率調査を顧みる：新聞研究　通号150　〔1964.1〕　p50～55	
影山三郎	投書欄の拡大と開発：新聞研究　通号163　〔1965.2〕　p22～25	
岡田直之	世論形成におけるテレビの役割――テレビの情報・言論機能を中心にして：放送学研究　通号12　〔1966.4〕　p37～58	
岡部慶三	放送をめぐる世論の問題：放送学研究　通号12　〔1966.4〕　p19～36	
田村紀雄	新聞不買運動と読書集団の発見：思想の科学. 第5次　(55)〔1966.10〕　p45～51	
池内一	世論研究序説：放送学研究　通号15　〔1967.3〕　p5～54	
田所泉	海外における日本の新聞読者：新聞研究　通号190　〔1967.5〕　p68～71	
石川弘義	広告と読者との対話：新聞研究　通号190　〔1967.5〕　p28～31	
井出嘉憲	政治・新聞・読者：新聞研究　通号190　〔1967.5〕　p32～36	
竹内郁郎	調査からみた新聞読者の受容過程：新聞研究　通号190　〔1967.5〕　p11～17	
岡部慶三	「読者」にとって「新聞」とは何か：新聞研究　通号190　〔1967.5〕　p5～10	
藤野好太朗	「企業・商品報道への注文」に答える：新聞研究　通号193　〔1967.8〕　p68～71	
横地倫平	読者の求める新聞像――新聞週間中の紙面から：新聞研究　通号197　〔1967.12〕　p72～75	
加藤秀俊	現代の読者(1961年7月号から)(200号記念重要論文再録)：新聞研究　通号200　〔1968.3〕　p62～67	
雲居恒敬	市議会報道と地方紙――議会――読者間のパイプに(新しい議会報道の方向を探る(特集)―議会報道における地方紙の責務)：新聞研究　通号202　〔1968.5〕　p17～19	
関口泰, 笹本駿二	欧米の新聞投書欄(新聞投書欄(特集))：新聞研究　通号207　〔1968.10〕　p54～59	
斎藤栄一	新聞にとって投書とは何か(新聞投書欄(特集))：新聞研究　通号207　〔1968.10〕　p17～20	
高橋義孝	新聞・投書・世論(新聞投書欄(特集))：新聞研究　通号207　〔1968.10〕　p12～16	
永川玲二	新聞投書欄の問題点と課題(新聞投書欄(特集))：新聞研究　通号207　〔1968.10〕　p24～36	
佐藤嘉男	新聞投書欄の現状を分析する――調査レポート(新聞投書欄(特集))：新聞研究　通号207　〔1968.10〕　p37～49	
吉村孝一	投書・人さまざま(新聞投書欄(特集))：新聞研究　通号207　〔1968.10〕　p60～65	
石川達三	投書欄は読書の遊び場(新聞投書欄(特集))：新聞研究　通号207　〔1968.10〕　p50～51	
奥平康広	投書欄をめぐる責任所在の一考察(新聞投書欄(特集))：新聞研究　通号207　〔1968.10〕　p21～23	
山本明	無力な "意見の広場"(新聞投書欄(特集))：新聞研究　通号207　〔1968.10〕　p52～53	
中野収	読者の多元的要求にこたえよ(情報社会における新聞の機能(特集)―"情報"時代の新聞に求めるもの)：新聞研究　通号210　〔1969.1〕　p30～31	
東山紀之	欧米新聞の経済記事――一読者の立ち場から(国際化時代の経済報道(特集))：新聞研究　通号211　〔1969.2〕　p32～37	
竹内理一	新聞における世論調査の役割(現代社会状況とマス・メディア(特集))：新聞研究　通号219　〔1969.10〕　p42～46	
吉野正弘	毎日新聞「若ものたち」――"新しい文化"? の検討(新聞編集と若者―「若者欄」新設の意図と背景)：新聞研究　通号233　〔1970.12〕　p54～56	
栗田純彦, 藤竹暁	日曜版編集と読者の立場(特集版の発行と編集の諸問題)：新聞研究　通号235　〔1971.2〕　p32～38	
林知己夫	新聞の世論調査――その現状と問題点(プレス・キャンペーンの今日的意義を探る)：新聞研究　通号237　〔1971.4〕　p37～42	
杉山喬	「読書欄」を語る：新聞研究　通号256　〔1972.11〕　p25～37	
千葉俊彦	レジャー面の編集と読者の関心(レジャーとマスコミ(特集))：新聞研究　通号258　〔1973.1〕　p42～45	
竹内郁郎	記者にとって "読者" とは何か(現代新聞記者読本)：新聞研究　通号260　〔1973.3〕　p32～36	

江幡清	「世論」形成と新聞の役割り（現代新聞記者読本）：新聞研究　通号260　〔1973.3〕　p61～65
杉原喜代次	こちら新聞社・編集局――ドキュメント・神奈川新聞の168時間〔'73.11.16～22〕（現代の新聞と読者）：新聞研究　通号270　〔1974.1〕　p15～22
加藤地三	読者と私（現代の新聞と読者）：新聞研究　通号270　〔1974.1〕　p23～31
高橋正則	世論の操作についての一考察――朝日新聞の日中問題世論調査にみる：駒澤大學法學部研究紀要　通号32　〔1974.3〕　p103～116
遠藤徳貞	新聞と読者の新しいつき合い――「生活110番受付簿」より（送り手－受け手（特集））：総合ジャーナリズム研究　11（02）　〔1974.4〕　p10～18
安藤一男	読者＝県民と共闘した生活危機（くらしと新聞報道―地方紙にとっての経済報道）：新聞研究　通号275　〔1974.6〕　p24～27
山本武利	戦前の新聞読書層調査：関西学院大学社会学部紀要　通号29　〔1974.12〕　p27～39
影山三郎，田村紀雄	現代新聞と読者――地域小新聞を手がかりとして（地域新聞の再検討）：新聞研究　通号285　〔1975.4〕　p7～17
鈴木孝雄	小説「複合汚染」をめぐって――新聞小説と読者（環境・いのち・新聞報道）：新聞研究　通号286　〔1975.5〕　p68～71
近盛晴嘉	新聞草創期の読者：新聞研究　通号287　〔1975.6〕　p60～65
佐藤毅	読者と電話とキャンペーン――東京新聞の「バックミラー」が目ざすもの：新聞研究　通号288　〔1975.7〕　p42～45
荒正人	私の新聞利用法：新聞研究　通号293　〔1975.12〕　p47～51
福田定良	大事なことが私たちにはわからないのではないかという実感――読者にとって新聞のスクープとは何か（スクープの今日的意義）：新聞研究　通号297　〔1976.4〕　p34～36
田村穣生	マスコミ接触時間の変化と現状：新聞研究　通号302　〔1976.9〕　p84～89
本間義人	生活者と電話と新聞と――毎日「アクションライン」と読者（ロッキード事件報道）：新聞研究　通号304　〔1976.11〕　p22～26
山本武利	明治期の新聞投書：関西学院大学社会学部紀要　通号33　〔1976.12〕　p61～70
荒瀬豊	投書とジャーナリズム（投書と編集者）：新聞研究　通号305　〔1976.12〕　p31～35
影山三郎	「読者の言論」確立の好機――ロッキード事件で精彩を放った投書欄（投書と編集者）：新聞研究　通号305　〔1976.12〕　p36～40
黒田清	連載＜戦争＞の方法と読者と：新聞研究　通号307　〔1977.2〕　p64～67
日本新聞協会研究所	マスコミ接触と記事閲読の諸相――新聞信頼度調査（新しい読者像を求めて＜特集＞―読者をとらえる調査の視点）：新聞研究　通号314　〔1977.9〕　p32～41
井関利明	新々中間層の形成とその生活意識（新しい読者像を求めて＜特集＞）：新聞研究　通号314　〔1977.9〕　p26～31
越谷和子	戦後日本人の読書傾向史――毎日新聞全国読書世論調査（新しい読者像を求めて＜特集＞―読者をとらえる調査の視点）：新聞研究　通号314　〔1977.9〕　p42～46
早川志己	風俗に終わらぬ読者像を――座談会を司会して，新聞の立場から思う（新しい読者像を求めて＜特集＞―新しい読者像を求めて）：新聞研究　通号314　〔1977.9〕　p23～25
竹内郁郎	「利用と満足研究」の一視点から（新しい読者像を求めて＜特集＞―読者をとらえる調査の視点）：新聞研究　通号314　〔1977.9〕　p47～51
竹下俊郎	生活ファッション誌の「利用と満足」研究――「アンアン」「ノンノ」の読者調査報告：新聞研究　通号322　〔1978.5〕　p82～91
ピッカーリング，エドワード	信頼性と公正――読者の反応（第31回FIEJ〔国際新聞発行者協会〕ハーグ総会特集）：新聞研究　通号325　〔1978.8〕　p68～71
樋口正紀	読者にどう伝えるか――ダグラス・グラマン事件の巨大な影：新聞研究　通号335　〔1979.6〕　p73～75
足立明	悪口雑言を浴びせられ――読者にどこまで近づくか（支局特集―地方版のつくり方）：新聞研究　通号338　〔1979.9〕　p35～37
野田衛	マスコミ批判欄を設けて（紙面批評と記事審査―読者参加と紙面批評）：新聞研究　通号342　〔1980.1〕　p19～22
南里俊策	記者も生身の人間である（紙面批評と記事審査―読者参加と紙面批評）：新聞研究　通号342　〔1980.1〕　p25～27
北川日出治	投書欄をどう生かすか（紙面批評と記事審査―読者参加と紙面批評）：新聞研究　通号342　〔1980.1〕　p22～24
橋本正邦	変わる読者の変わるニーズへの対応（アメリカン・プレスの現在＜特集＞）：新聞研究　通号343　〔1980.2〕　p37～41
石福秀太郎	新聞社は一般読者にどこまで資料サービスすべきか（海外情報）：新聞研究　通号344　〔1980.3〕　p66～69
新井直之	＜意見の広場＞としての新聞――その意味と問題（＜意見の広場＞としての新聞）：新聞研究　通号347　〔1980.6〕　p36～41
根来昭一郎	読者の声と紙面製作――読者は果たして神様か？（＜意見の広場＞としての新聞）：新聞研究　通号347　〔1980.6〕　p20～23
後藤文康	論争する紙面の条件（＜意見の広場＞としての新聞―意見の広場をつくる――各社事例）：新聞研究　通号347　〔1980.6〕　p24～26
内川永一朗	論評を地方に生かす（＜意見の広場＞としての新聞―意見の広場をつくる――各社事例）：新聞研究　通号347　〔1980.6〕　p29～32
吉沢久子	ささやかな読者の声（食糧問題と新聞報道―新聞報道に望む）：新聞研究　通号348　〔1980.7〕　p39～41
大井常州	読者とともに考える紙面で（衆参同時選挙と政治報道―同時選挙――わが社はこう報道した）：新聞研究　通号349　〔1980.8〕　p30～33
プラテン，グスタフ，フォン，新聞研究編集部	変容する北欧諸国の読者意識（第33回FIEJ〔国際新聞発行者協会〕総会）：新聞研究　通号349　〔1980.8〕　p75～81
加藤博久	さまざまな読者の声を紙面化して（紙面づくりと読者の声―新聞と読者の接点）：新聞研究　通号359　〔1981.6〕　p29～32
金子善雄	実践主義から生まれた調査研究室（紙面づくりと読者の声―新聞と読者の接点）：新聞研究　通号359　〔1981.6〕　p25～28
山崎徳吉	新聞と読者のパイプ役としての読者室（紙面づくりと読者の声―新聞と読者の接点）：新聞研究　通号359　〔1981.6〕　p19～21

細島泉	「読者との交流」から得たもの（紙面づくりと読者の声）：新聞研究　通号359　〔1981.6〕　p10～13
服部孝	"読者参加"の意味と方向——開かれた新聞へのステップ（紙面づくりと読者の声）：新聞研究　通号359　〔1981.6〕　p14～18
酒匂順一	読者通信員制を模索する（紙面づくりと読者の声—新聞と読者の接点）：新聞研究　通号359　〔1981.6〕　p22～24
堀内稔	読者の声を行革実現に結びつける（行政改革と新聞報道）：新聞研究　通号361　〔1981.8〕　p59～62
福島尚義	見せる新聞への挑戦（スポーツ報道の新たな展開—多様化する読者と紙面作りの工夫）：新聞研究　通号367　〔1982.2〕　p22～25
大山昭二	人間ドラマを浮き彫りにする（スポーツ報道の新たな展開—多様化する読者と紙面作りの工夫）：新聞研究　通号367　〔1982.2〕　p26～28
八巻俊雄	サラリーマンの情報行動（＜読み＞の状況）：新聞研究　通号369　〔1982.4〕　p36～41
滝井禧夫	新聞読者の実像（＜読み＞の状況）：新聞研究　通号369　〔1982.4〕　p32～35
山本武利, 春原昭彦, 前田愛	＜読み＞はどこへ？（＜読み＞の状況）：新聞研究　通号369　〔1982.4〕　p10～22
安井康雄	受け手のメディア・ミックスの実態（2）－テレビ・ラジオ・新聞・雑誌の接触状況から－：NHK文研月報　33（01）〔1983.1〕　p38
平山謙二郎	読者本位の記事をめざして（文字拡大のその後）：新聞研究　通号378　〔1983.1〕　p58～60
安井康雄	受け手のメディア・ミックスの実態（3）－テレビ・ラジオ・新聞・雑誌の接触状況から－：NHK文研月報　33（03）〔1983.3〕　p31
久富裕司	こちら編集局です——原初的コミュニケーションの復活（読者を考える—読者への接近）：新聞研究　通号387　〔1983.10〕　p22～24
田中卓	「イイミミ」——電話でどうぞこちら編集局——「打てば響く紙面」の試み（読者を考える—読者への接近）：新聞研究　通号387　〔1983.10〕　p25～27
高橋和雄	サラリーマン——その現代像を追う（読者を考える）：新聞研究　通号387　〔1983.10〕　p35～39
田草川敏男	「私も言いたい」——投書欄の歴史, 読者の現在（読者を考える—読者への接近）：新聞研究　通号387　〔1983.10〕　p18～21
増田れい子	「女のしんぶん」——読者の「胸のうち」（読者を考える—読者への接近）：新聞研究　通号387　〔1983.10〕　p32～34
江口裕子	「人生案内」——「投書」と「回答」のあいだ（読者を考える—読者への接近）：新聞研究　通号387　〔1983.10〕　p28～31
山本明	「読者」という幻想性（読者を考える）：新聞研究　通号387　〔1983.10〕　p14～17
平野裕	読者像をどう描くか（読者を考える）：新聞研究　通号387　〔1983.10〕　p10～13
中村隆二	心のネットワークをめざす——読者投稿欄「こだま」から（生活・家庭面の広がり）：新聞研究　通号401　〔1984.12〕　p40～42
橋本正邦	読者は私たちを嫌っているか——米新聞編集者協会機関誌の特集：新聞研究　通号401　〔1984.12〕　p72～77
橋本正邦	読者の信頼を回復する道——APME委員会のリポートから：新聞研究　通号404　〔1985.3〕　p81～85
村上孝止	読者・視聴者の反応と報道側の対応（豊田商事事件 取材と報道をめぐって）：新聞研究　通号410　〔1985.9〕　p24～26
ローレンス, デビッド, ヘルドマン, ルー	銘記すべき読者からのメッセージ——デビッド・ローレンス・ジュニア氏に聞く（新聞は信頼されているか—読者の信頼を求めて——米国新聞編集者協会（ASNE）信頼度調査報告から）：新聞研究　通号411　〔1985.9〕　p47～49
今津弘	やり過ごしてきた「戦争の決算」——読者の声に聞く（断面'85ジャーナリズム）：新聞研究　通号413　〔1985.12〕　p34～37
高原須美子	マネー情報は読者の期待に応え得るか（経済・金融情報拡充の狙い）：新聞研究　通号417　〔1986.4〕　p35～37
橋本正邦	AP編集局長会（APME）調査報告——信頼度のギャップを埋める——ジャーナリストと読者：新聞研究　通号418　〔1986.5〕　p75～87
室岡和男	言論の自由と多様な媒体の共存（読者はいま何を求めているのか＜特集＞）：新聞研究　通号426　〔1987.1〕　p22～26
後藤広喜	雑誌編集長7人の「読者観」（読者はいま何を求めているのか＜特集＞）：新聞研究　通号426　〔1987.1〕　p10～21
越谷和子	「書籍離れ」3つの命題——読書世論調査から（読者はいま何を求めているのか＜特集＞）：新聞研究　通号426　〔1987.1〕　p27～30
新井久爾夫	情報化社会の若者たち（読者はいま何を求めているのか＜特集＞）：新聞研究　通号426　〔1987.1〕　p31～34
佐藤智雄	読者の関心の動向と世論形成——記事の中立性と意見の先導性に期待する（検証・公害報道）：新聞研究　通号426　〔1987.1〕　p52～56
西沢行明	読者とのふれ合いの中で（新聞記者の現在位置＜特集＞）：新聞研究　通号427　〔1987.2〕　p30～32
石川旺	受け手 自立性の危機（メディアと大衆文化の現在）：新聞研究　通号434　〔1987.9〕　p30～33
横田三郎	生きがい感じた読者とのやりとり——連載企画「一人三脚・脳卒中記者の記録」（昭和62年度新聞協会賞編集部門受賞者・授賞理由・受賞報告）：新聞研究　通号435　〔1987.10〕　p19～21
志波吉勝	夕刊紙が売れる時——読者が手を伸ばしたくなる紙面とは（変化の時代の新聞整理）：新聞研究　通号439　〔1988.2〕　p31～34
前田寿一	国民世論とマスコミ世論——中曽根内閣下の朝日新聞における世論調査結果と社説：慶応義塾大学新聞研究所年報　通号30　〔1988.3〕　p79～103
小西昭之	機能分化を模索——拡散傾向の米紙投書欄（新聞メディアのフォーラム機能）：新聞研究　通号441　〔1988.4〕　p36～39
斉藤富夫, 大住広人, 本田来介	新聞投書欄のいま（新聞メディアのフォーラム機能）：新聞研究　通号441　〔1988.4〕　p10～21
中野卓也	投書欄に見る地域の群像（新聞メディアのフォーラム機能）：新聞研究　通号441　〔1988.4〕　p33～35
井村定雄	読者＋記者＝読者記者（新聞メディアのフォーラム機能）：新聞研究　通号441　〔1988.4〕　p30～32
川本啓介	宮崎県の光と影——読者とともに豊かな県北を（ローカル紙のいま）：新聞研究　通号443　〔1988.6〕　p55～57
森永昭夫	読者と医療の橋渡し役として（医療報道を解剖する）：新聞研究　通号448　〔1988.11〕　p31～34
天野祐吉	読者は新聞に何を求めているか——第35回新聞製作講座から：新聞研究　通号450　〔1989.1〕　p36～41
蜷川真人	取材の道具（ツール）としてのプッシュホン（読者との交流・その展開）：新聞研究　通号455　〔1989.6〕　p47～50
佐藤毅	読者の心に響く「インタホン」（読者との交流・その展開）：新聞研究　通号455　〔1989.6〕　p51～53

仲村祥一	週休2日時代のメディア環境———読者として考える（余暇時代の中の新聞）：新聞研究　通号457　〔1989.8〕　p21～23
雨森勇	第8回全国新聞信頼度調査———付帯調査・新聞の天皇報道に対する読者の反応：新聞研究　通号458　〔1989.9〕　p50～75
佐伯晋	読者の信頼を取り戻すために———サンゴ損傷事件を糧として：新聞研究　通号460　〔1989.11〕　p37～41
新井久爾夫	「世論とマスメディア」試論：NHK放送文化調査研究年報　34　〔1989.11〕　p5～22
室岡和男	読者の声が新聞を変える――朝日新聞・サンゴ損傷事件と「オンブズマン」：総合ジャーナリズム研究　27(01)　〔1990.1〕　p58～65
矢久保双雄	読者の信頼を裏切らない———明日の「日刊スポーツ」像：新聞研究　通号469　〔1990.8〕　p72～75
仙石伸也	読者応答セクションの現状（マスコミの焦点）：新聞研究　通号470　〔1990.9〕　p88～91
内野雅一	ボーダーレス化する読者を追って（生活情報と新聞）：新聞研究　通号471　〔1990.10〕　p26～28
野口元	よい読者を育てる———新聞界のNIEの取り組み（広がるNIE〔教育に新聞を〕）：新聞研究　通号475　〔1991.2〕　p47～49
藤野芳太郎	パソコン通信で双方向交流（読者との接点を探る）：新聞研究　通号482　〔1991.9〕　p38～41
大囿純也	移動編集局の試み———地域の本音を引き出し，個を立てる（読者との接点を探る）：新聞研究　通号482　〔1991.9〕　p35～37
佐藤毅	社会を共に生きる人間との対話———「読者との対話」から得たもの（読者との接点を探る）：新聞研究　通号482　〔1991.9〕　p10～13
山本加津子	生活者の声を反映させる企業———パイプ役つとめるヒーブの活動（読者との接点を探る）：新聞研究　通号482　〔1991.9〕　p42～45
村野坦	投書欄の最近の傾向と読者像（読者との接点を探る）：新聞研究　通号482　〔1991.9〕　p22～34
猪狩章	読者の情報をキャッチする———読者広報室の2年（読者との接点を探る）：新聞研究　通号482　〔1991.9〕　p14～18
森脇逸男	読者サービス拡充の意味を読む（読者との接点を探る）：新聞研究　通号482　〔1991.9〕　p46～49
伊狩文隆	読者センター航海日誌（読者との接点を探る）：新聞研究　通号482　〔1991.9〕　p19～21
渡辺敬夫	読者が生んだ新聞紙面の新しい可能性———緊急特集サンデー版1・終面30段見開き「湾岸情勢大地図」（受賞報告）（平成3年度新聞協会賞編集部門受賞者・授賞理由）：新聞研究　通号483　〔1991.10〕　p29～31
Wilcox, Clyde, 田中愛治	世論調査報道の持つ危険性———日米国民感情の虚像と実像（日米情報摩擦）：新聞研究　通号487　〔1992.2〕　p29～32
大上朝美	新聞小説の「読者参加」———作家と読者と担当者のかつてない試み：新聞研究　通号491　〔1992.6〕　p61～63
小邦宏治	読者ニーズの変化と「エコノミスト」（変わる経済報道）：新聞研究　通号497　〔1992.12〕　p20～22
後藤富太夫	読者アンケートより（〔新聞研究〕創刊500号記念号———記者とは何か）：新聞研究　通号500　〔1993.3〕　p107～111
酒井寛	家庭面と男と女———読者と呼応して日本の社会を変えられるか（「生活」視点のジャーナリズム）：新聞研究　通号508　〔1993.11〕　p32～35
村田耕一	読者に，安心と自信と親近感を———婦人誌の周辺に見る読者の変化（「生活」視点のジャーナリズム）：新聞研究　通号508　〔1993.11〕　p57～60
村上弘幸, 藤田晃	新聞に掲載された意識調査の紹介記事に関する一考察：社会情報学研究　大妻女子大学紀要 社会情報系　2　〔1994.3〕　p207～213
紀田順一郎	「読むこと」の現在と未来（記者読本'94）：新聞研究　通号512　〔1994.3〕　p35～37
斎藤駿介	何が「読者のための」紙面づくりか（新聞記者の現在———記者アンケートをよむ）：新聞研究　通号515　〔1994.6〕　p13～15
相良剛	＜よむ＞の変容の時代に新聞は…（新聞はどう読まれているか）：新聞研究　通号516　〔1994.7〕　p31～33
白水繁彦	エスニックプレスに見る読者ニーズと新聞（新聞はどう読まれているか）：新聞研究　通号516　〔1994.7〕　p37～40
小林利光	新聞・記者・読者（新聞はどう読まれているか）：新聞研究　通号516　〔1994.7〕　p41～52
藤田恭輔	新聞は若者にどう読まれているか：新聞研究　通号518　〔1994.9〕　p67～69
小田紘一郎	読者の感覚を見極めて———地方版のニュースサマリー「きのう 今日 あす」（受賞報告）（平成6年度新聞協会賞編集部門受賞者・授賞理由）：新聞研究　通号519　〔1994.10〕　p77～79
渡辺伸寿	読者の声を結集する核として———連載企画「神田川」（現代社会とキャンペーン報道）：新聞研究　通号521　〔1994.12〕　p25～27
佐藤毅	読者と共に歩む新聞に（戦後50年と新聞）：新聞研究　通号522　〔1995.1〕　p41～44
「高度情報化と新聞」研究グループ	読者は新聞をどう見ているか———地域情報調査の結果から：新聞研究　通号529　〔1995.8〕　p75～80
大竹秀一	政変と新聞投書———マス・メディアの言論機能を検証する：麗沢大学紀要　通号62　〔1996.7〕　p75～96
吉井清一	結論急がず読者と一緒に考える———いじめによる伊藤準君の自殺事件を取材して（子ども・教育を報じる）：新聞研究　通号541　〔1996.8〕　p30～32
久留信一	新聞記者とパソコン：ファイナンス　財務省広報誌　32(5)　〔1996.8〕　p72～73
畑仲哲雄	インターネットをこう使う―10―公に奉仕する記者サイトがあっていい：新聞研究　通号542　〔1996.9〕　p77～79
今井正俊	朝日新聞世論調査の半世紀（中）自立までの道のり：朝日総研リポート　通号123　〔1996.12〕　p108～120
今井正俊	朝日新聞世論調査半世紀の歩み（下）———多様化する社会で：朝日総研リポート　通号124　〔1997.2〕　p103～116
宮里武邦	新聞と読者の「合わせ鏡」を磨く努力（「論」———地方から）：新聞研究　通号547　〔1997.2〕　p44～46
水野剛也	読者との対話通して問題解決目指す———アメリカのシビック・ジャーナリズム運動：新聞研究　通号549　〔1997.4〕　p52～55
小田原賢二	読者との共同作業意識———サイバー時代の地方紙（サイバージャーナリズム）：新聞研究　通号550　〔1997.5〕　p31～34
春木進	読者の共感を得て現代人の疲労追う———地方紙が報じる難しさ（心をどう報じるか）：新聞研究　通号552　〔1997.7〕　p35～38
大西邦彰	行政改革読者アンケート（東京）———見えてきた乖離，監視の必要を痛感（平成9年度新聞協会賞）：新聞研究　通号555　〔1997.10〕　p37～40

星野元	もう一歩読者の側へ（信頼度調査を読んで）：新聞研究　通号556　〔1997.11〕 p37～39	
多田昭重	「一大決心」の必要（信頼度調査を読んで）：新聞研究　通号556　〔1997.11〕 p34～36	
浅井泰範	「自らの問題」と考えねば禍根を残す──「『新聞』に関する各界アンケート」を読んで（新聞と読者の間は今）：新聞研究　通号556　〔1997.11〕 p30～33	
丸谷才一, 轡田隆史, 諏訪正人	座談会 新聞記事は読者の心に届いているか（再考「新聞文章」）：新聞研究　通号557　〔1997.12〕 p10～24	
飯室勝彦	情報の最終判断者は読者──『文芸春秋』の少年事件調書報道批判の問題点（言論環境と法─少年法）：新聞研究　通号562　〔1998.5〕 p55～58	
岩口忠司	解決策探るための素材を提供したい──ごみ問題を読者とともに考える（環境報道を考える─現場から）：新聞研究　通号565　〔1998.8〕 p50～52	
高木進	地域情報は地方紙の強力な武器──「市民情報部」で読者の声と情報を紙面化（双方向性強める新聞）：新聞研究　通号566　〔1998.9〕 p25～27	
古鉄勝美	読者からの信頼なくしてその強化はない（双方向性強める新聞）：新聞研究　通号566　〔1998.9〕 p22～24	
加藤明	「読者」に力点置いた相互交流を追求──「どうする・あなたなら」を連載して（双方向性強める新聞）：新聞研究　通号566　〔1998.9〕 p10～12	
糟谷雅章	読者は毎日新聞を読むとは限らない（わかりやすさとは何か）：新聞研究　通号568　〔1998.11〕 p10～13	
坂巻善生	第1回「新聞の評価に関する読者調査」結果報告 新聞評価の新尺度：新聞研究　通号581　〔1999.12〕 p31～45	
井上実于	デジタル、新聞、読み分ける読者──インターネットから草の根へ（特集 読者は変わりつつあるのか？）：新聞研究　通号587　〔2000.6〕 p10～13	
山岸靖昌	何気ないやりとりで感じる「時代の風」──「移動編集局・読者と対話の日」200回（特集 読者は変わりつつあるのか？）：新聞研究　通号587　〔2000.6〕 p18～21	
高尾元久	読者への説明責任は報道の第三の要素──「知る権利」の委託者に執行状況を報告する義務（特集 読者は変わりつつあるのか？）：新聞研究　通号587　〔2000.6〕 p14～17	
石川旺	報道の娯楽化が変えた受け手の姿──関心を引く手法と本来の目的と（特集 読者は変わりつつあるのか？）：新聞研究　通号587　〔2000.6〕 p22～25	
山田哲夫	歴史の記録者であるために──新聞ジャーナリズムの復活と「新聞報道のあり方委員会」（特集 報道・人権・読者──新聞社自主対応の動き）：新聞研究　（597）〔2001.4〕 p18～21	
水巻中正	読者の目の高さで国のあり方、形を問う──社会保障部1年の歩みと企画「安心の設計」（特集 “くらしジャーナリズムはいま”）：新聞研究　（598）〔2001.5〕 p32～35	
鈴木孝雄	新聞評価の今を読む──第2回「新聞の評価に関する読者評価」結果から：新聞研究　（605）〔2001.12〕 p39～50	
中馬清福	新聞再生・活性化の推進役──読者との連携手段、多メディア時代の新聞の道しるべに（特集 「メディアリテラシー」を読み解く）：新聞研究　（607）〔2002.2〕 p10～13	
上丸洋一	「言論の広場」に読者を招く──新・オピニオン面が目指すもの：新聞研究　（611）〔2002.6〕 p36～39	
高士薫	支えは読者の共感と信頼──地域の中で自らを鍛える（特集 時効なき「自由な言論」──朝日阪神支局襲撃から15年）：新聞研究　（611）〔2002.6〕 p14～17	
松倉健	地域紙はいま（20）読者に勇気と元気を与える「生活者ジャーナリズム」（夕刊三重）：新聞研究　（611）〔2002.6〕 p53～55	
紺野滋	改善への指摘や論議を掘り下げたい──自由で責任ある報道に欠かせない「社外紙面審査委員会」（報道・人権・読者──新聞・通信社自主対応の動き（3））：新聞研究　（612）〔2002.7〕 p49～51	
北野宏明	ともに考え論議を深める──ネットと連動する「iトーク」（読者の声と紙面づくり）：新聞研究　（615）〔2002.10〕 p57～59	
伊藤卓郎	間口広げ、「即日性」増す──電子メールによる投書欄の変化（読者の声と紙面づくり）：新聞研究　（615）〔2002.10〕 p60～63	
木村良一	読者とのキャッチボール──「双方向プラザ」の試み（読者の声と紙面づくり）：新聞研究　（615）〔2002.10〕 p54～56	
後藤徹二	読者に感動届けるデスクの使命──じっくりと仲間同士で語り合う時間を作りたい（特集 写真現場のいま）：新聞研究　（616）〔2002.11〕 p14～17	
谷藤悦史	シリーズ「世論と新聞」(1)意見の成熟、合意を促す多元性の保証を──部分化、断片化し、漂流する「社会的意思」：新聞研究　（626）〔2003.9〕 p33～37	
池田研一郎	基本重視の姿勢をより強く──読者の視点に応える紙面づくり（整理記者の今）：新聞研究　（626）〔2003.9〕 p48～51	
吉田慎一	時代と読者に応え切磋琢磨を──いま、真のエディターシップが問われている（特集 現代デスク論）：新聞研究　（626）〔2003.9〕 p10～13	
田上幹夫	シリーズ「世論と新聞」(2)過度の期待も軽視も排したい──求められる良質の世論調査：新聞研究　（627）〔2003.10〕 p62～65	
小島正美	世論と新聞(3)結論を導く過程の詳報が重要──専門分野での報道に求められる慎重さと冷静さ：新聞研究　（628）〔2003.11〕 p58～60	
浜村寿紀	シリーズ「世論と新聞」(4)インターネットは少数意見をつなぐ──問われるマスメディアの感度：新聞研究　（629）〔2003.12〕 p43～47	
塩越隆雄, 国分俊英, 朝比奈豊	第56回新聞大会・研究座談会 今日の新聞 明日の読者：新聞研究　（629）〔2003.12〕 p10～22	
鈴木孝雄	読者の二極分化進む──2003年「新聞の評価に関する読者調査」結果から：新聞研究　（629）〔2003.12〕 p23～34	
根本清樹	読者に届く言葉で語る──政治、歴史的状況のなかで位置づける（憲法論議と新聞の役割）：新聞研究　（630）〔2004.1〕 p18～21	
高木徹	シリーズ「世論と新聞」(5)情報の意図探り、報道する必要──積極、巧妙化する「戦争PR戦略」：新聞研究　（631）〔2004.2〕 p46～50	
丸岡真司	世論と新聞(6)継続・多角的報道が議論を熟成させる──川辺川ダム問題における取り組み：新聞研究　（633）〔2004.4〕 p58～61	
渋田民夫	岐路、だからこそ確かな目を──読者に判断材料を提供し、自覚を促したい（憲法論議と新聞の役割──地方の現場	

	から考える）：新聞研究　（637）〔2004.8〕p14～17
永井豪, 鷲見進	絶えず読者に問い続ける——大状況と小状況を組み合わせながら（憲法論議と新聞の役割——地方の現場から考える）：新聞研究　（637）〔2004.8〕p25～28
伊東朋吉	CURRENT 新聞が読者を「誘導」するとき：総合ジャーナリズム研究　41（04）（通号190）〔2004.9〕p39～43
原田哲哉	世論調査で首相が起こした風を読む——バランスの取れた情報を読者に提示（検証「9・11総選挙」）：新聞研究　（652）〔2005.11〕p30～33
平野恭子	気掛かりな女性の閲読行動——2005年「新聞の評価に関する読者調査」結果から：新聞研究　（653）〔2005.12〕p49～59
田辺龍	「匿名掲示板」と世論形成の磁場（特集 メディア変容時代のジャーナリズム）：マス・コミュニケーション研究　通号68〔2006〕p42～53
高田昌幸	ブログで問い直す読者との距離——新聞がネット社会で生き抜くために（ブログが生み出す言論空間）：新聞研究　（654）〔2006.1〕p38～41
田中信明	生まれ変わった読者センター——良い声も悪い声も、読者の声：新聞研究　（654）〔2006.1〕p52～55
岡田誠太郎	明日の新聞読者を育てる——WAN「次世代読者会議」に出席して：新聞研究　（654）〔2006.1〕p27～29
元村有希子	「理系白書ブログ」は読者が作る——マスコミを見る小さな "のぞき窓"（ブログが生み出す言論空間）：新聞研究　（654）〔2006.1〕p34～37
山瀬一彦	読者の信頼回復に向けて——編集改革委員会報告書から：新聞研究　（656）〔2006.3〕p70～73
谷口泰三	十代読者への新たなアプローチの考察——「毎日中学生新聞」から学ぶもの：新聞研究　（658）〔2006.5〕p30～33
磯野彰彦	メディアはこの五年間で何を学んだか——新聞が目指すべき読者のための経済報道とは（小泉政治と報道の軌跡）：新聞研究　（661）〔2006.8〕p18～21
田中信明	劇場の観客はどこへ向かうのか——読者の声から考える新聞の "出番"（小泉政治と報道の軌跡）：新聞研究　（661）〔2006.8〕p22～25
藤原和彦	読者に意を尽くした記事を——日本メディアにおけるイスラム・中東報道の課題（9・11米同時多発テロから5年）：新聞研究　（662）〔2006.9〕p22～25
秋保尚志	わからんニュースをわかりやすく——読者の視点で平易な解説に取り組む（新聞の解説機能）：新聞研究　（664）〔2006.11〕p21～25
杉尾守	深く掘り下げじっくり読ませる——読者のニーズに応える特報班の試み（新聞の解説機能）：新聞研究　（664）〔2006.11〕p26～28
玉木研二	読者が面白いと思う紙面を目指して——独自の切り口と深みある記事を提供する（新聞の解説機能）：新聞研究　（664）〔2006.11〕p14～16
山口一臣	読者にぶつける週刊誌のことば——新聞と違う "道具" で勝負する（新聞のことば）：新聞研究　（666）〔2007.1〕p18～20
本田裕	読者に開かれた「越中座」——新制作拠点は "緑の中のITパーク"：新聞研究　（668）〔2007.3〕p76～78
桑田信介	意見への対応を見える形に——キャッチボールで信頼関係を築きながら（読者モニター——その声を紙面にいかす）：新聞研究　（672）〔2007.7〕p22～24
杉原洋	固定欄に掲載する辛口批評——二十八年間続く「南日本新聞を読んで」（読者モニター——その声を紙面にいかす）：新聞研究　（672）〔2007.7〕p25～28
伴在賢時郎	主婦を味方に、大胆改革——意表つく意見の数々に感度の鈍さを反省（読者モニター——その声を紙面にいかす）：新聞研究　（672）〔2007.7〕p18～21
前沢猛	新聞に求めたいオンブズマン制度——さらなる説明責任の重視と改善のための提言（読者モニター——その声を紙面にいかす）：新聞研究　（672）〔2007.7〕p29～32
吉田克二	読者と「双方向」で紙面つくる——紙面モニター制で新たな信頼関係を築く橋渡し（読者モニター——その声を紙面にいかす）：新聞研究　（672）〔2007.7〕p10～13
薄木秀夫	「読者に学ぶ」初心に立ち返る——耳は痛いが貴重な情報をもたらす二百人の声（読者モニター——その声を紙面にいかす）：新聞研究　（672）〔2007.7〕p14～17
原由美子, 菅中雄一郎	「日本人とメディア」総合調査研究報告（4）多チャンネル化の中の地域情報サービス——鳥取県米子市の事例研究から：放送研究と調査　57（7）通号674〔2007.7〕p22～31
川本一之, 藤戸謙吾, 老川祥一	パネルディスカッション 未来の読者を育てるために（第60回新聞大会・研究座談会）：新聞研究　（677）〔2007.12〕p10～21
仙石伸也	新聞への評価大きく崩れず——2007年「新聞の評価に関する読者調査」結果から：新聞研究　（677）〔2007.12〕p64～70
高崎扶美子	地方発の若者向けページ タウン誌にない役割とは——元読者として、読みたい紙面を作りたい：新聞研究　（677）〔2007.12〕p32～34
安良城竜太	米新聞協会（NAA）財団の調査から 生涯の読者：社会参加の促進——新聞は若者とコミュニティーのつながりを強める：新聞研究　（678）〔2008.1〕p71～75
平井正樹	講読者会員に無料で提供——閲覧を「読者囲い込み」に活用（最新データベース事情——経営資産としての活用）：新聞研究　（681）〔2008.4〕p19～21
明石安哲	読者を知る前に自分を知れ——地域生活者の一員として紙面を作る（暮らしの視点から伝える）：新聞研究　（684）〔2008.7〕p22～24
中野康人	社会調査データとしての新聞記事の可能性——読者投稿欄の計量テキスト分析試論：関西学院大学先端社会研究所紀要　（1）〔2009.3〕p71～84
村上義千代	県外読者のニーズに応える——東奥日報電子版、運用半年を経て：新聞研究　（695）〔2009.6〕p61～63
浜田純一	読者とともに「時代」を作る——新聞に何を期待するか（700号特集 新聞の明日）：新聞研究　（700）〔2009.11〕p40～44
谷藤悦史	世論観の変遷——民主主義理論との関連で（特集 世論と世論調査）：マス・コミュニケーション研究　通号77〔2010〕p3～19
浮田徹嗣	ニュースの普及と態度変容——人間関係の視点からの再検討：横浜市立大学論叢. 人文科学系列　61（1）〔2010〕p1～14

茂木信幸	菅谷さんと読者への責務——足利事件検証の連載とシンポジウムを通じて：新聞研究　（707）〔2010.6〕p34～37	
中島みゆき	「読者とつくる」新媒体——ツイッターと連動した「MAINICHI RT」：新聞研究　（709）〔2010.8〕p52～54	
大久保徹	こだわり読者の地域情報を発信——「わが町リポーター」制度の取り組み：新聞研究　（715）〔2011.2〕p38～41	
城戸収	「読者のため」を原点に——記者の倫理、取材の要点（記者読本2011—記者となる君へ）：新聞研究　（716）〔2011.3〕p24～27	
新聞通信調査会世論調査班	報道姿勢がカギ握る新聞の将来——第3回「メディアに関する全国世論調査」（下）：メディア展望　（590）〔2011.3〕p26～31	
山本伸夫, 萩本和之	市民が優れた報道を応援——「メディア・アンビシャス」札幌での実践：新聞研究　（717）〔2011.4〕p70～73	
須永剛司	表現の場をつくる情報デザイン——読者の会話を生み出す触媒としての新聞：新聞研究　（717）〔2011.4〕p46～49	
普久原均	読者、学校の高いニーズを実感——別刷り小中学生新聞を発行（新聞を学校に、家庭に）：新聞研究　（718）〔2011.5〕p26～29	
石橋丈	メディアの選択と広がりの方向——日本人とメディア調査2011より：放送研究と調査　61（7）通号722　〔2011.7〕p24～45	
梶原紀尚	選択と集中、読者重視が鍵——米国の新聞社を視察して：新聞研究　（721）〔2011.8〕p64～66	
西島徹	「読売プレミアム」が目指すもの：ユーザー像を見据えたサービス展開（デジタルメディアの新展開（第4回）スマートデバイス時代の電子サービス）：新聞研究　（736）〔2012.11〕p12～15	
増田耕一	魅せるビジュアルで新規読者つかむ：ニュース新媒体「TAP—i」の挑戦（デジタルメディアの新展開（第4回）スマートデバイス時代の電子サービス）：新聞研究　（736）〔2012.11〕p8～11	
真崎哲	メディアスクランブル 世論調査報道の「罪」：広島ジャーナリスト　（12）〔2013.3〕	
八巻恭子	読者との対話を続けるために：河北新報社のSNS戦略（デジタルメディアの新展開：進む地方紙の試み—地方新聞社のソーシャルメディア活用の今）：新聞研究　（742）〔2013.5〕p41～43	
池上賢	メディア経験とオーディエンス・アイデンティティ：語り・パフォーマンス・エスノメソドロジー：マス・コミュニケーション研究　通号84　〔2014〕p109～127	
岡谷義則	戒心怠らず、新聞力を鍛えよ：ネット世界の無読層をどう取り込むか（ネット時代に、読者とどう向き合うか）：新聞研究　（750）〔2014.1〕p21～23	
小出宣昭	実名の「顧客」の力強さ：ブランド力でこころのきずなを（ネット時代に、読者とどう向き合うか）：新聞研究　（750）〔2014.1〕p15～17	
高橋道映	信頼を基盤に、媒体力高める：地域の総合情報企業として（ネット時代に、読者とどう向き合うか）：新聞研究　（750）〔2014.1〕p18～20	
熊坂隆光	人間臭い「技」を駆使して：ウェブファーストからユーザーファーストへ（ネット時代に、読者とどう向き合うか）：新聞研究　（750）〔2014.1〕p12～14	
川崎隆生	地方紙だからこそ、強固なメディアに：危うい情報のフラット化（ネット時代に、読者とどう向き合うか）：新聞研究　（750）〔2014.1〕p24～26	
中馬清福	暮らしの現場に飛び込む：ネットの毒を取り除くことは新聞の責務（ネット時代に、読者とどう向き合うか）：新聞研究　（750）〔2014.1〕p8～11	
真板誠	オンリーワンを探す：2013年全国メディア接触・評価調査の結果から：新聞研究　（755）〔2014.6〕p64～68	
新聞協会デジタルメディア担当	デジタルメディアを活用した新聞・通信社の情報サービス現況調査 現読者向けを中心にサービスが拡大（デジタルメディアの新展開）：新聞研究　（757）〔2014.8〕p44～50	
橋元良明	私的世界に閉じこもる若者の情報行動：時間量調査から見たネット利用と新聞閲読（デジタルメディアの新展開）：新聞研究　（757）〔2014.8〕p32～37	
岩沢武夫	毎日新聞のデジタル事業と戦略 デジタルを介し読者を意識する：新聞の新たなスタンダードを提示（デジタルメディアの新展開）：新聞研究　（757）〔2014.8〕p12～15	

〔図書〕

	新聞に関する世論調査—第23回都内調査　輿論科学協会　1949.9　27p　26cm
坂西志保, 民主教育協会	新聞と読者　民主教育協会　1959　56p　18cm　（IDE教育選書 第30）
梶谷善久	読者にとって新聞とはなにか　ダイヤモンド社　1967　234p　18cm　280円
影山三郎	新聞投書論—民衆言論の100年　現代ジャーナリズム出版会　1968　322p　20cm　650円
日本新聞協会研究所	東京都民の新聞信頼度　日本新聞協会　1977.8　126p　26cm　1500円
日本新聞協会	新潟市民の新聞信頼度　日本新聞協会　1978.10　201p　26cm　3000円
	機関紙編集の技法—編集者養成講座テキスト　改訂版　日本機関紙出版センター　1981.3　185p　21cm　980円　（技術選書）
日本新聞協会	現代の新聞読者像を探る—全国新聞信頼度総合調査結果中間報告　日本新聞協会研究所　1983.10　68p　26cm
日本新聞協会	現代の新聞読者とマスコミ接触の実態—全国新聞信頼度総合調査1983年　日本新聞協会研究所　1984.9　553p　27cm　6000円
三谷甲才	新聞投稿三十年　ずいひつ遍路宿の会　1987.10　243p　19cm　1500円　（ずいひつ遍路宿叢書 11）
中島善範	新聞投書論—草創期の新聞と読者　晩声社　1991.12　298p　20cm　3605円
岸本重陳	新聞の読みかた　岩波書店　1992.1　204p　18cm　600円　（岩波ジュニア新書）
熊田亘	新聞の読み方上達法　ほるぷ出版　1994.10　198p　21cm　1500円　（ほるぷ150ブックス）
甲賀辰夫	新聞投稿不採用集　〔甲賀辰夫〕　1998　177p　21cm
駒橋恵子	報道の経済的影響—市場のゆらぎ増幅効果　御茶の水書房　2004.5　473p　22cm　6800円
伊藤武夫, 宮下晋吉, 赤井正二, 津田正夫, 鈴木みどり	メディア社会の歩き方—その歴史と仕組み　世界思想社　2004.5　298p　21cm　1800円
佐高信, 清武英利	メディアの破壊者読売新聞　七つ森書館　2012.10　158p　19cm　1300円

新聞産業

〔雑誌記事〕

中村清治　「新聞事業」小規模経営の損益分岐点：新聞研究　通号6　〔1949.3〕　p17～20

飯沢章治　編集，経営権，労組——その相互関係と新聞のあり方に就て：新聞研究　通号6　〔1949.3〕　p9～13

有泉亨　朝日新聞社不当解雇事件：法學志林　47(1)　〔1949.7〕　p109～116

石渡孝司　新聞の購買力は低下したか：新聞研究　通号8　〔1949.8〕　p45～49

内野茂樹　アメリカにおける植民地新聞の形成：新聞研究　通号11　〔1950.6〕　p32～41

新田宇一郎　新聞の経済的生態——特に日本の新聞について・現代新聞論：思想　通号324　〔1951〕　p45～52

伊藤粂三　新聞労働と労働基準法：新聞研究　通号16　〔1951.10〕　p4～6

田中寛次　天につばきする——新聞の販売に思う：新聞研究　通号27　〔1953.10〕　p2～3

川中康弘　内容分析による日刊紙の社会的責任に関する研究：新聞学評論　3(1)　〔1954〕　p90～100

近藤貢　販売界の不公正競争：新聞研究　通号30　〔1954.1〕　p2～9

大坪半吾　最近の新聞経営事情：新聞研究　通号32　〔1954.3〕　p2～5

唐木三代造　新聞社職制の一考察：新聞研究　通号33　〔1954.4〕　p7～12

新田宇一郎　二重独占とマルティプル・オーナーシップ：新聞研究　通号33　〔1954.4〕　p5～6

千早健三郎　婦人記者の深夜勤務問題：新聞研究　通号35　〔1954.6〕　p23～24

フォレスティア，H.マッソン　新聞の空輸と関税について：新聞研究　通号臨　〔1954.8〕　p54～58

松宮三郎　発行部数公表の急務：新聞研究　通号38　〔1954.9〕　p27～29

与良工　経営面から見た新聞企業：新聞研究　通号40　〔1954.11〕　p15～19

笠信太郎　新聞国際会議の印象：新聞研究　通号40　〔1954.11〕　p1～6

前田雄二　新聞界の回顧(座談会)：新聞研究　通号41　〔1954.12〕　p7～13

岩崎庄太郎　企業としての新聞の独占：思想　通号368　〔1955.1〕

荒瀬豊　新聞と独占：思想　通号368　〔1955.1〕

城戸又一　新聞の変質：思想　通号368　〔1955.1〕

小林義雄　新聞事業をめぐる独占と競争：思想　通号368　〔1955.1〕

小林勇　新聞社の機構：思想　通号368　〔1955.1〕

荒瀬豊　新聞独占の形成道程：思想　通号368　〔1955.1〕

坂本泉　米国新聞社の労務事情：新聞研究　通号46　〔1955.5〕　p2～5

岩倉誠一　拡張戦と新聞販売店：新聞研究　通号47　〔1955.6〕　p7～13

原田俊夫　新聞経営の科学的裏づけ：新聞研究　通号47　〔1955.6〕　p1～6

江尻進　英国新聞ストとその教訓：新聞研究　通号50　〔1955.9〕　p7～10

竹田勇三　米国の新聞・通信社の労働協約：新聞研究　通号50　〔1955.9〕　p11～13

清水三郎　「東日」と「毎電」の合併秘話：新聞研究　通号52　〔1955.11〕　p34～35

石光真人　新聞経営の合理化(座談会)：新聞研究　通号53　〔1955.12〕　p11～17

奥山勇治　新聞業と不公正な取引方法：新聞研究　通号54　〔1956.2〕　p3～9

岡村二一　無益な販売競争に終止符：新聞研究　通号55　〔1956.2〕　p1～2

村山有　苦闘する邦字紙：新聞研究　通号57　〔1956.4〕　p14～15

亀井一綱　新聞記者の労働と適性——警視庁詰記者の生活調査を中心に：新聞研究　通号63　〔1956.10〕　p20～25

田中寛次　新聞販売に関する一考察：新聞研究　通号65　〔1956.12〕　p1～4

唐木三代造　新聞企業における経営合理化について：新聞学評論　通号6　〔1957.1〕

榎本博　社業実態調査について：新聞研究　通号66　〔1957.1〕　p24～31

伊藤慎一　宮廷と新聞——英国の場合：新聞研究　通号69　〔1957.4〕　p26～29

笠信太郎, 日高六郎　新聞 (日本の現実—8—)：群像　12(8)　〔1957.8〕　p133～150

東郷一朗　最近の新聞事業経営動向：新聞研究　通号76　〔1957.10〕　p26～30

フォレスチェール, M.　新聞の航空輸送料金の引下げについて：新聞研究　通号臨増　〔1957.10〕　p25～27, 42

白石古京　新聞コストの諸問題(座談会)：新聞研究　通号76　〔1957.10〕　p1～13

西島芳二　三大紙の類型化：新聞研究　通号81　〔1958.4〕　p42～45

堀川直義　新聞経営に欠けたもの——亀井一綱「経営とコミュニケーション」を読んで：新聞研究　通号82　〔1958.5〕　p34～35

三樹精吉　広報紙展望：新聞研究　通号83　〔1958.6〕　p25～29

フォレスチエ, M.　どのようにして販売を促進するか：新聞研究　通号84　〔1958.7〕　p44～47

ヘイルボルン, H.　各国の色刷りの現況：新聞研究　通号84　〔1958.7〕　p17～19

ソルジャク, P.L.　新聞報道の国際通信：新聞研究　通号84　〔1958.7〕　p49～50

新田理蔵　ラジオ，テレビと労働者——西ドイツの場合：NHK文研月報　8(7)　〔1958.7〕

淡路円治郎　新聞事業における労務管理：新聞研究　通号87　〔1958.10〕　p32～37

馬場四郎　勤務評定問題と新聞：新聞研究　通号88　〔1958.11〕　p46～50

高畠直定　むずかしい電波時代の新聞作り：新聞研究　通号90　〔1959.1〕　p44～48

近藤貢　新聞のない19日間——ニューヨーク新聞ストの総決算：新聞研究　通号91　〔1959.2〕　p46～50

森一郎　新聞販売の特異性と販売技術：新聞研究　通号91　〔1959.2〕　p10～12

藤田忠　新聞労務の特色と問題点：新聞研究　通号95　〔1959.6〕　p22～26

山本明　「商業新聞」の基本的矛盾：人文学　通号46　〔1960.2〕　p118～138

津金沢聡広　岡本一平の出現——日本の新聞連載漫画史—2—：思想の科学. 第4次　通号21　〔1960.9〕　p49～57

東郷一朗　経営管理の近代化：新聞研究　通号114　〔1961.1〕　p45～49

窪川雪夫　新聞販売の合理化——その可能性と問題点：新聞研究　通号114　〔1961.1〕　p35～39

矢野郎五郎　アメリカの新聞販売事情(座談会)：新聞研究　通号120　〔1961.7〕　p48～56

新田宇一郎　新聞資本の独立について：新聞学評論　通号11　〔1961.10〕

山本文雄	日本新聞界における朝夕刊制の発展について：新聞学評論　通号11　〔1961.10〕
杉浦栄三	産業社会における新聞企業の地位：新聞研究　通号127　〔1962.2〕　p2～7
東郷一朗	新聞経営代化とその問題点：新聞研究　通号127　〔1962.2〕　p8～17
マクギル, R.E.	地方社会における新聞のリーダーシップ：新聞研究　通号133　〔1962.8〕　p28～34
水野成夫	新聞経営の近代化とその将来（第15回新聞大会研究座談会）：新聞研究　通号137　〔1962.12〕　p10～22
山内大介	ニューヨークの表情――新聞ストと市民生活：新聞研究　通号139　〔1963.2〕　p22～24
近藤貢	ニューヨーク新聞ストの背景――国際植字工組合（ITU）を中心に：新聞研究　通号139　〔1963.2〕　p25～32
千葉雄次郎	ニューヨークの新聞ストはなにを教えるか（座談会）：新聞研究　通号144　〔1963.7〕　p32～43
広瀬英彦	新聞と公共政策――ニューヨーク新聞スト（コロンビア大学調査）：新聞研究　通号144　〔1963.7〕　p21～31
小松原久夫	新聞スト日誌――ニューヨークにおける114日間にわたる労使の争い：新聞研究　通号144　〔1963.7〕　p10～20
近藤貢	争議後における新聞労使関係の展開：新聞研究　通号144　〔1963.7〕　p44～50
与良工	新聞経営の理想像――第16回新聞大学研究座談会：新聞研究　通号149　〔1963.12〕　p20～30
ホーエンバーグ, J0	ニューヨークの新聞ストライキを巡って（研究座談会）：関西大学新聞学研究　通号12　〔1964.3〕
広岡知男	朝日新聞再建のために：自由　6(4)通号53　〔1964.4〕　p118～125
東季晴	新聞企業の舞台裏（特集・現代の新聞）：自由　6(5)通号54　〔1964.5〕　p22～29
近藤貢	株式譲渡制限制度改善のために：新聞研究　通号156　〔1964.7〕　p17～31
伊藤正己	株主議決権制限問題を検討する：新聞研究　通号156　〔1964.7〕　p8～16
石山四郎	新聞社の設備投資の現状分析：新聞研究　通号158　〔1964.9〕　p26～28
大沢正	新聞社屋の設計・設備の実際と問題点：新聞研究　通号158　〔1964.9〕　p15～18
中根久太郎	新聞販売の現状と問題点：新聞研究　通号161　〔1964.12〕　p79～85
土屋清	技術転換期の経営――昭和40年代の新聞（座談会）：新聞研究　通号162　〔1965.1〕　p28～41
岡本清一	地方紙と全国紙――イギリスの新聞に思う：新聞研究　通号162　〔1965.1〕　p42～47
美ノ谷和雄	マス・メディア産業における独占：立正大学文学部論叢　通号21　〔1965.3〕
近藤貢	米国新聞界の技術革新と労働組合：新聞学評論　通号14　〔1965.4〕
殿木圭一	通信社と日本の風土：新聞研究　通号167　〔1965.6〕　p12～16
トムソン, R.	新聞の国際発行：新聞研究　通号170　〔1965.9〕　p17～20
田中寛次	経済不況下の新聞経営（座談会）：新聞研究　通号173　〔1965.12〕　p72～80
大島昭	20年後の日本の新聞：新聞研究　通号175　〔1966.2〕　p65～75
大来佐武郎	新聞の長期展望の基礎条件：新聞研究　通号175　〔1966.2〕　p7～10
三田和夫	毎日新聞の内幕（調査レポート）：現代の眼　7(4)　〔1966.4〕　p136～151
氏原正治郎	労働ジャーナリズムの社会的役割――組合機関誌とアウトサイダー誌（座談会）：月刊労働問題　通号100　〔1966.9〕　p63～72
上山正二	新聞の経営一般：新聞研究　通号183　〔1966.10〕　p65～71
矢野五郎	新聞販売：新聞研究　通号183　〔1966.10〕　p77～82
伊藤正己	新聞の企業性と公共性――社会的責任ということについて：別冊潮　通号3　〔1966.10〕　p76～85
丸山邦男	週刊誌記者の一週間――マスコミ労働者－1－：月刊労働問題　通号104　〔1966.11〕　p35～45
林三郎	欧米の新聞・日本の新聞：新聞研究　通号185　〔1966.12〕　p40～45
楢橋国武	出版界と労働運動（座談会）：総合ジャーナリズム研究　04(05)　〔1967.4〕　p22～37
楢橋国武	出版界と労働運動（座談会）：総合ジャーナリズム研究　04(05)　〔1967.4〕　p22～37
中村晧一	アメリカ史上最大の放送スト：総合ジャーナリズム研究　04(06)　〔1967.6〕　p92～96, 99
夏目漠	新聞の改革について：総合ジャーナリズム研究　04(07)　〔1967.7〕　p94～101
鈴木耀太郎	「専門職」と「管理職」――専門職制度の諸問題：新聞研究　通号192　〔1967.7〕　p20～22
森恭三	大衆社会の進展と高級紙の将来：新聞研究　通号192　〔1967.7〕　p45～49
秦正流	朝日新聞社の「専門記者制度」――専門記者制度の諸問題：新聞研究　通号192　〔1967.7〕　p11～17
笹本駿二	日本の新聞・ヨーロッパの新聞：総合ジャーナリズム研究　04(09)　〔1967.9〕　p53～56
河野幹人	転機にたつ新聞経営：新聞研究　通号195　〔1967.10〕　p62～70
酒井重通	販売からみた新聞百年：新聞研究　通号195　〔1967.10〕　p71～79
太田正文	新聞の経営・放送の経営――地方新聞と地方局：新聞研究　通号196　〔1967.11〕　p22～26
岩倉誠一	新聞販売界の戦国時代（座談会）：総合ジャーナリズム研究　04(12)　〔1967.12〕　p4～18
白石古京	欧米と日本の新聞経営（第20回新聞大会研究座談会）：新聞研究　通号197　〔1967.12〕　p18～28
森恭三	日本の新聞の特性：新聞研究　通号197　〔1967.12〕　p42～49
日本新聞協会業務部	新聞の経営・業務（現代新聞記者読本）：新聞研究　通号213　〔1969.4〕　p83～90
水野喬	中国放送不当弾圧事件 ストライキ裁判その後：広島ジャーナリスト　22　〔1969.5〕
水野喬	中国放送不当弾圧事件 ストライキ裁判その後：広島ジャーナリスト　23　〔1969.6〕
水野喬	中国放送不当弾圧事件 ストライキ裁判その後：広島ジャーナリスト　24　〔1969.7〕
具島勘三郎	70年代における新聞経営の展望――人と組織の問題を中心として（第22回新聞大会特集）：新聞研究　通号221　〔1969.12〕　p19～28
安田寿明	情報化社会におけるデータ通信の位置（70年代における新聞（特集））：新聞研究　通号222　〔1970.1〕　p42～48
日本新聞協会業務部	新聞の経営・業務（新聞社の取材機構――地方紙）：新聞研究　通号224　〔1970.3〕　p87～95
岩倉誠一	マスコミ企業の変革（第4回総合ジャーナリズム講座講演速記）：総合ジャーナリズム研究　07(02)　〔1970.4〕　p52～65
松尾武久	真実の報道と労働条件：広島ジャーナリスト　30　〔1970.4〕
総合ジャーナリズム研究編集部	電波新聞時代の夜明け－－万国博舞台のデモンストレーション競争の背景：総合ジャーナリズム研究所　07(02)　〔1970.4〕　p31～50
五十嵐文失, 青地晨	共同通信社の教訓（ルポルタージュ）：現代の眼　11(7)　〔1970.7〕　p152～161
阿部満, 亀谷悟郎	新聞社出版の現状と将来 その特質を分析する：出版ニュース　通号0848　〔1970.10〕　p6～11

大須賀節雄	情報産業の成長と新聞（新聞編集とコンピューター）：新聞研究　通号232　〔1970.11〕　p34〜40
藤原恵	変革の時代と新聞媒体——全国紙にみるその現状と展望：関西学院大学社会学部紀要　通号22〔1971.3〕　p41〜51
岩倉誠一	新聞経営のぼやけた周辺−−購読料金値上げ問題にふれて：総合ジャーナリズム研究　08（03）〔1971.7〕　p44〜54
小松原久夫	新しい印刷メディア 地域無代新聞の誕生：総合ジャーナリズム研究　09（01）〔1972.1〕　p64〜72
小谷正一	新聞の危機：総合ジャーナリズム研究　09（02）〔1972.4〕　p78〜93
江尻進	新聞商品が公器となる条件：自由　14（5）〔1972.5〕　p205〜213
浅野恭平	読売新聞社新館の編集システム：新聞研究　通号250　〔1972.5〕　p22〜24
鈴木泰	マスメディアの未来予測《アメリカの最近の研究を中心として》：NHK文研月報　22（09）〔1972.9〕　p36
野村英一	新聞社の情報管理はいかにあるべきか（新聞の情報管理と情報検索）：新聞研究　通号254　〔1972.9〕　p35〜42
中島繁	新聞輸送と鉄道：総合ジャーナリズム研究　09（04）〔1972.10〕　p20〜28
土橋新三	記者魂開眼ー24年ぶりのストを闘ってー：広島ジャーナリスト　47　〔1973.1〕
志賀信夫	情報産業物語（YTV情報産業研究グループ編）：放送批評　No.061　〔1973.2〕
伊藤慎一	労使紛争の谷間に〔アメリカの新聞界〕（海外情報）：新聞研究　通号260　〔1973.3〕　p98〜101
清勝人	改善迫られる新聞販売形態−−労務事情の悪化と新聞の将来：総合ジャーナリズム研究　10（03）〔1973.7〕　p77〜85
為郷恒淳	まだ手探りの時（新聞社の組織と人間——FIEJ最終報告書「明日の新聞社像をえがく」を読んで）：新聞研究　通号268　〔1973.11〕　p18〜19
酒井新二	経営イデーの明確化（新聞社の組織と人間——FIEJ最終報告書「明日の新聞社像をえがく」を読んで）：新聞研究　通号268　〔1973.11〕　p20〜21
石福秀太郎	新たな脱皮を迫られる米新聞販売界——マーケティング技術の応用や電算化も（海外情報）：新聞研究　通号268　〔1973.11〕　p56〜59
小林茂	夢のなかの不安（新聞社の組織と人間——FIEJ最終報告書「明日の新聞社像をえがく」を読んで）：新聞研究　通号268　〔1973.11〕　p24〜26
広瀬英彦	産業文化の進展とマスメディアの再編成（海外情報）：新聞研究　通号269　〔1973.12〕　p60〜63
茶本繁正	出版労働者と二つの事件 フリーのジャーナリストの位置：出版ニュース　通号0972　〔1974.5〕　p6〜10
井上輝子	財布のヒモと新聞購読の力学−−主婦にとって新聞とは何か（新聞・新聞・新聞！（特集））：総合ジャーナリズム研究　11（04）〔1974.10〕　p29〜39
岩倉誠一	「新聞は必要か？」に応える市場の論理−−転機の新聞販売を考える（新聞・新聞・新聞！（特集））：総合ジャーナリズム研究　11（04）〔1974.10〕　p4〜14
石福秀太郎	ニューヨーク印刷工組合 自動機器導入を含む労働協約を承認（海外情報）：新聞研究　通号281　〔1974.12〕　p60〜63
新井直之	寄稿 戦後最大の再編成期に入った新聞界：マスコミ市民　通号089　〔1975.2〕　p2〜11
奥野昌宏, 小川肇, 早川善治郎	「順法闘争」と3紙の論調：新聞学評論　通号23・24　〔1975.3〕　p75〜90
東郷一朗	新聞経営の現状（新聞記者読本）：新聞研究　通号284　〔1975.3〕　p73〜76
長与道夫	通信社と新聞社（新聞記者読本）：新聞研究　通号284　〔1975.3〕　p52〜55
広岡知男	日本の新聞事業（新聞記者読本）：新聞研究　通号284　〔1975.3〕　p21〜25
鳥山拡	新聞列島異変<特集>：総合ジャーナリズム研究　12（03）〔1975.7〕　p111〜116
伊那三郎	(新聞列島異変<特集>)中部読売新聞問題と混迷する新聞界：総合ジャーナリズム研究　12（03）〔1975.7〕　p6〜18
村田聖明	英字新聞の現状と課題：新聞研究　通号295　〔1976.2〕　p63〜73
伊藤慎一	岐路に立つ英国の編集者——労働組合・労使関係法改正案の提起するもの：新聞研究　通号295　〔1976.2〕　p64〜67
永町敏昭	最近の紙面傾向（紙面改革とニュース企画）：新聞研究　通号295　〔1976.2〕　p25〜28
谷脇清	紙面改革の四つの柱（紙面改革とニュース企画）：新聞研究　通号295　〔1976.2〕　p18〜21
花田徳行	難問をかかえる新聞改革の道（紙面改革とニュース企画）：新聞研究　通号295　〔1976.2〕　p22〜24
東郷一朗	新聞経営の現状（新聞記者読本）：新聞研究　通号296　〔1976.3〕　p74〜76
猪又久夫	通信社と新聞社——共同通信の課題を中心に（新聞記者読本）：新聞研究　通号296　〔1976.3〕　p51〜54
埜邑義道	日本の新聞販売制度（新聞記者読本）：新聞研究　通号296　〔1976.3〕　p77〜79
渡辺修	情報産業としてのメルヘンとは何か：総合ジャーナリズム研究　13（03）〔1976.7〕　p86〜89
江尻進	日本の新聞経営の特徴と諸課題（新聞記者読本）：新聞研究　通号308　〔1977.3〕　p74〜79
鈴木敏夫	最近の新聞用紙事情--昭和48年以降の需給動向を中心に（新聞紙-1-)：総合ジャーナリズム研究　14（02）〔1977.4〕　p20〜26
遠山孝	新聞社の企画事業：総合ジャーナリズム研究　14（02）〔1977.4〕　p40〜47
大原武志	軽量紙化への動きと問題点（新聞紙-2-)：総合ジャーナリズム研究　14（03）〔1977.7〕　p103〜107
清水勝人	(毎日新聞問題の本質<特集>)毎日再建計画の核心と提言−−経営的"危篤状態"に至る要因分析を中心に：総合ジャーナリズム研究　14（03）〔1977.7〕　p55〜65
中島真一	(毎日新聞問題の本質<特集>)毎日新聞昭和の"問題史"研究−−経営関連数値と解説による：総合ジャーナリズム研究　14（03）〔1977.7〕　p47〜54
広瀬英彦	西ドイツの「新聞スト調査」をめぐる二つの反応（海外情報）：新聞研究　通号313　〔1977.8〕　p80〜83
荒瀬豊	「新聞処分」の現況——毎日倒産劇の後にくるもの：現代の眼　18（9）〔1977.9〕　p278〜285
清水勝人	販売正常化宣言の裏側−−新聞企業首脳による激しい馳引き〔付・年表販売正常化への動き〕：総合ジャーナリズム研究　14（04）〔1977.10〕　p42〜52
Heningham, J.P., 日本新聞協会国際部	内容分析からみた日本の日刊英字紙：新聞研究　通号315　〔1977.10〕　p85〜93
鳥居元吉	毎日再建計画, 具体化への第一歩——課題は要員削減をめぐる労使の話し合い（マスコミの焦点）：新聞研究　通号315　〔1977.10〕　p96〜98
山本勝明	新聞業の現状と課題：レファレンス　27（10）〔1977.10〕　p56〜86
清水勝人	価格戦略時代へ入った新聞界−−「販売正常化共同宣言」その後と定価値上げの行方：総合ジャーナリズム研究　15（01）〔1978.1〕　p111〜118
高野涼	新聞の拡材にラジオが使われた!?——読売新聞のラジオ関東のっとり大作戦批判：マスコミ市民　通号123　〔1978.3〕　p22〜31

清水勝人	読売新聞「背信」す——新聞値上げの「仁義なき戦い」：諸君！ 日本を元気にするオピニオン雑誌　10(5)〔1978.5〕p68〜81
清水勝人	価格戦略時代の序奏を総括する——新聞産業に残された蘇生の途：総合ジャーナリズム研究　15(03)〔1978.7〕p52〜61
間宮達男	朝日カルチャーセンターにみる新聞社の文化活動(マス・メディア産業と文化事業)：総合ジャーナリズム研究　15(04)〔1978.10〕p20〜26
古庄勝美	(公正取引委員会とマスコミ産業<特集>)新聞・過当競争の是正と公取委：総合ジャーナリズム研究　16(01)〔1979.1〕p26〜32
清水勝人	新聞界の最も長かった一年——購読料"五月雨値上げ"が残したものは何か：総合ジャーナリズム研究　16(01)〔1979.1〕p69〜77
石福秀太郎	ニューヨーク新聞ストの88日間：新聞研究　通号330〔1979.1〕p69〜73
総合ジャーナリズム研究編集部	メキシコの新聞・全研究：総合ジャーナリズム研究　16(03)〔1979.7〕p35〜42
日本新聞協会研究所	全国新聞信頼度調査——新聞に高い信頼——社会性に高く、公平性に低い評価：新聞研究　通号338〔1979.9〕p62〜84
広瀬英彦	'78西ドイツ最大の新聞スト——問題の核心と今後の方向：新聞研究　通号340〔1979.11〕p60〜63
Beuve-Mery, Hubert, 鈴木博信	新聞企業の独立と自由：世界　通号410〔1980.1〕p229〜240
石原栄夫	現代通信社論(新聞記者読本'80<特集>)：新聞研究　通号344〔1980.3〕p24〜29
総合ジャーナリズム研究編集部	新聞事業の発展と集中度——中央と地方の寡占化二重構造の意味するもの：総合ジャーナリズム研究　17(03)〔1980.7〕p88〜98
牧野克一	《特集》サンケイ型労務管理の歩み いま、サンケイ内部からの証言！：マスコミ市民　通号150〔1980.8〕p6〜12
正田諭	《特集》サンケイ型労務管理の歩み サンケイ「正論」紙面の思想——いかにして右翼ジャーナリズムは可能か：マスコミ市民　通号150〔1980.8〕p13〜19
編集部	《特集》サンケイ型労務管理の歩み 残酷物語から千八百人首切りまで——：マスコミ市民　通号150〔1980.8〕p3〜5
藤岡伸一郎	朝日新聞築地新社屋：総合ジャーナリズム研究　17(04)〔1980.10〕p79〜85
清水勝人	公取委の「調査」と新聞業界流通正常化：総合ジャーナリズム研究　18(03)〔1981.7〕p74〜83
阪田秀	英国新聞関係労組の成立と現状−上−：総合ジャーナリズム研究　20(01)〔1983.1〕p102〜109
阪田秀	英国新聞関係労組の成立と現状−下−：総合ジャーナリズム研究　20(02)〔1983.4〕p96〜105
清水勝人	新聞界「成長の限界」と販売正常化：総合ジャーナリズム研究　20(02)〔1983.4〕p66〜72
清水勝人	新聞界「成長の限界」と販売正常化−続−：総合ジャーナリズム研究　20(03)〔1983.7〕p56〜66
深沢亘	重大な局面を迎えた販売正常化(マスコミの焦点)：新聞研究　通号385〔1983.8〕p93〜95
東季晴	日本における新聞経営組織の変化：慶応義塾大学新聞研究所年報　通号22〔1984.3〕p85〜127
山田幸男	新聞産業の見取り図(新聞記者読本'84)：新聞研究　通号392〔1984.3〕p55〜59
島矢志郎	新聞社の総合情報化戦略(高度情報化社会論<特集>—高度情報化社会への課題)：新聞学評論　通号33〔1984.6〕p106〜111
原寿雄	通信社サービスの変容と課題(高度情報化社会論<特集>—高度情報化社会への課題)：新聞学評論　通号33〔1984.6〕p112〜114
深沢亘	最終決着めざす販売正常化(マスコミの焦点)：新聞研究　通号399〔1984.10〕p106〜108
青木彰	新聞の未来を考える・新時代に備えるために——日本新聞協会研究所「新聞メディアの中・長期ビジョン総合研究」の討議から(編集分科会報告)(第37回新聞大会)：新聞研究　通号401〔1984.12〕p54〜59
広瀬英彦	長期ストを収拾した西独印刷・紙労組の収支決算：新聞研究　通号401〔1984.12〕p86〜89
博多威彦	「サファイア」の意味とねらい(動き始めた別刷り情報紙)：新聞研究　通号402〔1985.1〕p55〜58
伊藤斉	「マリオン」発行の前後(動き始めた別刷り情報紙)：新聞研究　通号402〔1985.1〕p50〜52
柏倉徳夫	広告局主導で「ひまわり」発刊(動き始めた別刷り情報紙)：新聞研究　通号402〔1985.1〕p58〜61
清水勝人	新聞販売正常化——二・二〇"一斉社告"の背景と真意：総合ジャーナリズム研究　22(02)〔1985.4〕p66〜73
河内鏡太郎	新聞記者による国際障害者年体験——読売新聞大阪本社の取り組み：月刊福祉　68(4)〔1985.4〕p60〜65
杉山隆男	メディア・ルネッサンス—2—日経新聞の革命：諸君！ 日本を元気にするオピニオン雑誌　17(6)〔1985.6〕p202〜220
佐藤英雄	新聞協会、データベース抄録で意見書(マスコミの焦点)：新聞研究　通号410〔1985.9〕p90〜92
豊島真介	「開かれた新聞」と読者との距離——大阪社会部の現場から(新生「毎日」新聞、7年余の"決算"報告<特別企画>)：総合ジャーナリズム研究　22(04)〔1985.10〕p22〜25
清水勝人	経営再建——茨の道はまだ続く(新生「毎日」新聞、7年余の"決算"報告<特別企画>)：総合ジャーナリズム研究　22(04)〔1985.10〕p6〜15
藤井旭	新生「毎日」新聞、7年余の"決算"報告<特別企画>：総合ジャーナリズム研究　22(04)〔1985.10〕p49〜54
新井直之	「毎日」新社以後の紙面展開(新生「毎日」新聞、7年余の"決算"報告<特別企画>)：総合ジャーナリズム研究　22(04)〔1985.10〕p16〜21
中川順	"闘う民放連"のホンネにせまる：放送批評　No.197〔1985.11〕
雨森勇	新聞の産業規模と経営特性：新聞研究　通号416〔1986.3〕p83〜86
権田万治, 高橋秀明, 藤原繁明	新聞界が訪問販売の自主規制へ(マスコミの焦点)：新聞研究　通号417〔1986.4〕p102〜104
小林宏一	描出しにくい整合性ある未来像(新聞人は新聞の未来をどう見通しているか)：総合ジャーナリズム研究　23(03)〔1986.7〕p17〜26
小池保夫	立場で異なる進路と選択の幅(新聞人は新聞の未来をどう見通しているか)：総合ジャーナリズム研究　23(03)〔1986.7〕p8〜16
総合ジャーナリズム研究編集部	均等法とマスコミ女性労働者の"現場"：総合ジャーナリズム研究　23(04)〔1986.10〕p94〜101
清水勝人	現地分散印刷と物流変化(新聞「輸送」事情の今昔<特別企画>)：総合ジャーナリズム研究　24(01)〔1987.1〕p34〜42

池田恵美子	新聞「輸送」事情の今昔<特別企画>：総合ジャーナリズム研究 24 (01) 〔1987.1〕 p43～50
後藤秀雄	全国紙をはじめ相次ぎ増ページ実施 (マスコミの焦点)：新聞研究 通号430 〔1987.5〕 p89～92
夏目十郎	肥大化する新聞社の美術展－－半公共機関と私企業とのはざまで：総合ジャーナリズム研究 24 (03) 〔1987.7〕 p79～85
小玉美意子	特集「女性の時代」と放送 バランスある報道へ、記者・編集者の養成が課題 女性とニュースのかかわり――キャスターと登場数はふえたが：月刊民放 17 (194) 〔1987.8〕 p28～31
落合恵子	特集「女性の時代」と放送 耳傾けてほしい、「少数派の側の論理」日本婦人放送者懇談会セミナーでの講演「私と仕事」から：月刊民放 17 (194) 〔1987.8〕 p15～18
荻野摩耶子, 岩井まつよ, 源啓美, 西村洋子, 堂本暁子	特集「女性の時代」と放送 "自分の視点" 生かして伸びやかに 現場で活躍する女性放送人五人の「現場レポート」：月刊民放 17 (194) 〔1987.8〕 p19～27
桂敬一	産業としての新聞――その変化の方向 (新聞記者読本'88)：新聞研究 通号440 〔1988.3〕 p73～75
安井節子	労働環境の変化と女性記者――私にとっての均等法 (新聞記者読本'88――ジャーナリズムの課題と記者活動)：新聞研究 通号440 〔1988.3〕 p31～34
清水勝人	(あの問題は, いま…<特集>) 何だった？ 新聞「販売正常化」：総合ジャーナリズム研究 25 (04) 〔1988.10〕 p28～30
市川美根	放送に働く女性と均等法 (女性とジャーナリズム)：新聞研究 通号451 〔1989.2〕 p30～33
村上重美	販売界の展望 労務はじめ課題山積 (マスコミの焦点)：新聞研究 通号462 〔1990.1〕 p85～89
清水勝人	2001年への「新聞」の旅－2－急がれる新聞流通の協業化：総合ジャーナリズム研究 27 (03) 〔1990.7〕 p68～75
伊東誠	2001年への「新聞」の旅－3－そろそろ変革 (モデルチェンジ) を始めないと…－追い風の中の新聞広告：総合ジャーナリズム研究 27 (04) 〔1990.10〕 p68～76
総合ジャーナリズム研究編集部	女性記者の現実と意識－－アンケート調査結果の概要 (女性とメディア1991<特別企画>)：総合ジャーナリズム研究所 28 (01) 〔1991.1〕 p57～60
潮見高男	数字にみるマス・メディアの女性たち (女性とメディア1991<特別企画>)：総合ジャーナリズム研究 28 (01) 〔1991.1〕 p100～103
森下和生	「エア・フェスタ・ハママツ」と中日新聞：マスコミ市民 通号269 〔1991.2〕 p38～43
松尾文夫	時代の変化との戦い――東西通信社事情：新聞研究 通号475 〔1991.2〕 p74～79
総合ジャーナリズム研究編集部	2001年への「新聞」の旅－4－文化事業のなかの展覧会－－そのドキュメント性・ドラマ性：総合ジャーナリズム研究所 28 (02) 〔1991.4〕 p7～69
阪田秀	成功収める未来の新聞プロジェクト――ナイト＝リッダー社の25/43：新聞研究 通号479 〔1991.6〕 p69～72
総合ジャーナリズム研究編集部	新聞業が「理」を求めず「利」に走るとき…(企業としての新聞・放送)：総合ジャーナリズム研究所 28 (03) 〔1991.7〕 p65～69
山崎茂男	指定商品に新聞を追加――訪問販売法施行令改定される (マスコミの焦点)：新聞研究 通号481 〔1991.8〕 p86～88
寺岡慎介	悲惨の道へと誘導する『読売』の企み：マスコミ市民 通号280 〔1992.2〕 p22～28
橋本直	基本はジャーナリズム活動――メディア多様化の中の新聞経営 (記者を志した君へ――記者読本'92)：新聞研究 通号488 〔1992.3〕 p54～56
川嶋明	転機に立つ新聞販売 (記者を志した君へ――記者読本'92)：新聞研究 通号488 〔1992.3〕 p57～60
田中至	新聞購読料「改定の理由」の中身－－各紙値上げ「社告」「解説」が明かす問題状況とは：総合ジャーナリズム研究 29 (02) 〔1992.4〕 p46～54
総合ジャーナリズム研究所	全国紙ジャーナリズムの運命と革命－－あるいは「毎日新聞」問題を考える地平：総合ジャーナリズム研究 29 (02) 〔1992.4〕 p16～27
佐久間準	特集 マスコミ現場 佐川と読売・巨額土地取引にみる 読売新聞渡邊恒雄社長の本質：マスコミ市民 通号283 〔1992.5〕 p4～9
佐久間準	マスコミ現場 読売・TBS訴訟にみる 読売新聞社の体質：マスコミ市民 通号286 〔1992.8〕 p36～44
郷田俊之輔	時事通信社記者解雇騒動 もう有給休暇を申請しなくても自由に休みを取れる…？：マスコミ市民 通号289 〔1992.11〕 p64～68
郷田俊之輔	定点観測 時事通信社記者解雇騒動：マスコミ市民 通号292 〔1993.3〕 p72～74
雨森勇	概説・新聞産業――公共性こそ最大の経営資源 (〔新聞研究〕創刊500号記念号――記者とは何か)：新聞研究 通号500 〔1993.3〕 p4～
総合ジャーナリズム研究編集部	坪内寿夫氏がいま語る「新聞も事業じゃから…」：総合ジャーナリズム研究所 30 (02) 〔1993.4〕 p8～29
郷田俊之輔	定点観測 時事通信社記者解雇騒動：マスコミ市民 通号296 〔1993.7〕 p37～41
本谷英次	「アジア新聞経営セミナー」参加国最新メディア事情：新聞研究 通号504 〔1993.7〕 p73～81
Tewlow, Jules S., 本谷英次	新聞社の防災対策――その時, どう新聞発行を続けるか：新聞研究 通号506 〔1993.9〕 p81～83
小松原久夫	安売り政策は成功するか――英国新聞界の低価格競争 (マスコミの焦点)：新聞研究 通号507 〔1993.10〕 p88～91
中野利子	特集1 三〇〇号記念 私とマスコミ 雑感：マスコミ市民 通号300 〔1993.11〕 p22～25
総合ジャーナリズム研究編集部	新聞過当販売競争の内実 (研究レポート)：総合ジャーナリズム研究所 31 (01) 〔1994.1〕 p13～29
石坂悦男	新聞産業の現在とジャーナリズム (記者読本'94)：新聞研究 通号512 〔1994.3〕 p31～34
山田健太	デジタル時代への新聞づくり－－新聞制作CTSシステムへの課題と提言：総合ジャーナリズム研究 31 (02) 〔1994.4〕 p79～85
松沢弘	反リストラで合同労組――まず産経グループで旗揚げ：マスコミ市民 通号305 〔1994.4〕 p24～28
竹下俊郎	内容分析のツールとしての新聞記事データベース――利用に際しての注意点：新聞研究 通号516 〔1994.7〕 p60～63
菊地実	異業種資本が作りだす新しいメディア構造――情報産業のイノベーション (メディア産業構造分析<特集>)：マス・コミュニケーション研究 通号45 〔1994.7〕 p14～33
橋本直	新聞社における総合情報産業の形成と展開 (メディア産業構造分析<特集>)：マス・コミュニケーション研究 通号45 〔1994.7〕 p70～84

田所泉	日本におけるマスメディア・クロスオーナーシップ——相互所有排除措置の制度的検証（メディア産業構造分析＜特集＞）：マス・コミュニケーション研究　通号45　〔1994.7〕　p5～13
松沢弘	産経新労組＝闘いのクロニクル（NO.2）弾圧激化で「残酷」再現：マスコミ市民　通号311　〔1994.10〕　p44～49
松沢弘	産経新労組＝闘いのクロニクル（No.3）委員長の懲戒解雇を強行：マスコミ市民　通号312　〔1994.11〕　p26～37
すずき史彦	特集 驕るなかれ！ 読売新聞 新連載 退社した一記者が明かす 素顔の読売新聞（1）販売からめば特ダネもボツ：マスコミ市民　通号313　〔1994.12〕　p12～17
校条諭	これからのジャーナリズムとマルチメディア新聞：総合ジャーナリズム研究　32（01）〔1995.1〕　p66～71
大住広人	受継がれる「抵抗」なき集団記憶－－「毎日新聞」・無人の野を行く革命の痕跡から（戦後50年・日本の言論＜特別企画＞）：総合ジャーナリズム研究　32（01）〔1995.1〕　p32～38
すずき史彦	素顔の読売新聞（2）十分な取材保障なく、構造的不正続出：マスコミ市民　通号314　〔1995.1〕　p56～60
すずき史彦	素顔の読売新聞（3）おごりとゆ着、行き着く先は：マスコミ市民　通号315　〔1995.2〕　p40～44
松沢弘	産経新労組（No.4）闘いのクロニクル グループ解体で産経に危機——フジテレビが「フジサンケイグループ本社」を吸収合併—：マスコミ市民　通号316　〔1995.3〕　p54～58
すずき史彦	素顔の読売新聞（4）暴力団まがいの拡張員も：マスコミ市民　通号316　〔1995.3〕　p59～63
岩崎千恵子	新聞産業の現在（記者読本'95）：新聞研究　通号524　〔1995.3〕　p44～48
桂敬一	戦後50年におけるマス・メディア産業の変容（戦後50年——連続と不連続＜特集＞）：マス・コミュニケーション研究　通号47　〔1995.7〕　p96～110
深沢亘	販売流通審議会が初会合——正常化めぐり意見交換：新聞研究　通号535　〔1996.2〕　p82～83
大井眞二	新聞のビジネス史を巡って アメリカのパースペクティブ：政経研究　33（1）〔1996.4〕　p109～139
馬上康成	インターネットと新聞——電子化、ネットワークへの提言：朝日総研リポート　通号121　〔1996.8〕　p33～45
村田歓吾	多様化する「電子新聞」——現状と課題：朝日総研リポート　通号121　〔1996.8〕　p18～32
井上実于	朝日新聞社の「電子新聞」インターネット情報サービス アサヒ・コム（特集 電子新聞へのアプローチと展望）：新聞技術　40（3）〔1996.9〕　p17～22
桂敬一	マルチメディア状況とマス・メディア産業の変容（放送文化研究所設立50周年記念特集・テレビ文化の形成と変容——メディア・情報・社会）：放送学研究　通号47　〔1997〕　p225～248
安川一	ネットワーク（特集 現代マス・コミュニケーション理論のキーワード——50号を記念して—メディア産業論）：マス・コミュニケーション研究　通号50　〔1997.1〕　p72～79
久保悌二郎	技術（特集 現代マス・コミュニケーション理論のキーワード——50号を記念して—メディア産業論）：マス・コミュニケーション研究　通号50　〔1997.1〕　p64～71
村田歓吾	函館夕刊戦争の深層——新夕刊紙参入をめぐる問題と今後：朝日総研リポート　通号125　〔1997.4〕　p4～21
雨森勇	時代状況を内側の問題としてみるとき——「近未来の新聞像研究会」約1年を経過して：新聞研究　通号549　〔1997.4〕　p56～59
新聞協会開発部	増える「出口」，問われる事業性——「新聞・通信社の電子・電波メディア現況調査」結果から（サイバージャーナリズム）：新聞研究　通号550　〔1997.5〕　p63～66
水越伸	際立つジャーナリズムへの関心——デジタルメディアめぐる米国3つのイベントから：新聞研究　通号553　〔1997.8〕　p66～70
川嶋明	読者を忘れては成立しない新聞——経営数値から見る新聞産業の姿（記者読本'98—記者となる君に）：新聞研究　通号560　〔1998.3〕　p32～35
山田健太	オーストラリアにおける権利救済システムと労働組合「メディア連合」の役割：放送レポート　152号　〔1998.5〕　p58～62
寺内繭	電子新聞の現状とそのポイント：マスコミ市民　通号353　〔1998.5〕　p54～58
原淳二郎	公的支援の是非とジャーナリズム（FEATURE デジタル化の死角）：総合ジャーナリズム研究　35（03）〔1998.7〕　p8～13
阿部裕行	「質」の競争にさらされる新聞社ウェブ：新聞研究　通号565　〔1998.8〕　p62～65
貴志雅之	地域の言論多様性に計り知れない損失——北タイ〔北海タイムス〕破たん・その原因と影響：新聞研究　通号568　〔1998.11〕　p56～59
山田晴通	新聞界の「先端」から学ぶこと——大不況下における小規模紙経営（地域紙はいま）：新聞研究　通号569　〔1998.12〕　p29～32
加藤雅夫	営業担当者——説明責任能力を身につけ自主性を原動力に（特集 最前線のエキスパートに学ぶ—先輩たちの教訓と応援歌）：月刊民放　29（3）通号333　〔1999.3〕　p32～35
西山武典	同盟通信新資料が語る新聞界の体質：総合ジャーナリズム研究　36（02）（通号168）〔1999.4〕　p41～47
岩崎貞明, 小田桐誠, 新田豊作	ロングインタビュー 放送界二大労組（日放労、民放労連）トップはこう考える：放送レポート　158号　〔1999.5〕　p52～60
前沢猛	「新聞の景品競争」の限界に関する一考察——英国「デーリー・ヘラルド紙」の教訓：マス・コミュニケーション研究　通号55　〔1999.7〕　p202～215
高田宇伸	号外—街頭からインターネットまで——速報の努力と他メディアとの競争と：朝日総研リポート　通号141　〔1999.12〕　p94～113
林立雄	寡占・日本の新聞産業——ヤヌスの巻：安田女子大学紀要　通号28　〔2000〕　p205～220
鈴木雄雅	メディア企業の国際支配を考える（特集 メディア支配と言論の多様性）：マス・コミュニケーション研究　通号56　〔2000.1〕　p19～36
石川真澄	日本におけるメディア支配と言論（特集 メディア支配と言論の多様性）：マス・コミュニケーション研究　通号56　〔2000.1〕　p37～49
杉田亮毅, 北村正任, 堀鉄蔵	第3回新聞経営セミナー パネルディスカッション デジタル時代に挑む——新聞の課題と進路：新聞研究　通号583　〔2000.2〕　p52～66
片岡伸行	『岳南朝日新聞』争議の闘いの中から見えてきたもの：マスコミ市民　通号374　〔2000.2〕　p16～31
小野隆助	経営数値で見る新聞産業の姿（特集 記者読本2000）：新聞研究　通号584　〔2000.3〕　p64～67
林紘一郎	包括メディア産業法の構想——垂直規制から水平規制へ：メディア・コミュニケーション ： 慶応義塾大学メディア・コミュニケーション研究所紀要　通号50　〔2000.3〕　p115～140

牛嶋勉	人事労務管理に関する最近の法改正の概要——社会的要請を理解し積極的活用を（特集 転換期民放の組織と経営）：月刊民放　30 (5) 通号347　〔2000.5〕　p20～23
内田慎一	「通信社」を超える巨大企業ロイターの現状：エコノミスト　78 (21) 通号3451　〔2000.5〕　p51
山田健太	新聞労連が報道評議会で中間案まとめる：マスコミ市民　通号379　〔2000.7〕　p54～61
鈴木和枝	キャリアと家事労働の両立目指し闘う女性記者——アジア女性ジャーナリスト会議から：新聞研究　(590)〔2000.9〕　p64～67
篠原俊行	スポーツのソフト化権料高騰の構造——その影響は結局国民に及ぶ（シドニー五輪を振り返る）：新聞研究　(593)〔2000.12〕　p55～59
土井正	デジタル情報時代の新聞経営：マス・コミュニケーション研究　通号58　〔2001〕　p94～108
林立雄	寡占・日本の新聞産業——「江戸の敵」の巻：安田女子大学紀要　(29)〔2001〕　p159～173
高田孝治	21世紀のメディア戦略——IT、デジタル時代を見据えて：新聞研究　(594)〔2001.1〕　p56～59
朝比奈豊	独自の取り組み通じ足場を固める——毎日新聞「『開かれた新聞』委員会」の試み（特集 放送の自律と公的規制——メディア自律の視点）：月刊民放　31 (2) 通号356　〔2001.2〕　p26～29
江口浩	変動する通信社地図(1)英米支配の映像ニュース市場：新聞通信調査会報　通号463　〔2001.6〕　p4～6
高木強	新メディアは「第2段階」に——2001年新聞・通信社の電子・電波メディアの現況調査から：新聞研究　(599)〔2001.6〕　p58～61
小島一夫	オンライン新聞で双方向の国際理解目指す——時代とともに生まれ変わった英文毎日（変わる英字紙）：新聞研究　(600)〔2001.7〕　p41～43
亘理信雄	共同作業が生み出す質・量充実の合同紙——「対等」の思想掲げ、新たな可能性に挑むヘラルド朝日（変わる英字紙）：新聞研究　(600)〔2001.7〕　p38～40
江口浩	変動する通信社地図(2)TV通信社が「議題」設定：新聞通信調査会報　通号465　〔2001.8〕　p4～6
新聞労連東京新聞労働組合	新聞経営者の没ジャーナリズム——脱法献金・団交拒否との闘い：マスコミ市民　通号392　〔2001.9〕　p68～73
江口浩	変動する通信社地図(3)均質化進むテレビニュース：新聞通信調査会報　通号467　〔2001.10〕　p4～6
江口浩	変動する通信社地図(4)ヒエラルキー構造は健在：新聞通信調査会報　通号469　〔2001.12〕　p4～6
林立雄	寡占・日本の新聞産業——「パンドラの箱」の巻：安田女子大学紀要　(30)〔2002〕　p209～221
江口浩	変動する通信社地図(5)環境激変に直面する王者AP：新聞通信調査会報　通号471　〔2002.2〕　p4～6
黒藪哲哉	『京都新聞』で露呈した日本の新聞の恥部「押し紙」の実態：金曜日　10 (5) 通号406　〔2002.2〕　p55～57
江口浩	変動する通信社地図(6)ロイター、巨大情報企業に：新聞通信調査会報　通号473　〔2002.4〕　p4～6
山口俊明	新聞業界 "仁義なき戦い"—産経「夕刊廃止・休刊日発行」の波紋：放送レポート　176号　〔2002.5〕　p2～9
江口浩	変動する通信社地図(7)三強の一角守るAFP：新聞通信調査会報　通号475　〔2002.6〕　p4～6
筑瀬重喜	新聞+ニュースサイトは最強メディア——新聞社における戦略的融合の視座：朝日総研リポート　(156)〔2002.6〕　p4～26
江口浩	変動する通信社地図(8)中南米で独走するEFE：新聞通信調査会報　通号477　〔2002.8〕　p4～6
松沢弘	「産経残酷物語」に断！ 八年間のたたかいで勝ち取った解雇無効判決：放送レポート　178号　〔2002.9〕　p36～39
前沢猛	日本の新聞の「奇妙な要素」 欠けた真実と説明責任：新聞通信調査会報　通号478　〔2002.9〕　p4～6
江口浩	変動する通信社地図(9)危機乗り越えたタス通信社：新聞通信調査会報　通号479　〔2002.10〕　p4～6
木下和寛	新聞社インターネット事業の現状と課題——全国紙五社の電子メディア戦略を探る：朝日総研リポート　(158)〔2002.10〕　p33～52
総合ジャーナリズム研究編集部	FILE・J 産経新聞、夕刊廃止へ：総合ジャーナリズム研究所　39 (01)（通号 179）〔2002.12〕　p72～75
江口浩	変動する通信社地図(10・完)外国研究者が見た共同、時事：新聞通信調査会報　通号481　〔2002.12〕　p4～6
川添永津子	放送局からセクハラを追放しよう：放送レポート　180号　〔2003.1〕　p2～6
江口浩	東方通信社(1)社長は現役の高級スパイ：新聞通信調査会報　通号489　〔2003.7〕　p4～6
江口浩	外交文書に見る東方通信社(2)売り物は東京電報：新聞通信調査会報　通号491　〔2003.9〕　p4～6
大塚将司	メディアの危機 新聞社経営に求められる責務とは何か：世界　(718)〔2003.9〕　p68～76
大塚将司, 大塚正宸	新聞社経営に求められる責務とは何か：世界　(718)〔2003.9〕　p68～76
内山眞	インターネット新聞攻勢に揺れる韓国新聞界——紙同士の競争も激しく近未来の日本を先取り：朝日総研リポート　(164)〔2003.10〕　p69～86
山田剛一, 増田英孝, 大熊耕平	複数新聞記事サイトの横断検索とトピックのドリフト支援システム：社会技術研究論文集　1〔2003.10〕　p100～105
江口浩	外交文書に見る東方通信社(3)懸命に「外務省丸抱え」隠す：新聞通信調査会報　通号494　〔2003.11〕　p14～16
森下琉	販売店労働者の運動から浮かんだエスカレートする「押し紙」『押し紙』著者森下琉（新聞が書けない新聞業界のタブー——「押し紙」問題を鋭く問う2冊の本『押し紙』著者森下琉『新聞社の欺瞞商法』著者サワダオサム）：マスコミ市民　通号418　〔2003.11〕　p18～20
江口浩	外交史料に見る東方通信社(4)反帝政派中国各紙が歓迎：新聞通信調査会報　通号496　〔2004.1〕　p12～14
村上重美	問われる「ネット時代」の新聞 直面する諸問題を考える：新聞通信調査会報　通号497　〔2004.2〕　p1～4
小松原久夫	配布地域を拡大、部数伸ばす——英高級紙のタブロイド判発行の試み：新聞研究　(631)〔2004.2〕　p31～34
江口浩	外交史料に見る東方通信社(5)ロイターに迫る北京紙掲載率：新聞通信調査会報　通号498　〔2004.3〕　p15～17
江口浩	外交史料に見る東方通信社(6)本社を東京に移し「新東方」誕生：新聞通信調査会報　通号501　〔2004.5〕　p15～17
平田篤州	「新聞革命」めざす新経済紙の挑戦——"新装"刊「フジサンケイ ビジネスアイ」の3か月：新聞研究　(635)〔2004.6〕　p33～35
江口浩	外交史料に見る東方通信社(7・完)「国際」と合体し「聯合」誕生：新聞通信調査会報　通号503　〔2004.7〕　p15～17
伊藤裕造, 弘中喜通, 渡辺良行	座談会 新聞社のネット事業10年——過去・現在・未来を語る：新聞研究　(636)〔2004.7〕　p10～22
藤野真介	多メディア時代の新聞力——「2003年全国メディア接触・評価調査」結果から：新聞研究　(636)〔2004.7〕　p39～45

| 江口浩 | 戦間期の国際通信社の動向と日本（「通信社問題研究座談会」用参考論文）：新聞通信調査会報　通号507〔2004.10〕p21〜40 |

江口浩　戦間期の国際通信社の動向と日本（「通信社問題研究座談会」用参考論文）：新聞通信調査会報　通号507〔2004.10〕p21〜40

桂敬一, 犬養康彦, 江口浩, 前田耕一, 田村紀雄, 藤田博司, 有山輝雄　第5回・通信社問題研究座談会 カルテル崩壊に一役買った聯合 戦間期の混乱経て近代化へ：新聞通信調査会報　通号507〔2004.10〕p1〜20

権田万治　紙の新聞はなくなるか？ IT時代における近未来の新聞経営：新聞通信調査会報　通号508〔2004.11〕p4〜6

松谷明彦　インタビュー 「人口減少経済」下の経営環境──適正規模、利益率の追求と多様化への対応が求められる（人口・社会構造の変化と新聞の未来）：新聞研究　（640）〔2004.11〕p20〜22

小林恭子　議論続くタブロイド・ジャーナリズム 高級紙の小型判化が進む英国：新聞通信調査会報　通号509〔2004.12〕p10〜12

橋元良明　現状はニュースサイトと補完関係──利用動向調査から読む新聞への影響（特集 ネットと新聞）：新聞研究　（642）〔2005.1〕p15〜18

坪田知己　柔軟な発想でビジネス再構築を──百年後を見据え、明日を設計するために（特集 ネットと新聞）：新聞研究　（642）〔2005.1〕p10〜14

桂敬一, 犬養康彦, 江口浩, 前田耕一, 田村紀雄, 藤田博司, 有山輝雄, 里見脩　第6回・通信社問題研究座談会 権力との間合い、距離感とれず 国策通信社「同盟」誕生と活動：新聞通信調査会報　通号513〔2005.3〕p1〜19

隅井孝雄　メディアと外部資本を考える──編集・編成権の独立とメディアのグローバル化（「ライブドア」が問いかけたもの）：新聞研究　（646）〔2005.5〕p20〜23

広瀬道貞　働く女性の力に期待したい（特集 活躍！ 女性放送人）：月刊民放　35（6）通号408〔2005.6〕p5〜8

桂敬一　業界動向 ネット時代に新聞が問われていること──ライブドアの挑戦を新聞はどう受け止めるべきか：印刷雑誌　88（8）〔2005.8〕p45〜48

箱島信一　インターネットとの共生を模索する──新聞が中核メディアであり続けるために（世界の新聞界の潮流──WANソウル大会から）：新聞研究　（649）〔2005.8〕p10〜12

杉田亮毅　ユビキタス時代のリーディング・ペーパー（世界の新聞界の潮流──WANソウル大会から）：新聞研究　（649）〔2005.8〕p13〜15

民放労連京都放送労働組合　関西だより NHKと民放の労組によるフォーラム：放送レポート　197号〔2005.11〕p29

音好宏　クロスメディアの可能性を展望する──愛知万博における統合情報運用の試み：新聞研究　（653）〔2005.12〕p68〜71

今西光男　「正力厚生会」と読売新聞（上）株式支配をいかにして貫徹したのか：AIR21　（187）〔2005.12〕p21〜46

及川正樹, 織田純一, 堀田幸二　読売の『号外』制作──愛知万博『イベント号外』から販売店向け『PDF号外』まで（特集 号外の多様化と発行体制）：新聞技術　50（2）通号196〔2006〕p1〜8

今西光男　「正力厚生会」と読売新聞（中）株式支配をいかにして貫徹したのか：AIR21　（188）〔2006.1〕p55〜76

今西光男　「正力厚生会」と読売新聞 株式支配をいかにして貫徹したのか（下）：AIR21　（189）〔2006.2〕p35〜75

佐藤和文　ネット社会で発揮する新聞社の力──報道機関が電子メディアに取り組む意味（記者読本2006─記者となる君へ）：新聞研究　（656）〔2006.3〕p46〜49

鈴木孝雄　「公益的商品」をいかに作るか──経営データからみた新聞界の課題（記者読本2006─記者となる君へ）：新聞研究　（656）〔2006.3〕p64〜68

山沢美智夫　その時、販売店はどう動いたか──深雪かき分け届けたスタッフ奮戦記（豪雪下の新聞発行）：新聞研究　（657）〔2006.4〕p40〜42

織田浩之　互助の精神をつなげたい──大雪知らない若手記者が健闘（豪雪下の新聞発行）：新聞研究　（657）〔2006.4〕p37〜39

目黒昌　インターネットは紙に替わる収入源になるのか 米新聞社のビジネスモデルを探る：AIR21　（191）〔2006.4〕p2〜17

田上幹夫　「知財」は第四の経営資源──新聞社初の知財よろず稼業一年：新聞研究　（658）〔2006.5〕p34〜37

春原昭彦　“乱売”を教訓に築いた配達制度──市場の価格競争だけでは選べない商品の販売史（新聞の公共性を考える（2））：新聞研究　（658）〔2006.5〕p22〜35

福江裕幸　今だからこそ「内実を変える」──紙面改革から見た多メディア時代（地域社会に提言する）：新聞研究　（660）〔2006.7〕p25〜28

壱岐一郎　組合費の重みは「侠気」と反発力で：放送レポート　203号〔2006.11〕p47

平野日出木　オーマイニュースが日本で創刊──インターネット新聞と市民記者の可能性：新聞研究　（664）〔2006.11〕p54〜57

上間隆　知的財産を守るために──公共性、産業・文化の発展との調和をいかに図るか（新聞社法務の今）：新聞研究　（665）〔2006.12〕p24〜26

大島十二愛　新聞社の企業化と子ども文化事業──大阪毎日新聞社のこども博覧会と日刊こども新聞誕生を中心に：マス・コミュニケーション研究　通号70〔2007〕p177〜194

佐藤和文　コミュニティー目指す登録制──ニュースの受け手が見える情報発信（進化する新聞社サイト）：新聞研究　（666）〔2007.1〕p36〜39

山田健太　日本の新聞界の現状（特集 新聞と印刷）：印刷雑誌　90（2）〔2007.2〕p17〜23

桂敬一, 犬養康彦, 江口浩, 前田耕一, 田村紀雄, 藤田博司, 有山輝雄　第10回・通信社問題研究座談会 問われる経営力と公共的役割 インターネット時代の通信社：新聞通信調査会報　通号541〔2007.3〕p1〜17

和田洋　グループ力強化へ経営改革──メディア大競争時代を生き抜くために：新聞研究　（668）〔2007.3〕p65〜67

鈴木孝雄　新聞のブランドを改めて考える──新聞界が直面している課題（記者読本2007─記者となる君へ）：新聞研究　（668）〔2007.3〕p60〜64

阿部裕　メディア資本の動向と“萎縮”するジャーナリズム（報告と討論 いまメディアは政治をどう報道しているか）：前衛：日本共産党中央委員会理論政治誌　通号815〔2007.3〕p32〜36

桂敬一, 犬養康彦, 江口浩, 山田計一, 前田耕一, 中田正097, 田村紀雄, 藤田博司, 有山輝雄　第11回・通信社問題研究座談会 地殻変動への対応を模索 共同、時事とも経営体質改革が急務：新聞通信調査会報　通号546〔2007.7〕p1〜20

高橋和志　市場調査にこだわった紙面改革──信頼を確かにする新たな一歩：新聞研究　（672）〔2007.7〕p41〜43

総合ジャーナリズム研究編集部　進むメディア再編とジャーナリズム（米・メディア再編の向こうに…）：総合ジャーナリズム研

	究所 44（04）（通号202）〔2007.9〕p37〜42
斎藤勉	紙とネットの編集体制を統合——日本初の「ウェブ・ファースト」実現：新聞研究 （676）〔2007.11〕p49〜52
有澤満紀	新聞販売所への理解促進図る——地域貢献大賞の設立にあたって（第一回新聞協会・地域貢献大賞）：新聞研究 （677）〔2007.12〕p35〜37
浜本真平	新聞3社提携の裏側 既存メディアに潜む本当の危機：政経往来 61（11）通号722 〔2007.12〕p16〜20
京都放送労働組合	関西だより KBS京都更生結末までの道のり：放送レポート 210号〔2008.1〕p53
内山斉	新聞経営の課題と展望 競争と協議で未来に光：新聞研究 （678）〔2008.1〕p10〜13
佐藤成文	脚光浴びる米紙整理マン 見出しコンテストで表彰も：新聞通信調査会報 通号553 〔2008.2〕p14〜15
武市英雄	新聞社の統廃合と買収——日本とアメリカを中心に：コミュニケーション文化論集 大妻女子大学コミュニケーション文化学会機関誌 通号6〔2008.3〕p93〜105
片山雅文	ネット時代の新聞社像——敵対視から共栄へ、ウェブと紙の新しい関係（記者読本2008—記者となる君へ）：新聞研究 （680）〔2008.3〕p34〜37
菊池育夫	新聞経営の課題と展望 「プラス1」で反転攻勢：新聞研究 （681）〔2008.4〕p30〜33
長田公平	新聞社の存在感、ネットでも示す——全国紙三紙が新サイト「あらたにす」開設：新聞研究 （682）〔2008.5〕p36〜38
総合ジャーナリズム研究編集部	「新聞」のいま、生業の現実2008－－新聞言論を支える産業基盤のいま（「新聞」は、大丈夫なのか－－揺らぐ産業基盤と新聞ジャーナリズム）：総合ジャーナリズム研究所 45（03）（通号205）〔2008.6〕p12〜14
川本一之	新聞経営の課題と展望 「第三の創業」に向けて：新聞研究 （683）〔2008.6〕p30〜33
中島丈雄	海外情報 変わる米国ビジネスの潮流と日本（第10回）ネット時代に新聞はどう生き残るか（1）インターネットの波、無料化の波：日経研月報 （360）〔2008.6〕p46〜49
安良城竜太	コミュニティーへの発信を加速——米新聞界、情報交流の場をネットで形成目指す：新聞研究 （684）〔2008.7〕p53〜56
中島丈雄	海外情報 変わる米国ビジネスの潮流と日本（第11回）ネット時代に新聞はどう生き残るか（2）インターネットの波、無料化の波：日経研月報 （361）〔2008.7〕p40〜43
総合ジャーナリズム研究編集部	5大全国紙に「異変」－－21世紀を生き抜く大新聞の「商」と「道」（「新聞」は、大丈夫なのか－－揺らぐ産業基盤と新聞ジャーナリズム）：総合ジャーナリズム研究所 45（04）（通号206）〔2008.9〕p3〜44
総合ジャーナリズム研究編集部	海外「新聞」界、変化の潮流（「新聞」は、大丈夫なのか－－揺らぐ産業基盤と新聞ジャーナリズム）：総合ジャーナリズム研究所 45（04）（通号206）〔2008.9〕p16〜23
桂敬一	激変するメディア環境と「新聞」（「新聞」は、大丈夫なのか－－揺らぐ産業基盤と新聞ジャーナリズム）：総合ジャーナリズム研究 45（04）（通号206）〔2008.9〕p4〜6
小林恭子	新たなビジネスモデルを模索 英新聞業界、ネットが主戦場に：新聞通信調査会報 通号560 〔2008.9〕p10〜12
総合ジャーナリズム研究編集部	「新聞」は、大丈夫なのか－－揺らぐ産業基盤と新聞ジャーナリズム：総合ジャーナリズム研究所 45（04）（通号206）〔2008.9〕p8〜15
マギン，ダニエル	テクノロジー 電子新聞はブレイク前夜：Newsweek 23（36）通号1120〔2008.9〕p49
伊豆英一	新聞経営の課題と展望 新聞の力を信じ一歩ずつ：新聞研究 （687）〔2008.10〕p38〜41
桂敬一	進むメディアの地殻変動 ネット社会の進展とジャーナリズム：新聞通信調査会報 通号563 〔2008.12〕p1〜6
植村八潮	電子新聞の現状 デジタル文字メディアの未来のために——電子ペーパーの可能性とは：新聞研究 （689）〔2008.12〕p35〜38
坪田知己	電子新聞の現状 電子ペーパーに新聞の未来を託せるか——インターネットの本質からの考察：新聞研究 （689）〔2008.12〕p31〜34
喜多恒雄	新聞経営の課題と展望 危機こそ変革の好機なり：新聞研究 （690）〔2009.1〕p24〜27
後藤秀雄	経営危機で激震走る米新聞界——不況が広告収入を直撃：新聞研究 （691）〔2009.2〕p50〜54
北健一	「押し紙報道」をつぶす読売新聞の訴訟戦略：放送レポート 217号〔2009.3〕p28〜31
奥律哉	2011年メディアビジネスへのヒント——86世代が常識を変える：月刊民放 39（3）通号453 〔2009.3〕p38〜43
木村伊量	大迫力の紙面で、世界をえぐる——朝日新聞「GLOBE」、未体験ゾーンへの挑戦：新聞研究 （692）〔2009.3〕p76〜79
ビンガム，エミリー	My Turn 新聞の終わりを予言していた父——四半世紀も前に新聞の電子化に挑んだ経営者だったが、夢は実現できなかった：Newsweek 24（16）通号1149 〔2009.4〕p72
河内孝，佐々木俊尚	新聞崩壊は、メディア複合で食い止められるのか：諸君！ 日本を元気にするオピニオン雑誌 41（5）〔2009.5〕p98〜107
山口寿一	新聞の理念を守る株式管理とその手法——自由と独立の実現のために（日刊新聞法の今日的意義）：新聞研究 （694）〔2009.5〕p16〜19
一力雅彦	新聞経営の課題と展望 地域を深堀りし活路を：新聞研究 （694）〔2009.5〕p50〜53
永江正幸	朝日新聞社株式の現状と課題——譲渡制限の制度を中心に（日刊新聞法の今日的意義）：新聞研究 （694）〔2009.5〕p20〜23
松尾理也	買収ブームが招いた危機的状況——米新聞界の現在をどう読むか（日刊新聞法の今日的意義）：新聞研究 （694）〔2009.5〕p34〜36
木村幹夫	コアコンピタンス強化の長期戦略——経営に大きく貢献できる事業への育成を（特集・放送局と映画製作）：月刊民放 39（6）通号456 〔2009.6〕p26〜29
国末憲人	海外メディア報告 仏大統領の新聞振興策 若者への年間無料提供は立ち消えか：Journalism （229）〔2009.6〕p90〜93
Lyons, Daniel	TECHTONIC SHIFTS 悩める新聞界の最終救出作戦——テクノロジー 大型画面の電子ブックリーダー「キンドルDX」に集まる期待と厳しい現実：Newsweek 24（21）通号1154 〔2009.6〕p71
広瀬英彦	ヨーロッパの新聞助成策の変遷——多様な言論の提供のために：新聞研究 （696）〔2009.7〕p26〜29
稲垣裕子	女の本音「発言小町」は今—10周年迎える「大手小町」の人気掲示板：新聞研究 （696）〔2009.7〕p42〜44
小坂健介	新聞経営の課題と展望 地域活性化の一翼担う：新聞研究 （696）〔2009.7〕p22〜25
遊川和郎	海外メディア報告 新興経済紙・誌の台頭で変わる中国のメディア事情：Journalism （230）〔2009.7〕p100〜105

水谷亨	多メディア時代の新・通信社記者宣言――新たなジャーナリズムの方向性探る：新聞研究　（697）〔2009.8〕　p54～59
小林恭子	電話盗聴疑惑、英新聞界を揺るがす　ガーディアンとニューズ社対決の構図：メディア展望　通号572　〔2009.9〕　p10～12
杉田弘毅	高まるジャーナリズムの需要――新聞救済策が議論される米国の現状から（米新聞界 再生への道）：新聞研究　（698）〔2009.9〕　p8～12
奥村信幸	新聞は「時間との競争」に勝てるか――インターネットによる構造変化・合理化で進む取材現場の弱体化（米新聞界 再生への道）：新聞研究　（698）〔2009.9〕　p13～17
金平茂紀	メディア論の彼方へ（27）「信頼」と「伝承」――クロンカイトの死去で考えたこと：調査情報. 第3期　（490）〔2009.9・10〕　p58～63
伊藤陽一, 桂敬一, 向後英紀, 江口浩, 山内豊彦, 長谷川和明, 有山輝雄　第1回・対外情報発信研究座談会 問われる通信社の役割　わが国の情報発信の現状と課題：メディア展望　通号573　〔2009.10〕　p1～12
神余心	メディア激動時代（9）新聞社に広がるウェブ有料化の動き、脱広告依存か読者離れか「最後の賭け」：エルネオス　15（10）通号179　〔2009.10〕　p64～67
増谷寛	経営・業務部門 夢のボールパーク誕生サポート――地域とともに歩む総合メディア企業の実践――読者との「きずな」強める（平成21年度新聞協会賞）：新聞研究　（699）〔2009.10〕　p21～24
高橋道映	新聞経営の課題と展望 新たな協調モデルへ：新聞研究　（699）〔2009.10〕　p36～39
河内孝, 黒薮哲哉, 川崎泰資　日本のジャーナリズム・ビジネス（特集 新聞・放送に未来はあるのか）：マスコミ市民　通号489　〔2009.10〕　p2～16
金平茂紀	何が救われなければならないのか――ジャーナリズム企業の転換点に当たって（700号特集 新聞の明日）：新聞研究　（700）〔2009.11〕　p22～25
岡谷義則	厳しい経営環境にこそ必要な志――近未来の新聞像研究会報告書を読み直す（700号特集 新聞の明日）：新聞研究　（700）〔2009.11〕　p14～17
小林恭子	英下院議員の経費乱用が明るみに 『テレグラフ』紙、議会のタブーに挑戦：メディア展望　通号575　〔2009.12〕　p8～10
佐塚正樹	公正販売の新たな段階へ――関西新聞販売正常化推進会議を開催：新聞研究　（701）〔2009.12〕　p29～32
小寺敦之, 竹村朋子　国内新聞社のウェブサイト展開と新聞社規模との関連性――ウェブコンテンツとウェブテクノロジーに関する量的比較：マス・コミュニケーション研究　通号76　〔2010〕　p177～195
今西光男	「新聞少年」という昭和の記憶――新聞が全盛期だったころ（特集 昭和の記憶とメディア）：マス・コミュニケーション研究　通号76　〔2010〕　p85～103
森本光彦	多メディア時代に於ける新聞の環境変化と存続のための諸条件：山梨英和大学紀要　（9）〔2010〕　p1～15
大島寅夫	新聞経営の課題と展望 とことん地元密着経営：新聞研究　（702）〔2010.1〕　p32～35
神余心	メディア激動時代（13）社運かけて電子新聞「Web刊」創刊 日経新聞社の十年先見越す深謀遠慮：エルネオス　16（1）通号184　〔2010.2〕　p68～71
野島美保	オンライン時代のマネタイズ――ニュースの価値分析からの考察：新聞研究　（704）〔2010.3〕　p76～80
江川紹子	手間ひま惜しまない記者に――謙虚さ忘れず、ムダを恐れず（記者読本2010―記者となる君へ）：新聞研究　（704）〔2010.3〕　p40～43
井口博充	アメリカ合州国通信（1）合州国における新聞の衰退（1）：マスコミ市民　通号494　〔2010.3〕　p52～55
茂木崇	新聞は生き残れるか 米新聞の戦略転換 ネット記事有料化を考える：Journalism　（238）〔2010.3〕　p82～90
井上和典, 森健　メディア 日経新聞電子版スタート「強みと弱み」――日本の電子書籍市場は米国の4倍だが、ほとんどはボーイズラブとエロ：Aera　23（15）通号1219　〔2010.4〕　p28～30
越宗孝昌	新聞経営の課題と展望 逆境に輝く「地域と共に」：新聞研究　（705）〔2010.4〕　p20～23
井口博充	アメリカ合州国通信（2）合州国における新聞の衰退（2）：マスコミ市民　通号495　〔2010.4〕　p50～53
神余心	メディア激動時代（15）経営悪化の新聞界が「聖域」にもメス 朝日＆読売を筆頭に続々と編集提携：エルネオス　16（5）通号186　〔2010.5〕　p72～75
津山恵子	新聞発行を支える収益の柱――ワシントン・ポスト社の教育事業（教育・教養事業の取り組み）：新聞研究　（706）〔2010.5〕　p23～26
井口博充	アメリカ合州国通信（3）合州国における新聞の衰退（3）：マスコミ市民　通号496　〔2010.5〕　p52～55
我孫子和夫	基調報告 情報新時代における通信社の役割――AP通信からの視点（第1回国際報道研究会）：メディア展望　（581）〔2010.6〕　p21～24
国末憲人	海外メディア報告 ロシア新興財閥に買収された大衆紙フランス・ソワールの行方 ［含 フランス・ソワール紙 クリスティアーヌ・ビュルベール副社長に聞く］：Journalism　（241）〔2010.6〕　p72～79
シャドソン, マイケル　特別インタビュー――マイケル・シャドソン（コロンビア大学教授）廃刊・ネット化が続く米国新聞業界に危機を打開するビジネスモデルはない！：エルネオス　16（7）通号188　〔2010.7〕　p64～67
西土彰一郎	「給付保護権」の創出めぐり論議――ドイツの新聞支援策の現状：新聞研究　（708）〔2010.7〕　p48～51
塩越隆雄	新聞経営の課題と展望 「紙」プラス新媒体を：新聞研究　（708）〔2010.7〕　p20～23
林良輔	コンテンツ展開の国際化戦略――ウォール・ストリート・ジャーナル日本版の狙い：新聞研究　（709）〔2010.8〕　p62～65
佐々木竜介	新聞は社会メディア――2009年全国メディア接触・評価調査の結果から：新聞研究　（709）〔2010.8〕　p34～37
遠藤一夫	「第6のメディア」の可能性――デジタルサイネージの現状と産経新聞の実践：新聞研究　（709）〔2010.8〕　p58～61
桜井哲也	Media Scope 急速なデジタル化の波への対応探る――新聞協会と広告業協会が共催勉強会：新聞研究　（710）〔2010.9〕　p81～83
土居英雄	新聞経営の課題と展望 実態を見据え、攻めに脱皮：新聞研究　（710）〔2010.9〕　p32～35
浦部信義	イギリス一九二六年ゼネラルストライキと新聞――ザ・タイムスとデイリーメイルの場合：メディア史研究　28〔2010.9〕　p131～151
瀬戸純一	新聞と社会関係資本：駿河台大学文化情報学研究所所報　（8）〔2010.10〕　p173～175
石川幸憲	タブレット型端末をどう見るか――米国新聞業界の試練と挑戦（デジタルメディアの新展開（第2回））：新聞研究　（712）〔2010.11〕　p25～29

高橋幸彦	地域・生活情報の深化を軸に——有料電子版への参入と将来展望（デジタルメディアの新展開（第2回））：新聞研究　（712）〔2010.11〕p22〜24	
信太恵子	多様な経験を意味づけ、生かすために——「新聞・通信社におけるワーク・ライフ・バランス」報告書から：新聞研究　（713）〔2010.12〕p48〜51	
内海紀雄	有力地方紙のチェーン化——古野同盟社長の構想———通信社記者の「昭和」——その軌跡を手紙と日記に見る（7）：メディア展望　（587）〔2010.12〕p14〜16	
酒井敏之	2011年夏の節電対策（特集 新聞各社の電力使用制限への対応／東日本大震災時の資材メーカー・通信キャリアーの対応を振り返る）：新聞技術　55(3)通号217〔2011〕p1〜3	
大石薫	デジタル時代における活版印刷——その魅力と今日的な活用意義：新聞研究　（714）〔2011.1〕p71〜74	
尾崎章	国内外新聞ビジネスの今と将来像——IFRA EXPO新聞展から見る新聞ビジネスの現状：印刷雑誌　94(2)〔2011.2〕p31〜34	
三浦宏	新聞経営の課題と展望 地域への使命感を励みに：新聞研究　（715）〔2011.2〕p34〜37	
シェーファー, ジャック	メディア iPad新聞の敵はマードック：Newsweek　26(7)通号1238〔2011.2〕p36〜37	
尾崎章	国内外新聞ビジネスの今と将来像（後編）IFRA EXPO新聞展から見る新聞ビジネスの現状(2)：印刷雑誌　94(3)〔2011.3〕p39〜43	
江藤秀司	大きな変革期を迎えた新聞界 インターネット拡大の中で（特集 ニュースメディアの現在）：ジャーナリズム＆メディア：新聞学研究所紀要　（4）〔2011.3〕p165〜173	
長谷川寿彦	新聞紙面と新聞記事データ集の相違について：人文学報　（443）〔2011.3〕p20〜45	
増田亜	模索続く電子版ビジネスモデル——次世代に向け選択迫られる米新聞業界：メディア展望　（591）〔2011.4〕p6〜8	
小山帥人, 西山嘉雄	聞き書き放送運動史 1 西山嘉雄さん：放送レポート　230号〔2011.5〕p34〜37	
安田景輔, 小林伸雄	教育の転換点を好機として——朝日新聞の教育支援事業（新聞を学校に、家庭に）：新聞研究　（718）〔2011.5〕p22〜25	
逆瀬川尚文	新聞経営の課題と展望 未来の購読者を育てる：新聞研究　（718）〔2011.5〕p40〜43	
奥山晶二郎	韓国・台湾リポート 模索する新聞社 紙もネットも放送も〈韓国・東亜日報〉大胆紙面で急成長〈台湾・リンゴ日報〉：Journalism　（252）〔2011.5〕p82〜87	
瀬戸純一	新聞の将来：文化情報学：駿河台大学文化情報学部紀要　18(1)〔2011.6〕p17〜31	
小山帥人, 大木貞一	聞き書き放送運動史 2 大木貞一さん：放送レポート　231号〔2011.7〕p54〜57	
神余心	メディア激動時代(29)「朝日新聞デジタル」がスタート 新聞電子版は続々と有料化へ：エルネオス　17(7)通号200〔2011.7〕p82〜85	
加藤伊佐雄	「3・11」という出発点——被災地が示唆する新聞販売の可能性（東日本大震災と報道（第2回））：新聞研究　（720）〔2011.7〕p42〜44	
越後仁士	災害時の新聞輸送の確保——高速道の不通、燃料不足に対応（東日本大震災と報道（第2回））：新聞研究　（720）〔2011.7〕p39〜41	
小山帥人, 秦豊	聞き書き放送運動史 3 秦豊さん：放送レポート　232号〔2011.9〕p32〜34	
神余心	メディア激動時代(32)日経、朝日から地方紙、スポーツ紙まで「デジタル新聞」ビジネスは花開くか：エルネオス　17(10)通号203〔2011.10〕p64〜67	
丸山鐵雄, 小山帥人	聞き書き放送運動史 4 丸山鐵雄さん：放送レポート　233号〔2011.11〕p36〜39	
藤原敬	「届けたい」その思いを原動力に——被災地域における新聞販売網の再構築（東日本大震災と報道）：新聞研究　（724）〔2011.11〕p43〜46	
奥田良胤	放送界の女性参画の現状と課題：男女雇用機会均等法施行から四半世紀：放送研究と調査　61(11)通号726〔2011.11〕p52〜65	
喜多恒雄, 山本治則, 村田正敏	第64回新聞大会・研究座談会 パネルディスカッション 新聞界が直面する諸課題（第64回新聞大会から）：新聞研究　（725）〔2011.12〕p8〜19	
奥村信幸	キーワードは「マルチ・プラットフォーム」：未来のジャーナリズムを担うために必要なこと（特集 メディア融合時代のジャーナリズムの新しい可能性—ネット時代に変容するメディアのあり方）：放送メディア研究　（9）〔2012〕p55〜87	
佐藤卓己, 小林弘人, 鳥越俊太郎	座談会 メディア融合時代のジャーナリズムの新しい可能性（特集 メディア融合時代のジャーナリズムの新しい可能性—メディア融合時代のジャーナリズムのあり方）：放送メディア研究　（9）〔2012〕p235〜278	
内田樹	問題提起 情報格差社会論（特集 メディア融合時代のジャーナリズムの新しい可能性—メディア融合時代のジャーナリズムのあり方）：放送メディア研究　（9）〔2012〕p213〜233	
小山帥人, 中川日露史	聞き書き放送運動史 5 中川日露史さん：放送レポート　234号〔2012.1〕p56〜58	
西田宗千佳	紙と並ぶ「本業」への可能性：スマートフォンは新聞社にとって福音か（デジタルメディアの新展開（第3回））：新聞研究　（726）〔2012.1〕p22〜25	
真下聡	自在のアウトプットを目指して：朝日新聞デジタルの取り組み（デジタルメディアの新展開（第3回））：新聞研究　（726）〔2012.1〕p8〜11	
小林弘英	「新聞」を再定義する試み：朝夕刊、二つの電子版を配信（デジタルメディアの新展開（第3回））：新聞研究　（726）〔2012.1〕p16〜18	
廣谷美洋	関西だより 準キイ局に労働条件改善を申し入れ：放送レポート　235号〔2012.3〕p60	
小山帥人, 増山太助, 長谷豊治	聞き書き放送運動史 6 長谷豊治さん・増山太助さん：放送レポート　235号〔2012.3〕p54〜58	
平田美姫, 林恭一	2011年の新聞業界：ジャーナリズム＆メディア：新聞学研究所紀要　（5）〔2012.3〕p171〜176	
宋日準	たたかう韓国の放送労働者：放送レポート　236号〔2012.5〕p20〜24	
小山帥人, 柳澤恭雄	聞き書き放送運動史 7 柳澤恭雄さん：放送レポート　236号〔2012.5〕p60〜63	
尾鍋史彦	認知科学的に見た紙の新聞の将来：脳内の情報処理を助ける紙の優位性：新聞研究　（731）〔2012.6〕p62〜67	
吉井亮二, 小山帥人	聞き書き放送運動史 8 吉井亮二さん：放送レポート　237号〔2012.7〕p46〜51	
神余心	メディア激動時代(41)主要新聞社が有料の電子版サービスで競う「オマケ」でデジタル時代に生き残れるか：エルネオス　18(7)通号212〔2012.7〕p72〜75	
佐藤敦, 洲巻圭介	ネットで新商品生む：「本」をめぐる朝日新聞のデジタル展開（新聞社の電子出版ビジネス）：新聞研究	

（732）〔2012.7〕 p12～15

寺島英弥　　　ブログは新聞の発信力を強める ： 風評、風化の「見えない壁」の向こうにつながりを求め（東日本大震災と報道）：
　　　　　　　新聞研究 （732）〔2012.7〕 p48～51
小野寺尚希　　電子化体制の確立と販売経路の拡充 ： 変化する環境に対応した技術の蓄積が急務（新聞社の電子出版ビジネス）：
　　　　　　　新聞研究 （732）〔2012.7〕 p16～19
小山帥人, 増山太助　聞き書き放送運動史 9 増山太助さん：放送レポート 238号 〔2012.9〕 p50～52
浦部信義　　　ブリティッシュ・ガゼットの誕生 ： イギリスにおけるゼネラルストライキと政府新聞：メディア史研究 32
　　　　　　　〔2012.9〕 p129～149
小山帥人, 藤井冠次　聞き書き放送運動史 10 藤井冠次さん（前編）：放送レポート 239号 〔2012.11〕 p58～60
伊藤嘉英　　　デジタル分野で「中日モデル」を追求 ： 中日新聞プラスの開発と課題（デジタルメディアの新展開（第4回）スマー
　　　　　　　トデバイス時代の電子サービス）：新聞研究 （736）〔2012.11〕 p16～19
鳥居英晴　　　大半が銀座に拠点を構える ： 地図でたどる通信社の歴史（上）：メディア展望 （611）〔2012.11〕 p24～27
井伊重之　　　欧州の新聞に対する課税状況 ： 「知識課税」軽減に社会的認知（新聞の社会的役割と税制）：新聞研究 （737）
　　　　　　　〔2012.12〕 p30～33
新聞協会経営業務部　消費税についての新聞協会の議論と対応 ： 「知識に課税せず」を基点に（新聞の社会的役割と税制）：新聞
　　　　　　　研究 （737）〔2012.12〕 p41～43
秋山耿太郎, 長谷部剛, 白石隆二郎　第65回新聞大会・研究座談会 消費税と新聞（第65回新聞大会から）：新聞研究 （737）
　　　　　　　〔2012.12〕 p8～21
小山帥人, 藤井冠次　聞き書き放送運動史 10 藤井冠次さん（中編）：放送レポート 240号 〔2013.1〕 p60～62
宮﨑敏英　　　システムより結果 ： 雇用に対する地方新聞社の役割（新聞社の就活支援事業）：新聞研究 （738）〔2013.1〕 p22～
　　　　　　　24
上ヶ島精一　　「就活」をキーワードに探る道筋 ： 新聞社の未来を見すえて（新聞社の就活支援事業）：新聞研究 （738）〔2013.
　　　　　　　1〕 p19～21
植野伸治　　　働くうえで必要な資質を問うために ： 産経新聞の人材育成事業（新聞社の就活支援事業）：新聞研究 （738）
　　　　　　　〔2013.1〕 p25～28
神余心　　　　メディア激動時代（48）消費税増税で悲鳴を上げる新聞業界 呉越同舟で「軽減税率の適用」を要請：エルネオス 19
　　　　　　　（2）通号219 〔2013.2〕 p70～73
小山帥人, 藤井冠次　聞き書き放送運動史 11 藤井冠次さん（後編）：放送レポート 241号 〔2013.3〕 p60～62
山本賢二　　　解題・「中国新聞工作者職業道徳準則」について 中国新聞工作者職業道徳準則（原文・日本語訳）：ジャーナリズム
　　　　　　　＆メディア ： 新聞学研究所紀要 （6）〔2013.3〕 p137～177
小野塚倫　　　老舗英字紙の女性向け媒体 ： 新たなブランド戦略奏功：新聞研究 （741）〔2013.4〕 p53～55
内田誠　　　　ブック・ストリート 言論 労働法制の大転換：出版ニュース 通号2311 〔2013.5〕 p21
津山恵子　　　朝日新聞と提携 ハフィントン・ポストが日本上陸 ： 米で最人気のニュースサイト：メディア展望 （617）〔2013.
　　　　　　　5〕 p14～17
笠間亜紀子　　男女ともに働きやすい職場環境を目指して ： 読売新聞で取り組む女性記者サポート：新聞研究 （746）〔2013.9〕
　　　　　　　p48～50
亀松太郎　　　私にとっての新聞とは 「ネットの新聞」の時代：新聞研究 （749）〔2013.12〕 p31～33
佐藤優　　　　私にとっての新聞とは 複数の顔を持つメディア：新聞研究 （749）〔2013.12〕 p28～30
伊藤高史　　　過去10年の新聞経営動向：新聞研究 （750）〔2014.1〕 p28～31
西田亮介　　　新聞社の優位性生かした展開を ： 新たなガバナンス構築と実践に期待（デジタルメディアの新展開）：新聞研究
　　　　　　　（757）〔2014.8〕 p38～40
西村陽一　　　朝日新聞のデジタル事業と戦略 新時代の新聞社の力とは ： 紙とデジタルの新次元の相乗効果を模索（デジタルメ
　　　　　　　ディアの新展開）：新聞研究 （757）〔2014.8〕 p8～11
福士千恵子　　読売新聞のデジタル事業と戦略 社会的な信頼を武器に ： 原点から新たな情報サービスの在り方探る（デジタルメ
　　　　　　　ディアの新展開）：新聞研究 （757）〔2014.8〕 p16～19
宮本友丘, 細見孝, 矢野博也　販売担当座談会 新聞販売の現状と未来 ： ピンチをチャンスに変える：新聞研究 （759）〔2014.
　　　　　　　10〕 p62～75
小田敏三, 朝比奈豊, 木村伊量　研究座談会 新聞界の直面する諸課題 ： 新聞の信頼回復と経営力強化のために（第67回新聞大会
　　　　　　　から）：新聞研究 （761）〔2014.12〕 p8～25
新聞通信調査会世論調査班　「将来の新聞の役割」減少派が持続派を初めて上回る ： 新聞の信頼低下が1割、「誤報」理由が最多
　　　　　　　第7回「メディアに関する全国世論調査」（上）：メディア展望 （636）〔2014.12〕 p16～23

〔図　書〕

外務省情報部　新聞要覧　日本の部 昭和21年版　外務省情報部　1946　312p　21cm
新田宇一郎　　新聞経営論　日本電報通信社　1948　261p　22cm
市村芳香　　　新聞販売史 明治篇　新聞情報社　1950　277p　19cm
尾崎宏次　　　新聞社―パッカードに乗った森の石松　光文社　1955　182p　18cm
山田一郎　　　新聞と通信社―世界の通信網　同文館　1955　174p 表　18cm　（新聞の知識シリーズ）
日本新聞協会　新聞の原価計算―計算基準とその手続　日本新聞協会　1958　150p（表共）　22cm
古沢周一, 人民日報総編集室　ソ連の新聞製作の実際　NBS出版社　1958　256p 図版　21cm
長島又男　　　現代の新聞―その支配をめぐって　三一書房　1959　216p　18cm　（三一新書）
藤田清雄　　　"新聞・中日"物語　放送と新聞と大衆社　1959　246p　19cm
堀太一　　　　新聞の秘密―輪転機の轟音の中から　光文社　1959　214p　18cm　（カッパ・ブックス）
日本新聞労働組合連合　新聞労働者のあゆみ―新聞労連結成10周年を記念して　日本新聞労働組合連合　1960.8　188p　19cm
平野岑一　　　世界第六位の新聞―毎日新聞の青春時代　六月社　1961　162p（図版共）　18cm
日本新聞協会　欧米の新聞界と労使関係―新聞労務担当者による報告書　日本新聞協会　1962　335p　22cm
家の光協会企画調査室　"イギリス協同組合新聞"の現況―事業報告書と貸借対照表　家の光協会　1962.1　23p　25cm　（調査室

	資料 第15号)
有賀清	新聞経営論 評論社 1968 224p 22cm 1300円
新聞労連第一次ソ連欧州視察交流代表団	ヨーロッパの新聞労働者—合理化とたたかう仲間をたずねて 日本新聞労働組合連合 1968 179p 19cm 180円
日本新聞協会	新聞の直接原価計算—利益計画への活用を中心に 日本新聞協会 1969 146p 22cm 1000円
Merrill, John, Calhoun, 山室まりや	世界の一流新聞 早川書房 1970 401p 19cm 1200円 （現代ジャーナリズム選書）
新延修三	朝日の部長さん—朝日新聞を興した人びと 原書房 1972 235p 18cm 400円
Lent, John, A., 梶谷素久, 小松原久夫	アジアの新聞 東出版 1972 387p 22cm 2200円
新延修三	朝日新聞の紛争と村山於藤 永田書房 1973 310p 図 肖像 19cm 850円
今井幸彦	通信社—情報化社会の神経 中央公論社 1973 228p 18cm 300円 （中公新書）
寺崎道春	新聞の販売を語る 新聞情報社 1976 161p 肖像 19cm 2000円
日本新聞協会	新聞と電波の接点—ニューメディアに関する報告書 日本新聞協会 1977.5 56p 25cm 1000円
美濃部嘉一	世界の新聞—現状と分析 美濃部嘉一 1977.10 201p 22cm 1000円
岡本文良, 難波淳郎	新聞のはなし ポプラ社 1978.4 27p 23cm 850円 （ちしきの絵本）
川上富蔵	毎日新聞販売史 戦前・大阪編 毎日新聞大阪開発 1979.6 629, 22p 22cm 4500円
杉田栄三	新聞社—比較日本の会社 実務教育出版 1979.7 249p 19cm 880円
漆崎賢二	読売王国の新聞争議—報知10年戦争と読売人事の抗争 日本ジャーナル出版 1979.7 236p 19cm 850円
桂敬一, 高木教典	新聞業界 教育社 1979.9 370p 18cm 800円 （教育社新書—産業界シリーズ 147）
反田良雄	日本の新聞経営—報道と経営に関する実証的考察 経済往来社 1979.9 340p 22cm 3000円
征矢野仁	読売新聞・日本テレビグループ研究 汐文社 1979.9 275p 20cm 1300円 （同時代叢書）
津嘉山朝裕	出版経営入門 日本エディタースクール出版部 1980.2 331p 22cm 4500円 （エディター講座）
日本新聞労働組合連合	新聞労働運動の歴史 大月書店 1980.8 378, 84p 21cm 4000円
菅原勲	新聞販売いまむかし 北海タイムス社販売局 1981.4 150p 18cm 非売品
村上錦吉	新聞販売の法的考察 〔村上錦吉〕 1982.9 360p 22cm 5000円
日本新聞協会	新聞・通信社の組織図集 日本新聞協会 1982.12 97p 26×37cm 1500円
国際新聞技術研究協会, 日本新聞協会	新聞とニューメディア 日本新聞協会 1983.7 147p 26cm 2200円
日本新聞協会技術開発特別委員会ニューメディア関係専門研究グループ	メディア多様化時代の新聞—新聞とニューメディアの接点 日本新聞協会 1984.7 161p 26cm 2000円
上之郷利昭	読売王国—世界一の情報集団の野望 講談社 1984.8 276p 20cm 1200円
宮崎正弘	ザ・日経—日本経済を動かす巨大情報機関の研究 part 2 山手書房 1984.10 254p 20cm 1200円
真鍋繁樹	日経新聞・産業部—ドキュメント かんき出版 1984.10 222p 19cm 1100円 （情報を先取りするスゴ腕の男たち 1）
東京ホットライン	いま「読売新聞」が面白い—大衆の時代のトップランナー研究 大和出版 1984.12 209p 19cm 980円
Gussow, Don., 室伏章郎	ビジネス・ジャーナリズム—専門雑誌の編集から経営まで 日本エディタースクール出版部 1986.2 237p 22cm 3500円
塩沢茂	日経新聞だけがなぜ強いか—これがナンバー1を目指す日経戦略だ 第一企画出版 1986.5 227p 19cm 980円
福士力	新聞販売通史—東奥日報と百年間 福士力 1986.8 414p 22cm 3000円
肥野仁彦	朝日新聞の下町支局長・日誌 下町タイムス社 1987.3 232p 19cm 980円
日本新聞協会	新聞業と経営分析 日本新聞協会 1987.6 133p 26cm 1800円
石坂悦男	マスメディア産業の転換—<情報革命>でどう変わるか 有斐閣 1987.11 309, 8p 19cm 1700円 （有斐閣選書）
新聞問題研究会取材班	朝日新聞社最新事情 世界日報社 1988.11 415p 19cm 1400円
園田針郎	明日をひらく新聞販売 新聞クラブ 1990.7 232p 19cm 3300円
森茂	新聞もう一つの顔—販売の暴走十八年 〔森茂〕 1990.11 188p 19cm 1800円
毎日新聞社人口問題調査会	毎日新聞社人口問題調査会40年の歩み 毎日新聞社人口問題調査会 1991.3 12p 26cm
新保満	カナダの日本語新聞—民族移動の社会史 PMC出版 1991.5 288p 20cm 3605円
田村紀雄	アメリカの日本語新聞 新潮社 1991.10 236p 20cm 980円 （新潮選書）
鈴木良二	日本経済新聞の強さと弱点研究 エール出版社 1991.12 187p 19cm 1200円 （Yell books）
共同通信社会部	講談社 1994.11 355p 16cm 840円 （講談社+α 文庫）
日本経済新聞の活用法	日本経済新聞社 1995.6 201p 19cm 1000円
梅本浩志	わが心の「時事通信」闘争史—日本マスコミの内幕的一断面 社会評論社 1996.1 377p 19cm 2800円
駄場裕司	大新聞社—その人脈・金脈の研究—日本のパワー・エリートの系譜 はまの出版 1996.4 334p 20cm 1800円
稲垣武	朝日新聞血風録 文芸春秋 1996.6 286p 16cm 450円 （文春文庫）
パルナス, 日本新聞協会	日本の新聞 1996 日本新聞協会 1996.10 96p 18cm 950円
日本障害者雇用促進協会	新聞業界における障害者雇用促進に関する調査研究 2 日本障害者雇用促進協会 1997.9 55p 30cm （研究調査報告書 平成8年度 2）
日本新聞協会	デジタル情報時代・新聞の挑戦—ジャーナリズムは生き残れるか 近未来の新聞像研究会報告書 日本新聞協会研究所 1998.3 280p 30cm 1905円
羽豆成二	新聞社 リブリオ出版 1998.4 39p 27cm 2500円 （写真でわかる小学生の社会科見学—みぢかなくらしと地方行政 第9巻）
星野一風	資本の論理メディアの倫理—北海タイムス崩壊のドキュメント 地域メディア研究所 2000.3 441p 19cm 1200円
新聞販売のルール	新聞公正取引協議会 2000.10 35p 30cm
林立雄	寡占・日本の新聞産業—形成・構造・行動 溪水社 2002.3 210p 22cm 2800円
白石義郎	メディアと情報が変える現代社会—メディアと情報化の過去、現在、未来 九州大学出版会 2002.3 161p 19cm 1700円 （久留米大学公開講座 20）
日経, 日本経済新聞社	日本経済新聞のまるごと活用法 日本経済新聞社 2002.5 246p 15cm 524円 （日経ビジネス人文庫）

中湖康太, 日経ニューメディア　メディアビジネス勝者の新戦略—ブロードバンド戦争第2幕へ！　日経BP社　2002.5　262p　22cm　2800円

井沢元彦, 稲垣武, 古森義久　朝日新聞の大研究—国際報道から安全保障・歴史認識まで　扶桑社　2003.7　338p　16cm　648円（扶桑社文庫）

森下琉　押し紙—新聞配達がつきとめた業界の闇　同時代社　2003.10　223p　20cm　1900円

原真　巨大メディアの逆説—娯楽も報道もつまらなくなっている理由　リベルタ出版　2004.3　219, 3p　20cm　1900円

春原昭彦　新聞経営の先人　日本新聞協会　2004.3　372, 6p　22cm　2500円

東谷暁　日本経済新聞は信用できるか　PHP研究所　2004.12　254p　20cm　1400円

菅原伸郎　「静かなメディア」としての新聞　サンパウロ　2005.2　41p　17cm　300円　（真生会館ブックレット 1）

大塚将司　日経新聞の黒い霧　講談社　2005.6　351p　20cm　1800円

黒藪哲哉　新聞があぶない—新聞販売黒書　花伝社　2006.1　238p　19cm　1700円

河合伸, 朝日新聞社用語幹事　朝日新聞のカタカナ語辞典　朝日新聞社　2006.8　606p　19cm　1800円

藤原治　ネット時代10年後、新聞とテレビはこうなる　朝日新聞社　2007.2　203p　19cm　1400円

河内孝　新聞社—破綻したビジネスモデル　新潮社　2007.3　220p　18cm　700円　（新潮新書）

木下晃伸　日経新聞の裏を読め　角川SSコミュニケーションズ　2007.10　174p　18cm　720円　（角川SSC新書）

江上武幸, 真村久三　新聞販売の闇と戦う—販売店の逆襲　花伝社　2009.2　200p　19cm　1500円

新聞通信調査会　岐路に立つ通信社—その過去・現在・未来　新聞通信調査会　2009.5　616, 5p　27cm　2500円

黒藪哲哉　「押し紙」という新聞のタブー—販売店に押し込まれた配達されない新聞　宝島社　2009.10　221p　18cm　648円（宝島社新書 301）

河島伸子　コンテンツ産業論—文化創造の経済・法・マネジメント　ミネルヴァ書房　2009.10　257p　22cm　2800円

新聞・雑誌デジタル化の現状と今後の方向性　シード・プランニング　2009.12　162p　30cm　95000円　（シード・プランニングの専門マーケティング資料）

サワダオサム　底辺から新聞を撃つ—小説・毎日新聞不正経理事件他　いちい書房　2010.12　299p　19cm　1800円

河内孝, 金平茂紀　報道再生—グーグルとメディア崩壊　角川書店　2010.12　205p　18cm　724円　（角川oneテーマ21 A-128）

Ellison, Sarah, 土方奈美　ウォール・ストリート・ジャーナル陥落の内幕—なぜ世界屈指の高級紙はメディア王マードックに身売りしたのか　プレジデント社　2011.5　439p　19cm　2000円

里見脩　新聞統合—戦時期におけるメディアと国家　勁草書房　2011.12　409, 6p　22cm　7000円

濱田信夫　日本の新聞産業を牽引した企業家活動—村山龍平と本山彦一　法政大学イノベーション・マネジメント研究センター　2012.7　21p　30cm　（Working paper series no0129—日本の企業家活動シリーズ no.52）

日本新聞協会　新聞販売所の労務管理—知っておきたい労務の知識　改訂5版　日本新聞協会　2012.8　176p　26cm　476円

黒藪哲哉　新聞の危機と偽装部数　花伝社　2012.11　252p　19cm　1700円

就職活動研究会　日本経済新聞社の会社研究—JOB HUNTING BOOK　2014年度版　協同出版　2013.1　263p　21cm　1500円（会社別就職試験対策シリーズ 112）

田村秀男　日経新聞の真実—なぜ御用メディアと言われるのか　光文社　2013.3　188p　18cm　740円　（光文社新書 634）

地方新聞社における高齢者雇用推進の手引き　全国地方新聞社連合会　2013.10　40p　30cm

谷岡理香, 林香里　テレビ報道職のワーク・ライフ・アンバランス—13局男女30人の聞き取り調査から　大月書店　2013.11　285p　21cm　2400円

前田安正　朝日新聞校閲センター長が絶対に見逃さない間違えやすい日本語　すばる舎　2014.3　303p　19cm　1600円

Goodman, Matthew, 杉田七重　トップ記事は、月に人類発見！—十九世紀、アメリカ新聞戦争　柏書房　2014.4　493p　20cm　2700円

地方紙ほか
〔雑誌記事〕

比佐友香　むずかしい地方紙——特に難物新興紙：新聞研究　通号5　〔1948.12〕　p23〜26

三浦秀文　やがて自由競走に——地方紙の心構え：新聞研究　通号5　〔1948.12〕　p3〜6

伊東淑太　中央紙を前にして——地方紙の在り方：新聞研究　通号5　〔1948.12〕　p7〜9

木村象雷　スポーツ新聞のあり方：新聞研究　通号11　〔1950.6〕　p25

飛車金八　地方紙の人物分布図：文芸春秋　30 (18)　〔1952.12〕　p82〜84

長野正　地方新聞の機械化：新聞研究　通号27　〔1953.10〕　p3〜6

吉川実治　地方紙から：新聞研究　通号42　〔1955.1〕　p46〜47

柏崎昌彦　地方紙から：新聞研究　通号45　〔1955.4〕　p34〜35

石橋恒喜　地方紙から：新聞研究　通号46　〔1955.5〕　p38〜39

石地与一郎　地方紙の立場から：新聞研究　通号46　〔1955.5〕　p10〜13

後藤武男　地方紙の経営について：新聞研究　通号69　〔1957.4〕　p13〜18

浅野修　合理化あれこれ——静岡新聞社を見る：新聞研究　通号71　〔1957.6〕　p37〜41

大平禎介　地方紙の立場から：新聞研究　通号80　〔1958.3〕　p31〜34

進藤次郎　東京のしんぶん, 大阪のしんぶん：新聞研究　通号85　〔1958.8〕　p1〜4

石地与一郎　地方政治と地方紙：新聞研究　通号97　〔1959.8〕　p1〜6

関口寿一　技術革新時代の地方紙（座談会）：新聞研究　通号102　〔1960.1〕　p12〜19

石光真人　全国紙と地方紙の対立関係：新聞研究　通号107　〔1960.6〕　p27〜31

高須正郎　技術革新期の地方紙の道：新聞研究　通号120　〔1961.7〕　p43〜47

野口英史　地方紙の合理化：新聞研究　通号120　〔1961.7〕　p35〜38

森可昭　小地方紙の現状と問題点：新聞学評論　通号11　〔1961.10〕

井上友一郎　スポーツ新聞是々非々：新聞研究　通号141　〔1963.4〕　p28〜31

山陽新聞社編集局　岡山百万都市と山陽新聞——推進キャンペーンの推移と問題点：新聞研究　通号146　〔1963.9〕　p2〜8

稲元寛介　地方紙の新聞記者像：新聞研究　通号150　〔1964.1〕　p22〜24

畑専一郎	経済圏の広域化と地方紙——7社共同キャンペーンをめぐって：新聞研究　通号153　〔1964.4〕　p42～47	
佐藤竺	広域化への流れと地方新聞：新聞研究　通号155　〔1964.6〕　p32～37	
鮫島志芽太	地方新聞におけるキャンペーンの限界：新聞研究　通号155　〔1964.6〕　p26～31	
松下圭一	地方新聞に生きる——取材活動のなかでつかんだもの(座談会)：新聞研究　通号155　〔1964.6〕　p38～50	
日高為政	地方新聞の理念と言論構造：新聞研究　通号155　〔1964.6〕　p20～25	
田所泉	スポーツ新聞の顔：新聞研究　通号156　〔1964.7〕　p46～49	
石橋審平	地方新聞記者づくりの悩み：新聞研究　通号157　〔1964.8〕　p16～18	
田村紀雄	ローカル紙の生態——特集・日本のジャーナリズム：思想の科学. 第5次　(35)　〔1965.2〕　p46～57	
小松秀吉	地方紙の使命と紙面づくり：新聞研究　通号163　〔1965.2〕　p19～21	
乗田幸三	地方紙の紙面構成——その過去と将来：新聞研究　通号163　〔1965.2〕　p16～19	
内川芳美	日本の地方新聞：新聞研究　通号164　〔1965.3〕　p20～27	
田村紀雄	大阪府下の地域小新聞の若干の特徴：新聞学評論　通号15　〔1965.7〕　p48～61	
佐藤忠雄	中央と地方・全国紙と地方紙——北海道開発を手がかりに：新聞研究　通号171　〔1965.10〕　p34～37	
北川楊村	地方紙あれこれ：新聞研究　通号174　〔1966.1〕　p5～8	
畑専一郎	巨帯都市時代と地方新聞——20年後の日本の新聞を予見する：新聞研究　通号175　〔1966.2〕　p47～51	
鮫島志芽太	農村地帯の新聞の未来像——20年後の新聞を予見する：新聞研究　通号175　〔1966.2〕　p55～59	
福田亮	自治体の紙面購入と熊本日日——地方自治体の広報活動と新聞：新聞研究　通号178　〔1966.5〕　p35～37	
松岡良明	百万都市推進と山陽新聞——地方自治体の広報活動と新聞：新聞研究　通号178　〔1966.5〕　p37～39	
田村紀雄	一橋新聞・大学新聞のあり方をめぐって——日本の地下水：思想の科学. 第5次　(57)　〔1966.12〕　p90～92	
内川芳美	地方紙と地域社会(対談)：新聞研究　通号185　〔1966.12〕　p46～53	
後藤茂	機関紙ジャーナリズムのゆく道(座談会)：総合ジャーナリズム研究　04(01)　〔1967.1〕　p44～57	
畑専一郎	地域社会と地方新聞の役割：新聞学評論　通号16　〔1967.3〕　p34～44	
松岡良明	地方紙からみた全国紙地方版：新聞研究　通号191　〔1967.6〕　p23～25	
三倉年男	地方政治と地方紙と……：新聞研究　通号191　〔1967.6〕　p26～29	
岡田任雄	地方政治における全国紙地方版の役割り(討論)：新聞研究　通号191　〔1967.6〕　p16～22	
橋本徳太郎	地方版の編集と整理——その現状と問題点：新聞研究　通号191　〔1967.6〕　p30～34	
入江通雅	ベトナム問題と新聞－－京都の七大新聞首脳会議を顧みて：総合ジャーナリズム研究　04(07)〔1967.7〕　p23～26, 46	
野口光敏	行政機関のパブリシティと新聞編集——本州—四国連絡橋問題に関して：新聞研究　通号194　〔1967.9〕　p23～26	
水谷公弘	北海道の中央紙(整理記者の訴え)：新聞研究　通号199　〔1968.2〕　p35～37	
林茂樹	地域社会における県紙の機能と役割——千葉県を例として：新聞学評論　通号17　〔1968.3〕　p120～129	
日高為政	地方新聞の理念と言論構造(1964年6月号から)(200号記念重要論文再録)：新聞研究　通号200　〔1968.3〕　p56～61	
三ツ野真三郎	地方紙におけるニュースの選択(現代ニュース論(特集))：新聞研究　通号214　〔1969.5〕　p38～41	
日本新聞協会調査課	地方都市の住民と新聞〔昭和43年9月新潟市における調査〕：新聞研究　通号214　〔1969.5〕　p68～80	
久保統一	ある地方紙の展望と実験(地域社会の変容と新しい紙面づくり—地域ニュース報道の新方向)：新聞研究　通号216〔1969.7〕　p41～43	
松岡良明	山陽新聞「東瀬戸圏を考える」(企画記事(特集)—「企画記事」の実際)：新聞研究　通号217　〔1969.8〕　p33～36	
武藤守	地方行政の現実と地方紙(70年の政治状況と新聞)：新聞研究　通号227　〔1970.6〕　p26～36	
落合巳代治	マスコミに出来ないことを(地域小新聞を検討する—わが街 わが新聞)：新聞研究　通号230　〔1970.9〕　p20～22	
富永寿夫	ローカル紙の"経営"(地域小新聞を検討する—わが街 わが新聞)：新聞研究　通号230　〔1970.9〕　p22～24	
野口英次	市民の広場として(地域小新聞を検討する—わが街 わが新聞)：新聞研究　通号230　〔1970.9〕　p29～32	
畑専一郎	「地域小新聞」私見(地域小新聞を検討する)：新聞研究　通号230　〔1970.9〕　p13～19	
金坂健二	アングラ新聞・志向と背景(新聞編集と若者)：新聞研究　通号233　〔1970.12〕　p67～72	
福田堅吾	長崎新聞「ヤング面」——"迷っている若者たち"への糸口(新聞編集と若者—「若者欄」新設の意図と背景)：新聞研究　通号233　〔1970.12〕　p60～62	
津森明	地方紙とブロックニュース(70年代の新聞記者像を探る—わが10年のあゆみ)：新聞研究　通号234　〔1971.1〕　p41～43	
春原昭彦	地方紙のあゆみ(変動期の記者の課題と要件)：新聞研究　通号236　〔1971.3〕　p53～58	
守屋祐光	河北新報社(70年代の地方紙——その理念と現実—地方紙編集者の意見と展望)：新聞研究　通号241　〔1971.8〕　p30～33	
三輪隆正	岐阜日日新聞社(70年代の地方紙——その理念と現実—地方紙編集者の意見と展望)：新聞研究　通号241　〔1971.8〕　p43～44	
片山睦三	釧路新聞社(70年代の地方紙——その理念と現実—地方紙編集者の意見と展望)：新聞研究　通号241　〔1971.8〕　p24～27	
小松秀吉	高知新聞社(70年代の地方紙——その理念と現実—地方紙編集者の意見と展望)：新聞研究　通号241　〔1971.8〕　p50～54	
宮原喜次郎	佐賀新聞社(70年代の地方紙——その理念と現実—地方紙編集者の意見と展望)：新聞研究　通号241　〔1971.8〕　p54～58	
金井忠男	上毛新聞社(70年代の地方紙——その理念と現実—地方紙編集者の意見と展望)：新聞研究　通号241　〔1971.8〕　p37～40	
畑専一郎	神戸新聞社(70年代の地方紙——その理念と現実—地方紙編集者の意見と展望)：新聞研究　通号241　〔1971.8〕　p45～49	
霜山富士夫	神奈川新聞社(70年代の地方紙——その理念と現実—地方紙編集者の意見と展望)：新聞研究　通号241　〔1971.8〕　p40～42	
政光修一	大分合同新聞社(70年代の地方紙——その理念と現実—地方紙編集者の意見と展望)：新聞研究　通号241　〔1971.8〕　p58～63	

篠原一	「地方」概念の転換と地方新聞（70年代の地方紙——その理念と現実）：新聞研究　通号241　〔1971.8〕　p7～12
瀬木潔	「地方紙記者論」にかえて（70年代の地方紙——その理念と現実）：新聞研究　通号241　〔1971.8〕　p70～73
乗田幸三	東奥日報社（70年代の地方紙——その理念と現実—地方紙編集者の意見と展望）：新聞研究　通号241　〔1971.8〕　p28～29
斎藤英記	福島民友新聞社（70年代の地方紙——その理念と現実—地方紙編集者の意見と展望）：新聞研究　通号241　〔1971.8〕　p33～37
金井利博	近ごろ思うこと——地方紙の論説委員室から（激動する国際情勢と日本の新聞）：新聞研究　通号246　〔1972.1〕　p49～52
三樹精吉	市町村広報紙の実態と分析：総合ジャーナリズム研究　09(02)　〔1972.4〕　p103～111
田村紀雄	社会変容の中の韓国地方紙：新聞研究　通号256　〔1972.11〕　p43～47
山路昭平	タブロイドが行く（紙面構成の現状と課題(特集)—紙面構成の基本方針と視点）：新聞研究　通号262　〔1973.5〕　p22～24
星野光男	地方自治の変容と地方紙：新聞研究　通号262　〔1973.5〕　p76～81
富田信男	政党機関紙(特集)：総合ジャーナリズム研究　10(03)　〔1973.7〕　p30～37
総合ジャーナリズム研究編集部	政党機関紙(特集)各政党機関紙の実態－－「自由新報」「社会新報」「赤旗」「公明新聞」「週刊民社」：総合ジャーナリズム研究所　10(03)　〔1973.7〕　p117～123
総合ジャーナリズム研究編集部	政党機関紙(特集)紙の爆弾の今日的役割－－相反する二つの見方・レーニンとヒトラー：総合ジャーナリズム研究所　10(03)　〔1973.7〕　p38～51
山本武利	第二次政党機関紙主流時代は来るか－－「不偏不党」紙の台頭との相関（政党機関紙(特集)）：総合ジャーナリズム研究　10(03)　〔1973.7〕　p10～22
小山和彦	民放が発行する異色の新聞－－地域・放送・コミュニティ・ペーパー：総合ジャーナリズム研究　10(03)　〔1973.7〕　p69～76
繁村長孝	地方行政と地方新聞の存在価値（特集・都市と新聞）：都市問題研究　26(6)　〔1974.6〕　p45～57
塚本三夫	地方紙における可能性と課題——メディア構造の変化のなかで（地域報道・74年）：新聞研究　通号278　〔1974.9〕　p6～10
繁村長孝	地方紙に求められるもの（地域報道・74年）：新聞研究　通号278　〔1974.9〕　p44～47
総合ジャーナリズム研究編集部	海外邦字新聞の現状と課題－－第1回世界日本語新聞代表者会議開催さる－下－：総合ジャーナリズム研究所　12(02)　〔1975.4〕　p29～47
伊藤敬一郎	いわき民報（地域新聞の再検討—わが新聞を語る——地域新聞発行者の意見）：新聞研究　通号285　〔1975.4〕　p28～29
志富靭負	私と文化茨城——創刊のころ（地域新聞の再検討—水海道の地元紙「文化茨城」のこと）：新聞研究　通号285　〔1975.4〕　p42～43
山中正剛	地域情報媒体の機能と役割（地域新聞の再検討）：新聞研究　通号285　〔1975.4〕　p18～22
福田卓也	津山朝日新聞（地域新聞の再検討—わが新聞を語る——地域新聞発行者の意見）：新聞研究　通号285　〔1975.4〕　p26～28
黒島清	八重山毎日新聞（地域新聞の再検討—わが新聞を語る——地域新聞発行者の意見）：新聞研究　通号285　〔1975.4〕　p23～25
志富実	父と文化茨城（地域新聞の再検討—水海道の地元紙「文化茨城」のこと）：新聞研究　通号285　〔1975.4〕　p40～42
今田昭	夢はブロック・コミュニティーペーパー（ルポ・伊豆新聞の場合）（地域新聞の再検討）：新聞研究　通号285　〔1975.4〕　p44～47
宮村真澄	有明新報（地域新聞の再検討—わが新聞を語る——地域新聞発行者の意見）：新聞研究　通号285　〔1975.4〕　p29～31
大城克一	みちのく新聞戦争の波紋－－全国紙青森現地印刷—地方紙との間で何が起っている（追跡/新聞列島異変）：総合ジャーナリズム研究　12(04)　〔1975.10〕　p133～142
総合ジャーナリズム研究編集部	ある地方紙の死をめぐる現場検証－－「日本海新聞」を廃刊に至らしめたもの：総合ジャーナリズム研究所　13(01)　〔1976.1〕　p140～142
古谷綱武	わが地方紙との交流（地方紙のあり方を問う）：新聞研究　通号294　〔1976.1〕　p7～11
武田三作	転機に立つ地方紙編集（地方紙のあり方を問う）：新聞研究　通号294　〔1976.1〕　p12～27
中谷範行	濃く幅広い地域との密着度（地方紙のあり方を問う—全国紙・支局記者のみた地方紙・地方記者）：新聞研究　通号294　〔1976.1〕　p31～33
石元義正	風土のなかにとけ込んだ紙面（地方紙のあり方を問う—全国紙・支局記者のみた地方紙・地方記者）：新聞研究　通号294　〔1976.1〕　p33～36
田中至	（地方紙研究の視角<特集>）「望まれる郷土紙」への考察と提言(1976.4)（資料）：総合ジャーナリズム研究　13(02)　〔1976.4〕　p85～94
山路昭平	夕刊即売紙の現状と課題：総合ジャーナリズム研究　13(02)　〔1976.4〕　p35～49
金本春俊	地方紙における特ダネとは（スクープの今日的意義）：新聞研究　通号297　〔1976.4〕　p37～40
村上孝止	復刊した日本海新聞：新聞研究　通号299　〔1976.6〕　p62～65
反田良雄	地方紙研究の視角<特集>：総合ジャーナリズム研究　13(03)　〔1976.7〕　p6～13
吉田利固	（地方紙研究の視角<特集>）5万部を突破したらまた書かしてもらいます：総合ジャーナリズム研究　13(03)　〔1976.7〕　p17
総合ジャーナリズム研究編集部	（地方紙研究の視角<特集>）起死回生－－日本海新聞の復刊：総合ジャーナリズム研究所　13(03)　〔1976.7〕　p36～59
藤岡伸一郎	（地方紙研究の視角<特集>）郷土紙（日本海新聞）復刊運動の中で：総合ジャーナリズム研究　13(03)　〔1976.7〕　p14～19
宮原喜次郎	（地方紙研究の視角<特集>）地域で生まれた地方紙は地域住民のからだの一部である：総合ジャーナリズム研究　13(03)　〔1976.7〕　p22
総合ジャーナリズム研究編集部	（地方紙研究の視角<特集>）地方紙経営研究・序説－－五つの分析視点によるアプローチからはじめよ：総合ジャーナリズム研究　13(03)　〔1976.7〕　p81～85
宮原喜次郎	（コンピュータ時代の新聞づくり<特集>）わが"甲羅"に合わせた技術導入の九年－－佐賀新聞 全面CTS化の道程：

小山容右	総合ジャーナリズム研究　14（04）〔1977.10〕p31〜35
小山容右	地方紙の“科学記者”生活（科学報道と科学記者―科学記者の声――現場のなかで）：新聞研究　通号319〔1978.2〕p40〜42
平岡敬	「地方の時代」の地方紙と記者（現代記者読本'79）：新聞研究　通号332〔1979.3〕p14〜17
内田茂夫	宇部時報社「宇部の奇跡」といわれるなかで（地域 情報 新聞―地域のなかの新聞像）：新聞研究　通号334〔1979.5〕p24〜27
高橋一美	釧路新聞社 “土着”の位置にもたれかからずに（地域 情報 新聞―地域のなかの新聞像）：新聞研究　通号334〔1979.5〕p21〜24
林光繁	十勝毎日新聞社 澄み切った青空濁った現実（地域 情報 新聞―地域のなかの新聞像）：新聞研究　通号334〔1979.5〕p30〜33
玉城鎮夫	常陽新聞社 ツインシティーをカバーする新聞（地域 情報 新聞―地域のなかの新聞像）：新聞研究　通号334〔1979.5〕p27〜30
阪田秀	地域紙モデルにみる経営概況（地域 情報 新聞）：新聞研究　通号334〔1979.5〕p50〜53
前田勝章	南海日日新聞社 “宿痾”を背負って奄美に生きる（地域 情報 新聞―地域のなかの新聞像）：新聞研究　通号334〔1979.5〕p33〜36
浜啓介	南信日日新聞社 定型を破る決断をしなければ（地域 情報 新聞―地域のなかの新聞像）：新聞研究　通号334〔1979.5〕p18〜21
尾島恵子	（ザ・スポーツ・ジャーナリズム<特集>）もう一つのスポーツ新聞――業界紙・大学生新聞：総合ジャーナリズム研究　17（02）〔1980.4〕p64〜68
清水勝人	日本の「夕刊」に未来はあるか（米・夕刊紙危機の“容体”から……）：総合ジャーナリズム研究　18（04）〔1981.10〕p79〜89
本阿弥清	スポーツ紙を外からみれば（スポーツ報道の新たな展開）：新聞研究　通号367〔1982.2〕p46〜49
肥後光俊	スポーツ紙・私論（スポーツ報道の新たな展開）：新聞研究　通号367〔1982.2〕p18〜21
半田正夫	揺れはじめた地方新聞――“情報”の独占化競争への一断面をみる（マスコミ新時代の焦点）：総合ジャーナリズム研究　19（02）〔1982.4〕p26〜33
河田亨	地方紙の紙面作りを考える――「地ダネ」と「中央ダネ」の選択（いま，整理部に求められるもの）：新聞研究　通号370〔1982.5〕p29〜32
小池保夫	全国紙と地方紙の普及構造――地方における新聞普及の類型：新聞学評論　通号31〔1982.6〕p55〜71
長沼甲子男	高速時代に臨む地方紙の姿勢（地域経済と報道視点）：新聞研究　通号374〔1982.9〕p10〜13
白水繁彦	変わりゆく北米の日系新聞：新聞研究　通号377〔1982.12〕p58〜63
遠藤欽一	東京取材は，いま――東京支社報道・編集部長座談会（地方紙の東京取材）：新聞研究　通号381〔1983.4〕p10〜21
高浦照明	（ニューメディア症候群<特集>）地方新聞が最も恐れていること：総合ジャーナリズム研究　20（04）〔1983.10〕p18〜24
山田英雄	地方紙生き残り戦争<概観編>：総合ジャーナリズム研究　21（01）〔1984.1〕p73〜84
堀康彦	県紙として，主読紙として（'84の報道課題―'84・報道課題を考える）：新聞研究　通号390〔1984.1〕p16〜20
藤岡博昭	岡山――瀬戸大橋時代幕開けの中で（<都市>と新聞報道―<都市>の変ぼうを追う）：新聞研究　通号394〔1984.5〕p48〜51
佐々木隆	「官報」創刊と政府系新聞強化問題：新聞学評論　通号33〔1984.6〕p191〜203
総合ジャーナリズム研究編集部	（ザ・スポーツ・ジャーナリズム1984<特集>）総合レジャー紙志向のスポーツ新聞に転期が来た：総合ジャーナリズム研究　21（03）〔1984.7〕p92〜99
山田英雄	地方紙生き残り戦争<販売編>：総合ジャーナリズム研究　21（03）〔1984.7〕p32〜42
佐々瑞雄	地方紙におけるデータベースへの模索――地域情報センターをめざす熊本日日（電子ライブラリーへの道<特集>）：新聞研究　通号398〔1984.9〕p29〜31
山田英雄	地方紙生き残り戦争<総合営業戦略編>：総合ジャーナリズム研究　21（04）〔1984.10〕p85〜96
滝口凡夫	九州新時代を築くために（〔新聞研究〕創刊400号記念号―地方紙の発展を考える）：新聞研究　通号400〔1984.11〕p61〜64
橋井昭六	情報の「村おこし」をめざす（〔新聞研究〕創刊400号記念号―地方紙の発展を考える）：新聞研究　通号400〔1984.11〕p65〜67
橋元俊樹	試行錯誤の中で刷新をはかる（生活・家庭面の広がり―地方紙の断面）：新聞研究　通号401〔1984.12〕p37〜39
山田英雄	地方紙生き残り戦争<ニューメディア編>：総合ジャーナリズム研究　22（01）〔1985.1〕p50〜60
花岡金光	この遠い道（地方紙コラムニストの目）：新聞研究　通号402〔1985.1〕p26〜30
安永道義	人，土地，社会を愛する（地方紙コラムニストの目）：新聞研究　通号402〔1985.1〕p21〜24
高橋邦次	歴史を刻む現代の「木簡」（地方紙コラムニストの目）：新聞研究　通号402〔1985.1〕p24〜26
渡辺薫	我が国の英字新聞――ニュース記事リードの具体的比較検討：コミュニケーション研究　通号17〔1987〕p79〜108
総合ジャーナリズム研究編集部	新世代を迎えた日本の英字紙：総合ジャーナリズム研究所　24（03）〔1987.7〕p7〜46
藤岡伸一郎	「読売新聞」4万号のからくり：総合ジャーナリズム研究　25（01）〔1988〕p54〜63
渡辺薫	我が国の英字新聞――統一1987年度の重要ニュース処理の特徴：コミュニケーション研究　通号18〔1988〕p35〜80
田口達也	愛知県の3紙を訪ねて（ローカル紙のいま）：新聞研究　通号443〔1988.6〕p58〜61
山田晴通	日刊地域紙を概観する――経営的変化の素描（ローカル紙のいま）：新聞研究　通号443〔1988.6〕p48〜54
向江泰	スポーツ紙離れに危機感募る――読者ニーズのリサーチが必要（余暇時代の中の新聞）：新聞研究　通号457〔1989.8〕p36〜38
丸山尚	ミニ・コミの現在を読む：マスコミ市民　通号268〜通号324〔1991.1〜1995.11〕p54〜55
森脇逸男	実感に基づく“本物”の論評――92年1月の地域社説から：新聞研究　通号489〔1992.4〕p65〜68
北村敏広	地方新聞とビジュアル化（「ビジュアル化」の意味するもの）：新聞研究　通号492〔1992.7〕p36〜39
多田実	全国紙と地方紙の紙面構成比較――千葉，長野，山梨におけるニュース発生地別記事の扱い：新聞研究　通号494〔1992.9〕p68〜71
斎藤文男	志半ばに倒れたフクニチ：新聞研究　通号495〔1992.10〕p87〜89

菊地昌	一極集中下の地方紙東京支社の役割（日本列島情報格差）：新聞研究　通号496　〔1992.11〕　p38～50
渡辺薫	上智大生とスポーツ新聞に関するアンケート：コミュニケーション研究　通号23　〔1993〕　p29～54
村上孝止	伊勢新聞に記事素材の利用差し止め命令（マスコミの焦点）：新聞研究　通号499　〔1993.2〕　p82～84
後藤允	心・文化・住民の視点からみえるもの――92年11月の社説から（地方紙社説）：新聞研究　通号499　〔1993.2〕　p70～73
総合ジャーナリズム研究編集部	「朝」紙は昇り，「夕」紙は沈む（「夕刊」問題を考える＜特別企画＞）：総合ジャーナリズム研究所　31（01）〔1994.1〕　p119～133
秋山真	「日刊アスカ」－－明日への挑戦（「夕刊」問題を考える＜特別企画＞）：総合ジャーナリズム研究　31（01）〔1994.1〕　p54～56
反田良雄	「夕刊」問題を考える＜特別企画＞：総合ジャーナリズム研究　31（01）〔1994.1〕　p48～53
岩渕美克	地方紙の報道と販売戦略：政経研究　30（3）〔1994.2〕　p617～642
森下和生	地方記者へ――歴史の記録者としての矜持を：マスコミ市民　通号313　〔1994.12〕　p53～57
千葉光宏	栃木新聞廃刊の経緯――廃刊発表からの10か月（マスコミの焦点）：新聞研究　通号524　〔1995.3〕　p104～106
山田修	地方紙は地域の掲示板でありたい（阪神大震災と報道）：新聞研究　通号528　〔1995.7〕　p65～67
村川亘	地域政治と地方紙の役割（特集 地域メディアと政治）：マス・コミュニケーション研究　通号49　〔1996.7〕　p14～24
井芹道一	インターネットをこう使う－13－変わる地方紙と海外のつながり：新聞研究　通号546　〔1997.1〕　p79～81
古舘栄達	思い込み打破し産業情報紙を面白く――紙面改革を通じて得たもの：新聞研究　通号549　〔1997.4〕　p32～35
山田公平	名古屋新聞の自由主義的経営体制の展開――デモクラシー期から戦時体制期へ（特集＝ジャーナリズムの断面）：メディア史研究　通号6　〔1997.5〕　p41～68
上地義男	ライバル紙との差別化に成功――日本最南端・東南アジアの入り口で（地域紙はいま）：新聞研究　通号569　〔1998.12〕　p39～41
菊地幸介	ローカル新時代を模索中（地域紙はいま）：新聞研究　通号569　〔1998.12〕　p33～35
伊藤芳郎	活力あふれる生活圏形成のために（地域紙はいま）：新聞研究　通号569　〔1998.12〕　p36～38
鳥井守幸	Feature 地方紙のゆくえ：総合ジャーナリズム研究　36（01）（通号 167）〔1999.1〕　p62～68
雨森勇	地方紙をめぐる緊迫する環境（Feature 地方紙のゆくえ）：総合ジャーナリズム研究　36（01）（通号 167）〔1999.1〕　p8～16
橋本政之	地域紙はいま（2）求められる「読みごたえ」（荘内日報）：新聞研究　通号571　〔1999.2〕　p75～77
松井輝美	地域紙はいま――追求したい「多様で人間くさい」文章：新聞研究　通号573　〔1999.4〕　p68～70
井上晴夫	地域紙はいま（4）キラッと光る新聞社に：新聞研究　通号575　〔1999.6〕　p73～75
脇和也	地方紙はいま（5）機動性生かす“追い風”到来の気配：新聞研究　通号577　〔1999.8〕　p68～70
堀井英喜	「フロンティアタイムス」発刊――北海タイムス休刊を越えて：新聞研究　通号578　〔1999.9〕　p56～59
岩波嶺雄	地域紙はいま（6）議論の広場づくりで21世紀に橋を架ける：新聞研究　通号579　〔1999.10〕　p85～87
井坂幸雄	記者の安全と地元紙の報道の使命を――ホームページを活用した最新情報の提供も一考（東海村臨界事故を取材・報道して）：新聞研究　通号581　〔1999.12〕　p26～29
工藤隆一	地域紙はいま（7）時代の変化に機敏に対応――地域紙ならではの小回りを：新聞研究　通号581　〔1999.12〕　p64～66
八代保	地域紙はいま（8）地域に元気をとり戻したい 新年号に思いを込めて：新聞研究　通号583　〔2000.2〕　p79～81
岩田温, 大石裕, 藤田真文	地方紙のニュース制作過程――茨城新聞を事例として（特集：ニュース研究――メディアコム・プロジェクトからの報告）：メディア・コミュニケーション : 慶応義塾大学メディア・コミュニケーション研究所紀要　通号50　〔2000.3〕　p65～86
藤井淳史	地域紙はいま（10）基地を抱えた維新発祥の地に根を下ろして（防長新聞社）：新聞研究　通号587　〔2000.6〕　p52～54
伊藤豊	地域紙はいま（11）軸足はいつもふるさと 志を高く掲げ，果敢に挑戦したい（釧路新聞社）：新聞研究　（589）〔2000.8〕　p56～58
伴在賢時郎	地域紙はいま（12）地域と切り結び奥の院に分け入る（長野日報社）：新聞研究　（591）〔2000.10〕　p58～60
谷上和貞	地域紙はいま（13）創刊九十年 地ダネの充実を原点に（紀伊民報社）：新聞研究　（593）〔2000.12〕　p77～79
佐藤祐治	地域紙はいま（14）地ダネ主義から半歩前をめざして（陸奥新報社）：新聞研究　（595）〔2001.2〕　p83～85
斎藤啓一	地域紙はいま（17）「ニュースは地域を越えてかけ巡る：新聞研究　（601）〔2001.8〕　p77～79
吉田隆治	地域紙はいま（18）「いわきとは何か」を共同体の一員として問う：新聞研究　（603）〔2001.10〕　p58～60
那須照市	地域紙はいま（19）県南地域の発展目指し活力もたらす新聞作り探る（岩手日日新聞社）：新聞研究　（605）〔2001.12〕　p52～54
青木公	海外日本語メディア最新事情――移民から在外邦人向けへ変化し，現在約80社に：新聞研究　（607）〔2002.2〕　p75～78
原嶋浩	地域紙はいま（21）生活者の視点で今を伝える「超地域密着型紙面」（桐生タイ）：新聞研究　（618）〔2003.1〕　p62～64
上垣外彰	地方版ジャーナリストの回想 地方の視点（2）ローカル民放局の存在意義：自由　45（4）通号518　〔2003.4〕　p39～44
松任敏雄	改革に聖域はない――総力挙げた取り組みで「富山」県内全域の配達も可能に（地方紙・夕刊改革最前線）：新聞研究　（630）〔2004.1〕　p30～33
田中昭	地域密着型の総合情報紙目指す――部局の壁越えアイデア結集（地方紙・夕刊改革最前線）：新聞研究　（630）〔2004.1〕　p26～29
宮田速雄	朝刊があり，夕刊がある――新聞が刻むリズムを大切にしながら自己変革（地方紙・夕刊改革最前線）：新聞研究　（630）〔2004.1〕　p34～37
北野隆一	FEATURE 地方紙のゆくえ2004：総合ジャーナリズム研究　41（04）（通号 190）〔2004.9〕　p34～38
総合ジャーナリズム研究所	その後の『札幌タイムス』奮闘記（FEATURE 地方紙のゆくえ2004）：総合ジャーナリズム研究　41（04）（通号 190）〔2004.9〕　p44～50
高橋俊一	新聞神話の崩壊（2）鹿児島新報はこうしてつぶされた：AIR21　（177）〔2005.2〕　p38～50
下山徳弘, 新保力, 中澤啓次	座談会 地域紙の現在・未来：新聞研究　（645）〔2005.4〕　p10～21

松澤雄一	サイト運営の新境地へ──ウェブログ"カナロコ"の挑戦：新聞研究　（646）〔2005.5〕p36〜39
山中茉莉	フリーペーパーを考える(1)多様化進み、創刊相次ぐ：新聞通信調査会報　通号518〔2005.8〕p5〜
山中茉莉	フリーペーパーを考える(2)無料に群がる─その魅力と読者像：新聞通信調査会報　通号519〔2005.9〕p9〜
山中茉莉	フリーペーパーを考える(3)クライアントを引き付ける魅力：新聞通信調査会報　通号520〔2005.10〕p8〜
松澤雄一	神奈川新聞ウェブサイト「カナロコ」の新たな挑戦──ユーザーと連帯するコミュニティーをめざして（特集 市民メディア＆ローカルメディア）：マスコミ市民　通号441〔2005.10〕p40〜43
山中茉莉	フリーペーパーを考える(4)新聞にとって脅威の存在か：新聞通信調査会報　通号522〔2005.11〕p9〜
山中茉莉	フリーペーパーを考える(5)別刷り、ミニコミ紙増える：新聞通信調査会報　通号523〔2005.12〕p6〜
山中茉莉	フリーペーパーを考える(6・完)価格表示と配布方法：新聞通信調査会報　通号524〔2006.1〕p7〜
山腰修三	地方紙と地域問題──熊本日日新聞のヒアリング調査を事例として：メディア・コミュニケーション：慶応義塾大学メディア・コミュニケーション研究所紀要　（56）〔2006.3〕p199〜210
山口仁	地方紙のニュース生産過程──熊本日日新聞記者アンケートを中心に：メディア・コミュニケーション：慶応義塾大学メディア・コミュニケーション研究所紀要　（56）〔2006.3〕p211〜223
加藤廉	「わかるにかわる」神奈川新聞へ──劇的に生まれ変わったトップ面：新聞研究　（657）〔2006.4〕p47〜49
岡部拓哉	地方紙における新聞マンガの変遷と特質：マンガ研究　9〔2006.4〕p56〜66
藤井通彦	「海峡圏専門記者」の育成を目指す──釜山日報との海を越えたメディア連携（アジアへ向ける目──地方紙の国際交流(1)）：新聞研究　（663）〔2006.10〕p61〜63
上田耕滋	光明日報との提携二十年を迎えて──是々非々論じ合える関係目指す（アジアへ向ける目──地方紙の国際交流(2)）：新聞研究　（664）〔2006.11〕p47〜49
荒木英幸	人のふれあいこそ交流の礎──文化を軸とした中国紙との友好関係（アジアへ向ける目──地方紙の国際交流(2)）：新聞研究　（664）〔2006.11〕p44〜46
村上義千代	"変化の中の不変"を貫く──「ニュース中心」がWeb東奥の生命線（進化する新聞社サイト）：新聞研究　（666）〔2007.1〕p32〜35
立松聖久	明日のビジネスモデルを求めて──地域紙ならではのウェブ展開を模索（進化する新聞社サイト）：新聞研究　（666）〔2007.1〕p50〜53
脇和也	議論好きの長州風土とともに──話題は無限、郷土紙の社説（ネット時代の社説・論説）：新聞研究　（671）〔2007.6〕p34〜36
藤井淳史	郷土紙の針路（上）基地にともす新聞の灯──情報過多時代にこそ増す存在価値：新聞研究　（673）〔2007.8〕p43〜46
内山節	基調講演 新聞への期待──ローカルの視点から（第60回新聞大会・研究座談会）：新聞研究　（677）〔2007.12〕p22〜25
総合ジャーナリズム研究編集部	地方紙は何処へ行く－－拡がる危機と格差、弱まる地域力（「新聞」は、大丈夫なのか－－揺らぐ産業基盤と新聞ジャーナリズム）：総合ジャーナリズム研究所　45(04)（通号206）〔2008.9〕p29〜33
大西正行	首都圏地方紙（埼玉新聞）の編集力と「埼玉都民」の「ふるさと意識」構築の試練：社会情報論叢　（12）〔2008.12〕p99〜127
吉澤健吉	地域の総合情報センター目指す──京都新聞総合研究所の活動と成果：新聞研究　（703）〔2010.2〕p47〜49
鈴木仁	広域化で高まる地方紙への期待──幅広い声を聞き、的確な報道続ける（「平成の大合併」と地方紙）：新聞研究　（707）〔2010.6〕p12〜15
日下知章	心をつなぐ「ホームペーパー」に──"縁辺部"へのまなざしを忘れず（「平成の大合併」と地方紙）：新聞研究　（707）〔2010.6〕p24〜27
石井晃	地域紙と全国紙の「差別化」に拍車──合併をプラスに生かす取り組み（「平成の大合併」と地方紙）：新聞研究　（707）〔2010.6〕p20〜23
小林啓之	地道な積み重ねで地域の信頼得る──取材体制と紙面の見直しを経て（「平成の大合併」と地方紙）：新聞研究　（707）〔2010.6〕p8〜11
槙一樹	中国新聞社、CATV進出を加速：広島ジャーナリスト　（01）〔2010.7〕
野村裕知	紙とネットの共存目指す──日経電子版（Web刊）の創刊（デジタルメディアの新展開（第1回））：新聞研究　（708）〔2010.7〕p8〜11
田城明	地方紙の活力生む記者の専門性──多メディア時代に新聞の存在感示す（専門記者の可能性）：新聞研究　（710）〔2010.9〕p20〜23
広島ジャーナリスト編集部	連載「南海日日新聞の軌跡」（中）：広島ジャーナリスト　（08）〔2012.3〕
橋本正信	青森県の自由民権運動に寄与した「青森新聞」の役割：弘前大学国史研究　（132）〔2012.3〕p63〜77
大西祐資	命題の答え 探し続ける：被災地から離れた地にある地方紙として（東日本大震災と報道：震災から1年）：新聞研究　（729）〔2012.4〕p33〜36
神余心	メディア激動時代(42)斜陽の地方紙に希望の光?! 米国で「投資の神様」が大規模買収：エルネオス　18(8)通号213〔2012.8〕p68〜71
大泉大介	インターン事業の思想：地域とリアルに関わる地方紙を目指して：新聞研究　（736）〔2012.11〕p36〜39
中原一歩	現代の肖像 石巻日日新聞代表取締役社長 近江弘一 ローカリストとして生きる覚悟：Aera　25(50)通号1370〔2012.11〕p48〜52
手塚和寛	「地方紙としてできること」を共有：「5県合同企業ガイダンス」の連携事業から（新聞社の就活支援事業）：新聞研究　（738）〔2013.1〕p15〜18
小出浩樹	一歩また一歩：西日本新聞経済電子版（qBiz）創刊半年（デジタルメディアの新展開：進む地方紙の試み）：新聞研究　（742）〔2013.5〕p38〜40
和城信行	公式記者ツイッターの試み：神奈川新聞社の挑戦（デジタルメディアの新展開：進む地方紙の試み─地方新聞社のソーシャルメディア活用の今）：新聞研究　（742）〔2013.5〕p43〜45
桑山稔	街を創る 新拠点メディアシップ出航：地方紙の基盤強化へチャレンジ：新聞研究　（744）〔2013.7〕p52〜55
古田恵一郎	愛媛新聞のデジタル事業と戦略 求められる新聞社の意識改革：無読層をターゲットにした戦略探る（デジタルメディアの新展開）：新聞研究　（757）〔2014.8〕p24〜27
八浪英明	河北新報のデジタル事業と戦略 新聞と地域の新しい関係作りを：「新感覚の新聞社サイト」の先に（デジタルメ

ディアの新展開）：新聞研究　（757）〔2014.8〕p20～23
吉村康祐　　西日本新聞のデジタル事業と戦略 ビジネス視点から新組織を整備 ： 持続可能なデジタル戦略構築に向けて（デジタルメディアの新展開）：新聞研究　（757）〔2014.8〕p28～31

〔図 書〕

信濃毎日新聞社　新聞の話　信濃毎日新聞　1948.4　45p　19cm
北国毎日新聞社　新聞のはなし　北国毎日新聞社　1948.8　25p　18cm　（北毎パンフレット no.5）
新潟日報社　新聞の出来るまで　新潟日報社　1948.9　22p　19cm
小野寺林治, 朝日新聞社調査研究室　地方新聞の実態調査―河北, 福民, 信毎, 上毛の四紙について　〔朝日新聞社〕　1955　81p　25cm　（朝日新聞調査研究室報告社内用）
日本機関紙協会　機関紙活動家物語　日本機関紙協会　1969　201p　19cm　280円
日本機関紙協会　機関紙活動100問100答―考え方、進め方　日本機関紙協会　1974　254p　19cm　880円
田村紀雄　日本のローカル新聞　改訂増補　現代ジャーナリズム出版会　1976　392p　20cm　1800円
日本新聞労働組合連合　地方紙の時代か！―現場からの報告・討論　晩声社　1980.2　205p　20cm　1300円
梅野啓吉　あるローカル紙の哀歓　秀陽堂書店　1980.5　159p　19cm　1500円
服部敬雄　現代日本地方新聞論―多層性とその機能　講談社　1980.6　245p　22cm　2500円
佐野眞一　業界紙諸君！　中央公論社　1987.4　276p　20cm　1350円
佐野眞一　地方紙帝国の崩壊―「秋田魁新報」事件の真相！　JICC出版局　1988.3　63p　21cm　380円
高橋純二　フリープレスの180日―アメリカ・新聞留学の記　北海道新聞社　1990.4　241p　18cm　1200円
本間尚　"日本叩き"の温床・日本の英字新聞―外国の諜報活動に利用されっ放しでいいのか？　日新報道　1992.8　183p　19cm　1100円
芹沢俊介　スポーツ新聞はなぜ面白いか　ジャプラン出版　1992.8　244p　18cm　1500円
カストリ新聞―昭和二十年代の世相と社会　大空社　1995.8　394, 6p　38cm　10000円
岸田鉄也　こちら川口地域新聞　潮出版社　1996.11　214p　20cm　1400円
佐野眞一　業界紙諸君！　筑摩書房　2000.1　301p　15cm　680円　（ちくま文庫）
渡辺武達　聖教新聞の読み方―創価学会・機関紙のエネルギー源を探る　三五館　2000.11　269p　19cm　1300円
鎌田慧　地方新聞の研究　潮出版社　2002.3　525p　20cm　2800円
吉田豊明　伝説の地方紙「石見タイムズ」―山陰の小都市浜田のもうひとつの戦後史　明石書店　2004.9　233p　20cm　2000円
馬見塚達雄　「夕刊フジ」の挑戦―本音ジャーナリズムの誕生　阪急コミュニケーションズ　2004.9　316p　19cm　1600円
工学院大学新聞創刊OB有志　大学新聞の創刊とその仲間たち　第2集　工学院大学新聞創刊OB有志　2005.10　64, 39p　21cm
日本生活情報紙協会　日本のフリーペーパー　2006　日本生活情報紙協会　2006.5　35, 220p　30cm　7800円　（全国フリーペーパー実態調査報告 第3回）
野田秋生　豊前・中津『田舎新聞』『田舎新報』の研究―明治十年代一地方紙の初志と現実　エヌワイ企画　2006.10　273p　21cm　3500円
日本地域新聞協議会　日本地域新聞ガイド　2010-2011年版　日本地域新聞協議会・日本地域新聞図書館　2010.7　86p　26cm　2381円

印刷・技術

〔雑誌記事〕

荒川政吉　キレイな印刷：新聞研究　通号4〔1948.9〕p37～39
上野伊三郎　テープ式文字電送機：新聞研究　通号5〔1948.12〕p43～44
加藤登一　新聞印刷界に革命近し――モノタイプとライノタイプ電気印刷法も驚異の的：新聞研究　通号6〔1949.3〕p28～31
石光真人　新聞購読調整会の設立――その動機経過.影響.および意義：新聞研究　通号6〔1949.3〕p21～27
白土万次郎　新聞インキの適正：印刷雑誌　32 (8)〔1949.8〕p23～27
手島真　新聞活字の変遷と見透し：印刷雑誌　32 (8)〔1949.8〕p1～4
手島真　新聞活字の変遷について：新聞研究　通号12〔1950.10〕p24～26
石光真人　わが国用紙問題の核心：新聞研究　通号15〔1951.8〕p1～4
中村憲明　各国の用紙需給対策：新聞研究　通号15〔1951.8〕p7～17
西浜広太郎　色刷り輪転機の一研究――A巻一本半掛けUMS型輪転機：新聞研究　通号15〔1951.8〕p24～28
東郷一朗　世界の用紙生産：新聞研究　通号15〔1951.8〕p4～7
長谷川勝三郎　新聞工場はどう変るか――印刷工程の機械化について：新聞研究　通号18〔1952.3〕p11～13
ケイゼ, ジャック　世界的紙不足の現況と対策：新聞研究　通号18〔1952.3〕p22～26
竹下嘉言　多色刷り製版の問題点をめぐつて：新聞研究　通号19〔1952.5〕p18～23
長谷川勝三郎　新聞用紙の印刷適性について：新聞研究　通号23〔1953.2〕p28～30
安部元喜　人間のいない新聞工場：新聞研究　通号27〔1953.10〕p30～35
加地巌　外紙の使用結果について：新聞研究　通号30〔1954.1〕p32～35
鈴木猛男　新聞印刷工場の管理：新聞研究　通号36〔1954.7〕p21～23
安養寺敏郎, 長谷川勝三郎　米国の新聞工務事情を視察して：新聞研究　通号37〔1954.7〕p12～15
サルモン, ロベール　新聞用紙：新聞研究　通号臨〔1954.8〕p48～52
繁田清四郎　学ぶべき新写真製版法：新聞研究　通号39〔1954.10〕p27～31
石光真人　新聞購読料値上げの解析：新聞研究　通号39〔1954.10〕p20～24
長谷川勝三郎　工務上の諸問題：新聞研究　通号40〔1954.11〕p23～25
横田実　新聞人の生活保障：新聞研究　通号40〔1954.11〕p11～14
三上久雄　印刷について：新聞研究　通号臨〔1954.12〕p50～56
森義雄　活版の諸問題：新聞研究　通号臨〔1954.12〕p7～18
安部元喜　工場管理論：新聞研究　通号臨〔1954.12〕p2～8

長谷川勝三郎	紙型から鉛版まで：新聞研究　通号臨　〔1954.12〕　p41〜49
加地巌	新聞用紙の使用状況：新聞研究　通号臨　〔1954.12〕　p29〜40
繁田清四郎	製版の諸問題：新聞研究　通号臨　〔1954.12〕　p19〜28
繁田清四郎	写真製版の知識：新聞研究　通号別冊　〔1955.4〕　p27〜30
石光真人	新聞用紙事情は安定したか：新聞研究　通号47　〔1955.6〕　p19〜23
近藤貢	新聞販売会計帳簿の実際：新聞研究　通号51　〔1955.10〕　p8〜12
近藤貢	商業新聞に代るものは：新聞研究　通号52　〔1955.11〕　p5〜9
テイラー, W.L.	"よみやすさ"の研究—1—：新聞研究　通号57　〔1956.4〕　p16〜20
古谷綱正	商魂に殺される新聞：新聞研究　通号57　〔1956.4〕　p24〜28
テイラー, W.L.	"よみやすさ"の研究—2—：新聞研究　通号59　〔1956.6〕　p11〜14
長谷川勝三郎	最近の工務事情：新聞研究　通号60　〔1956.7〕　p32〜33
テイラー, W.L.	"よみやすさ"の研究—3—：新聞研究　通号61　〔1956.8〕　p27〜31
ホルンベルク, R.	技術の進歩と労働問題（国際新聞発行者協会(F.I.E.J.)1956年第9回年次総会）：新聞研究　通号臨　〔1956.11〕　p5〜9
エニー, J.W0	「新聞技術評論」について（国際新聞発行者協会(F.I.E.J.)1956年第9回年次総会）：新聞研究　通号臨　〔1956.11〕　p9〜12
サルモン, R.	用紙問題（国際新聞発行者協会(F.I.E.J.)1956年第9回年次総会）：新聞研究　通号臨　〔1956.11〕　p15〜18
島裕	印刷における品質管理（新聞工務講座号）：新聞研究　通号臨　〔1957.2〕　p5〜6
馬渡務	印刷界の現状と将来（新聞工務講座号）：新聞研究　通号臨　〔1957.2〕　p3〜4
佐野尊	鉛版鋳造について（新聞工務講座号）：新聞研究　通号臨　〔1957.2〕　p56〜59
古川恒	活版工程の機械化について（新聞工務講座号）：新聞研究　通号臨　〔1957.2〕　p13〜21
手島真	活版工程の能率化について（座談会）（新聞工務講座号）：新聞研究　通号臨　〔1957.2〕　p30〜32
加藤武二	技術面からみた輪転印刷について（新聞工務講座号）：新聞研究　通号臨　〔1957.2〕　p33〜48
松本秀太郎	作業改善に関する諸問題（新聞工務講座号）：新聞研究　通号臨　〔1957.2〕　p7〜12
岡久雄	資材面からみた輪転印刷について（新聞工務講座号）：新聞研究　通号臨　〔1957.2〕　p49〜55
中田敏夫	写真製版工程一般（新聞工務講座号）：新聞研究　通号臨　〔1957.2〕　p60〜61
舟山義雄	新書体の扱い方（新聞工務講座号）：新聞研究　通号臨　〔1957.2〕　p22〜29
三上久雄	輪転印刷について（座談会）（新聞工務講座号）：新聞研究　通号臨　〔1957.2〕　p62〜64
ホルムベルグ, R.	技術の進歩と労務問題：新聞研究　通号臨増　〔1957.10〕　p17〜21
シャルレ, L.	近代新聞印刷技術の発展：新聞研究　通号臨増　〔1957.10〕　p22〜24
星野凱	シンクロリーダー—報道技術の新しい動き—1—：新聞研究　通号81　〔1958.4〕　p13〜18
高須正郎	横組みの諸問題——その系譜：新聞研究　通号81　〔1958.4〕　p37〜39
島崎憲一	横組みの諸問題——現状と期待：新聞研究　通号81　〔1958.4〕　p34〜37
坂井利之	"音声タイプライター"の意味するもの——報道技術の新しい動き—2—：新聞研究　通号81　〔1958.4〕　p19〜23
井ノ内正康	写真録画, 同average付加装置の完成——報道技術の新しい動き—3—：新聞研究　通号81　〔1958.4〕　p24〜28
石光真人	新聞の独占と競争——アメリカと日本の比較：新聞研究　通号83　〔1958.6〕　p16〜19
ギネリ, A.	新聞用紙節約の方法：新聞研究　通号84　〔1958.7〕　p9〜12
サルモン, R.	世界の新聞用紙：新聞研究　通号84　〔1958.7〕　p41〜43
水野主税	日本の色刷りの実情：新聞研究　通号84　〔1958.7〕　p20〜22
大石光之助	グラビアからドライオフセットへ——ドライ・オフセットで新聞を印刷するわけ：新聞研究　通号特　〔1959〕　p28〜32
斎藤雅人	モノタイプの実用化と新聞製作工程の変化, 付・米国最近の印刷技術：新聞研究　通号特　〔1959〕　p19〜27
中村幸次郎	技術的な諸問題——ドライ・オフセットで新聞を印刷するわけ：新聞研究　通号特　〔1959〕　p38〜40
石光真人	峠にきた新聞用紙問題：新聞研究　通号90　〔1959.1〕　p9〜11
三樹精吉	市町村広報紙について：新聞学評論　通号9　〔1959.3〕
大串順三	新聞の技術革新（座談会）：新聞研究　通号100　〔1959.11〕　p52〜62
ルジュンヌ, P.	新聞用紙の供給と価格——国際新聞発行者協会(FIEJ)第12回年次会議報告から：新聞研究　通号103　〔1960.1〕　p45〜49
高木教典	産業としてのテレビジョン——その「社会化」の実態について：新聞学評論　通号10　〔1960.3〕
長谷川勝三郎	技術面からみた日本の新聞——その現状と将来：新聞研究　通号107　〔1960.6〕　p7〜12
三木文夫	絵画の多色刷りについて——製版におけるレタッチ技法の研究：新聞研究　通号111　〔1960.10〕　p42〜44
三浦芳太郎	新聞紙面の解剖——昭和35年度：新聞研究　通号112　〔1960.11〕　p26〜33
長谷川勝三郎	新聞製作の近代化にともなう諸問題（座談会）：新聞研究　通号114　〔1961.1〕　p50〜60
庄司洋	多色刷り広告の効果——多色刷りと単色刷りの心理的効果の比較：新聞研究　通号119　〔1961.6〕　p32〜37
依岡健一郎	通信施設近代化とその問題点：新聞研究　通号120　〔1961.7〕　p39〜42
ルジュンヌ, P.	新聞用紙：新聞研究　通号125　〔1961.12〕　p8〜11
三浦芳太郎	新聞紙面の解剖——昭和36年度秋季：新聞研究　通号127　〔1962.2〕　p45〜52
茅野健	テレコミュニケーションの将来：新聞研究　通号132　〔1962.7〕　p58〜67
篠原滋	機械化と新聞編集（研究座談会）：新聞研究　通号132　〔1962.7〕　p46〜57
河合武夫	新聞製作の技術革新：新聞研究　通号132　〔1962.7〕　p10〜20
古川恒	編集と工務：新聞研究　通号132　〔1962.7〕　p22〜30
金久保通雄	編集と工務をめぐる諸問題（研究座談会）：新聞研究　通号132　〔1962.7〕　p32〜45
三樹精吉	横組みは読みやすいか：新聞研究　通号142　〔1963.5〕　p58〜65
斎藤薩郎	新聞製作技術の現状と方向：新聞研究　通号142　〔1963.5〕　p44〜47
堀太一	"読ませる"新聞をつくる——新聞の本質と整理部の役割り：新聞研究　通号142　〔1963.5〕　p18〜27

由利和久	印刷技術面から整理部に望むこと：新聞研究　通号151　〔1964.2〕　p21〜24
窪田亮明	新聞製作の現状と未来図：新聞研究　通号158　〔1964.9〕　p10〜14
長谷川勝三郎	製作部門から見た設備投資の問題点：新聞研究　通号158　〔1964.9〕　p21〜26
由利和久	新しい新聞製作の技術と考え方：新聞研究　通号161　〔1964.12〕　p74〜78
日本新聞協会製作技術課	ラジオ・テレビ欄製作の現状と問題点：新聞研究　通号166　〔1965.5〕　p64〜69
御手洗英親	新聞の経営革新と整理部長：新聞研究　通号169　〔1965.8〕　p54〜57
雨森勇	新聞紙面の解剖——昭和40年度春季：新聞研究　通号172　〔1965.11〕　p79〜86
菊竹清訓	高層住宅と新聞配達サービス：新聞研究　通号181　〔1966.8〕　p59〜61
矢島貞雄	新聞の印刷・技術：新聞研究　通号183　〔1966.10〕　p82〜85
西岡宏治	電子計算機による紙面編集：新聞研究　通号187　〔1967.2〕　p46〜50
窪田亮明	技術革新とあすの新聞：新聞研究　通号193　〔1967.8〕　p35〜39
斎藤薩郎	印刷技術の現状と展望：新聞研究　通号195　〔1967.10〕　p90〜96
温井申六	整理・活版統合始末記　北国新聞社（整理機構の再検討）：新聞研究　通号199　〔1968.2〕　p17〜19
ブラックリッジ, リチャード	技術革新時代の新聞とテレビ（新聞とテレビの共存（FIEJ京都総会報告））：新聞研究　通号204　〔1968.7〕　p58〜61
小柳胖	情報産業と新聞の将来（第21回新聞大会特集）：新聞研究　通号209　〔1968.12〕　p20〜32
広岡知男	技術革新時代の新聞経営（情報社会における新聞の機能（特集））：新聞研究　通号210　〔1969.1〕　p7〜11
坂井利之	情報処理技術と新聞の将来（情報社会における新聞の機能（特集））：新聞研究　通号210　〔1969.1〕　p37〜41
安田寿明	新聞のコンピュータ革命−−その現状と未来の展望（70年のマスコミ（特集））：総合ジャーナリズム研究　06（04）〔1969.10〕　p48〜52, 54〜58, 60〜62
唐津一	エレクトロニクス時代と新聞：新聞研究　通号221　〔1969.12〕　p54〜57
斎藤薩郎	70年代の新聞印刷技術の展望（70年代における新聞（特集））：新聞研究　通号222　〔1970.1〕　p28〜31
井上毅	情報革命とコミュニケーション構造の変容（70年代における新聞（特集））：新聞研究　通号222　〔1970.1〕　p32〜36
畔上和也	コンピューターと新聞製作（現代新聞記者の基礎知識（特集））：新聞研究　通号224　〔1970.3〕　p74〜77
由利和久	これからの情報技術（新聞編集とコンピューター）：新聞研究　通号232　〔1970.11〕　p30〜33
安養寺敏郎	新聞製作技術の革新と新聞編集（新聞編集とコンピューター）：新聞研究　通号232　〔1970.11〕　p24〜27
臼井英雄	まず全社的な機構改革こそ（「新聞編集システムへの一提言」を読んで）：新聞研究　通号251　〔1972.6〕　p76〜78
渡辺孝	現行システムの中で完全原稿化を（「新聞編集システムへの一提言」を読んで）：新聞研究　通号251　〔1972.6〕　p78〜81
由利和久	ディスプレィ装置と新聞編集：新聞研究　通号265　〔1973.8〕　p66〜69
由利和久	技術革新の新しい波〔講演要旨〕：新聞研究　通号269　〔1973.12〕　p27〜31
江尻進	新聞経営の当面する課題（現代新聞記者の副読本）：新聞研究　通号272　〔1974.3〕　p27〜32
春原昭彦	戦時下における新聞用紙の需給状況と統制経過：コミュニケーション研究　通号9　〔1976〕　p71〜99
福本一文	写真記者の死に思う——その使命感と“危険な橋”：新聞研究　通号302　〔1976.9〕　p31〜33
鈴木守	（コンピュータ時代の新聞づくり＜特集＞）怪物CTSの足もとをさぐる−−新聞界, 過渡期の対応と近未来への期待：総合ジャーナリズム研究　14（04）〔1977.10〕　p61〜67
高橋俊夫	（コンピュータ時代の新聞づくり＜特集＞）先端的技術と“人間に適切な技術”−−ANPA, 77 機材展示会と技術会議から：総合ジャーナリズム研究　14（04）〔1977.10〕　p36〜41
田口大	変わりゆく新聞製作技術（現代記者読本'79）：新聞研究　通号332　〔1979.3〕　p87〜90
細島泉	紙面改革——個性化の時代へ 80年代の紙面展望（70年代の検証/80年代への視座）：新聞研究　通号341　〔1979.12〕　p24〜28
原田威男	新聞用ディジタル・フォントの製作：印刷雑誌　63（2）〔1980.2〕　p55〜60
永松元太郎	新聞印刷におけるダイレクト製版—1—コンピュータ・ツー・プレートを目指して：印刷雑誌　64（2）〔1981.2〕　p3〜9
永松元太郎	新聞印刷におけるダイレクト製版—2—コンピュータ・ツー・プレートを目指して：印刷雑誌　64（3）〔1981.3〕　p27〜31
藤井昌三	通信衛星利用の新聞製作：印刷雑誌　64（6）〔1981.6〕　p19〜25
芝則之, 大野謹一郎	新聞輪転機における自動インキコントロール：印刷雑誌　64（9）〔1981.9〕　p3〜10
山崎茂男	基本文字大型化の動き（マスコミの焦点）：新聞研究　通号362　〔1981.9〕　p93〜95
宮崎幸一	文字大型化と情報量（新聞文章論）：新聞研究　通号364　〔1981.11〕　p46〜49
坂井利之	情報処理技術の発展からみたメディアの変化（第34回新聞大会）：新聞研究　通号365　〔1981.12〕　p46〜50
橋本正邦	ニューメディアと新聞——米新聞編集者協会機関誌の特集から：新聞研究　通号367　〔1982.2〕　p67〜71
大井信一	新聞扁平文字の系譜——創始者黒岩涙香の卓見：印刷雑誌　65（4）〔1982.4〕　p11〜16
雨森勇	日刊紙の紙面作成計画——「面建て」調査（昭和五十六年十一月）結果から：新聞研究　通号370　〔1982.5〕　p58〜66
小西初彦	新聞印刷の多様化に対応——N−600型印刷実験機の開発：印刷雑誌　65（8）〔1982.8〕　p25〜31
田口大	新聞製作の新しい動きとニューメディア：印刷雑誌　65（10）〔1982.10〕　p3〜9
諏訪部道臣	電波と印刷, もうひとつの接点−−米初の一般全国紙「USAツデー」の成否（“テレビ雑誌”は浮上するか!?）：総合ジャーナリズム研究　20（01）〔1983.1〕　p44〜51
土屋智巳	C活字との闘いは続く（文字拡大のその後）：新聞研究　通号378　〔1983.1〕　p48〜50
京極昭	つぎの時代への基礎固めとして（文字拡大のその後）：新聞研究　通号378　〔1983.1〕　p54〜57
大久保允也	記者の「意識革命」を呼び起こす（文字拡大のその後）：新聞研究　通号378　〔1983.1〕　p51〜53
吉池節子	特集 新聞情報秩序考 ビジュアル化すすめる新聞制作：月刊民放　13（146）〔1983.8〕　p16〜18
池田竹司	新聞インキ・オフ輪化と多色化：印刷雑誌　67（10）〔1984.10〕　p23〜29
今井敬典, 小河原忠治	ATP新聞オフ輪用刷版製作システムの開発：印刷雑誌　69（8）〔1986.8〕　p13〜22
田口大	新聞印刷の近況：印刷雑誌　70（3）〔1987.3〕　p3〜8
山本英雄	産経カラー化, 2年の軌跡：新聞研究　通号444　〔1988.7〕　p75〜79

今田昭	新聞のカラー化とその技術動向：印刷雑誌　71 (10)　〔1988.10〕　p73～77
伊豫田康弘	新技術をどう生かすのか——SNGを中心に（新電気通信時代とマスメディア）：新聞研究　通号456　〔1989.7〕　p25～28
田口大	新聞印刷技術の動向：印刷雑誌　72 (11)　〔1989.11〕　p3～9
下平欣一	新聞インキのあゆみ：印刷雑誌　73 (3)　〔1990.3〕　p17～23
渋谷重光	朝日新聞における「世論操作」の研究：諸君！　日本を元気にするオピニオン雑誌　22 (5)　〔1990.5〕　p106～111
吉沢正一	多数の社が1行12字制へ　新聞各社の文字拡大（マスコミの焦点）：新聞研究　通号476　〔1991.3〕　p86～88
雨森勇	紙面作成計画（面建て）に関する調査結果：新聞研究　通号479　〔1991.6〕　p52～64
吉沢正一	デジタルカメラの登場と紙面のビジュアル化（マスコミの焦点）：新聞研究　通号490　〔1992.5〕　p80～82
井ノ口貞弘	ワープロ化が積み残したもの（技術の進展と紙面チェック）：新聞研究　通号505　〔1993.8〕　p26～29
高田穹伸	新聞カラー印刷の現状と課題——コンピューター化で進んだ技術：朝日総研リポート　通号130　〔1998.2〕　p50～63
植草光春	新聞両面多色刷り輪転機——開発経過と現状：印刷雑誌　81 (5)　〔1998.5〕　p23～29
山口和成, 萩原一夫	まず必要な意識改革——「自分たちで作る」（記者組版への移行）：新聞研究　通号575　〔1999.6〕　p53～56
大森伸昭	出稿時間の自由な設定と技術習得の負担と（記者組版への移行）：新聞研究　通号575　〔1999.6〕　p50～52
野村志朗	業界動向　新聞界は文字拡大の競争——高齢者増加と販売戦略：印刷雑誌　84 (4)　〔2001.4〕　p25～27
野村志朗	業界動向　変化著しい新聞を取り巻く環境：印刷雑誌　84 (8)　〔2001.8〕　p35～40
野村民夫	謎の『朝日』企画広告——高速道路建設推進：マスコミ市民　通号400　〔2002.5〕　p76～83
佐方麻希子, 福永友保	新聞カラーマネジメント（特集　印刷から見た色管理）：印刷雑誌　86 (6)　〔2003.6〕　p27～31
小屋敷晶子	記者と原稿整理（特集　新聞印刷）：印刷雑誌　88 (11)　〔2005.11〕　p21～23
野本好男	新聞紙面小型化の可能性　日本の一般紙も欧米の流れを追うことになるのか：AIR21　(195)　〔2006.8〕　p2～25
伊藤嘉英	図表にこだわった大図解シリーズ——「見て分かる」視覚的解説紙面（新聞の解説機能）：新聞研究　(664)　〔2006.11〕　p17～20
野田尚志, 齋藤徹	「動く、聞こえる」新聞を読者に——紙面にQRコード、ケータイ世代へアピール：新聞研究　(672)　〔2007.7〕　p65～68
荒牧央	20代はテレビをどうとらえているのか——インターネットの広がりの中で：放送研究と調査　58 (1) 通号680　〔2008.1〕　p46～53
鈴木恒雄	12段制　新しいフィールドに挑む——価値判断、見出し、レイアウトの発想について（変わる紙面の表情）：新聞研究　(683)　〔2008.6〕　p36～39
糟谷雅章	J字と新レイアウトの目指すもの——組み版ルールを根本から見直し（変わる紙面の表情）：新聞研究　(683)　〔2008.6〕　p40～43
熊取義純	新聞印刷入門——リアルメディア供給の現在 (1) 新聞ができるまで：印刷雑誌　92 (7)　〔2009.7〕　p27～30
熊取義純	新聞印刷入門——リアルメディア供給の現在 (2) 給紙・印刷・折り・排紙：印刷雑誌　92 (8)　〔2009.8〕　p33～38
熊取義純	新聞印刷入門——リアルメディア供給の現在 (3) 新聞オフセット輪転機の周辺機器：印刷雑誌　92 (9)　〔2009.9〕　p29～34
熊取義純	新聞印刷入門——リアルメディア供給の現在 (4) キャリア・発送システム：印刷雑誌　92 (10)　〔2009.10〕　p39～44
梅田隆之	新聞印刷工場のピーク電力削減——共同使用制限スキームの採用（特集　新聞各社の電力使用制限への対応/東日本大震災時の資材メーカー・通信キャリアーの対応を振り返る）：新聞技術　55 (3) 通号217　〔2011〕　p16～18
赤木孝次	技術とジャーナリズムをめぐる新聞界の議論——1950年代末から1960年代にかけての技術革新期の考察：情報学研究　東京大学大学院情報学環紀要　(80)　〔2011.3〕　p71～84
渡辺邦彦	新聞減への用紙の対応（特集　新聞印刷とその周辺）：印刷雑誌　95 (11)　〔2012.11〕　p21～24
岡本博明	新聞用CTPの利便性（特集　新聞印刷とその周辺）：印刷雑誌　95 (11)　〔2012.11〕　p17～20
尾崎章	新聞CTPの潮流（特集　新聞印刷のコスト削減）：印刷雑誌　96 (5)　〔2013.5〕　p7～12
江口豊	活版印刷術の展開と新聞成立との関連について：メディア・コミュニケーション研究　67　〔2014〕　p1～22

〔図書〕

日本新聞協会　新聞製作の技術展望—省プロセス技術を中心に　日本新聞協会　1976　116p　26cm　1200円

日本新聞協会　新聞製作技術事典　日本新聞協会　1978.7　289p　22cm　3500円

日本新聞協会　新聞製作技術の現状—70年代後半から80年代へ　日本新聞協会　1979.7　71p　26cm　1000円

殿岡昭郎　現代新聞紙学　玉川大学出版部　1979.11　186p　19cm　950円　（玉川選書 110）

日本新聞協会　新聞印刷　印刷編　改訂版　日本新聞協会　1980.10　419, 18p　26cm　4000円

日本新聞協会　新聞製作とエレクトロニクス　日本新聞協会　1984.4　232p　26cm　2000円

北海道新聞労働組合　新聞—作る側の責任—地方紙の現場から　径書房　1985.11　240p　20cm　1700円

日本新聞協会　新聞製作技術用語集　日本新聞協会　1990.6　434, 44p　18cm　2200円

直井正　新聞製作プレイバック—CTS化に立ち会って　新風書房　2003.4　244p　19cm　1000円

放送ジャーナリズム

〔雑誌記事〕

西田貞一	放送概論—7—：放送文化　3 (6)　〔1948.8〕　p29～32
柳沢助造	放送私案について：放送文化　3 (6)　〔1948.8〕　p10～11
三宅晴輝	競争効果への発程——自由放送時代と新聞：新聞研究　通号8　〔1949.8〕　p20～23
三宅晴輝	自由放送時代と新聞——競争効果への発程：新聞研究　通号8　〔1949.8〕　p20～23
吉本明光	自由放送時代と新聞——社会面的 "変奏曲"：新聞研究　通号8　〔1949.8〕　p16～19
波多野完治	自由放送時代と新聞——新聞ニュースと放送ニュース：新聞研究　通号8　〔1949.8〕　p23～28
高橋庄治	自由放送時代と新聞——両者報道の差異：新聞研究　通号8　〔1949.8〕　p12～16
吉本明光	社会面的 "変奏曲"——自由放送時代と新聞：新聞研究　通号8　〔1949.8〕　p16～19
波多野完治	新聞ニュースと放送ニュース——自由放送時代と新聞：新聞研究　通号8　〔1949.8〕　p23～28

高橋武治	両者報道の差異——自由放送時代と新聞：新聞研究　通号8〔1949.8〕p12～16	
白神昇蔵	ローカル放送を各局に訊く（座談会）：放送文化　5(1)〔1950.1〕p4～10	
井口虎一郎	放送討論会と聴衆：放送文化　5(1)〔1950.1〕p32～33	
真下信一	ローカル放送の実態を訊く（座談会）——名古屋にて：放送文化　5(10)〔1950.10〕p34～39	
矢成政朋	アメリカのインフォーメーション番組について：放送文化　5(12)〔1950.12〕p13～15	
大竹正	ローカル放送の実態を訊く——（第2回）北海道の巻（座談会）：放送文化　5(12)〔1950.12〕p36～41	
長沢泰治	社会放送の展望：放送文化　5(12)〔1950.12〕p7～9	
多田不二	ローカル放送の実態を訊く（座談会）：放送文化　6(4)〔1951.4〕p22～27	
木村竜蔵	放送に於けるユーモアについて（座談会）：放送文化　6(7)〔1951.7〕p20～24	
布留武郎	人気番組を検討する——上——：放送文化　6(9)〔1951.9〕p14～16	
春日由三, 池田幸雄, 栃沢助造　世界の放送を訊く（鼎談）：放送文化　6(10)〔1951.10〕p10～15		
鶴見良行	放送の信頼され方について：放送文化　7(1)〔1952.1〕p35～37	
中沢道夫	ニュース解説の現状とその方向を語る（座談会）：放送文化　7(2)〔1952.2〕p14～18	
新田宇一郎	発生的に見た商業放送プログラムの形態について：新聞学評論　1(1)〔1952.3〕p121～129	
清水幾太郎	放送について：婦人公論　38(6)通号421〔1952.6〕p104～108	
大久保忠利	ゴラク放送の大衆性と文化性：放送文化　7(7)〔1952.7〕p4～6	
山田静夫	放送番組の流れる血管の話——中継線について：放送文化　7(8)〔1952.8〕p38～39	
片桐顕智	社会放送の研究：放送文化　7(11)〔1952.11〕p4～12	
真木進之介	戦うテレビジョン：新聞研究　通号23〔1953.2〕p18～21	
中沢郁	フランスにおけるテレビジョンの集団視聴実験：NHK文研月報　3(9)〔1953.9〕p1～6	
水野正次	ラジオの悲劇——放送の破壊的影響：放送評論　1(1)〔1953.10〕p13～20	
新田宇一郎	商業放送と新聞：放送評論　1(1)〔1953.10〕p49～53	
金沢覚太郎	放送ジャーナリズムの確立：放送評論　1(1)〔1953.10〕p41～48	
金沢覚太郎	放送が生活的であるためには——放送ジャーナリズムの現実とその課題について：放送評論　1(2)〔1953.11〕p11～18	
一力次郎	新聞と民放は一心同体：新聞研究　通号29〔1953.12〕p2～4	
好本康雄	新聞系放送局とニュースの問題：新聞研究　通号29〔1953.12〕p4～8	
井口一郎	マス・コミニュケイションとテレビジョン：放送評論　2(1)〔1954.1〕p17～21	
大久保忠利	新しい「放送話術」のために：放送評論　2(1)〔1954.1〕p10～16	
長尾尚	テレビジョン調査の結果について：NHK文研月報　4(1)〔1954.1〕p17～19	
並河亮	テレビジョン研究—1—：放送評論　3(1)〔1955.1〕	
井口武男	BBCの海外ニュースの取扱い方：NHK文研月報　5(2)〔1955.1〕	
並河亮	テレビジョン研究—2—：放送評論　3(2)〔1955.2〕p39～42	
石垣綾子	低俗番組を締めだせ（座談会）：放送評論　3(2)〔1955.2〕p8～15	
金沢覚太郎	ジャーナリズムと放送の関係：新聞研究　通号48〔1955.7〕p18～22	
平石敏之介	シエークスピアとテレビジョン：NHK文研月報　5(10)〔1955.10〕	
近藤春雄	ニュース放送の表現量と浸透度について：新聞学評論　通号6〔1957.1〕	
園田哲太郎	ニュース解説者は真実を伝え得るか：NHK文研月報　6(12)〔1957.1〕	
有光成徳	ちかごろのラジオ・テレビについて：青少年問題　4(8)〔1957.7〕p6～11	
永田清	放送——日本の現実（対談）—10—：群像　12(10)〔1957.10〕p200～213	
バートン, C.T.　新聞とテレビジョン：新聞研究　通号臨増〔1957.10〕p7～12		
碧川宗伝	始まった有料テレビ放送とその反響：NHK文研月報　7(12)〔1957.10〕	
森護	ラジオ・ニューズの属性について——特に新聞との比較に於て：新聞学評論　通号8〔1957.12〕	
佐々木基一	大衆芸術の新しい形式——テレビについて：文学　25(12)〔1957.12〕	
稲生和子	婦人・農事・社会番組パネル調査について：NHK文研月報　8(2)〔1958.1〕	
金丸重嶺	放送技術者とその教育——日大放送科発足に関連して：新聞研究　通号80〔1958.3〕p11～14	
碧川宗伝	テレビジョンの発達とラジオの将来：日本放送協会放送文化研究所調査研究報告　通号3〔1958.3〕p153～159	
稲葉三千男	テレビジョン・広告・大衆：思想　通号413〔1958.10〕	
松方三郎	新聞とラジオ・テレビ——第11回新聞大会（研究座談会）：新聞研究　通号88〔1958.11〕p1～13	
永田君人	電波と新聞：新聞研究　通号91〔1959.2〕p28～32	
布留武郎	マス・メディアに関する児童調査とその信頼性：日本放送協会放送文化研究所調査研究報告　通号4〔1959.3〕p16～50	
石原裕市郎	テレビ・ニュースの可能性：新聞研究　通号96〔1959.7〕p38～41	
内川芳美	電波時代の言論の自由：新聞研究　通号101〔1959.12〕p46～50	
友沢秀爾	アメリカ放送論——社会に共通する価値体系を作ろうという意識：新聞研究　通号104〔1960.1〕p30～33	
碧川宗伝	テレビジョンの発達とラジオ放送：NHK文研月報　10(03)〔1960.3〕p4	
竹内郁郎	わが国におけるテレビジョン研究の現状と問題点——とくに「受容過程」を中心にして：新聞学評論　通号10〔1960.3〕	
堀川直義	生活のなかのテレビジョン：新聞学評論　通号10〔1960.3〕p102～114	
碧川宗伝	テレビ放送とフィルムの役割：日本放送協会放送文化研究所調査研究報告　通号5〔1960.3〕p207～222	
崎山正毅	放送学研究室のこと：NHK文研月報　10(04)〔1960.4〕p2	
放送学研究室	外国雑誌にみる放送関係論文：NHK文研月報　10(05)〔1960.5〕p51	
千葉雄次郎	公衆と放送番組——テレビ・スキャンダルの巻き起こした反響：新聞研究　通号109〔1960.8〕p11～17	
村崎俊男	ラジオ・テレビにみる右翼問題——特集・暗殺と政治：世界　通号180〔1960.12〕p132～137	
日本民間放送連盟調査部　テレビと非行：新聞研究　通号116〔1961.3〕p17～24		
波多野完治	テレビ四調査の特色と問題点（対談）：新聞研究　通号116〔1961.3〕p32～38	

外国資料研究班　教育面から見たアメリカの商業テレビジョン：Education Through Commercial Television：NHK文研月報　11（05）〔1961.5〕p8

三輪正　テレビ・ラジオの役割, 機能についての一考察──テレビ・ラジオ併有世帯についてのケース・スタディ：NHK放送文化研究所年報　6　〔1961.9〕p152～166

藤沼昌次　留学ノートから──西ドイツの放送研究覚えがき：NHK文研月報　12（02）〔1962.2〕p3

ベルソン, W.L., 村上澄子　新聞・雑誌の購読におよぼすテレビの影響：新聞研究　通号127　〔1962.2〕p54～61

碧川宗伝　テレビ国際中継の現状と各国テレビの現況：NHK文研月報　12（06）〔1962.6〕p30

吉野彩子　電波メディアの発達と新聞の進むべき道：関西大学新聞学研究　通号9　〔1962.6〕

加納恒夫　テレビの普及と新聞への影響：新聞研究　通号131　〔1962.6〕p40～48

加藤周一　「テレビ」一千万台万歳──特集・ジャーナリズムのつくりかえ：思想の科学. 第5次　（4）〔1962.7〕p25～31

中西尚道　生活時間の中におけるラジオ・テレビの聴視行動の位置について：NHK放送文化研究所年報　7　〔1962.8〕p1～32

中島厳　放送の見方, 考え方──放送観調査について：放送学研究　通号4　〔1962.11〕

後藤和彦　放送学の課題──研究会討議から：放送学研究　通号4　〔1962.11〕

早川善次郎　最近のテレビ界素描：新聞学評論　通号12　〔1962.12〕

池田弥三郎　放送とことば：國文學：解釈と教材の研究　8（2）〔1963.1〕

ミノー, N.N., 小松原久夫　テレビの未来像：新聞研究　通号141　〔1963.4〕p40～46

田原音和　農村と放送──その階層とテレビジョン視聴態度：放送学研究　通号5　〔1963.5〕

近藤操　放送における社説の可能性：放送学研究　通号5　〔1963.5〕

藤竹暁　生活のなかのテレビジョン──テレビの機能特徴調査（1）：NHK放送文化研究所年報　8　〔1963.6〕p20～58

大森幸男　マスコミ電波化時代への展望：新聞研究　通号147　〔1963.10〕p20～23

加藤秀俊　"紙"と"電波"（座談会）：新聞研究　通号147　〔1963.10〕p24～29

藤井恒男　新聞社は放送電波をもつべきである：新聞研究　通号147　〔1963.10〕p40～44

甘利省吾　電波と新聞：新聞研究　通号147　〔1963.10〕p15～18

松方三郎　電波時代と新聞（座談会）：新聞研究　通号147　〔1963.10〕p30～39

佐野弘吉　報道番組みの新しい方向（座談会）：新聞研究　通号153　〔1964.4〕p48～56

湊吉正　テレビニュース：NHK文研月報　14（06）〔1964.6〕p25

中西尚道　ラジオ・テレビ聴視者の生活時間構造──生活時間の階層別分析とテレビの設置による変化：NHK放送文化研究所年報　9　〔1964.7〕p88～109

西谷博信　ローカル番組スクリプトの問題点：NHK放送文化研究所年報　9　〔1964.7〕p288～297

田原音和　「農民と放送」再考──いわゆる「受け手」分析の方法論をめぐって：新聞学評論　通号14　〔1965.4〕

中西尚道　ニュースメディアとしてのテレビ──ロスアンゼルスにおけるテレビニュースの調査から：NHK文研月報　15（05）〔1965.5〕p25

中西尚道　家族のためのテレビ──アメリカラジオ・テレビ番組向上協会の案内書から：NHK文研月報　15（07）〔1965.7〕p38

小川文弥　テレビ・ローカル番組をささえるもの──昭和40年度「ローカル調査」の結果から：NHK文研月報　16（04）〔1966.4〕p1

佐藤忠男　テレビの思想：出版ニュース　通号0693　〔1966.5〕p21～21

関口英男　テレビに現れたケネディ暗殺の謎－－自由社会における言論の自由について：総合ジャーナリズム研究　04（01）〔1967.1〕p83～86

大木豊　キャスターの一人として－－番組研究－6－：総合ジャーナリズム研究　04（02）〔1967.2〕p104～106

佐藤忠男　ニュース・ショー論－－番組研究－6－：総合ジャーナリズム研究　04（02）〔1967.2〕p96～100

塩沢茂　新聞とテレビ・ネットワーク：総合ジャーナリズム研究　04（02）〔1967.2〕p87～93

金戸嘉七　新聞と放送の間：関西大学新聞学研究　通号17・18・19　〔1967.2〕p193～204

井上泰三　映画やテレビにおける映像の空間と時間について：コミュニケーション研究　通号1　〔1967.3〕p26～49

中村晴一　アメリカにおける公共放送論の発生と展開　第2部──公共放送への道：NHK文研月報　17（07）〔1967.7〕p38

本間康平　放送記者論──その序説として：新聞研究　通号192　〔1967.7〕p38～44

小川和夫　テレビ・ニュースの課題－－理想的なキャスターの役割：総合ジャーナリズム研究　04（08）〔1967.8〕p72～76

志賀信夫　1968年度アメリカのテレビ－－ワイド番組と特別番組の進出：総合ジャーナリズム研究　04（09）〔1967.9〕p69～75

生田正輝　日本における放送の特質とその背景──とくに社会的, 文化的条件との関連について：放送学研究　通号16　〔1967.10〕p59～82

志賀信夫　テレビ媒体の評論と実践：放送批評　No.001　〔1967.12〕

稲葉三千男, 後藤和彦, 江藤文夫, 竹内郁郎, 藤竹暁　座談会「放送とはなにか」：NHK文研月報　18（01）〔1968.1〕p1

稲葉三千男　弛緩のメディア──放送批評・わがこころのキシミ：放送批評　No.002　〔1968.1〕

宮地良和　放送の一方通行を阻止せよ：放送批評　No.002　〔1968.1〕

田英夫　ニュース・ショーの問題点－－"正しい批判"を含んだ報道を：総合ジャーナリズム研究　05（03）〔1968.3〕p86～88

岡部慶三　番組編集と公衆の要望─上─：放送学研究　通号18　〔1968.3〕p23～38

後藤和彦　放送研究の対象領域としての編成：放送学研究　通号18　〔1968.3〕p5～22

岡田晋　私のテレビ論（3）：放送批評　No.005　〔1968.4〕

荻昌弘　放送とアマチュアシップ：放送批評　No.006　〔1968.5〕

一戸久　放送学の現実的課題：NHK文研月報　18（05）〔1968.5〕p1

井上泰三　放送の番組と企業における公共性：コミュニケーション研究　通号2　〔1968.5〕p75～97

藤竹暁　放送研究の系譜を探る：NHK文研月報　18（06）〔1968.6〕p1

藤原功達　今日のテレビ視聴者──その意識と実態：NHK放送文化研究年報　13　〔1968.6〕p1～41

原敬之助　テレビとデモ報道（学生デモ報道を再検討する（特集））：新聞研究　通号204　〔1968.7〕p21～23

藤竹暁　放送理論の系譜を探る（3）：NHK文研月報　18（08）〔1968.8〕p61

藤竹暁	放送理論の系譜を探る（4）－最初のラジオ全国世論調査が明らかにしたもの－：NHK文研月報　18（09）〔1968.9〕p19
和田矩衛	日本放送作家協会に希む：放送批評　No.011　〔1968.10〕
藤竹暁	放送理論の系譜を探る（5）－調査の積み重ねによる人びとのラジオ観の具体的把握の試み－：NHK文研月報　18（10）〔1968.10〕p36
岡部慶三	番組編集と公衆の要望―下―：放送学研究　通号19　〔1968.11〕p53～67
藤沼昌次	放送学の視点――マス・コミュニケーションとプブリチスティクの発想：放送学研究　通号19　〔1968.11〕p5～52
志賀信夫	70年安保にからむ放送界を展望―：放送批評　No.013　〔1968.12〕
藤竹暁	放送理論の系譜を探る（7）－番組を聴かない人たちの分析－：NHK文研月報　18（12）〔1968.12〕p68
佐怒賀三夫, 松田浩, 菅原卓, 石原裕市郎, 和田矩衛　座談会 われわれは監視している1：放送批評　No.014　〔1969.1〕
藤竹暁	放送理論の系譜を探る（8）-1940年代の研究の特色－：NHK文研月報　19（01）〔1969.1〕p34
佐怒賀三夫, 松田浩, 菅原卓, 石原裕市郎, 和田矩衛　座談会 われわれは監視している2：放送批評　No.015　〔1969.2〕
藤竹暁	放送理論の系譜を探る（9）-1960年代の研究の特質－：NHK文研月報　19（02）〔1969.2〕p49
藤竹暁	放送理論の系譜を探る（10）－社会化過程におけるテレビ行動の位置づけ－：NHK文研月報　19（03）〔1969.3〕p26
林進	放送におけるジャーナリズム論（ジャーナリズム論の再検討（特集）―第1部 現代ジャーナリズム論）：新聞学評論　通号18　〔1969.3〕p18～25
安田哲夫	新聞ニュースのHeadlineとLead：日本大学人文科学研究所研究紀要　通号11　〔1969.3〕p121～164
志賀信夫	資料 テレビ被害史（1）：放送批評　No.017　〔1969.4〕
藤竹暁	放送理論の系譜を探る（11）－放送研究における調査研究の課題の追求－：NHK文研月報　19（04）〔1969.4〕p90
藤竹暁	放送理論の系譜を探る（12）：NHK文研月報　19（05）〔1969.5〕p81
志賀信夫	資料 テレビ被害史（3）：放送批評　No.019　〔1969.6〕
藤竹暁	放送理論の系譜を探る（13）－生活におけるテレビの位置と機能－：NHK文研月報　19（06）〔1969.6〕p60
中村晴一	アメリカにおける放送ジャーナリストの自由と責任―メディア特性との関連において：NHK放送文化研究年報　14　〔1969.6〕p206～216
藤原功達	人々のテレビ意識―放送に関する世論調査の結果報告：NHK放送文化研究年報　14　〔1969.6〕p66～131
水野肇	ある記録者たち：放送批評　No.020　〔1969.7〕
志賀信夫	資料 テレビ被害史（2）：放送批評　No.019　〔1969.7〕
志賀信夫	資料 テレビ被害史（4）―最大の加害者・視聴率―：放送批評　No.020　〔1969.7〕
高瀬広居	放送人の無自覚―その退廃の病根：放送批評　No.020　〔1969.7〕
藤竹暁	放送理論の系譜を探る（14）－テレビ的現実のメカニズム－：NHK文研月報　19（07）〔1969.7〕p61
桜庭幸雄	欧米の放送世論調査：NHK文研月報　19（08）〔1969.8〕p71
関礼夫, 近江正俊, 今福祝, 村上正行　座談会 アナウンサーの現状と将来：放送批評　No.021　〔1969.8〕
志賀信夫	資料 テレビ被害史（5）加害者としての視聴率の追放：放送批評　No.021　〔1969.8〕
藤竹暁	放送理論の系譜を探る（15）《まとめ（1）》：NHK文研月報　19（08）〔1969.8〕p65
和田矩衛	今年のテレビ終戦番組を追って：放送批評　No.022　〔1969.9〕
松田浩	描かれた歳月の屈折 NET・夜のワイドニュース特集「平和への対話」をみて：放送批評　No.022　〔1969.9〕
藤竹暁	放送理論の系譜を探る（16）《まとめ（2）》：NHK文研月報　19（09）〔1969.9〕p88
和田矩衛	70年代は終った ＜特集＞70年代への展望：放送批評　No.026　〔1970.1〕
青木貞伸	「テレビとは何か」という問いの重味―今野勉論に託して ＜特集＞70年代への展望：放送批評　No.026　〔1970.1〕
稲葉三千男	放送の未来考―繁栄か衰亡か ＜特集＞70年代への展望：放送批評　No.026　〔1970.1〕
大森幸男	放送界と1970年－－象徴的な年が問いかける課題：総合ジャーナリズム研究　07（01）〔1970.1〕p38～45
鳥居博	放送制度改革への提言 ＜特集＞70年代への展望：放送批評　No.026　〔1970.1〕
坂本晋	70年代における放送の変容（70年代における新聞（特集））：新聞研究　通号222　〔1970.1〕p37～41
吉田潤	調査結果からみたテレビの問題点――これからの放送を考えるために：NHK文研月報　20（02）〔1970.2〕p25
佐怒賀三夫	その原点としての60年安保 ＜特集＞テレビ報道―10年間の問題事件はどうなったか：放送批評　No.028　〔1970.3〕
青木貞伸	牛山純一にきく「ベトナム海兵大隊戦記」 ＜特集＞テレビ報道―10年間の問題事件はどうなったか：放送批評　No.028　〔1970.3〕
塩尺茂	秦豊にきく「東大闘争」 ＜特集＞テレビ報道―10年間の問題事件はどうなったか：放送批評　No.028　〔1970.3〕
松田浩	田英夫にきく「ハノイ―田英夫の証言」 ＜特集＞テレビ報道―10年間の問題事件はどうなったか：放送批評　No.028　〔1970.3〕
和田矩衛	報道の自由は死滅したか ＜特集＞テレビ報道―10年間の問題事件はどうなったか：放送批評　No.028　〔1970.3〕
鳥山拡	宝官正章にきく「成田事件」 ＜特集＞テレビ報道―10年間の問題事件はどうなったか：放送批評　No.028　〔1970.3〕
津金聡広	「情報化社会」と放送ジャーナリズム（「情報化社会」におけるマス・メディア（特集））：新聞学評論　通号19　〔1970.3〕p27～31
一戸久, 岡部慶三, 後藤和彦, 山本透, 藤沼昌次　座談会「放送学研究をめぐる諸問題」：NHK文研月報　20（04）〔1970.4〕p1
斉藤正治	宇宙テレビ戦争時代 ＜特集＞情報化社会における放送の役割：放送批評　No.031　〔1970.6〕
餌取章男, 西尾出, 平松守彦　座談会 情報化社会と放送 ＜特集＞情報化社会における放送の役割：放送批評　No.031　〔1970.6〕
和田矩衛	「情報」についての全く個人的な独語 ＜特集＞情報化社会における放送の役割：放送批評　No.031　〔1970.6〕
後藤和彦	情報化社会論と放送 ＜特集＞情報化社会における放送の役割：放送批評　No.031　〔1970.6〕
川村芳生	保守主義者との対話 ＜特集＞情報化社会における放送の役割：放送批評　No.031　〔1970.6〕
中島巌	放送事業の経済的構造：NHK放送文化研究年報　15　〔1970.6〕p117～140
青柳政吉	脅かされた言論の自由――ニクソン政権下のテレビ：総合ジャーナリズム研究　07（03）〔1970.7〕p82～86
和田洋一	NHK放送学研究室編「放送学序説」：人文学　通号117　〔1970.7〕p65～68
大達豊	NETの「モーニング・ショー」：総合ジャーナリズム研究　07（04）〔1970.10〕p93～98
石野博史	ニュースにおける時表現――テレビ正午ニュースの場合：NHK文研月報　20（10）〔1970.10〕p63
松田浩	'70年の放送はほんとうに終わったのであろうか？ ＜特集＞'70年の放送は終わったか？：放送批評　No.036　〔1970.12〕

| | ジャーナリズム | 放送ジャーナリズム |

鈴木均　'70年放送の枠組〈特集〉'70年の放送は終わったか？：放送批評　No.036　〔1970.12〕

今井虔一　「事態の映像速報」に終始した安保報道：放送批評　No.036　〔1970.12〕

稲葉三千男　反論 テレビ百害の古典的ヘソマガリ論を読んで—荒正人氏「老人と病人のための機械」：放送批評　No.036　〔1970.12〕

樋渡涓二　画像の情報論的知覚論的考察——放送学と放送技術との接点：放送学研究　通号21　〔1970.12〕　p5〜18

藤沼昌次　日本における放送研究・序論：放送学研究　通号21　〔1970.12〕　p104〜107

志賀信夫, 青木貞伸　対談・リポート分析：放送批評　No.039　〔1971.3〕

大谷堅志郎　「マガジン番組」の性格と背景≪BBCのカレント・アフェアーズ・マガジンを中心にして≫：NHK文研月報　21（04）〔1971.4〕　p15

和田矩衛　教養番組とプレゼンテーション：放送批評　No.040・041　〔1971.4・5〕

石川明　放送界の現状とその課題（西ドイツのマスコミ（特集））：総合ジャーナリズム研究　08（02）〔1971.4〕　p23〜33

志賀信夫　イントレランスのない時代〈特集〉放送・不可視の抑圧 放送20年史的展開：放送批評　No.042　〔1971.6〕

内田栄一　テレビに積極的な風化を〈特集〉放送・不可視の抑圧 放送20年史的展開：放送批評　No.042　〔1971.6〕

青木貞伸　テレビ安保以降 寛容の中の抑圧〈特集〉放送・不可視の抑圧 放送20年史的展開：放送批評　No.042　〔1971.6〕

鳥山拡　蟻の社会からもぐらの君へ〈特集〉放送・不可視の抑圧 放送20年史的展開：放送批評　No.042　〔1971.6〕

吉永春子　沈黙の問いかけ〈特集〉放送・不可視の抑圧 放送20年史的展開：放送批評　No.042　〔1971.6〕

波多野諠余夫　「抵抗」の理論化を！〈特集〉放送・不可視の抑圧 放送20年史的展開：放送批評　No.042　〔1971.6〕

萩元晴彦　陽焼けした生活人からの発言〈特集〉放送・不可視の抑圧 放送20年史的展開：放送批評　No.042　〔1971.6〕

山内久司　良心的放送闘系者X氏と民放プロデューサーY氏の対話〈特集〉放送・不可視の抑圧 放送20年史的展開：放送批評　No.042　〔1971.6〕

有馬康彦　23時ショー たのむからみてけれヤー！〈特集〉ワイドショーにおけるナマとは？〈現場の声〉：放送批評　No.043　〔1971.7〕

須藤真利　RABニュースレーダー 燃える報道陣〈特集〉ワイドショーにおけるナマとは？〈現場の声〉：放送批評　No.043　〔1971.7〕

小森幸雄　イブニンkochi ようやくリズムが出てきた〈特集〉ワイドショーにおけるナマとは？〈現場の声〉：放送批評　No.043　〔1971.7〕

高瀬広居　ナマを放出するパーソナリティとは〈特集〉ワイドショーにおけるナマとは？：放送批評　No.043　〔1971.7〕

鈴木均　ナマワイドショーのナマとは何か？〈特集〉ワイドショーにおけるナマとは？：放送批評　No.043　〔1971.7〕

小田久栄門　モーニングショー 最も痛感していること〈特集〉ワイドショーにおけるナマとは？〈現場の声〉：放送批評　No.043　〔1971.7〕

鵜飼宏明　モーニングジャンボ 体験的テレビ瀬戸際論〈特集〉ワイドショーにおけるナマとは？〈現場の声〉：放送批評　No.043　〔1971.7〕

阿部正義　ワイドサタデー 瀬戸内海共同体をスタジオに〈特集〉ワイドショーにおけるナマとは？〈現場の声〉：放送批評　No.043　〔1971.7〕

大西等　訪ねる人も訪ねられる人もお国言葉〈特集〉ワイドショーにおけるナマとは？〈現場の声〉：放送批評　No.043　〔1971.7〕

米沢弘　コミュニケーション・システムとしての放送研究—その科学哲学的一考察：NHK放送文化研究年報　16　〔1971.7〕　p163〜174

和田光弘　二人のテレビ制作者から（その1）『未解放部落』を取材して多くを学んだ私：マスコミ市民　通号052　〔1971.8〕　p4〜13

杉原萌　二人のテレビ制作者から（その2）「原爆」番組をこれからも撮りつづける私：マスコミ市民　通号052　〔1971.8〕　p14〜20

和田矩衛　民放研究12 北海道放送・札幌テレビ放送 その1〈特集2〉8・15とヒロシマの「記念番組」：放送批評　No.044　〔1971.8〕

青柳政吉　「ペンタゴンの売込み作戦」始末記——米・CBS放送と言論の責任（言論の自由（特集））：総合ジャーナリズム研究　08（04）〔1971.10〕　p19〜27

見塩忠彦　センセーショナルを拒否する〈特集〉テレビ・ジャーナリズムの位相を探る：放送批評　No.047　〔1971.11〕

青木貞伸　テレビよ勇気をもて「テレビ・ジャーナリズム」の強化を〈特集〉テレビ・ジャーナリズムの位相を探る：放送批評　No.047　〔1971.11〕

Nordenstreng, Kaarle, 後藤和彦　北欧諸国における放送研究：放送学研究　通号23　〔1971.12〕　p5〜26

小川文弥　情報化社会とテレビの報道機能（1）——情報化社会への移行と人びとの意識：NHK文研月報　22（01）〔1972.1〕　p1

小林和夫　新しい放送を創る（1）報道取材体制の発想転換を：月刊民放　02（08）〔1972.1〕　p23〜28

小川文弥　情報化社会とテレビの報道機能——情報接触の実態からみた報道機能（2）：NHK文研月報　22（02）〔1972.2〕　p11

吉田育夫, 青木貞伸, 斉藤正治　新聞の放送批評を批評する：放送批評　No.050　〔1972.2〕

宇田博, 吉村克己, 佐怒賀三夫, 三浦甲子二, 松本幸輝久, 大日向一郎　特集・放送ジャーナリズムの課題 座談会 民放報道の課題と展望：月刊民放　02（09）〔1972.2〕　p10〜18

友沢秀爾　TVニュースについて——それを考えるための前提として（曲がり角に立つテレビ報道）：新聞研究　通号247　〔1972.2〕　p42〜45

萩元晴彦　もっとも"テレビ的"なるもの（曲がり角に立つテレビ報道）：新聞研究　通号247　〔1972.2〕　p46〜51

山本明　テレビニュース論（曲がり角に立つテレビ報道）：新聞研究　通号247　〔1972.2〕　p25〜29

大森幸男　テレビ報道と法規制（曲がり角に立つテレビ報道）：新聞研究　通号247　〔1972.2〕　p37〜41

松田浩　テレビ報道の原点を問う（曲がり角に立つテレビ報道）：新聞研究　通号247　〔1972.2〕　p30〜36

水野肇　ニュースキャスターの未来像：放送批評　No.051　〔1972.3〕

ばばこういち, 青木貞伸, 田山力哉　新聞の放送批評を批評する：放送批評　No.051　〔1972.3〕

正村公宏　知識産業としての放送事業：放送学研究　通号24　〔1972.3〕　p5〜32

山本明　ジャーナリズムとしてのテレビ〈特集〉テレビと「報道」：放送批評　No.052　〔1972.4〕

平野宗義　曲りかどにきたテレビ報道：総合ジャーナリズム研究　09（02）〔1972.4〕　p94〜102

青木貞伸, 斉藤正治, 津村喬, 鈴木均　座談会 テレビをよむ〈特集〉テレビと「報道」：放送批評　No.052　〔1972.4〕

山本洋	地方局の報道番組 「報道」は「情報1を越えられるか <特集>テレビと「報道」：放送批評　No.052　〔1972.4〕
須藤忠昭	定時ニュース 凝固した単一性を志向する陰湿さ <特集>テレビと「報道」：放送批評　No.052　〔1972.4〕
稲村啓	反整合性の論理—新聞ジャーナリズムとテレビ <特集>テレビと「報道」：放送批評　No.052　〔1972.4〕
ばばこういち	記者会見 “ああこのむなしきなれあいの儀式”：放送批評　No.053　〔1972.5〕
井出重昭, 山口靖彦, 小林和夫, 祖父江啓三, 中川尚之	座談会 <特集2>テレビと「報道」—テレビジャーナリストの発語の位相：放送批評　No.053　〔1972.5〕
竹崎潤一	新しい放送を創る (5) 長寿番組と “テレビ的”なものの模索：月刊民放　02 (12)　〔1972.5〕　p40～43
岡本博	映像と現実——“浅間山荘事件”TV中継の功罪：新聞研究　通号250　〔1972.5〕　p45～48
岡村黎明	新しい放送を創る (6) 「テーマ」を表現する「編成」：月刊民放　02 (13)　〔1972.6〕　p37～41
田原総一朗	新しい放送を創る (7) バランスの論理への疑問：月刊民放　02 (14)　〔1972.7〕　p42～46
米沢弘	情報の社会的需要とテレビの機能—関心領域調査結果から：NHK放送文化研究年報　17　〔1972.7〕　p1～49
牧田徹雄	生活の中のテレビ—「テレビ離れ」は進行しているか：NHK放送文化研究年報　17　〔1972.7〕　p138～154
吉村育夫	新しい放送を創る (8) 「空砲に弾を」ラジオ・コミュニティをめぐって：月刊民放　02 (16)　〔1972.9〕　p18～20, 52～52
足立正生	テレビジョンは真実の敵であるか <特集>非政治化の政治性 —オリンピックあるいはスポーツと報道：放送批評　No.057　〔1972.10〕
渡辺公平	テレビ成長史論への序説－－歴史・未来・方法：総合ジャーナリズム研究　09 (04)　〔1972.10〕　p29～36
笠井純	どこへいった民放の良心 HTVに自衛隊宣伝番組登場：広島ジャーナリスト　45　〔1972.11〕
藤原薫	消された芸術祭参加TV番組 「自白」放送中止事件：広島ジャーナリスト　45　〔1972.11〕
松尾羊一	いまわしいラジオへのすすめ <特集>マスコミ’72「総括」の軌跡：放送批評　No.059　〔1972.12〕
青木貞伸	マイ・テレビの「論理」 <特集>マスコミ’72「総括」の軌跡：放送批評　No.059　〔1972.12〕
稲葉三千男	〔一行為・一動機〕説への反論 <特集>マスコミ’72「総括」の軌跡：放送批評　No.059　〔1972.12〕
増田卓二	事件とジャーナリズム <特集>マスコミ’72「総括」の軌跡：放送批評　No.059　〔1972.12〕
田原総一朗	時代遅れの生きざま <特集>マスコミ’72「総括」の軌跡：放送批評　No.059　〔1972.12〕
志賀信夫	宣伝技術論からみたメディア・ミックス <特集>マスコミ’72「総括」の軌跡：放送批評　No.059　〔1972.12〕
新井直之	<総ジャーナリズム>と孤独な勇気 <特集>マスコミ’72「総括」の軌跡：放送批評　No.059　〔1972.12〕
ばばこういち	総括！ われこそはテレビ制作者 <特集>マスコミ’72「総括」の軌跡：放送批評　No.059　〔1972.12〕
須藤忠昭	放送に “主権在民” を：放送批評　No.060　〔1973.1〕
若杉四郎	ローカル民放局の “キカン坊”記者：マスコミ市民　通号068　〔1973.2〕　p56～59
高橋章	テレビ番組欄の20年 (テレビ放送20年)：新聞研究　通号259　〔1973.2〕　p32～33
宇田博, 緒方彰, 青木貞伸	言論・報道機関としてのテレビ (テレビ放送20年)：新聞研究　通号259　〔1973.2〕　p24～31
ばばこういち, 吉村育夫, 八川敏昭	座談会 フレームの中の青春：放送批評　No.062　〔1973.3〕
河村達朗	放送局の「報道」を問う その1 フジテレビ「独立採算制」の意味：マスコミ市民　通号069　〔1973.3〕　p48～50
阿部斉	現代社会における公共の可能性 (放送と公共性 (特集))：放送学研究　通号25　〔1973.3〕　p5～30
桜井健	はじめに (ベトナム報道 (特集)—ベトナムテレビ報道体験記)：新聞研究　通号261　〔1973.4〕　p61～62
高木伸一	水俣——テレビ取材の中で：新聞研究　通号262　〔1973.5〕　p70～71
和田矩衛	注目すべきローカル局のテレビ・ドキュメンタリー1：放送批評　No.065　〔1973.6〕
田中義久	文化形態としてのテレビジョン——現代テレビ論：世界　通号331　〔1973.6〕　p288～298
大谷堅志郎	イギリスにおけるテレビ・ニュースの沿革と特質：NHK放送文化研究年報　18　〔1973.6〕　p141～172
石川明	放送における制度的参加—西ドイツでの事例を中心に：NHK放送文化研究年報　18　〔1973.6〕　p122～140
橋本信也, 後藤達彦, 小谷正一, 小田久栄門, 澤田隆治	テレビの20年 座談会 テレビ20年の歩みから未来を語る：月刊民放　03 (27)　〔1973.8〕　p10～21
藤竹暁	テレビ研究の20年 (テレビジョンの20年テレビ研究の20年 (特集))：新聞学評論　通号22　〔1973.10〕　p2～14
遠藤泰弘	テレビ研究への提言 (テレビジョンの20年テレビ研究の20年 (特集))：新聞学評論　通号22　〔1973.10〕　p100～118
田崎篤郎	受け手 (テレビジョンの20年テレビ研究の20年 (特集))：新聞学評論　通号22　〔1973.10〕　p54～61
鈴木利正	制作者の内なるオリジナリティこそ：月刊民放　03 (30)　〔1973.11〕　p18～20
萩原利雄	粗悪品番組は淘汰必至：月刊民放　03 (30)　〔1973.11〕　p21～23
志賀信夫	今月の視座・放送批評 悪い大人になるか！ テレビ：放送批評　No.070　〔1973.12〕
岡庭昇, 青木貞伸, 田英夫, 鈴木均	座談会 テレビジャーナリズム論への懐疑 無化, あるいは, 何をなしえないかの発想を <特集>何故, ジャーナリズムか？：放送批評　No.070　〔1973.12〕
後藤和彦	放送の将来 (1)《その検討作業のための覚え書き》：NHK文研月報　24 (02)　〔1974.2〕　p11
後藤和彦	放送の将来——その検討作業のための覚え書き (2)：NHK文研月報　24 (03)　〔1974.3〕　p39
園田恭一	ニュータウンとCATV——コミュニティ・コミュニケーションの問題を中心に (コミュニティ内部での生活情報欲求と地域メディア)：放送学研究　通号26　〔1974.3〕　p101～129
阿部克自	プロの国の豊かな放送：総合ジャーナリズム研究　11 (02)　〔1974.4〕　p33～39
鈴木均	新しいテレビジャーナリズムを創る 討論シリーズ (I) フィクション報道こそ充実を：月刊民放　04 (34)　〔1974.4〕　p10～14
入江徳郎	新しいテレビジャーナリズムを創る 討論シリーズ (I) “見せる”から “考えさせる”のテレビへ：月刊民放　04 (34)　〔1974.4〕　p4～9
小林久男	そしてまた番組が消えた <特集>未成の回路：放送批評　No.074　〔1974.5〕
石崎浩一郎	もうひとつのテレビ <特集>未成の回路：放送批評　No.074　〔1974.5〕
青木貞伸	テレビ界にルターはいないのか <特集>未成の回路：放送批評　No.074　〔1974.5〕
関口瑛	事実というウソ <特集>未成の回路：放送批評　No.074　〔1974.5〕
鈴木均	「小野田報道」の素顔・そして少尉の素顔 <特集>未成の回路：放送批評　No.074　〔1974.5〕
小林和夫	新しいテレビジャーナリズムを創る 討論シリーズ (II) テレビ報道の三極構造論：月刊民放　04 (35)　〔1974.5〕　p14～18
勝田建	新しいテレビジャーナリズムを創る 討論シリーズ (II) 報道と “制作”部門の交流を：月刊民放　04 (35)　〔1974.5〕

p19〜22

| 石川明 | 西ドイツの放送研究の現状＝制度研究を中心に＝：NHK文研月報　24（05）〔1974.5〕　p30 |

佐藤忠男　映像ドキュメンタリーと現代（第21回）ドキュメントとプライバシー（その2）：月刊民放　04（36）〔1974.6〕　p36〜41

岡村黎明　新しいテレビジャーナリズムを創る　討論シリーズ（III）テレビ報道の歴史：月刊民放　04（36）〔1974.6〕　p12〜19

真崎貞夫　新しいテレビジャーナリズムを創る　討論シリーズ（IV）個性派ニュースの追求を：月刊民放　04（37）〔1974.7〕　p16〜21

吉村克巳　実践的テレビ報道論：月刊民放　04（38）〔1974.8〕　p11〜16

岩崎三郎　講座番組の研究（4）利用行動の継続・脱落を規定する要因》「フランス語入門」・「建築士」における事例研究《：NHK文研月報　24（09）〔1974.9〕　p20

国保徳丸　新しいテレビジャーナリズムを創る　討論シリーズ（VI）"ジャック"は"クィーン"に勝てる：月刊民放　04（39）〔1974.9〕　p12〜31

総合文研・放送学研究室　調査研究ノート——ブラジルにおける放送への期待と現実：NHK文研月報　24（09）〔1974.9〕　p50

石村善治　新しいテレビジャーナリズムを創る　討論シリーズ（VII）放送ジャーナリズムと民主主義：月刊民放　04（41）〔1974.11〕　p4〜9

小橋正哉　シーリズ・特集「直撃インタビュー・中核vs核マル」：放送批評　No.080　〔1974.12〕

中島巌　ブラジルの社会経済発展と公共放送：NHK文研月報　24（12）〔1974.12〕　p22

塩沢茂　奈良和モーニングショー「追跡」：放送批評　No.083　〔1975.3〕

山口秀夫，西谷茂　ニュース志向を強める米ラジオ局——アメリカ・ラジオ現況（1）：NHK文研月報　25（04）〔1975.4〕　p41

山口秀夫，西谷茂　さかんなトーク番組：NHK文研月報　25（05）〔1975.5〕　p21

中島巌　ブラジルの社会経済発展と放送の役割：NHK文研月報　25（05）〔1975.5〕　p27

志賀信夫　放送局の出版　活字コンプレックスへの抵抗：出版ニュース　通号1007　〔1975.5〕　p6〜10

本田妙子　夜のテレビ娯楽の現況：NHK文研月報　25（05）〔1975.5〕　p11

つかこうへい，谷川俊太郎，鳥山拡，鈴木均　座談会　絵本とテレビ：放送批評　No.086　〔1975.6〕

桃圭介　「オープン・スタジオPm8」を視て　＜特集＞企画曼陀羅—放送の企画はどうなっているの？：放送批評　No.087　〔1975.7・8〕

鳴海景介　ゴールデン・タイムの主役さがし　＜特集＞企画曼陀羅—放送の企画はどうなっているの？：放送批評　No.087　〔1975.7・8〕

松尾羊一　井原高忠は語った・ボクは興行師でありペテン師である　＜特集＞企画曼陀羅—放送の企画はどうなっているの？：放送批評　No.087　〔1975.7・8〕

備前島文夫　「企画」は「自分jを語ることなんです　＜特集＞企画曼陀羅—放送の企画はどうなっているの？：放送批評　No.087　〔1975.7・8〕

鈴木均　現場企画学序説　＜特集＞企画曼陀羅—放送の企画はどうなっているの？：放送批評　No.087　〔1975.7・8〕

つかこうへい，鳥山拡　番組を視ながら喋ってみたら"戦後30年特番"だから、どうなんですか：放送批評　No.089　〔1975.10〕

三浦譲一　進む生ワイド化と交通情報放送——西ドイツのラジオ：NHK文研月報　25（11）〔1975.11〕　p39

松田浩　放送界の1年、なお続く"修羅場"：新聞研究　通号293　〔1975.12〕　p23〜29

大谷堅志郎　意見と討論の風土　英参加番組の近況と背景：NHK文研月報　26（02）〔1976.2〕　p31

大谷堅志郎　よみがえる活気——改編後のフランスのテレビ：NHK文研月報　26（03）〔1976.3〕　p37

井上宏　現代とテレビ（2）視聴者のテレビ批判：マスコミ市民　通号101　〔1976.3〕　p16〜23

鈴木均　放送批評懇談会小史の作成について：放送批評　No.093　〔1976.3〕

山口秀夫　アメリカにおけるENGの現況：NHK文研月報　26（04）〔1976.4〕　p1

むのたけじ　嵐の明日に立ち向かって　電波ジャーナリズムの自立を：マスコミ市民　通号104　〔1976.6〕　p18〜23

小玉美意子　楽しく見せるテレビニュースの要件：総合ジャーナリズム研究　13（03）〔1976.7〕　p26〜34

井上英治　西ヨーロッパの教育テレビ——その組織と現状：NHK文研月報　26（08）〔1976.8〕　p13

岡本幸雄　放送に働く力とその効果——マスコミ力学への試み：新聞学評論　通号25　〔1976.8〕　p68〜89

清水英夫　欧米のテレビを見ざるの記：放送批評　No.099　〔1976.10〕

ばばこういち，稲継文彦，高比良昭夫，辰巳慎次，椿貞良，庭蹴，鈴木均　座談会　ロッキード事件・テレビ報道の総括：放送批評　No.099　〔1976.10〕

越智正典　このままではテレビ文化は消滅する：自由　18（10）〔1976.10〕　p37〜48

小橋正哉　にゅう・てれびずむ2　大衆てれび評判記：放送批評　No.101　〔1976.12〕

瓜生忠夫，矢崎泰久　テレビはジャーナリズムたりうるか　＜特集＞「放送批評」の磁場をもとめて：放送批評　No.101　〔1976.12〕

松田浩　放送ジャーナリズム——"混迷"と新生面：新聞研究　通号305　〔1976.12〕　p25〜30

上滝徹也　地域社会とテレビ・ジャーナリズム：日本大学芸術学部紀要　通号7　〔1977〕　p65〜81

勝部領樹　体験的放送記者論（放送におけるプロフェッション＜特集＞）：放送学研究　通号29　〔1977〕　p81〜100

後藤和彦　放送におけるプロフェッション（放送におけるプロフェッション＜特集＞）：放送学研究　通号29　〔1977〕　p127〜142

西岡香織　放送ジャーナリズムと組織論（放送におけるプロフェッション＜特集＞）：放送学研究　通号29　〔1977〕　p11〜43

牧田徹雄　テレビ娯楽の受けとめ方（2）：NHK文研月報　27（01）〔1977.1〕　p48

竹内芳和　テレビ論アフォリズム　＜特集＞われらみな てれびじん：放送批評　No.102　〔1977.1〕

三木卓　映像に慰められる—都市とテレビジョン　＜特集＞われらみな てれびじん：放送批評　No.102　〔1977.1〕

志賀信夫，小谷正一，内村直也，鈴木均　座談会　"放送批評"の原点からその歴史的回顧　＜特集＞われらみな てれびじん：放送批評　No.102　〔1977.1〕

松尾羊一，谷川健一，鈴木均　鼎談　テレビ文化の中の日本人　＜特集＞われらみな てれびじん：放送批評　No.102　〔1977.1〕

野添憲治　農村でのテレビ　＜特集＞われらみな てれびじん：放送批評　No.102　〔1977.1〕

青木貞伸　電波の＜すき間＞からみたジャーナリズムの未来像：総合ジャーナリズム研究　14（02）〔1977.4〕　p48〜54

古谷綱正　インタビュー構成　十四年目のニュースキャスター　テレビ評　ニュース番組考：放送批評　No.106　〔1977.6〕

後藤和彦　ドラスティックな改革を提案—アナン委員会報告書、公表さる　テレビ評　ニュース番組考：放送批評　No.106

〔1977.6〕

稲葉三千男　私の放送大学論 テレビ評 ニュース番組考：放送批評　No.106　〔1977.6〕

大谷堅志郎　ビルキントン以後の15年―英放送界をめぐる状況と論点の変化：NHK放送文化研究年報　22　〔1977.7〕　p92〜128

田原総一朗　メディア作用 一つの時代の終熄―桑野茂さんの死：放送批評　No.108　〔1977.8〕

田原総一朗　メディア作用 "テレビ時代" を痛感―サダト大統領をめぐって：放送批評　No.111　〔1977.12〕

山口秀夫　新ENG論（2）〜ひろがるリポーターの役割〜：NHK文研月報　27（12）〔1977.12〕　p1

佐藤精　放送界十大ニュースにみる光と影：新聞研究　通号317　〔1977.12〕　p49〜53

田原総一朗　メディア作用 フリーランスを拘束するもの：放送批評　No.112　〔1978.1〕

井口泰子, 佐怒賀三夫, 松尾羊一, 清水英夫, 大橋正房　大衆てれび評判記ワイド版―メロドラマとタレント：放送批評　No.112　〔1978.1〕

志賀信夫　"電波ジャック" てん末記―対応策ゼロのメディア・クーデター 放送における「独占」とは？：放送批評　No.113　〔1978.2〕

石井清司　"独占インタビュー番組" がおこなわれた背景 放送における「独占」とは？：放送批評　No.113　〔1978.2〕

稲村啓　放送における独占―その背景と意味 放送における「独占」とは？：放送批評　No.113　〔1978.2〕

尾上久雄　放送の経済学を考える：NHK文研月報　28（02）〔1978.2〕　p42

松田浩, 清水英夫, 田所泉, 堀部政男　放送の「公正」について［座談会］放送における「独占」とは？：放送批評　No.113　〔1978.2〕

石井清司, 中島竜美　朴韓国大統領独占インタビュー番組をめぐって 放送における「独占」とは？：放送批評　No.113　〔1978.2〕

遊佐雄彦　ニュース番組考：放送批評　No.114　〔1978.3・4〕

濱田正造　魅力あるスター・キャスターづくりを：月刊民放　08（81）〔1978.3〕　p31〜34

後藤和彦　放送事業体における調査研究のあり方――E.カッツの報告書に関連して：NHK文研月報　28（04）〔1978.4〕　p1

吉永春子　テレビカメラよ, 武器であれ（ルポルタージュと新聞―ルポルタージュ最前線）：新聞研究　通号322　〔1978.5〕　p47〜50

高橋照明　民放と言論機能――論説放送の可能性をさぐる：新聞研究　通号322　〔1978.5〕　p51〜55

吉沢比呂志　ラジオニュースも番組である ニュース企画番組論への一つのアプローチ：月刊民放　08（84）〔1978.6〕　p34〜38

奥野昌宏, 早川善治郎, 八田正信　テレビ関連投書の分析――「朝日」「毎日」「読売」, 昭和二八年〜五〇年掲載分：新聞学評論　通号27　〔1978.6〕　p53〜67

服部孝章　放送衛星と国際社会：新聞学評論　通号27　〔1978.6〕　p79〜91

鈴木みどり　テレビになぜ暴力とセックスがあふれているのか――新しい視聴者になるために問う（放送界の諸問題）：新聞研究　通号323　〔1978.6〕　p49〜53

木村栄文　「記者ありき」を撮らせたもの（放送界の諸問題―放送人――思いは深くして）：新聞研究　通号323　〔1978.6〕　p23〜26

山本透　地域主義を志向する放送番組（放送界の諸問題）：新聞研究　通号323　〔1978.6〕　p45〜48

小沼靖　民放における「社説」放送の可能性（放送界の諸問題）：新聞研究　通号323　〔1978.6〕　p20〜22

友寄英利　ニュースレポートからニュース解説へ：月刊民放　08（85）〔1978.7〕　p26〜28

鈴木均　放送が文化であることを忘れるわけにはいかない：放送批評　No.117　〔1978.7〕

後藤和彦　「放送事業体における調査研究」再考：NHK文研月報　28（07）〔1978.7〕　p35

藤原功達, 牧田徹雄, 本田妙子　見る娯楽のおもしろさ―テレビ娯楽に何を求めているか：NHK放送文化研究年報　23　〔1978.7〕　p1〜58

ジョセフ・キャロン, ブルース・ダニング, デベラ, ホセ　特集・テレビ二十五年を迎えて ニッポンのテレビと私 テレビを外国人の眼からみると：月刊民放　08（86）〔1978.8〕　p25〜29

杉山光信　文化政策の問題としてのテレビ（研究者の窓）：新聞研究　通号325　〔1978.8〕　p82〜85

奥田敏章　テレビの文化的役割の向上をめざして（1）－フランスINAの調査から－：NHK文研月報　28（09）〔1978.9〕　p9

鳥山拡　特集・放送活動の展望と課題 放送活動は未完の前衛たりうるか：月刊民放　08（88）〔1978.10〕　p4〜7

勝部領樹　テレビ報道の新しい可能性を求めて（電波報道研究会・パネルトーキング）：新聞研究　通号327　〔1978.10〕　p58〜77

佐怒賀三夫　共通する深刻好みと視野の狭さ：月刊民放　08（89）〔1978.11〕　p10〜11

大森幸男　日常の番組活動にもこのエネルギーを：月刊民放　08（89）〔1978.11〕　p11〜13

横山岑生　テレビ二十五年目の番組批評：新聞研究　通号328　〔1978.11〕　p70〜73

奥田敏章　テレビの文化的役割の向上をめざして（2）－フランスINAの調査から－：NHK文研月報　28（12）〔1978.12〕　p12

三好和昭　報道・テレビニュースの変革：放送批評　No.121　〔1978.12〕

高橋佑慈　クロスメディア：放送批評　No.122　〔1979.1〕

志賀信夫　テレビによる〈書評〉の可能性 メディア特性を生かした表現の方法：出版ニュース　通号1137　〔1979.2〕　p4〜7

小林一夫　私史テレビの中国報道（中国報道の現場）：新聞研究　通号331　〔1979.2〕　p25〜28

奥田敏章　テレビは老人のものか――フランスINAの調査から：NHK文研月報　29（04）〔1979.4〕　p21

岡留安則, 小西泉, 石田路津子, 猪野健治, 柳田邦夫　放送ジャーナリストに問う ＜特集＞テレビの肖像：放送批評　No.127　〔1979.7〕

後藤和彦　序章揺らぐ欧米の公共放送（《特集》海外の公共放送の現状と問題）：NHK放送文化研究年報　24　〔1979.7〕　p1〜10

市岡康子　"あたりまえのひと志向" のドキュメンタリー ＜特集＞われらドキュメンタリストは, 今…：放送批評　No.129　〔1979.9・10〕

山口秀夫　米テレビ界における衛星利用の進展――その現状と背景について：NHK文研月報　29（09）〔1979.9〕　p12

安部雍子　ニュース報道メディアとしてのラジオを考える 「お早ようニッポン」15年のロングランの背景：月刊民放　09（100）〔1979.10〕　p24〜27

青木貞伸　テレビ社会番組 時間を感じさせない秀作ぞろい：月刊民放　09（101）〔1979.11〕　p15〜16

筑紫哲也　ジャーナリズムとしてのテレビ：新聞研究　通号340　〔1979.11〕　p36〜39

後藤和彦　公共放送研究の方法上の問題：NHK文研月報　29（12）〔1979.12〕　p1

雨谷武夫　制作ノートから ラジオジャーナリズムの復権へ：月刊民放　09（102）〔1979.12〕　p36〜38

ジャーナリズム　　　　　　　　　　　　　　　　　　　　放送ジャーナリズム

小坂憲次　　特集 FM放送の十年 特徴ある番組づくりを期待する 広告主からみたFM媒体：月刊民放　09（102）〔1979.12〕
　　　　　　p12～14
マクドナルド, ケネスド　碧い眼のテレビ論：放送批評　No.132　〔1980.1〕
石川明　　　放送組織とコミュニケーションの自由——ローザンヌの比較法学会に出席して：NHK文研月報　30（01）〔1980.1〕
　　　　　　p51
藤竹暁　　　地震研究と放送研究：NHK文研月報　30（02）〔1980.2〕 p10
肝付邑子　　特集 転換期のワイドショー のぞまれる番組の個性と情報性 NNSR調査から：月刊民放　10（104）〔1980.2〕 p12
　　　　　　～15
下重暁子　　特集 転換期のワイドショー ニュースショーの原点を見直そう：月刊民放　10（104）〔1980.2〕 p8～11
壱岐一郎, 刈谷武弥, 杉原萌, 青柳泰彦, 池内恵吾, 湯浅裕, 白戸正直, 北嶋秋宏, 野崎元晴　特集 転換期のワイドショー 新しい時
　　　　　　代のワイドショーづくりを目指して 制作者の発言：月刊民放　10（104）〔1980.2〕 p16～23
継松和也, 柴田和広, 小林寛子, 森谷一成, 土屋敏男, 堀江秀隆　特集 職業としての放送 1年生社員はいま 体験から得た放送観：
　　　　　　月刊民放　10（105）〔1980.3〕 p16～22
藤岡伸一郎　何が報道を変えたか 役割りニュースから売れる報道番組へ：月刊民放　10（109）〔1980.7〕 p28～33
伊藤英太郎, 九鬼通夫, 佐野和彦, 川村雅治, 中川真昭, 南丘喜八郎　〈特集〉トーク番組の魅力 おもしろさと難しさと…… 制作者
　　　　　　にきくトーク番組の課題：月刊民放　10（109）〔1980.7〕 p16～23
吉村育夫　　〈特集〉トーク番組の魅力 雑談文化のすすめ トークに秘められる "修養番組" の可能性：月刊民放　10（109）〔1980.
　　　　　　7〕 p12～15
樋口恵子　　〈特集〉トーク番組の魅力 話をする 話を "みる" 「間」のあるトークを切望する：月刊民放　10（109）〔1980.7〕
　　　　　　p8～11
川竹和夫　　アジア地域のテレビニュース——国際比較調査から：NHK文研月報　30（08）〔1980.8〕 p1
田島良郎　　〈特集〉テレビは一人称で語れるか——集団制作における組織と個人 この人だけには観てもらいたい：月刊民放
　　　　　　10（110）〔1980.8〕 p18～19
牛山純一　　〈特集〉テレビは一人称で語れるか——集団制作における組織と個人 すべてがある人間のメッセージ：月刊民放
　　　　　　10（110）〔1980.8〕 p8～9
工藤敏樹　　〈特集〉テレビは一人称で語れるか——集団制作における組織と個人 なぜ作るのかという素朴な自問を：月刊民放
　　　　　　10（110）〔1980.8〕 p22～23
実相寺昭雄　〈特集〉テレビは一人称で語れるか——集団制作における組織と個人 わたくしばかり憂きものはなし：月刊民放　10
　　　　　　（110）〔1980.8〕 p19～20
村木良彦　　〈特集〉テレビは一人称で語れるか——集団制作における組織と個人 システムだからこそ "わたし" が：月刊民放
　　　　　　10（110）〔1980.8〕 p16～17
木村栄文　　〈特集〉テレビは一人称で語れるか——集団制作における組織と個人 スタッフ各人の「オレの番組」：月刊民放　10
　　　　　　（110）〔1980.8〕 p7～8
福富哲　　　〈特集〉テレビは一人称で語れるか——集団制作における組織と個人 一貫した制作姿勢が問われる：月刊民放　10
　　　　　　（110）〔1980.8〕 p23～24
星野敏子　　〈特集〉テレビは一人称で語れるか——集団制作における組織と個人 一人一人の "わたし" を大切に：月刊民放　10
　　　　　　（110）〔1980.8〕 p6～7
久世光彦　　〈特集〉テレビは一人称で語れるか——集団制作における組織と個人 一人称だからこそ魅力的なテレビ：月刊民放
　　　　　　10（110）〔1980.8〕 p25～25
守分寿男　　〈特集〉テレビは一人称で語れるか——集団制作における組織と個人 一人称で語るべきものを求めて：月刊民放
　　　　　　10（110）〔1980.8〕 p24～25
佐々木昭一郎　〈特集〉テレビは一人称で語れるか——集団制作における組織と個人 一人称の事実から三人称の真実へ：月刊民放
　　　　　　10（110）〔1980.8〕 p12～14
杉田成道　　〈特集〉テレビは一人称で語れるか——集団制作における組織と個人 歌を忘れたカナリヤにならないために：月刊民
　　　　　　放　10（110）〔1980.8〕 p11～12
氏田宏　　　〈特集〉テレビは一人称で語れるか——集団制作における組織と個人 「記者たちの終戦」とテレビ：月刊民放　10
　　　　　　（110）〔1980.8〕 p17～18
磯野恭子　　〈特集〉テレビは一人称で語れるか——集団制作における組織と個人 個人の精神的連帯による組織：月刊民放　10
　　　　　　（110）〔1980.8〕 p21～22
一戸彦夫　　〈特集〉テレビは一人称で語れるか——集団制作における組織と個人 今こそ組織の中で自己主張を：月刊民放　10
　　　　　　（110）〔1980.8〕 p14～15
吉永春子　　〈特集〉テレビは一人称で語れるか——集団制作における組織と個人 集団制作が一人称となる可能性：月刊民放
　　　　　　10（110）〔1980.8〕 p10～11
鈴木久雄　　〈特集〉テレビは一人称で語れるか——集団制作における組織と個人 創り手であることを忘れない：月刊民放　10
　　　　　　（110）〔1980.8〕 p15～16
山内久司　　〈特集〉テレビは一人称で語れるか——集団制作における組織と個人 日本的調和意識のなかで：月刊民放　10（110）
　　　　　　〔1980.8〕 p9～10
柳井満　　　〈特集〉テレビは一人称で語れるか——集団制作における組織と個人 「番組の主張」を持ち続けたい：月刊民放　10
　　　　　　（110）〔1980.8〕 p20～21
志賀信夫　　キー局の看板男たちの顔と行動：放送批評　No.140　〔1980.11〕
上滝徹也　　映像メディア多様化の尖兵—ペイ・ケーブル 空中波の間隙を突く娯楽有料チャンネル：月刊民放　10（113）〔1980.
　　　　　　11〕 p30～33
佐藤精　　　民放に報道競争時代の幕開け：新聞研究　通号352　〔1980.11〕 p64～69
加東康一　　カメラ・マイクの聖域〔匿名座談会〕 ＜特集＞最近・テレビ報道考：放送批評　No.141　〔1980.12〕
志賀信夫, 小玉美意子, 松尾羊一, 田原総一朗　テレビ報道への期待と提言〔座談会〕 ＜特集＞最近・テレビ報道考：放送批評
　　　　　　No.141　〔1980.12〕
野崎茂　　　ディスカッション・ドラマ的演出が, 通季最高視聴率をもたらした ＜特集＞最近・テレビ報道考：放送批評　No.
　　　　　　141　〔1980.12〕

鳥山拡	水平線のはるかな電話器──近畿放送「タイムリー10」＜特集＞最近・テレビ報道考：放送批評　No.141　〔1980.12〕
阿部克自	（いま，アメリカのジャーナリズムは…＜特集＞）手づくりのよさは何処へ？　"肩書き放送局（ラジオ）"がやたら最近増えてきた：総合ジャーナリズム研究　18（01）〔1981.1〕　p30～33
山口秀夫	報道志向をつよめる米テレビ界──ニュース・報道番組制作の実際：NHK文研月報　31（01）〔1981.1〕　p23
北谷賢司	テレビニュースと国際性　日米英ネットニュースの比較から：月刊民放　11（117）〔1981.3〕　p30～33
奥田敏章	ニューメディアの時代に向けて──フランスINAの長期研究計画：NHK文研月報　31（03）〔1981.3〕　p26
吉岡正典，玉木久雄，高橋通，斎藤守慶，山田伴一，山本和弘，川西到，村山創太郎，田丸美寿々	＜特集＞放送人　放送人としての原体験：月刊民放　11（117）〔1981.3〕　p14～22
岸田功	＜特集＞放送人　放送人の自由と責任　フレッシュマンのために：月刊民放　11（117）〔1981.3〕　p8～13
平本和生	放送記者の条件──厚みあるインナー・ランドの構築へ〔新聞記者読本'81〕：新聞研究　通号356　〔1981.3〕　p23～26
藤竹暁	テレビ文化環境論（テレビ新時代──80年代テレビへの展望＜特集＞）：放送学研究　通号33　〔1981.3〕　p181～206
後藤和彦	新放送制度論のために（テレビ新時代──80年代テレビへの展望＜特集＞）：放送学研究　通号33　〔1981.3〕　p63～94
総合ジャーナリズム研究編集部	TV"報道の時代"はホンモノか？　──民放，大型報道番組の現場検証：総合ジャーナリズム研究所　18（02）〔1981.4〕　p38～39
守谷清人	最近の世論調査から「家族とテレビ」農村編：NHK文研月報　31（04）〔1981.4〕　p61
常盤恭一	いま報道の時代か（テレビ報道の可能性）：新聞研究　通号357　〔1981.4〕　p26～30
南保巧	テレビジャーナリズムを現場で語る（テレビ報道の可能性）：新聞研究　通号357　〔1981.4〕　p10～25
山内公明	記者の名刺では申し訳ない（テレビ報道の可能性──放送記者　そのプロフィール）：新聞研究　通号357　〔1981.4〕　p45～47
欅田隆史	恐怖感と焦燥感という名の神──新聞記者の体験したテレビ報道（テレビ報道の可能性）：新聞研究　通号357　〔1981.4〕　p40～44
大森幸男	存在証明としてのテレビ報道（テレビ報道の可能性）：新聞研究　通号357　〔1981.4〕　p36～39
勝部領樹	放送ジャーナリストの座標軸（テレビ報道の可能性）：新聞研究　通号357　〔1981.4〕　p31～35
上滝徹也	特集　情報番組考──時代のニーズと送り手　"期待"としての情報番組　科学を基調に"仕組"の解明を：月刊民放　11（119）〔1981.5〕　p8～12
矢内廣	特集　情報番組考──時代のニーズと送り手　情報誌とテレビと　メディアは，黒子に徹しよう：月刊民放　11（119）〔1981.5〕　p17～19
小櫻英夫	特集　情報番組考──時代のニーズと送り手　「情報番組」という名の番組論　"役立つ"というイメージの点検を：月刊民放　11（119）〔1981.5〕　p20～23
欅田隆史	特集　情報番組考──時代のニーズと送り手　伝えることの難しさのなかで　「いま世界は」キャスターの体験：月刊民放　11（119）〔1981.5〕　p13～16
奥田敏章	テレビと暴力をめぐって──フランス3社の勧告：NHK文研月報　31（06）〔1981.6〕　p36
クロンカイト，W	テレビジャーナリズムの責任　東京放送三十周年記念講演から：月刊民放　11（121）〔1981.7〕　p20～24
大串兎紀夫	調査研究ノート　放送の南北格差──アジアの国別情報量比較の試み：NHK文研月報　31（07）〔1981.7〕　p54
田村紀雄	アクセス　論争のない季節なのか＜特集＞気になるテレビの20章：放送批評　No.147　〔1981.8〕
松田浩	メディア　テレビばなれは民放から＜特集＞気になるテレビの20章：放送批評　No.147　〔1981.8〕
堤靖郎	転機を迎えた西欧の視聴率調査：NHK文研月報　31（08）〔1981.8〕　p58
青木貞伸	報道　音声と映像による文体を＜特集＞気になるテレビの20章：放送批評　No.147　〔1981.8〕
西谷茂	ABC調査委員会とその報告書──オーストラリア（現地調査報告4）：NHK文研月報　31（10）〔1981.10〕　p52
島守光雄	（放送・出版界＜外注＞の功罪＜特集＞）「対談」対照・昨今放送局内外事情：総合ジャーナリズム研究　18（04）〔1981.10〕　p67～78
大森幸男	テレビ報道番組：月刊民放　11（125）〔1981.11〕　p13～14
西谷茂	東南アジアの放送事情──シンガポール，マレーシア（現地調査報告5）：NHK文研月報　31（12）〔1981.12〕　p44
海野修太郎，久木保，松本寛，青木貞伸，椿貞良	特集　ニュースレポーターの役割　ニュースは情報源に近いところから（座談会）　レポーターに期待する：月刊民放　11（126）〔1981.12〕　p6～11
江尻一雄	特集　ニュースレポーターの役割　映像を言語化する仕掛人　アメリカのニュースレポーターにまなぶ：月刊民放　11（126）〔1981.12〕　p21～24
戸高洋子，森岡啓人，千葉寛城，料治直矢	特集　ニュースレポーターの役割　現場レポーターはどう考える？：月刊民放　11（126）〔1981.12〕　p12～17
筑紫哲也	特集　ニュースレポーターの役割　紙を捨てて自ら語れ　新聞記者からみたテレビレポーター：月刊民放　11（126）〔1981.12〕　p18～20
篠宮幸男	長時間テレビローカルの試み──視聴者との確かなかかわりを築く：新聞研究　通号366　〔1982.1〕　p78～83
ペーター・レルヘ，塩野宏	対談：西ドイツにおける放送の基本問題──第三次テレビジョン判決をめぐって：NHK文研月報　32（02）〔1982.2〕　p1
山本満	特別レポート　テレビをわれらに：放送批評　No.155　〔1982.4〕
牛山純一	意味の世界としてのドキュメンタリー＜特集＞ドキュメンタリーNOW：放送批評　No.156　〔1982.5〕
磯野恭子	対象との人生の共振を＜特集＞ドキュメンタリーNOW：放送批評　No.156　〔1982.5〕
佐山峻	"北"からの定点観測＜特集＞ドキュメンタリーNOW：放送批評　No.156　〔1982.5〕
青木貞伸	シリーズ・民放報道を考える（第1回）テレビニュースの問題点：月刊民放　12（135）〔1982.9〕　p40～45
河野武司	テレビにおける内容分析の系譜と手法──テレビニュースを中心に：慶応義塾大学新聞研究所年報　通号19　〔1982.9〕　p77～98
小林良彰	テレビのニュース報道に関する内容分析：法学研究　55（9）〔1982.9〕　p1099～1119
鈴木均	シリーズ・民放報道を考える（第2回）キャスター、レポーターの役割：月刊民放　12（136）〔1982.10〕　p42～47
相崎由松	米「テレビ2の時代」最前戦（現地報告）：総合ジャーナリズム研究　19（04）〔1982.10〕　p51～60
鈴木均	テレビ報道番組：月刊民放　12（137）〔1982.11〕　p14～16
藤久ミネ	シリーズ・民放報道を考える（第4回）定時ニュースにおける"伝え"の研究：月刊民放　12（138）〔1982.12〕　p40

	～45
鈴木均	シリーズ・民放報道を考える（第5回）署名映像人間と番組との関係：月刊民放　13（139）〔1983.1〕p38～43
青木貞伸	シリーズ・民放報道を考える（第6回）キャンペーンとジャーナリズム機能：月刊民放　13（140）〔1983.2〕p38～43
津田昭	特集 放送人としての眼 スタッフとの人間交流を：月刊民放　13（141）〔1983.3〕p13～15
山田宗睦	特集 放送人としての眼 求められる広範な器量 感性とジャーナリズムの兼備を：月刊民放　13（141）〔1983.3〕p6～9
松井政和	特集 放送人としての眼 現状認識が何よりも大切：月刊民放　13（141）〔1983.3〕p10～11
三神正人	特集 放送人としての眼 思想と人格こそ決め手：月刊民放　13（141）〔1983.3〕p15～16
弘岡寧彦, 佐藤修, 小田久栄門, 辻和子, 渡辺唯男, 東修, 野口義樹, 料治直矢	特集 放送人としての眼 "視点"が肝要だ 現場第一線の先輩たちの体験談：月刊民放　13（141）〔1983.3〕p18～26
真崎貞夫	特集 放送人としての眼 「社会の名医」を目標に：月刊民放　13（141）〔1983.3〕p11～13
河野義徳	特集 放送人としての眼 日々「革新」の努力を：月刊民放　13（141）〔1983.3〕p16～17
高橋光宏	衛星通信時代迎える報道界（マスコミの焦点）：新聞研究　通号380〔1983.3〕p101～103
安田浄	シリーズ・民放報道を考える（第8回）民放地域局ラジオ報道への提言：月刊民放　13（142）〔1983.4〕p38～43
藤久ミネ	シリーズ・民放報道を考える（第9回）ラジオ報道の方向と方法：月刊民放　13（143）〔1983.5〕p38～43
小玉美意子	私の女性キャスター論 男性の身勝手に負けるな ＜特集＞茶の間のジャーナリズム：放送批評　No.167〔1983.5〕
野崎茂	非「茶の間」の成立 ＜特集＞茶の間のジャーナリズム：放送批評　No.167〔1983.5〕
山本明	シリーズ・民放報道を考える（第10回）放送ジャーナリズムの要件：月刊民放　13（144）〔1983.6〕p40～45
大里巌	海外ニュースのレアリティとニュース要因：新聞学評論　通号32〔1983.6〕p25～36
久木保	シリーズ・民放報道を考える（第11回）いま、民放報道局の現場では：月刊民放　13（145）〔1983.7〕p38～42
安田浄, 山本明, 青木貞伸, 藤久ミネ, 鈴木均	シリーズ・民放報道を考える（最終回）ネットワーク・ニュースの充実を 座談会：月刊民放　13（146）〔1983.8〕p36～44
岸田功	変わる、人々のテレビへの期待 "文化ジャーナリストの眼"育成が必要に：月刊民放　13（146）〔1983.8〕p21～27
井口文雄, 久保嶋教生, 山田修爾, 大野三郎, 平岡正明	パネルディスカッション 日本文化の最表層 "テレビ歌謡曲" ＜特集＞テレビの創る世界 "ザ・ベストテン"の場合：放送批評　No.173〔1983.11〕
鈴木均	必要な、「事件」の構図を解く努力 テレビ：月刊民放　13（149）〔1983.11〕p33～36
土井泰彦	テレビとセンセーショナリズム（'84の報道課題―'84・報道課題を考える）：新聞研究　通号390〔1984.1〕p32～35
岡本博, 森口豁, 池松俊雄, 服部孝章, 平岡正明	パネルディスカッション 庶民の側から現代を記録する ＜特集＞テレビの創る世界 「ドキュメント84」の場合：放送批評　No.177〔1984.3〕
牛山純一	映像によるジャーナリズムの確立―映像表現の可能性 ＜特集＞テレビの創る世界 「ドキュメント84」の場合：放送批評　No.177〔1984.3〕
河野武司	日本のテレビニュースの内容分析―政治報道を中心に：慶応義塾大学大学院法学研究科論文集　（19）〔1984.3〕p127～144
古谷綱正, 服部孝章	クローズ・アップ17 キャスターには含蓄がたいせつ：放送批評　No.178〔1984.4〕
鈴木均	レポーター・ジャーナリズムよ！ おごる勿れ！ ＜特集＞テレビの創る世界 レポーター・ジャーナリズム 「アフタヌーンショー」の場合：放送批評　No.179〔1984.5〕
小田原敏	制作者集団の志向――テレビドラマ制作者のケーススタディー：新聞学評論　通号33〔1984.6〕p263～276
田畑光永	ジャーナリズムかセンセーショナリズムか（テレビが変わる）：新聞研究　通号395〔1984.6〕p41～44
斎藤嘉博	テレビの可能性（テレビが変わる）：新聞研究　通号395〔1984.6〕p48～50
筑紫哲也	テレビ・ジャーナリズムを問う（テレビが変わる）：新聞研究　通号395〔1984.6〕p37～40
青木賢児	テレビ報道がめざすもの（テレビが変わる）：新聞研究　通号395〔1984.6〕p20～23
松元圭真	衛星ニュースの妙味を（テレビが変わる―新時代のテレビ――各局の狙い）：新聞研究　通号395〔1984.6〕p32～34
森本建作	自ら作り出す番組（テレビが変わる―新時代のテレビ――各局の狙い）：新聞研究　通号395〔1984.6〕p30～32
日枝久	情報メディアとしてのテレビ（テレビが変わる）：新聞研究　通号395〔1984.6〕p24～27
北川信	第三の情報化時代に向けて（テレビが変わる―新時代のテレビ――各局の狙い）：新聞研究　通号395〔1984.6〕p28～30
仲佐秀雄	淘汰されるテレビ番組――倫理水準向上への道筋（テレビが変わる）：新聞研究　通号395〔1984.6〕p45～47
上村忠	特集＝移りゆく "情報"への期待 すすむ、番組を支える層の世代交代 知的娯楽番組の "受け"分析で浮上する「ニューサーティ」パワー：月刊民放　14（157）〔1984.7〕p6～10
井上宏	特集＝移りゆく "情報"への期待 "軽さ"に向かう番組の情報化 テレビ番組の "情報化現象"進行のなかで、貧困を感じる「ことば」：月刊民放　14（157）〔1984.7〕p10～13
上田洋介	特集＝移りゆく "情報"への期待 "情報知的番組"大型化の意味 情報複合化の陰ですすむ、一元化と視聴者自身のメディア変換：月刊民放　14（157）〔1984.7〕p21～23
高山裕, 青柳弘邦, 長英太郎, 都築忠彦, 棟武郎	特集＝移りゆく "情報"への期待 制作者の「情報番組」観 情報の利用に長けてきた視聴者への対応：月刊民放　14（157）〔1984.7〕p24～28
岩切保人	特集＝移りゆく "情報"への期待 不断の「テレビ特性」追究を ニュース・ショーをワイドショーへ変えた "視聴者意識"の捉えを：月刊民放　14（157）〔1984.7〕p14～17
広瀬英彦	「24時間テレビ」の構造：放送批評　No.184〔1984.10〕
佐藤豊道	テレビが作った "ファッション福祉" ―福祉の現状から：放送批評　No.184〔1984.10〕
都築忠彦, 福田垂穂, 平岡正明	パネルディスカッション 日常を越えた大衆の熱狂 ＜特集＞テレビの創る世界 電波は地球を救う!? 「24時間テレビ」の場合：放送批評　No.184〔1984.10〕
松垣吉晃	成果に導いた「放送人の共通目的意識」 痛感した「情報整理」「国民ニーズの把握」：月刊民放　14（160）〔1984.10〕p32～35
竹山昭子	スキゾ人間たちの知識 ＜特集＞テレビの創る世界 おもしろ知識の氾濫：放送批評　No.186〔1984.12〕
平岡正明, 遊佐雄彦, 鈴木健二	パネルディスカッション "知識"には自分で巡り合いなさい ＜特集＞テレビの創る世界 おもしろ知識の氾濫：放送批評　No.186〔1984.12〕
稲葉三千男	パラノイアを疎外するクイズ ＜特集＞テレビの創る世界 おもしろ知識の氾濫：放送批評　No.186〔1984.12〕

堀川直義	思索するための知識 <特集>テレビの創る世界 おもしろ知識の氾濫：放送批評　No.186　〔1984.12〕
鳥井博	止められない「テレビ知識」の氾濫 <特集>テレビの創る世界 おもしろ知識の氾濫：放送批評　No.186　〔1984.12〕
いぬいたかし	「知識」をもてあそぶ罪 <特集>テレビの創る世界 おもしろ知識の氾濫：放送批評　No.186　〔1984.12〕
鳴海景介	知識をタダにしたテレビの功罪 <特集>テレビの創る世界 おもしろ知識の氾濫：放送批評　No.186　〔1984.12〕
高品晋	その他の領域（放送学研究の25年<特集>）：放送学研究　通号35　〔1985〕　p149～158
土屋健	基礎研究──映像論を中心に（放送学研究の25年<特集>）：放送学研究　通号35　〔1985〕　p83～101
石川旺	受け手研究（放送学研究の25年<特集>）：放送学研究　通号35　〔1985〕　p123～135
石川明	制度研究（放送学研究の25年<特集>）：放送学研究　通号35　〔1985〕　p21～42
岡本幸子, 高品晋	送り手研究──編成論を中心に（放送学研究の25年<特集>）：放送学研究　通号35　〔1985〕　p103～122
田村穣生	放送メディアの普及研究（放送学研究の25年<特集>）：放送学研究　通号35　〔1985〕　p43～62
高品晋	放送学研究の課題と方法──草創期における論点を中心に（放送学研究の25年<特集>）：放送学研究　通号35　〔1985〕　p9～20
相田敏彦	放送理論, マス・コミュニケーション論（放送学研究の25年<特集>）：放送学研究　通号35　〔1985〕　p63～81
田所泉	情報と通信を考える<特集>：総合ジャーナリズム研究　22（01）〔1985.1〕　p26～30
伊豆百合子	特集＝メディア新世紀への課題 シリーズ・ドキュメンタリーわが視点（第9回）不可能と闘う“命の叫び”を撮り続けたい 平凡な生活感情から、全身で立ち向かう「人間」を見て：月刊民放　15（163）〔1985.1〕　p40～43
中村守	テレビ版フォーカスの登場 <特集>テレビの創る世界 「報道」と「娯楽」の危険な関係：放送批評　No.188　〔1985.2〕
山本清貴, 松田浩, 川本勝, 平岡正明, 鈴木均	パネルディスカッションとなりの芝生ジャーナリズムの是非 <特集>テレビの創る世界 「報道」と「娯楽」の危険な関係：放送批評　No.188　〔1985.2〕
早河洋	素材へのこだわり <特集>テレビの創る世界 「報道」と「娯楽」の危険な関係：放送批評　No.188　〔1985.2〕
岡碕幹雄	地元のことは地元に任せ <特集>テレビの創る世界 「報道」と「娯楽」の危険な関係：放送批評　No.188　〔1985.2〕
藤久ミネ	特集＝拡充すすむニュースの“視点”“わかりやすさ”と“面白さ”の陥穽 時代の状況に結びつくニュースの「伝え」に、まず、制作者の”目”の改変を：月刊民放　15（164）〔1985.2〕　p10～13
松田浩	特集＝拡充すすむニュースの“視点” テレビ・ジャーナリズム確立への課題 望みたい、「報道」と「情報」の意味再考と、生活媒体としての強み発揮：月刊民放　15（164）〔1985.2〕　p6～9
井上正一, 三上俊昭, 大城光恵, 中村守, 藤原亙	特集＝拡充すすむニュースの“視点” ニュース・情報 ──伝えの留意点 多様化する視聴者の“眼”と、報道の機能：月刊民放　15（164）〔1985.2〕　p14～21
町田律夫	シリーズ・ドキュメンタリーわが視点（第11回）人間の心の内に潜む“本心”を探り続けたい 「これだ！」と感じた素材を追つて“音”の収集から：月刊民放　15（165）〔1985.3〕　p40～43
近藤正	特集＝創造力発揮へ、全体像を摑め レポーター：月刊民放　15（165）〔1985.3〕　p16～18
木林淳寛	シリーズ・ドキュメンタリーわが視点（12）「事実の積み重ね」から始まる“真理の探求”：月刊民放　15（166）〔1985.4〕　p40～43
総合ジャーナリズム研究編集部	放送文化は語れなくなったか!?<特別企画>：総合ジャーナリズム研究所　22（02）〔1985.4〕　p49～51
金野徳彦	シリーズ・ドキュメンタリーわが視点（13）予感を大切に、取材積み重ねで地域を動かせ：月刊民放　15（167）〔1985.5〕　p40～43
松田浩, 青木賢児, 青木貞伸, 藤久ミネ, 藤原亙	特集 放送ジャーナリズムの課題 テレビ・ジャーナリズム確立への道 ニュースとドキュメンタリーの交流体制づくりが生む「報道」機能の充実 <座談会>：月刊民放　15（167）〔1985.5〕　p14～27
山本正樹, 水野清	特集 放送ジャーナリズムの課題 ラジオ・ジャーナリズム、日常からの“視点” 聴取者の「知る欲求」のかたちを見据えた制作経験から：月刊民放　15（167）〔1985.5〕　p28～32
稲葉三千男	特集 放送ジャーナリズムの課題 “現実批判”こそが、ジャーナリストの要諦 やりにくい時代の「真面目ジャーナリズムのすすめ」：月刊民放　15（167）〔1985.5〕　p6～9
新井直之	特集 放送ジャーナリズムの課題 体制整備と批評機能確立で、優れた「施設」を生かせ 必要な、民主主義の一機関としての“多様な表現報道機能”拡充：月刊民放　15（167）〔1985.5〕　p10～13
大森幸男	テレビ・ジャーナリズムの現在地：新聞研究　通号406　〔1985.5〕　p58～61
志賀信夫	こだわり、きがかり、考えすぎ：放送批評　No.192～No.212　〔1985.6～1987.3〕
篠原俊行	新秩序の構築へ、“民放案”の積極的提示を：月刊民放　15（168）〔1985.6〕　p32～34
志賀信夫, 小野岩雄, 松田浩, 島田洋州, 平岡正明, 澤田初日子	パネルディスカッション 大衆不在時代のテレビ編成 <特集>テレビの創る世界 多様化する時代のテレビ編成：放送批評　No.193　〔1985.7〕
鈴木みどり	朝のワイドショーに見る送り手のメンタリティ <特集>テレビの創る世界 多様化する時代のテレビ編成：放送批評　No.193　〔1985.7〕
加東康一, 大野三郎, 島田洋州, 平岡正明	パネルディスカッション 飽和社会をさまようテレビ <特集>テレビの創る世界・最終回 ブラウン管の市場価値：放送批評　No.194　〔1985.8〕
平岡正明	憂国TV論 <特集>テレビの創る世界・最終回 ブラウン管の市場価値：放送批評　No.194　〔1985.8〕
ばばこういち, 伊藤強, 加東康一, 山県昭彦, 島田洋州	第一線放送人をハダカにする出前座談会：放送批評　No.197　〔1985.11〕
ばばこういち	放送活動部門の審査員に物申す：放送批評　No.197　〔1985.11〕
藤村邦苗	テレビ・ジャーナリズムの方向（「日航機墜落」取材と報道）：新聞研究　通号412　〔1985.11〕　p41～44
堤清二	特集 これからの民放報道 “共同討議”が放送文化に寄与する時代 テレビ文化と報道活動：月刊民放　15（174）〔1985.12〕　p10～11
国枝忠雄	特集 これからの民放報道 地域の言論機関として体制強化に努力 地域報道への提言：月刊民放　15（174）〔1985.12〕　p8～10
川竹和夫	特集 これからの民放報道 「地域文化の温存」に民放の存立基盤が 衛星放送時代を踏まえた報道：月刊民放　15（174）〔1985.12〕　p6～8
藤村志保	特集 これからの民放報道 魅力あるテレビへ、世論喚起の姿勢を 民放報道への期待：月刊民放　15（174）〔1985.12〕　p11～21
大森幸男	特集 これからの民放報道 民放大会・記念シンポジウムから 放送ジャーナリズム構築へ、積極的対応を：月刊民放

		15 (174) 〔1985.12〕 p6〜21
土井泰彦	テレビは筋書きのないドラマを追求せよ (断面'85ジャーナリズム)：新聞研究　通号413　〔1985.12〕 p49〜51
別所宗郎	映像ジャーナリズムの課題 (断面'85ジャーナリズム)：新聞研究　通号413　〔1985.12〕 p46〜48
藤久ミネ	問われたテレビ報道の批判的視点 (断面'85ジャーナリズム)：新聞研究　通号413　〔1985.12〕 p52〜54
藤竹暁	何がテレビの自殺行為か？：文芸春秋　63 (13)〔1985.12〕 p158〜168
黒川和美	新しい放送体制への胎動 (放送の公共経済学<特集>)：放送学研究　通号36　〔1986〕 p31〜50
後藤和彦	(“映像”ジャーナリズム<特集>)機械系メディアの「読み方」－－われわれ自身のウサン臭さを認め、自己嫌悪すべ…：総合ジャーナリズム研究　23 (01)〔1986.1〕 p44〜50
新井直之	映像メディアとはなにか 誰のために何を訴えようとするのか：出版ニュース　通号1380　〔1986.2〕 p4〜8
稲葉三千男、岩切保人、小室等、小島美子、松尾羊一、森田公一、森田潤、八橋卓、服部孝章、木島章、矢崎泰久、遊佐雄彦　今月の気になるテレビ：放送批評　No.200　〔1986.2〕
鈴木亜絵美	放送に求められる海外への視点：放送批評　No.200　〔1986.2〕
上村忠	マス・マーケットは崩壊したか？――分衆・小衆論とテレビ離れ論への批判を中心に (大衆社会論とジャーナリズム<特集>)：新聞学評論　通号35　〔1986.3〕 p156〜165
中郡英男	歴史番組の可能性を求めて――もっと面白く、もっと “今” ということにこだわった企画を：総合ジャーナリズム研究　23 (02)〔1986.4〕 p26〜35
伊豫田康弘	メディア揺現学 (3) 視聴者の心理的優位性と「弄」現象：広告　(256)〔1986.5〕 p60〜65
青木貞伸	グルメと秘湯と不倫：放送批評　No.206　〔1986.8〕
石川明	放送における多元性の構造―西ドイツモデルとその変容：NHK放送文化調査研究年報　31　〔1986.8〕 p127〜147
宮尾哲雄	シリーズ・ドキュメンタリーわが視点 (29) 予断や思い込みを捨て、「あるがまま」を追う：月刊民放　16 (183)〔1986.9〕 p38〜41
円より子	“ヒトラー” さえ生みかねないテレビの恐さ：放送批評　No.207　〔1986.9〕
井上宏	特集 民放35周年記念 これからの放送のために「テレビ報道」に期待される “国際化”への課題 米国の報道番組に学びたい、“組織の権威”“人材の厚さ”による信頼の獲得：月刊民放　16 (183)〔1986.9〕 p15〜19
林冬子	放送と女性 女性キャスターへの期待：放送批評　No.207　〔1986.9〕
重村一	特集「多様化」時代のテレビ・ドラマ 視聴者のテレビへの認識変化に、“ジャーナリストの眼”が要 望まれる、時代に積極的にコミットする “時代感覚”と “観察眼”の養成：月刊民放　16 (185)〔1986.11〕 p14〜17
松田浩	技術革新と放送ジャーナリズムの変容 (現代ジャーナリズム論考<特集>)：放送学研究　通号37　〔1987〕 p29〜45
浜田純一	放送ジャーナリズムと多様性――民間放送導入をめぐる西ドイツの立法と判決から (現代ジャーナリズム論考<特集>)：放送学研究　通号37　〔1987〕 p71〜96
吉池節子	TVニュース・キャスターに問われるもの－－報道番組はいろいろ目白押しだが…：総合ジャーナリズム研究　24 (01)〔1987.1〕 p51〜57
田畑光永	特集 いまマスコミの危機 テレビ報道と主張：マスコミ市民　通号221/222　〔1987.2〕 p128〜131
稲葉三千男	責任ある批評の確立をめざす 選奨津業新委員長を囲んで：放送批評　No.213　〔1987.4〕
御堂岡潔、中村雅子、萩原滋　テレビの中の外国・外国人――日本のテレビにあらわれた外国要素の内容分析：新聞学評論　通号36　〔1987.4〕 p57〜72
玉知夫	ニュースステーションのこだわり (三原山噴火報道を振り返って<特集>)：新聞研究　通号429　〔1987.4〕 p29〜32
志賀信夫	TVウォッチングノート/テレビウォッチングノート：放送批評　No.214〜No.253　〔1987.5〜1990.8〕
石原慎太郎	意図的な報道はケシカラン <特集>テレビに注文：放送批評　No.214　〔1987.5〕
鳥井守幸	原初ジャーナリズムの精神を!! <特集>テレビに注文：放送批評　No.214　〔1987.5〕
渋沢利久	国民の声を聞かせてほしい <特集>テレビに注文：放送批評　No.214　〔1987.5〕
安増武子	評論家の選び方って疑問です：放送批評　No.214　〔1987.5〕
横江川欣也、松中英忠、島崎忠雄、北林由孝　ワイドショー差別をぶっとばせ：放送批評　No.215　〔1987.6〕
藤竹暁	大衆文化とテレビの位置 (メディアと大衆文化の現在)：新聞研究　通号434　〔1987.9〕 p34〜37
藤井周二	<放送>の内と外<特集>：総合ジャーナリズム研究　24 (04)〔1987.10〕 p38〜44
稲葉三千男	テレビ私考 マスコミに望む差別克服の姿勢：放送批評　No.220　〔1987.11〕
大森幸男	テレビ報道：月刊民放　17 (197)〔1987.11〕 p19〜20
石沢治信	(<放送>の内と外<特集>)テレビを彩る雑誌の賑い：総合ジャーナリズム研究　25 (01)〔1988〕 p70〜76
総合ジャーナリズム研究編集部	(<放送>の内と外<特集>)テレビ報道番組の進展：総合ジャーナリズム研究所　25 (01)〔1988〕 p13〜83
戸村栄子	(<放送>の内と外<特集>)ホームビデオと「放送」：総合ジャーナリズム研究　25 (01)〔1988〕 p64〜67
鈴木一彦	(<放送>の内と外<特集>)視聴率1987－－ピープル・メーターと視聴質：総合ジャーナリズム研究　25 (01)〔1988〕 p28〜31
村田光二	子どもとテレビ研究の現状と課題――「悪影響論」からの展開 (放送研究の課題と方法<特集>)：放送学研究　通号38　〔1988〕 p173〜187
小林宏一	比較放送政策論の試み (放送研究の課題と方法<特集>)：放送学研究　通号38　〔1988〕 p83〜91
吉原功	放送メディアの社会史――放送史研究の課題 (放送研究の課題と方法<特集>)：放送学研究　通号38　〔1988〕 p33〜45
三上俊治	放送メディアの内容分析――その方法論的考察 (放送研究の課題と方法<特集>)：放送学研究　通号38　〔1988〕 p101〜118
加藤久晴	シリーズ・ドキュメンタリーわが視点 (42)「癒着」排し、頑固に “筋を通す” 姿勢を大切に：月刊民放　18 (199)〔1988.1〕 p32〜35
伊豫田康弘	テレビはいま、ポイントゲッターとして機能すべきだ：広告　(266)〔1988.1〕 p33〜33
服部孝章	報道 ニュースの娯楽化にピリオドを：放送批評　No.222　〔1988.1〕
伊豫田康弘	「ナレーション」の魅力を考えてみた：広告　(267)〔1988.3〕 p35〜35
浅田孝彦	投稿 ニュースとニュース・ショーのちがい：放送批評　No.225　〔1988.4〕
浅田孝彦	キャスター25年の変貌 <特集>ニュースシンドローム：放送批評　No.227　〔1988.6〕

放送ジャーナリズム	ジャーナリズム

桂英治	シリーズ・ドキュメンタリーわが視点（46）"新しい意味"を見いだす意欲をバネに：月刊民放　18（204）〔1988.6〕p40〜43
小野岩雄	ニュースの勢いは止まらない 対談 <特集>ニュースシンドローム：放送批評　No.227　〔1988.6〕
加東康一	報道番組の芸能化 <特集>ニュースシンドローム：放送批評　No.227　〔1988.6〕
伊豫田康弘	ビデオの普及率50%の意味：広告　（269）〔1988.7〕p35〜35
中村謙	NHKが「旧日本軍の虐殺」を放送中止——理由の不可解と「歴史の書き方」を考える——43年目の8.15：Asahi journal　30（33）〔1988.8〕p24〜26
伊豫田康弘	なぜかうけてる番組の事前情報：広告　（270）〔1988.9〕p35〜35
大木圭之介	NC9からニュース・トゥデーへ（テレビとジャーナリズム—"テレビ的ニュース"とは何か）：新聞研究　通号446〔1988.9〕p15〜17
西村秀樹	はじめに当事者ありき（テレビとジャーナリズム—ジャーナリズムを大切にする心）：新聞研究　通号446　〔1988.9〕p47〜50
坂本洋	ジャーナリズムとしてのNHK——危機的な現状と問題点（テレビとジャーナリズム）：新聞研究　通号446　〔1988.9〕p30〜34
高柳尚	テレビニュースはどう変容していくか——サテライト時代も間近（テレビとジャーナリズム）：新聞研究　通号446〔1988.9〕p35〜38
松田浩	テレビメディアは何を伝えるか（テレビとジャーナリズム）：新聞研究　通号446　〔1988.9〕p10〜14
樋口由紀雄	ドキュメンタリーと格闘する（テレビとジャーナリズム—ジャーナリズムを大切にする心）：新聞研究　通号446〔1988.9〕p45〜47
植田豊喜	ニュースをテレビ的に伝える（テレビとジャーナリズム—"テレビ的ニュース"とは何か）：新聞研究　通号446〔1988.9〕p17〜19
早河洋	ニュースステーションの実験（テレビとジャーナリズム—"テレビ的ニュース"とは何か）：新聞研究　通号446〔1988.9〕p22〜25
宮坂計一	ニュース戦争がもたらしたもの（テレビとジャーナリズム—"テレビ的ニュース"とは何か）：新聞研究　通号446〔1988.9〕p25〜27
徳市慎治	映像と現場音声の活用が原点（テレビとジャーナリズム—"テレビ的ニュース"とは何か）：新聞研究　通号446〔1988.9〕p20〜22
中島久之	懲りず，フタをせず，徳を磨く（テレビとジャーナリズム—ジャーナリズムを大切にする心）：新聞研究　通号446〔1988.9〕p50〜52
小原明	番組の企画から放送まで——番組製作会社と電通の構造的役割（テレビとジャーナリズム）：新聞研究　通号446〔1988.9〕p39〜44
麻生千晶	報道風見世物におけるキャスクーまがい語りのお粗末：放送批評　No.231　〔1988.10〕
藤原功達	テレビのメディア機能の変容に関する試論：NHK放送文化調査研究年報　33　〔1988.11〕p99〜125
杉山茂	テレビ報道が残したもの（1988年の報道課題を振り返る—史上最大の"報道オリンピック"を終えて）：新聞研究　通号449　〔1988.12〕p41〜44
上滝徹也	テレビニュースの多様化とその内実（メディアと公共性の現在——放送と公共性・再考<特集>）：放送学研究　通号39　〔1989〕p171〜183
アナン卿，石川旺	公共サービス放送——英国における論争（メディアと公共性の現在——放送と公共性・再考<特集>）：放送学研究　通号39　〔1989〕p65〜86
佐藤慶幸	市民的公共性への構造転換の可能性（メディアと公共性の現在——放送と公共性・再考<特集>）：放送学研究　通号39　〔1989〕p7〜22
笹本利之助，上野修	生活密着のジャーナリズム性を 連盟賞・ラジオ生ワイド聴取批評：月刊民放　19（211）〔1989.1〕p38〜42
岩切保人	テレビ私考 ニュースばかりの日々：放送批評　No.240　〔1989.7〕
熊澤裕	特集 討論番組の現実 エリア内のテーマに焦点当てる 中部日本放送『トークバトル'89』：月刊民放　19（221）〔1989.11〕p17〜19
日下雄一	特集 討論番組の現実 ゲストもテーマも"本音"で選ぶ テレビ朝日『朝まで生テレビ』：月刊民放　19（221）〔1989.11〕p10〜13
岸田功	特集 討論番組の現実 自由な言論番組の要諦は何か：月刊民放　19（221）〔1989.11〕p6〜9
伊藤嘉之	特集 討論番組の現実 住民の参加意識強める番組づくり 山陽放送『VOICE21』：月刊民放　19（221）〔1989.11〕p23〜25
中川禎昭	特集 討論番組の現実 情報の均質的羅列時代に疑問 読売テレビ『ぱらだいむ'89』：月刊民放　19（221）〔1989.11〕p20〜22
北山節郎	国際放送——過去と現在（国際化の中の放送<特集>）：放送学研究　通号40　〔1990〕p131〜152
小林宏一	放送およびその関連領域における国際化の諸相とその背景（国際化の中の放送<特集>）：放送学研究　通号40〔1990〕p7〜32
江口直彦	新連載 日録・テレビニュース最前線から：マスコミ市民　通号257　〔1990.1〕p2〜13
早河洋	特集 '90年代の放送界を展望する 新しいテンビ的なるものへの挑戦 テレビニュース：月刊民放　20（223）〔1990.1〕p9〜11
村澤繁夫	特集 '90年代の放送界を展望する 展開次第で大きなインパクトも 放送系ニューメディア：月刊民放　20（223）〔1990.1〕p21〜23
青木貞伸	放送記者にも制作能力が要求される（これからの"社会部"－－90年代社会と事件報道<誌上シンポジウム>）：総合ジャーナリズム研究　27（01）〔1990.1〕p20〜23
北野栄三	特集 放送人の資質と条件 ジャーナリストの原則と原点：月刊民放　20（225）〔1990.3〕p6〜9
伊豫田康弘	放送研究（マス・コミュニケーション研究の系譜（1951〜1990）——日本新聞学会の研究活動を中心に—メディア論——開拓途上における研究の位相と展開）：新聞学評論　通号39　〔1990.4〕p43〜50
平野次郎	キャスター生活2年8ヵ月にサヨナラ CASTER VOICE：放送批評　No.251　〔1990.6〕
坂本洋	テレビ私考 だれに支配されているのか：放送批評　No.251　〔1990.6〕
鳥越俊太郎	恐る恐る…わがままキャスター宣言 CASTER VOICE：放送批評　No.251　〔1990.6〕

日塚是利	特集 AMラジオの課題と可能性 24時間ノン・ストップで情報を発信 九州朝日放送「INPAX」：月刊民放 20(229)〔1990.7〕 p18～19
松尾羊一	特集 AMラジオの課題と可能性 ステロタイプ情報見直しの時期：月刊民放 20(229)〔1990.7〕 p6～9
北口惇夫	特集 AMラジオの課題と可能性 "豊かさ"の土台語り続けて十年 岩手放送「私の昭和史」：月刊民放 20(229)〔1990.7〕 p10～11
アジア動向研究会	ドキュメント——KBS闘争：マスコミ市民 通号264〔1990.8〕 p40～47
鞍田朝夫	制作ノートから(98) 北日本放送『おはようKNBです』 富山で根付いた早朝ワイド：月刊民放 20(233)〔1990.11〕 p31～33
石川明	公共放送の文化的性格と経済的性格——西ドイツにおける事例分析：NHK放送文化調査研究年報 35〔1990.11〕 p163～181
岡留安則	どこゆく「朝まで生テレビ」：放送批評 No.259〔1991.2〕
奥平康広	国連平和協力法案と放送 テレビにたりない憲法論争：放送批評 No.260〔1991.3〕
大森幸男	日常のジャーナリズム——テレビの言論特性の発揚を(次代を担う君たちへ——記者読本'91)：新聞研究 通号476〔1991.3〕 p60～63
荒井宏佑	放送の社会的, 経済的分析に関する一考察——二つの知的営為の融合化のために：文教大学国際学部紀要 1〔1991.3〕 p51～73
角野達洋, 佐伯敏光, 小山田京子, 村上亜希子	特集 新しいアナウンサー像を探る 頑張ってます！ 新人アナウンサー：月刊民放 21(240)〔1991.6〕 p27～30
永峰康雄, 吉岡徹也, 金子勝彦, 松林尚, 上野隆紘, 浅見源司郎, 草柳伸一, 池田孝一郎, 湯浅明	特集 新しいアナウンサー像を探る 基本を身につけ, 個性発揮を 各局アナウンス部長が語る局アナの条件：月刊民放 21(240)〔1991.6〕 p10～19
カビラジョラ, 宇野淑子, 羽佐間正雄, 角淳一, 高井正憲, 山川静夫	特集 新しいアナウンサー像を探る 分野別にみたアナウンサーの世界 ニュース、スポーツ、司会、インタビュー、ナレーション、DJ：月刊民放 21(240)〔1991.6〕 p20～26
平塚竜	放送におけるまっとうな "商業道"とは(企業としての新聞・放送)：総合ジャーナリズム研究 28(03)〔1991.7〕 p15～18
香取淳子	「捕物帳」とジャーナリズムの微妙な関係 ワイドショーの研究：放送批評 No.267〔1991.10〕
柳下英彦	シリーズ・ドキュメンタリーわが視点(79) 東海ラジオ「事実」に潜むドラマ性に感動：月刊民放 21(245)〔1991.11〕 p34～37
新井直之, 川村晃司, 田畑光永, 服部孝章	座談会 1991国際報道を振り返って… "速報至上主義" の反省：放送批評 No.269〔1991.12〕
ブラムラー, ジェイ・G	番組の幅と質の探求(放送プログラミングの質的評価<特集>)：放送学研究 通号42〔1992〕 p201～218
石川旺	放送の質的評価, 日本における研究(放送プログラミングの質的評価<特集>)：放送学研究 通号42〔1992〕 p7～18
阿部裕	浸透するオフトーク通信(放送分化・考(特別企画))：総合ジャーナリズム研究 29(01)〔1992.1〕 p48～51
松井幸治	《大特集》私の発言 真剣に検討してほしい法廷中継：マスコミ市民 通号279〔1992.1〕 p55～56
永瀬昭夫	《大特集》私の発言 反省よりイベント化した開戦五十年報道：マスコミ市民 通号279〔1992.1〕 p23～23
山本久美子	《大特集》私の発言 目にあまる女性レポーターの言動：マスコミ市民 通号279〔1992.1〕 p49～49
常松裕志	《大特集》私の発言 与党にのみ与するNHKの報道：マスコミ市民 通号279〔1992.1〕 p15～17
池田昭雄	取材と報道の現場(2) 新局が体験したテレビ報道の威力 青森朝日放送・落果りんご被害と救済キャンペーンを振り返る：月刊民放 22(249)〔1992.3〕 p36～37
比嘉要	TVメディアにおける議題設定の課題：琉球大学法文学部紀要, 社会学篇 通号34〔1992.3〕 p35～69
飯泉澄夫	税制折衝のなかで聞く, 国会議員筋のテレビ観：月刊民放 22(250)〔1992.4〕 p29～30
小林和男	悲劇のテレビメディア(独立国家共同体の行方)：新聞研究 通号489〔1992.4〕 p22～25
川辺克朗	取材と報道の現場(4) 記者の資質向上めざし取材開始——佐川疑惑と『報道特集』(TBS)：月刊民放 22(251)〔1992.5〕 p36～37
小玉美意子	テレビ研究の過去・現在・未来——平等と平和のコミュニケーションをめざして(「多メディア時代」におけるマス・コミュニケーション研究——課題とその方法を探る<特集>)：新聞学評論 通号41〔1992.5〕 p76～87
東眞人	取材と報道の現場(6) 記者としての意欲と執念を——18年目を迎える『RKBニュースワイド』の課題：月刊民放 22(253)〔1992.7〕 p32～33
利根川裕	特集 ワイドショーの可能性 ワイドショーの司会者とは何か：月刊民放 22(253)〔1992.7〕 p25～28
渡辺光代	特集 ワイドショーの可能性 「何が問題か」明らかにする姿勢を：月刊民放 22(253)〔1992.7〕 p18～20
秋山隆志郎	特集 ワイドショーの可能性 字幕放送の拡大を望む 放送は企業としての社会的貢献を：月刊民放 22(253)〔1992.7〕 p36～37
松尾羊一, 藤久ミネ, 白石重昭, 諫山修	特集 ワイドショーの可能性 「時代を映す鏡」として活力ある番組づくりめざす 座談会：月刊民放 22(253)〔1992.7〕 p11～17
秦野洋三	特集 ワイドショーの可能性 「人間」描き出すエネルギーに期待：月刊民放 22(253)〔1992.7〕 p6～10
伊豫田康弘	特集 ワイドショーの可能性 「大衆把握力」の大きさに価値：月刊民放 22(253)〔1992.7〕 p21～24
竹中敬一	取材と報道の現場(7) 具体的な映像の比較で日本に欠けているものを提示——スタートした環境保護キャンペーン：月刊民放 22(254)〔1992.8〕 p36～37
小田桐誠	新・現場シリーズ(2) 同時通訳 海外ニュースの大戦力：放送批評 No.280〔1992.11〕
津金沢聡広	わが国における放送の公共性に関する論議の歴史と展望(多メディア時代の放送の公共性を考える<特集>)：放送学研究 通号43〔1993〕 p53～81
浜田純一	情報の法としての放送の法——多メディア時代における放送の位置測定(多メディア時代の放送の公共性を考える<特集>)：放送学研究 通号43〔1993〕 p35～51
小林宏一	多メディア時代における放送の公共的機能(多メディア時代の放送の公共性を考える<特集>)：放送学研究 通号43〔1993〕 p7～33
岡村黎明	多メディア・多チャンネル時代における放送と公共性——番組編成・制作の視点から(多メディア時代の放送の公共性を考える<特集>)：放送学研究 通号43〔1993〕 p101～146

放送ジャーナリズム　　　　　　　　　ジャーナリズム

青木貞伸　テレビジャーナリズムの成長と限界（テレビ40年－－不惑の検証－1－＜特別企画＞）：総合ジャーナリズム研究　30（01）〔1993.1〕p22～29

長倉洋海　未完のプロジェクト＜放送学＞－－テレビ実践活動に規範を与える政策科学を（テレビ40年－－不惑の検証－1－＜特別企画＞）：総合ジャーナリズム研究　30（01）〔1993.1〕p8～14

ジャイルズ・リキタ　米国人が覗いたテレビの裏：放送批評　No.283〔1993.2〕

秋山浩之　テレビも調査報道の時代に（佐川事件報道）：新聞研究　通号499〔1993.2〕p30～33

ローラ・シャーノフ　外国人が見たニッポンのTV 日本は国際化されてない：放送批評　No.284〔1993.3〕

荒井宏祐　放送の費用便益分析の展開と放送研究における位置づけ：文教大学国際学部紀要　3〔1993.3〕p75～88

関千枝子　テレビにひれ伏した飽食国民の不変（テレビ40年－－不惑の検証－2－＜特別企画＞）：総合ジャーナリズム研究　30（02）〔1993.4〕p45～49

植田康夫　特集 活字メディアにおける放送の位置 テレビ時代の新ベストセラー現象：月刊民放　23（264）〔1993.6〕p6～9

広瀬英明　特集 活字メディアにおける放送の位置 メディア内部からの批判機能を重視：月刊民放　23（264）〔1993.6〕p22～24

村上盛男　特集 活字メディアにおける放送の位置 国民の目を常に電波メディアへ：月刊民放　23（264）〔1993.6〕p18～21

服部孝章　特集 活字メディアにおける放送の位置 新聞ラ・テ欄の変遷と問題点：月刊民放　23（264）〔1993.6〕p10～14

福田全孝　特集 活字メディアにおける放送の位置 放送を見つめるテレビ情報誌：月刊民放　23（264）〔1993.6〕p28～30

音好宏　特集 活字メディアにおける放送の位置 放送局発行誌の歴史と意義：月刊民放　23（264）〔1993.6〕p25～27

関千枝子　特集 活字メディアにおける放送の位置 放送専門誌に望まれる視点：月刊民放　23（264）〔1993.6〕p15～17

後藤和彦　「テレビニュースになる」論（テレビニュースとは何か）：新聞研究　通号503〔1993.6〕p10～13

松岡新児　テレビ的伝え方を模索するニュースの歴史（テレビニュースとは何か）：新聞研究　通号503〔1993.6〕p14～20

信国一朗　「映像依存主義」はテレビニュースを育てない（テレビニュースとは何か）：新聞研究　通号503〔1993.6〕p31～33

園田矢　具体性を追求するテレビニュース――テレビと新聞の“住み分け”状況（テレビニュースとは何か）：新聞研究　通号503〔1993.6〕p28～30

小田原敏　新たなニュース供給システムとしてのCNN（テレビニュースとは何か）：新聞研究　通号503〔1993.6〕p37～41

田所竹彦　真実を追う流儀の差――新聞記者の見たテレビニュース（テレビニュースとは何か）：新聞研究　通号503〔1993.6〕p25～27

岡村黎明　生中継ジャーナリズムの現在（テレビニュースとは何か）：新聞研究　通号503〔1993.6〕p21～24

山本泰弘, 蓮実一隆　「当事者」がナマで語るとき――サンデープロジェクトの作り手として（テレビニュースとは何か）：新聞研究　通号503〔1993.6〕p42～46

小田桐誠　新・現場シリーズ 考査審査 ステーションの免疫機能：放送批評　No.291〔1993.10〕

鈴木均　サイパン“玉砕”映像のナゾ 1993夏のジャーナリズム：放送批評　No.292〔1993.11〕

八橋卓　フィクション健闘不足 1993夏のジャーナリズム：放送批評　No.292〔1993.11〕

岡村黎明　昨夏に劣る報道の姿勢 1993夏のジャーナリズム：放送批評　No.292〔1993.11〕

須郷信二　テレビで人を描く――ワイドショーの実感信仰（新聞と「人」）：新聞研究　通号509〔1993.12〕p57～59

千葉武夫　放送の研究者・制作者・利用実態の問題点について：聖和大学論集　通号22〔1994〕p191～204

只野哲　日本における有料放送の受容と展開――WOWOWの事例によるケース・スタディー（新・放送メディア論＜特集＞）：放送学研究　通号44〔1994〕p119～148

花田達朗　放送空間の生産――放送におけるインフラ, 景観, 場所の織り合わせ（新・放送メディア論＜特集＞）：放送学研究　通号44〔1994〕p33～62

総合ジャーナリズム研究編集部　テレビ朝日“椿発言”にみる－－メディアの“権力”・政治の要諦＜特別企画＞：総合ジャーナリズム研究所　31（01）〔1994.1〕p48～56

大竹秀子　トマス・E・パターソン教授に聞く－－公共主義「その精神をいまも棄てず…」（テレビ朝日“椿発言”にみる－－メディアの“権力”・政治の要諦＜特別企画＞）：総合ジャーナリズム研究　31（01）〔1994.1〕p24～29

佐塚正樹　規制緩和進む放送界（マスコミの焦点）：新聞研究　通号511〔1994.2〕p89～91

押川文子　テレビ・ドキュメンタリーにとって「真実」とは――NHK「アジア・ハイウエー」への疑問：世界　通号591〔1994.2〕p212～216

内藤耕　インドネシアのテレビ・ニュースの構造と機能：マス・コミュニケーション研究　通号44〔1994.3〕p72～85

蟹瀬誠一　「政治」がテレビに突きつけた課題－－テレビ的でない知識をいかに番組に反映させるか：総合ジャーナリズム研究　31（02）〔1994.4〕p8～12

大森幸男　“放送産業”のゆくえとジャーナリズム：新聞研究　通号513〔1994.4〕p67～70

総合ジャーナリズム研究編集部　テレビ朝日“椿発言”問題は終ったか＜特別企画＞：総合ジャーナリズム研究所　31（03）〔1994.7〕p44～54

水越伸　情報テクノロジーの革新とマス・メディアの相貌――ENG, SNGシステム導入と放送メディア（メディア産業構造分析＜特集＞）：マス・コミュニケーション研究　通号45〔1994.7〕p34～53

村澤繁夫　通信と放送の融合 両区分の見直しへ：月刊民放　24（278）〔1994.8〕p4～4

関口達夫　放送2000回を超えた「長崎は証言する」：新聞研究　通号517〔1994.8〕p34～36

岩田温, 三野裕之　国際情報システムの実態――「東京サミット」のテレビ報道に関する内容分析：新聞研究　通号520〔1994.11〕p44～53

京田光広　市民参加の自己検証番組――「メディアは今」から（福岡美容師殺人事件と報道）：新聞研究　通号520〔1994.11〕p64～66

広瀬英彦　テレビにおけるキャンペーン（現代社会とキャンペーン報道）：新聞研究　通号521〔1994.12〕p22～24

小里仁　「テレビ支配」が問いかけるもの――イタリアからの報告：新聞研究　通号521〔1994.12〕p52～55

小林宏一　マルチチャンネル時代からマルチメディア時代へ――放送への挑戦と放送からの挑戦（特集・マルチメディア時代の放送）：放送学研究　通号45〔1995〕p7～65

蟹瀬誠一　民放テレビ報道番組の限界!? 「ザ・ニュースキャスター」の1年半：総合ジャーナリズム研究　32（01）〔1995.1〕p72～77

藤田真文　映像の記号論的解釈と反＝記号論的解釈（映像コミュニケーション研究の新展開＜特集＞）：マス・コミュニケーショ

	ン研究　通号46　〔1995.1〕　p72〜86
鈴木みどり	映像をめぐるメディア・リテラシー（映像コミュニケーション研究の新展開<特集>）：マス・コミュニケーション研究　通号46　〔1995.1〕　p44〜58
水越敏行, 木原俊行	映像メディア研究の教育工学的アプローチ——映像リテラシー教育の研究・実践動向（映像コミュニケーション研究の新展開<特集>）：マス・コミュニケーション研究　通号46　〔1995.1〕　p32〜43
香取淳子	つくば母子殺人事件にみる ワイドショーと視聴者の共犯関係：放送批評　No.308　〔1995.3〕
野崎茂	テレビ、放送ジャーナリズム、そして日本文化の変貌を知る著作は：月刊民放　25（285）〔1995.3〕　p28〜30
青木貞伸	衝撃の映画「クイズ・ショウ」：放送批評　No.310　〔1995.5〕
伊豫田康弘, 原寿雄, 坂本衛, 上滝徹也	テレビ思想の変容 シリーズ 戦後50年と放送 第一弾：放送批評　No.313　〔1995.8〕
宮崎寿子	メディア・スコープ 地震報道からみたテレビ報道多様性はばむ視聴率競争：マスコミ市民　通号321　〔1995.8〕　p40〜43
川良浩和	テレビで語る同時代史の基本設計——NHKスペシャル大型企画シリーズ「戦後50年・その時日本は」（発掘戦後50年）：新聞研究　通号529　〔1995.8〕　p46〜49
新井直之	テレビ報道：月刊民放　25（292）〔1995.10〕　p16〜17
宮島敏郎	テレビ報道：月刊民放　25（292）〔1995.10〕　p17〜17
有山輝雄	ラジオの戦後50年 第1部 戦後NHK時代 戦後50年と放送：放送批評　No.315　〔1995.10〕
坂本衛, 山田健太, 山路徹, 遊佐雄彦	震災・オウム・ハイジャックで問われる報道 ニュースの信頼が揺れている：放送批評　No.315　〔1995.10〕
杉尾秀哉	内側から見たテレビ報道--「量」に伴わなかった「質」の自己検証（"オウム報道"症候群-2-）：総合ジャーナリズム研究　32（04）〔1995.10〕　p70〜74
岡村黎明	夏のジャーナリズム番組の力量 グローバルな歴史観を 戦後50年と放送：放送批評　No.316　〔1995.11〕
河野謙輔, 森口宏, 友宗由美子	世界のテレビは戦後50周年をどう伝えたか〔含 資料〕：NHK放送文化調査研究年報　通号41　〔1996〕　p1〜109
梓沢和幸, 稲増龍夫, 近藤勝重, 近藤大博, 原寿雄, 後藤和彦, 小沢遼子, 浅野健一, 中島健一郎, 天野祐吉, 蔦信彦	1 提言（特集 テレビジャーナリズム—その再構築）：新・調査情報passingtime　2期（51）通号412　〔1996.1〕　p2〜18
鳥越俊太郎	4 座談会 新生TBSに向けて（特集 テレビジャーナリズム—その再構築）：新・調査情報passingtime　2期（51）通号412　〔1996.1〕　p35〜45
松尾羊一	テレビをよむ 浮遊するF1層の周辺が勝負の「新・ワイドショー」：新・調査情報passingtime　2期（51）通号412　〔1996.1〕　p52〜53
大沢恒夫	一枚のスーパーをめぐる議論から始めたい（特集 テレビジャーナリズム—その再構築）：新・調査情報passingtime　2期（51）通号412　〔1996.1〕　p25〜26
植田豊喜	企業ジャーナリズムの姿（特集 テレビジャーナリズム—その再構築）：新・調査情報passingtime　2期（51）通号412　〔1996.1〕　p19〜22
羽生健二	"疑わしき"は許されず（特集 テレビジャーナリズム—その再構築）：新・調査情報passingtime　2期（51）通号412　〔1996.1〕　p26〜27
今村庸一	激論100回！『朝まで生テレビ』は何に挑戦してきたか：放送レポート　138号　〔1996.1〕　p10〜15
山本雅章	多様化した取材手法をどう統御するか（特集 テレビジャーナリズム—その再構築）：新・調査情報passingtime　2期（51）通号412　〔1996.1〕　p23〜24
藤村邦苗	特集 96年放送界の展望と課題 目だけは半歩先を見据えながら テレビジャーナリズムの確立を：月刊民放　26（295）〔1996.1〕　p8〜11
生井俊重	放送人の常識と社会人の常識（特集 テレビジャーナリズム—その再構築）：新・調査情報passingtime　2期（51）通号412　〔1996.1〕　p28〜29
花村恵子	テレビはまだ大丈夫か：世界　通号617　〔1996.1〕　p192〜195
なだいなだ	巻頭一言 もっと目配りのきいたニュースを：月刊民放　26（296）〔1996.2〕　p3〜3
桜井光雄	反論 史観とテレビ批評：放送批評　No.319　〔1996.2〕
村澤繁夫	「放送の将来研究」で公開セミナー：月刊民放　26（296）〔1996.2〕　p50〜50
鎌仲ひとみ	市民による市民のテレビを日本にも−米ペーパー・タイガー・テレビ体験記：放送レポート　139号　〔1996.3〕　p34〜37
原寿雄, 小中陽太郎, 清水英夫, 青木貞伸	TBS坂本弁護士ビデオ問題 テレビ批判の危険な高まり：放送批評　No.323　〔1996.6〕
香取淳子	マスコミの課題 薬害エイズ報道：放送批評　No.323　〔1996.6〕
斎藤守慶	求められる 市民のためにという論理——放送ジャーナリズムのこれからの課題（メディアと政治）：新聞研究　通号539　〔1996.6〕　p44〜46
井上衛	NHKスペシャル「終わりなき人体汚染——チェルノブイリ原発事故から10年」の取材：映画テレビ技術　通号527　〔1996.7〕　p36〜39
黒田徹	分かりやすい, 見えるラジオの仕組み：ITUジャーナル　26（7）〔1996.7〕　p30〜32
藤田史朗	21世紀を拓く高度情報化社会：日本社会情報学会学会誌　（1）通号8　〔1996.9〕　p57〜68
海部一男	放送事業におけるマードックの世界戦略：放送研究と調査　46（10）〔1996.10〕　p32〜37
羽生健二	アメリカのジャーナリズムからの重い問い（特集 テレビジャーナリズム—その再構築2）：新・調査情報passingtime　2期（51）通号413　〔1996.11〕　p24〜25
曽根英二	現場からの報告 「ゴミ記者」七年 豊島産廃騒動記（特集 テレビジャーナリズム—その再構築2）：新・調査情報passingtime　2期（51）通号413　〔1996.11〕　p58〜61
天野祐吉	座談会 どうなる？　情報生番組（特集 テレビジャーナリズム—その再構築2）：新・調査情報passingtime　2期（51）通号413　〔1996.11〕　p2〜13
川内通康	音声放送委員長に聞く 街中をラジオの話題でいっぱいにしよう！：月刊民放　26（11）〔1996.11〕　p8〜11
氏家齋一郎	会長に聞く 放送への公的機関の介入に強く反対：月刊民放　26（11）〔1996.11〕　p4〜7
草柳大蔵	「テレビ局が少ないから」ですか？（特集 自主努力——番組向上のために）：月刊民放　26（12）〔1996.12〕　p8〜11
藤竹暁	テレビにおける見る—見られる関係——視聴者とは何か（放送文化研究所設立50周年記念特集・テレビ文化の形成と変容——メディア・情報・社会）：放送学研究　通号47　〔1997〕　p249〜277

ホフマン, リーム, ヴォルフガング, 鈴木秀美	公共サービスとしての放送——ドイツの現状と今後の規制の展望（放送文化研究所設立50周年記念特集・テレビ文化の形成と変容——メディア・情報・社会）：放送学研究　通号47〔1997〕p113～149
原寿雄	放送ジャーナリズム論（放送文化研究所設立50周年記念特集・テレビ文化の形成と変容——メディア・情報・社会）：放送学研究　通号47〔1997〕p199～224
放送レポート編集部	テレビにしのびよる弱気の「報道」と強気の「政党CM」（特集―検証！ 96総選挙と放送）：放送レポート　144号〔1997.1〕p2～6
木脇豊	「報道倫理ガイドライン」策定を受けて：新・調査情報passingtime　2期(51)通号414〔1997.1〕p93～94
奈良陽	「1行情報」に取材結果を凝縮して速報（特集 在京局発'96衆院選）：月刊民放　27(1)〔1997.1〕p7～9
長屋竜人	テレビはどこへゆくのか？ マルチメディア型テレビの開発現状と展望：放送研究と調査　47(1)〔1997.1〕p2～25
重延浩, 大石芳野, 柏倉康夫	エッセイ特集 放送と文化：放送文化　通号31〔1997.1〕p22～27
松岡晋作	NHKクローズアップ現代「ルワンダ難民」取材記：映画テレビ技術　通号534〔1997.2〕p19～21
江藤文夫	ワイド・ショーの"いま"を考える：月刊民放　27(2)〔1997.2〕p20～23
権田万治	犯罪の異常化・国際化と事件報道の課題：月刊民放　27(2)〔1997.2〕p24～27
塩田丸男, 皆川博子, 玉木明	エッセイ特集 放送と文化：放送文化　通号32〔1997.2〕p22～27
大平健	テレビと私 テレビとの関わり、その二：新・調査情報passingtime　2期(53)通号415〔1997.3〕p98～99
岡村黎明, 吉永みち子, 佐高信, 大宅映子, 島田晴雄, 藤井潔, 堀田力	放送のこれからを考える会「提言」：新・調査情報passingtime　2期(53)通号415〔1997.3〕p87～96
大森幸男	テレビと"テレビ的"なるものの違い——放送人としてマスコミの大道を歩め（特集 多Ch時代を生き抜く君たちへ）：月刊民放　27(3)〔1997.3〕p8～11
笹栗実根	報道活動とは真実の追求である——古傷を数えながら振り返る（特集 多Ch時代を生き抜く君たちへ）：月刊民放　27(3)〔1997.3〕p16～19
斎藤守慶	放送は文化であることを問いつづけたい（特集 多Ch時代を生き抜く君たちへ）：月刊民放　27(3)〔1997.3〕p4～7
アノーマ, ジュターベル	タイにおけるテレビ・メディア状況の変遷：社会学研究科論集　(4)〔1997.3〕p81～88
草野満代, 大蔵雄之助, 鳥越俊太郎	エッセイ特集 放送と文化：放送文化　通号33〔1997.3〕p22～27
松田賢一	見えるラジオ/パパラジーコム 新しい概念で新しい市場創造——音声メディアが視覚分野に進出（TOKYO FM）（特集 離陸するか, データ放送―各社の取り組み）：月刊民放　27(3)〔1997.4〕p14～15
如月小春	放送時評 ボランティアの時代：月刊民放　27(4)〔1997.4〕p40～41
岸朝子, 広瀬英明, 矢野誠一	エッセイ特集 放送と文化：放送文化　通号34〔1997.4〕p22～27
井上啓子	「障害者」をテーマにするときのスタンスとは（特集 テレビドキュメンタリーWHAT？ その可能性と新しい潮流を読む）：新・調査情報passingtime　2期(51)通号416〔1997.5〕p16～17
吉岡忍, 藤井潔	藤井潔VS吉岡忍対論 概念の呪縛から解き放たれて、多様なアプローチを（特集 テレビドキュメンタリーWHAT？ その可能性と新しい潮流を読む）：新・調査情報passingtime　2期(51)通号416〔1997.5〕p4～11
市村元	報道「震災ユートピア」後のメディアの役割：新・調査情報passingtime　2期(51)通号416〔1997.5〕p38～38
清水幹雄	放送の自律性の確保をめぐって——国会における「放送の公共性」論議の変遷（昭和22年から昭和35年まで）―その3―二本立て放送体制と受信料制度：放送研究と調査　47(5)〔1997.5〕p22～35
藤竹暁	インタビュー ワイドショーこそがテレビの究極の姿なんです：放送文化　通号35〔1997.5〕p138～143
小倉智昭, 小林千草, 渡辺宜嗣	エッセイ特集 放送と文化：放送文化　通号35〔1997.5〕p22～27
氏家齋一郎	Person of the month——民放連会長氏家斉一郎「俺がつまらんと思うのが当たるんだ」：ぎゃらく　通号335〔1997.6〕p4～6
時尾輝彦	風景百年風土千年全国放送見聞録(1)岩手篇：ぎゃらく　通号335〔1997.6〕p44～46
三浦姫	局キャンペーンの独自スタイル確立を軸に（特集 ステーション・イメージ(Station Image)の浸透をめざして——97年4月の番組改編をケーススタディーに）：月刊民放　27(6)〔1997.6〕p4～7
山本政己	発信する情報すべてに「らしさ」を盛り込む（特集 ステーション・イメージ(Station Image)の浸透をめざして——97年4月の番組改編をケーススタディーに）：月刊民放　27(6)〔1997.6〕p12～15
露木茂	インタビュー「たかがテレビ, されどテレビ」露木茂：放送文化　通号36〔1997.6〕p140～145
稲増龍夫, 大山勝美, 来生えつこ	エッセイ特集 放送と文化：放送文化　通号36〔1997.6〕p22～27
こうたきてつや	90年代を生きる映像作家たち——小山薫堂（「カノッサの屈辱」「料理の鉄人」放送作家）テレビシステムからの逃走願望：ぎゃらく　通号336〔1997.7〕p44～49
時尾輝彦	風景百年風土千年 全国放送見聞録(2)「高知篇」：ぎゃらく　通号336〔1997.7〕p52～55
時尾輝彦	風景百年風土千年 全国放送見聞録(3)「沖縄篇」：ぎゃらく　通号337〔1997.8〕p44～47
橋元良明, 森康俊, 福田充	慎重を期すべき「街頭の声」の紹介——テレビ報道番組におけるイグゼンプラー効果に関する実証的研究：新聞研究　通号553〔1997.8〕p62～65
時尾輝彦	風景百年風土千年 全国放送見聞録(4)「山口篇」：ぎゃらく　通号338〔1997.9〕p44～47
桂敬一	テレビは去りゆく現在にすぎないか（エッセイ特集 放送と文化）：放送文化　通号39〔1997.9〕p52～54
小田桐誠	放送人の肖像1―産廃（ゴミ）にこだわる報道マン 曽根英二（山陽放送報道部記者）：放送文化　通号39〔1997.9〕p86～95
時尾輝彦	風景百年風土千年 全国放送見聞録(5)「新潟篇」：ぎゃらく　通号339〔1997.10〕p44～47
前島加世子, 鈴木健司	"お気に入り"はもう一度観られるか？——テレビ「再放送」の研究：放送文化　通号40〔1997.10〕p54～71
小田桐誠	放送人の肖像(2) 新しい笑いに賭けるヒットメーカー 白岩久弥（読売テレビ東京制作局チーフプロデューサー）：放送文化　通号40〔1997.10〕p82～91
若松昇	情報生番組『生活ほっとモーニング』の目指すもの：新・調査情報passingtime　2期(51)通号419〔1997.11〕p38～38
時尾輝彦	風景百年風土千年 全国放送見聞録(6)「山梨篇」：ぎゃらく　通号340〔1997.11〕p44～47
中郡英男	放送時評 リアルタイムのテレビの怖さ：月刊民放　27(11)〔1997.11〕p40～41
栃沢健史	メディアウオッチ 日常生活の中のテレビ——男性CMを読む：ヒューマンライツ　通号116〔1997.11〕p70～71

小田桐誠	放送人の肖像(3)北の大地に躍るドラマへの情熱 林亮一(北海道テレビ編成制作局プロデューサー):放送文化 通号41 〔1997.11〕 p86〜95
中村登紀夫	戦争の何を伝え、何を伝えていないのか——テレビメディアの歴史認識:ぎゃらく 通号341 〔1997.12〕 p30〜33
時尾輝彦	風景百年風土千年 全国放送見聞録(7) 大分篇:ぎゃらく 通号341 〔1997.12〕 p44〜47
若林覚	それでも "テレビ" に期待する(「テレビマーケティングフォーラム97」基調講演要旨):月刊民放 27(12) 〔1997.12〕 p20〜25
小田桐誠	放送人の肖像—4—受け継がれるドキュメンタリーの歳月 城菊子(山口放送テレビ制作部次長):放送文化 通号42 〔1997.12〕 p92〜101
伊瀬知成好	ジャーナリストの視点 「ラジオ深夜便」のこと:Aging 15(3) 〔1997.12〕 p50〜51
河野謙輔,斎藤健作,服部弘	戦争の記憶はどのように伝えられたのか——アメリカのテレビニュースにみる第2次世界大戦表現:NHK放送文化調査研究年報 通号43 〔1998〕 p79〜184
越川洋	有料放送と公共放送——細分化されたテレビと総合テレビ:NHK放送文化調査研究年報 通号43 〔1998〕 p1〜78
音好宏,博報堂研究開発局	2002年<テレビをめぐる>メディア環境予測:広告 (326) 〔1998.1〕 p49〜58
水口眞人	ラジオ 「金融」破綻をどう伝えるか:新・調査情報passingtime 2期(51)通号420 〔1998.1〕 p50〜50
吉永春子	自由と代償『ドキュメントD・D』の五年間:新・調査情報passingtime 2期(51)通号420 〔1998.1〕 p28〜33
国谷裕子	報道 ニュースの底流を映し出す:新・調査情報passingtime 2期(51)通号420 〔1998.1〕 p45〜45
時尾輝彦	風景百年風土千年 全国放送見聞録(8)「北海道篇」:ぎゃらく 通号342 〔1998.1〕 p44〜47
阿部裕行	ゼロベースで考えたい「放送」のあり方:新聞研究 通号558 〔1998.1〕 p61〜64
小田桐誠	放送人の肖像—5—今を見据えるNスペ剛腕プロデューサー 吉岡民夫(NHKスペシャル番組部エグゼクティブ・プロデューサー):放送文化 通号43 〔1998.1〕 p62〜71
時尾輝彦	風景百年風土千年 全国放送見聞録—9—「北海道篇」:ぎゃらく 通号343 〔1998.2〕 p44〜47
刀禰隆司	生と死を見つめたホスピスの姿を描く——取材対象者との信頼関係をベースに<KBS京都>(特集 放送局と地域社会の接点—各社の取り組み):月刊民放 28(2) 〔1998.2〕 p16〜19
小田桐誠	放送人の肖像(6)K—1にかけるテレビマンの軌跡——清原邦夫(フジテレビスポーツ部プロデューサー):放送文化 通号44 〔1998.2〕 p60〜69
大島規義	TVニュースタイトル考<2> 3C:放送レポート 151号 〔1998.3〕 p40〜41
時尾輝彦	風景百年風土千年 全国放送見聞録—10—長野篇:ぎゃらく 通号344 〔1998.3〕 p44〜47
小玉美意子	市民社会の常識と放送人の常識(特集 新・放送人講座):月刊民放 28(3) 〔1998.3〕 p12〜15
堀田昌郎	放送ビッグバンを生き抜くために(特集 新・放送人講座):月刊民放 28(3) 〔1998.3〕 p4〜7
岸田功	放送人に求められる資質とは(特集 新・放送人講座):月刊民放 28(3) 〔1998.3〕 p8〜11
篠原俊行	法制度から見た放送事業の特質と将来(特集 新・放送人講座):月刊民放 28(3) 〔1998.3〕 p20〜23
石川好	げにテレビは恐ろしき:放送文化 通号45 〔1998.3〕 p38〜40
小田桐誠	放送人の肖像—7—日常を捉えるドキュメンタリストの視線——山本正興(テレビ長崎制作部ディレクター):放送文化 通号45 〔1998.3〕 p42〜47
時尾輝彦	風景100年風土1000年 全国放送見聞録(11)「福井」篇:ぎゃらく 通号345 〔1998.4〕 p44〜47
井上宏	大阪の文化とテレビ番組の制作——評価の基準は「おもろい」か「おもろない」か(特集・大阪から全国へ):月刊民放 28(4) 〔1998.4〕 p4〜7
藤久ミネ	放送時評 気になるバラエティーの一色化:月刊民放 28(4) 〔1998.4〕 p40〜41
大島規義	TVニュースタイトル考<3> 主語の欠落:放送レポート 152号 〔1998.5〕 p26〜27
原寿雄	「視聴者」とはどんな存在か:放送レポート 152号 〔1998.5〕 p20〜25
磯本典章	公共放送の法的性格に関する分析:学習院大学大学院法学研究科法学論集 (6) 〔1998.5〕 p47〜64
時尾輝彦	風景百年風土千年 全国放送見聞録(12)「中間総括」篇:ぎゃらく 通号346 〔1998.5〕 p42〜47
橋本恵三	テレビ東京 過去最多の人員でイメージアップを図る〜天候の影響やCM挿入方法の再考を(特集 長野オリンピック放送を振り返る〔含 資料〕—民放テレビのユニ取材・番組制作):月刊民放 28(5) 〔1998.5〕 p26〜27
早坂暁	テレビがやって来た!(第1回):放送文化 通号47 〔1998.5〕 p36〜40
岡本亘弘	主軸テーマシリーズ(その5)放送分野の国際標準化への取り組み——放送事業者の立場から:ITUジャーナル 28(5) 〔1998.5〕 p4〜7
早坂暁	テレビがやって来た! 第2回:放送文化 通号48 〔1998.6〕 p34〜38
大島規義	TVニュースタイトル考<4> 具体性欠く表現:放送レポート 153号 〔1998.7〕 p48〜49
田中鑑一郎	情報番組 「視聴者の痒いところを掻いて」あげたい:新・調査情報passingtime 2期(49)通号423 〔1998.7〕 p46〜46
時尾輝彦	風景百年風土千年 全国放送見聞録(13):ぎゃらく 通号348 〔1998.7〕 p44〜47
小田桐誠	系列局のノウハウ蓄積に貢献した『ズームイン!!朝!』の20年とこれから(特集 共同制作番組の可能性):月刊民放 28(7) 〔1998.7〕 p26〜29
早坂暁	テレビがやって来た! 第3回:放送文化 通号49 〔1998.7〕 p34〜38
時尾輝彦	風景百年風土千年 全国放送見聞録—14—青森篇:ぎゃらく 通号349 〔1998.8〕 p44〜47
野本睦美	マルチメディアサービスの検証(2) 医療——双方向番組から遠隔診療まで:放送研究と調査 48(8) 〔1998.8〕 p22〜33
早坂暁	テレビがやって来た! 第4回:放送文化 通号50 〔1998.8〕 p42〜46
大島規義	TVニュースタイトル考<5> ポイント外し:放送レポート 154号 〔1998.9〕 p52〜53
時尾輝彦	風景百年風土千年 全国放送見聞録(15)鹿児島篇:ぎゃらく 通号350 〔1998.9〕 p44〜47
北川信	首脳インタビュー 地上波デジタルの課題:放送界 43(145) 〔1998.9〕 p56〜59
早坂暁	テレビがやって来た!(第5回):放送文化 通号51 〔1998.9〕 p42〜46
西所正道,石井彰	検証・メディアパワー ラジオとリスナーの深〜い関係:放送文化 通号51 〔1998.9〕 p12〜24
時尾輝彦	風景百年風土千年 全国放送見聞録(16)広島篇:ぎゃらく 通号351 〔1998.10〕 p44〜47
軍司貞則	私の「パーソナリティ」論<『22人のカリスマ』のその後>好奇心、斬り口、独自の "味" が勝負(特集 ニューラジオ

	を考える）：月刊民放　28(10)〔1998.10〕 p4～7
上野修	私の「生ワイド」論<21世紀のラジオ>リスナー細分化し、「コア・ターゲット」編成の時代に（特集 ニューラジオを考える）：月刊民放　28(10)〔1998.10〕 p8～9
岩畔伸夫, 山県昭彦, 島地純	鼎談 ドラマ・ドキュメンタリーの制作手法をどう伝承するか（特集 ニューラジオを考える）：月刊民放　28(10)〔1998.10〕 p16～21
林利隆	民放研『テレビ報道の初志を訪ねる』を読んで "初志" が喪われつつあるのでは——進む「娯楽のニュース化」と「ニュースの娯楽化」：月刊民放　28(10)〔1998.10〕 p28～31
稲葉悠	報道『報道特集』九〇〇回の重みと変容：新・調査情報passingtime　2期(51)通号425〔1998.11〕 p41～41
ばばこういち, 角間隆, 佐久間仁	TELEVISION Best&Worst——小学生から熟年までテレビはこう見る！：ぎゃらく　通号352〔1998.11〕 p58～63
時尾輝彦	風景百年風土千年 全国放送見聞録—17-富山篇：ぎゃらく　通号352〔1998.11〕 p44～47
西野輝彦	言語過剰のテレビメディア（わかりやすさとは何か）：新聞研究　通号568〔1998.11〕 p35～39
早坂暁	テレビがやって来た！ 第7回テレビの開拓民たち：放送文化　通号53〔1998.11〕 p42～46
大島規義	TVニュースタイトル考<6> 客畜：放送レポート　155号〔1998.12〕 p20～21
佐久間仁, 志賀信夫, 鈴木嘉一	Television Best & Worst 小学生から熟年までテレビはこう見る！：ぎゃらく　通号353〔1998.12〕 p58～63
時尾輝彦	風景百年風土千年 全国放送見聞録(18)山陰篇：ぎゃらく　通号353〔1998.12〕 p44～47
佐怒賀三夫	作り手にいま求められること——強固なストーリー性の構築こそ（特集 テレビドラマの現在と可能性）：月刊民放　28(12)〔1998.12〕 p4～7
古城ゆかり	テレビの暴力描写はどこまで許されるのか——カナダの先駆的試み：放送研究と調査　48(12)〔1998.12〕 p22～29
青島幸男, 早坂暁	テレビがやって来た！(8)〔青島幸男〕：放送文化　通号54〔1998.12〕 p42～46
畠山直毅	ニュースの臨海点——天才棋士の終盤を見た：放送文化　通号54〔1998.12〕 p50～55
伊藤守	テレビ・オーディエンスの歴史的ポジションを測量し直すために——「テレビ経験」をめぐるポリティックス（特集 21世紀の放送にむけて）：放送学研究　通号49〔1999〕 p39～69
中野収	テレビメディアの意味論——断章3つ（特集 21世紀の放送にむけて）：放送学研究　通号49〔1999〕 p7～38
大島規義	TVニューンスタイトル考<7> 枝切り：放送レポート　156号〔1999.1〕 p30～31
岡田之夫	「タウンミーティング」を放送して：新・調査情報passingtime　2期(51)通号426〔1999.1〕 p30～31
金平茂紀	テレビはなぜ、重要法案を伝えそこねたか(Feature「法」とジャーナリズム)：総合ジャーナリズム研究　36(04)(通号 170)〔1999.1〕 p15～19
早坂暁	テレビがやって来た！(9)スポンサー事始（ことはじめ）：放送文化　通号55〔1999.1〕 p42～46
南方征洋	NHKのへ質問と回答に寄せて——皇室報道・敬語報道を考える：マスコミ市民　通号361〔1999.1〕 p50～57
蟹瀬誠一, 浅井修一郎, 鈴木みどり	「放送人の会」公開シンポジウム記録 テレビは誰のもの？ 子供・テレビ・Vチップ：月刊民放　29(2)通号332〔1999.2〕 p24～31
早坂暁	テレビがやって来た！ 第10回：放送文化　通号56〔1999.2〕 p42～46
畠山直毅	ニュースの臨界点・踊り続けたマハラジャ：放送文化　通号56〔1999.2〕 p50～55
大島規義	TVニュースタイトル考<8> 助詞：放送レポート　157号〔1999.3〕 p62～63
伊藤友治	クリントン「市民対話集会」放送までの全記録：新・調査情報passingtime　2期(59)通号427〔1999.3〕 p36～110
崎山敏也	ラジオ 二四時間ニュース：新・調査情報passingtime　2期(59)通号427〔1999.3〕 p47～47
野坂昭如	Person of the Month 野坂昭如——放送評論家よ、日本を救え！：ぎゃらく　通号356〔1999.3〕 p4～6
吉本治	テクニカル・ディレクター——ハイテンション維持でハプニングを乗り越えて（特集 最前線のエキスパートに学ぶ——先輩たちの教訓と応援歌）：月刊民放　29(3)通号333〔1999.3〕 p24～27
石橋久子	テレビ番組制作者——今の謙虚さを失わず常に視聴者を意識して（特集 最前線のエキスパートに学ぶ——先輩たちの教訓と応援歌）：月刊民放　29(3)通号333〔1999.3〕 p16～19
杉野直道	放送の新時代をひらく勇気を——新放送人に望むこと（特集 最前線のエキスパートに学ぶ）：月刊民放　29(3)通号333〔1999.3〕 p4～7
原由美子	日本の大衆文化開放の影響予測～韓国国内の研究報告から（特集：近ずく韓国での日本の放送番組の解禁）：放送研究と調査　49(3)通号574〔1999.3〕 p22～27
ジャイアント馬場, 早坂暁	テレビがやって来た！(第11回)力道山はテレビのヒーローだ：放送文化　通号57〔1999.3〕 p42～46
山崎甲子男	企画力・創造力・知恵がかぎ（激動——デジタル化する放送メディア）：新聞研究　通号573〔1999.4〕 p31～33
市村元	変わるテレビ報道の現場から（激動——デジタル化する放送メディア）：新聞研究　通号573〔1999.4〕 p27～30
早坂暁	テレビがやって来た！ 第12回 遣唐船ではなくて遣米船：放送文化　通号58〔1999.4〕 p32～36
畠山直毅	ニュースの臨界点(第4回)神の見えざる鉗子：放送文化　通号58〔1999.4〕 p48～53
大島規義	TVニュース・タイトル考<9> 続・助詞：放送レポート　158号〔1999.5〕 p46～47
田原茂行	素顔の放送人(45)アカデミー賞とギャラクシー賞：月刊放送ジャーナル　29(4)通号311〔1999.5〕 p74～76
隈元信一	イメージの変化を促し、高まる期待（特集 グローバル化と民放）：月刊民放　29(5)通号335〔1999.5〕 p4～9
蟹瀬誠一, 砂川浩慶	ある日の放送現場から——架空番組ニュースナイトの一日（テレビの現在）（特別企画 生き返れ！ テレビ）：世界　通号661〔1999.5〕 p105～116
市川克美	いま、テレビでこんな面白いことができる！——市民とともにつくる（生き返るための処方箋）（特別企画 生き返れ！ テレビ）：世界　通号661〔1999.5〕 p134～141
音好宏, 蟹瀬誠一, 砂川浩慶, 市川克美, 水越伸, 田島泰彦, 服部孝章	特別企画・生き返れ！ テレビ——多チャンネル化の世界的大変革を前に、現場のこの無気力・連鎖はなぜか？：世界　通号661〔1999.5〕 p104～146
音好宏	無気力・連鎖からの脱却の道はあるか（問題の整理）（特別企画 生き返れ！ テレビ）：世界　通号661〔1999.5〕 p122～124
服部孝章	目前の多チャンネル時代と放送行政・放送業界（テレビの近未来）（特別企画 生き返れ！ テレビ）：世界　通号661〔1999.5〕 p117～121
早坂暁	テレビがやって来た！ 第13回 テレビ留学生奮斗記：放送文化　通号59〔1999.5〕 p38～42

| 水越伸 | デジタル化と放送文化――試聴者・表現者の視点から：放送文化　通号59　〔1999.5〕　p50〜55 |

水越伸　デジタル化と放送文化――試聴者・表現者の視点から：放送文化　通号59　〔1999.5〕　p50〜55

坂本衛　氾濫する字幕番組の功罪：ぎゃらく　通号359　〔1999.6〕　p36〜39

田原茂行　素顔の放送(46)立花隆、ダイオキシン、調査報道：月刊放送ジャーナル　29(5)通号312　〔1999.6〕　p66〜68

早坂暁　テレビがやって来た！　第14回　兼高かおる　テレビの旅：放送文化　通号60　〔1999.6〕　p38〜42

菅賢治　テレビマン叱咤激励講座　若き放送人よ！　もっと面白がらせろ：放送文化　通号60　〔1999.6〕　p78〜82

大島規義　TVニュース・タイトル考<10>　字配り：放送レポート　159号　〔1999.7〕　p60〜61

時尾輝彦　風景百年風土千年　全国放送見聞録(21)宮城編：ぎゃらく　通号360　〔1999.7〕　p44〜47

田原茂行　素顔の放送人(47)高屋正国さんのこと：月刊放送ジャーナル　29(6)通号313　〔1999.7〕　p102〜104

早坂暁　テレビがやって来た！　(15)スポーツとお笑いはテレビの華：放送文化　通号61　〔1999.7〕　p38〜42

畠山直毅　ニュースの臨界点(5)122点の賜物：放送文化　通号61　〔1999.7〕　p70〜75

佐々木和彦　映像におけるリアリティの由来――精神分析的アプローチの可能性の中心：マス・コミュニケーション研究　通号55　〔1999.7〕　p153〜166

野崎茂　映像メディアの地平(特集 転換期のマス・メディア)：マス・コミュニケーション研究　通号55　〔1999.7〕　p44〜67

金沢敏子　金沢敏子――地方の秀作、ゴールデンで放送して：ぎゃらく　通号361　〔1999.8〕　p4〜6

田原茂行　素顔の放送人(48)北海道にて：月刊放送ジャーナル　29(7)通号314　〔1999.8〕　p88〜90

早坂暁　テレビがやって来た！　(16)テレビがつくる人気者たち：放送文化　通号62　〔1999.8〕　p38〜42

畠山直毅　ニュースの臨界点(6)バブルを征した男：放送文化　通号62　〔1999.8〕　p54〜58

大島規義　TVニュース・タイトル考<11>　バランス：放送レポート　160号　〔1999.9〕　p22〜23

田原茂行　素顔の放送人(49)“意地悪ばあさん”と“奇岩怪石”：月刊放送ジャーナル　29(8)通号315　〔1999.9〕　p102〜104

中尾哲郎　お宝市場創世記――『開運！ なんでも鑑定団』(特集 新たなソフトの鉱脈を探る――サブカルチャーの逆襲)：月刊民放　29(9)通号339　〔1999.9〕　p26〜28

大月隆寛　「サブカルチャー」の来歴――真に責任のある文化をつくるために(特集 新たなソフトの鉱脈を探る――サブカルチャーの逆襲)：月刊民放　29(9)通号339　〔1999.9〕　p10〜15

高宮いづみ　<放送時評>「虚構」が支えるテレビの「現実」は国際スタンダードたり得るか：月刊民放　29(9)通号339　〔1999.9〕　p32〜33

岡村黎明　シリーズ デジタル時代・放送が変わる 新しい放送ジャーナリズムの可能性：放送文化　通号63　〔1999.9〕　p78〜81

早坂暁　テレビがやって来た！　第17回 渥美清がテレビに出会った日：放送文化　通号63　〔1999.9〕　p38〜42

畠山直毅　ニュースの臨界点 第7回 地を這った拳：放送文化　通号63　〔1999.9〕　p54〜58

前島加世子, 鈴木健司　地域密着必須ソフト 天気予報スクランブル：放送文化　通号63　〔1999.9〕　p6〜18

松田浩　メディア再編とジャーナリズム 放送デジタル化を考える：新聞通信調査会報　通号443　〔1999.10〕　p14〜16

山口秀夫　米テレビ界におけるニュース、報道番組の沿革と現況(1)何が今日の隆盛をもたらしたのか：映画テレビ技術　通号566　〔1999.10〕　p30〜36

広瀬道貞　「テレビの宿命」を報道で乗り越える：ぎゃらく　通号363　〔1999.10〕　p4〜6

田原茂行　素顔の放送人(50)“サッカー報道”の視聴者たち：月刊放送ジャーナル　29(9)通号316　〔1999.10〕　p64〜66

高橋圭三, 早坂暁　テレビがやって来た！　第18回 テレビアナの源流・高橋圭三さん：放送文化　通号64　〔1999.10〕　p38〜42

畠山直毅　ニュースの臨界点 第8回 法廷の叫び：放送文化　通号64　〔1999.10〕　p54〜58

原納暢子, 鈴木健司　子どもが夢中になるテレビ：放送文化　通号64　〔1999.10〕　p6〜18

大島規義　TVニュース・タイトル考<12> ニュース速報：放送レポート　161号　〔1999.11〕　p54〜55

山口秀夫　米テレビ報道番組のソフト開発の歩み(2)何が今日の隆盛をもたらしたのか：映画テレビ技術　通号567　〔1999.11〕　p29〜33

田原茂行　素顔の放送人(51)アナウンサーの栄光と孤立：月刊放送ジャーナル　29(10)通号317　〔1999.11〕　p90〜92

早坂暁　テレビがやって来た！(第19回)渥美清がテレビに出会った日(2)：放送文化　通号65　〔1999.11〕　p36〜40

畠山直毅　ニュースの臨界点(第9回)ゴビの魔法使い：放送文化　通号65　〔1999.11〕　p54〜58

高橋孝輝, 鈴木健司　番組ホームページのメディアパワー：放送文化　通号65　〔1999.11〕　p6〜17

山口秀夫　米テレビ界に於けるニュース、報道番組の沿革と現況(3)リポートの質が問われている：映画テレビ技術　通号568　〔1999.12〕　p39〜44

田原茂行　素顔の放送人(52)テレビマンユニオンの人々：月刊放送ジャーナル　29(11)通号318　〔1999.12〕　p94〜96

野本睦美　医学・医療番組は視聴者のニーズにどう応えてきたか：放送研究と調査　49(12)通号583　〔1999.12〕　p2〜23

早坂暁　テレビがやって来た！　第20回　[ボク]東綺譚から不思議なパックへ：放送文化　通号66　〔1999.12〕　p38〜42

畠山直毅　ニュースの臨界点 第10回 平成・野球狂者：放送文化　通号66　〔1999.12〕　p48〜52

新堀俊明　テレビニュースの分析――南北朝鮮首脳会談報道を例に：日本大学芸術学部紀要　(33)　〔2000〕　p59〜74

原由美子, 重森万紀, 友宗由美子　8つの「テレビ視聴型」とステーションイメージ：NHK放送文化調査研究年報　通号45　〔2000〕　p165〜237

西正　双方向サービスの魅力と可能性：放送界　45通号151　〔2000.陽春〕　p56〜63

大島規義　TVニュース・タイトル考<13> 数字と記号：放送レポート　162号　〔2000.1〕　p22〜23

江川紹子, 黒田清, 鳥越俊太郎　パネルディスカッション あえて問う！ テレビ・ラジオ報道の現在(いま)――報道の自由と責任(特集 今日の日本、報道の課題)：月刊民放　30(1)通号343　〔2000.1〕　p28〜39

原寿雄　歴史の岐路に立つ報道――2000年を迎えて(特集 今日の日本、報道の課題)：月刊民放　30(1)通号343　〔2000.1〕　p4〜9

上村修一　“デジタル世代”のコミュニケーション(特集 メディアの明日)：放送研究と調査　50(1)通号584　〔2000.1〕　p20〜25

畠山直毅　ニュースの臨界点(11)浪花デン助ブルース：放送文化　通号67　〔2000.1〕　p70〜74

早坂暁　テレビがやって来た！　第21回 さあ、“ドキュラマ”へ！：放送文化　通号68　〔2000.2〕　p48〜52

畠山直毅　ニュースの臨界点 第12回 百万本目ノ桜咲ク 足立保孝：放送文化　通号68　〔2000.2〕　p54〜58

大島規義　TVニュース・タイトル考<14> 若葉マーク：放送レポート　163号　〔2000.3〕　p44〜45

坂本衛　“報道・情報”新世紀を斬り拓く テレビ朝日「サンデープロジェクト」蓮実一隆：ぎゃらく　通号368　〔2000.3〕

p34〜39

塩田雄大, 原由美子　相手国イメージとメディア――日本・韓国・中国世論調査から：放送研究と調査　50（3）通号586　〔2000.3〕　p2〜23

海老沢勝二, 早坂暁　テレビがやって来た！　最終回 対談/海老沢勝二 NHK会長：放送文化　通号69　〔2000.3〕　p38〜42

畠山直毅　ニュースの臨界点 最終回 青火の向こう側 村上達也（東海村・村長）：放送文化　通号69　〔2000.3〕　p54〜58

坂本衛　報道＝情報新世紀を斬り拓く（2）フジテレビ戸塚晶久：ぎゃらく　通号369　〔2000.4〕　p24〜29

倉澤良一　＜ラジオたんぱ＞進化する放送局の実験場（特集 インターネット社会の放送―民放のインターネット展開）：月刊民放　30（4）通号346　〔2000.4〕　p20〜21

江川紹子　＜放送時評＞コメントする側の希望：月刊民放　30（4）通号346　〔2000.4〕　p40〜41

清水幹雄, 村瀬真文　国会における「放送の公共性」論議の変遷2〜昭和36年から昭和45年まで〜その2 放送事業経営と財源の独立性：放送研究と調査　50（4）通号587　〔2000.4〕　p62〜79

坂本衛　報道＝情報新世紀を斬り拓く（3）西山美樹子：ぎゃらく　通号370　〔2000.5〕　p38〜43

坂本衛　報道＝新世紀を斬り拓く（4）テレビ東京「ワールドビジネスサテライト」マーケット・キャスター 大信田雅二――自分はまぎれもなく、「テレビ記者」である。：ぎゃらく　通号371　〔2000.6〕　p38〜43

笠谷寿弘　3極化の時代 朝の『ワイド番組』：放送文化　通号72　〔2000.6〕　p6〜21

大島規義　TVニュース・タイトル考<16> 三位一体<1>：放送レポート　165号　〔2000.7〕　p42〜43

関千枝子　テレビの泣きどころ<1・新連載> あの『ビューティフルライフ』へのこれだけの不満：放送レポート　165号　〔2000.7〕　p32〜33

丸山昇　「ニュースステーションに完敗」で見えてきたNHK流政治報道の無味乾燥：放送レポート　165号　〔2000.7〕　p10〜14

野村敦子　ラジオの進化とメディア間競争（特集 ラジオの領分）：月刊民放　30（7）通号349　〔2000.7〕　p4〜7

三神正人　テレビネットワーク体制の行方――空洞化と「ステーション立局」（特集 地方局の選択と戦略）：月刊民放　30（8）通号350　〔2000.8〕　p10〜13

崎山純一　自主性と競争による制作力向上――「FNSソフト工場」の意味（特集 地方局の選択と戦略―新たな可能性への取り組み）：月刊民放　30（8）通号350　〔2000.8〕　p23〜25

川辺建生　放送局ならではのリアルタイム情報を――速報モアチャンネル・インターネット（特集 地方局の選択と戦略―新たな可能性への取り組み）：月刊民放　30（8）通号350　〔2000.8〕　p29〜31

大島規義　TVニュース・タイトル考<17> 三位一体<2>：放送レポート　166号　〔2000.9〕　p28〜29

関千枝子　テレビの泣きどころ<2> 『私の太陽』に登場するイヤナヤツはなぜ女ばかりか：放送レポート　166号　〔2000.9〕　p34〜35

Gerow, Aaron　権田保之助と観客の映画文明（特集 メディア史のなかの映画）：メディア史研究　10　〔2000.10〕　p1〜15

大島規義　TVニュース・タイトル考<18・最終回> 三位一体<3>：放送レポート　167号　〔2000.11〕　p28〜30

関千枝子　テレビの泣きどころ<3> DVの描き方に違和感残る「ぬくもり」への注文：放送レポート　167号　〔2000.11〕　p52〜53

岡崎純一　紛争拡大で問われる「隣人トラブル」に介入するテレビのとんだ役割：放送レポート　167号　〔2000.11〕　p18〜21

中野佐知子　インターネットユーザーはどうテレビを見るのか――日本人とテレビ・2000より：放送研究と調査　50（11）通号594　〔2000.11〕　p26〜35

小林收, 田原総一朗　緊急インタビュー 田原総一朗氏が語る テレビ政治の今、未来 加藤紘一氏は甘い、戦術がなかった：日経ビジネス　（1069）〔2000.12〕　p172〜176

宮崎正弘　「インターネットと放送」について：日本大学芸術学部紀要　（35）〔2001〕　p45〜48

後藤和彦, 水越伸, 石川明　座談会 研究誌『放送学研究』の40年：放送学研究　通号50　〔2001〕　p125〜152

関千枝子　テレビの泣きどころ<4> 女性被害者への二重の“辱め”問うてこそ：放送レポート　168号　〔2001.1〕　p42〜43

小田桐誠　日本PTA全国協議会の番組意識調査とモニタリングへのこれだけの疑問〜ワースト番組はこうして決まった！：放送レポート　168号　〔2001.1〕　p2〜6

兼高聖雄, 坂本衛, 川島正　二十一世紀突入記念座談会 テレビを誉める!!：ぎゃらく　通号378　〔2001.1〕　p12〜21

上滝徹也　テレビ番組 バラエティー文化の行間は埋められるのか（特集 21世紀を生きる放送―デジタル時代展望）：月刊民放　31（1）通号355　〔2001.1〕　p30〜33

松尾羊一　ラジオ番組 真の対話ゆきかう メディア共同体へ（特集 21世紀を生きる放送―デジタル時代展望）：月刊民放　31（1）通号355　〔2001.1〕　p34〜37

海老沢勝二, 氏家齋一郎　対談 放送が新たな世紀に担うもの（特集 21世紀を生きる放送）：月刊民放　31（1）通号355　〔2001.1〕　p2〜11

岡村黎明　報道・ジャーナリズム 顕在化する成熟メディアの社会的責任（特集 21世紀を生きる放送―デジタル時代展望）：月刊民放　31（1）通号355　〔2001.1〕　p26〜29

兼高聖雄, 今村庸一, 坂本衛　21世紀突入記念特別座談会第2弾！――テレビにおねだり！：ぎゃらく　通号379　〔2001.2〕　p36〜43

池田竜夫　FEATURE 2001年・テレビ考/地方局はいま…：総合ジャーナリズム研究　38（02）（通号176）〔2001.3〕　p25〜29

丸山昇　「青少年」を名目に始まった自民党のメディア総攻撃と放送界の対応：放送レポート　169号　〔2001.3〕　p2〜6

村木良彦, 藤岡伸一郎　対談 地域の信頼感が地方局の生命線――村木良彦（「地方の時代」映像祭プロデューサー）×藤岡伸一郎（「総合ジャーナリズム研究」編集長）（特集 地方民放局の新たな挑戦）：放送文化　通号81　〔2001.3〕　p10〜17

倉田治夫　テレビ、真実の報道とは――松本サリン事件の現場から：暮しの手帖. 第3世紀　（91）〔2001.4・5〕　p48〜51

粉川哲夫　儀式化する数字データ――ネット時代の放送メディア（特集 データに見る真実――数字の客観性を再考する）：月刊民放　31（4）通号358　〔2001.4〕　p20〜23

加賀美幸子, 相田洋　加賀美幸子アナのことばの交差点（14）ゲスト相田洋（ディレクター）：放送文化　通号82　〔2001.4〕　p76〜80

関千枝子　テレビの泣きどころ<6> 原作超えたドラマ「白い影」にハマッテ：放送レポート　170号　〔2001.5〕　p54〜55

原由美子　バラエティー番組の“内容分析”：放送研究と調査　51（5）通号600　〔2001.5〕　p70〜75

古田尚輝　「哥沢（うたざわ）」から「道行初音旅（みちゆきはつねのたび）」へ――放送は伝統芸能をどう伝えてきたか：放送研究と調査　51（5）通号600　〔2001.5〕　p12〜31

元木昌彦, 田中良紹	元木昌彦のメディアを考える旅（39）田中良紹（国会TV代表）国会中継専門のテレビ局が育つ真の多チャンネル時代への期待：エルネオス　7（6）通号79　〔2001.6〕　p94～97
桑原聡	ここまでやるか！久米宏「ニュースステーション」の教科書報道：正論　通号346　〔2001.6〕　p80～88
関千枝子	テレビの泣きどころ<7>「変人」を「変革の人」にするだけがテレビか：放送レポート　171号　〔2001.7〕　p42～43
池上彰	Person of the Month 池上彰――もっとわかりやすいニュース報道を!!：ぎゃらく　通号384　〔2001.7〕　p4～6
金平茂紀	「テレビはジャーナリズムか？」と問われて――「こちら側」と「あちら側」を二裁断する意識が衰退を産む（特集 私にとってジャーナリズムとは何か）：新聞研究　（600）〔2001.7〕　p31～33
西垣通	テレビはネットで甦るか（特集 成熟社会のテレビ）：月刊民放　31（8）通号362　〔2001.8〕　p4～7
川端美樹	テレビニュース番組の娯楽化傾向と視聴者の行方――成熟社会に向けてその関係をどのようにとらえるか（特集 成熟社会のテレビ）：月刊民放　31（8）通号362　〔2001.8〕　p12～17
村松泰子	「女と男」から「女も男も」へ向けて（特集 成熟社会のテレビ）：月刊民放　31（8）通号362　〔2001.8〕　p8～11
藤田薫, 平塚千尋	高度情報化社会におけるメディア行動（1）2001年・富山県八尾町ケーブル調査から：放送研究と調査　51（8）通号603　〔2001.8〕　p62～89
関千枝子	テレビの泣きどころ<8> レイプ裁いて実相に迫る力作ドラマ『大惨事』：放送レポート　172号　〔2001.9〕　p38～39
元木昌彦, 小田久榮門	元木昌彦のメディアを考える旅（42）小田久榮門（BS朝日会長）テレビジャーナリズムの"天皇"さえもBSデジタル放送の現状に困惑：エルネオス　7（9）通号82　〔2001.9〕　p94～97
関千枝子	テレビの泣きどころ<9> テレビ報復戦争の"泥沼"を見据えてもっと冷静に：放送レポート　173号　〔2001.11〕　p38～39
前沢猛	テレビにおける演出とアジェンダ・セッティング――ジャーナリズムからみた民間放送の課題（特集 民放報道――テレビジャーナリズムの課題）：月刊民放　31（11）通号365　〔2001.11〕　p4～10
川崎泰資	見直し迫られるテレポリティクス時代の民放報道（特集 民放報道――テレビジャーナリズムの課題）：月刊民放　31（11）通号365　〔2001.11〕　p11～16
杉野直道	つけていてよかった（特集 民放50周年記念特集――後世に何を残すか―民放半世紀 後世に何を残すか）：月刊民放　31（12）通号366　〔2001.12〕　p10～17
小平さち子	子どもとテレビ研究・50年の軌跡と考察――今後の研究と議論の展開のために：NHK放送文化研究所年報　47　〔2002〕　p53～110
石井清司	テレビ表現の突破口――ミニ番組の存在感に注目――「九州放送映像祭2001・ミニ番組コンテスト」に立ち会って：月刊民放　32（1）通号367　〔2002.1〕　p39～43
関千枝子	テレビの泣きどころ<10> テロ・戦争報道の"洪水"に馴らされる恐ろしさ：放送レポート　174号　〔2002.2〕　p46～47
関千枝子	テレビの泣きどころ<11> 乏しい材料を延々と流した"出産特番"の大失敗：放送レポート　175号　〔2002.3〕　p30～31
宮嶋泰子	25年後、あなたはどんなメッセージを送りますか（特集 放送人の心構え―変化するメディア環境と放送の仕事）：月刊民放　32（3）通号369　〔2002.3〕　p27～29
伊豫田康弘	基幹メディアへの「期待」と規制緩和・競争政策――浮上したハード・ソフト分離問題：月刊民放　32（3）通号369　〔2002.3〕　p35～39
山本潔	新放送人に期待する――デジタル時代のバックボーンを持て（特集 放送人の心構え）：月刊民放　32（3）通号369　〔2002.3〕　p4～8
片山白人	本屋さんの裏側 辺境のムラの隣人、「放送」への忠告!!：ぎゃらく　通号393　〔2002.4〕　p34～39
関千枝子	テレビの泣きどころ<12> どんなドラマもかなわない"悪役"ムネオさんの国会中継：放送レポート　176号　〔2002.5〕　p10～11
関千枝子	テレビの泣きどころ〈13〉たかがドラマと笑っていられない"日本の伝統"：放送レポート　177号　〔2002.7〕　p44～45
三矢惠子	インターネット利用とテレビ視聴の今後――新しいメディアの登場期の比較――「IT時代の生活時間」調査から（2）：放送研究と調査　52（7）通号614　〔2002.7〕　p22～45
佐野眞一	現代の肖像 氏家齊一郎――日本テレビ放送網CEO兼会長：Aera　15（31）通号765　〔2002.7〕　p64～69
吉田正樹	くだらなくて、楽しく――フジテレビ『笑う犬の発見』（特集 子どもとテレビ―テレビの向こうにいる子どもたちへ――制作者はこう考える）：月刊民放　32（8）通号374　〔2002.8〕　p10～12
マックニール, デイビッド	CURRENT メディアの内在的圧力への疑問――あるラジオ局・トーク・ショーのホスト経験から：総合ジャーナリズム研究　39（04）（通号 182）〔2002.9〕　p38～41
関千枝子	テレビの泣きどころ<14> 国民的熱狂生むテレビが後押しするのは何か：放送レポート　178号　〔2002.9〕　p40～41
元木昌彦, 鳥越俊太郎	元木昌彦のメディアを考える旅（55）鳥越俊太郎（キャスター）「ザ・スクープ」終了は報道軽視で権力チェックの志がない：エルネオス　8（10）通号95　〔2002.10〕　p102～105
関千枝子	テレビの泣きどころ〈15〉ヒロシマを風化させない「広島的報道」に感心した！：放送レポート　179号　〔2002.11〕　p52～53
広瀬道貞	規制緩和で強い民放を育てる（特集 マスメディア集中排除原則を考える）：月刊民放　32（11）通号377　〔2002.11〕　p22～27
永島啓一	「9.11から1年」その日、アメリカのテレビは何を伝えたか：放送研究と調査　52（11）通号618　〔2002.11〕　p22～27
吉野泰博	ワイドショー――政治とテレビの「新しい」関係 『政治家』に迫り関心を促す（特集 揺れる日本、問われる視座――民放テレビ、ラジオはどう伝えたか）：月刊民放　32（12）通号378　〔2002.12〕　p27～29
関千枝子	テレビの泣きどころ〈16〉ナニコレ？ 名作『北の国から』のふる～い結婚観：放送レポート　180号　〔2003.1〕　p28～29
山岸秀雄	「違い」を超え、新しい協力関係つくる（特集 地域を耕す）：月刊民放　33（1）通号379　〔2003.1〕　p4～7
猪股京子, 猪野憲一, 鳥越俊太郎	被害者は訴える（第6回民放連報道記者研修会 パネル討論より）：月刊民放　33（1）通号379　〔2003.1〕　p30～33
石丸次郎	Person of the Month 石丸次郎――「テレビ報道」が決壊しはじめた!!：ぎゃらく　通号403　〔2003.2〕　p4～6
下村健一	画一報道への視聴者の反応――恐怖、見限り、代案発信（特集「拉致」報道を考える）：月刊民放　33（2）通号380　〔2003.2〕　p12～14

| 原尻英樹 | 「飢餓の北朝鮮」と「拉致被害者の一日」（特集 「拉致」報道を考える）：月刊民放　33（2）通号380　〔2003.2〕　p8～11 |

原尻英樹　「飢餓の北朝鮮」と「拉致被害者の一日」（特集 「拉致」報道を考える）：月刊民放　33（2）通号380　〔2003.2〕　p8～11

須藤春夫　ジャーナリズムに価値の復権を（FEATURE 特集 テレビ50歳の危機（2）明日のテレビ・ジャーナリズムを考える）：総合ジャーナリズム研究　40（02）（通号 184）〔2003.3〕　p16～19

関千枝子　テレビの泣きどころ〈17〉テレビ50年相変わらずの年末年始特番、考え直したら？：放送レポート　181号　〔2003.3〕　p36～37

今野勉　社会・文化「創造」の中で（FEATURE 特集 テレビ50歳の危機（2）明日のテレビ・ジャーナリズムを考える）：総合ジャーナリズム研究　40（02）（通号 184）〔2003.3〕　p8～11

ばばこういち　「老い」の進行と再生の道（FEATURE 特集 テレビ50歳の危機（2）明日のテレビ・ジャーナリズムを考える）：総合ジャーナリズム研究　40（02）（通号 184）〔2003.3〕　p12～15

鈴木嘉一　あくまでも作り手と番組を通して（特集 活字メディアのテレビ観）：月刊民放　33（3）通号381　〔2003.3〕　p8～10

高田隆　キーワードは「規制緩和」「選択と集中」（特集 活字メディアのテレビ観）：月刊民放　33（3）通号381　〔2003.3〕　p14～16

生田誠　テレビの「繰り返し」の意味を考える（特集 活字メディアのテレビ観）：月刊民放　33（3）通号381　〔2003.3〕　p17～19

隈元信一　「怪物」と「弱虫」が同居するテレビ（特集 活字メディアのテレビ観）：月刊民放　33（3）通号381　〔2003.3〕　p5～7

荻野祥三　語ってほしい「テレビ自身のテレビ観」（特集 活字メディアのテレビ観）：月刊民放　33（3）通号381　〔2003.3〕　p11～13

関口進　放送メディアの原理・原則に関する一考察——放送メディア発展の過程で何が問われたか：尚美学園大学総合政策研究紀要　（5）〔2003.3〕　p1～17

矢野敬一　地域社会と映像メディア——昭和30年代から40年代にかけての長野県阿智村を事例として：歴史と民俗 ： 神奈川大学日本常民文化研究所論集　通号19　〔2003.3〕　p185～204

松尾羊一　私的放送論叢 事物起源控 映像民俗を紡ぐ若き批評家出でよ（特集 放送評論の地平）：月刊民放　33（4）通号382　〔2003.4〕　p7～9

佐怒賀三夫　番組の読み取りがアイデンティティー作り 「批評」は自己をさらけだす装置（特集 放送評論の地平）：月刊民放　33（4）通号382　〔2003.4〕　p10～12

藤久ミネ　複雑で多岐にわたる事件報道 微細に検証する持続的努力を（特集 放送評論の地平）：月刊民放　33（4）通号382　〔2003.4〕　p16～18

音好宏　放送の社会的機能の健全性を担保する 批評空間の成熟が信頼育む（特集 放送評論の地平）：月刊民放　33（4）通号382　〔2003.4〕　p19～21

坂本衛　放送批評は「夜明け前」の「発展途上」 「自閉」から自立・自省・自己拡大へ（特集 放送評論の地平）：月刊民放　33（4）通号382　〔2003.4〕　p13～15

関千枝子　テレビの泣きどころ〈18〉反戦の声より政府の言い分流すNHKの恐ろしさ：放送レポート　182号　〔2003.5〕　p20～21

浜田純一　「放送」概念の制度論的展開——融合時代における"再定義"をめぐって：月刊民放　33（6）通号384　〔2003.6〕　p18～23

山田賢一　"視聴者参加型"討論番組の「功罪」——台湾における「Call-in」番組の研究：放送研究と調査　53（6）通号625　〔2003.6〕　p41～49

井上千尋, 観音堂智子, 李節子　新聞の性犯罪・性暴力に関する記事の数量的・質的分析研究：母性衛生　44（2）〔2003.6〕　p260～267

竹内一晴　『ETV2001』問題・BRC決定をどうみるか〈上〉：放送レポート　183号　〔2003.7〕　p42～45

関千枝子　テレビの泣きどころ〈19〉NHK朝ドラの働く女性って現実離れしていませんか？：放送レポート　183号　〔2003.7〕　p46～47

原由美子, 重森万紀　4/17シンポジウム関連 テレビ編成の50年——生放送, ワイド, 情報・報道化への軌跡：放送研究と調査　53（7）通号626　〔2003.7〕　p62～79

黒崎政男, 桜井哲夫, 藤田真文　4/17シンポジウム 社会装置としてのテレビを考える——50年の変化とこれからの役割：放送研究と調査　53（7）通号626　〔2003.7〕　p46～61

関千枝子　テレビの泣きどころ〈20〉"人身売買"容認が腹立たしい『ラブ・レター』：放送レポート　184号　〔2003.9〕　p36～37

石高健次　メディアは手を休めてはならない（特集 「9・17」から1年）：月刊民放　33（9）通号387　〔2003.9〕　p26～29

ナクトウェイ, ジェームズ　ドキュメンタリー 写真に託した歴史の証言——『戦場のフォトグラファー』の報道写真家J・ナクトウェイに聞く：Newsweek　18（36）通号874　〔2003.9〕　p62～63

吉永みち子, 元木昌彦　元木昌彦のメディアを考える旅（67）吉永みち子（ノンフィクション作家）テレビの現場で感じる重苦しさと物が言いにくい雰囲気の怖さ：エルネオス　9（10）通号107　〔2003.10〕　p98～101

関千枝子　テレビの泣きどころ〈21〉60～70年代のドキュメンタリーの秀作を再放送して！：放送レポート　185号　〔2003.11〕　p34～35

永田俊和, 森忠荘, 平山直樹　東京ラジオ5社座談会 英RAB視察で見えたこと（特集 ラジオの領分、ラジオの新風—東京発 ラジオの新しい風）：月刊民放　33（11）通号389　〔2003.11〕　p11～17

辻祐司　FEATURE テレビ50歳の危機（1）～（4）：総合ジャーナリズム研究　40（01）（通号 183）〔2003.12〕　p51～54

総合ジャーナリズム研究編集部　FEATURE 特集 テレビ50歳の危機（2）明日のテレビ・ジャーナリズムを考える：総合ジャーナリズム研究所　40（01）（通号 183）～41（01）（通号 187）〔2003.12～2004.12〕　p36～50

佐々木正　国益と世論にゆれるテレビ報道（FEATURE 「拉致」問題とジャーナリズム）：総合ジャーナリズム研究　40（01）（通号 183）〔2003.12〕　p13～17

松尾羊一　集まり散じてどこへ行く（FEATURE テレビ50歳の危機（1））：総合ジャーナリズム研究　40（01）（通号 183）〔2003.12〕　p44～47

大山勝美　未開の多様な可能性を求めて（FEATURE テレビ50歳の危機（1））：総合ジャーナリズム研究　40（01）（通号 183）〔2003.12〕　p40～43

石井清司　未知の制作者の熱さに触れる——放送文化基金「制作者フォーラム」を見続けて：月刊民放　33（12）通号390　〔2003.12〕　p34～37

山田賢一	"宣伝偏重"から"客観性重視"へ――中国中央テレビの24時間ニュース始まる：放送研究と調査　53（12）通号631〔2003.12〕　p52～73	

山田賢一　"宣伝偏重"から"客観性重視"へ――中国中央テレビの24時間ニュース始まる：放送研究と調査　53（12）通号631〔2003.12〕　p52～73

田所承己　ジャーナリズムとしてのテレビ・ドキュメンタリーの一考察―初期テレビ放送と「日本の素顔」を中心に：連合研究会論文集：情報文化学研究　（2）〔2003.12〕　p13～18

斎藤純一　メディアと公共性をめぐって（特集・デジタル時代の公共空間）：放送メディア研究　通号2〔2004〕　p7～30

原由美子, 米倉律　現代のメディア空間とテレビの位置（特集・デジタル時代の公共空間）：放送メディア研究　通号2〔2004〕　p69～103

井田美恵子　テレビと家族の50年――"テレビ的"一家団らんの変遷：NHK放送文化研究所年報　48〔2004〕　p111～144

原由美子, 杉山明子, 川竹和夫　日本のテレビ番組の国際性――テレビ番組国際フロー調査結果から：NHK放送文化研究所年報　48〔2004〕　p213～250

関千枝子　テレビの泣きどころ〈22〉若いからっていいものじゃない！高齢者は今や一大勢力だ：放送レポート　186号〔2004.1〕　p36～37

重延浩　放送に品格をもたらすのは、組織ではない。個人である。（特集 放送の品格）：月刊民放　34（1）通号391〔2004.1〕　p6～9

横江広幸, 原由美子　デジタル新サービスの鍵をにぎるのは「マイ・プログラム派」か――番組選択に関するグループ・インタビュー調査から：放送研究と調査　54（1）通号632〔2004.1〕　p62～79

塙和磨　国営テレビの地上波24時間ニュースチャンネル放送開始――過熱化するインドのニュースチャンネル競争：放送研究と調査　54（1）通号632〔2004.1〕　p88～95

石丸次郎　アジアメディア最前線（18）視聴率競争と民放のジャーナリズム精神：マスコミ市民　通号420〔2004.1〕　p36～39

関千枝子　テレビの泣きどころ〈23〉デジタルのCMにウンザリ！なかなか見られぬ番組こそ宣伝を：放送レポート　187号〔2004.3〕　p26～27

金井宏一郎, 桑島久男　〈対談〉地方局の将来を担う君たちへ（特集「新・民放人」読本2004）：月刊民放　34（3）通号393〔2004.3〕　p4～10

小野さおり　テレビの匠たち（第2回）音響デザイン 小野さおり：放送文化　通号2〔2004.3〕　p106～109

海老沢勝二　巻頭インタビュー 地上デジタルで変わる放送の未来 NHK会長 海老沢勝二：放送文化　通号2〔2004.3〕　p2～11

日枝久　巻頭インタビュー 地上デジタルで変わる放送の未来 日本民間放送連盟会長 日枝久：放送文化　通号2〔2004.3〕　p12～21

松本恭幸　市民メディアとしてのラジオ：放送文化　通号2〔2004.3〕　p93～99

工藤美代子　放送の「文化」を考える――教育番組に込められたメッセージ：放送文化　通号2〔2004.3〕　p112～115

関千枝子　テレビの泣きどころ〈24〉『TVタックル』の実に巧妙なジェンダーフリー"バッシング"：放送レポート　188号〔2004.5〕　p40～41

細田悦弘　ブランディングとメディア・私の目線（前編）企業戦略の中の広告媒体選び：月刊民放　34（5）通号395〔2004.5〕　p26～31

真後和男　モバイル放送のサービス開始に向けて：月刊民放　34（5）通号395〔2004.5〕　p32～35

古城ゆかり　HD中心にデジタル化進む（2004年 春の研究発表とシンポジウム―デジタル時代 世界の放送最前線――欧米・アジアの最新事情）：放送研究と調査　54（5）通号636〔2004.5〕　p3～6

細田悦弘　ブランディングとメディア・私の目線（後編）放送局営業のダイヤモンドルール：月刊民放　34（6）通号396〔2004.6〕　p28～33

千葉章　テレビの匠たち（第3回）ミニチュア模型制作 千葉章：放送文化　通号3〔2004.6〕　p88～91

石川好　放送の「文化」を考える 放送は文化か：放送文化　通号3〔2004.6〕　p100～103

音好宏, 石丸次郎, 池明観, 藤田博司　シンポジウム 海を越えるジャーナリズム：放送レポート　189号〔2004.7〕　p26～32

関千枝子　テレビの泣きどころ〈25〉単なる恋物語だけじゃない『冬ソナ』の魅力、わかります？：放送レポート　189号〔2004.7〕　p34～35

尾関光司　構造変化・総論『デジタルを笑い飛ばそう！』（特集1 テレビ視聴の構造変化）：月刊民放　34（7）通号397〔2004.7〕　p5～14

永ө... 永田啓一　アメリカが語る「自由」「正義」「民主主義」――「事実」と「意見」とテレビジャーナリズムの課題：放送研究と調査　54（8）通号639〔2004.8〕　p56～79

中村美子　ニール・リポート, BBCの報道のあり方を提言――ギリガン事件の教訓から：放送研究と調査　54（8）通号639〔2004.8〕　p144～149

関千枝子　テレビの泣きどころ〈26〉金と手間かけた開票予測より中身の分析に力を入れて！：放送レポート　190号〔2004.9〕　p42～43

牧野二郎　シリーズ特集 放送局のコンプライアンス（2）個人情報保護法と企業の対応：月刊民放　34（9）通号399〔2004.9〕　p24～29

崔銀姫　ライバル局が集い、「放送」を語る――北海道における「ドキュメンタリーとローカルメディア研究会」の試み：月刊民放　34（9）通号399〔2004.9〕　p30～33

木原たけし　テレビの匠たち（第4回）吹き替え 翻訳 木原たけし：放送文化　通号4〔2004.9〕　p112～115

梅津光弘　シリーズ特集 放送局のコンプライアンス（3）「企業倫理」から見た民放の社会的責任：月刊民放　34（10）通号400〔2004.10〕　p40～43

関千枝子　テレビの泣きどころ〈27〉日本選手大活躍の陰で楽しみの減ったオリンピック：放送レポート　191号〔2004.11〕　p46～47

田場洋和　アニメ市場の拡がりと民放テレビ：月刊民放　34（11）通号401〔2004.11〕　p34～37

石黒一成　新機軸で「ラジオ」をもっと熱く（特集 ラジオの勝機――兼営社ラジオ部門のセンター方式）：月刊民放　34（11）通号401〔2004.11〕　p16～18

山田賢一　「民主化」台湾に今も残る"地下放送"――非合法ラジオ局の実態：放送研究と調査　54（11）通号642〔2004.11〕　p66～69

佐藤友美子, 三浦基　連続インタビュー・転換期のメディア（8）変わる若者たちのこころ――サントリー不易流行研究所・佐藤友美子氏：放送研究と調査　54（11）通号642〔2004.11〕　p58～65

田中則広　在朝日本人の映画製作研究――剣戟俳優・遠山満の活動をめぐって（特集 人と人をつなぐメディア 面談・書簡・電

	信・電話）：メディア史研究　17　〔2004.11〕　p122〜142
菱山隆二	シリーズ特集 放送局のコンプライアンス（4）企業倫理とコンプライアンスの実践：月刊民放　34（12）通号402　〔2004.12〕　p21〜27
岡本卓	もうひとつの "空中戦"――『對敵電波戦』と今日的課題について：放送研究と調査　54（12）通号643　〔2004.12〕　p26〜45
結城摂子	テレビの匠たち（第5回）フードコーディネート 結城摂子：放送文化　通号5　〔2004.12〕　p92〜97
吉田文彦	日米英伯4カ国のテレビニュース番組にみる海外ニュース報道の特徴：武蔵大学総合研究所紀要　（15）〔2005〕　p3〜12
越川洋	テレビと公共空間――D.ウォルトンのテレビ論：NHK放送文化研究所年報　49　〔2005〕　p119〜169
楢本眞澄	テレビの匠たち（9）タイムキーパー：放送文化　通号9　〔2005.冬〕　p92〜97
山下みどり	テレビの匠たち（第8回）床山 山下みどり：放送文化　通号8　〔2005.秋〕　p100〜105
関千枝子	テレビの泣きどころ〈28〉プロ野球の再生はローカル局での中継放送から：放送レポート　192号　〔2005.1〕　p34〜35
関千枝子	テレビの泣きどころ〈29〉許せない！ 安倍氏の女性国際戦犯法廷への「誹謗」：放送レポート　193号　〔2005.3〕　p32〜33
NGO-AMI	「フィギュア萌え族」という "妄言" 問われる "ワイドショー" 的メディア構造：放送レポート　193号　〔2005.3〕　p40〜43
境政郎	競争と協調の原点に立ち返る（再構築 放送の2元体制（2））：月刊民放　35（3）通号405　〔2005.3〕　p20〜23
須賀潮美	テレビの匠たち（第6回）水中リポーター 須賀潮美：放送文化　通号6　〔2005.3〕　p102〜107
岡康道, 重延浩	連続大論究「デジタル放送時代のカルチャーモデル」論（11）岡康道 TUGBOAT代表×重延浩（株）テレビマンユニオン代表取締役会長・CEO 海外でこてんぱんにやられても、国際的レベルに達してみたい：New media　23（3）通号262　〔2005.3〕　p53〜57
関千枝子	テレビの泣きどころ〈30〉「家族」強調するドラマに潜む戦前回帰の恐ろしさ：放送レポート　194号　〔2005.5〕　p40〜41
内山隆	公益事業たる放送のアイデンティティー（特集 放送の公共性・新論）：月刊民放　35（5）通号407　〔2005.5〕　p12〜15
山本雅弘	国民に真摯に向き合う不断の努力を――私の考える放送の公共性（特集 放送の公共性・新論）：月刊民放　35（5）通号407　〔2005.5〕　p20〜23
小田桐誠	再構築 放送の2元体制（4）もたれ合いを排し、可能性を拡げよ：月刊民放　35（5）通号407　〔2005.5〕　p32〜37
坂井律子	超高齢社会・介護家族はテレビに何を求めているか――介護番組ニーズ調査の結果から：放送研究と調査　55（5）通号648　〔2005.5〕　p48〜58
西山弘道	私のラジオニュース30年――戦後ラジオ報道史（第1回）「デンスケ」が生んだ録音ニュース：月刊民放　35（6）通号408　〔2005.6〕　p32〜35
古川柳子	日常の中のフロンティア精神――しなやかなデジタル時代をめざして（特集 活躍！ 女性放送人）：月刊民放　35（6）通号408　〔2005.6〕　p15〜17
冨士川祐輔	テレビの匠たち（第7回）タイトルバック制作 冨士川祐輔：放送文化　通号7　〔2005.6〕　p98〜103
原田健一	映画というメディアを捉えるための方法論――映画研究のための理論的パースペクティブ（特集＝映画研究の方法論）：メディア史研究　18　〔2005.6〕　p33〜48
関千枝子	テレビの泣きどころ〈31〉戦争の歴史を忘却した「反日デモ」報道の恐ろしさ：放送レポート　195号　〔2005.7〕　p34〜35
露木茂	テレビと教壇のはざまで（特集 連携する民放と大学――人材育成と産業振興）：月刊民放　35（7）通号409　〔2005.7〕　p4〜7
西山弘道	私のラジオニュース30年――戦後ラジオ報道史（2）騒乱の街を駆け抜け戦場へ飛んだ：月刊民放　35（7）通号409　〔2005.7〕　p24〜27
鴨下信一	放送界隈 テレビ日記 ジャーナリズムを変容させる視聴者の圧力：新・調査情報passingtime　2期（54）通号465　〔2005.7・8〕　p68〜71
西山弘道	私のラジオニュース30年――戦後ラジオ報道史（最終回）「昭和」の光と影を追い続けた日々：月刊民放　35（8）通号410　〔2005.8〕　p26〜29
関千枝子	テレビの泣きどころ〈32〉骨のある番組は見てくれないと思っているのはTV局の誤算？：放送レポート　196号　〔2005.9〕　p36〜37
柳本通彦	アジアメディア最前線（32）アジア初の先住民テレビ局スタート――台湾：マスコミ市民　通号440　〔2005.9〕　p38〜43
関千枝子	テレビの泣きどころ〈33〉テレビがつくった「小泉劇場」にもううんざり：放送レポート　197号　〔2005.11〕　p16〜17
長谷部恭男	放送事業の展望と制度改革（特集 放送の近未来図――誰のために何を伝えるのか）：月刊民放　35（11）通号413　〔2005.11〕　p5〜9
赤阪研二	メディアの使命は市民の信頼の上に（特集2 JR福知山線脱線事故報道――現場からの報告）：月刊民放　35（12）通号414　〔2005.12〕　p23〜25
金龍郎	報道の「品性」に関する一考察――報道不信の要因として：日本大学芸術学部紀要　（43）〔2006〕　p39〜51
谷藤悦史	テレビの「死」それとも「希望」――変わるテクノロジーの中で明日への可能性（特集 デジタル社会と「テレビ」の位置―社会的側面）：放送メディア研究　通号4　〔2006〕　p33〜57
水島久光	新たなメディア状況を捉える「方法」――編集を終えて（特集 デジタル社会と「テレビ」の位置―内容的側面）：放送メディア研究　通号4　〔2006〕　p261〜268
原由美子, 水島久光, 白石信子	特集テーマ「デジタル社会と『テレビ』の位置」企画意図（特集 デジタル社会と「テレビ」の位置）：放送メディア研究　通号4　〔2006〕　p7〜31
中根鉄弥	テレビの匠たち（10）照明 中根鉄弥：放送文化　通号10　〔2006.春〕　p80〜85
上野拓朗	テレビ放送の将来を考える――百年の計は国民の視点から：放送界　51（176）〔2006.夏季〕　p32〜38
佐木隆三	ニュース 体験的・早朝と夜のニュース番組（コンテンツ勝負!! 2006改編―第2部 注目新番組ジャンル別徹底ウォッチ）：放送文化　通号11　〔2006.夏〕　p58〜61

村上龍	巻頭インタビュー 村上龍——"現代の文脈"による発信と提起が必要だ。:放送文化　通号11　〔2006.夏〕　p3〜8	
永六輔	巻頭インタビュー 永六輔——ラジオは想像力を鍛える。:放送文化　通号12　〔2006.秋〕　p3〜10	
亀渕昭信	巻頭インタビュー 亀渕昭信——ラジオ局を増やして新しい番組開発を。:放送文化　通号12　〔2006.秋〕　p11〜19	

村上龍　巻頭インタビュー 村上龍——"現代の文脈"による発信と提起が必要だ。:放送文化　通号11　〔2006.夏〕　p3〜8

永六輔　巻頭インタビュー 永六輔——ラジオは想像力を鍛える。:放送文化　通号12　〔2006.秋〕　p3〜10

亀渕昭信　巻頭インタビュー 亀渕昭信——ラジオ局を増やして新しい番組開発を。:放送文化　通号12　〔2006.秋〕　p11〜19

関千枝子　テレビの泣きどころ〈34〉政治風刺も批判もないメディアに怒り心頭:放送レポート　198号　〔2006.1〕　p46〜47

森達也, 日下雄一　ドキュメンタリー対談 第5回 テレビのタブーに挑む:放送レポート　198号〔2006.1〕　p18〜27

久保伸太郎, 山本雅弘, 鈴木嘉一　パネルディスカッション 放送の公共性を考える——視聴者の声と放送の使命(第53回民間放送全国大会(大阪) 特別シンポジウム 放送の公共性を考える——視聴者の声と放送の使命):月刊民放　36(1)通号415　〔2006.1〕　p33〜41

松山浩士　マルチユース戦略でコンテンツを生かす(特集 デジタル放送と番組制作——その新しい試みを探る—デジタル時代におけるコンテンツの挑戦):月刊民放　36(2)通号416　〔2006.2〕　p23〜25

木村元子　企画力でデジタル技術を使いこなそう(特集 デジタル放送と番組制作——その新しい試みを探る):月刊民放　36(2)通号416　〔2006.2〕　p10〜13

土肥尚彦　求められるコンテンツは「リアリティー」と「地域」(特集 デジタル放送と番組制作——その新しい試みを探る—デジタル時代におけるコンテンツの挑戦):月刊民放　36(2)通号416　〔2006.2〕　p17〜19

馬島丕吏　進歩がない天気予報の放送表現:月刊民放　36(2)通号416　〔2006.2〕　p32〜35

村木良彦　「矜持」と「窈窕」——デジタル時代の「ソフト・イノベーション」(特集 デジタル放送と番組制作——その新しい試みを探る):月刊民放　36(2)通号416　〔2006.2〕　p5〜9

西正　放送 竹中「NHK改革」は「放送と通信の融合」に逆行する:エコノミスト　84(7)通号3807　〔2006.2〕　p41〜43

関千枝子　テレビの泣きどころ〈35〉すばらしい女性チャングムの生き方に心打たれた:放送レポート　199号　〔2006.3〕　p42〜43

吉永春子, 森達也　ドキュメンタリー対談 第6回 テレビは終わったか?:放送レポート　199号　〔2006.3〕　p24〜34

成子望　テーマ編　放送局の考査 信頼の礎を築くために(特集 「新民放人」読本2006——民放の輝かしい明日のために):月刊民放　36(3)通号417　〔2006.3〕　p22〜24

戸田修一　ディレクターに求められる資質とは(特集 「新民放人」読本2006——民放の輝かしい明日のために—テーマ編　番組制作の基本<テレビ/ラジオ>):月刊民放　36(3)通号417　〔2006.3〕　p8〜10

仁平成彦　ラジオが『新しいラジオ』に変わること(特集 「新民放人」読本2006——民放の輝かしい明日のために—テーマ編　デジタル化の現状と課題<テレビ/ラジオ>):月刊民放　36(3)通号417　〔2006.3〕　p34〜36

河野啓　恨み節……そして感謝(特集 「新民放人」読本2006——民放の輝かしい明日のために—テーマ編　番組制作の基本<テレビ/ラジオ>):月刊民放　36(3)通号417　〔2006.3〕　p5〜7

重延浩　新しい放送人に期待する マスメディアの最高の哲学は個が導くものである(特集 「新民放人」読本2006——民放の輝かしい明日のために):月刊民放　36(3)通号417　〔2006.3〕　p37〜41

蒋樂群, 渡邉義浩　海外ドキュメンタリー番組制作における産学連携の研究——「「三国志」の子孫をさがせ」の制作を中心に:人文科学　(11)〔2006.3〕　p37〜49

金山智子　外国人にみる声の多様性——外国関連ニュースにおけるサウンドバイトの意味(特集:外国関連報道が構築する世界像):メディア・コミュニケーション : 慶応義塾大学メディア・コミュニケーション研究所紀要　(56)〔2006.3〕　p129〜141

草野厚　学者が斬る(256)テレビ時代に必要な政治を見る目:エコノミスト　84(16)通号3816　〔2006.3〕　p54〜57

海部一男　放送の公共的機能とニュースのオンラインサービス:放送研究と調査　56(4)通号659　〔2006.4〕　p42〜54

綿井健陽　アジアメディア最前線(39)映画『Little Birds イラク戦火の家族たち』の上映を巡って:マスコミ市民　通号447〔2006.4〕　p50〜53

関千枝子　テレビの泣きどころ〈36〉名作ドラマ化で大幅"改悪"はいいかげんにしてほしい:放送レポート　200号　〔2006.5〕　p28〜29

上滝徹也　技術の特性に問われる「内なる現在」——テレビ番組史と方法論(特集 放送の原点を考える):月刊民放　36(5)通号419　〔2006.5〕　p18〜21

山口誠　放送の草創期を検証し メディアの可能性を再考する(特集 放送の原点を考える):月刊民放　36(5)通号419〔2006.5〕　p4〜9

藤田真文　「放送」は社会的中心性を失うのか——無線通信パラダイムの変容(特集 放送の原点を考える):月刊民放　36(5)通号419　〔2006.5〕　p22〜27

大石裕　放送ジャーナリズムの現在(特集 放送の原点を考える):月刊民放　36(5)通号419　〔2006.5〕　p14〜17

永島啓一　変革期の米ネットワークニュース——誰がニュースを伝えるのか:放送研究と調査　56(5)通号660　〔2006.5〕　p48〜65

伊東則昭, 城所賢一郎, 鈴木祐司　"どこでも"テレビの時代(特集・新しい放送サービスを展望する):放送研究と調査　56(6)通号661　〔2006.6〕　p2〜20

関千枝子　テレビの泣きどころ〈37〉スポーツ紙とみまがうテレビのニュース番組に呆れた!:放送レポート　201号　〔2006.7〕　p60〜61

上野伸子　食品の風評被害とマスメディアの役割——リスクコミュニケーションの視点で:月刊民放　36(7)通号421　〔2006.7〕　p32〜35

田草川弘　マローの精神は消えたのか—テレビ報道の今を問う:論座　通号134　〔2006.7〕　p236〜241

佐藤卓己　「九月ジャーナリズム」を提唱する(特集 「八月ジャーナリズム」のゆくえ——体験と歴史のはざまで):月刊民放　36(8)通号422　〔2006.8〕　p12〜17

海部一男　「下品な」放送番組とは何か——米ネットワーク, FCCと法廷闘争へ:放送研究と調査　56(8)通号663　〔2006.8〕　p44〜53

関千枝子　テレビの泣きどころ〈38〉朝ドラ『純情きらり』の時代考証にまたまた「?」:放送レポート　202号　〔2006.9〕　p22〜23

太勇次郎　情報戦の荒波にもまれるテレビ報道——問われる"ニュースを見極める視点"(9・11米同時多発テロから5年):新聞研究　(662)〔2006.9〕　p18〜21

照井大輔, 増田智子　いま、ラジオが果たしている役割とは——「ラジオに関する世論調査」から:放送研究と調査　56(9)通号664　〔2006.9〕　p20〜41

横山滋	視聴者から見た世界の公共放送——「公共放送に関する意識」国際比較調査から：放送研究と調査　56（9）通号664〔2006.9〕p2〜19	
広瀬道貞	放送改革論議の問題点の考察——置き去りにされたテレビの公共性：新聞研究　（663）〔2006.10〕p48〜52	
関千枝子	テレビの泣きどころ〈39〉スポーツの "明るい" 話題は政治や社会への不満解消か：放送レポート　203号〔2006.11〕p32〜33	
山田健太	揺れる！バラエティと報道の境界（特集 ちょっと待った！ニュース）：ぎゃらく　（通号 450）〔2006.12〕p12〜17	
横山滋	英語・ドイツ語に照らしてみた放送の「公共性」——「放送の公共性」を考える（2）：放送研究と調査　56（12）通号667〔2006.12〕p36〜42	
石川旺	放送サービスと財源の関係についての検討課題：コミュニケーション研究　（37）〔2007〕p61〜79	
橋本孝良	ラジオ研究——メディア環境の変化とラジオ：日本大学芸術学部紀要　（45）〔2007〕p65〜72	
市村元, 浜田純一, 林香里	座談会 社会における "公共性" のゆらぎと放送の課題——公共性の再構築に向けて（特集 社会における "公共性" のゆらぎと「放送」の課題—社会における "公共性" のゆらぎ）：放送メディア研究　通号5〔2007〕p123〜159	
浜田純一	社会における "公共性" のゆらぎと「放送」の課題——特集テーマ解題（特集 社会における "公共性" のゆらぎと「放送」の課題）：放送メディア研究　通号5〔2007〕p7〜21	
榊原一, 浜田純一	対談 今、「放送の公共性」に求められるものは何か（特集 社会における "公共性" のゆらぎと「放送」の課題—「放送の公共性」の課題と新たな「放送の公共性」の構築に向けて）：放送メディア研究　通号5〔2007〕p251〜270	
米倉律	展開する「公共放送」像——欧米における「公共サービスメディア」論の動向を中心に（特集 社会における "公共性" のゆらぎと「放送」の課題—「放送の公共性」の課題と新たな「放送の公共性」の構築に向けて）：放送メディア研究　通号5〔2007〕p193〜220	
桂敬一	特集 北九州市文化講演会 放送はだれのものか——ネット時代の放送文化の行方を考える：Fukuoka UNESCO（43）〔2007〕p86〜129	
沈成恩	映像メディアの国際化——日米英の政策比較を中心にして：NHK放送文化研究所年報　51〔2007〕p105〜154	
藤岡伸一郎	ケーブルテレビ・ジャーナリズム考（総力特集 非・地上波テレビ）：放送文化　通号13〔2007.冬〕p60〜63	
篠木廣幸	巻頭インタビュー 篠木廣幸——衛星から地上まで スカパー！の垂直・水平戦略：放送文化　通号13〔2007.冬〕p3〜7	
杉山知之	巻頭インタビュー デジタルハリウッド大学・大学院学長 杉山知之——表現者としての立ち位置が重要：放送文化　通号14〔2007.春〕p13〜20	
山根一眞	巻頭インタビュー ノンフィクション作家 山根一眞——多チャンネルの望ましい道は：放送文化　通号14〔2007.春〕p3〜12	
川良浩和	私の体験的放送論（1）テレビディレクター、我々は何者か：放送文化　通号14〔2007.春〕p90〜93	
高橋克彦	巻頭インタビュー 作家 高橋克彦——テレビは若者に迎合するな！：放送文化　通号15〔2007.夏〕p13〜22	
佐木隆三	巻頭インタビュー 佐木隆三——東京を離れてテレビが見える。：放送文化　通号15〔2007.夏〕p3〜11	
川良浩和	私の体験的放送論（2）テレビに哲学や思想は語れないのか：放送文化　通号15〔2007.夏〕p100〜103	
横山哲夫	特別インタビュー 放送とは何か、何が必要なのか、を考え続けたい（総力特集 どうなる、ローカル！）：放送文化　通号15〔2007.夏〕p24〜29	
河瀬直美	巻頭インタビュー 映画作家 河瀬直美——現実の出来事に対してどうカメラを向けるか：放送文化　通号16〔2007.秋〕p11〜18	
川良浩和	私の体験的放送論（3）美しい映像は何のためにあるのか：放送文化　通号16〔2007.秋〕p90〜93	
関千枝子	テレビの泣きどころ〈40〉もはや「荒野」ですらない？ドキュメンタリーが消えていく民放：放送レポート　204号〔2007.1〕p44〜45	
森達也, 神保哲生	ドキュメンタリー対談 第9回 ビデオジャーナリズムとは何か：放送レポート　204号〔2007.1〕p30〜42	
早川裕章	高校生世代にラジオの魅力を伝えたい——ラジオ番組プロジェクト『おっきーのラジドラ学園』（特集 ラジオの鉱脈）：月刊民放　37（2）通号428〔2007.2〕p16〜19	
合田一道	「北のシナリオ大賞」に託した夢（特集 ラジオの鉱脈）：月刊民放　37（2）通号428〔2007.2〕p20〜23	
川本裕司	「テレビ先駆者世代」が語る体験的制作論 なぜ「新しい番組」は生まれないか：AIR21　（201）〔2007.2〕p78〜91	
関千枝子	テレビの泣きどころ〈41〉『白虎隊』の "美しい" 物語に一抹の不安を感じて…：放送レポート　205号〔2007.3〕p38〜39	
春野博行	放送局の考査 広い視野で物事を考える習慣をつけよう（特集 デジタル時代の「新・民放人」へ）：月刊民放　37（3）通号429〔2007.3〕p22〜25	
大谷昭宏	放送人の心構え「紳士たれ！」仲間としてこの言葉を贈りたい（特集 デジタル時代の「新・民放人」へ）：月刊民放　37（3）通号429〔2007.3〕p4〜7	
岩崎貞明	テレビにおけるジャーナリズムの劣化（報告と討論 いまメディアは政治をどう報道しているか）：前衛：日本共産党中央委員会理論政治誌　通号815〔2007.3〕p29〜32	
米倉律	'Bowling Alone' と 'Watching Alone'——公共放送と「社会関係資本」：放送研究と調査　57（3）通号670〔2007.3〕p54〜62	
関千枝子	テレビの泣きどころ〈42〉NHK高裁判決のテレビ報道がひどすぎる！：放送レポート　206号〔2007.5〕p38〜39	
兼高聖雄, 坂本衛, 小田桐誠	座談会 放送界とGALAC、この10年：ぎゃらく　通号456〔2007.6〕p32〜38	
村木良彦	あいまいな時代の制作者に求められるもの（特集 番組ジャンル考）：月刊民放　37（6）通号432〔2007.6〕p28〜31	
上滝徹也	「バラエティー」という名の方法論——テレビの特性と番組の変遷（特集 番組ジャンル考）：月刊民放　37（6）通号432〔2007.6〕p14〜19	
黒田勇	ラジオ少年による「関西のラジオ」史——漫才とラジオの親和性：月刊民放　37（6）通号432〔2007.6〕p36〜39	
丹羽美之	情報番組を再考する（特集 番組ジャンル考）：月刊民放　37（6）通号432〔2007.6〕p20〜23	
関千枝子	テレビの泣きどころ〈43〉誕生60年 意欲的な憲法番組の数々：放送レポート　207号〔2007.7〕p40〜41	
濱田俊彦	日・韓・中の3局 文化の違いを乗り越えて——アジアに開かれた局として（特集 共同制作・現状と可能性）：月刊民放　37（7）通号433〔2007.7〕p19〜21	
松本恭幸	市民メディア訪問（16）大学を中心に設立されたコミュニティFM局：マスコミ市民　通号462〔2007.7〕p82〜85	

原麻里子	韓国の価値観と文化を世界へ——「アリランテレビ」と「KBS WORLD TV」：月刊民放　37（8）通号434　〔2007.8〕　p32～35
飯室勝彦	顔なし映像の乱用が信頼性の低下招く——視聴者への説明責任の観点から（特集 取材・報道の壁を越えろ）：月刊民放　37（8）通号434　〔2007.8〕　p4～9
藤岡幸男	名前と顔の扱い 5つの表現形態で報道——個人的な経験を前提に分析（特集 取材・報道の壁を越えろ）：月刊民放　37（8）通号434　〔2007.8〕　p10～13
米倉律	アメリカの放送におけるローカリズムの行方——NAB2007における論点を中心に：放送研究と調査　57（8）通号675　〔2007.8〕　p68～75
関千枝子	テレビの泣きどころ〈44〉内容のいいドラマはちゃんと視聴率も稼いでいる：放送レポート　208号　〔2007.9〕　p30～31
中村美子, 米倉律	韓国の放送評価制——放送の“質”を誰が, どう評価するのか：放送研究と調査　57（10）通号677　〔2007.10〕　p48～56
新山藍朗	ジャーナリスト入門 金平茂紀：ダカーポ　27（19）通号616　〔2007.10〕　p117～121
関千枝子	テレビの泣きどころ〈45〉自民党大敗より気になる朝青龍バッシング：放送レポート　209号　〔2007.11〕　p32～33
永島啓一	変革期の米ネットワークニュース——テレビジャーナリズムの課題（米ジャーナリズムの現在）：新聞研究　（676）〔2007.11〕　p26～29
野中章弘	映像ジャーナリストの現状——長井健司さんの死を受けて：AIR21　（210）〔2007.11〕　p2～15
荒木亜里career, 黒田勇	シンポジウム記録 関西の放送ジャーナリズムに何が可能か：関西大学社会学部紀要　39（1）〔2007.12〕　p97～113
豊田皓	ニュースな人たち 豊田皓——実は, ドキュメンタリーの味方。：ぎゃらく　通号462　〔2007.12〕　p3～5
音好宏, 日吉昭彦, 莫広瑩	テレビ番組の放映内容と放映の「多様性」——地上波放送のゴールデンタイムの内容分析調査：コミュニケーション研究　（38）〔2008〕　p49～79
本多周爾	台湾におけるラジオ放送の役割と機能の変化（国際情勢の現状と課題）：武蔵野学院大学日本総合研究所研究紀要　6〔2008〕　p100～112
横山滋	脱テレビ時代の到来——清水幾太郎の論じたテレビと社会, 半世紀後の再訪：NHK放送文化研究所年報　52〔2008〕　p201～249
田中則広	東アジア地域における海外情報発信の現状と課題——日韓中3か国におけるテレビ国際放送事例研究：NHK放送文化研究所年報　52〔2008〕　p141～172
山崎淑行	ニュースの背景を読む 柏崎刈羽原子力発電所事故報道：放送文化　通号17　〔2008.冬〕　p96～99
重延浩	巻頭インタビュー テレビマンユニオン代表取締役会長 重延浩——制作会社は時代の中で進化する：放送文化　通号17　〔2008.冬〕　p13～22
東国原英夫	巻頭インタビュー 宮崎県知事 東国原英夫——お笑いも政治もサービス業なんです：放送文化　通号21　〔2008.冬〕　p3～10
火坂雅志	巻頭インタビュー 作家 火坂雅志——大河ドラマに宿る『天地人』の心：放送文化　通号21　〔2008.冬〕　p11～20
川良浩和	私の体験的放送論（最終回）あなたは歴史に何を書き加えられますか：放送文化　通号17　〔2008.冬〕　p88～91
中園ミホ	巻頭インタビュー 脚本家 中園ミホ 現実からドラマを発想する：放送文化　通号18　〔2008.春〕　p13～22
小日向文世	巻頭インタビュー 俳優 小日向文世 裏切るのが気持ちいい：放送文化　通号18　〔2008.春〕　p3～12
広瀬道貞	巻頭インタビュー 日本民間放送連盟会長 広瀬道貞——二元体制のなかでのNHK、民放のあり方：放送文化　通号19　〔2008.夏〕　p14～22
加藤友規	クロスメディアで開拓するテレビの未来（特集 動画新時代と放送局）：放送文化　通号20　〔2008.秋〕　p34～37
杉本誠司	巻頭インタビュー ニワンゴ代表取締役社長 杉本誠司——動画を楽しむこと それだけが軸となる：放送文化　通号20　〔2008.秋〕　p13～22
竹中平蔵	巻頭インタビュー 慶應義塾大学教授、グローバルセキュリティ研究所所長 竹中平蔵——“ちゃんとした議論”が導いた現状：放送文化　通号20　〔2008.秋〕　p3～12
関千枝子	テレビの泣きどころ〈46〉良心的番組が「伝統と文化」を連発する恐ろしさ：放送レポート　210号　〔2008.1〕　p32～33
菅谷定彦	優良なコンテンツ制作こそが決め手——修羅場を勝ち抜くために：月刊民放　38（1）通号439　〔2008.1〕　p4～9
金平茂紀	メディア論の彼方へ（17）テレビが「掃き溜め」になる前に：調査情報. 第3期　（480）〔2008.1〕　p64～67
岩崎貞明	放送ジャーナリズムの「劣化」を憂う（特集 ジャーナリズムの過去・現在・未来）：マスコミ市民　通号468　〔2008.1〕　p18～20
横澤彪	テレビの面白主義復権への道：月刊民放　38（2）通号440　〔2008.2〕　p30～33
津山恵子	米脚本家ストライキの深層——デジタル時代の課題を反映（特集 最新アメリカ放送事情）：月刊民放　38（2）通号440　〔2008.2〕　p18～21
関千枝子	テレビの泣きどころ〈47〉女性のことをちゃんと取り上げる番組に拍手：放送レポート　211号　〔2008.3〕　p16～17
鈴木嘉一	取材とインターネット 取材の基本はあくまでも「委細面談」（特集「新・民放人」へのアドバイス）：月刊民放　38（3）通号441　〔2008.3〕　p8～11
渡辺興二郎	取材と報道 メディアの森へようこそ（特集「新・民放人」へのアドバイス）：月刊民放　38（3）通号441　〔2008.3〕　p4～7
横山滋	放送経営に関する教育——HBSとSRIの場合（放送の経営については, 何をどこで学ぶことができるか）：放送研究と調査　58（3）通号682　〔2008.3〕　p79～81
佐藤忠男	映像文化とはなにか（41）ドキュメンタリーの行く道：公評　45（3）〔2008.4〕　p94～101
関千枝子	テレビの泣きどころ〈48〉「戦争」を語り継ぐ意欲作を見て考えた：放送レポート　212号　〔2008.5〕　p38～39
小田桐誠	放送メディア本を読む：ぎゃらく　通号467　〔2008.5〕　p34～37
飯室勝彦	「生のまま」では真相解明できない——客観報道を問い直す：月刊民放　38（6）通号444　〔2008.6〕　p28～31
荒牧央, 増田智子, 中野佐知子	テレビは20代にどう向き合ってゆくのか——2008年春の研究発表・ワークショップより（2008年「春の研究発表」特集）：放送研究と調査　58（6）通号685　〔2008.6〕　p2～21
関千枝子	テレビの泣きどころ〈49〉要注意！ 連続ドラマに忍び込む戦前回帰思想：放送レポート　213号　〔2008.7〕　p40～41
原森勝成	啓発から行動促す段階に——1期、2期を経て、さらに（特集 地球環境問題へのアプローチ）：月刊民放　38（7）通号

445 〔2008.7〕 p17～19

金平茂紀　メディア論の彼方へ〈20〉テレビとは何かを自問する強固な意志について：調査情報. 第3期　（483）〔2008.7・8〕 p58～63

近衛正通　放送が果たすべき役割・使命の立場から──「携帯懇」報告書に対する民放連意見（特集 「ラジオ」発信）：月刊民放　38（8）通号446　〔2008.8〕 p4～7

関千枝子　テレビの泣きどころ〈50〉ドキュメンタリーを頑張っているNHKにもう一声：放送レポート　214号　〔2008.9〕 p44～45

岩崎貞明, 田島泰彦, 日隈一雄, 野中章弘　座談会『ETV』最高裁判決を問う：放送レポート　214号　〔2008.9〕 p14～22

千田利史　世界のメディアブランド（3）オンライン時代への挑戦 ニューヨークタイムズ：調査情報. 第3期　（484）〔2008.9・10〕 p74～79

山口誠, 中村美子, 米倉律　放送モデルの立体化と「横の回路」のデザインに向けて──「日・韓・英 公共放送のネット展開に関する国際比較ウェブ調査」の結果を手がかりに：放送研究と調査　58（9）通号688　〔2008.9〕 p54～63

岩崎貞明　テレビにとって事件報道とは何か：世界　（783）〔2008.10〕 p122～129

金平茂紀　メディア・リポート 放送 「50年前の遺言」を突きつけられている私たち──NYからの憂慮：Journalism　（221）〔2008.10〕 p65～67

関千枝子　テレビの泣きどころ〈51〉豊作だった「戦争もの」でも描ききれなかったタブー：放送レポート　215号　〔2008.11〕 p42～43

放送レポート編集部　テレビは市民に向いているか 「京都メディフェス」シンポジウム報告：放送レポート　215号　〔2008.11〕 p30～33

入江たのし　あらゆる尺で長寿あり ラジオの特徴を再確認（特集 長寿番組の秘訣）：月刊民放　38（11）通号449　〔2008.11〕 p5～10

上滝徹也　番組構造の中に次代テレビのベクトルを探る（特集 長寿番組の秘訣）：月刊民放　38（11）通号449　〔2008.11〕 p11～17

吉岡忍, 吉崎隆, 今野勉　40年目のテレビ論 お前はただの現在にすぎない──'08年のテレビになにが可能か？：調査情報. 第3期　（485）〔2008.11・12〕 p58～71

米倉律　多文化社会における放送の役割に関する調査・研究に向けて：放送研究と調査　58（11）通号690　〔2008.11〕 p68～75

吉岡忍, 石井清司, 田原総一朗　新春放談 テレビの現在（いま）！ 放送の"核心"に迫る：放送界　54（186）〔2009.新年〕 p32～35

岩渕功一, 今井義典　対談：グローバリゼーションと放送の公共性──メディアと市民の関係性はいかにあるべきか（特集 グローバル化と放送メディア）：放送メディア研究　通号6　〔2009〕 p331～353

原由美子, 執行文子, 谷正名　ブログとテレビ番組──視聴行動との関係と活用の可能性を探る：NHK放送文化研究所年報　53　〔2009〕 p47～93

大沢悠里　巻頭インタビュー フリーアナウンサー 大沢悠里──人情、愛情、みな情報 それが僕のこだわりです：放送文化　通号22　〔2009.春〕 p3～12

長野智子　巻頭インタビュー 報道キャスター 長野智子──ジャーナリストではなくキャスターです：放送文化　通号22　〔2009.春〕 p13～22

和崎信哉　巻頭インタビュー WOWOW代表取締役社長 和崎信哉──来週が待ち遠しいあのワクワク感を：放送文化　通号23　〔2009.夏〕 p3～12

児玉清　巻頭インタビュー 俳優・タレント 児玉清──多様な時代こそ「想像力」が鍵となる：放送文化　通号23　〔2009.夏〕 p13～22

松平定知　巻頭インタビュー 元NHKアナウンサー 松平定知 現場主義・専門家主義・実証主義の番組づくり：放送文化　通号24　〔2009.秋〕 p3～12

関千枝子　テレビの泣きどころ〈52〉この秋に新設された報道系番組に思うこと：放送レポート　216号　〔2009.1〕 p48～49

今野勉　追悼・吉田直哉──テレビの独自性と可能性を求めて：新聞研究　（690）〔2009.1〕 p71～74

海外メディア研究グループ　世界の地上デジタル放送の現在──現状・課題・展望：放送研究と調査　59（1）通号692　〔2009.1〕 p2～19

桜井均　メディア・リポート 放送 近頃巷に流行るもの 不況、不安…… 民放のドキュメンタリー"回帰"を考える：Journalism　（224）〔2009.1〕 p60～63

姜尚中　ニュースな人たち 姜尚中──虚無感を譲成するTV：ぎゃらく　通号476　〔2009.2〕 p3～5

石井彰　コンクール参加番組から見えた「テレビ・ラジオの現在」：月刊民放　39（2）通号452　〔2009.2〕 p32～35

澤田隆治　演出家（ディレクター）の資質？ 私の答え教えちゃいます：月刊民放　39（2）通号452　〔2009.2〕 p4～7

佐藤卓己　民放における「テレビ的教養」の可能性（特集 放送と青少年）：月刊民放　39（2）通号452　〔2009.2〕 p8～11

金平茂紀　メディア・リポート 放送 大統領選報道、ガザ侵攻報道 米メディアが突きつける「不偏不党」：Journalism　（225）〔2009.2〕 p76～79

総合ジャーナリズム研究編集部　TVジャーナリズムは「残る」のか（「テレビ」に残されたもの－－地上波TVを支える基盤の揺らぎ事情）：総合ジャーナリズム研究所　46（02）（通号208）〔2009.3〕 p3～43

関千枝子　テレビの泣きどころ〈53〉「家族」や「愛」は使い方によって怖い：放送レポート　217号　〔2009.3〕 p54～55

黒田勇, 宋暁陽　中国テレビニュース番組の新しい現象──民生ニュース番組を中心として：関西大学社会学部紀要　40（3）〔2009.3〕 p23～31

服部孝章　市民の意向を反映した放送の将来像を──迷走する通信・放送法制論議：月刊民放　39（4）通号454　〔2009.4〕 p24～27

榊原廣　「続きはCMのあとで」の落とし穴──「タイムコンシャス・マス」の拡大：月刊民放　39（4）通号454　〔2009.4〕 p28～33

諸藤絵美, 小林利行, 中野佐知子　テレビは他のメディア以上に"リラックス"──生活時間調査「テレビと気分」から：放送研究と調査　59（4）通号695　〔2009.4〕 p40～59

柴田厚　"品位を欠く番組"はなぜ放送されたのか──BBC危機管理の問題点：放送研究と調査　59（4）通号695　〔2009.4〕 p60～65

鈴木弘貴　TV報道に新たな動き（1）グローバルジャーナリズムの現状を見る：メディア展望　通号568　〔2009.5〕 p14～16

千田利史　世界のメディアブランド(7・最終回)日本の文化に手を抜かず種をまき続ける 岩波書店：調査情報. 第3期　(488)〔2009.5・6〕 p72〜77
森陽平　テレビの歴史社会学 女子アナ――その冬の時代：Journalism　(228)〔2009.5〕 p68〜77
桜井均　メディア・リポート 放送 騙された「バンキシャ！」視聴者を騙す：Journalism　(228)〔2009.5〕 p54〜57
落合信彦　新世界大戦の時代 米テレビ史に輝く「伝説のアンカーマン」たちの命を張った報道魂：Sapio　21(9)通号466〔2009.5〕 p28〜30
掛尾良夫　新しい観客層の開拓を――テレビ局の企画力と国際発信力に期待(特集・放送局と映画製作)：月刊民放　39(6)通号456〔2009.6〕 p9〜13
佐藤忠男　映像文化とはなにか(54)映画編集者 浦岡敬一について：公評　46(5)〔2009.6〕 p86〜93
佐滝剛弘　「公共の言論空間」のために――ラジオ双方向ニュース番組の取り組み：新聞研究　(695)〔2009.6〕 p64〜67
金平茂紀　メディア・リポート 放送 どうかしていないか、僕らは？ NYで見聞した草[ナギ]さん報道：Journalism　(229)〔2009.6〕 p62〜65
ウォルズ, セス・コルター　テレビ 型破りニュースショーの挑戦：Newsweek　24(21)通号1154〔2009.6〕 p58〜59
鈴木弘貴　TV報道に新たな動き(2)CNNインターナショナルが登場：メディア展望　通号570〔2009.7〕 p14〜16
関千枝子　テレビの泣きどころ〈55〉大騒ぎのショー的報道番組にうんざり：放送レポート　219号〔2009.7〕 p42〜43
山田健太　通販番組も“番組”である!?：ぎゃらく　通号481〔2009.7〕 p32〜37
替山茂樹　主体性は自ら確保するしかない――放送人を「育てる」ことは可能か？(特集 いま、あらためて「放送倫理」)：月刊民放　39(7)通号457〔2009.7〕 p16〜19
伊藤友治　信頼回復のための三つの処方箋――「道標」の確認と「プロ意識」の徹底を(特集 いま、あらためて「放送倫理」)：月刊民放　39(7)通号457〔2009.7〕 p8〜11
町山広美　活字が・書いた・テレビ(3)『試写室』の怪：調査情報. 第3期　(489)〔2009.7・8〕 p88〜91
鈴木弘貴　TVジャーナリズムに新たな動き(3)伝統受け継ぐBBCワールドニュース：メディア展望　通号572〔2009.9〕 p17〜19
関千枝子　テレビの泣きどころ〈56〉NHKよ、「靖国派」の政治圧力に負けないで！：放送レポート　220号〔2009.9〕 p38〜39
服部寿人　プロジェクト08年度実践社 「生活者の視点」を確かめる手段に(特集 地域から拓く――メディアリテラシーの新たな地平)：月刊民放　39(9)通号459〔2009.9〕 p22〜25
原麻里子　「公共放送」概念の転換？――「デジタル・ブリテン」が示す放送の未来像：月刊民放　39(9)通号459〔2009.9〕 p36〜39
町山広美　活字が・書いた・テレビ(3)“腐ったミカン”の賞味期限はなぜ長い？：調査情報. 第3期　(490)〔2009.9・10〕 p76〜79
原由美子, 米倉律　人々の政治・社会意識とメディアコミュニケーション――「日・韓・英 公共放送と人々のコミュニケーションに関する国際比較ウェブ調査」の2次分析から：放送研究と調査　59(9)通号700〔2009.9〕 p14〜25
桜井均　メディア・リポート 放送 皆既日蝕と「傘男」 特性のない事件の周辺について：Journalism　(232)〔2009.9〕 p58〜61
金平茂紀　メディア・リポート 放送 続 どうかしていないか、僕らは？ クロンカイトとヒューイット：Journalism　(233)〔2009.10〕 p60〜63
鈴木弘貴　TVジャーナリズムに新たな動き(4)欧州の“公共放送”目指す「ユーロニューズ」：メディア展望　通号574〔2009.11〕 p14〜16
関千枝子　テレビの泣きどころ〈57〉佳作の「戦争もの」でも考証は厳密にして：放送レポート　221号〔2009.11〕 p38〜39
香取俊介　閉塞感の打開は有為な才能の発掘から――日本放送作家協会50周年に思う：月刊民放　39(11)通号461〔2009.11〕 p40〜43
松野良一　メディア漂流(10)民主党政権で放送はどうなるのか？：調査情報. 第3期　(491)〔2009.11・12〕 p64〜67
町山広美　活字が・書いた・テレビ(4)活字メディアがもてはやす「みんなのテレビ」の終末物語：調査情報. 第3期　(491)〔2009.11・12〕 p82〜85
吉見俊哉　メディアの公共性とは何か(特集 通信・放送行政とNHKの今後)：マスコミ市民　通号490〔2009.11〕 p3〜13
入江たのし　ラジオ新時代のロードマップ――既存放送が生き残るためには(特集 音とことばで育む――ラジオの未来(あした))：月刊民放　39(12)通号462〔2009.12〕 p14〜17
木村幹夫　活気ある放送現場、変化し続ける業界――米・英ラジオビジネス調査リポート(特集 音とことばで育む――ラジオの未来(あした))：月刊民放　39(12)通号462〔2009.12〕 p26〜31
ケリー, レーナ　リアリティー番組と視聴者の罪：Newsweek　24(49)通号1182〔2009.12〕 p59
音好宏, 中田絢子, 日吉昭彦　テレビ番組の放映内容と放映の「多様性」(その2)地上波放送とBS放送のゴールデンタイムの内容分析調査：コミュニケーション研究　(40)〔2010〕 p15〜41
Chung, Minsoo, 戸田里和, 国枝智樹　ニュース番組における解説機能の役割――キャスター・コメンテーターのディスコース分析を中心に：コミュニケーション研究　(40)〔2010〕 p57〜85
米倉律　社会関係資本と放送メディア――変貌する地域・コミュニティと「孤独なテレビ視聴」(特集 都市, 地域, メディアの関係性を再考する―都市・地方の現在とメディアの連関を問い直す)：放送メディア研究　通号7〔2010〕 p57〜90
本多周爾　台湾における国際放送と放送の国際化(日中間のコミュニケーション比較研究)：武蔵野学院大学日本総合研究所研究紀要　8〔2010〕 p3〜9
桜井均　デジタル・テクノロジーに支援されたテレビ研究――タイムラインとアーカイブの利用可能性について：NHK放送文化研究所年報　54〔2010〕 p55〜104
執行文子, 谷正名　メディア融合時代における番組ホームページの価値とは――ネットユーザー調査から探る課題と可能性：NHK放送文化研究所年報　54〔2010〕 p177〜210
田原総一朗　巻頭インタビュー ジャーナリスト 田原総一朗――テレビは政局でなく、政策を論じる場となるか：放送文化　通号25〔2010.冬〕 p3〜12
水道橋博士　巻頭インタビュー 芸人(浅草キッド) 水道橋博士――大物ほど思い切って懐に飛び込む：放送文化　通号25〔2010.冬〕 p13〜22
石塚博久　「本当のこと」を伝え続ける『時事放談』イズム(特集 テレビと政治のキョリ)：放送文化　通号25〔2010.冬〕

p36〜39

池上彰　巻頭インタビュー ジャーナリスト 池上彰——本質を捉えて、誰にも分かりやすく伝えるために：放送文化　通号26〔2010.春〕　p13〜22

原口一博　巻頭インタビュー 総務大臣 原口一博——上意下達ではなく、議論のプロセスを重視したい：放送文化　通号26〔2010.春〕　p3〜12

上杉隆　巻頭インタビュー ジャーナリスト 上杉隆 テレビの現実を直視し目を外へ向ける：放送文化　通号27〔2010.夏〕　p3〜12

村井純　巻頭インタビュー 慶應義塾大学教授 村井純 質の高いマーケットをいかにつくり出すか：放送文化　通号27〔2010.夏〕　p13〜22

佐々木俊尚　巻頭インタビュー ITジャーナリスト 佐々木俊尚——デバイスの進化で映像はアンビエント化する：放送文化　通号28〔2010.秋〕　p13〜22

村上憲郎　巻頭インタビュー グーグル株式会社名誉会長 村上憲郎——世界市場に向けてコンテンツの質で勝負する：放送文化　通号28〔2010.秋〕　p3〜12

中橋雄　放送文化の質的向上を目指して 視聴者によるテレビ番組評価 WebサイトQuae（クアエ）：放送文化　通号28〔2010.秋〕　p82〜85

鈴木弘貴　TVジャーナリズムに新たな動き（5）「ALJ」と「チャネル・ニューズ・アジア」の登場：メディア展望　通号576〔2010.1〕　p10〜12

関千枝子　テレビの泣きどころ〈58〉ドラマの「美談」が「歴史」として定着する怖さ：放送レポート　222号〔2010.1〕　p34〜35

放送レポート編集部　公開された改変前の映像（ETV改変事件 八年目の真実）：放送レポート　222号〔2010.1〕　p2〜3

広瀬道貞　テレビが元気を取り戻すために——豊饒の時代 実現に向けて：月刊民放　40（1）通号463〔2010.1〕　p4〜8

森本茂樹　マスクをつけた記者リポートは、もうやめよう！：月刊民放　40（1）通号463〔2010.1〕　p29〜33

松野良一　メディア漂流（11）「モバイル表現研究所」でテレビとの連動を考える：調査情報. 第3期　（492）〔2010.1・2〕　p70〜73

町山広美　活字が・書いた・テレビ（5）活字に・書かれなくなった・テレビin2009：調査情報. 第3期　（492）〔2010.1・2〕　p74〜77

山口誠, 米倉律　「孤独なテレビ視聴」と公共放送の課題——「日・韓・英 公共放送と人々のコミュニケーションに関する国際比較ウェブ調査」の2次分析から：放送研究と調査　60（1）通号704〔2010.1〕　p22〜34

桜井均　メディア・リポート 放送 きみは永山則夫を覚えているか？ 死刑論議を促すETV特集：Journalism　（236）〔2010.1〕　p58〜61

オルストン, ジョシュア　テレビ 笑いは検閲で進化する：Newsweek　25（2）通号1184〔2010.1〕　p61

金平茂紀　メディア・リポート 放送 リアリティを侵食し尽くす米TVのリアリティ番組：Journalism　（237）〔2010.2〕　p56〜59

関千枝子　テレビの泣きどころ〈59〉NHKドラマ『坂の上の雲』に感じる歴史とのズレ：放送レポート　223号〔2010.3〕　p32〜33

山口栄一　『朝生』を見なくなった理由：放送レポート　223号〔2010.3〕　p20〜22

植村鞆音, 大山勝美, 澤田隆治　シリーズ対談——放送の未来に向けて（新連載・第1回）テレビは何を伝えてきたのか：月刊民放　40（3）通号465〔2010.3〕　p4〜15

本田民樹　営業 「未来を創る仕事」を一緒に！（特集 放送人講座2010）：月刊民放　40（3）通号465〔2010.3〕　p34〜37

藤田真文　放送界の活性化に向けて——コンクール審査への提案：月刊民放　40（3）通号465〔2010.3〕　p40〜43

鈴木弘貴　TVジャーナリズムに新たな動き（6・完）国境を越える義務や責任：メディア展望　通号579〔2010.4〕　p16〜19

岩崎貞明　テレビが抱える二つの「劣化」（特集 志を失ったメディア）：マスコミ市民　通号495〔2010.4〕　p20〜25

田原総一朗　政治とTVジャーナリズム 本音引き出す「勝負」終幕：日経ビジネス　（1535）〔2010.4〕　p76〜78

関千枝子　テレビの泣きどころ〈60〉女性の目、市民の目で見て「怒りどころ」をお忘れなく：放送レポート　224号〔2010.5〕　p24〜25

植村鞆音, 大山勝美, 澤田隆治　シリーズ対談——放送の未来に向けて（第2回）バラエティーにもビジョンを：月刊民放　40（5）通号467〔2010.5〕　p26〜37

西条昇　テレビ・バラエティーはどこへ行く？（特集 バラエティーなう）：月刊民放　40（5）通号467〔2010.5〕　p16〜19

森暢平　ジャーナリズムの外部の顕在化——「サンデープロジェクト」は何をもたらしたか：新聞研究　（706）〔2010.5〕　p69〜72

桜井均　メディア・リポート 放送 マスメディア VS. ネットの競争を超えて 待たれるオルタナティブメディア：Journalism　（240）〔2010.5〕　p48〜51

宍戸常寿, 小塚荘一郎, 中村伊知哉　公共性を意識し夢を与える挑戦者（チャレンジャー）たれ！——民放連研究所「放送の将来像と法制度研究会」公開シンポジウムから（特集 放送の将来像をどう描くか）：月刊民放　40（6）通号468〔2010.6〕　p4〜19

佐藤忠男　映像文化とはなにか（65）ドキュメンタリーを掘りおこす（3）：公評　47（5）〔2010.6〕　p64〜71

七沢潔, 東野真　始動するアーカイブ研究——テレビ・ドキュメンタリー史研究からの展望（特集 2010年春の研究発表・シンポジウム）：放送研究と調査　60（6）通号709〔2010.6〕　p2〜23

金平茂紀　メディア・リポート 放送 ペンタゴン文書事件からペンタゴン・ビデオ事件へ：Journalism　（241）〔2010.6〕　p54〜59

植村鞆音, 大山勝美, 澤田隆治　シリーズ対談 放送の未来に向けて（第3回）視聴者をどう捉えるか：月刊民放　40（7）通号469〔2010.7〕　p36〜45

山本正興　テレビは「情念の変換装置」（特集 戦争を語り継ぐ）：月刊民放　40（8）通号470〔2010.8〕　p4〜8

谷正名, 米倉律　国内在住外国人のメディア環境とメディア行動——4国籍の外国人向け電話アンケート調査から：放送研究と調査　60（8）通号711〔2010.8〕　p70〜81

黄盛彬　新連載 テレビは歴史を語れるか 1 アジアの"一等国"：放送レポート　226号〔2010.9〕　p32〜36

植村鞆音, 大山勝美, 澤田隆治　シリーズ対談 放送の未来に向けて（第4回）制作現場のあるべき姿とは：月刊民放　40（9）通号471〔2010.9〕　p24〜37

桜井均	メディア・リポート 放送 喧騒と沈黙のはざまで 金賢姫訪日の不思議な4日間：Journalism （244）〔2010.9〕 p54〜57
金平茂紀	メディア・リポート 放送 映画「ザ・コーヴ」は文化衝突の問題なのか？：Journalism （245）〔2010.10〕 p62〜65
黄盛彬	テレビは歴史を語れるか 2 日本と朝鮮半島：放送レポート 227号 〔2010.11〕 p58〜61
関千枝子	「英霊」と呼ばないで —ドラマ『歸國』の恐ろしさ—：放送レポート 227号 〔2010.11〕 p6〜8
植村鞆音, 大山勝美, 澤田隆治	シリーズ対談 放送の未来に向けて（第5回）制作現場に夢を取り戻そう：月刊民放 40（11）通号473 〔2010.11〕 p32〜45
石高健次	耳ざわりのいい言葉だけでは何も解決しない——北朝鮮取材・報道の19年から：月刊民放 40（11）通号473 〔2010.11〕 p24〜27
吉岡忍, 森達也, 石井彰	特集 来たれ！ 尖った表現者 社会に深く斬り込め——「分かりやすさ」からの脱却を：月刊民放 40（11）通号473 〔2010.11〕 p4〜17
伊藤陽一, 桂敬一, 有山輝雄	第4回・対外情報発信研究座談会 国際通信社と貿易量がカギ握る優位性——ニュースの国際流通パターンと規定要因：メディア展望 （586）〔2010.11〕 p17〜30
渡辺久哲	新しい視聴環境におけるテレビ番組印象度調査の試み——インターネット法を用いた実験調査から：コミュニケーション研究 （41）〔2011〕 p1〜16
古川柳子	テレビをめぐる時間構造とその変容——アナログ/デジタル技術と生番組のかたちの関係史を軸に：マス・コミュニケーション研究 通号78 〔2011〕 p231〜249
原由美子, 中村美子, 田中則広	日本のテレビ番組における外国要素：NHK放送文化研究所年報 55 〔2011〕 p59〜117
小谷真生子	巻頭インタビュー キャスター 小谷真生子 これからのテレビは付加価値産業であってほしい：放送文化 通号29 〔2011.冬〕 p3〜12
マツコデラックス	巻頭インタビュー コラムニスト マツコ・デラックス テレビは巨大化しすぎた：放送文化 通号29 〔2011.冬〕 p13〜22
今野勉	巻頭インタビュー テレビディレクター 今野勉 テレビだからつくれる番組を：放送文化 通号30 〔2011.春〕 p13〜22
妻鹿年季子, 木皿泉	巻頭インタビュー 脚本家 木皿泉 流されていく個人の思いを形にしていく：放送文化 通号30 〔2011.春〕 p3〜12
鈴木健司	追悼・横澤彪さん 80年代のテレビバラエティを切り拓いたテレビマンに捧ぐ（特集 番組のチカラ）：放送文化 通号30 〔2011.春〕 p40〜43
相田洋	テレビメディアとネットメディア テレビは何を伝えるべきか（総力特集 テレビはどこへ向かうのか——大震災、地デジ化を経て）：放送文化 通号32 〔2011.秋〕 p10〜14
田原総一朗	ディレクターからの視線 テレビは不都合を乗り越えられるか（総力特集 テレビはどこへ向かうのか——大震災、地デジ化を経て）：放送文化 通号32 〔2011.秋〕 p44〜47
武田徹	放送ジャーナリズムのあり方 導く任のあるメディアへ（総力特集 テレビはどこへ向かうのか——大震災、地デジ化を経て）：放送文化 通号32 〔2011.秋〕 p48〜51
池田恵美子	放送メディアを取り巻く現状 誰のための放送ジャーナリズムなのか（総力特集 テレビはどこへ向かうのか——大震災、地デジ化を経て）：放送文化 通号32 〔2011.秋〕 p52〜55
音好宏	未来の「放送文化」を考える書籍 放送の価値を論ずる場を：放送文化 通号32 〔2011.秋〕 p90〜94
黄盛彬	テレビは歴史を語れるか 3 安重根と伊藤博文：放送レポート 228号 〔2011.1〕 p60〜63
植村鞆音, 大山勝美, 澤田隆治	シリーズ対談 放送の未来に向けて（第6回）テレビ史を彩った女優たち：月刊民放 41（1）通号475 〔2011.1〕 p36〜45
桜井均	メディア・リポート 放送 尖閣ビデオ流出事件 船上カメラは何を写していたか？：Journalism （248）〔2011.1〕 p54〜57
金平茂紀	メディア・リポート 放送 ウィキリークス報道で露呈した各メディアの「立ち位置」：Journalism （249）〔2011.2〕 p52〜57
今井一	現代の肖像 阿武野勝彦 東海テレビ放送・プロデューサー：Aera 24（6）通号1268 〔2011.2〕 p50〜54
黄盛彬	テレビは歴史を語れるか 4 三・一独立運動と"親日派"：放送レポート 229号 〔2011.3〕 p62〜65
金平茂紀, 元木昌彦	元木昌彦のメディアを考える旅（158）金平茂紀氏（TBS「報道特集」キャスター）テレビジャーナリズムの再生には想像力や感覚を磨く責任がある：エルネオス 17（3）通号196 〔2011.3〕 p100〜105
植村鞆音, 大山勝美, 澤田隆治	シリーズ対談 放送の未来に向けて（第7回）わたしの修業時代：月刊民放 41（3）通号477 〔2011.3〕 p29〜39
金平茂紀	取材・報道の果てしない荒野へ、ようこそ！（特集 新時代を切り拓け）：月刊民放 41（3）通号477 〔2011.3〕 p7〜10
今野勉	新放送人へのエール デジタルネイティブの皆さんへ（特集 新時代を切り拓け）：月刊民放 41（3）通号477 〔2011.3〕 p4〜6
谷藤悦史	公共放送の今と明日——ヨーロッパの公共放送モデルが示唆しているもの（特集 放送の現在——向後英紀教授のご退職を記念して）：ジャーナリズム＆メディア ： 新聞学研究所紀要 （4）〔2011.3〕 p63〜75
伊藤英一, 大井眞二, 塚本晴二朗	［日本大学法学部新聞学科］共同研究プロジェクト ニュース・メディアの現状——デジタル化の奔流：ジャーナリズム＆メディア ： 新聞学研究所紀要 （4）〔2011.3〕 p321〜323
北原みのり	現代の肖像 小島慶子 ラジオパーソナリティー：Aera 24（9）通号1271 〔2011.3〕 p64〜68
渡辺勝之	13万作品の全貌に迫りたい——『シリーズ日本のドキュメンタリー』完結によせて：月刊民放 41（4）通号478 〔2011.4〕 p34〜37
黒田勇	「結果の不確定性」の向こうに——スポーツイベントとメディアの関係から（特集 スポーツを伝え、育む）：月刊民放 41（4）通号478 〔2011.4〕 p18〜21
武田徹	「公益に奉仕する」本来の使命を取り戻すために——尖閣ビデオ事件が提起したもの：月刊民放 41（4）通号478 〔2011.4〕 p30〜33
植村鞆音, 大山勝美, 澤田隆治	シリーズ対談 放送の未来に向けて（第8回）心に残ったタレント（男性編）：月刊民放 41（5）通号479 〔2011.5〕 p26〜35
河野暁之	地方自治を育てる手助けに——「議会ウォッチ」の活動から（特集 取材の持久力）：月刊民放 41（5）通号479

〔2011.5〕p16〜18

日笠昭彦　粘り強い取材を支えるもの——『NNNドキュメント』の作法（特集 取材の持久力）：月刊民放　41（5）通号479　〔2011.5〕p4〜7

植村鞆音, 大山勝美, 澤田隆治　シリーズ対談 放送の未来に向けて（第9回）大震災とメディア：月刊民放　41（6）通号480　〔2011.6〕p32〜39

志村一隆　テレビと映像の将来像——「つっこみ」が作るコミュニケーション（ソーシャルメディアは何を変えるのか）：新聞研究　（719）〔2011.6〕p38〜41

山田賢一　揺らぐ公共放送の「政治的独立」——台湾公共テレビの事例から：放送研究と調査　61（6）通号721　〔2011.6〕p102〜113

金平茂紀　メディア・リポート 放送 原発とテレビの危険な関係を直視しなければならない：Journalism　（253）〔2011.6〕p52〜57

黄盛彬　テレビは歴史を語れるか 5 戦時動員：放送レポート　231号　〔2011.7〕p60〜63

大河原聡　リスナーの期待に応えるために——「民放連メディアリテラシー実践プロジェクト」活動報告：月刊民放　41（7）通号481　〔2011.7〕p25〜29

菅原洋二, 大山恭平, 八田元彦　常に「創意工夫」を！（特集 テレビ新時代の営業力）：月刊民放　41（8）通号482　〔2011.8〕p12〜14

荒牧央, 村上圭子　日本初実施・全国版「討論型世論調査」——問い直される世論調査と放送メディア：放送研究と調査　61（8）通号723　〔2011.8〕p70〜77

黄盛彬　テレビは歴史を語れるか 6 志願兵・女子勤労挺身隊員・特攻隊員：放送レポート　232号　〔2011.9〕p60〜63

植村鞆音, 大山勝美, 澤田隆治　シリーズ対談 放送の未来に向けて（第10回）スポーツ、こども…メディア：月刊民放　41（9）通号483　〔2011.9〕p32〜40

桜井均　メディア・リポート 放送 原発事故被災地で始動した「ケアのジャーナリズム」：Journalism　（256）〔2011.9〕p58〜61

金平茂紀　メディア・リポート 放送 後味の悪さが残る島田紳助さん引退報道：Journalism　（257）〔2011.10〕p52〜55

黄盛彬　テレビは歴史を語れるか 7 在日コリアンの戦後：放送レポート　233号　〔2011.11〕p58〜61

豊田修二　ビジネス展開 次代のラジオとなるか——V—Lowの展望（特集 民間放送60年—放送新時代への期待）：月刊民放　41（11）通号485　〔2011.11〕p47〜49

小島慶子　ラジオ いま起きていること（特集 民間放送60年—放送新時代への期待）：月刊民放　41（11）通号485　〔2011.11〕p33〜35

大根仁　番組 テレビが生き残る道（特集 民間放送60年—放送新時代への期待）：月刊民放　41（11）通号485　〔2011.11〕p27〜29

重延浩　番組 新時代の放送人へ（特集 民間放送60年—放送新時代への期待）：月刊民放　41（11）通号485　〔2011.11〕p24〜26

宍戸常寿　放送の力を引き出す制度へ（特集 民間放送60年—放送新時代への期待）：月刊民放　41（11）通号485　〔2011.11〕p15〜17

大木圭之介　倫理 花野か荒野か（特集 民間放送60年—放送新時代への期待）：月刊民放　41（11）通号485　〔2011.11〕p18〜20

伊達俊介　メルトダウンしたテレビの信頼「セシウムさん」事件に見る視聴者への愚弄：ぎゃらく　通号510　〔2011.12〕p34〜39

山田太一, 大山勝美, 澤田隆治　シリーズ対談 放送の未来に向けて（第11回）テレビと社会状況の現在（前編）山田太一さんを迎えて：月刊民放　41（12）通号486　〔2011.12〕p20〜27

米倉律　文学者達が論じたラジオ・テレビ ： 草創期の放送 その可能性はどう語られていたか：放送研究と調査　61（12）通号727　〔2011.12〕p50〜61

山田太一, 大山勝美, 澤田隆治　シリーズ対談——放送の未来に向けて（第11回）テレビと社会状況の現在（後編）山田太一さんを迎えて：月刊民放　42（1）通号487　〔2012.1〕p34〜41

桜井均　メディア・リポート 放送 原発事故当事者たちの責任を「集団的告白」に埋没させるな：Journalism　（260）〔2012.1〕p58〜61

北清順一　海外メディア報告 加速する「ネットでテレビ」時代 どう変わる？　米放送界：Journalism　（260）〔2012.1〕p82〜86

金平茂紀　メディア・リポート 放送 金正日氏死去報道にみるテレビ報道の限界と教訓：Journalism　（261）〔2012.2〕p52〜55

波野始　テレビは嘘ばっかりや！　"原発会見芸人"おしどりの怒り：放送レポート　235号　〔2012.3〕p16〜17

伊藤隆行　10年後の「おバカさん」たちへ……（特集 新放送人講座2012—番組制作）：月刊民放　42（3）通号489　〔2012.3〕p22〜26

芋原一善　いつまでも「志」を高く（特集 新放送人講座2012—放送倫理＆コンプライアンス）：月刊民放　42（3）通号489　〔2012.3〕p4〜6

今村司　ようこそ！ 新人諸君！（特集 新放送人講座2012—番組制作）：月刊民放　42（3）通号489　〔2012.3〕p19〜22

大山勝美, 北川信, 澤田隆治　シリーズ対談 放送の未来に向けて（最終回）デジタル化したテレビが進むべき道とは ： 北川信さんを迎えて：月刊民放　42（3）通号489　〔2012.3〕p32〜43

神戸金史　ダメ記者の怒られ話（特集 新放送人講座2012—取材・報道）：月刊民放　42（3）通号489　〔2012.3〕p16〜19

箕輪幸人　情義に篤い人となれ ： わが体験的記者論（特集 新放送人講座2012—取材・報道）：月刊民放　42（3）通号489　〔2012.3〕p13〜15

角田功治　担当番組に成長させられる（特集 新放送人講座2012—番組制作）：月刊民放　42（3）通号489　〔2012.3〕p26〜29

是枝裕和, 東野真　制作者研究 テレビ・ドキュメンタリーを創った人々（第2回）工藤敏樹（NHK） ： 語らない「作家」の語りを読み解く：放送研究と調査　61（3）通号730　〔2012.3〕p86〜100

志岐裕子, 小城英子, 李光鎬　多メディア環境下におけるテレビの役割 ： ウェブ・モニター調査（2011年2月）の報告（1）（特集 ネット時代のテレビの役割）：メディア・コミュニケーション ： 慶応義塾大学メディア・コミュニケーション研究所紀要　（62）〔2012.3〕p33〜56

志村一隆　VODが問う「放送」のアイデンティティ（特集 次世代テレビの展望）：月刊民放　42（4）通号490　〔2012.4〕p20〜

広瀬道貞	テレビをさらに豊かに、さらに身近に：月刊民放　42（4）通号490　〔2012.4〕　p6〜9
菊池尚人	新環境にふさわしいコンテンツを（特集　次世代テレビの展望）：月刊民放　42（4）通号490　〔2012.4〕　p24〜27
在阪テレビ局報道部記者	関西だより　拡大版 “橋下氏生出演” とテレビ局の自覚：放送レポート　236号　〔2012.5〕　p18〜19
藤田真文	放送批評懇談会シンポジウムリポート　環境の変化に柔軟に対応するために：ぎゃらく　通号515　〔2012.5〕　p34〜37
境治	テレビはどう進化するか　：　ネットの力で生み出す新しい視聴体験（地デジ完成後のメディア環境）：新聞研究　（730）〔2012.5〕　p27〜30
桜井均	メディア・リポート　放送 「放送人」か「ネット人」か？　テレビの余命を数えながら…：Journalism　（264）〔2012.5〕　p60〜63
河野啓	書いて強まる思い　：　テレビってすごい！（特集　テレビドキュメンタリーの現在）：月刊民放　42（6）通号492　〔2012.6〕　p20〜23
金平茂紀	メディア・リポート　放送 北朝鮮ミサイル発射に「緊迫」　過熱報道のテレビが伝えないもの：Journalism　（265）〔2012.6〕　p52〜55
水島宏明, 放送レポート編集部	元テレビマンからのメッセージ　ロングインタビュー 水島宏明さん：放送レポート　237号　〔2012.7〕　p18〜26
大石裕	テレビ・ジャーナリズムとテレビ政治（特集　テレビが伝える政治）：月刊民放　42（7）通号493　〔2012.7〕　p4〜9
武田徹	テレビ的手法を疑え（特集　テレビが伝える政治）：月刊民放　42（7）通号493　〔2012.7〕　p17〜21
東野真	制作者研究〈テレビ・ドキュメンタリーを創った人々〉（第5回）鈴木昭典（朝日放送）　：　時代史を検証し記録する：放送研究と調査　62（7）通号734　〔2012.7〕　p84〜100
七沢潔, 丹羽美之	制作者研究〈テレビ・ドキュメンタリーを創った人々〉（第6回）木村栄文（RKB毎日放送）　：　ドキュメンタリーは創作である：放送研究と調査　62（9）通号736　〔2012.9〕　p46〜59
金平茂紀	メディア・リポート　放送 日本のテレビ局はなぜ反原発の動きを報じ損ねたのか？：Journalism　（268）〔2012.9〕　p52〜55
中沢けい	テレビエンターテインメント番組　エンターテインメントをどのように見せるか工夫を（特集　平成24年日本民間放送連盟賞─番組部門）：月刊民放　42（10）通号496　〔2012.10〕　p23〜25
中町綾子	テレビドラマ番組　テーマ、メッセージ、方法論への果敢な挑戦が魅力ある作品を生む（特集　平成24年日本民間放送連盟賞─番組部門）：月刊民放　42（10）通号496　〔2012.10〕　p25〜27
古木杜恵	『たね蒔きジャーナル』はなぜ打ち切られたのか：放送レポート　239号　〔2012.11〕　p2〜6
水島宏明	問題だらけの生活保護報道：放送レポート　239号　〔2012.11〕　p20〜25
吉田尚子	フォーマット販売：文化融合ビジネス（特集　放送局の海外展開）：月刊民放　42（11）通号497　〔2012.11〕　p11〜13
内山隆	ブランド・エンターテインメントで世界へ　海外番組販売総論（特集　放送局の海外展開）：月刊民放　42（11）通号497　〔2012.11〕　p4〜7
木村昭仁	火花散るアジア海外番販市場　：　激化する国際競争を勝ち抜くために（特集　放送局の海外展開）：月刊民放　42（11）通号497　〔2012.11〕　p14〜16
重村一	これからの民放経営とコンテンツ・イノベーション（第34回「民放経営研究会」基調講演、2012年11月2日）（特集　テレビの明日へ）：月刊民放　43（1）通号499　〔2013.1〕　p4〜7
黒田勇	テレビには「今」が足りない？（特集　テレビの明日へ）：月刊民放　43（1）通号499　〔2013.1〕　p14〜17
鈴木嘉一	「バラエティ」に富んだ番組を見たい　：　エンターテインメント番組の現在と明日を考える（特集　テレビの明日へ）：月刊民放　43（1）通号499　〔2013.1〕　p8〜13
吉岡忍, 森達也, 石井彰	座談会　既成概念を飛び越えろ：月刊民放　43（1）通号499　〔2013.1〕　p26〜35
中田美知子	学生と価値を共創する試みを　体験的ラジオ論（特集　ラジオと若者）：月刊民放　43（2）通号500　〔2013.2〕　p8〜11
入江たのし	若者向けラジオは「ブルーオーシャン」である（特集　ラジオと若者）：月刊民放　43（2）通号500　〔2013.2〕　p4〜7
大山寛恭	取材・報道 ネットネイティブ世代のあなたへ（特集　新放送人講座2013）：月刊民放　43（3）通号501　〔2013.3〕　p7〜9
中井孔人	論文・フィールド部門　現在のテレビニュースの特徴と問題点　：　民放ニュースを中心に：ジャーナリズム＆メディア　：　新聞学研究所紀要　（6）〔2013.3〕　p101〜118
金平茂紀	メディア・リポート　放送 ウオッチドッグかプードルか　絶対多数政権下で問われるメディア：Journalism　（274）〔2013.3〕　p72〜75
鈴木嘉一	テレビは男子一生の仕事　：　評伝・牛山純一（第1回）最後のインタビュー：ぎゃらく　（526）〔2013.4〕　p56〜59
岩崎達也, 小川孔輔, 中畑千弘	ソーシャルメディア時代のテレビ視聴（上）テレビは本当に視られているのか：日経広告研究所報　47（2）通号268　〔2013.4・5〕　p2〜9
永田浩三, 金平茂紀, 水島宏明	テレビ報道とジャーナリズムの使命　希望、それは外とつながること：金曜日　21（16）通号957　〔2013.4〕　p52〜56
鈴木嘉一	テレビは男子一生の仕事　：　評伝・牛山純一（第2回）テレビの先達：ぎゃらく　（527）〔2013.5〕　p56〜59
今井一	現代の肖像 キャスター 辛坊治郎 ニュースの海から太平洋へ：Aera　26（22）通号1397　〔2013.5〕　p50〜54
鈴木嘉一	テレビは男子一生の仕事　：　評伝・牛山純一（第3回）牛山の見直し機運：ぎゃらく　（528）〔2013.6〕　p58〜61
岩崎達也, 小川孔輔, 中畑千弘	ソーシャルメディア時代のテレビ視聴（下）テレビは本当に視られているのか：日経広告研究所報　47（3）通号269　〔2013.6・7〕　p17〜23
金平茂紀	メディア・リポート　放送 「迷彩服」と「背番号96」にテレビはどう対処したか：Journalism　（277）〔2013.6〕　p96〜99
木村義子	メディア観の変化と “カスタマイズ視聴” “つながり視聴”　：　「テレビ60年調査」から（2）：放送研究と調査　63（7）通号746　〔2013.7〕　p64〜81
鈴木嘉一	テレビは男子一生の仕事　：　評伝・牛山純一（第4回）山岡鉄舟の孫弟子：ぎゃらく　（530）〔2013.8〕　p56〜59
佐々木紀彦	インタビュー デジタルで成功するために　：　東洋経済オンラインの挑戦：新聞研究　（745）〔2013.8〕　p54〜58
米倉律	初期 “テレビ論” を再読する（第1回）ジャーナリズム論　：　ラジオジャーナリズムからテレビジャーナリズムへ：放送研究と調査　63（8）通号747　〔2013.8〕　p2〜17
鈴木嘉一	テレビは男子一生の仕事　：　評伝・牛山純一（第5回）家族の肖像：ぎゃらく　（531）〔2013.9〕　p62〜65
松山秀明, 米倉律	初期 “テレビ論” を再読する（第2回）ドキュメンタリー論　：　“『日本の素顔』論争” を中心に：放送研究と調査

		63（9）通号748 〔2013.9〕 p2〜15
山田賢一	台湾のテレビドラマ制作最新事情 ： "空洞化"の中で中国との関係をどう築くか：放送研究と調査 63（9）通号748 〔2013.9〕 p60〜67	
金平茂紀	メディア・リポート 放送 参院選報道の「劣化」を考えつつメディアの土壌を耕し続けよう：Journalism （280）〔2013.9〕 p106〜109	
鈴木嘉一	テレビは男子一生の仕事 ： 評伝・牛山純一（第6回）故郷となった龍ケ崎：ぎゃらく （532）〔2013.10〕 p54〜57	
藤代裕之	ネット選挙運動で問われる報道の役割（特集 ネット時代の選挙と報道）：月刊民放 43（10）通号508 〔2013.10〕 p39〜41	
鈴木嘉一	テレビは男子一生の仕事 ： 評伝・牛山純一（第7回）早稲田の杜で：ぎゃらく （533）〔2013.11〕 p56〜59	
石井彰	パーソナリティのことばは、生き方の反映 ： 『永六輔の誰かとどこかで』から学んだこと（特集 放送で使うことば）：月刊民放 43（11）通号509 〔2013.11〕 p16〜18	
関谷道雄	インターネット配信時代のラジオ ： その歴史と広域化の流れ：放送研究と調査 63（11）通号750 〔2013.11〕 p64〜79	
鈴木嘉一	テレビは男子一生の仕事 ： 評伝・牛山純一（第8回）テレビの一期生：ぎゃらく 通号534 〔2013.12〕 p56〜59	
金平茂紀	メディア・リポート 放送 ジョン・レノンも沖縄密約も 「秘密」が秘密を呼び、そして隠された：Journalism （283）〔2013.12〕 p124〜127	
森住俊美, 大矢智之, 福嶋次郎	2015年以降のV―Highマルチメディア放送の普及に向けた取り組み：放送技術 67（1）通号800 〔2014.1〕 p175〜178	
鈴木嘉一	テレビは男子一生の仕事 ： 評伝・牛山純一（第9回）草創期のテレビ報道：ぎゃらく （536）〔2014.2〕 p56〜59	
豊田拓臣	わたしのラジオ改革試案 胸を張って面白さの提示を ： 「ラジオは古い」はもう古い（特集 ラジオの明日へ）：月刊民放 44（2）通号512 〔2014.2〕 p14〜16	
北村明広	わたしのラジオ改革試案 絞ったターゲットに作る「結界」 ： 熱気と激走が強い支持を呼ぶ（特集 ラジオの明日へ）：月刊民放 44（2）通号512 〔2014.2〕 p11〜13	
入江たのし	ラジオの進むべき道とは ： デジタル化の議論を超えて（特集 ラジオの明日へ）：月刊民放 44（2）通号512 〔2014.2〕 p4〜7	
向後英紀	アメリカ商業放送テレビジャーナリズムの原点 ： テレビニュースを中心に（特集 テレビ放送開始六〇年 ： テレビ・ジャーナリズムの原点を探る）：メディア史研究 35 〔2014.2〕 p21〜37	
鈴木嘉一	テレビは男子一生の仕事 ： 評伝・牛山純一（第10回）皇太子妃をアップで撮れ：ぎゃらく （537）〔2014.3〕 p56〜59	
堀川雅子	あえて「回り道」を ： 長期取材のススメ（特集 新放送人講座2014―取材・報道）：月刊民放 44（3）通号513 〔2014.3〕 p13〜15	
加藤幸二郎	「くだらねぇ（笑）」が最大の褒め言葉！（特集 新放送人講座2014―番組制作）：月刊民放 44（3）通号513 〔2014.3〕 p18〜20	
島修一	ラジオの現場から（特集 新放送人講座2014―番組制作）：月刊民放 44（3）通号513 〔2014.3〕 p21〜23	
米川一成	先輩から学んだ大切なこと（特集 新放送人講座2014―取材・報道）：月刊民放 44（3）通号513 〔2014.3〕 p11〜13	
大迫順平	想像を超えるカギ（特集 新放送人講座2014―番組制作）：月刊民放 44（3）通号513 〔2014.3〕 p24〜26	
古賀純一郎	変貌するネット時代の国際放送 ： 韓国KBSと英BBCを例に：人文コミュニケーション学科論集 （16）〔2014.3〕 p139〜157	
金平茂紀	「放送報国」の亡霊たち ： すばらしきNHKに向けて：Journalism （286）〔2014.3〕 p128〜131	
鈴木嘉一	テレビは男子一生の仕事 ： 評伝・牛山純一（第11回）キャスターニュースに挑む：ぎゃらく （538）〔2014.4〕 p56〜59	
鈴木嘉一	テレビは男子一生の仕事 ： 評伝・牛山純一（第12回）『ノンフィクション劇場』誕生：ぎゃらく （539）〔2014.5〕 p56〜59	
黒田勇	やしきたかじんさんと関西のテレビ文化：月刊民放 44（5）通号515 〔2014.5〕 p30〜33	
速水健朗	「テレビコンテンツ鎖国」時代の公共性に関する考察と恨み言（特集 そこが知りたい「公共性」）：月刊民放 44（5）通号515 〔2014.5〕 p14〜17	
水島久光	放送、その再生のシナリオ ： マーケティングと公共性の間で（特集 そこが知りたい「公共性」）：月刊民放 44（5）通号515 〔2014.5〕 p4〜9	
大石泰彦	揺れる「放送の公平・公正」 ： 高まる議論・疑念にどう向き合うか（特集 そこが知りたい「公共性」）：月刊民放 44（5）通号515 〔2014.5〕 p22〜25	
鈴木嘉一	テレビは男子一生の仕事 ： 評伝・牛山純一（第13回）「老人と鷹」がグランプリ受賞：ぎゃらく （540）〔2014.6〕 p56〜59	
真鍋俊永	ドキュメンタリーわが視点 「ボカシ無し」を生み出すもの：月刊民放 44（6）通号516 〔2014.6〕 p38〜41	
関谷道雄, 後藤千恵, 小林憲一	2014年 春の研究発表とシンポジウム テレビの未来 ： 変容するメディア空間で何が求められるのか？：放送研究と調査 64（7）通号758 〔2014.7〕 p40〜67	
金平茂紀	メディア・リポート 放送 表現の自由を萎縮させる効果もたらした「美味しんぼ騒動」：Journalism （290）〔2014.7〕 p142〜145	
鈴木嘉一	テレビは男子一生の仕事 ： 評伝・牛山純一（第14回）「忘れられた皇軍」の衝撃：ぎゃらく （542）〔2014.8〕 p54〜57	
宮田章	『日本の素顔』と戦後近代 ： テレビ・ドキュメンタリーの初期設定（第1回）現実が「コンテンツ」になった時：放送研究と調査 64（8）通号759 〔2014.8〕 p24〜57	
真崎哲	メディア論余滴 NHKどこへ行く：広島ジャーナリスト （18）〔2014.9〕	
豊田拓臣	新規リスナーの入り口にすべき ： アイドルとラジオの親和性（特集 アイドルを探せ！）：月刊民放 44（9）通号519 〔2014.9〕 p14〜17	
安田拡	「波」は「熱」を取り戻せるか ： 「エリアフリー」を可能にしたradiko.jpプレミアム：放送レポート （250）〔2014.9〕 p30〜34	
鈴木嘉一	テレビは男子一生の仕事 ： 評伝・牛山純一（第15回）大島渚のドキュメンタリー：ぎゃらく （544）〔2014.10〕 p56〜59	

藤代裕之	ラジオ報道番組 ラジオとは何か、あらためて考えたい（特集 平成26年日本民間放送連盟賞—番組部門）：月刊民放 44（10）通号520 〔2014.10〕 p7～9	

碓井広義　放送と公共性 継続することから生まれる、放送活動の新たな意味と価値（特集 平成26年日本民間放送連盟賞—特別表彰部門）：月刊民放　44（10）通号520　〔2014.10〕　p43～45

鈴木嘉一　テレビは男子一生の仕事：評伝・牛山純一（第16回）早坂暁と社内スタッフ：ぎゃらく　（545）〔2014.11〕 p56～59

阿武野勝彦　「テレビとは何か」を考え続ける（特集 「公正・公平」は誰のために）：月刊民放　44（11）通号521　〔2014.11〕 p10～12

金平茂紀　圧倒的な＜非対称＞の時代のなかで（特集 「公正・公平」は誰のために）：月刊民放　44（11）通号521　〔2014.11〕 p7～9

佐藤崇　風化するはずもない福島でメディアの物差しを考える（特集 「公正・公平」は誰のために）：月刊民放　44（11）通号521　〔2014.11〕 p4～6

鈴木嘉一　テレビは男子一生の仕事：評伝・牛山純一（第17回）土本典昭監督と水俣病：ぎゃらく　（546）〔2014.12〕 p56～59

佐藤忠男　映像文化とはなにか（115）佐々木昭一郎のテレビ作品：公評　51（11）〔2014.12〕 p54～61

黄盛彬　テレビは歴史を語れるか 8 在日コリアンへの同情的な眼差し：放送レポート　236号　〔2015.5〕 p54～58

〔図書〕

和田信賢　放送ばなし—アナウンサア10年　青山商店出版部　1946.9　234p　19cm

Kaye, Anthony, J., 和田義隆　ラジオニュース読本　メトロ出版社　1951　226p 図版　19cm

夜間番組間の嗜好関係—昭和26年2月—3月實施　日本放送協會放送文化研究所　1951.11　1冊（ページ付なし）　26×37cm　（放送番組世論調査報告 Report of the regular radio listeners survey 第22・23回 第2部）

日本民間放送連盟　放送講座　〔第1〕　編成・演出　日本民間放送連盟　1953　381p　41cm

好本康雄, 朝日新聞社調査研究室　新聞社系放送局のラジオ・ニュース　朝日新聞調査研究室　1954　126p 25cm　（朝日新聞調査研究室報告社内用 第49）

谷口雅春　放送人生読本　日本教文社　1954　378p　19cm

近藤春雄　放送文化—ラジオとマス・コミュニケーション　新評論社　1955　354p　18cm

岩永信吉　報道・教養番組　同文館　1956　201p　18cm　（放送の知識シリーズ 第3）

加藤秀俊　テレビ時代　中央公論社　1958　228p　18cm　（中央公論文庫）

渡辺彰　現代TV文化の展望—教育TVを重点として　光風出版　1959　298p　22cm

酒井三郎　テレビは一望の荒野か　時事通信社　1962　220p　18cm　（時事新書）

テレビ悪玉説への理論的考察—放送の社会的責任について　日本民間放送連盟　1963.11　45p　26cm　（放送倫理シリーズ no.4）

日本放送協会放送文化研究所　放送研究入門　日本放送出版協会　1964　245p　22cm

金久保雅, 船越章　現代のマンモステレビの素顔　読売新聞社　1966　259p　19cm　380円

波野拓郎　知られざる放送—この黒い現実を告発する　現代書房　1966　347p　19cm　480円

佐藤忠男　テレビの思想　三一書房　1966　215p　20cm　680円

金沢覚太郎　テレビ放送読本—今日から明日への編成・制作・技術　実業之日本社　1966　222p　18cm　260円　（実日新書）

日本民間放送連盟放送研究所　放送の公共性　岩崎放送出版社　1966　411p　22cm　1600円

日本放送協会総合放送文化研究所　放送の未来像　日本放送出版協会　1966　236p　19cm　300円

春日由三　体験的放送論　日本放送出版協会　1967　331p　19cm　430円

志賀信夫　テレビの世界—実像と虚像の間　誠文堂新光社　1967　310p　19cm　550円

樋渡涓二　視覚とテレビジョン　日本放送出版協会　1968　201p　22cm　1000円

志賀信夫　テレビ媒体論—その理論と実践　紀伊国屋書店　1968　318p　18cm　300円　（紀伊国屋新書）

浅田孝彦　ニュース・ショーに賭ける　現代ジャーナリズム出版会　1968　336p　20cm　690円

Swallow, Norman., 大谷堅志郎　現場からのテレビ番組論—ニュースからドキュメンタリーまで　岩崎放送出版社　1969　312p 図版　22cm　2000円　（放送論双書 7）

志賀信夫　テレビ社会史　誠文堂新光社　1969　289p　18cm　350円　（ブレーンブックス）

志賀信夫　テレビ戦争—花形企業うらおもて　百泉書房　1969　237p　19cm　390円　（あすを開く経営シリーズ 1）

奥沢清吉　テレビの本が読めるまで—電気回路の基本　電子技術出版　1969　267p　21cm　600円　（テレビ技術・基礎シリーズ 1）

藤竹暁　テレビの理論—テレビ・コミュニケーションの基礎理論　岩崎放送出版社　1969　270p　22cm　1200円　（放懇シリーズ 2）

春日由三　放送学概論　岩崎放送出版社　1969　206p　22cm　1000円

高瀬広居, 志賀信夫, 青木貞伸　テレビを告発する—腐敗し堕落したテレビ産業の実態　エール出版社　1970　222p　18cm　350円　（Yell books）

田原総一朗　テレビ公害うらおもて　文化出版局　1970　243p　18cm　340円　（レモン新書）

志賀信夫　テレビ人間考現学　毎日新聞社　1970　254p　20cm　480円

金沢覚太郎　テレビの良心—情報化社会における課題　東京堂出版　1970　269p　19cm　780円

深井守, 村木良彦　反戦＋テレビジョン—＜わたし＞のカオス・＜わたし＞の拠点　田畑書店　1970　313p　19cm　590円

大山勝美　開かれた映像—テレビ制作の新しい方向　現代ジャーナリズム出版会　1970　277p　20cm　780円

日本放送協会総合放送文化研究所放送学研究室　放送学序説　日本放送出版協会　1970　531p　22cm　2000円

日本放送協会　放送夜話—座談会による放送史　続　日本放送出版協会　1970　293p　20cm　460円

日本放送協会放送世論調査所　生活のなかの放送　日本放送出版協会　1971　180p　21cm　800円　（NHK世論調査資料）

佐怒賀三夫　テレビの発想　潮出版社　1971　201p　18cm　250円　（潮新書）

沖本四郎　テレビへの挑戦—放送後進国日本再開発論　あゆみ出版社　1972　218p　19cm

北京三郎　テレビ・ジャーナリズム—放送人と視聴者の社会的責任　マスコミ研究会　1972　336p　22cm

多田晃　テレビの思想—日本的発想からの転換　サイマル出版会　1972　267p　19cm　650円

志賀信夫　テレビ・裏面の実像　白馬出版　1972　338p　19cm　650円

放送ジャーナリズム	ジャーナリズム

志賀信夫　カオスのテレビ・ラジオ―民放よ変身せよ　国民出版社　1973　262p　19cm　850円
藤竹暁　テレビとの対話　日本放送出版協会　1974　230p　19cm　850円
志賀信夫　明日のテレビ戦略論―テレビよどこへ行く　電波新聞社　1975　273p　19cm　1200円
井上宏　現代テレビ放送論―＜送り手＞の思想　世界思想社　1975　240p　22cm　1900円
津金沢聡広, 田宮武　放送論概説　ミネルヴァ書房　1975　293, 4p　22cm　1900円
志賀信夫　テレビの使い方―最も上手なテレビ利用の秘訣　エルム　1976　262p　18cm　680円　（Q books）
放送学概論　岩崎学術出版社　1976.3　208p　22cm　1800円
松本幸輝久　わが放送白書―テレビ企業の実像と虚像　三信図書　1976.11　223p　18cm　980円
吉田直哉　私のなかのテレビ　朝日新聞社　1977.5　220p　19cm　680円　（朝日選書）
広畑一雄, 小島明, 清水正三郎　生活の中のテレビ―送り手と受け手の論理　国土社　1977.11　302p　19cm　1500円
佐藤忠男　テレビの思想―一九六〇年代～七〇年代　増補改訂版　千曲秀版社　1978.6　317p　20cm　1950円
倉本聰　さらば、テレビジョン　冬樹社　1978.7　224p　20cm　850円
読売新聞社　テレビっ子―この新しい世代とつき合うために　文化出版局　1978.9　230p　18cm　600円　（よつば新書 31）
志賀信夫　テレビのすべて　文陽社　1978.11　291p　20cm　1200円
井上宏　テレビの社会学　世界思想社　1978.12　246p　19cm　1300円　（Sekaishiso seminar）
細川隆元, 藤原弘達　隆元・弘達の実録「時事放談」うらおもて　山手書房　1979.4　286p　20cm　1100円
前田義徳　国際社会と放送―前田義徳対談集　日本放送出版協会　1979.6　226p　22cm　2000円
川上宏　大衆文化としてのテレビ―軌跡と展望　ダイヤモンド社　1979.8　236p　20cm　3000円
志賀信夫　ザ・テレビ―八〇年代に何が起こるか　行政通信社　1979.12　281p　19cm　980円
倉本聰　新テレビ事情　文芸春秋　1980.6　286p　20cm　1000円
伊達宗克　放送記者　りくえつ　1980.7　301p　19cm　1800円
志賀信夫　テレビ・エイティー―テレビ第三時代の展望　紀尾井書房　1980.11　254p　19cm　980円　（Kioi human books）
江間守一　放送ジャーナリスト入門―体験が語る放送のいろはにほへと　時事通信社　1981.1　299p　20cm　1400円
松本幸輝久　わが放送白書　［改版］　三信図書　1981.3　233p　19cm　1200円
志賀信夫　テレビを創った人びと―巨大テレビにした人間群像　日本工業新聞社　1981.10　2冊　20cm　1500円, 1800円
日本テレビネットワーク協議会　ニュー・メディアの展望　NNS事務局　1981.12　301p　20cm
放送文化基金　放送の公共的課題―第2回放送文化シンポジウムから　放送文化基金　1982.2　286p　26cm
日本放送協会総合放送文化研究所　テレビ・ジャーナリズムの世界―現場からの発想　日本放送出版協会　1982.3　219p　19cm　700円　（NHKブックス 412）
堤有未　校内暴力の原因はテレビだ　創英社　1982.8　45p　18cm
中野収, 北村日出夫　日本のテレビ文化―メディア・ライフの社会史　有斐閣　1983.1　268, 7p　1400円　（有斐閣選書）
白井隆二　テレビ創世記　紀尾井書房　1983.2　253p　19cm　1000円
日本放送協会総合放送文化研究所　テレビで働く人間集団　日本放送出版協会　1983.3　220p　19cm　700円　（NHKブックス 434）
津金沢聡広, 田宮武　放送文化論　ミネルヴァ書房　1983.4　283, 7p　22cm　2400円
松川八洲雄　ドキュメンタリーを創る　農山漁村文化協会　1983.6　280p　19cm　1200円　（人間選書 66）
岡本愛彦　テレビよ、驕るなかれ―放送の原点を問う　麦秋社　1983.10　302p　19cm　980円
須之部淑男　放送とニューメディア　日本放送出版協会　1983.12　309p　19cm　1400円
志賀信夫　テレビ・ニューメディア1984　エムジー出版　1984.2　239p　19cm　1000円
秋山登志之　これがFENだ　南雲堂　1984.5　197p　18cm　680円　（南雲堂ペーパーバック）
志賀信夫　テレビヒット番組のひみつ―「ジェスチャー」から「おしん」まで　日本放送出版協会　1984.8　259p　19cm　1300円
鴨下信一　テレビで気になる女たち　講談社　1985.1　209p　20cm　1000円
藤竹暁　テレビメディアの社会力―マジックボックスを解読する　有斐閣　1985.3　315p　19cm　1400円　（有斐閣選書）
志賀信夫　ニューメディア時代の世界のテレビ―海外テレビ見てある記　源流社　1985.4　273p　21cm　2300円
阿久悠　くたばれテレビジョン　角川書店　1985.5　298p　19cm　980円　（The television books）
北村日出夫　テレビ・メディアの記号学　有信堂高文社　1985.6　225p　20cm　1800円　（ホモ・メディウスシリーズ 1）
木村太郎　テレビはニュースだ―NHK「ニュースセンター9時」の24時間　太郎次郎社　1985.6　207p　21cm　1300円　（シリーズしごとの発見 1）
筑紫哲也　暴走の光景　4　若者たちに未来を見る　すずさわ書店　1985.6　222p　19cm　980円
坂本朝一　放送よもやま話　文芸春秋　1985.9　223p　16cm　360円　（文春文庫）
鶴見俊輔　テレビのある風景　マドラ出版　1985.10　222p　20cm
ばばこういち　テレビはこれでよいのか―元「アフタヌーンショー」リポーターの主張　岩波書店　1985.12　63p　21cm　250円　（岩波ブックレット no.52）
岸田功　テレビ放送人―私の仕事　第2版　東洋経済新報社　1986.3　249, 19p　19cm　1500円
美ノ谷和成　放送論―情報環境の変貌とマス・メディア　学陽書房　1986.6　280p　22cm
天野祐吉　テレビは嘘が嫌い　ティビーエス・ブリタニカ　1986.9　221p　19cm　1000円
田原総一朗　時代を読むノート―テレビ現場からの衝撃メッセージ25章　講談社　1986.12　280p　15cm　380円　（講談社文庫）
志賀信夫　映像革命―変わる情報とビジネス　全国朝日放送　1987.2　262p　19cm　1200円
松尾羊一　テレビは何をしてきたか―ブラウン管のなかの戦後風俗史　中央経済社　1987.3　285p　19cm　1300円
ニューメディア時代における放送に関する懇談会　放送政策の展望―ニューメディア時代における放送に関する懇談会（放送政策懇談会）報告書　電気通信振興会　1987.4　333p　22cm
広畑一雄, 小島明, 清水正三郎　21世紀のテレビ　国土社　1987.5　190p　19cm　1800円
山内久司　必殺！テレビ仕事人　朝日新聞社　1987.6　184p　18cm　980円
放送番組国際交流研究会　放送番組の国際的普及及び交流の促進の方策　2　先進国（主としてアメリカ）市場に対する日本のテレビ番組の提供促進について　放送番組国際交流研究会　1987.8　29p　30cm

ジャーナリズム　　　　　　　　　　　　　　　　　　　　　放送ジャーナリズム

日本放送協会放送文化調査研究所　世界のラジオとテレビジョン　1988　日本放送出版協会　1988.3　291p　26cm
筑紫哲也　テレビ体験　朝日新聞社　1988.6　239p　15cm　480円　（朝日文庫）
小中陽太郎　TVニュース戦争―これがキャスターだ!!　東京新聞出版局　1988.7　254p　19cm　1200円
木村太郎　ニュースへの挑戦　日本放送出版協会　1988.7　219p　20cm　1200円
日本民間放送連盟　放送と社会―メディア揺動の位相をさぐる　東洋経済新報社　1988.7　239p　21cm　2500円
岡村黎明　テレビの社会史　朝日新聞社　1988.9　299, 2p　19cm　1100円　（朝日選書 361）
三嶋典東, 松村洋　メディア遊走　勁草書房　1988.9　187p　19cm　1500円　（Keiso books 1）
宮崎緑　キャスター駆け出す　講談社　1988.10　196p　15cm　300円　（講談社文庫）
米田奎二　ニュースの読み方　文芸春秋　1988.10　254p　20cm　1300円
小林紀興　「NHK特集」を読む―看板番組はこうして作られる　光文社　1988.11　253p　20cm　1200円
佐田一彦　放送と時間―放送の原点をさぐる　文一総合出版　1988.12　197p　20cm　1500円
君和田和一, 中村正　テレビと上手につきあう　あゆみ出版　1989.1　89p　21cm　824円　（どの子ものびる家庭教育）
渡辺みどり　現代テレビ放送学―現場からのメッセージ　改訂　早稲田大学出版部　1989.5　210p　19cm　1800円
平野次郎　テレビニュース　主婦の友社　1989.9　239p　20cm　1200円
中島紀久雄　マイクで見たこと逢ったひと―沖縄放送走馬灯　アドバイザー　1989.10　214p　21cm　1500円　（アド・ブックス―わが道をゆく 2）
田原総一朗　テレビ仕掛人たちの興亡　講談社　1990.3　259p　20cm　1200円
志賀信夫　放送　改訂版　日本経済新聞社　1990.4　254p　19cm　1200円　（日経産業シリーズ）
黒川湛, 清原慶子　いま、テレビが変わる―新映像時代のテレビジョン端末　電波新聞社　1990.5　238p　19cm　1500円
松尾洋司　テレビ報道の時代―ニュースはおもしろくなければならないか　兼六館出版　1991.3　247p　19cm　1600円
ボイヤー, ピーター, 鈴木恭　ニュース帝国の苦悩―CBSに何が起こったか　ティビーエス・ブリタニカ　1991.3　462p　20cm　2200円
倉本聡　さらば、テレビジョン―エッセイ集 1975-'78　理論社　1991.4　220p　20cm　1300円
小野憲次　戦争を実況中継したあのCNNって何だ？　アイペックスプレス　1991.5　60p　17cm　250円　（News package chase 56）
津田正夫　テレビジャーナリズムの現在―市民との共生は可能か　現代書館　1991.7　270p　20cm　2266円
梅林義雄　テレビの裏窓―「はい、NHKです」　河合出版　1991.10　211p　19cm　1200円
ゴールドバーグ, ジェラルド・J., ゴールドバーグ, ロバート, 平野次郎　トップキャスターたちの闘い―アメリカTVニュース界の視聴率戦争　NTT出版　1991.11　531p　20cm　2300円
東京大学新聞研究所　放送メディアの変容の社会的影響過程に関する国際比較研究　その3　米国「メディア・ジェネラル調査」（1991年4月実施）　東京大学新聞研究所　1991.12　120p　26cm
ブレア, グウェンダ, 岸野郁枝　ニュース・キャスター―ジェシカ・サヴィッチの栄光と挫折　JICC出版局　1992.1　355p　20cm　2000円
鈴木みどり　テレビ・誰のためのメディアか　学芸書林　1992.6　303p　20cm　2270円
天野祐吉　テレビは嘘が嫌い　筑摩書房　1992.6　237p　15cm　500円　（ちくま文庫）
小田桐誠　人気ニュース番組のキャスターと裏側―テレビ界の内幕　アイペックスプレス　1992.9　62p　17cm　250円　（News package chase 116）
郵政省放送行政局　放送の将来展望　ぎょうせい　1992.11　133p　21cm　1800円
奥原紀晴　「赤旗」は商業新聞とどう違うか―現代ジャーナリズム論　新日本出版社　1992.12　197p　20cm　1800円
堀田正男　放送のはじまり　〔堀田正男〕　1993　40p　21cm　（アメリカ放送史研究 1）
クリエンクライラワンクル, 根津清, 陸培春, 姜英之　アジアの新聞は何をどう伝えているか―"現地語紙"で読むアジア最新情報　ダイヤモンド社　1993.2　238p　21cm　1600円
フジテレビ調査部　トゥモローテレビジョン―若手クリエーター30人が予測する近未来番組　海南書房　1993.2　169p　19cm　1200円
田原総一朗　メディア・ウォーズ―テレビ仕掛人たちの興亡　講談社　1993.3　252p　15cm　420円　（講談社文庫）
岡村黎明　テレビの明日　岩波書店　1993.5　250, 7p　18cm　580円　（岩波新書）
今村庸一　光と波のジャーナリズム―テレビは何を伝えるか　サイマル出版会　1993.5　265p　19cm　1900円
斎藤守慶　放送が世界を動かす　ティビーエス・ブリタニカ　1993.6　262p　20cm　1600円
志賀信夫　新テレビ時代　丸善　1993.9　228p　18cm　640円　（丸善ライブラリー 96）
堀宏　テレビ報道―「報道特集」の現場から　サイマル出版会　1994.1　260p　19cm　1900円
東京都杉並区立社会教育センター　テレビの情報性　杉並区立社会教育センター　1994.3　136p　26cm　（杉並区民大学情報系記録集 第3期）
木村愛二　電波メディアの神話　緑風出版　1994.7　309p　19cm　2200円
高橋昭　放送ジャーナリズムの道―「社説放送」の15年　宝文堂　1994.9　319p　20cm　2000円
びっくりデータ情報部　テレビの裏側打ち明け話―こいつは笑える　河出書房新社　1994.12　236p　15cm　480円　（Kawade夢文庫）
佐藤二雄　テレビ・メディアと日本人　すずさわ書店　1994.12　271p　19cm　1854円
島桂次　シマゲジ風雲録―放送と権力・40年　文芸春秋　1995.2　253p　20cm　1400円
Postman, Neil, 田口恵美子　TVニュース七つの大罪―なぜ、見れば見るほど罠にはまるのか　クレスト社　1995.2　225p　20cm　1600円
田原総一朗　メディア王国の野望　文芸春秋　1995.2　206p　16cm　380円　（文春文庫）
土谷精作　放送―その過去・現在・未来　丸善　1995.3　343p　22cm　3502円
渡辺武達　メディア・トリックの社会学―テレビは「真実」を伝えているか　世界思想社　1995.5　268, 2p　19cm　1950円　（Sekaishiso seminar）
山口泉　テレビと戦う　日本エディタースクール出版部　1995.6　262p　20cm　2266円
千本木岳　オウムにハイジャックされたテレビ界の裏のウラ側　鹿砦社　1995.7　236p　19cm　1200円
田原茂行　テレビの内側で　草思社　1995.8　246p　20cm　1700円

放送ジャーナリズム　　　　　　　　　　ジャーナリズム

放送　1997　二期出版　1995.11　239p　19cm　1300円　（大学生になったら始めたい産業と会社研究シリーズ 2）
佐藤二雄　テレビとのつきあい方　岩波書店　1996.1　210p　18cm　650円　（岩波ジュニア新書）
木村哲人　テレビは真実を報道したか―ヤラセの映像論　三一書房　1996.1　178p　19cm　1500円
松岡由綺雄　現場からみた放送学　学文社　1996.3　181p　22cm　2300円
日本芸能実演家団体協議会　テレビへのメッセージ―時を超えて　日本芸能実演家団体協議会　1996.3　207p　21cm　（Hot wind 4）
土橋美歩　放送文化　学芸図書　1996.3　111p　21cm　1200円
土井利泰　テレビは電波かわら版で丁度良い　近代文芸社　1996.4　273p　20cm　1600円
津金沢聡広　近代日本のメディア・イベント　同文館出版　1996.7　368p　22cm　3900円
テレビについて話す会　こんなテレビに誰がした　毎日新聞社　1996.7　213p　19cm　1300円
稲田植輝　放送メディア入門　増補改訂版　社会評論社　1996.7　386p　21cm　3090円
和田千年　テレビは何を伝えているか　新潮社　1996.11　317p　20cm　1800円
川村晃司　ニュースステーション戦場記者の10年―テレビ国際報道・現場からの報告　全国朝日放送　1996.12　286p　19cm　1650円
有馬哲夫　テレビの夢から覚めるまで―アメリカ1950年代テレビ文化社会史　国文社　1997.2　235, 26p　20cm　2369円
小山内豊彦　眠れるメディア“テレビ”―青森から考える地域密着チャンネル　北の街社　1997.2　209p　19cm　1600円
島野功緒　放送―比較日本の会社　1998年度版　実務教育出版　1997.2　242p　19cm　1200円
田原総一朗　田原総一朗の闘うテレビ論　文芸春秋　1997.3　253p　20cm　1600円
田宮武　テレビ報道論　明石書店　1997.3　378p　19cm　2833円
高階良子　メディアの薔薇　秋田書店　1997.3　170p　18cm　400円　（Bonita comics）
三輪和雄　偏なテレビの直し方―日本をダメにした久米宏と筑紫哲也　全貌社　1997.6　223p　18cm　1500円
橋本一夫　明治生まれの「親分」アナウンサー―山本照とその時代　ベースボール・マガジン社　1997.6　244p　19cm　2000円
伊藤洋子, 桂敬一, 須藤春夫, 服部孝章　21世紀のマスコミ　2　放送―テレビは21世紀のマスメディアにたりえるか　大月書店　1997.8　252p　21cm　2200円
村上政彦　ニュースキャスターはこのように語った　集英社　1997.11　251p　20cm　1700円
金平茂紀　電視的　太田出版　1997.12　221p　20cm　2000円
メディア総合研究所　放送を市民の手に―これからの放送を考えるメディア総研からの提言　花伝社　1998.1　76p　21cm　800円　（メディア総研ブックレット no.1）
原口和久　メディアの始末記―TBSビデオ問題　新風舎　1998.2　222p　19cm　1700円
碇井広義　テレビが夢を見る日　集英社　1998.4　235p　19cm　1300円
小野一　メディアの創造―その経営とプロデュース　ドメス出版　1998.7　382p　20cm　1900円
郵政研究所, 郵政省郵政研究所　21世紀放送の論点―デジタル・多チャンネル時代の放送を考える　日刊工業新聞社　1998.10　292p　21cm　2400円
川竹和夫　放送　2000年版　二期出版　1998.11　246p　19cm　1300円　（最新データで読む産業と会社研究シリーズ 2）
小泉哲郎　テレビジャーナリズムの作法―米英のニュース基準を読む　花伝社　1998.12　85p　21cm　800円　（メディア総研ブックレット no.4）
嶌信彦　ニュースキャスターたちの24時間　講談社　1999.1　350p　16cm　780円　（講談社+α 文庫）
戸村栄子, 西野泰司　テレビメディアの世界　最新版　駿河台出版社　1999.3　260p　21cm　2427円
伊藤守, 藤田真文　テレビジョン・ポリフォニー―番組・視聴者分析の試み　世界思想社　1999.10　293p　19cm　2200円　（Sekaishiso seminar）
板東信浩　ニュースキャスターのいなくなる日　彩図社　1999.10　253p　15cm　500円　（ぶんりき文庫）
津金沢聡広, 田宮武　テレビ放送への提言　ミネルヴァ書房　1999.11　286, 6p　22cm　3000円
海後宗男　テレビ報道の機能分析　風間書房　1999.11　144p　22cm　5500円
渡辺みどり　テレビ・ドキュメンタリーの現場から　講談社　2000.2　208p　18cm　660円　（講談社現代新書）
田草川弘　ニュースキャスター―エド・マローが報道した現代史　再版　中央公論新社　2000.2　248p　18cm　740円　（中公新書）
早坂暁　テレビがやって来た！　日本放送出版協会　2000.3　291p　20cm　1600円
石川旺　放送評価の枠組みにおける制度評価―評価軸としての地域多元性の検討　湘南ジャーナル社　2000.4　257p　20cm　4000円
逢坂剛　メディア決闘録　小学館　2000.4　251p　19cm　1300円
菅谷実, 中村清　放送メディアの経済学　中央経済社　2000.9　234p　22cm　3200円
中村保之　現場にみる放送ジャーナリズム　中村保之　2000.11　282p　21cm　2500円
西正　「図説」「e放送」ビジネス最前線―双方向サービスで生活が一変する！　PHP研究所　2000.11　183p　21cm　1400円
草野厚　テレビ報道の正しい見方　PHP研究所　2000.11　211p　18cm　660円　（PHP新書）
Fiske, John, Hartley, John, ハートレー, ジョン, フィスク, ジョン, 池村六郎　テレビを＜読む＞　復刊　未來社　2000.12　273, 19p　19cm　2500円
山本直樹　テレビばかり見てると馬鹿になる　太田出版　2000.12　192p　21cm　952円
露木茂　ニュースキャスターの仕事　早稲田大学人間科学部産業社会学研究室　2000.12　1冊　26cm　（早稲田大学人間科学部産業社会学調査実習資料 第4集―シリーズ『ジャーナリストへの招待状』 1）
放送番組向上協議会　テレビはこのままでいいのか中学生とともに考える―公開討論 フォーラム『青少年のための新テレビ論』　放送番組向上協議会　2001　70p　26cm
放送番組向上協議会　番組制作者に何が問われているか―青少年委員会「バラエティー系番組に対する見解」を受けて 公開シンポジウム　放送番組向上協議会　2001　51p　26cm
江波戸哲夫　報道キャスターの掟―長編サスペンス　祥伝社　2001.2　314p　16cm　571円　（祥伝社文庫）
横山滋, 斎藤慎一, 川端美樹, 萩原滋, 福田充, 李光鎬　変容するメディアとニュース報道―テレビニュースの社会心理学　丸善　2001.2　294p　21cm　2400円

ジャーナリズム　　　　　　　　　　　　　　　　　　　　　　　　　放送ジャーナリズム

渡辺武達　　テレビー「やらせ」と「情報操作」　新版　三省堂　2001.3　247p　19cm　1600円
『無名会』史編集委員会　"放送記者"草創期ものがたり―NHK『無名会』記者たちのメモリーから　学文社　2001.6　201p
　　　　　　21cm　1900円
稲垣武　　　新聞・テレビはどこまで病んでいるか　小学館　2001.10　221p　15cm　476円　（小学館文庫）
露木茂　　　ニュースキャスターが見る社会　早稲田大学人間科学部産業社会学研究室　2001.10　17p　26cm　（早稲田大学人
　　　　　　間科学部産業社会学調査実習資料 第11集―シリーズ『ジャーナリストへの招待状』7）
宮野彬　　　刑事裁判のテレビ報道―ガイドラインと実験的試み　信山社出版　2001.11　301, 5p　20cm　3200円
片岡俊夫　　新・放送概論―デジタル時代の制度をさぐる　日本放送出版協会　2001.12　468p　22cm　4800円
山川健一　　ニュースキャスター　幻冬舎　2002.2　411p　16cm　648円　（幻冬舎文庫）
筑紫哲也　　ニュースキャスター　集英社　2002.6　221p　18cm　660円　（集英社新書）
渡辺宜嗣　　報道「フットワーク」主義―ハイ、こちら現場の渡辺です　実業之日本社　2002.7　230p　19cm　1400円
三井秀樹　　メディアと芸術―デジタル化社会はアートをどう捉えるか　集英社　2002.7　249p　18cm　720円　（集英社新書）
塩沢和子　　テレビは輝いていた―放送時評1968年～1987年　風媒社　2002.10　547p　22cm　2000円
長野智子　　ニュースの現場から　NTT出版　2002.10　188p　19cm　1200円
渡辺雅子　　テレビ番組仕掛け人―ツーショットおばさんの仕掛け人生これ楽し！　文芸社　2002.11　192p　20cm　1300円
金平茂紀　　二十三時的―News 23 diary 2000-2002　スイッチ・パブリッシング　2002.11　486p　21cm　1980円　（Switch
　　　　　　library）
草野満代　　ニュースキャスターの本音　小学館　2002.11　280p　15cm　533円　（小学館文庫）
大阪芸術大学芸術学部　放送学序説　〔大阪芸術大学芸術学部放送学科〕　2002.11　347p　26cm　1800円
西正　　　　コンテンツホルダー優位の時代―ムービーテレビジョンの挑戦　中央経済社　2003.1　196p　19cm　1400円
　　　　　　（CK books）
放送番組国際交流センター, 放送番組国際交流センター　グローバル化時代のテレビ―相互理解促進の視点から　ジャパンタイム
　　　　　　ズ　2003.2　390p　22cm　3600円
志賀信夫　　映像の先駆者125人の肖像　日本放送出版協会　2003.3　535, 2p　22cm　2800円
岡村黎明　　テレビの21世紀　岩波書店　2003.3　227, 9p　18cm　740円　（岩波新書）
近藤紘　　　テレビがくれた贈りもの―五十年、文化にどう貢献したか　日新報道　2003.4　261p　19cm　1500円
松田士朗　　テレビを審査する―現場からのTVリテラシー　現代人文社　2003.5　270p　20cm　1700円
水間政憲　　ニュースキャスター筑紫哲也を斬る―もはや中国、北朝鮮の代弁者か このままテレビの偏向報道を許していいのか
　　　　　　日新報道　2003.7　194p　19cm　1400円
大林宏　　　報道センター発―テレビニュースの24時間　白水社　2003.9　224, 1p　20cm　1800円
三反園訓　　ニュースステーション政治記者奮闘記　ダイヤモンド社　2003.12　233p　19cm　1300円
向後英紀, 松岡新児　新現場からみた放送学　学文社　2004.4　236p　22cm　2500円
Cumings, Bruce, 渡辺将人　戦争とテレビ　みすず書房　2004.5　314, 32p　20cm　2800円
大下英治　　報道戦争―ニュース・キャスターたちの闘い　新風舎　2004.5　717p　15cm　1090円　（新風舎文庫）
板垣英憲　　テレビキャスター、コメンテイターは本当に信用できるか―イデオロギー的偏向、恣意的批判―彼等は公平を欠い
　　　　　　ていないか　日新報道　2004.10　260p　19cm　1500円
放送文化基金　これからの"放送文化"を考える―財団法人放送文化基金設立30周年記念事業　放送文化基金　2005.2　160p
　　　　　　22cm
日本放送協会放送博物館　放送のふるさとで―放送80年記念トーク「あの日あのとき」記録集　NHK放送博物館　2005.3　93p
　　　　　　30cm
小野善邦　　放送を学ぶ人のために　世界思想社　2005.4　384p　19cm　2000円
池上彰　　　こどもにも分かるニュースを伝えたい―ぼくの体験的報道論　新潮社　2005.5　254p　20cm　1400円
伊藤裕顕　　放送ってなんだ？ テレビってなんだ？　2　新風舎　2005.6　197p　19cm　1400円
娯楽としてのテレビを考える―テレビを中心とした一家団欒はもうないのか　放送倫理・番組向上機構　2005.9　34p　30cm
　　　　　　（放送番組委員会記録）
小林信彦　　テレビの黄金時代　文藝春秋　2005.11　380p　16cm　638円　（文春文庫）
中宮崇　　　天晴れ！ 筑紫哲也news23　文藝春秋　2006.2　254p　18cm　800円　（文春新書）
立命館大学アートリサーチセンター　デジタル時代のメディアと映像に関する総合的研究―平成13年度～平成17年度私立大学学
　　　　　　術研究高度化推進事業（「オープン・リサーチ・センター整備事業」）研究成果報告書　立命館大学アート・リサー
　　　　　　チセンター　2006.3　794, 66p　30cm
香山リカ　　テレビの罠―コイズミ現象を読みとく　筑摩書房　2006.3　206p　18cm　680円　（ちくま新書）
清水克彦　　ラジオ記者、走る　新潮社　2006.3　190p　18cm　680円　（新潮新書）
新委員が語る「最近の放送界に思うこと」　放送倫理・番組向上機構　2006.4　37p　30cm　（放送番組委員会記録）
テレビジャーナリズムの現状と役割　放送倫理・番組向上機構　2006.5　38p　30cm　（放送番組委員会記録―テレビ報道を考え
　　　　　　る その1）
金田信一郎　テレビはなぜ、つまらなくなったのか―スターで綴るメディア興亡史　日経BP社　2006.6　254p　20cm　1600円
読売新聞解説部　放送文化―ロングインタビュー　読売新聞東京本社　2006.6　64p　21cm　429円　（読売ぶっくれっと no.55
　　　　　　―時代の証言者 14）
ワイドショーから情報ワイド番組へ―情報生ワイド担当者との意見交換　放送倫理・番組向上機構　2006.7　37p　30cm　（放送
　　　　　　番組委員会記録―テレビ報道を考える その3）
川良浩和　　我々はどこへ行くのか―あるドキュメンタリストからのメッセージ　径書房　2006.7　316p　20cm　2200円
山登義明　　ドキュメンタリーを作る―テレビ番組制作・授業と実践　京都大学学術出版会　2006.8　217p　21cm　2200円
梛野順三　　放送・通信業界「テレビ戦争」　ぱる出版　2006.8　223p　19cm　1400円
西正　　　　「新」メディア進化論―インターネットに押されるテレビ　日経BP社　2006.12　317p　21cm　1900円
櫻井康雄　　「通信と放送」のこれからがわかる本―ユビキタス社会の大変革で泣く人・笑う人！　あさ出版　2006.12　215p
　　　　　　21cm　1400円
吉野次郎　　テレビはインターネットがなぜ嫌いなのか　日経BP社　2006.12　207p　19cm　1500円

381

放送ジャーナリズム　　　　　　　　　　ジャーナリズム

北村充史　テレビは日本人を「バカ」にしたか？―大宅壮一と「一億総白痴化」の時代　平凡社　2007.2　208p　18cm　740円
　　（平凡社新書）
放送番組国際交流センター　テレビで形成される外国のイメージ～中国、韓国、日本　放送番組国際交流センター　2007.3　46,
　　46p　30cm　（JAMCOオンライン国際シンポジウム報告書 第16回）
志賀信夫　テレビ文化を育てた人たち―作家・文化人・アナなどのパイオニア　源流社　2007.3　302p　21cm　1600円
日本記号学会　テレビジョン解体　慶應義塾大学出版会　2007.5　237p　21cm　2400円　（新記号論叢書「セミオトポス」4）
金平茂紀　テレビニュースは終わらない　集英社　2007.7　222p　18cm　680円　（集英社新書）
大山勝美　テレビの時間　鳥影社　2007.7　480p　20cm　2800円
加藤芳孝　テレビメディア進化論　日新報道　2007.7　243p　19cm　2000円
萩原滋　テレビニュースの世界像―外国関連報道が構築するリアリティ　勁草書房　2007.12　348p　22cm　3500円
志賀信夫　テレビ番組事始―創生期のテレビ番組25年史　日本放送出版協会　2008.2　565p　22cm　3000円
小玉美意子　テレビニュースの解剖学―映像時代のメディア・リテラシー　新曜社　2008.3　184p　21cm　1900円
境真良　テレビ進化論―映像ビジネス覇権のゆくえ　講談社　2008.4　221p　18cm　720円　（講談社現代新書）
森達也　それでもドキュメンタリーは嘘をつく　角川書店　2008.9　332p　15cm　552円　（角川文庫）
今野勉, 村木良彦, 萩元晴彦　お前はただの現在にすぎない―テレビになにが可能か　朝日新聞出版　2008.10　514p　15cm
　　1100円　（朝日文庫）
森田彰　BBCドキュメンタリーの世界へようこそ　成美堂　2009.1　92p　26cm　2300円
今野勉　テレビの青春　NTT出版　2009.3　511p　20cm　2800円
池田正之, 島崎哲彦, 米倉律　放送論　学文社　2009.4　291p　22cm　2900円
金平茂紀　報道局長業務外日誌　青林工藝舎　2009.6　319p　21cm　1300円
ジェイキャスト　新聞崩壊　第2版　ジェイ・キャスト　2009.7　65p　26cm　1429円　（J-CAST books―J-CASTニュースセレ
　　クション 1）
佐々木俊尚　2011年新聞・テレビ消滅　文藝春秋　2009.7　237p　18cm　750円　（文春新書 708）
井上宏, 荒木功　叢書現代のメディアとジャーナリズム　第7巻　放送と通信のジャーナリズム　ミネルヴァ書房　2009.9　340,
　　8p　22cm　3800円
苫米地英人　テレビは見てはいけない―脱・奴隷の生き方　PHP研究所　2009.9　209p　18cm　700円　（PHP新書 629）
金子俊彦　放送の世界に生きて　風詠社　2010.6　263p　21cm　1429円
志村一隆　明日（あした）のテレビ―チャンネルが消える日　朝日新聞出版　2010.7　230p　18cm　740円　（朝日新書 248）
菅沼定憲, 片岡直彦　くたばれTVがんばれTV　駒草出版　2010.7　261p　19cm　1600円
和田秀樹　テレビの大罪　新潮社　2010.8　207p　18cm　700円　（新潮新書 378）
音好宏, 境真理子, 今野勉, 是枝裕和　それでもテレビは終わらない　岩波書店　2010.11　79p　21cm　560円　（岩波ブックレッ
　　ト no0797）
NHKエンタープライズ, 伊藤守　テレビの未来を拓く君たちへ―NHKエンタープライズ「早稲田大学寄附講座」講義録　NHK
　　出版　2011.3　524p　21cm　2500円
古田尚輝, 向後英紀　放送十五講　学文社　2011.3　267p　22cm　2700円
境治　テレビは生き残れるのか―映像メディアは新しい地平へ向かう　ディスカヴァー・トゥエンティワン　2011.7
　　287p　18cm　1000円　（ディスカヴァー携書 68）
指南役　テレビは余命7年　大和書房　2011.9　244p　19cm　1400円
難武信明　亡国のテレビ汚染　南々社　2011.11　190p　19cm　952円
椎名健次郎　ニュースに騙されるな―「報道現場」本当の舞台裏　宝島社　2011.12　189p　18cm　667円　（宝島社新書 334）
小泉芳孝　マスコミ一代記―昭和・平成　竹取翁博物館　2012.1　146p　19cm　2000円
大越健介　ニュースキャスター　文藝春秋　2012.4　235p　18cm　750円　（文春新書 854）
和田秀樹　テレビに破壊される脳　徳間書店　2012.5　231p　19cm　1300円
植村鞆音, 大山勝美, 澤田隆治　テレビは何を伝えてきたか―草創期からデジタル時代へ　筑摩書房　2012.6　363p　15cm　950
　　円　（ちくま文庫 う36-1）
米村秀司　ラジオは君を救ったか？―大震災とコミュニティFM　ラグーナ出版　2012.6　285p　19cm　1800円
中野雅至　テレビコメンテーター―「批判だけするエライ人」の正体　中央公論新社　2013.1　238p　18cm　800円　（中公新
　　書ラクレ 443）
永田浩三, 金平茂紀, 五十嵐仁, 水島宏明　テレビはなぜおかしくなったのか―〈原発・慰安婦・生活保護・尖閣問題〉報道をめ
　　ぐって　高文研　2013.1　188p　19cm　2000円
萩原滋　テレビという記憶―テレビ視聴の社会史　新曜社　2013.2　226, 16p　22cm　2600円
奥村健太　それでもテレビは死なない―映像制作の現場で生きる！　技術評論社　2013.4　255p　19cm　1580円
音好宏, 高橋信三記念放送文化振興基金, 辻一郎　テレビの未来と可能性―関西からの発言　大阪公立大学共同出版会　2013.4
　　302p　22cm　2400円
西田二郎, 藤村忠寿　てれびバカ―ツッパリオヤジVS小悪魔オヤジ　角川マガジンズ　2013.8　179p　19cm　1200円
堀潤　僕がメディアで伝えたいこと　講談社　2013.9　206p　18cm　740円　（講談社現代新書 2223）
有馬哲夫　こうしてテレビは始まった―占領・冷戦・再軍備のはざまで　ミネルヴァ書房　2013.12　325, 4p　20cm　2800円
文藝春秋　テレビの伝説―長寿番組の秘密　文藝春秋　2013.12　254p　16cm　540円　（文春文庫 編3-19）
田中周紀　TVニュースのタブー―特ダネ記者が見た報道現場の内幕　光文社　2014.1　277p　18cm　840円　（光文社新書
　　677）
小林史憲　テレビに映る中国の97%は嘘である　講談社　2014.2　270p　18cm　920円　（講談社+α新書 649-1C）
睦月影郎　テレビに夢中だった！―月光仮面から欽どこまで昭和TV黄金期の思い出　双葉社　2014.5　223p　18cm　830円
　　（双葉新書 088）
安倍宏行　絶望のテレビ報道　PHP研究所　2014.7　196p　18cm　760円　（PHP新書 935）
渡辺考　プロパガンダ・ラジオ―日米電波戦争幻の録音テープ　筑摩書房　2014.8　351p　20cm　2300円
椎野礼仁　テレビに映る北朝鮮の98%は嘘である―よど号ハイジャック犯と見た真実の裏側　講談社　2014.9　206p　18cm
　　840円　（講談社+α新書 669-1C）

松本憲始	放送メディアによる住民の情報創出　一粒書房　2014.9　213p　22cm　2000円	
水島宏明	内側から見たテレビ―やらせ・捏造・情報操作の構造　朝日新聞出版　2014.11　229p　18cm　760円　（朝日新書486）	
日本放送協会	NHKニュースのキーポイント―世の中まるごと早わかり　2015年版　NHK出版　2014.12　191p　21cm　1100円　（教養・文化シリーズ）	

ドキュメンタリー

〔雑誌記事〕

菅原卓	ドキュメンタリーTV ＜特集＞ドキュメンタリ論の展開：放送批評　No.008　〔1968.7〕	
吉沢比呂志, 牛山純一	座談会 ドキュメンタリーとルポルタージュ ＜特集＞ドキュメンタリ論の展開：放送批評　No.008　〔1968.7〕	
和田矩衛	難かしくなるドキュメンタリ ＜特集＞ドキュメンタリ論の展開：放送批評　No.008　〔1968.7〕	
鈴木久雄	現場からの発言 ドキュメンタリー番組を守ろう：放送批評　No.023　〔1969.10〕	
水野肇	ゴー・ゴー・ドキュメンタリ ＜特集＞テレビ・ドキュメンタリ：放送批評　No.029　〔1970.4〕	
田原総一朗	一・二・三・そして四・五のドキュメンタリ ＜特集＞テレビ・ドキュメンタリ：放送批評　No.029　〔1970.4〕	
岡田晋	断片的に考えたことなど―ドキュメンタリを中心に ＜特集＞テレビ・ドキュメンタリ：放送批評　No.029　〔1970.4〕	
佐藤忠男	映像ドキュメンタリーと現代（1）フィルムの中の「こころ」：月刊民放　02（15）〔1972.8〕　p26～31	
佐藤忠男	映像とドキュメンタリーと現代（2）科学番組に求められているもの：月刊民放　02（16）〔1972.9〕　p40～45	
佐藤忠男	映像ドキュメンタリーと現代（3）美談の構造について：月刊民放　02（17）〔1972.10〕　p32～37	
佐藤忠男	映像ドキュメンタリーと現代（4）エッセイ映画への道：月刊民放　02（18）〔1972.11〕　p34～39	
佐藤忠男	映像ドキュメンタリーと現代（5）大島渚のドキュメンタリー（上）―日央記録における意見と真実―：月刊民放　02（19）〔1972.12〕　p38～43	
佐藤忠男	映像ドキュメンタリーと現代（6）大島渚のドキュメンタリー（下）映像記録における思想と主体：月刊民放　03（20）〔1973.1〕　p38～43	
佐藤忠男	映像ドキュメンタリーと現代（7）明治・大正の記録映画に学ぶ：月刊民放　03（21）〔1973.2〕　p34～39	
佐藤忠男	映像ドキュメンタリーと現代（8）昭和初期のドキュメンタリー：月刊民放　03（22）〔1973.3〕　p38～43	
石坂悦男	アメリカの放送における「公平の原則」――その形成と機能（放送と公共性（特集））：放送学研究　通号25　〔1973.3〕　p129～153	
佐藤忠男	映像ドキュメンタリーと現代（第9回）中国侵略とドキュメンタリー：月刊民放　03（23）〔1973.4〕　p42～47	
佐藤忠男	映像ドキュメンタリーと現代（第10回）戦争記録映画の教訓：月刊民放　03（24）〔1973.5〕　p42～47	
佐藤忠男	映像ドキュメンタリーと現代（第11回）戦時下の科学映画について：月刊民放　03（25）〔1973.6〕　p34～39	
佐藤忠男	映像ドキュメンタリーと現代（第12回）戦時下文化映画と民衆：月刊民放　03（26）〔1973.7〕　p34～39	
和田矩衛	注目すべきローカル局のテレビ・ドキュメンタリー2：放送批評　No.066　〔1973.7・8〕	
佐藤忠男	映像ドキュメンタリーと現代（第13回）戦争記録映画の「苦労の倫理」：月刊民放　03（27）〔1973.8〕　p36～41	
佐藤忠男	映像ドキュメンタリーと現代（第14回）「科学か芸術か」論争（その1）：月刊民放　03（29）〔1973.10〕　p38～43	
野崎茂	比較メディア（テレビジョンの20年テレビ研究の20年（特集））：新聞学評論　通号22　〔1973.10〕　p76～84	
佐藤忠男	映像ドキュメンタリーと現代（第15回）"六年がかり"のドキュメント：月刊民放　03（30）〔1973.11〕　p38～43	
佐藤忠男	映像ドキュメンタリーと現代（第16回）「科学か芸術か」論争 その2：月刊民放　03（31）〔1973.12〕　p36～41	
佐藤忠男	映像ドキュメンタリーと現代（第17回）記録映画における映像の発見：月刊民放　04（32）〔1974.1〕　p42～47	
佐藤忠男	映像ドキュメンタリーと現代（18）今村昌平のドキュメント作法：月刊民放　04（33）〔1974.3〕　p40～45	
佐藤忠男	映像ドキュメンタリーと現代（第19回）地方ジャーナリズムとしてのテレビ：月刊民放　04（34）〔1974.4〕　p36～41	
新里善弘	社会変化と番組創造（第12回）個性的ドキュメンタリ作法をさぐる「ドキュメンタリ現代」：月刊民放　04（34）〔1974.4〕　p32～35	
佐藤忠男	映像ドキュメンタリーと現代（第20回）ドキュメントとプライバシー（そのI）：月刊民放　04（35）〔1974.5〕　p36～41	
佐藤忠男	映像ドキュメンタリーと現代（第22回）ドキュメントとプライバシー（その3）：月刊民放　04（37）〔1974.7〕　p42～47	
佐藤忠男	映像ドキュメンタリーと現代（第23回）ドキュメントの「演出」と批評：月刊民放　04（38）〔1974.8〕　p36～41	
佐藤忠男	映像ドキュメンタリーと現代（第24回）戦後民主主義と記録映画：月刊民放　04（39）〔1974.9〕　p36～41	
佐藤忠男	映像ドキュメンタリーと現代（第25回）生活史研究のドキュメント：月刊民放　04（40）〔1974.10〕　p38～43	
佐藤忠男	映像ドキュメンタリーと現代（第26回）社会派ドキュメントの道：月刊民放　04（41）〔1974.11〕　p36～41	
佐藤忠男	映像ドキュメンタリーと現代（最終回）大衆討議のためのドキュメント：月刊民放　04（42）〔1974.12〕　p38～43	
田村紀雄	"社会踏査風"ドキュメンタリー：放送批評　No.084　〔1975.4〕	
井口泰子	エセ・ドキュメント「顔のない企画書」物語 ＜特集＞企画曼陀羅―放送の企画はどうなっているの？：放送批評　No.087　〔1975.7・8〕	
青木貞伸	テレビ・ルポルタージュ「記者ありき」：放送批評　No.101　〔1976.12〕	
安間総介	テレビドキュメンタリーの行方（放送におけるプロフェッション＜特集＞）：放送学研究　通号29　〔1977〕　p67～80	
北野栄三	システム・ドキュメンタリーへ ＜特集＞われらドキュメンタリストは、今…：放送批評　No.129　〔1979.9・10〕	
新井和子	ドキュメンタリスト棲息の条件 ＜特集＞われらドキュメンタリストは、今…：放送批評　No.129　〔1979.9・10〕	
工藤敏樹	ブラウン管の中の同僚たち ＜特集＞われらドキュメンタリストは、今…：放送批評　No.129　〔1979.9・10〕	
上坪隆	「引揚港博多湾」にこだわって ＜特集＞われらドキュメンタリストは、今…：放送批評　No.129　〔1979.9・10〕	
岡本博, 吉永春子, 村木知之	座談会 わが "ドキュメンタリー" 博 ＜特集＞われらドキュメンタリストは、今…：放送批評　No.129　〔1979.9・10〕	
戸井田道三	姿勢と時間の様態 ＜特集＞われらドキュメンタリストは、今…：放送批評　No.129　〔1979.9・10〕	
鈴木久雄	"出会い" と "発見" を求めつづけた15年 ＜特集＞われらドキュメンタリストは、今…：放送批評　No.129　〔1979.9・10〕	
木村栄文	美しくて哀しい世界を描きたい ＜特集＞われらドキュメンタリストは、今…：放送批評　No.129　〔1979.9・10〕	

正賀幸久	陸にあがった河童のドキュメンタリー <特集>われらドキュメンタリストは、今…：放送批評　No.129　〔1979.9・10〕
大森幸男	テレビ社会番組 ドキュメンタリーに新しい広がり：月刊民放　10(113)〔1980.11〕p11～13
結城利三	ドキュメンタリー番組の国際共同制作 国際化の時代迎えるテレビ界：放送批評　No.143　〔1981.3・4〕
牛山純一	ドキュメンタリー 独自の地味な愚直な <特集>気になるテレビの20章：放送批評　No.147　〔1981.8〕
池松俊雄	特集 ニューメディア時代の放送 歴史と未来への関心のなかで 多様化するドキュメンタリー：月刊民放　13(139)〔1983.1〕p12～15
山本明	シリーズ・民放報道を考える（第7回）ドキュメンタリーの現在：月刊民放　13(141)〔1983.3〕p38～43
吉永春子	事実に肉迫し、そして超えてドキュメンタリーになる視聴者と会話できるドキュメンタリーを！ <特集>テレビの創る世界 「ドキュメント84」の場合：放送批評　No.177　〔1984.3〕
南部光枝	台所から宇宙まで「ザ・ドキュメント」―情報たっぷりのドキュメントを！ <特集>テレビの創る世界 「ドキュメント84」の場合：放送批評　No.177　〔1984.3〕
磯野恭子	シリーズ・ドキュメンタリーわが視点（第1回）一回性の "人間ドラマ" を捉えて テーマと対象を、どこまで見つめられるか：月刊民放　14(155)〔1984.5〕p40～43
弘岡寧彦	シリーズ・ドキュメンタリーわが視点（第2回）懸命に生きる人間の心の軌跡を描く 素材偏向はないか――「見る」と「見せる」役割：月刊民放　14(156)〔1984.6〕p40～43
辻本晃一	シリーズ・ドキュメンタリーわが視点（第3回）人間が生きる姿を見つめる自己の表現 対象に誠実に向かい、学びながら、映像で語れ：月刊民放　14(157)〔1984.7〕p40～43
大出康昭	シリーズ・ドキュメンタリーわが視点（第4回）やさしさと愛情のある人間社会の建設へ 素材を見る感性：月刊民放　14(158)〔1984.8〕p40～43
溝口博史	シリーズ・ドキュメンタリーわが視点（第5回）番組を通じ、受け手と常に関わりあいたい "テレビ的つくり" の魅力：月刊民放　14(159)〔1984.9〕p40～43
小関道幸	シリーズ・ドキュメンタリーわが視点（第6回）撮られる人自身のために、つくり続ける あのシラケと懺悔を越えて：月刊民放　14(160)〔1984.10〕p40～43
久冨正美	シリーズ・ドキュメンタリーわが視点（第8回）地方の伝承に、子どもの目の高さで迫りたい 予断を排し、取材過程で何かを嗅ぎとる姿勢が要：月刊民放　14(162)〔1984.12〕p40～43
鈴木昭伸	シリーズ・ドキュメンタリーわが視点（第10回）「未知の情報を映像で捕える醍醐味」感じて 見えないものを見せる「時間」を武器に：月刊民放　15(164)〔1985.2〕p40～43
木村栄文	シリーズ・ドキュメンタリーわが視点（14）心に染みる番組を、「私の技芸」でつくって：月刊民放　15(168)〔1985.6〕p40～43
細川健彦	シリーズ・ドキュメンタリーわが視点（15）強烈な個性を持つ人間を探し出すことから：月刊民放　15(169)〔1985.7〕p42～45
温井甚佑	シリーズ・ドキュメンタリーわが視点（16）出会いと別れに「生き方」を見る "人間賛歌"：月刊民放　15(170)〔1985.8〕p40～43
青柳良明	シリーズ・ドキュメンタリーわが視点（17）知的インタレスト満たす普遍的人間模様を：月刊民放　15(171)〔1985.9〕p42～45
佐藤伊佐雄	シリーズ・ドキュメンタリーわが視点（18）「原爆を記録する表現者」の一端を担いたい：月刊民放　15(172)〔1985.10〕p42～45
吉永春子	シリーズ・ドキュメンタリーわが視点（19）"実の世界" を執拗に追求することに魅力が：月刊民放　15(173)〔1985.11〕p42～45
原涼一, 澤地久枝　対談 戦争ドキュメンタリー考察：放送批評　No.197　〔1985.11〕	
内山洋道	シリーズ・ドキュメンタリーわが視点（20）度量と個性を超え「語りたい一行」を映像化：月刊民放　15(174)〔1985.12〕p38～41
安達尚彦	シリーズ・ドキュメンタリーわが視点（21）"忘れられた何か" を喚起する番組めざして：月刊民放　16(175)〔1986.1〕p38～41
向井嘉之	シリーズ・ドキュメンタリーわが視点（22）「地域の人々と生きる」意味の問い直しから：月刊民放　16(176)〔1986.2〕p42～45
樋口由紀雄	シリーズ・ドキュメンタリーわが視点（23）「忘れられない光景」が育む "私だけ" の視座：月刊民放　16(177)〔1986.3〕p40～43
横山孝弘	シリーズ・ドキュメンタリーわが視点（24）取材対象に寄り添い、ともに「歩き」続けて：月刊民放　16(178)〔1986.4〕p38～41
下島信夫	シリーズ・ドキュメンタリーわが視点（25）"生きた音" で、つくり手の執念を伝えたい：月刊民放　16(179)〔1986.5〕p36～39
木村成忠	シリーズ・ドキュメンタリーわが視点（26）題材に託して、いかに「おのれ」を語れるか：月刊民放　16(180)〔1986.6〕p34～37
徳光規郎	シリーズ・ドキュメンタリーわが視点（27）舞台と人間に向けた興味と好奇心を大切に：月刊民放　16(181)〔1986.7〕p36～39
中尾則幸	シリーズ・ドキュメンタリーわが視点（28）気合を抑え、「対象の目線」に立った語り部に：月刊民放　16(182)〔1986.8〕p32～35
大越陞助	シリーズ・ドキュメンタリーわが視点（30）市井の人の現実を、「録音」という言語で再現：月刊民放　16(184)〔1986.10〕p32～35
竹中敬一	シリーズ・ドキュメンタリーわが視点（31）社会現象のなかの "語りの重み" に心ひかれて：月刊民放　16(185)〔1986.11〕p34～37
高岸勝	シリーズ・ドキュメンタリーわが視点（32）弱者を取材し、"自分の人生観" を築き上げて 在韓日本人妻の思いを戦後世代の私が追い、"新しい発見"：月刊民放　16(186)〔1986.12〕p40～43
渡辺みどり	シリーズ・ドキュメンタリーわが視点（33）明るく暖かい映像を長期間にわたって記録：月刊民放　17(187)〔1987.1〕p46～49
李水香	シリーズ・ドキュメンタリーわが視点（34）考えさせるより "感じる" ドキュメンタリーを：月刊民放　17(188)〔1987.2〕p36～39

ばばこういち	ニュースステーションにみるドキュメンタリーの新しい芽 ドキュメンタリーは何処へいった：放送批評　No.211〔1987.2〕
須藤出穂	仕事のためには賞もほしい地方局ドキュメンタリー事情 ドキュメンタリーは何処へいった：放送批評　No.211〔1987.2〕
牛山純一	地球をコツコツ記録する100年後にはノーベル賞かな ドキュメンタリーは何処へいった：放送批評　No.211〔1987.2〕
渡辺茂美	シリーズ・ドキュメンタリーわが視点（35）「自分」をさらけ出す自信と勇気を培いながら 日ごろから生活感覚を磨き、"本物の目を持った自画像"求めて：月刊民放　17（189）〔1987.3〕　p40～43
中西昭雄	ドキュメンタリー映画の現在――見る側が補完するメディアの力：Asahi journal　29（13）〔1987.3〕　p100～105
福本俊	シリーズ・ドキュメンタリーわが視点（36）「地方からのメッセージを伝えたい」と燃えて：月刊民放　17（190）〔1987.4〕　p36～39
徳丸望	シリーズ・ドキュメンタリーわが視点（37）「もくろみ」「予断」が崩れるときにこそ真実が：月刊民放　17（191）〔1987.5〕　p30～33
境真理子	シリーズ・ドキュメンターわが視点（38）マイノリティの視点で"人間の呼吸"捉えて：月刊民放　17（192）〔1987.6〕　p34～37
薦田高士	シリーズ・ドキュメンタリーわが視点（39）人間の背景にある"情報"をどう盛り込めるか：月刊民放　17（193）〔1987.7〕　p40～43
鈴木裕範	シリーズ・ドキュメンタリーわが視点（40）「個人」を主題に、時代と社会と自らを問う：月刊民放　17（194）〔1987.8〕　p36～39
玉城朋彦, 山内公明, 小林章良, 西尾克彦, 大西五郎, 辻本晃一	特集「報道の時代」とドキュメンタリー オーソドックスに問題を掘り下げる「こだわり」を大切に、個々の眼を培いながら………ローカル・ドキュメンタリー：月刊民放　17（195）〔1987.9〕　p19～27
山田宗睦	特集「報道の時代」とドキュメンタリー キャスターでなく、「ニュース内容」がウケる工夫を 民放"報道の時代"への期待と注文：月刊民放　17（195）〔1987.9〕　p6～9
諫山修	特集「報道の時代」とドキュメンタリー 英国のドキュメンタリー事情 制作に日数かけ"芸術性"を追求――依然、フィルムが主流：月刊民放　17（195）〔1987.9〕　p28～31
菊池浩佑, 小笠原紀利, 森永勉, 和田光弘	特集「報道の時代」とドキュメンタリー 幅広いテーマをタイムリーに追う 内部論議を尽くし、「いま」を映すネット・ドキュメンタリー：月刊民放　17（195）〔1987.9〕　p10～18
小高正行	シリーズ・ドキュメンタリーわが視点（41）人間臭い社会ネタで"生活者の真実"を探る　17（198）〔1987.12〕　p44～47
岡本博	（＜放送＞の内と外＜特集＞）ここにいる！ TVドキュメンタリスト：総合ジャーナリズム研究　25（01）〔1988〕　p77～83
伊豫田康弘	特集 200号記念 いま、ドキュメンタリーは… ENG登場を機に、「娯楽性」加味した多様化時代へ 民放ドキュメンタリーの系譜：月刊民放　18（200）〔1988.2〕　p21～22, 24～24, 26～26
丸山静雄, 八橋卓	特集 200号記念 いま、ドキュメンタリーは… テーマは無尽蔵、"野の精神"発揮し挑戦を 制作者に、いま何が問われているのか＜番組視聴対談＞：月刊民放　18（200）〔1988.2〕　p6～9
藤川魏也	特集 200号記念 いま、ドキュメンタリーは… 画期的な、法廷内ビデオ取材の実現：月刊民放　18（200）〔1988.2〕　p43～45
井出孫六, 黒田清, 佐藤豊, 斎藤茂男, 小山内美江子, 小中陽太郎, 赤塚行雄, 大石芳野, 鈴木志郎康	特集 200号記念 いま、ドキュメンタリーは… 現況をどう捉え、何を期待するか 視聴批評：月刊民放　18（200）〔1988.2〕　p10～20
大西五郎	特集 200号記念 いま、ドキュメンタリーは… 着実に強まる、視聴者のドキュメンタリー志向 基幹5地区の視聴率データ分析：月刊民放　18（200）〔1988.2〕　p35～38
堂本暁子	シリーズ・ドキュメンタリーわが視点（43）テーマへの"視座"確立に悩み、「時代」に挑戦：月刊民放　18（201）〔1988.3〕　p40～43
玉城朋彦	シリーズ・ドキュメンタリーわが視点（44）ネタに執着し、沖縄戦と基地問題を追う：月刊民放　18（202）〔1988.4〕　p42～45
赤井朱美	シリーズ・ドキュメンタリーわが視点（45）内なる"差別意識"と"偏見"を問い直す：月刊民放　18（203）〔1988.5〕　p34～37
松尾允之	シリーズ・ドキュメンタリーわが視点（47）「女性の個人史」通じ"昭和"を解き明かす：月刊民放　18（205）〔1988.7〕　p40～43
井上普之	シリーズ・ドキュメンタリーわが視点（48）「イカ漁」を通じ、水産国の今後を考える：月刊民放　18（206）〔1988.8〕　p40～43
河野英雄	シリーズ・ドキュメンタリーわが視点（50）"庶民の側からの視点"を忘れずに挑戦：月刊民放　18（210）〔1988.12〕　p40～43
山口修平	シリーズ・ドキュメンタリーわが視点（51）"素朴な疑問"から火山灰有害説を追う：月刊民放　19（212）〔1989.2〕　p40～43
熊谷伸一	シリーズ・ドキュメンタリーわが視点（52）見捨てられる人たちの痛み共有して：月刊民放　19（216）〔1989.6〕　p32～35
石氏謙介	シリーズ・ドキュメンタリーわが視点（53）複眼的視点で時代の変化捉えたい：月刊民放　19（217）〔1989.7〕　p30～33
小林晋作	シリーズ・ドキュメンタリーわが視点（54）セピア色の奉納写真に「戦争」考える：月刊民放　19（218）〔1989.8〕　p32～35
伊槻雅裕	シリーズ・ドキュメンタリーわが視点（55）"語られる言葉"の重さ理解する感性を：月刊民放　19（219）〔1989.9〕　p34～37
大塚弘	シリーズ・ドキュメンタリーわが視点（57）「事実」の持つ「ニュアンス」にこだわる：月刊民放　19（221）〔1989.11〕　p32～35
東城祐司	特集 討論番組の現実 米国の"討論授業"精神生かす フジテレビ『ディベート』：月刊民放　19（221）〔1989.11〕　p14～16
城菊子	シリーズ・ドキュメンタリーわが視点（58）ドラマティックな要素に制作の喜び：月刊民放　19（222）〔1989.12〕

	p36〜39
牧野宏	シリーズ・ドキュメンタリーわが視点（59）地域の人の素朴な語りに番組の素材：月刊民放　20（224）〔1990.2〕p34〜37
宅野雄二郎	シリーズ・ドキュメンタリーわが視点（60）必ずしも一致しない事実と真実：月刊民放　20（225）〔1990.3〕p34〜37
栃窪優二	シリーズ・ドキュメンタリーわが視点（61）移植医療の矛盾を市民に問題提起：月刊民放　20（226）〔1990.4〕p30〜33
菊池浩佑	『NNNドキュメント』の二十年：マスコミ市民　通号261　〔1990.5〕p14〜29
下山宏昭	シリーズ・ドキュメンタリーわが視点（62）現代の矛盾を史実にあてはめる：月刊民放　20（227）〔1990.5〕p30〜33
駒木根尚	シリーズ・ドキュメンタリーわが視点（63）揺れ動く農業の将来像は：月刊民放　20（228）〔1990.6〕p30〜33
大西高義	シリーズ・ドキュメンタリーわが視点（64）視聴者の目線で真実を追求：月刊民放　20（229）〔1990.7〕p28〜31
近藤喜幸	シリーズ・ドキュメンタリーわが視点（65）見守り続けたい郷土の歴史：月刊民放　20（230）〔1990.8〕p32〜35
中市篤志	シリーズ・ドキュメンタリーわが視点（66）「戦争体験の風化」に懐疑の目を：月刊民放　20（231）〔1990.9〕p30〜33
村上憲男	シリーズ・ドキュメンタリーわが視点（67）「平均的市民」の目線で：月刊民放　20（233）〔1990.11〕p34〜37
上原冨士夫	シリーズ・ドキュメンタリーわが視点（68）すべての道は福祉につながる：月刊民放　20（234）〔1990.12〕p32〜35
岩浪弘康	テレビドキュメンタリー試論―ジャーナリズムの原点から：放送芸術学：メディア研究　（6）〔1990.12〕p61〜78
武居信介	シリーズ・ドキュメンタリーわが視点（69）水俣から“慣れの恐ろしさ”学ぶ：月刊民放　21（235）〔1991.1〕p34〜37
吉村直樹	シリーズ・ドキュメンタリーわが視点（70）報道マンの人生観投影する作業を：月刊民放　21（236）〔1991.2〕p34〜37
安渕修	シリーズ・ドキュメンタリーわが視点（71）視聴者の心動かす作品を：月刊民放　21（237）〔1991.3〕p34〜37
宮武丈嗣	シリーズ・ドキュメンタリーわが視点（72）「勇気」の二字に励まされ努力：月刊民放　21（238）〔1991.4〕p34〜37
吉竹聡	シリーズ・ドキュメンタリーわが視点（73）地域の文化に光当て記録する：月刊民放　21（239）〔1991.5〕p36〜39
上松道夫	シリーズ・ドキュメンタリーわが視点（74）“検証報道”こそ番組のポリシー：月刊民放　21（240）〔1991.6〕p34〜37
小倉一修	シリーズ・ドキュメンタリーわが視点（75）「これは何？」の好奇心忘れず：月刊民放　21（241）〔1991.7〕p34〜37
天満幸辰	シリーズ・ドキュメンタリーわが視点（76）「凄味と温かさ」持つ番組作りを：月刊民放　21（242）〔1991.8〕p34〜37
須藤正隆	シリーズ・ドキュメンタリーわが視点（77）秋田放送 自分の人生から生まれる番組もある：月刊民放　21（243）〔1991.9〕p34〜37
石山辰吾	ドキュメンタリーを見せてくれ！ 深夜のドキュメンタリー枠『NONFIX』の2年間：月刊民放　21（243）〔1991.9〕p27〜30
平岡正明	TVドキュメンタリーの文体を求めて：放送批評　No.269　〔1991.12〕
長谷川格	遠くなった「ドキュメンタリー」：月刊民放　21（246）〔1991.12〕p32〜33
ラボイ，マーク	カナダにおける放送番組の質の法律，制度および研究的なとらえ方（放送プロクラミングの質的評価<特集>）：放送学研究　通号42　〔1992〕p81〜113
グリーンバーグ，ブラドレー・S	公共テレビジョン放送の質的評価における制作・技術・経済・視聴者要因（放送プロクラミングの質的評価<特集>）：放送学研究　通号42　〔1992〕p137〜199
レガット，ティモシー	定義できないものを検証する――英国におけるテレビの質的評価へのアプローチに関する試論（放送プロクラミングの質的評価<特集>）：放送学研究　通号42　〔1992〕p115〜135
香取淳子	民主主義を遠ざけたテレビの罪跡（テレビ40年－－不惑の検証－2－<特別企画>）：総合ジャーナリズム研究　30（02）〔1993.4〕p38〜44
磯野恭子	特集 ドキュメンタリー制作の手法と今日的課題 TVドキュメンタリーの可能性：月刊民放　23（263）〔1993.5〕p6〜8
日下雄一	特集 ドキュメンタリー制作の手法と今日的課題 テレビが迎えた自己検証のとき 『朝まで生テレビ』と“やらせ問題”：月刊民放　23（263）〔1993.5〕p16〜18
是枝裕和	特集 ドキュメンタリー制作の手法と今日的課題 演出めぐる論議に学ぶ：月刊民放　23（263）〔1993.5〕p12〜15
佐藤晃一	特集 ドキュメンタリー制作の手法と今日的課題 「現実」を映し「事実」を積み重ねて：月刊民放　23（263）〔1993.5〕p25〜27
樋口由紀雄	特集 ドキュメンタリー制作の手法と今日的課題 時間と予算の厳しい制約乗り越えて：月刊民放　23（263）〔1993.5〕p22〜24
斉藤直宏	特集 ドキュメンタリー制作の手法と今日的課題 「真実」を伝える手段としての演出：月刊民放　23（263）〔1993.5〕p19〜21
吉永春子	特集 ドキュメンタリー制作の手法と今日的課題 正攻法の取材方法へ立ち帰る：月刊民放　23（263）〔1993.5〕p9〜11
村上雅通	特集 ドキュメンタリー制作の手法と今日的課題 歴史掘り起こすことの難しさ痛感：月刊民放　23（263）〔1993.5〕p28〜30
河野尚行	ドキュメンタリーの問題点NHKスペシャル「ムスタン」をめぐって：新聞研究　通号502　〔1993.5〕p51〜54
竹山昭子	ドキュメンタリーの不幸 “やらせ”考：放送批評　No.287　〔1993.6〕
川良浩和	基本は優れた「調査報道」だ（特集 テレビドキュメンタリーWHAT？ その可能性と新しい潮流を読む）：新・調査情報passingtime　2期（51）通号416　〔1997.5〕p20〜22
今泉浩美，坂上香，秋山浩之，是枝裕和	座談会 「私」のテレビドキュメンタリー（特集 テレビドキュメンタリーWHAT？ その可能性と新しい潮流を読む）：新・調査情報passingtime　2期（51）通号416　〔1997.5〕p23〜29
高徳文人	ノンフィクション だからノンフィクションはやめられない：新・調査情報passingtime　2期（51）通号417　〔1997.

	7〕 p43〜43
大島渚	アジアの戦争を見つめた牛山純一（牛山純一とテレビドキュメンタリーの時代〔含 年譜・牛山純一全仕事〕）：放送文化　通号44　〔1998.2〕 p44〜45
稲葉寿一	カメラサイドの牛山純一（牛山純一とテレビドキュメンタリーの時代〔含 年譜・牛山純一全仕事〕）：放送文化　通号44　〔1998.2〕 p43〜44
黒木和雄	ドキュメンタリーはデテールにこだわりたい（エッセイ特集 放送と文化）：放送文化　通号44　〔1998.2〕 p36〜37
井出孫六	放送時評 ドキュメンタリーはテレビの心臓：月刊民放　28（3）〔1998.3〕 p40〜41
小田桐誠	硬派な娯楽 ドキュメンタリーの多様な世界：放送文化　通号66　〔1999.12〕 p8〜17
森達也、綿井健陽	ドキュメンタリー対談 第1回 公正・中立って、何だ？：放送レポート　194号　〔2005.5〕 p2〜12
森達也、土江真樹子	ドキュメンタリー対談 第2回 メディアの敗北：放送レポート　195号　〔2005.7〕 p36〜44
緒方明、森達也	ドキュメンタリー対談 第3回 「表現」とは何か：放送レポート　196号　〔2005.9〕 p20〜27
森達也、中島多圭子	ドキュメンタリー対談 第4回 テレビではできないこと：放送レポート　197号　〔2005.11〕 p18〜28
藤岡伸一郎	ドキュメンタリーを語る TVドキュメンタリーはなぜ「地方」と向き合わなければならないか（総力特集 闘うドキュメンタリー番組）：放送文化　通号16　〔2007.秋〕 p74〜76
戸田桂太	ドキュメンタリーを語る ドキュメンタリーはどこにある？（総力特集 闘うドキュメンタリー番組）：放送文化　通号16　〔2007.秋〕 p69〜73
安蒜豊三	ドキュメンタリーを語る ドキュメンタリー・ビギナーがつかんだ機会（総力特集 闘うドキュメンタリー番組）：放送文化　通号16　〔2007.秋〕 p46〜51
長尾聡	ドキュメンタリーを語る ドミニカ移民から50年 過去の問題の中に「今」を探す（総力特集 闘うドキュメンタリー番組）：放送文化　通号16　〔2007.秋〕 p40〜45
板垣淑子	ドキュメンタリーを語る 『ワーキングプア』はこうして生まれた（総力特集 闘うドキュメンタリー番組）：放送文化　通号16　〔2007.秋〕 p64〜68
森達也	ドキュメンタリーを語る 悪辣で主観的で恣意的なドキュメンタリーを（総力特集 闘うドキュメンタリー番組）：放送文化　通号16　〔2007.秋〕 p58〜63
角英夫	ドキュメンタリーを語る 現場には、私たちをひきつけてやまない "磁力" がある（総力特集 闘うドキュメンタリー番組）：放送文化　通号16　〔2007.秋〕 p34〜39
村口敏也	ドキュメンタリーを語る 病気腎移植問題のドキュメンタリーを制作して（総力特集 闘うドキュメンタリー番組）：放送文化　通号16　〔2007.秋〕 p52〜57
佐野眞一	巻頭インタビュー ノンフィクション作家 佐野眞一――ノンフィクションはエンターテインメントだ：放送文化　通号16　〔2007.秋〕 p3〜10
森達也、村木良彦	ドキュメンタリー対談 第10回 テレビは "生" だ：放送レポート　205号　〔2007.3〕 p28〜36
森達也、長嶋甲兵	ドキュメンタリー対談 「わかりやすさ」の罠 「あるある」捏造問題を考える：放送レポート　206号　〔2007.5〕 p8〜16
安岡卓治、森達也	ドキュメンタリー対談 第12回 プロデューサーという仕事：放送レポート　207号　〔2007.7〕 p22〜32
鎌仲ひとみ、森達也	ドキュメンタリー対談 第13回 「私」が作るドキュメンタリー：放送レポート　209号　〔2007.11〕 p18〜26
ファイエル・アンドレス、森達也	ドキュメンタリー対談＜14＞ 事件を撮る：放送レポート　210号　〔2008.1〕 p24〜31
飯島希	世論動かす力を信じて――人々の「行動変容」のために新聞が担うべき役割（地球環境と向きあう視点）：新聞研究（678）〔2008.1〕 p34〜37
田原茂行	『全国テレビドキュメンタリー'07年』の誕生：調査情報. 第3期　（480）〔2008.1〕 p96〜99
小出五郎、森達也	ドキュメンタリー対談 第15回 科学とドキュメンタリー：放送レポート　211号　〔2008.3〕 p18〜27
森達也、是枝裕和	ドキュメンタリー対談 第16回 テレビが失ったもの：放送レポート　214号　〔2008.9〕 p34〜42
阿武野勝彦、森達也、齊藤潤一	ドキュメンタリー対談 第17回 もう一つの視点：放送レポート　215号　〔2008.11〕 p12〜23
吉岡忍	ドキュメンタリー制作 人間の中に踏み込むべし（特集 デジタル放送時代の君たちへ）：月刊民放　39（3）通号453〔2009.3〕 p8〜11
関千枝子	テレビの泣きどころ〈54〉ドキュメンタリーのよき伝統を受け継ぐのは誰か：放送レポート　218号　〔2009.5〕 p42〜43
鈴木嘉一	ドキュメンタリーの要諦は継続取材にあり――地方局の息長い取り組みに期待する：月刊民放　39（6）通号456〔2009.6〕 p36〜39
堀川雅子	「命」「心」「声なき声」を伝えて（ドキュメンタリーわが視点――再開スペシャル）：月刊民放　39（7）通号457〔2009.7〕 p31〜35
橋本佐与子	冷静さと取材相手への尊敬の念を（ドキュメンタリーわが視点――再開スペシャル）：月刊民放　39（7）通号457〔2009.7〕 p27〜31
佐藤忠男	映像文化とはなにか（55）ドキュメンタリーの隆盛：公評　46（6）〔2009.7〕 p84〜91
小川秀幸	ドキュメンタリーわが視点 取材対象の想いを伝える使命と責任：月刊民放　39（8）通号458　〔2009.8〕 p40〜43
金富隆	creator's voice ドキュメンタリー 105歳・『最後の赤紙配達人』との対話：調査情報. 第3期　（491）〔2009.11・12〕 p74〜77
寺尾隆	ドキュメンタリーわが視点 見ること、見つめること：月刊民放　40（1）通号463　〔2010.1〕 p38〜41
佐藤忠男	映像文化とはなにか（63）ドキュメンタリーを掘りおこす（1）：公評　47（3）〔2010.4〕 p76〜83
中崎清栄	ドキュメンタリーわが視点 人と人があたたかく関わる映像を：月刊民放　40（5）通号467　〔2010.5〕 p38〜41
佐藤忠男	映像文化とはなにか（64）ドキュメンタリーを掘りおこす（2）：公評　47（4）〔2010.5〕 p64〜71
佐藤忠男	映像文化とはなにか（66）ドキュメンタリーを掘りおこす（4）：公評　47（6）〔2010.7〕 p64〜71
佐藤忠男	映像文化とはなにか（67）ドキュメンタリーを掘りおこす（5）：公評　47（7）〔2010.8〕 p64〜71
尼崎拓朗	ドキュメンタリーわが視点 出会った者としての責任：月刊民放　40（9）通号471　〔2010.9〕 p38〜41
松浦正登	ドキュメンタリーわが視点 「作品即人生」が座右の銘：月刊民放　40（12）通号474　〔2010.12〕 p38〜41
右田千代	ドキュメンタリー制作 戦争を知らないひとりの人間が戦争を伝える意味とは（特集 つくる女性 見る女性）：放送文化　通号29　〔2011.冬〕 p32〜35
新聞通信調査会世論調査班	ネットに押される「新聞の役割」――第3回「メディアに関する全国世論調査」（上）：メディア展望

放送ジャーナリズム　　　　ジャーナリズム

　　　　　　　　（589）〔2011.2〕　p6〜12
丸山友美　　映像メディアの想像力—ドキュメンタリーにおける偶然性と〈時間〉の検討：社会研究　（41）〔2011.3〕p117〜140
森啓子　　　ドキュメンタリーわが視点 誰も知らないゴリラを描きたくて：月刊民放　41（4）通号478　〔2011.4〕　p38〜41
橋本真理子　ドキュメンタリーもスクープだ——『いおりといぶき』の取材から（特集 取材の持久力）：月刊民放　41（5）通号
　　　　　　479　〔2011.5〕　p19〜22
福島勝　　　ドキュメンタリーわが視点 「なぜ？」の先にあるもの：月刊民放　41（5）通号479　〔2011.5〕　p40〜43
石川岳　　　ドキュメンタリーわが視点 「素材の温度」をつないで描く：月刊民放　41（8）通号482　〔2011.8〕　p40〜43
佐藤泰正　　ドキュメンタリーわが視点 生と死の間で揺れる心を描く：月刊民放　42（5）通号491　〔2012.5〕　p36〜39
東野真, 濱崎好治　制作者研究 テレビ・ドキュメンタリーを創った人々（第3回）牛山純一（日本テレビ）：映像のドラマトゥル
　　　　　　ギー：放送研究と調査　62（5）通号732　〔2012.5〕　p84〜102
岸本達也, 石井彰, 齊藤潤一　ドキュメンタリーを書く：対談 岸本達也×齊藤潤一（特集 テレビドキュメンタリーの現在）：月刊
　　　　　　民放　42（6）通号492　〔2012.6〕　p12〜19
鈴木嘉一　　越境するテレビドキュメンタリー（特集 テレビドキュメンタリーの現在）：月刊民放　42（6）通号492　〔2012.6〕
　　　　　　p4〜11
七沢潔　　　制作者研究 テレビ・ドキュメンタリーを創った人々（第4回）森口豁（日本テレビ）：沖縄を伝え続けたヤマトン
　　　　　　チュ：放送研究と調査　62（6）通号733　〔2012.6〕　p56〜73
今村研一　　ドキュメンタリー国際共同制作 日本から世界へ！（特集 放送局の海外展開）：月刊民放　42（11）通号497　〔2012.
　　　　　　11〕　p23〜25
丸山友美　　ドキュメンタリーの＜偶然性＞：森達也『A』（1998）の映像分析による考察：マス・コミュニケーション研究
　　　　　　（83）〔2013〕　p135〜153
舩橋淳　　　ドキュメンタリーわが視点 現実を距離化するために：フィクションとドキュメンタリーの狭間で：月刊民放　43
　　　　　　（2）通号500　〔2013.2〕　p24〜27
村上辰之助　ドキュメンタリーわが視点 成長するということ：月刊民放　43（5）通号503　〔2013.5〕　p38〜41
坂元伸一　　ドキュメンタリーわが視点 「幸せ」な生き方とは：月刊民放　43（11）通号509　〔2013.11〕　p36〜39
桜井均　　　テレビドキュメンタリーと戦争：何が描けなかったか（特集 戦争を識る、伝える）：月刊民放　44（8）通号518
　　　　　　〔2014.8〕　p14〜18
安川克巳　　ドキュメンタリーわが視点 地方から「タブー」に物申す：月刊民放　44（9）通号519　〔2014.9〕　p34〜37
宮田章　　　『日本の素顔』と戦後近代：テレビ・ドキュメンタリーの初期設定（第2回）事実と理念の二重らせん：源流とし
　　　　　　ての録音構成：放送研究と調査　64（12）通号763　〔2014.12〕　p22〜69

〔図 書〕
水野肇　　　これがドキュメンタリーだ—日本の記録映画作家　紀尾井書房　1983.1　270p　19cm　1200円
飾り職人グループ　テレビは"裏"から見るほうが面白い—ハッと衝撃、たまらず爆笑!! 現職ディレクターが覆面で明かす「見ら
　　　　　　れたくない、知られたくない」話　主婦と生活社　1983.5　213p　19cm　750円　（21世紀ブックス）
野田真吉　　日本ドキュメンタリー映画全史　社会思想社　1984.2　291p　15cm　520円　（現代教養文庫1095）
日本民間放送連盟　時代の狩人—ドキュメンタリストの視点　エムジー　1988.4　397p　20cm　2500円
河村雅隆　　ドキュメンタリーとは何か—テレビ・ディレクターの仕事　ブロンズ新社　1995.8　149p　20cm　1600円
土門拳, 東京都写真美術館, 名取洋之助, 木村伊兵衛　ドキュメンタリーの時代—名取洋之助・木村伊兵衛・土門拳・三木淳の写
　　　　　　真から　東京都歴史文化財団東京都写真美術館　2001.2　143p　26cm
桜井均　　　テレビの自画像—ドキュメンタリーの現場から　筑摩書房　2001.4　197p　19cm　1200円　（ちくまプリマーブッ
　　　　　　クス）
小栗謙一　　ドキュメンタリーを作るということ—あるがままになるがままに　ティビーエス・ブリタニカ　2002.4　137, 83p
　　　　　　19cm　1600円
海南友子, 鎌仲ひとみ, 金聖雄　ドキュメンタリーの力　子どもの未来社　2005.3　221p　18cm　840円　（寺子屋新書12）
森達也　　　ドキュメンタリーは嘘をつく　草思社　2005.3　262p　20cm　1700円
川良浩和　　闘うドキュメンタリー—テレビが再び輝くために　日本放送出版協会　2009.1　398p　20cm　2500円
森達也, 替山茂樹　ドキュメント・森達也の「ドキュメンタリーは嘘をつく」　キネマ旬報社　2009.4　167, 22p　21cm　2800円
佐藤忠男　　シリーズ日本のドキュメンタリー　1　ドキュメンタリーの魅力　岩波書店　2009.10　220p　19cm　2200円
佐藤忠男　　シリーズ日本のドキュメンタリー　2　政治・社会編　岩波書店　2010.1　246p　19cm　2400円
佐藤忠男　　シリーズ日本のドキュメンタリー　3　生活・文化編　岩波書店　2010.6　278p　19cm　2500円
佐藤忠男　　シリーズ日本のドキュメンタリー　4　産業・科学編　岩波書店　2010.8　277p　19cm　2500円
佐藤忠男　　シリーズ日本のドキュメンタリー　5　資料編　岩波書店　2010.12　348p　19cm　3300円
想田和弘　　なぜ僕はドキュメンタリーを撮るのか　講談社　2011.7　251p　18cm　760円　（講談社現代新書2113）

番組制作
〔雑誌記事〕
安藤喜代見　ラジオニュースの取材と編集について（座談会）：放送文化　6（6）〔1951.6〕　p22〜26
金沢覚太郎　テレビジョン番組編成の自由：新聞学評論　通号10　〔1960.3〕
井原ミナミ　テレビ番組のテーマ音楽と色彩の関係について：The Relationship between two variables——music and color in
　　　　　　TV programs：NHK文研月報　11（03）〔1961.3〕　p2
吉田潤, 東城敦也　テロップのよみやすい使い方について—字数とそれに必要な呈示時間の関係：NHK放送文化研究所年報　7
　　　　　　〔1962.8〕　p176〜200
東城敦也　　教育テレビ番組のプログラム・アピールに関する研究：NHK文研月報　13（07）〔1963.7〕　p15
安部隆　　　種目別にみた番組編成の実態——関東におけるラジオの場合とテレビの場合：NHK文研月報　13（07）〔1963.7〕
　　　　　　p1, 23
放送博物館　ラジオ・テレビ演出特殊効果展と放送文化研究所公開——報告：NHK文研月報　14（01）〔1964.1〕　p74
安部隆　　　（3）種目別にみた番組編成の実態：NHK文研月報　14（11）〔1964.11〕　p30

| | ジャーナリズム | 放送ジャーナリズム |

岩下豊彦　スーパー・テロップ文字の認知しやすさに関する実験的研究：NHK放送文化研究年報　10　〔1965.8〕　p242～280
杉山明子　リニア・プログラミングによる番組編成計画：NHK文研月報　16（02）〔1966.2〕　p12
恩田紀明　番組構成要素の合成効果に関する研究（1）-SD法における概念－尺度間交互作用問題の検討－：NHK文研月報　18（11）〔1968.11〕　p25
恩田紀明　番組構成要素の合成効果に関する研究（2）－「音声」および「映像」の相互作用効果についての研究－：NHK文研月報　18（12）〔1968.12〕　p17
恩田紀明　番組構成要素の合成効果に関する研究（3）－合成効果の予測の問題についての検討－：NHK文研月報　19（03）〔1969.3〕　p17
吉沢比呂志　現場からの発言　テレビは自分自身である：放送批評　No.022　〔1969.9〕
安倍真慧, 菅野謙　テレビ画面の提示文字数：NHK文研月報　21（04）〔1971.4〕　p31
田原総一朗　ドロップ・イン　<特集>プロデューサーとは何か：放送批評　No.046　〔1971.10〕
石井ふく子　プロデューサーとは潤滑油　<特集>プロデューサーとは何か：放送批評　No.046　〔1971.10〕
牛山純一　プロデューサーについてのメモ　<特集>プロデューサーとは何か：放送批評　No.046　〔1971.10〕
瀬川昌明　マンモス企業体におけるプロデューサーの位置　<特集>プロデューサーとは何か：放送批評　No.046　〔1971.10〕
田中信之　血のかよった問題意識　<特集>プロデューサーとは何か：放送批評　No.046　〔1971.10〕
桑原宏　テレパック スタジオ・ドラマ制作と保守性　<特集>ルポルタージュ＝テレビ「下請」制作プロダクション：放送批評　No.051　〔1972.3〕
佐怒賀三夫　「テレビ」は何を発注するか　<特集>ルポルタージュ＝テレビ「下請」制作プロダクション：放送批評　No.051　〔1972.3〕
斉藤正治　テレビマンユニオン “宣伝広告” が文化欄にのる　<特集>ルポルタージュ＝テレビ「下請」制作プロダクション：放送批評　No.051　〔1972.3〕
石崎勝久　フジテレビエンタプライズ 高度の合理化と視聴者との間で　<特集>ルポルタージュ＝テレビ「下請」制作プロダクション：放送批評　No.051　〔1972.3〕
津田類　フジプロダクション 入札制度下の文化　<特集>ルポルタージュ＝テレビ「下請」制作プロダクション：放送批評　No.051　〔1972.3〕
菊地章一　株式会社東通及び東通グループ 放送産業化への貢献　<特集>ルポルタージュ＝テレビ「下請」制作プロダクション：放送批評　No.051　〔1972.3〕
川上宏　国際放映制作論までつきつめた経営の論理　<特集>ルポルタージュ＝テレビ「下請」制作プロダクション：放送批評　No.051　〔1972.3〕
和田矩衛　大映テレビプロダクション カラーの確立を　<特集>ルポルタージュ＝テレビ「下請」制作プロダクション：放送批評　No.051　〔1972.3〕
水野肇　東北新社 黄と黒の夢の工場　<特集>ルポルタージュ＝テレビ「下請」制作プロダクション：放送批評　No.051　〔1972.3〕
ばばこういち　われこそはテレビ制作者<細野邦彦の巻>：放送批評　No.055　〔1972.7・8〕
渡辺善四郎　識者の “制作” への評価と提言 番組視聴懇談会から：月刊民放　02（16）〔1972.9〕　p50～52
ばばこういち　われこそはテレビ制作者<村木良彦の巻>：放送批評　No.057　〔1972.10〕
ばばこういち　われこそはテレビ制作者<田川一郎・竹田賢一>：放送批評　No.058　〔1972.11〕
山田史生　大衆娯楽番組に発想の転換を：月刊民放　03（21）〔1973.2〕　p3～6
鳥山拡　特集・編成の現状を考える 娯楽編成論 常套の中に新鮮さを発掘する眠：月刊民放　03（25）〔1973.6〕　p7～10
佐怒賀三夫　特集・編成の現状を考える 放送編成権を問い直す 敏感な生体反応を：月刊民放　03（25）〔1973.6〕　p2～6
井上宏　テレビの20年 テレビ・イメージの20年 編成「柔構造」の回復を：月刊民放　03（27）〔1973.8〕　p5～9
放送事情調査部　米テレビ番組の編成――最近5年間の特色をみる：NHK文研月報　23（12）〔1973.12〕　p1
井上宏　新連載 組織と編成の活性化をさぐる（第1回）問われる「編成表現」：月刊民放　04（32）〔1974.1〕　p21～25
井上宏　組織と編成の活性化をさぐる（第2回）編成プロデューサー論：月刊民放　04（33）〔1974.3〕　p50～54
武田美由起　テレビ、ん？　イテコマサレテル　<特集>負の転位 入力における怒りは受け手に届くか：放送批評　No.073　〔1974.4〕
鳥山拡　テレビレイ・その負の転位　<特集>負の転位 入力における怒りは受け手に届くか：放送批評　No.073　〔1974.4〕
斉藤正治　幻想のテレビ局は可能か　<特集>負の転位 入力における怒りは受け手に届くか：放送批評　No.073　〔1974.4〕
中山千夏　最後に書く者 ここにひとりのタレントあり　<特集>負の転位 入力における怒りは受け手に届くか：放送批評　No.073　〔1974.4〕
津村喬　常民的なるもの―身体的なるもの　<特集>負の転位 入力における怒りは受け手に届くか：放送批評　No.073　〔1974.4〕
井上宏　組織と編成の活性化をさぐる（第3回）編成理念としての「広場」：月刊民放　04（34）〔1974.4〕　p24～27, 23～23
田原総一朗　腹が立つから作るのだ　<特集>負の転位 入力における怒りは受け手に届くか：放送批評　No.073　〔1974.4〕
井上宏　組織と編成の活性化をさぐる（第4回）「主催者」の論理：月刊民放　04（35）〔1974.5〕　p32～35
井上宏　組織と編成の活性化をさぐる（第5回）編成と営業：月刊民放　04（36）〔1974.6〕　p32～35
井上宏　組織と編成の活性化をさぐる（第6回）「制作表現」の独自性：月刊民放　04（37）〔1974.7〕　p38～41, 14～14
山本透　番組制作と制作者：NHK放送文化研究年報　19　〔1974.7〕　p160～175
井上宏　組織と編成の活性化をさぐる（第7回）編成と制作の連動関係：月刊民放　04（38）〔1974.8〕　p32～35, 21～21
三浦謹一　テレビ番組編成論――西ドイツの場合：NHK文研月報　24（09）〔1974.9〕　p38
井上宏　組織と編成の活性化をさぐる（第8回）考査の論理：月刊民放　04（39）〔1974.9〕　p32～35
都築忠彦　こちらビンボーTV局　<特集>いま放送の現場は…？：放送批評　No.079　〔1974.10・11〕
民野九郎　われらスーパーマン　<特集>いま放送の現場は…？：放送批評　No.079　〔1974.10・11〕
龍村仁　ガラス越しの風景　<特集>いま放送の現場は…？：放送批評　No.079　〔1974.10・11〕
矢崎泰久　テレビ暗黒論　<特集>いま放送の現場は…？：放送批評　No.079　〔1974.10・11〕
林美雄　ヤベェときのモットー　<特集>いま放送の現場は…？：放送批評　No.079　〔1974.10・11〕
鎌内啓子, 吉本安江　喜びも怖わさもなく　<特集>いま放送の現場は…？：放送批評　No.079　〔1974.10・11〕
田原総一朗　具体的に番組をつくる以外ないだろう　<特集>いま放送の現場は…？：放送批評　No.079　〔1974.10・11〕

放送ジャーナリズム　　　　　ジャーナリズム

諏訪恭也	現場からの反論「みんなで語ろう」下 制作者の意図不在を目指して：放送批評　No.079　〔1974.10・11〕	
田川一郎	視聴者とダイレクトにパイプレートしたい ＜特集＞いま放送の現場は…？：放送批評　No.079　〔1974.10・11〕	
鈴木志郎康	初めて、NHKのことを書いてみた ＜特集＞いま放送の現場は…？：放送批評　No.079　〔1974.10・11〕	
岡庭昇	「笑い」と「国家」 ＜特集＞いま放送の現場は…？：放送批評　No.079　〔1974.10・11〕	
井上宏	組織と編成の活性化をさぐる（第9回）ネットワークの論理：月刊民放　04（40）〔1974.10〕　p34～37, 25～25	
中川昇	町工場での自虐的な努力 ＜特集＞いま放送の現場は…？：放送批評　No.079　〔1974.10・11〕	
井上宏	組織と編成の活性化をさぐる（第10回）批評活動と放送：月刊民放　04（41）〔1974.11〕　p28～31, 35～35	
須藤春夫	新しいテレビ報道のために－上－報道論の系譜とその期待される展開：総合ジャーナリズム研究　14（01）〔1976.1〕　p106～114	
青木貞伸	セミナー報告 ENGセミナーを終えて：放送批評　No.093　〔1976.3〕	
青木賢児	大型プロジェクト番組におけるプロデューサーのエディターシップ（放送におけるプロフェッション＜特集＞）：放送学研究　通号29　〔1977〕　p45～66	
岡本幸子	調査研究ノート 東京7局テレビ番組対照表の作成をめぐって：NHK文研月報　27（03）〔1977.3〕　p62	
須藤春夫	新しいテレビ報道のために－下－：総合ジャーナリズム研究　14（02）〔1977.4〕　p55～67	
宇佐美昇三	調査研究ノート 発想別による英語会話番組用カリキュラムの開発：NHK文研月報　27（05）〔1977.5〕　p47	
井上鎮雄, 菅野謙	テレビニュースの文字表現：NHK放送文化研究年報　22　〔1977.7〕　p64～91	
宇佐美昇三	自宅でモンタージュできるテレビ――並行型ランダムアクセス学習番組の開発：NHK文研月報　27（10）〔1977.10〕　p54	
南利明	空中にクモの巣をはる――新聞紙面から見たラジオ草創期：NHK文研月報　28（02）〔1978.2〕　p36	
小松錬平	"語りべ"方式のニュースづくりをめざす：月刊民放　08（80）〔1978.2〕　p24～27	
南利明	空中にクモの巣をはる われらの放送局（1）：NHK文研月報　28（05）〔1978.5〕　p37	
南利明	空中にクモの巣をはる われらの放送局（2）：NHK文研月報　28（06）〔1978.6〕　p38	
藤岡英雄	調査研究ノート 半年編成はどのように受け入れられたか――「フランス語講座」パネル調査の結果から：NHK文研月報　28（07）〔1978.7〕　p54	
山口秀夫	米ABCテレビにおける編成戦略の研究（1974～1977）：NHK放送文化研究年報　23　〔1978.7〕　p258～307	
崎山正信	社会変化と番組創造（54回）ビデオ報道で心にひびく番組を：月刊民放　08（86）〔1978.8〕　p33～36	
引田惣弥, 今野勉, 志賀信夫, 倉木正晴, 大山勝美, 豊田年郎	座談会 三時間ドラマはかく創られた ＜特集＞番組研究 "三時間ドラマ"「獅子のごとく」を中心に：放送批評　No.119　〔1978.9・10〕	
長原緑野	社会変化と番組創造（55回）成功した初の英語ニュース：月刊民放　08（87）〔1978.9〕　p36～39	
菅野謙	テレビニュースのタイトル表現：NHK文研月報　28（11）〔1978.11〕　p1	
宇佐美昇三	伴奏多重方式による番組開発――テレビと歌える音楽番組：NHK文研月報　28（11）〔1978.11〕　p56	
石川旺	放送番組のテンポをどのように考えるか：NHK文研月報　28（12）〔1978.12〕　p1	
宇佐美昇三	調査研究ノート テレビに "脚注"をつける試み：NHK文研月報　29（05）〔1979.5〕　p62	
稲垣文男	アナウンサーのリード・ニュースと記者のトーク・ニュースを考える－アナウンサー・記者・PD全国調査から（2）－：NHK文研月報　29（06）〔1979.6〕　p17	
稲垣文男	ニュースの見出しを考える－アナウンサー・記者・PD全国調査から（3）－：NHK文研月報　29（07）〔1979.7〕　p26	
安達尚彦	制作ノートから 音による視覚化を考える RAB耳の新聞：月刊民放　10（106）〔1980.4〕　p36～38	
藤岡伸一郎	＜特集＞局イメージをつくる 何が報道を変えたか 果てしなき技術革新・変質する報道機能：月刊民放　10（108）〔1980.6〕　p30～35	
野崎茂	編成の時代（第1回）編成機能の分析・序論：月刊民放　10（111）〔1980.9〕　p30～35	
堀川とんこう	編成の時代（第2回）編成における "発注"を考える：月刊民放　10（112）〔1980.10〕　p38～43	
馬場俊明	編成の時代（第3回）24時間テレビにみる編成の役割：月刊民放　10（113）〔1980.11〕　p38～43	
岡村黎明	編成の時代（第4回）編成の "姿勢"とは？：月刊民放　10（114）〔1980.12〕　p40～45	
瓜生孝	＜特集＞新しい映像の展開 テレビ現場でぶつかり合う波 技術と制作のクロスオーバーを考える：月刊民放　11（115）〔1981.1〕　p6～9	
後藤田純生, 皇達也, 丹羽貢, 野田昌宏	＜特集＞新しい映像の展開 ディレクター座談会 電子映像と制作者：月刊民放　11（115）〔1981.1〕　p16～21	
岩畔伸夫	編成の時代（第5回）ラジオにとって "編成"とは？：月刊民放　11（115）〔1981.1〕　p38～43	
宇佐美昇三	ラジオ英語教育番組ことはじめ――初期BK・CKでの試み：NHK文研月報　31（02）〔1981.2〕　p31	
野崎茂	編成の時代（第6回）NHKにおける機動的編成の研究：月刊民放　11（116）〔1981.2〕　p38～43	
堀川とんこう	編成の時代（第7回）"局らしさ"をつくるもの：月刊民放　11（117）〔1981.3〕　p38～43	
井上宏	"編成の時代"と編成研究（テレビ新時代――80年代テレビへの展望＜特集＞）：放送学研究　通号33　〔1981.3〕　p123～151	
時岡隆志	編成の時代（第8回）ふろしきネットワークの思想：月刊民放　11（118）〔1981.4〕　p40～45	
馬場俊明	編成の時代（第9回）番組活性化への道：月刊民放　11（119）〔1981.5〕　p40～45	
岡本勉	編成の時代（第10回）社全体で編成を考える：月刊民放　11（120）〔1981.6〕　p38～43	
野崎茂	編成の時代（第11回）スペシャル番組とその周辺：月刊民放　11（121）〔1981.7〕　p40～45	
根本順吉	気象番組のこれから マンネリ化からの脱却が課題：月刊民放　11（122）〔1981.8〕　p32～35	
中島哲雄	編成の時代（第12回）番組購入と自社制作との間で：月刊民放　11（122）〔1981.8〕　p40～45	
岡村黎明	編成の時代（第13回）主体性と自主性・試論：月刊民放　11（123）〔1981.9〕　p38～43	
編成研究グループ	編成の時代（第14回）編成の時代とその背景（総括研究会・その1）：月刊民放　11（124）〔1981.10〕　p38～43	
村木良彦	テレビマンの条件 知的スタミナの充電を ＜特集＞君はテレビマンになれるか？：放送批評　No.150　〔1981.11〕	
吉永春子, 四方洋, 村瀬正彦	座談会 新人はどう養成されているか ＜特集＞君はテレビマンになれるか？：放送批評　No.150　〔1981.11〕	
ばばこういち	新映像時代の担い手として ＜特集＞君はテレビマンになれるか？：放送批評　No.150　〔1981.11〕	
澤田隆治	先見性への期待 ＜特集＞君はテレビマンになれるか？：放送批評　No.150　〔1981.11〕	
鳥居英晴	放送・出版界＜外注＞の功罪＜特集＞：総合ジャーナリズム研究　19（01）〔1982.1〕　p90～101	

岡村黎明, 松田浩	（放送・出版界＜外注＞の功罪＜特集＞）そして放送「局」になにを残す？：総合ジャーナリズム研究　19（01）〔1982.1〕p8〜22
総合ジャーナリズム研究編集部	（放送・出版界＜外注＞の功罪＜特集＞）ほんとうにいい情報のつくり手が生き残る：総合ジャーナリズム研究所　19（01）〔1982.1〕p23〜27
天谷修身	（放送・出版界＜外注＞の功罪＜特集＞）現代・編集プロダクション模様：総合ジャーナリズム研究　19（01）〔1982.1〕p36〜40
紀田順一郎	（放送・出版界＜外注＞の功罪＜特集＞）編集の下請化は書き手をも下請化した：総合ジャーナリズム研究　19（01）〔1982.1〕p28〜34
村木良彦	特集 制作会社との新しい関係 局との共存共栄をめざして 全日本テレビ番組製作会社連盟の設立：月刊民放　12（130）〔1982.4〕p17〜19
石井清司	特集 制作会社との新しい関係 柔軟で多様な結合へ 個人が組織を超える時代：月刊民放　12（130）〔1982.4〕p20〜24
佐怒賀三夫	特集 制作会社との新しい関係 制作外注──その歴史と意味 いま "外注" 概念の変更が求められている：月刊民放　12（130）〔1982.4〕p6〜11
伊豫田康弘	特集 制作会社との新しい関係 番組制作プロダクションは、いま 多様化するニーズと安定経営の狭間で：月刊民放　12（130）〔1982.4〕p12〜16
水野肇	座談会 現場からのメッセージ──技術と表現：放送批評　No.156　〔1982.5〕
福島八郎	テレビニュースの編集と整理──新聞との比較を中心に（いま，整理部に求められるもの）：新聞研究　通号370〔1982.5〕p33〜38
渡辺みどり	特集＝創力発揮へ、全体像を摑め 制作：月刊民放　15（165）〔1985.3〕p13〜15
野口昌三	特集＝創力発揮へ、全体像を摑め 調査：月刊民放　15（165）〔1985.3〕p22〜24
堀部政男	「政見放送」と「編成権」の、議論の深めを：月刊民放　15（169）〔1985.7〕p34〜37
星野敏子	制作者はいまこそ個の確立を：放送批評　No.197　〔1985.11〕
阿木翁助	がんばれ！ 局外制作者：放送批評　No.200　〔1986.2〕
松尾羊一	レトロ・シンドローム状況を解読する テレビとベストセラーズにみる映像感覚：出版ニュース　通号1422　〔1987.4〕p8〜11
松橋尚	認められた、ろうあ者候補の政見録音 再考したい、「編成権と公選法」の関係：月刊民放　17（190）〔1987.4〕p34〜35
北谷賢司	番組・編成に反映される米国の "視聴質" 調査 アンカーパーソンやキャスティングなどに大きな「影響力」：月刊民放　18（204）〔1988.6〕p36〜39
山本敏	「やじうまワイド」の制作現場：新聞研究　通号446　〔1988.9〕p53〜55
向後英紀, 山口秀夫	80年代における米テレビ3大ネットワークプライムタイム番組編成の実際：NHK放送文化調査研究年報　33〔1988.11〕p5〜26
田村穣生	テレビ編成の多様性と公共性（メディアと公共性の現在──放送と公共性・再考＜特集＞）：放送学研究　通号39〔1989〕p185〜209
松田浩	1970年代における "制作分離"──テレビの現行枠組に関する歴史的考察：立命館産業社会論集　通号60　〔1989.6〕p47〜70
水島太蔵	特集 衛星時代のプロダクション機能 ニュース・情報専門局で視聴者を獲得：月刊民放　19（218）〔1989.8〕p18〜21
重延浩	特集 衛星時代のプロダクション機能 既成概念を打破し、価値ある創造を：月刊民放　19（218）〔1989.8〕p14〜17
藤井潔	特集 衛星時代のプロダクション機能 構造変化に対応するテレビ製作：月刊民放　19（218）〔1989.8〕p10〜13
村木良彦	特集 衛星時代のプロダクション機能 新しい映像ソフト市場構築へ向けて：月刊民放　19（218）〔1989.8〕p6〜9
重村一	特集 '90年代の放送界を展望する 自己変革遂げ、新しい社会に対応 テレビ編成：月刊民放　20（223）〔1990.1〕p15〜17
常行邦夫	特集 '90年代の放送界を展望する "黙超ネットワーク" の思想が鍵に ラジオ編成：月刊民放　20（223）〔1990.1〕p12〜14
山崎浩	技術 制作者と視聴者との橋渡し役に：月刊民放　20（225）〔1990.3〕p25〜26
柳井満	特集 放送人の資質と条件 テレビ制作 「自分の表現したい世界」明確に：月刊民放　20（225）〔1990.3〕p17〜19
本谷強	特集 放送人の資質と条件 テレビ編成 視聴率を見据えることが原点：月刊民放　20（225）〔1990.3〕p12〜14
村木良彦	テレビ番組製作の経済的条件（マスメディアの文化性と経済性＜特集＞）：放送学研究　通号41　〔1991〕p19〜30
前田正二	特集 美しい日本語とナレーション 音声表現の訓練に不可欠な朗読 岩手放送：月刊民放　21（236）〔1991.2〕p24〜25
藤久ミネ	特集 美しい日本語とナレーション 放送とことばの今日的課題：月刊民放　21（236）〔1991.2〕p6〜9
ローゼングレン, カール, エリック, カールソン, マッツ, ターゲルード, ヤエル	番組編成の質──北欧の視点（放送プロクラミングの質的評価＜特集＞）：放送学研究　通号42　〔1992〕p19〜80
横川宏	《大特集》私の発言 番組編成に工夫が足りないテレビ：マスコミ市民　通号279　〔1992.1〕p50〜50
高橋秋廣	技術 バーチャル・セットは "仮想" のセットか？：新・調査情報passingtime　2期（51）通号413　〔1996.11〕p82〜83
安部裕, 牛山雅博, 大坪茂	座談会：アトランタ・オリンピックの取材：映画テレビ技術　通号532　〔1996.12〕p14〜22
信国一朗	フライアウェイで二四時間可能になった現地中継：新・調査情報passingtime　2期（53）通号415　〔1997.3〕p70〜71
冨澤淑光	ラジオ 音声のデジタル編集が可能なDAW：新・調査情報passingtime　2期（51）通号416　〔1997.5〕p42〜42
メディア総研産業構造プロジェクト	テレビ番組をつくる人たちの意識 番組制作現場へのアンケート調査から：放送レポート　147号　〔1997.7〕p58〜63
金平茂紀	お前は、今も、ただの現在にすぎない：新・調査情報passingtime　2（51）通号419　〔1997.11〕p9〜9
陰山憲和	ジャーナリスティックで文学的な二〇世紀末の「食の風景」：新・調査情報passingtime　2期（51）通号419　〔1997.11〕p16〜16
松原耕二	ノンフィクションにおける作家性とは何か：新・調査情報passingtime　2期（51）通号419　〔1997.11〕p8〜8
岡田宏記	異邦人の見た「豊かな社会」のリアル：新・調査情報passingtime　2期（51）通号419　〔1997.11〕p12〜12
長沼孝仁	技術 CGの現状と深い悩み：新・調査情報passingtime　2期（51）通号419　〔1997.11〕p43〜43

放送ジャーナリズム	ジャーナリズム

太田英昭　「客観報道主義」の陥穽：新・調査情報passingtime　2期(51)通号419〔1997.11〕p11〜11

中田整一　五〇年前の日本の敗因を、現代に見据える：新・調査情報passingtime　2期(51)通号419〔1997.11〕p6〜6

重延浩　黒髪の日系米人少女の微笑み：新・調査情報passingtime　2期(51)通号419〔1997.11〕p14〜14

日下雄一　時代を動かしているものは何か？：新・調査情報passingtime　2期(51)通号419〔1997.11〕p13〜13

大西裕之　人間が存在自体に抱えているいくつものはかなさ：新・調査情報passingtime　2期(51)通号419〔1997.11〕p10〜10

吉永春子, 筑紫哲也　対論 筑紫哲也 活字は記録、テレビは記憶 VS 吉永春子 活字から得る生きることの息吹：新・調査情報passingtime　2期(51)通号419〔1997.11〕p18〜25

後藤多聞　中華の本質にかかわる司馬さんからの宿題：新・調査情報passingtime　2期(51)通号419〔1997.11〕p5〜5

柏木登　二人の巨人――あの頃僕は若かった：新・調査情報passingtime　2期(51)通号419〔1997.11〕p7〜7

メディア総研産業構造プロジェクト　テレビ局、番組制作・派遣会社の意識 経営者へのアンケート調査から：放送レポート　150号〔1998.1〕p38〜43

伊藤元博　ANN東北6局『八波一起のTVイーハトーブ』――系列ブロック完成をバネに「理想郷」への飛躍を目指す(特集 共同制作番組の可能性)：月刊民放　28(7)〔1998.7〕p17〜19

工藤英博, 秋田完　創り手の正当な「権利」を求めて いまなぜ番組制作会社が結束して "アクション" なのか：放送レポート　154号〔1998.9〕p24〜33

田北康成　ゼミ研究・放送局調査でさらされた驚きの実態――「番組基準」は社外秘なのか？：ぎゃらく　通号355〔1999.2〕p36〜39

メディア総研　提言『テレビ番組ソフトの制作・流通を改善するために〜放送産業の構造転換をめざして』(パネル・ディスカッション テレビ番組ソフトの制作と流通を考える－メディア総研の『提言』をめぐって)：放送レポート　161号〔1999.11〕p29〜43

須藤春夫　問題提起 制作費の公正な配分とソフト動かすシステムを(パネル・ディスカッション テレビ番組ソフトの制作と流通を考える－メディア総研の『提言』をめぐって)：放送レポート　161号〔1999.11〕p29〜33

河野啓　[複眼]番組企画書たちの恨み節：総合ジャーナリズム研究　37(01)(通号171)〔2000.1〕p46〜47

礒辺憲央　相田洋 番組工学の現場から：放送文化　通号70〔2000.4〕p52〜57

相田洋　番組工学の現場から(2)：放送文化　通号71〔2000.5〕p50〜54

礒辺憲央　相田洋 番組工学の現場から(第3回)編集し、構成を考えながら話を聞き、完成度の高い証言を作り上げる：放送文化　通号72〔2000.6〕p52〜56

礒辺憲央　相田洋 番組工学の現場から(4)：放送文化　通号73〔2000.7〕p54〜59

礒辺憲央　相田洋 番組工学の現場から(5)：放送文化　通号74〔2000.8〕p52〜56

礒辺憲央　相田洋 番組工学の現場から(6)：放送文化　通号75〔2000.9〕p52〜56

相田洋　相田洋 番組工学の現場から(第7回)映像とサウンドリレーで見る者の想像をかき立てる：放送文化　通号76〔2000.10〕p52〜57

稲塚秀孝　沈黙する制作会社〜テレビの現場にもう一度夢を！：放送レポート　167号〔2000.11〕p54〜57

相田洋　相田洋 番組工学の現場から(8)映像と音声の自在なモンタージュで情感を揺さぶる：放送文化　通号77〔2000.11〕p54〜59

相田洋　番組工学の現場から(9)「リップ・シンクロ」で言葉の裏に潜む「真相と深層」を伝える：放送文化　通号78〔2000.12〕p56〜61

相田洋　番組工学の現場から(第10回)：放送文化　通号80〔2001.2〕p64〜69

梶原巧　中継・回線技術――人間関係が支える実践技術の現場(特集 放送のプロとして――新放送人に―プロの仕事とは何か)：月刊民放　31(3)通号357〔2001.3〕p8〜10

中原研一　番組編成――勝機は独自の設計図から(特集 放送のプロとして――新放送人に―プロの仕事とは何か)：月刊民放　31(3)通号357〔2001.3〕p11〜13

相田洋　番組工学の現場から(11)『衝突感』こそがドキュメンタリー番組には最も大切：放送文化　通号81〔2001.3〕p52〜57

相田洋　番組工学の現場から(12)聞き手に徹し主人公の喜怒哀楽を言葉として引き出す：放送文化　通号82〔2001.4〕p46〜51

稲塚秀孝　98年夏 銀行とのわが闘争〜番組制作会社「ゼット」はこうして倒産した：放送レポート　170号〔2001.5〕p56〜59

相田洋　相田洋 番組工学の現場から(最終回)映像による証拠立てこそドキュメンタリー番組の使命：放送文化　通号83〔2001.5〕p50〜55

澤田隆治　Person of the Month 日本映像事業共同組合理事長 澤田隆治――プロダクション経営に手本はない：ぎゃらく　通号397〔2002.8〕p4〜6

工藤順雄　拉致被害者の取材対応＝福井 代表取材の受け入れと個別取材の行方(特集 「拉致」報道を考える)：月刊民放　33(2)通号380〔2003.2〕p21〜23

メディア総合研究所「マスメディアの産業構造」プロジェクト　これが「番組委託」の実態だ「テレビ番組制作委託に関する番組制作社へのアンケート」結果分析：放送レポート　187号〔2004.3〕p38〜44

梶原稔生　テレビ番組制作 地域にこだわり、地域だけに限定しない(特集 「新・民放人」読本2004)：月刊民放　34(3)通号393〔2004.3〕p11〜13

古賀正恭　ラジオ番組制作 「聞きたいもの」より「聞かせたいもの」(特集 「新・民放人」読本2004)：月刊民放　34(3)通号393〔2004.3〕p14〜16

横田由美子　海外放送局――今、東京で何を取材していますか：放送文化　通号5〔2004.12〕p44〜49

小田桐誠　特集「政冷芸熱」日・韓・中――テレビ制作者フォーラムレポート：ぎゃらく　通号439〔2006.1〕p12〜15

寺本眞名　関西だより 関西の女性制作者にエールを：放送レポート　200号〔2006.5〕p49

石井清司　海峡を越える番組〈上〉日・韓・中番組共同制作の試み：放送レポート　205号〔2007.3〕p20〜24

荻孝浩　番組制作/テレビ 視点を変え大胆な発想で個性的な番組を(特集 デジタル時代の「新・民放人」へ)：月刊民放　37(3)通号429〔2007.3〕p12〜14

田中和彦　番組制作/ラジオ 「……砂の中に金があります」(特集 デジタル時代の「新・民放人」へ)：月刊民放　37(3)通号429〔2007.3〕p15〜17

石井清司	海峡を越える番組〈下〉NHKのハイビジョン共同制作：放送レポート　206号　〔2007.5〕　p60～63	
渡辺耕史	ムーブ 現在(いま)を撃ち抜く──ディレクターの修行の場に(特集 共同制作・現状と可能性)：月刊民放　37(7)通号433　〔2007.7〕　p16～18	
崔洋一	ニュースな人たち 崔洋一──求む!!クロスオーバー型表現者：ぎゃらく　通号459　〔2007.9〕　p3～5	
小俣一平, 富樫豊	取材現場で何が起きているのか(上)2007年 NHK記者, カメラマンアンケート調査結果から：放送研究と調査　58(2)通号681　〔2008.2〕　p2～28	
島田昌幸	ニュースな人たち 島田昌幸──いでよ！ 暴れん坊制作者。：ぎゃらく　通号465　〔2008.3〕　p3～5	
中村知喜	番組制作──テレビ ローカル局は地元の情報が命(特集 「新・民放人」へのアドバイス)：月刊民放　38(3)通号441　〔2008.3〕　p28～30	
渡辺英彦	番組制作──ラジオ 市井に喜怒哀楽を見つけて(特集 「新・民放人」へのアドバイス)：月刊民放　38(3)通号441　〔2008.3〕　p31～33	
小俣一平, 富樫豊	取材現場で何が起きているのか(下)2007年 NHK記者, カメラマンアンケート調査結果から：放送研究と調査　58(3)通号682　〔2008.3〕　p2～27	
伊藤明	デジタルツールで番組充実──金がないなら知恵を使え：月刊民放　38(4)通号442　〔2008.4〕　p32～35	
井上宏	「総合編成」の妙味を大事に(特集 在京テレビ5局の〔2008年〕4月改編)：月刊民放　38(4)通号442　〔2008.4〕　p14～17	
野崎清	関西だより 私たちはこんな番組が視たい創りたい：放送レポート　213号　〔2008.7〕　p35	
鈴木嘉一	潮の流れに国境はない──第8回「日韓中テレビ制作者フォーラム」に参加して：月刊民放　38(11)通号449　〔2008.11〕　p30～33	
阿武野勝彦	番組制作 テレビ なぜ、この職業を選んだのか…(特集 デジタル放送時代の君たちへ)：月刊民放　39(3)通号453　〔2009.3〕　p20～22	
松本芽久美	番組制作 ラジオ ラジオの神様来りてネタをふる(特集 デジタル放送時代の君たちへ)：月刊民放　39(3)通号453　〔2009.3〕　p23～25	
浮田哲	ディレクターから見た番組制作現場：放送レポート　218号　〔2009.5〕　p12～17	
古木杜恵	新連載 制作者の素顔 1 南日本放送 山縣由美子さん：放送レポート　218号　〔2009.5〕　p18	
メディア総合研究所	番組制作会社に緊急アンケート──放送局「優越的地位」の現状は：放送レポート　218号　〔2009.5〕　p6～11	
古木杜恵	放送業界に経費削減の嵐：放送レポート　218号　〔2009.5〕　p2～5	
古木杜恵	制作者の素顔 2 九州朝日放送 前田輔さん：放送レポート　219号　〔2009.7〕　p61	
松野良一	メディア漂流(8) 番組制作と能力開発──大学で映像制作を教える意味はあるのか？：調査情報. 第3期　(489)〔2009.7・8〕　p84～87	
古木杜恵	制作者の素顔 3 信越放送 手塚孝典さん：放送レポート　220号　〔2009.9〕　p55	
古木杜恵	制作者の素顔 4 山陽放送 曽根英二さん：放送レポート　221号　〔2009.11〕　p55	
古木杜恵	制作者の素顔 5 静岡放送 岸本達也さん：放送レポート　222号　〔2010.1〕　p51	
中町綾子	第9回「日韓中テレビ制作者フォーラム」より：ぎゃらく　通号487　〔2010.1〕　p41～43	
古木杜恵,	制作者の素顔 6 熊本放送 村上雅通さん：放送レポート　223号　〔2010.3〕　p47	
吉永春子, 望月和雄	対談 制作現場が失ったもの：放送レポート　223号　〔2010.3〕　p10～16	
宮本理江子	番組制作 ものづくりとは(特集 放送人講座2010)：月刊民放　40(3)通号465　〔2010.3〕　p30～33	
古木杜恵	制作者の素顔 第七回 オルタスジャパン 吉岡攻さん：放送レポート　224号　〔2010.5〕　p62	
古木杜恵	制作者の素顔 第八回 TBSテレビ 秋山浩之さん：放送レポート　225号　〔2010.7〕　p48	
古木杜恵	制作者の素顔 第9回 長崎放送 古川恵子さん：放送レポート　226号　〔2010.9〕　p57	
古木杜恵	制作者の素顔 第10回 フリーディレクター 阪野悦子さん：放送レポート　227号　〔2010.11〕　p57	
古木杜恵	制作者の素顔 第11回 沖縄テレビ 平良いずみさん：放送レポート　228号　〔2011.1〕　p55	
古木杜恵	制作者の素顔 第12回 琉球放送 野沢周平さん：放送レポート　229号　〔2011.3〕　p29	
メディア総合研究所	「メディアの産業構造」プロジェクト　番組を作る人たちの意識 - 中間報告・番組制作の仕事に関するアンケートより－：放送レポート　229号　〔2011.3〕　p20～28	
藤村忠寿	番組制作 テレビ いい番組を──その衝動こそ(特集 新時代を切り拓け)：月刊民放　41(3)通号477　〔2011.3〕　p17～20	
藤井稔	番組制作 テレビ 「テレビを作る人」になる！(特集 新時代を切り拓け)：月刊民放　41(3)通号477　〔2011.3〕　p20～22	
松尾健司	番組制作 ラジオ 愚直たれ。非凡たれ。(特集 新時代を切り拓け)：月刊民放　41(3)通号477　〔2011.3〕　p23～26	
谷本啓之	番組制作 ラジオ 誰のために「伝える」のか(特集 新時代を切り拓け)：月刊民放　41(3)通号477　〔2011.3〕　p26～28	
古木杜恵	制作者の素顔 第13回 沖縄テレビ 山里孫存さん：放送レポート　230号　〔2011.5〕　p29	
濱田克則	“地べたの営み”に光を当てて──カネミ油症事件の取材から(特集 取材の持久力)：月刊民放　41(5)通号479〔2011.5〕　p22～25	
古木杜恵	制作者の素顔 第14回 ジャーナリスト 原義和さん：放送レポート　231号　〔2011.7〕　p53	
古木杜恵	制作者の素顔 第15回 東北放送 野口剛さん：放送レポート　232号　〔2011.9〕　p53	
小山薫堂	THE PERSON 放送作家、脚本家 小山薫堂：ぎゃらく　通号510　〔2011.12〕　p3～5	
古木杜恵	制作者の素顔 第16回 福島放送 高橋良明さん：放送レポート　234号　〔2012.1〕　p55	
村上雅通	第11回日韓中テレビ制作者フォーラム 震災報道から見えた日韓中ジャーナリズムの壁と可能性：ぎゃらく　(512)〔2012.2〕　p34～37	
古木杜恵	制作者の素顔 第17回 朝日放送 西村美智子さん：放送レポート　235号　〔2012.3〕　p59	
古木杜恵	制作者の素顔 第18回 福島中央テレビ 岳野高弘さん：放送レポート　236号　〔2012.5〕　p59	
古木杜恵	制作者の素顔 20 FMわぃわぃ 吉冨志津代さん：放送レポート　239号　〔2012.11〕　p62	
倉内均	THE PERSON 全日本テレビ番組制作社連盟(ATP)理事長 倉内均：ぎゃらく　(521)〔2012.11〕　p3～5	
古木杜恵	制作者の素顔 19 毎日放送 水野晶子さん：放送レポート　238号　〔2013.1〕　p58	
古木杜恵	制作者の素顔 21 毎日放送 津村健夫さん：放送レポート　240号　〔2013.1〕　p59	

古木杜恵	制作者の素顔 22 京都コミュニティ放送 町田寿二さん：放送レポート 241号 〔2013.3〕 p43
斎藤明子	番組制作 番組は生き物（特集 新放送人講座2013）：月刊民放 43 (3) 通号501 〔2013.3〕 p13～16
加地倫三	番組制作 面白いと感じることをやろう（特集 新放送人講座2013）：月刊民放 43 (3) 通号501 〔2013.3〕 p16～20
大寺廣幸	テレビ中継回線事業の歴史 テレビ60年を支えたテレビ中継回線の歩み（1）：月刊民放 43 (11) 通号509 〔2013.11〕 p32～35
重延浩	THE PERSON テレビマンユニオン会長、ゼネラルディレクター 重延浩：ぎゃらく （535）〔2014.1〕 p3～5
菅原正豊	THE PERSON ハウフルス代表取締役社長、テレビプロデューサー・演出家 菅原正豊：ぎゃらく （540）〔2014.6〕 p3～5
中町綾子	第14回日韓中テレビ制作者フォーラム・横浜大会 日韓中の制作者が番組を語り合う貴重な場所：ぎゃらく （546）〔2014.12〕 p37～39

〔図書〕

Meredith, Williame., 新野寛 民間放送と放送台本の書き方 大日本雄弁会講談社 1951 281p 図版 19cm

誠文堂新光社無線と実験編集部 テレビ技術ノート 誠文堂新光社 1954 64p 図版 31cm

Field, Stanley, 志賀信夫 テレビラジオの書き方 ダヴィッド社 1961 423p 22cm

並河亮 テレビの制作技術 ダヴィッド社 1962 291p 22cm

永原芳雄, 長沢秀郎 テレビ制作の基礎技術 技研社 1963 107p（図版共） 19cm

理解度は番組構成によってどう変わるか―通信高校講座「数学1」について NHK総合放送文化研究所 1966.7 12, 17, 15p 26cm

並河亮 放送の台本と演出 石崎書店 1970 413p 図版 19cm 1400円

田原総一朗 テレビディレクター 合同出版 1973 284p 19cm 850円

日本放送協会 テレビジョン番組製作技術 日本放送出版協会 1983.1 328p 22cm 4900円 （放送技術双書 4）

日本放送協会 番組運行技術 日本放送出版協会 1983.2 265p 22cm 4600円 （放送技術双書 7）

小林はくどう, 川村尚敬 シリーズ・TV番組をつくろう リブリオ出版 1984.7 5冊 27cm 各2500円

テレビジョン学会 テレビジョン用語辞典 コロナ社 1984.9 427p 19cm 3500円

鈴木康之 テレビ制作技術―映像編 専門教育出版 1986.4 233p 21cm

熊谷博子 テレビディレクター―ドキュメンタリーの魔力にとりつかれた 実業之日本社 1992.10 206p 19cm 1030円 （仕事―発見シリーズ 28）

小田桐誠 検証・テレビ報道の現場 社会思想社 1994.3 318p 15cm 640円 （現代教養文庫 1544）

飯島博 テレビ番組をつくる―NHK・朝のニュース番組 ポプラ社 1995.4 47p 27cm 2300円 （わたしたちの生活と産業 調べ学習にやくだつ 8）

日本映画テレビ技術協会 テレビ番組制作技術の基礎 日本映画テレビ技術協会 1996.4 161p 26cm 2500円

長島一由 報道ディレクター ビー・エヌ・エヌ 1997.3 279p 19cm 1236円

基盤技術研究促進センター, 原島博 多チャンネル時代のコンテンツ制作 日刊工業新聞社 1997.8 194p 21cm 1800円

BS放送通訳グループ 放送通訳の世界―衛星放送のニュース番組を支える立役者 アルク 1998.12 217p 18cm 880円 （アルク新書）

山登義明 テレビ制作入門―企画・取材・編集 平凡社 2000.8 231p 18cm 720円 （平凡社新書）

福地聡 テレビ・プロデューサーの仕事 早稲田大学人間科学部産業社会学研究室 2000.12 1冊 26cm （早稲田大学人間科学部産業社会学調査実習資料 第6集―シリーズ『ジャーナリストへの招待状』 3）

小池澄男 番組制作―"ビデオ構成"の「企画」から「完成」まで 早稲田経営出版 2001.3 271p 21cm 1700円

和田勉 テレビディレクターの仕事 早稲田大学人間科学部産業社会学研究室 2001.9 17p 26cm （早稲田大学人間科学部産業社会学調査実習資料 第9集―シリーズ『ジャーナリストへの招待状』 6）

ヴィットインターナショナル企画室 テレビ番組をつくる仕事―マンガ ほるぷ出版 2004.2 142p 22cm 2200円 （知りたい! なりたい! 職業ガイド）

公正取引委員会 テレビ番組制作と改正下請法―改正下請法の円滑な運用に向けて 公正取引協会 2004.3 69, 63p 30cm 1000円

番組基準を考える―今後の番組委員会のテーマについて 放送倫理・番組向上機構 2004.3 22p 30cm （放送番組委員会記録）

番組の賞揚システムを考える―よい番組を多くの人に視聴してもらうために 2 放送倫理・番組向上機構 2004.6 29p 30cm （放送番組委員会記録）

佐々木欽三 夜明け時代のTVプロデューサー 悠飛社 2005.8 227p 20cm 1600円 （Yuhisha hot-nonfiction）

番組編成「視聴者の意向と局の独自性」 放送倫理・番組向上機構 2006.2 40p 30cm （放送番組委員会記録）

メディア業界ナビ編集室 テレビ局・ラジオ局64の仕事 理論社 2006.11 175p 25cm 2000円 （メディア業界ナビ 2）

メディア業界ナビ編集室 番組制作・技術・美術60の仕事 理論社 2007.10 175p 25cm 2000円 （メディア業界ナビ 6）

田中涼太 ディレクターという仕事 早稲田大学人間科学部河西研究室気付産業社会学研究室 2008.3 11p 26cm （早稲田大学人間科学部産業社会学調査実習資料 第30集―シリーズ『ジャーナリストへの招待状』 12）

トリプルウイン 徹底図解放送のしくみ―カラー版 新星出版社 2008.10 223p 21cm 1500円

山中伊知郎 放送局で働く人たち―しごとの現場としくみがわかる! ぺりかん社 2010.10 157p 21cm 1900円 （しごと場見学!）

吉野嘉高 テレビ番組制作実践講座―企画・取材・編集のメソッド 櫂歌書房 2010.11 185p 21cm 1600円

NHK放送技術局 テレビ番組の制作技術 増補版 兼六館出版 2011.3 458p 21cm 3000円

インタラクティブプログラムガイド テレビ番組をつくる人―あの番組をつくった、あの人に、思いきり叫んでもらいました。 PHPパブリッシング 2013.9 149p 19cm 1200円

深光富士男 静岡放送テレビ番組制作の舞台裏 佼成出版社 2014.10 143p 22cm 1500円 （このプロジェクトを追え!）

視聴者・視聴率

〔雑誌記事〕

| 井上泰三 | ラジオ聴取者の嗜好型の設定と判定：新聞学評論 2 (1) 〔1953〕 |

中沢郁	聴取動機について——放送番組世論調査：NHK文研月報　3(5)〔1953.5〕　p13〜14	
豊田銀之助	フランスの聴視者協会の活動：放送評論　1(1)〔1953.10〕　p21〜24	
鈴木信一	聴取態度について：NHK文研月報　4(1)〔1954.1〕　p15〜16	
鈴木信一	聴取者はどんな番組を好むか—2—：NHK文研月報　4(5)〔1954.5〕　p10〜13	
鈴木信一	聴取者はどんな番組を好むか—3—：NHK文研月報　4(6)〔1954.6〕　p16〜19	
鈴木信一	聴取者はどんな番組を好むか—4—：NHK文研月報　4(7)〔1954.7〕　p30〜35	
鈴木信一	テレビジョン視聴者はどんな番組を好むか——放送番組世論調査：NHK文研月報　4(10)〔1954.10〕　p18〜21	
中沢郁	海外諸国の聴取者調査：NHK文研月報　5(1)〔1955.1〕	
鈴木信一	聴取者は報道番組に何を望んでいるか(2)：NHK文研月報　5(6)〔1955.4〕	
豊田銀之助	フランスの聴取者のラジオに対する意見：NHK文研月報　5(7)〔1955.7〕	

中沢郁　聴取動機について——放送番組世論調査：NHK文研月報　3(5)〔1953.5〕　p13〜14
豊田銀之助　フランスの聴視者協会の活動：放送評論　1(1)〔1953.10〕　p21〜24
鈴木信一　聴取態度について：NHK文研月報　4(1)〔1954.1〕　p15〜16
鈴木信一　聴取者はどんな番組を好むか—2—：NHK文研月報　4(5)〔1954.5〕　p10〜13
鈴木信一　聴取者はどんな番組を好むか—3—：NHK文研月報　4(6)〔1954.6〕　p16〜19
鈴木信一　聴取者はどんな番組を好むか—4—：NHK文研月報　4(7)〔1954.7〕　p30〜35
鈴木信一　テレビジョン視聴者はどんな番組を好むか——放送番組世論調査：NHK文研月報　4(10)〔1954.10〕　p18〜21
中沢郁　海外諸国の聴取者調査：NHK文研月報　5(1)〔1955.1〕
鈴木信一　聴取者は報道番組に何を望んでいるか(2)：NHK文研月報　5(6)〔1955.4〕
豊田銀之助　フランスの聴取者のラジオに対する意見：NHK文研月報　5(7)〔1955.7〕
高宮義雄　聴取率調査の方法をめぐって：日本放送協会放送文化研究所調査研究報告　通号1〔1956.3〕　p95〜110
高宮義雄　放送番組はどうきかれているか：日本放送協会放送文化研究所調査研究報告　通号3〔1958.3〕　p29〜42
平沢薫　テレビ聴視の実態調査：新聞研究　通号83〔1958.6〕　p7〜15
近藤輝夫, 高宮義雄　テレビ教養番組の視聴者層について：日本放送協会放送文化研究所調査研究報告　通号4〔1959.3〕　p1〜15
近藤輝夫　教室・教養番組を希望する人：日本放送協会放送文化研究所調査研究報告　通号4〔1959.3〕　p1〜15, 図5枚
堀明子　テレビは, どれくらいみられているか——34年1月〜2月調査：NHK文研月報　09(04)〔1959.4〕　p19
吉田潤　テレビの見方について：NHK文研月報　09(11)〔1959.11〕　p2
児島和人　どんなテレビ番組よくみられているか——34年11〜12月東京・大阪2地区テレビ番組視聴率調査結果：NHK文研月報　10(01)〔1960.1〕　p22
児島和人　ラジオ番組は, どのくらいきかれているか——34年11〜12月全国聴取率調査の結果：NHK文研月報　10(01)〔1960.1〕　p19
三輪正　聴取動機と聴取態度についての研究：NHK文研月報　10(03)〔1960.3〕　p2
藤竹暁　視聴者と「テレビ文化」：新聞学評論　通号10〔1960.3〕
中西尚道　ラジオ聴取行動の類型化についての研究：日本放送協会放送文化研究所調査研究報告　通号5〔1960.3〕　p56〜69
布留武郎　児童調査におけるテレビ視聴量の代表性に関する研究：日本放送協会放送文化研究所調査研究報告　通号5〔1960.3〕　p21〜55
稲生和子, 布留武郎　児童調査におけるテレビ視聴量の代表性に関する研究—放送とこどもの生活VI：日本放送協会放送文化研究所調査研究報告　通号5〔1960.3〕　p21〜55
堀明子　数量化理論の適用による聴取者層の分析：日本放送協会放送文化研究所調査研究報告　通号5〔1960.3〕　p70〜90
児島和人　どんなテレビ番組がよくみられているか：NHK文研月報　10(05)〔1960.5〕　p39
吉田潤　テレビの見方について(続)：NHK文研月報　10(05)〔1960.5〕　p37
児島和人　テレビ視聴状況の推移と現状——35年6〜7月調査結果を中心に：NHK文研月報　10(09)〔1960.9〕　p28
堀明子　ラジオ聴取状況の推移と現状——35年6〜7月調査結果を中心に：NHK文研月報　10(09)〔1960.9〕　p24
吉田潤　テレビはどのようにみられているか——36年6〜7月の全国視聴率調査の結果から：The Trend of TV Viewing (June〜July'61)：NHK文研月報　11(09)〔1961.9〕　p9
児島和人　層別にみたラジオの聴取状況(1)(36年5月〜6月 関東地区結果)：NHK文研月報　11(10)〔1961.10〕　p12
吉田潤　層別にみたテレビの視聴状況(その1)-36年6〜7月 関東地区調査結果-：NHK文研月報　11(11)〔1961.11〕　p19
児島和人　層別にみたラジオの聴取状況(2)-36年5〜6月全国結果-：NHK文研月報　11(12)〔1961.12〕　p14
平井隆太郎　BBCの聴視状況調査：NHK文研月報　12(01)〔1962.1〕　p28
吉田潤　層別にみたテレビの視聴状況(2)-36年6〜7月 全国結果-：NHK文研月報　12(01)〔1962.1〕　p12
吉田潤　地区別テレビ視聴率調査の結果について——36年6〜7月調査結果：NHK文研月報　12(02)〔1962.2〕　p14
児島和人　府県別ラジオ聴取率調査の結果について——36年5〜6月調査結果：NHK文研月報　12(02)〔1962.2〕　p6
吉田潤　テレビはどのようにみられているか——36年11月全国視聴調査の結果から：NHK文研月報　12(03)〔1962.3〕　p14
児島和人　ラジオはどのようにきかれているか——36年11〜12月全国聴取率調査の結果から：NHK文研月報　12(03)〔1962.3〕　p11
吉田潤　最近のテレビ視聴の傾向——36年度の調査結果から：NHK文研月報　12(04)〔1962.4〕　p15
中西尚道　ラジオ・テレビの聴視に都合がよい時間は何時ごろか——35年10月ラジオ・テレビ聴視可能時間調査の結果から：NHK文研月報　12(05)〔1962.5〕　p1
児島和人　長期継続ラジオ番組の聴取率の特徴：NHK文研月報　12(06)〔1962.6〕　p6
中西尚道　どんな人が何時ごろラジオ・テレビの聴視に都合がよいか：NHK文研月報　12(07)〔1962.7〕　p1
堀明子　テレビ番組特性と視聴率との関係(1)：NHK文研月報　12(07)〔1962.7〕　p6
吉田潤　どのようなテレビ番組が好まれているか——テレビ放送種目の嗜好調査結果：NHK文研月報　12(08)〔1962.8〕　p6
吉田潤　37年度聴視率調査計画のあらまし：NHK文研月報　12(10)〔1962.10〕　p47
中西尚道　ラジオ・テレビを聴視しながらする行動——国民生活時間調査の分析(4)：NHK文研月報　12(11)〔1962.11〕　p11
堀明子　テレビ番組特性と視聴率との関係(2)：NHK文研月報　12(11)〔1962.11〕　p6
三輪正　テレビの視聴率は府県によってどう異なるか——37年7月の調査結果から：NHK文研月報　13(01)〔1963.1〕　p28
児島和人　ラジオの聴取率は府県によってどう異なるか——37年7月の調査結果から：NHK文研月報　13(01)〔1963.1〕　p15
堀明子　層別にみたラジオのきかれ方——37年7月の全国調査結果から：NHK文研月報　13(01)〔1963.1〕　p36
吉田潤　ラジオのきかれ方とテレビのみられ方——37年7月の聴視率調査の結果を中心に：NHK文研月報　13(3/4)〔1963.3・4〕　p9
三輪正　ラジオ・テレビ番組聴視率調査の結果のあらまし——37年11〜12月の全国・関東地区調査結果から：NHK文研月報　13(3/4)〔1963.3・4〕　p1
児島和人　特別番組「総理と語る」はどのくらいみききされたか——過去5回の全国調査の結果から：NHK文研月報　13(05)〔1963.5〕　p24
青山博子, 中西尚道　家庭婦人のラジオのきき方：NHK文研月報　13(08)〔1963.8〕　p9
藤竹暁　テレビをよくみる人びとはどのような特性をもているか(その2)：NHK文研月報　13(09)〔1963.9〕　p62, 84

放送ジャーナリズム　　　　　　　　ジャーナリズム

藤竹暁	テレビをみる理由：NHK文研月報　13 (10)〔1963.10〕p5
堀明子	聴視率予測研究の概要：NHK文研月報　13 (10)〔1963.10〕p1
中西尚道	今日のラジオのきかれ方-ラジオ聴取態様の分析 (1)-(特集 38年度夏の聴視率調査の結果から)：NHK文研月報　13 (11)〔1963.11〕p44
藤竹暁	テレビを必要とする人びとの特性－テレビ機能特徴調査 (V)－：NHK文研月報　13 (12)〔1963.12〕p13, 33
中西尚道	今日のラジオのきかれ方 (その2)－ラジオ聴取態様の分析 (2)－：NHK文研月報　13 (12)〔1963.12〕p21
谷岡久寿子	農業層におけるラジオ・テレビの聴視状況：NHK文研月報　13 (12)〔1963.12〕p1
谷岡久寿子	ゴールデン・アワーのテレビ番組の視聴状況：NHK文研月報　14 (01)〔1964.1〕p13
中西尚道	家庭婦人によくみられているテレビ番組——家庭婦人のテレビ視聴の分析：NHK文研月報　14 (01)〔1964.1〕p24
藤竹暁	人びとのテレビ観－テレビ機能特徴調査 (6)－：NHK文研月報　14 (01)〔1964.1〕p32
児島和人	ながら聴取をする人々－ラジオ聴取特性の分析 (その1)：NHK文研月報　14 (02)〔1964.2〕p15
堀明子	ラジオ・テレビ嗜好と放送時間量との関係：NHK文研月報　14 (02)〔1964.2〕p27
中西尚道	家庭婦人によくきかれているラジオ番組——家庭婦人のラジオ聴取の分析：NHK文研月報　14 (02)〔1964.2〕p33
児島和人	ラジオをきかない人々－ラジオ聴取特性の分析 (その2)－：NHK文研月報　14 (03)〔1964.3〕p1
谷岡久寿子	38年度冬の聴視率調査の結果について——1全国の調査結果について：NHK文研月報　14 (04)〔1964.4〕p15
谷岡久寿子	38年度冬の聴視率調査の結果から——2関東地区の調査結果について：NHK文研月報　14 (05)〔1964.5〕p1
三輪正	視聴率調査からみたテレビ視聴の特性：NHK放送文化研究所年報　9〔1964.7〕p72～87
三輪正	(1) テレビの視聴状況：NHK文研月報　14 (11)〔1964.11〕p2
堀明子	(2) ラジオの聴取状況：NHK文研月報　14 (11)〔1964.11〕p15
吉田潤	番組嗜好に関する諸研究 (1)：NHK文研月報　15 (01)〔1965.1〕p50
岩下豊彦	テレビ視聴の適切距離について：NHK文研月報　15 (03)〔1965.3〕p15
吉田潤	子どもに聴視率調査は可能か：NHK文研月報　15 (05)〔1965.5〕p1
吉田潤	日記法はどの程度に使えるか——実験調査の結果報告：NHK文研月報　15 (06)〔1965.6〕p1
中西尚道	日記式調査法問題点ARBの日記式調査法：NHK文研月報　15 (08)〔1965.8〕p52
児島和人	ラジオだけ所有者群の構造とその将来：NHK文研月報　15 (09)〔1965.9〕p35
中西尚道	ラジオ聴取率調査の問題点：NHK文研月報　15 (09)〔1965.9〕p31
岩生直子	児童のテレビ視聴傾向は変えうるか——オピニオン・リーダーと教師の役割：NHK文研月報　15 (09)〔1965.9〕p1
児島和人	ラジオをきく理由、きかない理由：NHK文研月報　15 (10)〔1965.10〕p45
米沢弘	婦人はどのようにテレビを見るか－婦人向けテレビ番組のプログラム・アビールの研究 (その2)－：NHK文研月報　15 (11)〔1965.11〕p42
岩下豊彦	人々は番組をどのように受けとるか——番組印象に関する因子分析的研究：NHK文研月報　15 (12)〔1965.12〕p50
田村穣生, 藤原功達, 鈴木泰	特集 夏のテレビ・ラジオ番組聴視率調査 (続)：NHK文研月報　15 (12)〔1965.12〕p1
杉山明子	番組評価の1指標－テレビ番組特性と視聴率との関係 (4)－：NHK文研月報　15 (12)〔1965.12〕p32
杉山明子	TVQによる視聴率の予測は可能か：NHK文研月報　16 (01)〔1966.1〕p13
吉田潤	日記法による調査の方法論的考察——福岡県における聴視率調査の結果から：NHK文研月報　16 (02)〔1966.2〕p1
吉田潤	40年度冬の聴視率調査の結果から：NHK文研月報　16 (03)〔1966.3〕p25
北村日出夫	テレビ視聴行動認識の一視角——家族集団のテレビ視聴をめぐって：人文学　通号87〔1966.3〕p38～57
レアード, A., 後藤和彦	カナダ放送協会の聴視者調査：放送学研究　通号12〔1966.4〕p85～96
相田敏彦	地域別にみた生活時間とテレビ視聴——国民生活時間調査から：NHK文研月報　16 (05)〔1966.5〕p18
菊地信彦	理解度は番組構成によってどう変わるか——通信高校講座「数学1」について (1)：NHK文研月報　16 (05)〔1966.5〕p25
鈴木泰	FM受信機の普及と聴取者の動向——昭和40年度「FM放送に関する世論調査」から：NHK文研月報　16 (06)〔1966.6〕p40
菊地信彦	理解度は番組構成によってどう変わるか (2)－通信高校講座「数学1」について－：NHK文研月報　16 (06)〔1966.6〕p16
菊地信彦	理解度は番組構成によってどう変わるか——通信高校講座「数学1」について (3)：NHK文研月報　16 (07)〔1966.7〕p41
中西尚道	テレビをみることができる時間は何時ごろか——テレビ視聴可能時間の分析：NHK文研月報　16 (08)〔1966.8〕p33
綜合文研・番組研究部	農業従事者はどのように放送を利用しているか——宮城県における農業従事者のラジオ・テレビの聴視要因にかんする研究：NHK文研月報　16 (08)〔1966.8〕p1
岩下豊彦	聴視者による番組評価をどのようにまとめるか：NHK放送文化研究年報　11〔1966.8〕p1～14
番組研究部	青年はテレビ番組をどのように受けとっているか：NHK文研月報　16 (09)〔1966.9〕p1
杉山明子	テレビ視聴をとりまく諸要因 (編成計画の研究) (2)：NHK文研月報　16 (10)〔1966.10〕p1
番組研究部	農業従事者のラジオ・テレビ聴視をめぐる諸条件——宮城県における調査結果から：NHK文研月報　16 (10)〔1966.10〕p31
田村穣生, 藤原功達	41年夏の聴視率調査：NHK文研月報　16 (11)〔1966.11〕p1
杉山明子	テレビ視聴の要因分析・予測 (編成計画の研究) (3)：NHK文研月報　16 (11)〔1966.11〕p36
小川文弥, 松川賢, 鈴木泰	41年夏の聴視率調査 (続) 層別にみたテレビの視聴状況 こどもはテレビ・ラジオをどのようにみききしているか 関東地区におけるテレビ・ラジオ番組の種目別編成状況。：NHK文研月報　16 (12)〔1966.12〕p1
野崎茂	視聴率調査をめぐって－－今後に残された"質"的調査の問題：総合ジャーナリズム研究　04 (10)〔1967.1〕p92～94
本田妙子	41年冬の聴視率調査の結果から：NHK文研月報　17 (03)〔1967.3〕p11
杉山明子	何時ごろどのようなテレビ種目が好まれているか：NHK文研月報　17 (03)〔1967.3〕p21
大村好久	ローカル放送番組の視聴と地域意識：NHK文研月報　17 (05)〔1967.5〕p1

	ジャーナリズム	放送ジャーナリズム

大村好久　ローカル・ニュースの視聴と一般のローカル番組の視聴——島根県における場合：NHK文研月報　17 (06)〔1967.6〕p19

田村穣生　ラジオ聴取の変容とその将来：NHK放送文化研究年報　12 〔1967.6〕p189～222

岩下豊彦　児童は番組をどのように受けとるか——児童の番組印象に関する因子分析的研究：NHK文研月報　17 (07)〔1967.7〕p28

杉山明子　テレビ視聴をとりまく諸要因 (編成計画研究5.首都圏調査)：NHK文研月報　17 (09)〔1967.9〕p30

吉田潤　メーター法調査に関する一考察：NHK文研月報　17 (09)〔1967.9〕p49

渡辺恵子　嗜好と視聴習慣のズレの要因 (成人の夜間テレビ視聴の分析1)：NHK文研月報　17 (09)〔1967.9〕p12

杉山明子　テレビ視聴の要因分析・予測——首都圏調査2：NHK文研月報　17 (10)〔1967.10〕p12

渡辺恵子　テレビ視聴量の要因——成人の夜間テビ視聴の分析2：NHK文研月報　17 (10)〔1967.10〕p1

大村好久　テレビ・ローカル放送番組の視聴と地域意識——中進地域調査の結果：NHK文研月報　17 (11)〔1967.11〕p25

本田妙子　人びとはテレビ・ラジオをどのようにみききしているか——42年6月視率調査の結果から：NHK文研月報　17 (12)〔1967.12〕p1

藤原功達　人びとは夜のテレビに何を求めているか：NHK文研月報　17 (12)〔1967.12〕p17

石光真人　苦難の道をゆくABC：総合ジャーナリズム研究　05 (02)〔1968.2〕p53～56

本田妙子　42年11月全国聴視率ならびに意向調査の結果から：NHK文研月報　18 (03)〔1968.3〕p1

大村好久　テレビ・ローカル放送番組の視聴と地域意識：NHK文研月報　18 (06)〔1968.6〕p38

渡辺恵子　女性の教養観とテレビに関する事例研究 報告1 女性の教養観について：NHK文研月報　18 (06)〔1968.6〕p25

渡辺恵子　女性の教養観とテレビに関する事例研究 報告2 女性の教養観とテレビの関係について：NHK文研月報　18 (07)〔1968.7〕p4

藤竹暁　放送理論の系譜を探る (2) 聴取行動解明の先駆的試み：NHK文研月報　18 (07)〔1968.7〕p40

田村穣生　カラーテレビ視聴者の現況——43年5月全国カラーテレビ視聴状況調査の結果から：NHK文研月報　18 (10)〔1968.10〕p13

藤竹暁　放送理論の系譜を探る (6) –個別番組についての聴取態様を克明に洗う試み–：NHK文研月報　18 (11)〔1968.11〕p34

鈴木泰　テレビ・ラジオ聴視の現況と変化——43年7月全国聴視率調査の結果から：NHK文研月報　18 (12)〔1968.12〕p1

本田妙子　冬のテレビ視聴——43年12月全国聴視率調査の結果から：NHK文研月報　19 (04)〔1969.4〕p58

松川賢　人々のラジオ聴取行動とラジオ観——音声放送に関する調査結果から：NHK文研月報　19 (06)〔1969.6〕p1

吉田潤　時間帯別の嗜好率をめぐって——種目嗜好に関する実験調査の結果：NHK文研月報　19 (08)〔1969.8〕p1

相田敏彦　カラーテレビ世帯におけるテレビ視聴：NHK文研月報　19 (10)〔1969.10〕p1

総合文研, 番組研究部　子どもの生活とテレビ 第1部第6報告 子どものテレビ視聴行動の実態 (その1)：NHK文研月報　19 (10)〔1969.10〕p30

高宮義雄　テレビ・ラジオ聴視の概況——44年7月全国聴視率調査の結果から：NHK文研月報　19 (11)〔1969.11〕p1

総合文研・番組研究部　子どもの生活とテレビ 第1部第7報告 子どものテレビ視聴行動の実態 (その2)：NHK文研月報　19 (11)〔1969.11〕p15

牧田徹雄　関東と関西におけるテレビ視聴：NHK文研月報　19 (12)〔1969.12〕p1

総合文研・番組研究部　子どもの生活とテレビ 第1部第8報告 子どものテレビ視聴行動の実態 (その3)：NHK文研月報　20 (01)〔1970.1〕p37

総合文研・番組研究部　子どもの生活とテレビ 第1部第9報告 子どものテレビ視聴環境 (その1)—親の属性およびテレビ観：NHK文研月報　20 (02)〔1970.2〕p1

相田敏彦　冬のテレビ・ラジオ聴視状況——44年11月全国聴視率調査の結果から：NHK文研月報　20 (03)〔1970.3〕p13

総合文研・番組研究部　子どもの生活とテレビ 第1部第10報告 子どものテレビ視聴環境 (その2)—視聴統制の実態：NHK文研月報　20 (04)〔1970.4〕p27

総合文研・番組研究部　子どもの生活とテレビ 第1部第11報告 子どものテレビ視聴環境 (その3)—マス・メディア接触行動と文化的活動：NHK文研月報　20 (05)〔1970.5〕p20

総合文研・番組研究部　子どもの生活とテレビ 第2部第1報告 テレビと子どもの生活時間—長時間視聴児・短時間視聴児の生活時間構造：NHK文研月報　20 (09)〔1970.9〕p15

総合文研・番組研究部　子どもの生活とテレビ 第2部第2報告 幼児のテレビ視聴：NHK文研月報　20 (10)〔1970.10〕p1

吉村育夫　シシフンジンの思想 <特集>高視聴率番組の研究 4 8時だョ! 全員集合：放送批評　No.035〔1970.11〕

斉藤正治　ポテンツの回復を阻む白い花 <特集>高視聴率番組の研究 3 細いうで繁盛記：放送批評　No.035〔1970.11〕

本田妙子　夏のテレビ聴視状況＝45年6月全国聴視率調査の結果から：NHK文研月報　20 (11)〔1970.11〕p1

鳥山拡　求道の原作の農耕的解釈 <特集>高視聴率番組の研究 2 縦ノ木は残った：放送批評　No.035〔1970.11〕

塩沢茂　"後退した定時ニュース" の特集版 <特集>高視聴率番組の研究 1 スタジオ102：放送批評　No.035〔1970.11〕

小松一三　雑種時代の典型人物たちとのナマの出会い <特集>高視聴率番組の研究 4 8時だョ! 全員集合：放送批評　No.035〔1970.11〕

佐怒賀三夫　視聴者＝大衆のリアクションの "深読み" <特集>高視聴率番組の研究 3 細いうで繁盛記：放送批評　No.035〔1970.11〕

吉沢比呂志　「成りゆきが注目されます」 <特集>高視聴率番組の研究 1 スタジオ102：放送批評　No.035〔1970.11〕

大沼正　政治小説をホーム・ドラマに解消 <特集>高視聴率番組の研究 2 縦ノ木は残った：放送批評　No.035〔1970.11〕

総合文研・番組研究部　子どもの生活とテレビ 第2部第3報告 子どものテレビ視聴態度の分析 (その1)—子どものテレビ視聴態度と視聴欲求：NHK文研月報　20 (12)〔1970.12〕p17

総合文研・番組研究部　子どもの生活とテレビ 第2部第4報告 子どものテレビ視聴態度の分析 (その2)—テレビと勉強, 家族・友だち, 視聴環境：NHK文研月報　21 (01)〔1971.1〕p26

総合文研・番組研究部　子どもの生活とテレビ 第2部第5報告 親の視聴統制〈その性格と効果〉：NHK文研月報　21 (03)〔1971.3〕p1

高宮義雄　冬のテレビ・ラジオ聴視状況——45年11月全国聴視率調査の結果から：NHK文研月報　21 (03)〔1971.3〕p28

岩下豊彦　歌謡曲番組の印象形成について《歌の要因と歌手の要因との比較》：NHK文研月報　21 (05)〔1971.5〕p1

吉田潤, 泉洋二郎	配付回収法による聴視率調査について——実験調査からみたその信頼性：NHK文研月報　21（06）〔1971.6〕 p1
鈴木泰	家庭婦人のテレビ教育教養番組視聴：NHK文研月報　21（10）〔1971.10〕 p1
放送世論調査所	特集：最近の聴視状況を分析する：NHK文研月報　21（11）〔1971.11〕 p1
本田妙子	テレビ・ラジオ聴視の現況《46年11月全国聴視率調査の結果から》：NHK文研月報　22（03）〔1972.3〕 p15
村松泰子	青少年の意識とテレビ視聴態度：NHK文研月報　22（04）〔1972.4〕 p1
青柳政吉	激動するアメリカ視聴者運動 <特集1>日本の視聴者運動：放送批評　No.053　〔1972.5〕
小林トミ	声なき声の会 <特集1>日本の視聴者運動：放送批評　No.053　〔1972.5〕
滝沢江子	全国視聴者会議・テレビを告発する会 <特集1>日本の視聴者運動：放送批評　No.053　〔1972.5〕
渡辺光子	東京こだまの会 <特集1>日本の視聴者運動：放送批評　No.053　〔1972.5〕
鈴木均	日本の視聴者運動 <特集1>日本の視聴者運動：放送批評　No.053　〔1972.5〕
我孫子誠人	日本マスコミ市民会議 <特集1>日本の視聴者運動：放送批評　No.053　〔1972.5〕
金山正直	日本視聴者会議 <特集1>日本の視聴者運動：放送批評　No.053　〔1972.5〕
石川旺	番組選択と嗜好：NHK文研月報　22（09）〔1972.9〕 p1
泉洋二郎, 本田妙子	テレビ・ラジオ聴視の現況《47年6月全国聴視率調査の結果から》：NHK文研月報　22（11）〔1972.11〕 p1
田川一郎	現場は発言する 視聴者をマスとしてとらえることは間違っている：放送批評　No.061　〔1973.2〕
沖田和子, 斎藤賢治	テレビ・ラジオ聴視の現況——47年10月全国聴視率調査の結果から：NHK文研月報　23（03）〔1973.3〕 p1
吉田潤	最近におけるテレビ視聴の傾向〈研究発表と講演の会から〉：NHK文研月報　23（06）〔1973.6〕 p1
泉洋二郎	番組種目からみた視聴のタイプ：NHK文研月報　23（07）〔1973.7〕 p39
石川旺	人々はどのようにして番組を選ぶか〈事前情報による番組の評定〉：NHK文研月報　23（09）〔1973.9〕 p31
綿引満枝子	テレビ・ラジオ聴視の現況《48年6月全国聴視率調査の結果から》：NHK文研月報　23（11）〔1973.11〕 p1
斎藤賢治	テレビ・ラジオ聴視の動向《48年11月全国聴視率調査の結果を中心に》：NHK文研月報　24（03）〔1974.3〕 p1
斎藤賢治	テレビ・ラジオ聴視の現況とこどものテレビ視聴《49年5月全国聴視率調査の結果を中心に》：NHK文研月報　24（10）〔1974.10〕 p1
小川文弥	今日のテレビ——視聴者の意識を中心に：NHK文研月報　24（12）〔1974.12〕 p1
矢野輝雄	テレビ・ラジオ聴視の現況と関東・近畿におけるテレビ視聴——昭和49年11月全国聴視率調査の結果を中心に：NHK文研月報　25（03）〔1975.3〕 p1
村野賢哉	聴視者のニーズと放送技術の展開（放送技術文化論<特集>）：放送学研究　通号27　〔1975.3〕 p157～183
菊地信彦	児童の視聴反応からみた学校放送の効果：NHK文研月報　25（07）〔1975.7〕 p9
鈴木泰	テレビ視聴に関する諸要因とその将来変化：NHK文研月報　25（08）〔1975.8〕 p21
矢野輝雄	テレビ・ラジオ聴視の現況——昭和50年6月全国聴視率調査の結果を中心に：NHK文研月報　25（09）〔1975.9〕 p1
後藤和彦	CATVのパブリック・アクセス・チャンネルの編成と視聴渚の実態：放送批評　No.091　〔1975.12〕
斎藤賢治	家庭婦人のテレビ視聴——職業別比較を中心に：NHK文研月報　25（12）〔1975.12〕 p10
小里光	（計量マスコミ学<特集>）視聴率その意味とメカニズム：総合ジャーナリズム研究　13（01）〔1976.1〕 p7～14
総合ジャーナリズム研究編集部	（計量マスコミ学<特集>）視聴率調査の実態調査報告：総合ジャーナリズム研究所　13（01）〔1976.1〕 p7～42
古川正之	ドライバーのラジオ聴取状況——昭和50年8月「人間とくるま」の付帯調査から：NHK文研月報　26（02）〔1976.2〕 p16
矢野輝雄	朝のテレビ視聴——昭和50年10月全国意向調査の結果を中心に：NHK文研月報　26（02）〔1976.2〕 p1
佐田一彦	調査研究ノート 共同研究の記録 "放送学研究室におけるリサーチ・コミュニティづくり"：NHK文研月報　26（02）〔1976.2〕 p50
田原総一朗	テレビの敵は視聴者だ！：放送批評　No.093　〔1976.3〕
沖田和子	テレビ・ラジオ視聴の現況——昭和50年11月全国聴視率調査の結果を中心に：NHK文研月報　26（03）〔1976.3〕 p1
井上宏	現代とテレビ（3）視聴者と送り手の関係：マスコミ市民　通号102　〔1976.4〕 p50～58
牧田徹雄	テレビ・ラジオ聴視の現況——昭和51年6月全国聴視率調査の結果を中心に：NHK文研月報　26（09）〔1976.9〕 p1
藤竹暁	共有的テレビ視聴論——テレビにおける日常的視聴の意見について：NHK文研月報　27（01）〔1977.1〕 p44
牧田徹雄	テレビ・ラジオ視聴の現況——昭和51年11月全国聴視率調査の結果を中心に：NHK文研月報　27（03）〔1977.3〕 p1
本田妙子	テレビ娯楽の受けとめ方3〈家族視聴とテレビ娯楽〉：NHK文研月報　27（03）〔1977.3〕 p21
菊地利孝	テレビ・ラジオ視聴の現況——昭和52年6月全国聴視率調査の結果を中心に：NHK文研月報　27（09）〔1977.9〕 p13
奥田敏章	中国語講座利用者の特性：NHK文研月報　27（10）〔1977.10〕 p60
視聴率調査グループ	テレビ・ラジオ視聴の現況——昭和52年11月全国聴視率調査の結果を中心に：NHK文研月報　28（03）〔1978.3〕 p1
奥田敏章	調査研究ノート 中国語講座利用者の視聴傾向の分析：NHK文研月報　28（05）〔1978.5〕 p53
須藤春夫, 成田康昭	視聴者像の転換と新テレビ媒体論 長野市における受け手調査の分析から：月刊民放　08（84）〔1978.6〕 p17～21
小松原久夫	米国・視聴率低下の周辺（放送界の諸問題）：新聞研究　通号323　〔1978.6〕 p54～57
古川正之, 斎藤賢治	婦人の意識調査——役割意識とテレビ視聴について：NHK文研月報　28（08）〔1978.8〕 p14
視聴率調査グループ	テレビ・ラジオ視聴の現況——昭和53年6月全国視聴率調査の結果を中心に：NHK文研月報　28（10）〔1978.10〕 p1
高宮義雄, 杉山明子	個人視聴率と世帯視聴率との関係——NHK調査とビデオ・リサーチ調査：NHK文研月報　28（10）〔1978.10〕 p11
高宮義雄, 杉山明子	調査有効サンプルの精度——全国視聴率調査・宮城県沖地震調査：NHK文研月報　28（11）〔1978.11〕 p34
放送世論調査所視聴率調査グループ	テレビ・ラジオ視聴の現況——昭和53年11月調査の結果から：NHK文研月報　29（03）〔1979.3〕 p1
安井康雄	調査研究ノート 視聴行動の諸相（1）編成からみた視聴可能性：NHK文研月報　29（06）〔1979.6〕 p62
篠原俊行	充足度調査システムの開発：月刊民放　09（97）〔1979.7〕 p40～43
安井康雄	調査研究ノート 視聴行動の諸相（2）テレビ受信機の操作頻度：NHK文研月報　29（07）〔1979.7〕 p54

安井康雄	調査研究ノート 視聴行動の諸相(3)時間および回数と視聴の態様：NHK文研月報 29(08)〔1979.8〕 p62	
杉山明子	大阪人とテレビ——テレビ視聴の要因分析：NHK文研月報 29(09)〔1979.9〕 p1	
安井康雄	調査研究ノート 視聴行動の諸相(4)番組配置と視聴の態様：NHK文研月報 29(09)〔1979.9〕 p56	
斎藤賢治	テレビ・ラジオ視聴の現況——昭和54年6月全国視聴率調査の結果から：NHK文研月報 29(10)〔1979.10〕 p1	
吉田潤	調査研究ノート 視聴率データの分析と利用——「視聴行動の諸相」をめぐって：NHK文研月報 29(10)〔1979.10〕 p58	
上村修一	都道府県別視聴率を推定する試み：NHK文研月報 29(10)〔1979.10〕 p11	
中野収	特集 ローカルのローカル 電波メディアとローカリズム 変貌する共同体意識をどうとらえる？：月刊民放 09(100)〔1979.10〕 p8～13	
菊地信彦	調査研究ノート 幼児の生活とテレビ視聴をどのようにしてとらえるか：NHK文研月報 29(12)〔1979.12〕 p55	
視聴率グループ	テレビ・ラジオ視聴の現況——昭和54年11月全国視聴率調査の結果から：NHK文研月報 30(02)〔1980.2〕 p22	
小島良彦	討論 "Television-Televisions：視聴と利用の進展" 出席記：NHK文研月報 30(04)〔1980.4〕 p31	
中城福治郎	視聴者の関心にもとづくセグメンテーション枠組の開発：月刊民放 10(107)〔1980.5〕 p32～35	
絹村和夫, 佐怒賀三夫	〈特集〉知的番組への志向 対談 視聴者の知的志向と民放の対応：月刊民放 10(107)〔1980.5〕 p13～18	
小川文弥, 上村修一	日本人とテレビ(1)「結果のあらまし」と「年齢別にみた視聴の特徴」：NHK文研月報 30(05)〔1980.5〕 p1	
藤原功達	視聴者の類型化(1)－〈情報〉に対する行動と意識のパタン分析－：NHK文研月報 30(08)〔1980.8〕 p11	
小川文弥	日本人とテレビ(2)テレビ視聴に介在する要因を中心に：NHK文研月報 30(08)〔1980.8〕 p27	
安部雍子	現代独身女性の意識と放送への期待 ニッポン放送「シングルウーマン調査」から：月刊民放 10(111)〔1980.9〕 p40～43	
小川文弥	日本人とテレビ(3)視聴者としての日本人：NHK文研月報 30(09)〔1980.9〕 p27	
放送世論調査所視聴率グループ	テレビ・ラジオ視聴の現況——昭和55年6月全国視聴率調査の結果から：NHK文研月報 30(10)〔1980.10〕 p1	
藤原功達	視聴者の類型化——〈情報〉に対する行動と意識のパタン分析(2)：NHK文研月報 30(10)〔1980.10〕 p20	
斎藤賢治	大阪圏の人びとの生活と意識——テレビ視聴を中心に(2)：NHK文研月報 30(10)〔1980.10〕 p38	
三輪正	テレビ番組の継続的視聴——54年3月, 6月, 11月パネル調査の結果から：NHK文研月報 30(11)〔1980.11〕 p9	
藤原功達	視聴者の類型化(3)～〈情報〉に関する行動と意識のパタン分析～：NHK文研月報 30(11)〔1980.11〕 p27	
山崎平男, 水野厚子, 池田靖, 野中一夫	〈特集〉視聴者センターの展望 座談会 電話の向こうの視聴者像 在京社視聴者センターの課題：月刊民放 10(114)〔1980.12〕 p10～15	
茂木乾一郎	〈特集〉視聴者センターの展望 「聴き上手」の放送局へ 地方局の立場からオーディエンス・リレーションズを考える：月刊民放 10(114)〔1980.12〕 p6～9	
小川文弥	日本人とテレビ(4)「視聴者としての日本人(その2)」：NHK文研月報 30(12)〔1980.12〕 p45	
三輪正	高年層の生活意識とテレビ視聴：NHK文研月報 31(01)〔1981.1〕 p47	
視聴率グループ	テレビ・ラジオ視聴の現況——昭和55年11月全国視聴率調査の結果から：NHK文研月報 31(03)〔1981.3〕 p1	
上村修一, 村松泰子	地域生活とローカル放送(1)ローカル番組の視聴者とその意向：NHK文研月報 31(03)〔1981.3〕 p14	
岸田功	視聴者をとらえる——「量的」調査の視点から(テレビ新時代——80年代テレビへの展望<特集>)：放送学研究 通号33〔1981.3〕 p153～180	
佐藤亨	視聴データの "無限の宝庫" 10年を経た新潟全県視聴率調査：月刊民放 11(118)〔1981.4〕 p32～35	
上村修一, 村松泰子	地域生活とローカル放送(3)ローカル番組の視聴を規定する要因～午後6時台を例に～：NHK文研月報 31(05)〔1981.5〕 p37	
小川文弥	日本人とテレビ(5)テレビ視聴の構造(その1)：NHK文研月報 31(07)〔1981.7〕 p1	
小川文弥	日本人とテレビ(6)テレビ視聴の構造(その2)：NHK文研月報 31(08)〔1981.8〕 p13	
藤原功達	番組選択を規定する視聴者特性(1)－福井県調査の結果から－：NHK文研月報 31(08)〔1981.8〕 p1	
西村五洲	CM調査からの警告 <特集>視聴率への視座 XYZ：放送批評 No.149〔1981.10〕	
放送世論調査所視聴率グループ	テレビ・ラジオ視聴の現況——昭和56年6月全国視聴率調査の結果から：NHK文研月報 31(10)〔1981.10〕 p1	
近藤勝重	私は幻の記録装置を見た <特集>視聴率への視座 XYZ：放送批評 No.149〔1981.10〕	
志賀信夫	売買されている視聴率GRP <特集>視聴率への視座 XYZ：放送批評 No.149〔1981.10〕	
藤原功達	番組選択を規定する視聴者特性(2)——福井県調査の結果から：NHK文研月報 31(10)〔1981.10〕 p13	
藤原功達	番組選択を規定する視聴者特性(3)福井県調査の結果から：NHK文研月報 31(12)〔1981.12〕 p6	
江上照彦, 志賀信夫, 松田浩	座談会 アンケートにみる未来テレビへの希求 <特集>視聴者への年賀状：放送批評 No.152〔1982.1〕	
安部雍子	特集 変わりゆく視聴者 どうなっているの？ いまの視聴者 「団塊の世代」男女のグループインタビューから：月刊民放 12(127)〔1982.1〕 p16～19	
甘糟章, 高山英男, 川勝久, 中野収	特集 変わりゆく視聴者 どうなる？ これからの視聴者 座談会：月刊民放 12(127)〔1982.1〕 p20～25	
小川文弥	特集 変わりゆく視聴者 どう変わった？ 70年代の視聴者 調査からみた受け手の十年：月刊民放 12(127)〔1982.1〕 p12～15	
今泉さち子	朝の婦人向けワイドショーはどのように見られているか——「おはよう広場」を中心に：NHK文研月報 32(02)〔1982.2〕 p28	
菊地信彦	幼児はどのようにテレビを見ているか——0歳～4歳児の番組を見るようすと反応：NHK文研月報 32(02)〔1982.2〕 p18	
放送世論調査所視聴率グループ	テレビ・ラジオ視聴の現況——全国視聴率調査の結果から：NHK文研月報 32(03)〔1982.3〕 p1	
安井康雄	世帯でみた関東・関西の視聴プロフィール——編成状況を判断基準とする試み：NHK文研月報 32(04)〔1982.4〕 p41	

放送ジャーナリズム　　ジャーナリズム

吉田潤	変わってきたテレビ視聴——最近10年間の調査結果から：NHK文研月報　32（07）〔1982.7〕　p24
視聴率グループ	テレビ・ラジオ視聴の現況——昭和57年6月全国視聴率調査の結果から：NHK文研月報　32（09）〔1982.9〕　p14
小川文弥	「テレビ視聴理論」体系化への試み（1）調査・研究の系譜を中心に：NHK文研月報　32（09）〔1982.9〕　p23
藤原功達	ゴールデンアワー番組の視聴者タイプ（1）－情報行動としてのテレビ視聴－：NHK文研月報　32（10）〔1982.10〕 p26
小川文弥	「テレビ視聴理論」体系化への試み（2）視聴者の「主体性」はどうとらえられたか：NHK文研月報　32（11）〔1982.11〕p23
藤原功達	ゴールデンアワー番組の視聴者タイプ（2）－行動と意識の総合類型としての視聴者タイプ－：NHK文研月報　32（12）〔1982.12〕　p29
須藤春夫	視聴者動向'82：月刊民放　12（138）〔1982.12〕　p32～34
小川文弥	「テレビ視聴理論」体系化の試み（3）「こどもとテレビ」を中心に：NHK文研月報　33（01）〔1983.1〕　p32
山西由之, 青木貞伸	特集 ニューメディア時代の放送 環境の変化に立ち向かう勇気を 視聴者の信頼が第一義～民放連会長に聞く：月刊民放　13（139）〔1983.1〕　p6～11
井上宏	特集 ニューメディア時代の放送 社会の神経組織、ニューメディア 視聴者は「使い手」から「選び手」へ：月刊民放　13（139）〔1983.1〕　p24～26
藤原功達	ゴールデンアワー番組の視聴者タイプ（3）－番組特性と視聴者特性－：NHK文研月報　33（02）〔1983.2〕　p34
視聴率グループ	テレビ・ラジオ視聴の現況——昭和57年11月全国視聴率調査の結果から：NHK文研月報　33（02）〔1983.2〕 p25
吉田潤	テレビ30周年特集 人びとは, テレビをどう見ているか——「テレビ30年」調査から：NHK文研月報　33（03）〔1983.3〕　p1
小川文弥	「テレビ視聴理論」体系化の試み（4）「並行期」における理論研究を中心に：NHK文研月報　33（03）〔1983.3〕　p47
波田野静治	特集 変わる視聴率の読み方 移りゆくマス重視の社会観 広告・文化情報媒体として "満足と共感"を：月刊民放　13（143）〔1983.5〕　p6～9
貝塚康宣	特集 変わる視聴率の読み方 視聴の実態をどこまで摑むか 必要な、番組と視聴者意識を結ぶ視点からの対応：月刊民放　13（143）〔1983.5〕　p10～13
篠原俊行	特集 変わる視聴率の読み方 質的データが生む価値の拡充 「充足度調査システム」活用による緻密な価値創造：月刊民放　13（143）〔1983.5〕　p14～17
三枝孝栄, 勝田建, 竹内郁郎, 中村紀一, 中島力, 日枝久	特集 変わる視聴率の読み方 編成・制作からみた視聴率 その位置づけを考える〈座談会〉：月刊民放　13（143）〔1983.5〕　p18～26
井上宏	特集 メディア間秩序考 強まる、視聴者の "使い手" 意識 メディア環境成熟のなかで、"分化"によるアプローチを：月刊民放　13（146）〔1983.8〕　p12～15
伊豫田康弘	特集 メディア間秩序考 相対化すすむテレビの媒体価値 メディア史と視聴者調査の結果分析から：月刊民放　13（146）〔1983.8〕　p9～11
井上宏	テレビ視聴の社会学（テレビが変わる）：新聞研究　通号395〔1984.6〕　p55～58
小川文弥	日本人のテレビ視聴はどうとらえられたか—「理論」・「調査」の30年から：NHK放送文化調査研究年報　29〔1984.8〕　p65～97
稲葉昭典, 上田彦二	特集 メディア感覚変容へのアプローチ 聴取者の "いま" 把握が生む音のコミュニケーション機能 環境を冷静に見る「視点」と人々の感性を捉える「姿勢」が鍵：月刊民放　16（175）〔1986.1〕　p23～27
石川正信	視聴率の可能性と危険：放送批評　No.203〔1986.5〕
大谷堅志郎	視聴覚最高機関の意義と限界—命脈を縮めたフランスのメディア政治：NHK放送文化調査研究年報　31〔1986.8〕　p149～166
大谷乙彦	視聴者ニーズと視聴率（読者はいま何を求めているのか＜特集＞）：新聞研究　通号426〔1987.1〕　p35～38
岸田功	受け手研究の課題（放送研究の課題と方法＜特集＞）：放送学研究　通号38〔1988〕　p119～135
藤田真文	特集 "視聴質"をどう捉えるか 「PM」導入 民放界は慎重な姿勢：月刊民放　18（202）〔1988.4〕　p24～26
重村一, 松村由彦, 猪狩惇夫, 渡辺久哲, 萩元晴彦	特集 "視聴質"をどう捉えるか 現場での受けとめ方とアプローチは：月刊民放　18（202）〔1988.4〕　p18～23
岸田功, 竹内郁郎, 野崎茂	特集 "視聴質"をどう捉えるか "質"調査実施へ、具体的検討の時期 座談会：月刊民放　18（202）〔1988.4〕　p6～12
福原義春	特集 "視聴質"をどう捉えるか "質"評価の追求で真の豊かさを：月刊民放　18（202）〔1988.4〕　p13～17
伊豫田康弘	「視聴質」論議の今後の課題——「視聴率と視聴質」中間報告書の波紋：新聞研究　通号444〔1988.7〕　p71～74
阿木翁助	放送時評 "視聴者ニーズ"はメーターで計れるか：月刊民放　18（207）〔1988.9〕　p36～36
伊豫田康弘	"視聴質"の本質をさぐる：広告　（271）〔1988.11〕　p35～
加藤雄二	特集 視聴者をどう捉えるか テレビ視聴時間からみた視聴者像：月刊民放　20（234）〔1990.12〕　p22～25
藤井潔	特集 視聴者をどう捉えるか テンビとは何か 原点の問いかけを：月刊民放　20（234）〔1990.12〕　p6～9
松尾羊一	特集 視聴者をどう捉えるか "虚実のきわどさ"を楽しむ余裕も：月刊民放　20（234）〔1990.12〕　p10～13
上村喜孝	特集 視聴者をどう捉えるか 視聴者の "生の声"を制作現場に：月刊民放　20（234）〔1990.12〕　p18～21
成田康昭	特集 視聴者をどう捉えるか 多様化する情報環境と若者意識：月刊民放　20（234）〔1990.12〕　p14～17
関千枝子	特集 問われるテレビ文化の現在 視聴率主義で遠去かる「文化」：月刊民放　22（251）〔1992.5〕　p22～24
関秀章	特集 民放への期待と注文 テレビと視聴者の関係はひとつじゃない：月刊民放　23（259）〔1993.1〕　p16～17
渡辺久哲	連載・視聴率（1）放送における「人気」の尺度：月刊民放　23（264）〔1993.6〕　p36～37
鈴木みどり	視聴者の立場から見るテレビニュース（テレビニュースとは何か）：新聞研究　通号503〔1993.6〕　p34～36
渡辺久哲	視聴率（2）どの調査方法にも一長一短：月刊民放　23（265）〔1993.7〕　p36～37
渡辺久哲	視聴率（3）論議が必要な「視聴」の定義：月刊民放　23（267）〔1993.9〕　p36～37
渡辺久哲	視聴率（4）PPMデータの活用考える：月刊民放　23（268）〔1993.10〕　p36～37
渡辺久哲	連載・視聴率（5）CATVの「視聴率」とは何か：月刊民放　23（269）〔1993.11〕　p36～37
渡辺久哲	連載・視聴率（最終回）視聴率を超えたメディア論を：月刊民放　24（272）〔1994.2〕　p36～37
西村浩	視聴率に関する疑問 それは視聴実態を的確に反映し得るのだろうか：月刊民放　24（273）〔1994.3〕　p30～33

上村忠	視聴率 機械式個人調査の早期導入に強く反対する：月刊民放 24 (274) 〔1994.4〕 p31〜34	
湯浅俊彦	視聴者に「事実」のすべてを（「自己検証」番組を検証する＜特別企画＞）：総合ジャーナリズム研究 31 (03) 〔1994.7〕 p55〜59	
伊豫田康弘	個人視聴率問題の争点：放送批評 No.306 〔1995.1〕	
根本昭二郎	放送界事件史12 ビデオ・リサーチ誕生：放送批評 No.311 〔1995.6〕	
上村修一, 白石信子	テレビ世代の視聴特性：NHK放送文化調査研究年報 通号41 〔1996〕 p179〜198	
渡辺久哲	データ F1の中核、60年代生まれを読み解くキーワードは、マイペース主義と現実脱出願望：新・調査情報 passingtime 2期 (51) 通号412 〔1996.1〕 p66〜71	
佐藤哲司, 山口誠	機械式個人視聴率調査検証報告書をまとめて, 主協, 業協, 民放連 (特集 個人視聴率)：月刊民放 26 (9) 〔1996.9〕 p16〜23	
清水豪, 藤井桑正, 藤井睦夫	＜鼎談＞関係3団体委員長正しく読み, 上手に使え (特集 個人視聴率)：月刊民放 26 (9) 〔1996.9〕 p4〜13	
小林元司	テレビの料金体系に関する一考察——多チャンネル化, 個人視聴率への対応：月刊民放 26 (10) 〔1996.10〕 p26〜29	
渡辺久哲	データ アトランタオリンピック視聴者動向：新・調査情報passingtime 2期 (51) 通号413 〔1996.11〕 p68〜73	
ばばこういち, 貴島誠一郎, 小浦義文, 正木鞆彦, 大楠成一, 竹内希衣子, 平岡昇	インタビューコラム 個人視聴率をどう考えますか？ ＜特集＞個人視聴率がやってくる：放送批評 No.329 〔1996.12〕	
稲葉潔, 永山耕三, 音好宏, 髪林孝司	テレビは世帯視聴率がゼッタイだ！ F1層ねらいはあり得ない ＜特集＞個人視聴率がやってくる：放送批評 No.329 〔1996.12〕	
田村穣生	膨大なデータが業界を惑わせる テレビは文化事業である ＜特集＞個人視聴率がやってくる：放送批評 No.329 〔1996.12〕	
グリーンバーグ, ブラドレー・S, リビィ, マーク・R, 古川良治	コミュニケーション環境の変革期におけるテレビジョン——アメリカのテレビ視聴と放送内容の動向 (放送文化研究所設立50周年記念特集・テレビ文化の形成と変容——メディア・情報・社会)：放送学研究 通号47 〔1997〕 p279〜332	
渡辺久哲	データ 個人視聴率とテレビへの満足度：新・調査情報passingtime 2期 (51) 通号414 〔1997.1〕 p68〜71	
岸田功	視聴率 (特集 現代マス・コミュニケーション理論のキーワード——50号を記念して一受け手論)：マス・コミュニケーション研究 通号50 〔1997.1〕 p80〜86	
五味一男	広告主より視聴者を考えろ 個人視聴率は10年早い：放送批評 No.331 〔1997.2〕	
原由美子, 服部弘	多チャンネル化の中のテレビと視聴者——台湾ケーブルテレビの場合：放送研究と調査 47 (2) 〔1997.2〕 p22〜37	
三富和則	「視聴者の必要とするメディア」目指して——営業マンの心得アラカルト (特集 多Ch時代を生き抜く君たちへ)：月刊民放 27 (3) 〔1997.3〕 p20〜23	
渡辺久哲	JNNデータバンク調査より 幅広い年齢層に健在な, ドキュメンタリー志向：新・調査情報passingtime 2期 (51) 通号416 〔1997.5〕 p30〜33	
向後英紀	アメリカにおける番組ランクづけシステムと "V—Chip" の導入——性・暴力番組からの青少年の保護 (1)：放送研究と調査 47 (5) 〔1997.5〕 p2〜11	
町野洋一	"心象風景" 共有に向けて視聴者の声を拾う (特集 ステーション・イメージ (Station Image) の浸透をめざして——97年4月の番組改編をケーススタディーに)：月刊民放 27 (6) 〔1997.6〕 p20〜23	
渡辺久哲	JNNデータバンク調査より 他人への関心がむしろ高いデジタル世代：新・調査情報passingtime 2期 (51) 通号417 〔1997.7〕 p18〜23	
渡辺久哲	継続検証必要なピープルメータ (特集 個人視聴率・再検証 /)：新・調査情報passingtime 2期 (51) 通号418 〔1997.9〕 p2〜8	
阿部潔	多チャンネル時代の「放送の公共性」(特集 個人視聴率・再検証 /)：新・調査情報passingtime 2期 (51) 通号418 〔1997.9〕 p15〜19	
原龍男	米国ピープルメータ調査の一〇年 (特集 個人視聴率・再検証 /)：新・調査情報passingtime 2期 (51) 通号418 〔1997.9〕 p9〜14	
渡辺久哲	「視聴質」はどこまで可能か：新・調査情報passingtime 2期 (51) 通号419 〔1997.11〕 p26〜29	
渡辺久哲	高視聴率連続ドラマから見える時代の顔：新・調査情報passingtime 2期 (51) 通号420 〔1998.1〕 p40〜44	
吉田賢策	インターネットを使用して視聴質調査——「リサーチQ」を放送の未来につなげたい：月刊民放 28 (2) 〔1998.2〕 p24〜27	
渡辺久哲	特集 どうなる二十一世紀の放送 識者一四〇人への『放送の将来像に関する調査』より：新・調査情報passingtime 2期 (51) 通号421 〔1998.3〕 p10〜25	
服部孝章	アメリカにおけるVチップの現状と問題点：月刊民放 28 (3) 〔1998.3〕 p24〜27	
加藤雄二	テレビ視聴率調査の歩み：日経広告研究所報 32 (2) 〔1998.4〕 p18〜23	
伊藤友治	Vチップ時代がやってくる？：新・調査情報passingtime 2期 (51) 通号422 〔1998.5〕 p4〜5	
吉岡忍	番組制作の現場から 視聴者という「妖怪」をめぐって：新・調査情報passingtime 2期 (51) 通号422 〔1998.5〕 p26〜35	
岡田晋吉, 笠井青年, 服部孝章, 堀川とんこう	座談会 Vチップ問題を考える：新・調査情報passingtime 2期 (49) 通号423 〔1998.7〕 p30〜39	
石川旺	多チャンネル時代到来 視聴者はこうして番組を選択する：放送文化 通号49 〔1998.7〕 p52〜55	
岩本太郎	個人視聴率定着？ 番組はこう変わった！：ぎゃらく 通号349 〔1998.8〕 p12〜16	
門奈直樹	96年にVチップ導入見合わせ——イギリスの精巧な規制システム (特集 青少年問題と放送局)：月刊民放 28 (8) 〔1998.8〕 p12〜15	
坂本衛	視聴者無視の地上放送デジタル化に 公共投資350億円はなぜだ!?：放送レポート 154号 〔1998.9〕 p2〜7	
山田一成	あなたの知らない "視聴者"——「ポイントヒッティング」にみる視聴行動の現在 (特集 視聴者の変化をどうとらえるか——メディア・リテラシー考)：月刊民放 28 (9) 〔1998.9〕 p16〜19	
五味一男, 市橋史生, 小幡芳和	いかにして視聴者との "回路" を太くするか——民放テレビ4社の番組製作者に聞く (特集 視聴者の変化をどうとらえるか——メディア・リテラシー考)：月刊民放 28 (9) 〔1998.9〕 p24〜28	

原龍男	これがアジアの視聴率調査だ！：ぎゃらく　通号351　〔1998.10〕　p31～35	
渡辺久哲	98JNNデータバンク調査が映す 世紀末日本の景色：新・調査情報passingtime　2期(51)通号425　〔1998.11〕　p4～23	
原龍男	米国のテレビ視聴率調査の現状と課題——今なぜ、SMARTシステムか？：月刊民放　28(11)　〔1998.11〕　p30～33	
居駒千穂	多メディア時代の安心ラジオ——ラジオはこの10年どのように聴かれたか：放送研究と調査　48(11)　〔1998.11〕　p2～9	
山田一成	「なにげ視聴」時代のCM：新・調査情報passingtime　2期(51)通号426　〔1999.1〕　p32～39	
荒牧央,上村修一	新メディアの利用と情報への支出——「デジタル時代の視聴者」調査から：放送研究と調査　49(5)通号576　〔1999.5〕　p32～51	
荒牧央,上村修一	人々は新しいメディアをどう受け入れているか——「デジタル時代の視聴者」調査から：放送研究と調査　49(7)通号578　〔1999.7〕　p30～41	
原龍男	アジア視聴率リポート 韓国——経済復興に燃える新旧2社の視聴率対決：ぎゃらく　通号362　〔1999.9〕　p40～44	
荒牧央,上村修一	世帯収入とメディア利用～「デジタル時代の視聴者」調査から～：放送研究と調査　49(9)通号580　〔1999.9〕　p52～61	
居駒千穂	ラジオはどのように聞かれているか——平成11年3月「ラジオに関する調査」から：放送研究と調査　49(10)通号581　〔1999.10〕　p24～49	
林荘祐	視聴者は選択のメリットを生かせるか——多チャンネル化の行方(特集 衛星放送のデジタルデザイン)：月刊民放　29(12)通号342　〔1999.12〕　p4～7	
原龍男	視聴率調査の国際化のためのガイドライン：月刊民放　30(3)通号345　〔2000.3〕　p28～31	
原龍男	永六輔氏のラジオ聴取率調査批判に「ちょっと待て！」：ぎゃらく　通号371　〔2000.6〕　p32～37	
居駒千穂	結婚で変わるテレビの見方～「日本人とテレビ2000」調査から：放送研究と調査　50(10)通号593　〔2000.10〕　p50～57	
村中智津子	Vチップ——走り始めた政治的妥協の産物(特集 メディアに対する規制強化)：Aura　通号144　〔2000.12〕　p30～35	
鈴木秀美	メディアの影響と青少年保護——ドイツのメディア規制を手がかりに(特集 メディアに対する規制強化)：Aura　通号144　〔2000.12〕　p20～23	
原龍男	視聴率・聴取率調査(特集 放送のプロとして——新放送人に・講座・放送の数字)：月刊民放　31(3)通号357　〔2001.3〕　p23～25	
小林基茂	視聴者と放送事業者の回路を目指して(特集 青少年向け番組とは何か)：月刊民放　31(7)通号361　〔2001.7〕　p34～37	
藤平芳紀	アービトロン社のPPMは究極の視聴率測定機になり得るか？：月刊民放　31(10)通号364　〔2001.10〕　p32～35	
菅谷明子	視聴者の眼 ニュースと現実のギャップを埋める試みを：放送レポート　174号　〔2002.2〕　p11	
菅谷明子	視聴者の眼 番組作りを疑似体験してニュースが身近に：放送レポート　175号　〔2002.3〕　p13	
藪田正弘	視聴者像をつかめ!!"生産的"視聴者対応とメディアリテラシー(特集 放送人の心構え—変化するメディア環境と放送の仕事)：月刊民放　32(3)通号369　〔2002.3〕　p18～20	
菅谷明子	視聴者の眼 番組価値見直す「身銭シミュレーション」：放送レポート　176号　〔2002.5〕　p49	
原由美子,重森万紀	インターネットユーザーのテレビ視聴観——視聴行動変化の兆しを探る(「春の研究発表とシンポジウム」特集)：放送研究と調査　52(6)通号613　〔2002.6〕　p14～27	
原寿雄	視聴者と局つなぐ回路の役割を実感(特集 子どもとテレビ)：月刊民放　32(8)通号374　〔2002.8〕　p21～23	
亀渕昭信	視聴者、聴取者と向き合う(特集 子どもとテレビ)：月刊民放　32(8)通号374　〔2002.8〕　p4～7	
藤平芳紀	視聴率のナゾ(17)W杯の視聴率：ぎゃらく　通号398　〔2002.9〕　p44～45, 80	
荒牧央	インターネット利用とテレビ視聴の今後——インターネット利用者の生活行動——「IT時代の生活時間調査」から(4)：放送研究と調査　52(9)通号616　〔2002.9〕　p72～81	
藤平芳紀	メディア調査の国際動向——WAM会議から：月刊民放　33(8)通号386　〔2003.8〕　p32～35	
太田昌宏	戦争下、中東のテレビと視聴者——100人へのアンケートを中心に：放送研究と調査　53(9)通号628　〔2003.9〕　p44～53	
丸山重威	「視聴者とともに作るメディア」への展望——韓国の放送、インターネット、そしてメディア：マスコミ市民　通号419　〔2003.12〕　p14～26	
清水瑞久	脳死・臓器移植報道に対する視聴の分析——TBS『ニュースの森』をテクストとして：マス・コミュニケーション研究　通号65　〔2004〕　p79～95	
小中陽太郎	視聴率の"物神化"を批判する 8年経った、あげくの「買収事件」：放送レポート　186号　〔2004.1〕　p2～6	
小田義文	「テレビ視聴率調査対象世帯への不正干渉」に対するビデオリサーチの対応(特集1 視聴率問題を考える)：月刊民放　34(2)通号392　〔2004.2〕　p11～15	
伊豫田康弘	「視聴質」研究の系譜とデジタル時代の視座(特集1 視聴率問題を考える)：月刊民放　34(2)通号392　〔2004.2〕　p5～10	
水島久光	視聴率問題が提起する、メディアと産業の新しい関係(特集1 視聴率問題を考える)：月刊民放　34(2)通号392　〔2004.2〕　p16～21	
久保哲郎	考査/視聴者対応 コンテンツの品質管理を担う(特集 「新・民放人」読本2004)：月刊民放　34(3)通号393　〔2004.3〕　p20～22	
蟹瀬誠一	視聴率問題の加害者は誰か：放送文化　通号2　〔2004.3〕　p88～92	
奥田良胤	視聴率調査研究会報告書から 難しかった「視聴質」論議,内・外委員の意識に隔たり：放送研究と調査　54(8)通号639　〔2004.8〕　p138～143	
吉永春子	視聴率を「魔物」に変えるもの(FEATURE テレビ50歳の危機(4))：総合ジャーナリズム研究　41(01)　(通号187)〔2004.12〕　p42～45	
渡辺治	日本テレビ視聴率買収工作問題(FEATURE テレビ50歳の危機(4))：総合ジャーナリズム研究　41(01)　(通号187)〔2004.12〕　p8～12	
加藤滋紀	テレビ視聴率の何が問題なのか——視聴率をめぐる最近の議論を点検する：目白大学総合科学研究　(1)　〔2005〕　p11～21	
上村修一	テレビ視聴回数と視聴継続時間——テレビ基本視聴行動の分析：NHK放送文化研究所年報　49　〔2005〕　p171～205	

清水英夫	体験的メディア比較論(3)部数競争と視聴率競争：出版ニュース　通号2032　〔2005.3〕　p18～21
増田智子, 鈴木祐司	視聴者は地上デジタル放送をどう見ているのか：放送研究と調査　55(8)通号651　〔2005.8〕　p58～71
原美和子, 照井大輔, 白石信子	日本人とテレビ・2005――テレビ視聴の現在：放送研究と調査　55(8)通号651　〔2005.8〕　p2～35
米倉律	HDRはテレビ視聴と放送をどう変えるか：NHK放送文化研究所年報　50　〔2006〕　p61～91
出田稔	新たなメディアサービスとマーケティング変化の潮流：放送界　51(176)〔2006.夏季〕　p86～90
出田稔	新たなメディアコンテンツサービスと視聴行動分散：放送界　51(177)〔2006.秋季〕　p76～79
常木暎生	視聴者にとっての政治討論番組――サンデープロジェクトと日曜討論の分析：関西大学社会学部紀要　37(3)〔2006.3〕　p271～291
石井修平	視聴者の信頼こそが報道の自由を守る(特集 「新民放人」読本2006――民放の輝かしい明日のために―テーマ編 報道と人権)：月刊民放　36(3)通号417　〔2006.3〕　p11～15
原美和子, 照井大輔	インターネット利用者の拡大とテレビ視聴(デジタル化の奔流と公共放送)：放送研究と調査　56(3)通号658　〔2006.3〕　p42～54
服部孝章	視聴者が参画するシステムが不可欠――放送法制の起源と沿革(特集 放送の原点を考える)：月刊民放　36(5)通号419　〔2006.5〕　p10～13
鈴木嘉一	視聴者は「利用者」なのか？――放送改革論議に欠けていた視点(特集 「放送改革」を検証する)：月刊民放　36(9)通号423　〔2006.9〕　p24～27
寺島実郎, 鳥越俊太郎	スペシャルトーク ジャーナリスト 鳥越俊太郎VS日本総合研究所会長 寺島実郎 「視聴率」という呪縛とテレビ報道のあり方：Forbes　16(1)通号178　〔2007.1〕　p36～40
坂本衛	視聴者はテレビの何を見ているのか(特集 番組ジャンル考)：月刊民放　37(6)通号432　〔2007.6〕　p24～27
三浦基, 小林憲一	視聴者はVODに何を求めているのか――「インターネットを利用したVOD」に関する調査から：放送研究と調査　57(7)通号674　〔2007.7〕　p32～43
海部一男	フォックス・ニュースの視聴率はなぜ下がらないのか――「フォックス効果」を再検証する：放送文化　通号20　〔2008.秋〕　p98～103
斎藤建作	高齢者のテレビ視聴(上)視聴が増大する人・しない人：放送研究と調査　58(9)通号688　〔2008.9〕　p2～17
吉井勇, 長谷川孝	「視聴者みなさまの声(平成19年度分――664万1, 414件)をNHKの"宝もの"として生かす」システム対応：New media　26(9)通号304　〔2008.9〕　p6～8
滝野俊一	ダビング10は視聴者行動を変えるか？：ぎゃらく　通号472　〔2008.10〕　p32～35
斎藤建作	高齢者のテレビ視聴(下)視聴増大で変わること・変わらないこと：放送研究と調査　58(10)通号689　〔2008.10〕　p66～79
越川洋	現代思想と最近の視聴者研究をめぐる問題――N.ガーナム著「解放, メディア, 現代性――メディアと社会理論をめぐる議論」から：放送研究と調査　58(12)通号691　〔2008.12〕　p64～73
斎藤建作	高齢者テレビ視聴の3つの潮流(特集 テレビの前の「定年世代」)：放送文化　通号22　〔2009.春〕　p48～51
徳本照昌	視聴者との対応……ここがポイント――「支援センター」がスタートして2カ月：月刊民放　39(1)通号451　〔2009.1〕　p38～43
中馬清福	「視聴者への敬意」が出発点――おのれの立ち位置を明確に：月刊民放　39(8)通号458　〔2009.8〕　p4～7
谷正名	20代男性・「不安」と「情報過多」の中で(1)生活意識とメディア接触に見える「断層」：放送研究と調査　59(10)通号701　〔2009.10〕　p2～13
谷正名	20代男性・「不安」と「情報過多」の中で(2)テレビ視聴に見る「断層」のありよう：放送研究と調査　59(11)通号702　〔2009.11〕　p20～33
野中章弘	視聴者・市民が参加できる通信・放送行政を(特集 通信・放送行政とNHKの今後)：マスコミ市民　通号490　〔2009.11〕　p34～39
野尻洋平	メディアと消費主義――消費主義的価値意識にたいするテレビ視聴の影響：社会学研究科年報　(17)〔2010〕　p31～42
佐々木俊尚	新電子機器が予感させるテレビ視聴の新しい可能性(特集 After 2011)：放送文化　通号26　〔2010.春〕　p42～45
大河原克行	2020年のテレビは「生きるために必要なツール」となる(特集 After 2011)：放送文化　通号26　〔2010.春〕　p55～59
Tay, Seow Boon, 志岐裕子, 村山陽	多様化する若者のテレビ視聴スタイル――大学生の質問紙調査から(特集 テレビ視聴の多様化と記憶の共有)：メディア・コミュニケーション : 慶応義塾大学メディア・コミュニケーション研究所紀要　(60)〔2010.3〕　p49～65
小川浩司, 東山一郎, 米倉律	テレビ視聴とコミュニケーションを立体化する試み――番組レビューサイトを用いた実証実験：放送研究と調査　60(9)通号712　〔2010.9〕　p66～75
佐々木俊尚	テレビの未来形 Google TVの先にある「スマート・テレビ」(総力特集 テレビはどこへ向かうのか――大震災、地デジ化を経て)：放送文化　通号32　〔2011.秋〕　p28～31
桧山珠美	視聴者を引き戻す「おとなのテレビ」――BS番組、いま見るならこれ！(特集 展望・BSデジタル新時代)：月刊民放　41(1)通号475　〔2011.1〕　p18～21
三浦基, 小林憲一	オンエアに限らないテレビの視聴――携帯端末による動画視聴に関する調査：放送研究と調査　61(1)通号716　〔2011.1〕　p48～65
斎藤建作	視聴者は朝どのようにテレビを見ているのか――主婦に対するデプスインタビュー調査より：放送研究と調査　61(1)通号716　〔2011.1〕　p30～47
石松俊之	放送の完全デジタル化と視聴率調査：日経広告研究所報　45(2)通号256　〔2011.4・5〕　p48～53
斎藤建作	視聴者は朝どのようにテレビを見ているのか(2)：放送研究と調査　61(5)通号720　〔2011.5〕　p24～39
佐野山寛太	視聴者生活時間争奪戦に勝つ方法――スマートテレビ時代に向けて(特集 テレビ新時代の営業力)：月刊民放　41(8)通号482　〔2011.8〕　p26～30
関根智江	年層による差がさらに広がるテレビ視聴 : 2000～2011年の全国個人視聴率調査から：放送研究と調査　61(12)通号727　〔2011.12〕　p2～19
斎藤建作	チャンネル変更の行動と意識 : モニター調査からの報告：放送研究と調査　62(4)通号731　〔2012.4〕　p24～39
斎藤建作	リタイア期を迎えた団塊男性はテレビに何を求めるか：放送研究と調査　63(4)通号743　〔2013.4〕　p18～31
木村義子	"多極化"するデジタル時代のテレビ視聴者 : 「テレビ60年調査」から：放送研究と調査　64(2)通号753　〔2014.

		2〕 p38～53
関口聡, 斎藤建作, 二瓶互		朝ドラ『あまちゃん』はどう見られたか ： 4つの調査を通して探る視聴のひろがりと視聴熱：放送研究と調査 64(3)通号754 〔2014.3〕 p12～41
松井英光		テレビオーディエンス論としての視聴率 ： 恣意性を排除した「受け手」像に見る真の能動性とは：放送レポート (247)〔2014.3〕 p22～26
塚本恭子, 渡辺洋子, 木村義子		人々は放送局のコンテンツ, サービスにどのように接しているのか ： 「2013年11月全国放送サービス接触動向調査」の結果から：放送研究と調査 64(5)通号756 〔2014.5〕 p48～58
杉本敏也		15年続く視聴者との直接対話 ： 「日テレフォーラム」のあゆみ(特集 開かれた放送局へ ： 地域とともに):月刊民放 44(7)通号517 〔2014.7〕 p4～6
村上雅通		視聴者とのキャッチボール ： "ドサ回り"番組が教えてくれたこと(特集 開かれた放送局へ ： 地域とともに):月刊民放 44(7)通号517 〔2014.7〕 p28～32
真崎理香		「中高生モニター制度」の取り組み ： 視聴者との対話の意義(特集 開かれた放送局へ ： 地域とともに):月刊民放 44(7)通号517 〔2014.7〕 p13～15
宇佐美毅		視聴率中心のドラマ評価を超えて:月刊民放 44(9)通号519 〔2014.9〕 p26～29
関根智江, 舟越雅, 木村義子		人々は放送局のコンテンツ, サービスにどのように接しているのか ： 「2014年6月全国放送サービス接触動向調査」の結果から:放送研究と調査 64(10)通号761 〔2014.10〕 p48～61
重延浩		重延浩 テレビマンユニオン会長(特別インタビュー)録画視聴率・見逃し視聴・4K・8K・BSを語る:放送界 No0209 〔2015〕

〔図書〕

日本放送協会放送文化研究所		聴取者はどんな番組を好むか―音楽・演芸・スポーツ種目嗜好調査結果報告 昭和28年11月6-10日 日本放送協会放送文化研究所 1954 75枚(表共) 31cm
日本民間放送連盟放送研究所		視聴率の見かた 日本民間放送連盟放送研究所 1967 176p 21cm 400円
民放五社調査研究会		日本の視聴者 続 誠文堂新光社 1969 329p 19cm 620円
視聴者とテレビと言論の自由と―ACT対モラルマジョリティ FCT子どものテレビの会 1981 14p 26cm		
ビデオリサーチ		視聴率20年 ビデオ・リサーチ 1982.9 300p 23cm
阿井渉介		視聴率の身代金―サラリーマン・サスペンス 講談社 1983.2 194p 18cm 600円 (講談社ノベルス)
ビデオリサーチ		視聴率の正体 広松書店 1983.9 219p 21cm 1500円
全日本テレビ番組製作社連盟		視聴率戦争―テレビマンたちの熱き戦い ATPシンポジウムの記録 レオ企画 1987.10 366p 19cm 2000円
ビデオリサーチ		視聴率30年 ビデオ・リサーチ 1993.3 281p 31cm
ばばこういち		視聴率競争―その表と裏 岩波書店 1996.7 63p 21cm 400円 (岩波ブックレット no0407)
藤平芳紀		視聴率 1998 大空社 1998.12 236p 31cm 7000円
菅原巌		視聴者の耳と目と声―放送モニターの記録 菅原巌 1999.6 121p 21cm 952円
藤平芳紀		視聴率の謎にせまる―デジタル放送時代を迎えて ニュートンプレス 1999.6 253p 19cm 1200円 (ニュートンプレス選書 11)
安達元一		視聴率200%男 光文社 2001.11 204p 18cm 680円 (光文社新書)
伊藤愛子		視聴率の戦士―テレビクリエイター列伝 ぴあ 2003.10 279p 19cm 1600円
視聴率問題について 放送倫理・番組向上機構 2003.12 25p 30cm (放送番組委員会記録)		
引田惣弥		全記録テレビ視聴率50年戦争―そのとき一億人が感動した 講談社 2004.4 277p 20cm 2000円
古川園智樹, 水谷玲子, 草野厚		視聴率の代替可能性―メディア検証機構に焦点を当てて 慶應義塾大学大学院政策・メディア研究科 2004.5 20p 30cm (総合政策学ワーキングペーパーシリーズ no.42)
田原茂行		視聴者が動いた巨大NHKがなくなる 草思社 2005.9 229p 20cm 1600円
藤平芳紀		視聴率の正しい使い方 朝日新聞社 2007.4 239p 18cm 720円 (朝日新書)
岩崎達也, 小川孔輔, 八塩圭子		多メディア時代のテレビ視聴行動―視聴番組数の増加と視聴行動の計画化・多様化 法政大学イノベーション・マネジメント研究センター 2008.3 12p 30cm 500円 (Working paper series no.49)
高橋浩		視聴率15%を保証します!―あのヒット番組を生んだ「発想法」と「仕事術」 小学館 2014.10 253p 18cm 740円 (小学館新書 217)

番組批評

〔雑誌記事〕

藤島克己		琉球に於ける放送事業:放送文化 6(4)〔1951.4〕 p33～34
近藤輝夫		「明るい農村」の分析結果から見た農村の人のきき方と感じ方―中―:NHK文研月報 3(4)〔1953.4〕 p14～17
近藤輝夫		「明るい農村」の分析結果から見た農村の人のきき方と感じ方―下―:NHK文研月報 3(5)〔1953.5〕 p9～12
近藤輝夫		「音楽の地図」の構成を中心として:NHK文研月報 3(6)〔1953.6〕 p12～15
近藤輝夫		「三つの歌」:NHK文研月報 3(11)〔1953.11〕 p15～16
近藤輝夫		「三つの歌」:NHK文研月報 3(12)〔1953.12〕 p16
近藤輝夫		LA分析調査―第28回――「日本の産業」の中心のきき手はだれか:NHK文研月報 4(1)〔1954.1〕 p11～14
平岡正之		「早起鳥」の反響:NHK文研月報 4(3)〔1954.3〕 p11～12
近藤輝夫		「早起鳥」の分析結果からみた農村の人のきき方と感じ方―上―:NHK文研月報 4(3)〔1954.3〕 p7～10
近藤輝夫		BA分析調査―第13回――「陽気な喫茶店」への希望:NHK文研月報 4(5)〔1954.5〕 p7～9
近藤輝夫		「声をそろえて」の問題点:NHK文研月報 4(6)〔1954.6〕 p14～15
松本和夫		BA分析調査―第15回――「おどる音楽」:NHK文研月報 4(7)〔1954.7〕 p28～29
近藤輝夫		LA分析調査―第31回――「とかくこの世は」に聞き手の希望するもの:NHK文研月報 4(7)〔1954.7〕 p24～27
高取勇		「婦人の時間」を聞いた婦人の意見――第1回婦人番組パネル調査:NHK文研月報 4(7)〔1954.7〕 p36～37
近藤輝夫		BA分析調査――第16回――勤労婦人の時間:NHK文研月報 4(8)〔1954.8〕 p14～15
松本和夫		BA分析調査――第17回――愉快なダイヤル:NHK文研月報 4(8)〔1954.8〕 p16～17

近藤輝夫	LA分析調査――第32回――大阪の人の感じた「とかくこの世は」：NHK文研月報　4（8）〔1954.8〕p10〜13	
近藤輝夫	BA分析調査――第22回――9月5日正午の「ニュース」の効果：NHK文研月報　4（10）〔1954.10〕p12〜13	
松本和夫	BA分析調査――第23回――「虞美人草」：NHK文研月報　4（10）〔1954.10〕p14〜15	
近藤輝夫	BA分析調査――第24回――「婦人の時間」の婦人討論会：NHK文研月報　4（10）〔1954.10〕p16〜17	
近藤輝夫	BA分析調査――第28回――NHK懸賞放送劇入選作「トンネル」を分析して：NHK文研月報　4（12）〔1954.12〕p10〜11	
近藤輝夫	BA分析調査――第29回――「由起子」：NHK文研月報　4（12）〔1954.12〕p12〜13	
松本和夫	BA分析調査――第30回――民謡をたずねて：NHK文研月報　4（12）〔1954.12〕p14〜15	
近藤輝夫	「なんでも入門」を大阪の人はどう聞いていったか――LA第34回分析調査：NHK文研月報　5（2）〔1955.1〕	
近藤輝夫	「なんでも入門」を東京の人はどう聞いていったか：NHK文研月報　5（1）〔1955.1〕	
松本和夫	「のんきタクシー」――BA第35回分析調査：NHK文研月報　5（3）〔1955.1〕	
近藤輝夫	「幸福をひろった話」は聞き手の関心をひいたか――BA第33回分析調査：NHK文研月報　5（3）〔1955.1〕	
近藤輝夫	「小ばなし横丁」――BA第34回分析調査：NHK文研月報　5（3）〔1955.1〕	
高取勇	「新しい道」――第4回社会番組パネル調査：NHK文研月報　5（2）〔1955.1〕	
近藤輝夫	「新年おめでとう」――BA第32回分析調査：NHK文研月報　5（2）〔1955.1〕	
高取勇	「明るい茶の間」を聞いた婦人の意見――第3回婦人番組パネル調査：NHK文研月報　5（3）〔1955.1〕	
大森玲子	「わが家のリズム」――第4回婦人番組パネル調査：NHK文研月報　5（6）〔1955.4〕	
高取勇	「各国の農村青年を語る」――第9回農村パネル調査：NHK文研月報　5（4）〔1955.4〕	
近藤輝夫	「今日は皆さん」――BA第42回分析調査：NHK文研月報　5（6）〔1955.4〕	
近藤輝夫	「春子の手帳」で歌はなぜ悪かったか――BA第40回分析調査：NHK文研月報　5（6）〔1955.4〕	
近藤輝夫	「わが家のリズム」について問題にしたいこと：NHK文研月報　5（7）〔1955.7〕	
東城敦也	「歌の展覧会」――BA第43回分析調査：NHK文研月報　5（7）〔1955.7〕	
近藤輝夫	「源義経」――BA第45回分析調査：NHK文研月報　5（7）〔1955.7〕	
松本和夫	「新しい道」――BA第44回分析調査：NHK文研月報　5（7）〔1955.7〕	
近藤輝夫	「婦人の時間」で問題になること――LA第40回分析調査：NHK文研月報　5（11）〔1955.10〕	
松本和夫	「連続科学小説」・地球誕生第2回――BA第52回分析調査：NHK文研月報　5（10）〔1955.10〕	
松本和夫	「花の星座」を調査して――ラジオ180回・テレビ5回分析調査：NHK文研月報　09（01）〔1959.1〕p20	
稲生和子	語学講座についての調査の結果 ドイツ語初級講座（その2）フランス語初級講座（その2）：NHK文研月報　09（01）〔1959.1〕p24	
石渡高子	「テレビ英語教室」の興味と理解の関係について：NHK文研月報　09（02）〔1959.2〕p18	
松本和夫	教育テレビ「英語会話・応用1」テレビ8回分析調査：NHK文研月報　09（02）〔1959.2〕p30	
平井滋子	教育テレビ「君も考える」テレビ6・7回分析調査：NHK文研月報　09（02）〔1959.2〕p25	
稲生和子	「世界みたまま一翼からみた国々」――第25回テレビ放送パネル調査：NHK文研月報　09（02）〔1959.2〕p36	
平井滋子	架空実況放送第10回「ジャンヌ・ダルク」――ラジオ第181回分析調査：NHK文研月報　09（03）〔1959.3〕p35	
稲生和子	国際インタビュー〜サイプル、デュフェーク両氏にきく――第26回テレビ放送パネル調査：NHK文研月報　09（03）〔1959.3〕p38	
稲生和子	世界みたまま－ヒマラヤに挑む――第27回テレビ放送パネル調査：NHK文研月報　09（03）〔1959.3〕p40	
松本和夫	クイズ「ジェスチャー」――テレビ第9回分析調査：NHK文研月報　09（04）〔1959.4〕p11	
伊予部滋子	架空実況放送第9回「ベートーヴェン」――ラジオ第182回分析調査：NHK文研月報　09（04）〔1959.4〕p7	
稲生和子	日本の素顔－特許権――第28回テレビ放送パネル調査：NHK文研月報　09（04）〔1959.4〕p17	
三輪正	クイズ番組「私の秘密・第200回」――テレビ第10回分析調査：NHK文研月報　09（05）〔1959.5〕p25	
稲生和子	テレビ教養番組パネル調査の結果から：NHK文研月報　09（05）〔1959.5〕p6	
伊予部滋子	子ども向け番組「風は海から吹いてくる」はどのように聞かれたか：NHK文研月報　09（12）〔1959.12〕p6	
東城敦也	幼児向けテレビ番組「人形劇」「おててつないで」を調査して：NHK文研月報　10（01）〔1960.1〕p24	
松本和夫	ローカル番組「九州さまざ」まの調査結果――ラジオ第184回分析調査：NHK文研月報　10（02）〔1960.2〕p2	
伊予部滋子	オーデション番組「陽気な休憩室」――ラジオ第185回分析調査：NHK文研月報　10（04）〔1960.4〕p4	
伊予部滋子	「それは私です」――テレビ第11回番組分析調査：NHK文研月報　10（05）〔1960.5〕p23	
奥村哲也	「午後の娯楽室」のオーデイション版を調査して――ラジオ第186回番組分析調査：NHK文研月報　10（05）〔1960.5〕p13	
辻功	児童のよく見るテレビ番組の内容分析――第二次静岡調査中間報告（IV）：NHK文研月報　10（09）〔1960.9〕p2	
稲生和子, 岩生直子	小学校向け理科番組の構成に関する実験的研究：NHK文研月報　11（11）〔1961.11〕p9	
青木茂之	こども向け番組「あすをつげる鐘」と「魔法のじゅうたん」の調査結果――テレビ第13・14回番組分析調査：NHK文研月報　11（12）〔1961.12〕p22	
稲生和子, 岩生直子, 辻功	学校放送番組の評価（2）－テレビの旅「上川盆地」－：NHK文研月報　12（02）〔1962.2〕p19	
稲生和子, 岩生直子	学校放送番組評価（3）－テレビの旅「野田」－：NHK文研月報　12（04）〔1962.4〕p19	
朝倉和子	「こどもの時間」オーディション版の調査結果――ラジオ第187回番組分析調査：NHK文研月報　12（06）〔1962.6〕p10	
松本和夫	教育テレビ「歴史の窓から」と「人間の科学」の調査結果――テレビ第16回番組分析調査：NHK文研月報　12（06）〔1962.6〕p18	
朝倉和子	こども向けラジオ番組の調査結果 午後5時31分から6時30分までの番組について――ラジオ第188回番組分析調査：NHK文研月報　12（07）〔1962.7〕p11	
中西尚道	ラジオをきく時間とテレビをみる時間――国民生活時間調査の分析（8）：NHK文研月報　13（3/4）〔1963.3・4〕p26	
中西尚道	ラジオ・テレビ併有者の生活時間の特徴――国民生活時間調査の分析（9）：NHK文研月報　13（06）〔1963.6〕p9	
中西尚道	関西で好まれる番組：NHK文研月報　13（10）〔1963.10〕p20	
菊地信彦	通信高校講座「数学1」の番組評価調査（1）：NHK文研月報　15（07）〔1965.7〕p1	
菊地信彦	通信高校講座「数学1」の番組評価調査（2）：NHK文研月報　15（08）〔1965.8〕p37	

米沢弘	婦人はどのようにテレビを見るか−婦人向けテレビ番組のプログラム・アピールの研究（その1）関心領域を主とした分析−：NHK文研月報　15（10）〔1965.10〕　p1
東城敦也	テレビ新設番組「若さとリズム」「音楽は世界をめぐる」の分析調査：NHK文研月報　16（01）〔1966.1〕　p1
菊地信彦	英語の重点学習番組の効果──通信高校講座「英語A1」について：NHK文研月報　17（10）〔1967.10〕　p39
辻功	中学校教師の放送利用促進活動の分析：NHK文研月報　17（11）〔1967.11〕　p37
岡田晋	私のテレビ論（1）〜（3）：放送批評　No.003　〔1968.2〜1968.4〕
岡田晋	私のテレビ論（2）：放送批評　No.004　〔1968.3〕
米沢弘	テレビの教養的機能について（1）−教養観を主とした分析−：NHK文研月報　18（09）〔1968.9〕　p1
米沢弘	テレビの教養的機能について（2）−関心領域を主とした分析−：NHK文研月報　18（10）〔1968.10〕　p23
米沢弘	テレビの教養的機能について（3）−関心領域のメディア別接触状況（特にテレビと新聞との比較において）を主とした分析−：NHK文研月報　18（11）〔1968.11〕　p1
菅野謙, 石野博史	ニュース文章の分析方法について（1）：NHK文研月報　18（12）〔1968.12〕　p33
佐怒賀三夫	芸術祭TVの役目はすんだ　芸術祭参加作品批評：放送批評　No.026　〔1970.1〕
中島竜美	NHK海外秀作シリーズ　野生のシグナル　ドキュメンタリ作品批評：放送批評　No.029　〔1970.4〕
登川直樹	ひとつの世界　ドキュメンタリ作品批評：放送批評　No.029　〔1970.4〕
高瀬広居	今、この時に　戦力ただ今増強中　ドキュメンタリ作品批評：放送批評　No.029　〔1970.4〕
訳藤恒太	ある放送作家のテレビ批評　シェルビー・ゴードン　<特集>放送批評とはなにか：放送批評　No.030　〔1970.5〕
相田敏彦	どんなテレビ番組が好まれているか──現状と変容：NHK文研月報　20（05）〔1970.5〕　p1
佐怒賀三夫	わたしの放送批評−生きることの原点を求めて　<特集>放送批評とはなにか：放送批評　No.030　〔1970.5〕
白戸正直	誰のための放送批評？　<特集>放送批評とはなにか：放送批評　No.030　〔1970.5〕
水野肇	「放送批評」を批評する　<特集>放送批評とはなにか：放送批評　No.030　〔1970.5〕
木村徳三	ドキュメンタリー現代　番組・作品批評：放送批評　No.031　〔1970.6〕
松田浩	加害者の視点　視座・作品評　71戦争・被爆をテーマにした作品を中心に：放送批評　No.046　〔1971.10〕
三津田透	原爆記念式典の神聖さ　視座・作品評　71戦争・被爆をテーマにした作品を中心に：放送批評　No.046　〔1971.10〕
山本喜久男	戦争のなかの平和　視座・作品評　71戦争・被爆をテーマにした作品を中心に：放送批評　No.046　〔1971.10〕
伊奈一郎	すばらしい世界旅行　ドキュメント71　視座・作品評　NTV特集：放送批評　No.047　〔1971.11〕
田山力哉	すばらしい世界旅行　視座・作品評　NTV特集：放送批評　No.047　〔1971.11〕
志賀信夫, 鳥山拡, 鈴木均	天皇の「御訪欧報道」特集　視座・作品評：放送批評　No.048　〔1971.12〕
井口恭子	「戦艦陸奥　海底よりの帰還」　視座・作品評　芸術祭参加番組特集：放送批評　No.049　〔1972.1〕
和田矩衛	ドキュメンタリー現代　視座・作品評：放送批評　No.052　〔1972.4〕
水野肇	放送局発行誌を点検する　視座・作品評：放送批評　No.052　〔1972.4〕
米沢弘	テレビによる情報摂取の現況──性別結果を主とした分析：NHK文研月報　22（09）〔1972.9〕　p23
斎藤由美子	オリンピック放送の見られ方《ミュンヘン・オリンピック調査の結果から》：NHK文研月報　22（12）〔1972.12〕　p40
村松泰子	若者の意識とテレビ観（2）“テレビ観の構造とその背景”：NHK文研月報　23（11）〔1973.11〕　p15
岩崎三郎, 神山順一, 藤岡英雄	講座番組の研究1〈講座番組はどれだけ利用されているか〉──横浜調査の結果から：NHK文研月報　24（01）〔1974.1〕　p1
藤岡英雄	講座番組の研究（2）》利用者のプロフィル《−利用者特性と利用規定要因の分析−：NHK文研月報　24（05）〔1974.5〕　p9
藤岡英雄	講座番組の研究（3）》学習手段の関連構造《−成人学習手段の相互関連と講座番組の位置−：NHK文研月報　24（07）〔1974.7〕　p24
石川旺	テレビ番組の嗜好と属性：NHK文研月報　24（10）〔1974.10〕　p14
藤岡英雄	講座番組の研究（5）“講座番組利用の諸類型”：NHK文研月報　25（06）〔1975.6〕　p18
山本謙吉, 小寺敏雄	日本人とテレビ分化──2月国民世論調査の分析：NHK文研月報　25（06）〔1975.6〕　p1
諏訪哲夫	調査研究ノート「テレビ英語会話」のアンケート調査から：NHK文研月報　25（08）〔1975.8〕　p49
青木貞伸	中部・北陸地区（社会）地方局特集―民放祭から　上：放送批評　No.088　〔1975.9〕
稲村啓	東京地区（社会）地方局特集―民放祭から　上：放送批評　No.088　〔1975.9〕
キノ・トール	北海道・東北地区（娯楽）地方局特集―民放祭から　上：放送批評　No.088　〔1975.9〕
志賀信夫	北海道・東北地区（社会）地方局特集―民放祭から　上：放送批評　No.088　〔1975.9〕
小松一三	ラジオ中央審査　地方局特集―民放祭から　下：放送批評　No.089　〔1975.10〕
佐藤忠男	関東・甲信越・静岡（社会）地方局特集―民放祭から　下：放送批評　No.089　〔1975.10〕
本地スマ子	近畿（娯楽）地方局特集―民放祭から　下：放送批評　No.089　〔1975.10〕
山本明	近畿地区（社会）中・四国ラジオ　地方局特集―民放祭から　下：放送批評　No.089　〔1975.10〕
並河亮	九州・沖縄ラジオ（娯楽）地方局特集―民放祭から　下：放送批評　No.089　〔1975.10〕
荒瀬豊	中部・北陸ラジオ（社会）地方局特集―民放祭から　下：放送批評　No.089　〔1975.10〕
今中治	東京地区（娯楽）地方局特集―民放祭から　下：放送批評　No.089　〔1975.10〕
大橋正房	もっともっとご案内して欲しいのです　<特集>放送批評の現代的指標　テレビは批評をも含意する『鏡』である：放送批評　No.092　〔1976.1・2〕
藤竹暁	「環境批評」提唱　<特集>放送批評の現代的指標　テレビは批評をも含意する『鏡』である：放送批評　No.092　〔1976.1・2〕
井口泰子	「心と精神」をめぐるモンダイ　<特集>放送批評の現代的指標　テレビは批評をも含意する『鏡』である：放送批評　No.092　〔1976.1・2〕
鈴木均	真に放送文化を向上させるものは何か　<特集>放送批評の現代的指標　テレビは批評をも含意する『鏡』である：放送批評　No.092　〔1976.1・2〕
川本三郎	前略テレビ様　<特集>放送批評の現代的指標　テレビは批評をも含意する『鏡』である：放送批評　No.092　〔1976.1・2〕
山本明, 太田欣三	対談「個」と“普遍性”の振幅においていかにテレビ批評を成立させるか　<特集>放送批評の現代的指標　テレビは批評をも含意する『鏡』である：放送批評　No.092　〔1976.1・2〕

石崎浩一郎	中間的な領域としての機能 <特集>放送批評の現代的指標 テレビは批評をも含意する『鏡』である：放送批評 No.092 〔1976.1・2〕
佐藤忠男	熱い番組について <特集>放送批評の現代的指標 テレビは批評をも含意する『鏡』である：放送批評 No.092 〔1976.1・2〕
斉藤正治	放送番組は私有を拒む <特集>放送批評の現代的指標 テレビは批評をも含意する『鏡』である：放送批評 No.092 〔1976.1・2〕
鳥山拡	放送批評家は安泰デス <特集>放送批評の現代的指標 テレビは批評をも含意する『鏡』である：放送批評 No.092 〔1976.1・2〕
青木貞伸	紆余の過程で得た視点 <特集>放送批評の現代的指標 テレビは批評をも含意する『鏡』である：放送批評 No.092 〔1976.1・2〕
諏訪哲夫	講座番組利用の継続・脱落に関する調査から「テレビ英語会話初級」の場合：NHK文研月報 26（07）〔1976.7〕 p34
鈴木均	2Cの怪・終戦原爆報道 <特集>イフ史観によるTV批評：放送批評 No.098 〔1976.8・9〕
水沢周	アノころのジャリ向け番組 <特集>イフ史観によるTV批評：放送批評 No.098 〔1976.8・9〕
松尾羊一	アノころのドラマ番組 <特集>イフ史観によるTV批評：放送批評 No.098 〔1976.8・9〕
あがたはじめ	アノころのラジオ番組 <特集>イフ史観によるTV批評：放送批評 No.098 〔1976.8・9〕
水原昭夫	アノころのワイドショー番組 <特集>イフ史観によるTV批評：放送批評 No.098 〔1976.8・9〕
ばばこういち	アノころの歌謡番組 <特集>イフ史観によるTV批評：放送批評 No.098 〔1976.8・9〕
大橋正房	アノころの視聴者御登場番組 <特集>イフ史観によるTV批評：放送批評 No.098 〔1976.8・9〕
松本醇	アノころの深夜お色気番組 <特集>イフ史観によるTV批評：放送批評 No.098 〔1976.8・9〕
青木貞伸	アノころの中継報道番組 <特集>イフ史観によるTV批評：放送批評 No.098 〔1976.8・9〕
田家秀樹	焼け跡・星空・腹ペコ天使 <特集>イフ史観によるTV批評：放送批評 No.098 〔1976.8・9〕
田家秀樹, 田中秋夫, 東由多加	戦後30年の若者文化 <特集>イフ史観によるTV批評：放送批評 No.098 〔1976.8・9〕
越智正典	体験的テレビ論—1—：自由 20（6）〔1978.6〕p145〜151
青木貞伸	テレビ評 中国放送「ヒロシマはいま世界に」：放送批評 No.117 〔1978.7〕
越智正典	体験的テレビ論—2—物真似テレビの"新企画"：自由 20（7）〔1978.7〕p129〜135
越智正典	体験的テレビ論—3—読売タイガース誕生の蔭に：自由 20（8）〔1978.8〕p142〜149
越智正典	体験的テレビ論—4—儲かるテレビ局——広告代理店とスポンサーの立場：自由 20（9）〔1978.9〕p122〜129
越智正典	体験的テレビ論—5—ローカル局のニュース番組：自由 20（10）〔1978.10〕p138〜146
越智正典	体験的テレビ論—6—NHKと民放：自由 20（11）〔1978.11〕p160〜166
越智正典	体験的テレビ論—7—大NHK・再論：自由 20（12）〔1978.12〕p163〜169
越智正典	体験的テレビ論—8—フィルムライブラリーにみるテレビ局の姿勢：自由 21（1）〔1979.1〕p135〜142
越智正典	体験的テレビ論—9—テレビ局はチラシ屋さん：自由 21（2）〔1979.2〕p167〜174
浅井真慧, 副田あけみ, 副田義也	若者とDJ番組——40のケース記録から（1）〜（3）：NHK文研月報 29（05）〜29（07）〔1979.5〜1979.7〕p19
浅井真慧, 副田あけみ, 副田義也	若者とDJ番組（2）〜40のケース記録から〜：NHK文研月報 29（06）〔1979.6〕p29
浅井真慧, 副田あけみ, 副田義也	若者とDJ番組（3）40のケース記録から：NHK文研月報 29（07）〔1979.7〕p33
米沢弘	テレビ番組への嗜好と日常の関心：NHK文研月報 29（11）〔1979.11〕p11
藤岡英雄	放送テキストはどのように使われているか——利用タイプの分類と機能分析の試み：NHK文研月報 30（04）〔1980.4〕p21
三平孝雄	NC9（NHK）番組解剖 テレビGH帯報道：放送批評 No.141 〔1980.12〕
汀邦彦	NHK特集（NHK）番組解剖 テレビGH帯報道：放送批評 No.141 〔1980.12〕
今泉さち子	試作素材を用いたテレビ英語番組の研究——単語の難易度と文章理解との関係について：NHK文研月報 31（07）〔1981.7〕p21
仲佐秀雄	特集 番組タイトル考 おとり販売行為規制と景品表示法 問題多い包括規制：月刊民放 12（134）〔1982.8〕p42〜45
小関三平	特集 番組タイトル考 「ことば」と「おもしろ度」の変化 感じられる日常への安住：月刊民放 12（134）〔1982.8〕p6〜9
絹村和夫	特集 番組タイトル考 テレビ営業と編成の接点を探る 視聴者像の把握を軸に：月刊民放 12（134）〔1982.8〕p34〜38
成田康昭	特集 番組タイトル考 ラ・テ欄の意味作用 ラ・テ欄は視聴者にどうみられているのか：月刊民放 12（134）〔1982.8〕p10〜13
加藤清, 久世光彦, 三浦明子, 重村一, 松村春彦, 松本醇, 大草康雄, 中川公夫, 長谷部務, 堀川とんこう	特集 番組タイトル考 制作者の思い入れ：月刊民放 12（134）〔1982.8〕p22〜29
岸田功	特集 番組タイトル考 番組タイトル変遷史 ようやく"音"のリズムに帰ってきた：月刊民放 12（134）〔1982.8〕p18〜21
佐怒賀三夫	特集 番組タイトル考 尾をひく「共同配信」の影響 望まれる"テレビ的世界"の表現：月刊民放 12（134）〔1982.8〕p14〜17
多湖實之	いま、なぜ自己批評番組か <特集>テレビによるテレビ批評—NHK「わたしの番組批評」考—：放送批評 No.170 〔1983.8〕
遊佐雄彦	テレビにモラルを問う ブッシュマンとドランクマン <特集>テレビによるテレビ批評—NHK「わたしの番組批評」考—：放送批評 No.170 〔1983.8〕
沖野瞭, 松尾伸, 島田親一, 藤井潔	座談会 新しい起爆剤「わたしの番組批評」 <特集>テレビによるテレビ批評—NHK「わたしの番組批評」考—：放送批評 No.170 〔1983.8〕
服部孝章	番組批評とテレビ放送 <特集>テレビによるテレビ批評—NHK「わたしの番組批評」考—：放送批評 No.170 〔1983.8〕
松尾羊一	放送評論と「活字」のスキ間（"放送文化"は語れなくなったか!?<特別企画>）：総合ジャーナリズム研究 22（02）〔1985.4〕p26〜43
ジェームス三木, 筑紫哲也	筑紫哲也のテレビ現論——茶の間の神様—1—ジェームス三木：Asahi journal 29（18）〔1987.4〕p47〜51

筑紫哲也, 和田アキ子　筑紫哲也のテレビ現論――茶の間の神様―2―和田アキ子：Asahi journal　29（19）〔1987.5〕 p47～51

久米宏, 筑紫哲也　筑紫哲也のテレビ現論――茶の間の神様―3―久米宏：Asahi journal　29（20）〔1987.5〕 p43～47

スペクター, デーブ, 筑紫哲也　筑紫哲也のテレビ現論――茶の間の神様―4―デーブ・スペクター：Asahi journal　29（21）〔1987.5〕 p49～53

大橋巨泉, 筑紫哲也　筑紫哲也のテレビ現論――茶の間の神様―5―大橋巨泉：Asahi journal　29（22）〔1987.5〕 p47～51

伊奈かっぺい, 筑紫哲也　筑紫哲也のテレビ現論――茶の間の神様―6―伊奈かっぺい：Asahi journal　29（23）〔1987.5〕 p51～55

三枝成章, 筑紫哲也　筑紫哲也のテレビ現論――茶の間の神様―7―三枝成章：Asahi journal　29（24）〔1987.6〕 p47～51

小林克也, 筑紫哲也　筑紫哲也のテレビ現論――茶の間の神様―8―小林克也：Asahi journal　29（25）〔1987.6〕 p47～51

古舘伊知郎, 筑紫哲也　筑紫哲也のテレビ現論――茶の間の神様―9―古舘伊知郎：Asahi journal　29（26）〔1987.6〕 p49～53

諏訪博, 筑紫哲也　筑紫哲也のテレビ現論――茶の間の神様―10―諏訪博：Asahi journal　29（27）〔1987.6〕 p51～55

筑紫哲也, 和田勉　筑紫哲也のテレビ現論――茶の間の神様―11―和田勉：Asahi journal　29（29）〔1987.7〕 p49～53

筑紫哲也, 板東英二　筑紫哲也のテレビ現論――茶の間の神様―12―板東英二：Asahi journal　29（30）〔1987.7〕 p49～53

山田太一, 筑紫哲也　筑紫哲也のテレビ現論――茶の間の神様―13―山田太一：Asahi journal　29（31）〔1987.7〕 p43～47

樹木希林, 筑紫哲也　筑紫哲也のテレビ現論――茶の間の神様―14―樹木希林：Asahi journal　29（32）〔1987.7〕 p49～53

笑福亭鶴瓶, 筑紫哲也　筑紫哲也のテレビ現論――茶の間の神様―15―笑福亭鶴瓶：Asahi journal　29（33）〔1987.7〕 p51～55

大串兎紀夫　放送番組の対象の研究―特定対象番組の変遷を例に（特集 メディア環境の変化と公共放送）：NHK放送文化調査研究年報　32〔1987.8〕 p107～125

黒木香, 筑紫哲也　筑紫哲也のテレビ現論――茶の間の神様―16―黒木香：Asahi journal　29（34）〔1987.8〕 p47～51

筑紫哲也, 堂本暁子　筑紫哲也のテレビ現論――茶の間の神様―17―堂本暁子：Asahi journal　29（35）〔1987.8〕 p59～63

筑紫哲也, 木村栄文　筑紫哲也のテレビ現論――茶の間の神様―18―木村栄文：Asahi journal　29（36）〔1987.8〕 p47～51

川口幹夫, 筑紫哲也　筑紫哲也のテレビ現論――茶の間の神様―19―川口幹夫：Asahi journal　29（37）〔1987.9〕 p51～55

景山民夫, 筑紫哲也　筑紫哲也のテレビ現論――茶の間の神様―20―景山民夫：Asahi journal　29（38）〔1987.9〕 p49～53

山内久司, 筑紫哲也　筑紫哲也のテレビ現論――茶の間の神様―21―山内久司：Asahi journal　29（39）〔1987.9〕 p51～55

小山内美江子, 筑紫哲也　筑紫哲也のテレビ現論――茶の間の神様―22―小山内美江子：Asahi journal　29（40）〔1987.9〕 p49～43

安部譲二, 筑紫哲也　筑紫哲也のテレビ現論――茶の間の神様―23―安部譲二：Asahi journal　29（41）〔1987.10〕 p53～57

今野勉, 筑紫哲也　筑紫哲也のテレビ現論――茶の間の神様―24―今野勉：Asahi journal　29（42）〔1987.10〕 p47～51

永六輔, 筑紫哲也　筑紫哲也のテレビ現論――茶の間の神様―25完―永六輔：Asahi journal　29（43）〔1987.10〕 p45～49

稲葉三千男　"放送批評"の社会的評価高め、放送界に緊張感を 番組の"批評"と"表彰"をどう考えるか：月刊民放　17（197）〔1987.11〕 p6～9

鶴見和子　放送時評 連盟賞受賞作の全国交換ネットを：月刊民放　18（199）〔1988.1〕 p28～28

内川芳美　放送時評 法改正になじまない「番審活性化」方策：月刊民放　18（200）〔1988.2〕 p39～39

木津川計　放送時評 スケイプ・ゴートにされた"上方の笑い"：月刊民放　18（201）〔1988.3〕 p39～39

西澤實　放送時評 いま、ラジオドラマ衰亡の危機：月刊民放　18（202）〔1988.4〕 p31～31

山田洋次　放送時評 豊かさに欠けるドラマ製作現場：月刊民放　18（203）〔1988.5〕 p28～28

杉谷義文　放送時評 影響力の強さに、謙虚な制作姿勢を：月刊民放　18（204）〔1988.6〕 p35～35

若杉光夫　放送時評 ドラマ復権は「人間同士の信頼」から：月刊民放　18（206）〔1988.8〕 p31～31

鎌田慧　放送時評 同時進行した「五輪」と「ご病状」報道：月刊民放　18（209）〔1988.11〕 p6～7

黒井千次　放送時評 豊かな「短編ドラマ」の創造を：月刊民放　18（210）〔1988.12〕 p6～7

星野芳郎　放送時評 望みたい、新しい"ソフトの実験放送"：月刊民放　19（211）〔1989.1〕 p6～7

串田孫一　放送時評 「本音」引き出すインタビューを：月刊民放　19（212）〔1989.2〕 p6～7

小林久三　放送時評 ジャーナリズムを忘れた2日間：月刊民放　19（213）〔1989.3〕 p6～7

南博　放送時評 マスコミストとジャーナリスト：月刊民放　19（215）〔1989.5〕 p6～7

川本信正　放送時評 国際スポーツ報道に新たな視点を：月刊民放　19（216）〔1989.6〕 p6～7

下重暁子, 鈴木嘉一　放送時評：月刊民放　23（262）～25（285）〔1993.4～1995.3〕 p38～41

高木強　「やらせ」問題が問うテレビ40年の歴史（マスコミの焦点）：新聞研究　通号501〔1993.4〕 p81～85

バルア, A.K.　外国人が見たニッポンのTV 戒律の国から刺激の国へ：放送批評　No.286〔1993.5〕

オフェル・フェルドマン　外国人が見たニッポンのTV テレビが多様化を妨害する：放送批評　No.288〔1993.7〕

カーン・ユスフザイ　外国人が見たニッポンのTV 番組は国境を越える時：放送批評　No.290〔1993.9〕

クライド・ニュートン　外国人が見たニッポンのTV ふたつのリサーチ：放送批評　No.291〔1993.10〕

仲佐秀雄, 藤久ミネ　放送時評：月刊民放　25（286）～26（297）〔1995.4～1996.3〕 p42～45

久野浩平　わたし流番組論 テレビドラマ（2）：月刊民放　25（289）〔1995.7〕 p38～41

磯野恭子　わたし流番組論 ドキュメンタリー（1）：月刊民放　25（290）〔1995.8〕 p44～47

亀渕昭信　わたし流番組論 ラジオ生ワイド（1）：月刊民放　25（291）〔1995.9〕 p40～43

藤井潔　わたし流番組論 ドキュメンタリー（2）：月刊民放　25（292）〔1995.10〕 p46～49

横澤彪　わたし流番組論 バラエティー（1）：月刊民放　25（293）〔1995.11〕 p32～35

早河洋　わたし流番組論（7）『ニュースステーション』10周年 草創期の森羅万象：月刊民放　25（294）〔1995.12〕 p38～41

杉田成道　わたし流番組論（8）「北の国から」と塩辛：月刊民放　26（295）〔1996.1〕 p38～41

松尾利彦　わたし流番組論（9）アナログとデジタルで『料理の鉄人』：月刊民放　26（296）〔1996.2〕 p36～39

渡辺弘　わたし流番組論（10）ソフトメーキングのセンスを磨く：月刊民放　26（297）〔1996.3〕 p36～39

植村鞆音　わたし流番組論（11）面白おかしいだけがテレビじゃない：月刊民放　26（298）〔1996.4〕 p38～41

香取淳子　放送時評 テレビに多様な識者の登場を：月刊民放　26（298）〔1996.4〕 p42～43

和田勉　わたし流番組論（12）『ディレクターはどこだ』？：月刊民放　26（299）〔1996.5〕 p38～41

岩本政敏　「語り継ぐ民間放送史」第11回 聖パウロ修道会の財政基盤でスタート：月刊民放　26（6）〔1996.6〕 p44～47

平岡磨紀子　わたし流番組論―13―女が女を撮る時：月刊民放　26（7）〔1996.7〕 p38～41

富田徹郎	神さま，500チャンネルをお望みですか（特集 民放テレビの将来展望——多チャンネル時代を迎えて）：月刊民放　26（7）〔1996.7〕p4～9
生野慈朗	わたし流番組論—14—ディレクターって何する人？：月刊民放　26（9）〔1996.9〕p34～37
武田徹	わたし流番組論（15）年齢と創造性は反比例しない：月刊民放　26（10）〔1996.10〕p34～37
林宏樹	わたし流番組論—16—ドラマは時にわが子 時には領収証：月刊民放　26（12）〔1996.12〕p30～33
川下修司	NHKスペシャル「化学兵器どう処理するのか」の中国取材：映画テレビ技術　通号533〔1997.1〕p28～31
村上憲男	わたし流番組論—17—「唱和」こそが番組づくりの原動力：月刊民放　27（1）〔1997.1〕p38～41
国清大介	NHKスペシャル「柳田邦男の生と死をみつめて——低体温療法の衝撃」取材記：映画テレビ技術　通号536〔1997.4〕p14～16
鶴橋康夫	わたし流番組論（18）“アドリブ”という禁断の木の実：月刊民放　27（5）〔1997.5〕p34～37
備前島文夫	わたし流番組論（19）「現場に立つ」ということ：月刊民放　27（6）〔1997.6〕p36～39
菅原正豊	わたし流番組論—20—「出会い」から生まれるもの：月刊民放　27（7）〔1997.7〕p36～39
石高健次	わたし流番組論（21）ドキュメンタリーという名の魔物：月刊民放　27（8）〔1997.8〕p34～37
牧利康	わたし流番組論（22）人間を描く手作りのドラマ：月刊民放　27（9）〔1997.9〕p42～45
石渡洋子	わたし流番組論（23）「音」で表現するラジオドラマの世界：月刊民放　27（10）〔1997.10〕p32～35
柏木登	わたし流番組論—24—僕たちの5日間戦争——実感的ドキュメンタリー論：月刊民放　27（11）〔1997.11〕p32～35
堀川とんこう	わたし流番組論（25）テレビ用語「裏」事典：月刊民放　27（12）〔1997.12〕p34～37
螺良貞夫	NHKスペシャル『突入——日本大使公邸人質事件の127日間』取材記：映画テレビ技術　通号545〔1998.1〕p28～30
中尾哲郎	わたし流番組論—26—中尾哲郎の構成要素または取り扱い説明書：月刊民放　28（1）〔1998.1〕p40～43
土屋裕重	NHKスペシャル『家族の肖像 密告——母と息子の北アイルランド』取材メモより：映画テレビ技術　通号546〔1998.2〕p14～21
金沢敏子	わたし流番組論（27）小さな村の大きな出来事を伝えたい：月刊民放　28（2）〔1998.2〕p36～39
本多清司	NHKスペシャル『街道をゆく～南蛮のみち』取材記：映画テレビ技術　通号547〔1998.3〕p18～22
小岩井宏悦	わたし流番組論（28）テレビドラマにおける商品性と作品性の極めて個人的な関係：月刊民放　28（3）〔1998.3〕p32～35
溝口博史	わたし流番組論（29）北海道から独自の視点で：月刊民放　28（4）〔1998.4〕p32～35
菊島斉	NHKスペシャル『少年法廷』取材記：映画テレビ技術　通号549〔1998.5〕p34～36
曽根英二	わたし流番組論（30）病める地方の真実に迫りたい：月刊民放　28（5）〔1998.5〕p36～39
星田良子	わたし流番組論（31）時代劇 新・創世期の風を感じて：月刊民放　28（6）〔1998.6〕p32～35
馬場明子	わたし流番組論（32）テーマに向かってただひたすら走り続ける…！：月刊民放　28（8）〔1998.8〕p34～37
久保賢治	わたし流番組編（33）ドラマ制作が育むローカル局の「財産」：月刊民放　28（9）〔1998.9〕p38～41
林健嗣	わたし流番組論 34 スタンスを保ちつつ被取材者とともに伝えたい：月刊民放　28（10）〔1998.10〕p34～37
内山聖子	わたし流番組論（35）33歳のドラマづくり：月刊民放　28（11）〔1998.11〕p36～39
伊井純子	わたし流番組論（36）「アナデューサー修業」継続中——地方FM局の制作現場から：月刊民放　28（12）〔1998.12〕p32～35
里見繁	わたし流番組論 37「エンターテインメント＝見世物」としてのドキュメンタリー：月刊民放　29（1）〔1999.1〕p36～39
小川有希子	『3年B組金八先生』の「質的」内容分析と受け手の反応：マス・コミュニケーション研究　通号54〔1999.1〕p96～112
吉村文庫	わたし流番組論（38）「日常」としての原爆と戦争を若者たちに伝えたい：月刊民放　29（2）通号332〔1999.2〕p34～37
大野清司	わたし流番組論（39）『世界遺産』という番組の出発点と到達点：月刊民放　29（4）通号334〔1999.4〕p36～39
井上啓子	わたし流番組論（40）ディレクターという仕事——その戸惑いと覚悟：月刊民放　29（5）通号335〔1999.5〕p34～37
宮田輝美	わたし流番組論（41）なぜ作るのか——傷だらけのドキュメンタリー道：月刊民放　29（6）通号336〔1999.6〕p34～37
淵沢行則	わたし流番組論（42）岩手の郷から番組のグローバル・スタンダードを考える：月刊民放　29（7）通号337〔1999.7〕p34～37
岡部豊	わたし流番組論（43）トーク・レディオ——制作者と聴取者の関わり：月刊民放　29（8）通号338〔1999.8〕p34～37
能村庸一	わたし流番組論（44）時代劇と居酒屋文化：月刊民放　29（9）通号339〔1999.9〕p34～37
伊豫田祐司	わたし流番組論（45）「学ぶ楽しさ」「知る喜び」とともに伝える地球環境問題：月刊民放　29（10）通号340〔1999.10〕p40～43
松崎晃	わたし流番組論（46）音楽は世界の共通語——多様性見せる番組作りたい：月刊民放　29（11）通号341〔1999.11〕p38～41
市川寿憲	わたし流番組論（47）『驚きもの木20世紀』が遺したものとは.0.：月刊民放　29（12）通号342〔1999.12〕p34～37
鵜瀞光聖	わたし流番組論（48）異端の発想力を生かす——「1+1＝1」も正解：月刊民放　30（2）通号344〔2000.2〕p38～41
黒岩直樹	わたし流番組論（49）たすきの瞬間のドラマ——箱根駅伝を撮る：月刊民放　30（3）通号345〔2000.3〕p34～37
重延浩	わたし流番組論（50・特別編）ソフト制作のプロフェッショナリズム——テレビマンユニオンの30年：月刊民放　30（5）通号347〔2000.5〕p36～39
青柳良明	わたし流番組論（51）『東京漂流50日』——情報の海にローカル局のゆくえを思う：月刊民放　30（6）通号348〔2000.6〕p42～45
古川重樹	わたし流番組論（52）地方の視点から送る普遍的なメッセージ：月刊民放　30（7）通号349〔2000.7〕p36～39
岩崎和夫	わたし流番組論（53）アニメファンのための空間——『青春ラジメニア』はラジオの原点：月刊民放　30（8）通号350〔2000.8〕p38～41
古屋孝樹	わたし流番組論（54）山梨に新たな「旋風（かぜ）」を起こす！：月刊民放　30（9）通号351〔2000.9〕p36～39
牟田口章人	わたし流番組持論（55）「文化の深さ」を報道する——再現される古代：月刊民放　30（10）通号352〔2000.10〕p36～39

大島信彦	わたし流番組論 (56) 変わらないことを望んだ番組──『演歌の花道』22年の風景はいかに作られたか：月刊民放 30 (11) 通号353 〔2000.11〕 p38〜41
井上佳子	わたし流番組論 (57) 想像力と「自分的視点」：月刊民放 31 (1) 通号355 〔2001.1〕 p40〜43
前原信一	わたし流番組論 (58) ウチナーンチュの警鐘と継承──国境と世代を越えて：月刊民放 31 (2) 通号356 〔2001.2〕 p40〜43
中崎清栄	わたし流番組論 (59) 自分磨きで本物目指す：月刊民放 31 (4) 通号358 〔2001.4〕 p42〜45
斉藤斉	わたし流番組論 (60) 語るより見せろ──映像と言葉の接点を彷徨う：月刊民放 31 (5) 通号359 〔2001.5〕 p38〜41
長嶋甲兵	わたし流番組論 (61) 配達されない6通の手紙──あつこからグーテンベルグまで：月刊民放 31 (7) 通号361 〔2001.7〕 p40〜43
柴田哲志	わたし流番組論 (62) プロ野球とテレビ放映──世代をつなぐサイクルの中で：月刊民放 31 (8) 通号362 〔2001.8〕 p36〜39
渡辺真由子	わたし流番組論 (63) 常識や習慣から解き放たれてみたい──「新しい価値観」「新しい場所」を求めて：月刊民放 31 (9) 通号363 〔2001.9〕 p38〜41
岡田宏記	わたし流番組論 (64) 自分を語るしかない時代：月刊民放 31 (10) 通号364 〔2001.10〕 p38〜41
村澤青子	わたし流番組論 (65) ラジオの可能性はそれだけではない──セオリーにとらわれない「和製トークラジオ」：月刊民放 31 (11) 通号365 〔2001.11〕 p38〜41
松本修	わたし流番組論 (66) テレビは視聴率：月刊民放 32 (2) 通号368 〔2002.2〕 p44〜47
橋本真理子	わたし流番組論 (68) 大切なものをなくした “日本の教育” にこだわり続けて：月刊民放 32 (4) 通号370 〔2002.4〕 p38〜41
中野伸二	わたし流番組論 (69) あなたはなぜ『情熱大陸』に出たのですか？：月刊民放 32 (8) 通号374 〔2002.8〕 p36〜41
竹葉晶子	わたし流番組論 (70) “2.5メートルの女” をいましめに：月刊民放 33 (1) 通号379 〔2003.1〕 p42〜45
迫川緑	わたし流番組論 (71) 愚直にやることにこだわり続ける：月刊民放 33 (2) 通号380 〔2003.2〕 p40〜43
村上雅通	わたし流番組論 (72) 「水俣」と「ジャゴ一座」地域で足元を見つめる：月刊民放 33 (3) 通号381 〔2003.3〕 p36〜39
坪田讓治	わたし流番組論 (73) 世界で一番、目の肥えた視聴者との闘い：月刊民放 33 (4) 通号382 〔2003.4〕 p42〜45
中町綾子	番組批評を通じて何を分かち合うのか 語られる普遍の先に見いだすもの (特集 放送評論の地平)：月刊民放 33 (4) 通号382 〔2003.4〕 p25〜27
酒井美樹男	わたし流番組論 (74) キー局的な手法を脱ぎ『達者な人々』伝える：月刊民放 33 (5) 通号383 〔2003.5〕 p34〜37
児玉久男	わたし流番組論 (75) 音や肉声にこだわり自分の耳で確かめる：月刊民放 33 (6) 通号384 〔2003.6〕 p36〜39
岩垣保	わたし流番組論 (76) 徹底した企画主義が新鮮な驚きを生む：月刊民放 33 (7) 通号385 〔2003.7〕 p44〜47
平尾直政	わたし流番組論 (77) 「ヒロシマの今」を記録し続ける：月刊民放 33 (8) 通号386 〔2003.8〕 p38〜41
岩村陽一	わたし流番組論 (78) ディテールの積み重ねにこだわりながら：月刊民放 33 (9) 通号387 〔2003.9〕 p44〜47
三室雄太郎	わたし流番組論 (79) 文化と商業の溝を埋める「音楽番組」の創造を：月刊民放 33 (11) 通号389 〔2003.11〕 p38〜41
風岡大	わたし流番組論 (80) 昼帯ドラマは物語性と人を見つめる眼差しで：月刊民放 33 (12) 通号390 〔2003.12〕 p40〜43
松浦正登	わたし流番組論 (81) 「時代の記録者」として地方を中央に逆照射する：月刊民放 34 (1) 通号391 〔2004.1〕 p40〜43
四宮康雅	わたし流番組論 (82) 表現したいものからドラマ作りは始まる：月刊民放 34 (2) 通号392 〔2004.2〕 p38〜41
山下真須美	わたし流番組論 (83) 人間っておもしろい 人の話がおもしろい：月刊民放 34 (4) 通号394 〔2004.4〕 p40〜43
河内紀	わたし流番組論 (84) ふつうのことを整理せず、記録する：月刊民放 34 (5) 通号395 〔2004.5〕 p38〜41
福本実	わたし流番組論 (85) ラジオは飾らず本音で語れ：月刊民放 34 (6) 通号396 〔2004.6〕 p40〜43
藤井稔	わたし流番組論 (86) 「引き算」で番組を作る：月刊民放 34 (7) 通号397 〔2004.7〕 p40〜43
関口達夫	わたし流番組論 (87) 声なき声を伝え続ける：月刊民放 34 (8) 通号398 〔2004.8〕 p40〜43
赤井朱美	わたし流番組論 (88) 逃げないで生きる人たちの応援歌に：月刊民放 34 (9) 通号399 〔2004.9〕 p40〜43
山川悦史	わたし流番組論 (89) 沖縄のために情熱を持ち続ける：月刊民放 34 (11) 通号401 〔2004.11〕 p40〜43
今道彰	わたし流番組論 (90) 人に謙虚であればこそ：月刊民放 34 (12) 通号402 〔2004.12〕 p38〜41
伊藤美菜子	わたし流番組論 (91) 深夜のギャラリー：月刊民放 35 (1) 通号403 〔2005.1〕 p42〜45
堀川惠子	わたし流番組論 (92) 出会いに支えられて：月刊民放 35 (2) 通号404 〔2005.2〕 p40〜43
笠井千晶	わたし流番組論 (93) 自問自答…そして、その先にある真実：月刊民放 35 (3) 通号405 〔2005.3〕 p38〜41
斎藤佳子	わたし流番組論 (94) 悩み続けてプロになる？：月刊民放 35 (4) 通号406 〔2005.4〕 p42〜45
四元良隆	わたし流番組論 (95) 感じる心を忘れずに：月刊民放 35 (5) 通号407 〔2005.5〕 p40〜43
鈴木俊樹	わたし流番組論 (96) 「音」のスタンダードを目指して：月刊民放 35 (6) 通号408 〔2005.6〕 p38〜41
大脇三千代	わたし流番組論 (97) 大人の責任を果たせる日まで：月刊民放 35 (8) 通号410 〔2005.8〕 p40〜43
武藤良博	わたし流番組論 (98) 大きな異変とうねりの向こうにあるものは：月刊民放 35 (9) 通号411 〔2005.9〕 p38〜41
青谷美穂	わたし流番組論 (99) 「出会い」が私のたからもの：月刊民放 35 (11) 通号413 〔2005.11〕 p40〜43
五十嵐重明	わたし流番組論 (100) 人のふんどしで番組づくり!?：月刊民放 35 (12) 通号414 〔2005.12〕 p36〜39
清水輝子	わたし流番組論 (101) 普通の人の人生を同じ目線で描きたい：月刊民放 36 (2) 通号416 〔2006.2〕 p38〜41
岩田弘史	わたし流番組論 (102) 水面に広がる波紋を記録する：月刊民放 36 (4) 通号418 〔2006.4〕 p38〜41
長尾聡	わたし流番組論 (103) 変わりゆく今を地方から見つめたい：月刊民放 36 (5) 通号419 〔2006.5〕 p40〜43
上田賢	わたし流番組論 (104) 作る楽しさを視聴者にも伝えたい：月刊民放 36 (6) 通号420 〔2006.6〕 p38〜41
後藤一也	わたし流番組論 (105) リアリティーを感じる現実を表現したい：月刊民放 36 (7) 通号421 〔2006.7〕 p42〜45
春原晴久	わたし流番組論 (106) 全国ネタの地方化、地方ネタの全国化を視点に：月刊民放 36 (8) 通号422 〔2006.8〕 p38〜41
橋本康成	わたし流番組論 (107) 見慣れた風景の中に小さな物語がある：月刊民放 36 (9) 通号423 〔2006.9〕 p38〜41
佐々木律	わたし流番組論 (108) 感じることからすべてが始まり違和感を形にする：月刊民放 36 (11) 通号425 〔2006.11〕 p38〜41
滝沢功	わたし流番組論 (109) ローカル局として地元の情報を伝えたい：月刊民放 36 (12) 通号426 〔2006.12〕 p38〜41

高瀬徹朗	ワンセガー高瀬の番組チェック 「第3クール新登場番組」編 テレ東『アド街ック天国』、MX『水野キングダム』、KDDI『連動CM』、日テレ ワンセグ非連動データ放送が「GOOD DESIGN AWARD」受賞：New media　25 (1) 通号284　〔2007.1〕　p54～56
薮内広之	わたし流番組論(110)「常識」ではなく新しい仕込みにこだわる：月刊民放　37 (2) 通号428　〔2007.2〕　p40～43
高瀬徹朗	ワンセガー高瀬の番組チェック 「可能性を感じたデータ放送コンテンツ」編 日テレ『エンタの神様』/フジの非連動ページがリニューアルオープン/テレ朝・KDDIが「ワンセグ共同検証」結果を公表/地上デジタル放送「全国開始」で記念式典 安倍総理も出席：New media　25 (2) 通号285　〔2007.2〕　p79～81
高瀬徹朗	ワンセガー高瀬の番組チェック 「大晦日恒例番組」編 NHK『紅白歌合戦』/TBS『K─1 プレミアム』：New media　25 (3) 通号286　〔2007.3〕　p12～14
小林かおり	わたし流番組論(111)「熱」を失わずにラジオの中で形にする：月刊民放　37 (5) 通号431　〔2007.5〕　p38～41
市野直親	わたし流番組論(112) 人の心を震わせる忘れられないドラマを：月刊民放　37 (6) 通号432　〔2007.6〕　p44～47
高瀬徹朗	ワンセガー高瀬の番組チェック ワンセグ1周年SP 初年度500万台突破へスタートダッシュの決まった1年目 初年度トップ10 『紅白』『箱根駅伝』『どん亀』：New media　25 (6) 通号289　〔2007.6〕　p64～66
山下晴海	わたし流番組論(113) 日常の中にある人々の本音を伝えたい：月刊民放　37 (7) 通号433　〔2007.7〕　p38～41
関芳樹	わたし流番組論(114)『オヤ』『マァ』『ウーン』『ナルホド』と思わせる番組が最高：月刊民放　37 (8) 通号434　〔2007.8〕　p40～43
高瀬徹朗	ワンセガー高瀬の番組チェック！ 「ワンセグ連動番組一覧」最新版が完成 準キー局データ放送制作も本格化──毎日放送『プロ野球中継・巨人vs阪神』 日テレ『モバイル戦略図解サービス』で宅内視聴のススメ：New media　25 (8) 通号291　〔2007.8〕　p76～78
河野啓	わたし流番組論(115) 身の程知らず、で結構：月刊民放　37 (9) 通号435　〔2007.9〕　p40～43
高瀬徹朗	ワンセガー高瀬の番組チェック！：New media　25 (10) 通号293　〔2007.10〕　p73～75
渡辺耕史	わたし流番組論(116) いい意味で視聴者を裏切っていきたい：月刊民放　37 (11) 通号437　〔2007.11〕　p38～41
高瀬徹朗	ワンセガー高瀬の番組チェック！：New media　25 (11) 通号294　〔2007.11〕　p68～70
稲葉繭子	わたし流番組論(117) 目指すのは "いいテレビマン"：月刊民放　37 (12) 通号438　〔2007.12〕　p38～41
鴨下信一	放送界隈 テレビ日記 「ドラマの行く末」を心配する：調査情報.　(480)　〔2008.1〕　p100～105
清水誠	わたし流番組論(118) 命が粗末に扱われる時代だから：月刊民放　38 (2) 通号440　〔2008.2〕　p42～45
鴨下信一	テレビ日記 脚色について：調査情報. 第3期　(481)〔2008.3・4〕　p94～99
水島宏明	わたし流番組論(119) ジャーナリストとして声なき「声」を聞く：月刊民放　38 (4) 通号442　〔2008.4〕　p42～45
伊藤榮一郎	わたし流番組論(120)「音」にこだわりながら地元にかかわり続ける：月刊民放　38 (5) 通号443　〔2008.5〕　p40～43
鴨下信一	テレビ日記 ドラマに吹く風 ドラマから吹かす風：調査情報. 第3期　(482)　〔2008.5・6〕　p96～101
本田裕茂	わたし流番組論(121) 手紙のやりとりから「人間としての」に行き着いた：月刊民放　38 (7) 通号445　〔2008.7〕　p38～41
鴨下信一	テレビ日記 口語語の力：調査情報. 第3期　(483)〔2008.7・8〕　p96～101
黒木隆	わたし流番組論(122) 独特の緊張感と極端な感情の起伏の間で：月刊民放　38 (8) 通号446　〔2008.8〕　p38～41
野沢周平	わたし流番組論(123) 事実や証言を積み上げ客観的に伝える：月刊民放　38 (9) 通号447　〔2008.9〕　p38～41
鴨下信一	テレビ日記 訓読の効用：調査情報. 第3期　(484)　〔2008.9・10〕　p88～91
高瀬徹朗	ワンセガー高瀬の番組チェック！ フジテレビ 27時間テレビ『みんな笑顔のひょうきん夢列島』 マラソン企画をマラソンチェック：New media　26 (10) 通号305　〔2008.10〕　p46～48
吉富克利	わたし流番組論(124) 未来のラジオファンを獲得するために：月刊民放　38 (11) 通号449　〔2008.11〕　p40～43
鴨下信一	テレビ日記〔朗読〕あるいは〔音読〕のこと：調査情報. 第3期　(485)〔2008.11・12〕　p112～117
瀬戸島正治	わたし流番組論(125) 福岡の「味付け」をし、G帯でドラマを発信：月刊民放　38 (12) 通号450　〔2008.12〕　p36～39
鴨下信一	テレビ日記 役者の本領──『あの戦争は何だったのか──日米開戦と東条英機』：調査情報. 第3期　(486)　〔2009.1・2〕　p90～95
鴨下信一	テレビ日記 ドラマ的脚色はどこまで許されるのか：調査情報. 第3期　(487)　〔2009.3・4〕　p90～95
山縣由美子	わたし流番組論(126) 希望・やる気を届ける番組を作りたい：月刊民放　39 (4) 通号454　〔2009.4〕　p40～43
手塚孝典	わたし流番組論(127) 人々の眼差しの先にあるものを凝視して：月刊民放　39 (5) 通号455　〔2009.5〕　p38～41
鴨下信一	テレビ日記 ドラマの想像力：調査情報. 第3期　(488)　〔2009.5・6〕　p88～94
岸本達也	わたし流番組論(128)「わたし」とは──取材対象を通じ自らを捉え返す：月刊民放　39 (6) 通号456　〔2009.6〕　p42～45
鴨下信一	テレビ日記 フィクションへの誘い：調査情報. 第3期　(489)〔2009.7・8〕　p100～105
大塚和彦	わたし流番組論(129) 作り手が楽しんでこそ──世界中に届く番組づくり：月刊民放　39 (9) 通号459　〔2009.9〕　p40～43
鴨下信一	テレビ日記 喜劇(コメディ)の復活：調査情報. 第3期　(490)〔2009.9・10〕　p88～93
鴨下信一	テレビ日記 セリフの力：調査情報. 第3期　(491)〔2009.11・12〕　p94～99
鴨下信一	テレビ日記 森繁さんのヘソ(前篇)：調査情報. 第3期　(492)〔2010.1・2〕　p86～91
土橋覚	わたし流番組論(130)＜現場力＞とは──細部に神を宿す：月刊民放　40 (2) 通号464　〔2010.2〕　p38～41
鴨下信一	テレビ日記 森繁さんのヘソ(後篇)：調査情報. 第3期　(493)〔2010.3・4〕　p86～91
鴨下信一	テレビ日記 ツイッター猖獗時代のテレビの矜持：調査情報. 第3期　(494)〔2010.5・6〕　p92～97
森貴洋	わたし流番組論(131) テレビっ子が思う、テレビ再浮上計画：月刊民放　40 (6) 通号468　〔2010.6〕　p42～45
鴨下信一	テレビ日記 俳優の本領：調査情報. 第3期　(495)〔2010.7・8〕　p86～91
鴨下信一	テレビ日記 サッカーに学ぶ：調査情報. 第3期　(496)〔2010.9・10〕　p90～95
鴨下信一	テレビ日記 優れた声の説得力：調査情報. 第3期　(497)〔2010.11・12〕　p86～91
石橋冠	わたし流番組論(132)「テレビ屋」のつくるドラマとは：月刊民放　40 (12) 通号474　〔2010.12〕　p34～37
大友啓史	わたし流番組論(133) 地に足のついたフィクションを創りたい：月刊民放　41 (2) 通号476　〔2011.2〕　p30～33
鴨下信一	テレビ日記＜笑い＞の番組 制作者のすること：調査情報. 第3期　(499)〔2011.3・4〕　p88～93
鴨下信一	テレビ日記〔情報〕とは〔言葉〕だ：調査情報. 第3期　(500)〔2011.5・6〕　p134～139

谷口博邦	わたし流番組論(134)身近な地元ネタにこだわりたい：月刊民放　41(7)通号481　〔2011.7〕　p38〜41	
鴨下信一	テレビ日記 すぐれたドラマの先見：調査情報. 第3期　(501)〔2011.7・8〕　p138〜144	
鴨下信一	テレビ日記 日本の家庭と家族の劇(1)序章と「森光子」(前)：調査情報. 第3期　(502)〔2011.9・10〕　p94〜99	
森山浩一	わたし流番組論(135)あなたに会いたくて ： 拝啓、視聴者様：月刊民放　42(7)通号493　〔2012.7〕　p38〜41	
生駒央正	わたし流番組論(136)福岡の街を人を通して表現する：月刊民放　42(8)通号494　〔2012.8〕　p38〜41	
松本貴子	わたし流番組論(137)私のライフワークとは？：月刊民放　42(9)通号495　〔2012.9〕　p40〜43	
庄田真人	わたし流番組論(138)日本っていいな。 ： 日本の底力を伝えたい：月刊民放　42(11)通号497　〔2012.11〕　p34〜37	
廣谷鏡子	「口述」<「文書」ではない。 ： オーラル・ヒストリーがひらく，放送史の新たな扉：放送研究と調査　62(11)通号738　〔2012.11〕　p36〜47	
森基	わたし流番組論(139)しょんないことに真実がある：月刊民放　43(7)通号505　〔2013.7〕　p36〜39	
村上徹夫	わたし流番組論(140)仕込みなしのロケから物語を紡ぎ出す：月刊民放　43(12)通号510　〔2013.12〕　p36〜39	
鴨下信一	TV日記 日本の家庭と家族の劇(16)ホームドラマの演技術(1)テレビは俳優を下手にしたか：調査情報. 第3期　(517)〔2014.3・4〕　p98〜103	
金井大介	わたし流番組論(141)「面白い」を求めてアグレッシブに模索中：月刊民放　44(4)通号514　〔2014.4〕　p40〜43	
堀口良則	わたし流番組論(142)登場人物に注ぐ想い ： 明日はもっと面白いドラマを：月刊民放　44(5)通号515　〔2014.5〕　p38〜41	
水田伸生	わたし流番組論(143)晩年淋しく、ならないために：月刊民放　44(7)通号517　〔2014.7〕　p38〜41	
佐伯和歌子	わたし流番組論(144)ひとつの音楽のように：月刊民放　44(9)通号519　〔2014.9〕　p38〜41	

放送産業

〔雑誌記事〕

トローベ, デ.ラ	日本の新聞・ドイツの新聞：新聞研究　通号55　〔1956.2〕　p37〜36	
碧川宗伝	国際放送とその将来：日本放送協会放送文化研究所調査研究報告　通号1　〔1956.3〕　p111〜120	
山本忠雄	大西洋横断テレビの計画：NHK文研月報　7(9)〔1957.10〕	
新田理蔵	西ドイツの第3放送：NHK文研月報　8(1)〔1958.1〕	
大島豊彦	アメリカにおけるテレビ事業の発展と有料テレビ：日本放送協会放送文化研究所調査研究報告　通号3　〔1958.3〕　p141〜152	
松方三郎	日本のラジオとテレビ：新聞研究　通号84　〔1958.7〕　p30〜33	
碧川宗伝	主要国におけるテレビ放送と映画界の現状：NHK文研月報　8(8)〔1958.7〕	
朝広正利	日本の新聞とドイツの新聞：新聞研究　通号93　〔1959.4〕　p36〜39	
佐藤毅	娯楽メディアとしてのテレビジョン：新聞学評論　通号10　〔1960.3〕	
井口武男	マス・メディアとしてのテレビジョンの位置——テレビ・クイズ不正事件以後：NHK文研月報　10(04)〔1960.4〕　p30	
碧川宗伝	ヨーロッパにおける学校向けテレビ放送の現状：NHK文研月報　10(09)〔1960.9〕　p32	
碧川宗伝	ラザースフェルド博士のテレビジョンに対する意見——テレビ番組の改善するために：NHK文研月報　10(10)〔1960.10〕　p39	
生田正輝	日本におけるテレビ普及の特質(共同研究)—1—：放送学研究　通号8　〔1964.7〕	
田村穣生	テレビローカル放送に期待されるもの：NHK文研月報　15(04)〔1965.4〕　p11	
後藤和彦	テレビと地域社会——アメリカWBBM局の実験的番組『フィードバック』について：NHK文研月報　15(06)〔1965.6〕　p36	
生田正輝	日本におけるテレビ普及の特質(共同研究)—2—：放送学研究　通号9　〔1965.11〕	
生田正輝	日本におけるテレビ普及の特質(共同研究)—3(完)—：放送学研究　通号10　〔1965.11〕	
安井忠次	有線放送の社会的機能についての考察：放送学研究　通号11　〔1965.12〕	
相田敏彦	生活の中におけるテレビ——国民生活時間調査から：NHK文研月報　16(04)〔1966.4〕　p22	
志賀信夫	宇宙時代のテレビ－－衛星の実用化と日本：総合ジャーナリズム研究　04(01)〔1967.1〕　p110〜116	
斎藤宜純	東京放送－－独立独歩，正統派経営をつらぬく－－民間放送研究－1－：総合ジャーナリズム研究　04(10)〔1967.1〕　p87〜91	
安井忠次	有線放送の社会的機能とその将来：放送学研究　通号13　〔1967.1〕　p51〜74	
小川文弥	ローカル放送の変遷—昭和21年から41年まで：NHK放送文化研究年報　12　〔1967.6〕　p223〜242	
岡田晋	カラー・テレビの貧困：総合ジャーナリズム研究　04(07)〔1967.7〕　p62〜65	
大木博	UHFテレビ免許問題への疑問：総合ジャーナリズム研究　04(08)〔1967.8〕　p66〜69	
高瀬広居	日本テレビ・マス・メディアの真空地帯－－民間放送研究－2－：総合ジャーナリズム研究　04(11)〔1967.11〕　p92〜96	
稲葉三千男	UHF新時代の夢と現実：新聞研究　通号196　〔1967.11〕　p6〜11	
佐怒賀三夫	NETテレビ－－派閥抗争からの脱皮－－民間放送研究－3－：総合ジャーナリズム研究　04(12)〔1967.12〕　p83〜86	
大木博	U・V混在時代に突入したテレビ界：総合ジャーナリズム研究　04(12)〔1967.12〕　p87〜89	
岡野静二	マス・メディア接触態度の研究——その社会学と心理学の役割：社会学年誌　通号9　〔1967.12〕　p1〜17	
志賀信夫	フジテレビ－－タレント企業の特殊部落－－民間放送研究－4－：総合ジャーナリズム研究　05(01)〔1968.1〕　p97〜102	
足立巻一	朝日放送--先ောの栄光と悲哀(民間放送研究-5-)：総合ジャーナリズム研究　05(02)〔1968.2〕　p94〜98	
大木博	UHF時代の幕開き：総合ジャーナリズム研究　05(04)〔1968.4〕　p80〜82	
山川和雄	東海テレビ-荒野を猛進する"黒豹"(民間放送研究-7-)：総合ジャーナリズム研究　05(04)〔1968.4〕　p83〜87	
石川明	戦後西ドイツの放送政策と放送委員会：NHK放送文化研究年報　13　〔1968.6〕　p195〜210	
後藤和彦	放送の未来を考えることについて：総合ジャーナリズム研究　05(05)〔1968.7〕　p150〜160	
和田矩衛	経営批評を提唱する：放送批評　No.010　〔1968.9〕	

ジャーナリズム　　　　　　　　　　　　　　　　　　　　　　　　放送ジャーナリズム

高橋信三, 小谷正一, 小島源作　座談会 転換期を迎えて民放経営のあり方を探る：放送批評　No.010　〔1968.9〕
和田矩衛　　　民放研究1 広島テレビ：放送批評　No.018　〔1969.5〕
和田矩衛　　　民放研究2 山陽放送：放送批評　No.019　〔1969.6〕
石川明　　　　西ドイツにおける公共放送論：NHK放送文化研究年報　14　〔1969.6〕　p217〜230
和田矩衛　　　民放研究3 中国放送：放送批評　No.020　〔1969.7〕
河口静男, 高木教典, 志賀信夫, 諏訪博, 東出三郎　座談会 電波料とは何ぞや ＜特集＞電波料・その問題点をさぐる1：放送批評　No.022　〔1969.9〕
江口賢次, 高木教典, 志賀信夫, 松枝美久, 和田可一　座談会 電波料とは何ぞや2 その実体をさぐる1 ＜特集＞電波料・その問題点をさぐる2：放送批評　No.023　〔1969.10〕
瓜生忠夫　　　電波料に視聴者はどうかかわるのか ＜特集＞電波料・その問題点をさぐる2：放送批評　No.023　〔1969.10〕
大森幸男　　　CATV問題の経緯：新聞研究　通号219　〔1969.10〕　p74〜78
石原裕市郎　　アメリカ ウェスト・コースト見聞記（2）＜特集＞座談会 電波料とは何ぞや2その実体をさぐる3：放送批評　No.024　〔1969.11〕
青木貞伸　　　民放研究4 四国放送：放送批評　No.024　〔1969.11〕
村井仁　　　　70年代の放送を考える－－イギリスの場合を中心に：総合ジャーナリズム研究　07（02）〔1970.4〕　p103〜111
稲葉三千男, 佐怒賀三夫, 上田哲　座談会 十年後にテレビ局がなくなる話：マスコミ市民　通号036　〔1970.4〕　p48〜59
志賀信夫　　　民放研究6 南日本放送：放送批評　No.029　〔1970.4〕
青木貞伸　　　民放研究7 高知放送：放送批評　No.030　〔1970.5〕
青木貞伸　　　地殻変動つづくテレビ産業：総合ジャーナリズム研究　07（03）〔1970.7〕　p62〜70
志賀信夫　　　民放研究8 アール・ケー・ピー毎日放送：放送批評　No.032　〔1970.7・8〕
木村民六　　　MBSをさぐる ＜特集＞ステーション・カラー：放送批評　No.034　〔1970.10〕
桑原宏　　　　NETをさぐる ＜特集＞ステーション・カラー：放送批評　No.034　〔1970.10〕
松田浩　　　　NHKをさぐる ＜特集＞ステーション・カラー：放送批評　No.034　〔1970.10〕
斉藤正治　　　NTVをさぐる ＜特集＞ステーション・カラー：放送批評　No.034　〔1970.10〕
荒川邦衛　　　TBSをさぐる ＜特集＞ステーション・カラー：放送批評　No.034　〔1970.10〕
水野肇　　　　YTVをさぐる ＜特集＞ステーション・カラー：放送批評　No.034　〔1970.10〕
青木貞伸　　　フジテレビをさぐる ＜特集＞ステーション・カラー：放送批評　No.034　〔1970.10〕
村井仁　　　　英放権交替と放送界への影響－－商業ローカル・ラジオに踏み切る（イギリスのマスコミ（特集））：総合ジャーナリズム研究　07（04）〔1970.10〕　p32〜38
鳥山拡　　　　広島テレビをさぐる ＜特集＞ステーション・カラー：放送批評　No.034　〔1970.10〕
岡部竜　　　　東海テレビをさぐる ＜特集＞ステーション・カラー：放送批評　No.034　〔1970.10〕
薄井昭夫　　　東京12チャンネルをさぐる ＜特集＞ステーション・カラー：放送批評　No.034　〔1970.10〕
和田矩衛　　　民放研究9 青森放送：放送批評　No.035　〔1970.11〕
青木貞伸　　　VPは踊る：放送批評　No.036　〔1970.12〕
村川英　　　　アメリカのテレビはどう進むか ＜特集＞放送はこれからどう変わるか？…：放送批評　No.037　〔1971.1〕
志賀信夫　　　ビデオ・パッケージの行方－－産業としての可能性とその内容的特性（非アンテナ系テレビの課題（特集））：総合ジャーナリズム研究　08（01）〔1971.1〕　p36〜46
戸川猪佐武　　自民党にみる電波ビジョン ＜特集＞放送はこれからどう変わるか？…：放送批評　No.037　〔1971.1〕
荒川邦衛　　　曽野綾子さんに訊く ＜特集＞放送はこれからどう変わるか？…：放送批評　No.037　〔1971.1〕
青木貞伸　　　二つの「反資本の論理」＜特集＞放送はこれからどう変わるか？…：放送批評　No.037　〔1971.1〕
野崎茂　　　　日本経済新聞・中川順常務取締役に訊く ＜特集＞放送はこれからどう変わるか？…：放送批評　No.037　〔1971.1〕
鈴木敏夫　　　非アンテナ系テレビの課題（特集）：総合ジャーナリズム研究　08（01）〔1971.1〕　p76〜84
志賀信夫　　　民放連・今道潤三会長に訊く ＜特集＞放送はこれからどう変わるか？…：放送批評　No.037　〔1971.1〕
大蔵雄之助　　明日のCATV（非アンテナ系テレビの課題（特集））：総合ジャーナリズム研究　08（01）〔1971.1〕　p23〜34
和田矩衛　　　民放研究11 仙台放送：放送批評　No.043　〔1971.7〕
放送事情調査部　主要国のテレビ番組：NHK文研月報　21（08）〔1971.8〕　p14
和田矩衛　　　民放研究13 北海道放送・札幌テレビ放送 その2：放送批評　No.045　〔1971.9〕
和田矩衛　　　民放研究14 山陰三局の相互乗りいれと日本海テレビ放送：放送批評　No.046　〔1971.10〕
和田矩衛　　　新聞の放送評を批評する民放研究15 山陰放送：放送批評　No.047　〔1971.11〕
今道潤三, 前田義徳　新春対談 新しい国際化社会と放送 世界市民社会の形成に寄与を：月刊民放　02（08）〔1972.1〕　p14〜21
石原裕市郎　　北ボルネオの放送とその周辺上：放送批評　No.049　〔1972.1〕
高木教典　　　放送産業の現状と将来：マスコミ市民　通号057　〔1972.2〕　p4〜13
石原裕市郎　　北ボルネオの放送とその周辺 下：放送批評　No.050　〔1972.2〕
川上隆夫　　　経営からみた中継局運営の問題点：月刊民放　02（10）〔1972.3〕　p8〜11
井原高忠　　　特集I 民放経営に何が問われているか データを尊重しつつ突き放す：月刊民放　02（11）〔1972.4〕　p14〜15
出口進士　　　特集I 民放経営に何が問われているか マンパワー開発計画の条件整備を：月刊民放　02（11）〔1972.4〕　p6〜7
丸山一保　　　特集I 民放経営に何が問われているか 営業・ネット戦略の多様化と選択：月刊民放　02（11）〔1972.4〕　p11〜12
宇治川誠　　　特集I 民放経営に何が問われているか 企業戦略とメディア戦略の結節点：月刊民放　02（11）〔1972.4〕　p12〜13
大山勝美　　　特集I 民放経営に何が問われているか 技術継承と潜在制作力の開発：月刊民放　02（11）〔1972.4〕　p7〜9
西村定仁　　　特集I 民放経営に何が問われているか 情報環境下時代の新しい尺度：月刊民放　02（11）〔1972.4〕　p13〜14
三輪正信　　　特集I 民放経営に何が問われているか 放送を核とする多角化の特殊性は何か：月刊民放　02（11）〔1972.4〕　p4〜5
津村重孝　　　特集・現経済環境下の放送営業 III 「創造」をつちかう行政指導を：月刊民放　02（12）〔1972.5〕　p14〜15
岩淵康郎, 宮脇厳雄, 天野七郎, 野中勝　特集・現経済環境下の放送営業 IV 座談会 環境変化とテレビ営業の目標：月刊民放　02（12）〔1972.5〕　p16〜25
川上宏　　　　特集・現経済環境下の放送営業 I 環境変化と放送経営：月刊民放　02（12）〔1972.5〕　p2〜3
東山禎之　　　特集・現経済環境下の放送営業 V 広告経済の新局面と47年の見通し：月刊民放　02（12）〔1972.5〕　p26〜30
畑山良広　　　特集・現経済環境下の放送営業 テレビ離れの解決と量から質の営業へ：月刊民放　02（12）〔1972.5〕　p10〜11
渡辺宏　　　　特集・現経済環境下の放送営業 ローカル番組の開発とローカルセールスの強化：月刊民放　02（12）〔1972.5〕　p7

	～8
岩本政敏	特集・現経済環境下の放送営業 企業広告の開拓とローカルタイムの効率化：月刊民放　02（12）〔1972.5〕p9～10
河野逸平	特集・現経済環境下の放送営業 新しいセールス価値観とモラルの確立を：月刊民放　02（12）〔1972.5〕p12～13
石川良彦	特集・現経済環境下の放送営業 注目したい地域開発と環境問題：月刊民放　02（12）〔1972.5〕p11～12
上子俊秋	特集・現経済環境下の放送営業 媒体価値の正当評価とネットスポンサーの培養：月刊民放　02（12）〔1972.5〕p6～7
見島正憲	特集・現経済環境下の放送営業 販売基本原則の確立と質的セールスの徹底：月刊民放　02（12）〔1972.5〕p8～9
石川明	西ドイツにおける放送独占：NHK放送文化研究年報　17〔1972.7〕p292～304
草野計	RCC「開局20周年」を考える 民放はだれのもの：広島ジャーナリスト　45〔1972.11〕
伊坂重孝	特集・民放報道充実の課題 II.民放の報道をいかに強化するか ローカルの立場から：月刊民放　03（20）〔1973.1〕p9～13
宇治川誠	テレビ企業の過去と現在——経営企業体としてのテレビ（テレビ放送20年）：新聞研究　通号259〔1973.2〕p34～38
放送事情調査部	各国の衛星利用計画：NHK文研月報　23（04）〔1973.4〕p12
川勝久	明日の営業コンセプトを創る（第1回）再々考・放送企業のマーケティング活動：月刊民放　03（23）〔1973.4〕p23～26
大森幸男	認められた「放送文化基金」設立：月刊民放　03（24）〔1973.5〕p36～38
中島巌	放送システムの新しい役割への期待——欧米の研究者との交流から：NHK文研月報　23（05）〔1973.5〕p32
鈴木信次	明日の営業コンセプトを創る（第3回）コミュニティ・コミュニケーション時代の営業：月刊民放　03（25）〔1973.6〕p18～21
毎日放送ラジオ営業部	明日の営業コンセプトを創る（第4回）マスコミとミニコミのクレバスを埋める：月刊民放　03（26）〔1973.7〕p20～22
放送事情調査部	欧米の放送番組——最近の話題から：NHK文研月報　23（08）〔1973.8〕p18
高波進	明日の営業コンセプトを創る（第5回）これでよいのか電波料——現行料金制度への疑問：月刊民放　03（27）〔1973.8〕p28～30
家根敏明	明日の営業コンセプトを創る（第6回）ラジオは余暇社会にどう対応すべきか：月刊民放　03（28）〔1973.9〕p24～27
田所泉	産業（テレビジョンの20年テレビ研究の20年（特集））：新聞学評論　通号22〔1973.10〕p20～26
瀬尾政博	明日の営業コンセプトを創る（第7回）「FMイメージ」の新しい展開を求めて：月刊民放　03（30）〔1973.11〕p24～26
佐藤知恭	明日の営業コンセプトを創る（第8回）企業キャンペーンをどうとらえるべきか：月刊民放　03（31）〔1973.12〕p26～29
宮脇厳雄	明日の営業コンセプトを創る（第9回）テレビは環境ですキャンペーンの発想と展開：月刊民放　04（32）〔1974.1〕p38～41
天野七郎	明日の営業コンセプトを創る（第10回）現代の環境と広告の視座：月刊民放　04（35）〔1974.5〕p28～31
藤岡伸一郎	放送の新局面（特集）：総合ジャーナリズム研究　11（03）〔1974.7〕p35～44
田中至	放送の新局面（特集）全世界が見ているテレビ〔「ニューズ・ウィーク」誌1974年4月22日号〕：総合ジャーナリズム研究　11（03）〔1974.7〕p94～109
総合ジャーナリズム研究編集部	放送の新局面（特集）池田CATVをみる――ワインが生んだ自主放送網（ルポルタージュ）：総合ジャーナリズム研究所　11（03）〔1974.7〕p9～24
総合ジャーナリズム研究編集部	放送の新局面（特集）民放－新聞の資本系列化の功罪：総合ジャーナリズム研究所　11（03）〔1974.7〕p9～44
大谷堅志郎	パブリック・アクセス番組の周辺と背景：NHK放送文化研究年報　19〔1974.7〕p67～99
中島巌	開発途上国の近代化とテレビジョン：NHK放送文化研究年報　19〔1974.7〕p230～243
放送事情調査部	ゴールデンアワーのTV番組——欧米4か国の実例から：NHK文研月報　24（08）〔1974.8〕p1
川上宏	欧米放送事情2 イギリス・ジャーナリズムの特色：放送批評　No.079〔1974.10・11〕
松村由彦	新視聴率時代の調査改革論：月刊民放　04（40）〔1974.10〕p9～15
西田祐二	展開期に入ったJNNデータバンク：月刊民放　04（40）〔1974.10〕p16～19
芝村源喜	民放経営と戦略スタッフ（上）：月刊民放　04（40）〔1974.10〕p20～25
芝村源喜	民放経営と戦略スタッフ（中）スタッフ部門の定着と消長：月刊民放　04（41）〔1974.11〕p22～27, 9～9
川上宏	欧米放送事情3 アメリカン・ドリームとニクソン失墜：放送批評　No.080〔1974.12〕
芝村源喜	民放経営と戦略スタッフ（下）：月刊民放　04（42）〔1974.12〕p30～36
西谷茂	海外の放送界——伸びるアメリカのFM放送：NHK文研月報　25（01）〔1975.1〕p53
志賀信夫	海外リポート フィンランドの放送をのぞく：放送批評　No.081〔1975.1〕
青木貞伸	放送とイベント＜特集＞「昭和50年」と放送：放送批評　No.081〔1975.1〕
総合文研放送事情調査部	海外の放送界——伸びるアメリカのローカル・テレビニュースほか：NHK文研月報　25（02）〔1975.2〕p52
志賀信夫	新聞主軸の放送再編成：放送批評　No.082〔1975.2〕
秋元春朝	韓国の放送（報告）：神戸大学教育学部研究集録　通号53〔1975.3〕p27～32
川本勝	コミュニティ・メディアとしてのCATVに関する一考察——下田CATVの受け手調査研究の報告：新聞学評論　通号23・24〔1975.3〕p91～120
総合ジャーナリズム研究編集部	UHF放送の光と影（特別企画）：総合ジャーナリズム研究所　12（02）〔1975.4〕p4～19
井上宏	よじれたままではあきまへんか？――民放ネット再編成で期待したいABC, MBSの自覚：総合ジャーナリズム研究　12（02）〔1975.4〕p48～55
渡辺九郎	広域圏U局 "踏み石"論——技術優先の思想が置き去りにしたもの（UHF放送の光と影（特別企画））：総合ジャーナリズム研究　12（03）〔1975.7〕p78～82
岡本史郎	台所事情とローカル意識――苦境の経営からどう脱皮するのか（UHF放送の光と影（特別企画））：総合ジャーナリズム研究　12（03）〔1975.7〕p117～120

美原研	地方局における販売促進企画 <特集>企画曼陀羅—放送の企画はどうなっているの？：放送批評　No.087　〔1975.7・8〕	
東季晴	きみはCATVを観たか！――全国有線テレビ放送自主制作番組を観る会独白的始末記：総合ジャーナリズム研究　13（01）〔1976.1〕　p38～42	
CATV研究グループ	日本のCATV――今日的視座を探る：総合ジャーナリズム研究　14（01）〔1976.1〕　p115～124	
鈴木均	テレビ都鄙論 <特集>都鄙の思想：放送批評　No.097　〔1976.7〕	
伊豫田康弘	広域圏 UHF各局と “柔構造” 番組構成 <特集>都鄙の思想：放送批評　No.097　〔1976.7〕	
松尾羊一, 森英人, 青木貞伸, 田村紀雄	座談会 『いわゆる「中央」VS.「地方」を超ゆるもの』 <特集>都鄙の思想：放送批評　No.097　〔1976.7〕	
前田俊彦	生産者としての復権を <特集>都鄙の思想：放送批評　No.097　〔1976.7〕	
しまねきよし	大都市周辺地柏市からみたテレビ <特集>都鄙の思想：放送批評　No.097　〔1976.7〕	
寒河江正	地方見直し論 <特集>都鄙の思想：放送批評　No.097　〔1976.7〕	
大橋正房	都鄙の情景 <特集>都鄙の思想：放送批評　No.097　〔1976.7〕	
田家秀樹	「旅のカタログ」と「放浪」感 <特集>都鄙の思想：放送批評　No.097　〔1976.7〕	
藤原功達	テレビ娯楽の受けとめ方〈ケーススタディの結果から〉：NHK文研月報　26（08）〔1976.8〕　p28	
坂田義教	CATVの生成と発展：新聞学評論　通号25　〔1976.8〕　p90～108	
山口秀夫	西ヨーロッパ放送界の最近の動き：新聞学評論　通号25　〔1976.8〕　p36～38	
広瀬英彦	ケーブルテレビに関心寄せる西ドイツ新聞界（海外情報）：新聞研究　通号301　〔1976.8〕　p72～75	
石井清司	韓国放送界の近況（中）救国宣言事件の周辺：放送批評　No.103　〔1977.2〕	
石井清司	韓国放送界の近況（下）日常性のなかの尖鋭部分：放送批評　No.104　〔1977.3・4〕	
国分寺旭	現代とテレビ— 五輪放送権独占はなにを得、なにを失ったか：マスコミ市民　通号113　〔1977.4〕　p2～9	
越智正典	テレビ局とは一体何なのか：自由　19（4）〔1977.4〕　p38～44	
大森幸男	民放再編、その後の動き：新聞研究　通号309　〔1977.4〕　p59～63	
村井仁	西欧公共放送機関と視聴者——英BBCの事例を中心に：NHK文研月報　27（05）〔1977.5〕　p1	
村井仁	現代における放送事業体の責任と役割——英アナン放送調査委員会の報告から：NHK文研月報　27（07）〔1977.7〕　p1	
服部孝章	直接衛星放送をめぐって：放送批評　No.108　〔1977.8〕	
村井仁	放送事業体と視聴者の意向 続・英アナン放送調査委員会報告から：NHK文研月報　27（09）〔1977.9〕　p25	
総合ジャーナリズム研究編集部	（放送産業の構造を問う<特集>）経済システムと放送の社会的機能：総合ジャーナリズム研究　14（04）〔1977.10〕　p111～118	
大森幸男	ゆすぶられ始めた放送界の秩序——放送衛星開発の経緯と展開（放送衛星のゆくえ<特集>）：新聞研究　通号315　〔1977.10〕　p17～22	
佐伯泰顕	着実に進む放送衛星の技術——システム技術の展望（放送衛星のゆくえ<特集>）：新聞研究　通号315　〔1977.10〕　p33～36	
三宅端	関東地区におけるローカル営業：月刊民放　08（79）〔1978.1〕　p19～21	
潮見高男	放送産業の構造を問う<特集>：総合ジャーナリズム研究　15（01）〔1978.1〕　p25～31	
総合ジャーナリズム研究編集部	（放送産業の構造を問う<特集>）地域社会固有の要望を満たすために：総合ジャーナリズム研究　15（01）〔1978.1〕　p63～65	
竹内一喜	（放送産業の構造を問う<特集>）日本の民放経営――この六年（参考資料）：総合ジャーナリズム研究　15（01）〔1978.1〕　p32～37	
山口秀夫	（放送産業の構造を問う<特集>）米・ABC, 若さのトップマネジメント：総合ジャーナリズム研究　15（01）〔1978.1〕　p42～51	
総合ジャーナリズム研究編集部	（放送産業の構造を問う<特集>）変革期に苦悩する放送行政：総合ジャーナリズム研究所　15（01）〔1978.1〕　p38～41	
総合ジャーナリズム研究編集部	（放送産業の構造を問う<特集>）民放は “人材問題” をどう捉えてきたか：総合ジャーナリズム研究所　15（01）〔1978.1〕　p6～51	
中川公夫	特集・新入社員副読本 あなたにはあなただけの生き方がある：月刊民放　08（82）〔1978.4〕　p25～26	
金森千栄子	特集・新入社員副読本 はじめに驚きありき 柔軟な感覚を持ちつづけるために：月刊民放　08（82）〔1978.4〕　p15～16	
都築忠彦	特集・新入社員副読本 クロース・エンカウンターズ・オブ・ザ・マンカインド：月刊民放　08（82）〔1978.4〕　p20～22	
水野忠隆	特集・新入社員副読本 タイム・テーブルを友として 広告プロデューサーへの道：月刊民放　08（82）〔1978.4〕　p23～25	
横館英雄	特集・新入社員副読本 “消しゴム”の使えない戦場 チームの良き構成員として：月刊民放　08（82）〔1978.4〕　p22～23	
高橋信三	特集・新入社員副読本 多くの書に接しよう 人生を知り、自分を知るために：月刊民放　08（82）〔1978.4〕　p14～15	
西岡香織	特集・新入社員副読本 知的営為者としての放送人 視点はあくまで大衆の場に：月刊民放　08（82）〔1978.4〕　p18～20	
逸見稔	特集・新入社員副読本 文化・広告媒体としてのテレビ放送産業：月刊民放　08（82）〔1978.4〕　p9～13	
西村晃	特集・新入社員副読本 文化・広告媒体としてのラジオ放送産業：月刊民放　08（82）〔1978.4〕　p4～8	
田幸淳男	特集・新入社員副読本 放送を愛する君に 放送人としての情熱と行動力を：月刊民放　08（82）〔1978.4〕　p16～18	
田所泉	アメリカのケーブル・テレビの近況——IFRA・ニューメディア・シンポジウムから（海外情報）：新聞研究　通号321　〔1978.4〕　p78～81	
豊田銀之助	4年目に入ったORTF改革：NHK文研月報　28（05）〔1978.5〕　p29	
藤久ミネ	“馴致”のなかのテレビ（放送界の諸問題）：新聞研究　通号323　〔1978.6〕　p36～39	
大森幸男	放送界の当面する二つの局面（放送界の諸問題）：新聞研究　通号323　〔1978.6〕　p14～19	
吉田健正	カナダのケーブル・テレビ最近事情：総合ジャーナリズム研究　15（03）〔1978.7〕　p70～78	
大谷堅志郎	イギリスの商業放送観—商業主義規制の考え方を中心に：NHK放送文化研究年報　23　〔1978.7〕　p198～230	

放送ジャーナリズム　　　　　ジャーナリズム

橋本泰幸, 財前博, 深尾隆一, 大西紀洋　特集・テレビ二十五年を迎えて これからの二十五年を歩むにあたって 民放経営者への手紙：月刊民放　08(86)〔1978.8〕p20〜24

CATV研究グループ　至近距離にきた"未来型メディア"研究：総合ジャーナリズム研究　15(04)〔1978.10〕p108〜126

東海ラジオ　特集・放送活動の展望と課題 交通世直しの地ならしを目指す：月刊民放　08(88)〔1978.10〕p12〜14

札幌テレビ放送　特集・放送活動の展望と課題 実を結んだ伝統文化の発掘と保存：月刊民放　08(88)〔1978.10〕p8〜9

長崎放送　特集・放送活動の展望と課題 息長く被爆の原体験を追求：月刊民放　08(88)〔1978.10〕p17〜18

東京放送　特集・放送活動の展望と課題 定着したステーションボランティア活動：月刊民放　08(88)〔1978.10〕p9〜11

信越放送　特集・放送活動の展望と課題 報道機能強化で局の信頼性を回復：月刊民放　08(88)〔1978.10〕p11〜12

南海放送　特集・放送活動の展望と課題 暴力追放意識の高揚に寄与する：月刊民放　08(88)〔1978.10〕p16〜17

石井清司　中国中央広播事業局訪問記：月刊民放　08(89)〔1978.11〕p38〜41

九州朝日放送　特集・放送活動の展望と課題 「ローカルの復権」にいどむ：月刊民放　08(89)〔1978.11〕p30〜31

近畿放送　特集・放送活動の展望と課題 住民と地方政治のパイプ役を果たす：月刊民放　08(89)〔1978.11〕p27〜28

福井テレビ　特集・放送活動の展望と課題 伝統の掘り起こしと新しいまつりの創造：月刊民放　08(89)〔1978.11〕p25〜27

新潟放送　特集・放送活動の展望と課題 伝統の祭りに新しい生命を吹き込む：月刊民放　08(89)〔1978.11〕p23〜25

青森放送　特集・放送活動の展望と課題 評価された住民生活感情重視の番組づくり：月刊民放　08(89)〔1978.11〕p20〜22

山口放送　特集・放送活動の展望と課題 放送を軸とした河川美化運動の展開：月刊民放　08(89)〔1978.11〕p28〜30

室谷洋司, 多田羅重信, 鳥山拡, 田島良郎, 内田汎織, 暦本行雄　座談会 U局10年をふり返って：月刊民放　08(90)〔1978.12〕p4〜13

室谷洋司, 多田羅重信, 鳥山拡, 田島良郎, 内田汎織, 暦本行雄　特集・U局10年：月刊民放　08(90)〔1978.12〕p4〜21

日野原定男　発展途上にあるアメリカの独立局：月刊民放　08(90)〔1978.12〕p18〜21

後藤和彦　テレビの将来を考える五つのポイント ＜特集＞世界のテレビ：放送批評　No.122〔1979.1〕

ブルース・ダニング, 北代淳二　対談 アメリカのテレビと日本のテレビ ＜特集＞世界のテレビ：放送批評　No.122〔1979.1〕

ジャン・マルク・ポチエズ, 萩野弘己　対談 ヨーロッパのテレビと日本のテレビ ＜特集＞世界のテレビ：放送批評　No.122〔1979.1〕

志賀信夫　提言 海外のテレビをみて日本でもやってもらいたいこと ＜特集＞世界のテレビ：放送批評　No.122〔1979.1〕

志賀信夫　＜特集＞世界のテレビ ＜特集＞世界のテレビ：放送批評　No.122〔1979.1〕

岡村黎明　特集・視聴者との接点を求めて 開かれた公共放送を：月刊民放　09(92)〔1979.2〕p4〜7

稲葉三千男　放送大学の問題点：マスコミ市民　通号133〔1979.2〕p14〜17

小関三平　特集・新入社員のための副読本 ジェネレーション・ブリッジ：月刊民放　09(93)〔1979.3〕p4〜8

薦田高士　特集・新入社員のための副読本 スタッフの総力を結集して ローカル報道：月刊民放　09(93)〔1979.3〕p14〜17

小林昭　特集・新入社員のための副読本 ラジオ番組制作に公式はない ラジオ・ワイド：月刊民放　09(93)〔1979.3〕p17〜20

竹崎秀夫　特集・新入社員のための副読本 営業マンは放送人たれ ラジオ営業：月刊民放　09(93)〔1979.3〕p23〜26

中出傳二郎　特集・新入社員のための副読本 限りなく需要をつくる テレビ・ネット営業：月刊民放　09(93)〔1979.3〕p26〜28

大谷昭示　特集・新入社員のための副読本 制作者の"眼"をいかに持つか テレビ・ワイド：月刊民放　09(93)〔1979.3〕p20〜23

情報環境研究会　テレビは25年目をどう通過したか：総合ジャーナリズム研究　16(02)〔1979.4〕p125〜130

牧田徹雄, 本田妙子　家族とテレビ(1)：NHK文研月報　29(07)〔1979.7〕p1

小松原久夫　米放送界, 大きな変化への胎動：新聞研究　通号336〔1979.7〕p83〜86

美ノ谷和成　地域社会における有線テレビ(CATV)の機能——甲府市における有線テレビの受容調査を中心として：立正大学文学部論叢　通号64〔1979.7〕p71〜107

山口秀夫　アメリカにおける公共放送—その生成と史的展開について(《特集》海外の公共放送の現状と問題)：NHK放送文化研究年報　24〔1979.7〕p136〜168

西谷茂　イギリスのテレビ番組輸出入：NHK文研月報　29(08)〔1979.8〕p33

牧田徹雄, 本田妙子　家族とテレビ(2)：NHK文研月報　29(08)〔1979.8〕p1

松井邦雄　特集 民放人に求められるもの 新しいライフスタイルをつくる 米ラジオ界にみる多様化の動き：月刊民放　09(99)〔1979.9〕p36〜39

広瀬英彦　新しいコミュニケーション秩序を求めて 放送政策をめぐるヨーロッパの動向：月刊民放　09(102)〔1979.12〕p32〜35

米沢弘　調査研究ノート テレビ番組への嗜好と日常の関心・追考：NHK文研月報　30(02)〔1980.2〕p74

倉沢昌之　世界に広がる放送の国内衛星利用：月刊民放　10(105)〔1980.3〕p40〜43

宇治川誠　特集 職業としての放送 放送産業の特質についての一考察 変容する産業社会のあゆみの中で：月刊民放　10(105)〔1980.3〕p8〜11

田所泉　研修記者がみたヨーロッパのテレビ(海外情報)：新聞研究　通号345〔1980.4〕p68〜71

村井仁　'82年以降の英商業テレビ新地図——実現するか朝のテレビ：NHK文研月報　30(06)〔1980.6〕p14

八巻俊雄　〈特集〉局イメージをつくる 企業の位置づけを明確に 三つの局面でみられる企業イメージ：月刊民放　10(108)〔1980.6〕p8〜11

小谷正一, 野崎茂　〈特集〉局イメージをつくる 対談 個性・シンボルそして自画像：月刊民放　10(108)〔1980.6〕p12〜18

立澤正雄　パラオ放送局再訪：NHK文研月報　30(07)〔1980.7〕p63

志賀信夫　放送人風土記1 東北編 北の谷間からローカル文化の旗手を：放送批評　No.137〔1980.7〕

乾直明　欧米にみるニューメディアの進展 政府主導で開発すすむヨーロッパ各国：月刊民放　10(110)〔1980.8〕p40〜43

志賀信夫　放送人風土記2 北海道編 広大な土地に電波の網を張る：放送批評　No.138〔1980.8〕

山口秀夫　アメリカにおける公共放送(2)—「1967年公共放送法」成立以後(《特集》海外の公共放送の現状と問題(II))：NHK放送文化研究年報　25〔1980.8〕p175〜128

大谷堅志郎　イギリスの放送苦情処理機構—その沿革と処理事例(《特集》海外の公共放送の現状と問題(II))：NHK放送文化研究年報　25〔1980.8〕p7〜38

南利明　ローカル放送の新展開—戦後の長野放送局(《特集》海外の公共放送の現状と問題(II))：NHK放送文化研究年報

	25 〔1980.8〕 p322〜338
大森幸男	転回期の放送行政：新聞研究 通号351 〔1980.10〕 p73〜77
西谷茂	カナダにおける米テレビ番組の流入問題——カナダ放送界の現状：NHK文研月報 30(11) 〔1980.11〕 p48
仲晃	「衛星」と「多重」の論議点：総合ジャーナリズム研究 18(01) 〔1981.1〕 p46〜50
石崎浩一郎	現在進行形のメディア テレビジョンの参加性：月刊民放 11(115) 〔1981.1〕 p30〜33
志賀信夫	放送人風土記5 関東ローカル編：放送批評 No.142 〔1981.1・2〕
桜井健	NHK海外業務部の誕生と共同制作 国際化の時代迎えるテレビ界：放送批評 No.143 〔1981.3・4〕
重延浩, 倉田勝弘, 鈴木幹夫	座談会 海外との番組共同制作の現状・課題 国際化の時代迎えるテレビ界：放送批評 No.143 〔1981.3・4〕
福尾元夫	日韓合同TVドラマ顛末記 国際化の時代迎えるテレビ界：放送批評 No.143 〔1981.3・4〕
志賀信夫	放送人風土記6 関東ローカル編：放送批評 No.143 〔1981.3・4〕
竹下彊一	ニューメディアの登場と放送技術 (テレビ新時代——80年代テレビへの展望<特集>)：放送学研究 通号33 〔1981.3〕 p9〜61
徳山裕径	ドキュメンタリー——ローカル局の試み (テレビ報道の可能性)：新聞研究 通号357 〔1981.4〕 p58〜62
田中恭介	ローカルテレビ報道に一望の沃野を見る (テレビ報道の可能性)：新聞研究 通号357 〔1981.4〕 p50〜54
倉沢昌之	欧米での放送衛星利用をめぐる論議：月刊民放 11(120) 〔1981.6〕 p36〜37
井上正博, 小林元司, 長谷川国夫, 東山禎之, 服部光雄, 堀田泰夫	特集 テレビ・ニュー・マーケティング 多様化時代におけるテレビ営業の飛躍を求めて 新しいテレビ営業の課題と対策 共同討議：月刊民放 11(121) 〔1981.7〕 p12〜18
永田久延, 狩谷健, 小宮山恵三郎, 杉浦欣介, 西村晃, 内山伊史	特集 テレビ・ニュー・マーケティング 多様化時代におけるテレビ営業の飛躍を求めて 民放営業への期待 広告主・代理店の立場から：月刊民放 11(121) 〔1981.7〕 p7〜11
小玉美意子	特集 世界に翔ぶか日本のテレビ テレビ国際化時代への胎動 海外番販の現状と課題：月刊民放 11(122) 〔1981.8〕 p11〜17
岩男寿美子	特集 世界に翔ぶか日本のテレビ 文化の文流とテレビ番組の役割 日本への理解を深めるために：月刊民放 11(122) 〔1981.8〕 p6〜10
牛山純一, 新井和子, 西村五洲, 浜田文哉	特集 民放の初志 原点からの提言：月刊民放 11(123) 〔1981.9〕 p12〜17
小谷正一, 小島源作, 平井常次郎	特集 民放の初志 民放創業期に学ぶもの 鼎談：月刊民放 11(123) 〔1981.9〕 p6〜11
津金沢聡広	特集 民放の初志 民放発足への視聴者の期待：月刊民放 11(123) 〔1981.9〕 p22〜25
前野和久	日本のCATV——その可能性 アリは象にどこまで迫れるか：月刊民放 11(123) 〔1981.9〕 p28〜31
三好仁, 三好和昭, 松木鉦祐, 矢橋昇	特集 放送キャンペーン考 現場からみた"課題" 各種キャンペーンを実施して：月刊民放 11(124) 〔1981.10〕 p14〜21
竹下俊郎	特集 放送キャンペーン考 放送キャンペーンの類型化 性格づけに関するチェックポイント：月刊民放 11(124) 〔1981.10〕 p22〜25
広瀬英彦	特集 放送キャンペーン考 問われる局の意思と創意 新しい放送キャンペーンの展開のために：月刊民放 11(124) 〔1981.10〕 p8〜13
大谷堅志郎	コミュニケーション権思想と仏放送改革 ジャン・ダルシー氏にきく：NHK文研月報 31(12) 〔1981.12〕 p1
三神正人	1 第4ネットワークの始動 メガTONネットワークの誕生 <特集>うごきはじめた放送新時代：放送批評 No.154 〔1982.3〕
青木貞伸, 大森幸男	対談 メディアの未来ありのまま <特集>うごきはじめた放送新時代：放送批評 No.154 〔1982.3〕
青木貞伸	民放報道番組が突き破れない「壁」ーーXさんの手紙に寄せて (マスコミ新時代の焦点)：総合ジャーナリズム研究 19(02) 〔1982.4〕 p46〜55
中川順	(変わる放送界の深層潮流<特集>) データでみる広域U局の転換期：総合ジャーナリズム研究 19(04) 〔1982.10〕 p34〜37
東山禎之	(変わる放送界の深層潮流<特集>) 音声放送界の秩序の策定・その発展のための提言：総合ジャーナリズム研究 19(04) 〔1982.10〕 p24〜28
総合ジャーナリズム研究編集部	(変わる放送界の深層潮流<特集>) 広域圏VHF局の足跡メモ：総合ジャーナリズム研究所 19(04) 〔1982.10〕 p44〜45
右京大介	(変わる放送界の深層潮流<特集>) 独立U局に大衆が与えた回答：総合ジャーナリズム研究 19(04) 〔1982.10〕 p29〜33
総合ジャーナリズム研究編集部	(変わる放送界の深層潮流<特集>) 日・米・欧ーー変わる放送産業のワク組み：総合ジャーナリズム研究所 19(04) 〔1982.10〕 p96〜99
総合ジャーナリズム研究編集部	(変わる放送界の深層潮流<特集>) 放送の多様化に関する調査研究会議の提言：総合ジャーナリズム研究所 19(04) 〔1982.10〕 p7〜50
荒井宏祐	アメリカの文字放送利用状況——全米字幕機構(NCI)の調査から：NHK文研月報 32(11) 〔1982.11〕 p49
中村晴一	多メディア時代の到来と公共放送——米議会特設委員会の報告書から：NHK文研月報 32(12) 〔1982.12〕 p1
工藤俊一郎	特集 衛星放送の行方 衛星放送の仕組みと特徴 「ゆり」およびBS-2を中心に：月刊民放 12(138) 〔1982.12〕 p19〜22
関祥行	特集 衛星放送の行方 海外衛星放送事情 米・欧州のDBSへの動向を中心に：月刊民放 12(138) 〔1982.12〕 p16〜19
河内山重高, 桐原久, 高垣欣也, 野崎茂	特集 衛星放送の行方 民放衛星放送事業の課題と展望 国民の利益を前提に (座談会)：月刊民放 12(138) 〔1982.12〕 p6〜15
金子秀明	CATVの現状とその行方：新聞研究 通号377 〔1982.12〕 p71〜76
後藤和彦	これまでのテレビ, これからのテレビ：NHK文研月報 33(01) 〔1983.1〕 p3
加藤好雄	テレビの過去・現在・そして未来へ：NHK文研月報 33(01) 〔1983.1〕 p1
多喜弘次	地域生活情報媒体＝CATVの課題ーー「津山放送」「洛西(らくさい)ケーブルビジョン」研究調査から (研究レポート)：総合ジャーナリズム研究 20(01) 〔1983.1〕 p120〜128
田代昌史	特集 ニューメディア時代の放送 創出できるか社会の期待 生活基盤に根ざした放送の追究：月刊民放 13(139) 〔1983.1〕 p21〜24
太田寛	特集 ニューメディア時代の放送 地上放送局を新しいメディアへ 大切な「情報」という商品：月刊民放 13(139)

〔1983.1〕 p15〜18

家根敏明　特集 ニューメディア時代の放送 本来の価値特質の研究を 実践論からのアプローチ：月刊民放　13（139）〔1983.1〕 p18〜21

藤竹暁　テレビと社会——テレビの基本的民主化作用：NHK文研月報　33（02）〔1983.2〕 p1

国枝忠雄　環境変化と民放経営戦略 放送の社会的使命達成のために：月刊民放　13（140）〔1983.2〕 p24〜27

堀義明　ケーブルネットワークの構築を急ぐヨーロッパ諸国（海外情報）：新聞研究　通号379〔1983.2〕 p66〜69

篠宮幸男　ノーチャンネルの試み——NHK・民放の共同番組を制作して：新聞研究　通号379〔1983.2〕 p48〜53

梅沢和夫　スポーツイベント偶感 ＜特集＞イベント——冠文化：放送批評　No.166〔1983.3・4〕

角谷優　テレビに活かせる映画の熱気 ＜特集＞イベント——冠文化：放送批評　No.166〔1983.3・4〕

勝田建　テレビ自体のイベント化 ＜特集＞イベント——冠文化：放送批評　No.166〔1983.3・4〕

井上義文, 松岡悦雄, 川上宏, 藤岡和賀夫　座談会 社会の成熟化が始まった ＜特集＞イベント——冠文化：放送批評　No.166〔1983.3・4〕

山西由之　特集 テレビ媒体力の再開発 機敏な経営戦略展開の時期 変革期にこそ生きる “創造” と “挑戦” の精神：月刊民放　13（142）〔1983.4〕 p6〜10

桂田光喜, 絹村利夫, 鴻池良夫, 内田盛雄, 野崎茂　特集 テレビ媒体力の再開発 柔軟に媒体力の商品化を 問われる編成構造と営業マンの企画意識〈パネル・ディスカッション〉：月刊民放　13（142）〔1983.4〕 p10〜21

杉浦欣介　特集 テレビ媒体力の再開発 相互理解が生む “熱い関係” テレビメディアに何を望むか：月刊民放　13（142）〔1983.4〕 p21〜26

水口健次　特集 CATVの方向と対応 どう変わる、流通業の戦略 消費構造の変化と新業態模索のなかで活用主体に：月刊民放　13（144）〔1983.6〕 p20〜23

田場洋和　特集 CATVの方向と対応 事業化動向とその意図 構想ふくらむなかに難問山積——フィーバーの行方は：月刊民放　13（144）〔1983.6〕 p16〜19

後藤和彦　特集 CATVの方向と対応 新CATV機能の見極めを 既存放送企業の経営展開こそが鍵：月刊民放　13（144）〔1983.6〕 p6〜10

北谷賢司　特集 CATVの方向と対応 淘汰すすむ米国CATV界 わが国における営利性ある “コンコルド” への道は：月刊民放　13（144）〔1983.6〕 p24〜28

鈴木一雄　特集 CATVの方向と対応 日本でのCATV成立の条件 固有の土壌に基づく研究を踏まえた日－米置換が肝要：月刊民放　13（144）〔1983.6〕 p10〜15

池田恵美子　〔欧〕汎ヨーロッパ放送への道標（ニューメディア症候群＜特集＞　番外＝アメリカ＆ヨーロッパの断面）：総合ジャーナリズム研究　20（03）〔1983.7〕 p96〜104

野崎茂　特集 メディア間秩序考 “三十年未来” のイメージを 新しい放送秩序を考えるきっかけとして：月刊民放　13（146）〔1983.8〕 p6〜8

橋本正邦　放送規制撤廃をめぐる米メディア界の動き：新聞研究　通号385〔1983.8〕 p43〜48

小林元司　市場飽和期におけるテレビ営業 広告媒体としてのTVパラダイムの構築を：月刊民放　13（147）〔1983.9〕 p34〜37

北谷賢司　BBCにみる日本民放への脅威 英放送界のニューメディア胎動の意味：月刊民放　13（148）〔1983.10〕 p33〜37

平塚竜　（ニューメディア症候群＜特集＞）独立U局の向うべき新「地域」：総合ジャーナリズム研究　20（04）〔1983.10〕 p26〜31

総合ジャーナリズム研究編集部　（ニューメディア症候群＜特集＞）番外＝アメリカ＆ヨーロッパの断面：総合ジャーナリズム研究　20（04）〔1983.10〕 p114〜125

原清, 高垣欣也, 泉長人, 野崎茂　特集 衛星放送活用の方向 わが国における衛星放送の途 その進路と、望まれる姿は〈座談会〉：月刊民放　13（150）〔1983.12〕 p6〜13

長竹成吾　特集 衛星放送活用の方向 変革期にこそ生きる三十余年の実績：月刊民放　13（150）〔1983.12〕 p14〜15

田丸秀治　特集＝テレビパワー拡大への戦略 パワーとノウハウ生かす創造を 個別ニューメディア予測を踏まえ、媒体連携と情報複合化めざせ：月刊民放　14（154）〔1984.4〕 p21〜26

田代喜久雄　特集＝テレビパワー拡大への戦略 共存体制へ、先導的役割果たせ 衛星が中核の高度情報化時代に求められるリーダーシップ：月刊民放　14（154）〔1984.4〕 p16〜20

小林元司, 野崎茂　小特集 テレビ媒体力開発 テレビ営業・地方の時代「三つの提案’84」 その調査と概要………〈座談会〉：月刊民放　14（156）〔1984.6〕 p30〜39

小松原久夫　CNNの挑戦——三大ネットワークに挑む（テレビが変わる）：新聞研究　通号395〔1984.6〕 p59〜61

東山禎之　マスメディア産業構造の展望とテレビ経営の将来（テレビが変わる）：新聞研究　通号395〔1984.6〕 p51〜54

大森幸男, 中川順　新時代を迎えるテレビ界（テレビが変わる）：新聞研究　通号395〔1984.6〕 p14〜19

三枝孝栄　日経データの活用と相互協力（テレビが変わる——新時代のテレビ——各局の狙い）：新聞研究　通号395〔1984.6〕 p34〜36

江上和夫, 大山茂夫　情報化時代の人と技術は—23—文字多重放送：Asahi journal　26（25）〔1984.6〕 p78〜81

南利明　戦後ローカル放送の新展開：NHK放送文化調査研究年報　29〔1984.8〕 p205〜228

篠原俊行　都市型CATVの的確な動向予測を 事業化ブーム先行のなかで、免許処理のあり方検討から出る民放の対応姿勢：月刊民放　14（159）〔1984.9〕 p32〜35

矢野誠一　アメリカ・ケーブルテレビの断面－－現地取材報告：総合ジャーナリズム研究　21（04）〔1984.10〕 p6〜21

伊豫田康弘　特集＝ニューメディア進展への対応 必要な、秩序変革の「質・量」見極め 電気通信の変革と欧米ニューメディア政策が示唆する、秩序の方向：月刊民放　14（162）〔1984.12〕 p21〜25

広瀬英彦　特集＝メディア新世紀への課題 “自由化” に向かう欧米放送制度の潮流 独自の展開ながら共通項を持つ、ニューメディア先進国の政策：月刊民放　15（163）〔1985.1〕 p20〜25

仲佐秀雄　特集＝メディア新世紀への課題 民間通信時代の幕は開くか 明確でない、公衆情報事業の把握——放送通信行政三十五年の軌跡：月刊民放　15（163）〔1985.1〕 p14〜19

橋爪順一　“女のしんぶん” が問うもの（動き始めた別刷り情報紙）：新聞研究　通号402〔1985.1〕 p53〜55

宝官正章　特集 テレビ営業いま、なにを、なすべきか 「意識改革」で媒体価値の向上図れ 「放送局・冬の時代」に、肝要な “チャレンジ精神”：月刊民放　15（166）〔1985.4〕 p27〜32

逸見宏　特集 テレビ営業いま、なにを、なすべきか 価値の創造へ、セールスツール開発を 広告会社との協力関係確立で多

	様なニーズに対応：月刊民放　15（166）〔1985.4〕p22〜27
中川順	特集 テレビ営業いま、なにを、なすべきか "核" の認識で気概ある判断・対応を "斗う営業マン" に求められる、五つの視点と心構え：月刊民放　15（166）〔1985.4〕p6〜11
竹内克巳	特集 テレビ営業いま、なにを、なすべきか 広告ソース変化へ、見極めと積極行動を 六十年広告市場……産業・社会・生活者側面からの定性分析：月刊民放　15（166）〔1985.4〕p11〜17
井上義文	特集 テレビ営業いま、なにを、なすべきか 相互理解が生む「時代」変化への即応 広告主の "個・感性" 適応戦略に、理解と商品開発を：月刊民放　15（166）〔1985.4〕p18〜22
広中康司	テレビ衛星ニュースの現場から－－VISニュースと "衛星ジャーナリズム" の新局面：総合ジャーナリズム研究　22（04）〔1985.10〕p40〜48
直江重彦	日本の放送事業の経営形態（放送の公共経済学＜特集＞）：放送学研究　通号36　〔1986〕p9〜29
影山喜一	放送文化と経営の論理（放送の公共経済学＜特集＞）：放送学研究　通号36　〔1986〕p51〜93
牧野昇	テレビは衰退する産業…か：放送批評　No.199　〔1986.1〕
赤木孝男, 大塚喬重, 大林年雄, 梅本貴市	特集「文字放送」発展と民放の対応 スタート後の媒体認知度とソフトの方向 シミュレーションから "離陸" へ──先発局担当者の苦心に展望を探る：月刊民放　16（176）〔1986.2〕p26〜30
北谷賢司	特集「文字放送」発展と民放の対応 欧米における「文多」のいまから得られるもの 媒体価値に興味示さぬ合理的な米国と、政策主導の英国でのプロモートは：月刊民放　16（176）〔1986.2〕p19〜23
篠原俊行	特集「文字放送」発展と民放の対応 事業化に求められる既存民放のリーダーシップ 差別化のポイント多い「文字放送」先導へ、解決すべき主要課題：月刊民放　16（176）〔1986.2〕p10〜13
後藤和彦	特集「文字放送」発展と民放の対応 情報過剰の時代に、機能を活かす番組開発を「自然に」受け入れられるメディアへ、"連動" と "遊び" 発想に期待：月刊民放　16（176）〔1986.2〕p6〜9
曽根享	特集「文字放送」発展と民放の対応「新広告媒体」構築へ、民放営業上の基本的要件 まず、文字放送の仕組み熟知で、生活者に有益な画面の提供を：月刊民放　16（176）〔1986.2〕p14〜18
羽佐間重彰	特集「飽和市場」におけるテレビ営業の課題 環境を正視し、強いうちに自らの "体質転換" を 局側からのマーケティング提案へ、必要な制作・編成との疎通：月刊民放　16（178）〔1986.4〕p6〜9
根本軍四郎	特集「飽和市場」におけるテレビ営業の課題「時代の変化」を捉えた "新しい売り方" 開発が要 広告主の "個性化・多様化の流れ" に、営業マンの意識改革を：月刊民放　16（178）〔1986.4〕p10〜15
中西研精	特集「飽和市場」におけるテレビ営業の課題 消費者の意識を探り、"メディアの役割" 見直して 成熟市場下、広告戦略のなかのテレビのポジショニングは：月刊民放　16（178）〔1986.4〕p16〜21
広瀬英彦	大きな転換期にあるメディア秩序──西ドイツで公共放送の独占体制崩れる：新聞研究　通号417　〔1986.4〕p84〜87
篠原俊行	「衛星放送制度」立案へ、各界の意見反映を：月刊民放　16（179）〔1986.5〕p40〜44
新井直之, 村木良彦, 藤竹暁, 野崎茂	特集 ソフト・イノベーションへの視点 メディアの未来に求められる "主体的創造" の方向 開発型イノベーション実現へ、多様な条件をにらみ、組織の体質改善を〈座談会〉：月刊民放　16（181）〔1986.7〕p10〜21
横澤彪, 高木健介, 上村喜孝, 大山勝美, 都築忠彦, 木村栄文	特集 ソフト・イノベーションへの視点 現場から考える "ソフト・イノベーション" のイメージ 体験に根ざしたイノベーション開発企画と今後の留意点は：月刊民放　16（181）〔1986.7〕p22〜29
伊豫田康弘	特集 ソフト・イノベーションへの視点 諸メディアにみるソフト・イノベーションの流れ アンケート調査にみる "ターニング・ポイント"：月刊民放　16（181）〔1986.7〕p30〜33
野崎茂	特集 ソフト・イノベーションへの視点 放送の将来像把握に必要な "ソフト・イノベーション" 研究「ソフト競争」の時代へ、過去の事例に学び、イノベートする体質づくりを：月刊民放　16（181）〔1986.7〕p6〜9
山口秀夫	アメリカテレビ界におけるソフト戦略に関する一考察──第4ネットワーク設立をめぐる攻防と大手メディア企業による多メディア戦略の展開：NHK放送文化調査研究年報　31　〔1986.8〕p189〜210
上野正英	メディア環境の変化と西ドイツ放送機関の対応：NHK放送文化調査研究年報　31　〔1986.8〕p167〜188
村瀬真文	ヨーロッパ共同体（EC）の放送政策──放送共同体設立構想をめぐって：NHK放送文化調査研究年報　31　〔1986.8〕p101〜125
斎藤守慶	特集 民放35周年記念 これからの放送のために 環境の変化に、まず理性的分析と媒体力把握を 欧米放送界の現況にみる、わが国民放の課題と経営の "視点" は：月刊民放　16（183）〔1986.9〕p6〜10
澤田隆治	特集 民放35周年記念 これからの放送のために 見えてきた、放送が初めて創造する "新しい娯楽" の方向 大衆芸能との蜜月期から、いまテレビは "娯楽の観念" を変える：月刊民放　16（183）〔1986.9〕p20〜23
岩切保人, 佐怒賀三夫, 山県昭彦, 青木貞伸, 藤久ミネ	特集 民放35周年記念 これからの放送のために 現在を正視し、「必要情報」提供を これからの民放番組への期待と注文──放送人としての自覚と体制整備こそが要：月刊民放　16（183）〔1986.9〕p24〜29
宇井昇, 菊谷邦雄, 坂本登志子, 上野修, 辻和子, 野上良一, 林芳雄	特集 民放35周年記念 これからの放送のために 私が熱くなった、あの時のとき 蘇る、民放開局の興奮、メディアへの「挑戦」の記憶：月刊民放　16（183）〔1986.9〕p30〜36
北川信	特集 民放35周年記念 これからの放送のために 情報多様化時代にも不変な「テレビマン」に求められる資質 とまどいを排し、視聴者を好み視聴者から学び、"心" を摑み続けて：月刊民放　16（183）〔1986.9〕p11〜14
中村泰次	ニューメディアの現実-4-CATV－下－：総合ジャーナリズム研究　23（04）〔1986.10〕p74〜82
伊藤陽一, 大石裕	日本における有線テレビ研究の現状──実証的研究を中心に：慶応義塾大学新聞研究所年報　通号27　〔1986.10〕p67〜88
戸村栄子	ビデオ, テレビゲーム, パソコン…－－放送外メディアがテレビ画面を侵食しはじめた：総合ジャーナリズム研究　24（01）〔1987.1〕p58〜65
菓原隆	特集 いまマスコミの危機 "泥沼" の民放テレビ最新事情：マスコミ市民　通号221/222　〔1987.2〕p132〜143
木暮剛平	特集 第13回民放連テレビ営業ゼミナールから─新市場開発とテレビの役割 経済・社会のソフト化に、自信ある企画と情報発信を 低成長下の社会・経済・広告そしてテレビ：月刊民放　17（190）〔1987.4〕p6〜11
井上弘, 塩原実, 佐藤修, 新井洋治, 猪狩惇夫, 畑俊一	特集 第13回民放連テレビ営業ゼミナールから─新市場開発とテレビの役割「攻めの営業」へ、肝要な局イメージ向上 タイムばなれ防止とスポット戦略のために〈パネル討論〉：月刊民放　17（190）〔1987.4〕p18〜32

桑原通徳	特集 第13回民放連テレビ営業ゼミナールから―新市場開発とテレビの役割 "消費者との共感"を生む情報の提供を求めて 選択の時代に、情報のツーウェイ化を図る「もう一つの仕掛け」：月刊民放　17 (190)〔1987.4〕p12～17
田所泉	面目一新した衛星放送（マスコミの焦点）：新聞研究　通号433〔1987.8〕p87～89
伊豫田康弘	テレビ私考 明るい家庭の必需品TVの正しい利用法：放送批評　No.218〔1987.9〕
伊豫田康弘	当面は、テレビ放送視聴にプラスの作用 進む、受像機のリモコン化・大型化：月刊民放　17 (195)〔1987.9〕p40～43
広瀬英彦	西独のニューメディア状況――CATVとビルトシルムテキストを中心に：新聞研究　通号436〔1987.11〕p72～75
山田晴通	(<放送>の内と外<特集>)CATV自主放送のルーツ――郡上八幡テレビの3年を支えたもの：総合ジャーナリズム研究　25 (01)〔1988〕p44～53
青木貞伸	(<放送>の内と外<特集>)衛星放送の光と影：総合ジャーナリズム研究　25 (01)〔1988〕p38～43
能村庸一	(<放送>の内と外<特集>)都市型ケーブル浮上す：総合ジャーナリズム研究　25 (01)〔1988〕p22～27
篠原俊行	(<放送>の内と外<特集>)<放送>の領域をめぐって――あるいは "純放送" と "準放送" の行方：総合ジャーナリズム研究　25 (01)〔1988〕p14～18
稲葉三千男	経営 黒字減らしの恩恵で明るい年：放送批評　No.222〔1988.1〕
山本俊郎, 篠原孝明, 小嶋良太, 内藤大典, 野崎健	特集 テレビ・マーケティングの現状と課題 イベントで視聴者―広告主を結ぶ 民放五社のエリア・マーケティング戦略：月刊民放　18 (199)〔1988.1〕p19～23
猪狩惇夫	特集 テレビ・マーケティングの現状と課題 テレビをメインに、変化に応じた「効率化」模索 営業委員会「広告主が語る "テレビ広告"」調査から：月刊民放　18 (199)〔1988.1〕p12～14
羽佐間重彰, 福原義春	特集 テレビ・マーケティングの現状と課題 新春対談 視聴率以外の要素も盛り込んだマーケティングの展開を 新時代の営業と「視聴質」を考える：月刊民放　18 (199)〔1988.1〕p6～11
伊豫陽一	国際放送の流れの量と方向に関する研究――モスクワ放送と北京放送の場合：慶応義塾大学新聞研究所年報　通号30〔1988.3〕p41～60
伊豫田康弘	エリア・マーケティングと民放ローカル局の役割：広告　(268)〔1988.5〕p35～35
岡村黎明	幕開く衛星時代に、問われる民放の対応 "境界領域" 重なる通信衛星と放送衛星：月刊民放　18 (203)〔1988.5〕p38～45
中村泰次	垣間見たタイ放送界の内側――NAVY RADIOの女性DJと会って…：総合ジャーナリズム研究　25 (04)〔1988.10〕p22～24
斎藤守慶	地域重視の制作力強化が課題 地上民放は衛星系にどう対応すべきか：月刊民放　18 (208)〔1988.10〕p6～10
篠原俊行	「衛星放送時代」へ、制度面の主要課題を探る チャンネル数、衛星調達法人、そして利用形態は：月刊民放　18 (209)〔1988.11〕p34～37
水野肇	老人と映像 高齢化社会の到来にテレビは対応できるか：放送批評　No.232〔1988.11〕
石川明	二元的放送体制と公共放送の役割―西ドイツにおける論議とその背景：NHK放送文化調査研究年報　33〔1988.11〕p51～70
上野正英	放送における衛星利用とヨーロッパ諸国の対応：NHK放送文化調査研究年報　33〔1988.11〕p27～49
志賀信夫	2000年には日本の所帯の半分に！ ハイビジョンの普及予測 <特集>ハイビジョン揺籃期：放送批評　No.233〔1988.12〕
吉村芳之	NHKディレクターが実感したその威力「出発」奮戦記 <特集>ハイビジョン揺籃期：放送批評　No.233〔1988.12〕
村木良彦	これからの開発ポイントとは？ 激動する世界のHDTV <特集>ハイビジョン揺籃期：放送批評　No.233〔1988.12〕
伊豫田康弘	テレビ私考 父親族復権の日は遠い：放送批評　No.233〔1988.12〕
石井清司	ドキュメント映像への軌跡 NHK、外部パワー導入 <特集>ハイビジョン揺籃期：放送批評　No.233〔1988.12〕
瓜生孝	開発途上ソフトの課題 <特集>ハイビジョン揺籃期：放送批評　No.233〔1988.12〕
高橋一郎	稚拙な作品は通用しない <特集>ハイビジョン揺籃期：放送批評　No.233〔1988.12〕
水越伸	アメリカにおける「放送」の産業的形成――「放送」観の発生と変容を中心として：放送学研究　通号39〔1989〕p211～238
BroadcastingResearchUnit, 前田満寿美	イギリスの放送における公共サービスの理念――基本原理（メディアと公共性の現在――放送と公共性・再考<特集>)：放送学研究　通号39〔1989〕p87～127
稲葉三千男	テレビ私考 ハイビジョンつべこべ異見：放送批評　No.234〔1989.1〕
德田修造	特集 通信衛星は放送をどう変えるか '94年度には単年度黒字に 日本衛星放送〔JSB〕の事業見通し 民放連研究所・第10回「民放経営研究会」講演から：月刊民放　19 (211)〔1989.1〕p31～33
市橋俊雄, 尾上規喜	特集 通信衛星は放送をどう変えるか いまや「当たり前」の報道用機材に［最新現地リポート］米国のSNGは、いま：月刊民放　19 (211)〔1989.1〕p19～23
作間澄久	特集 通信衛星は放送をどう変えるか "テイク・オフ" 目前のクリアビジョン〔EDTV〕 3月に答申、9月には実用化へ―「大型受像機」志向にもフィット《インタビュー》：月刊民放　19 (211)〔1989.1〕p28～30
加藤正光, 亀垣幸男, 三神正人, 小田久栄門, 北村美憲	特集 通信衛星は放送をどう変えるか 火ぶた切る「スター ウォーズ」 在京テレビ5局〈わが系列のSNG戦略〉：月刊民放　19 (211)〔1989.1〕p12～18
野崎茂	特集 通信衛星は放送をどう変えるか 地方局の制作能力を格段に強化：月刊民放　19 (211)〔1989.1〕p8～11
丸茂昌剛, 橋本毅	特集 通信衛星は放送をどう変えるか 「通信衛星元年」へ、高まる市場への関心 通信衛星2社のセールス現況と展望：月刊民放　19 (211)〔1989.1〕p24～27
テレビ西日本, 札幌テレビ放送, 南海放送, 北陸放送, 名古屋テレビ放送, 琉球放送	今年の課題は大きいゾ！ <特集>ローカル1989：放送批評　No.235〔1989.2〕
高木英夫, 今井功, 小野好彦, 青沼潔, 田代昌史, 日塚是利	特集 イベント・ブームにどう対応するか 催事の演出や番組制作で積極的に協力 地方民放6局の'87～'89年「地域イベント」対応事例：月刊民放　19 (212)〔1989.2〕p15～23
小坂善治郎	特集 イベント・ブームにどう対応するか 地域の個性化を促し、多様な波及効果 '80年代「地方博」の総括と展望：月刊民放　19 (212)〔1989.2〕p11～14
新藤宗幸	特集 イベント・ブームにどう対応するか "地域の自立" めざす「祭り」の創造を：月刊民放　19 (212)〔1989.2〕p8～10
志賀信夫	通信元年、郵政の方針：放送批評　No.237〔1989.4〕

小林貞夫　特集 媒体競合時代の放送営業 アメリカテレビ営業 最近の傾向：月刊民放　19 (215)　〔1989.5〕　p14〜16

小林元司, 馬場俊明　特集 媒体競合時代の放送営業 インタビュー 放送広告の発展めざし努力 小宮淳一・広告主協会電波小委員長に聞く：月刊民放　19 (215)　〔1989.5〕　p8〜13

菊地誠一, 佐野康顯, 小牧次郎, 深沢幹彦, 田代冬彦　特集 番組ソフト開発戦略考 深夜帯開発の可能性と24時間編成 在京キイ5局の「開発戦略」：月刊民放　19 (216)　〔1989.6〕　p14〜20

乾直明　特集 番組ソフト開発戦略考 世界の映像ソフト市場はいま：月刊民放　19 (216)　〔1989.6〕　p8〜13

岡本光正, 魚谷忠司, 小林樹, 松原邦博　特集 番組ソフト開発戦略考 目前に迫ったCS利用の番組供給 CATV向け番組供給会社4社のソフト開発戦略：月刊民放　19 (216)　〔1989.6〕　p21〜26

原田三朗　(情報・メディアの「値段」考<特集>) 衛星放送「料金」の合理, 不合理：総合ジャーナリズム研究　26 (03)　〔1989.7〕　p20〜26

大森幸男　「衛星元年」の放送界を概観する (新電気通信時代とマスメディア)：新聞研究　通号456　〔1989.7〕　p10〜12

長屋竜人　衛星放送の新展開 (新電気通信時代とマスメディア)：新聞研究　通号456　〔1989.7〕　p22〜24

服部孝章　「衛星利用」をめぐる放送行政の課題 (新電気通信時代とマスメディア)：新聞研究　通号456　〔1989.7〕　p29〜31

黒川徳太郎　新しい放送のメディアと著作権——衛星放送とCATVを中心に (著作権をめぐる現状)：新聞研究　通号460　〔1989.11〕　p30〜33

上野正英　海外諸国の放送衛星—90年代への展望：NHK放送文化調査研究年報　34　〔1989.11〕　p23〜49

伊豫田康弘　テレビ私考 地球規模のソフト戦争：放送批評　No.245　〔1989.12〕

井上宏　海外放送情報 米国 多チャンネルCATV視聴体験記 (3)：月刊民放　19 (222)　〔1989.12〕　p30〜32

大森幸男　特集 スペース・ケーブルネットと地上放送 CATV時代はバラ色の夢か：月刊民放　19 (222)　〔1989.12〕　p6〜9

石田岩夫　特集 スペース・ケーブルネットと地上放送 CATV番組供給事業者の課題：月刊民放　19 (222)　〔1989.12〕　p18〜21

前川英樹　特集 スペース・ケーブルネットと地上放送 "衛星" 参入への明確な理論構築を：月刊民放　19 (222)　〔1989.12〕　p14〜17

松平恒　特集 スペース・ケーブルネットと地上放送 米国の現状と日本での見通し：月刊民放　19 (222)　〔1989.12〕　p10〜13

高島肇久　衛星放送「ワールド・ニュース」——24時間グローバルネットワークを目指して (国際化の中の放送<特集>)：放送学研究　通号40　〔1990〕　p95〜110

井上弘　特集 '90年代の放送界を展望する 新しいスポンサー・ソースの開拓を テレビ営業：月刊民放　20 (223)　〔1990.1〕　p18〜20

矢沢章二　特集 '90年代の放送界を展望する 地上系と衛星系の調和ある発展を 放送行政・制度：月刊民放　20 (223)　〔1990.1〕　p6〜8

志賀信夫, 上滝徹也, 青木貞伸, 大森幸男　民放はソフト能力で生きてゆけ：放送批評　No.246　〔1990.1〕

片桐松樹　特集 放送人の資質と条件 テレビ営業 地球レベルの広い視野が重要：月刊民放　20 (225)　〔1990.3〕　p22〜24

テレビ山口, テレビ北海道, 九州朝日放送, 広島テレビ, 秋田テレビ　脅威の90年代が幕を開けた！ 衛星時代のローカル局：放送批評　No.249　〔1990.4〕

萩原由紀子　多チャンネル化に視聴の変化がみえる!? (From Reser Ch)：総合ジャーナリズム研究　27 (02)　〔1990.4〕　p52〜54

野崎茂　特集 進展する企業の文化活動 消費者のグッドウィル獲得を：月刊民放　20 (227)　〔1990.5〕　p6〜9

福原義春　特集 進展する企業の文化活動 認識したい社会的存在としての企業：月刊民放　20 (227)　〔1990.5〕　p14〜16

根本長兵衛　特集 進展する企業の文化活動 文化支援の基盤構造を整備：月刊民放　20 (227)　〔1990.5〕　p10〜13

石黒正保　特集 進展する企業の文化活動 放送イベント事業の今日的展開：月刊民放　20 (227)　〔1990.5〕　p17〜19

大蔵雄之助　多メディア後の放送界とは 専門化の流れは止まらない：放送批評　No.253　〔1990.8〕

浜野満　特集 動き出した民放系番組供給事業 PCM音声放送の実現に向けて ミュージックバード：月刊民放　20 (230)　〔1990.8〕　p20〜21

加藤芳孝　特集 動き出した民放系番組供給事業 安定的で魅力あるソフト供給が課題 日本テレビケーブルニュース：月刊民放　20 (230)　〔1990.8〕　p18〜19

大沼長郎　特集 動き出した民放系番組供給事業 関西初の情報発信基地として スペース ビジョン ネットワーク：月刊民放　20 (230)　〔1990.8〕　p22〜23

太田寛　特集 動き出した民放系番組供給事業 大切に育てたい "大阪発" のソフト サテライトABC：月刊民放　20 (230)　〔1990.8〕　p24〜25

三神正人, 大倉文雄, 富田徹郎　特集 放送の未来像 新放送秩序の構築に向けて 「2000年の放送ビジョン」を読んで〈座談会〉：月刊民放　20 (230)　〔1990.8〕　p10〜17

伊豫田康弘　特集 放送の未来像 放送産業の構造変化を予測する：月刊民放　20 (230)　〔1990.8〕　p6〜9

北川信　特集 衛星時代のネットワーク ローカル放送機能の再認識を：月刊民放　20 (231)　〔1990.9〕　p10〜11

富田徹郎　特集 衛星時代のネットワーク 残された衛星波を地上系ネットの手に：月刊民放　20 (231)　〔1990.9〕　p14〜16

青木貞伸　特集 衛星時代のネットワーク 地底での地殻変動進む民放ネット：月刊民放　20 (231)　〔1990.9〕　p6〜9

磯崎洋三　特集 衛星時代のネットワーク 適正な競争環境の整備が急務：月刊民放　20 (231)　〔1990.9〕　p12〜13

国保徳丸　特集 衛星時代のネットワーク 番組と媒体力の強化が重要に：月刊民放　20 (231)　〔1990.9〕　p19〜20

大倉文雄　特集 衛星時代のネットワーク 優先される地上ネットワークの強化：月刊民放　20 (231)　〔1990.9〕　p17〜18

多喜弘次　情報化実証研究の閉塞——CATV調査の場合 (社会の情報化とメディアの歴史意識<特集>)：新聞学評論　通号40　〔1991〕　p82〜95

渡辺晴子　アジア諸国放送・通信事情：総合ジャーナリズム研究　28 (01)　〔1991.1〕　p74〜77

小出透　テレビ・多チャンネル化考－－商業ベースに乗らない価値をどこかで保持しなければ…：総合ジャーナリズム研究　28 (01)　〔1991.1〕　p42〜49

総合ジャーナリズム研究編集部　「有料放送」事始め<特別企画>：総合ジャーナリズム研究所　28 (01)　〔1991.1〕　p123〜127

小池正春　映像アメニティ変革の引き金に (「有料放送」事始め<特別企画>)：総合ジャーナリズム研究　28 (02)　〔1991.4〕　p82〜87

総合ジャーナリズム研究編集部　新しい潮流－－ペイテレビの欧米事情 (「有料放送」事始め<特別企画>)：総合ジャーナリズム研究所　28 (02)　〔1991.4〕　p16〜20

青山行雄　特集 新放送時代のテレビ営業 第17回民放連テレビ営業ゼミナールから テレビ事業の理念と営業戦略：月刊民放

21（238）〔1991.4〕　p6〜10

坂本健　　特集 新放送時代のテレビ営業 第18回民放連テレビ営業ゼミナールから 「広告は情報」が創業の原点：月刊民放　21（238）〔1991.4〕　p11〜15

桑田瑞松　　特集 新放送時代のテレビ営業 第19回民放連テレビ営業ゼミナールから 衛星ペイテレビの事業構想：月刊民放　21（238）〔1991.4〕　p16〜20

平松淑郎　　特集 新放送時代のテレビ営業 第20回民放連テレビ営業ゼミナールから 提案型営業に徹し、成果上げる：月刊民放　21（238）〔1991.4〕　p21〜25

篠原俊行　　ザ・BS-4－－次期衛星放送体制を考える：総合ジャーナリズム研究　28（04）〔1991.10〕　p68〜74

竹下彊一　　特集 民放四十年——その重みと今後の課題 メディア競合時代の放送技術：月刊民放　21（245）〔1991.11〕　p22〜25

三神正人　　特集 民放四十年——その重みと今後の課題 新しい競争の時代へ一変する環境：月刊民放　21（245）〔1991.11〕　p6〜9

伊豫田康弘　　特集 民放四十年——その重みと今後の課題 多メディア時代の番組対応：月刊民放　21（245）〔1991.11〕　p14〜17

柄子澄雄　　特集 民放四十年——その重みと今後の課題 報道される側への一層の配慮を：月刊民放　21（245）〔1991.11〕　p18〜21

篠原俊行　　特集 民放四十年——その重みと今後の課題 放送制度の新たな展開を考える：月刊民放　21（245）〔1991.11〕　p26〜29

谷口源太郎　　ビッグイベントにむらがるテレビ局の業 スポーツビジネスの裏側：放送批評　No.269〔1991.12〕

総合ジャーナリズム研究編集部　　CATV コミュニティ「自主放送」は生きている－－「CATV大学」学びの記：総合ジャーナリズム研究所　29（01）〔1992.1〕　p39〜55

小出透　　CSテレビ放送が来る！（放送分化・考（特別企画））：総合ジャーナリズム研究　29（01）〔1992.1〕　p44〜47

平石典雄　　「コミュニティ放送」の方位（放送分化・考（特別企画））：総合ジャーナリズム研究　29（01）〔1992.1〕　p52〜55

高橋孝輝　　ハイビジョンのポジショニング（放送分化・考（特別企画））：総合ジャーナリズム研究　29（01）〔1992.1〕　p40〜44

志賀信夫　　四川テレビ祭詳報と中国TV界の最新事情：放送批評　No.270〔1992.1〕

木村猛　　《大特集》私の発言 振り回されるTBSの凋落：マスコミ市民　通号279〔1992.1〕　p66〜67

升金勲　　特集 衛星時代を迎える民放の地域活動 「衛星放送にはできない分野」を 鹿児島放送：月刊民放　22（247）〔1992.1〕　p26〜27

巾昭　　特集 衛星時代を迎える民放の地域活動 環日本海圏の国際交流を推進 テレビ新潟：月刊民放　22（247）〔1992.1〕　p24〜25

横橋修　　特集 衛星時代を迎える民放の地域活動 系列を超えた「東北の応援歌」に 仙台放送：月刊民放　22（247）〔1992.1〕　p22〜23

糸島誠　　特集 衛星時代を迎える民放の地域活動 自社番組通じ岡山と向かい合う 山陽放送：月刊民放　22（247）〔1992.1〕　p16〜17

池田正憲　　特集 衛星時代を迎える民放の地域活動 社会のニーズを的確に把握：月刊民放　22（247）〔1992.1〕　p13〜15

能沢愃　　特集 衛星時代を迎える民放の地域活動 全社的理解とスタッフの情熱で 北日本放送：月刊民放　22（247）〔1992.1〕　p20〜21

酒井良一郎　　特集 衛星時代を迎える民放の地域活動 地域文化振興の足がかり摑む 千葉テレビ：月刊民放　22（247）〔1992.1〕　p18〜19

甫喜本宏　　特集 衛星時代を迎える民放の地域活動 地上波放送の多難な前途に備える：月刊民放　22（247）〔1992.1〕　p10〜12

仲佐秀雄　　特集 衛星時代を迎える民放の地域活動 分権化の確認と配給ビジネスの再構築を：月刊民放　22（247）〔1992.1〕　p6〜9

潮見高男　　放送分化・考（特別企画）：総合ジャーナリズム研究　29（01）〔1992.1〕　p67〜73

伊豫田康弘, 青木隆典　　多メディア時代における民放の媒体価値 民放経営への対応策を探る——民放研報告書から：月刊民放　22（248）〔1992.2〕　p27〜30

服部孝章　　東京新UHF局に対する郵政省の行き過ぎ "行政指導"：放送批評　No.274〔1992.5〕

山川浩二　　特集 問われるテレビ文化の現在 CMが映したメディア文化の変遷：月刊民放　22（251）〔1992.5〕　p19〜21

篠原俊行　　特集 問われるテレビ文化の現在 ボーダレス時代の「越境テレビ」を考える：月刊民放　22（251）〔1992.5〕　p31〜32

古住公義　　KBS京都 闘争記 「放送局まるごと担保」が何だ!!：マスコミ市民　通号285〔1992.7〕　p62〜69

松平恒　　TELCO-TVに徹底抗戦 アメリカ・ケーブルテレビ業界最新動向：放送批評　No.276〔1992.7〕

ばばこういち　　中海テレビと衛星チャンネルのチャレンジ OATVの熱気と挫折 アメリカ・ケーブルテレビ業界最新動向：放送批評　No.276〔1992.7〕

志賀信夫　　デジタル化攻勢と日本のこれから HDTV 世界の趨勢：放送批評　No.277〔1992.8〕

志賀信夫　　ハイビジョンがやってきた！：放送批評　No.278〔1992.9〕

赤尾晃一　　動き始めた受信・送信サービス 香港スターTVビジネス：放送批評　No.278〔1992.9〕

野瀬隆義　　特集 ブロックネット・共同制作の現状 21世紀地上放送の軌道として捉える：月刊民放　22（255）〔1992.9〕　p6〜9

結城利三　　特集 ブロックネット・共同制作の現状 緊密な連携プレーを誇って15年：月刊民放　22（255）〔1992.9〕　p16〜18

荒木貢　　特集 ブロックネット・共同制作の現状 系列イメージの強化と地域活性化に向けて：月刊民放　22（255）〔1992.9〕　p27〜29

庄子勝義　　特集 ブロックネット・共同制作の現状 県域を越えたニュース番組めざす：月刊民放　22（255）〔1992.9〕　p19〜20

斎部紘子　　特集 ブロックネット・共同制作の現状 四国は一つ ネットを通じて四県の情報を各地へ：月刊民放　22（255）〔1992.9〕　p14〜15

菅田一郎　　特集 ブロックネット・共同制作の現状 瀬戸大橋の開通機に "中四国の一体感" 生まれる：月刊民放　22（255）〔1992.9〕　p25〜26

萩原純一　　特集 ブロックネット・共同制作の現状 "生中継リレー方式" で好調なスタート切る：月刊民放　22（255）〔1992.9〕　p21〜22

森田哲史　　特集 ブロックネット・共同制作の現状 地上民放の制作力を発揮し新たな時代に備える：月刊民放　22（255）〔1992.9〕　p23〜24

安達尚彦　　特集 ブロックネット・共同制作の現状 歩きはじめた "東北民放ラジオ6社会"：月刊民放　22（255）〔1992.9〕　p10〜11

楠和夫　特集 ブロックネット・共同制作の現状 北陸の若者たちに東京から情報発信：月刊民放　22（255）〔1992.9〕 p12〜13

谷口源太郎　拝金体質オリンピックとTV：放送批評　No.278　〔1992.9〕

篠原俊行　放送の「国際化」試論 国境を越える電波：放送批評　No.278　〔1992.9〕

門奈直樹　イギリスCATV界の遠い夜明け――英放送産業の「不安」の中で：総合ジャーナリズム研究　29（04）〔1992.10〕 p76〜83

志賀信夫　ハイビジョンがやってきた！：放送批評　No.279〜No.293　〔1992.10〜1993.10〕

山崎又一　ヨーロッパの衛星放送事情を視察して 事業成功のカギ握る放送方式の決定：月刊民放　22（256）〔1992.10〕 p31〜33

磯崎洋三　番組が荒れる多チャンネル化はダメ：放送批評　No.279　〔1992.10〕

青木貞伸　何処へゆくのかハイビジョン MUSEは世界の孤児1？：放送批評　No.280　〔1992.11〕

石坂悦男　放送事業の経済活動と公共性――放送のグローバライゼーションと関連して（多メディア時代の放送の公共性を考える＜特集＞）：放送学研究　通号43　〔1993〕 p83〜99

藤井潔　特集 民放への期待と注文 いま必要なのは"百花繚乱"の勇気：月刊民放　23（259）〔1993.1〕 p8〜9

鈴木嘉一　特集 民放への期待と注文 ソフトは人に始まり、人に終わる：月刊民放　23（259）〔1993.1〕 p20〜21

山家誠一　特集 民放への期待と注文 ラジオの"凡庸イメージ"をまず変えることから：月刊民放　23（259）〔1993.1〕 p22〜23

香取俊介　特集 民放への期待と注文 映像表現の可能性開拓に期待：月刊民放　23（259）〔1993.1〕 p12〜13

田村穣生　特集 民放への期待と注文 娯楽的"知"総動員したソフト開発の時期：月刊民放　23（259）〔1993.1〕 p6〜7

増田れい子　特集 民放への期待と注文 視聴者の"知る権利"に資する番組を：月刊民放　23（259）〔1993.1〕 p14〜15

下重暁子　特集 民放への期待と注文 初心に帰り、独自の視点取り戻すことが必要：月刊民放　23（259）〔1993.1〕 p10〜11

青木貞伸　特集 民放への期待と注文 媒体価値を再認識し新たな出発を：月刊民放　23（259）〔1993.1〕 p26〜29

麻生千晶　特集 民放への期待と注文 "文化の担い手"としての意識を：月刊民放　23（259）〔1993.1〕 p18〜19

官林祐治　揺れる衛星放送の将来像（マスコミの焦点）：新聞研究　通号498　〔1993.1〕 p86〜89

古住公義　KBS京都 その後 放送局 丸ごと担保が何だ!!：マスコミ市民　通号293　〔1993.4〕 p26〜30

架場久和　テレビとリアリティの「転調」――詩学の可能性（テレビ40年――不惑の検証－2－＜特別企画＞）：総合ジャーナリズム研究　30（02）〔1993.4〕 p32〜37

音好宏　新・現場シリーズ 調査部門 多メディア時代迎え重視傾向：放送批評　No.286　〔1993.5〕

坂本衛　BSは本当に必要か：放送批評　No.288　〔1993.7〕

明石眞彦　特集 新しいテレビ営業の課題を探る TVがメディアのリーダーでありつづけるために：月刊民放　23（265）〔1993.7〕 p20〜21

浅井隆　特集 新しいテレビ営業の課題を探る スポット企画の見直しで成果：月刊民放　23（265）〔1993.7〕 p12〜14

片桐松樹　特集 新しいテレビ営業の課題を探る ネットセールスの回復・拡大がカギ：月刊民放　23（265）〔1993.7〕 p10〜12

平松淑郎　特集 新しいテレビ営業の課題を探る 「ラジオ営業に学べ」を合言葉に：月刊民放　23（265）〔1993.7〕 p14〜16

森俊幸　特集 新しいテレビ営業の課題を探る 広告主からの期待 効率的なマーケティング活動の実践を：月刊民放　23（265）〔1993.7〕 p18〜19

沼波健治　特集 新しいテレビ営業の課題を探る 広告主の課題と結びつけた提案をしていくこと：月刊民放　23（265）〔1993.7〕 p22〜23

野崎茂　特集 新しいテレビ営業の課題を探る 新しい営業スタイルへ自己変革のとき：月刊民放　23（265）〔1993.7〕 p6〜9

河内進　特集 新しいテレビ営業の課題を探る 「生活者」と「広告主」の立場でTVの活用を：月刊民放　23（265）〔1993.7〕 p24〜25

角達也　特集 新しいテレビ営業の課題を探る 多局地区での存在感をアピール：月刊民放　23（265）〔1993.7〕 p16〜17

横山真利　特集 新しいテレビ営業の課題を探る 当面の広告費動向と民放の営業課題：月刊民放　23（265）〔1993.7〕 p26〜28

伊豫田康弘　新・現場シリーズ 東京支社 ローカル"自律"への羅針盤：放送批評　No.289　〔1993.8〕

大森幸男　特集 テレビ40年――これからの針路 衛星時代の立法・行政を問う：月刊民放　23（266）〔1993.8〕 p6〜9

斎藤守慶　特集 テレビ40年――これからの針路 視聴者本位の立場で全体像構築を：月刊民放　23（266）〔1993.8〕 p10〜14

村木良彦　特集 テレビ40年――これからの針路 発想の転換迫られるテレビの明日：月刊民放　23（266）〔1993.8〕 p22〜25

松尾羊一　特集 テレビ40年――これからの針路 変わりゆくテンビへの提言：月刊民放　23（266）〔1993.8〕 p26〜29

白川文造　特集 テレビ40年――これからの針路 民放・NHK共存の40年を考える：月刊民放　23（266）〔1993.8〕 p15〜21

伊豫田康弘　特集 テレビ40年――これからの針路 民放のネットワーク未来像は：月刊民放　23（266）〔1993.8〕 p30〜33

志賀信夫　激動のアジア衛星市場：放送批評　No.292　〔1993.11〕

武谷雅博　「有料放送」の健全な発展を望む JSB経営問題は民放共通の課題：月刊民放　23（270）〔1993.12〕 p34〜35

菅谷実　ケーブル・テレビの公共性――米国ケーブル・テレビの公的ステータス変容を中心として：慶応義塾大学新聞研究所年報　通号42　〔1994〕 p37〜55

小里広　特集 民放におけるローカル情報の位置付け コンセプトは「既知を未知に、未知を既知に」 静岡第一テレビ：月刊民放　24（271）〔1994.1〕 p20〜21

奥野由明　特集 民放におけるローカル情報の位置付け "メディアの興亡"にひるまず取材力つけよう テレビせとうち：月刊民放　24（271）〔1994.1〕 p24〜25

青木貞伸　特集 民放におけるローカル情報の位置付け ローカルニュース強化に民放の明日：月刊民放　24（271）〔1994.1〕 p10〜13

テレビせとうち、広島テレビ、札幌テレビ放送、山口朝日放送、山陽放送、静岡第一テレビ、北海道文化放送、北海道放送　特集 民放におけるローカル情報の位置付け ローカル情報への視点 活発化する夕方ワイド番組から：月刊民放　24（271）〔1994.1〕 p14〜29

山中尚　特集 民放におけるローカル情報の位置付け 開局同時スタートの生番組に不安と誇り 山口朝日放送：月刊民放　24（271）〔1994.1〕 p28〜29

谷本保夫　特集 民放におけるローカル情報の位置付け 視聴者から頼りにされる番組づくりをめざす 山陽放送：月刊民放　24（271）〔1994.1〕 p22〜24

佐々木純　特集 民放におけるローカル情報の位置付け 自分達の言葉と表現手段で伝えるニュースを 北海道文化放送：月刊民放　24（271）〔1994.1〕 p18〜20

溝口博史	特集 民放におけるローカル情報の位置付け 情報発信の東京一極集中をいかに打破するか 北海道放送：月刊民放 24（271）〔1994.1〕p14～16
岡村黎明	特集 民放におけるローカル情報の位置付け 「地域重視」の現実的対応を望む：月刊民放 24（271）〔1994.1〕p6～9
笹原嘉弘	特集 民放におけるローカル情報の位置付け 地域密着の情報番組に「地方局生き残り」賭ける 札幌テレビ：月刊民放 24（271）〔1994.1〕p16～18
佐藤伊佐雄	特集 民放におけるローカル情報の位置付け "不毛の時間帯" に挑戦し大きな成果得る 広島テレビ：月刊民放 24（271）〔1994.1〕p26～28
朱利	中国放送界における改革およびその諸問題：社会学研究科論集 （1）〔1994.3〕p61～72
古川良治, 清原慶子, 竹下俊郎	テレビ多チャンネル化と「集中度」（研究レポート）：総合ジャーナリズム研究 31（02）〔1994.4〕p101～106
総合ジャーナリズム研究所	電波のタウン紙始め――「コミュニティ放送」のすすめ：総合ジャーナリズム研究 31（02）〔1994.4〕p26～32
日枝久	特集 民放連・テレビ営業ゼミナール〈2月3・4日〉から マルチメディア時代のテレビ営業：月刊民放 24（274）〔1994.4〕p6～7
古住公義	放送局まるごと担保――KBS京都奮戦記 その後：マスコミ市民 通号307〔1994.6〕p58～62
井上勇三, 横井亮介, 杉森吉夫	特集 うねり寄せる新技術 てい談 民放技術の現在と、これから "第3の変革期" にどう立向うか：月刊民放 24（277）〔1994.7〕p15～22
佐々木久雄	特集 うねり寄せる新技術 "みにくいアヒル…" が "かしこいアサル…" に：月刊民放 24（277）〔1994.7〕p11～14
川内通康	特集 うねり寄せる新技術 ラジオのビッグ・リバウンド 「ラジオ・プレゼンテーション '94」基調講演から：月刊民放 24（277）〔1994.7〕p5～6
榊原盛吉	特集 うねり寄せる新技術 双方向テレビのダイナミズムを探る：月刊民放 24（277）〔1994.7〕p7～10
小田貞夫	特集 うねり寄せる新技術 多メディア時代のガイドポストを探る：月刊民放 24（277）〔1994.7〕p30～33
植木利道	特集 うねり寄せる新技術 大容量のテープレス・マシーン！：月刊民放 24（277）〔1994.7〕p23～23
遠藤美夫	特集 うねり寄せる新技術 福岡地区の放送技術活動、昨今：月刊民放 24（277）〔1994.7〕p24～27
中村直弘	衛星有料放送 "WOWOW" の経営：月刊民放 24（279）〔1994.9〕p4～7
岩佐淳一	タイ的原理と王室ニュース――タイの放送は国民統合の強力な媒体としての役割を担ってきた：総合ジャーナリズム研究 31（04）〔1994.10〕p26～31
新開清子	メディア・スコープ テレビがつくる "参加型" の視聴者像：マスコミ市民 通号312〔1994.11〕p80～83
柳沢康雄	都市型CATVは茨の道をかきわけて：月刊民放 24（281）〔1994.11〕p30～33
澤田茂	特集 新しい経営、新しい民放 テレビは思考不在の企業体質をどう克服するのか：月刊民放 24（281）〔1994.11〕p16～19
若松信重, 西田實, 田川融, 藤井桑正	特集 新しい経営、新しい民放 座談会 民放連3副会長と専務のナビゲーション 民放事業の地殻が変動している：月刊民放 24（281）〔1994.11〕p8～15
北野栄三	特集 新しい経営、新しい民放 私の民放経営論：月刊民放 24（281）〔1994.11〕p5～7
鈴木康弘	米国のテレビ放送の現況と特色――プライムタイムにおけるネットワーク比較とケーブル・テレビ：日本大学芸術学部紀要 通号25〔1995〕p37～64
三藤利雄	多局化とテレビ放送収入（映像コミュニケーション研究の新展開<特集>）：マス・コミュニケーション研究 通号46〔1995.1〕p113～127
仮屋和則	かんばれ日本の大錯誤 <特集>ドメスティック放送界：放送批評 No.307〔1995.2〕
伊豫田康弘	タレント起用の法則 <特集>ドメスティック放送界：放送批評 No.307〔1995.2〕
上野修	ラジオは元気に国際化 <特集>ドメスティック放送界：放送批評 No.307〔1995.2〕
小玉美意子	外国人雇用は多様化の道 <特集>ドメスティック放送界：放送批評 No.307〔1995.2〕
坂本衛	新連載 ローカル放送風土記 静岡 東海道と太平洋が育んだ情報感度：放送批評 No.307〔1995.2〕
今村庸一	日本発ソフトのハードル <特集>ドメスティック放送界：放送批評 No.307〔1995.2〕
原由美子	番組国際化 "5%" の現状 <特集>ドメスティック放送界：放送批評 No.307〔1995.2〕
松田浩	京都地裁、更生手続き開始を決定 KBS京都、再生への道：放送批評 No.308〔1995.3〕
阿久澤雄次, 宮尾尚志, 小池幸二, 仁科俊介, 木村英樹	座談会 マルチメディア時代のテレビネットワーク：月刊民放 25（286）〔1995.4〕p26～32
阿部裕	（阪神大震災報道の "震幅"<特集>）ケーブルテレビ 次第に強める存在感：総合ジャーナリズム研究 32（02）〔1995.4〕p54～55
青木貞伸	地方局は、どう歩むべきか：月刊民放 25（286）〔1995.4〕p33～35
山田良明	動き出した系列ぐるみのソフト戦略：月刊民放 25（286）〔1995.4〕p40～40
石山辰吾	特集 リファインド・ネットワーク 米テレビ・ネットワーク現場体験記：月刊民放 25（286）〔1995.4〕p22～25
村木良彦	特集 リファインド・ネットワーク 未来型テレビ局を目指して：月刊民放 25（286）〔1995.4〕p18～21
鈴木稔	特集 リファインド・ネットワーク 民放ネットワーク経営の将来：月刊民放 25（286）〔1995.4〕p14～17
磯崎洋三	特集 第21回営業ゼミナール〈2月7・8日〉から 今後の民放経営：月刊民放 25（286）〔1995.4〕p4～7
川竹和夫	アジア共通のテレビ文化構築へむけて：広告 （310）〔1995.5〕p20～22
古住公義	放送局の灯は消えない――京都市民に支えられ再生したKBS京都：マスコミ市民 通号318〔1995.5〕p66～71
安田寿明, 篠原俊行, 赤尾晃一	メディアの将来を不安にする "デジタル" 認識のズレ：放送批評 No.313〔1995.8〕
加川敬, 関祥行, 若林宗男, 前川英樹, 北村旬布	特集 戦後50年 「節目」を報道する 座談会 デジタル化と放送 メディア特性を生かす議論を：月刊民放 25（290）〔1995.8〕p24～32
正木鞆彦	マルチメディア時代へのケーブルテレビのチャレンジが始まった！ 全米CATV連盟大会「NCTA'95」に参加して：放送レポート 136号〔1995.9〕p52～55
畑農敏哉	メディア イン ザ ワールド <中国>86年から全国対象の視聴率調査を実施：月刊民放 25（291）〔1995.9〕p38～39
青木貞伸	郵政省 "未来志向" の光と影 放送のデジタル化が目指すもの：放送批評 No.314〔1995.9〕
佐々木嘉雄	ケーブルテレビ（CATV）――"フルサービス" も結構だが…（あのメディアのいま…）：総合ジャーナリズム研究 32（04）〔1995.10〕p103～106

ジャーナリズム　　　　　　　　　　　　　　　　　　放送ジャーナリズム

砂川浩慶　　JCSATが50チャンネル計画——デジタル化で変わるBS・CS秩序（マスコミの焦点）：新聞研究　通号531　〔1995.
　　　　　　10〕p90～91

坂本衛　　　東京ローカルU局開局前夜 MXTVの理想と現実：放送批評　No.316　〔1995.11〕

坂本衛　　　発覚！放送局の郵政省人材派遣－監督官庁と報道機関のこの近すぎる関係はなぜだ：放送レポート　137号
　　　　　　〔1995.11〕p2～5

佐川峻　　　衛星デジタル放送が切り開くテレビ多チャンネル時代（今週の「なるほど！」）：エコノミスト　73（55）〔1995.12〕
　　　　　　p96～99

簑葉信弘　　岐路に立つ"もう一つの公共放送"——40周年を迎えた英商業テレビITV：NHK放送文化調査研究年報　通号41
　　　　　　〔1996〕p111～148

清水孝雄　　技術 放送のデジタル化は必要か：新・調査情報passingtime　2期（51）通号412　〔1996.1〕p82～83

坂本衛　　　続・追跡！放送局の郵政省人材派遣－報道機関をおとしめて恥じないのは誰か：放送レポート　138号　〔1996.1〕
　　　　　　p2～5

杉森吉夫　　特集 96年放送界の展望と課題 技術環境の変化と民放社の取り組み：月刊民放　26（295）〔1996.1〕p12～15

松沢良昌　　文字放送－－あのメディアのいま…：総合ジャーナリズム研究　33（01）〔1996.1〕p111～114

八ッ橋武明　多チャンネル・ケーブルテレビの加入決定と顧客満足：マス・コミュニケーション研究　通号48　〔1996.1〕p219
　　　　　　～236

古住公義　　市民とともに！KBS京都の再建：マスコミ市民　通号327　〔1996.2〕p98～102

大森幸男　　特集 民放と「地方の時代」ローカル民放は新しい進路の確立を：月刊民放　26（296）〔1996.2〕p8～10

清水透　　　特集 民放と「地方の時代」共に作り、共に売るブロックネット 九州朝日放送：月刊民放　26（296）〔1996.2〕p17
　　　　　　～19

青柳良明　　特集 民放と「地方の時代」地方自立の提言続ける 富山テレビ：月刊民放　26（296）〔1996.2〕p14～16

藤屋侃士　　特集 民放と「地方の時代」番組キーワードは「共に生きる」山口放送：月刊民放　26（296）〔1996.2〕p20～22

三谷茂　　　特集 民放と「地方の時代」夕方ワイドの新たな展開 広島テレビ：月刊民放　26（296）〔1996.2〕p11～13

北谷賢司　　メディア イン ザ ワールド（8）米テレコム新法成立の背景と通信放送産業への影響：月刊民放　26（297）〔1996.
　　　　　　3〕p34～35

金山勉　　　メディア イン ザ ワールド（9）米国の衛星放送ビジネスの動向：月刊民放　26（298）〔1996.4〕p36～37

三神正人　　地上波テレビの"繁栄"と時代の要請：総合ジャーナリズム研究　33（02）〔1996.4〕p54～60

赤尾晃一　　電波メディアの逆襲：放送批評　No.321　〔1996.4〕

坂本衛　　　日テレ氏家社長「民放経営術」：放送批評　No.321　〔1996.4〕

音好宏　　　米ニュースチャンネルの新展開：放送批評　No.321　〔1996.4〕

永井靖　　　メディア イン ザ ワールド（10）シンガポール 全放送メディアを一元的に運用：月刊民放　26（299）〔1996.5〕
　　　　　　p36～37

青木貞伸　　混迷する放送行政の"錦の御旗"デジタル化というシンボル：放送批評　No.322　〔1996.5〕

音好宏　　　小笠原テレビ新時代が開くか、もう一つの扉：放送レポート　140号　〔1996.5〕p67～68

小田部真紀　「東京・小笠原村」のメディア～多チャンネル化で島民の意識はどう変わるか：放送レポート　140号　〔1996.5〕
　　　　　　p60～66

吉永啓二　　マスコミの焦点 鎌倉市、広報メディアセンターを四月から開設：新聞研究　通号538　〔1996.5〕p87～88

永井研二　　海外における衛星放送事情：放送・衛星研究会資料　通号225　〔1996.5〕p1～16

小林宏一　　多チャンネル化新時代のテレビ・メディア——地上波の未来ビジョンをどう描くか（特集 民放テレビの将来展望
　　　　　　——多チャンネル時代を迎えて）：月刊民放　26（7）〔1996.7〕p10～13

須田和博　　地上波の将来像——放送高度化ビジョン（中間報告）を中心に（特集 民放テレビの将来展望——多チャンネル時代
　　　　　　を迎えて）：月刊民放　26（7）〔1996.7〕p14～19

兼坂諦一　　放送インフラの昨日・今日・明日——放送産業構造研究会の調査結果から：月刊民放　26（8）〔1996.8〕p26～31

伊藤恭子　　多チャンネル時代とアジアからの情報発信 Amic25周年総会から：放送研究と調査　46（8）〔1996.8〕p50～53

伊豫田康弘　てれび庵：放送批評　No.326　〔1996.9〕

音好宏　　　巨大メディアが揺さぶる日本の放送ビジネス マードックの世界戦略の光と影：放送レポート　142号　〔1996.9〕
　　　　　　p16～19

石川明　　　番組責任の国際比較 <特集>郵政省"視聴者懇"ってナンダ？ 多チャンネル時代は質の悪い番組が跋扈する!?：放
　　　　　　送批評　No.326　〔1996.9〕

坂本衛　　　郵政の危険な企み <特集>郵政省"視聴者懇"ってナンダ？ 多チャンネル時代は質の悪い番組が跋扈する!?：放送
　　　　　　批評　No.326　〔1996.9〕

小田桐誠　　こんなテレビが降ってくる ニュー放送局の番組展開 発進CSデジタル放送：放送批評　No.327　〔1996.10〕

戸村栄子　　研究会報告－2－超多チャンネル時代の放送：総合ジャーナリズム研究　33（04）〔1996.10〕p102～103

音好宏　　　"超多チャンネル"の出現 発進CSデジタル放送：放送批評　No.327　〔1996.10〕

前川英樹　　JET, アジアへの番組発信（特集 アジア衛星放送時代の中で）：月刊民放　26（10）〔1996.10〕p14～17

江口浩　　　アジアとのニュースのフローは今（特集 アジア衛星放送時代の中で）：月刊民放　26（10）〔1996.10〕p18～21

井上宏　　　衛星時代のアジアと日本の放送（特集 アジア衛星放送時代の中で）：月刊民放　26（10）〔1996.10〕p4～7

浅井正義　　拡大するアジアの衛星放送（特集 アジア衛星放送時代の中で）：月刊民放　26（10）〔1996.10〕p8～13

簑葉信弘　　デジタル時代を生き抜く公共放送BBCの新戦略：放送研究と調査　46（10）〔1996.10〕p24～31

橋本秀一　　始まった韓国のデジタル衛星放送——文民政権の多チャンネル化仕上げの段階に：放送研究と調査　46（10）
　　　　　　〔1996.10〕p60～67

田代公人　　沖縄・もう一つの選択 TBS系とテレ朝系テレビ局が同居する「一局二波」方式の不思議：放送レポート　143号
　　　　　　〔1996.11〕p7～10

孫正義　　　デジタル多チャンネルで何を目指すか——第18回民放経営研究会・講演要旨：月刊民放　26（12）〔1996.12〕p20
　　　　　　～23

市村元　　　権限強化はかるCSA——仏テレビ界の最近の動向：月刊民放　26（12）〔1996.12〕p24～27

金沢寛太郎, 平塚千尋　コミュニティメディアとしてのCATV——米子・中海（ちゅうかい）テレビにおけるパブリックアクセス・
　　　　　　チャンネル：放送研究と調査　46（12）〔1996.12〕p22～33

浜田純一	展開する公共性と公共放送（放送文化研究所設立50周年記念特集・テレビ文化の形成と変容――メディア・情報・社会）：放送学研究　通号47〔1997〕p91〜111
簑葉信弘	BBC特許状はどう変わったか――デジタル時代の公共サービス放送が目指すもの：NHK放送文化調査研究年報　通号42〔1997〕p103〜129
グリア・パターソン	海外 市長を巻き込んだNYケーブルニュース戦争：新・調査情報passingtime　2（51）通号414〔1997.1〕p78〜79
菅原秀	産声あげたヤング・アジア・テレビのさわやかな挑戦：放送レポート　144号〔1997.1〕p56〜60
丸山昇	西日本放送社長の出馬・落選（香川1区）劇で吹き出す「誰のための放送局か」（特集――検証！ 96総選挙と放送）：放送レポート　144号〔1997.1〕p7〜11
杉野直道, 大倉文雄, 北川信	民間放送45周年記念全国大会記念シンポジウムA『多チャンネル時代における民放経営』：月刊民放　27（1）〔1997.1〕p24〜33
西野宏	この人に聞く／利用者の立場になってCATVサービスを：CS&ケーブルテレビ　30（2）〔1997.2〕p29〜33
マクブライド, ジョン, 下津輝八洲, 須藤春夫, 青木貞伸, 塚本みゆき, 野本昌夫, 鈴木克信	パネル・ディスカッション 地上波放送の明日を考える：放送レポート　145号〔1997.3〕p16〜35
小田部真紀	小笠原は多チャンネル化をどう捉えたか：放送レポート　145号〔1997.3〕p50〜54
音好宏	市場化される日本のメディア産業：世界　通号632〔1997.3〕p185〜197
マクブライド, ジョン	CSデジタルテレビの戦略：月刊民放　27（4）〔1997.4〕p26〜29
安里繁雄	CSデータ放送 情報満載の「星のポケット」――インターネットともリンク（ミュージックバード）（特集 離陸するか, データ放送――各社の取り組み）：月刊民放　27（4）〔1997.4〕p20〜21
沢野正邦	E―NEWS 低コストで大量の情報伝達――移動受信可能な新システム開発へ（フジテレビ）（特集 離陸するか, データ放送――各社の取り組み）：月刊民放　27（4）〔1997.4〕p8〜9
若林宗男	インターテキスト 見るテレビから参加するテレビへ――地上波が拓く双方向テレビ（テレビ東京）（特集 離陸するか, データ放送――各社の取り組み）：月刊民放　27（4）〔1997.4〕p10〜11
大井眞二	メディアインザワールド（16）＜ベトナム＞政府所有の最新テレビ事情：月刊民放　27（4）〔1997.4〕p38〜39
藤澤周平	ローカルの鼓動＜テレビ新潟＞放送・通信の融合番組を制作：月刊民放　27（4）〔1997.4〕p30〜31
矢後政典	民放の地域貢献活動'96：月刊民放　27（4）〔1997.4〕p32〜33
三神正人	地上波デジタル化の衝撃――98年放送開始の米国のケースで考える：新聞研究　通号549〔1997.4〕p48〜51
音好宏	デジタル化は放送に何をもたらすのか？：新・調査情報passingtime　2期（51）通号416〔1997.5〕p34〜37
波野始	開局から1年半！ 早くも存亡の機を迎える東京メトロポリタンテレビの悲惨：放送レポート　146号〔1997.5〕p22〜26
清水孝雄	技術 地上波デジタル前倒しの背景にあるもの：新・調査情報passingtime　2期（51）通号416〔1997.5〕p82〜83
西嶋優	衛星放送の現状と今後の動向：放送・衛星研究会資料　通号232〔1997.6〕p1〜8
平塚千尋	デジタル多チャンネル化時代のCATV（テレビはどこへゆくのか？）：放送研究と調査　47（6）〔1997.6〕p44〜49
清水孝雄	マルチ番組放送による教育の時代を模索する米国（特集デジタル多チャンネル最前線 /）：新・調査情報passingtime　2期（51）通号417〔1997.7〕p26〜27
伊藤友治	大胆な合従連衡で生き残りを図る英国放送界（特集デジタル多チャンネル最前線 /）：新・調査情報passingtime　2期（51）通号417〔1997.7〕p24〜25
佐々木一朗	デジタル時代の放送と番組制作：映画テレビ技術　通号539〔1997.7〕p22〜25
川島正	2000年, いまの放送が大混乱する!?地上波デジタル化の大嘘!!：ぎゃらく　通号336〔1997.7〕p36〜42
三神正人	地上波デジタル化と「あまねく規定」：新聞研究　通号552〔1997.7〕p71〜73
中村美子, 簑葉信弘	英最後のアナログ地上局「チャンネル5」の挑戦：放送研究と調査　47（7）〔1997.7〕p46〜51
小田桐誠	シリーズ・地方局は何を伝えたか？ 沖縄・復帰25年の暑い夏：放送文化　通号37〔1997.7〕p17〜41
小池正春	シリーズ・地方局は何を伝えたか――第2回――（広島・原爆の日特集）：放送文化　通号38〔1997.8〕p17〜41
中尾聡	メディア データ放送最前線：新・調査情報passingtime　2期（51）通号418〔1997.9〕p74〜75
波野始	東京メトロポリタンテレビ―ウォッチング2 ぬかるみのテレビに再生の道はあるか：放送レポート　148号〔1997.9〕p8〜11
音好宏	郵政省 放送行政局 放送政策課長 伊東敏朗氏に聞く 地上波デジタルの行方：新・調査情報passingtime　2期（51）通号418〔1997.9〕p34〜37
古木杜恵, 樋口正博	シリーズ・地方局は何を伝えたか――第3回―石川・福井重油流出報道：放送文化　通号39〔1997.9〕p17〜51
大倉文雄	BS・地上波テレビのデジタル化が地方民放局に与える影響：月刊民放　27（10）〔1997.10〕p24〜27
簑葉信弘	英デジタル地上波テレビ世界初の放送開始へ：放送研究と調査　47（10）〔1997.10〕p2〜11
猪股英紀	多チャンネル型ケーブルテレビの発展過程――台湾と韓国：放送研究と調査　47（10）〔1997.10〕p66〜69
降簱学	シリーズ・地方局は何を伝えたか（4）三池炭鉱の120年：放送文化　通号40〔1997.10〕p104〜133
音好宏	アジア 再編進む台湾のCATV：新・調査情報passingtime　2期（51）通号419〔1997.11〕p84〜85
田上節朗	マルチメディア いったいいくつあったら…：新・調査情報passingtime　2期（51）通号419〔1997.11〕p42〜42
前川英樹	メディア 地上波デジタル枠組み構築のための論点：新・調査情報passingtime　2期（51）通号419〔1997.11〕p82〜83
北川信	地上波デジタル化議論のポイント：新・調査情報passingtime　2期（51）通号419〔1997.11〕p30〜33
放送レポート編集部	発覚から2年！ 中止か続行かで割れるNHKと民放キー局の「郵政省人材派遣」の言いわけ：放送レポート　149号〔1997.11〕p12〜15
高橋孝輝	シリーズ・地方局は何を伝えたか（5）静岡サッカー王国これがJリーグを生かす道：放送文化　通号41〔1997.11〕p108〜127
山口秀夫	多チャンネル時代を迎えた米テレビ界の現状と今後の課題：ITUジャーナル　27（11）〔1997.11〕p54〜62
松本徹三	放送業界に迫る地殻変動（上）：New media　15（11）〔1997.11〕p74〜77
北川信	Person of the month 北川信（テレビ新潟社長）視聴者無視ならデジタル返上!!：ぎゃらく　通号341〔1997.12〕p4〜6
田辺建治郎	もっとサクセス！――民放連『ラジオ・マーケティング・サクセス・ストーリー』効果的展開への期待：月刊民放

	27(12) 〔1997.12〕 p26〜29
磯貝芳徳, 市川幸夫, 鈴木隆夫	CATVを活用した地域情報化の促進事業：日本福祉大学情報社会科学論集　1　〔1997.12〕　p83〜87
西田陽太郎	特別企画 米国地上デジタルの現状：放送界　43(142)〔1997.12〕p86〜90
前島加世子, 鈴木健司	東京だけがキー局じゃないナニワのテレビの底力：放送文化　通号42　〔1997.12〕　p17〜51
松本徹三	提言 放送業界に迫る地殻変動（下）：New media　15(12)〔1997.12〕p66〜70
Kopper, Gerd G., 林香里	デジタル時代における公共放送の将来的選択肢（特集・デジタル時代の放送〜デジタル時代における放送の再構築〜）：放送学研究　通号48　〔1998〕p41〜86
長屋竜人	市場原理の拡張と放送の変容——好奇心の経済と公共性の観測（特集・デジタル時代の放送〜デジタル時代における放送の再構築〜）：放送学研究　通号48　〔1998〕p87〜175
李金銓	政治的統制, テクノロジーおよび文化的諸問題——台湾におけるケーブルテレビ政策（特集・デジタル時代の放送〜デジタル時代における放送の再構築〜）：放送学研究　通号48　〔1998〕p227〜259
花田達朗	複製の復讐と＜パブリックなるもの＞の行方——デジタル放送環境における葛藤（特集・デジタル時代における放送の再構築〜）：放送学研究　通号48　〔1998〕p7〜39
飯田昌雄	放送のデジタル化をめぐる議論の動向と課題——公共性と産業性の調和の視点から（特集・デジタル時代の放送〜デジタル時代における放送の再構築〜）：放送学研究　通号48　〔1998〕p177〜200
桐山紘	パーフェクに続きディレクもスタート 本格化するCSデジタル：新・調査情報passingtime　2(51)通号420〔1998.1〕p34〜39
前川英樹	放送産業の構造維持はどこまで可能か：新・調査情報passingtime　2期(51)通号420　〔1998.1〕p83〜85
林亮一	だれにでも“最初”はある——ドラマの世界はきびしく, 奥が深い＜北海道テレビ＞（＜特集＞増える, テレビドラマ制作局）：月刊民放　28(1)〔1998.1〕p8〜11
鈴木嘉一	テレビ文化の多様性のために——地方局によるドラマ制作の現状と期待（＜特集＞増える, テレビドラマ制作局）：月刊民放　28(1)〔1998.1〕p4〜7
斎藤博	ローカル局でドラマを制作するということは——熱き思いは薄氷を踏む思いと背中合わせ＜東北放送＞（＜特集＞増える, テレビドラマ制作局）：月刊民放　28(1)〔1998.1〕p12〜15
長屋竜人, 柳町昭夫	マルチメディア型テレビの開発とISTV——PCかTVか。鍵を握る視聴者選択：放送研究と調査　48(1)〔1998.1〕p2〜33
井上実子	変わる報道（特集 デジタル化時代におけるメディア環境）：マス・コミュニケーション研究　通号52　〔1998.1〕p19〜32
松浦康彦	データ放送新時代——テレビとインターネットの融合化：朝日総研リポート　通号130　〔1998.2〕p34〜49
志賀等	県民の放送を旗印に年間企画を設定——報道特別番組で少年非行を取り上げる＜大分放送＞（特集 放送局と地域社会の接点—各社の取り組み）：月刊民放　28(2)〔1998.2〕p20〜23
青木貞伸	地域番組は民放地域局最大の“武器”——「文化複合体」として拠点化をめざせ（特集 放送局と地域社会の接点）：月刊民放　28(2)〔1998.2〕p4〜7
音好宏	「規制緩和」は放送を豊かにするのか 問い直すべきは最良のメディアの実相：新・調査情報passingtime　2期(51)通号421　〔1998.3〕p40〜45
桂敬一, 服部孝章	対談 デジタル多チャンネル時代の「放送」を問う：放送レポート　151号　〔1998.3〕p18〜30
山本清貴	報道 CSニュースチャンネル始動：新・調査情報passingtime　2期(51)通号421〔1998.3〕p46〜46
越後屋洋子	ローカルの鼓動(14)密度濃いアマチュア無線の番組：月刊民放　28(3)〔1998.3〕p28〜29
音好宏	多チャンネル化による放送ビジネスの変容(1)外国製放送ソフトの日本語化の場合：コミュニケーション研究　通号28　〔1998.3〕p75〜88
寺田健二, 杉之下文康, 矢島亮一	42GHz帯ハイビジョン—ディジタルFPU：放送技術　51(3)〔1998.3〕p239〜243
入江正敏	ローカルの鼓動(15)“得した気分”になる多彩な情報番組：月刊民放　28(4)〔1998.4〕p36〜37
松本修	大阪の特質を生かし続けたい——笑いはあまねく世界に受け入れられる（特集・大阪から全国へ）：月刊民放　28(4)〔1998.4〕p12〜15
大沢徹也	大阪発の番組に欠かせない「毒」と「柔らかさ」——東京を過剰に意識しないことが大切（特集・大阪から全国へ）：月刊民放　28(4)〔1998.4〕p20〜23
梅田尚哉	東京局よりオモロないとあかん！——大阪局に課せられた宿命（特集・大阪から全国へ）：月刊民放　28(4)〔1998.4〕p16〜19
古城ゆかり	放送の民主化迎えるコロンビア：放送研究と調査　48(4)〔1998.4〕p52〜55
北谷賢司	どこまで続く米国「モア・マネー、モアチャンネル現象」（特集 スポーツとテレビ フィールド・オブ・ドリームスの未来）：新・調査情報passingtime　2期(51)通号422　〔1998.5〕p18〜25
飯田みか	デジタル時代最前線 どう違う？ 本格化するニュース専門チャンネル：新・調査情報passingtime　2期(51)通号422　〔1998.5〕p54〜57
湯川哲生	デジタル時代最前線 ニュース配信サーバシステム「JNEX」スタート：新・調査情報passingtime　2期(51)通号422　〔1998.5〕p58〜61
金山勉	デジタル時代最前線 地上波デジタル化に取り組む米ローカル局：新・調査情報passingtime　2期(51)通号422〔1998.5〕p62〜65
藤井彰	マルチメディア データ放送には課題がてんこもり：新・調査情報passingtime　2期(51)通号422　〔1998.5〕p39〜39
簑葉信弘	欧米デジタル放送の動向(1)デジタル・ゼロ年迎えるイギリス：放送研究と調査　48(5)〔1998.5〕p34〜41
下世古幸雄	世界の衛星通信および放送システムの最近の動き（その1）：ITUジャーナル　28(5)〔1998.5〕p42〜64
中村隆二	始まった放送デジタル革命 CS衛星放送は二社激突：新聞通信調査会報　通号427　〔1998.6〕p14〜16
木村幹夫	地上デジタル放送（テレビ）の経営シミュレーション：月刊民放　28(6)〔1998.6〕p24〜29
向後英紀	欧米デジタル放送の動向(2)米・地上波で今秋スタート：放送研究と調査　48(6)〔1998.6〕p40〜51
高橋孝輝	ハイパーメディア最前線 インターネットが「テレビ」になる日：放送文化　通号48　〔1998.6〕p12〜23
総合ジャーナリズム研究編集部	FEATURE デジタル化の死角：総合ジャーナリズム研究所　35(03)〔1998.7〕p65〜95
金村公一	「デジタル」はメディアをどう変えうるか（FEATURE デジタル化の死角）：総合ジャーナリズム研究　35(03)

〔1998.7〕 p14〜21

飯田みか	デジタル時代最前線 国際ニュース専門チャンネルの今：新・調査情報passingtime 2期（49）通号423 〔1998.7〕 p72〜76
高橋秋廣	見えてきた米国のデジタルテレビ：新・調査情報passingtime 2期（49）通号423 〔1998.7〕 p6〜7
音好宏	情報格差は正か自由競争か：新・調査情報passingtime 2期（49）通号423 〔1998.7〕 p8〜9
加藤康治	FNN近畿・中四国6局『走れ！ ガリバーくん』——地域の認知度が示す番組の魅力とその制作意義（特集 共同制作番組の可能性）：月刊民放 28（7）〔1998.7〕 p20〜22
八坂健	JNN九州・沖縄7局『九州遺産』——ブロックの歴史を基盤にエリアの遺産を記録・蓄積（特集 共同制作番組の可能性）：月刊民放 28（7）〔1998.7〕 p23〜25
佐藤元伸	NNN東北6局『なぜ？ 魅知国』——放送300回を支える広範なテーマと各局の熱意（特集 共同制作番組の可能性）：月刊民放 28（7）〔1998.7〕 p11〜13
志伯知伊	東北・新潟7局『今，きらめいて』——番組が生む「感動と共感」を地域の明日を拓くエネルギーに（特集 共同制作番組の可能性）：月刊民放 28（7）〔1998.7〕 p14〜16
原田真一郎	フジテレビ株主総会見聞記 旧態さらして問われる報道機関のタテマエとホンネ：放送レポート 154号 〔1998.9〕 p58〜62
音好宏	熟年の能動性をサポートする「縁結びのメディア」へ（特集 成熟社会と放送メディア /）：新・調査情報passingtime 2期（51）通号424 〔1998.9〕 p4〜11
杉浦日向子, 天野祐吉	腹八分目放談 成熟社会人心得 パソコン背負つて江戸へ行こう（特集 成熟社会と放送メディア /）：新・調査情報passingtime 2期（51）通号424 〔1998.9〕 p32〜42
藤竹暁	多チャンネル時代のテレビ映像論——"いま"を語り合う姿勢を根幹に（特集 視聴者の変化をどうとらえるか——メディア・リテラシー考）：月刊民放 28（9）〔1998.9〕 p4〜7
北川信	放送事業者の立場から——諸条件を徹底的に吟味し自らのデザインを描く必要（「地上デジタル放送懇談会中間報告——新デジタル地上放送システムの形成」を読んで）：月刊民放 28（9）〔1998.9〕 p29〜32
林敏彦	民放への期待と注文——個性あるブランド開発と「有料」を視野に入れた戦略を（「地上デジタル放送懇談会中間報告——新デジタル地上放送システムの形成」を読んで）：月刊民放 28（9）〔1998.9〕 p33〜35
小池正春	デジタル時代最前線 趣味チャンネルの可能性を探る メディアミックスが生き残りの鍵か：新・調査情報passingtime 2期（51）通号425 〔1998.11〕 p24〜33
小田桐誠	日本テレビ・TBS・フジテレビ 在京3局にみる社風の研究：新・調査情報passingtime 2期（51）通号425 〔1998.11〕 p56〜65
橘川幸夫	地上局のインターネット＆データ放送戦略最前線：ぎゃらく 通号352 〔1998.11〕 p32〜35
戸塩太平	関西最大のプロダクション「大阪東通」の経営危機で問われる在阪準キイ4社のこれだけの責任：放送レポート 155号 〔1998.12〕 p14〜19
音好宏	地上波デジタルは放送産業拡大につながるか！ 生き残りの要件 主体的市場戦略確立が鍵!!：放送界 44通号149 〔1999.秋季〕 p52〜55
加藤吉治郎	衛星放送の発想と力<1・新連載> 地上放送と何が違うか：放送レポート 156号 〔1999.1〕 p26〜29
前川英樹	「地上デジタル放送懇談会」最終報告書の読み方：新・調査情報passingtime 2期（51）通号426 〔1999.1〕 p87〜88
鈴木健二	若い世代は民放地方局に厳しい見方——秋田県雄和町での社会調査から：月刊民放 29（1）〔1999.1〕 p26〜29
山根一眞, 平井正大, 北川信	第46回民間放送全国大会記念シンポジウム 地上波のデジタル化をむかえた民放経営はこれからどうする：月刊民放 29（1）〔1999.1〕 p14〜25
青木貞伸	社内機構再構築による制作力強化を——ローカル民放のサバイバル戦略を探る（特集 多チャンネル時代とローカル民放）：月刊民放 29（2）通号332 〔1999.2〕 p28〜32
加藤吉治郎	衛星放送の発想と力<2> コンテンツは不足していない：放送レポート 157号 〔1999.3〕 p64〜67
津川卓史	本格化する日韓放送界の共同制作：新・調査情報passingtime 2期（59）通号427 〔1999.3〕 p6〜9
前川英樹	デジタル時代における放送の役割と変化——求められるプロフェッショナルとしての放送人（特集 最前線のエキスパートに学ぶ）：月刊民放 29（3）通号333 〔1999.3〕 p8〜11
音好宏	多チャンネル化による放送ビジネスの変容（2）農村型ケーブルテレビ調査から：コミュニケーション研究 通号29 〔1999.3〕 p17〜27
鈴木健二	ローカル・テレビ局の「21世紀」——マルチメディア時代を生き抜くために：成蹊大学文学部紀要 通号34 〔1999.3〕 p89〜112
鈴木祐司	BS CS 最新情報 淘汰されぬ事業者の条件と見通し NHK文研・鈴木祐司研究員大いに語る（危機感加速!!デジタルユース時代の行方）：放送界 44通号147 〔1999.3〕 p30〜37
高橋孝輝, 池田正之	特集 どうなる！ 日本のデジタルテレビ 現地徹底取材 アメリカ地上波デジタル本格始動：放送文化 通号57 〔1999.3〕 p12〜24
藤田真文	送り手像と視聴行動の変容は不可避——多チャンネル化と双方向性とメディア文化と（激動——デジタル化する放送メディア）：新聞研究 通号573 〔1999.4〕 p10〜14
池田正之	米地上デジタル放送開始4か月の現状（特集 アメリカ地上デジタル放送）：放送研究と調査 49（4）通号575 〔1999.4〕 p18〜29
渡辺光一	デジタル化を加速する世界の放送界：放送文化 通号58 〔1999.4〕 p56〜57
加藤吉治郎	衛星放送の発想と力<3> 編成の幅が放送を変える：放送レポート 158号 〔1999.5〕 p62〜65
岩浪剛太	日本のデータ放送の現状と展望 本格的デジタルメディア時代にむけて、ますます重要度を増してゆく「データ放送」：New media 17（5）通号188 〔1999.5〕 p33〜35
香取淳子	デジタル放送の世紀<1・新連載> 村木良彦の挑戦：放送レポート 159号 〔1999.7〕 p62〜66
加藤吉治郎	衛星放送の発想と力<4> 悪魔の経営計画：放送レポート 159号 〔1999.7〕 p68〜71
土屋敏男	Person of the Month 土屋敏男（日本テレビ放送網プロデューサー）——いまの自分を裏切り続ける!!：ぎゃらく 通号360 〔1999.7〕 p4〜6
前島加世子, 藤岡伸一郎	新世紀ローカル局の挑戦 さくらんぼテレビジョン——開局2年、実りはじめた若さとノリ：放送文化 通号61 〔1999.7〕 p76〜81
重延浩	デジタル放送時代のテレビジョン——実践的放送哲学論（特集 転換期のマス・メディア）：マス・コミュニケーショ

	ン研究　通号55　〔1999.7〕　p15～28
内藤茂雄	デジタル社会におけるケーブルテレビの展望：放送・衛星研究会資料　通号248　〔1999.7〕　p1～25
香取淳子	デジタル放送の世紀<2>　水越伸の予見：放送レポート　160号　〔1999.9〕　p66～70
加藤吉治郎	衛星放送の発想と力<5>　地上波ローカル局の位置：放送レポート　160号　〔1999.9〕　p62～65
江森陽弘	「視聴率がすべて」でテレビはいいのですかローカル民放局のこれから―のために：放送レポート　160号　〔1999.9〕　p2～6
西正	放送開始直前のBSデジタル放送(1) アナログ放送10年の重み：月刊放送ジャーナル　29(8)通号315　〔1999.9〕　p87～89
冨士衛	ローカルの鼓動(29) 福井放送『福井県小中学生図画・作文コンクール』――子どもの心と感性を育んで38年：月刊民放　29(9)通号339　〔1999.9〕　p38～39
前島加世子, 藤岡伸一郎	新世紀ローカル局の挑戦――広島テレビ(HTV)キー局との一体化で進む瀬戸内の雄：放送文化　通号63　〔1999.9〕　p44～48
西正	本放送開始直前のBSデジタル放送(2)戦略なき参入の行方：月刊放送ジャーナル　29(9)通号316　〔1999.10〕　p44～46
奥英之	チャンネルプランの策定に向けて(特集 地上デジタル放送の試み)：月刊民放　29(10)通号340　〔1999.10〕　p18～21
吉井博明	デジタル社会と放送の将来像――構造変化への対応可能性(特集 地上デジタル放送の試み)：月刊民放　29(10)通号340　〔1999.10〕　p4～7
三神正人	海外レポート メディア再編下の米国地上デジタル放送(特集 地上デジタル放送の試み)：月刊民放　29(10)通号340　〔1999.10〕　p35～37
木村幹夫	地上波デジタルはインタラクティブで生きる――再考「デジタル時代の民放経営」(特集 地上デジタル放送の試み)：月刊民放　29(10)通号340　〔1999.10〕　p26～30
加藤節男	地上民放とケーブルテレビのデジタル化(特集 地上デジタル放送の試み)：月刊民放　29(10)通号340　〔1999.10〕　p22～25
北川信	超デジタル放送への出発(特集 地上デジタル放送の試み)：月刊民放　29(10)通号340　〔1999.10〕　p8～13
猪股英利	台湾のメディア基盤――"奇跡"の発展の背景(特集 世界のケーブルテレビ)：放送研究と調査　49(10)通号581　〔1999.10〕　p14～23
阿部和彦, 井上豊, 三浦拓馬	ケーブルインターネット接続が急増、早くも5万人を突破 CATV全国111社デジタル化対応調査：New media　17(10)通号193　〔1999.10〕　p18～23
香取淳子	デジタル放送の世紀<3>　神保哲生の夢：放送レポート　161号　〔1999.11〕　p66～70
音好宏, 加藤久晴, 岩崎貞明, 境真理子, 金光修, 高村裕, 須藤春夫	パネル・ディスカッション テレビ番組ソフトの制作と流通を考える－メディア総研の『提言』をめぐって：放送レポート　161号　〔1999.11〕　p28～53
加藤吉治郎	衛星放送の発想と力<6>　放送革命へのカウントダウン：放送レポート　161号　〔1999.11〕　p62～65
坂本衛	天下りも横並び!? 民放キー局と郵政省のこの近すぎる関係を問う：放送レポート　161号　〔1999.11〕　p2～5
西正	本放送開始直前のBSデジタル放送(第3回)戦略なき参入の行方(その2)：月刊放送ジャーナル　29(10)通号317　〔1999.11〕　p80～82
越川洋	デジタル時代のBBCの財源調達――"市場の失敗"と公共放送：放送研究と調査　49(11)通号582　〔1999.11〕　p2～31
前島加世子, 藤岡伸一郎	新世紀ローカル局の挑戦――石川テレビ――ドキュメンタリーという「良質＝最強」のカード：放送文化　通号65　〔1999.11〕　p74～78
小林潤一郎	これでいいのか多チャンネル！ "宗教"番組ただいま増殖中！：ぎゃらく　通号365　〔1999.12〕　p12～18
西正	本放送開始直前のBSデジタル放送(4)実現できるか！ 地上波との差別化：月刊放送ジャーナル　29(11)通号318　〔1999.12〕　p86～88
中瀬信一郎	BS放送のデジタル化にどう取り組むか――競争時代WOWOWの理念(特集 衛星放送のデジタルデザイン)：月刊民放　29(12)通号342　〔1999.12〕　p15～17
梶田進, 北川信, 木梨芳一	第47回民間放送全国大会(広島)記念シンポジウム 長期不況下のデジタル革命――地方局の生きる道：月刊民放　29(12)通号342　〔1999.12〕　p21～31
重村一	「放送」超えるサービス、その可能性を見据える――プラットホームSky―Perfec TV！ の役割(特集 衛星放送のデジタルデザイン)：月刊民放　29(12)通号342　〔1999.12〕　p8～11
平塚千尋	デジタル時代・放送が変わる パブリック・アクセス実現の可能性：放送文化　通号66　〔1999.12〕　p54～57
北川信	デジタル化とメディア展望 放送は不滅！ しかし変身が…―北川信(テレビ新潟社長)：放送界　45通号150　〔2000.新年〕　p42～45
植村祐嗣	「ローカル局生き残り」のための最重要テーマが議論されない理由：放送界　45通号150　〔2000.新年〕　p116～119
西正	日本は独自の多チャンネル文化を築けるか？：放送界　45通号150　〔2000.新年〕　p108～112
八ッ橋武明	ケーブルテレビの加入決定要因：マス・コミュニケーション研究　通号57　〔2000〕　p78～94
中村美子	放送が提供する公共サービスとは――イギリスのBBC財源論議からの一考察：NHK放送文化調査研究年報　通号45　〔2000〕　p1～36
植村祐嗣	ローカル局「生き残りの条件」(3)実行への道：放送界　45通号153　〔2000.秋季〕　p98～102
香取淳子	デジタル放送の世紀<4>　高知県の発進：放送レポート　162号　〔2000.1〕　p66～70
原真	開始から1年！ アメリカの地上波デジタル放送はいま：放送レポート　162号　〔2000.1〕　p8～12
西正	本放送開始直前のBSデジタル放送(第5回)実現できるか！ 地上波との差別化(その2)：月刊放送ジャーナル　30(1)通号319　〔2000.1〕　p90～92
金子春生	21世紀のケーブルテレビを考える：CS&ケーブルテレビ　33(1)通号369　〔2000.1〕　p22～24
鈴木健二	デジタル時代の生き残り戦略――民放地方局の聞き取り調査から：月刊民放　30(2)通号344　〔2000.2〕　p32～35
前島加世子, 藤岡伸一郎	新世紀ローカル局の挑戦 2県をカバーするパートナーシップ 3代目社長は34歳――瀬戸内海放送(KSB)：放送文化　通号68　〔2000.2〕　p74～78
香取淳子	デジタル放送の世紀<5>　河邑厚徳の『地球法廷』：放送レポート　163号　〔2000.3〕　p64～68
戸塩太平	大阪東通「取締役の忠実義務違反事件」勝訴で改めて問われるテレビ局の責任：放送レポート　163号　〔2000.3〕

p60〜63

西正	集中連載「本放送開始直前のBSデジタル放送」(第6回)衛星寿命とデジタル放送普及の兼合い：月刊放送ジャーナル 30(2)通号320 〔2000.3〕 p100〜103
後藤亘	デジタルの器に新しい情熱を(特集 新世紀の放送人へ)：月刊民放 30(3)通号345 〔2000.3〕 p4〜7
金山勉	米国の地上波テレビ・デジタル化——次世代テレビの放送標準と伝送方式をめぐって揺れた放送業界：コミュニケーション研究 通号30 〔2000.3〕 p17〜44
鈴木健二	奈落に向かうローカル・テレビ局の21世紀：成蹊大学文学部紀要 通号35 〔2000.3〕 p47〜66
原納暢子	BSデジタル元年 各局に聞くキャンペーン前哨戦：放送文化 通号69 〔2000.3〕 p6〜15
内山隆	ニュース報道事業の産業組織(特集：ニュース研究——メディアコム・プロジェクトからの報告)：メディア・コミュニケーション：慶応義塾大学メディア・コミュニケーション研究所紀要 通号50 〔2000.3〕 p87〜102
西正	デジタルテレビの課題と可能性(1)：月刊放送ジャーナル 30(3)通号321 〔2000.4〕 p68〜70
佐藤修三	<WOWOW>番組にとらわれないエンターテインメントの追求(特集 インターネット社会の放送—民放のインターネット展開)：月刊民放 30(4)通号346 〔2000.4〕 p24〜25
香取啓志	インターネット・ネットワークの現状と可能性——朝日放送の取り組みから(特集 インターネット社会の放送)：月刊民放 30(4)通号346 〔2000.4〕 p16〜19
民法連研究所	ホームページの現況(付・民放ホームページ掲載項目一覧)(特集 インターネット社会の放送)：月刊民放 30(4)通号346 〔2000.4〕 p28〜34
山根博生	<中国放送>「情報の地方分権」担うナンバーワン・サイトへ(特集 インターネット社会の放送—民放のインターネット展開)：月刊民放 30(4)通号346 〔2000.4〕 p26〜27
池田純一	日本型ブロードバンドの実現に向けて——インターネットとデータ放送(特集 インターネット社会の放送)：月刊民放 30(4)通号346 〔2000.4〕 p10〜15
小林宏一	放送の線的世界とインターネットの地平——放送にとってインターネットとは何か(特集 インターネット社会の放送)：月刊民放 30(4)通号346 〔2000.4〕 p4〜9
西正	デジタルテレビの課題と可能性(2)：月刊放送ジャーナル 30(4)通号322 〔2000.5〕 p56〜58
小林公司	会計基準変革で変わる企業経営とその対応——民放が勝ち組企業になるために(特集 転換期民放の組織と経営)：月刊民放 30(5)通号347 〔2000.5〕 p14〜19
藤岡伸一郎	新世紀ローカル局の挑戦(6)「新聞+放送」=生き残りの方程式——山梨放送(YBS)：放送文化 通号71 〔2000.5〕 p80〜83
西正	デジタルテレビの課題と可能性(3)：月刊放送ジャーナル 30(5)通号323 〔2000.6〕 p58〜60
高橋孝輝	CSは、なくならない。〜業界が語る「500万世帯メディア」の根拠〜：放送文化 通号72 〔2000.6〕 p32〜36
香取淳子	デジタル放送の世紀<7> テレビマンユニオンの理念：放送レポート 165号 〔2000.7〕 p60〜64
黄盛彬	韓国「新放送法」の何が新しいか：放送レポート 165号 〔2000.7〕 p28〜31
西正	デジタルテレビの課題と可能性(第4回)：月刊放送ジャーナル 30(6)通号324 〔2000.7〕 p98〜100
高橋孝輝	みえてきたBSデジタル放送の青写真——民放「BSフェア」リポート：放送文化 通号73 〔2000.7〕 p42〜45
西正	デジタルテレビの課題と可能性(第5回)：月刊放送ジャーナル 30(7)通号325 〔2000.8〕 p78〜80
河田正道	自立経営めざす基盤、体制づくり——デジタル化への「五カ年計画」(特集 地方局の選択と戦略—新たな可能性への取り組み)：月刊民放 30(8)通号350 〔2000.8〕 p26〜28
鈴木嘉一	地域の放送現場から「元気発進！」——地方局の番組制作の現状と可能性について(特集 地方局の選択と戦略)：月刊民放 30(8)通号350 〔2000.8〕 p14〜19
森川柊作	北海道の情報を海外へ直接発信——JET−TV参画から3年(特集 地方局の選択と戦略—新たな可能性への取り組み)：月刊民放 30(8)通号350 〔2000.8〕 p20〜22
前島加世子, 藤岡伸一郎	新世紀ローカル局の挑戦 IBC岩手放送——陸奥の名門は立ち止まって考える：放送文化 通号74 〔2000.8〕 p68〜71
月尾嘉男	講演 デジタル革命時代のCATV：CS&ケーブルテレビ 33(8)通号376 〔2000.8〕 p80〜82
香取淳子	デジタル放送の世紀<8> 音好宏の視点：放送レポート 166号 〔2000.9〕 p64〜68
西正	放送デジタル化を巡る諸課題(1)デジタル化は過去との断絶：月刊放送ジャーナル 30(8)通号326 〔2000.9〕 p90〜92
松田浩	市民社会の公共メディアに デジタル時代の放送考える：新聞通信調査会報 通号455 〔2000.10〕 p4〜6
石橋庸敏	Person of the Month 石橋庸敏(ジュピターテレコム代表取締役会長/最高経営責任者)——デジタル時代、CATVはこう生き残る：ぎゃらく 通号375 〔2000.10〕 p4〜6
西正	放送デジタル化を巡る諸課題(2)ローカル局の将来展望：月刊放送ジャーナル 30(9)通号327 〔2000.10〕 p80〜82
大井康祐	デジタル時代の戦略拠点を目指して——NHKアーカイブス計画の意義と課題(特集 放送ライブラリー—放送ライブラリー施設概要/放送番組収集基準)：月刊民放 30(10)通号352 〔2000.10〕 p20〜23
下世古幸雄	衛星デジタル音声放送システムの現状：ITUジャーナル 30(10)通号350 〔2000.10〕 p4〜11
香取淳子	デジタル放送の世紀<9> 北海道テレビの着想：放送レポート 167号 〔2000.11〕 p68〜72
月尾嘉男	Person of the Month 月尾嘉男——IT革命で「テレビ局が消える日」：ぎゃらく 通号376 〔2000.11〕 p4〜6
滝野俊一	これが放送局の新しいネット戦略だ！：ぎゃらく 通号376 〔2000.11〕 p35〜37
西正	デジタルテレビの課題と可能性(6)：月刊放送ジャーナル 30(10)通号328 〔2000.11〕 p73〜75
前島加世子, 藤岡伸一郎	新世紀ローカル局の挑戦(8)HTB北海道テレビ——開拓の地、北海道は自立の道を進む：放送文化 通号77 〔2000.11〕 p42〜45
西正	放送デジタル化を巡る諸課題(第3回)多チャンネル放送の課題：月刊放送ジャーナル 30(11)通号329 〔2000.12〕 p66〜69
田中淳	まずメディアとしての基盤を確立するために(特集 BSデジタル 進化する放送)：月刊民放 30(12)通号354 〔2000.12〕 p16〜19
森口以佐夫	デジタルテレビ放送の開始がもたらすもの(特集 BSデジタル 進化する放送)：月刊民放 30(12)通号354 〔2000.12〕 p32〜35
加藤哲夫, 山本潔, 太田清久	第48回民間放送全国大会記念シンポジウム 21世紀の民放経営——地方局生き残りの条件！：月刊

	民放　30（12）通号354　〔2000.12〕　p4〜15
大前研一	JUST DO IT（58）人間の習性を無視したBSデジタル放送に未来はない：Sapio　12（21）通号262　〔2000.12〕　p42〜44
西正	110度衛星巡る戦い（BSデジタル特集!!）：放送界　46通号154　〔2001.新年〕　p102〜107
鈴木祐司	デジタル放送のグランドデザイン――双方向テレビの視点から（BSデジタル特集!!）：放送界　46通号154　〔2001.新年〕　p96〜100
千田利史	新春4大企画 BSデジタル放送の現実と近未来：放送界　47通号158　〔2001.新年〕　p129〜132
越川洋	公共放送BBCの多チャンネル戦略――視聴者主権と総合編成の行方（特集 メディア変容の時代と放送）：放送学研究　通号50　〔2001〕　p55〜99
古城ゆかり	アメリカ型公共放送の誕生――その使命と限界：NHK放送文化調査研究年報　通号46　〔2001〕　p19〜51
千田利史	デジタルテレビ現在進行形：放送界　46通号155　〔2001.陽春〕　p88〜90
西正	民放キー局のインターネット戦略：放送界　46通号155　〔2001.陽春〕　p92〜96
千田利史	衛星波と地上波の共存シナリオをどう描くか：放送界　46通号156　〔2001.夏季〕　p31〜37
西正	BSデジタル苦闘の一年――躓きの実態と起死回生の道筋は（2大企画 BSデジタルは今！）：放送界　46通号157　〔2001.秋季〕　p34〜42
松井石根	松井石根日本PTA全国協議会前会長にきく〜番組意識調査は何を目指しているのですか：放送レポート　168号　〔2001.1〕　p6〜9
西正	放送デジタル化を巡る諸問題（第4回）衛星メディアとケーブルテレビ：月刊放送ジャーナル　31（1）通号330　〔2001.1〕　p101〜103
北川信	テレビ（地方）局経営 迫られる自己変革 歴史的所産としての地方局（特集 21世紀を生きる放送―デジタル時代展望）：月刊民放　31（1）通号355　〔2001.1〕　p12〜15
中村清	産業・政策 技術革新下の放送市場とその課題（特集 21世紀を生きる放送―デジタル時代展望）：月刊民放　31（1）通号355　〔2001.1〕　p20〜25
松下電器産業（株）衛星ケーブルテレビシステムセンター	BSデジタル放送と今後の展望（特集/BSデジタル放送の本放送開始で式典）：CS＆ケーブルテレビ　34（1）通号381　〔2001.1〕　p25〜27
鈴木健二	デジタル時代のアメリカ地方局――問われるインタラクティブへの創造力：月刊民放　31（2）通号356　〔2001.2〕　p34〜37
戸村栄子	韓国の放送デジタル化――地上波・衛星・インターネット：放送研究と調査　51（2）通号597　〔2001.2〕　p36〜41
市村元	デジタル化と地域の未来（FEATURE 2001年・テレビ考/地方局はいま…）：総合ジャーナリズム研究　38（02）（通号 176）〔2001.3〕　p34〜39
香取淳子	デジタル放送の世紀<10> 地上波デジタルテレビを読む：放送レポート　169号　〔2001.3〕　p68〜72
植田康孝	地方局の向かう道（FEATURE 2001年・テレビ考/地方局はいま…）：総合ジャーナリズム研究　38（02）（通号 176）〔2001.3〕　p45〜50
坂本衛, 小林潤一郎	特集 さようなら郵政省、こんにちは総務省！ 2001年放送行政の見取り図――一目でわかる！「新・総務省ご案内図」「新テレコム2局お仕事マップ」：ぎゃらく　通号380　〔2001.3〕　p12〜16
西正	放送デジタル化を巡る諸問題（5）放送有料化がもたらす影響：月刊放送ジャーナル　31（2）通号331　〔2001.3〕　p100〜103
林荘祐	多メディア・多チャンネル化（特集 放送のプロとして――新放送人に一講座・放送の数字）：月刊民放　31（3）通号357　〔2001.3〕　p20〜22
金山勉	新時代を迎えた米国の衛星放送（DBS）業界：コミュニケーション研究　（31）〔2001.3〕　p1〜22
音好宏	東アジアにおける「放送の国際化」（1）：コミュニケーション研究　（31）〔2001.3〕　p61〜78
村本理恵子	新聞などマスメディア、インターネット、各媒体の特性を十二分に生かす戦略を（特集：リアル＆サイバーのブランド構築）：日経広告手帖　45（3）〔2001.3〕　p12〜15
芝田収	この人に聞く （社）日本CATV技術協会 芝田収理事長――新分野の恩恵に浴せるよう先頭に立って技術の向上を：CS＆ケーブルテレビ　34（3）通号383　〔2001.3〕　p30〜35
西正	放送デジタル化を巡る諸問題（6）複数チャンネルを保有する地上波民放：月刊放送ジャーナル　31（3）通号332　〔2001.4〕　p68〜71
香取淳子	デジタル放送の世紀<11> CATVインターネット：放送レポート　170号　〔2001.5〕　p64〜68
小田桐誠	東経110度CSデジタル放送委託事業者「認定」騒動記：放送レポート　170号　〔2001.5〕　p10〜14
丸山昇	薬事法違反の「二重マル健康テレビ」にとびつく民放の懲りない面々：放送レポート　170号　〔2001.5〕　p16〜19
星野降太郎	BSデジタル視聴日記（1）始まった本放送のオソマツ：ぎゃらく　通号382　〔2001.5〕　p31〜33
西正	放送デジタル化を巡る諸問題（7）民放キー局のインターネット戦略：月刊放送ジャーナル　31（4）通号333　〔2001.5〕　p50〜53
辻秀邦	双方向こそローカル放送局の原点――札幌テレビ「視聴者との直接対話」への挑戦（特集 メディアリテラシー―民放の取り組み）：月刊民放　31（5）通号359　〔2001.5〕　p19〜21
桂敬一, 鈴木祐司	インタビュー 桂敬一さん（東京情報大学教授）〜デジタル時代の放送の行方：放送研究と調査　51（5）通号600　〔2001.5〕　p32〜37
西正	放送デジタル化を巡る諸問題（8）ネット戦略とデータ放送戦略：月刊放送ジャーナル　31（5）通号334　〔2001.6〕　p54〜57
香取淳子	デジタル放送の世紀<12> 地上波デジタル化/長崎の苦悩：放送レポート　171号　〔2001.7〕　p60〜64
丸山昇	『二重マル健康テレビ』放送中止で見えてきた民放テレビの“厚顔無恥”：放送レポート　171号　〔2001.7〕　p28〜31
星野降太郎	BSデジタル視聴日記 中〆 それでも放送衛星は回っている？：ぎゃらく　通号384　〔2001.7〕　p40〜43
西正	放送デジタル化を巡る諸問題・第9回「ローカル局の起死回生策に」：月刊放送ジャーナル　31（6）通号335　〔2001.7〕　p84〜87
池田正之, 服部弘, 鈴木祐司	双方向テレビの可能性――欧米のデジタル化動向2001：放送研究と調査　51（8）通号603　〔2001.8〕　p2〜39
香取淳子	デジタル放送の世紀<13> “HDTV中心”を撃て：放送レポート　172号　〔2001.9〕　p68〜72

丸山昇	視聴者に相談なく「アナログ放送10年後全廃」の暴挙はなぜだ！：放送レポート　172号　〔2001.9〕　p10〜13
鈴木健二	デジタル化を迎え撃つ独立U局（特集 地上波デジタル体制）：月刊民放　31（9）通号363　〔2001.9〕　p20〜23
間部耕苹	デジタル時代民放の事業と経営（特集 地上波デジタル体制）：月刊民放　31（9）通号363　〔2001.9〕　p4〜9
総務省情報通信政策局放送政策課	地上テレビジョン放送のデジタル化に関する制度整備について——電波法改正関連（特集 地上波デジタル体制）：月刊民放　31（9）通号363　〔2001.9〕　p24〜29
関祥行	地上デジタルテレビ放送のサービスと受信機（特集 地上波デジタル体制）：月刊民放　31（9）通号363　〔2001.9〕　p16〜19
前川英樹	地上デジタルテレビ放送「共同検討委員会」の成果と「全国協議会」の課題（特集 地上波デジタル体制）：月刊民放　31（9）通号363　〔2001.9〕　p10〜15
鈴木祐司	動き出したデジタル放送——国内放送事業者の戦略2001：放送研究と調査　51（9）通号604　〔2001.9〕　p2〜39
萩原敏雄	Person of the Month 日本テレビ放送網COO／社長 萩原敏雄——BS・CSは慎重にならざるをえない：ぎゃらく　通号387　〔2001.10〕　p4〜6
香取淳子	デジタル放送の世紀〈14〉村上雅通のこだわり：放送レポート　173号　〔2001.11〕　p70〜74
菅谷定彦	Person of the Month 菅谷定彦（テレビ東京代表取締役社長）——人間は結局、何を捨てるかだ。：ぎゃらく　通号388　〔2001.11〕　p4〜6
中村美子	BBC, デジタル・サービスを見直し——新サービスと政府の対応：放送研究と調査　51（11）通号606　〔2001.11〕　p30〜35
井田美惠子, 牧田徹雄	国によって異なる公共放送への評価——日・英・米 国際比較調査から：放送研究と調査　51（11）通号606　〔2001.11〕　p18〜29
松田浩	視聴者本位に軌道修正を 黄信号点滅のデジタル化戦略：新聞通信調査会報　通号469　〔2001.12〕　p14〜16
西正	ローカル局の将来展望（第1回）キー局すら関東ローカル局であるということ：月刊放送ジャーナル　31（11）通号340　〔2001.12〕　p76〜80
青山行雄	テレビ地上波の系列と福田英雄さんのこと（特集 民放50周年記念特集——後世に何を残すか—民放半世紀 後世に何を残すか）：月刊民放　31（12）通号366　〔2001.12〕　p22〜24
高橋一夫	デジタル化騒動？（特集 民放50周年記念特集——後世に何を残すか—民放半世紀 後世に何を残すか）：月刊民放　31（12）通号366　〔2001.12〕　p15〜17
富原薫	デジタル化、地上民放の生きる道は（特集 民放50周年記念特集——後世に何を残すか—民放半世紀 後世に何を残すか）：月刊民放　31（12）通号366　〔2001.12〕　p6〜8
河内山重高	地上波とBS——アナログからデジタルの中で（特集 民放50周年記念特集——後世に何を残すか—民放半世紀 後世に何を残すか）：月刊民放　31（12）通号366　〔2001.12〕　p24〜27
伊坂重孝	地方局の使命と役割を求めて（特集 民放50周年記念特集——後世に何を残すか—民放半世紀 後世に何を残すか）：月刊民放　31（12）通号366　〔2001.12〕　p8〜10
氏家齋一郎	民放50周年にあたって（特集 民放50周年記念特集——後世に何を残すか）：月刊民放　31（12）通号366　〔2001.12〕　p2〜5
藤平芳紀	デジタル放送と視聴率調査（前編）なぜ出ない？ BSデジタル視聴率——広告主は不安から不満へ：New media　19（12）通号221　〔2001.12〕　p35〜37
西正	抱える難題の数々——地上波デジタル・アナアナ変換からモバイルまで：放送界　48（162）〔2002.新年〕　p92〜98
千田利史	<4 DEGITAL editions>テレビ系メディアのネクスト・ディケイド：放送界　47（159）〔2002.陽春〕　p86〜90
吉田望, 平井卓也	<4 DEGITAL editions>異色対談 吉田望meets平井卓也——いま敢えて問う！ 地上デジタル凍結!!：放送界　47（159）〔2002.陽春〕　p32〜40
西正	<4 DEGITAL editions>「民—民」を活かせるか？ CSデジタル放送：放送界　47（159）〔2002.陽春〕　p92〜97
城所賢一郎, 和崎信哉	特別企画 SATELLITE？ SATELLITE！ 日本の衛星放送 "かくあるべし"——TBS・城所賢一郎 VS NHK・和崎信哉：放送界　47（160）〔2002.夏季〕　p22〜26
西正	現実見据えた放送行政を求む——コンテンツ流通 "構造改革" へ：放送界　47（161）〔2002.秋季〕　p70〜76
大星公二	Person of the Month 大星公二（NTTドコモ代表取締役会長）放送界は通信とシナジーを！：ぎゃらく　通号390　〔2002.1〕　p4〜6
西正	ローカル局の将来展望（第2回）危機感だけでは解決しない：月刊放送ジャーナル　32（1）通号341　〔2002.1〕　p98〜101
フリッツ, エドワード・O., 氏家齋一郎	日米会談・デジタル化をどう進めるのか：月刊民放　32（1）通号367　〔2002.1〕　p2〜5
藤平芳紀	デジタル放送と視聴率調査（後編）どうする、視聴率の計算処理方法——デジタルがもたらした多局化の混迷：New media　20（1）通号222　〔2002.1〕　p30〜32
香取淳子	デジタル放送の世紀〈15〉市民を味方にするTV：放送レポート　174号　〔2002.2〕　p66〜70
平塚千尋	海賊放送から市民放送へ〜ヨーロッパにおける放送への市民参加：放送研究と調査　52（2）通号609　〔2002.2〕　p32〜43
香取淳子	デジタル放送の世紀〈16〉アジアプレスの思想：放送レポート　175号　〔2002.3〕　p68〜72
川島正	地上デジタル放送の憂鬱—アナアナ変換「見直し」という失策：放送レポート　175号　〔2002.3〕　p14〜18
大崎直忠	アジアテレビジョン・フォーラムからのリポート アジアを無視する日本テレビ界：ぎゃらく　通号392　〔2002.3〕　p35〜37
西正	ローカル局の将来展望（3）ネットワーク系列の絆は緩やかに：月刊放送ジャーナル　32（2）通号342　〔2002.3〕　p64〜67
田中尚雅	『テレビ営業の基礎知識』の読み方——テレビ営業の入門書を刊行（特集 放送人の心構え）：月刊民放　32（3）通号369　〔2002.3〕　p30〜34
沖好朗	ローカル局の番組作りは絶えず挑戦し実行すること（特集 放送人の心構え—変化するメディア環境と放送の仕事）：月刊民放　32（3）通号369　〔2002.3〕　p21〜23
鈴木健二	生き残り策を模索するローカル・テレビ局——日米地方局を比較する：成蹊大学文学部紀要　（37）〔2002.3〕　p1〜17
戸村栄子	韓国、アジア初の地上デジタル——政府主導のスタート：放送研究と調査　52（3）通号610　〔2002.3〕　p56〜61
西正	ローカル局の将来展望（4）動き出すか!?ソフト流通：月刊放送ジャーナル　32（3）通号343　〔2002.4〕　p64〜67

香取淳子	デジタル放送の世紀〈17〉南日本放送のメディア力：放送レポート　176号　〔2002.5〕　p60〜64
奥村佳史	投稿 地上波デジタル化に優遇是正を！：放送レポート　176号　〔2002.5〕　p56〜59
西正	ローカル局の将来展望（5）動き出すか!?ソフト流通（2）：月刊放送ジャーナル　32（4）通号344　〔2002.5〕　p69〜73
武田徹	「字幕」付与の充実もたらすデジタル化――民放は2007年に80％以上の番組で字幕化（特集 放送バリアフリーをどう進めるか）：月刊民放　32（5）通号371　〔2002.5〕　p15〜17
西正	ローカル局の将来展望（6）動き出すか!?ソフト流通（3）：月刊放送ジャーナル　32（5）通号345　〔2002.6〕　p56〜59
横江広幸	ブロードバンド時代のテレビとインターネット――競合か、融合か 討論「コンテンツ・サービス――めざすものは何」（「春の研究発表とシンポジウム」特集）：放送研究と調査　52（6）通号613　〔2002.6〕　p2〜13
池田正之, 中村美子, 豊田一夫	世界の地上デジタルテレビ放送の新動向――英, 仏, 米：放送研究と調査　52（6）通号613　〔2002.6〕　p128〜139
小田桐誠	デジタルテレビ商戦「混乱中」：放送レポート　177号　〔2002.7〕　p2〜7
香取淳子	デジタル放送の世紀〈18〉ローカル局の“生きる道”：放送レポート　177号　〔2002.7〕　p66〜70
西正	ローカル局の将来展望（7）動き出すか!?ソフト流通（4）：月刊放送ジャーナル　32（6）通号346　〔2002.7〕　p92〜95
戸村栄子	韓国のパブリック・アクセス番組――KBSの番組と衛星チャンネルの事例：放送研究と調査　52（7）通号614　〔2002.7〕　p68〜79
伊集院礼子	規制緩和で変わる香港の放送市場――中国返還から5年：放送研究と調査　52（7）通号614　〔2002.7〕　p54〜67
西正	ローカル局の将来展望（8）動き出すか!?ソフト流通（5）：月刊放送ジャーナル　32（7）通号347　〔2002.8〕　p68〜71
Greg, Dyke, 中村美子	BBCグレッグ・ダイク会長インタビュー――デジタル放送第2期の舵をとる：放送研究と調査　52（8）通号615　〔2002.8〕　p20〜27
中野佐知子	インターネット利用とテレビ視聴の今後――携帯電話による若者のコミュニケーション革命――「IT時代の生活時間調査」から（3）：放送研究と調査　52（8）通号615　〔2002.8〕　p126〜137
鈴木祐司	地上デジタルとブロードバンドの新たな展開――国内事業者の戦略2002：放送研究と調査　52（8）通号615　〔2002.8〕　p2〜19
安田拡	「アンバンドリング」が放送を変える（上）（中）（下）：放送レポート　178号　〔2002.9〜2003.3〕　p62〜66
香取淳子	デジタル放送の世紀〈19〉高田明のビジネス構想：放送レポート　178号　〔2002.9〕　p68〜72
碓氷和哉, 懸樋哲夫, 坂本衛, 須藤春夫	パネルディスカッション テレビが“ただの箱”になる？ 地上波デジタル放送を考える：放送レポート　178号　〔2002.9〕　p18〜28
西正	衛星デジタル放送の克服すべき課題（1）委託受託分離は衛星放送の世界にとどめること：月刊放送ジャーナル　32（8）通号348　〔2002.9〕　p104〜107
Porter, Vincent, 岡本卓	公共放送の未来：放送研究と調査　52（9）通号616　〔2002.9〕　p102〜115
上原伸元	CATVがカギを握るドイツ放送メディアの行方：新聞通信調査会報　通号479　〔2002.10〕　p18〜20
西正	衛星デジタル放送の克服すべき課題（2）委託受託分離は衛星放送の世界にとどめること（2）：月刊放送ジャーナル　32（9）通号349　〔2002.10〕　p64〜67
香取淳子	デジタル放送の世紀〈20〉豪州デジタル化事情（上）：放送レポート　179号　〔2002.11〕　p70〜74
西正	衛星デジタル放送の克服すべき課題（3）110度CS放送は“高機能”にこだわらないこと：月刊放送ジャーナル　32（10）通号350　〔2002.11〕　p78〜81
西正	衛星デジタル放送の克服すべき課題（4）BSデジタル、110度CSの成功は、イーピーに期待すること：月刊放送ジャーナル　32（11）通号351　〔2002.12〕　p78〜81
買珊	中国テレビ放送 最新事情（下）グループ化と外国メディア参入：月刊民放　32（12）通号378　〔2002.12〕　p34〜39
氏家齋一郎	（緊急トップインタビュー）日本テレビ取締役会議長 氏家 齋一郎：放送界　No0181　〔2003〕
出田稔	新規デジタル放送のメディア評価ステップ（特集2 可能性と危惧と――デジタル放送最前線！）：放送界　48（163）〔2003.陽春〕　p53〜55
山下隆一	スカパーウォッチング：放送界　48（164）〔2003.夏季〕　p36〜38
西正	ブロードバンド時代のコンテンツと法規制のあり方を問う！：放送界　48（164）〔2003.夏季〕　p46〜51
山下隆一	スカパーウォッチング（2）：放送界　48（165）〔2003.秋季〕　p42〜45
千田利史	メディア観察ノート（1）放送の近未来的競争要因：放送界　48（165）〔2003.秋季〕　p36〜41
安田拡	「アンバンドリング」が放送を変える（中）：放送レポート　180号　〔2003.1〕　p56〜60
香取淳子	デジタル放送の世紀〈21〉豪州デジタル化事情（下）：放送レポート　180号　〔2003.1〕　p62〜66
西正	衛星デジタル放送の克服すべき課題（5）BSデジタルの普及をNHKにばかり頼らないこと：月刊放送ジャーナル　33（1）通号352　〔2003.1〕　p90〜93
山田賢一	高まる「競争」意識と中国版「テレビ改革」熱：放送研究と調査　53（1）通号620　〔2003.1〕　p34〜43
音好宏	デジタル時代への展望 多様性を確保する好機――放送体制のデザイン再構築が必要（テレビ放送50年）：新聞研究（619）〔2003.2〕　p31〜34
安田拡	「アンバンドリング」が放送を変える（下）：放送レポート　181号　〔2003.3〕　p58〜62
香取淳子	デジタル放送の世紀〈22〉デジタル化―メルボルンの主婦は：放送レポート　181号　〔2003.3〕　p64〜68
川島正	難問山積・五里霧中 地上デジタル元年の今：放送レポート　181号　〔2003.3〕　p2〜6
村上光一	Person of the Month 村上光一（フジテレビ代表取締役社長）――デジタル化、やるからには腹をくくった。：ぎゃらく　通号404　〔2003.3〕　p4〜6
西正	衛星デジタル放送の克服すべき課題（6）マスコミ集中排除規制の緩和を求めてやり直すこと：月刊放送ジャーナル　33（2）通号353　〔2003.3〕　p66〜69
西正	衛星デジタル放送の克服すべき課題（第7回）マスメディア集中排除規制の緩和を求めてやり直すこと：月刊放送ジャーナル　33（3）通号354　〔2003.4〕　p66〜69
志賀信夫	デジタル時代に放送評論は必要とされるか 放送の公共性を監視するプロとして（特集 放送評論の地平）：月刊民放　33（4）通号382　〔2003.4〕　p4〜6
香取淳子	デジタル放送の世紀〈23〉デジタル化―再びメルボルンから：放送レポート　182号　〔2003.5〕　p64〜68
放送レポート編集部	激突！ 推進派VS慎重派 地上デジタルで院内集会：放送レポート　182号　〔2003.5〕　p27〜29
川島正	難問山積・五里霧中 地上デジタル元年の今（下）：放送レポート　182号　〔2003.5〕　p22〜26

兼高聖雄, 坂本衛, 川島正	本邦初！ 年間総コストを弾いた！「テレビのお値段」：ぎゃらく 通号406 〔2003.5〕 p12〜19
西正	衛星デジタル放送の克服すべき課題(8) 受信機の価格はメーカーに決めさせること：月刊放送ジャーナル 33(4) 通号355 〔2003.5〕 p62〜65
真野英明	『デジタル開化宣言』と地上波デジタル：月刊民放 33(5) 通号383 〔2003.5〕 p28〜31
西正	衛星デジタル放送の克服すべき課題(9) スカパーの有効活用を図ること：月刊放送ジャーナル 33(5) 通号356 〔2003.6〕 p56〜59
川上隆史	多様な地域放送を支えるボランティア——豪州メディア調査から考える日本の放送：月刊民放 33(6) 通号384 〔2003.6〕 p24〜27
古城ゆかり	カナダの地上デジタル放送, 商業局のHD番組でスタート：放送研究と調査 53(6) 通号625 〔2003.6〕 p36〜40
岡嶋守, 川上淳	「いざ」というとき役立つ地上デジタル放送を目指すために：New media 21(6) 通号240 〔2003.6〕 p19〜21
音好宏, 香村佐斗史, 佐藤勇一	見えぬ未来図、消えぬ危機感、示す進路は？ 地上民放06年組、地上デジタル移行の経営4課題：New media 21(6) 通号240 〔2003.6〕 p23〜28
香取淳子	デジタル放送の世紀〈24〉高齢者とデジタル化：放送レポート 183号 〔2003.7〕 p66〜70
上原伸元	地上波のみ込み多CH化へ 台湾CATVの発展と現状：新聞通信調査会報 通号489 〔2003.7〕 p8〜10
松田浩	欲しい視聴者への柔軟な配慮 動きだしたデジタル化：新聞通信調査会報 通号489 〔2003.7〕 p18〜20
西正	衛星デジタル放送の克服すべき課題(10) チャンネルの統合はほどほどにすること：月刊放送ジャーナル 33(6) 通号357 〔2003.7〕 p86〜89
Denham, Suzan	BBCのデジタル戦略——視聴者のニーズに応えて(4/23シンポジウム 世界は地上デジタルテレビにどう取り組んでいるか)：放送研究と調査 53(7) 通号626 〔2003.7〕 p16〜19
中村美子	アナログ中止に向けた英デジタル放送の動向(4/23シンポジウム 世界は地上デジタルテレビにどう取り組んでいるか)：放送研究と調査 53(7) 通号626 〔2003.7〕 p14〜16
二瓶亙, 鈴木祐司	放送デジタル化の現状と展望——動き出した地上デジタル放送と新たな展開を始めた衛星放送：放送研究と調査 53(7) 通号626 〔2003.7〕 p96〜125
西正	衛星デジタル放送の克服すべき課題(11) スカパーは株主系事業者優先との不信を断つ：月刊放送ジャーナル 33(6 ママ) 通号358 〔2003.8〕 p72〜75
原由美子, 鈴木祐司	地域メディアとしての役割を高めるケーブルテレビ——視聴動向と事業者戦略の調査から：放送研究と調査 53(8) 通号627 〔2003.8〕 p2〜45
香取淳子	デジタル放送の世紀〈25〉放送主体のビジネスモデルを：放送レポート 184号 〔2003.9〕 p64〜68
西正	衛星デジタル放送の克服すべき課題(12) スカパーは株主系事業者優先との不信を断つ：月刊放送ジャーナル 33(8) 通号359 〔2003.9〕 p114〜117
浜口哲夫	地上波デジタルの黎明(3) デジタル化に向け「D—PA」始動：月刊民放 33(9) 通号387 〔2003.9〕 p34〜37
三友仁志, 植田康孝	地上デジタル放送を活用した行政サービスの可能性：日本社会情報学会学会誌 15(2) 〔2003.9〕 p53〜64
西正	衛星デジタル放送の克服すべき課題(13)「民—民」を活かせるか, CSデジタル放送：月刊放送ジャーナル 33(9) 通号360 〔2003.10〕 p64〜67
竹内篤	地上波デジタルの黎明(4) 地上波デジタルでCMはどう見える？：月刊民放 33(10) 通号388 〔2003.10〕 p39〜41
宍戸常寿, 菅谷実, 相澤清晴	「デジタル時代の公共放送に関する勉強会」報告書：放送研究と調査 53(10) 通号629 〔2003.10〕 p64〜85
吉井勇	地上デジタル放送試験電波を発射：New media 21(10) 通号244 〔2003.10〕 p22〜24
安田拡	HDD録画が放送を変える：放送レポート 185号 〔2003.11〕 p52〜56
香取淳子	デジタル放送の世紀〈26〉新ビジネスへの難関：放送レポート 185号 〔2003.11〕 p62〜66
佐藤成文	競い合う人気パーソナリティー 全盛の米トーク番組、訴訟合戦も：新聞通信調査会報 通号494 〔2003.11〕 p10〜12
西正	衛星デジタル放送の克服すべき課題(14)『民—民』を活かせるか, CSデジタル放送：月刊放送ジャーナル 33(10) 通号361 〔2003.11〕 p64〜67
出井伸之	デジタルで日本を元気に！——地上デジタル放送への期待(特集 始動！ 地上デジタルテレビ—第51回民間放送全国大会より)：月刊民放 33(12) 通号390 〔2003.12〕 p7〜10
鈴木健二	地上波デジタル化を超えて——地方局の生き残る道：月刊民放 33(12) 通号390 〔2003.12〕 p27〜31
音好宏	地上デジタル放送開始 変革迫られる放送メディア——生き残りをかけ新聞社との関係強化も：新聞研究 (629) 〔2003.12〕 p35〜38
鈴木祐司	地上デジタル放送スタート——東阪名各局の戦略2003：放送研究と調査 53(12) 通号631 〔2003.12〕 p2〜17
音好宏	在名・在阪局シリーズ(1) 上智大・音先生が地方民放トップに聞く 毎日放送、朝日放送、中京テレビ、東海テレビ放送の地デジ戦略：New media 21(12) 通号246 〔2003.12〕 p52〜57
山下隆一	スカパーウォッチング3：放送界 49(166) 〔2004.新年〕 p130〜133
長谷部恭男	デジタル化時代の放送と公共放送(特集・デジタル時代の公共空間)：放送メディア研究 通号2 〔2004〕 p31〜47
井辺洋一, 谷藤悦史	対談：明日の公共放送——〈私〉と〈公〉をめぐって(特集・デジタル時代の公共空間)：放送メディア研究 通号2 〔2004〕 p105〜131
古川良治	多チャンネル状況におけるチャンネル・レパートリーと情報志向性——視聴頻度別レパートリー指標からの視点：マス・コミュニケーション研究 通号64 〔2004〕 p135〜149
中村美子	「革新的で実験的で特有」であること——英チャンネル4が果たす公共的役割：NHK放送文化研究所年報 48 〔2004〕 p179〜211
山下隆一	スカパーウォッチング(4)：放送界 49(167) 〔2004.陽春〕 p71〜74
山下隆一	スカパーウォッチング(5)：放送界 49(168) 〔2004.夏季〕 p44〜48
出田稔	メディア産業としての新規放送局経営の考え方——BSデジタル放送をそのモデルとして：放送界 49(168) 〔2004.夏季〕 p50〜54
出田稔	衛星メディアを含む放送局の今後の経営を俯瞰する：放送界 49(169) 〔2004.秋季〕 p66〜70
香取淳子	デジタル放送の世紀〈27〉デジタル先進国・韓国：放送レポート 186号 〔2004.1〕 p62〜66
大山勝美	制作現場に実益生む催しに育つ手応え——第1回「地域のテレビ番組を語ろう」全国フォーラムin横浜を終えて：月

刊民放　34（1）通号391　〔2004.1〕　p34～37

Cave, Martin, 中村美子　アナログからデジタルへの移行期におけるイギリス放送界の課題——マーティン・ケイヴ教授インタビュー：放送研究と調査　54（1）通号632　〔2004.1〕　p80～87

執行文子, 二瓶互　静かなスタートと新しい可能性の模索——放送開始した地上デジタル放送のコンテンツ総覧：放送研究と調査　54（2）通号633　〔2004.2〕　p2～21

香取淳子　デジタル放送の世紀〈28〉デジタルの未来はHDだ：放送レポート　187号　〔2004.3〕　p66～70

小林恭子　英BBCは立ち直れるか ハットン報告書が編集体制を直撃：新聞通信調査会報　通号498　〔2004.3〕　p12～13

前川英樹　放送デジタル化のロードマップ 激動のテレビ界へようこそ（特集「新・民放人」読本2004）：月刊民放　34（3）通号393　〔2004.3〕　p30～35

中村美子　BBC経営最高幹部辞任——ハットン報告書とその影響：放送研究と調査　54（3）通号634　〔2004.3〕　p2～7

前島加世子　がんばるローカル局 会いたい人がそこにいる HBC北海道放送「北星余市高校シリーズ」：放送文化　通号2　〔2004.3〕　p100～105

高橋孝輝　シリーズ 地上デジタル 放送開始！ 地上デジタルウォッチング1：放送文化　通号2　〔2004.3〕　p82～87

香取淳子　デジタル放送の世紀〈29〉地域格差を考える：放送レポート　188号　〔2004.5〕　p62～67

伊集院礼子　シンガポールの地上デジタル放送, 世界初の移動体受信（2004年 春の研究発表とシンポジウム——デジタル時代 世界の放送最前線——欧米・アジアの放送最新事情）：放送研究と調査　54（5）通号636　〔2004.5〕　p23～26

黄升民, 岡本卓, 山田賢一　座談会 アジアのデジタル放送 その可能性と課題（2004年 春の研究発表とシンポジウム——デジタル時代 世界の放送最前線——欧米・アジアの放送最新事情）：放送研究と調査　54（5）通号636　〔2004.5〕　p39～44

池田正之　揺れる放送方式と移動体向け放送への期待（2004年 春の研究発表とシンポジウム——デジタル時代 世界の放送最前線——欧米・アジアの放送最新事情）：放送研究と調査　54（5）通号636　〔2004.5〕　p15～18

横江広幸, 今野勉　連続インタビュー・転換期のメディア（2）テレビ・今も「お前はただの現在にすぎない」か 演出家・今野勉氏：放送研究と調査　54（5）通号636　〔2004.5〕　p94～105

池田正之　NAB2004報告 デジタル再送信の遅れに高まる放送事業者の苛立ち：放送研究と調査　54（6）通号637　〔2004.6〕　p78～85

前島加世子　がんばるローカル局 伝承文化を担う長寿番組 AKT秋田テレビ『クボタ民謡 お国めぐり』：放送文化　通号3　〔2004.6〕　p82～87

高橋孝輝　シリーズ 地上デジタル（2）もうひとつ始まっていたデジタル放送「ブロードバンド放送」：放送文化　通号3　〔2004.6〕　p52～57

香取淳子　デジタル放送の世紀〈30〉地域格差是正のために：放送レポート　189号　〔2004.7〕　p62～66

安田拡　「モバイルテレビ」を生かす道：放送レポート　189号　〔2004.7〕　p50～56

上原伸元　軌道修正続く地上デジタル放送 英, アナログ停波視野に：新聞通信調査会報　通号503　〔2004.7〕　p8～10

丸山昇　迷走する自民党チャンネル：放送レポート　189号　〔2004.7〕　p2～5

二瓶互, 鈴木祐司　地上デジタル放送の動向と放送通信連携の展望：放送研究と調査　54（7）通号638　〔2004.7〕　p30～53

香取淳子　デジタル放送の世紀〈31〉ABAの地域平等化政策：放送レポート　190号　〔2004.9〕　p62～66

片方善治　変貌する世界のメディア（297）CATV会社と通信会社の激突が続く：月刊放送ジャーナル　34（8）通号370　〔2004.9〕　p66～69

山田賢一　デジタル化で失地回復目指す地上テレビ——台湾で地上デジタル放送始まる：放送研究と調査　54（9）通号640　〔2004.9〕　p106～115

鈴木祐司　デジタル新時代における地上波の行方：放送研究と調査　54（9）通号640　〔2004.9〕　p28～61

内野隆司　世界の公共放送 デジタル時代の課題と財源（2）ドイツ 受信料改定案に議論百出：放送研究と調査　54（9）通号640　〔2004.9〕　p2～13

前島加世子　がんばるローカル局 広島県人応援団番組 RCC中国放送『KEN—JIN DX』：放送文化　通号4　〔2004.9〕　p106～111

高橋孝輝　シリーズ 地上デジタル（3）助走を開始した「ケータイTV」：放送文化　通号4　〔2004.9〕　p78～83

伊達吉克, 坂本敏幸　最新技術と放送 最新科学とCG制作——NHKスペシャル『地球大進化 46億年・人類への旅』の舞台裏を紹介：放送文化　通号4　〔2004.9〕　p116～121

西正　地デジで変わる!?メディアの勢力地図（1）ローカル局の明日（1）：月刊放送ジャーナル　34（9）通号371　〔2004.10〕　p58～61

中村美子　世界の公共放送 デジタル時代の課題と財源（3）イギリス BBCの公約——特許状更新に向けて：放送研究と調査　54（10）通号641　〔2004.10〕　p2～11

鈴木祐司　地域情報の高度化と放送デジタル化の進展：放送研究と調査　54（10）通号641　〔2004.10〕　p12～35

香取淳子　デジタル放送の世紀〈32〉文化侵略の脅威：放送レポート　191号　〔2004.11〕　p66～70

西正　地デジで変わる!?メディアの勢力地図（2）ローカル局の明日（2）：月刊放送ジャーナル　34（10）通号372　〔2004.11〕　p114～117

西正　地デジで変わる!?メディア勢力地図（第3回）ローカル局の明日（その3）：月刊放送ジャーナル　34（11）通号373　〔2004.12〕　p78～81

関孝雄, 佐藤武博, 藤田泰廣　混信対策こなし 前倒しで終了——アナログテレビチャンネル変更対策 東京・神奈川地域工事統括者に聞く（特集 地上デジタルを拓く）：月刊民放　34（12）通号402　〔2004.12〕　p18～20

山崎昌宏　地上デジタルテレビ受信機器の軌跡（特集 地上デジタルを拓く）：月刊民放　34（12）通号402　〔2004.12〕　p12～15

松井純, 中村啓治, 浜本孝久　地方民放4社長座談会 自治体との協力で情報格差を防ぐ（特集 地上デジタルを拓く）：月刊民放　34（12）通号402　〔2004.12〕　p5～11

高橋孝輝　シリーズ 地上デジタル（4）まもなく1年 どこまで来たのか? 地上デジタル放送：放送文化　通号5　〔2004.12〕　p50～57

三木明博　三木明博文化放送社長（首脳インタビュー）変化対応・価値創出の集大成がSIU FM補完局はAM新時代への大転換点：放送界　No0210　〔2005〕

日枝久　（特別インタビュー）日枝 久 民放連会長：放送界　No0168　〔2005〕

出田稔　放送のデジタル化が生み出すものとテレビメディアマーケティングの変化：放送界　50（170）〔2005.新年〕　p52～55

高橋孝輝　シリーズ地上デジタル（8）情報通信審議会・第2次中間答申を読む 第2段階に入る地上デジタル移行計画：放送文化

	通号9 〔2005.冬〕 p86〜91	
西正	ネット配信が生み出すテレビ局のビジネスモデルとは(特集1 コンテンツ流通の新時代——テレビ番組は誰のものなのか——第1部 通信はテレビをどう変えるのか):放送文化 通号9 〔2005.冬〕 p12〜21	
飯塚留美	放送と通信・韓国の現状(特集1 コンテンツ流通の新時代——テレビ番組は誰のものなのか——第1部 通信はテレビをどう変えるのか):放送文化 通号9 〔2005.冬〕 p8〜11	
山下隆一	スカパーウォッチング(6):放送界 50(172)〔2005.夏季〕 p82〜85	
出田稔	テレビメディアデジタル化とネット化の考察:放送界 50(172)〔2005.夏季〕 p78〜80	
山下隆一	スカパーウォッチング(7):放送界 50(173)〔2005.秋季〕 p78〜81	
出田稔	テレビメディアのデジタル化の課題:放送界 50(173)〔2005.秋季〕 p70〜75	
横田由美子	がんばるローカル局 司馬遼太郎の世界をゆく『九州街道ものがたり』 KBC九州朝日放送:放送文化 通号8 〔2005.秋〕 p92〜99	
高橋孝輝	シリーズ地上デジタル(7)コピーワンスから地上デジタルを見る:放送文化 通号8 〔2005.秋〕 p58〜63	
国井宏幸	最新技術と放送 データ放送の現状とその可能性:放送文化 通号8 〔2005.秋〕 p106〜111	
前島加世子	特集3 1000万世帯目前! BSデジタル民放5局の抱負と課題:放送文化 通号8 〔2005.秋〕 p32〜45	
西正	地デジで変わる!?メディアの勢力地図(第4回)ローカル局の明日(その4):月刊放送ジャーナル 35(1)通号374 〔2005.1〕 p74〜77	
片方善治	変貌する世界のメディア(301)ホームネットワーク時代のTVとその周辺:月刊放送ジャーナル 35(1)通号374 〔2005.1〕 p78〜81	
鈴木祐司	地上デジタル放送1年の動向と今後の展望:放送研究と調査 55(1)通号644 〔2005.1〕 p2〜35	
簑葉信弘	BBC経営委員会の改革に学ぶ(再構築 放送の2元体制(1)):月刊民放 35(2)通号404 〔2005.2〕 p10〜13	
成田康昭	BS民放が模索する視聴者像(特集 BS民放を語る):月刊民放 35(2)通号404 〔2005.2〕 p14〜17	
木村幹夫	地上デジタルラジオのビジネスモデルと市場性:月刊民放 35(2)通号404 〔2005.2〕 p30〜35	
牧内良平	ニュースな人たち 牧内良平——地デジで独立U局の時代が来た!:ぎゃらく 通号429 〔2005.3〕 p3〜5	
西正	地デジで変わる!?メディアの勢力地図(5) 光時代のコンテンツ戦略:月刊放送ジャーナル 35(2)通号375 〔2005.3〕 p82〜85	
片方善治	変貌する世界のメディア(302)次世代TVサービスの動向:月刊放送ジャーナル 35(2)通号375 〔2005.3〕 p86〜89	
山田賢一, 陳春山	公共放送充実への過程と課題——台湾「公共テレビ」の新会長に聞く:放送研究と調査 55(3)通号646 〔2005.3〕 p72〜75	
横田由美子	がんばるローカル局 松本サリン事件からメディア・リテラシーへ TSBテレビ信州:放送文化 通号6 〔2005.3〕 p94〜101	
高橋孝輝	シリーズ 地上デジタル(5)『テスト・ザ・ネイション』デジタル・コンテンツのケーススタディ:放送文化 通号6 〔2005.3〕 p70〜75	
松本憲始	CATVを中心とした地域情報化の事例研究——福島県伊達町:立正大学社会学論叢 (4)〔2005.3〕 p28〜40	
西正	地デジで変わる!?メディア勢力地図(6)FTTH時代の到来:月刊放送ジャーナル 35(3)通号376 〔2005.4〕 p78〜81	
西正	地デジで変わる!?メディアの勢力地図(第7回)新ケーブル大国、日本の課題:月刊放送ジャーナル 35(4)通号377 〔2005.5〕 p50〜53	
市村元	CURRENT 過疎・高齢化地域とデジタル化－－福島県・昭和村アンケート調査から:総合ジャーナリズム研究 42(03)(通号193)〔2005.6〕 p50〜54	
西正	地デジで変わる!?メディアの勢力地図(第8回)新ケーブル大国、日本の課題(その2):月刊放送ジャーナル 35(5)通号378 〔2005.6〕 p64〜67	
金山勉	思惑絡む米国地上放送のデジタル化推進——主導権は連邦議会へ:月刊民放 35(6)通号408 〔2005.6〕 p26〜31	
高城恵子	魅力あるコンテンツ作りのインフラ整備(特集 活躍! 女性放送人):月刊民放 35(6)通号408 〔2005.6〕 p21〜23	
横田由美子	がんばるローカル局 女子アナがすべて制作する『女子アナ的 今コレ!』 RNB南海放送:放送文化 通号7 〔2005.6〕 p90〜97	
高橋孝輝	シリーズ地上デジタル(6)富山レポート地上デジタル「先行」開局事情:放送文化 通号7 〔2005.6〕 p64〜71	
深田晃	最新技術と放送 放送制作における音の最前線:放送文化 通号7 〔2005.6〕 p104〜109	
川本裕司	メディアの分岐点——シナリオが崩れるとき(4)CSデジタル放送(上)淘汰すすむ独立系専門チャンネル:AIR21(181)〔2005.6〕 p54〜64	
上原伸元	情報通信産業のショーケースに 香港の有料放送市場を見る:新聞通信調査会報 通号517 〔2005.7〕 p10〜12	
坂本衛	地上デジタル放送・まだこれだけの難問:放送レポート 195号 〔2005.7〕 p18〜23	
重延浩	ニュースな人たち 重延浩 演出的経営のすすめ:ぎゃらく 通号433 〔2005.7〕 p3〜5	
西正	地デジで変わる!?メディアの勢力地図(第9回)地上波放送再送信についての考え方:月刊放送ジャーナル 35(6)通号379 〔2005.7〕 p86〜89	
山本大輔	独立U局3社&大阪芸術大学 学生たちと過ごす熱い夏(特集 連携する民放と大学——人材育成と産業振興—番組共同制作の事例):月刊民放 35(7)通号409 〔2005.7〕 p11〜13	
鈴木祐司	2011年テレビはどうなっているのか〔含 議論〕:放送研究と調査 55(7)通号650 〔2005.7〕 p32〜55	
川本裕司	メディアの分岐点——シナリオが崩れるとき(5)CSデジタル放送(下)強まる資本の論理:AIR21 (182)〔2005.7〕 p73〜83	
西正	総デジタル化に向けた放送業界の新たな課題(第1回)進む、地デジの普及:月刊放送ジャーナル 35(7)通号380 〔2005.8〕 p66〜69	
中村美子	政府からの独立——グリーンペーパーで示されたBBCの方向性:放送研究と調査 55(8)通号651 〔2005.8〕 p36〜45	
別所正章	地デジ・1セグ放送による「緊急地震速報」実用化試験から得た確信と課題:New media 24ママ(8)通号267 〔2005.8〕 p52〜56	
小川明子	BBCが探る新たな「公共」放送像 —キャプチャー・ウェールズ・プロジェクトを例に—:放送レポート 196号 〔2005.9〕 p38〜41	

松沢弘　　　　フジ"大荒れ"総会の一部始終：放送レポート　196号　〔2005.9〕　p14～18

西正　　　　　総デジタル化に向けた放送業界の新たな課題（第2回）テレビ放送のモバイル受信化の流れ：月刊放送ジャーナル　35（8）通号381　〔2005.9〕　p59～63

佐藤充彦　　　デジタル放送の開局に向けて 視聴者の理解が最大の課題（特集 地方民放と地上デジタル放送——開局への準備と課題）：月刊民放　35（9）通号411　〔2005.9〕　p15～17

光野稔　　　　デジタル放送の開局に向けて 地域のために何ができるか（特集 地方民放と地上デジタル放送——開局への準備と課題）：月刊民放　35（9）通号411　〔2005.9〕　p18～20

長沼修　　　　デジタル放送の開局に向けて 地方民放のデジタル化の意義（特集 地方民放と地上デジタル放送——開局への準備と課題）：月刊民放　35（9）通号411　〔2005.9〕　p21～23

松井純　　　　デジタル放送を実施して デジタル化でブランドの浸透を（特集 地方民放と地上デジタル放送——開局への準備と課題）：月刊民放　35（9）通号411　〔2005.9〕　p12～14

牧内良平　　　デジタル放送を実施して デジタル開局を先駆けて（特集 地方民放と地上デジタル放送——開局への準備と課題）：月刊民放　35（9）通号411　〔2005.9〕　p9～11

中村啓治　　　地方民放とデジタル化——課題と期待（特集 地方民放と地上デジタル放送——開局への準備と課題）：月刊民放　35（9）通号411　〔2005.9〕　p5～8

平坂雄二　　　民放の地域イベント活動（第1回）顔の見えるテレビ局へ——NAGANO 冬の祭典：月刊民放　35（9）通号411　〔2005.9〕　p27～31

川本裕司　　　メディアの分岐点（6）ケーブルテレビ（上）模索つづく住民の制作参加：AIR21　（184）〔2005.9〕　p98～109

西正　　　　　総デジタル化に向けた放送業界の新たな課題（3）ネットとテレビの融合に存在する壁：月刊放送ジャーナル　35（9）通号382　〔2005.10〕　p58～62

「日本人とメディア」総合調査研究プロジェクト　デジタル時代の新サービスはどのように利用されているのか——「先端的メディア環境」導入者の事例研究から：放送研究と調査　55（10）通号653　〔2005.10〕　p16～34

佐藤浩之, 七沢潔, 舟橋洋介　連続インタビュー 情報社会のゆくえ（5）どうしたんだ!?双方向テレビ——株式会社トマデジ・事業本部長 舟橋洋介氏 NTTメディアクロス・シニアマネージャー 佐藤浩之氏：放送研究と調査　55（10）通号653　〔2005.10〕　p36～47

川本裕司　　　メディアの分岐点——シナリオが崩れるとき（7）ケーブルテレビ（下）規制緩和による外資進出：AIR21　（185）〔2005.10〕　p80～93

西正　　　　　総デジタル化に向けた放送業界の新たな課題（第4回）注目されるサーバー型放送：月刊放送ジャーナル　35（10）通号383　〔2005.11〕　p125～129

山下東子　　　放送メディア産業の未来と民放経営（特集 放送の近未来図——誰のために何を伝えるのか）：月刊民放　35（11）通号413　〔2005.11〕　p10～13

村上仁己　　　放送・通信連携による新ビジネスの開拓——キャリアからの提案（特集 放送の近未来図——誰のために何を伝えるのか）：月刊民放　35（11）通号413　〔2005.11〕　p18～21

七沢潔, 土屋敏男　連続インタビュー 情報社会のゆくえ（6）T部長, VOD配信サイト「第2日本テレビ」を熱く語る——日本テレビ・コンテンツ事業局次長 土屋敏男氏（デジタルコンテンツの可能性を考える）：放送研究と調査　55（11）通号654　〔2005.11〕　p24～33

西正　　　　　総デジタル化に向けた放送業界の新たな課題（5）日本型ウインドウ展開の模索：月刊放送ジャーナル　35（11）通号384　〔2005.12〕　p80～84

中町綾子　　　韓国ドラマに見る番組の魅力（特集1 韓国の放送事情）：月刊民放　35（12）通号414　〔2005.12〕　p10～13

趙章恩　　　　韓国放送局の新事業展開（特集1 韓国の放送事情）：月刊民放　35（12）通号414　〔2005.12〕　p14～17

松井一洋　　　地上デジタル化と地方民放テレビ局の未来：広島経済大学経済研究論集　28（3）通号127　〔2005.12〕　p49～69

橋本大也　　　テレビとネットの近未来 テレビ2.0——データベース視聴時代のコンテンツ生成とビジネスモデル（特集 デジタル社会と「テレビ」の位置一技術的側面）：放送メディア研究　通号4　〔2006〕　p171～196

山下隆一　　　スカパーウォッチング（8）：放送界　51（174）〔2006.新年〕　p126～129

出田稔　　　　「BSパワー調査」を分析する：放送界　51（175）〔2006.陽春〕　p76～80

山下隆一　　　スカパーウォッチング（9）：放送界　51（175）〔2006.陽春〕　p72～74

山北淳　　　　最新技術と放送 技術が支える緊急・災害報道：放送文化　通号10　〔2006.春〕　p86～91

山下隆一　　　スカパーウォッチング（10）：放送界　51（176）〔2006.夏季〕　p92～95

遠藤利男　　　BBCに学ぶものあり：放送文化　通号11　〔2006.夏〕　p106～109

高橋孝輝　　　シリーズ地上デジタル（9）本放送開始1か月。ワンセグ視聴体験報告：放送文化　通号11　〔2006.夏〕　p78～82

西正　　　　　ネット 春改編と合わせてスタート!! ワンセグ放送から始まる「テレビとネットの自然な連携」（コンテンツ勝負!! 2006改編一第2部 注目新番組ジャンル別徹底ウォッチ）：放送文化　通号11　〔2006.夏〕　p73～77

所洋一　　　　最新技術と放送 ワンセグサービスを支える字幕とデータ放送：放送文化　通号11　〔2006.夏〕　p83～88

山下隆一　　　スカパーウォッチング（11）：放送界　51（177）〔2006.秋季〕　p86～88

高橋孝輝　　　地上デジタル（10）ラジオのデジタル化はどうなっているのか（総力特集 ラジオ聴くべし。）：放送文化　通号12　〔2006.秋〕　p86～89

原真　　　　　特別寄稿 むしろ公共放送の強化を——通信・放送改革論議を振り返って：放送文化　通号12　〔2006.秋〕　p102～109

西正　　　　　総デジタル化に向けた放送業界の新たな課題（第6回）オプティキャストの躍進とCATVの戦略：月刊放送ジャーナル　36（1）通号385　〔2006.1・2〕　p84～88

上路健介　　　インターネットの活用でデジタル放送時代を先駆ける（特集 デジタル放送と番組制作——その新しい試みを探る一デジタル時代におけるコンテンツの挑戦）：月刊民放　36（2）通号416　〔2006.2〕　p14～16

加賀敬章　　　デジタルコンテンツ制作——ある名古屋局の挑戦（特集 デジタル放送と番組制作——その新しい試みを探る一デジタル時代におけるコンテンツの挑戦）：月刊民放　36（2）通号416　〔2006.2〕　p20～22

鈴木祐司　　　アナログ停波への道：放送研究と調査　56（2）通号657　〔2006.2〕　p2～17

西正　　　　　総デジタル化に向けた放送業界の新たな課題（第7回）地上波放送、ビジネスモデルが壊れていくことの懸念：月刊放送ジャーナル　36（2）通号386　〔2006.3〕　p54～58

於保浩之　　　テーマ編　民放営業のしくみ テレビの媒体価値をさらに高めるために（特集「新民放人」読本2006——民放の輝かしい明日のために）：月刊民放　36（3）通号417　〔2006.3〕　p19～21

福田俊男	デジタル化は第3の放送開局 (特集 「新民放人」読本2006——民放の輝かしい明日のために—テーマ編　デジタル化の現状と課題＜テレビ/ラジオ＞)：月刊民放　36 (3) 通号417　〔2006.3〕　p28～33
横山滋	公共放送の事業運営と視聴者への「約束」——ヨーロッパ公共放送の事例から (デジタル化の奔流と公共放送)：放送研究と調査　56 (3) 通号658　〔2006.3〕　p16～27
山田賢一	中国の "改革派" 放送メディア——湖南ラジオ映画テレビ集団の取組み：放送研究と調査　56 (3) 通号658　〔2006.3〕　p64～69
松本憲始	CATV市民制作番組の現状と課題——事業者側の視点から：立正大学社会学論叢　(5)〔2006.3〕　p13～24
西正	総デジタル化に向けた放送業界の新たな課題 (第8回) メディア論の中で語られるべき放送と通信の連携：月刊放送ジャーナル　36 (3) 通号387　〔2006.4〕　p58～62
赤尾周	IT活用でメディアパワー向上を (特集 民放のブロードバンド戦略—在京キー5社の取り組みと展望)：月刊民放　36 (4) 通号418　〔2006.4〕　p21～23
林紘一郎	ピンチはチャンス、チャンスにはリスク (特集 民放のブロードバンド戦略)：月刊民放　36 (4) 通号418　〔2006.4〕　p4～8
小牧次郎	フジテレビオンデマンド (特集 民放のブロードバンド戦略—在京キー5社の取り組みと展望)：月刊民放　36 (4) 通号418　〔2006.4〕　p18～20
吉村桂	ブランド化で自社サイトを活性化 (特集 民放のブロードバンド戦略—在京キー5社の取り組みと展望)：月刊民放　36 (4) 通号418　〔2006.4〕　p15～17
吉田尚子	ブロードバンド時代のTBS (特集 民放のブロードバンド戦略—在京キー5社の取り組みと展望)：月刊民放　36 (4) 通号418　〔2006.4〕　p9～11
土屋敏男	挑戦し続ける「第2日本テレビ」(特集 民放のブロードバンド戦略—在京キー5社の取り組みと展望)：月刊民放　36 (4) 通号418　〔2006.4〕　p12～14
金山勉	転換点を迎えた米国の地上放送デジタル化：月刊民放　36 (4) 通号418　〔2006.4〕　p30～35
長尾幸次郎	民放の地域イベント活動 (6) イベント奮戦記～愛と勇気が原動力～RSK夢フェスタ2005 INコンベックス岡山：月刊民放　36 (4) 通号418　〔2006.4〕　p24～27
渡辺元	地上デジタル放送時代の放送事業継続マネジメント「BBCM」(前編) 放送局に問われる災害時のBCP：New media　24 (4) 通号275　〔2006.4〕　p62～65
小林恭子	BBCの優位性維持を支援 英「放送白書」に見る改革の行方：新聞通信調査会報　通号529　〔2006.5〕　p6～8
酒井亨	アジア初の「先住民テレビ」—台湾「原住民電視台」—：放送レポート　200号　〔2006.5〕　p14～17
西正	総デジタル化に向けた放送業界の新たな課題 (第9回) コンテンツという『語』の限界：月刊放送ジャーナル　36 (4) 通号388　〔2006.5〕　p61～65
亀山千広, 七沢潔	連続インタビュー 動くか, 日本の映像コンテンツ (1) テレビ局がハリウッド——フジテレビ映画事業局長 亀山千広氏：放送研究と調査　56 (5) 通号660　〔2006.5〕　p36～47
西正	総デジタル化に向けた放送業界の新たな課題 (第10回) 政府検討による "NHK改革" の大間違い：月刊放送ジャーナル　36 (5) 通号389　〔2006.6〕　p56～61
高垣佳典, 七沢潔	連続インタビュー 動くか, 日本の映像コンテンツ (2) テレビでもネットでもない パソコンテレビGyaOの挑戦——USEN取締役コンテンツ事業本部長 高垣佳典氏 (特集・新しい放送サービスを展望する)：放送研究と調査　56 (6) 通号661　〔2006.6〕　p50～61
林怡燰	台湾「メディアNGO」の活躍—放送・通信独立規制機関の成立：放送レポート　201号　〔2006.7〕　p40～44
西正	総デジタル化に向けた放送業界の新たな課題 (第11回) 地デジのIP, 衛星による再送信についての考え方：月刊放送ジャーナル　36 (6) 通号390　〔2006.7〕　p84～89
小野善邦	問題山積・海外への映像情報発信——放送界全体でシステムの検討を：月刊民放　36 (7) 通号421　〔2006.7〕　p28～31
中村美子	公共サービス放送のガバナンスと説明責任——デジタル時代のBBCの未来：放送研究と調査　56 (7) 通号662　〔2006.7〕　p2～15
米倉律	公共放送による「討論型世論調査」の試み——米・PBSが進める "By the People" プロジェクトを例として：放送研究と調査　56 (7) 通号662　〔2006.7〕　p56～63
西正	総デジタル化に向けた放送業界の新たな課題 (第12回) 規制のあり方および法整備についての考え方：月刊放送ジャーナル　36 (7) 通号391　〔2006.8〕　p62～66
鈴木輝志	デジタル時代の民放経営 北海道デジタル化への「高いハードル」を克服：月刊民放　36 (8) 通号422　〔2006.8〕　p26～29
西正	総デジタル化に向けた放送業界の新たな課題 (第13回) 急がれる "番組のネット配信をめぐる混乱" の収拾：月刊放送ジャーナル　36 (8) 通号392　〔2006.9〕　p64～68
赤尾嘉文	地方の文化を尊重した放送論議を——地方局の立場から考える (特集 「放送改革」を検証する)：月刊民放　36 (9) 通号423　〔2006.9〕　p16～19
城所賢一郎	「放送改革」論議から見えてきたこと——放送計画委員会特別小委員会の取り組み (特集 「放送改革」を検証する)：月刊民放　36 (9) 通号423　〔2006.9〕　p8～12
和崎信哉	ニュースな人たち 和崎信哉 有料放送にかける夢：ぎゃらく　通号448　〔2006.10〕　p3～5
米倉律	韓国KBSのパブリック・アクセス——実施5年の現状と課題：放送研究と調査　56 (10) 通号665　〔2006.10〕　p32～43
香取淳子	新・デジタル放送の世紀〈1・新連載〉字幕による情報保障：放送レポート　203号　〔2006.11〕　p42～46
西正	総デジタル化に向けた放送業界の新たな課題 (第15回) 情報通信審議会第3次答申の論点：月刊放送ジャーナル　36 (10) 通号394　〔2006.11〕　p62～66
寺崎一雄	デジタル時代の民放経営 地域主義の原点に立ちコンテンツの足場づくりを：月刊民放　36 (11) 通号425　〔2006.11〕　p24～27
西正	総デジタル化に向けた放送業界の新たな課題 (第16回) 放送と通信——融合でなく, 連携と捉えるべき理由：月刊放送ジャーナル　36 (11) 通号395　〔2006.12〕　p82～87
大山勝美	韓流パワーに触れて——2つの国際的なテレビの催し：月刊民放　36 (12) 通号426　〔2006.12〕　p32～35
前田秀男	条件不利地域へのギャップフィラー導入の期待 (特集 地上デジタル放送の全国展開)：月刊民放　36 (12) 通号426

浜口哲夫	全国開局を機に普及促進活動をステップアップ (特集 地上デジタル放送の全国展開)：月刊民放　36(12) 通号426 〔2006.12〕 p9～12
河合久光	地上デジタル放送完全移行に向け道筋を示す (特集 地上デジタル放送の全国展開)：月刊民放　36(12) 通号426 〔2006.12〕 p4～8
沈成恩	韓国映像ビジネス興隆の背景——文化産業政策と放送の海外進出：放送研究と調査　56(12) 通号667 〔2006.12〕 p8～25
氏家齋一郎	(直撃インタビュー) 斯界の御意見番 氏家 齋一郎氏「テレビ斜陽論」の真意をきく：放送界　No0185 〔2007〕
門田隆将	門田隆将ノンフィクション作家 (新春インタビュー) テレビの挑戦する分野には無限の可能性激動期に圧倒的パワー活かし役割果たせ！：放送界　No0210 〔2007〕
山下隆一	スカパーウォッチング (12)：放送界　52(178) (特集号) 〔2007.新年〕 p146～149
松浦さと子	地域のコミュニケーション・インフラの持続可能性——非営利コミュニティ放送の運営調査から：龍谷大学社会学部紀要　(30) 〔2007〕 p72～87
中村美子, 米倉律	デジタル時代における視聴者の変容と公共放送——問われるサービスとその社会的使命：NHK放送文化研究所年報　51 〔2007〕 p7～45
西正	CATVの生き残り策 (総力特集 非・地上波テレビ)：放送文化　通号13 〔2007.冬〕 p38～45
鈴木祐司	IPマルチキャスト放送のゆくえ (総力特集 非・地上波テレビ)：放送文化　通号13 〔2007.冬〕 p72～79
早川亜希子	まちの思いを残すケーブルテレビ (総力特集 非・地上波テレビ——自主制作番組の充実を目指すCATV)：放送文化　通号13 〔2007.冬〕 p51～53
猪股英紀	ケーブルテレビと放送局の新しい関係——地上波・非地上波へのメッセージ (総力特集 非・地上波テレビ)：放送文化　通号13 〔2007.冬〕 p85～89
高橋孝輝	シリーズ地上デジタル (11)「デジタル化」を機に躍進するか？　CATV (総力特集 非・地上波テレビ)：放送文化　通号13 〔2007.冬〕 p26～29
西正	非・地上波テレビ、最新概観 (総力特集 非・地上波テレビ)：放送文化　通号13 〔2007.冬〕 p14～21
山下隆一	スカパーウォッチング (13)：放送界　52(179) 〔2007.陽春〕 p98～100
出田稔	衛星放送メディアの普及を考える：放送界　52(179) 〔2007.陽春〕 p94～97
魚住将司	最新技術と放送 地上デジタル放送の全国展開に向けて——サービスを実現する技術的な仕組み (総力特集 デジタル放送、動く。)：放送文化　通号14 〔2007.春〕 p54～61
高橋孝輝	地上デジタル (12) デジタルラジオとマルチメディア放送「空き周波数」の行方を展望する (総力特集 デジタル放送、動く。)：放送文化　通号14 〔2007.春〕 p73～80
西正	地上デジタル放送2011年までの課題 (総力特集 デジタル放送、動く。)：放送文化　通号14 〔2007.春〕 p64～71
山下隆一	スカパーウォッチング (14)：放送界　52(180) 〔2007.夏季〕 p86～89
出田稔	デジタル化する放送メディアの分散を考える：放送界　52(180) 〔2007.夏季〕 p80～83
西正	ローカル局を巡る経営環境の変化 (総力特集 どうなる、ローカル！)：放送文化　通号15 〔2007.夏〕 p54～63
渡辺博之	最新技術と放送 地上デジタル放送開始から二年半 NHK富山・取り組みと現状：放送文化　通号15 〔2007.夏〕 p64～70
高橋孝輝	地上デジタル (13) 地上波テレビのデジタル化「アナログ停波まで4年」段階での中間レポート (総力特集 どうなる、ローカル！)：放送文化　通号15 〔2007.夏〕 p30～37
石井彰	北海道ブランドの放送コンテンツを！——STVとHBC取材レポート (総力特集 どうなる、ローカル！)：放送文化　通号15 〔2007.夏〕 p38～44
山下隆一	スカパーウォッチング (15)：放送界　52(181) (特集号) 〔2007.秋季〕 p94～97
高橋孝輝	地上デジタル (14) 地上波テレビのデジタル化 "後半戦" 展望：放送文化　通号16 〔2007.秋〕 p112～117
香取淳子	新・デジタル放送の世紀〈2〉字幕放送・準キーの奮闘：放送レポート　204号 〔2007.1〕 p60～64
広瀬道貞	ニュースな人たち 広瀬道貞 デジタル化は新たな成長の糧！：ぎゃらく　通号451 〔2007.1〕 p3～5
西正	総デジタル化に向けた放送業界の新たな課題 (第17回) 地デジの再送信についての考え方：月刊放送ジャーナル　37(1) 通号396 〔2007.1・2〕 p72～77
相澤孝	デジタル時代の民放経営 全社員の英知を結集しローカル局の使命達成に全力：月刊民放　37(1) 通号427 〔2007.1〕 p34～37
横山滋	BBCの意識改革 (1) 創造性向上のためのWatering Holeの方法：放送研究と調査　57(1) 通号668 〔2007.1〕 p32～49
塩田幸司, 鈴木祐司	アナログ停波への道 (3) 視聴者は何を選択するか：放送研究と調査　57(1) 通号668 〔2007.1〕 p2～17
田中則広	韓国のテレビ国際放送arirangの役割と課題：放送研究と調査　57(1) 通号668 〔2007.1〕 p50～65
音好宏, 吉井勇, 砂川浩慶	ケーブルテレビ区域外再送信問題に気鋭の研究者が切りこむ 蔑ろにしてきた有線放送権の「未処理」問題：New media　25(1) 通号284 〔2007.1〕 p60～63
馬場俊明	デジタル時代の民放経営 地域の視聴者と向き合い かけがえのないメディアとして生きる：月刊民放　37(2) 通号428 〔2007.2〕 p24～27
門奈直樹	国際放送の「いま」を考える——英国政府とBBCワールドサービスの対応：新聞研究　(667) 〔2007.2〕 p58～62
Spindler, Susan, 横山滋, 高松圭子	BBCの意識改革 (2) 組織変革への自助的アプローチ——実施に当たったリーダーの語るMaking It Happenプロジェクト：放送研究と調査　57(2) 通号669 〔2007.2〕 p16～31
安田拡	ウェブ2.0が放送を変える：放送レポート　205号 〔2007.3〕 p56～60
香取淳子	新・デジタル放送の世紀〈3〉オーストラリアの字幕放送：放送レポート　205号 〔2007.3〕 p62～66
林光	ニュースな人たち 林光——団塊世代と放送メディア：ぎゃらく　通号453 〔2007.3〕 p3～5
西正	総デジタル化に向けた放送業界の新たな課題 (第18回) 放送、デジタル化についての再確認：月刊放送ジャーナル　37(2) 通号397 〔2007.3〕 p50～54
Brul, Caroline van den, 横山滋, 高松圭子	BBCの意識改革 (3) 創造性と視聴者理解はいかにして達成されたか——実施に当たったリーダーの語るMaking it happenプロジェクト (2)：放送研究と調査　57(3) 通号670 〔2007.3〕 p24～37
磯野正典	地上デジタル・データ放送による災害情報配信実験の検証：メディアと文化　(3) 〔2007.3〕 p11～21

平塚千尋	韓国における市民放送——視聴者参加番組の理念・制度・現状：立正大学文学部論叢　通号125　〔2007.3〕　p23〜44
西正	地デジ本格稼働——放送と通信の連携に向けた時代（新連載・第1回）地デジ時代の難視聴対策：月刊放送ジャーナル　37（3）通号398　〔2007.4〕　p50〜55
阿部正樹	デジタル時代の民放放送 身の丈にあった経営の中で独自性を保ち続けるために：月刊民放　37（4）通号430　〔2007.4〕　p40〜43
小橇雅章	「信頼」は「責任」を超えて——放送局に求められるCSRとは：月刊民放　37（4）通号430　〔2007.4〕　p28〜31
香取淳子	新・デジタル放送の世紀〈4〉字幕付与率を高めるには：放送レポート　206号　〔2007.5〕　p68〜72
西正	地デジ本格稼働——放送と通信の連携に向けた時代（第2回）IPTVフォーラムに期待される役割：月刊放送ジャーナル　37（4）通号399　〔2007.5〕　p50〜54
高羽国広	デジタル時代の民放経営 ローカル局の達しうる高みを目指して：月刊民放　37（5）通号431　〔2007.5〕　p24〜27
遠藤洋介	ハイライツ 地上デジタル放送のITS応用に向けた研究開発動向：ITUジャーナル　37（5）通号429　〔2007.5〕　p50〜52
西正	地デジ本格稼働——放送と通信の連携に向けた時代（第3回）2007年の目玉として期待できるワンセグ：月刊放送ジャーナル　37（5）通号400　〔2007.6〕　p56〜61
上田良樹	デジタル時代の民放経営 地域に生きる企業としてチャレンジを続ける：月刊民放　37（6）通号432　〔2007.6〕　p32〜35
はらひろかず	これでいいのか？ 関西テレビ：放送レポート　207号　〔2007.7〕　p8〜12
隅井孝雄	見た！ 聞いた！ 中東テレビ事情 その一 イラクの民放テレビ：放送レポート　207号　〔2007.7〕　p14〜18
香取淳子	新・デジタル放送の世紀〈5〉人にやさしい放送技術：放送レポート　207号　〔2007.7〕　p66〜70
小中陽太郎	絶滅種テレビを発掘する 映像・音楽・シンポジウムin名古屋：放送レポート　207号　〔2007.7〕　p34〜65
西正	地デジ本格稼働——放送と通信の連携に向けた時代（第4回）振興のサービスに対して放送局がとるべき対応：月刊放送ジャーナル　37（6）通号401　〔2007.7〕　p93〜97
長谷部牧	ANN東北ブロック 「畑」の中に東北の花を咲かす——3つの共同番組をベースに（特集 共同制作・現状と可能性）：月刊民放　37（7）通号433　〔2007.7〕　p7〜9
氏家悟	JNN東北ブロック 東北7県で「ふしぎ」を解き明かす——距離と時間が壁になることも（特集 共同制作・現状と可能性）：月刊民放　37（7）通号433　〔2007.7〕　p4〜6
後藤文生	デジタル時代の民放経営 全社員の創意に期待して前進する：月刊民放　37（7）通号433　〔2007.7〕　p22〜25
坂田素直	中四国レインボーネット キーワードは創意工夫——ハイビジョン生放送にも挑戦（特集 共同制作・現状と可能性）：月刊民放　37（7）通号433　〔2007.7〕　p13〜15
関佳史	東名阪ネット6 大都市圏独立局の挑戦——クイズ番組にドラマ・映画（特集 共同制作・現状と可能性）：月刊民放　37（7）通号433　〔2007.7〕　p10〜12
沈成恩, 鈴木祐司	完全デジタル時代のコンテンツ戦略——シンポジウムと事業者調査から：放送研究と調査　57（7）通号674　〔2007.7〕　p2〜21
横山滋	国際シンポジウム 公共放送と娯楽番組：放送研究と調査　57（7）通号674　〔2007.7〕　p44〜60
山田賢一	政治対立に翻弄される台湾の“独立規制機関”——苦悩深める「国家通信放送委員会」：放送研究と調査　57（7）通号674　〔2007.7〕　p90〜99
杉田知裕	英ロイター、加トムソンに身売り 米ニュース社はDJ買収で暫定合意：新聞通信調査会報　通号547　〔2007.8〕　p6〜8
西正	地デジ本格稼働〜放送と通信の連携に向けた時代（第5回）放送事業者がIP再送信に慎重を期す理由：月刊放送ジャーナル　37（7）通号402　〔2007.8〕　p75〜79
松友勝俊	デジタル時代の民放経営 メディア・企業価値向上を両輪に地域貢献を果たしたい：月刊民放　37（8）通号434　〔2007.8〕　p22〜25
津山恵子	直接受信世帯にクーポン券を配布へ——米地上放送デジタル化、消費者周知をようやく開始：月刊民放　37（8）通号434　〔2007.8〕　p26〜31
中村美子	公共放送の説明責任——約束と評価への進化：放送研究と調査　57（8）通号675　〔2007.8〕　p56〜67
小林恭子	ねつ造問題に揺れる英テレビ界視聴率とインパクト狙う：新聞通信調査会報　通号548　〔2007.9〕　p6〜8
香取淳子	新・デジタル放送の世紀〈6〉セカンドライフとテレビ局：放送レポート　208号　〔2007.9〕　p56〜60
西正	地デジ本格稼働——放送と通信の連携に向けた時代（第6回）IPTVサービスの現状：月刊放送ジャーナル　37（8）通号403　〔2007.9〕　p57〜61
野口英一	デジタル時代の民放経営 地域の人々と同じ目線の「特技」を生かす：月刊民放　37（9）通号435　〔2007.9〕　p20〜23
Crandall, Edward	米国人記者が見た佐賀・日本——日米ジャーナリズム上の相違点とは：新聞研究　（674）〔2007.9〕　p50〜52
西正	地デジ本格稼働——放送と通信の連携に向けた時代（第7回）転換期を迎えるケーブルテレビ業界：月刊放送ジャーナル　37（9）通号404　〔2007.10〕　p57〜61
高橋伸子, 小幡正, 村井純	座談会 地デジ推進の課題と取り組み 2011年7月24日 デッドラインに向け国家的な取り組みを：月刊民放　37（10）通号436　〔2007.10〕　p4〜15
音好宏, 渡辺元	ケーブルテレビ事業者が注目すべき総務省「通信・放送の総合的な法体系に関する研究会」中間報告の問題点：New media　25（10）通号293　〔2007.10〕　p70〜72
香取淳子	新・デジタル放送の世紀〈7〉クリエーターを育成する：放送レポート　209号　〔2007.11〕　p56〜60
林雅行	「台湾原住民テレビ」はいま：放送レポート　209号　〔2007.11〕　p12〜15
西正	地デジ本格稼働——放送と通信の連携に向けた時代（第8回）放送番組のネット配信時代を控え整理しておくべきこと：月刊放送ジャーナル　37（10）通号405　〔2007.11〕　p81〜85
渡邊道徳	デジタル時代の民放経営 CSR経営の推進で将来にわたる発展を目指す：月刊民放　37（11）通号437　〔2007.11〕　p24〜27
沈成恩, 鈴木祐司	新たな段階に入ったBSデジタル放送：放送研究と調査　57（11）通号678　〔2007.11〕　p26〜41
西正	地デジ本格稼働——放送と通信の連携に向けた時代（第9回）メディア広告市場の変化をどう捉えるか：月刊放送ジャーナル　37（11）通号406　〔2007.12〕　p88〜92
鈴木正豊	チャンネルプランから見たデジタル推進（特集 地デジの普及・推進に向けて）：月刊民放　37（12）通号438　〔2007.12〕　p10〜12

石田稔	デジタル時代の民放経営 変化する地域でメディアとしての役割を担う：月刊民放 37 (12) 通号438 〔2007.12〕 p22〜25
田島俊	事は大阪から始まる（特集 地デジの普及・推進に向けて）：月刊民放 37 (12) 通号438 〔2007.12〕 p4〜8
渡邊拓也	自治体と連携し地域情報の拡充目指す（特集 地デジの普及・推進に向けて）：月刊民放 37 (12) 通号438 〔2007.12〕 p16〜18
田中邦彦	第1ステップから第2ステップへ（特集 地デジの普及・推進に向けて）：月刊民放 37 (12) 通号438 〔2007.12〕 p13〜15
沖縄地上デジタル放送推進協議会	地上デジタル放送が美ら海（ちゅらうみ）を越えた（特集 地デジの普及・推進に向けて）：月刊民放 37 (12) 通号438 〔2007.12〕 p19〜21
音好宏	放送局における第三者機関の役割（上）「あるある」問題後の関西テレビの改革：AIR21 (211) 〔2007.12〕 p76〜85
佐藤勉	どうなる地方局・伝送路等根本踏み込みへ（直撃インタビュー）佐藤 勉 衆議院議員：放送界 No0211 〔2008〕
西村嘉郎	（トップリーダーに聞く！）朝日放送社長 西村 嘉郎：放送界 No0182 〔2008〕
川崎二郎	（緊急インタビュー）川崎二郎 地上デジタル再検証と危惧される民放経営：放送界 No0187 〔2008〕
広瀬道貞, 片山虎之助	（新春特別対談）広瀬 道貞民放連会長×片山 虎之助参議院自民党幹事長：放送界 No0178 〔2008〕
和崎信哉	（特別インタビュー）和崎 信哉D-PA新専務理事に聞く：放送界 No0172 〔2008〕
上野拓朗	（特別寄稿）テレビ放送の将来を考える〜百年の計は国民の視点から〜：放送界 No0176 〔2008〕
Xu, Haowen	中国のテレビ放送市場への外資参入に関する考察——外資参入をめぐる政策転換の原因を探る：社会学研究科年報 (15) 〔2008〕 p67〜79
山下隆一	スカパーウォッチング (16)：放送界 53 (182) （特集号〉〔2008.新年〕 p118〜121
中村美子	デジタル時代の公共放送モデルとは——イギリスBBCの特許状更新議論を終えて：NHK放送文化研究所年報 52 〔2008〕 p99〜139
山崎順一	最新技術と放送 月周回衛星「かぐや」に搭載したハイビジョンカメラの開発秘話（前編）：放送文化 通号17 〔2008.冬〕 p72〜77
中尾幸嗣	最新技術と放送 超高速インターネット衛星「きずな」を利用した北京オリンピック伝送実験：放送文化 通号21 〔2008.冬〕 p76〜81
小田桐誠	新・ドキュメントメディアマップ (1) 福岡（前編）夕方生ワイド戦争とブロックネット番組への取り組み：放送文化 通号21 〔2008.冬〕 p88〜92
高橋孝輝	地上デジタル (15)「デジタル化全体のロードマップ」はどこまで具体化したか：放送文化 通号17 〔2008.冬〕 p80〜83
高橋孝輝	地上デジタル (19)「3年を切った」段階のデジタルエリア拡大事情：放送文化 通号21 〔2008.冬〕 p70〜75
山下隆一	スカパーウォッチング (17)：放送界 53 (183) 〔2008.陽春〕 p86〜88
間部耕苹, 高橋孝輝	シリーズ地上デジタル (16) "闘うDpa"間部耕苹理事長インタビュー：放送文化 通号18 〔2008.春〕 p83〜87
山崎順一	最新技術と放送 月周回衛星「かぐや」に搭載したハイビジョンカメラの開発秘話（後編）：放送文化 通号18 〔2008.春〕 p88〜93
出田稔	BSデジタル民放5局の経営と今後の市場発展：放送界 53 (184) 〔2008.夏季〕 p86〜89
山下隆一	スカパーウオッチング (18)：放送界 53 (184) 〔2008.夏季〕 p92〜95
高橋孝輝	シリーズ地上デジタル (17) 地デジ推進後半戦最初の山場「北京オリンピック」（特集 テレビスポーツの成熟）：放送文化 通号19 〔2008.夏〕 p48〜53
中村伊知哉	インタビュー「融合3・0」はテレビにとってのチャンス——慶應義塾大学メディアデザイン研究科教授 中村伊知哉（特集 動画配信時代と放送局）：放送文化 通号20 〔2008.秋〕 p30〜33
高橋孝輝	地上デジタル (18) 紆余曲折の果ての暫定案？「ダビング10」：放送文化 通号20 〔2008.秋〕 p68〜73
香取淳子	新・デジタル放送の世紀〈8〉コンテンツのグローバル化：放送レポート 210号 〔2008.1〕 p62〜66
西正	地デジ本格稼働——放送と通信の連携に向けた時代（第10回）地上波依存度の低下が求められるペイテレビ：月刊放送ジャーナル 38 (1) 通号407 〔2008.1・2〕 p80〜84
権藤満	デジタル時代の民放経営 意識改革で経営基盤を整える：月刊民放 38 (1) 通号439 〔2008.1〕 p36〜39
永野為光	デジタル時代の民放経営 地デジはTBCブランド再構築の新規事業：月刊民放 38 (2) 通号440 〔2008.2〕 p26〜29
佐藤紀子	メディア環境の激変がもたらす放送局の姿——模索が続く報道現場（特集 最新アメリカ放送事情）：月刊民放 38 (2) 通号440 〔2008.2〕 p22〜25
中村博	基本形は「TVと携帯」の組み合わせに——「オン・デマンド視聴研究」の結果から（特集 テレビの広告パワーを検証する）：月刊民放 38 (2) 通号440 〔2008.2〕 p4〜9
香取淳子	新・デジタル放送の世紀〈9〉デジタル技術と映像表現：放送レポート 211号 〔2008.3〕 p60〜64
西正	地デジ本格稼働——放送と通信の連携に向けた時代（第11回）マルチメディア放送への期待：月刊放送ジャーナル 38 (2) 通号408 〔2008.3〕 p66〜70
砂川浩慶	地上波デジタル完全移行に向けた改革——放送法改正でテレビはどうなるのか：AIR21 (214) 〔2008.3〕 p63〜78
林雅行	ニュースな人たち 林雅行——クロスカルチャー路線を貫いて：ぎゃらく 通号466 〔2008.4〕 p3〜5
西正	地デジ本格稼働——放送と通信の連携に向けた時代（第12回）IPTV向けコンテンツ充実のための課題：月刊放送ジャーナル 38 (3) 通号409 〔2008.4〕 p95〜99
半田久米夫	デジタル時代の民放経営 とことん「いなか局」を目指して——デジタルの特性を武器に：月刊民放 38 (4) 通号442 〔2008.4〕 p18〜21
堀木卓也	認定放送持株会社制度の概要：月刊民放 38 (4) 通号442 〔2008.4〕 p36〜39
小林恭子	広がる英TV界のオンデマンド市場 BBCiプレーヤーが主導役に：新聞通信調査会報 通号556 〔2008.5〕 p6〜8
香取淳子	新・デジタル放送の世紀〈10〉デジタル映像時代のインフラ：放送レポート 212号 〔2008.5〕 p60〜64
西正	地デジ本格稼働——放送と通信の連携に向けた時代（第13回）NHKのAOD、いよいよ発信：月刊放送ジャーナル 38 (4) 通号410 〔2008.5〕 p75〜79
片方善治	変貌する世界のメディア (337) IPTV向けサービス強化・拡大戦略の展開：月刊放送ジャーナル 38 (4) 通号410 〔2008.5〕 p68〜71
原麻里子	BBCワールドサービスの新しい展開——アラビア語テレビ放送と国際的な慈善活動：月刊民放 38 (5) 通号443

〔2008.5〕 p34～37

城田隆　デジタル時代の民放経営 高い志を立てリーダーシップを発揮：月刊民放　38（5）通号443　〔2008.5〕 p30～33

藤野優子　アナログ停波への課題——2008年1月「日本人とメディア」世論調査から（1）：放送研究と調査　58（5）通号684　〔2008.5〕 p2～15

遠藤芳朗　メディア最前線 地上デジタル放送への完全移行に向けた国の取り組み：放送研究と調査　58（5）通号684　〔2008.5〕 p82～85

沈成恩　放送通信融合時代の地上波放送局——韓国地上波番組のVOD配信を中心に：放送研究と調査　58（5）通号684　〔2008.5〕 p32～45

西正　地デジ本格稼働——放送と通信の連携に向けた時代（第14回）変わりゆく放送事業者のビジネスモデル：月刊放送ジャーナル　38（5）通号411　〔2008.6〕 p63～67

稲葉悠　デジタル5000万世帯普及を目指して——アナログ放送終了計画案まとまる：月刊民放　38（6）通号444　〔2008.6〕 p4～11

山元強　デジタル時代の民放経営「鹿児島を元気に 未来創造」を企業目標に：月刊民放　38（6）通号444　〔2008.6〕 p32～35

香取淳子　新・デジタル放送の世紀〈11〉字幕付きテレビCM：放送レポート　213号　〔2008.7〕 p60～64

間部耕苹　ニュースな人たち 間部耕苹——デジタル化は待ったなし！：ぎゃらく　通号469　〔2008.7〕 p3～5

西正　地デジ本格稼働——放送と通信の連携に向けた時代（第15回）進まぬ「ペイテレビの認知度向上」：月刊放送ジャーナル　38（6）通号412　〔2008.7〕 p104～108

近藤守　デジタル時代の民放経営「継続は力」を信じ、さらに「地域密着」：月刊民放　38（7）通号445　〔2008.7〕 p22～25

中村伊知哉, 浜田純一, 鈴木祐司　完全デジタル時代・経営モデルをどう再構築するのか——シンポジウムと事業者調査から：放送研究と調査　58（7）通号686　〔2008.7〕 p16～37

山口誠, 中村美子, 米倉律　公共放送のネットサービスはどう受け止められているか——「日・韓・英 公共放送のネット展開に関する国際比較ウェブ調査」から：放送研究と調査　58（7）通号686　〔2008.7〕 p74～87

吉見智文, 今村浩一郎, 渋谷一彦　地デジ完全移行に向けNHKが3つの新ツールを開発——時間やコストを抑え、迅速な工事に貢献：New media　26（7）通号302　〔2008.7〕 p6～8

西正　地デジ本格稼働——放送と通信の連携に向けた時代（第16回）アナログ跡地VHF帯活用の方向性：月刊放送ジャーナル　38（7）通号413　〔2008.8〕 p78～82

永澤征治　デジタル時代の民放経営 基本は「マンパワーのアップ」 キーワードは「企画力」：月刊民放　38（8）通号446　〔2008.8〕 p22～25

秦野一憲, 村上聖一, 長井展光　地デジ区域外再送信問題, 決着に向けた方向性——民放・ケーブルテレビの関係者は現状をどう分析しているか：放送研究と調査　58（8）通号687　〔2008.8〕 p42～57

向後英紀　アメリカ商業放送の源流——NBCラジオネットワークの成立（特集 国民形成とメディア）：メディア史研究　24　〔2008.8〕 p24～40

坂本衛　アナログ放送を停止できない10の理由：放送レポート　214号　〔2008.9〕 p2～12

総合ジャーナリズム研究編集部　「テレビ」に残されたもの－－地上波TVを支える基盤の揺らぎ事情：総合ジャーナリズム研究所　45（04）（通号206）〔2008.9〕 p24～28

松沢弘　フジテレビ株主総会で暴行弾圧：放送レポート　214号　〔2008.9〕 p24～27

香取淳子　新・デジタル放送の世紀〈12〉ケータイ新時代：放送レポート　214号　〔2008.9〕 p64～68

西正　地デジ本格稼働——放送と通信の連携に向けた時代（第17回）VODサービスの将来性：月刊放送ジャーナル　38（8）通号414　〔2008.9〕 p60～64

藤原隆昭　デジタル時代の民放経営 地域を熱く語り続ける放送局として：月刊民放　38（9）通号447　〔2008.9〕 p24～27

柴田厚　世界の公共放送のインターネット展開〔第1回〕アメリカ・PBS——「市民参加の場」としての公共放送へ：放送研究と調査　58（9）通号688　〔2008.9〕 p18～29

西正　地デジ本格稼働——放送と通信の連携に向けた時代（第18回）新BS構想についての考え方：月刊放送ジャーナル　38（9）通号415　〔2008.10〕 p67～71

福田俊男　これから「1000日」地デジの全世帯普及を目指す——〔2008年〕10月から「テレビ受信者支援センター」が始動：月刊民放　38（10）通号448　〔2008.10〕 p4～7

吉次由美　「地デジ」はどう議論されてきたか（期限まで3年を切ったアナログ停波）：放送研究と調査　58（10）通号689　〔2008.10〕 p18～28

稲葉悠, 村上聖一, 鈴木祐司　放送事業者・消費者・行政の視点から見た課題（期限まで3年を切ったアナログ停波）：放送研究と調査　58（10）通号689　〔2008.10〕 p29～43

小池正春　BSデジタル「黒字」の検証：放送レポート　215号　〔2008.11〕 p2～10

香取淳子　新・デジタル放送の世紀〈13〉ベトナムメディア事情：放送レポート　215号　〔2008.11〕 p64～68

西正　地デジ本格稼働——放送と通信の連携に向けた時代（第19回）多チャンネル放送市場拡大のための優先順位：月刊放送ジャーナル　38（10）通号416　〔2008.11〕 p76～80

西正　地デジ本格稼働——放送と通信の連携に向けた時代（第20回）今改めて、2011年アナログ停波を考える：月刊放送ジャーナル　38（11）通号417　〔2008.12〕 p93～97

津山恵子　デジタル移行直前の米放送界——ウィルミントン市の「実験」に学ぶ：月刊民放　38（12）通号450　〔2008.12〕 p26～29

大石裕　N民ともネット同時配信は時代の趨勢（特別インタビュー）大石 裕 慶應義塾大学法学部長・教授：放送界　No0211　〔2009〕

氏家齋一郎　（特別インタビュー）氏家齊一郎 構造変化・市場激変下の民放—県域局と報道の正念場を衝く！：放送界　No0188　〔2009〕

中村美子　日本のテレビ番組の海外販売の現場から（特集 グローバル化と放送メディア—メディアのグローバル化における生産・流通の構造）：メディア研究　通号6　〔2009〕 p93～109

岩佐淳一, 佐野博彦　デジタルテレビの視聴・利用行動——水戸市と周辺市町の調査から：マス・コミュニケーション研究　通号75　〔2009〕 p169～185

小平さち子　デジタル時代の教育放送サービスをめぐる一考察——90年代以降の国際動向分析をもとに：NHK放送文化研究所年報　53　〔2009〕 p211～267

	ジャーナリズム		放送ジャーナリズム

阿南愛, 湯澤巧　テレビとインターネットの新しい関係を探る（総力特集 がんばれっテレビ！）：放送界　54（187）〔2009.陽春〕
　　p60～62

下山哲平, 舛岡明倫　最新技術と放送 データ放送を利用した天気マークスーパー——デジタル放送ならではの新しいサービスの
　　実現：放送文化　通号22　〔2009.春〕 p76～81

小田桐誠　新・ドキュメントメディアマップ（2）福岡（後編）自社制作比率の向上と放送外収入へのシフト：放送文化　通号22
　　〔2009.春〕p114～118

高橋孝輝　地上デジタル（20）結局どうなる？ 地デジ受信機普及のこれから：放送文化　通号22　〔2009.春〕p70～75

音好宏　BS放送のポジショニングとは何だったのか（特集 BS20歳のこれから）：放送文化　通号23　〔2009.夏〕p36～40

西正　これからのBSを考える（特集 BS20歳のこれから）：放送文化　通号23　〔2009.夏〕p42～46

小田桐誠　新・ドキュメントメディアマップ（3）仙台 土曜日の新番組で新たなニーズを探る：放送文化　通号23　〔2009.夏〕
　　p78～83

高橋孝輝　地上デジタル（特別編）地デジへの片利共生は続く？ 「BSデジタル」のこれまでと現在：放送文化　通号23
　　〔2009.夏〕p48～52

出田稔　2011年衛星メディアの変化に伴うBSデジタル放送の方向性：放送界　54（189）〔2009.秋季〕p82～86

小田桐誠　新・ドキュメントメディアマップ（4）首都圏 独立U2局のクロスメディア戦略：放送文化　通号24　〔2009.秋〕p71
　　～75

高橋孝輝　地上デジタル（21）「デジサポ」に見る完全移行まであと2年の課題：放送文化　通号24　〔2009.秋〕p66～70

岩渕淳, 吉井勇, 荒川顕一, 坂本衛, 上瀬千春, 須藤春夫, 赤塚オホロ　シンポジウム 地デジ「完全移行」への道：放送レポート
　　216号〔2009.1〕p28～46

香取淳子　新・デジタル放送の世紀〈14〉CMの字幕放送：放送レポート　216号　〔2009.1〕p64～68

西正　地デジ本格稼働——放送と通信の連携に向けた時代（第21回）放送、通信改革の前に制度論の整理を：月刊放送
　　ジャーナル　39（1）通号418〔2009.1・2〕p89～93

千田利史　世界のメディアブランド（5）デジタル領域への果敢な挑戦 BBC：調査情報. 第3期　（486）〔2009.1・2〕p76～81

渡辺浩平　海外メディア報告 どこまで進むかテレビの中台合作 広がるメディア交流がもたらすもの：Journalism　（224）
　　〔2009.1〕p78～81

総合ジャーナリズム研究編集部　海外「テレビ」界、変化の潮流（「テレビ」に残されたもの－－地上波TVを支える基盤の揺らぎ
　　事情）：総合ジャーナリズム研究所　46（02）（通号208）〔2009.3〕p36～38

香取淳子　新・デジタル放送の世紀〈15〉字幕つきCMの効果：放送レポート　217号〔2009.3〕p60～64

総合ジャーナリズム研究編集部　地方テレビ局の経営と番組制作（「テレビ」に残されたもの－－地上波TVを支える基盤の揺ら
　　ぎ事情）：総合ジャーナリズム研究所　46（02）（通号208）〔2009.3〕p10～22

総合ジャーナリズム研究編集部　東京キー局の最近 "台所" 事情（「テレビ」に残されたもの－－地上波TVを支える基盤の揺らぎ
　　事情）：総合ジャーナリズム研究所　46（02）（通号208）〔2009.3〕p27～29

総合ジャーナリズム研究編集部　問われる「番組力」と視聴者の明日（「テレビ」に残されたもの－－地上波TVを支える基盤の揺
　　らぎ事情）：総合ジャーナリズム研究所　46（02）（通号208）〔2009.3〕p20～22

西正　地デジ本格稼働——放送と通信の連携に向けた時代（第22回）VODの活性化に向けた課題：月刊放送ジャーナル
　　39（2）通号419〔2009.3〕p58～62

大内斎之　ローカル局発 気を掘り起こし、気を伝える（特集 デジタル放送時代の君たちへ）：月刊民放　39（3）通号453
　　〔2009.3〕p16～19

稲葉悠　地デジ移行 世帯普及100%に向け正念場の年（特集 デジタル放送時代の君たちへ）：月刊民放　39（3）通号453
　　〔2009.3〕p4～7

千田利史　世界のメディアブランド（6）ダイナミックに動く英・民間放送 ITV：調査情報. 第3期　（487）〔2009.3・4〕p76～
　　81

佐々木学, 松村宗嗣, 筬島専　地上デジタル放送の難視聴対策の現状と課題（特集 融合・連携時代のメディア産業と政策）：メディ
　　ア・コミュニケーション ： 慶応義塾大学メディア・コミュニケーション研究所紀要　（59）〔2009.3〕p69～85

西正　地デジ本格稼働——放送と通信の連携に向けた時代（第23回）広告収入減に悩む民放の経営課題とは：月刊放送
　　ジャーナル　39（3）通号420〔2009.4〕p61～65

香取淳子　新・デジタル放送の世紀〈16〉字幕つきCMの訴求力：放送レポート　218号〔2009.5〕p56～60

岩渕功一　越境する東アジアのTV文化（2）韓流に見る国境の越え方 テレビ文化が創る新たな関係性：ぎゃらく　通号479
　　〔2009.5〕p34～37

西正　地デジ本格稼働——放送と通信の連携に向けた時代（第24回）若者のテレビ離れに効果が見込めるサービスとは：月
　　刊放送ジャーナル　39（4）通号421〔2009.5〕p53～57

松野良一　メディア漂流（7）「映像発信てれれ」の実験——カフェ放送で小さな公共圏を作る：調査情報. 第3期　（488）
　　〔2009.5・6〕p68～71

西正　地デジ本格稼働——放送と通信の連携に向けた時代（第25回）放送と通信の連携の中でテレビ広告が持つ可能性：月
　　刊放送ジャーナル　39（5）通号422〔2009.6〕p59～63

村上聖一　"融合" 時代 放送メディアの課題と可能性（1）アナログ停波へ厳しさ増す環境——急がれる受信側の準備：放送研究
　　と調査　59（6）通号697〔2009.6〕p2～17

香取淳子　新・デジタル放送の世紀〈17〉ベトナムの声：放送レポート　219号〔2009.7〕p62～66

西正　地デジ本格稼働——放送と通信の連携に向けた時代（第26回）新サービスの普及に向けて再確認すべきこと：月刊放
　　送ジャーナル　39（6）通号423〔2009.7〕p84～88

中村美子, 米倉律　公共放送は人々にどのように「話題」にされているか——「日・韓・英 公共放送と人々のコミュニケーション
　　に関する国際比較ウェブ調査」から：放送研究と調査　59（7）通号698〔2009.7〕p78～89

田中則広　文化発信メディアとしての可能性——ハワイ・アジア系（日本・韓国・中国）テレビチャンネルの事例より（特集
　　2009年春の研究発表・シンポジウム）：放送研究と調査　59（7）通号698〔2009.7〕p68～77

西正　地デジ本格稼働——放送と通信の連携に向けた時代（第27回）13年目を迎えた多チャンネル放送に求められる発想の
　　転換：月刊放送ジャーナル　39（7）通号424〔2009.8〕p55～59

松沢弘　フジ「やらせ総会」の内部告発 経営側も認めたリハーサルの事実：放送レポート　220号　〔2009.9〕p2～5

香取淳子　新・デジタル放送の世紀〈18〉ベトナムフォトジャーナル：放送レポート　220号〔2009.9〕p64～68

章蓉	中国の「方言ニュース」が面白い：放送レポート　220号　〔2009.9〕　p26〜31	
西正	地デジ本格稼働——放送と通信の連携に向けた時代（第28回）ビジネスチャンスを迎えるCATVに求められることとは：月刊放送ジャーナル　39（8）通号425　〔2009.9〕　p65〜69	
井川智宏	メディアスコープ　日本の参考となる移行プロセス——米国の地上テレビ放送完全デジタル化：新聞研究　（698）〔2009.9〕　p84〜86	
柴田厚	アメリカ，地上デジタル放送へ全面移行——4ヵ月の延期は何をもたらしたか：放送研究と調査　59（9）通号700〔2009.9〕　p2〜13	
吉次由美	"融合"時代　放送メディアの課題と可能性（4）これからのテレビに期待されること——地域社会貢献への道：放送研究と調査　59（9）通号700　〔2009.9〕　p26〜37	
西正	地デジ本格稼働——放送と通信の連携に向けた時代（第29回）VODサービスに期待するチャレンジ精神：月刊放送ジャーナル　39（9）通号426　〔2009.10〕　p46〜50	
中村美子	受信許可料はBBC以外に配分されるのか——イギリスの公共サービス放送の将来像議論の行方：放送研究と調査　59（10）通号701　〔2009.10〕　p22〜32	
香取淳子	新・デジタル放送の世紀〈19〉ベトナム紙『家族と社会』：放送レポート　221号　〔2009.11〕　p64〜68	
松田浩	通信・放送委員会への注文　「日本版FCC」に国民的論議を：放送レポート　221号　〔2009.11〕　p12〜16	
西正	地デジ本格稼働——放送と通信の連携に向けた時代（第30回）コンテンツマルチユース拡大のための考え方：月刊放送ジャーナル　39（10）通号425ママ　〔2009.11〕　p67〜71	
橋元良明	"デジタルネイティブ"はテレビをどう見ているか？——番組視聴実態300人調査から：月刊民放　39（11）通号461〔2009.11〕　p36〜39	
西正	地デジ本格稼働——放送と通信の連携に向けた時代（第31回）2011年に向けてCATV事業者が取るべきスタンスは：月刊放送ジャーナル　39（11）通号428　〔2009.12〕　p79〜83	
片方善治	変貌する世界のメディア（355）CATV、薄型TV、モバイルの新動向：月刊放送ジャーナル　39（11）通号428〔2009.12〕　p84〜87	
喜瀬ひろし,采野吉洋,青山高治	新ラジオデイズ——リスナーの生活に密着したラジオの現場から　第57回民間放送全国大会シンポから（特集　音とことばで育む——ラジオの未来（あした））：月刊民放　39（12）通号462　〔2009.12〕　p4〜13	
小林恭子	岐路に立つ「一人勝ち」体制——英BBC、メディア戦略の行方：新聞研究　（701）〔2009.12〕　p46〜49	
杉内有介	ケーブル大国ドイツが直面するデジタル化の隘路：放送研究と調査　59（12）通号703　〔2009.12〕　p32〜45	
石橋丈	"融合"時代　放送メディアの課題と可能性（5）「日本人とメディア」調査から読み解くデジタルメディア地図2009：放送研究と調査　59（12）通号703　〔2009.12〕　p2〜19	
ライオンズ，ダニエル　The Take	メディア　落日ケーブルテレビの悪あがき：Newsweek　24（49）通号1182　〔2009.12〕　p19	
和崎信哉	（トップリーダーに聞く！）WOWOW社長　和崎　信哉：放送界　No0180　〔2010〕	
砂川浩慶	砂川浩慶　立教大学准教授（特別インタビュー）放送の未来図　地方局をキー局の支社化に再編：放送界　No0210〔2010〕	
君和田正夫,後藤亘,佐藤勉,氏家齋一郎,北林由孝	（新春特別企画）放送メディアの未来像　テレビ・ラジオ・BSの各トップ5人の視点（氏家齊一郎／佐藤　勉／君和田正夫／後藤　亘／北林由孝）（民放界首脳アンケート）2009年の回顧と2010年を迎えての展望：放送界　No0190　〔2010〕	
清原慶子	（直撃インタビュー）清原慶子　アナログ停波への道程—メディアと一味違う民主主義と地域社会：放送界　No0188〔2010〕	
川端和治	（直撃インタビュー）川端和治　BPO放送倫理検証委・委員長　テレビ局は「勧告」尊重を　同様問題再発なら行政介入の危険性：放送界　No0189　〔2010〕	
氏家齋一郎	（特別インタビュー）氏家齊一郎　出番ですよ！「待望論」応える気概　政変加わり超難局下の放送界在り様は？：放送界　No0189　〔2010〕	
澤雄二	（特別インタビュー）澤　雄二参議院直撃　「放送改革、その問題点は！」：放送界　No0180　〔2010〕	
高橋孝之,山縣由美子,杉山幹夫	座談会　地域放送の未来像を展望する（特集　都市,地域,メディアの関係性を再考する一地域メディア・地域放送の可能性への視軸）：放送メディア研究　通号7　〔2010〕　p243〜270	
村上聖一	民放ネットワークをめぐる議論の変遷——発足の経緯,地域放送との関係,多メディア化の中での将来：NHK放送文化研究所年報　54　〔2010〕　p7〜54	
高橋孝輝	シリーズ地上デジタル（22）アナログ停波実験、デジサポ活動、チューナー配布「あと2年」で本格化してきた準備活：放送文化　通号25　〔2010.冬〕　p68〜71	
広瀬道貞	デジタル時代——視聴者の満足度をどう増進するか（特集　After 2011）：放送文化　通号26　〔2010.春〕　p24〜27	
金澤勝	最新技術と放送　未来の放送「スーパーハイビジョン」を目指して：放送文化　通号26　〔2010.春〕　p60〜65	
西正	次の10年に起こるテレビのビッグバン（特集　After 2011）：放送文化　通号26　〔2010.春〕　p48〜54	
中村伊知哉	地デジ化以降の放送局が採る道とは？（特集　After 2011）：放送文化　通号26　〔2010.春〕　p32〜36	
孫正義	孫正義ソフトバンクグループ代表　資本関係なくともテレビ局と志共有——『光の道100%』構想は何故必要か：放送界　55（192）〔2010.夏季〕　p32〜35	
津田大介	インタビュー　ようやく融合のフェーズに入ったネットとテレビジョン（特集　ネット時代のテレビジョン）：放送文化　通号27　〔2010.夏〕　p40〜43	
高橋孝輝	シリーズ地上デジタル（23）あと500日　日数単位になってきたアナログ停波：放送文化　通号27　〔2010.夏〕　p66〜71	
大河原克行	Google TV　インターネットとの有機的な結合でテレビの見方は進化する（特集　デバイスはテレビを変えるか）：放送文化　通号28　〔2010.秋〕　p28〜31	
高橋孝輝	シリーズ地上デジタル（24）あと1年「最終年」に突入　デジタル完全移行へ胸突き八丁：放送文化　通号28　〔2010.秋〕　p60〜63	
久保田啓一	最新技術と放送（特別編）NHK技研開所80年——技術が拓くテレビの未来：放送文化　通号28　〔2010.秋〕　p55〜59	
安田拡	県域放送はどこへ行く？——「情報通信法」時代のテレビ局に関する一考察——：放送レポート　222号　〔2010.1〕　p28〜32	
香取淳子	新・デジタル放送の世紀〈20〉ベトナムの女性誌：放送レポート　222号　〔2010.1〕　p62〜66	
西正	地デジ本格稼働——放送と通信の連携に向けた時代（第32回）急がれるマルチメディア放送についての展望：月刊放送ジャーナル　40（1）通号429　〔2010.1・2〕　p77〜81	

北清順一	海外メディア報告 深夜人気番組を午後10時台に 米NBC生き残り戦略の背景：Journalism　（236）〔2010.1〕 p88～92
市村元	「困難な時代」こそ発信し続ける（特集 地方局の底ヂカラ）：月刊民放　40（2）通号464〔2010.2〕 p8～11
岸本達也	執念が生んだ、いくつかの奇跡——『日本兵サカイタイゾーの真実』制作現場から（特集 地方局の底ヂカラ）：月刊民放　40（2）通号464〔2010.2〕 p20～23
四宮康雅	地方の発信力としてのドラマ制作——生きた「家族像」を描き続けて（特集 地方局の底ヂカラ）：月刊民放　40（2）通号464〔2010.2〕 p12～15
音好宏	番組評価と流通の活性化に向けて（特集 地方局の底ヂカラ）：月刊民放　40（2）通号464〔2010.2〕 p4～7
小林憲一	南米における地上デジタル放送日本方式の普及（1）ペルーでの勝利が生んだ雪崩現象：放送研究と調査　60（2）通号705〔2010.2〕 p2～19
音好宏	KDDIと住商、JCOMで主導権争い（放送時評）：メディア展望　通号578〔2010.3〕 p40～41
辻大介	若者の今、メディアの現在（2）テレビを見るテレビ——送り手と受け手の「仲間内」化：ぎゃらく　通号489〔2010.3〕 p32～35
西正	地デジ本格稼働——放送と通信の連携に向けた時代（第33回）VOD利用を普及させる上で必要な観点とは：月刊放送ジャーナル　40（2）通号430〔2010.3〕 p57～61
小林憲一	南米における地上デジタル放送日本方式の普及（2）すべてはブラジルの決断から始まった：放送研究と調査　60（3）通号706〔2010.3〕 p42～54
荒井透雅	地上デジタル放送移行対策の現状——平成23（2011）年7月24日完全デジタル化に向けて：立法と調査　通号302〔2010.3〕 p41～51
西正	地デジ本格稼働——放送と通信の連携に向けた時代（第34回）放送局再編の方向性とは：月刊放送ジャーナル　40（3）通号431〔2010.4〕 p51～55
小林憲一	南米における地上デジタル放送日本方式の普及（3）決めたアルゼンチン、検討中のパラグアイ：放送研究と調査　60（4）通号707〔2010.4〕 p22～35
中田郷	ケーブルテレビ事業の展望と課題（1）規模の経済の追求による事業拡大と通信事業者との協業：New media　28（4）通号324〔2010.4〕 p53～55
山口不二夫	インタビュー 民放経営の取るべき道：放送レポート　224号〔2010.5〕 p2～6
西正	地デジ本格稼働——放送と通信の連携に向けた時代（第35回）テレビ通販について真の議論されるべき論点とは：月刊放送ジャーナル　40（4）通号432〔2010.5〕 p51～55
中田郷	ケーブルテレビ事業の展望と課題（2）規模の経済の追求による事業拡大と通信事業者との協業 ケーブルテレビ事業者が直面する課題と対応策：New media　28（5）通号325〔2010.5〕 p60～62
西正	地デジ本格稼働——放送と通信の連携に向けた時代（第36回）今、放送業界が直面する問題点と解決へと導くヒントは：月刊放送ジャーナル　40（5）通号433〔2010.6〕 p63～67
小川浩司	ネットワーク時代のテレビのあり方——テレビでのネット利用動向調査から：放送研究と調査　60（6）通号709〔2010.6〕 p90～105
中田郷	ケーブルテレビ事業の展望と課題（3）規模の経済の追求による事業拡大と通信事業者との協業 ケーブルテレビ事業の展望：New media　28（6）通号326〔2010.6〕 p68～70
西正	地デジ本格稼働——放送と通信の連携に向けた時代（第37回）進むメディアの多様化、今後のコンテンツ展開の指針は：月刊放送ジャーナル　40（6）通号434〔2010.7〕 p69～73
玉知夫	アナログ放送終了計画の進捗状況（特集 地デジ完全移行まで1年）：月刊民放　40（7）通号469〔2010.7〕 p19～21
水島久光	デジタル化とテレビ、そして視聴空間の未来（特集 地デジ完全移行まで1年）：月刊民放　40（7）通号469〔2010.7〕 p32～35
石井晃	受信環境整備のさらなる加速を（特集 地デジ完全移行まで1年）：月刊民放　40（7）通号469〔2010.7〕 p28～31
広瀬道貞	地デジを終えて次なる飛躍を目指す（特集 地デジ完全移行まで1年）：月刊民放　40（7）通号469〔2010.7〕 p4～8
吉次由美	デジタル多メディア時代を生き抜くために（1）完全デジタル化に向けて残された課題を探る——地上波テレビ局に求められているもの：放送研究と調査　60（7）通号710〔2010.7〕 p24～38
北清順一	海外メディア報告 地デジ移行1年のアメリカいったい何が変わったの？：Journalism　（242）〔2010.7〕 p78～82
西正	地デジ本格稼働——放送と通信の連携に向けた時代（第38回）民放の未来を左右する、これからのビジネスモデルとは：月刊放送ジャーナル　40（7）通号435〔2010.8〕 p59～63
寺村剛	ラ・テ面史上空前の大変更へ——放送完全デジタル化まであと1年：新聞研究　（709）〔2010.8〕 p31～33
石橋丈	デジタル多メディア時代を生き抜くために（2）豊かな多チャンネルサービスは築けるか：放送研究と調査　60（8）通号711〔2010.8〕 p50～68
小林恭子	海外メディア報告 方向転換を求められる英国「放送の巨人」BBC：Journalism　（243）〔2010.8〕 p76～81
松沢弘	今年も「リハーサル」認めたフジ総会：放送レポート　226号〔2010.9〕 p38～41
西正	地デジ本格稼働——放送と通信の連携に向けた時代（第39回）アナログ跡地活用の最新動向：月刊放送ジャーナル　40（8）通号436〔2010.9〕 p59～63
Weng, Shieu-chi, 山田賢一	公共放送インタビュー（第3回）台湾 翁秀[キ]氏（政治大学特別招聘教授）に聞く——政治的二極対立からの自立を目指す公共テレビ：放送研究と調査　60（9）通号712〔2010.9〕 p40～45
西正	地デジ本格稼働——放送と通信の連携に向けた時代（第40回）完全デジタル移行に伴う、多チャンネル市場の行方：月刊放送ジャーナル　40（9）通号437〔2010.10〕 p53～57
村上聖一	デジタル多メディア時代を生き抜くために（3）携帯端末向けマルチメディア放送の行方——地デジ移行後の電波有効利用に向けて：放送研究と調査　60（10）通号713〔2010.10〕 p94～105
Sterling, Christopher H., 柴田厚	公共放送インタビュー（第4回）アメリカ クリストファー・スターリング氏（ジョージ・ワシントン大学教授）に聞く——多メディア時代の"小さな公共放送"の役割：放送研究と調査　60（10）通号713〔2010.10〕 p88～93
砂川浩慶	地デジ完全移行・アナログテレビ停波はあと1年で可能か（特集 1年を切った地デジ完全移行のゆくえ）：マスコミ市民　通号501〔2010.10〕 p2～19
碓氷和哉, 岩崎貞明, 久守一敏, 砂川浩慶, 山本憲治, 松家幸治	シンポジウム 地デジ難民を作るな！：放送レポート　227号〔2010.11〕 p16～26

神余心	メディア激動時代 (21) 携帯マルチメディア放送「迷走劇」に決着 "日の丸陣営"勝利でガラパゴス化再び？：エルネオス　16(11) 通号192　〔2010.11〕 p80〜83
西正	地デジ本格稼働──放送と通信の連携に向けた時代 (第41回) 本格化する海外展開 今取り組むべき、優先事項とは：月刊放送ジャーナル　40(10) 通号438　〔2010.11〕 p47〜51
金政起, 田中則広	公共放送インタビュー (第5回) 韓国 キム・ジョンギ氏 (韓国外国語大学名誉教授) に聞く──イ・ミョンバク政権下の公共放送とメディアの現在：放送研究と調査　60(11) 通号714　〔2010.11〕 p86〜91
石橋丈	地上放送完全デジタル化 地域固有の課題にどう対処するか──移行1年前アンケートに見る民放の取り組み：放送研究と調査　60(11) 通号714　〔2010.11〕 p36〜49
西正	地デジ本格稼働──放送と通信の連携に向けた時代 (第42回) ビジネスモデル転換期、顧客へのアプローチを改めて考える：月刊放送ジャーナル　40(11) 通号439　〔2010.12〕 p75〜79
Kopper, Gerd G., 横山滋	公共放送インタビュー (第6回) ドイツ ゲルト・G・コッパー氏 (元ドルトムント大学教授) に聞く──デジタル移行後の公共サービス放送の課題：放送研究と調査　60(12) 通号715　〔2010.12〕 p50〜55
砂川浩慶	エコノミスト・リポート 地上デジタル放送移行は準備不足 2〜3年延期して再準備を：エコノミスト　89(1) 通号4150　〔2010.12〕 p114〜116
広瀬道貞	(夏季特別企画) 広瀬道貞民放連会長「二元体制/現行テレビ系列維持で放送文化発展を！」：放送界　No0192　〔2011〕
孫正義	孫 正義ソフトバンクグループ代表「資本関係なくともテレビ局と志共有〜『光の道100％』構想は何故必要か」：放送界　No0192　〔2011〕
君和田正夫	(特別首脳直撃)「無菌室」の中の再編論議は無意味 〜テレビ局 "勝ち残り"の道は？ 君和田テレビ朝日会長：放送界　No0193　〔2011〕
智片通博	最新技術と放送 (特別編) 3Dテレビ放送 日本韓国最新事情：放送文化　通号29　〔2011.冬〕 p56〜61
小林憲一	地デジの世界標準規格 南米から始まった地デジ日本方式の世界普及：放送文化　通号29　〔2011.冬〕 p76〜79
高橋孝輝	地上デジタル (25) 静々と進む地デジ普及・推進活動：放送文化　通号29　〔2011.冬〕 p62〜65
藤田淳	最新技術と放送 視聴者との新たな接点を模索して──NHKの双方向番組への取り組み：放送文化　通号30　〔2011.春〕 p56〜61
高橋孝輝	地上デジタル (26) あと半年「完全デジタル化」という頂上は見えたのか：放送文化　通号30　〔2011.春〕 p62〜67
小田桐誠	新・ドキュメントメディアマップ──ローカル局の今 (第5回) 北海道 拡充と展開──熾烈極める民放の情報ワイド番組競争：放送文化　通号31　〔2011.夏〕 p72〜77
高橋孝輝	地上デジタル (27) 被災地3県延期 岩手、宮城、福島3県でアナログ停波を延期：放送文化　通号31　〔2011.夏〕 p68〜71
小田桐誠	新・ドキュメントメディアマップ──ローカル局の今 (最終回) 北海道 (後編) デジタル・クロスメディア時代のコンテンツ戦略──道内局の近未来：放送文化　通号32　〔2011.秋〕 p68〜73
高橋孝輝	地上デジタル (特別編) "ゴール"というより "一応の区切り"となった「2011年7月24日」(総力特集 テレビはどこへ向かうのか──大震災、地デジ化を経て)：放送文化　通号32　〔2011.秋〕 p4〜9
西正	地デジ本格稼働──放送と通信の連携に向けた時代 (第43回) 技術革新に直面する放送事業者、今すぐ受け入れ体制を：月刊放送ジャーナル　41(1) 通号440　〔2011.1・2〕 p53〜57
山本博史	「基幹放送」の役割充実に向けて──放送制度から見た変遷と将来 (特集 展望・BSデジタル新時代)：月刊民放　41(1) 通号475　〔2011.1〕 p8〜13
音好宏	新たな放送文化の担い手に──独自性打ち出し、挑戦を (特集 展望・BSデジタル新時代)：月刊民放　41(1) 通号475　〔2011.1〕 p4〜7
木村幹夫	普及拡大期を経て安定成長へ──BS社の業績推移と将来 (特集 展望・BSデジタル新時代)：月刊民放　41(1) 通号475　〔2011.1〕 p22〜25
井上忠靖	幅広い層から支持される媒体に成長──データから探る視聴実態 (特集 展望・BSデジタル新時代)：月刊民放　41(1) 通号475　〔2011.1〕 p14〜17
Lowe, Gregory F., 中村美子	公共放送インタビュー (第7回) RIPE@2010 (世界公共放送研究者会議) 主宰者、グレッグ・ロー教授に聞く：放送研究と調査　61(1) 通号716　〔2011.1〕 p66〜74
胡元輝, 山田賢一	公共放送インタビュー (第8回) 台湾 胡元輝氏 (元公視テレビ社長) に聞く──経営の現場から見た公共テレビ：放送研究と調査　61(2) 通号717　〔2011.2〕 p50〜55
坂本衛	これが正確なアナログコストだ −年間130億円ならアナログ延期が得策−：放送レポート　229号　〔2011.3〕 p16〜19
西正	地デジ本格稼働──放送と通信の連携に向けた時代 (第44回) 今後の成長のカギとなる「コンテンツ投資」について：月刊放送ジャーナル　41(2) 通号441　〔2011.3〕 p65〜69
吉川徹	3Dを考える──地上テレビ放送完全デジタル化後の新しい技術を求めて (特集 3Dの現状とその可能性──第47回民放技術報告会「特別企画」誌上載録)：放送技術　64(3) 通号766　〔2011.3〕 p68〜71
Hundt, Reed, Wiley, Richard E., 柴田厚	公共放送インタビュー (第9回) アメリカ リチャード・ワイリー氏, リード・ハント氏 (共に元FCC委員長) に聞く──公共放送の生き残りに必要とされるもの：放送研究と調査　61(3) 通号718　〔2011.3〕 p66〜71
神余心	メディア激動時代 (26) 経営難にあえぐラジオ局は再生するか？「原則」見直しで合併も統合も解禁へ：エルネオス　17(4) 通号197　〔2011.4〕 p68〜71
西正	地デジ本格稼働──放送と通信の連携に向けた時代 (第45回) インターネットテレビの影響と新規事業のヒントとは：月刊放送ジャーナル　41(3) 通号442　〔2011.4〕 p39〜43
山田賢一, 陳韜文	公共放送インタビュー (第10回) 香港 陳韜文氏 (香港中文大学教授) に聞く──"官営"公共放送RTHKの「政治的独立」：放送研究と調査　61(4) 通号719　〔2011.4〕 p70〜75
西正	地デジ本格稼働──放送と通信の連携に向けた時代 (第46回) 放送コンテンツの新たな視聴方法とその課題とは：月刊放送ジャーナル　41(4) 通号443　〔2011.5〕 p43〜47
香取啓志, 山田惠喜	デジタル世界で放送はいかに変わるのか──2011 INTERNATIONAL CESを視察して：月刊民放　41(5) 通号479　〔2011.5〕 p36〜39
小島博	人々はデジタル化をどう受け止めているのか──「デジタル放送調査2010」から (パート2)：放送研究と調査　61(5) 通号720　〔2011.5〕 p8〜22

西正	地デジ本格稼働——放送と通信の連携に向けた時代（第47回）放送と通信の連携モデルの方向性について：月刊放送ジャーナル　41（5）通号444　〔2011.6〕　p57～61
徳永博充	地方テレビ局におけるニュースのソフト化傾向——地域ジャーナリズム再生の視点から：広島経済大学研究論集　34（1）〔2011.6〕　p27～49
砂川浩慶	"円滑な移行"から"思考停止"へ —地デジ「完全移行」の無残—：放送レポート　231号　〔2011.7〕　p2～5
中野明彦	関西だより 科学者の警告を無視し続けるNHK・民放の異常：放送レポート　231号　〔2011.7〕　p58
西正	地デジ本格稼働——放送と通信の連携に向けた時代（第48回）厳しい状況下こそ新サービスへの積極的な姿勢を：月刊放送ジャーナル　41（6）通号445　〔2011.7〕　p63～67
青木貴博	radiko.jpが起こすこと、変えること、生み出すこと。：月刊民放　41（7）通号481　〔2011.7〕　p30～33
北畠弦太	首長の発信力といかに向き合うか（特集 地方自治と地域メディア）：月刊民放　41（7）通号481　〔2011.7〕　p10～12
Pflimlin, Remy, 新田哲郎	公共放送インタビュー（第11回）フランス レミー・フリムラン氏（フランステレビジョン会長）に聞く——公共放送改革の行方、使命再定義と将来ビジョン：放送研究と調査　61（7）通号722　〔2011.7〕　p46～55
西正	地デジ本格稼働——放送と通信の連携に向けた時代（第49回）有事も視野に入れた電波の有効活用とは：月刊放送ジャーナル　41（7）通号446　〔2011.8〕　p51～55
竹田直彦	テレビ営業は"総合力"だ！（特集 テレビ新時代の営業力）：月刊民放　41（8）通号482　〔2011.8〕　p15～17
豊田皓	営業力でテレビ新時代を切り拓こう！——インタビュー 民放連営業委員長 フジテレビジョン社長 豊田皓（特集 テレビ新時代の営業力）：月刊民放　41（8）通号482　〔2011.8〕　p6～11
孔文吉, 山田賢一, 林福岳	公共放送インタビュー（第12回）台湾 少数派住民向け放送は誰が運営すべきか——「住民団体」か「公共放送局」かの論争：放送研究と調査　61（8）通号723　〔2011.8〕　p62～68
西正	地デジ本格稼働——放送と通信の連携に向けた時代（第50回）問われるコンテンツ制作へのスタンス：月刊放送ジャーナル　41（8）通号447　〔2011.9〕　p53～57
稲葉悠	7・24までの道のりと今後の課題：月刊民放　41（9）通号483　〔2011.9〕　p6～9
秋山衆一	Media Scope 難しい「7月24日」の位置付け——東北3県を除き地デジに移行：新聞研究　（722）〔2011.9〕　p77～79
Lewis, Scott, 柴田厚	公共放送インタビュー（第13回）アメリカ 非営利（non—profit）メディア「Voice of San Diego」CEOスコット・ルイス氏に聞く——増える非営利メディア、その理由と役割、公共放送との関係：放送研究と調査　61（9）通号724　〔2011.9〕　p88～93
西正	地デジ本格稼働——放送と通信の連携に向けた時代（第51回）地デジ化完了後の課題は何か：月刊放送ジャーナル　41（9）通号448　〔2011.10〕　p43～47
荒牧央, 中村美子, 東山一郎	世界の公共放送はどう受け止められているのか——「公共放送に関する意識」6か国比較調査から：放送研究と調査　61（10）通号725　〔2011.10〕　p2～27
北川信	連続インタビュー（1）地デジ化とは何だったのか 北川信さん：放送レポート　233号　〔2011.11〕　p2～5
関口宏, 元木昌彦	元木昌彦のメディアを考える旅（166）関口宏（タレント・司会者）テレビ局はネットと融合して有料化する時代が来る？：エルネオス　17（11）通号204　〔2011.11〕　p104～109
西正	地デジ本格稼働 ： 放送と通信の連携に向けた時代（第52回）VOD市場の更なる発展を目指したサービスとは：月刊放送ジャーナル　41（10）通号449　〔2011.11〕　p47～51
佐野徹	ビジネス展開 コンテンツ・伝送路・端末のトータルデザイン企業へ（特集 民間放送60年—放送新時代への期待）：月刊民放　41（11）通号485　〔2011.11〕　p44～46
伊före恵祐, 石上翔一郎, 中原達也	ローカル局若手座談会 議論の中心になるテレビに（特集 民間放送60年）：月刊民放　41（11）通号485　〔2011.11〕　p2～11
河尻亨一, 志村一隆, 氏家夏彦	TBS社内セミナー抄録版 テレビは「種の保存のための進化」を迫られてる…よね！：調査情報. 第3期　（503）〔2011.11・12〕　p54～60
西正	地デジ本格稼働 ： 放送と通信の連携に向けた時代（第53回）通放連携時代のコンテンツについて：月刊放送ジャーナル　41（11）通号450　〔2011.12〕　p61～65
奥野総一郎	（緊急インタビュー）世界発信環境整備へ予算措置念頭 奥野総一郎 衆院議員 民主党放送権等WT座長：放送界　No0199　〔2012〕
松本正之	（緊急インタビュー）「二元体制」の変化を訊く 震災報道・完全デジタル化にどう向き合ったのか？　NHK松本会長：放送界　No0196　〔2012〕
広瀬道貞	（首脳インタビュー）テレビの未来 問われる今後の在り様 何を伝えていくのか 民放連広瀬会長：放送界　No0196　〔2012〕
重延浩	（首脳インタビュー）テレビメディア大変化の流れを衝く！　重延テレビマンユニオン会長・CEO：放送界　No0197　〔2012〕
松本正之	（新春特別インタビュー）デジタル時代の公共放送の役割 松本正之NHK会長：放送界　No0198　〔2012〕
広瀬道貞, 嶋本達嗣	（新春特別対談）希望の再生 震災後の生活者変化とテレビの役割 広瀬道貞民放連会長×嶋本達嗣博報堂生活総研所長：放送界　No0198　〔2012〕
大森壽郎	（特別インタビュー）価値向上にチャレンジ メディア・コンテンツ 博報堂DYメディアパートナーズ 大森壽郎社長に聞く！：放送界　No0194　〔2012〕
出田稔	新BSデジタル放送の開始とその後：放送界　57（198）〔2012.新年〕　p116～119
柴田厚	アメリカの公共放送の制度と財源（「世界の公共放送の制度と財源」報告）：NHK放送文化研究所年報　56　〔2012〕　p231～243
広塚洋子	イタリアの公共放送の制度と財源（「世界の公共放送の制度と財源」報告）：NHK放送文化研究所年報　56　〔2012〕　p197～208
杉内有介	ドイツの公共放送の制度と財源（「世界の公共放送の制度と財源」報告）：NHK放送文化研究所年報　56　〔2012〕　p180～196
出田稔	新BS放送開始＆CS110度再編と日本の有料放送市場について：放送界　57（200）〔2012.夏季〕　p94～99
出田稔	日本における有料放送市場の問題を考察する：放送界　57（201）〔2012.秋季〕　p90～93
古住公義	連続インタビュー（2）地デジ化とは何だったのか 京都放送労組 古住公義さん：放送レポート　234号　〔2012.1〕　p20～22
西正	地デジ本格稼動 ： 放送と通信の連携に向けた時代（第54回）コンテンツの力で差がつく時代に：月刊放送ジャーナ

	ル　42（1）通号451　〔2012.1〕　p53～57
田原茂行	感動と怒りを分かち合う : 地域社会の再生と地域放送局の "共働"：月刊民放　42（2）通号488　〔2012.2〕　p30～34
安藤彰, 渡辺元	日本CATV技術協会「2012年の抱負」 大競争が一層激化する2012年 CATV生き残りに向けて勝負する：New media　30（2）通号347　〔2012.2〕　p44～46
前川英樹	連続インタビュー（3）地デジ化とは何だったのか 前川英樹さん：放送レポート　235号　〔2012.3〕　p26～29
西正	地デジ本格稼動 : 放送と通信の連携に向けた時代（第55回）放送局のビジネスモデルの行方：月刊放送ジャーナル　42（2）通号452　〔2012.3〕　p41～45
西正	地デジ本格稼動 : 放送と通信の連携に向けた時代（第56回）本格始動直前の通放連携サービス：月刊放送ジャーナル　42（3）通号453　〔2012.4〕　p39～43
佐々木俊尚	プラットホーム化するテレビ（特集 次世代テレビの展望）：月刊民放　42（4）通号490　〔2012.4〕　p10～15
西正	地デジ本格稼動 : 放送と通信の連携に向けた時代（第57回）ネットワークPVRとVODの状況：月刊放送ジャーナル　42（4）通号454　〔2012.5〕　p45～49
音好宏, 関祥行, 田島俊	いかにして地デジ移行は成し遂げられたか : 座談会（特集 デジタル移行の道程）：月刊民放　42（5）通号491　〔2012.5〕　p10～17
前川英樹	"地デジ" とは、ソーシャルネットワークの時代に「テレビに何が可能か」と問うことである（特集 デジタル移行の道程）：月刊民放　42（5）通号491　〔2012.5〕　p4～9
石川昌行	インタビュー 「モバイル・スマートTV」を目指して : スマートフォン向け放送局NOTTVの挑戦（地デジ完成後のメディア環境）：新聞研究　（730）〔2012.5〕　p21～23
音好宏	デジタル化は放送を豊かにしたか : 「中身」問われる新サービスの未来像（地デジ完成後のメディア環境）：新聞研究　（730）〔2012.5〕　p31～34
上杉一紀	ポスト地デジへ越境する地方局 : 激変する時代に問われる雅量（地デジ完成後のメディア環境）：新聞研究　（730）〔2012.5〕　p12～15
佐野徹	次世代放送サービスのあり方とは : 生活者ニーズ満たすテレビ・ネットの協業（地デジ完成後のメディア環境）：新聞研究　（730）〔2012.5〕　p8～11
吉井勇	地デジと番組字幕とCM字幕 進んできた番組、CMの字幕化の実施環境 ローカルニュース生字幕システムで実績 キー局CM字幕の送出システム対応 次は経営陣の判断で！：New media　30（5）通号350　〔2012.5〕　p86～89
西正	地デジ本格稼動 : 放送と通信の連携に向けた時代（第58回）多チャンネル放送についての考え方：月刊放送ジャーナル　42（5）通号455　〔2012.6〕　p41～45
岡野恒, 杉本誠司, 片岡秀夫	民放連研所「民放のネット・デジタル関連ビジネス研究プロジェクト」報告会から 民放のネット関連事業の将来を展望る：月刊民放　42（6）通号492　〔2012.6〕　p32～37
後藤亘	連続インタビュー（4）地デジ化とは何だったのか 東京メトロポリタンテレビジョン 後藤亘さん：放送レポート　237号　〔2012.7〕　p8～13
西正	地デジ本格稼動 : 放送と通信の連携に向けた時代（第59回）アナログ跡地活用とモバイルデバイスの関係：月刊放送ジャーナル　42（6）通号456　〔2012.7〕　p59～63
井上弘	THE PERSON 日本民間放送連盟会長・TBSテレビ代表取締役会長 井上弘：ぎゃらく　（518）〔2012.8〕　p3～5
西正	地デジ本格稼動 : 放送と通信の連携に向けた時代（第60回）広告モデルについての再認識：月刊放送ジャーナル　42（7）通号457　〔2012.8〕　p47～51
片方善治	変貌する世界のメディア（384）有機ELテレビ時代の開幕とその舞台：月刊放送ジャーナル　42（7）通号457　〔2012.8〕　p40～43
吉次由美, 小林憲一	デジタル時代の「新しいテレビ」はどこに向かうのか : 世論調査「日本人とメディア」と業界アンケートから：放送研究と調査　62（8）通号735　〔2012.8〕　p2～25
斉藤正幸	変革期の世界の国際放送 : 効率化の中のメディア戦略（第1回）イギリスBBC：放送研究と調査　62（8）通号735　〔2012.8〕　p38～49
桧山珠美	シリーズ検証 ナマ放送のイマ 第1回 日本テレビ編：放送レポート　238号　〔2012.9〕　p2～6
松沢弘	フジ総会またも大荒れ―東電元社長が監査役留任―：放送レポート　238号　〔2012.9〕　p24～26
西正	地デジ本格稼動 : 放送と通信の連携に向けた時代（第61回）真のコンテンツ力とは：月刊放送ジャーナル　42（8）通号458　〔2012.9〕　p45～49
斉藤正幸	変革期の世界の国際放送 : 効率化の中のメディア戦略（第2回）ドイチェ・ベレ：放送研究と調査　62（9）通号736　〔2012.9〕　p34～45
西正	地デジ本格稼動 : 放送と通信の連携に向けた時代（第62回）ネットワークDVRの可能性：月刊放送ジャーナル　42（9）通号459　〔2012.10〕　p39～43
桧山珠美	シリーズ検証 ナマ放送のイマ 第2回 テレビ朝日編：放送レポート　239号　〔2012.11〕　p28～31
西正	地デジ本格稼動 : 放送と通信の連携に向けた時代（第63回）多チャンネル放送の動向とコンテンツのあり方について：月刊放送ジャーナル　42（10）通号460　〔2012.11〕　p51～55
吉田敏江	ローカル局も自信を持って海外展開を（特集 放送局の海外展開）：月刊民放　42（11）通号497　〔2012.11〕　p20～22
西正	地デジ本格稼動 : 放送と通信の連携に向けた時代（第64回）NOTTVをはじめとするモバイルデバイス向けコンテンツ配信について：月刊放送ジャーナル　42（11）通号461　〔2012.12〕　p55～59
新田哲郎	完全デジタル時代の公共放送の新しい使命 : フランステレビジョンのネット全面展開：放送研究と調査　62（12）通号739　〔2012.12〕　p60～68
吉田弘	（時事インタビュー）博報堂DYMPメディア環境研究所 吉田弘所長 メディア環境変化と視聴行動の実像～SNS連動新サービスモデルの可能性：放送界　No0201　〔2013〕
川崎二郎	自民党・情報通信戦略調査会 会長 川崎二郎（直撃インタビュー）政権復帰・動き出す放送行政 "空白の十年間" をどう埋めるのか？：放送界　No0203　〔2013〕
松本正之	（首脳インタビュー）NHK松本正之会長 放送と通信の連携は自然な流れ～Vロー参入・インフラ及端末課題：放送界　No0201　〔2013〕
原口一博	（直撃インタビュー）原口一博民主党衆院議員（元総務相）放送・通信融合時代～独占から分散型へ 変貌するジャーナリズムの在り様：放送界　No0200　〔2013〕
中村伊知哉	（特別インタビュー）コンテンツ軸に全産業連携の複合展開へ！ 中村伊知哉 慶應義塾大学教授：放送界　No0199

	〔2013〕
高橋健三郎	（特別インタビュー）日本が明るく元気な前進源 鍵はメディアと広告パワー アド協電波委員長 高橋健三郎：放送界 No0202 〔2013〕
吉崎正弘	（突撃インタビュー）ポスト地デジ（ラ）（テ）新時代に行政はどう動くか！ 総務省情報流通行政局長 吉崎正弘：放送界 No0202 〔2013〕
岡田勇, 棚田梓	地上デジタルテレビ放送の差別化要因としての放送倫理・番組向上機構：社会情報学 2(2)〔2013〕 p33～47
中村伊知哉	ポスト地デジのビジネスモデル構築好機か 特別インタビュー 中村伊知哉（慶應大学教授）放送各局独自経営判断で新環境活路へ：放送界 58(204)〔2013.夏季〕 p38～42
桧山珠美	シリーズ検証 ナマ放送のイマ 第3回 TBS編：放送レポート 240号 〔2013.1〕 p38～41
砂川浩慶	地デジ化とは何だったのか 連続インタビュー（5）広瀬道貞・元民放連会長：放送レポート 240号 〔2013.1〕 p12～16
西正	地デジ本格稼働：放送と通信の連携に向けた時代（第65回）ソーシャルと放送コンテンツの関係：月刊放送ジャーナル 43(1)通号462〔2013.1・2〕 p57～61
桧山珠美	シリーズ検証 ナマ放送のイマ 第4回 フジテレビ編：放送レポート 241号 〔2013.3〕 p38～42
加藤久晴	ドキュメンタリーならCATV！：放送レポート 241号 〔2013.3〕 p44～49
神余心	メディア激動時代（49）1位と2位統合で新局面迎えたCATV 「ユーザーメリット」は高まるか：エルネオス 19(3)通号220〔2013.3〕 p70～73
西正	地デジ本格稼働：放送と通信の連携に向けた時代（第66回）登場間近のHTML5：月刊放送ジャーナル 43(2)通号463〔2013.3〕 p51～55
山脇伸介	Creator's Voice @next TV CES2013で、テレビ屋はやべえ！ とさけぶ：調査情報. 第3期 （511）〔2013.3・4〕 p72～75
村上圭子	「これからのテレビ」を巡る動向を整理する： 2012年の取り組み・議論を中心に：放送研究と調査 63(3)通号742〔2013.3〕 p60～73
杉内有介	始まったドイツの新受信料制度： 全世帯徴収の「放送負担金」導入までの経緯と論点：放送研究と調査 63(3)通号742〔2013.3〕 p18～33
西正	地デジ本格稼働： 放送と通信の連携に向けた時代（第67回）ターゲットメディアに求められること：月刊放送ジャーナル 43(3)通号464〔2013.4〕 p39～43
西正	地デジ本格稼働： 放送と通信の連携に向けた時代（第68回）真の意味での連携とは：月刊放送ジャーナル 43(4)通号465〔2013.5〕 p47～51
大山勝美	ローカル局発番組の可能性： 『希望の翼』ができるまで：月刊民放 43(5)通号503〔2013.5〕 p26～29
天地諒	地上デジタル放送・成功の条件（132）硬派番組の60年：B-maga 12(5)通号132〔2013.5〕 p24～28
西正	地デジ本格稼働： 放送と通信の連携に向けた時代（第69回）脱デフレ期におけるメディアビジネスの考え方とは：月刊放送ジャーナル 43(5)通号466〔2013.6〕 p53～57
天池諒	地上デジタル放送・成功の条件（133）テレビ60年（4）視聴率と視聴者の60年：B-maga 12(6)通号133〔2013.6〕 p18～22
西正	地デジ本格稼働： 放送と通信の連携に向けた時代（第70回）アナログ跡地活用の動向：月刊放送ジャーナル 43(6)通号467〔2013.7〕 p57～61
村上圭子	「これからのテレビ」を巡る動向を整理する： 2013年1月―5月：放送研究と調査 63(7)通号746〔2013.7〕 p96～104
柴田厚	地域における公共放送の役割（第4回）アメリカ 多メディア時代に問われる役割：放送研究と調査 63(7)通号746〔2013.7〕 p82～95
天地諒	揺れる民放キー局のビジネスモデル：B-maga 12(7)通号134〔2013.7〕 p32～35
神余心	メディア激動時代（54）やっと見えてきた次世代テレビの大本命「スマートテレビ」はどこへ行く？：エルネオス 19(8)通号225〔2013.8〕 p60～63
古賀純一郎	英BBCリポート 1500億円を投入した新ニュースルームで目指すは世界最高の報道：ぎゃらく （530）〔2013.8〕 p42～45
西正	地デジ本格稼働： 放送と通信の連携に向けた時代（第71回）変革期を迎える放送業界：月刊放送ジャーナル 43(7)通号468〔2013.8〕 p59～63
天地諒	地上デジタル放送・成功の条件（134）テレビ60年（5）教育・幼児・こども番組：B-maga 12(8)通号135〔2013.8〕 p26～29
西正	地デジ本格稼働 放送と通信の連携に向けた時代（第72回）多様な表現方法や演出の見せどころ：月刊放送ジャーナル 43(8)通号469〔2013.9〕 p43～47
天地諒	地上デジタル放送・成功の条件（135）テレビ60年（6）民放テレビ開局：B-maga 12(9)通号136〔2013.9〕 p26～29
西正	地デジ本格稼働： 放送と通信の連携に向けた時代（第73回）スマートテレビの方向性：月刊放送ジャーナル 43(9)通号470〔2013.10〕 p41～45
天地諒	地上デジタル放送・成功の条件（136）テレビ60年（7）後退して行った番組群：B-maga 12(10)通号137〔2013.10〕 p26～29
伊東英朗	THE PERSON 南海放送テレビ局制作部ディレクター、映画監督 伊東英朗：ぎゃらく （533）〔2013.11〕 p3～5
西正	地デジ本格稼働： 放送と通信の連携に向けた時代（第74回）新たなサービス展開の課題：月刊放送ジャーナル 43(10)通号471〔2013.11〕 p51～55
天地諒	地上デジタル放送・成功の条件（137）テレビ60年（8）テレビCMと広告収入の60年：B-maga 12(11)通号138〔2013.11〕 p30～33
西正	地デジ本格稼働： 放送と通信の連携に向けた時代（第75回）通・放連携時代を迎え、改めてコンテンツ力の強化へ：月刊放送ジャーナル 43(11)通号472〔2013.12〕 p53～57
村上圭子	「これからのテレビ」を巡る動向を整理する： 2013年5月―10月：放送研究と調査 63(12)通号751〔2013.12〕 p34～53
天地諒	地上デジタル放送・成功の条件（138）テレビ60年（終）次の60年に向けて：B-maga 12(12)通号139〔2013.12〕 p30～33

永野健二	永野健二 BSジャパン社長（3大スペシャルインタビュー）HD体制下BS存在感更に拡大 日経連携強化具現の新報道番組：放送界　No0205　〔2014〕
高橋健三郎	高橋健三郎 アド協電波委員長（3大スペシャルインタビュー）最大メディアテレビへの期待激変 "倍返し"のパワーと率より層重視 位置付け再定義で元気になる局はどこか？：放送界　No0205　〔2014〕
赤座弘一	赤座弘一 BS日テレ社長（首脳インタビュー）地上波と連携棲み分けの今後と限界 本社汐留移転しマスター共存へ：放送界　No0204　〔2014〕
川崎二郎	川崎二郎 衆議院議員 自民党情報通信戦略調査会会長（特別インタビュー）新設放送小委で山積懸案 "交通整理" に大ナタ！ テレビはどうなるかタブレット時代の受信料・広告：放送界　No0206　〔2014〕
中村伊知哉	中村伊知哉 慶応大学教授（特別インタビュー）ポスト地デジのビジネスモデル構築好機か 放送各局独自経営判断で新環境活路へ：放送界　No0204　〔2014〕
福岡徹	福岡 徹 総務省情報流通行政局長（3大スペシャルインタビュー）放送と通信の今後・ラジオ・テレビ再編在り様は？ スマートテレビ・4K・8K行方 山積の行政課題認定持株会社制度見直し等：放送界　No0205　〔2014〕
出田稔	多チャンネル放送サービスの今後を接触視点から見たら：放送界　59（208）〔2014.夏季〕　p88～92
出田稔	有料多チャンネル放送サービスの将来は：放送界　59（209）〔2014.秋季〕　p88～92
西正	地デジ本格稼働： 放送と通信の連携に向けた時代（第76回）本格到来する4Kコンテンツの時代：月刊放送ジャーナル　44（1）通号473　〔2014.1・2〕　p53～57
天地諒	地上デジタル放送・成功の条件（139）2013年を振り返ってみた！：B-maga　13（1）通号140　〔2014.1〕　p26～29
天地諒	地上デジタル放送・成功の条件（140）2014年を展望してみた！ ：多元多次方程式の時代：B-maga　13（2）通号141　〔2014.2〕　p32～35
西正	地デジ本格稼働： 放送と通信の連携に向けた時代（第77回）4K試験放送に向けた意気込み：月刊放送ジャーナル　44（2）通号474　〔2014.3〕　p57～61
片野利彦	2013年の放送界概観：ジャーナリズム＆メディア ： 新聞学研究所紀要　（7）〔2014.3〕　p357～359
沼野修一, 上野淳, 筬島一也	熊本放送（特集 テレビ60年 地域と民放）：ジャーナリズム＆メディア ： 新聞学研究所紀要　（7）〔2014.3〕　p81～94
金井宏一郎, 小川浩一	中国放送（特集 テレビ60年 地域と民放）：ジャーナリズム＆メディア ： 新聞学研究所紀要　（7）〔2014.3〕　p69～79
大西康司	南海放送 地域を見つめ、地域と生きる ： ローカル番組の現場から（特集 テレビ60年 地域と民放）：ジャーナリズム＆メディア ： 新聞学研究所紀要　（7）〔2014.3〕　p33～49
糠澤修一, 佐幸信介, 矢部久美子	福島テレビ（特集 テレビ60年 地域と民放）：ジャーナリズム＆メディア ： 新聞学研究所紀要　（7）〔2014.3〕　p51～68
溝口博史	北海道放送 地域に根ざし世界にはばたく（特集 テレビ60年 地域と民放）：ジャーナリズム＆メディア ： 新聞学研究所紀要　（7）〔2014.3〕　p11～32
天地諒	地上デジタル放送・成功の条件（141）テレビ広告市場最前線：B-maga　13（3）通号142　〔2014.3〕　p26～29
西正	地デジ本格稼働： 放送と通信の連携に向けた時代（第78回）進化し始めたハイブリッドキャスト：月刊放送ジャーナル　44（23ママ）〔2014.4〕　p39～43
金野千里	サイバーセキュリティの脅威と対策 ： 標的型攻撃に対する取り組み（特集 放送局の情報セキュリティー民放連「情報セキュリティ対策に関する説明会」（2014年2月7日）から）：月刊民放　44（4）通号514　〔2014.4〕　p30～35
有村浩一	情報セキュリティの脅威の動向 ： 2013年を振り返る（特集 放送局の情報セキュリティー民放連「情報セキュリティ対策に関する説明会」（2014年2月7日）から）：月刊民放　44（4）通号514　〔2014.4〕　p26～29
熊谷洋	ドイツの放送負担金制度導入から1年 ： 経過報告と論点：放送研究と調査　64（4）通号755　〔2014.4〕　p60～66
酒井彰, 小牧次郎	対談 有料放送のあるべき姿（第1回）「テレビ」を上げる "有料放送" を上げる：B-maga　13（4）通号143　〔2014.4〕　p74～77
天地諒	地上デジタル放送・成功の条件（142）春編成と視聴率（上）：B-maga　13（4）通号143　〔2014.4〕　p33～35
西正	地デジ本格稼働 ： 放送と通信の連携に向けた時代（第79回）4K放送開始に向けた動き：月刊放送ジャーナル　44（4）通号476　〔2014.5〕　p45～49
斉藤正幸	変革を迫られるアメリカの政府系国際放送：放送研究と調査　64（5）通号756　〔2014.5〕　p2～15
酒井彰, 渡辺一正	対談 有料放送のあるべき姿（第2回）商品論とサービス論をもっと追求すること：B-maga　13（5）通号144　〔2014.5〕　p68～71
西正	地デジ本格稼働 ： 放送と通信の連携に向けた時代（第80回）次世代放送推進フォーラムも着々前進：月刊放送ジャーナル　44（5）通号477　〔2014.6〕　p51～55
佐々木俊尚	テレビとネットの接近は何をもたらすか ： プラットフォーマーへの意識改革を（特集 動画配信サービスの行方）：月刊民放　44（6）通号516　〔2014.6〕　p34～37
酒井彰, 小林智	対談 有料放送のあるべき姿（第3回）立体的、連続的サービスを一緒に提案していく：B-maga　13（6）通号145　〔2014.6〕　p74～77
天地諒	地上デジタル放送・成功の条件（シリーズ144）ドラマの視聴率は予測できる!?：B-maga　13（6）通号145　〔2014.6〕　p18～21
西正	地デジ本格稼動 ： 放送と通信の連携に向けた時代（第81回）幅広に考えられる4K放送の伝送路：月刊放送ジャーナル　44（6）通号478　〔2014.7〕　p51～55
柴田厚	デジタル時代のアメリカ公共放送ニュースの行方 ： "PBS NewsHour" 刷新の取り組みを中心に：放送研究と調査　64（7）通号758　〔2014.7〕　p68～81
岩井俊二, 酒井彰	対談 有料放送のあるべき姿（第4回）趣味性を高めつつ、エンターテイメント性を担保できるか：B-maga　13（7）通号146　〔2014.7〕　p100～103
天地諒	地上デジタル放送・成功の条件（145）メディアは数字で出来ている（1）テレビ局の広告収入：B-maga　13（7）通号146　〔2014.7〕　p28～30
奥律哉	電通総研メディアインサイトメモ（51・最終回）放送はデジタル化によってネット普及にどのように対応してきたのか？ ： 4年間を振り返る：New media　32（7）通号376　〔2014.7〕　p75～77
西正	地デジ本格稼動 ： 放送と通信の連携に向けた時代（第82回）スマートテレビの現状認識：月刊放送ジャーナル　44（7）通号479　〔2014.8〕　p63～67

吉岡忍, 酒井彰	対談 有料放送のあるべき姿（第5回）オリジナル番組はステーションの意思表明：B-maga　13（8）通号147〔2014.8〕p92〜95
天地諒	地上デジタル放送・成功の条件（146）メディアは数字で出来ている（2）テレビ局の広告外収入：B-maga　13（8）通号147〔2014.8〕p32〜34
西正	地デジ本格稼働 ： 放送と通信の連携に向けた時代（第83回）制度・政策の方向性：月刊放送ジャーナル　44（8）通号480〔2014.9〕p55〜59
岩崎達也	地域活性化装置としての地方テレビ局の役割：文化経済学　11（2）通号37〔2014.9〕p35〜46
村上圭子	「これからのテレビ」を巡る動向を整理する（Vol.4）2013年10月─2014年7月：放送研究と調査　64（9）通号760〔2014.9〕p18〜38
天地諒	地上デジタル放送・成功の条件（147）メディアは数字で出来ている（3）BSデジタルと4K：B-maga　13（9）通号148〔2014.9〕p32〜35
西正	地デジ本格稼働 ： 放送と通信の連携に向けた時代（第84回）4Kコンテンツを楽しめる時期：月刊放送ジャーナル　44（9）通号481〔2014.10〕p41〜45
天地諒	地上デジタル放送・成功の条件（148）“有料×無料”コラボの可能性：B-maga　13（10）通号149〔2014.10〕p28〜31
西正	地デジ本格稼働 ： 放送と通信の連携に向けた時代（第85回）シニア層の取り組みが市場拡大の鍵に：月刊放送ジャーナル　44（10）通号482〔2014.11〕p61〜65
天地諒	地上デジタル放送・成功の条件（149）メディアは数字で出来ている（4）14年度秋編成と視聴率：B-maga　13（11）通号150〔2014.11〕p28〜31
西正	地デジ本格稼働 ： 放送と通信の連携に向けた時代（第86回）4K・8Kのコンテンツ動向：月刊放送ジャーナル　44（11）通号483〔2014.12〕p55〜59
小杉善信, 鈴木祐司	メディア企業の経営ビジョン（第1回）日本テレビ放送網（株）視聴者の中に体内タイムテーブルが自然と生まれることが望ましい：B-maga　13（12）通号151〔2014.12〕p18〜21
天地諒	地上デジタル放送・成功の条件（150）メディアは数字で出来ている（5）決算内容と放送実績の関係：B-maga　13（12）通号151〔2014.12〕p42〜45
井上弘	井上弘 民放連会長（トップインタビュー）テレビがテレビでなくなる日 曲がり角の業界・新事業モデル模索：放送界　No0207〔2015〕
三友仁志	三友仁志 早稲田大学教授（特別インタビュー）ネット・アプリ・データによる新サービス創出 2020年のICT・メディア活用社会：放送界　No0208〔2015〕
須藤修	須藤修 次世代放送推進フォーラム理事長（直撃インタビュー）放送文化活性化・技術革新推進を〜新ビジネスモデル構築・他メディア連携の道：放送界　No0209〔2015〕
南俊行	南俊行 総務省政策統括官・情報通信担当（直撃インタビュー）どうなる4K・ネット・海外展開・Vロー事業性 環境大変容下における放送行政の新指針は？：放送界　No0208〔2015〕

〔図書〕

島崎憲一	英国の放送とその独占形態　朝日新聞社　1952　213p　25cm　（朝日新聞調査研究室報告社内用 第32）
	民間放送と公共番組　日本民間放送連盟　1953.6　16p　19cm　非売品
	民間放送の社会への貢献　日本民間放送連盟　1953.6　13p　19cm　非売品
	国際連合教育科学文化機関, 日本放送協会　世界のテレビジョン─1955　ラジオサービスセンター　1955.3　251p　19cm
野田秀春	百万人のテレビ読本　旺文社　1958　197p　18cm
溝上鉦	日本のテレビジョン─その生立ちと未来　日本放送出版協会　1964　208p 図版　18cm　（NHKブックス）
瓜生忠夫	放送産業─その日本における発展の特質性　法政大学出版局　1965　299p 図版　22cm
後藤和彦	放送編成・制作論　岩崎放送出版社　1967　218p　22cm　1000円　（放懇シリーズ 1）
加藤亀吉	テレビジョン放送局の展望　兼六館出版　1968　111p　22×30cm　1300円
左藤恵	放送局開設と運営の手引き　電波タイムス社　1968　687, 42p　22cm　2300円
	日本民間放送連盟放送研究所　民放における人間像の形成─民放研究所の5年のあゆみ 1962-67　日本民間放送連盟放送研究所　1968　122p　21cm
	テレビをめぐる技術革新─テレビはどう変ってゆくか, 中─長期的な見通し　日本民間放送連盟放送研究所　1968.4　65p　25cm　（放研資料 no.30）
仙台放送	仙台放送　仙台放送　1969　99p（図版共）　27cm
Martin, Leo, A., Quaal, Ward, L., 白根孝之, 堀直行　放送産業論　岩崎放送出版社　1969　322p　22cm　2000円　（放送論双書 8）
池田亀寿, 竹下彊一　テレビ制作─ビデオの知識とつくり方　オーム社　1971　198p 図　21cm　1600円
読売テレビ放送株式会社　アメリカのテレビ 2 番組編　読売テレビ放送　1972　446p　21cm　2000円　（YTV・report・シリーズ 7）
Sappak, Vladimir., 久東弥太　テレビとの対話　岩崎放送出版　1972.11　337p　19cm　980円
ニッポン放送, 赤林隆仁, 野口実　世界の放送─BCLのすべて　国際コミュニケーションズ　1975　229p　19cm　840円
志賀信夫	民放よ変身せよ！　電波新聞社　1975　283p　19cm　950円
岡田みゆき, 富士正晴　ある地方民間放送　出版　1976　157p　16cm　500円
角間隆	これがテレビだ─TVに映らないTVの話　講談社　1978.6　306p　18cm　680円　（Big backs）
山口秀夫	アメリカの三大TVネットワーク　教育社　1979.7　150p　18cm　400円　（入門新書─時事問題解説 no0264）
大槻きよし, 野田一郎　テレビとラジオのはなし　ポプラ社　1980.4　110p　22cm　900円　（新・おはなし社会科 19）
青木貞伸	東京放送─民放界のチャンピオン　朝日ソノラマ　1980.4　176, 13p　18cm　580円　（ザ・会社シリーズ 21）
落合孝幸	日本のテレビ企業─ブラウン管の奥の人間ドラマ　実業之日本事業出版部　1980.6　398p　19cm　1200円
青木貞伸	日本の民放ネットワーク─JNNの軌跡　JNNネットワーク協議会　1981.3　243p　20cm　非売品
	放送経営比較研究会　放送業界主要11社の経営比較─200項目経営比較資料　教育社　1981.4　267p　21cm　3000円　（資料産業界シリーズ─会社全資料 27）
	放送文化基金　地方の時代と放送─放送文化基金・研究報告会から　放送文化基金　1981.7　195p　19cm

放送ジャーナリズム　　　　　　　　ジャーナリズム

中山章　　ラジオ・テレビのABC　改訂2版　オーム社　1982.3　158p　21cm　2000円

放送批評懇談会　CATVの時代―第3の映像文化を探る　紀尾井書房　1982.6　351p　20cm　2800円

石井清司　ドキュメント現代放送界　part 2　テレビの原点　理想出版社　1982.11　222p　19cm　1300円　（現代情報双書 8）

日本放送協会　放送衛星技術　日本放送出版協会　1982.11　278p　22cm　4400円　（放送技術双書 14）

日本放送協会　放送におけるディジタル技術　日本放送出版協会　1982.12　344p　22cm　4900円　（放送技術双書 8）

日本語教育学会　日本の放送　日本語教育学会　1983.3　52p　26cm　（日本事情シリーズ）

石井清司　現代の放送　2　TVの世界　理想出版社　1983.7　222p　20cm　1400円　（マスコミシリーズ 10）

大分放送　県民放送の旗印のもとに―大分放送三十年の歩み　大分放送　1983.10　501p　26cm

志賀信夫　CATVビジネス―最前線からの報告　ダイヤモンド社　1983.11　193p　19cm　1000円

放送衛星システムの現状と将来動向分析　上　BS-2, BS-3をめぐる最新動向を探る　シード・プランニング　1983.12　135枚　30cm　68000円　（ニューメディアシリーズ no.3）

山川正光　図解ニューメディア読本　オーム社　1984.5　167p　21cm　1500円

小中陽太郎　不思議の箱のテレビ考―戦後世代の芸能史　駸々堂出版　1984.6　307p　19cm　1400円

Millerson, Gerald., 日本映画テレビ技術協会　図解テレビ制作ハンドブック　オーム社　1985.1　459p　27cm　5900円

旺文社　テレビと放送局　旺文社　1985.2　63p　31cm　2500円　（図説・日本の技術と社会）

宇宙通信政策懇談会　衛星放送の新たな展開　〔宇宙通信政策懇談会〕　1986　181p　26cm

野崎茂　放送業界　〔新版〕　教育社　1986.1　338p　18cm　1500円　（教育社新書―産業界シリーズ 439）

郵政省　本格的衛星時代のCATV―スペース・ケーブルネットの普及促進に関する調査研究報告　電気通信振興会　1986.10　116p　26cm　1500円

広瀬英彦　現代放送キャンペーン論　学文社　1987.4　167p　22cm　2000円

CATV技術研究会　衛星放送時代のCATV　ぎょうせい　1987.7　354p　22cm　2300円

日本民間放送連盟放送研究所　放送産業―21世紀への展望　番組/経営/視聴者　東洋経済新報社　1987.7　299p　21cm　2700円

鈴木一郎　衛星放送がスグよくわかる　デジタルネットワーク　1988.6　200p　19cm　980円　（AVブックシリーズ 1）

黒川湛　衛星放送の時代　日本電気文化センター　1988.9　148p　18cm　900円　（C&C文庫 19）

リックニューメディア研究会　テレビ新世代クリアビジョン全解剖　リック　1988.10　143p　19cm　1000円

塩野充　衛星放送とハイビジョン　オーム社　1988.11　111p　21cm　1700円

小山賢二, 小野義一, 長坂進夫, 渡辺詔二　現代テレビ・放送技術　オーム社　1989.2　188p　22cm　2800円

沢辺栄一　新しい放送技術　オーム社　1989.5　132p　19cm　1236円　（新Ohm文庫）

原信郎, 森本真章　検証モスクワ放送―対日世論工作の実態　日本向け日本語放送　世界日報社　1989.6　144p　19cm　1000円

小田桐誠　テレビ局24時―メディアに賭ける人びと　日本放送出版協会　1989.6　229p　19cm　1300円

斎藤守慶　放送新時代―「星の時代」への挑戦　ティビーエス・ブリタニカ　1989.11　238p　20cm　1500円

白川通信　衛星放送とハイビジョン―テレビ革命が始まった　教育社　1990.5　286p　18cm　980円　（Trend books 112）

野村秀和　日本テレビ・朝日放送―マスコミの社会的影響と責任　大月書店　1990.8　227p　19cm　1400円　（日本のビッグ・ビジネス 2）

松平恒, 北谷賢司　アメリカのケーブルテレビ　電通　1991.11　184p　21cm　2300円

松平恒, 須藤春夫, 中森謹重, 服部孝章　多メディア状況を読む　大月書店　1992.4　215p　21cm　1800円

小田桐誠　フジテレビはなぜ強いのか―テレビ界の内幕　アイペックプレス　1992.4　63p　17cm　250円　（News package chase 100）

Levy, Jonathan, D., Setzer, Florence., 立石直　地上波メディアの危機―多チャンネル化市場におけるテレビ放送　ぎょうせい　1992.7　199p　19cm　2000円

小田桐誠　番組を牛耳る怪物たち―テレビ界の内幕　アイペックプレス　1992.7　63p　17cm　250円　（News package chase 105）

志賀信夫　BS・CS衛星放送新時代―衛星がまき起こす新情報産業革命　電波新聞社　1992.8　225p　19cm　1400円

アジアプレスインターナショナル　アジアTV革命―国境なき衛星放送新時代の幕開け　三田出版会　1993.1　227p　21cm　2000円

島崎哲彦　「CATV」と「CS系放送」の発展と展望―「多チャンネル化」と「専門チャンネル化」の時代を迎えて　学文社　1993.3　196p　22cm　2500円

日本民間放送連盟　多チャンネル化とソフト供給システムの国際比較―チャンネル構造論の構築に向けて　日本民間放送連盟研究所　1993.3　77p　26cm　（媒体力総合研究 4）

日本民間放送連盟　民放における調査・研究活動の推移と展望―経営・法制・視聴者・番組・マーケティングの動態をさぐる　民放40年　日本民間放送連盟研究所　1993.4　283p　26cm

隅井孝雄　アメリカ・TVスコープ　リベルタ出版　1993.5　278p　19cm　1700円　（Libertà media series 7）

Gilder, George, 森泉淳　テレビの消える日　講談社　1993.5　163p　20cm　1500円

志賀信夫　衛星放送の越境と自由化―アジアの衛星放送の新動向　電波新聞社　1993.7　303p　19cm　1500円

東京大学社会情報研究所, 東京大学新聞研究所　多チャンネル化と視聴行動―日本・アメリカ・イギリスのCATV加入者の研究　東京大学出版会　1993.7　411p　22cm　9270円

電波監理審議会　衛星放送の将来ビジョン―電波監理審議会答申・放送衛星3号後継機の段階における衛星放送の在り方　ぎょうせい　1993.10　164p　21cm　2500円

新時代における放送産業の在り方に関する懇談会　新時代における放送産業の在り方に関する懇談会中間とりまとめ　〔新時代における放送産業の在り方に関する懇談会〕　1994.2　1冊　30cm

所雅彦　北海道民放論　エフ・コピント富士書院　1994.3　239p　21cm　1800円

ぎょうせい総合研究所　気軽に読めるCATVのすべて　ぎょうせい　1994.5　207p　19cm　1500円

電通総研　デジタル放送の時代―放送システムのインテリジェント化に向けて　日刊工業新聞社　1994.6　179p　21cm　2600円

日本民間放送連盟　多チャンネル時代の放送ソフト―民放番組の制作・流通・受容の現状　中間報告書　日本民間放送連盟研究所　1994.8　178p　26cm　（放送ソフト総合研究 1）

志賀信夫　国際化時代の世界のテレビ　丸善　1994.10　311p　19cm　1800円　（丸善ブックス 11）

ジャーナリズム　　　　　　　　　　　　　　　　　　　　　　放送ジャーナリズム

小田桐誠　　テレビ業界の舞台裏　三一書房　1994.10　277p　19cm　900円　（三一新書）
平本厚　　日本のテレビ産業―競争優位の構造　ミネルヴァ書房　1994.10　338p　22cm　4000円
マルチメディア政策研究会　日米欧マルチメディア政策―徹底検証　クリエイト・クルーズ　1994.12　267p　21cm　2300円
坂本勝　　BBCの挑戦　日本放送出版協会　1995.3　285p　20cm　1800円
マルチメディア時代における放送の在り方に関する懇談会　放送革命―デジタル放送がマルチメディアを拓く　日刊工業新聞社
　　　　1995.5　157p　21cm　2200円
島崎哲彦　21世紀の放送とマルチ・メディア化　学文社　1995.10　253p　22cm　2884円
森朗, 大月富美子　早わかり！テレビ局のしくみ　集英社　1996.4　175p　23cm　1200円　（集英社版・学習漫画）
南条岳彦　メディアのしくみ―新聞に制圧される地方テレビ局　明石書店　1996.6　199p　20cm　2060円
小田桐誠　ドキュメントメディアマップ―デジタル・多チャンネルへの地殻変動　社会思想社　1996.7　416p　15cm　980円
　　　　（現代教養文庫 1585）
湯浅正敏　デジタル放送のことがわかる本　日本実業出版社　1996.9　213p　19cm　1300円
岩淵明男　双方向都市型CATVがみえる本　オーエス出版　1996.11　293p　19cm　1600円
西沢台次, 田崎三郎　ディジタル放送　オーム社　1996.11　239p　21cm　3399円　（先端技術の手ほどきシリーズ）
笠原唯央　テレビ業界の人びと―視聴率至上主義の内情とプロダクションの悲喜劇　日本実業出版社　1996.11　205p　18cm
　　　　880円　（エスカルゴ・ブックス）
竹島慎一郎　テレビはインターネットの夢を見るか　アスキー　1997.2　303p　19cm　1437円
多チャンネル時代における視聴者と放送に関する懇談会　放送多チャンネル時代―視聴者中心の放送に向けて　日刊工業新聞社
　　　　1997.2　123p　21cm　2266円
西正　　放送ビッグバン―ソフトビジネス大競争時代の夜明け　日刊工業新聞社　1997.4　221p　19cm　1400円＋税
　　　　（B&Tブックス）
郵政研究所, 郵政省郵政研究所　有料放送市場の今後の展望　日本評論社　1997.4　209p　22cm　3400円＋税　（郵政研究所研究
　　　　叢書）
小島郁夫　放送・通信業界再編地図―ついに動き始めた21世紀のビッグビジネス　ぱる出版　1997.5　223p　19cm　1400円＋
　　　　税
佐々木一朗　多チャンネル放送時代―大激動の構図 激変するメディア状況拡大するビジネスチャンス　ダイヤモンド社　1997.6
　　　　192p　21cm　1900円
西正, 野村敦子　多チャンネル放送の衝撃―デジタルで変わる、ベンチャーが変える　中央経済社　1997.9　199p　21cm　2400円
河村正行　デジタル放送の幕開け―放送界のビッグバン!! 21世紀のテレビはこうなる!!　電波新聞社　1997.10　160p　21cm
　　　　1429円
日本民間放送連盟　民放エリア別収益動向と多局化の影響　1997年度版　日本民間放送連盟研究所　1997.10　129p　30cm
島崎哲彦　21世紀の放送を展望する―放送のマルチ・メディア化と将来の展望に関する研究　学文社　1997.10　353p　22cm
　　　　3500円
映像メディア研究会　裏から見たテレビ業界　エール出版社　1997.11　186p　19cm　1400円　（Yell books）
川竹和夫, 門奈直樹　デジタル時代の放送を考える―制度・倫理・報道 日英放送フォーラム記録　学文社　1997.11　213p
　　　　21cm　2000円
西正　　図説放送はどうなる！―放送ビッグバンの衝撃　ダイヤモンド社　1998.3　229p　19cm　1400円
小田桐誠　テレビ界のヒットメーカー　三一書房　1998.4　253p　19cm　2000円
ウノカマキリ, 小西聖一　テレビ局　岩崎書店　1998.4　39p　27cm　2400円　（くらしをまもる・くらしをささえる 校外学習
　　　　10）
羽豆成二　放送局　リブリオ出版　1998.4　38p　27cm　2500円　（写真でわかる小学生の社会科見学―みぢかなくらしと地方
　　　　行政 第8巻）
西正　　放送ビッグバン第二波―キー局新戦略の衝撃　日刊工業新聞社　1998.6　223p　19cm　1400円　（B&Tブックス）
羽鳥光俊, 塩見正　ディジタル放送　オーム社　1998.7　294p　22cm　4800円　（ウェーブサミット講座）
日本民間放送連盟　デジタル時代の民放経営―2010年に向けた経営対応策を探る　日本民間放送連盟・研究所　1998.7　135p
　　　　30cm
西正　　図解放送業界ハンドブック　東洋経済新報社　1998.10　213p　21cm　1600円
石井清司　日本の放送をつくった男―フランク馬場物語　毎日新聞社　1998.10　222p　19cm　1500円
隈部紀生, 志賀信夫　デジタルHDTVの時代―ハイビジョン・ルネッサンス　日本放送出版協会　1998.11　243, 11p　22cm
　　　　2600円
国際通信経済研究所　放送の多チャンネル化とエスニック放送メディアの可能性　国際通信経済研究所　1998.12　418p　30cm
　　　　（RITE 97-J02）
西正　　テレビが変わる！　ごま書房　1999.2　237p　19cm　1300円
高度情報化推進協議会　地上波デジタル放送のマルチメディア実験に関する基礎調査―大阪・関西の情報発信機能の強化をめざ
　　　　して　高度情報化推進協議会　1999.3　20, 26p　30cm
西正　　新たなメディアの誕生―放送ビッグバン　日刊工業新聞社　1999.5　221p　19cm　1500円　（B&Tブックス）
西正, 野村敦子　デジタル放送―何を見る、何で見る　中央経済社　1999.6　264p　19cm　1800円
Hwang, J.J., Rao, K.R., 安田浩, 藤原洋　デジタル放送・インターネットのための情報圧縮技術　共立出版　1999.6　415p
　　　　28cm　5900円
国際通信経済研究所　デジタル時代の放送メディア―制度改革と産業再編の行方　国際通信経済研究所　1999.12　126p　30cm
　　　　（RITE 98-J07）
志賀信夫　デジタル時代の放送革命―メディアアクセスを推進しよう　源流社　2000.3　171p　19cm　1300円
活年情報研究会　どうなってるの「デジタル放送」・新聞等による「情報整理・分類・分析」―ちょっとマッタ！　活年らいふの
　　　　会　2000.3　97p　19cm　非売品
西正　　放送デジタル化の功罪　中央経済社　2000.3　221p　19cm　1400円　（CK books）
月刊ニューメディア編集部　デジタル公共放送論―NHK会長海老沢勝二が語る　ニューメディア　2000.4　242p　20cm　2000円
西正　　デジタル放送元年　日刊工業新聞社　2000.4　223p　19cm　1500円　（B&Tブックス―放送ビッグバン 4）
辛坊治郎　TVメディアの興亡―デジタル革命と多チャンネル時代　集英社　2000.4　222p　18cm　660円　（集英社新書）

453

放送ジャーナリズム　　　　　　　ジャーナリズム

西正　　　　　衛星放送とケーブルテレビ—双方向メディアがビジネスを変える　中央経済社　2000.8　203p　19cm　1400円
　　　　　　　（CK books）
西正　　　　　「図解」わかる！　デジタル放送—デジタル放送が生活やビジネスを変える　ダイヤモンド社　2000.10　177, 11p
　　　　　　　21cm　1600円
吉野武彦，久保田啓一，今西正徳，福井一夫　デジタル放送がわかる本　オーム社　2000.11　204p　19cm　1200円　（なるほど
　　　　　　　ナットク！）
本格ブロードバンド時代の衛星・ケーブルテレビ市場動向と将来展望　2001年版　シード・プランニング　2000.11　203p
　　　　　　　30cm　95000円　（シード・プランニングの専門マーケティング資料）
遠藤敬二，泉武博　放送衛星の基礎知識—BSデジタル放送を中心として　兼六館出版　2001.1　416p　21cm　2900円
河村正行　　　デジタル放送がわかる本—BS、CS、地上波放送テレビ放送はデジタル時代に突入！　放送界のビッグバン!!　増補
　　　　　　　改訂版　オクムラグラフィックアーツ　2001.2　213p　21cm　1524円
西正　　　　　衛星放送新時代　日刊工業新聞社　2001.3　254p　19cm　1500円　（B&Tブックス—放送ビッグバン 5）
全国消費生活相談員協会　デジタル時代テレビが変わる　全国消費生活相談員協会　2001.3　78p　26cm　600円　（ブックレッ
　　　　　　　トシリーズ 51）
久野古夫　　　テレビ人生一筋—技術者の65年　日経BP企画　2001.3　509p　20cm　1600円
林茂樹　　　　日本の地方CATV　中央大学出版部　2001.3　247p　22cm　2900円　（中央大学社会科学研究所研究叢書 9）
美ノ谷和成　　放送メディアの送り手研究　増補版　学文社　2001.3　345p　22cm　3600円
Brinkley, Joel，浜野保樹，服部桂　デジタルテレビ日米戦争—国家と業界のエゴが「世界標準」を生む構図　アスキー　2001.4
　　　　　　　457p　22cm　2800円
メディア総合研究所　スポーツ放送権ビジネス最前線　花伝社　2001.5　81p　22cm　800円　（メディア総研ブックレット no.5）
須藤春夫　　　デジタル放送で何が起こるか　大月書店　2001.5　195p　21cm　2400円
西正　　　　　デジタル放送イロハのイ—テレビが50倍おもしろくなる!!　日刊工業新聞社　2001.7　239p　19cm　1300円
　　　　　　　（B&Tブックス）
西正　　　　　見える！　わかる！　デジタル放送　エクスメディア　2001.9　203p　21cm　1600円　（超図解ビジネス—メディア
　　　　　　　シリーズ）
西正　　　　　今のテレビが使えなくなる日—放送デジタル化の真相を追う　日本実業出版社　2001.10　246p　20cm　1500円
西正　　　　　デジタル放送革命—テレビが生活、ビジネスを一変させる!?　プレジデント社　2001.11　258p　19cm　1500円
映像情報メディア学会　デジタル放送局システムのしくみ　オーム社　2001.11　201p　21cm　2800円
西正　　　　　テレビメディア最前線　中央経済社　2001.11　247p　19cm　1900円　（CK books）
脇浜紀子　　　テレビ局がつぶれる日　東洋経済新報社　2001.12　270p　19cm　1500円
小田久栄門　　テレビ戦争勝組の掟—仕掛人のメディア構造改革論　同朋舎　2001.12　215p　20cm　2000円
西正，湯浅正敏　放送vs通信—どうなるメディア大再編　日本実業出版社　2001.12　269p　21cm　1500円
ネットワーク局日経ニューメディア　地上波放送ディジタル化最前線　日経BP社　2002　419p　28cm　27619円　（日経ニュー
　　　　　　　メディア別冊—ディジタルテレビ 2003）
西正，野村敦子　図解ケーブルテレビのすべて　東洋経済新報社　2002.3　169p　21cm　1500円
NHK受信技術センター　デジタル時代のケーブルテレビ—デジタル放送から未来ネットワークに向けて　日本放送出版協会
　　　　　　　2002.5　142p　21cm　1300円
西正　　　　　デジタル放送10の論点　中央経済社　2002.6　195p　19cm　1600円　（CK books）
日本民間放送連盟　21世紀の新放送ビジョン　日本民間放送連盟・研究所　2002.6　113p　30cm
石光勝　　　　テレビ局が潰れた日　アートデイズ　2002.7　235p　20cm　1800円
地上波ディジタル始動—変わる業界勢力図　日経BP社　2003　368p　28cm　27619円　（日経ニューメディア別冊—ディジタル
　　　　　　　テレビ 2004）
簔葉信弘　　　BBCイギリス放送協会—パブリック・サービス放送の伝統　第2版　東信堂　2003.1　266p　20cm　2500円
花村剛，亀山渉　ディジタル放送教科書—MPEG-7/MPEG-21/TV-Anytime　下　IDGジャパン　2003.2　277p　26cm　3200円
　　　　　　　（IDG情報通信シリーズ）
NHK受信技術センター　知っておきたい地上デジタル放送—テレビ新時代　日本放送出版協会　2003.3　189p　21cm　1500円
NHK放送文化研究所メディア経営部　テレビを超えるテレビ—世界のデジタル放送　日本放送出版協会　2003.4　258p　19cm
　　　　　　　1700円
西正　　　　　迷走するデジタル放送—明日を見通す12の論点　日刊工業新聞社　2003.4　196p　21cm　1600円　（B&Tブックス）
西正　　　　　メディアの黙示録—テレビ局再編！　テレビネットワーク崩壊の予言　角川書店　2003.4　222p　19cm　1500円
映像情報メディア学会，山田宰　デジタル放送ハンドブック　オーム社　2003.6　506p　27cm　16000円
碓井広義　　　テレビの教科書—ビジネス構造から制作現場まで　PHP研究所　2003.6　207p　18cm　700円　（PHP新書）
神島治美　　　地上デジタル放送のすべて—技術開発から実験・実施までを追う　電波新聞社　2003.7　343p　21cm　2000円
総務省　　　　地上デジタル放送の開始に向けて—技術の概要と今後の課題　[総務省]　2003.9　1冊　30cm　（ITU-R
　　　　　　　基本問題研究会資料§ITU-R（無線通信）研究会資料　第246回§第231回）
河合直樹　　　デジタル放送—統一された放送のしくみ　裳華房　2003.10　147p　21cm　2700円　（NetComライブラリ）
山田宰　　　　放送システム　コロナ社　2003.10　312p　22cm　4400円　（映像情報メディア基幹技術シリーズ 4）
鈴木健二　　　地方テレビ局は生き残れるか—地上波デジタル化で揺らぐ「集中排除原則」　日本評論社　2004.3　246p　19cm
　　　　　　　1900円
総務省　　　　地上デジタル放送の携帯端末向け放送サービス—放送と通信の連携へ向けて　[総務省]　2004.4　20p　30cm
　　　　　　　（ITU-R（無線通信）研究会資料　第237回）
西正　　　　　放送業界大再編—デジタル放送が巻き起こす地殻変動　日刊工業新聞社　2004.6　210p　21cm　1400円　（B&T
　　　　　　　ブックス）
小田桐誠　　　テレビのからくり　文藝春秋　2004.12　243p　18cm　720円　（文春新書）
総務省　　　　地上デジタル音声放送およびSバンド衛星デジタル放送による新しいサービス展開　[総務省]　2005.1　1冊
　　　　　　　30cm　（ITU-R（無線通信）研究会資料　第245回）
花村剛，亀山渉　デジタル放送教科書　下（モバイル向け放送/サーバー型—MPEG-7/21）　改訂版　インプレスネットビジネス
　　　　　　　カンパニー　2005.3　325p　26cm　3800円　（インプレス標準教科書シリーズ）

| 菅谷実 | 東アジアのメディア・コンテンツ流通　慶應義塾大学出版会　2005.3　226p　22cm　3000円　（叢書21COE-CCC多文化世界における市民意識の動態 15） |

菅谷実　東アジアのメディア・コンテンツ流通　慶應義塾大学出版会　2005.3　226p　22cm　3000円　（叢書21COE-CCC多文化世界における市民意識の動態 15）

西正　視聴スタイルとビジネスモデル―デジタル放送が変える！　日刊工業新聞社　2005.4　246p　21cm　1400円　（B&Tブックス）

島野功緒　放送　新訂版　実務教育出版　2005.9　227p　19cm　1300円　（比較日本の会社）

Lamloum, Olfa, 藤野邦夫　アルジャジーラとはどういうテレビ局か　平凡社　2005.10　207p　19cm　1500円

西正　IT vs放送次世代メディアビジネスの攻防―変わる放送、ネット連携の行方　日経BP社　2005.10　262p　21cm　1900円

クリエイティブビジネスエージェンシー　放送・通信連携時代の「多チャンネル×VOD」市場の動向と将来展望―地上波、ケーブル、衛星、BB配信の連携と競争環境　2006年版　クリエイティブ・ビジネス・エージェンシー　2006.1　331p　30cm　90000円

日本CATV技術協会　地上デジタル放送の再送信技術―OFDMヘッドアンプを使った共同受信システム　オーム社　2006.2　122p　21cm　1900円

メディア総合研究所　新スポーツ放送権ビジネス最前線　花伝社　2006.4　87p　21cm　800円　（メディア総研ブックレット no.11）

田波伊知郎　現役テレビマンが明かす！テレビ業界まるみえ読本　技術評論社　2006.5　223p　21cm　1380円　（業界まるみえ）

デジタル放送研究会　図解デジタル放送の技術とサービス　技術評論社　2006.7　190p　21cm　1680円　（知りたい！テクノロジー）

港千尋, 西谷修, 石田英敬, 中山智香子　アルジャジーラとメディアの壁　岩波書店　2006.9　165p　20cm　2500円

クリエイティブビジネスエージェンシー　放送・通信・コンテンツ連携時代の「多チャンネル×VOD」市場の変化と進化―モバイル、ネット、地上波、ケーブル、衛星の連携と競争環境　2007年版　クリエイティブ・ビジネス・エージェンシー　2006.12　423p　30cm　95000円

音好宏　放送メディアの現代的展開―デジタル化の波のなかで　ニューメディア　2007.1　214p　19cm　1500円　（Newmedia books 17）

総務省　地上デジタル放送とITS　［総務省］　2007.2　33p　30cm　（ITU-R（無線通信）研究会資料 第266回）

西正　図解放送業界ハンドブック　新版　東洋経済新報社　2007.3　220p　21cm　1600円

西正　2011年、メディア再編―地デジでテレビはどう変わるのか　アスキー　2007.7　215p　18cm　743円　（アスキー新書）

情報通信審議会　地上デジタル放送の利活用の在り方と普及に向けて行政の果たすべき役割―平成16年諮問第8号第4次中間答申　情報通信審議会　2007.8　1冊　30cm

日本のデジタル放送の普及シナリオ　2007-2008　シード・プランニング　2007.12　1冊　30cm　95000円　（シード・プランニングの専門マーケティング資料）

情報処理学会　インターネット放送の現在と展望―社団法人情報処理学会短期集中セミナー　［情報処理学会］　2008　79p　30cm

小田嶋隆　テレビ救急箱　中央公論新社　2008.4　221p　18cm　740円　（中公新書ラクレ）

影山貴彦　テレビのゆくえ―メディアエンターテインメントの流儀　世界思想社　2008.7　154p　19cm　1500円

荒川顕一　地デジにしたいなんて誰が言った!?　晋遊舎　2008.8　233p　18cm　720円　（晋遊舎ブラック新書 10）

石光勝　テレビ番外地―東京12チャンネルの奇跡　新潮社　2008.11　207p　18cm　680円　（新潮新書）

末永康仁　メディア情報処理　オーム社　2008.11　168p　21cm　2300円　（新インターユニバーシティ）

世川行介　地デジ利権―電波族官僚うごめくテレビ事情　現代書館　2008.12　238p　20cm　2000円

天地諒　201X年生き残るテレビ局はどこか？―デジタルショック2009　サテマガ・ビー・アイ　2009.6　255p　21cm　1714円

神崎洋治, 西井美鷹　体系的に学ぶデジタル放送　日経BPソフトプレス　2009.11　235p　21cm　1900円

中川勇樹　テレビ局の裏側　新潮社　2009.12　207p　18cm　700円　（新潮新書 341）

映像情報メディア学会, 石川清彦, 武野秀　放送・通信のインタラクティブコンテンツ　オーム社　2009.12　195p　21cm　3200円

日本の通信・放送産業の変化と将来展望―PDF版　2010年版　シード・プランニング　2010.2　CD-ROM1枚　12cm　95000円

日本の通信・放送産業の変化と将来展望　2010年版　シード・プランニング　2010.2　151p　30cm　95000円　（シード・プランニングの専門マーケティング資料）

磯野正典　地方分権とローカルテレビ局―データ放送による地域情報配信　文眞堂　2010.3　194p　22cm　2400円

放送メディアの普及シナリオ　2010年版　シード・プランニング　2010.3　83, 28, 6p　30cm　95000円　（シード・プランニングの専門マーケティング資料）

スマートテレビ市場動向とその波及効果　ROA Holdings　2010.8　53枚　30cm　99750円　（ROA Holdings, Inc.report no.10149）

日本CATV技術協会　地上デジタル放送用ギャップフィラーシステムの設置ガイドライン　改訂版　日本CATV技術協会　2011.3　120p　30cm

山崎秀夫　スマートテレビで何が変わるか―グーグルがテレビを侵略する　翔泳社　2011.4　222p　19cm　1500円

坂本衛　「地デジ化」の大問題―誰も書かなかった「アナログ停波」のカラクリ　イースト・プレス　2011.6　204p　18cm　952円　（知的発見！BOOKS 008）

スマートテレビをめぐる業界動向調査　シード・プランニング　2011.7　CD-ROM 1枚　12cm　120000円　（シード・プランニングの専門マーケティング資料）

新潟放送　新潟放送デジタル化の歩み―デジタル放送スタートからアナログ放送終了まで　新潟放送　2011.11　237p　30cm

石光勝　テレビ局削減論　新潮社　2011.12　205p　18cm　700円　（新潮新書 449）

日経BP　スマートテレビ最前線　2012　日経BP社　2012.3　222p　28cm　28000円

西正　地デジ化の真実―問われる優良コンテンツの制作力　中央経済社　2012.3　243p　19cm　1600円

西田宗千佳　スマートテレビ―スマートフォン、タブレットの次の戦場　アスキー・メディアワークス　2012.4　189p　18cm　743円　（アスキー新書 211）

高木利弘　スマートTVと動画ビジネス―次世代メディアをデザインするのは誰か？　インプレスジャパン　2012.6　223p　21cm　2800円

映像産業振興機構VIPO, 海外番組販売検討委員会　テレビ番組の海外販売ガイドブック―現状 ノウハウ 新しい展開　映像産業

振興機構　2012.7　225p　22cm　1800円

松本憲始　日本のケーブルテレビによる住民メディア活動の実態―これは「市民メディア」なのか　ブイツーソリューション　2012.7　201p　21cm　2300円

木下裕司　スマートテレビ革命―あなたの生活は激変する！　総合法令出版　2012.8　185p　19cm　1300円

日本民間放送連盟研究所, 民法連研究所　ネット・モバイル時代の放送―その可能性と将来像　学文社　2012.10　234p　22cm　2900円

日本民間放送連盟　地デジの記録　日本民間放送連盟　2013.3　271p　31cm

原真　テレビの履歴書―地デジ化とは何だったのか　リベルタ出版　2013.3　170p　20cm　1500円

日本民間放送連盟研究所, 民法連研究所　スマート化する放送―ICTの革新と放送の変容　三省堂　2014.9　253p　21cm　2600円

河村雅隆　テレビは国境を越えたか―ヨーロッパ統合と放送　ブロンズ新社　2014.9　155, 2p　20cm　1600円

NHK

〔雑誌記事〕

古垣鉄郎, 柳沢健　公共放送とNHKの立場（対談）：放送文化　5（4）〔1950.4〕p26〜28

松永孝　放送法案にみるNHKの性格：放送文化　5（5）〔1950.5〕p15〜17

中沢道夫　NHK批判についての雑感：放送文化　7（7）〔1952.7〕p13〜15

久保一陽　商業放送とNHKの十字路：放送評論　1（2）〔1953.11〕p66〜69, 73

ジェイコブ, サー・イアン, 大鳥豊彦　公共放送としてのテレビジョン：NHK文研月報　09（07）〔1959.7〕p1

磯村英一, 岡田要, 高田元三郎, 池島信平, 片桐顕智　座談会 放送文化研究所に望む：NHK文研月報　13（06）〔1963.6〕p1

総合ジャーナリズム研究編集部　NHKの政治姿勢を探る――その巨大な王国への新しいメス：総合ジャーナリズム研究所　04（04）〔1967.4〕p53〜75

志賀信夫　知られざるラジオ受信料――NHKと郵政省の対立をめぐって：総合ジャーナリズム研究　04（04）〔1967.4〕p79〜82

青木貞伸　＜コンピュートピア＞をめざすNHK―その現状と未来―：放送批評　No.010　〔1968.9〕

クリッシャー, バーナード, 志賀信夫　公共放送に何ができる……―日本のNHK〔“Columbia Journalism Review”July/August, 1972より〕：総合ジャーナリズム研究　09（04）〔1972.10〕p79〜84

大森幸男　望ましい競争と協力の新展開 20年を経た“NHKと民放”の位相：月刊民放　02（18）〔1972.11〕p28〜32

青木貞伸　日本放送出版協会「NHK王国」のコロニー：出版ニュース　通号0939　〔1973.6〕p6〜10

牧田徹雄　NHK大型歴史ドラマの考察：NHK放送文化研究年報　18　〔1973.6〕p29〜61

松田浩　「3ch文化」＜特集＞「3ch文化」論―NHKの教養」を探る・テレビと教養・教育：放送批評　No.067〔1973.9〕

水野肇　インタビュー・レポート 3chの制作者たち ＜特集＞「4ch文化」論―NHKの教養」を探る・テレビと教養・教育：放送批評　No.067　〔1973.9〕

松尾羊一　セピアの「正面」＜特集＞「5ch文化」論―NHKの教養」を探る・テレビと教養・教育：放送批評　No.067　〔1973.9〕

鳥山拡　紳士靴のNHK・裸足の民放 ＜特集＞「6ch文化」論―NHKの教養」を探る・テレビと教養・教育：放送批評　No.067〔1973.9〕

川竹和夫　代々木原頭の放送“大要塞”――NHK・主要機能とレイアウト：総合ジャーナリズム研究　10（04）〔1973.10〕p37〜45

稲葉三千男　NHK崩壊と人間破壊の危機のなかで――日放労『放送白書’75』の意味：マスコミ市民　通号096　〔1975.9〕p9〜19

重岡健司　現場レポート 知られていないNHK国際放送の実状：マスコミ市民　通号096　〔1975.9〕p48〜53

佐野浩　NHK受信料支払い拒否運動の意味するもの ＜特集＞「NHK論」に新たなる垂鉛を：放送批評　No.091　〔1975.12〕

川上宏　メッタ打ちの日放労「放送白書」へのやさしい子守歌 ＜特集＞「NHK論」に新たなる垂鉛を：放送批評　No.091　〔1975.12〕

荒瀬豊　「貴方さまは株主さま」＜特集＞「NHK論」に新たなる垂鉛を：放送批評　No.091　〔1975.12〕

和田勉　私のNHK ＜特集＞「NHK論」に新たなる垂鉛を：放送批評　No.091　〔1975.12〕

隅井孝雄　放送改革のための社会的条件作り ＜特集＞「NHK論」に新たなる垂鉛を：放送批評　No.091　〔1975.12〕

水野尚文　（計量マスコミ学＜特集＞）NHK的視聴率分析学――スポンサーは国民全体であるわけで……：総合ジャーナリズム研究　13（01）〔1976.1〕p15〜19

大森幸男　注目される「NHK基本問題調査会」の報告と今後：新聞研究　通号294　〔1976.1〕p74〜76

鈴木均　受信料拒否の論理への疑問：放送批評　No.093　〔1976.3〕

永畑恭典　「病める王国」NHK批判：自由　18（5）〔1976.5〕p61〜69

大森幸男　NHK受信料値上げ問題の行方：新聞研究　通号298　〔1976.5〕p68〜71

稲村啓　危機にたつNHK 存立への三つの疑問：マスコミ市民　通号104　〔1976.6〕p14〜17

牧田徹雄　NHK連続テレビ小説の考察：NHK放送文化研究年報　21　〔1976.7〕p79〜94

鹿子木幹雄　特集・一三七万世論とNHK NHKは「見えない」：マスコミ市民　通号107　〔1976.9〕p13〜14

稲葉三千男　特集・一三七万世論とNHK 運動の成果と今後：マスコミ市民　通号107　〔1976.9〕p2〜3

編集部　特集・一三七万世論とNHK 半歩から新たな一歩へ：マスコミ市民　通号107　〔1976.9〕p26〜27

佐藤清賢　特集・一三七万世論とNHK 民主主義闘争の原点：マスコミ市民　通号107　〔1976.9〕p12〜13

新井直之　特集・一三七万世論とNHK 民衆の熱い注視のなかで――NHK会長論：マスコミ市民　通号107　〔1976.9〕p4〜11

佐々木久　NHK文化シリーズの視点と方法（文化欄を考える）：新聞研究　通号310　〔1977.5〕p44〜47

安田寿明　二年後の新年、NHKは？：マスコミ市民　通号123　〔1978.3〕p2〜13

稲葉三千男　NHKにとって視聴率とは何か（日本の潮）：世界　通号390　〔1978.5〕p117〜120

新井直之　民衆の声だけが――NHK経営委員会論：マスコミ市民　通号131　〔1978.11〕p22〜29

安田寿明　八〇年代のNHK経営：マスコミ市民　通号133　〔1979.2〕p2〜13

NHK天気予報最前線取材班　気象情報報道の改善のために：マスコミ市民　通号135　〔1979.4〕p36〜39

安井康雄　番組種目および放送局の識別――番組断片を用いた実験から：NHK文研月報　29（05）〔1979.5〕p52

畑源生　NHKの選挙報道と今後の課題（統一地方選の取材と報道）：新聞研究　通号335　〔1979.6〕p18〜21

新井直之　NHKが遠くなる――支払い義務法制化の問題：マスコミ市民　通号144　〔1980.2〕p2〜9

	ジャーナリズム	放送ジャーナリズム

NHKを考える懇談会, マスコミを国民のものにする連絡会議　NHKの国営放送化に反対するアピール：マスコミ市民　通号146
〔1980.4〕　p16〜17

稲葉三千男　NHKを国営放送にさせてはならない――受信料支払い義務化と危険な自民党 "調査委員会"：マスコミ市民　通号
146　〔1980.4〕　p8〜15

小笠原竜三　攻撃されるNHK（日本の潮）：世界　通号414　〔1980.5〕　p161〜164

新井直之　現代のファシズムとマス・メディア――NHKの「自主規制」は「他主規制」：マスコミ市民　通号162　〔1981.9〕
p2〜7

岸田功　シリーズ・NHK研究（第1回）いまなぜNHKなのか：月刊民放　12（127）〔1982.1〕　p38〜43

吉永春子　シリーズ・NHK研究（第2回）報道の変革は何だったのか：月刊民放　12（128）〔1982.2〕　p38〜43

都築忠彦　シリーズNHK研究（第3回）"変わりゆくNHK"の行方は？：月刊民放　12（129）〔1982.3〕　p40〜45

岸田功　シリーズNHK研究（第4回）"ドラマのNHK"か？：月刊民放　12（130）〔1982.4〕　p38〜43

加藤好雄　多様化時代と公共放送――東京大学教授加藤一郎氏にきく：NHK文研月報　32（04）〔1982.4〕　p1

都築忠彦　シリーズNHK研究（第5回）視聴者の捉え方は変わったが：月刊民放　12（131）〔1982.5〕　p38〜43

吉永春子　シリーズNHK研究（第6回）ステイタスを守りきるか：月刊民放　12（132）〔1982.6〕　p40〜45

NHK研究会　シリーズNHK研究（最終回）"変化したNHK"に映る民放：月刊民放　12（133）〔1982.7〕　p38〜43

総合ジャーナリズム研究編集部　（変わる放送界の深層潮流<特集>）NHK新会長へのメッセージ－人物・川原正人論：総合
ジャーナリズム研究所　19（03）〔1982.7〕　p50〜52

新藤謙　NHKを考える――西川勉氏の遺稿集を手がかりに：マスコミ市民　通号190　〔1984.4〕　p48〜51

中雄一　私の愛しき仲間たち――NHK「自然のアルバム」15年：新聞研究　通号398　〔1984.9〕　p70〜73

岩切保人　日本放送協会の研究：Kakushin　通号185　〔1986.1〕　p62〜65

大蔵雄之助　NHKに「破産の自由」を与えよ：諸君！　日本を元気にするオピニオン雑誌　18（4）〔1986.4〕　p126〜139

岡庭昇　NHKの手法と思想を疑う：放送批評　No.204　〔1986.6〕

今井伸　点描 にっぽん列島―48―どうなるNHK衛星放送――メディア競合時代の巨大システム：エコノミスト　65（40）
〔1987.9〕　p64〜71

志賀信夫　番組作りに異変が起こる！ NHKのソフト戦略 <特集>強気のNHK国民的合意と効率化計画：放送批評　No.224
〔1988.3〕

西前輝夫　NHKが危ない！――政財界にすり寄る理念なき巨大メディア：Asahi journal　30（25）〔1988.6〕　p14〜18

佐藤智雄　放送時評 NHKの "報道規制"をどう考えるか：月刊民放　18（205）〔1988.7〕　p34〜34

新井直之　「公共放送」が壊れかけている――NHKの機能とは何か：マスコミ市民　通号240　〔1988.9〕　p20〜29

石井清司　ドキュメント映像への軌跡 NHK、外部パワー導入<中>：放送批評　No.234　〔1989.1〕

須藤春夫, 青木貞伸, 川本裕司, 服部孝章　NHK研究（1）NHKに問われる "公共性"とは何か〔座談会〕：月刊民放　19（212）
〔1989.2〕　p26〜32

石井清司　ドキュメント映像への軌跡 NHK、外部パワー導入<下>：放送批評　No.235　〔1989.2〕

川本裕司　NHK研究（2）「受信料値上げ」見送りと「衛星料金」新設の背景 "幻の5カ年計画"は今後をどう展望したか：月刊
民放　19（213）〔1989.3〕　p36〜39

石井清司　ドキュメント映像への軌跡 NHK、外部パワー導入<結>：放送批評　No.236　〔1989.3〕

大森誉皓　NHK研究（3）CATVを支える衛星放送〈NHKに聞く〉：月刊民放　19（215）〔1989.5〕　p24〜25

服部孝章　NHK研究（3）消費税課税と衛星料金の新設が意味するもの：月刊民放　19（215）〔1989.5〕　p20〜23

稲葉三千男　NHK会長の資質と責任について：マスコミ市民　通号251　〔1989.6〕　p46〜51

西村尹雄　特集 番組ソフト開発戦略考 NHK衛星放送の現状と展望：月刊民放　19（216）〔1989.6〕　p27〜28

矢野一彦　NHK新体制と公共放送のあり方（マスコミの焦点）：新聞研究　通号455　〔1989.6〕　p76〜78

須藤春夫　NHK研究（4）"巨大化"への軌跡と経営合理化の行方：月刊民放　19（217）〔1989.7〕　p26〜29

青木貞伸　NHK研究（5）衛星放送に賭けるNHKの未来戦略：月刊民放　19（218）〔1989.8〕　p22〜25

石井清司　藤井潔 "NHKと民放、異端のはざまで"：放送批評　No.243　〔1989.10〕

信国隆裕　NHKの現状と改革論議：立法と調査　通号154　〔1989.10〕　p14〜21

総合ジャーナリズム研究編集部　NHK新論－－ジャーナリズム機関としてあるべき将来のために：総合ジャーナリズム研究所
27（02）〔1990.4〕　p74〜80

宮下宣裕　「人間の心のドラマ」を描く――NHKスペシャル「声」〜吉展ちゃん事件取り調べテープ〜を放送して：新聞研究
通号468　〔1990.7〕　p58〜61

柴山哲也　NHKよ安易な番組づくりは御免だ！――衛星放送時代が本格幕開け：Asahi journal　32（34）〔1990.8〕　p87〜89

服部孝章　民放「衛星チャンネル」にビデオ出演 NHK島桂次会長の発言：放送批評　No.257　〔1990.12〕

矢野一彦　NHKはどこへ行く――巨大化する関連事業（マスコミの焦点）：新聞研究　通号474　〔1991.1〕　p85〜87

潮見高男　NHK－－その3年の研究<特別企画>：総合ジャーナリズム研究　28（03）〔1991.7〕　p50〜54

潮見高男　その3年の足跡－－NHK動向を中心に（NHK－－その3年の研究<特別企画>）：総合ジャーナリズム研究　28（04）
〔1991.10〕　p36〜42

総合ジャーナリズム研究編集部　業務範囲の拡大－－放送法改正とNHKの "目的"（NHK－－その3年の研究<特別企画>）：総合
ジャーナリズム研究所　28（04）〔1991.10〕　p46〜52

志賀信夫, 青木貞伸, 麻生千晶, 野崎茂　座談会 NHK1991・7の激震 島体制の功罪と川口新会長が背負った課題：放送批評　No.
267　〔1991.10〕

総合ジャーナリズム研究編集部　通信委員会－－NHKは斯く語りき（NHK－－その3年の研究<特別企画>）：総合ジャーナリズ
ム研究所　28（04）〔1991.10〕　p56〜59

相馬宏男　島原発島原行――市民と共に奮闘するNHK島原放送局：新聞研究　通号483　〔1991.10〕　p80〜82

前田武次　《大特集》私の発言 バブルではじけたNHK島前会長：マスコミ市民　通号279　〔1992.1〕　p48〜48

新井直之　特集 NHK就任1年 川口会長に聞く：マスコミ市民　通号287　〔1992.9〕　p4〜29

服部孝章　メディアミックスの道ひた走る公共放送 NHK21世紀への自己認識：放送批評　No.287　〔1993.6〕

海老沢勝二　Person of the month 海老沢勝二 NHK会長 "こわもて"なんて虚像だよ：ぎゃらく　通号339　〔1997.10〕　p4〜6

磯本典章, 山下東子, 菅谷実　多メディア乱立時代の公共放送：公益事業研究　49（1）〔1997.10〕　p23〜29

海老沢勝二	特別インタビュー——NHK新会長 海老沢勝二——アナログからデジタルへの転換期「国民にとって存在価値を発揮する」これがNHKの使命だ：New media　15（10）〔1997.10〕　p12～15
音好宏	NHK会長インタビュー 海老沢勝二氏大いに語る：放送文化　通号41〔1997.11〕　p32～43
海老沢勝二	特別インタビュー 海老沢勝二NHK会長 21世紀のNHK経営ビジョン——経営指針とアクションプログラム：New media　16（6）〔1998.6〕　p4～8
中村粲	NHKウオッチング－18－：正論　通号315〔1998.11〕　p258～263
西所正道	特集 NHKの新たな挑戦、ETV不惑のニューウェーブ：放送文化　通号58〔1999.4〕　p6～17
和崎信哉	基幹放送のデジタル化にどう取り組むか——NHKの対応（特集 地上デジタル放送の試み）：月刊民放　29（10）通号340〔1999.10〕　p14～17
酒井治盛	NHKエンタープライズ21の2000年展望を聞く「デジタル化によるビジネスチャンスに挑戦」：New media　17（12）通号195〔1999.12〕　p4～5
海老沢勝二, 吉井勇	新世紀巻頭インタビュー 海老沢勝二NHK会長——BSデジタル開始からNHKが目指す展望まで：New media　19（2）通号209〔2001.2〕　p14～17
竹内一晴	NHK ETV特集「戦争をどう裁くか」に何が起きたか：金曜日　9（8）通号360〔2001.3〕　p66～68
近藤達彦	インタビュー 30回を迎えたNHKの「番組技術展」放送の新たな可能性を切り拓く現場技術者の「創意工夫」——近藤達彦（NHK放送技術局長）：New media　19（5）通号213〔2001.5〕　p12～14
米山リサ	NHK メディアの公共性と表象の暴力：世界　（690）〔2001.7〕　p209～219
小田桐誠	NHKへの質問 業務範囲の拡大、受信料契約、情報公開は今一：放送レポート　173号〔2001.11〕　p30～37
河野夏子, 丸山昇	NHK海老沢体制がたどる「いつか来た道」：サンデー毎日　80（61）通号4479〔2001.12〕　p139～141
小田桐誠	公開！ NHK受信料の実態：放送レポート　180号〔2003.1〕　p18～24
森本英之	それでも「アナログ延長」ですか？ NHK・BSへの視聴者の疑問：放送レポート　182号〔2003.5〕　p56～59
海老沢勝二	デジタルテレビ新時代 海老沢勝二 NHK会長、3期目の決意を語る——2005年、ハイビジョンテレビは大きく普及する：New media　21（10）通号244〔2003.10〕　p6～8
村木良彦	報道を強化して、組織の中心に番組を位置づける（特集2 NHK改革・新生への道）：放送文化　通号8〔2005.秋〕　p24～27
川崎泰資	偏向と不祥事続発と隠蔽体質——公共放送の危機招いた政治支配：マスコミ市民　通号432〔2005.1〕　p30～32
川崎泰資	NHKは「指定公共機関」の返上を——新会長に期待、言論の自由を守る責務（特集 マスコミと権力）：マスコミ市民　通号433〔2005.2〕　p11～13
音好宏	デジタル時代の公共放送 NHK24時間ニュースチャンネル構想を考える：AIR21　（177）〔2005.2〕　p23～36
山根浩二, 日下部聡	エビ様辞任表明へ 政治家に"過剰反応"じゃないですか？ 国会でセンセイはこんなに言いたい放題 皆さまのNHK：サンデー毎日　84（6）通号4678〔2005.2〕　p27～29
今野勉, 鳥越俊太郎, 日和佐信子	あの出演者が再び"斬る" 鳥越俊太郎 今野勉 日和佐信子 もっとNHKに言いたい：サンデー毎日　84（9）通号4681〔2005.2〕　p153～155
茶本繁正	メディア・レポート〈109〉「海老沢辞任」で巨大メディアNHKは変化するか：放送レポート　193号〔2005.3〕　p28～31
竹内一晴	「海老沢体制」が残したもの：放送レポート　193号〔2005.3〕　p22～25
総合ジャーナリズム研究所	主要地方紙・投書にみる「NHK問題」（FEATURE 特別資料編＝NHK番組改変問題）：総合ジャーナリズム研究　42（02）（通号192）〔2005.3〕　p21～38
徳永伸一	問題の経緯（FEATURE 特別資料編＝NHK番組改変問題）：総合ジャーナリズム研究　42（02）（通号192）〔2005.3〕　p63～66
海老沢勝二, 吉井勇	渦中の海老沢勝二NHK会長に直撃90分インタビュー 不祥事の経営責任、会長職、海老沢独裁批判などすべてを話す：New media　23（3）通号262〔2005.3〕　p24～31
柏木友紀	公共放送と政治の圧力——戦争報道にみるNHKとBBCの相違点：AIR21　（179）〔2005.4〕　p63～74
渋谷才星	現場からの視点 NHK、未だ迷走中——NHK放送現場職員の見たNHK、その後：世界　（739）〔2005.5〕　p68～72
佐野眞一	NHKのドン 4時間の全告白 自信過剰の裏側にある男の心象風景 生涯現役 海老沢勝二、失脚を語る——つねにいた茶坊主が消えた権力者は、いま何を思うか。——入局48年、会長7年半の自覚が語らせた本心：現代　39（6）〔2005.6〕　p68～80
韓永學	NHKの危機と放送法制に関する一考察：法学研究　41（1）通号111〔2005.6〕　p1～21
長谷部恭男	NHK NHK問題の本質は制度問題である：世界　（741）〔2005.7〕　p70～76
橋本元一	橋本元一・NHK新会長 改革・再生への決意：New media　23（7）通号266〔2005.7〕　p6～9
丸山昇	NHK「番組改変問題」の新展開：放送レポート　196号〔2005.9〕　p10～13
中村竜太郎	NHKを追いつめた記者の迫真手記（後編）海老沢会長・茶坊主たちとの暗闘300日：現代　39（10）〔2005.10〕　p108～120
放送レポート編集部	シンポジウム報告 なぜ受信料を払うのか——徹底討論・「NHK新生プラン」を問う：放送レポート　198号〔2006.1〕　p14～16
吉見俊哉, 醍醐聰	対談 NHK 改革の論点：放送レポート　199号〔2006.3〕　p6～16
川本裕司	メディアの分岐点（11）NHK衛星放送——時代の風に乗り、予想上回る普及に成功：AIR21　（190）〔2006.3〕　p51～62
吉井勇	'05～'06越年取材レポート NHKのデジタル演出・技術総動員で枠を超えた新・紅白づくり 問われた番組の「双方向」サービス：New media　24（3）通号274〔2006.3〕　p6～9
壱岐一郎	NHK「改革」は視聴者から一番組と受信料の大改革を一：放送レポート　200号〔2006.5〕　p30～32
放送レポート編集部	徹底分析「テレビは誰のものか」～NHK放送記念日特集・三時間生討論～：放送レポート　200号〔2006.5〕　p34～38
荒井透雅	公共放送の在り方とNHK改革——NHK改革論議の視点：立法と調査　通号255〔2006.5〕　p42～51
吉井勇, 橋本元一	NHK橋本元一会長 インタビュー NHK新生に向け"橋本イズム"が浸透中：New media　24（5）通号276〔2006.5〕　p6～9
岩渕功一	学者が斬る（263）「国際放送」論議で見失われる公共性：エコノミスト　84（27）通号3827〔2006.5〕　p50～53

総合ジャーナリズム研究編集部　「NHK問題」広がる波紋－－一連の不祥事、その後。改変問題の拡大（この公共放送は何処へ行く－－「NHK問題」の来た道、NHKの行く道）：総合ジャーナリズム研究所　43（03）（通号197）〔2006.6〕p26〜39

門奈直樹　市民社会の"公共放送"とは──BBCに関する英「放送白書」からNHK改革論議を読む：新聞研究　（660）〔2006.7〕p56〜59

総合ジャーナリズム研究編集部　NHKの改革案を比較する－－「通信・放送の在り方に関する懇談会」ほか、見解一覧（この公共放送は何処へ行く－－「NHK問題」の来た道、NHKの行く道）：総合ジャーナリズム研究所　43（04）（通号198）〔2006.9〕p37〜46

総合ジャーナリズム研究編集部　NHK、一連の不祥事に始まって－－2004年7月、番組制作費詐取事件が発覚（この公共放送は何処へ行く－－「NHK問題」の来た道、NHKの行く道）：総合ジャーナリズム研究所　43（04）（通号198）〔2006.9〕p22〜30

総合ジャーナリズム研究編集部　NHK、戦後の「出来事」史－－1950年代から、NHKテレビ放送の来た道（この公共放送は何処へ行く－－「NHK問題」の来た道、NHKの行く道）：総合ジャーナリズム研究所　43（04）（通号198）〔2006.9〕p4〜8

総合ジャーナリズム研究編集部　NHK番組改変問題の顛末－－2005年1月、朝日新聞報道に始まって（この公共放送は何処へ行く－－「NHK問題」の来た道、NHKの行く道）：総合ジャーナリズム研究所　43（04）（通号198）〔2006.9〕p31〜36

総合ジャーナリズム研究編集部　この公共放送は何処へ行く－－「NHK問題」の来た道、NHKの行く道：総合ジャーナリズム研究所　43（04）（通号198）〔2006.9〕p10〜20

橋本元一　ニュースな人たち　橋本元一──＜NHKらしさ＞を徹底追求：ぎゃらく　通号447〔2006.9〕p3〜5

松田浩　国民的規模で公共性の論議を！──NHK改革/民放との二元体制との関連で（特集「放送改革」を検証する）：月刊民放　36（9）通号423〔2006.9〕p20〜23

田島泰彦　「NHK裁判」で問われていること：放送レポート　203号〔2006.11〕p34〜40

音好宏　放送NHK改革は「視聴者」の視点で進めよ：エコノミスト　84（58）通号3858〔2006.11〕p47〜49

飯室勝彦　NHKへの放送命令「国営放送化」にまた一歩：マスコミ市民　通号455〔2006.12〕p46〜51

高島秀之　NHK改革──デジタル時代の公共放送論（PART 1）：情報研究　（37）〔2007〕p1〜50

吉岡忍　民主主義の発展、社会の成熟のために──NHKのあり方を展望する（特集1 展望2007）：月刊民放　37（1）通号427〔2007.1〕p10〜13

隈元信一　NHKは国の宣伝機関なのか──「命令放送」であぶり出された公共放送の矛盾：新聞研究　（666）〔2007.1〕p29〜31

丸山昇　相変わらずの「海老沢なき海老沢体制」?! NHK受信料不払いの「理由」：金曜日　15（7）通号657〔2007.2〕p8〜11

小中陽太郎　NHK命令放送とフランス24：放送レポート　205号〔2007.3〕p14〜15

松田浩、醍醐聰、田島泰彦、服部孝章　座談会　どこへ行くNHK：放送レポート　205号〔2007.3〕p2〜11

佐藤友之　これでもNHKの受信料を払いますか──プロローグ──揺れるNHK：公評　44（2）〔2007.3〕p104〜111

佐藤友之　これでもNHKの受信料を払いますか　第二章──受信料の未払い者はなぜ増えたか：公評　44（4）〔2007.5〕p102〜109

総合ジャーナリズム研究編集部　NHKに重点放送を「命じる」－－総務省と「放送命令」問題、全経緯（総務大臣が「放送」を語るとき－－放送の「自由と責任」と権力と）：総合ジャーナリズム研究所　44（03）（通号201）〔2007.6〕p4〜13

佐藤友之　これでもNHKの受信料を払いますか　第三章──放送のあとに：公評　44（5）〔2007.6〕p102〜109

佐藤友之　これでもNHKの受信料を払いますか　第四章──放送のまえに：公評　44（6）〔2007.7〕p106〜113

佐藤友之　これでもNHKの受信料を払いますか　第五章──NHK職員の犯罪：公評　44（7）〔2007.8〕p104〜111

佐藤友之　これでもNHKの受信料を払いますか　第六章──「海老沢時代」の終焉：公評　44（8）〔2007.9〕p102〜109

佐藤友之　これでもNHKの受信料を払いますか　第七章──「海老沢時代」は終わったが……：公評　44（9）〔2007.10〕p104〜111

佐藤友之　これでもNHKの受信料を払いますか　第八章──NHKが描く理想の家族像：公評　44（10）〔2007.11〕p104〜111

佐藤友之　これでもNHKの受信料を払いますか　第九章──ニュース（1）ニュースなきニュース番組：公評　44（11）〔2007.12〕p102〜109

原真　問題が多い「経営委員会の権限強化」改正放送法とNHK（改正放送法）：放送文化　通号18〔2008.春〕p78〜82

原真　NHK問題への試論　独立こそ公共放送の存在意義だ：放送文化　通号19〔2008.夏〕p76〜80

福地茂雄　巻頭インタビュー　NHK会長　福地茂雄──NHKの今、これから：放送文化　通号19〔2008.夏〕p3〜13

佐藤友之　これでもNHKの受信料を払いますか　第十章──ニュース（2）＝オールドな、そして、慣用句：公評　45（1）〔2008.1〕p104〜111

総合ジャーナリズム研究編集部　FILE・J NHK会長選任問題：総合ジャーナリズム研究所　45（02）（通号204）〔2008.3〕p53〜55

原さん、永井さんをNHK会長候補に推薦する会　データルーム　NHK会長候補者の推薦に関する申し入れ：放送レポート　211号〔2008.3〕p8〜10

日隈一雄　義務か？権利か？受信料：放送レポート　211号〔2008.3〕p12〜15

松田浩　「政治」に乗っ取られたNHK　会長選任問題と候補者推薦運動：放送レポート　211号〔2008.3〕p2〜7

佐藤友之　これでもNHKの受信料を払いますか　第十一章──ニュース（3）全国ニュースと地方ニュース：公評　45（2）〔2008.3〕p96〜103

神保太郎　メディア批評（第3回）NHK「民・民人事」と歴史認識　何も伝えなかった新テロ特措法報道：世界　（776）〔2008.3〕p88〜96

岸博幸、隈元信一、戸崎賢二、醍醐聰、日隈一雄、服部孝章　シンポジウム　徹底討論！NHK「再生」の道　パネルディスカッション：放送レポート　212号〔2008.5〕p7〜19

原寿雄　シンポジウム　徹底討論！NHK「再生」の道　基調講演「NHKは誰のものか」：放送レポート　212号〔2008.5〕p2〜6

松田浩　「政治」に乗っ取られたNHK（続）深まる「公共性」の論理との矛盾：放送レポート　212号〔2008.5〕p24〜29

佐藤友之　これでもNHKの受信料を払いますか　第十三章──ドキュメンタリー＝その記録性、専門性の薄さ：公評　45（4）

	〔2008.5〕 p102～109
佐藤友之	これでもNHKの受信料を払いますか 第十四章——そこのけ、そこのけ、緊急放送のお通りだ：公評 45（5）〔2008.6〕 p96～103
井上誠喜, 佐藤薫生, 浜口斉周	NHK技研 「TVML」で視聴者もテレビ番組をクリエートする時代：New media 26（6）通号301 〔2008.6〕 p10～12
佐藤友之	これでもNHKの受信料を払いますか 第十五章——犯罪報道（1）犯罪捜査とは：公評 45（6）〔2008.7〕 p102～109
佐藤友之	これでもNHKの受信料を払いますか 第十五章——犯罪報道（2）現代の差別：公評 45（7）〔2008.8〕 p96～103
佐藤友之	これでもNHKの受信料を払いますか 第十七章——犯罪報道（3）ロス疑惑事件再び？：公評 45（8）〔2008.9〕 p102～109
佐藤友之	これでもNHKの受信料を払いますか 第十八章——テキスト対応番組：公評 45（9）〔2008.10〕 p102～109
松田浩	積み残された公共放送の理念実現——NHK「次期経営計画」を検証する：月刊民放 38（11）通号449 〔2008.11〕 p34～37
佐藤友之	これでもNHKの受信料を払いますか 第十九章——時間調整番組とNHKの世界観：公評 45（10）〔2008.11〕 p96～103
氏家齋一郎	（"時の重鎮"マスコミ界のご意見番）氏家 齋一郎 「政界、NHK、民放 難題衝く!!」：放送界 No0183 〔2009〕
倉橋耕平	NHK「ETV2001」番組改編裁判の争点——判決文の背後にある「自由」の分析から：マス・コミュニケーション研究 通号74 〔2009〕p153～171
小田桐誠	新連載 NHK受信料制度を考える 第1回 素通りされた公共放送論議：放送レポート 216号 〔2009.1〕 p22～26
音好宏	「NHK経営計画」問題 「安けりゃいい」という市場論では日本の放送を発展させてきた二元体制（NHK・民放）をモノトーンにする：New media 27（1）通号308 〔2009.1〕 p44～46
小田桐誠	NHK受信料制度を考える 第2回 営業の最前線で：放送レポート 217号 〔2009.3〕 p14～20
神南太郎	NHK職員のヒトリゴト 経営委員の皆様へ 10%還元のお願い：放送レポート 217号 〔2009.3〕 p21
醍醐聰	視聴者に開かれたNHK経営委員会をめざして——運動の経過と展望（特集 NHKを市民の手に）：放送レポート 217号 〔2009.3〕 p2～7
松田浩	推薦運動が切り拓いた地平（特集 NHKを市民の手に）：放送レポート 217号 〔2009.3〕 p8～12
小田桐誠	NHK受信料制度を考える 第3回 営業システムと訪問集金の現状：放送レポート 218号 〔2009.5〕 p34～40
神南太郎	NHK職員のヒトリゴト 拝啓 福地茂雄様 組織にヨコ風を：放送レポート 218号 〔2009.5〕 p41
宇佐美雄司, 吉井勇, 今野徳男	NHK"テレビだからこそできる"サービスを生み出す番組技術展：New media 27（5）通号312 〔2009.5〕 p6～8
小田桐誠	NHK受信料制度を考える 第4回 受信料をめぐる攻防史 ラジオ編：放送レポート 219号 〔2009.7〕 p34～40
神南太郎	NHK職員のヒトリゴト 他力に頼らず地力をつけたい：放送レポート 219号 〔2009.7〕 p41
小田桐誠	NHK受信料制度を考える 第5回 受信料をめぐる攻防史 テレビ編：放送レポート 220号 〔2009.9〕 p56～62
神南太郎	NHK職員のヒトリゴト 「愛」に悪乗りしすぎでは？：放送レポート 220号 〔2009.9〕 p63
吉井勇, 久保田啓一	NHK技研・久保田所長インタビュー 来年［2010年］80周年——地デジ完全移行後の"次"は何か 研究開発の明確な旗を打ち立てるのが現在の責務：New media 27（9）通号317 〔2009.9〕 p6～9
小田桐誠	NHK受信料制度を考える 第6回 受信料をめぐる攻防史 テレビ成熟期編：放送レポート 221号 〔2009.11〕 p56～62
神南太郎	NHK職員のヒトリゴト 新政権の政策に注目しています：放送レポート 221号 〔2009.11〕 p63
総合ジャーナリズム研究編集部	TOPICS 2008 NHK関連問題（Yearbook ジャーナリズム2008）：総合ジャーナリズム研究所 46（01）（通号 207）〔2009.12〕 p38～41
児野昭彦	NHKクロスメディア部を新設——本格的な放送・通信連携サービスを加速：New media 27（12）通号320 〔2009.12〕 p8～10
鈴木祐司	NHK動画配信 番組ダイジェスト・ネット配信の可能性（特集 デバイスはテレビを変えるか）：放送文化 通号28 〔2010.秋〕 p40～43
小田桐誠	NHK受信料制度を考える 第七回 受信料をめぐる攻防史——多メディア編——：放送レポート 222号 〔2010.1〕 p52～58
神南太郎	NHK職員のヒトリゴト 「大河」は史実とズレないで：放送レポート 222号 〔2010.1〕 p59
吉井勇, 川邨亮, 釣木沢淳	NHKスペシャルドラマ『坂の上の雲』 VFXと合成技術による表現力で「原作司馬の世界観」へ挑む：New media 28（2）通号322 〔2010.2〕 p10～12
小田桐誠	NHK受信料制度を考える 第八回 受信料をめぐる攻防史——海老沢体制——：放送レポート 223号 〔2010.3〕 p54～60
神南太郎	NHK職員のヒトリゴト 気になります原口大臣発言：放送レポート 223号 〔2010.3〕 p61
長尾粛正	関西だより NHKの自立を求める兵庫のたたかい：放送レポート 223号 〔2010.3〕 p29
安田拡	公共放送をどう支える——NHKの財源に関する考察：放送レポート 223号 〔2010.3〕 p48～52
渡辺元	NHKアイテック ギャップフィラーによる地デジ化に全力 秩父市など自治体取組み事例も増加中：New media 28（4）通号324 〔2010.4〕 p11～14
小田桐誠	NHK受信料制度を考える 第九回 三つの指標から見る公共放送像：放送レポート 224号 〔2010.5〕 p48～54
神南太郎	NHK職員のヒトリゴト 会長人事のゆくえは？：放送レポート 224号 〔2010.5〕 p55
小田桐誠	NHK受信料制度を考える 最終回 デジタル時代の受信料への提言：放送レポート 225号 〔2010.7〕 p50～56
神南太郎	NHK職員のヒトリゴト 注目集める経営委員会：放送レポート 225号 〔2010.7〕 p57
山口不二夫	NHKの財務を読み解く：放送レポート 227号 〔2010.11〕 p10～14
松田浩	「組織の論理」を超え〈開かれた放送〉を——永田浩三著『NHK、鉄の沈黙はだれのために』から何を学ぶか：月刊民放 40（11）通号473 〔2010.11〕 p18～23
総合ジャーナリズム研究編集部	NHK関連問題（Yearbook ジャーナリズム2009）：総合ジャーナリズム研究所 47（01）（通号 211）〔2010.12〕 p29～31
福地茂雄	（特集）福地茂雄NHK会長に訊く 「地デジ・Vロー・10%還元は？」：放送界 No0191 〔2011〕
小田桐誠	NHK—不祥事の背景を読む：放送レポート 230号 〔2011.5〕 p16～22

ジャーナリズム　　　　　　　　　　　放送ジャーナリズム

小田桐誠　　NHKと制作会社 ―「モンロー主義」との決別25年：放送レポート　231号　〔2011.7〕　p12〜18

吉井勇, 斉藤貴雄　NHK初のロジスティクスプロジェクト立ち上げ 「東日本大震災ロジスティクスプロジェクト」の奮闘：New media　29（7）通号339　〔2011.7〕　p8〜10

高瀬徹朗　NHKアイテック ギャップフィラーの実績と将来性 地デジ難視解消から災害対策、そして地域密着情報源へ：New media　29（8）通号340　〔2011.8〕　p19〜22

神余心　メディア激動時代（34）たかが120円、されど120円値下げ NHKの「受信料強制徴収」を考える：エルネオス　17（12）通号205　〔2011.12〕　p64〜67

松本正之　デジタル時代の公共放送の役割 ： 新春 特別インタビュー 松本正之NHK会長：放送界　57（198）〔2012.新年〕　p24〜28

松本正之　THE PERSON 日本放送協会会長 松本正之：ぎゃらく　（511）〔2012.1〕　p3〜5

小俣一平　インターネット時代の「キャンペーン報道」の意義を探る ： NHK「ミドルエイジクライシス」キャンペーンを事例として：放送研究と調査　62（5）通号732　〔2012.5〕　p2〜17

永田浩三, 川崎泰資　「異端」のジャーナリストに聞く（NO.9）NHKは、氷河期を乗り切ってほしい：マスコミ市民　（523）〔2012.8〕　p54〜65

吉井勇　66回を重ねた「NHK技研公開」 放送の未来技術で視聴者と語り合う研究者たち：New media　30（8）通号353　〔2012.8〕　p8〜11

壱岐一郎　NHKニュースに物申す―拉致・原発・尖閣―：放送レポート　238号　〔2012.9〕　p54〜57

小田桐誠　NHK研究 受信料を初めて値下げ ホテル提訴で手っ取り早く徴収：エコノミスト　90（57）通号4265　〔2012.12〕　p42〜43

井上弘　（新春インタビュー）「放送・通信連携」は何をもたらすのか？ 問われるテレビの広告価値 民放連 井上弘会長：放送界　No0202　〔2013〕

小田桐誠　NHK受信料最新事情―値下げと民事手続き強化と〜：放送レポート　240号　〔2013.1〕　p28〜37

丸山昇　メディア一撃 強権的体質を覗かせるNHK「契約強制」判決の先にある強制論が怖い！：金曜日　21（28）通号969　〔2013.7〕　p56〜57

加藤裕治, 武田俊輔, 舩戸修一　NHK『明るい農村（村の記録）』制作過程と「農業・農村」へのまなざしの変容 ： 番組制作者に対する聞き取り調査をもとに：マス・コミュニケーション研究　（85）〔2014〕　p165〜183

小田桐誠　NHK松本体制三年の内幕 ： 迷走する巨大メディア（前編）：放送レポート　（246）〔2014.1〕　p32〜39

伊形浩之　籾井勝人会長発言の衝撃 計算がずれはじめた安倍政権のNHK支配計画：金曜日　22（4）通号994　〔2014.1〕　p12〜13

神余心　メディア激動時代（60）「ネット」放送本格進出に意欲!? 籾井新体制で船出するNHKの「難題」：エルネオス　20（2）通号231　〔2014.2〕　p60〜63

小田桐誠　NHK松本体制三年の内幕 ： 迷走する巨大メディア（後編）：放送レポート　（247）〔2014.3〕　p28〜32

小田桐誠　学生たちが見たNHK：放送レポート　（247）〔2014.3〕　p34〜37

福井洋平, 矢内裕子　Eテレこそが本物のテレビだ ： 伝えたいことを、伝わるように：Aera　27（15）通号1445　〔2014.4〕　p48〜52

坂本衛　NHK大漂流 ： 公共放送よ、どこへいく？：放送レポート　（248）〔2014.5〕　p2〜10

天上悠々　NHK内部の闘いと経営委員会の責任 ： NHKウォッチャーの報告：マスコミ市民　通号545　〔2014.6〕　p40〜45

辻泰明　NHKオンデマンド5年間を辻室長に聞く ヒット番組『あまちゃん』も生かせる条件が整ってきた：New media　32（6）通号375　〔2014.6〕　p8〜10

松本俊博, 長野真一, 藤田昌巳　NHKの4K制作戦略 ： 8Kを見据えた4K制作で国際展開を目指す NHK4Kコンテンツ4作品：New media　32（7）通号376　〔2014.7〕　p28〜31

門奈直樹　NHK問題 ： BBCの「会長公募制」から学ぶ 視聴者の信頼を得なければクビ：金曜日　22（28）通号1018　〔2014.7〕　p32〜33

前嶋かおり　若年層への訴求考えるヒントに ： NHKハッカソンを開催して：新聞研究　（757）〔2014.8〕　p62〜65

神保太郎　メディア批評（第81回）（1）NHKが危ない！ （2）分断される中央紙、頑張る地方紙：世界　（860）〔2014.9〕　p67〜74

吉井勇, 児野昭彦　NHKメディアテクノロジー創立30周年 児野社長インタビュー これまでのレガシーを活かしつつ、これからをチャレンジングに活動する：New media　32（11）通号380　〔2014.11〕　p8〜11

吉井勇, 辻村和人　NHK報道局 災害・気象センター 辻村和人センター長に聞く 災害発生時における公共放送NHKとしての取り組みと責務：New media　32（12）通号381　〔2014.12〕　p12〜14

〔図　書〕

高瀬広居　NHK王国―現代を支配する恐怖の機構　講談社　1965　241p　18cm　（ミリオン・ブックス）

日本放送協会　NHKとその経営　日本放送出版協会　1968　227p　21cm　200円　（NHKブルーリポート 1）

志賀信夫　裸のNHK　誠文堂新光社　1969　238p　17cm　350円　（ブレーン・ブックス）

志賀信夫　NHK王国の内幕―国民を無視する放送機構の実態　日新報道　1972　301p　18cm　500円

志賀信夫　NHK解体大作戦　国民出版社　1973　286p　19cm　850円

志賀信夫　あなたの知らないNHK　電波新聞社　1975　305p　19cm　950円

原幸治郎　NHK―公共放送の歴史と課題　教育社　1978.12　214p　18cm　400円　（入門新書―時事問題解説 no0162）

公共放送への期待と要望―多くのかたらいの中から　NHK広報室　1979.11　16p　21cm　（NHKリポート）

NHK教育・教養番組ハンドブック―放送利用を目ざす社会教育関係者に　日本放送出版協会　1980　64p　22cm

NHK　Public Relations Bureau, Nippon Hoso Kyokai　1980　40p　26cm

大和武平　NHK国営化の陰謀　イーストウエストパブリケイションズ　1980.8　254p　20cm　1500円

青木貞伸　NHK―世界最大のマスコミ集団　朝日ソノラマ　1980.12　184, 4p　18cm　580円　（ザ・会社シリーズ 66）

徳永正樹　NHK腐蝕研究　汐文社　1981.10　219p　20cm　1200円　（同時代叢書）

行宗蒼一　NHKはもういらない　三一書房　1982.10　242p　18cm　650円　（三一新書）

海外放送研究グループ　NHK戦時海外放送　原書房　1982.11　471p　22cm　6500円

郡司和夫　NHK残酷物語―角栄の圧力・醜い出世競争・無気力局員・黒い人事・腐敗の構図　エール出版社　1983.5　188p

		19cm 980円 （Yell books）				
石井清司	NHK伏魔殿の真相 自由国民社 1983.11 381p 19cm 1200円					
宮崎緑	NHKを10倍楽しむ法 講談社 1984.6 236p 19cm 880円					
稲葉三千男	NHK受信料を考える 青木書店 1985.11 206p 20cm 1200円					
伊勢暁史	NHK大研究 ぱる出版 1988.2 246p 19cm 1300円					
佐野浩	NHK受信料を払えぬ理由 晩声社 1988.10 200p 19cm 1500円					
滝大作	お〜いNHK コア出版 1989.4 220p 19cm 1030円					

NHKの長期展望に関する審議会　NHKの長期展望に関する提言　NHKの長期展望に関する審議会　1990.2　108p　30cm

NHK取材班, 森山軍治郎, 須藤功, 滝大作, 平林久枝　NHK聞き書き庶民が生きた昭和　2　日本放送出版協会　1990.4　275p　20cm　1600円

本多勝一	NHK受信料拒否の論理 朝日新聞社 1991.6 348p 15cm 480円 （朝日文庫）
伊勢暁史	NHKの21世紀戦略—ニューメディアが世界を制覇する 双葉社 1991.10 255p 21cm 1300円
奥田良胤, 野口悟	新公共放送論 ヒロ・プランニング 1991.10 291p 19cm
佐藤吉雄, 朝日新聞社社会部	NHK 朝日新聞社 1992.5 233p 19cm 1000円 （News & documents ND books）
大下英治	NHK王国ニュースキャスターの戦場 講談社 1992.12 423p 20cm 1700円
石井清司	NHKの内幕—癒着・赤字・ヤラセの構造 三一書房 1993.9 206p 18cm 750円 （三一新書）
大下英治	NHK王国ヒットメーカーの挑戦 講談社 1994.5 420p 20cm 1800円
大下英治	知られざる王国NHK 講談社 1995.5 510p 15cm 720円 （講談社文庫）
小田桐誠	NHKに明日はあるか 三一書房 1996.7 244p 19cm 1800円
片山修	NHKの知力 小学館 1999.11 349p 15cm 619円 （小学館文庫）
粟津孝幸	NHK民営化論 日刊工業新聞社 2000.10 241p 20cm 1600円 （B&Tブックス）

イーストプレス特別取材班　徹底検証！ NHKの真相—大手メディアが報じなかった"伏魔殿"の正体！　イースト・プレス　2005.5　227p　21cm　1200円　（East Press nonfiction 3）

松田浩	NHK—問われる公共放送 岩波書店 2005.5 214p 18cm 700円 （岩波新書）
Krauss, Ellis, S., 後藤潤平, 村松岐夫	NHK vs日本政治 東洋経済新報社 2006.11 330, 59p 22cm 3800円
武田徹	NHK問題 筑摩書房 2006.12 251p 18cm 740円 （ちくま新書）
衆議院	NHK受信料をめぐる諸問題について—総務委員会参考資料 衆議院調査局総務調査室 2007.11 203p 30cm
土屋英雄	NHK受信料は拒否できるのか—受信料制度の憲法問題 明石書店 2008.1 205p 20cm 1800円
高島秀之	NHK改革 創成社 2008.8 239p 18cm 800円 （創成社新書）
山本明夫	テレビ見たまま公共放送はいま—"NHK問題"が問いかけるもの 鉱脈社 2008.10 153p 21cm 1500円

西村幸祐　NHKの正体—情報統制で国民に銃を向ける、報道テロリズム　オークラ出版　2009.7　215p　21cm　1143円　（Oak mook 293—撃論ムック）

天野聖悦	NHK受信料制度違憲の論理 東京図書出版会 2010.11 66p 18cm 900円 （TTS新書）
冨沢満	僕のNHK物語—あるTVドキュメンタリストの追想 SINCE1964〜2010 バジリコ 2011.12 369p 20cm 1800円
小田桐誠	NHK独り勝ちの功罪 ベストセラーズ 2012.1 246p 18cm 800円 （ベスト新書 359）
鈴木眞哉	NHK歴史番組を斬る！ 洋泉社 2012.5 255p 18cm 890円 （歴史新書y 027）
小山和伸	これでも公共放送かNHK！—君たちに受信料徴収の資格などない 展転社 2014.3 203p 19cm 1500円

永田浩三, 戸崎賢二, 池田恵理子　NHKが危ない！—「政府のNHK」ではなく「国民のためのNHK」へ　あけび書房　2014.4　229p　19cm　1600円

小田桐誠	NHKはなぜ金持ちなのか？ 双葉社 2014.4 327p 18cm 880円 （双葉新書 086）
西村幸祐	NHK亡国論—公共放送の「罪と罰」、そして「再生」への道 ベストセラーズ 2014.10 239p 19cm 1360円
松田浩	NHK—危機に立つ公共放送 新版 岩波書店 2014.12 235, 10p 18cm 820円 （岩波新書 新赤版 1521）

武田邦彦　NHKが日本をダメにした—もはや情報源としての信頼を失った「公共放送」の実態　詩想社　2014.12　277p　18cm　900円　（詩想社新書 3）

ラジオ

〔雑誌記事〕

奥屋熊郎	自由放送時代と新聞——我がラジオの今後：新聞研究 通号8 〔1949.8〕 p7〜12
後藤曠二	都市行政とラジオ放送：都市連盟 3（4）〔1950.4〕 p4〜5
古垣鉄郎	テレビ放送に熱中するアメリカのラジオ界：放送文化 6（3）〔1951.3〕 p18〜19
大原総一郎	「ラジオ文化」管見：放送文化 6（3）〔1951.3〕 p2〜3
石垣綾子	アメリカで聴いたラジオ：放送文化 7（4）〔1952.4〕 p35
真下信一	ラジオと新しい世代：放送文化 7（4）〔1952.4〕 p33
池谷弥三郎	らじお文化雑感：放送文化 7（10）〔1952.10〕 p18〜20
虎谷喜恵子	農村婦人の啓蒙とラジオ：放送文化 7（3）〔1952.3〕 p13〜15
小山栄三	マス・コミュニケーションとラジオ：放送評論 1（1）〔1953.10〕 p9〜12
鳥井博	ラジオの社会的性格——マス・コミュニケーション講座—2—：放送評論 3（1）〔1955.1〕
園田哲太郎	アメリカにおけるラジオ放送の役割：日本放送協会放送文化研究所調査研究報告 通号2 〔1957.3〕 p135〜143
園田哲太郎	アメリカにおけるラジオ放送の役割—テレビジョンと関連して：日本放送協会放送文化研究所調査研究報告 通号2 〔1957.3〕 p135〜143
鈴木信一	農村とラジオ—茨城県における2つの純農村の調査から：日本放送協会放送文化研究所調査研究報告 通号2 〔1957.3〕 p77〜117
佐田一彦	ラジオ番組の内容分析：新聞研究 通号69 〔1957.4〕 p5〜8
中沢郁	アメリカにおけるFM放送事情：日本放送協会放送文化研究所調査研究報告 通号3 〔1958.3〕 p160〜168
井口武男	ラジオ放送の生きる道：NHK文研月報 8（3）〔1958.3〕
生田正輝	ラジオに対するテレビジョンの影響：法学研究 31（6）〔1958.6〕 p1〜25

山本昇	アメリカにおけるFM放送：広告 （130）〔1959.1〕 p14～16
飯村大平	これからのラジオ放送—各種の調査研究結果から：日本放送協会放送文化研究所調査研究報告 通号4 〔1959.3〕 p58～62
川勝久	これからのラジオ：広告 （136）〔1959.7〕 p7～11
柳田正夫	アメリカのラジオ界点描：広告 （137）〔1959.8〕 p20～
大森幸男	注目されるFM放送問題：新聞研究 通号102 〔1960.1〕 p20～23
豊田銀之助	ラジオの今後進むべき道—ヨーロッパ諸国ではどのように考えられているか：日本放送協会放送文化研究所調査研究報告 通号5 〔1960.3〕 p193～206
永井秋雄	中共のラジオとことば：日本放送協会放送文化研究所調査研究報告 通号5 〔1960.3〕 p233～252
後藤和彦	テレビ時代におけるラジオ編成—アメリカにおけるラジオの「役割」理論と歴史：NHK放送文化研究所年報 6 〔1961.9〕 p108～151
西谷博信	ラジオニュース：NHK文研月報 14（06）〔1964.6〕 p29
安部隆	関東におけるラジオ番組編成への一考察：NHK放送文化研究所年報 9 〔1964.7〕 p110～131
安部隆	FM放送の現状：NHK放送文化研究年報 10 〔1965.8〕 p96～121
石田達郎	AMラジオとFMラジオ：広告 （208）〔1965.10〕 p77～81
相田敏彦	生活の中のラジオ——国民生活時間調査から：NHK文研月報 16（06）〔1966.6〕 p55
船越章	ニッポン放送--大衆主義と合理主義（民間放送研究-6-)：総合ジャーナリズム研究 05（03）〔1968.3〕 p89～93
田村穣生	マスメディアの中のラジオ——マスメディア利用状況調査の結果から：NHK文研月報 18（05）〔1968.5〕 p22
石田達郎	AMとFM—セグメンテーションの方法論的研究— <特集>ラジオが当面する諸問題：放送批評 No.007 〔1968.6〕
島地純	Quo Vadis, Radio？—番組と営業サイドからみた民放ラジオ— <特集>ラジオが当面する諸問題：放送批評 No.007 〔1968.6〕
吉村育夫	<ラジオ>からの証言 <特集>放送・不可視の抑圧 放送20年史的展開：放送批評 No.042 〔1971.6〕
放送事情調査部	イギリス政府のラジオ放送白書：NHK文研月報 21（07）〔1971.7〕 p57
中村登紀夫	ラジオ・シリーズ コミュニティ・ラジオ実践論：月刊民放 02（08）〔1972.1〕 p29～31
家根敏明	ラジオシリーズ ラジオの今日的原点 変革から定着の論理へ：月刊民放 02（09）〔1972.2〕 p28～31
吉川忠章、天野祐吉、田中隆、富永正文、柳治郎、柳沢和幸	ラジオ・シリーズ コミュニティ・ラジオ戦略の実践をめぐつて 座談会：月刊民放 02（10）〔1972.3〕 p12～19
志賀史郎	真夜中のラジオ・コミュニケーション（マスコミと若者（特集)）：総合ジャーナリズム研究 09（03）〔1972.7〕 p81～85
広沢中任	III/ラジオCM制作費 サービスから対価の時代へ：月刊民放 02（15）〔1972.8〕 p14～17
兼域昌昭	聴取層の拡大と創造的社員の育成：月刊民放 02（15）〔1972.8〕 p12～13
田場洋和	不況脱出下のテレビネット 経営：月刊民放 02（15）〔1972.8〕 p22～22
佐々木亨	特集・ニューラジオの課題 III/企業からみたコミュニティ・ラジオの可能性：月刊民放 02（18）〔1972.11〕 p20～25
羽佐間重彰、菊地徳造、山田嘉郎、植本辰雄、中塚勝三、忠石守雄、渡辺辰雄	特集・ニューラジオの課題 II/ナマ・フィドラジオ討論会 "悩む・語る・聴く" コミュニティ・ラジオの実践と展開：月刊民放 02（18）〔1972.11〕 p6～17
小松一三	特集・ニューラジオの課題 I/聴取者・その原点でのラジオ 新たなニーズを拓くための志向の転換を：月刊民放 02（18）〔1972.11〕 p17～19
家根敏明、佐藤修	特集・ニューラジオの課題 ナマ・ワイド・ラジオ討論会を終えて：月刊民放 02（18）〔1972.11〕 p17～19
和田矩衛	ラジオ総点険シリーズ（上）活性化する各地のラジオ・ワイドプロ：月刊民放 03（21）〔1973.2〕 p7～14
和田矩衛	ラジオ総点検シリーズ（中）豊富な表情と切り口を見せる主婦・ヤング・社会番組：月刊民放 03（22）〔1973.3〕 p27～33
和田矩衛	ラジオ総点検シリーズ（下）局の個性が目立つラジオ芸能の現状：月刊民放 03（25）〔1973.6〕 p26～32
伊豫田康弘	「行動するラジオ」の定着へ ラジオ：月刊民放 03（31）〔1973.12〕 p22～25
羽佐間重彰、植本辰雄、忠石守雄、田口坦	'73ラジオセミナー特集 ラジオ、これから ラジオ編成・今後の展望：月刊民放 04（33）〔1974.3〕 p14～26
皆美亭衆	'73ラジオセミナー特集 ラジオの新展開：月刊民放 04（33）〔1974.3〕 p13～13
浜田嘉昭	'73ラジオセミナー特集 四十九年の経済と広告動向 経済の質的変革の中で広告機能をどう拡大するか：月刊民放 04（33）〔1974.3〕 p3～10
小林吉彦	'73ラジオセミナー特集 資源不足・イメージ・コミュニティ：月刊民放 04（33）〔1974.3〕 p11～12
柳治郎	ラジオの構造と展開（上）危機論の現点から：月刊民放 04（36）〔1974.6〕 p21～27
柳治郎	ラジオの構造と展開（中）情報論の視点から：月刊民放 04（37）〔1974.7〕 p27～33
柳治郎	ラジオの構造と展開（下）エンタテイメント論の視点から：月刊民放 04（39）〔1974.9〕 p22～26, 31～31
伊豫田康弘	浸透する成人リスナー定着策 ラジオ：月刊民放 04（42）〔1974.12〕 p27～28, 36～36
豊田銀之助	フランスのラジオ放送——「周辺放送局」との聴取率競争：NHK文研月報 25（07）〔1975.7〕 p49
村井仁	イギリスのラジオ放送 "その現状を分析する"：NHK文研月報 25（09）〔1975.9〕 p38
佐藤修	新しいラジオ販促の開発と課題：月刊民放 08（79）〔1978.1〕 p11～14
友田重文	新幹線開通後のラジオ営業：月刊民放 08（79）〔1978.1〕 p14～17
龍川幸弘	定着してきた「ラジオまつり」：月刊民放 08（79）〔1978.1〕 p17～19
井上ひさし	日本人大衆とラジオ制作 専門性と自己鍛練がきめ手：月刊民放 08（80）〔1978.2〕 p4～9
常行邦夫	「わたしのラジオ論」づくり "状況のなかで" 何が可能か：月刊民放 08（82）〔1978.4〕 p27～28
総合ジャーナリズム研究編集部	岐路に立つFM放送<特集>：総合ジャーナリズム研究 15（03）〔1978.7〕 p103～105
斎藤賢治、堤轍郎	くらしの中のラジオ：NHK文研月報 28（09）〔1978.9〕 p1
大森幸男	FM拡充・多重開始への急な動き（マスコミの焦点）：新聞研究 通号326 〔1978.9〕 p94～96
総合ジャーナリズム研究編集部	岐路に立つFM放送－2－低速前進, FM新免の動き－付・服部郵政大臣発言録：総合ジャーナリズム研究所 15（04）〔1978.10〕 p7～26

放送ジャーナリズム　　　ジャーナリズム

天野祐吉　　特集 新しいラジオづくりのために ラジオについての無責任な対話 受け手からみたラジオの可能性：月刊民放　09（96）〔1979.6〕p12～15

一場靖彦, 吉村育夫, 宮本幸一, 高谷昇, 大友三子雄, 飯島一彦　特集 新しいラジオづくりのために ラジオに "熱中時代" はくるか？ 若手制作者による座談会：月刊民放　09（96）〔1979.6〕p16～24

西村晃　　特集 新しいラジオづくりのために 個性あるラジオの創造 原点を振り返り可能性を探る：月刊民放　09（96）〔1979.6〕p8～11

大森幸男　　ラジオ社会番組 ラジオの原点を追う：月刊民放　09（101）〔1979.11〕p12～13

井上康道, 大野喜十郎, 津田亮一, 田中邦彦　特集 FM放送の十年 FM4社の編成方針をきく：月刊民放　09（102）〔1979.12〕p10～11

松田浩　　特集 FM放送の十年 転換期をむかえるFM放送 10年目の課題と展望：月刊民放　09（102）〔1979.12〕p6～9

亀渕昭信, 志賀信夫, 松井邦雄　新春レポート 80年代のラジオ アメリカからの展望：放送批評　No.132〔1980.1〕

高橋琢二　　AMステレオとFM4チャンネル 実現の可能性強まるアメリカ、そして日本は？：月刊民放　10（108）〔1980.6〕p40～43

青木貞伸　　ラジオ社会番組 日常的な制作活動の継続を：月刊民放　10（113）〔1980.11〕p8～9

田家秀樹　　深夜に聞かない深夜放送 ラジカセの普及はラジオを変えるか：月刊民放　10（113）〔1980.11〕p24～27

大谷堅志郎　　"海賊放送" 対 "ローカル放送"――ラジオ・リーブル問題のその後：NHK文研月報　31（02）〔1981.2〕p1

吉沢比呂志　　特集 魅力あるラジオへ ラジオがラジオであるために 既成概念を打破する大胆な発想と冒険を：月刊民放　11（118）〔1981.4〕p12～16

安達尚彦, 井上義文, 上村喜一, 池田鉄朗, 津川泉, 道上洋三　特集 魅力あるラジオへ ラジオに新しい発見をした：月刊民放　11（118）〔1981.4〕p17～23

山県昭彦　　特集 魅力あるラジオへ ラジオは生活に寄り添って ときには怒り、悲しむ番組を：月刊民放　11（118）〔1981.4〕p8～12

野島泰二　　ニュース伝達のエアポケットをねらう――ラジオたんぱ「ニュース・オール・ナイト」の場合（テレビ報道の可能性）：新聞研究　通号357〔1981.4〕p55～57

伊豫田康弘　　ラジオと交通情報 リスナーの期待にどうこたえるか：月刊民放　11（126）〔1981.12〕p26～29

松沢良昌　　特集 ラジオのイベント戦略 いま、なぜイベントなのか 局内にこもってラジオを創る時代は終わった：月刊民放　12（132）〔1982.6〕p6～11

窪田重琉, 小池昇, 小藤隆行, 松田英紀, 福丸欽也　特集 ラジオのイベント戦略 ラジオイベント――事例にみる戦略と思想：月刊民放　12（132）〔1982.6〕p17～23

汀邦彦　　特集 ラジオのイベント戦略 創作・イベントがつくられるまで "新しい世界" 創造の刺激剤として：月刊民放　12（132）〔1982.6〕p12～16

大谷堅志郎　　イギリスのローカル・ラジオ―その沿革と問題点（《特集》海外の公共放送の現状と問題（IV））：NHK放送文化研究年報　27〔1982.8〕p61～84

伊藤未知男　　（変わる放送界の深層潮流〈特集〉）FMは市民のための "基本メディア"：総合ジャーナリズム研究　19（04）〔1982.10〕p46～50

安藤竜夫　　（変わる放送界の深層潮流〈特集〉）FM拡充をめぐる十余年の応酬：総合ジャーナリズム研究　19（04）〔1982.10〕p38～43

山口一臣　　アメリカ型ラジオ放送システムの形成と展開―2―：成城大学経済研究　通号78〔1982.10〕p69～110

大森幸男　　FM多局化時代迎える民放：新聞研究　通号376〔1982.11〕p78～81

大谷堅志郎　　"自由ラジオ" から "私営ローカルラジオ" へ――仏放送改革の一断面：NHK文研月報　32（12）〔1982.12〕p9

荻作子　　特集 RADIO It's Red Hot よみがえれ "眠れるラジオ" いざという時、あなたのラジオお元気ですか：月刊民放　13（145）〔1983.7〕p29～30

辻斉　　特集 RADIO It's Red Hot ファンの拡充へ、ともに努力を：月刊民放　13（145）〔1983.7〕p20～21

宮城秀一, 金森千栄子, 高橋楽司, 山地常司, 春川和子, 神戸務, 内ヶ崎晴男　特集 RADIO It's Red Hot ラジオはホットに流れるメディアだ 制作者が語る「私のワイド番組実践論」：月刊民放　13（145）〔1983.7〕p22～28

小泉圭司　　特集 RADIO It's Red Hot 求められる、ラジオ像再構築：月刊民放　13（145）〔1983.7〕p15～18

芦沢務, 橋本康生, 松沢良昌, 中川公夫, 中野収　特集 RADIO It's Red Hot 新しい形のラジオめざして 流れと時間コミュニティの関係を探る〈座談会〉：月刊民放　13（145）〔1983.7〕p6～14

石坂多嘉生　　特集 RADIO It's Red Hot 伝えにくい時代にこそ試行を：月刊民放　13（145）〔1983.7〕p19～20

平石典雄　　（ニューメディア症候群〈特集〉）どう進む第二世代FM "デジタル号"：総合ジャーナリズム研究　20（04）〔1983.10〕p38～42

藤久ミネ　　視点のあるパーソナリティ選びが鍵 ラジオ：月刊民放　13（149）〔1983.11〕p37～40

高村昭　　英国ラジオ事情 テレビ朝番組スタート、一年：月刊民放　14（151）〔1984.1〕p16～17

篠原俊行　　特集 生活媒体ラジオの新路線 衛星利用にみるラジオの広がり 米国ですすむラジオの胎動が、わが国民放に与える示唆：月刊民放　14（151）〔1984.1〕p20～23

井上尚信, 岩本政敏, 酒井昭, 松井政和, 森直久　特集 生活媒体ラジオの新路線 始まった媒体機能再開発の方向 生活情報媒体としての活路は〈座談会〉：月刊民放　14（151）〔1984.1〕p6～13

山口秀夫　　特集 生活媒体ラジオの新路線 媒体新時代に可能性秘めるラジオ '83ラジオセミナー講演から：月刊民放　14（151）〔1984.1〕p24～28

小林昭, 田中輝雄, 豊川一美, 麻田信之　特集 生活媒体ラジオの新路線 "流れ" のなかのポイントづけ 聴取者の "生活ペース" をどう捉えているか：月刊民放　14（151）〔1984.1〕p14～19

藤久ミネ　　特集＝新ラジオ像 構築に向けて まず、「音声が持つ力」の信頼から「ながら」のなかにメッセージを求める視聴者に、情報の "伝え" 充実を：月刊民放　14（158）〔1984.8〕p6～9

大杉豊　　特集＝新ラジオ像 構築に向けて カーラジオに映る新ラジオ像 移動と情報の接点・カーラジオは、良き音声環境であり、消費を活性化する：月刊民放　14（158）〔1984.8〕p30～32

井上尚信, 坂井公介, 山田芳雄　特集＝新ラジオ像 構築に向けて "ラジオ活性化" のキイポイント 媒体環境激変の時代に、"ときめき" のラジオ創造の基盤は：月刊民放　14（158）〔1984.8〕p14～18

斎藤守慶　　特集＝新ラジオ像 構築に向けて 信頼を高め、活性化する "接点" イベント ホット・メディアならではの「センス」

| | と「志」を中核に企画選択を：月刊民放　14(158)〔1984.8〕p10〜13 |

新井義夫, 大内昭剛　特集＝新ラジオ像　構築に向けて　新しいラジオへの展開に期待　消費と生活態様変化に、質的なクラスター把握で対応を：月刊民放　14(158)〔1984.8〕p19〜24

清水皓治, 西田俊一, 内田盛雄, 福岡義春, 廣野一郎　特集＝新ラジオ像　構築に向けて　魅力あるラジオ　創造への視点　見えない市場にこそラジオの機能を生かせ：月刊民放　14(158)〔1984.8〕p25〜29

亀渕昭信　特集＝メディア新世紀への課題　ラジオ機能発揮のための"十戒"つくり手の"熱気"を伝える十のチェック・ポイント〔'84ラジオセミナー講演から〕：月刊民放　15(163)〔1985.1〕p29〜33

安藤竜夫　FM拡充プランと"波取り"合戦(FM多局化時代の行方)：総合ジャーナリズム研究　22(04)〔1985.10〕p71〜74

卓南生　FM多局化時代の行方：総合ジャーナリズム研究　22(04)〔1985.10〕p86〜93

平石典雄　ネットワークからみたFMのいまと将来(FM多局化時代の行方)：総合ジャーナリズム研究　22(04)〔1985.10〕p63〜69

篠原俊行　衛星多様化の波とFMの新方位(FM多局化時代の行方)：総合ジャーナリズム研究　22(04)〔1985.10〕p56〜62

伊藤英太郎, 光永一三, 三浦陽治, 山本和弘, 池田譲治, 矢口武郎　特集　ホット・オーディエンスを摑め　ホット・オーディエンスづくりへの"突破口"時代の感覚を摑み、果敢な新ジャンル開発を：月刊民放　15(172)〔1985.10〕p27〜33

安原至平, 大杉豊, 田辺建治郎, 福岡嘉之　特集　ホット・オーディエンスを摑め　主婦の意識変化を捉え、新ラジオ像へのステップに「らぶライフ・らぶラジオ－ラジオ大好き奥さん」調査から〈座談会〉：月刊民放　15(172)〔1985.10〕p10〜19

山県昭彦　特集　ホット・オーディエンスを摑め　選択聴取時代に必要なラジオマンの「自己開発」"いま"の空気に五感をひらき、聴取者との適切なスタンスを：月刊民放　15(172)〔1985.10〕p6〜9

横山貞利　特集　ホット・オーディエンスを摑め　聴取態様の"いま"からAMラジオの新しい発想を　ライフスタイル変化に、「いかに媒体を意識させるか」が鍵：月刊民放　15(172)〔1985.10〕p20〜26

石井健一　メディア接触パターンの計量化――ラジオ聴取データの一分析：新聞学評論　通号35〔1986.3〕p47〜60

石川弘義　ラジオと若ものたち(大衆社会論とジャーナリズム〈特集〉)：新聞学評論　通号35〔1986.3〕p142〜155

須藤忠昭　特集　いまマスコミの危機　ラジオに何を求めるか：マスコミ市民　通号221/222〔1987.2〕p116〜127

上野修　特集　ファン開拓に、変化するラジオ　ニューラジオへの核はイベント開発の「体制づくり」に　「全社一丸」が生む"情熱"でラジオ全体を活性化　インタビュー：月刊民放　17(188)〔1987.2〕p25〜28

美記聰史　特集　ファン開拓に、変化するラジオ　ラジオに不可欠な"ホットな話題づくり"：月刊民放　17(188)〔1987.2〕p23〜24

原幹　特集　ファン開拓に、変化するラジオ　情報を伝えるジャーナリズム機能が基盤：月刊民放　17(188)〔1987.2〕p10〜13

峰岸慎一　特集　ファン開拓に、変化するラジオ　人々の感性を捉え、ラジオを"必欲品"に：月刊民放　17(188)〔1987.2〕p17〜19

松原洋司　特集　ファン開拓に、変化するラジオ　"人的ネットワーク"体制の確立で活性化：月刊民放　17(188)〔1987.2〕p19〜21

小松董　特集　ファン開拓に、変化するラジオ　生活様式変化に、"情報の有益性"考えて：月刊民放　17(188)〔1987.2〕p15〜17

中野収　特集　ファン開拓に、変化するラジオ　「聴取習慣」拡大へ、メディア人間の生理を摑め　近未来の「ラジオの位置」をイメージし、活気あるメディアに：月刊民放　17(188)〔1987.2〕p6〜9

小谷野修　特集　ファン開拓に、変化するラジオ　特性を生かし、「時代の感性」を追求して：月刊民放　17(188)〔1987.2〕p21〜23

稲葉昭典　特集　ファン開拓に、変化するラジオ　話題性を喚起し存在価値を示す"挑戦"を：月刊民放　17(188)〔1987.2〕p13〜15

伊豫田康弘　ラジオのページ　新聞最終面から追い出された情報　ラジオにかせられた不利：放送批評　No.216〔1987.7〕

伊豫田康弘　ラジオのページ　ラジオを活かすメディア・フォーメーション：放送批評　No.221〔1987.12〕

稲葉昭典, 関戸祐守, 佐藤宙史, 笹岡義彦, 山名充行, 西本雄男, 石橋雄哉, 丹羽国夫, 峰岸慎一　特集　ニュー・ローカルラジオめざして　ローカル・イノベーション考　民放10社の活性化戦略を聞く：月刊民放　17(198)〔1987.12〕p10〜20

安部雍子, 井関利明　特集　ニュー・ローカルラジオめざして　仕事場の状況を的確に捉え、情報のラジオ的加工をテレビに匹敵する「有職男性のラジオ接触量」インタビュー：月刊民放　17(198)〔1987.12〕p6〜9

大橋正房　特集　ニュー・ローカルラジオめざして　受信機の機能複合化で、変わる「ラジオの地位」小型化・薄型化の進展と複合製品が意味するもの：月刊民放　17(198)〔1987.12〕p24〜29

伊藤宏, 小川原元春, 石川昌平, 尾形誠規, 堀正典　特集　ニュー・ローカルラジオめざして　民放ラジオに何が問われているのか　外部関係者からの「直言」「提案」：月刊民放　17(198)〔1987.12〕p21〜23

平石典雄　(〈放送〉の内と外〈特集〉)民放FM, 2つの局面：総合ジャーナリズム研究　25(01)〔1988〕p32〜37

東山慎之　特集　どう迎える、「AM-FM共存」時代　'76〜'86年のAM・FM経営動向：月刊民放　18(207)〔1988.9〕p33〜35

KBS京都, 岩手放送, 東海ラジオ　特集　どう迎える、「AM-FM共存」時代　コーナー　東京支社制作・ローカル番組：月刊民放　18(207)〔1988.9〕p27〜28、〜

稲葉昭典, 岡田靖雄, 吉田一敏, 山口精一, 紙谷則昭, 小林正太郎, 松崎幸一, 川本浩二, 中川真昭, 鈴木紀男, 雉本俊一　特集　どう迎える、「AM-FM共存」時代　"セールス中心"のネット構造見直しを　局・広告会社11氏による「私のラジオ・ネットワーク論」：月刊民放　18(207)〔1988.9〕p14〜23

上野修　特集　どう迎える、「AM-FM共存」時代　鍵握る"プロデューサー感覚"：月刊民放　18(207)〔1988.9〕p29〜31

後藤亘, 川内通康　特集　どう迎える、「AM-FM共存」時代　「時代感覚」捉え媒体特性アピールを　対談：月刊民放　18(207)〔1988.9〕p6〜13

山田和雄　FMには質感の高い情報が似合う：広告　(271)〔1988.11〕p41〜

井戸利一, 岡崎正道　ラジオ・ニュームーブメント　情報力と柔軟編成で"個性化"：月刊民放　18(209)〔1988.11〕p38〜40

安部雍子　コミュニティ・ラジオ再構築へ"オン・ザ・ウェイ情報"の開発が課題に：月刊民放　19(211)〔1989.1〕p34〜37

伊豫田康弘　ラジオのページ：放送批評　No.236〔1989.3〕

羽佐間重彰, 後藤亘, 榊原盛吉, 市川綏　パネルディスカッション　これからのラジオメディア像：放送批評　No.244〔1989.11〕

浅野啓児	NACK FIVEは埼玉で生きる（ラジオはどこへ）：新聞研究　通号463〔1990.2〕p71〜73
上野修	音声メディア戦国時代を迎えて（ラジオはどこへ）：新聞研究　通号463〔1990.2〕p68〜70
小笠原徹	特集 放送人の資質と条件 ラジオ営業 オンリーワンの"福の神"に：月刊民放　20（225）〔1990.3〕p20〜22
三木明博	特集 放送人の資質と条件 ラジオ制作 人間に対する好奇心と温かさを：月刊民放　20（225）〔1990.3〕p15〜17
清水義昭	特集 放送人の資質と条件 ラジオ編成 "逆説の逆説ふう"編成人の常識：月刊民放　20（225）〔1990.3〕p10〜12
田辺建治郎	「聴くラジオ」から「使うラジオ」へ AMラジオ6社共同調査の結果から：月刊民放　20（227）〔1990.5〕p24〜26
渡辺実	ラジオは災害時のライフライン：放送批評　No.251〔1990.6〕
松前紀男	FMの変容−−過去と未来−−70年代以降の安定期は，果して幸せな時期であったのだろうか：総合ジャーナリズム研究　28（01）〔1991.1〕p104〜110
小出透	FM多様化・考−−大阪・神戸・京都−−3都物語：総合ジャーナリズム研究　28（03）〔1991.7〕p35〜39
中村信郎	特集 民放四十年——その重みと今後の課題 映像時代とラジオの可能性 私・ラジオ物語：月刊民放　21（245）〔1991.11〕p10〜13
篠原俊行	音声放送の将来はどうなる？　コミュニティ放送の波動：放送批評　No.272〔1992.3〕
小寺佳子	取材と報道の現場（12）AMステレオ放送の夢と課題：月刊民放　23（261）〔1993.3〕p34〜35
田辺建治郎	AMラジオの新しい聴取層を確認 第12回RADIO調査から：月刊民放　23（265）〔1993.7〕p34〜35
岡田貴浩	特集 FM放送の明日のために FMならではの「心意気」に期待 富士重工業：月刊民放　23（269）〔1993.11〕p18〜19
大森研治	特集 FM放送の明日のために FMのブランドイメージを大切に シャープ：月刊民放　23（269）〔1993.11〕p16〜17
曾山克巳	特集 FM放送の明日のために FM発展のため新たなチャレンジを：月刊民放　23（269）〔1993.11〕p10〜12
常行邦夫	特集 FM放送の明日のために リスナーと広告主を有機的に結びつける FM名古屋：月刊民放　23（269）〔1993.11〕p27〜28
世儀由雄	特集 FM放送の明日のために 音楽ソースの蓄積とノウハウを生かして FM大阪：月刊民放　23（269）〔1993.11〕p29〜30
大西俊彦	特集 FM放送の明日のために 科学的データを整備しクライアントの支持を 電通：月刊民放　23（269）〔1993.11〕p21〜22
後藤亘	特集 FM放送の明日のために 時代を見据えFM新時代を築く：月刊民放　23（269）〔1993.11〕p6〜9
小谷野修	特集 FM放送の明日のために 創意と工夫で経営基盤の確立を：月刊民放　23（269）〔1993.11〕p13〜15
柏靖博	特集 FM放送の明日のために 多局化の首都圏でどう生きのびるか FMサウンド千葉：月刊民放　23（269）〔1993.11〕p25〜26
小川原元春	特集 FM放送の明日のために 放送局経営の新たな使命感が不可欠 博報堂：月刊民放　23（269）〔1993.11〕p23〜24
松原浩	特集 FM放送の明日のために 率先して他メディアとの連携を ライオン：月刊民放　23（269）〔1993.11〕p19〜20
竹原栄一	特集 深夜番組のモチーフ "もっともっとわかりやすく"が新境地を拓く 関西テレビ：月刊民放　24（275）〔1994.5〕p16〜17
武田浩治	特集 深夜番組のモチーフ テレビの楽しさを伝える無局籍番組 毎日放送：月刊民放　24（275）〔1994.5〕p20〜21
山田美保子	特集 深夜番組のモチーフ トレンディよりニッチな番組制作は!?：月刊民放　24（275）〔1994.5〕p9〜10
坂内雅弘	特集 深夜番組のモチーフ ナウなゲストと愛・悲しみ・アイデアの料理と テレビ朝日：月刊民放　24（275）〔1994.5〕p24〜25
斧賢一郎	特集 深夜番組のモチーフ ハイティーンとヤングアダルト拡大の先兵に テレビ東京：月刊民放　24（275）〔1994.5〕p22〜23
神戸圭介	特集 深夜番組のモチーフ ヤングアダルトの知的好奇心にズバリ応える テレビ宮崎：月刊民放　24（275）〔1994.5〕p11〜13
赤木準平	特集 深夜番組のモチーフ 言葉を「落とし」、生き生きと「拾う」芸を追いかける TBS：月刊民放　24（275）〔1994.5〕p28〜29
稲増龍夫	特集 深夜番組のモチーフ "深夜番組"の戦略と新しい流れ：月刊民放　24（275）〔1994.5〕p6〜8
河合徹	特集 深夜番組のモチーフ "深夜編成部長"を立て新しいものを生み出す フジテレビ：月刊民放　24（275）〔1994.5〕p26〜27
厨子忠純	特集 深夜番組のモチーフ 波紋広げる長寿番組にアクセルとブレーキ サンテレビ：月刊民放　24（275）〔1994.5〕p14〜15
岩渕輝義	特集 深夜番組のモチーフ 話芸と "空気"がゲストの意外な顔を引き出す 読売テレビ：月刊民放　24（275）〔1994.5〕p18〜19
轟純夫	マス・メディアの裏方−−＜ラヂオ・プレス＞は "日本の耳"：総合ジャーナリズム研究　31（04）〔1994.10〕p45〜49
汪蕾	中国及び日本におけるラジオ放送の発展に関する一考察——メディアとしてのラジオ放送からの視点：社会学研究科論集　（2）〔1995.3〕p17〜28
湯浅俊彦	「見えるラジオ」の向うに−−マルチメディア時代におけるFM放送の今後：総合ジャーナリズム研究　32（02）〔1995.4〕p58〜61
安部雍子	特集 ラジオのライディング・アゲイン メディア環境構造の激変とラジオ・サバイバルの方向性：月刊民放　25（287）〔1995.5〕p20〜23
西本康男	特集 ラジオのライディング・アゲイン 音楽による快適空間をつくる：月刊民放　25（287）〔1995.5〕p24〜26
柳澤健	特集 ラジオのライディング・アゲイン 「経営の品質」の検討を：月刊民放　25（287）〔1995.5〕p16〜19
永渕啓、笹山正勝、森本仁郎、水野隆司、田中健一	特集 ラジオのライディング・アゲイン 座談会 果敢なイベントでラジオをリードしたい：月刊民放　25（287）〔1995.5〕p4〜11
大杉豊	特集 ラジオのライディング・アゲイン 実証されたラ・テ併用のメディアミックス効果：月刊民放　25（287）〔1995.5〕p12〜15
山田勉	FMイノベーション マルチメディア時代にラジオが生きる道 放送のデジタル化が目指すもの：放送批評　No.314〔1995.9〕
小田桐誠	外国語FMインターウェーブ 開局へのすったもんだ 放送のデジタル化が目指すもの：放送批評　No.314〔1995.9〕
林香里	ローカルラジオの可能性と限界——ドイツにおけるもう一つの「ニューメディア」：マス・コミュニケーション研究

	通号48 〔1996.1〕 p160〜174	
田原清利	アラジン 魔法のように情報が飛び出る――都会的なニッチなメディアに（J―WAVE）（特集 離陸するか, データ放送――各社の取り組み）：月刊民放　27（4）〔1997.4〕 p16〜17	
後藤亘	ラジオ進化論――DB時代（特集 いまラジオが面白い）：月刊民放　27（5）〔1997.5〕 p4〜7	
田辺建治郎	勢い増す米国ラジオ界――トークラジオ視察団報告：月刊民放　27（6）〔1997.6〕 p28〜31	
宮本豊子	目標喪失の時代が渇望するときめきのラジオを！：放送レポート　147号〔1997.7〕 p34〜40	
古川博志	ラジオ 理想論ではないニュース専門局：新・調査情報passingtime　2期（51）通号419〔1997.11〕 p41〜41	
大島規義	TVニューススタイトル考<1> 「見出し」と「タイトル」：放送レポート　150号〔1998.1〕 p48〜50	
岩沢敏	ラジオ トークラジオの現状と展望：新・調査情報passingtime　2期（51）通号421〔1998.3〕 p50〜50	
古川博志	ラジオ ラジオの武器は「情報化」：新・調査情報passingtime　2期（51）通号422〔1998.5〕 p38〜38	
河野晃	ラジオ 「肉声」の持つ力：新・調査情報passingtime　2期（51）通号424〔1998.9〕 p51〜51	
平井郁雄	ラジオ デジタルによる深夜放送：新・調査情報passingtime　2期（51）通号425〔1998.11〕 p45〜45	
井口博充	オルタナティブ・メディアとしてのコミュニティ・ラジオ――合衆国ウィスコン州WORT局を訪ねて：マスコミ市民　通号359〔1998.11〕 p44〜49	
三条毅史	ラジオ モノ言う大人のバトルトーク：新・調査情報passingtime　2期（51）通号426〔1999.1〕 p43〜43	
斉藤清人	ラジオ番組制作者――送り手に問われるのは「創造力」と「想像力」（特集 最前線のエキスパートに学ぶ―先輩たちの教訓と応援歌）：月刊民放　29（3）通号333〔1999.3〕 p12〜15	
後藤亘	Person of the Month 後藤亘――ラジオに総合編成なんていらない!!：ぎゃらく　通号359〔1999.6〕 p4〜6	
岡田芳宏	コミュニティ放送の現状と課題――市議選開票速報の取り組みをとおして：マスコミ市民　通号367〔1999.7〕 p58〜64	
滝野俊一	インターネットラジオって何？：ぎゃらく　通号362〔1999.9〕 p36〜39	
清水泰	バトルトークで夜のラジオを変える TBS『アクセス』の内側：放送レポート　161号〔1999.11〕 p22〜26	
石井彰	進化するコミュニティ放送：放送文化　通号65〔1999.11〕 p42〜46	
小向国靖	<J―WAVE>"Web Age"との密なるコミュニケーション（特集 インターネット社会の放送―民放のインターネット展開）：月刊民放　30（4）通号346〔2000.4〕 p22〜23	
Coope, Rogerr	米国ラジオ局のインターネット展開（特集 ラジオの領分）：月刊民放　30（7）通号349〔2000.7〕 p26〜29	
石井彰, 前島加世子	デジタル時代に発信！増幅するラジオパワー：放送文化　通号73〔2000.7〕 p6〜20	
上野修	ノンフィクション ドン上野のラジオ伝説（1）民放ラジオの草創期そしてテレビとの闘い：放送文化　通号76〔2000.10〕 p46〜51	
上野修	ドン上野のラジオ伝説（2）若者世代の台頭とラジオの復権：放送文化　通号77〔2000.11〕 p48〜53	
上野修	ドン上野のラジオ伝説（3）ラジオをはみだすラジオの試み：放送文化　通号78〔2000.12〕 p50〜55	
亀渕昭信	ラジオ局経営「軽さ」武器に まず第一歩を踏み出す（特集 21世紀を生きる放送―デジタル時代展望）：月刊民放　31（1）通号355〔2001.1〕 p16〜19	
上野修	ドン上野のラジオ伝説（4）ラジオでアニメーションメディアミックスの大展開：放送文化　通号79〔2001.1〕 p68〜73	
西東万里	シリーズ「ブロードバンド元年」最前線――今, 『インターネットラジオ』がおもしろい：放送文化　通号85〔2001.7〕 p41〜47	
Heinze, Ulrich	ドイツでラジオはどのように聞かれているか――文化によって異なる聴き方と聴取習慣について：ヨーロッパ研究　通号2〔2002〕 p65〜74	
元木昌彦, 高嶋秀武	元木昌彦のメディアを考える旅（48）高嶋秀武（ラジオパーソナリティー）危急存亡の時期もあったラジオが細分化されて聴き手と共に発展する：エルネオス　8（3）通号88〔2002.3〕 p94〜97	
片岡尚	ラジオはインターネットと共存する（特集 放送人の心構え―変化するメディア環境と放送の仕事）：月刊民放　32（3）通号369〔2002.3〕 p24〜26	
塚本美恵子	コミュニティ放送への市民参加――コミュニティFM放送局の現状とエフエム入間の事例から：文化情報学 ： 駿河台大学文化情報学部紀要　9（2）〔2002.12〕 p47〜63	
小高正行	デジタルラジオ 始動！（特集 ラジオの領分、ラジオの新風）：月刊民放　33（11）通号389〔2003.11〕 p5〜8	
石井彰	ラジオに時代の風が吹いている（特集 ラジオの領分、ラジオの新風―ラジオ現場の取材から）：月刊民放　33（11）通号389〔2003.11〕 p18〜21	
池田正之	米デジタルラジオ放送の動向――車市場での衛星波と地上波の戦い：放送研究と調査　54（4）通号635〔2004.4〕 p2〜23	
岡田芳宏	コミュニティ放送――新たな時代を迎えて（1）米沢におけるNPO法人によるコミュニティ放送開設の動き：マスコミ市民　通号423〔2004.4〕 p39〜43	
加藤明	マスコミの対局にミニコミがある：マスコミ市民　通号424〔2004.5〕 p72〜75	
三原治, 石井彰	ラジオのチカラがよみがえる!?――東京5社共同キャンペーンと各局の戦略：放送文化　通号3〔2004.6〕 p44〜51	
岡田芳宏	コミュニティ放送――新たな時代を迎えて（2）NPO放送局誕生への挑戦――京都コミュニティ放送のあゆみ：マスコミ市民　通号427〔2004.8〕 p59〜65	
石井彰	ラジオの現場から：放送レポート　190号〔2004.9〕 p21	
石井彰	ラジオ現場の取材から 80歳を迎えるラジオが生き残る道（特集 ラジオの勝機）：月刊民放　34（11）通号401〔2004.11〕 p21〜23	
後藤亘	暮らしに根ざしたデータ放送に活路（特集 ラジオの勝機―デジタル時代のラジオ放送の将来像）：月刊民放　34（11）通号401〔2004.11〕 p7〜9	
夏目浩光	高齢者虐待――青森放送ラジオ「介護保険制度ご存知ですか？」見えにくい虐待の実態 ラジオ番組が浮き彫りに（特集 地域を支える）：月刊民放　35（1）通号403〔2005.1〕 p15〜17	
高橋京子	日ごろの緊急放送訓練が生きた――34時間のラジオ特番はこうして始まった（新潟県中越地震――その時メディアは）：新聞研究　（643）〔2005.2〕 p29〜32	
近衛正通	「デジタル時代のラジオ放送の将来像に関する懇談会報告書（案）」のポイント：月刊民放　35（7）通号409〔2005.	

	7〕 p28〜31
山本安幸	コミュニティーFMの存在意義――地域に頼られるメディアをめざして（ラジオ放送80年）：新聞研究　（648）〔2005.7〕 p52〜55
釣巻耕秀	ラジオは温かい "声のブログ"――社会性持った情報ツールとしての役割は不変（ラジオ放送80年）：新聞研究（648）〔2005.7〕 p48〜51
坂田謙司	現代に通じるラジオの原点とは――想像力のメディアが持つ可能性を探る（ラジオ放送80年）：新聞研究　（648）〔2005.7〕 p44〜47
佐藤重喜	デジタルラジオが拓く復活への道程（特集1 ラジオの将来像――デジタル時代の経営と社会的役割）：月刊民放　35（8）通号410〔2005.8〕 p4〜7
金井宏一郎	ラジオこそ情報の地方分権の砦（特集1 ラジオの将来像――デジタル時代の経営と社会的役割）：月刊民放　35（8）通号410〔2005.8〕 p12〜15
後藤亘	音声メディアの新時代――新たなサービスの実現に向けて（特集1 ラジオの将来像――デジタル時代の経営と社会的役割）：月刊民放　35（8）通号410〔2005.8〕 p8〜11
木村幹夫	新しいサービスは新しいビジネスモデルで――英国デジタルラジオ調査報告（特集1 ラジオの将来像――デジタル時代の経営と社会的役割）：月刊民放　35（8）通号410〔2005.8〕 p22〜25
町田寿二	関西だより 京町衆がつくった京町衆のラジオ局：放送レポート　196号〔2005.9〕 p19
夏目浩光	民放の地域イベント活動(3)リスナーとともにつくるアクションラジオ：月刊民放　35（12）通号414〔2005.12〕 p18〜21
岡田芳宏	「市民メディア」としてのコミュニティ放送：マスコミ市民　通号444〔2006.1〕 p73〜77
川本裕司	メディアの分岐点(10)衛星ラジオ――高音質だけでは普及せず：AIR21（189）〔2006.2〕 p117〜127
川上隆史	オーストラリアのコミュニティラジオの今――世代の声、少数派の思いを伝える：月刊民放　37（2）通号428〔2007.2〕 p34〜37
三宅正浩	コンテンツの力を高めるために――ポッドキャストとラジオの関係（特集 ラジオの鉱脈）：月刊民放　37（2）通号428〔2007.2〕 p8〜11
向出修一	ラジオの進むべき道を求めて――分社を選択したSTVラジオ（特集 ラジオの鉱脈）：月刊民放　37（2）通号428〔2007.2〕 p4〜7
筑瀬重喜	ラジオ放送との遭遇 生まれ変わる新聞：メディア史研究　22〔2007.6〕 p124〜142
Basnet, Suman	Policy Topics 世界を変えるもうひとつのメディア――コミュニティラジオの世界ネットワーク：Journal of policy studies（27）〔2007.11〕 p65〜72
石井彰	今、ラジオが元気です 中国放送（RCC）：調査情報. 第3期　（480）〔2008.1〕 p92〜95
石井彰	今、ラジオが元気です 5年間の "ラジオを巡る旅" を終えて：調査情報. 第3期　（481）〔2008.3・4〕 p76〜83
壱岐一郎	関西だより 「放送の芯」ラジオが迎える試練：放送レポート　212号〔2008.5〕 p70
石井彰	ラジオを元気にする四つの方法――"新しい動き" の中で提言する（特集 「ラジオ」発信）：月刊民放　38（8）通号446〔2008.8〕 p8〜11
金山勉	多様なプラットホームで放送――最新の米国ラジオ事情（特集 「ラジオ」発信）：月刊民放　38（8）通号446〔2008.8〕 p16〜19
松野良一	メディア漂流(3)最北の「FMわっぴ〜」でコミュニティ放送を考える：調査情報. 第3期　（484）〔2008.9・10〕 p70〜73
松野良一	メディア漂流(4)最南端の「FMいしがきサンサンラジオ」でコミュニティ放送を考える：調査情報. 第3期　（485）〔2008.11・12〕 p94〜97
加藤晴明	〈ラジオの個性〉を再考する――ラジオは過去のメディアなのか（特集 〈ラジオの個性〉を再考する――ラジオは過去のメディアなのか）：マス・コミュニケーション研究　通号74〔2009〕 p3〜29
加藤晴明	ラジオは過去のメディアなのか？――〈ラジオの個性〉を再考する（[日本マス・コミュニケーション学会]2008年度春季研究発表会 シンポジウム）：マス・コミュニケーション研究　通号74〔2009〕 p175〜178
水野晶子	主役はリスナー（大特集・ラジオを元気に）：放送レポート　216号〔2009.1〕 p6
上柳昌彦	おもてなしの心と工夫（大特集・ラジオを元気に）：放送レポート　216号〔2009.1〕 p4〜6
青山高治	ラジオの現場が大好きです！（大特集・ラジオを元気に）：放送レポート　216号〔2009.1〕 p3〜4
川喜田尚	新しいラジオの時代（大特集・ラジオを元気に）：放送レポート　216号〔2009.1〕 p10〜12
真野英明	多メディア時代だからこそラジオ（大特集・ラジオを元気に）：放送レポート　216号〔2009.1〕 p8〜9
隈元信一, 石井彰	対談 今こそラジオの出番です（大特集・ラジオを元気に）：放送レポート　216号〔2009.1〕 p14〜19
松野良一	メディア漂流(5)コミュニティFMのインターネット配信で何が起きるか？：調査情報. 第3期　（486）〔2009.1・2〕 p72〜75
小寺健一	ラジオ営業の問題点（上）「ラジオ活性化プロジェクト」アンケート調査から：放送レポート　218号〔2009.5〕 p20〜23
小寺健一	ラジオ営業の問題点（下）「ラジオ活性化プロジェクト」アンケート調査から：放送レポート　219号〔2009.7〕 p28〜32
河邊榮一	関西だより OBから これからのラジオへの期待：放送レポート　220号〔2009.9〕 p37
石井彰	ラジオの未来を開く試み――それは地方局から始まっている（特集 音とことばで育む――ラジオの未来（あした））：月刊民放　39（12）通号462〔2009.12〕 p18〜21
柴田厚	ラジオ局の枠を超えて――米NPR（公共ラジオ）マルチ展開の取り組み：放送研究と調査　59（12）通号703〔2009.12〕 p46〜55
安田拡	民放ラジオは波に乗れるか？――AM・FM放送のクロスメディア展開をめぐる一考察――：放送レポート　224号〔2010.5〕 p42〜47
かでかるさとし, 逸見明正, 室賀啓希, 真栄喜啓介, 真栄城正樹, 田幸博樹, 又吉直人	パネルディスカッション 沖縄ラジオ 元気の秘密：放送レポート　225号〔2010.7〕 p2〜12
神余心	メディア激動時代(17)「ネットラジオ」予想外の人気に膨らむ期待 青息吐息のラジオ業界は復活できるか：エルネオス　16（7）通号188〔2010.7〕 p60〜63
三浦文夫	ラジオ復権への新たなステージ――大きな反響呼ぶ「ラジコ」の取り組み：新聞研究　（708）〔2010.7〕 p67〜69

西田善太　インタビュー　西田善太さん　何しろ「ラジオ愛」なもので。：放送レポート　226号　〔2010.9〕　p18〜22

林恭一　Media Scope ラジオの将来像めぐり総務省が報告書——新聞協会、ジャーナリズムの観点から意見：新聞研究　（710）〔2010.9〕　p79〜81

小林義寛　番組部門　ラジオ教養番組　音、声、言葉と真摯に向き合う（特集 平成22年日本民間放送連盟賞）：月刊民放　40（10）通号472　〔2010.10〕　p7〜9

安田拡　民放ラジオは波を超えられるか －「radiko」事業化に向けた課題－：放送レポート　228号　〔2011.1〕　p56〜58

岸博幸, 田路圭輔, 鈴木おさむ　第58回民間放送全国大会シンポジウムから ラジオは進化できるか——ラジオのメディア価値の創造と向上（特集 ラジオをバージョンアップ）：月刊民放　41（2）通号476　〔2011.2〕　p4〜11

橋本吉史, 池田治郎, 中村敏明　民放連研究所「英米ラジオ調査報告会」から 英米ラジオのデジタルラジオ、ネットへの取り組み（特集 ラジオをバージョンアップ）：月刊民放　41（2）通号476　〔2011.2〕　p14〜23

ポメランツェフ, ピーター　ラジオ 失われたBBCの「自由の声」：Newsweek　26（16）通号1247　〔2011.4〕　p42〜43

安田拡　民放ラジオは波をどう生かすか —ネット同時配信における「エリア制限」のあり方：放送レポート　230号　〔2011.5〕　p38〜41

日高晤郎　講演録 ラジオ話芸人、ここにあり ラジオパーソナリティ・日高晤郎さん：放送レポート　231号　〔2011.7〕　p22〜28

安田拡　民放ラジオは新しい波にどう向かう？　—「一県二局二波」体制の再編に向けて—：放送レポート　231号　〔2011.7〕　p30〜33

川上隆史　市民メディアの現状と今後：月刊民放　41（9）通号483　〔2011.9〕　p28〜31

亀渕昭信　「愛」と「カルト」がラジオを救う（特集 民間放送60年—放送新時代への期待）：月刊民放　41（11）通号485　〔2011.11〕　p30〜32

松本恭幸　市民メディア訪問（45）コミュニティ放送における市民参加の抱える課題：マスコミ市民　（520）〔2012.5〕　p48〜51

吉田尚記　THE PERSON ニッポン放送アナウンサー、「ミュ〜コミ＋プラス」パーソナリティ 吉田尚記：ぎゃらく　（519）〔2012.9〕　p3〜5

神余心　メディア激動時代（44）デジタルラジオがようやく動き出す 「離陸」の鍵は「公共メディア」への変身：エルネオス　18（10）通号215　〔2012.10〕　p66〜69

神余心　メディア激動時代（50）デジタルラジオの夢が「空中分解」 自ら門を閉ざしたラジオ界の「明るい未来」：エルネオス　19（4）通号221　〔2013.4〕　p80〜83

升家誠司　THE PERSON CBCラジオ代表取締役社長 升家誠司：ぎゃらく　（527）〔2013.5〕　p3〜5

小島英人　お前はただの過去ではない “クラシック"に何が可能だったのか（1）ラジオ東京 音楽部の夢（1953—1959）：調査情報. 第3期　（515）〔2013.11・12〕　p90〜95

飯田豊　わたしのラジオ改革試案 旅するラジオ受信機：異質な他者と出会う〈場〉を（特集 ラジオの明日へ）：月刊民放　44（2）通号512　〔2014.2〕　p8〜10

鬼頭由芽, 沢田幸二, 飯田浩司　テッテイ的!!地元主義 エリアラジオが日本を元気にする!!：第61回民間放送全国大会・シンポジウムから：月刊民放　44（2）通号512　〔2014.2〕　p26〜31

滝野俊一　定額制音楽配信vs「ネットラジオ」：ライバル最新事情（特集 ラジオの明日へ）：月刊民放　44（2）通号512　〔2014.2〕　p17〜19

音好宏, 河内一友　テーマインタビュー AMラジオ経営 厳冬からの脱出策（2）在阪民放AM局毎日放送河内社長に上智大・音教授が開く 東京฿偏重からローカル局の実態を反映した議論へ：New media　32（5）通号374　〔2014.5〕　p50〜52

西向幸三　THE PERSON エフエム沖縄放送政策部課長、パーソナリティ 西向幸三：ぎゃらく　（544）〔2014.10〕　p3〜5

〔図書〕

日本放送協会放送文化研究所　世界のラジオ—外國放送事情ハンドブック　日本放送協会放送文化研究所　1951　144p　19cm　（海外資料 no.15）

谷村功　これからの放送FM　東海大学出版会　1962　177p 図版　21cm

日本のラジオ編集委員会　日本のラジオ　工業出版社　1962　198p　21cm

システムコミュニティズPFIプロジェクト　地域コミュニティと情報システム—情報系PFIマニュアル　パテント社　1999.6　185p　20cm　1600円

ラジオを見直そう—有事法制と放送局をめぐる動向について　放送倫理・番組向上機構　2004.9　34p　30cm　（放送番組委員会記録）

金山智子　コミュニティ・メディア—コミュニティFMが地域をつなぐ　慶應義塾大学出版会　2007.3　211p　21cm　2000円

ABCラジオちょっといい話—各界名士によるこころ洗われる88話　第8集　一心寺　2007.10　384p　19cm　1429円

紺野望　コミュニティFM進化論—地域活力・地域防災の新たな担い手　ショパン　2010.4　247p　21cm　2000円

石田千　夜明けのラジオ　講談社　2014.1　277p　19cm　1500円

災害とコミュニティラジオ研究会　小さなラジオ局とコミュニティの再生—3.11から962日の記録　大隅書店　2014.5　223p　21cm　2200円

出版ジャーナリズム

〔雑誌記事〕

岩淵辰雄, 大宅壮一　新聞社の出版活動を欠席裁判する（対談）：出版ニュース　通号204　〔1952.7〕　p1〜6

新島繁　独立から80日間——雑誌ジャーナリズムの変貌を解明する：出版ニュース　通号205　〔1952.7〕　p1〜6

袋一平　ソ連の出版社の場合：出版ニュース　通号207　〔1952.8〕　p7

楢崎勲　新聞社出版の欠席裁判を読んで：出版ニュース　通号206　〔1952.8〕　p6〜7

北園克衛　激化するラジオそうしてテレビジョン競争時代に出版はどうなるか：出版ニュース　通号214　〔1952.10〕　p1〜6

本多顕彰　出版ジャーナリズムに直言する——時機に適した出版と読ませる熱意：出版ニュース　通号215　〔1952.11〕　p2〜5

水守亀之助　昔と今の出版ジャーナリズム：出版ニュース　通号242　〔1953〕　p1〜6

藤原恵　機関紙の編集について：新聞学評論　2（1）〔1953〕

桑原武夫　総合雑誌のあり方：世界　通号88　〔1953.4〕　p166〜175

平松幹夫	英国の文芸ジャーナリズム：文學界　7(6)〔1953.6〕　p157〜161	
田中剛三郎	インドの出版事情：広告　(086)〔1955.5〕　p29〜31	
由利政之	芥川問題と出版ジャーナリズム：出版ニュース　通号333〔1956.1〕	
松本善之助	雑誌は離れ島ではない：広告　(110)〔1957.5〕　p2〜6	
石垣綾子, 野間省一	新段階に入った今日の出版界：広告　(134)〔1959.5〕　p2〜6	
浦松佐美太郎	週刊誌ブームの渦中から(座談会)：世界　通号163〔1959.7〕　p140〜150	
木村英生	現代社会と週刊誌：新聞研究　通号102〔1960.1〕　p30〜34	
近藤貢	ニューズ・クロニクル廃刊の事情：新聞研究　通号114〔1961.1〕　p68〜77	
豊田銀之助	BBCの出版活動：BBC Publications：Scope and activities：NHK文研月報　11(06)〔1961.6〕　p2	
矢口純	雑誌をめぐって：広告　(189)〔1963.12〕　p25〜28	
岩崎勝海	出版ジャーナリズム研究ノート：出版ニュース　通号0653〔1965.4〕　p22〜22	
都村光男	出版界にもの申す 製本人から出版人へ (1)：出版ニュース　通号0655〔1965.4〕　p10〜11	
都村光男	出版界にもの申す 製本人から出版人へ (2)：出版ニュース　通号0656〔1965.5〕　p16〜17	
狩野近雄	学芸部雑誌：新聞研究　通号182〔1966.8〕　p15〜19	
総合ジャーナリズム研究編集部	この秋の出版界(裏側からのぞく匿名座談会)：総合ジャーナリズム研究所　04(10)〔1967.1〕　p68〜79	
総合ジャーナリズム研究編集部	児童出版ジャーナリズム－－その現状と問題点を探る：総合ジャーナリズム研究所　04(01)〔1967.1〕　p94〜103	
総合ジャーナリズム研究編集部	百科事典ブームの実態：総合ジャーナリズム研究所　04(10)〔1967.1〕　p53〜58, 60	
清水英夫	ピュリッツアの賭け 私は, なぜこの本を訳したか：出版ニュース　通号0719〔1967.2〕　p8〜9	
末松水海子	フランスの児童雑誌－－アメリカ化に強く抵抗する：総合ジャーナリズム研究　04(03)〔1967.2〕　p88〜91	
総合ジャーナリズム研究編集部	出版界の人生論ブーム－－この道はいつか来た道？：総合ジャーナリズム研究所　04(02)〔1967.2〕　p72〜77	
総合ジャーナリズム研究編集部	出版流通機構の新波紋：総合ジャーナリズム研究所　04(04)〔1967.4〕　p34〜39	
小野秀雄	新聞研究50年(5)──大衆的総合雑誌をつくる：新聞研究　通号190〔1967.5〕　p48〜54	
後藤弘	出版産業構造の矛盾と解決－－本誌「出版流通機構の新波紋」を読んで：総合ジャーナリズム研究　04(06)〔1967.6〕　p86〜89	
総合ジャーナリズム研究編集部	百科事典・死活の岐路に立つ販売戦－－流通機構そのものへも投じた一石：総合ジャーナリズム研究所　04(11)〔1967.11〕　p73〜80, 82	
山口一雄	出版ジャーナリズムの文献：総合ジャーナリズム研究　04(12)〔1967.12〕　p65〜71	
鈴木敏夫	出版 "高度成長" はいつまで続くか－－内蔵する自壊作用の危険性：総合ジャーナリズム研究　04(12)〔1967.12〕　p53〜59	
総合ジャーナリズム研究編集部	企業革命にゆらぐ出版界－－はげしい変転の現状と展望：総合ジャーナリズム研究所　05(04)〔1968.4〕　p53〜66	
鈴木敏夫	"河出事件" の教訓：出版ニュース　通号0765〔1968.6〕　p6〜11	
鈴木敏夫	"河出事件" の教訓(下)：出版ニュース　通号0766〔1968.6〕　p6〜11	
草柳大蔵	ルポルタージュ論：総合ジャーナリズム研究　05(05)〔1968.7〕　p134〜148	
出口一雄	読書論の系譜−1〜16：総合ジャーナリズム研究　05(05)〜11(02)〔1968.7〜1974.4〕　p161〜169	
杉村武, 中島健蔵, 藤竹暁	出版と読書の未来像：出版ニュース　通号0785〔1969.1〕　p6〜11	
美作太郎	『出版学』の生成と展望 出版学会の生誕に臨んで：出版ニュース　通号0786〔1969.1〕　p6〜8	
清水英夫	現代出版ジャーナリズムの理解(ジャーナリズム論の再検討(特集)─第1部 現代ジャーナリズム論)：新聞学評論　通号18〔1969.3〕　p26〜41	
清水英夫	出版学の対象と方法：総合ジャーナリズム研究　06(02)〔1969.4〕　p130〜144	
清水英夫, 生田正輝, 布川角左衛門	出版学の目ざすもの 日本出版学会の発足にあたって 座談会：出版ニュース　通号0797〔1969.5〕　p6〜11	
田村紀雄	ミニコミの中の "安保"：出版ニュース　通号0802〔1969.7〕　p6〜9	
レイノルズ, ポール, 南千春	非情な企業となった出版：総合ジャーナリズム研究　06(03)〔1969.7〕　p102〜106	
金平聖之助, 佐々木繁, 清水英夫, 美作太郎	アジア諸国の出版とその課題 座談会：出版ニュース　通号0810〔1969.9〕　p6〜12	
野間省一	出版界を襲う革命(特集)：総合ジャーナリズム研究　06(04)〔1969.10〕　p156〜162, 164〜168, 170, 172〜174	
総合ジャーナリズム研究編集部	出版界を襲う革命(特集)外資と電子と情報産業と：総合ジャーナリズム研究所　06(04)〔1969.10〕　p4〜83	
鈴木敏夫	出版界を襲う革命(特集)出版界の転換期にどう対処するか：総合ジャーナリズム研究　06(04)〔1969.10〕　p130〜132, 134〜138, 140〜145	
片岡正巳	出版革命の現状－－心細い70年代への序曲(出版界を襲う革命(特集))：総合ジャーナリズム研究　06(04)〔1969.10〕　p146〜154	
尾崎秀樹	活字文化のゆくえ──現代の大衆娯楽(現代社会状況とマス・メディア(特集))：新聞研究　通号219〔1969.10〕　p29〜33	
吉田恭爾, 副田義也	『朝日ジャーナル』小論：出版ニュース　通号0814〔1969.11〕　p6〜9	
ジャワルデナ, R.D.K.	アジアと日本のジャーナリズム－－出版を中心として：総合ジャーナリズム研究　07(01)〔1970.1〕　p98〜112	
酒井寅吉, 水谷昭, 大和田能夫	総合雑誌論－－経験的覚え書：総合ジャーナリズム研究　07(01)〔1970.1〕　p66〜84	
竹村健一	新出版文化論：出版ニュース　通号0824〔1970.2〕　p6〜11	
竹村健一	欧米出版裏話特集：出版ニュース　通号0827〔1970.3〕　p26〜35	
川中康弘	出版ジャーナリズムにおけるメディア 雑誌を中心として：出版ニュース　通号0826〔1970.3〕　p6〜9	
茶本繁正	女性週刊誌の論理と構造：出版ニュース　通号0829〔1970.4〕　p6〜11	
立花隆	私のルポルタージュ論 自分の内面から語りはじめなければならない：出版ニュース　通号0836〔1970.6〕　p6〜13	

片岡正巳	週刊誌・その競争意識の内と外－1－週刊＝「新潮」「現代」「文春」「ポスト」：総合ジャーナリズム研究 07(03) 〔1970.7〕 p42〜61
鈴木均	出版ジャーナリズムの特質：出版ニュース 通号0837 〔1970.7〕 p6〜11
外山滋比古	編集者論：出版ニュース 通号0837 〔1970.7〕 p18〜21
松崎巌	スウェーデンの書籍出版——ポケットブック出版を中心に：出版研究 通号1 〔1970.7〕 p156〜164
庄司浅水	私の出版学（出版学に寄せて（アンケート））：出版研究 通号1 〔1970.7〕 p33〜34
川中康弘	出版コミュニケーションの諸問題：出版研究 通号1 〔1970.7〕 p74〜96
川中康弘	出版学に寄せて（出版学に寄せて（アンケート））：出版研究 通号1 〔1970.7〕 p37〜38
中島健蔵	出版学の体系化序説：出版研究 通号1 〔1970.7〕 p20〜32
藤田初巳	出版学の町づくり（出版学に寄せて（アンケート））：出版研究 通号1 〔1970.7〕 p34〜37
川瀬一馬	出版学会に望む（出版学に寄せて（アンケート））：出版研究 通号1 〔1970.7〕 p38〜39
青木春雄	出版経営（試）論：出版研究 通号1 〔1970.7〕 p97〜117
鈴木敏夫	出版事業の採算と限界利益率：出版研究 通号1 〔1970.7〕 p118〜137
片方善治,弥吉光長	情報産業と出版〔1969年11月22日本出版学会秋季研究集会〕：出版研究 通号1 〔1970.7〕 p138〜155
清水英夫	知的出版物の大衆化と専門化：出版研究 通号1 〔1970.7〕 p57〜71
武田勝彦	海外における日本文学の評価：出版ニュース 通号0840 〔1970.8〕 p6〜15
上田哲,清水英夫,楢橋国武	座談会 二つの"黒船"に揺らぐ出版界：マスコミ市民 通号040 〔1970.8〕 p44〜52
鈴木敏夫	出版は"もうかる"企業か 出版の原価計算論：出版ニュース 通号0844 〔1970.9〕 p6〜11
清水英夫	アジアと出版：日本出版学会会報 (4)〔1970.9〕 p4〜5
片岡正巳	週刊誌・その競争意識の内と外－2－女性週刊誌の華やかな競合：総合ジャーナリズム研究 07(04)〔1970.10〕 p68〜83
清水英夫	長老出版国の新しい波－－最近のイギリス出版界（イギリスのマスコミ（特集））：総合ジャーナリズム研究 07(04)〔1970.10〕 p39〜47
片岡正巳	週刊誌・その競争意識の内と外－3－新聞社系の誇りと苦悩と：総合ジャーナリズム研究 08(01)〔1971.1〕 p101〜114
鈴木敏夫	出版界は生産過剰か：出版ニュース 通号0856 〔1971.1〕 p6〜15
竹村健一	ファッション化する出版：出版ニュース 通号0858 〔1971.2〕 p6〜11
武田勝彦	戦後ベストセラー考現学 書き手,作り手の分析：出版ニュース 通号0860 〔1971.3〕 p6〜13
広瀬恵之佑	急カーブをきる自動車雑誌：総合ジャーナリズム研究 08(02)〔1971.4〕 p72〜79
片岡正巳	週刊誌・その競争意識の内と外－4－「アサヒ芸能」と「週刊大衆」・「週刊明星」と「週刊平凡」：総合ジャーナリズム研究 08(02)〔1971.4〕 p105〜118
長野重一	西ドイツのマスコミ（特集）巨大化するドイツ出版界－－シュプリンガー社とベルテルスマン社：総合ジャーナリズム研究 08(02)〔1971.4〕 p80〜84
鈴木健二	女性雑誌論 男性からみた女性の雑誌：出版ニュース 通号0868 〔1971.5〕 p6〜11
片岡正巳	週刊誌・その競争意識の内と外－5－クルマとヌードのカッコいいヤング誌・世論形成に意欲的な「朝日ジャーナル」：総合ジャーナリズム研究 08(03)〔1971.7〕 p76〜88
川口翠子	出版論・その変遷と問題点：総合ジャーナリズム研究 08(03)〔1971.7〕 p107〜115
岡田晋	フィーリング・ジャーナリズム〈グラフィック革命〉のもたらしたもの：出版ニュース 通号0879 〔1971.9〕 p6〜11
鈴木均	出版社イメージ論：出版ニュース 通号0880 〔1971.9〕 p6〜11
鈴木敏夫	出版と統計——出版情報センター設置の提唱も兼ねて：出版研究 通号2 〔1971.9〕 p51〜72
清水英夫	出版流通の総合的検討：出版研究 通号2 〔1971.9〕 p138〜163
川瀬一馬	書誌学と出版学：出版研究 通号2 〔1971.9〕 p10〜16
片岡正巳	週刊誌・その競争意織の内と外－－経済三誌の歴史的背景と現況－6－：総合ジャーナリズム研究 08(04)〔1971.10〕 p98〜110
津田亮一	出版界の中国ブーム（中国問題とマスコミ）：総合ジャーナリズム研究 08(04)〔1971.10〕 p77〜86
志賀信夫	反作用 こんげつのざっしから：放送批評 No.046 〔1971.10〕
田村紀雄	出版文化は東京だけのものか コミュニティ・パブリッシングへの試論：出版ニュース 通号0884 〔1971.11〕 p6〜11
清水英夫	反作用 こんげつのざっしから：放送批評 No.047 〔1971.11〕
片岡正己	週刊誌・その競争意識の内と外－7完－若いフィーリングに密着する漫画週刊誌：総合ジャーナリズム研究 09(01)〔1972.1〕 p97〜108
立花隆	出版のエコロジー：出版ニュース 通号0889 〔1972.1〕 p34〜39
戒能通孝	マスコミ記者と週刊誌：マスコミ市民 通号058 〔1972.3〕 p2〜3
代田昇	絵本出版の変遷とその背景－－ジャーナリズムとしての絵本論：総合ジャーナリズム研究 09(02)〔1972.4〕 p114〜124
鈴木敏夫	出版改造法案大綱：出版ニュース 通号0900 〔1972.5〕 p30〜35
鈴木均	「商品としての本」「文化としての本」：出版ニュース 通号0915 〔1972.10〕 p6〜9
布川角左衛門	環境の変化と出版の動向：出版研究 通号3 〔1972.10〕 p10〜21
清水英夫	出版と図書館——その関連のなかで考える：出版研究 通号3 〔1972.10〕 p193〜211
馬渡力	出版物のページ面造形について：出版研究 通号3 〔1972.10〕 p124〜145
岡田温	図書館学と出版学：出版研究 通号3 〔1972.10〕 p186〜192
片岡正巳	競刊される百科事典－－その流通面をさぐる：総合ジャーナリズム研究 10(01)〔1973.1〕 p48〜59
清水哲男	出版下請論 その幻想と現実：出版ニュース 通号0924 〔1973.1〕 p32〜35
下条泰生	日本出版界改造論と"ブック戦争"－－"委託販売システム"から"責任販売システム"へ：総合ジャーナリズム研究 10(01)〔1973.1〕 p60〜71
藤竹暁	本を揃える心理 情報過多の中で：出版ニュース 通号0924 〔1973.1〕 p6〜9

清水英夫	出版と出版学 試行錯誤の研究の中で：出版ニュース　通号0926　〔1973.2〕　p6〜9
石福秀太郎	雑誌「ライフ」・その死にいたる病い：新聞研究　通号259　〔1973.2〕　p66〜69
常盤新平	『ライフ』廃刊後の雑誌界：出版ニュース　通号0929　〔1973.3〕　p28〜31
松浦総三	新聞社系週刊誌論 『サンデー毎日』と『週刊朝日』の場合：出版ニュース　通号0932　〔1973.4〕　p6〜9
鈴木敏夫	再論・出版と景気 戦前・戦後景気パターンの変化と出版：出版ニュース　通号0936　〔1973.5〕　p6〜9
下中邦彦, 尾崎秀樹	中国の出版事情 急成長のきざしをみせる 対談：出版ニュース　通号0935　〔1973.5〕　p6〜11
田村紀雄	大阪の出版と出版社 その諸特徴と可能性：出版ニュース　通号0944　〔1973.8〕　p6〜11
片岡正巳	出版界の不死鳥−−文庫本：総合ジャーナリズム研究　10（04）〔1973.10〕　p94〜104
信木三郎	「現代出版学」〔清水英文著〕をめぐって−−その成果と今後の課題：出版研究　通号4　〔1973.12〕　p218〜239
岡本博	「リバー」創生記−−コミュニティー・ペーパーへのあるアプローチ：総合ジャーナリズム研究　11（01）〔1974.1〕　p118〜124
小山久二郎	回想−−小山書店と私−1〜21：総合ジャーナリズム研究　11（01）〜17（03）〔1974.1〜1980.7〕　p82〜92
清水英夫	講座・現代ジャーナリズムⅣ「出版」：放送批評　No.072　〔1974.2・3〕
常盤新平	『エスクァイア』の四十年 類似する雑誌の歴史と人間の一生：出版ニュース　通号0965　〔1974.3〕　p6〜10
鈴木均	書き手にとってメディアとは何か 書き手とメディア状況の変質：出版ニュース　通号0964　〔1974.3〕　p6〜11
片柳忠男	紙を使わぬ雑誌：総合ジャーナリズム研究　11（02）〔1974.4〕　p72〜77
小林一博	出版の流通機構 読者の選択権を保障する努力を：出版ニュース　通号0967　〔1974.4〕　p30〜35
片岡正巳	忘れられた週刊誌−上−「週」：総合ジャーナリズム研究　11（02）〔1974.4〕　p40〜50
千田夏光	週刊誌の虚実：出版ニュース　通号0976　〔1974.7〕　p6〜10
外山滋比古	著者・活字・読者 活字表現の構造：出版ニュース　通号0978　〔1974.7〕　p6〜10
片岡正巳	忘れられた週刊誌−下−「サンデー」とその周辺：総合ジャーナリズム研究　11（03）〔1974.7〕　p45〜57
小林一博	出版物流通の諸問題：出版研究　通号5　〔1974.8〕　p137〜161
Altbach, Philip G., 美作太郎	発展途上国における出版——知識の創造と普及についての考察（特別寄稿）：出版研究　通号5　〔1974.8〕　p178〜213
松居直	編集者論のためのノート（編集論（特集））：出版研究　通号5　〔1974.8〕　p26〜34
鈴木敏夫	出版界の現状と今後 二つの異常事態：出版ニュース　通号0982　〔1974.9〕　p6〜10
丸山実, 矢崎泰久	対談 雑誌メディアを考える：出版ニュース　通号0985　〔1974.10〕　p32〜37
渡辺公平	複刻本出版ブームの現状：総合ジャーナリズム研究　11（04）〔1974.10〕　p118〜123
田村紀雄	娯楽対象としての出版物 読書を知的消費と考える：出版ニュース　通号0989　〔1974.11〕　p6〜11
寿岳文章	ある出版者の思い出 金尾種次郎と伊藤長蔵：出版ニュース　通号0994　〔1975.1〕　p6〜11
大橋正璋	マネージメント・ジャーナルの半世紀−−経営雑誌 “地盤沈下” の意味：総合ジャーナリズム研究　12（01）〔1975.1〕　p128〜137
大宅壮一	出版は漁業である：出版ニュース　通号1000　〔1975.3〕　p34〜35
野崎茂	出版メディアの将来 比較メディアの視点から：出版ニュース　通号1000　〔1975.3〕　p6〜11
塩田良平, 佐伯彰一, 三枝博音, 杉浦明平, 唐木順三, 和歌森太郎	出版界にもの申す：出版ニュース　通号1000　〔1975.3〕　p36〜38
谷沢永一	現代書籍考 雑誌的書籍（ムック）化傾向について：出版ニュース　通号1008　〔1975.6〕　p6〜11
涌井昭治	四誌編集長週刊誌ジャーナリズムを語る：新聞研究　通号289　〔1975.8〕　p39〜48
総合ジャーナリズム研究編集部	学になりきれない？ 出版学（出版・出版・出版＜特集＞　学問としての出版研究とは何か）：総合ジャーナリズム研究　12（04）〔1975.10〕　p116〜119
箕輪成男	（出版・出版・出版＜特集＞）学問としての出版研究とは何か：総合ジャーナリズム研究　12（04）〔1975.10〕　p34〜40
片岡正巳	（出版・出版・出版＜特集＞）現代的出版物制作・販売新体制−−いまふう ほんのつくられかた うられかた：総合ジャーナリズム研究　12（04）〔1975.10〕　p24〜33
山本七平	（出版・出版・出版＜特集＞）出版 “知的産業” への知的転換を：総合ジャーナリズム研究　12（04）〔1975.10〕　p6〜14
佐藤知範	出版流通における “効率の追求” と読者の権利：出版研究　通号6　〔1975.10〕　p142〜159
藤岡伸一郎	応用科学の旗を持つ “出版学”−−箕輪論文への反論を草する（出版 PART 2（特別企画））：総合ジャーナリズム研究　13（01）〔1976.1〕　p132〜138
相川誠一	（計量マスコミ学＜特集＞）部数公査の実態と信頼性−−日本ABC協会の20年−−模索の中の事実認証：総合ジャーナリズム研究　13（01）〔1976.1〕　p30〜37
新堀通也	アカデミズムと出版ジャーナリズム 頭脳流出現象の底にあるもの：出版ニュース　通号1032　〔1976.2〕　p6〜11
林伸郎	海外からみた日本の出版界 P・W誌の日本特集：出版ニュース　通号1031　〔1976.2〕　p6〜11
松浦総三	『週刊新潮』論 独自のスタイルはどう作られたか：出版ニュース　通号1033　〔1976.2〕　p6〜10
橋本修一	復刻出版の現状 商売の論理と社会的役割と：出版ニュース　通号1034　〔1976.3〕　p6〜11
田村紀雄	地方出版とは何か：日本出版学会会報　（25）〔1976.3〕　p2〜4
片岡正巳	書店に出ない書籍の流通−−出版 “第三ルート” の開拓者たち：総合ジャーナリズム研究　13（02）〔1976.4〕　p50〜59
佐藤嘉尚, 川鍋孝文, 北林仁, 鈴木均	座談会 雑誌編集とは何か 雑誌づくりに王道なし：出版ニュース　通号1043　〔1976.6〕　p6〜13
日本海新聞労働組合	S＜ソーシャル＞コミュニケーションとしての出版（情報産業としてのメルヘンとは何か）：総合ジャーナリズム研究　13（03）〔1976.7〕　p23〜25
藤竹暁	文庫ブームへの惑い パッケージされた “知” について：出版ニュース　通号1046　〔1976.7〕　p6〜11
小林一博	寡占化の中の出版業界：新聞研究　通号300　〔1976.7〕　p65〜69
清水英夫	八十日間世界一周 ヨーロッパ書店印象記：出版ニュース　通号1052　〔1976.9〕　p6〜11
堀憲昭	体験的週刊誌論：歴史と未来　通号4　〔1976.9〕　p45〜51
酒井建美	共同出版をめぐる諸問題：出版研究　通号7　〔1976.11〕　p149〜166

林伸郎	出版学の現状と問題点：出版研究　通号7〔1976.11〕p109〜130	
箕輪成男	国連大学の出版活動 学術情報の新しいあり方：出版ニュース　通号1070〔1977.3〕p6〜10	

林伸郎　　　　出版学の現状と問題点：出版研究　通号7〔1976.11〕p109〜130

箕輪成男　　　国連大学の出版活動 学術情報の新しいあり方：出版ニュース　通号1070〔1977.3〕p6〜10

総合ジャーナリズム研究編集部　（出版界の局面＜特集＞）近ごろの新聞出版は乱れてるなァ：総合ジャーナリズム研究所　14（02）〔1977.4〕p130〜133

山川次郎　　　（出版界の局面＜特集＞）出版情報紙・誌の流れと現状：総合ジャーナリズム研究　14（02）〔1977.4〕p32〜39

菊池光治　　　（出版界の局面＜特集＞）書店形態の否定からの出発－－絵本は限りなき可能性をみせてくれる：総合ジャーナリズム研究　14（02）〔1977.4〕p15〜19

荘司太郎　　　（出版界の局面＜特集＞）編集者革命から革命の編集へ－－この "紙の無駄使い" をどうするのか：総合ジャーナリズム研究　14（02）〔1977.4〕p6〜14

総合ジャーナリズム研究編集部　（女性雑誌を考える＜特集＞）概説・現代女性雑誌群－1－：総合ジャーナリズム研究所　14（02）〔1977.4〕p69〜79

橋本修一　　　文部省研究補助金出版の現状 すぐれた学術図書を刊行するために：出版ニュース　通号1076〔1977.5〕p6〜10

田村紀雄　　　タウン誌はいま 京阪神地域を中心に：出版ニュース　通号1080〔1977.6〕p6〜11

石井彦澄　　　石油危機以後の出版界：新聞研究　通号311〔1977.6〕p72〜78

渡辺公平　　　続・女性雑誌を考える＜特集＞：総合ジャーナリズム研究　14（04）〔1977.10〕p53〜60

外山滋比古　　（続・女性雑誌を考える＜特集＞）これからの女性雑誌の課題－－ "おもしろさの形はいかに？"：総合ジャーナリズム研究　14（04）〔1977.10〕p85〜89

斎藤千代　　　（続・女性雑誌を考える＜特集＞）グループ活動とメディアの位置づけ：総合ジャーナリズム研究　14（04）〔1977.10〕p90〜94

総合ジャーナリズム研究編集部　（続・女性雑誌を考える＜特集＞）ニューファミリー誌はどこへ行く？：総合ジャーナリズム研究所　14（04）〔1977.10〕p6〜41

田口大　　　　（続・女性雑誌を考える＜特集＞）概説・現代女性雑誌群－2－：総合ジャーナリズム研究　14（04）〔1977.10〕p8〜15

総合ジャーナリズム研究編集部　（続・女性雑誌を考える＜特集＞）女性自身の手によるメディア：総合ジャーナリズム研究所　14（04）〔1977.10〕p108〜110

鈴木敏夫　　　"流通の自由" の危機 書店への取諦りに対する一考察：出版ニュース　通号1093〔1977.11〕p4〜5

田村紀雄　　　研究ノート・権田保之助の出版論：出版研究　通号9〔1978〕p76〜94

箕輪成男　　　出版と開発——出版開発における離陸現象の社会的考察：出版研究　通号9〔1978〕p10〜44

生尾慶太郎　　隠れたベスト・セラー "図録" －－「ムック」の先駆的存在をみる：総合ジャーナリズム研究　15（01）〔1978.1〕p84〜88

津村喬　　　　＜視る＞ことと＜書く＞こと "繁栄" するルポルタージュの内構造：出版ニュース　通号1099〔1978.1〕p22〜26

鈴木均　　　　書き手からみた印刷・出版 下世話ジャーナリズム論：出版ニュース　通号1105〔1978.3〕p4〜7

清水英夫　　　（現代の書店を考える＜特集＞）書店が増える意味と文化的役割：総合ジャーナリズム研究　15（02）〔1978.4〕p7〜13

丸山尚　　　　住民図書館への軌跡：総合ジャーナリズム研究　15（02）〔1978.4〕p41〜48

広瀬英彦　　　「シュテルン」誌副編集長解雇をめぐる対立（海外情報）：新聞研究　通号322〔1978.5〕p76〜79

松浦総三　　　松浦総三の『原稿料の研究』 原稿のねだんはいかにして決まるか：出版ニュース　通号1115〔1978.6〕p4〜7

鈴木均　　　　対談・鼎談・座談会 活字ジャーナリズムの伝えの方法：出版ニュース　通号1122〔1978.9〕p4〜7

山本七平　　　出版社の経営形態からみた "倒産" の意味（筑摩書房の倒産を考える）：総合ジャーナリズム研究　15（04）〔1978.10〕p56〜64

総合ジャーナリズム研究編集部　筑摩書房倒産の波紋－－マスコミ論評と業界周辺の動きを追う（筑摩書房の倒産を考える）：総合ジャーナリズム研究所　15（04）〔1978.10〕p56〜72

橋口収　　　　本の流通にメス——再販制度の再検討も〔公正取引委員会委員長に聞く〕（この人と一時間）：エコノミスト　56（48）〔1978.11〕p38〜41

鈴木均　　　　エディトリアル・シンキング＝出版編集論：出版研究　通号10〔1979〕p68〜84

箕輪成男　　　科学以前・科学以後——出版学方法序説：出版研究　通号10〔1979〕p12〜43

山本武利　　　出版研究の成果と問題点——近代日本の出版史研究文献を中心に：出版研究　通号10〔1979〕p44〜67

田村紀雄　　　出版編集論——その職業と意思決定についての考察：出版研究　通号10〔1979〕p85〜102

谷沢永一　　　読書人の立場 それは反時代的存在なのか……：出版ニュース　通号1134〔1979.1〕p4〜9

岡留安則　　　週刊誌ジャーナリズムの危機：現代の眼　20（2）〔1979.2〕p162〜171

総合ジャーナリズム研究編集部　児童をめぐる出版文化：総合ジャーナリズム研究所　16（02）〔1979.4〕p8〜14

林伸郎　　　　日本出版学会の10年 出版学にいま問われていること：出版ニュース　通号1147〔1979.5〕p4〜7

鈴木徹造　　　中国出版界レポート 「日本図書展覧会」開催を機に：出版ニュース　通号1159〔1979.9〕p4〜7

小関謙, 船橋治, 竹下史郎, 片岡英三　「復刻権」と復刻出版社 和解条項をめぐっての意見：出版ニュース　通号1160〔1979.10〕p4〜8

箕輪成男　　　書籍価格と読者購買力——出版開発における時代区分の試み：出版研究　通号11〔1980〕p144〜164

林伸郎　　　　日本出版学会の十年：出版研究　通号11〔1980〕p165〜183

川瀬一馬　　　日本出版史研究の問題点：出版研究　通号11〔1980〕p10〜32

清水哲男, 川本三郎　〔対談〕'80年代活字文化のゆくえ 本の作り手, 受け手はどう変化するか：出版ニュース　通号1169〔1980.1〕p4〜11

岡崎満義　　　（ザ・スポーツ・ジャーナリズム＜特集＞）世の中変わればスポーツ誌も変わる－－文春「Sports Graphic Number 1」の試み：総合ジャーナリズム研究　17（02）〔1980.4〕p52〜56

鈴木均　　　　出版メディアの特性を考える 出版の合理化は文化の間引きの合理化である：出版ニュース　通号1181〔1980.5〕p4〜7

藤田昌司　　　新・雑誌文化考：新聞研究　通号346〔1980.5〕p78〜81

総合ジャーナリズム研究編集部　海外向け日本紹介誌の現況と課題－上－：総合ジャーナリズム研究所　17（03）〔1980.7〕p8〜31

美作太郎	インタビュー 出版学への期待と学会の方向 日本出版学会新会長に聞く：出版ニュース　通号1189　〔1980.8〕　p4〜8	
烏井守幸	私の週刊誌作法：新聞研究　通号350　〔1980.9〕　p6〜69	
堀川直義	海外向け日本紹介誌の現況と課題－下－：総合ジャーナリズム研究　17(04)　〔1980.10〕　p123〜127	
田村紀雄	タウン誌にいま問われていること 地域でのタコツボ的ゲリラ作戦を：出版ニュース　通号1199　〔1980.11〕　p4〜7	
安春根	韓国出版学の現況 (出版研究の方法と状況<特集>)：出版研究　通号12　〔1981〕　p149〜168	
遠藤千舟	出版物流通におけるDTC(対消費者直販)の変容とその要因 (出版流通問題の実証的研究<特集>)：出版研究　通号12　〔1981〕　p69〜88	
大原哲夫	地方・小出版とその流通──地方・小出版流通センター五年の活動を中心に (出版流通問題の実証的研究<特集>)：出版研究　通号12　〔1981〕　p10〜43	
宗武朝子	流通問題と読者──その経験的覚書 (出版流通問題の実証的研究<特集>)：出版研究　通号12　〔1981〕　p44〜68	
加藤秀俊	雑誌の時代は表現の時代 進行するコミュニケーション革命：出版ニュース　通号1204　〔1981.1〕　p4〜8	
西谷能雄	出版の諸問題への提言 今こそ問われる〈出版とは何か〉：出版ニュース　通号1204　〔1981.1〕　p28〜31	
箕輪成男	東南アジアの出版開発 “離陸”へむけての困難な歩み：出版ニュース　通号1207　〔1981.2〕　p4〜7	
松浦総三	総合雑誌は再生しうるか 世代によって異なる体験を軸に：出版ニュース　通号1210　〔1981.3〕　p4〜7	
吉田一生	新旧の主役交代進む出版業界──市場進出めざす大手流通業者：エコノミスト　59(12)　〔1981.3〕　p52〜56	
小林一博	激動期にみる出版社の興亡 “良質な出版”をどう守るのか：出版ニュース　通号1216　〔1981.5〕　p4〜7	
石田三郎	特集・ソ連の図書流通事情─本が読者の手にわたるまで─：出版ニュース　通号1235　〔1981.11〕　p4〜8	
吉田公彦	言語過程としての出版──対象の設定：出版研究　通号13　〔1982〕　p10〜42	
佐藤知範	出版の “現在(いま)”を求めて──川本三郎・植田康夫・清田義昭・津村喬著「変貌する読書空間」：出版研究　通号13　〔1982〕　p104〜112	
清水英夫	出版研究への科学的アプローチ──箕輪成男著「情報としての出版」：出版研究　通号13　〔1982〕　p79〜87	
井上如	文献情報論から見た出版：出版研究　通号13　〔1982〕　p43〜61	
小林一博	出版界でいま何がおこっているのか 構造不況といわれているけれど：出版ニュース　通号1239　〔1982.1〕　p48〜51	
清水英夫	ベストセラー症候群に冒されるアメリカ 出版はショービジネスか：出版ニュース　通号1242　〔1982.2〕　p4〜7	
松浦総三	右派雑誌『文藝春秋』批判：マスコミ市民　通号166　〔1982.2〕　p36〜42	
松尾羊一	情報誌『ダカーポ』の手法 カタログの時代からコラムの時代へ：出版ニュース　通号1241　〔1982.2〕　p4〜7	
奥田史郎	雑誌の現場から：広告　(231)〔1982.3〕　p15〜15	
里深文彦	「科学雑誌ジャーナリズム」をめぐって：日本出版学会会報　(46)〔1982.3〕　p5	
笠木幸彦	活字離れが進行している <読み>の状況─読書の現実を見て）：新聞研究　通号369　〔1982.4〕　p42〜45	
清水英夫	出版学の命題は「出版とは何か」 日本出版学会会長就任にあたって：出版ニュース　通号1253　〔1982.6〕　p4〜7	
鈴木均	いま、なぜ「編集長」なのか 雑誌の時代を活性化する「仕掛人」たち：出版ニュース　通号1258　〔1982.7〕　p4〜7	
関口安義	反骨の出版人・長谷川巳之吉－上中下：総合ジャーナリズム研究　19(03)〜20(01)　〔1982.7〜1983.1〕　p76〜85	
総合ジャーナリズム研究編集部	出版流通と電算化の波－－ “日本図書コード”問題の背景にあるもの：総合ジャーナリズム研究　所　19(04)〔1982.10〕　p23	
美作太郎	集団著作──その明と暗 知的媒介としての編集・出版を考える：出版ニュース　通号1268　〔1982.11〕　p4〜7	
清水英夫	ジャーナリズムとしての雑誌：日本出版学会会報　(48)〔1982.12〕　p7	
高島国男	地方における全国的出版について：日本出版学会会報　(48)〔1982.12〕　p2	
島守光雄	ストック情報としての出版──そのニュー・メディア対応：出版研究　通号14　〔1983〕　p153〜194	
小松謙二郎	愛読者カードに見る読者像──小学館「日本国憲法」について：出版研究　通号14　〔1983〕　p195〜232	
丸田耕三	「消費としての出版」箕輪成男著，「消費される書物」小田光男著──消費社会の出版：出版研究　通号14　〔1983〕　p111〜118	
小林一博	1982年の出版業界──いま、本は？：マスコミ市民　通号176　〔1983.1〕　p40〜47	
井家上隆幸	ビデオ時代のテレビ情報誌・異聞 (“テレビ雑誌”は浮上するか!?)：総合ジャーナリズム研究　20(01)〔1983.1〕　p33〜37	
佐怒賀三夫	新聞 ラジオ・テレビ欄の新しい役割 (“テレビ雑誌”は浮上するか!?)：総合ジャーナリズム研究　20(01)〔1983.1〕　p18〜23	
清水英夫	「世界コミュニケーション年」と出版 活字メディアからの提案：出版ニュース　通号1275　〔1983.1〕　p4〜7	
鳥越俊太郎	編集長が語る「わがテレビ雑誌」(“テレビ雑誌”は浮上するか!?)：総合ジャーナリズム研究　20(01)〔1983.1〕　p52〜59	
荘司太郎	本の流通特性に応じた流通を 出版流通機構の再編的改革への試案：出版ニュース　通号1274　〔1983.1〕　p58〜61	
外山滋比古	大型活字本を考える “読みやすさ”とは何なのか：出版ニュース　通号1278　〔1983.2〕　p4〜9	
斎藤精一	特集 メディア間秩序考 急流で新関心分野ねらう雑誌：月刊民放　13(146)〔1983.8〕　p18〜21	
松尾羊一	汎テレビ状況のなかの活字メディア 三〇年の流れと受け手の変化：出版ニュース　通号1298　〔1983.9〕　p4〜7	
堀憲昭	職業的臨場感の内側─週刊誌編集十一年間の断章：歴史と未来　通号10　〔1983.9〕　p100〜105	
熊野豊治	(ニューメディア症候群<特集>) 成熟期に入った “情報誌”の正念場：総合ジャーナリズム研究　20(04)〔1983.10〕　p33〜37	
西谷能雄	<出版界>にいま問われること：新聞研究　通号388　〔1983.11〕　p88〜92	
林邦夫	創刊誌ブームの事情：新聞研究　通号388　〔1983.11〕　p93〜96	
丸山実, 中西昭雄	アンケート特集・なぜ雑誌を創刊するのか：出版ニュース　通号1307　〔1983.12〕　p4〜7	
堀川正夫	出版界──議論よぶ返品問題 (日本の潮)：世界　通号457　〔1983.12〕　p30〜33	
宗武朝子	「出版流通とシステム──量に挑む出版取次」村上信明著──「迅速・正確・低コスト」を成り立たせているもの：出版研究　通号15　〔1984〕　p227〜235	
塩沢実信	池島信平の「私信」に読む敗戦前後・一編集者の生活：出版研究　通号15　〔1984〕　p196〜215	
小林一博	“混沌の時代”に突入した出版界──その現状と展望：マスコミ市民　通号187　〔1984.1〕　p36〜43	
星川正秋	パソコンと出版：日本出版学会会報　(52)〔1984.3〕　p10	
清田義昭	「一九八四年」の言論状況と出版界の動き──有害図書規制の意味するもの：新聞研究　通号394　〔1984.5〕　p92	

ジャーナリズム　　　　　　　　　　　　　　　　　　　　　出版ジャーナリズム

　　　　　　　　～94
鈴木均　　　雑誌ジャーナリズムの現在 ライフスタイルの時代は終ったのか：出版ニュース　通号1324〔1984.6〕p4～7
荘司太郎　　「取次」の変貌をどう見るのか 三新刊にみる取次の実体と「あるべき論」について：出版ニュース　通号1326
　　　　　　　〔1984.7〕p4～8
岩瀬充徳, 吉森規子, 松田典之　特集＝移りゆく“情報”への期待 読者の態様変化と“つくり”の視点 「ブルータス」「ポパイ」「ク
　　　　　　　ロワッサン」の編集長に聞く：月刊民放　14(157)〔1984.7〕p17～20
早瀬圭一　　ノンフィクションをなぜ書くか——「疋田提言」に答えるための努力（マスコミと人権）：新聞研究　通号396
　　　　　　　〔1984.7〕p40～44
工藤宜　　　女の戦後史—67—女性週刊誌——ゴシップは批評にまで発展しうるか〔含 アプローチ——女性雑誌の販売部数〕：
　　　　　　　Asahi journal　26(30)〔1984.7〕p74～78
粉川哲夫　　「反権力」は時代遅れか——出版界「全共闘ブーム」の底流をさぐる：Asahi journal　26(35)〔1984.8〕p69～71
小林一博　　なぜ、いま“大型商品”新・百科事典なのか（出版界はどこへ行く＜特別企画＞）：総合ジャーナリズム研究　21(04)
　　　　　　　〔1984.10〕p63～69
清水英夫　　週刊誌ジャーナリズムはこれでいいか（出版界はどこへ行く＜特別企画＞）：総合ジャーナリズム研究　21(04)
　　　　　　　〔1984.10〕p56～62
土肥良造　　出版界はどこへ行く＜特別企画＞：総合ジャーナリズム研究　21(04)〔1984.10〕p126～130
上野久徳　　出版業の宿命的非企業性との闘い（出版界はどこへ行く＜特別企画＞）：総合ジャーナリズム研究　21(04)〔1984.
　　　　　　　10〕p49～55
清水英夫　　活字文化に未来はあるか：出版ニュース　通号1338〔1984.11〕p8～9
上野千鶴子　女の戦後史—85—女とメディア——女性誌ニュージャーナリズムの同世代史：Asahi journal　26(48)〔1984.11〕
　　　　　　　p78～82
安春根, 林伸郎　韓国出版界の当面する問題と出版学研究（第2回国際出版研究フォーラム報告）：出版研究　通号16〔1985〕
　　　　　　　p276～282
吉田公彦　　出版における複製の構造——同一性について：出版研究　通号16〔1985〕p197～225
池田恵美子　出版界におけるニューメディアの波：出版研究　通号16〔1985〕p226～240
箕輪成男　　出版学国際化の条件をさぐる パラダイム—ディシプリン理論を軸にして：出版ニュース　通号1344〔1985.1〕
　　　　　　　p42～46
総合ジャーナリズム研究編集部　日本の海外“出版輸出”の現状と課題：総合ジャーナリズム研究所　22(01)〔1985.1〕p17～49
長谷川正　　週刊紙づくり三か月（動き始めた別刷り情報紙）：新聞研究　通号402〔1985.1〕p63～64
小林一博　　出版界の現状を探る——'85へ、いま本の世界は？：マスコミ市民　通号199〔1985.2〕p52～59
沢畠毅　　　特異犯罪と週刊誌の立場（「グリコ・森永事件」報道の諸相）：新聞研究　通号407〔1985.6〕p21～24
鈴木均　　　インデックスジャーナリズム論『MONTHLY INDEX』創刊にあたって：出版ニュース　通号1367〔1985.9〕p4
　　　　　　　～7
門奈直樹　　出版ジャーナリズムと＜戦後＞ 三著それぞれにみる＜戦後精神＞：出版ニュース　通号1368〔1985.9〕p4～7
小出鐸男　　出版業と産業化の実証研究—1—出版物の量産と製本の技術革新について：出版研究　通号17〔1986〕p146～173
松本忠雄　　地図出版の現状：出版研究　通号17〔1986〕p196～216
バーナード, クリッシャー　（“映像”ジャーナリズム＜特集＞）「Focus」編集顧問バーナード・クリッシャー氏「この雑誌の存在意
　　　　　　　義」を語る：総合ジャーナリズム研究　23(01)〔1986.1〕p34～43
総合ジャーナリズム研究編集部　自費出版の現状と課題：総合ジャーナリズム研究所　23(01)〔1986.1〕p18～61
小林一博　　85～'86へ—日本の出版はこれでいいのか？：マスコミ市民　通号210〔1986.2〕p16～23
藤岡伸一郎　「時代の変化」と雑誌, 読者——新雑誌と“大衆”社会状況再検討のための一視点（大衆社会論とジャーナリズム＜特
　　　　　　　集＞）：新聞学評論　通号35〔1986.3〕p132～141
清水英夫　　中国の出版研究の現状をたずねて 北京・上海・常州、出版交流の旅から：出版ニュース　通号1403〔1986.9〕p8
　　　　　　　～11
荒井忠男, 上野久徳　出版人には謙虚さが必要〔弁護士・三省堂会長 上野久徳氏に聞く〕：エコノミスト　64(38)〔1986.9〕p30
　　　　　　　～33
箕輪成男　　「出版教育」の可能性を探る 「出版学科」設立の条件と課題：出版ニュース　通号1405〔1986.10〕p8～12
市山隆次　　本はつくれば売ってくれる？ −−駆け出し“地方”出版人の「な〜んも知らんかったもんね」：総合ジャーナリズム
　　　　　　　研究　23(04)〔1986.10〕p62～65
箕輪成男　　国際コミュニケーションとしての出版：出版研究　通号18〔1987〕p10～45
竹内和芳　　雑誌の海外ライセンス出版——International Magazine Licensing：出版研究　通号18〔1987〕p107～127
小出鐸男　　出版業と産業化の実証研究—2—書籍割賦販売の台頭と衰退：出版研究　通号18〔1987〕p144～181
弥吉光長　　文芸社会学試論——創作から読者と視聴者までの関係について：出版研究　通号18〔1987〕p224～245
尾崎宏次　　出版物流事情の新断面（番外編）（新聞「輸送」事情の今昔＜特別企画＞）：総合ジャーナリズム研究　24(01)
　　　　　　　〔1987.1〕p12～16
上田修一　　電子出版とは何か——現状と展望：印刷雑誌　70(1)〔1987.1〕p3～10
小林一博　　特集 いまマスコミの危機 先行きが見えない出版業界の現在——右旋回に口を閉ざしていいのだろうか：マスコミ市
　　　　　　　民　通号221/222〔1987.2〕p156～167
門奈直樹　　出版物への売上税は「知識」への課税だ イギリスの付加価値税反対運動から学ぶ：出版ニュース　通号1419
　　　　　　　〔1987.3〕p8～12
里深文彦　　「出版教育」に期待すること—“科学ジャーナリズム”の立場から：日本出版学会会報　(61)〔1987.4〕p4～5
瀬下恵介　　国際情報の「すき間」に食い込む——「ニューズウィーク日本版」の目指すもの：新聞研究　通号431〔1987.6〕
　　　　　　　p61～64
総合ジャーナリズム研究編集部　追跡！写真週刊誌の軌道－1－：総合ジャーナリズム研究　24(03)〔1987.7〕p86～95
清田義昭　　雑誌の時代はまだ続く——出版界の“総雑誌化現象”を見る：新聞研究　通号432〔1987.7〕p62～66
総合ジャーナリズム研究編集部　追跡！写真週刊誌の軌道－2－東京法務局の「勧告」をめぐって：総合ジャーナリズム研究
　　　　　　　24(04)〔1987.10〕p112～119

石井彦澄　　（＜読者＞を探る＜特集＞）こうすれば減る！「返品」－－構造不況に対処するための業界課題：総合ジャーナリズム
　　　　　　　研究　24（04）〔1987.10〕p45〜51
井家上隆幸　（＜読者＞を探る＜特集＞）ベストセラーに見えない“面々”－－「情報としての読書」と「眼を養う読書」との間で：
　　　　　　　総合ジャーナリズム研究　24（04）〔1987.10〕p30〜35
総合ジャーナリズム研究編集部　（＜読者＞を探る＜特集＞）メディア状況の変化と「読者層」－－あるいは読者層の変化と新しい
　　　　　　　読書スタイル：総合ジャーナリズム研究所　24（04）〔1987.10〕p6〜61
下条泰生　　（＜読者＞を探る＜特集＞）出版産業変化のモメントと生活者：総合ジャーナリズム研究　24（04）〔1987.10〕p54〜
　　　　　　　61
井尻千男　　（＜読者＞を探る＜特集＞）「読者のニーズ」論の落し穴：総合ジャーナリズム研究　24（04）〔1987.10〕p8〜15
香内三郎　　（＜読者＞を探る＜特集＞）「本」と「読書」の歴史的位相：総合ジャーナリズム研究　24（04）〔1987.10〕p16〜21
総合ジャーナリズム研究編集部　追跡！写真週刊誌の軌道－3－「報道と人権」と弁護士会：総合ジャーナリズム研究　25（01）
　　　　　　　〔1988〕p116〜124
田島伸二　　アジア・太平洋地域の図書開発共同事業――アジア・太平洋地域共同出版事業を中心にしながら：出版研究　通号
　　　　　　　19〔1988〕p113〜133
香内三郎　　「印刷革命」と「読書革命」のあいだ――ヨーロッパ，アメリカ出版史研究の現状と問題：出版研究　通号19
　　　　　　　〔1988〕p10〜31
小出鐸男　　出版業と産業化の実証研究―3―雑誌広告収入の変遷について：出版研究　通号19〔1988〕p70〜96
林邦夫　　　新聞読書欄の現在――「産経」新紙面が投げかけるもの：出版研究　通号19〔1988〕p97〜112
岡谷大　　　人文・社会科学全文テキスト・データベースと出版：出版研究　通号19〔1988〕p134〜156
小林一博　　出版界――この一年の興亡と展望：マスコミ市民　通号235〔1988.4〕p2〜11
Haake, Wilmont　政治雑誌研究の新しい方法：新聞学評論　通号37〔1988.4〕p281〜286
金平聖之助　海外雑誌, 提携出版の実際：総合ジャーナリズム研究　25（03）〔1988.7〕p38〜44
総合ジャーナリズム研究編集部　追跡！写真週刊誌の軌道－5－「FOCUS」－－6年間の徹底誌面分析－上－：総合ジャーナリ
　　　　　　　ズム研究所　25（03）〔1988.7〕p70〜82
岡留安則, 篠田博之　特集・雑誌ジャーナリズムの現在 PART1：出版ニュース　通号1466〔1988.7〕p8〜11
深田卓, 池田五法　特集・雑誌ジャーナリズムの現在PART2：出版ニュース　通号1467〔1988.7〕p8〜11
前田完治　　電子出版の今後――EP'88展とDTP, CD-ROMの展望：印刷雑誌　71（7）〔1988.7〕p3〜11
安孫子誠人, 丸山実　特集・雑誌ジャーナリズムの現在PART3：出版ニュース　通号1468〔1988.8〕p8〜11
下村昭夫　　電子出版と編集者 新しい「技術」をどう生かすのか：出版ニュース　通号1472〔1988.9〕p8〜11
萩原由起子　追跡！写真週刊誌の軌道－6－「FOCUS」6年間の徹底誌面分析－下－：総合ジャーナリズム研究　25（04）
　　　　　　　〔1988.10〕p86〜96
富岡隆夫　　今なぜニュース週刊紙か：日本出版学会会報　（65）〔1988.10〕p10
清水英夫　　80年代の出版学を顧みる――あいさつに代えて（80年代の出版研究――回顧と展望＜特集＞）：出版研究　通号20
　　　　　　　〔1989〕p8〜13
牧野正久　　ドイツ理工系出版界の構造分析――第1次大戦後の興隆期について：出版研究　通号20〔1989〕p219〜253
清水真輝雄　印刷・製本・ニューメディア（80年代の出版研究――回顧と展望＜特集＞）：出版研究　通号20〔1989〕p127〜148
岩崎勝海　　高度情報社会におけるメディアとしての出版――ニューメディアと出版：出版研究　通号20〔1989〕p315〜333
新井直之　　「出版の自由」論――1980年代の回顧と問題（80年代の出版研究――回顧と展望＜特集＞）：出版研究　通号20
　　　　　　　〔1989〕p56〜69
小出鐸男　　出版業と産業化の実証研究―4―編集プロダクションの成立と発展：出版研究　通号20〔1989〕p254〜285
小松謙二郎　出版産業論――望まれる共同研究（80年代の出版研究――回顧と展望＜特集＞）：出版研究　通号20〔1989〕p108
　　　　　　　〜126
林伸郎　　　日本出版学会の20年（80年代の出版研究――回顧と展望＜特集＞）：出版研究　通号20〔1989〕p206〜218
清水英夫　　「出版学」の二〇年 回顧と展望 二〇周年をむかえた日本出版学会：出版ニュース　通号1483〔1989.1〕p8〜11
鳥井守幸　　追跡！写真週刊誌の軌道－7－いま, 原点への回帰現象をみる!?：総合ジャーナリズム研究　26（01）〔1989.1〕
　　　　　　　p55〜65
田村進　　　「出版者の権利」をめぐる最近の動き（マスコミの焦点）：新聞研究　通号450〔1989.1〕p90〜92
小林一博　　出版業界の現在――「15」の状況を読む：マスコミ市民　通号245〔1989.2〕p48〜59
松尾羊一　　「団塊の世代」は新しい雑誌を待っている 彼らはいま, 読みたいのだ：出版ニュース　通号1486〔1989.2〕p8〜12
伊藤寿男　　新週刊誌「テーミス」を創るの記－1－大切なのは, やる気と情熱が…：総合ジャーナリズム研究　26（02）〔1989.
　　　　　　　4〕p82〜88
館野哲　　　現地レポート 揺れ動く韓国の出版界 厳しくなった出版物への取締り：出版ニュース　通号1496〔1989.6〕p8〜11
宇野達興　　電子出版とその課題：印刷雑誌　72（6）〔1989.6〕p3〜8
伊藤寿男　　新週刊誌「テーミス」を創るの記－2－本番なみのテスト版を…：総合ジャーナリズム研究　26（03）〔1989.7〕
　　　　　　　p38〜45
藤平みゆき　いま出版学が面白くなってきた－－国際出版研究フォーラムからみた「出版学」の離陸（日本出版学会20年）：総合
　　　　　　　ジャーナリズム研究　26（04）〔1989.10〕p75〜79
北沢さゆり　女性と情報と生活情報誌：総合ジャーナリズム研究　26（04）〔1989.10〕p66〜74
伊藤寿男　　新週刊誌「テーミス」を創るの記－3－さあ, いよいよ6月21日…：総合ジャーナリズム研究　26（04）〔1989.10〕
　　　　　　　p82〜87
総合ジャーナリズム研究編集部　追跡！写真週刊誌の軌道－8－井上ユリ「肖像権侵害」裁判をめぐって：総合ジャーナリズム
　　　　　　　研究　26（04）〔1989.10〕p92〜96
小林一博　　《いま, 本は？…》（上）“消費税”に揺れる出版業界の混乱：マスコミ市民　通号256〔1989.11〕p2〜9
箕輪成男　　第四回国際出版フォーラムの成果 国際コミュニケーション時代の幕開き：出版ニュース　通号1513〔1989.11〕
　　　　　　　p8〜11
牧野正久　　「ナチス通りの出版社――ドイツの出版人と作家たち1886〜1950」山口知三, 平田達治, 鎌田道生, 長橋芙美子：出
　　　　　　　版研究　通号21〔1990〕p192〜200

沢田博	「女性雑誌を解読する――日・米・メキシコ比較研究」井上輝子, 女性雑誌研究会：出版研究　通号21　〔1990〕p187～191
中陣隆夫	日本の書籍出版の変容――日米の時系列比較：出版研究　通号21　〔1990〕p85～111
箕輪成男	「本の定価とは」西谷能雄, 「出版界の意識変革を索めて」西谷能雄――定価と競争：出版研究　通号21　〔1990〕p174～186
総合ジャーナリズム研究編集部	「ニューズウイーク日本版」の4年：総合ジャーナリズム研究所　27（01）〔1990.1〕p44～57
小林一博	一九八九年―出版業界を検証する：マスコミ市民　通号257　〔1990.1〕p16～23
伊藤寿男	新週刊誌「テーミス」を創るの記－4完－平成2年第1号から新しい挑戦を始める！：総合ジャーナリズム研究　27（01）〔1990.1〕p78～84
西谷能雄	新春インタビュー 今こそ問う「出版とは何か」 出版界の自己革新は可能か：出版ニュース　通号1517　〔1990.1〕p8～11
越谷和子	追跡！ 写真週刊誌の軌道－9－読者の目に映った浮沈の8年：総合ジャーナリズム研究　27（01）〔1990.1〕p104～110
亀井淳	追跡！ 写真週刊誌の軌道-10-FF誌編集者の発想とその退廃：総合ジャーナリズム研究　27（02）〔1990.4〕p106～112
潮見高男	（東京/大阪－－メディア事情の再検証＜特集＞）「東京」で売る雑誌, 売れる雑誌：総合ジャーナリズム研究　27（02）〔1990.4〕p38～41
箕輪成男	孤立化する日本と出版学 日本出版学会会長に就任して：出版ニュース　通号1531　〔1990.6〕p8～11
川口正	（東京/大阪－－メディア事情の再検証＜特集＞）おおさか出版 "寒々"事情：総合ジャーナリズム研究　27（03）〔1990.7〕p40～42
藤井周二	（東京/大阪－－メディア事情の再検証＜特集＞）ジャーナリズムの主題は都市（TOKYO）にあり：総合ジャーナリズム研究　27（03）〔1990.7〕p36～39
鈴木啓介	（東京/大阪－－メディア事情の再検証＜特集＞）関西・高度情報化ビジョンの方位：総合ジャーナリズム研究　27（03）〔1990.7〕p78～81
斎藤守慶	（東京/大阪－－メディア事情の再検証＜特集＞）情報発信「一極集中」を考える：総合ジャーナリズム研究　27（03）〔1990.7〕p10～15
鈴木胖	（東京/大阪－－メディア事情の再検証＜特集＞）大阪の新聞・放送－－ "冬の陣"!?：総合ジャーナリズム研究　27（03）〔1990.7〕p20～25
小出透	（東京/大阪－－メディア事情の再検証＜特集＞）東京メディアの空白地帯：総合ジャーナリズム研究　27（03）〔1990.7〕p26～29
金平聖之助	仏・コミック出版の活況と背景－－ピエール＝アラン・スィジェティ氏に聞く：総合ジャーナリズム研究　27（03）〔1990.7〕p46～54
岩崎勝海	日本の出版産業の特性 出版をめぐる経済と文化の現況：出版ニュース　通号1541　〔1990.9〕p8～11
田村紀雄	北京一本の深し歩き体験 中国の出版流通はどうなっているのか：出版ニュース　通号1543　〔1990.10〕p8～11
潮見高男	揺らぐ出版界＜特集＞：総合ジャーナリズム研究　27（04）〔1990.10〕p80～83
藤田真文	（揺らぐ出版界＜特集＞）さよなら活字組版印刷－－出版物のありようを変える印刷の技術革新：総合ジャーナリズム研究　27（04）〔1990.10〕p104～111
小林一博	（揺らぐ出版界＜特集＞）コストアップ時代の「出版界」の危機：総合ジャーナリズム研究　27（04）〔1990.10〕p10～16
清水真輝雄	（揺らぐ出版界＜特集＞）データが語る製本業の現実：総合ジャーナリズム研究　27（04）〔1990.10〕p22～27
小汀良久	（揺らぐ出版界＜特集＞）受難の少量生産 "本"：総合ジャーナリズム研究　27（04）〔1990.10〕p18～20
荒川洋治	（揺らぐ出版界＜特集＞）赤ランプの青い鳥－－活版の消長は精神にかかわることだ：総合ジャーナリズム研究　27（04）〔1990.10〕p38～40
田口久美子	（揺らぐ出版界＜特集＞）増える「品切再販未定」：総合ジャーナリズム研究　27（04）〔1990.10〕p28～31
張美芬	市場システムを導入し始めた中国の出版流通 10年にわたる改革の成果,「新販売体制」：出版ニュース　通号1548　〔1990.12〕p8～11
箕輪成男	コミックブームの神話――1980年代日本青少年図書出版の変遷：出版研究　通号22　〔1991〕p229～237
渡辺和彦	フランス革命期前後の出版文化史研究序論――出版流通面からの展望－上―：出版研究　通号22　〔1991〕p63～81
塩沢実信	異業種の出版進出――「企業出版」は既存出版社への挑戦か：出版研究　通号22　〔1991〕p153～172
中陣隆夫	学術出版の経済性――最大利益の印刷部数と定価の決定法：出版研究　通号22　〔1991〕p27～62
小出鐸男	出版業と産業化の実証研究－5―競争と協調を追って：出版研究　通号22　〔1991〕p83～131
浅岡邦雄	「未刊史料による日本出版文化（5）近代出版文化」弥吉光長：出版研究　通号22　〔1991〕p207～215
植田康夫	出版の文化的役割と出版文化の再生（マスメディアの文化性と経済性＜特集＞）：放送学研究　通号41　〔1991〕p67～84
箕輪成男	出版事業の経済的条件（マスメディアの文化性と経済性＜特集＞）：放送学研究　通号41　〔1991〕p85～106
亀井淳	追跡！ 写真週刊誌の軌道－11完－＜総集編＞10年史：総合ジャーナリズム研究　28（01）〔1991.1〕p114～122
橋本ダナ	「ビロード革命」と出版洪水――チェコとスロヴァキアのマスメディアの行方：新聞研究　通号475　〔1991.2〕p70～73
江川紹子	活字メディアと第九条 派兵反対にがんばったヤング誌：放送批評　No.260　〔1991.3〕
清水英夫	出版ジャーナリズムと私 故郷としての出版界：出版ニュース　通号1566　〔1991.6〕p8～12
総合ジャーナリズム研究編集部	日本の雑誌界の「インターナショナル」志向－－日本版発刊計画『タイム』からあの雑誌まで：総合ジャーナリズム研究所　28（04）〔1991.10〕p60～67
下村昭夫	電子出版と出版学――新しい "出版"の可能性と問題点：出版研究　通号23　〔1992〕p83～107
石沢治信	＜雑誌＞が失っていったもの－－80年代に成功した雑誌にみる "病理"：総合ジャーナリズム研究　29（01）〔1992.1〕p90～94
大月隆寛	引き裂かれた言葉――ジャーナル休刊報道が陥ったドツボ：Asahi journal　34（22）〔1992.5〕p35～38
元木昌彦, 山口一臣, 刀祢館正明	週刊誌ジャーナリズムに未来はあるか（雑誌編集長大座談会）：Asahi journal　34（22）〔1992.5〕p24～32

箕輪成男	出版学の再構築をめざして 問題指向型の「学」に求められるもの：出版ニュース　通号1600　〔1992.6〕 p8〜11
中島誠	『朝日ジャーナル』休刊に思うこと 近代と現代の境目に生まれた雑誌メディアの消長：出版ニュース　通号1599　〔1992.6〕 p8〜11
下村昭夫	「電子出版」を今どうとらえるか "新しい出版" の進展とその問題点：出版ニュース　通号1598　〔1992.6〕 p8〜11
加瀬昌男, 松岡正剛, 藤原良雄	活字文化は永遠に不滅です——読む文化・書く文化に潜む壮大な夢を発掘しよう（出版人座談会）：エコノミスト　70（44）〔1992.10〕 p44〜51
林克彦	新たな電子出版の可能性について PICTO-ROM（ピクトロム）出版のメリットとは：出版ニュース　通号1614　〔1992.11〕 p8〜11
川上賢一	地方・小出版と一極集中（日本列島情報格差）：新聞研究　通号496　〔1992.11〕 p51〜53
林伸郎	中国における出版流通の現状と問題点：政経研究　29（2）〔1992.11〕 p619〜644
森啓	出版におけるアートディレクターの役割——第6回国際出版研究フォーラムにおける問題提起の概要：出版研究　通号24　〔1993〕 p119〜127
吉田公彦	出版学の構築をめぐる問題：出版研究　通号24　〔1993〕 p91〜99
小出鐸男	出版物における蒸着金箔（メタリックホイル）利用について——出版産業化の一側面：出版研究　通号24　〔1993〕 p79〜89
遠藤千舟, 吉田公彦, 天野勝文, 箕輪成男, 有山輝雄	パネルディスカッション 出版学構築のパラダイムを求めて（上）：出版ニュース　通号1629　〔1993.4〕 p8〜11
金平聖之助	日本のコミック出版−−東南アジア "決戦" 夜明け前：総合ジャーナリズム研究　30（02）〔1993.4〕 p82〜87
遠藤千舟, 吉田公彦, 天野勝文, 箕輪成男, 有山輝雄	パネルディスカッション 出版学構築のパラダイムを求めて（下）：出版ニュース　通号1630　〔1993.5〕 p8〜11
岩崎勝海, 菊地実, 合庭惇, 林克彦	出版学会シンポジウム ペーパーレス出版の可能性（上）電子出版を中心として：出版ニュース　通号1634　〔1993.6〕 p8〜11
岩崎勝海, 菊地実, 合庭惇, 林克彦	＜出版学会シンポジウム＞ペーパーレス出版の可能性（下）電子出版を中心として：出版ニュース　通号1635　〔1993.7〕 p6〜9
皆川純一郎, 深田良治, 中陣隆夫, 箕輪成男	＜出版学会シンポジウム＞ 多国籍出版社からみた日本の出版（下）学術情報の「受信」と「発信」について：出版ニュース　通号1639　〔1993.8〕 p6〜9
皆川純一郎, 深田良治, 中陣隆夫, 箕輪成男	＜出版学会シンポジウム＞ 多国籍出版社からみた日本の出版（上）学術情報の「受信」と「発信」について：出版ニュース　通号1638　〔1993.8〕 p6〜9
箕輪成男	社会主義市場経済下の中国出版学 第六回国際出版フォーラムを終えて：出版ニュース　通号1645　〔1993.10〕 p6〜9
山田昭広	第1回「出版研究外国文献を読む会」：出版研究　通号25　〔1994〕 p181〜191
宮崎緑夫	日本の学術出版の国際化とその動向——自然科学系における現状と分析：出版研究　通号25　〔1994〕 p9〜32
高藤圭一	マスコミ裏情報 週刊誌創刊の背後にまた電通の影——広告保証で決着した時事通信の愚行：マスコミ市民　通号308　〔1994.7〕 p62〜63
合庭惇	マルチメディア時代と出版（下）日本出版学会春季研究発表会から：出版ニュース　通号1671　〔1994.7〕 p8〜12
川井良介	90年代の出版産業（メディア産業構造分析＜特集＞）：マス・コミュニケーション研究　通号45　〔1994.7〕 p99〜112
清田義昭	JR東日本の「文春」販売拒否問題——出版流通の視点から（マスコミの焦点）：新聞研究　通号517　〔1994.8〕 p80〜82
春山明哲	電子出版と納本制度 21世紀の「日本国の蔵書」を築くために：出版ニュース　通号1680　〔1994.10〕 p6〜9
木下修	市場経済と出版流通——日本の出版流通の現状と問題点：出版研究　通号26　〔1995〕 p143〜163
小出鐸男	装幀用布クロスの量産と出版物について——国産装幀材料の歩み：出版研究　通号26　〔1995〕 p111〜125
箕輪成男	文明としての印刷技術と文化としての出版環境——アジアにおける印刷技術の伝播と出版：出版研究　通号26　〔1995〕 p127〜142
外山滋比古	エディターシップの視座 複合的コミュニケーション成立の条件：出版ニュース　通号1687　〔1995.1〕 p10〜13
清水英夫	アジアの出版と日本 二一世紀に向けて何ができるか：出版ニュース　通号1689　〔1995.2〕 p6〜9
高梨明	雑誌商用データーベースの問題点：月刊民放　25（284）〔1995.2〕 p34〜37
中村泰次	中村泰次の "蟻の一穴" −25−商業性に蝕ばまれた文春ジャーナリズム−−外圧に揺らぐ "ガラスの城"：総合ジャーナリズム研究　32（02）〔1995.4〕 p82〜85
山口俊明	特集 相次ぐ廃刊、問われる雑誌ジャーナリズム 『エルメディオ』、茶坊主どもが夢のあと——権力への迎合体質が生んだ非喜劇：マスコミ市民　通号317　〔1995.4〕 p20〜26
長沼節夫	特集 相次ぐ廃刊、問われる雑誌ジャーナリズム 『マルコポーロ』、強気の誌面も外圧にはもろく——「ナチ『ガス室』はなかった」であえなく破綻：マスコミ市民　通号317　〔1995.4〕 p6〜13
木村聖哉	特集 相次ぐ廃刊、問われる雑誌ジャーナリズム 『話の特集』、時代に勝てず無念の廃刊——「自由の場」提供し続けて三〇年：マスコミ市民　通号317　〔1995.4〕 p14〜19
岩崎勝海	メディア・エコロジーの変化と出版（戦後50年・日本の言論-3-）：総合ジャーナリズム研究　32（03）〔1995.7〕 p64〜69
田中伸武	人で輝く出版文化の明日を拓く−−「本の学校」の目指すもの：総合ジャーナリズム研究　32（04）〔1995.10〕 p22〜29
若林重行	しっかりした戦略で困難と課題に挑戦（米国電子メディア事情視察団に参加して）：新聞研究　通号542　〔1996.9〕 p43〜45
石川秀樹	紙の新聞の副産物から怪物メディアへ（米国電子メディア事情視察団に参加して）：新聞研究　通号542　〔1996.9〕 p46〜48
植田康夫	「出版学」成立の可能性について——清水英夫氏の論文を手がかりに：コミュニケーション研究　通号27　〔1997〕 p17〜29
宮崎継夫	国際コミュニケーションからみた日本の学術出版——人文・社会科学系を中心に：出版研究　通号28　〔1997〕 p147〜157
柴田義一	出版翻訳における訳者選定：出版研究　通号28　〔1997〕 p175〜188
永井祥一	出版流通の変化——日本の場合——雑誌流通に相乗りした書籍流通の問題点とその復権：出版研究　通号28　〔1997〕 p159〜173

林伸郎	政府の政策と出版との関係——日本の場合：出版研究　通号28〔1997〕p135～146
道吉剛	統計図表に見る出版の世界(1)：出版研究　通号28〔1997〕p189～208
鈴木均	なぜ編集者は消えていくのか？ "杖をついたジャーナリスト"からの意見：出版ニュース　通号1755〔1997.1〕p12～15
遠藤千舟	出版研究とマルチメディア 出版研究の新たな地平を拓く：出版ニュース　通号1755〔1997.1〕p20～23
合庭惇	電子出版市場は自立できるか CD-ROMかネットワーク出版か：出版ニュース　通号1759〔1997.2〕p6～9
河上裕一	CD-ROM出版の現実－－電子化による出版社の知的財産の保存・再生の試み：総合ジャーナリズム研究　34(02)〔1997.4〕p75～79
津曲篤子	インタビュー 津曲篤子－－出版社社長として40年：総合ジャーナリズム研究　34(02)〔1997.4〕p68～70
河本弘	<私の週刊誌評>これでよいのか『週刊誌』：自由　39(6)〔1997.6〕p137～144
川井良介	90年代出版ジャーナリズムの見取り図(特集 出版ジャーナリズムの理論課題)：マス・コミュニケーション研究　通号51〔1997.7〕p70～86
篠田博之	岐路に立たされた90年代の雑誌ジャーナリズム(特集 出版ジャーナリズムの理論課題)：マス・コミュニケーション研究　通号51〔1997.7〕p87～103
岡崎満義	勧告より深刻な雑誌販売拒否(特集 煽情的ジャーナリズム考)：総合ジャーナリズム研究　34(04)〔1997.10〕p27～31
津野海太郎	編集者が生きにくい時代 商品化・電子化のなかの書籍：世界　通号640〔1997.10〕p55～59
窪田輝蔵	科学と出版：出版研究　通号29〔1998〕p49～71
永井祥一	日本の出版流通を検証する 英・仏・独の流通現場を視察して：出版ニュース　通号1789〔1998.1〕p10～14
植田康夫	出版における委託販売制度の実施時期をめぐる問題：コミュニケーション研究　通号28〔1998.3〕p89～98
梶田明宏	電子出版による史料復刻の現状と可能性——『風俗画報』<CD—ROM版>：メディア史研究　通号7〔1998.3〕p111～124
植村八潮	オンデマンド的な未来の本－－デジタル出版よもやま話<第18回>特別編(特集 オンデマンド出版ビジネス)：印刷雑誌　81(8)〔1998.8〕p24～25
鈴木雄介	空から「電子書籍」が降ってくる「次世代電子出版」への展望：出版ニュース　通号1810〔1998.8〕p6～9
酒井康治	出版 一〇〇億円規模の電子書籍実験：新・調査情報passingtime　2期(51)通号424〔1998.9〕p66～67
吉田公彦	出版学(出版研究・回顧と展望)：出版研究　通号30〔1999〕p9～15
小出鐸男	出版産業論(出版研究・回顧と展望)：出版研究　通号30〔1999〕p28～40
後藤嘉宏	中井正一の出版論——図書館論との対比において：出版研究　通号30〔1999〕p71～92
林伸郎	日本出版学会と出版研究の30年を振り返って：出版研究　通号30〔1999〕p1～5
植田康夫	編集論(出版研究・回顧と展望)：出版研究　通号30〔1999〕p16～27
茶本繁正	メディア・レポート<72>読売新聞の中央公論社併合で見えてきた出口なき出版不況の深淵：放送レポート　156号〔1999.1〕p48～51
植田康夫	編集者ジャーナリスト・滝田樗陰：コミュニケーション研究　通号29〔1999.3〕p55～63
佐野眞一	現代の肖像 斎藤十一(新潮社顧問)「出版界最後の怪物」の静かなる日々：Aera　12(11)通号581〔1999.3〕p60～64
あんばいこう	ブック・ストリート 出版——一人出版社の道を示す岩田書院：出版ニュース　通号1833〔1999.4〕p32～33
亜州奈みづほ	日韓出版交流の現状——一方通行から双方向へ：出版ニュース　通号1833〔1999.4〕p6～9
浜崎廣	個性を必要としない<群(むれ)>の時代——"生き物"として見る雑誌の現在と将来(「出版」はどこへ行くのか)：新聞研究　通号575〔1999.6〕p22～25
植田康夫	今、求められる出版物・出版社像——3つの具体例を通して見る「志」(「出版」はどこへ行くのか)：新聞研究　通号575〔1999.6〕p18～21
小林龍生	「紙」の役割を代替できるか、できないか——電子書籍コンソーシアムの目指すもの(「出版」はどこへ行くのか)：新聞研究　通号575〔1999.6〕p26～29
中村秀一	事前差し止めの頻発が意味すること(「出版」はどこへ行くのか)：新聞研究　通号575〔1999.6〕p30～33
紀田順一郎	読むこと——その喪失と変質(「出版」はどこへ行くのか)：新聞研究　通号575〔1999.6〕p10～12
津野海太郎	問題はエディターシップだ(インタビュー)(「出版」はどこへ行くのか)：新聞研究　通号575〔1999.6〕p13～17
あんばいこう	ブック・ストリート 出版——「盗用」、出版中止事件：出版ニュース　通号1838〔1999.6〕p32～33
合庭惇	電子出版の周辺(28)情報社会論のゆくえ：出版ニュース　通号1838〔1999.6〕p36
植田康夫	デジタル時代の出版メディア(特集 転換期のマス・メディア)：マス・コミュニケーション研究　通号55〔1999.7〕p79～93
ブッキング設立準備会	「ブッキング」・読者の"読みたい"に応える——1冊からの受注生産を可能にするシステム：出版ニュース　通号1843〔1999.8〕p6～10
合庭惇	電子出版の周辺(30)『ブリタニカ』の行方：出版ニュース　通号1844〔1999.8〕p38
羽生紀子	京都・大坂出版メディアの動向—見林・益軒をめぐって：武庫川国文　通号54〔1999.9〕p7～16
合庭惇	電子出版の周辺(31)グーテンベルク銀河系の遺産：出版ニュース　通号1847〔1999.9〕p36
下野誠一郎	アメリカ 盛んになるウェブ上の出版ビジネス：出版ニュース　通号1850〔1999.10〕p21～21
館野哲	韓国 市場開放と雑誌界の対応：出版ニュース　通号1850〔1999.10〕p26～26
佐野眞一	「本」の新たな可能性を探る(5)地方出版社が示す「いくつかの未来図」：プレジデント　37(9)〔1999.10〕p300～306
合庭惇	電子出版の周辺(32)インターネット書店：出版ニュース　通号1850〔1999.10〕p27
合庭惇	電子出版の周辺(No.33)第1回図書館総合展：出版ニュース　通号1853〔1999.11〕p38
植村八潮	「デジタル出版」で生き残る少部数専門書出版(特集/21世紀の出版ビジネスを探る)：JAGAT info　(通号 340)〔1999.12〕p16～19
あんばいこう	ブック・ストリート 出版——著者ってそんなに偉いの？：出版ニュース　通号1856〔1999.12〕p32～33
合庭惇	電子出版の周辺(34)デジタル経済の台頭：出版ニュース　通号1856〔1999.12〕p36
江崎哲朗, 植村八潮	講演会 電子書籍と本のゆくえ(第462回〔神奈川県資料室研究会〕例会/平成12年10月20日)：神資研　(通

	号 35)〔2000〕 p49〜51
森啓	1990年代の出版技術——コンピューター技術の進展による影響の諸相（特集 1990年代の出版研究）：出版研究 通号31 〔2000〕 p63〜81
合庭惇	1990年代の電子出版（特集 1990年代の出版研究）：出版研究 通号31 〔2000〕 p49〜61
塚本晴二朗	出版研究における法制・倫理（特集 1990年代の出版研究）：出版研究 通号31 〔2000〕 p7〜18
合庭惇	電子出版の周辺（35）Y2Kの教訓：出版ニュース 通号1858 〔2000.1〕 p25
松浦康彦	出版界を洗うデジタル化の波——ネット書店、電子出版の行方を占う：朝日総研リポート 通号142 〔2000.2〕 p43〜61
合庭惇	電子出版の周辺（36）新教科「情報」：出版ニュース 通号1861 〔2000.2〕 p17
植村八潮	オンデマンド出版の現状と可能性（特集 オンデマンド出版）：大学の図書館 25（4）（通号 389）〔2000.3〕 p38〜41
小松雅明	電子メディアはどの程度に紙のメディアにとって替わったか：Lisn ： Library & information science news 通号102 〔2000.3〕 p18〜21
合庭惇	電子出版の周辺（35）インターネットと読書：出版ニュース 通号1864 〔2000.3〕 p36
合庭惇	電子出版の周辺（No.36）インターネットとコンビニ：出版ニュース 通号1867 〔2000.4〕 p25
合庭惇	電子出版の周辺（39）電子の紙：出版ニュース 通号1869 〔2000.5〕 p27
植村八潮	日本語表現と求められる標準化－－電子書籍ファイルフォーマットの標準化と交換フォーマット（特集 電子書籍規格の必要性）：印刷雑誌 83（6）〔2000.6〕 p13〜16
箕輪成男	私の出版研究30年 直観と愚考：出版ニュース 通号1872 〔2000.6〕 p6〜9
合庭惇	電子出版の周辺（40）国際子ども図書館：出版ニュース 通号1872 〔2000.6〕 p36
エプスタイン、ジェイソ、トゥロー、スコット、フラグニート、マイケル	座談会 紙の本は消えるのか——アメリカの出版界のプロ7人が本の未来を語る：Newsweek 15（25）通号714 〔2000.6〕 p52〜56
合庭惇	電子出版の周辺（41）オリジナルの放つオーラ：出版ニュース 通号1875 〔2000.7〕 p11
合庭惇	電子出版の周辺（42）アマゾン・コムの5周年：出版ニュース 通号1878 〔2000.8〕 p11
湯浅俊彦	デジタル時代の出版メディア——「紙」と「電子」が共存して進展：出版ニュース 通号1876 〔2000.8〕 p6〜9
合庭惇	電子出版の周辺（43）改正納本制度の施行：出版ニュース 通号1881 〔2000.9〕 p36
島崎英威	海外出版レポート 中国 中国の出版流通について（1）：出版ニュース 通号1884 〔2000.10〕 p41
合庭惇	電子出版の周辺（44）オンライン2000：出版ニュース 通号1884 〔2000.10〕 p15
下川和男	フランクフルトBFとインターネット出版——イーブックは深く静かに：出版ニュース 通号1887 〔2000.11〕 p6〜9
合庭惇	電子出版の周辺（45）Eブック革命：出版ニュース 通号1887 〔2000.11〕 p36
櫻井秀勲	戦後編集者列伝（1）「文藝春秋」の体質をつくった池島信平：図書館の学校 （11）〔2000.11〕 p52〜55
合庭惇	電子出版の周辺（46）IT基本法：出版ニュース 通号1890 〔2000.12〕 p36
櫻井秀勲	戦後編集者列伝（2）カッパ文化を根づかせた神吉晴夫：図書館の学校 （12）〔2000.12〕 p58〜61
川井良介	90年代の雑誌研究（特集 1990年代の出版研究・続）：出版研究 通号32 〔2001〕 p1〜22
吉田則昭	90年代の出版流通研究——何が語られてきたのか（特集 1990年代の出版研究・続）：出版研究 通号32 〔2001〕 p23〜43
植村八潮	eラーニングと出版ビジネス：出版研究 通号32 〔2001〕 p153〜160
道吉剛	統計図表に見る出版の世界（3）：出版研究 通号32 〔2001〕 p181〜202
植田康夫	日本における出版研究と出版教育：出版研究 通号32 〔2001〕 p147〜152
合庭惇	電子出版の周辺（47）インターネットの底力：出版ニュース 通号1892 〔2001.1〕 p15
元木昌彦, 浅野純次	元木昌彦のメディアを考える旅（34）浅野純次（東洋経済新聞社社長）——リベラルの座標軸を守って百年 好調・東洋経済の支えは「個の確立」：エルネオス 7（1）通号74 〔2001.1〕 p94〜97
櫻井秀勲	戦後編集者列伝（3）編集にデザインを持ち込んだ清水達夫：図書館の学校 （13）〔2001.1〕 p60〜63
合庭惇	電子出版の周辺（48）国立国会図書館関西館：出版ニュース 通号1895 〔2001.2〕 p15
櫻井秀勲	戦後編集者列伝（4）「本は女である」を実践した小澤和一：図書館の学校 （14）〔2001.2〕 p62〜65
合庭惇	電子出版の周辺（49）コピーマートの底力：出版ニュース 通号1898 〔2001.3〕 p15
櫻井秀勲	戦後編集者列伝（5）新潮社の怪物・斎藤十一という男：図書館の学校 （15）〔2001.3〕 p58〜61
合庭惇	電子出版の周辺（50）プランゲ文庫：出版ニュース 通号1901 〔2001.4〕 p15
櫻井秀勲	戦後編集者列伝（6）女性誌の今日を予見した今井田勲：図書館の学校 （16）〔2001.4〕 p58〜61
永江朗, 佐野眞一	どうなる？ 出版業界——対談 佐野眞一vs永江朗：ダカーポ 21（7）通号466 〔2001.4〕 p80〜85
合庭惇	電子出版の周辺（51）グーテンベルクの謎：出版ニュース 通号1903 〔2001.5〕 p19
櫻井秀勲	戦後編集者列伝（7）ジャーナリズムの正道を歩んだ扇谷正造：図書館の学校 （17）〔2001.5〕 p62〜65
総合ジャーナリズム研究編集部	「自分の頭で考え」てきた現場主義（FEATURE 『フォーカス』が遺したもの）：総合ジャーナリズム研究所 38（03）（通号 177）〔2001.9〕 p7〜26
合庭惇	電子出版の周辺（No.52）知的サービス研究会：出版ニュース 通号1906 〔2001.6〕 p15
櫻井秀勲	戦後編集者列伝（8）少年マンガ誌を初めて成功させた内田勝：図書館の学校 （18）〔2001.6〕 p72〜75
合庭惇	電子出版の周辺（No.53）インターネットアーカイブ：出版ニュース 通号1909 〔2001.7〕 p15
櫻井秀勲	戦後編集者列伝（9）「中央公論」の崩壊を食い止めた粕谷一希：図書館の学校 （19）〔2001.7〕 p54〜57
合庭惇	電子出版の周辺（54）eラーニング：出版ニュース 通号1912 〔2001.8〕 p15
櫻井秀勲	戦後編集者列伝（10）一代の風雲児、KKベストセラーズの岩瀬順三：図書館の学校 （20）〔2001.8〕 p62〜65
総合ジャーナリズム研究編集部	FEATURE 『フォーカス』が遺したもの：総合ジャーナリズム研究所 38（04）（通号 178）〔2001.9〕 p51〜70
田島一昌	『フォーカス』二〇年の功と罪（FEATURE 『フォーカス』が遺したもの）：総合ジャーナリズム研究 38（04）（通号 178）〔2001.9〕 p8〜12
林利隆	写真週刊誌＝「義賊」から「道化」への道（FEATURE 『フォーカス』が遺したもの）：総合ジャーナリズム研究 38（04）（通号 178）〔2001.9〕 p51〜58

合庭惇	電子出版の周辺(55)ブロードバンドの革命：出版ニュース　通号1915　〔2001.9〕 p25
櫻井秀勲	戦後編集者列伝(11)「暮しの手帖」を生んだ花森安治と大橋鎭子：図書館の学校　(21)〔2001.9〕p60〜63
植村八潮	オンデマンド出版は本を変えるのか？　いまの利点は少部数本をいつでも買えること（特集 本はどこへ行くのか？）：望星　32(10)（通号380）〔2001.10〕 p28〜33
植村八潮	eラーニングと出版ビジネス——eブック化で変わる教科書出版：出版ニュース　通号1917　〔2001.10〕 p6〜9
湯浅俊彦	ブック・ストリート 書店100回を迎える書店トーク会：出版ニュース　通号1917　〔2001.10〕 p26〜27
合庭惇	電子出版の周辺(No056)：出版ニュース　通号1918　〔2001.10〕 p15
渾大防三惠	出版という「ささやかな事業」——ネット時代に生き残るための試み：朝日総研リポート　(152)〔2001.10〕p114〜135
田中康成	『FOCUS』休刊から考えること：新聞研究　(603)〔2001.10〕 p74〜77
櫻井秀勲	戦後編集者列伝(12)筑摩書房を再建した編集学の神様、布川角左衛門：図書館の学校　(22)〔2001.10〕 p52〜55
下川和男	イーブックは、更に、深く静かに——フランクフルト・ブックフェアとインターネット出版：出版ニュース　通号1920　〔2001.11〕 p6〜9
合庭惇	電子出版の周辺(57)IT不況：出版ニュース　通号1921　〔2001.11〕 p15
櫻井秀勲	戦後編集者列伝(13)雑誌のリニューアル創刊の名人、本多光夫：図書館の学校　(23)〔2001.11〕 p60〜63
合庭惇	電子出版の周辺(58)公共アーカイブ：出版ニュース　通号1924　〔2001.12〕 p13
櫻井秀勲	戦後編集者列伝(14)一代で学研を育てた大編集長、古岡秀人：図書館の学校　(24)〔2001.12〕 p64〜67
植村八潮	講演会 電子書籍とオンデマンド出版(第486回〔神奈川県資料室研究会〕例会/平成14年12月20日)：神資研　(通号37)〔2002〕p62〜65
植村八潮	特別寄稿 誰のための電子出版か－－「パッケージとコンテンツの分離」の意味するところ：神資研　(通号37)〔2002〕 p3〜8
植村八潮	90年代の電子出版研究(1990年代の出版研究(続々))：出版研究　通号33　〔2002〕 p29〜48
植田康夫	90年代の「読者論」と「読書論」(1990年代の出版研究(続々))：出版研究　通号33　〔2002〕 p1〜9
王萍	中国高等教育における出版教育の展開についての一考察——編集出版学科を中心に：出版研究　通号33　〔2002〕 p199〜219
箕輪成男	南涯安春根先生の出版学：出版研究　通号33　〔2002〕 p267〜278
植村八潮	特別寄稿 誰のための電子出版か——「パッケージとコンテンツの分離」の意味するところ：神資研　通号37〔2002〕 p3〜8
景山佳代子	週刊誌『アサヒ芸能』にみる性風俗生成の仕組み：マス・コミュニケーション研究　通号61　〔2002〕 p107〜120
合庭惇	電子出版の周辺(59)公共アーカイブ(続)：出版ニュース　通号1926　〔2002.1〕 p45
櫻井秀勲	戦後編集者列伝(15)倒産から一転、超優良に！　三笠書房・押鐘富士雄：図書館の学校　(25)〔2002.1〕 p58〜61
合庭惇	電子出版の周辺(60)ウェブアーカイビング：出版ニュース　通号1929　〔2002.2〕 p25
櫻井秀勲	戦後編集者列伝(16)「少年ジャンプ」王国を築いた集英社・長野規：図書館の学校　(26)〔2002.2〕 p64〜67
植田康夫	CURRENT 鈴木書店倒産問題を考える：総合ジャーナリズム研究　39(02)（通号180）〔2002.3〕 p50〜53
合庭惇	電子出版の周辺(61)はかないインターネット情報：出版ニュース　通号1932　〔2002.3〕 p25
箕輪成男	出版文化と出版文明の相克——出版開発と多国籍出版：國文學論叢　47　〔2002.3〕 p14〜30
櫻井秀勲	戦後編集者列伝(17)戦後文学の基礎をつくった河出書房・坂本一亀：図書館の学校　(27)〔2002.3〕 p62〜65
合庭惇	電子出版の周辺(62)アジア歴史資料センター：出版ニュース　通号1935　〔2002.4〕 p25
木村剛久	曲がり角に立つ出版業界 避けられない縮小均衡：新聞通信調査会報　通号474　〔2002.5〕 p8〜10
合庭惇	電子出版の周辺(63)ヴァチカン教皇庁図書館展：出版ニュース　通号1937　〔2002.5〕 p39
櫻井秀勲	戦後編集者列伝(19)蛟竜から雲雨を呼んだ「サンマーク出版」の植木宣隆：図書館の学校　(29)〔2002.5〕 p58〜61
合庭惇	電子出版の周辺(64)ブロードバンド時代：出版ニュース　通号1940　〔2002.6〕 p25
櫻井秀勲	戦後編集者列伝(20)生涯一編集者を望んだ祥伝社、伊賀弘三良：図書館の学校　(30)〔2002.6〕 p64〜67
合庭惇	電子出版の周辺(65)教育用コンテンツのデジタル化：出版ニュース　通号1943　〔2002.7〕 p25
箕輪成男	晩学バンザイ——出版学と出版評論：出版ニュース　通号1942　〔2002.7〕 p6〜9
櫻井秀勲	戦後編集者列伝(21)芯の固さを柔らかく包みこむ草思社・加瀬昌男：図書館の学校　(31)〔2002.7〕 p60〜63
合庭惇	電子出版の周辺(66)いまディジタル経済は：出版ニュース　通号1946　〔2002.8〕 p25
櫻井秀勲	戦後編集者列伝(22)女性の人生書一本で成功した海竜社・下村のぶ子：図書館の学校　(32)〔2002.8〕 p64〜67
深田卓	ブック・ストリート 出版 出版冥利は読者の反応につきる：出版ニュース　通号1949　〔2002.9〕 p34〜35
合庭惇	電子出版の周辺(67)精興社の活版印刷：出版ニュース　通号1949　〔2002.9〕 p27
末木宏典	「週刊地震新聞」の挑戦——「減災」を目指す震災前報道(災害報道の可能性を探る)：新聞研究　(614)〔2002.9〕 p57〜60
櫻井秀勲	戦後編集者列伝(23)「噂の真相」をマス雑誌に仕上げた岡留安則：図書館の学校　(33)〔2002.9〕 p64〜67
合庭惇	電子出版の周辺(68)eブックの現在：出版ニュース　通号1952　〔2002.10〕 p25
櫻井秀勲	戦後編集者列伝(24)国文学を基礎として角川書店を築いた角川源義：図書館の学校　(34)〔2002.10〕 p60〜63
下川和男	eBookは日本から世界へ——フランクフルト・ブックフェア2002報告：出版ニュース　通号1953　〔2002.11〕 p6〜9
合庭惇	電子出版の周辺(69)インターネット時間：出版ニュース　通号1955　〔2002.11〕 p25
櫻井秀勲	戦後編集者列伝(25)たった一人から福音館書店を立ち上げた松居直：図書館の学校　(35)〔2002.11〕 p54〜57
丸山尚	住民図書館の二五年半－－健全なジャーナリズムのバランスを求めて：総合ジャーナリズム研究　39(01)（通号179）〔2002.12〕 p60〜63
合庭惇	電子出版の周辺(70)情報社会変容：出版ニュース　通号1958　〔2002.12〕 p29
櫻井秀勲	戦後編集者列伝(26)編集のヒントを社員に与えつづけた小学館・相賀徹夫：図書館の学校　(36)〔2002.12〕 p56〜59
松下茂	オープンアクセスと出版(特集 電子出版)：出版研究　通号34　〔2003〕 p19〜30
星野渉	デジタル技術による書籍のマーケティングと流通の変化(特集 電子出版)：出版研究　通号34　〔2003〕 p31〜49

湯浅俊彦	電子出版関係年表（特集 電子出版）：出版研究　通号34　〔2003〕　p51～78
植村八潮	電子出版研究の方法論（特集 電子出版）：出版研究　通号34　〔2003〕　p1～17
横山和雄	Printed in Korea本の時代（2）どこに求める？「出版の愉しみ」：マスコミ・ジャーナリズム論集　（11）〔2003〕 p37～58
長谷川一	モノグラフ・サヴァイヴァル——アメリカにおける学術出版の電子化と「人文学の危機」：マス・コミュニケーション研究　通号62　〔2003〕　p98～115
歌田明弘	Digital Publishing（1）「電子出版」の運命：出版ニュース　通号1960　〔2003.1〕　p44
下村昭夫	デジタルコンテンツと出版の近未来——夢と現実と編集者の課題：出版ニュース　通号1960　〔2003.1〕　p6～10
櫻井秀勲	戦後編集者列伝（27）世界の現代史を演出したサイマル・田村勝夫：図書館の学校　（37）〔2003.1〕　p54～57
歌田明弘	DIGITAL PUBLISHING（2）著作権の延長は是か非か：出版ニュース　通号1963　〔2003.2〕　p20
櫻井秀勲	戦後編集者列伝（28）全身二十四時間編集者——幻冬舎・見城徹：図書館の学校　（38）〔2003.2〕　p50～53
歌田明弘	DIGITAL PUBLISHING（3）パブリック・ドメインへの遠い道——文化庁の「自由利用マーク」：出版ニュース　通号1966　〔2003.3〕　p25
歌田明弘	DIGITAL PUBLISHING（5）ついに発売される見開き読書用端末：出版ニュース　通号1971　〔2003.5〕　p31
歌田明弘	DIGITAL PUBLISHING（6）中国によって火がつく電子書籍端末市場：出版ニュース　通号1974　〔2003.6〕　p18
木村剛久	ベストセラーの王道 大不況時代の出版業界：新聞通信調査会報　通号488　〔2003.6〕　p23～
歌田明弘	DIGITAL PUBLISHING（7）「読むための端末」成功のカギ：出版ニュース　通号1977　〔2003.7〕　p25
歌田明弘	DIGITAL PUBLISHING（10）見開きディスプレイの夢：出版ニュース　通号1980　〔2003.8〕　p27
歌田明弘	DIGITAL PUBLISHING（9）また新たな見開き端末が姿を現わした：出版ニュース　通号1983　〔2003.9〕　p25
伊従寛	流通含め「報道の自由」を保護——ドイツの出版物再販制度改定にみる意義付け：新聞研究　（626）〔2003.9〕　p66～68
歌田明弘	DIGITAL PUBLISHING（10）電子書籍ビジネス・コンソーシアム：出版ニュース　通号1986　〔2003.10〕　p25
長岡義幸	ブック・ストリート 流通 出版業界の淘汰と再編の波：出版ニュース　通号1984　〔2003.10〕　p28～29
歌田明弘	DIGITAL PUBLISHING（11）本の文化を変える米アマゾンの新サービス：出版ニュース　通号1989　〔2003.11〕 p33
歌田明弘	DIGITAL PUBLISHING（12）消耗品であることを肯定した電子書籍：出版ニュース　通号1992　〔2003.12〕　p13
玉川博章	現代における青少年向け書籍の発展——ヤングアダルト文庫出版史：出版研究　通号35　〔2004〕　p41～64
川井良介	現代日本の雑誌出版（国際交流「第11回国際出版研究フォーラム」の概要）：出版研究　通号35　〔2004〕　p103～110
道吉剛	統計図表に見る出版の世界（4）：出版研究　通号35　〔2004〕　p111～120
下村昭夫	日本における出版産業の現状と課題（国際交流「第11回国際出版研究フォーラム」の概要）：出版研究　通号35　〔2004〕　p95～102
歌田明弘	DIGITAL PUBLISHING（13）ウェップと本の関係はどうなる？：出版ニュース　通号1994　〔2004.1〕　p19
歌田明弘	DIGITAL PUBLISHING（14）「本の死」を救うもの：出版ニュース　通号1997　〔2004.2〕　p11
歌田明弘	DIGITAL PUBLISHING（15）電子書籍に必要なもの：出版ニュース　通号2000　〔2004.3〕　p25
長岡義幸	ブック・ストリート 流通 噂の真相休刊：出版ニュース　通号2001　〔2004.4〕　p24～25
田北康成	『週刊文春』出版差し止めは他人事ではない——出版・言論の自由は流通・広告の自由なくしてはありえない：出版ニュース　通号2002　〔2004.4〕　p6～9
歌田明弘	DIGITAL PUBLISHING（16）ブックフェアは静かなほうがいい：出版ニュース　通号2005　〔2004.5〕　p31
歌田明弘	DIGITAL PUBLISHING（17）反射型表示のゆくえ：出版ニュース　通号2008　〔2004.6〕　p37
湯浅俊彦	電子タグは出版産業に何をもたらすのか——読者・利用者の視点が重要である：出版ニュース　通号2008　〔2004.6〕　p6～9
歌田明弘	DIGITAL PUBLISHING（18）編集者はいらない？——京極夏彦氏の怪気炎：出版ニュース　通号2011　〔2004.7〕 p11
歌田明弘	DIGITAL PUBLISHING（19）バーチャル著作物マーケット：出版ニュース　通号2014　〔2004.8〕　p25
歌田明弘	DIGITAL PUBLISHING（20）ブック・ファンド：出版ニュース　通号2017　〔2004.9〕　p31
歌田明弘	DIGITAL PUBLISHING（21）書き手からお金をとる「出版」：出版ニュース　通号2020　〔2004.10〕　p25
歌田明弘	DIGITAL PUBLISHING（22）グーグルの本の全文検索：出版ニュース　通号2023　〔2004.11〕　p25
歌田明弘	DIGITAL PUBLISHING（23）巨人の肩——グーグルの文献検索：出版ニュース　通号2026　〔2004.12〕　p13
蔡星慧	日本の出版取次構造の歴史的変遷と現状——取次機能の分化と専門化の観点から：コミュニケーション研究　（35）〔2005〕　p117～133
桑名淳二	海外の出版研究 アメリカ雑誌出版における新しい方程式の研究（特集：海外の出版研究（1））：出版研究　通号36　〔2005〕　p51～74
遠藤千舟	海外の出版研究 国境を越えて拡大する出版研究——国際図書史学会の創設と展開をめぐって（特集：海外の出版研究（1））：出版研究　通号36　〔2005〕　p3～16
藤本純子	戦後期少女メディアにみる読者観の変容——少女小説における「男女交際」テーマの登場を手がかりに：出版研究　通号36　〔2005〕　p75～93
歌田明弘	DIGITAL PUBLISHING（24）ついに電子書籍の時代が始まる：出版ニュース　通号2028　〔2005.1〕　p11
歌田明弘	DIGITAL PUBLISHING（25）日本でも図書館の全蔵書のデジタル化は始まるか？：出版ニュース　通号2031　〔2005.2〕　p25
歌田明弘	DIGITAL PUBLISHING（26）「リブリエ」への提案：出版ニュース　通号2034　〔2005.3〕　p11
歌田明弘	DIGITAL PUBLISHING（27）本で知りたいことはほんとうにわかるか？：出版ニュース　通号2037　〔2005.4〕 p25
歌田明弘	DIGITAL PUBLISHING（28）日本の読書端末は中国で売れるか？：出版ニュース　通号2039　〔2005.5〕　p33
歌田明弘	DIGITAL PUBLISHING（29）アマゾンの秘密：出版ニュース　通号2042　〔2005.6〕　p41
歌田明弘	DIGITAL PUBLISHING（30）ウェブログと出版：出版ニュース　通号2045　〔2005.7〕　p25
歌田明弘	DIGITAL PUBLISHING（31）「情報はタダ」時代の雑誌：出版ニュース　通号2048　〔2005.8〕　p25

歌田明弘	DIGITAL PUBLISHING (32)「情報はタダ」時代の雑誌——ぴあ編：出版ニュース　通号2051　〔2005.9〕　p31
歌田明弘	DIGITAL PUBLISHING (33) ケータイ電子書籍の可能性と限界：出版ニュース　通号2054　〔2005.10〕　p27
アンデション, ペッレ, 稲垣太郎	フリーペーパー研究(5) 古い新聞が死ぬ日——メトロ創刊者インタビュー：AIR21　(185)　〔2005.10〕　p2～19
歌田明弘	DIGITAL PUBLISHING (34) 本の全文検索の行方：出版ニュース　通号2057　〔2005.11〕　p11
湯浅俊彦	日本におけるISBN論争——1980年と2005年の間で思うこと：出版ニュース　通号2057　〔2005.11〕　p6～10
歌田明弘	DIGITAL PUBLISHING (35) アマゾンが始める本のページ売り：出版ニュース　通号2060　〔2005.12〕　p13
深田卓	ブック・ストリート 出版 小出版社であり続けたい：出版ニュース　通号2060　〔2005.12〕　p36～37
安昌鉉	韓国放送界の現状——放送文化と放送制度(特集1 韓国の放送事情)：月刊民放　35(12)通号414　〔2005.12〕　p4～9
植村八潮	国際交流 デジタル読書のための技術と標準化――国際標準化からみた電子書籍市場分析と理論モデル：出版研究　(通号 37)　〔2006〕　p51～60
星野渉	国際交流 デジタルネットワーク技術による書籍供給体制のパラダイム変化——出版社, 取次におけるマーケティングの進化と課題：出版研究　通号37　〔2006〕　p109～120
植村八潮	国際交流 デジタル読書のための技術と標準化——国際標準化からみた電子書籍市場分析と理論モデル：出版研究　通号37　〔2006〕　p51～60
Moon, Youn-Ju	国際交流 韓流を通してみる韓日出版文化交流の現況：出版研究　通号37　〔2006〕　p15～27
山田健太	国際交流 出版の自由の制度的保障——デジタル時代の言論の多様性の意味：出版研究　通号37　〔2006〕　p29～38
遠藤千舟	国際交流 出版教育の普遍化——出版教育の新たなパラダイム：出版研究　通号37　〔2006〕　p139～146
三浦勲	国際交流 大学における出版編集教育——実践女子短期大学のケース：出版研究　通号37　〔2006〕　p127～138
中村幹	国際交流 日本における出版印刷技術の変遷：出版研究　通号37　〔2006〕　p73～84
川井良介	国際交流 日本における出版教育——その概観：出版研究　通号37　〔2006〕　p121～126
木下修	国際交流 日本の出版市場の変化——出版統計から読む市場の成熟化：出版研究　通号37　〔2006〕　p93～108
湯浅俊彦	国際交流 日本の出版流通におけるデジタル化とコンテンツ流通の展望：出版研究　通号37　〔2006〕　p61～72
歌田明弘	DIGITAL PUBLISHING (36) 天に積む宝：出版ニュース　通号2062　〔2006.1〕　p11
歌田明弘	DIGITAL PUBLISHING (37) ブログから生まれる本：出版ニュース　通号2068　〔2006.3〕　p11
歌田明弘	DIGITAL PUBLISHING (38) ロングテール：出版ニュース　通号2071　〔2006.4〕　p25
稲垣太郎	フリーペーパー研究(8) 無料誌は出版業界を救うか：AIR21　(191)　〔2006.4〕　p70～85
歌田明弘	DIGITAL PUBLISHING (39) 電子書籍の重要な基盤：出版ニュース　通号2073　〔2006.5〕　p33
加藤晴之, 元木昌彦	元木昌彦のメディアを考える旅(98)加藤晴之氏(「週刊現代」編集長) 週刊誌メディアは終わっていない。今まさに週刊誌の時代が来ている：エルネオス　12(5)通号138　〔2006.5〕　p110～113
歌田明弘	DIGITAL PUBLISHING (40) 再販制度の崩壊？：出版ニュース　通号2076　〔2006.6〕　p25
歌田明弘	DIGITAL PUBLISHING (41) Web2.0時代の電子書籍：出版ニュース　通号2079　〔2006.7〕　p19
歌田明弘	DIGITAL PUBLISHING (42) 書物観を一変させる装置：出版ニュース　通号2082　〔2006.8〕　p29
箕輪成男	政策科学としての出版学をめざして——目的指向的研究こそが再活性化への道：出版ニュース　通号2081　〔2006.8〕　p6～10
歌田明弘	DIGITAL PUBLISHING (43) 雑誌の低迷：出版ニュース　通号2085　〔2006.9〕　p25
歌田明弘	DIGITAL PUBLISHING (No.44) 雑誌とネットの融合：出版ニュース　通号2088　〔2006.10〕　p11
稲垣太郎	フリーペーパー研究(11) 求められる「広告効果」の証明：AIR21　(197)　〔2006.10〕　p94～104
歌田明弘	DIGITAL PUBLISHING (No.45) 第2世代読書端末：出版ニュース　通号2091　〔2006.11〕　p11
下村昭夫	一人出版社・出版メディアパルの舞台裏——本の未来を考える旅は続く：出版ニュース　通号2093　〔2006.12〕　p6～11
王萍	中国の出版研究——90年代以降の書籍・学会誌・学位論文を中心に：出版研究　通号38　〔2007〕　p87～106
雪野まり	『暮しの手帖』がめざしたもの——花森安治の美学と広告のない誌面：出版研究　通号38　〔2007〕　p45～65
歌田明弘	DIGITAL PUBLISHING (No.47)「印刷物の常識」の崩壊：出版ニュース　通号2096　〔2007.1〕　p35
稲垣太郎	フリーペーパー研究(12・完) 無料紙は新聞社を救うか——地域広告集める手段：AIR21　(200)　〔2007.1〕　p120～140
歌田明弘	DIGITAL PUBLISHING (No.48) 絶版本のネット公開：出版ニュース　通号2099　〔2007.2〕　p25
歌田明弘	DIGITAL PUBLISHING (No.49) 雑誌広告とネット広告：出版ニュース　通号2102　〔2007.3〕　p27
歌田明弘	DIGITAL PUBLISHING (No.50) 広告経済への移行？：出版ニュース　通号2105　〔2007.4〕　p25
歌田明弘	DIGITAL PUBLISHING (51) 電子雑誌とその問題点：出版ニュース　通号2107　〔2007.5〕　p33
歌田明弘	DIGITAL PUBLISHING (52) 弱体化するコンテンツ制作会社：出版ニュース　通号2110　〔2007.6〕　p25
歌田明弘	DIGITAL PUBLISHING (53) 増加する電子雑誌：出版ニュース　通号2113　〔2007.7〕　p11
萩野正昭	電子出版の新たなる展開——ボイジャー15年の歴史をふまえて：出版ニュース　通号2111　〔2007.7〕　p6～10
歌田明弘	DIGITAL PUBLISHING (54) グーグルのブック検索：出版ニュース　通号2116　〔2007.8〕　p27
島崎英威	海外出版レポート 中国 中国出版界の今！：出版ニュース　通号2116　〔2007.8〕　p25
歌田明弘	DIGITAL PUBLISHING (56) 新たな出版の可能性：出版ニュース　通号2122　〔2007.10〕　p25
藤巻秀樹	雑誌の未来占う「電子出版元年」——デジタル時代を見据えた出版社のネット戦略：新聞研究　(675)〔2007.10〕　p62～65
佐々木利春	苦境の出版業界 書籍・雑誌の長期低落の原因を探る：AIR21　(209)〔2007.10〕　p65～76
歌田明弘	DIGITAL PUBLISHING (57) ウィキペディア：出版ニュース　通号2125　〔2007.11〕　p11
歌田明弘	DIGITAL PUBLISHING (58) アマゾンの読書端末：出版ニュース　通号2128　〔2007.12〕　p29
中町英樹	国際交流 マーケティングに基づく出版社経営の再生：出版研究　通号39　〔2008〕　p53～65
山本俊明	国際交流 学術情報のグローバルな流通の現状と課題——電子メディアは学術出版システムの危機を解決するのか：出版研究　通号39　〔2008〕　p33～52
湯浅俊彦	国際交流 日本における出版メディアのデジタル化の現状と読書の変容：出版研究　通号39　〔2008〕　p67～82
星野渉	国際交流 日本出版産業の構造変化——雑誌メディアの低迷とデジタル技術の影響：出版研究　通号39　〔2008〕　p5

	～20
歌田明弘	DIGITAL PUBLISHING (59) ベストセラーを独占したケータイ小説：出版ニュース　通号2130　〔2008.1〕　p15
林陸奥広	「電子書籍」から「ケータイ出版」へ——ケータイ小説・コミック・写真集・自費出版……：出版ニュース　通号2129　〔2008.1〕　p16～19
スティーブン, リービー	読書の未来はAmazon.comが変える——テクノロジー 電子書籍端末「キンドル」の誕生で本の読み方、書き方が激変する!?：Newsweek　23 (2) 通号1086　〔2008.1〕　p42～48
歌田明弘	DIGITAL PUBLISHING (60) 本を出す意味はどこにある？：出版ニュース　通号2133　〔2008.2〕　p25
長岡義幸	出版業 出版社連続倒産だけでは見えない「出版不況」の内実：エコノミスト　86 (12) 通号3948　〔2008.2〕　p47～49
歌田明弘	DIGITAL PUBLISHING (60) ネット広告と雑誌広告：出版ニュース　通号2136　〔2008.3〕　p25
植村八潮	学術情報流通システムの再構築に向けて－－大学出版部の役割：情報管理　51 (1) 〔2008.4〕　p69～73
歌田明弘	DIGITAL PUBLISHING (61) メディア間の深淵：出版ニュース　通号2139　〔2008.4〕　p31
小山猛	海外出版レポート アメリカ 出版業界の環境問題への取り組み：出版ニュース　通号2139　〔2008.4〕　p20
歌田明弘	DIGITAL PUBLISHING (62) 名誉毀損訴訟：出版ニュース　通号2141　〔2008.5〕　p39
佐野眞一, 福嶋聡	本と雑誌に何が起こっているのか——「出版不況」論を超えて：金曜日　16 (17) 通号715　〔2008.5〕　p70～74
歌田明弘	DIGITAL PUBLISHING (63) 長尾眞氏の電子図書館構想：出版ニュース　通号2144　〔2008.6〕　p29
笹本史子	海外出版レポート イギリス 電子書籍の未来：出版ニュース　通号2144　〔2008.6〕　p22
堤秀司	見過ごせない危険な兆候——映画「靖国」問題と表現の自由の基盤：新聞研究　(683)　〔2008.6〕　p51～54
セノ, アレグザンドラ	Society & The Arts 出版 中国でもインドでもリッチ雑誌が行く：Newsweek　23 (24) 通号1108　〔2008.6〕　p55
歌田明弘	DIGITAL PUBLISHING (64) ウェブと出版に対する10年の気持ちの変化：出版ニュース　通号2147　〔2008.7〕　p13
川井良介	私の出版研究——出版研究の過程をふりかえりながら：出版ニュース　通号2146　〔2008.7〕　p6～9
歌田明弘	DIGITAL PUBLISHING (65) ネットの反発とメディア：出版ニュース　通号2150　〔2008.8〕　p25
小山猛	海外出版レポート アメリカ 出版業界の年収調査：出版ニュース　通号2150　〔2008.8〕　p19
歌田明弘	DIGITAL PUBLISHING (66) 調査報道を誰が担うのか：出版ニュース　通号2153　〔2008.9〕　p25
歌田明弘	DIGITAL PUBLISHING (67) 雑誌を解体再編集した雑誌紹介サイト：出版ニュース　通号2156　〔2008.10〕　p25
奥武則	姿を消す総合月刊誌 「論壇」はどこへ行くのか：エコノミスト　86 (56) 通号3992　〔2008.10〕　p66～67
歌田明弘	DIGITAL PUBLISHING (No.68) 書物の死：出版ニュース　通号2159　〔2008.11〕　p25
歌田明弘	DIGITAL PUBLISHING (70) 印刷する必要がない本のプラットホーム：出版ニュース　通号2162　〔2008.12〕　p29
下村昭夫	『The Art and Science of Book Publishing』の現代的意義——箕輪出版学のルーツ (特集 現代の出版動向)：出版研究　通号40　〔2009〕　p63～74
山田健太	グーグル・ブック検索訴訟と表現の自由 (特集 現代の出版動向)：出版研究　通号40　〔2009〕　p3～44
矢口博之	モバイルメディアとして見た読書端末に関する考察 (特集 現代の出版動向)：出版研究　通号40　〔2009〕　p45～62
後藤嘉宏	三木清における編集者的構想力——天才についての言及に焦点を当てて：出版研究　通号40　〔2009〕　p75～97
高木利弘	「電子書籍市場形成の実態と将来展望」に関するメディア史的考察：マス・コミュニケーション研究　通号75　〔2009〕　p187～205
歌田明弘	DIGITAL PUBLISHING (71) 本の流通を一変する米ブック検索訴訟和解：出版ニュース　通号2164　〔2009.1〕　p33
パク, ヤンウ	出版産業振興と政府の役割——世界5大コンテンツ強国へ向けて：出版ニュース　通号2164　〔2009.1〕　p12～17
歌田明弘	DIGITAL PUBLISHING (72) ふたつの電子本ネットワーク：出版ニュース　通号2167　〔2009.2〕　p27
歌田明弘	DIGITAL PUBLISHING (73) キンドル2の発売：出版ニュース　通号2170　〔2009.3〕　p27
総合ジャーナリズム研究編集部	「写真週刊誌の時代」があった (「週刊誌」が何をしたのか－－雑誌ジャーナリズムの昨日、今日、明日)：総合ジャーナリズム研究所　46 (02) (通号 208)〔2009.3〕　p30～33
歌田明弘	DIGITAL PUBLISHING (74)「出版物の危機」のありか：出版ニュース　通号2173　〔2009.4〕　p27
湯浅俊彦	日本における電子書籍の現在——『電子書籍の流通・利用・保存に関する調査研究』を刊行して：出版ニュース　通号2172　〔2009.4〕　p6～12
ワイズバーグ, ジェイコブ	出版 電子本に恋した編集者の告白：Newsweek　24 (17) 通号1150　〔2009.4〕　p56
歌田明弘	DIGITAL PUBLISHING (75) 読者はどこに？——ブック検索和解案に対する作家団体の反発：出版ニュース　通号2175　〔2009.5〕　p45
佐野眞一	雑誌ジャーナリズムは蘇生できるか—編集者の劣化が出版不況と雑誌休刊に拍車をかけていないか：世界　(791)〔2009.5〕　p125～134
歌田明弘	DIGITAL PUBLISHING (76)「孤児本」と独占：出版ニュース　通号2178　〔2009.6〕　p29
総合ジャーナリズム研究編集部	時代と「週刊誌」ジャーナリズム (「週刊誌」が何をしたのか－－雑誌ジャーナリズムの昨日、今日、明日)：総合ジャーナリズム研究所　46 (03) (通号 209)〔2009.6〕　p6～10
総合ジャーナリズム研究編集部	「週刊誌」が何をしたのか－－雑誌ジャーナリズムの昨日、今日、明日：総合ジャーナリズム研究所　46 (03) (通号 209)〔2009.6〕　p32～37
高橋文夫	「情報津波」時代のジャーナリズムを考える (上) 雑誌よ、甦れ：メディア展望　通号569　〔2009.6〕　p10～12
総合ジャーナリズム研究編集部	編集長10人が語る「週刊誌ジャーナリズムの危機」(「週刊誌」が何をしたのか－－雑誌ジャーナリズムの昨日、今日、明日)：総合ジャーナリズム研究所　46 (03) (通号 209)〔2009.6〕　p11～19
坪内祐三	雑誌ジャーナリズムは死なない：新潮45　28 (6) 通号326　〔2009.6〕　p68～74
臺宏士	メディア グーグル「書籍デジタル化」に疑心暗鬼の出版界：エコノミスト　87 (32) 通号4039　〔2009.6〕　p66～67
歌田明弘	DIGITAL PUBLISHING (77) 大山鳴動、鼠一匹？：出版ニュース　通号2181　〔2009.7〕　p25
高橋文夫	「情報津波」時代のジャーナリズムを考える (下) 雑誌不振に一丸となった対応を：メディア展望　通号570　〔2009.7〕　p10～12
神余心	メディア激動時代 (6) 読書離れと前近代的経営が業界直撃 深刻化する出版不況に出口はあるか：エルネオス　15 (7) 通号176　〔2009.7〕　p62～65
歌田明弘	DIGITAL PUBLISHING (78) 日本版の版権レジストリ：出版ニュース　通号2184　〔2009.8〕　p13

歌田明弘	DIGITAL PUBLISHING (79) 日経新聞の誤報：出版ニュース　通号2187　〔2009.9〕　p19
福嶋聡	メディア・リポート 出版界をめぐる様々な状況と対応 話をややこしくしているもの：Journalism　（232）〔2009. 9〕　p65～67
歌田明弘	DIGITAL PUBLISHING (80) 韓国の電子図書館：出版ニュース　通号2190　〔2009.10〕　p11
歌田明弘	DIGITAL PUBLISHING (81) アマゾンの執念：出版ニュース　通号2193　〔2009.11〕　p13
植村八潮	メディア・リポート 出版 電子読書端末は日本で普及するか 「キンドル国際版」発売で気になること：Journalism　（234）〔2009.11〕　p80～82
植村八潮	Googleブック検索プロジェクト－－〈デジタル維新〉にどう立ち向かうか（特集 2009・トピックスを追う）：図書館雑誌　104 (4)（通号 1037）〔2009.12〕　p820～821
歌田明弘	DIGITAL PUBLISHING (82) グーグル・訴訟・新和解案のデメリット：出版ニュース　通号2196　〔2009.12〕　p13
高木利弘	デジタル出版の将来展望――電子書籍と電子書籍以外はどうなるか：出版ニュース　通号2195　〔2009.12〕　p12～15
大久保徹也	雑誌プラットホーム構築へ――雑誌コンテンツデジタル推進コンソーシアムの挑戦：新聞研究　（701）〔2009.12〕　p50～54
福嶋聡	メディア・リポート 出版 グーテンベルクからグーグルへ 印刷本と電子本を巡るある本屋の夢想：Journalism　（235）〔2009.12〕　p52～54
前原孝章	電子書籍 「キンドル」ブームが牽引 米国で急伸する電子書籍市場：エコノミスト　87 (67) 通号4074　〔2009.12〕　p102～103
植村八潮	図書の電子化と可能性：薬学図書館　50 (2)（通号 188）〔2010〕　p141～146
平正人	フランス革命期の出版メディア空間 ： 出版メディアとヴェルサイユ事件：出版研究　（41）〔2010〕　p83～108
長谷川一	〈書物〉の不自由さについて ： グーグルの時代における人文学（国際交流 第14回国際出版研究フォーラム）：出版研究　（41）〔2010〕　p7～13
川井良介	日本のベストセラー（予備的研究）（国際交流 第14回国際出版研究フォーラム）：出版研究　（41）〔2010〕　p15～23
築山欣央	表現の自由とコンテンツ産業：法政論叢　46 (2)〔2010〕　p71～88
山田健太	日本ペンクラブはどう対応してきたか グーグルブック検索訴訟の「終わりの始まり」：創　40 (1)（通号 441）〔2010.1〕　p122～126
歌田明弘	DIGITAL PUBLISHING (83) 雑誌の嘘臭さ：出版ニュース　通号2198　〔2010.1〕　p15
歌田明弘	DIGITAL PUBLISHING (84) 孤児本のゆくえ：出版ニュース　通号2201　〔2010.2〕　p13
神余心	メディア激動時代 (12)「キンドル」の大ヒットで急成長する電子書籍は出版界の「救世主」になるか：エルネオス　16 (2) 通号183　〔2010.2〕　p66～69
伊藤暢章	海外出版レポート ドイツ アイ・パッド (iPad) の登場をめぐって：出版ニュース　通号2204　〔2010.3〕　p26
植村八潮	出版の変容と「デジタル維新」－－グーグルブック検索訴訟は何をもたらしたか：新聞研究　（705）〔2010.4〕　p42～45
植村八潮	窓 情報量は増えているのか：図書館雑誌　104 (8)（通号 1041）〔2010.4〕　p192
歌田明弘	DIGITAL PUBLISHING (86) アマゾンとアップルのソフト戦争：出版ニュース　通号2207　〔2010.4〕　p11
島崎英威	海外出版レポート 中国 中国出版界の新しい波：出版ニュース　通号2207　〔2010.4〕　p29
歌田明弘	DIGITAL PUBLISHING (89) 米電子書籍のコストと利益：出版ニュース　通号2209　〔2010.5〕　p23
小山猛	海外出版レポート アメリカ 電子書籍と「エージェンシー・モデル」：出版ニュース　通号2209　〔2010.5〕　p33
ワイズバーグ, ジェイコブ	iPadは新聞も雑誌も救わない――出版 奇跡を求めて「救世主」アップルにひざまずく雑誌業界の幻想：Newsweek　25 (20) 通号1202　〔2010.5〕　p43
歌田明弘	DIGITAL PUBLISHING (88) 電子書籍の無料モデル：出版ニュース　通号2212　〔2010.6〕　p31
長岡義幸	ブック・ストリート 流通 東京都が「誤解」という詭弁で推進する条例改定：出版ニュース　通号2210　〔2010.6〕　p28～29
神余心	メディア激動時代 (16) "三重苦" 脱出へ「デジタル雑誌」が始動 iPad等の「黒船」襲来に対抗できるか：エルネオス　16 (6) 通号187　〔2010.6〕　p64～67
歌田明弘	DIGITAL PUBLISHING (89) iPadと雑誌の購読者情報：出版ニュース　通号2215　〔2010.7〕　p19
沢田正	「広島ジャーナリスト」復刊にあたって：広島ジャーナリスト　（01）〔2010.7〕
植村八潮	米「iPad」、「キンドル」人気で喧伝される電子書籍ブーム「5つの幻想」を排す！ 「本が無くなる」なんて誰が言った!?：Sapio　22 (12)（通号 490）〔2010.7〕　p78～80
植村八潮	窓 本の与える影響：図書館雑誌　103 (12)（通号 1033）〔2010.8〕　p472
歌田明弘	DIGITAL PUBLISHING (90) 電子書籍元年 すべてはまだこれから：出版ニュース　通号2218　〔2010.8〕　p30
長岡義幸	ブック・ストリート 流通 電子書籍端末ブームに対する違和感：出版ニュース　通号2216　〔2010.8〕　p32～33
ライオンズ, ダニエル	iPadがキンドルを葬れなかった理由――電子書籍端末 アマゾンの地味な端末がiPadの登場で逆に存在感を増している：Newsweek　25 (30) 通号1212　〔2010.8〕　p17
植村八潮	少部数出版のためのオンラインビジネス（特集 印刷しない出版－－オンラインパブリッシング）：印刷雑誌　93 (9)〔2010.9〕　p10～16
植村八潮, 萩野正昭, 落合早苗	本当に今年[2010年]は「電子書籍元年」なのか 「電子書籍」は果たして出版業界の「黒船」なのか――「電子書籍元年」「黒船到来！」などマスコミを賑わす言説は果たして正しいのか：創　40 (8)（通号 448）〔2010.9〕　p110～121
歌田明弘	DIGITAL PUBLISHING (91) 電子書籍と再販制：出版ニュース　通号2221　〔2010.9〕　p25
神余心	メディア激動時代 (19) "電子書籍事始め" は混戦・乱戦模様、「黒船」に対抗して国内勢が続々名乗り：エルネオス　16 (9) 通号190　〔2010.9〕　p64～67
三好豊	電子書籍が急拡大?!「グーグルエディションズ」の衝撃：エコノミスト　88 (52) 通号4129　〔2010.9〕　p42～43
歌田明弘	DIGITAL PUBLISHING (92) 電子書籍では端末が売れない：出版ニュース　通号2224　〔2010.10〕　p35
長岡義幸	ブック・ストリート 流通 なぜ「出版の自由宣言」がないのか：出版ニュース　通号2222　〔2010.10〕　p32～33
歌田明弘	DIGITAL PUBLISHING (93) 文芸作家は生き残れるか：出版ニュース　通号2227　〔2010.11〕　p25
岩沢武夫	新たな電子書籍端末に積極対応――ニーズ見極め収益化の道筋探る（デジタルメディアの新展開（第2回））：新聞研究　（712）〔2010.11〕　p14～17

植村八潮	電子書籍交換フォーマットの現状と標準化(特集 第15回情報知識学フォーラム「多様化する電子書籍端末と学術情報流通」):情報知識学会誌　20(4)〔2010.12〕p356～365
植村八潮	窓 表現することの幸せ:図書館雑誌　104(12)(通号1045)〔2010.12〕p772
歌田明弘	DIGITAL PUBLISHING (94) デジタル雑誌の権利処理:出版ニュース　通号2230〔2010.12〕p29
田澤秀司	電子出版専門出版社設立の経緯:駒沢女子大学研究紀要　(17)〔2010.12〕p139～148
福間正純	地方出版物の魅力と可能性──地域に根ざし、創意工夫重ねる(国民読書年を振り返る):新聞研究　(713)〔2010.12〕p24～27
植村八潮	デジタルコンテンツと印刷メディア 日本画像学会年次大会(通算107回) "Imaging Conference JAPAN 2011"論文集:Imaging Conference Japan論文集　〔2011〕p1～6
植村八潮, 矢口博之	電子書籍ユーザ意識調査による普及要因分析の試み:出版研究　(42)〔2011〕p123～142
高木利弘	日米の電子書籍市場の成長過程の比較分析 : それぞれの市場における成長促進要因と成長抑制要因:出版研究　(42)〔2011〕p181～189
高井正三	eBook(電子書籍)端末とデジタル教材で大学を変える:富山大学総合情報基盤センター広報　8〔2011〕p50～57
三田誠広, 西垣通, 西田宗千佳	特集鼎談 電子書籍は「本」を超えるか:ビジネスパートナーSan-in　(4)〔2011.冬〕p2～12
歌田明弘	DIGITAL PUBLISHING (95)「インスタント出版」になる理由:出版ニュース　通号2232〔2011.1〕p33
歌田明弘	DIGITAL PUBLISHING (96) 売り上げがいつ立つかわからない電子書籍:出版ニュース　通号2235〔2011.2〕p29
歌田明弘	DIGITAL PUBLISHING (97) 電子書籍は個人出版向き?:出版ニュース　通号2238〔2011.3〕p11
植村八潮	古いメディアの模倣から脱する時、ビジネスが開花する PAGE2011 基調講演報告 激論 電子書籍の抵抗勢力vs.推進勢力!:JAGAT info　(通号476)〔2011.4〕p24～27
郡司秀明, 植村八潮, 中西秀彦	PAGE2011 基調講演報告 激論 電子書籍の抵抗勢力vs.推進勢力!:JAGAT info　(通号476)〔2011.4〕p24～31
歌田明弘	DIGITAL PUBLISHING (98) 大災害を生き延びる道はどこにある?:出版ニュース　通号2241〔2011.4〕p33
歌田明弘	DIGITAL PUBLISHING (99) グーグル和解案却下:出版ニュース　通号2243〔2011.5〕p31
歌田明弘	DIGITAL PUBLISHING (100) 広告付き電子書籍:出版ニュース　通号2246〔2011.6〕p25
笹本史子	海外出版レポート イギリス 電子書籍市場に新たな展開:出版ニュース　通号2246〔2011.6〕p18
歌田明弘	DIGITAL PUBLISHING (101) 電子雑誌のプラットホーム戦争:出版ニュース　通号2249〔2011.7〕p29
歌田明弘	DIGITAL PUBLISHING (102) 雑誌衰退の現状:出版ニュース　通号2252〔2011.8〕p11
小山猛	海外出版レポート アメリカ 電子書籍の売り上げ拡大とさまざまな試み:出版ニュース　通号2252〔2011.8〕p25
植村八潮, 矢口博之	Web調査に見る電子書籍の普及動向──「2010電子書籍元年」におけるユーザー意識の変化(特集 電子書籍の今後):印刷雑誌　94(9)〔2011.9〕p9～13
歌田明弘	DIGITAL PUBLISHING (103) 雑誌存続のカギはどこにある?:出版ニュース　通号2255〔2011.9〕p27
田原恭二	電子書籍を支えるIT技術(特集 電子書籍の今後):印刷雑誌　94(9)〔2011.9〕p15～19
植村八潮	本の未来──電子書籍とメディアの変遷:CIAJ journal　51(10)(通号602)〔2011.10〕p4～9
歌田明弘	DIGITAL PUBLISHING (104) いつでも図書館で借りられる電子書籍:出版ニュース　通号2258〔2011.10〕p19
歌田明弘	DIGITAL PUBLISHING (105)「アマゾン参入」の不思議な記事:出版ニュース　通号2261〔2011.11〕p31
徳島高義	私の出会った作家たち──吉行淳之介、村上春樹のことなど:エディターシップ　Vol.1〔2011.11〕
寿郎社, 土肥寿郎, 和賀正樹	地方小出版の力:エディターシップ　Vol.1〔2011.11〕
寺田博	文芸誌編集覚え書き:エディターシップ　Vol.1〔2011.11〕
岩本敏, 植村八潮, 沢辺均	鼎談 出版社が取り組む電子書籍の可能性:ず・ぼん　(17):〔2011.12〕p44～65
歌田明弘	DIGITAL PUBLISHING (106) 半値でも利益が出るアマゾンの契約:出版ニュース　通号2264〔2011.12〕p31
島崎英威	海外出版レポート 中国 ああ! 海賊出版:出版ニュース　通号2264〔2011.12〕p29
茨木正治	00年代の雑誌研究(特集 00年代の出版研究):出版研究　(43)〔2012〕p25～49
玉川博章	00年代の電子出版研究(特集 00年代の出版研究):出版研究　(43)〔2012〕p51～67
川井良介	ベストセラーリストの分析(予備的研究)(特集 第15回国際出版研究フォーラム):出版研究　(43)〔2012〕p73～79
湯浅俊彦	日本における電子出版の進展と電子納本制度の課題(特集 第15回国際出版研究フォーラム):出版研究　(43)〔2012〕p133～147
玉川博章	日本出版社の海外ライセンス販売 : マンガを事例に(特集 第15回国際出版研究フォーラム):出版研究　(43)〔2012〕p105～117
高井正三	eBook(電子書籍)端末とデジタル教材で大学を変える(その2):富山大学総合情報基盤センター広報　9〔2012〕p26～29
植村八潮	講演要旨 電子書籍がもたらす出版業界の構造変化:読売クオータリー　(23)〔2012.秋〕p120～130
歌田明弘	Digital Publishing (NO.107) 電子書籍の時代は本当に来るのか : ジョブズの死で思うこと:出版ニュース　通号2265〔2012.1〕p66～67
下平尾直	ブック・ストリート 愚直に編集を続ける:出版ニュース　通号2265〔2012.1〕p65
歌田明弘	Digital Publishing (NO.108) 電子書籍の価格決定権をめぐる論争:出版ニュース　通号2267〔2012.2〕p26～27
下平尾直	ブック・ストリート 編集 「いい本」とはなにか?:出版ニュース　通号2268〔2012.2〕p21
神余心	メディア激動時代(36) 各社が積極姿勢に転じた電子書籍は「3年目」でブレークするか:エルネオス　18(2)通号207〔2012.2〕p70～73
歌田明弘	Digital Publishing (NO.109) 電子書籍の新たな動きが始まった? : アマゾン、出版デジタル機構、文部科学省検討会議の報告:出版ニュース　通号2270〔2012.3〕p26～27
下平尾直	ブック・ストリート 編集 「代行」が問題なのだ:出版ニュース　通号2271〔2012.3〕p19
真崎哲	メディアスクランブル ノンフィクションとは何か:広島ジャーナリスト　(08)〔2012.3〕
間部豊	電子書籍・電子図書館に関する動向と今後の課題:情報メディア研究　10(1)〔2012.3〕p45～61
後藤和子, 太下義之, 柳与志夫	電子書籍の文化経済学 : 日本の現状と課題:文化経済学　9(1)通号32〔2012.3〕p43～55
歌田明弘	Digital Publishing (NO.110) 課題が残る電子書籍検討会議報告書:出版ニュース　通号2273〔2012.4〕p28～29

下平尾直	ブック・ストリート 編集 現実と反現実：出版ニュース　通号2274　〔2012.4〕　p19	
長岡義幸	ブック・ストリート 流通 大量に刊行される原発関連本：出版ニュース　通号2273　〔2012.4〕　p18	
歌田明弘	Digital Publishing（NO.111）官の資金を使った電子書籍プロジェクト ：出版デジタル機構：出版ニュース　通号2276　〔2012.5〕　p30～31	
下平尾直	ブック・ストリート 編集 ブツがつくりたいんだよ、ブツが：出版ニュース　通号2277　〔2012.5〕　p23	
歌田明弘	Digital Publishing（NO.112）黄信号が灯ったアップルの販売モデル：出版ニュース　通号2278　〔2012.6〕　p28～29	
下平尾直	ブック・ストリート 編集 今月の名言：出版ニュース　通号2279　〔2012.6〕　p19	
高野政司	ブック・ストリート 流対協 出版する力：出版ニュース　通号2279　〔2012.6〕　p18	
植村八潮	電子書籍の現在 ： 求められる環境づくりとその課題 新聞社の電子出版ビジネス：新聞研究　（732）〔2012.7〕　p8～11	
歌田明弘	Digital Publishing（NO.113）元に戻ったグーグル・ブック検索裁判の意味：出版ニュース　通号2281　〔2012.7〕　p30～31	
下平尾直	ブック・ストリート 若人は編集者をめざせ！：出版ニュース　通号2282　〔2012.7〕　p18	
小野寺昭雄	新聞の特性を生かした電子書籍を ： 電子書店「本よみうり堂デジタル」始動（新聞社の電子出版ビジネス）：新聞研究　（732）〔2012.7〕　p20～23	
角野裕之	地域発の電子書籍サイトを志向する ： 「とちぎの本棚トチポン」のコンセプト（新聞社の電子出版ビジネス）：新聞研究　（732）〔2012.7〕　p24～27	
村瀬拓男	電子出版事業における著作権処理 ： 実務のための基礎知識（新聞社の電子出版ビジネス）：新聞研究　（732）〔2012.7〕　p32～35	
植村八潮	電子書籍の現在 ： 求められる環境づくりとその課題（新聞社の電子出版ビジネス）：新聞研究　（732）〔2012.7〕　p8～11	
内田雅章	電子書籍 地方にも広がる可能性 ： 試行錯誤の1年、課題と成果（新聞社の電子出版ビジネス）：新聞研究　（732）〔2012.7〕　p28～31	
歌田明弘	Digital Publishing（NO.114）電子書籍市場が立ち上がる最後のチャンス？ ： 国際電子出版EXPOの国際講演とkobo：出版ニュース　通号2284　〔2012.8〕　p28～29	
下平尾直	ブック・ストリート 編集 だっておれは自由、自由、自由：出版ニュース　通号2285　〔2012.8〕　p21	
植村八潮, 矢口博之	電子書籍とデジタル読書 ： ペーパーメディアとデジタルメディア 製紙技術特集（2）：紙パ技協誌　66（9）=738：〔2012.9〕　p968～972	
歌田明弘	Digital Publishing（NO.115）アメリカでソニーはいかにしてシェアを失っていったか：出版ニュース　通号2287　〔2012.9〕　p28～29	
下平尾直	ブック・ストリート 編集 革命文化についての二つのエピソード：出版ニュース　通号2288　〔2012.9〕　p19	
歌田明弘	Digital Publishing（NO.116）本を自在に読みたければ英語で読め？：出版ニュース　通号2290　〔2012.10〕　p28～29	
下平尾直	ブック・ストリート 編集 電算写植の時代：出版ニュース　通号2291　〔2012.10〕　p19	
歌田明弘	Digital Publishing（NO.117）グーグルの電子書籍事業開始と過激なグローバリズムの主張：出版ニュース　通号2293　〔2012.11〕　p28～29	
下平尾直	ブック・ストリート 編集 誤解と曲解と無理解の再生産：出版ニュース　通号2294　〔2012.11〕　p21	
元木昌彦, 楡周平	元木昌彦のメディアを考える旅（178）日本の新聞・出版関連業界は電子書籍市場の覇権を逃した：エルネオス　18（11）通号216　〔2012.11〕　p104～109	
植村八潮	出版社による電子書籍への取り組み ： 電子書籍流通基盤の構築（特集 電子書籍の未来）：情報処理　53（12）=573：〔2012.12〕　p1264～1267	
歌田明弘	Digital Publishing（NO.118）アマゾンの電子書籍事業開始 ： 価格設定をめぐる戦いの果てに：出版ニュース　通号2296　〔2012.12〕　p28～29	
下平尾直	ブック・ストリート 編集 「共考」のすすめ：出版ニュース　通号2297　〔2012.12〕　p19	
小山猛	海外出版レポート アメリカ 電子書籍市場の覇権争い：出版ニュース　通号2298　〔2012.12〕　p22～23	
福光恵	IT 電子書籍事始め 買うならコレ 読むならこの本：Aera　25（54）通号1374　〔2012.12〕　p38～41	
植村八潮	電子書籍における現状と制作の課題（特集 電子メディアの現状と課題（1）電子出版の動向）：日本印刷学会誌　50（1）〔2013〕　p2～8	
高井正三	eBook（電子書籍）端末とデジタル教材で大学を変えられるか：富山大学総合情報基盤センター広報　10　〔2013〕　p14～21	
松永公廣	電子書籍の課題と展望：名古屋学院大学論集. 社会科学篇　49（3）〔2013〕　p1～12	
團康晃	学校の中のケータイ小説 ： ケータイ小説をめぐる活動と成員カテゴリー化装置：マス・コミュニケーション研究　（82）〔2013〕　p173～191	
横井慶子	学術雑誌出版状況から見るオープンアクセスジャーナルの進展：Library and information science　（70）〔2013〕　p143～175	
歌田明弘	Digital Publishing（NO.119）米ニューズウィーク印刷版発行中止の理由：出版ニュース　通号2299　〔2013.1〕　p70～71	
下平尾直	ブック・ストリート 編集 二〇一三年の抱負：出版ニュース　通号2299　〔2013.1〕　p63	
萩野正昭	出版はどこへ向かうのか？ 本のつくり手は変化する：出版ニュース　通号2300　〔2013.1〕　p10～15	
山田類	『週刊朝日』事件の波紋「佐野眞一氏」の盗作騒動に立ちすくむ出版社：リベラルタイム　13（1）通号140　〔2013.1〕　p30～33	
植村八潮	出版デジタル機構会長、植村八潮さんに聞く 電子化事業に関わるなかで見えてきたこと（特集 電子化への見取り図）：ず・ぼん　（18）〔2013.2〕　p138～144	
植村八潮	出版界の徹底研究 出版デジタル機構と電子書籍の現状と行方（特集 出版社の徹底研究）：創　43（2）=472：〔2013.2〕　p90～93	
歌田明弘	Digital Publishing（NO.120）雑誌は滅びない ： アメリカで見え始めた未来への展望：出版ニュース　通号2301　〔2013.2〕　p28～29	
下平尾直	ブック・ストリート 編集 社会ノ構成＝並ニ「過程」ノ変革：出版ニュース　通号2302　〔2013.2〕　p19	
歌田明弘	Digital Publishing（NO.121）国会図書館の蔵書配信実験 ： 文化庁ebooksプロジェクト：出版ニュース　通号2304	

	〔2013.3〕 p28～29
下平尾直	ブック・ストリート 編集 隠喩としての一つ目巨人：出版ニュース　通号2305　〔2013.3〕 p21
歌田明弘	Digital Publishing（NO.122）「黒船」は何が違うか：コンテナではなく、コンテキスト：出版ニュース　通号2307　〔2013.4〕 p30～31
下平尾直	ブック・ストリート 編集 あの時代の遺産：出版ニュース　通号2308　〔2013.4〕 p21
歌田明弘	Digital Publishing（NO.123）雑誌の最後の望みの綱はデジタル：ニューズウィークとタイム：出版ニュース　通号2310　〔2013.5〕 p38～39
下平尾直	ブック・ストリート 編集 西暦二一一三年から来た男：出版ニュース　通号2311　〔2013.5〕 p23
和賀正樹	連載・地方小出版の力（3）南方新社向原祥隆：エディターシップ　Vol.2　〔2013.5〕
歌田明弘	Digital Publishing（NO.124）アメリカでソニーが失敗し、アマゾンが成功した理由：出版ニュース　通号2313　〔2013.6〕 p28～29
下平尾直	ブック・ストリート 編集 手沢本：出版ニュース　通号2313　〔2013.6〕 p19
歌田明弘	Digital Publishing（NO.125）税金で大量のマンガを電子化？：出版デジタル機構のビットウェイ買収とコンテンツ緊急電子化事業：出版ニュース　通号2315　〔2013.7〕 p28～29
下平尾直	ブック・ストリート 編集 黄色い日の丸：出版ニュース　通号2316　〔2013.7〕 p21
植村八潮	電子書籍流通基盤の現状と図書館ビジネスの展望（講演報告）：大学図書館問題研究会誌　（36）〔2013.8〕 p23～35
歌田明弘	Digital Publishing（NO.126）出版の変容を象徴しているブックフェア：出版ニュース　通号2318　〔2013.8〕 p28～29
下平尾直	ブック・ストリート 編集 抜けている一冊：出版ニュース　通号2319　〔2013.8〕 p21
歌田明弘	Digital Publishing（NO.127）アマゾンが出版社と戦う一方で、新聞社を救うのはなぜなのか：出版ニュース　通号2321　〔2013.9〕 p28～29
下平尾直	ブック・ストリート 編集 赤煉瓦の中学校：出版ニュース　通号2322　〔2013.9〕 p21
植村八潮	電子書籍がもたらす出版・図書館・著作権の変化：現状分析と今後のあり方の検討：情報管理　56（7）〔2013.10〕 p403～413
歌田明弘	Digital Publishing（NO.128）電子書籍再販問題の出発点：出版ニュース　通号2324　〔2013.10〕 p28～29
高野政司	ブック・ストリート 出版協 戸籍等大量不正取得事件と本人通知制度：出版ニュース　通号2325　〔2013.10〕 p18
下平尾直	ブック・ストリート 編集 タテマエとホンネ：出版ニュース　通号2325　〔2013.10〕 p19
関口隆, 新堀英二	いま, 電子出版は（2）コンテンツに求められる要素：印刷雑誌　96（10）〔2013.10〕 p33～35
歌田明弘	Digital Publishing（NO.129）あまりに勝ちすぎたアマゾンは、やがてリアル書店に進出する？：出版ニュース　通号2327　〔2013.11〕 p28～29
下平尾直	ブック・ストリート 編集 味のある書物：出版ニュース　通号2328　〔2013.11〕 p25
関口隆, 新堀英二	いま, 電子出版は（3）データ制作：印刷雑誌　96（11）〔2013.11〕 p33～36
植村八潮	電子書籍の市場動向と図書館（特集 電子書籍・デジタル化の課題と展望）：現代の図書館　51（4）=208：〔2013.12〕 p197～202
歌田明弘	Digital Publishing（NO.130）出版界の焼け野原にアマゾン・ビルがそびえ立つ？：出版ニュース　通号2330　〔2013.12〕 p30～31
下平尾直	ブック・ストリート 編集 「なぜ」という問い：出版ニュース　通号2331　〔2013.12〕 p19
島崎英威	海外出版レポート 中国 中国出版界の混沌：出版ニュース　通号2330　〔2013.12〕 p26～27
関口隆, 新堀英二	いま, 電子出版は（最終回・4）データ制作とフォーマット：印刷雑誌　96（12）〔2013.12〕 p65～69
林智彦	Digital Publishing（NO.131）電子書籍に再販制度を適用すると何が起きるか：出版ニュース　通号2333　〔2014.1〕 p74～75
下平尾直	ブック・ストリート 編集 二〇一四年の抱負：出版ニュース　通号2333　〔2014.1〕 p67
神余心	メディア激動時代（59）人気作品、端末、教科書、図書館……「離陸」から4年、じわり広がる電子書籍：エルネオス　20（1）通号230　〔2014.1〕 p62～65
歌田明弘	Digital Publishing（NO.132）アマゾンの「魔手」から逃れるのはむずかしい？：出版ニュース　通号2335　〔2014.2〕 p34～35
下平尾直	ブック・ストリート 編集 ただいま開店準備中：出版ニュース　通号2336　〔2014.2〕 p17
笹本史子	海外出版レポート イギリス：電子書籍「ブーム」の終焉と新たな展開：出版ニュース　通号2337　〔2014.2〕 p18～19
植村八潮, 北島元治	特別対談 未来に繋ぐメッセージ Web上に広がる膨大なコンテンツ市場を取込む電子書籍から新たな市場創造へ 月刊プリテックステージ創刊700号特集 輝く印刷の未来へ：プリテックステージ　56（3）=700：〔2014.3〕 p26～29
林智彦	Digital Publishing（NO.133）本当は怖い電子書籍？：相次ぐ事業者撤退で浮かび上がる真の課題：出版ニュース　通号2338　〔2014.3〕 p28～29
下平尾直	ブック・ストリート 編集 近所の図書館から：出版ニュース　通号2339　〔2014.3〕 p19
佐々木慶文, 川村暁	電子書籍（ePub）作成ソフトウェアの比較：石巻専修大学研究紀要　（25）〔2014.3〕 p37～52
歌田明弘	Digital Publishing（NO.134）「グーグル全面勝訴」のブック検索 裁判判決に思うこと：出版ニュース　通号2341　〔2014.4〕 p28～29
下平尾直	ブック・ストリート 編集 共和国の樹立に向けて：出版ニュース　通号2342　〔2014.4〕 p21
林智彦	Digital Publishing（NO.135）海外電子書籍への消費税課税で何が変わるか：出版ニュース　通号2344　〔2014.5〕 p32～33
下平尾直	ブック・ストリート 編集 シンプルになるには：出版ニュース　通号2345　〔2014.5〕 p19
島崎英威	海外出版レポート 中国：台湾の出版について：出版ニュース　通号2344　〔2014.5〕 p28～29
歌田明弘	Digital Publishing（NO.136）なぜ必要なのかがよくわからない：出版ニュース　通号2346　〔2014.6〕 p32～33
下平尾直	ブック・ストリート 編集 五〇年か七〇年かではなく：出版ニュース　通号2347　〔2014.6〕 p21
舘勇治, 和賀正樹	地方小出版の力（4）港の人里：エディターシップ　Vol.3　〔2014.6〕
大槻慎二	日本でいちばん美しい本が生れる場所——美篶堂というサンクチュアリ：エディターシップ　Vol.3　〔2014.6〕

近藤信行	文芸誌「海」がめざしたもの：エディターシップ　Vol.3　〔2014.6〕
林智彦	Digital Publishing（NO.137）日の丸電子書籍「第三の蹉跌」「緊デジゲート」が問いかけるもの：出版ニュース　通号2349　〔2014.7〕　p28～29
下平尾直	ブック・ストリート 編集 ようやく第一弾の二点刊行：出版ニュース　通号2350　〔2014.7〕　p19
歌田明弘	Digital Publishing（NO.138）電子書籍化にメリットがあるのだろうか：出版ニュース　通号2352　〔2014.8〕　p28～29
下平尾直	ブック・ストリート 編集 本の爆弾：出版ニュース　通号2353　〔2014.8〕　p21
林智彦	Digital Publishing（NO.139）「出版不況」のまぼろし？　業界統計の正しい読み方・考え方：出版ニュース　通号2355　〔2014.9〕　p28～29
下平尾直	ブック・ストリート 編集 新本と古本：出版ニュース　通号2356　〔2014.9〕　p19
伊藤暢章	海外出版レポート ドイツ ： ドイツの出版社の収支：出版ニュース　通号2357　〔2014.9〕　p22～23
歌田明弘	Digital Publishing（NO.140）出版社と著者の軋轢：出版ニュース　通号2358　〔2014.10〕　p28～29
下平尾直	ブック・ストリート 編集 造本に死す：出版ニュース　通号2359　〔2014.10〕　p19
元木昌彦, 今井, 斎藤禎	元木昌彦「出版界・歴史の舞台裏」（第17回）ゲスト・斎藤禎 元文藝春秋常務取締役（前編）世紀のスクープ「田中角栄研究」と「淋しき越山会の女王」を担当する：出版人・広告人　〔2014.10〕　p38～51
高木利弘	電子書籍の蹉跌（18）曲がり角にきた『電子書籍ビジネス調査報告書』（その2）：出版人・広告人　〔2014.10〕　p66～70
鷹野凌	特集 電子書籍の過去・現在・未来「見て歩く者」鷹野凌氏インタビュー 出版社の未来は暗いが、編集の未来は明るい：出版人・広告人　〔2014.10〕　p52～65
林智彦	Digital Publishing（NO.141）アマゾンは何がすごいのか「プラットフォーム」という発想：出版ニュース　通号2361　〔2014.11〕　p28～29
下平尾直	ブック・ストリート 編集 すっぴんの美学：出版ニュース　通号2362　〔2014.11〕　p21
元木昌彦, 斎藤禎	元木昌彦「出版界・歴史の舞台裏」（第18回）ゲスト・斎藤禎 元文藝春秋常務取締役（後編）「出版社は経営を勉強しなさすぎる」江藤淳から学んだ「私立の活計」：出版人・広告人　〔2014.11〕　p46～63
高木利弘	電子書籍の蹉跌（19）曲がり角にきた『電子書籍ビジネス調査報告書』（その3）：出版人・広告人　〔2014.11〕　p86～90
藤井太洋	特集 電子書籍の過去・現在・未来 SF作家 藤井太洋氏インタビュー 『Gene Mapper（ジーン マッパー）』成功理由とその後の展開：出版人・広告人　〔2014.11〕　p64～75
歌田明弘	Digital Publishing（NO.142）じつは拡大している書籍出版市場：出版ニュース　通号2364　〔2014.12〕　p28～29
下平尾直	ブック・ストリート 編集 秋のツアー終了：出版ニュース　通号2365　〔2014.12〕　p23
高木利弘	電子書籍の蹉跌（20）知のコミュニティ作りを図書館に学べ：出版人・広告人　〔2014.12〕　p82～86
大原ケイ	「本とマンハッタン」大原ケイ氏 インタビュー「アメリカで電子書籍 "ブーム" は終了しましたので」で言いたかったこと（特集 電子書籍の過去・現在・未来）：出版人・広告人　〔2014.12〕　p6～18
植村八潮, 野口武悟	公共図書館における電子書籍サービスの現状と課題（特集 電子書籍と紙書籍 ： 競合・分業・協業）：日本印刷学会誌　52（1）〔2015〕　p25～33

〔図書〕

外務省情報部　米国出版事情　1940-1945年　明和書院　1948　264p　13×19cm
戸台俊一, 石原守明　編集の知識　日本機関紙協会　1948　217p　19cm
編集者同志会　編集から出版まで　創文社　1949　247p　19cm
大久保猛雄　編集便覧　増田兄弟活版所　1949　41p　18cm
Bound, Charles, F.　アメリカ出版業の現状　日本評論社　1950　163p　19cm
山崎安雄　著者と出版社　第二　学風書院　1955　263p　19cm
池島信平　編集者の発言　暮しの手帖　1955　326p　18cm
出版ニュース社　現代の出版人五十人集　出版ニュース社　1956　図版50枚（解説共）　27cm
週刊誌研究会　週刊誌―その新しい知識形態　三一書房　1958　261p　18cm　（三一新書）
鈴木敏夫　本づくり―編集製作の実際と出版の数学　印刷学会出版部　1958　280p 図版　19cm
湯川松次郎　上方の出版と文化　上方出版文化会　1960　524p 図版　19cm
日本生産性本部雑誌調査団　アメリカの雑誌出版界　日本雑誌協会　1963　256p 図版 地図　21cm
安春根　出版概論　乙西文化社　1963　306p　21cm
磯部芳三　編集の基礎知識―わかりやすくすぐ役立つ　日本文芸社　1964　397p（図版共）　18cm
週刊誌・その現状　出版科学研究所　1964.1　23p　26cm　（週刊誌は曲り角にあるというが… no.1）
岩崎勝海　出版ジャーナリズム研究ノート　図書新聞社　1965　152p　26cm
武田勝彦　アメリカのベストセラー　研究社出版　1967　212p　19cm　680円
Escarpit, Robert, 清水英夫　出版革命　講談社　1967　252p　19cm　680円
日本書籍出版協会　日本の出版界―その歩みと現状　日本書籍出版協会　1967　80p　21cm
週刊誌はどのように買われているか　出版科学研究所　1967.2　56p　26cm　（Readership survey 1967 no.1）
週刊誌に対する購買期待値　出版科学研究所　1967.9　83p　26cm　（Market series）
図書新聞社　洋書入門　図書新聞社　1968　176p　18cm　400円
週刊誌とその読者　出版科学研究所　1968.2　41p　26cm　（Readership survey 1968 no.1）
渡米出版販売専門視察団　アメリカの出版産業―第四回渡米出版販売専門視察団報告書　日本出版販売　1969　271p 図版　25cm　非売
岸野博, 木田重三郎　編集・制作入門　ダイヤモンド社　1969　202p　19cm　400円　（編集工学 2）
週刊誌の購読者　全協・出版科学研究所　1969.6　35p　26cm　（Readership survey 1969 no.1）
ユネスコ東京出版センター　アジアの出版文化　現代ジャーナリズム出版会　1970　256p（図共）　22cm　1200円
金平聖之助　世界の出版流通　サイマル出版会　1970　210p　19cm　580円　（サイマル・ジャーナリズム）
金久保通雄　編集企画―情報化時代のプランニング　現代ジャーナリズム出版会　1970　260p　19cm　700円
庄司浅水　本・本の世界　毎日新聞社　1970　226p 図版12枚　20cm　650円

岸田純之助　情報化時代と出版―講演会の記録　全協・出版科学研究所　1970.10　18p　26cm
海外出版販売専門視察団, 日本出版販売株式会社, 日本生産性本部　アメリカ出版界みたまま―第6回渡米出版販売専門視察団報告書　日本出版販売　1971　266p（図・肖像共）　25cm
丸之内リサーチセンター　多様化する出版業界―360社の実態調査第3版　1971年版　丸之内リサーチセンター　1971　358p　30cm　30000円
ユネスコ東京出版センター　アジアの出版界その現状と将来―アジア地域図書開発専門家会議報告書　ユネスコ東京出版センター　1972　139p　図　肖像　21cm
清水英夫　現代出版学　竹内書店　1972　246p　22cm　1200円
宮田昇　出版の国際化をどう進めるか　出版科学研究所　1972.7　13p　21cm　（講演会の記録）
西谷能雄　出版とは何か　続　日本エディタースクール出版部　1973　433p　19cm　1500円　（エディター叢書）
丸之内リサーチセンター　転換期にある出版業界　第4版（1974年版）　丸之内リサーチセンター　1973　360p　30cm　40000円
朝日新聞東京本社広告部　世界の出版文化　朝日新聞東京本社広告部　1973.2　32p　30cm
栗田明子, 赤石正　アメリカの出版界―ハーパー社の出版経営　出版同人　1974　229p　22cm　2200円
Publishers, Association for Cultural Exchange　外国出版社への手引き　1973-1974　Publishers Association for Cultural Exchange　1974　142p　26cm　3000円
青木春雄　現代の出版業　日本エディタースクール出版部　1975　301p　19cm　1600円　（エディター叢書8）
布川角左衛門　出版の諸相　日本エディタースクール出版部　1975　225p　19cm　1300円　（エディター叢書9）
出版文化国際交流会　外国出版社の案内　1976　出版文化国際交流会　1976　108p　21cm
朝日新聞社　週刊誌のすべて　国際商業出版　1976　243p　19cm　800円
日本図書館協会　地方の出版　2　日本図書館協会　1976　66p　26cm　700円
弥吉光長　図書館と出版文化―弥吉光長先生喜寿記念論文集　弥吉光長先生喜寿記念会　1977.9　622p　図　肖像　22cm
日本の出版社　1978年版　出版ニュース社　1977.10　522p　19cm　2500円
長沢規矩也　理想的な著者・出版社・印刷所・書店　長沢規矩也　1977.10　129p　肖像　19cm　850円
大輪盛登　巷説出版界　日本エディタースクール出版部　1977.11　283p　19cm　1500円　（エディター叢書）
鈴木均　職業としての出版人―現役たちの証言　中経出版　1978.3　302p　19cm　980円　（職業と人間シリーズ）
東京書籍商組合　東京書籍商伝記集覧　青裳堂書店　1978.4　230, 9p　22cm　5000円　（日本書誌学大系 2）
戸田寛　対談・出版社のトップは何を考えているか　続　講談社　1978.5　317p　20cm　1300円
清水英夫, 鈴木均　出版界入門　ナツメ社　1978.9　271p　19cm　980円　（マスコミ現場学シリーズ 1）
美濃部嘉一　世界のニュース週刊誌　美濃部嘉一　1978.10　114p　21cm　800円
鈴木均　出版の現場学―発想と方法　出版ニュース社　1978.12　232p　19cm　1200円
布川角左衛門　本の周辺　日本エディタースクール出版部　1979.1　367p　20cm　2000円
松本昌次　ある編集者の作業日誌　日本エディタースクール出版部　1979.2　262p　19cm　（エディター叢書 19）
視覚デザイン研究所　編集デザインハンドブック　視覚デザイン研究所　1979.2　206p　27cm　3000円　（Design handbook series）
Escarpit, Robert, 清水英夫　出版革命　日本エディタースクール出版部　1979.4　242p　20cm　2000円　（エディター叢書）
朝日新聞社　出版界の現実―出版界の内幕を徹底取材！　日本ジャーナリスト専門学院出版部　1979.6　231p　19cm　980円　（ジャーナリスト双書 10）
保坂政和　編集整理入門―広報・社内報と機関紙・学校新聞　日本工業新聞社　1979.7　351p　19cm　1500円
鈴木均　出版界―その理想と現実　理想出版社　1979.10　247p　20cm　1400円　（マスコミシリーズ 1）
猪野健治　すぐ役立つ実践的編集・取材の知識100　日本ジャーナリスト専門学院出版部　1979.11　258p　19cm　980円　（ジャーナリスト双書 11）
高橋章子　編集者ってタフで知的な雑役係―ぼくが語ろう8　CBS・ソニー出版　1979.11　211p　18cm　680円　（CBS/Sony books）
山田宗睦　職業としての編集者　三一書房　1979.12　228, 4p　18cm　550円　（三一新書）
沢田和雄　編集・出版マニュアル　改訂2版　文化社　1979.12　299p　19cm　1500円　（マニュアル・ブックス 3）
清水英夫　現代出版論―書く・作る・売る・読む・自由の軌跡　理想出版社　1980.2　303p　20cm　1800円　（マスコミシリーズ 2）
田村紀雄　タウン誌出版―コミュニティ・メディアへの招待　理想出版社　1980.2　254p　20cm　1700円　（マスコミシリーズ 3）
藤森善貢　出版編集技術　下巻　印刷・製本・用紙材料・定価計算・出版法規編　第2版　日本エディタースクール出版部　1980.4　464p　27cm　6500円　（エディター講座）
松浦総三　週刊誌を斬る―実践的反動マスコミ批判　幸洋出版　1980.5　254p　19cm　980円
小宮忠彦　本づくりのための52章　創林社　1980.6　157p　20cm　1200円
間宮達男　君も編集者にならないか　山手書房　1980.8　244p　20cm　1100円
河北新報社　地方出版の源流―東北の現状と問題点　地方・小出版流通センター　1980.10　173p　20cm　1500円
Unwin, Stanley., 美作太郎, 布川角左衛門　出版概論―最新版　日本エディタースクール出版部　1980.12　384p　20cm　3600円　（エディター叢書）
関善造　編集印刷デザイン用語辞典　増補　誠文堂新光社　1980.12　437p　22cm　3800円
出版文化国際交流会　外国の出版社案内―日本と世界の出版社を結ぶ　no.2（1981）　出版文化国際交流会　1981　12, 145p　21cm
猪野健治　雑誌記者入門　日本ジャーナリスト専門学院出版部　1981.1　278p　20cm　980円　（ジャーナリスト双書）
西谷能雄　出版界の虚像と実像　未来社　1981.1　251p　20cm　1200円
常盤新平　ブックス＆マガジンズ―アメリカ出版通信　サイマル出版会　1981.1　268p　19cm　1300円
岡満男　婦人雑誌ジャーナリズム―女性解放の歴史とともに　現代ジャーナリズム出版会　1981.2　243p　20cm　1600円
川上賢一　「地方」出版論　無明舎出版　1981.3　280p　20cm　1800円
Commins, Dorothy, Berliner, 加藤恭子　編集者とは何か―サックス・カミンズの業績と生涯　未来社　1981.4　305p　20cm　2000円

植田康夫　編集者になるには　ぺりかん社　1981.8　179p　19cm　850円　（なるにはbooks）

日本エディタースクール　本の誕生―編集の現場から　日本エディタースクール出版部　1981.9　255p　20cm　1800円　（エディター叢書 26）

植田康夫　当世出版事情―本と雑誌への熱いまなざし・行動的読書生活のために　理想出版社　1981.11　222p　20cm　1400円　（マスコミシリーズ 11）

日本図書館協会　図書館と出版流通　第2集　全国高等教育機関図書館における資料選択・収集事務・書店＝図書館関係調査結果報告書　日本図書館協会　1981.11　343p　26cm　3500円

小森孝児　編集レイアウト入門　日本機関紙出版センター　1981.11　116p　26cm　980円　（手づくり編集ぶっくす）

日本機関紙協会　編集企画の立案百科―機関紙・学級通信・地域新聞の365日　日本機関紙出版センター　1981.12　318p　19cm　980円

金谷博雄　アメリカ出版界の意識―訳稿　〔かなやひろたか〕　1982.6　127p　26cm　（海外出版研究資料）

創編集部　出版界の仕掛人―編集者の素顔　創出版　1982.7　255p　19cm　1000円

塩沢実信　ドキュメント現代出版界　part 1　理想出版社　1982.8　254p　19cm　1380円　（現代情報双書 4）

塩沢実信　雑誌をつくった編集者たち　広松書店　1982.9　318p　22cm　1800円

小林一博　本づくり必携　にっかん書房　1983.1　258p　27cm　3800円

野原一夫　編集者三十年　サンケイ出版　1983.5　230p　20cm　1500円

小宮山量平　編集者とは何か―危機の時代の創造　日本エディタースクール出版部　1983.5　288p　20cm　1800円　（エディター叢書 32）

小森孝児　編集企画入門―機関紙・会報・広報の春夏秋冬＝企画アイデア　下　日本機関紙出版センター　1983.8　113p　26cm　980円　（手づくり編集ぶっくす）

塩沢実信　現代出版界―ドキュメント　part 1　理想出版社　1983.9　254p　20cm　1400円　（マスコミシリーズ 13）

近代文芸社　編集の世界に生きる28人の女性たち　近代文芸社　1983.9　349p　19cm　980円

Elliott, Osborn., 竹林卓　『ニューズウィーク』の世界　時事通信社　1984.1　341p　20cm　1600円

企業出版の意義と実例　経済広報センター　1984.4　56p　18cm　400円　（経済広報センター・シリーズ no.31）

林邦夫　当世出版事情　草思社　1984.4　181p　19cm　980円

中嶋嶺雄　知識人と論壇―今日的変貌の断面　東洋経済新報社　1984.6　260p　19cm　1400円　（東経選書）

岩崎勝海　編集長二十年―古い机の引出しの中から　高文研　1985.3　234p　19cm　1200円

小宮山量平　出版の正像を求めて―戦後出版史の覚書　日本エディタースクール出版部　1985.6　221p　20cm　1800円　（エディター叢書 35）

小林一博, 清水英夫　出版業界　〔改訂版〕　教育社　1985.7　214p　18cm　1200円　（教育社新書―産業界シリーズ 436）

稲葉通雄　本、それはいのちあるもの―出版流通の現場から　影書房　1985.11　230p　20cm　1500円

亀井淳　週刊誌の読み方　話の特集　1985.12　281p　19cm　1300円

高畑利雄　編集レイアウト―写植による編集レイアウトの基本　日本印刷技術協会　1986.2　89p　19×26cm　1300円

常盤新平　アメリカの編集者たち　新潮社　1986.6　315p　15cm　360円　（新潮文庫）

電子出版研究会　電子出版―出版・印刷・情報サービスの未来戦略　JMA special　日本能率協会　1986.8　223p　26cm　2000円

日本印刷技術協会　電子出版―その現状とビジネスチャンス　日本印刷技術協会　1986.11　1冊　31cm　5500円　（JAGAT seminar proceedings 1986 no.2）

武蔵野美術大学　編集計画　ムサシノ出版　1987.4　119p　30cm　4532円

舟橋武志　地方出版新事情―これでも名古屋を笑えるか　マイタウン　1987.6　206p　19cm　1400円

園部実　編集入門　第4版　ダヴィッド社　1987.6　254p　19cm　1200円

マン, ピーター, H., 河本仲聖, 栗原裕　本の本―イギリス出版事情　研究社出版　1987.7　241p　20cm　2000円

大原緑峯　平凡社における失敗の研究　ぱる出版　1987.8　190p　20cm　1400円

日本編集プロダクション協会　編集プロダクションの将来展望　出版研究センター　1987.8　197p　19cm　1500円　（出版研究叢書）

青柳武彦　電子出版―編集印刷システム・情報メディアの革新　日本経営協会　1987.11　237p　21cm　2400円

編集・広告プロダクション情報　白馬出版　1987.11　293p　19cm　1300円

EP情報センター　電子出版　1988　日本能率協会　1988.1　231p　26cm　2000円

江成保徳, 平尾陽一郎　電子出版―情報の編集革命　丸善　1988.3　135p　19cm　1300円　（Frontier technology series 20）

柚口篤　電子編集ウォッチング―続コンピュータを持った編集者　出版研究センター　1988.3　230p　19cm　1500円　（出版研究叢書）

MBC21　百万人の出版術　1988　エム・ビー・シー21　1988.3　310p　19cm　780円

大原緑峯　平凡社における人間の研究　ぱる出版　1988.10　207p　20cm　1400円

加藤勝代　わが心の出版人―角川源義・古田晃・臼井吉見　河出書房新社　1988.10　181p　20cm　1800円

大谷晃一　ある出版人の肖像―矢部良策と創元社　矢部文治　1988.12　323p　20cm

大阪市立博物館　なにわ出版事情　大阪市立博物館　1989　80p　26cm　（展覧会目録 第110号）

吉野源三郎　職業としての編集者　岩波書店　1989.3　250p　18cm　530円　（岩波新書）

MBC21　百万人の出版術　1989　あなたの昭和史の書き方　エム・ビー・シー21　1989.3　222p　19cm　780円

伊吹和子　編集者作法　日本エディタースクール出版部　1989.3　226p　19cm　1500円

藤江俊彦　編集・印刷の知識　日本法令　1989.5　143p　9×13cm　500円　（Horeiポケットブックス）

筑紫哲也, 本田靖春, 柳田邦男　ノンフィクションの作法　潮出版社　1989.7　284p　20cm　1500円

井上輝子, 女性雑誌研究会　女性雑誌を解読する―Comparepolitan 日・米・メキシコ比較研究　垣内出版　1989.9　275p　22cm　2800円

朝日新聞整理部　あなたも編集者―広報・社内報・機関紙・会報の作り方　第2版　大阪書籍　1989.12　286p　19cm　1400円　（朝日カルチャーVブックス）

白田耕作　電子出版　日本電気文化センター　1990.7　209p　18cm　920円　（C&C文庫 24）

デザイン編集室　編集ハンドブック　第6版　ダヴィッド社　1990.10　275p　19cm　1300円

西岡文彦　編集的発想―＜知とイメージ＞をレイアウトする　JICC出版局　1991.4　254p　19cm　1300円

491

柚口篤　編集工学入門―出版とコンピュータが出合うとき　アスキー　1991.6　319p　19cm　1800円　（ASCII books）

酒井文人　編集者―時代を演出する編集者の世界　実業之日本社　1991.6　222p　19cm　1030円　（仕事―発見シリーズ 11）

シードプランニング　電子出版の最新動向と将来展望　シード・プランニング　1991.9　171p　30cm　78000円　（オプティカル・メモリシリーズ no.10）

橋口ひろし　本づくり―マンガ　印刷学会出版部　1991.9　153p　20cm　1500円

高田宏　編集者放浪記　PHP研究所　1992.3　237p　15cm　500円　（PHP文庫）

太田秋夫　本づくりの基礎知識―じょうずな制作発注の仕方　長野県出版編集ネットサービスセンター　1992.9　79p　26cm　700円　（本を出版したいと思っているあなたへ 2）

高雄宏政　企業出版の研究―不況時の文化戦略　プレス出版　1992.12　205p　19cm　1800円

野村保恵　編集校正小辞典　ダヴィッド社　1993.1　248p　19cm　1600円

箕輪成男　「国際コミュニケーション」としての出版　日本エディタースクール出版部　1993.4　295p　20cm　3200円

小町祐史　電子出版技術入門　オーム社　1993.4　175p　21cm　2600円　（総合マルチメディア選書）

岩崎賢一, 山名一郎　編集・製版・印刷のマック導入ガイド―プロユース・ハイエンドDTP入門　日本実業出版社　1993.4　189p　21cm　2500円

渡辺美知子　日本の小出版―元気凛凛 堂々の28人に聞く2420分　柏植書房　1993.5　294p　19cm　1800円

小森孝児　編集企画12か月事典　日本機関紙出版センター　1993.6　354p　21cm　1800円

斉藤孝　電子出版―「紙の本」から「電子の本」へ　日本経済新聞社　1993.7　183p　19cm　1400円　（Nikkei infotech）

女性誌研究会　女性週刊誌の秘密　データハウス　1993.10　235p　18cm　1000円

鎌田博樹　図解電子出版　オーム社　1993.11　133p　21cm　2600円　（COMシリーズ）

あんばいこう　力いっぱい地方出版　晶文社　1993.11　246p　20cm　1800円

宮田昇　東アジアの版権市場の実情―版権売買の将来性と問題点　全国出版協会出版科学研究所　1993.11　31p　21cm

山名一郎　編集・製版・印刷のマック徹底活用ガイド―プロユース・ハイエンドDTP入門part 2　日本実業出版社　1993.12　190p　21cm　2500円

多川精一　編集レイアウト技術 2　総合演出と製版設計　東京エディトリアルセンター　1994.6　151p　25cm　3800円

嵐山光三郎　編集者諸君！　本の雑誌社　1994.7　235p　19cm　1600円

高橋輝次　編集の森へ―本造りの喜怒哀楽　北宋社　1994.7　431p　19cm　2500円

坂崎靖司　編集バカとバカ編集者―この業界の裏事情通講座　二玄社　1994.7　237p　21cm　1400円　（Ensû bunko）

タスクフォース1, 塩沢実信　名編集者の足跡―売れる企画を生み出す発想の原点を探る　グリーンアロー出版社　1994.7　287p　20cm　2000円

湯沢まゆみ　新米編集者の日常　マガジンハウス　1994.8　188p　19cm　950円

松岡正剛　編集革命―創造的自己編集の技法　カタツムリ社　1995.4　79p　21cm　927円　（ニュースクール叢書 10）

高崎隆治　雑誌メディアの戦争責任―「文芸春秋」と「現代」を中心に　第三文明社　1995.6　219p　19cm　1500円

国際出版者著作権協議会　電子時代の出版者　日本書籍出版協会　1995.6　44p　30cm

日本の書籍出版社―仕事と仕組み　日本エディタースクール出版部　1995.9　170p　19cm　1545円

井上ひさし　ベストセラーの戦後史 1　文芸春秋　1995.9　215p　20cm　1300円

角川書店　角川書店と私　角川書店　1995.10　222p 図版24枚　22cm　非売品

DEN, 石川優, 大江高司　電子編集入門―出版・編集・印刷の新常識・仕事ハンドブック　オーエス出版　1995.10　318p　21cm　2500円

横山和雄　編集出版用語誤用集―大丈夫?!あなたの"常識"　出版ニュース社　1995.10　233p　19cm　1600円

橋本五郎　デジタル情報化社会の出版　全国出版協会出版科学研究所　1995.11　28p　21cm　1000円

園部実, 本谷裕二　編集者のパソコン入門　ダヴィッド社　1996.1　285p　19cm　1600円

佐倉敏明　創価学会報道にみる週刊誌のウソと捏造―これは犯罪だ！　エバラオフィス　1996.3　218, 10p　19cm　1200円

CWS創作学校　編集者になる！―編集者になるためのスピリッツ＆実践ガイド　メタローグ　1996.3　261p　19cm　1500円　（CWSレクチャーブックス）

合庭惇　電子出版の未来形　マルチメディア出版研究会　1996.4　57p　21cm　800円　（マルチメディア出版研究講座 3）

編集デザインの基礎知識　視覚デザイン研究所　1996.6　316p　21cm　1860円　（Design handbook series）

桜本富雄　本が弾丸だったころ―戦時下の出版事情　青木書店　1996.7　297, 8p　20cm　2575円

植田康夫　現場からみた出版学　学文社　1996.9　174p　22cm　2369円

日本出版学会　出版の検証―敗戦から現在まで 1945-1995　文化通信社　1996.12　313, 6p　19cm　2800円

日本薬学図書館協議会　電子図書館とマルチメディア・ネットワーク　日本図書館協会　1996.12　193p　21cm　2575円

塚本慶一郎　デジタル情報化時代の出版をこう考える　全国出版協会出版科学研究所　1997.1　32p　21cm　1000円

高田和彦, 西川秀男, 前田俊秀, 長谷川秀記　電子出版の実務―マルチメディア時代のビジネス　日本エディタースクール出版部　1997.3　275p　21cm　3296円

武塙修　流通データでみる出版界―1974-1995　出版ニュース社　1997.3　292p　26cm　4300円

小板橋二郎, 東海林秀明　いま出版が危ない!!―マンガでわかる再販制度　講談社　1997.5　221p　21cm　700円

小出鐸男　現代出版産業論―競争と協調の構造 テキスト版　日本エディタースクール出版部　1997.5　152p　19cm　1400円

関根進　編集長は魔術師―成功するインターネット処世術　毎日新聞カルチャーシティ　1997.6　190p　19cm　1200円　（Culture books）

藤森善貢, 日本エディタースクール　新編出版編集技術 下巻　販売・定価計算・法規・DTP・印刷・製本編　日本エディタースクール出版部　1997.7　311p　27cm　4500円

箕輪成男　出版学序説　日本エディタースクール出版部　1997.10　232p　22cm　2800円

木下修　書籍再販と流通寡占　アルメディア　1997.10　268p　20cm　（出版流通改革論 2）

伊藤洋子, 桂敬一, 須藤春夫, 服部孝章　21世紀のマスコミ 4　出版―出版文化の崩壊はくい止められるか　大月書店　1997.10　270p　21cm　2200円

納本制度調査会　電子出版物の収集・保存・利用と納本制度―納本制度調査会電子出版物部会中間報告　納本制度調査会電子出版物部会　1997.11　35p　30cm

ジャーナリズム			出版ジャーナリズム	

能勢仁　これからの出版業界のすべてがわかる本　山下出版　1998.3　288p　19cm　1600円

小林二郎　インタビュー日本の出版社　小学館　1998.6　430p　20cm　2667円

宋木文,竹内実　中国の出版改革　桐原ユニ　1998.7　289p　19cm　2400円

佐々木BAKU達也　デジタル出版業界の仕事　三一書房　1998.7　183p　19cm　1400円　（デジタルメディア業界シリーズ）

小菅宏　編集者とはどういう人たちか—その行動力、情報収集力、ひらめきの源泉　はまの出版　1998.8　254p　19cm　1500円

浦山毅　電子編集のすすめ—sedの活用　同成社　1998.9　231p　21cm　2300円

本の雑誌編集部　編集稼業の女たち　本の雑誌社　1998.9　221p　21cm　1800円

安原顕　「編集者」の仕事—決定版　マガジンハウス　1999.3　426p　20cm　2100円

村上光太郎　本づくりの本—武田式・自費出版入門　武田出版　1999.3　161p　19cm　980円

Collins, A.S., 榎本洋, 青木健　文筆業の文化史—イギリス・ロマン派と出版　彩流社　1999.6　315, 14p　20cm　3800円

デザインの現場編集部　本づくり大全—文字・レイアウト・造本・紙　美術出版社　1999.7　148p　26cm　2800円　（新デザインガイド）

粕谷一希　中央公論社と私　文藝春秋　1999.11　245p　20cm　1714円

清水一嘉　イギリス近代出版の諸相—コーヒー・ハウスから書評まで　世界思想社　1999.12　288p　19cm　2300円　（Sekaishiso seminar）

平辻伸子　編集者のお仕事—下請けプロダクション編集者、この愛すべきナンデモ屋の日々　郁朋社　2000.2　207p　19cm　1200円

本づくり　3訂版　日本書籍出版協会　2000.2　64p　21cm　（新入社員のためのテキスト 1）

田中薫　書籍と印刷の話—活字文化は滅びない　燃焼社　2000.3　330p　19cm　2300円

蓑豊　本づくりの知識—出版講座　MINO経営研究所　2000.3　151p　21cm　1300円

湯浅俊彦　デジタル時代の出版メディア　ポット出版　2000.8　199p　20cm　1800円

日本書籍出版協会　京都の出版社　2001　日本書籍出版協会京都支部　2000.10　93p　21cm

賀川洋　出版再生—アメリカの出版ビジネスから何が見えるか　文化通信社　2001.6　237p　20cm　2200円

講談社Web現代　編集者の学校　講談社　2001.10　461p　21cm　2800円

外山滋比古　エディターシップ　みすず書房　2002.2　356p　20cm　3000円　（外山滋比古著作集 4）

山口雄二　編集者になるには　ぺりかん社　2002.3　167p　19cm　1170円　（なるにはbooks 41）

Gill, Davies, 篠森未羽　編集者の仕事—企画提案から原稿獲得までのチェックポイント　日本エディタースクール出版部　2002.3　272p　20cm　2200円

酒井道夫　編集研究　武蔵野美術大学出版局　2002.4　184p　21cm　1967円

久保井理津男　一出版人が歩いた道　創文社　2002.5　210, 62p　22cm　非売品

Schiffrin, André, 宮田昇, 勝貴子　理想なき出版　柏書房　2002.5　272p　20cm　2300円

重松英樹　編集三昧—自己をならう　太陽出版　2003.3　252p　20cm　1800円

編集の学校　編集をするための基礎メソッド—1週間でマスター　雷鳥社　2003.4　249p　19cm　1500円

長谷川一　出版と知のメディア論—エディターシップの歴史と再生　みすず書房　2003.5　366, 12p　20cm　3500円

Okker, Patricia, 鈴木淑美　女性編集者の時代—アメリカ女性誌の原点　青土社　2003.5　273, 20p　20cm　2400円

じびきなおこ, 山本隆太郎　本づくり　印刷学会出版部　2003.7　149p　22cm　1800円　（印刷まんがシリーズ）

郷土出版社編集部　地方出版(秘)社内日記—日本列島ひとっ飛び　郷土出版社　2003.9　211p　20cm　1600円

下村昭夫　出版の近未来—その夢と現実と出版再生への道　出版メディアパル　2003.12　80p　21cm　1000円　（本の未来を考える・出版メディアパル no.3）

出版流通改善協議会　読者のための出版流通　出版流通改善協議会　2003.12　223p　30cm　（出版流通白書 2003年—再販制度弾力運用レポート 6）

尾下千秋　変わる出版流通と図書館　日本エディタースクール出版部　2004.4　136p　21cm　1900円

植田康夫　新現場からみた出版学　学文社　2004.4　169p　22cm　2000円

向原祥隆　地域と出版—南方新社の十年を巡って　南方新社　2004.5　341p　19cm　2000円

佐野眞一　だれが「本」を殺すのか　上巻　新潮社　2004.6　510p　16cm　667円　（新潮文庫 さ-46-5）

酒井富士子, 西山昭彦　編集長の情報術　生活情報センター　2004.7　206p　21cm　1400円

寺田博, 松居直, 藤原書店編集部, 粕谷一希, 鷲尾賢也　編集とは何か　藤原書店　2004.11　237p　20cm　2200円

齋藤純生　洋書流通の世界—代理店の視点から　日本文献出版　2004.11　287p　22cm　2400円

長尾三郎　週刊誌血風録　講談社　2004.12　419p　15cm　714円　（講談社文庫）

伊藤寿男　編集者ほど面白い仕事はない—体験47年出版の全内幕を明かす　テーミス　2004.12　292p　20cm　1905円

花田紀凱　編集者！　ワック　2005.3　296p　19cm　1400円　（マスコミの学校 1）

川上隆志　編集者論序説—出版の現場から　現代文学会　2005.3　165p　19cm　1600円

宮守正雄　昭和激動期の出版編集者—それぞれの航跡を見つめて　中央大学出版部　2005.5　243p　21cm　2100円

池島信平　雑誌記者　改版　中央公論新社　2005.6　275p　16cm　1429円　（中公文庫）

秋田公士　本づくりの厨房から—kitchen　出版メディアパル　2005.6　148, 2p　19cm　1500円

新潮社　新潮社一〇〇年　新潮社　2005.11　644p　図版20枚　22cm　非売品

Ellison, Sarah, Friel, Howard, 立木勝　『ニューヨークタイムズ』神話—アメリカをミスリードした〈記録の新聞〉の50年　三交社　2005.11　459p　20cm　2500円

目次のデザイン　ピエ・ブックス　2005.11　112p　25cm　2800円　（レイアウトスタイルシリーズ v.1）

高橋呉郎　週刊誌風雲録　文藝春秋　2006.1　244p　18cm　760円　（文春新書）

Morris, William, Peterson, William, S., 川端康雄　理想の書物　筑摩書房　2006.2　380p　15cm　1400円　（ちくま学芸文庫）

元木昌彦　週刊誌編集長—週刊現代・フライデー・WEB現代編集長が明かす、スキャンダル、事件報道現場の3300日　展望社　2006.4　283p　20cm　1800円

堀田貢得　何が週刊誌を凋落させたのか!?—体験的出版ジャーナリズム論　大村書店　2006.4　341p　20cm　2000円

館野哲　韓国の出版事情—初めて解き明かされる韓国出版界の現状　出版メディアパル　2006.5　142p　21cm　1800円

（本の未来を考える＝出版メディアパル no.10）

石井和夫　大学出版の日々　復刻　山愛書院　2006.8　232p　19cm　2381円

川上隆志　編集者　千倉書房　2006.9　237p　20cm　1900円

蔡星慧　出版産業の変遷と書籍出版流通―日本の書籍出版産業の構造的特質　出版メディアパル　2006.10　222p　21cm　2400円

齋藤美和　編集者齋藤十一　冬花社　2006.11　316p　20cm　2381円

大塚信一　理想の出版を求めて――編集者の回想1963-2003　トランスビュー　2006.11　381, 21p　20cm　2800円

芳賀八恵　本づくりのかたち　8 plus　2007.2　111p　19cm　1800円

荒瀬光治　編集デザイン入門―編集者・デザイナーのための視覚表現法　出版メディアパル　2007.4　127p　21cm　2000円
（本の未来を考える＝出版メディアパル no.11）

小尾俊人　出版と社会　幻戯書房　2007.9　654p　22cm　9500円

野村保惠　本づくりの常識・非常識　第2版　印刷学会出版部　2007.9　276p　20cm　2000円

編集者をめざすならぜひ聞いておきたい大先輩17人の貴重な話―法政大学エクステンション・カレッジ編集・ライター講座　法政ナレッジ・クリエイト　2007.10　251p　19cm　1200円

White, Jan, V., 大竹左紀斗　編集デザインの発想法―動的レイアウトのコツとツボ570　グラフィック社　2007.11　247p　26cm　2500円

湯浅俊彦　日本の出版流通における書誌情報・物流情報のデジタル化とその歴史的意義　ポット出版　2007.12　369p　20cm　3200円

黒岩比佐子　編集者国木田独歩の時代　角川学芸出版　2007.12　346, 4p　19cm　1700円　（角川選書 417）

浦山毅　電子編集入門―編集者のためのsed活用術　出版メディアパル　2008.3　130p　21cm　1500円　（本の未来を考える＝出版メディアパル no.14）

磯部彰　東アジアの出版と地域文化―むかしの本のものがたり　汲古書院　2008.3　272p　27cm　8000円

館野哲　韓国の出版事情ガイド　出版メディアパル　2008.4　2冊　21cm　全2400円

植田康夫　現代の出版―新装版　70年代の出版に学ぶ＝魅力ある活字世界　出版メディアパル　2008.4　32, 254p　19cm　2400円

前川裕子　編集者のためのデジタル編集術入門―困ったときにすぐ活用できるノウハウ集　出版メディアパル　2008.9　94p　21cm　1200円　（本の未来を考える＝出版メディアパル no.15）

櫻井秀勲　図解出版業界ハンドブック　東洋経済新報社　2008.10　180p　21cm　1500円

工藤強勝, 日経デザイン　編集デザインの教科書　第3版　日経BP社　2008.12　198p　21cm　2900円　（日経デザイン別冊）

日本電子出版協会　電子出版クロニクル―JEPA（日本電子出版協会）のあゆみ　日本電子出版協会　2009.1　125p　21cm　1600円

元木昌彦　編集者の学校―カリスマたちが初めて明かす「極意」　新版　講談社　2009.2　267p　16cm　743円　（講談社＋α文庫 G192・1）

国立国会図書館関西館　電子書籍の流通・利用・保存に関する調査研究　国立国会図書館関西館図書館協力課　2009.3　317p　30cm　（図書館調査研究リポート no.11）

見城徹　編集者という病い　集英社　2009.3　347p　16cm　619円　（集英社文庫 け4-1）

日本書籍出版協会　本づくり　第4版　日本書籍出版協会　2009.3　80p　21cm　700円　（新入社員のためのテキスト 1）

内沼晋太郎　本の未来をつくる仕事/仕事の未来をつくる本　朝日新聞出版　2009.3　144, 77p　20cm　2200円

菅付雅信　編集天国　ピエ・ブックス　2009.4　224p　26cm　3600円

外山滋比古　新エディターシップ　みすず書房　2009.5　185p　20cm　2600円

日本エディタースクール　本の知識―本に関心のあるすべての人へ！　日本エディタースクール出版部　2009.5　64p　21cm　500円

元木昌彦　週刊誌は死なず　朝日新聞出版　2009.8　261p　18cm　780円　（朝日新書 192）

田口信義　出版人の生き方70講―愚直に志高き職業人であれ　民事法研究会　2009.9　160p　18cm　700円

渡邊洋一　仙台の出版文化　大崎八幡宮仙台・江戸学実行委員会　2010.1　70p　21cm　600円　（国宝大崎八幡宮仙台・江戸学叢書 20）

高橋秀晴　出版の魂―新潮社をつくった男・佐藤義亮　牧野出版　2010.3　237p　20cm　1900円

磯部彰　東アジア出版文化研究ほしづくよ　日本学術振興会アジア・アフリカ学術基盤形成事業「東アジア出版文化国際研究拠点形成及びアジア研究者育成事業」チーム　2010.3　405p　図版18p　31cm

佐々木俊尚　電子書籍の衝撃―本はいかに崩壊し、いかに復活するか？　ディスカヴァー・トゥエンティワン　2010.4　303p　18cm　1100円　（ディスカヴァー携書 48）

田代真人　電子書籍元年―iPad＆キンドルで本と出版業界は激変するか？　インプレスジャパン　2010.5　237p　19cm　1500円

日経BP, 日経BP　電子書籍のすべて―iPad, Kindle, Reader…ビジネスから技術まで　日経BP社　2010.6　231p　28cm　25000円　（Nikkei electronics books）

柴田光滋　編集者の仕事―本の魂は細部に宿る　新潮社　2010.6　206p　18cm　700円　（新潮新書 371）

外山滋比古　異本論　筑摩書房　2010.7　202p　15cm　580円　（ちくま文庫 と1-6）

植村八潮　電子出版の構図―実体のない書物の行方　印刷学会出版部　2010.7　275p　19cm　2000円

橋本大也, 高島利行, 山路達也, 植村八潮, 深沢英次, 星野渉, 沢辺均, 仲俣暁生　電子書籍と出版―デジタル/ネットワーク化するメディア　ポット出版　2010.7　205p　19cm　1600円

村瀬拓男　電子書籍の真実　毎日コミュニケーションズ　2010.7　199p　18cm　780円　（マイコミ新書）

中西秀彦　我、電子書籍の抵抗勢力たらんと欲す　印刷学会出版部　2010.7　187p　19cm　1600円

ジャムハウス　電子書籍の作り方ハンドブック―iPhone、iPad、Kindle対応　アスキー・メディアワークス　2010.9　207p　21cm　1500円

日本出版学会　白書出版産業―データとチャートで読む出版の現在　2010　文化通信社　2010.9　231p　26cm　2800円

フィルムアート社編集部, 仲俣暁生　編集進化論―editするのは誰か？　フィルムアート社　2010.9　189p　19cm　1700円　（Next creator book）

歌田明弘　電子書籍の時代は本当に来るのか　筑摩書房　2010.10　269p　18cm　820円　（ちくま新書 871）

小島孝治　電子書籍のつくり方・売り方—ePub・PDFからAppStoreでの登録・販売まで　日本実業出版社　2010.10　172p　21cm　1800円

境祐司, 森裕司, 大谷和利　電子書籍制作ガイドブック—プロフェッショナルのための最新ノウハウのすべて　インプレスジャパン　2010.11　254p　19cm　1800円

川崎堅二, 土岐義恵　電子書籍で生き残る技術—紙との差、規格の差を乗り越える　オーム社　2010.11　184p　19cm　1400円

加藤雅士　電子書籍の作り方、売り方—よくわかる iPad Kindle PDF対応版　エムディエヌコーポレーション　2010.11　239p　21cm　1800円

萩野正昭　電子書籍奮戦記　新潮社　2010.11　223p　19cm　1300円

高橋暁子　電子書籍Kindle/iPad/GoogleEditionsの可能性と課題がよ～くわかる本—出版ビジネスは電子化でどう変わるか　秀和システム　2010.11　207p　21cm　1500円　（図解入門ビジネス）

津野海太郎　電子本をバカにするなかれ—書物史の第三の革命　国書刊行会　2010.11　287p　19cm　1800円

西田宗千佳　電子書籍革命の真実—未来の本のミライ　エンターブレイン　2010.12　239p　19cm　1429円　（ビジネスファミ通）

電子書籍の正体—出版界に黒船は本当にやってきたのか!? 緊急出版　宝島社　2010.12　96p　21cm　648円　（別冊宝島—ノンフィクション）

高橋暁子　電子書籍リーダーをビジネスで使う本—iPad、Kindle、タブレットなら書類と情報がうまくさばける!　アスキー・メディアワークス　2010.12　192p　19cm　1200円

金沢工業大学ライブラリーセンター　電子出版の現状とその可能性—金沢工業大学/米国図書館・情報振興財団図書館、情報科学に関する国際ラウンドテーブル会議　金沢工業大学ライブラリーセンター　2011　1冊　30cm

立入勝義　電子出版の未来図　PHP研究所　2011.1　238p　18cm　720円　（PHP新書 708）

境祐司　電子書籍の作り方—EPUB, 中間ファイル作成からマルチプラットフォーム配信まで　技術評論社　2011.1　239p　19cm　1380円　（ポケットカルチャー）

インプレスR&D　電子出版ハンドブック 2011　インプレスR&Dインターネットメディア総合研究所　2011.3　221p　30cm　9500円　（インプレスR&Dインターネットメディア総合研究所「電子書籍ビジネスシリーズ」）

石田樹生, 川元麻衣子, 前原孝章, 野村総合研究所　2015年の電子書籍—現状と未来を読む　東洋経済新報社　2011.3　194p　20cm　1700円

岸博幸　アマゾン、アップルが日本を蝕む—電子書籍とネット帝国主義　PHP研究所　2011.4　265p　18cm　820円　（PHPビジネス新書 169）

主藤孝司, 木暮太一　電子出版と自ら立ち上げる出版社で利益を生み続ける方法—下がり続ける「印税減時代」の処方箋　起業家大学出版：日本著作出版支援機構（発売）　2011.5　録音ディスク1枚（56分）：CD　6090円　（マンスリーオーディオゼミナール—起業家大学オーディオゼミナール対談シリーズ）

グラフィック社編集部　本づくりの匠たち　グラフィック社　2011.5　150p　21cm　2000円

上丸洋一　『諸君！』『正論』の研究—保守言論はどう変容してきたか　岩波書店　2011.6　411, 8p　20cm　2800円

林拓也　電子書籍らくらく作成pack　技術評論社　2011.6　143p　26cm　1980円

栗原亮, 山本高樹　いちばんわかりやすい電子書籍の本—自分で書く、作る、配る、売る方法　エムディエヌコーポレーション　2011.7　191p　21cm　1500円

大学図書館問題研究会　これからの学術系電子メディア（あるいは電子出版）—大学図書館問題研究会第19回オープンカレッジ報告集　大学図書館問題研究会出版部　2011.7　41p　26cm　（大図研シリーズ no.28）

出版メディアパル　編集&デザインハンドブック　出版メディアパル　2011.7　80, 135p　21cm　5000円

菊池明郎　営業と経営から見た筑摩書房　創元社　2011.11　192p　19cm　1600円　（出版人に聞く 7）

蔡星慧　出版産業の変遷と書籍出版流通—日本の書籍出版産業の構造的特質　増補版　出版メディアパル　2012.1　230p　21cm　2400円

磯部敦　出版文化の明治前期—東京稗史出版社とその周辺　ぺりかん社　2012.2　364p　22cm　7500円

伊藤民雄　世界の出版情報調査総覧—取次, 書店, 図書館目録　日本図書館協会　2012.5　341p　26cm　4000円

篠田博之　生涯編集者—月刊『創』奮戦記　創出版　2012.6　237p　19cm　1400円

高橋一清　編集者魂—私の出会った芥川賞・直木賞作家たち　集英社　2012.7　272p　16cm　600円　（集英社文庫 た79-1）

岡田章子, 吉田則昭　雑誌メディアの文化史—変貌する戦後パラダイム　森話社　2012.9　305p　20cm　2700円

編集著作権訴訟—全記録：NTTタウンページに対するアサヒ番号簿の損害賠償請求事件：アサヒ番号簿編　アサバン印刷　2012.10　441p　21cm　2500円

山崎博樹, 山崎榮三郎, 李士永　図書館と電子書籍—ハイブリッド図書館へ　教育出版センター　2012.11　160p　19cm　2000円

北村行夫　原点から考えるオンライン出版—著作権と電子書籍の流通　太田出版　2012.12　269p　21cm　2300円　（ユニ知的所有権ブックス NO.18）

Locke, John, 細田朋希, 小谷川拳次, 大竹雄介　電子書籍を無名でも100万部売る方法　東洋経済新報社　2012.12　177p　19cm　1200円

佐藤幹夫, 小川哲生　生涯一編集者　言視舎　2013.2　205p　19cm　1700円　（飢餓陣営叢書 3）

村瀬拓男　電子書籍・出版の契約実務と著作権　民事法研究会　2013.2　215p　21cm　2000円

湯浅俊彦　電子出版学入門—出版メディアのデジタル化と紙の本のゆくえ　改訂3版　出版メディアパル　2013.3　142p　21cm　1500円　（本の未来を考える no0 23）

赤木昭夫　書籍文化の未来—電子本か印刷本か　岩波書店　2013.6　63p　21cm　500円　（岩波ブックレット No0873）

下村昭夫　本づくりこれだけは—失敗しないための編集術と実務　改訂4版　出版メディアパル　2013.6　94p　21cm　1200円　（本の未来を考える=出版メディアパル No.25）

上阪徹　職業、ブックライター。—毎月1冊10万字書く私の方法　講談社　2013.11　229p　19cm　1500円

堀越洋一郎　電子書籍の特性と図書館—特定非営利活動法人共同保存図書館・多摩 第14回多摩デポ講座〈2012・8・5〉より　共同保存図書館・多摩　2013.11　48p　21cm　600円　（多摩デポブックレット 9）

原淳一郎　江戸の旅と出版文化—寺社参詣史の新視角　三弥井書店　2013.12　204p　20cm　2300円　（シリーズ日本の旅人）

山岸郁子, 庄司達也, 中沢弥　改造社のメディア戦略　双文社出版　2013.12　329p　22cm　4700円

福嶋聡　紙の本は、滅びない　ポプラ社　2014.1　256p　18cm　780円　（ポプラ新書 018）

大西美穂, 和田文夫　たのしい編集—本づくりの基礎技術：編集、DTP、校正、装幀　ガイア・オペレーションズ　2014.1　281p

18cm 2200円

稲垣恭子, 佐藤卓己, 竹内洋 日本の論壇雑誌—教養メディアの盛衰 創元社 2014.4 350p 21cm 3500円

塩澤幸登 編集の砦—平凡出版とマガジンハウスの一万二〇〇〇日 茉莉花社 2014.4 558p 20cm 3000円

植村八潮, 電子出版制作流通協議会 電子書籍制作・流通の基礎テキスト—出版社・制作会社スタッフが知っておきたいこと ポット出版 2014.5 190p 21cm 2000円

長谷川豊 「見たいテレビ」が今日もない—メディアの王様・崩壊の現場 双葉社 2014.5 317p 18cm 850円 （双葉新書 092）

Marker, Gary, 白倉克文 ロシア出版文化史—十八世紀の印刷業と知識人 成文社 2014.7 398p 22cm 4800円

小沢高広, 鈴木みそ 電子書籍で1000万円儲かる方法 学研パブリッシング 2014.9 255p 19cm 1400円

鷲尾賢也 編集とはどのような仕事なのか—企画発想から人間交際まで 新版 トランスビュー 2014.10 248p 20cm 2000円

フィルムアート社, 青山学院大学大学院社会情報学研究科ヒューマンイノベーションコース これからのメディアをつくる編集 デザイン フィルムアート社 2014.11 231p 19cm 1800円

植村八潮, 電子出版制作流通協議会, 野口武悟 電子図書館・電子書籍貸出サービス—調査報告 2014 ポット出版 2014.11 223p 26cm 2600円

高野彰 洋書の話 第2版 朗文堂 2014.11 255p 21cm 3700円

佐野眞一 ノンフィクションは死なない イースト・プレス 2014.12 271p 18cm 861円 （イースト新書 032）

通信・インターネット

〔雑誌記事〕

山口秀夫 ソフトウェア競争に生き残るのはだれか──米国ニューメディア最新事情：新聞研究 通号373 〔1982.8〕 p44～48

相田三郎 ネットワークが生む「ボーダーレス社会」(パソコンの可能性)：新聞研究 通号457 〔1989.8〕 p72～75

正木鞆彦 米・HSN（ホーム・ショッピング・ネットワーク）の熱い夜－－これはトータルメディアのインテグレーションだ！：総合ジャーナリズム研究 29（01）〔1992.1〕 p56～61

小出透 日本の情報通信わが "道" を行く!?：総合ジャーナリズム研究 31（02）〔1994.4〕 p39～44

松尾信一 特集 マルチメディアの撃力 セント・ギガの衛星データ放送：月刊民放 24（282）〔1994.12〕 p13～14

福永光一 特集 マルチメディアの撃力 デジタル・メディアとコンピュータ技術：月刊民放 24（282）〔1994.12〕 p26～29

前川英樹 特集 マルチメディアの撃力 「マス」と「マルチ」の共生の時代：月刊民放 24（282）〔1994.12〕 p9～12

斎藤守慶 特集 マルチメディアの撃力 マルチメディアと放送の社会的使命：月刊民放 24（282）〔1994.12〕 p5～8

砂川浩慶 特集 マルチメディアの撃力 マルチメディアをめぐる行政動向と放送：月刊民放 24（282）〔1994.12〕 p34～37

金森美樹, 坂本浩, 上原祥汪, 中込清晧, 朝比奈太郎 特集 マルチメディアの撃力 座談会 テレビの顔、コンピュータ・グラフィックス：月刊民放 24（282）〔1994.12〕 p15～21

水越伸 特集 マルチメディアの撃力 放送の論理とマルチ・メディアの論理：月刊民放 24（282）〔1994.12〕 p22～25

赤尾光史 データベースにおける記事データ修正の問題点：新聞研究 通号522 〔1995.1〕 p78～81

赤尾晃一 マルチメディア・ソフトの知恵：放送批評 No.308 〔1995.3〕

中村慎一 インターネットをこう使う—1—ネット活用は情報検索と確認がカギ：新聞研究 通号532 〔1995.11〕 p78～80

赤尾晃一 マルチメディア・ソフトの知恵：放送批評 No.317 〔1995.12〕

増井誠 インターネットをこう使う—2—見えてきた2つの潮流──グローバル化と地域情報：新聞研究 通号533 〔1995.12〕 p64～66

金平聖之助 オンライン・サービスと "ウェブジン" －－米・雑誌界のマルチメディア参入の勢いをみる：総合ジャーナリズム研究 33（01）〔1996.1〕 p34～38

児玉平生 インターネットをこう使う—5—硬派記者がネットを使うには──中央集権組織への依存取材もネックの一つ：新聞研究 通号537 〔1996.4〕 p73～75

武藤芳治 インターネットをこう使う—8—期待と焦りと限界と──たかがメディア、されどメディア：新聞研究 通号540 〔1996.7〕 p56～58

中川寛之 インターネットをこう使う—12—「マルチ」の時代に備える──「取材」と「情報共有」の意義忘れずに：新聞研究 通号545 〔1996.12〕 p72～74

前川英樹 メディア 多チャンネル時代のソフト論：新・調査情報passingtime 2期（51）通号414 〔1997.1〕 p76～77

加藤文俊 描かれたインターネット──雑誌広告を事例として：マス・コミュニケーション研究 通号50 〔1997.1〕 p155～167

滝本大輔 インターネットをこう使う—14—新しい媒体の文化と特質を理解して：新聞研究 通号547 〔1997.2〕 p76～78

久保勇人 インターネットをこう使う—15—インフラ整備で報道自身の変化も：新聞研究 通号548 〔1997.3〕 p71～73

橋本直 くつがえる常識高まるサイトの水準──米国の場合（サイバージャーナリズム）：新聞研究 通号550 〔1997.5〕 p48～51

小林弘人 情報は人の外に文脈は人の中に（サイバージャーナリズム）：新聞研究 通号550 〔1997.5〕 p43～47

井上善友 パソコン通信におけるコミュニケーション特性：マス・コミュニケーション研究 通号51 〔1997.7〕 p122～137

高橋孝輝, 鈴木健司 『地球法廷』にインターネットの威力を見た：放送文化 通号41 〔1997.11〕 p160～167

宮田加久子 コンピュータ・コミュニケーション──個人が情報を生産・発信することの意味を再考する（特集 ディジタル化時代におけるメディア環境）：マス・コミュニケーション研究 通号52 〔1998.1〕 p33～48

高田茂樹, 池内裕美, 藤原武弘 電子メディア社会における情報遺漏のリスク認知に関する社会心理学的研究（2）ホームページに個人情報を載せることに対するリスク認知の検討：関西学院大学社会学部紀要 通号79 〔1998.3〕 p59～70

河邑厚徳, 竹村真一 メディア インターネットで言論の質はどう変わるか：世界 通号650 〔1998.7〕 p185～196

平塚千尋 マルチメディアサービスの検証（1）インタラクティブ型テレビの行方：放送研究と調査 48（7）〔1998.7〕 p8～17

野嶋剛 中国のインターネット──開放と規制のはざまで：新聞研究 通号568 〔1998.11〕 p60～63

吉村卓也 サイバースペースという現場──ネットワーク専門記者の必要性（「現場」の風景）：新聞研究 通号570 〔1999.1〕 p26～29

高柳寛樹 「少年の健やかな成長」を大義に始まった インターネット封じの皮相：放送レポート 157号 〔1999.3〕 p46～49

| | | ジャーナリズム | 通信・インターネット |

菊地実	メディア産業の構造変化を前に——集中排除論、制度論超えた経営論の詳細検討を（激動——デジタル化する放送メディア）：新聞研究　通号573　〔1999.4〕 p19～22
鈴木秀美	メディア判例研究 インターネット・プロバイダの刑事責任——コンピュサーブ事件（ミュンヘン区裁判所1998.5.28判決）：法律時報　71（4）通号877　〔1999.4〕 p116～119
クライン, 孝子, 水野隆徳, 林志行	フレッシュマン必読 特別鼎談 若者たちの情報ツール＝インターネットは新聞を超えた：Sapio　11（7）通号226　〔1999.4〕 p64～66
横山滋, 平塚千尋	ケーブルがもたらしたメディア行動の変化——富山県・八尾町の調査から：放送研究と調査　49（7）通号578　〔1999.7〕 p2～29
北村日出夫	インターネットは巨大な私語空間——可能性を認めながら議論するしかない：新聞研究　通号578　〔1999.9〕 p49～52
横山滋, 平塚千尋	ケーブルがもたらしたメディア行動の変化（2）八尾町・ケーブルインターネット常用者調査から：放送研究と調査　49（12）通号583　〔1999.12〕 p24～47
隅井孝雄	海外放送事情 アメリカ放送局のインターネット戦略（特集 インターネット社会の放送）：月刊民放　30（4）通号346　〔2000.4〕 p35～39
浜島高而	インターネットにかけるAP 加盟社との調整には苦慮：新聞通信調査会報　通号451　〔2000.6〕 p4～6
桂敬一	最近の表現の自由規制の動きについて——情報公開・個人情報保護・サイバーセキュリティ政策の問題点を考える：マスコミ市民　通号380　〔2000.8〕 p2～17
西部忠	ソーシャルなネットワークとしての地域通貨：広告　（343）〔2000.9〕 p62～63
森治郎	インターネットに育つ「アゴラ」の機能——21世紀研・朝日新聞のe—デモクラシーを検証する：朝日総研リポート（146）〔2000.10〕 p68～92
飯野守	サイバースペースにおける表現の自由とプロバイダーの法的責任——アメリカの判例を中心に：文教大学女子短期大学部研究紀要　44　〔2000.12〕 p95～104
西正	共存か淘汰か——インターネット放送はテレビ局を崩壊させるか？：放送界　46通号156　〔2001.夏季〕 p46～51
森治郎	NHK「地球法廷」が開いた討論手法——テレビが生かしたインターネットの力：朝日総研リポート　（148）〔2001.2〕 p66～82
香取淳子	高齢者は「情報弱者」なのか——高齢者を組み込んだインターネット社会の構築を（デジタル文化の諸相——世代/地域）：新聞研究　（595）〔2001.2〕 p59～62
森治郎	無料日刊紙——それは侵食者か先導者か——世界新聞大会編集者フォーラムの報告から：朝日総研リポート（151）〔2001.8〕 p4～29
西正	ブロードバンド時代の到来（第1回）インターネット放送の登場：月刊放送ジャーナル　31（7）通号336　〔2001.8〕 p72～75
青木隆典	ブロードバンド目前のインターネット利用の現状——関連する3つの調査から：月刊民放　31（8）通号362　〔2001.8〕 p30～33
西正	ブロードバンド時代の到来（第2回）ラストワンマイルとケーブルテレビの台頭：月刊放送ジャーナル　31（8）通号337　〔2001.9〕 p100～103
西正	ブロードバンド時代の到来（3）ケーブルテレビの台頭とDSL：月刊放送ジャーナル　31（9）通号338　〔2001.10〕 p62～65
西正	ブロードバンド時代の到来（4）WLL、光ファイバーブロード大国への道：月刊放送ジャーナル　31（10）通号339　〔2001.11〕 p74～77
井田美恵子, 上村修一	インターネットはテレビと置きかわるか——「メディアと生活」調査から：放送研究と調査　51（12）通号607　〔2001.12〕 p48～61
加藤千洋	ネットに芽生え始めた「世論」——変貌する社会とメディア（特集 中国の実像をどう伝えるか）：新聞研究　（613）〔2002.8〕 p22～25
平塚千尋	インターネット空間におけるジャーナリズム・試論——「ある火山学者のひとりごと」を例に：放送研究と調査　52（9）通号601　〔2002.9〕 p2～27
遠藤薫	インターネット・メディアとマスメディア——私たちはどのような＜現実＞を生きているか（特集・メディア変容の時代と放送）：放送メディア研究　1　〔2003〕 p197～230
佐藤浩章	コンテンツ、機能の充実重ねた3年半——ビジネスとして見たニュース配信（携帯電話サービスの現状）：新聞研究（619）〔2003.2〕 p43～45
大沢秀介	入門講座 ファーストステップ憲法（16）人権（6）インターネットで選挙運動？——インターネットと表現の自由の原理：法学教室　通号274　〔2003.7〕 p73～80
三浦基, 松永真理	連続インタビュー・転換期のメディア（7）ケータイとテレビの幸せな結婚——NHK文研委員・松永真理氏：放送研究と調査　54（10）通号641　〔2004.10〕 p76～81
山田賢一	中国のインターネットと"反日"世論——中国人ネット研究者の視点：放送研究と調査　54（11）通号642　〔2004.11〕 p54～57
宮原淳	新聞記者の取材力の再考：情報技術活用の意義：新聞学 ： 文化とコミュニケーション　（20）〔2005〕 p63～71
小倉一志	サイバースペースと表現の自由（5）表現内容規制をめぐるアメリカ憲法理論の検討を中心に：北大法学論集　55（5）〔2005〕 p147～169
小倉一志	サイバースペースと表現の自由（6）表現内容規制をめぐるアメリカ憲法理論の検討を中心に：北大法学論集　55（6）〔2005〕 p167～225
小倉一志	サイバースペースと表現の自由（7）表現内容規制をめぐるアメリカ憲法理論の検討を中心に：北大法学論集　56（1）〔2005〕 p149～196
小倉一志	サイバースペースと表現の自由（8・完）表現内容規制をめぐるアメリカ憲法理論の検討を中心に：北大法学論集　56（2）〔2005〕 p681～723
趙章恩	積極活用で生き残り図る——韓国ネット事情と新聞社の戦略（特集 ネットと新聞）：新聞研究　（642）〔2005.1〕 p23～27
原由美子, 辻大介	連続インタビュー・転換期のメディア（11）ケータイと若者のコミュニケーション——関西大学社会学部助教授 辻大介氏：放送研究と調査　55（2）通号645　〔2005.2〕 p52～59

通信・インターネット	ジャーナリズム

湯川鶴章	ネット参加型ジャーナリズムの時代——既存メディアに課題突きつける（「ライブドア」が問いかけたもの）：新聞研究　（646）〔2005.5〕p18～20
佐々木俊尚	ブログの進化、ジャーナリズムの変容（CURRENT ライブドア－ニッポン放送株買収問題）：総合ジャーナリズム研究　42（03）（通号193）〔2005.6〕p29～32
古森義久	FOCUS 米議会公聴会で明かされた！　これが恐怖の「中国ネット支配」の現実だ：Sapio　17（10）通号366〔2005.6〕p81～83
安江伸夫	ネットで目覚めた中国人民の権利意識：放送レポート　195号〔2005.7〕p28～32
木下和寛	英国インターネット事情 有料化に舵を切る英紙ニュースサイト：AIR21　（182）〔2005.7〕p2～14
鎌田慧	痛憤の現場を歩く（41）政治を変えたインターネット新聞 独裁政権の下請けから風通し良いメディアへ（韓国篇3）：金曜日　13（37）通号587〔2005.9〕p30～33
福光恵	メディア 自民も秋波 ネットやブログの記者はこんな人：Aera　18（49）通号950〔2005.9〕p26～28
湯川鶴章	ネットと新聞が衝突する日 急接近するビジネスモデル：新聞通信調査会報　通号520〔2005.10〕p4～7
鈴木祐司	ネットによる動画配信の時代：放送研究と調査　55（10）通号653〔2005.10〕p2～15
エスペラ	ブログの可能性と危険性（特集 市民メディア＆ローカルメディア）：マスコミ市民　通号441〔2005.10〕p32～35
小川善美	ニュースな人たち 小川善美——放送とケータイの架け橋：ぎゃらく　通号437〔2005.11〕p3～5
出口秀一, 鈴木祐司	連続インタビュー 情報社会のゆくえ（7）やがてはネットの時代へ——IPマルチキャストの可能性——NTT中期経営戦略推進室 サービス戦略担当 担当部長 出口秀一氏：放送研究と調査　55（12）通号655〔2005.12〕p46～55
小林恭子	フリーランスから見たブログ——書き手が直接読者とつながるメディア（ブログが生み出す言論空間）：新聞研究　（654）〔2006.1〕p42～45
服部桂	市民参加で広がるメディア環境——ネットの新潮流とジャーナリズムの未来（ブログが生み出す言論空間）：新聞研究　（654）〔2006.1〕p30～33
内山洋紀	IT 人間データベース化するSNS——最大手サイトに国民の3分の1が登録する韓国。社会はどう変わったのか：Aera　19（4）通号971〔2006.1〕p40～45
池田信夫	エコノミスト・リポート 通信と放送の融合 ネットがテレビを飲み込む日：エコノミスト　84（22）通号3822〔2006.4〕p74～76
三浦基, 小林憲一	メディアとしての検索エンジン：放送研究と調査　56（5）通号660〔2006.5〕p24～35
中村英	データベースと検索エンジン（1）新聞記事検索からWebの世界へ：AIR21　（192）〔2006.5〕p42～51
歌田明弘	ネット ブログ時代で見えたニュースメディアの変質：エコノミスト　84（24）通号3824〔2006.502・9〕p42～44
佐々木俊尚	専門家（アルファブロガー）ブログの創造力と破壊力 メディアと読者の関係はどこまで変わるか：AIR21　（194）〔2006.7〕p2～12
元木昌彦, 呉連鎬	元木昌彦のメディアを考える旅（101）呉連鎬氏（オーマイニュース）日本にも「市民記者」を根づかせたい、インターネット新聞「オーマイニュース」：エルネオス　12（8）通号141〔2006.8〕p106～109
中野佐知子	インターネット利用者の生活時間——2005年国民生活時間調査より：放送研究と調査　56（8）通号663〔2006.8〕p22～30
内山洋紀	メディア テレビを超えるYou Tube——視聴時間でMTV超える動画配信の破壊力：Aera　19（46）通号1013〔2006.10〕p16～19
米倉律	アメリカにおけるブロードバンドの普及拡大とニュース接触行動の変容：放送研究と調査　56（12）通号667〔2006.12〕p26～35
白川嘉秀	関西だより 国体史上初めての全競技ネット中継：放送レポート　204号〔2007.1〕p59
福田伸裕	SNSサイト「ひびの」発信——編集部門のマルチメディアセンター化を視野に（進化する新聞社サイト）：新聞研究　（666）〔2007.1〕p43～46
水野洋	技術の進化をアシストしたい——てくてく歩みを進めるSNSビジネス（進化する新聞社サイト）：新聞研究　（666）〔2007.1〕p47～49
松井正	米新聞社サイトの最新トレンド——ニュースを核に拡大する「ウェブ2・0」的世界：新聞研究　（666）〔2007.1〕p54～57
河合信和	爆発的膨張を続けるSNS 新しいオンライン文化にメディアはどう向き合うか：AIR21　（200）〔2007.1〕p104～119
清水勝彦	台湾のメディアを襲う「Web2・0」の波 本格的インターネット新聞も次々誕生へ：AIR21　（201）〔2007.2〕p2～26
成田祐一, 霜田雄一	Blogを用いた世論調査に関する提案：日本大学工学部紀要　48（2）〔2007.3〕p39～45
中野佐知子, 渡辺洋子	急増するインターネット利用の実態——IT時代の生活時間調査・2006から：放送研究と調査　57（4）通号671〔2007.4〕p20～39
川本裕司	メディアの分岐点（番外編）インターネットだけが、なぜ成功したのか：AIR21　（203）〔2007.4〕p74～87
歌田明弘	ネット社会 コンテンツ「制作vs流通」メディア産業に走る亀裂：エコノミスト　85（31）通号3899〔2007.6〕p82～84
平地秀哉	サイバースペース・公共圏・表現の自由（1）：国学院法学　45（1）通号174〔2007.7〕p55～93
Levy, Steven	World View 2大SNSが映すアメリカの格差——「ウェブ2.0」の階級問題を指摘した研究の大波紋：Newsweek　22（30）通号1065〔2007.8〕p13
平地秀哉	サイバースペース・公共圏・表現の自由（2・完）：国学院法学　45（2）通号175〔2007.9〕p1～42
塩谷勇, 坂本祐司, 新井豪	Googleニュースにおけるニュース・メディアの特性：産業能率大学紀要　28（1）通号52〔2007.9〕p101～110
中野佐知子	「回数」と「持続時間」でみるメディア利用——生活時間の新たな分析の試み：放送研究と調査　57（9）通号676〔2007.9〕p60～64
ナイム, モイセス	WORLD AFFAIRS 北京五輪 毛沢東に挑むYouTubeの底力：Newsweek　22（44）通号1079〔2007.11〕p33
高文局	オンライン・ジャーナリズムに関する一考察：比較文化研究　（79）〔2007.12〕p23～33
戸田里和	ネットユーザーの情報行動に関する研究——情報検索とメディア・リテラシーに関する検討：コミュニケーション研究　（38）〔2008〕p103～121
中野佐知子	われわれはどのようにインターネットをとらえてきたか——文研調査でたどるこの10年：NHK放送文化研究所年報

		52 〔2008〕 p7～48
村上圭子, 鈴木祐司	ケータイ化が止まらない！——未来社会をデザインする視聴者参加番組の可能性：放送研究と調査　58(1)　通号680　〔2008.1〕 p32～44	
ゾーニンサイン, マヌエラ, リウ, メリンダ	中国 SNS文化大革命が始まった：Newsweek　23(2)通号1086　〔2008.1〕 p50～51	
赤木孝次	2007年マスコミ関係判例回顧「配信サービスの抗弁」否定に批判高まる：新聞研究　(679)〔2008.2〕p74～79	
羽原隆司	有料情報の優位性に商機——技術の進歩に合わせ進化するテレコン21(最新データベース事情—経営資産としての活用)：新聞研究　(681)〔2008.4〕p16～18	
千田利史	世界のメディアブランド(新連載・1)広告ビジネスを変えるグーグル：調査情報. 第3期　(482)〔2008.5・6〕p80～85	
谷正名	ブログの世界と"テレビブロガー"(上)2007年11月ウェブ調査の結果より(2008年「春の研究発表」特集)：放送研究と調査　58(6)通号685　〔2008.6〕p22～37	
松井茂記	「情報通信法」と表現の自由：法律時報　80(6)通号996　〔2008.6〕p74～84	
小黒純	「ニュース発信ツールとしてのブログ」研究——個人メディアが変えるジャーナリズム：龍谷大学国際社会文化研究所紀要　(10)〔2008.6〕p267～284	
フォルーハー, ラーナ	フェースブック警報 中毒になるSNS——ネット 日本上陸、24歳の神童CEOがつくった「はまるSNS」のからくり：Newsweek　23(21)通号1105　〔2008.6〕 p38～39	
黒井文太郎	中国とネット ネット検閲『金盾』にみる中国政府のジレンマ：エコノミスト　86(34)通号3970　〔2008.6〕p36～37	
松野良一	メディア漂流(2)視聴者に1チャンネルを開放したイッツコム：調査情報. 第3期　(483)〔2008.7・8〕p78～81	
千田利史	世界のメディアブランド(2)動画配信「hulu」の勝算は？ NBCユニバーサル：調査情報. 第3期　(483)〔2008.7・8〕p82～87	
執行文子	ブログの世界と"テレビブロガー"(下)オンライングループインタビュー調査の結果より：放送研究と調査　58(7)通号686　〔2008.7〕 p38～47	
ブライアン, ブレーカー	Twitter発、ミニブログ狂想曲——オンライン おしゃべり感覚の「トゥイッター」や類似サービスが大人気に：Newsweek　23(29)通号1113　〔2008.7〕 p50～51	
三浦基, 小林憲一	検索エンジン利用実態調査 生活メディアとしての利用：放送研究と調査　58(8)通号687　〔2008.8〕 p58～71	
鈴木謙介	ニュースな人たち 鈴木謙介——ネットの世界にマスは鈍感：ぎゃらく　通号472　〔2008.10〕 p3～5	
佐桑徹	米国現地リポート Web先進国・米国の企業広報に見たソーシャル・メディアとの向き合い方：エルネオス　14(11)通号168　〔2008.11〕 p66～68	
須賀久彌, 天野雅道	日本初のオリンピック映像公式配信サイト『gorin0jp』：月刊民放　38(11)通号449　〔2008.11〕 p26～29	
井上雅博	ニュースな人たち 井上雅博——ネットはテレビの力を待っている！：ぎゃらく　通号474　〔2008.12〕 p3～5	
武井康浩	ネット利用者にとっての新聞——2008年の情報通信白書関連調査から：新聞研究　(690)〔2009.1〕p32～36	
吉木正彦	地方発・映像コンテンツ 新しいメディアの土俵に上がる——動画共有サイトと提携して：新聞研究　(690)〔2009.1〕p47～49	
三浦基, 小林憲一	インターネットの利用度, 信用度——利用度による検索エンジン調査の分析：放送研究と調査　59(1)通号692　〔2009.1〕 p34～41	
赤木孝次	2008年マスコミ関係判例回顧 ネット上の見出し、発言に注目すべき判断：新聞研究　(691)〔2009.2〕 p76～81	
モロゾフ, エフゲニー	北京発・ポルノ規制か言論弾圧か——中国 突然始まったサイトの摘発強化に潜む政府の本当のねらい：Newsweek　24(5)通号1138　〔2009.2〕 p50～51	
吉藤昌代, 宮本克美, 荒牧央	ワンセグ・動画配信利用の実態と可能性——「デジタル放送調査2008・新放送サービスとテレビ」から：放送研究と調査　59(3)通号694　〔2009.3〕 p2～23	
ケリー, レーナ	SNS フェースブック7つの嘘：Newsweek　24(10)通号1143　〔2009.3〕 p45	
藤代裕之	メディア・リポート ネット上の「ニュース」とは何か——「量」と「質」の間で揺れる各社：Journalism　(227)〔2009.4〕p82～84	
深田卓	ブック・ストリート 出版 出版文化を危うくするグーグルの挑戦：出版ニュース　通号2175　〔2009.5〕p48～49	
平井久志	影響力増す韓国のポータルサイト 日本版オーマイニュース閉鎖の裏側：メディア展望　通号569　〔2009.6〕 p8～9	
奥村倫弘	「知りたい情報」と報道価値の間で——ヤフーにとってのニュースとは：新聞研究　(696)〔2009.7〕p45～49	
藤代裕之	メディア・リポート ネット 警察情報の検証は十分か？ 既存メディアのネット規制報道：Journalism　(230)〔2009.7〕p58～61	
モロゾフ, エフゲニー	ネット 中国の検閲ソフトに思わぬ副作用：Newsweek　24(25)通号1158　〔2009.7〕 p36	
千田利史	オンライン配信が変える放送ビジネスの未来(1)グーグルはすべての震源地か：ぎゃらく　通号482　〔2009.8〕p38～41	
ペープ, エリック	テクノロジー SNSが結ぶ難民の絆：Newsweek　24(30)通号1163　〔2009.8〕 p69	
山崎秀夫	「リアルタイム」が社会を変える ツイッター革命：エコノミスト　87(45)通号4052　〔2009.8〕p82～83	
鳥賀陽弘道	ずぼらのブンカ手帳(その35)断言する。日本の地上波テレビでYouTubeよりオモロイ局はない！：金曜日　17(32)通号778　〔2009.8〕p43	
千田利史	オンライン配信が変える放送ビジネスの未来(2)マルチプラットフォーム戦略に舵を切ったネットワーク：ぎゃらく　通号483　〔2009.9〕p36～39	
服部桂	「つぶやき」が世界を変える？——ツイッターが起こす次のネット革命：新聞研究　(698)〔2009.9〕 p32～35	
上仲輝幸	地域の生活情報を収集・蓄積——SNSと各種メディアの連動：新聞研究　(698)〔2009.9〕p36～39	
伊地知晋一	メディア・リポート ネット ツイッターが提案するゆるやかにつながるメディア：Journalism　(232)〔2009.9〕p62～64	
千田利史	オンライン配信が変える放送ビジネスの未来(3)新旧のメディアブランドは一斉に動画配信を目指している：ぎゃらく　通号484　〔2009.10〕 p34～37	
千田利史	オンライン配信が変える放送ビジネスの未来(4)「メディア冬の時代」に新たな「ビジネスモデル」は可能か：ぎゃらく　通号485　〔2009.11〕 p32～35	
遠藤薫	「ネット世論」という曖昧——〈世論〉,〈小公共圏〉,〈間メディア性〉(特集 世論と世論調査)：マス・コミュニケーション研究　通号77　〔2010〕p105～126	

吉次由美	「政権交代選挙」報道にインターネットユーザーはどう接したか――各メディアへの接触状況を探る：放送研究と調査　60（1）通号704　〔2010.1〕　p2〜13
ケネス・R, カーター	ネットワークの中立性の経済学――FCCとECにおける競争及びネットワークの開放政策の変化が示すもの：ITUジャーナル　40（1）通号461　〔2010.1〕　p30〜36
藤代裕之	メディア・レポート ネット ネット中継された事業仕分けにツイッターなどで多様な議論：Journalism　（236）〔2010.1〕　p64〜66
東浩紀	なんとなく、考える（第18回）ツイッターについて：文學界　64（2）〔2010.2〕　p240〜244
李洪千	海外メディア報告 進化する韓国の記者ブログ朝鮮日報ユ記者の「軍事世界」[含 ユ・ヨン・ウォン記者に聞く注目の記者ブログ「軍事世界」の舞台裏]：Journalism　（237）〔2010.2〕　p70〜75
井上禎男	通信技術の発展と報道：福岡大學法學論叢　54（4）通号193　〔2010.3〕　p215〜268
ふるまいよしこ	海外メディア報告 検閲の壁を越えて飛び交う中国の「ツイッター」旋風：Journalism　（238）〔2010.3〕　p92〜97
津田大介	「おじさん世代」発でブレーク ツイッターはビジネスに効く：エコノミスト　88（20）通号4097　〔2010.3〕　p76〜77
音好宏	IPサイマル放送の試験配信始まる（放送時評）：メディア展望　通号579　〔2010.4〕　p28〜29
山田賢一	ネットの普及は中国メディアをどこまで変えられるか――東京・札幌国際シンポジウムに参加して：放送研究と調査　60（4）通号707　〔2010.4〕　p52〜59
ライオンズ, ダニエル	ツイッターから離れられなくて――インターネット 「いいとこ取り」ツイッター社にアプリ開発業者が怒らない訳に：Newsweek　25（17）通号1199　〔2010.4〕　p37
ライオンズ, ダニエル	SNS フェースブックの高すぎる代償：Newsweek　25（20）通号1202　〔2010.5〕　p41
松井正	ニュース課金についての一考察――ジャーナリズム・オンライン社の事業展開から：新聞研究　（707）〔2010.6〕　p46〜48
吉田渉	ネット上にそびえる長城――グーグルの中国本土撤退問題の背景：新聞研究　（707）〔2010.6〕　p64〜67
グールド, エミリー	MY TURN ネット上でも実名で勝負――SNS 匿名性で身を隠すよりもフェースブックのように自身をさらけ出すことで人は互いに寛容になれる：Newsweek　25（26）通号1208　〔2010.7〕　p66
三浦基, 小林憲一	テレビの見方が変わる――ツイッターの利用動向に関する調査：放送研究と調査　60（8）通号711　〔2010.8〕　p82〜97
影井広美	ネット時代に信頼できる情報を――科学・医療報道における専門性とは何か（専門記者の可能性）：新聞研究　（710）〔2010.9〕　p28〜31
神余心	メディア激動時代（20）離陸し始めた「ウェブジャーナリズム」存在感を増す独立系ニュースサイト：エルネオス　16（10）通号191　〔2010.10〕　p64〜67
趙章恩	海外メディア報告 T・G・I・F！ 韓国はいまスマートフォン革命まっただ中：Journalism　（245）〔2010.10〕　p80〜86
安斉敏明	主導権をメディアの手に――加盟社と「NEWSmart」立ち上げ（デジタルメディアの新展開（第2回））：新聞研究　（712）〔2010.11〕　p18〜21
津山恵子	海外メディア報告 米国で躍進するフェイスブックの可能性：Journalism　（246）〔2010.11〕　p66〜69
安河内龍太	情報伝達の速さと広がりを実感――ウェブ版「フォーサイト」の船出：新聞研究　（713）〔2010.12〕　p52〜54
原口一博	特別インタビュー 新聞と伍する報道機関たりうるのか――加速するインターネット テレビの生き様か？――原口一博 衆院総務委員長：放送界　56（195）〔2011.陽春〕　p24〜29
安江伸夫	漁船衝突事件と中国のネット言論：放送レポート　228号　〔2011.1〕　p28〜34
藤代裕之	メディア・リポート ネット ネット「流出・内部告発」既存メディアを揺さぶる：Journalism　（248）〔2011.1〕　p58〜61
浅岡隆裕	既存メディアとネットの連携とは――変化する情報環境における動画流出の意味（外交報道と尖閣ビデオ問題）：新聞研究　（715）〔2011.2〕　p27〜30
趙章恩	海外メディア報告 2011年韓国メディア展望 ソーシャルメディアと新聞：Journalism　（249）〔2011.2〕　p62〜66
鈴木玲子	中国 ユーチューブは見られないが、ネット動画急拡大：エコノミスト　89（5）通号4154　〔2011.2〕　p80〜81
川上泰徳	中東 ツイッターとフェイスブックがエジプト民衆を支えた：Aera　24（6）通号1268　〔2011.2〕　p23〜25
総合ジャーナリズム研究編集部	尖閣ビデオ流出の「解」…－ユーチューブが見せた「非公開」の意味と無意味（特集 ネット社会の「取材・報道」力――オルタナティブ・ジャーナリズムを考える）：総合ジャーナリズム研究所　48（02）（通号 216）〔2011.3〕　p36〜41
総合ジャーナリズム研究編集部	北アフリカ反政権デモの連鎖…－「民衆革命」に肩貸すフェイスブックの伝播力（特集 ネット社会の「取材・報道」力――オルタナティブ・ジャーナリズムを考える）：総合ジャーナリズム研究所　48（02）（通号 216）〔2011.3〕　p33〜35
神余心	メディア激動時代（25）進行する「スマートフォン革命」でメディアライフは大変革の時代へ：エルネオス　17（3）通号196　〔2011.3〕　p68〜71
水野泰志	ウェブジャーナリズムの現在（特集 ニュースメディアの現在）：ジャーナリズム＆メディア　：　新聞学研究所紀要　（4）〔2011.3〕　p149〜163
山本賢二	中国――改革開放30年とインターネット（ジャーナリズム＆マス・コミュニケーション研究の海外動向2010）：ジャーナリズム＆メディア　：　新聞学研究所紀要　（4）〔2011.3〕　p301〜304
山田賢一	中国ブロガーが見た日中メディアの課題――ツイッター・ブログ時代の情報交流のあり方：放送研究と調査　61（3）通号718　〔2011.3〕　p48〜55
水島宏明	メディア・リポート 放送 「ツイッター連動」番組と双方向ジャーナリズムの可能性：Journalism　（250）〔2011.3〕　p66〜71
古畑康雄	中国でツイッター革命なう：Kotoba　：　多様性を考える言論誌　（3）〔2011.3〕　p162〜167
宇高衛	最新海外動向 選挙とニューメディア――SNSサービスによるフロンティアの拡大：ICT world review　4（1）〔2011.4・5〕　p1〜8
浜田純一	インタビュー 濱田純一・東大総長 ICTフォーラムを終えて：放送レポート　230号　〔2011.5〕　p30〜33
松井正	つながり・取材・信頼性――米国で進むジャーナリズムへの活用（ソーシャルメディアは何を変えるのか）：新聞研究　（719）〔2011.6〕　p26〜29

藤代裕之	新たなジャーナリズムのかたち——重層的なメディア環境の中で（ソーシャルメディアは何を変えるのか）：新聞研究　（719）〔2011.6〕p30〜33
西田宗千佳	「知人をつなぐ」巨大な空間——機能から見るフェイスブックのメディア価値（ソーシャルメディアは何を変えるのか）：新聞研究　（719）〔2011.6〕p54〜57
北清順一	海外メディア報告「どこでもテレビ（TV Everywhere）」時代のアメリカアイパッド向け番組配信に不協和音：Journalism　（254）〔2011.7〕p68〜72
宮崎勝, 浜口斉周, 米倉律	放送の「ソーシャルメディア性」を拡張する試み——番組レビューSNSサイト"teleda"の実証実験から（1）：放送研究と調査　61（8）通号723〔2011.8〕p14〜25
橋本大二郎, 山脇伸介	ソーシャルメディアはテレビを変える?! 対談 橋本大二郎×山脇伸介：調査情報. 第3期　（502）〔2011.9・10〕p58〜66
小川浩司, 村上圭子, 渡辺洋子	放送の「ソーシャルメディア性」を拡張する試み——番組レビューSNSサイト"teleda"の実証実験から（2）：放送研究と調査　61（9）通号724〔2011.9〕p64〜75
趙章恩	海外メディア報告 ソーシャル芸能人まで登場 ツイッターが韓国を変える：Journalism　（256）〔2011.9〕p66〜71
増田悦夫, 柳本信一	ソーシャルメディアの現状と今後の展望について——現実空間を拡張するソーシャルメディア［含 付録アール・リサーチNews Letter 092号「マーク・ザッカーバーグ」facebook CEO］：流通経済大学流通情報学部紀要　16（1）通号30〔2011.10〕p1〜22
高安秀樹, 佐野幸恵, 山田健太	ソーシャルネットワークの力学 ： ブログ解析から「経済・社会物理学の展開 ： 経済・社会システムのネットワーク構造と機能」特集号：システム・制御・情報　56（10）〔2012〕p536〜541
小笠原盛浩	日本のブロゴスフィアにおける政治系有名ブログの影響 ： 2007年参議院議員選挙時の内容分析から：マス・コミュニケーション研究　（81）〔2012〕p87〜104
執行文子	若者のネット動画利用とテレビへの意識 ：「中高生の動画利用調査」の結果から：NHK放送文化研究所年報　56〔2012〕p51〜95
竹内幸男	ウェブファーストは実現したか ： 読者会員制サイト2年間の検証（デジタルメディアの新展開（第3回））：新聞研究　（726）〔2012.1〕p12〜15
津山恵子	海外メディア報告 ソーシャルメディアをどう使う？ 北米新聞にみる生き残り戦略：Journalism　（261）〔2012.2〕p70〜74
小向太郎	インターネット上の報道と表現の自由：ジャーナリズム＆メディア ： 新聞学研究所紀要　（5）〔2012.3〕p83〜96
山本賢二	海外研究動向 中国版ツイッター＝「微博」（ウェイポー）と社会管理：ジャーナリズム＆メディア ： 新聞学研究所紀要　（5）〔2012.3〕p220〜229
安江伸夫	「河村発言」と中国ネット言論：放送レポート　236号〔2012.5〕p32〜35
神余心	メディア激動時代（39）大増殖する無料通話アプリ「LINE」 スマホの戦略転換迫られる通信業界：エルネオス　18（5）通号210〔2012.5〕p76〜79
井上忠靖	スマートデバイス時代のVOD ： カギはコンテンツとの出会いの場創出（地デジ完成後のメディア環境）：新聞研究　（730）〔2012.5〕p24〜26
趙章恩	海外メディア報告 韓国大統領を笑い飛ばすポッドキャスト「ナコムス」って何？：Journalism　（264）〔2012.5〕p68〜73
井上和典, 古川雅子	ネット TwitterかFacebookか あなたはどっち派？：Aera　25（23）通号1343〔2012.5〕p25〜28
神余心	メディア激動時代（40）グーグルの「お節介」が波紋を呼ぶ ネットの利便性か、プライバシーの保護か：エルネオス　18（6）通号211〔2012.6〕p74〜77
水島久光	ソーシャルメディアと放送 空間・発話・身体性 ： テレビとソーシャルメディアの関係を考える三つの視点：月刊民放　42（6）通号492〔2012.6〕p38〜41
宮川光治, 長谷部恭男, 藤田博司	朝日新聞「報道と人権委員会」報告 記者ツイッターは報道か 新たなメディアにどう向き合う：Journalism　（265）〔2012.6〕p82〜89
滝野俊一	ソーシャルメディアと放送「オススメ」されたい ： 求められるオピニオンリーダー：月刊民放　42（7）通号493〔2012.7〕p30〜33
北清順一	海外メディア報告 ソーシャルメディアがテレビを変える 黒人少年殺人事件の意外な波紋：Journalism　（266）〔2012.7〕p60〜65
長岡義幸	ブック・ストリート 流通 ネット言論とネットメディアの落とし穴：出版ニュース　通号2284〔2012.8〕p18
吉田尚記, 桧山珠美	インタビュー 優れたリアクションをリスナーと共有できるツイッター（ソーシャルメディアと放送）：月刊民放　42（8）通号494〔2012.8〕p28〜33
矢板明夫	変化する中国のメディア環境 ： ネットの普及でほころびはじめた情報規制（中国の「今」をどう伝えるか）：新聞研究　（733）〔2012.8〕p20〜23
神余心	メディア激動時代（43）ロンドン五輪でわかったツイッターの威力 危機感募らせる新聞・テレビ：エルネオス　18（9）通号214〔2012.9〕p66〜69
山本名美, 大信田雅二	ソーシャルメディアと放送 15万人を"集客"番組SNSの効果 ： テレビ東京『ワールドビジネスサテライト』：月刊民放　42（9）通号495〔2012.9〕p32〜35
高文局	「オンライン・ニュースメディア」に関する一考察 ： 韓国の「インターネット新聞」を中心に：日本文理大学紀要　40（2）〔2012.10〕p37〜45
山田賢一	「ブログジャーナリスト」を通じて見る中国メディアの今：放送研究と調査　62（10）通号737〔2012.10〕p30〜41
岸良征彦	スマートデバイスの普及と情報社会 ： 混沌とするコミュニケーションの基盤（デジタルメディアの新展開（第4回）スマートデバイス時代の電子サービス）：新聞研究　（736）〔2012.11〕p20〜24
津山恵子	海外メディア報告 記者ツイッター、ブログ最前線 NYタイムズ再興、陰の立役者は：Journalism　（270）〔2012.11〕p74〜78
元木昌彦, 市川裕康	元木昌彦のメディアを考える旅（179）ソーシャルメディアで活用するヒト・モノ・カネ・情報のつながり：エルネオス　18（12）通号217〔2012.12〕p104〜109
藤代裕之	ソーシャルメディアと放送 ソーシャル連携で拓くローカル発信の可能性 ： コミュニケーション中心に考える：月刊民放　42（12）通号498〔2012.12〕p30〜33
犬塚陽介	米大統領選挙とメディア ： ソーシャルメディア活用で支援者獲得に成功：新聞研究　（738）〔2013.1〕p34〜37

安藤聖泰	ソーシャルメディアと放送 視聴者のコミュニケーションがテレビ視聴を盛り上げる ： ソーシャル視聴サービス「JoinTV」：月刊民放　43（2）通号500〔2013.2〕p18〜21	
津山恵子	海外メディア報告 米人気ブロガーがブログを有料化 読者が読みたい媒体を選ぶ時代へ：Journalism　（274）〔2013.3〕p80〜84	
境治	ソーシャルメディアと放送 "ファンを育てる"放送局へ（前編）ソーシャルメディアによる番組分析：月刊民放　43（4）通号502〔2013.4〕p38〜41	
関根智江	20・30代はインターネットをどのように長時間利用しているのか ： 「メディア利用の生活時間調査」から：放送研究と調査　63（4）通号743〔2013.4〕p32〜43	
境治	ソーシャルメディアと放送 "ファンを育てる"放送局へ（後編）ビジネスの鍵はコミュニティ：月刊民放　43（5）通号503〔2013.5〕p30〜33	
奈良岡将英	地域メディアの未来を描くために ： 静岡新聞SBSグループのSNS活用（デジタルメディアの新展開 ： 進む地方紙の試み一地方新聞社のソーシャルメディア活用の今）：新聞研究　（742）〔2013.5〕p45〜47	
難波功士	ソーシャルメディアと放送 群衆、大衆、網衆。 ： 視聴する側からみたメディア史：月刊民放　43（6）通号504〔2013.6〕p28〜31	
堀潤	あなたの投稿動画がニュースに！ 市民が参加して発言できる新しい映像メディアの可能性：Journalism　（277）〔2013.6〕p112〜120	
菅原琢	参院選とメディア 「ネット選挙」から見る政治報道の課題と展望：Journalism　（280）〔2013.9〕p88〜97	
高文局	オルタナティブ・メディア ： その代表的特性の回復を目指して ： 韓国の「インターネット新聞」を例として：日本文理大学紀要　41（2）〔2013.10〕p43〜51	
本田雅一	フェイスブック 11億人サイトに広告依存の罠 失敗続きの不安定な成長期：エコノミスト　91（47）通号4312〔2013.10〕p80〜81	
柳内啓司	ソーシャルメディアと放送 ソーシャルとテレビの「美味しい」関係：月刊民放　43（12）通号510〔2013.12〕p28〜31	
沈霄虹	中国の情報化社会に関する考察 ： インターネットの展開を中心に：コミュニケーション研究　（44）〔2014〕p21〜54	
苅野正美	若者におけるSNS利用行動およびリスク認知の検討 ： LINEとTwitterを中心に：プール学院大学研究紀要　（55）〔2014〕p57〜72	
菅原琢	脱メディア・脱政治時代でのネットの可能性 ： 情報求めるユーザーを引き留める力 第6回「メディアに関する全国世論調査」（下）：メディア展望　（625）〔2014.1〕p14〜18	
山田賢一	急成長する中国のネット動画サイト ： その現状と課題：放送研究と調査　64（3）通号754〔2014.3〕p80〜92	
鈴木謙介	ソーシャル時代の「孤独なお茶の間」 ： 期待されるリアルな対話の場（特集 そこが知りたい「公共性」）：月刊民放　44（5）通号515〔2014.5〕p10〜13	
滝野俊一	急増する動画配信プラットフォーム（特集 動画配信サービスの行方）：月刊民放　44（6）通号516〔2014.6〕p30〜33	
西田宗千佳	「日本の映像配信」はどう広がっていくのか（特集 動画配信サービスの行方）：月刊民放　44（6）通号516〔2014.6〕p12〜17	
花谷美枝, 桐山友一, 川上量生	ドワンゴ 川上量生会長インタビュー コンテンツとメディアの融合での先行者利得に賭ける：エコノミスト　92（28）通号4350〔2014.6〕p88〜90	

〔図書〕

水越伸	20世紀のメディア 1 エレクトリック・メディアの近代 ジャストシステム 1996.2 210p 22cm 2600円	
桂英史	20世紀のメディア 3 マルチメディアの諸相とメディアポリティクス ジャストシステム 1996.3 199p 22cm 2600円	
月尾嘉男	サイバーメディア新思考経済一小が大を制し、遠が近に勝つ 徳間書店 1997.2 253p 20cm 1600円	
武田徹	ネットワーク未来派宣言一10年目のニフティサーブが問う10年後の社会 コンピュータ・エージ社 1997.7 223p 19cm 1700円	
前川徹	ネット・ビジネス最前線一アメリカ情報産業に学ぶインターネットの未来 スパイク 1998.5 410p 20cm 1900円	
インターネットにおけるデジタルコンテンツと電子決済ビジネスの現状と今後 シード・プランニング 2000.8 221p 30cm 98000円 （シード・プランニングの専門マーケティング資料）		
創未来フォーラムシステムネットワーク研究部会 新世紀インターネット概論とオートネットシステム2000 ありあけ出版 2000.9 139p 21cm 1400円 （Ariake books）		
志賀厚雄	デジタル・メディア・ルネッサンス一バーチャル・ワールドとアートの潮流 丸善 2000.11 213p 18cm 780円 （丸善ライブラリー）	
松谷芳比呂, 福田良平	インターネットラジオ局のつくり方 工学社 2001.2 127p 26cm 1900円 （I/O別冊）	
会津泉	アジアからのネット革命 岩波書店 2001.6 350p 20cm 2000円	
西正	図解インターネット放送 東洋経済新報社 2001.8 202p 21cm 1500円	
水越伸	デジタル・メディア社会 新版 岩波書店 2002.4 285p 20cm 2300円	
塩路忠彦	メディアの万華鏡一ケータイからブロードバンド、ユビキタスまで、その実像を探る 神戸新聞総合出版センター 2002.7 222p 19cm 1300円	
鈴木謙介	暴走するインターネット一ネット社会に何が起きているか イースト・プレス 2002.9 237p 19cm 1500円	
前川徹, 中野潔	サイバージャーナリズム論一インターネットによって変容する報道 東京電機大学出版局 2003.10 247p 22cm 3000円	
木村剛	インターネットはマスコミに勝てるか？ KFi 2004.9 143p 21cm 1000円 （月刊！ 木村剛 v.2）	
西正	モバイル放送の挑戦一ニューメディアの誕生 インターフィールド 2004.10 191p 19cm 1500円	
流行るブログ消えるブログ 桃園書房 2005.6 98p 26cm 933円 （Toen mook no.89）		
谷脇康彦	融合するネットワーク一インターネット大国・アメリカは蘇るか かんき出版 2005.9 287p 19cm 1800円	
高田昌幸, 湯川鶴章, 藤代裕之	ブログ・ジャーナリズム一300万人のメディア 野良舎 2005.10 224, 45, 3p 19cm 1500円	

林暁光	現代中国のマスメディア・IT革命　明石書店　2006.1　165p　19cm　1800円　（現代中国叢書 6）

林暁光　現代中国のマスメディア・IT革命　明石書店　2006.1　165p　19cm　1800円　（現代中国叢書 6）

湯川鶴章　ブログがジャーナリズムを変える　NTT出版　2006.7　285p　19cm　1700円

原田和英　巨大人脈SNSのチカラ　朝日新聞社　2007.2　234p　18cm　720円　（朝日新書）

金山智子, 菅谷実　ネット時代の社会関係資本形成と市民意識　慶應義塾大学出版会　2007.3　186p　22cm　3000円　（叢書21COE-CCC多文化世界における市民意識の動態 20）

三浦伸也, 庄司昌彦, 須子善彦, 和崎宏　地域SNS最前線—ソーシャル・ネットワーキング・サービス：Web 2.0時代のまちおこし実践ガイド　アスキー　2007.4　241p　21cm　1900円

歌田明弘　ネットはテレビをどう呑みこむのか？　アスキー　2007.6　250p　18cm　724円　（アスキー新書）

小倉一志　サイバースペースと表現の自由　尚学社　2007.7　22, 330, 6p　22cm　7000円　（現代憲法研究 1）

北島圭　暴走するネット社会—ネットは人間に幸福をもたらしたか　花伝社　2009.4　255p　19cm　1500円

保岡裕之　デジタル・メディアの活用技術　長崎出版　2009.6　165p　19cm　1800円

上杉隆　なぜツイッターでつぶやくと日本が変わるのか—マイクロジャーナリズムが政治とメディアを揺らす8つの話　晋遊舎　2010.6　316p　18cm　900円　（晋遊舎新書 007）

中村滋　スマートメディア―新聞・テレビ・雑誌の次のかたちを考える　デコ　2010.12　223p　20cm　1200円

田原総一朗　Twitterの神々—新聞・テレビの時代は終わった　講談社　2010.12　301p　19cm　1500円　（現代ビジネスブック）

佐々木俊尚　キュレーションの時代—「つながり」の情報革命が始まる　筑摩書房　2011.2　311, 3p　18cm　900円　（ちくま新書 887）

アスキー総合研究所　ソーシャル社会が日本を変える—新IT時代への提言 2011　アスキー・メディアワークス, 角川グループパブリッシング（発売）　2011.2　271p　21cm　1800円

今井照容　新大陸（ソーシャルメディア）VS旧大陸（マスメディア）—ソーシャルメディアが世界を動かす　イースト・プレス　2011.4　247p　18cm　952円　（知的発見！ BOOKS 003）

小林啓倫　災害とソーシャルメディア—混乱、そして再生へと導く人々の「つながり」　毎日コミュニケーションズ　2011.7　239p　18cm　830円　（マイコミ新書）

辻雄一郎　情報化社会の表現の自由—電脳世界への憲法学の視座　日本評論社　2011.9　295p　22cm　4000円

経済広報センター　米国のソーシャルメディア最新事情と企業広報の実態調査　2011年11月調査　経済広報センター　2012.3　94p　26cm　2000円

山本達郎　中国版ツイッターウェイボーを攻略せよ！　ワニ・プラス　2012.4　191p　18cm　760円　（ワニブックス｜PLUS｜新書 075）

守屋英一　フェイスブックが危ない　文藝春秋　2012.6　187p　18cm　680円　（文春新書 867）

別冊カドカワ総力特集ニコニコ動画—未来はユーザーの手の中　角川マガジンズ　2013　194p　21cm　1500円　（カドカワムック No0473）

Piskorski, Mikolaj, Jan, 平野敦士カール　ハーバード流ソーシャルメディア・プラットフォーム戦略　朝日新聞出版　2014.9　391p　20cm　2500円

戦争

〔雑誌記事〕

編集部　米国における戦時報道の制度：新聞研究　通号12　〔1950.10〕　p1～3

高松棟一郎　死の灰と新聞：新聞研究　通号59　〔1956.6〕　p1～4

田中慎次郎　軍縮問題と新聞の責任：新聞研究　通号128　〔1962.3〕　p24～27

稲葉三千男　ベトナム戦争とマスコミ：社会主義　通号165　〔1965.7〕　p48～55

古田菊夫　ニュース原稿の正体——PCS機による時間分析：新聞研究　通号168　〔1965.7〕　p37～41

岩立一郎　ベトナム戦争と日本の新聞（座談会）：新聞研究　通号168　〔1965.7〕　p10～19

総合ジャーナリズム研究編集部　8.15と新聞の責任－－1億総懺悔への回帰を前に：総合ジャーナリズム研究所　04（08）〔1967.8〕　p24～28, 30～36

中村敏　広島原爆投下後の四十八時間：新聞研究　通号193　〔1967.8〕　p44～48

総合ジャーナリズム研究編集部　8.15とアメリカの言論：総合ジャーナリズム研究所　04（09）〔1967.9〕　p4～16

漆山成美　防衛意思の基本構造（防衛論争とマスコミの姿勢（特集））：総合ジャーナリズム研究　05（02）〔1968.2〕　p18～22

総合ジャーナリズム研究編集部　防衛ジャーナリズムの構造を分析する－－新聞と政府の対決をどう考えるべきか（Symposium in Journalism）：総合ジャーナリズム研究所　05（04）〔1968.4〕　p4～18

三好修　防衛ジャーナリズム論（政治とマスコミ（特集））：総合ジャーナリズム研究　05（05）〔1968.7〕　p4～24

武市英雄　米西戦争とセンセーショナリズム——N.Y.ワールドのメイン号沈没事件の報道を中心に：コミュニケーション研究　通号4　〔1970.12〕　p61～89

鈴木均　再説・終戦記念報道論 <特集2>8・15とヒロシマの「記念番組」：放送批評　No.044　〔1971.8〕

吉田恭　「記者教育」の周辺（記者教育の現状と方法）：新聞研究　通号249　〔1972.4〕　p45～48

中谷不二男　記者教育の理想と現実（記者教育の現状と方法）：新聞研究　通号249　〔1972.4〕　p28～31

高橋照明　"公正""客観性"を柱に（記者教育の現状と方法—記者教育・その現状報告）：新聞研究　通号249　〔1972.4〕　p43～44

尾形幸雄　「資質向上」を重点目標（記者教育の現状と方法—記者教育・その現状報告）：新聞研究　通号249　〔1972.4〕　p39～41

佐々木忠雄, 大輪進　二か月にわたる新採用者研修（記者教育の現状と方法—記者教育・その現状報告）：新聞研究　通号249　〔1972.4〕　p41～42

吉田時雄　立体報道の記者教育（記者教育の現状と方法—記者教育・その現状報告）：新聞研究　通号249　〔1972.4〕　p37～38

平野義太郎　JCJ賞の「広島記者団」に期待と連帯-8.15の夕べ：広島ジャーナリスト　43　〔1972.9〕

長崎正宵　MACVからPOLIWARへ——戦乱の中のテレビ取材（ベトナム報道（特集）—ベトナムテレビ報道体験記）：新聞研究　通号261　〔1973.4〕　p62～63

田中信義　テレビカメラがとらえた解放村——ベトナム停戦の一こま（ベトナム報道（特集）—ベトナムテレビ報道体験記）：新聞研究　通号261　〔1973.4〕　p66～68

谷口侑　パリーもう一つの戦場を追って——第一回会談から国際会議まで（ベトナム報道（特集）—ベトナム特派員の記録）：

	新聞研究　通号261　〔1973.4〕　p49～52
熊田重克	ベトナムとヒロシマを結ぶ想像力〔中国新聞社〕(ベトナム報道(特集)―地方紙のベトナム報道)：新聞研究　通号261　〔1973.4〕　p69～71
小山房二	ベトナム人のベトナム――日仏戦争～72年・六度目のサイゴン(ベトナム報道(特集)―ベトナム特派員の記録)：新聞研究　通号261　〔1973.4〕　p32～34
丸山静雄	ベトナム戦争と新聞の報道(ベトナム報道(特集))：新聞研究　通号261　〔1973.4〕　p6～14
木谷忠	ベトナム報道の現代的意義(ベトナム報道(特集))：新聞研究　通号261　〔1973.4〕　p20～31
山口慶一	記憶の中での重さ――「サーチ・アンド・デストロイ」作戦従軍記(ベトナム報道(特集)―ベトナム特派員の記録)：新聞研究　通号261　〔1973.4〕　p40～42
鎌田光登	自由だった戦争報道――ロッジ氏更迭から南軍ラオス進攻のころ(ベトナム報道(特集)―ベトナム特派員の記録)：新聞研究　通号261　〔1973.4〕　p42～44
伊藤逸平	戦争と漫画(ベトナム報道(特集))：新聞研究　通号261　〔1973.4〕　p53～60
内田義雄	前線のベトナム兵士たち――北側三月攻勢の中で(ベトナム報道(特集)―ベトナムテレビ報道体験記)：新聞研究　通号261　〔1973.4〕　p64～66
一木豊	痛感した「足で書くこと」の意味――北爆開始, 政情不安の二年間を追う(ベトナム報道(特集)―ベトナム特派員の記録)：新聞研究　通号261　〔1973.4〕　p37～40
林勝一	爆撃下の北ベトナム取材――ハノイで見たこと, 考えたこと(ベトナム報道(特集)―ベトナム特派員の記録)：新聞研究　通号261　〔1973.4〕　p47～49
須藤忠昭	加担と告発 <特集1>生語としてのヴェトナム報道：放送批評　No.064　〔1973.5〕
角間隆	"血と骨"のサイゴン <特集3>生語としてのヴェトナム報道：放送批評　No.064　〔1973.5〕
鈴木明	「書かれた」真実 <特集4>生語としてのヴェトナム報道：放送批評　No.064　〔1973.5〕
小中陽太郎	少数者の栄光とマスとしての敗退 <特集2>生語としてのヴェトナム報道：放送批評　No.064　〔1973.5〕
ダイアモンド, エドウィン, 笠置正明	米国ジャーナリズムにおけるベトナム報道の軌跡：新聞研究　通号263　〔1973.6〕　p7～15
松浦総三	戦時下報道の虚実――<アメリカ戦略爆撃調査団報告書>に日本の報道分析を見る：総合ジャーナリズム研究　11(01)　〔1974.1〕　p94～104
内川芳美	暗い時代の証言を求めて――戦時言論統制史の欠落を埋めるために：新聞研究　通号277　〔1974.8〕　p34～37
上田哲	新連載 原爆報道三十年 はじめに：マスコミ市民　通号091　〔1975.4〕　p2～3
総合ジャーナリズム研究編集部	パレスチナに振り回された取材(私は戦後の"戦争記者"――ヨルダン×アラブ・ゲリラの交戦)：総合ジャーナリズム研究所　12(03)　〔1975.7〕　p111～120
上山進	「解放サイゴン」を取材して：新聞研究　通号289　〔1975.8〕　p54～57
井出昭, 井川一久, 上山進, 森紀元, 青木貞伸, 斉藤正治, 浅田恒穂, 藤井良孝, 藤原互, 鈴木均	陥落を視たジャーナリストが語る――追認から何を得るか <特集>座談会 サイゴン陥落ミニチュア報道から：放送批評　No.088　〔1975.9〕
滑川通夫, 松田浩, 松尾羊一, 猪俣勝人, 田家秀樹, 田所泉, 鈴木均	座談会 戦後30年終戦記念特集番組徹底モニター ブラウン管と伝承 <特集>"戦争体験"の現代における伝承とは？―'75年夏のジャーナリズム・終戦記念を考える：放送批評　No.089　〔1975.10〕
吉田満, 原勝洋, 山崎俊一, 渡辺清, 鈴木均	座談会 戦後30年目における"戦争体験"の伝承の表現の可能性 <特集>"戦争体験"の現代における伝承とは？―'75年夏のジャーナリズム・終戦記念を考える：放送批評　No.089　〔1975.10〕
総合ジャーナリズム研究編集部	腕からカメラがもぎとられてゆく(私は戦後の"戦争記者"――第三次印度・パキスタン戦争)：総合ジャーナリズム研究　12(04)　〔1975.10〕　p44～51
渡辺修	取材の成否は助手にあり……(私は戦後の"戦争記者"--第三次印度・パキスタン戦争-2-)：総合ジャーナリズム研究　13(02)　〔1976.4〕　p12～26
大楽武男	スクール・ジャーナリズムと表現の自由――アメリカ・CSPA第52回大会に参加して：総合ジャーナリズム研究　13(03)　〔1976.7〕　p90～95
殿岡昭郎	戦争のどす黒い罪悪性を噛みしめた(私は戦後の"戦争記者"--ベトナム戦争-3-)：総合ジャーナリズム研究　13(03)　〔1976.7〕　p36～45
丸山静雄	ベトナムを取材して30余年：文化評論　通号184　〔1976.8〕　p112～125
春原昭彦	戦時報道の実態――太平洋戦争期間中の「朝日新聞(東京)」ならびに「東京日日新聞(毎日新聞＝東京)」にみる記事内容の変遷：コミュニケーション研究　通号10〔1977〕　p11～71
藤本博一	ワンセット化の中のラジオ戦争 放送における「独占」とは？：放送批評　No.113　〔1978.2〕
ハーランド, ピーター, 石福秀太郎	テロと報道機関――欧米諸国の現状：新聞研究　通号319　〔1978.2〕　p78～84
Halberstam, David, 徳岡孝夫	メディアを握った男――雑誌「タイム」の創始者ヘンリー・ルースとベトナム戦争：諸君！ 日本を元気にするオピニオン雑誌　10(8)　〔1978.8〕　p162～187
星野安三郎	「有事立法」とマスコミ――三度の誤ちをしないために：マスコミ市民　通号131　〔1978.11〕　p2～9
戦時報道研究会	戦時報道の実態－3－：コミュニケーション研究　通号12〔1979〕　p57～123
河村幸一郎	五四年度『防衛白書』に対する新聞各紙の解説を論評する：自由　21(10)　〔1979.10〕　p117～121
茶本繁正	戦争とジャーナリズム－2－血税一揆と新聞：現代の眼　21(10)　〔1980.10〕　p234～243
飼牛康彦	イラン・イラク戦争報道の難しさ：新聞研究　通号353　〔1980.12〕　p63～66
杉本健	回想の開戦前夜－1－提督と新聞記者：諸君！ 日本を元気にするオピニオン雑誌　13(1)　〔1981.1〕　p274～285
富森叡児	防衛報道についての一考察(防衛論議のなかの新聞報道)：新聞研究　通号355　〔1981.2〕　p10～14
太田俊郎	北海道で聞く防衛論議(防衛論議のなかの新聞報道)：新聞研究　通号355　〔1981.2〕　p30～33
杉本健	提督と新聞記者－3－ゾルゲ事件と朝日新聞政経部：諸君！ 日本を元気にするオピニオン雑誌　13(3)　〔1981.3〕　p242～253
茶本繁正	戦争とジャーナリズム－7－日露戦争と報道合戦：現代の眼　22(4)　〔1981.4〕　p266～275
杉本健	提督と新聞記者－4－山本五十六の遺書：諸君！ 日本を元気にするオピニオン雑誌　13(4)　〔1981.4〕　p276～285
乾鉄之	間違いだらけのアフガン報道と真相(調査レポート)：現代の眼　22(5)　〔1981.5〕　p163～171
杉本健	提督と新聞記者－5－海戦派の拾頭：諸君！ 日本を元気にするオピニオン雑誌　13(5)　〔1981.5〕　p278～287
杉本健	提督と新聞記者－6完－孤影・井上成美と石川信吾：諸君！ 日本を元気にするオピニオン雑誌　13(6)　〔1981.6〕　p200～211

斎藤元郎	マスコミ現場から 読売新聞の "防衛" 報道を点検する——日米安保事務レベル・ハワイ協議：マスコミ市民　通号160　〔1981.7〕　p18～25	
茶本繁正	戦争とジャーナリズム—14—謀殺, 謀略と言論工作：現代の眼　23 (1)　〔1982.1〕　p276～285	
茶本繁正	戦争とジャーナリズム—15—武装と言論の自由：現代の眼　23 (2)　〔1982.2〕　p276～285	
村井仁	もうひとつの "フォークランド紛争"——報道姿勢でBBCと政府が対立：NHK文研月報　32 (07)　〔1982.7〕　p42	
浅井泰範	英国のマスコミが提起したもの（フォークランド紛争と新聞報道）：新聞研究　通号372　〔1982.7〕　p35～38	
青木彰	戦争報道の課題——英ア紛争に学ぶ（フォークランド紛争と新聞報道）：新聞研究　通号372　〔1982.7〕　p43～46	
広河隆一	私のなかのパレスチナ (1)：マスコミ市民　通号172　〔1982.8〕　p38～47	
茶本繁正	戦争とジャーナリズム—20—"国家精神総動員" 下のマスコミ：現代の眼　23 (8)　〔1982.8〕　p280～289	
阿部汎克	ジャーナリストと平和——「運動・ジャーナリストの集い」に参加して：新聞研究　通号373　〔1982.8〕　p49～53	
広河隆一	私のなかのパレスチナ (2) レバノン戦争とマスコミ：マスコミ市民　通号173　〔1982.9〕　p36～43	
広河隆一	連載第三回 私のなかのパレスチナ ベイルートの大虐殺：マスコミ市民　通号174　〔1982.10〕　p2～9	
広河隆一	連載第四回 私のなかのパレスチナ 医師・信原孝子のベイルート撤退：マスコミ市民　通号175　〔1982.11〕　p42～49	
広河隆一	連載第五回 私のなかのパレスチナ イスラエルの戦争犯罪に関する公聴会：マスコミ市民　通号176　〔1983.1〕　p54～62	
広河隆一	連載第六回 私のなかのパレスチナ 1982年・冬：マスコミ市民　通号177　〔1983.2〕　p50～57	
茶本繁正	戦争とジャーナリズム—25—七社共同宣言——新聞が死んだ日：現代の眼　24 (2)　〔1983.2〕　p208～217	
広河隆一	連載第七回 私のなかのパレスチナ 虐殺事件後のイスラエル：マスコミ市民　通号178　〔1983.3〕　p52～59	
茶本繁正	戦争とジャーナリズム—26完—ベトナム報道への弾圧：現代の眼　24 (3)　〔1983.3〕　p238～247	
広河隆一	連載第八回 私のなかのパレスチナ アルジェのパレスチナ民族評議会：マスコミ市民　通号179　〔1983.4〕　p52～59	
内海紀章	「兵器生産の現場」を発見する——連載企画「兵器生産」（防衛論議と新聞報道の現在）：新聞研究　通号381　〔1983.4〕　p47～50	
高榎堯	防衛論議——現代科学技術からの視点（防衛論議と新聞報道の現在）：新聞研究　通号381　〔1983.4〕　p39～42	
広河隆一	連載第九回 私のなかのパレスチナ パレスチナ人の春：マスコミ市民　通号180　〔1983.5〕　p46～53	
広河隆一	連載第十回 私のなかのパレスチナ イスラエルは変わるか：マスコミ市民　通号181　〔1983.6〕　p50～57	
広河隆一	連載第十一回 私のなかのパレスチナ ベカー高原の夏—ファタハ内部抗争事件：マスコミ市民　通号183　〔1983.8〕　p50～57	
広河隆一	連載第十二回 私のなかのパレスチナ ベカー高原の夏—「ノーモア・ヒロシマ、サブラ」：マスコミ市民　通号184　〔1983.9〕　p50～57	
むのたけじ	空砲の報道を救えるか：マスコミ市民　通号187　〔1984.1〕　p2～3	
高梨正樹	新聞と戦争——戦前の教訓に今こそ学ぼう：マスコミ市民　通号187　〔1984.1〕　p8～19	
西川潤	グレナダ報道と真実：世界　通号458　〔1984.1〕　p18～22	
阪田秀	戦時・紛争下の報道体制に関するビーチ研究会報告書（海外情報）：新聞研究　通号391　〔1984.2〕　p88～91	
高梨正樹	新聞と戦争——二・二六事件と新聞：マスコミ市民　通号190　〔1984.4〕　p30～40	
高梨正樹	新聞と戦争——ねつ造された "爆弾三勇士" 報道と現在：マスコミ市民　通号192　〔1984.6〕　p48～55	
茶本繁正	逆鱗を漕ぐとき——戦争とジャーナリズムについて考える（'84平和の状況と新聞報道）：新聞研究　通号397　〔1984.8〕　p44～47	
坂井定雄	軍縮交渉取材の壁——ジュネーブ特派員の目（'84平和の状況と新聞報道）：新聞研究　通号397　〔1984.8〕　p27～31	
石川巌	在日米軍戦略体制を追う——「核さがしの旅」から「ルポ不沈空母列島」へ（'84平和の状況と新聞報道）：新聞研究　通号397　〔1984.8〕　p10～13	
北詰洋一	新聞の平和感覚を問う——"極楽トンボ" になりたくない（'84平和の状況と新聞報道）：新聞研究　通号397　〔1984.8〕　p23～26	
岡本宏	"戦争と平和" に関する世論と新聞（'84平和の状況と新聞報道）：新聞研究　通号397　〔1984.8〕　p48～52	
佐藤崇雄	<戦争>展から学ぶこと（'84平和の状況と新聞報道）：新聞研究　通号397　〔1984.8〕　p19～22	
高梨正樹	新聞と戦争——『朝日』攻撃がもたらすもの：マスコミ市民　通号199　〔1985.2〕　p2～13	
高梨正樹	新聞と戦争——貿易摩擦と国際連盟脱退（上）：マスコミ市民　通号203　〔1985.6〕　p34～41	
高梨正樹	新聞と戦争——貿易摩擦と国際連盟脱退 下：マスコミ市民　通号205　〔1985.7〕　p36～43	
黒田勝弘	韓国で考えた「戦争と平和」——隣国の人びととの意識をどう報ずるか（戦後40年 平和と報道）：新聞研究　通号409　〔1985.8〕　p38～41	
宮里昭也	軍靴の響きが聞こえる限り（戦後40年 平和と報道）：新聞研究　通号409　〔1985.8〕　p12～15	
田岡俊次	軍事報道に携わって（戦後40年 平和と報道）：新聞研究　通号409　〔1985.8〕　p33～37	
安東善博, 大牟田稔	「原爆報道」を語る（戦後40年 平和と報道）：新聞研究　通号409　〔1985.8〕　p23～27	
牧太郎	新国家主義への懸念——中曽根ウォッチ（戦後40年 平和と報道）：新聞研究　通号409　〔1985.8〕　p50～54	
永井清彦	戦後40年と西独ジャーナリズム（戦後40年 平和と報道）：新聞研究　通号409　〔1985.8〕　p46～49	
寺崎一雄	戦争を語りつづける——連載「戦後40年を考える」から（戦後40年 平和と報道）：新聞研究　通号409　〔1985.8〕　p19～22	
水島敏夫	東欧・草の根平和運動の動き（戦後40年 平和と報道）：新聞研究　通号409　〔1985.8〕　p42～45	
梅原紘児	反核, 平和と新聞の使命——年間企画「被爆40年」から（戦後40年 平和と報道）：新聞研究　通号409　〔1985.8〕　p16～18	
浜剛	北海道の "沖縄化" を点検する（戦後40年 平和と報道）：新聞研究　通号409　〔1985.8〕　p28～32	
久米茂	四十年目の「八月」報道と日本人の心性 終戦記念ジャーナリズムの "視点"：月刊民放　15 (172)　〔1985.10〕　p37～40	
高梨正樹	新聞と戦争——国家秘密法案と言論の自由：マスコミ市民　通号207　〔1985.10〕　p48～55	
小西昭之	世界平和と新聞の役割（世界の潮流と日本の立場——報道の視点）：新聞研究　通号414　〔1986.1〕　p10～14	
崎山昌広	皮膚感覚に根ざした平和運動を（世界の潮流と日本の立場——報道の視点）：新聞研究　通号414　〔1986.1〕　p57～60	
高梨正樹	新聞と戦争——『朝日』の "新聞の戦争責任" を読んで：マスコミ市民　通号211　〔1986.3〕　p44～51	

Graham, Katharine, 橋本正邦　テロ報道批判に答える：新聞研究　通号416〔1986.3〕p88〜91

高梨正樹　新聞と戦争――『朝日』の"新聞の戦争責任"を読んで：マスコミ市民　通号212〔1986.4〕p60〜67

佐瀬昌盛　朝日新聞の安全保障観：諸君！　日本を元気にするオピニオン雑誌　18(6)〔1986.6〕p64〜87

佐瀬昌盛　朝日新聞の安全保障観―2―「我田引水」と「歪曲」と：諸君！　日本を元気にするオピニオン雑誌　18(7)〔1986.7〕p212〜235

佐瀬昌盛　朝日新聞の安全保障観―3―3たび中馬論説委員に問う：諸君！　日本を元気にするオピニオン雑誌　18(8)〔1986.8〕p146〜164

高梨正樹　新聞と戦争――吹き荒れる言論への暴力：マスコミ市民　通号218〔1986.10〕p46〜51

山中恒　特集　どう語り継ぐか、戦争体験「8月ジャーナリズム」を振り返って　いま、テレビ・ジャーナリズムに問われる「戦争」への認識　「風化」すすむ時代環境に、使命全うと、制作者の人間としての誇りに期待：月刊民放　16(184)〔1986.10〕p10〜13

茶本繁正　特集　どう語り継ぐか、戦争体験「8月ジャーナリズム」を振り返って　まず、戦後ジャーナリズムの"原点と背景"正視から「視聴覚による追体験の意味」と「媒体の社会的責任」の重さを見直して：月刊民放　16(184)〔1986.10〕p6〜9

安田穣、佐藤伊佐雄、山本喜介、緒方修、菅野利美、船山忠弘、早河洋、中村欣資、槌田禎子、坪井啓、島崎素彦、藤田光、徳丸望　特集　どう語り継ぐか、戦争体験「8月ジャーナリズム」を振り返って　四十一年目の夏―メディアが伝えた「戦争と平和」　風化すすむ「戦争体験」を語り継ぐ制作者の"視点"：月刊民放　16(184)〔1986.10〕p14〜30

佐瀬昌盛　朝日新聞の安全保障観―番外編―中馬論説委員の「特殊感覚」：諸君！　日本を元気にするオピニオン雑誌　18(10)〔1986.10〕p236〜256

田岡俊次　防衛取材の現状を憂える――高姿勢の防衛庁、知識不足の記者：新聞研究　通号424〔1986.11〕p43〜46

松木修二郎　日清戦争とその後の新聞――報道新聞への脱皮―1―：政経研究　23(2)〔1986.12〕p207〜226

高梨正樹　新聞と戦争――スパイ政治との対決：マスコミ市民　通号220〔1987.1〕p46〜51

高梨正樹　新聞と戦争――金解禁を支持した社説：マスコミ市民　通号223〔1987.3〕p62〜67

国際新聞編集者協会, 日本新聞協会編集部　危険な任務を帯びたジャーナリスト――命を保つための手引き：新聞研究　通号428〔1987.3〕p98〜106

松木修二郎　日清戦争とその後の新聞――報道新聞への脱皮―2―：政経研究　23(3)〔1987.3〕p479〜510

高梨正樹　新聞と戦争――五・一五事件のテロに対する姿勢：マスコミ市民　通号230〔1987.10〕p40〜47

松井覚進　ジャーナリストの歴史認識――客体視する能力を喪失していないか（平和の創造とジャーナリズム）：新聞研究　通号437〔1987.12〕p20〜24

高梨正樹　新聞と戦争――言論弾圧と自己規制：マスコミ市民　通号234〔1988.3〕p52〜57

高梨正樹　新聞と戦争――ゴー・ストップ事件：マスコミ市民　通号235〔1988.4〕p50〜55

竹山昭子　史料からみた終戦を告げるニュース放送の分析：新聞学評論　通号37〔1988.4〕p153〜165

高梨正樹　新聞と戦争――京大・滝川事件：マスコミ市民　通号237〔1988.6〕p84〜89

高梨正樹　新聞と戦争――軍民離間声明と新聞：マスコミ市民　通号238〔1988.7〕p50〜55

高梨正樹　新聞と戦争――陸軍パンフレット事件：マスコミ市民　通号239〔1988.8〕p64〜69

高梨正樹　新聞と戦争――命がけの報道―新聞人への相次ぐテロ：マスコミ市民　通号240〔1988.9〕p90〜95

高梨正樹　新聞と戦争――「近畿防空演習」社説訂正事件：マスコミ市民　通号241〔1988.10〕p60〜65

遊佐雄彦　日本の戦争ジャーナリズムを考える　倭小化していく8月15日：放送批評　No.232〔1988.11〕

高梨正樹　新聞と戦争――"困った競争"といわれた大正天皇死去報道：マスコミ市民　通号243〔1988.12〕p58〜63

高梨正樹　新聞と戦争――美濃部達吉と天皇機関説：マスコミ市民　通号244〔1989.1〕p58〜63

向井千恵子　虚報が崩壊させた一家族の運命――南京事件「百人斬り」――「向井少尉の娘」の40年：諸君！　日本を元気にするオピニオン雑誌　21(1)〔1989.1〕p40〜55

高梨正樹　新聞と戦争――美濃部達吉と天皇機関説：マスコミ市民　通号245〔1989.2〕p76〜81

高梨正樹　新聞と戦争――陸軍の派閥抗争と永田鉄山暗殺事件：マスコミ市民　通号251〔1989.6〕p80〜85

高梨正樹　新聞と戦争――国際連盟脱退と『時事新報』の正論：マスコミ市民　通号252〔1989.7〕p74〜79

高梨正樹　新聞と戦争――『兵は凶器なり』―水野広徳の反戦思想：マスコミ市民　通号253〔1989.8〕p98〜103

宮川裕章　戦争責任とジャーナリズム：マスコミ市民　通号253〔1989.8〕p92〜97

高梨正樹　新聞と戦争――水野広徳の平和主義：マスコミ市民　通号254〔1989.9〕p59〜63

門奈直樹　新聞とファシズム――第2次大戦前夜のイギリスの言論：新聞研究　通号458〔1989.9〕p34〜41

高梨正樹　新聞と戦争――二・二六事件でトドメを刺された新聞：マスコミ市民　通号256〔1989.11〕p70〜75

高梨正樹　新聞と戦争――二・二六事件と『時事新報』の抵抗：マスコミ市民　通号257〔1990.1〕p76〜81

高梨正樹　新聞と戦争――斎藤隆夫の粛軍演説：マスコミ市民　通号258〔1990.2〕p64〜69

高梨正樹　新聞と戦争――国策通信会社「同盟通信社」の誕生：マスコミ市民　通号259〔1990.3〕p102〜107

石田健夫　「現代文学の従軍記者」――その使命と心構え（新時代の記者たちへ――記者読本'90―様々な生き方の中から）：新聞研究　通号464〔1990.3〕p44〜47

保坂広志　戦争とジャーナリズム――新聞にみる軍神誕生と民衆の戦争動員に関する一考察〔含　上閏奏達一覧〕：琉球大学法文学部紀要, 社会学篇　通号32〔1990.3〕p59〜114

高梨正樹　新聞と戦争――取引所改革報道と取材制限：マスコミ市民　通号260〔1990.4〕p70〜75

高梨正樹　新聞と戦争――日中戦争と"挙国一致報道"：マスコミ市民　通号261〔1990.5〕p84〜89

高梨正樹　新聞と戦争――新聞統制を早めた"紙不足"：マスコミ市民　通号263〔1990.7〕p77〜81

高梨正樹　新聞と戦争――国家総動員法と"死に体"報道：マスコミ市民　通号264〔1990.8〕p58〜63

樋口由紀雄　若い世代とともに考える（戦後45年ジャーナリズムは今……―戦争を伝える）：新聞研究　通号469〔1990.8〕p28〜30

高梨正樹　新聞と戦争――日・独・伊三国同盟への道：マスコミ市民　通号266〔1990.10〕p68〜73

高梨正樹　新聞と戦争（最終回）新聞報国と"戦う新聞人"：マスコミ市民　通号267〔1990.11〕p57〜62

関口達夫　特集　戦後45年目の"熱い夏"これ以上"核"の被害者作らぬために：月刊民放　20(233)〔1990.11〕p14〜17

大山盛英　特集　戦後45年目の"熱い夏"「慰霊の日」中心に反戦・平和番組：月刊民放　20(233)〔1990.11〕p18〜21

酒井昭	特集 戦後45年目の"熱い夏" 学童集団疎開とは何か：月刊民放　20（233）〔1990.11〕 p26〜27	
関千枝子	特集 戦後45年目の"熱い夏" 感傷排し、戦争の本質追究を：月刊民放　20（233）〔1990.11〕 p22〜25	
中島暉雄	特集 戦後45年目の"熱い夏" 原点ヒロシマの声を国際世論に：月刊民放　20（233）〔1990.11〕 p10〜13	
牛山純一	特集 戦後45年目の"熱い夏" 先進国の論理を排し、民族の立場で報道を：月刊民放　20（233）〔1990.11〕 p6〜9	
古川純	国連の平和維持活動と日本国憲法の精神——中東危機を利用する国連平和協力法案の危険性（中東を報ずる視点）：新聞研究　通号472 〔1990.11〕 p18〜23	
榊直樹	邦人移動をめぐる報道規制一部始終（中東を報ずる視点）：新聞研究　通号472 〔1990.11〕 p39〜42	
平山健太郎	バグダッド取材ノートから：新聞研究　通号473 〔1990.12〕 p41〜43	
前田哲男	自衛隊とジャーナリズム やめよう自衛隊アレルギー：放送批評　No.260 〔1991.3〕	
滑川峰夫	《特集》湾岸戦争とジャーナリズム マスコミ取材現場から 消費税が「5％」になる！：マスコミ市民　通号270 〔1991.3〕 p24〜29	
富山達之	《特集》湾岸戦争とジャーナリズム マスコミ取材現場から 野党もマスコミも甘いから政府はごまかし答弁ばかり：マスコミ市民　通号270 〔1991.3〕 p30〜33	
矢崎孝二	《特集》湾岸戦争とジャーナリズム マスコミ取材現場から 湾岸支援策は戦争協力そのものだ：マスコミ市民　通号270 〔1991.3〕 p13〜17	
久保田健次	《特集》湾岸戦争とジャーナリズム 映像情報は文字情報に勝ったのか：マスコミ市民　通号270 〔1991.3〕 p2〜12	
秦正流	《特集》湾岸戦争とジャーナリズム 湾岸戦争に一刻も早い停戦を：マスコミ市民　通号270 〔1991.3〕 p18〜22	
久米宏	「ニュースステーション」私たちの湾岸報道：Asahi journal　33（12）〔1991.3〕 p6〜13	
小島通彦	マスコミ取材現場から 湾岸戦争と日本外交——記者として今…：マスコミ市民　通号271 〔1991.4〕 p20〜25	
総合ジャーナリズム研究編集部	「湾岸」報道の嵐−2−：総合ジャーナリズム研究所　28（02）〔1991.4〕 p62〜69	
総合ジャーナリズム研究編集部	「湾岸」報道の嵐＜特集＞：総合ジャーナリズム研究所　28（02）〔1991.4〕 p82〜92	
土岐島雄	「湾岸」報道の嵐＜特集＞そこに日本人ジャーナリストはいたか：総合ジャーナリズム研究　28（02）〔1991.4〕 p96〜101	
岡村黎明	「湾岸」報道の嵐＜特集＞グローバル・メディアCNNの功罪：総合ジャーナリズム研究　28（02）〔1991.4〕 p28〜34	
鳥越俊太郎	「湾岸」報道の嵐＜特集＞テレビを使うもうひとつの戦闘：総合ジャーナリズム研究　28（02）〔1991.4〕 p22〜26	
小田実	「湾岸」報道の嵐＜特集＞ミサイルの行くえと「湾岸戦争」報道：総合ジャーナリズム研究　28（02）〔1991.4〕 p8〜15	
池本春樹	「湾岸」報道の嵐＜特集＞開戦第一報と報道管制：総合ジャーナリズム研究　28（02）〔1991.4〕 p42〜48	
潮見高男	「湾岸」報道の嵐＜特集＞戦下のCNN、批判の中で：総合ジャーナリズム研究　28（02）〔1991.4〕 p88〜92	
総合ジャーナリズム研究編集部	「湾岸」報道の嵐＜特集＞他国の戦争!?日本の報道：総合ジャーナリズム研究所　28（02）〔1991.4〕 p35〜39	
柴田寛二	「湾岸」報道の嵐＜特集＞多国籍記者団と「最も報道の少ない日」：総合ジャーナリズム研究　28（02）〔1991.4〕 p54〜59	
岩田雅	フリープレスの原理と湾岸戦争——英国の報道規制（戦争——その取材と報道）：新聞研究　通号477 〔1991.4〕 p33〜36	
伊藤博道, 屋宜聡, 渡辺祐司	国内取材リポート（戦争——その取材と報道）：新聞研究　通号477 〔1991.4〕 p41〜46	
西尾嘉門	新聞整理の現場から（戦争——その取材と報道）：新聞研究　通号477 〔1991.4〕 p37〜40	
小西昭之	生かされた？"ベトナムの教訓"——徹底していたペンタゴンの情報操作（戦争——その取材と報道）：新聞研究　通号477 〔1991.4〕 p29〜32	
猿谷要	"脱亜入欧"からの脱皮——湾岸戦争における日本の報道をみて（戦争——その取材と報道）：新聞研究　通号477 〔1991.4〕 p10〜13	
村上吉男	湾岸戦争と日本のメディア（戦争——その取材と報道）：新聞研究　通号477 〔1991.4〕 p14〜28	
隅井孝雄	アメリカTVの43日間 メディアに課せられた"報道管制"との闘い：放送批評　No.262 〔1991.5〕	
鈴木佑司	テレビが作るイラク指導者像 フセインとメディア メディアに課せられた"報道管制"との闘い：放送批評　No.262 〔1991.5〕	
久保田健次	検証・湾岸戦争と報道 テレビはどこまで真実を伝えたか：マスコミ市民　通号272 〔1991.5〕 p2〜10	
青木貞伸, 筑紫哲也, 田英夫, 平山健太郎	座談会 アメリカはメディアという戦場で勝利した：放送批評　No.262 〔1991.5〕	
桂敬一	戦争とジャーナリズム メディアに課せられた"報道管制"との闘い：放送批評　No.262 〔1991.5〕	
藤竹暁	特集 テレビは湾岸戦争をどう伝えたか テレビが描いた湾岸戦争の特質：月刊民放　21（239）〔1991.5〕 p6〜9	
広田兼一郎	特集 テレビは湾岸戦争をどう伝えたか テレビ報道の諸問題が浮き彫りに フジテレビ：月刊民放　21（239）〔1991.5〕 p26〜27	
竹内淳	特集 テレビは湾岸戦争をどう伝えたか 各局の取材・報道体制を振り返って：月刊民放　21（239）〔1991.5〕 p18〜21	
川村晃司	特集 テレビは湾岸戦争をどう伝えたか 検閲下で試される記者個人の資質 テレビ朝日：月刊民放　21（239）〔1991.5〕 p28〜29	
竹下彊一	特集 テレビは湾岸戦争をどう伝えたか 孤立した"報道小国日本"に猛省を：月刊民放　21（239）〔1991.5〕 p14〜17	
岡本英信	特集 テレビは湾岸戦争をどう伝えたか 戦争報道には"敗者の視点"も必要 東京放送：月刊民放　21（239）〔1991.5〕 p24〜25	
高雄孝昭	特集 テレビは湾岸戦争をどう伝えたか 独自取材の重要性を再認識 日本テレビ：月刊民放　21（239）〔1991.5〕 p22〜23	
甲野泰治	特集 テレビは湾岸戦争をどう伝えたか 歴史的検証と分析が重要に テレビ東京：月刊民放　21（239）〔1991.5〕 p30〜31	
小山茂樹	特集 テレビは湾岸戦争をどう伝えたか 湾岸戦争の歴史的背景と報道 インタビュー：月刊民放　21（239）〔1991.5〕 p10〜13	
石井清司	湾岸報道とテレビ局 メディアに課せられた"報道管制"との闘い：放送批評　No.262 〔1991.5〕	
阪田秀	グローバル・ジャーナリズムの挑戦——CNNの湾岸戦争報道：新聞研究　通号478 〔1991.5〕 p46〜48	

戦争		ジャーナリズム

秋山哲也	バトルフィールドで見たもの――ファインダーからのぞいた湾岸戦争：新聞研究　通号478　〔1991.5〕　p42～45	
柳沢秀夫	戦争の真の姿とは…――バグダッドから伝えた湾岸戦争：新聞研究　通号478　〔1991.5〕　p38～41	
川村晃司	第一線テレビジャーナリストが語る　湾岸報道体験記：放送批評　No.263　〔1991.6〕	
柴山哲也	湾岸報道は，日本の戦後に何をもたらしたか――下――日本見直しのすすめ：世界　通号555　〔1991.6〕　p192～200	
服部孝章	ペンタゴンの報道規制　戦争報道が残した重たい課題　湾岸戦争・特派員の眩き：放送批評　No.264　〔1991.7〕	
中村泰次	中村泰次の"蟻の一穴"－10－情報公開，政府は消極姿勢－－報道機関が積極的提言を：総合ジャーナリズム研究　28（03）〔1991.7〕　p82～85	
山本清貴	日本人記者が海外で実力を発揮できないわけ　湾岸戦争・特派員の眩き：放送批評　No.264　〔1991.7〕	
佐藤信行	湾岸戦争後の米ジャーナリズム（「湾岸」報道の嵐-2-)：総合ジャーナリズム研究　28（03）〔1991.7〕　p72～76	
春名幹男	検証　湾岸報道の真実――なぜ読み違いがおこったのか：世界　通号556　〔1991.7〕　p284～294	
小西昭之	湾岸戦争後の米三大ネット：放送批評　No.266　〔1991.9〕	
柳治郎	戦争報道を考える――第7回世界テレビ映像祭を終えて（マスコミの焦点）：新聞研究　通号483　〔1991.10〕　p90～92	
岡村黎明	夏のジャーナリズム　湾岸戦争と太平洋戦争開戦50年の年にテレビは何を描いたか：放送批評　No.268　〔1991.11〕	
阿羅健一	戦争報道の日本告発：Kakushin　通号255　〔1991.11〕　p22～25	
今井隆吉	軍縮と報道を考える――大国日本の役割（地球時代の日本と報道）：新聞研究　通号485　〔1991.12〕　p36～39	
柳田和彦	《大特集》私の発言　海外派兵に懸命の各国の声と報道：マスコミ市民　通号279　〔1992.1〕　p12～13	
中沢昇	"特集"湾岸戦争から1年余り　第二部　メディアと湾岸戦争：マスコミ市民　通号280　〔1992.2〕　p16～21	
岡村黎明	真珠湾50年と日本のTV：放送批評　No.272　〔1992.3〕	
佐藤信行	ペンタゴンの情報操作と「湾岸戦争」－－米・社会擁護センターの報告「砲火を浴びて」から：総合ジャーナリズム研究　29（02）〔1992.4〕　p36～43	
斎藤千代	ジャーナリズムも抑止しなかった戦争－－「湾岸」戦後のバグダードを訪ねて：総合ジャーナリズム研究　29（03）〔1992.7〕　p14～18	
新谷明生	特集　PKO法大研究　ベトナムの侵略とカンボジア報道：マスコミ市民　通号286　〔1992.8〕　p18～23	
田村進	PKO協力報道を振り返る：新聞研究　通号493　〔1992.8〕　p72～79	
穂積健	真珠湾50周年報道の研究：人文科学論集　（50）〔1992.9〕　p97～133	
岡村黎明	戦後処理のあやまちを衝く　92夏のジャーナリズム：放送批評　No.280　〔1992.11〕	
長谷川恵一	PKO取材と報道（マスコミの焦点）：新聞研究　通号496　〔1992.11〕　p87～89	
政井孝道	ダイレクトに情報を伝えたい――関西から見た東京一極集中（日本列島情報格差）：新聞研究　通号496　〔1992.11〕　p21～23	
田中伯知	日本の新聞論調にみる太平洋戦争史観――社説，連載，談話・転載記事の内容分析：慶応義塾大学新聞研究所年報　通号40　〔1993.3〕　p27～42	
山田哲夫	UNTACの限界と変わらぬ対決の構図（カンボジアから何を伝えるか――CAMBODIA INSIDE）：新聞研究　通号504　〔1993.7〕　p23～25	
野木克己	かみあわなかった国会審議とPKOの現場（カンボジアから何を伝えるか――CAMBODIA INSIDE）：新聞研究　通号504　〔1993.7〕　p28～30	
五十嵐正剛	誤算続きのPKOと報道の関係（カンボジアから何を伝えるか――CAMBODIA INSIDE）：新聞研究　通号504　〔1993.7〕　p33～35	
田中伯知	新聞論調にみられる太平洋戦争史観――社説，連載，談話，転載記事の分析：自由　36（9）〔1994.9〕　p74～84	
久保紘之	新「大政翼賛会」の呪縛：諸君！　日本を元気にするオピニオン雑誌　26（10）〔1994.10〕　p38～49	
天野勝文	原爆投下！「第一報」日米報道比較-2-1945年8月（戦後50年・日本の言論＜特別企画＞）：総合ジャーナリズム研究　32（01）〔1995.1〕　p85～93	
石田博子	占領期における原爆報道の規制――世界に知られなかった原爆症：文化学年報　通号44　〔1995.3〕　p117～130	
石原司	湾岸戦争と日本のマス・メディア（1）～(17)：武蔵大学論集　42（5・6）〔1995.3～2000.1〕　p1～26	
伊藤正孝	もっと良心的に，もっと行動的に（地域紛争を報じる）：新聞研究　通号525　〔1995.4〕　p14～17	
国境なき記者団	サバイバル・マニュアル（地域紛争を報じる）：新聞研究　通号525　〔1995.4〕　p46～52	
小沢勝	ザイール・ゴマでの取材活動（地域紛争を報じる）：新聞研究　通号525　〔1995.4〕　p30～32	
柴宜弘	「現地主義」に徹した報道を――ユーゴスラビア内戦報道に接して（地域紛争を報じる）：新聞研究　通号525　〔1995.4〕　p18～20	
田城明	ヒロシマの声は世界に届いたか――インタビューシリーズ「核時代昨日・今日・明日」（発掘戦後50年）：新聞研究　通号527　〔1995.6〕　p72～74	
丸谷鋳士, 杉山秀樹	特集　戦後50年　「節目」を報道する　50年目の証言は後世に残す最後の機会：月刊民放　25（290）〔1995.8〕　p12～14	
田島明朗	特集　戦後50年　「節目」を報道する　極限の人間の体験を，音で掘り起こす：月刊民放　25（290）〔1995.8〕　p15～17	
兼坂諦一	特集　戦後50年　「節目」を報道する　戦後の放送のシステム　電気通信の視点から：月刊民放　25（290）〔1995.8〕　p40～43	
伊藤孝, 原裕二郎, 三辺吉彦	特集　戦後50年　「節目」を報道する　第一段階として「終戦番組」に取り組む：月刊民放　25（290）〔1995.8〕　p8～11	
渡辺眞二	検証　戦後50年報道――風化する戦争体験，次代への継承模索――九州・沖縄各紙の連載・継続企画：新聞研究　通号529　〔1995.8〕　p69～74	
石原司	湾岸戦争と日本のマス・メディア-2―：武蔵大学論集　43（1）〔1995.8〕　p1～29	
向後英紀, 松田浩, 野崎茂	GHQ放送政策の功と罪　戦後50年と放送：放送批評　No.314　〔1995.9〕	
新井直之	ジャーナリズムの変容　テレビと新聞の「競争」と「共生」　戦後50年と放送：放送批評　No.314　〔1995.9〕	
中郡英男	幻の原爆紙面「ヒロシマ新聞」を発行して－－1945年8月7日付"新聞空白"を埋める中国新聞，50年目の試み：総合ジャーナリズム研究　32（04）〔1995.10〕　p64～69	
大竹秀子	正気でリベラルな「終戦」報道（FROM U.S0A.)：総合ジャーナリズム研究　32（04）〔1995.10〕　p75～77	
原寿雄	人命か，それともジャーナリズムの自由か－テロとマスコミ・米ユナボマー事件を考える：放送レポート　138号　〔1996.1〕　p18～21	

坂井定雄, 卓南生, 服部孝章	シンポジウム 戦後日本のジャーナリズム——戦争報道を中心として——報告：マス・コミュニケーション研究　通号48〔1996.1〕p247～251	
徳松信男	原爆投下に対する日米間の報道、世論、政府の対応等について～スミソニアン原爆展論争をめぐって：常葉学園大学研究紀要. 外国語学部　(13)〔1997.3〕p177～190	
金沢敏子	「個人」を描き出さないと、戦争の本質は伝わらない(特集 テレビドキュメンタリーWHAT？ その可能性と新しい潮流を読む)：新・調査情報passingtime　2期(51)通号416〔1997.5〕p18～19	
吉原恒雄	現代テロとマスコミ報道：正論　通号297〔1997.5〕p300～307	
石原司	湾岸戦争とマス・メディア(9)：武蔵大学論集　45(1)〔1997.6〕p55～96	
坂井定雄	軍事紛争とコミュニケーション——ベトナムから冷戦後への経験(特集 ポスト冷戦時代の国際コミュニケーション論)：マス・コミュニケーション研究　通号51〔1997.7〕p50～69	
前島加世子	中国新聞の原爆報道50年(広島・原爆の日特集)：放送文化　通号38〔1997.8〕p42～45	
永井浩	PKO「成功物語」への疑問とカンボジア政変報道：総合ジャーナリズム研究　34(04)〔1997.10〕p50～55	
原由美子, 斎藤建作, 服部弘	戦争をめぐるテレビ報道と国民の意識——戦後50周年テレビ報道比較研究から：放送研究と調査　47(12)〔1997.12〕p2～19	
宇田川かおり	有事報道における日本の新聞の構造分析——湾岸支援策報道を事例に：日本女子大学紀要. 文学部　通号48〔1998〕p85～93	
神保哲生	対人地雷問題から考えるジャーナリズム：新・調査情報passingtime　2期(51)通号420〔1998.1〕p6～7	
水野剛也	第二次世界大戦時の日系人立ち退き・収容問題とアメリカのリベラル・プレス——『ニュー・リパブリック』と『ネーション』の戦争報道：マス・コミュニケーション研究　通号52〔1998.1〕p147～161	
竹山昭子	アメリカの戦争プロパガンダ映画『汝の敵日本を知れ』のメッセージ分析(特集 国際社会とメディア)：メディア史研究　通号7〔1998.3〕p64～81	
野村民夫	東ティモール報道を巡って(続)報道は状況を救えるか：マスコミ市民　通号369〔1999.9〕p60～65	
石原司	資料 湾岸戦争と日本のマス・メディア(18)：武蔵大学論集　48(1)通号243〔2000〕p101～127	
門奈直樹	コソボ戦争とマスメディア：世界　通号672〔2000.3〕p154～158	
島崎淳	中東危機報道記——映像が宣伝戦に利用される現実：新聞研究　(594)〔2001.1〕p69～72	
音好宏	シリーズ学者が斬る(38) 米メディアはテロ事件をどう伝えたか：エコノミスト　79(45)通号3530〔2001.10〕p48～51	
茶本繁正	メディア・レポート<89> 同時多発テロがはずみをつける "海外派兵" と "世界恐慌" の危険：放送レポート　173号〔2001.11〕p40～43	
音好宏	テロで揺らいだ米国メディアの多元性——グローバル化のなか、ジャーナリズムの真価が問われている(特集 米国同時多発テロと報道)：新聞研究　(605)〔2001.12〕p34～37	
波津博明	欧州紙に見るテロ、アフガン戦争報道——空爆支持で一致するも、在り方には様々な条件付け(特集 米国同時多発テロと報道)：新聞研究　(605)〔2001.12〕p30～33	
山本泰夫	「事実報道」どこまで貫けるか——新聞作りの現場から考えたこと(特集 米国同時多発テロと報道)：新聞研究　(605)〔2001.12〕p19～22	
伊藤芳明, 高畑昭男	従来型でない、新しい脅威——紙面のバランスに注意を払いながら/もっとほしかった安全保障論議(特集 米国同時多発テロと報道)：新聞研究　(605)〔2001.12〕p15～18	
及川仁	長期戦の取材に課題が山積——アフガニスタンでの45日間(特集 米国同時多発テロと報道)：新聞研究　(605)〔2001.12〕p23～26	
加藤千洋, 岩村立郎	「目に見えない戦争」を前にして——事実確認がすぐにできないもどかしさ/「できること」とは何か、その限界は(特集 米国同時多発テロと報道)：新聞研究　(605)〔2001.12〕p10～14	
坂元隆	軋み生じるメディアと政府、市民——「9・11」から二か月半のアメリカ(特集 米国同時多発テロと報道)：新聞研究　(605)〔2001.12〕p27～29	
田島泰彦	テロに乗じた「防衛秘密」法制の導入(世界の潮)：世界　(695)〔2001.12〕p21～25	
奥田良胤	同時多発テロ報道とジャーナリズムの課題：放送研究と調査　51(12)通号607〔2001.12〕p26～29	
星野安三郎	憲法と「米軍支援・戦争協力法」——政府は戦争を欲し、人民は平和を願う(特集 「戦争協力法」とメディア)：マスコミ市民　通号395〔2001.12〕p12～20	
大島香織	『中国新聞』と『ヒロシマ20年』：日本女子大学大学院文学研究科紀要　(9)〔2002〕p121～136	
里見脩	アフガン「宣伝戦」——戦争とメディア：発言者　93〔2002.1〕p78～82	
海部一男	同時多発テロとその後(1)「新しい戦争」と放送メディア——ABCとアルジャジーラは何を伝えたか：放送研究と調査　52(1)通号608〔2002.1〕p14～37	
宮沢乃里子, 友宗由美子	同時多発テロとその後(2) 人々は情報をどう受けとめたか——グループインタビュー調査から：放送研究と調査　52(1)通号608〔2002.1〕p38～61	
原寿雄	テロ・戦争とジャーナリズム：放送レポート　174号〔2002.2〕p2～10	
茶本繁正	メディア・レポート<90> "常識"ふりかざして憲法を踏みにじる「戦争法」の狂気：放送レポート　174号〔2002.2〕p22～25	
佐々木秀智	同時多発テロ・報復攻撃とメディアの自由・民主主義：月刊民放　32(2)通号368〔2002.2〕p38～41	
徳久勲	戦争のメディア——湾岸戦争からアフガニスタンへ アルジャジーラは「9・11」を知っていた!?：New media　20(2)通号223〔2002.2〕p40～42	
池田竜夫	RESEARCH 新たな「戦争」と報道と(2)米・同時多発テロと報復戦争：総合ジャーナリズム研究　39(02)(通号180)〔2002.3〕p26～31	
原由美子, 重森万紀, 鈴木祐司	その夜、人々はテレビをどう見たか——〔2001年〕9.11同時多発テロの視聴行動分析：放送研究と調査　52(3)通号610〔2002.3〕p26～55	
綿井健陽	アフガニスタン取材の現場から 日本メディアの安全基準と取材方針とは？：マスコミ市民　通号398〔2002.3〕p2～15	
伊藤芳明, 加藤千洋, 谷口一郎	座談会 新聞はどう伝えたか——米国同時多発テロから半年を振り返って(特集 米国同時多発テロ 半年を振り返る)：新聞研究　(609)〔2002.4〕p10～21	
姜尚中	9・11以降の戦争とメディア 関心の非対称性がなぜ問われないのか——アメリカの戦争の是非を議論する場を提示	

	すべきだ：新聞研究　（610）〔2002.5〕p47～51
保坂修司	アラブメディアが報じた9月11日事件——多様な言論の萌芽もパレスチナ情勢悪化で危機に：新聞研究　（610）〔2002.5〕p52～55
中山千夏	CURRENT 記者たちの「9・11」を追って…――米ジャーナリストたちはあの時、何を感じたか：総合ジャーナリズム研究　39（03）（通号 181）〔2002.6〕p8～11
清水忠彦	「正義の戦争」を前に異論を排除——9・11テロ後のアメリカを取材して：新聞研究　（611）〔2002.6〕p22～25
海部一男	テロ報道とアメリカネットワークの課題（「春の研究発表とシンポジウム」特集―同時多発テロとテレビ報道）：放送研究と調査　52（6）通号613〔2002.6〕p52～59
池田正之	情報インフラへの影響と対応（「春の研究発表とシンポジウム」特集―同時多発テロとテレビ報道）：放送研究と調査　52（6）通号613〔2002.6〕p60～67
茶本繁正	メディア・レポート〈93〉「非国民」の悪夢がよみがえる米国追従の"戦争法"を許すな：放送レポート　177号〔2002.7〕p24～27
吉岡逸夫	なぜ記者は戦場に行くのか——アフガン取材の記録映画を製作して：新聞研究　（612）〔2002.7〕p34～37
海保真人	混迷のイスラエル・パレスチナを報じる——事実を冷静に伝える難しさ：新聞研究　（612）〔2002.7〕p30～33
隅井孝雄	9.11テロのもとでのアメリカ・メディアを考察する：人間文化研究：京都学園大学人間文化学会紀要　（8）〔2002.7〕p17～51
杉田弘毅	後退する戦争取材——アフガン作戦での巧みな報道規制を突破できず（9・11テロ1年——米メディアの現在）：新聞研究　（614）〔2002.9〕p10～13
永島啓一	9.11 米「愛国報道」が残したもの——「アメリカ的価値観」のゆくえ：放送研究と調査　52（9）通号616〔2002.9〕p82～101
前坂俊之	有事法制とジャーナリズム（上）メディアがいつか来た道：マスコミ市民　通号405〔2002.10〕p18～24
海部一男	「戦時」規制に苦しむアメリカのジャーナリズム——アメリカ「職業ジャーナリスト協会」全国大会から：放送研究と調査　52（11）通号618〔2002.11〕p12～21
青木彰	複雑で新しい顔を持つ「戦争」報道（FEATURE 新たな「戦争」と報道と）：総合ジャーナリズム研究　39（01）（通号 179）〔2002.12〕p15～19
大竹秀子	米・テロ報復「戦争」報道の振幅（FEATURE 新たな「戦争」と報道と）：総合ジャーナリズム研究　39（01）（通号 179）〔2002.12〕p8～14
前坂俊之	有事法制とジャーナリズム（下）94年北朝鮮危機から学ぶ：マスコミ市民　通号407〔2002.12〕p42～48
横内一美, 韓永學, 千命載	有事法制とジャーナリズム——新聞は防衛秘密法制・有事法制をどう伝えてきたか：コミュニケーション研究　（33）〔2003〕p23～47
武田洋平	従軍記者アーニー・パイルを通して「戦争とジャーナリズム」を考える：Human security　（8）〔2003-2004〕p341～351
橋本晃	検証・戦争とメディア 徹底統制に動く米、イラク：新聞通信調査会報　通号482〔2003.1〕p8～10
江澤昭	戦争とメディア——『ル・モンド』紙掲載のトーマス・サンクトンの調査：マスコミ市民　通号408〔2003.1〕p77～81
小倉英敬	グローカルの眼 対イラク戦争と日本の論壇：マスコミ市民　通号409〔2003.2〕p16～20
徳山喜雄	FEATURE 総特集/イラク戦争報道・始末：総合ジャーナリズム研究　40（02）（通号 184）〔2003.3〕p57～59
総合ジャーナリズム研究編集部	FILE・J「拉致」問題とジャーナリズム（2）：総合ジャーナリズム研究所　40（02）（通号 184）〔2003.3〕p7～23
波津博明	客観報道と対極の仕事ぶり 評価高い英記者の戦争報道：新聞通信調査会報　通号484〔2003.3〕p18～20
綿井健陽	アジアメディア最前線（11）イラク 正念場迎える戦争報道の行方：マスコミ市民　通号410〔2003.3〕p12～18
武田徹	戦争とジャーナリズム：ICU比較文化　（35）〔2003.3〕p147～158
木下和寛	「パワー」としてのメディア（1）日露戦争と第一次大戦を中心に：朝日総研リポート　（161）〔2003.4〕p31～57
大野元裕	「イラクの脅威」論を根本から問え——わかりやすさより多元的価値観の提示を（有事・戦争・メディア）：新聞研究　（621）〔2003.4〕p22～25
勝田誠	対イラク戦争の衝撃——国連取材を通して見た世界（有事・戦争・メディア）：新聞研究　（621）〔2003.4〕p14～17
伊藤芳明	複眼的な視点で全体像示す——「イラク危機」で問われる報道の真価（有事・戦争・メディア）：新聞研究　（621）〔2003.4〕p10～13
放送レポート編集部	イラク戦争反対！ ジャーナリストたちの緊急集会：放送レポート　182号〔2003.5〕p10～12
茶本繁正	メディア・レポート〈98〉米イラク攻撃で"翼賛報道"と化した日本のマスコミに異議あり！：放送レポート　182号〔2003.5〕p16～19
奥野知秀	記者の安全と現場取材のはざまで——前線部隊と戦火の首都から伝えたイラク戦争：新聞研究　（622）〔2003.5〕p35～38
海部一男	新しい取材体制・残された課題（イラク戦争と放送メディア——テレビは「開戦」をどう伝えたか）：放送研究と調査　53（5）通号624〔2003.5〕p8～17
太田昌宏	存在感増す中東衛星テレビ（イラク戦争と放送メディア——テレビは「開戦」をどう伝えたか）：放送研究と調査　53（5）通号624〔2003.5〕p18～21
服部弘	多様化する日本の戦争報道（イラク戦争と放送メディア——テレビは「開戦」をどう伝えたか）：放送研究と調査　53（5）通号624〔2003.5〕p22～37
永島啓一	米テレビは「開戦」をどう伝えたか（イラク戦争と放送メディア——テレビは「開戦」をどう伝えたか）：放送研究と調査　53（5）通号624〔2003.5〕p2～7
野中章弘	アジアメディア最前線（13）イラク「占領」を「解放」と報じたマス・メディア：マスコミ市民　通号412〔2003.5〕p2～6
高橋邦典	イラク侵略 アメリカのメディアは死んだか？——従軍記者が見たイラク戦争の内実：金曜日　11（20）通号471〔2003.5〕p24～26
橋本晃	イラク戦からサイバー戦へ 戦争とメディアを考える：新聞通信調査会報　通号488〔2003.6〕p8～10
金平茂紀	我々のメディアか、奴らのメディアか（FEATURE 総特集/イラク戦争報道・始末）：総合ジャーナリズム研究　40（03）（通号 185）〔2003.6〕p21～24

| 今城力夫 | 仕組まれた報道と従軍記者（FEATURE 総特集/イラク戦争報道・始末）：総合ジャーナリズム研究　40 (03)（通号 185）〔2003.6〕p17～20 |

今城力夫　仕組まれた報道と従軍記者（FEATURE 総特集/イラク戦争報道・始末）：総合ジャーナリズム研究　40 (03)（通号 185）〔2003.6〕p17～20

総合ジャーナリズム研究所　取材態勢（FEATURE 総特集/イラク戦争報道・始末　イラク戦争報道全記録 (1) 国内編）：総合ジャーナリズム研究　40 (03)（通号 185）〔2003.6〕p44～55

前坂俊之　戦争報道にみる日本メディアの特異性（FEATURE 総特集/イラク戦争報道・始末）：総合ジャーナリズム研究　40 (03)（通号 185）〔2003.6〕p12～16

総合ジャーナリズム研究編集部　戦争報道をめぐる言説（FEATURE 総特集/イラク戦争報道・始末　イラク戦争報道全記録 (1) 国内編）：総合ジャーナリズム研究所　40 (03)（通号 185）〔2003.6〕p30～32

総合ジャーナリズム研究編集部　毎日記者・空港爆発事件（FEATURE 総特集/イラク戦争報道・始末　イラク戦争報道全記録 (1) 国内編）：総合ジャーナリズム研究所　40 (03)（通号 185）〔2003.6〕p33～40

木下和寛　「パワー」としてのメディア (2) 宣伝・情報戦の面から見たイラク戦争：朝日総研リポート　(162)〔2003.6〕p73～99

宮坂宜男　現実と虚構の間で格闘する──米政府とメディアの情報の取捨選択（特集 検証・イラク戦争の取材と報道）：新聞研究　(623)〔2003.6〕p18～21

宇都宮忠　佐賀「陣営報道」から脱却目指す──公開討論で高めた政策への関心（特集 統一地方選挙を振り返る）：新聞研究　(623)〔2003.6〕p57～60

大滝公成　最大の武器「即時性」の諸刃──テレビが伝えた「イラク戦争」（特集 検証・イラク戦争の取材と報道）：新聞研究　(623)〔2003.6〕p22～25

野嶋剛　従軍取材記 ルール運用は千差万別──ニュースのただ中に身を置いた海兵隊同行取材（特集 検証・イラク戦争の取材と報道）：新聞研究　(623)〔2003.6〕p26～28

大島宇一郎　従軍取材記 阻まれた開戦の一報──米空母キティホーク艦上取材の記録（特集 検証・イラク戦争の取材と報道）：新聞研究　(623)〔2003.6〕p29～32

関根孝則　従軍取材記 立ち止まれない不自由──ファインダーから見た地上戦（特集 検証・イラク戦争の取材と報道）：新聞研究　(623)〔2003.6〕p33～35

山口勉　全体状況の把握に努める──多様な情報をもとに冷静に分析（特集 検証・イラク戦争の取材と報道）：新聞研究　(623)〔2003.6〕p10～13

田中洋之　全体像の見えない断片情報──情報の "孤島" となったアッサイリヤ前線基地（特集 検証・イラク戦争の取材と報道）：新聞研究　(623)〔2003.6〕p14～17

岩渕美克　ジャーナリスト教育調査の分析：政経研究　40 (1)〔2003.6〕p214～205

音好宏　ハイテク化が変える戦争報道─衛星電話、パソコン、インターネットとジャーナリズム：放送レポート　183号〔2003.7〕p18～21

茶本繁正　メディア・レポート〈99〉有事、個人情報、教育、労働─日本を暗色に染める法の制・改定：放送レポート　183号〔2003.7〕p22～25

小田桐誠　検証！「イラク戦争」とテレビ：放送レポート　183号〔2003.7〕p2～10

尾木直樹　子どもの心に忍び込む戦争報道の影（特集1 イラク戦争とテレビ報道）：月刊民放　33 (7) 通号385〔2003.7〕p20～23

山口勉, 中井良則, 亘理信雄　座談会 新聞は何をどう伝えたか（総括・イラク戦争報道）：新聞研究　(624)〔2003.7〕p10～21

儀間朝浩　戦争の実相つかむ材料に──装甲車のたどった道程を振り返る（総括・イラク戦争報道）：新聞研究　(624)〔2003.7〕p26～28

大日向建三　戦争・紛争取材の安全確保──欧米メディア団体のハンドブックから：新聞研究　(624)〔2003.7〕p29～31

金平茂紀　多元性はじき出したフレーム──米テレビは何を伝えなかったか（総括・イラク戦争報道）：新聞研究　(624)〔2003.7〕p22～25

永島啓一, 服部弘　試論・日米英テレビ報道比較研究 テレビはイラク戦争をどう伝えたか──開戦・バグダッド「進攻」から「陥落」まで：放送研究と調査　53 (7) 通号626〔2003.7〕p130～139

安田純平, 太田阿利佐, 綿井健陽　座談会・イラク戦争の取材現場から 戦争報道に求められるもの：マスコミ市民　通号414〔2003.7〕p10～31

東狂介　話題を斬る (381) 白装束集団に如何に対応するか/平和ボケの戦争取材記者：Keisatsu koron　58 (7)〔2003.7〕p2～5

木下和寛　新媒体の登場と第二次大戦まで──「パワー」としてのメディア (3)：朝日総研リポート　(163)〔2003.8〕p120～148

梶田昌史, 川上順, 北野亨　イラク戦争報道の裏側よもやま話：放送技術　56 (8) 通号675〔2003.8〕p902～904

吉田敏浩, 古居みずえ, 野中章弘　シンポジウム これでいいのか！ 日本のジャーナリズム──有事法制・北朝鮮・イラク・パレスチナの現場から：マスコミ市民　通号415〔2003.8〕p2～23

総合ジャーナリズム研究編集部　FEATURE〈続〉イラク戦争報道・始末：総合ジャーナリズム研究所　40 (04)（通号 186）〔2003.9〕p39～41

伊藤友治, 音好宏, 土江真樹子, 綿井健陽　パネルディスカッション 戦争・有事法制とメディア：放送レポート　184号〔2003.9〕p12～24

藤田博司　国内編 イラク戦争報道関連（FEATURE 米・英メディアの「戦力」　資料＝イラク戦争報道全記録 (2) 海外・国内編）：総合ジャーナリズム研究　40 (04)（通号 186）〔2003.9〕p18～24

金平茂紀　米＝すべては「軍事娯楽」なのか（FEATURE 米・英メディアの「戦力」）：総合ジャーナリズム研究　40 (04)（通号 186）〔2003.9〕p8～12

向井千恵子, 西村幸祐　裁かれる「百人斬り」捏造報道：諸君！ 日本を元気にするオピニオン雑誌　35 (9)〔2003.9〕p192～200

川崎泰資　マスコミのインパクト（特集2 有事法制のインパクト──有事法制を成立させた力と成立による影響）：法学セミナー　48 (9) 通号585〔2003.9〕p40～43

永島啓一, 服部弘　試論・米テレビ報道比較研究 アメリカのテレビはイラク戦争をどう伝えたか──検証・「FOX効果」と戦争報道：放送研究と調査　53 (9) 通号628〔2003.9〕p31～42

橋本晃　英報道局長辞任で波紋広がる 戦争とメディア統制を考える：新聞通信調査会報　通号492〔2003.10〕p12～14

木下和寛　「パワー」としてのメディア (4) 電波が左右した第二次世界大戦：朝日総研リポート　(164)〔2003.10〕p132～156

岡本卓	戦争報道ガイドラインに関する一考察：放送研究と調査　53 (10) 通号629　〔2003.10〕　p17～31
丸山昇	「自衛隊」が闊歩しはじめたCS放送：放送レポート　185号　〔2003.11〕　p2～5
福永勝也	イラク戦争報道における国民の知る権利と報道の自由の考察——フリープレスの立場からの報道検証：人間文化研究　京都学園大学人間文化学会紀要　(12) 〔2003.11〕　p1～55
中村美子	イラク戦争報道をめぐるBBCと政府の対立——その教訓と影響：放送研究と調査　53 (11) 通号630　〔2003.11〕　p38～55
本田雅和	朝日新聞 本田雅和記者に聞く イラク侵攻とジャーナリズム：法と民主主義　(383)〔2003.11〕　p29～36
海部一男	イラク戦争におけるブッシュ政権の情報操作とメディア：放送研究と調査　53 (12) 通号631　〔2003.12〕　p18～35
阿部康人	9・11事件以降の『朝日新聞』『毎日新聞』『読売新聞』の一考察——『朝日新聞』『毎日新聞』『読売新聞』社説を題材に：新聞学　文化とコミュニケーション　(19)〔2004〕　p18～76
永島啓一, 坂井律子, 服部弘	世界のテレビはイラク戦争をどう伝えたか——イラク戦争テレビ報道国際比較調査研究：NHK放送文化研究所年報　48〔2004〕　p7～70
前坂俊之	イラク戦争とジャーナリズム：放送レポート　186号　〔2004.1〕　p26～29
宮澤勲	自らの判断力養う一つの指針——「戦場・紛争地域取材ハンドブック」を作成：新聞研究　(630)〔2004.1〕　p44～46
原寿雄	検証——メディアは有事に耐えられるか 報道の自由をめぐる危険な現状 (特集2 有事と放送)：月刊民放　34 (2) 通号392　〔2004.2〕　p24～29
岡本卓	有事法制と放送をめぐる環境について——パワーポリティックスを乗り越えて：放送研究と調査　54 (2) 通号633　〔2004.2〕　p66～83
福田文昭	パレスチナからイラクへ：総合ジャーナリズム研究　41 (02)（通号 188）〔2004.3〕　p66～69
茶本繁正	メディア・レポート〈103〉違憲のイラク派兵に報道自粛要請—倒錯した政府の暴走：放送レポート　187号　〔2004.3〕　p34～37
八木健次	海外 (FEATUERE イラク・自衛隊と報道の危機　資料 イラク戦争報道全記録 (4))：総合ジャーナリズム研究　41 (02)（通号 188）〔2004.3〕　p4～6
原寿雄	強まる報道規制とジャーナリズムの課題 (FEATUERE イラク・自衛隊と報道の危機)：総合ジャーナリズム研究　41 (02)（通号 188）〔2004.3〕　p18～23
佐々木正	巧妙なメディア操作の前で (FEATUERE イラク・自衛隊と報道の危機)：総合ジャーナリズム研究　41 (02)（通号 188）〔2004.3〕　p13～17
池田竜夫	国内－－イラク「従軍」取材をめぐって (FEATUERE イラク・自衛隊と報道の危機　資料 イラク戦争報道全記録 (4))：総合ジャーナリズム研究　41 (02)（通号 188）〔2004.3〕　p24～27
総合ジャーナリズム研究編集部	戦場・紛争地域取材ハンドブック－－戦場・紛争地域での取材ガイドラインと具体的事例 (FEATUERE イラク・自衛隊と報道の危機)：総合ジャーナリズム研究所　41 (02)（通号 188）〔2004.3〕　p31～43
前坂俊之	イラク戦争の真実—日本の対応——情報操作に踊らされ、それを見極めることが出来ないジャーナリズムの貧困 (自衛隊派兵と改憲—その動きを追う (2))：マスコミ市民　通号422　〔2004.3〕　p10～15
田島泰彦	強まる表現・メディア規制と有事法制：月刊民放　34 (4) 通号394　〔2004.4〕　p24～29
金平茂紀	ジャーナリズムが死んだ一年——米報道界での議論を振り返る (イラク戦争一年と自衛隊派遣)：新聞研究　(633)〔2004.4〕　p29～33
志村清一	「下からの視点」心がけた紙面づくり——市民の声を積み上げ、時代の節目に向き合う (イラク戦争一年と自衛隊派遣)：新聞研究　(633)〔2004.4〕　p14～17
田原拓治	「解放」が生んだメディア新地図——占領下における自由と規制 (イラク戦争一年と自衛隊派遣)：新聞研究　(633)〔2004.4〕　p25～28
石坂仁	「戦地」での歴史的一歩に密着——緊張感みなぎるサマワの陸自取材 (イラク戦争一年と自衛隊派遣)：新聞研究　(633)〔2004.4〕　p21～24
久保健一	相互理解の出発点に——サマワ取材の地歩固め (イラク戦争一年と自衛隊派遣)：新聞研究　(633)〔2004.4〕　p18～20
宮口宏夫	多様な意見ぶつけ合う討論場に——「隣人」送り出す道民とともに考える (イラク戦争一年と自衛隊派遣)：新聞研究　(633)〔2004.4〕　p10～13
海部一男, 漆間治, 田口惠一	自衛隊のイラク派遣とメディア：放送研究と調査　54 (4) 通号635　〔2004.4〕　p36～55
茶本繁正	メディア・レポート〈104〉元防衛庁幹部からもわきおこるイラク派兵反対の声：放送レポート　188号　〔2004.5〕　p14～17
渡辺興二郎	イラク現地の自衛隊取材ルールを策定して "軍隊""派兵""報道管制"——その道を歩まないために (特集 イラク自衛隊派遣 取材と報道)：月刊民放　34 (5) 通号395　〔2004.5〕　p4～7
伊藤友治, 熱田充克, 布施優子	民放キー5局 外信・外報部長座談会 未知の領域に踏み込んだ『派遣』そして『取材』(特集 イラク自衛隊派遣 取材と報道)：月刊民放　34 (5) 通号395　〔2004.5〕　p10～16
小倉いづみ	イラク取材記 過度の期待と反感が渦巻く街で——変わりやすい住民の心を拾い集めて伝える：新聞研究　(634)〔2004.5〕　p39～41
岐部秀光	イラク取材記 誤解や偏見取り除く記事めざして——多層国家イラクの断面を垣間見る：新聞研究　(634)〔2004.5〕　p42～44
綿井健陽	何を言い、何を書き、何を撮るのか——イラク取材で考えたこと：新聞研究　(634)〔2004.5〕　p35～38
坂井律子	フランスのイラク戦争報道 開戦に反対した国のテレビは戦争をどう伝えたか：放送研究と調査　54 (5) 通号636　〔2004.5〕　p64～71
総合ジャーナリズム研究編集部	FILE・J イラク戦争報道全記録 (5) 国内・海外編：総合ジャーナリズム研究所　41 (03)（通号 189）〔2004.6〕　p7～35
田北真樹子	イラク取材記 生活者の視点で市民の姿追う——相互理解の欠如を埋める：新聞研究　(635)〔2004.6〕　p51～54
黒田理	イラク取材記 道民に現地の実情を伝える使命——サマワ取材から日本人人質事件まで：新聞研究　(635)〔2004.6〕　p55～57
本橋春紀	有事法制と取材・報道活動——国会提出法案を概観する：新聞研究　(635)〔2004.6〕　p58～61

小田桐誠	メディアの今を考える(3)自衛隊のイラク派遣報道を考える:放送文化　通号3〔2004.6〕p118〜125	
放送レポート編集部	イラク報道に異議あり ジャーナリスト・メディア関係者による緊急集会から:放送レポート　189号〔2004.7〕p18〜23	
小倉孝保	イラク取材記 日本の姿を投影する地で——危険回避にあらゆる手尽くす:新聞研究　(636)〔2004.7〕p35〜38	
土屋礼子	日露戦争報道と〈帝国〉の民衆——百年前にみる今日的課題:新聞研究　(636)〔2004.7〕p48〜52	
坂本卓	アジアメディア最前線(21)占領下のイラク・メディア:マスコミ市民　通号426〔2004.7〕p16〜19	
会田弘継	「協力」と「批判」というナショナリズムの発露——イラク人虐待報道にみる米メディアの変化の中の不変:新聞研究　(637)〔2004.8〕p29〜33	
柳沢恭雄	検証2 北爆下の北ベトナム報道——日本電波ニュース・柳澤恭雄氏に聞く(君はベトナム報道を覚えているか):放送研究と調査　54(8)通号639〔2004.8〕p120〜125	
中仙道忠春	FILE・J イラク戦争報道全記録(7)海外・国内編:総合ジャーナリズム研究　41(04)(通号190)〔2004.9〕p17〜20	
原寿雄, 森達也, 須藤春夫, 石田雄	メディア総研設立10周年記念連続シンポジウム「戦争とメディア」1 戦後社会とメディア:放送レポート　190号〔2004.9〕p2〜20	
川上泰徳	イラク取材記 「現場」に立ってこそ分かること——ファルージャで見つめた戦争と人々:新聞研究　(638)〔2004.9〕p34〜37	
小中陽太郎	ヒロシマへの道、ヒロシマからの道:放送レポート　191号〔2004.11〕p20〜24	
総合ジャーナリズム研究所	FEATEURE イラク・自衛隊と報道の危機:総合ジャーナリズム研究　41(01)(通号187)〔2004.12〕p45〜53	
渡辺晴子	イラク戦争報道全記録(3)海外・国内編(FEATURE〈続〉イラク戦争報道・始末):総合ジャーナリズム研究　41(01)(通号187)〔2004.12〕p63〜66	
「放送を語る会」番組分析作業チーム	テレビは戦争をどう伝えたか--『ニュース10』『NEWS23』『ニュースステーション』を検証する(FEATURE〈続〉イラク戦争報道・始末):総合ジャーナリズム研究　41(01)(通号187)〔2004.12〕p30〜35	
前坂俊之	現地取材 中東衛星メディアの「戦場」から--アルジャジーラ・アルアラビアTV・アブダビTV(FEATURE〈続〉イラク戦争報道・始末):総合ジャーナリズム研究　41(01)(通号187)〔2004.12〕p22〜29	
渕野新一	世界のニュース現場から(2)メディアはアフリカと向き合えるか——スーダン西部ダルフール地方の紛争取材:新聞研究　(641)〔2004.12〕p48〜51	
白石草	メディアの今を考える 割れた国内外メディアの対応——イラク人質映像をめぐって:放送文化　通号5〔2004.12〕p132〜141	
高島秀之	嫌われた日本——戦時ジャーナリズムの検証 雑誌「FORTUNE」日本特集号の分析(第2部):情報研究　(33)〔2005〕p1〜107	
橋本晃	限定諸戦争におけるメディア——分析の枠組みづくりに向けて(特集 戦時におけるメディアと権力——日本を中心として):マス・コミュニケーション研究　通号66〔2005〕p55〜72	
前坂俊之	太平洋戦争下の新聞メディア(特集 戦時におけるメディアと権力——日本を中心として):マス・コミュニケーション研究　通号66〔2005〕p5〜19	
里見脩	同盟通信社の「戦時報道体制」——通信社と国家(特集 戦時におけるメディアと権力——日本を中心として):マス・コミュニケーション研究　通号66〔2005〕p37〜54	
福間良明	「反戦」の語りと読みのメディア史——手記から映画へ:「ひめゆりの塔」を事例にして(特集 メディア史研究の方法再考——メッセージの生産と受容の歴史):マス・コミュニケーション研究　通号67〔2005〕p67〜83	
菊池哲郎, 桂敬一, 山本大二郎, 村松泰雄, 朝嶺朝一	メディア総研設立10周年記念シンポジウム「戦争とメディア」2 憲法とメディア:放送レポート　192号〔2005.1〕p8〜29	
石野常久	国際貢献——山陽放送・キャンペーン「救え! 戦場のこどもたち」 地域の学校や職場で「平和」を考える手立てに(特集 地域を支える):月刊民放　35(1)通号403〔2005.1〕p27〜29	
西上潔	戦争の記憶とメディア——歴史認識と過去の克服をめぐる考察:流通経済大学論集　39(3)通号146〔2005.1〕p105〜117	
木下和寛	「パワー」としてのメディア(15)セルビアの転落——「民族浄化」の背景(中):AIR21　(176)〔2005.1〕p111〜122	
岡本卓	検証:イラク日本人人質事件報道——香田証生さん事件から:放送研究と調査　55(2)通号645〔2005.2〕p60〜69	
木下和寛	「パワー」としてのメディア(16)セルビアの転落——「民族浄化」の背景(下):AIR21　(177)〔2005.2〕p108〜119	
烏谷昌幸	新聞の中の「イラク戦争と憲法9条」——朝日・毎日・読売の比較分析を中心に(特集:戦後日本社会のメディアと市民意識):メディア・コミュニケーション　慶応義塾大学メディア・コミュニケーション研究所紀要　(55)〔2005.3〕p63〜77	
大石裕	世論調査と市民意識——イラク戦争と自衛隊派遣(2003〜2004年)を一事例として(特集:戦後日本社会のメディアと市民意識):メディア・コミュニケーション　慶応義塾大学メディア・コミュニケーション研究所紀要　(55)〔2005.3〕p49〜62	
木下和寛	「パワー」としてのメディア(17)米国が受けた痛撃——9・11からアフガンへ(上):AIR21　(178)〔2005.3〕p101〜112	
木下和寛	「パワー」としてのメディア(18)9・11からアフガンへ(下)覇王への挑戦者:AIR21　(179)〔2005.4〕p75〜86	
飯塚恵子	イラク取材記 かなわなかった自衛隊取材——サマワの地で日本のプレス対応に泣く:新聞研究　(646)〔2005.5〕p52〜54	
鹿野修三	イラク取材記 英軍同行取材で見えたもの——駆け足で回った一年ぶりのイラク:新聞研究　(646)〔2005.5〕p49〜51	
木下和寛	「パワー」としてのメディア(19)アフガンからイラクへ——米戦略の破綻(上):AIR21　(180)〔2005.5〕p96〜107	
総合ジャーナリズム研究編集部	CURRENT ベトナム・枯れ葉剤被害と「戦後」の伝え方:総合ジャーナリズム研究所　42(03)(通号193)〔2005.6〕p29〜35	
土屋弘	「ヒロシマ・ナガサキ」をどう伝えるか——被爆60年アンケートと原爆報道(終戦とジャーナリズム):新聞研究	

		(650)〔2005.9〕 p22〜25
藤原健史		現在も続く中国残留孤児たちの苦悩——足元に埋もれた「戦後」を見つめて（終戦とジャーナリズム）：新聞研究（650）〔2005.9〕 p30〜32
松田良孝		長期連載で考える郷土の戦争——取材範囲広げ、マンネリからの脱却目指す（終戦とジャーナリズム）：新聞研究（650）〔2005.9〕 p33〜36
時田英之		転換点で論じる"戦争の語り方"——時代の課題踏まえ新たな言論空間を（終戦とジャーナリズム）：新聞研究（650）〔2005.9〕 p18〜21
野中章弘		アジアメディア最前線(33) 戦争と差別に反対する自立したジャーナリズムの構築へ（特集 市民メディア＆ローカルメディア）：マスコミ市民　通号441〔2005.10〕 p28〜31
宝利尚一		米欧メディアの戦争報道（下）：北海学園大学人文論集　(32)〔2005.11〕 p1〜29
宮畑譲		開高健『ベトナム戦記』ナラティブ・ジャーナリズムからの再評価：新聞学　文化とコミュニケーション　(21)〔2006〕 p76〜98
高橋未沙		『静岡新聞』の空襲報道：日本女子大学大学院文学研究科紀要　(13)〔2006〕 p51〜66
四方由美, 中野玲子		従軍慰安婦問題をめぐる言説の現在メディアはどう伝えたか：宮崎公立大学人文学部紀要　14(1)〔2006〕p129〜148
総合ジャーナリズム研究編集部		「イラク戦争」報道の軌跡——この3年、メディアは何を伝えたか：総合ジャーナリズム研究所　43(02)（通号196）〔2006.3〕 p23〜26
安田純平		テロ報道はこうして「つくられる」（特集 情報鎖国・ニッポン）：マスコミ市民　通号446〔2006.3〕 p2〜6
福田充		グローバル・リスク社会を表象する国際テロ報道——2004年スペイン列車爆破テロ事件を中心に（特集：外国関連報道が構築する世界像）：メディア・コミュニケーション　慶応義塾大学メディア・コミュニケーション研究所紀要　(56)〔2006.3〕 p109〜128
山川剛		平和を語るために——長崎市外郭団体の言論規制をめぐって：マスコミ市民　通号448〔2006.5〕 p34〜37
総合ジャーナリズム研究編集部		海外メディア、戦争「報道」の検証へ——イラク戦争の大義への疑惑と戦場の残虐（「イラク戦争」報道の軌跡——この3年、メディアは何を伝えたか）：総合ジャーナリズム研究所　43(03)（通号197）〔2006.6〕 p18〜25
総合ジャーナリズム研究編集部		開戦3ヵ月、揺れる「戦争報道」——国内メディアの「臨戦態勢」と取材力（「イラク戦争」報道の軌跡——この3年、メディアは何を伝えたか）：総合ジャーナリズム研究所　43(03)（通号197）〔2006.6〕 p40〜51
総合ジャーナリズム研究編集部		自衛隊イラク派遣、従軍取材問題——防衛庁対メディア、従軍取材をめぐる攻防（「イラク戦争」報道の軌跡——この3年、メディアは何を伝えたか）：総合ジャーナリズム研究所　43(03)（通号197）〔2006.6〕 p4〜17
総合ジャーナリズム研究編集部		「戦後」体制、つづく戦争報道（「イラク戦争」報道の軌跡——この3年、メディアは何を伝えたか）：総合ジャーナリズム研究所　43(03)（通号197）〔2006.6〕 p3〜54
梓沢和幸		もし道にまどうことあらば初心に帰れ——指定公共機関と報道の自由（特集 表現の自由は「いま」）：月刊民放　36(7)通号421〔2006.7〕 p16〜19
別府三奈子		弱肉強食の「歴史」を超える（特集 「八月ジャーナリズム」のゆくえ——体験と歴史のはざまで）：月刊民放　36(8)通号422〔2006.8〕 p18〜21
香取俊介		戦後の礎となった犠牲に思いをはせて（特集 「八月ジャーナリズム」のゆくえ——体験と歴史のはざまで）：月刊民放　36(8)通号422〔2006.8〕 p22〜25
笠井千晶, 森達也, 大脇三千代		ドキュメンタリー対談 特別編 いま「戦争」を撮る理由：放送レポート　202号〔2006.9〕 p24〜33
木下和寛		サマワの900日——自衛隊イラク派遣とメディア：AIR21　(197)〔2006.10〕 p45〜60
山室建徳		国定教科書が描く戦争と歴史（特集＝メディアの伝える戦争）：メディア史研究　21〔2006.12〕 p51〜68
岩間優希		日本におけるチェチェン戦争報道——メディア規制・インターネット・「北方領土」から：新聞学　文化とコミュニケーション　(22)〔2007〕 p109〜126
宝利尚一		日本メディアのイラク戦争報道（上）：北海学園大学人文論集　(36)〔2007.3〕 p101〜155
原寿雄		戦争への道をどう防ぐのか（特集 「マスコミ市民」40年のあゆみ）：マスコミ市民　通号458〔2007.3〕 p20〜23
福田充		イスラムはどう語られたか？——国際テロ報道におけるイスラム解説の談話分析（特集 外国関連報道が構築する世界像(2)）：メディア・コミュニケーション　慶応義塾大学メディア・コミュニケーション研究所紀要　(57)〔2007.3〕 p49〜65
総合ジャーナリズム研究編集部		9・11同時多発テロからイラク戦争へ——テロ発生からアフガン攻撃、そしてイラク戦争報道（米・メディア再編の向こうに…）：総合ジャーナリズム研究所　44(03)（通号201）〔2007.6〕 p3〜45
三井美奈		特派員万華鏡 中東政治、一寸先は闇——イスラエル、パレスチナ紛争が投影する「世界のいま」：新聞研究　(671)〔2007.6〕 p62〜65
大空博		激動の現代史を拓いた「目撃者」の眼——今も生きる、ハルバースタムのベトナムへの想いと記憶：新聞研究　(672)〔2007.7〕 p46〜49
岡野直		カナダ軍従軍取材記 平和構築のための対テロ戦争をアフガニスタンの現場に見る：AIR21　(207)〔2007.8〕 p92〜106
壱岐一郎		9・11「捏造」疑惑に迫る 地域メディア、出版の役割：放送レポート　208号〔2007.9〕 p32〜36
坂本卓		アジアメディア最前線(47) イラク報道の現場から：マスコミ市民　通号464〔2007.9〕 p74〜77
宝利尚一		日本メディアのイラク戦争報道（下）：北海学園大学人文論集　(37)〔2007.10〕 p69〜96
杉田弘毅		ナショナリズムと愛国報道——政権が売る戦争を「買った」メディアの責任（米ジャーナリズムの現在）：新聞研究　(676)〔2007.11〕 p22〜25
総合ジャーナリズム研究編集部		米・同時多発テロから始まった——有事法制関連法、イラク自衛隊派遣報道（「小泉政治」をどう伝えたか——安倍「政権報道」のための1980日の足跡）：総合ジャーナリズム研究所　44(01)（通号199）〔2007.12〕 p35〜41
加納実紀代		日本の戦争プロパガンダとジェンダー——『写真週報』の「大東亜共栄圏」「鬼畜米英」表象を中心に：人文社会科学研究所年報　(6)〔2008〕 p1〜11

壱岐一郎	9・11「捏造」疑惑に迫る（続）:放送レポート　210号　〔2008.1〕　p67	
伊藤三郎	開戦前夜の「グッバイ・ジャパン」(1) ゾルゲ・グループの情報でスクープを書いた特派員:AIR21　(212)〔2008.1〕　p88〜101	
永島啓一	イラク戦争とメディア——米公共放送PBS『フロントライン』の挑戦:放送研究と調査　58(5)通号684　〔2008.5〕　p16〜31	
上丸洋一	戦時報道の事実を徹頭徹尾追求——連載「新聞と戦争」を振り返って:新聞研究　(683)〔2008.6〕　p55〜58	
上丸洋一	「新聞と戦争」余聞 戦時下に獄死した元朝日記者 千原楠蔵を追う（上）:AIR21　(218)〔2008.7〕　p70〜91	
上丸洋一	「新聞と戦争」余聞 戦時下に獄死した元朝日記者 千原楠蔵を追う（下）:AIR21　(219)〔2008.8〕　p91〜109	
土屋礼子	戦時対日プロパガンダにおける極東連絡局（FELO）:Intelligence　(10)〔2008.8〕　p65〜78	
広河隆一, 川上泰徳	証言・パレスチナ取材60年 起こったことを伝えるだけがジャーナリストではない:Journalism　(224)〔2009.1〕　p68〜77	
松井茂記	「沖縄ノート」訴訟と表現の自由:世界　(787)〔2009.2〕　p41〜48	
高遠菜穂子	破壊と希望のイラク（第7回）埋没するイラク報道:金曜日　17(25)通号771　〔2009.7〕　p56〜57	
本多勝一	貧困なる精神(423)戦争は止められるか、ジャーナリズムの課題(1)俺のベトナム報道は望まれていなかった:金曜日　18(5)通号800　〔2010.2〕　p49	
本多勝一	貧困なる精神(424)戦争は止められるか、ジャーナリズムの課題(2)手段を選ばず戦争の最前線にはいるべき:金曜日　18(7)通号802　〔2010.2〕　p60	
本多勝一	貧困なる精神(425)戦争は止められるか、ジャーナリズムの課題(3)ジャーナリストの活躍こそが最も有効だ:金曜日　18(8)通号803　〔2010.3〕　p40	
松田良孝	戦争体験の一端を台湾に見る——連載企画「八重山難民の証言」を振り返って:新聞研究　(705)〔2010.4〕　p63〜66	
土井敏邦	ガザ攻撃1周年追悼・報道規制を訴える ガザで起こった "本当のこと":マスコミ市民　通号495〔2010.4〕　p29〜33	
林雅行	忘れられた戦争棄民 —『おみすてになるのですか〜傷痕の民』を製作して—:放送レポート　225号　〔2010.7〕　p32〜34	
村上辰之助	風化しつつある時代に僕らがすべきこと（特集 戦争を語り継ぐ）:月刊民放　40(8)通号470　〔2010.8〕　p8〜12	
桂敬一, 藤田博司, 門奈直樹　特集 戦争とジャーナリズム「8月ジャーナリズム」のゆくえ:マスコミ市民　通号499　〔2010.8〕　p2〜22		
金子敦郎	戦争特派員の墓場 カンボジア:メディア展望　(583)〔2010.8〕　p12〜14	
神保太郎	メディア批評（第34回）(1)六五年目の八月ジャーナリズム (2)「韓国併合」で問われた歴史認識:世界　(809)〔2010.10〕　p50〜57	
内海紀雄	「戦争体制」に編成替えする同盟通信——一通信社記者の「昭和」——その軌跡を手紙と日記に見る(5):メディア展望　(585)〔2010.10〕　p14〜16	
内海紀雄	真珠湾勝利の一報毎に沸き立った編集局——一通信社記者の「昭和」——その軌跡を手紙と日記に見る(6):メディア展望　(586)〔2010.11〕　p14〜16	
内海紀雄	今も問う「戦争とジャーナリズム」のありよう——一通信記者の「昭和」——その軌跡を手紙と日記に見る(13・完):メディア展望　(593)〔2011.6〕　p21〜23	
竹山昭子	GHQの戦争有罪キャンペーン——「太平洋戦争史」「真相はかうだ」が語るもの（特集 歴史のなかのクロス・メディア）:メディア史研究　30　〔2011.8〕　p17〜41	
伊藤清隆	一つ一つの悲しみに向き合って（特集 戦争を語り継ぐ(2)）:月刊民放　41(9)通号483　〔2011.9〕　p10〜12	
峰松輝文	戦後生まれが伝える戦争（特集 戦争を語り継ぐ(2)）:月刊民放　41(9)通号483　〔2011.9〕　p19〜21	
大治朋子	戦争の「暗部」に光を当てる——特派員として見たアメリカ社会の変化（9・11後の10年を読む）:新聞研究　(724)〔2011.11〕　p8〜11	
降幡賢一	戦争以来変わらぬ日本の姿を見る : 裁判傍聴記「オウム法廷」を通じて（オウム裁判の区切りを迎えて）:新聞研究　(727)〔2012.2〕　p42〜45	
トポル, セーラ　戦場で使い捨てされる若きフリー記者たち : 報道 経費節減を図るメディアがフリーランスに頼るため準備不足の若者が紛争地帯へ:Newsweek　27(42)通号1323　〔2012.11〕　p34〜37		
門奈直樹	イラク戦争をどう伝えたか : 戦争報道10年の軌跡を考える:新聞研究　(743)〔2013.6〕　p70〜73	
加藤久晴	「自衛隊テレビ」堂々の出撃!:放送レポート　(243)〔2013.7〕　p16〜21	
中田整一	あの戦争をいかに語り継ぐのか（特集 いま戦争の何を伝えるのか）:月刊民放　43(8)通号506　〔2013.8〕　p4〜7	
岡本幸	「いま、ここ」の心で（特集 いま戦争の何を伝えるのか）:月刊民放　43(8)通号506　〔2013.8〕　p15〜17	
手塚孝典	戦争との距離感と当事者の自覚（特集 いま戦争の何を伝えるのか）:月刊民放　43(8)通号506　〔2013.8〕　p12〜14	
三上智恵	戦争と決別できない島から（特集 いま戦争の何を伝えるのか）:月刊民放　43(8)通号506　〔2013.8〕　p27〜29	
森達也	戦争の本質を捉えるドキュメンタリーを（特集 いま戦争の何を伝えるのか）:月刊民放　43(8)通号506　〔2013.8〕　p8〜11	
安倍栄佑	体験者の思いをすくい上げるために（特集 いま戦争の何を伝えるのか）:月刊民放　43(8)通号506　〔2013.8〕　p21〜23	
杉山さき	悲しみ、憤りの記憶を社会で共有したい（特集 いま戦争の何を伝えるのか）:月刊民放　43(8)通号506　〔2013.8〕　p18〜20	
平良いずみ	歴史が現在につながっている実感を（特集 いま戦争の何を伝えるのか）:月刊民放　43(8)通号506　〔2013.8〕　p24〜26	
神保太郎	メディア批評（第70回）(1)"八月ジャーナリズム"の新局面 (2)市民とメディアは "外堀"改憲にどう対抗するか:世界　(848)〔2013.10〕　p62〜69	
和賀えり子	アフリカ メディア戦争(1)アフリカ・メディアはジャーナリズムかプロパガンダか?:金曜日　21(42)通号983〔2013.11〕　p38〜41	
塚本美穂	メディアの伝達媒体としての役割における変化 : 戦争報道と政治的意図:比較文化研究　(109)〔2013.11〕　p219〜232	
原寿雄	編集長インタビュー まず疑え。そして考えよ。流れに抗して進む、戦争を阻止する覚悟を持ったジャーナリストになろう:Journalism　(286)〔2014.3〕　p104〜112	

佐藤卓己	「戦争」イメージの貧困を乗り越えて ： いま求められる平和教育とは（特集 戦争を識る、伝える）：月刊民放　44 (8) 通号518　〔2014.8〕　p9～13

佐藤卓己　「戦争」イメージの貧困を乗り越えて ： いま求められる平和教育とは（特集 戦争を識る、伝える）：月刊民放　44 (8) 通号518　〔2014.8〕　p9～13

石沢靖治　「戦争広報」の時代にメディアが果たすべき責務（特集 戦争を識る、伝える）：月刊民放　44 (8) 通号518　〔2014.8〕　p19～24

小林恭子　第1次大戦から100年 ： 欧州の放送はどう振り返つたか（特集 戦争を識る、伝える）：月刊民放　44 (8) 通号518　〔2014.8〕　p24～29

滝野隆浩　自衛隊員の声から考える ： 求められる現実的な議論と国民の合意（集団的自衛権と報道）：新聞研究　（758）〔2014.9〕　p24～27

加藤雅規　深みのある論戦の場づくりを ： 民主主義の在り方の根幹を考える（集団的自衛権と報道）：新聞研究　（758）〔2014.9〕　p8～11

渡辺豪　メディア・リポート 新聞 戦争への実感のなさが、危機の本質を見る目を遠ざけている：Journalism　（292）〔2014.9〕　p151～155

内田誠　ブック・ストリート 言論 戦争のつくりかた：出版ニュース　通号2359　〔2014.10〕　p17

大治朋子　市民被害と「戦争プロパガンダ」 ： 現場に入るからこそ見えるガザ情勢の虚実：新聞研究　（759）〔2014.10〕　p86～89

〔図 書〕

全日本新聞連盟　従軍記者―日本戦争外史　全日本新聞連盟　1965.9　441p　31cm

日野啓三　ベトナム報道―特派員の証言　現代ジャーナリズム出版会　1966　277p　19cm　480円　（いるか叢書 3）

津地多嘉生　戦争記者　悠元社　1970　224p 図版　18cm　420円

小野昇　天皇記者三十年　読売新聞社　1973　297p 肖像　19cm　750円

望月照正　ベトナム特派員　図書出版社　1973　270p 図　20cm　860円

後藤基治　海軍報道戦記―連合艦隊長官謎の「殉職」　新人物往来社　1975　241p　20cm　1200円

岡崎万寿秀　戦争と平和のマスコミ学　新日本出版社　1983.5　220p　18cm　540円　（新日本新書）

百目鬼恭三郎　新聞を疑え　講談社　1984.11　275p　20cm　1200円

古森義久　ベトナム報道1300日―ある社会の終焉　講談社　1985.4　446p　15cm　560円　（講談社文庫）

桜本富雄　戦争はラジオにのって―1941年12月8日の思想　マルジュ社　1985.12　244p　19cm　1600円

室井尚　メディアの戦争機械―文化のインターフェース　新曜社　1988.10　234p　20cm　1700円　（ノマド叢書）

茶本繁正　戦争とジャーナリズム　続　三一書房　1989.1　372p　20cm　2600円

北海道新聞労働組合　記者たちの戦争　径書房　1990.7　248p　20cm　1854円

船戸光雄　戦争報道の断面　船戸光雄　1990.9　140p　20cm

木村栄文　記者たちの日米戦争　角川書店　1991.12　197p　20cm　1400円

朝日新聞社社会部　メディアの湾岸戦争　朝日新聞社　1991.12　185p　19cm　1200円　（News & documents ND books）

竹山昭子　戦争と放送―史料が語る戦時下情報操作とプロパガンダ　社会思想社　1994.3　248p　19cm　2200円

安田将三, 石橋孝太郎　読んでびっくり朝日新聞の太平洋戦争記事―いま問われる新聞のあり方　リヨン社　1994.8　255p　30cm　2800円

星野力　報道されなかったニュース―戦時情報余録　けやき出版　1994.9　469p　20cm　2600円

山室清　新聞が戦争にのみ込まれる時―発祥地神奈川の新聞興亡史　かなしん出版　1994.10　347p　20cm　1800円

原憲一　戦場特派員―湾岸戦争を伝えたテレビ取材の舞台裏　蒼洋社　1995.3　219p　19cm　1500円

合田一道　写真雑誌が報道した大東亜戦争　恒友出版　1995.8　256p　22×30cm　4800円

鈴木健二　戦争と新聞　毎日新聞社　1995.8　254p　20cm　1800円

ジャーナリスト会議, 日本ジャーナリスト会議　マスコミの歴史責任と未来責任―その戦争報道・歴史認識・企業主義を問う　高文研　1995.8　279p　19cm　2060円

現代ジャーナリズムを考える会　テロリズムと報道　現代書館　1996.12　210p　20cm　2060円

石川文洋　ベトナム報道35年　ルック　1998.7　73p　26cm　2200円　（報道カメラマン石川文洋写真集「戦争と平和」第3巻）

山中恒　新聞は戦争を美化せよ！―戦時国家情報機構史　小学館　2001.1　956p　20cm　4600円

早瀬貫　太平洋戦争と朝日新聞―戦争ジャーナリズムの研究　新人物往来社　2001.4　450p　22cm　2800円

橋田信介　戦場特派員　実業之日本社　2001.12　349p　20cm　1800円

桂敬一, 原寿雄, 田島泰彦　メディア規制とテロ・戦争報道―問われる言論の自由とジャーナリズム　明石書店　2001.12　236p　19cm　2000円

外岡秀俊, 枝川公一, 室謙二　9月11日・メディアが試された日―TV・新聞・インターネット　大日本印刷ICC本部　2002.1　173p　21cm　1700円　（本とコンピュータ叢書）

軍事同盟研究会　知られざる戦争報道の舞台裏　アリアドネ企画　2002.6　215p　19cm　2200円　（Ariadne military）

吉岡逸夫　なぜ記者は戦場に行くのか―現場からのメディアリテラシー　現代人文社　2002.9　205p　20cm　1500円

武田徹　戦争報道　筑摩書房　2003.2　238p　18cm　720円　（ちくま新書）

川口信行　メディアの試練―21世紀とテロと報道責任　日本図書センター　2003.2　240p　22cm　4600円

内藤正典　「新しい戦争」とメディア―9・11以後のジャーナリズムを検証する　明石書店　2003.4　288p　20cm　2600円

柴山哲也　戦争報道とアメリカ　PHP研究所　2003.8　227p　18cm　680円　（PHP新書）

門奈直樹　現代の戦争報道　岩波書店　2004.3　228p　18cm　740円　（岩波新書）

Knightley, Phillip, 芳地昌三　戦争報道の内幕―隠された真実　中央公論新社　2004.8　550p　16cm　1286円　（中公文庫）

木下和寛　メディアは戦争にどうかかわってきたか―日露戦争から対テロ戦争まで　朝日新聞社　2005.6　359p　19cm　1400円　（朝日選書 778）

竹山昭子　史料が語る太平洋戦争下の放送　世界思想社　2005.7　273p　19cm　1900円

桜井均　テレビは戦争をどう描いてきたか―映像と記憶のアーカイブス　岩波書店　2005.9　444, 21p　20cm　4000円

水野剛也　日系アメリカ人強制収容とジャーナリズム―リベラル派雑誌と日本語新聞の第二次世界大戦　春風社　2005.9　409, 8p　22cm　4600円

永島啓一　アメリカ「愛国」報道の軌跡―9・11後のジャーナリズム　玉川大学出版部　2005.11　253p　19cm　1800円

Cappella, Joseph, N., Jamieson, Kathleen, Hall, 山田一成, 平林紀子	政治報道とシニシズム―戦略型フレーミングの影響過程 ミネルヴァ書房 2005.11 378, 38p 22cm 6500円 （Minerva社会学叢書 25）
前坂俊之	メディアコントロール―日本の戦争報道 旬報社 2005.11 301p 19cm 2300円
浅野健一	戦争報道の犯罪―大本営発表化するメディア 社会評論社 2006.3 351p 19cm 2300円
橋本晃	国際紛争のメディア学 青弓社 2006.4 268p 19cm 2000円
木村勲	日本海海戦とメディア―秋山真之神話批判 講談社 2006.5 252p 19cm 1600円 （講談社選書メチエ 362）
桜木武史	戦場ジャーナリストへの道―カシミールで見た「戦闘」と「報道」の真実 彩流社 2008.7 246p 19cm 1800円
Rankin, Nicholas	戦争特派員―ゲルニカ爆撃を伝えた男 中央公論新社 2008.7 437p 20cm 3200円 （Inside histories）
Brock, Peter, 田辺希久子	戦争報道メディアの大罪―ユーゴ内戦でジャーナリストは何をしなかったのか ダイヤモンド社 2009.3 518p 20cm 3200円
広島大学文書館	被爆地広島の復興過程における新聞人と報道に関する調査研究―財団法人三菱財団人文科学研究助成（平成19年度）研究成果報告書 広島大学文書館 2009.3 180p 30cm
朝日新聞社「写真が語る戦争」取材班	朝日新聞の秘蔵写真が語る戦争 朝日新聞出版 2009.4 222p 26cm 1800円
福田充	メディアとテロリズム 新潮社 2009.8 219p 18cm 720円 （新潮新書 324）
「戦争とメディア」刊行会	戦争とメディア―報道・宣伝・記憶 「戦争とメディア」刊行会 2009.9 101p 26cm
日垣隆	戦場取材では食えなかったけれど 幻冬舎 2009.11 198p 18cm 740円 （幻冬舎新書 150）
片山慶隆	日露戦争と新聞―「世界の中の日本」をどう論じたか 講談社 2009.11 245p 19cm 1600円 （講談社選書メチエ 453）
Fletcher, Martin, 北代美和子	戦場からスクープ！―戦争報道に生きた三十年 白水社 2010.2 356, 6p 20cm 2600円
繁沢敦子	原爆と検閲―アメリカ人記者たちが見た広島・長崎 中央公論新社 2010.6 216p 18cm 760円 （中公新書 2060）
朝日新聞「検証昭和報道」取材班	新聞と「昭和」 朝日新聞出版 2010.6 581, 10p 20cm 2300円
水間政憲	朝日新聞が報道した「日韓併合」の真実―韓国が主張する「七奪」は日本の「七恩」だった 徳間書店 2010.7 287p 20cm 1600円
朝日新聞「新聞と戦争」取材班	新聞と戦争 上 朝日新聞出版 2011.7 449p 15cm 780円 （朝日文庫 あ57-1）
日野啓三	ベトナム報道 講談社 2012.1 312p 16cm 1500円 （講談社文芸文庫 ひA5）
坪井睦子	ボスニア紛争報道―メディアの表象と翻訳行為 みすず書房 2013.3 347p 22cm 6500円
小河原正己	ヒロシマはどう記録されたか 上 昭和二十年八月六日 朝日新聞出版 2014.7 301p 15cm 600円 （朝日文庫 お71-1）
小河原正己	ヒロシマはどう記録されたか 下 昭和二十年八月七日以後 朝日新聞出版 2014.7 367p 15cm 680円 （朝日文庫 お71-2）
文藝春秋	「従軍慰安婦」朝日新聞vs.文藝春秋 文藝春秋 2014.10 233p 18cm 730円 （文春新書 997）
白山眞理	〈報道写真〉と戦争―1930-1960 吉川弘文館 2014.10 500, 5p 20cm 4800円
永井浩	戦争報道論―平和をめざすメディアリテラシー 明石書店 2014.12 655p 20cm 4000円

政治・選挙

〔雑誌記事〕

山川秀一郎	オーストラリヤの議会放送は成功した：放送文化 3(7) 〔1948.9〕 p12～13
進藤直滋	オーストラリヤの議会放送と選挙放送：放送文化 5(7) 〔1950.7〕 p26～27
牧真	選挙放送を顧みて（座談会）：放送文化 5(8) 〔1950.8〕 p22～26
大宅壮一	講和をめぐる新聞合戦――各社報道コンクールを採点する：文芸春秋 29(14) 〔1951〕 p40～45
東季彦	新聞と法律：新聞学評論 1(1) 〔1952.3〕 p1～10
岡本順一	新聞・政治学：新聞研究 通号23 〔1953.2〕 p1～4
千葉雄次郎	国会報道の実際――米英西独の場合：新聞研究 通号24 〔1953.5〕 p1～7
染矢為助	二十八年四月の衆・参議院選挙における当落予想の確率調べ：新聞研究 通号25 〔1953.7〕 p10～12
佐々木盛雄	新聞と政党の時代おくれ：政界往来 20(3) 〔1954〕 p110～113
野村秀雄	新聞と吉田首相：新聞研究 通号39 〔1954.10〕 p4～10
中島健蔵	正しい政治の見張役――新聞週間に寄せて：新聞研究 通号39 〔1954.10〕 p2～3
児島宋吉	編集上の諸問題：新聞研究 通号40 〔1954.11〕 p7～11
大久保忠利	政治への無関心を作る政治記事：思想 通号368 〔1955.1〕
乗松三郎	ジャーナリズムと政治：社会思想研究 7(2) 〔1955.1〕
後藤武男	歓待された代表：新聞研究 通号42 〔1955.1〕 p21～23
野村秀雄	選挙報道について：新聞研究 通号45 〔1955.4〕 p2～4
唐島基智三	総選挙のあとを見る：新聞研究 通号45 〔1955.4〕 p30～33
三浦良一	各国政治記者・活動の基盤：新聞研究 通号46 〔1955.5〕 p21～27
新井達夫	新聞がつくる政治不信：新聞研究 通号46 〔1955.5〕 p34～37
西元利盛	政治記事の方向（座談会）：新聞研究 通号46 〔1955.5〕 p14～20
大和田能夫	新聞の選挙報道について：新聞学評論 通号5 〔1956.4〕
高橋徹	憲法問題とマス・メディアの態度―上―：思想 通号384 〔1956.6〕 p711～725
千葉雄次郎	新聞と公共の福祉：新聞研究 通号60 〔1956.7〕 p7～11
中村正吾	政治記事とその背景：新聞研究 通号62 〔1956.9〕 p25～28
金戸嘉七	当落予想報道についての考察：新聞学評論 通号6 〔1957.1〕
伊藤慎一	大統領選挙戦とプレス：新聞研究 通号66 〔1957.1〕 p9～12
寺村誠一	岸訪米をどうみたか：新聞研究 通号73 〔1957.8〕 p46～48
田中菊次郎	政変・勤評・暴力――新聞記事月報：新聞研究 通号85 〔1958.8〕 p43～46
山田年栄	総選挙報道一本化が実現するまで：新聞研究 通号85 〔1958.8〕 p17～21

政治・選挙　　　　　　　　　ジャーナリズム

今村誠次　　かく予想しかく報道した――新聞の選挙報道：新聞研究　通号96　〔1959.7〕　p11～15
篠原一　　　参議院選挙の報道分析――新聞の選挙報道：新聞研究　通号96　〔1959.7〕　p5～10
嘉治隆一　　新聞にほしい自信と反省――新聞の選挙報道：新聞研究　通号96　〔1959.7〕　p16～19
篠原一　　　現代の政治構造と政治記事：新聞研究　通号105　〔1960.4〕　p8～14
寺沢一　　　政治とマス・コミュニケーション：新聞研究　通号105　〔1960.4〕　p2～7
秋定鶴造　　政治記者とその倫理：新聞研究　通号105　〔1960.4〕　p23～27
松井章　　　政治記者の意識：新聞研究　通号105　〔1960.4〕　p15～22
加藤秀俊　　選挙とテレビ：新聞研究　通号114　〔1961.1〕　p62～67
村崎俊男　　総選挙のなかのラジオ・テレビ：世界　通号181　〔1961.1〕　p253～256
三宅東洲　　当落予想の的中率――35年11月の衆議院議員総選挙に際して：新聞研究　通号115　〔1961.2〕　p26～31
エスリッジ, M.F.　アメリカの新聞と政治：新聞研究　通号121　〔1961.8〕　p6～12
前田雄二　　各国の政治報道――アメリカを中心に：新聞研究　通号121　〔1961.8〕　p2～5
番組研究部外国資料研究班　アメリカの政党大会放送――その歴史と影響力Political Convention Broadcasts：Their History
　　　　　　and Influence：NHK文研月報　11（09）〔1961.9〕　p2
江尻進　　　かくれた説得者――西ドイツの選挙事情をみて：新聞研究　通号124　〔1961.11〕　p35～39
近藤操　　　選挙制度と放送：NHK文研月報　12（03）〔1962.3〕　p36
千葉雄次郎　政府広報と新聞：新聞研究　通号129　〔1962.4〕　p10～17
和田洋一　　参院選に関する新聞の報道について：新聞研究　通号133　〔1962.8〕　p15～19
児島宋吉　　新聞の選挙報道：新聞研究　通号133　〔1962.8〕　p20～24
久保田きぬ子　選挙と新聞――参議院選挙の報道をみて：新聞研究　通号133　〔1962.8〕　p10～14
須藤克次　　農村における選挙と新聞――新聞の選挙記事を中心として：新聞研究　通号140　〔1963.3〕　p60～66
神島二郎　　政治意識と新聞：新聞研究　通号143　〔1963.6〕　p28～33
杣正夫　　　地方選挙に果たした新聞の役割り：新聞研究　通号143　〔1963.6〕　p34～39
ボールズ, C., 杉浦安　アメリカにおける政治世論：自由　6（4）通号53　〔1964.4〕　p154～157
林三郎　　　外交と新聞：新聞研究　通号153　〔1964.4〕　p10～14
田中直吉　　外交における新聞の役割り：新聞研究　通号153　〔1964.4〕　p15～21
半谷高雄　　「憲法問題」に対する新聞論調の変遷：新聞研究　通号156　〔1964.7〕　p40～45
磯村英一　　都政報道の問題点を探る（座談会）：新聞研究　通号159　〔1964.10〕　p14～22
藤原恵　　　参院選と新聞の態度：関西学院大学社会学部紀要　通号12　〔1965〕　p89～97
中西尚道　　大統領選挙とテレビ放送：NHK文研月報　15（01）〔1965.1〕　p67
半谷高雄　　佐藤首相の訪米と新聞論調：新聞研究　通号164　〔1965.2〕　p38～41
松下圭一　　日本の政治体質と政治記者：新聞研究　通号165　〔1965.4〕　p52～57
小林孝輔　　選挙と新聞：新聞研究　通号166　〔1965.5〕　p10～14
富岡正敏　　電子計算機による選挙予測への挑戦：新聞研究　通号168　〔1965.7〕　p64～67
横地倫平　　東京都議会問題をめぐる新聞キャンペーン：新聞研究　通号170　〔1965.9〕　p74～78
金戸嘉七　　参議院選挙と新聞の予想：関西大学新聞学研究　通号15　〔1965.10〕
白神鉱一　　一政治部デスクの意見：新聞研究　通号171　〔1965.10〕　p55～58
京極昭　　　県政記者の立場：新聞研究　通号171　〔1965.10〕　p46～50
山田年栄　　政治の近代化と政治報道（座談会）：新聞研究　通号171　〔1965.10〕　p24～33
前田雄二　　日本の政治と新聞の姿勢（座談会）：新聞研究　通号171　〔1965.10〕　p12～23
内川芳美　　政治と新聞：新聞研究　通号173　〔1965.12〕　p20～23
石堂平也　　新潟日報の知事選挙世論調査と選挙報道：新聞研究　通号174　〔1966.1〕　p53～58
田村仁二　　政治記者寸描――取材の研究―3―：新聞研究　通号179　〔1966.6〕　p73～78
有馬純達　　イギリスでみた選挙と新聞：新聞研究　通号180　〔1966.7〕　p73～77
黒河内俊夫　カンか科学か――新聞の選挙予測：新聞研究　通号180　〔1966.7〕　p66～69
佐藤毅　　　マスコミと選挙：新聞研究　通号180　〔1966.7〕　p14～19
石堂平也　　県紙と知事選挙・新潟のやり直し知事選の報道をめぐって――地方選挙と地方新聞：新聞研究　通号180　〔1966.7〕
　　　　　　p36～39
杣正夫　　　現代政治における選挙と新聞：新聞研究　通号180　〔1966.7〕　p6～13
森脇幸次　　市長・知事選挙に対する報道姿勢・四つの地方選挙報道の具体例――地方選挙と地方新聞：新聞研究　通号180
　　　　　　〔1966.7〕　p40～43
芳之内重信　松山市議会出直し選挙報道を顧みて――地方選挙と地方新聞：新聞研究　通号180　〔1966.7〕　p43～47
近藤操　　　選挙と新聞――報道・評論の自由をめぐって（座談会）：新聞研究　通号180　〔1966.7〕　p20～32
林知己夫　　選挙予測は可能か――新聞の選挙予測：新聞研究　通号180　〔1966.7〕　p62～66
内田満　　　選挙予測記事の影響力――新聞の選挙予測：新聞研究　通号180　〔1966.7〕　p69～72
井手純二　　地方選挙における新聞の役割――地方選挙と地方新聞：新聞研究　通号180　〔1966.7〕　p33～36
藤枝泉介　　日本の政党が選挙報道に望むもの：新聞研究　通号180　〔1966.7〕　p78～80
一柳東一郎　政治・経済記事：新聞研究　通号183　〔1966.10〕　p39～43
総合ジャーナリズム研究編集部　黒い霧と新聞－－政治部と社会部の問題点：総合ジャーナリズム研究所　04（01）〔1967.1〕
　　　　　　p40～43
近藤操　　　選挙放送の表現自由権：新聞研究　通号186　〔1967.1〕　p12～19
増田五郎　　政治部記者の実態――政治はここまで腐っている：別冊潮　通号4　〔1967.1〕　p297～203
総合ジャーナリズム研究編集部　新聞はいかに戦ったか？　－－総選挙中の報道・論評の姿勢：総合ジャーナリズム研究所　04
　　　　　　（03）〔1967.2〕　p22～26
田所泉　　　選挙と放送－－その問題点：総合ジャーナリズム研究　04（03）〔1967.2〕　p27～30, 56

	ジャーナリズム	政治・選挙

近藤操　選挙に対する新聞の積極姿勢：総合ジャーナリズム研究　04（02）〔1967.2〕　p4〜13

小林信司　安保問題と新聞の態度――「1960年」の分析と反省：甲南大学文学会論集　通号34　〔1967.3〕　p19〜37

田代喜久雄　新しい政治状況と新聞の姿勢――総選挙報道の問題点と地方選挙報道への提言（座談会）：新聞研究　通号188　〔1967.3〕　p14〜23

杣正夫　新聞の指導性と選挙報道：新聞研究　通号188　〔1967.3〕　p6〜13

青木彰　選挙の取材と報道――取材の研究―12―：新聞研究　通号188　〔1967.3〕　p39〜51

島崎憲一　選挙報道の今昔――取材の研究―12―：新聞研究　通号188　〔1967.3〕　p52〜57

日本新聞協会審査室　総選挙の報道，評論を分析する――"黒い霧事件"から選挙結果までのキャンペーン：新聞研究　通号188　〔1967.3〕　p24〜38

レストン，J.，藤原恒太　新聞と大統領と外交政策：総合ジャーナリズム研究　04（06）〔1967.6〕　p23〜31

青木彰　政治記者――取材の研究―15―：新聞研究　通号192　〔1967.7〕　p65〜75

岡村二一　議会政治と新聞の役割り（第20回新聞大会研究座談会）：新聞研究　通号197　〔1967.12〕　p6〜17

笠井真男　佐藤訪米と外紙の論調――予想以上に広範な反響を呼ぶ：総合ジャーナリズム研究　05（01）〔1968.1〕　p53〜56

井出嘉憲　政治と広報の関連（新聞と政治（合同講座））：総合ジャーナリズム研究　05（06）〔1968.1〕　p150〜159

細川隆一郎　政治記事のあり方（新聞と政治（合同講座））：総合ジャーナリズム研究　05（06）〔1968.1〕　p159〜166

神谷不二　安全保障問題と日本の世論：新聞研究　通号198　〔1968.1〕　p6〜11

岸田純之助，多田実　防衛論争とマスコミ：総合ジャーナリズム研究　05（02）〔1968.2〕　p4〜17

総合ジャーナリズム研究編集部　防衛論争とマスコミの姿勢（特集）防衛をめぐる新聞論調：総合ジャーナリズム研究所　05（02）〔1968.2〕　p23〜26

篠原一　現代の政治構造と政治記事（1960年4月号から）（200号記念重要論文再録）：新聞研究　通号200　〔1968.3〕　p39〜46

杣正夫　新聞の指導性と選挙報道（1967年3月号から）（200号記念重要論文再録）：新聞研究　通号200　〔1968.3〕　p47〜55

加藤俊平　アメリカ（新しい議会報道の方向を探る（特集）―英米の議会と新聞）：新聞研究　通号202　〔1968.5〕　p33〜35

後藤基夫　イギリス（新しい議会報道の方向を探る（特集）―英米の議会と新聞）：新聞研究　通号202　〔1968.5〕　p30〜33

堀四余男　テレビ国会中継の悩みと功罪（新しい議会報道の方向を探る（特集））：新聞研究　通号202　〔1968.5〕　p46〜48

一柳東一郎　議会報道の現実と今後の課題（新しい議会報道の方向を探る（特集））：新聞研究　通号202　〔1968.5〕　p11〜14

北条澄雄　県議会報道と地方紙――地域住民の中に根をおろす（新しい議会報道の方向を探る（特集）―議会報道における地方紙の責務）：新聞研究　通号202　〔1968.5〕　p15〜16

宮入郁夫　県議会報道――成果生む"議会批判"（新しい議会報道の方向を探る（特集）―議会報道の現場から）：新聞研究　通号202　〔1968.5〕　p42〜44

神島二郎　現代社会における議会と新聞（新しい議会報道の方向を探る（特集））：新聞研究　通号202　〔1968.5〕　p6〜10

青木正久　古い記者意識の脱皮を（新しい議会報道の方向を探る（特集）―あすの国会報道に提言する）：新聞研究　通号202　〔1968.5〕　p49〜50

南風原英育　国会報道と沖縄の新聞――沖縄論議の帰すうを見守る（新しい議会報道の方向を探る（特集）―議会報道における地方紙の責務）：新聞研究　通号202　〔1968.5〕　p21〜23

川西平信　国会報道と地方紙――地方利益にまどわされぬ目で（新しい議会報道の方向を探る（特集）―議会報道における地方紙の責務）：新聞研究　通号202　〔1968.5〕　p19〜21

中野達雄　国会報道――意義大きい論戦詳報（新しい議会報道の方向を探る（特集）―議会報道の現場から）：新聞研究　通号202　〔1968.5〕　p36〜38

林薗照夫　市議会報道――"地方自治"の防波堤（新しい議会報道の方向を探る（特集）―議会報道の現場から）：新聞研究　通号202　〔1968.5〕　p44〜45

塚田暢利　都議会報道――克明な報道こそ必要（新しい議会報道の方向を探る（特集）―議会報道の現場から）：新聞研究　通号202　〔1968.5〕　p38〜39

田口宣孝　道議会報道――"抑止力"をフルに利用（新しい議会報道の方向を探る（特集）―議会報道の現場から）：新聞研究　通号202　〔1968.5〕　p40〜42

愛知揆一　参院選報道に望む（参議院選挙と新聞の報道（特集））：新聞研究　通号203　〔1968.6〕　p28〜33

中村建五　参議院をどう報道するか――参院選の特色と新聞報道の役割り（参議院選挙と新聞の報道（特集））：新聞研究　通号203　〔1968.6〕　p4〜12

中村菊男　参議院選挙報道における新聞の責任（参議院選挙と新聞の報道（特集））：新聞研究　通号203　〔1968.6〕　p6〜8

近藤操　選挙報道自由化の現状と今後の方向（参議院選挙と新聞の報道（特集））：新聞研究　通号203　〔1968.6〕　p16〜20

近見晟進　電子計算機と選挙報道（参議院選挙と新聞の報道（特集））：新聞研究　通号203　〔1968.6〕　p13〜15

笹本駿二　ドゴールはテレビ党（政治とマスコミ（特集））：総合ジャーナリズム研究　05（05）〔1968.7〕　p52〜56

高須三郎　高校新聞にあらわれた政治意識（政治とマスコミ（特集））：総合ジャーナリズム研究　05（05）〔1968.7〕　p57〜62

近藤操　参院選に対する新聞と放送（政治とマスコミ（特集））：総合ジャーナリズム研究　05（05）〔1968.7〕　p25〜35

川島広守　力の異質性の徹底を（学生デモ報道を再検討する（特集）―デモ報道に思う）：新聞研究　通号204　〔1968.7〕　p29〜30

尾崎盛光　歴史は繰り返すか（学生デモ報道を再検討する（特集）―デモ報道に思う）：新聞研究　通号204　〔1968.7〕　p30〜32

津吉英男　論評（学生デモ報道を再検討する（特集）―学生デモの報道・評論を分析する――羽田，佐世保，成田，王子デモをめぐって）：新聞研究　通号204　〔1968.7〕　p36〜40

日本新聞協会審査室　参院選の報道・評論を分析する：新聞研究　通号206　〔1968.9〕　p76〜81

青木研三　参院選報道の基本方針と企画づくり：新聞研究　通号206　〔1968.9〕　p72〜75

三浦良一　参院選報道の経過と問題点：新聞研究　通号206　〔1968.9〕　p68〜71

田所泉　放送における参院選報道：新聞研究　通号206　〔1968.9〕　p82〜85

中西尚道　選挙と放送――世論調査からみた参院選の特徴と放送の役割：NHK文研月報　18（10）〔1968.10〕　p1

木谷忠　政治部（現代新聞記者読本―取材各部の現状）：新聞研究　通号213　〔1969.4〕　p44〜46

五味三勇　毎日新聞「紙上国会・安保政策の総討論」（企画記事（特集）―「企画記事」の実際）：新聞研究　通号217　〔1969.8〕　p27〜30

武藤守　国際報道と地方紙（「国際報道」の新しい方向（特集））：新聞研究　通号218　〔1969.9〕　p30〜33

政治・選挙　　　　　　　　　　　　ジャーナリズム

佐怒賀三夫	選挙とテレビ：総合ジャーナリズム研究　07（01）〔1970.1〕　p56〜64
林健太郎	朝日新聞 安保特集批判：自由　12（2）〔1970.2〕　p56〜65
富森叡児	内閣記者会（新聞取材の再検討（特集）―取材活動と記者クラブ）：新聞研究　通号223　〔1970.2〕　p32〜34
加藤秀俊	「無感動」時代の選挙と報道：新聞研究　通号223　〔1970.2〕　p72〜75
古川正之	衆議院選挙とテレビ政見放送：NHK文研月報　20（04）〔1970.4〕　p10
黒田秀俊	創価学会，公明党の出版妨害とジャーナリズムの責任 付出版妨害事件の波紋：総合ジャーナリズム研究　07（02）〔1970.4〕　p92〜102
三雲四郎	現代政治と新聞の姿勢（70年の政治状況と新聞）：新聞研究　通号227　〔1970.6〕　p15〜20
久保紸	国会報道の現場から――国会日誌（70年の政治状況と新聞）：新聞研究　通号227　〔1970.6〕　p21〜25
多田実	政治報道の問題点（70年の政治状況と新聞）：新聞研究　通号227　〔1970.6〕　p37〜42
北原一身	イギリス選挙予想調査の失敗－－直後の報道界の論調（イギリスのマスコミ（特集））：総合ジャーナリズム研究　07（04）〔1970.10〕　p13〜22
近藤操	選挙制度とテレビ――公営政見放送の実現するまで：放送学研究　通号21　〔1970.12〕　p75〜103
友沢秀爾	政治と報道の相互補完――ややパセティックな報道記者論について（70年代の新聞記者像を探る）：新聞研究　通号234　〔1971.1〕　p59〜61
山岡敏郎	知事選を追った三人の記者 その1 ヘドロの海を大量票で埋めた知事：マスコミ市民　通号047　〔1971.3〕　p5〜8
熊野伸二	知事選を追った三人の記者 その2 メシのタネに抵抗した地方紙の良心：マスコミ市民　通号047　〔1971.3〕　p9〜12
大平岩二	知事選を追った三人の記者 その3 県庁までまるのみにした恩赦知事：マスコミ市民　通号047　〔1971.3〕　p13〜17
黒川洸	政治と経済の接点に立つ（変動期の記者の課題と要件）：新聞研究　通号236　〔1971.3〕　p34〜37
天野昭	選挙報道とマスコミ（特集）「イメージ選挙」と選挙のイメージ：総合ジャーナリズム研究　08（02）〔1971.4〕　p85〜93
辻本芳雄	マクロ的視野と地域性の追求と（プレス・キャンペーンの今日的意義を探る―地方選挙の争点と報道）：新聞研究　通号237　〔1971.4〕　p22〜25
杉本敏男	愛媛県知事選報道をかえりみて（プレス・キャンペーンの今日的意義を探る―地方選挙の争点と報道）：新聞研究　通号237　〔1971.4〕　p28〜31
坪川常春	住民が"主役"の選挙報道とは（プレス・キャンペーンの今日的意義を探る―地方選挙の争点と報道）：新聞研究　通号237　〔1971.4〕　p25〜28
佐藤竺	「地方選報道」に思う：新聞研究　通号239　〔1971.6〕　p31〜34
岡本文夫	シンボル選挙と新聞報道（選挙報道とマスコミ（特集））：総合ジャーナリズム研究　08（03）〔1971.7〕　p10〜22
近藤操	選挙制度と選挙報道－－有権者に知らしむべし（選挙報道とマスコミ（特集））：総合ジャーナリズム研究　08（03）〔1971.7〕　p24〜33
田所泉	選挙報道とマスコミ（特集）：総合ジャーナリズム研究　08（03）〔1971.7〕　p34〜43
総合ジャーナリズム研究会編集部	選挙報道とマスコミ（特集）選挙法とジャーナリズム：総合ジャーナリズム研究所　08（03）〔1971.7〕　p4〜43
有山輝雄	憲法記念日の新聞論調（司法と報道（特集））：新聞研究　通号240　〔1971.7〕　p54〜58
日本新聞協会審査会	統一地方選挙の報道・評論分析：新聞研究　通号240　〔1971.7〕　p67〜77
石崎勝久	タレント候補は如何にして既成政党を撃った？ ＜特集1＞「情報化時代」における選挙：放送批評　No.044　〔1971.8〕
大前正臣	情報不信時代のイメージ選挙 ＜特集1＞「情報化時代」における選挙：放送批評　No.044　〔1971.8〕
井口恭子	政見放送 ＜特集1＞「情報化時代」における選挙：放送批評　No.044　〔1971.8〕
志賀信夫	選挙特番…キャンペーン番組…の変質 ＜特集1＞「情報化時代」における選挙：放送批評　No.044　〔1971.8〕
日本新聞協会審査室	参議院選報道・社説の分析：新聞研究　通号242　〔1971.9〕　p95〜103
宮村文雄	選挙報道の反省と課題：総合ジャーナリズム研究　08（04）〔1971.10〕　p58〜67
船越尚武	返還協定調印後の沖縄マスコミ界：総合ジャーナリズム研究　08（04）〔1971.10〕　p40〜51
総合ジャーナリズム研究編集部	問われる皇室報道：総合ジャーナリズム研究所　08（04）〔1971.10〕　p4〜27
木島康之	政治ドキュメンタリーへの道 ＜特集＞テレビ・ジャーナリズムの位相を探る：放送批評　No.047　〔1971.11〕
柳井道夫	東京都知事選挙におけるマス・メディアの対応――「みのべ」「はたの」の支持率に関する新聞報道を中心として：新聞学評論　通号21　〔1972.4〕　p36〜54
大林主一, 北原靖	佐藤番の8年：新聞研究　通号251　〔1972.6〕　p66〜71
井出洋一郎	記者の目 人集めに苦戦する自衛隊沖縄配備のねらい：マスコミ市民　通号064　〔1972.9〕　p16〜19
松田浩	首相会見番組に望む：月刊民放　02（16）〔1972.9〕　p6〜7
河野昌之	海外取材に歴史を画した田中訪中・テレビ中継：月刊民放　02（19）〔1972.12〕　p24〜27
内田満	イメージ時代の選挙コミュニケーション（イメージ時代の選挙報道（特集））：新聞研究　通号257　〔1972.12〕　p6〜12
田所泉	「テレビ選挙」の歴史と動向（イメージ時代の選挙報道（特集））：新聞研究　通号257　〔1972.12〕　p19〜23
花田潔	政党機関紙と選挙（イメージ時代の選挙報道（特集））：新聞研究　通号257　〔1972.12〕　p24〜31
桑田弘一郎	総選挙の意義と報道の基本姿勢（イメージ時代の選挙報道（特集））：新聞研究　通号257　〔1972.12〕　p13〜18
大久保貞義	投票行動の安定性と不安定性（イメージ時代の選挙報道（特集））：新聞研究　通号257　〔1972.12〕　p32〜42
西平重喜	1972年・秋 選挙ムードのヨーロッパ（現代マスコミ社会の選挙（特集））：総合ジャーナリズム研究　10（01）〔1973.1〕　p14〜21
野崎茂	現代マスコミ社会の選挙（特集）：総合ジャーナリズム研究　10（01）〔1973.1〕　p34〜43
総合ジャーナリズム研究編集部	現代マスコミ社会の選挙（特集）日本的選挙とマスコミの力量－－知りたいのは"クサいもの"の中身だ！：総合ジャーナリズム研究所　10（01）〔1973.1〕　p4〜30
熊野伸二	特別報告「選挙広告」とある地方新聞：マスコミ市民　通号068　〔1973.2〕　p2〜9
日本新聞協会審査室	総選挙報道・論調の分析：新聞研究　通号259　〔1973.2〕　p76〜85
野村敬造	選挙運動の制限と表現の自由（判例と学説憲法－12―）：法学セミナー　通号207　〔1973.2〕　p123〜125
森可昭	「秋田市長選」の報道にあたって：新聞研究　通号262　〔1973.5〕　p72〜75
渋谷重光	「角さん」人気の構造：新聞研究　通号263　〔1973.6〕　p62〜69

| | | ジャーナリズム | 政治・選挙 |

栗原彬	現代の政治社会構造と新聞（政治情報と新聞）：新聞研究　通号265　〔1973.8〕　p8〜12	
富森叡児	政治情報と政治記者（政治情報と新聞）：新聞研究　通号265　〔1973.8〕　p14〜18	
田村紀雄	選挙のビラ・コミュニケーション：新聞研究　通号266　〔1973.9〕　p38〜43	
山根卓二	参院選挙と報道——大衆の政治不信と新聞の対応（現代新聞記者の副読本）：新聞研究　通号272　〔1974.3〕　p66〜69	
佐々木謙一	選挙予測のジレンマ——世論調査と新聞報道、英・総選挙の場合：新聞研究　通号274　〔1974.5〕　p87〜90	
下田敏道	参院選報道を振り返る その1 ときの流れをつかめぬマスコミ：マスコミ市民　通号083　〔1974.7〕　p18〜20	
田岡浩二郎	参院選報道を振り返る その2 マスコミは民意を反映しえたのか：マスコミ市民　通号083　〔1974.7〕　p21〜29	
稲葉三千男，岡本愛彦，新井直之，白鳥令	座談会 世論・政治・マスコミ——参院選報道を考える：マスコミ市民　通号084　〔1974.8〕　p2〜17	
久津間保治	京都——政局の "先行縮図"（参院選報道と今後——参院選挙報道を振り返る）：新聞研究　通号277　〔1974.8〕　p23〜27	
井端好美	"三角戦争"のなかで（参院選報道と今後——参院選挙報道を振り返る）：新聞研究　通号277　〔1974.8〕　p28〜31	
多田実	参院選報道と今後（参院選報道と今後）：新聞研究　通号277　〔1974.8〕　p7〜19	
横井博行	傷だらけの選挙報道（参院選報道と今後——参院選挙報道を振り返る）：新聞研究　通号277　〔1974.8〕　p20〜23	
松田浩	政見放送 その可能性—「広場」への希求 <特集>「意見広告」批判—ニセの公共牲とその政治的使命：放送批評　No.078　〔1974.9〕	
松尾羊一	政見放送 ホーマツ論 <特集>「意見広告」批判—ニセの公共牲とその政治的使命：放送批評　No.078　〔1974.9〕	
馬場正人	選挙予測の方法と実際：新聞研究　通号278　〔1974.9〕　p62〜67	
白井哲夫	地域報道への一視点——全国紙地方版の対応（地域報道・74年）：新聞研究　通号278　〔1974.9〕　p33〜35	
橋本正邦	フォード政権と米プレス：新聞研究　通号280　〔1974.11〕　p58〜60	
那須良輔	政治マンガ家の目（新聞マンガ家・座談会）：新聞研究　通号282　〔1975.1〕　p51〜59	
野上浩太郎	「永遠の監視者」のジレンマ（政治報道の課題をさぐる—政治部記者として）：新聞研究　通号283　〔1975.2〕　p22〜24	
ヒールシャー，ゲプハルト，新聞研究編集部	求めたい画一性からの脱皮（政治報道の課題をさぐる）：新聞研究　通号283　〔1975.2〕　p26〜29	
飯坂良明	現代政治と新聞報道の使命（政治報道の課題をさぐる）：新聞研究　通号283　〔1975.2〕　p33〜38	
豊倉好文	呼びさましたい反骨精神（政治報道の課題をさぐる—政治部記者として）：新聞研究　通号283　〔1975.2〕　p20〜22	
麻生良方	新聞の政治報道に望む（政治報道の課題をさぐる）：新聞研究　通号283　〔1975.2〕　p30〜32	
筑紫哲也	政権交代とジャーナリズム——「ワシントン」—「東京」の共通項（政治報道の課題をさぐる）：新聞研究　通号283　〔1975.2〕　p39〜42	
青山光一	政治の信頼性を回復する（政治報道の課題をさぐる—地方紙と政治報道）：新聞研究　通号283　〔1975.2〕　p52〜55	
五十嵐幸雄	"政治"の底流をつかむ意識（政治報道の課題をさぐる—地方紙と政治報道）：新聞研究　通号283　〔1975.2〕　p46〜49	
森田博志	"政治的断絶"のかけ橋を（政治報道の課題をさぐる—地方紙と政治報道）：新聞研究　通号283　〔1975.2〕　p43〜46	
内田清	「政治報道」に関する私見（政治報道の課題をさぐる—政治部記者として）：新聞研究　通号283　〔1975.2〕　p24〜25	
長谷川実雄	政治報道の再検討（政治報道の課題をさぐる）：新聞研究　通号283　〔1975.2〕　p7〜17	
山本雅生	地方自治の原点へ帰る（政治報道の課題をさぐる—地方紙と政治報道）：新聞研究　通号283　〔1975.2〕　p49〜52	
中野達雄	流れを変えるものを追う（政治報道の課題をさぐる—政治部記者として）：新聞研究　通号283　〔1975.2〕　p18〜19	
屋山太郎，三好修，石原慎太郎	"政治部"はこれでよいのか（直言座談会1—）：自由　17（3）〔1975.3〕　p46〜69	
稲葉三千男	統一地方選を終って 政党の責任と民衆の意識：マスコミ市民　通号092　〔1975.5〕　p42〜46	
田口宣孝	まだ終わらない "選挙報道"（統一地方選と新聞報道—わが社の選挙報道）：新聞研究　通号287　〔1975.6〕　p33〜36	
三神正人	候補者登場番組の確立を——テレビ選挙報道（統一地方選と新聞報道）：新聞研究　通号287　〔1975.6〕　p21〜23	
海老名聖三	最後の「津軽選挙」（前線記者）（統一地方選と新聞報道）：新聞研究　通号287　〔1975.6〕　p42〜43	
西村重雄	新たにした報道の使命感（統一地方選と新聞報道—わが社の選挙報道）：新聞研究　通号287　〔1975.6〕　p39〜41	
鈴木政治	大阪——速報戦での新しい試み（統一地方選と新聞報道—統一地方選報道）：新聞研究　通号287　〔1975.6〕　p18〜20	
大図俊朗	東京——「自治の原点」を問い直す（統一地方選と新聞報道—統一地方選報道）：新聞研究　通号287　〔1975.6〕　p15〜17	
神田禎之	統一地方選挙と新聞報道（統一地方選と新聞報道）：新聞研究　通号287　〔1975.6〕　p11〜14	
杣正夫	統一地方選報道と今後の課題——統一地方選の報道・論評を読んで（統一地方選と新聞報道）：新聞研究　通号287　〔1975.6〕　p7〜10	
津田元，筱陽平	連載企画と調査を両輪として（統一地方選と新聞報道—わが社の選挙報道）：新聞研究　通号287　〔1975.6〕　p36〜39	
永町敏昭	報道（統一地方選と新聞報道）：新聞研究　通号288　〔1975.7〕　p68〜71	
古橋政次	連載企画（統一地方選と新聞報道）：新聞研究　通号288　〔1975.7〕　p71〜73	
大谷堅志郎	政治放送のジレンマ—イギリスにおける事件と議論：NHK放送文化研究年報　20　〔1975.7〕　p178〜207	
郷治光義	テレビにおける政治報道の課題（政治報道の課題と方法）：新聞研究　通号290　〔1975.9〕　p50〜53	
谷川義行	ブロック紙の政治報道——"二刀流"の悩みと喜び（政治報道の課題と方法）：新聞研究　通号290　〔1975.9〕　p47〜49	
長浜寛治	三木番記者の8か月（政治報道の課題と方法—第一線記者レポート）：新聞研究　通号290　〔1975.9〕　p43〜46	
筑紫哲也	政治報道の座標軸（政治報道の課題と方法）：新聞研究　通号290　〔1975.9〕　p7〜22	
細島泉	政治論説の再点検（政治報道の課題と方法）：新聞研究　通号290　〔1975.9〕　p28〜31	
宇治敏彦	多元化した取材戦線——平河クラブからの報告（政治報道の課題と方法—第一線記者レポート）：新聞研究　通号290　〔1975.9〕　p37〜39	
畠山武	体験的政治記者論（政治報道の課題と方法）：新聞研究　通号290　〔1975.9〕　p23〜27	
池田信男	比重増大する野党取材——ダイナミックな変化の中で（政治報道の課題と方法—第一線記者レポート）：新聞研究　通号290　〔1975.9〕　p40〜42	
千田恒	政治 再編成への底流を追う（新聞報道——75年から76年へ）：新聞研究　通号293　〔1975.12〕　p7〜10	
影山三郎	ロッキード報道－－国際的な情報構造への視点－－70年代，アジアの状況変化を背景として：総合ジャーナリズム	

政治・選挙　　　　　　　　　　　ジャーナリズム

	研究　14（01）〔1976.1〕p42〜50
藤岡伸一郎	ロッキード報道（特別資料）：総合ジャーナリズム研究　14（01）〔1976.1〕p125〜130
高橋博	敬語音痴——“天皇ご訪米”報道をめぐって：総合ジャーナリズム研究　13（01）〔1976.1〕p4〜6
滝恵秀	選挙戦とマスコミ＜特集＞：総合ジャーナリズム研究　14（01）〔1976.1〕p16〜23
総合ジャーナリズム研究編集部	（選挙戦とマスコミ＜特集＞）西ドイツ総選挙 冷静さをなくした報道機関——“武器なき市街戦”の渦の中で：総合ジャーナリズム研究所　14（01）〔1976.1〕p139〜141
渋谷重光	（選挙戦とマスコミ＜特集＞）日本の総選挙 “資金不足”の波紋と問題——公選法改正と政党のコミュニケーション活動：総合ジャーナリズム研究　14（01）〔1976.1〕p24〜31
小川敏	（選挙戦とマスコミ＜特集＞）米・大統領選挙 2人に“肉薄”できなかった報道陣——テレビは選挙の“道化者”になった？：総合ジャーナリズム研究　14（01）〔1976.1〕p6〜15
松崎昭一	連載「昭和史の天皇」取材記：新聞研究　通号294〔1976.1〕p37〜41
むのたけじ	支配は黒くペンは弱く “ロッキード報道”の証言するもの：マスコミ市民　通号101〔1976.3〕p2〜5
堀越作治	現代民主制の危機のなかで（政治部）（新聞記者読本—取材記者篇）：新聞研究　通号296〔1976.3〕p25〜28
新井直之	特集 ロッキード疑獄 事件はどう報道されたか：マスコミ市民　通号102〔1976.4〕p14〜23
松岡英夫	ロッキード事件と新聞報道（ロッキード事件と新聞報道）：新聞研究　通号297〔1976.4〕p7〜22
村野坦	“喚問劇”——疑惑解明への促進材料（衆院・予算委員会）（ロッキード事件と新聞報道—ロッキード事件を追う（前線記者））：新聞研究　通号297〔1976.4〕p27〜29
塩口喜乙	現代が求めるスクープ——水俣病とロッキードにみる現代スクープの性格（スクープの今日的意義）：新聞研究　通号297〔1976.4〕p30〜33
山本祐司	史上最大の取材合戦の幕開け（三庁合同・捜査当局）（ロッキード事件と新聞報道—ロッキード事件を追う（前線記者））：新聞研究　通号297〔1976.4〕p23〜25
加藤雅弘	衆人環視の“張り込み”（世田谷・児玉邸）（ロッキード事件と新聞報道—ロッキード事件を追う（前線記者））：新聞研究　通号297〔1976.4〕p25〜27
斎藤明	政治部——問われる職業としてのジャーナリズム（ロッキード事件を追う）：新聞研究　通号298〔1976.5〕p7〜9
村井仁	イギリスの選挙放送：NHK文研月報　26（06）〔1976.6〕p36
国分寺旭	寄稿 マスコミはロッキード疑獄にかかわったか：マスコミ市民　通号104〔1976.6〕p7〜13
杉本清	渦まく疑惑と“関連人物”の間で（ロッキード事件と地方紙報道）：新聞研究　通号299〔1976.6〕p21〜24
森可昭	参院補欠選挙と県民の動き（ロッキード事件と地方紙報道）：新聞研究　通号299〔1976.6〕p24〜27
ローアー，エルマー・W，日本新聞協会国際部	米・大統領選挙と放送：新聞研究　通号299〔1976.6〕p28〜37
総合ジャーナリズム研究編集部	ロッキード報道：総合ジャーナリズム研究　13（03）〔1976.7〕p54〜59
箕輪成男	ロッキード報道の断面＜特別企画＞：総合ジャーナリズム研究　13（03）〔1976.7〕p115〜119
北野栄三	特ダネ作戦からピーナツ・ソング……——マスコミ報道の枝葉末節・録（ロッキード報道の断面＜特別企画＞）：総合ジャーナリズム研究　13（03）〔1976.7〕p46〜53
加藤延之	「こちらロッキード部」で真相究明へ（ロッキード事件を追う）：新聞研究　通号300〔1976.7〕p41〜43
筑紫哲也	政治報道へのきびしい問いかけの中で（ロッキード事件を追う）：新聞研究　通号300〔1976.7〕p38〜40
武市英雄	東京都知事選挙（1975年）をめぐる新聞紙面の分析——朝日・毎日・読売・サンケイの4紙を中心にして：新聞学評論　通号25〔1976.8〕p48〜67
松山幸雄	アメリカの政治報道の弱点（国際新聞編集者協会第25回年次総会報告）：新聞研究　通号301〔1976.8〕p58〜61
北井良彦	“検証手段”をもたない不安に抗して（ロッキード事件を追う）：新聞研究　通号301〔1976.8〕p21〜23
白鳥令	現代新聞の論説・報道に望む——ロッキード事件を中心に：新聞研究　通号301〔1976.8〕p26〜29
金指正雄	政治記者の日常を点検する好機（ロッキード事件を追う）：新聞研究　通号301〔1976.8〕p23〜25
田中正延	続く数字，税法，守秘義務との戦い（ロッキード事件を追う）：新聞研究　通号301〔1976.8〕p19〜21
山田茂	4冊目の張り込み日誌（田中逮捕——ロッキード事件を追う）：新聞研究　通号302〔1976.9〕p18〜19
高尾義彦	思い知る報道・検察の緊張関係（田中逮捕——ロッキード事件を追う）：新聞研究　通号302〔1976.9〕p8〜11
草鹿恵	“常識”と取材の弱点への警鐘（田中逮捕——ロッキード事件を追う）：新聞研究　通号302〔1976.9〕p11〜13
尾嶋静	息長い“田中的体質”との戦い（田中逮捕——ロッキード事件を追う）：新聞研究　通号302〔1976.9〕p13〜15
河田亨	福島県庁汚職事件（自治体汚職と地元紙の報道）：新聞研究　通号302〔1976.9〕p20〜24
藤原互	放送進行表になかった逮捕劇（田中逮捕——ロッキード事件を追う）：新聞研究　通号302〔1976.9〕p15〜17
山中正剛	（広報とマス・メディア＜特集＞）メディアの批判機能と行政情報——自治体広報活動の今後の課題は何か〔資料 全国都道府県広報予算とマス・メディア〕：総合ジャーナリズム研究　13（04）〔1976.10〕p30〜42
吉村幸雄	ある市長選報道をめぐって：新聞研究　通号303〔1976.10〕p79〜81
不破孝一	何度も予想した“党分裂，総辞職”の極限状況（ロッキード事件を追う）：新聞研究　通号303〔1976.10〕p34〜36
斎藤平	高まる西湖会の“逆境擁護”ムード（ロッキード事件を追う）：新聞研究　通号303〔1976.10〕p37〜39
山田正弘	司法・検察のカナメ“稲葉節”を追って（ロッキード事件を追う）：新聞研究　通号303〔1976.10〕p32〜34
鈴木均	タレント議員と議員タレント ＜特集＞選挙とテレビ：放送批評　No.100〔1976.11〕
後藤和彦	テレビ状況下の直接民主主義の可能性 ＜特集＞選挙とテレビ：放送批評　No.100〔1976.11〕
大野明男	政治評論家の予想はなぜ当たらないのか ＜特集＞選挙とテレビ：放送批評　No.100〔1976.11〕
笹川巌	選挙・マーケティング論 ＜特集＞選挙とテレビ：放送批評　No.100〔1976.11〕
田所泉	選挙放送の構造を問う ＜特集＞選挙とテレビ：放送批評　No.100〔1976.11〕
松浦総三	天皇を中心とする不偏不党報道：マスコミ市民　通号109〔1976.11〕p26〜33
三上俊治	特集 ロッキード選挙・マスコミは何を果たしたか ロッキード報道を点検する——新聞・テレビ・週刊誌：マスコミ市民　通号109〔1976.11〕p19〜25
編集部	特集 ロッキード選挙・マスコミは何を果たしたか 危険なバランス感覚——マスコミ姿勢を問い直す：マスコミ市民　通号109〔1976.11〕p2〜7
国分寺旭	特集 ロッキード選挙・マスコミは何を果たしたか 当たらなくなった総選挙世論調査：マスコミ市民　通号109〔1976.11〕p11〜18
村上吉男	7か月目に実った説得——コーチャン会見に至るまで（ロッキード事件報道）：新聞研究　通号304〔1976.11〕p20

	〜21
伊藤逸平	ロッキード事件と漫画 (ロッキード事件報道):新聞研究　通号304　〔1976.11〕　p17〜19
畠山武	ロッキード事件報道をめぐる諸問題——第16回紙面審査懇談会パネルトーキングより (ロッキード事件報道):新聞研究　通号304　〔1976.11〕　p27〜40
蜷川真夫	新聞はなぜ「弱い者」に強いのか (ロッキード事件報道):新聞研究　通号304　〔1976.11〕　p8〜12
石本隆義	利権活動に駆り立てる "歴史の重さ" (ロッキード事件報道):新聞研究　通号304　〔1976.11〕　p13〜16
石井清司	米大統領特番にみる報道部の功績:放送批評　No.101　〔1976.12〕
小池唯夫	ロッキードと「三木おろし」を追い続けて (政治報道) (この1年,そして新たな報道課題):新聞研究　通号305　〔1976.12〕　p8〜12
徳永哲哉	ロッキード疑獄と投書——「60年安保」「ベトナム戦争」との比較 (投書と編集者):新聞研究　通号305　〔1976.12〕　p41〜44
橋本正邦	米大統領選挙とマスメディア:新聞研究　通号305　〔1976.12〕　p75〜80
仲衛	いらだちから確信へ (ロッキード総選挙報告):新聞研究　通号306　〔1977.1〕　p27〜30
山本祐司	検察・司法担当記者として (ロッキード総選挙報告):新聞研究　通号306　〔1977.1〕　p39〜43
塩見戎三	生かしたい今回の教訓 (ロッキード総選挙報告):新聞研究　通号306　〔1977.1〕　p35〜38
加藤博久	「地殻変動」の分析が勝負 (ロッキード総選挙報告):新聞研究　通号306　〔1977.1〕　p31〜34
山口秀夫	'76米大統領選挙と放送——TV討論実現の経緯と背景:NHK文研月報　27(02)　〔1977.2〕　p11
塩口喜乙	ロッキード疑獄追及は終わらない:新聞研究　通号307　〔1977.2〕　p8〜12
新名瑛	「凝縮された2年間」に立ち会って——番記者からみた三木・前首相:新聞研究　通号307　〔1977.2〕　p68〜71
永町敏昭	ロッキード総選挙と各紙報道・論調:新聞研究　通号308　〔1977.3〕　p86〜97
岩見隆夫	政治記者の立場と政治記事——結果報道から経過報道へ (新聞記者読本):新聞研究　通号308　〔1977.3〕　p13〜17
小林豊彦	世論に神経とがらす大手水産会社の表情 (200カイリ報道の視点と展開—200カイリ報道の現場):新聞研究　通号311　〔1977.6〕　p43〜46
鈴木均	選挙とタレント:放送批評　No.108　〔1977.8〕
新井直之	総括・'77参院選挙報道:マスコミ市民　通号117　〔1977.8〕　p2〜11
田沼修二	わかりやすい「当落」の画面に努力 (参院選と今後の政治報道—参院選報道を振り返る):新聞研究　通号313　〔1977.8〕　p31〜33
中野学	ヨコ揺れし始めたタテ社会有権者の意識 (参院選と今後の政治報道—参院選報道を振り返る):新聞研究　通号313　〔1977.8〕　p28〜30
富森叡児	参院選と今後の政治報道——政治部長座談会 (参院選と今後の政治報道):新聞研究　通号313　〔1977.8〕　p11〜23
太田俊郎	紙面で優劣を浮き上がらせる (参院選と今後の政治報道—参院選報道を振り返る):新聞研究　通号313　〔1977.8〕　p26〜28
岡部太郎	少ない陣容で果たした使命 (参院選と今後の政治報道—参院選報道を振り返る):新聞研究　通号313　〔1977.8〕　p24〜26
岡野加穂留	政治過程としての参院選挙 (参院選と今後の政治報道):新聞研究　通号313　〔1977.8〕　p7〜10
佐藤悠	ロッキード報道 求められる自分との戦い (新聞報道の課題を追って<特集>—新聞報道の課題を追って):新聞研究　通号317　〔1977.12〕　p23〜26
城所洋子, 堀江湛	新自由クラブの躍進と新聞報道——総選挙における新聞報道の内容分析:新聞研究　通号319　〔1978.2〕　p65〜71
鶴木真	テレビとラジオによる選挙報道と選挙人の視聴動機——昭和五二年参議院通常選挙における調査結果:法学研究　51(4)　〔1978.4〕　p404〜430
小池唯夫, 石川真澄, 渡辺恒雄	新聞はなぜ誤ったか——三大紙の政治面責任者に聞く「福田当確」予測の自己批判 (「諸君!」インタビュー):諸君!　日本を元気にするオピニオン雑誌　11(2)　〔1979.2〕　p17〜35
千田恒	"逆転"の原因をさぐる——自民党総裁予備選挙予測の追跡調査:新聞研究　通号331　〔1979.2〕　p67〜71
長田庄司	県民の傷は深く,悔い残る報道 (地方選挙と新聞報道):新聞研究　通号332　〔1979.3〕　p73〜76
細島泉	「八〇年代」の序曲——二つの視点 (地方選挙と新聞報道):新聞研究　通号332　〔1979.3〕　p70〜72
幸山憲治	地方選挙と新聞報道——五選への道:新聞研究　通号333　〔1979.4〕　p26〜28
野添憲治	地域情報の担い手——タウン誌と新聞について (地域 情報 新聞):新聞研究　通号334　〔1979.5〕　p14〜17
中川友吉	地方選挙と新聞報道——ののしり合い選挙は何を残したか:新聞研究　通号334　〔1979.5〕　p63〜65
下田経	どちらへ進む「地方の時代」——北海道知事選 (統一地方選の取材と報道—保革対決地の選挙報道):新聞研究　通号335　〔1979.6〕　p29〜31
田中義郎	なぜ東京は燃えなかったか——東京都知事選 (統一地方選の取材と報道—保革対決地の選挙報道):新聞研究　通号335　〔1979.6〕　p26〜28
原野城治	"もどかしさ"の中で (統一地方選の取材と報道—地方選取材・支局から):新聞研究　通号335　〔1979.6〕　p40〜42
加藤延之	ロッキード裁判の進展と新聞報道:新聞研究　通号335　〔1979.6〕　p76〜79
南博	"地方の時代"こみ上げる苦い思い (統一地方選の取材と報道):新聞研究　通号335　〔1979.6〕　p14〜17
飽戸弘	地方選挙の変質と新聞報道の役割 (統一地方選の取材と報道):新聞研究　通号335　〔1979.6〕　p22〜25
山本光蔵	張り合いに欠けた選挙 (統一地方選の取材と報道—無風地帯の選挙報道):新聞研究　通号335　〔1979.6〕　p35〜38
林直毅	統一地方選挙と世論調査 (統一地方選の取材と報道):新聞研究　通号335　〔1979.6〕　p44〜47
伊藤吾一	不十分だった有権者への訴え——静岡県議選 (統一地方選の取材と報道—無風地帯の選挙報道):新聞研究　通号335　〔1979.6〕　p32〜35
山添勝寛	閉鎖社会の "常識" (統一地方選の取材と報道—地方選取材・支局から):新聞研究　通号335　〔1979.6〕　p39〜40
今津弘	報道は「現実」に肉迫したか (統一地方選の取材と報道):新聞研究　通号335　〔1979.6〕　p10〜13
田中伸尚	現代の "巡幸" とマスコミの天皇観 (調査レポート):現代の眼　20(8)　〔1979.8〕　p168〜177
多田代三	岩手二区——二世候補をどう報道したか (衆院選と選挙報道の課題—注目地区の選挙報道):新聞研究　通号340　〔1979.11〕　p21〜24
南良平	熊本一区——"灰色高官" をめぐる報道と反響 (衆院選と選挙報道の課題—注目地区の選挙報道):新聞研究　通号

政治・選挙　　　　　　　　　　　　　　　　ジャーナリズム

340　〔1979.11〕p18〜20

加藤祥二	再考すべき予測報道のあり方（衆院選と選挙報道の課題）：新聞研究　通号340　〔1979.11〕p10〜13
成田英彦	青森一，二区──ローカル局の新たな試み（衆院選と選挙報道の課題─注目地区の選挙報道）：新聞研究　通号340〔1979.11〕p24〜26
小池唯夫	選挙報道のマンネリを打破した紙面づくり（衆院選と選挙報道の課題）：新聞研究　通号340　〔1979.11〕p14〜17
柳井道夫	予測報道の問題点（衆院選と選挙報道の課題）：新聞研究　通号340　〔1979.11〕p27〜34
松原正	愚鈍の時代──松野頼三と新聞報道：諸君！　日本を元気にするオピニオン雑誌　11（12）〔1979.12〕p34〜48
総合ジャーナリズム研究編集部	選挙とマスコミ：総合ジャーナリズム研究所　17（01）〔1980.1〕p42〜43
斎藤定良	選挙予測結果とその原因（選挙とマスコミ）：総合ジャーナリズム研究　17（01）〔1980.1〕p25〜34
岡部太郎	選挙予測調査の功罪（選挙とマスコミ）：総合ジャーナリズム研究　17（01）〔1980.1〕p35〜41
山川暁夫	《特集》軍事強権体制の政治とマスコミの現状　アメリカの戦略と日本の加担：マスコミ市民　通号143　〔1980.1〕p12〜21
吉原公一郎	《特集》軍事強権体制の政治とマスコミの現状　右傾化したマスコミの責任：マスコミ市民　通号143　〔1980.1〕p4〜11
山内敏弘	《特集》軍事強権体制の政治とマスコミの現状　軍事拡大の法律上の問題点──防衛二法「改正」への危険な動向：マスコミ市民　通号143　〔1980.1〕p44〜49
井上澄夫	《特集》軍事強権体制の政治とマスコミの現状　資源・エネルギー戦略と軍事：マスコミ市民　通号143　〔1980.1〕p22〜25
編集部	《特集》軍事強権体制の政治とマスコミの現状　自衛隊を告発する：マスコミ市民　通号143　〔1980.1〕p2〜3
中津泰道	《特集》軍事強権体制の政治とマスコミの現状　世論調査の実態──自衛隊支持八六％の疑問：マスコミ市民　通号143　〔1980.1〕p50〜53
神浦元彰	《特集》軍事強権体制の政治とマスコミの現状　“閉鎖集団”自衛隊の内情──元自衛官の告白：マスコミ市民　通号143　〔1980.1〕p26〜43
酒向安武	曲がり角にきた政変報道──自民党の“四十日戦争”を追って：新聞研究　通号342　〔1980.1〕p68〜70
原孝文	混迷政局劇と政治報道の課題：新聞研究　通号342　〔1980.1〕p71〜74
松浦総三	ファシズムのなかの皇室報道：マスコミ市民　通号146　〔1980.4〕p32〜39
村石徳弥	“金権選挙区”における地元紙の報道課題：新聞研究　通号347　〔1980.6〕p57〜60
島桂次	ゼロからの再スタート（衆参同時選挙と政治報道─同時選挙──わが社はこう報道した）：新聞研究　通号349〔1980.8〕p33〜36
木村勝	時間・人員の制約と戦いながら（衆参同時選挙と政治報道─同時選挙──わが社はこう報道した）：新聞研究　通号349　〔1980.8〕p37〜40
柴隆治	衆参同時選挙と今後の政治報道（衆参同時選挙と政治報道）：新聞研究　通号349　〔1980.8〕p10〜24
神田禎之	新聞は“異常政局”から何を学んだか（衆参同時選挙と政治報道）：新聞研究　通号349　〔1980.8〕p25〜29
滝井禧夫	世論調査と選挙報道の課題（衆参同時選挙と政治報道）：新聞研究　通号349　〔1980.8〕p43〜47
大林主一	政治記者とニュースソース（衆参同時選挙と政治報道）：新聞研究　通号349　〔1980.8〕p48〜51
三宅理一郎	地方紙をとりまく圧力のなかで（衆参同時選挙と政治報道─同時選挙──わが社はこう報道した）：新聞研究　通号349　〔1980.8〕p40〜42
相川閨一	首相の死と新聞報道（日本の潮）：世界　通号417　〔1980.8〕p299〜302
小里光	テレビの開票速報はどう見られたか NNSRの調査から：月刊民放　10（114）〔1980.12〕p32〜35
安井康雄	政見放送はどのように見られたか（1）：NHK文研月報　30（12）〔1980.12〕p11
宮島武志	自治と連帯による県づくり（埼玉県）（地方自治体と情報公開─制度化の検討のなかで）：新聞研究　通号353〔1980.12〕p23〜26
池田恵美子	（いま，アメリカのジャーナリズムは…＜特集＞）大統領選挙−1−それは「不毛の選択」と「不毛の報道」だった：総合ジャーナリズム研究　18（01）〔1981.1〕p88〜96
飽戸弘	（いま，アメリカのジャーナリズムは…＜特集＞）大統領選挙−2−世界の基本動向には「脱編成」と呼ばれる状況があった：総合ジャーナリズム研究　18（01）〔1981.1〕p51〜55
時野谷浩, 林建彦	政治的コミュニケーションの「利用と満足」−上−衆参ダブル選挙の事例研究から：総合ジャーナリズム研究　18（01）〔1981.1〕p66〜77
日高義樹	マスメディアのなかの米大統領選：新聞研究　通号354　〔1981.1〕p83〜86
広瀬一郎	現代の政治状況と新聞：新聞研究　通号354　〔1981.1〕p26〜32
安井康雄	政見放送はどのように見られたか（2）：NHK文研月報　31（02）〔1981.2〕p23
原孝文	ナショナル・コンセンサスの形成を（防衛論議のなかの新聞報道─紙面づくりの視点と姿勢）：新聞研究　通号355〔1981.2〕p20〜24
阿部穣	現実を直視し本音を語る（防衛論議のなかの新聞報道─紙面づくりの視点と姿勢）：新聞研究　通号355　〔1981.2〕p25〜29
小西昭之	望まれる理性的な防衛論議（防衛論議のなかの新聞報道─紙面づくりの視点と姿勢）：新聞研究　通号355　〔1981.2〕p15〜19
関根昭義	「檜町」取材と記者の目（防衛論議のなかの新聞報道）：新聞研究　通号355　〔1981.2〕p37〜40
時野谷浩, 林建彦	政治的コミュニケーションの「利用と満足」−下−衆参ダブル選挙の事例研究から：総合ジャーナリズム研究　18（02）〔1981.4〕p90〜100
山下幸秀	“青クサイ”といわれても“下からの報道”をねばり強く──行政改革と新聞報道：新聞研究　通号359　〔1981.6〕p72〜76
足立明	行政改革と新聞報道──行革を地方の立場からとらえる：新聞研究　通号360　〔1981.7〕p69〜73
岡部太郎	都議選報道と今後の政治報道：新聞研究　通号361　〔1981.8〕p63〜65
宇佐美滋	ジミー・カーターの長かった444日──ABCの衝撃的なスクープ放送を軸に再構成したアメリカVSイラン虚々実々の闘い：諸君！　日本を元気にするオピニオン雑誌　13（9）〔1981.9〕p226〜245
山崎曜	制度改革論に目を向けた報道を──行政改革と新聞報道：新聞研究　通号362　〔1981.9〕p59〜63

中田章	行革報道の視点と今後の展開（行政改革と新聞報道）：新聞研究　通号363〔1981.10〕p10〜24	
鳴海正泰	行革報道への提言（行政改革と新聞報道）：新聞研究　通号363〔1981.10〕p29〜32	
久保文男	行政改革と報道課題（行政改革と新聞報道）：新聞研究　通号363〔1981.10〕p25〜28	
小林良彰，堀江湛	同時選挙をめぐる三大紙の内容分析——大平総理の死去と新聞報道（日本新聞学会創立30周年記念）：新聞学評論　通号30〔1981.11〕p219〜236	
飛田秀一	地方復権を行革報道の柱に据える（行政改革と新聞報道）：新聞研究　通号364〔1981.11〕p66〜69	
滝口凡夫	行革の原点に迫り，粘り強く主張する（行政改革と新聞報道）：新聞研究　通号365〔1981.12〕p41〜44	
萩原道彦	ロッキード疑獄と新聞の立場（ロッキード裁判と新聞報道）：新聞研究　通号366〔1982.1〕p26〜30	
室伏哲郎	ロッキード裁判報道に思うこと（ロッキード裁判と新聞報道）：新聞研究　通号366〔1982.1〕p37〜41	
樋口正紀	長期継続報道の落とし穴（ロッキード裁判と新聞報道——ロッキード裁判報道の現在）：新聞研究　通号366〔1982.1〕p31〜33	
石黒克己	秘密主義との戦い（ロッキード裁判と新聞報道——ロッキード裁判報道の現在）：新聞研究　通号366〔1982.1〕p34〜36	
橋本正邦	レーガンと米マスメディア "情報の自由" で強まる対立（海外情報）：新聞研究　通号368〔1982.3〕p78〜81	
石上大和	書くべきか書かざるべきか（政治）（新聞記者読本'82——記者群像——わたし自身の記者論）：新聞研究　通号368〔1982.3〕p37〜40	
神谷紀一郎	「裁かれる首相の犯罪」を追いつづける：新聞研究　通号372〔1982.7〕p58〜61	
草壁政一	ロッキード——佐藤孝行を追う：新聞研究　通号373〔1982.8〕p40〜42	
今津弘	公判廷がロッキード決着の場か：新聞研究　通号373〔1982.8〕p35〜39	
岡田光夫	派閥担当記者は "派閥の走狗" か：マスコミ市民　通号174〔1982.10〕p44〜45	
石原潤	これから信を問われる時がくる（行革と新聞）：新聞研究　通号375〔1982.10〕p61〜64	
相馬芳勝	行革フィーバーの演出者たち（行革と新聞）：新聞研究　通号375〔1982.10〕p65〜68	
加藤寛	行革報道に思う：新聞研究　通号375〔1982.10〕p54〜57	
志位素之	政治 政治記事のスタンスを見直すとき（検証——1982年の報道）：新聞研究　通号377〔1982.12〕p10〜13	
総合ジャーナリズム研究編集部	総裁選びと記者と報道と：総合ジャーナリズム研究所　20(01)〔1983.1〕p18〜51	
中田章	「政変」報道——鈴木退陣から中曽根内閣誕生まで：新聞研究　通号378〔1983.1〕p36〜41	
井崎均	ロッキードの58年——指揮権発動をおそれる（'83政治状況を追って）：新聞研究　通号379〔1983.2〕p23〜26	
安江良介	顕在化する保守・冷戦体質——田中政治と中曽根政治（'83政治状況を追って）：新聞研究　通号379〔1983.2〕p40〜43	
柴隆治	政治報道の新たな展開（'83政治状況を追って）：新聞研究　通号379〔1983.2〕p10〜22	
渡部允	相乗りと対決の神奈川選挙図（'83政治状況を追って——八三年政治決戦・わが社の報道姿勢）：新聞研究　通号379〔1983.2〕p37〜39	
小原泰	有権者の選択の道標に（'83政治状況を追って——八三年政治決戦・わが社の報道姿勢）：新聞研究　通号379〔1983.2〕p33〜36	
山川暁夫	中曽根政治とマスコミへの異議：マスコミ市民　通号178〔1983.3〕p2〜11	
知野恵子	市井の立場から政治に挑む（新聞記者読本'83——記者論——取材現場で考える）：新聞研究　通号380〔1983.3〕p49〜51	
松崎稔	政治不信の時代とマスコミー1－ "田中報道" の七年－－事件の重さに振り回されたジャーナリズムの罪：総合ジャーナリズム研究　20(02)〔1983.4〕p52〜60	
平野有益	知事選東京ラウンドを追って（地方紙の東京取材——東京取材——一線記者の現場から）：新聞研究　通号381〔1983.4〕p32〜34	
池田喜彦	田中論告・求刑の日の通信社（ロッキード裁判と報道と…）：新聞研究　通号381〔1983.4〕p59〜61	
藤崎匡史	"風土と政治" のからみを解きほぐす（ロッキード裁判と報道と…）：新聞研究　通号381〔1983.4〕p62〜65	
花田達朗	テレビは選挙を決定したか——西ドイツ総選挙にみる政党とテレビの関係：新聞研究　通号382〔1983.5〕p73〜80	
久保田穣一	＜国＞対＜地方＞の行革戦争を追う（行革報道を検証する）：新聞研究　通号382〔1983.5〕p55〜58	
土井由三	自治を問いなおす（行革報道を検証する——行政改革をみつめる）：新聞研究　通号382〔1983.5〕p46〜48	
森茂樹	自治体の意識変革を追る（行革報道を検証する——行政改革をみつめる）：新聞研究　通号382〔1983.5〕p49〜51	
比嘉一雄	弱者の立場を主張する（行革報道を検証する——行政改革をみつめる）：新聞研究　通号382〔1983.5〕p52〜54	
広瀬道貞	答申後の行革報道の方向性——再び政府をマトに（行革報道を検証する）：新聞研究　通号382〔1983.5〕p41〜45	
大西進	ドラマが描けない（大阪）（統一地方選をどう報道したか——統一地方選挙と報道）：新聞研究　通号383〔1983.6〕p60〜62	
清水正信	女性が勝たせた革新知事（福岡）（統一地方選をどう報道したか——統一地方選挙と報道）：新聞研究　通号383〔1983.6〕p63〜65	
陸口潤	東京燃えず（東京）（統一地方選をどう報道したか——統一地方選挙と報道）：新聞研究　通号383〔1983.6〕p57〜59	
鍋嶋敬三	統一地方選と新たな報道課題（統一地方選をどう報道したか）：新聞研究　通号383〔1983.6〕p48〜52	
東功	変化を選んだ有権者意識に迫る（北海道）（統一地方選をどう報道したか——統一地方選挙と報道）：新聞研究　通号383〔1983.6〕p53〜56	
神谷紀一郎	政治不信の時代とマスコミー2－ "田中報道" の七年PART2－－「全録」は事実を解明したのでも政界の腐敗を切ったわけでもない，が…：総合ジャーナリズム研究　20(03)〔1983.7〕p68〜76	
堀居弘之	議席予測と有権者意識（参院選挙と新聞報道）：新聞研究　通号385〔1983.8〕p15〜18	
岩見隆夫	参院選挙と新聞の立場（参院選挙と新聞報道）：新聞研究　通号385〔1983.8〕p10〜14	
内山秀夫	参院選報道と今後の報道課題（参院選挙と新聞報道）：新聞研究　通号385〔1983.8〕p25〜29	
津田元	政治潮流の先駆を追う（参院選挙と新聞報道——検証・参院選挙報道）：新聞研究　通号385〔1983.8〕p19〜21	
野中俊彦	選挙の自由と公職選挙法（参院選挙と新聞報道）：新聞研究　通号385〔1983.8〕p30〜34	
田辺正勝	"読み" のむずかしさを改めて知る（参院選挙と新聞報道——検証・参院選挙報道）：新聞研究　通号385〔1983.8〕p22〜24	
横井功司, 戸田道男, 高村勇作, 小秋元隆満, 新井美史, 西山弘道, 前田清正, 柏崎松之助, 木林淳寛　特集 転換期迎える選挙報道		

	シラケと印象戦のなかで 6・26参院選報道のポリシーと今後の方向：月刊民放　13(147)〔1983.9〕p23〜30
岩本剛	特集 転換期迎える選挙報道 政党政見放送の展開と史的意義 放送史上の画期的なイベントとして：月刊民放　13(147)〔1983.9〕p18〜22
岩田脩	特集 転換期迎える選挙報道 政党政見放送を振り返って 比例代表制導入による政見放送の実施過程と、その波紋：月刊民放　13(147)〔1983.9〕p14〜17
沖野安春	特集 転換期迎える選挙報道 選挙と放送——政治状況と放送の役割：月刊民放　13(147)〔1983.9〕p6〜9
藤久ミネ	特集 転換期迎える選挙報道 望まれる、空洞を埋める報道姿勢 "おもしろセンキョ" 番組の、シラケへの作用：月刊民放　13(147)〔1983.9〕p10〜13
小松原久夫	ジャーナリズムも問われる「ディベートゲート」事件（海外情報）：新聞研究　通号386〔1983.9〕p84〜87
総合ジャーナリズム研究編集部	政治不信の時代とマスコミ—3－ "田中報道" の七年PART3－－資料「事件と田中」と雑誌 ジャーナリズム：総合ジャーナリズム研究所　20(04)〔1983.10〕p49〜52
佐藤毅	長期連載企画「裁かれる "首相の犯罪" のロッキード疑獄法廷全記録」——裁判報道に新天地を開く（受賞報告）（昭和58年度新聞協会賞編集部門受賞報告）：新聞研究　通号387〔1983.10〕p61〜63
河島治之	この七年のつれづれ——法廷での元首相の表情を追って（ロッキード事件・田中判決報道）：新聞研究　通号389〔1983.12〕p35〜38
野上浩太郎	その日に向けての政治部（ロッキード事件・田中判決報道—10・12ロッキード事件判決）：新聞研究　通号389〔1983.12〕p28〜30
大木圭之介	テレビが追うその一日（ロッキード事件・田中判決報道—10・12ロッキード事件判決）：新聞研究　通号389〔1983.12〕p31〜34
田中豊蔵	ロッキード事件と新聞報道（ロッキード事件・田中判決報道）：新聞研究　通号389〔1983.12〕p10〜23
遠山叡	ロッキード事件は終わっていない（ロッキード事件・田中判決報道）：新聞研究　通号389〔1983.12〕p24〜27
小林トミ	時の経過に負けぬ報道を——田中報道考（ロッキード事件・田中判決報道）：新聞研究　通号389〔1983.12〕p43〜46
江幡清	田中報道におもう（ロッキード事件・田中判決報道）：新聞研究　通号389〔1983.12〕p39〜42
渡辺薫	国内政治報道の問題点——政治家のマスコミ批判を含む：コミュニケーション研究　通号14〔1984〕p47〜70
奥野昌宏	ジャーナリズムの政治機能——「武蔵野市職員退職金問題」に関する新聞報道をめぐって：成蹊大学文学部紀要　通号20〔1984〕p34〜61
別所宗郎	撮らせない法廷写真の罪（報道の行き過ぎ!?＜特集＞　"田中報道" をめぐって）：総合ジャーナリズム研究　21(01)〔1984.1〕p43〜48
青木彰	首相の犯罪報道、そこが問題－－マスコミ研究者の意見録（アンケート）（報道の行き過ぎ!?＜特集＞　"田中報道" をめぐって）：総合ジャーナリズム研究　21(01)〔1984.1〕p30〜42
岡本愛彦	『新聞紙法』から「田中曽根」報道介入まで——内務省警察官僚中曽根のファシズム願望を衝く：マスコミ市民　通号187〔1984.1〕p4〜7
中村泰次	（報道の行き過ぎ!?＜特集＞）田中報道をめぐって：総合ジャーナリズム研究　21(01)〔1984.1〕p19〜26
小田原敦	体験的政治部記者論——日本の政治風土のなかで（'84の報道課題—'84・報道課題を考える）：新聞研究　通号390〔1984.1〕p28〜31
山田宗睦	小特集 '83衆院選報道・視聴批評 ニュースからジャーナリズムへ 日常取材を生かした組み立てで争点の明示を：月刊民放　14(152)〔1984.2〕p34〜37
今村孝夫, 小林純, 中井靖治, 島崎恒夫, 湯村庄平, 友野庄平, 林敬三	小特集 '84衆院選報道・視聴批評 有権者への視点提供のポイント「選択材料」を、いかに見せ、かかせたか：月刊民放　14(152)〔1984.2〕p38〜43
阪口昭	10.12以後の政治劇と新聞の役割（'84政治報道の視点）：新聞研究　通号391〔1984.2〕p26〜30
デベラ, ホセ, 新聞研究編集部	テレビと選挙（'84政治報道の視点）：新聞研究　通号391〔1984.2〕p42〜49
田畑光永	角栄票二十二万の "快"（'84政治報道の視点）：新聞研究　通号391〔1984.2〕p39〜41
紀平悌子	市民運動の中から見た新聞（'84政治報道の視点）：新聞研究　通号391〔1984.2〕p55〜58
小町孝夫	新潟三区選挙戦の「異常」（'84政治報道の視点）：新聞研究　通号391〔1984.2〕p35〜38
小島博志	選挙予測報道のむずかしさ（'84政治報道の視点）：新聞研究　通号391〔1984.2〕p50〜54
蜷川真夫	「二十二万票の世論」の中身（'84政治報道の視点）：新聞研究　通号391〔1984.2〕p31〜34
松下宗之	与野党伯仲時代の新聞報道——新たな視座を模索する政治報道（'84政治報道の視点）：新聞研究　通号391〔1984.2〕p10〜25
山田一彦	市民レポート 広報番組・誌紙にみる巧妙な "政府PR" の実状：マスコミ市民　通号189〔1984.3〕p48〜53
小松原久夫	米大統領選におけるテレビの威力：新聞研究　通号394〔1984.5〕p72〜75
安江良介, 宮沢喜一	政治記者・後藤基夫さんのこと（エディターズ・インタヴュ——3—）：世界　通号462〔1984.5〕p168〜182
森川方達	天皇戒厳令下のマスコミ：マスコミ市民　通号195〔1984.9〕p56〜63
小松原久夫	ニクソンの復活と米マスメディア——大統領辞任劇から10年：新聞研究　通号398〔1984.9〕p78〜81
萩原道彦	ロッキード疑獄と新聞報道（〔新聞研究〕創刊400号記念号——新聞に望むこと）：新聞研究　通号400〔1984.11〕p45〜48
堀義明	政府の思惑はずれたフランス新聞法：新聞研究　通号400〔1984.11〕p106〜109
岩渕美克	マス・メディアの政治的効果—第一三回参院選におけるTVニュースの内容分析：慶応義塾大学大学院法学研究科論文集　(20)（昭和59年度）〔1985.1〕p41〜54
小松原久夫	レーガン プレスを破る：新聞研究　通号402〔1985.1〕p44〜49
中田章	検証報道がとらえるもの（変わる政治状況と報道の視点）：新聞研究　通号403〔1985.2〕p14〜17
市岡揚一郎	太平洋の時代と報道の姿勢（変わる政治状況と報道の視点）：新聞研究　通号403〔1985.2〕p22〜26
大林主一	複合選択時代の政治報道の課題（変わる政治状況と報道の視点）：新聞研究　通号403〔1985.2〕p10〜13
老川祥一	連合時代の野党取材（変わる政治状況と報道の視点）：新聞研究　通号403〔1985.2〕p18〜21
上田哲	《特集》いま、ジャーナリズムに… 軍事費と『マスコミ市民』：マスコミ市民　通号200〔1985.3〕p84〜90
太田昌秀	政治ジャーナリズム論（ジャーナリズム論を探る——メディア変容とジャーナリズム概念の変化＜特集＞）：新聞学評論　通号34〔1985.3〕p12〜28

ジャーナリズム　　　　　　　　　　　　　　　　　　　　　　　　　　　政治・選挙

舟本雅彰	ロッキード報道・ある司法記者の反省―1―：文芸春秋　63 (5)〔1985.5〕p196〜206
舟本雅彰	ロッキード報道・ある司法記者の反省―2―：文芸春秋　63 (6)〔1985.6〕p184〜194
飯塚幸宏	「田中不在」以後の田中報道：新聞研究　通号408〔1985.7〕p49〜51
舟本雅彰	ロッキード報道・ある司法記者の反省―3完―：文芸春秋　63 (7)〔1985.7〕p170〜180
潮見憲三郎	「報道オンブズマン」を考える：世界　通号478〔1985.8〕p15〜18
清水幹夫	国鉄改革と新聞報道――行政改革の本質を見据える：新聞研究　通号410〔1985.9〕p34〜37
森茂樹	国鉄改革と新聞報道――地域で改革案の見直しを：新聞研究　通号411〔1985.10〕p95〜98
島田昭吉	イメージつかめぬ民営・分割――国鉄改革と新聞報道：新聞研究　通号412〔1985.11〕p69〜72
松井義雄	国鉄改革と新聞報道――意識改革作り出す「分割・民営」：新聞研究　通号413〔1985.12〕p66〜69
上西朗夫	中曽根政権と新聞――どこまで本質を報道したか（断面'85ジャーナリズム）：新聞研究　通号413〔1985.12〕p38〜42
中馬清福	国際平和と新国家主義――政治報道の座標軸を考える（世界の潮流と日本の立場――報道の視点）：新聞研究　通号414〔1986.1〕p15〜18
村野坦	永田町取材の現在（新聞記者読本'86）：新聞研究　通号416〔1986.3〕p25〜27
岩村立郎	劇的な政権交代と米国マスコミ（フィリピン"政変"を追う）：新聞研究　通号417〔1986.4〕p50〜52
松村長	政治と倫理のアンビバレンス――撚糸工連事件を追って：新聞研究　通号420〔1986.7〕p47〜49
屋山太郎	同日選報道・朝日vs読売――比較研究：文芸春秋　64 (7)〔1986.7〕p94〜112
山川暁夫	自民圧勝に手をかしたマスコミ：マスコミ市民　通号216〔1986.8〕p6〜9
岡本愛彦	中曽根・自民・アメリカの長期戦略に敗れたジャーナリズムと社会党：マスコミ市民　通号216〔1986.8〕p14〜17
岸田功	特集 政治と放送ジャーナリズム 権力のメディア利用に、ニュースの日常的政治感覚を 国民の"知る権利"に応える、コミュニケーションとしての「政見放送」論議も：月刊民放　16 (182)〔1986.8〕p6〜9
安中猛彦、岩附孚、青木徹郎、中本達雄、矢嶋武弘、柳沢紀夫、廣田誠之	特集 政治と放送ジャーナリズム 衆参同時選挙報道戦、かく闘えり 選挙報道に貫いたポリシイと伝えの工夫は――視聴者と政治をつなぐ"パイプ役"として：月刊民放　16 (182)〔1986.8〕p18〜25
酒井昭	特集 政治と放送ジャーナリズム 衆参同日選にみる「政見放送」と「政党広告」 連日の政見放送に圧倒され、迫力欠いた各党スポット：月刊民放　16 (182)〔1986.8〕p26〜29
久米茂、星野敏子、増田れい子	特集 政治と放送ジャーナリズム 日々の報道積み重ねで放送ジャーナリズム機能の発揮を 7・6衆参同時選挙関連報道番組を視聴して：月刊民放　16 (182)〔1986.8〕p10〜17
酒井寛	「記事をやさしくする運動」をやってみました（新聞文章を考える）：新聞研究　通号421〔1986.8〕p10〜13
清水幹夫	政治記事はなぜわかりにくいのか（新聞文章を考える）：新聞研究　通号421〔1986.8〕p14〜17
徳永伸一	17万9千票の背景を探る――複雑な「越山会の心」（衆参同日選――取材と報道）：新聞研究　通号422〔1986.9〕p39〜42
奈良洋	「サバイバル選挙」と報道視点――減員区の激戦の中で（衆参同日選――取材と報道）：新聞研究　通号422〔1986.9〕p36〜38
梶岡茂美、矢野元昭	境界線変更と県紙のジレンマ（衆参同日選――取材と報道）：新聞研究　通号422〔1986.9〕p32〜35
宮崎勝治	衆参同日選を振り返る（衆参同日選――取材と報道）：新聞研究　通号422〔1986.9〕p10〜23
高橋誠	政局報道を見直す――政治ジャーナリズムの新しい方向（衆参同日選――取材と報道）：新聞研究　通号422〔1986.9〕p24〜28
森田芳伸	足と目による情勢取材（衆参同日選――取材と報道）：新聞研究　通号422〔1986.9〕p29〜31
原幹	「無言の政見放送」てん末記（マスコミの焦点）：新聞研究　通号422〔1986.9〕p79〜82
神谷紀一郎	「事実」の記録に徹してきた――ロッキード疑獄10年の節目に：新聞研究　通号423〔1986.10〕p75〜78
堤哲	分割・民営の「副作用」と取材の焦点（現場リポート――国鉄改革）：新聞研究　通号424〔1986.11〕p56〜59
前田勲	行政改革――同一混成チームによる広範囲な取材（「部際取材」の現状と課題）：新聞研究　通号425〔1986.12〕p21〜24
佐和田琢治	国鉄分割・民営――典型的な部際取材（「部際取材」の現状と課題）：新聞研究　通号425〔1986.12〕p13〜16
松浦総三	特集 いまマスコミの危機 天皇報道を斬る：マスコミ市民　通号221/222〔1987.2〕p194〜195
小田原敦	「客観報道」再考――密着すれど癒着せず――「政治の客観報道」主義の限界と効用：新聞研究　通号427〔1987.2〕p46〜50
Feldman, Ofer	日本の政治家は5大新聞をどう見ているか：総合ジャーナリズム研究　24 (02)〔1987.4〕p34〜44
佐々木隆	「26世紀」事件と藩閥：新聞学評論　通号36〔1987.4〕p15〜28
松橋尚	「無言の政見放送」その後（マスコミの焦点）：新聞研究　通号429〔1987.4〕p84〜87
河野俊史	岩手靖国訴訟判決と「政教分離」の危機（憲法40年とジャーナリズム）：新聞研究　通号430〔1987.5〕p37〜39
岸井成格	戦後政治の総決算――総括とジャーナリズムの責任（憲法40年とジャーナリズム）：新聞研究　通号430〔1987.5〕p16〜20
菊池武利	2つの選挙と保守層の動向――岩手ショックと自民への回帰（'87統一地方選――取材と報道）：新聞研究　通号431〔1987.6〕p39〜42
松本英史	"追い風"は"うねり"にならなかった――島根県知事選を追って（'87統一地方選――取材と報道）：新聞研究　通号431〔1987.6〕p35〜38
渡辺藤男	道民の意識変革は先取りできたか――道政クラブからみた北海道知事選（'87統一地方選――取材と報道）：新聞研究　通号431〔1987.6〕p43〜46
林茂雄	マスメディアと政治――米国の場合（政治・記者活動・マスメディア）：新聞研究　通号436〔1987.11〕p30〜33
広瀬道貞	政策情報重視の紙面へ（政治・記者活動・マスメディア）：新聞研究　通号436〔1987.11〕p25〜29
斎藤明、小田隆裕、不破孝一	政治報道の何が問題なのか（政治・記者活動・マスメディア）：新聞研究　通号436〔1987.11〕p10〜24
藤井稔	池子に見る「非政党の論理」と報道視点（政治・記者活動・マスメディア）：新聞研究　通号436〔1987.11〕p34〜37
池田謙一	政治とコミュニケーション（放送研究の課題と方法＜特集＞）：放送学研究　通号38〔1988〕p137〜156
蒲島郁夫	選挙予測報道のアナウンスメント効果：新聞研究　通号439〔1988.2〕p47〜55

政治・選挙 ジャーナリズム

Feldman, Ofer, 川上和久 新聞の政治報道に対する評価とイメージ——調査研究ノート：新聞学評論 通号37 〔1988.4〕 p197～206

山本武二 マスコミ現場から 政治部記者の取材と生活：マスコミ市民 通号237 〔1988.6〕 p50～57

池田謙一 選挙報道はアナウンスメント効果をもちうるか：新聞研究 通号443 〔1988.6〕 p66～73

荒屋昌夫 奥野発言をめぐる新聞報道の姿勢：新聞研究 通号444 〔1988.7〕 p68～70

西井泰之, 西前輝夫 リクルート報道を批判する俵孝太郎氏の無知の恐怖：Asahi journal 30（32）〔1988.8〕 p20～24

三浦道人 リクルート疑惑とジャーナリズムの汚染——取り引きに使われる「マスコミ人の名簿」：マスコミ市民 通号240 〔1988.9〕 p2～15

Feldman, Ofer 昭和60年同日選挙における新聞報道の内容分析——社説及び特集記事に見る傾向：慶応義塾大学新聞研究所年報 通号31 〔1988.9〕 p95～112

石川真澄 政治ニュースをクリエートする努力を（1988年の報道課題を振り返る）：新聞研究 通号449 〔1988.12〕 p10～13

宮越正 「選挙」で心すべきポイント（記者読本'89—取材現場からのメッセージ）：新聞研究 通号452 〔1989.3〕 p47～49

竹内成明 メディアの政治学・序論—2—：評論・社会科学 通号37 〔1989.3〕 p49～72

小浜維人 テレビジャーナリズムと政治家（政治とジャーナリズム）：新聞研究 通号455 〔1989.6〕 p18～20

徳永伸一 激戦・新潟知事選を追う（政治とジャーナリズム—地方で政治の流れを追う）：新聞研究 通号455 〔1989.6〕 p24～26

杣正夫 選挙と新聞報道の役割（政治とジャーナリズム）：新聞研究 通号455 〔1989.6〕 p10～14

大野達郎 知事選揺さぶった国政批判票（政治とジャーナリズム—地方で政治の流れを追う）：新聞研究 通号455 〔1989.6〕 p27～29

和田一郎 特集 リクルート事件とマスコミ報道 4.25 竹下首相退陣表明 在京各局はどう伝えたか：月刊民放 19（217）〔1989.7〕 p22～22

早河洋 特集 リクルート事件とマスコミ報道 『ニュースステーション』制作日記：月刊民放 19（217）〔1989.7〕 p18～21

室伏哲郎 特集 リクルート事件とマスコミ報道 マスコミ主導型のリ事件捜査：月刊民放 19（217）〔1989.7〕 p6～9

久米茂 特集 リクルート事件とマスコミ報道 鋭い政治感覚と豊かな歴史意識を：月刊民放 19（217）〔1989.7〕 p10～13

鈴木幸夫 特集 リクルート事件とマスコミ報道 事件の本質解明にテレビの限界：月刊民放 19（217）〔1989.7〕 p14～17

柿澤弘治, 戸塚進也, 白川勝彦 自民党のメディア認識 テレビが大臣の首をとった ＜特集＞政治の季節：放送批評 No.242 〔1989.9〕

富岡隆夫 政治報道のキケンな傾向 テレビだけにまかせておけない ＜特集＞政治の季節：放送批評 No.242 〔1989.9〕

中山昌作 特集 参院選とテレビ報道 栄誉を担った民放初のテレビ政見放送：月刊民放 19（219）〔1989.9〕 p20～21

田代昌史 特集 参院選とテレビ報道 激戦区神奈川の政見放送枠取り作業：月刊民放 19（219）〔1989.9〕 p22～23

椴尾尚司 特集 参院選とテレビ報道 選挙報道特別番組の制作現場から：月刊民放 19（219）〔1989.9〕 p14～16

原寿雄 特集 参院選とテレビ報道 増幅ジャーナリズムからの脱却：月刊民放 19（219）〔1989.9〕 p6～9

野口信 特集 参院選とテレビ報道 比例代表選政見放送の収録と編成：月刊民放 19（219）〔1989.9〕 p17～19

藤久ミネ 特集 参院選とテレビ報道 明確な争点で人々の関心ひく：月刊民放 19（219）〔1989.9〕 p10～13

岩渕美克 争点報道と争点選択——議題設定機能の検証：慶応義塾大学新聞研究所年報 通号33 〔1989.9〕 p75～94

猿谷要 動き出す大衆の政治意識——ジャーナリズムに求められる批判精神（リクルート報道を振り返る）：新聞研究 通号458 〔1989.9〕 p10～13

川嶋保良 検証・地方紙の"リクルート"報道（ジャーナリズムの"読み"）：総合ジャーナリズム研究 26（04）〔1989.10〕 p38～44

新井久爾夫 参議院選挙, 世論からの"読み"（ジャーナリズムの"読み"）：総合ジャーナリズム研究 26（04）〔1989.10〕 p28～34

小沢遼子 選挙報道のあとさきに思う－－耳ざわりな"マドンナ旋風"（ジャーナリズムの"読み"）：総合ジャーナリズム研究 26（04）〔1989.10〕 p35～37

小畑信親 香川 保守王国崩壊の兆し（検証 参院選報道—注目選挙区を見つめる）：新聞研究 通号459 〔1989.10〕 p68～70

相楽孝一 自・社対決に"埋没"したミニ政党（検証 参院選報道—参院選の焦点・現場リポート）：新聞研究 通号459 〔1989.10〕 p52～54

名和興一 自民党歴史的敗北の舞台裏（検証 参院選報道—参院選の焦点・現場リポート）：新聞研究 通号459 〔1989.10〕 p43～45

老川祥一 重視すべきは「豊富で正確な情報」——マス・デモクラシーの中で考える（検証 参院選報道）：新聞研究 通号459 〔1989.10〕 p38～42

山崎隆志, 小林聡 女性たちが変えた参院選（検証 参院選報道—参院選の焦点・現場リポート）：新聞研究 通号459 〔1989.10〕 p55～58

貝塚康宣, 湯川哲生 世論調査の新しい流れ（検証 参院選報道—参院選の焦点・現場リポート）：新聞研究 通号459 〔1989.10〕 p59～61

新原雅晴 政界再編をはらむ「連合」の躍進（検証 参院選報道—参院選の焦点・現場リポート）：新聞研究 通号459 〔1989.10〕 p49～51

内山秀夫 政治の流れと社会の意識変化——新聞の提示した争点とその歴史観（検証 参院選報道）：新聞研究 通号459 〔1989.10〕 p34～37

黒川栄三 青森 自民農政への不信爆発（検証 参院選報道—注目選挙区を見つめる）：新聞研究 通号459 〔1989.10〕 p62～65

吉野克彦 大阪 決め手はやはり消費税（検証 参院選報道—注目選挙区を見つめる）：新聞研究 通号459 〔1989.10〕 p65～68

森田修 土井社会党熱戦記（検証 参院選報道—参院選の焦点・現場リポート）：新聞研究 通号459 〔1989.10〕 p46～48

郡田弘 福岡 遠藤候補敗北の構図（検証 参院選報道—注目選挙区を見つめる）：新聞研究 通号459 〔1989.10〕 p71～73

清水英夫 参議院選に現われた国民意識とマスコミ：法律時報 61（12）〔1989.10〕 p2～5

松野三千雄 角栄に逃げ切られたジャーナリズム：マスコミ市民 通号256 〔1989.11〕 p17～21

日向太郎 激戦の京都市長選挙と報道を振り返って：月刊民放 19（222）〔1989.12〕 p22～25

富田信男 衆院総選挙TV報道ウォッチング：総合ジャーナリズム研究 27（02）〔1990.4〕 p44～51

服部孝章 衆院総選挙,「生活小国」の新聞報道：総合ジャーナリズム研究 27（02）〔1990.4〕 p74～77

西川通	特集 衆院選報道を振り返る 宮城 予想外の展開を正確に、速く：月刊民放 20(226) 〔1990.4〕 p19〜20	
小笠原一清	特集 衆院選報道を振り返る 高知 全候補者による討論会実施：月刊民放 20(226) 〔1990.4〕 p25〜26	
新井直之	特集 衆院選報道を振り返る 選挙報道とジャーナリズムの課題：月刊民放 20(226) 〔1990.4〕 p6〜9	
杉山秀樹	特集 衆院選報道を振り返る 大阪 視聴者の関心に重点を置く：月刊民放 20(226) 〔1990.4〕 p24〜25	
松本正樹	特集 衆院選報道を振り返る 東京 翌日開票の番組構成に苦心：月刊民放 20(226) 〔1990.4〕 p20〜21	
錦織俊一	特集 衆院選報道を振り返る 北海道 地元紙と連携した開票速報：月刊民放 20(226) 〔1990.4〕 p18〜19	
門奈直樹	政治ジャーナリズム批判の展開過程（マス・コミュニケーション研究の系譜(1951〜1990)──日本新聞学会の研究活動を中心に──ジャーナリズム論──80年代の議論の方向と広がり）：新聞学評論 通号39 〔1990.4〕 p6〜13	
高畠通敏	90年代の政治とジャーナリズム──総選挙を振り返る（90年代の政治とジャーナリズム）：新聞研究 通号465 〔1990.4〕 p10〜24	
徳市慎治	テレビは総選挙をどう伝えたか──当確判定ミスなどの課題残る（90年代の政治とジャーナリズム）：新聞研究 通号465 〔1990.4〕 p36〜39	
大野純一	奄美群島区 保・徳逆転劇を追って（90年代の政治とジャーナリズム──注目選挙区から）：新聞研究 通号465 〔1990.4〕 p60〜63	
松井幸夫	改正公職選挙法と広告の自由（90年代の政治とジャーナリズム）：新聞研究 通号465 〔1990.4〕 p40〜43	
宮森淳博	岩手2区 陣営内のムードが明暗分ける（90年代の政治とジャーナリズム──注目選挙区から）：新聞研究 通号465 〔1990.4〕 p48〜50	
茅野臣平	群馬3区 中曽根氏の "知らない" 選挙（90年代の政治とジャーナリズム──注目選挙区から）：新聞研究 通号465 〔1990.4〕 p50〜53	
細田孟	埼玉5区 浜田夫妻の "戦後処理" は（90年代の政治とジャーナリズム──注目選挙区から）：新聞研究 通号465 〔1990.4〕 p53〜55	
大村立三	衆院選報道紙面回顧──在京7紙に見る、その特徴（90年代の政治とジャーナリズム）：新聞研究 通号465 〔1990.4〕 p44〜47	
原田博治	福岡3区 民意に裁かれた高石候補（90年代の政治とジャーナリズム──注目選挙区から）：新聞研究 通号465 〔1990.4〕 p58〜60	
中野景介	兵庫1区 分裂社会党の「論理」を追う（90年代の政治とジャーナリズム──注目選挙区から）：新聞研究 通号465 〔1990.4〕 p56〜58	
遊佐雄彦	加熱・暴走「当確合戦」の不愉快：放送批評 No.250 〔1990.5〕	
服部孝章	選挙世論調査 "流出" の不見識：放送批評 No.250 〔1990.5〕	
鈴木健二	日本の新聞──あいまい表現事情──政治記事を中心とした一考察：新聞研究 通号466 〔1990.5〕 p73〜76	
青柳幸一	政見放送における表現の自由──NHK政見放送削除事件合憲判決をめぐって：新聞研究 通号468 〔1990.7〕 p71〜74	
信国隆裕	国会テレビ放送の現状と構想 開かれた議会を目指して：月刊民放 20(233) 〔1990.11〕 p28〜30	
藤川浄之	斎田の地・秋田で何を報ずるか──儀式をめぐる「うつろさ」を埋めるもの（皇室報道を展望する）：新聞研究 通号472 〔1990.11〕 p61〜64	
竜崎孝	政治「中東貢献策」の舞台裏（中東を報ずる視点─国内で情報を追う）：新聞研究 通号472 〔1990.11〕 p47〜49	
竹内成明	メディアの政治学・序説─4─：評論・社会科学 通号41 〔1991.2〕 p9〜42	
斎藤茂男	ジャーナリズムの現場─9─政治記者の胸の内には…──権力中枢の透視図を追って：新聞研究 通号478 〔1991.5〕 p32〜37	
峠憲治	言論の自由を守る闘い──長崎市長選（地方選挙とメディア──取材現場から）：新聞研究 通号479 〔1991.6〕 p34〜36	
岡野加穂留	自治体議会の在り方──町村議会廃止の提案（地方選挙とメディア）：新聞研究 通号479 〔1991.6〕 p10〜13	
黒内和男	争点にならなかった環境問題（地方選挙とメディア──取材現場から）：新聞研究 通号479 〔1991.6〕 p26〜29	
山田晴通	地域メディアの選挙報道（地方選挙とメディア）：新聞研究 通号479 〔1991.6〕 p14〜16	
渥美重幸	地方自治の魅力を現実感豊かに描く──地域の中のジャーナリズム（地方選挙とメディア）：新聞研究 通号479 〔1991.6〕 p17〜19	
増田誠, 半田滋	都知事選とメディア（地方選挙とメディア）：新聞研究 通号479 〔1991.6〕 p20〜23	
渡辺節	「国会」とジャーナリズムの現在−−21世紀の鍵となるテーマに目を向けて欲しい：総合ジャーナリズム研究 28(04) 〔1991.10〕 p29〜33	
宍戸豊和	県政を追い続けて（記者を志した君へ──記者読本'92─取材の一線から）：新聞研究 通号488 〔1992.3〕 p63〜66	
平井久志	韓国マスコミは総選挙をどう報じたか：新聞研究 通号490 〔1992.5〕 p62〜65	
山田哲夫	タイ 流血の5月、国王裁定、再選挙──岐路に立つ民主化への道（揺れるアジア）：新聞研究 通号493 〔1992.8〕 p24〜26	
柳井道夫	公正選挙に不可欠な情報の公開と共有──選挙予測報道の禁止案をめぐって：新聞研究 通号493 〔1992.8〕 p64〜67	
坂本衛	参院選の喧騒でかきけされた「選挙予測報道規制案」の危険：放送批評 No.278 〔1992.9〕	
官林祐治	選管提供データのFD化進む（マスコミの焦点）：新聞研究 通号494 〔1992.9〕 p82〜84	
荒屋昌夫	PKO戦線 "異常なし"──東京選挙区（参院選挙区取材現場リポート）：新聞研究 通号495 〔1992.10〕 p67〜69	
小栗敬太郎	棄権率50%──政治と新聞報道：新聞研究 通号495 〔1992.10〕 p50〜66	
安東建, 波佐場清	在日外国人の「選挙戦」（参院選挙区取材現場リポート）：新聞研究 通号495 〔1992.10〕 p69〜71	
田村欣也	参議院議員選挙──全国規模出口調査の試行錯誤：新聞研究 通号495 〔1992.10〕 p74〜76	
小櫻英夫	特集 第16回参議院選挙報道を総括する ラジオも例外でない選挙報道の課題 TBS（ラジオ）：月刊民放 22(257) 〔1992.11〕 p25〜26	
橋津信義	特集 第16回参議院選挙報道を総括する 視聴者への説明要する当確早打ちの根拠 TBS（テレビ）：月刊民放 22(257) 〔1992.11〕 p14〜16	
田村欣也	特集 第16回参議院選挙報道を総括する 初の出口調査で開票速報に万全期す 日本テレビ：月刊民放 22(257) 〔1992.11〕 p11〜13	

政治・選挙　　　　　　　　　　　　　ジャーナリズム

西山弘道	特集 第16回参議院選挙報道を総括する "人間ドラマ"の視点で選挙を伝える 文化放送：月刊民放　22（257）〔1992.11〕　p27～28
村木正顕	特集 第16回参議院選挙報道を総括する 選挙を身近なものとして捉えるために ニッポン放送：月刊民放　22（257）〔1992.11〕　p29～30
山本潤	特集 第16回参議院選挙報道を総括する "早打ち競争"の時代へ対応する出口調査 フジテレビ：月刊民放　22（257）〔1992.11〕　p17～19
本田英男	特集 第16回参議院選挙報道を総括する 大胆な当落予測から正規の速報へつなぐ テレビ朝日：月刊民放　22（257）〔1992.11〕　p20～22
林利隆	特集 第16回参議院選挙報道を総括する 転換期迎えた選挙報道の新たな課題：月刊民放　22（257）〔1992.11〕　p6～10
石川雅一	特集 第16回参議院選挙報道を総括する 討論形式で政治のあり方問う テレビ東京：月刊民放　22（257）〔1992.11〕　p23～24
小西昭之	米国大統領選挙とマス・メディア―上―転機に立つ選挙報道：新聞研究　通号497〔1992.12〕　p43～47
川崎泰資	政治記者よ勇気をもて：世界　通号575〔1992.12〕　p68～71
福井直秀	東京朝日新聞における柳田国男の政治評論：京都外国語大学研究論叢　通号41〔1993〕　p496～511
後藤靖	自由党系新聞の帝国憲法論―1―：京都橘女子大学研究紀要　通号20〔1993〕　p65～86
石原進	佐川・金丸事件と政治部取材（政治腐敗とジャーナリズム）：総合ジャーナリズム研究　30（01）〔1993.1〕　p58～64
総合ジャーナリズム研究編集部	政治腐敗とジャーナリズム研究：総合ジャーナリズム研究所　30（01）〔1993.1〕　p21～42
小西昭之	米国大統領選挙とマス・メディア―下―メディアの危険な反省：新聞研究　通号498〔1993.1〕　p31～35
持田政己	限界ともどかしさを感じながら――地域社会と政治家とメディア（佐川事件報道）：新聞研究　通号499〔1993.2〕　p27～29
飯塚幸宏	派閥記者の在り方（佐川事件報道）：新聞研究　通号499〔1993.2〕　p20～22
小田尚	派閥担当記者が考えること（佐川事件報道）：新聞研究　通号499〔1993.2〕　p23～26
羽原清雅	有権者の政治的対応とメディアの役割（佐川事件報道）：新聞研究　通号499〔1993.2〕　p16～19
穂積健	ニューズウィーク・タイムの日本人政治家に関する報道の研究（その1）：人文科学論集　（51）〔1993.2〕　p115～175
林法隆	イギリス政治過程における新聞の政治的影響に関する研究：政経研究　29（4）〔1993.3〕　p1287～1315
西野文章	再燃した選挙予測報道規制法案化（マスコミの焦点）：新聞研究　通号502〔1993.5〕　p85～87
西平重喜	選挙予測の公表：新聞研究　通号503〔1993.6〕　p48～51
辻村明	再び言う――選挙予測報道は公選法違反だ！：諸君！ 日本を元気にするオピニオン雑誌　25（7）〔1993.7〕　p166～175
内仲英樹	政治と報道など討議――第33回紙面審査全国懇談会から（マスコミの焦点）：新聞研究　通号504〔1993.7〕　p90～92
中山千夏	3つの注文――政治改革に寄与する新聞へ（政治報道は変わるか＜特集＞）：新聞研究　通号506〔1993.9〕　p36～39
内山秀夫	55年体制の終えん――その歴史的意味について（政治報道は変わるか＜特集＞）：新聞研究　通号506〔1993.9〕　p32～35
国正武重	55年体制の崩壊とこれからの政治報道（政治報道は変わるか＜特集＞）：新聞研究　通号506〔1993.9〕　p10～31
岡田円治	テレビは政治システムの中に組み込まれたか（政治報道は変わるか＜特集＞）：新聞研究　通号506〔1993.9〕　p48～51
原淳二郎	パソコン通信と選挙運動――なぜ利用できないのか（政治報道は変わるか＜特集＞）：新聞研究　通号506〔1993.9〕　p56～58
藤原弘	山梨全県区――変わったものと変わらぬもの（政治報道は変わるか＜特集＞―注目選挙区から）：新聞研究　通号506〔1993.9〕　p69～72
佐藤毅	「政治改革」をどう報じたか，報じるか（政治報道は変わるか＜特集＞）：新聞研究　通号506〔1993.9〕　p40～43
国分俊英	選挙取材の基本動作（政治報道は変わるか＜特集＞）：新聞研究　通号506〔1993.9〕　p44～47
伊佐早幸用	歴史的審判と選挙予測報道（政治報道は変わるか＜特集＞）：新聞研究　通号506〔1993.9〕　p52～55
桂敬一	'93年総選挙・「テレビ政治時代」の幕開く テレビにおける政治ジャーナリズムの行方：月刊民放　23（268）〔1993.10〕　p31～35
小玉美意子	旧態依然はメディアの側だ！ 選挙報道に改革なし：放送批評　No.291〔1993.10〕
中村泰次	中村泰次の"蟻の一穴"－19－日本の政治に新しい－－重要な「歴史の記録」者の意識改革：総合ジャーナリズム研究　30（04）〔1993.10〕　p66～69
岩崎千恵子	第10回全国新聞信頼度調査――付帯調査「新聞の必要度」「政治報道に対する評価」：新聞研究　通号507〔1993.10〕　p60～79
小川一	ジャーナリズムの現場から――政治報道の現状と問題点（市民のためのジャーナリズムは可能か？――政権交代をむかえた中でのメディアの状況と法＜特集＞）：法と民主主義　通号282〔1993.11〕　p8～11
中馬清福	政治家を描く――その実像と虚像（新聞と「人」）：新聞研究　通号509〔1993.12〕　p29～31
小林一博	政治報道に必要な自己点検――第31回日韓編集セミナー（マスコミの焦点）：新聞研究　通号509〔1993.12〕　p94～96
山地進	コメ問題報道の限局された視野－－強調される「効率」，片隅に追いやられた「公正」：総合ジャーナリズム研究　31（01）〔1994.1〕　p8～12
岸井成格	政治報道に求められる工夫――先見性と歴史認識を備えた評論こそ命（提言'94）：新聞研究　通号510〔1994.1〕　p23～26
川崎泰資	政治記者はこうして堕ちていった――我が体験の田中支配の実態：世界　通号590〔1994.1〕　p242～250
松井茂記	政治家と記者会見――マス・メディア法の視点から（記者会見とは何か）：新聞研究　通号511〔1994.2〕　p10～14
谷藤悦史	政治過程としての記者会見（記者会見とは何か）：新聞研究　通号511〔1994.2〕　p15～18
岩渕美克	予測報道とアナウンスメント効果――第40回衆議院選挙の分析：政経研究　30（4）〔1994.3〕　p883～903
本野義雄	小沢新生党代表幹事「会見拒否」問題の研究：総合ジャーナリズム研究　31（02）〔1994.4〕　p56～60
総合ジャーナリズム研究編集部	全経緯・小沢VS.マスコミ（小沢新生党代表幹事「会見拒否」問題の研究）：総合ジャーナリズム研究所　31（02）〔1994.4〕　p13～33

| | | ジャーナリズム | 政治・選挙 |

服部孝章	小沢一郎新生党幹事VSマスコミ2－〔含 会見録〕：総合ジャーナリズム研究　31（03）〔1994.7〕　p8～11
山本二郎	場外乱闘てん末記・小沢氏 vs. マスコミ 小沢代表幹事のマスコミ批判：マスコミ市民　通号308　〔1994.7〕　p26～29
中村泰次	中村泰次の「蟻の一穴」－22－政治の現状とジャーナリズム：総合ジャーナリズム研究　31（03）〔1994.7〕　p78～81
田中伯知	マス・メディアと選挙報道――第40回衆議院議員総選挙を中心に：自由　36（7）〔1994.7〕　p10～21
谷沢永一	政治報道と野卑な言葉：諸君！　日本を元気にするオピニオン雑誌　26（9）〔1994.9〕　p56～64
渡辺武達	メディア・ホークス―4―メディア操作される北朝鮮像：評論・社会科学　通号50　〔1994.9〕　p45～128
橋本達明	全国紙3紙，選挙取材協力で合意〔含 資料〕（マスコミの焦点）：新聞研究　通号519　〔1994.10〕　p84～87
竹内淳	様変わりする衆院の政見放送：月刊民放　24（281）〔1994.11〕　p4～4
川崎泰資	特集 驕るなかれ！ 読売新聞 政治報道を斬る（6）時代に流され，新聞界も保守二極化か 読売は「憲法改正」へ動き，朝日は「小沢一郎に屈伏」：マスコミ市民　通号313　〔1994.12〕　p8～11
吉田則昭	総特集 戦後五〇年，マスコミ論調を検証する 憲法議論とジャーナリズム（その一）朝・毎・読の社説はどう変節したか：マスコミ市民　通号314　〔1995.1〕　p18～28
長谷川秀春	特集 政治報道とテレビ フェアネスでは常に危険と隣り合わせ 日本テレビ：月刊民放　25（283）〔1995.1〕　p18～19
鍛治利也	特集 政治報道とテレビ フェアネス・ドクトリンの歴史的経緯：月刊民放　25（283）〔1995.1〕　p30～33
船田宗男	特集 政治報道とテレビ "見せる"、そして "見える"番組で本質に迫る フジテレビ：月刊民放　25（283）〔1995.1〕　p22～23
田村哲夫	特集 政治報道とテレビ 情報を蓄積し，分〔析〕力を強め，独自の判断で テレビ東京：月刊民放　25（283）〔1995.1〕　p24～25
服部孝章	特集 政治報道とテレビ 政治的公平の論点：月刊民放　25（283）〔1995.1〕　p26～29
原寿雄, 田勢康弘, 福島瑞穂	特集 政治報道とテレビ 鼎談 テレビ ジャーナリズムの確立を期待する：月刊民放　25（283）〔1995.1〕　p9～15
平本和生	特集 政治報道とテレビ 変化を捉える多角的かつ撓みのない接近 TBS：月刊民放　25（283）〔1995.1〕　p16～17
丹羽俊夫	特集 政治報道とテレビ 放送の自由の沈下に，批判精神と視聴者との連帯 テレビ朝日：月刊民放　25（283）〔1995.1〕　p20～21
吉田則昭	総特集 戦後五〇年，マスコミ論調を検証する 憲法議論とジャーナリズム（その二）安全保障問題で憲法判断回避：マスコミ市民　通号315　〔1995.2〕　p18～29
田原総一朗	テレビメディアと政治（政治報道の現在）：新聞研究　通号523　〔1995.2〕　p35～37
西岡三夫	花火と初夢――衆院選開票報道の実務的課題（政治報道の現在）：新聞研究　通号523　〔1995.2〕　p38～40
石川真澄	議題設定の必要性――大きな対立不在の時代に（政治報道の現在）：新聞研究　通号523　〔1995.2〕　p27～30
吉田公彦, 今井大介, 平間俊之	取材の1線から（政治報道の現在）：新聞研究　通号523　〔1995.2〕　p54～59
神戸陽三	人に優しく，分かりやすく（政治報道の現在）：新聞研究　通号523　〔1995.2〕　p44～46
佐々木毅	「政を育てる」積極思考を（政治報道の現在）：新聞研究　通号523　〔1995.2〕　p31～34
秋山耿太郎	政治報道の現在（政治報道の現在）：新聞研究　通号523　〔1995.2〕　p10～26
立尾良二	政治報道へ問題提起――「ウオッチング小沢会見」の1年2か月（政治報道の現在）：新聞研究　通号523　〔1995.2〕　p47～49
和賀井豊	問われる記者の視点（政治報道の現在）：新聞研究　通号523　〔1995.2〕　p41～43
高瀬淳一	アメリカ大統領政治とマスメディア対策機構の発展：社会科学討究　40（3）〔1995.3〕　p1213～1238
福山正喜	さらに増す世論調査の重要性（統一地方選と報道）：新聞研究　通号527　〔1995.6〕　p37～39
松本斉	つかみどころない層の動向探る難しさ（統一地方選と報道）：新聞研究　通号527　〔1995.6〕　p13～15
中井孔人	一刻も早く，正確に伝えるために（統一地方選と報道）：新聞研究　通号527　〔1995.6〕　p40～42
松原英夫	横山ノック府政をどう「診る」か――大阪府（統一地方選と報道）：新聞研究　通号527　〔1995.6〕　p34～36
島田佳幸	候補者の「被膜」を引っぱがしたい――三重県（統一地方選と報道）：新聞研究　通号527　〔1995.6〕　p28～30
奈良年明	政党離れ加速させた明石氏擁立運動――秋田県（統一地方選と報道）：新聞研究　通号527　〔1995.6〕　p25～27
吉田慎一	地殻変動どうつかむ――政治報道に課題（統一地方選と報道）：新聞研究　通号527　〔1995.6〕　p16～18
深沢竜三	中央政界の影響に戸惑う中で――岩手県（統一地方選と報道）：新聞研究　通号527　〔1995.6〕　p22～24
川上啓輔	投票行動分析に有効な出口調査（統一地方選と報道）：新聞研究　通号527　〔1995.6〕　p43～45
長竹孝夫	「民意」つかんで青島都政を追う――東京都（統一地方選と報道）：新聞研究　通号527　〔1995.6〕　p31～33
大西隆雄	問われた横路政の12年――北海道（統一地方選と報道）：新聞研究　通号527　〔1995.6〕　p19～21
長崎和夫	有権者と政治の感覚に大きなずれ（統一地方選と報道）：新聞研究　通号527　〔1995.6〕　p10～12
内海愛子	戦後補償とマスコミ報道（戦後50年――連続と不連続＜特集＞）：マス・コミュニケーション研究　通号47　〔1995.7〕　p80～95
塚田祐之	あえて「政策の違い」にこだわって（'95参院選――有権者とメディア）：新聞研究　通号530　〔1995.9〕　p63～65
千葉信行	異常の常態化を断ち切りたい（'95参院選――有権者とメディア）：新聞研究　通号530　〔1995.9〕　p53～54
森ゆみ	何が選挙をわからなくしたのか（'95参院選――有権者とメディア）：新聞研究　通号530　〔1995.9〕　p74～76
牧太郎	「政治」との距離感を見直そう（'95参院選――有権者とメディア）：新聞研究　通号530　〔1995.9〕　p49～52
村田明隆	早さ，確実さ求め加盟社と協力（'95参院選――有権者とメディア）：新聞研究　通号530　〔1995.9〕　p61～62
福岡政行	争点形成し政治離れを食い止めよ（'95参院選――有権者とメディア）：新聞研究　通号530　〔1995.9〕　p66～69
竹下俊郎	低調な選挙に対する媒介役の責任（'95参院選――有権者とメディア）：新聞研究　通号530　〔1995.9〕　p70～73
中原佑介	投票率に現れたマスコミのパワー不足（'95参院選――有権者とメディア）：新聞研究　通号530　〔1995.9〕　p56～59
吉田克二	有権者に「自画像」を提供する（'95参院選――有権者とメディア）：新聞研究　通号530　〔1995.9〕　p46～48
林利隆	選挙コミュニケーションとニュースメディア――選挙報道の自由と規制をめぐって：新聞研究　通号533　〔1995.12〕　p45～48
茶本繁正	メディア・レポート＜54＞政治家が歴史認識をオフレコでしか語らない日本の異常：放送レポート　138号　〔1996.1〕　p52～55
成合正和	海外 もしもテレビがなかったら……ロシア大統領選回顧：新・調査情報passingtime　2期（51）通号412　〔1996.1〕　p80～81

政治・選挙 ジャーナリズム

高木強	閣僚・要人のオフレコ発言めぐる問題表面化：新聞研究　通号534　〔1996.1〕　p90〜92
石坂悦男	マス・メディア言論と政治過程(1)放送と少数意見——放送政策理念としての「公平原則」の再検討：社会労働研究　42(4)〔1996.2〕　p23〜68
佐藤毅	政治的関心高い、新「無党派」層「無党派」層の実態とそのメディア接触：月刊民放　26(298)〔1996.4〕　p26〜29
碓井洋	前線記者 吹かなかった住専批判の逆風——参院岐阜補選：新聞研究　通号538　〔1996.5〕　p82〜83
岸井成格, 国正武重, 田原総一朗	＜てい談〉『新聞とテレビ』——政治報道で果たすべき役割(メディアと政治)：新聞研究　通号539　〔1996.6〕　p10〜26
石川真澄	アジェンダセッティングと政治不信——新聞は何をすべきか(メディアと政治)：新聞研究　通号539　〔1996.6〕　p54〜57
京極純一	政治の世界とメディアの役割(メディアと政治)：新聞研究　通号539　〔1996.6〕　p50〜53
浅海伸夫	政治記者にも「テレビ学」が必要——「テレポリティックス」の時代に(メディアと政治)：新聞研究　通号539　〔1996.6〕　p31〜34
熊坂隆光	政治報道は変わるべきか, 変えうるのか(メディアと政治)：新聞研究　通号539　〔1996.6〕　p27〜30
村川亘	報道に対する「冷ややかな目」と「期待」(メディアと政治)：新聞研究　通号539　〔1996.6〕　p35〜37
茶本繁正	メディア・レポート＜57〉日米安保の実質改定をマスコミはなぜ「再定義」というのか：放送レポート　141号　〔1996.7〕　p54〜57
大竹秀子	大統領選とインターネット：総合ジャーナリズム研究　33(03)〔1996.7〕　p56〜58
石原進	非力を反省すべき政治報道(新聞が問われているもの——新聞倫理綱領50周年)：新聞研究　通号540　〔1996.7〕　p29〜31
岡村黎明	"テレビ選挙"の問いかけるもの——アメリカと日本の実態から：月刊民放　26(8)〔1996.8〕　p22〜25
佐々木宏	有権者層別に作られる「ニュース」——米国大統領選挙に見るコミュニケーション戦略：新聞研究　通号542　〔1996.9〕　p52〜54
大竹秀子	FROM U.S.A.——女たちの大統領選：総合ジャーナリズム研究　33(04)〔1996.10〕　p68〜70
横山滋	アメリカ大統領選挙報道におけるサウンドバイト研究について：放送研究と調査　46(11)〔1996.11〕　p60〜65
竹山昭子	アメリカ占領期マスメディアの「天皇制論議」(特集＝政治のなかのコミュニケーション)：メディア史研究　通号5　〔1996.11〕　p115〜144
今村庸一	尖閣報道ジャーナリズムの不在：放送批評　No.329　〔1996.12〕
伊中義明	開拓続けたい 政党と有権者結ぶ手法(総選挙報道を振り返る)：新聞研究　通号545　〔1996.12〕　p19〜21
大森幸男	緊張感持って臨んだ放送各局(総選挙報道を振り返る)：新聞研究　通号545　〔1996.12〕　p37〜39
山本邦義	県民の変革願望を本物に——高知(総選挙報道を振り返る)：新聞研究　通号545　〔1996.12〕　p25〜27
久保庭啓一郎	再生に向け選択の材料, 視点を提供(総選挙報道を振り返る)：新聞研究　通号545　〔1996.12〕　p10〜12
西山猛	新たな実験台に立った政治と報道(総選挙報道を振り返る)：新聞研究　通号545　〔1996.12〕　p22〜24
井芹浩文	新選挙制度の「精神」忘れるな(総選挙報道を振り返る)：新聞研究　通号545　〔1996.12〕　p34〜36
引野肇	政策無き候補に振り回されて——東京(総選挙報道を振り返る)：新聞研究　通号545　〔1996.12〕　p31〜33
仮谷寛志	政治家は近く, 政治は遠く——岡山(総選挙報道を振り返る)：新聞研究　通号545　〔1996.12〕　p28〜30
三山秀昭	民意と政治のかい離に警鐘鳴らして(総選挙報道を振り返る)：新聞研究　通号545　〔1996.12〕　p13〜15
熊坂隆光	「量」との戦いに尽きた新制度(総選挙報道を振り返る)：新聞研究　通号545　〔1996.12〕　p16〜18
大竹秀一	政変と新聞投書(続)マス・メディアの言論機能を検証する：麗沢大学紀要　通号63　〔1996.12〕　p45〜73
光多佳織, 高橋良子, 辻真以子	視聴した大学生145人に聞いた！「政見放送」イライラの構造：放送レポート　144号　〔1997.1〕　p21〜24
石川旺	出口調査へのこれだけの疑問(特集——検証！ 96総選挙と放送)：放送レポート　144号　〔1997.1〕　p16〜20
放送レポート編集部	「出口調査資料漏洩」事件にみるジャーナリズムの堕落(特集——検証！ 96総選挙と放送)：放送レポート　144号　〔1997.1〕　p12〜15
岩本太郎	政党CM, 政見放送, 小選挙区, 公正公平 テレビを悩ませた衆院選：放送批評　No.330　〔1997.1〕
福田俊男	バーチャルリアリティーで見やすさ追求(特集 在京局発'96衆院選)：月刊民放　27(1)〔1997.1〕　p13〜15
熊田忠雄	ワイド特性生かした候補者の直撃放送(特集 在京局発'96衆院選)：月刊民放　27(1)〔1997.1〕　p19〜21
藤延直道	新戦略新技術駆使して選挙報道に挑む(特集 在京局発'96衆院選)：月刊民放　27(1)〔1997.1〕　p16〜18
川辺克朗	選挙報道が死んだ日——TV朝日「椿発言」の波紋：現代　31(1)〔1997.1〕　p348〜362
鳥越俊太郎	あらゆる政治権力から独立せよ(97年 新聞に望む——曲がり角の時代に)：新聞研究　通号546　〔1997.1〕　p34〜36
福岡政行	新聞の脱皮を期待する——総選挙報道を振り返って(97年 新聞に望む——曲がり角の時代に)：新聞研究　通号546　〔1997.1〕　p25〜27
橋本直	米国大統領選挙とメディア——「競馬報道」からの脱却試みた新聞：新聞研究　通号546　〔1997.1〕　p71〜74
大塚喬重	アメリカ政治報道に高まる批判——改革の試み パブリック・ジャーナリズム：修道法学　19(2)〔1997.3〕　p309〜332
中島基雄	『表現の自由とマスメディア』—選挙報道に関連して：名城法学論集　大学院研究年報　通号24　〔1997.3〕　p1〜49
小林良彰	事前選挙報道の重要な役割——視聴者は「永田町」？ それとも「有権者」？：月刊民放　27(5)〔1997.5〕　p24〜27
茶本繁正	メディア・レポート＜63〉「憲法より安保」に走る翼賛国会と読売新聞 "国家改造計画"の憂うつ：放送レポート　147号　〔1997.7〕　p30〜33
浅井基文	創刊30周年記念 特集〈マスコミ・平和・人権〉権力に取り込まれたマスコミ：マスコミ市民　通号343　〔1997.7〕　p13〜15
内田剛弘	創刊30周年記念 特集〈マスコミ・平和・人権〉憲法施行五十周年と憲法の理念実現の好機：マスコミ市民　通号344　〔1997.8〕　p22〜24
伊藤成彦	創刊30周年記念 特集〈マスコミ・平和・人権〉憲法第九条はどのようにして空洞化されたか？：マスコミ市民　通号344　〔1997.8〕　p12〜21
小川芳宏	地域主義貫き試行錯誤しながら(紙面審査のこれから)：新聞研究　通号553　〔1997.8〕　p58〜61
国会テレビを考える会	開局へ動きだした「国会テレビ」の宿題：放送レポート　150号　〔1998.1〕　p32〜35
久保田裕之	地方の目で自治のあり方を追求する(地方分権とジャーナリズム　「分権」とジャーナリズムの役割を考える)：総

		合ジャーナリズム研究　35(01)〔1998.1〕p15〜18
矢部恒弘		韓国大統領選　メディアが打ち破った「噂の政治」：新・調査情報passingtime　2期(51)通号421〔1998.3〕p6〜7
杉原良孝		サイバー空間で――新聞の政治報道が飽きられる前に――バーチャル政党はこう考える（もう一つの「政治」）：新聞研究　通号561〔1998.4〕p52〜54
佐藤千矢子		ノック府政支持率の高さが物語るもの――奇妙な安定関係づくりに加担する政治報道（もう一つの「政治」―信頼の行方）：新聞研究　通号561〔1998.4〕p46〜48
石川真澄, 堂本暁子		＜対談＞政局報道を超えて――いま, 何を追うべきか（もう一つの「政治」）：新聞研究　通号561〔1998.4〕p10〜24
斉藤悦也		「無党派」という言葉が持つ危うさ――末広まきこ議員の自民入党問題から（もう一つの「政治」―信頼の行方）：新聞研究　通号561〔1998.4〕p43〜45
茶本繁正		メディア・レポート<69>　国会を軽視し, 自治体と民間に総動員を迫る周辺事態法は合憲か！：放送レポート　153号〔1998.7〕p50〜53
坂本衛		緊急告発――参院選直前　政治の"テレビ脅し"を許すな!!：ぎゃらく　通号349〔1998.8〕p17〜19
藤原清孝		98年参院選　「当確」用語の基礎知識：新・調査情報passingtime　2期(51)通号424〔1998.9〕p43〜46
西川孝純		感知できなかった有権者のマグマ（参院選報道）：新聞研究　通号566〔1998.9〕p33〜35
峰久和哲		選挙情勢調査ははずれたのか――改めて問われる結果予測の「意味」（参院選報道）：新聞研究　通号566〔1998.9〕p36〜38
関千枝子		底辺の怒りとジャーナリストの目（'98参院選, 総裁選報道）：総合ジャーナリズム研究　35(04)〔1998.10〕p38〜42
田村重信		寄稿　マスコミ報道と無党派層：国会月報　45(598)〔1998.10〕p66〜69
藤島誠哉		取材も文章も「独特」（わかりやすさとは何か）：新聞研究　通号568〔1998.11〕p14〜17
明神駆		ナショナリズムとメディア(1)北朝鮮ミサイル報道は何をもたらしたか：マスコミ市民　通号359〔1998.11〕p10〜16
丸山昇		参院選惨敗でテレビに詰め寄る　自民党「報道モニター制度」の軽薄：放送レポート　156号〔1999.1〕p12〜14
久保田裕之		地方財政危機と分権報道――「分権・自治を考える北海道ジャーナリストの会」設立2年を経て：新聞研究　通号571〔1999.2〕p58〜62
山口勉		米国メディアと民意のかい離はなぜ起こったか――大統領スキャンダル報道・中間選挙の前と後：新聞研究　通号571〔1999.2〕p50〜53
諸江啓次郎		報道を行政が"問う"時――松野町議会百条委設置をめぐって：新聞研究　通号571〔1999.2〕p54〜57
井沢元彦		「無能大臣」を跋扈させる大新聞・TVの提灯報道：Sapio　11(3)通号222〔1999.2〕p78〜80
野上浩太郎		政経一体化と横並びの排除　政治記事活性化への提言：新聞通信調査会報　通号436〔1999.3〕p4〜6
総合ジャーナリズム研究編集部		メディア"番記者"取材の記：総合ジャーナリズム研究所　36(02)（通号168）〔1999.4〕p74〜77
横田一		所沢ダイオキシン報道　食卓の安全性を無視した自民党「テレ朝たたき」：金曜日　7(15)通号269〔1999.4〕p17〜19
江橋崇, 松本斉, 村松泰雄		座談会（安全保障・憲法・ジャーナリズム）：新聞研究　通号574〔1999.5〕p10〜24
前田哲男		二進法・二分法で「安保」は語れない――問題認識能力が問われるメディア（安全保障・憲法・ジャーナリズム）：新聞研究　通号574〔1999.5〕p25〜28
清水英夫		続・政治とテレビ「参考人招致」なる不愉快：ぎゃらく　通号359〔1999.6〕p12〜16
峰久和哲		競争のプロセスを分かりやすく（選挙と事前予測報道）：新聞研究　通号575〔1999.6〕p42〜45
山田哲夫		主役は有権者　報道は時に大胆に（選挙と事前予測報道）：新聞研究　通号575〔1999.6〕p34〜37
島崎哲彦		選挙予測調査の信頼性と諸課題（選挙と事前予測報道）：新聞研究　通号575〔1999.6〕p38〜41
岩渕美克		世論と政権――内閣支持率とマス・メディア：政経研究　36(2)〔1999.7〕p951〜970
木嵜章光, 柳沢秀男		日独10紙に見る政治社会意識の比較調査――国際関係報道を中心に：日本大学工学部紀要　41(1)〔1999.9〕p131〜142
近藤真史		選挙制度改革という「爆弾」――自由と公明の駆け引きの行方に注目（「自自公」を伝える視点）：新聞研究　通号579〔1999.10〕p56〜59
吉田慎一, 天野勝文		政治ジャーナリズムの改革を目指して――朝日新聞の試み（研究会の記録（1999年11月〜2000年3月））：マス・コミュニケーション研究　通号57〔2000〕p182〜184
小田桐誠		検証！　政治とテレビ'99　日米ガイドライン法, 盗聴法をテレビはどう伝えたか：放送レポート　162号〔2000.1〕p28〜34
小口勝彦		選挙報道　事前調査と開票特番にさらなる工夫（特集　今日の日本、報道の課題）：月刊民放　30(1)通号343〔2000.1〕p16〜18
木嵜章光		日独10紙に見る政治社会意識の比較調査――国際関係報道を中心に（第2部）国際関係記事内容の比較：日本大学工学部紀要　41(2)〔2000.3〕p147〜167
比嘉要		選挙と客観報道：人間科学　琉球大学法文学部人間科学科紀要　通号5〔2000.3〕p125〜139
総合ジャーナリズム研究編集部		FEATURE "小渕報道"の病根：総合ジャーナリズム研究所　37(02)（通号172）〔2000.4〕p16〜23
篠田敏彦		地域紙はいま(9)徹底的な選挙報道で差別化を生む（南信州新聞社）：新聞研究　通号585〔2000.4〕p61〜63
総合ジャーナリズム研究編集部		FILE.J　石原都知事「三国人」発言問題と報道：総合ジャーナリズム研究所　37(03)（通号173）〔2000.7〕p12〜20
茶本繁正		メディア・レポート<81>　読売新聞「憲法改正第二次試案」で見えてきた"争点"とメディアの役割：放送レポート　165号〔2000.7〕p16〜19
七井辰男		官邸取材にみる転機の政治ジャーナリズム（FEATURE "小渕報道"の病根）：総合ジャーナリズム研究　37(03)（通号173）〔2000.7〕p12〜16
野村昇平		小渕前首相緊急入院後の「官邸と報道」（FEATURE "小渕報道"の病根）：総合ジャーナリズム研究　37(03)（通号173）〔2000.7〕p4〜6
三国晋足郎		朝日新聞の「反憲法的護憲論」を検証する：自由　42(7)通号485〔2000.7〕p124〜133
大前研一		JUST DO IT (51)政府と野党と大新聞はそろそろ「ダルマさんゲーム」を止めたらどうか：Sapio　12(13)通号

政治・選挙　　　　　　　　　　　ジャーナリズム

　　　　　　　　254　〔2000.7〕　p34〜36
田村重信　憲法記念日　新聞各紙の憲法報道：国会月報　47（620）〔2000.8〕　p72〜75
茶本繁正　メディア・レポート＜82＞ 税金で首を切る－国家的リストラ法制のこの非情はなぜだ：放送レポート　166号
　　　　　　　　〔2000.9〕　p30〜33
渡辺晴子　検証・サミット報道－－ジャーナリズムの果たした役割：総合ジャーナリズム研究　37（04）（通号 174）〔2000.9〕
　　　　　　　　p70〜72
丸山昇　報道機関を私物化するオーナー一族「企業ぐるみ選挙」の醜悪：放送レポート　166号　〔2000.9〕　p18〜21
成田憲彦　政治報道2000 テレビと政治は相互作用する：ぎゃらく　通号374　〔2000.9〕　p26〜31
牧太郎　ある時は真面目に、ある時は不真面目に 結構、楽しめた民放選挙番組（特集 2000年選挙報道）：月刊民放　30（9）通
　　　　　　　　号351　〔2000.9〕　p4〜7
後房雄　政権選択選挙と首相候補テレビ討論――2000年総選挙のテレビ報道を振り返って（特集 2000年選挙報道）：月刊民放
　　　　　　　　30（9）通号351　〔2000.9〕　p18〜23
平野浩　ニーズの高まりにこたえた情報提供を――選挙予測報道と投票行動（特集 6・25総選挙――取材と報道）：新聞研究
　　　　　　　　（590）〔2000.9〕　p30〜33
鬼頭誠　継続的な監視・検証を試みること――宣言文や憲章の評価だけでなくもう少し長い目で（沖縄サミットの報道視点・
　　　　　　　　全国紙/地元紙）：新聞研究　（590）〔2000.9〕　p47〜50
村田明隆　選挙結果と今後の政治報道の焦点――ひび割れし始めた自公保体制の行方を的確に伝える（特集 6・25総選挙――取
　　　　　　　　材と報道）：新聞研究　（590）〔2000.9〕　p22〜25
芹川洋一　選挙全体の意味は政権を選択すること（特集 6・25総選挙――取材と報道）：新聞研究　（590）〔2000.9〕　p14〜17
尾崎和典　全国に広がる有権者の新しい動き――世論調査、インターネットモニター調査、連載企画でとらえた無党派層（特集
　　　　　　　　6・25総選挙――取材と報道）：新聞研究　（590）〔2000.9〕　p18〜21
岸本正人　争点・民意・報道にズレはなかったか――自民の「政権政党としての資格」が来夏参院選の争点に浮上（特集 6・25
　　　　　　　　総選挙――取材と報道）：新聞研究　（590）〔2000.9〕　p10〜13
斎藤博美　有権者にとって必要な選挙情勢報道とは――連続トレンド調査、世論モニター調査の試みから（特集 6・25総選挙
　　　　　　　　――取材と報道）：新聞研究　（590）〔2000.9〕　p26〜29
飽戸弘　アメリカ大統領選挙と国民の政治参加――メディアの功罪：マス・コミュニケーション研究　通号59　〔2001〕
　　　　　　　　p107〜123
野口清人　長野県知事選とマスコミ：放送レポート　168号　〔2001.1〕　p22〜26
明石和康　メディアに振り回された米大統領選――電子メールも主役の一つに：新聞研究　（594）〔2001.1〕　p65〜68
玉木明, 鳥越俊太郎, 畑衆　新年座談会 21世紀のジャーナリズムとメディアの役割：マスコミ市民　通号384　〔2001.1〕　p10〜23
堀宏　「派閥」の実態をさらしたテレビ――威張るな、ルーチン作業に没入するな職業報道者（「加藤政局」の報道視点）：
　　　　　　　　新聞研究　（595）〔2001.2〕　p32〜35
桜井章夫　批判すべき時は批判する――「ウオッチング石原」は都知事報道の有効な手法の一つ（特集 行政の「変革」と新聞
　　　　　　　　の立場）：新聞研究　（595）〔2001.2〕　p14〜16
飽戸弘　選挙報道が世論形成に与える影響――2000年アメリカ大統領選挙を素材に（特集 データに見る真実――数字の客観
　　　　　　　　性を再考する）：月刊民放　31（4）通号358　〔2001.4〕　p16〜19
松野康典　CURRENT 森前首相と番記者の三八七日：総合ジャーナリズム研究　38（03）（通号 177）〔2001.6〕　p27〜29
立尾良二　途切れず続いた首相の問題発言――硬軟越えて取材する「特報部」が追ったこの1年（森政権の1年と新聞）：新聞研
　　　　　　　　究　（599）〔2001.6〕　p39〜42
茶本繁正　メディア・レポート＜87＞ 憲法の制約を突破して海外派兵をめざす日米2つの“提言”を読む：放送レポート　171号
　　　　　　　　〔2001.7〕　p32〜35
田村重信　特別寄稿 憲法記念日 新聞各紙の憲法報道：国会月報　48（631）〔2001.7〕　p64〜67
中井良則　CURRENT 「小泉人気」の異常と報道と：総合ジャーナリズム研究　38（04）（通号 178）〔2001.9〕　p36〜39
関千枝子　批判精神を忘れたマスコミ（CURRENT 「小泉人気」の異常と報道と）：総合ジャーナリズム研究　38（04）（通号
　　　　　　　　178）〔2001.9〕　p26〜30
メディア検証機構　分析・参院選テレビ報道（CURRENT 「小泉人気」の異常と報道と）：総合ジャーナリズム研究　38（04）（通
　　　　　　　　号 178）〔2001.9〕　p31〜34
山崎宏　いつわり、問題点、リスクの点検――やはり厳しい目でみていく必要がある小泉改革：新聞研究　（602）〔2001.9〕
　　　　　　　　p40〜43
岩見隆夫　参院選報道を振り返る そう単純ではない選挙結果――年末にかけ、日本の政治は大きな節目を迎えようとしてい
　　　　　　　　る：新聞研究　（603）〔2001.10〕　p33〜36
青木康晋　参院選報道を振り返る 空前の「小泉現象」に流されることなく――キーワードは首相人気・改革・非拘束名簿式：
　　　　　　　　新聞研究　（603）〔2001.10〕　p37〜40
大角直也　参院選報道を振り返る 複雑な構図を分かりやすく説明できたか――選挙の特徴を伝え、適切な判断材料の提供が求
　　　　　　　　められる：新聞研究　（603）〔2001.10〕　p41〜44
谷藤悦史　参院選報道を振り返る 予測報道の均質化と歴史の視点の不在――選挙の総合的な意味の解明が必要：新聞研究
　　　　　　　　（603）〔2001.10〕　p45〜49
岩渕美克　内閣支持率と政治報道：法学紀要　44　〔2002〕　p361〜378
Cappella, Joseph N., 高瀬淳一　合衆国における政治的シニシズム――新旧のコミュニケーション・メディアによって実現した
　　　　　　　　効果（特集2 国際シンポジウム――メディア・政治・権力）：マス・コミュニケーション研究　通号61　〔2002〕
　　　　　　　　p78〜93
伊佐治健　CURRENT 小泉流メディア戦略と「追うカメラ」：総合ジャーナリズム研究　39（02）（通号 180）〔2002.3〕　p20
　　　　　　　　〜25
井田正道　2000年米大統領選挙に関する日本のメディア報道：政経論叢　70（5・6）〔2002.3〕　p493〜527
柿崎明二　演技力を政治力にメディアが変える――田中真紀子元外相の「資質に対する懸念」がなぜ伝えられなかったのか（特
　　　　　　　　集 検証・小泉政権の一年）：新聞研究　（610）〔2002.5〕　p22〜25
古賀攻　官邸主導の情報発信狙う――取材戦線異状あり！（特集 検証・小泉政権の一年）：新聞研究　（610）〔2002.5〕　p14
　　　　　　　　〜17

佐藤三千男	経済実態を見据えない危うさ——求められる新システム構築への決意と実行力 (特集 検証・小泉政権の一年)：新聞研究 （610）〔2002.5〕p18～21
星浩	懸念される「続・失われた十年」——政治スキャンダルで消える政策論争 (特集 検証・小泉政権の一年)：新聞研究 （610）〔2002.5〕p10～13
佐藤明	新たな「地方の針路」を探る——「痛み」知る地域が「改革」をリードする好機 (特集 検証・小泉政権の一年)：新聞研究 （610）〔2002.5〕p30～33
総合ジャーナリズム研究編集部	私がニュースを嫌悪する理由 (FEATURE 政治と「暴露」とメディア規制)：総合ジャーナリズム研究所 39（03）（通号 181）〔2002.6〕p8～39
伊佐治健	新首相官邸－－「陸の孤島」で進む取材規制 (FEATURE 政治と「暴露」とメディア規制)：総合ジャーナリズム研究 39（03）（通号 181）〔2002.6〕p27～29
実哲也	現場を歩き、政策報道に還元する——視点を曇らす縦割り取材 (特集 変わる日本経済の風景)：新聞研究 （612）〔2002.7〕p10～13
加藤昭, 元木昌彦	元木昌彦のメディアを考える旅(54)加藤昭 (ジャーナリスト)——執念の徹底取材で鈴木宗男を追及 権力と緊張関係を保ちつつ監視する：エルネオス 8（9）通号94〔2002.9〕p102～105
畑谷広治	民意の今を伝える——長野県知事選をどう報じたか：新聞研究 （615）〔2002.10〕p47～50
本田靖春	我、拗(す)ね者として生涯を閉ず(23)国会突入「雑感記事」42年目の反省：現代 36（11）〔2002.11〕p140～151
平田篤州	大波にもまれるメディアスクラム対策——北朝鮮拉致被害者帰国で問われる真価：新聞研究 （616）〔2002.11〕p34～36
藤井康滋	百花園迎賓館の中で(9・17日朝首脳会議の取材体制)：新聞研究 （616）〔2002.11〕p48～50
山田賢一	北朝鮮のテレビが伝えた「日朝首脳会談」：放送研究と調査 52（11）通号618〔2002.11〕p28～31
片山健	長野県知事選——第2ステージ迎えた田中流改革 報道側も民意を反映した根拠で (特集 揺れる日本、問われる視座——民放テレビ、ラジオはどう伝えたか)：月刊民放 32（12）通号378〔2002.12〕p6～8
北倉和昭	「永住帰国実現」の姿勢前面に——もどかしい代表取材 (北朝鮮拉致被害者の取材と報道)：新聞研究 （617）〔2002.12〕p32～34
加藤洋一	疑問解明の手がかり提供——キム・ヘギョンさんインタビューの経緯と意味 (北朝鮮拉致被害者の取材と報道)：新聞研究 （617）〔2002.12〕p35～38
木嶋信行	政府と地方の動きをバランスよく伝える (市町村合併を追う)：新聞研究 （617）〔2002.12〕p40～42
小田敏三	報道の責任を果たすために——節度ある取材を堅持しつつ (北朝鮮拉致被害者の取材と報道)：新聞研究 （617）〔2002.12〕p29～31
船木保美	話題呼んだ住民投票 二者択一方式に疑問 (市町村合併を追う)：新聞研究 （617）〔2002.12〕p45～47
茶本繁正	メディア・レポート〈96〉北朝鮮報道二つのスクープが問う取材と報道のあり方：放送レポート 180号〔2003.1〕p14～17
渡辺興二郎	「拉致」取材が提起したもの——"整然"と"隔靴掻痒"のはざまで (特集「拉致」報道を考える)：月刊民放 33（2）通号380〔2003.2〕p15～17
服部孝章	「拉致」報道と権力監視ジャーナリズムの存在 (特集「拉致」報道を考える)：月刊民放 33（2）通号380〔2003.2〕p4～7
神志名泰裕	政治報道の課題1 求められる解説機能の強化——テレポリティックス時代の役割 (テレビ放送50年)：新聞研究 （619）〔2003.2〕p22～26
船田宗男	政治報道の課題2「易しく、面白く、深く」伝える——対決構図の本質をえぐる目を (テレビ放送50年)：新聞研究 （619）〔2003.2〕p27～30
石丸次郎	アジアメディア最前線(10)拉致事件の衝撃とメディア報道（下）：マスコミ市民 通号409〔2003.2〕p36～38
茶本繁正	メディア・レポート〈97〉北朝鮮報道で苦闘する老舗メディア 批判のりこえ多様な論議をのぞむ：放送レポート 181号〔2003.3〕p8～11
鈴木和枝	政治報道編 魅了ある政治報道を目指して (STUDY ジャーナリスト教育の実験報告（シリーズ3）)：総合ジャーナリズム研究 40（02）（通号 184）〔2003.3〕p67～69
半田滋	隠された意図探る洞察力を——拡張する「防衛」めぐる取材と報道 (有事・戦争・メディア)：新聞研究 （621）〔2003.4〕p34～37
吉野理佳	混迷続く都知事選——有権者の視点で報道を：新聞研究 （621）〔2003.4〕p59～61
総合ジャーナリズム研究編集部	CURRENT 韓国＝大統領対言論－－マスコミの特権と横暴は許さない：総合ジャーナリズム研究所 40（03）（通号 185）〔2003.6〕p40～43
中村卓司	神奈川 知事誕生のドラマを検証——県政転換期の民意を探る (特集 統一地方選挙を振り返る)：新聞研究 （623）〔2003.6〕p53～56
荒川隆史	全国 暮らしの問題として報じる——変ぼうする地方政治を見つめながら (特集 統一地方選挙を振り返る)：新聞研究 （623）〔2003.6〕p41～44
五十住和樹	東京「選択する機会」の確保を訴える——石原氏が主導権握った都知事選 (特集 統一地方選挙を振り返る)：新聞研究 （623）〔2003.6〕p49～52
鶴井亨	北海道 有権者の関心高める紙面づくり——候補乱立の道知事・札幌市長選めぐる攻防 (特集 統一地方選挙を振り返る)：新聞研究 （623）〔2003.6〕p45～48
右崎正博	有事法制と報道の自由——指定公共機関制度を中心に (特集 有事法制と放送)：月刊民放 33（8）通号386〔2003.8〕p5～10
岸井成格	「革新」の二文字が消えた——政策リアリズムの台頭の中で (「55年体制」崩壊10年と政治報道)：新聞研究 （625）〔2003.8〕p34～37
後藤謙次	政策の選択肢提示に徹する——中心軸なき時代にこそジャーナリズムの役割発揮 (「55年体制」崩壊10年と政治報道)：新聞研究 （625）〔2003.8〕p38～41
茶本繁正	メディア・レポート〈101〉拉致問題に揺れ続けた報道の"歪み"を一刻も早く正常に戻せ：放送レポート 185号〔2003.11〕p30～33
村岡彰敏	変わる自民党と政治取材——総裁選から総選挙へ、2003年政局報道：新聞研究 （628）〔2003.11〕p30～33
前田朗	拉致事件がメディアに提起したこと－－「感情爆発報道」・差別の増幅・国策報道 (FEATURE「拉致」問題と

	ジャーナリズム）：総合ジャーナリズム研究　40（01）（通号 183）〔2003.12〕 p8～12
松本逸也	過熱するマスコミ報道──北朝鮮による拉致報道の問題点を探る：目白大学短期大学部研究紀要　（40）〔2003.12〕p131～150
後房雄	マニフェスト選挙とテレビ放送の政治的公平性──分水嶺としての2003年総選挙（2003総選挙を振り返って）：月刊民放　34（1）通号391〔2004.1〕 p29～33
菊池哲郎	改正論議の前になすべきこと──基本的な政策姿勢こそが問われる（憲法論議と新聞の役割）：新聞研究　（630）〔2004.1〕 p10～13
山本大二郎	「囚われ」から「実質化」に導け──多角的論点、考える材料を提供（憲法論議と新聞の役割）：新聞研究　（630）〔2004.1〕 p14～17
棟居快行	二大政党制というパラダイム──政策の背後にある憲法観を問う（憲法論議と新聞の役割）：新聞研究　（630）〔2004.1〕 p22～25
荒牧央, 植木宏治, 中瀬剛丸	2大政党化を志向した有権者──第43回衆議院選挙世論調査から：放送研究と調査　54（1）通号632〔2004.1〕 p16～35
古賀攻	メディアに残された二つの課題──「公約」の事後点検と「二大政党制」の吟味を（03衆院選から04参院選へ）：新聞研究　（631）〔2004.2〕 p10～13
嶋名隆	検証報道でマニフェストの具体化迫る──実現への取り組み評価が今後の焦点（03衆院選から04参院選へ）：新聞研究　（631）〔2004.2〕 p14～17
永島宣彦	地方から大きな潮流を読む──選挙報道の画期意識し今夏に臨みたい（03衆院選から04参院選へ）：新聞研究　（631）〔2004.2〕 p22～25
飯田政之	無党派層の政治意識の変化をつかむ──「ネットモニター調査」で浮かび上がった実像（03衆院選から04参院選へ）：新聞研究　（631）〔2004.2〕 p18～21
総合ジャーナリズム研究編集部	頑迷首相と危険な改憲ムード（FEATUERE イラク・自衛隊と報道の危機）：総合ジャーナリズム研究所　41（02）（通号 188）〔2004.3〕 p28～31
小田実	自衛隊の何を報道するのか（FEATUERE イラク・自衛隊と報道の危機）：総合ジャーナリズム研究　41（02）（通号188）〔2004.3〕 p8～12
山田健太	選挙をめぐる表現の自由（特集 選挙が変われば政治も変わる！　総力検証 女性と選挙）：女たちの21世紀　（38）〔2004.4〕 p27～29
川村公司	新パラダイムの提示が使命──借金財政に警鐘鳴らした連載企画（変わるコミュニティーと報道の視点）：新聞研究　（635）〔2004.6〕 p10～13
茶本繁正	メディア・レポート〈105〉目くらましのパフォーマンス？　小泉再訪朝の虚と実：放送レポート　189号〔2004.7〕p14～17
土屋美明	憲法論議と新聞の役割 良質な素材の提供に専念──幅広くかつ本質を見据えて：新聞研究　（636）〔2004.7〕 p23～26
工藤泰志	政策の対立軸を浮き彫りに──マニフェストと参院選報道で新聞に望むこと：新聞研究　（636）〔2004.7〕 p31～34
木村靖	すべての道は「憲法」に通ず──大上段に構えず身近な生活から（憲法論議と新聞の役割──地方の現場から考える）：新聞研究　（637）〔2004.8〕 p21～24
藤本欣也	首脳会談代表取材記 当局の取材対応に変化あり──平壌市民の肉声に触れる機会も（小泉再訪朝とメディア）：新聞研究　（637）〔2004.8〕 p40～43
新田博	暮らしの中から問題を発掘する──憲法を"診察"する基礎データの提供（憲法論議と新聞の役割──地方の現場から考える）：新聞研究　（637）〔2004.8〕 p10～13
本沢二郎	マスコミが先導した小選挙区制の罪と罰（特集 永田町の犯罪・小選挙区制）：マスコミ市民　通号427〔2004.8〕p2～8
総合ジャーナリズム研究編集部	FILE・J 04年参議院選挙報道：総合ジャーナリズム研究所　41（04）（通号 190）〔2004.9〕 p7～25
茶本繁正	メディア・レポート〈106〉改憲・護憲の厳しいせめぎ合い メディアの眼はどう向くのか：放送レポート　190号〔2004.9〕 p28～31
小野江公利	激変の政治状況を検証──有権者の関心高める政策論争訴える（参院選報道を振り返る）：新聞研究　（638）〔2004.9〕 p44～47
田中竜	県民の視点に立って論点提示──一面・社会面連動で読者の関心呼ぶ（参院選報道を振り返る）：新聞研究　（638）〔2004.9〕 p52～55
永原伸	選挙そのものの位置づけ問う──読者への問題提起を通じて（参院選報道を振り返る）：新聞研究　（638）〔2004.9〕p40～43
野崎雅敏	定点観測の試みで民意探る──「百人アンケート」から読むこの国の明日（参院選報道を振り返る）：新聞研究　（638）〔2004.9〕 p48～51
高橋純子, 曽我豪	選挙報道の新たな形を模索する──朝日・東大共同研究の試み：新聞研究　（639）〔2004.10〕 p62～65
金山勉	米大統領選キャンペーンと放送メディア：月刊民放　34（11）通号401〔2004.11〕 p24～29
総合ジャーナリズム研究編集部	FEATURE 総選挙報道 03秋：総合ジャーナリズム研究所　41（01）（通号 187）〔2004.12〕p22～39
金山勉	FOX連合の勢力拡大が顕著に 米大統領選に見るメディア報道：新聞通信調査会報　通号509〔2004.12〕 p6～8
総合ジャーナリズム研究所	活字メディア「復権」のいい機会だった（FEATURE 総選挙報道 03秋）：総合ジャーナリズム研究　41（01）（通号 187）〔2004.12〕 p36～39
与良正男	顕わになった現代日本の報道姿勢（FEATURE 総選挙報道 03秋）：総合ジャーナリズム研究　41（01）（通号 187）〔2004.12〕 p13～17
軽部謙介	米メディアの速報態勢に変化──2000年の反省踏まえた大統領選当日の報道：新聞研究　（642）〔2005.1〕 p58～61
吉田康彦	メディアが煽る北朝鮮脅威論と経済制裁の功罪：マスコミ市民　通号432〔2005.1〕 p55～59
きくちゆみ	疑惑の2004大統領選挙──不正投票で騒然とするアメリカ市民と沈黙する大手メディア：マスコミ市民　通号432〔2005.1〕 p19～23
服部孝章	混迷するジャーナリズムの自律性──政治とマスコミの距離をどうとるか：出版ニュース　通号2031〔2005.2〕

ジャーナリズム　　　　　　　　　　　　　　　　　　　　政治・選挙

p6〜9

池信敬子, 板村英典, 木村洋二　「拉致」問題をめぐる4大新聞の荷重報道(2)小泉首相再訪朝に関する報道と荷重分析：関西大学社会学部紀要　36 (1)　〔2005.2〕　p119〜154

山口二郎　戦後60年とジャーナリズム(1)事実の認識、追及は十分か——政治報道の現在を問う：新聞研究　(643)　〔2005.2〕　p40〜43

鄭鍾南　『朝日新聞』の「皇室敬語」をめぐる一考察：マスコミ市民　通号433　〔2005.2〕　p63〜67

和田浩明　遠景に退き、疑問解明に至らず——「イラク大量破壊兵器問題」に対する米報道：新聞研究　(645)　〔2005.4〕　p22〜24

山口和也　憲法論議と新聞の役割 地方の視点で憲法論議をとらえ直す——身近な題材で考えるこの国の在り方：新聞研究　(646)　〔2005.5〕　p40〜43

総合ジャーナリズム研究編集部　FEATURE 「戦後60年」のジャーナリズム(3)日本国憲法を考える：総合ジャーナリズム研究所　42 (03)　(通号193)　〔2005.6〕　p7〜8

丸山重威　新聞にみる「改憲」論調(FEATURE 「戦後60年」のジャーナリズム(3)日本国憲法を考える)：総合ジャーナリズム研究　42 (03)　(通号193)　〔2005.6〕　p14〜22

小林恭子　多チャンネル、ネット化進む 英総選挙とメディア：新聞通信調査会報　通号516　〔2005.6〕　p10〜12

大和田建太郎　住民自治の活性化と新聞の役割——地域自治組織づくりの小さなうねりに注目を(検証・市町村合併と新聞の視点)：新聞研究　(647)　〔2005.6〕　p26〜29

小市昭夫　住民主役の地域づくりに向けて——越県合併を見つめた報道(検証・市町村合併と新聞の視点)：新聞研究　(647)　〔2005.6〕　p14〜17

茶本繁正　メディア・レポート〈110〉政治家の暴言で悪化する日中関係に打開策はあるのか：放送レポート　195号　〔2005.7〕　p24〜27

伊藤洋子, 小田桐誠　特集 びっくり仰天！ 負の歴史 メディアへの政治介入——2000年〜2004年・事件簿：ぎゃらく　通号433　〔2005.7〕　p30〜38

桂敬一, 原寿雄, 藤森研　座談会 改憲潮流の中のメディア——読売新聞が先導したもの：世界　(741)　〔2005.7〕　p239〜252

目黒重幸　憲法論議と新聞の役割 読者に考える素材を提供する——自らの問題として考えてもらうために：新聞研究　(649)　〔2005.8〕　p46〜49

伊佐治健　CURRENT 小泉流メディア戦略とTV映像－－「政治を伝えるテレビの力」はどこまで進歩したか：総合ジャーナリズム研究　42 (04)　(通号194)　〔2005.9〕　p24〜28

杉田亨一　憲法論議と新聞の役割 生活者の視点から憲法をどう語るか——身近な存在としてとらえ直してもらうために：新聞研究　(650)　〔2005.9〕　p42〜45

金井辰樹　憲法論議と新聞の役割 読者とともに「知憲」に取り組む——「逐条点検 日本国憲法」を連載して：新聞研究　(651)　〔2005.10〕　p62〜65

小田桐誠　検証 小泉劇場 総選挙報道3つの大罪：ぎゃらく　通号437　〔2005.11〕　p28〜31

鈴木嘉一　「小泉劇場」の"中継"担ったテレビ——ワイドショー選挙を考える：月刊民放　35 (11)通号413　〔2005.11〕　p30〜33

關田伸雄　"永田町の論理"から脱却せよ——記者にも求められる意識改革(検証「9・11総選挙」)：新聞研究　(652)　〔2005.11〕　p22〜25

安藤俊裕　我々メディアは無力だったのか——多様な視点の提示に腐心した新聞(検証「9・11総選挙」)：新聞研究　(652)　〔2005.11〕　p14〜17

山田孝男　新聞は生きた言葉で語れたか——言論機関としての野性を取り戻すには(検証「9・11総選挙」)：新聞研究　(652)　〔2005.11〕　p18〜21

持田周三　「争点報道」に大きな教訓——「郵政国民投票」に終わらせないために(検証「9・11総選挙」)：新聞研究　(652)　〔2005.11〕　p26〜29

井上浩一　多くの課題残した"想定外"の選挙——「広島六区」衆院選報道を振り返る(検証「9・11総選挙」)：新聞研究　(652)　〔2005.11〕　p38〜41

野村克之　"複眼の視点"で臨んだ四十日——記者たちが伝えた熱き選挙戦(検証「9・11総選挙」)：新聞研究　(652)　〔2005.11〕　p34〜37

小林良彰　問われる選挙報道の責任と意義——置き去りにされた政治課題の議論を(検証「9・11総選挙」)：新聞研究　(652)　〔2005.11〕　p10〜13

山本コウタロー　エモーショナリズムとセンセーショナリズムのTVメディア(特集 総選挙「報道」を検証する)：マスコミ市民　通号442　〔2005.11〕　p10〜15

五百蔵洋一　マスコミの完敗——「小泉劇場」をつくったメディアの責任と衰退(特集 総選挙「報道」を検証する)：マスコミ市民　通号442　〔2005.11〕　p2〜8

星野ソラ　秋祭りと小泉狂狂(特集 総選挙「報道」を検証する)：マスコミ市民　通号442　〔2005.11〕　p22〜25

國弘正雄　報道と世論の「甘口化」現象(特集 総選挙「報道」を検証する)：マスコミ市民　通号442　〔2005.11〕　p16〜21

谷藤悦史　現代の政治権力と政治報道の位相——"作られた合意"の解体に向けて(政権とメディア)：新聞研究　(653)　〔2005.12〕　p27〜30

飯田良明　新聞の選挙情勢報道の分析——第44回総選挙を事例として：実践女子大学人間社会学部紀要　3　〔2006〕　p19〜42

鈴木努　2005年衆議院選挙における三大紙の社説比較——概念ネットワーク分析の適用：マス・コミュニケーション研究　通号69　〔2006〕　p2〜21

マクラーレン, サリー, 新聞清子, 鈴木みどり　座談会 総選挙報道とジャーナリズム——市民の視座から：ヒューマンライツ　(214)　〔2006.1〕　p6〜15

田原総一朗　わがジャーナリズムの総決算 権力の正体(第24回・最終回)政局はスタジオで起きる：プレジデント　44 (2)　〔2006.1〕　p112〜116

北口末広　走りながら考える(第58回)小泉構造改革のヒーローはホリエモン？——メディアや政権に責任はないのか：ヒューマンライツ　(215)　〔2006.2〕　p30〜33

Hannarohg, Charn, 板村英典, 木村洋二　日本の4大新聞における皇室報道の比較研究——皇太子さまの「人格否定」発言を事例として：関西大学社会学部紀要　37 (3)　〔2006.3〕　p55〜106

537

政治・選挙	ジャーナリズム

高久泰文　2004年読売新聞社憲法改正案の立法論的検討(1)：政治・経済・法律研究　8(1・2)〔2006.3〕　p31～81

Alter, Jonathan　WORLD VIEW 傲慢チェイニーに報道の反転攻勢──誤射を機に副大統領のメディア軽視の姿勢を崩せるか：Newsweek　21(9)通号994〔2006.3〕　p13

上智大学田島泰彦ゼミ, 立教大学服部孝章ゼミ　ロー・フォーラム メディアゼミ・フォーラム2005/2006──戦後60年・小泉政治とジャーナリズム：法学セミナー　51(4)通号616〔2006.4〕　p133～135

桑原昇　憲法論議と新聞の役割 「暮らし」の視点で憲法を意識する──国民自身が語り始めるための紙面を目指して：新聞研究　(660)〔2006.7〕　p50～53

郷富佐子　特派員万華鏡 左派政権誕生でイタリアは変わるか──混乱を極めた総選挙を終えて：新聞研究　(660)〔2006.7〕　p60～63

田原総一朗　正義の罠──リクルート事件と自民党──18年目の真実(12)マスコミと世論が後押しした「政界本丸」への捜査：Sapio　18(16)通号395〔2006.7〕　p71～74

星浩　劇場外交に踊らされたメディア──政治と国民の間に立った多角的な報道を(小泉政治と報道の軌跡)：新聞研究　(661)〔2006.8〕　p14～17

小笠原康晴　憲法論議と新聞の役割 憲法の「原風景」にこだわる──何を議論すべきかを読者に問い続けたい：新聞研究　(661)〔2006.8〕　p36～39

宇治敏彦　「凪の論理」と「二分法」の功罪──小泉劇場に幻惑され奥行きを欠いた政治分析報道(小泉政治と報道の軌跡)：新聞研究　(661)〔2006.8〕　p10～13

総合ジャーナリズム研究編集部　「小泉政治」1980日と社会(01年～06年)(「小泉政治」をどう伝えたか――安倍「政権報道」のための1980日の足跡)：総合ジャーナリズム研究所　43(04)（通号198）〔2006.9〕　p3～46

山下重一　J・S・ミルの1830年代における思想形成と政治的ジャーナリズム(1)：国学院法学　44(2)通号171〔2006.9〕　p79～151

田島泰彦　特別寄稿 憲法改正とメディア：日本の科学者　41(9)通号464〔2006.9〕　p459～464

山下重一　J・S・ミルの1830年代における思想形成と政治的ジャーナリズム(2)：国学院法学　44(3)通号172〔2006.12〕　p151～214

石高健次　北朝鮮による拉致問題を取材して(メディア総研ジャーナリズム講座第二回 ニュースを発掘する)：放送レポート　204号〔2007.1〕　p8～12

粕谷賢之　選挙と報道 BGMや色の加工などに細心の注意を(特集 デジタル時代の「新・民放人」へ)：月刊民放　37(3)通号429〔2007.3〕　p18～21

山下重一　J・S・ミルの一八三〇代における思想形成と政治的ジャーナリズム(3・完)：国学院法学　44(4)通号173〔2007.3〕　p207～291

金光奎　強まる「枠組み」のもとでの政治とメディア(報告と討論 いまメディアは政治をどう報道しているか)：前衛：日本共産党中央委員会理論政治誌　通号815〔2007.3〕　p37～40

宮坂一男　新聞は政治をどう報道しているか(報告と討論 いまメディアは政治をどう報道しているか)：前衛：日本共産党中央委員会理論政治誌　通号815〔2007.3〕　p26～29

佳住嘉文　連綿と続く秘密主義の構図──沖縄密約事件から35年、我々が乗り越えるべき重い課題(国家機密と報道)：新聞研究　(670)〔2007.5〕　p14～17

山田公平　自由な地方新聞人にして政党政治家 小山松寿──その人物素描(特集 政治家とメディア)：メディア史研究　22〔2007.6〕　p22～41

水野剛也　漫画のなかの小泉純一郎首相 首相在任期間中の「朝日新聞」4コマ漫画を中心として：AIR21　(206)〔2007.7〕　p16～53

小山剛　「新しい人権」の議論が低調だった理由──求められる憲法観についての自覚的な議論と選択(憲法とジャーナリズム(1))：新聞研究　(673)〔2007.8〕　p18～21

井上典之　新聞はこれまで何を語ってきたか──憲法の真の姿とそれを伝えるメディアの役割(憲法とジャーナリズム(1))：新聞研究　(673)〔2007.8〕　p10～13

小林節　本質的論点から逃げずに議論せよ──国民投票法の成立過程における報道の問題点(憲法とジャーナリズム(1))：新聞研究　(673)〔2007.8〕　p14～17

黄盛彬　安倍首相訪米テレビ報道を検証する：放送レポート　208号〔2007.9〕　p22～29

小林良彰　「素材提供」だけでなく政策や民意も詳しく──07年参院選におけるメディア報道(特集 亥年の参院選報道)：月刊民放　37(9)通号435〔2007.9〕　p16～19

国正武重　自民党の歴史的惨敗と安倍続投──政権運営の評価とメディア報道(安倍政権一年を振り返る)：新聞研究　(674)〔2007.9〕　p10～13

毛利聖一　「政治とカネ」をめぐる混乱の中で──地元紙が見た松岡元農相の軌跡と功罪(安倍政権一年を振り返る)：新聞研究　(674)〔2007.9〕　p29～32

佐々木正一　淡々と、しかし温かい目で──地元市民の関心の高さに応える紙面づくり(安倍政権一年を振り返る)：新聞研究　(674)〔2007.9〕　p14～17

大室真生　分かりやすい選挙報道へネット活用──政策の妥当性や背景掘り下げた記事の充実が課題(安倍政権一年を振り返る)：新聞研究　(674)〔2007.9〕　p33～36

松井裕　保守王国の与野党逆転を追う──臨場感ある紙面づくりで読者に判断材料を提供(安倍政権一年を振り返る)：新聞研究　(674)〔2007.9〕　p37～40

小田桐誠　2007参院選報道を総括する：ぎゃらく　通号460〔2007.10〕　p36～38

中川佳昭　安倍退陣の政変、その時記者は──政治家の一挙手一投足から政局を読む：新聞研究　(676)〔2007.11〕　p45～48

金井辰樹, 根本清樹, 前木理一郎　座談会 憲法とジャーナリズム(2)憲法論議と新聞の視点──施行60年と国民投票法成立をめぐって：新聞研究　(676)〔2007.11〕　p35～43

高濱賛　大統領選とメディア──立候補表明の早期化で過熱する報道合戦(米ジャーナリズムの現在)：新聞研究　(676)〔2007.11〕　p18～21

総合ジャーナリズム研究編集部　小泉政権、メディアの総括――06年9月26日、首相退任前後の「劇場」の送りに(「小泉政治」をどう伝えたか――安倍「政権報道」のための1980日の足跡)：総合ジャーナリズム研究所　44(01)（通号199）〔2007.12〕　p24～29

総合ジャーナリズム研究編集部	「小泉政治」をどう伝えたか－－安倍「政権報道」のための1980日の足跡：総合ジャーナリズム研究所　44（01）（通号 199）〔2007.12〕　p8〜13
小黒純	「選挙情勢」報道と選挙結果の比較研究――2007年参院選を事例として：龍谷大学社会学部紀要　（32）〔2008〕　p51〜69
トーマス, エバン	Wrorld Affairs 米大統領選 ヒラリーの敵は偏向報道？：Newsweek　23（8）通号1092　〔2008.2〕　p28〜29
浅野健一, 李其珍	首相による靖国神社参拝と日本メディア［含 英語文］：評論・社会科学　（84）〔2008.3〕　p1〜60
佐々木孝夫	メディアと政治研究における選挙報道オントロジ――共同通信社47news「大規模横断的ニュース報道研究」（1）：平成国際大学論集　（12）〔2008.3〕　p61〜99
稲生雅亮	通信社の先輩が語る「私の体験記」（15）昭和天皇とともに 皇室記者四半世紀の証言：新聞通信調査会報　通号557　〔2008.6〕　p14〜16
神保太郎	メディア批評（第7回）グローバル化する9条、伝えないメディア 隣国の苦難をどう伝えるか：世界　（780）〔2008.7〕　p113〜120
神保太郎	メディア批評（第9回）日本メディアの宿病あらわ――サミット報道 転倒する「市民のNHK」：世界　（782）〔2008.9〕　p104〜111
神保太郎	メディア批評（第10回）（1）たち消えた「道路特定財源」報道（2）放送の危機を自ら招くな BPOに反発するテレビ：世界　（783）〔2008.10〕　p114〜121
与良正男	検証・政治取材の現実「突然」の福田首相辞任劇は政治報道の「敗北」ではないか：Journalism　（221）〔2008.10〕　p74〜81
神保太郎	メディア批評（第11回）これは「報道」なのか――読売・自民党総裁選報道「米騒動」の背景は追究できたか：世界　（784）〔2008.11〕　p195〜202
総合ジャーナリズム研究編集部	TOPICS 2007 政局報道－－安倍辞任から福田政権へ：総合ジャーナリズム研究所　45（01）（通号 203）〔2008.12〕　p33〜36
飯塚恵子	海外メディア報告「オバマ大統領」誕生 米大統領選を動かしたインターネットによる「選挙革命」の実像：Journalism　（223）〔2008.12〕　p85〜89
歌田明弘	ネットで誕生した初の米大統領――ニュース接触の変化まざまざと（米大統領選とメディア）：新聞研究　（690）〔2009.1〕　p14〜17
有田司	選挙にかける米国民の熱情に触れる――歴史の新たな一章書く興奮味わう（米大統領選とメディア）：新聞研究　（690）〔2009.1〕　p10〜13
神保太郎	メディア批評（第14回）迷走する麻生政権と右往左往のメディア 空自イラク支援終了――本格的な検証を：世界　（787）〔2009.2〕　p72〜79
神保太郎	メディア批評（第16回）中川「もうろう会見」にかすんだクリントン訪日 なぜ新聞は裁判員制度推進一辺倒なのか：世界　（789）〔2009.4〕　p154〜161
黄盛彬, 放送レポート編集部	「もうろう会見」と日本型ジャーナリズム：放送レポート　218号　〔2009.5〕　p26〜31
神保太郎	メディア批評（第17回）小沢民主党代表秘書逮捕をめぐる "推定有罪" 報道 報道機関の説明責任とは？：世界　（791）〔2009.5〕　p117〜124
山本ケイ	「政府高官」という曖昧な表現がもたらす知る権利への弊害（特集 報道姿勢とジャーナリズム）：マスコミ市民　通号484　〔2009.5〕　p38〜42
総合ジャーナリズム研究編集部	「政権交代」選挙とメディア－－衆院解散・公示・選挙までの40余日（明日の「政権と報道」のために－－長期政権下のジャーナリズムからの脱却）：総合ジャーナリズム研究所　46（03）（通号 209）〔2009.6〕　p40〜45
田島泰彦	ジャーナリズムを読む（3）小沢氏秘書逮捕・起訴報道とジャーナリズム：時評　51（6）通号555　〔2009.6〕　p84〜86
神保太郎	メディア批評（第18回）特集・北朝鮮「ミサイル」狂乱報道：世界　（792）〔2009.6〕　p68〜75
田島泰彦	ジャーナリズムを読む（4）北朝鮮の「ミサイル」報道を考える：時評　51（7）通号556　〔2009.7〕　p98〜100
神保太郎	メディア批評（第19回）麻生経済政策の暴走とメディアの無力 政・放分離のすすめ：世界　（793）〔2009.7〕　p84〜91
吉武祐	特派員万華鏡 分断される社会での「共存」は可能か――大統領選挙後のイラン情勢：新聞研究　（697）〔2009.8〕　p64〜67
神保太郎	メディア批評（第20回）政権末期、メディアが問われること NHK「JAPANデビュー」攻撃の源：世界　（794）〔2009.8〕　p92〜99
神保太郎	メディア批評（第21回）政局報道より政策報道を 核密約をめぐる「メディア・スクラム」：世界　（795）〔2009.9〕　p230〜237
田島泰彦	ジャーナリズムを読む（最終回・7）民主党政権とメディア：時評　51（10）通号559　〔2009.10〕　p114〜116
神保太郎	メディア批評（第22回）裁判員裁判をライブで中継？ なぜ日米安保の根本を問わないのか：世界　（796）〔2009.10〕　p66〜73
井田正道	2005年解散・総選挙と新聞報道：明治大学社会科学研究所紀要　48（1）通号71　〔2009.10〕　p125〜137
高嶋伸欣	メディア・ウォッチング（36）鳩山首相を「馬鹿」呼ばわりの『読売』と無知を晒す『産経』コラムニストの新政権叩き：金曜日　17（39）通号785　〔2009.10〕　p23
石沢靖治	各党のメディア戦略と、その効果――2005年総選挙との比較から（特集 2009総選挙と報道）：月刊民放　39（11）通号461　〔2009.11〕　p14〜18
神戸金史	次代の選挙報道を考えたい（特集 2009総選挙と報道）：月刊民放　39（11）通号461　〔2009.11〕　p25〜27
島崎哲彦	有権者の動向とマスメディア（特集 2009総選挙と報道）：月刊民放　39（11）通号461　〔2009.11〕　p4〜8
渡辺康人	「情勢調査」であり続けるために――厳密性と精度を高める取り組み（衆院選2009）：新聞研究　（700）〔2009.11〕　p56〜59
川上和久	「振り子」をどう報じたか――テレビとの比較からみた新聞報道（衆院選2009）：新聞研究　（700）〔2009.11〕　p60〜64
小菅洋人	読む政治報道の復権目指す――新聞社の総合力を結集（衆院選2009）：新聞研究　（700）〔2009.11〕　p48〜51
岩城浩幸	政権交代2009「歴史的」選挙を検証する――放送はどう向き合ったか：調査情報. 第3期　（491）〔2009.11・12〕　p54〜59

政治・選挙		ジャーナリズム

水島宏明	メディア・リポート 放送 厚労省10階の廊下で政権交代を考えた：Journalism　（234）〔2009.11〕p74～77	
小林恭子	海外メディア報告 門戸開放でどう変わったか 英「国会記者会」のその後：Journalism　（234）〔2009.11〕p92～97	
神保太郎	メディア批評（第24回）根強いメディアの「55年体制」ジャーナリスト・ユニオンの結成を：世界　（798）〔2009.12〕p95～102	
細貝亮	メディアが内閣支持に与える影響力とその時間的変化——新聞社説の内容分析を媒介にして：マス・コミュニケーション研究　通号77〔2010〕p225～242	
三谷文栄	日本の対外政策決定過程におけるメディアの役割——2007年慰安婦問題を事例として：マス・コミュニケーション研究　通号77〔2010〕p205～224	
草野厚	メディアは「政治」を批判し育てるべき立場にある（特集 テレビと政治のキョリ）：放送文化　通号25〔2010.冬〕p50～55	
金井辰樹	マニフェスト選挙後の報道とは——「政治主導」掲げる新政権との向き合い方（民主党政権とメディア）：新聞研究　（703）〔2010.2〕p16～19	
鵜飼啓	見えにくくなった意思決定過程——試行錯誤の外交政策報道（民主党政権とメディア）：新聞研究　（703）〔2010.2〕p20～23	
木下英臣	目指すはスマートジャーナリズム——正念場迎える政治報道（民主党政権とメディア）：新聞研究　（703）〔2010.2〕p8～11	
川崎泰資,大治浩之輔,門奈直樹	鼎談・政権交代とジャーナリズム（特集 ジャーナリズムの劣化とメディアの可能性）：マスコミ市民　通号493〔2010.2〕p2～21	
総合ジャーナリズム研究編集部	検証・小沢一郎民主党幹事長 "政治とカネ" 報道：総合ジャーナリズム研究所　47(02)（通号212）〔2010.3〕p23～25	
岩渕美克	第45回総選挙の分析——民主党の勝因とメディア効果：ジャーナリズム＆メディア ： 新聞学研究所紀要　（3）〔2010.3〕p41～52	
神保太郎	メディア批評（第27回）(1) リークの洪水 (2) メディアの外交センス：世界　（802）〔2010.3〕p64～71	
福永勝也	政権交代が実現した「2009年総選挙」とメディア報道：人間文化研究 ： 京都学園大学人間文化学会紀要　（25）〔2010.3〕p196～181	
神保太郎	メディア批評（第28回）(1)「小沢氏不起訴」後の報道 (2) 混迷する「日本版FCC」構想：世界　（803）〔2010.4〕p157～164	
山田健太	司法と報道の距離は縮まったか（裁判員裁判と報道の1年）：総合ジャーナリズム研究　47(03)（通号213）〔2010.6〕p4～6	
総合ジャーナリズム研究編集部	「世論調査」報道の是非––政治ジャーナリズム、これ「民意」に拠りかからず：総合ジャーナリズム研究所　47(03)（通号213）〔2010.6〕p34～36	
神保太郎	メディア批評（第31回）(1) 疑問だらけの読売提言 (2)「人間の鎖」が日米安保を包囲した日：世界　（806）〔2010.7〕p85～92	
神余心	メディア激動時代（18）参院選でメディアの「政権交代」が現実化、ネットが主役で存在感薄まる新聞・テレビ：エルネオス　16(8)通号189〔2010.8〕p64～67	
春名幹男	なお残る問題、報道は一層の奮起を——外務省有識者委報告書をまとめた立場から（密約問題の報道視点）：新聞研究　（709）〔2010.8〕p16～19	
総合ジャーナリズム研究編集部	'09「政権交代」、期待と予測の "空気" 報道––09年総選挙への軌跡と政権交代後の「世論」動向（「世論調査」報道の是非––政治ジャーナリズム、これ「民意」に拠りかからず）：総合ジャーナリズム研究所　47(04)（通号214）〔2010.9〕p3～42	
総合ジャーナリズム研究編集部	'10夏の参院選、「世論調査」報道の力––民主党・菅政権発足から参院選、そして「ねじれ国会」まで（「世論調査」報道の是非––政治ジャーナリズム、これ「民意」に拠りかからず）：総合ジャーナリズム研究所　47(04)（通号214）〔2010.9〕p18～29	
神保太郎	メディア批評（第33回）(1) 無視された韓国艦沈没報告への疑問 (2) NHK番組改変告発本が語るもの：世界　（808）〔2010.9〕p90～97	
川崎泰資	メディアも問われる歴史認識（月刊「マスコミ市民」創刊500号によせて）：マスコミ市民　通号500〔2010.9〕p51～53	
諸橋泰樹	メディアと共同したキャラ化の力学——「蓮舫現象」を読み解く（参院選と今後の政治課題）：新聞研究　（711）〔2010.10〕p64～67	
桶田敦	出来事の瞬間を切り取るテレビの強み——ソーシャルメディアも積極的に活用（参院選と今後の政治課題）：新聞研究　（711）〔2010.10〕p60～63	
田中隆之	民主大敗、総力を挙げて報道——焦点はねじれ国会の展開へ（参院選と今後の政治課題）：新聞研究　（711）〔2010.10〕p56～59	
神保太郎	メディア批評（第35回）(1) 問われなかった菅首相の資質 (2) 郵便不正事件の検証報道：世界　（810）〔2010.11〕p153～160	
神保太郎	メディア批評（第36回）(1) いずこも「領土ナショナリズム」の匂い芬々 (2) 記憶なきメディア：世界　（811）〔2010.12〕p147～154	
岡本進	政治 世論調査 菅支持率の罠：Aera　23(57)通号1261〔2010.12〕p75～77	
西川幸	関西だより 安保50年 メディアを考える市民の集い：放送レポート　228号〔2011.1〕p35	
神保太郎	メディア批評（第37回）(1)「TPP推進」の大合唱 (2) 尖閣ビデオ流出をどう見るか：世界　（812）〔2011.1〕p87～94	
神余心	メディア激動時代（24）政治家のネット出演の功罪——加速する既存メディア不信：エルネオス　17(2)通号195〔2011.2〕p66～69	
香島暁	香島暁の政治時評 既存メディアに疑いを持つと同じく、政治家の直接発信もネット情報も疑う姿勢が必要：金曜日　19(6)通号849〔2011.2〕p11	
藤森研	秋葉市長ネット会見を考える：広島ジャーナリスト　（04）〔2011.3〕	
岩井奉信,宮脇健,福田充	テレビ政治ジャーナリストの意識に関する実証的研究：ジャーナリズム＆メディア ： 新聞学研究所紀要　（4）〔2011.3〕p309～320	

神保太郎	メディア批評（第39回）（1）「防衛大綱」全国紙に欠けた視点（2）NHK会長人事迷走があらわにしたもの：世界（814）〔2011.3〕p86～93
曽我有紀子	3Dを考える――地上テレビ放送完全デジタル化後の新しい技術を求めて（特集 3Dの現状とその可能性――第47回民放技術報告会「特別企画」誌上収録）：放送技術 64（3）通号766〔2011.3〕p61～64
菱山郁朗	テレポリティックスと世論調査ポリティックス（特集 メディアと政治）：マスコミ市民 通号506〔2011.3〕p15～21
大治浩之輔	メディア時評（15）政局ジャーナリズム――ことの因って来たる所以を問わず：マスコミ市民 通号506〔2011.3〕p30～32
谷藤悦史	変質するメディアと政治――ポピュリズムの担い手のメディア？（特集 メディアと政治）：マスコミ市民 通号506〔2011.3〕p2～6
畠山理仁	メディア一撃「緊急会見だから」とネットや雑誌、フリーの記者を排除した官邸の罪：金曜日 19（11）通号854〔2011.3〕p56～57
香島暁	香島暁の政治時評「原発停止要請は中部電力への圧力では」と質問した記者は事故が起きてもそう問うのか：金曜日 19（19）通号862〔2011.5〕p11
大石裕	現代日本の世論とメディア政治：法学研究 84（6）〔2011.6〕p107～126
横粂勝仁, 元木昌彦	元木昌彦のメディアを考える旅（164）横粂勝仁氏（衆議院議員・無所属）政局中心の報道が政治を歪める 国民の政治参加に寄与してほしい：エルネオス 17（9）通号202〔2011.9〕p104～109
石塚博久	Creator's Voice_報道 時事放談「船橋」にて：「駅前民主主義」の壁：調査情報. 第3期（503）〔2011.11・12〕p68～71
総合ジャーナリズム研究編集部	小沢一郎 "政治とカネ" 報道のことし（Yearbook ジャーナリズム2010）：総合ジャーナリズム研究所 48（01）（通号215）〔2011.12〕p58～60
茨木正治	政治報道とマス・メディア：新聞・雑誌・漫画が描く「橋下市政」：法政論叢 49（1）〔2012〕p187～210
山口正紀	状況2012夏 メディア「小沢無罪」報道を考える：民主党の第二自民党化に「寄与」したメディア：社会評論（170）〔2012.夏〕p106～109
内田透	橋下維新とどう対峙するのか：大阪ダブル選挙の取材と報道：新聞研究（726）〔2012.1〕p46～49
石塚博久	Creator's Voice_報道 時事放談 新しい年に思いを：「所沢」にて：調査情報. 第3期（504）〔2012.1・2〕p68～71
石塚博久	Creator's Voice_報道 時事放談「西新橋」にて：2012年、春よ来い：調査情報. 第3期（505）〔2012.3・4〕p68～71
小林レミ	2003年のメディア所有規制の緩和とローカリズムの確保：全米テレビ局複数所有規制の緩和を中心に：メディア・コミュニケーション：慶応義塾大学メディア・コミュニケーション研究所紀要（62）〔2012.3〕p173～188
神保太郎	メディア批評（第52回）（1）報道は劇場型政治をふたたび支持するのか（2）メディアによく似た政治家：世界（829）〔2012.4〕p58～65
深津真澄	石川真澄記者：その人となりと仕事（特集 いま、あらためて「政治改革」を問う）：マスコミ市民（519）〔2012.4〕p22～26
石塚博久	Creator's Voice_報道 時事放談 まずは「決めよ」：続く立ち往生の中で2012年春：調査情報. 第3期（506）〔2012.5・6〕p72～75
中尾庸蔵	メディア時評（30）小沢判決 伝える側の見識が問われる：マスコミ市民（521）〔2012.6〕p36～38
鈴木哲夫	取材に基づき政治論議を深める（特集 テレビが伝える政治）：月刊民放 42（7）通号493〔2012.7〕p14～16
石塚博久	Creator's Voice_報道 時事放談 戦う80歳：「最期」の日々：調査情報. 第3期（507）〔2012.7・8〕p72～75
柴田鉄治, 藤田博司	民主党政権をめぐる昨今の報道スタンス（特集 民主党政権を問う）：マスコミ市民（523）〔2012.8〕p16～25
石塚博久	Creator's Voice 報道 時事放談 8月10日：終わりし夏の標に：調査情報. 第3期（508）〔2012.9・10〕p74～77
神保太郎	メディア批評（第58回）（1）本質の見えない「税と社会保障」報道（2）「声なき声」とは誰の声か：世界（835）〔2012.10〕p70～77
内田誠	ブック・ストリート 言論 尖閣問題の背後に外交史の真実が―：出版ニュース 通号2294〔2012.11〕p19
神保太郎	メディア批評（第59回）（1）"デモのある社会" のメディア（2）緊迫する日中関係 新聞はどう報じたか：世界（836）〔2012.11〕p67～74
石塚博久	Creator's Voice 報道 時事放談 9年前の「原点」：漂う政治の中で：調査情報. 第3期（509）〔2012.11・12〕p74～77
小林健治	橋下徹市長とジャーナリズムの知的劣化：小林健治さんに聞く（出版・人権差別問題懇談会顧問）：金曜日 20（42）通号934〔2012.11〕p14～15
内田誠	ブック・ストリート 言論 総選挙の争点：出版ニュース 通号2297〔2012.12〕p17
金平茂紀	放送 過熱した米大統領選中継「外部の目」で日本独自の報道を：Journalism（271）〔2012.12〕p60～63
川村二郎	日本を添削する（第2回）テレビ選挙特番：マグナカルタ 4〔2013.Fall〕p220～229
神余心	メディア激動時代（47）「ネット」活用で投票結果に明暗 自民圧勝の原動力は「ネット選挙」?!：エルネオス 19（1）通号218〔2013.1〕p70～73
神保太郎	メディア批評（第61回）（1）2度目の笑劇（ファルス）？「安倍晋三」という再チャレンジ（2）総選挙報道で浮かび上がる「メディアの立ち位置」：世界（838）〔2013.1〕p59～74
石塚博久	Creator's Voice_報道 時事放談 新しい年に向けて：終わりし道の標に：調査情報. 第3期（510）〔2013.1・2〕p78～81
柴田鉄治, 川崎泰資, 大治浩之輔	衆議院総選挙を総括する マスコミ市民フォーラム編集委員座談会 民意、争点とは ジャーナリズムの役割とは（特集 衆議院総選挙を問う）：マスコミ市民（528）〔2013.1〕p28～39
内田誠	ブック・ストリート 言論 安倍改憲内閣：出版ニュース 通号2302〔2013.2〕p17
小渕敏郎	かすんだ「対立軸」：多党化時代の選挙報道の在り方（2012総選挙とメディア）：新聞研究（739）〔2013.2〕p16～19
藤代裕之	ソーシャルメディアがもたらす新たな潮流：選挙報道でネットとマスメディアの融合進む（2012総選挙とメディア）：新聞研究（739）〔2013.2〕p28～32
山口真典	ネット選挙運動解禁に残る課題：韓国大統領選とメディア：新聞研究（739）〔2013.2〕p43～46

政治・選挙		ジャーナリズム

中西豊樹　空前の情勢調査とその成果 ： 高まる重要性、求められる精度（2012総選挙とメディア）：新聞研究　（739）〔2013. 2〕 p24〜27

岸井成格　「自民圧勝」のマジックと選挙制度の課題 ： 問われる今後の制度改革、政治風土の変革（2012総選挙とメディア）： 新聞研究　（739）〔2013.2〕 p8〜11

石原正人　多党乱立と公平・公正の狭間で ： 衆院選をテレビはどう伝えたか（2012総選挙とメディア）：新聞研究　（739） 〔2013.2〕 p20〜23

永原伸　脱「マニフェスト選挙」報道を目指す ： 世論のミスリードを防ぐ三つの柱（2012総選挙とメディア）：新聞研究 （739）〔2013.2〕 p12〜15

酒井潤　都知事選とメディア ： 「SNS時代の選挙」にどう対応するか：新聞研究　（739）〔2013.2〕 p39〜42

神保太郎　メディア批評（第62回）(1)「自民圧勝」をだれが生み出したか (2)安倍新政権のメディア政策を問う：世界　（839） 〔2013.2〕 p81〜88

水島宏明　メディア・リポート 放送 政権選択の材料を提供できず“完敗”したテレビの選挙報道：Journalism　（273）〔2013. 2〕 p62〜65

総合ジャーナリズム研究編集部　5月3日前後の「憲法報道」（アベノ改憲、メディアと民意）：総合ジャーナリズム研究所　50 （02）＝224〔2013.3〕 p16〜25

内田誠　ブック・ストリート 言論 安倍内閣の矛盾(2)：出版ニュース　通巻2305〔2013.3〕 p19

藤森研　検証・総選挙報道：放送レポート　241号〔2013.3〕 p8〜12

岩渕美克　政権交代後の政治報道に関する考察 ： 民主党政権と取材体制：ジャーナリズム＆メディア ： 新聞学研究所紀要 （6）〔2013.3〕 p63〜76

神保太郎　メディア批評（第63回）(1)言葉の耐えられない軽さ (2)安倍新内閣への「注文」を分析する：世界　（840）〔2013. 3〕 p75〜82

石塚博久　Creator's Voice_報道 時事放談 「圧勝」と「惨敗」と ： 夏の参院選、攻防の初めに：調査情報. 第3期　（511） 〔2013.3・4〕 p68〜71

大石裕　政局報道と政策報道 ： 「3.11震災報道」を中心に（特集 萩原滋教授 退職記念号）：メディア・コミュニケーション ： 慶応義塾大学メディア・コミュニケーション研究所紀要　（63）〔2013.3〕 p77〜83

神保太郎　メディア批評（第64回）(1)丸刈りの少女 ： 忍び寄るファシズムの影 (2)アルジェリア人質事件に見る実名報道の 現在：世界　（842）〔2013.4〕 p55〜62

安藤博　“日本のガンジー”の島、伊江島から（特集 安倍政権の危険性とメディアの危機）：マスコミ市民　（531）〔2013.4〕 p22〜26

神余心　メディア激動時代（51）「ネット選挙」が参院選で解禁 問われるデジタル時代のジャーナリズム：エルネオス　19 （5）通号222〔2013.5〕 p74〜77

紙谷雅子　「憲法」とは何か ： メディアが報じることの意味：新聞研究　（742）〔2013.5〕 p58〜62

神保太郎　メディア批評（第65回）(1)メディアが届ける“親米愛国行進曲” (2)TPP報道に見る全国紙と地方紙の距離：世界 （843）〔2013.5〕 p70〜77

石塚博久　Creator's Voice_報道 時事放談 2013「アベノミクス」の春に：調査情報. 第3期　（512）〔2013.5・6〕 p74〜77

総合ジャーナリズム研究編集部　それは、参院選前後の報道に始まった（明日の「政権と報道」。第2章）そして、メディアはメガ 政権とどう対峙する）：総合ジャーナリズム研究所　50（03）＝225〔2013.6〕 p26〜28

内田誠　ブック・ストリート 言論 改憲と生活保護：出版ニュース　通号2313〔2013.6〕 p17

山野公寛　地域社会にいのちの大切さ問う ： 連載「いのちの地平『植物状態』を超えて」（医療報道を考える ： 生命倫理をど う報じるか）：新聞研究　（743）〔2013.6〕 p20〜23

神保太郎　メディア批評（第66回）(1)二つの「日米合意」 ： 流されていくだけの報道でいいか (2)個人番号法案報道に見る メディアの「国家観」：世界　（844）〔2013.6〕 p53〜60

松井茂記　インターネット上の選挙運動の解禁と表現の自由：法律時報　85(7)通号1061〔2013.6〕 p76〜83

品田卓　アベノミクスをどう報じるか ： チェック機能としてのメディア（アベノミクスとメディア）：新聞研究　（744） 〔2013.7〕 p44〜47

笹島雅彦　憲法に関する国民意識の変遷 ： 全国世論調査で見えてきたもの（憲法論議と新聞の役割 ： 憲法をどう伝えるか）： 新聞研究　（744）〔2013.7〕 p32〜34

中村史郎　「憲法はいま」を中長期的に取り組む ： 「改憲か護憲か」だけでない主張や独自色を展開（憲法論議と新聞の役割 ： 憲法をどう伝えるか）：新聞研究　（744）〔2013.7〕 p8〜11

藤田博司　憲法記念日報道に見る新聞の公正 ： 動向読めない「改正」世論調査（憲法論議と新聞の役割 ： 憲法をどう伝える か）：新聞研究　（744）〔2013.7〕 p35〜37

近藤豊和　「国民の憲法」要綱を起草して ： 言論機関としての不変の役割（憲法論議と新聞の役割 ： 憲法をどう伝えるか）： 新聞研究　（744）〔2013.7〕 p20〜23

前田浩智　国民の成熟した議論のために ： じっくり考えてもらえる紙面を提供（憲法論議と新聞の役割 ： 憲法をどう伝える か）：新聞研究　（744）〔2013.7〕 p12〜15

青柳知敏　暮らしにある憲法を考えてもらう ： 判断する一助となる紙面づくり（憲法論議と新聞の役割 ： 憲法をどう伝える か）：新聞研究　（744）〔2013.7〕 p24〜27

石川健治　問われる「批評機関」としての役割 ： 歴史から検証する責任（憲法論議と新聞の役割 ： 憲法をどう伝えるか）：新 聞研究　（744）〔2013.7〕 p38〜41

神保太郎　メディア批評（第67回）(1)見えてきた安倍政権自壊のシナリオ (2)あらたな「所得倍増計画」の登場 ： 検証は十 分か：世界　（845）〔2013.7〕 p75〜82

石塚博久　Creator's Voice 報道 時事放談 「熱い夏」に：調査情報. 第3期　（513）〔2013.7・8〕 p68〜71

内田誠　ブック・ストリート 言論 安倍政権の暴走を座視していてよいのか：出版ニュース　通号2319〔2013.8〕 p19

真崎哲　メディアスクランブル 政界再編第2幕はあるのか：広島ジャーナリスト　（14）〔2013.9〕

藤森研　安倍改憲論を批判する：広島ジャーナリスト　（14）〔2013.9〕

円谷真路　県民の思いとかけ離れた争点 ： ふくしまの声届くのか（参院選を振り返る）：新聞研究　（746）〔2013.9〕 p24〜27

梶原紀尚　「原点回帰」正念場の維新 ： 本拠地から一連の動きをどうみたか（参院選を振り返る）：新聞研究　（746）〔2013. 9〕 p20〜23

	ジャーナリズム	政治・選挙

福元竜哉　個々の論点掘り下げ、ミスリード防ぐ ： 2大政党制の動揺のなかで（参院選を振り返る）：新聞研究　（746）〔2013. 9〕 p16～19

稲嶺幸弘　国策のゆがみをどう発信するか ： 「基地の島」の現実（参院選を振り返る）：新聞研究　（746）〔2013.9〕 p28～31

渡辺勉　「時代を画する参院選」を報じる ： 公約分析とネット選挙報道にも力点（参院選を振り返る）：新聞研究　（746）〔2013.9〕 p8～11

山下毅　「新次元」の開票速報 ： 有権者をどう引きつけるか（参院選を振り返る）：新聞研究　（746）〔2013.9〕 p32～35

因幡健悦　政治を見える化し、材料を提供 ： 安倍政権の実績評価とネット調査を実施（参院選を振り返る）：新聞研究　（746）〔2013.9〕 p12～15

神保太郎　メディア批評（第69回）どう伝える 安倍 “異次元”政権の思想と行動：世界　（847）〔2013.9〕 p66～72

石塚博久　Creator's Voice 報道 時事放談 2013夏 ： 猛暑のアスファルトの照り返しの上で：調査情報. 第3期　（514）〔2013. 9・10〕 p72～75

萱野稔人, 鈴木邦和　対談再び この夏のネット選挙を総括 SNSと若者の政治参加をめぐつて（続）：調査情報. 第3期　（514）〔2013.9・10〕 p30～38

柴田鉄治　安倍政権のやりたいことを先取り解説した？ 麻生副総理のナチス発言に反応が鈍かったメディア：マスコミ市民　（536）〔2013.9〕 p52～55

伊佐治健, 藤井潤　ネット上のトレンド分析の重要性（特集 ネット時代の選挙と報道）：月刊民放　43（10）通号508　〔2013.10〕 p36～38

清原聖子　進化するネット選挙と放送メディアの役割 ： 2012年アメリカ大統領選挙戦を事例に（特集 ネット時代の選挙と報道）：月刊民放　43（10）通号508　〔2013.10〕 p42～45

石塚博久　Creator's Voice 報道 時事放談 「聖地」にて：調査情報. 第3期　（515）〔2013.11・12〕 p78～81

大治浩之輔　メディア時評（46）安倍語録 東京五輪 “コントロール”と水俣病 “克服”：マスコミ市民　（538）〔2013.11〕 p62～64

真崎哲　メディアスクランブル 自民党タカ派の平和ぼけ：広島ジャーナリスト　（15）〔2013.12〕

神保太郎　メディア批評（第72回）（1）どうして止めるか 安倍政権「意志の力」の暴走 （2）秘密保護法案と軽減税率問題 ： 新聞経営者の再論は：世界　（850）〔2013.12〕 p55～62

新聞通信調査会世論調査斑　憲法改正、参院選報道で新聞に存在感 ： 「ネット普及で新聞の役割減少」が初の4割台に 第6回「メディアに関する全国世論調査」（上）：メディア展望　（624）〔2013.12〕 p14～20

住吉主税　テキストマイニングを用いた都道府県の新聞調の比較内容分析 ： 自民党政権に対する分析：慶応義塾大学大学院法学研究論文集　（54）〔2014〕 p93～137

山腰修三　デジタルメディアと政治参加をめぐる理論的考察（特集 現代のメディアとネットワークにおける政治参加）：マス・コミュニケーション研究　（85）〔2014〕 p5～23

神保太郎　メディア批評（第73回）（1）安倍政権の “積極的秘密主義” （2）2013年冬 ： 象徴天皇制の分岐点？：世界　（851）〔2014.1〕 p58～65

石塚博久　Creator's Voice 報道 時事放談 ： 「2014」新しい年に：調査情報. 第3期　（516）〔2014.1・2〕 p62～65

臼井康兆　猪瀬都政の終えんとメディア ： 「改革者」の失われた「言葉の力」：新聞研究　（751）〔2014.2〕 p60～63

真崎哲　メディアスクランブル 「大本営発表」の再現許すな：広島ジャーナリスト　（16）〔2014.3〕

神保太郎　メディア批評（第75回）（1）都知事選 本当の争点を語らないメディア （2）春爛漫、安倍カラーは乱調にあり：世界　（854）〔2014.3〕 p58～65

石塚博久　Creator's Voice 報道 時事放談 「歴史」と「今」と：調査情報. 第3期　（517）〔2014.3・4〕 p72～75

三谷文栄　外交政策とメディア, 世論に関する一考察 ： W.リップマンの『世論』を手掛かりに（特集 メディア研究と政治・社会理論）：メディア・コミュニケーション ： 慶応義塾大学メディア・コミュニケーション研究所紀要　（64）〔2014.3〕 p75～84

山腰修三　批判的コミュニケーション論における「政治的なもの」の再検討 ： N. Couldryのメディア理論を手がかりとして（特集 メディア研究と政治・社会理論）：メディア・コミュニケーション ： 慶応義塾大学メディア・コミュニケーション研究所紀要　（64）〔2014.3〕 p41～51

石川修巳　「異例ずくめ」に変化を実感 ： 都知事選取材で垣間見えた新たな潮流：新聞研究　（753）〔2014.4〕 p60～63

神保太郎　メディア批評（第76回）（1）ブレーキの壊れた安倍政治とメディア （2）NHK波乱の「新体制」スタート：世界　（855）〔2014.4〕 p58～65

麻生幸次郎　渦中に身を置き、全体を見渡す ： 出直し大阪市長選を報じて：新聞研究　（754）〔2014.5〕 p56～59

二階堂友紀　「政治イシュー化」の必要性 ： 社会的可視化を進めるには（LGBTをめぐる問題をどう報じるか）：新聞研究　（754）〔2014.5〕 p44～47

神保太郎　メディア批評（第77回）（1）安倍流 “早口答弁”の驕慢 ： 報道は「原点」に立ち戻れ （2）官製ベアVS.官製メディア？：世界　（856）〔2014.5〕 p47～54

石塚博久　Creator's Voice 報道 時事放談 「弱者救済」と「平和主義」と ： 番組11年目のスタートに：調査情報. 第3期　（518）〔2014.5・6〕 p74～77

牧原出　2014 政治報道をよむ 3月 移行期の政治をとらえる課題 政局報道から抜け出し変化を伝える工夫を：Journalism　（288）〔2014.5〕 p108～115

マッケンジー, ジーン　アフガン大統領選報道のジレンマ ： メディア：Newsweek　29（20）通号1399　〔2014.5〕 p40～41

牧原出　2014 政治報道をよむ 4月 政権運営の力学を追いながら多様な世論を読み解く試み 見せ方には一層の工夫を：Journalism　（289）〔2014.6〕 p130～137

神保太郎　メディア批評（第79回）（1）安保法制懇の安普請を見抜け （2）同盟強化という大本営報道：世界　（858）〔2014.7〕 p56～63

石塚博久　Creator's Voice 報道 時事放談 遺言 ： 怒れる野中広務：調査情報. 第3期　（519）〔2014.7・8〕 p62～65

内田誠　ブック・ストリート 言論 安倍のコピペ問題：出版ニュース　通号2356　〔2014.9〕 p17

伊藤厚史　問題の本質と多様な視点を提示する ： わかりやすく伝えるため試行錯誤重ねる（集団的自衛権と報道）：新聞研究　（758）〔2014.9〕 p12～15

原田哲哉　冷静な分析とわかりやすい解説目指す ： 22年前のPKO法案審議の経緯を踏まえて（集団的自衛権と報道）：新聞研究　（758）〔2014.9〕 p16～19

石塚博久　Creator's Voice 報道 時事放談 「69回目の夏」に ： 加藤紘一氏、ミャンマーへの旅：調査情報. 第3期　（520）

政治・選挙　　　　　ジャーナリズム

〔2014.9・10〕　p72〜75

神保太郎　メディア批評（第82回）(1) 慰安婦問題の矮小化を許すな (2)「戦後」はどこへ ： 今年の"8月ジャーナリズム"：世界　(861)〔2014.10〕p52〜59

牧原出　2014 政治報道をよむ 8月 見出しに振り回されずむしろ文末に目を凝らし歴史史料の延長として読み解く： Journalism　(293)〔2014.10〕p154〜160

内田誠　ブック・ストリート 言論 安倍政権の日米軍事一体化路線：出版ニュース　通号2362〔2014.11〕p19

神保太郎　メディア批評（第83回）(1)「叩く」ほど、信頼失う活字メディア (2) 安倍"歴史修正主義内閣"の秋：世界　(862)〔2014.11〕p59〜66

石塚博久　Creator's Voice 報道 時事放談 2014「アベノミクス」の秋に、もの思う ： 蘇る細川隆元、藤原弘達両氏の声：調査情報. 第3期　(521)〔2014.11・12〕p74〜77

牧原出　2014 政治報道をよむ 10月 小さな変化を読み取りながら大きな流れを理解していく。そのためには想像力も必要： Journalism　(295)〔2014.12〕p184〜191

真崎哲　一発芸のイヤな感じ メディア論余滴：広島ジャーナリスト　(20)〔2015.3〕

〔図書〕
長島又男　政治記者の手帖から　河出書房　1953　274p　19cm
園田剛民　政治記者の眼─永田町20年の目撃者　徳間書店　1966　208p　18cm　270円
大塚郁哉　選挙と新聞の自由　〔朝日新聞社〕　1967　120p　19cm　（朝日新聞調査研究室報告 社内用 第132）
国民政治研究会　選挙とテレビ─昭和43年7月の参議院選挙時において　国民政治研究会　1969　103p　26cm　250円　（政治とテレビ研究シリーズ 1）
国民政治研究会　総選挙とテレビ政治番組　国民政治研究会　1970　59p　26cm　（政治とテレビ研究シリーズ 2）
田中靖政, 白鳥令　テレビ政見放送の選挙に与える影響　国民政治研究会　1970　56p 図　26cm　（政治とテレビ研究シリーズ 3）
国民政治研究会　テレビ政治番組はどう見られているか　国民政治研究会　1971　121p　26cm　1500円　（政治とテレビ研究シリーズ 4）
テレビ政見放送に関する提言　国民政治研究会　1973.3　30p　26cm　（政治とテレビ研究シリーズ 5）
国民政治研究会　選挙とテレビ10の疑問─49年参院選テレビ選挙番組から　国民政治研究会　1975　120p　26cm　1700円　（政治とテレビ研究シリーズ 7）
小池唯夫　政治記事に強くなる本─政治の複雑な仕組みから記事の裏の読み方まで　エール出版社　1977.10　197p　18cm　780円　（Yell books）
日本共産党　反共謀略とジャーナリズム　日本共産党中央委員会出版局　1978.10　335p　20cm　1200円
後藤基夫さんを偲ぶ文集刊行会　政治記者後藤基夫　後藤基夫さんを偲ぶ文集刊行会　1985.4　314p　22cm　3000円
P&C　マスコミ入門─リクルート・コミック　立風書房　1985.10　159p　21cm　880円
上之郷利昭　「政治記事」の読み方─事実はそのウラにある　経済界　1986.10　231p　18cm　730円　（Ryu books）
ウィーバー, デービッド・H., エーヤル, カイム・H., グレーバー, ドリス・A., マコームズ, マックスウェル・E., 竹下俊郎　マスコミが世論を決める─大統領選挙とメディアの議題設定機能　勁草書房　1988.11　246, 15p　22cm　2900円
Bates, Stephen., Diamond, Edwin., 佐藤雅彦　メディア仕掛けの選挙─アメリカ大統領達のCM戦略　技術と人間　1988.12　410p　20cm　2500円
本沢二郎　政治記事は裏がわかると面白い　エール出版社　1992.7　184p　19cm　1200円　（Yell books）
伊勢暁史　政治部記者の堕落─新聞はこれでいいのか 政治家との癒着は国を誤らせる　日新報道　1993.8　220p　19cm　1200円
宇治敏彦　政治記者の定点観測　行研出版局　1995.4　467p　20cm　2575円
Graber, Doris, Appel, 佐藤雅彦　メディア仕掛けの政治─現代アメリカ流選挙とプロパガンダの解剖　現代書館　1996.10　398p　22cm　5974円
川崎泰資　NHKと政治　朝日新聞社　1997.9　249p　20cm　1800円
片野勧　メディアは日本を救えるか─権力スキャンダルと報道の実態　蝸牛社　1998.10　298p　20cm　1800円
野上浩太郎　政治記者─「一寸先は闇」の世界をみつめて　中央公論新社　1999.4　189p　18cm　660円　（中公新書）
川崎泰資　NHKと政治─蝕まれた公共放送　朝日新聞社　2000.3　279p　15cm　580円　（朝日文庫）
舛添要一　新聞・テレビの政治ニュースがわかる本　池田書店　2001.6　223p　21cm　1300円
浅海伸夫　政治記者が描く平成の政治家　丸善　2001.6　240p　18cm　780円　（丸善ライブラリー）
小玉美意子　メディア選挙の誤算─2000年米大統領選挙報道が問いかけるもの　花伝社　2001.7　85p　21cm　800円　（メディア総研ブックレット no.7）
読売新聞論説委員会　読売vs朝日─21世紀・社説対決　中央公論新社　2004.8　177p　18cm　700円　（中公新書ラクレ）
Manning, Paul, 近現代史研究会, 青木洋一　米従軍記者の見た昭和天皇　マルジュ社　2005.2　288, 7p　20cm　2000円
渡邊光一　マスメディアと国際政治　南窓社　2006.1　254p　21cm　3500円　（国際関係学叢書 10）
水野均　朝日新聞は日米安保条約に反対していたのか？─戦後マスコミの防衛論を検証する　並木書房　2006.5　206p　20cm　1800円
政治記者OB会　政治記者の目と耳　第6集　政治記者OB会　2006.6　348p　20cm　非売品
逢坂巌, 星浩　テレビ政治─国会報道からTVタックルまで　朝日新聞社　2006.6　249, 6p　19cm　1200円　（朝日選書 800）
丸山重威　新聞は憲法を捨てていいのか　新日本出版社　2006.7　189p　20cm　1900円
Crigler, Ann, N., Just, Marion, R., Neuman, W.Russell, 山田一成, 川端美樹　ニュースはどのように理解されるか─メディアフレームと政治的意味の構築　慶應義塾大学出版会　2008.10　223p　21cm　2800円
小栗泉　選挙報道─メディアが支持政党を明らかにする日　中央公論新社　2009.6　201p　18cm　740円　（中公新書ラクレ 322）
佐々木俊尚　マスコミは、もはや政治を語れない─徹底検証：「民主党政権」で勃興する「ネット論壇」　講談社　2010.2　268p　19cm　1500円　（現代プレミアブック）
蒲島郁夫, 芹川洋一, 竹下俊郎　メディアと政治　改訂版　有斐閣　2010.12　307p　19cm　1900円　（有斐閣アルマ）
安達貴教, 肥前洋一　メディア・バイアスと投票行動の政治経済学的分析：サーヴェイ　Kyoto Institute of Economic Research, Kyoto University　2011.10　16枚　30cm　（Discussion paper no. 1112）

ジャーナリズム

権力・国益

Sciffrin, André, 高村幸治　出版と政治の戦後史─アンドレ・シフリン自伝　トランスビュー　2012.9　353p　20cm　2800円

鈴木哲夫　政治報道のカラクリ─安倍政権誕生の真相＆操られた平成選挙史　イースト・プレス　2013.9　190p　18cm　952
　　円　（知的発見！BOOKS 018）

山田健太，藤田真文，武田徹　現代ジャーナリズム事典　三省堂　2014.6　378p　21cm　4500円

権力・国益

〔雑誌記事〕

千葉雄次郎　政治と新聞：政界往来　17(6)〔1951〕p70～73

生田正輝　国家とマス・コミュニケイション：新聞学評論　2(1)〔1953〕

伊藤慎一　アイゼンハワーとプレス：新聞研究　通号32〔1954.3〕p6～10

永島寛一　政治と新聞：新聞研究　通号70〔1957.5〕p45～48

西村二郎　新聞と政治──第13回新聞大会(座談会)：新聞研究　通号112〔1960.11〕p2～13

加納恒男　安保反対闘争記事の内容分析：新聞研究　通号119〔1961.6〕p16～20

ブライアン, C.R., 広瀬英彦　自由主義諸国における政府と新聞：新聞研究　通号129〔1962.4〕p18～26

金久保通雄　行政と新聞：新聞研究　通号159〔1964.10〕p29～34

小山新三郎　政界とマスコミの間：公明　通号40〔1966.1〕p74～83

萩原延寿　政治腐敗とマスコミ(座談会)：総合ジャーナリズム研究　04(01)〔1967.1〕p4～20

サリンジャー, P.　政府と新聞の関係(インタビュー)：総合ジャーナリズム研究　04(01)〔1967.1〕p75～82

田口富久治　新聞と政治：新聞研究　通号186〔1967.1〕p6～11

浦川浩　マスコミにおける官僚統制・テレビを中心に政府・独占の黒い意図をえぐる──憲法空洞化の現段階：社会主義
　　通号187〔1967.4〕p42～49

総合ジャーナリズム研究編集部　新聞と政治(合同講座)：総合ジャーナリズム研究所　05(06)〔1968.1〕p166～176

小和田次郎　マスコミと政治：月刊労働問題　通号118〔1968.2〕p3～14

神島二郎　新聞と政治の関係(政治とマスコミ(特集))：総合ジャーナリズム研究　05(05)〔1968.7〕p36～51

内川芳美　政治とマスコミ(特集)近代的コミュニケーション革命：総合ジャーナリズム研究　05(05)〔1968.7〕p84～94

総合ジャーナリズム研究編集部　政治とマスコミ(特集)新しい価値観の樹立は可能か(シンポジウム)政治とマスコミ(特集)：
　　総合ジャーナリズム研究所　05(05)〔1968.7〕p63～83

江幡清　安保改定問題と新聞の姿勢：新聞研究　通号212〔1969.3〕p6～10

大前正臣　テレビは政治を動かしうるか：総合ジャーナリズム研究　06(03)〔1969.7〕p114～120

漆山成美　安保・ナショナリズム・マスコミ(70年のマスコミ(特集))：総合ジャーナリズム研究　06(04)〔1969.10〕p17～27

漆山成美　70年代の安全保障とマスコミ：総合ジャーナリズム研究　07(03)〔1970.7〕p28～41

奥平康広　特集　テレビと新聞と首相発言　現われた言論支配の意欲：マスコミ市民　通号063〔1972.8〕p2～5

渋谷重光　米・大統領選挙とキャンペーン──マス・メディアへの乖離と撞着(現代マスコミ社会の選挙(特集))：総合ジャー
　　ナリズム研究　10(01)〔1973.1〕p22～30

柳田邦夫　政党の出版活動：出版ニュース　通号0929〔1973.3〕p6～9

大前正臣　ニクソン政府の情報政策(政治情報と新聞)：新聞研究　通号265〔1973.8〕p19～23

高橋武彦　「署名の権力」と「無署名の権力」(政治情報と新聞)：新聞研究　通号265〔1973.8〕p24～27

小川敏　新聞の勝利のかげに──ウォーターゲート事件報道と記者(深層取材(特集))：総合ジャーナリズム研究　10(04)
　　〔1973.10〕p4～16

渋谷重光　政治家のテレビ発言にみるメディア意識：総合ジャーナリズム研究　12(03)〔1975.7〕p83～92

小松原久夫　“ウォーターゲート”後の米・議会とプレス──フルブライト氏の論文と米・新聞界の新たな責任(海外情報)：新聞
　　研究　通号296〔1976.3〕p80～83

藤岡伸一郎　国家権力と新聞＜特集＞：総合ジャーナリズム研究　13(02)〔1976.4〕p121～133

総合ジャーナリズム研究編集部　(国家権力と新聞＜特集＞)斜陽化する英国新聞界──政府と労働組合による危機打開策のゆく
　　え：総合ジャーナリズム研究所　13(02)〔1976.4〕p136～138

小松原久夫　(国家権力と新聞＜特集＞)新聞の国家保障はどこまで可能か──西欧新聞界危機とコミュニケーション・ポリシー：
　　総合ジャーナリズム研究　13(02)〔1976.4〕p5～11

丸山邦男　特集　ロッキード疑獄　金権と右翼とマスコミ：マスコミ市民　通号102〔1976.4〕p30～36

橋本正邦　CIAと米・マスメディア：新聞研究　通号297〔1976.4〕p65～69

稲葉三千男　権力とのたたかいは自己変革から：マスコミ市民　通号103〔1976.5〕p17～20

阪上順夫　(広報とマス・メディア＜特集＞)政党の対マスコミ接近の重要度──政治広報活動にとって一般報道機関の役割と
　　は何か：総合ジャーナリズム研究　13(04)〔1976.10〕p67～74

Bernstein, Carl, 徳岡孝夫　CIAとマスコミの癒着：諸君！　日本を元気にするオピニオン雑誌　10(2)〔1978.2〕p120～147

長坂一雄　活字をめぐる“権”の研究＜特集＞：総合ジャーナリズム研究　16(03)〔1979.7〕p25～29

岸田純之助　国益と新聞(変わる世界と新聞報道)：新聞研究　通号345〔1980.4〕p25～29

TV朝日報道担当有志　権力と右翼に屈したテレビ朝日──郵政省事件と東京クーデター事件：マスコミ市民　通号147〔1980.
　　5〕p22～29

松浦総三　体制御用“文化人”批判：マスコミ市民　通号156〔1981.3〕p26～29

マスコミを国民のものにする連絡会議　自民党の言論圧殺に反対しNHKに自立を求めるアピール：マスコミ市民　通号162
　　〔1981.9〕p8～9

堀義明　フランスの新聞とミッテラン政権(海外情報)：新聞研究　通号371〔1982.6〕p70～73

橋本正邦　レーガン政権のプレス対策：新聞研究　通号391〔1984.2〕p71～76

城戸又一　《特集》いま、ジャーナリズムに…　権力批判の姿勢を：マスコミ市民　通号200〔1985.3〕p40～40

橋本正邦　米国の情報政策とプレスの警戒：新聞研究　通号407〔1985.6〕p61～64

橋本正邦　政府がウソをつく時──「コロンビア・ジャーナリズム・レビュー」から：新聞研究　通号409〔1985.8〕p59～63

早野透　中曽根政権と情報管理──「国民の反応」に支えられるものは何か(情報の“流れ”を考える)：新聞研究　通号415

545

権力・国益	ジャーナリズム

〔1986.2〕 p25～28

竹下俊郎　ジャーナリズムの政治的影響（研究ノート）（大衆社会論とジャーナリズム＜特集＞）：新聞学評論　通号35　〔1986.3〕 p102～119

小松原久夫　山場迎えたホワイトハウスとプレスの対決：新聞研究　通号425　〔1986.12〕 p78～81

城戸又一　権力の暴走と新聞言論（ジャーナリズム断想）：総合ジャーナリズム研究　24（01）〔1987.1〕 p6～11

黒田秀俊　特集 いまマスコミの危機 権力と言論：マスコミ市民　通号221/222　〔1987.2〕 p68～69

神島二郎　「家族」崩壊時代の政治とマスコミ：総合ジャーナリズム研究　25（01）〔1988〕 p6～12

小林良彰　マス・メディアの報道と政党支持に関する計量分析：法学研究　61（1）〔1988.1〕 p189～232

井田準三　マスコミ現場から 秋田魁新報と行政の癒着 "事件"：マスコミ市民　通号235　〔1988.4〕 p16～21

阪田秀　レーガン政権のマスコミ対策：新聞研究　通号457　〔1989.8〕 p83～86

三浦道人　自民党改革の標的はマスコミ工作だ：マスコミ市民　通号254　〔1989.9〕 p14～25

広瀬融　サッチャー政権のマスメディア政策（英国のマスメディア事情）：新聞研究　通号458　〔1989.9〕 p42～45

キャンベル, ダンカン, 橋本正邦　サッチャー政権対英国のプレス（コロンビア・ジャーナリズム・レビュー誌, 1989年5・6月合併号）：新聞研究　通号460　〔1989.11〕 p61～66

遊佐雄彦　民放の自民党献金問題：放送批評　No.247　〔1990.2〕

飽戸弘　浸透する「メディア政治」――5党党首テレビ討論会をめぐって（90年代の政治とジャーナリズム）：新聞研究　通号465　〔1990.4〕 p33～35

門奈直樹　「討論・NHK」の議論と "方向" ――その番組で何が語られ, 何が語られなかったか：総合ジャーナリズム研究　27（04）〔1990.10〕 p95～99

石川真澄　新聞記者と政治権力（次代を担う君たちへ――記者読本'91―権力とマスコミ）：新聞研究　通号476　〔1991.3〕 p33～36

定森大治　権力とメディアの対立の構図――米国プレスのまとめた湾岸戦争報道に関する報告書：新聞研究　通号482　〔1991.9〕 p56～61

宮嶋實理　《大特集》私の発言 政治改革と新聞の態度について：マスコミ市民　通号279　〔1992.1〕 p38～39

西山武典　バブル・シンドロームとマスコミ――検察権力, 政権, そして報道機関：総合ジャーナリズム研究　29（02）〔1992.4〕 p9～13

山口昭男　（『新聞』へ！＜特集＞）権力に恐れられる存在に：総合ジャーナリズム研究　30（03）〔1993.7〕 p12～14

総合ジャーナリズム研究編集部　前愛媛県知事白石春樹氏がいま語る――公権力と新聞と：総合ジャーナリズム研究所　30（03）〔1993.7〕 p34～38

増田れい子　政権交替と民意とマスコミ：総合ジャーナリズム研究　30（04）〔1993.10〕 p8～12

清水英夫　活字と電波のあいだ 権力との緊張関係に見る相違：出版ニュース　通号1653　〔1994.1〕 p8～11

豊田明　振り回される弱腰マスコミ（小沢新生党代表幹事「会見拒否」問題の研究）：総合ジャーナリズム研究　31（02）〔1994.4〕 p14～19

矢島翠　巨大メディアが憲法改正試案を提示する是非：総合ジャーナリズム研究　32（01）〔1995.1〕 p20～26

小田実　大勲位と「共犯」関係（戦後50年・日本の言論＜特別企画＞）：総合ジャーナリズム研究　32（01）〔1995.1〕 p28～31

中村泰次　中村泰次の "蟻の一穴" ―24―読売の憲法改正試案を読む――理念に欠ける自社宣伝（巨大メディアが憲法改正試案を提示する是非）：総合ジャーナリズム研究　32（01）〔1995.1〕 p94～97

吉田則昭　連続総特集 戦後五〇年, マスコミ論調を検証する 憲法論議とジャーナリズム（その三）「国際貢献」論にからめとられ, 自衛隊の海外出動許したマスコミ：マスコミ市民　通号316　〔1995.3〕 p68～79

岡庭昇　政治と言論にフェアプレイを望む――日本が真の大国になるために：自由　37（10）〔1995.10〕 p48～55

総合ジャーナリズム研究編集部　「官」と, 新聞の「凡庸な報道」：総合ジャーナリズム研究所　33（01）〔1996.1〕 p67～93

松田浩　権力からの自立と放送：新聞通信調査会報　通号405　〔1996.8〕

西山武典　通信社に対する政府の助成金――新聞連合と同盟（特集＝ジャーナリズムの断面）：メディア史研究　通号6　〔1997.5〕 p69～87

佐伯奈津子　インドネシアの国家権力とメディア――AJIの結成と民主化の模索：マス・コミュニケーション研究　通号51　〔1997.7〕 p138～153

倉重篤郎　シリーズ・国会とジャーナリズム（1）伝えられない国会活動：総合ジャーナリズム研究　34（04）〔1997.10〕 p68～73

倉重篤郎　シリーズ・国会とジャーナリズム（2）国会テレビが報道を変える!?：総合ジャーナリズム研究　35（01）〔1998.1〕 p30～35

小笠原博毅　権力, イデオロギー, リアリティの理論化――批判理論の日本における不幸な歴史の書き換えに向けて（特集 マス・コミュニケーション理論の展開）：マス・コミュニケーション研究　通号53　〔1998.7〕 p65～82

平林紀子　クリントンがやってきた 大統領のメディア戦略は有効だったか 視聴者反響調査から：新・調査情報passingtime　2期（51）〔1999.1〕 p28～29

倉重篤郎　新聞は「自自公」国会を報じ得たか（Feature 「法」とジャーナリズム）：総合ジャーナリズム研究　36（04）（通号170）〔1999.1〕 p10～14

川上和久　自民党「報道モニター制度」が狙うわけ：総合ジャーナリズム研究　36（02）（通号168）〔1999.4〕 p29～35

鶴井亨　権力との距離は一定ではない――「北海道庁不正」のその後を追って（批判媒体としての新聞）：新聞研究　通号576　〔1999.7〕 p17～19

元木昌彦, 曽野綾子　元木昌彦のメディアを考える旅（17）曽野綾子（作家・日本財団会長）――「メディアは反権力で戦っている」こんな大向こう受けのポーズをやめよ：エルネオス　5（8）通号57　〔1999.8〕 p110～113

丸山昇　"盗聴法" 成立へ向けて法務省がみせた異例づくめのマスコミ対策：放送レポート　160号　〔1999.9〕 p8～11

木原健太郎　記者と政治家：公評　36（10）〔1999.11〕 p72～79

本沢二郎　1999年政治とマスコミ（特集 1999年, 何が起こったか）：マスコミ市民　通号371　〔1999.11〕 p2～15

金山勉　政治家とジャーナリストの関係を検証するための試み（特集 マス・メディア批判の軸をめぐって）：マス・コミュニケーション研究　通号57　〔2000〕 p50～64

広岡知男, 小林道雄　権力と新聞, 資本と新聞――広岡知男氏インタビュー：世界　通号670　〔2000.1〕 p148～159

北元静也　「中立報道」という名の言論封じ 自民党鹿児島県議団の決議案提出騒動：総合ジャーナリズム研究　37（02）（通号172）〔2000.4〕　p28～33

総合ジャーナリズム研究編集部　FEATURE 首相と記者と報道と：総合ジャーナリズム研究所　37（03）（通号173）〔2000.7〕　p67～100

佐々木宏　各党はメディアをどう利用したか：ダカーポ　20（15）通号450〔2000.8〕　p62～67

外山衆司　見直すべき国政トップの取材（FEATURE 首相と記者と報道と）：総合ジャーナリズム研究　37（04）（通号174）〔2000.9〕　p12～16

浅野健一　報道被害を理由に法規制狙う権力――市民の信頼得るためのメディア責任制度：評論・社会科学　（64）〔2001.1〕　p1～71

丸山勝　台湾新政権のメディア政策――いわゆる「三台問題」処理を中心に：目白大学人間社会学部紀要　（1）〔2001.2〕　p313～324

総合ジャーナリズム研究編集部　FILE・J 森首相の「ことば」とメディアの関係（3）：総合ジャーナリズム研究所　38（02）（通号176）〔2001.3〕　p7～24

魚住昭　「渡邊恒雄―メディアと権力」を取材して：放送レポート　169号〔2001.3〕　p10～18

吉田成之　独立性を失ったロシア報道界――プーチン政権とメディア規制：新聞研究　（598）〔2001.5〕　p45～48

川上和久　強まる自民党のメディア規制とその背景（FEATURE 「報道」を規制するもの）：総合ジャーナリズム研究　38（03）（通号177）〔2001.6〕　p8～11

菊池哲郎　責任過剰な日本のジャーナリズム――国益より事実暴露が原則だ（特集 私にとってジャーナリズムとは何か）：新聞研究　（600）〔2001.7〕　p13～15

伊地知孝　石原都知事の恫喝に宮崎放送のこの弱腰はなんだ!?：放送レポート　173号〔2001.11〕　p16～19

総合ジャーナリズム研究編集部　File.J 森首相の「ことば」とメディアの関係（2）：総合ジャーナリズム研究所　38（01）（通号175）〔2001.12〕　p59～62

藤田真文　マス・メディアと権力――主体・媒介・場（特集 パワフル・メディア論再考）：マス・コミュニケーション研究　通号60〔2002〕　p62～77

井川充雄　朝鮮戦争におけるアメリカのプロパガンダ放送とNHK：マス・コミュニケーション研究　通号60〔2002〕　p78～91

桜井三夫　イタリアのマスコミ支配と不正疑惑――ベルルスコーニ首相のアキレスけんに：新聞研究　（606）〔2002.1〕　p56～59

熱川容子　「ヒトラー神話」の形成と新聞統制――1934年の「フェルキッシャー・ベオバハター」を中心にして：ヨーロッパ文化史研究　（3）〔2002.3〕　p37～75

丸山昇　NHKが“大本営発表”になる？一有事法制が招く国家総動員体制：放送レポート　177号〔2002.7〕　p12～16

高畠通敏　小泉政権とジャーナリズム：放送レポート　179号〔2002.11〕　p40～51

いき一郎　テレビニュースの政府広報化：公評　40（9）〔2003.10〕　p80～87

服部孝章　防衛庁の“連続攻撃”に従順なメディア 政府広報から取材申請書まで：放送レポート　188号〔2004.5〕　p10～13

森本英之　「水道メーター談合事件」に及び腰のメディア：放送レポート　190号〔2004.9〕　p68～70

宮島喬　政治と「世論」の社会学への覚書――ブルデュー、シャンパーニュの理論視角から：社会学研究科年報　（12）〔2005〕　p25～34

元木昌彦, 山本武利　元木昌彦のメディアを考える旅(82)山本武利氏（早稲田大学教授）日本のメディアは、権力者に従順で反権力という伝統が弱い：エルネオス　11（1）通号122〔2005.1〕　p106～109

日下部聡　政治家の“圧力疑惑”の真相 NHK現職プロデューサーが命懸けの内部告発 海老沢会長は知っていた――「ウミを出さねばNHKは崩壊する」番組出演者 高橋哲哉氏が激白：サンデー毎日　84（5）通号4677〔2005.1〕　p24～27

秋山和久　メディア・スコープ NHK番組に政治的圧力 朝日報道にNHK、政治家が反論：新聞研究　（644）〔2005.3〕　p94～96

服部孝章　NHK政治介入疑惑「検閲」は許されない――「みなさんのNHK」はどこへ行く：世界　（737）〔2005.3〕　p54～58

川崎泰資　NHK政治介入疑惑 死に瀕する公共放送――NHK…政治介入の果て：世界　（737）〔2005.3〕　p44～53

飯室勝彦　問われるべきはNHKと政治との距離（特集2 迷走するジャーナリズム）：マスコミ市民　通号434〔2005.3〕　p33～37

林香里　CURRENT 石原都政とメディアの責任－－実態を報じてこなかった「迎合の構図」：総合ジャーナリズム研究　42（04）（通号194）〔2005.9〕　p40～44

浅野健一　日本帝国全面降伏六〇周年とジャーナリズム――小泉自公政権“独裁”と翼賛メディア：評論・社会科学　（77）〔2005.10〕　p149～217

上丸洋一　検証 NHKはどう論じられてきたか 「政治との距離」を軸に：AIR21　（186）〔2005.11〕　p2～24

金平茂紀　「ワイドショー政治で圧勝」論を超えて――メディアは国による「保守革命」をどうとらえたか（政権とメディア）：新聞研究　（653）〔2005.12〕　p14～17

柴田岳　権力側の情報発信にどう向き合うか――小泉政権の政府広報戦略を読む（政権とメディア）：新聞研究　（653）〔2005.12〕　p10～13

森類臣　私論 権力の広報と化した日本のメディア：新聞学 : 文化とコミュニケーション　（21）〔2006〕　p99～109

横田一　マスコミ最大の“パトロン”トヨタの正体(第1回)「小泉圧勝」劇を作った奥田碩氏：金曜日　14（2）通号603〔2006.1〕　p8～13

木下和寛　自衛隊イラク派遣と小泉流メディア戦略（中）日本版グラウンドルール：AIR21　（189）〔2006.2〕　p10～22

熱川容子　1933年の新聞における「ヒトラー崇拝」宣伝――「フェルキッシャー・ベオバハター」における世論操作を中心として：ヨーロッパ文化史研究　（7）〔2006.3〕　p121～146

木下和寛　自衛隊イラク派遣と小泉流メディア戦略（下）サマワからの発信：AIR21　（190）〔2006.3〕　p22～37

山口二郎　新聞は権力監視の役割を取り戻せ――広い視野での発想が求められる（小泉政治と報道の軌跡）：新聞研究　（661）〔2006.8〕　p30～33

柵木真也　官邸は開かれた取材対応を（安倍政権との付き合い方）：新聞研究　（665）〔2006.12〕　p57～59

川戸惠子　強化される官邸広報体制の中で（安倍政権との付き合い方）：新聞研究　（665）〔2006.12〕　p54～56

上野拓朗　特別寄稿：メディアと政治から見えてくるもの――“小泉劇場”後の情勢について：放送界　52（178）（特集号）〔2007.新年〕　p134～138

岩渕美克　政治とメディア（特集 マス・コミュニケーション研究 回顧と展望）：マス・コミュニケーション研究　通号70

〔2007〕 p5〜15

竹内一晴　フジテレビ報道への疑問—公安警察との近すぎる？ 関係：放送レポート　204号　〔2007.1〕 p24〜27

浅野健一　特集 安倍クーデター政権とメディア：社会民主　（621）〔2007.2〕 p2〜7

前田康博　朝鮮の核実験と日本メディアの反応——安倍政権の圧力政策のゆくえ：コミュニケーション文化論集 ： 大妻女子大学コミュニケーション文化学会機関誌　通号5　〔2007.3〕 p63〜81

小林恭子　情報操作がブレア政権の汚名に——ニューレーバーの十年とメディア戦略の軌跡：新聞研究　（672）〔2007.7〕 p60〜64

野見山祐史　サルコジ人脈と仏メディア——じわり広がる新大統領の影響力：新聞研究　（673）〔2007.8〕 p58〜61

伊藤智永　改憲路線めぐる「公論」と「私情」——憲法報道が冷めていたわけ（安倍政権一年を振り返る）：新聞研究　（674）〔2007.9〕 p21〜24

西田睦美　世論とのキャッチボールに難あり——前首相との違いが際だつメディア対応の巧拙（安倍政権一年を振り返る）：新聞研究　（674）〔2007.9〕 p18〜20

二木啓孝　「朝日新聞」への遺恨試合——安倍晋三事務所が朝日・山田厚史記者を告訴：マスコミ市民　通号466　〔2007.11〕 p48〜50

元木昌彦, 鈴木宗男　元木昌彦のメディアを考える旅(119)鈴木宗男氏（衆議院議員・新党大地代表）権力のリークはインサイダー取引、北方領土問題で国益損ねる外務省：エルネオス　13(12)通号157　〔2007.12〕 p106〜109

田総恵子　政治とメディア——小泉・安倍政権のコミュニケーション戦略の比較：社会情報論叢　（11）〔2007.12〕 p1〜20

佐々木孝夫　メディアと日本政治——メディア戦略の変化を中心に：法政論叢　44(2)〔2008〕 p37〜49

金光奎　「日米同盟」強化路線とジャーナリズム——有事3法からイラク戦争、自衛隊派兵までを中心に：政経研究　（90）〔2008.5〕 p79〜87

ホイット, マイケル, ガーバー, メーガン, 佐藤則男　緊急座談会 『メディアを裁く！ CJR特約』提携10周年記念特別版 作られたオバマ・フィーバーと大統領選をミスリードするメディアの偏向：Sapio　20(10)通号441　〔2008.5〕 p83〜85

放送レポート編集部　インタビュー・草薙厚子さん メディアは検察に屈しないで：放送レポート　213号　〔2008.7〕 p12〜13

徐廷輔　海外メディア報告 盧武鉉と李明博 どこまで変わるか 韓国大統領の対メディア政策：Journalism　（222）〔2008.11〕 p88〜92

中野晃一　日本における国家権力と新聞メディア：社会正義　（28）〔2009〕 p101〜109

田原和政　メディア・リポート 新聞「大麻」報道に欠ける視点 メディアは何をすべきか：Journalism　（224）〔2009.1〕 p57〜59

田中和夫　海外メディア報告 政権とメディアの「特殊な関係」——ポリトコフスカヤ記者暗殺報道を巡って：Journalism　（225）〔2009.2〕 p96〜101

山口正紀　権力と癒着・一体化する政治・事件報道（特集 報道姿勢とジャーナリズム）：マスコミ市民　通号484　〔2009.5〕 p12〜18

北口末広　走りながら考える（第98回）政治とメディアが連携すれば：ヒューマンライツ　（255）〔2009.6〕 p34〜37

総合ジャーナリズム研究編集部　明日の「政権と報道」のために——長期政権下のジャーナリズムからの脱却：総合ジャーナリズム研究所　46(04)（通号 210）〔2009.9〕 p20〜43

臺宏士　広がる情報コントロールへの懸念——民主党のメディア政策の問題点（民主党政権とメディア）：新聞研究　（703）〔2010.2〕 p28〜31

総合ジャーナリズム研究編集部　ピュリツァー賞にみる米「調査報道」の足跡（「調査報道」の新局面）：総合ジャーナリズム研究所　47(02)（通号 212）〔2010.3〕 p3〜37

石塚さとし　検察の情報操作とリーク報道：マスコミ市民　通号494　〔2010.3〕 p68〜77

長谷部恭男, 藤田博司, 本林徹　朝日新聞「報道と人権委員会」報告 検察の捜査とメディアのあり方について：Journalism　（239）〔2010.4〕 p62〜71

長谷部恭男, 藤田博司, 本林徹　朝日新聞「報道と人権委員会」報告 新制度の検察審査会の議決「市民感覚」をどう報じるのか：Journalism　（244）〔2010.9〕 p62〜71

メディア総合研究所「検察とメディア」プロジェクト　提言・検察とメディア：放送レポート　229号　〔2011.3〕 p2〜6

メディア総合研究所　提言・検察とメディア：出版ニュース　通号2236　〔2011.3〕 p12〜16

奥野昌宏, 中江桂子　メディアと「ニッポン」——国名呼称をめぐるメディア論：成蹊大学文学部紀要　（46）〔2011.3〕 p109〜124

二木啓孝　「期待」を追いかけるメディアの「青い鳥症候群」（特集 メディアと政治）：マスコミ市民　通号506　〔2011.3〕 p8〜14

高田昌幸　北海道新聞を去るにあたって——「組織」ジャーナリズムとジャーナリスト「個人」の狭間で：マスコミ市民　通号512　〔2011.9〕 p51〜57

警察実務研究会　地域警察官のための失敗事例に学ぶ初動措置要領（第7回）マスコミ関係者に対する対応の失敗：Keisatsu koron　66(9)〔2011.9〕 p60〜64

内田誠　ブック・ストリート 言論「たね蒔きジャーナル」の打ち切りとカント：出版ニュース　通号2291　〔2012.10〕 p17

総合ジャーナリズム研究編集部　「民主党とメディア」の3年3カ月：総合ジャーナリズム研究所　50(02)＝224〔2013.3〕 p42262

安藤博, 柴田鉄治, 大治浩之輔　座談会・安倍政権の危険性を伝えない大メディア（特集 安倍政権の危険性とメディアの危機）：マスコミ市民　（531）〔2013.4〕 p27〜39

元木昌彦, 長谷川幸洋　元木昌彦のメディアを考える旅(184)政権の提灯持ちではない論評とメディアの自立をどう勝ち取るか：エルネオス　19(5)通号222　〔2013.5〕 p104〜109

砂川浩慶　安倍政権「メディア規制」の履歴：放送レポート　（242）〔2013.5〕 p10〜14

山口正紀　〈安倍壊憲〉翼賛新聞は少数派： 憲法記念日の各紙社説：金曜日　21(17)通号958　〔2013.5〕 p56〜57

総合ジャーナリズム研究編集部　略年表 憲法「改正」とメディア（アベノ改憲、メディアと民意）：総合ジャーナリズム研究所　50(03)＝225〔2013.6〕 p18〜25

西倉一喜, 李双龍, 李相哲　日中韓政治におけるメディアの役割に関する研究 ： 新メディアの政治への関与を中心に（世界の中の日本、日本の中の世界： 日・中・韓政治におけるメディアの役割について）：龍谷大学国際社会文化研究所紀要　（15）〔2013.6〕 p5〜31

丸山重威　日本が危ない！ 安倍政権のメディア戦略にごまかされるな（特集 日本が危ない！ 憲法が危ない！）：マスコミ市民

| | ジャーナリズム | 権力・国益 |

渡辺豪　新聞 一線を越える安倍政権 問われるリベラル系メディアのチェック機能：Journalism　（281）〔2013.10〕 p116～119

武田徹　NHKと政治の距離を考える 問われるNHK人事 戦後放送史から権力による「公共放送の私物化」を考える：Journalism　（284）〔2014.1〕 p91～99

醍醐聰　NHK「安倍チャンネル化」許さぬ：広島ジャーナリスト　（16）〔2014.3〕

小田桐誠　NHKと政治の距離を考える 政治の呪縛から逃れられないNHK 経営委員会のあり方めぐり国民的議論を：Journalism　（286）〔2014.3〕 p120～127

大治浩之輔, 門奈直樹　対談 安倍政権の危険性とメディアの役割（特集 国家主義へとひた走る安倍政権とメディア）：マスコミ市民　（543）〔2014.4〕 p2～14

加藤久晴　避難者から不評買った"国策迎合番組"：NHKスペシャル『最後の避難所』：放送レポート　（248）〔2014.5〕 p12～16

戸崎賢二, 市川隆太, 菅野昭夫　シンポジウム 安倍政権のメディア支配を問う：放送レポート　（250）〔2014.9〕 p8～20

三木由希子, 青木理, 白石草　パネルディスカッション（シンポジウム 安倍政権とメディア）：放送レポート　（251）〔2014.11〕 p11～23

臺宏士　「集団的自衛権」とメディア ： 現実味帯びる「戦時取材ルール」：放送レポート　（251）〔2014.11〕 p28～33

田中良太　戦わないからこそ敗北した朝日新聞 ： 安倍晋三氏との10年戦争を考える（特集 朝日新聞問題とメディアのあり方を考える）：マスコミ市民　（550）〔2014.11〕 p14～27

魚住昭, 川崎泰資　対談 安倍政権とメディア ： 歴史から何も学んでいない「朝日叩き」（特集 朝日新聞問題とメディアのあり方を考える）：マスコミ市民　（550）〔2014.11〕 p2～13

真崎哲　「政治とメディア」を考える：広島ジャーナリスト　（19）〔2014.12〕

永田浩三　安倍政権のメディア支配を問う：広島ジャーナリスト　（20）〔2015.3〕

〔図 書〕

千葉雄次郎　新聞と政治と　慶友社　1954　277p　19cm

日本新聞労働組合連合　安保体制とマスコミ―新聞を国民のものにする闘いの記録 第3　日本新聞労働組合連合　1960　200p　18cm

「政治とテレビ」に関する提言　国民政治研究会　1966.3　18p　26cm

田中豊　政府対新聞―国防総省秘密文書事件　中央公論社　1974　210p　18cm　360円　（中公新書）

津村喬　メディアの政治　晶文社　1974　341p　20cm　1500円

データブック―テレビと政治家―数字にみる政治家登場のテレビ番組（43.4.1-48.3031）　国民政治研究会　1974.8　29p　26cm　（政治とテレビ研究シリーズ 6）

清水英夫　権力とマスコミ―緊張関係としての言論の自由　改訂版　学陽書房　1975　265p　20cm　1300円

政治とテレビ―これからの課題　国民政治研究会　1975.11　16p　26cm　（政治とテレビ研究シリーズ 8）

Schwoebel, Jean., 井上日雄, 鈴木博　報道・権力・金―岐路に立つ新聞　サイマル出版会　1977　304p　19cm

吉原公一郎　『週刊文春』と内閣調査室―御用ジャーナリズムの体質と背景　晩声社　1977.12　178p　20cm　1300円

高橋正則　政治とマスコミ―デモクラシーとメディアクラシー　高文堂出版社　1981.1　198p　19cm　1500円

新藤謙　権力としてのNHK―その不偏不党の思想　三一書房　1981.4　220p　20cm　1400円

田中浩　近代日本におけるジャーナリズムの政治的機能　御茶の水書房　1982.7　238p　19cm　1300円　（御茶の水選書）

上田哲　マスコミと首相―ジャーナリズムへの覚書　サイマル出版会　1986.11　276p　19cm　1300円

富塚秀樹　近代日本の新聞と政治　時事出版　1991.6　245p　19cm　2000円

保坂広志　戦争動員とジャーナリズム―軍神の誕生　ひるぎ社　1991.8　233p　18cm　880円　（おきなわ文庫 58）

日本選挙学会　政治におけるマスコミの役割に関する研究　北樹出版　1992.7　56p　21cm　530円　（選挙研究シリーズ no.11）

朝日新聞社社会部　権力報道　朝日新聞社　1993.10　263p　19cm　1200円　（News & documents ND books）

石沢靖治　日米関係とマスメディア　丸善　1994.4　239p　18cm　660円　（丸善ライブラリー 121）

金光奎　マスコミはなぜ権力に弱いか　新日本出版社　1994.4　197p　19cm　1600円

筑紫哲也　メディアと権力―多事争論　新潮社　1994.5　354p　20cm　1900円

日本経済調査協議会　世論形成とマスメディアの役割　日本経済調査協議会　1994.10　201p　26cm　非売品　（調査報告 94-6)

清水英夫　テレビと権力　三省堂　1995.3　217p　20cm　2000円

平井正　20世紀の権力とメディア―ナチ・統制・プロパガンダ　雄山閣出版　1995.3　221p　22cm　2500円

アジアに対する日本の戦争責任を問う民衆法廷準備会　メディアの戦争責任―占領地・植民地の新聞を中心にして　樹花舎　1995.3　63p　21cm　700円　（アジア民衆法廷ブックレット―連続<小法廷>の記録 2)

飯室勝彦　メディアと権力について語ろう―小沢一郎から"サリン・オウム"報道まで　リヨン社　1995.6　317p　20cm　2000円

井上保　メディア操作の危機と退廃　かもがわ出版　1996.4　267p　22cm　2500円

横田一　テレビと政治　すずさわ書店　1996.8　227p　19cm　1545円

田勢康弘　政治ジャーナリズムの罪と罰　新潮社　1996.9　225p　15cm　400円　（新潮文庫）

Lang, Gladys, Engel, Lang, Kurt, 荒木功, 黒田勇, 小笠原博毅, 神松一三, 大石裕　政治とテレビ　松籟社　1997.1　274p　21cm　2500円

川上和久　メディアの進化と権力　NTT出版　1997.3　221p　20cm　2060円

日本貿易振興会　「第四の権力」マスメディア　日本貿易振興会　1998　24p　30cm　非売品　（経済貿易動向等調査レポート 平成9年度）

高山尚武　権力と新聞―「国民主権」不在の報道を問う　光陽出版社　1998.5　383p　19cm　2000円

前田寿一　メディアと公共政策　芦書房　1999.2　227p　20cm　3000円　（RFP叢書 6)

Chandler, Clay, 田勢康弘　メディアと政治―日米メディア・ダイアローグ　明石書店　1999.10　222p　20cm　2000円

石沢靖治　大統領とメディア　文藝春秋　2001.2　206p　18cm　660円　（文春新書）

足立研幾　利益団体とマス・メディア：関係性の諸相　University of Tsukuba　2002　20p　30cm　（IPE discussion paper

549

皇室報道　　　　　　　　　　　　　　　ジャーナリズム

　　　　　series 5）
石沢靖治　　総理大臣とメディア　文藝春秋　2002.9　214p　18cm　690円　（文春新書）
阿部金之助　報道改革と4権分立　阿部金之助　2002.9　16p　21cm　150円
宮台真司, 神保哲生　漂流するメディア政治―情報利権と新世紀の世界秩序　神保・宮台（激）トーク・オン・デマンド　春秋社
　　　　　2002.10　267p　20cm　1600円
魚住昭　　　渡邉恒雄メディアと権力　講談社　2003.8　503p　15cm　762円　（講談社文庫）
魚住昭, 北海道大学大学院法学研究科附属高等法政教育研究センター　メディアと権力　北海道大学大学院法学研究科附属高等法
　　　　　政教育研究センター　2005.2　77p　21cm　（Academia juris booklet no.14）
石沢靖治　　戦争とマスメディア―湾岸戦争における米ジャーナリズムの「敗北」をめぐって　ミネルヴァ書房　2005.4　327,
　　　　　22p　20cm　3200円　（叢書・現代社会のフロンティア 4）
三好誠　　　戦争プロパガンダの嘘を暴く―「南京事件」からパターン「死の行進」まで　展転社　2005.4　285p　19cm　1800円
谷藤悦史　　現代メディアと政治―劇場社会のジャーナリズムと政治　一藝社　2005.9　244p　19cm　1800円　（Ichigei library）
田原総一朗　メディアと権力のカラクリ　アスコム　2005.9　661p　21cm　3333円　（田原総一朗自選集 4）
選挙報道を考える　放送倫理・番組向上機構　2005.10　31p　30cm　（放送番組委員会記録）
草野厚　　　テレビは政治を動かすか　NTT出版　2006.2　225p　19cm　1600円　（NTT出版ライブラリーレゾナント 22）
田原総一朗　テレビと権力　講談社　2006.4　303p　20cm　1600円
小川恒夫　　政治メディアの「熟慮誘発機能」―「マニフェスト」時代の効果研究　八千代出版　2006.10　216p　20cm　1700円
テレビと政治　放送倫理・番組向上機構　2006.10　40p　30cm　（放送番組委員会記録）
魚住昭　　　国家とメディア―事件の真相に迫る　筑摩書房　2006.12　318p　15cm　700円　（ちくま文庫）
魚住昭　　　官僚とメディア　角川書店　2007.4　211p　18cm　686円　（角川oneテーマ21 A-62）
Curran, James, 渡辺武達　メディアと権力―情報学と社会環境の革変を求めて　論創社　2007.4　453p　22cm　3800円
鈴木哲夫　　政党が操る選挙報道　集英社　2007.6　254p　18cm　700円　（集英社新書）
西村幸祐　　「反日マスコミ」の真実 2　オークラ出版　2008.1　207p　21cm　1143円　（Oak mook 193号―撃論ムック）
寺沢有　　　報道されない警察とマスコミの腐敗―映画『ポチの告白』が暴いたもの　インシデンツ　2009.2　224p　21cm
　　　　　1200円
高井潔司, 山口二郎, 北野宏明　政権選択選挙とメディア　北海道大学大学院法学研究科附属高等法政教育研究センター　2009.
　　　　　12　79p　21cm　（Academia juris booklet 2009 no.28）
三橋貴明, 八木秀次　「テレビ政治」の内幕―なぜマスメディアは本当のことを伝えないのか　PHP研究所　2010.3　224p
　　　　　19cm　1300円
菊池正史　　テレビは総理を殺したか　文藝春秋　2011.2　251p　18cm　910円　（文春新書 794）
有馬哲夫　　日本テレビとCIA―発掘された「正力ファイル」　宝島社　2011.7　477p　16cm　667円　（宝島sugoi文庫）
大谷昭宏, 藤井誠二　権力にダマされないための事件ニュースの見方　河出書房新社　2011.9　214p　19cm　1400円
高田昌幸, 小黒純　権力vs.調査報道　旬報社　2011.10　324p　19cm　2000円
利権マスコミの真実―「報道しない自由」を作ってきたのは誰だ　オークラ出版　2011.12　192p　21cm　1143円　（Oak mook
　　　　　405）
牧野洋　　　官報複合体権力と一体化する新聞の大罪　講談社　2012.1　462p　19cm　1600円
高田昌幸, 神保哲生, 青木理　メディアの罠―権力に加担する新聞・テレビの深層　産学社　2012.2　358p　19cm　1500円
　　　　　（vita）
池上彰　　　聞かないマスコミ答えない政治家　ホーム社　2013.4　205p　19cm　1000円
鈴木寛　　　テレビが政治をダメにした　双葉社　2013.4　190p　18cm　800円　（双葉新書 059）
安倍晋三VS反日マスコミ―偽りの報道に抗え　オークラ出版　2013.5　184p　21cm　1143円　（OAK-MOOK 471―撃論PLUS
　　　　　Vol.6）
佐々木隆　　メディアと権力　中央公論新社　2013.7　487p　16cm　1429円　（中公文庫 S25-5―シリーズ日本の近代）
半藤一利, 保阪正康　そして、メディアは日本を戦争に導いた　東洋経済新報社　2013.10　221p　19cm　1500円
反日マスコミの真実 2014　特定秘密保護法反対は最後の断末魔　オークラ出版　2014.1　184p　21cm　1200円　（OAK
　　　　　MOOK 510―撃論シリーズ）
大石裕　　　メディアの中の政治　勁草書房　2014.2　235, 11p　22cm　3700円
武田邦彦　　政府・マスコミは「言葉の魔術」でウソをつく―国民を騙す錯覚フレーズの正体　日本文芸社　2014.4　255p
　　　　　19cm　1400円
徳山喜雄　　安倍官邸と新聞―「二極化する報道」の危機　集英社　2014.8　253p　18cm　760円　（集英社新書 0751）
永田浩三　　NHKと政治権力―番組改変事件当事者の証言　岩波書店　2014.8　264, 54p　15cm　1240円　（岩波現代文庫―社
　　　　　会 273）
逢坂巌　　　日本政治とメディア―テレビの登場からネット時代まで　中央公論新社　2014.9　376p　18cm　920円　（中公新書
　　　　　2283）

皇室報道

〔雑誌記事〕
熊谷辰男　　天皇御一家を撮影して：新聞研究　通号35　〔1954.6〕　p16〜18
児島栄吉　　死地に活を求めて――皇太子妃報道協定について：新聞研究　通号90　〔1959.1〕　p3〜5
長与道夫　　和らげられた疑心暗鬼――皇太子妃報道協定について：新聞研究　通号90　〔1959.1〕　p6〜8
荒瀬豊　　　天皇「機関説」と言論の「自由」――日本ファシズム形成期におけるマス・メディア統制―3―：思想　通号458
　　　　　〔1962.8〕　p65〜81
番組研究部用語研究班　皇室関係放送用語集 改定版（1）：NHK文研月報　14（07）〔1964.7〕　p36
番組研究部用語研究班　皇室関係放送用語集改定版（2）：NHK文研月報　14（08）〔1964.8〕　p28
松浦総三　　"チャールズ・フィーバー"報道批判：マスコミ市民　通号161　〔1981.8〕　p58〜61
畠山和久　　三笠宮寛仁親王殿下の「皇籍離脱問題」を取材して：新聞研究　通号374　〔1982.9〕　p56〜58
小杉武　　　天皇・皇室報道の問題点は何か――「元首化」への道を懸念する（憲法40年とジャーナリズム）：新聞研究　通号430

		〔1987.5〕 p32〜36
岸田英夫	皇室報道の現状と課題：新聞研究　通号442　〔1988.5〕　p10〜27
朝日ジャーナル編集部	ロンドンの天皇報道――「あのころのヒロヒトを忘れるな」：Asahi journal　30（41）〔1988.10〕　p19〜22
田久保忠衛	天皇報道――「商業マスコミ」も裸足で逃げ出す「赤旗」の商魂：諸君！　日本を元気にするオピニオン雑誌　20（12）〔1988.12〕　p42〜53
柳沢賢一郎	天皇報道：総合ジャーナリズム研究　26（01）〔1989.1〕　p20〜26
総合ジャーナリズム研究編集部	（「天皇報道」の研究＜特集＞）「取り込まれる」ジャーナリスト：総合ジャーナリズム研究所　26（01）〔1989.1〕　p92〜110
小松謙二郎	孤立を恐れ眠り続けるか天皇ジャーナリズム：日本出版学会会報　（66）〔1989.1〕　p2〜3
山田健太	天皇代替り報道と言論の自由　天皇制をめぐる法状況－3－＜特別企画＞：法律時報　61（2）〔1989.2〕　p61〜68
新聞研究編集部	天皇報道を振り返る――天皇報道日誌―1―1988年9月：新聞研究　通号451　〔1989.2〕　p86〜93
落合恵子	天皇報道　メディアは「国民」を映したか：Asahi journal　31（6）〔1989.2〕　p14〜19
山本学	永久保存版　特集「天皇」とマスコミ　マスコミの恐るべき歴史の偽造：マスコミ市民　通号246/247　〔1989.3〕　p14〜16
稲葉三千男	永久保存版　特集「天皇」とマスコミ　マスコミの思惑と国民感情に大きな落差：マスコミ市民　通号246/247　〔1989.3〕　p12〜14
羽生道朝	永久保存版　特集「天皇」とマスコミ　マスコミへ二つの注文：マスコミ市民　通号246/247　〔1989.3〕　p8〜10
池内啓	永久保存版　特集「天皇」とマスコミ　一九四五年八月で終わった「昭和」：マスコミ市民　通号246/247　〔1989.3〕　p32〜33
浪江慶	永久保存版　特集「天皇」とマスコミ　「血の日曜日」がなかった日本：マスコミ市民　通号246/247　〔1989.3〕　p17〜19
佐伯昌和	永久保存版　特集「天皇」とマスコミ　原発と天皇：マスコミ市民　通号246/247　〔1989.3〕　p22〜23
南方紀洋	永久保存版　特集「天皇」とマスコミ　「現代天皇制」の再点検：マスコミ市民　通号246/247　〔1989.3〕　p458〜475
青木貞伸	永久保存版　特集「天皇」とマスコミ　黒枠の中のブラウン管――検証・Xデーをめぐるテレビ報道：マスコミ市民　通号246/247　〔1989.3〕　p374〜397
牧港篤三	永久保存版　特集「天皇」とマスコミ　呪縛からの脱却――マスコミ界へ望む：マスコミ市民　通号246/247　〔1989.3〕　p220〜231
山川暁夫	永久保存版　特集「天皇」とマスコミ　「昭和天皇制」の戦前と戦後：マスコミ市民　通号246/247　〔1989.3〕　p180〜199
河原敏男	永久保存版　特集「天皇」とマスコミ　昭和閉幕狂騒曲を聞きながら考えたこと：マスコミ市民　通号246/247　〔1989.3〕　p6〜8
弓削達	永久保存版　特集「天皇」とマスコミ　新天皇は憲法を守れるのか：マスコミ市民　通号246/247　〔1989.3〕　p48〜57
新井直之	永久保存版　特集「天皇」とマスコミ　新聞はどう報道したのか：マスコミ市民　通号246/247　〔1989.3〕　p76〜119
安東正洋	永久保存版　特集「天皇」とマスコミ　人間差別：マスコミ市民　通号246/247　〔1989.3〕　p11〜12
久野収	永久保存版　特集「天皇」とマスコミ　戦争責任の問題――六十四年間をふり返って：マスコミ市民　通号246/247　〔1989.3〕　p24〜31
田場典純	永久保存版　特集「天皇」とマスコミ　天皇の戦争責任と常識：マスコミ市民　通号246/247　〔1989.3〕　p20〜22
中山広樹	永久保存版　特集「天皇」とマスコミ　天皇を頂点とした巨大な無責任の体系：マスコミ市民　通号246/247　〔1989.3〕　p19〜20
門奈直樹	永久保存版　特集「天皇」とマスコミ　天皇死去報道の思想――民衆にとつて戦後の天皇制とは何だったのか：マスコミ市民　通号246/247　〔1989.3〕　p138〜161
栗田信男	永久保存版　特集「天皇」とマスコミ　天皇裕仁の知られざるエピソード：マスコミ市民　通号246/247　〔1989.3〕　p33〜
山崎雅子	永久保存版　特集「天皇」とマスコミ　“日本人”を考える：マスコミ市民　通号246/247　〔1989.3〕　p10〜11
茶本繁正	永久保存版　特集「天皇」とマスコミ　「売らんかな」の雑誌を検証する：マスコミ市民　通号246/247　〔1989.3〕　p288〜319
今田好彦	中国各新聞に見る天皇逝去報道（初稿）：慶応義塾大学新聞研究所年報　通号32　〔1989.3〕　p59〜83
藤高明	イギリス――集団的な戦争責任隠しと指摘（海外での天皇報道と市民の反応）：新聞研究　通号452　〔1989.3〕　p73〜76
服部健司	韓国――昭和天皇に強い嫌悪感を示す（海外での天皇報道と市民の反応）：新聞研究　通号452　〔1989.3〕　p64〜66
原野喜一郎	西ドイツ――天皇自身より日本人の行動に注目（海外での天皇報道と市民の反応）：新聞研究　通号452　〔1989.3〕　p70〜72
新聞研究編集部	天皇報道を振り返る――天皇報道日誌―2―1988年10月：新聞研究　通号452　〔1989.3〕　p77〜85
牛久保順一	東南アジア――一様ではなかった天皇「崩御」への反応（海外での天皇報道と市民の反応）：新聞研究　通号452　〔1989.3〕　p67〜69
稲葉三千男, 高瀬広居, 青木貞伸, 竹山昭子, 服部孝章, 遊佐雄彦	天皇とメディア：放送批評　No.237　〔1989.4〕
木村利人	「天皇報道」についての声明・見解・決議-2-（「天皇報道」の研究＜特集＞　天皇報道-2-）：総合ジャーナリズム研究　26（02）〔1989.4〕　p8〜13
総合ジャーナリズム研究編集部	「天皇報道」の研究＜特集＞：総合ジャーナリズム研究所　26（02）〔1989.4〕　p59〜67
松尾羊一	（「天皇報道」の研究＜特集＞）テレビのありうべかりし「正体」：総合ジャーナリズム研究　26（02）〔1989.4〕　p30〜35
高橋武智	（「天皇報道」の研究＜特集＞）海外論調と日本のメディア姿勢：総合ジャーナリズム研究　26（02）〔1989.4〕　p36〜43
総合ジャーナリズム研究編集部	（「天皇報道」の研究＜特集＞）天皇報道－2－：総合ジャーナリズム研究所　26（02）〔1989.4〕　p69〜79
太宰信	（「天皇報道」の研究＜特集＞）本質論議を回避（パス）した新聞：総合ジャーナリズム研究　26（02）〔1989.4〕　p16〜21

| 隈井孝雄 | 特集 昭和から平成へ・天皇報道の記録《テレビ編》アメリカ 情報の格差是正へ大量特番：月刊民放　19（214）〔1989.4〕 p20～21 |

隈井孝雄　特集 昭和から平成へ・天皇報道の記録《テレビ編》アメリカ 情報の格差是正へ大量特番：月刊民放　19（214）〔1989.4〕 p20～21

ばばこういち　特集 昭和から平成へ・天皇報道の記録《テレビ編》「タブー」を確実に踏み越えた：月刊民放　19（214）〔1989.4〕 p13～14

俵萠子　特集 昭和から平成へ・天皇報道の記録《テレビ編》ノーCMがなぜ "自粛" なのか：月刊民放　19（214）〔1989.4〕 p17～17

辻民俊　特集 昭和から平成へ・天皇報道の記録《テレビ編》韓国 「日王」の表現で小さな扱い：月刊民放　19（214）〔1989.4〕 p19～20

藤竹暁　特集 昭和から平成へ・天皇報道の記録《テレビ編》儀式中継で独特の機能を発揮：月刊民放　19（214）〔1989.4〕 p16～17

吉森治利, 久木保, 宮坂計一, 前田勝, 長谷川直樹　特集 昭和から平成へ・天皇報道の記録《テレビ編》在京報道デスク座談会 Xデー編成を変えた111日間：月刊民放　19（214）〔1989.4〕 p6～12

阪田秀　アメリカ──日本の新聞と似たような報道ぶり（海外での天皇報道と市民の反応─2─）：新聞研究　通号453〔1989.4〕 p37～39

佐々木坦　フランス──日本の全体像をクールに伝える（海外での天皇報道と市民の反応─2─）：新聞研究　通号453〔1989.4〕 p26～28

今田好彦　中国──英文稿と中文稿で微妙な違い（海外での天皇報道と市民の反応─2─）：新聞研究　通号453〔1989.4〕 p29～32

新聞研究編集部　天皇報道を振り返る──天皇報道日誌─3─1988年11月～12月：新聞研究　通号453〔1989.4〕 p42～53

吉田邦子　永久保存版 特集 「天皇」とマスコミ あの時代の責任者を許せない：マスコミ市民　通号248/249/250〔1989.5〕 p125～127

鄭敬謨　永久保存版 特集 「天皇」とマスコミ えっ天皇のこと？ そうですね：マスコミ市民　通号248/249/250〔1989.5〕 p320～323

石井晴朗　永久保存版 特集 「天皇」とマスコミ "その時" の編集局と紙面づくり：マスコミ市民　通号248/249/250〔1989.5〕 p446～449

入野達弥　永久保存版 特集 「天皇」とマスコミ その日の思い：マスコミ市民　通号248/249/250〔1989.5〕 p200～201

千葉壽　永久保存版 特集 「天皇」とマスコミ それでよかったと思う：マスコミ市民　通号248/249/250〔1989.5〕 p406～407

高松圭　永久保存版 特集 「天皇」とマスコミ たくましくも寒々しい天皇便乗商法：マスコミ市民　通号248/249/250〔1989.5〕 p345～347

岡本愛彦　永久保存版 特集 「天皇」とマスコミ なぜ「国家神道」と「天皇制」の原罪を告発しないのか？：マスコミ市民　通号248/249/250〔1989.5〕 p366～368

川井一男　永久保存版 特集 「天皇」とマスコミ ひとこと「すまなかった」と：マスコミ市民　通号248/249/250〔1989.5〕 p71～72

渡辺武達　永久保存版 特集 「天皇」とマスコミ もっと天皇制の是非論議を！：マスコミ市民　通号248/249/250〔1989.5〕 p162～164

松田伊三郎　永久保存版 特集 「天皇」とマスコミ やっと戦前が終わるのか：マスコミ市民　通号248/249/250〔1989.5〕 p58～59

和田博次　永久保存版 特集 「天皇」とマスコミ 「ようやく来たな」という感慨だけ：マスコミ市民　通号248/249/250〔1989.5〕 p352～355

吉浦宏　永久保存版 特集 「天皇」とマスコミ われわれのほうが冷静で常識的：マスコミ市民　通号248/249/250〔1989.5〕 p282～283

近藤誠　永久保存版 特集 「天皇」とマスコミ アナウンサーのつまらない質問：マスコミ市民　通号248/249/250〔1989.5〕 p437～438

滝沢正樹　永久保存版 特集 「天皇」とマスコミ シンボル操作の落とし穴：マスコミ市民　通号248/249/250〔1989.5〕 p216～217

高嶋伸欣　永久保存版 特集 「天皇」とマスコミ ジャーナリズムが自滅した日：マスコミ市民　通号248/249/250〔1989.5〕 p123～124

松田浩　永久保存版 特集 「天皇」とマスコミ ジャーナリズムの殉死：マスコミ市民　通号248/249/250〔1989.5〕 p336～341

福好昌治　永久保存版 特集 「天皇」とマスコミ タブーに挑戦するチャンスだった：マスコミ市民　通号248/249/250〔1989.5〕 p334～335

山口香津美　永久保存版 特集 「天皇」とマスコミ テレビは "今" を提示したか？：マスコミ市民　通号248/249/250〔1989.5〕 p263～267

三浦道人　永久保存版 特集 「天皇」とマスコミ デスクの片隅から聞こえた拍手：マスコミ市民　通号248/249/250〔1989.5〕 p268～271

青山明弘　永久保存版 特集 「天皇」とマスコミ バランス欠いたテレビの追悼一筋：マスコミ市民　通号248/249/250〔1989.5〕 p44～

中島誠　永久保存版 特集 「天皇」とマスコミ マスコミが発表・報告すべきこと：マスコミ市民　通号248/249/250〔1989.5〕 p36～37

藤田有郎　永久保存版 特集 「天皇」とマスコミ マスコミに期待する：マスコミ市民　通号248/249/250〔1989.5〕 p427～427

溝口正　永久保存版 特集 「天皇」とマスコミ マスコミはこれでよいのか：マスコミ市民　通号248/249/250〔1989.5〕 p361～363

内田剛弘　永久保存版 特集 「天皇」とマスコミ マスコミ報道の画一性：マスコミ市民　通号248/249/250〔1989.5〕 p175～176

吉波良一　永久保存版 特集 「天皇」とマスコミ マスコミ労組の大罪：マスコミ市民　通号248/249/250〔1989.5〕 p407～410

金子勝　永久保存版 特集 「天皇」とマスコミ マス・メディアのファシズム化の試み：マスコミ市民　通号248/249/250〔1989.5〕 p286～287

福田辰也　永久保存版 特集 「天皇」とマスコミ 悪用される天皇制とマスコミ：マスコミ市民　通号248/249/250〔1989.5〕

	p59～62	
赤城正男	永久保存版 特集 「天皇」とマスコミ 異常報道に流されてはいられない：マスコミ市民 通号248/249/250 〔1989.5〕 p236～236	
齋藤紘二	永久保存版 特集 「天皇」とマスコミ 一九八九年一月：マスコミ市民 通号248/249/250 〔1989.5〕 p69～71	
大川一夫	永久保存版 特集 「天皇」とマスコミ 「右へならえ」主義批判を：マスコミ市民 通号248/249/250 〔1989.5〕 p324～325	
内山一雄	永久保存版 特集 「天皇」とマスコミ 右往左往の "総公報化" マスコミ：マスコミ市民 通号248/249/250 〔1989.5〕 p424～427	
新藤健一	永久保存版 特集 「天皇」とマスコミ 映像取材の規制から統制へ：マスコミ市民 通号248/249/250 〔1989.5〕 p414～421	
北村日出夫	永久保存版 特集 「天皇」とマスコミ 王様は裸だ！：マスコミ市民 通号248/249/250 〔1989.5〕 p332～334	
石川文洋	永久保存版 特集 「天皇」とマスコミ 沖縄戦の話に強い衝撃：マスコミ市民 通号248/249/250 〔1989.5〕 p74～75	
梶谷善久	永久保存版 特集 「天皇」とマスコミ 過剰報道から異常報道へ：マスコミ市民 通号248/249/250 〔1989.5〕 p285～285	
山内敏弘	永久保存版 特集 「天皇」とマスコミ 核心部分は依然としてタブー：マスコミ市民 通号248/249/250 〔1989.5〕 p246～247	
松本昌悦	永久保存版 特集 「天皇」とマスコミ 韓国釜山で天皇 "崩御" を知る：マスコミ市民 通号248/249/250 〔1989.5〕 p431～433	
沼田雄一	永久保存版 特集 「天皇」とマスコミ 気がついてくれる読者がいる：マスコミ市民 通号248/249/250 〔1989.5〕 p267～268	
石部亨	永久保存版 特集 「天皇」とマスコミ 疑問氷解から悩み：マスコミ市民 通号248/249/250 〔1989.5〕 p40～40	
喜友名嗣正	永久保存版 特集 「天皇」とマスコミ 逆説・天皇メッセージ：マスコミ市民 通号248/249/250 〔1989.5〕 p430～431	
小林一男	永久保存版 特集 「天皇」とマスコミ 宮内庁の報道姿勢に思う：マスコミ市民 通号248/249/250 〔1989.5〕 p249～250	
林雅行	永久保存版 特集 「天皇」とマスコミ 教室の中の天皇報道：マスコミ市民 通号248/249/250 〔1989.5〕 p276～278	
川口敬二	永久保存版 特集 「天皇」とマスコミ 狂態を演じたマスコミ：マスコミ市民 通号248/249/250 〔1989.5〕 p212～214	
安川寿之輔	永久保存版 特集 「天皇」とマスコミ 緊急フォーラムでの発言：マスコミ市民 通号248/249/250 〔1989.5〕 p217～219	
水野勝之	永久保存版 特集 「天皇」とマスコミ 軍国精神への深い反省に重ね：マスコミ市民 通号248/249/250 〔1989.5〕 p73～74	
杣正夫	永久保存版 特集 「天皇」とマスコミ 形式的存在としての天皇像：マスコミ市民 通号248/249/250 〔1989.5〕 p63～65	
儀同保	永久保存版 特集 「天皇」とマスコミ 憲法がゆらいだ：マスコミ市民 通号248/249/250 〔1989.5〕 p244～246	
益田裕一	永久保存版 特集 「天皇」とマスコミ 検証・朝日新聞西部本社版：マスコミ市民 通号248/249/250 〔1989.5〕 p178～179	
深瀬清夫	永久保存版 特集 「天皇」とマスコミ 権力側に立たさぬために：マスコミ市民 通号248/249/250 〔1989.5〕 p177～177	
菊池之雄	永久保存版 特集 「天皇」とマスコミ 元学徒兵の答え：マスコミ市民 通号248/249/250 〔1989.5〕 p239～241	
前田寿夫	永久保存版 特集 「天皇」とマスコミ 五つの所感：マスコミ市民 通号248/249/250 〔1989.5〕 p127～128	
津田正憲	永久保存版 特集 「天皇」とマスコミ 後悔だけが重く残る報道現場：マスコミ市民 通号248/249/250 〔1989.5〕 p342～345	
西成辰雄	永久保存版 特集 「天皇」とマスコミ 後世代のためにマスコミの役割を：マスコミ市民 通号248/249/250 〔1989.5〕 p62～63	
久保田正文	永久保存版 特集 「天皇」とマスコミ 三題ばなし：マスコミ市民 通号248/249/250 〔1989.5〕 p371～372	
中村守	永久保存版 特集 「天皇」とマスコミ 死者の声が届かぬ無念さ：マスコミ市民 通号248/249/250 〔1989.5〕 p283～285	
真鍋禎男	永久保存版 特集 「天皇」とマスコミ 「私のありよう」を立脚点に：マスコミ市民 通号248/249/250 〔1989.5〕 p323～324	
梅田澄子	永久保存版 特集 「天皇」とマスコミ 私の昭和史と天皇：マスコミ市民 通号248/249/250 〔1989.5〕 p65～67	
浦部信児	永久保存版 特集 「天皇」とマスコミ 私を非難するあなたへ：マスコミ市民 通号248/249/250 〔1989.5〕 p171～173	
山部芳秀	永久保存版 特集 「天皇」とマスコミ 事実を歪曲した番組：マスコミ市民 通号248/249/250 〔1989.5〕 p243～244	
稲田清一	永久保存版 特集 「天皇」とマスコミ 時代錯誤と差別のなかで：マスコミ市民 通号248/249/250 〔1989.5〕 p256～258	
波多野諠余夫	永久保存版 特集 「天皇」とマスコミ 自主判断のない協定・談合テレビ：マスコミ市民 通号248/249/250 〔1989.5〕 p372～373	
高橋昭夫	永久保存版 特集 「天皇」とマスコミ 自前の思想での自立こそ先決：マスコミ市民 通号248/249/250 〔1989.5〕 p412～413	
長谷川大平	永久保存版 特集 「天皇」とマスコミ 自分のための整理：マスコミ市民 通号248/249/250 〔1989.5〕 p136～137	
中山幸彦	永久保存版 特集 「天皇」とマスコミ 「昭和の終わり」に思う：マスコミ市民 通号248/249/250 〔1989.5〕 p241～242	
遠藤恒吉	永久保存版 特集 「天皇」とマスコミ "昭和最後の日" の新年会：マスコミ市民 通号248/249/250 〔1989.5〕 p239～239	
山口俊明	永久保存版 特集 「天皇」とマスコミ 消された原稿の「がん」：マスコミ市民 通号248/249/250 〔1989.5〕 p258～260	
宮嶋實理	永久保存版 特集 「天皇」とマスコミ 象徴の条件を考える：マスコミ市民 通号248/249/250 〔1989.5〕 p206～210	
前田利郎	永久保存版 特集 「天皇」とマスコミ 情報のワンパターン化：マスコミ市民 通号248/249/250 〔1989.5〕 p327～	

皇室報道　　　　　　　　　　　　ジャーナリズム

井上宏　　　永久保存版 特集 「天皇」とマスコミ 情報の流れを止めたテレビ：マスコミ市民　通号248/249/250 〔1989.5〕
　　　　　　329
　　　　　　p398～399
本田晴光　　永久保存版 特集 「天皇」とマスコミ 新しい創造へ：マスコミ市民　通号248/249/250 〔1989.5〕 p278～280
内山健　　　永久保存版 特集 「天皇」とマスコミ 新元号を抜け：マスコミ市民　通号248/249/250 〔1989.5〕 p260～263
中村亮嗣　　永久保存版 特集 「天皇」とマスコミ 新天皇が進水させた「むつ」：マスコミ市民　通号248/249/250 〔1989.5〕
　　　　　　p399～400
佐藤毅　　　永久保存版 特集 「天皇」とマスコミ 人類は平等であった：マスコミ市民　通号248/249/250 〔1989.5〕 p166～168
柴田治　　　永久保存版 特集 「天皇」とマスコミ 世のなかどんどん悪い方向に：マスコミ市民　通号248/249/250 〔1989.5〕
　　　　　　p133～134
阿部強　　　永久保存版 特集 「天皇」とマスコミ 生かされない戦争の教訓：マスコミ市民　通号248/249/250 〔1989.5〕 p164
　　　　　　～165
桂敬一　　　永久保存版 特集 「天皇」とマスコミ 責任の取り方は天皇制をなくすこと：マスコミ市民　通号248/249/250
　　　　　　〔1989.5〕 p130～132
神山英一　　永久保存版 特集 「天皇」とマスコミ 戦前回帰のマスコミ：マスコミ市民　通号248/249/250 〔1989.5〕 p401～402
西野浩史　　永久保存版 特集 「天皇」とマスコミ 戦争責任の追究を…：マスコミ市民　通号248/249/250 〔1989.5〕 p274～276
横堀洋一　　永久保存版 特集 「天皇」とマスコミ 戦争責任を問う海外のマスコミ：マスコミ市民　通号248/249/250 〔1989.5〕
　　　　　　p454～457
杉浦明平　　永久保存版 特集 「天皇」とマスコミ 断章―九月十九日から一月七日まで：マスコミ市民　通号248/249/250
　　　　　　〔1989.5〕 p120～123
佐藤精　　　永久保存版 特集 「天皇」とマスコミ 知りたいことを伝えぬ欠陥報道：マスコミ市民　通号248/249/250 〔1989.5〕
　　　　　　p132～133
杉原誠四郎　永久保存版 特集 「天皇」とマスコミ 天皇と戦争責任：マスコミ市民　通号248/249/250 〔1989.5〕 p404～406
石塚勝　　　永久保存版 特集 「天皇」とマスコミ 天皇の死に思う：マスコミ市民　通号248/249/250 〔1989.5〕 p165～166
真栄田義晃　永久保存版 特集 「天皇」とマスコミ 天皇の戦争責任―私の考え：マスコミ市民　通号248/249/250 〔1989.5〕
　　　　　　p325～327
小林一郎　　永久保存版 特集 「天皇」とマスコミ 天皇を利用した政府・自民党：マスコミ市民　通号248/249/250 〔1989.5〕
　　　　　　p452～454
宮城みのる　永久保存版 特集 「天皇」とマスコミ 「天皇メッセージ」と沖縄の苦渋：マスコミ市民　通号248/249/250 〔1989.
　　　　　　5〕 p232～235
保坂廣志　　永久保存版 特集 「天皇」とマスコミ 天皇死去と沖縄：マスコミ市民　通号248/249/250 〔1989.5〕 p360～361
小山博也　　永久保存版 特集 「天皇」とマスコミ 天皇制と祭祀：マスコミ市民　通号248/249/250 〔1989.5〕 p476～478
早川登　　　永久保存版 特集 「天皇」とマスコミ 天皇制と三宅島：マスコミ市民　通号248/249/250 〔1989.5〕 p427～429
広瀬博　　　永久保存版 特集 「天皇」とマスコミ 天皇制の廃絶をめざして：マスコミ市民　通号248/249/250 〔1989.5〕 p273
　　　　　　～274
藤井平八郎　永久保存版 特集 「天皇」とマスコミ 天皇制論議を高めよう：マスコミ市民　通号248/249/250 〔1989.5〕 p204～
　　　　　　206
椎野博之　　永久保存版 特集 「天皇」とマスコミ 天皇像もやがて変わる：マスコミ市民　通号248/249/250 〔1989.5〕 p402～
　　　　　　404
山田喜作　　永久保存版 特集 「天皇」とマスコミ 天皇病患者としての新聞：マスコミ市民　通号248/249/250 〔1989.5〕 p347
　　　　　　～350
藤井清蔵　　永久保存版 特集 「天皇」とマスコミ 天皇病状・逝去の放送に思う：マスコミ市民　通号248/249/250 〔1989.5〕
　　　　　　p173～175
鎌田定夫　　永久保存版 特集 「天皇」とマスコミ 天皇復権への若者たちの目：マスコミ市民　通号248/249/250 〔1989.5〕
　　　　　　p237～239
右崎正博　　永久保存版 特集 「天皇」とマスコミ 天皇報道と言論の自由：マスコミ市民　通号248/249/250 〔1989.5〕 p214～
　　　　　　216
奥村清明　　永久保存版 特集 「天皇」とマスコミ 天皇報道に思う：マスコミ市民　通号248/249/250 〔1989.5〕 p368～369
岡田直之　　永久保存版 特集 「天皇」とマスコミ 「天皇報道」に思う―仮説的所感：マスコミ市民　通号248/249/250 〔1989.
　　　　　　5〕 p210～212
田宮武　　　永久保存版 特集 「天皇」とマスコミ 天皇報道の時間的新しさと時代的古さ：マスコミ市民　通号248/249/250
　　　　　　〔1989.5〕 p422～424
栗原貞子　　永久保存版 特集 「天皇」とマスコミ 天皇報道をめぐって：マスコミ市民　通号248/249/250 〔1989.5〕 p442～445
佐藤司　　　永久保存版 特集 「天皇」とマスコミ 天皇報道批判小論：マスコミ市民　通号248/249/250 〔1989.5〕 p369～371
中沢啓治　　永久保存版 特集 「天皇」とマスコミ 怒りに震えた：マスコミ市民　通号248/249/250 〔1989.5〕 p250～251
柴田仁　　　永久保存版 特集 「天皇」とマスコミ 日の丸：マスコミ市民　通号248/249/250 〔1989.5〕 p410～411
奈良知雄　　永久保存版 特集 「天皇」とマスコミ 日記から：マスコミ市民　通号248/249/250 〔1989.5〕 p433～437
清水英夫　　永久保存版 特集 「天皇」とマスコミ 日本になかった「言論の自由」：マスコミ市民　通号248/249/250 〔1989.5〕
　　　　　　p272～273
花輪不二男　永久保存版 特集 「天皇」とマスコミ 日本の未来を問い直すべき時：マスコミ市民　通号248/249/250 〔1989.5〕
　　　　　　p359～360
長安亮太郎　永久保存版 特集 「天皇」とマスコミ 否定できない戦争責任：マスコミ市民　通号248/249/250 〔1989.5〕 p37～
猪野健治　　永久保存版 特集 「天皇」とマスコミ 批判欠落報道の四ヵ月：マスコミ市民　通号248/249/250 〔1989.5〕 p134～
　　　　　　136
小倉喜久　　永久保存版 特集 「天皇」とマスコミ 批判的精神の欠如：マスコミ市民　通号248/249/250 〔1989.5〕 p168～169
岩倉誠一　　永久保存版 特集 「天皇」とマスコミ 不信以上の大きな怖れと不安：マスコミ市民　通号248/249/250 〔1989.5〕
　　　　　　p365～366
岩井章　　　永久保存版 特集 「天皇」とマスコミ 墓穴を掘るマスコミ：マスコミ市民　通号248/249/250 〔1989.5〕 p72～72

| | | ジャーナリズム | 皇室報道 |

山下惣一　永久保存版 特集 「天皇」とマスコミ 母の一周忌の法要で：マスコミ市民　通号248/249/250　〔1989.5〕　p358～359

篠崎ただし　永久保存版 特集 「天皇」とマスコミ 報道に望む：マスコミ市民　通号248/249/250　〔1989.5〕　p363～365

浅野晃之　永久保存版 特集 「天皇」とマスコミ 報道の目的は何か：マスコミ市民　通号248/249/250　〔1989.5〕　p68～69

岩松繁俊　永久保存版 特集 「天皇」とマスコミ 報道を見て考えたこと：マスコミ市民　通号248/249/250　〔1989.5〕　p67～68

山口昭徳　永久保存版 特集 「天皇」とマスコミ 報道姿勢を問う：マスコミ市民　通号248/249/250　〔1989.5〕　p329～330

上月高子　永久保存版 特集 「天皇」とマスコミ 忘れてならないこと：マスコミ市民　通号248/249/250　〔1989.5〕　p201～202

小笠原信之　永久保存版 特集 「天皇」とマスコミ 民主主義を踏みにじった報道：マスコミ市民　通号248/249/250　〔1989.5〕　p40～

四方末男　永久保存版 特集 「天皇」とマスコミ 無力感に打ちのめされ：マスコミ市民　通号248/249/250　〔1989.5〕　p449～452

亀井淳　永久保存版 特集 「天皇」とマスコミ 明仁さん11歳の作文と心理：マスコミ市民　通号248/249/250　〔1989.5〕　p330～332

土居健　永久保存版 特集 「天皇」とマスコミ 木鐸が風鐸になる時：マスコミ市民　通号248/249/250　〔1989.5〕　p128～129

山住正己　永久保存版 特集 「天皇」とマスコミ 裕仁天皇は第一二四代天皇であり明仁天皇もまた「大神」と一体となるのか：マスコミ市民　通号248/249/250　〔1989.5〕　p203～204

我謝南夫　永久保存版 特集 「天皇」とマスコミ 揺れたのはマスコミ：マスコミ市民　通号248/249/250　〔1989.5〕　p350～352

丸山友岐子　永久保存版 特集 「天皇」とマスコミ 抑圧マシーンとしての天皇制：マスコミ市民　通号248/249/250　〔1989.5〕　p438～441

北智揮　永久保存版 特集 「天皇」とマスコミ 流されていった"総力取材"：マスコミ市民　通号248/249/250　〔1989.5〕　p355～357

遠藤澄　永久保存版 特集 「天皇」とマスコミ 旅の途上で：マスコミ市民　通号248/249/250　〔1989.5〕　p247～249

福田和幸　永久保存版 特集 「天皇」とマスコミ 歴史の暗部にベール：マスコミ市民　通号248/249/250　〔1989.5〕　p280～282

大野武徳　永久保存版 特集 「天皇」とマスコミ 倭小化の決着：マスコミ市民　通号248/249/250　〔1989.5〕　p169～171

いのうえせつこ　永久保存版 特集 「天皇」とマスコミ "禊"の報道は終わった！：マスコミ市民　通号248/249/250　〔1989.5〕　p400～401

ばばこういち　私が天皇報道を評価した真意：放送批評　No.238　〔1989.5〕

稲葉三千男, 志賀信夫, 大蔵雄之助　鼎談天皇報道をふりかえって～テレビは何を伝えたのか…：放送批評　No.238　〔1989.5〕

共同通信社外信部　海外主要紙の見出しにみる天皇報道（天皇報道を振り返る）：新聞研究　通号454　〔1989.5〕　p41～46

渡辺友左　皇室敬語の"ゆれ"を検証する（天皇報道を振り返る）：新聞研究　通号454　〔1989.5〕　p37～40

作田和幸, 渡辺紀士見, 比嘉辰博　天皇報道・わが社の展開（天皇報道を振り返る）：新聞研究　通号454　〔1989.5〕　p31～36

岸田英夫　天皇報道を振り返る（天皇報道を振り返る）：新聞研究　通号454　〔1989.5〕　p10～27

新聞研究編集部　天皇報道日誌－4－1989年1～2月（天皇報道を振り返る－天皇報道を振り返る（資料））：新聞研究　通号454　〔1989.5〕　p60～88

雨森勇　天皇関連報道紙面調査：新聞研究　通号461　〔1989.12〕　p55～72

田中正延　調査データ 「天皇報道」雑誌記事の中身－5－総集編：総合ジャーナリズム研究　27 (01)　〔1990.1〕　p9～14

横田耕一　「自然体」である皇室報道――天皇代替わり報道を考える（皇室報道を展望する）：新聞研究　通号468　〔1990.7〕　p66～70

岩見隆夫　主権在民のもと象徴天皇制をどう育てるか――天皇報道の役割（皇室報道を展望する）：新聞研究　通号468　〔1990.7〕　p62～65

新藤健一　今なお残る皇室写真の"検閲制度"：マスコミ市民　通号266　〔1990.10〕　p2～10

北村日出夫　皇室報道を展望する――《事実》であればいいのか――ジャーナリズムの課題と問題点：新聞研究　通号471　〔1990.10〕　p68～71

杉山光信　新憲法下での大嘗祭をどう扱うべきか（皇室報道を展望する）：新聞研究　通号472　〔1990.11〕　p57～60

植田康夫　「愛」と「やさしさ」の図像学――＜週刊誌天皇制＞が作った「皇室」イメージ（社会の情報化とメディアの歴史意識＜特集＞）：新聞学評論　通号40　〔1991〕　p212～234

香内三郎　天皇制とメディアの歴史意識（社会の情報化とメディアの歴史意識＜特集＞）：新聞学評論　通号40　〔1991〕　p167～192

江橋崇　マスコミは新しい象徴天皇制をとらえ得たか（「皇室新時代」とジャーナリズム＜特集＞）：新聞研究　通号475　〔1991.2〕　p25～29

伊藤直　象徴天皇制と新聞（「皇室新時代」とジャーナリズム＜特集＞）：新聞研究　通号475　〔1991.2〕　p10～24

長谷川直樹　新しい皇室を冷静な視点で報じる（「皇室新時代」とジャーナリズム＜特集＞）：新聞研究　通号475　〔1991.2〕　p34～36

後藤文康　即位の礼, 大嘗祭をめぐる論調（「皇室新時代」とジャーナリズム＜特集＞）：新聞研究　通号475　〔1991.2〕　p37～39

新聞研究編集部　「即位の礼」報道紙面調査概況（「皇室新時代」とジャーナリズム＜特集＞）：新聞研究　通号475　〔1991.2〕　p40～43

曹良旭　「天皇」と「日王」の間（「皇室新時代」とジャーナリズム＜特集＞）：新聞研究　通号475　〔1991.2〕　p30～33

杉橋隆夫　アメリカにおける昭和天皇逝去に関する報道と「ヒロヒト, 神話の陰に」放映をめぐる問題：立命館文學　通号521　〔1991.6〕　p988～1000

穂積健　Newsweekの天皇報道（その2）：人文科学論集　（47）〔1991.7〕　p135～170

穂積健　Newsweekの天皇報道（その3）：人文科学論集　（48）〔1991.7〕　p79～101

富田誠一　《大特集》私の発言 テレビ中継に振り回された国会審議：マスコミ市民　通号279　〔1992.1〕　p18～19

室岡和男　PKO法案審議をめぐる論調（PKOを考える）：新聞研究　通号486　〔1992.1〕　p58～60

小黒国司　＜外国経済＞大豆相場から日米貿易摩擦まで（専門記者の道）：新聞研究　通号486　〔1992.1〕　p35～39

福島尚義　皇室写真, 代表取材までの道のり：新聞研究　通号487　〔1992.2〕　p52～56

寧新　天皇訪中に関する中国の新聞報道：新聞研究　通号498　〔1993.1〕　p46～51

和田義之　皇太子妃報道に関する申し合わせ解除までの経緯：新聞研究　通号499　〔1993.2〕　p57～62

浅野健一　皇太子妃報道協定解除の真相（現代の視点）：法学セミナー　通号459　〔1993.3〕　p24～28

	国際			ジャーナリズム

原寿雄　憲法準拠＝皇室報道の問題と改革（省察・皇太子妃報道＜特別企画＞〔含 資料〕）：総合ジャーナリズム研究　30（02）〔1993.4〕 p8～13

鳥越俊太郎　特集 皇太子妃報道を振り返る ジャーナリズム総体の未成熟さ痛感：月刊民放　23（262）〔1993.4〕 p21～24

青木貞伸　特集 皇太子妃報道を振り返る 皇室報道にみる受け手と送り手の "溝"：月刊民放　23（262）〔1993.4〕 p25～28

勝見亮助　特集 皇太子妃報道を振り返る 雑誌メディアのあり方に教訓残す：月刊民放　23（262）〔1993.4〕 p14～17

田所泉　特集 皇太子妃報道を振り返る 「自粛申し合わせ」決定と解除の経緯：月刊民放　23（262）〔1993.4〕 p10～13

椿貞良　特集 皇太子妃報道を振り返る 報道協定の意味めぐり活発な論議：月刊民放　23（262）〔1993.4〕 p6～9

神田利實　特集 皇太子妃報道を振り返る 良識と節度ある取材競争を：月刊民放　23（262）〔1993.4〕 p18～20

俵萌子　キャリアウーマンと皇室（皇太子妃報道）：新聞研究　通号501　〔1993.4〕 p32～34

石塚嘉一　外務省、英字紙と定期懇談へ（マスコミの焦点）：新聞研究　通号501　〔1993.4〕 p85～87

田川実, 飯島正治　記者が記者を取材した（皇太子妃報道）：新聞研究　通号501　〔1993.4〕 p38～41

堀鉄蔵　皇太子妃報道に関する申し合わせが残したもの（皇太子妃報道）：新聞研究　通号501　〔1993.4〕 p10～26

小田切孝夫　日刊スポーツにおける皇太子妃報道の位置づけ（皇太子妃報道）：新聞研究　通号501　〔1993.4〕 p35～37

石井勤　皇室敬語を考える：新聞研究　通号505〔1993.8〕 p74～77

後藤允　皇太子「結婚の儀」紙面に見る "もう一方の行事"：新聞研究　通号505〔1993.8〕 p78～83

丸山昇　仮想現実をつくり出した「成婚」報道：世界　通号585〔1993.8〕 p78～81

茅野臣平　特集 皇太子ご成婚報道の特色と問題点 皇室報道の目指すべき方向を探る テレビ朝日：月刊民放　23（267）〔1993.9〕 p15～17

吉田暁子, 成合由香, 西田有里, 石川牧子, 愼徳子　特集 皇太子ご成婚報道の特色と問題点 事前準備重ね、全力あげて本番に臨む 女性スタッフ座談会：月刊民放　23（267）〔1993.9〕 p20～27

高橋広成　特集 皇太子ご成婚報道の特色と問題点 代表取材のあり方に一石投じる TBS：月刊民放　23（267）〔1993.9〕 p9～11

伊藤和明　特集 皇太子ご成婚報道の特色と問題点 大枠編成で "特別な日" を伝える 日本テレビ：月刊民放　23（267）〔1993.9〕 p6～8

田村明彦　特集 皇太子ご成婚報道の特色と問題点 独自性際立たせ他局に対抗 テレビ東京：月刊民放　23（267）〔1993.9〕 p18～19

大野三郎, 鶴田有一　特集 皇太子ご成婚報道の特色と問題点 民放初のHDTV共同生中継に成功 フジテレビ、テレビ朝日：月刊民放　23（267）〔1993.9〕 p12～14

今野敏彦　皇室報道における倫理――倫理策定の前提を求めて（報道と倫理――その今日的な意味合い＜特集＞）：マス・コミュニケーション研究　通号43　〔1993.12〕 p63～75

新井直之　天皇報道――敗戦から半世紀（戦後50年――連続と不連続＜特集＞）：マス・コミュニケーション研究　通号47〔1995.7〕 p17～29

茶本繁正　メディア・レポート＜79＞ 皇太子妃 "懐妊の兆候" で "奉祝" 一色に染め上げる懲りない面々：放送レポート　163号〔2000.3〕 p14～17

片岡正巳　朝日新聞よ、昭和天皇の戦争責任を問えるのか：正論　通号351〔2001.11〕 p322～333

天野恵一　時評 宮内庁のマスコミ統制――「女帝」・「皇孫誕生」報道の中で：ピープルズ・プラン　（17）〔2002.1〕 p147～149

大久保和夫　皇室報道二つの「壁」――前例主義とプライバシーの狭間で：新聞研究　（643）〔2005.2〕 p36～39

井田正道　マニフェスト選挙と選挙報道――3大紙の内容分析：政経論叢　73（5・6）〔2005.3〕 p733～751

中野正志　天皇制とメディア（1）戦後60年、「論壇」は何を映してきたのか：AIR21　（180）〔2005.5〕 p2～17

中野正志　天皇制とメディア（2）戦後60年――朝毎読三紙にみる八月十五日社説の検証：AIR21　（183）〔2005.8〕 p19～48

佐々木央　皇室報道を制約するものは何か（特集「天皇制」の現在（いま））：法と民主主義　（412）〔2006.10〕 p38～40

長岡義幸　ブック・ストリート 流通 「天皇の人権」とジャーナリズム：出版ニュース　通号2100〔2007.3〕 p24～25

小林恭子　王室と国民をつなぐ英メディア（上）ビクトリア女王からエリザベス二世まで：新聞通信調査会報　通号550〔2007.11〕 p6～8

小林恭子　王室と国民をつなぐ英メディア（下）過熱報道続く中、品位維持に苦心：新聞通信調査会報　通号552〔2008.1〕 p6～8

古田尚輝　論文・学術部門 昭和28年皇太子外遊とマス・メディア　：新聞：ジャーナリズム＆メディア　：新聞学研究所紀要（6）〔2013.3〕 p23～44

〔図 書〕

松浦総三　天皇とマスコミ　青木書店　1975　250p　20cm　1200円

研究集団21　これでいいのか天皇報道　リベルタ出版　1989.3　214p　19cm　1400円　（Libertà media series 3）

天皇報道研究会　天皇とマスコミ報道―天皇報道はどのように行われたか　三一書房　1989.3　361p　18cm　800円　（三一新書）

読売新聞張り番の会　天皇の門番―皇居周辺に張りついた新聞記者69人の111日　JICC出版局　1989.4　95p　21cm　380円

松浦総三　天皇報道の嵐の中で―週刊誌評 1986-88年　草の根出版会　1989.4　263p　19cm　1339円

山田幸五郎　整理部天皇班デスク―新聞社はどう考え、どう動いたか　〔山田幸五郎〕　1989.7　149p　20cm　1000円

朝日新聞社　昭和天皇報道―崩御までの110日 朝日新聞全国・地方版全記録　朝日新聞社　1989.11　786p　22cm　4800円

亀井淳　皇室報道の読み方　岩波書店　1990.10　62p　21cm　350円　（岩波ブックレット no0168）

市川速水　皇室報道　朝日新聞社　1993.12　194p　19cm　1000円　（News & documents ND books）

中奥宏　皇室報道と「敬語」　三一書房　1994.7　234p　18cm　850円　（三一新書）

浅野健一　天皇の記者たち―大新聞のアジア侵略　スリーエーネットワーク　1997.9　334p　20cm　1600円

皇室担当記者OB　皇室報道の舞台裏　角川書店　2002.12　176p　18cm　619円　（角川oneテーマ21）

国際

〔雑誌記事〕

岡崎鴻吉　外国通信雑感：新聞研究　通号8　〔1949.8〕 p40～44

ジャーナリズム　　　国際

寺西五郎	アメリカ特派員覚書：新聞研究　通号11　〔1950.6〕　p7〜9
高田市太郎	海外特派員の心得帖：新聞研究　通号11　〔1950.6〕　p9〜11
手島俊作	日華両国における初期新聞の比較：新聞研究　通号12　〔1950.10〕　p23
山内節雄	国際放送とその反響：放送文化　7(7)〔1952.7〕　p16〜17
加納久朗	国際放送への期待：放送文化　7(7)〔1952.7〕　p16〜17
磯部忠男	言論界から見た新中国：新聞研究　通号41　〔1954.12〕　p14〜20
山田友二	香港というところ：新聞研究　通号56　〔1956.3〕　p17〜19
ルービス, M0	共同, PTIのアジアニュース：新聞研究　通号58　〔1956.5〕　p7〜9
横田実	中国からのニュース：新聞研究　通号58　〔1956.5〕　p10〜13
佐倉潤吾	日ソ交渉報道の批判と反批判：新聞研究　通号63　〔1956.10〕　p33〜36
ガンディー, D	新聞と国際関係（国際新聞編集者協会（I．P．I）1956年第5回年次総会）：新聞研究　通号臨　〔1956.11〕　p47〜51
城戸又一	日ソ交渉と新聞―日ソ交渉特輯：世界　通号131　〔1956.11〕　p71〜74
波多尚	特派員についての希望：新聞研究　通号65　〔1956.12〕　p31〜34
杉田栄三	外電記事のむずかしさ：新聞研究　通号66　〔1957.1〕　p37〜40
平野亮一	交換特派員の課題：新聞研究　通号71　〔1957.6〕　p33〜36
波多野乾一	中国専門記者とその業績：新聞研究　通号72　〔1957.7〕　p17〜25
ウィクレメシンゲ, C.E.L0	アジアと西欧：新聞研究　通号臨増　〔1957.10〕　p56〜59
林伸郎	米中記者交換に明るい光：新聞研究　通号95　〔1959.6〕　p48〜52
モルデン, P.P0	アジアの報道：新聞研究　通号106　〔1960.5〕　p18〜28
中村貢	日本は正しく伝えられたか――米紙にみる日本報道の問題について：新聞研究　通号110　〔1960.9〕　p47〜51
ハッチソン, E.R.	ケネディ大統領と新聞――最初の6カ月間：新聞研究　通号128　〔1962.3〕　p32〜38
池内一	日ソ国交回復交渉に関する新聞報道の分析：新聞研究　通号130　〔1962.5〕　p54〜66
小松原久夫	アメリカの新聞の国際報道：新聞研究　通号138　〔1963.1〕　p36〜40
宮地健次郎	外信記者の生活と意見：新聞研究　通号138　〔1963.1〕　p41〜45
福岡誠一	外電――むかしといま：新聞研究　通号138　〔1963.1〕　p30〜32
堀義明	外電記事の翻訳について：新聞研究　通号138　〔1963.1〕　p33〜35
蠟山道雄	現代の国際報道：新聞研究　通号138　〔1963.1〕　p14〜16
岩永信吉	日本の新聞の国際報道（座談会）：新聞研究　通号138　〔1963.1〕　p18〜29
半谷高雄	韓国情勢をめぐる新聞論調：新聞研究　通号141　〔1963.4〕　p47〜49
児島宋吉	私のみたソビエト：新聞研究　通号146　〔1963.9〕　p38〜42
田中香苗	国際理解と新聞――第16回新聞大会研究座談会：新聞研究　通号149　〔1963.12〕　p10〜19
横地倫平	中国問題と新聞――日本とフランス：新聞研究　通号153　〔1964.4〕　p22〜30
ブラウン, M.W.	ベトナム報道・危機の三年間：新聞研究　通号162　〔1965.1〕　p48〜54
岩立一郎	外電・特派員・通信員：新聞研究　通号164　〔1965.3〕　p12〜19
林田広実	ベトナム問題をめぐる新聞論調：新聞研究　通号167　〔1965.6〕　p68〜72
荒井正大	韓国での取材体験：新聞研究　通号171　〔1965.10〕　p50〜55
江上幸雄	アジアに対する放送取材態勢――アジア報道・もう一つの側面：新聞研究　通号176　〔1966.3〕　p23〜26
平林俊夫	アジア移動特派員の体験から――アジア報道・もう一つの側面：新聞研究　通号176　〔1966.3〕　p21〜23
松野谷夫	アジア取材の実態（特派員報告）：新聞研究　通号176　〔1966.3〕　p7〜17
山内大介	アジア報道の盲点――アジア報道・もう一つの側面：新聞研究　通号176　〔1966.3〕　p28〜30
木谷忠	国連の中でのアジア取材――アジア報道・もう一つの側面：新聞研究　通号176　〔1966.3〕　p19〜21
青木彰	移動特派員――取材の研究―9―：新聞研究　通号185　〔1966.12〕　p83〜93
甲斐静馬	中東戦争と日本の新聞：総合ジャーナリズム研究　04(10)〔1967.1〕　p22〜27
前田雄二	初の日韓編集セミナーを終えて――大きかった意見の違い：新聞研究　通号186　〔1967.1〕　p34〜36
総合ジャーナリズム研究編集部	ベトナム報道をめぐる論戦－－米誌「ニュー・リーダー」特集の全容：総合ジャーナリズム研究所　04(02)〔1967.2〕　p18〜29
総合ジャーナリズム研究編集部	日本のベトナム報道--Symposium in Journalism-13－：総合ジャーナリズム研究所　04(02)〔1967.2〕　p33〜48
ムンスカーズ, H., 中一	北京の外国特派員たち－－激動の中国を取材する：総合ジャーナリズム研究　04(03)〔1967.2〕　p53〜56
斉藤孝	国際政治とマス・コミュニケーション（シンポジウム）：新聞学評論　通号16　〔1967.3〕　p68〜84
山田純	アジア・ニュースの選択と判断：新聞研究　通号189　〔1967.3〕　p14〜16
橘善守	北京からの報道の限界：新聞研究　通号189　〔1967.3〕　p7〜10
松野谷夫	北京報道のキャッチャー役の苦心：新聞研究　通号189　〔1967.3〕　p11〜13
マクドゥーガル, C., 中一	文化革命報道への疑問－－ニュースと食い違う現実：総合ジャーナリズム研究　04(04)〔1967.4〕　p17〜19
土屋清	文化大革命報道の実体－－再び血みどろの闘争がやってくる（インタビュー）：総合ジャーナリズム研究　04(05)〔1967.4〕　p44〜48
大森実	アジア報道今後のあり方（座談会）：総合ジャーナリズム研究　04(06)〔1967.6〕　p4〜16
ブラウン, M.W.	ベトナム報道の現実：総合ジャーナリズム研究　04(07)〔1967.7〕　p16〜22
貝塚茂樹	ニュースの真実性について――中国文化大革命の報道をめぐって：新聞研究　通号193　〔1967.8〕　p5〜9
総合ジャーナリズム研究編集部	沖縄問題と新聞論調－－事実に即した分析に欠ける：総合ジャーナリズム研究所　04(11)〔1967.11〕　p18〜21
柴田穂	北京報道の実体と追放の真相（インタビュー）：総合ジャーナリズム研究　04(11)〔1967.11〕　p28〜33
河村厚	チェコ事件とジャーナリズム：総合ジャーナリズム研究　05(06)〔1968.1〕　p88〜99

| 国際 | ジャーナリズム |

ブラムバーグ, ネーザン・B.　無視されるベトナム反戦ニュース：総合ジャーナリズム研究　05（06）〔1968.1〕　p100〜107

金子喜三　国際報道の現況と検閲の態様：国士舘大学政経論叢　通号7　〔1968.1〕　p129〜160

秋山秀夫　聖火にゆらぐ国際政局（事件物語り）：新聞研究　通号199　〔1968.2〕　p24〜26

上田賢　"突然の死"を追って〔ケネディ暗殺事件〕（事件物語り）：新聞研究　通号199　〔1968.2〕　p22〜24

児島襄, 新井達夫, 和田教美　核論争のなかの新聞（座談会）：総合ジャーナリズム研究　05（03）〔1968.3〕　p4〜19

グレットン, ジョン, 上之郷利昭　五月革命とマスコミ－－フランス・ジャーナリズムの体質を解明する：総合ジャーナリズム研究　06（01）〔1969.1〕　p101〜106

竹内亨　外信部（現代新聞記者読本―取材各部の現状）：新聞研究　通号213　〔1969.4〕　p50〜52

梶谷善久　アジア関係報道への疑問（「国際報道」の新しい方向（特集）―国際報道への提言）：新聞研究　通号218　〔1969.9〕　p46〜48

堀米庸三　アポロ報道に思う（「国際報道」の新しい方向（特集））：新聞研究　通号218　〔1969.9〕　p51〜53

吉田和人　テレビの国際報道（「国際報道」の新しい方向（特集））：新聞研究　通号218　〔1969.9〕　p34〜36

松尾文夫　ワシントン特派員の悩み（「国際報道」の新しい方向（特集））：新聞研究　通号218　〔1969.9〕　p27〜29

関泰　外信部の新しい役割り（「国際報道」の新しい方向（特集））：新聞研究　通号218　〔1969.9〕　p20〜22

ナライン, K.V, ヒールシャー, ゲプハルト　外人特派員の目（「国際報道」の新しい方向（特集））：新聞研究　通号218　〔1969.9〕　p37〜38

大鐘達二　外報デスクのむずかしさ（「国際報道」の新しい方向（特集））：新聞研究　通号218　〔1969.9〕　p23〜26

蝋山芳郎　現代世界の動向と新聞報道（「国際報道」の新しい方向（特集））：新聞研究　通号218　〔1969.9〕　p9〜14

加瀬俊一　国際ニュース選択の基準（「国際報道」の新しい方向（特集）―国際報道への提言）：新聞研究　通号218　〔1969.9〕　p44〜46

小幡操　国際大記者待望論（「国際報道」の新しい方向（特集））：新聞研究　通号218　〔1969.9〕　p40〜43

宮地健次郎　国際報道の充実のために（「国際報道」の新しい方向（特集））：新聞研究　通号218　〔1969.9〕　p15〜19

山田純　国際報道のあり方（現代新聞記者の基礎知識（特集））：新聞研究　通号224　〔1970.3〕　p68〜70

西野照太郎　アジア情勢と日本の新聞：新聞研究　通号227　〔1970.6〕　p61〜65

坂本英昌　海外論調にみる「大国日本」－－各国新聞・雑誌の盛んな日本批判：総合ジャーナリズム研究　08（04）〔1971.10〕　p88〜97

三好修　新聞の偏向と中国問題（特集・日本に何が欠けていたか）：自由　13（12）〔1971.12〕　p57〜64

入江通雅　破局を招く新聞の反米姿勢――「対日批判と対米批判」について（資料・対日批判と対米批判・解説）：自由　13（12）〔1971.12〕　p168〜173

影山三郎　マスコミにおける中国問題－－ジャーナリストひとりひとりの問題として（中国問題とマスコミ）：総合ジャーナリズム研究　09（01）〔1972.1〕　p4〜16

総合ジャーナリズム研究編集部　中国問題とマスコミ：総合ジャーナリズム研究所　09（01）〔1972.1〕　p132〜139

山内大介　当面する国際問題と報道の問題点（激動する国際情勢と日本の新聞）：新聞研究　通号246　〔1972.1〕　p20〜23

児島和人　「米・中」像の変容と停滞（激動する国際情勢と日本の新聞）：新聞研究　通号246　〔1972.1〕　p28〜35

清水知久　歴史家の眼　ジャーナリストの眼――あるいは良い眼と悪い眼について（激動する国際情勢と日本の新聞）：新聞研究　通号246　〔1972.1〕　p38〜41

林高樹　国益を忘れた北京特派員：自由　14（4）〔1972.4〕　p177〜183

亀井旭　ニクソン訪中の影で：新聞研究　通号250　〔1972.5〕　p42〜44

波多野宏一　サイゴンでの"夜討ち朝がけ"――ゴ・ジン・ジェム政権崩壊の前後（ベトナム報道（特集）―ベトナム特派員の記録）：新聞研究　通号261　〔1973.4〕　p35〜37

斎藤吉史　東南アジアと日本（ベトナム報道（特集））：新聞研究　通号261　〔1973.4〕　p15〜17

原寿雄　東南アジア報道の問題点（ベトナム報道（特集））：新聞研究　通号261　〔1973.4〕　p18〜19

橋本正邦　勝利の喜びと自省と――ウォーターゲート事件と米紙：新聞研究　通号264　〔1973.7〕　p62〜67

伊藤慎一　既成新聞を問い直す地下新聞の変容――新しい新聞の登場とその意味（海外情報）〔アメリカ〕：新聞研究　通号267　〔1973.10〕　p52〜55

鎌田光登　苦悶する韓国の言論界－－金大中事件報道の底辺を探る（アジアの新聞（特集））：総合ジャーナリズム研究　11（01）〔1974.1〕　p13〜23

殿岡昭郎　日本の三大紙は無能だった――チリ政変にみる新聞報道：自由　16（1）〔1974.1〕　p145〜156

出田裕　アジアを報道するために（現代新聞記者の副読本）：新聞研究　通号272　〔1974.3〕　p78〜81

飯田経夫　アジア報道の課題（東南アジア報道を考える）：新聞研究　通号273　〔1974.4〕　p6〜19

丸山静雄　アジア報道の視点（東南アジア報道を考える）：新聞研究　通号273　〔1974.4〕　p36〜42

右谷亮次　クチコミ社会（東南アジア報道を考える―東南アジアの心 新聞記者の目（特派員レポート））：新聞研究　通号273　〔1974.4〕　p24〜27

丸山勝　「違い」の存在を正視しつつ（東南アジア報道を考える―東南アジアの心 新聞記者の目（特派員レポート））：新聞研究　通号273　〔1974.4〕　p27〜31

金子敦郎　「停戦」一年の南ベトナム（東南アジア報道を考える―東南アジアの心 新聞記者の目（特派員レポート））：新聞研究　通号273　〔1974.4〕　p31〜35

黄枝連　東南アジア報道に期待する（東南アジア報道を考える）：新聞研究　通号273　〔1974.4〕　p55〜58

中井学　ある米軍士官の将来と死と（私は戦後の"戦争記者"--ベトナム戦争-1-)：総合ジャーナリズム研究　11（03）〔1974.7〕　p25〜28

総合ジャーナリズム研究編集部　私は戦後の"戦争（第4次中東戦争）記者"－－シナイ半島, 砂塵の中の取材：総合ジャーナリズム研究所　11（03）〔1974.7〕　p156〜157

槌田満文　暗黒政治の一端がここに--一人の"バイ"の死とロアン（私は戦後の"戦争記者"--ベトナム戦争-2-)：総合ジャーナリズム研究　11（04）〔1974.10〕　p112〜117

総合ジャーナリズム研究編集部　フィルムにならない夜の戦闘－－やりにくい劣勢側からの取材（私は戦後の"戦争記者"－－第2次印・パ戦争）：総合ジャーナリズム研究所　12（01）〔1975.1〕　p65〜83

原康　国際経済記者の目――「20行の総前書き」に備える（新聞記者読本）：新聞研究　通号284　〔1975.3〕　p30〜33

丸山静雄	ベトナム問題と日本の新聞報道：新聞研究　通号289　〔1975.8〕　p49〜53	
亀山旭	日本の目で世界の動向を追う（外信部）（新聞記者読本—取材記者論）：新聞研究　通号296　〔1976.3〕　p59〜62	
丸山勝	広大なブラック・アフリカの中で（特派員だより・ナイロビ）：新聞研究　通号299　〔1976.6〕　p16〜20	
菊地育三	広さとラテン気質とのたたかい（特派員だより・リオデジャネイロ）：新聞研究　通号300　〔1976.7〕　p53〜58	
阿部汎克	レマン湖のほとり——「国際会議」記者として〔含 「ジュネーブ」会議日誌抄〕（特派員だより・ジュネーブ）：新聞研究　通号302　〔1976.9〕　p69〜73	
岩永信吉	第三世界のニュース交流構づくり：総合ジャーナリズム研究　13（04）〔1976.10〕　p81〜90	
井上達男	“対抗と共通の世界”の縮図ECの首都から（特派員だより・ブリュッセル）：新聞研究　通号304　〔1976.11〕　p63〜67	
佐々木謙一	問われる「中国報道」の姿勢（国際報道）（この1年，そして新たな報道課題）：新聞研究　通号305　〔1976.12〕　p21〜24	
坂井定雄	戦火の中東特派員3年2か月：新聞研究　通号306　〔1977.1〕　p55〜59	
高野涼	日韓疑惑－マスコミの報道姿勢も問われている：マスコミ市民　通号112　〔1977.3〕　p18〜23	
久保田誠	情報不足のなかでの充実感——中東・アフリカでの4年間：新聞研究　通号309　〔1977.4〕　p68〜71	
中江利忠	200カイリ報道の視点と展開（200カイリ報道の視点と展開）：新聞研究　通号311　〔1977.6〕　p8〜18	
清野裕	もどかしさに耐え，県民への影響に力点（200カイリ報道の視点と展開—報道体制とその課題）：新聞研究　通号311　〔1977.6〕　p31〜33	
仲晃	ワシントン報道はこれでいいのか：新聞研究　通号311　〔1977.6〕　p61〜65	
石弘之	海洋法会議を取材して思う（200カイリ報道の視点と展開）：新聞研究　通号311　〔1977.6〕　p47〜51	
梅原愛雄	“漁民の憤りと不安”のあとに（200カイリ報道の視点と展開—報道体制とその課題）：新聞研究　通号311　〔1977.6〕　p28〜30	
田畑允	空白の海を追う「骨がらみ」の目（200カイリ報道の視点と展開—報道体制とその課題）：新聞研究　通号311　〔1977.6〕　p19〜23	
原野弥見	“硬派記事”から“台所記事”への模索（200カイリ報道の視点と展開—200カイリ報道の現場）：新聞研究　通号311　〔1977.6〕　p34〜37	
永野信利	焦立ち覚える後手，後手に回る外交（200カイリ報道の視点と展開—200カイリ報道の現場）：新聞研究　通号311　〔1977.6〕　p37〜40	
芝均平	英文記者生活五十年：新聞研究　通号312　〔1977.7〕　p40〜43	
長野章夫	「やはりラテンの世界」で心の交流を果たしながら（特派員だより　メキシコ）：新聞研究　通号314　〔1977.9〕　p63〜68	
石原栄夫	海外ニュースと通信社（転機に立つ国際報道＜特集＞）：新聞研究　通号316　〔1977.11〕　p54〜57	
森永和彦	確立された意見交換の場（第一回日欧米編集者シンポジウム）（転機に立つ国際報道＜特集＞）：新聞研究　通号316　〔1977.11〕　p58〜61	
林理介	転機に立つ国際報道——要求される広く，深い報道の視点（転機に立つ国際報道＜特集＞）：新聞研究　通号316　〔1977.11〕　p18〜34	
山田邦見	二極化する報道の立場——さまざまな日本との違い（特派員だより——パリ）：新聞研究　通号316　〔1977.11〕　p35〜39	
ヒールシャー, ゲプハルト	日本における海外報道の特徴（転機に立つ国際報道＜特集＞）：新聞研究　通号316　〔1977.11〕　p51〜53	
アームストロング, R	米国メディアと日本および日米関係ニュース（転機に立つ国際報道＜特集＞）：新聞研究　通号316　〔1977.11〕　p62〜69	
丸山静雄, 神島二郎	流動する国際情勢と新聞の役割（転機に立つ国際報道＜特集＞）：新聞研究　通号316　〔1977.11〕　p7〜17	
大木保男	新聞の国際報道に望む：新聞研究　通号317　〔1977.12〕　p69〜71	
古野雅美	二百カイリ報道 漁業交渉と報道の多面性（新聞報道の課題を追って＜特集＞—新聞報道の課題を追って）：新聞研究　通号317　〔1977.12〕　p39〜42	
友田錫	外信記者の悩みと展望（現代新聞記者読本—記者自身の記者論）：新聞研究　通号320　〔1978.3〕　p42〜44	
山本七平	誰もわからない中国報道——新聞の研究＝「四人組追放」記事の不思議：文芸春秋　56（10）〔1978.10〕　p170〜181	
小玉美意子	特集・新入社員のための副読本 放送マンの自己研修・考：月刊民放　09（93）〔1979.3〕　p30〜33	
松井輝美	うずく誤報の傷（私の失敗談）（現代記者読本’79）：新聞研究　通号332　〔1979.3〕　p69	
横田喬	ダグラス・グラマン事件を追って（取材班キャップ座談会）：新聞研究　通号333　〔1979.4〕　p10〜25	
国政恒裕	サミットの現場で考えたこと：新聞研究　通号337　〔1979.8〕　p38〜40	
岩田雅	情報の南北問題とアジアの中の日本——パリ国際記者ゼミナール参加記：新聞研究　通号337　〔1979.8〕　p73〜76	
Essoyan, Susan, 新聞研究編集部	米国紙の日本関係記事：新聞研究　通号338　〔1979.9〕　p55〜59	
総合ジャーナリズム研究編集部	日本の新聞にみるアジア報道（計量分析）：総合ジャーナリズム研究　16（04）〔1979.10〕　p48〜55	
森紀元	“あるがままの姿”を求めて（ベトナム/カンボジア）（難民報道の視点—難民：ニュースソースとその信頼性）：新聞研究　通号339　〔1979.10〕　p23〜25	
国吉真永	もう一歩踏み込んだ難民報道を——本部国際友好センターを取材して（難民報道の視点）：新聞研究　通号339　〔1979.10〕　p30〜32	
仲晃	主体的・歴史的観点の受けとめを（難民報道の視点）：新聞研究　通号339　〔1979.10〕　p10〜13	
山本展男	難民ニュースの価値判断をめぐって（難民報道の視点）：新聞研究　通号339　〔1979.10〕　p26〜29	
井川一久	浪花節はまっぴら御免——インドシナ難民報道の問題点（難民報道の視点）：新聞研究　通号339　〔1979.10〕　p33〜37	
シュラム, ウイルバー	アジアにおける第三世界のニュース〔含 質疑応答〕：新聞研究　通号340　〔1979.11〕　p74〜78	
藤原繁明	外国関係記事に関する紙面調査：新聞研究　通号340　〔1979.11〕　p79〜91	
猪狩章	「朴韓国大統領射殺」の日：新聞研究　通号342　〔1980.1〕　p61〜65	
原田蛍	「朴暗殺」と日本の新聞報道（日本の潮）：世界　通号410　〔1980.1〕　p195〜198	
寺内正義	国際報道現場からの報告——虚報と思惑情報の飛び交うなかで：マスコミ市民　通号144　〔1980.2〕　p10〜17	

松下文男	ソ連侵攻下のアフガニスタン取材（変わる世界と新聞報道）：新聞研究　通号345　〔1980.4〕　p39〜43	
村上吉男	変わる世界と情報の価値判断（変わる世界と新聞報道）：新聞研究　通号345　〔1980.4〕　p10〜24	
鈴木みどり	モスクワ五輪問題とマスコミ＜特集＞：総合ジャーナリズム研究　17（03）〔1980.7〕　p47〜51	
石川泰司	（モスクワ五輪問題とマスコミ＜特集＞）ボイコット報道の展開と世論：総合ジャーナリズム研究　17（03）〔1980.7〕　p17〜24	
反田良雄	（モスクワ五輪問題とマスコミ＜特集＞）中継する権利と報道する義務：総合ジャーナリズム研究　17（03）〔1980.7〕　p32〜41	
林利隆	ソウル支局閉鎖をめぐる報道界の対応：新聞研究　通号349　〔1980.8〕　p85〜88	
辺見秀逸	中国における情報の流れと新聞：新聞研究　通号352　〔1980.11〕　p59〜63	
伊藤喜久蔵	朝日新聞と中国報道——歴史の証人か偽証人か？：諸君！　日本を元気にするオピニオン雑誌　12（12）〔1980.12〕　p126〜197	
田所泉	国際協力による情報不均衡是正への努力（海外情報）：新聞研究　通号353　〔1980.12〕　p76〜79	
池田恵美子	モスクワ特派員生活の三年：総合ジャーナリズム研究　18（02）〔1981.4〕　p101〜113	
西謙次郎	横たわるカルチャー・ギャップ（国際報道の新しい視点—特派員の目）：新聞研究　通号360　〔1981.7〕　p37〜40	
芝生瑞和	国際ジャーナリストの仕事（国際報道の新しい視点）：新聞研究　通号360　〔1981.7〕　p32〜36	
清水邦男	国際情勢を読む（国際報道の新しい視点）：新聞研究　通号360　〔1981.7〕　p27〜31	
伊藤光彦	国際理解と特派員の役割（国際報道の新しい視点）：新聞研究　通号360　〔1981.7〕　p10〜26	
仁井田益雄	“日本”を報ずる——共同通信の対外サービス（国際報道の新しい視点）：新聞研究　通号360　〔1981.7〕　p44〜47	
早坂茂	離れて地域社会を見直す（国際報道の新しい視点—特派員の目）：新聞研究　通号360　〔1981.7〕　p41〜43	
轡田隆史	ベトナム「枯れ葉作戦」取材記：新聞研究　通号364　〔1981.11〕　p52〜55	
総合ジャーナリズム研究編集部	中国の対日放送・秘話：総合ジャーナリズム研究所　19（01）〔1982.1〕　p41〜45	
加瀬英明, 石原崩記	国際誤報事件の真相：自由　24（1）〔1982.1〕　p18〜31	
川上恭正	報道の眼 戒厳令のワルシャワ第一報：月刊民放　12（129）〔1982.3〕　p36〜36	
李度珩	日本の新聞社説に見る韓国観——時事新報と朝日新聞の韓国問題社説を中心に（韓国特集号）：慶応義塾大学新聞研究所年報　通号18　〔1982.3〕　p47〜81	
伊藤正孝	アフリカの魅力（国際）（新聞記者読本’82—記者群像——わたし自身の記者論）：新聞研究　通号368　〔1982.3〕　p34〜37	
大塚寿一	ポーランド取材の体験から：新聞研究　通号371　〔1982.6〕　p60〜62	
倉田保雄	新聞の国際報道に欠けているもの：諸君！　日本を元気にするオピニオン雑誌　14（7）〔1982.7〕　p96〜105	
田村正三郎	キューバ——陽気な社会主義国で体験した取材（社会主義圏の取材と報道）：新聞研究　通号378　〔1983.1〕　p28〜30	
田所泉	スタートした日中記者交流：新聞研究　通号378　〔1983.1〕　p81〜84	
佐野真	ソ連——内部の多面的変化に視点をすえて（社会主義圏の取材と報道）：新聞研究　通号378　〔1983.1〕　p22〜24	
茂野徹太郎	チェコスロバキア——東欧諸国の対ソ姿勢を見守る（社会主義圏の取材と報道）：新聞研究　通号378　〔1983.1〕　p25〜27	
佐藤経明	社会主義諸国の報道に望むこと（社会主義圏の取材と報道）：新聞研究　通号378　〔1983.1〕　p31〜35	
古森義久	特派員活動の今日的課題（新聞記者読本’83）：新聞研究　通号380　〔1983.3〕　p23〜27	
永井道雄	国際的な情報交流に果たすべき日本の役割：新聞研究　通号382　〔1983.5〕　p59〜66	
横山三四郎	中東報道はなぜわかりにくいか：新聞研究　通号383　〔1983.6〕　p74〜77	
箱島信一	サミット報道を見直す——密室会議の取材に不可欠な事後検証：新聞研究　通号384　〔1983.7〕　p60〜63	
橋本正邦	敵対的プレスの是非（海外情報）：新聞研究　通号384　〔1983.7〕　p86〜90	
中園竜二	“中南米”をどう伝えていくか：新聞研究　通号386　〔1983.9〕　p61〜63	
墳崎藤一郎	OANAの現状と展望（アジア報道の視点）：新聞研究　通号388　〔1983.11〕　p42〜47	
林理介	アジア報道の課題（アジア報道の視点）：新聞研究　通号388　〔1983.11〕　p10〜25	
斎藤志郎	強権政治下で苦悩するアジアのプレス（アジア報道の視点）：新聞研究　通号388　〔1983.11〕　p26〜29	
鈴木佑司	新聞報道にみるアジア——アジアブーム考（アジア報道の視点）：新聞研究　通号388　〔1983.11〕　p30〜34	
斎藤彰	大韓機撃墜事件と情報の流れ：新聞研究　通号389　〔1983.12〕　p70〜74	
新井直之	大韓機撃墜事件報道に思うこと：新聞研究　通号389　〔1983.12〕　p75〜79	
中島健一郎	裏付け取材の重大さ——ワシントン特派員の課題：新聞研究　通号389　〔1983.12〕　p80〜83	
伊藤光彦	国際報道の原点と課題（’84の報道課題）：新聞研究　通号390　〔1984.1〕　p12〜15	
小松原久夫	周到に仕組まれた世論誘導——グレナダ侵攻と報道管制（’84の報道課題—’84・報道課題を考える）：新聞研究　通号390　〔1984.1〕　p36〜41	
横山弘三	北朝鮮「三者会談」提案と新聞報道：マスコミ市民　通号189　〔1984.3〕　p54〜57	
片山正彦	大韓航空機撃墜事件の虚実——取材・報道の内側から：世界　通号460　〔1984.3〕　p230〜267	
ハインザーリング, ラリー	第四セッション——国際ニュースの取材・報道のあり方（第8回日米編集者会議——相互理解を深めるために）：新聞研究　通号393　〔1984.4〕　p39〜41	
高山智	モスクワ1800日—13—アングラ取材——公安の目をかいくぐり接触を求めてくるひとびと：Asahi journal　26（23）〔1984.6〕　p80〜82	
作田和幸	一九八四年夏, 北海道——北緯45度線で平和を考える（’84平和の状況と新聞報道）：新聞研究　通号397　〔1984.8〕　p41〜43	
白井健策	新聞の国際感覚（〔新聞研究〕創刊400号記念号—新聞に望むこと）：新聞研究　通号400　〔1984.11〕　p52〜55	
小池保夫	各国紙面にみる国際報道の現状——日・米・アセアン相互報道調査結果から：新聞研究　通号402　〔1985.1〕　p76〜85	
水上健也	中東戦争メモ——若い記者諸君の参考に（新聞記者読本’85）：新聞研究　通号404　〔1985.3〕　p14〜17	
伊藤憲一, 吉成大志, 佐瀬昌盛	操られるソ連報道——再び富森朝日新聞編集局長への公開状：諸君！　日本を元気にするオピニオン雑誌　17（4）〔1985.4〕　p24〜43	
林憲一郎	ソウル・東京・ワシントン——猛省迫られる日本マスコミの金大中報道：新聞研究　通号405　〔1985.4〕　p55〜58	

	ジャーナリズム	国際

富森叡児　中東を報道するために——編集者にとっての判断基準：新聞研究　通号405　〔1985.4〕　p59～62

関山豊成　ウォール街の論理を目撃する（経済を報道する視点）：新聞研究　通号406　〔1985.5〕　p22～25

川岸近衛　ワシントンから東京へ——経済摩擦ニュースをデスクで考える（経済を報道する視点）：新聞研究　通号406　〔1985.5〕　p36～40

中井康郎　テヘランからの手紙：新聞研究　通号407　〔1985.6〕　p44～47

佐々木坦　ベトナム報道に携わって：新聞研究　通号407　〔1985.6〕　p41～43

新井敏司　曲がり角迎えた外交文書公開制度：新聞研究　通号407　〔1985.6〕　p37～40

伊藤喜久蔵　中国へは物言えぬ大新聞：諸君！　日本を元気にするオピニオン雑誌　17（12）〔1985.12〕　p66～75

本城靖久　「南ア制裁論」と大新聞の二枚舌：諸君！　日本を元気にするオピニオン雑誌　18（1）〔1986.1〕　p94～101

信原尚武　G5取材で得た教訓（世界の潮流と日本の立場——報道の視点）：新聞研究　通号414　〔1986.1〕　p27～30

滝口凡夫　国際報道と新聞——福岡ユネスコ・シンポジウムに参加して（世界の潮流と日本の立場——報道の視点）：新聞研究　通号414　〔1986.1〕　p50～53

青木周三　中国報道に欠くべからざるもの（世界の潮流と日本の立場——報道の視点）：新聞研究　通号414　〔1986.1〕　p42～45

船橋洋一　日米関係と報道スタンス——貿易摩擦を中心に（世界の潮流と日本の立場——報道の視点）：新聞研究　通号414　〔1986.1〕　p23～26

高橋実　「米ソ」から「日ソ」へ——模索する“新時代”（世界の潮流と日本の立場——報道の視点）：新聞研究　通号414　〔1986.1〕　p37～41

阿部義正　米ソ首脳会談と日本の新聞（世界の潮流と日本の立場——報道の視点）：新聞研究　通号414　〔1986.1〕　p19～22

西義之　日独報道の落差——ミュンヘンで考えたこと：諸君！　日本を元気にするオピニオン雑誌　18（4）〔1986.4〕　p106～113

東守之　テレビが動かした革命（フィリピン“政変”を追う）：新聞研究　通号417　〔1986.4〕　p57～59

伊藤光彦　痛感した事実の重み——東京でのデスクワークを中心に（フィリピン“政変”を追う）：新聞研究　通号417　〔1986.4〕　p53～56

新井敏司　国際政治ショーの裏を読む（東京サミットを取材して）：新聞研究　通号420　〔1986.7〕　p50～53

吉田正也　韓国 揺れる改憲問題から対日関係報道まで（最新海外マスコミ事情）：総合ジャーナリズム研究　23（04）〔1986.10〕　p37～43

伴野朗　「中国遊軍」の日々——上海支局40年ぶりの再開：新聞研究　通号423　〔1986.10〕　p45～48

原賀肇　「中国残留孤児」問題報道の過不足：新聞研究　通号425　〔1986.12〕　p42～45

菱木一美　2つの「スクープ」の間で（検証——「金日成死亡説」報道）：新聞研究　通号427　〔1987.2〕　p52～55

名越健郎　痛切に感じる国際報道の限界（新聞記者の現在位置＜特集＞）：新聞研究　通号427　〔1987.2〕　p33～35

吉田正也　凍る半島の厳しい現実（検証——「金日成死亡説」報道）：新聞研究　通号427　〔1987.2〕　p56～58

小松原久夫　イラン・コントラ事件とアメリカン・プレス：新聞研究　通号428　〔1987.3〕　p94～97

佐野真　国際情勢の質的変化と報道の対応（新聞記者読本’87—取材・報道の現状と課題）：新聞研究　通号428　〔1987.3〕　p44～47

村上吉男　日米摩擦を報道する視点——国際社会では通じない日本の尺度：新聞研究　通号431　〔1987.6〕　p56～60

永井優子　日本の対外報道——その評価と提案——ジャパンタイムズ創刊90周年記念シンポジウムから：新聞研究　通号431　〔1987.6〕　p78～80

花房征夫　冷静さ目立つ新聞報道（激動の韓国情勢を追う）：新聞研究　通号434　〔1987.9〕　p43～46

林建彦　韓国の“危機”の3週間をどう伝えたか――N・Yタイムズ報道に大きく遅れた日本の各紙：総合ジャーナリズム研究　24（04）〔1987.10〕　p68～79

生島玲　「情報操作」が消している東チモール独立闘争——巧妙な日本,インドネシア政府と,真実を伝えない報道：Asahi journal　29（52）〔1987.12〕　p88～91

林建彦　韓国・マスコミ界動向――大統領選と“自由謳歌”の言論：総合ジャーナリズム研究　25（01）〔1988〕　p108～114

藤原健　インドシナ難民 処遇をめぐる日本の現状（日本の中の「アジア問題」——取材と報道）：新聞研究　通号438　〔1988.1〕　p19～22

半田滋　外国人労働者 偏見と差別の構造に迫る（日本の中の「アジア問題」——取材と報道）：新聞研究　通号438　〔1988.1〕　p23～26

藤井通彦　指紋押なつ 問われる「内なる国際化」（日本の中の「アジア問題」——取材と報道）：新聞研究　通号438　〔1988.1〕　p27～29

坂本竜彦　中国残留孤児 行政の姿勢をつく（日本の中の「アジア問題」——取材と報道）：新聞研究　通号438　〔1988.1〕　p15～18

国政恒裕　日米関係改善のために——報道人の立場で考える：新聞研究　通号438　〔1988.1〕　p46～49

陸培春　日本のアジア報道に思う（日本の中の「アジア問題」——取材と報道）：新聞研究　通号438　〔1988.1〕　p30～34

阿部義正　日本・アジア関係の危機とジャーナリズムの役割（日本の中の「アジア問題」——取材と報道）：新聞研究　通号438　〔1988.1〕　p10～14

勝又郁子　記者団,苦悩の日々・バーレーンからの報告：放送批評　No.224　〔1988.3〕

岡倉徹志　私の外信部記者生活（新聞記者読本’88—記者活動—私の視点）：新聞研究　通号440　〔1988.3〕　p35～38

山本良昭　大韓航空機事件をめぐる現場記者の検証：マスコミ市民　通号236　〔1988.5〕　p2～51

水出雅文　特集 アジアは伝えられているか 課題山積の韓国放送界：月刊民放　18（204）〔1988.6〕　p30～32

平原日出夫　特集 アジアは伝えられているか 近代化へ 問われるドラマの役割：月刊民放　18（204）〔1988.6〕　p32～34

松尾羊一　特集 アジアは伝えられているか “実感”取材軸にダイナミックに演出 TBSラジオ『アジア・スペシャル』は何を伝えたか：月刊民放　18（204）〔1988.6〕　p20～24

木原毅　特集 アジアは伝えられているか 聴いたことありますか? アジアのラジオ：月刊民放　18（204）〔1988.6〕　p22～24

岡本英信,岩田公雄,菊池啓一　特集 アジアは伝えられているか “日常の伝え方”が課題に 支局リポート：月刊民放　18（204）〔1988.6〕　p25～29

磯野恭子,温井甚佑,星野敏子,内山洋道,樋口由紀雄　特集 アジアは伝えられているか 日本の「現実」にどう迫り、伝えるか：月刊民放　18（204）〔1988.6〕　p11～19

国際　　　　　　　　　　　　　　ジャーナリズム

| 卓南生, 田中宏 | 特集 アジアは伝えられているか 「問い直し」必要な日本人の "歴史観" 対談：月刊民放　18（204）〔1988.6〕 p6〜10 |

卓南生, 田中宏　特集 アジアは伝えられているか 「問い直し」必要な日本人の "歴史観" 対談：月刊民放　18（204）〔1988.6〕 p6〜10

小島明　2つの時計のズレをどうするか──経済摩擦報道の問題点（＜日米関係＞の将来を考える）：新聞研究　通号443 〔1988.6〕 p14〜17

堀内敏宏　"ありのまま"を伝えるために──24時間ワールドニュース（＜日米関係＞の将来を考える）：新聞研究　通号443 〔1988.6〕 p28〜30

斎藤明　"思考の習慣"に縛られていないか──両国の「危機」をとらえなおすために（＜日米関係＞の将来を考える）：新聞研究　通号443 〔1988.6〕 p18〜21

白井健策　世界の中の日本の立場（＜日米関係＞の将来を考える）：新聞研究　通号443 〔1988.6〕 p10〜13

宝利尚一　米国からみた日米関係の実相──米国側プレスの視点を中心に（＜日米関係＞の将来を考える）：新聞研究　通号443 〔1988.6〕 p22〜27

太宰信　「スジだらけ」の大韓航空機事件報道：総合ジャーナリズム研究　25（03）〔1988.7〕 p50〜56

林建彦　韓国・マスコミ界動向－3－総選挙 "大逆転" ショックと報道：総合ジャーナリズム研究　25（03）〔1988.7〕 p83〜91

安江良介　日本の新聞の韓国報道：新聞研究　通号446 〔1988.9〕 p69〜73

林建彦　新聞はなぜ「北朝鮮」を見誤ったか：諸君！ 日本を元気にするオピニオン雑誌　20（10）〔1988.10〕 p88〜100

村川英　TVアメリカ体験記1 ブラウン管に映った日本：放送批評　No.232 〔1988.11〕

平川祐弘　英国で接した天皇報道：諸君！ 日本を元気にするオピニオン雑誌　20（12）〔1988.12〕 p26〜41

大畠俊夫　"国際化"の広がりと国際報道（1988年の報道課題を振り返る）：新聞研究　通号449 〔1988.12〕 p18〜22

吉田正也　ソウル五輪－韓国の新聞は何を報じたか：総合ジャーナリズム研究　26（01）〔1989.1〕 p78〜83

阪田秀　'88米国大統領選マスメディアは何を報道したのか：新聞研究　通号450 〔1989.1〕 p81〜85

藤岡司　ウエート高める地方紙海外支局（地方からみた国際化）：新聞研究　通号450 〔1989.1〕 p26〜28

中野学　グローバリズムと地域の独自性（地方からみた国際化）：新聞研究　通号450 〔1989.1〕 p10〜13

渋谷武　国際報道における地方紙の課題（地方からみた国際化）：新聞研究　通号450 〔1989.1〕 p14〜16

石本利康　国際センスをいかに育てるか（記者読本'89－取材現場からのメッセージ）：新聞研究　通号452 〔1989.3〕 p44〜46

小島敦　ソ連のプレスにおける日本報道──グラスノスチに対応して変化（変わるソ連と報道）：新聞研究　通号453 〔1989.4〕 p16〜19

古本昭三　ソ連報道に求められる視点──今こそ百花斉放の論議を（変わるソ連と報道）：新聞研究　通号453 〔1989.4〕 p10〜12

小田紘一郎　北方領土企画にみる開かれた（グラスノスチ）ソ連（変わるソ連と報道）：新聞研究　通号453 〔1989.4〕 p20〜22

岡山和彦　「国際部」の新設──その背景と役割：新聞研究　通号456 〔1989.7〕 p60〜62

全国朝日放送報道取材部カメラスタッフ　TVカメラが見た北京（激動の中国を伝える）：新聞研究　通号457 〔1989.8〕 p56〜59

花野敏彦　香港情報を分析する（激動の中国を伝える）：新聞研究　通号457 〔1989.8〕 p60〜63

迫田勝敏　歴史的事件のただ中で（激動の中国を伝える）：新聞研究　通号457 〔1989.8〕 p49〜51

総合ジャーナリズム研究編集部　記録 北京の45日──ジャーナリズムの動き（ジャーナリズムの "読み"）：総合ジャーナリズム研究所　26（04）〔1989.10〕 p17〜44

高橋実　中国・天安門事件の "期待報道"（ジャーナリズムの "読み"）：総合ジャーナリズム研究　26（04）〔1989.10〕 p18〜24

高橋実　激動する国際情勢をどう読むか──求められる相互依存感覚の形成（80年代を検証する）：新聞研究　通号461 〔1989.12〕 p20〜24

伊藤陽一　国際間のニュース報道の流れの規定要因（国際化の中の放送＜特集＞）：放送学研究　通号40 〔1990〕 p69〜94

安間総介　国際共同制作の意義と問題点（国際化の中の放送＜特集＞）：放送学研究　通号40 〔1990〕 p111〜129

柴田寛二　現場で見た米ジャーナリズムの新断面（NY特派員帰朝報告）：総合ジャーナリズム研究　27（01）〔1990.1〕 p69〜75

佐野真　ソ連──言論界 "維新" への胎動：総合ジャーナリズム研究　27（02）〔1990.4〕 p16〜22

佐々木垣, 新妻義輔, 宝利尚一　今, 特派員に求められるもの：新聞研究　通号466 〔1990.5〕 p40〜53

青木利夫　特派員活動と国際報道：新聞研究　通号466 〔1990.5〕 p54〜57

迫田勝敏　まだまだ続く「報道の冬」──天安門事件後の中国取材事情：新聞研究　通号467 〔1990.6〕 p58〜61

名雪雅夫　ポーランド 先駆者の道を歩き続ける──共産党政権の連鎖的崩壊の震源地（東欧変革を追う）：新聞研究　通号468 〔1990.7〕 p52〜54

伊藤光彦　大上段でなく, 意志をもって──国際報道の新局面と可能性（戦後45年ジャーナリズムは今…）：新聞研究　通号469 〔1990.8〕 p19〜22

黒田勝弘　逆転現象・日韓マスコミの北報道：現代コリア　通号304 〔1990.9〕 p16〜19

藤原和彦　カイロ アラブ民主化の触媒と期待（中東を報ずる視点─特派員リポート）：新聞研究　通号472 〔1990.11〕 p26〜28

西川恵　バグダッド 台風の目に戸惑う市民（中東を報ずる視点─特派員リポート）：新聞研究　通号472 〔1990.11〕 p24〜26

瀬川清茂　モスクワ 米ソ協調は米ソ競合の裏返し（中東を報ずる視点─特派員リポート）：新聞研究　通号472 〔1990.11〕 p36〜38

久保田誠一　ロンドン 人命には強固な政府と新聞（中東を報ずる視点─特派員リポート）：新聞研究　通号472 〔1990.11〕 p32〜34

古森義久　ワシントン 国際新秩序形成のリトマス試験（中東を報ずる視点─特派員リポート）：新聞研究　通号472 〔1990.11〕 p29〜31

杉本哲也　経済 現地情報の不足・人質の足かせ（中東を報ずる視点─国内で情報を追う）：新聞研究　通号472 〔1990.11〕 p49〜52

小林泰宏　社会 展望開けぬ人質問題（中東を報ずる視点─国内で情報を追う）：新聞研究　通号472 〔1990.11〕 p52〜54

岡倉徹志　新聞はイラクの侵攻をどう報じたか（中東を報ずる視点）：新聞研究　通号472 〔1990.11〕 p14〜17

根来昭一郎　中東危機をめぐる論調（中東を報ずる視点）：新聞研究　通号472 〔1990.11〕 p43〜46

金栄培, 沈揆先　北朝鮮記者団が東亜日報社を訪問（マスコミの焦点）：新聞研究　通号472 〔1990.11〕 p92〜94

阿部汎克　情報は政治をどう変えたか──ハンガリー, ルーマニア, 旧東独の場合：新聞研究　通号473 〔1990.12〕 p65〜70

久米茂　特集 新時代の国際報道 いまジャーナリストに求められるもの：月刊民放　21（235）〔1991.1〕 p14〜17

酒井昭	特集 新時代の国際報道 アジアの情報交流をどう進めるか:月刊民放 21 (235)〔1991.1〕p28〜29	
武居征生	特集 新時代の国際報道 欧米の経済情報速報に力点 テレビ東京:月刊民放 21 (235)〔1991.1〕p26〜27	
広田兼一郎	特集 新時代の国際報道 海外提携、専用回線で時代に即応 フジテレビ:月刊民放 21 (235)〔1991.1〕p22〜23	
早河洋	特集 新時代の国際報道 見極めるべきはニュースの質 テレビ朝日:月刊民放 21 (235)〔1991.1〕p24〜25	
井上宏	特集 新時代の国際報道 "国内向け報道"意識からの脱却を:月刊民放 21 (235)〔1991.1〕p10〜13	
藤本正信	特集 新時代の国際報道 世界に通用するニュースの発信者に 日本テレビ:月刊民放 21 (235)〔1991.1〕p18〜19	
黒田宏	特集 新時代の国際報道 内容の充実に人材増強は不可欠 東京放送:月刊民放 21 (235)〔1991.1〕p20〜21	
大森幸男	特集 新時代の国際報道 民放サバイバルの試金石に:月刊民放 21 (235)〔1991.1〕p6〜9	
大橋正信	マスメディアとドイツ統一――革命前後のメディア事情:新聞研究 通号474〔1991.1〕p73〜77	
岡島成行	南北問題という視点から見た環境――各国ジャーナリストの立場 (技術・人間・自然):新聞研究 通号474〔1991.1〕p28〜31	
今田好彦	「天安門事件」日中報道の比較―1―:慶応義塾大学新聞研究所年報 通号36〔1991.3〕p61〜78	
杉山文彦	海外支局――特派員は「心意気」(取材の最前線で):新聞研究 通号476〔1991.3〕p73〜75	
ゲナージー、アリーエヴィチ、鈴木啓介	ソ連・グラスノスチ 銃剣とペンを同列に置くな！ －－「ノーヴォエ・ヴレーミヤ」誌＝ゲナージー・アリーエヴィチ記者の手記:総合ジャーナリズム研究 28 (02)〔1991.4〕p72〜78	
三島達也	メディア・ジャーナル 新聞――二極分解した社説:マスコミ市民 通号271〔1991.4〕p18〜19	
総合ジャーナリズム研究編集部	(「湾岸」報道の嵐＜特集＞)湾岸戦争ジャーナリズムの軌跡:総合ジャーナリズム研究所 28 (02)〔1991.4〕p49〜53	
郭慶光	世論調査にみる日本人の中国像:新聞研究 通号477〔1991.4〕p69〜73	
青木彰	愚行の土壌とジャーナリズム--日本の新聞が目をそらしたもの-上-(「湾岸」報道の嵐-2-):総合ジャーナリズム研究 28 (03)〔1991.7〕p55〜64	
江口浩	在日外国特派員の活動と意見－－膨張する東京発信情報の渦中で:総合ジャーナリズム研究 28 (03)〔1991.7〕p28〜34	
松本幸重	思い出の「今日のソ連邦」-1〜4:総合ジャーナリズム研究 28 (03)〜29 (02)〔1991.7〜1992.4〕p42〜47	
吉田信行	徐瑞希記者事件の背景と波紋――台湾版リクルート事件と記者の解雇 (マスコミの焦点):新聞研究 通号480〔1991.7〕p85〜88	
今田好彦	「天安門事件」日中報道の比較―2―:慶応義塾大学新聞研究所年報 通号37〔1991.9〕p125〜140	
高橋祐三, 潘王鵬	報道機関の新たな転換期――文化大革命後の中国の10年〔英文, 含 抄訳〕:慶応義塾大学新聞研究所年報 通号37〔1991.9〕p31〜35	
青木彰	「湾岸」報道の嵐－3－愚行の土壌とジャーナリズムー下－「個人」と「共同体」をつなぐ:総合ジャーナリズム研究 28 (04)〔1991.10〕p8〜16	
鈴木健二	日米は「危機」か―7―マスコミがつくる認識のずれ――日米の報道は視線も視点も違う:エコノミスト 69 (42)〔1991.10〕p76〜81	
春名幹男	日本の国連報道を考える (地球時代の日本と報道):新聞研究 通号485〔1991.12〕p48〜50	
今井克	＜ドイツ＞「ドイツ屋」の幸運 (専門記者の道):新聞研究 通号486〔1992.1〕p30〜34	
渡辺泰造	新聞報道にのぞむ国際報道への期待 (第100回新聞講座):新聞研究 通号486〔1992.1〕p66〜69	
Hewett, Robert, 橋本正邦	マスメディアが緊張を高めているか――日米関係報道に対する東京, ワシントン特派員の見解 (日米情報摩擦):新聞研究 通号487〔1992.2〕p22〜28	
生田保年	敵意や憎悪との決別――投書にみるパールハーバー50周年のアメリカ (日米情報摩擦):新聞研究 通号487〔1992.2〕p18〜21	
河本英三	日米マスコミの相手国報道 (日米情報摩擦):新聞研究 通号487〔1992.2〕p39〜41	
鳥飼玖美子	翻訳・通訳の生む誤解 (日米情報摩擦):新聞研究 通号487〔1992.2〕p36〜38	
木庭慎吾	変わりつつあるベトナム (記者を志した君へ――記者読本'92-取材の一線から):新聞研究 通号488〔1992.3〕p73〜75	
安江良介	冷戦の崩壊と現実主義 (記者を志した君へ――記者読本'92):新聞研究 通号488〔1992.3〕p10〜13	
関田雅弘	近くなる環日本海圏―CIS報道と新潟日報 (独立国家共同体の行方):新聞研究 通号489〔1992.4〕p38〜40	
山内昌之	「壮大なドラマ」をどう伝えるか――緊張する民族問題 (独立国家共同体の行方):新聞研究 通号489〔1992.4〕p10〜14	
総合ジャーナリズム研究編集部	ルポ・北朝鮮の最新メディア事情:総合ジャーナリズム研究所 29 (03)〔1992.7〕p110〜113	
長岡昇	アフガニスタン 見極め困難な新生アフガンの行方 (揺れるアジア):新聞研究 通号493〔1992.8〕p44〜46	
小牧利寿	インドネシア 「強権政治」イメージの内側 (揺れるアジア):新聞研究 通号493〔1992.8〕p35〜37	
門野隆弘	シンガポール 日本軍占領から半世紀を迎えて (揺れるアジア):新聞研究 通号493〔1992.8〕p41〜43	
松永努	フィリピン 2つのキーワードから見たメディアと社会 (揺れるアジア):新聞研究 通号493〔1992.8〕p27〜30	
直井謙二	ベトナム 古くて新しい隣人のいま (揺れるアジア):新聞研究 通号493〔1992.8〕p31〜34	
横堀克己	モンゴル 脱社会主義への実験 (揺れるアジア):新聞研究 通号493〔1992.8〕p18〜20	
杉江弘充	香港 5年後に迫る中国復帰 (揺れるアジア):新聞研究 通号493〔1992.8〕p21〜23	
下川正晴	朝鮮半島 激動の半島からアジアを見る (揺れるアジア):新聞研究 通号493〔1992.8〕p14〜17	
今田好彦	「天安門事件」日中報道の比較―3―:慶応義塾大学新聞研究所年報 通号39〔1992.9〕p45〜74	
李相湖	日本新聞の韓国報道傾向分析――「従軍慰安婦」と「貿易不均衡・技術移転」を中心として:慶応義塾大学新聞研究所年報 通号39〔1992.9〕p123〜141	
潮見高男	論調 (90・8〜91・7)・日本とアジア(『日本およびアジア諸国・地域の新聞社説にみる湾岸戦争－－日本の「国際貢献」に関する議論を中心として』総論要約)(国際貢献＝PKO議論のゆくえ－－日本の論調, アジアの視線):総合ジャーナリズム研究 29 (04)〔1992.10〕p84〜90	
高嶋伸欣	12・8開戦 「華僑虐殺」と日本のジャーナリズム (1):マスコミ市民 通号289〜通号300〔1992.11〜1993.11〕p6〜15	
笹尾敬子	取材と報道の現場 (10) マスコミの北方領土ビザなし渡航第一陣を終えて:月刊民放 22 (258)〔1992.12〕p36〜37	

| 国際 | ジャーナリズム |

| 李光鎬 | 日本と韓国の日刊紙における外信報道の紙面分析：慶應義塾大学大学院社会学研究科紀要 ： 社会学・心理学・教育学 ： 人間と社会の探究　通号37 〔1993〕 p9～16 |

横間恭子　ニューヨーク発 国籍なき真の国際通信社＝IPS－－第3世界, 少数派に焦点を当てたニュースを重視する：総合ジャーナリズム研究　30(01) 〔1993.1〕 p15～20

韓桂玉　朝鮮半島報道に思う：マスコミ市民　通号291 〔1993.2〕 p36～41

新谷明生　カンボジア報道――「うそ」と「まこと」：マスコミ市民　通号296 〔1993.7〕 p6～11

山本賢蔵　したたかなペシミズム――プノンペン市民の表情（カンボジアから何を伝えるか―CAMBODIA INSIDE）：新聞研究　通号504 〔1993.7〕 p44～46

友田錫　カンボジア報道の過去・現在・未来（カンボジアから何を伝えるか）：新聞研究　通号504 〔1993.7〕 p10～13

小野淳二　タイから見たカンボジア（カンボジアから何を伝えるか―CAMBODIA INSIDE）：新聞研究　通号504 〔1993.7〕 p38～41

真田正明　ポル・ポト派報道の難しさ（カンボジアから何を伝えるか―CAMBODIA INSIDE）：新聞研究　通号504 〔1993.7〕 p36～38

服部健司　苦心の多い北京取材（カンボジアから何を伝えるか―CAMBODIA INSIDE）：新聞研究　通号504 〔1993.7〕 p41～43

吉田康彦　国連報道の落とし穴（カンボジアから何を伝えるか）：新聞研究　通号504 〔1993.7〕 p51～54

花井喜六　初めて取材される身になって――選挙監視員から見た過剰報道（カンボジアから何を伝えるか）：新聞研究　通号504 〔1993.7〕 p17～20

福田敦宣　"地ダネ"としてのカンボジア（カンボジアから何を伝えるか）：新聞研究　通号504 〔1993.7〕 p47～50

三好範英　予想上回るフ党〔フンシンペック党〕の勝利（カンボジアから何を伝えるか―CAMBODIA INSIDE）：新聞研究　通号504 〔1993.7〕 p21～23

大竹秀子　ニューヨーク発 米プレスの「皇太子結婚」報道, 4題：総合ジャーナリズム研究　30(04) 〔1993.10〕 p32～38

新村弘　韓国の新聞論調にみる"巨大日本"'93：総合ジャーナリズム研究　31(01) 〔1994.1〕 p39～43

中西輝政　国際 みえ始める「冷戦後」の世界の変化（提言'94）：新聞研究　通号510 〔1994.1〕 p49～53

広田常治　北朝鮮報道への大疑惑：マスコミ市民　通号307 〔1994.6〕 p8～13

宮田浩人　北朝鮮報道を検証する――なぜ自らを問わないのか：世界　通号601 〔1994.11〕 p204～212

村主道美　ルワンダ報道の惨状：諸君！ 日本を元気にするオピニオン雑誌　27(1) 〔1995.1〕 p185～193

黄盛彬　東アジア地域における放送メディア動向の比較研究（その2）―放送の国際化と国家のメディア政策 韓国と台湾：社会学研究科論集　(2) 〔1995.3〕 p51～62

斎田一路　ポスト冷戦時代の国際報道――和解, 対決, 協調, 孤立のベクトルの中で（地域紛争を報じる）：新聞研究　通号525 〔1995.4〕 p10～13

町田幸彦　リスクは大きくとも「現場」に――ボスニア・ヘルツェゴビナの取材から（地域紛争を報じる）：新聞研究　通号525 〔1995.4〕 p21～23

長浜孝行　情報収集をいかにするか――困難伴う国連安保理の取材（地域紛争を報じる）：新聞研究　通号525 〔1995.4〕 p27～29

山口昌子　仏・大統領選挙――報道機関の少なくなった候補者支持：総合ジャーナリズム研究　32(03) 〔1995.7〕 p27～29

卓南生　「南方報道」と「東南アジア報道」の連続と不連続――問われる日本のジャーナリズムの姿勢（戦後50年――連続と不連続＜特集＞）：マス・コミュニケーション研究　通号47 〔1995.7〕 p60～79

桝井成夫　「世界を映す鏡」と日本――国連報道を考える（戦後50年 これまで, これから＜特集＞―世界の中で）：新聞研究　通号530 〔1995.9〕 p35～38

森田明彦　日米の新しい出発点（戦後50年 これまで, これから＜特集＞―世界の中で）：新聞研究　通号530 〔1995.9〕 p31～34

田久保忠衛　冷戦思考から脱却した視点で――国際報道に望む（戦後50年 これまで, これから＜特集＞―世界の中で）：新聞研究　通号530 〔1995.9〕 p27～30

山口昌子　「核実験再開」と仏報道の変化――パリ発＝特別リポート：総合ジャーナリズム研究　33(01) 〔1996.1〕 p12～16

村上大介　インターネットをこう使う―3―「海外現地」の雰囲気を得る――東京勤務外報記者の取材補助ツールとして：新聞研究　通号535 〔1996.2〕 p69～71

川崎剛　アフリカ特派員報告――明るいニュースを書いている暇はない：総合ジャーナリズム研究　33(02) 〔1996.4〕 p46～50

伊東正剛　＜ロシア極東＞ボーダーレス化進む極東地域（東アジア報道を考える―【現地リポート】）：新聞研究　通号538 〔1996.5〕 p38～40

黒田勝弘　＜韓国＞罪の意識超えて新しい交流を追う（東アジア報道を考える―【現地リポート】）：新聞研究　通号538 〔1996.5〕 p35～37

坂東賢治　＜香港＞返還控え, 取材拠点として重要さ増す（東アジア報道を考える―【現地リポート】）：新聞研究　通号538 〔1996.5〕 p32～34

横堀克己, 饗庭孝典, 薄木秀夫　座談会 変ぼうする東アジア――求められている報道とは何か（東アジア報道を考える）：新聞研究　通号538 〔1996.5〕 p10～25

小林慶二　正確な報道に不可欠な歴史認識――朝鮮半島報道に望む（東アジア報道を考える）：新聞研究　通号538 〔1996.5〕 p47～49

伊藤信一　＜台湾＞隣人としての視座を持って（東アジア報道を考える―【現地リポート】）：新聞研究　通号538 〔1996.5〕 p29～31

高井潔司　＜中国＞情報の取捨選択誤らず読みにくい国を伝える（東アジア報道を考える―【現地リポート】）：新聞研究　通号538 〔1996.5〕 p26～28

外岡秀俊　＜二国間報道を超えて＞日米中, 三極の力学を冷徹に観察（東アジア報道を考える―【現地リポート】）：新聞研究　通号538 〔1996.5〕 p41～43

嶋倉民生　「二本足路線」の国を複眼的観察で――中国報道に望む（東アジア報道を考える）：新聞研究　通号538 〔1996.5〕 p44～46

韓桂玉　歪められる「北朝鮮報道」の政治的背景と構造的仕組み：マスコミ市民　通号332 〔1996.7〕 p64～68

総合ジャーナリズム研究編集部　リレー・コラム《視界》「従軍慰安婦問題」メディアの役割：総合ジャーナリズム研究所　33

		（04）〔1996.10〕 p77〜83
隅井孝雄	米・24時間ニュース戦争の新構図：総合ジャーナリズム研究　33（04）〔1996.10〕 p52〜57	
矢部恒弘	海外 潜水艦座礁事件に対する韓国の反応：新・調査情報passingtime　2期（51）通号413〔1996.11〕 p80〜81	
阿羅健一	「朝日新聞」はこうして尖閣報道を歪めた：正論　通号293〔1997.1〕 p76〜85	
軽部謙介	事実の検証と偏らない視点を 日米摩擦報道の現場で思う：新聞通信調査会報　通号412〔1997.3〕 p14〜16	
三上俊治，真鍋一史，水野博介　日米中関係をめぐる世論とマスメディア：慶応義塾大学新聞研究所年報　通号47〔1997.3〕 p43〜69		
総合ジャーナリズム研究編集部　全記録・事件と「問題報道」の波紋（ペルー公邸人質事件とジャーナリズム）：総合ジャーナリズム研究所　34（02）〔1997.4〕 p19〜23		
伊藤正	読めなかったフジモリ戦略 大使公邸人質事件と報道：新聞通信調査会報　通号415〔1997.6〕 p1〜3	
三垣公彦	海外 メディアが炙りだす独裁国家の虚像：新・調査情報passingtime　2期（51）通号417〔1997.7〕 p80〜81	
坂東賢治	「中国の時代」のリトマス試験紙（香港返還を追う）：新聞研究　通号553〔1997.8〕 p71〜73	
坂井臣之助	強まるメディアの自己規制 香港返還を現地で見て：新聞通信調査会報　通号418〔1997.9〕 p4〜6	
今村庸一	香港返還—世界のテレビは何を伝えたか：放送レポート　148号〔1997.9〕 p18〜24	
横田和人	海外 ダイアナ報道 フランスの現場から：新・調査情報passingtime　2期（51）通号419〔1997.11〕 p78〜79	
小松原久夫	地球規模の情報伝達 前例ない報道批判——英皇太子元妃事故死その後：新聞研究　通号556〔1997.11〕 p64〜66	
総合ジャーナリズム研究編集部　米大統領不倫もみ消し疑惑報道：総合ジャーナリズム研究所　35（01）〔1998.1〕 p7〜25		
徳松信男	日本および海外の英語新聞、雑誌による尖閣諸島問題の報道のされ方とその批判：常葉学園大学研究紀要. 外国語学部　（14）〔1998.3〕 p163〜200	
北原糸子	ノルマントン号事件と義捐金問題（特集 国際社会とメディア）：メディア史研究　通号7〔1998.3〕 p1〜39	
菅原秀	民衆の声が聞こえないアジア報道：公評　35（3）〔1998.4〕 p112〜119	
藤井良広	EU通貨圏形成の意味——新聞は何に着目すべきか（欧州統合を見据えて）：新聞研究　通号564〔1998.7〕 p29〜31	
桑嶋誠一	ヨーロッパは取材の宝庫——地方紙にとっての欧州（欧州統合を見据えて）：新聞研究　通号564〔1998.7〕 p35〜37	
関口宏	協調の中の対立関係——欧州から見た米国、米国から見た欧州（欧州統合を見据えて）：新聞研究　通号564〔1998.7〕 p26〜28	
國弘正雄	行動支える「論理」から考える——「嫌米」気分の時代に必要な米国報道の視点は：新聞研究　通号564〔1998.7〕 p53〜55	
隠岐勝	社会が同質化する時代に——ヨーロッパの何を見せるか、伝えるか（欧州統合を見据えて）：新聞研究　通号564〔1998.7〕 p38〜40	
時事通信労働委員会　時事通信社長、中国、韓国を「すり込み的反日教育」と批判 戦争責任無視の『暴論』を徹底追及：マスコミ市民　通号358〔1998.10〕 p68〜73		
有馬貴司	欧米メディアの対日論調と経済広報：Keidanren　46（10）〔1998.10〕 p58〜59	
浜本良一	中国の政治決定が生んだ〔読売新聞社〕台北支局：新聞研究　通号569〔1998.12〕 p45〜47	
穂積健	インドネシアについての雑誌記事：人文科学論集　（63）〔1998.12〕 p71〜82	
柿谷勲夫	朝日新聞よ、新たな「中国人大虐殺」をでっちあげるな：正論　通号316〔1998.12〕 p112〜123	
日下部正樹	人民解放軍のプロパガンダとなった洪水報道：新・調査情報passingtime　2期（51）通号426〔1999.1〕 p4〜5	
明石康	広範な報道、多様な意見を——国連から私が見た世界のメディア（第51回新聞大会）：新聞研究　通号570〔1999.1〕 p42〜46	
人見剛史	ペルー日本大使公邸人質事件から2年 人見剛史「いま明かす "突撃取材" の顛末」：ぎゃらく　通号355〔1999.2〕 p30〜35	
鈴木悟	海外特派員——事実を伝え疑問に答える「報道の原点」忘れずに（特集 最前線のエキスパートに学ぶ—先輩たちの教訓と応援歌）：月刊民放　29（3）通号333〔1999.3〕 p28〜31	
亜州奈みづほ　日韓出版交流の現状－－一方通行から双方向へ：出版ニュース　通号1833〔1999.4〕 p6〜9		
佐々木良寿	外国メディアの動きに神経とがらす政権（ユーゴ空爆・現地取材で見えたもの）：新聞研究　通号576〔1999.7〕 p36〜38	
山本敦子	裏のとれない取材にとまどう日々——NATO本部を取材して（ユーゴ空爆・現地取材で見えたもの）：新聞研究　通号576〔1999.7〕 p33〜35	
野村民夫	東ティモール報道を巡って：マスコミ市民　通号368〔1999.8〕 p40〜48	
塩田雄大，飽戸弘　日韓テレビ報道比較調査研究 日本と韓国・テレビはお互いをどのように伝えたか——1992年から1999年・対立から理解へ：NHK放送文化調査研究年報　通号45〔2000〕 p99〜164		
伊藤芳明	国際報道が直面する二つの困難：総合ジャーナリズム研究　37（01）（通号 171）〔2000.1〕 p64〜68	
大島裕史	［視界］日韓関係に新たな光を：総合ジャーナリズム研究　37（01）（通号 171）〔2000.1〕 p60〜61	
杉尾秀哉	［視野］「クリントン疲れ」とメディア不信：総合ジャーナリズム研究　37（01）（通号 171）〔2000.1〕 p48〜49	
井上泰浩	米エリート紙における日本の首相報道——逸脱理論、覇権理論による偏向の研究：マス・コミュニケーション研究　通号56〔2000.1〕 p203〜216	
古川洋	日本文化開放下の日韓編集セミナー——互いの関心を高めながら報道に生かす努力：新聞研究　通号583〔2000.2〕 p48〜51	
伊藤陽一	ニュース報道の国際流通に関する理論と実証（特集：ニュース研究——メディアコム・プロジェクトからの報告）：メディア・コミュニケーション：慶応義塾大学メディア・コミュニケーション研究所紀要　通号50〔2000.3〕 p45〜63	
李光鎬	日本と韓国の領有権紛争に関する新聞報道の内容分析：メディア・コミュニケーション：慶応義塾大学メディア・コミュニケーション研究所紀要　通号50〔2000.3〕 p141〜155	
黒田勝弘	官民一体で親北ムードを演出——南北朝鮮首脳会談・ソウルのプレスセンターの現場から：新聞研究　（590）〔2000.9〕 p60〜63	
黒田勝弘	特集 南北首脳会議に揺れた韓国のメディア：放送文化　通号75〔2000.9〕 p40〜43	
河田卓司	中台の和解、台湾海峡の安定——外交関係はなくとも密接で軽視できない（特集 日本外交と海外特派員の視点）：新聞研究　（592）〔2000.11〕 p18〜21	

大澤文護	北の日常、権力中枢の個性を伝える時期——過敏な反応の抑制が対北朝鮮交渉力強化につながる（特集 日本外交と海外特派員の視点）：新聞研究　（592）〔2000.11〕p14〜17	
宮田謙一	「領土」におもねらず、とらわれず——求められる外交バランスの回復（特集 日本外交と海外特派員の視点）：新聞研究　（592）〔2000.11〕p10〜13	
森保裕	「狭隘なナショナリズム」は不要だ——日中共存の在り方を提起する報道を（特集 日本外交と海外特派員の視点）：新聞研究　（592）〔2000.11〕p22〜25	
野村民夫	東ティモール難民の報道について：マスコミ市民　通号386〔2001.3〕p64〜68	
綿井健陽	民衆が浮き彫りにするアジア（9）東ティモール最後の殺戮を記録したジャーナリスト——アグス・ムリアワン：マスコミ市民　通号387〔2001.4〕p90〜95	
亜州奈みづほ	歴史教科書問題と近隣諸国との文化交流——一人歩きした「教科書」：出版ニュース　通号1912〔2001.8〕p6〜9	
徳山喜雄	FEATURE 新たな「戦争」と報道と：総合ジャーナリズム研究　38（04）（通号178）〔2001.9〕p14〜19	
本田優	マジックミラー型の日米関係を解く——抜け出すカギは「第三の視点」と「長期戦略」（特集「講和・安保50年」と新聞）：新聞研究　（604）〔2001.11〕p14〜17	
石沢靖治	国際報道の新たな姿勢・手法の確立を——受け手である国民も、国家も国際関係も変わっている（特集「講和・安保50年」と新聞）：新聞研究　（604）〔2001.11〕p34〜37	
水島敏夫	重要な二国間関係を多角的に検証する——今後の日米関係は、日本の「政治的意思」がキーワード（特集「講和・安保50年」と新聞）：新聞研究　（604）〔2001.11〕p22〜25	
小松浩	前向きに日米同盟の在り方を提言する——明日への思考の手がかりとなる視座を、読者と共有したい（特集「講和・安保50年」と新聞）：新聞研究　（604）〔2001.11〕p18〜21	
半田滋	日米安保の姿を単純化して描く——米国を鏡にして等身大の日本が映る（特集「講和・安保50年」と新聞）：新聞研究　（604）〔2001.11〕p26〜29	
兼高聖雄, 今村庸一, 坂本衛　編集委員緊急鼎談 米テロ・戦争報道を検証する！：ぎゃらく　通号389〔2001.12〕p32〜37		
春日孝之	激しい情報戦続くスパイ都市——アフガン報道の拠点・イスラマバードでの取材ルポ：新聞研究　（607）〔2002.2〕p51〜54	
亜州奈みづほ	日韓大衆文化交流時代 韓国作品・日本上陸のために：出版ニュース　通号1941〔2002.7〕p7〜9	
石丸次郎	アジアメディア最前線（5）北朝鮮を見る目、伝える目（下）瀋陽事件・元役人の戯言、大手メディアの怠慢：マスコミ市民　通号402〔2002.7〕p18〜21	
坂東賢治	異なる世界観を正確に——外交政策と報道（特集 中国の実像をどう伝えるか）：新聞研究　（613）〔2002.8〕p14〜17	
伊藤俊行	「隔離」された首脳会議——カナナスキス・サミット同行取材記：新聞研究　（613）〔2002.8〕p31〜34	
高井潔司	情報ギャップを抱えた報道30年——正常化以降の問題点を振り返る（特集 中国の実像をどう伝えるか）：新聞研究　（613）〔2002.8〕p10〜13	
蘇海河	駐日記者寄稿 多様性増す日本報道——中国紙の東京発記事の現状（特集 中国の実像をどう伝えるか）：新聞研究　（613）〔2002.8〕p28〜30	
信太謙三	矛盾にゆれる経済を観測——上海支局の重要性増す（特集 中国の実像をどう伝えるか）：新聞研究　（613）〔2002.8〕p18〜21	
音好宏	9・11以後 世界は〈4〉：放送レポート　178号〔2002.9〕p34〜35	
田畑豊	過去最大の取材団で臨む（9・17日朝首脳会議の取材体制）：新聞研究　（616）〔2002.11〕p43〜46	
藤井和史	日中国交正常化30周年——ラジオの朝ワイドを丸ごと現地から 発展する上海の生の熱気伝える（特集 揺れる日本、問われる報道 ラジオはどう伝えたか）：月刊民放　32（12）通号378〔2002.12〕p9〜11	
若菜英晴	本人の言葉、表情をより多く正確に——ミクロとマクロの視点を持つ（北朝鮮拉致被害者の取材と報道）：新聞研究　（617）〔2002.12〕p26〜28	
飯室勝彦	危うい「時流に合わせて振るタクト」（特集1 感情論一色の北朝鮮報道）：マスコミ市民　通号407〔2002.12〕p16〜22	
放送レポート編集部　これでいいのか!?北朝鮮報道 在日関係者・ジャーナリストたちの提言：放送レポート　180号〔2003.1〕p8〜10		
伊藤洋子, 兼高聖雄, 坂本衛　緊急座談会 これでいいのか？　北朝鮮報道：ぎゃらく　通号402〔2003.1〕p12〜17		
石丸次郎	アジアメディア最前線（9）拉致事件の衝撃とメディア報道（中）：マスコミ市民　通号408〔2003.1〕p28〜30	
小田桐誠	北朝鮮報道の裏側Q&A：ぎゃらく　通号403〔2003.2〕p30〜35	
壱岐一郎	テレビニュース批判——9・11事件と拉致報道：沖縄大学人文学部紀要　（4）〔2003.3〕p1〜10	
宝利尚一	欧米メディアの中東・イスラム報道：北海学園大学人文論集　（23・24）〔2003.3〕p121〜147	
田岡俊次	小さなことで騒ぎすぎ——「北朝鮮の脅威」の軽重を冷静に見る要（有事・戦争・メディア）：新聞研究　（621）〔2003.4〕p30〜33	
重村智計, 鈴木理栄　北朝鮮報道・メディアへの注文——インタビュー・重村智計 拓殖大学教授：放送レポート　182号〔2003.5〕p2〜5		
冨田共和	門戸開放と取材制限——韓国・盧武鉉政権のメディア対応：新聞研究　（622）〔2003.5〕p43〜45	
辛淑玉	辛淑玉さん講演会から 朝鮮半島と私たち いま、拉致報道から見えるもの：マスコミ市民　通号412〔2003.5〕p42〜53	
名田隆司	北朝鮮関連報道とジャーナリズム：マスコミ市民　通号415〔2003.8〕p72〜75	
東玲治	FEATURE 「拉致」問題とジャーナリズム：総合ジャーナリズム研究　40（01）（通号183）〔2003.12〕p64〜69	
エイミー, ウェブ　国際報道編 外国でどう取材報道するか（STUDY ジャーナリスト教育の実験報告（シリーズ2））：総合ジャーナリズム研究　40（01）（通号183）〔2003.12〕p54〜57		
小田敏三	地元「拉致報道」の原点と弱点（FEATURE 「拉致」問題とジャーナリズム）：総合ジャーナリズム研究　40（01）（通号183）〔2003.12〕p18〜21	
杉野定嘉	日本の新聞におけるSARS報道について——中国報道の宣伝的側面に関する数量分析：マス・コミュニケーション研究　通号65〔2004〕p96〜115	
亜州奈みづほ	東アジア「現代」文化圏の萌芽——中・韓・台・日、相互交流の活発化：出版ニュース　通号1994〔2004.1〕p6〜9	

マックニール, デビッド	海外紙から消える日本記事：総合ジャーナリズム研究　41（02）（通号188）〔2004.3〕　p56～59	
佐藤純子	同盟通信社の海外情報網——特派員人事と外務省情報政策（特集＝日本を伝える 世界を観る）：メディア史研究　16〔2004.4〕　p74～91	
古賀攻	日朝交渉と世論のとらえ方 歴史性と事件性、二つの視点から——事実の発掘と構想力で動きを読む（小泉再訪朝とメディア）：新聞研究　（637）〔2004.8〕　p36～39	
山下裕己	拉致被害者家族の再会まで 過去解きほぐし現在を記録する——激流にのまれた人々の声伝えたい（小泉再訪朝とメディア）：新聞研究　（637）〔2004.8〕　p48～51	
高橋正秀	拉致被害者家族の再会まで 証言積み上げ「核心」に迫る——全面解決まであきらめない（小泉再訪朝とメディア）：新聞研究　（637）〔2004.8〕　p44～47	
吉田康彦	間違いだらけの北朝鮮報道：マスコミ市民　通号427〔2004.8〕　p40～47	
総合ジャーナリズム研究編集部	FILE・J イラク戦争報道全記録（6）海外・国内編：総合ジャーナリズム研究所　41（04）（通号190）〔2004.9〕　p51～53	
亜州奈みづほ	アジアン・ブームの意味するもの——「東アジア現代文化」の創造：出版ニュース　通号2015〔2004.9〕　p6～9	
符祝慧	中国の「反日」と日本の「自己責任」——日本におけるアジアカップ報道を見て感じたこと（特集 日本マスコミの「反日」宣伝にブーイング）：マスコミ市民　通号428〔2004.9〕　p38～42	
藤原章生	世界のニュース現場から（1）地球の裏側で何を追うか——自らテーマを選び、伝える醍醐味：新聞研究　（640）〔2004.11〕　p44～47	
下川正晴	「北朝鮮報道」を考える——第41回日韓編集セミナーの討議から：新聞研究　（641）〔2004.12〕　p54～58	
岩間優希	日本の新聞に見るチェチェン戦争の論調：新聞学 ： 文化とコミュニケーション　（20）〔2005〕　p1～35	
黒瀬悦成	世界のニュース現場から（3）東南アジアのテロ組織に迫る——世界的事象の中で問題をとらえたい：新聞研究　（642）〔2005.1〕　p48～51	
内藤泰朗	世界のニュース現場から（4）遠い隣国ロシアを見つめる視点——「革命」に揺れる大国とどう付き合うか：新聞研究　（643）〔2005.2〕　p44～47	
城山英已	世界のニュース現場から（5）変わる中国、見えぬ内側——「表」と「裏」をどう伝えるか：新聞研究　（644）〔2005.3〕　p56～59	
東谷暁	日経新聞「中国報道」が危ない：文芸春秋　83（3）〔2005.3〕　p294～303	
山田剛	世界のニュース現場から（6）インドの光と陰——最先端と後進性、統一と混沌を併せ持つ国で：新聞研究　（645）〔2005.4〕　p38～41	
脇阪紀行	世界のニュース現場から（7）拡大欧州のダイナミズム——歴史的視点から地域統合の動きを追う：新聞研究　（646）〔2005.5〕　p56～59	
黒田勝弘	韓国の反日はどう伝えるべきか——複雑な対日感情を探る：新聞研究　（647）〔2005.6〕　p34～37	
矢崎弘之	世界のニュース現場から（8）極東の資源開発に群がる思惑——好景気に沸くサハリン州都の裏側を探る：新聞研究　（647）〔2005.6〕　p46～49	
上村幸治	求められる多角的な報道——変化をリアルタイムで伝える大切さ（日中関係の底流をどう読むか）：新聞研究　（648）〔2005.7〕　p36～39	
嶋田昭浩	世界のニュース現場から（9）民族・宗派対立の “先” を読む——中東理解へ向けた多角的視点の構築：新聞研究　（648）〔2005.7〕　p40～43	
藤野彰	中国世論の深層と取材の視点——デモに隠れた対日感情に迫る（日中関係の底流をどう読むか）：新聞研究　（648）〔2005.7〕　p32～35	
中島昇	世界のニュース現場から（10）「南米発」の話題を掘り起こす——底流取材続け、ニュースが出やすい環境を整備：新聞研究　（649）〔2005.8〕　p65～68	
樋口郁子	世界のニュース現場から（11）ネガティブなニュースの少ない国で——豪州ならではの話題を多く発信したい：新聞研究　（650）〔2005.9〕　p58～61	
白戸圭一	世界のニュース現場から（12）アフリカを報じることの意味——「ヒトの匂いのする大陸」が日本を “解毒” する：新聞研究　（651）〔2005.10〕　p68～71	
金平茂紀	CURRENT 米大統領選 争点提起に失敗したメディア：総合ジャーナリズム研究　42（01）（通号191）〔2005.12〕　p39～45	
元木昌彦, 酒井啓子	元木昌彦のメディアを考える旅（94）政府寄りのイラク報道ばかりでは、次の政治判断をミスリードする：エルネオス　12（1）通号134〔2006.1〕　p106～109	
加藤雅之	新連載 特派員万華鏡 小さな国際都市ジュネーブ——冷戦終結後はWTOが “看板機関” に：新聞研究　（654）〔2006.1〕　p58～61	
小泉陽一	特派員万華鏡 試練の時期を迎えたフランス——EUの盟主国が揺れている：新聞研究　（655）〔2006.2〕　p51～54	
山田賢一	中国の新興メディアと対日報道——東京・札幌国際シンポジウムより：放送研究と調査　56（2）通号657〔2006.2〕　p18～35	
斉木文武	特派員万華鏡 二十一世紀、環太平洋の首都から——アジアに開かれた地、カリフォルニア：新聞研究　（656）〔2006.3〕　p76～79	
若松篤	外報部デスクのはぎしり（特集 情報鎖国・ニッポン）：マスコミ市民　通号446〔2006.3〕　p18～21	
舟越美夏	特派員万華鏡 主流からこぼれ落ちるアジア報道——メディアは “小国の視点” もっと意識を：新聞研究　（657）〔2006.4〕　p70～73	
加賀谷和樹	特派員万華鏡 湾岸国家の相関図を読み解く——同じアラブ産油国同士で異なる民族模様：新聞研究　（658）〔2006.5〕　p62～65	
高井潔司	中国メディアに芽生える「公共性」——大きく変容する隣国を通して考える日本の現状（新聞の公共性を考える（3））：新聞研究　（659）〔2006.6〕　p34～37	
枝川敏実	特派員万華鏡 道民の興味に根ざした話題求めて——北海道の「今」を映す米西海岸の北部都市に支局を開設：新聞研究　（659）〔2006.6〕　p48～51	
佐藤成文	移民問題で “主役” のスペイン語メディア 反移民派のよりどころは名アンカー：新聞通信調査会報　通号531〔2006.7〕　p6～8	
飯塚恵子	イラク取材記・再びサマワへ 報道阻んだ日本政府の閉鎖性——イラク自衛隊活動に対する詳細な検証を：新聞研究	

国際　　　　　　　　　　　　　　　　　　ジャーナリズム

　　　　　　　　（661）〔2006.8〕　p62〜65
鈴木嘉人　　特派員万華鏡 返還から九年の香港を報じる──一国二制度の街から伝えるアジアの今：新聞研究　（661）〔2006.8〕
　　　　　　　　p71〜74
高嶋伸欣, 太田昌国　対談 拉致報道に異議あり：金曜日　14（30）通号631〔2006.8〕　p27〜29
富田百合子　特派員万華鏡 NYコレクション昨日、今日──ファッション記者稼業四十年を振り返って：新聞研究　（662）
　　　　　　　　〔2006.9〕　p53〜56
黒沢潤　　　特派員万華鏡 W杯がもたらした「統一」への自覚──誇りを取り戻し始めたドイツの人々：新聞研究　（663）
　　　　　　　　〔2006.10〕　p64〜67
青柳知敏　　特派員万華鏡 エンターテイナー問題のその後──日本のゆがみ映すフィリピンの「貧困」に焦点当てる：新聞研究
　　　　　　　　（664）〔2006.11〕　p58〜61
高島肇久　　特別講演会 日本だけで生きているメディア わが国の国際報道を考える：新聞通信調査会報　通号537〔2006.12〕
　　　　　　　　p1〜5
永田健　　　特派員万華鏡 戸惑いだらけのクーデター──タイの政変、市民、そして報道：新聞研究　（665）〔2006.12〕　p63〜
　　　　　　　　66
萩原豊　　　特派員万華鏡 この斑模様の世界で──二元論で決着つかない複雑さをどう報じるか：新聞研究　（666）〔2007.1〕
　　　　　　　　p66〜69
菅原透　　　特派員万華鏡 広州市民の"メディア感"とは──外国メディアは庶民のよりどころ：新聞研究　（667）〔2007.2〕
　　　　　　　　p63〜66
山田賢一　　中国のラジオ・テレビは日本をどう伝えているか──日中国際シンポジウムより：放送研究と調査　57（2）通号669
　　　　　　　　〔2007.2〕　p32〜45
春名幹男　　国際報道に挑戦する──専門化の時代にこそ総合力を付けよ（記者読本2007─記者となる君へ）：新聞研究　（668）
　　　　　　　　〔2007.3〕　p22〜25
西尾英之　　特派員万華鏡 動き出した巨象の陰影──変わるインドと変わらないインドの姿を伝える：新聞研究　（668）〔2007.
　　　　　　　　3〕　p70〜73
増田篤　　　特派員万華鏡 「ドンキホーテのかなわぬ夢」とは──米国のハートランド、シカゴの熱い思い：新聞研究　（669）
　　　　　　　　〔2007.4〕　p58〜61
菅原秀　　　対話こそが南北統一への道 各国記者が金剛山ツアーに参加：放送レポート　206号〔2007.5〕　p34〜37
権平恒志　　特派員万華鏡 露朝関係取材の前線拠点──経済発展が見込まれる極東の軍港都市、ウラジオストク：新聞研究
　　　　　　　　（670）〔2007.5〕　p58〜61
本蔵一茂　　特派員万華鏡 行きすぎた格差は害悪と痛感──政治の左傾化が進む南米で：新聞研究　（672）〔2007.7〕　p56〜59
小川雅己　　特派員万華鏡 変化目覚ましい首都モスクワの地で──大国のプライドを取り戻しつつある人々：新聞研究　（673）
　　　　　　　　〔2007.8〕　p62〜65
栗原健太郎　「主張する外交」の行方──日米関係・北朝鮮問題など課題は山積（安倍政権一年を振り返る）：新聞研究　（674）
　　　　　　　　〔2007.9〕　p25〜28
鄭真　　　　特派員万華鏡 中東の地からの情報発信──「立ち止まって考える」ための材料を提供したい：新聞研究　（674）
　　　　　　　　〔2007.9〕　p57〜60
古谷浩一　　特派員万華鏡 ここではすべてが独自ネタ──日本の読者にもう一つの中国、東北地方の実情伝えたい：新聞研究
　　　　　　　　（675）〔2007.10〕　p66〜69
池尾伸一　　市民メディアの台頭と新聞社の対応──読者の情報発信取り込む双方向サイトを柱に（米ジャーナリズムの現在）：
　　　　　　　　新聞研究　（676）〔2007.11〕　p14〜17
小出浩樹　　特派員万華鏡 変化する「日韓」の居場所──硬直した見方を超えた報道目指して：新聞研究　（676）〔2007.11〕
　　　　　　　　p53〜56
水間政憲　　発掘スクープ 幻の一級史料「朝日新聞・朝鮮版」が報じていた「大日本帝国下の朝鮮半島」近代化の真実：Sapio
　　　　　　　　19（23）通号428〔2007.11〕　p108〜110
杉山圭一郎　特派員万華鏡 記者冥利につきるゴジラ取材──ベースボールの聖地で追う松井の軌跡：新聞研究　（677）〔2007.
　　　　　　　　12〕　p52〜55
井本里士　　特派員万華鏡 ドイツの歴史教育から何を学ぶか──独仏共同歴史教科書の取材を通して：新聞研究　（679）〔2008.
　　　　　　　　2〕　p44〜47
松尾理也　　特派員万華鏡 広い持ち場から何を発信するか──「辺境」のにおいを残した西海岸で：新聞研究　（680）〔2008.3〕
　　　　　　　　p69〜72
伊藤高史　　外交政策とメディア, あるいはCNN効果──「政策─メディア相互行為モデル」の北朝鮮拉致事件におけるメディ
　　　　　　　　ア──日本政府間関係への応用：メディア・コミュニケーション ： 慶応義塾大学メディア・コミュニケーション
　　　　　　　　研究所紀要　（58）〔2008.3〕　p101〜114
楊韜　　　　「新生事件」をめぐる日中両国の報道及その背景に関する分析──差異と原因：メディアと文化　（4）〔2008.3〕
　　　　　　　　p161〜176
芝崎厚士　　GMS講義ノート 国際関係・世界政治とメディア（1）マイケル・ムーア VS. ソクラテス 「弁論術」としての21世紀
　　　　　　　　のメディア：Journal of global media studies　2〔2008.3〕　p75〜102
伊東義章　　特派員万華鏡 多民族国家、マレーシアの素顔──好調な経済の恩恵に浴さない層にくすぶる不満：新聞研究
　　　　　　　　（681）〔2008.4〕　p46〜49
犬飼優　　　特派員万華鏡 「ラッキーな国」オーストラリアから──良好な対日貿易関係、政権交代でやや暗雲：新聞研究
　　　　　　　　（682）〔2008.5〕　p48〜51
木村壮太　　特派員万華鏡 期待と注目浴びる「怪物」を追って──古都ボストンの熱狂に触れる：新聞研究　（683）〔2008.6〕
　　　　　　　　p79〜82
石田博士　　特派員万華鏡 最大の日系社会有する「近い」国──ブラジル移民百周年を迎え、実像どう伝えるか：新聞研究
　　　　　　　　（684）〔2008.7〕　p76〜79
野崎雅敏　　特派員万華鏡 二元論では理解できない運命共同体──馬英九政権誕生で見えた台湾社会の複雑さ：新聞研究
　　　　　　　　（685）〔2008.8〕　p71〜74
芝崎厚士　　GMS講義ノート 国際関係・世界政治とメディア（2）FORTUNE500 vs. 丸山眞男 グローバル社会の中の我々の「立
　　　　　　　　ち位置」を考える：Journal of global media studies　3〔2008.8〕　p41〜63

岩本太郎	自分たちの目線と独自の立ち位置——日本でも本格化した市民メディアのG8報道（洞爺湖サミットの報道から）：新聞研究 （686）〔2008.9〕p19～22
谷生俊治	特派員万華鏡 紛争地帯・中東に渦巻く複雑な感情——戦時下を生きる市民に触れる：新聞研究 （686）〔2008.9〕p68～71
石黒穣	特派員万華鏡 プラハの春40年 苦難の歴史たどる——大国の思惑で揺れる世界 間近に見る：新聞研究 （687）〔2008.10〕p64～67
加藤雅毅	特派員万華鏡 「戦時」ロシア双頭政権の力学探る——北方領土問題の新たな展開も注視：新聞研究 （688）〔2008.11〕p51～54
田中寛	特派員万華鏡 深刻化する貧富の格差を地道に伝える——多様な価値にあふれたアフリカの魅力も：新聞研究 （689）〔2008.12〕p43～46
星野俊也	海外ニュースの読み方——バラク・オバマ/ガザ情勢/日本と国連安保理/金融サミット：国連ジャーナル ： 国際情報誌 2009（春）〔2009〕p24～27
星野俊也	海外ニュースの読み方——核廃絶/スマート・サンクション/パンデミック/クラスター弾：国連ジャーナル ： 国際情報誌 2009（秋）〔2009〕p21～24
木村正人	特派員万華鏡 ロンドン リトビネンコ氏暗殺事件を追って——自由と正義の重み：新聞研究 （690）〔2009.1〕p67～70
橋本明徳	特派員万華鏡（北京）改革開放三十年 曲がり角に立つ中国——金融危機で真価問われる "和諧社会"：新聞研究 （691）〔2009.2〕p34～37
奥村信幸	「オバマを勝たせた」のではなく「マケインを負けさせた」—米大統領選ニュース分析最前線：放送レポート 217号 〔2009.3〕p22～26
村山恵一	特派員万華鏡 流動化始まったIT業界の最前線から——メディア産業の転換期を肌で感じる：新聞研究 （692）〔2009.3〕p85～88
住川治人	日本の2大新聞の北朝鮮報道——韓国報道・世論動向と比較して：人文コミュニケーション学科論集 （6）〔2009.3〕p159～180
佐々木達也	特派員万華鏡 実験都市国家シンガポール——小回りの良さと外国依存の強さと：新聞研究 （693）〔2009.4〕p71～74
前田英司	特派員万華鏡 エルサレム 「変化」を切望する中東社会——困難を極めたガザ攻撃取材から：新聞研究 （694）〔2009.5〕p77～80
伊藤成彦	北朝鮮の人工衛星発射をめぐる政府・マスコミの狂態：マスコミ市民 通号484 〔2009.5〕p44～48
木村文	カンボジア特別法廷傍聴記——ポル・ポト派政権崩壊から三十年：新聞研究 （695）〔2009.6〕p78～81
伊井忠義	特派員万華鏡 ワシントン 「普通な」大統領 オバマの半年——世論味方に冷静沈着な計算：新聞研究 （695）〔2009.6〕p82～85
林浩樹	特派員万華鏡 政争に揺れるほほえみの国——出口の見えない「国のかたち」：新聞研究 （696）〔2009.7〕p73～76
藤田剛	特派員万華鏡 不思議な五つめの「大陸」ジュネーブ——外交官・記者・富豪・泥棒の街：新聞研究 （698）〔2009.9〕p71～74
芝崎厚士	GMS講義ノート 国際関係・世界政治とメディア（3）アル・ゴアvs.夏目漱石 世界の「真実」を読み解く武器としての「私の個人主義」：Journal of global media studies 5 〔2009.9〕p37～59
田北真樹子	特派員万華鏡 象をなでるインドの日々——そのとてつもない面白さ：新聞研究 （699）〔2009.10〕p60～63
菅原秀	国際ジャーナリズム運動への情熱 韓国・2009年国際ジャーナリスト会議報告：放送レポート 221号 〔2009.11〕p26～29
渡辺雅弘	特派員万華鏡 模範解答と官僚主義の壁——革命50年を迎えたキューバ取材の今：新聞研究 （700）〔2009.11〕p82～85
三好範英	特派員万華鏡 黄金時代を取りもどす変化の街——壁崩壊から20年：新聞研究 （701）〔2009.12〕p67～70
玄武岩	学者が斬る（441）無責任な日本メディアの北朝鮮報道：エコノミスト 88（2）通号4079 〔2009.12.29～2010.1.5〕p54～57
星野俊也	海外ニュースの読み方——ハイチPKO・新アフガン戦略：国連ジャーナル ： 国際情報誌 2010（春）〔2010〕p17～19
星野俊也	海外ニュースの読み方——紛争後の平和構築/韓国哨戒艦沈没事件/国連分担率交渉：国連ジャーナル ： 国際情報誌 2010（秋）〔2010〕p29～32
四倉幹木	特派員万華鏡 それでも現地取材にこだわる——情勢悪化するパキスタン・アフガン：新聞研究 （702）〔2010.1〕p70～73
井口博充	オバマ政権の一年（4）合州国メディアとオバマ訪日：マスコミ市民 通号492 〔2010.1〕p64～67
松岡謙三	特派員万華鏡 穀物相場と多様な産業——日本人の目でニュースを発掘：新聞研究 （703）〔2010.2〕p63～66
山口智久	厳しい対立、経緯を取材——COP15のオモテとウラ：新聞研究 （704）〔2010.3〕p81～84
小出浩樹	特派員万華鏡 日韓併合100年の先に——堂々と事実語ろう：新聞研究 （704）〔2010.3〕p85～88
澤畑剛	特派員万華鏡 広域取材の新拠点から——中東アフリカ報道の可能性に挑む：新聞研究 （705）〔2010.4〕p59～62
太田清	特派員万華鏡 永遠の都の人間模様——法王のスキャンダルに厳しい視線も：新聞研究 （706）〔2010.5〕p73～76
金平茂紀	特派員万華鏡 「まずNYへ行くこと」——世界の檜舞台の魅力：新聞研究 （707）〔2010.6〕p38～41
童子丸開	国際ニュース スペイン ガザ支援船団から生還したジャーナリストらイスラエル軍の襲撃と同国当局の虐待を告発：金曜日 18（25）通号820 〔2010.7〕p13
香取淳子	タイ動乱と報道の関係（1）バンコクで見た赤シャツ隊デモの実像：ぎゃらく 通号494 〔2010.8〕p38～41
太田昌克	「盟約の闇」を追って——核密約と外務次官証言（密約問題の報道視点）：新聞研究 （709）〔2010.8〕p12～15
香取淳子	タイ動乱と報道の関係（2）コミュニティラジオと民主主義：ぎゃらく 通号495 〔2010.9〕p32～35
伊藤成彦	北朝鮮報道に理性の回復を：マスコミ市民 通号500 〔2010.9〕p60～63
香取淳子	タイ動乱と報道の関係（3・最終回）報道で抗争が激化 迷走した赤シャツ幹部：ぎゃらく 通号496 〔2010.10〕p32～35
石丸次郎	論争 北朝鮮「提灯持ち記事」への疑問：金曜日 18（44）通号839 〔2010.11〕p63
星野俊也	海外ニュースの読み方——コートジボワール情勢・北朝鮮による韓国砲撃事件・米外交の新方針：国連ジャーナル

：国際情報誌　2011（春）〔2011〕　p24〜27

星野俊也	海外ニュースの読み方──南スーダン共和国の国連加盟と平和構築／ソマリア南部の飢饉／ウサマ・ビン・ラーディン容疑者殺害作戦：国連ジャーナル　：国際情報誌　2011（秋）〔2011〕　p23〜26
薬師寺克行	創造的な外交報道の時代を──世論形成に果たす新聞の力（外交報道と尖閣ビデオ問題）：新聞研究　（715）〔2011.2〕　p12〜15
丸山重威	平和と相互理解の世論形成を──北朝鮮報道の課題：メディア展望　（590）〔2011.3〕　p19〜21
神保太郎	メディア批評（第40回）（1）「エジプト革命」の報じ方（2）好調NHKのメディアウォール：世界　（815）〔2011.4〕　p53〜60
安江伸夫	日本の「原発安全神話」が中国を追い詰める：放送レポート　231号　〔2011.7〕　p36〜42
安江伸夫	中国高速鉄道事故をめぐるメディアの攻防：放送レポート　233号　〔2011.11〕　p26〜34
久保健一	「怒り」と「諦め」の間で──中東社会の変化をどう報じるか（9・11後の10年を読む）：新聞研究　（724）〔2011.11〕　p16〜19
丁偉偉	日中における国際報道の相違　：「尖閣諸島衝突事件」に関する新聞報道の分析を対象に：メディア学　：文化とコミュニケーション　（27）〔2012〕　p111〜126
星野俊也	海外ニュースの読み方　国際情勢を考えるキーワード　：リビア危機と「保護する責任」／パレスチナのユネスコ加盟：国連ジャーナル　：国際情報誌　〔2012.春〕　p37〜39
星野俊也	海外ニュースの読み方　国際情勢を考えるキーワード　：ミサイル発射後の北朝鮮 シリア「内戦」と国連安保理の限界 南北スーダン、危機からの脱却：国際情報誌　〔2012.秋〕　p31〜34
伊藤陽一, 我孫子和夫, 有山輝雄	第8回・対外情報発信研究座談会　共同、時事はアジア報道に活路を　：国際通信社から見た日本の対外情報発信：メディア展望　（600）〔2012.1〕　p16〜24
大澤文護	関心の醸成に向けたメディアの役割　：金正日総書記死去後の北朝鮮をどう報じるか：新聞研究　（728）〔2012.3〕　p74〜77
安江伸夫	「G2論」で読み解く中国ニュース：放送レポート　237号　〔2012.7〕　p52〜55
小菅幸一	新時代の朝鮮半島と報道　：想像力を働かせ、歴史を踏まえて（北朝鮮をどう報じるか）：新聞研究　（732）〔2012.7〕　p42〜44
井上智太郎	「閉鎖国家」の実像に迫るために　：金正恩体制の北朝鮮（北朝鮮をどう報じるか）：新聞研究　（732）〔2012.7〕　p38〜41
奥寺淳	規制の背後にある膨大なニュース　：現地取材の難しさと醍醐味（中国の「今」をどう伝えるか）：新聞研究　（733）〔2012.8〕　p16〜19
河野徹	市場経済とネットが変える中国　：中国への情報発信から見えるもの（中国の「今」をどう伝えるか）：新聞研究　（733）〔2012.8〕　p28〜31
高井潔司	変わる報道フレーム、変わらない報道規制　：国交正常化40周年、中国報道の現状と課題（中国の「今」をどう伝えるか）：新聞研究　（733）〔2012.8〕　p8〜11
渡辺浩平	海外メディア報告「反日」暴動はなぜ起きたのか 中国メディアの尖閣報道を読む：Journalism　（269）〔2012.10〕　p60〜69
星野俊也	海外ニュースの読み方　国際情勢を考えるキーワード　：「尖閣問題」と日中関係の今後 アルジェリア人質事件と北西アフリカにおけるテロの脅威：国連ジャーナル　：国際情報誌　〔2013.春〕　p19〜22
星野俊也	海外ニュースの読み方　国際情報を考えるキーワード　：「スノーデン問題」の衝撃 エジプト「クーデター」の背景とは 報じられない紛争　：コンゴ民主共和国の惨状：国連ジャーナル　：国際情報誌　〔2013.秋〕　p19〜22
松坂千尋	北朝鮮のミサイル報道とその態勢　：求められる「一連の情報」の検証：新聞研究　（739）〔2013.2〕　p47〜49
鳥居英晴	最初のモスクワ特派員、大竹博吉　：戦前の日ソ通信社記者交換の歴史（下）：メディア展望　（614）〔2013.2〕　p18〜20
劉雪雁	報道「規制と緩和」の足跡（特集 中国.メディアと報道　：「中国」の伝え方、伝えられ方）：総合ジャーナリズム研究　50（02）=224〔2013.3〕　p42102
小山内道子	「日本最初のモスクワ特派員」・黒田乙吉　：明治末期日本のロシア文化環境からハルビンへ：Север　（29）〔2013.3〕　p38〜50
井口博充	合州国における安倍首相と「慰安婦」問題をめぐる議論（特集 安倍政権の危険性とメディアの危機）：マスコミ市民　（531）〔2013.4〕　p18〜21
鳥居英晴	ハノイでの汪兆銘工作を活写　：同盟の異能記者の遺稿発見 初代ハノイ特派員の大屋久寿雄：メディア展望　（619）〔2013.7〕　p19〜23
鳥居英晴	ハノイ潜伏の汪兆銘側近暗殺さる　：松本重治─松方三郎の和平工作 同盟の異能記者の遺稿発見（中）：メディア展望　（620）〔2013.8〕　p24〜26
鳥居英晴	黒幕の影佐大佐らがハノイ入り　：汪兆銘脱出工作にのめり込む同盟の異能記者・大屋の遺稿発見（下）：メディア展望　（621）〔2013.9〕　p18〜21
高井潔司	「広場での虐殺」実は無かった　：メディア排除の「空白の3時間」 天安門事件と報道を検証する（上）：メディア展望　（622）〔2013.10〕　p12〜17
野中広務	老兵のメッセージ 日中、日韓の関係再構築を急げ　：メディアは勇気持ち国の方向誤らせるな 尖閣問題解決へ政府特使派遣を：メディア展望　（622）〔2013.10〕　p1〜10
高井潔司	「広場虐殺」の有無を論じる意味　：国際復帰、市場経済転換で大変化 天安門事件報道を検証する（下）：メディア展望　（623）〔2013.11〕　p16〜19
総合ジャーナリズム研究編集部	「南方週末」記事改ざん事件をめぐって（特集 中国.メディアと報道　：「中国」の伝え方、伝えられ方）：総合ジャーナリズム研究所　50（01）=223〔2013.12〕　p51〜53
星野俊也	海外ニュースの読み方　国際情勢を考えるキーワード　：国家安全保障会議の創設と国家安全保障戦略の策定 南スーダンにおける自衛隊の国連平和協力 米国家安全保障局の改革：国連ジャーナル　：国際情報誌　〔2014.春〕　p19〜22
星野俊也	海外ニュースの読み方　国際情勢を考えるキーワード　：ロシアのクリミア併合 イスラーム国の台頭 国連安全保障理事会改革：国連ジャーナル　：国際情報誌　〔2014.秋〕　p28〜31
田原牧	激変の時代を報じるカギは「民衆」　：グローバリゼーションが促す手作業の取材（中東情勢を読み解く）：新聞研究

| | | （751）〔2014.2〕 p34〜37 |

酒井啓子　国際報道を他人事にしないために ： ステレオタイプな対立軸を乗り越える（中東情勢を読み解く）：新聞研究　（751）〔2014.2〕 p46〜49

川上泰徳　氾濫する情報の真相を見極める ： 記者に求められる視点と役割（中東情勢を読み解く）：新聞研究　（751）〔2014.2〕 p38〜41

大内清　複雑さ増す「アラブの春」後の社会 ： 既成概念にとらわれずに報じる（中東情勢を読み解く）：新聞研究　（751）〔2014.2〕 p42〜45

高井潔司, 史哲, 于徳清　日中関係の針路とメディアの役割 ： 公開シンポジウムの要旨（下）：メディア展望　（626）〔2014.2〕 p1〜15

下斗米伸夫　危機の背景にある東西の二重性 ： 歴史と宗教の視点から（ウクライナ情勢と報道）：新聞研究　（755）〔2014.6〕 p38〜42

喜田尚, 石田博士　現地のメディア状況と取材環境（ウクライナ情勢と報道）：新聞研究　（755）〔2014.6〕 p47〜51

田中洋之　手探りの中で実情伝える ： 想定超える展開、次々と（ウクライナ情勢と報道）：新聞研究　（755）〔2014.6〕 p43〜46

安江伸夫　"天安門"から二五年 ： 伝えられたこと、伝えられなかったこと：放送レポート　（249）〔2014.7〕 p20〜25

マクレーン, 末子, 志村宏忠, 馬場千奈津　「軍事力強化」「戦争をする国」との認識広がる 集団的自衛権の行使容認を"他国"メディアはどう伝えたか：金曜日　22（27）通号1017　〔2014.7〕 p16〜17

〔図書〕

神古百市, 朝日新聞社調査研究室　国際報道自由運動の沿革と現状　〔朝日新聞社〕　1951　377p　21cm　（朝日新聞調査研究室報告書内用）

一力一夫　西欧移動特派員　河北新報社　1958　241p　図版10枚　18cm

青木正久　海外特派員　角川書店　1959　230p　18cm　（角川新書）

共同通信社外国特信部　特派員だより―落ちた特ダネ　光書房　1959　240p　20cm

大森実　特派員五年―日米外交の舞台裏　毎日新聞社　1959　254p　20cm

林三郎　特派員のノート―米国の性格欧州人の考え方　富山房　1963　276p　図版　19cm　（富山房ライブラリー）

大森実　国際記者の眼―激動の世界外交を見る　講談社　1964　198p　18cm　（ミリオン・ブックス）

大森実　国際事件記者　続　中央公論社　1965　214p　20cm

大森実　国際記者情報　秋田書店　1966　220p　18cm　280円　（サンデー新書）

日本放送協会　マスコミ海外紀行　日本放送出版協会　1971　238p　図　19cm　530円

秋岡家栄　北京特派員―文化大革命から日中国交回復まで　朝日新聞社　1973　226p　19cm　580円

枝松茂之　海外特派員ノート―15年の中から得たもの　荒地出版社　1977.3　221p　19cm　950円

朝日ソノラマ　朝日新聞記者による特派員の目―ところかわれば　続　朝日ソノラマ　1977.7　257p　19cm　750円　（海外取材シリーズ）

日本放送出版協会　特派員の国際体験　日本放送出版協会　1977.10　259p　19cm　800円

石川昌　北京特派員の眼　亜紀書房　1977.10　258p　19cm　980円

滝川洋, 田勝　韓国―朝鮮報道・再考　田畑書店　1978.4　302p　19cm　1400円

朝日新聞社　特派員メモ―世界41カ所からのミニ・エッセイ　朝日ソノラマ　1978.6　261, 4p　19cm　750円　（海外取材シリーズ）

朝日新聞社　特派員メモ―世界61カ所からのミニ・エッセイ　第2集　朝日ソノラマ　1979.7　281, 4p　19cm　800円　（海外取材シリーズ）

国際交流基金　テレビ番組の国際交流　国際交流基金　1981　54, 67p　27cm

李度珩　日本の韓国報道は信じられない―駐日特派員が日本の新聞を告発　エール出版社　1981.2　182p　19cm　980円　（Yell books）

朝日新聞社　特派員メモ―世界104カ国からのミニ・エッセイ　第3集　朝日ソノラマ　1981.7　265, 5p　19cm　950円　（海外取材シリーズ）

猪狩章　外報部デスク日記―アジアと日本を考える　柘植書房　1982.4　255p　20cm　1800円

為田英一郎　外電とそのウラの読み方―ニュースの中に「日本」が見える、世界の動きが読める　日本実業出版社　1983.2　222p　19cm　980円

Desmond, Robert, W., 小糸忠吾　国際報道と新聞　新聞通信調査会　1983.3　250p　20cm　2000円　（新聞通信選書 1）

古森義久　新聞ではわからない国際潮流のつかみ方　日本文芸社　1983.11　254p　19cm　950円

近藤紘一, 古森義久　国際報道の現場から　中央公論社　1984.6　189p　18cm　480円　（中公新書）

Anderson, Michael, H., Richstad, Jim., 堀川敏雄　国際報道の危機　下　新聞通信調査会　1984.7　372p　20cm　2500円　（新聞通信選書 3）

Sheean, Vincent.　海外特派員　語学春秋社　1985.12　80p　18cm　550円　（Midnight theater）

古森義久　国際報道の読み方―特派員記事に気をつけろ　ネスコ　1985.12　269p　18cm　720円　（NESCO books）

ロバートソン黎子　日米・新聞記事よみくらべ―「事実」をとらえる視点の違い、思考の違い　PHP研究所　1986.6　249p　20cm　1000円

三浦浩　海外特派員―消されたスクープ　集英社　1987.8　310p　20cm　1200円

丸山静雄　アジア特派員五十年―国造りへの挑戦と蹉跌のドラマを見る　青木書店　1988.9　274p　20cm　2200円

井上安正　警察記者　JICC出版局　1993.3　237p　20cm　1400円

岸尾祐二　特派員からのメッセージ―新聞のほん　リブリオ出版　1993.5　92p　31cm　5047円

国際貿易投資研究所　日本をみる海外マスコミの眼　国際貿易投資研究所　1993.10　84p　26cm　（ITI情報）

内川芳美, 柳井道夫　マス・メディアと国際関係―日本・韓国・中国の国際比較　学文社　1994.4　252p　22cm　3500円

茂野徹太郎　どさまわり特派員の遺書　日中出版　1994.10　148p　18cm　1500円

近藤誠一　米国報道にみる日本―日米関係に何が起こっているか　サイマル出版会　1994.11　334p　19cm　2300円

日本貿易振興会　日本のラジオ・テレビ国際放送に関する分析　日本貿易振興会　1995　25p　30cm　非売品　（特別経済調査レ

経済　　　　　　　　　　　　ジャーナリズム

ポート　平成6年度)
　検証「日韓報道」―ペンの懸け橋　大村書店(発売)　1995.7　187p　19cm　1500円
横堀洋一　アジア太平洋特派員―取材ノート　五月書房　1995.10　290p　20cm　2060円
丸山昇　ある中国特派員―山上正義と魯迅　増訂新版　田畑書店　1997.6　286p　19cm　2200円　(現代アジア叢書 31)
金子敦郎　国際報道最前線　リベルタ出版　1997.9　254p　20cm　2000円
大空博　特派員の眼　新潮社　1997.12　306p　20cm　1800円
Leonard, Julian.　海外の新聞に見る日本　金星堂　1998.1　75p　26cm　1550円
ロバートソン黎子　日米の新聞よみくらべ―「ニュース報道のズレ」大解剖　大和出版　1998.12　238p　19cm　1400円
時事総合研究所　国際情勢ニュースワード―最新情報&用語事典　1999-2000　時事通信社　1999.5　331p　21cm　1800円
信太謙三　北京特派員　平凡社　1999.7　231p　18cm　680円　(平凡社新書)
国際日本語普及協会　新聞の経済面を読む　改訂第2版　講談社インターナショナル　1999.8　388p　26cm　3700円
ボーン上田記念国際記者賞委員会　ジャーナリストの20世紀　電通　2000.9　500p　22cm　2400円
高井潔司　中国報道の読み方　岩波書店　2002.3　201p　18cm　700円　(岩波アクティブ新書)
卓南生　日本のアジア報道とアジア論　日本評論社　2003.2　319p　22cm　4000円
Said, Edward, W., 岡真理, 佐藤成文, 浅井信雄　イスラム報道　増補版　みすず書房　2003.4　222, 12p　20cm　2800円
川上和久　北朝鮮報道―情報操作を見抜く　光文社　2004.3　329p　18cm　820円　(光文社新書)
東京経済大学大学院コミュニケーション学研究科　日本の国際情報発信　芙蓉書房出版　2004.5　240p　19cm　1800円
放送番組国際交流センター　テレビメディアの国際報道―公益と国益をめぐって　放送番組国際交流センター　2005.2　63, 75p　30cm　(JAMCOオンライン国際シンポジウム報告書 第14回)
古森義久　北京報道七〇〇日―なぜ日中再考なのか　扶桑社　2005.2　199p　16cm　619円　(扶桑社文庫)
伊藤陽一　ニュースの国際流通と市民意識　慶應義塾大学出版会　2005.3　220p　22cm　3000円　(叢書21COE-CCC多文化世界における市民意識の動態 14)
Miles, Hugh, 河野純治　アルジャジーラ報道の戦争―すべてを敵に回したテレビ局の果てしなき闘い　光文社　2005.8　447p　20cm　2300円
近藤康太郎　朝日新聞記者が書いた「アメリカが知らないアメリカ」　講談社　2005.9　286p　15cm　686円　(講談社+α文庫)
鈴木正行　日本の新聞におけるアフリカ報道―マクブライド委員会報告の今日的検証　外国通信社への記事依存度の変遷を視座にして　学文社　2005.10　378p　22cm　4000円
Pomeroy, Charles, 江口浩, 佐藤睦　在日外国特派員―激動の半世紀を報道して 1945年から1995年まで　新聞通信調査会　2007.6　17, 358p　24cm　1200円
杉野定嘉　対日宣伝と新聞の中国報道　学文社　2007.9　325p　21cm　5000円
湯浅博　東京特派員―国際派記者のTokyo再発見　産経新聞出版　2009.2　254p　19cm　1429円　(産経新聞社の本)
王戈, 富士ゼロックス小林節太郎記念基金　日本と中国の相互報道―2001年〜2006年に発行された新聞の内容分析　富士ゼロックス小林節太郎記念基金　2009.3　20p　29cm　非売品
佐藤宏, 足立享祐, 藤井毅　報道記者たちのアジア―丸山静雄(1909-2006)の場合　東京外国語大学史資料ハブ地域文化研究拠点　2011.10　CD-ROM 1枚　12cm
会田弘継, 金重紘, 藤田博司　メディア環境の変化と国際報道―インターネット時代の通信社　新聞通信調査会　2012.1　205p　22cm
高木徹　国際メディア情報戦　講談社　2014.1　261p　18cm　800円　(講談社現代新書 2247)
吉田文彦　データが語るメディアの国際報道　東海大学出版部　2014.5　205p　22cm　3000円　(東海大学文学部叢書)
加藤青延　NHK特派員は見た中国仰天！ ボツネタ&(秘)ネタ　日本僑報社　2014.10　209p　19cm　1800円
ヒッチコック・アルフレッド, ハリソン, ジョーン, ジョエル・マクリー, チャールズ・ベネット　海外特派員　熱帯美術館　2014.12　ビデオディスク 1枚(120分)：Blu-ray Disc　4700円　(Retro spective)

経済

〔雑誌記事〕
武内義行　経済雑誌の考察――経済ジャーナリズム全体への視野：政経時潮　6(5)〔1951.5〕p41〜45
福良俊之　日常生活と結ぶ経済記事(座談会)：新聞研究　通号27〔1953.10〕p16〜21
中山伊知郎　労働問題の将来：新聞研究　通号64〔1956.11〕p29〜32
高垣金三郎　経済記事の扱い方(座談会)：新聞研究　通号70〔1957.5〕p22〜28
半谷高雄　八条国移行・公定歩合引き上げをめぐる新聞論調：新聞研究　通号154〔1964.5〕p40〜42
半谷高雄　景気政策をめぐる新聞論調：新聞研究　通号168〔1965.7〕p58〜61
浅野章　「自動車欄」の登場：新聞研究　通号177〔1966.4〕p13〜15
成田豊　企業・商品報道に注文する：新聞研究　通号191〔1967.6〕p44〜48
青木彰　経済記者――取材の研究―17―：新聞研究　通号194〔1967.9〕p61〜72
福知新太郎　ポンド切り下げの朝(事件物語り)：新聞研究　通号199〔1968.2〕p29〜30
近森行雄　移出園芸報道の視点(国際化時代の経済報道(特集)―経済報道の実際)：新聞研究　通号211〔1969.2〕p29〜31
黒川洸　経済の国際化と新聞の使命(国際化時代の経済報道(特集))：新聞研究　通号211〔1969.2〕p13〜16
田中文雄　経済報道に望む(国際化時代の経済報道(特集))：新聞研究　通号211〔1969.2〕p38〜43
田中宏　国際経済の経済報道(国際化時代の経済報道(特集))：新聞研究　通号211〔1969.2〕p7〜12
河村隆　国際通貨不安の報道(国際化時代の経済報道(特集)―経済報道の実際)：新聞研究　通号211〔1969.2〕p26〜28
吉田恭　地方紙における経済報道のジレンマ(国際化時代の経済報道(特集))：新聞研究　通号211〔1969.2〕p17〜20
川崎博太郎　八幡・富士合併報道の経緯(国際化時代の経済報道(特集)―経済報道の実際)：新聞研究　通号211〔1969.2〕p23〜26
石原英雄　米価問題報道の基本姿勢(国際化時代の経済報道(特集)―経済報道の実際)：新聞研究　通号211〔1969.2〕p21〜23
黒川洸　経済部(現代新聞記者読本―取材各部の現状)：新聞研究　通号213〔1969.4〕p46〜48

	ジャーナリズム	経済

竹内一郎	"情報公害"の中の国際経済報道(「国際報道」の新しい方向(特集)―国際報道への提言):新聞研究　通号218〔1969.9〕p48〜50
井上毅	経済成長マスコミの変容(70年代のマスコミ展望(第4回ジャーナリズム講座公開シンポジウム)(司会・片岡正巳)):総合ジャーナリズム研究　07(02)〔1970.4〕p5〜17
芝原邦爾	企業報道に関する刑法上の諸問題(市民社会の中の経済報道):新聞研究　通号238〔1971.5〕p49〜52
川崎博太郎	記事と広告――そのあるべき調和について(市民社会の中の経済報道):新聞研究　通号238〔1971.5〕p41〜44
飯田経夫	経済現象・情報・新聞(市民社会の中の経済報道):新聞研究　通号238〔1971.5〕p7〜15
渡辺敏	経済報道の視点と方法(市民社会の中の経済報道):新聞研究　通号238〔1971.5〕p16〜21
鶴田卓彦	経済報道の実利性と指導性(市民社会の中の経済報道):新聞研究　通号238〔1971.5〕p45〜48
白石善次郎	経済報道――地方紙の場合(市民社会の中の経済報道):新聞研究　通号238〔1971.5〕p38〜40
三巻秋子	市民と経済ニュース(市民社会の中の経済報道):新聞研究　通号238〔1971.5〕p22〜37
高丘季昭	新聞経済部論――情報経済学からのアプローチ:総合ジャーナリズム研究　09(01)〔1972.1〕p22〜30
宮智宗七	経済記事の場合(新・新聞文章講座―合成記事の方法と課題):新聞研究　通号264〔1973.7〕p22〜25
中川英造	経済構造の変化と新聞:新聞研究　通号271〔1974.2〕p34〜43
浜田隆	経済情報を取材する目(現代新聞記者の副読本):新聞研究　通号272〔1974.3〕p70〜73
永戸豊野	くらし・経済を報道する視点と課題(くらしと新聞報道):新聞研究　通号275〔1974.6〕p13〜23
渡部経彦	経済社会と経済・くらし・報道――狂乱物価の経験から(くらしと新聞報道):新聞研究　通号275〔1974.6〕p7〜12
北洞孝雄	人為的な"北海道価格"を追う(くらしと新聞報道―地方紙にとっての経済報道):新聞研究　通号275〔1974.6〕p27〜30
山本省一	「農業経済県」の構造変化と報道(くらしと新聞報道―地方紙にとっての経済報道):新聞研究　通号275〔1974.6〕p30〜33
大谷健	経済原則と経済報道(新聞報道――74年から75年へ):新聞研究　通号281〔1974.12〕p18〜21
宮智宗七	国際経済報道を考える(新聞報道――74年から75年へ):新聞研究　通号281〔1974.12〕p22〜25
太田哲夫	経済知識の蓄積と常識の再検討(経済部)(新聞記者読本―取材記者論):新聞研究　通号296〔1976.3〕p29〜31
香月浩之	重要性ます「低成長経済の実態」追及の視点(経済報道)(この1年,そして新たな報道課題):新聞研究　通号305〔1976.12〕p13〜16
梶田進	現代経済記者と複眼思考(新聞記者読本):新聞研究　通号308〔1977.3〕p18〜21
平山惟夫	経済報道 混迷する経済情勢への視点(新聞報道の課題を追って<特集>―新聞報道の課題を追って):新聞研究　通号317〔1977.12〕p35〜38
早坂茂	苦しむ農民は生き残れる(不況下の地域経済報道):新聞研究　通号321〔1978.4〕p40〜42
高野郁郎	倒産報道で厳しい基準を設定(不況下の地域経済報道):新聞研究　通号321〔1978.4〕p43〜45
酒匂順一	農民の傷をわが身に感じて(不況下の地域経済報道):新聞研究　通号321〔1978.4〕p53〜55
林定亨	波止浜造船倒産の重味を胸に(不況下の地域経済報道):新聞研究　通号321〔1978.4〕p49〜52
吉田侃二	和装繊維業界の不況を背負って(不況下の地域経済報道):新聞研究　通号321〔1978.4〕p46〜48
中村政雄	「エネルギーを考える会」に参加して(エネルギー・資源報道を考える―エネルギー・資源報道の現場から):新聞研究　通号336〔1979.7〕p46〜48
愛波健	KDD報道合戦に駆りたてたもの(告発ジャーナリズム考):総合ジャーナリズム研究　17(01)〔1980.1〕p53〜60
青木久	漁業問題をどう報道するか(変わる世界と新聞報道―国益と報道・経済記者の目):新聞研究　通号345〔1980.4〕p35〜38
秋山哲	国際経済報道の新しい取り組み(変わる世界と新聞報道―国益と報道・経済記者の目):新聞研究　通号345〔1980.4〕p30〜34
杉田亮毅	経済記者の目でみた防衛問題(防衛論議のなかの新聞報道):新聞研究　通号355〔1981.2〕p34〜36
刈田嘉彦	安定成長期の"経済生活"報道(暮らしの経済と新聞報道):新聞研究　通号358〔1981.5〕p39〜42
河野光雄	国際経済と暮らしの経済との接点をどう報道するか(暮らしの経済と新聞報道):新聞研究　通号358〔1981.5〕p25〜29
柴田実	新しい"地域エゴ"をもとめて(暮らしの経済と新聞報道―地域社会と暮らしの経済):新聞研究　通号358〔1981.5〕p43〜45
太田俊郎	国際経済と地方紙のかかわり方(地域経済と報道視点):新聞研究　通号374〔1982.9〕p14〜17
斎藤茂男	企業社会という主役の顔(新聞がひとを描くとき―ひとを描く):新聞研究　通号375〔1982.10〕p24〜26
大森弥	「土光臨調」報道と権勢現象:新聞研究　通号375〔1982.10〕p69〜73
梶田進	経済 多面的実証の時代に(検証―1982年の報道):新聞研究　通号377〔1982.12〕p14〜17
貝塚啓明	経済記事を読みながら考えたこと(経済の変化と新聞報道):新聞研究　通号383〔1983.6〕p44〜47
松本知則	経済報道の新しい視点(経済の変化と新聞報道):新聞研究　通号383〔1983.6〕p10〜28
氏家尚	国際経済報道の視点――素直な瞳がとらえるもの(経済の変化と新聞報道):新聞研究　通号383〔1983.6〕p29〜33
岩永兼密	自給率維持を農政の基本に(経済の変化と新聞報道―農産物自由化と報道):新聞研究　通号383〔1983.6〕p41〜43
上甲克巳	「進歩」と「公正」を基準に(経済の変化と新聞報道―農産物自由化と報道):新聞研究　通号383〔1983.6〕p38〜40
荒木悠三	「双方向性」の取材意識を――生活経済の報道はいかにあるべきか(経済の変化と新聞報道):新聞研究　通号383〔1983.6〕p34〜37
守安和彦	経済部 そこから技術記事を書く苦労が始まる(先端技術を追う<特集>―<技術>へのさまざまな接近):新聞研究　通号384〔1983.7〕p31〜34
若山富士雄	かわる流通経済をみつめて(経済を報道する視点):新聞研究　通号406〔1985.5〕p26〜29
中村修一	テクノポリスの"カゲ"をとらえる(経済を報道する視点―地域経済の活性化と新聞の立場):新聞研究　通号406〔1985.5〕p54〜57
小谷勇	ベンチャービジネスのけん引車に(経済を報道する視点―地域経済の活性化と新聞の立場):新聞研究　通号406〔1985.5〕p44〜47

経済	ジャーナリズム

佐橋嘉彦　運命共同体からの提言（経済を報道する視点―地域経済の活性化と新聞の立場）：新聞研究　通号406　〔1985.5〕　p48～50

玉置和宏　金融自由化の潮流と新聞の役割（経済を報道する視点）：新聞研究　通号406　〔1985.5〕　p14～17

鍬守幹雄　経済記者に求められること――22年の体験から（経済を報道する視点）：新聞研究　通号406　〔1985.5〕　p10～13

三浦昭彦　大蔵省と新聞（経済を報道する視点）：新聞研究　通号406　〔1985.5〕　p18～21

高橋銀次郎　変ぼうする資本市場と報道のあり方（経済を報道する視点）：新聞研究　通号406　〔1985.5〕　p33～35

石川陽治　労働経済の取材現場（経済を報道する視点）：新聞研究　通号406　〔1985.5〕　p30～32

見市元　やさしい経済ニュースとは（新聞記者読本'86）：新聞研究　通号416　〔1986.3〕　p32～35

香月浩之　いまなぜ「ウイークエンド経済」か（経済・金融情報拡充の狙い）：新聞研究　通号417　〔1986.4〕　p10～12

荒武正英　ターゲットは主婦（経済・金融情報拡充の狙い）：新聞研究　通号417　〔1986.4〕　p16～18

横川以仙　企業社会を意識した経済軟派（経済・金融情報拡充の狙い）：新聞研究　通号417　〔1986.4〕　p29～31

後藤文康　「経済情報特集」の背景と課題（経済・金融情報拡充の狙い）：新聞研究　通号417　〔1986.4〕　p38～41

時田健治郎　賢い消費者のアドバイザーに（経済・金融情報拡充の狙い）：新聞研究　通号417　〔1986.4〕　p26～28

山口正康　広げたい新生活情報のチエ袋（経済・金融情報拡充の狙い）：新聞研究　通号417　〔1986.4〕　p13～15

原田想爾　地域密着の経済情報報道に全力を（経済・金融情報拡充の狙い）：新聞研究　通号417　〔1986.4〕　p32～34

信原尚武　"日替わりメニュー"で経済面を拡充（経済・金融情報拡充の狙い）：新聞研究　通号417　〔1986.4〕　p23～25

新井淳一　「未来予測」の手がかりを提供する（経済・金融情報拡充の狙い）：新聞研究　通号417　〔1986.4〕　p19～22

小島正興　第26回紙面審査全国懇談会――最近の経済記事、生活経済特集を読んで〔含 討議〕：新聞研究　通号420　〔1986.7〕　p58～63

小島明　経済を伝える文章に求められているもの（新聞文章を考える）：新聞研究　通号421　〔1986.8〕　p22～25

村上重美　〔独占禁止法〕「18条の2」をめぐる最近の動き（マスコミの焦点）：新聞研究　通号423　〔1986.10〕　p97～100

竹信三恵子　労働を身近につかまえるために――「サラリーマン」を主題に書いてみたら：新聞研究　通号434　〔1987.9〕　p47～50

鹿島敬　労働を身近につかまえるために――「働く女性」を通して世の中を見る：新聞研究　通号435　〔1987.10〕　p40～43

三国谷勝寛　労働を身近につかまえるために――いま，自らの生活を振り返る――「新研かわら版のなかの私たち」から：新聞研究　通号436　〔1987.11〕　p62～66

小宮典夫　経済情報速報体制の現在――新しい秩序と倫理の確立を（新聞記者読本'88―ジャーナリズムの課題と記者活動）：新聞研究　通号440　〔1988.3〕　p24～26

上原進　多層化，複雑化した経済を解く鍵（1988年の報道課題を振り返る）：新聞研究　通号449　〔1988.12〕　p23～27

池田富士雄　「時短」にみる日本の労働環境――マスコミにとっても緊急課題（取材の現場はいま）：新聞研究　通号457　〔1989.8〕　p39～41

今松英悦　密度の濃くなった取材活動――兜倶楽部から（取材の現場はいま）：新聞研究　通号457　〔1989.8〕　p42～44

伊藤修　"経済時代"の経済記者（新時代の記者たちへ――記者読本'90―現場の一線から）：新聞研究　通号464　〔1990.3〕　p61～64

山口正康　日米摩擦と新聞の役割――構造協議報道をめぐって：新聞研究　通号470　〔1990.9〕　p69～73

渡辺園子　企業取材――取材相手はやっぱり人間（取材の最前線で）：新聞研究　通号476　〔1991.3〕　p70～72

石井茂雄　イトマン疑惑に呑み込まれた新聞・放送会社（企業としての新聞・放送）：総合ジャーナリズム研究　28（03）　〔1991.7〕　p10～14

斎藤茂男　ジャーナリズムの現場―11―何のために？ だれのために？――経済記者の自負と自戒：新聞研究　通号480　〔1991.7〕　p64～69

高山泰二　メディア・ジャーナル 新聞――新聞は銀行・証券会社を批判できるのか：マスコミ市民　通号276　〔1991.9〕　p18～19

武市英雄　米国新聞の日本経済摩擦報道にみる特徴――1989年秋を中心に〔英文〕：コミュニケーション研究　通号22　〔1992〕　p31～86

鈴木健二　摩擦報道の根底にあるもの――パールハーバー50年を機に（日米情報摩擦）：新聞研究　通号487　〔1992.2〕　p10～13

Braguinsky, Serguey　政治・経済報道への期待（独立国家共同体の行方）：新聞研究　通号489　〔1992.4〕　p15～17

松崎泰弘　取材と報道の現場（8）聴取者への公正な情報公開のために――企業と投資家をつなぐ証券記者：月刊民放　22（255）　〔1992.9〕　p34～35

村田泰夫　なぜ長生きしているのか――「ウイークエンド経済」の7年（変わる経済報道）：新聞研究　通号497　〔1992.12〕　p23～25

生井俊重　テレビが開拓する経済ジャーナリズム（変わる経済報道）：新聞研究　通号497　〔1992.12〕　p29～32

佐野領　兜クラブ 現場で感じる経済報道（変わる経済報道―経済取材の現場から）：新聞研究　通号497　〔1992.12〕　p38～40

稲田力　関西経済 「情報格差」とたたかう（変わる経済報道―経済取材の現場から）：新聞研究　通号497　〔1992.12〕　p33～35

君和田正夫　今，経済報道に求められるもの（変わる経済報道）：新聞研究　通号497　〔1992.12〕　p13～16

安田英昭　大蔵省 日本を感じながら（変わる経済報道―経済取材の現場から）：新聞研究　通号497　〔1992.12〕　p40～42

安永興一　地方で経済を報道する視点（変わる経済報道）：新聞研究　通号497　〔1992.12〕　p26～28

新井明　日本経済新聞社の経済報道（変わる経済報道）：新聞研究　通号497　〔1992.12〕　p10～12

西田雄一郎　部際取材の可能性（変わる経済報道）：新聞研究　通号497　〔1992.12〕　p17～19

東郷吾朗　流通 どこへ行く，流通業界（変わる経済報道―経済取材の現場から）：新聞研究　通号497　〔1992.12〕　p35～37

青山裕　経済誌編集者の体験記――経済誌ジャーナリズムの危機：総合ジャーナリズム研究　30（01）　〔1993.1〕　p65～69

加藤春樹　「日本の課長」に日本経済の実像を見る（新聞と「人」）：新聞研究　通号509　〔1993.12〕　p48～50

新堀俊明　わかるニュースとはなにか―2―各局経済番組考：日本大学芸術学部紀要　通号24　〔1994〕　p238～222

伊東光晴　経済 正確で複眼的な報道を（提言'94）：新聞研究　通号510　〔1994.1〕　p41～44

新井淳一　いま，経済報道とは（構造変革下の経済報道）：新聞研究　通号518　〔1994.9〕　p26～28

谷口和史　トレーダー，投資家のニーズを満たすために（構造変革下の経済報道）：新聞研究　通号518　〔1994.9〕　p53～55

本間恵喜	「リンゴ王国」の経済を報道する（構造変革下の経済報道）：新聞研究　通号518　〔1994.9〕　p40～43		
奥村宏	経済記者よ志を持て（構造変革下の経済報道）：新聞研究　通号518　〔1994.9〕　p29～32		
桐村英一郎	構造変革下の経済報道（構造変革下の経済報道）：新聞研究　通号518　〔1994.9〕　p10～25		
三橋正明	消費者視点への変換を──問われる社会部の力量（構造変革下の経済報道）：新聞研究　通号518　〔1994.9〕　p47～49		
薬師寺克行	政・経両部の垣根を低く（構造変革下の経済報道）：新聞研究　通号518　〔1994.9〕　p44～46		
竹信三恵子	生活と出会える「経済記事」とは（構造変革下の経済報道）：新聞研究　通号518　〔1994.9〕　p50～52		
矢野義則	生活者の目線で報じ歴史に学ぶ（構造変革下の経済報道）：新聞研究　通号518　〔1994.9〕　p33～35		
高松屋暢克	変わる地域経済と企業（構造変革下の経済報道）：新聞研究　通号518　〔1994.9〕　p36～39		
山田厚史	「住専」新聞は何を報じ得なかったか──読者の怒り背に，「今後の道筋」を示したい：新聞研究　通号537　〔1996.4〕　p63～65		
稲村隆二	経済報道も変わらなきゃ──住専問題で浮かび上がった新聞の課題（メディアと政治）：新聞研究　通号539　〔1996.6〕　p38～40		
望月規夫	構造的問題への取り組み弱い経済報道（新聞が問われているもの──新聞倫理綱領50周年）：新聞研究　通号540　〔1996.7〕　p32～34		
岡部直明	改革視野に粘り強く──問われる時代意識と歴史感覚（新聞の経済報道を考える）：新聞研究　通号542　〔1996.9〕　p26～28		
久保田泉, 今松英悦, 田中紀志夫　経済部デスク座談会 経済報道は使命を全うしているか──制度すべてが問い直される時代に（新聞の経済報道を考える）：新聞研究　通号542　〔1996.9〕　p10～25			
菊池哲郎	主人公はあくまでも世間──欧米新聞との比較から（新聞の経済報道を考える）：新聞研究　通号542　〔1996.9〕　p29～31		
小山敬次郎	「信」なくば立たず──新聞報道への期待と苦言（新聞の経済報道を考える）：新聞研究　通号542　〔1996.9〕　p32～35		
黒田真	「生涯一記者」が育って欲しい──新聞は多元的な要素の提供を（新聞の経済報道を考える）：新聞研究　通号542　〔1996.9〕　p36～39		
島田晴雄	背景情報と分析が不十分──比重高まる新聞報道の役割（新聞の経済報道を考える）：新聞研究　通号542　〔1996.9〕　p40～42		
岸本重陳	経済報道を考える 原理的な疑問を持って：新聞研究　通号544　〔1996.11〕　p45～48		
塚越敏彦	返還後の報道こそ重要──中・港それぞれの変化を歴史的視点で（香港返還を追う）：新聞研究　通号553　〔1997.8〕　p74～76		
山田厚史	うろたえず冷静に──改革・破たん報道の視点（不安の時代, 新聞は）：新聞研究　通号559　〔1998.2〕　p27～30		
茶本繁正	メディア・レポート<67> 中小企業の倒産あいつぐなか銀行の不始末に血税30兆円はなぜだ！：放送レポート　151号　〔1998.3〕　p42～45		
宮部剛	経済実務家から見た欧州（欧州統合を見据えて）：新聞研究　通号564　〔1998.7〕　p44～46		
広岡公治	記者の眼 金融再生に60兆円の公的資金──倫理喪失と大蔵省寄り報道の誤り：マスコミ市民　通号358　〔1998.10〕　p12～17		
後藤尚雄	なぜ経済記事は分かりにくいのか（わかりやすさとは何か）：新聞研究　通号568　〔1998.11〕　p18～20		
羽生健二	不景気をあおっているのはマスコミか：新・調査情報passingtime　2期(59)通号427　〔1999.3〕　p4～5		
山崎宏	難しさ増す景気報道──統計のクセをつかみ多面的にみる：新聞研究　通号578　〔1999.9〕　p43～46		
宇都宮健児	ロングインタビュー 商工ローン、サラ金地獄とメディアの責任：放送レポート　163号　〔2000.3〕　p2～10		
藤井良広	そごう破たん報道を振り返る──十分な情報発信ができたか疑問は残る：新聞研究　（592）〔2000.11〕　p73～76		
持永秀樹	経済報道──日本経済再生への手がかり "ものづくり王国の復権" を提言（特集 揺れる日本、問われる視座──民放テレビ、ラジオはどう伝えたか）：月刊民放　32(12)通号378　〔2002.12〕　p24～26		
石川明	公共放送と社会──日独比較の視点から：関西学院大学社会学部紀要　（94）〔2003〕　p5～16		
小田光康	経済報道編 決算書の読み方の基本（STUDY ジャーナリスト教育の実験報告（シリーズ3））：総合ジャーナリズム研究　40(02)（通号184）〔2003.3〕　p54～57		
井田正道, 竹下俊郎　経済報道と世論に関する実証的研究：政経論叢　72(1)〔2003.10〕　p1～43			
及川仁	身近な危険を日々実感──支局開設二か月・イラク取材の現場から：新聞研究　（628）〔2003.11〕　p34～37		
高原寛司	『ガイアの夜明け』の2年半 経済報道の新手法を求めて：放送文化　通号4　〔2004.9〕　p84～87		
石井聡	自分のものさしを大事に──ライブドア事件から考える政治報道のあり方（記者読本2006─記者となる君へ）：新聞研究　（656）〔2006.3〕　p26～29		
大塚将司	歴史的誤報を連発する経済記者の大罪：諸君！　日本を元気にするオピニオン雑誌　39(6)〔2007.6〕　p166～178		
鈴木宏昭	特派員万華鏡 スタジオから届ける経済報道──金融の中心で番組を手がける面白さ：新聞研究　（678）〔2008.1〕　p46～49		
玉利伸吾	経済事象の本質見抜く力作りを応援──「事実伝えるだけ」からの転換進む（暮らしの視点から伝える）：新聞研究　（684）〔2008.7〕　p18～21		
林美子	労働者の立場で制度と実態とらえる──「偽装請負」「残業代ゼロ制度」報道が作った潮目（格差社会の深層に迫る）：新聞研究　（685）〔2008.8〕　p24～27		
石井勇人	漁業苦境の背景、掘り下げ不足も──一斉休漁当日の事実報道に埋没（漁業報道は今）：新聞研究　（687）〔2008.10〕　p51～54		
鶴田東洋彦	経済新聞の新傾向 産業紙を軸に射程広げる──フジサンケイビジネスアイの "新・創刊"：新聞研究　（688）〔2008.11〕　p43～46		
野村裕知	経済新聞の新傾向 紙メディアの可能性に手応え──日経ヴェリタス、創刊から半年：新聞研究　（688）〔2008.11〕　p38～42		
神保太郎	メディア批評（第12回）金融危機報道──メディアに責任はないのか 経営委員会に揺さぶられ続けたNHK：世界　（785）〔2008.12〕　p126～133		
藤井彰夫	金融危機をどう伝えたか──わかりやすさと早さを追求：新聞研究　（691）〔2009.2〕　p30～33		
木村旬	前例なき大型倒産を分析・検証──再建の道歩む日本航空を幅広い体制で取材：新聞研究　（706）〔2010.5〕　p42		

環境　　　　　　　　　　　　　　　　　ジャーナリズム

　　　　　　　　～45
神保太郎　　メディア批評（第29回）（1）腫れものに触りもしないトヨタ報道　（2）安保「五〇年間の嘘」：世界　（804）〔2010.5〕
　　　　　　　p74～81
丸山淳一　　「へえ」「なるほど」を届けるために──経済報道における専門性とは何か（専門記者の可能性）：新聞研究　（710）
　　　　　　　〔2010.9〕　p24～27
伊藤陽一，桂敬一，有山輝雄　第6回・対外情報発信研究座談会 経済や解説記事の充実図る 時事通信──英文記者が東証に常駐：
　　　　　　　メディア展望　（596）〔2011.9〕　p18～28
真崎哲　　　メディアスクランブル TPP報道：広島ジャーナリスト　（07）〔2011.12〕
日隈一雄　　ブック・ストリート 言論 3・11の教訓が生かされていない消費税増税報道：出版ニュース　通号2274　〔2012.4〕
　　　　　　　p17
安東義隆　　街作りと流通戦争を発信 ：　中小企業に及んでいない景気回復の実感（安倍政権誕生から1年 アベノミクスと経済報
　　　　　　　道を振り返る）：新聞研究　（751）〔2014.2〕　p15～17
中村秀明　　経済報道は人々の幸せを目指す ：　多様性を許容する社会に向けて（安倍政権誕生から1年 アベノミクスと経済報道
　　　　　　　を振り返る）：新聞研究　（751）〔2014.2〕　p8～11
菅原淳　　　懸念大きい地方経済への副作用 ：　統計と実感の隔たりをどう読み解くか（安倍政権誕生から1年 アベノミクスと経
　　　　　　　済報道を振り返る）：新聞研究　（751）〔2014.2〕　p18～20
杉尾守　　　県民の苦しみと期待伝える ：　都市圏との二極化を背景に（安倍政権誕生から1年 アベノミクスと経済報道を振り返
　　　　　　　る）：新聞研究　（751）〔2014.2〕　p24～26
大崎明子　　構造や課題の解説が必要 ：　副作用の大きい金融・財政政策頼み（安倍政権誕生から1年 アベノミクスと経済報道を
　　　　　　　振り返る）：新聞研究　（751）〔2014.2〕　p30～32
古川竜彦　　産業構造を反映し地場企業に回復感 ：　地方の視点から成長戦略見極める（安倍政権誕生から1年 アベノミクスと経
　　　　　　　済報道を振り返る）：新聞研究　（751）〔2014.2〕　p21～23
斎藤孝光　　流行語になった経済政策 ：　図表を多用し本質伝える（安倍政権誕生から1年 アベノミクスと経済報道を振り返る）：
　　　　　　　新聞研究　（751）〔2014.2〕　p12～14
大瀧雅之　　ここがおかしい！ 経済報道：放送レポート　（247）〔2014.3〕　p2～6
瀬能繁　　　消費増税をどう報じるか ：　財政再建と景気回復の両立を論点に：新聞研究　（755）〔2014.6〕　p56～60
後藤隆行，白石亘　労使ともに悩んだ「官製春闘」 ：　課題残る非正規雇用の在り方：新聞研究　（755）〔2014.6〕　p52～55
石井勇人　　TPPをどう報じるか ：　「集中豪雨型」報道から「シークエンス型」報道へ：新聞研究　（757）〔2014.8〕　p54～57
中尾庸蔵　　もっと明快に、勇気を持った言論を ：　「追加金融緩和」めぐるメディアの批評を批評する：マスコミ市民　（551）
　　　　　　　〔2014.12〕　p40～44

〔図書〕
原デーブ　　　経済ニュースを読む　国際編　南雲堂　1998.11　66p　26cm　1500円
金融タイムス社, 大塚一雄　金融記者50年の記録──キンタイ創刊50周年記念出版　金融タイムス社　2010.7　319p　20cm
　　　　　　　2667円

環境
〔雑誌記事〕
長洲一二　　特集・これでよいのか, 公害報道 公害とマスコミ：マスコミ市民　通号039　〔1970.7〕　p2～5
吉田豊明　　アメリカ（公害報道の視点と方法──英・米に見る公害報道）：新聞研究　通号228　〔1970.7〕　p38～40
冠郁夫　　　イギリス（公害報道の視点と方法──英・米に見る公害報道）：新聞研究　通号228　〔1970.7〕　p40～41
橋本道夫　　公害報道に注文する（公害報道の視点と方法）：新聞研究　通号228　〔1970.7〕　p46～57
青木彰　　　公害報道の可能性と問題点（公害報道の視点と方法）：新聞研究　通号228　〔1970.7〕　p42～45
牧野拓司　　公害報道レポート（公害報道の視点と方法）：新聞研究　通号228　〔1970.7〕　p20～34
戒能通孝　　公害問題と新聞（公害報道の視点と方法）：新聞研究　通号228　〔1970.7〕　p7～13
尾崎正直　　公書報道の現実と方向（公害報道の視点と方法）：新聞研究　通号228　〔1970.7〕　p14～19
原剛　　　　広域的・立体的取材の必要性（公害報道の視点と方法──公害記者）：新聞研究　通号228　〔1970.7〕　p60～61
森茂　　　　「水俣病」を追って（公害報道の視点と方法──公害記者）：新聞研究　通号228　〔1970.7〕　p58～59
田沼修二　　放送の公害報道（公害報道の視点と方法）：新聞研究　通号228　〔1970.7〕　p34～37
能島登三　　カドミウム汚染の場合：新聞研究　通号229　〔1970.8〕　p31～33
上田彦二　　公害報道の反省と提言：総合ジャーナリズム研究　07（04）〔1970.10〕　p48～56
大山甚一　　公害キャンペーンの先駆け：新聞研究　通号232　〔1970.11〕　p68～69
総合ジャーナリズム研究編集部　公害ジャーナリズムとミニコミ：総合ジャーナリズム研究所　08（01）〔1971.1〕　p85～100
香内三郎　　いわゆる公害報道の歴史──足尾鉱毒事件の一側面（公害報道（特集）：新聞学評論　通号20　〔1971.5〕　p6～38
田中信之　　公害ドキュメンタリーの視線 ＜特集＞テレビ・ジャーナリズムの位相を探る：放送批評　No.047　〔1971.11〕
宮沢信雄　　記者の目 患者を苦しめる「水俣病」報道：マスコミ市民　通号057　〔1972.2〕　p14～17
加藤真吾　　びわ湖の水を見守りながら（環境破壊と報道の役割り（特集）──公害報道レポート）：新聞研究　通号251　〔1972.6〕
　　　　　　　p36～38
大井道夫　　フィードバック機構としての使命を──公害報道に望む（環境破壊と報道の役割り（特集））：新聞研究　通号251
　　　　　　　〔1972.6〕　p44～45
阪内駿司　　公害を「心」の問題として（環境破壊と報道の役割り（特集）──公害報道レポート）：新聞研究　通号251　〔1972.6〕
　　　　　　　p41～43
原剛　　　　公害記者論（環境破壊と報道の役割り（特集））：新聞研究　通号251　〔1972.6〕　p28～31
半谷高久　　公害報道にいかに取り組むか（環境破壊と報道の役割り（特集））：新聞研究　通号251　〔1972.6〕　p8～19
本郷滋　　　試行錯誤を越えて（環境破壊と報道の役割り（特集）──公害報道レポート）：新聞研究　通号251　〔1972.6〕　p32～34
宮沢信雄　　水俣病患者と新聞記者（環境破壊と報道の役割り（特集））：新聞研究　通号251　〔1972.6〕　p25～27
鷲尾三郎　　本質追求が第一（環境破壊と報道の役割り（特集）──公害報道レポート）：新聞研究　通号251　〔1972.6〕　p34～36

ジャーナリズム　　　　　　　　　　　　　　　　　　　　　　　　　　　環境

広田亮一	迷いの中から（環境破壊と報道の役割り（特集）―公害報道レポート）：新聞研究　通号251　〔1972.6〕　p39〜41	
新井直之	「環境報道」の軌跡と方向（公害報道）：新聞研究　通号272　〔1974.3〕　p61〜65	
吉田昭夫	環境問題報道の新段階（新聞記者読本）：新聞研究　通号284　〔1975.3〕　p26〜29	
岩崎勉	"Uターン"する環境行政――環境庁担当記者からのレポート（環境・いのち・新聞報道）：新聞研究　通号286　〔1975.5〕　p25〜28	
平田恒二	「かけがえのない錦江湾」を追う（環境・いのち・新聞報道）：新聞研究　通号286　〔1975.5〕　p61〜63	
原田泰宏	ゴミ・キャンペーンが残したもの（環境・いのち・新聞報道）：新聞研究　通号286　〔1975.5〕　p58〜60	
本間義人	環境報道と特別報道部（環境・いのち・新聞報道）：新聞研究　通号286　〔1975.5〕　p13〜16	
中村政雄	環境問題と報道の視点（環境・いのち・新聞報道）：新聞研究　通号286　〔1975.5〕　p7〜12	
原田大禄	山積する「厚生問題」のなかで――厚生省担当記者からのレポート（環境・いのち・新聞報道）：新聞研究　通号286　〔1975.5〕　p29〜31	
大井道夫	自然保護思想の高揚を――自然保護と新聞報道（環境・いのち・新聞報道）：新聞研究　通号286　〔1975.5〕　p17〜19	
吉田勉	食品公害と新聞報道（環境・いのち・新聞報道）：新聞研究　通号286　〔1975.5〕　p20〜24	
小山容右	「農薬・しのびよる災い」から10年（環境・いのち・新聞報道）：新聞研究　通号286　〔1975.5〕　p47〜50	
河原孝美	放送における環境報道（環境・いのち・新聞報道）：新聞研究　通号286　〔1975.5〕　p64〜67	
十七己之助	特集　公害報道を問い直す　記者と被害者との感覚の違い：マスコミ市民　通号099　〔1976.1〕　p24〜25	
宇井純	特集　公害報道を問い直す　現場を知らずになぜ記事が書けるのか：マスコミ市民　通号099　〔1976.1〕　p10〜15	
田尻宗昭	特集　公害報道を問い直す　人間復権のたたかいと現場主義を：マスコミ市民　通号099　〔1976.1〕　p3〜9	
鈴木武夫	特集　公害報道を問い直す　必要な専門記者としての役割：マスコミ市民　通号099　〔1976.1〕　p16〜20	
山田経三	公害輸出で地元住民の声を無視した報道：マスコミ市民　通号124　〔1978.4〕　p32〜35	
宮沢慎一	こめは何を語りえたか（食糧問題と新聞報道―農・漁業報道の現実と課題）：新聞研究　通号348　〔1980.7〕　p28〜30	
野首武	新幹線公害訴訟が問うもの――公害報道の現場から：新聞研究　通号352　〔1980.11〕　p46〜49	
石川旺	環境危機とマス・コミュニケーション：NHK文研月報　32（08）〔1982.8〕　p19	
富森叡児	「緑を守る」キャンペーンの持つ意味：新聞研究　通号379　〔1983.2〕　p44〜47	
石川旺	環境危機とマス・コミュニケーション（2）－報道のうつり変わり－：NHK文研月報　33（03）〔1983.3〕　p25	
伊藤陽一	メディア・エコロジー政策論とその現在的な課題：慶応義塾大学新聞研究所年報　通号20　〔1983.3〕　p167〜181	
伊東方洋	開発とジャーナリズム＜シンポジウム＞：新聞学評論　通号33　〔1984.6〕　p131〜140	
大石裕	市民運動とマスコミ――南アルプス・スーパー林道建設をめぐる反対運動を一事例として：新聞学評論　通号33　〔1984.6〕　p289〜300	
塩見譲	"おいしい水""安全な水"を求めて（環境問題を考える）：新聞研究　通号399　〔1984.10〕　p14〜17	
石弘之	なぜ、熱帯林を守らねばならないのか!?（環境問題を考える―環境をめぐる様々な運動とその報道課題）：新聞研究　通号399　〔1984.10〕　p37〜39	
原剛	環境報道は、これでよいのか（環境問題を考える）：新聞研究　通号399　〔1984.10〕　p10〜13	
河野健一	環境問題から出発した新たな政治集団――西独の「緑の党」が問いかけるもの（環境問題を考える―環境をめぐる様々な運動とその報道課題）：新聞研究　通号399　〔1984.10〕　p40〜43	
河野博子	地下水汚染問題にみる"これからの環境問題"（環境問題を考える）：新聞研究　通号399　〔1984.10〕　p25〜27	
松本昌悦	《特集》いま、ジャーナリズムに… 最近の公害・原発報道に関連して：マスコミ市民　通号200　〔1985.3〕　p57〜59	
高峰武	「水俣」は動いている（「水俣病30年」の視点）：新聞研究　通号422　〔1986.9〕　p59〜63	
吉田知行	やらなければならないことはまだまだある――安中公害訴訟和解までの道程と今後の報道（検証・公害報道）：新聞研究　通号426　〔1987.1〕　p48〜51	
鈴木章雄	忘れたくない「見張り番」の役割――環境庁誕生から15年, 岐路に立つ行政（検証・公害報道）：新聞研究　通号426　〔1987.1〕　p44〜47	
原剛	新たな課題背負う環境ジャーナリズム（1988年の報道課題を振り返る）：新聞研究　通号449　〔1988.12〕　p14〜17	
石弘之	地球環境汚染とジャーナリストの責務（次代を読む視点＜特集＞）：新聞研究　通号462　〔1990.1〕　p38〜41	
金成有造	「東北ゴミ戦争」の周辺（"豊かさ"の本質を探る―豊かさの陰に）：新聞研究　通号468　〔1990.7〕　p37〜39	
赤田靖英	自然環境の保全をめざして――千葉県知事ゴルフ場"無農薬宣言"を追う（環境汚染取材記）：新聞研究　通号474　〔1991.1〕　p52〜55	
斎藤彰	地球環境問題の背景とジャーナリズムの役割（技術・人間・自然）：新聞研究　通号474　〔1991.1〕　p19〜22	
川名英之	日本の公害・行政の貧困の歴史――新聞はどう報じてきたか（技術・人間・自然）：新聞研究　通号474　〔1991.1〕　p32〜35	
渥美好司	放射能が眠る石棺を訪ねて――5年目のチェルノブイリ取材（環境汚染取材記）：新聞研究　通号474　〔1991.1〕　p45〜47	
原剛	地球環境問題を報じる視点――環境ジャーナリストの会結成にあたって（地球時代の日本と報道）：新聞研究　通号485　〔1991.12〕　p40〜43	
椎葉昌彦	前線記者　日本のゴミ処理の行方――産廃処理場建設住民投票を取材して：新聞研究　通号558　〔1998.1〕　p78〜79	
浅岡美恵	NGO・新聞ともに不可欠な継続性――京都会議を通じてみる環境報道の課題（環境報道を考える）：新聞研究　通号565　〔1998.8〕　p36〜39	
内田雅章	海洋汚染対策へ世論盛り上がったが…―ロシアタンカー日本海重油流出事故から1年半たって（環境報道を考える―現場から）：新聞研究　通号565　〔1998.8〕　p53〜55	
高橋正秀	学者の提言より名もなき住民の一言が――「21世紀との約束・緑のふるさと」を連載して（環境報道を考える―現場から）：新聞研究　通号565　〔1998.8〕　p47〜49	
岩崎誠	環境保全と資源確保の「共生」をめぐって――「海砂」問題キャンペーンから（環境報道を考える―現場から）：新聞研究　通号565　〔1998.8〕　p56〜59	
三橋規宏	求められる「地球益」という視点――経済・企業活動と環境報道（環境報道を考える）：新聞研究　通号565　〔1998.8〕　p29〜32	
鶴岡憲一	行政の情報操作に翻ろうされないために――公開求めつつ多様なルートで情報確保を（環境報道を考える）：新聞研究　通号565　〔1998.8〕　p26〜28	

科学・農業   ジャーナリズム

山下淳二 行政の問題は新聞自身の問題だった——豊島は報道に何を提起したか（環境報道を考える—現場から）：新聞研究　通号565　〔1998.8〕　p59〜61

原剛, 杉本裕明, 田中青史　《座談会》地球的な環境危機を前に——本質とらえる報道求めて（環境報道を考える）：新聞研究　通号565　〔1998.8〕　p10〜25

諏訪雄三 対症療法から予防的アプローチへ——報道もリスク見極める目と仕組みを（環境報道を考える）：新聞研究　通号565　〔1998.8〕　p33〜35

野内雅彦 地方から巨大な環境問題を追う——ダイオキシン取材で見えてきた課題とジレンマ（環境報道を考える—現場から）：新聞研究　通号565　〔1998.8〕　p44〜46

金子博美 報道における環境問題の取り扱い状況1——毎日新聞朝刊の場合：文教大学教育学部紀要　通号32　〔1998.12〕　p49〜54

村上雅通 水俣へのこだわり　「記者たちの水俣病」制作後記：放送レポート　165号　〔2000.7〕　p58〜59

阪口忠義 波乱続きの密室協議——環境開発サミット取材記：新聞研究　（616）〔2002.11〕　p61〜64

瀬川至朗 目指すは行動派シンクタンク——幅広い視野と長期的視点が大切な環境問題（科学報道に求められるもの）：新聞研究　（622）〔2003.5〕　p18〜21

浜田純一 「ダイオキシン報道」訴訟判決を読む——取材・報道上の厳密さ求めた最高裁：新聞研究　（629）〔2003.12〕　p39〜42

小田桐誠 メディアの今を考える（2）報道されなかった「もう一つの所沢ダイオキシン問題」：放送文化　通号2　〔2004.3〕　p130〜137

並松昭光 「もう、よかバイ」の声が消えるまで——水俣を伝え続ける仕事は終わらない（水俣を未来にどう生かすのか）：新聞研究　（661）〔2006.8〕　p48〜51

東島大 今だからこそ、報道は自由な視点で——戦後日本の禁忌から解き放たれて（水俣を未来にどう生かすのか）：新聞研究　（661）〔2006.8〕　p52〜55

丸山定巳 水俣病事件とマスメディア——個々の現象を規定する大状況の洞察を（水俣を未来にどう生かすのか）：新聞研究　（661）〔2006.8〕　p56〜59

清水直樹 平和構築のためのメディア支援（総合調査 平和構築支援の課題—第4部 メディア・環境分野の支援）：レファレンス　57（3）通号674　〔2007.3〕　p110〜120

浅岡美恵 ニュースな人たち 浅岡美恵——危機感うすい温暖化報道：ぎゃらく　通号454　〔2007.4〕　p3〜5

高木新, 石井徹 「何をなすべきか」を読者とともに——全社的な対策と部を超えた報道の両輪で（地球環境と向きあう視点）：新聞研究　（678）〔2008.1〕　p18〜21

藤井良広 議論喚起へ果たす役割大きく——環境ジャーナリズムの視点と課題（地球環境と向きあう視点）：新聞研究　（678）〔2008.1〕　p30〜33

川口裕之 行動するメディアを標榜——創刊135年を機に「環境の毎日」を全面に（地球環境と向きあう視点）：新聞研究　（678）〔2008.1〕　p14〜17

野村克之 緑の再生を県民の手で——新聞社と販売店が山火事跡地で手がけた活動の輪（地球環境と向きあう視点）：新聞研究　（678）〔2008.1〕　p26〜29

若林治美 環境・自治・生命の視点——田中正造の生涯と足尾鉱毒事件の新聞報道：新聞研究　（687）〔2008.10〕　p59〜62

宮崎勝 有明海の異変、どう伝えたか——「開門命令」佐賀地裁判決を機に振り返る（漁業報道は今）：新聞研究　（687）〔2008.10〕　p55〜58

山口仁 ダイオキシン問題とマス・メディア報道——「不確実性」下における社会問題の構築過程に関する一考察：マス・コミュニケーション研究　通号74　〔2009〕　p76〜93

大島秀利 目的意識の共通性を力に——NGOとの連携で実現したアスベスト報道（NPO・メディア・市民）：新聞研究　（705）〔2010.4〕　p16〜19

大治浩之輔 メディア時評（6）水俣病は終らない：マスコミ市民　通号497　〔2010.6〕　p56〜58

本多勝一 貧困なる精神（436）諫早湾干拓の真の理由を報じないマスコミ：金曜日　18（20）通号815　〔2010.6〕　p55

村山知博 「二つのCOP」に見る新聞各紙の環境報道の現状（特集 ニュースメディアの現在）：ジャーナリズム＆メディア：新聞学研究所紀要　（4）〔2011.3〕　p175〜179

山腰修三 水俣病被害者の「救済」をめぐるメディア言説の分析：1968年〜1973年の全国紙の報道を事例として（特集 萩原滋教授 退職記念号）：メディア・コミュニケーション：慶応義塾大学メディア・コミュニケーション研究所紀要　（63）〔2013.3〕　p45〜52

大治浩之輔 メディア時評（41）水俣病判決 最高裁の常識（コモンセンス）環境省の非常識（ノンセンス）：マスコミ市民　（533）〔2013.6〕　p41〜43

高峰武 水俣病最高裁判決をどう読むか：軌道修正の絶好のチャンスだ：新聞研究　（744）〔2013.7〕　p62〜65

山腰修三 水俣を忘れた世論とジャーナリズムからフクシマとオリンピックを考える：Journalism　（285）〔2014.2〕　p116〜123

〔図書〕

山本武利 公害報道の原点—田中正造と世論形成　御茶の水書房　1986.11　264, 5p　19cm　2200円

環境ジャーナリストの会　地球環境とジャーナリズム　岩波書店　1991.12　51p　21cm　350円　（岩波ブックレット no0230）

小林直毅 「水俣」の言説と表象　藤原書店　2007.6　377p　22cm　4600円

小林直毅 「水俣」をめぐるメディア/アーカイブ研究　法政大学サステイナビリティ研究教育機構　2011.2　19p　30cm　非売品　（サス研フォーラム講演記録集 第10回）

向井嘉之, 森岡斗志尚　イタイイタイ病報道史—公害ジャーナリズムの原点　桂書房　2011.8　425p　21cm　3200円

関西学院大学総合政策学部　環境記者、大いに吠える！　関西学院大学出版会　2013.9　108p　21cm　800円　（K.G.りぶれっと No.33）

科学・農業

〔雑誌記事〕

山崎慶一 新聞と科学：新聞研究　通号6　〔1949.3〕　p32〜38

高木純一	科学放送談義：放送文化　7（6）〔1952.6〕　p30〜31	
オウエンズ，H0	科学記事の問題（国際新聞編集者協会（IPI）1956年第5回年次総会）：新聞研究　通号臨　〔1956.11〕　p43〜47	
茅誠司	宇宙時代の科学記事（座談会）：新聞研究　通号78　〔1958.1〕　p1〜15	
相島敏夫	今はむかしの科学記者——科学欄さえなかつた前宇宙時代の思い出：文芸春秋　36（1）〔1958.1〕　p276〜282	
岸本康	科学記事と"科学記者"：新聞研究　通号91　〔1959.2〕　p18〜21	
村野賢哉	欧米のテレビと科学番組：新聞研究　通号97　〔1959.8〕　p31〜37	
上田彦二	科学記事の取材と記者の養成：新聞研究　通号97　〔1959.8〕　p17〜21	
堤佳辰	科学記事の表現——正確さとわかりやすさ：新聞研究　通号97　〔1959.8〕　p22〜26	
相島敏夫	科学報告の現状と将来：新聞研究　通号97　〔1959.8〕　p40〜46	
ブレイクスリー，A.L.	科学報道のあり方：新聞研究　通号97　〔1959.8〕　p27〜30	
フォスター，J.	米国における科学報道：新聞研究　通号97　〔1959.8〕　p12〜16	
岸本康	科学と新聞：新聞研究　通号110　〔1960.9〕　p86〜90	
奥田教久	科学報道の諸問題：新聞研究　通号110　〔1960.9〕　p52〜56	
ストークレー，J.	アメリカにおける科学情報と科学記者：新聞研究　通号122　〔1961.9〕　p26〜30	
岩崎武司	欧米の科学報道をみて：新聞研究　通号122　〔1961.9〕　p47〜49	
崎川範行	科学記事に望む：新聞研究　通号122　〔1961.9〕　p34〜37	
相島敏夫	科学報道の問題点（パネル・ディスカッション）：新聞研究　通号122　〔1961.9〕　p38〜46	
白川通信	科学記事の使命と課題：新聞研究　通号128　〔1962.3〕　p27〜30	
永井道雄	「遊びの科学」を提案する——特集・ジャーナリズムのつくりかえ：思想の科学.第5次　（4）〔1962.7〕　p11〜17	
奥田教久	曲がりかどにたつ科学記者（座談会）：新聞研究　通号141　〔1963.4〕　p16〜26	
毎日新聞社学者の森グループ	「学者の森」を終えて：新聞研究　通号148　〔1963.11〕　p23〜27	
岡部慶三	科学としての放送研究——放送研究と「放送学」—3—（完）：放送学研究　通号7　〔1964.2〕	
伊藤慎一	科学と新聞（座談会）：新聞研究　通号174　〔1966.1〕　p34〜41	
伊佐喬三	科学記者・軍事記者——米招待旅行に関連して：新聞研究　通号177　〔1966.4〕　p34〜37	
飯沼和正	科学ジャーナリズムのカリキュラム——川中〔康弘〕教授への手紙—1—しっかりとした哲学と一本の武器を：コミュニケーション研究　通号2　〔1968.5〕　p57〜64	
飯沼和正	科学ジャーナリズムのカリキュラム——川中〔康弘〕教授への手紙—2—わたくしの体験から：コミュニケーション研究　通号2　〔1968.5〕　p64〜74	
鈴木厚平	科学ニュースとは何か（新時代の科学報道を探る（特集）—科学記者の発言）：新聞研究　通号212　〔1969.3〕　p53〜55	
加藤秋夫	科学記事と取材のポイント（新時代の科学報道を探る（特集））：新聞研究　通号212　〔1969.3〕　p27〜29	
木村繁	科学記者の勝負どころ（新時代の科学報道を探る（特集）—科学記者の発言）：新聞研究　通号212　〔1969.3〕　p51〜53	
奥地幹雄	科学記者の変質（新時代の科学報道を探る（特集）—科学記者の発言）：新聞研究　通号212　〔1969.3〕　p55〜57	
大木明	科学部のジレンマ（新時代の科学報道を探る（特集）—科学記者の発言）：新聞研究　通号212　〔1969.3〕　p57〜59	
福島正実	科学報道に一言（新時代の科学報道を探る（特集）—科学記者の発言）：新聞研究　通号212　〔1969.3〕　p60〜61	
唐津一	科学報道を総点検する（新時代の科学報道を探る（特集））：新聞研究　通号212　〔1969.3〕　p30〜50	
岸本康	科学報道体制の再検討（新時代の科学報道を探る（特集））：新聞研究　通号212　〔1969.3〕　p20〜23	
筑波常治	現代科学と新聞報道（新時代の科学報道を探る（特集））：新聞研究　通号212　〔1969.3〕　p11〜16	
尾崎正直	新しい科学記者の要件（新時代の科学報道を探る（特集））：新聞研究　通号212　〔1969.3〕　p17〜19	
村野賢哉	放送における科学報道（新時代の科学報道を探る（特集））：新聞研究　通号212　〔1969.3〕　p24〜26	
波辺昌司	科学部（現代新聞記者読本—取材各部の現状）：新聞研究　通号213　〔1969.4〕　p55〜57	
本田一二	"科学記者協会"のねらい——もう一つの"クラブ"：新聞研究　通号222　〔1970.1〕　p57〜61	
尾崎正直	科学記事と科学記者（現代新聞記者の基礎知識（特集））：新聞研究　通号224　〔1970.3〕　p71〜73	
吉田昭作	科学ジャーナリズム論――人間性回復へのキャンペーン：総合ジャーナリズム研究　08（01）〔1971.1〕　p52〜64	
新井直之	科学記事・科学記者の課題（変動期の記者の課題と要件）：新聞研究　通号236　〔1971.3〕　p46〜48	
坂井定雄	記者の目　大マスコミの放射能"感覚マヒ"：マスコミ市民　通号049　〔1971.5〕　p26〜31	
本田一二	アジア科学記者協会の誕生：新聞研究　通号244　〔1971.11〕　p68〜69	
広重徹	科学技術の現代的意味（環境破壊と報道の役割り（特集））：新聞研究　通号251　〔1972.6〕　p20〜24	
本田一二	日本における科学ジャーナリズムの発達-上-（科学ジャーナリズムの歴史-1-）：総合ジャーナリズム研究　09（04）〔1972.10〕　p69〜77	
本田一二	日本における科学ジャーナリズムの発達-下-（科学ジャーナリズムの歴史-2-）：総合ジャーナリズム研究　10（01）〔1973.1〕　p90〜97	
本田一二	米国における科学ジャーナリズムの発達-中-（科学ジャーナリズムの歴史-4-）：総合ジャーナリズム研究　10（03）〔1973.7〕　p105〜114	
本田一二	米国における科学ジャーナリズムの発達-3-（科学ジャーナリズムの歴史-5-）：総合ジャーナリズム研究　10（04）〔1973.10〕　p86〜93	
本田一二	米国における科学ジャーナリズムの発達-4-（科学ジャーナリズムの歴史-6-）：総合ジャーナリズム研究　11（01）〔1974.1〕　p106〜117	
河合武	科学記者＝見たこと聞いたこと考えること：新聞研究　通号271　〔1974.2〕　p70〜76	
本田一二	米国における科学ジャーナリズムの発達-5-（科学ジャーナリズムの歴史-7-）：総合ジャーナリズム研究　11（02）〔1974.4〕　p105〜116	
本田一二	米国における科学ジャーナリズムの発達-6-（科学ジャーナリズムの歴史-8-）：総合ジャーナリズム研究　11（03）〔1974.7〕　p132〜142	
白川通信	「むつ」問題の教訓と報道課題——むずかしい視点のあり方：新聞研究　通号280　〔1974.11〕　p48〜51	
川上幸一	原子力問題と安全性：新聞研究　通号280　〔1974.11〕　p43〜47	

科学・農業		ジャーナリズム

本田一二 米国における科学ジャーナリズムの発達-7-(科学ジャーナリズムの歴史-9-):総合ジャーナリズム研究 12(01)〔1975.1〕p138〜148

本田一二 科学ジャーナリズムの歴史−10−米国における科学ジャーナリズムの発達−8−:総合ジャーナリズム研究 12(02)〔1975.4〕p114〜122

本田一二 科学ジャーナリズムの歴史−11−米国における科学ジャーナリズムの発達−9−:総合ジャーナリズム研究 12(03)〔1975.7〕p121〜130

本田一二 科学ジャーナリズムの歴史−12−米国における科学ジャーナリズムの発達−10−:総合ジャーナリズム研究 12(04)〔1975.10〕p126〜132

常盤新平 翻訳出版への一偏見(出版・出版・出版<特集> 局面レポート):総合ジャーナリズム研究 12(04)〔1975.10〕p54〜59

本田一二 科学ジャーナリズムの歴史−13完−米国における科学ジャーナリズムの発達−11−:総合ジャーナリズム研究 13(01)〔1976.1〕p76〜86

飯塚繁太郎 科学的分析と大胆な予見(解説部)(新聞記者読本─取材記者論):新聞研究 通号296 〔1976.3〕p63〜66

工藤哲夫 つらい「冷害」取材・報道:新聞研究 通号304 〔1976.11〕p59〜62

原剛 遠洋に長く深く,資源荒廃の影(200カイリ報道の視点と展開─200カイリ報道の現場):新聞研究 通号311 〔1977.6〕p40〜43

中尾武生 アジア科学記者セミナー報告(科学報道と科学記者):新聞研究 通号319 〔1978.2〕p50〜53

山根博司 科学と論説──科学時代を透視する「平和」と「安全」(科学報道と科学記者):新聞研究 通号319 〔1978.2〕p13〜16

本田一二 科学ジャーナリズムの展望──欧米科学報道の傾向を見る(科学報道と科学記者):新聞研究 通号319 〔1978.2〕p30〜33

餌取章男 <科学雑誌>編集のなかから(科学報道と科学記者─科学記者の声──現場のなかで):新聞研究 通号319 〔1978.2〕p46〜49

河合武 科学報道と科学記者(科学報道と科学記者):新聞研究 通号319 〔1978.2〕p17〜29

小島章伸 エネルギー・資源報道の視点と課題(エネルギー・資源報道を考える):新聞研究 通号336 〔1979.7〕p26〜30

田村秀男 国際エネルギー情報戦(エネルギー・資源報道を考える):新聞研究 通号336 〔1979.7〕p58〜61

宮下英雄 新聞は“エネルギー情報較差"を埋め得るメディア(エネルギー・資源報道を考える─エネルギー報道への注文):新聞研究 通号336 〔1979.7〕p40〜42

中山素平 新聞は偉大なる常識家たれ(エネルギー・資源報道を考える─エネルギー報道への注文):新聞研究 通号336 〔1979.7〕p34〜36

生田豊朗 正確な知識をベースにクールな組み立てを(エネルギー・資源報道を考える─エネルギー報道への注文):新聞研究 通号336 〔1979.7〕p31〜33

山口義人 石炭見直し──何を考えて報道に当たるか(エネルギー・資源報道を考える─エネルギー・資源報道の現場から):新聞研究 通号336 〔1979.7〕p54〜57

樋口恵子 選択肢となるデータの提供を望む(エネルギー・資源報道を考える─エネルギー報道への注文):新聞研究 通号336 〔1979.7〕p37〜39

清原芳治 不足分補充可能な地熱発電(エネルギー・資源報道を考える─エネルギー・資源報道の現場から):新聞研究 通号336 〔1979.7〕p49〜51

小元広悦 暮らしをおおう石油社会の影(エネルギー・資源報道を考える─エネルギー・資源報道の現場から):新聞研究 通号336 〔1979.7〕p43〜45

中山亮一 農業番組が生彩を帯びる時(新聞記者読本'80<特集>─記者とテーマ 問題の所在を追い求めて):新聞研究 通号344 〔1980.3〕p31〜34

藤井勲 水際に立つ漁業報道(食糧問題と新聞報道─農・漁業報道の現実と課題):新聞研究 通号348 〔1980.7〕p31〜33

建部直文 農漁業問題をどう報道するか──あきあきしている建前論,本音で書く時代に(食糧問題と新聞報道):新聞研究 通号348 〔1980.7〕p10〜14

山本文二郎 農業報道の基本的視角(食糧問題と新聞報道─農・漁業報道の現実と課題):新聞研究 通号348 〔1980.7〕p24〜27

岡本末三 農政ジャーナリストの会 その歴史と現在(食糧問題と新聞報道):新聞研究 通号348 〔1980.7〕p47〜48

山地進 揺れ動く食糧事情と新聞報道(食糧問題と新聞報道):新聞研究 通号348 〔1980.7〕p15〜18

近藤和子 エネルギー・原子力広報体制のなかのマスコミ:マスコミ市民 通号152 〔1980.10〕p26〜39

長島聡 農政記者一年生の悩み(新聞記者読本'81─十年目の自問自答):新聞研究 通号356 〔1981.3〕p34〜36

金平聖之助 (科学<雑誌>時代の証明<特集>)何が,米・科学雑誌を支えているのか:総合ジャーナリズム研究 18(03)〔1981.7〕p22〜29

本田一二 (科学<雑誌>時代の証明<特集>)科学の本質とジャーナリズムの対応:総合ジャーナリズム研究 18(03)〔1981.7〕p8〜13

藤岡伸一郎 (科学<雑誌>時代の証明<特集>)科学雑誌編集長が語る「わが誌,わが科学」:総合ジャーナリズム研究 18(03)〔1981.7〕p30〜45

総合ジャーナリズム研究編集部 (科学<雑誌>時代の証明<特集>)新・科学雑誌群に期待されていること:総合ジャーナリズム研究 18(03)〔1981.7〕p59〜66

原涼一 報道の眼 「シリコン戦争」を取材して:月刊民放 11(121)〔1981.7〕p34〜34

里深文彦 大衆的科学雑誌とは何か 日本に科学ジャーナリズムはあるのか:出版ニュース 通号1237 〔1981.12〕p4〜7

上滝徹也 特集 科学を伝える ニュースの中の科学 望まれる番組との連動:月刊民放 12(128)〔1982.2〕p22〜24

餌取章男 特集 科学を伝える 科学が見られる時代 民放テレビでも大きな可能性が:月刊民放 12(128)〔1982.2〕p10〜13

青木國夫 特集 科学を伝える 科学番組に期待する 身近なことがらを理解し合うために:月刊民放 12(128)〔1982.2〕p6〜10

後藤英比古,中雄一,田代友昭,和泉功水 特集 科学を伝える 私の科学番組づくり 制作に問われる姿勢とは:月刊民放 12(128)〔1982.2〕p14〜21

雨宮正彦 科学技術の行方を見極める(科学)(新聞記者読本'82─記者群像──わたし自身の記者論):新聞研究 通号368 〔1982.3〕p40〜43

580

ジャーナリズム　　　　　　　　　　　　　　　　　　　　　　　　　　　　　　科学・農業

西俣総平　　アメリカの科学・技術報道（先端技術を追う＜特集＞）：新聞研究　通号384　〔1983.7〕p56〜59

ビュール, バーバラ, 新聞研究編集部　シリコン・バレーから東京へ——日米の先端技術報道の印象（先端技術を追う＜特集＞）：新聞研究　通号384　〔1983.7〕p52〜55

大西正夫　　科学都市と科学記者——筑波研究学園都市での体験から（先端技術を追う＜特集＞）：新聞研究　通号384　〔1983.7〕p48〜51

吉村久夫　　新産業革命をどう報道するか（先端技術を追う＜特集＞）：新聞研究　通号384　〔1983.7〕p20〜22

渡部泰夫　　整理部 整理記者が科学記事をわかりやすくする（先端技術を追う＜特集＞——＜技術＞へのさまざまな接近）：新聞研究　通号384　〔1983.7〕p35〜38

菅勝彦　　　冷害報道の前線に立つ：新聞研究　通号386　〔1983.9〕p72〜75

糠澤修一　　報道の眼 "雪の克服"を前提に出発 一面的スパイクタイヤ報道に危惧：月刊民放　14（154）〔1984.4〕p36〜36

古野雅美　　農業ジャーナリストの国際交流——創立十周年を迎えたAAJWA：新聞研究　通号398　〔1984.9〕p74〜77

中村輝子　　求められる "安全論争の政治学"の構築——食品の安全性を考えるために（環境問題を考える）：新聞研究　通号399　〔1984.10〕p18〜20

山下茂　　　マスコミ現場から 原発の大キャンペーンに協力するマスコミ：マスコミ市民　通号197　〔1984.11〕p2〜11

星野芳郎　　《特集》いま、ジャーナリズムに… 科学技術ジャーナリズムの腐敗：マスコミ市民　通号200　〔1985.3〕p27〜29

信濃毎日新聞社科学班　科学取材の現場から（新聞記者読本'85—取材前線で考える）：新聞研究　通号404　〔1985.3〕p45〜47

武部俊一　　広がる科学の世界と記者（新聞記者読本'85）：新聞研究　通号404　〔1985.3〕p32〜35

杉山邦夫　　科学万博取材の半年：総合ジャーナリズム研究　22（03）〔1985.7〕p46〜49

池田恵美子　ハレー彗星に接近するマスコミへ…：総合ジャーナリズム研究　22（04）〔1985.10〕p75〜81

斎藤仁　　　プレスと科学・技術——アジア編集者会議：新聞研究　通号417　〔1986.4〕p74〜77

田辺正勝　　「だからどうなる」の部分に視点を置くべきだ——12のシステム——大分（技術社会と報道の視座＜特集＞）：新聞研究　通号424　〔1986.11〕p39〜42

村上陽一郎, 武部俊一　科学・技術とジャーナリズム（技術社会と報道の視座＜特集＞）：新聞研究　通号424　〔1986.11〕p10〜22

古野雅美　　「農政転換」と報道の視点——「国論」分裂の中で：新聞研究　通号427　〔1987.2〕p60〜63

上野昂志, 中村泰次, 福田徳郎　電子出版の最前線から--実用化したCD-ROMの周辺：総合ジャーナリズム研究　24（02）〔1987.4〕p16〜33

戸田孝　　　人口問題への新しいアプローチ（次代を読む視点＜特集＞）：新聞研究　通号462　〔1990.1〕p42〜46

山際和久　　科学技術の発達と新聞の使命（技術・人間・自然）：新聞研究　通号474　〔1991.1〕p36〜38

村上陽一郎　科学技術の発展と自然環境の調和（技術・人間・自然）：新聞研究　通号474　〔1991.1〕p10〜14

中村桂子　　科学そのものの変化に対応を——文化としての科学を持つ社会（〔新聞研究〕創刊500号記念号——記者とは何か）：新聞研究　通号500　〔1993.3〕p37〜40

牧野賢治　　科学報道における倫理を考える（報道と倫理——その今日的な意味合い＜特集＞）：マス・コミュニケーション研究　通号43　〔1993.12〕p17〜31

近藤次郎　　科学報道に望む（第104回新聞講座）：新聞研究　通号517　〔1994.8〕p45〜48

新聞研究編集部　適切な検証求められる科学報道——パネルディスカッションから（第104回新聞講座）：新聞研究　通号517　〔1994.8〕p49〜52

吉田薫　　　H2ロケットを取材して（科学報道を考える—報道の現場から）：新聞研究　通号520　〔1994.11〕p37〜39

影井広美　　エイズ会議取材を通して（科学報道を考える—報道の現場から）：新聞研究　通号520　〔1994.11〕p35〜37

金子務　　　科学と社会——「科学ジャーナリズム遠近」私観（科学報道を考える）：新聞研究　通号520　〔1994.11〕p14〜17

鳥井弘之　　科学技術と社会の橋渡しを（科学報道を考える）：新聞研究　通号520　〔1994.11〕p21〜23

吉田信弘　　科学部は今（科学報道を考える）：新聞研究　通号520　〔1994.11〕p10〜13

尾関章　　　「情報の交差点」で科学を報じる（科学報道を考える—報道の現場から）：新聞研究　通号520　〔1994.11〕p33〜35

長辻象平　　読まれる科学面のために（科学報道を考える）：新聞研究　通号520　〔1994.11〕p24〜26

岸田純之助　不断の相互啓発を——創設された「日本科学技術ジャーナリスト会議」（科学報道を考える）：新聞研究　通号520　〔1994.11〕p18〜20

林重見　　　夢のある新聞報道を——科学雑誌の視点から（科学報道を考える）：新聞研究　通号520　〔1994.11〕p30〜32

小泉成史　　科学の「評論者」となるために——日米の科学報道事情の比較から（科学ジャーナリズムの今）：新聞研究　通号544　〔1996.11〕p31〜34

佐藤年緒　　広がる対象, 未来への責任重く——通信社の科学報道とは（科学ジャーナリズムの今）：新聞研究　通号544　〔1996.11〕p35〜38

横山裕道, 小出五郎, 友清裕昭　《座談会》期待される批判精神と健全な常識——新聞の科学報道を考える（科学ジャーナリズムの今）：新聞研究　通号544　〔1996.11〕p10〜26

若松征男　　新聞は予見・先見性の発揮を——科学への市民参加と報道の役割（科学ジャーナリズムの今）：新聞研究　通号544　〔1996.11〕p42〜44

脇英世　　　必要なのは中立性・客観性——コンピューター分野を中心に見た新聞報道（科学ジャーナリズムの今）：新聞研究　通号544　〔1996.11〕p39〜41

柴田鉄治　　問われる記者の洞察力——「要求水準」が一段上がった科学報道（科学ジャーナリズムの今）：新聞研究　通号544　〔1996.11〕p27〜30

新堀俊明　　わかるニュースとはなにか（その4）科学番組考：日本大学芸術学部紀要　通号29　〔1999〕p37〜54

新堀俊明　　わかるニュースとはなにか（その5）科学番組考-2—：日本大学芸術学部紀要　通号30　〔1999〕p52〜37

林香里　　　「ダイオキシン報道」の報道と騒動と：総合ジャーナリズム研究　36（01）（通号167）〔1999.1〕p52〜57

長戸雅子　　「ダイオキシン報道」の報道と騒動と（2）：総合ジャーナリズム研究　36（02）（通号168）〔1999.4〕p13〜17

山地進　　　農村の新しい動き都市に伝える工夫を——「新農基法」成立までの新聞報道を振り返って（農を報じる）：新聞研究　通号577　〔1999.8〕p42〜45

知野恵子　　科学技術と国民の橋渡し役として——科学報道と企業広報の接点を探る：新聞研究　（589）〔2000.8〕p45〜48

伊藤宏　　　科学報道の構造と機能：プール学院大学研究紀要　通号42　〔2002〕p59〜72

伊藤浩志　　SCIENCE 社会と研究者の間に深い溝 報道で科学への理解深まるか：Jiji top confidential　（10957）〔2002.4〕p18

581

科学・農業	ジャーナリズム

小川祐二朗	CURRENT 科学技術の進展とニュースの消費：総合ジャーナリズム研究　39(01)（通号179）〔2002.12〕p64～68
柴田鉄治	科学報道編「クローン人間」をテーマとして(STUDY ジャーナリスト教育の実験報告（シリーズ3))：総合ジャーナリズム研究　40(02)（通号184）〔2003.3〕p47～50
林衛	「わかりやすく」から「魅力的」に——市民も科学者も目が離せなくなる記事を(科学報道に求められるもの)：新聞研究　(622)〔2003.5〕p30～34
尾古俊博	一から掘り下げて分かりやすく——地方紙にとっての科学ニュース(科学報道に求められるもの)：新聞研究　(622)〔2003.5〕p26～29
相良悠太	"軌道"外れぬよう監視を——日本の宇宙政策とジャーナリズム(科学報道に求められるもの)：新聞研究　(622)〔2003.5〕p22～25
平山定夫	社会と科学をつなぐ——高まる専門記者の役割(科学報道に求められるもの)：新聞研究　(622)〔2003.5〕p10～13
梅崎義人	「捕鯨」報道を時系列で見る(1)米、強引に多数派工作：新聞通信調査会報　通号494〔2003.11〕p4～6
梅崎義人	「捕鯨」報道を時系列で見る(2)ベトナム戦争非難回避などが狙いか：新聞通信調査会報　通号495〔2003.12〕p8～10
梅崎義人	「捕鯨」報道を時系列で見る(3)人種偏見とのかかわりはあるか：新聞通信調査会報　通号496〔2004.1〕p4～6
梅崎義人	「捕鯨」報道を時系列で見る(4)反捕鯨側、「倫理」を前面に：新聞通信調査会報　通号497〔2004.2〕p10～12
梅崎義人	「捕鯨」報道を時系列で見る(5)「調査」を"悪"とする海外メディア：新聞通信調査会報　通号498〔2004.3〕p8～10
梅崎義人	「捕鯨」報道を時系列で見る(6)"力こそ正義なり"がまかり通るIWC：新聞通信調査会報　通号500〔2004.4〕p8～10
梅崎義人	「捕鯨」報道を時系列で見る(7)動物権運動の欺瞞を見落としたメディア：新聞通信調査会報　通号501〔2004.5〕p12～14
梅崎義人	「捕鯨」報道を時系列で見る(8・完)反捕鯨の暴走にメディアが警鐘：新聞通信調査会報　通号502〔2004.6〕p8～10
牧野賢治	科学・一流になることができるか(FEATURE 「戦後60年」のジャーナリズム1)：総合ジャーナリズム研究　42(01)（通号191）〔2005.12〕p19～24
韓永學	報道が作り出した「神話」とその崩壊——韓国ES細胞捏造事件とメディアの功罪：新聞研究　(657)〔2006.4〕p66～69
音好宏, 金廷恩	徹底検証 MBC「黄禹錫教授ねつ造」報道 韓国最大のメディア事件 勝利者のいない戦い：New media　24(4)通号275〔2006.4〕p48～52
千命哉, 塙和磨	韓国「論文ねつ造事件とメディア」：放送研究と調査　56(5)通号660〔2006.5〕p86～91
常木暎生	BSE報道再考：関西大学社会学部紀要　38(3)〔2007.3〕p213～232
小林千穂	隊員密着で読者を引き込む——芸能面、カラーで伝えた第48次南極観測隊：新聞研究　(670)〔2007.5〕p53～55
西沢邦浩	インタビュー 健康はサイエンス！——科学的根拠を重視した雑誌づくり(健康情報をどう提供するか)：新聞研究　(673)〔2007.8〕p40～42
松永和紀	科学的検証の仕組み強化が必要——新聞への期待と注文(健康情報をどう提供するか)：新聞研究　(673)〔2007.8〕p28～31
松永和紀	科学情報発信の課題——中国製冷凍ギョーザ事件を例に：月刊民放　38(7)通号445〔2008.7〕p26～29
福間良明	国防科学の博覧と「聖戦」の綻び——戦時博覧会のメディア論(特集 国民形成とメディア)：メディア史研究　24〔2008.8〕p41～60
皆川豪志	行政の混乱、責任転嫁の姿勢を追及——汚染米問題と食の安全をどう報じたか：新聞研究　(689)〔2008.12〕p39～42
瀬川至朗	マスク狂騒曲と受動的報道——科学ジャーナリズム論からの考察(新型インフルエンザをどう報じたか)：新聞研究　(697)〔2009.8〕p45～48
外岡立人	科学性少なく未熟な報道——社会に利益はもたらされたか(新型インフルエンザをどう報じたか)：新聞研究　(697)〔2009.8〕p41～44
神山美智子	真実を見抜く目で正しい報道を——食品安全問題とメディアの役割(食と農のジャーナリズム)：新聞研究　(702)〔2010.1〕p24～27
中村靖彦	農業ジャーナリズムの衰弱と再生——知識と経験の蓄積を(食と農のジャーナリズム)：新聞研究　(702)〔2010.1〕p28～31
山本昭宏	科学雑誌は核エネルギーを如何に語ったか——1950年代の『科学朝日』『自然』『科学』の分析を手がかりに：マス・コミュニケーション研究　通号79〔2011〕p153～170
香坂玲	「いきもの」から「駆け引き」へ——報道のギャップはなぜ生じたのか(生物多様性の捉え方)：新聞研究　(714)〔2011.1〕p16～19
久保田啓介	生態系の多面的な価値と報道——経済の比重増す交渉をどう見るか(生物多様性の捉え方)：新聞研究　(714)〔2011.1〕p20～24
尾関章	科学報道の過去・現在・未来 原発災害後の科学ジャーナリズム「脱啓蒙」への進化をめざして(中)アポロ報道で検証する「夢とロマン」：Journalism　(253)〔2011.6〕p68～78
尾関章	科学報道の過去・現在・未来 原発災害後の科学ジャーナリズム「脱啓蒙」への進化をめざして(下)「遺伝子」報道の反省と今後の課題：Journalism　(254)〔2011.7〕p74～85
吉田聡	食の安全・安心と報道の役割——風評被害にどう立ち向かうか(東日本大震災と報道(第3回))：新聞研究　(721)〔2011.8〕p22～25
神余心	メディア激動時代(45)「iPS細胞の臨床応用」で世紀の大誤報 威信を失墜した新聞界に明日は来るか：エルネオス　18(11)通号216〔2012.11〕p72～75
上田俊英	科学報道を検証する iPS誤報問題の教訓 朝日新聞はなぜ報じなかったのか：Journalism　(272)〔2013.1〕p52～59
藤田貢崇, 藤田良治	科学ジャーナリストの養成プログラムについて：法政大学多摩研究報告　28〔2013.5〕p27～36
島薗進	編集長インタビュー 人々の暮らしを下から立て直す そうした、社会の本当の活力につながる科学や科学報道を：Journalism　(284)〔2014.1〕p70～77
尾関章	STAP第一報の伝え方を考える ： 基礎科学報道に批評性を：新聞研究　(754)〔2014.5〕p48～51

	ジャーナリズム	災害

漆原次郎, 小出五郎, 藤田貢崇　科学ジャーナリストの養成プログラムについて(2)：法政大学多摩研究報告　29　〔2014.5〕　p63～68

竹内薫　自然科学の発展と社会を結びつけるために ： 「STAP」報道などから考えるメディアの使命：月刊民放　44(6) 通号516　〔2014.6〕　p8～11

〔図 書〕

Krieghbaum, Hillier., 古田昭作　科学とマスメディア　科学情報社　1969　304p　22cm　1500円

日本記者クラブ　とっておきの話―「日本記者クラブ会報」から　日本記者クラブ　1984.11　295p　19cm　非売品

森暁雄, 大熊由紀子, 武部俊一, 木村繁　科学を一面トップにした男・木村繁　三田出版会　1988.11　337p　19cm　1500円

若松征男　記者が語る科学とメディア　悠思社　1993.7　294p　21cm　2500円

柴田鉄治　科学報道　朝日新聞社　1994.10　238p　19cm　1400円　（News & documents ND books）

許力以, 竹内実　中国文化と出版―新時代への創造　サイマル出版会　1994.12　343p　19cm　2300円

鈴木俊彦　農村取材記者の眼　農林統計協会　1998.12　235p　19cm　1800円

逢坂哲弥, 佐野健二, 仲森智博, 渡辺正, 筒井善夫, 日本化学会　テレビが変わる―化学の役割　丸善　1999.3　133p　19cm　1650円　（夢・化学―21）

門奈直樹　ジャーナリズムの科学　有斐閣　2001.3　355, 16p　19cm　2500円　（有斐閣選書）

松永和紀　メディア・バイアス―あやしい健康情報とニセ科学　光文社　2007.4　259p　18cm　740円　（光文社新書）

小林宏一, 瀬川至朗, 谷川建司　ジャーナリズムは科学技術とどう向き合うか―早稲田大学科学技術ジャーナリスト養成プログラムMAJESTy　東京電機大学東京電機大学出版局　2009.4　256p　21cm　2500円　（科学コミュニケーション叢書）

牧野賢治　科学ジャーナリストの半世紀―自分史から見えてきたこと　化学同人　2014.7　257, 11p　19cm　2200円

災害

〔雑誌記事〕

成沢猛　新潟震災・苦闘の2週間――新潟日報社の製作記録から：新聞研究　通号157　〔1964.8〕　p8～13

藤原恵　新潟地震の新聞報道：関西学院大学社会学部紀要　通号9・10　〔1964.11〕

成沢猛　新潟地震と新潟日報――提言活動と反響を中心に：新聞研究　通号160　〔1964.11〕　p25～28

金久保通雄　災害報道で注意すべきこと（座談会）：新聞研究　通号161　〔1964.12〕　p54～61

総合ジャーナリズム研究編集部　安保・大学問題とマスコミ――明確な姿勢の表現を避ける（シンポジウム）：総合ジャーナリズム研究所　06(02)　〔1969.4〕　p146～160

瀬川昌昭　災害報道を考える――放送の場合：新聞研究　通号251　〔1972.6〕　p60～63

門馬晋　予測される災害とその報道体制：新聞研究　通号251　〔1972.6〕　p55～59

塩野宏　有線テレビ放送をめぐる法技術――有線テレビジョン放送法の問題点：新聞研究　通号254　〔1972.9〕　p8～13

村野賢哉　むずかしい航空機事故報道（航空機事故と報道(特集)）：総合ジャーナリズム研究　09(04)　〔1972.10〕　p12～19

田村進　登山・遭難・ジャーナリズム：総合ジャーナリズム研究　11(04)　〔1974.10〕　p58～60

内山睦雄　地震の恐怖「裸の都市シリーズ」（環境・いのち・新聞報道）：新聞研究　通号286　〔1975.5〕　p54～57

藤田栄　災害報道とその取材対策：新聞研究　通号303　〔1976.10〕　p76～78

清水英夫, 内川芳美, 鈴木均　座談会 NHK 視聴者会議と視聴者問題を語る：放送批評　No.104　〔1977.3・4〕

総合ジャーナリズム研究編集部　伊豆地震とコミュニケーション<特別企画>：総合ジャーナリズム研究　15(02)　〔1978.4〕　p24～28

総合ジャーナリズム研究編集部　一人歩きした余震情報（伊豆地震とコミュニケーション<特別企画>）：総合ジャーナリズム研究所　15(02)　〔1978.4〕　p69～87

力武常次　繰り返し正確な報道を（地震・報道・パニック―地震報道に望むこと）：新聞研究　通号321　〔1978.4〕　p28～29

萩原尊礼　地震・報道・パニック（地震・報道・パニック）：新聞研究　通号321　〔1978.4〕　p8～25

森本良平　部分と全体の均衡を（地震・報道・パニック―地震報道に望むこと）：新聞研究　通号321　〔1978.4〕　p26～27

三上俊次, 水野博介　「余震情報パニック」の実態――下田市の事例を調査・分析（地震・報道・パニック）：新聞研究　通号321　〔1978.4〕　p30～35

田村紀雄　災害と地域放送―宮城沖地震に遭遇して：放送批評　No.117　〔1978.7〕

奥山茂信, 斎藤岸夫, 榛沢典昭, 星野春人　特集・地震報道 仙台民放四社座談会 宮城県沖地震報道を顧みて：月刊民放　08(87)　〔1978.9〕　p4～13

柳川喜郎　特集・地震報道 地震予知情報の特徴と放送媒体の対応：月刊民放　08(87)　〔1978.9〕　p18～23

真田孝昭　特集・地震報道 余震情報と社会心理：月刊民放　08(87)　〔1978.9〕　p24～28

宇田川喜八郎　東海大地震とラジオ放送体制：新聞研究　通号342　〔1980.1〕　p76～79

川端信正　地震報道に挑戦する 地震予知テスト番組の制作：月刊民放　10(109)　〔1980.7〕　p25～27

宇佐美竜夫　地震報道に何が望まれるか：新聞研究　通号350　〔1980.9〕　p38～42

柳川喜郎　報告 地震予知情報のテレビ・ラジオ報道（「地震予知情報をめぐる諸問題」<シンポジウム>）：新聞学評論　通号29　〔1980.10〕　p40～47

門馬晋　報告 地震予知情報の新聞報道（「地震予知情報をめぐる諸問題」<シンポジウム>）：新聞学評論　通号29　〔1980.10〕　p48～54

坪坂脩司　報道の眼 夕張新鉱の事故取材から：月刊民放　12(127)　〔1982.1〕　p34～34

松田浩　メディア多様化時代における言論の自由（メディア多様化時代の放送法制）：新聞研究　通号372　〔1982.7〕　p18～22

広瀬英彦　西ドイツの放送秩序・制度論議（メディア多様化時代の放送法制）：新聞研究　通号372　〔1982.7〕　p28～32

安部健児, 影平薫, 園田陽太郎, 花田篤信, 岸本卓, 森永育男, 川西到, 大島清, 中山保, 朝長則之, 田川裕, 徳安恂　特集 緊急災害報道――都市型災害への対応策 長崎大水害での教訓 地元各社の非常事態放送をみる：月刊民放　12(136)　〔1982.10〕　p10～25

須藤春夫　特集 緊急災害報道――都市型災害への対応策 望まれる地域特性の把握と対応 災害・報道から防災放送への転換をめざして：月刊民放　12(136)　〔1982.10〕　p6～9

災害	ジャーナリズム

鷲尾三郎　日本海中部地震——秋田魁のその時, その後：新聞研究　通号385　〔1983.8〕　p39〜42

池田謙一　災害時のマス・メディアの活動と機能：新聞学評論　通号33　〔1984.6〕　p245〜262

神薗敏明　火山苦とたたかう——桜島噴火を取材して：新聞研究　通号399　〔1984.10〕　p80〜82

宮田加久子　誤報「地震警戒宣言」とマス・メディア：新聞学評論　通号34　〔1985.3〕　p193〜213

広瀬英彦　自由化の流れ進む西ドイツの放送法制：新聞研究　通号405　〔1985.4〕　p74〜77

山口真　報道の眼 動転しながらも必死に中継 初めての取材, 日航機墜落事故：月刊民放　15(172)　〔1985.10〕　p34〜35

広井脩　災害報道を考える (第95回新聞講座)：新聞研究　通号415　〔1986.2〕　p59〜62

後藤将之　「流言」としての三原山噴火報道：総合ジャーナリズム研究　24(02)　〔1987.4〕　p45〜53

佐藤真司　恵まれていた取材の条件 (三原山噴火報道を振り返って<特集>)：新聞研究　通号429　〔1987.4〕　p21〜24

黒埼精三　災害報道 3つのテーマ (三原山噴火報道を振り返って<特集>)：新聞研究　通号429　〔1987.4〕　p25〜28

広井脩　情報伝達と住民の対応 (三原山噴火報道を振り返って<特集>)：新聞研究　通号429　〔1987.4〕　p16〜20

田所泉　「放送法改正案」など国会論議の場に (マスコミの焦点)：新聞研究　通号441　〔1988.4〕　p88〜91

大森幸男　問題はらむ放送法改正：新聞研究　通号442　〔1988.5〕　p28〜32

塚越喜昭　新聞協会 放送法改正で「見解」を表明 (マスコミの焦点)：新聞研究　通号443　〔1988.6〕　p79〜81

吉沢正一　問題残る放送法制の改正 (マスコミの焦点)：新聞研究　通号448　〔1988.11〕　p82〜84

埜邑義道　20世紀のフリーダム・プレス——第55回IFLAパリ大会から：新聞研究　通号460　〔1989.11〕　p57〜60

小野輝雄　航空機事故報道の問題点について：マスコミ市民　通号263　〔1990.7〕　p23〜29

宇野晋二　2足のわらじをはく地方紙整理デスク (現代デスク考)：新聞研究　通号478　〔1991.5〕　p29〜31

総合ジャーナリズム研究編集部　識者の「湾岸」戦争報道批判 (「湾岸」報道の嵐-2-)：総合ジャーナリズム研究所　28(03)　〔1991.7〕　p8〜25

椿貞良　より正確, 迅速な報道のために (検証・普賢岳取材——一連の取材態勢から, 残された課題を探る)：新聞研究　通号481　〔1991.8〕　p39〜41

石川一彦　ネットワーク取材団は情報交換で総合力を (検証・普賢岳取材——一連の取材態勢から, 残された課題を探る)：新聞研究　通号481　〔1991.8〕　p36〜38

久木保　「安全第一」が共通認識に (検証・普賢岳取材——一連の取材態勢から, 残された課題を探る)：新聞研究　通号481　〔1991.8〕　p33〜35

柳川喜郎　雲仙岳噴火報道の問題点 (検証・普賢岳取材——一連の取材態勢から, 残された課題を探る)：新聞研究　通号481　〔1991.8〕　p45〜49

千田紘一　過ちを繰り返さないために (検証・普賢岳取材——一連の取材態勢から, 残された課題を探る)：新聞研究　通号481　〔1991.8〕　p42〜44

西日本新聞社雲仙災害取材本部　警戒心と危機管理を忘れずに (検証・普賢岳取材——一連の取材態勢から, 残された課題を探る)：新聞研究　通号481　〔1991.8〕　p24〜26

金子武史　最前線のカメラマンの報告——火砕流から逃れて (検証・普賢岳取材——一連の取材態勢から, 残された課題を探る)：新聞研究　通号481　〔1991.8〕　p27〜29

三原浩良　市民と共に, 市民の信頼を得て (検証・普賢岳取材——一連の取材態勢から, 残された課題を探る)：新聞研究　通号481　〔1991.8〕　p15〜17

桐明桂一郎, 堀鉄蔵　試行錯誤の連続の中で (検証・普賢岳取材——一連の取材態勢から, 残された課題を探る)：新聞研究　通号481　〔1991.8〕　p11〜14

高島肇久　守れなかった取材者の安全 (検証・普賢岳取材——一連の取材態勢から, 残された課題を探る)：新聞研究　通号481　〔1991.8〕　p30〜32

丸山重威　住民から問われているもの (検証・普賢岳取材——一連の取材態勢から, 残された課題を探る)：新聞研究　通号481　〔1991.8〕　p20〜23

石黒重光　新聞写真に求められているもの——普賢岳惨事を機に考える (検証・普賢岳取材——一連の取材態勢から, 残された課題を探る)：新聞研究　通号481　〔1991.8〕　p50〜53

広井脩　雲仙岳噴火と災害情報の伝達：新聞研究　通号482　〔1991.9〕　p66〜70

疋田成治　特集 普賢岳災害報道—地元各社の取り組み 開局直後の重い体験から何を学んだか 長崎国際テレビ：月刊民放　21(246)　〔1991.12〕　p11〜14

千田紘一　特集 普賢岳災害報道—地元各社の取り組み 失った人材の大きさ思い, 災害報道を考える テレビ長崎：月刊民放　21(246)　〔1991.12〕　p9〜10

小山虎之助　特集 普賢岳災害報道—地元各社の取り組み 地元局としての仕事は, 「始まったばかり」 長崎放送：月刊民放　21(246)　〔1991.12〕　p6〜9

山田博子　特集 普賢岳災害報道—地元各社の取り組み 被災地からのリポートを担当して：月刊民放　21(246)　〔1991.12〕　p21〜22

木村拓郎　特集 普賢岳災害報道—地元各社の取り組み 被災地に必要な災害情報とは：月刊民放　21(246)　〔1991.12〕　p15〜20

槌田禎子　特集 普賢岳災害報道—地元各社の取り組み 報道特番『前線にて〜検証・雲仙普賢岳災害報道』を制作して：月刊民放　21(246)　〔1991.12〕　p23〜24

渡辺実　ラジオが伝えた台風19号 青森放送の10時間45分：放送批評　No.272　〔1992.3〕

渡辺実　NHKの「速報」に及第点を与えてよいのか 1992.2.2東京震度5：放送批評　No.274　〔1992.5〕

渡辺実　“島原大変”とジャーナリズム 雲仙災害報道検証：放送批評　No.278　〔1992.9〕

村木正顕　取材と報道の現場 (9) 災害報道におけるラジオの課題を探る——社内向けにも初動マニュアルの徹底図る：月刊民放　22(256)　〔1992.10〕　p34〜35

青木里加　新聞味読−−−大“津波報道”の中身 (省察・皇太子妃報道<特別企画>) 〔含 資料〕：総合ジャーナリズム研究　30(02)　〔1993.4〕　p24〜29

渡辺実　放送局の活躍 ハリケーン100万人大避難：放送批評　No.285　〔1993.4〕

渡辺実　地震災害報道の反省 奥尻を襲った大津波：放送批評　No.291　〔1993.10〕

中村耕治　特集 災害報道を考える セキュリティとアメニティ重視の都市づくりへ 南日本放送：月刊民放　23(270)　〔1993.12〕　p23〜25

高橋民夫	特集 災害報道を考える ラジオならではの災害報道めざして 文化放送：月刊民放 23（270）〔1993.12〕p21〜23
根岸七洋	特集 災害報道を考える 関係各機関の日頃の交流を 東京ガス：月刊民放 23（270）〔1993.12〕p14〜15
砂川浩慶	特集 災害報道を考える 現地取材とおして考える災害報道のあり方：月刊民放 23（270）〔1993.12〕p29〜31
渡辺実	特集 災害報道を考える 災害の全体像伝える工夫を：月刊民放 23（270）〔1993.12〕p26〜28
南日本放送, 文化放送, 北海道放送	特集 災害報道を考える 災害報道へどう取り組むか：月刊民放 23（270）〔1993.12〕p18〜25
長谷川裕	特集 災害報道を考える 情報提供のあり方で議論展開中 JR東日本：月刊民放 23（270）〔1993.12〕p10〜11
中嶋敏樹	特集 災害報道を考える 総合広域的な体制づくりを 東京電力：月刊民放 23（270）〔1993.12〕p16〜17
松浦代志文	特集 災害報道を考える 地元局として個別情報にこだわりつづける 北海道放送：月刊民放 23（270）〔1993.12〕p18〜20
武井務	特集 災害報道を考える 報道機関は災害報道の担い手 NTT：月刊民放 23（270）〔1993.12〕p12〜13
広井脩	特集 災害報道を考える 放送による災害報道の課題：月刊民放 23（270）〔1993.12〕p6〜9
堀田優	取材と報直の現場（18）中華航空機墜落、炎上に駆けつけて：月刊民放 24（278）〔1994.8〕p42〜43
桃木多聞	地元住民がみた－－ 普賢岳報道の4年：総合ジャーナリズム研究 31（04）〔1994.10〕p32〜38
奥野卓司	阪神大震災におけるメディアの実際と限界——神戸市での面接事例より：甲南大学紀要. 文学編 通号98 〔1995〕p56〜113
岩崎勝海	関東大震災と出版界 九段坂上から地獄を見た人たち——大震大火災・流言蜚語・「主義者」ご難：マスコミ・ジャーナリズム論集 通号3 〔1995〕p44〜68
鳥越俊太郎	（阪神大震災報道の "震幅" <特集>）プロローグ メディア社会の "耐震" 構造批判：総合ジャーナリズム研究 32（01）〔1995.1〕p16〜19
吉田清彦	もっと多くの命が救えたのでは——「被災者」側からみた震災報道：マスコミ市民 通号316 〔1995.3〕p20〜26
藤井治夫	緊急特集 ついに発生した直下型大地震 人命より治安を優先させた自衛隊——創設四〇年目に、致命的な大失態：マスコミ市民 通号316 〔1995.3〕p8〜13
富田恵	阪神大震災と報道機関の対応（阪神大震災と報道）：新聞研究 通号524 〔1995.3〕p78〜81
長谷邦彦	震災地に「希望」を（阪神大震災と報道）：新聞研究 通号524 〔1995.3〕p75〜77
石山靖男	本社機能壊滅それでも新聞発行を続けた（阪神大震災と報道）：新聞研究 通号524 〔1995.3〕p72〜74
藤岡伸一郎	海外の報道（阪神大震災報道の "震幅" <特集> 資料構成）：総合ジャーナリズム研究 32（02）〔1995.4〕p18〜22
総合ジャーナリズム研究編集部	記録・大震災報道－－メディアはどう伝えたか（資料構成）（阪神大震災報道の "震幅" <特集> 資料構成）：総合ジャーナリズム研究所 32（02）〔1995.4〕p35〜36
芹田希和子	阪神大震災から二カ月 類型化拒む者を疎外——被災者から見たTV報道：マスコミ市民 通号317 〔1995.4〕p50〜53
総合ジャーナリズム研究編集部	阪神大震災報道の "震幅" <特集>：総合ジャーナリズム研究所 32（02）〔1995.4〕p17〜64
轟純夫	（阪神大震災報道の "震幅" <特集>）パソコンネットの成果とハードル：総合ジャーナリズム研究 32（02）〔1995.4〕p56〜57
総合ジャーナリズム研究編集部	（阪神大震災報道の "震幅" <特集>）資料構成：総合ジャーナリズム研究所 32（02）〔1995.4〕p28〜36
羽島知之	（阪神大震災報道の "震幅" <特集>）新聞号外 61社が第1報を…：総合ジャーナリズム研究 32（02）〔1995.4〕p37〜39
本田一二	（阪神大震災報道の "震幅" <特集>）地元メディア・新聞：総合ジャーナリズム研究 32（02）〔1995.4〕p86〜95
金平茂紀	（阪神大震災報道の "震幅" <特集>）東京のメディア 現場に向きあう姿勢の「温度差」：総合ジャーナリズム研究 32（02）〔1995.4〕p23〜27
総合ジャーナリズム研究編集部	（阪神大震災報道の "震幅" <特集>）被災者からみたメディア：総合ジャーナリズム研究所 32（02）〔1995.4〕p40〜52
橋田光雄	神戸新聞（阪神大震災報道の "震幅" <特集> 地元メディア・新聞）：総合ジャーナリズム研究 32（02）〔1995.4〕p40〜43
今村庸一	世界が見た震災の衝撃 1.17 阪神大震災：放送批評 No.309 〔1995.4〕
松尾羊一, 上野修, 青木貞伸	"地震列島" メディアの課題 1.17 阪神大震災：放送批評 No.309 〔1995.4〕
総合ジャーナリズム研究編集部	被災者の怒りと "客観報道"（阪神大震災報道の "震幅" <特集> 被災者からみたメディア）：総合ジャーナリズム研究所 32（02）〔1995.4〕p58〜64
日高敏	美しすぎた "大震災" の火柱：放送批評 No.309 〔1995.4〕
矢野宏	必要な情報とマス・メディアの限界（阪神大震災報道の "震幅" <特集> 被災者からみたメディア）：総合ジャーナリズム研究 32（02）〔1995.4〕p62〜64
横山裕道	この20年の地震報道は何だったのか（阪神大震災と報道）：新聞研究 通号525 〔1995.4〕p61〜64
窪田邦倫	ニュースの谷間に光を当てる（阪神大震災と報道—移動編集局・支局の現状）：新聞研究 通号525 〔1995.4〕p69〜72
榊原正吾	新鮮な目でニュースを発掘（阪神大震災と報道—移動編集局・支局の現状）：新聞研究 通号525 〔1995.4〕p65〜68
小松伸	被災局として被災者の立場に立って（阪神大震災と報道）：新聞研究 通号525 〔1995.4〕p58〜60
坂本衛	トンチンカン情報に泣いた神戸 <特集>阪神大震災と放送メディア 都市直下型地震に挑んだ放送局：放送批評 No.310 〔1995.5〕
槌田禎子	災害を取材する側のモラル <特集>阪神大震災と放送メディア 都市直下型地震に挑んだ放送局：放送批評 No.310 〔1995.5〕
渡辺実	災害報道は被災地を救ったか <特集>阪神大震災と放送メディア 都市直下型地震に挑んだ放送局：放送批評 No.310 〔1995.5〕
大森幸男	阪神大震災報道が残したさまざまな教訓：月刊民放 25（287）〔1995.5〕p27〜29
伊藤雅浩	視聴者センターに集まった "声" <特集>阪神大震災と放送メディア 都市直下型地震に挑んだ放送局：放送批評 No.310 〔1995.5〕
濱田隆士	地球科学的常識が欠如していた "予想外" という人災 <特集>阪神大震災と放送メディア 都市直下型地震に挑んだ放送局：放送批評 No.310 〔1995.5〕

| 災害 | ジャーナリズム |

中村信郎　被災報道より安心報道 ＜特集＞阪神大震災と放送メディア 都市直下型地震に挑んだ放送局：放送批評　No.310
　　〔1995.5〕

川端信正　非常時情報のパイプ網が必要 ＜特集＞阪神大震災と放送メディア 都市直下型地震に挑んだ放送局：放送批評　No.
　　310　〔1995.5〕

山田勝美　こうして震災報道は始まった（阪神大震災と報道）：新聞研究　通号526　〔1995.5〕　p67〜70

堀野広　気迫と士気に感応する——神戸・京都両紙の協力（阪神大震災と報道）：新聞研究　通号526　〔1995.5〕　p24〜26

後藤秀雄　航空小委,防災会議の取材規制案に反対の申し入れ（マスコミの焦点）：新聞研究　通号526　〔1995.5〕　p99〜100

山田健人　再確認したラジオの役割（阪神大震災と報道）：新聞研究　通号526　〔1995.5〕　p71〜73

広井脩　災害時こそ媒体特性生かせ（阪神大震災と報道）：新聞研究　通号526　〔1995.5〕　p74〜77

磯辺康子　取材の一線から（阪神大震災と報道）：新聞研究　通号526　〔1995.5〕　p46〜63

神谷周孝　新しい希望のジャーナリズム（阪神大震災と報道）：新聞研究　通号526　〔1995.5〕　p13〜15

法花敏郎　震災下の新聞報道 これからの課題（阪神大震災と報道）：新聞研究　通号526　〔1995.5〕　p27〜45

江畑忠彦　成否のカギは司令塔にあり（阪神大震災と報道）：新聞研究　通号526　〔1995.5〕　p16〜20

長谷川千秋　戦後50年と阪神大震災（阪神大震災と報道）：新聞研究　通号526　〔1995.5〕　p10〜12

尾池和夫　地震の広報体制の整備を（阪神大震災と報道）：新聞研究　通号526　〔1995.5〕　p78〜80

松原隆一郎　伝えてほしいリアリティー（阪神大震災と報道）：新聞研究　通号526　〔1995.5〕　p81〜83

新聞研究編集部　被災地で新聞が果たした役割——新聞協会「現地調査」報告（阪神大震災と報道）：新聞研究　通号526　〔1995.
　　5〕　p84〜86

船津健一　命を尊いと思うから（阪神大震災と報道）：新聞研究　通号526　〔1995.5〕　p64〜66

中平邦彦　目線をいつも被災者に——論説に課せられるもの（阪神大震災と報道）：新聞研究　通号526　〔1995.5〕　p21〜23

友松裕喜　阪神大震災・マスコミの罪と罰——テレビは「見せ物」か,「ホットライン」か：文芸春秋　73（6）〔1995.5〕　p296
　　〜303

小川浩　阪神大震災 新聞報道から感じたこと（1）：マスコミ市民　通号319　〔1995.6〕　p62〜71

坂本衛　神戸局、大阪局「阪神大震災」報道の記録：放送批評　No.311　〔1995.6〕

武田直子　特集・阪神大震災報道ドキュメント アッ!!ガレキの下に「ひと」が：月刊民放　25（288）〔1995.6〕　p41〜42

小倉信平　特集・阪神大震災報道ドキュメント エッ!!橋げたが崩れ落ちている：月刊民放　25（288）〔1995.6〕　p42〜43

井田和秀　特集・阪神大震災報道ドキュメント カメラを回しながらリポート：月刊民放　25（288）〔1995.6〕　p45〜46

栗花落光　特集・阪神大震災報道ドキュメント カルチャーメディア局は何を：月刊民放　25（288）〔1995.6〕　p36〜37

大谷知史　特集・阪神大震災報道ドキュメント サバイバル情報をピックアップ：月刊民放　25（288）〔1995.6〕　p20〜21

杉山秀樹　特集・阪神大震災報道ドキュメント サンテレビと同じエリアで共同制作：月刊民放　25（288）〔1995.6〕　p25〜26

鈴木清文　特集・阪神大震災報道ドキュメント ヒューマンドキュメントを発掘する：月刊民放　25（288）〔1995.6〕　p34〜36

蒲田好弘　特集・阪神大震災報道ドキュメント ボランティア活動をFMで支援：月刊民放　25（288）〔1995.6〕　p32〜34

斉加尚代　特集・阪神大震災報道ドキュメント マイクロ電送器は起こしたが：月刊民放　25（288）〔1995.6〕　p38〜38

三枝博行　特集・阪神大震災報道ドキュメント レスキュー報道に徹する：月刊民放　25（288）〔1995.6〕　p44〜45

広井脩　特集・阪神大震災報道ドキュメント 「関西安全神話」の崩壊と放送の課題：月刊民放　25（288）〔1995.6〕　p4〜7

岡俊太郎,樺沢啓之,桑原弘之,今城利之,鈴木正勝　特集・阪神大震災報道ドキュメント 座談会 被災者の目線で息長く報道：月
　　刊民放　25（288）〔1995.6〕　p8〜15

八田慎一　特集・阪神大震災報道ドキュメント 住民要求に応えて報道が変化：月刊民放　25（288）〔1995.6〕　p18〜20

竹谷善弥　特集・阪神大震災報道ドキュメント 笑顔の時にもう一度出会いたい：月刊民放　25（288）〔1995.6〕　p39〜40

山田健人,真弓隆三　特集・阪神大震災報道ドキュメント 情報交換の中継基地を目指して：月刊民放　25（288）〔1995.6〕　p16
　　〜18

織田めぐみ　特集・阪神大震災報道ドキュメント 神戸の今を伝えなければ：月刊民放　25（288）〔1995.6〕　p43〜43

武藤充朗,野下洋　特集・阪神大震災報道ドキュメント 西へ向かうほど酷い光景が：月刊民放　25（288）〔1995.6〕　p39〜39

石橋捷治　特集・阪神大震災報道ドキュメント 地震マニュアルを直した矢先に：月刊民放　25（288）〔1995.6〕　p23〜25

木畑研二　特集・阪神大震災報道ドキュメント 「虫」の目で地を這う取材を続行：月刊民放　25（288）〔1995.6〕　p26〜28

藪田正弘　特集・阪神大震災報道ドキュメント 二報、三報よりも遅れた第一報：月刊民放　25（288）〔1995.6〕　p40〜41

嶋内義明　特集・阪神大震災報道ドキュメント 被災者の心情伝えた "よびかけ報道"：月刊民放　25（288）〔1995.6〕　p28〜30

木津薫　特集・阪神大震災報道ドキュメント 不気味だった街の異様な静けさ：月刊民放　25（288）〔1995.6〕　p44〜44

鈴木正勝　特集・阪神大震災報道ドキュメント 報道と制作、棲み分け情報提供：月刊民放　25（288）〔1995.6〕　p31〜32

稲葉暁　散文ルポにもまさる迫真力——短歌,俳句に詠まれた震災（阪神大震災と報道）：新聞研究　通号527　〔1995.6〕
　　p57〜59

勝又義一　新聞は非常時にこそ不可欠——「阪神大震災とメディア（主として新聞）に関するアンケート調査」結果（阪神大震
　　災と報道）：新聞研究　通号527　〔1995.6〕　p60〜67

浅井隆　役立った事前の地震対策（阪神大震災と報道）：新聞研究　通号527　〔1995.6〕　p54〜56

岡村黎明　阪神大震災と放送——危機管理への政策提言の一試論：立命館産業社会論集　通号84　〔1995.6〕　p65〜77

小川浩　阪神大震災 新聞報道から感じたこと（2）：マスコミ市民　通号320　〔1995.7〕　p56〜63

坂本衛　「阪神大震災」報道の記録 NHK＆東京キー局篇：放送批評　No.312　〔1995.7〕

橋田光雄　阪神大震災報道の "震幅" − 2 − ＜忘れない＞記事に「生」を見る－－在京メディアは再び震災報道に力点を：総合
　　ジャーナリズム研究　32（03）〔1995.7〕　p22〜26

勝田洋人　共同,時事が震災時記事伝達で協力（マスコミの焦点）：新聞研究　通号528　〔1995.7〕　p79〜80

三上瞻　検証 戦後50年報道——震災体験が随所に反映——中国・四国各紙の連載・継続企画：新聞研究　通号528　〔1995.7〕
　　p68〜73

土橋幸彦　不安あおらず正確な警告を（阪神大震災と報道）：新聞研究　通号528　〔1995.7〕　p62〜64

辻一郎　在阪局からの反論 震災報道もうひとつの問題：放送批評　No.313　〔1995.8〕

門前喜康　Special 特集1・マスコミは何を伝えたか？—マスコミと災害報道— 1.17被災地のTV局から…：マスコミ市民　通
　　号322　〔1995.9〕　p16〜17

森勇次	Special 特集1・マスコミは何を伝えたか?―マスコミと災害報道― 災害と報道と落差:マスコミ市民　通号322 〔1995.9〕 p4〜11	
渡辺武達	Special 特集1・マスコミは何を伝えたか?―マスコミと災害報道― 災害初期報道の問題点:マスコミ市民　通号 322 〔1995.9〕 p18〜21	
堀越由美子	Special 特集1・マスコミは何を伝えたか?―マスコミと災害報道― 場をわきまえた取材を:マスコミ市民　通号 322 〔1995.9〕 p12〜15	
柏木宏	Special 特集1・マスコミは何を伝えたか?―マスコミと災害報道― 被災地に本当に必要な情報の提供:マスコミ市 民　通号322 〔1995.9〕 p22〜25	
中村信郎	その時、報道に何ができるか―ニッポン放送の「災害放送」へのとりくみから:放送レポート　136号 〔1995.9〕 p32〜37	
野田正彰	続続・検証阪神淡路大震災報道〜震災で成功する方法?　―放送とどうつきあうか:放送レポート　136号 〔1995. 9〕 p24〜31	
橋田光雄	阪神大震災報道の"震幅"−3−歩き、書き、復興を見届ける――生こそ、心の検証こそ復興への取材テーマ:総合 ジャーナリズム研究　32(04) 〔1995.10〕 p98〜102	
雨森勇, 勝又義一	第11回全国新聞信頼度調査――付帯調査「オウム真理教をめぐる報道」「阪神大震災をめぐる報道」:新聞研究 通号531 〔1995.10〕 p64〜84	
宮本豊子, 橋田光雄, 桜井誠一, 山田健人, 織田正吉, 神田裕, 西条遊児　特集・短期連載 放送の自由と公的規制(1) 誌上再録 AM 神戸・震災報道シンポジウム 被災者として聞いたラジオ ネットワークと役割分担の確立を:月刊民放　25(293) 〔1995.11〕 p16〜23		
渡辺実	被災者の命を支える 災害時ラジオの共生と連帯:放送批評　No.317 〔1995.12〕	
貝谷昌治	「阪神大震災」と放送報道:放送芸術学 ：メディア研究　(11) 〔1995.12〕 p1〜18	
平塚千尋	マルチメディア時代の災害情報:放送学研究　通号46 〔1996〕 p75〜106	
山本康正	災害時の取材・放送活動:放送学研究　通号46 〔1996〕 p57〜74	
小田貞夫	災害情報の伝達と放送メディアの役割:放送学研究　通号46 〔1996〕 p33〜55	
広井脩	災害放送の歴史的展開:放送学研究　通号46 〔1996〕 p7〜32	
津金沢聡広	阪神大震災における流言飛語とメディア:放送学研究　通号46 〔1996〕 p107〜132	
長田攻一	地震予知と報道――グレー情報の問題性:放送学研究　通号46 〔1996〕 p133〜165	
橋田光雄	阪神大震災報道の"震幅"−4−復興2年目へ向けた課題:総合ジャーナリズム研究　33(01) 〔1996.1〕 p47〜51	
伊達智治	検証 ナトリウム漏出火災:マスコミ市民　通号327 〔1996.2〕 p34〜38	
菅家延征	マスコミの焦点・運輸省と協会「災害時救援教の安全マニュアル」で合意:新聞研究　通号535 〔1996.2〕 p80〜82	
渋沢重和	阪神大震災と報道――義援金仲介にみる新聞の信頼性:新聞研究　通号535 〔1996.2〕 p65〜68	
中野恵美子	FCTテレビ診断・テレビは阪神大震災で何を伝えようとしたか〜95年1月18日夜のニュース番組を分析して:放送 レポート　139号 〔1996.3〕 p42〜49	
立命館大学鈴木ゼミナール　阪神大震災のテレビ報道を読む〜震災翌日のテレビは何を伝えたか:放送レポート　139号 〔1996. 3〕 p50〜55		
橋田光雄	教えられ、鍛えられて――阪神・淡路大震災と新聞記者(記者読本'96):新聞研究　通号536 〔1996.3〕 p22〜24	
後藤嘉宏	関東大震災後の天譴論の二側面(特集=メディアと言説):メディア史研究　通号4 〔1996.5〕 p59〜80	
渡辺実	災害報道はレイティングじゃない:放送批評　No.323 〔1996.6〕	
山陽新聞社	システムトラブル救った震災対策案――ワープロ, コピー機, Mac主力に紙面作り:新聞技術　40(2) 〔1996.6〕 p77〜79	
前川昌夫	被災地の新聞から見た中央政治――パフォーマンス化して広がり行く被災者との距離(メディアと政治):新聞研究 通号539 〔1996.6〕 p41〜43	
高田宏	ニッポン「天変地異」録−12−室戸台風の巻――報道が被害の明暗を分けた「二つの台風」:プレジデント　34(8) 〔1996.8〕 p362〜368	
吉本秀明	スキップバックレコーダ(特集:緊急報道と新技術):放送技術　49(9) 〔1996.9〕 p922〜923	
水野晴彦	ディジタルCSPとスカイホン(特集:緊急報道と新技術):放送技術　49(9) 〔1996.9〕 p926〜928	
種子田美夜	地震・津波緊急速報システム(特集:緊急報道と新技術):放送技術　49(9) 〔1996.9〕 p920〜922	
槌田禎子	雲仙 マスコミも復興の支援者だ 大災害とテレビメディア:放送批評　No.327 〔1996.10〕	
田中正人	奥尻 "善意" に頼った再建のツケ 大災害とテレビメディア:放送批評　No.327 〔1996.10〕	
大津久幸	神戸に飛びこんだカメラマンたち 大災害とテレビメディア:放送批評　No.327 〔1996.10〕	
宮田英和	神戸 震災関連死800人の重み 大災害とテレビメディア:放送批評　No.327 〔1996.10〕	
奥原孝志	高まった "災害情報波" への期待――ラジオ聴取状況調査から:放送研究と調査　46(11) 〔1996.11〕 p42〜47	
粟原富夫	震災は今もつづいている:マスコミ市民　通号338 〔1997.1〕 p70〜76	
広井脩	災害(特集 現代マス・コミュニケーション理論のキーワード――50号を記念して―コミュニケーション論):マス・ コミュニケーション研究　通号50 〔1997.1〕 p24〜30	
小田貞夫, 大西勝也　地震防災・アメリカでみた危機管理――第3回日米企業防災シンポジウムから:放送研究と調査　47(2) 〔1997.2〕 p12〜21		
総合ジャーナリズム研究編集部　重油流出事故報道:総合ジャーナリズム研究所　34(02) 〔1997.4〕 p26〜43		
磯辺康子	被災地が癒(いや)される道のり見つめて(心をどう報じるか):新聞研究　通号552 〔1997.7〕 p39〜42	
渡辺実	ラジオへの提言――阪神・淡路大震災の教訓を風化させないために(特集 ラジオの備えは万全か――阪神・淡路大 震災から2年半):月刊民放　27(9) 〔1997.9〕 p4〜7	
高橋民夫, 青木靖雄, 渡辺実　在京ラジオ座談会 検証 "ラジオ・ライフライン・ネットワーク"――「東京で大震災発生」その時ラ ジオは(特集 ラジオの備えは万全か――阪神・淡路大震災から2年半):月刊民放　27(9) 〔1997.9〕 p8〜20		
小樽雅章	あれから3年 阪神大震災と地元のラジオ――本当に役立った情報とは何か:放送文化　通号44 〔1998.2〕 p70〜79	
安孫子誠人, 近藤日佐子, 酒井道雄　座談会・4度目の冬を迎えて 神戸から見えたものは……――震災復興・マスコミ・市長選挙: マスコミ市民　通号350 〔1998.2〕 p40〜57		
五味陸仁	報道 地震特別番組ただ今訓練中:新・調査情報passingtime　2期(51)通号422 〔1998.5〕 p36〜36	

青山千彰	震災時における新聞記事構成の特徴と問題点：情報研究 ： 関西大学総合情報学部紀要　(9)〔1998.7〕p1〜22
石山靖男	新聞は生活を支えるライフラインの一つ——阪神淡路大震災・危機の中の新聞発行(第51回WAN世界新聞大会報告から)：新聞研究　通号566〔1998.9〕p70〜73
平塚千尋	東海地震グレー情報と報道：放送研究と調査　48(9)〔1998.9〕p58〜65
渡辺実	ラジオはライフラインになり得るのか——防災ラジオの現状と課題(特集 ニューラジオを考える)：月刊民放　28(10)〔1998.10〕p10〜13
半野秀一	記者の魂も呼び起こした大水害(集中豪雨の取材を振り返って)：新聞研究　通号568〔1998.11〕p47〜50
小林一哉	取材通して見えてきた「人災」(集中豪雨の取材を振り返って)：新聞研究　通号568〔1998.11〕p53〜55
石橋真一	被災者、読者の立場に立つ(集中豪雨の取材を振り返って)：新聞研究　通号568〔1998.11〕p50〜53
平塚千尋	地震予知情報と報道——東海地震グレー情報を考える：NHK放送文化調査研究年報　通号44〔1999〕p43〜78
古木杜恵	特集 防災・災害報道 南部富士・岩手山が「動いた」〜雲仙・普賢岳の教訓はどう生かされるのか：放送文化　通号56〔1999.2〕p12〜24
大西勝也	防災・災害情報をどう伝えるか〜「災害のことば」調査から〜：放送研究と調査　49(9)通号580〔1999.9〕p28〜39
永井隆光, 和泉淳三	高知、水害報道の取り組み：映像情報メディア学会技術報告　23(64)〔1999.10〕p9〜12
エフエムもりぐち	コミュニティ放送における緊急情報放送システムについて(特集 ラジオ放送における様々な取り組み)：放送技術　52(10)通号629〔1999.10〕p1159〜1164
河野英治	トルコ大地震を取材して：映画テレビ技術　通号567〔1999.11〕p22〜24
岡田充	国内災害並みの台湾大地震取材態勢——素早い各社の対応には阪神大震災の経験：新聞研究　通号581〔1999.12〕p60〜63
鳥井守幸	原子力事故報道の“現場”：総合ジャーナリズム研究　37(01)(通号 171)〔2000.1〕p25〜31
小川敏正	取材の足場が現場でなくなる事故(原子力事故報道の“現場”)：総合ジャーナリズム研究　37(01)(通号 171)〔2000.1〕p12〜16
渥美好司	「難解」かつ「危険」な原子力報道のハードル(原子力事故報道の“現場”)：総合ジャーナリズム研究　37(01)(通号 171)〔2000.1〕p20〜24
小樽雅章	災害時における地元ラジオの役割——阪神・淡路大震災を振り返って(特集 災害情報と放送——阪神・淡路大震災5年)：月刊民放　30(2)通号344〔2000.2〕p16〜21
小川雄二郎, 鈴木広隆	災害対応の広域化・国際化——インターネットで情報共有し被害の低減図る(特集 災害情報と放送——阪神・淡路大震災5年)：月刊民放　30(2)通号344〔2000.2〕p13〜15
久田成昭	災害対応力充実を目指して——放送機関と行政の一層の連携推進を(特集 災害情報と放送——阪神・淡路大震災5年)：月刊民放　30(2)通号344〔2000.2〕p10〜12
室崎益輝	震災5年で感じた放送の役割——オピニオンリーダーからセキュリティリーダーへ(特集 災害情報と放送——阪神・淡路大震災5年)：月刊民放　30(2)通号344〔2000.2〕p4〜9
渡辺実	阪神・淡路大震災から5年 ラジオが築いた被災者との絆：ぎゃらく　通号368〔2000.3〕p40〜43
エフエム入間放送	コミュニティFMの緊急報道取材対応：放送技術　53(3)通号634〔2000.3〕p379〜384
小川敏正	続・原子力事故報道の“現場” 風評被害報道の皮肉な現実：総合ジャーナリズム研究　37(02)(通号 172)〔2000.4〕p34〜38
横山修二	「5年以後」の課題は教訓の普遍化——共に考え解決策を見いだす被災地のメディアとして(特集 震災・メディアの5年間)：新聞研究　通号585〔2000.4〕p10〜13
鎌田靖	体験の共有目指し双方向で多角的に放送——報道を持続できるか、問われるメディアの姿勢(特集 震災・メディアの5年間)：新聞研究　通号585〔2000.4〕p22〜25
林英夫	動揺する被災者に向けた「安心報道」——心の救援のための「危機介入」の理論(特集 震災・メディアの5年間)：新聞研究　通号585〔2000.4〕p26〜29
川口真司	報道の継続で行政施策も多少前進——被災者の立場で書くということ(特集 震災・メディアの5年間)：新聞研究　通号585〔2000.4〕p14〜17
古木杜恵	ネットを駆使た予知的中の有珠山報道：放送文化　通号74〔2000.8〕p28〜33
平塚千尋	検証・デジタル電子メディア時代の災害情報——2000年有珠山噴火：放送研究と調査　50(9)通号592〔2000.9〕p68〜79
嵯峨仁朗	有珠山噴火取材・報道を振り返って マスコミは「減災」という使命の一端を担う——次の噴火に備え、報道を検証し継続すること：新聞研究　(591)〔2000.10〕p44〜47
大西勝也	有珠山噴火はどう伝えられたか——有珠山災害調査に見る住民意識：放送研究と調査　50(12)通号595〔2000.12〕p2〜23
大西勝也	都市型水害と情報伝達——東海豪雨にみる住民の情報認識と避難行動：放送研究と調査　51(2)通号597〔2001.2〕p16〜35
渋田民夫	「書いて守る人権」の実践続ける——人権擁護の役割担ってきた新聞(特集 記者読本2001—記者となる君たちへ)：新聞研究　(596)〔2001.3〕p30〜33
古木杜恵	有明異変！ メディアはどう報じたか：放送文化　通号85〔2001.7〕p48〜53
富山晃	民放報道の現場から 有珠山噴火報道——発生予告下の取材態勢、被災者向け情報に反省も(特集 民放報道——テレビジャーナリズムの課題)：月刊民放　31(11)通号365〔2001.11〕p17〜19
渡辺実	スーパー広域地震災害を放送局はいかに伝えるのか？：月刊民放　32(9)通号375〔2002.9〕p38〜41
川上義則	大局的視点で報道の継続を——三宅島噴火から2年を経て長期化する避難生活(災害報道の可能性を探る)：新聞研究　(614)〔2002.9〕p61〜63
村瀬真文, 内野隆司	ヨーロッパの洪水と災害報道：放送研究と調査　52(10)通号617〔2002.10〕p46〜49
林鴻亦	テロ報道と国家暴力：社会学研究科年報　(10)〔2003〕p137〜146
羽鳥光俊, 岡嶋友之, 貝原俊民	防災フォーラム 地上デジタル放送と災害報道——地域情報の高度化をめざして：放送研究と調査　53(5)通号624〔2003.5〕p78〜91
高橋幸市	いつか起きるが, 対策は不十分——「地震・津波に関する東北地方防災意識調査」から：放送研究と調査　53(8)通号627〔2003.8〕p80〜115

陣立昌之	市民の目で復興への歩み見続ける――水俣市・豪雨災害で考えた「現地の痛み」と報道の意義（災害報道の教訓）：新聞研究　（626）〔2003.9〕p58～60	
西村隆幸	住民の立場で都市防災の課題検証――四年前の教訓生かされなかった福岡7・19水害（災害報道の教訓）：新聞研究　（626）〔2003.9〕p61～63	
今野俊宏	災害報道の教訓 いつでも、どこでも「次」は起きる――多くを学んだ宮城県連続地震：新聞研究　（627）〔2003.10〕p58～61	
真栄城宏	災害時も島民と共にある新聞――台風きっかけにローカル紙の役割再考：新聞研究　（628）〔2003.11〕p52～55	
平塚千尋	マルチメディア時代の情報流通――南関東大地震予測はどう流れたか：放送研究と調査　53（12）通号631〔2003.12〕p86～97	
本橋春紀	制度比較・有事法制と災害対策基本法（特集2 有事と放送）：月刊民放　34（2）通号392〔2004.2〕p30～32	
大西勝也	防災・災害情報をどう伝えるか――東海地震の「地震情報」：放送研究と調査　54（3）通号634〔2004.3〕p31～49	
南崎英和	災害報道2 放送技術の現場から 大規模災害時の報道はどのようにして行われるのか？（特集3 災害報道と公共放送）：放送文化　通号2〔2004.3〕p68～73	
田中淳	災害報道4 災害報道のあり方とメディアに望むこと（特集3 災害報道と公共放送）：放送文化　通号2〔2004.3〕p78～81	
野瀬義仁	「えっ、名古屋が…？」あの時から……東海地震防災対策強化地域の地元局として（特集 『減災』放送の思想）：月刊民放　34（6）通号396〔2004.6〕p18～20	
河田惠昭	巨大地震に備える――東海、東南海、南海地震を想定して（特集 『減災』放送の思想）：月刊民放　34（6）通号396〔2004.6〕p5～11	
高橋英彦	災害に備えたエリア内の連携――仙台ライフライン防災情報ネットワークの活動（特集 『減災』放送の思想）：月刊民放　34（6）通号396〔2004.6〕p21～23	
榛葉英二	東海地震 減災報道を目指して（特集 『減災』放送の思想）：月刊民放　34（6）通号396〔2004.6〕p12～17	
原田浩司, 常岡浩介, 綿井健陽	シンポジウム イラク報道を考える イラク報道から見えるメディアの問題点：マスコミ市民　通号426〔2004.7〕p2～15	
新潟日報社システム室	中越大震災に伴うシステムへの影響：新聞技術　49（1）通号191〔2005〕p42～48	
吉田秀子, 高橋京子, 石井彰	ラジオ座談会 神戸から新潟へ――10年目の大地震と地元ラジオ局（特集 地域を支える）：月刊民放　35（1）通号403〔2005.1〕p5～11	
赤坂知泰	非常時の備え――TBSラジオ＆コミュニケーションズ・防災ラジオ954 ラジオリフレッシュキャンペーン 愛用のラジオを出前修理 日頃も聴かれて役に立つ（特集 地域を支える）：月刊民放　35（1）通号403〔2005.1〕p24～26	
高士薫	薄れゆく記憶、流れ続ける血――阪神・淡路大震災からの十年を伝えて：新聞研究　（642）〔2005.1〕p33～36	
高橋直子	暗闇を駆け回った記者たち――新潟日報ドキュメント（2）（新潟県中越地震――その時メディアは）：新聞研究　（643）〔2005.2〕p14～16	
酒井昌彦	初動の取材態勢に教訓残す――「復興」後押しするテレビ放送目指して（新潟県中越地震――その時メディアは）：新聞研究　（643）〔2005.2〕p25～28	
関英祐	新聞の特性、ルポで発揮――取材通じ被災住民の優しさに触れる（新潟県中越地震――その時メディアは）：新聞研究　（643）〔2005.2〕p21～24	
長谷川智	生活情報の提供に心血注ぐ――各部が連携、総力挙げPDF号外を発行（新潟県中越地震――その時メディアは）：新聞研究　（643）〔2005.2〕p17～20	
小田敏三	報道の原点に立ち返る――新潟日報ドキュメント（1）（新潟県中越地震――その時メディアは）：新聞研究　（643）〔2005.2〕p10～13	
白石草	CURRENT 終りなき「震災報道」：総合ジャーナリズム研究　42（02）（通号192）〔2005.3〕p54～57	
総合ジャーナリズム研究編集部	新潟日報、タフな取材の始まり（CURRENT 終りなき「震災報道」）：総合ジャーナリズム研究所　42（02）（通号192）〔2005.3〕p35～38	
桜間裕章	神戸新聞の大震災10年報道（CURRENT 終りなき「震災報道」）：総合ジャーナリズム研究　42（02）（通号192）〔2005.3〕p58～62	
三枝博行, 森雅一郎, 内山研二	ラジオ・フォーラム 阪神・淡路大震災から10年――震災時におけるラジオの役割：月刊民放　35（3）通号405〔2005.3〕p28～33	
前島加世子	阪神淡路大震災 被災局それぞれの10年（特集2 震災報道）：放送文化　通号6〔2005.3〕p30～37	
山崎登	新潟県中越地震――私たちが問われたこと（特集2 震災報道）：放送文化　通号6〔2005.3〕p38～43	
伴野薫	新潟県中越地震 地元テレビ局はどう報道したか（特集2 震災報道）：放送文化　通号6〔2005.3〕p44～51	
岡本卓	公共放送NHKの課題と役割 スマトラ沖巨大地震＆大津波と放送：放送研究と調査　55（4）通号647〔2005.4〕p10～19	
新聞協会編集制作部開発担当	2005年新聞・通信社の電子・電波メディア現況調査 地域情報に特化したサービスが増加――会員制サイト、ブログなど新たに展開：新聞研究　（646）〔2005.5〕p72～75	
岩崎日出雄	スマトラ島沖地震取材記 混とんの被災地を駆ける――空前の惨状を伝えるために：新聞研究　（647）〔2005.6〕p53～57	
岡本卓	公共放送NHKの課題と役割 "スマトラ"の教訓はどう生かされたか：放送研究と調査　55（7）通号650〔2005.7〕p20～30	
宮本克美	被災者に災害情報はどのように伝わったか――新潟県中越地震 意識調査とヒアリング調査から：放送研究と調査　55（8）通号651〔2005.8〕p46～57	
マイヤール, ロドリグ, 横山滋	在住外国人に災害情報はどう伝わったか――中越地震被災外国人アンケートから：放送研究と調査　55（9）通号652〔2005.9〕p26～34	
喜閖広典	あぶり出された大国の実像――「超ど級」の国際ニュースをどう伝えるか（米ハリケーン報道）：新聞研究　（652）〔2005.11〕p56～58	
小西大輔	悪条件下で続いた取材――ニューオーリンズの人々の過酷な「現実」に接して（米ハリケーン報道）：新聞研究　（652）〔2005.11〕p59～61	
坂元隆	未確認情報に踊ったメディア――ネット発信で双方向のコミュニケーションも（米ハリケーン報道）：新聞研究　（652）〔2005.11〕p62～64	

災害		ジャーナリズム

永谷和雄	被害者の視点に立った報道を貫く（特集2 JR福知山線脱線事故報道——現場からの報告）：月刊民放　35（12）通号414　〔2005.12〕　p29～31
池田正之	ハリケーン・カトリーナを米メディアはどう伝えたか——ローカルニュースメディアがハリケーン報道で示した気概：放送研究と調査　55（12）通号655　〔2005.12〕　p56～65
羽原順司	新潟県中越地震をラジオはどう伝えたか（総力特集 ラジオ聴くべし。—災害とラジオ 強い味方であるために）：放送文化　通号12　〔2006.秋〕　p42～45
廣瀬和司	アジアメディア最前線（38）なぜ減少するパキスタン地震報道：マスコミ市民　通号446　〔2006.3〕　p27～31
大地進	ドカ雪に翻弄された一か月——「生活者の目線」に徹し連日報道（豪雪下の新聞発行）：新聞研究　（657）〔2006.4〕　p34～36
鎌田慧	災害の現場を歩いて：放送レポート　200号　〔2006.5〕　p20～27
刀川和也	アジアメディア最前線（40）復興とともに和平の実現を——インドネシア・アチェ州 津波から一年が過ぎて（特集 忘れられた災害）：マスコミ市民　通号448　〔2006.5〕　p22～26
森雅一郎	高い防災意識を持つ「人づくり」——予測される地震に備えて（特集 自然災害に備える—民放各社の取り組み）：月刊民放　36（6）通号420　〔2006.6〕　p10～12
渡辺実	新しい減災情報をいかに伝えるか？——「緊急地震速報」の課題と展望（特集 自然災害に備える）：月刊民放　36（6）通号420　〔2006.6〕　p22～25
田中淳	人を動かす情報の提供を——受け手にとっての災害情報とは（特集 自然災害に備える）：月刊民放　36（6）通号420　〔2006.6〕　p4～9
有馬正敏	「人命守る」システム構築を目標に——地域密着の防災メディアとして（特集 自然災害に備える—民放各社の取り組み）：月刊民放　36（6）通号420　〔2006.6〕　p19～21
武居信介	地震Xデーに備え対応を急ぐ——NSLで多くを学習（特集 自然災害に備える—民放各社の取り組み）：月刊民放　36（6）通号420　〔2006.6〕　p13～15
薮田正弘	放送局がライフラインであるために——阪神・淡路大震災から11年（特集 自然災害に備える—民放各社の取り組み）：月刊民放　36（6）通号420　〔2006.6〕　p16～18
砂田浩孝	パキスタン地震取材の経験から——被災地でメディアの使命を再認識（国際災害報道の課題）：新聞研究　（659）〔2006.6〕　p17～19
芹田健太郎	災害報道から人道報道へ——人間の尊さ謳歌する記事が求められている（国際災害報道の課題）：新聞研究　（659）〔2006.6〕　p24～28
岸本卓也	思いやる心は国境を越える——「被災者に寄り添う」紙面を徹底（国際災害報道の課題）：新聞研究　（659）〔2006.6〕　p14～16
藤下超	支援に直結する映像の威力——アジア圏で担う公共放送の役割とは（国際災害報道の課題）：新聞研究　（659）〔2006.6〕　p20～23
菅波茂	社会の連帯促す役割に期待——悲しみを共有するメッセージの発信を（国際災害報道の課題）：新聞研究　（659）〔2006.6〕　p10～13
石黒正幸	震度、地域を限定して放送——在京民放ラジオ局の「緊急地震速報」の伝え方：月刊民放　37（4）通号430　〔2007.4〕　p36～39
渡辺実	どう伝える!?「緊急地震速報」（第2回）放送メディアが伝えるための課題：ぎゃらく　通号457　〔2007.7〕　p40～43
宇野文夫	災害とメディア 報道は被災者と同じ目線で——「能登半島地震」現地調査を通して考える：新聞研究　（672）〔2007.7〕　p52～55
渡辺実	どう伝える!?「緊急地震速報」（第3回）放送メディアが伝えるための課題：ぎゃらく　通号458　〔2007.8〕　p40～43
渡辺実	どう伝える!?「緊急地震速報」（第4回・最終回）放送メディアが伝えるための課題：ぎゃらく　通号459　〔2007.9〕　p30～33
林恭一	メディアスコープ 通信・放送法制の抜本的再編構想：新聞研究　（674）〔2007.9〕　p77～79
大内斎之	現場が教えてくれるもの（特集 新潟県中越沖地震——現地発）：月刊民放　37（11）通号437　〔2007.11〕　p15～20
羽田朗	試される局トータルの実力（特集 新潟県中越沖地震——現地発）：月刊民放　37（11）通号437　〔2007.11〕　p12～15
酒井昌彦	被災地での言葉が心に響く（特集 新潟県中越沖地震——現地発）：月刊民放　37（11）通号437　〔2007.11〕　p8～11
丸山浩孝	新潟テレビ21での「データ放送ローカル差し替え」と「新潟県中越沖地震での対応」：放送技術　60（11）通号726　〔2007.11〕　p1196～1200
丸岡康則, 南次郎, 福田淳一	NHKのデータ放送による災害放送——データ放送は被災地で一番困っている人たちに従来のテレビでは伝えきれない情報を提供できる：New media　25（11）通号294　〔2007.11〕　p6～8
正木清貴	四川大地震と岩手・宮城内陸地震：放送文化　通号20　〔2008.秋〕　p104～107
岡田芳宏	コミュニティFM放送——災害情報の取り組みを通して：マスコミ市民　通号468　〔2008.1〕　p62～71
藤井正博	［2008年］4月から放送を開始——在京ラジオ6社の緊急地震速報：月刊民放　38（3）通号441　〔2008.3〕　p34～37
西土彰一郎	EUの「レイヤー型」通信・放送法体系——「国境を越える視聴覚メディアサービス指令」の考え方：新聞研究　（682）〔2008.5〕　p43～46
黄盛彬	検証・「四川大地震」報道 共有されたものは何か：放送レポート　213号　〔2008.7〕　p14～19
堤定道	コミュニティ放送における緊急地震速報放送について：放送技術　61（8）通号735　〔2008.8〕　p101～105
木村文	災害報道の現場 ミャンマー被災 伝え切れたか——日本の東南アジア報道 弱さを露呈：新聞研究　（686）〔2008.9〕　p36～39
成沢健一	災害報道の現場 四川大地震 したたかな報道対応——情報公開と規制 二つの姿勢を使い分け：新聞研究　（686）〔2008.9〕　p32～35
高橋宏昇	災害報道の現場 復旧・復興に向けた継続的報道——岩手・宮城内陸地震から将来の青写真へ：新聞研究　（686）〔2008.9〕　p40～43
福長秀彦	検証・「一般向け緊急地震速報」——防災・減災の可能性と課題：放送研究と調査　58（10）通号689　〔2008.10〕　p46～55
若生哲旺	岩手・宮城内陸地震から7カ月：月刊民放　39（2）通号452　〔2009.2〕　p36～39
福長秀彦	津波情報の国際協力と放送——「スマトラ沖」以降の変貌：放送研究と調査　59（2）通号693　〔2009.2〕　p24～35
坂本竜之介	生活・安全情報の提供に力点——阪神・淡路大震災の経験を生かして（新型インフルエンザをどう報じたか）：新聞

	研究 （697）〔2009.8〕p37～40
福長秀彦	警報伝達と携帯ネットワーク（上）同時配信と一般向け緊急地震速報：放送研究と調査 59(8)通号699 〔2009.8〕p54～63
福長秀彦	警報伝達と携帯ネットワーク（下）公衆警報システムへの新展開：放送研究と調査 59(9)通号700 〔2009.9〕 p38～50
中村茂	復興へ書き続ける責任と自負を——被災者から学ぶ災害取材のあり方（記者読本2010—記者となる君へ）：新聞研究（704）〔2010.3〕p28～31
福長秀彦	公衆警報の様式統一と放送——米国のCAP導入と気象庁XML：放送研究と調査 60(4)通号707 〔2010.4〕p36～51
石川信	大津波警報 その時住民は——チリ地震津波に関する緊急調査から：放送研究と調査 60(6)通号709 〔2010.6〕p80～89
福長秀彦	避難情報と放送メディア——データ放送システムの可能性：放送研究と調査 60(10)通号713 〔2010.10〕p40～47
山本良平	2010年新聞協会・地域貢献大賞——受賞報告・選考経過・受賞活動一覧：新聞研究 （713）〔2010.12〕p40～43
志村諭, 川鍋淳, 木下敬裕	6工場が止まった日（特集 東日本大震災下での新聞製作）：新聞技術 55(2)通号216 〔2011〕p9～11
栗原秀行	8工場合算の共同スキームで削減（特集 新聞各社の電力使用制限への対応/東日本大震災時の資材メーカー・通信キャリアーの対応を振り返る）：新聞技術 55(3)通号217 〔2011〕p13～15
山切敏郎	ネットワーク維持の重要性（特集 東日本大震災下での新聞製作）：新聞技術 55(2)通号216 〔2011〕p19～22
飯沼敏史	暗闇の中から（特集 東日本大震災下での新聞製作）：新聞技術 55(2)通号216 〔2011〕p54～57
皆川雄一	援助協定発動、読者のために紙齢を守る（特集 東日本大震災下での新聞製作）：新聞技術 55(2)通号216 〔2011〕p44～47
斎藤弘樹, 宍戸篤	学ぶことが多かった大震災（特集 東日本大震災下での新聞製作）：新聞技術 55(2)通号216 〔2011〕p51～53
佐藤幸悦	緊急時援助協定による新聞印刷委託——協定先の新潟日報へ（特集 東日本大震災下での新聞製作）：新聞技術 55(2)通号216 〔2011〕p48～50
神田敬輔, 保科太郎, 涌井晴之	災害支援要請を受けての新聞制作（特集 東日本大震災下での新聞製作）：新聞技術 55(2)通号216 〔2011〕p66～69
福原伸司	状況把握と印刷・輸送体制の調整に全力（特集 東日本大震災下での新聞製作）：新聞技術 55(2)通号216 〔2011〕p12～14
草刈順, 白鳥正	新潟で紙面制作、自社で印刷（特集 東日本大震災下での新聞製作）：新聞技術 55(2)通号216 〔2011〕p40～43
松浦康成	仙台工場、千鳥センター被災で江東、所沢に印刷集約——新聞輸送が最大課題に（特集 東日本大震災下での新聞製作）：新聞技術 55(2)通号216 〔2011〕p15～18
高橋一己, 中田純司	全社で省エネ、電力制限——「夕刊」後に綱渡りも（特集 新聞各社の電力使用制限への対応/東日本大震災時の資材メーカー・通信キャリアーの対応を振り返る）：新聞技術 55(3)通号217 〔2011〕p19～21
園部高秀	地域紙にできること（特集 東日本大震災下での新聞製作）：新聞技術 55(2)通号216 〔2011〕p62～65
川野大介, 野寄新吾	通信キャリアーインタビュー 仮設BOXの設置で早期復旧（特集 新聞各社の電力使用制限への対応/東日本大震災時の資材メーカー・通信キャリアーの対応を振り返る）：新聞技術 55(3)通号217 〔2011〕p37～41
小林洋, 赤木篤志	通信キャリアーインタビュー 震災時の最大課題は「迅速な復旧」（特集 新聞各社の電力使用制限への対応/東日本大震災時の資材メーカー・通信キャリアーの対応を振り返る）：新聞技術 55(3)通号217 〔2011〕p42～46
高橋玲嗣, 佐藤吉記	電力を断たれた中での新聞発行（特集 東日本大震災下での新聞製作）：新聞技術 55(2)通号216 〔2011〕p58～61
佐々木秀樹, 若生伸一	電力使用制限への対応——省エネの強化を目指して（特集 新聞各社の電力使用制限への対応/東日本大震災時の資材メーカー・通信キャリアーの対応を振り返る）：新聞技術 55(3)通号217 〔2011〕p22～24
戸田晃	電力使用制限下における新聞制作（特集 新聞各社の電力使用制限への対応/東日本大震災時の資材メーカー・通信キャリアーの対応を振り返る）：新聞技術 55(3)通号217 〔2011〕p4～8
黒飛陽	電力使用制限——検証と対応（特集 新聞各社の電力使用制限への対応/東日本大震災時の資材メーカー・通信キャリアーの対応を振り返る）：新聞技術 55(3)通号217 〔2011〕p9～12
友岡三治	東日本巨大地震に直面して（特集 東日本大震災下での新聞製作）：新聞技術 55(2)通号216 〔2011〕p5～8
川端馬之助	東日本大震災における技術支援と対応（特集 東日本大震災下での新聞製作）：新聞技術 55(2)通号216 〔2011〕p23～25
阿部雅隆, 鶴田敦, 矢崎朋夫	東日本大震災における新聞発行と被害・復旧状況（特集 東日本大震災下での新聞製作）：新聞技術 55(2)通号216 〔2011〕p1～4
日本製紙連合会	東日本大震災に対する日本製紙連合会・新聞用紙委員会の対応について（特集 新聞各社の電力使用制限への対応/東日本大震災時の資材メーカー・通信キャリアーの対応を振り返る）：新聞技術 55(3)通号217 〔2011〕p25～27
東洋インキ株式会社新聞販売統括部	東洋インキグループの震災対応（特集 新聞各社の電力使用制限への対応/東日本大震災時の資材メーカー・通信キャリアーの対応を振り返る）：新聞技術 55(3)通号217 〔2011〕p32～34
佐藤明, 千葉誠昭	「備え」生かし朝夕刊を発行 2紙の代行印刷も（特集 東日本大震災下での新聞製作）：新聞技術 55(2)通号216 〔2011〕p26～29
下田勉	本震と最大余震 2度の停電で新聞製作不能に 援助協定の発動で紙齢つなぐ（特集 東日本大震災下での新聞製作）：新聞技術 55(2)通号216 〔2011〕p34～37
渡辺聡	網渡りの連続だった新聞発行（特集 東日本大震災下での新聞製作）：新聞技術 55(2)通号216 〔2011〕p30～33
佐藤勉, 城所賢一郎	異色対談 震災報道とテレビ経営——ラジオ見直し・民放の行方 TBS城所賢一郎vs自民党佐藤勉：放送界 56(196)〔2011.夏季〕p40～42
松本正之	緊急インタビュー 「二元体制」の変化を訊く——震災報道・完全デジタル化にどう向き合ったのか？ NHK松本会長：放送界 56(196)〔2011.夏季〕p30～33
山崎登	NHKの災害報道 東日本大震災の衝撃——正確で迅速な情報を分かりやすく（総力特集 東日本大震災 そのときメディアは）：放送文化 通号31 〔2011.夏〕p4～8
杉本誠司	インタビュー「ニコニコ動画」震災報道番組ライブ配信 放送とネットの新しい関係性（総力特集 東日本大震災 そのときメディアは）：放送文化 通号31 〔2011.夏〕p16～20

柳澤あゆみ	インタビュー 震災に遭ったNHK記者 被災者の気持ちを持った取材者として（総力特集 東日本大震災 そのときメディアは）：放送文化　通号31〔2011.夏〕p12〜15
津田大介	インタビュー 震災時のソーシャルメディア ネットが支えたローカルな震災情報（総力特集 東日本大震災 そのときメディアは）：放送文化　通号31〔2011.夏〕p24〜27
田中淳	インタビュー 震災報道 災害情報を有効な形で伝えるために（総力特集 東日本大震災 そのときメディアは）：放送文化　通号31〔2011.夏〕p40〜43
岩佐哲	インタビュー 被災地のテレビ局 求められる震災後の報道スタイルとは（総力特集 東日本大震災 そのときメディアは）：放送文化　通号31〔2011.夏〕p9〜11
戸田桂太	テレビ番組評価サイト「QUAE」大震災報道は視聴者にどう見られたか（総力特集 東日本大震災 そのときメディアは）：放送文化　通号31〔2011.夏〕p32〜35
熊谷徹	海外メディアの震災報道 ドイツメディアの過熱報道に見えたもの（総力特集 東日本大震災 そのときメディアは）：放送文化　通号31〔2011.夏〕p52〜55
石井彰	災害とラジオ 被災者の声を伝える継続的な放送を（総力特集 東日本大震災 そのときメディアは）：放送文化　通号31〔2011.夏〕p48〜51
藤岡伸一郎	震災時のメディア 真の意味での震災報道とは？（総力特集 東日本大震災 そのときメディアは）：放送文化　通号31〔2011.夏〕p44〜47
草野厚	震災報道を検証する 議論、批判する姿勢の欠けたテレビ報道（総力特集 東日本大震災 そのときメディアは）：放送文化　通号31〔2011.夏〕p36〜39
関沢英彦, 君和田正夫	緊急対談「3.11」はテレビメディアをどう変えるのか？ 関沢東経大教授×君和田テレビ朝日会長：放送界　56（197）〔2011.秋季〕p24〜31
渡辺実	島人の安心・安堵を支えた「あまみエフエム」災害放送：ぎゃらく　通号501〔2011.3〕p32〜35
堀木卓也	改正放送法の概要──「放送」の定義変更の意味と影響：新聞研究　（716）〔2011.3〕p75〜79
福長秀彦	災害の切迫性と警報・メディア──2010年奄美豪雨の事例から：放送研究と調査　61（3）通号718〔2011.3〕p36〜47
佐川永一, 中田一夫, 飯塚留美	特集 防災と情報通信ネットワーク 大災害における日米欧の危機管理体制及び情報通信システムの現状と課題：ICT world review　4（1）〔2011.4・5〕p9〜36
渡辺実	災害報道で気をつけること（緊急特集 東日本大震災）：放送レポート　230号〔2011.5〕p10〜11
茨城放送, 岩手放送, 宮城テレビ, 福島放送, 民放労連東北地連	被災地の放送局はその時（緊急特集 東日本大震災）：放送レポート　230号〔2011.5〕p2〜8
ファクラー, マーティン, 元木昌彦	元木昌彦のメディアを考える旅（160）マーティン・ファクラー氏（ニューヨークタイムズ東京支局長）ジャーナリストなら被災地に入り大震災をしっかり伝えるのが使命：エルネオス　17（5）通号198〔2011.5〕p106〜111
八浪英明	大震災の中で考える新聞活用──教育プロジェクト本部の準備を経て（新聞を学校に、家庭に）：新聞研究　（718）〔2011.5〕p14〜17
宮台真司	東日本大震災〜さしあたって、これだけは〈民度の低さ〉と〈悪しき共同体〉をもたらす〈心の習慣〉──従来型のマスコミが確実に崩壊せざるを得ない理由：調査情報. 第3期　（500）〔2011.5・6〕p4〜11
NHK放送文化研究所メディア研究部番組研究グループ	東日本大震災発生時・テレビは何を伝えたか：放送研究と調査　61（5）通号720〔2011.5〕p2〜7
伊藤成彦	この大災害に比べられるのは、ヒロシマとナガサキへの爆撃だけだ ドイツのヘルムート・シュミット元宰相が語る［含 東日本大震災の罹災者支援・復興と福島原発大事故に対する政府、各政党への緊急提言］（特集 大震災・原発事故・メディア）：マスコミ市民　通号508〔2011.5〕p36〜45
尾関章	「見えぬ不気味さ」はメディアの難題（特集 大震災・原発事故・メディア）：マスコミ市民　通号508〔2011.5〕p19〜21
岡田芳宏	東日本大震災とコミュニティFM（特集 大震災・原発事故・メディア）：マスコミ市民　通号508〔2011.5〕p32〜34
柴田鉄治, 川崎泰資, 門奈直樹	本誌編集委員座談会──震災報道におけるメディアの役割（特集 大震災・原発事故・メディア）：マスコミ市民　通号508〔2011.5〕p2〜18
津山恵子	海外メディア報告 在ニューヨーク日本人は大震災報道をどう見守ったか：Journalism　（252）〔2011.5〕p64〜73
総合ジャーナリズム研究編集部	プロローグ「1.17」〜「3.11」（東日本巨大地震を伝えたか）：総合ジャーナリズム研究所　48（03）（通号217）〔2011.6〕p36〜41
総合ジャーナリズム研究編集部	海外のマスコミ報道から 世界はフクシマをどう受け止めたか（東日本巨大地震を伝えたか　全記録/東日本大震災〜地震・津波・原発…報道）：総合ジャーナリズム研究所　48（03）（通号217）〔2011.6〕p6〜8
総合ジャーナリズム研究編集部	「原発」報道のリスクと不覚と：総合ジャーナリズム研究所　48（03）（通号217）〔2011.6〕p9〜18
総合ジャーナリズム研究編集部	全記録/東日本大震災〜地震・津波・原発…報道（東日本巨大地震を伝えたか）：総合ジャーナリズム研究所　48（03）（通号217）〔2011.6〕p9〜18、26〜51
総合ジャーナリズム研究編集部	大津波の災禍その後、過ぎた2カ月（東日本巨大地震を伝えたか　全記録/東日本大震災〜地震・津波・原発…報道）：総合ジャーナリズム研究所　48（03）（通号217）〔2011.6〕p42〜46
総合ジャーナリズム研究編集部	発生3日間、初期報道の徹底検証（東日本巨大地震を伝えたか　全記録/東日本大震災〜地震・津波・原発…報道）：総合ジャーナリズム研究所　48（03）（通号217）〔2011.6〕p26〜35
神余心	メディア激動時代（28）東日本大震災で「情報革命」を体感、加速するメディアの「パラダイムシフト」：エルネオス　17（6）通号199〔2011.6〕p66〜69
山中茂樹	「安心」への道を探る報道を──震災からの復興に向けて（特集 大震災に向き合う）：月刊民放　41（6）通号480〔2011.6〕p8〜11
石沢靖治	災害は「抜き打ちテスト」だ──報道は人々にどのように届いたか（特集 大震災に向き合う）：月刊民放　41（6）通号480〔2011.6〕p4〜7
畑中美穂, 福岡欣治	惨事ストレスから記者を守るために──求められる組織的な対策（特集 大震災に向き合う）：月刊民放　41（6）通号480〔2011.6〕p24〜27

| 関谷直也 | 被災地の現状・課題の提示に注力を——大震災後の社会心理と報道(特集 大震災に向き合う):月刊民放 41(6)通号480〔2011.6〕p12〜15 |

関谷直也　被災地の現状・課題の提示に注力を——大震災後の社会心理と報道(特集 大震災に向き合う):月刊民放 41(6)通号480〔2011.6〕p12〜15

石田博士,日浦統　求められる情報、総力で迫る——被災地と経済の報道から(東日本大震災と報道(第1回)):新聞研究　(719)〔2011.6〕p16〜19

等々力健　最初の6時間 テレビは何を伝えたか——あらためて振り返る3月11日(東日本大震災と報道(第1回)):新聞研究　(719)〔2011.6〕p20〜23

大田巌　膨大な被災者の今を伝え続ける——危機を乗り越え発行を継続(東日本大震災と報道(第1回)):新聞研究　(719)〔2011.6〕p8〜11

汲田伸一郎,佐藤英尊,清水一雄　東日本大震災により発生した福島原発事故の実際と風評被害——チェルノブイリ原発事故後の甲状腺癌発症の現況と比較して:日本医科大学医学会雑誌　7(3)〔2011.6〕p135〜137

村上圭子　東日本大震災・安否情報システムの展開とその課題——今後の議論に向けて:放送研究と調査 61(6)通号721〔2011.6〕p18〜33

NHK放送文化研究所メディア研究部番組研究グループ　東日本大震災発生時・テレビは何を伝えたか(2):放送研究と調査 61(6)通号721〔2011.6〕p2〜9

村上聖一　東日本大震災・放送事業者はインターネットをどう活用したか——放送の同時配信を中心に:放送研究と調査 61(6)通号721〔2011.6〕p10〜17

田城郁　震災の現場から見えたこと(特集 大震災・原発事故・メディア(2)):マスコミ市民　通号509〔2011.6〕p32〜38

大畑太郎,藤代裕之　東日本大震災においてソーシャルメディアが果たした役割(特集 大震災・原発事故・メディア(2)):マスコミ市民　通号509〔2011.6〕p18〜31

長沼節夫　東日本大震災と沿岸の地元新聞 津波に向かって走った記者たち:金曜日　19(21)通号864〔2011.6〕p28〜29

川尻友紀子　東日本大震災を乗り越えるために:放送レポート　231号〔2011.7〕p6〜7

谷村智康　被災地で思い知ったテレビの力:放送レポート　231号〔2011.7〕p8〜11

村上陽一郎　データと現場をもとに啓発の役割担え——安全学の立場からみた震災報道(東日本大震災と報道(第2回)):新聞研究　(720)〔2011.7〕p45〜48

東根千万億　危機に問われる新聞力——読者と築く31世紀への証言(東日本大震災と報道(第2回)):新聞研究　(720)〔2011.7〕p8〜11

川崎勉　現場取材で感じる人々の思い——被災者と向き合い、書き続ける(東日本大震災と報道(第2回)):新聞研究　(720)〔2011.7〕p24〜27

太田貞夫　阪神・淡路から東日本へ——16年前に震災を経験した地元紙として(東日本大震災と報道(第2回)):新聞研究　(720)〔2011.7〕p32〜35

清水忠　事業継続のためリスク分散を——浮かび上がった資材調達の課題(東日本大震災と報道(第2回)):新聞研究　(720)〔2011.7〕p36〜38

松井豊　自分を守り、取材対象者を守る——ジャーナリストの惨事ストレスをどう防ぐか(東日本大震災と報道(第2回)):新聞研究　(720)〔2011.7〕p54〜57

関谷直也　震災時における報道、メディアの課題——地域情報、風評被害、広告の観点から(東日本大震災と報道(第2回)):新聞研究　(720)〔2011.7〕p58〜63

松田陽三　総合力で新聞の力を示すために——必要とされる報道とその取材体制(東日本大震災と報道(第2回)):新聞研究　(720)〔2011.7〕p16〜19

尾崎敦　特別紙面「希望新聞」の取り組み——情報のライフラインとしての活字メディア(東日本大震災と報道(第2回)):新聞研究　(720)〔2011.7〕p20〜23

鈴木素雄　被災者起点と共助を座標軸に——震災時における論説の役割(東日本大震災と報道(第2回)):新聞研究　(720)〔2011.7〕p28〜31

加藤卓哉　未曽有の災害連鎖を伝える報道——パニック、風評被害回避に細心の注意(東日本大震災と報道(第2回)):新聞研究　(720)〔2011.7〕p12〜15

吉次由美　東日本大震災に見る大災害時のソーシャルメディアの役割——ツイッターを中心に:放送研究と調査 61(7)通号722〔2011.7〕p16〜23

石井彰　被災地支援 ラジオの試み——制作者の想いが距離を超える:月刊民放 41(8)通号482〔2011.8〕p31〜33

ファクラー,マーティン　インタビュー 「怒り」とともに震災を伝える——ニューヨーク・タイムズの取材と報道(東日本大震災と報道(第3回)):新聞研究　(721)〔2011.8〕p38〜41

津田敏秀　過度の「安心への誘導」に問題点——メディアの健康・食品リスク報道をどう見たか(東日本大震災と報道(第3回)):新聞研究　(721)〔2011.8〕p53〜56

池田佳代　市民による震災報道プロジェクト——パブリック・アクセスの可能性示す(東日本大震災と報道(第3回)):新聞研究　(721)〔2011.8〕p45〜48

武内宏之　紙とペン、そして人——避難所に届けた壁新聞(東日本大震災と報道(第3回)):新聞研究　(721)〔2011.8〕p42〜44

渡辺陽介　「称賛」と「批判」から考える——海外メディアはどう報じたか(東日本大震災と報道(第3回)):新聞研究　(721)〔2011.8〕p34〜37

難波美帆　専門的な科学情報を国内外に発信——サイエンス・メディア・センターの取り組み(東日本大震災と報道(第3回)):新聞研究　(721)〔2011.8〕p49〜52

西崎裕文,竜崎孝　「伝え続ける」放送の責任を自覚——JNNの震災報道(東日本大震災と報道(第3回)):新聞研究　(721)〔2011.8〕p26〜29

石井聡　非常時こそ危機管理論じる好機——国民を守る権力とは何か(東日本大震災と報道(第3回)):新聞研究　(721)〔2011.8〕p30〜33

執行文子　東日本大震災・ネットユーザーはソーシャルメディアをどのように利用したのか:放送研究と調査 61(8)通号723〔2011.8〕p2〜13

伊藤陽一,桂敬一,有山輝雄　第7回・対外情報発信研究座談会 大震災で世界千社が引用——共同通信の国際報道——英文は60人態勢で24時間発信:メディア展望　(595)〔2011.8〕p9〜19

総合ジャーナリズム研究編集部　3・11から8ヵ月の全記録(Yearbook 2011　FEATURE2011 「東日本大震災」と報道):総合

ジャーナリズム研究所　48（04）（通号 218）〔2011.9〕p20〜23

小玉美意子, 小出五郎, 小田桐誠, 綿井健陽, 野呂法夫　シンポジウム メディアは原子力をどう伝えたか：放送レポート　232号〔2011.9〕p20〜29

桶田敦　「原発震災」を取材する：放送レポート　232号〔2011.9〕p12〜14

小田桐誠　震災・原発事故とテレビ NHK・民放の初動70時間を検証する 前編：放送レポート　232号〔2011.9〕p2〜10

専修大学山田健太研究室　全記録/フクシマのすべて 福島地元紙にみる「原発」報道（「原発」報道のリスクと不覚と）：総合ジャーナリズム研究　48（04）（通号 218）〔2011.9〕p17〜19

総合ジャーナリズム研究編集部　全記録/東日本大震災－－地震・津波・原発…報道 大津波の災禍その後（PART 2）（「原発」報道のリスクと不覚と）：総合ジャーナリズム研究所　48（04）（通号 218）〔2011.9〕p41〜44

神余心　メディア激動時代（31）究極のメディアは「クチコミ」?! 大災害時のコミュニケーションを考える：エルネオス　17（9）通号202〔2011.9〕p66〜69

新実傑　くらし・企業を伝え、「視点」示す――経済への影響をどう報じるか（東日本大震災と報道（第4回））：新聞研究　（722）〔2011.9〕p8〜11

遠藤薫　そのときテレビ・新聞は何を伝えたか――地震直後の報道の概観（東日本大震災と報道（第4回））：新聞研究　（722）〔2011.9〕p19〜23

橋本五郎　「ぶら下がり」取材の功と罪――復興構想会議に参加した立場から（東日本大震災と報道（第4回））：新聞研究　（722）〔2011.9〕p12〜15

長谷川泰　インタビュー 新聞社の高い取材力を実感――グーグルと被災地の地元紙との連携（東日本大震災と報道（第4回））：新聞研究　（722）〔2011.9〕p33〜35

大澤克之助　求められる地域密着の震災報道――首都圏最大被災地の地元紙として（東日本大震災と報道（第4回））：新聞研究　（722）〔2011.9〕p16〜18

小林恭子　大災害の発生予防に向けて――国連がメディア向けガイドラインを発行（東日本大震災と報道（第4回））：新聞研究　（722）〔2011.9〕p39〜42

佐藤和文　地域社会との新たな関係づくり――震災で一気に顕在化したネットへのニーズ（東日本大震災と報道（第4回））：新聞研究　（722）〔2011.9〕p24〜27

東圭吾　長野県栄の震災をどう報じたか――「忘れられた被災地」を取材して（東日本大震災と報道（第4回））：新聞研究　（722）〔2011.9〕p36〜38

井上裕之　大洗町はなぜ「避難せよ」と呼びかけたのか――東日本大震災で防災行政無線放送に使われた呼びかけ表現の事例報告：放送研究と調査　61（9）通号724〔2011.9〕p32〜53

執行文子　東日本大震災・被災者はメディアをどのように利用したのか――ネットユーザーに対するオンライングループインタビュー調査から：放送研究と調査　61（9）通号724〔2011.9〕p18〜30

日隈一雄　大震災と原発事故 メディアはどのように報じたか［含 会場質問］（特集 脱原発とメディア）：マスコミ市民　通号512〔2011.9〕p25〜37

松浦哲郎　検証 3.11報道 大震災下でラジオが命や心を支える 南三陸町に立ち上げた臨災局：Journalism　（256）〔2011.9〕p46〜55

中村功　被災地の情報流通の実態――携帯メディアとソーシャルメディアを中心に（東日本大震災と報道）：新聞研究　（723）〔2011.10〕p75〜78

鉾井喬　平野を襲う大津波の中継――日本放送協会 全社的訓練とノウハウが結実（平成23年度新聞協会賞―受賞報告 編集部門）：新聞研究　（723）〔2011.10〕p23〜26

山田健太　震災とメディア : 伝統メディアと振興メディアが果たした役割 時代を画した編集者：エディターシップ　34：31.1〔2011.11〕p39〜55

山田健太　震災とメディア：エディターシップ　Vol.1〔2011.11〕

小田桐誠　震災・原発事故とテレビ NHK・民放の初動70時間を検証する 中編：放送レポート　233号〔2011.11〕p6〜14

安藤元博　マーケティングと広告の新たな潮流――震災後の生活者意識の変化から（東日本大震災と報道）：新聞研究　（724）〔2011.11〕p47〜50

下久保聖司　原爆被爆地の地元紙の視点――連載「フクシマとヒロシマ」の取り組み（東日本大震災と報道）：新聞研究　（724）〔2011.11〕p35〜38

山中茂樹　被災者の視点、被災者の利益――復興に向けた報道の役割（東日本大震災と報道）：新聞研究　（724）〔2011.11〕p39〜42

水島信　被災地不在の政争がなぜ起きたのか――混迷政局の報道を振り返って（東日本大震災と報道）：新聞研究　（724）〔2011.11〕p26〜29

関谷道雄　日本初の被災地向けテレビ放送 : ホワイトスペース活用の実験放送：放送研究と調査　61（11）通号726〔2011.11〕p2〜10

渡辺良智　新聞の東日本大震災報道：青山学院女子短期大学紀要　65〔2011.12〕p63〜82

松浦康成　東日本大震災下での新聞発行 : 新聞輸送が最大の課題に（特集 新聞の役割と行方）：印刷雑誌　94（12）〔2011.12〕p7〜10

木村幹夫　ラジオへの高い評価・信頼が顕著 : 『東日本大震災時のメディアの役割に関する総合調査 報告書』より：月刊民放　41（12）通号486〔2011.12〕p38〜41

似鳥昭雄　記念講演 未曽有の事態に新聞に期待するもの 何が難関で、どう乗り越えたか（第64回新聞大会から）：新聞研究　（725）〔2011.12〕p20〜22

山崎正和　記念講演 未曽有の事態に新聞に期待するもの 情報を評価する責任（第64回新聞大会から）：新聞研究　（725）〔2011.12〕p23〜25

山田賢一　「東日本大震災」は日中韓でどう伝えられたか : 国際シンポジウムでの報告・議論から：放送研究と調査　61（12）通号727〔2011.12〕p12〜20

原由美子, 田中孝宜　東日本大震災 発生から24時間 テレビが伝えた情報の推移：放送研究と調査　61（12）通号727〔2011.12〕p2〜11

久保田崇, 今野洋二, 野田武則　検証【3・11報道】シンポジウム「東日本大震災の記録とその活用」「311まるごとアーカイブス」の取り組み 思いと悲しみをどう伝えるのか：Journalism　（259）〔2011.12〕p54〜62

山田健太	3・11東日本大震災とメディア : 伝統・新興メディアの実態と災害報道システムの検証(特集 メディア融合時代のジャーナリズムの新しい可能性 ネット時代に変容するメディアのあり方):放送メディア研究 (9) 〔2012〕 p13〜54
五島幸一	東日本大震災報道のレトリック分析 : The New York Times の報道から:愛知淑徳大学論集. メディアプロデュース学部篇 (2) 〔2012〕 p1〜13
菊池明郎	東日本大震災と出版業界 未曽有の事態にどう対応したのか(特集 第15回国際出版研究フォーラム):出版研究 (43) 〔2012〕 p119〜131
高瀬毅	東日本大震災でテレビとネットはどう協力したか(特集 メディア融合時代のジャーナリズムの新しい可能性—ネット時代に変容するメディアのあり方):放送メディア研究 (9) 〔2012〕 p117〜143
川邊健太郎	東日本大震災とYahoo! JAPAN : インターネット企業がみた震災と未来(特集 メディア融合時代のジャーナリズムの新しい可能性—ネット時代に変容するメディアのあり方):放送メディア研究 (9) 〔2012〕 p89〜115
古川柳子	コミュニティFM災害放送における情報循環プロセス : 2010年・奄美豪雨水害の災害放送とクロスメディア活用を事例として:マス・コミュニケーション研究 (81) 〔2012〕 p105〜123
福長秀彦	放送研究と調査 '12 1月号掲載 巨大津波襲来と警報・メディア : 想定外をどう伝えるか(再録 東日本大震災とメディア : 「放送研究と調査」(月報)掲載論文から):NHK放送文化研究所年報 56 〔2012〕 p272〜287
原由美子,田中孝宜	放送研究と調査 12月号掲載 東日本大震災 発生から24時間 テレビが伝えた情報の推移(再録 東日本大震災とメディア : 「放送研究と調査」(月報)掲載論文から):NHK放送文化研究所年報 56 〔2012〕 p262〜271
メディア研究部番組研究グループ	放送研究と調査 5月号掲載 東日本大震災発生時・テレビは何を伝えたか(再録 東日本大震災とメディア : 「放送研究と調査」(月報)掲載論文から):NHK放送文化研究所年報 56 〔2012〕 p248〜253
村上圭子	放送研究と調査 6月号掲載 東日本大震災・安否情報システムの展開とその課題 : 今後の議論に向けて(再録 東日本大震災とメディア : 「放送研究と調査」(月報)掲載論文から):NHK放送文化研究所年報 56 〔2012〕 p334〜349
メディア研究部番組研究グループ	放送研究と調査 6月号掲載 東日本大震災発生時・テレビは何を伝えたか(2)(再録 東日本大震災とメディア : 「放送研究と調査」(月報)掲載論文から):NHK放送文化研究所年報 56 〔2012〕 p254〜261
村上聖一	放送研究と調査 6月号掲載 東日本大震災・放送事業者はインターネットをどう活用したか 放送の同時配信を中心に(再録 東日本大震災とメディア : 「放送研究と調査」(月報)掲載論文から):NHK放送文化研究所年報 56 〔2012〕 p326〜333
吉次由美	放送研究と調査 7月号掲載 東日本大震災に見る大災害時のソーシャルメディアの役割 : ツイッターを中心に(再録 東日本大震災とメディア : 「放送研究と調査」(月報)掲載論文から):NHK放送文化研究所年報 56 〔2012〕 p350〜357
井上裕之	放送研究と調査 9月号掲載 大洗町はなぜ「避難せよ」と呼びかけたのか : 東日本大震災で防災行政無線放送に使われた呼びかけ表現の事例報告(再録 東日本大震災とメディア : 「放送研究と調査」(月報)掲載論文から):NHK放送文化研究所年報 56 〔2012〕 p304〜325
執行文子	放送研究と調査 9月号掲載 東日本大震災・被災者はメディアをどのように利用したのか : ネットユーザーに対するオンライングループインタビュー調査から(再録 東日本大震災とメディア : 「放送研究と調査」(月報)掲載論文から):NHK放送文化研究所年報 56 〔2012〕 p358〜370
小泉哲郎	公開された福島第一原発:放送レポート 234号 〔2012.1〕 p18〜19
小田桐誠	震災・原発事故とテレビ NHK・民放の初動70時間を検証する 後編:放送レポート 234号 〔2012.1〕 p6〜17
市村元	大震災「臨時災害放送局」の現状と課題(特集 大震災と被災地メディア):月刊民放 42(1)通号487 〔2012.1〕 p16〜21
伊藤直樹,佐々木克孝,斉藤惠一	被災地のメディアは何を伝え、被災者にどう利用されたのか : 民放連研究所「東日本大震災時のメディアの役割に関する総合調査」報告会から(特集 大震災と被災地メディア):月刊民放 42(1)通号487 〔2012.1〕 p6〜11
関満亜美,赤坂憲雄,箕輪幸人	民間放送60周年記念全国大会シンポジウムから 空前であっても絶後ではない。 : 大震災、テレビ報道は、何を見て何を伝えたか:月刊民放 42(1)通号487 〔2012.1〕 p22〜29
矢内節男	県民と喜び、元気を共有 : 被災地・福島の事業が持つ底力と可能性(東日本大震災と報道):新聞研究 (726) 〔2012.1〕 p38〜40
樋口清一	出版界への影響と復興への取り組み : 「〈大震災〉出版対策本部」の活動(東日本大震災と報道):新聞研究 (726) 〔2012.1〕 p41〜43
竹内成明	書くといふこと何かヒョーに似たりけり : コラムニストの見た震災(東日本大震災と報道):新聞研究 (726) 〔2012.1〕 p28〜30
森瀬明	地域に根差したリアリズムに徹する : 「虫の目」で追う原発最多集中県の実相(東日本大震災と報道):新聞研究 (726) 〔2012.1〕 p34〜37
野沢達雄	被災者、避難者へ届けるエールとして : 「絵」を描くように続けるコラム(東日本大震災と報道):新聞研究 (726) 〔2012.1〕 p31〜33
福長秀彦	巨大津波襲来と警報・メディア : 想定外をどう伝えるか:放送研究と調査 62(1)通号728 〔2012.1〕 p2〜17
石川宏	ITUクラブ講演 災害と情報公開 : 放射線量を計測・公開する:ITUジャーナル 42(1)通号485 〔2012.1〕 p48〜52
最相葉月,増田寛也	特集 東日本大震災とメディア(第8弾) 特別対談 『心のケア』著者最相葉月さんと元総務大臣増田寛也氏が被災者の心のケアについて語る:New media 30(1)通号346 〔2012.1〕 p8〜11
中西幸男	論争 マスメディアが描くべきは被災地の不条理:金曜日 20(1)通号893 〔2012.1〕 p63
熊和子	「1・17」から「3・11」へ : 被災地の声を聴き続け、伝え続けること(特集 大震災とラジオ):月刊民放 42(2)通号488 〔2012.2〕 p21〜23
片寄好之	寄り添うラジオ(特集 大震災とラジオ):月刊民放 42(2)通号488 〔2012.2〕 p12〜15
保坂健二	東京のラジオとしてしたこと、できたこと(特集 大震災とラジオ):月刊民放 42(2)通号488 〔2012.2〕 p15〜18
久保野永靖	被災地とリスナーをつなげる試み : 「Heart to Heart」プロジェクト(特集 大震災とラジオ):月刊民放 42(2)通号488 〔2012.2〕 p18〜20
山根一眞,村田憲正,冨樫俊和	民間放送60周年記念全国大会シンポジウムから 大規模災害時、極限の中でラジオがたどるべき道(特集 大震災とラジオ):月刊民放 42(2)通号488 〔2012.2〕 p4〜11

松田陽三	エネルギーの最適な組み合わせを探る ： 中長期的視野に立った政策報道の取り組み（東日本大震災と報道 ： エネルギー政策への視点）：新聞研究　（727）〔2012.2〕 p12～15
黒河陽平	ニュースはなぜ "急になくなった" のか ： タイの洪水報道から考える：新聞研究　（727）〔2012.2〕 p48～51
斎藤正明	次世代への責任 ： 再生可能エネルギーの普及へ向けて（東日本大震災と報道 ： エネルギー政策への視点）：新聞研究　（727）〔2012.2〕 p24～27
石井彰	責任感と現実感のある論議を ： ベストミックスの立場からみた新聞報道の問題点（東日本大震災と報道 ： エネルギー政策への視点）：新聞研究　（727）〔2012.2〕 p28～30
川原雅史	ラジオ記者、被災地を走る―震災発生10日間の取材日記：放送レポート　235号〔2012.3〕 p2～11
総合ジャーナリズム研究編集部	海外編 東日本大震災・フクシマ原発事故関連（11年12月～12年2月）（東日本巨大地震を伝えたか(2)　「1・17」から17年目の「3・11」報道）：総合ジャーナリズム研究所　49(02)=220〔2012.3〕 p20～22
総合ジャーナリズム研究編集部	阪神・淡路大震災17年目の報道（東日本巨大地震を伝えたか(2)　「1・17」から17年目の「3・11」報道）：総合ジャーナリズム研究所　49(02)=220〔2012.3〕 p42164
総合ジャーナリズム研究編集部	政府「事故調・検証委の中間報告」をめぐる報道（東日本巨大地震を伝えたか(2)　原発事故の調査、震災報道の検証）：総合ジャーナリズム研究所　49(02)=220〔2012.3〕 p34～40
総合ジャーナリズム研究編集部	大津波の災禍その後(4)11年12月～12年2月（東日本巨大地震を伝えたか(2)　「1・17」から17年目の「3・11」報道）：総合ジャーナリズム研究所　49(02)=220〔2012.3〕 p26～28
笹田佳宏	2011年の放送界：ジャーナリズム＆メディア ： 新聞学研究所紀要　(5)〔2012.3〕 p177～182
蟇田吉昭	広告の現場から 東日本大震災直後の情報啓開：ジャーナリズム＆メディア ： 新聞学研究所紀要　(5)〔2012.3〕 p183～197
宮脇健	特集 3.11報道のケーススタディ ： テレビの報道量の分析から見る震災報道：ジャーナリズム＆メディア ： 新聞学研究所紀要　(5)〔2012.3〕 p141～152
原由美子	特集 ジャーナリズムに求められる機能の変化と震災報道：ジャーナリズム＆メディア ： 新聞学研究所紀要　(5)〔2012.3〕 p163～166
角谷浩一	特集 震災を経たメディアの信頼性：ジャーナリズム＆メディア ： 新聞学研究所紀要　(5)〔2012.3〕 p153～157
小林直毅	特集 中継映像としての震災報道：ジャーナリズム＆メディア ： 新聞学研究所紀要　(5)〔2012.3〕 p55～67
福田充	特集 東日本大震災における災害情報とメディア ： 被災地調査からの検証：ジャーナリズム＆メディア ： 新聞学研究所紀要　(5)〔2012.3〕 p69～82
平賀俊	特集 東日本大震災 地元メディアの危機と対応：ジャーナリズム＆メディア ： 新聞学研究所紀要　(5)〔2012.3〕 p23～36
津田喜章	特集 被災地からの声 ： もうひとつの震災報道：ジャーナリズム＆メディア ： 新聞学研究所紀要　(5)〔2012.3〕 p11～22
武田真一	「それだけのこと」の難しさと大切さ ： 震災後の記者に求められること（記者読本 2012 記者となる君へ）：新聞研究　（728）〔2012.3〕 p16～19
四元正弘	震災後の消費者変化とマーケティング ： 共創型社会に応える新聞広告へ：新聞研究　（728）〔2012.3〕 p69～73
松井一洋	雑誌『新聞研究』における阪神淡路大震災後と東日本大震災後の論説の比較：広島経済大学研究論集　34(4)〔2012.3〕 p13～28
高崎了輔	ラジオ局の震災対応（特集 東日本大震災技術者たちはどう対応したのか？ ： 第48回民放技術報告会「特別企画」誌上採録）：放送技術　65(3)通号778〔2012.3〕 p75～78
高田裕都	検証!!東日本大震災と放送技術 ： 地震発生から数日間を検証し、何に備え何をすべきか？ 取材及び中継応援（特集 東日本大震災技術者たちはどう対応したのか？ ： 第48回民放技術報告会「特別企画」誌上採録）：放送技術　65(3)通号778〔2012.3〕 p79～82
工藤浩幸	検証!!東日本大震災と放送技術 ： 地震発生から数日間を検証し、何に備え何をすべきか？（特集 東日本大震災技術者たちはどう対応したのか？ ： 第48回民放技術報告会「特別企画」誌上採録）：放送技術　65(3)通号778〔2012.3〕 p61～65
村上圭子	ポスト東日本大震災の市町村における災害情報伝達システムを展望する ： 臨時災害放送局の長期化と避難情報伝達手段の多様化を踏まえて（東日本大震災から1年）：放送研究と調査　62(3)通号730〔2012.3〕 p32～59
柴田厚, 斉藤正幸, 木幡洋子	海外のテレビニュース番組は、東日本大震災をどう伝えたのか ： 7か国8番組比較調査（東日本大震災から1年）：放送研究と調査　62(3)通号730〔2012.3〕 p60～85
原由美子, 田中孝宜	発生から72時間 テレビが伝えた情報の推移 ： 在京3局の報道内容分析から（東日本大震災から1年）：放送研究と調査　62(3)通号730〔2012.3〕 p2～21
井上裕之	命令調を使った津波避難の呼びかけ ： 大震災で防災無線に使われた事例と、その後の導入検討の試み（東日本大震災から1年）：放送研究と調査　62(3)通号730〔2012.3〕 p22～31
神保哲生	震災で露呈した日本のジャーナリズムの構造問題（特集 3・11大震災・原発事故から1年）：マスコミ市民　(518)〔2012.3〕 p12～20
大治浩之輔	水俣 フクシマ 市民の責任（特集 3・11大震災・原発事故から1年）：マスコミ市民　(518)〔2012.3〕 p36～48
藤代裕之	東日本大震災とメディア（第10弾）震災で見えたテレビとソーシャルメディアの新たな関係：New media　30(3)通号348〔2012.3〕 p16～18
太田代剛	犠牲者の人生を残し、忘れない ： あの日「生かされた」われわれの使命（東日本大震災と報道 ： 震災から1年）：新聞研究　（729）〔2012.4〕 p21～24
村田正敏	災害対策ネットワークを「協調」の柱に ： 3・11後の新聞経営の課題（東日本大震災と報道 ： 震災から1年）：新聞研究　（729）〔2012.4〕 p17～20
岸井成格, 池上彰	対談 岐路に立つ新聞 ： 歴史観持ち 分かりやすい報道を（東日本大震災と報道 ： 震災から1年）：新聞研究　（729）〔2012.4〕 p8～16
青木康晋	「被災地を忘れない」ということ ： 国民的理解や協力を広げる新聞の役割（東日本大震災と報道 ： 震災から1年）：新聞研究　（729）〔2012.4〕 p29～32
服部康夫	ETV特集など独自取材による「放射能汚染」（小特集 東日本大震災におけるNHKの対応について）：放送技術　65(4)通号779〔2012.4〕 p139～141
NHK盛岡放送局技術部, NHK仙台放送局技術部, NHK福島放送局技術部	東日本大震災におけるNHKの対応について（小特集

	東日本大震災におけるNHKの対応について）：放送技術　65（4）通号779　〔2012.4〕　p124～138
宮脇健, 大井眞二	「社会的危機」としての東日本大震災　：　ニュースメディアの「社会的危機の概念化」に関する実証的研究（大震災・原発報道を検証　メディアは役割を果たしたのか　：　新聞通信調査会委託研究を中間報告）：メディア展望　（604）（臨増）〔2012.4〕　p7～13
鳥谷昌幸, 山腰修三, 上野征洋	総括質疑（大震災・原発報道を検証　メディアは役割を果たしたのか　：　新聞通信調査会委託研究を中間報告）：メディア展望　（604）（臨増）〔2012.4〕　p31～36
河井孝仁, 藤代裕之	大規模震災時における的確な情報流通を可能とするマスメディア・ソーシャルメディア連携の可能性と課題（大震災・原発報道を検証　メディアは役割を果たしたのか　：　新聞通信調査会委託研究を中間報告）：メディア展望　（604）（臨増）〔2012.4〕　p13～17
ピヤ, ポンサピタックサンティ	東日本大震災と原発事故に関するタイのメディアの報道（大震災・原発報道を検証　メディアは役割を果たしたのか　：　新聞通信調査会委託研究を中間報告）：メディア展望　（604）（臨増）〔2012.4〕　p23～26
大島慎子	東日本大震災における海外報道の変遷とその影響（大震災・原発報道を検証　メディアは役割を果たしたのか　：　新聞通信調査会委託研究を中間報告）：メディア展望　（604）（臨増）〔2012.4〕　p27～31
沈霄虹, 李宰豪, 鈴木雄雅	東日本大震災（特に福島原発事故）に関する内外メディアの報道検証　および東アジアにおけるマス・メディアの規範理論構築の研究（大震災・原発報道を検証　メディアは役割を果たしたのか　：　新聞通信調査会委託研究を中間報告）：メディア展望　（604）（臨増）〔2012.4〕　p18～23
小田桐誠	見た、読んだ、つぶやいた─ 学生たちと震災・原発事故：放送レポート　236号　〔2012.5〕　p14～17
阿部佐智, 横内陳正, 柴田偉斗子	東日本大震災に関する海外四カ国の新聞報道の特性　：　発生後1ヶ月間の記事を対象に：社会技術研究論文集　9　〔2012.5〕　p1～29
坪川博彰	震災デジタルアーカイブスの挑戦　：　記録し活かすことが危機管理の基本（東日本大震災と報道）：新聞研究　（730）〔2012.5〕　p41～43
林嘉信	東日本大震災のアーカイブ構築プロジェクト　：　防災意識向上と被災地復興のために（東日本大震災と報道）：新聞研究　（730）〔2012.5〕　p38～40
鈴木操	IBC岩手放送の震災対応　：　SNG車の初動（特集 東日本大震災への対応 民放編）：放送技術　65（5）通号780〔2012.5〕　p81～83
芝田正, 小林宏之, 米城一政	TBC東北放送の東日本大震災への対応（特集 東日本大震災への対応 民放編）：放送技術　65（5）通号780　〔2012.5〕　p73～80
小岩三郎, 諏訪昌広	テレビ岩手の東日本大震災への対応（特集 東日本大震災への対応 民放編）：放送技術　65（5）通号780〔2012.5〕　p64～66
岩手めんこいテレビ編成技術局	岩手めんこいテレビの震災対応（特集 東日本大震災への対応 民放編）：放送技術　65（5）通号780　〔2012.5〕　p93～95
浦山靖博	宮城テレビ放送 東日本大震災への対応　：　放送継続の確保（特集 東日本大震災への対応 民放編）：放送技術　65（5）通号780　〔2012.5〕　p60～63
山田高正, 寺西永弥, 谷口誠	東日本大震災 テレビ東京の東北取材体制について（特集 東日本大震災への対応 民放編）：放送技術　65（5）通号780　〔2012.5〕　p106～109
松本達夫	福島中央テレビの東日本大震災への対応（特集 東日本大震災への対応 民放編）：放送技術　65（5）通号780　〔2012.5〕　p67～72
吉井勇	東日本大震災とメディア（第12弾）11カ月を経た被災地 石巻　：　市民22万の命を瀬戸際で守った石巻赤十字病院を訪問：New media　30（5）通号350　〔2012.5〕　p59～61
大宅映子	原発を考える（7）知識人もメディアも役割を果たしていない 操業可能な原発はすみやかに再稼働すべき：婦人公論　97（12）通号1349　〔2012.5〕　p56～58
山田健太	大規模災害における市民とマスメディア　：　東日本大震災で市民の知る権利は守られたか（特集 大規模災害と市民生活の復興　：　東日本大震災の経験と今後の課題）：法律時報　84（6）=1047：〔2012.6〕　p42～47
総合ジャーナリズム研究編集部	海外記者が検証した「原発事故報道」（東日本巨大地震を伝えたか）：総合ジャーナリズム研究所　49（03）=221　〔2012.6〕　p42354
総合ジャーナリズム研究編集部	海外編 大震災とフクシマと…（東日本巨大地震を伝えたか）：総合ジャーナリズム研究所　49（03）=221　〔2012.6〕　p37～39
総合ジャーナリズム研究編集部	国会事故調の報告書から（東日本巨大地震を伝えたか）：総合ジャーナリズム研究所　49（03）=221　〔2012.6〕　p33～36
総合ジャーナリズム研究編集部	全記録/「3・11」大震災・原発報道のつづき（東日本巨大地震を伝えたか）：総合ジャーナリズム研究所　49（03）=221　〔2012.6〕　p22～32
総合ジャーナリズム研究編集部	民間事故調の報告書から（東日本巨大地震を伝えたか）：総合ジャーナリズム研究所　49（03）=221　〔2012.6〕　p42166
伊沢尚記	ニッポン放送の防災と災害報道への取り組み　：　30年の蓄積とノウハウを生かして（東日本大震災と報道　：　防災・減災のために）：新聞研究　（731）〔2012.6〕　p37～41
渡辺伸也	過去に学びつつ、とらわれない姿勢　：　日本海中部地震からの教訓（東日本大震災と報道　：　防災・減災のために）：新聞研究　（731）〔2012.6〕　p8～11
柏田健次郎	災害に強い巨大都市への脱皮を　：　首都直下地震に地元紙として備える（東日本大震災と報道　：　防災・減災のために）：新聞研究　（731）〔2012.6〕　p12～15
新藤健一	写真で伝える東日本大震災　：　マスメディアとフリーが国内外で展示：新聞研究　（731）〔2012.6〕　p72～75
河田惠昭	大災害多発時代の新聞の役割　：　防災・減災のオピニオンリーダーを目指して（東日本大震災と報道　：　防災・減災のために）：新聞研究　（731）〔2012.6〕　p32～36
川路善彦	地元メディアとして「想定外」に備える　：　「県民・読者・地域目線」を持ち続けて（東日本大震災と報道　：　防災・減災のために）：新聞研究　（731）〔2012.6〕　p28～31
柳川実	東海地震へ「ゼロからの出発」　：　命を守る防災報道への挑戦（東日本大震災と報道　：　防災・減災のために）：新聞研究　（731）〔2012.6〕　p20～23
桶田敦	防災機関としてのテレビ　：　3・11でその使命は果たせたのか（東日本大震災と報道　：　防災・減災のために）：新聞研究　（731）〔2012.6〕　p42～46
井上裕之	テレビ局は津波避難をどう呼びかけたのか　：　東日本大震災初期報道のキーワード分析：放送研究と調査　62（6）通

災害	ジャーナリズム

号733 〔2012.6〕 p22〜33

高橋幸市, 政木みき　東日本大震災で日本人はどう変わったか ： 「防災・エネルギー・生活に関する世論調査」から：放送研究と調査　62（6）通号733 〔2012.6〕 p34〜55

津山恵子　海外メディア報告 ルポで「復興の行方」を考える 欧米各紙の大震災1年特集：Journalism　（265）〔2012.6〕 p60〜63

宮本聖二　2つの "新" ドキュメントに挑む NHK東日本大震災アーカイブス ： 証言Webドキュメント 開設 防災・減災につなげたい 被災体験者の証言を放送で "広く" 伝え、Webで "長く" 残す：New media　30（6）通号351 〔2012.6〕 p8〜10

小田桐誠　臨時災害放送局のたたかい ハイパーローカル（地域徹底）を展開せよ：放送レポート　237号 〔2012.7〕 p2〜7

千野境子　災害報道めぐり活発な意見交換 ： 3か国報道人セミナーの継続でさらなる理解促進を：新聞研究　（732）〔2012.7〕 p56〜59

田中孝宜　災害報道と国際協力（第1回）2011年タイ大洪水 ： 混乱した政府の防災情報と放送局の役割：放送研究と調査　62（7）通号734 〔2012.7〕 p32〜43

米倉律　災害時における在日外国人のメディア利用と情報行動 ： 4国籍の外国人を対象とした電話アンケートの結果から：放送研究と調査　62（8）通号735 〔2012.8〕 p62〜75

田中孝宜　災害報道と国際協力（第2回）始動 インド洋津波警報システム ： インドネシア防災体制の現状と放送局の役割：放送研究と調査　62（8）通号735 〔2012.8〕 p50〜61

佐藤翔輔　東日本大震災とメディア（第15弾）インターネットのニュースを通して "認識" できる「東日本大震災」：New media　30（8）通号353 〔2012.8〕 p14〜16

総合ジャーナリズム研究編集部　政府事故調の報告書から（東日本巨大地震を伝えたか）：総合ジャーナリズム研究所　49（04）=222〔2012.9〕 p14〜16

小田桐誠　仙台民放の400日―進まぬ原発事故救済と生活再建―：放送レポート　238号 〔2012.9〕 p8〜16

総合ジャーナリズム研究編集部　全記録/「3・11」大震災・原発報道のつづき ： 2012年6月〜8月（東日本巨大地震を伝えたか）：総合ジャーナリズム研究所　49（04）=222〔2012.9〕 p20〜27

総合ジャーナリズム研究編集部　脱原発デモと報道と（東日本巨大地震を伝えたか）：総合ジャーナリズム研究所　49（04）=222〔2012.9〕 p42〜45

菊田正弘　災害時, 放送継続のために（特集 放送局の災害対策）：月刊民放　42（9）通号495 〔2012.9〕 p8〜10

柴谷徹　社内体制の整備と周囲との連携（特集 放送局の災害対策）：月刊民放　42（9）通号495 〔2012.9〕 p11〜13

國分幹雄　首都圏大地震への備え（特集 放送局の災害対策）：月刊民放　42（9）通号495 〔2012.9〕 p14〜16

下村裕明　想定外を想定する（特集 放送局の災害対策）：月刊民放　42（9）通号495 〔2012.9〕 p23〜25

鈴木裕貴　発災直後のロジスティクス対策（特集 放送局の災害対策）：月刊民放　42（9）通号495 〔2012.9〕 p17〜19

大脇一生　防災に必要な想像力と創造力 ： 新社屋移転を4年後に控えて（特集 放送局の災害対策）：月刊民放　42（9）通号495 〔2012.9〕 p20〜22

田中孝宜　災害報道と国際協力（第3回）ABU（アジア太平洋放送連合）の国際協力 ： アジアの放送局の災害対応能力をどう向上させるのか：放送研究と調査　62（9）通号736 〔2012.9〕 p26〜33

小松郁夫, 増田寛也　東日本大震災とメディア（第16弾）特別対談 災害時に避難所となる学校の役割を考える：New media　30（9）通号354 〔2012.9〕 p26〜28

岡本厚　テレビ報道番組 東日本大震災の実相をいかに捉えるか（特集 平成24年日本民間放送連盟賞―番組部門）：月刊民放　42（10）通号496 〔2012.10〕 p18〜20

関谷直也　災後社会のソーシャル・マーケティング・コミュニケーション（第3回）災害とデジタルサイネージ：日経広告研究所報　46（5）通号265 〔2012.10・11〕 p64〜71

目黒英一　日本の「災害報道」に強い関心 ： 公共放送研究者の国際会議RIPE@2012から：放送研究と調査　62（10）通号737 〔2012.10〕 p58〜61

中尾庸蔵　東日本大震災体験記を読む（その1）震災被災者ジャーナリズムの誕生：マスコミ市民　（525）〔2012.10〕 p30〜34

野口高志　インタビュー エリア放送による災害情報の提供 東北みらい賞受賞の野口高志さん：Journalism　（269）〔2012.10〕 p73〜76

徳山喜雄　検証【3・11報道】 被災地での継続した活動のために 地元が東北みらい賞を創設：Journalism　（269）〔2012.10〕 p70〜72

増田寛也, 村上正浩　東日本大震災とメディア（第17弾）特別対談 昼間人口や業務機能が集中する都心部の減災対策を考える：New media　30（10）通号355 〔2012.10〕 p12〜14

小田桐誠　ローカル局の存在意義とは―岩手民放四局の震災報道活動から―：放送レポート　239号 〔2012.11〕 p10〜18

後藤政志, 倉澤治雄, 木村真三　徹底研究・原子力取材：放送レポート　239号 〔2012.11〕 p34〜42

広山卓志　国際共同製作で被災地の現状を海外発信（特集 放送局の海外展開）：月刊民放　42（11）通号497 〔2012.11〕 p8〜10

井上裕之　防災無線で「命令調」の津波避難の呼びかけは可能か ： 聞き手に伝わる表現の視点から：放送研究と調査　62（11）通号738 〔2012.11〕 p2〜15

総合ジャーナリズム研究編集部　「メディア・情報」調査が語る「3・11」（東日本巨大地震を伝えたか（2）　原発事故の調査、震災報道の検証）：総合ジャーナリズム研究所　49（01）=219〔2012.12〕 p42163

総合ジャーナリズム研究編集部　海外編 東日本大震災・フクシマ原発事故報道（Yearbook 2011　海外ジャーナル2011）：総合ジャーナリズム研究所　49（01）=219〔2012.12〕 p53〜55

榊原理恵, 有賀勝, 鈴木暁　東日本大震災後の意識変化と新聞・新聞広告の価値の再評価 ： 全国新聞総合調査（J―READ）から：日経広告研究所報　46（6）通号266 〔2012.12・2013〕 p25〜32

山田健太　3・11を新聞はどのように伝えてきたか：人文科学年報　（43）〔2013〕 p1〜41

雷紫雯　東日本大震災をめぐる中国の新聞報道についての考察 ： グローバル時代における国際報道の可能性の視点から：国際広報メディア・観光学ジャーナル　（16）〔2013〕 p105〜124

北郷裕美　災害時メディアとしてラジオが果たす役割 試論 ： コミュニティ放送の事例を中心に：札幌大谷大学社会学部論集　（1）〔2013〕 p231〜260

山本佳世子, 大熊健裕　都市災害情報の蓄積を目的としたソーシャルメディアGISに関する研究 ： 減災対策のための平常時の災害情報の蓄積：社会情報学　2（2）〔2013〕 p49〜65

河井孝仁, 藤代裕之	東日本大震災における新聞社のツイッターの取り組み 状況の差異とその要因：社会情報学 2 (1)〔2013〕 p59〜73	
野口純	ソフト、ハードとともに人間力の鍛練（特集 東日本大震災から2年を経て）：新聞技術 57 (1) 通号223〔2013〕 p10〜12	
高橋雅之	緊急時対策 ： ソフト・ハード両面の備え万全に（特集 東日本大震災から2年を経て）：新聞技術 57 (1) 通号223〔2013〕 p16〜18	
飯沼敏史	見えない「敵」（特集 東日本大震災から2年を経て）：新聞技術 57 (1) 通号223〔2013〕 p19〜21	
千葉誠昭	新聞社のDNAを共有システムへ（特集 東日本大震災から2年を経て）：新聞技術 57 (1) 通号223〔2013〕 p4〜6	
稲場正洋	世界企業としてのグループ力を生かして（特集 東日本大震災から2年を経て）：新聞技術 57 (1) 通号223〔2013〕 p32〜34	
高橋正	大震災の経験と教訓を生かす（特集 東日本大震災から2年を経て）：新聞技術 57 (1) 通号223〔2013〕 p13〜15	
竹ノ子昭二	東日本大震災後のBCP見直し（特集 東日本大震災から2年を経て）：新聞技術 57 (1) 通号223〔2013〕 p7〜9	
古田恵一郎, 大石潤	東日本大震災後の災害対策（特集 東日本大震災から2年を経て）：新聞技術 57 (1) 通号223〔2013〕 p22〜25	
田中太郎	「南海トラフ地震会議」で課題検討（特集 東日本大震災から2年を経て）：新聞技術 57 (1) 通号223〔2013〕 p1〜3	
林香里	震災後のメディア研究, ジャーナリズム研究 ： 問われる「臨床の知」の倫理と実践のあり方（特集 震災後のメディア研究, ジャーナリズム研究）：マス・コミュニケーション研究 (82)〔2013〕 p3〜17	
大井眞二	大震災後のジャーナリズム・スタディーズ ： 媒介・メディア化されるリスク・危機・災害（特集 震災後のメディア研究, ジャーナリズム研究）：マス・コミュニケーション研究 (82)〔2013〕 p35〜66	
橋元良明	調査から見た被災地におけるメディアの役割（特集 震災後のメディア研究, ジャーナリズム研究）：マス・コミュニケーション研究 (82)〔2013〕 p19〜34	
坂田邦子	東日本大震災から考えるメディアとサバルタニティ（特集 震災後のメディア研究, ジャーナリズム研究）：マス・コミュニケーション研究 (82)〔2013〕 p67〜87	
田中孝宜	災害報道と国際協力 ： アジアにおける防災・減災分野の国際協力と放送局の役割：NHK放送文化研究所年報 57〔2013〕 p41〜85	
原由美子	東日本大震災テレビ報道の検証 ： 被害や被災者はどのように伝えられたか：NHK放送文化研究所年報 57〔2013〕 p7〜39	
村上圭子	放送研究と調査 3月号掲載 東日本大震災から1年 ポスト東日本大震災の市町村における災害情報伝達システムを展望する ： 臨時災害放送局の長期化と避難情報伝達手段の多様化を踏まえて（再録 東日本大震災とメディア ： 「放送研究と調査」（月報）掲載論文から）：NHK放送文化研究所年報 57〔2013〕 p236〜263	
高橋幸市, 政木みき	放送研究と調査 6月号掲載 東日本大震災で日本人はどう変わったか ： 「防災・エネルギー・生活に関する世論調査」から（再録 東日本大震災とメディア ： 「放送研究と調査」（月報）掲載論文から）：NHK放送文化研究所年報 57〔2013〕 p214〜235	
米倉律	放送研究と調査 8月号掲載 災害時における在日外国人のメディア利用と情報行動 ： 4国籍の外国人を対象とした電話アンケートの結果から（再録 東日本大震災とメディア ： 「放送研究と調査」（月報）掲載論文から）：NHK放送文化研究所年報 57〔2013〕 p200〜213	
齋藤紀子	3.11以降の全出版記録「本の力」展 被災地の声を聴く そして被災地を走る図書館バスが聞いた話：Lisn ： Library & information science news (157)〔2013.秋〕 p9〜13	
村上圭子	「震災ビッグデータ」をどう生かすか ： 災害情報の今後を展望する：放送研究と調査 63 (1) 通号740〔2013.1〕 p2〜25	
関谷直也	災後社会のソーシャル・マーケティング・コミュニケーション（第5回）震災後のソーシャルメディアの活用：日経広告研究所報 47 (1) 通号267〔2013.2・3〕 p58〜65	
小田桐誠	検証・原発報道―北海道から（前編） 〜原子力ムラと安全神話を問うたUHB：放送レポート 241号〔2013.3〕 p22〜29	
総合ジャーナリズム研究編集部	東日本巨大地震を伝えたか 全記録/「3・11」大震災・原発報道 ： 2012年12月〜2013年2月：総合ジャーナリズム研究所 50 (02) =224〔2013.3〕 p37〜43	
山田健太	震災報道に向けられた批判をどう活かすか（特集 大震災から2年）：月刊民放 43 (3) 通号501〔2013.3〕 p32〜35	
開沼博	変わらない社会とマスメディアへの期待（特集 大震災から2年）：月刊民放 43 (3) 通号501〔2013.3〕 p36〜39	
遠藤薫	民放ドキュメンタリーは何を語ってきたか（特集 大震災から2年）：月刊民放 43 (3) 通号501〔2013.3〕 p28〜31	
中井孔人	災害時におけるテレビの役割 ： 東日本大震災の報道から：社会学論叢 (176)〔2013.3〕 p3〜12	
水野泰志	東日本大震災におけるメディアのパラダイムシフト ： 被災地のフィールドワークに基づく実証的調査研究：ジャーナリズム＆メディア ： 新聞学研究所紀要 (6)〔2013.3〕 p119〜135	
谷藤典男	復興進んでも消えない悲しみ ： 風化に挑む地元紙の報道（記者読本2013 記者となる君へ）：新聞研究 (740)〔2013.3〕 p12〜15	
福長秀彦	予想高さと緊急時コミュニケーション ： 津波警報改訂でどう変わるか：放送研究と調査 63 (3) 通号742〔2013.3〕 p2〜16	
大坪信剛	継続取材で復興後押しを ： 被災地の中と外をつなぐ震災報道（東日本大震災と報道 ： 震災から2年）：新聞研究 (741)〔2013.4〕 p24〜27	
川島賢司	「口蹄疫」の教訓を生かす ： 宮崎日日新聞社の防災・危機管理（東日本大震災と報道 ： 震災から2年）：新聞研究 (741)〔2013.4〕 p42〜45	
岩渕真幸	最善の情報提供こそ最大の使命 ： 記憶の風化と闘いながら（東日本大震災と報道 ： 震災から2年）：新聞研究 (741)〔2013.4〕 p16〜19	
松坂千尋	災害報道の変化と課題 ： 異常事態をいかに伝えるか（東日本大震災と報道 ： 震災から2年）：新聞研究 (741)〔2013.4〕 p32〜34	
谷原和憲	情報過多時代の「原点回帰」 ： 震災後のテレビ報道とその役割（東日本大震災と報道 ： 震災から2年）：新聞研究 (741)〔2013.4〕 p35〜37	
今野俊宏	大震災の教訓を「わがこと」として ： いのちと地域を守る地元紙の取り組み（東日本大震災と報道 ： 震災から2年）：新聞研究 (741)〔2013.4〕 p20〜23	

勝木晃之郎	東北との結び付きに光を当てて ： 取材で見えてきた行政の問題点（東日本大震災と報道 ： 震災から2年）：新聞研究 （741）〔2013.4〕 p28～31
大島宇一郎	非常時こそ新聞の真価問われる ： 震災対策要綱の編集に携わって（東日本大震災と報道 ： 震災から2年）：新聞研究 （741）〔2013.4〕 p38～41
小野広司	福島を伝える使命と覚悟 ： 原点から見つめ直す（東日本大震災と報道 ： 震災から2年）：新聞研究 （741）〔2013.4〕 p12～15
関谷直也	災後社会のソーシャル・マーケティング・コミュニケーション（第6回）集合現象とソーシャルメディア：日経広告研究所報 47（2）通号268 〔2013.4・5〕 p68～75
徳山喜雄	検証【3・11報道】大災害とメディア 東日本復興チャンネルをめざして 「みなみそうまチャンネル」が本放送開始：Journalism （275）〔2013.4〕 p78～81
小林典子	いまだ続く震災をどう伝えるか（特集 これからの被災地報道）：月刊民放 43（5）通号503 〔2013.5〕 p19～21
岩佐哲	求められる人間の復興（特集 これからの被災地報道）：月刊民放 43（5）通号503 〔2013.5〕 p10～12
深野健司	震災時のラジオ報道の役割とは（特集 これからの被災地報道）：月刊民放 43（5）通号503 〔2013.5〕 p16～18
宿輪智浩	地域性を守る復興へ ： ローカル局の存在意義（特集 これからの被災地報道）：月刊民放 43（5）通号503 〔2013.5〕 p4～6
小形恵一	「伝える」ために必要なこととは（特集 これからの被災地報道）：月刊民放 43（5）通号503 〔2013.5〕 p7～9
成竹祥一	被災地に報いるために（特集 これからの被災地報道）：月刊民放 43（5）通号503 〔2013.5〕 p22～25
加藤昌宏	被災地の「今」を伝え続ける（特集 これからの被災地報道）：月刊民放 43（5）通号503 〔2013.5〕 p13～15
柴山明寛	震災の記録・教訓をどう活用するか ： 産学官民連携、みちのく震録伝の活動（東日本大震災と報道 ： アーカイブズの活用と課題）：新聞研究 （742）〔2013.5〕 p17～20
三浦伸也	震災・災害時情報源としてのマスメディアの役割 ： 「311情報学」の試みから（東日本大震災と報道 ： アーカイブズの活用と課題）：新聞研究 （742）〔2013.5〕 p21～24
田中孝宜	ハリケーン「サンディ」の災害情報 ： 米国における防災情報提供の新潮流：放送研究と調査 63（5）通号744 〔2013.5〕 p2～15
総合ジャーナリズム研究編集部	東日本巨大地震を伝えたか 全記録/「3・11」大震災・原発報道 ： 2013年3月～5月：総合ジャーナリズム研究所 50（03）=225〔2013.6〕 p37～43
西村美智子	ドキュメンタリーわが視点 震災復興の真相に迫る：月刊民放 43（6）通号504 〔2013.6〕 p36～39
関谷直也	災後社会のソーシャル・マーケティング・コミュニケーション（第7回）風評被害とその対策：日経広告研究所報 47（3）通号269 〔2013.6・7〕 p36～43
福長秀彦	巨大津波災害の切迫性と警報改訂 ： どう変わる市町村・メディアの情報伝達：放送研究と調査 63（6）通号745 〔2013.6〕 p2～17
田中孝宜, 饒辺直	3.11震災アーカイブ活用の可能性 ： 防災・減災, 復興にいかすために（2013年 春の研究発表とシンポジウム）：放送研究と調査 63（7）通号746 〔2013.7〕 p21～39
サトウ, タツヤ, 上村晃弘	東日本大震災後のソーシャルメディアにおける地震予知流言：立命館人間科学研究 （27）〔2013.7〕 p113～120
深谷茂美	ドキュメンタリーわが視点 「福島」を伝える責任：月刊民放 43（8）通号506 〔2013.8〕 p38～41
山田健太	3・11とメディア（特集 メディアの役割を問う）：人権と部落問題 65（10）=847： 〔2013.9〕 p22～31
総合ジャーナリズム研究編集部	東日本巨大地震を伝えたか 全記録/「3・11」大震災・原発報道 ： 2013年6月～8月：総合ジャーナリズム研究 50（04）=226〔2013.9〕 p24～30
井上裕之	「被災者」ではなく「被災した人」 ： 東日本大震災のNHK取材者アンケートから：放送研究と調査 63（9）通号748 〔2013.9〕 p80～96
磯辺康子	20年、30年後を見据えた災害報道を ： デスク研修会「次の大災害に備えて」に参加して：新聞研究 （748）〔2013.11〕 p32～35
総合ジャーナリズム研究編集部	東日本巨大地震を伝えたか 全記録/「3・11」大震災・原発報道 ： 2011年12月～2012年11月（Yearbook 2012）：総合ジャーナリズム研究所 50（01）=223〔2013.12〕 p33～46
安田雪	ソーシャルメディア上の情報拡散の特性 ： 東日本大震災時のデマの事例とハブの役割：関西大学社会学部紀要 45（1）〔2013.12〕 p33～46
井口正人	記念講演 桜島火山の観測研究から予想される今後の活動と災害 ： 減災への新聞の役割（第66回新聞大会から）：新聞研究 （749）〔2013.12〕 p22～24
遠藤和利, 佐藤善晴, 半沢直弘	東日本大震災から3年 緊急時の紙面制作システムを構築：新聞技術 58（1）通号227 〔2014〕 p35～41
遊橋裕泰	ケータイから見た3.11 東日本大震災（特集 進化する災害報道 ： 東日本大震災から3年・メディア多様化時代の防災情報―ポスト3.11 防災情報を巡る新潮流）：放送メディア研究 （11）〔2014〕 p201～210
村上圭子	ポスト東日本大震災の災害情報 ： 増大する災害関連情報と伝達手段をどう使いこなすか（特集 進化する災害報道 ： 東日本大震災から3年・メディア多様化時代の防災情報―ポスト3.11 防災情報を巡る新潮流）：放送メディア研究 （11）〔2014〕 p111～148
田中孝宜	海外における災害時のソーシャルメディア活用 ： 早期警戒と救助・救援活動のための運用と課題（特集 進化する災害報道 ： 東日本大震災から3年・メディア多様化時代の防災情報―ポスト3.11 防災情報を巡る新潮流）：放送メディア研究 （11）〔2014〕 p237～269
沼田宗純, 目黒公郎	「現象先取り・減災行動誘導型報道」を実現する方法（特集 進化する災害報道 ： 東日本大震災から3年・メディア多様化時代の防災情報―東日本大震災の災害報道とその課題）：放送メディア研究 （11）〔2014〕 p69～110
鳥枝浩彰	災害時におけるソーシャルメディアによる「119番通報」の可能性について（特集 進化する災害報道 ： 東日本大震災から3年・メディア多様化時代の防災情報―ポスト3.11 防災情報を巡る新潮流）：放送メディア研究 （11）〔2014〕 p179～199
関谷直也	災害時のデジタルメディア ： 東日本大震災が示した災害時にソーシャルメディアとデジタルサイネージを活用する際の課題（特集 進化する災害報道 ： 東日本大震災から3年・メディア多様化時代の防災情報―ポスト3.11 防災情報を巡る新潮流）：放送メディア研究 （11）〔2014〕 p149～178

福長秀彦	災害情報変革の方向性とデータ・メディア ： レベル化は何をもたらすか（特集 進化する災害報道 ： 東日本大震災から3年・メディア多様化時代の防災情報—3.11を超えて 防災情報の将来展望）：放送メディア研究 （11）〔2014〕 p307〜335	
松坂千尋	次の災害に備えて ： 災害報道をどう進化させるのか（特集 進化する災害報道 ： 東日本大震災から3年・メディア多様化時代の防災情報—3.11を超えて 防災情報の将来展望）：放送メディア研究 （11）〔2014〕 p353〜361	
谷脇康彦	情報流通連携基盤の構築に向けて（特集 進化する災害報道 ： 東日本大震災から3年・メディア多様化時代の防災情報—3.11を超えて 防災情報の将来展望）：放送メディア研究 （11）〔2014〕 p337〜352	
中神武志	進化する災害情報ウェザーニューズの取り組み（特集 進化する災害報道 ： 東日本大震災から3年・メディア多様化時代の防災情報—ポスト3.11 防災情報を巡る新潮流）：放送メディア研究 （11）〔2014〕 p211〜219	
足立義則	震災ビッグデータからソーシャルリスニングへ（特集 進化する災害報道 ： 東日本大震災から3年・メディア多様化時代の防災情報—ポスト3.11 防災情報を巡る新潮流）：放送メディア研究 （11）〔2014〕 p290〜293	
阿部博史	「震災ビッグデータ」から見えてきた東日本大震災の姿（特集 進化する災害報道 ： 東日本大震災から3年・メディア多様化時代の防災情報—ポスト3.11 防災情報を巡る新潮流）：放送メディア研究 （11）〔2014〕 p271〜289	
林春男	東日本大震災と災害報道（特集 進化する災害報道 ： 東日本大震災から3年・メディア多様化時代の防災情報—東日本大震災の災害報道とその課題）：放送メディア研究 （11）〔2014〕 p13〜41	
田中孝宜	東日本大震災報道 ： NHKの初動から72時間の災害報道を中心に（特集 進化する災害報道 ： 東日本大震災から3年・メディア多様化時代の防災情報—東日本大震災の災害報道とその課題）：放送メディア研究 （11）〔2014〕 p43〜67	
桑原雅夫	復興のためのデータ融合解析（特集 進化する災害報道 ： 東日本大震災から3年・メディア多様化時代の防災情報—ポスト3.11 防災情報を巡る新潮流）：放送メディア研究 （11）〔2014〕 p231〜235	
福長秀彦	巨大津波の予想高さと避難呼びかけ ： 緊急時の情報伝達を考える：NHK放送文化研究所年報 58 〔2014〕 p45〜89	
宮田英和	「お天気」から始める防災情報（特集 命を守る防災情報）：月刊民放 44（1）通号511 〔2014.1〕 p10〜12	
岩谷忠幸	メディアに求められる伝える工夫とは ： 天気予報の現場から（特集 命を守る防災情報）：月刊民放 44（1）通号511 〔2014.1〕 p13〜15	
関谷直也	災害への危機感を持たせるために ： 伊豆大島土石流災害の教訓とは（特集 命を守る防災情報）：月刊民放 44（1）通号511 〔2014.1〕 p22〜25	
中森広道	災害情報の展開と放送の対応（特集 命を守る防災情報）：月刊民放 44（1）通号511 〔2014.1〕 p4〜7	
矢守克也	災害情報三大用語を再考する ： 「おおかみ少年」「倍半分」「正常性バイアス」（特集 命を守る防災情報）：月刊民放 44（1）通号511 〔2014.1〕 p18〜21	
福島隆史	自治体ツイッターに学ぶ災害時の情報発信（特集 命を守る防災情報）：月刊民放 44（1）通号511 〔2014.1〕 p8〜10	
河野啓, 政木みき, 福長秀彦	台風による大雨と初の特別警報 ： 危機の情報はどう伝わったか：放送研究と調査 64（1）通号752 〔2014.1〕 p2〜29	
寺島英弥	メディア・リポート 新聞 被災地で取材者はどう変わったか？ 当事者との間の「壁」を超えるには：Journalism （284）〔2014.1〕 p78〜81	
阿部康人	海外メディア報告 米西海岸での「フクシマ」報道 市民の声より「影響軽微」反復：Journalism （284）〔2014.1〕 p84〜90	
遠藤薫	東日本大震災後の選挙と世論とメディア ： 2013年7月社会意識調査から：学習院大学法学会雑誌 49（2）〔2014.3〕 p71〜95	
深井麗雄	大規模災害時のメディアの役割：政策創造研究 （8）〔2014.3〕 p63〜79	
金平茂紀	メディア論の彼方へ（54）1人の友の退社と、2つの選挙の出口調査と、3年を過ぎる震災・原発事故：調査情報. 第3期 （517）〔2014.3・4〕 p66〜71	
田中孝宜	オクラホマ竜巻災害とソーシャルメディア活用 ： 早期警戒, 救助・救援活動のために：放送研究と調査 64（3）通号754 〔2014.3〕 p2〜11	
野沢達也	インタビュー 再認識した地域紙の役割 ： 街の将来を見据えて（東日本大震災と報道 ： 3年間を振り返る）：新聞研究 （753）〔2014.4〕 p21〜23	
鈴木素雄	試される「震災力」 ： いのちと地域を守る現場から（東日本大震災と報道 ： 3年間を振り返る）：新聞研究 （753）〔2014.4〕 p13〜16	
山下真範	心の変化を伝える重み ： 大川小遺族への取材から（東日本大震災と報道 ： 3年間を振り返る）：新聞研究 （753）〔2014.4〕 p32〜34	
東根千万億	震災に鍛え抜かれた記者たち ： 東北の未来を開き、次なる大災害に備える（東日本大震災と報道 ： 3年間を振り返る）：新聞研究 （753）〔2014.4〕 p8〜12	
菅野篤	復興の姿をつぶさに伝える ： 福島の未来に向け、正念場の年に（東日本大震災と報道 ： 3年間を振り返る）：新聞研究 （753）〔2014.4〕 p17〜20	
東野真和	復興をゼロから見続ける ： 被災地に身を置く意義（東日本大震災と報道 ： 3年間を振り返る）：新聞研究 （753）〔2014.4〕 p29〜31	
泊次郎	変わらなかった地震研究体制 ： 社会的議論の不足と新聞の役割（東日本大震災と報道 ： 3年間を振り返る）：新聞研究 （753）〔2014.4〕 p40〜43	
小林和仁	変わり果てた風景を原点に ： 復興に「長期戦」で向き合う（東日本大震災と報道 ： 3年間を振り返る）：新聞研究 （753）〔2014.4〕 p26〜28	
斗ヶ沢秀俊	放射線影響の報道を問う ： リスクを的確に伝えるために（東日本大震災と報道 ： 3年間を振り返る）：新聞研究 （753）〔2014.4〕 p36〜39	
吉井勇	東日本大震災とメディア（第27弾）波及するJoinTown徳島プロジェクト さっそくケーブルテレビ局などが勉強会：New media 32（4）通号373 〔2014.4〕 p59〜61	
森本充	露呈した災害対策の弱点 ： 記録的大雪が残した教訓：新聞研究 （754）〔2014.5〕 p60〜63	
竹尾友里	大震災から3年 「自主避難民」を忘れ去るなかれ ： 福島原発事故とメディアを検証する：メディア展望 （629）〔2014.5〕 p18〜20	
保阪正康	歴史に学ぶメディアのあり方 ： 〈送り手〉と〈受け手〉の相互理解を（特集 戦争を識る、伝える）：月刊民放 44（8）通号518 〔2014.8〕 p4〜8	

落合賢一	2インチ4ヘッドVTRの修復記：放送技術　67(8)通号807　〔2014.8〕　p133～135
寺島英弥	メディア・リポート　新聞　震災4年目に立ちはだかる「風評」の壁　見えない現実をどう伝えられるか：Journalism　(291)〔2014.8〕　p162～165
田中孝宜	首都直下地震を想定した在日外国人の情報ニーズ　：4か国の外国人を対象にしたグループインタビューより：放送研究と調査　64(9)通号760　〔2014.9〕　p2～17
神余心	メディア激動時代(67)「新聞社」から追い出された「新聞」米メディア界は歴史的転換点に：エルネオス　20(10)通号239　〔2014.10〕　p61～63
田中孝宜	世界公共放送研究者会議 RIPE@2014東京大会（第2回）災害報道と公共放送の役割　：国境を越える災害・境界を越える災害報道：放送研究と調査　64(11)通号762　〔2014.11〕　p28～41
山口勝, 入江さやか, 福長秀彦	台風による初の特別警報と避難情報　：自治体はどう対応したか：放送研究と調査　64(11)通号762　〔2014.11〕　p2～27
桶田敦	「災害リスク」をどう伝える？　：情報系番組の役割と可能性（特集 災害への備え）：月刊民放　44(12)通号522　〔2014.12〕　p4～8
室崎益輝	「報道のミスマッチ」を生まないために　：丹波豪雨災害から（特集 災害への備え）：月刊民放　44(12)通号522　〔2014.12〕　p9～13
山田健太	東日本大震災・オリンピック・メディア　：国益と言論（特集「東京オリンピックの80年史」とメディア　：3.11以降の現代を逆照射する）：マス・コミュニケーション研究　(86)：〔2015〕　p39～62

〔図 書〕

新潟日報社	地震のなかの新潟日報　新潟日報社　1965　209p 図版　22cm　350円
池上次郎	関東大震災当時の新聞記事―大正十二年九月一日午前十一時五十八分　〔池上次郎〕　1987　242p　26cm
広井脩	災害報道と社会心理　中央経済社　1987.9　250p　20cm　1500円
江川紹子	大火砕流に消ゆ　文芸春秋　1992.11　245p　19cm　1400円
朝日新聞社	大震災その時の朝日新聞　朝日新聞社　1995.4　190p　18cm　680円　（Asahi news shop）
朝日放送記録グループ	大震災放送局24時間　朝日新聞社　1995.4　191p　18cm　680円　（Asahi news shop）
日本放送協会	阪神・淡路大震災その時、NHKは…―現地からの報告　大阪放送局　1995.5　127p　30cm
阪神大震災の被災者にラジオ放送は何ができたか―「被災していない人への情報はいらない！」と言い続けた報道者たち　同朋舎出版　1995.6　244p　26cm　1500円	
毎日放送報道局	希望新聞―阪神大震災と報道　ドキュメント　毎日新聞社　1995.9　222p　19cm　1500円
日沖桜皮	阪神大震災と出版―33名の報告と証言　日本エディタースクール出版部　1995.10　255p　19cm　1854円
小城英子	阪神大震災とマスコミ報道の功罪―記者たちの見た大震災　明石書店　1997.6　182p　20cm　2000円
毎日新聞社	「毎日新聞」が伝えた震災報道1260日―1995.1.17-1998.7.17　六甲出版　1998.10　804p　30cm　8381円
北原糸子	災害ジャーナリズム―むかし編　歴史民俗博物館振興会　2001.12　125p　21cm　762円　（歴博ブックレット 21）
日本新聞博物館	大震災と報道展―関東大震災80周年企画　日本新聞博物館　2003.8　167p　30cm　952円
相次ぐ災害～放送はどう伝えたか　放送倫理・番組向上機構　2004.12　35p　30cm　（放送番組委員会記録）	
松田光春	明治31年（新聞報道による北海道大洪水の惨状）　松田光春　2006.9　274p　26cm
安富信, 三枝博行, 森川暁子, 川西勝, 薮田正弘, 舩木伸江	災害報道―阪神・淡路大震災の教訓から　晃洋書房　2008.8　155p　21cm　1600円
荻上チキ	検証東日本大震災の流言・デマ　光文社　2011.5　204p　18cm　740円　（光文社新書 518）
立入勝義	検証東日本大震災そのときソーシャルメディアは何を伝えたか？　ディスカヴァー・トゥエンティワン　2011.6　267p　18cm　1000円　（ディスカヴァー携書 66）
メディア総合研究所放送レポート編集委員会	大震災・原発事故とメディア　大月書店　2011.7　142p　21cm　1300円
日本新聞協会	2011年3・11大震災新聞で考える―授業提案 NIEガイドブック特別号　日本新聞協会　2011.7　31p　30cm　100円
影浦峡	3.11後の放射能「安全」報道を読み解く―社会情報リテラシー実践講座　現代企画室　2011.7　193p　18cm　1000円
石巻日日新聞社	6枚の壁新聞―石巻日日新聞・東日本大震災後7日間の記録　角川マガジンズ, 角川グループパブリッシング〔発売〕　2011.7　253p　18cm　933円　（角川SSC新書 130）
河北新報, 河北新報社	河北新報のいちばん長い日―震災下の地元紙　文藝春秋　2011.10　269p　20cm　1333円
自由報道協会	自由報道協会が追った3.11　扶桑社　2011.10　222p　21cm　1400円
読売新聞社	記者は何を見たのか―3・11東日本大震災　中央公論新社　2011.11　318p　19cm　1500円
北海道大学大学院メディアコミュニケーション研究院附属東アジアメディア研究センター	東アジアとメディアの新たな可能性―東日本大震災をめぐって：報告書　北海道大学大学院メディア・コミュニケーション研究院附属東アジアメディア研究センター　2011.12　39p　30cm
平塚千尋	災害情報とメディア　新版　リベルタ出版　2012.2　264, 6p　20cm　2200円
東日本大震災報道取材現場からの証言―BPO意見交換会報告書　放送倫理・番組向上機構　2012.2　32p　30cm	
寺島英弥	悲から生をつむぐ―「河北新報」編集委員の震災記録300日　講談社　2012.3　317p　19cm　1500円
遠藤薫	メディアは大震災・原発事故をどう語ったか―報道・ネット・ドキュメンタリーを検証する　東京電機大学出版局　2012.3　304p　22cm　2500円
読売新聞社	読売新聞記者が見つめた東日本大震災300日の記録　読売新聞東京本社　2012.3　145p　30cm　1500円
ラジオ福島, 片瀬京子	ラジオ福島の300日　毎日新聞社　2012.3　207p　19cm　1500円
福田充	大震災とメディア―東日本大震災の教訓　北樹出版　2012.4　182p　22cm　2200円
花田達朗, 教育学部花田ゼミ	新聞は大震災を正しく伝えたか―学生たちの紙面分析　早稲田大学出版部　2012.5　118p　21cm　940円　（早稲田大学ブックレット―「震災後」に考える 18）
石巻コミュニティ放送株式会社	活字が伝えたラジオ石巻の奮闘400日―東日本大震災　石巻コミュニティ放送　2012.6　131p　21cm　非売品
三陸河北新報社	ともに生きた伝えた―地域紙『石巻かほく』の1年　早稲田大学出版部　2012.6　146p　21cm　1200円　（早稲田大学ブックレット―「震災後」に考える 20）
田中幹人, 標葉隆馬, 丸山紀一朗	災害弱者と情報弱者―3・11後、何が見過ごされたのか　筑摩書房　2012.7　222p　19cm

1500円　（筑摩選書 0047）

荒蝦夷, 西脇千瀬, IBC岩手放送　その時、ラジオだけが聴こえていた―3.11 IBCラジオが伝えた東日本大震災：CDブック　竹書房　2012.8　143p　21cm　1300円

日本記者クラブ　3.11大震災日本記者クラブの会見から　日本記者クラブ　2012.8　319p　30cm　非売品

被災地から伝えたい―テレビカメラが見た東日本大震災―英語翻訳版　仙台放送　2012.9　ビデオディスク 1枚（104分）DVD　1900円

放送番組国際交流センター　東日本大震災、テレビは海外にどう伝え、海外はどう受け止めたのか　放送番組国際交流センター　2012.10　27, 25p　30cm　（JAMCOオンライン国際シンポジウム 第20回）

大震災・原発とメディアの役割―報道・論調の検証と展望　新聞通信調査会　2013.1　502p　26cm　1400円　（公募委託調査研究報告書 2011年度）

名古屋市立大学人文社会学部　震災とメディア―脱原発デモ報道から考えるテレビのあり方　名古屋市立大学人文社会学部現代社会学科　2013.3　87p　30cm　（名古屋市立大学人文社会学部現代社会学科社会調査実習報告書 2012年度 第3分冊）

山田健太　3・11とメディア―徹底検証新聞・テレビ・webは何をどう伝えたか　トランスビュー　2013.3　248p　19cm　2000円

河北新報, 河北新報社　河北新報のいちばん長い日―震災下の地元紙　文藝春秋　2014.3　301p　16cm　750円　（文春文庫 か65-1）

門田隆将　記者たちは海に向かった―津波と放射能と福島民友新聞　KADOKAWA　2014.3　339p　20cm　1600円

山田明　災後の新聞―現実化する危機を前に　風媒社　2014.8　119p　19cm　1000円

放送文化基金　3.11とメディアのこれから―震災、原発事故からの教訓 放送文化基金設立40周年記念研究報告会　放送文化基金　2014.8　74p　30cm

核・原発

〔雑誌記事〕

水野正次　水爆とラジオ―1―：放送評論　2 (5)〔1954.12〕p14～20

水野正次　水爆とラジオ―2―：放送評論　3 (1)〔1955.1〕

水野正次　水爆とラジオ―3―：放送評論　3 (2)〔1955.2〕p30～38

角田明　原子力会議の取材：新聞研究　通号53〔1955.12〕p21～24

ダイヤモンド, E.　原子力時代と科学記者の立場：新聞研究　通号122〔1961.9〕p31～33

伊藤逸平　現代漫画論―漫画に反映された原水爆―：新聞研究　通号130〔1962.5〕p22～31

半谷高雄　原子力潜水艦の寄港をめぐる新聞論調：新聞研究　通号143〔1963.6〕p51～53

林田広実　核実験停止条約をめぐる新聞論調：新聞研究　通号146〔1963.9〕p49～51

渡辺喜蔵　虚報からの回復――核時代のジャーナリストの使命――特集・日本のジャーナリズム：思想の科学. 第5次　(35)〔1965.2〕p29～34

三津田透　8・15欠落のヒロシマ＜特集2＞8・15とヒロシマの「記念番組」：放送批評　No.044〔1971.8〕

佐々木嘉治　"ヒロシマ" 報道の質的変貌＜特集＞テレビ・ジャーナリズムの位相を探る：放送批評　No.047〔1971.11〕

河田亨　原発問題とわが社の報道（環境・いのち・新聞報道）：新聞研究　通号286〔1975.5〕p51～53

山口弘三　記者の目 管理下に組み込まれた原発報道：マスコミ市民　通号099〔1976.1〕p42～45

兼口芳成　ヒロシマの市民記者として（新聞記者読本――一線記者から）：新聞研究　通号308〔1977.3〕p25～27

平田明隆　原子力報道 難しい原子力報道と国民の理解（新聞報道の課題を追って＜特集＞―新聞報道の課題を追って）：新聞研究　通号317〔1977.12〕p31～34

鈴木邦夫　原子力報道のかかえる難問（科学報道と科学記者―科学記者の声――現場のなかで）：新聞研究　通号319〔1978.2〕p43～46

古田昭作　現代の科学・技術と人間（科学報道と科学記者）：新聞研究　通号319〔1978.2〕p34～39

宮島郁子　市民レポート 子どもを利用した原発PR番組に抗議して：マスコミ市民　通号126〔1978.6〕p34～37

秋信利彦　原爆を追って道はまだ続く（放送界の諸問題―放送人――思いは深くして）：新聞研究　通号323〔1978.6〕p32～35

星野芳郎　伊方原発訴訟判決について（いま、原子力報道を考える）：新聞研究　通号324〔1978.7〕p36～39

伊東方洋　回顧・伊方原発裁判（いま、原子力報道を考える―原子力記者の視界）：新聞研究　通号324〔1978.7〕p74～75

高木静子　核兵器廃絶へのイニシアチブを（いま、原子力報道を考える―原子力報道に望む）：新聞研究　通号324〔1978.7〕p53～55

伊東光晴　原子力――その今日的状況（いま、原子力報道を考える）：新聞研究　通号324〔1978.7〕p16～33

新聞研究編集部, 武谷三男　原子力と人権（いま、原子力報道を考える）：新聞研究　通号324〔1978.7〕p8～15

佐々木孝二　原子力行政の広報活動（いま, 原子力報道を考える）：新聞研究　通号324〔1978.7〕p67～70

滝波昭　原発論議は客観的に（いま, 原子力報道を考える―原子力記者の視界）：新聞研究　通号324〔1978.7〕p56～57

中村政雄　現場取材で本音を知る（いま, 原子力報道を考える―原子力記者の視界）：新聞研究　通号324〔1978.7〕p34～35

阿部輝郎　集中地 "福島" での原発報道――地元の利益と安全への配慮を重点に（いま, 原子力報道を考える）：新聞研究　通号324〔1978.7〕p71～73

陸井三郎　世界を動かし始めたNGO運動（いま, 原子力報道を考える―原子力報道に望む）：新聞研究　通号324〔1978.7〕p42～44

岡田優　「成田」「むつ」の二の舞だけは（いま, 原子力報道を考える―原子力記者の視界）：新聞研究　通号324〔1978.7〕p40～41

田島弥太郎　「放射線――突然変異」をめぐって（いま, 原子力報道を考える―原子力報道に望む）：新聞研究　通号324〔1978.7〕p49～52

槌田敦　詭弁の世界としての原子力（いま, 原子力報道を考える―原子力報道に望む）：新聞研究　通号324〔1978.7〕p45～48

星野芳郎　特集 原発事故 スリーマイル島原子力発電所事故について：マスコミ市民　通号136〔1979.5〕p10～17

地方記者　特集 原発事故 玄海にみる九電の "原発攻勢"：マスコミ市民　通号136〔1979.5〕p28～31

核・原発	ジャーナリズム

西尾漠　特集 原発事故 事実に復讐された朝日科学部の原発擁護記事：マスコミ市民　通号136　〔1979.5〕　p18～19

地方記者　特集 原発事故 実証された"伊方の訴え"：マスコミ市民　通号136　〔1979.5〕　p24～27

電産中国　特集 原発事故 電力労働者の反原発闘争：マスコミ市民　通号136　〔1979.5〕　p32～35

小木曽美和子　特集 原発事故 墓標と化した若狭の"原発銀座"：マスコミ市民　通号136　〔1979.5〕　p20～23

徳毛祐彦　飛び込んできた米原発事故(統一地方選の取材と報道―地方選取材・支局から)：新聞研究　通号335　〔1979.6〕　p42～43

飯沼健真　米原発事故取材記(米原発事故と報道)：新聞研究　通号335　〔1979.6〕　p50～53

相崎由松　米・原発事故と現地マスコミ報道：総合ジャーナリズム研究　16(03)　〔1979.7〕　p44～52

浜田隆　エネルギー資源の取材と報道(エネルギー・資源報道を考える)：新聞研究　通号336　〔1979.7〕　p10～25

小岩井忠道　原子力と情報の公開：新聞研究　通号343　〔1980.2〕　p62～65

服部学　原発報道を考えるための道標：新聞研究　通号359　〔1981.6〕　p68～71

堀江邦夫　原発報道への疑問――敦賀原発の事故報道を読んで：新聞研究　通号361　〔1981.8〕　p50～54

美ノ谷和成　原発情報と原発意識に関する実証的研究―1―福井県敦賀市における統計調査を中心として：立正大学文学部論叢　通号70　〔1981.9〕　p29～77

井上澄夫　朝日新聞の"反核"キャンペーンを批判する：マスコミ市民　通号169　〔1982.5〕　p20～22

高木仁三郎　<核文明>の問い直しを――核報道に望む(<核>をめぐる新聞報道)：新聞研究　通号371　〔1982.6〕　p34～36

岸田純之助　核問題を考えるために(<核>をめぐる新聞報道)：新聞研究　通号371　〔1982.6〕　p26～29

大塚喬重　軍縮・年間企画のなかで考える(<核>をめぐる新聞報道)：新聞研究　通号371　〔1982.6〕　p41～44

三雲四郎　反核運動に功罪あり(<核>をめぐる新聞報道)：新聞研究　通号371　〔1982.6〕　p30～33

伊藤光彦　反核・平和運動報道の視点――西ドイツの戦域核拒否闘争を中心に(<核>をめぐる新聞報道)：新聞研究　通号371　〔1982.6〕　p37～40

森本英洋　反核 「反核運動」への一つの視点(検証――1982年の報道)：新聞研究　通号377　〔1982.12〕　p22～24

美ノ谷和成　原発情報と原発意識に関する実証的研究―2―福井県敦賀市における統計調査を中心として：立正大学文学部論叢　通号75　〔1983.1〕　p1～69

室田武　原子力発電の不経済学とマスコミ：マスコミ市民　通号182　〔1983.7〕　p34～45

中条一雄　原爆……私のわがまま、私の怠惰：新聞研究　通号386　〔1983.9〕　p67～71

松浦亮　ヒロシマ記者の座標軸(新聞記者読本'84)：新聞研究　通号392　〔1984.3〕　p35～38

佐瀬昌盛　INF交渉・これだけの虚報―5―情動的反核報道の狙いは何か？：諸君！ 日本を元気にするオピニオン雑誌　16(7)　〔1984.7〕　p246～263

渡部允　市民レベルの"核"認識を――神奈川非核兵器県宣言と報道('84平和の状況と新聞報道)：新聞研究　通号397　〔1984.8〕　p32～36

マノフ, ロバート・カール, 橋本正邦　核戦略とジャーナリズム：新聞研究　通号398　〔1984.9〕　p54～62

Watkins, Peter, 世界編集部　核時代の映像メディア：世界　通号467　〔1984.10〕　p236～240

斎藤明　核時代下の「現実」(〔新聞研究〕創刊400号記念号――新聞に望むこと)：新聞研究　通号400　〔1984.11〕　p40～44

脇田峯　重い原発ウォッチャーの役割(新聞記者読本'85―取材前線で考える)：新聞研究　通号404　〔1985.3〕　p48～50

御田重宝　原爆キャンペーンの一視点――「もう一つのヒロシマ」連載を終えて：新聞研究　通号407　〔1985.6〕　p48～50

小松原久夫　チェルノブイリ原発事故にみる米国報道界の"レッド・バッシング"：新聞研究　通号419　〔1986.6〕　p56～59

山崎博康　極限状況下の情報と民心――ポーランド当局の広報戦略(チェルノブイリ原発事故を追う)：新聞研究　通号421　〔1986.8〕　p75～79

岡崎醇平　苦艾(よもぎ)を噛(か)んだ――手さぐり編集, 原発事故(チェルノブイリ原発事故を追う)：新聞研究　通号421　〔1986.8〕　p80～82

大蔵雄之助　繰り返された情報操作(チェルノブイリ原発事故を追う)：新聞研究　通号421　〔1986.8〕　p83～86

室田武　検証――原発事故報道(チェルノブイリ原発事故を追う)：新聞研究　通号421　〔1986.8〕　p87～91

原剛　情報の公開性と閉鎖性――スウェーデンから見るソ連の秘密主義(チェルノブイリ原発事故を追う)：新聞研究　通号421　〔1986.8〕　p70～74

新妻義輔　「秘密主義」のなかの原発――世論とつながる情報公開を(チェルノブイリ原発事故を追う)：新聞研究　通号421　〔1986.8〕　p66～69

入内島修　チェルノブイリ原発事故報道に思う：立法と調査　通号136　〔1986.10〕　p26～29

鳥島正幸　何よりも必要な情報公開(チェルノブイリ・ショック――原発のまちはいま)：新聞研究　通号424　〔1986.11〕　p50～52

花田㫰　「原発銀座」周辺の反応を探る――遠隔地ほど強い不安感(チェルノブイリ・ショック――原発のまちはいま)：新聞研究　通号424　〔1986.11〕　p47～49

橋本信之　住民側に立った「ウォッチマン」の役割(チェルノブイリ・ショック――原発のまちはいま)：新聞研究　通号424　〔1986.11〕　p53～55

高木仁三郎　特集 いまマスコミの危機 原発事故の報道について：マスコミ市民　通号221/222　〔1987.2〕　p206～207

白井健策　核保有国ジャーナリストヒロシマに集う：新聞研究　通号435　〔1987.10〕　p36～39

西村幹夫　国際的スクープ―3つの背景――「チェルノブイリ原発事故に関するソ連報告書のスクープ」(受賞報告)(昭和62年度新聞協会賞編集部門受賞者・授賞理由・受賞報告)：新聞研究　通号435　〔1987.10〕　p12～15

永井清彦　新聞のあり方についての私見――原発報道を手がかりに：新聞研究　通号441　〔1988.4〕　p49～54

田中康夫　原子力発電に対する世論の現状：慶応義塾大学新聞研究所年報　通号35　〔1990.9〕　p97～112

外山繁也　マスコミ取材現場から エネルギーによる支配権の確立を狙う日本の原子力政策：マスコミ市民　通号269　〔1991.2〕　p72～75

渡辺武達　メディア・ホークス―2―テレビCF「原発バイバイ」放映中止の批判的検討：評論・社会科学　通号48　〔1994.1〕　p20～75

安達洋一郎　「科学」だけで語れない原発(科学報道を考える―報道の現場から)：新聞研究　通号520　〔1994.11〕　p39～41

門奈直樹　英国VJデー「反日報道」の背景(イギリスから)：新聞研究　通号532　〔1995.11〕　p67～70

高畠和也　検証 戦後50年報道――戦後総括は始まったばかり：新聞研究　通号533　〔1995.12〕　p67～74

二見喜章	みたびマスコミの原発報道に異議あり：正論　通号291　〔1996.11〕　p126〜137	
小泉哲郎	大新聞の論説委員らがまとめた「原発推進PR作戦」の一読三嘆：放送レポート　146号　〔1997.5〕　p28〜30	
沼田安広	前線記者 動燃には安全を任せられない——東海事業所爆発事故を取材して：新聞研究　通号550　〔1997.5〕　p86〜87	
二見喜章	マスコミの原発報道に異議あり《その1》父と娘が訪ねるフランス・エネルギー教育のいま：正論　通号302　〔1997.10〕　p124〜135	
二見喜章	マスコミの原発報道に異議あり その2 父と娘が訪ねるフランス・エネルギー教育のいま：正論　通号303　〔1997.11〕　p258〜269	
二見喜章	マスコミの原発報道に異議あり（その3）父と娘が訪ねるフランス・エネルギー教育のいま：正論　通号304　〔1997.12〕　p246〜257	
二見喜章	マスコミの原発報道に異議あり 最終回 父と娘が訪ねるフランス・エネルギー教育のいま：正論　通号306　〔1998.2〕　p304〜315	
高木仁三郎	原子力は環境問題ではないのか（インタビュー）（環境報道を考える）：新聞研究　通号565　〔1998.8〕　p40〜43	
弓削達	人類史的な役割を新聞に期待する——核時代を生きる歴史家として（第51回新聞大会）：新聞研究　通号570　〔1999.1〕　p47〜50	
徳松信男	印パ核実験と核不拡散に関する国内外の英語新聞論調及びその問題点：常葉学園大学研究紀要. 外国語学部　（15）〔1999.3〕　p29〜66	
三島勇	JCOに振り回された——報道側にも知識面で課題（東海村臨界事故を取材・報道して）：新聞研究　通号581　〔1999.12〕　p22〜25	
佐藤吉雄	ますます求められる「検証」型報道（特集 検証・東海村臨界事故報道）：新聞研究　通号583　〔2000.2〕　p10〜13	
梅村伊津郎	「原子力史上最大の事故」で得た教訓（特集 検証・東海村臨界事故報道）：新聞研究　通号583　〔2000.2〕　p18〜21	
臼井研一	取材と安全のジレンマに悩みながら（特集 検証・東海村臨界事故報道）：新聞研究　通号583　〔2000.2〕　p14〜17	
田崎耕次	原子力取材安全マニュアルを大幅改定——安全管理責任者を現場配置：新聞研究　（589）〔2000.8〕　p41〜44	
渡辺実	検証！ JCO臨界事故報道〜あれから一年、テレビの何が問われたのか：放送レポート　167号　〔2000.11〕　p2〜9	
二見喜章	マスコミの原発報道に異議あり（1）臨界事故の報に接して：正論　通号340　〔2000.12〕　p308〜316	
二見喜章	マスコミの原発報道に異議あり（2）日本の原子力発電のパイオニア：正論　通号342　〔2001.2〕　p286〜297	
二見喜章	マスコミの原発報道に異議あり（3）加圧水型軽水炉のパイオニア関西電力美浜原子力発電所の今：正論　通号344　〔2001.4〕　p298〜308	
二見喜章	マスコミの原発報道に異議あり（4）クリーンでコンパクトで 東北電力女川原子力発電所：正論　通号346　〔2001.6〕　p334〜344	
二見喜章	マスコミの原発報道に異議あり（5）地域社会との共生を図る九州電力玄海原子力発電所：正論　通号350　〔2001.10〕　p306〜317	
二見喜章	マスコミの原発報道に異議あり（第6回）日本の近代原発の原点 東京電力福島第一原子力発電所：正論　通号353　〔2002.1〕　p324〜336	
早川正也	「安全」と「安心」の確保を求める——原発トラブル隠しの報道を通して（特集 「隠ぺい」の構造）：新聞研究　（617）〔2002.12〕　p18〜21	
牧野碩幸	真の情報を見抜く目を養おう——原発記者の四半世紀を振り返って：新聞研究　（640）〔2004.11〕　p60〜63	
伊藤宏	原子力政策に対するマスメディア関係者の視点——『新聞研究』における関係者の言説を中心に（上）：新聞学 : 文化とコミュニケーション　（20）〔2005〕　p36〜62	
村田光平	マスコミへの緊急アピール 脱原発を含む地球の非核化を追求：マスコミ市民　通号432　〔2005.1〕　p36〜44	
田崎智博	核廃絶伝え続ける使命を再確認——NPT再検討会議を取材して（核問題とメディア）：新聞研究　（649）〔2005.8〕　p36〜39	
平岡敬	被爆60年とジャーナリズムの責務——求められる人間の立場に立った報道（核問題とメディア）：新聞研究　（649）〔2005.8〕　p40〜43	
田原総一朗	わがジャーナリズムの総決算 権力の正体（第20回）「原発問題」午前一時の推進、反対派大討論：プレジデント　43（22）〔2005.11〕　p130〜135	
村田光平	日本の原子力政策の転換を訴える（特集 「マスコミ市民」40年のあゆみ）：マスコミ市民　通号458　〔2007.3〕　p45〜49	
佐藤隆夫	原発ほか風評被害にも対応（特集 新潟県中越沖地震——現地発）：月刊民放　37（11）通号437　〔2007.11〕　p5〜8	
糸山敏和	震災報道の狭間で（特集 柏崎刈羽原発報道の盲点）：マスコミ市民　通号466　〔2007.11〕　p26〜29	
田中三彦	柏崎刈羽原発で何が起きたのか（特集 柏崎刈羽原発報道の盲点）：マスコミ市民　通号466　〔2007.11〕　p10〜25	
近藤正道	柏崎刈羽原発事故を教訓として（特集 柏崎刈羽原発報道の盲点）：マスコミ市民　通号466　〔2007.11〕　p2〜9	
七沢潔	原子力50年・テレビは何を伝えてきたか——アーカイブスを利用した内容分析：NHK放送文化研究所年報　52〔2008〕　p251〜331	
三島亮	長期連載企画「揺らぐ安全神話 柏崎刈羽原発」と関連ニュース報道 隠されてきた原発の真実問う（平成20年度新聞協会賞——編集部門）：新聞研究　（687）〔2008.10〕　p19〜22	
七沢潔, 小出五郎, 田原総一朗	原子力報道に何が求められるか——テレビ制作者たちとの対話：放送研究と調査　58（10）通号689　〔2008.10〕　p88〜103	
永山貞義	復興・市民球場と中国新聞——原爆の野にともした希望の灯：新聞研究　（689）〔2008.12〕　p66〜69	
江種則貴	原爆の人間的悲惨を語り継ぐ——「斬新で説得力あるマンネリ」をめざして（風化を防ぐ——継続報道の重要性）：新聞研究　（697）〔2009.8〕　p28〜31	
関谷道雄	臨界事故10年 消えない不安——東海村住民意識調査から：放送研究と調査　60（1）通号704　〔2010.1〕　p14〜21	
福間良明	「広島」「長崎」の論争とローカル・メディア——「被爆体験」をめぐる饒舌と沈黙（特集 論争の場としてのメディア）：メディア史研究　29　〔2011.2〕　p37〜54	
総合ジャーナリズム研究編集部	フクシマ原発 "事件" 報道の右往左往（東日本巨大地震を伝えたか　全記録／東日本大震災〜地震・津波・原発…報道）：総合ジャーナリズム研究所　48（02）（通号 216）〔2011.3〕　p27〜32	
日隈一雄	ブック・ストリート 言論 福島第一原発事故に関する東京電力記者会見に参加して：出版ニュース　通号2240〔2011.4〕　p30〜31	

日隈一雄	ブック・ストリート 言論 続・福島第一原発事故に関する東京電力記者会見に参加して：出版ニュース　通号2243〔2011.5〕p48～49
田中三彦	東京電力福島原発事故の原因を「大津波」にだけ求めるわけにはいかない 見過ごせない原発「耐震脆弱性」問題（特集 大震災・原発事故・メディア）：マスコミ市民　通号508〔2011.5〕p22～27
鈴木卓馬	浜岡原発との心中はゴメンだ（特集 大震災・原発事故・メディア）：マスコミ市民　通号508〔2011.5〕p28～31
日隈一雄	メディア一撃 新聞テレビの問題点が露わになった東電原発の事故会見：金曜日　19(18)通号861〔2011.5〕p56～57
日隈一雄	ブック・ストリート 言論 東京電力福島第一原発事故に関する報道について：出版ニュース　通号2245〔2011.6〕p32～33
篠田博之	原発報道と雑誌ジャーナリズム——メディアの責任を問う：出版ニュース　通号2246〔2011.6〕p6～9
松永和紀	「リスクのトレードオフ」にも言及を——福島原発事故をめぐって（特集 大震災に向き合う）：月刊民放　41(6)通号480〔2011.6〕p16～19
津山恵子	原発事故報道に残された課題——米国メディアの報道から（特集 大震災に向き合う）：月刊民放　41(6)通号480〔2011.6〕p20～23
安田信二	地方の視点で震災と原発に向き合う——被災地から喜怒哀楽を伝える（東日本大震災と報道（第1回））：新聞研究（719）〔2011.6〕p12～15
神保太郎	メディア批評（第42回）(1)共振するメディアと原発 (2)ついに切られた「脱・依存」への舵：世界　（818）〔2011.6〕p128～135
原淳二郎	原発を拒否できなかったジャーナリスト（特集 大震災・原発事故・メディア(2)）：マスコミ市民　通号509〔2011.6〕p14～17
村田光平	地球倫理の確立から核廃絶へ（特集 大震災・原発事故・メディア(2)）：マスコミ市民　通号509〔2011.6〕p8～13
川崎泰資	浜岡原発の全面運転中止——管政権の延命策か、原発の見直しか（特集 大震災・原発事故・メディア(2)）：マスコミ市民　通号509〔2011.6〕p2～6
柴田鉄治	極論すれば失敗の連続——原発の科学報道史を検証する：メディア展望（593）〔2011.6〕p14～17
吉岡斉	マスメディアと「三重の壁」——福島原発事故にみる報道の役割と課題（東日本大震災と報道（第2回））：新聞研究（720）〔2011.7〕p49～53
辻恵	エネルギー政策の転換は、脱官僚依存の政治と不可分（特集 原発事故 政治とメディアの責任）：マスコミ市民　通号510〔2011.7〕p11～17
大治浩之輔	メディア時評（19）原発事故——報道の惨敗、被災者の悲惨：マスコミ市民　通号510〔2011.7〕p38～40
笠井亮	原発からのすみやかな撤退 国民的討論と合意を（特集 原発事故 政治とメディアの責任）：マスコミ市民　通号510〔2011.7〕p26～31
松本恭幸	市民メディア訪問（41）震災と原発事故を伝える市民メディア：マスコミ市民　通号510〔2011.7〕p52～55
柴田鉄治	日本一の「原子力県」青森はいま——独自の安全対策検証委を創って動き出したが（特集 原発事故 政治とメディアの責任）：マスコミ市民　通号510〔2011.7〕p7～10
瀬川至朗	「発表報道」と「抑制」が目立った新聞・テレビの原発事故報道（特集 原発事故 政治とメディアの責任）：マスコミ市民　通号510〔2011.7〕p2～6
川内博史	被災者の生活を第一に、復旧復興・原発事故対策を（特集 原発事故 政治とメディアの責任）：マスコミ市民　通号510〔2011.7〕p32～37
水島宏明	メディア・リポート 放送 「空白地帯」を自覚した震災・原発報道を：Journalism　（254）〔2011.7〕p60～63
明石昇二郎	「安全神話」崩壊でも変わらぬ日本新聞協会——『新聞研究』がボツにした原発報道批判記事（上）：金曜日　19(29)通号872〔2011.7〕p26～29
日隈一雄	ブック・ストリート 言論 中国高速鉄道事故報道と日本原発法事故報道——リテラシーがあるのはいずれの国か？：出版ニュース　通号2251〔2011.8〕p32～33
大牟田透, 林尚行	激動の原発事故報道——科学医療と政治の視点から（東日本大震災と報道（第3回））：新聞研究（721）〔2011.8〕p8～13
永井理	素直な疑問ぶつけていく——原発事故をどう報じるか（東日本大震災と報道（第3回））：新聞研究（721）〔2011.8〕p14～17
植松恒裕	地元の安全対策論議に応える——浜岡原発の全炉停止に関する報道（東日本大震災と報道（第3回））：新聞研究（721）〔2011.8〕p18～21
神保太郎	メディア批評（第44回）(1)脱原発で割れるメディア (2)福島「低線量被曝」の不安を伝えているか：世界　（820）〔2011.8〕p122～129
金平茂紀, 川崎泰資, 門奈直樹	鼎談 震災と原発事故 メディアは何を伝えたか（特集 原発震災 報道の役割とは）：マスコミ市民　通号511〔2011.8〕p2～20
川崎泰資, 保坂展人	電力の地産地消 自治体の連携で、脱原発の世論喚起を（特集 原発震災 報道の役割とは）：マスコミ市民　通号511〔2011.8〕p21～29
明石昇二郎	「タブーはある」と編集長は断言した——『新聞研究』がボツにした原発報道批判記事（下）：金曜日　19(30)通号873〔2011.8〕p24～29
松沢弘	原発事故で露呈した東電とメディアの「抱合体制」：放送レポート　232号〔2011.9〕p16～19
総合ジャーナリズム研究編集部	社説にみる原発・エネルギー政策（「原発」報道のリスクと不覚と）：総合ジャーナリズム研究所　48(04)（通号218）〔2011.9〕p3～44
総合ジャーナリズム研究編集部	全記録/フクシマのすべて この国の「原発」推進と「事故」の略史（「原発」報道のリスクと不覚と）：総合ジャーナリズム研究所　48(04)（通号218）〔2011.9〕p35～40
総合ジャーナリズム研究編集部	全記録/フクシマのすべて 世界はフクシマをどう受け止めたか(2)（「原発」報道のリスクと不覚と）：総合ジャーナリズム研究所　48(04)（通号218）〔2011.9〕p26～34
総合ジャーナリズム研究編集部	全記録/フクシマのすべて 東電福島第一原発事故から6カ月（「原発」報道のリスクと不覚と）：総合ジャーナリズム研究所　48(04)（通号218）〔2011.9〕p6～16
藤原大介	原爆を問い、日本を問う（特集 戦争を語り継ぐ(2)）：月刊民放　41(9)通号483〔2011.9〕p16～18
安藤則子	残留放射線を追って（特集 戦争を語り継ぐ(2)）：月刊民放　41(9)通号483〔2011.9〕p13～15

本保晃	原発災害報道にツイッターを活用——テレビ・ラジオを補う効果(東日本大震災と報道(第4回))：新聞研究 (722)〔2011.9〕p28〜32
福長秀彦	原子力災害と避難情報・メディア——福島第一原発事故の事例検証：放送研究と調査 61(9)通号724〔2011.9〕p2〜17
佐藤ひろ子	「ふくしま」で見棄てられた人たち(特集 脱原発とメディア)：マスコミ市民 通号512〔2011.9〕p38〜42
西村秀樹	原発に警鐘を鳴らし続けた京大熊取六人組(特集 脱原発とメディア)：マスコミ市民 通号512〔2011.9〕p13〜17
伊藤成彦	脱原発に踏み切った毎日・東京両紙の勇断 あらゆる原子力からの決別を(特集 脱原発とメディア)：マスコミ市民 通号512〔2011.9〕p18〜24
河合弘之, 川崎泰資	反原発訴訟は、福島第一原発苛酷事故をきっかけに反転攻勢へ(特集 脱原発とメディア)：マスコミ市民 通号512〔2011.9〕p2〜12
日隈一雄	ブック・ストリート 言論 大手メディアが放射能の健康被害についていまだに誤報を流し続けるのはなぜ？：出版ニュース 通号2257〔2011.10〕p30〜31
元木昌彦, 武田徹	元木昌彦のメディアを考える旅(165)武田徹氏(ジャーナリスト、恵泉女学園大学教授) 原発報道には方向を軌道修正する「手段」の議論が欠けている：エルネオス 17(10)通号203〔2011.10〕p104〜109
佐久間順	住民を苦しめ続ける二つの災害——福島原発事故、会津豪雨と向き合う(東日本大震災と報道)：新聞研究 (723)〔2011.10〕p68〜71
柴田鉄治, 小出五郎	3・11原発報道はこれでいいのか!?[含 会場からの質問](特集 原発報道を振り返る)：マスコミ市民 通号513〔2011.10〕p30〜44
日隈一雄	ブック・ストリート 言論 原発事故会見が再び閉じられようとしている…：出版ニュース 通号2260〔2011.11〕p26〜27
尾関章	放射性物質のリスクをどう報じるか——医療・生活報道の視点から(東日本大震災と報道)：新聞研究 (724)〔2011.11〕p30〜34
神保太郎	メディア批評(第47回)(1)「死のまち」という現実、逃げる者 逃げない者 (2)脱原発「6万人」の民意は伝わっているか：世界 (823)〔2011.11〕p71〜78
水島宏明	メディア・リポート 放送 「セシウムさん」が加速させた視聴者のテレビ不信：Journalism (258)〔2011.11〕p50〜53
畠山理仁	メディア一撃 「定員の問題」を盾に福島第一原発取材からフリー記者らを排除する政府：金曜日 19(45)通号888〔2011.11〕p56〜57
日隈一雄	ブック・ストリート 言論 官庁は、事故後8か月経ったにもかかわらず、原発事故対応マニュアルを共有していない：出版ニュース 通号2263〔2011.12〕p36〜37
北原斗紀彦	日本の新聞は「原子力」をどのように伝えてきたか：朝日新聞と読売新聞の社説論調の考察(第I期と第II期)：尚美学園大学総合政策論集 (13)〔2011.12〕p35〜53
上杉隆, 川崎泰資	「異端」のジャーナリストに聞く(NO.1)「3・11」原発報道を振り返る なぜ、私は「ジャーナリスト」をやめるのか(特集 2011年マスコミ報道の検証)：マスコミ市民 (515)〔2011.12〕p22〜34
清河成美, 椚座圭太郎	福島原発事故は原発政策についての世論を変えなかった：富山大学人間発達科学部紀要 7(1)〔2012〕p69〜90
伊藤宏	福島第一原発事故以降の原子力報道：事故後3ヶ月間の新聞社説の論調から見えてくること：プール学院大学研究紀要 (52)〔2012〕p199〜212
福長秀彦	放送研究と調査 9月号掲載 原子力災害と避難情報・メディア：福島第一原発事故の事例検証(再録 東日本大震災とメディア：「放送研究と調査」(月報)掲載論文から)：NHK放送文化研究所年報 56〔2012〕p288〜303
日隈一雄	ブック・ストリート 言論 冷温停止状態達成との発表をどこまで批判できるか？：出版ニュース 通号2265〔2012.1〕p63
神保太郎	メディア批評(第49回)(1)テレビが伝えない「福島の女たち」の声 (2)全国紙「待望」のTPP参加：世界 (825)〔2012.1〕p146〜153
浅野健一	報道界は反原発33年の南海日日新聞に学べ：京大助教・小出裕章さんが支援：マスコミ市民 通号516〔2012.1〕p30〜38
新聞通信調査会世論調査班	原発で新聞・TV・ネット併用層に危機感？ 第4回「メディアに関する全国世論調査」(下)：メディア展望 (600)〔2012.1〕p38〜43
柴田鉄治, 本多勝一	貧困なる精神(502)柴田鉄治氏(JCJ代表委員)に聞く原子力報道の失敗の連続(1)広島への原爆投下は4行のベタ記事：金曜日 20(3)通号895〔2012.1〕p38
谷口正晃	求められる国家安全保障としての認識：現実路線で「減原発」を支持(東日本大震災と報道：エネルギー政策への視点)：新聞研究 (727)〔2012.2〕p20〜23
竹内敬二	「脱原子力」支える社会をつくる：メディアの歴史的責任と今後の役割(東日本大震災と報道：エネルギー政策への視点)：新聞研究 (727)〔2012.2〕p8〜11
倉阪秀史	脱・原発依存の具体的道筋とは：再生可能エネルギーの動向と新聞報道への期待(東日本大震災と報道：エネルギー政策への視点)：新聞研究 (727)〔2012.2〕p31〜33
中井和久	「論争」で読者の関心に応える：政策の転換求め、地球国の原発を問う(東日本大震災と報道：エネルギー政策への視点)：新聞研究 (727)〔2012.2〕p16〜19
柴田鉄治, 本多勝一	貧困なる精神(503)柴田鉄治氏(JCJ代表委員)に聞く原子力報道の失敗の連続(2)戦後しばらく続いた報道の空白期間：金曜日 20(4)通号896〔2012.2〕p40
柴田鉄治, 本多勝一	貧困なる精神(504)柴田鉄治氏(JCJ代表委員)に聞く原子力報道の失敗の連続(3)「新聞は世界平和の原子力」が標語に：金曜日 20(6)通号898〔2012.2〕p60
柴田鉄治, 本多勝一	貧困なる精神(505)柴田鉄治氏(JCJ代表委員)に聞く原子力報道の失敗の連続(4)原子力文献を最初に訳した『朝日』記者：金曜日 20(7)通号899〔2012.2〕p55
伊藤高史	特集 原発事故報道に見るジャーナリズムの危機：ジャーナリズム&メディア：新聞学研究所紀要 (5)〔2012.3〕p41〜54
神保太郎	メディア批評(第51回)(1)「脱原発世界会議」が映すメディアの現在 (2)問われつづける政権交代の意義：世界 (828)〔2012.3〕p70〜77

核・原発	ジャーナリズム

柴田鉄治, 本多勝一　貧困なる精神 (506) 柴田鉄治氏 (JCJ代表委員) に聞く原子力報道の失敗の連続 (5) 反対派に厳しい目を注いだ『朝日』の連載：金曜日　20 (8) 通号900　〔2012.3〕　p60

菊池克彦　両論併記から、溝を埋める報道へ　原発事故に苦しむ福島の実相伝える (東日本大震災と報道 ： 震災から1年)：新聞研究　(729)〔2012.4〕　p25～28

塩谷喜雄　企業責任の闇を照らさぬ原発事故調査報告 ： 悪化するメディアのうのみ・尻馬症候群：メディア展望　(603)〔2012.4〕　p1～5, 36

烏谷昌幸, 山腰修三　原子力政策報道とジャーナリズム ： 3・11以前/以後の新聞報道の分析 (大震災・原発報道を検証 メディアは役割を果たしたのか ： 新聞通信調査会委託研究を中間報告)：メディア展望　(604)(臨増)〔2012.4〕　p3～7

小田桐誠　福島県民「孤立」「対立」の365日 地元局は原発事故をどう伝えたか：放送レポート　236号　〔2012.5〕　p6～13

神保太郎　メディア批評 (第53回) (1) "なし崩し"の原発再稼働に抗えないメディア　(2) 地元紙が問う米軍再編見通し：世界　(830)〔2012.5〕　p61～68

北原斗紀彦　原発立地県の地方紙の論調分析 ： <3.11後>をどう論じてきたか：尚美学園大学総合政策論集　(14)〔2012.6〕　p43～65

松本恭幸　市民メディア訪問 (46) 福島原発事故と向き合う高校生たち：マスコミ市民　(521)〔2012.6〕　p52～55

奥山俊宏　取材記者による特別リポート (上) 福島原発事故 発表と報道を検証する 2011年3月11日～17日、現場では何が起きていたのか：Journalism　(265)〔2012.6〕　p64～81

藍原寛子　原発事故と放射能リスクをどう報じるか ： 現場を丹念に歩くことで見えてきたもの (東日本大震災と報道)：新聞研究　(732)〔2012.7〕　p52～55

神保太郎　メディア批評 (第55回) (1) 蠢き始めたNHKの原発再稼働派　(2) 沖縄「復帰」40年報道を読み解く：世界　(832)〔2012.7〕　p64～71

水島宏明　メディア・リポート 放送 福島第一原発の爆発映像 "公共財" として社会で共有を：Journalism　(266)〔2012.7〕　p52～55

奥山俊宏　取材記者による特別リポート (下) 福島原発事故 報道と批判を検証する ： 東電原発事故の現実と認識、その報道、そしてギャップ：Journalism　(266)〔2012.7〕　p76～95

山本龍彦　ロー・クラス 憲法ゼミナール (part.2) コンテクストを読む (第16回) 原発と言論 ： 「政府言論」を考える：法学セミナー　57 (8) 通号691　〔2012.8〕　p69～75

柴田鉄治, 本多勝一　貧困なる精神 (526) 柴田鉄治氏 (JCJ代表委員) に聞く原子力報道の失敗の連続 (7) 世論との乖離を批判してこなかった：金曜日　20 (31) 通号923　〔2012.8〕　p56

内田誠　ブック・ストリート 言論 「被爆」と「被曝」、野田総理に二つのヒバクと向き合う覚悟はあるか：出版ニュース　通号2288　〔2012.9〕　p17

柴田鉄治, 本多勝一　貧困なる精神 (527) 柴田鉄治氏 (JCJ代表委員) に聞く原子力報道の失敗の連続 (8)「まるで大本営発表」という批判の声：金曜日　20 (33) 通号925　〔2012.9〕　p51

柴田鉄治, 本多勝一　貧困なる精神 (528) 柴田鉄治氏 (JCJ代表委員) に聞く原子力報道の失敗の連続 (9) 福島原発事故報道は総じて失敗だった：金曜日　20 (34) 通号926　〔2012.9〕　p57

柴田鉄治, 本多勝一　貧困なる精神 (529) 柴田鉄治氏 (JCJ代表委員) に聞く原子力報道の失敗の連続 (10) 原発は地球の限界を超える人類の驕り：金曜日　20 (35) 通号927　〔2012.9〕　p34

佐藤光俊　東日本大震災 東京電力福島第一原発事故 一連の報道 福島民報社 被災者の目線で発信続ける (平成24年度新聞協会賞一受賞報告 編集部門)：新聞研究　(735)〔2012.10〕　p22～25

七尾功　検証【3・11報道】 「ニコニコ動画」記者会見録 「東電テレビ会議映像」公開への道のり：Journalism　(270)〔2012.11〕　p80～93

原寿雄, 倉澤治雄　原発事故を見つめ続ける：放送レポート　240号　〔2013.1〕　p2～10

菅原琢　信頼度下落の背景 特集質問の「原発」が信頼得点引き下げか ： 再稼働めぐる両極層に強い反応も 第5回「メディアに関する全国世論調査」(下)：メディア展望　(613)〔2013.1〕　p18～22

橋本亮　福島, 3・11報道の現場 (特集 萩原滋教授 退職記念号)：メディア・コミュニケーション ： 慶応義塾大学メディア・コミュニケーション研究所紀要　(63)〔2013.3〕　p139～144

紺野正人　地元紙として原発事故を伝え続ける ： チェルノブイリから何を学べるのか (東日本大震災と報道 ： 震災から2年)：新聞研究　(741)〔2013.4〕　p8～11

小田桐誠　検証・原発報道 ： 北海道から (中編) 民放四局の六〇〇日：放送レポート　(242)〔2013.5〕　p18～27

金谷明彦　多角的な面から読者に判断材料を ： 被爆地の新聞社として (憲法論議と新聞の役割 ： 憲法をどう伝えるか)：新聞研究　(744)〔2013.7〕　p28～31

小田桐誠　検証・原発報道 ： 北海道から (後編) 民放四局の六〇〇日：放送レポート　(243)〔2013.7〕　p24～31

小田桐誠　検証・原発報道 ： 北海道から (特別編) NHKはどう報じたのか：放送レポート　(243)〔2013.7〕　p32～35

上丸洋一　上司の命令か、市民の命令か (下) 原発事故報道の教訓を探る：Journalism　(278)〔2013.7〕　p94～100

小田桐誠　福島県民「孤立」「分断」「対立」の三年 ： 深まる地元民放局の苦悩：放送レポート　(244)〔2013.9〕　p8～18

小田桐誠　福島県民「孤立」「分断」「対立」の三年 ： 深まる地元民放局の苦悩 (続編)：放送レポート　(245)〔2013.11〕　p26～36

楊韜　3・11後の大亜湾原発報道に関する批判的メディア言説分析 ： CCTV「新聞調査」を例に原発安全神話のレトリックを読み解く：愛知大学国際問題研究所紀要　(142)〔2013.12〕　p129～151

河野太郎　虚構の核燃料サイクルを再考せよ ： 日本にたまる一方のプルトニウム メディアは国民に知らせてきたか？：メディア展望　(624)〔2013.12〕　p1～10

井川充雄　「原子力と世論」研究・再考 (特集 メディアは原子力とどう向き合ってきたのか ： 原子力・原発報道の史相を探る)：マス・コミュニケーション研究　通号84　〔2014〕　p53～64

山本昭宏　「原子力の夢」と新聞 ： 1945～1965年における『朝日新聞』『読売新聞』の原子力報道に関する一考察 (特集 メディアは原子力とどう向き合ってきたのか ： 原子力・原発報道の史相を探る)：マス・コミュニケーション研究　通号84　〔2014〕　p9～27

小林直毅　原子力・原発報道の史相を問う視点 (特集 メディアは原子力とどう向き合ってきたのか ： 原子力・原発報道の史相を探る)：マス・コミュニケーション研究　通号84　〔2014〕　p3～8

烏谷昌幸　原子力政策とテレビ・ドキュメンタリー ： チェルノブイリ事故後の取材協力・リーク・内部告発・調査報道 (特集

	メディアは原子力とどう向き合ってきたのか ： 原子力・原発報道の史相を探る）：マス・コミュニケーション研究　通号84　〔2014〕　p29〜51
丁偉偉	福島原発事故と「水俣」言説に関する一考察 関連資料の分析を例に：メディア学 文化とコミュニケーション（29）〔2014〕　p85〜97
内田誠	ブック・ストリート 言論 脱原発都知事選挙：出版ニュース　通号2336　〔2014.2〕　p15
山本賢二	論文・学術部門 福島原発事故と中国メディア：ジャーナリズム＆メディア ： 新聞学研究所紀要　（7）〔2014.3〕p183〜220
佐藤光俊	被災者とともに悩み、行動せよ ： 震災・原発事故を報じるための視点（記者読本2014 記者となる君へ）：新聞研究（752）〔2014.3〕　p15〜19
上丸洋一	「フクシマ」と「オリンピック」 ジャーナリズムは「東京五輪」と「福島」にどう向き合うか：Journalism　（286）〔2014.3〕　p113〜119
内田誠	ブック・ストリート 言論 川内原発再稼働は狂気の沙汰：出版ニュース　通号2342　〔2014.4〕　p19
奥山俊宏	報道機関へのテレビ会議開示の重要性 ： 「プライバシー」がもたらす原発事故報道での懸念（個人情報保護法見直しと報道）：新聞研究　（754）〔2014.5〕　p22〜27
内田誠	ブック・ストリート 言論 大飯原発差し止め判決の衝撃：出版ニュース　通号2347　〔2014.6〕　p19
小田桐誠	“原発銀座”福井の五〇年（前編）地元民放局はどう向き合ってきたか：放送レポート　（249）〔2014.7〕　p2〜11
柴田鉄治	メディア時評（54）原発をめぐる3つの大ニュース メディアの受け止め方はまたも真二つ：マスコミ市民　（546）〔2014.7〕　p48〜50
内田誠	ブック・ストリート 言論 原子力規制委員会：出版ニュース　通号2353　〔2014.8〕　p19
青木伸方	原発立地住民の苦悩に寄り添う ： 地元紙から見た運転差し止め判決の意味：新聞研究　（757）〔2014.8〕　p58〜61
小田桐誠	“原発銀座”福井の五〇年（後編）地元民放局はどう向き合ってきたか：放送レポート　（250）〔2014.9〕　p36〜45
芳見弘一	東日本大震災・東京電力福島第一原発事故「原発事故関連死」不条理の連鎖 ： 福島民報社 命の重さを問う（平成26年度新聞協会賞―受賞報告 編集部門）：新聞研究　（759）〔2014.10〕　p22〜25

〔図書〕

マスコミ市民編集部	『核』とマスコミ―廃絶をめざす報道と世論　日本マスコミ市民会議　1978.8　338p　18cm　800円　（マスコミ市民双書）
原子力ジャーナリストの会	ジャーナリストの証言―原子力25年の軌跡　電力新報社　1981.12　270p　19cm　1600円
広河隆一	チェルノブイリ報告　岩波書店　1991.4　238p　18cm　580円　（岩波新書）
広河隆一	チェルノブイリと地球　講談社　1996.4　128p　20cm　1800円
広河隆一	チェルノブイリの真実　講談社　1996.4　414p　20cm　2000円
戸辺秀	被爆記者―ドキュメント　健友館　2001.8　167p　19cm　1200円
中村政雄	原子力と報道　中央公論新社　2004.11　189p　18cm　720円　（中公新書ラクレ）
白井雅子,白井千尋	第五福竜丸を最も愛したジャーナリスト―白井千尋の遺した仕事　光陽出版社　2004.12　158p　20cm　1238円
佐藤優	3.11クライシス！　マガジンハウス　2011.4　263p　19cm　1300円
丸山重威	これでいいのか福島原発事故報道―マスコミ報道で欠落している重大問題を明示する　あけび書房　2011.5　235p　19cm　1600円
松岡信夫	チェルノブイリ―ドキュメント　新装版　緑風出版　2011.5　366p　20cm　2500円
広河隆一	暴走する原発―チェルノブイリから福島へこれから起こる本当のこと　小学館　2011.5　223p　19cm　1300円
武田徹	原発報道とメディア　講談社　2011.6　255p　18cm　760円　（講談社現代新書 2110）
今井照容	報道と隠蔽―ゲンパツから遠く離れて 一人ひとりの「悲しみ」「喜び」と向き合うために　無双舎　2011.6　144p　21cm　880円
烏賀陽弘道,上杉隆	報道災害〈原発編〉―事実を伝えないメディアの大罪　幻冬舎　2011.7　310p　18cm　840円　（幻冬舎新書221）
広河隆一	福島原発と人びと　岩波書店　2011.8　213p　18cm　760円　（岩波新書 新赤版1322）
メディア総合研究所	メディアは原子力をどう伝えたか　花伝社　2011.9　73p　21cm　800円　（メディア総研ブックレット no.13）
日本ペンクラブ	いまこそ私は原発に反対します。　平凡社　2012.3　494p　19cm　1800円
伊藤守	ドキュメントテレビは原発事故をどう伝えたのか　平凡社　2012.3　263p　18cm　780円　（平凡社新書 631）
花園大学人権教育研究センター	メディアが伝えた原発事故と犯罪　批評社　2012.3　180p　19cm　1800円　（花園大学人権論集 19）
加藤久晴	原発テレビの荒野―政府・電力会社のテレビコントロール　大月書店　2012.4　246p　19cm　1600円
中国新聞社	1945原爆と中国新聞　中国新聞社　2012.5　48p　26cm
本間龍	電通と原発報道―巨大広告主と大手広告代理店によるメディア支配のしくみ　亜紀書房　2012.6　206p　19cm　1500円
日隈一雄	原発事故報道のウソから学ぶ―市民が主人公となる社会のために　クレヨンハウス　2012.8　63p　21cm　500円　（わが子からはじまるクレヨンハウス・ブックレット 011）
高野明彦,吉見俊哉,三浦伸也	311情報学―メディアは何をどう伝えたか　岩波書店　2012.8　175p　19cm　1800円　（叢書震災と社会）
林勝彦	科学ジャーナリストの警告―“脱原発”を止めないために　清流出版　2012.9　271p　19cm　2000円
上丸洋一	原発とメディア―新聞ジャーナリズム2度目の敗北　朝日新聞出版　2012.9　449,4p　20cm　2000円
上杉隆	メディアと原発の不都合な真実　技術評論社　2012.10　159p　19cm　1380円
東京新聞編集局	原発報道―東京新聞はこう伝えた　東京新聞　2012.11　367p　26cm　1800円
柴田鉄治	原子力報道―5つの失敗を検証する　東京電機大学出版局　2013.1　200p　20cm　2400円
朝日新聞「原発とメディア」取材班	原発とメディア　2　3・11責任のありか　朝日新聞出版　2013.7　428,5p　20cm　2000円
柳田邦男	終わらない原発事故と「日本病」　新潮社　2013.12　221p　20cm　1400円

医療　　　　　　　　　　ジャーナリズム

医療

〔雑誌記事〕

| 染矢為助 | 仏国の医学記事論争：新聞研究　通号43〔1955.2〕p27～30 |

染矢為助　仏国の医学記事論争：新聞研究　通号43〔1955.2〕p27～30
梶原三郎　医学と新聞（討論）：新聞研究　通号110〔1960.9〕p66～74
緒方富雄　医学報道の問題点（討論）：新聞研究　通号110〔1960.9〕p57～65
水野肇　医学記事のむずかしさ：新聞研究　通号131〔1962.6〕p55～59
水野肇　ガン学会とマスコミ──医学報道への提言：新聞研究　通号137〔1962.12〕p35～39
水野肇　くすりとマスコミ──薬のあり方はこれでよいのか：新聞研究　通号141〔1963.4〕p32～37
水野肇　医療問題と新聞──日本の医療のビジョンとそれに進む道を提示せよ：新聞研究　通号169〔1965.8〕p14～18
総合ジャーナリズム研究編集部　新聞にあらわれた医薬記事の扱い方：総合ジャーナリズム研究所　04（05）〔1967.4〕p41～43
水野肇　現代医学批判の視点：新聞研究　通号239〔1971.6〕p40～44
伊藤正治　「医学と社会」とペンの重さ──第一線記者の医学ジャーナリズム診断：総合ジャーナリズム研究　13（02）〔1976.4〕p27～34
藤田真一　男がなぜ「お産」を書いたのか（現代記者読本'79─記者の自画像）：新聞研究　通号332〔1979.3〕p33～35
雨宮次生　医療記事への提言──医師の眼からみた5W1H：総合ジャーナリズム研究　17（01）〔1980.1〕p70～78
水野肇　健康と新聞（第90回新聞講座）：新聞研究　通号384〔1983.7〕p76～81
大塚正宸　医の倫理 報道の倫理（'84の報道課題─'84・報道課題を考える：新聞研究　通号390〔1984.1〕p25～27
稲葉三千男　《特集》体外受精報道を考える 「公開」「秘匿」の論理：マスコミ市民　通号189〔1984.3〕p16～19
東龍一郎　報道の眼 遺族の側からみた脳死問題 「臓器移植と脳死」取材から：月刊民放　15（163）〔1985.1〕p36～36
大熊一夫　精神病棟からジャーナリズムを考える：新聞研究　通号407〔1985.6〕p65～68
水野肇　第25回紙面審査全国懇談会──脳死，臓器移植などの"生命報道"をめぐって〔含 討議〕：新聞研究　通号408〔1985.7〕p71～78
伊藤正治　医学取材30年の回顧：新聞研究　通号410〔1985.9〕p51～54
西俣総平，田村和子　医・科学情報の多様な"顔"（情報の"流れ"を考える）：新聞研究　通号415〔1986.2〕p43～46
平山定夫　「生と死」をめぐるジレンマ──医療技術は社会的な議論なく進む：新聞研究　通号431〔1987.6〕p30～33
西俣総平　医学とプライバシーをめぐる諸問題──エイズ報道を中心に（「プライバシー」の諸相）：新聞研究　通号433〔1987.8〕p40～43
本田一二　90年代の医学記者（医療報道を解剖する）：新聞研究　通号448〔1988.11〕p19～21
桜井靖久　医の現場からみた医療・医学報道（医療報道を解剖する）：新聞研究　通号448〔1988.11〕p26～28
大谷藤郎　医療行政と報道（医療報道を解剖する）：新聞研究　通号448〔1988.11〕p22～25
宮村憲章　医療・福祉を改善する一助に（医療報道を解剖する）：新聞研究　通号448〔1988.11〕p34～36
藤田真一　「患者本位」の報道を望む（医療報道を解剖する）：新聞研究　通号448〔1988.11〕p14～18
牧野賢治　強く求められる医療面の独立（医療報道を解剖する）：新聞研究　通号448〔1988.11〕p29～31
横田三郎　常に科学的で説得力ある報道を──脳卒中から立ち直った医療記者として（医療報道を解剖する）：新聞研究　通号448〔1988.11〕p10～13
桃原稔　日本一長寿県の健康面づくり（医療報道を解剖する）：新聞研究　通号448〔1988.11〕p36～38
天野勝文　「生命倫理（バイオエシックス）」とジャーナリズムの役割（創刊25周年記念・特別巻頭論文）：総合ジャーナリズム研究　26（02）〔1989.4〕p46～52
総合ジャーナリズム研究編集部　転換期を迎える医学・医療ジャーナリズム──医学ジャーナリズム研究会の活動から：総合ジャーナリズム研究所　27（04）〔1990.10〕p86～94
吉沢正一　脳死・臓器移植と報道の課題（マスコミの焦点）：新聞研究　通号482〔1991.9〕p81～83
南直樹　脳死・臓器移植を追って──ジャーナリズムに突きつけられた現代的テーマ（変わる社会と取材・報道）：新聞研究　通号484〔1991.11〕p39～41
木村治之　ボーダーレス医療時代に求められる議論──ガイドライン不在の代理出産（現代社会に「命」を報ずる）：新聞研究　通号494〔1992.9〕p41～44
桂木誠志　検証 看護婦問題とマスコミ報道──多様な視点で問いかけを：マスコミ市民　通号291〔1993.2〕p64～68
小原勉　取材と報道の現場（14） AIDSへの理解深めるために：月刊民放　23（263）〔1993.5〕p34～35
池田恵理子　エイズを「難病の1つ」に戻せるか──1人の患者の人権を守るということ（人権と向きあう）：新聞研究　通号513〔1994.4〕p58～60
加藤睦生　特集 冴える健康・医療情報 34年間続いた長寿番組・これからは人口動態も念頭に 日本テレビ：月刊民放　24（276）〔1994.6〕p12～13
平原佳和　特集 冴える健康・医療情報 "ひとからげ発想"を脱し、心と体の共鳴振動へ テレビ和歌山：月刊民放　24（276）〔1994.6〕p24～25
佐藤清　特集 冴える健康・医療情報 ヒバ風呂、16円療法、左手の中指そらしなど 福島テレビ：月刊民放　24（276）〔1994.6〕p10～11
高鳥明　特集 冴える健康・医療情報 禁欲的に！ しかし新しい医学情報に意欲的に！ NHK：月刊民放　24（276）〔1994.6〕p26～28
三島良広　特集 冴える健康・医療情報 見れば見るほど効いてくる、心と体に良いテレビ テレビ東京：月刊民放　24（276）〔1994.6〕p14～15
濱中和美　特集 冴える健康・医療情報 視聴者と医師の出会いを、普段着で！ テレビ埼玉：月刊民放　24（276）〔1994.6〕p16～17
春原晴久　特集 冴える健康・医療情報 視聴者ニーズと伝えたい情報との乖離を埋めて 長野放送：月刊民放　24（276）〔1994.6〕p18～19
黒岩祐治　特集 冴える健康・医療情報 反論に門戸を開いて、ラジカルに：月刊民放　24（276）〔1994.6〕p6～9
川畑俊一　特集 冴える健康・医療情報 府医師会とクライアントの誠意、プラス制作ルール 読売テレビ：月刊民放　24（276）〔1994.6〕p22～23

谷脇守	地方で医療を報じる（科学報道を考える─報道の現場から）：新聞研究　通号520　〔1994.11〕　p41〜43	
川鍋亮	密室医療を排す報道を（科学報道を考える）：新聞研究　通号520　〔1994.11〕　p27〜29	
清水勉	薬害エイズとマスコミの責任：新聞研究　通号542　〔1996.9〕　p58〜62	
渡辺優子	創刊30周年記念〈21世紀に向けて今、何を〉しっかりしてよ！ 医療とメディア：マスコミ市民　通号339　〔1997.2〕　p10〜16	
森口尚史, 中山栄純, 林由美子	脳死・臓器移植に関する新聞記事の調査：公衆衛生　61（4）〔1997.4〕　p288〜289	
野本亀久雄	原点の了解と現場の相互尊重──医療の情報開示の必要性と報道に求められる役割（「生と死」のジャーナリズム）：新聞研究　通号569　〔1998.12〕　p22〜25	
青野由利	生命技術の急速な進展を前に──新聞に何ができるのか考える（「生と死」のジャーナリズム）：新聞研究　通号569　〔1998.12〕　p10〜13	
高知新聞社社会部取材班	まずは自らの徹底検証を──伝えるべきだったこと、伝えられなかったこと（脳死臓器移植報道をめぐって）：新聞研究　通号574　〔1999.5〕　p29〜33	
白倉良太	「検証」の意味を議論したい──心臓移植医療・広報の側から（脳死臓器移植報道をめぐって）：新聞研究　通号574　〔1999.5〕　p46〜55	
小黒純	情報閉ざす医療側と、迫れないメディア──何が和田心臓移植と変わったのか（脳死臓器移植報道をめぐって）：新聞研究　通号574　〔1999.5〕　p38〜41	
大久保真紀	点検し直したい報道の「良識」──無責任な反省排し個別具体的に（脳死臓器移植報道をめぐって）：新聞研究　通号574　〔1999.5〕　p34〜37	
吉川学	日常医療のレベルアップこそ（脳死臓器移植報道をめぐって）：新聞研究　通号574　〔1999.5〕　p42〜45	
布施優子	アメリカにおける臓器移植報道の現状──冷静な方向に向かう医学ニュース（特集 医療報道に問われるもの）：月刊民放　29（6）通号336　〔1999.6〕　p20〜23	
増田寛次郎	インタビュー 当事者から見た医療報道 少子・高齢化社会を見据え医療の本質伝える報道を（特集 医療報道に問われるもの）：月刊民放　29（6）通号336　〔1999.6〕　p24〜27	
川田悦子	インタビュー 当事者から見た医療報道 薬害エイズは誰にでも起きる問題、粘り強く追及してほしい（特集 医療報道に問われるもの）：月刊民放　29（6）通号336　〔1999.6〕　p28〜31	
東龍一郎	心臓移植の取材現場から──法施行後初の移植手術をどう伝えたか（特集 医療報道に問われるもの）：月刊民放　29（6）通号336　〔1999.6〕　p8〜15	
堀部政男	臓器移植法と情報公開・プライバシー──報道界として脳死報道の基準づくりを（特集 医療報道に問われるもの）：月刊民放　29（6）通号336　〔1999.6〕　p4〜7	
総合ジャーナリズム研究所	脳死・臓器移植報道をめぐって（2）：総合ジャーナリズム研究　36（03）（通号 169）〔1999.7〕　p29〜31	
大西正夫	移植医療の根幹にかかわる情報は開示すべきだ──国の情報統制という批判招く厚生省（続・脳死臓器移植報道をめぐって）：新聞研究　通号577　〔1999.8〕　p26〜29	
宮武剛	インタビュー 前毎日新聞論説副委員長・宮武剛氏──医療とマスコミの不幸な関係：日経ヘルスケア　通号123　〔2000.1〕　p34〜36	
村上雅通	「伝染病」から報道はつまずいた──民教協スペシャル『記者たちの水俣病』を制作して（特集 水俣病報道とは何なのか）：新聞研究　通号587　〔2000.6〕　p32〜35	
田中等	ハンセン病・国家賠償とマスコミ報道：マスコミ市民　通号381　〔2000.9〕　p48〜53	
松本逸也	過熱するマスコミ報道──日本初の脳死移植をめぐるその過熱ぶりを検証する：目白大学短期大学部研究紀要　（37）〔2000.12〕　p185〜201	
本田清悟	マスコミの贖罪はまだ終わっていない──元患者がこじ開けた扉を今度は私たちが広げる番だ（ハンセン病報道を振り返る）：新聞研究　（601）〔2001.8〕　p39〜42	
粕谷卓志	メディアスクラム対策現地リポート 初期に申し合わせ──これからが正念場──川崎・「安楽死」事件：新聞研究　（613）〔2002.8〕　p57〜59	
熱田充克	シリーズ検証・C型肝炎──ウイルス混入の事実を解明 "一見"の取材・報道に終わらせず（特集 揺れる日本、問われる視座──民放テレビ、ラジオはどう伝えたか）：月刊民放　32（12）通号378　〔2002.12〕　p12〜14	
小西宏	記者に欠かせない冷静な判断──広がる医学・医療報道の現状と課題（科学報道に求められるもの）：新聞研究　（622）〔2003.5〕　p14〜17	
山川洋一郎	薬害エイズ報道めぐる最高裁判決に思う──櫻井よしこ氏逆転勝訴の意味するもの：新聞研究　（650）〔2005.9〕　p48〜51	
渡辺勝敏	医界に情報開示の流れを吹き込む──読者に資する新たな報道の形（調査報道の力（1））：新聞研究　（651）〔2005.10〕　p50〜53	
糸山敏和	医療報道におけるえん罪の構造（特集 えん罪報道とメディア・スクラム）：マスコミ市民　通号451　〔2006.8〕　p22〜26	
辻村達哉	心の問題をよりよく報じるために──英国の政府プログラム報告書から（メンタルヘルスの報じ方）：新聞研究　（662）〔2006.9〕　p36〜39	
水野肇	医療倫理とジャーナリズムの視点──生命の "いま" を報じてきた半世紀（生命倫理へのアプローチ）：新聞研究　（667）〔2007.2〕　p10〜13	
小西宏	市民の熟考を促すために──医療技術の発展にともなう報道の留意点（生命倫理へのアプローチ）：新聞研究　（667）〔2007.2〕　p14〜17	
田中秀一	「生殖医療と倫理」の先にあるもの──関係者の思い伝え、読者に判断材料を提供する（生命倫理へのアプローチ）：新聞研究　（667）〔2007.2〕　p22〜25	
大場あい	病気腎取材で考えた「移植報道」──一人でも多くの声を聞いて考えたい（生命倫理へのアプローチ）：新聞研究　（667）〔2007.2〕　p18〜21	
安岡仁司	記者が挑んだ骨髄移植──体験ルポで読者に考える "きっかけ" を提供：新聞研究　（671）〔2007.6〕　p41〜43	
村上紀子	読者の批判と期待に応える報道を──メディアに求められる説明責任を果たすために（健康情報をどう提供するか）：新聞研究　（673）〔2007.8〕　p36〜39	
伊藤高史	薬害エイズ事件とジャーナリズム 新聞はいかにして社会を動かし得るか？：AIR21　（218）〔2008.7〕　p44〜69	

伊藤高史	薬害エイズ事件とジャーナリズム 第二部 ジャーナリズムの力と世論、権力者：AIR21 （220）〔2008.9〕 p42～68
桑原英彰	ブラックボックス化を防ぐために——「こうのとりのゆりかご」二年を経ての課題（風化を防ぐ——継続報道の重要性）：新聞研究 （697）〔2009.8〕 p20～23
井深太路	想定外続きの新型流行を追って——正確な情報を迅速に伝える（新型インフルエンザをどう報じたか）：新聞研究 （697）〔2009.8〕 p32～36
足立則夫	「こころのページ」のこころみ——団塊世代に響くシニア記者の活躍：新聞研究 （702）〔2010.1〕 p64～66
吉岡孝修	厳冬期控え、油断は禁物——感染拡大に対応した北海道の新型インフルエンザ報道：新聞研究 （702）〔2010.1〕 p67～69
佐藤弘	食から攻めて、農を問う——反響呼んだ1面連載「食卓の向こう側」（食と農のジャーナリズム）：新聞研究 （702）〔2010.1〕 p16～19
斎藤孝光	「食ショック」の実験、成果——体当たり取材、ネットとの連動（食と農のジャーナリズム）：新聞研究 （702）〔2010.1〕 p8～11
川村公司	謙虚な気持ちを忘れずに——地域医療の報道から考える記者の立ち位置（記者読本2010—記者となる君へ）：新聞研究 （704）〔2010.3〕 p32～35
川口恭	医療と報道（第1回）マスメディアからマイクロメディアへ：メディカル朝日 40（2）通号471 〔2011.2〕 p58～60
島崎諭生	医療者と読者をつなげる役割——専門的分野の取材・報道の経験から（記者読本2011—記者となる君へ）：新聞研究 （716）〔2011.3〕 p32～35
青木眞, 堀成美	医療と報道（2）発信する医療者たち（前編）共感の場としてのブログから：メディカル朝日 40（3）通号472 〔2011.3〕 p47～49
@bycomet	医療と報道（3）発信する医療者たち（後編）情報を補完する新媒体、ツイッターから：メディカル朝日 40（4）通号473 〔2011.4〕 p41～43
渡邊清高	医療と報道（4）医療報道のあり方を探る新しい試み——医療者と報道者、協働して行う検証作業：メディカル朝日 40（6）通号475 〔2011.6〕 p77～79
浅井文和, 尾藤誠司	医療と報道（最終回）医者アタマvs記者アタマ 対談 いま、医療報道に求められること：メディカル朝日 40（7）通号476 〔2011.7〕 p58～61
米村健司	情報社会とメディア ： 媒介性の哲学としての四肢的構造論：社会理論研究 （12）〔2011.12〕 p53～74
岩瀬茂美	患者に学ぶ 現場に学ぶ ： 水俣病特別措置法の期限、その影響と報道：新聞研究 （733）〔2012.8〕 p60～63
内田誠	ブック・ストリート 言論 BSEと食品安全委員会：出版ニュース 通号2299 〔2013.1〕 p61
土田正太	救急搬送報道から見えてきたもの ： 都市部の医療問題を伝える（医療報道を考える ： 生命倫理をどう報じるか）：新聞研究 （743）〔2013.6〕 p28～31
田中秀一	最新医療技術の光と影 ： 読者に判断材料を提供する（医療報道を考える ： 生命倫理をどう報じるか）：新聞研究 （743）〔2013.6〕 p12～15
戸部大	死生観絡む脳死移植報道 ： さまざまな視点から問題提起（医療報道を考える ： 生命倫理をどう報じるか）：新聞研究 （743）〔2013.6〕 p16～19
山崎一洋	終末期のルポで読者の共感よぶ ： 「終章を生きる2025年超高齢社会」を連載して（医療報道を考える ： 生命倫理をどう報じるか）：新聞研究 （743）〔2013.6〕 p24～27
高橋真理子	新型出生前診断をどう伝えるか ： 何が最善かを考え続ける（医療報道を考える ： 生命倫理をどう報じるか）：新聞研究 （743）〔2013.6〕 p8～11
上昌広	多様な視点を提示する ： 医療報道におけるメディアの役割（医療報道を考える ： 生命倫理をどう報じるか）：新聞研究 （743）〔2013.6〕 p32～35

教育

〔雑誌記事〕

伊藤昇	新聞と教育：新聞研究 通号44 〔1955.3〕 p9～12
伊藤昇	教育革命と新聞：新聞研究 通号50 〔1955.9〕 p26～27
島田厚	教育に対する新聞論調：思想 通号411 〔1958.9〕
重松敬一	教師とマスコミ——教研全国集会を傍聴しての批判：新聞研究 通号104 〔1960.1〕 p20～23
杉本誠	企画記事にみる教育報道（「中日新聞」他4紙事例）（企画記事にみる教育報道）：新聞研究 通号266 〔1973.9〕 p13～24
生越忠	教育問題と新聞の役割（企画記事にみる教育報道）：新聞研究 通号266 〔1973.9〕 p25～30
村松喬	体験的「新聞と教育」論（企画記事にみる教育報道）：新聞研究 通号266 〔1973.9〕 p7～12
仲田稔弥	「愛媛の教育」が投げかけた問い（教育報道のいま—現場からの報告）：新聞研究 通号307 〔1977.2〕 p57～59
山田寛	拡大するタテマエとホンネの間で（教育報道のいま—現場からの報告）：新聞研究 通号307 〔1977.2〕 p53～56
横川和夫	「教育ってなんだ」を支えた父親としての体験（教育報道のいま—現場からの報告）：新聞研究 通号307 〔1977.2〕 p49～52
藤田恭平	教育と教育報道の変遷——半ば個人史的に（教育報道のいま）：新聞研究 通号307 〔1977.2〕 p28～33
永井道雄, 村松喬	日本の教育と新聞（教育報道のいま）：新聞研究 通号307 〔1977.2〕 p13～27
浅野弘次	教育報道 教育浄化の可能性を問いながら（新聞報道の課題を追って＜特集＞—新聞報道の課題を追って）：新聞研究 通号317 〔1977.12〕 p27～30
望月一宏	教育の現場で新聞報道に思うこと（子供の自殺とマスコミ）：新聞研究 通号333 〔1979.4〕 p29～32
堀越章	自殺取材の厚い壁（子供の自殺とマスコミ）：新聞研究 通号333 〔1979.4〕 p33～36
野島清治	詰め込み教育の因果と大人社会の反映——坂道の中3・進学県富山を考える（子ども・若者の世界と新聞の目—子ども・若者の世界を取材して）：新聞研究 通号352 〔1980.11〕 p27～30
中部博	若者の気分と感じ——そこから現代社会が見えてくる（子ども・若者の世界と新聞の目）：新聞研究 通号352 〔1980.11〕 p35～39
浜本明敏	病める子供と惑う親たち——少年非行（子ども・若者の世界と新聞の目—子ども・若者の世界を取材して）：新聞研究 通号352 〔1980.11〕 p31～34

中保章	校内暴力をとらえる目：新聞研究　通号359　〔1981.6〕　p77～81	
原田三朗	教科書報道を支えるもの（教科書問題と新聞報道）：新聞研究　通号377　〔1982.12〕　p37～40	
横井博行	いま何をなすべきか——連載企画「荒れる子供たち」（子供の状況と報道）：新聞研究　通号382　〔1983.5〕　p28～30	
曽我健	息のながい教育報道をめざす——日本の条件「教育・何が荒廃しているのか」（子供の状況と報道）：新聞研究　通号382　〔1983.5〕　p34～37	
浅野満司	非行防止に成果あげる報道——連載企画「少年たちが危ない」（子供の状況と報道）：新聞研究　通号382　〔1983.5〕　p31～33	
原田三朗	教育改革と報道の役割——「教育を追う」の七年間から：新聞研究　通号393　〔1984.4〕　p62～66	
寺崎十雄	疎外される "いじめっ子" の人権（マスコミと人権—"弱者" の人権は、いま…）：新聞研究　通号396　〔1984.7〕　p37～39	
小宮寛治	愛知の「管理教育」を追って（教育の現状と報道課題）：新聞研究　通号405　〔1985.4〕　p33～36	
小田昭太郎	管理主義教育を支えるマスコミのキャンペーン——ひろがる恐怖社会のおそれ（教育の現状と報道課題）：新聞研究　通号405　〔1985.4〕　p18～20	
酒井民雄	求められる教師像を探る（教育の現状と報道課題）：新聞研究　通号405　〔1985.4〕　p37～39	
畑山美和子	"小さな闘い" を見守る（教育の現状と報道課題）：新聞研究　通号405　〔1985.4〕　p21～24	
猪股征一	信州で教育を報道する（教育の現状と報道課題）：新聞研究　通号405　〔1985.4〕　p29～32	
安田誠	青森の教育課題を考える（教育の現状と報道課題）：新聞研究　通号405　〔1985.4〕　p25～28	
浅野秀満	臨教審報道の視点（教育の現状と報道課題）：新聞研究　通号405　〔1985.4〕　p10～13	
佐田智子	いじめ問題とジャーナリズム（子供社会のひずみ——取材と報道<特集>）：新聞研究　通号418　〔1986.5〕　p10～28	
秋山侃	「教育110番」はなぜ成功したか（子供社会のひずみ——取材と報道<特集>）：新聞研究　通号418　〔1986.5〕　p49～52	
久々宮英一	個人として教育にこだわる——「'86教育カンバス」の基本的視点（子供社会のひずみ——取材と報道<特集>）：新聞研究　通号418　〔1986.5〕　p57～59	
大田堯	国民の教育関心と教育報道（子供社会のひずみ——取材と報道<特集>）：新聞研究　通号418　〔1986.5〕　p29～32	
佐藤敏	視野広く教育をとらえる努力を（子供社会のひずみ——取材と報道<特集>）：新聞研究　通号418　〔1986.5〕　p60～62	
中村竜兵	文部省の内と外——2つの視点（子供社会のひずみ——取材と報道<特集>）：新聞研究　通号418　〔1986.5〕　p41～44	
畑山博	「無菌室」の教育報道（子供社会のひずみ——取材と報道<特集>）：新聞研究　通号418　〔1986.5〕　p33～36	
横川和夫	問われるいじめ報道の視点（子供社会のひずみ——取材と報道<特集>）：新聞研究　通号418　〔1986.5〕　p37～40	
原秀樹	揺れながら「揺れる心」（子供社会のひずみ——取材と報道<特集>）：新聞研究　通号418　〔1986.5〕　p53～56	
英ław怜一郎	論説テーマとしての「いじめ」（子供社会のひずみ——取材と報道<特集>）：新聞研究　通号418　〔1986.5〕　p45～48	
原田三朗	教育問題——「教育を追う」2500回の軌跡（「部際取材」の現状と課題）：新聞研究　通号425　〔1986.12〕　p17～20	
小宮寛治	「子どもたちが見えますか」から「教育コール」へ（こころを描く視点）：新聞研究　通号429　〔1987.4〕　p44～47	
山中きよ子	子どもたちにとっての健全育成とは（青少年保護条例強化をめぐって）：新聞研究　通号487　〔1992.2〕　p49～51	
三浦保志	一過性報道の壁を崩す——連載「不登校を考える」現在90回（子供をどう報じるか）：新聞研究　通号491　〔1992.6〕　p33～36	
中安宏規	子供のからだが変わっている（子供をどう報じるか）：新聞研究　通号491　〔1992.6〕　p28～32	
坂本武久	日本社会を照射するエイズと報道（現代社会に「命」を報ずる）：新聞研究　通号494　〔1992.9〕　p19～22	
金田秀樹	「ひとりぼっちの叫び」風化させずに——大河内清輝君事件を追い続けて（子ども・教育を報じる）：新聞研究　通号541　〔1996.8〕　p27～29	
山岸駿介	教育状況改善のための提言に踏み込んで（子ども・教育を報じる）：新聞研究　通号541　〔1996.8〕　p14～17	
山口宏昭	「継続は力」を信じ、「なぜ」を丹念に伝える——「教育110番」12年の経験から（子ども・教育を報じる）：新聞研究　通号541　〔1996.8〕　p36～38	
足立則夫	子どもたちの日常をキャッチする工夫（子ども・教育を報じる）：新聞研究　通号541　〔1996.8〕　p21～23	
斎藤茂男	新しい "哲学" 記事に期待する（子ども・教育を報じる）：新聞研究　通号541　〔1996.8〕　p10～13	
上野光子	大人の意識変革迫る「権利条約」——「子どもの人権・愛媛からの問いかけ」を連載して（子ども・教育を報じる）：新聞研究　通号541　〔1996.8〕　p39～41	
瀬戸純一	提言を発信し討論の場を提供する（子ども・教育を報じる）：新聞研究　通号541　〔1996.8〕　p18～20	
斎藤学	親の期待が子を縛る——親子関係の現在——かすかな変化がもたらす大きなうねり（心をどう報じるか）：新聞研究　通号552　〔1997.7〕　p26～29	
岡田之夫	報道 シリーズ【キレる子ども】：新・調査情報passingtime　2期(49)通号423　〔1998.7〕　p44～44	
岡部昌樹	21世紀のメディアと教育——わたしのキーワード(2)放送と通信の融合：放送教育　54(12)〔2000.3〕　p40～43	
佐々木稔	子どもは静かに変化している——年間企画「教育110番」から見えること（教育を報じる）：新聞研究　(594)〔2001.1〕　p51～54	
河野俊史	少年の心に映るものを追って——教育シリーズ「『生きる力』を考える」から（教育を報じる）：新聞研究　(594)〔2001.1〕　p43～46	
原田亮介	「人づくりの行き詰まり」を共通認識に——取材対象は学校、家庭、企業社会（教育を報じる）：新聞研究　(594)〔2001.1〕　p47～50	
山川富士夫	現場に響く身近な報道めざして——「教育の質」の問題に埋もれる基本法論議（特集 岐路に立つ教育）：新聞研究　(625)〔2003.8〕　p18～21	
清水康之	各社ごとのガイドライン策定が急務——予防のための報道に一層の努力を（いじめ自殺と報道）：新聞研究　(667)〔2007.2〕　p49～52	
田島豪人	学校の隠ぺい体質と揺れた事実認定——重い問題報じるメディアの姿勢が問われている（いじめ自殺と報道）：新聞研究　(667)〔2007.2〕　p46～48	
小野博宣	紙上で処方せん示す取り組み——一過性の報道に終わらせないために（いじめ自殺と報道）：新聞研究　(667)〔2007.2〕　p42～45	

小野田正利	「総合教育情報紙」のこだわり——毎日小学生新聞で "新聞好き" を育てる（教育・教養事業の取り組み）：新聞研究　（706）〔2010.5〕 p12～15	
野瀬輝彦	記者は自問し、共感得られる報道を——改正臓器移植法施行下における取材とメディアの役割：新聞研究　（712）〔2010.11〕 p47～50	
村山士郎	いじめの本質的問題を問うために : 構造的問題は議論されているか（いじめ自殺報道を考える）：新聞研究　（735）〔2012.10〕 p66～69	
深井康行	「いじめ」報道の狙いと課題 : 実態と解決の方策を報じることで（いじめ自殺報道を考える）：新聞研究　（735）〔2012.10〕 p54～57	
清水康之	インタビュー 議論のプラットフォーム構築を : いじめ・自殺を防ぐためにメディアができること（いじめ自殺報道を考える）：新聞研究　（735）〔2012.10〕 p62～65	
宮部真典	大津いじめ問題をどう報じるか : 地元紙として、再発防止につなげるために（いじめ自殺報道を考える）：新聞研究　（735）〔2012.10〕 p58～61	

スポーツ

〔雑誌記事〕

鵜沢七郎	スポーツ放送の研究：放送文化　5（9）〔1950.9〕 p10～21	
岩淵直作	運動記事面積の年間変動：新聞研究　通号52〔1955.11〕 p27～30	
林伸郎	オリンピックと新聞「プラウダ」：新聞学評論　通号7〔1957.10〕	
堀太一	現代スポーツ紙論：新聞研究　通号159〔1964.10〕 p49～51	
菊地俊朗	ギャチュン・カン登頂の取材：新聞研究　通号160〔1964.11〕 p29～32	
織田幹雄	現代スポーツ記者考：新聞研究　通号164〔1965.3〕 p34～37	
春山泰雄	スポーツ・キャンペーン時代：新聞研究　通号177〔1966.4〕 p22～25	
青木彰	運動記者——取材の研究—18—：新聞研究　通号195〔1967.10〕 p97～106	
菅沼俊哉	あすのスポーツ記者像（あすのスポーツ・レジャー面（特集））：新聞研究　通号205〔1968.8〕 p12～14	
栗原程, 杉森一, 石田敏夫	これからのスポーツ新聞（あすのスポーツ・レジャー面（特集））：新聞研究　通号205〔1968.8〕 p28～32	
中野祐久	スポーツ取材の問題点（あすのスポーツ・レジャー面（特集））：新聞研究　通号205〔1968.8〕 p19～22	
広堅太郎	テレビのスポーツ報道（あすのスポーツ・レジャー面（特集））：新聞研究　通号205〔1968.8〕 p23～25	
佐藤毅	現代のスポーツ・レジャーと新聞の機能（あすのスポーツ・レジャー面（特集））：新聞研究　通号205〔1968.8〕 p6～11	
鹿子木聡	新しいスポーツ面とスポーツ記事（あすのスポーツ・レジャー面（特集））：新聞研究　通号205〔1968.8〕 p15～18	
山田虎吉	専門記者さまざま（あすのスポーツ・レジャー面（特集））：新聞研究　通号205〔1968.8〕 p43～53	
金本春俊	地方紙のスポーツ報道（あすのスポーツ・レジャー面（特集））：新聞研究　通号205〔1968.8〕 p26～27	
北川貞二郎	運動部（現代新聞記者読本—取材各部の現状）：新聞研究　通号213〔1969.4〕 p57～59	
川本信正	スポーツ・ジャーナリズムの再検討：新聞研究　通号229〔1970.8〕 p34～49	
斉藤正治	オリンピックの中のテレビと映画 <特集>非政治化の政治性 —オリンピックあるいはスポーツと報道：放送批評　No.057〔1972.10〕	
鈴木均	オリンピック放送とナショナリズム <特集>非政治化の政治性 —オリンピックあるいはスポーツと報道：放送批評　No.057〔1972.10〕	
鳥山拡	スポーツ中継とテレビドラマ <特集>非政治化の政治性 —オリンピックあるいはスポーツと報道：放送批評　No.057〔1972.10〕	
清水哲男	スポーツ番組の背後にあるもの <特集>非政治化の政治性 —オリンピックあるいはスポーツと報道：放送批評　No.057〔1972.10〕	
山本明	スポーツ報道について <特集>非政治化の政治性 —オリンピックあるいはスポーツと報道：放送批評　No.057〔1972.10〕	
片岡啓治	肉体的営為の<美が>超政治性を表象するとき <特集>非政治化の政治性 —オリンピックあるいはスポーツと報道：放送批評　No.057〔1972.10〕	
赤坂大輔	ゴルフ記者ことはじめ（レジャーとマスコミ（特集））：新聞研究　通号258〔1973.1〕 p54～56	
花田達朗, 中島彰子	テレビのレジャー番組（レジャーとマスコミ（特集））：新聞研究　通号258〔1973.1〕 p57～59	
早川洋一	新聞報道「きょうのスポーツ」についての分析的研究：名古屋学院大学論集. 人文・自然科学篇　10（1）〔1973.6〕 p97～118	
早川洋一	新聞報道によるスポーツ大会の分析的研究：名古屋学院大学論集. 人文・自然科学篇　11（1）〔1974.6〕 p161～187	
宮崎仁一郎	ネライ・アングル・シャッターチャンス——スポーツカメラマン15年の体験から：新聞研究　通号277〔1974.8〕 p65～67	
総合ジャーナリズム研究編集部	新聞「碁・将棋欄」の争奪戦－－「朝日」対「読売」名人戦のうらに：総合ジャーナリズム研究所　12（02）〔1975.4〕 p137～140	
江戸太	記者の目 マスコミは横綱をつくれない：マスコミ市民　通号093〔1975.6〕 p53～56	
金子徳好	ゼッケンと新聞報道と：新聞研究　通号289〔1975.8〕 p58～61	
春原昭彦, 西田長寿, 内川芳美	<座談会>魅力ある新聞人たち——「聴きとり」の舞台裏（上）：別冊新聞研究　（1）〔68〕〔1975.10〕 p55	
関谷繁雄	スポーツは "参加するテレビ" の花形（スポーツ・ジャーナリズム）：新聞研究　通号292〔1975.11〕 p33～36	
西田善夫	スポーツ・アナは消しゴムが使えない（スポーツ・ジャーナリズム）：新聞研究　通号292〔1975.11〕 p37～39	
川本信正	スポーツ報道へのさまざまな期待（スポーツ・ジャーナリズム）：新聞研究　通号292〔1975.11〕 p15～18	
須田久夫	フランスの栄光を支えるスポーツ専門紙「レキップ」（スポーツ・ジャーナリズム）：新聞研究　通号292〔1975.11〕 p48～51	
盛川宏	レジャー部からみたスポーツ紙（スポーツ・ジャーナリズム）：新聞研究　通号292〔1975.11〕 p44～47	
小関三平	活字アニマルの「ハングリー・ペーパー」（スポーツ・ジャーナリズム）：新聞研究　通号292〔1975.11〕 p26～29	

ジャーナリズム	スポーツ

古藤了三　球場取材からオフィス街まで（プロ野球）（スポーツ・ジャーナリズム—スポーツ記者——現場からの報告）：新聞研究　通号292　〔1975.11〕　p21〜23

中条一雄　現代スポーツ記者の要件（スポーツ・ジャーナリズム）：新聞研究　通号292　〔1975.11〕　p11〜14

富永邦生　"止まった絵"に生命を（相撲写真）（スポーツ・ジャーナリズム—スポーツ記者——現場からの報告）：新聞研究　通号292　〔1975.11〕　p23〜25

渡辺邦雄　多様，複雑化する取材対象（アマチュアスポーツ）（スポーツ・ジャーナリズム—スポーツ記者——現場からの報告）：新聞研究　通号292　〔1975.11〕　p19〜21

石川泰司　体験的助演男優賞論（スポーツ・ジャーナリズム）：新聞研究　通号292　〔1975.11〕　p7〜10

中根正雄　"未定の空白"を埋める整理記者——スポーツ面担当整理記者の述懐（スポーツ・ジャーナリズム）：新聞研究　通号292　〔1975.11〕　p30〜32

村西竜三　拡大するスポーツ記者の領域（現代記者読本'79—記者の自画像）：新聞研究　通号332　〔1979.3〕　p39〜41

湯藤保　スポーツ報道の新方向を求めて：新聞研究　通号343　〔1980.2〕　p70〜73

総合ジャーナリズム研究編集部　（ザ・スポーツ・ジャーナリズム＜特集＞）はなやかな欧米スポーツ雑誌：総合ジャーナリズム研究所　17（02）〔1980.4〕　p1〜69

北村日出夫　（ザ・スポーツ・ジャーナリズム＜特集＞）スポーツとマス・メディアの作用：総合ジャーナリズム研究　17（02）〔1980.4〕　p8〜12

総合ジャーナリズム研究編集部　（ザ・スポーツ・ジャーナリズム＜特集＞）スポーツと人：総合ジャーナリズム研究所　17（02）〔1980.4〕　p13〜14

総合ジャーナリズム研究編集部　（ザ・スポーツ・ジャーナリズム＜特集＞）スポーツの新聞報道・事業：総合ジャーナリズム研究所　17（02）〔1980.4〕　p41〜43

総合ジャーナリズム研究編集部　（ザ・スポーツ・ジャーナリズム＜特集＞）スポーツ行政：総合ジャーナリズム研究所　17（02）〔1980.4〕　p14〜16

総合ジャーナリズム研究編集部　（ザ・スポーツ・ジャーナリズム＜特集＞）スポーツ雑誌の現勢：総合ジャーナリズム研究所　17（02）〔1980.4〕　p61〜63

総合ジャーナリズム研究編集部　（ザ・スポーツ・ジャーナリズム＜特集＞）スポーツ市場：総合ジャーナリズム研究所　17（02）〔1980.4〕　p16〜18

中山堵志木　（ザ・スポーツ・ジャーナリズム＜特集＞）スポーツ新聞業界，部数競争の行方：総合ジャーナリズム研究　17（02）〔1980.4〕　p46〜51

総合ジャーナリズム研究編集部　（ザ・スポーツ・ジャーナリズム＜特集＞）スポーツ番組の変遷：総合ジャーナリズム研究所　17（02）〔1980.4〕　p32〜35

総合ジャーナリズム研究編集部　（ザ・スポーツ・ジャーナリズム＜特集＞）社会派取材で捉えたスポーツ事件報道：総合ジャーナリズム研究所　17（02）〔1980.4〕　p44〜45

鳥井守幸　（ザ・スポーツ・ジャーナリズム＜特集＞）女性×スポーツ×雑誌－－主婦と生活「Beautiful Sports」の一年：総合ジャーナリズム研究　17（02）〔1980.4〕　p36〜40

総合ジャーナリズム研究編集部　（ザ・スポーツ・ジャーナリズム＜特集＞）体協とアマチュアリズム：総合ジャーナリズム研究　17（02）〔1980.4〕　p94〜101

総合ジャーナリズム研究編集部　（ザ・スポーツ・ジャーナリズム＜特集＞）番外 ザ・スポーツ・ジャーナリズム－－取材メモから：総合ジャーナリズム研究所　17（02）〔1980.4〕　p18〜19

水田明　（ザ・スポーツ・ジャーナリズム＜特集＞）放送の使命とスポーツ振興：総合ジャーナリズム研究　17（02）〔1980.4〕　p20〜23

総合ジャーナリズム研究編集部　（ザ・スポーツ・ジャーナリズム＜特集＞）民放テレビとスポーツとの接点：総合ジャーナリズム研究所　17（02）〔1980.4〕　p69

川本信正　（モスクワ五輪問題とマスコミ＜特集＞）スポーツと政治と新聞論調：総合ジャーナリズム研究　17（03）〔1980.7〕　p8〜16

牧田徹雄，本田妙子　現代人の熱狂と高校野球（《特集》海外の公共放送の現状と問題（II））：NHK放送文化研究年報　25　〔1980.8〕　p287〜321

佐藤安弘　スポーツ記事——感動の世界を描く（新聞文章論）：新聞研究　通号364　〔1981.11〕　p43〜45

山崎昭　報道の眼"名古屋五輪"報道から：月刊民放　11（126）〔1981.12〕　p36〜36

黒木あきら　釣り人"釣り"のジャーナリズム考（ジャーナリズムの世界・シリーズ）：総合ジャーナリズム研究　19（01）〔1982.1〕　p80〜89

植田康夫　スポーツ・ノンフィクションの世界（スポーツ報道の新たな展開）：新聞研究　通号367　〔1982.2〕　p50〜53

鳥居滋夫　テレビのスポーツ報道——＜スポーツ紙のテレビ版＞を創造する（スポーツ報道の新たな展開）：新聞研究　通号367　〔1982.2〕　p42〜45

浮田裕之　現代スポーツ記者考（スポーツ報道の新たな展開）：新聞研究　通号367　〔1982.2〕　p10〜13

高村岩雄　支局記者に期待するスポーツ記事（スポーツ報道の新たな展開—スポーツ取材の現場）：新聞研究　通号367　〔1982.2〕　p39〜41

岸田勉　勝負の裏側を描く（スポーツ報道の新たな展開—スポーツ取材の現場）：新聞研究　通号367　〔1982.2〕　p29〜31

岡崎満義　"情報感触"人間のスポーツ記事利用法（スポーツ報道の新たな展開）：新聞研究　通号367　〔1982.2〕　p54〜56

古川洋一　変わるスポーツ紙とスポーツ記者（スポーツ報道の新たな展開）：新聞研究　通号367　〔1982.2〕　p14〜17

水田明　（ザ・スポーツ・ジャーナリズム1984＜特集＞）コマーシャリズムとテレビが"五輪"を変えて：総合ジャーナリズム研究　21（03）〔1984.7〕　p6〜10

坂本敏美　（ザ・スポーツ・ジャーナリズム1984＜特集＞）スポーツ業界紙が応えるべき役割はこれだ：総合ジャーナリズム研究　21（03）〔1984.7〕　p16〜20

小椋博　（ザ・スポーツ・ジャーナリズム1984＜特集＞）スポーツ雑誌は娯楽の消費物化している：総合ジャーナリズム研究　21（03）〔1984.7〕　p27〜31

岸田功　（ザ・スポーツ・ジャーナリズム1984＜特集＞）スポーツ番組の問題は報道か娯楽かにある：総合ジャーナリズム研究　21（03）〔1984.7〕　p11〜15

田代昌史　特集＝日本人のスポーツ熱と放送 まず，"放送への期待"の検証を 地域社会を触発する「きっかけ」としてのスポー

615

	ツ放送：月刊民放　14（159）〔1984.9〕p20〜23
中野収	特集＝日本人のスポーツ熱と放送 記号行動化するスポーツ熱の現在 祝祭性を保ちながらも変容しつつある、文化現象としてのスポーツ：月刊民放　14（159）〔1984.9〕p6〜9
下川靖夫, 水野尚三, 清水克明, 足達革, 楠本文夫　特集＝日本人のスポーツ熱と放送 市民の "スポーツ熱" への対応：月刊民放　14（159）〔1984.9〕p24〜28	
久米茂	特集＝日本人のスポーツ熱と放送 "浄化" に走る日本人のスポーツ観 疎外状況からの解放を求めて興じる、日本人的スポーツ意識の実像：月刊民放　14（159）〔1984.9〕p10〜13
上田洋介	特集＝日本人のスポーツ熱と放送 変わりつつある「プロ野球熱・全国地図」プロ野球番組の視聴実態にみる "球団―地元―ファン" 相関図の行方：月刊民放　14（159）〔1984.9〕p14〜19
青木貞伸	ロス五輪報道を総括する：総合ジャーナリズム研究　21（04）〔1984.10〕p78〜84
石川泰司	「読ませる記事」にこだわる――連載「スポーツわが万華鏡」を通して：新聞研究　通号410　〔1985.9〕p44〜46
岸田勉	変わるスポーツ報道――阪神優勝を追って：新聞研究　通号413　〔1985.12〕p59〜61
小西良太郎	「新タイプ大衆紙」への試み（新聞記者読本'87―テレビ・スポーツ紙のいま）：新聞研究　通号428　〔1987.3〕p73〜76
木村栄文	夢見るころを過ぎても（新聞記者読本'87―テレビ・スポーツ紙のいま）：新聞研究　通号428　〔1987.3〕p70〜72
佐藤次郎	ゲームの裏側――スポーツ・ノンフィクションの試み：新聞研究　通号430　〔1987.5〕p67〜71
丸田明彦	変わるスポーツ紙：総合ジャーナリズム研究　24（03）〔1987.7〕p72〜78
山下幸秀	スポーツは「事件」だ（スポーツ報道の新展開）：新聞研究　通号435　〔1987.10〕p70〜72
前田明	スポーツ報道新時代に求められるもの（スポーツ報道の新展開）：新聞研究　通号435　〔1987.10〕p66〜69
山田紘祥	特集 高まるスポーツ熱と放送 「みるスポーツ」が本格的な楽しみに：月刊民放　18（203）〔1988.5〕p12〜14
武井勝昭	特集 高まるスポーツ熱と放送 スポーツ中継を支える技術革新：月刊民放　18（203）〔1988.5〕p24〜27
松垣吉見	特集 高まるスポーツ熱と放送 ドームで野球中継がどう変わるか？　インタビュー：月刊民放　18（203）〔1988.5〕p26〜27
太田敦	特集 高まるスポーツ熱と放送 企業イベント戦略の主要な柱として：月刊民放　18（203）〔1988.5〕p15〜17
戸谷真人, 石井智, 石丸勝彦, 猪場大　特集 高まるスポーツ熱と放送 中継・イベント企画、ここがポイント：月刊民放　18（203）〔1988.5〕p18〜23	
森田宏	わが社のスポーツ面（スポーツ報道を追って）：新聞研究　通号445　〔1988.8〕p36〜44
佐瀬稔	スポーツジャーナリズムを問う（スポーツ報道を追って）：新聞研究　通号445　〔1988.8〕p14〜19
関本哲男	ソウル・オリンピックを目前にして（スポーツ報道を追って）：新聞研究　通号445　〔1988.8〕p20〜35
谷本喜嗣	テレビのスポーツ番組作り――衛星中継, 情報番組, 冠スポーツイベント（スポーツ報道を追って）：新聞研究　通号445　〔1988.8〕p49〜52
村田豊明	紙面にみる "ゆれるスポーツ観"（スポーツ報道を追って）：新聞研究　通号445　〔1988.8〕p10〜13
萩原一雄	主役はやはり人間です（スポーツ報道を追って）：新聞研究　通号445　〔1988.8〕p45〜48
佐塚正樹	ソウル五輪大会の放送計画まとまる（マスコミの焦点）：新聞研究　通号446　〔1988.9〕p89〜91
高橋貞之, 寺尾皖次　ソウル五輪「共同取材」現地リポート 日本選手の活躍ベースに、成功した民放の単独・優先枠：月刊民放　18（210）〔1988.12〕p37〜39	
南永振	ソウル五輪をめぐる朝日新聞の韓国観の変化：慶応義塾大学新聞研究所年報　通号34　〔1990.3〕p65〜86
本土雅輝	相撲記者魂（次代を担う君たちへ――記者読本'91―ひとすじの道をゆく）：新聞研究　通号476　〔1991.3〕p49〜52
水谷秀樹, 西川友之, 大川信行　大正期における新聞ジャーナリズムとスポーツの関係について――報知新聞社主催・「京浜間マラソン競争」（1917）を中心にして：富山大学教養部紀要, 人文・社会科学篇　25（1）〔1992〕p247〜260	
片山謙介	＜釣り＞釣り記者の悩み（専門記者の道）：新聞研究　通号486　〔1992.1〕p40〜43
上田恵子	スポーツイベント広報の現場から――素材提供, 環境づくりを担う重み（手記）：総合ジャーナリズム研究　29（02）〔1992.4〕p65〜69
田中晃	取材と報道の現場（3）問われるスポーツ中継制作者の哲学と想像力――日本テレビ『箱根駅伝』：月刊民放　22（250）〔1992.4〕p34〜35
小室進	1面をいかに作るか――スポーツ紙のビジュアル戦争（「ビジュアル化」の意味するもの）：新聞研究　通号492　〔1992.7〕p40〜42
玉木明	五輪（オリンピック）報道と日本の湿った風土：総合ジャーナリズム研究　29（04）〔1992.10〕p26〜32
後藤新弥	「スポーツ紙の文章」に想う（現代の新聞文章）：新聞研究　通号498　〔1993.1〕p23〜26
高久和夫	取材と報道の現場（15）フランチャイズ制を生かすJリーグ中継システムの確立を：月刊民放　23（266）〔1993.8〕p40〜41
水谷秀樹, 西川友之, 大川信行　大正期における駅伝競走の普及・発達と新聞ジャーナリズム――報知新聞社主催・「4大校駅伝競走」（1920）を中心にして：富山大学教育学部紀要. A, 文科系　通号44　〔1993.11〕p47〜56	
小林政彦	その人になりきること――スポーツ紙における「人」（新聞と「人」）：新聞研究　通号509　〔1993.12〕p51〜53
松永喜久	ボクシング女性記者・現役81歳：文芸春秋　72（9）〔1994.7〕p284〜289
青木彰	戦後新聞ジャーナリズム私論－12－産経社会部の "敗者復活戦（東京オリンピック）"：総合ジャーナリズム研究　31（04）〔1994.10〕p68〜77
谷口源太郎	スポーツとマスコミ＜31＞規模は最大関心度最低で問われるユニバーシアード福岡大会のかすむ基本理念：放送レポート　136号　〔1995.9〕p22〜23
谷口源太郎	スポーツとマスコミ＜32＞イヌワシ発見でまたもコクドの乱開発に「待った」をかける新治村の住民たち：放送レポート　137号　〔1995.11〕p26〜27
谷口源太郎	スポーツとマスコミ＜33＞ "文化創造" の高い理念も色あせるJリーグ "3年目の危機" は超えられるか：放送レポート　138号　〔1996.1〕p26〜28
谷口源太郎	スポーツとマスコミ＜34＞オリンピック100周年で見る影もない根本理念の歴史的検証を：放送レポート　139号　〔1996.3〕p8〜9
赤瀬川隼	まずゲーム評そのものを深めてほしい――スポーツ面に望むもの（拡大するスポーツ面）：新聞研究　通号537　〔1996.4〕p30〜32

ジャーナリズム　　　　　　　　　　　　　　　　　　　　　　　　　　　　　スポーツ

田村正人　　より深く人間ドラマを提供するために（拡大するスポーツ面）：新聞研究　通号537〔1996.4〕p10～12

佐藤次郎　　コラム──幅広い魅力を伝える窓（拡大するスポーツ面）：新聞研究　通号537〔1996.4〕p28～29

奈良洋　　　スポーツ秋田の県民ニーズにこたえる──いまなぜスポーツ専門紙か（拡大するスポーツ面）：新聞研究　通号537〔1996.4〕p16～18

日野原信生　見出しが命──スポーツ面整理記者考（拡大するスポーツ面）：新聞研究　通号537〔1996.4〕p25～27

石川聡　　　国際化・デジタル化で増す通信社の役割──スポーツ興行団体とメディアの距離を注視して（拡大するスポーツ面）：新聞研究　通号537〔1996.4〕p13～15

小田島光, 中沢明彦, 藤山健二　取材の一線から（拡大するスポーツ面）：新聞研究　通号537〔1996.4〕p33～47

中島章隆　　新聞ならではの手法を模索して──多様化の中の運動部デスク（拡大するスポーツ面）：新聞研究　通号537〔1996.4〕p22～24

山田守　　　地元紙の使命をはたす──評価高まる第2セクション「上毛スポーツ」（拡大するスポーツ面）：新聞研究　通号537〔1996.4〕p19～21

谷口源太郎　スポーツとマスコミ<35>総無責任体制のもと破綻へ向かって突っ走る泥沼の長野五輪：放送レポート　140号〔1996.5〕p42～43

茶本繁正　　メディア・レポート<56>スポーツ紙顔負けの大見出しが躍る5党機関誌で「住専」を読む：放送レポート　140号〔1996.5〕p38～41

島桂次　　　これでいいのかオリンピック報道 問題提起1 テレビが悲鳴をあげる放送権料の際限なき高騰：放送レポート　141号〔1996.7〕p30～33

塚原光男　　これでいいのかオリンピック報道 問題提起2 選手こそ「儲かるオリンピック」の一番の犠牲者だ：放送レポート　141号〔1996.7〕p33～35

谷口源太郎　スポーツとマスコミ<36>「Jリーグ選手協会」の発足をマスコミが黙殺するのはなぜだ！：放送レポート　141号〔1996.7〕p28～29

荻田則夫, 音好宏, 宮嶋泰子, 森川貞夫, 谷口源太郎, 塚原光男, 島桂次　パネル・ディスカッション これでいいのかオリンピック報道：放送レポート　141号〔1996.7〕p30～52

横山貞利　　流行ではなく不易を追求しよう──子ども番組の因子分析比較から（特集 子ども・テレビ・ラジオ）：月刊民放　26(8)〔1996.8〕p8～11

谷口源太郎　スポーツとマスコミ<37>日韓共同開催に夢が描けない2002年サッカーW杯招致報道の貧困：放送レポート　142号〔1996.9〕p38～39

川本信正　　スポーツ・ジャーナリズムの100年：放送レポート　142号〔1996.9〕p40～45

今村庸一　　「アトランタ」は映像をどこまで革新したか 内側から見たもう一つのオリンピック放送：放送レポート　143号〔1996.11〕p14～18

川島正　　　ジャパン・コンソーシアムってナンダ？　五輪映像のウラ側 オリンピック長野への道：放送批評　No.328〔1996.11〕

谷口源太郎　スポーツとマスコミ<38>オリンピックの理念もカネで買い上げるサマランチ式ショービジネスの絶望：放送レポート　143号〔1996.11〕p12～13

兼高聖雄　　「感動」のから騒ぎ オリンピック長野への道：放送批評　No.328〔1996.11〕

日高敏　　　光海底ケーブル、ハイビジョン ハードは五輪で進化する オリンピック長野への道：放送批評　No.328〔1996.11〕

今村庸一　　制作現場奮闘記 オリンピック長野への道：放送批評　No.328〔1996.11〕

谷口源太郎　スポーツとマスコミ<39>万策尽きてなお開催地縮小のめどもたたぬ2002年サッカーW杯の前途多難：放送レポート　144号〔1997.1〕p50～51

谷口源太郎　スポーツとマスコミ<40> 長野の"つけ"を忘れて走り出した市民不在の2008年オリンピック招致運動：放送レポート　145号〔1997.3〕p14～15

谷口源太郎　スポーツとマスコミ<41> 横浜市議10人が「反対」で問う、誰のためのオリンピック招致か：放送レポート　146号〔1997.5〕p42～43

谷口源太郎　スポーツとマスコミ<42>「スポーツ振興」を大義にJリーグに致命傷の"サッカーくじ"導入はなぜだ：放送レポート　147号〔1997.7〕p28～29

谷口源太郎　スポーツとマスコミ<43> 批判派「永久除名処分」で正体みせた日本体操協会執行部の底なしの腐敗：放送レポート　148号〔1997.9〕p36～37

谷口源太郎　スポーツとマスコミ<44> 2008年落選なら「次を狙う」で垣間見えた大阪ゼネコン五輪の底意：放送レポート　149号〔1997.11〕p16～17

霜鳥秀雄　　大リーグ中継にみる米テレビ・スポーツ放送の現況──巨大メディアによる寡占化の中で：放送研究と調査　47(12)〔1997.12〕p36～43

谷口源太郎　スポーツとマスコミ<45> プロ野球脱税事件で問われる平気でルールを破る球界の常識と無責任：放送レポート　150号〔1998.1〕p36～37

今野勉　　　長野オリンピック 開・閉会式の"秘密"：新・調査情報passingtime　2期(51)通号420〔1998.1〕p4～5

谷口源太郎　スポーツとマスコミ<46> 集団婦女暴行事件ではっきりしたモラルなき大学スポーツの堕落：放送レポート　151号〔1998.3〕p16～17

佐瀬稔　　　記者は高貴の誇りを忘れたのか（長野冬季五輪報道）：新聞研究　通号561〔1998.4〕p58～60

恒川昌久　　編集─制作─販売の連係プレーの成果（長野冬季五輪報道）：新聞研究　通号561〔1998.4〕p55～57

西川哲郎　　ボランティアが見たオリンピック報道の裏側 「Sure！」と言えないジャーナリストたち：放送レポート　152号〔1998.5〕p8～9

谷口源太郎　暴走するオリンピック商法 長野を食いつくしたもう一つの"勝組"：放送レポート　152号〔1998.5〕p2～6

伊藤雅彦, 金田信敏, 高橋正美　座談会・長野オリンピック取材を語る（特集：長野冬季オリンピック）：映画テレビ技術　通号549〔1998.5〕p14～20

藤田要　　　(1)取材・制作 ユニ情報連絡会と「長野の特例」で調整～基本理念ふまえJCのあり方再考を（特集 長野オリンピック放送を振り返る〔含 資料〕─NOJCの活動概要）：月刊民放　28(5)〔1998.5〕p12～13

樋口勝也　　(2)技術 JCプログラムを3回線で完璧に伝送～スタッフ増員で負担軽減へ（特集 長野オリンピック放送を振り返る〔含 資料〕─NOJCの活動概要）：月刊民放　28(5)〔1998.5〕p14～15

スポーツ	ジャーナリズム

石川秀二	(3)ラジオ 冬季競技中継の可能性広がる～JCテレビと連携し力をフルに発揮せよ（特集 長野オリンピック放送を振り返る〔含 資料〕—NOJCの活動概要）：月刊民放　28（5）〔1998.5〕　p16～17
杉山茂	ORTO'98を支えたプロのエネルギー（特集 長野オリンピック放送を振り返る〔含 資料〕）：月刊民放　28（5）〔1998.5〕　p8～11
水野茂	TBS 選手紹介VTR100本制作の効用大きく～ユニのためのローカルルールづくりを（特集 長野オリンピック放送を振り返る〔含 資料〕—民放テレビのユニ取材・番組制作）：月刊民放　28（5）〔1998.5〕　p20～21
土屋忍	テレビ朝日 「家族」をメインテーマに綿密な事前準備～ルール徹底とJC早期立ち上げが課題（特集 長野オリンピック放送を振り返る〔含 資料〕—民放テレビのユニ取材・番組制作）：月刊民放　28（5）〔1998.5〕　p24～25
窪田正利	フジテレビ 新鮮な感動を胸に若手スタッフが健闘～国内開催成功を今後につなげて（特集 長野オリンピック放送を振り返る〔含 資料〕—民放テレビのユニ取材・番組制作）：月刊民放　28（5）〔1998.5〕　p22～23
山田克也	日本テレビ 全社的なプロジェクトで速やかに対応～NHKやJCとの連絡をより密に（特集 長野オリンピック放送を振り返る〔含 資料〕—民放テレビのユニ取材・番組制作）：月刊民放　28（5）〔1998.5〕　p18～19
猪俣修二	放送権料交渉の経緯と今後の課題（特集 長野オリンピック放送を振り返る〔含 資料〕）：月刊民放　28（5）〔1998.5〕　p4～7
本村隆	民放連ラジオユニの取材・番組制作（特集 長野オリンピック放送を振り返る〔含 資料〕）：月刊民放　28（5）〔1998.5〕　p28～29
野口清人	オリンピックが開かれた街から—メディアが煽ったもの、伝えなかったこと：放送レポート　153号　〔1998.7〕　p26～29
谷口源太郎	スポーツとマスコミ<47> W杯フランス大会にみる巨大サッカー・ビジネスの舞台裏：放送レポート　153号　〔1998.7〕　p24～25
稲見亜矢	ラジオ 音だけで表現するスポーツの可能性：新・調査情報passingtime　2期（49）通号423　〔1998.7〕　p49～49
今野健一	サッカーW杯フランス大会報道 「NHK一人勝ち」の舞台裏：放送レポート　154号　〔1998.9〕　p8～12
谷口源太郎	スポーツとマスコミ<48> 市民に巨額の負担強いる"オリンピック招致"に住民投票を：放送レポート　154号　〔1998.9〕　p14～15
谷口源太郎	スポーツとマスコミ<49> 最多本塁打記録更新でも黙視できないマグワイア選手薬漬けの深刻な波紋：放送レポート　155号　〔1998.12〕　p44～45
谷口源太郎	スポーツとマスコミ<50> 「地域密着」を志向するJリーグはベイスターズ優勝への道から何を学ぶか：放送レポート　156号　〔1999.1〕　p20～21
霜鳥秀雄	変貌するメディアとスポーツビジネス（1）アメリカ——寡占化進む巨大メディア：放送研究と調査　49（1）通号572　〔1999.1〕　p16～23
村瀬真文, 内野隆司, 豊田一夫	変貌するメディアとスポーツビジネス（2）ヨーロッパ 有料放送の独占に歯止め：放送研究と調査　49（2）通号573　〔1999.2〕　p12～29
谷口源太郎	スポーツとマスコミ<51> サマランチ体制を温存してオリンピック運動の再生はない：放送レポート　157号　〔1999.3〕　p50～51
曽根俊郎	変貌するメディアとスポーツビジネス（3）アジア～ニューマーケットからの視点：放送研究と調査　49（3）通号574　〔1999.3〕　p66～75
大野晃	すべてはスポーツ報道のゆがみから（五輪招致疑惑と新聞）：新聞研究　通号573　〔1999.4〕　p43～46
辰野良彦	「長野」を本当の財産とするために——五輪開催地の地元紙としての役割（五輪招致疑惑と新聞）：新聞研究　通号573　〔1999.4〕　p39～42
柴沼均, 谷口源太郎	IOC買収疑惑報道が触れないマスメディアの責任：放送レポート　158号　〔1999.5〕　p2～11
杉山茂	テレビに襲いかかる五輪・W杯放送権：放送文化　通号59　〔1999.5〕　p44～47
谷口源太郎	スポーツとマスコミ<52> 選手一流の巨人軍をダメにする生え抜きOBと五流の球団経営者たち：放送レポート　159号　〔1999.7〕　p24～25
谷口源太郎	スポーツとマスコミ<53> 国旗・国歌法案で改めて問われる国民体育大会の歩みとスポーツ界の体質：放送レポート　160号　〔1999.9〕　p16～17
谷口源太郎	スポーツとマスコミ<54> 法外な放映権料で有料放送もささやかれる2002年サッカー・ワールドカップの行方：放送レポート　161号　〔1999.11〕　p14～15
谷口源太郎	スポーツとマスコミ<55> FA制、ドラフト制の見直しへ今こそ選手会労働組合は野球機構に要求を：放送レポート　162号　〔2000.1〕　p14～15
谷口源太郎	スポーツとマスコミ<56> 青森冬季アジア大会の運営費7倍増ではっきりした大会巨大化路線の愚：放送レポート　163号　〔2000.3〕　p12～13
谷口源太郎	スポーツとマスコミ<58> W杯サッカー放送権の高騰で「見る権利」は日本でも問われるか：放送レポート　165号　〔2000.7〕　p8～9
岡崎満義	スポーツ報道に異議あり——シンプルで的確なインタビューを（特集 スポーツソフトの逆襲！）：放送文化　通号74　〔2000.8〕　p20～23
谷口源太郎	スポーツとマスコミ<59> 改めて問う。オリンピックは選手のためか、観客のためか、テレビ視聴者のためか：放送レポート　166号　〔2000.9〕　p16～17
谷口源太郎	スポーツとマスコミ<60> 政策目標に「メダル獲得率」打ち出したスポーツ振興基本計画の愚劣：放送レポート　167号　〔2000.11〕　p26～27
久保勇人	活字媒体から見れば最高ならぬ「再考の五輪」——回を追うごとに悪化する取材環境（シドニー五輪を振り返る）：新聞研究　（593）〔2000.12〕　p49～51
竹内浩	人数でテレビに圧倒された新聞・通信——五輪巨大化を目のあたりにして（シドニー五輪を振り返る）：新聞研究　（593）〔2000.12〕　p52～54
谷口源太郎	スポーツとマスコミ<61> あまりの高騰に各国地上波の撤退が始まったW杯サッカーの放送権の行方：放送レポート　168号　〔2001.1〕　p16～17
曽根俊郎	岐路に立つオリンピック放送（1）インターネット共存への模索：放送研究と調査　51（2）通号597　〔2001.2〕　p2～15
谷口源太郎	スポーツとマスコミ<62> 冬季アジア大会経費膨張問題であの東奥日報経営者の豹変はなぜだ：放送レポート　169号　〔2001.3〕　p8～9

曽根俊郎	岐路に立つオリンピック放送(2) ホストブロードキャスター——問われる役割と変遷の歴史：放送研究と調査　51 (4) 通号599 〔2001.4〕 p60〜77	
谷口源太郎	スポーツとマスコミ<63>「70歳定年」を曲げて続投を決めた八木JOC会長選出劇の愚劣：放送レポート　170号 〔2001.5〕 p20〜21	
谷口源太郎	スポーツとマスコミ<64> 金まみれの国際サッカー連盟を震撼させるあのISL倒産の大誤算：放送レポート　171号 〔2001.7〕 p10〜11	
谷口源太郎	スポーツとマスコミ<65> 五輪招致惨敗で噴き出す大阪市の責任と存在問われるメディアの姿勢：放送レポート 172号 〔2001.9〕 p20〜21	
谷口源太郎	スポーツとマスコミ<66> サッカーくじのテラ銭に頼るスポーツ振興策のこの貧困は何だ！：放送レポート　173号 〔2001.11〕 p24〜25	
曽根俊郎	いつまで続くか スポーツ放送権市場の巨大化：NHK放送文化研究所年報　47 〔2002〕 p1〜52	
谷口源太郎	スポーツとマスコミ<67> メディア企業間競争に振り回されるボーンヘッドのプロ野球界：放送レポート　174号 〔2002.2〕 p26〜27	
増島みどり	記者と選手との「距離感」——スポーツ記事の座標軸は「科学性」にある(特集 スポーツ報道の新展開)：新聞研究 (607)〔2002.2〕 p46〜49	
相原斎	速報力と記者能力のスキルアップ——欧州サッカー、MLB報道が示唆する今後のあり方(特集 スポーツ報道の新展開)：新聞研究　(607)〔2002.2〕 p38〜41	
浜剛	「道内」を生命線にして——地域の活力源としてのスポーツ面(特集 スポーツ報道の新展開)：新聞研究　(607) 〔2002.2〕 p35〜37	
佐藤次郎	変わるべきこと、変えてはいけないもの——スポーツ報道のいまと課題(特集 スポーツ報道の新展開)：新聞研究 (607)〔2002.2〕 p31〜34	
谷口源太郎	スポーツとマスコミ<68>「テロ国家の親玉」米国に利用されるソルトレーク大会で五輪精神は消滅した：放送レポート　175号 〔2002.3〕 p22〜23	
伊東朋吉	五輪(ソルトレーク)があぶりだしたスポーツ報道の陥穽：総合ジャーナリズム研究　39(02)(通号 180)〔2002. 3〕p11〜15	
竹内浩	メディアが取った「第二の金メダル」——厳戒の中行われたソルトレークシティー冬季五輪：新聞研究　(609) 〔2002.4〕 p50〜52	
谷口源太郎	スポーツとマスコミ<69> TBSはベイスターズを私物化せずプロ野球界と球団の刷新を進めよ：放送レポート　176号 〔2002.5〕 p20〜21	
岡崎満義, 後藤新弥, 大野晃	座談会 スポーツ・ジャーナリズムに求められているもの(上) テレビがつくり上げた虚像と基本的人権としてのスポーツ：マスコミ市民　通号400 〔2002.5〕 p20〜36	
岡崎満義, 後藤新弥, 大野晃	座談会 スポーツ・ジャーナリズムに求められているもの(下) テレビがつくり上げた虚像と基本的人権としてのスポーツ：マスコミ市民　通号401 〔2002.6〕 p48〜62	
谷口源太郎	スポーツとマスコミ〈70〉市場主義とナショナリズムに呪縛されたワールドカップに変革を：放送レポート　177号 〔2002.7〕 p34〜35	
宮下修	「W杯は地ダネ」をコンセプトに——世界の祝祭に地方紙が挑戦した1年半(ワールドカップ取材と報道)：新聞研究 (613)〔2002.8〕 p39〜42	
財徳健治	徹底した準備と感性が「深み」を生む——サッカーをいかに報じるか(ワールドカップ取材と報道)：新聞研究 (613)〔2002.8〕 p43〜46	
谷口源太郎	スポーツとマスコミ〈71〉日本ハム「札幌移転」で期待されるプロスポーツの地域密着：放送レポート　178号 〔2002.9〕 p16〜17	
石川雅彦	スポーツ報道編 プロ野球とW杯で実体験(FEATURE ジャーナリスト教育の実験報告－－教育プログラム開発プロジェクトの試み(シリーズ1))：総合ジャーナリズム研究　39(04)(通号 182)〔2002.9〕 p64〜67	
松橋学	テレビ視聴の広がりと深さにワールドカップの凄さ(特集 W杯サッカーと放送)：月刊民放　32(9)通号375 〔2002.9〕 p17〜21	
漆戸靖治	三つの要素そろい大成功——民放連オリンピック放送等特別委員会委員長, ビーエス日本 社長 漆戸靖治(特集 W杯サッカーと放送)：月刊民放　32(9)通号375 〔2002.9〕 p4〜8	
稲木甲二, 田中晃	対談 地上波の存在感示す——W杯民放テレビ放送の編成・営業(特集 W杯サッカーと放送)：月刊民放 32 (9)通号375 〔2002.9〕 p9〜16	
谷口源太郎	スポーツとマスコミ〈72〉「五輪から野球を除外」にみるアメリカvsヨーロッパの争い：放送レポート　179号 〔2002.11〕 p38〜39	
石川旺	メディア論調の形成——2002W杯サッカー大会の事例分析：コミュニケーション研究　(33)〔2003〕 p1〜21	
渡辺潤	はじめに(特集 メディアイベントとしてのスポーツ)：マス・コミュニケーション研究　通号62 〔2003〕 p2〜4	
黒田勇	メディア・スポーツの変容——「平和の祭典」からポストモダンの「メディア・イベント」へ(特集 メディアイベントとしてのスポーツ)：マス・コミュニケーション研究　通号62 〔2003〕 p5〜22	
山本浩	ワールドカップ実況放送の現場から(特集 メディアイベントとしてのスポーツ)：マス・コミュニケーション研究 通号62 〔2003〕 p58〜81	
谷口源太郎	スポーツとマスコミ〈73〉巨人戦「キラーコンテンツ」神話崩壊でテレビ局の悲鳴が聞こえる：放送レポート　180号 〔2003.1〕 p26〜27	
平岡忠	スポーツ主軸に総合的サービスの道探る——記事の二次利用の枠超えたアプローチ(携帯電話サービスの現状)：新聞研究　(619)〔2003.2〕 p46〜48	
小西慶三	個性、多様性あふれる現場——米大リーグ取材2年間の見聞録：新聞研究　(619)〔2003.2〕 p50〜53	
谷口源太郎	スポーツとマスコミ〈74〉メディアを免罪符に消費者金融に頼るスポーツ界のなんという貧困な思想：放送レポート　181号 〔2003.3〕 p12〜13	
阿部雅美	迫られる抜本的な改革——構造的に変化した情報環境と読者(スポーツ紙の挑戦)：新聞研究　(621)〔2003.4〕 p55〜58	
谷口源太郎	スポーツとマスコミ〈75〉イラク戦争で厳しく問われるスポーツの平和主義：放送レポート　182号 〔2003.5〕 p14〜15	

スポーツ	ジャーナリズム

Scheller, Andreas　スポーツとテレビ報道をめぐる法律問題の比較法研究——短時間ニュース報道権、ユニバーサル・アクセスおよび日本的慣行：阪大法学　53（1）通号223　〔2003.5〕　p143〜212

谷口源太郎　スポーツとマスコミ〈76〉薄っぺらなテレビ報道が伝えない松井選手の深刻な苦悩：放送レポート　183号　〔2003.7〕　p40〜41

谷口源太郎　スポーツとマスコミ〈77〉戦争に全面協力したプロ野球——いまこそ歴史の批判的検証を：放送レポート　184号　〔2003.9〕　p30〜31

谷口源太郎　スポーツとマスコミ〈78〉堀内新監督体制が直面する巨人軍 “解体”の危機：放送レポート　185号　〔2003.11〕　p16〜17

浜村康弘　18年ぶりの興奮を読者と共有——快進撃とともに紙面の阪神色も濃く（タイガース報道2003）：新聞研究　（628）〔2003.11〕　p43〜45

岩田卓士　歓喜と疲労の後に達成感——リーグ優勝決定の長い1日（タイガース報道2003）：新聞研究　（628）〔2003.11〕　p40〜42

谷口源太郎　スポーツとマスコミ〈79〉日の丸強調のスポーツ番組が日本を危険な方向に導く：放送レポート　186号　〔2004.1〕　p24〜25

谷口源太郎　スポーツとマスコミ〈80〉メダル至上主義の陰で窮地に立つ地域スポーツ：放送レポート　187号　〔2004.3〕　p16〜17

曽根俊郎　試論・ワールドカップのメディア学——一つのパイの優先順位決定にみる日韓放送比較：放送研究と調査　54（3）通号634　〔2004.3〕　p58〜80

谷口源太郎　スポーツとマスコミ〈81〉歴史への反省踏まえアテネを反戦の舞台に：放送レポート　188号　〔2004.5〕　p28〜29

谷口源太郎　スポーツとマスコミ〈82〉ナショナリズムを売り物にするTVオリンピック報道の危険性：放送レポート　189号　〔2004.7〕　p24〜25

谷口源太郎　スポーツとマスコミ〈83〉「合併」がさらけ出した日本プロ野球のニセモノ度：放送レポート　190号　〔2004.9〕　p26〜27

谷口源太郎　スポーツとマスコミ〈84〉「巨人帝国以後」のプロ野球に求められるのは何か：放送レポート　191号　〔2004.11〕　p14〜15

鹿間孝一　“司令塔”からみた現地取材——メダルラッシュの興奮とともに（アテネ五輪をどう報じたか）：新聞研究　（640）〔2004.11〕　p27〜29

山田雄一　時差6時間との過酷な闘い——読まれる紙面づくりを目指して（アテネ五輪をどう報じたか）：新聞研究　（640）〔2004.11〕　p23〜26

谷口源太郎　スポーツとマスコミ〈85〉“堤帝国”崩壊で再燃もあるプロ野球再編問題：放送レポート　192号　〔2005.1〕　p6〜7

ミレー, ジョン　MY TURN プロスポーツにうれしいサヨナラ——記者歴25年の私が醜い世界を離れて知ったこと：Newsweek 20（5）通号941　〔2005.2〕　p63

谷口源太郎　スポーツとマスコミ〈86〉W杯アジア予選・北朝鮮戦を包囲する植民地主義的空気：放送レポート　193号　〔2005.3〕　p38〜39

谷口源太郎　スポーツとマスコミ〈87〉森・日体協会長で危惧されるスポーツ界の国家主義化：放送レポート　194号　〔2005.5〕　p26〜27

谷口源太郎　スポーツとマスコミ〈88〉エリート選手の若年化がもたらすスポーツの貧困化：放送レポート　195号　〔2005.7〕　p62〜63

道上宗雅　ゴジラ番記者の応援歌——大リーグにスーパースターを追う：新聞研究　（648）〔2005.7〕　p67〜69

谷口源太郎　スポーツとマスコミ〈89〉「観客」であるかぎりスポーツの真の豊かさは実感できない：放送レポート　196号　〔2005.9〕　p28〜29

久保伸太郎　ニュースな人たち 久保伸太郎——巨人戦は永久に不滅です！：ぎゃらく　通号436　〔2005.10〕　p3〜5

立教大学服部研究室　たかが野球、されど野球—プロ野球再編問題における朝日・毎日・読売新聞の報道検証：放送レポート　197号　〔2005.11〕　p38〜48

谷口源太郎　スポーツとマスコミ〈90〉この国を危うくする石原都知事の五輪招致の企み：放送レポート　197号　〔2005.11〕　p14〜15

谷口源太郎　スポーツとマスコミ〈91〉大相撲人気下落の主因は協会の秩序破壊にある：放送レポート　198号　〔2006.1〕　p34〜35

田井弘幸　力士と一緒に相撲を取る——土俵人生に立ち会う記者の醍醐味：新聞研究　（655）〔2006.2〕　p48〜50

谷口源太郎　スポーツとマスコミ〈92〉野球の国別対抗試合で大リーグが狙う市場拡大：放送レポート　199号　〔2006.3〕　p36〜37

高岡和弘　ブログ「チーム伊藤奮闘中」——多くのアクセスに将来のメディアの手応え（トリノ五輪報道の話題から）：新聞研究　（657）〔2006.4〕　p52〜54

片倉尚文　時差に追われた取材・送稿——スポーツ紙の「色」どう打ち出すか（トリノ五輪報道の話題から）：新聞研究　（657）〔2006.4〕　p55〜57

谷口源太郎　スポーツとマスコミ〈93〉「世界一」の狂喜の流れの先に教育基本法改悪の落とし穴：放送レポート　200号　〔2006.5〕　p12〜13

矢部裕己　すべてが新鮮だったWBC取材——初の「プロ野球世界一決定戦」を報じて：新聞研究　（658）〔2006.5〕　p55〜57

谷口源太郎　スポーツとマスコミ〈94〉オリンピック招致の狙いは世界第三位のメダル獲得：放送レポート　201号　〔2006.7〕　p38〜39

杉山茂, 谷口源太郎　スポーツとマスコミ特別版 検証・サッカーW杯報道：放送レポート　202号　〔2006.9〕　p2〜7

谷口源太郎　スポーツとマスコミ〈95〉巨人戦中継が地上波から消えていく：放送レポート　203号　〔2006.11〕　p12〜13

谷口源太郎　スポーツとマスコミ〈96〉テレビ支配に対する監督・選手のレジスタンスを望む：放送レポート　204号　〔2007.1〕　p28〜29

谷口源太郎　スポーツとマスコミ〈97〉安倍右翼政権の先兵となりかねない星野ジャパン：放送レポート　205号　〔2007.3〕　p26〜27

横山滋　トリノ・オリンピック報道における外国関連情報と中立性——「ニュース10」「ニュース23」「報道ステーション」の場合（特集 外国関連報道が構築する世界像（2））：メディア・コミュニケーション ： 慶応義塾大学メディア・コミュニケーション研究所紀要　（57）〔2007.3〕　p97〜111

	ジャーナリズム	スポーツ

荻田則夫　戦線急拡大のスポーツ取材 変革迫られるメディアの対応：新聞通信調査会報　通号542　〔2007.4〕　p1〜5

谷口源太郎　スポーツとマスコミ〈98〉スポーツ番組にも広がる「情報汚染」：放送レポート　206号　〔2007.5〕　p22〜23

湯浅佳典　経費に代えられない経験を——日本とアメリカ、野球を愛する紙面作り：新聞研究　（670）〔2007.5〕　p47〜49

谷口源太郎　スポーツとマスコミ〈99〉プロ・アマ野球の裏金問題が問いかけること：放送レポート　207号　〔2007.7〕　p20〜21

谷口源太郎　スポーツとマスコミ〈100〉連載100回記念 山下佐知子さんと語る：放送レポート　208号　〔2007.9〕　p18〜19

谷口源太郎　スポーツとマスコミ〈101〉若き力士の死を重く受け止めなかった協会とメディア：放送レポート　209号　〔2007.11〕　p16〜17

杉山茂　「内容・プロセス軽視」の中継（特集 テレビスポーツの成熟）：放送文化　通号19　〔2008.夏〕　p42〜47

谷口源太郎　スポーツとマスコミ〈102〉拡大版 「亀田騒動」とテレビ：放送レポート　210号　〔2008.1〕　p14〜17

谷口源太郎　スポーツとマスコミ〈103〉メディアが追及しないハンドボール紛争の黒幕：放送レポート　211号　〔2008.3〕　p28〜29

佐藤友之　これでもNHKの受信料を払いますか 第十二章——スポーツ＝プロ野球は米大リーグと巨人：公評　45（3）〔2008.4〕　p102〜109

谷口源太郎　スポーツとマスコミ〈104〉メディアはどこまで北京オリンピックの実像に迫れるか：放送レポート　212号　〔2008.5〕　p30〜31

谷口源太郎　スポーツとマスコミ〈105〉資本の支配強化で拡大する北京オリンピックのビジネス：放送レポート　213号　〔2008.7〕　p26〜27

谷口源太郎　スポーツとマスコミ〈106〉オリンピック招致で醜い競争を始める石原都知事：放送レポート　214号　〔2008.9〕　p28〜29

立教大学社会学部社会学科服部孝章ゼミ　それでも、スポーツ報道は必要だ 斎藤祐樹と斉藤俊にみる報道姿勢：放送レポート　215号　〔2008.11〕　p34〜41

谷口源太郎　スポーツとマスコミ〈107〉スポーツ界で蠢く政治家たちを監視せよ：放送レポート　215号　〔2008.11〕　p28〜29

松本浩行　10年間かけ準備した北京五輪取材——態勢構築と実際の報道を振り返る（五輪の熱、北京の像）：新聞研究　（688）〔2008.11〕　p10〜13

高井潔司　際立った日中の報道ギャップ——互いの意図をどう読み解くか（五輪の熱、北京の像）：新聞研究　（688）〔2008.11〕　p22〜25

伊藤正　「特異な国の特異な大会」二人で分析——大型コラム「北京奥運考」を担当して（五輪の熱、北京の像）：新聞研究　（688）〔2008.11〕　p18〜21

水島久光　「報道価値」と「ドラマ性」——北京オリンピックと新聞の課題（五輪の熱、北京の像）：新聞研究　（688）〔2008.11〕　p26〜29

荒川信治　北京オリンピックはどう見られたか——先進的視聴者のメディア接触状況：放送研究と調査　58（11）通号690　〔2008.11〕　p16〜31

王世蓉　「清華大学・朝日研究助成論文集」から 北京五輪とネットとマスメディア 選手ブログ解禁が生み出した新しい世界：Journalism　（222）〔2008.11〕　p68〜75

谷口源太郎　スポーツとマスコミ〈108〉WBC騒動で光ったイチロー選手と落合監督の抵抗：放送レポート　216号　〔2009.1〕　p20〜21

谷口源太郎　スポーツとマスコミ〈109〉スポーツを使い捨てにする企業経営陣の傍若無人：放送レポート　217号　〔2009.3〕　p34〜35

谷口源太郎　スポーツとマスコミ〈110〉ごまかしや欺瞞にみちた東京オリンピック招致：放送レポート　218号　〔2009.5〕　p32〜33

苗村善久　関西スポーツ文化と紙面作り——オモロイ、明るい、気取らない（関西ジャーナリズムの今）：新聞研究　（695）〔2009.6〕　p16〜18

谷口源太郎　スポーツとマスコミ〈111〉会長人事をめぐる内紛で揺れる競技団体：放送レポート　219号　〔2009.7〕　p20〜21

山口香, 森田浩之, 杉山茂, 滝口隆司, 谷口源太郎　パネルディスカッション（シンポジウム 今こそスポーツジャーナリズムを問う）：放送レポート　220号　〔2009.9〕　p12〜23

森川貞夫　報告 川本信正さんが伝えようとしたこと（シンポジウム 今こそスポーツジャーナリズムを問う）：放送レポート　220号　〔2009.9〕　p10〜12

中小路徹　メディア・リポート 新聞 ネットとの競合に直面する新聞のスポーツ報道のあり方：Journalism　（233）〔2009.10〕　p54〜59

谷口源太郎　スポーツとマスコミ〈112〉政権交代はスポーツの進むべき道を定めるチャンス：放送レポート　221号　〔2009.11〕　p30〜31

綿貫慶徳　黎明期の新聞スポーツジャーナリズムに関する予備的考察——大阪毎日新聞に着目して：上智大学体育　（44）〔2010〕　p13〜26

谷口源太郎　スポーツとマスコミ〈113〉2020年五輪招致表明の破廉恥さと軽薄さ：放送レポート　222号　〔2010.1〕　p16〜17

谷口源太郎　スポーツとマスコミ〈114〉国益のためでなく民衆主体のスポーツ政策を：放送レポート　223号　〔2010.3〕　p18〜19

谷口源太郎　スポーツとマスコミ〈115〉オリンピックのブランド価値を下落させる冬季大会：放送レポート　224号　〔2010.5〕　p22〜23

加茂明　インターネットで変わる報道——三つのスクリーンで熱戦伝える（バンクーバー五輪を振り返る）：新聞研究　（706）〔2010.5〕　p34〜37

三木修司　科学的な視点で競技を分析——事前準備、タフな心身で報道に臨む（バンクーバー五輪を振り返る）：新聞研究　（706）〔2010.5〕　p30〜33

荒川信治　バンクーバーオリンピックはこう見られた——時差対策にみるメディア活用術：放送研究と調査　60（5）通号708　〔2010.5〕　p18〜31

谷口源太郎　スポーツとマスコミ〈116〉参院選候補にスポーツ選手を狙った政党の思惑：放送レポート　225号　〔2010.7〕　p22〜23

大町聡　全国のファンに届けたい——「デイリースポーツ電子版」開発の背景（デジタルメディアの新展開（第1回））：新聞研究　（708）〔2010.7〕　p16〜18

谷口源太郎　スポーツとマスコミ〈117〉大相撲の"自滅"とメディアの責任：放送レポート　226号　〔2010.9〕　p30〜31

スポーツ		ジャーナリズム

中小路徹	サッカーを多彩な面白がり方で──ワールドカップ・南アフリカ大会の取材と報道：新聞研究　（710）〔2010.9〕p56～59
冨重圭以子	「真剣に見ること」が基本──スポーツに驚き、伝える役割（専門記者の可能性）：新聞研究　（710）〔2010.9〕p12～15
谷口源太郎	スポーツとマスコミ〈118〉「国民統合」を狙う文科省「スポーツ立国戦略」：放送レポート　227号　〔2010.11〕p28～29
谷口源太郎	スポーツとマスコミ〈119〉"メダル勘定"に押しつぶされたアジア大会の日本選手：放送レポート　228号　〔2011.1〕p20～21
谷口源太郎	スポーツとマスコミ〈120〉オリンピック招致に抗する広島の市民と新聞の見識：放送レポート　229号　〔2011.3〕p30～31
坂田信久	スポーツ中継の「放送責任」とは──デジタル化時代に求められるもの（特集 スポーツを伝え、育む）：月刊民放　41（4）通号478　〔2011.4〕p4～7
渡辺久哲	テレビが伝えた人気競技──「面白さ」をどうみせるか（特集 スポーツを伝え、育む）：月刊民放　41（4）通号478　〔2011.4〕p8～13
佐藤卓己	「教育番組」としてのスポーツ──歴史的考察と政治的機能（特集 スポーツを伝え、育む）：月刊民放　41（4）通号478　〔2011.4〕p14～17
橋本純一	新たなスターの誕生に向けて──ヒーロー・ヒロインとメディア（特集 スポーツを伝え、育む）：月刊民放　41（4）通号478　〔2011.4〕p22～25
谷口源太郎	スポーツとマスコミ〈121〉東日本大震災で問われるスポーツ組織の思想：放送レポート　230号　〔2011.5〕p14～15
鈴木光	日本初の子供向けスポーツ紙──「スポニチジュニア」の取り組み（新聞を学校に、家庭に）：新聞研究　（718）〔2011.5〕p30～32
谷口源太郎	スポーツとマスコミ〈122〉「スポーツ基本法案」にみる国益優先のスポーツ政策：放送レポート　231号　〔2011.7〕p20～21
谷口源太郎	スポーツとマスコミ〈123〉大震災を食い物にする東京オリンピック立候補の企み：放送レポート　232号　〔2011.9〕p30～31
谷口源太郎	スポーツとマスコミ〈124〉国家戦略にあてはめられた「なでしこジャパン」の狂騒：放送レポート　233号　〔2011.11〕p24～25
川喜田尚	メディアとスポーツの共栄についての研究：放送黎明期のメディア戦略と甲子園モデル形成の背景：社会学研究科年報　（19）〔2012〕p19～30
谷口源太郎	スポーツとマスコミ〈125〉巨人軍のお家騒動だけでないプロ野球界の末期的症状：放送レポート　234号　〔2012.1〕p34～35
谷口源太郎	スポーツとマスコミ〈126〉「がんばろう日本」の危険な落とし穴：放送レポート　235号　〔2012.3〕p24～25
谷口源太郎	スポーツとマスコミ〈127〉偽りの東京五輪招致申請ファイル：放送レポート　236号　〔2012.5〕p30～31
谷口源太郎	スポーツとマスコミ〈128〉オリンピック招致競争にのめりこむ東京都の愚かさ：放送レポート　237号　〔2012.7〕p16～17
玉木正之	SNS時代のスポーツジャーナリズムとは（特集 スポーツを魅せる）：月刊民放　42（8）通号494　〔2012.8〕p4～7
生島淳	求められる高い専門性（特集 スポーツを魅せる）：月刊民放　42（8）通号494　〔2012.8〕p8～11
伊藤滋之	「名場面」はどのようにして生まれるのか（特集 スポーツを魅せる）：月刊民放　42（8）通号494　〔2012.8〕p12～15
脇田泰子	オリンピックをめぐる問題：放送（テレビ）と通信（ネット）との"競合"：マスコミ市民　（523）〔2012.8〕p79～81
谷口源太郎	スポーツとマスコミ〈129〉ロンドン・オリンピックの競技外で蠢く人たち：放送レポート　238号　〔2012.9〕p22～23
小林恭子	ソーシャルメディアの利用拡大：英国の五輪報道 現地リポート（ロンドン五輪から吹くデジタルの風）：新聞研究　（734）〔2012.9〕p51～53
藤山健二	試される紙とデジタルの相乗効果：新媒体「TAP─i」で豊富な映像提供（ロンドン五輪から吹くデジタルの風）：新聞研究　（734）〔2012.9〕p45～47
坂元隆	正確かつ詳細な競技報道を重視：読者が五輪を最大限楽しめるように（ロンドン五輪から吹くデジタルの風）：新聞研究　（734）〔2012.9〕p42～44
谷口源太郎	スポーツとマスコミ〈130〉メダル盛り上げ報道とナショナリズムの高揚：放送レポート　239号　〔2012.11〕p26～27
谷口源太郎	スポーツとマスコミ〈130〉ギャンブルの泡銭をバックに権益拡大を企むJSC理事長：放送レポート　240号　〔2013.1〕p18～19
北清順一	海外メディア報告 高視聴率ラッシュのスポーツ番組 高騰する放映権と米テレビ界の悩み：Journalism　（272）〔2013.1〕p68～73
谷口源太郎	スポーツとマスコミ〈131〉スポーツでの体罰で破壊される人間の尊厳：放送レポート　241号　〔2013.3〕p30～31
山口誠	メディアの文脈から問う：ベルリン・オリンピック放送の聴取空間を事例に（メディア史研究会二〇周年記念シンポジウム「下からのメディア史」の試み：メディア史研究の読者・視聴者研究の方法）：メディア史研究　（33）〔2013.3〕p29～52
神保太郎	メディア批評（第71回）（1）メディアは「暗い日曜日」をどう迎えたか？：2020年五輪開催都市決定 （2）特定秘密保護法案 現場記者の反応は：世界　（849）〔2013.11〕p78～85
玉木正之	文化 スポーツとは何か（第5回・最終回）マスメディアによるスポーツ支配：月刊保団連　（1142）〔2013.12〕p54～57
丸山伸一	スポーツ紙のジャーナリズム：読者と「喜怒哀楽」共有できるか：新聞研究　（749）〔2013.12〕p50～53
西村秀樹, 大橋充典	メディア・スポーツの「批判的」検討：健康科学　36　〔2014〕p27～33
結城和香子	五輪報道に求められる視点：社会的遺産残すために実りある議論を：新聞研究　（752）〔2014.3〕p72～75
藪山実	社会動かすスポーツ報道を実現するには：取材のカギは「記録・記憶・ひと」（記者読本2014 記者となる君へ）：新聞研究　（752）〔2014.3〕p28～31
江波和徳	多彩な出稿で盛り上げ伝える：ソチ冬季五輪報道の取り組み：新聞研究　（753）〔2014.4〕p66～69
小林伸輔	若い布陣で臨んだアジア大会：2020年東京五輪を意識し報道：新聞研究　（761）〔2014.12〕p52～55

ジャーナリズム　　　　　　　　　　　　　　　　　　　　　　　　　　　　生活・文化

〔図書〕
日本放送協会　　放送のためのスポーツ辞典　第1　野球　日本放送出版協会　1957　137p　18cm
大森実　　　　国際ゴルフ記者　産報　1973　237p　肖像　19cm　650円　（マスターズ・ライブラリー）
石川泰司　　　スポーツ記事でないスポーツ記事　毎日新聞社　1980.5　229p　19cm　950円
谷口源太郎　　冠スポーツの内幕－スポーツイベントを狙え　日本経済新聞社　1988.2　217p　19cm（B6）　980円
深見喜久男　　スポーツ記者が泣いた日－スポニチ三国志　毎日新聞社　1991.7　325p　20cm　1500円
谷口源太郎　　堤義明とオリンピック－野望の軌跡　三一書房　1992.7　213p　19cm（B6）　1400円
中村敏雄　　　スポーツメディアの見方、考え方　創文企画　1995.7　243p　20cm　2400円　（スポーツ文化論シリーズ 4）
谷口源太郎　　スポーツの真実－「迷走するスポーツ界の影と光」　三一書房　1996.10　246p　19cm（B6）　1800円
谷口源太郎　　日の丸とオリンピック　文藝春秋　1997.11　253p　19cm（B6）　1619
谷口源太郎　　スポーツを殺すもの　花伝社, 共栄書房〔発売〕　2002.10　258p　19cm（B6）　1800円
ジュンハシモト, 宇都宮徹壱　報道されなかったサポーターの真実－実録ワールドカップ2002　マイクロマガジン社　2003.7
　　　　　　　177p　21cm　1500円
スポーツ放送を考える・「テレビとジェンダー」のいま・総務省の動向など　放送倫理・番組向上機構　2004.7　29p　30cm
　　　　　　　（放送番組委員会記録）
小田光康　　　「スポーツジャーナリスト」という仕事　出版文化社　2005.4　250p　19cm　1500円
谷口源太郎　　巨人帝国崩壊－スポーツの支配者たち　花伝社, 共栄書房〔発売〕　2005.10　260p　19cm（B6）　1800円
森田浩之　　　スポーツニュースは恐い－刷り込まれる〈日本人〉　日本放送出版協会　2007.9　206p　18cm　700円　（生活人新
　　　　　　　書 232）
滝口隆司　　　スポーツ報道論－新聞記者が問うメディアの視点　創文企画　2008.3　191p　19cm　1600円
谷口源太郎　　スポーツ立国の虚像－スポーツを殺すもの〈PART2〉　花伝社, 共栄書房〔発売〕　2009.12　255p　19cm（B6）
　　　　　　　1800円

生活・文化
〔雑誌記事〕
邦正美　　　　新聞の文化欄：新聞研究　通号9　〔1949.11〕　p45～47
本多顕彰　　　マス・コミュニケーションと芸術：放送文化　7（6）〔1952.6〕　p7～10
尾崎宏次　　　文化部記者退散す：群像　9（11）〔1954.10〕　p188～192
宇野隆保　　　老いのくりごと：新聞研究　通号55　〔1956.2〕　p29～30
浦松佐美太郎　ジャーナリズムとしての書評：世界　通号122　〔1956.2〕　p166～168
久門英夫　　　言葉と文学と新聞記者：新聞研究　通号56　〔1956.3〕　p4～7
平井徳志　　　新聞小説の一考察：新聞研究　通号71　〔1957.6〕　p18～22
南慈郎　　　　文化面, スポーツ面, 家庭面の整理について：新聞研究　通号82　〔1958.5〕　p11～15
宇野隆保　　　新聞の歌壇・俳壇と新表記法：新聞研究　通号96　〔1959.7〕　p44～47
磯村英一　　　団地生活とマスコミ――レジャー・ブームにつながる変容の実態：新聞研究　通号119　〔1961.6〕　p26～31
森恭三　　　　新聞と道徳：新聞研究　通号138　〔1963.1〕　p10～13
浦上五六　　　小説に現われた新聞記者：新聞研究　通号150　〔1964.1〕　p32～38
横地倫平　　　家庭・婦人面の分析：新聞研究　通号165　〔1965.4〕　p78～81
塩沢茂　　　　ラジオ・テレビ欄の編集：新聞研究　通号166　〔1965.5〕　p70～73
藤本弘道　　　レジャー時代の「芸能欄」：新聞研究　通号177　〔1966.4〕　p19～22
堀太一　　　　レジャー面の再発見：新聞研究　通号177　〔1966.4〕　p7～12
山田一郎　　　学芸欄の再評価（座談会）：新聞研究　通号182　〔1966.8〕　p20～30
荻昌弘　　　　芸能記事の未来を探る（対談）：新聞研究　通号182　〔1966.8〕　p31～37
中村光夫　　　文芸と新聞：新聞研究　通号182　〔1966.8〕　p11～14
影山三郎　　　「婦人・家庭欄」編集論：新聞研究　通号187　〔1967.2〕　p12～16
古屋奎二　　　"いわゆる婦人面"無用論：新聞研究　通号189　〔1967.3〕　p42～44
青木彰　　　　学芸・芸能記者――取材の研究―16―：新聞研究　通号193　〔1967.8〕　p49～62
滝沢正樹　　　現代のレジャーと放送（あすのスポーツ・レジャー面（特集））：新聞研究　通号205　〔1968.8〕　p40～42
松村和夫　　　新しいレジャー記事の探究（あすのスポーツ・レジャー面（特集））：新聞研究　通号205　〔1968.8〕　p33～36
細川祐一　　　地方紙におけるレジャー記事の課題（あすのスポーツ・レジャー面（特集））：新聞研究　通号205　〔1968.8〕　p37～
　　　　　　　39
藤平信秀　　　学芸部（現代新聞記者読本―取材各部の現状）：新聞研究　通号213　〔1969.4〕　p52～54
森脇幸次　　　広域生活圏の中の紙面づくり（地域社会の変容と新しい紙面づくり―地域ニュース報道の新方向）：新聞研究　通号
　　　　　　　216　〔1969.7〕　p38～41
山崎端夫　　　レジャー報道の視角（現代社会状況とマス・メディア（特集））：新聞研究　通号219　〔1969.10〕　p25～28
赤松大麓　　　新聞・家庭・性（ジャーナリズムと性）：新聞研究　通号226　〔1970.5〕　p58～61
浅見淳　　　　転期に立つ住宅ジャーナリズム－－住宅雑誌はホーム雑誌をめざしながら, 結局は日本の貧しい住宅事情につきあ
　　　　　　　うことで生きのびる：総合ジャーナリズム研究　07（04）〔1970.10〕　p84～92
藤田克己　　　東京タイムズ「ヤングタウン」――世代の溝を埋める（新聞編集と若者―「若者欄」新設の意図と背景）：新聞研究
　　　　　　　通号233　〔1970.12〕　p58～60
井上光晴, 小田切秀雄　　文芸ジャーナリズムとその公害的側面：群像　26（6）〔1971.6〕　p212～240
加藤周一, 三宅徳嘉　　言葉と文化（国語と新聞（特集））：新聞研究　通号248　〔1972.3〕　p7～16
上原和　　　　「高松塚古墳の謎」をめぐるマスコミ報道－－問われるその見識と事大主義：総合ジャーナリズム研究　09（03）
　　　　　　　〔1972.7〕　p111～120
川嶋明　　　　書評欄の構成と現状：新聞研究　通号256　〔1972.11〕　p39～42
飽戸弘　　　　レジャーとマスコミ――情報化社会における戦略的研究課題（レジャーとマスコミ（特集））：新聞研究　通号258

生活・文化　　　　　　　　　　　　　ジャーナリズム

	〔1973.1〕p30～36
木村正	"混とん"から"一貫性"への曲がり角（レジャーとマスコミ（特集）―「レジャー記事」きのう・きょう・あす）：新聞研究　通号258　〔1973.1〕p46～48
千野幸一	要求される新しい視点（レジャーとマスコミ（特集）―「レジャー記事」きのう・きょう・あす）：新聞研究　通号258　〔1973.1〕p50～53
小川陽太郎	巨象を射るものたち〔「王国の芸人たち」と「日芸能」48年春闘〕（「編集局長」を語る）：新聞研究　通号263　〔1973.6〕p105～111
鷲尾千菊	婦人欄［読売新聞］――思いつくままの記：新聞研究　通号265　〔1973.8〕p41～44
田中義久	美術ジャーナリズムの今と昔：総合ジャーナリズム研究　11（02）〔1974.4〕p4～9
稲葉三千男	よみがえる"生活"情報――「もの不足危機における消費者の意識と行動」から（くらしと新聞報道）：新聞研究　通号275　〔1974.6〕p41～44
片岡正巳	新聞書評欄の力学――出版者―新聞社―読者（書評・考）：総合ジャーナリズム研究　12（01）〔1975.1〕p65～75
門馬晋	庶民感覚と取材の論理――生活報道試論（新聞記者読本）：新聞研究　通号284　〔1975.3〕p36～39
宮瀬香多士	ある"地方文化"の歩み――大分県芸術祭10年の報道から（文化・学芸欄の現状と展望―地方紙と地方文化）：新聞研究　通号291　〔1975.10〕p30～33
長谷誠一	試論「地方紙文化欄」――虚像に対抗する本物の地方文化を求める（文化・学芸欄の現状と展望―地方紙と地方文化）：新聞研究　通号291　〔1975.10〕p33～36
田中健五	自らを制約しすぎはしないか（文化・学芸欄の現状と展望―新聞の文化・学芸欄に想う）：新聞研究　通号291　〔1975.10〕p23～25
尾崎秀樹	"大衆の目"でみること（文化・学芸欄の現状と展望―新聞の文化・学芸欄に想う）：新聞研究　通号291　〔1975.10〕p21～23
真下孝雄	文化・学芸記者の主張――新聞の「質」を保証するために（文化・学芸欄の現状と展望）：新聞研究　通号291　〔1975.10〕p26～29
笹原金次郎	文化・学芸欄の現状と展望（文化・学芸欄の現状と展望）：新聞研究　通号291　〔1975.10〕p7～20
日野耕之祐	美術記者ノート：新聞研究　通号304　〔1976.11〕p68～71
門馬晋	"家庭・婦人面"考（投書と編集者）：新聞研究　通号305　〔1976.12〕p45～48
高柳守雄	音楽記者日記（新聞記者読本）：新聞研究　通号308　〔1977.3〕p50～53
井口昭夫	囲碁・将棋記者メモ（文化欄を考える）：新聞研究　通号310　〔1977.5〕p48～51
大石脩而	"人間くさい文化面"をめざす（文化欄を考える―文化欄をつくる）：新聞研究　通号310　〔1977.5〕p37～39
山本明	大衆化社会の学芸欄（文化欄を考える）：新聞研究　通号310　〔1977.5〕p24～28
中村博	地域文化創生の礎として（文化欄を考える―文化欄をつくる）：新聞研究　通号310　〔1977.5〕p40～43
玉利勲	読書欄の製作現場（文化欄を考える）：新聞研究　通号310　〔1977.5〕p65～68
安江良介	文化――その創出と伝達（文化欄を考える）：新聞研究　通号310　〔1977.5〕p8～23
常盤新平	米・出版界と書評の役割（文化欄を考える）：新聞研究　通号310　〔1977.5〕p61～64
鹿野杉男	歴史の評価に耐える紙面を（文化欄を考える―文化欄をつくる）：新聞研究　通号310　〔1977.5〕p33～36
秋山栄二, 小柳勇一郎	現代とテレビ――ローカルテレビ局の論理と放送―佐賀製帳社闘争―：マスコミ市民　通号119　〔1977.10〕p52～58
中森康友	レジャー記者散歩：新聞研究　通号317　〔1977.12〕p54～57
天野祐吉	生活ジャーナリズムの方法　すぐれた商品批評は最良の広告である：出版ニュース　通号1101　〔1978.2〕p4～6
酒井寛	「暮しの手帖」と新聞家庭面――実用記事についての個人的雑観：新聞研究　通号321　〔1978.4〕p36～39
室俊司	生涯教育時代と報道機関の"文化"戦略（マス・メディア産業と文化事業）：総合ジャーナリズム研究　15（04）〔1978.10〕p9～18
当山正喜	崩せない住民福祉の視点（現代記者読本'79―記者の自画像）：新聞研究　通号332　〔1979.3〕p44～46
越地真一郎	「老いのカラクリ」を取材して（高齢化社会と新聞―高齢化社会の取材と紙面）：新聞研究　通号337　〔1979.8〕p24～26
今井啓一	高齢化社会というフィルター（新聞記者読本'80＜特集＞―記者とテーマ　問題の所在を追い求めて）：新聞研究　通号344　〔1980.3〕p40～42
若山富士雄	新聞は健全な食生活文化の監視役（食糧問題と新聞報道）：新聞研究　通号348　〔1980.7〕p19～21
竹井二三子	欠かせない命と暮らしを守る視点（暮らしの経済と新聞報道）：新聞研究　通号358　〔1981.5〕p34～38
大谷健	生活現場に立つ暮らしの報道（暮らしの経済と新聞報道）：新聞研究　通号358　〔1981.5〕p10～21
岸本重陳	暮らしの報道と三つの課題（暮らしの経済と新聞報道）：新聞研究　通号358　〔1981.5〕p30～33
牧野賢治	不可解なファッション・ジャーナリズム：総合ジャーナリズム研究　18（03）〔1981.7〕p14～20
佐藤朝子	家庭面と共に過ごして（生活）（新聞記者読本'82―記者群像――わたし自身の記者論）：新聞研究　通号368　〔1982.3〕p46～49
暉峻淑子	グリーンカードをめぐる新聞論調への疑問（グリーンカード論説考）：新聞研究　通号372　〔1982.7〕p55～57
清野博子	いくつもの生を積み重ねて（家庭・生活面の現状と展望―家庭・生活面はいま…）：新聞研究　通号376　〔1982.11〕p55～58
早川克己	なぜ「男も読む婦人面」か（家庭・生活面の現状と展望）：新聞研究　通号376　〔1982.11〕p44～47
高間睦	私にとっての家庭面（家庭・生活面の現状と展望―家庭・生活面はいま…）：新聞研究　通号376　〔1982.11〕p52～54
山本浩久	時代そのものが競争相手（家庭・生活面の現状と展望―家庭・生活面はいま…）：新聞研究　通号376　〔1982.11〕p58～61
寿岳章子	将来性に富んだフィールド――家庭面への期待（家庭・生活面の現状と展望）：新聞研究　通号376　〔1982.11〕p62～65
寺崎宗俊	埋蔵文化財の発掘を追う（新聞記者読本'83―記者論――取材現場で考える）：新聞研究　通号380　〔1983.3〕p52～54
京極昭	心の時代の紙面企画――宗教, 道徳, そして教育：新聞研究　通号393　〔1984.4〕p67～70

岡並木	都市交通問題とともに歩む（<都市>と新聞報道）：新聞研究　通号394　〔1984.5〕　p55〜60	
佐藤隆二	天気予報の自由化と民間予報の動向：新聞研究　通号398　〔1984.9〕　p85〜87	
田島力	マスコミ芸能化時代に問われるもの（生活・家庭面の広がり―生活面ニュースと記者の生活感覚）：新聞研究　通号401　〔1984.12〕　p43〜46	
竹村八郎	家庭で読む紙面をつくる（生活・家庭面の広がり―地方紙の断面）：新聞研究　通号401　〔1984.12〕　p30〜32	
菅原伸郎	生活・家庭面の広がり（生活・家庭面の広がり）：新聞研究　通号401　〔1984.12〕　p10〜25	
辻田ちか子	男と女のパートナーシップを考える（生活・家庭面の広がり―生活面ニュースと記者の生活感覚）：新聞研究　通号401　〔1984.12〕　p47〜50	
後藤文生	婦人・家庭欄にみるニュースの原点（生活・家庭面の広がり）：新聞研究　通号401　〔1984.12〕　p26〜29	
石川ちえこ	変わる<女の生き方>とともに歩む（生活・家庭面の広がり―地方紙の断面）：新聞研究　通号401　〔1984.12〕　p33〜36	
国保良江	男女雇用機会均等法と記者の目：新聞研究　通号407　〔1985.6〕　p69〜71	
藤田昌司	文化部記者の今昔：新聞研究　通号415　〔1986.2〕　p83〜85	
西島雄造	時代が芸能記者に求めるもの（新聞記者読本'87―取材・報道の現状と課題）：新聞研究　通号428　〔1987.3〕　p48〜50	
荒木良一	文化を通して「暮らし」を見る――社会部記者のおわら節考（新聞記者読本'88―記者活動――私の視点）：新聞研究　通号440　〔1988.3〕　p58〜60	
横溝幸子	演劇記者愉し哀し（専門記者の自画像）：新聞研究　通号442　〔1988.5〕　p49〜51	
芥川喜好	美術担当記者の素人感覚（専門記者の自画像）：新聞研究　通号442　〔1988.5〕　p46〜48	
諸岡達一	ななめから見た死亡記事：新聞研究　通号445　〔1988.8〕　p58〜62	
李錬	書評のニュー“ジャムセッション”――産経新聞「読書面」を内側から読む：総合ジャーナリズム研究　25（04）〔1988.10〕　p78〜85	
植田康夫	書評ジャーナリズムの現在地――書評紙の変遷と課題：新聞研究　通号457　〔1989.8〕　p64〜67	
牟田口章人	文化財報道に携わる者として（新時代の記者たちへ――記者読本'90―様々な生き方の中から）：新聞研究　通号464　〔1990.3〕　p48〜51	
村上紀子	「生活」からとらえ直すジャーナリズムを――「食生活ジャーナリストの会」の発足に際して：新聞研究　通号465　〔1990.4〕　p79〜81	
森沢孝道	老人自殺が描く心の過疎（“豊かさ”の本質を探る―豊かさの陰に）：新聞研究　通号468　〔1990.7〕　p40〜42	
古田隆彦	生活者の変貌と新聞の対応（生活情報と新聞）：新聞研究　通号471　〔1990.10〕　p10〜14	
荒武正英	生活情報と新聞の役割（生活情報と新聞）：新聞研究　通号471　〔1990.10〕　p15〜17	
山本健一, 瀬尾英明, 内藤好之	生活情報重視のなかの家庭面（生活情報と新聞）：新聞研究　通号471　〔1990.10〕　p29〜32	
吉野光久	多様化時代の生活・文化情報（生活情報と新聞）：新聞研究　通号471　〔1990.10〕　p33〜36	
扇田昭彦	私の演劇記者生活（次代を担う君たちへ――記者読本'91―ひとすじの道をゆく）：新聞研究　通号476　〔1991.3〕　p46〜48	
樋口恵子	高齢化する社会と家族の変貌（変わる社会と取材・報道）：新聞研究　通号484　〔1991.11〕　p18〜21	
猪股征一	「扉を開けて」ともに生きる明日へ――外国人と日本社会（変わる社会と取材・報道）：新聞研究　通号484　〔1991.11〕　p26〜28	
古野喜政	変容する社会をどう描くか（変わる社会と取材・報道）：新聞研究　通号484　〔1991.11〕　p10〜13	
島田裕巳	漂流する現代の宗教――マスメディアに現れた「いま時」の宗教（変容を解く―4―）：エコノミスト　69（48）〔1991.11〕　p80〜85	
井尻千男	<学芸>読者の胸に突きささるものを（専門記者の道）：新聞研究　通号486　〔1992.1〕　p27〜29	
吉田信弘	<健康・医療>人間万事塞翁が馬（専門記者の道）：新聞研究　通号486　〔1992.1〕　p10〜13	
横山真佳	<宗教>多様な宗教観のはざまで（専門記者の道）：新聞研究　通号486　〔1992.1〕　p14〜17	
藤慶之	<美術>オールラウンド記者失格の記（専門記者の道）：新聞研究　通号486　〔1992.1〕　p18〜22	
中西尚道	特集 高齢化社会と民放 高齢化社会への的確な対応を望む：月刊民放　22（248）〔1992.2〕　p6〜10	
轟正克	特集 高齢化社会と民放 高齢者が積極的に生きられる社会を：月刊民放　22（248）〔1992.2〕　p19〜21	
望月裕	特集 高齢化社会と民放 高齢者マーケットをどう捉えるか：月刊民放　22（248）〔1992.2〕　p15〜18	
窪田真一郎	特集 高齢化社会と民放 生き生きとした高齢者追い続ける 山梨放送「ふるさとの年輪」：月刊民放　22（248）〔1992.2〕　p22〜24	
岸本英治	特集 高齢化社会と民放 双方向の講義形式で生涯学習に寄与 福井放送「いきいき長寿セミナー」：月刊民放　22（248）〔1992.2〕　p24〜26	
横山貞利	特集 高齢化社会と民放 放送は高齢者と社会の接点：月刊民放　22（248）〔1992.2〕　p11〜14	
高橋郁男	朝日新聞「メディア欄」の試み：総合ジャーナリズム研究　29（02）〔1992.4〕　p82〜86	
田辺邦夫	だれに会長の自叙伝を頼むか？（新聞書評を考える）：新聞研究　通号490　〔1992.5〕　p56〜59	
岡村敬二	書評論の系譜――皮膚感覚の豊饒へ（新聞書評を考える）：新聞研究　通号490　〔1992.5〕　p52〜55	
三浦馨	クラブ取材と「生活」視点（「生活」視点のジャーナリズム）：新聞研究　通号508　〔1993.11〕　p54〜56	
岩田正美	現代社会における「自立性」と情報（「生活」視点のジャーナリズム）：新聞研究　通号508　〔1993.11〕　p28〜31	
土田芳孝	座談会――メディアと受け手の生活視点（「生活」視点のジャーナリズム）：新聞研究　通号508　〔1993.11〕　p10〜27	
松本侑壬子	生活記事は, おいしい読み物（「生活」視点のジャーナリズム）：新聞研究　通号508　〔1993.11〕　p47〜50	
柴崎信三	活字による現代日本の肖像画（新聞と「人」）：新聞研究　通号509　〔1993.12〕　p39〜41	
大倉明	あすの天気――コラムとしての天気欄（コラムの粋）：新聞研究　通号519　〔1994.10〕　p30〜32	
渡口行雄	「先生の制服」騒動から見える学校の今（子ども・教育を報じる）：新聞研究　通号541　〔1996.8〕　p24〜26	
西田正規	過熱する考古ジャーナリズム――三内丸山遺跡報道への疑問：金曜日　4（32）〔1996.8〕　p17〜19	
増淵安博	宗教・民族の問題伝えきれぬマスコミ（インドネシア）（亜州論壇）：新聞研究　通号551　〔1997.6〕　p51〜53	
蔦森樹	事件化せず, 個人の問題として取り組んで（心をどう報じるか）：新聞研究　通号552　〔1997.7〕　p51〜54	
信田さよ子	「家族」という主題の浮上（不安の時代, 新聞は）：新聞研究　通号559　〔1998.2〕　p45〜47	

生活・文化　　　　　　　　　　　　　　　ジャーナリズム

奥野富士郎	電子メディア上の原稿使用で合意——新聞五社と文芸家協会：新聞研究　通号562　〔1998.5〕　p66～68
速水融	キーワードを疑う——「少子化」本来、避けるべきことか——近視眼では見えない事態：新聞研究　通号573　〔1999.4〕　p65～67
石井勤	点の報道と面の報道——論点を切り分けながら全体像を示す努力（介護保険制度の報道視点）：新聞研究　通号580　〔1999.11〕　p35～38
井上稔彦	忘れてはならない受ける側の視点——「地方分権」の具現化には疑問（介護保険制度の報道視点）：新聞研究　通号580　〔1999.11〕　p43～46
原田実	朝日新聞に頻発する考古学を巡る大誤報：正論　通号338　〔2000.10〕　p120～131
木暮啓	くらしから政治を考えるきっかけに——米パブリック・ジャーナリズムの試みと課題（特集 “くらしジャーナリズムはいま”）：新聞研究　（598）〔2001.5〕　p40～43
謝花直美	生活者、少数派の怒りを公憤に変える——「くらし」面に求められるもの（特集 “くらしジャーナリズムはいま”）：新聞研究　（598）〔2001.5〕　p36～39
吉田慎一	双方向ジャーナリズムで報道の新潮流を作る——「くらし報道」の1年間を振り返って（特集 “くらしジャーナリズムはいま”）：新聞研究　（598）〔2001.5〕　p28～31
永峰好美	だれもが生きやすい社会に——生活の底辺からわく声を拾い上げ、問題提起する「生活ジャーナリズム」（特集 私にとってジャーナリズムとは何か）：新聞研究　（600）〔2001.7〕　p16～18
野沢和弘	新聞は「家族」の何を書くのか——日本社会や近代文明の本質に立ち入るべきだ（特集 家族から現代を問う）：新聞研究　（606）〔2002.1〕　p22～25
山本雅彦	デジタル化が促すヒューマンな写真——選手の人生を引き出すような写真表現（特集 スポーツ報道の新展開）：新聞研究　（607）〔2002.2〕　p42～45
荒井博樹, 小沢勝, 松井正	中国山中でトキをとらえた——ニュース・芸能・スポーツが “放送”の3本柱（新聞記者 動画取材格闘記）：新聞研究　（614）〔2002.9〕　p51～53
清水勲	新聞漫画再生に向けて——これからの漫画家は新聞界で育成を：新聞研究　（616）〔2002.11〕　p39～42
清水瑞久	外山正一にみるメディアと芸術——透明化されるメディアと国民の創生：マス・コミュニケーション研究　通号63　〔2003〕　p130～143
伏見勝	活気ある紙面で未来を開く——苦境の時代を乗り越える（スポーツ紙の挑戦）：新聞研究　（621）〔2003.4〕　p51～54
林寛子	たぶん「愛」に近いもの——文化欄の射程とまなざし：新聞研究　（640）〔2004.11〕　p40～43
阪本節郎	新たな文化創造者への働きかけ——団塊世代のライフスタイルとメディア（人口・社会構造の変化と新聞の未来）：新聞研究　（640）〔2004.11〕　p15～19
佐田智子	変貌する社会に向けた改革を——「団塊の世代」取材を通して考えたこと（人口・社会構造の変化と新聞の未来）：新聞研究　（640）〔2004.11〕　p10～14
鵜飼哲夫	“いい本” 見つけて紹介します——書評担当記者の基本動作とは（書評ジャーナリズムの現在）：新聞研究　（654）〔2006.1〕　p17～19
井出彰	時代の位相を映した書評紙——情報化時代に思潮の一矢を放つ（書評ジャーナリズムの現在）：新聞研究　（654）〔2006.1〕　p23～26
丸谷才一	扇谷正造と斎藤明が作ったもの（書評ジャーナリズムの現在）：新聞研究　（654）〔2006.1〕　p10～13
栗原淳	選書の基準はオリジナリティー——“文化の更新”をいかにフォローしていくか（書評ジャーナリズムの現在）：新聞研究　（654）〔2006.1〕　p20～22
岩崎進	日曜日の新聞、どこにある？——「旧聞」も新鮮なページ（書評ジャーナリズムの現在）：新聞研究　（654）〔2006.1〕　p14～16
丸山謙一	不条理への憤りが支えた報道——事件から一年、教育現場への配慮に悩みながら（いじめ自殺と報道）：新聞研究　（667）〔2007.2〕　p38～41
飯島裕一	日常に引きつけ分かりやすく報じる——正確さの土俵を飛び出してはならない（健康情報をどう提供するか）：新聞研究　（673）〔2007.8〕　p24～27
大塚保	地方発の若者向けページ 若者の意見を楽しく紙面化——ネットモニターを取り込む試みも：新聞研究　（677）〔2007.12〕　p29～31
茂木崇	米ジャーナリズムの文化報道——ニューヨークの三紙・誌に見る姿勢：新聞研究　（677）〔2007.12〕　p56～61
小野昭	考古学とジャーナリズム：メトロポリタン史学　3　〔2007.12〕　p165～169
峯島正行	新聞の政治漫画と近藤日出造——あらゆる権威を生活者の視点で風刺した奇才：新聞研究　（680）〔2008.3〕　p61～64
林香里	ジャーナリズムの正統「くらし」に宿る——現代社会の権力の監視、そして倫理のために（暮らしの視点から伝える）：新聞研究　（684）〔2008.7〕　p28～32
高橋純一	政策が生活に与える影響に焦点——編集局の各グループが連携取材（暮らしの視点から伝える）：新聞研究　（684）〔2008.7〕　p14～17
吉野理佳	総合面への進化目指す「くらしナビ」——「ニュースとらえ直す」を出発点に（暮らしの視点から伝える）：新聞研究　（684）〔2008.7〕　p10～13
新垣毅	お産ができない離島の現実——地域医療の崩壊防ぐために（格差社会の深層に迫る）：新聞研究　（685）〔2008.8〕　p40～43
佐藤吉雄	光と影、両輪を貫いて——中国の現状どう伝えたか（五輪の熱、北京の像）：新聞研究　（688）〔2008.11〕　p14～17
水島宏明	メディア・リポート 放送 貧困報道、感情論から脱却し社会的観点からの検証を：Journalism　（222）〔2008.11〕　p60～63
五阿弥宏安	年金・医療改革で提言報道——社会保障制度論じるたたき台示す：新聞研究　（690）〔2009.1〕　p40～43
高橋雄悦	救いのありかを示す海図となる——自殺率ワースト脱却をめざして（自殺防止と報道の役割）：新聞研究　（698）〔2009.9〕　p46～49
萩尾信也	痛みと向き合う複眼の眼差し——大量自殺の時代を生きる（自殺防止と報道の役割）：新聞研究　（698）〔2009.9〕　p42～45
坂本裕一	「平均県」栃木における自殺を考える——連載「命をつなぐ」の取り組み（自殺防止と報道の役割）：新聞研究　（698）〔2009.9〕　p50～53

鍛治真起	ペーパー大陸のオアシスとして——新聞で遊ぶパズルの魅力：新聞研究　（703）〔2010.2〕p67～69	
高橋牧子	時代を映すファッションの魅力伝える——即戦力として入社、朝日での3年間（専門記者の可能性）：新聞研究　（710）〔2010.9〕p16～19	
宝玉正彦	人間生活の基盤を社会に開く——新聞で美術を扱うということ（専門記者の可能性）：新聞研究　（710）〔2010.9〕p8～11	
西田義洋	「消えた高齢者」問題をどう報じるか——画一的管理を避け、実情に合わせて見守る視点：新聞研究　（712）〔2010.11〕p51～54	
田熊邦光	「想像力」への信頼を支えに——「週刊こどもニュース」が目指したもの：新聞研究　（716）〔2011.3〕p80～83	
英誠一朗	地域ブランド発信の一翼担う ： ウェブサイト「盆栽 BONSAI」の役割：新聞研究　（727）〔2012.2〕p52～55	
岡本峰子	新人記者のための「くらし報道」講座（第1回）めざすイメージ「生活者の視点」で人生と暮らしの力になる記事を：Journalism　（272）〔2013.1〕p74～82	
岡本峰子	新人記者のための「くらし報道」講座（第2回）読者へのアプローチ　読者の声に耳を傾け身近な問題として共感を広げよう：Journalism　（273）〔2013.2〕p88～96	
鳥越俊太郎	インタビュー 高齢社会が直面する課題 ： メディアが伝える意義とは（医療報道を考える ： 生命倫理をどう報じるか）：新聞研究　（743）〔2013.6〕p36～38	
伊藤直樹	「家族の絆」の落とし穴 ： 連載「ふくい介護のトビラ」のメッセージ（社会のひずみをどう伝えるか）：新聞研究　（745）〔2013.8〕p24～27	
稲垣信	家庭を失った子どもの実情 ： 親子をめぐる課題を追って（社会のひずみをどう伝えるか）：新聞研究　（745）〔2013.8〕p8～11	
石村裕輔	両極端な不信をつなぎ合わせる ： 生活保護への厳しい視線を受け止めて（社会のひずみをどう伝えるか）：新聞研究　（745）〔2013.8〕p16～19	

〔図 書〕
成田光治	文化記者の散歩道　緑の笛豆本の会　2001.10　51p　904cm　（緑の笛豆本 第396集）

社会・事件

〔雑誌記事〕
坂田二郎	社会部記者の道——「社会記事」前進のために：新聞研究　通号10〔1950.2〕p12～17	
岡崎鴻吉	地方ダネの新境地——「社会記事」前進のために：新聞研究　通号10〔1950.2〕p6～11	
山根真治郎	文献＝暴露＝事件時代へ——「社会記事」前進のために：新聞研究　通号10〔1950.2〕p1～6	
堀口瑞典	米紙（社会面）の特異点——「社会記事」前進のために：新聞研究　通号10〔1950.2〕p17～20	
井上吉次郎	事件と記事：新聞学評論　1（1）〔1952.3〕p23～35	
進藤次郎	新聞講座——社会部—1—：新聞研究　通号30〔1954.1〕p22～23	
福湯豊	新聞講座——社会部—2—：新聞研究　通号31〔1954.2〕p29～30	
鈴木博	29年度の学校放送番組：放送教育　8（12）〔1954.3〕p2～6	
前田雄二	犯罪記事の扱い方（座談会）：新聞研究　通号42〔1955.1〕p15～20	
前田雄二	社会部の悩み（座談会）：新聞研究　通号44〔1955.3〕p13～20	
高木健夫	社会部記事のスタイル：新聞研究　通号44〔1955.3〕p27～31	
浦上五六	社会面のあり方：新聞研究　通号44〔1955.3〕p41～47	
前田雄二	新聞と裁判（座談会）：新聞研究　通号49〔1955.8〕p9～16	
前田雄二	社会面の十年（座談会）：新聞研究　通号50〔1955.9〕p28～32	
柏崎昌彦	社会面の企画化：新聞研究　通号59〔1956.6〕p33～35	
岩立一郎	社会部記事のあり方（座談会）：新聞研究　通号92〔1959.3〕p32～40	
本田正義	捜査活動と報道（座談会）：新聞研究　通号92〔1959.3〕p13～21	
植松正	犯罪報道と社会秩序：新聞研究　通号92〔1959.3〕p1～6	
正木敬造	新聞協会賞（編集部門）受賞・青少年を守る運動の一連の企画とその連載——西日本新聞社社会部：新聞研究　通号99〔1959.10〕p7～10	
野村正男	裁判報道に望む：新聞研究　通号100〔1959.11〕p29～31	
野村正男	交通問題と新聞：新聞研究　通号139〔1963.2〕p10～13	
吉野正弘	連載企画「組織暴力の実態」：新聞研究　通号160〔1964.11〕p20～24	
稲野治兵衛	社会面記事の取材と書き方：新聞研究　通号161〔1964.12〕p45～53	
岩佐直喜	三面記事時代—私の新聞づくり40年—2—：新聞研究　通号166〔1965.5〕p58～63	
三樹精吉	社会部記者・整理部記者：新聞研究　通号166〔1965.5〕p48～57	
加藤秀俊	新聞と社会：新聞研究　通号169〔1965.8〕p30～37	
青柳文雄	捜査と報道（座談会）：法律のひろば　18（10）〔1965.10〕p22～35	
稲野治兵衛	事件記者の発言——取材の研究（座談会）—1—：新聞研究　通号177〔1966.4〕p60～65	
青木彰	事件記者——取材の研究—1—：新聞研究　通号177〔1966.4〕p47～59	
金戸嘉七	事件記者小史——取材の研究—1—：新聞研究　通号177〔1966.4〕p66～70	
小野秀雄	裁判記事に現われた時代のへだたり：新聞研究　通号181〔1966.8〕p15～20	
戒能通孝	裁判報道のあり方：新聞研究　通号181〔1966.8〕p6～11	
青木久	司法記者日記：新聞研究　通号181〔1966.8〕p32～35	
植松正	捜査・裁判の報道：新聞研究　通号181〔1966.8〕p12～14	
山田年栄	社会・犯罪報道：新聞研究　通号183〔1966.10〕p44～50	
青木彰	事件取材の要領：新聞研究　通号185〔1966.12〕p54～59	
青木彰	新聞裁判——取材の研究—11—：新聞研究　通号187〔1967.2〕p51～63	
小野秀雄	新聞研究50年（9）——社会部記者は雑用記者：新聞研究　通号194〔1967.9〕p54～60	

社会・事件　　　　　　　　　　　　ジャーナリズム

高橋正武	三つの空の惨事（事件物語り）：新聞研究　通号199　〔1968.2〕　p27〜29	
小野秀雄	新聞研究50年―15―岡崎新社会部長との衝突：新聞研究　通号200　〔1968.3〕　p96〜101	
新井直之	類型化した「事件」報道（特集・学生運動と大学の自治）：思想の科学. 第5次　（74）〔1968.4〕　p66〜74	
八木淳	学生デモを報道する視点（学生デモ報道を再検討する（特集））：新聞研究　通号204　〔1968.7〕　p11〜14	
稲葉三千男	学生デモ報道をめぐる新聞とテレビ（学生デモ報道を再検討する（特集））：新聞研究　通号204　〔1968.7〕　p7〜10	
立川熊之助	佐世保デモと集団取材（学生デモ報道を再検討する（特集））：新聞研究　通号204　〔1968.7〕　p15〜17	
飯田浩史	三派全学連デモを取材して：新聞研究　通号204　〔1968.7〕　p48〜49	
野口武彦	新聞は "世間" の目か（学生デモ報道を再検討する（特集）―デモ報道に思う）：新聞研究　通号204　〔1968.7〕　p32〜33	
林田広実	報道（学生デモ報道を再検討する（特集）―学生デモの報道・評論を分析する――羽田, 佐世保, 成田, 王子デモをめぐって）：新聞研究　通号204　〔1968.7〕　p34〜36	
内藤国夫	デモと報道――現場記者の証言：世界　通号272　〔1968.7〕　p140〜144	
竹内郁郎	学生運動と新聞の姿勢――この一年の論調を探る：総合ジャーナリズム研究　06（01）〔1969.1〕　p88〜100	
青木照夫	社会部（現代新聞記者読本―取材各部の現状）：新聞研究　通号213　〔1969.4〕　p48〜50	
竹内善昭	デモ取材とデスクの責務（新聞取材の再検討（特集））：新聞研究　通号223　〔1970.2〕　p24〜28	
小林英司	新しい街ダネを求めて（新しい街ダネの探求）：新聞研究　通号231　〔1970.10〕　p7〜11	
日本新聞協会審議室	「よど号」報道の記事分析――大事件報道は紙面をどう変える：新聞研究　通号232　〔1970.11〕　p55〜67	
鈴木敬一	「入試不正事件」報道始末記：新聞研究　通号239　〔1971.6〕　p45〜47	
高木四郎	素顔の社会部記者：総合ジャーナリズム研究　08（03）〔1971.7〕　p89〜95	
利谷信義	司法の理念と報道の機能（司法と報道（特集））：新聞研究　通号240　〔1971.7〕　p8〜13	
前沢猛	司法ニュースを追って――現場からの証言（司法と報道（特集））：新聞研究　通号240　〔1971.7〕　p24〜29	
野村正男	司法記者の今昔――新聞の在り方をふくめて（司法と報道（特集））：新聞研究　通号240　〔1971.7〕　p48〜53	
樋口陽一	司法報道に望む（司法と報道（特集））：新聞研究　通号240　〔1971.7〕　p30〜38	
森丘秀雄	「事実」を知ることのむずかしさ――朝日の裁判官会議報道におもう（司法と報道（特集））：新聞研究　通号240　〔1971.7〕　p45〜47	
高松敬治	事件記者に望むこと（新聞講座から）：新聞研究　通号245　〔1971.12〕　p45〜47	
片岡正巳	連合赤軍事件と新聞報道――大事件を背景にセンセーショナリズムが台頭してはいないか：総合ジャーナリズム研究　09（03）〔1972.7〕　p45〜53	
殿木圭一	連合赤軍事件・資料・「浅間山荘」のテレビ報道（連合赤軍事件と新聞報道――大事件を背景にセンセーショナリズムが台頭してはいないか）：総合ジャーナリズム研究　09（03）〔1972.7〕　p24〜34	
久保しょう	記者の目 加速するマスコミの忘れっぽさ――千日デパートビルの火災から：マスコミ市民　通号064　〔1972.9〕　p23〜28	
藤岡伸一郎	航空機事故と報道（特集）：総合ジャーナリズム研究　09（04）〔1972.10〕　p93〜101	
山村堯	事故原因の究明と新聞記者――調査委員会設置法の罰則規定に反対する（航空機事故と報道（特集））：総合ジャーナリズム研究　09（04）〔1972.10〕　p4〜11	
入江徳郎	社会部のひといまむかし（現代社会部論（特集））：新聞研究　通号255　〔1972.10〕　p35〜39	
黒羽亮一	「社会面報道」を考える（現代社会部論（特集））：新聞研究　通号255　〔1972.10〕　p7〜13	
米山俊直	新聞の社会面と世相（現代社会部論（特集））：新聞研究　通号255　〔1972.10〕　p14〜20	
松岡良明	地方紙の社会部（現代社会部論（特集））：新聞研究　通号255　〔1972.10〕　p40〜43	
井村功	通産省から見た社会部記者（現代社会部論（特集））：新聞研究　通号255　〔1972.10〕　p44〜45	
伊藤邦男	変容する社会部を語る（現代社会部論（特集））：新聞研究　通号255　〔1972.10〕　p26〜34	
松任谷四郎	編集各部は社会部をどうみるか（現代社会部論（特集））：新聞研究　通号255　〔1972.10〕　p46〜52	
堀田一郎	編集局の組織と専門記者制度――大社会部主義を中心に（現代社会部論（特集））：新聞研究　通号255　〔1972.10〕　p21〜25	
愛波健	遊軍記者の任務とニュース感覚（現代社会部論（特集））：新聞研究　通号255　〔1972.10〕　p53〜57	
山村堯	航空記者と事故調査と「罰則規定」：マスコミ市民　通号066　〔1972.11〕　p4〜12	
喜花俊幸	消されたニュース 民放労連広島テレビ放送労組：広島ジャーナリスト　47　〔1973.1〕	
石川弘義	講座コミュニケーション第五巻「事件と報道」現代日本のマス・コミュニケーション：放送批評　No.061　〔1973.2〕	
山崎宗次	事件取材の方法と基本（現代新聞記者読本）：新聞研究　通号260　〔1973.3〕　p12〜15	
松本良夫	サツ回りの哀歌：広島ジャーナリスト　50　〔1973.4〕	
吉野正弘	社会記事の場合（新・新聞文章講座――合成記事の方法と課題）：新聞研究　通号264　〔1973.7〕　p19〜22	
稲葉三千男	長沼裁判とマスコミ報道：マスコミ市民　通号075　〔1973.9〕　p2〜11	
遠藤徳貞	マチダネを考える（現代新聞記者の副読本）：新聞研究　通号272　〔1974.3〕　p74〜77	
新田湧	警察の捜索と記事の責任：マスコミ市民　通号092　〔1975.5〕　p50〜54	
田中武文	だれが「社会部」と名づけたか：新聞研究　通号287　〔1975.6〕　p66〜69	
原田三朗	"社会部的" から踏み出す（社会部）（新聞記者読本―取材記者論）：新聞研究　通号296　〔1976.3〕　p32〜35	
三上幸雄	社会部――胃の痛む日々（ロッキード事件を追う）：新聞研究　通号298　〔1976.5〕　p12〜13	
石田和一	ほかならぬ自分自身の確かな目を（社会報道）（この1年, そして新たな報道課題）：新聞研究　通号305　〔1976.12〕　p17〜20	
森浩一	なぜ追跡取材が必要なのか――検証記事への努力（警察取材の現場<特集>）：新聞研究　通号309　〔1977.4〕　p15〜18	
降幡賢一	警察取材の現場を語る（在京記者座談会）（警察取材の現場<特集>）：新聞研究　通号309　〔1977.4〕　p23〜37	
前川恵司	報道と真実の落差――須賀川市の少女殺し事件をめぐって（警察取材の現場<特集>）：新聞研究　通号309　〔1977.4〕　p38〜41	
若狭晃	「要請」という名の警察広報に抗して――転機にある大阪の事件取材（警察取材の現場<特集>）：新聞研究　通号309　〔1977.4〕　p19〜22	

橋本正邦　アメリカにおける警察取材：新聞研究　通号312　〔1977.7〕　p53〜57

国吉辰俊　“三里塚”報道に見るマスコミの退廃：マスコミ市民　通号118　〔1977.9〕　p32〜33

山川暁夫　日韓問題をめぐるジャーナリズムの責任：マスコミ市民　通号118　〔1977.9〕　p2〜15

梶谷善久　ハイジャック事件とマスコミ状況：マスコミ市民　通号120　〔1977.11〕　p32〜37

山下幸秀　警察広報の整備と取材活動——事件記者は孫悟空であってはならない（現代新聞記者読本—警察広報をめぐって）：新聞研究　通号320　〔1978.3〕　p35〜38

堀部政男　犯罪報道と人権——最近の判例を中心として（マスメディアと人権＜特集＞）：自由と正義　30（2）　〔1979.2〕　p14〜20

鬼頭誠　サツ記者の落とし穴（私の失敗談）（現代記者読本’79）：新聞研究　通号332　〔1979.3〕　p32

保田竜夫　ロ事件報道を教訓として（現代記者読本’79—前線記者・ダグラス・グラマン事件を追う）：新聞研究　通号332　〔1979.3〕　p84〜86

田中靖政　事故をめぐる情報の流れと報道——アメリカの視野と展望（米原発事故と報道）：新聞研究　通号335　〔1979.6〕　p54〜58

高杉晋吾　「犯罪記事の書き方」の研究（調査レポート）：現代の眼　20（8）　〔1979.8〕　p158〜167

矢作勝美　「公費天国」取材の内側（告発ジャーナリズム考）：総合ジャーナリズム研究　16（04）　〔1979.10〕　p28〜32

鎌形清男　航空機疑惑事件を追ったマスコミ：総合ジャーナリズム研究　16（04）　〔1979.10〕　p56〜63

足羽潔　サーフィン海岸（新聞記者読本’80＜特集＞—思い出の取材メモから）：新聞研究　通号344　〔1980.3〕　p48

牧太郎　事件記者のデッサン（新聞記者読本’80＜特集＞—記者とテーマ　問題の所在を追い求めて）：新聞研究　通号344　〔1980.3〕　p34〜37

直野信之　中学生の集団殺傷事件（新聞記者読本’80＜特集＞—思い出の取材メモから）：新聞研究　通号344　〔1980.3〕　p43

原田勝広　KDD密輸事件のスクープ（公費天国の取材とキャンペーン）：新聞研究　通号345　〔1980.4〕　p59〜62

近藤汎　いつも歩けばネタにあたる——社会部デスクの目（新聞記者読本’81）：新聞研究　通号356　〔1981.3〕　p15〜18

松本雅彦　明日の“誘拐報道”を考える：総合ジャーナリズム研究　18（02）　〔1981.4〕　p78〜85

堂本暁子　ベビーホテル・キャンペーンの輪が広がっていった：新聞研究　通号358　〔1981.5〕　p54〜56

仁保竜一　報道の眼　覚せい剤を追って五年：月刊民放　11（123）　〔1981.9〕　p34〜34

芦原正義　空き缶キャンペーンの体験（現代社会と社会部報道—地方紙の社会報道）：新聞研究　通号365　〔1981.12〕　p32〜34

森浩一　現代社会部論（現代社会と社会部報道）：新聞研究　通号365　〔1981.12〕　p24〜28

栗田亘　現代世相を描く社会部記者（現代社会と社会部報道）：新聞研究　通号365　〔1981.12〕　p10〜23

酒田信一　地域紙ゆえに求められる自覚（現代社会と社会部報道—地方紙の社会報道）：新聞研究　通号365　〔1981.12〕　p29〜31

高村勇作, 三好和昭, 川竹和夫, 椿貞良, 露木茂　特集　事故報道を考える　座談会　ENG時代の事故報道：月刊民放　12（131）　〔1982.5〕　p10〜15

三潴信邦　家永訴訟とこれからの教科書問題：新聞研究　通号370　〔1982.5〕　p53〜57

黒田清, 山下幸秀　「シンドイけど　おもろいで」社会部記者, 社会面づくり：新聞研究　通号371　〔1982.6〕　p10〜25

鈴木卓郎　朝日新聞公安記者が見たソ連病：諸君！　日本を元気にするオピニオン雑誌　14（7）　〔1982.7〕　p238〜251

日高旺　さまざまな「聖子ちゃん」——人間がにじみ出る（新聞がひとを描くとき）：新聞研究　通号375　〔1982.10〕　p10〜13

安田紀夫　社会　相次ぐ重大事件を追って（検証——1982年の報道）：新聞研究　通号377　〔1982.12〕　p18〜21

木村卓而　サラ金報道の立脚点：新聞研究　通号383　〔1983.6〕　p70〜73

長谷川千秋　社会部　軍事技術というブラックボックスを開ける（先端技術を追う＜特集＞—＜技術＞へのさまざまな接近）：新聞研究　通号384　〔1983.7〕　p27〜30

西尾嘉門　隣人訴訟と報道の波紋：新聞研究　通号384　〔1983.7〕　p64〜67

栗田亘　いま, ニュースとは何だろう（社会部ニュース論）：新聞研究　通号386　〔1983.9〕　p18〜21

早内高士　型からの脱皮をめざす（社会部ニュース論—今, 街ダネは？）：新聞研究　通号386　〔1983.9〕　p28〜30

伏見博武　市民感覚を身につける（社会部ニュース論）：新聞研究　通号386　〔1983.9〕　p22〜24

前田明　事件記者——その取材と報道（社会部ニュース論）：新聞研究　通号386　〔1983.9〕　p38〜41

長沢功　社会面ニュースのもう一つの顔（社会部ニュース論）：新聞研究　通号386　〔1983.9〕　p10〜13

渡辺秀茂　“常識”への挑戦——社会面づくりのなかで考えたこと（社会部ニュース論）：新聞研究　通号386　〔1983.9〕　p14〜17

石山靖男　人々の表情と営みを（社会部ニュース論—今, 街ダネは？）：新聞研究　通号386　〔1983.9〕　p31〜33

堺沢亘　地ダネ考——古くて新しい課題（社会部ニュース論）：新聞研究　通号386　〔1983.9〕　p25〜27

山本巌　「日常性」というニュース価値（社会部ニュース論—今, 街ダネは？）：新聞研究　通号386　〔1983.9〕　p34〜37

松永茂生　免田さん無罪までの報道軌跡：新聞研究　通号386　〔1983.9〕　p57〜60

石黒新　報道の眼　問われた, 取材者の姿勢　海外派遣教師ピストル密輸事件：月刊民放　13（149）　〔1983.11〕　p32〜32

森川方達　法を犯さないマスコミの犯罪——一般観客席からの“告発”：マスコミ市民　通号186　〔1983.11〕　p34〜41

後藤章夫, 総合ジャーナリズム研究編集部　「フォーカス」後藤編集長との一問一答（報道の行き過ぎ!?＜特集＞　“田中報道”をめぐって）：総合ジャーナリズム研究　21（01）　〔1984.1〕　p48〜49

森川方達　「疑惑」の論理と“マスコミの驕り”——ロス→疑惑→ミウラ報道の谷間から：マスコミ市民　通号190　〔1984.4〕　p20〜25

千葉英之　土地問題に対して新聞は何ができるか——「読売土地問題調査会」の議論の中から（＜都市＞と新聞報道）：新聞研究　通号394　〔1984.5〕　p37〜40

山田健太　「報道と人権」「調査報道のあり方と問題点」——第二十四回紙面審査全国懇談会〔含　資料〕（マスコミと人権）：新聞研究　通号396　〔1984.7〕　p70〜79

明石志行　老人の痛みを正しく伝える責任（マスコミと人権—“弱者”の人権は, いま…）：新聞研究　通号396　〔1984.7〕　p34〜36

浅野健一　“犯罪報道の犯罪を問う”　ジャーナリストは“ペンを持ったおまわりさん”なのか：出版ニュース　通号1334　〔1984.9〕　p4〜8

馬実彦　新聞の犯罪報道と敬称：慶応義塾大学新聞研究所年報　通号23　〔1984.10〕　p31〜41

社会・事件　　　　　　　　　　　　　　　　ジャーナリズム

梓沢和幸　　捜査報道と冤罪：マスコミ市民　通号197　〔1984.11〕p50〜55
井上安正　　匿名報道主義への疑問——犯罪報道現場の実感から（〔新聞研究〕創刊400号記念号—新聞に望むこと）：新聞研究　通号400　〔1984.11〕p49〜51
右崎正博　　裁判報道と "法廷の秩序"（マスメディアの現状と国民の人権＜特集＞）：法と民主主義　通号192　〔1984.11〕p18〜23
新井直之　　犯罪報道と呼称問題（マスメディアの現状と国民の人権＜特集＞）：法と民主主義　通号192　〔1984.11〕p12〜17
山崎征二　　事件報道と一線記者の立場——人権問題を中心に（第93回新聞講座）：新聞研究　通号403　〔1985.2〕p45〜48
横田賢一　　事件取材でつかんだもの（新聞記者読本'85—取材前線で考える）：新聞研究　通号404　〔1985.3〕p50〜52
安藤博　　今なお続く模索と苦悩（「グリコ・森永事件」報道の諸相）：新聞研究　通号407　〔1985.6〕p17〜20
塚田信勝　　書くべきことと書かざるべきこと（「グリコ・森永事件」報道の諸相）：新聞研究　通号407　〔1985.6〕p13〜16
岩井弘融　　犯罪と報道の新しい関係（「グリコ・森永事件」報道の諸相）：新聞研究　通号407　〔1985.6〕p25〜27
浅野健一　　報道されたリンチ——豊田商事会長刺殺事件と報道の責任：法学セミナー　通号368　〔1985.8〕p16〜19
青木貞伸　　特集「劇場犯罪」と報道姿勢 メディア状況克服にジャーナリズム論の確立を 予測された "テレビ現象"—技術先行の環境と「プロセス報道」再確認から：月刊民放　15（171）〔1985.9〕p20〜23
多喜弘次　　特集「劇場犯罪」と報道姿勢 "報道群衆" の生成と「市民的倫理観」の所在 超緊急場面での状況判断能力養成と取材姿勢論議を：月刊民放　15（171）〔1985.9〕p24〜27
岩瀬孝, 西幸夫, 西林鎮人, 増田穆, 中沢隆司　特集「劇場犯罪」と報道姿勢 豊田商事事件にみる「取材態様」と「記者気質」 在阪五社担当デスク座談会：月刊民放　15（171）〔1985.9〕p10〜19
原寿雄　　特集「劇場犯罪」と報道姿勢 問われる、日常報道のビヘイビア まず、"ジャーナリスト・スピリッツ" の伝わる活動積み重ねを：月刊民放　15（171）〔1985.9〕p6〜9
八木荘司　　プロ意識よりも市民意識を——謙虚な「ロバート・キャパ」でありたい（豊田商事事件 取材と報道をめぐって）：新聞研究　通号410　〔1985.9〕p14〜17
朝日新聞名古屋本社社会部豊田商事問題取材班　悔い残ったキャンペーン（豊田商事事件 取材と報道をめぐって）：新聞研究　通号410　〔1985.9〕p21〜23
黒田清　　"喜劇的風土" に潜む怖さ（豊田商事事件 取材と報道をめぐって）：新聞研究　通号410　〔1985.9〕p10〜13
白井宏尚　　広がる波紋のなかで「報道」を再び考える（豊田商事事件 取材と報道をめぐって）：新聞研究　通号410　〔1985.9〕p18〜20
小中陽太郎　節度のない「報道」について ジャーナリズムは人を裁けるか：出版ニュース　通号1371　〔1985.10〕p4〜7
清水喜由　　羽田常駐記者からの報告（「日航機墜落」取材と報道）：新聞研究　通号412　〔1985.11〕p38〜40
北爪裕　　貫いた地ダネ優先主義（「日航機墜落」取材と報道）：新聞研究　通号412　〔1985.11〕p35〜37
柴田鉄治　　空前の惨劇を糧として（「日航機墜落」取材と報道）：新聞研究　通号412　〔1985.11〕p10〜23
小河正義　　航空行政と報道課題（「日航機墜落」取材と報道）：新聞研究　通号412　〔1985.11〕p32〜34
吉川俊夫　　事故原因報道にあたって（「日航機墜落」取材と報道）：新聞研究　通号412　〔1985.11〕p28〜31
秋岡伸彦　　取材ドキュメント——現場からの報告（「日航機墜落」取材と報道）：新聞研究　通号412　〔1985.11〕p24〜27
青山宏充　　報道の眼 再考したい「報道する側」の姿勢 「甲山学園園児殺害事件」判決公判：月刊民放　15（174）〔1985.12〕p26〜26
小田原敏　　報道における死体について：コミュニケーション研究　通号16　〔1986〕p65〜84
古野喜政　　事件取材の変遷——大阪府警記者クラブの場合（情報の "流れ" を考える）：新聞研究　通号415　〔1986.2〕p29〜31
横山晃一郎　犯罪報道, 人権そして「知る権利」：名古屋大学法政論集　通号109　〔1986.3〕p287〜309
春原昭彦, 内川芳美　福島慎太郎——官民各方面に多彩な功績：別冊新聞研究　（20）〔56〕〔1986.5〕p61
村上直之　　犯罪報道の社会史—1—ジャーナリズムの危機とは何か：法セミ　通号377　〔1986.5〕p20〜23
山崎征二　　現場からの光を求めて——事件現場はすべてを表現する（ジャーナリズムと現場）：新聞研究　通号419　〔1986.6〕p23〜27
村上直之　　犯罪報道の社会史—2—犯罪報道の社会的機能とは何か：法セミ　通号378　〔1986.6〕p116〜119
吉里尚明　　警視庁の選択——警備の裏側（東京サミットを取材して）：新聞研究　通号420　〔1986.7〕p54〜57
村上直之　　犯罪報道の社会史—3—近代ジャーナリズム誕生の神話：法セミ　通号379　〔1986.7〕p130〜133
久保潔　　事件記事の文章表現と基本の再確認（新聞文章を考える）：新聞研究　通号421　〔1986.8〕p18〜21
村上直之　　犯罪報道の社会史—4—近代ジャーナリズム誕生の神話—2—：法セミ　通号380　〔1986.8〕p130〜133
阿部泰雄　　ある「ひき逃げ死亡事件」をめぐる取材・報道の問題点——地元紙の「調査報道」が逮捕を招いた：法律時報　58（10）〔1986.9〕p152〜155
村上直之　　犯罪報道と近代ジャーナリズムの歴史：新聞研究　通号423　〔1986.10〕p39〜44
村上直之　　犯罪報道の社会史—6—知識への課税との戦い1830—36—2—：法セミ　通号382　〔1986.10〕p118〜121
塩見昇　　"図書館のラベルを追え" 報道への疑問：マスコミ市民　通号219　〔1986.11〕p6〜9
村上直之　　犯罪報道の社会史—7—知識への課税との戦い1830—36—3—：法セミ　通号383　〔1986.11〕p122〜125
佐藤茂　　弊害除去は記者の努力から——グリコ・森永事件の体験を通じて（「客観報道」再考）：新聞研究　通号425　〔1986.12〕p32〜35
村上直之　　犯罪報道の社会史—8—知識への課税との戦い1830—36—4—：法セミ　通号384　〔1986.12〕p138〜141
村上直之　　犯罪報道の社会史—9—知識への課税との戦い1830—36—5—：法セミ　通号385　〔1987.1〕p134〜137
村上直之　　犯罪報道の社会史—10—知識への課税との戦い1830—36—6—：法セミ　通号386　〔1987.2〕p124〜127
碓井洋　　「事件」の本質を描きたい（新聞記者読本'87—一線記者として考えること）：新聞研究　通号428　〔1987.3〕p80〜82
横本宏　　人権優先の報道を（新聞記者読本'87—新聞に望むこと）：新聞研究　通号428　〔1987.3〕p30〜33
村上直之　　犯罪報道の社会史—11—バルワー・リットンとその時代—1—：法セミ　通号387　〔1987.3〕p128〜131
奥地幹雄　　若王子支店長誘拐報道——監禁写真と誤報騒ぎ：新聞研究　通号429　〔1987.4〕p68〜71
村上直之　　犯罪報道の社会史—12—バルワー・リットンとその時代—2—：法セミ　通号388　〔1987.4〕p144〜147
小笠原信之　不可解, 不透明づくしの「若王子」報道：マスコミ市民　通号225　〔1987.5〕p22〜25
村上直之　　犯罪報道の社会史—13—バルワー・リットンとその時代—3—：法セミ　通号389　〔1987.5〕p128〜131

村上直之	犯罪報道の社会史—14—バルワー・リットンとその時代—4—：法セミ　通号390　〔1987.6〕　p120～123
田中伸尚	「たけし事件」とジャーナリズム　メディア全体が「毒」を捨てたのか？：出版ニュース　通号1430　〔1987.7〕　p8～11
村上直之	犯罪報道の社会史—15—バルワー・リットンとその時代—5—：法セミ　通号391　〔1987.7〕　p116～119
村上直之	犯罪報道の社会史—16—バルワー・リットンとその時代—6—：法セミ　通号392　〔1987.8〕　p116～119
村上直之	犯罪報道の社会史—17—バルワー・リットンとその時代—7—：法セミ　通号393　〔1987.9〕　p144～147
村上直之	犯罪報道の社会史—18—バルワー・リットンとその時代—8—：法セミ　通号394　〔1987.10〕　p122～125
村上直之	犯罪報道の社会史—19—バルワー・リットンとその時代—9—：法セミ　通号395　〔1987.11〕　p118～121
村上直之	犯罪報道の社会史—20—犯罪報道の起源をたずねて：法セミ　通号396　〔1987.12〕　p118～121
村上直之	犯罪報道の社会史—21—犯罪報道の起源をたずねて—2—：法セミ　通号397　〔1988.1〕　p110～113
村上直之	犯罪報道の社会史—22—犯罪報道の起源をたずねて—3—：法セミ　通号398　〔1988.2〕　p108～111
小中陽太郎	大韓機事件とテレビ報道　ジャーナリズム不在・ニュースの残した爪痕：放送批評　No.224　〔1988.3〕
中島健一郎	国際化の波は事件記者にも（新聞記者読本'88—ジャーナリズムの課題と記者活動）：新聞研究　通号440　〔1988.3〕　p21～23
村上直之	犯罪報道の社会史—23—犯罪報道の起源をたずねて—4—：法セミ　通号399　〔1988.3〕　p110～113
村上直之	犯罪報道の社会史—24—犯罪報道の起源をたずねて—5—：法セミ　通号400　〔1988.4〕　p114～117
村上直之	犯罪報道の社会史—25—犯罪報道の起源をたずねて—6—：法セミ　通号401　〔1988.5〕　p144～147
村上直之	犯罪報道の社会史—26—犯罪報道の起源をたずねて—7—：法セミ　通号402　〔1988.6〕　p130～133
萩尾信也	じぱんぐ87冬～88夏—外国人労働者問題を取材して：新聞研究　通号444　〔1988.7〕　p65～67
村上直之	犯罪報道の社会史—27—犯罪報道の起源をたずねて—8—：法セミ　通号403　〔1988.7〕　p136～139
草野光子	メディアが奪う人権——3億円事件報道に巻き込まれて：Asahi journal　30(28)　〔1988.7〕　p24～27
蔵楽知昭	ピストル密輸事件と報道（マスコミの焦点）：新聞研究　通号445　〔1988.8〕　p85～88
小笠原信之	たれ流し公安記事を斬る——本当のオオカミは何か？：マスコミ市民　通号240　〔1988.9〕　p30～41
酒井治盛	潜水艦と釣り船衝突事故：新聞研究　通号446　〔1988.9〕　p78～81
村上直之	犯罪報道の社会史—28—犯罪報道の起源をたずねて—9—：法セミ　通号405　〔1988.9〕　p152～155
村上直之	犯罪報道の社会史—29—犯罪報道の起源をたずねて—10—：法セミ　通号406　〔1988.10〕　p122～125
佐塚正樹	捜査当局が未編集テープを強制押収（マスコミの焦点）：新聞研究　通号449　〔1988.12〕　p78～80
村上直之	犯罪報道の社会史—30—大衆ジャーナリズムの誕生—1—：法セミ　通号408　〔1988.12〕　p116～119
前田修	事件・事故記事の小改革—朝日新聞千葉支局の試み：新聞研究　通号450　〔1989.1〕　p56～59
梓沢和幸	犯罪報道，警察取材の日米比較——日弁連・アメリカ報道事情調査に参加して：新聞研究　通号450　〔1989.1〕　p60～65
村上直之	犯罪報道の社会史—31—大衆ジャーナリズムの誕生—2—：法セミ　通号409　〔1989.1〕　p110～113
村上直之	犯罪報道の社会史—32—大衆ジャーナリズムの誕生—3—：法セミ　通号410　〔1989.2〕　p114～117
木村将夫	警察発表のウラを見極める力（記者読本'89—取材現場からのメッセージ）：新聞研究　通号452　〔1989.3〕　p49～51
大塚正宸	裁判記事は分かりやすく（記者読本'89—取材現場からのメッセージ）：新聞研究　通号452　〔1989.3〕　p42～44
原寿雄	人権感覚を問い直す（記者読本'89）：新聞研究　通号452　〔1989.3〕　p14～17
村上直之	犯罪報道の社会史—33—大衆ジャーナリズムの誕生—4—：法セミ　通号411　〔1989.3〕　p130～133
村上直之	犯罪報道の社会史—34—大衆ジャーナリズムの誕生—5—：法セミ　通号412　〔1989.4〕　p142～145
村上直之	犯罪報道の社会史—35—大衆ジャーナリズムの誕生—6—：法セミ　通号413　〔1989.5〕　p144～147
村上直之	犯罪報道の社会史—36—大衆ジャーナリズムの誕生—7—：法セミ　通号414　〔1989.6〕　p134～137
桑村隆之	ぼくらは私設応援団——法廷メモ訴訟の幕引きに当たって：新聞研究　通号456　〔1989.7〕　p66～69
橋口譲次	マスコミ現場から　連続幼女誘拐殺人事件と取材記者：マスコミ市民　通号256　〔1989.11〕　p10～16
愛波健	呼び捨て全廃への道のり——事件・事故報道の点検を迫った80年代（80年代を検証する）：新聞研究　通号461　〔1989.12〕　p35～38
箕輪成男	これからの"社会部"－－90年代社会と事件報道<誌上シンポジウム>：総合ジャーナリズム研究　27(01)　〔1990.1〕　p47～55
中川満利	記者1人ひとりの取材力をいかに強化するか（これからの"社会部"－－90年代社会と事件報道<誌上シンポジウム>）：総合ジャーナリズム研究　27(01)　〔1990.1〕　p32～40
黒田清	現場に行く記者を増やすことだ（これからの"社会部"－－90年代社会と事件報道<誌上シンポジウム>）：総合ジャーナリズム研究　27(01)　〔1990.1〕　p25～29
赤尾光史	最近の犯罪報道にみる報道倫理——新聞法制研究会の議論から：新聞研究　通号462　〔1990.1〕　p69～74
大園光	人権と向きあう　迫られる事件・事故報道の総合的検討——ある事件を糧に：新聞研究　通号462　〔1990.1〕　p56～59
新井直之	犯罪報道はどうあるべきか：マスコミ市民　通号258　〔1990.2〕　p2～13
田村進	報道各社が被疑者等の呼び捨て廃止へ（マスコミの焦点）：新聞研究　通号463　〔1990.2〕　p85～87
井上輝子	ジャーナリズムと人権（マス・コミュニケーション研究の系譜（1951～1990）——日本新聞学会の研究活動を中心に——ジャーナリズム論——80年代の議論の方向と広がり）：新聞学評論　通号39　〔1990.4〕　p14～24
中門弘	警察と新聞記者——多様化する犯罪の捜査と広報の課題（第98回新聞講座）：新聞研究　通号466　〔1990.5〕　p67～69
丸山友岐子, 江川紹子	性犯罪報道の改善を訴える——丸山友岐子氏に聞く：法セミ　通号428　〔1990.8〕　p1～3
山本祐司	検察庁取材を振り返って—上—消えゆく白いビル：新聞研究　通号470　〔1990.9〕　p61～65
佐柄木俊郎	裁判記事ウオッチング（司法取材と報道）：新聞研究　通号470　〔1990.9〕　p18～21
野村二郎	判決の流れと報道の役割（司法取材と報道）：新聞研究　通号470　〔1990.9〕　p10～13
飯室勝彦	「判決文をやさしくする運動」への疑問（司法取材と報道）：新聞研究　通号470　〔1990.9〕　p36～39
滝鼻卓雄	変わる裁判取材——司法記者に求められるもの（司法取材と報道）：新聞研究　通号470　〔1990.9〕　p14～17
永山忠彦	報道と刑事裁判（司法取材と報道）：新聞研究　通号470　〔1990.9〕　p22～26
山本祐司	検察庁取材を振り返って——「現物主義」にこだわりたい：新聞研究　通号471　〔1990.10〕　p85～89
梓沢和幸	人権は報道を鍛える——事件, 事故取材に望むこと（次代を担う君たちへ——記者読本'91）：新聞研究　通号476

社会・事件　　　　　　　　　　　　　　　　　ジャーナリズム

〔1991.3〕 p41〜45

井内康文	創意工夫で壁に挑戦——警察取材の心構え（次代を担う君たちへ——記者読本'91—権力とマスコミ）：新聞研究　通号476 〔1991.3〕 p37〜40
小崎裕一	メディア・ジャーナル 新聞——無罪判決で新聞が初めて謝罪記事を掲載：マスコミ市民　通号273 〔1991.6〕 p12〜13
浅野健一	犯罪報道の構造にメスを——小野悦男さん報道が残したもの：新聞研究　通号480 〔1991.7〕 p70〜74
高橋郁男	第3社会面の活用と「メディア欄」の創設（変わる社会と取材・報道）：新聞研究　通号484 〔1991.11〕 p29〜31
滝鼻卓雄	変わらない直接取材の大切さ——事件記者の原点（変わる社会と取材・報道）：新聞研究　通号484 〔1991.11〕 p14〜17
桑原正樹	麻薬の脅威にさらされる日本（変わる社会と取材・報道）：新聞研究　通号484 〔1991.11〕 p36〜38
前沢猛	試行錯誤続くアメリカの性犯罪報道——ケネディ・スミス事件を中心に：新聞研究　通号487 〔1992.2〕 p57〜60
飯室勝彦	刑事の正義感と弁護士の人権感覚を（記者を志した君へ——記者読本'92）：新聞研究　通号488 〔1992.3〕 p43〜46
平川宗信	犯罪報道をめぐる諸問題：愛知學院大學論叢. 法學研究　34（3・4）〔1992.6〕 p71〜99
三国章	なぜ亜沙美ちゃんを救えなかったのか——児童虐待防止キャンペーンとテレビ（子供をどう報じるか）：新聞研究　通号491 〔1992.6〕 p24〜27
堀田力	事件報道——最近の紙面で感じること（第32回紙面審査全国懇談会）：新聞研究　通号493 〔1992.8〕 p80〜83
山路憲夫	過労死——倒れるまでの哀しさをどう伝えるか（現代社会に「命」を報ずる）：新聞研究　通号494 〔1992.9〕 p30〜33
森亘	連続する流れの中で生と死を考える（現代社会に「命」を報ずる）：新聞研究　通号494 〔1992.9〕 p14〜18
尾高泉	裁判報道のありかた（第102回新聞講座）：新聞研究　通号498 〔1993.1〕 p71〜75
青木彰	戦後新聞ジャーナリズム私論−6−事件記者"7人の侍"たちの息吹き：総合ジャーナリズム研究　30（02）〔1993.4〕 p88〜98
大沢紘一	取材と報道の現場（17）「丸刈り」と子供の人権を考える：月刊民放　23（269）〔1993.11〕 p34〜35
藤井康博	社会面の原点を見つめ直す（新聞と「人」）：新聞研究　通号509 〔1993.12〕 p32〜35
五十嵐二葉	犯罪報道が読者・視聴者に与える被疑者＝犯人視効果：新聞研究　通号510 〔1994.1〕 p58〜67
尾高泉	怖がられる記者に——パネルディスカッション「事件報道の実際と課題」から（第103回新聞講座）：新聞研究　通号511 〔1994.2〕 p79〜83
大内孝夫	早く"指示なし記者"に——警察・検察取材の現在（記者読本'94）：新聞研究　通号512 〔1994.3〕 p57〜59
田島泰彦	犯罪報道はどこが問題か, どう変えるか（表現の自由・マスメディアを考える第1歩＜特集＞）：法学セミナー　通号475 〔1994.7〕 p60〜63
石川知明	連行写真減少傾向と重大事件（報道と人権＜特集＞）：自由と正義　45（8）〔1994.8〕 p57〜61
大出良知	求められる報道内容の検証（福岡美容師殺人事件と報道）：新聞研究　通号520 〔1994.11〕 p59〜63
音好宏	事件に見る送り手と受け手の関係（福岡美容師殺人事件と報道）：新聞研究　通号520 〔1994.11〕 p54〜58
浅野健一	逮捕前に犯人視を始めたメディア——検証・サリン事件の捜査と報道：法学セミナー　通号480 〔1994.12〕 p6〜10
小川一	また岐路に立つ犯罪報道——止まぬ過剰報道, 横行する匿名広報：マスコミ市民　通号315 〔1995.2〕 p8〜17
篠原弘志	捜査と報道（第105回新聞講座）：新聞研究　通号523 〔1995.2〕 p71〜73
宗像紀夫	第105回新聞講座——特捜事件捜査とマスコミ報道：新聞研究　通号524 〔1995.3〕 p84〜87
浅野健一	90年代におけるスウェーデン・メディア責任制度の発展——市民と記者の間に定着する匿名報道主義：評論・社会科学　通号51 〔1995.3〕 p1〜66
高木強	サリン事件・オウム疑惑と報道（マスコミの焦点）：新聞研究　通号527 〔1995.6〕 p87〜88
辻秀雄	オウム報道デッドヒート ＜特集＞オウム漬けTV：放送批評　No.312 〔1995.7〕
内海哲朗	オウム報道症候群−1−：総合ジャーナリズム研究　32（03）〔1995.7〕 p30〜32
中部英男	オウム報道症候群−2−：総合ジャーナリズム研究　32（03）〔1995.7〕 p33〜39
総合ジャーナリズム研究編集部	元事件記者の見たテレビ報道--取材のイロハ無視, 推測・伝聞情報の洪水（"オウム報道"症候群-1-）：総合ジャーナリズム研究所　32（03）〔1995.7〕 p33〜44
遊佐雄彦	地下鉄サリン事件 日本と世界の報道の"差" ＜特集＞オウム漬けTV：放送批評　No.312 〔1995.7〕
亀井淳	倫理も節度も忘れた暴走 毒ガスとオウムの日々 ＜特集＞オウム漬けTV：放送批評　No.312 〔1995.7〕
飯室勝彦	「異常な時」に問われるメディアの質（オウム・サリン・メディア）：新聞研究　通号528 〔1995.7〕 p25〜28
大月隆寛	「観客民主主義社会」にしみこむ言葉を（オウム・サリン・メディア）：新聞研究　通号528 〔1995.7〕 p47〜49
権田万治	松本サリン事件報道の残した課題（オウム・サリン・メディア）：新聞研究　通号528 〔1995.7〕 p50〜53
藤竹暁	新宿4.15——うわさ社会の中で（オウム・サリン・メディア）：新聞研究　通号528 〔1995.7〕 p40〜43
深沢文治	地元でオウム真理教を追う（オウム・サリン・メディア）：新聞研究　通号528 〔1995.7〕 p33〜35
徳永文一	明確な裏付けで教団の真相に迫る（オウム・サリン・メディア）：新聞研究　通号528 〔1995.7〕 p29〜32
村本隆史	「訳の分からなさ」をどう読むか（オウム・サリン・メディア）：新聞研究　通号528 〔1995.7〕 p36〜39
奥山郁郎	第106回新聞講座——犯罪・事件と取材・報道の課題——"オウム事件"の投げかけたもの（パネルディスカッション）：新聞研究　通号529 〔1995.8〕 p56〜68
茶本繁正	メディア・レポート＜52＞松本サリン事件だけではないスクープ乱発でちらつく冤罪の構図：放送レポート　136号 〔1995.9〕 p38〜50
中郡英男	特集 テレビの「オウム報道」を追う まかり通る「推測・伝聞報道」 新聞記者からみたオウム報道：月刊民放　25（291）〔1995.9〕 p22〜24
林利隆	特集 テレビの「オウム報道」を追う 「オウム」から「テレビ」を考える 研究者からみたオウム報道：月刊民放　25（291）〔1995.9〕 p19〜21
梓沢和幸	特集 テレビの「オウム報道」を追う オウム・サリン報道を中間で振り返る 弁護士からみたオウム報道：月刊民放　25（291）〔1995.9〕 p16〜18
下村健一	特集 テレビの「オウム報道」を追う 狂騒曲へのプロローグ オウム真理教との1年半：月刊民放　25（291）〔1995.9〕 p25〜27
山口誉恭, 小櫻英夫, 上野邦治, 石井修平, 田村哲夫	特集 テレビの「オウム報道」を追う 座談会 不可解さの解明に総力戦で挑

	む：月刊民放　25（291）〔1995.9〕p8〜15
総合ジャーナリズム研究編集部	元事件記者の見た新聞報道--社会悪へのホコ先を鈍らせたもの（"オウム報道"症候群-2-）：総合ジャーナリズム研究所　32（04）〔1995.10〕p64〜74
神奈川大学田島ゼミナール	検証・松本サリン事件報道「犯罪報道」はどうあるべきか：放送レポート　137号〔1995.11〕p28〜32
山口欣次	事件と報道・序説：成蹊大学文学部紀要　通号31〔1996〕p137〜149
中郡英男	オウム報道に見るメディア：新聞通信調査会報　通号398〔1996.1〕
高里鈴代	欠けている基本的な「人権尊重」（沖縄少女暴行事件とジャーナリズム）：総合ジャーナリズム研究　33（01）〔1996.1〕p25〜29
ばばこういち, 元木昌彦, 田島泰彦	オウム事件報道の"後遺症"モザイク報道の病理：放送批評　No.319〔1996.2〕
飯室勝彦	人権に優劣, 軽重はない——オウム・サリン事件と裁判報道に求められるもの（記者読本'96）：新聞研究　通号536〔1996.3〕p25〜27
五十嵐二葉	オウム事件裁判とメディア——公判報道のゆがみをさらに広げるな：新聞研究　通号537〔1996.4〕p66〜69
辺見庸	オウム事件とメディア社会：放送レポート　140号〔1996.5〕p2〜11
降幡賢一	オウム事件裁判とメディア 時代の「自画像」を今度こそ——「オウム法廷」の目指すもの：新聞研究　通号538〔1996.5〕p50〜52
木附千晶	張り込み・隠し撮り・営業妨害「オウム」報道の現場から：金曜日　4（27）〔1996.7〕p20〜21
市村真一	被害者の二次被害避けるには——犯罪報道をめぐるアンケート調査から：新聞研究　通号541〔1996.8〕p42〜45
淵野貴生	犯罪報道と適正手続との交錯——共生モデル構築へ向けての序論的考察：法学　60（3）〔1996.8〕p589〜629
加藤雅規, 山本牧	北海道庁公費乱用 一連の報道（北海道新聞社）——不正暴き読者とともに考える（平成8年度新聞協会賞—＜授賞理由/受賞報告＞）：新聞研究　通号543〔1996.10〕p19〜22
塚本晴二朗	犯罪報道に関する今日的諸問題——神戸・児童連続殺傷事件の報道を事例として：法学紀要　通号39〔1997〕p351〜366
淵野貴生	被疑者・被告人の適正手続を受ける権利から見たオウム報道：法の科学 : 民主主義科学者協会法律部会機関誌「年報」　通号26〔1997〕p225〜236
江川紹子	「警察次第」の報道ではなく（97年 新聞に望む——曲がり角の時代に）：新聞研究　通号546〔1997.1〕p31〜33
浅野健一	犯罪報道現場の苦悩とメディア責任制度——統一綱領制定と日本報道評議会設立への具体的検討：評論・社会科学　通号56〔1997.1〕p29〜153
佐木隆三	事件と裁判報道——民放テレビへの提言：月刊民放　27（2）〔1997.2〕p4〜7
門奈直樹	「人命尊重」も批判精神で裏打ちして——ペルー人質事件から考える言論・報道の自由（記者読本'97）：新聞研究　通号548〔1997.3〕p35〜38
桂敬一	ペルー人質事件と言論の自由：世界　通号632〔1997.3〕p27〜30
藤田博司	ペルー公邸人質事件とジャーナリズム：総合ジャーナリズム研究　34（02）〔1997.4〕p4〜9
町田秀夫	取材体系は未確立だが新しい息吹も——スポーツ紙社会部一年：新聞研究　通号549〔1997.4〕p36〜39
権田万治	人質の安全と取材報道の自由——リマ日本大使公邸人質事件をめぐって：新聞研究　通号549〔1997.4〕p28〜31
渡辺武達	報道と人権 メディアの自由と人権侵害報道の境目：法学セミナー　通号508〔1997.4〕p12〜14
原寿雄	ペルー人質事件報道を考える 大使公邸内取材は"暴挙"か：放送レポート　146号〔1997.5〕p8〜15
岩本太郎	リマ公邸取材の内幕 ペルー人質事件メディア年表付 ＜特集＞テレ朝・人見記者"突撃取材"のどこが悪い！：放送批評　No.334〔1997.5〕
亀井淳	報道 神戸・小学生殺人にみるメディアの瑣末露出主義：金曜日　5（23）〔1997.6〕p60
鈴木達郎	情報生番組 渋谷OL殺人事件報道を考える：新・調査情報passingtime　2期（51）通号417〔1997.7〕p40〜40
永井大介	創刊30周年記念 特集〈マスコミ・平和・人権〉ペルー人質事件が残した問題：マスコミ市民　通号343〔1997.7〕p10〜12
古川洋	愚直なまでの粘りと体力——空前の規模と長さの取材を支えたもの（ペルー取材127日）：新聞研究　通号552〔1997.7〕p68〜70
清田治史	尾を引く, 割り切れぬ思い——取材陣にも多くの課題突きつける（ペルー取材127日）：新聞研究　通号552〔1997.7〕p65〜67
山崎弘	各地の共感得る地平切り開きたい——地域経済の自立と「一国二制度」（沖縄の声をどう聞くか）：新聞研究　通号553〔1997.8〕p31〜33
宇陽子	神戸からの発信 神戸須磨事件・マスコミ報道に思う：マスコミ市民　通号345〔1997.9〕p2〜6
丹羽小百合	報道 一〇年目の事件記者：新・調査情報passingtime　2期（51）通号418〔1997.9〕p38〜38
加藤譲	マスコミに残した教訓大きく（神戸・児童連続殺傷事件）：新聞研究　通号554〔1997.9〕p17〜19
斎藤慎一, 川端美樹	メディア報道が受け手の現実認識に及ぼす影響——オウム事件報道の場合：メディア・コミュニケーション : 慶応義塾大学メディア・コミュニケーション研究所紀要　通号48〔1998.3〕p105〜132
浅岡美恵	温暖化防止とメディアの役割：総合ジャーナリズム研究　35（02）〔1998.4〕p34〜37
立教大学社会学部服部ゼミ	朝日・毎日・読売三紙にみる ペルー人質事件報道の検証：放送レポート　152号〔1998.5〕p28〜34
小田桐誠	「サンディエゴ事件」の集中豪雨・引用報道を検証する：放送レポート　153号〔1998.7〕p54〜63
梓沢和幸	犯罪被害者の実情と報道上の課題——望みたい本格的な研究と多角的な対応：月刊民放　28（7）〔1998.7〕p30〜33
滝沢岩雄	欲求不満と消化不良を解消する——「新社会面」の試みと反響（双方向性強める新聞）：新聞研究　通号566〔1998.9〕p13〜15
増田耕一	失敗は繰り返せない——現場で考える和歌山ヒ素保険金事件報道：新聞研究　通号569〔1998.12〕p48〜52
総合ジャーナリズム研究編集部	FILE・J 和歌山・毒物カレー事件報道：総合ジャーナリズム研究所　36（01）（通号167）〔1999.1〕p7〜26
沢田正	原点を荒廃させてはいけない——和歌山毒物カレー、保険金詐欺事件から（「現場」の風景）：新聞研究　通号570〔1999.1〕p22〜25
浅野健一	三浦裁判 三浦和義さん再収監とメディアの責任——「ロス疑惑逆転無罪判決報道」の大問題：法学セミナー　44（1）〔1999.1〕p24〜28

社会・事件	ジャーナリズム

小城英子	神戸小学生殺害事件報道における識者コメントの内容分析——容疑者逮捕前の犯人像に関するコメントの質的分析：マス・コミュニケーション研究　通号54　〔1999.1〕　p127〜140
庄司正	ゴシップの中にもヒューマンストーリーを——芸能面は人間くさく（「遊び心」と新聞）：新聞研究　通号571　〔1999.2〕　p19〜22
国松孝次	報道への期待——被害者への理解促進する仕組みがほしい：新聞研究　通号571　〔1999.2〕　p46〜49
紀国渡	和歌山カレー事件　マスコミ現場記者が検証する：マスコミ市民　通号362　〔1999.2〕　p24〜29
木村哲也	和歌山カレー事件　担当弁護士がマスコミを批判する：マスコミ市民　通号362　〔1999.2〕　p12〜23
野沢和弘	新聞はだれの人権を守るのか——去勢されるジャーナリズム（記者読本'99）：新聞研究　通号572　〔1999.3〕　p26〜29
茨木正治	マスメディアにおける儀礼——日本海重油流出事故報道を手がかりに：北陸法学　6（4）〔1999.3〕　p75〜104
鳥越俊太郎	オンエアランプが消えて（47）被取材者へ想像力を欠いた大量動員報道が行き着く先は：論座　通号49　〔1999.5〕　p186〜189
淵野貴生	犯罪報道と適正手続の理念（1）：法学　63（2）〔1999.6〕　p194〜250
小城英子	神戸小学生殺害事件報道における識者コメントの内容分析：量的分析による識者の役割の検討：社会心理学研究　15（1）〔1999.8〕　p22〜33
飯室勝彦	常に疑いの目を捨てずに——「無罪推定」とジャーナリズム（裁判報道の何が課題か）：新聞研究　通号577　〔1999.8〕　p10〜13
後藤弘子	推知報道の禁止は社会の利益——事件から教訓学び再発防ぐには、正確な情報の提供が不可欠（裁判報道の何が課題か）：新聞研究　通号577　〔1999.8〕　p22〜25
佐木隆三	法律実務家の心胆を寒からしめる記事を——オウム裁判の傍聴席から（裁判報道の何が課題か）：新聞研究　通号577　〔1999.8〕　p14〜17
鳥越俊太郎	オンエアランプが消えて（56）現場から見えてくる「お受験殺人」報道の短絡：論座　通号58　〔2000.2〕　p174〜177
井上茂男	心の軌跡の検証が読者への注意喚起——宗教事件で求められる「引き込まれる瞬間」の報道（特集　時代の病理・犯罪・報道）：新聞研究　通号586　〔2000.5〕　p14〜17
阪本昌成	脱リーガル・モラリズムの重大な一歩——「社会的に正当な関心事」とは何か（特集2・堺通り魔事件・新潮社逆転勝訴判決をよむ）：新聞研究　通号586　〔2000.5〕　p31〜35
梅田正行	独自取材を尽くすしかない——警察不祥事と事件取材のこれから（特集　時代の病理・犯罪・報道）：新聞研究　通号586　〔2000.5〕　p10〜13
臺宏士	不正アクセス事件と新聞報道——新たな事象への対応本腰入れて考える時期に：新聞研究　通号586　〔2000.5〕　p49〜52
桑原毅	予測もしない結末・残された「なぜ」——京都の小学生殺害事件報道を振り返って（特集　時代の病理・犯罪・報道）：新聞研究　通号586　〔2000.5〕　p26〜29
河原理子	犯罪被害者報道を考える　伝えること、耳傾ける人になること——被害者を独立テーマとした報道を広げていく：新聞研究　通号588　〔2000.7〕　p39〜42
大竹秀子	NY発＝現地特別リポート　最悪の性暴力報道：総合ジャーナリズム研究　37（04）（通号 174）〔2000.9〕　p49〜55
坂口義弘	デマ報道・犯罪報道の卑劣：自由　42（11）通号489　〔2000.11〕　p145〜150
茶本繁正	メディア・レポート<85>　統一教会の言いがかりと投書者の"御用ライター"呼ばわりに反駁する：放送レポート　169号　〔2001.3〕　p46〜49
加藤久晴	映画のなかのマスコミ・ワイド版　松本サリン事件とテレビの"飛ばし"報道を問う『日本の黒い夏—冤罪』：放送レポート　169号　〔2001.3〕　p42〜45
井上三郎	被害者家族の思いを政府、米国に——地方紙の取材の国際化を痛感した「えひめ丸衝突・沈没事故」報道：新聞研究　（598）〔2001.5〕　p49〜52
徳永潔	事件の本質は遺族の悲しみにある——取材を通じて考える心の傷と報道（大阪・池田小学校児童殺傷事件とメディア）：新聞研究　（602）〔2001.9〕　p27〜30
清水克雄	「社会の崩れ」にどう立ち向かうか——未来に向かって新しい知恵と情報を伝える（大阪・池田小学校児童殺傷事件とメディア）：新聞研究　（602）〔2001.9〕　p35〜38
佐伯芳明	民放報道の現場から　「えひめ丸」衝突事故報道——試される新局の取材力（特集　民放報道——テレビジャーナリズムの課題）：月刊民放　31（11）通号365　〔2001.11〕　p27〜29
橋本崇	民放報道の現場から　附属池田小殺傷事件報道——増え続ける「伝えなければいけないこと」の中で（特集　民放報道——テレビジャーナリズムの課題）：月刊民放　31（11）通号365　〔2001.11〕　p24〜26
丹羽美之	CURRENT　ネット上にみる「旧石器ねつ造」報道の裏側：総合ジャーナリズム研究　38（01）（通号 175）〔2001.12〕　p52〜58
春木進	早期報道が被害の拡大防ぐ——オウム真理教とヤマギシ会の取材・報道経験から（特集　家族から現代を問う）：新聞研究　（606）〔2002.1〕　p39〜42
河野義行, 元木昌彦	元木昌彦のメディアを考える旅（57）河野義行（長野県公安委員）報道被害者の目的は名誉回復、メディアは有効な審査機関設置を：エルネオス　8（12）通号97　〔2002.12〕　p102〜105
小城英子	神戸小学生殺害事件の新聞報道における目撃証言の分析：社会心理学研究　18（2）〔2003.1〕　p89〜105
河原理子, 袴田直希, 清水潔, 猪野京子, 猪野憲一, 田島泰彦	シンポジウム　被害者報道の新しい形を求めて：放送レポート　182号　〔2003.5〕　p30〜38
津山昭英	メディアの主体性確立目指す——事件報道の指針を四年ぶりに改訂：新聞研究　（637）〔2004.8〕　p54〜57
長典俊	「なぜ報じるのか」を明確にする——社会心理への影響を考慮した多角的視点が必要（犯罪報道の現代的諸相）：新聞研究　（641）〔2004.12〕　p10〜13
掛井史朗	外国人問題はわれわれの問題——彼らを追い込む社会的背景に迫る（犯罪報道の現代的諸相）：新聞研究　（641）〔2004.12〕　p18〜20
徳永英彦	再発防止へ、まず事実の解明を——少年事件の密室性が議論を妨げる（犯罪報道の現代的諸相）：新聞研究　（641）〔2004.12〕　p21〜24
川島紳明	治安回復と新聞の役割——「大阪を安心のまちに」キャンペーン3年間の軌跡から（犯罪報道の現代的諸相）：新聞研究　（641）〔2004.12〕　p14〜17

		ジャーナリズム	社会・事件

酒井安行	世論・社会感情とメディアの機能——刑事立法・政策との関係から考える（犯罪報道の現代的諸相）：新聞研究 （641）〔2004.12〕 p25～28
木田隆文	〈新聞〉を語る人々——武田泰淳「情婦殺し」の言説空間：國文學論叢 50〔2005.2〕 p45～58
芹沢俊介	社会事件・事件記事の伸びやかさの衰弱（FEATURE 「戦後60年」のジャーナリズム(2)）：総合ジャーナリズム研究 42(02)（通号192）〔2005.3〕 p16～20
竹内誠	取材で得たものは読者のもの——警察取材十一年間で学んだこと（記者読本2005——記者となる君へ）：新聞研究 （644）〔2005.3〕 p24～27
江田和宏	重度知的障害者の誤認逮捕を報じて——再発防止に向けた決意のキャンペーン報道：新聞研究 （647）〔2005.6〕 p38～41
山城滋	大合併の近景と遠景を結ぶ——問われる地域に根ざした新聞の責務（検証・市町村合併と新聞の視点）：新聞研究 （647）〔2005.6〕 p18～21
塩谷裕一	提言報道で新世紀の国づくり考える——あらゆる角度から検証を続けたい（検証・市町村合併と新聞の視点）：新聞研究 （647）〔2005.6〕 p22～25
向井貴之	求められる報道のバランス感覚——懲戒処分公務員の実名公表基準調査から：新聞研究 （648）〔2005.7〕 p28～31
泊吉実	メディア不信の中で続いた遺族取材——情報を読者に伝える責任とのはざまで（JR福知山線脱線事故報道を振り返る）：新聞研究 （649）〔2005.8〕 p56～59
高梨柳太郎	"命を守る"事故報道に取り組む——被害者とのきずなを軸足に（JR福知山線脱線事故報道を振り返る）：新聞研究 （649）〔2005.8〕 p52～55
小黒純	誤報の原因分析——「香田さん殺害」報道を事例に：龍谷大学社会学部紀要 （28）〔2006〕 p1～14
浅野健一	犯罪被害者とジャーナリズム——事件事故報道の解体的出直しを：評論・社会科学 （78）〔2006.1〕 p37～141
吉永亮治	メディア側にも反省点はなかったか——取材の足腰鍛え、読者を味方につける（匿名社会と向き合うメディア）：新聞研究 （655）〔2006.2〕 p22～24
下村健一	今、まず我々メディア人がすべきこと——犯罪被害者・家族の声を聞いて考える（匿名社会と向き合うメディア）：新聞研究 （655）〔2006.2〕 p25～28
藤田和之	紙上で異議唱えたキャンペーン——デメリットを読者に提示し危機感を共有する（匿名社会と向き合うメディア）：新聞研究 （655）〔2006.2〕 p19～21
原田宏二	北海道新聞が警察に届した日：マスコミ市民 通号447〔2006.4〕 p38～46
井上泰浩	アメリカにおける被害者報道の試み——トラウマ理解を出発点にしたメディアの信頼回復：新聞研究 （660）〔2006.7〕 p42～45
ヒム, イスラム・モハメッド	"アルカイダ"という冤罪と報道被害（特集 えん罪報道とメディア・スクラム）：マスコミ市民 通号451〔2006.8〕 p9～15
飯田正剛	メディア・スクラムの違法性——検証・秋田連続児童遺体発見事件：放送レポート 202号〔2006.9〕 p8～12
高橋祥友	自殺報道とマスメディア——予防に直結する建設的な取り組みに期待する（メンタルヘルスの報じ方）：新聞研究 （662）〔2006.9〕 p44～47
奥武則	犯罪報道を「美しい言葉」で語ってはいけない——無罪推定原則と「推定有罪」仮説（特集 犯罪の取材と報道）：月刊民放 36(11)通号425〔2006.11〕 p16～19
北口末広	走りながら考える（第67回）冷静にメディア各社に質問したい——初期報道に問題はないか：ヒューマンライツ （224）〔2006.11〕 p24～27
佐藤一	警察裏金問題を取材して（メディア総研ジャーナリズム講座第二回 ニュースを発掘する）：放送レポート 204号〔2007.1〕 p3～7
佐久間誠	鉄建公団訴訟とメディア（メディア総研ジャーナリズム講座第二回 ニュースを発掘する）：放送レポート 204号〔2007.1〕 p18～22
山口正紀	リンチ化する司法とメディア（特集 えん罪事件報道のその後）：マスコミ市民 通号457〔2007.2〕 p2～10
花烏賊康繁	山形マット死事件のその後 期待したいマスコミ界の「自浄能力」（特集 えん罪事件報道のその後）：マスコミ市民 通号457〔2007.2〕 p22～24
浅野健一	犯罪報道改革でジャーナリズムの再生を（特集 「マスコミ市民」40年のあゆみ）：マスコミ市民 通号458〔2007.3〕 p27～31
伊藤高史	ウォーターゲート事件再考 報道はいかにして社会を動かし得るか：AIR21 （203）〔2007.4〕 p40～57
前田絵	風化させないために書き続ける——事件発生を目の前に携帯電話を握り締めた（長崎市長射殺事件）：新聞研究 （671）〔2007.6〕 p47～49
梓沢和幸	報道被害に取り組む 市民のための報道の自由を目指して：新聞通信調査会報 通号551〔2007.12〕 p1～5
小林恭子	規制に果敢に挑戦するメディア——英国の陪審制と報道のかかり（裁判員制度と取材・報道（第1回））：新聞研究 （679）〔2008.2〕 p19～22
鈴木秀美	信頼回復へ事件報道の見直しを——知る権利に応える報道の役割に期待（裁判員制度と取材・報道（第1回））：新聞研究 （679）〔2008.2〕 p15～18
総合ジャーナリズム研究編集部	海外の「裁判と報道」事情（転機を迎える「刑事裁判」報道）：総合ジャーナリズム研究所 45(02)（通号204）〔2008.3〕 p4～12
里見繁	現役テレビプロデューサーの激白 冤罪報道の客観性を問う！ 『袴田被告』が『袴田さん』に変わるまで：冤罪file（1）〔2008.3〕 p46～51
若菜英晴	匿名社会に流されないために——「傷つける」恐れを持ちながら実名報道を守る（記者読本2008—記者となる君へ）：新聞研究 （680）〔2008.3〕 p18～21
中井一平, 福地献一, 齊藤善也	座談会 事件・裁判報道を考える（裁判員制度と取材・報道（第2回））：新聞研究 （682）〔2008.5〕 p10～21
片岡健	林眞須美被告人は本当に毒婦だったのか（中）（特集 えん罪事件の真相）：マスコミ市民 通号472〔2008.5〕 p44～49
大江昇	報道から学ぶ——銃器問題を考える：Keisatsu jiho 63(5)〔2008.5〕 p22～27
大江昇	報道から学ぶ——検視の徹底について：Keisatsu jiho 63(6)〔2008.6〕 p23～28
篠田博之	三浦和義さんのサイパン過熱報道は、何だったのか（特集 司法とメディアを考える）：マスコミ市民 通号474

		〔2008.7〕 p16～21
大江昇	報道から学ぶ——秘密の暴露：Keisatsu jiho　63（7）〔2008.7〕　p22～27	
水島宏明	隠された貧困を社会に問い続ける——「ネットカフェ難民」映像で活字で描いた（格差社会の深層に迫る）：新聞研究　（685）〔2008.8〕　p28～31	
湯浅誠	底辺に生きる生身の姿伝えてほしい——反貧困活動の現場から報道への期待と注文（格差社会の深層に迫る）：新聞研究　（685）〔2008.8〕　p32～35	
大江昇	報道から学ぶ——ニュースから読む大学の自治：Keisatsu jiho　63（8）〔2008.8〕　p21～24	
大江昇	報道から学ぶ——ニュースから読む人事管理：Keisatsu jiho　63（9）〔2008.9〕　p22～27	
大江昇	報道から学ぶ——ニュースから読む正当防衛：Keisatsu jiho　63（10）〔2008.10〕　p22～26	
大江昇	報道から学ぶ——殺人事件の時効アンケート：Keisatsu jiho　63（11）〔2008.11〕　p21～26	
山田健太	開かれた司法を放送はどう描くのか（特集　裁判員制度と取材・報道）：月刊民放　38（12）通号450　〔2008.12〕　p20～25	
川村直子	報道の功罪を考える　「高知落雷訴訟」家族取材　「逆転勝訴」に結実した思い：Journalism　（223）〔2008.12〕　p82～84	
大江昇	報道から学ぶ——不正競争防止法：Keisatsu jiho　63（12）〔2008.12〕　p18～23	
大谷昭宏	事件記者（2）二つの事件をつなぐもの——元厚生事務次官襲撃事件と秋葉原事件：月刊百科　（555）〔2009.1〕　p10～15	
大谷昭宏	事件記者（3）事件ジャーナリズムは予想屋ではない——再び元厚生事務次官襲撃事件から：月刊百科　（556）〔2009.2〕　p26～31	
大江昇	報道から学ぶ——警察白書無関心の壁：Keisatsu jiho　64（2）〔2009.2〕　p24～30	
大谷昭宏	事件記者（4）記者の道は一本道：月刊百科　（557）〔2009.3〕　p8～13	
浅野健一	裁判員裁判と犯罪報道（上）「人を裁く」司法ではなく冤罪の発見の場に：マスコミ市民　通号482　〔2009.3〕　p36～42	
大江昇	報道から学ぶ——捜査目的の隠し撮り：Keisatsu jiho　64（3）〔2009.3〕　p23～27	
大谷昭宏	事件記者（5）私が大阪読売を選んだ理由：月刊百科　（558）〔2009.4〕　p8～13	
川岸令和	刑事裁判とは異なる報道の役割に期待——各社の指針を読んで（裁判員制度と取材・報道（第3回））：新聞研究　（693）〔2009.4〕　p30～33	
石塚伸一	市民の司法参加と報道のあり方——裁判員裁判、被害者参加、そして死刑（裁判員制度と取材・報道（第3回））：新聞研究　（693）〔2009.4〕　p41～44	
竹田昌弘	事件報道の質高める取り組み——ガイドラインのマニュアル化避ける（裁判員制度と取材・報道（第3回））：新聞研究　（693）〔2009.4〕　p19～21	
星春海	取材報道指針、一年の運用を経て——書く側の意識変えるきっかけにも（裁判員制度と取材・報道（第3回））：新聞研究　（693）〔2009.4〕　p10～12	
和泉聡	情報の出所明示原則を明確化——積極的な事件報道へ議論重ねる（裁判員制度と取材・報道（第3回））：新聞研究　（693）〔2009.4〕　p13～15	
平岡啓	新聞協会の裁判員取材の考え方——クラブ主導で記者会見開催を（裁判員制度と取材・報道（第3回））：新聞研究　（693）〔2009.4〕　p25～27	
片山学	大切なのは多角的視点で伝えること——光市母子殺害事件公判取材で課題となった「対等報道」（裁判員制度と取材・報道（第3回））：新聞研究　（693）〔2009.4〕　p38～40	
古井大樹	丹念な取材で犯人視報道からの脱皮を——秋田県藤里町連続児童殺害事件を通して見えた課題（裁判員制度と取材・報道（第3回））：新聞研究　（693）〔2009.4〕　p34～37	
伊藤正志	犯人視しないための表現を追求——紋切り型を見直す機会にも（裁判員制度と取材・報道（第3回））：新聞研究　（693）〔2009.4〕　p16～18	
浅野健一	裁判員裁判と犯罪報道（中）「人を裁く」で冤罪増加の危険性：マスコミ市民　通号483　〔2009.4〕　p38～43	
山本ケイ	裁判員制度開始に伴う記事表現見直しで無視された「匿名報道」：マスコミ市民　通号483　〔2009.4〕　p44～49	
大江昇	報道から学ぶ——デジタル・フォレンジック：Keisatsu jiho　64（4）〔2009.4〕　p24～28	
大谷昭宏	事件記者（6）栗山社長と清水さんのこと：月刊百科　（559）〔2009.5〕　p14～19	
田島泰彦	ジャーナリズムを読む（2）裁判員制度でメディアは変わるのか：時評　51（5）通号554　〔2009.5〕　p74～76	
大江昇	報道から学ぶ——交通問題：Keisatsu jiho　64（5）〔2009.5〕　p28～31	
大谷昭宏	事件記者（7）上司と雲は流れて行く：月刊百科　（560）〔2009.6〕　p30～35	
大江昇	報道から学ぶ——文学から警察を見る：Keisatsu jiho　64（6）〔2009.6〕　p27～30	
大谷昭宏	事件記者（8）「魚のおいしい所」からのスタート：月刊百科　（561）〔2009.7〕　p34～39	
大江昇	報道から学ぶ——裁判員による裁判制度：Keisatsu jiho　64（7）〔2009.7〕　p22～26	
大谷昭宏	事件記者（9）私はなぜ「菅家さん無罪」を主張したか：月刊百科　（562）〔2009.8〕　p36～41	
森下俊一	袴田事件発生から四十三年の今——細かいフォローこそ地元紙の使命（風化を防ぐ——継続報道の重要性）：新聞研究　（697）〔2009.8〕　p16～19	
大坪信剛	事件解決に向け、情報提供求める——連載「忘れない——『未解決』を歩く」の取り組み（風化を防ぐ——継続報道の重要性）：新聞研究　（697）〔2009.8〕　p8～11	
山口敦	人の生死を取り上げる新聞の覚悟——JR福知山線脱線事故の継続取材から（風化を防ぐ——継続報道の重要性）：新聞研究　（697）〔2009.8〕　p24～27	
大江昇	報道から学ぶ——ひき逃げ事件：Keisatsu jiho　64（8）〔2009.8〕　p24～28	
大谷昭宏	事件記者（10）キャリア警察官、川畑さんから教わったこと：月刊百科　（563）〔2009.9〕　p38～43	
大西祐資	裁判員時代を迎えた報道の試み——舞鶴女子高生殺害事件の紙面展開から：新聞研究　（698）〔2009.9〕　p67～70	
大江昇	報道から学ぶ——爆発物対策：Keisatsu jiho　64（9）〔2009.9〕　p26～31	
大谷昭宏	事件記者（11）人の人生に引導を渡す仕事：月刊百科　（564）〔2009.10〕　p34～39	
西村睦生	視聴者の関心に応える「疑似体験」——「同時進行　裁判員裁判」の取り組み（裁判員制度と取材・報道（第4回））：新聞研究　（699）〔2009.10〕　p51～53	

溝口烈	制度検証に向け、市民の声伝える——成果上げた裁判員経験者の記者会見(裁判員制度と取材・報道(第4回)):新聞研究　(699)〔2009.10〕p48〜50	
大江昇	報道から学ぶ——ストーカー規制法:Keisatsu jiho　64(10)〔2009.10〕p25〜31	
大谷昭宏	事件記者(12)愛すべき検事クマさんのこと:月刊百科　(565)〔2009.11〕p38〜43	
珍田秀樹	性犯罪事件をどう報道すべきか——青森地裁の裁判員裁判をみて:新聞研究　(700)〔2009.11〕p77〜79	
大谷昭宏	事件記者(13)「事件に強い記者」という称号:月刊百科　(566)〔2009.12〕p46〜51	
大江昇	報道から学ぶ——サイバー犯罪:Keisatsu jiho　64(12)〔2009.12〕p27〜32	
大谷昭宏	事件記者(14)裏取引という禁じ手:月刊百科　(567)〔2010.1〕p38〜43	
神保太郎	メディア批評(第26回)(1)吉野文六証言はどのように報じられたか(2)人権に鈍感な犯罪報道:世界　(801)〔2010.2〕p86〜93	
大江昇	報道から学ぶ——公務員の懲戒処分:Keisatsu jiho　65(2)〔2010.2〕p34〜38	
総合ジャーナリズム研究編集部	各地裁で報道対応の問題が続出(裁判員裁判と報道の1年　裁判員制度、そしてこの1年(09年〜10年)):総合ジャーナリズム研究所　47(02)(通号 212)〔2010.3〕p11〜19	
藤田博司	検察報道とメディアの建前(メディア談話室):メディア展望　通号578〔2010.3〕p36〜37	
大谷昭宏	事件記者(16)泣きたくなるほど好きな町、釜ヶ崎:月刊百科　(569)〔2010.3〕p36〜41	
近藤豊和	情報環境の大変容と事件・事故報道——丁寧で緻密な事実の積み重ねが望まれる(記者読本2010—記者となる君へ):新聞研究　(704)〔2010.3〕p16〜19	
大江昇	報道から学ぶ——インフルエンザ対策:Keisatsu jiho　65(3)〔2010.3〕p31〜36	
大谷昭宏	事件記者(17)犬も歩けば特ダネに当たる:月刊百科　(570)〔2010.4〕p38〜43	
竹田昌弘	公正さを説明し、批判に応える——事件報道の改革の中で(捜査情報をなぜ報道するのか):新聞研究　(705)〔2010.4〕p32〜35	
柴田鉄治	道新ともあろうものが(特集 志を失ったメディア):マスコミ市民　通号495〔2010.4〕p17〜19	
高田昌幸, 川崎泰資	北海道警裏金問題の報道をめぐる裁判とジャーナリズムのあり方(特集 志を失ったメディア):マスコミ市民　通号495〔2010.4〕p2〜16	
大江昇	報道から学ぶ——110番の日:Keisatsu jiho　65(4)〔2010.4〕p31〜37	
大谷昭宏	事件記者(18)釜ヶ崎における法と掟:月刊百科　(571)〔2010.5〕p42〜47	
河原理子	説明尽くし、報道への理解求めよ——地下鉄サリン事件から15年 犯罪被害者報道の今:新聞研究　(706)〔2010.5〕p46〜49	
大江昇	報道から学ぶ——犯罪白書:Keisatsu jiho　65(5)〔2010.5〕p33〜37	
総合ジャーナリズム研究編集部	裁判員と記者会見をめぐる報道から(裁判員裁判と報道の1年):総合ジャーナリズム研究所　47(03)(通号 213)〔2010.6〕p9〜11	
総合ジャーナリズム研究編集部	裁判員裁判と報道の1年:総合ジャーナリズム研究所　47(03)(通号 213)〔2010.6〕p20〜22	
総合ジャーナリズム研究編集部	裁判員裁判のあり方に新たな課題(裁判員裁判と報道の1年　裁判員制度、そしてこの1年(09年〜10年)):総合ジャーナリズム研究所　47(03)(通号 213)〔2010.6〕p3〜40	
総合ジャーナリズム研究編集部	裁判員制度、そしてこの1年(09年〜10年)(裁判員裁判と報道の1年):総合ジャーナリズム研究所　47(03)(通号 213)〔2010.6〕p12〜16	
総合ジャーナリズム研究編集部	裁判員制度、それはどこからきたのか(01年〜09年)(裁判員裁判と報道の1年):総合ジャーナリズム研究所　47(03)(通号 213)〔2010.6〕p7〜17	
総合ジャーナリズム研究編集部	裁判員制度と取材・報道のあり方(裁判員裁判と報道の1年　裁判員制度、それはどこからきたのか(01年〜09年)):総合ジャーナリズム研究所　47(03)(通号 213)〔2010.6〕p32〜34	
総合ジャーナリズム研究編集部	裁判員制度「広報」とメディアの不祥事(裁判員裁判と報道の1年　裁判員制度、それはどこからきたのか(01年〜09年)):総合ジャーナリズム研究所　47(03)(通号 213)〔2010.6〕p30〜37	
総合ジャーナリズム研究編集部	裁判員制度導入をめぐる関連資料(04年〜09年)(裁判員裁判と報道の1年):総合ジャーナリズム研究所　47(03)(通号 213)〔2010.6〕p30〜32	
総合ジャーナリズム研究編集部	新聞協会「ガイドライン」まとめる(裁判員裁判と報道の1年　裁判員制度、それはどこからきたのか(01年〜09年)):総合ジャーナリズム研究所　47(03)(通号 213)〔2010.6〕p8〜16	
大谷昭宏	事件記者(19)裏社会の取材をめぐる記者の掟:月刊百科　(572)〔2010.6〕p40〜45	
大江昇	報道から学ぶ——都内最大の暴走族 大田連合壊滅状態:Keisatsu jiho　65(6)〔2010.6〕p39〜44	
大谷昭宏	事件記者(20)アウトローの掟とは「筋と面子」:月刊百科　(573)〔2010.7〕p34〜39	
大出良知	意見表明に枠をはめる規定は妥当か——裁判員・裁判官の守秘義務をめぐる問題(裁判員制度と取材・報道(第5回)):新聞研究　(708)〔2010.7〕p36〜39	
小泉敬太	貴重な声を制度検証に生かすために——裁判員記者会見1年の成果と課題(裁判員制度と取材・報道(第5回)):新聞研究　(708)〔2010.7〕p26〜29	
竹田昌弘	熱く取材し、冷静に工夫して書く——事件報道見直し後の変化を考える(裁判員制度と取材・報道(第5回)):新聞研究　(708)〔2010.7〕p40〜43	
大谷昭宏	事件記者(21)花の捜査一課担当:月刊百科　(574)〔2010.8〕p28〜33	
大江昇	報道から学ぶ——サッカーとサイバー犯罪:Keisatsu jiho　65(8)〔2010.8〕p35〜40	
大谷昭宏	事件記者(22)強い事件記者は読者のためにある:月刊百科　(575)〔2010.9〕p22〜27	
大江昇	報道から学ぶ——児童ポルノ:Keisatsu jiho　65(9)〔2010.9〕p28〜32	
大谷昭宏	事件記者(23)十九歳OL殺人事件:月刊百科　(576)〔2010.10〕p24〜29	
大江昇	報道から学ぶ——年金問題:Keisatsu jiho　65(10)〔2010.10〕p43〜47	
大谷昭宏	事件記者(24)三菱銀行人質事件:月刊百科　(577)〔2010.11〕p24〜29	
大江昇	報道から学ぶ——ゴルフ場スイング火災:Keisatsu jiho　65(11)〔2010.11〕p36〜40	
音好宏, 上出義樹	伝えられない「真実」——足利事件報道に見る日本のマス・メディアの古くて新しい課題:コミュニケーション研究　(41)〔2011〕p17〜34	
樋口克次	大学における新聞利用の広がりを求めて——大学におけるNIE実践の提案:日本NIE学会誌　(6)〔2011〕p89〜92	
呉源	中国の新聞における犯罪報道の現状と今後の展望 :　『人民日報』と『南方都市報』の分析から:メディア学 :　文	

		化とコミュニケーション　（26）〔2011〕p51～64
大谷昭宏	事件記者(26)グリコ・森永事件(1)：月刊百科　（579）〔2011.1〕p30～35	
正田千瑞子	事故の本質、伝えられたか——生中継の熱狂の陰で（チリの鉱山作業員救出の報道から）：新聞研究　（714）〔2011.1〕p36～39	
平山亜理	前代未聞の救出劇の背景——取材の過程で見えてきたもの（チリの鉱山作業員救出の報道から）：新聞研究　（714）〔2011.1〕p40～43	
大江昇	報道から学ぶ——窃盗事件の現状と街頭犯罪対策：Keisatsu jiho　66(1)〔2011.1〕p29～34	
大谷昭宏	事件記者(27)グリコ・森永事件(2)：月刊百科　（580）〔2011.2〕p28～33	
大江昇	報道から学ぶ——平成22年版犯罪白書：Keisatsu jiho　66(2)〔2011.2〕p32～36	
田島泰彦, 藤森研, 木戸哲　座談会 検察・事件報道を考える：放送レポート　229号　〔2011.3〕p8～14		
大谷昭宏	事件記者(28)グリコ・森永事件(3)：月刊百科　（581）〔2011.3〕p28～33	
雪松博明	制度の本質に迫る努力を——裁判員裁判と取材・報道の現場（記者読本2011—記者となる君へ）：新聞研究　（716）〔2011.3〕p36～39	
大江昇	報道から学ぶ——偽装結婚について：Keisatsu jiho　66(3)〔2011.3〕p31～36	
大谷昭宏	事件記者(29)言論と暴力：月刊百科　（582）〔2011.4〕p34～39	
福島幸助	報道の読み方——新聞の読み方：Keisatsu jiho　66(4)〔2011.4〕p31～36	
大谷昭宏	事件記者(30)被災者と寄り添う目を：月刊百科　（583）〔2011.5〕p38～43	
福島幸助	報道の読み方——警察について：Keisatsu jiho　66(5)〔2011.5〕p29～33	
大谷昭宏	事件記者(31)「遠い親戚」への思い：月刊百科　（584）〔2011.6〕p38～43	
福島幸助	報道の読み方——オウム真理教事件について：Keisatsu jiho　66(6)〔2011.6〕p22～26	
岡田力	新人記者のための事件・事故取材講座(1)迷ったら現場へ 取材相手の心を開かせよう：Journalism　（254）〔2011.7〕p86～94	
福島幸助	報道の読み方——一般企業の役職と役割について：Keisatsu jiho　66(7)〔2011.7〕p25～29	
岡田力	新人記者のための事件・事故取材講座(2)捜査当局は組織で動く情報のラインを取材しよう：Journalism　（255）〔2011.8〕p80～88	
福島幸助	報道の読み方——東日本大震災の警察対応について：Keisatsu jiho　66(8)〔2011.8〕p29～33	
岡田力	新人記者のための事件・事故取材講座(最終回)汚職など2課事件は捜査機関以外から情報を取ろう：Journalism　（256）〔2011.9〕p80～88	
福島幸助	報道の読み方——警備業について：Keisatsu jiho　66(9)〔2011.9〕p22～28	
福島幸助	報道の読み方——時効制度について：Keisatsu jiho　66(10)〔2011.10〕p19～24	
福島幸助	報道の読み方——暴力団排除条例について：Keisatsu jiho　66(11)〔2011.11〕p9～15	
和佐徹哉	「第2のオウム」防ぐためには：不安定化する社会での報道の課題と教訓（オウム裁判の区切りを迎えて）：新聞研究　（727）〔2012.2〕p34～37	
瀬口晴義	問われたメディアの姿勢とその変化：裁判取材、松本サリン事件などから考える（オウム裁判の区切りを迎えて）：新聞研究　（727）〔2012.2〕p38～41	
福島幸助	報道の読み方：刑罰と性犯罪の裁判について：Keisatsu jiho　67(2)〔2012.2〕p20～24	
福島幸助	報道の読み方：高齢化の進展と振り込め詐欺対策について：Keisatsu jiho　67(3)〔2012.3〕p22～27	
柴田建哉	逮捕から更生まで：被告匿名の背景にある犯罪報道の視点（光市母子殺害事件の判決報道から）：新聞研究　（730）〔2012.5〕p48～51	
野澤俊司	「鈍角的」報道を積み重ねる：多様な視点を持って（沖縄復帰40年を迎えて）：新聞研究　（731）〔2012.6〕p58～61	
神保太郎	メディア批評(第54回)(1)核心の見えないAIJ事件報道 (2)マイナンバー法案 問われるメディアの「感度」：世界　（831）〔2012.6〕p71～78	
壱岐一郎	犯行なき殺人？ —仙台・北陵クリニック事件で問われる初期報道：放送レポート　237号　〔2012.7〕p56～61	
大沢陽一郎	裁判員経験者の言葉が意味するもの：記者会見の意義と課題を考える（司法取材・報道：裁判員制度から3年）：新聞研究　（733）〔2012.8〕p34～37	
酒田英紀	事件・裁判報道は変わったか：ガイドラインの運用と現場記者の意識（司法取材・報道：裁判員制度から3年）：新聞研究　（733）〔2012.8〕p38～41	
総合ジャーナリズム研究編集部　裁判員と記者会見・報道の対応（FEATURE 裁判員制度3年と報道）：総合ジャーナリズム研究所　49(04)＝222〔2012.9〕p38～41		
総合ジャーナリズム研究編集部　裁判員制度、そしてこの3年（FEATURE 裁判員制度3年と報道）：総合ジャーナリズム研究所　49(04)＝222〔2012.9〕p16～19		
山田健太	事件・裁判報道の改革に向けて（FEATURE 裁判員制度3年と報道）：総合ジャーナリズム研究　49(04)＝222〔2012.9〕p42100	
総合ジャーナリズム研究編集部　法施行3年、ことし節目の報道（FEATURE 裁判員制度3年と報道）：総合ジャーナリズム研究所　49(04)＝222〔2012.9〕p30～37		
森永玲	連載企画「居場所を探して：累犯障害者たち」長崎新聞社 当事者に当たり、現実を切り取る（平成24年度新聞協会賞—受賞報告 編集部門）：新聞研究　（735）〔2012.10〕p26～29	
井田香奈子	裁判員制度の評議と報道：英国陪審制度が示唆するもの：マス・コミュニケーション研究　（82）〔2013〕p231～249	
曽我部真裕	裁判員制度と報道：NHKスペシャル尼崎事件再現映像番組から再考する：新聞研究　（746）〔2013.9〕p43～47	
門脇康郎	「名張毒ぶどう酒事件」を追い続けて：放送レポート　（244）〔2013.9〕p2～6	
森炎	「裁判批判」報道のすすめ：今メディアに何が求められているのか（再審・冤罪事件がメディアに問うものとは）：新聞研究　（755）〔2014.6〕p31～34	
加藤美喜	半世紀、振り子の司法を追う：名張毒ぶどう酒事件報道から見えるもの（再審・冤罪事件がメディアに問うものとは）：新聞研究　（755）〔2014.6〕p22～26	
香川徹也	運用実態への理解深める必要：制度の本質踏まえ多角的な報道を（裁判員制度5年 司法と事件報道は変わったか）：新聞研究　（756）〔2014.7〕p12～15	

ジャーナリズム

社会・事件

藤森研	開かれた裁判、フェアな報道は実現したか ： 刑事司法全体とらえ視野の広い報道を（裁判員制度5年 司法と事件報道は変わったか）：新聞研究 （756）〔2014.7〕 p8～11
大沢陽一郎	公正な報道と果敢な取材が不可欠 ： 司法制度変革期における課題（裁判員制度5年 司法と事件報道は変わったか）：新聞研究 （756）〔2014.7〕 p16～19
新納剛史	根気強く重層的な取材続ける ： 鹿児島地裁無罪判決とその後の報道から（裁判員制度5年 司法と事件報道は変わったか）：新聞研究 （756）〔2014.7〕 p28～31
浜田耕治	裁判のその後に目を向ける ： 変わりつつある記者の意識（裁判員制度5年 司法と事件報道は変わったか）：新聞研究 （756）〔2014.7〕 p24～27
中井大助	守秘義務の在り方を考える ： 米国陪審員の経験を踏まえて（裁判員制度5年 司法と事件報道は変わったか）：新聞研究 （756）〔2014.7〕 p40～43
高井康行	判決の論理解き明かす報道を ： 制度導入で問われる検察の取り調べ能力（裁判員制度5年 司法と事件報道は変わったか）：新聞研究 （756）〔2014.7〕 p32～35
宮村啓太	法曹三者間の議論と事件報道 ： 弁護人から見た現状と課題（裁判員制度5年 司法と事件報道は変わったか）：新聞研究 （756）〔2014.7〕 p36～39
小松浩永	松本サリン事件を語り継ぐ ： 20年を経た関係者の思い伝える：新聞研究 （758）〔2014.9〕 p52～55
青木理	司法を正す（第10回）北海道警に裏金を認めさせた記者 高田昌幸氏 記者は、警察ではなく読者に信頼されるべき： 金曜日 22（36）通号1026 〔2014.9〕 p32～33
田渕徹郎	根気強く事件に向き合う ： 佐世保高1女子同級生殺害事件と報道：新聞研究 （759）〔2014.10〕 p78～81
岸本鉄平, 峰政博	「推定無罪」を堅持し試行錯誤 ： 舞鶴女子高生殺害事件の報道を振り返る：新聞研究 （759）〔2014.10〕 p82～85

〔図 書〕

高村暢児	社会部の屑籠―生き返った秘話十六題　新書房　1955.11　222p　17cm
竹森一男	社会部記者No.1　光風社　1958　283p　19cm
毎日新聞社大阪本社	社会部記者―大毎社会部70年史　毎日新聞社大阪本社　1971　350p　図　21cm　非売
牧太郎	社会部記者が見た芸能界裏の裏　毎日新聞社　1978.1　222p　19cm　780円
読売新聞社	社会部史　1　読売新聞大阪本社社会部　1980.9　325p　26cm　2300円
島田一男	社会部長―社会部記者　春陽堂書店　1982.5　254p　16cm　360円　（春陽文庫）
読売新聞社	捜索報道　新潮社　1983.6　265p　20cm　1100円
マスコミ市民編集部	メディアの犯罪―報道の人権侵害を問う　日本マスコミ市民会議　1985.8　308p　20cm　1600円　（マスコミ市民双書）
前沢猛	マスコミ報道の責任　三省堂　1985.9　288p　19cm　1800円
浅野健一	犯罪報道は変えられる　日本評論社　1985.12　366p　20cm　1600円
神戸四郎	NHK社会部記者　朝日新聞社　1986.3　286p　20cm　1200円
浅野健一	犯罪報道と警察　三一書房　1987.7　350p　18cm　800円　（三一新書）
朝日新聞東京社会部OB会	青春社会部記者　社会保険出版社　1988.9　323p　20cm　1500円
梶谷善久	「大」韓航空機事件とマスコミ　大平出版社　1988.9　92p　21cm　880円　（アジアナウ no.1）
原正寿	マスコミ煽動―潜水艦「なだしお」事故の歪められた真実　全貌社　1989.6　251p　19cm　1500円
朝日新聞社社会部	リクルート報道―ドキュメント　朝日新聞社　1989.9　277p　19cm　1260円
飯室勝彦	社会部記者の事件記事考　三一書房　1990.1　320p　20cm　2200円
浅野健一	過激派報道の犯罪―マスコミの権力を批判する　三一書房　1990.5　300p　18cm　800円　（三一新書）
朝日新聞社社会部	日航ジャンボ機墜落―朝日新聞の24時　朝日新聞社　1990.8　331p　15cm　490円　（朝日文庫）
朝日新聞東京社会部OB会	戦争と社会部記者　騒人社　1990.12　333p　20cm　1500円
山際永三	報道被害―11人の告発　創出版　1991.8　239p　19cm　1400円
五十嵐二葉	犯罪報道　東京電力　1991.10　162,14p　27cm　1500円　（東電文庫 54）
佐藤友之	犯罪報道と精神医学―現代魔女狩り論　三一書房　1993.3　283p　18cm　900円　（三一新書）
朝日新聞東京社会部OB会	警察回り記者　騒人社　1993.4　325p　20cm　1500円
メディアと人権を考える会	犯罪報道と人権―徹底討論　現代書館　1993.5　230p　20cm　2060円
新・書かれる立場書く立場―読売新聞の「報道と人権」　読売新聞社　1995.4　302p　19cm	
山口正紀, 浅野健一	匿名報道―メディア責任制度の確立を　学陽書房　1995.4　273p　20cm
オウム報道の犯罪―この「ジャーナリスト」たちの罪と罰 緊急出版　神保出版会　1995.7　230p　19cm　1500円	
現代人文社	検証！ オウム報道―今回だけが例外なのか？　現代人文社　1995.7　192p　21cm　1500円
小林弘忠	マスコミvs.オウム真理教　三一書房　1995.7　214p　19cm　1500円
須田慎太郎, 立花隆	スキャンダラス報道の時代80年代　翔泳社　1995.9　291p　21cm　1800円
オウム事件取材全行動　毎日新聞社　1995.10　315p　19cm　1500円	
朝日新聞大阪社会部	社会部記者は見た―事件でつづる戦後50年　かもがわ出版　1995.11　194p　21cm　1600円
浅野健一	マスコミ報道の犯罪　講談社　1996.3　340p　15cm　580円　（講談社文庫）
山本武利	マスコミは人を裁けるか―報道される側の人権　ポプラ社　1996.4　188p　19cm　1200円　（ポプラ・ノンフィクションbooks 1）
浅野健一	「犯罪報道」の再犯―さらば共同通信社　第三書館　1997.2　425p　20cm　2700円
浅野健一	オウム「破防法」とマスメディア―続「犯罪報道」の再犯　第三書館　1997.5　356p　20cm　2400円
浅野健一	犯罪報道とメディアの良心―匿名報道と揺らぐ実名原則　第三書館　1997.8　415p　20cm　2600円
喜田村洋一	報道被害者と報道の自由　白水社　1999.5　214p　20cm　1800円
日本新聞教育文化財団	報道と取材源―新聞/放送/第一線記者のためのハンドブック　日本新聞協会　2000.1　103p　15cm　371円
前納弘武	離島とメディアの研究―小笠原篇　学文社　2000.2　339p　22cm　5714円

地方・地域・市民　　　　　　　　ジャーナリズム

井上安正　　検証！事件報道　宝島社　2000.8　221p　18cm　700円　（宝島社新書）
テレビ信州　検証松本サリン事件報道―苦悩するカメラの内側　龍鳳書房　2001.3　256p　19cm　1429円
河野義行　　松本サリン事件―虚報、えん罪はいかに作られるか　近代文芸社　2001.5　131p　20cm　1300円
メディアが黙殺した「拉致事件」25年間の封印を解く!!―SPA！特別編集ブックレット　扶桑社　2002.12　130p　26cm　457円
　　　（扶桑社ムック）
人権と報道連絡会　検証・「拉致帰国者」マスコミ報道　社会評論社　2003.1　261p　19cm　2000円
浅野健一　　「報道加害」の現場を歩く　社会評論社　2003.12　350p　19cm　2300円
浅野健一　　犯罪報道の犯罪　新版　新風舎　2004.6　585p　15cm　890円　（新風舎文庫）
松本美須々ヶ丘高校放送部、林直哉　ニュースがまちがった日―高校生が追った松本サリン事件報道、そして十年　太郎次郎社エ
　　　ディタス　2004.7　262p　19cm　1800円
河野義行, 浅野健一　松本サリン事件報道の罪と罰　新版　新風舎　2004.7　567p　15cm　1039円　（新風舎文庫）
同志社大学浅野健一ゼミ　イラク日本人拘束事件と「自己責任」報道―海外メディアは日本人拘束事件をどう伝えたか　現代人
　　　文社　2005.1　118p　21cm　1100円　（Genjinブックレット47）
林茂樹　　　地域メディアの新展開―CATVを中心として　中央大学出版部　2006.3　355p　22cm　4300円　（中央大学社会科
　　　学研究所研究叢書17）
斉間満　　　匿名報道の記録―あるローカル新聞社の試み　創風社出版　2006.6　204p　19cm　1300円　（風ブックス16）
木村朗　　　メディアは私たちを守れるか？―松本サリン・志布志事件にみる冤罪と報道被害　凱風社　2007.11　219p　18cm
　　　1500円　（市民講座・いまに問う）
浅野健一　　メディア「凶乱」―報道加害と冤罪の構造を撃つ　社会評論社　2007.12　309p　19cm　2200円
MIC, 出版労連, 田島泰彦, 日本出版労働組合連合会　ジャーナリストが危ない―表現の自由を脅かす高額《口封じ》訴訟　花伝社
　　　2008.5　85p　21cm　800円
佐藤史朗　　記者魂―キミは社会部記者を見たか　講談社　2008.6　234p　20cm　1600円
日本新聞協会　新聞の公共性と事件報道―裁判員制度、取材源秘匿から考える　日本新聞協会　2008.8　82p　26cm　762円
　　　（『新聞研究』別冊）
本田靖春　　警察（サツ）回り　筑摩書房　2008.12　438p　15cm　840円　（ちくま文庫）
四方由美　　日本の犯罪報道における女性全国紙・地方紙の場合　アジア女性交流・研究フォーラム　2011.3　31p　30cm
　　　（KFAW調査研究報告書vol.2010-2―KFAW客員研究員研究報告書no.2010-2）
奥武則　　　メディアは何を報道したか―本庄事件から犯罪報道まで　日本経済評論社　2011.9　299p　20cm　2800円
大谷昭宏　　事件記者という生き方　平凡社　2013.2　318p　20cm　1600円
高田昌幸　　真実―新聞が警察に跪いた日　KADOKAWA　2014.4　354p　15cm　680円　（角川文庫　た74-1）
四方由美　　犯罪報道におけるジェンダー問題に関する研究―ジェンダーとメディアの視点から　学文社　2014.10　281p
　　　22cm　5500円

地方・地域・市民

〔雑誌記事〕
前川静夫　　地方紙の社会記事――その取材と整理：新聞研究　通号5〔1948.12〕p10～12
日高六郎　　農村における新聞のよまれかた――その理解の程度について：新聞学評論　1(1)〔1952.3〕p130～139
寺島正　　　有意義だった地域会議：新聞研究　通号58〔1956.5〕p35～36
勝田洋　　　「豊かな国土を築こう」など九州地域振興にかんする一連の企画について：新聞研究　通号111〔1960.10〕p30～33
宮島善高　　農村とマス・コミュニケーション――山梨県豊岡地区における「マス・コミュニケーションの接触と意識」の実態
　　　調査から：新聞研究　通号128〔1962.3〕p14～23
近見敏之　　地域社会の発展と新聞（第15回新聞大会研究座談会）：新聞研究　通号137〔1962.12〕p24～34
磯村英一　　地域開発の展開と新聞：新聞研究　通号150〔1964.1〕p44～49
荒川克郎　　地方新聞における記者教育の実際：新聞研究　通号157〔1964.8〕p20～24
島崎憲一　　"地方版"の再検討――新ページ建てに対する私見：新聞研究　通号163〔1965.2〕p26～30
金久保通雄　地方支局の強化と活用：新聞研究　通号168〔1965.7〕p32～36
上村光司　　「県だより」製作の現状と問題点：新聞研究　通号170〔1965.9〕p70～73
佐藤竺　　　行政広報・新聞・地方自治：新聞研究　通号172〔1965.11〕p46～53
伊藤慎一　　地方記事の取材と報道：新聞研究　通号173〔1965.12〕p43～49
高田景次　　農村地帯の新聞の20年後――20年後の新聞を予見する：新聞研究　通号175〔1966.2〕p51～55
梅原薫明　　地方での裁判取材を考える：新聞研究　通号181〔1966.8〕p39～41
境仁一　　　地方における裁判取材と報道の姿勢：新聞研究　通号181〔1966.8〕p36～39
忍田中　　　地方記者四十年――取材の研究―8―：新聞研究　通号184〔1966.11〕p83～87
青木彰　　　地方取材――取材の研究―8―：新聞研究　通号184〔1966.11〕p72～82
三ツ野真三郎　地方版の夢を追う――地方版編集の諸問題：新聞研究　通号187〔1967.2〕p19～22
松本得三　　内政部の誕生――地方版編集の諸問題：新聞研究　通号187〔1967.2〕p17～19
岡崎恭一　　編集と販売の谷間――地方版編集の問題：新聞研究　通号187〔1967.2〕p23～25
奥田道大　　マス・メディアにおける地域社会の発見――沼津・三島地区石油コンビナート反対運動の事例分析：新聞学評論
　　　通号16〔1967.3〕p56～67
高木教典　　ローカル・メディアの変容：新聞学評論　通号16〔1967.3〕p45～55
井出嘉憲　　地方自治体の広報活動：新聞学評論　通号16〔1967.3〕p7～19
内山政照　　農民からみた新聞：新聞研究　通号190〔1967.5〕p18～22
田所泉　　　地方版・もう一つの額――経営的側面からみた問題点：新聞研究　通号191〔1967.6〕p35～39
田中菊次郎　「地方版」物語り――歴史的背景と将来の展望：新聞研究　通号191〔1967.6〕p6～15
佐藤智雄　　地域開発とローカル・メディア（地方政治とマス・メディア（シンポジウム））：新聞学評論　通号17〔1968.3〕
　　　p98～104

宮原喜次郎	地方性を忘れては困る(現代通信社論(特集)—期待される通信社像):新聞研究　通号201　〔1968.4〕　p28〜29	
渡辺素行	支局(現代新聞記者読本—取材各部の現状):新聞研究　通号213　〔1969.4〕　p65〜67	
白木勘治	地方部(現代新聞記者読本—取材各部の現状):新聞研究　通号213　〔1969.4〕　p61〜63	
小松原久夫	アメリカにおける都会紙の課題(地域社会の変容と新しい紙面づくり):新聞研究　通号216　〔1969.7〕　p47〜50	
小松秀吉	過疎と過密に対処する道(地域社会の変容と新しい紙面づくり—地域ニュース報道の新方向):新聞研究　通号216　〔1969.7〕　p43〜46	
鷲実	広域取材の新方向と課題(地域社会の変容と新しい紙面づくり—地域社会の小新聞像):新聞研究　通号216　〔1969.7〕　p34〜36	
奥田道大	新しい地域社会の形成と住民意識(地域社会の変容と新しい紙面づくり):新聞研究　通号216　〔1969.7〕　p22〜26	
小松実	「総局制」の意味するもの(地域社会の変容と新しい紙面づくり—地域ニュース報道の新方向):新聞研究　通号216　〔1969.7〕　p36〜38	
大西仁	地域ニュースと紙面拡充(地域社会の変容と新しい紙面づくり):新聞研究　通号216　〔1969.7〕　p11〜16	
生田正輝	地域社会の変容と新聞(地域社会の変容と新しい紙面づくり):新聞研究　通号216　〔1969.7〕　p6〜10	
新井昇	地域版ニュースの新視角(地域社会の変容と新しい紙面づくり):新聞研究　通号216　〔1969.7〕　p27〜29	
小林英司	地方版再編成と首都部の役割り(地域社会の変容と新しい紙面づくり):新聞研究　通号216　〔1969.7〕　p17〜21	
斎藤英記	福島民友新聞「新世代」(企画記事(特集)—「企画記事」の実際):新聞研究　通号217　〔1969.8〕　p39〜42	
米田満	北国新聞「いのち」(企画記事(特集)—「企画記事」の実際):新聞研究　通号217　〔1969.8〕　p36〜39	
小川文弥	イギリスのローカル放送——メディアと地域社会との関わりあいについて:NHK文研月報　19(09)　〔1969.9〕　p36	
松田浩	民放研究5 沖縄の放送:放送批評　No.025　〔1969.12〕	
大村好久	地域社会の研究とマスコミの問題:NHK放送文化研究年報　15　〔1970.6〕　p17〜36	
薩摩正	あるミニコミのかたち(地域小新聞を検討する):新聞研究　通号230　〔1970.9〕　p32〜33	
田村紀雄	コミュニティー・メディア論——ローカリズムへの二, 三の覚書(地域小新聞を検討する):新聞研究　通号230　〔1970.9〕　p34〜47	
野口雪雄	健全な世論形成(地域小新聞を検討する—わが街 わが新聞):新聞研究　通号230　〔1970.9〕　p27〜29	
山本明	地域コミュニケーションの可能性——コミュニティー・ペーパーの理念がもたらすもの(地域小新聞を検討する):新聞研究　通号230　〔1970.9〕　p8〜12	
前野和久	新しい取材エリアの開拓(新しい街ダネの探求—遊軍記者の眼と足):新聞研究　通号231　〔1970.10〕　p49〜52	
梶原学	埋もれた鉱脈を掘る(新しい街ダネの探求—遊軍記者の眼と足):新聞研究　通号231　〔1970.10〕　p47〜49	
藤原浩	中央と地方の情報のパイプ役(70年代の新聞記者像を探る—わが10年のあゆみ):新聞研究　通号234　〔1971.1〕　p45〜47	
英保怜一郎	地方と地方紙における都市の問題(変動期の記者の課題と要件):新聞研究　通号236　〔1971.3〕　p42〜44	
林茂樹	地域の政治的争点と地方紙の対応—福島県の事例:成蹊大学文学部紀要　通号6　〔1971.3〕　p19〜37	
高瀬健史	満たされぬ沖縄協定報道 1.書けていない沖縄協定:マスコミ市民　通号050　〔1971.6〕　p4〜12	
マスコミ市民編集部, 藤田知隆	満たされぬ沖縄協定報道 2.本土よ 君が何を知る!:マスコミ市民　通号050　〔1971.6〕　p13〜18	
多田晃	ローカリズムの可能性とローカル・メディアの機能(70年代の地方紙——その理念と現実):新聞研究　通号241　〔1971.8〕　p64〜69	
松永伍一	ローカリティの発掘(70年代の地方紙——その理念と現実):新聞研究　通号241　〔1971.8〕　p16〜19	
林利隆	"県紙"の編集姿勢を聞く(70年代の地方紙——その理念と現実—地方紙編集者の意見と展望):新聞研究　通号241　〔1971.8〕　p20〜23	
佐々木実	病める農村にカメラをおく <特集>テレビ・ジャーナリズムの位相を探る:放送批評　No.047　〔1971.11〕	
黒田泰正	地方紙デスクの断面(取材部デスクの態様と機能):新聞研究　通号244　〔1971.11〕　p43〜45	
大星光次	番組開発を探る (1)　「おはよう・いわて」(岩手放送)コミュニティ放送への挑戦:月刊民放　02(08)　〔1972.1〕　p36〜39	
鈴木信次	新しい放送を創る (2) 地域コミュニケーションの一構図:月刊民放　02(09)　〔1972.2〕　p24〜27	
小野光	番組開発を探る (2) 実益情報番組は未知の可能性:月刊民放　02(09)　〔1972.2〕　p36〜39	
藤原勝弘	新しい放送を創る (2) ローカル制作強化のための一視点:月刊民放　02(10)　〔1972.3〕　p29〜33	
内海元	番組開発を探る (3) 地域と生活の対話を求めて……「トーク'72」「わかいふるさと」……サンテレビ:月刊民放　02(10)　〔1972.3〕　p34〜37	
吉備彬, 近藤喜幸, 山本繁幸, 青木貞伸, 大星光次, 田中信之　特集II 放送表現規制の倫理と法理 座談会 ローカルワイドショー制作の課題と未来は:月刊民放　02(11)　〔1972.4〕　p36〜43		
宮下舜爾	特集II 放送表現規制の倫理と法理 番組開発を探る (4) ニュース主軸のローカルワイドを—チャンネル1・北日本放送—:月刊民放　02(11)　〔1972.4〕　p48〜51	
村田信次郎	番組開発を探る (5) ニューラジオの中のドラマー〈於雪〉—高知放送—:月刊民放　02(12)　〔1972.5〕　p44〜47	
上村喜孝, 植村鞆音　番組開発を探る (6) 新しい週末の拠点づくり〈金曜スペシャル〉東京12ch.:月刊民放　02(13)　〔1972.6〕　p48〜51		
小原武雄	番組開発を探る (7) ミニスタッフでワイドに挑む「プラスα」朝日放送:月刊民放　02(14)　〔1972.7〕　p34〜37	
上地一史, 浅野修, 池宮城秀意　沖縄の新聞を語る(沖縄のコミュニケーション環境と新聞):新聞研究　通号252　〔1972.7〕　p7〜20		
長谷川創一	番組開発を探る (8) テレビと若ものをむすぶ広場「ヤング・インパルス」テレビ神奈川:月刊民放　02(16)　〔1972.9〕　p46〜49	
宮脇厳雄	新しい放送を創る (9) U局の定着と今後の営業:月刊民放　02(17)　〔1972.10〕　p29〜31	
三浦啓次	番組開発を探る (9) ネットとローカルとの融和の中から「日本一のおかあさん」東京放送:月刊民放　02(17)　〔1972.10〕　p50〜52	
林英夫	地方文化をささえるもの 地方史出版物を中心に:出版ニュース　通号0918　〔1972.11〕　p6〜9	
鈴木信次	地域におけるユーティリティとパフォーマンス <特集>マスコミ'72「総括」の軌跡:放送批評　No.059　〔1972.12〕	
野崎茂	CATVの非放送機能 <特集>「地域社会」とコミュニケーション:放送批評　No.060　〔1973.1〕	
鈴木均	"する" 地域社会 <特集>「地域社会」とコミュニケーション:放送批評　No.060　〔1973.1〕	

小松崎清介	環境適応メカニズムとしてのコミュニケーション <特集>「地域社会」とコミュニケーション：放送批評　No.060〔1973.1〕
後藤和彦	地域社会とマスコミュニケーションの関係 <特集>「地域社会」とコミュニケーション：放送批評　No.060〔1973.1〕
山口勝弘	日本のマスコミは半病人用 <特集>「地域社会」とコミュニケーション：放送批評　No.060〔1973.1〕
中川昇	番組開発を探る（10）市民意識を社会へひらくために―札幌テレビ「土旺焦点」：月刊民放　03（20）〔1973.1〕p34～37
田村紀雄	放送の生態学を考えるために <特集>「地域社会」とコミュニケーション：放送批評　No.060〔1973.1〕
石原俊輝	地方紙・地方テレビ局・地域社会（テレビ放送20年）：新聞研究　通号259〔1973.2〕p14～16
高橋昭	新しい放送を創る（10）ローカル制作の本質をさぐる：月刊民放　03（22）〔1973.3〕p34～37
松下博	地方から中央への“逆流”（現代新聞記者読本―地方紙と地方紙記者）：新聞研究　通号260〔1973.3〕p66～69
楠美鉄二	“旅行者の発想”ではなく（現代新聞記者読本―地方紙と地方紙記者）：新聞研究　通号260〔1973.3〕p69～71
霜山富士夫	基地県の重さを軸として〔神奈川新聞〕（ベトナム報道（特集）―地方紙のベトナム報道）：新聞研究　通号261〔1973.4〕p71～75
豊島彰	社会変化と番組創造（第2回）地域社会の参加と行動を求めて〈RCC家庭ジャーナル〉：月刊民放　03（24）〔1973.5〕p30～34
田島豊明	道民とともに歩む（紙面構成の現状と課題（特集）―紙面構成の基本方針と視点）：新聞研究　通号262〔1973.5〕p20～22
上村光司	模索つづける地方紙の編集（紙面構成の現状と課題（特集））：新聞研究　通号262〔1973.5〕p12～16
熊井文弘	社会変化と番組創造（第3回）“スタジオ開放宣言”で地域に密着く ワイド信州〉：月刊民放　03（25）〔1973.6〕p22～25
山口秀夫	パブリック・アクセス番組を現地にみる（1）～米WGBH「キャッチ44」～：NHK文研月報　23（07）〔1973.7〕p1
氏田宏	社会変化と番組創造（第4回）集団討議によりテーマの社会性を追求〈日本テレビ〉：月刊民放　03（26）〔1973.7〕p23～27
大谷昭示	社会変化と番組創造（第5回）共同制作と住民参加の番組づくり―コミュニティ一二〇〇万：月刊民放　03（27）〔1973.8〕p24～27
山口秀夫	パブリック・アクセス番組を現地にみる（2）－カナダCATVのコミュニティ番組－：NHK文研月報　23（09）〔1973.9〕p25
楠山三香男	社会変化と番組創造（第6回）幼児教育番組に総合性を求めて―「ひらけ！ ポンキッキ」：月刊民放　03（28）〔1973.9〕p15～19
宮城鷹夫	地域の創造性を育てる〔沖縄タイムス〕（企画記事にみる教育報道―「教育欄」の取材と課題）：新聞研究　通号266〔1973.9〕p33～35
三好仁	社会変化と番組創造（第7回）行政広報番組で住民自治の発展を「200万人の話題」：月刊民放　03（29）〔1973.10〕p29～31
鵜飼宏明	社会変化と番組創造（第8回）新しいドキュメントの誕生を目指す「パスポート4」：月刊民放　03（30）〔1973.11〕p33～37
石久保義幸	社会変化と番組創造（第9回）県域報道の旗手を目ざして「三百万人の提言 あぴーる」：月刊民放　03（31）〔1973.12〕p32～35
粒崎昭夫	社会変化と番組創造（第10回）ニュースの核心に迫る番組制作を長崎放送〈NBCジャーナル〉：月刊民放　04（32）〔1974.1〕p34～37
高沢正樹	社会変化と番組創造（第11回）県民の眼となる番組作りを追求「カメラかついで」：月刊民放　04（33）〔1974.3〕p36～39
石倉保	社会変化と番組創造（第13回）原電の安全性を地域住民と考える福井放送〈FBCアトム教室〉：月刊民放　04（35）〔1974.5〕p24～27
大貫忠義	社会変化と番組創造（第14回）広報番組の充実で地域発展をめざす「上州再発見」：月刊民放　04（36）〔1974.6〕p28～31
沖縄タイムス政経部	経済的自立化への困難な道（くらしと新聞報道―地方紙にとっての経済報道）：新聞研究　通号275〔1974.6〕p33～36
河野実	社会変化と番組創造（第15回）ローカルニュースの変革をめざして「おおいた12時」：月刊民放　04（37）〔1974.7〕p34～37
中島暉雄	社会変化と番組創造（第16回）原体験から世界の核利用を考える「'74・世紀の証言」：月刊民放　04（38）〔1974.8〕p28～31
竹村峰信	社会変化と番組創造（第7回）ヒロシマの心と怒りを番組に託して「原爆シリーズ」：月刊民放　04（39）〔1974.9〕p28～31
木村勝	英国の地方紙と地域社会（地域報道・74年）：新聞研究　通号278〔1974.9〕p40～43
下田美知夫	見直し論と現実のなかで（地域報道・74年―地域報道・74年）：新聞研究　通号278〔1974.9〕p19～22
松下功	主張する地域をとらえる（地域報道・74年―地域報道・74年）：新聞研究　通号278〔1974.9〕p16～19
天野広行	「地域情報環境」創出への試み（地域報道・74年―地域報道・74年）：新聞研究　通号278〔1974.9〕p11～15
尾崎実	地方の現実, 重い報道課題―ブロック紙編集者の意見（地域報道・74年）：新聞研究　通号278〔1974.9〕p29～32
梶拓二	“東京指向”の荒波と闘う（地域報道・74年―地域報道・74年）：新聞研究　通号278〔1974.9〕p22～25
井端好美	政治土壌に芽を出す群小新聞－－参院選徳島・三角代理戦争渦中の報道陣営を探る（新聞・新聞・新聞！（特集））：総合ジャーナリズム研究　11（04）〔1974.10〕p40～49
森巌	社会変化と番組創造（第18回）地域ジャーナリズムを娯楽で追求「かどを曲って3軒目」：月刊民放　04（41）〔1974.11〕p32～35
柳井道夫	地域コミュニケーション組織の再編と展開――有線テレビ事業体の展開とその問題点：成蹊大学文学部紀要　通号10〔1975.2〕p45～67
臼居直昭	サウス・ファーウェル街701番地――アメリカ草の根記者体験記（地域新聞の再検討）：新聞研究　通号285〔1975.4〕p32～37
角田光男	地域ニュース取材の手がかり（地域新聞の再検討）：新聞研究　通号285〔1975.4〕p38～39

	たたら書房, ばいぼ出版, みやま書房, 葦書房, 茨城新聞社, 沖縄タイムス出版部, 銀河書房, 考古堂書店, 埼玉新聞社出版部, 山梨日日新聞社, 讃文社, 秋田文化出版社, 信濃毎日新聞社出版部, 新潟日報事業社, 西日本新聞出版部, 青潮社, 創言社, 大衆書房, 中国新聞社出版部, 津軽書房, 日本文教出版社, 文化評論出版, 北国出版社, 北日本新聞出版, 野島出版, 落合書店, 崙書房　アンケート・地方出版社はこう考える：出版ニュース　通号1008　〔1975.6〕 p11～16
津村喬	地方出版社論 新しい地方主義のにない手に：出版ニュース　通号1008　〔1975.6〕 p6～10
山田明	愛媛——月曜解説（現代新聞の解説機能—「解説欄」——開設のねらいと今後の課題（事例報告））：新聞研究　通号288　〔1975.7〕 p32～34
田村紀雄	地方新聞社の出版活動 電通の調査から：出版ニュース　通号1015　〔1975.8〕 p6～11
蜷川真夫	拝啓 東京の編集者殿——"一方通行"の全国紙報道——地方在住の全国紙記者として：新聞研究　通号289　〔1975.8〕 p7～10
吉村敏夫	大阪の新聞, 大阪の記者活動：新聞研究　通号293　〔1975.12〕 p30～38
柘一郎	「がさま」をわかる地域記者（地方紙のあり方を問う—全国紙・支局記者のみた地方紙・地方記者）：新聞研究　通号294　〔1976.1〕 p28～31
小波津稔	「実りある予見」の共有を——海洋博後の沖縄, その報道姿勢：新聞研究　通号295　〔1976.2〕 p39～42
小林一博	地方・小出版流通センターの発足：出版ニュース　通号1036　〔1976.3〕 p26～27
和井田祐三	足でつかむ事実と記者の財産（地方支局）（新聞記者読本—取材記者論）：新聞研究　通号296　〔1976.3〕 p22～24
田村紀雄	「地方」とジャーナリスト（新聞記者読本）：新聞研究　通号296　〔1976.3〕 p13～17
稲福健蔵	ローカルをみつめて：放送批評　No.094　〔1976.4〕
原田新司	地域ジャーナリズムの責任：新聞学評論　通号25　〔1976.8〕 p39～47
山崎進	瀬戸内ブロックと新聞編集：新聞研究　通号301　〔1976.8〕 p7～18
霜山富士夫	横浜市の日照権汚職（自治体汚職と地元紙の報道）：新聞研究　通号302　〔1976.9〕 p27～30
富塚啓信	千葉県「構造汚職」（自治体汚職と地元紙の報道）：新聞研究　通号302　〔1976.9〕 p24～27
山本透	地方紙編集にみる地域情報の動向：NHK文研月報　26(11)　〔1976.11〕 p11
宮城鷹夫	復帰後も続く沖縄の教育の苦悩（教育報道のいま—現場からの報告）：新聞研究　通号307　〔1977.2〕 p60～63
山口秀夫	米TVローカルニュースの現状と課題(1)～戦後の沿革と近年におけるENGの発展～：NHK文研月報　27(03)　〔1977.3〕 p11
岡宗武弘	1人支局の焦りと喜び（新聞記者読本——一線記者から）：新聞研究　通号308　〔1977.3〕 p22～25
山口秀夫	わが地方記者としての再出発（新聞記者読本）：新聞研究　通号308　〔1977.3〕 p31～35
橋本義弘	発表記事と地方紙の姿勢（新聞記者読本）：新聞研究　通号308　〔1977.3〕 p36～39
松井高男	（出版界の局面<特集>）地方出版の自立と地元新聞：総合ジャーナリズム研究　14(02)　〔1977.4〕 p27～31
山口秀夫	米TVローカルニュースの現状と課題(2)～ローカル局の経済力の強化とニュースコンサルタント業の流行～：NHK文研月報　27(05)　〔1977.5〕 p11
山口秀夫	米TVローカルニュースの現状と課題(3)～新しい時代のローカルニュースとは何か？～：NHK文研月報　27(06)　〔1977.6〕 p44
大村好久	地域特性の数量的把握に関する研究—民力指標にもとづく府県分類の試み：NHK放送文化研究年報　22　〔1977.7〕 p187～234
長嶺一郎	自立的発展と復帰処理の間で——沖縄復帰満五年の現状：新聞研究　通号317　〔1977.12〕 p80～83
美ノ谷和成	コミュニティ情報と生活情報のメディアとしての有線テレビ（CATV）——下田市における有線テレビの受容調査を中心として：立正大学文学部論叢　通号59　〔1977.12〕 p39～98
中谷鉄也	"地域主義"と放送について：月刊民放　08(80)　〔1978.2〕 p32～34
丹野太郎	地域主義確立の旗手に（現代新聞記者読本—地域主義と地方紙の課題）：新聞研究　通号320　〔1978.3〕 p16～19
五十嵐富英	地方記者——中央を批判するものの役割（現代新聞記者読本）：新聞研究　通号320　〔1978.3〕 p25～28
安田浄	ローカルワイドニュースに賭ける：月刊民放　08(83)　〔1978.5〕 p36～39
蒲昌志	地方出版社の主体生とは：出版ニュース　通号1111　〔1978.5〕 p6～6
鳥井守幸	新聞記事の<ふるさと>へ帰る（ルポルタージュと新聞—ルポルタージュ最前線）：新聞研究　通号322　〔1978.5〕 p31～34
山中正剛	高揚するアメリカ南部の新聞：新聞研究　通号325　〔1978.8〕 p51～55
亀井広	地元マスコミのあり方を問われた香川県知事選：マスコミ市民　通号129　〔1978.9〕 p24～29
工藤宜	佐渡・両津通信局にありて……：総合ジャーナリズム研究　15(04)　〔1978.10〕 p73～80
芝正	社会変化と番組創造（56回）えひめ人その風土：月刊民放　08(88)　〔1978.10〕 p34～36
川竹和夫	調査シリーズ 現われた"お国ぶり"のちがい：月刊民放　09(91)　〔1979.1〕 p39～42
細川弘之	社会変化と番組創造 58回「いわて'79」：月刊民放　09(92)　〔1979.2〕 p26～27
田所基	米・地域紙の現状を照射する二つの事件（海外報道）：新聞研究　通号333　〔1979.4〕 p76～81
仲井富	時代にふさわしく衣替えを（地域 情報 新聞—地方の時代の新聞へ）：新聞研究　通号334　〔1979.5〕 p44～45
新井久爾夫	地域と情報——全国県民意識調査から（地域 情報 新聞）：新聞研究　通号334　〔1979.5〕 p37～41
山下惣一	地域の歯車とネジ釘に（地域 情報 新聞—地方の時代の新聞へ）：新聞研究　通号334　〔1979.5〕 p42～43
東海林明夫	ある猟師との出会い（わが支局わが日々）（支局特集）：新聞研究　通号338　〔1979.9〕 p38～39
吉川俊夫	ビッグ・ブラザース制体験記（支局特集）：新聞研究　通号338　〔1979.9〕 p29～31
秦正流	支局論——朝日新聞社の場合（支局特集）：新聞研究　通号338　〔1979.9〕 p10～13
後藤雅彦	水戸支局デスク座談会—支局とその周辺（支局特集）：新聞研究　通号338　〔1979.9〕 p14～28
片柳英司	地方部の役割——支局ニュースの受け手として（支局特集）：新聞研究　通号338　〔1979.9〕 p40～43
池田一彦	着実な地域の報道を——地域のページ作成で考える（支局特集—地方版のつくり方）：新聞研究　通号338　〔1979.9〕 p32～35
清水文裕	「中央」の壁に穴をあけてのぞいてみよう（わが支局わが日々）（支局特集）：新聞研究　通号338　〔1979.9〕 p44～45
山田実, 竹中輝夫	CATVとアクセス——コミュニティ・メディアの送り手意識から：総合ジャーナリズム研究　16(04)　〔1979.10〕 p78～88

地方・地域・市民　　　　　　　　ジャーナリズム

津村喬　　　　活性化する自主メディア '80年代にむけての "横議横結"：出版ニュース　通号1162　〔1979.10〕　p4～7
伊藤松朗, 守分寿男　　地方と自然と人間…地方制作をめぐって：放送批評　No.130　〔1979.11〕
落合賢一　　　コミュニティメディアとしてのCATVの可能性——再注目されるCATVの役割：日本大学芸術学部紀要　通号10　〔1980〕　p40～47
高橋昭　　　　〈特集〉局イメージをつくる 社説放送——企画から放送まで 痛感した地域ジャーナリズムの意義：月刊民放　10（108）〔1980.6〕　p24～27
柳治郎　　　　〈特集〉局イメージをつくる 「地方の時代」と編成の理念 ディスコミュニケーションを創造に：月刊民放　10（108）〔1980.6〕　p19～22
横小路昇　　　地方記者は現代の屯田兵（＜意見の広場＞としての新聞—意見の広場をつくる——各社事例）：新聞研究　通号347　〔1980.6〕　p32～35
山口秀夫　　　"巨大なカネ喰い虫" から "カネのなる木" へ 伸長するアメリカのローカルニュース：月刊民放　10（112）〔1980.10〕　p23～26
安田浄　　　　〈特集〉テレビ・ローカルニュース考 生活感情の掘り起こしを ローカルニュース－平穏な日常性のなかで：月刊民放　10（112）〔1980.10〕　p8～13
青木貞伸　　　〈特集〉テレビ・ローカルニュース考 地域番組の原点としてのローカルニュース 福岡地区6時台の現状と問題点：月刊民放　10（112）〔1980.10〕　p14～19
南善夫　　　　草の根県政の新しい段階へ（滋賀県）（地方自治体と情報公開—制度化の検討のなかで）：新聞研究　通号353　〔1980.12〕　p19～22
間野孝彦　　　ローカルワイドニュースの現場：新聞研究　通号354　〔1981.1〕　p92～94
後藤和彦　　　「地方の時代」をめぐる自治体と放送 共同で挑戦すべき課題を求めて：月刊民放　11（116）〔1981.2〕　p30～33
上村修一, 村松泰子　　地域とローカル放送（2）地域生活と地域情報への関心：NHK文研月報　31（04）〔1981.4〕　p30
山本泰介　　　愛媛の暮らしと生活特報部（暮らしの経済と新聞報道—地域社会と暮らしの経済）：新聞研究　通号358　〔1981.5〕　p49～51
宮本和　　　　消費者意識の高い街——神戸経済を報道する（暮らしの経済と新聞報道—地域社会と暮らしの経済）：新聞研究　通号358　〔1981.5〕　p46～48
嬉野景美, 金森千栄子, 瀬川洋一郎, 大倉脩吾　特集 地域のことばと民放 座談会 心のふれあいを放送に 番組に生かすことばと風土：月刊民放　11（120）〔1981.6〕　p10～15
日高貢一郎　　特集 地域のことばと民放 放送ことばへの期待は変わった 方言使用の可能性と問題点：月刊民放　11（120）〔1981.6〕　p6～9
服部孝章　　　地方の時代と放送（放送文化基金編）：放送批評　No.150　〔1981.11〕
西島雄造　　　社会部的視点はどこにある？（スポーツ報道の新たな展開—スポーツ取材の現場）：新聞研究　通号367　〔1982.2〕　p32～34
武田義巳　　　地方紙ゆえに持つ悩みと課題（スポーツ報道の新たな展開—スポーツ取材の現場）：新聞研究　通号367　〔1982.2〕　p35～38
中村正近　　　地域経済とブロック紙の報道（新聞記者読本'82—地域社会を描く）：新聞研究　通号368　〔1982.3〕　p53～55
山本雅生　　　土の暖かさを知れ——地方紙記者に求められるもの（新聞記者読本'82）：新聞研究　通号368　〔1982.3〕　p17～20
広瀬英彦　　　仏地方紙の繁栄とパリ紙の停滞（海外情報）：新聞研究　通号369　〔1982.4〕　p68～71
佐藤智雄　　　地方文化の活性化——マスコミとのかかわりにおいて（政治・文化・メディア——〔日本新聞〕学会創立三十周年記念講演＜特集＞—日本政治の現在）：新聞学評論　通号31　〔1982.6〕　p126～143
河原畑広　　　地元の事情を理解し切り捨てにならぬように（地域経済と報道視点—地域経済をどう報道するか）：新聞研究　通号374　〔1982.9〕　p21～23
鈴木益民　　　「地方の時代」のなかの地方ニュース取材（地域経済と報道視点—地域経済をどう報道するか）：新聞研究　通号374　〔1982.9〕　p24～27
川村等　　　　東北新幹線の影響を正しく見分けて（地域経済と報道視点—地域経済をどう報道するか）：新聞研究　通号374　〔1982.9〕　p18～20
安田浄　　　　シリーズ・民放報道を考える（第3回）ローカル・ワイドニュースの問題点：月刊民放　12（137）〔1982.11〕　p38～43
戸川三枝　　　くらしのなかのムーブメント "近づきつつ離れゆく" 東京と地方の姿：月刊民放　12（138）〔1982.12〕　p24～25
久々宮英一, 田辺正勝　　地方 地方紙の挑んだ二つの課題（検証——1982年の報道）：新聞研究　通号377　〔1982.12〕　p33～36
鈴木昭伸　　　地方 道民の暮らしをみつめて（検証——1982年の報道）：新聞研究　通号377　〔1982.12〕　p29～32
安田浄　　　　特集 地域をどう伝えるか 共存かつ冷静な掘り下げの実践を "伝え" の環境変化のなかで：月刊民放　13（140）〔1983.2〕　p6～10
奥本健, 吉岡郷継, 志伯知伸, 十日市啓志, 小谷松明弘, 辻本晃一, 渡辺美明　特集 地域をどう伝えるか 私の経験的「地域情報」伝達法 地域への触媒機能発揮のために：月刊民放　13（140）〔1983.2〕　p14～22
岩切保人　　　特集 地域をどう伝えるか 新時代に備え, 態勢の整備を 人材開発とアクセス番組の制作：月刊民放　13（140）〔1983.2〕　p10～13
奈良洋　　　　地域の課題を前面に押し出す（'83政治状況を追って—八三年政治決戦・わが社の報道姿勢）：新聞研究　通号379　〔1983.2〕　p30～32
高橋正剛　　　土に学び, 郷土に生きる（新聞記者読本'83—記者論——取材現場で考える）：新聞研究　通号380　〔1983.3〕　p58～60
小池保夫　　　地域社会と新聞——「地域紙」の現状とその機能：政経論叢　51（5・6）〔1983.3〕　p807～841
岡田光正　　　ローカルとナショナルの対立をのりこえる視点——東京支社論説委員は？（地方紙の東京取材）：新聞研究　通号381　〔1983.4〕　p35～38
生駒輔　　　　広い舞台でものを見る（地方紙の東京取材—東京取材——一線記者の現場から）：新聞研究　通号381　〔1983.4〕　p28～31
井上勝利　　　首相半番か三分の一番か（地方紙の東京取材—東京取材——一線記者の現場から）：新聞研究　通号381　〔1983.4〕　p26～28
京極昭　　　　東京で取材することの意味（地方紙の東京取材）：新聞研究　通号381　〔1983.4〕　p22～25
平山謙二郎　　地方紙で働く若い記者への手紙（新聞記者読本'84）：新聞研究　通号392　〔1984.3〕　p14～18

ジャーナリズム	地方・地域・市民

市倉浩二郎　TOKYOという都市——東京版編集者の目からみる（＜都市＞と新聞報道）：新聞研究　通号394　〔1984.5〕　p52～54

小見豊　金沢——まちづくり、「考」から「動」（＜都市＞と新聞報道—＜都市＞の変ぼうを追う）：新聞研究　通号394　〔1984.5〕　p41～44

早川和男　新聞に求められる都市報道（＜都市＞と新聞報道）：新聞研究　通号394　〔1984.5〕　p33～36

香月浩之　大阪——"21世紀"をにらんだ息の長い報道を（＜都市＞と新聞報道—＜都市＞の変ぼうを追う）：新聞研究　通号394　〔1984.5〕　p45～47

藤原勇彦　都市報道の座標軸——横浜の場合（＜都市＞と新聞報道）：新聞研究　通号394　〔1984.5〕　p10～26

安倍甲, 蒲昌志, 久本三多　特集 転換期をむかえた地方出版社：出版ニュース　通号1331　〔1984.8〕　p4～7

川竹和夫　すすむ、取材方向上とニュース構成の追究 民放ローカル報道の実態と課題〔テレビ報道研究会調査から〕：月刊民放　14（161）　〔1984.11〕　p36～41

池田一彦　地域のニーズに応える（動き始めた別刷り情報紙）：新聞研究　通号402　〔1985.1〕　p61～62

内川永一朗　「風土」の針路を示す（地方紙コラムニストの目）：新聞研究　通号402　〔1985.1〕　p18～21

安田浄　特集＝拡充すすむニュースの"視点" ローカル新時代へ、"感度"を磨け 批判精神あふれる報道情報番組が局のイメージ・アップに：月刊民放　15（164）　〔1985.2〕　p22～25

田中寿美子　《特集》いま、ジャーナリズムに… ミニコミの紹介を：マスコミ市民　通号200　〔1985.3〕　p79～80

渡嘉敷唯夫　《特集》いま、ジャーナリズムに… 沖縄県民に犠牲を強いない環境づくりを：マスコミ市民　通号200　〔1985.3〕　p40～42

浪江慶　《特集》いま、ジャーナリズムに… 地方紙から珠玉の記事を拾う：マスコミ市民　通号200　〔1985.3〕　p38～40

鷲尾三郎　地方紙で働く若い記者へ（新聞記者読本'85）：新聞研究　通号404　〔1985.3〕　p18～21

松浦亮　活力を探り創造的試みを育てる（経済を報道する視点—地域経済の活性化と新聞の立場）：新聞研究　通号406　〔1985.5〕　p51～53

川口正, 内山正之　対談 関西の出版状況を語る 出版文化活性化のためのネットワークを：出版ニュース　通号1358　〔1985.6〕　p4～7

高梨柳太郎　多くの障害を乗り越えて——地方紙の場合（「グリコ・森永事件」報道の諸相）：新聞研究　通号407　〔1985.6〕　p10～12

中村弘之　素直に伝える地域の風土——連載「東西南北ふるさと探訪」（郷土を描く）：新聞研究　通号410　〔1985.9〕　p67～69

鈴木達雄　「国際化」のなかで地域報道を考える（世界の潮流と日本の立場——報道の視点）：新聞研究　通号414　〔1986.1〕　p54～56

宝子山幸充　愛媛県の取材拒否問題決着：新聞研究　通号415　〔1986.2〕　p79～82

若林治美　地方紙記者は「地方」の事情通に（新聞記者読本'86——一線記者として今考えること）：新聞研究　通号416　〔1986.3〕　p73～76

北谷賢司　激変する、「CS時代」の米ローカルニュース：月刊民放　16（180）　〔1986.6〕　p39～43

志水一雄　小樽運河の埋め立てと記者の勉強不足：マスコミ市民　通号216　〔1986.8〕　p46～49

広井脩　"地域性"を捉えた防災・安否放送の備えを：月刊民放　16（184）　〔1986.10〕　p36～39

山本治　ほかに話題はありませんか（町ダネ取材を考える）：新聞研究　通号423　〔1986.10〕　p58～60

山本守久　ジャーナリズムと現実の溝を埋める——「TOKYOフラッシュ」冒険の軌跡：新聞研究　通号423　〔1986.10〕　p79～81

安部英夫　暗い紙面に明るい「まど」を（町ダネ取材を考える）：新聞研究　通号423　〔1986.10〕　p61～63

降幡賢一　「街」を通じて思うこと（町ダネ取材を考える）：新聞研究　通号423　〔1986.10〕　p55～57

吉儀利彦　「市民の目」を取材網に（町ダネ取材を考える）：新聞研究　通号423　〔1986.10〕　p51～54

中野学　中央の論理と地方の論理と（変容する社会と社説の視点）：新聞研究　通号426　〔1987.1〕　p63～66

六郷孝也　地方取材の現場から（新聞記者の現在位置＜特集＞）：新聞研究　通号427　〔1987.2〕　p10～13

山崎竹宣　支局の日々——北アルプス山ろくだより（新聞記者読本'87）：新聞研究　通号428　〔1987.3〕　p54～56

橋本潤一郎, 細川健彦, 蘇馬幸栄, 辻重孝, 齋藤太朗　特集 開発すすむローカルワイドショー 新しさ、珍しさだけが"情報"なのか ナマワイドの新しい可能性を探る〈座談会〉：月刊民放　17（193）〔1987.7〕　p6～20

安田正喜, 苅谷隆司, 金田吉弘, 小松直之, 増川雅一, 大野雅史, 池田鉄朗, 中村拓治　特集 開発すすむローカルワイドショー 多様な手法で地域の"共感"求めて 「地域のいま」を伝える地方民放八局の制作者に聞く：月刊民放　17（193）〔1987.7〕　p21～31

鳥山拡　特集 開発すすむローカルワイドショー 「普通の人の生活」こそ素晴らしい情報素材 「地方局ワイドショー」十二番組の視聴批評：月刊民放　17（193）〔1987.7〕　p32～35

児島和人　メディアを見守る——市民・メディア・政治の新たな関係を求めて（政治・記者活動・マスメディア）：新聞研究　通号436　〔1987.11〕　p42～46

渋谷博純　国策と地方政治——報道のジレンマ——炭鉱閉山問題を通して考えること（政治・記者活動・マスメディア）：新聞研究　通号436　〔1987.11〕　p38～41

菅原竜蔵　変わる全国紙の地方版整理——技術革新と紙面改革（変化の時代の新聞整理）：新聞研究　通号439　〔1988.2〕　p24～26

森口豁　私にとっての沖縄（新聞記者読本'88—記者活動——私の視点）：新聞研究　通号440　〔1988.3〕　p55～57

佐々木靖典　変ぼうした基地の町から（新聞記者読本'88—記者活動——私の視点）：新聞研究　通号440　〔1988.3〕　p47～50

吉田昌男　地方記者生活の20年：総合ジャーナリズム研究　25（03）　〔1988.7〕　p45～49

鳴海正泰　特集 東京集中vs.地方の時代I——関西・東海ローカル 地域に根ざし世界に開く"発進力"を：月刊民放　18（205）〔1988.7〕　p6～8

高橋秀範, 森斎, 神谷慶男, 矢島道夫　特集 東京集中vs.地方の時代I——関西・東海ローカル "地域密着"番組サクセス・ストーリー 関西・東海独立UHF4局の事例：月刊民放　18（205）〔1988.7〕　p29～33

伊豫田康弘　特集 東京集中vs.地方の時代I——関西・東海ローカル 地方局営業活性化へ、"調査営業"の具体策を 民放連「エリア・マーケティング事例調査」中間報告から：月刊民放　18（205）〔1988.7〕　p35～37

熊澤裕, 高木英夫, 小野憲生, 小林尚武, 神谷寿一　特集 東京集中vs.地方の時代I——関西・東海ローカル "東海ローカル"をどう捉え、強化するか：月刊民放　18（205）〔1988.7〕　p20～

地方・地域・市民　　　　　　　ジャーナリズム

高岸敏雄, 西野正夫, 石浜典夫, 茂利信男, 柳瀬璋　特集 東京集中vs.地方の時代I——関西・東海ローカル 薄まる、ヤングの"反中央"意識 在阪テレビ編成局長座談会：月刊民放　18（205）〔1988.7〕　p9～19

赤尾光史　　新聞学会, 地域メディアでシンポ（マスコミの焦点）：新聞研究　通号444〔1988.7〕　p85～88

清水英夫　　特集 地方から中央をどう撃つか ホームビデオ時代と裁判への「証拠利用」問題 "録画の証拠能力"と"取材源秘匿"が争点に：月刊民放　18（206）〔1988.8〕　p32～36

遠山伸彦, 国広忠久, 小阪英司, 松谷敦, 松本明, 平松敏男　特集 地方から中央をどう撃つか "関西・東海発"ネットへの「思い」と「現実」：月刊民放　18（206）〔1988.8〕　p9～18

今宮照久, 大胡勝, 田代昌史, 渡辺文雄　特集 地方から中央をどう撃つか 首都圏のなかの「地域」を捉えるために：月刊民放　18（206）〔1988.8〕　p19～2

佐藤藤三郎　特集 地方から中央をどう撃つか 進めてほしい、中央—地方の共同制作：月刊民放　18（206）〔1988.8〕　p6～8

井上康道, 大西勝司, 長井肇, 長谷川国夫, 道本順一, 冨沢満　特集 地方から中央をどう撃つか 地域に足据えた営業・制作活動の拡充を 東京支社責任者《座談会》：月刊民放　18（206）〔1988.8〕　p24～30

山本博　　「雲上人」なんて存在しない——リクルートスキャンダル報道から（地方記者の可能性）：新聞研究　通号446〔1988.9〕　p56～59

安倍甲, 高橋彰一, 川上賢一　座談会「地方出版」は様変わりしたか 濃密な地域性, 風土性をもった出版に活路：出版ニュース　通号1476〔1988.10〕　p8～12

竹内淳　　特集 地方の連携で時代をどう拓くか 「系列ブロック化」の時代に 民放「共同制作」の経緯と現状：月刊民放　18（209）〔1988.11〕　p28～29

北谷賢司　特集 地方の連携で時代をどう拓くか "新たなネットワーク"築く通信衛星：月刊民放　18（209）〔1988.11〕　p8～11

横山利勝, 梶山昭, 今井康夫, 小林和之, 清水康文, 浅野碩也, 池田豊一, 能勢順　特集 地方の連携で時代をどう拓くか 多様・多彩な企画で地域を活性化 ブロック・地域の共同制作番組・イベント8事例：月刊民放　18（209）〔1988.11〕　p12～21

井上康道, 古賀洋, 柴田長, 米倉敬介, 木塚建　特集 地方の連携で時代をどう拓くか 定着し、拡充進む番組・イベント展開 福岡5局のブロック・ネット戦略：月刊民放　18（209）〔1988.11〕　p22～27

稲坂硬一, 小林晋作, 町田寿二, 武知邦明　特集 問われる地域ジャーナリズム どう密着し "信頼"を得るかが課題 「全国地域ジャーナリスト会議」に参加して：月刊民放　18（210）〔1988.12〕　p27～30

今村洋子, 雫石多都子　特集 問われる地域ジャーナリズム 女性の感性を生かす日常取材を：月刊民放　18（210）〔1988.12〕　p34～36

青木貞伸　特集 問われる地域ジャーナリズム 「東京」と「地方」、どちらが情報過疎か：月刊民放　18（210）〔1988.12〕　p24～26

和田満郎　まず「個」を見つめることから——地方の視点から考える（1988年の報道課題を振り返る）：新聞研究　通号449〔1988.12〕　p28～31

石塚嘉一　なぜ英字紙に地域ページなのか——トランスペアレンシーを増すために（地方からみた国際化）：新聞研究　通号450〔1989.1〕　p29～31

中村欣資　ニューヨークから東京, そして世界へ（地方からみた国際化）：新聞研究　通号450〔1989.1〕　p32～34

松谷祥三郎　フィリピン花嫁問題の本質に迫る（地方からみた国際化）：新聞研究　通号450〔1989.1〕　p23～25

大牟田稔　「平和報道」の転機に立って（地方からみた国際化）：新聞研究　通号450〔1989.1〕　p17～19

小寺聡　　地域から時代的潮流を見定める（80年代を検証する）：新聞研究　通号461〔1989.12〕　p15～19

総合ジャーナリズム研究編集部　地域情報化の深層潮流＜特集＞：総合ジャーナリズム研究所　27（02）〔1990.4〕　p113～115

野崎茂　　（地域情報化の深層潮流＜特集＞）メディア・コミュニティ推進の課題：総合ジャーナリズム研究　27（02）〔1990.4〕　p84～93

林茂樹　　（地域情報化の深層潮流＜特集＞）各省庁−−地域情報化政策のねらい：総合ジャーナリズム研究　27（02）〔1990.4〕　p58～63

松平恒　　（地域情報化の深層潮流＜特集＞）地域による「情報化政策」の基本：総合ジャーナリズム研究　27（02）〔1990.4〕　p64～68

田辺靖　　事業団職員に春は来なかった——国鉄改革の陰で（地方記者はいま…）：新聞研究　通号467〔1990.6〕　p47～50

矢野宏　　地域情報化の深層潮流−2−地域コミュニケーションは情報発信の原「点」：総合ジャーナリズム研究　27（03）〔1990.7〕　p30～35

高田正人　特集 AMラジオの課題と可能性 高齢者問題を扱う地域情報番組 KBS京都『早川一光のばんざい人間』：月刊民放　20（229）〔1990.7〕　p14～15

篠田昭　　「東京国」を自らの鏡として（"豊かさ"の本質を探る—東京と地方）：新聞研究　通号468〔1990.7〕　p33～36

鈴木啓介　可能な長期的視点, 総合開発（地域情報化の深層潮流−3−"第3セクター"とはなにか）：総合ジャーナリズム研究　27（04）〔1990.10〕　p77～79

藤井可郭　地域情報化の深層潮流−3−"第3セクター"とはなにか：総合ジャーナリズム研究　27（04）〔1990.10〕　p90～94

中村輝行　知りたがっていることを読み手の身になって——地域に根ざした情報紙として（生活情報と新聞）：新聞研究　通号471〔1990.10〕　p22～25

橋元俊樹　地元に貢献しうる人材として——地方紙の記者になった君へ（次代を担う君たちへ——記者読本'91）：新聞研究　通号476〔1991.3〕　p18～21

原田康久　地方支局——特ダネ簡単入手法（入門編）（取材の最前線で）：新聞研究　通号476〔1991.3〕　p67～69

斎藤茂男　ジャーナリズムの現場−13−縮図から全体像を描けるか——地方紙記者の明暗：新聞研究　通号482〔1991.9〕　p50～55

ウィリアムズ, ホアン, 下村満子　下村満子の大好奇心−45—ホアン・ウィリアムズ「ワシントン・ポスト」記者：Asahi journal　33（41）〔1991.10〕　p48～53

望月迪洋　地方紙の足元から国際情報が出る時代——環日本海報道の視点（地球時代の日本と報道）：新聞研究　通号485〔1991.12〕　p44～47

根来昭一郎　地域論にこそ生活が見える——91年10月の地域社説から：新聞研究　通号486〔1992.1〕　p61～64

小野智美　若手記者, 支局生活を語る（記者を志した君へ——記者読本'92）：新聞研究　通号488〔1992.3〕　p29～38

山谷賢量　住民生活に密着した報道を目指す——ロシア報道, 北海道新聞の視点（独立国家共同体の行方）：新聞研究　通号489〔1992.4〕　p34～37

| | ジャーナリズム | 地方・地域・市民 |

鳥取部邦夫　本土化の波の中で——復帰20年の政治・経済（街を見つめて）：新聞研究　通号490〔1992.5〕p10～12

坂野上明　情報の一極集中を札幌から読む（日本列島情報格差）：新聞研究　通号496〔1992.11〕p13～16

上関克也　地域の情報化とメディアの機能・役割（日本列島情報格差）：新聞研究　通号496〔1992.11〕p10～12

音好宏　地域の内発的活性化のためのメディアの可能性（日本列島情報格差）：新聞研究　通号496〔1992.11〕p34～37

玉川孝道　福岡一極集中と新たな紙面づくり（日本列島情報格差）：新聞研究　通号496〔1992.11〕p24～26

金野彦康　山形放送 長期取材でテーマに食い込む ローカルドキュメンタリーの足腰：放送批評　No.281〔1992.12〕

財前博　長崎放送 故郷の"痛み"を見据える ローカルドキュメンタリーの足腰：放送批評　No.281〔1992.12〕

玉木実　特集 地方局国際化へ向けて アジアを知り、広島を知ってもらう努力を：月刊民放　22（258）〔1992.12〕p22～24

大田幹雄　特集 地方局国際化へ向けて「カラモジア交流」で草の根国際交流を展開：月刊民放　22（258）〔1992.12〕p20～21

岡村黎明　特集 地方局国際化へ向けて 高まる地方局国際化への期待：月刊民放　22（258）〔1992.12〕p6～9

大類啓　特集 地方局国際化へ向けて 姉妹局提携をベースに地方都市間の連携めざす：月刊民放　22（258）〔1992.12〕p12～13

中村弘之　特集 地方局国際化へ向けて 周年事業を契機に弾みついた国際交流：月刊民放　22（258）〔1992.12〕p24～26

田中勝邦　特集 地方局国際化へ向けて 地域に密着した活動を地球的視野で捉える：月刊民放　22（258）〔1992.12〕p26～29

新井美史　特集 地方局国際化へ向けて 地域民放の視点で実りある国際化を：月刊民放　22（258）〔1992.12〕p18～19

河出一哉　特集 地方局国際化へ向けて 電波を通じて地域社会と世界を結ぶ：月刊民放　22（258）〔1992.12〕p14～15

村田一巳　特集 地方局国際化へ向けて 日常的な努力と熱意が実りある成果生む：月刊民放　22（258）〔1992.12〕p29～30

岩崎広平　特集 地方局国際化へ向けて 放送が直面する"国際化"の意味を考える：月刊民放　22（258）〔1992.12〕p16～17

菊地寛　特集 地方局国際化へ向けて「北方圏ネットワーク」の構築に向けて努力：月刊民放　22（258）〔1992.12〕p10～11

光岡明　2つの世界を生きる——地方紙の新人諸兄へ（〔新聞研究〕創刊500号記念号——記者とは何か）：新聞研究　通号500〔1993.3〕p34～36

三木健, 大山哲, 門奈直樹　てい談——復帰20年を終えた沖縄と新聞の役割（変わる沖縄と新聞の役割）：新聞研究　通号505〔1993.8〕p54～64

三上瞻　「地方の構図」変革の主人公とともに——93年5月の社説から：新聞研究　通号505〔1993.8〕p84～87

西沢敏　取材と報道の現場（16）地域で見守りたいラムサール会議の成果：月刊民放　23（267）〔1993.9〕p34～35

青木貞伸　ローカルニュースが生命線：放送批評　No.292〔1993.11〕

藤井節昭　地域の個性を生かした特色ある家庭面を（「生活」視点のジャーナリズム）：新聞研究　通号508〔1993.11〕p36～39

長尾俊昭　地方紙が取り組む「生活面」（「生活」視点のジャーナリズム）：新聞研究　通号508〔1993.11〕p44～46

佐藤敬爾　地方紙の生活・家庭面の視点（「生活」視点のジャーナリズム）：新聞研究　通号508〔1993.11〕p40～43

秋吉健次　ゼネコン汚職と地方ジャーナリズム――マスコミ倫理懇談会全国大会の討議から：総合ジャーナリズム研究　31（01）〔1994.1〕p34～38

大牟田稔　記者活動今こそ転換期——「地方紙とゼネコン汚職報道」を考える（提言'94）：新聞研究　通号510〔1994.1〕p15～18

総合ジャーナリズム研究所　地域社会×メディア×情報化：総合ジャーナリズム研究　31（03）〔1994.7〕p32～40

金村公一　地域情報化の「指標」を求めて（地域社会×メディア×情報化）：総合ジャーナリズム研究　31（03）〔1994.7〕p50～54

山名尚志　地方とメディアの自立に向けて（地域社会×メディア×情報化）：総合ジャーナリズム研究　31（03）〔1994.7〕p44～49

水谷静馬　マスコミ現場 地方版にみる報道の堕落：マスコミ市民　通号312〔1994.11〕p54～57

指出昭洋　地域づくりに会社で取り組む——「福岡キャンペーン」の試み（現代社会とキャンペーン報道）：新聞研究　通号521〔1994.12〕p29～31

鈴木清治　地方紙記者が問われる地方の時代に（記者読本'95）：新聞研究　通号524〔1995.3〕p13～15

比嘉要　民放開局に対する視聴者の意識とメディア評価——沖縄宮古島における実態調査：琉球大学法文学部紀要, 地域・社会科学系篇　通号1〔1995.3〕p251～280

柳原和子　すれちがうリアリティーと報道情報（地域紛争を報じる）：新聞研究　通号525〔1995.4〕p38～41

壱岐一郎　ローカル放送風土記 福岡"グローカル"志向の民放激戦区：放送批評　No.311〔1995.6〕

壱岐一郎　ローカル放送風土記 福岡 ドキュルタリーのメッカを行く：放送批評　No.312〔1995.7〕

坂本衛　コミュニティ放送（FM）を食いものにする？ 郵政省の外郭団体〔（財）電波技術協会〕の怪：放送レポート　136号〔1995.9〕p8～13

金城英男　「再定義」機に一層喚起すべき国民世論——沖縄の声はまだ届いていない（沖縄基地報道を考える）：新聞研究　通号534〔1996.1〕p67～69

宮良健典　抑圧される者の視点にまず立ちたい——地元紙・中央紙の違いを越えて（沖縄基地報道を考える）：新聞研究　通号534〔1996.1〕p70～72

西山宏　インターネットをこう使う―4―地域情報を地球規模で発信——地方記者の視点から：新聞研究　通号536〔1996.3〕p91～93

田村紀雄　地域情報化の再検討のために――「新情報化社会に関する調査研究」報告＜上＞：総合ジャーナリズム研究　33（02）〔1996.4〕p84～91

高橋一永　わが支局わが日々 富士のふもとで：新聞研究　通号538〔1996.5〕p86

総合ジャーナリズム研究編集部　地域情報化の再検討のために＜下＞：総合ジャーナリズム研究所　33（03）〔1996.7〕p10～25

伊豫田康弘　TVネットワークと地方政治（特集 地域メディアと政治）：マス・コミュニケーション研究　通号49〔1996.7〕p25～35

内田満　地域メディアとデモクラシー（特集 地域メディアと政治）：マス・コミュニケーション研究　通号49〔1996.7〕p3～13

山田晴通　地域（特集 現代マス・コミュニケーション理論のキーワード——50号を記念して―コミュニケーション論）：マス・コミュニケーション研究　通号50〔1997.1〕p16～23

当山正喜　いま中央を告発し続けなければ（「論」——地方から）：新聞研究　通号547〔1997.2〕p47～49

松村長　地域おこしで中・近世の姿再び（「論」——地方から）：新聞研究　通号547〔1997.2〕p32～34

地方・地域・市民　　　　　　　　　ジャーナリズム

加藤純一, 山田邦見, 大塚正宸　《地方紙論説座談会》地方紙がきちんとした議題設定を（「論」――地方から）：新聞研究　通号547
　　　　　　　〔1997.2〕　p10～25
長野忠　　　「風の論理」と「土の論理」（「論」――地方から）：新聞研究　通号547　〔1997.2〕　p35～37
久田徳二　　「地方」のあり方めぐり学習の輪――「分権・自治を考える北海道ジャーナリストの会」が発足：新聞研究　通号
　　　　　　　549　〔1997.4〕　p40～43
加藤修也　　わが支局わが日々　陶磁器業界の悲願：新聞研究　通号550　〔1997.5〕　p85
高田穹伸　　死亡記事とその周辺――人間情報の多い追悼記事の提案：朝日総研リポート　通号127　〔1997.8〕　p50～66
松本斉　　　「のど元過ぎれば」は許されない（沖縄の声をどう聞くか）：新聞研究　通号553　〔1997.8〕　p34～36
総合ジャーナリズム研究編集部　「分権」とジャーナリズムの役割を考える（地方分権とジャーナリズム）：総合ジャーナリズム
　　　　　　　研究所　34（04）〔1997.10〕　p20～26
所雅彦　　　求められる生活情報ジャーナリズムの視点――地域基幹メディアとしての個性化とエリア研究を（特集 多チャンネ
　　　　　　　ル時代を生きるローカル情報番組）：月刊民放　27（10）〔1997.10〕　p8～11
伊豫田康弘　今こそ夕方ワイドを地域戦略の拠点に――地元に精通し, 柔軟編成を生かせ（特集 多チャンネル時代を生きるロー
　　　　　　　カル情報番組）：月刊民放　27（10）〔1997.10〕　p4～7
大滝亜夫　　地域への使命果たすために（信頼度調査を読んで）：新聞研究　通号556　〔1997.11〕　p43～45
安藤欣賢　　住民主体の地方自治実現へ（地方分権とジャーナリズム　「分権」とジャーナリズムの役割を考える）：総合ジャー
　　　　　　　ナリズム研究　35（01）〔1998.1〕　p21～24
松本誠　　　地域の新しい市民的動きを発信する（地方分権とジャーナリズム　「分権」とジャーナリズムの役割を考える）：総
　　　　　　　合ジャーナリズム研究　35（01）〔1998.1〕　p1～21
鳥井守幸　　地方分権とジャーナリズム：総合ジャーナリズム研究　35（01）〔1998.1〕　p47～53
山田吉孝　　中央と地方ジャーナリズムの“分権”を（地方分権とジャーナリズム　「分権」とジャーナリズムの役割を考える）：
　　　　　　　総合ジャーナリズム研究　35（01）〔1998.1〕　p12～15
目光紀　　　構造変化と地域の地盤沈下と――二面性のはざまで揺れる地域経済報道（不安の時代, 新聞は）：新聞研究　通号559
　　　　　　　〔1998.2〕　p23～26
魚住真司, 津田正夫　アメリカのパブリック・アクセス・チャンネルは今：放送レポート　151号　〔1998.3〕　p46～50
梅原紘児　　地方に根差し, 住民と一緒に考える（記者読本'98―記者となる君に）：新聞研究　通号560　〔1998.3〕　p14～17
大原詔久　　“大阪らしさ”とは独創的思考から――全国を見, 世界を意識した番組づくりを（特集・大阪から全国へ）：月刊民放
　　　　　　　28（4）〔1998.4〕　p24～27
林田克己　　中央と地方――中央に振り回される状況変えないと…―長崎知事選・衆院補選を取材して（もう一つの「政治」）：
　　　　　　　新聞研究　通号561　〔1998.4〕　p49～51
松浦さと子　サンフランシスコで出合った「市民による市民のチャンネル」を創る人々：放送レポート　155号　〔1998.12〕　p52
　　　　　　　～57
藤田幹夫　　起点は「記者もその土地の生活者」――地域発想の紙面づくりとは（記者読本'99）：新聞研究　通号572　〔1999.3〕
　　　　　　　p22～25
大槻則一　　地域が発する国際ニュース――市民の智恵袋に役立つ記事満載―1―新潟日報ホームページ：マスコミ市民　通号
　　　　　　　363　〔1999.3〕　p60～63
津田正夫　　インターローカル放送網への市民の挑戦が始まった：放送レポート　158号　〔1999.5〕　p66～70
多田昭重　　地域キャンペーンの痛み引き受ける――批判と愛情による地域づくり（批判媒体としての新聞）：新聞研究　通号576
　　　　　　　〔1999.7〕　p10～12
津田正夫　　シリーズ デジタル時代・放送が変わる（2）地域からの新しい波：放送文化　通号64　〔1999.10〕　p78～81
Cooper, Roger　自立を模索する米国ローカル局（特集 地方局の選択と戦略）：月刊民放　30（8）通号350　〔2000.8〕　p32～35
前田朗　　　黄昏の大日本低国（2）沖縄米兵わいせつ事件報道：マスコミ市民　通号380　〔2000.8〕　p18～26
吉村卓也　　コミュニティーをつなぐ局（FEATURE 2001年・テレビ考/地方局はいま…）：総合ジャーナリズム研究　38（02）
　　　　　　　（通号176）〔2001.3〕　p40～44
川満幸弘　　地域紙はいま（15）読者の声にこたえ目指すは超一流（宮古毎日新聞社）：新聞研究　（597）〔2001.4〕　p79～81
阿部友康　　地方紙の提言報道には無限の可能性――鋭い現状分析や先見性あるビジョンは新聞の得意とするところ（特集「提
　　　　　　　言報道」を考える）：新聞研究　（599）〔2001.6〕　p26～29
猪股征一　　地域に立脚してこそ, 国, 世界が見える――論争を個々の場面に引き落とし, 地域住民が理性的に考えられる紙面
　　　　　　　作り（特集 私にとってジャーナリズムとは何か）：新聞研究　（600）〔2001.7〕　p25～27
岸本晃　　　熊本からのメディアアクセス報告 住民ディレクターが創るテレビの未来：ぎゃらく　通号387　〔2001.10〕　p36～39
伊藤元博, 笹原嘉弘, 森田正明　なぜ, そこにいるのか？――地元局の自問自答と挑戦（民放50周年記念大会シンポジウム）：月刊
　　　　　　　民放　32（1）通号367　〔2002.1〕　p6～15
小山師人　　欧州メディアアクセス見聞録（2）フランス 晴れて？ 公認「市民のテレビ」：放送レポート　175号　〔2002.3〕　p54
　　　　　　　～57
北健一　　　悲劇と向き合い風化とたたかう――地元報道を読む（特集「えひめ丸」事件1年）：マスコミ市民　通号398　〔2002.
　　　　　　　3〕　p20～26
松浦さと子　欧州メディアアクセス見聞録（3）ドイツ 市民番組に現れる歴史と社会：放送レポート　176号　〔2002.5〕　p50～54
高森和郎　　権力, 報道, 市民の関係を問い直す――記者室を離れた長野県政取材の1年：新聞研究　（611）〔2002.6〕　p44～47
松本恭幸　　メディアアクセス・オン・BB〈1・新連載〉ブロードバンドの現在と可能性：放送レポート　178号　〔2002.9〕　p58
　　　　　　　～61
金京煥　　　不安と期待――韓国放送の市民参加：放送レポート　179号　〔2002.11〕　p66～69
松本恭幸　　メディアアクセス・オン・BB〈2〉全国展開する学生・市民の映像発信：放送レポート　180号　〔2003.1〕　p52～55
長谷川岳　　同じ空気を吸い, 新しいものを生む（特集 地域を耕す）：月刊民放　33（1）通号379　〔2003.1〕　p8～11
松本恭幸　　メディアアクセス・オン・BB〈3〉学生たちが作るドキュメンタリー：放送レポート　181号　〔2003.3〕　p54～57
上垣外彰　　地方の視点 地方ジャーナリストの回想（1）：自由　45（3）通号517　〔2003.3〕　p152～157
松本恭幸　　メディアアクセス・オン・BB〈4〉CATVの市民参加番組：放送レポート　182号　〔2003.5〕　p60～63
上垣外彰　　地方紙ジャーナリストの回想 地方の視点（4）顔が見える市町村像を考えよう：自由　45（6）通号520　〔2003.6〕

	p151〜156
松本恭幸	メディアアクセス・オン・BB〈5〉インディペンデントなジャーナリズム：放送レポート　183号　〔2003.7〕p62〜65
上垣外彰	地方紙ジャーナリストの感想 地方の視点(5)越寿三郎翁の功績：自由　45(7)通号521　〔2003.7〕p152〜157
上垣外彰	地方紙ジャーナリストの感想 地方の視点(完)長野県政・改革の問題点：自由　45(8)通号522　〔2003.8〕p151〜156
香取淳子	地域メディアの今後──長崎を事例として：マスコミ市民　通号415　〔2003.8〕p42〜48
松本恭幸	メディアアクセス・オン・BB〈6〉市民メディアが"まちづくり"：放送レポート　184号　〔2003.9〕p60〜63
松本恭幸	メディアアクセス・オン・BB〈7〉市民メディアでまちづくりin北海道：放送レポート　185号　〔2003.11〕p58〜61
福井純子	新聞にわかの空間（特集＝地域社会とメディア）：メディア史研究　15　〔2003.11〕p1〜24
松本恭幸	メディアアクセス・オン・BB〈8〉市民メディアとしてのラジオの可能性：放送レポート　186号　〔2004.1〕p58〜60
中山明展	記者が通うのは販売店──大都市札幌・街ダネ発掘強化の試み：新聞研究　（630）〔2004.1〕p47〜49
寺島英弥	「新聞を変える」ひとつの提案──パブリック・ジャーナリズムと地方紙：新聞研究　（631）〔2004.2〕p26〜30
松本恭幸	メディアアクセス・オン・BB〈9〉市民ディレクターを育てる：放送レポート　187号　〔2004.3〕p62〜65
小田桐誠	「市民メディア」が街を元気に！　市民メディア全国交流集会2004：放送レポート　187号　〔2004.3〕p22〜25
井上正男	地元で生涯のテーマ見つけよう──専門記者めざす新人への手紙（特集 記者読本2004──記者となる君へ）：新聞研究　（632）〔2004.3〕p18〜21
松本恭幸	メディアアクセス・オン・BB〈10〉全国に広がる市民メディアの輪：放送レポート　188号　〔2004.5〕p58〜61
政井孝道	地域の岩盤を揺り動かす──住民自治の意思形成過程を詳報（変わるコミュニティーと報道の視点）：新聞研究　（635）〔2004.6〕p18〜21
高橋誠	地方紙記者の南極物語 最果ての地にニュースがある限り──通信技術の恩恵受けながら隊員と過ごした日々：新聞研究　（635）〔2004.6〕p68〜70
松尾倫男	悩みながら走り続ける──過疎化見つめ続けた25年（変わるコミュニティーと報道の視点）：新聞研究　（635）〔2004.6〕p22〜24
松本恭幸	メディアアクセス・オン・BB〈11〉学校が取り組むメディア活動：放送レポート　189号　〔2004.7〕p58〜61
照井大輔, 中野佐知子	地域情報に関する意識と行動(1)デジタル時代の地域と放送調査：放送研究と調査　54(7)通号638　〔2004.7〕p2〜29
照井大輔, 中野佐知子	地域情報に関する意識と行動──デジタル時代の地域と放送調査(2)：放送研究と調査　54(8)通号639　〔2004.8〕p14〜55
松本恭幸	メディアアクセス・オン・BB〈12〉小規模メディアにも大きな意義：放送レポート　190号　〔2004.9〕p58〜61
榎本晃子	誕生前夜『みんなの滋賀新聞』（FEATURE 地方紙のゆくえ2004）：総合ジャーナリズム研究　41（04）（通号190）〔2004.9〕p8〜16
照井大輔, 中野佐知子	地域情報に関する意識と行動──デジタル時代の地域と放送調査(3)：放送研究と調査　54(9)通号640　〔2004.9〕p14〜27
松本誠	求められる発想の転換──新聞は市民主導の社会に対応できるか（変わるコミュニティーと報道の視点(2)）：新聞研究　（639）〔2004.10〕p58〜60
山口俊郎	「言論」が培う地域の活力──フォーラムによる対話の試み（変わるコミュニティーと報道の視点(2)）：新聞研究　（639）〔2004.10〕p54〜57
高橋幸博	在日外国人へのまなざし──徹底ルポで共生社会のあり方探る（変わるコミュニティーと報道の視点(2)）：新聞研究　（639）〔2004.10〕p50〜53
米田洋次	"地域の誇り"掘り起こせ──県内津々浦々で「ろばた談議」開催（変わるコミュニティーと報道の視点(2)）：新聞研究　（639）〔2004.10〕p46〜49
松本恭幸	メディアアクセス・オン・BB〈13〉地元CATVに学生が番組提供：放送レポート　191号　〔2004.11〕p62〜65
松尾羊一	CURRENT 地域がテレビを変える節目に：総合ジャーナリズム研究　41（01）（通号187）〔2004.12〕p60〜64
三浦基, 廣川聡美	連続インタビュー・転換期のメディア(9)地域の情報化とデジタル放送──横須賀市情報政策担当部長・廣川聡美氏：放送研究と調査　54(12)通号643　〔2004.12〕p46〜53
松本恭幸	メディアアクセス・オン・BB〈14〉市民制作者を育成する難しさ：放送レポート　192号　〔2005.1〕p64〜67
野瀬義仁	河川浄化──東海テレビ放送・シリーズ「よみがえる堀川」新しい魅力を番組で発信 市民や行政が「再生」に動く（特集 地域を支える）：月刊民放　35(1)通号403　〔2005.1〕p18〜20
七沢潔, 平塚千尋	地域情報化と住民のメディア行動──富山県八尾町ケーブル利用調査・6年間の推移：放送研究と調査　55(2)通号645　〔2005.2〕p16〜51
松本恭幸	メディアアクセス・オン・BB〈15〉地域住民の力を借りて：放送レポート　193号　〔2005.3〕p68〜69
岩木敏久	人々の思い、受け止めよう──地域に育てられ、鍛えられる（記者読本2005──記者となる君へ）：新聞研究　（644）〔2005.3〕p14〜17
津田正太郎	地域における情報化の進展と市民意識の変容（特集：戦後日本社会のメディアと市民意識）：メディア・コミュニケーション：慶応義塾大学メディア・コミュニケーション研究所紀要　（55）〔2005.3〕p33〜48
石井英夫	花は愛惜に散る──「産経抄」を書き続けた35年：新聞研究　（645）〔2005.4〕p33〜35
音好宏, 山本安幸, 石井彰, 脇屋雄介	シンポジウム 災害とコミュニティ放送：放送レポート　194号　〔2005.5〕p28〜39
松本恭幸	メディアアクセス・オン・BB<16>「愛・地球博」での市民放送局の問題：放送レポート　194号　〔2005.5〕p68〜71
八代保	地域紙の使命と役割を実践──読者への情報提供に徹した日々（検証・市町村合併と新聞の視点）：新聞研究　（647）〔2005.6〕p10〜13
松本恭幸	メディアアクセス・オン・BB〈17〉ミニFMとネット放送：放送レポート　195号　〔2005.7〕p70〜73
松浦さと子	民主主義への勇気 −20周年を迎えたドイツのオープンチャンネル：放送レポート　195号　〔2005.7〕p64〜69
魚住真司	パブリック・アクセスの開祖たち（上）−転機を迎えたアメリカのコミュニティTV：放送レポート　196号　〔2005.9〕p30〜34
松本恭幸	メディアアクセス・オン・BB〈18〉市民によるネット放送：放送レポート　196号　〔2005.9〕p68〜71
松本恭幸	市民メディアの現状と課題（特集 市民メディア＆ローカルメディア）：マスコミ市民　通号441　〔2005.10〕p16〜24

地方・地域・市民　　　　　　　　　　　ジャーナリズム

高田昌幸	地方から見える、日本社会の歪み（特集 市民メディア＆ローカルメディア）：マスコミ市民　通号441 〔2005.10〕 p36～39
魚住真司	パブリック・アクセスの開祖たち（下）―転機を迎えたアメリカのコミュニティTV：放送レポート　197号 〔2005.11〕 p30～35
松本恭幸	メディアアクセス・オン・BB〈19〉地方新聞におけるメディアアクセス：放送レポート　197号 〔2005.11〕 p68～71
成宮恒雄	民放の地域イベント活動（2）ガラスの地球を救え――ABC環境キャンペーン：月刊民放　35（11）通号413 〔2005.11〕 p36～39
鎌田慧	地方・地方紙に流れる風土の血（FEATURE 「戦後60年」のジャーナリズム1）：総合ジャーナリズム研究　42（01）（通号191）〔2005.12〕 p15～19
俣野秀幸	地方権力とメディアとの“距離感”――チェック機関としての役割を自らに問う（政権とメディア）：新聞研究（653）〔2005.12〕 p18～21
松本恭幸	メディアアクセス・オン・BB〈20〉市民制作者の継続的な育成：放送レポート　198号 〔2006.1〕 p64～67
金本進一	民放の地域イベント活動（4）番組から広がる「ふるさと教育」――『ラララ白山――かつ先生のふしぎ教室』：月刊民放　36（1）通号415 〔2006.1〕 p42～45
菅野利郎	民放の地域イベント活動（第5回）秋の大感謝祭！ スペシャルウィーク 『ワクドキ！ 元気』：月刊民放　36（2）通号416 〔2006.2〕 p26～29
松本恭幸	メディアアクセス・オン・BB〈21〉上映活動で市民と交流：放送レポート　199号 〔2006.3〕 p64～67
吉村直樹	関西だより 取材での感動を音で表現：放送レポート　199号 〔2006.3〕 p63
松浦さと子	神戸からの提言－FMわいわい「多様なマイノリティによる表現活動の10年：放送レポート　199号 〔2006.3〕 p18～22
島田佳幸	記者になる場所――支局での経験が「記者」をつくる（記者読本2006―記者となる君へ）：新聞研究（656）〔2006.3〕 p42～45
大隈知彦	地域に暮らす一人として――「私たち」の視点で社会を見る（記者読本2006―記者となる君へ）：新聞研究（656）〔2006.3〕 p34～37
松本恭幸	市民メディア訪問（1）NPOによるコミュニティFM局：マスコミ市民　通号447 〔2006.4〕 p54～57
松本恭幸	メディアアクセス・オン・BB〈22〉大隅半島で誕生する三つのNPO放送局：放送レポート　200号 〔2006.5〕 p64～67
児玉久男	民放の地域イベント活動（7）ラジオがおこす再生の風――商店街応援キャンペーン「しあわせ商店街」：月刊民放　36（5）通号419 〔2006.5〕 p32～35
松本恭幸	市民メディア訪問（2）NPOによるコミュニティFM局：マスコミ市民　通号448 〔2006.5〕 p38～41
長谷部牧	民放の地域イベント活動（8）とどけ！ みんなの願い・地球の願い――開局30周年記念事業：月刊民放　36（6）通号420 〔2006.6〕 p30～33
高本孝	地域の問題と真剣に向き合う――暴走族追放キャンペーンで果たした新聞の役割（新聞の公共性を考える（3））：新聞研究（659）〔2006.6〕 p38～41
松本恭幸	市民メディア訪問（3）来年29回目を迎える東京ビデオフェスティバル：マスコミ市民　通号449 〔2006.6〕 p48～51
松本恭幸	メディアアクセス・オン・BB〈23〉大学生たちのTV番組制作：放送レポート　201号 〔2006.7〕 p66～69
壱岐一郎	関西だより 拡大版 関西で勃発！ 夕方ワイドニュース戦争：放送レポート　201号 〔2006.7〕 p46～47
田中稔彦	民放の地域イベント活動（第9回）「理科離れ」なんて言わせない――青少年のための科学の祭典・熊本大会：月刊民放　36（7）通号421 〔2006.7〕 p36～39
神足博美	地域の“今”と、そして“未来”を考える――解決模索型報道の試みから（地域社会に提言する）：新聞研究（660）〔2006.7〕 p18～21
中村精介	「都市未来プロジェクト」が始動――“行動する新聞”を目指して（地域社会に提言する）：新聞研究（660）〔2006.7〕 p22～24
小野寺裕	年間キャンペーン30年の取り組み――地域ニーズにぴたりと合ったテーマで存在感示したい（地域社会に提言する）：新聞研究（660）〔2006.7〕 p10～13
松本恭幸	市民メディア訪問（4）市民が参加するコミュニティFM局：マスコミ市民　通号450 〔2006.7〕 p50～53
戒田節子	民放の地域イベント活動（10）愛媛を元気に！ 劇団「みかん一座」――合言葉はサンシャイン・アイズ：月刊民放　36（8）通号422 〔2006.8〕 p32～35
久保田裕之	道民の生活実感を伴う報道に腐心――地域の現場から伝え続けた小泉改革の実像（小泉政治と報道の軌跡）：新聞研究（661）〔2006.8〕 p26～29
澤田正彦	地域情報 北から南から 地域活性化に向けたCATVの取組み――長野県諏訪圏域での事例を中心に：日経研月報（338）〔2006.8〕 p54～57
松本恭幸	市民メディア訪問（5）住民ディレクターによる地域づくり：マスコミ市民　通号451 〔2006.8〕 p50～53
松本恭幸	メディアアクセス・オン・BB〈24〉放送局と市民のパートナーシップ：放送レポート　202号 〔2006.9〕 p60～63
清宮克良	市民記者と参加型メディア――毎日新聞地域面の新たな挑戦：新聞研究（662）〔2006.9〕 p50～52
松本恭幸	市民メディア訪問（6）全国各地で開催される市民映像祭：マスコミ市民　通号452 〔2006.9〕 p40～43
松本恭幸	市民メディア訪問（7）東北大学メディア・リテラシー・プロジェクトの取り組み：マスコミ市民　通号453 〔2006.10〕 p66～69
松本恭幸	メディアアクセス・オン・BB〈25〉地域のNPOが番組を配信：放送レポート　203号 〔2006.11〕 p64～67
菊池克幸	憲法論議と新聞の役割 憲法問う「一歩」踏み出す――「地方紙ならでは」を模索しながら：新聞研究（664）〔2006.11〕 p38～41
松本恭幸	市民メディア訪問（8）学生によるインターネット放送局の動向：マスコミ市民　通号454 〔2006.11〕 p70～73
研究会JU	STUDY 地域と「放送」の新たなつながりを考える－－「市民的公共圏としての地域社会づくりと『放送』の先導的役割研究」から：総合ジャーナリズム研究　43（01）（通号195）〔2006.12〕 p28～31
松本恭幸	市民メディア訪問（9）高校生によるARTLiVE：マスコミ市民　通号455 〔2006.12〕 p62～65
佐々木俊尚	市民ジャーナリズムは、混乱と炎上を越えて立ち上がるか――オーマイニュース日本版船出の裏側：論座　通号139 〔2006.12〕 p130～137

松本恭幸	メディアアクセス・オン・BB〈26〉全国各地に広まる住民ディレクター：放送レポート　204号　〔2007.1〕 p66～68	
山田賢一	「国際化」にまい進する中国の地方放送局——四川・重慶・広西の現状調査報告：放送研究と調査　57(1)通号668　〔2007.1〕 p66～78	
松本恭幸	市民メディア訪問(10) 鳥取での学生番組制作プロジェクト：マスコミ市民　通号456　〔2007.1〕 p64～67	
松本恭幸	市民メディア訪問(11) コミュニティ放送への市民参加：マスコミ市民　通号457　〔2007.2〕 p48～51	
魚住真司	パブリックアクセスの灯を消すな 米国市民メディア40年目のたたかい：放送レポート　205号　〔2007.3〕 p16～19	
松本恭幸	メディアアクセス・オン・BB〈27〉コミュニティビジネスのためにネット放送を：放送レポート　205号　〔2007.3〕 p68～71	
五十嵐正剛	支局で学んでほしいこと——記者になるための留意事項(記者読本2007—記者となる君へ)：新聞研究　(668)　〔2007.3〕 p30～33	
横田賢一	地方紙とキャンペーン報道——現場主義の報道にジャーナリズムの可能性が宿る(記者読本2007—記者となる君へ)：新聞研究　(668)〔2007.3〕 p26～29	
小松恵永	地方紙記者として生きる——身近なニュースが世界につながる(記者読本2007—記者となる君へ)：新聞研究　(668)　〔2007.3〕 p34～37	
村上圭子, 鈴木祐司	「地域社会」と「メディア」の実験——15年目を迎えたコミュニティFM：放送研究と調査　57(3)通号670　〔2007.3〕 p2～23	
松本恭幸	市民メディア訪問(13) 多文化な背景をもつ子どもたちによる表現活動：マスコミ市民　通号459　〔2007.4〕 p56～59	
松本恭幸	メディアアクセス・オン・BB〈28〉地域密着をめざすケーブルテレビ局：放送レポート　206号　〔2007.5〕 p64～67	
松本恭幸	市民メディア訪問(14) アート系NPOによる情報発信活動：マスコミ市民　通号460　〔2007.5〕 p50～53	
阿部貞一	もう一度「けじめ」の原点に立ち返れ——地域読者のニーズに表情豊かな「顔」で応える(ネット時代の社説・論説)：新聞研究　(671)〔2007.6〕 p30～33	
松本恭幸	市民メディア訪問(15) NPO放送局を支える市民：マスコミ市民　通号461　〔2007.6〕 p54～58	
松本恭幸	メディアアクセス・オン・BB〈29〉地域密着を志向するコミュニティFM局：放送レポート　207号　〔2007.7〕 p62～65	
木下謙治	地域のオーガナイザーの役割担う——「地方都市コミュニティとメディア」に関する報告書から：新聞研究　(673)　〔2007.8〕 p47～51	
松本恭幸	市民メディア訪問(17) 大学を拠点に開催される市民映像祭：マスコミ市民　通号463　〔2007.8〕 p64～67	
松本恭幸	メディアアクセス・オン・BB〈30〉市民参加が活発なコミュニティFM：放送レポート　208号　〔2007.9〕 p62～65	
松本恭幸	市民メディア訪問(18) 鷹取に戻ってきたFMわいわい：マスコミ市民　通号465　〔2007.10〕 p36～39	
松本恭幸	メディアアクセス・オン・BB〈31〉続・コミュニティ放送への市民参加：放送レポート　209号　〔2007.11〕 p62～65	
松本恭幸	基盤広げる日本の市民メディア——全国交流集会の取り組みから：新聞研究　(676)〔2007.11〕 p74～77	
松本恭幸	市民メディア訪問(19) 市民メディアとしてのミニFM局：マスコミ市民　通号466　〔2007.11〕 p62～65	
松本恭幸	市民メディア訪問(20) 全国に広がる市民放送局：マスコミ市民　通号467　〔2007.12〕 p64～67	
魚住真司	——テレビ発明80年— 米パブリック・アクセスの攻防：放送レポート　210号　〔2008.1〕 p18～22	
松本恭幸	メディアアクセス・オン・BB〈32〉市民参加の放送が直面する課題：放送レポート　210号　〔2008.1〕 p58～61	
阪井宏	地域のために汗かく覚悟で——サミットを控えた社の取り組みと紙面展開(地球環境と向きあう視点)：新聞研究　(678)〔2008.1〕 p22～25	
岩本太郎	「地域×テーマ」はなるべく狭く——新聞・テレビを刺激する二つの市民メディア：新聞研究　(678)〔2008.1〕 p67～70	
松本恭幸	市民メディア訪問(21) 地域コミュニティをつなぐFM局：マスコミ市民　通号468　〔2008.1〕 p54～58	
河野幸男	民放の地域イベント活動(第12回) メディアリテラシーを推進——「テレビフォーラム」と「授業」で：月刊民放　38(2)通号440　〔2008.2〕 p34～37	
松本恭幸	市民メディア訪問(22) 続・地域コミュニティをつなぐFM局：マスコミ市民　通号469　〔2008.2〕 p68～71	
松本恭幸	メディアアクセス・オン・BB〈33〉地方自治体による市民メディア支援：放送レポート　211号　〔2008.3〕 p66～69	
宮沢之祐	地域に根を張るということ——〈私たち〉の視点で見つめるわが街(記者読本2008—記者となる君へ)：新聞研究　(680)〔2008.3〕 p26～29	
松本恭幸	市民メディア訪問(23) 学校教育の中で広がる映像制作実習：マスコミ市民　通号470　〔2008.3〕 p56～59	
松本恭幸	市民メディア訪問(24) 全国に広がる住民ディレクター活動：マスコミ市民　通号471　〔2008.4〕 p48～51	
松本恭幸	メディアアクセス・オン・BB〈34〉コミュニティFMへの市民参加のかたち：放送レポート　212号　〔2008.5〕 p66～69	
高野正巳	現実踏まえ「希望のクニ」を構想——連載「独立するべ バーチャル国あきた」の狙い：新聞研究　(683)〔2008.6〕 p59～61	
松本恭幸	市民メディア訪問(25) 地域を拠点にしたインターネット放送：マスコミ市民　通号473　〔2008.6〕 p44～48	
岡田芳宏	「ひと」と「ジャーナリズム」と—NPO法人によるコミュニティ放送誕生の背景：放送レポート　213号　〔2008.7〕 p22～25	
松本恭幸	メディアアクセス・オン・BB〈35〉インターネット新聞のこれまで：放送レポート　213号　〔2008.7〕 p66～69	
松本恭幸	市民メディア訪問(26) インターネット新聞を支える市民記者：マスコミ市民　通号474　〔2008.7〕 p36～41	
山口光	多メディア対応が事業成功の鍵——世界編集者フォーラムの討議から：新聞研究　(685)〔2008.8〕 p58～61	
松浦さと子	世界とつながるコミュニティラジオ—AMARC・JapanがG8取材団を受け入れ：放送レポート　214号　〔2008.9〕 p30～33	
嶋田健	「世界」と「北海道」を視野に——地域に引きつけわかりやすく(洞爺湖サミットの報道から)：新聞研究　(686)〔2008.9〕 p10～14	
寺島英弥	地域コミュニティーとどうつながるか——「当事者の発信」を支援する地方紙の新たな可能性：新聞研究　(686)〔2008.9〕 p46～49	
魚住真司	アメリカ・パブリックアクセスの集い—全米コミュニティ・メディア連合の首都総会から：放送レポート　215号　〔2008.11〕 p24～27	

竹内惠	地域メディアの核、「ケーブル」──コミュニティ番組が担う地域活性化：武蔵野学院大学日本総合研究所研究紀要 7 〔2009〕 p112～116
平塚千尋	地域社会と新聞──南紀における地域新聞を例に：立正大学人文科学研究所年報 （47）〔2009〕 p7～24
山田賢一	中国の地方テレビ局「市場化」の諸相──党の「宣伝」・「管理」との関係：NHK放送文化研究所年報 53 〔2009〕 p269～302
木本行圀	地方発・映像コンテンツ 動画を生かし とことん地域密着──新聞社の総力注ぎ地位確立目指す：新聞研究 （690）〔2009.1〕 p44～46
松本恭幸	市民メディア訪問（27）ボランティア支援する市民メディア：マスコミ市民 通号480 〔2009.1〕 p70～74
松本恭幸	メディアアクセス・オン・BB〈36〉コミュニティFMへの市民参加を考える：放送レポート 217号 〔2009.3〕 p56～59
吉澤弘	関西だより 拡大版 関西の放送関連プロも悲鳴をあげている：放送レポート 217号 〔2009.3〕 p32～33
松野良一	メディア漂流（6）「地域情報化」と「地域活性化」を結ぶメディア表現：調査情報. 第3期 （487）〔2009.3・4〕 p72～75
後藤康行	地域社会とメディア・コミュニケーション──千葉県君津郡『中川村青年会報』の研究（小特集 歴史研究と図像・画像）：メディア史研究 25 〔2009.5〕 p50～72
黒田勇	地域公共圏の形成に努力を──メディアのステレオタイプな関西観の問題（関西ジャーナリズムの今）：新聞研究 （695）〔2009.6〕 p19～22
中村守	市民のひろば メディアへの素朴な提言：マスコミ市民 通号485 〔2009.6〕 p51～53
松浦さと子	コミュニティメディアの運営実践における営利・非営利のジレンマ──設立理念と運営主体・所有をめぐって：立命館産業社会論集 45（1）通号141 〔2009.6〕 p129～139
米倉律	「多文化社会化」に放送はどう向き合うべきか（1）静岡県浜松市における「送り手」調査の結果を中心に：放送研究と調査 59（10）通号701 〔2009.10〕 p56～67
谷正名, 米倉律	「多文化社会化」に放送はどう向き合うべきか（2）静岡県・浜松市における「受け手」ヒアリング調査から：放送研究と調査 59（12）通号703 〔2009.12〕 p20～31
松本恭幸	市民メディア訪問（29）市民と一体となった地域情報発信：マスコミ市民 通号491 〔2009.12〕 p70～72
水島久光	アーカイブ時代の地域と放送──地域イメージの還流/コミュニケーションの再生（特集 都市, 地域, メディアの関係性を再考する─地域メディア・地域放送の可能性への視軸）：放送メディア研究 通号7 〔2010〕 p205～242
東山一郎	市民参加型の地域メディア──その意義と可能性（特集 都市, 地域, メディアの関係性を再考する─地域メディア・地域放送の可能性への視軸）：放送メディア研究 通号7 〔2010〕 p141～176
寺島英弥	地域で生きるジャーナリスト像とは──当事者の発信を助け, つながる「個」のメディアへ（特集 都市, 地域, メディアの関係性を再考する─地域メディア・地域放送の可能性への視軸）：放送メディア研究 通号7 〔2010〕 p109～139
森津千尋	宮崎観光とメディア（1）：宮崎公立大学人文学部紀要 18（1）〔2010〕 p259～269
大橋弘明	地方CATVが担う地域の安全と安心：放送文化 通号27 〔2010.夏〕 p84～87
松本恭幸	市民メディア訪問（30）コミュニティFM局への市民参加の形態：マスコミ市民 通号492 〔2010.1〕 p56～59
曽根英二	地域から国のカタチを撃つ──「豊島」20年の継続取材から（特集 地方局の底ヂカラ）：月刊民放 40（2）通号464 〔2010.2〕 p28～31
水島宏明	報道の出発点は「地域を見つめる」こと──「虫の目」から「鳥の目」へ（特集 地方局の底ヂカラ）：月刊民放 40（2）通号464 〔2010.2〕 p16～19
松本恭幸	市民メディア訪問（31）コミュニティチャンネルへの市民参加：マスコミ市民 通号493 〔2010.2〕 p37～41
松本恭幸	市民メディア訪問（32）続・コミュニティFM局への市民参加の形態：マスコミ市民 通号494 〔2010.3〕 p58～61
松本恭幸	市民メディア訪問（33）コミュニティ・チャンネルへの市民参加：マスコミ市民 通号495 〔2010.4〕 p56～61
松本恭幸	市民メディア訪問（34）コミュニティFM局の規模による市民参加の形態：マスコミ市民 通号497 〔2010.6〕 p59～63
日比野純一	ハイチ復興を支えるコミュニティラジオへの国際連帯：放送レポート 225号 〔2010.7〕 p14～17
田中美乃里	地域の魅力を伝え, 高める──藤沢市で取り組む新たなメディアの形：新聞研究 （708）〔2010.7〕 p74～78
松本恭幸	市民メディア訪問（35）コミュニティチャンネルへの市民参加（続）：マスコミ市民 通号498 〔2010.7〕 p52～57
普久原均	差別と犠牲を断つために──普天間問題をめぐる沖縄地元紙の立場：新聞研究 （709）〔2010.8〕 p24～27
松浦さと子	Ofcomとコミュニティラジオ ─英・独立機関の協働と規制─：放送レポート 226号 〔2010.9〕 p58～62
柴田鉄治	もう一つの沖縄密約「核再持込み」──国民も歴史も眼中になかった権力者の姿（特集 言論の自由とメディア）：マスコミ市民 通号500 〔2010.9〕 p28～33
四方由美	地域における新聞の役割考える契機に──口蹄疫問題をめぐる各紙の報道：新聞研究 （711）〔2010.10〕 p70～73
小川祐司	地元紙としての使命と苦難──口蹄疫報道を経験して：新聞研究 （712）〔2010.11〕 p42～46
松本恭幸	市民メディア訪問（36）ラジオ空白地に誕生したコミュニティFM局：マスコミ市民 通号502 〔2010.11〕 p80～83
鈴木孝昌	地元紙が書かずに誰が書く？──総力挙げ歴史的会議に挑む（生物多様性の捉え方）：新聞研究 （714）〔2011.1〕 p8～11
清水真	「分断された民意」をつなぐ──地方紙の可能性：新聞研究 （714）〔2011.1〕 p48～51
門奈直樹	ジャーナリズムの危機──英国のメディア市民運動から日本を照射する：マスコミ市民 通号504 〔2011.1〕 p26～32
松本恭幸	市民メディア訪問（37）全国各地の社会人, 学生による自費出版：マスコミ市民 通号504 〔2011.1〕 p69～71
松本恭幸	市民メディア訪問（38）大学でのメディア教育の現在…武蔵大学の事例：マスコミ市民 通号505 〔2011.2〕 p64～67
日隈一雄	ブック・ストリート 言論 「自由報道協会」（仮）の立ち上げ：出版ニュース 通号2237 〔2011.3〕 p34～35
加藤利器	呼吸を共にする感覚忘れず──地域に寄り添うことがなぜ重要か（記者読本2011─記者となる君へ）：新聞研究 （716）〔2011.3〕 p16～19
池田千晶	地方自治の根源的テーマと向き合う──名古屋トリプル投票の取材・報道：新聞研究 （717）〔2011.4〕 p26～29
松本恭幸	市民メディア訪問（39）政治への市民参加促進に向けて：マスコミ市民 通号508 〔2011.5〕 p62～65
松本恭幸	市民メディア訪問（40学生による被災地からの情報発信：マスコミ市民 通号509 〔2011.6〕 p50～53

野村明大	発信する首長と既存メディアの役割（特集 地方自治と地域メディア）：月刊民放　41（7）通号481　〔2011.7〕　p13〜15	
松本恭幸	市民メディア訪問（42）被災地から情報を伝える市民メディア：マスコミ市民　通号511　〔2011.8〕　p60〜68	
畑仲哲雄	米西海岸メディア事情 米国に広がるハイパーローカルはジャーナリズムの将来を担うか：Journalism　（255）〔2011.8〕　p70〜79	
放送レポート編集部	コミュニティ放送と外国人 なぜ運営に参画できないのか：放送レポート　233号　〔2011.11〕　p16〜18	
松本恭幸	市民メディア訪問（43）開局して半年経った臨時災害放送局：マスコミ市民　通号514　〔2011.11〕　p38〜41	
名古光	次代への教訓伝える地域紙の使命：紀伊半島を襲った台風12号被害の報道：新聞研究　（725）〔2011.12〕　p48〜50	
松本恭幸	市民メディア訪問（44）復興に向けた紙媒体の役割：マスコミ市民　（515）〔2011.12〕　p56〜60	
壱岐一郎	関西だより 拡大版 関西OBたちの"番組熱"：放送レポート　234号　〔2012.1〕　p60〜62	
三重綾子	情報の隙間補うメディアの役割：米国のハイパーローカル・ジャーナリズム：新聞研究　（726）〔2012.1〕　p54〜57	
土方正志	もっと東北を知ってほしい 震災と荒蝦夷：出版ニュース　通号2268　〔2012.2〕　p10〜13	
今井福司, 植村八潮, 野口武悟	被災地における新聞販売店を活用した地域情報提供モデルの検討 岡野H.圭一教授 退職記念号：専修人文論集　（90）〔2012.3〕　p189〜201	
高田義久, 上原伸元, 菅谷実	地域におけるメディア・ネットワーク・サービス及び地域情報の利用動向に関する分析：ウェブ・アンケート調査（2011年2月）の報告を中心に：メディア・コミュニケーション：慶応義塾大学メディア・コミュニケーション研究所紀要　（62）〔2012.3〕　p189〜203	
樋渡光憲	地域の話題を丁寧に解説：SNSと連動 佐賀発ブログ「ばってんがサイト」：新聞研究　（729）〔2012.4〕　p46〜49	
大石剛	地域の総合メディアが目指すもの：放送局と連携する新聞社の取り組み（地デジ完成後のメディア環境）：新聞研究　（730）〔2012.5〕　p16〜20	
普久原均	「神話」をぬぐい去るとき：県民の冷めた姿勢から考える（沖縄復帰40年を迎えて）：新聞研究　（731）〔2012.6〕　p50〜53	
渡辺渉	地域に寄り添う「減災新聞」：一人一人の関心に応える紙面を目指して（東日本大震災と報道：防災・減災のために）：新聞研究　（731）〔2012.6〕　p16〜19	
谷野圭助	地域に即した知識と問題意識を持って：平時から真摯に備える（東日本大震災と報道：防災・減災のために）：新聞研究　（731）〔2012.6〕　p24〜27	
坂井政美	地域の視点からアジア情報発信：西日本新聞の中国報道（中国の「今」をどう伝えるか）：新聞研究　（733）〔2012.8〕　p24〜27	
松本恭幸	市民メディア訪問（47）被災地の市民メディアの現状…岩手編：マスコミ市民　（523）〔2012.8〕　p44〜53	
魚住真司	パブリックアクセスは何をもたらしたか―米FCC規則から40年―：放送レポート　238号　〔2012.9〕　p18〜21	
松本恭幸	市民メディア訪問（48）被災地の市民メディアの現状（1）宮城編：マスコミ市民　通号524　〔2012.9〕　p38〜43	
松本恭幸	市民メディア訪問（49）被災地の市民メディアの現状（2）宮城編：マスコミ市民　（525）〔2012.10〕　p38〜41	
松本恭幸	市民メディア訪問（50）被災地の臨時災害放送局の今：マスコミ市民　通号526　〔2012.11〕　p61〜65	
松本恭幸	市民メディア訪問（51）いわき市の復興に向けた取り組み：マスコミ市民　（528）〔2013.1〕　p71〜75	
松本恭幸	市民メディア訪問（52）南相馬市の現状を伝える放送局：マスコミ市民　（529）〔2013.2〕　p68〜73	
松本恭幸	市民メディア訪問（53）いわき市のオルタナティブメディア：マスコミ市民　（530）〔2013.3〕　p45〜49	
菅谷実, 米谷南海, 脇浜紀子	地域メディアの機能・利用・満足度：「地域メディアの利用満足度と地域ネットワークの利用に関するアンケート調査」（2012年3月）の集計と分析を中心に（特集 萩原滋教授 退職記念号）：メディア・コミュニケーション：慶応義塾大学メディア・コミュニケーション研究所紀要　（63）〔2013.3〕　p85〜105	
中村美子	地域における公共放送の役割（第1回）イギリス ローカルテレビ新規導入とBBCの役割：放送研究と調査　63（4）通号743　〔2013.4〕　p2〜17	
松本恭幸	市民メディア訪問（54）震災後の被災地での地元メディアの取り組み：マスコミ市民　（531）〔2013.4〕　p56〜63	
中井大助	ニューオーリンズ地元紙の日刊発行中止：地域・メディアはどう変化したか（日刊紙が消えた街とメディア）：新聞研究　（742）〔2013.5〕　p29〜31	
内田雅章	ローカルに徹し、新たなコミュニケーションを：福井新聞「ふくーぷ」の挑戦（デジタルメディアの新展開：進む地方紙の試み―地方新聞社のソーシャルメディア活用の今）：新聞研究　（742）〔2013.5〕　p47〜49	
大町聡	「本当に役立つ情報」を問い直す：神戸新聞NEXTの目指すもの（デジタルメディアの新展開：進む地方紙の試み）：新聞研究　（742）〔2013.5〕　p34〜37	
新田哲郎	地域における公共放送の役割（第2回）フランス 問われる公共放送のアイデンティティー：放送研究と調査　63（5）通号744　〔2013.5〕　p34〜51	
松本恭幸	市民メディア訪問（55）学生が撮った震災ドキュメンタリー：マスコミ市民　（532）〔2013.5〕　p62〜67	
四方洋	郷土紙 地域ジャーナリズムの研究（第5回）八幡浜新聞：リベラルタイム　13（5）通号144　〔2013.5〕　p72〜75	
田中則広	地域における公共放送の役割（第3回）韓国 ローカルサービスの現状と課題：放送研究と調査　63（6）通号745〔2013.6〕　p102〜114	
菅原淳	TPPと地域ジャーナリズム：地域経済への影響をどう伝えるか（アベノミクスとメディア）：新聞研究　（744）〔2013.7〕　p48〜51	
山本昭子	セルフネグレクトに光を当てる：地域社会に「孤立した生」を問う（社会のひずみをどう伝えるか）：新聞研究　（745）〔2013.8〕　p20〜23	
松本恭幸	市民メディア訪問（56）震災から3年目を迎えた臨時災害放送局：マスコミ市民　（535）〔2013.8〕　p52〜60	
松本恭幸	市民メディア訪問（57）震災後の被災地での地域紙の活動：マスコミ市民　（536）〔2013.9〕　p70〜75	
松本恭幸	市民メディア訪問（58）石巻に誕生した地域ポータル：マスコミ市民　（538）〔2013.11〕　p58〜61	
松本恭幸	市民メディア訪問（59）被災地のミニコミ紙の役割：マスコミ市民　（539）〔2013.12〕　p65〜69	
松本恭幸	市民メディア訪問（60 続）被災地のミニコミ紙の役割：マスコミ市民　（540）〔2014.1〕　p67〜71	
松本恭幸	市民メディア訪問（61）復興に向けてCATV局が担う役割：マスコミ市民　（541）〔2014.2〕　p68〜73	
松本恭幸	市民メディア訪問（62）福島のミニコミ紙：マスコミ市民　（542）〔2014.3〕　p68〜71	
長谷部牧	地域の新しい価値を見いだす：地元メディアの存在意義とは（東日本大震災と報道：3年間を振り返る）：新聞研究　（753）〔2014.4〕　p56〜58	

地方・地域・市民　　　　　　　　　ジャーナリズム

松本恭幸	市民メディア訪問 (63) 被災地の紙媒体：マスコミ市民　（543）〔2014.4〕p62～67
松本恭幸	市民メディア訪問 (64) 4年目を迎えた臨時災害放送局：マスコミ市民　（544）〔2014.5〕p68～71
松本恭幸	市民メディア訪問 (65) 震災4年目を迎える大船渡市の復興に向けて：マスコミ市民　通号545〔2014.6〕p33～39
萩原俊一	「富岡製糸場」が世界遺産に：キャンペーンで県民に意識変化促す：新聞研究　（756）〔2014.7〕p55～59
松本恭幸	市民メディア訪問 (66) ローカル局による復興支援の取り組み：マスコミ市民　（546）〔2014.7〕p62～65
石川達也	「当事者」目線の報道に留意：沖縄の地元紙として（集団的自衛権と報道）：新聞研究　（758）〔2014.9〕p20～23
柴田厚	デジタル時代におけるアメリカ超ローカル地域のメディア事情：北西部・モンタナ州ボーズマンを中心に：放送研究と調査　64(10) 通号761〔2014.10〕p34～46
松本恭幸	市民メディア訪問 (67) 3・11後の脱原発運動の盛り上がりの中で：マスコミ市民　（549）〔2014.10〕p49～53
松本恭幸	市民メディア訪問 (68) 震災から3年半経った被災地の市民メディア：マスコミ市民　（550）〔2014.11〕p66～71
松本恭幸	市民メディア訪問 (69) 市民による東日本大震災の記録：マスコミ市民　（551）〔2014.12〕p56～63

〔図書〕

菅野長吉	地方記者　朝日新聞社　1963　211p　18cm　（コンパクト・シリーズ）
長島晴雄	地域社会と新聞の役割　日本生命済生会　1964.6　15p　19cm　（保健福祉シリーズ no.19）
吉良至誠	地方記者の三十年　日本談義社　1968　487p 図版　20cm　1400円
野原剛堂	地方記者の生涯―随筆　野中広仲　1969　469p 肖像　19cm　1500円
南海放送	地域と民放　4　ローカルキャンペーンの記録　南海放送　1970　166p　21cm
七森正行	オレは地方記者―青野六太君の哀歓　日本情報センター　1972　302p　19cm　500円
田村紀雄	ミニコミ―地域情報の担い手たち　日本経済新聞社　1977.2　171p　18cm　480円　（日経新書）
田村紀雄	地域メディア時代―コミュニティ情報をどうとらえるか　ダイヤモンド社　1979.5　235p　19cm　1200円　（ダイヤモンド現代選書）
吉里尚明	地方記者レポート　創栄出版　1980.5　268p　20cm　780円
東京大学新聞研究所	地域的情報メディアの実態　東京大学出版会　1981.4　512p　22cm　7800円
北村尚善	地方の時代と電波メディア　ぎょうせい　1982.9　284p　19cm　1800円
田村紀雄	地域メディア―ニューメディアのインパクト　日本評論社　1983.5　236p　22cm　2400円
日本コミュニティメディア研究所	地域メディア総覧　日本評論社　1985.10　180p　26cm　4200円
森松大輔	地方紙記者の歳月　自由通信社　1986.12　314p　19cm　3500円
三原浩良	地方記者　葦書房　1988.11　271p　19cm　1300円
竹内郁郎, 田村紀雄	地域メディア　新版　日本評論社　1989.11　373p　22cm　3800円
京都新聞社	新聞人白石古京　京都新聞社　1991.12　470p　22cm　非売品
地域ジャーナリズム百科全書　第2巻　終わりなき地域紙の挑戦―松本市民タイムス社に関する踏査研究　渡辺牧／〔著〕　地域ジャーナリズム研究所　1992.3　23枚　30cm
林薗照夫	一地方紙記者の記録―教えを頂いた方々に感謝を込めて　林薗照夫　1994　241p　30cm
沖縄フリージャーナリスト会議	沖縄の新聞がつぶれる日　月刊沖縄社　1994.4　328p　21cm　2000円
金丸日出一	地方記者の原稿森―鉛筆・カメラ・バイクそして記者魂の32年　〔金丸亜紀雄〕　1995　115p　26cm
松尾洋司	地域と情報―メディアと住民の関係　兼六出版　1997.11　247p　19cm　2000円
家田豊	ああ、地方記者―涙と笑いの奮戦記　早稲田出版　1998.1　256p　20cm　1700円
今西一	メディア都市・京都の誕生―近代ジャーナリズムと諷刺漫画　雄山閣出版　1999.6　252p　22cm　2800円
碓井巧	地方紙記者の目　中国新聞企画開発　2000.10　397p　20cm　1700円
米国ローカル・ジャーナリストの日本体験―米国ローカル・ジャーナリスト交流事業　経済広報センター　2001.3　37p　19cm　（経済広報センターポケット・エディション・シリーズ no.18）
地域放送のあり方を考える―＜松山地区＞NHK松山放送局、南海放送、テレビ愛媛、あいテレビ、愛媛朝日テレビ、エフエム愛媛　放送倫理・番組向上機構　2003.11　66p　30cm　（放送番組委員会記録）
田村紀雄	地域メディアを学ぶ人のために　世界思想社　2003.11　285p　19cm　1800円
山本武信	地球メディア社会―進化と自壊の構図　リベルタ出版　2004.9　297, 5p　20cm　2400円
地方テレビ局の実情と課題　放送倫理・番組向上機構　2004.10　20p　30cm　（放送番組委員会記録）
八幡耕一	アイヌ関連ラジオ放送の認知度および意識変化に係る実態研究―メディア社会学的観点からの考察を踏まえ　研究報告書　〔八幡耕一〕　2005.2　80p　30cm
沖縄国際大学南島文化研究所　米軍ヘリ墜落事件は、どのように報道されたか―全国マスメディア対象悉皆調査　南島文化研究所海兵隊ヘリ墜落事件報道実態調査研究会報告書　沖縄国際大学南島文化研究所　2006.1　57p　30cm
田村紀雄, 白水繁彦	現代地域メディア論―media of the community, by the community, for the community　日本評論社　2007.12　208p　21cm　2100円
川島安博	日本のケーブルテレビに求められる「地域メディア」機能の再検討　学文社　2008.1　235p　22cm　2800円
有山輝雄	近代日本のメディアと地域社会　吉川弘文館　2009.8　347p　22cm　9500円
次田尚弘	通信と放送の融合による地域情報化政策の実際と展望―慶應義塾大学和歌山さんぽみちプロジェクト社会実験報告書　慶應義塾大学飯盛義徳研究室和歌山さんぽみちプロジェクト　2010.8　55p　21cm　477円
早稲田大学メディア文化研究所　メディアの地域貢献―「公共性」実現に向けて　一藝社　2010.12　269p　21cm　1900円
白石草	メディアをつくる―「小さな声」を伝えるために　岩波書店　2011.11　63p　21cm　500円　（岩波ブックレット no0823）
関西大学経済政治研究所　日本の地域社会とメディア　関西大学経済・政治研究所　2012.3　146p　21cm　（研究双書 第154冊）
牛山佳菜代	地域メディア・エコロジー論―地域情報生成過程の変容分析　芙蓉書房出版　2013.6　254p　22cm　2800円
菅谷実	地域メディア力―日本とアジアのデジタル・ネットワーク形成　中央経済社　2014.3　228p　21cm　2800円
畑仲哲雄	地域ジャーナリズム―コミュニティとメディアを結びなおす　勁草書房　2014.12　376, 37p　22cm　4800円

ジャーナリズム　　　　　　　　　　　　　　　　　　　　地方・地域・市民

沖縄

〔雑誌記事〕

矢成政明　　沖縄収録紀行―1―：NHK文研月報　3（11）〔1953.11〕　p19～20
矢成政明　　沖縄収録紀行―2―：NHK文研月報　3（12）〔1953.12〕　p21～23
矢成政明　　沖縄収録紀行―3―：NHK文研月報　4（1）〔1954.1〕　p23～26
太田昌秀　　明治時代の沖縄における言論の自由：人文社会科学研究　（2）〔1964.5〕　p31～67
中島芳郎　　沖縄の出版・読書界：出版ニュース　通号0645　〔1965.1〕　p18～19
太田昌秀　　沖縄最初の新聞「琉球新報」――その創刊の項を中心に：新聞学評論　通号14〔1965.4〕
太田昌秀　　戦後沖縄の新聞：琉球大学文理学部紀要, 社会篇　通号10〔1966.6〕　p101～134
笠井真男　　沖縄問題とマスコミの盲点（座談会）：総合ジャーナリズム研究　04（11）〔1967.11〕　p4～17
太田昌秀　　沖縄における世論と新聞：新聞研究　通号198　〔1968.1〕　p45～52
中野好夫　　沖縄報道に注文する：新聞研究　通号198　〔1968.1〕　p27～31
鮫島志芽太　沖縄問題と地方紙――地方自治の推進を通して：新聞研究　通号198　〔1968.1〕　p35～37
山川力　　　沖縄問題と地方紙――"民族分断"の本質を見つめる：新聞研究　通号198　〔1968.1〕　p32～34
津吉英男　　沖縄問題をめぐる新聞論調の分析――沖縄：新聞研究　通号198　〔1968.1〕　p60～63
山田純　　　沖縄問題をめぐる新聞論調の分析――海外：新聞研究　通号198　〔1968.1〕　p63～67
津吉英男　　沖縄問題をめぐる新聞論調の分析――本土：新聞研究　通号198　〔1968.1〕　p53～59
荒木卓郎　　沖縄問題を見つめる：新聞研究　通号198　〔1968.1〕　p38～44
太田昌秀　　沖縄の世論と新聞についての一考察―主席公選問題と関連して：人文社会科学研究　（6）〔1968.2〕　p41～112
長嶺一郎　　沖縄の言論と対米姿勢（シンポジウム「沖縄の施政権返還と基地問題――本土と沖縄の連帯を一歩進めるために」報告）：世界　通号275〔1968.10〕　p43～46
大森繁雄　　沖縄の実情と論説の方向（特集・沖縄報道を再検討する）：新聞研究　通号215〔1969.6〕　p30～45
高坂正堯　　沖縄返還交渉と報道機関の役割（特集・沖縄報道を再検討する）：新聞研究　通号215〔1969.6〕　p7～12
辻村明　　　沖縄返還論理の再検討――三大紙の論調をめぐって（特集・沖縄報道を再検討する）：新聞研究　通号215〔1969.6〕　p46～49
池宮城秀意　沖縄報道について本土紙に望む（特集・沖縄報道を再検討する―現地紙の意見）：新聞研究　通号215〔1969.6〕　p13～16
霜多正次, 大浜信泉　沖縄報道に注文する（特集・沖縄報道を再検討する）：新聞研究　通号215〔1969.6〕　p52～53
上地一史　　沖縄問題報道の基本態度（特集・沖縄報道を再検討する―現地紙の意見）：新聞研究　通号215〔1969.6〕　p17～20
新崎盛暉　　戦後沖縄報道変遷史（特集・沖縄報道を再検討する）：新聞研究　通号215〔1969.6〕　p21～29
桑田弘一郎　朝日新聞「沖縄報告」（企画記事）（特集）―「企画記事」の実際）：新聞研究　通号217〔1969.8〕　p24～27
吉田善明　　沖縄と人権―7―言論, 出版, 集会, 集団行動の自由：法律のひろば　23（4）〔1970.4〕　p31～35
総合ジャーナリズム研究編集部　沖縄の放送・本土復帰の前と後：総合ジャーナリズム研究所　08（03）〔1971.7〕　p116～117
沖縄タイムス編集委員会　沖縄からの発言――国境の重荷をテコとして（70年代の地方紙――その理念と現実）：新聞研究　通号241〔1971.8〕　p13～15
沖縄タイムス編集委員会　沖縄からの発言――国境の重荷をテコとして（特集・70年代の地方紙――その理念と現実）：新聞研究　通号241〔1971.8〕　p13～15
新崎盛暉　　戦後沖縄の出版：出版ニュース　通号0881　〔1971.10〕　p6～10
野村正男　　失なわれ, また還る沖縄――一新聞記者の感慨（特集・沖縄返還協定をめぐって）：法律のひろば　25（2）〔1972.2〕　p42～48
比嘉光代　　沖縄における放送活動に関する一考察―1―：琉球大学法文学部紀要, 社会篇　通号16〔1972.2〕　p96～118
門奈直樹　　戦後沖縄ジャーナリズムの形成過程――民衆言論成立の一系譜として：新聞学評論　通号21〔1972.4〕　p1～14
谷川健一　　ユタと沖縄のひとびと（沖縄のコミュニケーション環境と新聞）：新聞研究　通号252〔1972.7〕　p21～26
高橋武彦　　沖縄の進路と新聞の責任（沖縄のコミュニケーション環境と新聞）：新聞研究　通号252〔1972.7〕　p27～32
大森幸男　　沖縄放送界の現況――強力な米系放送局との並存（沖縄のコミュニケーション環境と新聞）：新聞研究　通号252〔1972.7〕　p59～64
佐藤嘉男　　激動する沖縄・報道の原点を探る（現地ルポ）（沖縄のコミュニケーション環境と新聞）：新聞研究　通号252〔1972.7〕　p41～50
津吉英男　　報道・企画（沖縄のコミュニケーション環境と新聞―本土紙はいかに報道したか――帰ってきた沖縄・1972年5月）：新聞研究　通号252〔1972.7〕　p51～54
嶋袋浩　　　復帰後一年――沖縄のマスコミと社会：新聞研究　通号263〔1973.6〕　p37～41
牧港篤三　　沖縄の新聞――苦難の戦後史――郷土を守る新聞として（現代社会と新聞報道の責務―戦後30年の足跡と新聞報道の使命）：新聞研究　通号282〔1975.1〕　p35～39
岡田輝雄　　海洋博と沖縄とマスコミ 知らされていない沖縄の心：マスコミ市民　通号093〔1975.6〕　p40～45
嶋袋浩　　　沖縄海洋博を報道する姿勢：新聞研究　通号288〔1975.7〕　p38～41
新崎盛暉　　海洋博と沖縄とマスコミ 折り返し点の海洋博を見て：マスコミ市民　通号097〔1975.10〕　p8～14
横田球生　　「沖縄記者会」覚え書き――ある小さな報道史：新聞研究　通号295〔1976.2〕　p43～52
宮城悦二郎　戦後沖縄の放送――電波法制とメディア政策を中心に：琉球大学法文学部紀要, 社会学篇　通号23〔1980.11〕　p51～78
神田禎之　　沖縄の転機と沖縄報道の転機：新聞研究　通号360〔1981.7〕　p50～53
屋宜光徳　　復帰十年目の沖縄の新聞報道：新聞研究　通号360〔1981.7〕　p54～56
外間正四郎　平和と非核を求めて――沖縄二紙, 統一アピールの背景：新聞研究　通号362〔1981.9〕　p49～51
太田昌秀　　報告 沖縄のローカル新聞（地域メディアのあり方――沖縄のマス・コミュニケーション状況（シンポジウム））：新聞学評論　通号31〔1982.6〕　p6～12
小川博　　　報告 沖縄の公共放送について（地域メディアのあり方――沖縄のマス・コミュニケーション状況（シンポジウム））：新聞学評論　通号31〔1982.6〕　p19～22

地方・地域・市民		ジャーナリズム

稲福健蔵	報告 沖縄の戦後放送史（地域メディアのあり方——沖縄のマス・コミュニケーション状況（シンポジウム））：新聞学評論　通号31　〔1982.6〕　p16～19
新川明	報告 制約下での報道活動の軌跡（地域メディアのあり方——沖縄のマス・コミュニケーション状況（シンポジウム））：新聞学評論　通号31　〔1982.6〕　p12～16
鶴木真	問題提起 リンケージ機能と利害主張（地域メディアのあり方——沖縄のマス・コミュニケーション状況（シンポジウム））：新聞学評論　通号31　〔1982.6〕　p31～33
島袋数也	問題提起 沖縄の国土と新聞の対応（地域メディアのあり方——沖縄のマス・コミュニケーション状況（シンポジウム））：新聞学評論　通号31　〔1982.6〕　p22～24
又吉康広	問題提起 沖縄の地域性とテレビのあり方（地域メディアのあり方——沖縄のマス・コミュニケーション状況（シンポジウム））：新聞学評論　通号31　〔1982.6〕　p24～26
門奈直樹	問題提起 沖縄メディアの経営的本土化（地域メディアのあり方——沖縄のマス・コミュニケーション状況（シンポジウム））：新聞学評論　通号31　〔1982.6〕　p29～31
和田洋一	問題提起 敗戦後の沖縄と本土の新聞研究者（地域メディアのあり方——沖縄のマス・コミュニケーション状況（シンポジウム））：新聞学評論　通号31　〔1982.6〕　p26～28
奥村照男	なぜ沖縄を報道しつづけるのか：新聞研究　通号371　〔1982.6〕　p45～48
太田昌秀	本土の沖縄報道に発想の逆転を望みたい：新聞研究　通号371　〔1982.6〕　p49～52
近田洋一	私がみた本土のなかの＜沖縄＞——新聞記者としての自分：マスコミ市民　通号171　〔1982.7〕　p2～9
白石省吾	沖縄の文化をみつめていくこと（いま沖縄報道を考える）：新聞研究　通号372　〔1982.7〕　p75～77
稲垣忠	基地と本土化のはざまに揺れる姿をみる（いま沖縄報道を考える）：新聞研究　通号372　〔1982.7〕　p78～80
宮城悦二郎	戦後沖縄の放送—2—その歴史的背景：琉球大学法文学部紀要, 社会学篇　通号25　〔1982.11〕　p139～166
外間正四郎	沖縄からみた教科書問題（教科書問題と新聞報道）：新聞研究　通号377　〔1982.12〕　p46～51
高嶺朝一	沖縄基地取材の難しさ（'84平和の状況と新聞報道）：新聞研究　通号397　〔1984.8〕　p37～40
太田昌秀	戦後沖縄の新聞広告の研究：琉球大学法文学部紀要, 社会学篇　通号27　〔1984.11〕　p1～66
宮里武邦	沖縄における「平和教育」の追求（教育の現状と報道課題）：新聞研究　通号405　〔1985.4〕　p40～43
真境名弘	沖縄を「平和の要石」に（世界の潮流と日本の立場——報道の視点）：新聞研究　通号414　〔1986.1〕　p61～63
真境名弘, 島袋数也	復帰15年 沖縄の憲法状況とジャーナリズム（憲法40年とジャーナリズム）：新聞研究　通号430　〔1987.5〕　p48～58
糸数隆	沖縄戦を風化させない（戦後45年ジャーナリズムは今…——戦争を伝える）：新聞研究　通号469　〔1990.8〕　p33～36
上地兼恵	リゾート先進地沖縄の苦悩——恩納村と読谷村からの報告（環境汚染取材記）：新聞研究　通号474　〔1991.1〕　p48～51
音好宏	沖縄・宮古島のテレビ事情：月刊民放　21（246）〔1991.12〕　p36～37
宮城悦二郎	戦後沖縄の新聞——その変遷と役割（変わる沖縄と新聞の役割）：新聞研究　通号505　〔1993.8〕　p65～68
三木健	沖縄の50年とこれからの報道（戦後50年と新聞）：新聞研究　通号522　〔1995.1〕　p57～60
保坂広志	戦後沖縄ジャーナリズムの自己形成——平和の自己認識を通して（戦後50年——連続と不連続＜特集＞）：マス・コミュニケーション研究　通号47　〔1995.7〕　p45～59
総合ジャーナリズム研究編集部	沖縄少女暴行事件とジャーナリズム：総合ジャーナリズム研究所　33（01）〔1996.1〕　p86～88
屋良朝博, 金城英男	地元紙, 基地問題取材の視点（沖縄少女暴行事件とジャーナリズム）：総合ジャーナリズム研究　33（01）〔1996.1〕　p21～24
比嘉要	ジャーナリズム・ウォッチング 県民は冷静に怒ってる 沖縄報道の死角：放送批評　No.320　〔1996.3〕
加藤久晴	基地取材ノート 沖縄も本土も元凶は同じ 沖縄報道の死角：放送批評　No.320　〔1996.3〕
橋本正邦	江藤発言、宝珠山発言とジャーナリズム オフレコ報道の陥穽 沖縄報道の死角：放送批評　No.320　〔1996.3〕
牧太郎	沖縄少女暴行事件とジャーナリズム—2－「パンドラの箱」は開いたか：総合ジャーナリズム研究　33（02）〔1996.4〕　p8～13
後田多敦	インターネットをこう使う（11）メディアの質を変える力——沖縄基地問題で新しい情報発信：新聞研究　通号544　〔1996.11〕　p80～82
保坂広志	特措法と「沖縄マスコミ論争」：総合ジャーナリズム研究　34（03）〔1997.7〕　p18～23
田久保忠衛	沖縄で, 東京・ワシントンの目持つ記者を（沖縄の声をどう聞くか）：新聞研究　通号553　〔1997.8〕　p37～39
喜久村準	「沖縄の訴え」原点に戻って考える時（沖縄の声をどう聞くか）：新聞研究　通号553　〔1997.8〕　p14～17
伊藤直人	巻—沖縄民意が問いかけた心（沖縄の声をどう聞くか）：新聞研究　通号553　〔1997.8〕　p28～30
真栄城守定	記者のモノサシをまず点検して——沖縄経済の真の姿・課題の理解のために（沖縄の声をどう聞くか）：新聞研究　通号553　〔1997.8〕　p40～42
宮川康吉	「太平・安保」の風潮を恐れる——基地強化・恒久化の気配のなかで（沖縄の声をどう聞くか）：新聞研究　通号553　〔1997.8〕　p25～27
野里洋	特措法改正で「沖縄」は一件落着か（沖縄の声をどう聞くか）：新聞研究　通号553　〔1997.8〕　p10～13
与那原恵	「悲劇の島, 弱き者」と決めつけないで——沖縄の未来に力を与えてほしい（沖縄の声をどう聞くか）：新聞研究　通号553　〔1997.8〕　p43～45
尾形宣夫	歴史の根源から目をそらさずに（沖縄の声をどう聞くか）：新聞研究　通号553　〔1997.8〕　p18～21
大槻則一	地域が発する国際ニュース（2）市民の知恵袋に役立つ記事満載——琉球新報ホームページ：マスコミ市民　通号365　〔1999.5〕　p42～46
松元剛	マスコミ現場から／サミットの影と暗雲漂う基地縮小——本土復帰27年目の沖縄：マスコミ市民　通号367　〔1999.7〕　p2～11
橋本理恵子	検証・沖縄のジャーナリズム（上）：マスコミ市民　通号367　〔1999.7〕　p66～71
大槻則一	地域が発する国際ニュース その3 高知新聞ホームページ：マスコミ市民　通号367　〔1999.7〕　p72～78
橋本理恵子	検証・沖縄のジャーナリズム（下）：マスコミ市民　通号368　〔1999.8〕　p58～63
橋本理恵子	「沖縄サミット」－－真価が問われる沖縄メディア：総合ジャーナリズム研究　37（01）（通号171）〔2000.1〕　p50～55
渡辺興二郎	沖縄報道 今年, 沖縄が動く！（特集 今日の日本, 報道の課題）：月刊民放　30（1）通号343　〔2000.1〕　p19～21

古木杜恵	沖縄リポート 基地担当記者は何を伝えたか：放送文化　通号68〔2000.2〕p6～21
いき一郎	米占領下の事件とメディア批判：沖縄大学地域研究所年報　通号14〔2000.3〕p85～91
玻名城泰山	基地問題・平和の発信——地元紙ならではの視点を盛り込み独自色の発揮を目指す（沖縄サミットの報道視点・全国紙/地元紙）：新聞研究　（590）〔2000.9〕p51～54
野里洋	マスコミ現場から サミット終わって「普天間」が動き出したが……政府は沖縄と向き合っているか：マスコミ市民　通号382〔2000.10〕p2～10
徳松信男	沖縄サミットを国内外のメディアはどう伝えたか：常葉学園大学研究紀要. 外国語学部　（17）〔2001.3〕p83～105
宮城悦二郎, 比嘉要, 保坂廣志	沖縄サミットとテレビ報道〔含 資料 沖縄関連ニュースの内容〕：人間科学 : 琉球大学法文学部人間科学科紀要　（7）〔2001.3〕p73～128
松元剛	今に続く基地重圧の原点をとらえ直す——沖縄からの視点を正面に据えて（特集「講和・安保50年」と新聞）：新聞研究　（604）〔2001.11〕p30～33
太田昌秀	対岸の火事視され続けた沖縄問題——復帰後三十年の新聞報道を問い直す：新聞研究　（610）〔2002.5〕p56～61
藤田博司	沖縄報道−−沖縄「復帰三〇年」と地元紙（FEATURE 30年目のジャーナリズム力）：総合ジャーナリズム研究　39（04）（通号 182）〔2002.9〕p17～21
玻名城泰山	「沖縄の現実」を世界に発信——地球規模で「基地問題」を訴える（いま、平和をどう伝えるか）：新聞研究　（625）〔2003.8〕p14～17
諸見里道浩	憲法論議と新聞の役割 読者と共有する課題を描く——切り離せない沖縄の視点と体験：新聞研究　（634）〔2004.5〕p27～30
宮城修, 国吉美千代	再現紙面で語り継ぐ戦争——戦後六十年の夏に向け「沖縄戦新聞」発行：新聞研究　（642）〔2005.1〕p37～40
名嘉山秀信	沖縄戦を風化させてはならない——OTV戦後60年スペシャル（特集2 戦後60年・沖縄）：月刊民放　35（8）通号410〔2005.8〕p32～34
謝花直美	沖縄戦の本質を「今」どう伝えるか（FEATURE「戦後60年」のジャーナリズム（4））：総合ジャーナリズム研究　42（04）（通号 194）〔2005.9〕p14～17
酒井花	沖縄帰還兵の痛恨の証言を聞く——十勝の兵士が散った沖縄戦の記録（終戦とジャーナリズム）：新聞研究　（650）〔2005.9〕p26～29
飯嶋七生	沖縄集団自決報道のメディアリテラシー：歴史と教育　（124）〔2008.6〕p18～21
壱岐一郎	関西だより 関西発二つの「沖縄」ドキュメンタリー：放送レポート　215号〔2008.11〕p59
神保太郎	メディア批評（第25回）置き去りにされた沖縄の声 続く「同時進行報道」：世界　（800）〔2010.1〕p115～122
吉井勇	沖縄・先島諸島に地デジ届く——支える放送・通信融合技術とは：New media　28（1）通号321〔2010.1〕p37, 64～65
柴田鉄治	メディア時評（2）普天間、目立つ朝日新聞の「迷走」：マスコミ市民　通号493〔2010.2〕p50～52
多田治	メディアと沖縄イメージ（1）普天間基地移設報道をめぐって：ぎゃらく　通号491〔2010.5〕p32～35
多田治	メディアと沖縄イメージ（2・最終回）映画における沖縄イメージの変遷：ぎゃらく　通号492〔2010.6〕p34～37
神保太郎	メディア批評（第30回）(1)「普天間」が問う大新聞の責任 (2)沖縄「密約文書」公開訴訟の行方：世界　（805）〔2010.6〕p76～83
三上智恵	沖縄戦を「連日企画」で追体験・検証（特集 戦争を語り継ぐ）：月刊民放　40（8）通号470〔2010.8〕p13～17
神保太郎	メディア批評（第32回）(1)新聞は普天間を忘れたか (2)軍事大国化に目を瞑るメディア：世界　（807）〔2010.8〕p75～82
太田昌秀, 門奈直樹	沖縄からみる本土ジャーナリズムの問題点：マスコミ市民　通号503〔2010.12〕p24～43
岡留安則, 吉田央, 宮城久緒, 金平茂紀, 三上智恵, 次呂久勲, 松川敦志, 大野圭一郎	シンポジウム 普天間報道 なぜ違う？ 沖縄と東京：放送レポート　228号〔2011.1〕
佳住嘉文	沖縄の問題は各地方の問題 −地方紙記者の立場から—：放送レポート　228号〔2011.1〕p12～14
山腰修三	沖縄社会における反基地感情のメディア表象——沖縄地方紙の言説分析（1995年9月—11月）を中心に：メディア・コミュニケーション : 慶応義塾大学メディア・コミュニケーション研究所紀要　（61）〔2011.3〕p149～160
玉城朋彦	沖縄の「声」は伝わっているか——地域メディアの責任（特集 取材の持久力）：月刊民放　41（5）通号479〔2011.5〕p12～15
伊藤成彦	新聞メディアを通して沖縄の民度と東京中心の民度の落差を考える：マスコミ市民　通号509〔2011.6〕p42～47
山腰修三	沖縄の「苦難の歴史」をめぐるテレビニュースの言説分析 : 沖縄「慰霊の日」報道を事例として：メディア・コミュニケーション : 慶応義塾大学メディア・コミュニケーション研究所紀要　（62）〔2012.3〕p149～160
松元剛	県民目線で続ける沖縄基地報道 : 防衛局長の暴言が照らし出したもの：新聞研究　（729）〔2012.4〕p38～41
中根学	変わらぬ基地と残された課題 : 問題解決への道筋を読者とともに考える（沖縄復帰40年を迎えて）：新聞研究　（731）〔2012.6〕p54～57
窪岡文男	沖縄復帰40年の夏に向け 真の復帰を望む声を伝えたい：月刊民放　42（7）通号493〔2012.7〕p22～25
琉球放送	沖縄復帰40年を迎えて 不惑 : それぞれの40年 : 復帰40周年特別番組：月刊民放　42（7）通号493〔2012.7〕p26～29
神保太郎	メディア批評（第60回）(1)沖縄の声「空も陸も植民地か」をどう聞くか (2)「iPS臨床応用」大誤報を検証する：世界　（837）〔2012.12〕p70～77
米倉外昭	全国紙の「思考停止」—沖縄「オスプレイ」報道を検証する—：放送レポート　240号〔2013.1〕p20～26
渡辺豪	新聞「べき論」の通じない日本社会で「差別論」を超える「沖縄報道」とは：Journalism　（275）〔2013.4〕p62～65
古木杜恵	沖縄「軍事記者」は何を伝えたか（その1）：放送レポート　（243）〔2013.7〕p8～12
渡辺豪	新聞 沖縄から見た「尖閣報道」と世論 マスメディアの「国際益」追求は可能か：Journalism　（278）〔2013.7〕p80～83
古木杜恵	沖縄「軍事記者」は何を伝えたか（その2）：放送レポート　（244）〔2013.9〕p38～42
古木杜恵	沖縄「軍事記者」は何を伝えたか（その3）：放送レポート　（245）〔2013.11〕p38～43
古木杜恵	沖縄「軍事記者」は何を伝えたか（その4）：放送レポート　（246）〔2014.1〕p58～62
内田誠	ブック・ストリート 言論 沖縄は怒っている：出版ニュース　通号2339〔2014.3〕p17

佐幸信介, 山里孫存　沖縄テレビ（特集 テレビ60年 地域と民放）：ジャーナリズム＆メディア　：　新聞学研究所紀要　（7）〔2014.3〕p95～107

玻名城泰山　経験に裏打ちされた洞察力を　：　沖縄の問題をどう報じていくか（記者読本2014 記者となる君へ）：新聞研究　（752）〔2014.3〕p20～23

古木杜恵　沖縄「軍事記者」は何を伝えたか（最終回）取材を終えて：放送レポート　（247）〔2014.3〕p56～60

渡辺豪　沖縄と福島からみえる日本 地方紙の合同連載で「国策」を問う 沖縄タイムスと福島民報の試み：Journalism　（288）〔2014.5〕p116～123

島洋子　政府の目線に同化したメディア 沖縄の「2つの神話」の検証を（特集 新聞週間にメディアを考える）：マスコミ市民　（549）〔2014.10〕p22～25

内田誠　ブック・ストリート 言論 沖縄は希望の島：出版ニュース　通号2365　〔2014.12〕p21

佐藤優　佐藤優の飛耳長目（102）沖縄二紙の論争で考える記者の良心と取材手法：金曜日　22（49）通号1039　〔2014.12〕p30～31

〔図書〕

伊志嶺賢二　沖縄戦報道記録—付・学徒従軍記　南陽出版社　1960　312p 図　22cm

太田昌秀, 辻村明　沖縄の言論—新聞と放送　至誠堂　1966　207p 21cm　850円

日本新聞労働組合連合.新聞研究部　安保・沖縄報道—たたかう新聞記者たち　労働旬報社　1970　270p 図版 21cm　550円

日本放送協会総合放送文化研究所　沖縄放送局　日本放送協会総合放送文化研究所放送史編修室　1971.3　200p　21cm　（放送史料集 4）

島袋和幸　沖縄・ある編集者の軌跡　伝承出版社　1996.1　69p 21cm　500円

池宮城秀意　沖縄反骨のジャーナリスト—池宮城秀意セレクション　ニライ社　1996.3　533p 22cm　6000円

真久田巧　戦後沖縄の新聞人　沖縄タイムス社　1999.10　328p 19cm　2400円

勝岡寛次　沖縄戦集団自決—虚構の「軍命令」—マスコミの報道ではわからない県民集団自決の真相に迫る！　明成社　2008.1　48p 21cm　524円

比嘉辰博　沖縄の新聞再生—多メディア時代の生き残りをかけて　新星出版　2010.1　142p 19cm　952円

玉城朝彦　沖縄放送研究序説—テレビ報道の現場から　出版舎Mugen　2010.4　462p 22cm　2800円

ジャーナリズム教育

〔雑誌記事〕

千葉雄次郎　新教育について：新聞研究　通号14　〔1951.5〕p1～4

千葉雄次郎　アメリカの新聞教育：新聞研究　通号20　〔1952.8〕p6～10

グジエスダル, T.　ジャーナリズム教育を促進するユネスコ：新聞学評論　通号5　〔1956.4〕

城戸又一　社会主義国の大学新聞学科：新聞学評論　通号6　〔1957.1〕

ハーバート, J.R.　ジャーナリストの養成：新聞研究　通号臨増　〔1957.10〕p33～37

辻村明　モスクワ大学新聞学部講義：新聞学評論　通号8　〔1957.12〕

山本忠雄　アメリカでは放送技術者はどのように養成されているか：NHK文研月報　09（07）〔1959.7〕p8

和田洋一　東独カアル・マルクス大学の新聞学部：人文学　通号46　〔1960.2〕p139～143

後藤和彦　アメリカの大学における放送ジャーナリズム教育：NHK文研月報　10（11）〔1960.11〕p19

住谷申一　モスクワ大学の新聞学部——第25回国際東洋学者会議に出席して：新聞研究　通号115　〔1961.2〕p32～35

河野幹人　産経における教育訓練の現況——企業合理化への試み：新聞研究　通号127　〔1962.2〕p18～21

蠟山政道　"人造り"とマスコミ：新聞研究　通号141　〔1963.4〕p10～15

長谷川進一　イギリスのジャーナリスト訓練制度：新聞研究　通号159　〔1964.10〕p55～62

ニエルセン, E.R0　ジャーナリストの訓練——IPI第13回総会報告：新聞研究　通号160　〔1964.11〕p56～59

江尻進　大学の新聞教育と記者の養成——早稲田大学新聞学科廃止に思う：新聞研究　通号170　〔1965.9〕p42～45

金戸嘉七　ジャーナリズム教育の問題点：關西大學文學論集　17（1）〔1967.5〕p1～13

総合ジャーナリズム研究編集部　大宅壮一東京マスコミ塾－－第一期生の"出塾"を終えて（ルポルタージュ）：総合ジャーナリズム研究所　04（06）〔1967.6〕p53～60

西宮公三　大学におけるマスコミ研究サークル－－現状と展望：総合ジャーナリズム研究　05（04）〔1968.4〕p94～98

岩井肇　新聞学教育への展望と課題：法学紀要　通号11・12　〔1970.7〕p369～408

川中康弘　新聞学の研究と教育：総合ジャーナリズム研究　08（03）〔1971.7〕p96～106

阪本泉　新聞学教育の課題：総合ジャーナリズム研究　09（01）〔1972.1〕p109～115

落豊　記者の自己啓発を望む（記者教育の現状と方法—記者教育・その現状報告）：新聞研究　通号249　〔1972.4〕p32～34

遠藤徳貞　素材を投げかける（記者教育の現状と方法—記者教育・その現状報告）：新聞研究　通号249　〔1972.4〕p35～37

堀川直義　大学と現場との交流——新聞記者教育のあり方を考える（記者教育の現状と方法）：新聞研究　通号249　〔1972.4〕p49～53

大石脩而　教育情報の充実をめざす〔日本経済新聞〕（企画記事にみる教育報道—「教育欄」の取材と課題）：新聞研究　通号266　〔1973.9〕p31～33

総合ジャーナリズム研究編集部　マス・コミ教育の考え方－－コミュニケーション・スペシャリストの訓練のなかに：総合ジャーナリズム研究所　11（02）〔1974.4〕p133～135

津地多嘉生　マスコミ研究のための大学紀要－下－（資料編）：総合ジャーナリズム研究　11（02）〔1974.4〕p78～79

田村紀雄　マスコミ研究のための大学紀要－上－（資料編）：総合ジャーナリズム研究　11（02）〔1974.4〕p66～71

金平聖之助　アメリカにおける雑誌編集者養成について（編集論（特集））：出版研究　通号5　〔1974.8〕p103～114

広瀬英彦　西ドイツのジャーナリスト教育（海外情報）：新聞研究　通号279　〔1974.10〕p74～77

市川精治　フランスのジャーナリスト教育——ジャーナリスト学校体験記：新聞研究　通号285　〔1975.4〕p62～65

岩倉誠一　寄稿 テレビ世代のジャーナリスト——ジャーナリズム教育の理念と現実：マスコミ市民　通号097　〔1975.10〕p15～21

田中潤　（出版・出版・出版<特集>）実践教育：総合ジャーナリズム研究　12（04）〔1975.10〕p15～23

総合ジャーナリズム研究編集部　大学における出版研究－－出版関係講座の中身（出版・出版・出版<特集>　学問としての出版研究とは何か）：総合ジャーナリズム研究所　12（04）〔1975.10〕p6～64

山川徹　アイオワ大学のジャーナリズム教育：総合ジャーナリズム研究　13（01）〔1976.1〕p47～53

総合ジャーナリズム研究編集部　新聞学教育の開拓者－－故・小野秀雄先生の飽くなき学問への情熱に思う：総合ジャーナリズム研究　14（04）〔1977.10〕p98～107

影山三郎　マスコミ教授法試論－1－新聞読者の意見調査を中心に：総合ジャーナリズム研究　16（01）〔1979.1〕p107～116

山口昌子　ジャーナリストの養成を考える－－ヨーロッパの記者訓練がめざすもの：総合ジャーナリズム研究　16（02）〔1979.4〕p52～58

池田恵美子　マスコミの現場教育・研修<特集>：総合ジャーナリズム研究　16（02）〔1979.4〕p66～75

影山三郎　マスコミ教授法試論－2－市民の新聞批判と学生の対応：総合ジャーナリズム研究　16（02）〔1979.4〕p83～93

中曽根佐織　フランスにおけるジャーナリズム教育体験記：新聞研究　通号333〔1979.4〕p42～45

岩田雅　職能に対する使命感を再確認　フランスのジャーナリズム学校に留学して：月刊民放　09（96）〔1979.6〕p26～29

増沢常夫　（マスコミの現場教育・研修<特集>）NHKの"放送人"研修：総合ジャーナリズム研究　16（03）〔1979.7〕p19～24

総合ジャーナリズム研究編集部　（マスコミの現場教育・研修<特集>）マスコミ各社の新人教育から管理者研修まで：総合ジャーナリズム研究所　16（03）〔1979.7〕p7～42

池田恵美子　（マスコミの現場教育・研修<特集>）出版学校への遠い道：総合ジャーナリズム研究　16（03）〔1979.7〕p100～108

青木彰　（マスコミの現場教育・研修<特集>）新聞記者養成の新視点：総合ジャーナリズム研究　16（03）〔1979.7〕p8～13

青木貞伸　（マスコミの現場教育・研修<特集>）民放のマンパワー開発・考：総合ジャーナリズム研究　16（03）〔1979.7〕p14～18

影山三郎　マスコミ教授法試論－3－学生の問題意識を中心として：総合ジャーナリズム研究　16（03）〔1979.7〕p53～63

村上良三　特集 民放人に求められるもの 期待される民放人育成のために 教育体系プログラムの一試案：月刊民放　09（[99]）〔1979.9〕p19～24

総合ジャーナリズム研究編集部　小冊子「研修」のねらい（マスコミの現場教育・研修<ケーススタディ>＝共同通信社）：総合ジャーナリズム研究所　16（04）〔1979.10〕p24～36

フィッシャー, ロイ　ジャーナリズムとジャーナリズム教育の将来：新聞研究　通号348〔1980.7〕p65～70

広瀬英彦　海外のマスコミ学会事情をみる（日本新聞学会・三十年の研究-2-）：総合ジャーナリズム研究　18（04）〔1981.10〕p41～47

中井康郎　「ジャーナリスツ・イン・ヨーロッパ」研修に参加して：新聞研究　通号386〔1983.9〕p76～78

Cole, Richard R., 鈴木雄雅　米国におけるジャーナリズム・マス・コミュニケーション教育の現況：新聞学評論　通号34〔1985.3〕p235～241

Balle, Francis, 大井眞二　フランスのジャーナリスト教育：新聞学評論　通号35〔1986.3〕p260～262

Tunstall, Jermy, 鈴木雄雅　英国におけるジャーナリズムとマス・コミュニケーション教育・研究：新聞学評論　通号35〔1986.3〕p245～251

Osbourne, Graeme, 佐藤綾子　受け手の期待とオーストラリアのマス・コミュニケーション・カリキュラム：新聞学評論　通号35〔1986.3〕p252～259

岸田功　大学における「マスコミ教育」カリキュラム：総合ジャーナリズム研究　23（03）〔1986.7〕p96～99

青木忠義　いま求められる記者教育とは何か（あらためて記者教育を考える）：新聞研究　通号420〔1986.7〕p10～21

茶本繁正　ノウ・ハウだけに終わらせないために（あらためて記者教育を考える）：新聞研究　通号420〔1986.7〕p38～40

Jose, de Vera　英米との比較にみる記者教育のあり方（あらためて記者教育を考える）：新聞研究　通号420〔1986.7〕p34～37

瀬木潔　記者に欠かせぬ基本の大切さ――肌から肌へ伝える教育（あらためて記者教育を考える）：新聞研究　通号420〔1986.7〕p26～29

細谷洋一　記者教育はこれでよいのか（あらためて記者教育を考える）：新聞研究　通号420〔1986.7〕p22～25

笠井宣宏　放送人の質的向上をめざして――取材者としての基本を忘れずに（あらためて記者教育を考える）：新聞研究　通号420〔1986.7〕p30～33

加藤博久　取材範囲の広がりと人材育成（「部際取材」の現状と課題）：新聞研究　通号425〔1986.12〕p10～12

冨崎哲　中国の放送教育（特集 メディア環境の変化と公共放送）：NHK放送文化調査研究年報　32〔1987.8〕p239～262

新井直之　ジャーナリズム論は重要である－－東大新研の「発展的解消」について〔含 資料〕：総合ジャーナリズム研究　24（04）〔1987.10〕p89～96

我孫子和夫　ピュリツァー賞の内幕：新聞研究　通号468〔1990.7〕p78～80

塚本晴二朗　社会的責任論とジャーナリズム教育――プレスの自由委員会とロバート・W.デズモンドの論争を中心として：政経研究　29（2）〔1992.11〕p575～591

Krimsky, George, 新聞研究編集部　170か国のジャーナリストへの援助活動――米国CFJ〔センター・フォー・フォーリン・ジャーナリスツ〕の組織と活動（記者教育を考える）：新聞研究　通号514〔1994.5〕p26～32

林美子　私が変わったこと（記者教育を考える―日本をはなれて学んだもの）：新聞研究　通号514〔1994.5〕p35～38

吉田光宏　「自分作り」を課して――仕事・英語・自然の三題噺（記者教育を考える―日本をはなれて学んだもの）：新聞研究　通号514〔1994.5〕p40～43

伏見博武　全人格を問う教育を（記者教育を考える）：新聞研究　通号514〔1994.5〕p13～16

春原昭彦　日本の大学におけるジャーナリスト養成の現状と課題（記者教育を考える）：新聞研究　通号514〔1994.5〕p17～20

武市英雄　米国大学のジャーナリズム教育（記者教育を考える）：新聞研究　通号514〔1994.5〕p21～25

コッパー, ゲルト, 花田達朗　ジャーナリスト養成とジャーナリズム学――学問と結合したジャーナリスト養成の根拠と基礎（欧州におけるジャーナリスト養成・研修――その考え方と実践）：新聞研究　通号515〔1994.6〕p86～89

コッパー, ゲルト, 高坂扶美子, 尾高泉　ドイツにみるジャーナリスト養成――ドルトムント大学モデルを中心に（欧州におけるジャーナリスト養成・研修――その考え方と実践）：新聞研究　通号515〔1994.6〕p78～86

アメリカ新聞編集者協会　記者教育はもはやぜいたくではない――米国新聞社の現状：新聞研究　通号516〔1994.7〕p76～79

三好崇一　ジャーナリストへの志を大切に――新聞学科に言い残したいこと（特別講義）：コミュニケーション研究　通号25

	〔1995〕 p6〜27
北谷賢司	3 アメリカの大学での放送ジャーナリズム倫理教育の現状（特集 テレビジャーナリズム—その再構築）：新・調査情報passingtime　2期(51)通号412　〔1996.1〕 p30〜34
石川雅彦	米国ジャーナリズムスクール入学指南：総合ジャーナリズム研究　33(04)〔1996.10〕 p42〜51
萩原滋	「新聞研究所の五十年」小史：三田評論　通号984　〔1996.10〕 p88〜89
田村紀雄	創刊30周年記念 特集〈マスコミ・平和・人権〉ジャーナリストの職業意識の教育の場は？：マスコミ市民　通号343　〔1997.7〕 p9〜10
桂敬一	記者教育創造に活路求めて——新聞の現状打破とアカデミズムの役割（新聞と新聞学の再生）：新聞研究　通号558　〔1998.1〕 p10〜14
天野勝文, 藤田博司, 林利隆	＜座談会＞大学と新聞の現場の広範な交流に向けて（新聞と新聞学の再生）：新聞研究　通号558　〔1998.1〕 p20〜35
花田達朗	学としてのジャーナリスト教育——欧米ジャーナリスト・スクール教授陣の訪問を受けて：新聞研究　通号566　〔1998.9〕 p65〜69
塚本晴二朗	ジャーナリズムを学ぶということ（記者読本'99）：新聞研究　通号572　〔1999.3〕 p42〜45
原田三朗	ジャーナリストには専門教育と現場研修を——多メディア時代に合わせて内容も検討：新聞研究　通号579　〔1999.10〕 p65〜68
岡井光浩	現代ジャーナリズム教育と社会学的アプローチの関係についての一考察：流通経済大学大学院社会学研究科論集　通号6　〔1999.10〕 p1〜25
諸橋泰樹	マスコミ教育は学生のためだけではない——民主主義のための場の提供：新聞研究　通号580　〔1999.11〕 p57〜60
藤田博司	ジャーナリズム教育の現場から/新聞社の寄付講座開設に思うこと——目的はジャーナリズムの質的向上と改革：新聞研究　通号585　〔2000.4〕 p36〜41
田村穣生	ジャーナリズム教育の現場から 理論、現場経験、現実状況の一般化をめざす——メディアの存在意義を明確に評価するために：新聞研究　通号588　〔2000.7〕 p50〜53
今田好彦	ジャーナリズム教育の現場から 健全なジャーナリズムは賢い受け手が育てる——専門の学部学科ならではの「受け手発想」の視点：新聞研究　(591)〔2000.10〕 p53〜57
松浦康彦	ジャーナリスト教育の改革とその将来——まずはインターンシップ制の本格導入を：朝日総研リポート　(148)〔2001.2〕 p37〜65
メディア総合研究所ジャーナリズムプロジェクト	放送局におけるジャーナリズム教育はいま〜放送局員と放送局へのアンケート調査から：放送レポート　169号　〔2001.3〕 p20〜25
目光紀	記者教育を考える OJTと研修をつなぐもの——「当たり前の記者」を育てるために：新聞研究　(597)〔2001.4〕 p33〜35
桃井恒和	記者教育を考える いま、記者教育に求められるもの——「点」から「面」へと広げるために：新聞研究　(597)〔2001.4〕 p27〜29
国分俊英	記者教育を考える 育つ努力と育てる努力——「原点」見据える「たくましい記者」を期待：新聞研究　(597)〔2001.4〕 p30〜32
田中義久	日本マス・コミュニケーション学会創設50周年 研究活動と報道現場の交流・連携で発展続けたい：新聞研究　(604)〔2001.11〕 p73〜76
総合ジャーナリズム研究編集部	FEATURE ジャーナリスト教育の実験報告－－教育プログラム開発プロジェクトの試み（シリーズ1）：総合ジャーナリズム研究所　39(04)（通号182)〔2002.9〕 p7〜21
総合ジャーナリズム研究編集部	STUDY ジャーナリズム大学院への一歩：総合ジャーナリズム研究所　39(04)（通号182)〔2002.9〕 p54〜70
小黒純	基礎編 書かせ、考えさせ、また書かせ（FEATURE ジャーナリスト教育の実験報告－－教育プログラム開発プロジェクトの試み（シリーズ1)）：総合ジャーナリズム研究　39(04)（通号182)〔2002.9〕 p59〜63
小田光康	教育プログラムの概要（FEATURE ジャーナリスト教育の実験報告－－教育プログラム開発プロジェクトの試み（シリーズ1)）：総合ジャーナリズム研究　39(04)（通号182)〔2002.9〕 p57〜59
花田達朗	実験のコンセプトとプロジェクト（FEATURE ジャーナリスト教育の実験報告－－教育プログラム開発プロジェクトの試み（シリーズ1)）：総合ジャーナリズム研究　39(04)（通号182)〔2002.9〕 p54〜57
徳山喜雄	明日の記者教育を考える（上）欧州のジャーナリスト・スクールを見て：朝日総研リポート　(160)〔2003.2〕 p55〜73
総合ジャーナリズム研究編集部	STUDY ジャーナリスト教育の実験報告（シリーズ3）：総合ジャーナリズム研究所　40(02)（通号184)〔2003.3〕 p74〜76
木村恭子	総括 今日的状況の打開策としての「教育」（STUDY ジャーナリスト教育の実験報告（シリーズ3))：総合ジャーナリズム研究　40(02)（通号184)〔2003.3〕 p50〜54
徳山喜雄	ジャーナリスト・スクールは必要か——明日の記者教育を考える（下）：朝日総研リポート　(161)〔2003.4〕 p11〜30
総合ジャーナリズム研究編集部	STUDY ジャーナリスト教育の実験報告（シリーズ2）：総合ジャーナリズム研究所　40(01)（通号183)〔2003.12〕 p7〜31
総合ジャーナリズム研究編集部	社会報道編 世の中の動きにも敏感に（STUDY ジャーナリスト教育の実験報告（シリーズ2))：総合ジャーナリズム研究所　40(01)（通号183)〔2003.12〕 p51〜59
黒川貢三郎	ジャーナリズム教育の改革をめざして：政経研究　40(3)〔2003.12〕 p751〜771
佐幸信介, 島崎哲彦, 八田正信	ジャーナリズム教育に関する意識の相違点を探る——大学・マスコミ機関対象調査結果から：新聞研究　(630)〔2004.1〕 p61〜66
高橋俊一	韓国版「ジャーナリズムスクール」を見る 動き出した入社前教育の試み：AIR21　(178)〔2005.3〕 p74〜81
藤田博司	大学の役割、メディアの責任——どうするジャーナリスト教育（特集 連携する民放と大学——人材育成と産業振興）：月刊民放　35(7)通号409　〔2005.7〕 p20〜23
Steen, Jan Vincens	講演 いま、世界のNIEは——明日の読者を育てるさまざまな取り組み（NIE週間特集）：新聞研究　(652)〔2005.11〕 p65〜68
橋本晃	欧州統合見据えた記者教育——“米国流”と一線画す教育原理（海外のジャーナリズム教育）：新聞研究　(660)

大井眞二	目的意識を絶えず問い直す――アメリカの教育体制から学ぶもの（海外のジャーナリズム教育）：新聞研究　（660）〔2006.7〕　p32〜35
藪塚謙一	動き出したジャーナリスト学校――記者教育をめぐる朝日新聞の新しい試み：新聞研究　（663）〔2006.10〕　p53〜57
福永勝也	情報化社会におけるジャーナリズムとアカデミズムの知的協調と相克に関する考察：人間文化研究　京都学園大学人間文化学会紀要　（18）〔2006.10〕　p65〜100
門奈直樹	ジャーナリズム研究・教育のパースペクテイブ――ボブ・フランクリン編著『現代ジャーナリズム学辞典』（国書刊行会2008年4月刊行予定）の監訳作業を終えて：21世紀社会デザイン研究　（6）〔2007〕　p37〜52
武市英雄	日本のジャーナリズム教育――その現状と、未来への問題点：コミュニケーション文化論集　大妻女子大学コミュニケーション文化学会機関誌　通号5〔2007.3〕　p135〜153
林怡［ケン］	台湾のジャーナリズム教育 飛躍的発展の後に残された課題［含 台湾における主なジャーナリズム教育機関の成立年］：AIR21　（204）〔2007.5〕　p66〜91
朝日教之	二十年ぶりに再開した記者教育「ストレーツ・タイムズ」（シンガポール）の記者学校取材記：AIR21　（205）〔2007.6〕　p32〜45
望月義人	人材育成に「生き残り」かける（上）一般企業とマスコミの新潮流：AIR21　（213）〔2008.2〕　p48〜65
藤田真文	放送関連業界のキャリア形成における大学の役割（放送の経営については, 何をどこで学ぶことができるか）：放送研究と調査　58（3）通号682〔2008.3〕　p71〜76
別府三奈子	「放送人」養成モデルの構築（放送の経営については, 何をどこで学ぶことができるか）：放送研究と調査　58（3）通号682〔2008.3〕　p76〜78
高橋義人	ジャーナリズムの専門職化と「公共の討論」：宮崎大学教育文化学部紀要. 社会科学　通号18〔2008.3〕　p57〜74
望月義人	人材育成に「生き残り」かける（下）一般企業とマスコミの新潮流（新聞・通信社編）：AIR21　（214）〔2008.3〕　p48〜62
瀬川至朗	ジャーナリズムスクールの挑戦――高度専門職業人の養成に向けて：新聞研究　（681）〔2008.4〕　p68〜71
藤田真文	放送人養成と放送経営教育（1）日米の大学学部課程における放送関連教育――米オハイオ大学スクリップス・ジャーナリズム・スクールでの実地調査を通じて：放送研究と調査　58（8）通号687〔2008.8〕　p32〜41
水野剛也	100周年迎えた米ミズーリ大Jスクール――実践教育と研究で「現場と大学の壁」崩す：新聞研究　（686）〔2008.9〕　p50〜54
横山滋	放送人養成と放送経営教育（2）グレッグ・ダイクのBBC改革とコッター経営学：放送研究と調査　58（9）通号688〔2008.9〕　p42〜53
別府三奈子	放送人養成と放送経営教育（3）米国のジャーナリズム改善を支える社会制度――事例としてのスクリップス・ハワード財団と大学院教育を中心に：放送研究と調査　58（10）通号689〔2008.10〕　p80〜87
澤康臣	議論がニュースを面白くする――「取材報道ディスカッショングループ」の活動：新聞研究　（696）〔2009.7〕　p66〜68
佐藤成文	映画に期待する米ジャーナリスト教育 大学課程で必修科目に：メディア展望　通号572〔2009.9〕　p14〜16
清野孝悦, 千葉光弘, 大浦哲	記者教育担当者座談会 明日を担う人材を育てる（700号特集 新聞の明日）：新聞研究　（700）〔2009.11〕　p26〜35
矢田義一	ジャーナリスト教育を開く――加速度を増す環境変化の中で：新聞研究　（702）〔2010.1〕　p42〜44
小俣一平	ジャーナリズム・ジャーナリスト教育を探る――上海・復旦大学新聞学院からの報告（上）：放送研究と調査　60（2）通号705〔2010.2〕　p44〜54
大井眞二	グローバル化のなかのジャーナリズム教育：ジャーナリズム＆メディア　新聞学研究所紀要　（3）〔2010.3〕　p53〜73
大石裕, 谷藤悦史, 鈴木雄雅	シンポジウムレポート ジャーナリズム教育の今――［日本大学法学部］創設120周年記念シンポジウム パネル討論採録［含 質疑応答］：ジャーナリズム＆メディア　新聞学研究所紀要　（3）〔2010.3〕　p121〜154
小俣一平	ジャーナリズム・ジャーナリスト教育を探る――上海・復旦大学新聞学院からの報告（下）：放送研究と調査　60（3）通号706〔2010.3〕　p56〜65
金鐵鎔	韓国のジャーナリスト教育と再教育の現況報告――韓国言論財団/韓国言論教育院のジャーナリスト教育を中心に：メディア・コミュニケーション　慶応義塾大学メディア・コミュニケーション研究所紀要　（60）〔2010.3〕　p199〜210
山根康治郎, 松野良一	メディア漂流（13）戦前日本のジャーナリスト養成学校「新聞学院」（2）卒業生インタビュー（前編）：調査情報. 第3期　（494）〔2010.5・6〕　p80〜83
藤田真文	米ABCにおける社員教育とジャーナリズム・スクールの連携：放送研究と調査　60（7）通号710〔2010.7〕　p70〜77
宮田謙一	「朝日新聞ジャーナリスト学校」の4年：メディア展望　（584）〔2010.9〕　p6〜8
今村庸一	大学におけるジャーナリズム研究・教育の現状と問題点：駿河台大学文化情報学研究所所報　（8）〔2010.10〕　p165〜167
奥村信幸	新聞記者のための動画撮影講座（第1回）企画から撮影 新聞記事をウェブ・ニュース映像にする：Journalism　（245）〔2010.10〕　p70〜79
奥村信幸	新聞記者のための動画撮影講座（第2回）企画から撮影 映像に音声を加えてビデオ・パッケージにする：Journalism　（246）〔2010.11〕　p70〜80
奥村信幸	新聞記者のための動画撮影講座（第3回・最終回）企画から撮影 ユーザーの要求に応えるニュース・サイトへのヒント：Journalism　（247）〔2010.12〕　p70〜81
横山滋	放送経営とジャーナリズム再教育――公共放送の正念場：NHK放送文化研究所年報　55〔2011〕　p207〜233
河崎吉紀	19世紀におけるイギリスのジャーナリスト教育――高級な文士と働く記者：評論・社会科学　（94）〔2011.1〕　p1〜14
井出智明	アカデミアとマスコミ現場の距離感：情報学研究　東京大学大学院情報学環紀要　（80）〔2011.3〕　p27〜70［含 英語文要旨］
松野良一	メディア漂流（18）戦前日本のジャーナリスト養成学校「新聞学院」（7）歴史的意味とは何か？：調査情報. 第3期　（499）〔2011.3・4〕　p76〜79

小黒純	新人記者のための取材・執筆講座(最終回)インタビューと「ひと」濃いインタビューで引きつける人物記事を書く：Journalism　(250)〔2011.3〕 p84～96
小屋敷晶子	編集局全体で若手を育てる──「メンター制度」導入1年の成果と展望：新聞研究　(717)〔2011.4〕 p36～38
松野良一	メディア漂流(19) 大学におけるジャーナリズム教育(1)：調査情報. 第3期　(500)〔2011.5・6〕 p122～125
河崎吉紀	戦間期におけるイギリスのジャーナリズム教育──ロンドン大学を中心に：評論・社会科学　(96)〔2011.5〕 p1～16
原寿雄, 小俣一平, 松田浩	ジャーナリスト教育再考──NHK記者再教育をケーススタディとして：放送研究と調査　61(5)通号720〔2011.5〕 p40～51
藤原秀人	中国流ジャーナリズム教育事情 高いメディア就職人気と共産党統治下の教育と記者育成：Journalism　(252)〔2011.5〕 p74～81
松野良一	メディア漂流(20) 大学におけるジャーナリズム教育(2) 相模野海軍航空隊の反乱：調査情報. 第3期　(501)〔2011.7・8〕 p126～129
松野良一	メディア漂流(21) 大学におけるジャーナリズム教育(3)「対馬丸」の生存者の証言：調査情報. 第3期　(502)〔2011.9・10〕 p82～85
松野良一	メディア漂流(22) 大学におけるジャーナリズム教育(4) メディア表現で社会人基礎力を養う：調査情報. 第3期　(503)〔2011.11・12〕 p76～79
小川明子	メディア教育と社会的視座の育成(平成21・22年度 特別教育研究 社会的視座を有するメディアの送り手をどう育てるか ： 送り手のメディア・リテラシー育成を巡る大学教育の役割)：愛知淑徳大学論集. メディアプロデュース学部篇　(2)〔2012〕 p89～91
蔡星慧	大学における出版教育のあり方を考える ： 大学におけるシラバス調査から(特集 第15回国際出版研究フォーラム)：出版研究　(43)〔2012〕 p81～92
松野良一	メディア漂流(23) 大学におけるジャーナリズム教育(5) 大韓航空機007便撃墜事件：調査情報. 第3期　(504)〔2012.1・2〕 p76～79
松野良一	メディア漂流(24) 大学におけるジャーナリズム教育(6) 沖縄密約事件「運命の人」に聞く：調査情報. 第3期　(505)〔2012.3・4〕 p76～79
松野良一	メディア漂流(25) 大学におけるジャーナリズム教育(7) 障害者との協働で偏見を解消する：調査情報. 第3期　(506)〔2012.5・6〕 p80～83
松野良一	メディア漂流(26) 大学におけるジャーナリズム教育(8)「コザ暴動」 ： 嘉手納基地突入者の証言：調査情報. 第3期　(507)〔2012.7・8〕 p80～83
金井啓子	海外メディアの研修制度 ： ロイターの場合(変わる取材環境と記者教育)：新聞研究　(734)〔2012.9〕 p23～26
山田亜紀子	記者のSNS活用の可能性と研修 ： 求められるエディターシップとマーケティング感覚(変わる取材環境と記者教育)：新聞研究　(734)〔2012.9〕 p12～15
安宍一夫	記者の専門性をどう考えるか ： 「普遍性」と「本質」の追求を基盤に(変わる取材環境と記者教育)：新聞研究　(734)〔2012.9〕 p20～22
森永玲	九州の地方紙合同研修の試みと成果 ： 若手記者の問題意識から考える(変わる取材環境と記者教育)：新聞研究　(734)〔2012.9〕 p16～19
松野良一	メディア漂流(27) 大学におけるジャーナリズム教育(9) 東日本大震災を東京・多摩から考える：調査情報. 第3期　(508)〔2012.9・10〕 p82～85
河崎吉紀	社会現象としてのジャーナリズム教育 ： イギリスにおける高等教育の拡大を中心に：評論・社会科学　(102)〔2012.9〕 p1～22
松野良一	メディア漂流(28) 大学におけるジャーナリズム教育(10) 砂川闘争 ： 57年目の証言：調査情報. 第3期　(509)〔2012.11・12〕 p82～85
松野良一	メディア漂流(29) 大学におけるジャーナリズム教育(11) 米軍グローブマスター機墜落事故：調査情報. 第3期　(510)〔2013.1・2〕 p86～89
松野良一	メディア漂流(30) 大学におけるジャーナリズム教育(12)「非情城市」の証言 ： 台湾二二八事件(前)：調査情報. 第3期　(511)〔2013.3・4〕 p80～83
松野良一	メディア漂流(31) 大学におけるジャーナリズム教育(13)「悲情城市」の証言 ： 台湾二二八事件(後)：調査情報. 第3期　(512)〔2013.5・6〕 p82～85
松野良一	メディア漂流(32) 大学におけるジャーナリズム教育(14) 元自衛官の30年目の証言 ： KAL007便撃墜事件：調査情報. 第3期　(513)〔2013.7・8〕 p76～79
松野良一	メディア漂流(33) 大学におけるジャーナリズム教育(15) 小笠原ノネコ引っ越し作戦：調査情報. 第3期　(514)〔2013.9・10〕 p80～83
松野良一	メディア漂流(34) 大学におけるジャーナリズム教育(16) 調布市の不発弾に刻まれた記憶：調査情報. 第3期　(515)〔2013.11・12〕 p86～89
五島幸一	アメリカの大学におけるメディア教育 ： ウィスコンシン大学とニューヨーク大学を例として(メディア環境の多様化・流動化に伴うメディア教育のあり方の再検討)：愛知淑徳大学論集. メディアプロデュース学部篇　(4)〔2014〕 p52～59
伊藤昌亮	メディア学における理論教育と実践教育の構成(メディア環境の多様化・流動化に伴うメディア教育のあり方の再検討)：愛知淑徳大学論集. メディアプロデュース学部篇　(4)〔2014〕 p60～64
松野良一	メディア漂流(35) 大学におけるジャーナリズム教育(17) 学徒出陣70周年 ： 朝鮮からの出陣：調査情報. 第3期　(516)〔2014.1・2〕 p74～77
武市英雄	ジャーナリズム教育者・小野秀雄先生の現在における意義：コミュニケーション文化論集 ： 大妻女子大学コミュニケーション文化学会機関誌　(12)〔2014.3〕 p79～102
松野良一	メディア漂流(36) 大学におけるジャーナリズム教育(18)「職人に打たれる」ことの意味：調査情報. 第3期　(517)〔2014.3・4〕 p80～83
松野良一	メディア漂流(37) 大学におけるジャーナリズム教育(19) 絵手紙と東日本大震災：調査情報. 第3期　(518)〔2014.5・6〕 p82～85
松野良一	メディア漂流(38) 大学におけるジャーナリズム教育(20) 証言で学ぶ「沖縄問題」：調査情報. 第3期　(519)〔2014.7・8〕 p70～73

松野良一	メディア漂流 (39) 大学におけるジャーナリズム教育 (21) 多摩「猫神社」物語：調査情報. 第3期　(520)〔2014.9・10〕p80〜83
斉藤潔	会社も記者も原点に帰ろう : 限られた態勢でどう育てるか (記者教育の取り組みと課題)：新聞研究　(760)〔2014.11〕p24〜27
橋本聡	基本を固め、デジタルを学ぶ : 新しい時代を生き抜くために (記者教育の取り組みと課題)：新聞研究　(760)〔2014.11〕p16〜19
外岡秀俊	時代の変化に対応した研修を : 求められる記者像から考える (記者教育の取り組みと課題)：新聞研究　(760)〔2014.11〕p8〜11
谷口透	全記者が意識を共有するために : 発足2年目を迎えた「記者塾」(記者教育の取り組みと課題)：新聞研究　(760)〔2014.11〕p12〜15
宮城孝治	「入社3年で一人前」を柱に : 一人一人に目配りする態勢づくり (記者教育の取り組みと課題)：新聞研究　(760)〔2014.11〕p20〜23
松野良一	メディア漂流 (40) 大学におけるジャーナリズム教育 (22) 世界最高齢パイロット物語：調査情報. 第3期　(521)〔2014.11・12〕p82〜85

〔図 書〕

重松敬一	マス・コミュニケイションと教育　教育弘報社　1956　190p　18cm　(教育もんだい選書)
小野秀雄	新聞と教育　日新出版　1958　270p　22cm
草柳大蔵	マスコミ新兵　現代ジャーナリズム出版会　1966　208p　19cm　480円　(いるか叢書 1)
塩沢茂	取材・調査・インタビューの仕方―聞く・集める・調べる技術100のポイント　日本実業出版社　1978.10　229p　19cm　980円
鎌田慧	ルポルタージュの発見―時代を歩く　西田書店　1980.5　277p　20cm　1500円
鎌田慧	ルポルタージュの書き方　明治書院　1981.4　258p　19cm　1200円　(作法叢書)
竹中労	ルポ・ライター事始　日本ジャーナリスト専門学院　1981.7　226p　19cm　980円　(ジャーナリスト双書 16)
本多勝一	ルポルタージュの方法　朝日新聞社　1983.11　292p　15cm　400円
早稲田マスコミセミナー	君もマスコミ人にならないか　早稲田経営出版　1988.5　261p　18cm　900円
平賀雄二	フリー・ジャーナリストになりたい君に――業界紙記者が新進ジャーナリストになるまで　自由空間　1992.2　264p　19cm　1400円
斎藤茂男	記者志願　築地書館　1992.4　273p　19cm　1494円　(斎藤茂男取材ノート 6)
佐々木謙一	ピュリツァー賞―受賞者総覧 生いたち・栄光のプロフィール　1992年版　教育社　1992.7　1006p　18cm　1800円　(Newton database)
鎌田慧	ルポルタージュを書く　岩波書店　1992.10　227p　16cm　800円　(同時代ライブラリー 126)
生活科学研究室	マスコミを志す人へ―メディア研究の本/教材エッセイ集　生活科学研究室　1994.6　153p　19cm　1500円
西村晃	マスコミに入ろうと思ったらまず読む本―いかにマスコミセンスを磨くか　メディアパル　1997.10　221p　19cm　1400円
早稲田大学ジャーナリズム教育研究所	レクチャー現代ジャーナリズム　早稲田大学出版部　2013.5　298p　21cm　2600円

メディア特権

〔雑誌記事〕

町野朔	新聞記者の拒絶特権――アメリカと日本の問題：アメリカ法　1974年 (2)〔1974.12〕p283〜321
渡辺牧	近代イギリス・ジャーナリズムの発展過程――「知識に対する課税」の機能転換を中心として：新聞学評論　通号28〔1979.6〕p94〜111
岡本栄太郎	反論権と言論および出版の自由―1―：八代学院大学紀要　通号26〔1984.6〕p1〜7
粕谷友介	表現の自由特権の歴史的展開：上智法学論集　33 (2・3)〔1990.3〕p27〜46
友安弘	フランスにおける反論権の一考察：新聞研究　通号472〔1990.11〕p81〜84
舟田正之	マスメディア集中排除原則の見直し――一試案：立教法学　通号62〔2002〕p1〜50
西正	マスコミ集中排除規制緩和を求めてやり直すこと：放送界　47 (160)〔2002.夏季〕p30〜36
鈴木健二	メディア 危機にさらされる「マスメディア集中排除原則」――地上波デジタル化構想の中で：世界　(720)〔2003.11〕p125〜133
山川洋一郎	特殊指定廃止 新聞への特別扱いは民主主義の〝必要経費〟だ：エコノミスト　84 (27) 通号3827〔2006.5〕p40〜42
市川正人	憲法学から見た新聞特殊指定――表現の自由と戸別配達制度の意義から考察する：新聞研究　(660)〔2006.7〕p29〜31
三友仁志, 植田康孝	マスメディア集中排除原則見直し議論に関する実証分析：日本社会情報学会学会誌　19 (1)〔2007.3〕p59〜69
原口一博	メディア一撃 原口一博・衆議院総務委員長インタビュー ジャーナリズムを担保するクロスオーナーシップ規制：金曜日　18 (44) 通号839〔2010.11〕p56〜57
戸松秀典, 髙木まさき, 川岸令和	シンポジウム 新聞、メディアの公共性と知識課税 : 民主主義を支える仕組みを考える：新聞研究　(748)〔2013.11〕p36〜47

〔図 書〕

| Smith, Anthony, 日本新聞協会 | ヨーロッパの新聞と助成政策　日本新聞協会・研究所　1977.9　144p　25cm　非売品 |

記者クラブ

〔雑誌記事〕

西岡竹次郎	新聞特権への抗議：政界往来　18 (10)〔1952.10〕p137〜142
酒井幸次	記者クラブを語る (座談会)：新聞研究　通号165〔1965.4〕p22〜33
小松原久夫	諸外国における官庁広報活動と記者クラブ：新聞研究　通号165〔1965.4〕p34〜41

若松信重	欧米の記者クラブ——取材の研究―2―：新聞研究　通号178　〔1966.5〕　p80～85	
久芳健夫	記者クラブからみた官庁広報——中央官庁の広報活動と新聞：新聞研究　通号178　〔1966.5〕　p20～28	
太田達雄	記者クラブ——取材の研究―2―：新聞研究　通号178　〔1966.5〕　p57～71	
青木彰	広報担当者のみた記者クラブ——取材の研究(座談会)―2―：新聞研究　通号178　〔1966.5〕　p72～79	
永田三郎	記者クラブの掟：別冊潮　通号3　〔1966.10〕　p189～195	
山田年栄	「記者クラブ」に関する編集委員会の新方針：新聞研究　通号185　〔1966.12〕　p64～67	
岡本卓	兜クラブ(新聞取材の再検討(特集)―取材活動と記者クラブ)：新聞研究　通号223　〔1970.2〕　p39～40	
小倉貞男	警視庁七社会(新聞取材の再検討(特集)―取材活動と記者クラブ)：新聞研究　通号223　〔1970.2〕　p34～36	
前田雄二	新登場の「日本記者クラブ」——成立までの経緯とこれからの役割り：新聞研究　通号223　〔1970.2〕　p59～61	
斎藤裕	通産省虎ノ門クラブ(新聞取材の再検討(特集)―取材活動と記者クラブ)：新聞研究　通号223　〔1970.2〕　p36～39	
山田年栄	記者クラブの新しい方向：総合ジャーナリズム研究　08(02)　〔1971.4〕　p44～51	
新井直之	記者クラブの問題・その意識構造 <特集>「表現の自由」を語る位相、語らない位相：放送批評　No.056　〔1972.9〕	
堀江潔	―第2回 <広島県警記者クラブ>―転換求められるサツ回り―：広島ジャーナリスト　47　〔1973.1〕	
青山明	―第3回 <広島県政記者クラブ>―果たして "県政の番人" か―：広島ジャーナリスト　48　〔1973.2〕	
岩見隆夫	霞クラブ(記者クラブの実態と広報―記者クラブのプロフィル)：新聞研究　通号271　〔1974.2〕　p19～21	
新井明	記者クラブについて(記者クラブの実態と広報)：新聞研究　通号271　〔1974.2〕　p7～10	
桑田弘一郎	記者クラブの理想と現実(記者クラブの実態と広報)：新聞研究　通号271　〔1974.2〕　p11～18	
広瀬勝	広報と記者クラブ(記者クラブの実態と広報)：新聞研究　通号271　〔1974.2〕　p25～31	
白川政雄	新潟県政記者クラブ(記者クラブの実態と広報―記者クラブのプロフィル)：新聞研究　通号271　〔1974.2〕　p23～24	
朝倉敏夫	野党クラブ(記者クラブの実態と広報―記者クラブのプロフィル)：新聞研究　通号271　〔1974.2〕　p21～23	
藤本有典	欧米のプレスクラブ：新聞研究　通号280　〔1974.11〕　p61～64	
前田雄二	世界のプレスの集合所――プレスクラブとプレスセンター：総合ジャーナリズム研究　12(01)　〔1975.1〕　p97～105	
榎原猛	報道機関の取材上の特権と平等条項―1―：阪大法学　通号100　〔1976.10〕　p1～37	
榎原猛	報道機関の取材上の特権と平等条項―2―：阪大法学　通号102　〔1977.3〕　p23～64	
河村欣二	始動半年目のフォーリン・プレスセンター：新聞研究　通号309　〔1977.4〕　p64～67	
サーブ, デービッド, 加藤明彦	ニュースにならない "覇権主義"――外人記者クラブから日本記者クラブにもの申す：諸君！　日本を元気にするオピニオン雑誌　10(2)　〔1978.2〕　p247～255	
鍋嶋敬三	外務省霞クラブ(現代新聞記者読本―記者クラブからのレポート)：新聞研究　通号320　〔1978.3〕　p66～67	
大沢雄三	経団連記者クラブ(現代新聞記者読本―記者クラブからのレポート)：新聞研究　通号320　〔1978.3〕　p64～65	
河村宏男	防衛庁記者クラブ(現代新聞記者読本―記者クラブからのレポート)：新聞研究　通号320　〔1978.3〕　p62～63	
榎原猛	報道機関の取材上の特権と平等条項―3―：阪大法学　通号108　〔1978.11〕　p23～61	
山田年栄	記者クラブ問題を考える——編集委員会の「見解」を中心に(現代記者読本'79)：新聞研究　通号332　〔1979.3〕　p77～81	
吉原勇, 小野昌和	クラブ記者の目——食糧問題・農業問題(食糧問題と新聞報道)：新聞研究　通号348　〔1980.7〕　p22～23, 34～35	
榎原猛	報道機関の取材上の特権と平等条項―4―立入り特権・免責特権：阪大法学　通号115　〔1980.8〕　p1～44	
木原啓吉	環境行政十年の点検と将来の展望——環境庁記者クラブから：新聞研究　通号352　〔1980.11〕　p40～45	
高橋文利	企業広報の活発化と記者クラブのあり方——情報操作の陥穽(新聞記者読本'83)：新聞研究　通号380　〔1983.3〕　p32～35	
ホーズレー, ウィリアム	日本の記者クラブに文句あります：文芸春秋　63(7)　〔1985.7〕　p106～112	
総合ジャーナリズム研究編集部	記者クラブの功罪<特集>：総合ジャーナリズム研究所　23(02)　〔1986.4〕　p6～35	
林利隆	(記者クラブの功罪<特集>)記者クラブが抱える「対立図式」：総合ジャーナリズム研究　23(02)　〔1986.4〕　p15～25	
池田恵美子	(記者クラブの功罪<特集>)事前発表記事の解禁時間をめぐって：総合ジャーナリズム研究　23(02)　〔1986.4〕　p63～67	
広瀬英彦	(記者クラブの功罪<特集>)日本的ジャーナリズムとクラブ制度：総合ジャーナリズム研究　23(02)　〔1986.4〕　p6～14	
松尾博文	「イタリア記者会」の論理―上―：立命館産業社会論集　通号52　〔1987.6〕　p29～49	
松尾博文	「イタリア記者会」の論理―中―：立命館産業社会論集　通号53　〔1987.9〕　p1～30	
松尾博文	「イタリア記者会」の論理―下―：立命館産業社会論集　通号54　〔1987.12〕　p1～34	
天野勝文	「記者クラブ」をどう超えるか(新聞記者読本'88)：新聞研究　通号440　〔1988.3〕　p69～72	
西山武典	「記者クラブ」雑感―過去・現在・未来：新聞研究　通号442　〔1988.5〕　p52～56	
山村俊朗	マスコミ現場から 取材時間帯をめぐる霞クラブと外務省の "争い"：新聞研究　通号240　〔1988.9〕　p58～61	
江川紹子	司法記者クラブは裁判所の番犬か：諸君！　日本を元気にするオピニオン雑誌　21(4)　〔1989.4〕　p230～241	
右手正朝	新天皇ご夫妻初の記者会見行われる(マスコミの焦点)：新聞研究　通号459　〔1989.10〕　p93～95	
近藤健	"日本を伝える人たち" の実像——在日外国人特派員調査：新聞研究　通号466　〔1990.5〕　p58～63	
仙石伸也	東京地検, 外国記者に門戸開放——条件付きで定例記者会見に出席(マスコミの焦点)：新聞研究　通号467　〔1990.6〕　p82～84	
木原啓吉	草創期の環境庁記者クラブ：新聞研究　通号484　〔1991.11〕　p64～67	
山内重俊	《大特集》私の発言 記者クラブのへい風に染まるな：マスコミ市民　通号279　〔1992.1〕　p68～69	
宮田鈴子	取材と報道の現場 (5) クラブ取材に軋みはないか——従来のフレームワークの点検を期待：月刊民放　22(252)　〔1992.6〕　p34～35	
深沢亘	再販の維持と販売・流通の近代化(マスコミの焦点)：新聞研究　通号496　〔1992.11〕　p89～92	
富田恵	霞クラブ, 外国報道機関に門戸開放へ(マスコミの焦点)：新聞研究　通号498　〔1993.1〕　p84～86	
和田義之	外国報道機関の記者も正会員に——編集委員会が記者クラブに関する新しい見解を決定：新聞研究　通号505　〔1993.8〕　p47～53	

福士千恵子	脱記者クラブ取材の魅力(「生活」視点のジャーナリズム):新聞研究　通号508　〔1993.11〕　p51～53
Berger, Michael	外国プレスのみた日本の記者会見(記者会見とは何か):新聞研究　通号511　〔1994.2〕　p31～32
加藤紘一	記者会見は政府,政党の義務(記者会見とは何か—取材される側の論理):新聞研究　通号511　〔1994.2〕　p24～26
石飛仁	「16社以外」記者への開閉(小沢新生党代表幹事「会見拒否」問題の研究):総合ジャーナリズム研究　31(02)〔1994.4〕　p20～24
瀬木潔	記者クラブ依存体質の改善を(新聞記者の現在——記者アンケートをよむ):新聞研究　通号515　〔1994.6〕　p16～18
宮本雅史	記者クラブ制度とジャーナリズムの在り方(新聞記者の現在——記者アンケートをよむ):新聞研究　通号515〔1994.6〕　p19～21
木部克己	裁かれる記者クラブ——当局からの便宜供与は違法か——京都市政記者クラブ訴訟:法学セミナー　通号475〔1994.7〕　p8～12
高嶋伸欣	文部省記者クラブに問う(1)新聞はいつまでセンター入試制度の一端を担い続けるつもりなのか?:マスコミ市民通号313　〔1994.12〕　p42～45
高嶋伸欣	文部省記者クラブ員に問う(2)「日の丸・君が代」問題でなぜ真実を報道しないのか:マスコミ市民　通号314〔1995.1〕　p70～77
高嶋伸欣	文部省記者クラブ員に問う(3)文部省をとり巻く状況の変化を見すごしていないか?:マスコミ市民　通号315〔1995.2〕　p68～73
北村哲夫	「記者クラブ訴訟」判決が投げかけたもの(マスコミの焦点):新聞研究　通号527　〔1995.6〕　p85～86
高嶋伸欣	文部省記者クラブへ問う 教科書検定結果の報道:マスコミ市民　通号323　〔1995.10〕　p32～47
西山武典	鎌倉市の「広報メディアセンター」設置が記者クラブに問うもの:マスコミ市民　通号331　〔1996.6〕　p42～49
上田泰一	拝啓 日本新聞協会殿 「記者クラブ」はだれのため,何のためにあるのか:金曜日　4(42)〔1996.11〕　p34～37
川田龍平	記者クラブを便利な血液製剤にしないで(97年 新聞に望む——曲がり角の時代に):新聞研究　通号546　〔1997.1〕p13～15
花岡信昭, 大谷克弥, 本沢義雄	<座談会>どう位置づけ, どう活用するか——記者クラブに関する新見解をまとめて(記者読本'98):新聞研究　通号560　〔1998.3〕　p55～69
堀田佳彦	記者クラブは昔から"取材拠点"でした:総合ジャーナリズム研究　35(02)　〔1998.4〕　p24～28
大手勉	記者クラブ改革に向けて:総合ジャーナリズム研究　35(02)　〔1998.4〕　p8～15
総合ジャーナリズム研究所	記者クラブ"出来事"史:総合ジャーナリズム研究　35(02)　〔1998.4〕　p16～23
右崎正博	メディア判例研究 記者クラブをめぐる法と倫理——京都市政記者会訴訟(最高裁判決平成8.9.3):法律時報　70(4)〔1998.4〕　p106～109
北村肇	記者クラブ改革の一歩は「談合」(特集・記者クラブ):マスコミ市民　通号352　〔1998.4〕　p16～21
原寿雄	新しい時代の記者クラブへ——協会の新見解の改革を足場に(特集・記者クラブ):マスコミ市民　通号352　〔1998.4〕　p8～15
川上和久	日本新聞協会の見解変更について——権力—メディア—市民の新しい関係を探る第一歩に(特集・記者クラブ):マスコミ市民　通号352　〔1998.4〕　p2～7
桂敬一	記者クラブを真の取材拠点とするために——奈良新聞記者のクラブ除名問題から考える:新聞研究　通号563〔1998.6〕　p43～45
塚本晴二朗	記者クラブに関する一考察——日本新聞協会の記者クラブに関する「新見解」を中心として:社会学論叢　通号133〔1998.11〕　p53～66
音好宏	地方自治体が始めた「記者会見全公開」はジャーナリズムに何を問うか:放送レポート　156号　〔1999.1〕　p16～19
沼澤秀雄	「メディアとスポーツ」の授業開発と学生評価について:立教大学研究報告. 保健体育　(16)〔1999.3〕　p9～20
片岡伸行	—記者クラブ—「日の丸」と「君が代」のある風景(特集 日の丸・君が代問題):マスコミ市民　通号370　〔1999.10〕　p18～23
桂敬一	世界の潮 記者クラブと日の丸掲揚とジャーナリズム:世界　通号667　〔1999.11〕　p21～25
岡部保男	「記者クラブ」制度と知る権利(特集2 報道と人権):自由と正義　51(3)〔2000.3〕　p96～107
内山卓郎	転機を迎える記者クラブ制度:金曜日　9(29)通号381　〔2001.8〕　p26～29
総合ジャーナリズム研究編集部	FEATURE 「『脱・記者クラブ』宣言」の波紋:総合ジャーナリズム研究所　38(04)　(通号178)〔2001.9〕　p26～34
総合ジャーナリズム研究編集部	この国のジャーナリズムと「記者クラブ」(FEATURE 「『脱・記者クラブ』宣言」の波紋):総合ジャーナリズム研究所　38(04)　(通号178)　〔2001.9〕　p71～73
泉川誉夫	官製の鋳型から脱し, まず地道な改革から——連載「民主主義の風景第1部・記者クラブの功罪」を終えて:新聞研究　(602)〔2001.9〕　p44～47
田島泰彦	表現の自由は, いま(6)記者クラブをどう考えるか:マスコミ市民　通号392　〔2001.9〕　p2～8
柳原滋雄	表現の自由は, いま 「長野方式」は定着するか!——長野県知事の「脱・記者クラブ」宣言:マスコミ市民　通号392〔2001.9〕　p10～15
権田万治	再燃した記者クラブ問題 必要な現場記者の意識改革:新聞通信調査会報　通号467　〔2001.10〕　p1～3
内山卓郎	崩壊をはじめた記者クラブ制度——閉鎖性を便宜供与をめぐる問題点(特集 言論・表現の自由の転機):世界(693)〔2001.10〕　p117～127
岩崎貞明, 魚住昭, 原寿雄, 藤森研	座談会 どうする記者クラブ:放送レポート　173号　〔2001.11〕　p2～14
今村正大	民放報道の現場から 長野県庁記者クラブ問題——「脱・記者クラブ宣言」から考えること(特集 民放報道——テレビジャーナリズムの課題):月刊民放　31(11)通号365　〔2001.11〕　p20～23
総合ジャーナリズム研究編集部	File.J 取材の自由と記者クラブ問題——フリージャーナリストによる損害補償請求事件判決から:総合ジャーナリズム研究所　38(01)　(通号175)　〔2001.12〕　p7～26
日本新聞協会第六百十回編集委員会	記者クラブに関する日本新聞協会編集委員会の見解(2002年(平成14年)一月十七日):新聞研究　(607)〔2002.2〕　p58～62
桃井恒和	報道界が培ってきたクラブの役割を明示——記者クラブに関する新見解をまとめて:新聞研究　(607)〔2002.2〕p55～57
徳山喜雄	CURRENT 記者クラブが取材を妨害した——愛媛県記者会見「締め出し」事件:総合ジャーナリズム研究　39

	（04）（通号 182）〔2002.9〕 p67～70
総合ジャーナリズム研究編集部	FILE・J 「「脱・記者クラブ」宣言」をめぐる波紋（2）毎日新聞労組のアンケート調査から：総合ジャーナリズム研究所 39（01）（通号 179）〔2002.12〕 p7～35
権田万治	再燃した記者クラブ問題 EU提案めぐる争点考える：新聞通信調査会報 通号487 〔2003.5〕 p8～10
森川貞夫	Amore（愛）とPace（平和）――スポーツマスコミはなぜ戦争を語らせないか：マスコミ市民 通号412 〔2003.5〕 p21～23
森川貞夫	JFAに気をつけろ！ 日本スポーツ界に一人気を吐く日本サッカー協会とスポーツマスコミ：マスコミ市民 通号417 〔2003.10〕 p46～48
日本新聞協会記者クラブ問題検討小委員会	記者クラブ制度廃止にかかわるEU優先提案に対する見解（2003年十二月十日）：新聞研究 （630）〔2004.1〕 p58～60
権田万治	記者クラブ全面肯定論に疑問 新聞協会「見解」を吟味する：新聞通信調査会報 通号498 〔2004.3〕 p4～6
神保哲生	神保哲生さんインタビュー マスメディアは社会のウォッチドッグになりうるか（上）クロス・オーナーシップ、再販制度と記者クラブ（特集 マスコミと権力）：マスコミ市民 通号433 〔2005.2〕 p2～10
岩崎貞明, 寺沢有, 美浦克教	対談 記者クラブを出よ：放送レポート 198号 〔2006.1〕 p2～12
長沼節夫	ルポ ザ・記者会見（第1回）マロニエの木陰の会見：社会民主 （619）〔2006.12〕 p44～47
長沼節夫	ルポ ザ・記者会見（第2回）アジア太平洋米軍基地東京会議：社会民主 （620）〔2007.1〕 p45～47
長沼節夫	ルポ ザ・記者会見（3）日韓会談文書・全面公開を求める会：社会民主 （621）〔2007.2〕 p41～43
長沼節夫	ルポ ザ・記者会見（4）外国人記者クラブでの会見は…：社会民主 （622）〔2007.3〕 p37～39
長沼節夫	ルポ ザ・記者会見（第5回）本当は記者会見を拒否されていた：社会民主 （623）〔2007.4〕 p45～47
長沼節夫	ルポ ザ・記者会見（第6回）外国人クラブ。しかも「会見される側」で！：社会民主 （624）〔2007.5〕 p29～31
長沼節夫	ルポ ザ・記者会見（第7回）記者会見を兼ねた報告集会：社会民主 （625）〔2007.6〕 p45～47
長沼節夫	ルポ ザ・記者会見（第8回）スクープ！ 単独会見：社会民主 （626）〔2007.7〕 p37～39
長沼節夫	ルポ ザ・記者会見（第8回）「電話会見」、一般の会見より迫真的：社会民主 （627）〔2007.8〕 p33～35
長沼節夫	ルポ・ザ・記者会見（第10回）公判の後、欠かさず会見：社会民主 （628）〔2007.9〕 p39～41
長沼節夫	ルポ・ザ・記者会見（第11回）「小田実告別式」でお会いして後日：社会民主 （629）〔2007.10〕 p43～45
上杉隆	記者クラブ 日本の記者は、世界のジャーナリストから軽視されている：論座 通号149 〔2007.10〕 p92～97
長沼節夫	ルポ・ザ・記者会見（第12回・最終回）日本最大規模の記者会見体験記：社会民主 （630）〔2007.11〕 p42～44
山田健太	誰のための記者クラブか――韓国記者クラブ改革を素材に考える（特集 記者クラブの研究）：AIR21 （211）〔2007.12〕 p26～47
森暢平	戦後日本の記者クラブ――その歴史と構造（2）昭和二四年の新方針と混乱：AIR21 （212）〔2008.1〕 p102～120
森暢平	戦後日本の記者クラブ――その歴史と構造（3）公共性の自覚と“自粛”：AIR21 （213）〔2008.2〕 p75～88
森暢平	戦後日本の記者クラブ――その歴史と構造（4）新聞協会による“先祖返り”：AIR21 （214）〔2008.3〕 p79～91
森暢平	戦後日本の記者クラブ――その歴史と構造（5）新聞協会の限界と問題の「内面化」：AIR21 （215）〔2008.4〕 p60～78
森暢平	戦後日本の記者クラブ――その歴史と構造（6）制度に立ち向かった挑戦者たち：AIR21 （216）〔2008.5〕 p68～89
森暢平	戦後日本の記者クラブ――その歴史と構造（7）「脱・記者クラブ」宣言の波紋：AIR21 （217）〔2008.6〕 p100～120
森暢平	戦後日本の記者クラブ――その歴史と構造（8・最終回）二一世紀における「漂流」：AIR21 （218）〔2008.7〕 p92～108
元木昌彦, 上杉隆	元木昌彦のメディアを考える旅（131）上杉隆氏（ジャーナリスト）国民の知る権利を害する記者クラブ、解散大誤報でも訂正しない大新聞：エルネオス 14（12）通号169 〔2008.12〕 p106～109
柴田鉄治	新聞vs.テレビ 4半世紀前、白熱の論議70時間 記者クラブ協定解禁時刻めぐる争い：Journalism （231）〔2009.8〕 p72～83
森類臣	韓国・盧武鉉政権による「記者クラブ」解体の研究：評論・社会科学 （89）〔2009.10〕 p31～87
井沢元彦, 上杉隆	怒りのキャンペーン第2弾 記者クラブ開放を拒む新聞・テレビこそ日本最大の抵抗勢力だ：Sapio 21（20）通号477 〔2009.11〕 p83～86
岩崎玄道	責任と信頼に基づく会見の場――創立40周年を迎えた日本記者クラブ：新聞研究 （701）〔2009.12〕 p33～36
上杉隆	メディア なぜできない？ 記者会見の開放は世界の常識：エコノミスト 87（65）通号4072 〔2009.12〕 p46～47
塚田和	一部開放された大臣記者会見 情報統制の思惑と求められる記者団体の設立：金曜日 17（48）通号794 〔2009.12〕 p24～25
高田昌幸	取材現場からの提言 記者クラブと記者室の開放問題を考える：Journalism （236）〔2010.1〕 p68～77
亀井静香, 上杉隆	怒りのキャンペーン第5弾 亀井静香金融相が怒りの告白 国民が知らない記者クラブとの「100日戦争」すべてぶち撒ける！：Sapio 22（2）通号480 〔2010.1〕 p84～87
上杉隆	怒りのキャンペーン第6弾 記者クラブの壁を軽々と越えてしまったツイッターの衝撃：Sapio 22（3）通号481 〔2010.2〕 p51～53
岩崎貞明	記者クラブ開放への道 第一回 総務省をめぐる動き：放送レポート 223号 〔2010.3〕 p24～28
山本ケイ	会見開放で迫られる記者クラブ改革（特集 ジャーナリズムの再生を阻む記者クラブ）：マスコミ市民 通号494 〔2010.3〕 p20～25
桂敬一, 柴田鉄治, 門奈直樹	鼎談 記者クラブ制度を考える・既得権益にしがみつくマスメディア（特集 ジャーナリズムの再生を阻む記者クラブ）：マスコミ市民 通号494 〔2010.3〕 p2～19
上杉隆	怒りのキャンペーン第7弾 冤罪、国策捜査の片棒を担ぐ「司法記者クラブ」の大罪：Sapio 22（4）通号482 〔2010.3〕 p52～54
上杉隆	怒りのキャンペーン第8弾 記者クラブの年間13億円超「公費支出」を事業仕分けせよ：Sapio 22（5）通号483 〔2010.3〕 p95～97
花岡信昭, 上杉隆	怒りのキャンペーン第9弾 記者クラブとの“最終決戦”を誌上中継：Sapio 22（6）通号484 〔2010.4〕 p76～78
新聞労連新聞研究部	データルーム 記者会見の全面開放宣言：放送レポート 224号 〔2010.5〕 p60～61
日隈一雄	ブック・ストリート 言論 記者会見と記者クラブ室の開放：出版ニュース 通号2209 〔2010.5〕 p48～49
岩崎貞明	記者クラブ開放への道 第二回 前進と後退と：放送レポート 224号 〔2010.5〕 p56～58

岩崎貞明　記者クラブ開放への道 第三回 会見開放を求める会：放送レポート　225号　〔2010.7〕　p58〜61
浜田幸絵　1932年ロサンゼルス・オリンピックのメディア表象：マス・コミュニケーション研究　通号79〔2011〕p111〜131
横田孝, 知久敏之, 長岡義博　だから新聞はつまらない——横並びで一方的な報道は記者クラブだけのせいじゃない。現場主義と客観報道の盲信で記者の劣化が進んでいる メディア だから日本の新聞はつまらない：Newsweek　26（3）通号1234〔2011.1〕p23〜30
畠山理仁　メディア一撃「非記者クラブメディア」の記者たちと小沢一郎氏は懇談の場でなにを話したか：金曜日　19（3）通号846〔2011.1〕p56〜57
坂尻顕吾　メディア・リポート 新聞 記者クラブのど真ん中で試みる 朝日「官邸クラブ」ツイッター：Journalism　（250）〔2011.3〕p62〜65
総合ジャーナリズム研究編集部　記者クラブ（記者会見）開放の動き（Yearbook ジャーナリズム2010）：総合ジャーナリズム研究所　48（01）（通号215）〔2011.12〕p24〜28
柴山哲也　「大本営」へ先祖返りした記者クラブ・メディア：隠蔽される原発事故：金曜日　21（13）通号954〔2013.4〕p55〜57

〔図 書〕
稲場豊実　記者クラブを斬る—マスコミ最前線の諸悪を衝く　日新報道　1978.2　214p　18cm　890円
現代ジャーナリズム研究会　記者クラブ—市民とともに歩む記者クラブを目指して！　柏書房　1996.10　164p　24cm　1030円（新聞報道「検証」シリーズ）
村上玄一　記者クラブって何だ!?　同朋舎　2001.11　190p　19cm　1300円
上杉隆　記者クラブ崩壊—新聞・テレビとの200日戦争　小学館　2010.4　189p　18cm　700円（小学館101新書 076）
Freeman, Laurie, Anne, 橋場義之　記者クラブ—情報カルテル　緑風出版　2011.1　355p　20cm　3000円
浅野健一　記者クラブ解体新書　現代人文社　2011.7　275p　21cm　1900円

再販
〔雑誌記事〕
野口雄一郎　反独占政策と新聞カルテル——新聞産業における再販売価格維持の問題：武蔵大学論集　7（2・3・4）〔1959.11〕p289〜306
総合ジャーナリズム研究編集部　（公正取引委員会とマスコミ産業<特集>）マスメディア産業と独占禁止法：総合ジャーナリズム研究　15（04）〔1978.10〕p132〜134
相良広明　ヨーロッパの書籍業と再販制度：出版ニュース　通号1128〔1978.11〕p4〜6
松代洋一　再販制撤廃で失敗したスウェーデン 価格の自由競争は何をもたらしたか：出版ニュース　通号1128〔1978.11〕p7〜8
総合ジャーナリズム研究編集部　公正取引委員会とマスコミ産業<特集>：総合ジャーナリズム研究　16（01）〔1979.1〕p20〜25
樋口嘉重　（公正取引委員会とマスコミ産業<特集>）公取委の一石, 出版界への波紋〔含 資料〕：総合ジャーナリズム研究　16（01）〔1979.1〕p8〜19
総合ジャーナリズム研究編集部　（公正取引委員会とマスコミ産業<特集>）公正取引委員会とは何か－－組織・権限と今日の課題：総合ジャーナリズム研究　16（01）〔1979.1〕p47〜56
宮田昇　（公正取引委員会とマスコミ産業<特集>）再販問題最近の海外事情－－西欧諸国とオーストラリア：総合ジャーナリズム研究　16（01）〔1979.1〕p42〜46
国枝藤作　（公正取引委員会とマスコミ産業<特集>）出版取次からみた公取委の"再販見直し"：総合ジャーナリズム研究　16（01）〔1979.1〕p33〜41
総合ジャーナリズム研究編集部　公正取引委員会とマスコミ産業－2－再販問題の波紋－－出版業界, 斯く対応せり：総合ジャーナリズム研究　16（02）〔1979.4〕p112〜124
長谷川古　出版流通と再販制度：法律のひろば　32（6）〔1979.6〕p38〜43
総合ジャーナリズム研究編集部　公取委の「出版物の取引実態調査の概要」と出版界（FOLLOW UP REPORT）：総合ジャーナリズム研究所　17（01）〔1980.1〕p7〜24
関根登, 紀田順一郎, 相賀徹夫, 能勢仁　座談会 新再販制度で本はどうなる 出版流通、出版文化は変化するか：出版ニュース　通号1193〔1980.9〕p4〜11
総合ジャーナリズム研究編集部　公取委ＸマスコミＸ出版「再販問題」<特集>：総合ジャーナリズム研究所　17（04）〔1980.10〕p7〜37
中村雄一　（公取委ＸマスコミＸ出版「再販問題」<特集>）公取委からみたマスコミ産業－－新聞, レコード, 放送, 広告各業界の実態把握へ：総合ジャーナリズム研究　17（04）〔1980.10〕p8〜12
粟津明博　（公取委ＸマスコミＸ出版「再販問題」<特集>）公取委の出版「再販問題」対策－－問題の広がりと将来をこう考える：総合ジャーナリズム研究　17（04）〔1980.10〕p13〜17
草薙聡志　（公取委ＸマスコミＸ出版「再販問題」<特集>）再販修正と出版文化のゆくえ：総合ジャーナリズム研究　17（04）〔1980.10〕p18〜24
池田恵美子　（公取委ＸマスコミＸ出版「再販問題」<特集>）出版流通－－10.1の"節目"研究：総合ジャーナリズム研究　17（04）〔1980.10〕p25〜37
遠藤忠夫, 河相全次郎, 外山滋比古, 八木壮一　座談会 新再販制以後の動きと問題点 非再販本ルートを考える：出版ニュース　通号1198〔1980.11〕p4〜8
総合ジャーナリズム研究編集部　ポスト"10.1"出版再販問題の展開：総合ジャーナリズム研究　18（01）〔1981.1〕p121〜127
橋口収　インタビュー「新再販制」一年で思うこと：出版ニュース　通号1229〔1981.9〕p4〜9
山嵜誠, 中村義治, 八木壮一　座談会 非再販本の流通ルートをめぐって 出版社の在庫本を再び店頭へ：出版ニュース　通号1262〔1982.9〕p4〜9
相賀徹夫　インタビュー これからどうなる非再販本流通：出版ニュース　通号1341〔1984.12〕p4〜7
神田肇　試論・近代出版販売小史 出版界は変革期をどう乗り越えるか：出版ニュース　通号1483〔1989.1〕p16〜19
神田肇　「再販制」—その光と影「絶対矛盾」を克服できるか：出版ニュース　通号1517〔1990.1〕p12〜15
神田肇　インタビュー 出版界の"虚弱体質"を衝く 消費税、再販制、出版VANなどをめぐって：出版ニュース　通号1563

		〔1991.5〕 p8～11
深沢亘	再販適用除外の見直しと新聞――新聞協会が公取委〔公正取引委員会〕に見解を提出（マスコミの焦点）：新聞研究 通号518 〔1994.9〕 p86～88	
伊藤暢章	ヨーロッパ各国の出版物再販制の動向 EU委員会が国境を越えた再販を承認：出版ニュース 通号1681 〔1994.11〕 p6～10	
国府一郎	公取小委が再販で中間報告――新聞協会など強く反対表明（マスコミの焦点）：新聞研究 通号530 〔1995.9〕 p89～90	
国府一郎	新聞協会, 公取委の再販小委・中間報告へ全面反論（マスコミの焦点）：新聞研究 通号532 〔1995.11〕 p86～87	
国府一郎	規制緩和小委が著作物再販の結論先送り（マスコミの焦点）：新聞研究 通号534 〔1996.1〕 p89～90	
内川芳美	再販問題と新聞と民主主義（記者読本'96）：新聞研究 通号536 〔1996.3〕 p28～30	
国府一郎	マスコミの焦点 渡辺委員長, 衆院特別委で再販必要性訴え：新聞研究 通号540 〔1996.7〕 p83～85	
伊従寛	出版再販制はなぜ許されるべきか：世界 通号632 〔1997.3〕 p90～100	
新聞再販問題研究会	憲法から見た新聞という存在――新聞再販問題研究会報告書「新聞再販制度の見直しは必要か――憲法的視点と『中間報告』の問題点」：新聞研究 通号549 〔1997.4〕 p10～19	
山田健太	新聞再販制度に関する一考察――プレスの社会的役割及び憲法の視点から考える：マス・コミュニケーション研究 通号51 〔1997.7〕 p196～213	
神田肇	出版物の再販制は必要か?? 『書籍再販と流通寡占』を読んで：出版ニュース 通号1780 〔1997.10〕 p6～9	
松原治, 相賀徹夫	対談・雑誌の時限再販化の検討を 現行再販制の弾力的運用をどうするか：出版ニュース 通号1783 〔1997.11〕 p6～10	
村上政博	カーン事件米国最高裁判決の持つ意味――再販規制の理念・論拠にも影響の可能性：新聞研究 通号559 〔1998.2〕 p54～57	
吉田則昭	戦時動員システムとしてのジャーナリズム：社会学研究科論集 (5) 〔1998.3〕 p81～90	
山川洋一郎	再販問題は憲法問題である――まず, 知っておいて欲しいこと（記者読本'98――記者となる君に）：新聞研究 通号560 〔1998.3〕 p29～31	
石岡克俊	著作物の流通と「表現の自由」――新聞に係る再販適用除外制度に関する議論を契機として：法学政治学論究 : 法律・政治・社会 通号36 〔1998.3〕 p1～43	
山田健太	《調研談話会から》再販維持への理論整理を：朝日総研リポート 通号131 〔1998.4〕 p67～88	
深沢亘	「新聞の意義」について読者と共通認識を――著作物再販, 与えられた時間で議論すべきこと：新聞研究 通号563 〔1998.6〕 p55～57	
総合ジャーナリズム研究所	「再販制度」問題の行方：総合ジャーナリズム研究 35 (03) 〔1998.7〕 p37～41	
清田義昭	「再販制度」問題の行方 (2) 出版不況からの突破口：総合ジャーナリズム研究 35 (04) 〔1998.10〕 p51～55	
大橋敏博	出版物再販制度の文化的意義についての一考察：文化経済学 1 (2) 通号5 〔1998.10〕 p25～29	
阿部信行, 菊池明郎, 相賀昌宏	座談会 流通改善&再販弾力運用を考える――流通改善・再販運用推進委員会『出版流通改善――再販制度の弾力運用レポート2』から：出版ニュース 通号1850 〔1999.10〕 p6～14	
国府一郎	新聞界が取り組む「再販問題」とは（特集 記者読本2000）：新聞研究 通号584 〔2000.3〕 p68～71	
清田義昭	日本における再販制度問題の経過と結論：出版研究 通号32 〔2001〕 p161～166	
菊池明郎	再販制度存置の結論と今後の出版界 残された課題――弾力運用, 流通改善：出版ニュース 通号1904 〔2001.6〕 p6～9	
木下修	日本の「著作物再販制度」と「再販年表」：法学研究 76 (1) 〔2003.1〕 p281～334	
高須次郎	出版界が抱えている当面の諸問題と流対協――ポイントカード・出版社の権利・個人情報・消費税総額表示方式：出版ニュース 通号1961 〔2003.2〕 p6～9	
孫亜鋒	再販売価格維持に関する研究――書籍を中心として：滋賀大学経済学部研究年報 13 〔2006〕 p59～82	
糸田省吾	国際交流 出版業界に求められる「再販制度」からの脱却――日本の出版業の健全な発展と消費者利益の向上のために：出版研究 通号37 〔2006〕 p85～92	
伊藤暢章	海外出版レポート ドイツ 非再販本流通経路の拡大：出版ニュース 通号2062 〔2006.1〕 p30	
高須次郎	出版の未来を閉ざす差別取引――取引の過去・現在, そして未来は…：出版ニュース 通号2062 〔2006.1〕 p6～10	
高須次郎	出版流通対策協議会の課題――出版に未来はあるか：出版ニュース 通号2096 〔2007.1〕 p6～11	
菊池明郎	再販制度弾力運用の現状と今後――本誌〔出版ニュース〕1月下旬号「出版流通対策協議会の課題」への反論：出版ニュース 通号2099 〔2007.2〕 p6～8	
伊藤暢章	海外出版レポート ドイツ スイスの出版物再販制度崩壊の影響：出版ニュース 通号2113 〔2007.7〕 p22	
伊藤暢章	海外出版レポート ドイツ ドイツの出版物再販制度にしのびよる危機：出版ニュース 通号2128 〔2007.12〕 p24	
高須次郎	ルール無視の再販制度の弾力運用――出版流通対策協議会の見解：出版ニュース 通号2137 〔2008.4〕 p6～9	
伊従寛	米国の再販原則合法化とその影響――新聞再販制とのかかわりを含めて：新聞研究 (681) 〔2008.4〕 p34～39	
高須次郎	出版界の喫緊の課題にどう対処すべきか――いま流対協はこう考えている：出版ニュース 通号2170 〔2009.3〕 p6～10	
大竹靖夫	出版再販 私なりの解釈と行動（上）再販制度の成り立ちと運用（昭和28年～31年）：出版ニュース 通号2189 〔2009.10〕 p14～17	
大竹靖夫	出版再販 私なりの解釈と行動（中）再販の見直しと弊害是正（昭和55年～平成12年）：出版ニュース 通号2192 〔2009.11〕 p16～19	
大竹靖夫	出版再販 私なりの解釈と行動（下）「再販存置」その後の業界対応（平成13～）：出版ニュース 通号2195 〔2009.12〕 p16～19	
菊池明郎	「35ブックス」から見た「責任販売制」――時限再販・買切り条件・書店マージン40%：出版ニュース 通号2198 〔2010.1〕 p6～9	
高須次郎	本のデジタル化問題が意味するもの――グーグル・ブック検索和解案問題からジャパン・ブック・サーチまで：出版ニュース 通号2200 〔2010.2〕 p6～10	
高須次郎	出版の危機と再販制の空洞化にどう立ち向かうか――出版流通対策協議会の今年［二〇一〇年］の課題：出版ニュース 通号2204 〔2010.3〕 p10～14	

高須次郎	出版界スコープ 三省デジ懇の報告書が意味するもの：出版ニュース　通号2215　〔2010.7〕　p28〜29	
伊従寛	再販の消費者利益への寄与を明確に認定——欧州連合の新ガイドラインの意義と日本への影響：新聞研究　（710）〔2010.9〕　p36〜42	
伊藤暢章	海外出版レポート ドイツ スイスの書籍再販制度復活への動き：出版ニュース　通号2232　〔2011.1〕　p28	
高須次郎	再び存置された再販制度——電子書籍時代で再販崩壊への道を歩むのか：出版ニュース　通号2231　〔2011.1〕　p8〜12	
山口寿一	欧米の競争政策の転換とその影響——新聞再販に転機は来るか：新聞研究　（714）〔2011.1〕　p28〜31	
高木強	競争実態の説明続けた10年——著作物再販協議会の総括：新聞研究　（717）〔2011.4〕　p42〜45	
水野久	出版界スコープ 電子書籍にも再販適用を：出版ニュース　通号2264　〔2011.12〕　p21〜22	
高須次郎	電子化時代の中で… 岐路に立つ出版と流対協：出版ニュース　通号2274　〔2012.4〕　p4〜9	
高須次郎	再販擁護、公平公正な流通、言論・出版の自由擁護を目的に 日本出版者協議会（出版協）の発足とその課題：出版ニュース　通号2299　〔2013.1〕　p6〜11	
高須次郎	経団連の電子出版権案への要望： どうなる出版者の権利と再販制度：出版ニュース　通号2307　〔2013.4〕　p4〜10	
高須次郎	紙と電子の一体化が必要である 中山提言は骨抜きにされてしまうのか 著作権分科会出版関連小委「中間まとめ」を読む：出版ニュース　通号2326　〔2013.10〕　p4〜9	
菊池明郎	"電子書籍も再販である"への異論 いま「著作物再販制度」を考えてみる：出版ニュース　通号2326　〔2013.10〕　p10〜15	
高須次郎	電子書籍の普及には再販があるほうが有効 紙と電子の再販制度を考える：出版ニュース　通号2333　〔2014.1〕　p6〜12	
高須次郎	10ポイントは大きすぎはしないか アマゾンの値引きと再販制度：出版ニュース　通号2340　〔2014.3〕　p4〜10	
長岡義幸	ブック・ストリート 流通 再販違反による出荷停止をどう考えるか：出版ニュース　通号2346　〔2014.6〕　p20	

用字用語

〔雑誌記事〕

日本新聞協会編集部	漢字制限の思い出—下—：新聞研究　通号4　〔1948.9〕　p23〜27	
片桐顕智	放送による教育の新発展：放送文化　3（7）〔1948.9〕　p2〜4	
土岐善麿	自由放送時代と新聞——用字・用語の面から：新聞研究　通号8　〔1949.8〕　p3〜7	
土岐善麿	用字・用語の面から——自由放送時代と新聞：新聞研究　通号8　〔1949.8〕　p3〜7	
宇野隆保	あて字雑考：新聞研究　通号10　〔1950.2〕　p35〜38	
麓保孝	机上の空論——中華民国の地名・人名カナ書きについての対立意見：新聞研究　通号11　〔1950.6〕　p26〜27	
倉石武四郎	賛成の理由——中華民国の地名・人名カナ書きについての対立意見：新聞研究　通号11　〔1950.6〕　p27〜31	
秋山雪雄	音声言語としての放送用語：放送文化　5（6）〔1950.6〕　p12〜13	
土岐善麿	正しい日本語と放送の使命：放送文化　5（6）〔1950.6〕　p8〜9	
大井信一	熟語調査について——モノタイプ化に関連して：新聞研究　通号12　〔1950.10〕　p11〜18	
大石三郎	新聞記事と法廷用語：新聞研究　通号12　〔1950.10〕　p19〜23	
上野丕慮務, 島崎憲一	新聞文章の構成調査：新聞研究　通号12　〔1950.10〕　p7〜10	
片桐顕智	ラジオのことば—1—外来語と外国語の問題：放送文化　5（11）〔1950.11〕　p2〜3	
片桐顕智	ラジオのことば—2—外来語と外国語の問題：放送文化　5（12）〔1950.12〕　p2〜4	
堀直行	放送と言葉—B—BBC解説者サルバドール・マダリアガ氏の論文を中心として：放送文化　6（2）〔1951.2〕　p16〜17	
堀直行	放送と言葉：放送文化　6（3）〔1951.3〕　p16〜17	
堀直行	放送と言葉—F—：放送文化　6（3）〔1951.3〕　p16〜17	
大石三郎	法律記事と法律用語：新聞研究　通号14　〔1951.5〕　p45〜48	
植松尚男	用語制限と同意語の選択：新聞研究　通号14　〔1951.5〕　p40〜43	
吉田啓	新聞校閲論：新聞研究　通号16　〔1951.10〕　p7〜9	
片桐顕智	放送と広告についての私見：放送文化　6（11）〔1951.11〕　p20〜21	
片桐顕智	続・ラジオのことば：放送文化　7（3）〔1952.3〕　p14〜16	
土岐善麿	ことばの感覚：放送文化　7（10）〔1952.10〕　p22〜23	
秋山雪雄	ペン・グラワー——NBCの声：放送文化　7（11）〔1952.11〕　p18〜19	
金田一京助	放送用語の研究：NHK文研月報　3（4）〔1953.4〕　p11〜13	
内藤幸政	誤植いろいろ「こんな廿に誰がした」：新聞研究　通号27　〔1953.10〕　p36〜42	
石橋恒喜	記事にならない特種：新聞研究　通号29　〔1953.12〕　p26〜29	
岡崎鴻吉	難解なカナ書き熟語：新聞研究　通号29　〔1953.12〕　p35〜36	
松林竹雄	見出し文章に於ける制約について：新聞学評論　3（1）〔1954〕　p69〜89	
森岡健二	読み易い文章とは？：新聞研究　通号32　〔1954.3〕　p28〜31	
三宅武郎	当用漢字補正資料の分析：新聞研究　通号34　〔1954.5〕　p16〜19	
宇野隆保	当用漢字補正案は新聞にどう反映した：新聞研究　通号35　〔1954.6〕　p19〜22	
浦上五六	編集のおきて——水害写真の扱いから：新聞研究　通号35　〔1954.6〕　p2〜4	
内海丁三	報道の正確のために：新聞研究　通号39　〔1954.10〕　p35〜37	
丸野不二男	文字と戦う：新聞研究　通号41　〔1954.12〕　p21〜23	
島崎憲一	工夫の足りない記事作成：新聞研究　通号42　〔1955.1〕　p42〜45	
大友春一	当用漢字の配慮：新聞研究　通号42　〔1955.1〕　p38〜41	
前田雄二	新聞用語の将来（座談会）：新聞研究　通号43　〔1955.2〕　p16〜23	
宇野隆保	新しい新聞用語：新聞研究　通号44　〔1955.3〕　p52〜56	
宇野隆保	補正漢字はどう活かされたか：新聞研究　通号45　〔1955.4〕　p16〜19	
片桐顕智	ラジオの文章：放送教育　10（2）〔1955.5〕　p28〜30	

安達一郎	当用漢字の功徳：新聞研究　通号54〔1956.1〕p19〜21
矢成政明	方言の収録について：日本放送協会放送文化研究所調査研究報告　通号1〔1956.3〕p26〜37
井上吉次郎	マッス観念の発展——クーレーに理解される或は使われるmassの語について：新聞学評論　通号5〔1956.4〕
楓井金之助	平易な文章を：新聞研究　通号57〔1956.4〕p21〜23
宇野隆保	見出しと用語：新聞研究　通号60〔1956.7〕p22〜26
林修三	慣用される法令用語：新聞研究　通号61〔1956.8〕p32〜33
藤井継男	クイズブームと当用漢字：新聞研究　通号63〔1956.10〕p31〜32
岩淵悦太郎	目言葉と耳言葉：新聞研究　通号64〔1956.11〕p41〜42
金戸嘉七	新聞見出しの文学性について：關西大學文學論集　6(2)〔1956.12〕p38〜51
内藤幸政	校正おそるべからず：新聞研究　通号66〔1957.1〕p32〜35
宇野隆保	新聞の漢字制限略史—上—：新聞研究　通号66〔1957.1〕p13〜17
丸野不二男	新しい新聞の文章について：新聞研究　通号67〔1957.2〕p29〜32
宇野隆保	新聞の漢字制限略史—下—：新聞研究　通号68〔1957.3〕p21〜26
原田稔	中国の簡字：新聞研究　通号68〔1957.3〕p14〜20
菅野謙	放送ニュースの文章構成：日本放送協会放送文化研究所調査研究報告　通号2〔1957.3〕p1〜15
三宅武郎	略字考：新聞研究　通号69〔1957.4〕p20〜23
前田雄二	外国地名の書きかたについて：新聞研究　通号70〔1957.5〕p40〜43
土岐善麿	現代国語の諸問題：新聞研究　通号73〔1957.8〕p1〜6
広田栄太郎	国語審議会の歩み：新聞研究　通号73〔1957.8〕p32〜37
古谷綱正	新聞の文章：新聞研究　通号73〔1957.8〕p13〜16
小林英夫	新聞文章について：新聞研究　通号73〔1957.8〕p17〜25
前田雄二	用語統一の問題点について：新聞研究　通号73〔1957.8〕p38〜42
前田雄二	用語問題の扱い方(座談会)：新聞研究　通号73〔1957.8〕p26〜31
木村幹枝	総合編集の波紋：新聞研究　通号75〔1957.10〕p41〜45
菅野謙	放送用語の研究：NHK文研月報　8(2)〔1958.1〕
菅野謙	放送ニュースの文章構成—ローカル・ニュースの文体：日本放送協会放送文化研究所調査研究報告　通号3〔1958.3〕p1〜14
田中菊次郎	見出しについて：新聞研究　通号82〔1958.5〕p29〜33
原田稔	新聞文章と用語：新聞研究　通号82〔1958.5〕p20〜23
あさのおさむ	題字考：新聞研究　通号87〔1958.10〕p28〜30
岩淵悦太郎, 金田一京助, 池田弥三郎, 土岐善麿	放送用語の研究：NHK文研月報　09(01)〔1959.1〕p5
岩淵悦太郎, 金田一京助, 池田弥三郎, 土岐善麿	放送用語の研究「ここはどこでしょう」「ここに鐘は鳴る」：NHK文研月報　09(02)〔1959.2〕p5
古川恒	救われない漢字——外字調査余録：新聞研究　通号91〔1959.2〕p14〜17
岩淵悦太郎, 金田一京助, 池田弥三郎, 土岐善麿	放送用語の研究：NHK文研月報　09(03)〔1959.3〕p11
岩淵悦太郎, 金田一京助, 池田弥三郎, 土岐善麿	放送用語の研究：NHK文研月報　09(04)〔1959.4〕p6
岩淵悦太郎, 金田一京助, 池田弥三郎, 土岐善麿	放送用語の研究：NHK文研月報　09(05)〔1959.5〕p29
岩淵悦太郎, 金田一京助, 池田弥三郎, 土岐善麿	放送用語の研究：NHK文研月報　09(07)〔1959.7〕p11
岩淵悦太郎, 金田一京助, 池田弥三郎, 土岐善麿	放送用語の研究：NHK文研月報　09(08)〔1959.8〕p5
池田弥三郎	国語とコミュニケーション：新聞研究　通号98〔1959.9〕p27〜31
岩淵悦太郎, 金田一京助, 池田弥三郎, 土岐善麿	放送用語の研究：NHK文研月報　09(10)〔1959.10〕p7
岩淵悦太郎, 金田一京助, 池田弥三郎, 土岐善麿	放送用語の研究：NHK文研月報　09(11)〔1959.11〕p12
岩淵悦太郎, 金田一京助, 池田弥三郎, 土岐善麿	放送用語の研究：NHK文研月報　09(12)〔1959.12〕p10
倉石武四郎	これからの国語：新聞研究　通号101〔1959.12〕p32〜38
遠藤嘉基	マスコミ時代の文章：新聞研究　通号101〔1959.12〕p39〜45
広田栄太郎	新しい送りがなのつけ方：新聞研究　通号101〔1959.12〕p6〜16
宮本英夫	新聞用語の諸問題(座談会)：新聞研究　通号101〔1959.12〕p18〜31
岩淵悦太郎, 金田一京助, 池田弥三郎, 土岐善麿	放送用語の研究：NHK文研月報　10(01)〔1960.1〕p28
岩淵悦太郎, 金田一京助, 池田弥三郎, 土岐善麿	放送用語の研究：NHK文研月報　10(02)〔1960.2〕p29
岩淵悦太郎, 金田一京助, 池田弥三郎, 土岐善麿	放送用語の研究：NHK文研月報　10(03)〔1960.3〕p11
岩淵悦太郎, 金田一京助, 池田弥三郎, 土岐善麿	放送用語の研究：NHK文研月報　10(04)〔1960.4〕p15
岩淵悦太郎, 金田一京助, 手塚富雄, 池田弥三郎, 土岐善麿	放送用語の研究：NHK文研月報　10(05)〔1960.5〕p44
東城敦也	幼児向けラジオ番組を調査して——ことばの問題を中心に：NHK文研月報　10(05)〔1960.5〕p2
岩淵悦太郎, 金田一京助, 手塚富雄, 池田弥三郎, 土岐善麿	放送用語の研究：NHK文研月報　10(09)〔1960.9〕p41
藤井継男	新聞用語はどう変るか：新聞研究　通号115〔1961.2〕p22〜25
斎賀秀夫	現在の国語表記——新聞と教科書の場合：國文學：解釈と教材の研究　6(9)〔1961.7〕
岩淵悦太郎, 金田一京助, 手塚富雄, 池田弥三郎, 土岐善麿	放送用語の研究 広島管内各放送局が編成したローカル番組の研究——第492回委員会(山口で開催)の記録：NHK文研月報　11(09)〔1961.9〕p12
高橋義孝	文章と表現：新聞研究　通号122〔1961.9〕p12〜15
植地南郎, 菅野謙	日本語における外国語の表記と発音：NHK放送文化研究所年報　6〔1961.9〕p1〜80
植地南郎	放送のことばの研究——現状の紹介と将来の展望：NHK文研月報　11(10)〔1961.10〕p1
菅野謙	テレビ・ニュースの用語と文章構成の研究：NHK文研月報　11(11)〔1961.11〕p26
西谷博信	ローカル番組の用語と文章構成の研究——帯広における放送用語委員会の記録から：NHK文研月報　11(11)〔1961.11〕p29
番組研究部用語研究班	カラフト・千島の地名資料——放送業務の参考資料：NHK文研月報　11(12)〔1961.12〕p37

植地南郎	ローカル番組の用語と文章の研究——富山における放送用語委員会の記録から：NHK文研月報　11 (12)〔1961. 12〕p33
菅野謙	教育番組の用語と文章の研究——第497回放送用語委員会の記録から：NHK文研月報　11 (12)〔1961.12〕p30
番組研究部用語研究班	放送用語メモ(1) – 第498回放送用語委員会決定事項 – ：NHK文研月報　12 (01)〔1962.1〕p21
白石大二	新聞の文章と用語：國文學 : 解釈と教材の研究　7 (2)〔1962.1〕
白石大二	新聞文章と用語：國文學 : 解釈と教材の研究　7 (2)〔1962.1〕
菅野謙	ローカル番組の用語と文章構成の研究——直轄局を対象とする放送用語委員会の記録から：NHK文研月報　12 (02)〔1962.2〕p27
佐藤智雄	放送用語メモ(2)：NHK文研月報　12 (02)〔1962.2〕p30
三樹精吉	見出しの意義の変化について：新聞研究　通号127〔1962.2〕p40～44
東城敦也	テロップのよみやすい使い方について——字数とそれに必要な提示時間の関係：NHK文研月報　12 (04)〔1962.4〕p39
西谷博信	ローカル番組の用語と文章の研究——第504回放送用語委員会報告：NHK文研月報　12 (04)〔1962.4〕p35
菅野謙	教養番組の用語と文章構成の研究——第503回放送用語委員会報告：NHK文研月報　12 (04)〔1962.4〕p32
井口虎一郎, 今福祝, 志村正順, 小林利光, 松野善弘, 植地南郎, 藤倉修一, 八木治郎, 鈴木文弥　第4回放送用語研究会 放送用語とアナウンスメント・テクニック(2)：NHK文研月報　12 (04)〔1962.4〕p1	
安倍真慧, 植地南郎	社会番組の用語と文章の研究——第506回放送用語委員会の記録から：NHK文研月報　12 (05)〔1962.5〕p10
菅野謙	ニュース解説(ラジオ)の用語と文章構成の研究——第507回放送用語委員会の記録から：NHK文研月報　12 (06)〔1962.6〕p39
番組研究部用語研究班	放送用語メモ(3)：NHK文研月報　12 (06)〔1962.6〕p43
安倍真慧	学校放送番組(テレビ)の用語と文章の研究——第509回放送用語委員会の記録から：NHK文研月報　12 (07)〔1962.7〕p21
番組研究部用語研究班	放送用語メモ(4) – 表記と読み, 語い選択, 言いかえなど – ：NHK文研月報　12 (07)〔1962.7〕p26
菅野謙	芸能番組(ラジオ)の用語と文章構成の研究——第511回放送用語委員会の記録から：NHK文研月報　12 (08)〔1962.8〕p16
番組研究部用語研究班	放送用語メモ(5)：NHK文研月報　12 (08)〔1962.8〕p19
菅野謙	日本語における外国語の表記と発音(続編)—各言語別カナ表記細則：NHK放送文化研究所年報　7〔1962.8〕p107～175
宮脇瑞枝, 植地南郎, 西谷博信	標準アクセント選定のための試み—アナウンサーのアクセント調査：NHK放送文化研究所年報　7〔1962.8〕p201～280
菅野謙	テレビニュースの用語と文章の研究——第513回放送用語委員会の記録から：NHK文研月報　12 (09)〔1962.9〕p11
西谷博信	ローカル番組の用語と文章の研究——名古屋における第514回放送用語委員会の記録から：NHK文研月報　12 (10)〔1962.10〕p54
菅野謙	ローカル番組の用語と文章の研究——仙台における放送用語委員会の記録から：NHK文研月報　12 (11)〔1962. 11〕p34
鈴木重幸	放送のことばの研究 ラジオの文と文章について(2) 文の構造：NHK文研月報　12 (11)〔1962.11〕p16
岩淵悦太郎	新聞文章：新聞研究　通号136〔1962.11〕p65～71
湊吉正	ローカル番組(直轄)の用語と文章の研究：NHK文研月報　12 (12)〔1962.12〕p23
宮地裕	放送のことばの研究 ラジオの文と文章について(3) 文における表現の類型：NHK文研月報　12 (12)〔1962.12〕p11
番組研究部用語研究班	放送用語メモ(6)：NHK文研月報　12 (12)〔1962.12〕p27
放送文化研究所番組研究部	「新・外国楽曲の呼び方」訂正補遺資料：NHK文研月報　13 (01)〔1963.1〕p75
番組研究部用語研究班	第5回放送用語研究会の記録「発音のゆれ」——標準的発音の選定のために：NHK文研月報　13 (01)〔1963.1〕p1
西谷博信	農事番組の用語と文章の研究——第521回放送用語委員会の記録：NHK文研月報　13 (01)〔1963.1〕p73
林四郎	放送のことばの研究 – ラジオの文と文章について(4) – 第2章 文章の研究 1 文章研究の観点：NHK文研月報　13 (01)〔1963.1〕p61
白石大二	新聞とことば——新聞週間にちなんで, 新聞の報道の特質について：國文學 : 解釈と教材の研究　8 (2)〔1963.1〕
植地南郎	ローカル番組の用語と文章の研究——札幌で開催した第519回放送用語委員会の記録から：NHK文研月報　13 (02)〔1963.2〕p83
菅野謙	音楽番組(ラジオ)の用語と文章の研究：NHK文研月報　13 (02)〔1963.2〕p87
南不二男	放送のことばの研究 – ラジオの文と文章について(5) 第2章 文章の研究2 ニュースの文章構造：NHK文研月報　13 (02)〔1963.2〕p91
菅野謙	放送のことばの研究 – ラジオの文と文章について(6) – 第2章 文章の研究3 ニュース解説の文章構造：NHK文研月報　13 (3/4)〔1963.3・4〕p60
岩淵悦太郎	報道文章の変化——"正確な記述"から"親切な記述"(新聞文章教室)：新聞研究　通号141〔1963.4〕p59～63
西谷博信	社会番組の用語と文章の研究：NHK文研月報　13 (05)〔1963.5〕p34
遠藤嘉基	新しい送りがなの理論：新聞研究　通号142〔1963.5〕p28～33
西谷博信	教養番組「現代の記録」の用語と文章の研究——第525回放送用語委員会の記録：NHK文研月報　13 (06)〔1963.6〕p32
安倍真慧	特集番組「ゆく年くる年」の用語と文章構成について——第524回放送用語委員会の記録から：NHK文研月報　13 (06)〔1963.6〕p28
番組研究部用語研究班	放送用語メモ(6)：NHK文研月報　13 (06)〔1963.6〕p34
小林英夫	冗語率をどうすべきか——新聞文章教室：新聞研究　通号143〔1963.6〕p56～60
植地南郎, 植地南郎	ことばの反省—ゆれのある発音と読みについて：NHK放送文化研究所年報　8〔1963.6〕p201～210

用字用語　　　　　　　　　　　　ジャーナリズム

番組研究部用語研究班　テレビニュースの言語表現に関する研究：NHK放送文化研究所年報　8　〔1963.6〕　p211～285
安倍真慧　　「チロリン村とくるみの木」の用語と文章構成について──第527回放送用語委員会の記録から：NHK文研月報　13（07）〔1963.7〕　p31
岩下豊彦　　「チロリン村とくるみの木」独特の言語表現に対する児童と母親の態度調査：NHK文研月報　13（07）〔1963.7〕　p24
湊吉正　　ローカル・テレビ番組の用語と文章の研究──第526回放送用語委員会の記録から：NHK文研月報　13（07）〔1963.7〕　p35
遠藤嘉基　　"見出し"はわかりやすく──新聞文章教育─4─：新聞研究　通号144　〔1963.7〕　p65～70
藤井継男　　送りがなについての覚え書──新聞の送りがなは混乱しているか：新聞研究　通号144　〔1963.7〕　p61～64
安倍真慧　　ローカル番組の用語と文章の研究：NHK文研月報　13（08）〔1963.8〕　p19
西谷博信　　社会番組の用語と文章構成の研究：NHK文研月報　13（08）〔1963.8〕　p17
菅野謙　　総合司会アナウンス番組の用語と文章構成の研究：NHK文研月報　13（08）〔1963.8〕　p14
番組研究部用語研究班　放送用語メモ（8）：NHK文研月報　13（08）〔1963.8〕　p23
藤井継男　　ニホンかニッポンか：新聞研究　通号145　〔1963.8〕　p32～37
波多野完治　新聞記事の段落構成（上）──新聞文章教室─5─：新聞研究　通号145　〔1963.8〕　p50～59
家喜冨士雄　「おはようみなさん」の用語と文章構成の研究：NHK文研月報　13（09）〔1963.9〕　p55
湊吉正　　「なかよしホール」の用語と文章構成の研究──第531回放送用語委員会の記録から：NHK文研月報　13（09）〔1963.9〕　p51, 78
西谷博信　　特集2 ラジオ・ニュースの言語表現に関する研究──東京と館山での理解度調査の結果：NHK文研月報　13（09）〔1963.9〕　p19
波多野完治　新聞記事の段落構成（下）──新聞文章教室─6─：新聞研究　通号146　〔1963.9〕　p57～62
家喜冨士雄　ローカル番組（大阪）の用語と文章構成の研究：NHK文研月報　13（10）〔1963.10〕　p30
西谷博信　　ローカル番組（名古屋）の用語と文章構成の研究：NHK文研月報　13（10）〔1963.10〕　p38
番組研究部用語研究班　放送用語の研究・調査の現状：NHK文研月報　13（10）〔1963.10〕　p24
番組研究部用語研究班　放送用語メモ（9）：NHK文研月報　13（10）〔1963.10〕　p42
林四郎　　新聞リードの文章（上）──新聞文章教室─7─：新聞研究　通号147　〔1963.10〕　p63～67
安倍真慧　　「NHK用字・用語辞典」編集メモ（1）：NHK文研月報　13（11）〔1963.11〕　p64
湊吉正　　ローカル番組（仙台）の用語と文章構成の研究：NHK文研月報　13（11）〔1963.11〕　p55
木村圭子　　放送文章の書き方（1）～（6）：NHK文研月報　13（11）〔1963.11～1964.5〕　p51
番組研究部用語研究班　放送用語メモ（10）：NHK文研月報　13（11）〔1963.11〕　p65
林四郎　　新聞リードの文章（下）──新聞文章教室─8─：新聞研究　通号148　〔1963.11〕　p71～75
安倍真慧　　「NHK用字用語辞典」編集メモ（2）：NHK文研月報　13（12）〔1963.12〕　p46, 42
西谷博信　　テレビ・ニュースの用語と文章構成の研究：NHK文研月報　13（12）〔1963.12〕　p43
安倍真慧　　ローカル番組（札幌）の用語と文章構成の研究：NHK文研月報　13（12）〔1963.12〕　p37
木村圭子　　放送文章の書き方（2）：NHK文研月報　13（12）〔1963.12〕　p34
番組研究部用語研究班　放送用語メモ（11）：NHK文研月報　13（12）〔1963.12〕　p47, 42
湊吉正　　「NHKアクセント辞典」編集メモ（1）：NHK文研月報　14（01）〔1964.1〕　p67, 62
木村圭子　　放送文章の書き方（3）：NHK文研月報　14（01）〔1964.1〕　p55
番組研究部用語研究班　放送用語メモ（12）：NHK文研月報　14（01）〔1964.1〕　p68
森岡健二　　悪文──新聞文章教室─10─：新聞研究　通号150　〔1964.1〕　p58～62
西谷博信　　放送文章の書き方（4）：NHK文研月報　14（02）〔1964.2〕　p46
番組研究部用語研究班　「放送用語ハンドブック」について：NHK文研月報　14（02）〔1964.2〕　p53
番組研究部用語研究班　放送用語メモ（13）：NHK文研月報　14（02）〔1964.2〕　p55, 53
島崎憲一　　ニュース価値判定の基本構造：新聞研究　通号151　〔1964.2〕　p8～13
加藤地三　　悪文追放（上）──新聞文章教室─11─：新聞研究　通号151　〔1964.2〕　p51～55
安倍真慧, 伊藤慎一, 家喜冨士雄, 見坊豪紀, 三須秀蔵, 寺脇信夫, 菅野謙, 青木裕次, 中村通夫, 天野脩次郎, 南沢馨, 浜村道哉　座談会「放送の文字とことば」：NHK文研月報　14（03）〔1964.3〕　p12
木村圭子　　放送文章の書き方（5）：NHK文研月報　14（03）〔1964.3〕　p42, 41
番組研究部用語研究班　放送用語メモ（14）：NHK文研月報　14（03）〔1964.3〕　p45
加藤地三　　悪文追放（下）──新聞文章教室─12─：新聞研究　通号152　〔1964.3〕　p123～127
番組研究部用語研究班　放送用語メモ（15）：NHK文研月報　14（04）〔1964.4〕　p46
西谷博信　　ローカル番組（直轄管内）の用語と文章構成の研究──第550回放送用語委員会の記録から：NHK文研月報　14（05）〔1964.5〕　p21
木村圭子　　放送文章の書き方（6）：NHK文研月報　14（05）〔1964.5〕　p17
番組研究部用語研究班　放送用語メモ（16）：NHK文研月報　14（05）〔1964.5〕　p43
番組研究部用語研究班　放送用語メモ（17）：NHK文研月報　14（10）〔1964.10〕　p44, 41
番組研究部用語研究班　テレビの画面の表記について（用字用語の基本方針と原則）（その1）：NHK文研月報　14（11）〔1964.11〕　p51
番組研究部用語研究班　放送用語メモ（18）：NHK文研月報　14（11）〔1964.11〕　p60
番組研究部用語研究班　放送用語メモ（19）：NHK文研月報　14（12）〔1964.12〕　p59
入江徳郎　　新聞文章論：新聞研究　通号161　〔1964.12〕　p29～35
早田輝洋　　「早起き鳥」の用語と文章構成の研究──放送用語委員会の記録から：NHK文研月報　15（01）〔1965.1〕　p40
姫野良平　　私の「紙面構成論」：新聞研究　通号163　〔1965.2〕　p14～16
大沢正　　紙面づくりの新しい方向──整理・活版の接点に立って：新聞研究　通号163　〔1965.2〕　p46～48
安倍真慧　　社会番組の用語と文章構成の研究──第569回放送用語委員会の記録から：NHK文研月報　15（03）〔1965.3〕　p18
菅野謙　　放送用語審議事項索引：NHK文研月報　15（03）〔1965.3〕　p37

早田輝洋	ローカル番組(京都)の用語と文章：NHK文研月報　15(06)〔1965.6〕　p29	
放送用語研究部	放送用語メモ：NHK文研月報　15(06)〔1965.6〕　p69	
菅野謙, 西谷博信	放送用語審議事項索引：NHK文研月報　15(06)〔1965.6〕　p57	
若林東治	総合デスク制と紙面づくり：新聞研究　通号167〔1965.6〕　p37〜39	
菅野謙	ローカル番組(福岡)の用語と文章構成の研究：NHK文研月報　15(07)〔1965.7〕　p19	
放送用語研究部	放送用語審議事項索引(5)：NHK文研月報　15(07)〔1965.7〕　p61	
安倍真慧	テレビニュースの用語と文章構成の研究：NHK文研月報　15(08)〔1965.8〕　p55	
西谷博信	ローカル番組(仙台)の用語と文章構成の研究：NHK文研月報　15(08)〔1965.8〕　p60	
安倍真慧	放送用語メモ：NHK文研月報　15(08)〔1965.8〕　p64	
放送用語研究部	放送用語審議事項索引(6)：NHK文研月報　15(08)〔1965.8〕　p89	
岩淵悦太郎	外来語と音韻：新聞研究　通号169〔1965.8〕　p45〜47	
竹田スエ	美しいことば—放送のことば第2回アンケート結果報告：NHK放送文化研究年報　10〔1965.8〕　p347〜387	
安倍真慧	放送の文字とことば：NHK放送文化研究年報　10〔1965.8〕　p388〜401	
西谷博信	放送用語研究史要—NHKで編集した放送用語関係資料を中心として：NHK放送文化研究年報　10〔1965.8〕　p309〜346	
菅野謙	ローカル番組(広島)の用語と文章構成の研究——第582回放送用語委員会の記録から：NHK文研月報　15(09)〔1965.9〕　p48	
安倍真慧, 西谷博信	放送用語メモ：NHK文研月報　15(09)〔1965.9〕　p67	
西谷博信	放送用語メモ(23)：NHK文研月報　15(11)〔1965.11〕　p55	
西谷博信	放送用語メモ(24)：NHK文研月報　15(12)〔1965.12〕　p72	
安倍真慧	ローカル番組(大阪管内)の文章表現について——第591回放送用語委員会の記録から：NHK文研月報　16(01)〔1966.1〕　p19	
安倍真慧, 西谷博信	放送用語メモ(25)：NHK文研月報　16(01)〔1966.1〕　p23	
竹田スエ	ローカル番組(直轄管内B・C局)の文章表現の研究——第595回放送用語委員会の記録から：NHK文研月報　16(02)〔1966.2〕　p20	
西谷博信	放送用語メモ(26)：NHK文研月報　16(02)〔1966.2〕　p25	
西谷博信	ローカル番組(直轄管内E・D局)の文章表現について——第596回放送用語委員会の記録から：NHK文研月報　16(03)〔1966.3〕　p43	
西谷博信	放送用語メモ(27)：NHK文研月報　16(03)〔1966.3〕　p47	
菅野謙	ローカル番組(名古屋管内)の文章表現の研究——第600回放送用語委員会の記録から：NHK文研月報　16(04)〔1966.4〕　p30	
西谷博信	放送用語メモ(28)：NHK文研月報　16(04)〔1966.4〕　p36	
井口虎一郎, 家喜冨士雄, 岩淵悦太郎, 金田一春彦, 熊谷幸博, 佐藤貞, 志村正順, 手塚富雄, 諸井三郎, 小沢寅三, 松島道夫, 川崎正三郎, 大坪威夫, 大輪進, 土岐善麿, 服部四郎, 鈴木明, 檜山義夫　座談会 放送用語の検討課題：NHK文研月報　16(05)〔1966.5〕　p37	
番組研究部用語研究班	放送用語メモ(29)：NHK文研月報　16(05)〔1966.5〕　p49	
水谷公弥	あすの新聞文章のために——漢字とかなに関連して：新聞研究　通号179〔1966.6〕　p40〜42	
工藤習二	カタカナ表記の実態を通して——ある地方紙の場合：新聞研究　通号179〔1966.6〕　p42〜46	
藤井継男	新聞用語は動いている：新聞研究　通号179〔1966.6〕　p52〜54	
稲垣文男	カメラリポート(第1回)の用語と話し方−第604回放送用語委員会の記録から−：NHK文研月報　16(07)〔1966.7〕　p1	
安倍真慧	ローカル番組(福岡管内)の文章表現について——第605回放送用語委員会の記録から：NHK文研月報　16(07)〔1966.7〕　p3	
早田輝洋	「放送基本語い調査」研究のための単位分割について：NHK文研月報　16(07)〔1966.7〕　p9	
斎賀秀夫	新聞と敬語——皇室敬語を中心に：國文學 ： 解釈と教材の研究　11(8)〔1966.7〕　p120〜126	
菅野謙	放送用語と敬語：國文學 ： 解釈と教材の研究　11(8)〔1966.7〕　p130〜136	
西谷博信	ローカル番組〔仙台管内(1)〕の文章表現について——第607会放送用語委員会の記録から：NHK文研月報　16(08)〔1966.8〕　p44	
菅野謙	ローカル番組〔直轄管内(E・D)〕の文章表現について——第606回放送用語委員会の記録から：NHK文研月報　16(08)〔1966.8〕　p39	
菅野謙	放送用語研究の一方法：NHK放送文化研究年報　11〔1966.8〕　p71〜112	
西谷博信	放送用語発音基準の問題—発言のゆれのいろいろ：NHK放送文化研究年報　11〔1966.8〕　p113〜151	
竹田スエ	話しことばと放送—放送のことば 第3回アンケート結果報告：NHK放送文化研究年報　11〔1966.8〕　p152〜185	
菅野謙	放送用語(1)：NHK文研月報　16(09)〔1966.9〕　p42	
西谷博信	「ラジオニュース」の用語と文章表現について——第615回放送用語委員会の記録から：NHK文研月報　16(10)〔1966.10〕　p44	
安倍真慧	ローカル番組(松山管内)の用語と文章構成について——第614回放送用語委員会の記録から：NHK文研月報　16(10)〔1966.10〕　p38	
安倍真慧, 菅野謙	放送用語(2)：NHK文研月報　16(10)〔1966.10〕　p46	
浦上五六	新聞の用字・用語：新聞研究　通号183〔1966.10〕　p60〜65	
稲垣文男	「こどもニュース」(ラジオ)の用語と文章表現について——放送用語委員会の記録から：NHK文研月報　16(11)〔1966.11〕　p68	
安倍真慧, 菅野謙	放送用語(3)：NHK文研月報　16(11)〔1966.11〕　p70	
西谷博信	「こどもニュース」(TV)の用語と文章表現——第619回放送用語委員会の記録から：NHK文研月報　16(12)〔1966.12〕　p71	
安倍真慧	ローカル番組 名古屋管内(2)の用語と文章表現——第620回放送用語委員会の記録から：NHK文研月報　16(12)〔1966.12〕　p73	

稲垣文男	ローカル番組 仙台管内の用語と文章表現——第623回放送用語委員会の記録から：NHK文研月報　17（01）〔1967.1〕p45
赤井直恭	現代報道文章論（12）－－名誉毀損事件の取扱い：総合ジャーナリズム研究　04（10）〔1967.1〕p44〜46, 48
赤井直恭	現代報道文章論（4）－－敗戦期から現代への流れ：総合ジャーナリズム研究　04（01）〔1967.1〕p69〜74
西谷博信	「広報番組」の用語と文章表現——第621回・622回放送用語委員会の記録から：NHK文研月報　17（01）〔1967.1〕p42
安倍真慧, 菅野謙	放送用語（4）：NHK文研月報　17（01）〔1967.1〕p51
赤井直恭	現代報道文章論（5）－－戦争記事の一考察：総合ジャーナリズム研究　04（02）〔1967.2〕p81〜86
赤井直恭	現代報道文章論（6）－－新聞記事の書き方：総合ジャーナリズム研究　04（03）〔1967.2〕p65〜70
西谷博信	「早起鳥」（ラジオ）の用語と文章表現——第625回放送用語委員会の記録から：NHK文研月報　17（02）〔1967.2〕p39
安倍真慧, 菅野謙	放送用語（5）：NHK文研月報　17（02）〔1967.2〕p41
松下元武	印刷・電波メディアの伝達過程における文体論的考察：関西大学新聞学研究　通号17・18・19〔1967.2〕p289〜309
堀太一	見出し考現学：新聞研究　通号187〔1967.2〕p31〜34
加藤秀俊	文字は「読む」ものか：新聞研究　通号187〔1967.2〕p26〜30
安倍真慧, 菅野謙	放送用語（6）：NHK文研月報　17（03）〔1967.3〕p33
西谷博信	ローカル番組直轄管内（B・C局）の用語と文章表現——第629回放送用語委員会の記録から：NHK文研月報　17（04）〔1967.4〕p41
赤井直恭	現代報道文章論（7）－－文章の秩序の乱れ：総合ジャーナリズム研究　04（04）〔1967.4〕p26〜30
赤井直恭	現代報道文章論（8）－－素材と表現：総合ジャーナリズム研究　04（05）〔1967.4〕p64〜67, 73
西谷博信	「自然とともに」の用語と文章表現——第627回放送用語委員会の記録から：NHK文研月報　17（04）〔1967.4〕p39
菅野謙, 石野博史	電子計算機によるラジオニュース用語の分析－放送基本語い調査報告（1）－：NHK文研月報　17（04）〔1967.4〕p44
安倍真慧, 菅野謙	放送用語（7）：NHK文研月報　17（04）〔1967.4〕p55
菅野謙, 石野博史	漢字を含むことばと漢字の研究－放送基本語い調査報告（2）－：NHK文研月報　17（05）〔1967.5〕p38
西谷博信	「自然のアルバム」（TV）の用語と文章表現——第631回放送用語委員会の記録から：NHK文研月報　17（05）〔1967.5〕p36
安倍真慧, 菅野謙	放送用語（8）：NHK文研月報　17（05）〔1967.5〕p51
菅野謙, 石野博史	基本語い調査のための調査単位の決め方－放送基本語い調査報告（3）－：NHK文研月報　17（06）〔1967.6〕p30
赤井直恭	現代報道文章論（9）－－科学記事について：総合ジャーナリズム研究　04（06）〔1967.6〕p66〜70
安倍真慧, 菅野謙	放送用語（9）：NHK文研月報　17（06）〔1967.6〕p41
菅野謙, 早田輝洋	発音しにくいことばの音声要因－全国アナウンサー対象のアンケート調査の分析：NHK放送文化研究年報　12〔1967.6〕p85〜188
西谷博信	「ニュース」（テレビ・ラジオ）の用語と文章表現——第634回放送用語委員会の記録から：NHK文研月報　17（07）〔1967.7〕p45
赤井直恭	現代報道文章論（10）－－政治記事について：総合ジャーナリズム研究　04（07）〔1967.7〕p38〜41
稲垣文男	五月特集「五月のうた」の用語と文章表現——第635回放送用語委員会の記録から：NHK文研月報　17（07）〔1967.7〕p47
菅野謙, 石野博史	放送で使っていることばの各種の面からの分析－放送基本語い調査報告（4）－：NHK文研月報　17（07）〔1967.7〕p50
安倍真慧, 菅野謙	放送用語（10）：NHK文研月報　17（07）〔1967.7〕p65
菅野謙	ローカル番組（熊本管内）の用語と文章表現——第636回放送用語委員会の記録から：NHK文研月報　17（08）〔1967.8〕p23
菅野謙, 石野博史	音節と音節連続の研究－放送基本語い調査報告（5）－：NHK文研月報　17（08）〔1967.8〕p32
赤井直恭	現代報道文章論（11）－－経済記事について：総合ジャーナリズム研究　04（08）〔1967.8〕p77〜81
安倍真慧	放送用語（11）：NHK文研月報　17（08）〔1967.8〕p47
稲垣文男	「明るい農村」（テレビ）の用語と文章表現——第637回放送用語委員会の記録から：NHK文研月報　17（08）〔1967.8〕p28
西谷博信	「盲人の時間」（ラジオ）の用語と文章表現——第638回放送用語委員会の記録から：NHK文研月報　17（08）〔1967.8〕p30
坂井利之	これからの言語と情報：新聞研究　通号193〔1967.8〕p28〜34
石野博史	「科学千一夜－星ははるかに」の用語と文章表現——第640回放送用語委員会の記録から：NHK文研月報　17（09）〔1967.9〕p64
赤井直恭	現代報道文章論（12）－－性ジャーナリズム：総合ジャーナリズム研究　04（09）〔1967.9〕p64〜68
西谷博信	「日本ところどころ」の用語と文章表現——第639回放送用語委員会の記録から：NHK文研月報　17（09）〔1967.9〕p62
扇畑忠雄, 池田弥三郎	放送文章と用語——第641回放送用語委員会（仙台管内）の記録から：NHK文研月報　17（10）〔1967.10〕p67
岩淵悦太郎	新聞文章の変転の方向：新聞研究　通号195〔1967.10〕p44〜51
稲垣文男	放送文章と用語——第643回放送用語委員会（長野）の記録から：NHK文研月報　17（11）〔1967.11〕p60
早田輝洋	「日本この百年」の放送文章と用語——第648回放送用語委員会の記録から：NHK文研月報　17（12）〔1967.12〕p51
西谷博信	放送文章と用語——第645回放送用語委員会（札幌管内）の記録から：NHK文研月報　17（12）〔1967.12〕p43
稲垣文男	「録音夏だより」の放送文章と用語——第646回放送用語委員会の記録から：NHK文研月報　17（12）〔1967.12〕p48
赤井直恭	現代報道文章論（14）－－広告の文章について：総合ジャーナリズム研究　05（01）〔1968.1〕p78〜82

安倍真慧	放送文章と用語（広島）――第649回放送用語委員会の記録から：NHK文研月報　18 (01)〔1968.1〕 p58
菅野謙	放送文章と用語（名古屋）――第647回放送用語委員会の記録から：NHK文研月報　18 (01)〔1968.1〕 p53
稲垣文男	放送文章と用語――第651回放送用語委員会（松山管内）の記録から：NHK文研月報　18 (02)〔1968.2〕 p56
赤井直恭	現代報道文章論-15-翻訳記事について：総合ジャーナリズム研究　05 (03)〔1968.3〕 p94～98
安倍真慧	「風流歌草紙」の放送文章と用語――第653回放送用語委員会の記録から：NHK文研月報　18 (03)〔1968.3〕 p71
西谷博信	放送文章と用語――第652回放送用語委員会（大阪）の記録から：NHK文研月報　18 (03)〔1968.3〕 p67
赤井直恭	現代報道文章論-16完-死亡記事と追悼文章：総合ジャーナリズム研究　05 (04)〔1968.4〕 p67～72
石野博史	放送文章と用語――第655回放送用語委員会（直轄管内B.C）の記録から：NHK文研月報　18 (04)〔1968.4〕 p46
西谷博信	「くらしのニュースの放送文章と用語」――第656回放送用語委員会の記録から：NHK文研月報　18 (05)〔1968.5〕 p60
井口虎一郎, 岩淵悦太郎, 柴田武, 松田正義	放送のことばと方言：NHK文研月報　18 (05)〔1968.5〕 p4
西谷博信	放送用語ノート(1)：NHK文研月報　18 (06)〔1968.6〕 p70
稲垣文男	型について―報道文章の表現上の諸問題：NHK放送文化研究年報　13〔1968.6〕 p150～183
西谷博信	放送文章と用語-第661回 放送用語委員会（熊本管内）の記録から-：NHK文研月報　18 (07)〔1968.7〕 p46
西谷博信, 石野博史	放送用語ノート(2)-第660回 放送用語委員会（5月9日）から-：NHK文研月報　18 (07)〔1968.7〕 p51
稲垣文男	ローカルニュースの文章表現：NHK文研月報　18 (08)〔1968.8〕 p65
柴田武, 小倉喜久	放送文章と用語（甲府局）：NHK文研月報　18 (08)〔1968.8〕 p70
石野博史	放送用語ノート(3)：NHK文研月報　18 (08)〔1968.8〕 p74
菅野謙	漢字からみたラジオニュースの用語(1)：NHK文研月報　18 (09)〔1968.9〕 p23
西谷博信	放送文章と用語 TVの文章と用語「NHK特派員だより」「新日本紀行」：NHK文研月報　18 (09)〔1968.9〕 p33
西谷博信, 石野博史	放送用語ノート(4)：NHK文研月報　18 (09)〔1968.9〕 p38, 37
安倍真慧	放送文章と用語――第667回放送用語委員会（仙台）の記録から――第668回放送用語委員会（松山）の記録から：NHK文研月報　18 (11)〔1968.11〕
西谷博信	放送用語ノート(5)-第666回放送用語委員会（8月22日）から-：NHK文研月報　18 (11)〔1968.11〕 p66
石野博史	放送文章と用語――第669回放送用語委員会の記録から：NHK文研月報　18 (12)〔1968.12〕 p61
西谷博信	放送用語ノート(6)-670回放送用語委員会（9月26日）から-：NHK文研月報　18 (12)〔1968.12〕 p65
柴田武	これからの新聞文章（講演要旨）：新聞研究　通号209〔1968.12〕 p56～61
西谷博信	放送用語ノート(7)第672回放送用語委員会（10月24日）から：NHK文研月報　19 (01)〔1969.1〕 p33
稲垣文男, 西谷博信	「スタジオ102」の文章と用語――第677回放送用語委員会の記録から：NHK文研月報　19 (02)〔1969.2〕 p25
菅野謙, 石野博史	ニュース文章の分析方法について(2)：NHK文研月報　19 (02)〔1969.2〕 p1
西谷博信	放送文章と用語――第674回放送用語委員会（札幌）の記録から：NHK文研月報　19 (02)〔1969.2〕 p20
放送用語研究部	放送用語ノート(8)-第675回放送用瓶委員会（11月14日）から-：NHK文研月報　19 (02)〔1969.2〕 p34
土岐善麿	放送文章と用語――第676回放送用語委員会（名古屋）の記録から：NHK文研月報　19 (03)〔1969.3〕 p30
西谷博信	放送用語ノート(9)-第678回放送用語委員会（12月12日から）-：NHK文研月報　19 (03)〔1969.3〕 p38
菅野謙	当用漢字表に含まれない漢字――放送で使う漢字の範囲の検討のために：NHK文研月報　19 (04)〔1969.4〕 p71
西谷博信, 竹田スエ	放送文章と用語――第679回放送用語委員会（直轄管B.C）の記録から：NHK文研月報　19 (04)〔1969.4〕 p82
西谷博信	放送用語ノート(10)-第679回放送用語委員会から-：NHK文研月報　19 (04)〔1969.4〕 p88
藤井継男	新聞の用字・用語（現代新聞記者読本）：新聞研究　通号213〔1969.4〕 p38～40
福湯豊	新聞記者の書き方（現代新聞記者読本）：新聞研究　通号213〔1969.4〕 p33～37
石野博史	放送文章と用語「くらしの歴史-消える国境」：NHK文研月報　19 (05)〔1969.5〕 p69
西谷博信, 石野博史	放送用語ノート(11)：NHK文研月報　19 (05)〔1969.5〕 p72
菅野謙, 石野博史	ニュースの中の外来語：NHK文研月報　19 (06)〔1969.6〕 p34
早田輝洋	放送文章と用語「あすは君たちのもの」：NHK文研月報　19 (06)〔1969.6〕 p52
竹田スエ	放送文章と用語「明るい農村」：NHK文研月報　19 (06)〔1969.6〕 p47
西谷博信	放送用語ノート(12)：NHK文研月報　19 (06)〔1969.6〕 p55
稲垣文男	放送用語の図式―「実」コミュニケーションのための仮説：NHK放送文化研究年報　14〔1969.6〕 p35～65
菅野謙, 石野博史	ニュースの中の外国地人名：NHK文研月報　19 (07)〔1969.7〕 p34
西谷博信	放送文章と用語：NHK文研月報　19 (07)〔1969.7〕 p47
石野博史	放送文章と用語「ここに生きる」：NHK文研月報　19 (07)〔1969.7〕 p44
西谷博信	放送用語ノート(13)：NHK文研月報　19 (07)〔1969.7〕 p52
石野博史	放送文章と用語「テレビニュース」：NHK文研月報　19 (08)〔1969.8〕 p53
西谷博信	放送文章と用語「現代の映像」：NHK文研月報　19 (08)〔1969.8〕 p43
石野博史	放送文章と用語（福岡）：NHK文研月報　19 (08)〔1969.8〕 p46
西谷博信	放送用語ノート(14)：NHK文研月報　19 (08)〔1969.8〕 p56
西谷博信	放送文章と用語「きょうの健康」：NHK文研月報　19 (09)〔1969.9〕 p79
菅野謙	放送文章と用語（広島）：NHK文研月報　19 (09)〔1969.9〕 p82
安倍真慧	放送文章と用語（仙台）：NHK文研月報　19 (09)〔1969.9〕 p75
西谷博信	放送用語ノート(15)：NHK文研月報　19 (09)〔1969.9〕 p87
石野博史	ことばの正しさと放送のことば：NHK文研月報　19 (10)〔1969.10〕 p64
菅野謙	ニュースの中の人名表現(1)：NHK文研月報　19 (10)〔1969.10〕 p56
竹田スエ	放送文章と用語「ラジオ農業学校」：NHK文研月報　19 (11)〔1969.11〕 p39
西谷博信	放送文章と用語「日本ところどころ」：NHK文研月報　19 (11)〔1969.11〕 p42
西谷博信	放送用語ノート(16)：NHK文研月報　19 (11)〔1969.11〕 p44

安倍真慧, 菅野謙　ニュースの中の動詞「する」について (1)「漢語・外来語」＋「スル」：NHK文研月報　19 (12)〔1969.12〕　p12
稲垣文男　経済ニュースにおける文章表現の研究：NHK文研月報　19 (12)〔1969.12〕　p29
早田輝洋　放送文章と用語「カメラリポート」：NHK文研月報　19 (12)〔1969.12〕　p51
西谷博信　放送文章と用語 (大阪)：NHK文研月報　19 (12)〔1969.12〕　p44
西谷博信　放送用語ノート (17)：NHK文研月報　19 (12)〔1969.12〕　p54
安倍真慧　放送文章と用語…(札幌)：NHK文研月報　20 (01)〔1970.1〕　p65
石野博史　放送文章と用語…「自然とともに」：NHK文研月報　20 (01)〔1970.1〕　p70
稲垣文男　放送文章と用語…(名古屋)：NHK文研月報　20 (01)〔1970.1〕　p73
石野博史　放送文章と用語…(高知)：NHK文研月報　20 (02)〔1970.2〕　p40
西谷博信　放送文章と用語…「日本の美」：NHK文研月報　20 (02)〔1970.2〕　p48
西谷博信　放送用語ノート (18)：NHK文研月報　20 (02)〔1970.2〕　p54
鈴木堯　校閲の役割り (現代新聞記者の基礎知識 (特集))：新聞研究　通号224〔1970.3〕　p40～42
柴田武　新聞文章にのぞむ (現代新聞記者の基礎知識 (特集))：新聞研究　通号224〔1970.3〕　p28～31
放送用語研究部　放送用語ノート (19)：NHK文研月報　20 (04)〔1970.4〕　p61
西谷博信, 竹田スエ　放送文章と用語 (直轄B・C)：NHK文研月報　20 (05)〔1970.5〕　p52
安倍真慧　放送用語決定事項索引〈昭和44年度〉：NHK文研月報　20 (05)〔1970.5〕　p68
西谷博信　放送文章と用語「春をうたう」：NHK文研月報　20 (06)〔1970.6〕　p53
放送用語研究部　放送用語ノート (20)：NHK文研月報　20 (06)〔1970.6〕　p56
菅野謙　電子計算機による放送用語の研究：NHK放送文化研究年報　15〔1970.6〕　p49～101
安倍真慧　放送文章と用語 (松本)：NHK文研月報　20 (07)〔1970.7〕　p49
放送用語研究部　放送用語ノート (21)：NHK文研月報　20 (07)〔1970.7〕　p58
菅野謙　ニュースの中の形容詞：NHK文研月報　20 (08)〔1970.8〕　p26
竹田スエ　放送文章と用語…「スポーツアワー」：NHK文研月報　20 (08)〔1970.8〕　p63
稲垣文男, 早田輝洋　放送文章と用語…(仙台)：NHK文研月報　20 (08)〔1970.8〕　p59
石野博史　放送文章と用語…(福岡)：NHK文研月報　20 (08)〔1970.8〕　p51
放送用語研究部　放送用語ノート (22)：NHK文研月報　20 (08)〔1970.8〕　p65
安倍真慧, 菅野謙　新しい音訓表と放送の用語——国語審議会漢字部会発表をめぐって：NHK文研月報　20 (09)〔1970.9〕　p48
安倍真慧　放送文章と用語…「あすをひらく」：NHK文研月報　20 (09)〔1970.9〕　p76
放送用語研究部　放送用語ノート (23)：NHK文研月報　20 (09)〔1970.9〕　p86
安倍真慧, 菅野謙　送りがな改定案と放送の用語——国語審議会かな部会発表をめぐって：NHK文研月報　20 (10)〔1970.10〕　p46
放送用語研究部　放送文章と用語…「日本史探訪」：NHK文研月報　20 (10)〔1970.10〕　p90
安倍真慧　放送文章と用語…(広島)：NHK文研月報　20 (11)〔1970.11〕　p37
放送用語研究部　放送用語ノート (24)：NHK文研月報　20 (11)〔1970.11〕　p44
稲垣文男, 石野博史　公害ニュースにおける文章表現の研究：NHK文研月報　20 (12)〔1970.12〕　p64
安倍真慧　放送文章と用語…「ふるさとのアルバム」：NHK文研月報　20 (12)〔1970.12〕　p81
放送用語研究部　放送文章と用語…(札幌)：NHK文研月報　20 (12)〔1970.12〕　p75
放送用語研究部　放送用語ノート (25)：NHK文研月報　20 (12)〔1970.12〕　p83
山賀長治　放送文章と用語…「カメラリポート」：NHK文研月報　21 (01)〔1971.1〕　p54
石野博史　放送文章と用語…(大阪)：NHK文研月報　21 (01)〔1971.1〕　p56
竹田スエ　放送文章と用語…(名古屋)：NHK文研月報　21 (01)〔1971.1〕　p65
放送用語研究部　放送用語ノート (26)：NHK文研月報　21 (01)〔1971.1〕　p71
西浦英之　幕末・明治初期の新聞にあらわれた外国名称呼・表記について：皇学館大学紀要　通号9〔1971.1〕　p151～202
佐々木品二　校閲部員の不安と期待 (70年代の新聞記者像を探る―わが10年のあゆみ)：新聞研究　通号234〔1971.1〕　p43～45
安倍真慧　放送文章と用語…「テレビニュース」：NHK文研月報　21 (02)〔1971.2〕　p56
石野博史　放送文章と用語…「明るい農村」：NHK文研月報　21 (02)〔1971.2〕　p53
放送用語研究部　放送用語ノート (27)：NHK文研月報　21 (02)〔1971.2〕　p61
竹田スエ　放送文章と用語 (国際番組)：NHK文研月報　21 (04)〔1971.4〕　p47
放送用語研究部　放送用語ノート (28)：NHK文研月報　21 (04)〔1971.4〕　p50
放送用語研究部　放送文章と用語「ひるのいこい」：NHK文研月報　21 (05)〔1971.5〕　p59
西谷博信　放送文章と用語 (直轄B・C)：NHK文研月報　21 (05)〔1971.5〕　p54
放送用語研究部　放送用語ノート (29)：NHK文研月報　21 (05)〔1971.5〕　p61
山本透　テレビの映像と言葉〈ベネチアの国際会議に出席して〉：NHK文研月報　21 (06)〔1971.6〕　p22
菅野謙　放送用語のKWIC索引：NHK文研月報　21 (06)〔1971.6〕　p36
放送用語研究部　放送用語ノート (30)：NHK文研月報　21 (06)〔1971.6〕　p52
西谷博信　放送文章と用語…「こどもニュース」：NHK文研月報　21 (07)〔1971.7〕　p50
石野博史　放送文章と用語…(直轄ED)：NHK文研月報　21 (07)〔1971.7〕　p37
安倍真慧, 菅野謙　NHK一日の送出情報量―言語情報に限定して：NHK放送文化研究年報　16〔1971.7〕　p78～100
稲垣文男　専門用語と放送：NHK放送文化研究年報　16〔1971.7〕　p101～144
安倍真慧　放送文章と用語 (札幌)：NHK文研月報　21 (08)〔1971.8〕　p49
放送用語研究部　放送用語ノート (31)：NHK文研月報　21 (08)〔1971.8〕　p54
放送用語研究部　放送文章と用語…「スタジオ102」：NHK文研月報　21 (09)〔1971.9〕　p63
竹田スエ　放送文章と用語…「マイクリポート」：NHK文研月報　21 (09)〔1971.9〕　p69
西谷博信　放送文章と用語…(四国)：NHK文研月報　21 (09)〔1971.9〕　p72
放送用語研究部　放送用語ノート (32)：NHK文研月報　21 (09)〔1971.9〕　p78

大野晋	現代日本語と新聞：新聞研究 通号243 〔1971.10〕 p50〜54

大野晋　　　現代日本語と新聞：新聞研究　通号243　〔1971.10〕　p50〜54
放送用語研究部　放送文章と用語…「天気予報」：NHK文研月報　21(11)〔1971.11〕　p55
放送用語研究部　放送用語ノート(33)：NHK文研月報　21(11)〔1971.11〕　p59
稲垣文男　　　放送文章と用語…(近畿)：NHK文研月報　21(12)〔1971.12〕　p48
放送用語研究部　放送文章と用語…(九州)：NHK文研月報　21(12)〔1971.12〕　p43
放送用語研究部　放送用語ノート(34)：NHK文研月報　21(12)〔1971.12〕　p52
竹田スエ　　　放送文章と用語…「きょうの料理」：NHK文研月報　22(01)〔1972.1〕　p42
西谷博信　　　放送文章と用語…(中部)：NHK文研月報　22(01)〔1972.1〕　p45
放送用語研究部　放送用語ノート(35)：NHK文研月報　22(01)〔1972.1〕　p51
早田輝洋　　　放送文章と用語「町から村から」：NHK文研月報　22(02)〔1972.2〕　p44
石野博史　　　放送文章と用語(東北)：NHK文研月報　22(02)〔1972.2〕　p37
放送用語研究部　放送用語ノート(36)：NHK文研月報　22(02)〔1972.2〕　p49
森本和夫　　　新聞の言語とエクリチュールの文明——センセーショナリズム語義考(センセーショナリズムについて)：新聞研究
　　　　　　　通号247　〔1972.2〕　p15〜20
石田信一　　　CTS化と新聞文章(国語と新聞(特集))：新聞研究　通号248　〔1972.3〕　p28〜32
柴田武　　　　いい新聞文章とは何か(国語と新聞(特集))：新聞研究　通号248　〔1972.3〕　p17〜21
藤井継男　　　「改定音訓表」と新聞用語の問題(国語と新聞(特集))：新聞研究　通号248　〔1972.3〕　p22〜27
北村日出夫　　言語・情報・記号(国語と新聞(特集))：新聞研究　通号248　〔1972.3〕　p49〜55
岩淵悦太郎　　国語と新聞(国語と新聞(特集))：新聞研究　通号248　〔1972.3〕　p33〜45
入江徳郎　　　書き言葉 話し言葉(国語と新聞(特集))：新聞研究　通号248　〔1972.3〕　p46〜48
石野博史　　　放送文章と用語「ニュース」：NHK文研月報　22(04)〔1972.4〕　p51
竹田スエ　　　放送文章と用語(中国)：NHK文研月報　22(04)〔1972.4〕　p45
放送用語研究部　放送用語ノート(37)：NHK文研月報　22(04)〔1972.4〕　p57
早田輝洋　　　放送文章と用語…(関東6局)：NHK文研月報　22(05)〔1972.5〕　p56
稲垣文男, 石野博史, 竹田スエ　時事用語と聴視者・分析1〜時事用語はどれだけ知られているか〜：NHK文研月報　22(06)
　　　　　　　〔1972.6〕　p15
放送技術研究所　放送用語ノート(38)：NHK文研月報　22(06)〔1972.6〕　p51
西谷博信　　　放送文章と用語「海外の話題」：NHK文研月報　22(07)〔1972.7〕　p35
早田輝洋　　　放送文章と用語(甲信越4局)：NHK文研月報　22(07)〔1972.7〕　p30
稲垣文男, 石野博史, 竹田スエ　時事用語と聴視者・分析2 時事用語はどれだけ知られているか(2)：NHK文研月報　22(08)
　　　　　　　〔1972.8〕　p42
早田輝洋　　　放送文章と用語「NHK特派員報告」：NHK文研月報　22(08)〔1972.8〕　p57
安倍真慧　　　放送文章と用語(仇州管内)：NHK文研月報　22(08)〔1972.8〕　p60
斎藤秀夫　　　転機に立つ新聞見出し(第69回新聞講座〔整理研究会〕から)：新聞研究　通号253　〔1972.8〕　p59〜66
石野博史　　　放送文章と用語…(北海道)：NHK文研月報　22(09)〔1972.9〕　p53
放送用語研究部　放送用語ノート(39)：NHK文研月報　22(09)〔1972.9〕　p58
菅野謙　　　　話しことばと放送ニュース>文体上の性格と使用語い<：NHK文研月報　22(09)〔1972.9〕　p45
放送用語研究部　放送で使う新しい用字用語——用例：NHK文研月報　22(10)〔1972.10〕　p46
石野博史　　　文の長さ——ローカルニュース文章の分析：NHK文研月報　22(11)〔1972.11〕　p25
安倍真慧, 西谷博信　放送で使う新しい用字用語——解説：NHK文研月報　22(11)〔1972.11〕　p36
放送用語研究部　放送用語ノート：NHK文研月報　22(11)〔1972.11〕　p44
菅野謙　　　　放送で使う敬語の性格：NHK文研月報　22(12)〔1972.12〕　p1
安倍真慧　　　放送文章と用語(東北・中部)：NHK文研月報　22(12)〔1972.12〕　p56
放送用語研究部　放送用語ノート：NHK文研月報　22(12)〔1972.12〕　p66
磯部薫　　　　マスコミの外来語を批判する——特に新聞の英語表現を中心として：福岡大学人文論叢　4(3)〔1972.12〕　p771〜
　　　　　　　793
竹田スエ　　　放送文章と用語(近畿)：NHK文研月報　23(01)〔1973.1〕　p58
早田輝洋　　　放送文章と用語「朝のロータリー」：NHK文研月報　23(01)〔1973.1〕　p63
稲垣文男　　　放送用語の周辺(1)官庁のことば：NHK文研月報　23(01)〔1973.1〕　p74
放送用語研究部　放送用語ノート：NHK文研月報　23(01)〔1973.1〕　p67
石野博史　　　放送文章と用語(四国)：NHK文研月報　23(02)〔1973.2〕　p51
稲垣文男　　　放送用語の周辺(2)難語の原点：NHK文研月報　23(02)〔1973.2〕　p56
穂坂俊明　　　放送で使う新しい用字用語＝送りがなについて＝：NHK文研月報　23(03)〔1973.3〕　p60
稲垣文男　　　放送用語の周辺(3)専門用語：NHK文研月報　23(03)〔1973.3〕　p63
三樹精吉　　　新聞文章の課題(現代新聞記者読本)：新聞研究　通号260　〔1973.3〕　p72〜75
稲垣文男　　　放送用語の周辺(4)意味と構文：NHK文研月報　23(04)〔1973.4〕　p53
石野博史, 竹田スエ　時事用語と聴視者・分析3“時事用語はどれだけ理解されているか”：NHK文研月報　23(05)〔1973.5〕　p37
石野博史　　　放送文章と用語…「関東6局」：NHK文研月報　23(05)〔1973.5〕　p51
稲垣文男　　　放送用語の周辺(5)要注意語をめぐって：NHK文研月報　23(05)〔1973.5〕　p58
放送用語研究部　放送用語ノート：NHK文研月報　23(05)〔1973.5〕　p53
稲垣文男　　　放送用語の周辺(6)職業名：NHK文研月報　23(06)〔1973.6〕　p45
放送用語研究部　放送用語ノート：NHK文研月報　23(06)〔1973.6〕　p43
稲垣文男　　　気象用語と放送：NHK放送文化研究年報　18　〔1973.6〕　p91〜121
菅野謙　　　　国語政策と放送用語の立場：NHK放送文化研究年報　18　〔1973.6〕　p62〜90
高原四郎　　　新聞文章のある種の色調：総合ジャーナリズム研究　10(03)〔1973.7〕　p52〜60

用字用語	ジャーナリズム

早田輝洋　放送文章と用語…「ニュースの窓」：NHK文研月報　23（07）〔1973.7〕　p46
早田輝洋　放送文章と用語…（甲信越4局）：NHK文研月報　23（07）〔1973.7〕　p49
稲垣文男　放送用語の周辺（7）発表もの：NHK文研月報　23（07）〔1973.7〕　p55
藤久ミネ　「わかりやすさ」について──新聞文体への一考察（新・新聞文章講座）：新聞研究　通号264〔1973.7〕　p33〜39
三樹精吉　"見出し"を読むこと（新・新聞文章講座）：新聞研究　通号264〔1973.7〕　p40〜43
外山滋比古　今日の新聞文章について（新・新聞文章講座）：新聞研究　通号264〔1973.7〕　p7〜18
寺田嵩　三つのお願い（新・新聞文章講座─キャッチャーからピッチャーへ）：新聞研究　通号264〔1973.7〕　p46〜47
岩淵悦太郎　「新聞の語彙調査」の結果から（新・新聞文章講座）：新聞研究　通号264〔1973.7〕　p26〜29
志村豊司　良い日本語をつくりたい（新・新聞文章講座─キャッチャーからピッチャーへ）：新聞研究　通号264〔1973.7〕　p44〜45
竹田スエ　放送文章と用語…「午後のロータリー」：NHK文研月報　23（08）〔1973.8〕　p55
稲垣文男　放送用語の周辺（8）数字：NHK文研月報　23（08）〔1973.8〕　p60
放送用語研究部　放送用語ノート：NHK文研月報　23（08）〔1973.8〕　p58
石野博史　放送文章と用語「発表を素材としたお知らせとニュース」：NHK文研月報　23（09）〔1973.9〕　p46
稲垣文男　放送用語の周辺（9）同音語・類音語：NHK文研月報　23（09）〔1973.9〕　p54
放送用語研究部　放送用語ノート：NHK文研月報　23（09）〔1973.9〕　p51
堀部政男　新聞見出しと取材姿勢：総合ジャーナリズム研究　10（04）〔1973.10〕　p23〜36
稲垣文男　放送用語の周辺（10）成句・慣用句：NHK文研月報　23（10）〔1973.10〕　p61
稲垣文男　放送用語の周辺（11）方言：NHK文研月報　23（11）〔1973.11〕　p49
放送用語研究部　放送用語ノート：NHK文研月報　23（11）〔1973.11〕　p45
稲垣文男　放送用語の周辺（12）戒語：NHK文研月報　23（12）〔1973.12〕　p53
石野博史　外来語と聴視者1"マスメディアで使われた外来語"：NHK文研月報　24（01）〔1974.1〕　p25
石野博史　放送文章と用語…（中国）：NHK文研月報　24（01）〔1974.1〕　p42
放送用語研究部　放送用語ノート：NHK文研月報　24（01）〔1974.1〕　p47
石野博史　外来語と聴視者2"外来語はどれだけ理解されているか"：NHK文研月報　24（02）〔1974.2〕　p1
井上茂男　放送文章と用語（近畿）：NHK文研月報　24（02）〔1974.2〕　p43
早田輝洋　放送文章と用語「広報番組」「スポーツニュース」：NHK文研月報　24（02）〔1974.2〕　p35
放送用語研究部　放送用語ノート：NHK文研月報　24（02）〔1974.2〕　p47
西谷博信　放送用語研究40年：NHK文研月報　24（03）〔1974.3〕　p14
井上茂男　放送文章と用語「スポーツアワー」：NHK文研月報　24（04）〔1974.4〕　p42
放送用語研究部　放送用語ノート：NHK文研月報　24（04）〔1974.4〕　p44
石野博史　外来語と聴視者3 放送用語としての外来語〜識者アンケート結果報告（1）〜：NHK文研月報　24（06）〔1974.6〕　p24
西谷博信　放送文章と用語…「国際放送の日本語ニュース」：NHK文研月報　24（06）〔1974.6〕　p51
放送用語研究部　放送用語ノート：NHK文研月報　24（06）〔1974.6〕　p54
石野博史　外来語と聴視者4 外来語の表記と発音─識者アンケート結果報告（2）－：NHK文研月報　24（07）〔1974.7〕　p35
西谷博信　放送文章と用語〔甲信越4局〕：NHK文研月報　24（07）〔1974.7〕　p49
石野博史　外来語と放送：NHK放送文化研究年報　19〔1974.7〕　p124〜159
菅野謙, 竹田スエ　現代敬語と放送：NHK放送文化研究年報　19〔1974.7〕　p100〜123
石野博史, 竹田スエ　外来語と聴視者5 外来語をどう考えるか──職者アンケート結果報告（3）：NHK文研月報　24（08）〔1974.8〕　p21
放送用語研究部　放送用語ノート：NHK文研月報　24（08）〔1974.8〕　p45
川島吉雄　いま, 新聞写真は：新聞研究　通号277〔1974.8〕　p55〜64
森恭三　日本語と新聞の文章（新聞・新聞・新聞！（特集））：総合ジャーナリズム研究　11（04）〔1974.10〕　p62〜68
総合文研放送用語研究部　放送文章と用語「テレビ・ドキュメンタリー番組」：NHK文研月報　24（11）〔1974.11〕　p39
放送用語研究部　放送用語ノート：NHK文研月報　24（12）〔1974.12〕　p43
伊藤正和, 近藤清二郎　放送文章と用語…「九州」「北海道」：NHK文研月報　25（01）〔1975.1〕　p39
放送用語研究部　放送用語ノート：NHK文研月報　25（01）〔1975.1〕　p49
稲垣文男, 山賀長治　放送文章と用語「科学番組」：NHK文研月報　25（02）〔1975.2〕　p49
藤井継男　新聞の用字・用語（新聞記者読本）：新聞研究　通号284〔1975.3〕　p48〜51
土方鉄　あきれてばかりはおれない＜特集＞ことばと「差別」─放送用語禁句集・ことば狩りの陥穽：放送批評　No.084〔1975.4〕
清水英夫　危険なコトバ＜特集＞ことばと「差別」─放送用語禁句集・ことば狩りの陥穽：放送批評　No.084〔1975.4〕
北沢海彦　差別・ことば・テレビ＜特集＞ことばと「差別」─放送用語禁句集・ことば狩りの陥穽：放送批評　No.084〔1975.4〕
松田修　「差別語・いいかえ」にみる陥穽の構造＜特集＞ことばと「差別」─放送用語禁句集・ことば狩りの陥穽：放送批評　No.084〔1975.4〕
放送用語研究部　座談会 これからの放送用語のために：NHK文研月報　25（04）〔1975.4〕　p1
放送用語研究部　放送用語ノート：NHK文研月報　25（04）〔1975.4〕　p49
池田弥三郎　研究発表と講演の会 放送と日本語：NHK文研月報　25（05）〔1975.5〕　p1
西谷博信, 日高貢一郎　放送文章と用語「早起き鳥」：NHK文研月報　25（07）〔1975.7〕　p55
菅野謙, 竹田スエ　ことばの変化と放送：NHK放送文化研究年報　20〔1975.7〕　p47〜86
石野博史　放送文章と用語…〔近畿〕：NHK文研月報　25（08）〔1975.8〕　p36
放送用語研究部　放送用語ノート：NHK文研月報　25（08）〔1975.8〕　p41
竹田スエ　放送文章と用語〔中部〕〔甲信越〕：NHK文研月報　25（09）〔1975.9〕　p50
稲垣文男, 竹田スエ　アナウンサーと敬語：NHK文研月報　25（10）〔1975.10〕　p30
西谷博信　放送文章と用語〔九州〕：NHK文研月報　25（11）〔1975.11〕　p45

稲垣文男, 日高貢一郎　方言と放送(1)：NHK文研月報　25(11)〔1975.11〕p9
井上茂男　放送文章と用語…〔東北〕〔中国〕：NHK文研月報　25(12)〔1975.12〕p44
放送用語研究部　放送用語ノート：NHK文研月報　25(12)〔1975.12〕p42
稲垣文男, 日高貢一郎　方言と放送(2)：NHK文研月報　25(12)〔1975.12〕p27
放送用語研究部　放送用語ノート：NHK文研月報　26(01)〔1976.1〕p42
石野博史　英女王訪日報道の敬語：NHK文研月報　26(02)〔1976.2〕p36
西谷博信　放送文章と用語〔ラジオ ニュース〕：NHK文研月報　26(02)〔1976.2〕p48
放送用語研究部　放送用語ノート：NHK文研月報　26(02)〔1976.2〕p46
石野博史　実況中継の用語——英女王訪日報道から：NHK文研月報　26(04)〔1976.4〕p42
竹田スエ　放送文章と用語…〔ゆく年くる年〕：NHK文研月報　26(04)〔1976.4〕p50
遠藤滋, 金田一春彦, 山川静夫, 真壁仁, 米田武　座談会「方言と放送」：NHK文研月報　26(05)〔1976.5〕p10
放送用語研究部　放送用語ノート：NHK文研月報　26(05)〔1976.5〕p37
稲垣文男　風土・ことば・放送——方言から得るもの：NHK文研月報　26(06)〔1976.6〕p24
安倍真慧, 菅野謙　テレビ画面で使われる当用漢字表外字：NHK文研月報　26(07)〔1976.7〕p44
井上鎮雄, 井上茂男, 臼田弘, 菅野謙　中国・朝鮮の地名・人名の表記と発音：NHK放送文化研究年報　21〔1976.7〕p154〜222
安倍真慧, 菅野謙　テレビニュースの数字表現：NHK文研月報　26(08)〔1976.8〕p38
日高貢一郎　放送文章と用語…〔甲信越4局〕：NHK文研月報　26(08)〔1976.8〕p52, 51
日高貢一郎　放送用語ノート：NHK文研月報　26(08)〔1976.8〕p48
安倍真慧, 菅野謙　テレビニュースのカタカナことば：NHK文研月報　26(09)〔1976.9〕p38
井上鎮雄　放送用語ノート：NHK文研月報　26(09)〔1976.9〕p51
稲垣文男, 石野博史, 竹田スエ　視聴者からみたアナウンサーの敬語(1)(敬語視聴者調査2)：NHK文研月報　26(10)〔1976.10〕p25
稲垣文男, 石野博史, 竹田スエ　視聴者からみたアナウンサーの敬語(2)(敬語視聴者調査2)：NHK文研月報　26(11)〔1976.11〕p38
安倍真慧, 菅野謙　小学生の読める漢字とテレビニュース：NHK文研月報　26(11)〔1976.11〕p25
石野博史　放送文章と用語〔九州・東京〕：NHK文研月報　26(11)〔1976.11〕p51
放送用語研究部　放送用語ノート：NHK文研月報　26(12)〔1976.12〕p44
日高貢一郎　方言は番組にどのように取り入れられているか：NHK文研月報　26(12)〔1976.12〕p26
稲垣文男　視聴者と気象用語：NHK文研月報　27(02)〔1977.2〕p36
放送用語研究部　放送用語ノート：NHK文研月報　27(02)〔1977.2〕p59
日高貢一郎　放送文章と用語…〔四国〕：NHK文研月報　27(04)〔1977.4〕p52
稲葉三千男　私の研究課題——近況報告の形で(研究者の窓)：新聞研究　通号309〔1977.4〕p72〜75
石野博史　ニュースの敬語——国賓などの場合〈現場からの一報告〉：NHK文研月報　27(05)〔1977.5〕p51
放送用語研究部　放送用語ノート：NHK文研月報　27(05)〔1977.5〕p40
大石初太郎　わたしの望むこれからの放送敬語：NHK文研月報　27(06)〔1977.6〕p34
菅野謙, 西谷博信　「新漢字表」と放送用語：NHK文研月報　27(06)〔1977.6〕p19
稲垣文男　これからの放送敬語—アナウンサーの敬語を中心に：NHK放送文化研究年報　22〔1977.7〕p37〜63
浅井真慧, 日高貢一郎　「名曲アルバム」の文字表現(1)放送用語委員会の記録と番組における表現の実態：NHK文研月報　27(08)〔1977.8〕p38
稲垣文男　ことばの効果と放送：NHK文研月報　27(09)〔1977.9〕p45
西谷博信　放送文章と用語〔報道番組のリポート〕：NHK文研月報　27(09)〔1977.9〕p52
石野博史　放送文章と用語…〔話題物のリポート〕：NHK文研月報　27(11)〔1977.11〕p47
放送用語研究部　放送用語ノート：NHK文研月報　27(11)〔1977.11〕p46
浅井真慧, 日高貢一郎　「名曲アルバム」の文字表現(2)〜東京・埼玉の小中学校PTAのアンケート調査〜：NHK文研月報　27(11)〔1977.11〕p21
稲垣文男　話し手と聞き手のあいだ(マスコミ言語表現の研究(2))－強調と隠蔽の構造－：NHK文研月報　27(12)〔1977.12〕p26
放送用語研究部　放送用語ノート：NHK文研月報　28(01)〔1978.1〕p50
菅野謙　天気はよろしゅうございますが——昭和初期の放送用語：NHK文研月報　28(02)〔1978.2〕p1
稲垣文男, 山本一次　放送文章と用語…〔東京・北海道〕：NHK文研月報　28(02)〔1978.2〕p47
放送用語研究部　放送用語ノート：NHK文研月報　28(02)〔1978.2〕p46
稲垣文男　談話をめぐる諸問題(マスコミ言語表現の研究(3))：NHK文研月報　28(03)〔1978.3〕p33
浅井真慧　放送文章と用語〔中部〕：NHK文研月報　28(03)〔1978.3〕p54
放送用語研究部　放送用語ノート：NHK文研月報　28(03)〔1978.3〕p51, 57
菅野謙　放送用語いかえの今昔：NHK文研月報　28(06)〔1978.6〕p8
井上茂男, 菅野謙　"ギリシア"と"てふてふ"——放送で使う外国地名の発音と表記：NHK文研月報　28(07)〔1978.7〕p25
放送用語研究部　放送のことばの魅力－識者にきく(1)(マスコミ言語表現の研究(4))：NHK文研月報　28(07)〔1978.7〕p11
稲垣文男　マスコミ言語表現と流行語：NHK放送文化研究年報　23〔1978.7〕p142〜170
西谷博信　「新漢字表」と放送のことば：NHK放送文化研究年報　23〔1978.7〕p110〜141
臼田弘, 菅野謙　話しことばから見た放送ニュース：NHK放送文化研究年報　23〔1978.7〕p171〜197
放送用語研究部　放送のことばの魅力－識者にきく(2)(マスコミ言語表現の研究(5))：NHK文研月報　28(08)〔1978.8〕p26
日高貢一郎　放送文章と用語…〔東京〕：NHK文研月報　28(08)〔1978.8〕p46
放送用語研究部　放送のことばの魅力－識者にきく(3)(マスコミ言語表現の研究(6))：NHK文研月報　28(09)〔1978.9〕p35
放送用語研究部　放送のことばの魅力－識者にきく(4)(マスコミ言語表現の研究(7))：NHK文研月報　28(10)〔1978.10〕p38
西谷博信　放送文章と用語〔東京〕：NHK文研月報　28(10)〔1978.10〕p50

| 用字用語 | ジャーナリズム |

浅井真慧　ディスクジョッキー番組のことば「若いこだま」「ヤングジョッキー」にみるDJのことばづかい：NHK文研月報　28（11）〔1978.11〕　p12

放送用語研究部　放送のことばの魅力－識者にきく（5）（マスコミ言語表現の研究（8））：NHK文研月報　28（11）〔1978.11〕　p24

放送用語研究部　放送のことばの魅力－識者にきく（6）：NHK文研月報　28（12）〔1978.12〕　p24

竹田スエ　放送文章と用語〔北海道〕：NHK文研月報　28（12）〔1978.12〕　p45, 44

放送用語研究部　放送用語ノート：NHK文研月報　28（12）〔1978.12〕　p39

井上茂男　「タナッカクエー」と「タナカカクエー」──放送ニュースの促音化傾向：NHK文研月報　29（02）〔1979.2〕　p37

放送用語研究部　放送のことば・課題と方向──「20人識者インタビュー」をもとにしての研究座談会：NHK文研月報　29（02）〔1979.2〕　p1

放送用語研究部　放送用語ノート：NHK文研月報　29（02）〔1979.2〕　p43

浅井真慧　放送文章と用語…〔東京〕：NHK文研月報　29（03）〔1979.3〕　p56

放送用語研究部　放送用語ノート：NHK文研月報　29（03）〔1979.3〕　p55

森脇逸男　三易五難（現代記者読本'79─文章講話）：新聞研究　通号332〔1979.3〕　p28～29

吉永秀夫　私の文章修業（現代記者読本'79─文章講話）：新聞研究　通号332〔1979.3〕　p30～31

放送用語研究部　放送用語ノート索引：NHK文研月報　29（04）〔1979.4〕　p58

稲垣文男　放送のことばになにが不足しているか──アナウンサー・記者・PD全国調査から：NHK文研月報　29（05）〔1979.5〕　p1

石野博史　放送文章と用語…〔関東6局〕：NHK文研月報　29（05）〔1979.5〕　p58

石野博史　テレビニュースの用語10年間の変化（1）－外来語－：NHK文研月報　29（07）〔1979.7〕　p11

臼田弘, 菅野謙　放送での「発音のゆれ」45年（《特集》海外の公共放送の現状と問題）：NHK放送文化研究年報　24〔1979.7〕　p251～291

菅野謙　テレビニュースの用語10年間の変化（2）～サ変動詞～：NHK文研月報　29（08）〔1979.8〕　p10

井上茂男　ニュースの構文を考える－アナウンサー・記者・PD全国調査から（4）－：NHK文研月報　29（08）〔1979.8〕　p25

浅井真慧　DJたちのことば（1）～民放のDJ番組の特徴～：NHK文研月報　29（09）〔1979.9〕　p24

菅野謙　テレビニュースの用語10年間の変化（3）～文末表現～：NHK文研月報　29（09）〔1979.9〕　p34

浅井真慧　DJたちのことば（2）～民放のDJ番組の特徴～：NHK文研月報　29（10）〔1979.10〕　p40

西谷博信　放送文章と用語…〔東京〕：NHK文研月報　29（10）〔1979.10〕　p50

井上茂男　放送における市町村名の呼び方：NHK文研月報　29（11）〔1979.11〕　p26

竹田スエ　放送文章と用語…〔東京〕：NHK文研月報　29（11）〔1979.11〕　p52

山本一次　900回を迎えた放送用語委員会：NHK文研月報　29（12）〔1979.12〕　p42

西谷博信　放送文章と用語…〔中部〕：NHK文研月報　29（12）〔1979.12〕　p45

放送用語研究部　放送用語ノート：NHK文研月報　29（12）〔1979.12〕　p41

菅野謙　放送・新聞・雑誌の形容語：NHK文研月報　30（02）〔1980.2〕　p40

日高貢一郎　放送文章と用語…〔東京〕：NHK文研月報　30（02）〔1980.2〕　p52

菅野謙　放送・新聞・雑誌の形容動詞：NHK文研月報　30（04）〔1980.4〕　p34

菅野謙　放送・新聞での「○○的」の用法：NHK文研月報　30（05）〔1980.5〕　p28

井上茂男　ニュースと朗読の読みの速さ：NHK文研月報　30（07）〔1980.7〕　p24

井上茂男　放送における自然地名の扱い：NHK文研月報　30（08）〔1980.8〕　p59

放送用語研究部　放送用語ノート：NHK文研月報　30（08）〔1980.8〕　p62

稲垣文男, 石野博史, 日高貢一郎　日本人の言語意識（《特集》海外の公共放送の現状と問題（II））：NHK放送文化研究年報　25〔1980.8〕　p173～250

西谷博信　放送文章と用語…〔東京〕：NHK文研月報　31（03）〔1981.3〕　p55

放送用語研究部　放送用語ノート索引：NHK文研月報　31（03）〔1981.3〕　p51

稲垣文男, 石野博史　「放送のことば」にのぞむもの──鳥取の視聴者にきく：NHK文研月報　31（04）〔1981.4〕　p43

西谷博信　「常用漢字表」──放送への適用と問題点：NHK文研月報　31（06）〔1981.6〕　p16

関瞭二郎　ことばは乱れているか－イギリス版──BBC放送用語の現状と問題点：NHK文研月報　31（07）〔1981.7〕　p38

稲垣文男, 最上勝也, 石野博史　「放送のことば」にのぞむもの（2）－山形の視聴者にきく－：NHK文研月報　31（07）〔1981.7〕　p31

西谷博信　放送文章と用語…〔東京・甲信越4局〕：NHK文研月報　31（08）〔1981.8〕　p41

放送用語研究部　放送用語ノート：NHK文研月報　31（08）〔1981.8〕　p40

浅井真慧　放送のことばのあゆみ（1）－放送用語調査研究資料解題－：NHK文研月報　31（09）〔1981.9〕　p45

最上勝也, 菅野謙　これからの放送と「アクセント辞典」（1）：NHK文研月報　31（10）〔1981.10〕　p33

浅井真慧　放送のことばのあゆみ（2）──放送用語調査研究資料課題：NHK文研月報　31（10）〔1981.10〕　p43

井上茂男, 菅野謙　これからの放送と「アクセント辞典」（2）－全国アナウンサーのアクセント調査－：NHK文研月報　31（11）〔1981.11〕　p38

関瞭二郎　放送文章と用語…〔東京〕：NHK文研月報　31（11）〔1981.11〕　p49

放送用語研究部　放送用語ノート（76）：NHK文研月報　31（11）〔1981.11〕　p48

黒羽亮一　国語教育と新聞（新聞文章論）：新聞研究　通号364〔1981.11〕　p31～34

井上鎮雄　ニュース文章は変えうるか──ニュース解説の分析から：NHK文研月報　31（12）〔1981.12〕　p12

稲垣文男　「見出し」の言語表現（1）：NHK文研月報　31（12）〔1981.12〕　p22

浅井真慧　放送のことばのあゆみ（3）～放送用語調査研究資料解題～：NHK文研月報　31（12）〔1981.12〕　p30

稲垣文男　週刊誌の見出し表現──「見出し」の言語表現（2）：NHK文研月報　32（02）〔1982.2〕　p44

浅井真慧　放送文章と用語…〔東京〕：NHK文研月報　32（03）〔1982.3〕　p37

宇波彰　映像とことば（＜読み＞の状況）：新聞研究　通号369〔1982.4〕　p28～31

最上勝也　週刊誌の見出しと番組のタイトル──「見出し」の言語表現（3）：NHK文研月報　32（05）〔1982.5〕　p36

浅井真慧　ことばをえらぶ（1）－放送用語委員会から－「白夜」：NHK文研月報　32（06）〔1982.6〕　p51

稲垣文男	放送番組名の変遷——「見出し」の言語表現(4)：NHK文研月報　32(06)〔1982.6〕　p43	
最上勝也	放送文章と用語…〔関東6局〕：NHK文研月報　32(06)〔1982.6〕　p53	
浅井真慧	ことばをえらぶ(2)－放送用語委員会から－「共稼ぎ」と「共働き」：NHK文研月報　32(07)〔1982.7〕　p40	
浅井真慧	ことばをえらぶ(3)－放送用語委員会から「幕開き・幕開け」と「幕あい」－：NHK文研月報　32(08)〔1982.8〕　p43	
西谷博信	放送文章と用語…〔東京〕：NHK文研月報　32(08)〔1982.8〕　p48	
放送用語研究部	放送用語ノート(77)：NHK文研月報　32(08)〔1982.8〕　p45	
臼田弘, 最上勝也, 菅野謙	NHKアナウンサーのアクセント19年の変化(《特集》海外の公共放送の現状と問題(IV))：NHK放送文化研究年報　27〔1982.8〕　p271～334	
浅井真慧	ことばをえらぶ(4)－放送用語委員会から「父兄」－：NHK文研月報　32(09)〔1982.9〕　p50	
浅井真慧	ことばをえらぶ(5)－放送用語委員会から「ナイター」「OL」：NHK文研月報　32(10)〔1982.10〕　p47	
稲垣文男	月刊誌記事の題名——「見出し」の言語表現(5)：NHK文研月報　32(10)〔1982.10〕　p38	
宗像朋子	ことばに関する視聴者の声——NHKに寄せられた投書・電話から：NHK文研月報　32(11)〔1982.11〕　p39	
浅井真慧	ことばをえらぶ(6)－放送用語委員会から－「初冠雪」：NHK文研月報　32(11)〔1982.11〕　p44	
井上茂男	アナウンサーの音声——「NHK基礎語」の音響分析研究から：NHK文研月報　32(11)〔1982.11〕　p31	
土屋健	テレビ記号論の試み——テレビは言語か：NHK文研月報　32(11)〔1982.11〕　p1	
西谷博信	放送文章と用語「ふるさとのアルバム」：NHK文研月報　32(11)〔1982.11〕　p47	
放送用語研究部	放送用語ノート(78)：NHK文研月報　32(11)〔1982.11〕　p46	
浅井真慧	ことばをえらぶ(7)－放送用語委員会から－「年中行事」：NHK文研月報　32(12)〔1982.12〕　p52	
放送用語研究部	放送用語ノート(79)：NHK文研月報　32(12)〔1982.12〕　p59	
浅井真慧	ことばをえらぶ(8)－放送用語委員会から－「日本」：NHK文研月報　33(01)〔1983.1〕　p50	
浅井真慧	ことばをえらぶ(9)－放送用語委員会から－「早急に」：NHK文研月報　33(02)〔1983.2〕　p59	
稲垣文男, 戸栗弘, 榊原昭二, 竹内修司, 天野祐吉	座談会「わたしが見出し・タイトルをつけるとき—新聞・週刊誌・月刊誌・単行本の場合」：NHK文研月報　33(02)〔1983.2〕　p47	
浅井真慧	ことばをえらぶ(10)－放送用語委員会から－「十中八九・20世紀」：NHK文研月報　33(03)〔1983.3〕　p63	
西谷博信	テレビの表記30年：NHK文研月報　33(03)〔1983.3〕　p11	
放送用語研究部	放送用語ノート(80)：NHK文研月報　33(03)〔1983.3〕　p65	
門馬晋	文は人なり——新聞文章を上達させるために(新聞記者読本'83)：新聞研究　通号380〔1983.3〕　p15～18	
橋元良明	内容分析における語用論的視点——テレビCM記号論的分析の試み：新聞学評論　通号32〔1983.6〕　p37～53	
松重美人	あの日の地獄絵図(戦後新聞写真史—1—新聞人か日本人か)：新聞研究　通号385〔1983.8〕　p52～53	
稲垣文男	リードからトークへ—その伝え手と文体の課題(《特集》海外の公共放送の現状と問題(V))：NHK放送文化研究年報　28〔1983.8〕　p123～140	
片山朝雄	新聞用語と新聞文章——「だれにでも分かる」とはどういうことか(新聞記者読本'84)：新聞研究　通号392〔1984.3〕　p51～54	
稲垣文男	トークにおける叙述の技法：NHK放送文化調査研究年報　29〔1984.8〕　p139～162	
篠原朋子, 石野博史	海外放送機関と放送用語：NHK放送文化調査研究年報　29〔1984.8〕　p163～182	
村井泰彦	Journalismにおける固有名詞の表記法——英字新聞との関連性を中心とした諸問題：福岡大学人文論叢　16(3)〔1984.12〕　p1173～1207	
関谷高彦	言葉の大切さ(新聞記者読本'85)：新聞研究　通号404〔1985.3〕　p60～62	
上田朝一	現代新聞の用字——とくに人名表記：フェリス女学院大学紀要　通号20〔1985.3〕　p1～18	
村井泰彦	新聞に見られる固有名詞表記の変動の様態——非意図的ケースと意図的ケース：福岡大学人文論叢　16(4)〔1985.3〕　p1385～1425	
大串兎紀夫	特定対象番組の研究—「ことばの治療教室」の20年を例に：NHK放送文化調査研究年報　30〔1985.8〕　p121～144	
堀田倫男	優れた新聞文章とは(新聞記者読本'86)：新聞研究　通号416〔1986.3〕　p61～63	
最上勝也	カタカナ語義拡散化の考察—コンピュータ関連用語にみる：NHK放送文化調査研究年報　31〔1986.8〕　p85～100	
石野博史	日本語の国際化と放送用語：NHK放送文化調査研究年報　31〔1986.8〕　p69～84	
浅井真慧	放送用語の調査研究の系譜(特集 メディア環境の変化と公共放送)：NHK放送文化調査研究年報　32〔1987.8〕　p205～237	
諏訪正人	新聞文章上達法——ある友人への手紙(記者読本'89)：新聞研究　通号452〔1989.3〕　p22～24	
堀田倫男	新聞用語懇談会20年ぶりに外国地名集を改訂(マスコミの焦点)：新聞研究　通号458〔1989.9〕　p88～90	
浅井真慧	放送用語の調査研究の変遷—耳のコトバの確立まで：NHK放送文化調査研究年報　34〔1989.11〕　p89～121	
後藤文生	新聞文章を考える(新時代の記者たちへ——記者読本'90)：新聞研究　通号464〔1990.3〕　p35～39	
花田政幸	整理記者の1日(新時代の記者たちへ——記者読本'90—現場の一線から)：新聞研究　通号464〔1990.3〕　p71～74	
遠藤織枝	新聞の尊敬表現—1989年1月7・8日の新聞から：文教大学国文　(19)〔1990.3〕　p31～39	
横堀洋一	1万5,000枚の昭和史——電報通信社の倉庫に眠っていた写真：新聞研究　通号466〔1990.5〕　p36～39	
金武伸弥	新聞の用字用語と表記の標準化(日本語の周辺)：新聞研究　通号467〔1990.6〕　p29～32	
細谷耕二	新聞文章に求められるもの(日本語の周辺)：新聞研究　通号467〔1990.6〕　p24～28	
堀内克明	日本語における外来語の役割(日本語の周辺)：新聞研究　通号467〔1990.6〕　p15～19	
外山滋比古	日本語は"乱れて"いるか——文字言語と音声言語のせめぎあい(日本語の周辺)：新聞研究　通号467〔1990.6〕　p10～14	
横山和雄	「日本語"誤"用辞・事典」の必要性(日本語の周辺)：新聞研究　通号467〔1990.6〕　p33～36	
松岡新児	放送のことば考——ニュースのことばを中心に(日本語の周辺)：新聞研究　通号467〔1990.6〕　p37～40	
松岡新児	ニュースのことばの構造改革：NHK放送文化調査研究年報　35〔1990.11〕　p135～162	
角田明夫	特集 美しい日本語とナレーション 送り手の責任自覚することが肝要 NHK：月刊民放　21(236)〔1991.2〕　p22～23	
魚谷忠司	特集 美しい日本語とナレーション 地域メディアにふさわしい語り口で 東京ケーブルネットワーク：月刊民放　21	

	(236)〔1991.2〕 p28〜29
遠藤忠男	特集 美しい日本語とナレーション 放送に望む美しい日本語へのこだわり:月刊民放 21(236)〔1991.2〕 p10〜13
幸田弘男	特集 美しい日本語とナレーション 朗読の原点は感動を伝えること:月刊民放 21(236)〔1991.2〕 p20〜21
山本英雄	整理部——社内の「読者の目」(次代を担う君たちへ——記者読本'91):新聞研究 通号476〔1991.3〕 p53〜56
宇治敏彦	新鮮で切れ味のいい文章を(現代の新聞文章):新聞研究 通号498〔1993.1〕 p10〜13
守誠	新聞文章はわかりやすいか(現代の新聞文章):新聞研究 通号498〔1993.1〕 p20〜22
西原博之	文章とは取材の延長——若手記者の自問自答(現代の新聞文章):新聞研究 通号498〔1993.1〕 p27〜30
江藤文夫	報道の主体または報道のことばについて(ジャーナリズムの現在——その課題と可能性<特集>):マス・コミュニケーション研究 通号42〔1993.3〕 p3〜13
笹川洋子	発語媒介行為の再考——日本人のコミュニケーションにおける発語媒介行為の意味:マス・コミュニケーション研究 通号44〔1994.3〕 p58〜71
奥田史郎	新聞が口語文になるまで(1):マスコミ・ジャーナリズム論集 通号3〔1995〕 p1〜20
猪狩章	若い記者に求められる新しい文章(記者読本'95):新聞研究 通号524〔1995.3〕 p28〜30
堀田倫男	放送で気になる言葉 ら抜き言葉、他人事、新羅・百済などなど:月刊民放 25(291)〔1995.9〕 p28〜30
奥田史郎	新聞が口語文になるまで(2):マスコミ・ジャーナリズム論集 通号4〔1996〕 p85〜104
福井逸治	記事文章は常に応用問題(記者読本'96):新聞研究 通号536〔1996.8〕 p37〜39
浅井真慧	ニュースのことば50年——放送用語委員会の軌跡〔含 放送用語委員会ニュース番組審議一覧〕(特集 放送文化研究所設立50周年):放送研究と調査 46(6)〔1996.6〕 p30〜43
加治木美奈子	"日本語の乱れ"意識は止まらない——第10回現代人の言語環境調査から—2—:放送研究と調査 46(9)〔1996.9〕 p52〜69
深草耕太郎	「被告」と「被告人」はどのように違うのか——ことばに関する相談から:放送研究と調査 46(10)〔1996.10〕 p68〜71
加治木美奈子	ことば調査の今後の課題(変化の時代の日本語——『日本人と話しことば調査』を読む):放送研究と調査 46(12)〔1996.12〕 p17〜21
井上史雄	語彙(ごい)の地域差(変化の時代の日本語——『日本人と話しことば調査』を読む—調査結果を読む):放送研究と調査 46(12)〔1996.12〕 p7〜10
奥田史郎	新聞が口語文になるまで(3):マスコミ・ジャーナリズム論集 通号5〔1997〕 p92〜111
浅井真慧	放送と「発音のゆれ」:NHK放送文化調査研究年報 通号42〔1997〕 p1〜47
浅井真慧	放送用語委員会審議の変遷(7)新しいニュース表現を目ざして——読みからトークへ<ニュース番組編>:放送研究と調査 47(2)〔1997.2〕 p42〜49
木下哲生	1995年のテレビ番組における一段動詞およびカ行変格活用動詞の可能動詞——いわゆる「ら抜き言葉」の用例と分析:防衛大学校紀要. 人文科学分冊 通号74〔1997.3〕 p125〜152
石倉とき子, 仙田和吉, 染谷恵二	ことばと放送(8)<ラジオ日本>:月刊民放 27(4)〔1997.4〕 p36〜37
坂本充, 深草耕太郎	「数日後」は何日後?——第7回ことばのゆれ全国調査から—1—:放送研究と調査 47(4)〔1997.4〕 p42〜53
深草耕太郎	(放送用語委員会)主語の応じた動詞を使う——「行う」を多用しない「〜なかで」は控えめに:放送研究と調査 48(1)〔1998.1〕 p64〜65
瀬良晴子	日米の英字新聞の文体——日米自動車交渉の報道について:人文論集 33(2)〔1998.2〕 p219〜252
重野康人, 木佐敬久	(放送用語委員会)「放射線汚染」とは言わない 内容をくみとった自然な表現を:放送研究と調査 48(2)〔1998.2〕 p58〜61
遠藤和子, 松井秀, 浅沼道郎	ことばと放送(19)名古屋テレビ:月刊民放 28(3)〔1998.3〕 p36〜37
木下哲生	1996年に放送された番組における「ら抜き言葉」の用例と分析:防衛大学校紀要. 人文科学分冊 通号76〔1998.3〕 p195〜231
田中哲哉	新聞の見出しの文法的特徴と機能:龍谷大学国際センター研究年報 通号7〔1998.3〕 p67〜77
加治木美奈子	『NHK日本語発音アクセント辞典』改訂(1)伝統を受け継ぎ, 新しい変化にも対応〜『NHKアクセント辞典』13年ぶりに大改訂:放送研究と調査 48(6)〔1998.6〕 p34〜39
佐竹秀雄	新聞社会面記事の語彙と漢字—1997年の新聞3紙を資料として:武庫川女子大学言語文化研究所年報 (9)〔1998.6〕 p5〜22
加治木美奈子	『NHK日本語発音アクセント辞典』改訂(2)若い世代は平らなアクセントがメジャー——アナウンサーアクセント調査報告—1—外来語:放送研究と調査 48(7)〔1998.7〕 p30〜41
塩田雄大, 坂本充, 深草耕太郎	「国内外」をどう読みますか——「第8回ことばのゆれ全国調査」から:放送研究と調査 48(7)〔1998.7〕 p52〜63
塩田雄大	『NHK日本語発音アクセント辞典』改訂(3) アクセントは「ウツリカワル」——アナウンサーアクセント調査報告(2)「複合動詞」:放送研究と調査 48(8)〔1998.8〕 p48〜57
加治木美奈子	『NHK日本語発音アクセント辞典』改訂—4—「榲(モミ)」をまき, 「桑(クワ)」で耕す?——アナウンサーアクセント調査報告(3)「和語」:放送研究と調査 48(10)〔1998.10〕 p52〜69
最上勝也	「鴎外」か「鷗外〔旧字体〕」か——表外漢字字体とマスコミ:放送研究と調査 48(10)〔1998.10〕 p8〜19
坂本充	『NHK日本語発音アクセント辞典』改訂(5)漢語アクセントのソーカツ(総括)はナンギ(難儀)である——アナウンサーアクセント調査報告—4—「漢語」:放送研究と調査 48(11)〔1998.11〕 p40〜55
塩田雄大	『NHK日本語発音アクセント辞典』改訂(6)アクセントは「ムズカシイ」アナウンサーアクセント調査報告(5)「動詞・形容詞」:放送研究と調査 48(12)〔1998.12〕 p54〜67
佐竹秀雄	新聞における生活・家庭面の基本語彙——1997年の新聞3紙を資料として:武庫川女子大学言語文化研究所年報 (11)〔1999〕 p5〜26
岸本千秋	新聞社会面の語彙——1998年の新聞3紙を資料として:武庫川女子大学言語文化研究所年報 (11)〔1999〕 p27〜42
塩田雄大, 最上勝也, 坂本充	『日本語発音アクセント辞典』——改訂の系譜と音韻構造の考察:NHK放送文化調査研究年報 通号44〔1999〕 p97〜157
最上勝也	『NHK日本語発音アクセント辞典』改訂—7—ニガツ(2月)ジューゴニチ(15日)は新しいアクセントか?——アナ

	ウンサーアクセント調査報告(6)「数詞+助数詞」:放送研究と調査　49(1)通号572　〔1999.1〕　p38〜47
用語問題取材班	マスコミ界差別用語最前線<27> 忠臣蔵のキーワードは果たして差別語か:放送レポート　157号　〔1999.3〕　p52〜55
柴田実, 秋永一枝, 馬瀬良雄	『NHK日本語発音アクセント辞典』改訂(8)改訂作業を振り返って:放送研究と調査　49(3)通号574　〔1999.3〕　p76〜89
坂本充	着替(カ)えるか, 着替(ガ)えるか〜第9回ことばのゆれ全国調査から(1):放送研究と調査　49(3)通号574　〔1999.3〕　p60〜65
深草耕太郎	「感動で鳥肌が立つ」は許されるか――第9回ことばのゆれ全国調査から(2):放送研究と調査　49(4)通号575　〔1999.4〕　p66〜71
原納暢子, 伴田薫	特集 岐路に立つ話し言葉――テレビと日本語大研究:放送文化　通号59　〔1999.5〕　p6〜18
岸本千秋, 佐竹秀雄	新聞第一面の語彙―1997年の新聞3紙を資料として:武庫川女子大学言語文化研究所年報　(10)〔1999.7〕　p5〜20
斎藤学	基地めぐる訴訟抜きに語れない宿命――法律用語と新聞用語の間げきをいかに埋め, 分かりやすく書くか(裁判報道の何が課題か):新聞研究　通号577　〔1999.8〕　p18〜21
小林肇, 松居秀記, 比留間直和	新聞の使用字体に三類型――表外漢字全国調査を終えて:新聞研究　通号577　〔1999.8〕　p51〜56
深草耕太郎	外来語は伝わっているか〜外来語理解全国調査から〜:放送研究と調査　49(8)通号579　〔1999.8〕　p54〜61
柴田実, 深草耕太郎	「耳障りがよい」は耳障りか――第10回ことばのゆれ全国調査から:放送研究と調査　50(2)通号585　〔2000.2〕　p32〜45
NHK放送文化研究所放送研究部	放送用語委員会(東京)――『新用字用語事典』の改定について:放送研究と調査　50(2)通号585　〔2000.2〕　p48〜51
柴田実, 大西勝也	アナウンサーの鼻濁音使用実態と音声分析ソフトによる判定について:放送研究と調査　50(4)通号587　〔2000.4〕　p30〜47
玉木明	新聞の言語に変化の兆し――<いま・ここ・わたし>をジャーナリズムの基底に据えて(特集 ことばはいま, 力を持っているか):新聞研究　通号588　〔2000.7〕　p18〜21
佐竹秀雄	新聞における生活・家庭面の基本語彙―1997年の新聞3紙を資料として:武庫川女子大学言語文化研究所年報　(11)〔2000.7〕　p5〜26
岸本千秋	新聞社会面の語彙―1998年の新聞3紙を資料として:武庫川女子大学言語文化研究所年報　(11)〔2000.7〕　p27〜42
塩田雄大	「英語第2公用語論」はどう受けとめられたか:放送研究と調査　50(8)通号591　〔2000.8〕　p36〜55
加藤昌男, 山下洋子	これからの日本語に影響を与えるものは?:放送研究と調査　50(9)通号592　〔2000.9〕　p48〜
NHK放送文化研究所放送研究部	放送用語委員会(東京)新用字用語辞典改訂――表記の変更について審議:放送研究と調査　50(9)通号592　〔2000.9〕　p80〜83
柴田実, 大西勝也	ガ行鼻音(鼻濁音)教育への試み――新人アナウンサー研修から:放送研究と調査　50(11)通号594　〔2000.11〕　p42〜59
高田穹伸	記事の中の漢字・かな・カタカナ――電子データをパソコンで計る:朝日総研リポート　(147)〔2000.12〕　p33〜51
柳澤伸司	新しいメディア教育の試み(特集 変貌と模索の中のマス・コミュニケーション教育):マス・コミュニケーション研究　通号59　〔2001〕　p19〜29
佐竹秀雄	新聞投書欄の片仮名表記――1999年の新聞3紙を資料として:武庫川女子大学言語文化研究所年報　(13)〔2001〕　p5〜17
NHK放送文化研究所放送研究部	放送用語委員会(大阪)いかに伝えるかを考えて/(広島)常套(とう)表現化する「〜してみたいと思います」:放送研究と調査　51(1)通号596　〔2001.1〕　p102〜105
瀬良晴子	警告を伝える文体――Y2Kを報じる記事:人文論集　36(4)〔2001.3〕　p269〜303
瀬良晴子	報道英語における視点とモダリティ――Modal verbsを中心に:人文論集　36(2・3)〔2001.3〕　p183〜206
塩田雄大	あなたはブタジル? トンジル?――平成12年度ことばのゆれ全国調査から(2):放送研究と調査　51(3)通号598　〔2001.3〕　p68〜89
NHK放送文化研究所放送研究部	放送用語委員会(東京)用語の決定――「惨敗」「七日」「便覧」「蠅」「免れる」ほか:放送研究と調査　51(4)通号599　〔2001.4〕　p96〜105
NHK放送文化研究所放送研究部	放送用語委員会(東京)放送と外来語(カタカナ語):放送研究と調査　51(7)通号602　〔2001.7〕　p112〜115
塩田雄大	カタクルシイ女・カタグルシイ男――平成13年度ことばのゆれ全国調査から:放送研究と調査　51(9)通号604　〔2001.9〕　p52〜79
NHK放送文化研究所放送研究部	放送用語委員会(東京)用語の決定――「硫黄」「細胞」「砂金」「焼き畑」「入り口」ほか:放送研究と調査　51(9)通号604　〔2001.9〕　p80〜93
坂本充, 柴田実, 山下洋子	読める漢字・読めない漢字――常用漢字表と高校生の漢字認識度:放送研究と調査　51(10)通号605　〔2001.10〕　p46〜73
柴田実	外来語カナ表記について:NHK放送文化研究所年報　47　〔2002〕　p221〜257
NHK放送文化研究所放送研究部	放送用語委員会(福岡)放送文章は "音声" で考える:放送研究と調査　52(1)通号608　〔2002.1〕　p82〜85
傍示文昭	感性を磨き, 記事を磨く――時代が求める新聞文章を書くために(特集 記者読本2002―記者となる君へ):新聞研究　(608)〔2002.3〕　p26〜29
NHK放送文化研究所放送研究部	NHK新用字用語辞典の表記の変更――平成14年度番組から適用へ:放送研究と調査　52(3)通号610　〔2002.3〕　p94〜99
塩田雄大	「よろしかったでしょうか」はよろしくないか――平成13年度(後半)ことばのゆれ全国調査から(1):放送研究と調査　52(3)通号610　〔2002.3〕　p64〜87
NHK放送文化研究所放送研究部	放送用語委員会(東京)テレビと漢字――第1229回放送用語委員会から:放送研究と調査　52(3)通号610　〔2002.3〕　p100〜103
宮本克美	「デジタル」の意味は伝わっているか――調査によることばの「理解度」:放送研究と調査　52(4)通号611　〔2002.4〕　p50〜67
塩田雄大	韓国の人名・地名表記に関するノート――日本のマスコミの扱いと韓国の漢字使用の現状:放送研究と調査　52

	(5) 通号612 〔2002.5〕 p72～91
NHK放送文化研究所放送研究部　放送用語委員会（東京）	心に響く放送のことば：放送研究と調査　52 (5) 通号612 〔2002.5〕 p92～97
NHK放送文化研究所放送研究部　放送用語委員会（東京）	外来語（カタカナ語）の使用原則：放送研究と調査　52 (7) 通号614 〔2002.7〕 p126～129
塩田雄大	料理名の「ゆれ」について——西の焼きめし・東のチャーハン——平成13年度（後半）ことばのゆれ全国調査から(2)：放送研究と調査　52 (7) 通号614 〔2002.7〕 p98～125
坂本充	わかりにくいのに使われる外来語——放送と外来語 全国調査(1)：放送研究と調査　52 (8) 通号615 〔2002.8〕 p88～109
NHK放送文化研究所放送研究部　放送用語委員会（東京）	用語の決定——「インタホン」「キチン」「アメーバ」「スノーケル」「豆瓣醬」など：放送研究と調査　52 (9) 通号616 〔2002.9〕 p116～127
坂本充	理解度に差がある外来語——放送と外来語 全国調査(2)：放送研究と調査　52 (9) 通号616 〔2002.9〕 p28～49
坂本充	どうする？ 外来語の表記と発音——放送と外来語全国調査(3)：放送研究と調査　52 (10) 通号617 〔2002.10〕 p50～71
NHK放送文化研究所放送研究部　放送用語委員会（福岡）	リポートの結びコメントを考える：放送研究と調査　53 (1) 通号620 〔2003.1〕 p84～87
阿部夏紀, 井野めぐみ, 続橋芽衣	テレビの「国語力」大調査!!——テレビにあふれるヘンな日本語!?：ぎゃらく　通号405 〔2003.4〕 p36～40
塩田雄大	「新興台頭表現」の属性差とメディア——っていうか, ヤバくない？——「近年の言語変化」全国調査から(1)：放送研究と調査　53 (4) 通号623 〔2003.4〕 p12～33
宮本克美, 山下洋子	「ファーストフード」に食われる「ファストフード」——平成14年度「ことばのゆれ」全国調査から(1)：放送研究と調査　53 (5) 通号624 〔2003.5〕 p92～123
NHK放送文化研究所放送研究部　放送用語委員会（東京）	用語の決定——「ウーロン茶」「マーボー豆腐」「シューマイ」「ギョーザ」「ビビンバ」：放送研究と調査　53 (5) 通号624 〔2003.5〕 p126～133
塩田雄大	新しいことばを使う人・使わない人——「近年の言語変化」全国調査から(2)：放送研究と調査　53 (6) 通号625 〔2003.6〕 p70～83
宮本克美, 山下洋子	短くなる「数日」——平成14年度「ことばのゆれ」全国調査から(2)：放送研究と調査　53 (6) 通号625 〔2003.6〕 p84～101
関根健一	カタカナ語減らす取り組み——読みやすく、わかりやすい記事に：新聞研究　(624)〔2003.7〕 p50～52
塩田雄大	平成15年度「ことばのゆれ」全国調査から(1)食関連用語をめぐる語彙的な「ゆれ」——西の綿菓子・東の綿あめ：放送研究と調査　53 (10) 通号629 〔2003.10〕 p32～53
塩田雄大	平成15年度「ことばのゆれ」全国調査から(2)食関連用語をめぐる意味の「ゆれ」——「肉」は何の肉か：放送研究と調査　53 (11) 通号630 〔2003.11〕 p66～83
時田昌, 福田亮	「交ぜ書き」表記を見直し：新聞研究　(631)〔2004.2〕 p56～59
山下洋子	平成15年度（後半）「ことばのゆれ」全国調査から(1)「夜中」「深夜」「未明」は何時ぐらいか？：放送研究と調査　54 (3) 通号634 〔2004.3〕 p82～107
NHK放送文化研究所放送研究部　放送用語委員会（東京）	放送で使用する漢字について：放送研究と調査　54 (3) 通号634 〔2004.3〕 p112～115
宮本克美	平成15年度（後半）「ことばのゆれ」全国調査から(2)「ニホン」か「ニッポン」か「日本」の読み方の現在：放送研究と調査　54 (4) 通号635 〔2004.4〕 p78～108
坂本充	文研ホームページ「あなたは多数派？ 少数派？」「ことばアンケート」を試行して：放送研究と調査　54 (9) 通号640 〔2004.9〕 p62～73
大島直史	ツァラ・ダダ, ナチ言語——近代のメディア的言語における神話性：Aspekt ： 立教大学ドイツ文学論集　通号39 〔2005〕 p400～409
塩田雄大	言語変化と規範意識・使用意識——その現状把握手段としての公開型ウェブ調査の試み：NHK放送文化研究所年報　49 〔2005〕 p93～118
瀬良晴子	新聞とことば——2004年プロ野球ストライキ報道：人文論集　40 (2)〔2005.3〕 p101～110
塩田雄大	漢字に関する現代人の意識——「日本人と漢字に関する意識調査」から（日本人と漢字の現在——意識と実態の両面から）：放送研究と調査　55 (3) 通号646 〔2005.3〕 p2～21
坂本充	高校生は漢字をどのくらい読めるか——高校生漢字認識度調査から（日本人と漢字の現在——意識と実態の両面から）：放送研究と調査　55 (3) 通号646 〔2005.3〕 p22～37
NHK放送文化研究所放送研究部　放送用語委員会（東京）	放送における漢字使用：放送研究と調査　55 (5) 通号648 〔2005.5〕 p64～67
柴田実	かな漢字変換辞書の製作——ATOK2005 NHK新用字用語辞書：放送研究と調査　55 (11) 通号654 〔2005.11〕 p50～63
塩田雄大, 柴田実	放送と漢字について——「字幕スーパーの漢字に関する意識調査」および諸問題：放送研究と調査　55 (12) 通号655 〔2005.12〕 p2～17
NHK放送文化研究所放送研究部　放送用語委員会（東京）	用語の決定（百済・新羅/事, 志と違う/大舞台）：放送研究と調査　55 (12) 通号655 〔2005.12〕 p78～81
長谷川一	「日本語ワープロ」の銀河系——「書くこと」の電子化と「編むこと」のデザイン（特集 メディア変容時代のジャーナリズム）：マス・コミュニケーション研究　通号68 〔2006〕 p54～78
岸本千秋	新聞社会面・地域面の語彙——2002年の新聞3紙を資料として：武庫川女子大学言語文化研究所年報　(18)〔2006〕 p21～36
塩田雄大	インターネットを用いた言語調査の一試論——公開型ウェブ調査の結果から：NHK放送文化研究所年報　50 〔2006〕 p93～123
柴田実	やさしい日本語の試み：放送研究と調査　56 (2) 通号657 〔2006.2〕 p36～42
須藤久士	新聞と常用漢字の歴史的考察 未完の日本語——「世の中」と教育のはざまで：AIR21　(196)〔2006.9〕 p2～34
安保宏子, 近内尚子, 水野剛也	日本の全国紙における国名表記順序についての一分析——『朝日新聞』による「韓日」表記

	（2001～2005）を中心に（後編）：情報研究 （36）〔2007〕 p235～251
佐竹秀雄	新聞投書欄の語彙調査：武庫川女子大学言語文化研究所年報 （19）〔2007〕 p37～56
中尾和美	ことば遊びにおける意味の二重性——諷刺新聞におけることば遊びの一考察：Flambeau ： 東京外国語大学フランス語研究室論集 通号32・33〔2007〕 p50～65
塩田雄大	漢語の読み方はどのように決められてきたか——戦前の放送用語委員会における議論の輪郭：NHK放送文化研究所年報 51〔2007〕 p79～104
金武伸弥	国語施策と新聞表記——時代に合わせた見直しの歴史（新聞のことば）：新聞研究 （666）〔2007.1〕 p25～28
栗原優	新聞記事に見られる「書き言葉」と「話し言葉（口語）」の混同についての一考察：文化情報学 ： 駿河台大学文化情報学部紀要 14（1）〔2007.6〕 p39～43
塩田雄大	最初の放送用語基準——1935年『放送用語の調査に関する一般方針』作成の背景：放送研究と調査 57（7）通号674〔2007.7〕 p74～89
柴田実	災害時に使うための日本語音声：放送研究と調査 57（8）通号675〔2007.8〕 p84～94
岩谷忠幸	「猛暑日」は今年の流行語だ!?——10年ぶりに天気予報用語が改定：月刊民放 37（11）通号437〔2007.11〕 p32～35
井上史雄, 水谷修, 田中浩史	文研・放送用語委員会1300回記念行事 座談会「放送のことばと日本語の未来」：放送研究と調査 57（11）通号678〔2007.11〕 p2～25
佐竹秀雄	新聞投書欄の新聞社別語彙比較：武庫川女子大学言語文化研究所年報 （20）〔2008〕 p55～69
松村定男	新聞題字と書体：立正大学国語国文 （47）〔2008〕 p122～134
塩田雄大	アクセント辞典の誕生——放送用語のアクセントはどのように決められてきたのか：NHK放送文化研究所年報 52〔2008〕 p173～200
奥秋義信	放送言葉に警告！(8) 遠ざかる！ 鼻濁音：調査情報. 第3期 （480）〔2008.1〕 p74～79
北幸雄信	新聞記事の文章を考える——型を身に付け、細部にこだわる（記者読本2008—記者となる君へ）：新聞研究 （680）〔2008.3〕 p30～33
奥秋義信	放送言葉に警告(9) 放送に登場する重言（重複語）の数々：調査情報. 第3期 （481）〔2008.3・4〕 p60～65
奥秋義信	放送言葉に警告(10) 放送に登場する重言（重複語）の数々(2)：調査情報. 第3期 （482）〔2008.5・6〕 p58～63
池田祐子, 野中昭彦	メディア英語が言語習得に与える影響：福岡大学人文論叢 40（1）通号156〔2008.6〕 p39～64
塩田雄大, 山下洋子, 太田眞希恵	『目線』『立ち上げる』も日常語に——平成19年度「ことばのゆれ」全国調査から（2008年「春の研究発表」特集）：放送研究と調査 58（6）通号685〔2008.6〕 p38～54
奥秋義信	放送言葉に警告(11) 重言の数々(3)と、「否定」と「打ち消し」の違いについて：調査情報. 第3期 （483）〔2008.7・8〕 p68～73
奥秋義信	放送言葉に警告(12)「重要参考人を指名手配」現実には、あり得ません：調査情報. 第3期 （484）〔2008.9・10〕 p60～65
奥秋義信	放送言葉に警告(13) 忘れられた？ "「たり・たり」の語法"：調査情報. 第3期 （485）〔2008.11・12〕 p84～89
山下洋子	放送用語委員会（東京）深夜番組の予告表示の統一：放送研究と調査 58（12）通号691〔2008.12〕 p82～85
谷川幹	英文記事における "nut graph" の役割と意義について：コミュニケーション研究 （39）〔2009〕 p25～47
奥秋義信	放送言葉に警告(14) 気をつけよう言葉のねじれ現象：調査情報. 第3期 （486）〔2009.1・2〕 p54～57
柴田実	報道用原稿校正システムと開発：放送研究と調査 59（1）通号692〔2009.1〕 p70～75
坂本充	『アクセント辞典』改訂への要望——現行アクセント辞典・アナウンサー全項目調査から：放送研究と調査 59（2）通号693〔2009.2〕 p80～83
塩田雄大	戦前の放送用語委員会における "伝統絶対主義" からの脱却——1939年『決定語彙記録(1)』と当時の辞典類：放送研究と調査 59（2）通号693〔2009.2〕 p58～77
中島泰	良い新聞記事とは何か——同級生に読んでもらえるように書こう（記者読本2009—記者となる君へ）：新聞研究 （692）〔2009.3〕 p38～41
奥秋義信	放送言葉に警告（最終回・15）「幕開き」か「幕開け」か誤用・慣用とゆれについて：調査情報. 第3期 （487）〔2009.3・4〕 p64～67
山下洋子	放送用語委員会（東京）「常用漢字表」見直しに対するNHKの対応：放送研究と調査 59（3）通号694〔2009.3〕 p92～95
小板橋靖夫	放送用語委員会（東京）NHKの漢字使用：放送研究と調査 59（4）通号695〔2009.4〕 p118～121
坂本充	『アクセント辞典』改訂第2回調査に向けて——第3回『NHK日本語発音アクセント辞典』改訂専門委員：放送研究と調査 59（5）通号696〔2009.5〕 p102～105
金武伸弥	新常用漢字表の問題点を考える——新聞協会の意見書をもとに：新聞研究 （695）〔2009.6〕 p30～34
山下洋子, 田中浩史	放送で使われる敬語と視聴者の意識——平成20年度「ことばのゆれ」全国調査から：放送研究と調査 59（6）通号697〔2009.6〕 p50～70
塩田雄大	視聴者はどのくらい "漢字表記" を求めているのか——「放送における漢字表記についての調査」から：放送研究と調査 59（7）通号698〔2009.7〕 p106～116
山下洋子	七転八倒は7転8倒か？——平成20年度「放送における数字表現」に関する調査から：放送研究と調査 59（9）通号700〔2009.9〕 p52～65
山下洋子	放送用語委員会（東京）NHKの漢字・文字使用について：放送研究と調査 59（11）通号702〔2009.11〕 p98～103
藤代裕之	ジャーナリスト教育の新たな試み 記者と学生の127日間 スイッチオンプロジェクトの実験：Journalism （234）〔2009.11〕 p84～91
山本明夫	ニュースのことばはどう変わったか（上）：宮崎公立大学人文学部紀要 18（1）〔2010〕 p271～289
塩田雄大	全国アナウンサー音声調査の結果報告——アクセント辞典改訂専門委員会（第4回）から：放送研究と調査 60（5）通号708〔2010.5〕 p46～55
山下洋子	放送用語委員会（東京）NHK職員へのアンケート「放送で使う漢字表記」についての意識：放送研究と調査 60（5）通号708〔2010.5〕 p78～85
山下洋子	視聴者はどのくらい "漢字表記" を求めているのか(2)「平成21年12月・放送における漢字表記についての調査」から（特集 2010年春の研究発表・シンポジウム）：放送研究と調査 60（6）通号709〔2010.6〕 p42～51
吉沢信	新用字用語辞典の概要まとまる(1) 改定常用漢字表で変わる漢字表記：放送研究と調査 60（8）通号711〔2010.8〕

		p98〜113
山下洋子	放送用語委員会（東京）「改定常用漢字表」の漢字の使用について（読みがなの使用, 代用字の使用など）：放送研究と調査　60（8）通号711　〔2010.8〕　p124〜127	
吉沢信	新用字用語辞典の概要まとまる（2）改定常用漢字表で変わる漢字表記：放送研究と調査　60（9）通号712　〔2010.9〕　p46〜65	
山下洋子	放送用語委員会（東京）用語の決定：放送研究と調査　60（12）通号715　〔2010.12〕　p86〜89	
山本明夫	ニュースのことばはどう変わったか（下）：宮崎公立大学人文学部紀要　19（1）〔2011〕　p279〜297	
山下洋子	放送用語委員会（東京）放送の「新しい放送表記」運用開始：放送研究と調査　61（2）通号717　〔2011.2〕　p76〜79	
塩田雄大	『NHK日本語発音アクセント辞典』改訂調査結果にもとづく作業方針の検討——アクセント辞典改訂専門委員会（第5回）から：放送研究と調査　61（3）通号718　〔2011.3〕　p102〜113	
杉原満	音声表現から見る共通語の韻律理論——『NHKアクセント辞典』改訂に向けて：放送研究と調査　61（4）通号719　〔2011.4〕　p76〜90	
太田眞希恵	「のど」は"イガラッポイ"？"エガラッポイ"？——語形のゆれに関する調査（平成22年8月）から：放送研究と調査　61（7）通号722　〔2011.7〕　p64〜75	
塩田雄大	『美男子』が多いのはどの地域？——ことばのゆれ調査（平成23年1月）から（1）：放送研究と調査　61（10）通号725　〔2011.10〕　p28〜47	
山下洋子	放送用語委員会（東京）「東日本大震災」の報道で注意した表現：放送研究と調査　61（10）通号725　〔2011.10〕　p94〜97	
塩田雄大	放送用語委員会（東京）用語の決定——「愛着」「願望」「惨敗」「助言」「みぞおち」「豚肉」ほか（前編）：放送研究と調査　61（10）通号725　〔2011.10〕　p98〜105	
杉原満	「緊急の措置をとる必要があると言っています」再考：言語学から見るNHKアナウンサーのイントネーション論：放送研究と調査　62（1）通号728　〔2012.1〕　p56〜72	
田中伊式	「この事件は, 〜したものです」などの表現をめぐって：放送研究と調査　62（5）通号732　〔2012.5〕　p72〜83	
杉原満	津波避難呼びかけ表現の課題：関連性理論を中心とした分析：放送研究と調査　62（5）通号732　〔2012.5〕　p28〜45	
塩田雄大	現代人の言語行動における"配慮表現"：「言語行動に関する調査」から：放送研究と調査　62（7）通号734　〔2012.7〕　p66〜83	
杉原満	言語の公共性とは：日本語学会2012年度春季大会シンポジウムより：放送研究と調査　62（8）通号735　〔2012.8〕　p76〜79	
塩田雄大	『NHK日本語発音アクセント辞典』改訂 項目表示形式の検討：アクセント辞典改訂専門委員会（第6回）から：放送研究と調査　62（9）通号736　〔2012.9〕　p76〜79	
田中伊式	ニュース報道における「名詞＋です」表現について：「イチロー選手が電撃移籍です」「尖閣諸島で新たな動きです」：放送研究と調査　62（10）通号737　〔2012.10〕　p16〜29	
井上史雄, 荻野綱男, 清水義範	放送用語委員会（東京）外来語の発音・表記について：「wei」のカタカナ表記と語末の長音：放送研究と調査　62（12）通号739　〔2012.12〕　p74〜79	
塩田雄大, 山下洋子	"卵焼き"より"玉子焼き"：日本語のゆれに関する調査（2013年3月）から（1）：放送研究と調査　63（9）通号748　〔2013.9〕　p40〜59	
塩田雄大, 滝島雅子	「日本語は乱れている：9割」時代の実相：日本語のゆれに関する調査（2013年3月）から（2）：放送研究と調査　63（10）通号749　〔2013.10〕　p22〜43	
藤久ミネ	ことばこそは放送の要：求めたい豊かな声の表現（特集 放送で使うことば）：月刊民放　43（11）通号509　〔2013.11〕　p8〜11	
鴨下信一	発話スピードを見直し, 正しい発音を取り戻そう：放送の日本語で進む病い（特集 放送で使うことば）：月刊民放　43（11）通号509　〔2013.11〕　p19〜23	
竹内成明	淡々と簡潔に書く：伝わる文章とは何か（記者読本2014 記者となる君へ）：新聞研究　（752）〔2014.3〕　p24〜27	
塩田雄大, 山下洋奈子	『NHK 日本語発音アクセント辞典』改訂 具体的な作業方針をめぐる検討：アクセント辞典改訂専門委員会（第7回）から：放送研究と調査　64（9）通号760　〔2014.9〕　p74〜87	
寺島英弥	メディア・リポート 新聞 「自殺」から「自死」へ 当事者取材の現場で知る言葉の違いの意味：Journalism　（295）〔2014.12〕　p192〜195	

〔図書〕

大嶋楪次郎	新聞活字用標準漢字の研究　朝日新聞社技術研究所　1946.2　204p　27cm　非売品	
朝日新聞社	新聞語辞典　〔1948〕, 1950-1957, 〔1958〕, 1958-1968年版　朝日新聞社　1948-1968　21冊　16-19cm	
第一政経研究所	新聞雑誌語辞典　新修改版 4版　第一出版　1950　434p　19cm	
藤倉輝夫	新聞の文章　同文館　1954　151p　18cm	
日本新聞協会	新聞用語言いかえ集　日本新聞協会　1955 2版　195p　13cm	
日本放送協会放送文化研究所	放送水産用語集　日本放送協会　1955　119, 24p 図版 地図 表　19cm	
共同通信社	記者ハンドブック　改定版　共同通信社出版部　1957　238p　18cm	
国立国語研究所	総合雑誌の用語—現代語の語彙調査　国立国語研究所　1957-1958　2冊　26cm　（国立国語研究所報告 第12-13）	
大西雅雄	放送ことば　第2 ニュース・天気予報篇　東京堂　1957　262p 図版　19cm	
岩永信吉	放送ことば事典　三芽書房　1958　176p　19cm	
日本放送協会放送文化研究所	テレビの用字・用語と書き方　改定版　日本放送協会　1959 3版　163p　18cm	
国立国語研究所	総合雑誌の用字　秀英出版　1960　55p　21cm　（国立国語研究所報告 第19）	
日本放送協会放送文化研究所	放送用語参考辞典　昭和36年版　日本放送協会　1961　76p　19cm	
日本民間放送連盟	放送用語集　雪華社　1962　423p　18cm	
日本放送協会	テレビジョン用語辞典—技術演出　増補改訂版　日本放送出版協会　1963　266p 図版　19cm	
高木健夫	読売新聞編集手帳—英和対照　原書房　1964　209p 図版　19cm	
日本放送協会総合放送文化研究所	放送音楽用語　日本放送協会総合放送文化研究所　1966　37, 25p　30cm　非売	

朝日新聞社　新聞語辞典　1969-1970年版　朝日新聞社　1969-1970　2冊　19cm
赤井直恭　現代マスコミ文章論　有峰書店　1970　253p　19cm　480円
朝日新聞社　新聞語辞典　1971-1972年版　朝日新聞社　1971-1972　2冊　19cm
日本放送協会　NHK用字用語辞典　第2版　日本放送出版協会　1973　584p　19cm　1000円
久世善男　新聞と日本語―話題のことばその成り立ち　朝日新聞社　1973　223p　18cm　440円
中日新聞社　ニュース・シソーラス―新聞情報管理のための用語集　1975　中日新聞社　東京　紀伊国屋書店（発売）　1974　242p　27cm　2800円
共同通信社　新・記者ハンドブック　改訂新版　共同通信社　1975　459p　18cm　800円
日本放送協会総合放送文化研究所　放送用語論　日本放送出版協会　1975　542p　22cm　3500円
放送批評懇談会　使えない日本語―放送タブーの実態　いれぶん出版　1976.2　222p　18cm　600円
毎日放送　まちがいやすい放送のことば　毎日放送　1977.9　203p　19cm
日本新聞協会　新聞広告用語集　日本新聞協会　1978.1　143p　18cm　1000円
朝日新聞社　新聞のことば小事典　1980　朝日ソノラマ　1979.11　413, 10p　18cm　900円
朝日新聞社広告部　朝日新聞実用広告用語100　朝日新聞社広告部　198　77p　18cm　（新・新聞広告10考 10）
片山朝雄　朝日新聞の用語の手びき　朝日新聞社　1981.10　552p　15cm　700円
放送文化基金　放送とことば―放送文化基金・研究報告会から　放送文化基金　1984.3　123p　19cm
毎日放送　新・まちがいやすい放送のことば　毎日放送　1984.9　275p　22cm
日本ジャーナリスト協会　機関紙編集者のための宣伝用語事典　労働教育センター　1985.6　486p　22cm　4800円
小森孝児　記事の書きかた入門―原稿依頼から執筆作法まで44項目に体系化　日本機関紙出版センター　1985.11　117p　26cm　1200円　（手づくり編集ぶっくす）
NHK解説委員室　ニュースのことば―NHKモーニングワイド　2　日本放送出版協会　1990.5　252p　19cm　1200円
読売新聞社　読売新聞用字用語辞典　読売新聞社　1990.5　751p　19cm　1800円
玉木明　言語としてのニュー・ジャーナリズム　学芸書林　1992.2　277p　20cm　2000円
朝日新聞社　新聞のことば事典　1992年版　朝日ソノラマ　1992.3　463, 110p　18cm　1300円
共同通信社　記者ハンドブック―用字用語の正しい知識　第7版　共同通信社　1994.3　710p　18cm　1500円
大谷昭宏　ニュース報道の常套句―キャスターも知らずに使っている!? これがホントの意味だ　日本実業出版社　1995.7　238p　19cm　1300円
山口勝弘, 東京都練馬区立美術館, 品川工　メディアと表現　練馬区立美術館　1996　119p　30cm　（現代美術の手法 2）
玉木明　ニュース報道の言語論　洋泉社　1996.2　329p　20cm　2500円
朝日新聞社　調研の50年―1997　朝日新聞社総合研究センター調査研究室　1997.9　189p　26cm　非売品
花田久徳　新聞によく出る用語事典　最新版　三笠書房　1998.10　389p　15cm　752円　（知的生きかた文庫）
国立国語研究所　テレビ放送の語彙調査　3　計量的分析　大日本図書　1999.4　222p　27cm　5000円　（国立国語研究所報告 115）
高井潔司　新聞の読み方・書き方―メディアリテラシー入門　公開講座　北海道大学　2002.3　165p　21cm　（国際広報メディア研究科・言語文化部研究報告叢書 49）
朝日新聞社用語幹事校閲部　朝日新聞の漢字用語辞典　新版　朝日新聞社　2002.4　598p　19cm　1200円
読売新聞校閲部　新聞カタカナ語辞典―人名、商品名収録　中央公論新社　2002.5　411p　18cm　900円　（中公新書ラクレ）
橋本五郎, 読売新聞新日本語取材班　乱れているか？ テレビの言葉　中央公論新社　2004.4　302p　18cm　760円　（中公新書ラクレ―新日本語の現場 第2集）
広木守雄, 服部信司　ニュース・シソーラス―新聞・放送ニュース検索のための主題14000語　第4版　日外アソシエーツ　2004.5　585p　27cm　30000円
岡本能里子, 佐藤彰, 三宅和子　メディアとことば　2　組み込まれるオーディエンス―特集　ひつじ書房　2005.9　263p　21cm　2400円
日本新聞協会　新聞用語集　2007年版　日本新聞協会　2007.2　541p　18cm　1429円
毎日新聞社　毎日新聞用語集　改訂新版　毎日新聞社　2007.3　711p　18cm　1400円
岡本能里子, 佐藤彰, 竹野谷みゆき　メディアとことば　3　社会を構築することば―特集　ひつじ書房　2008.3　239p　21cm　2400円
清湖口敏　校閲部長の言葉の手帳―知って納得社会も読める　産経新聞出版　2008.9　221p　18cm　800円
朝日新聞社用語幹事　朝日新聞の用語の手引　朝日新聞出版　2010.12　701p　19cm　1700円
長谷川勝彦　メディアの日本語―音声はどう伝えているか　万葉舎　2011.11　308p　18cm　800円　（万葉新書 004）
加藤昌男　テレビの日本語　岩波書店　2012.7　234, 10p　18cm　800円　（岩波新書 新赤版 1378）
宮本徹, 大橋理枝　ことばとメディア―情報伝達の系譜 人文学プログラム　放送大学教育振興会　2013.3　245p　21cm　2600円　（放送大学大学院教材―放送大学大学院文化科学研究科）
鈴木智之　「心の闇」と動機の語彙―犯罪報道の一九九〇年代　青弓社　2013.12　171p　19cm　1600円　（青弓社ライブラリー 78）
読売新聞社　読売新聞用字用語の手引　第4版　中央公論新社　2014.3　781p　18cm　1600円

写真・映像

〔雑誌記事〕

エックンベルグ, C.ウイリアム　新聞のニュース写真（講座）：新聞研究　通号6　〔1949.3〕　p6～11
宮内重蔵　ニュース写真を志す人々に：フォトグラフィ　2(1)　〔1950.1〕　p77～78
西橋真太郎　写真記者の使命：新聞研究　通号10　〔1950.2〕　p20～24
パッペルト博士　新聞写真に関する法律問題：新聞研究　通号35　〔1954.6〕　p32～34
伊藤慎一　法廷の写真取材：新聞研究　通号42　〔1955.1〕　p24～28
何初彦　写真報道に関する諸問題：新聞学評論　通号4　〔1955.4〕
笠置正明　カメラマンの養成と教育（座談会）：新聞研究　通号別冊　〔1955.4〕　p7～12
安保久武　写真の取材：新聞研究　通号別冊　〔1955.4〕　p13～17

| | 写真・映像 | ジャーナリズム |

西橋慎太郎　写真部のデスク：新聞研究　通号別冊　〔1955.4〕　p37～44
藤井信次郎　新聞写真を語る（座談会）：新聞研究　通号別冊　〔1955.4〕　p46～52
島田謹介　新聞写真昔がたり：新聞研究　通号別冊　〔1955.4〕　p53～56
伊奈信男　新聞写真論：新聞研究　通号別冊　〔1955.4〕　p2～6
金丸重嶺　報道写真熱を診断する：新聞研究　通号48　〔1955.7〕　p30～35
池島信平　報道写真と人間：學鐙　52（10）〔1955.10〕　p40～42
山本透　ニュース映画の報道的性格：新聞学評論　通号6　〔1957.1〕　p113～131
リュッカー，J.MO　報道写真の諸問題：新聞研究　通号臨増　〔1957.10〕　p53～55
井上英一　電子写真と印刷技術：新聞研究　通号特　〔1959〕　p41～52
金沢秀敏　新聞写真の扱い方：新聞研究　通号134　〔1962.9〕　p31～33
山崎将之　学生デモ・機動隊・カメラマン――写真部長一年生の記（学生デモ報道を再検討する（特集））：新聞研究　通号204　〔1968.7〕　p18～20
鈴木敏　写真記者の直面する課題（報道写真講座〔日本新聞協会主催　昭43.7於大阪開催〕特集）：新聞研究　通号206　〔1968.9〕　p16～24
藤岡謙六　写真部の役割りとカメラマンの条件（報道写真講座〔日本新聞協会主催　昭43.7於大阪開催〕特集）：新聞研究　通号206　〔1968.9〕　p12～15
前田雄二　写真報道をめぐる法律とルール（報道写真講座〔日本新聞協会主催　昭43.7於大阪開催〕特集）：新聞研究　通号206　〔1968.9〕　p38～41
会田雄次　新聞カメラマンに望む（報道写真講座〔日本新聞協会主催　昭43.7於大阪開催〕特集）：新聞研究　通号206　〔1968.9〕　p32～36
何初彦　新聞写真の倫理（報道写真講座〔日本新聞協会主催　昭43.7於大阪開催〕特集）：新聞研究　通号206　〔1968.9〕　p6～10
金丸重嶺　報道写真の現状と将来（報道写真講座〔日本新聞協会主催　昭43.7於大阪開催〕特集）：新聞研究　通号206　〔1968.9〕　p26～31
水野肇　映像報道の核：放送批評　No.011　〔1968.10〕
山口登　写真部（現代新聞記者読本―取材各部の現状）：新聞研究　通号213　〔1969.4〕　p59～61
写真取材研究会　写真取材の研究―1―写真取材の現状：新聞研究　通号215　〔1969.6〕　p61～68
写真取材研究会　写真取材の研究―2―変革期の写真記者：新聞研究　通号216　〔1969.7〕　p65～72
写真取材研究会　写真取材の研究―3―新聞写真とは何か：新聞研究　通号217　〔1969.8〕　p69～76
写真取材研究会　写真取材の研究―4―写真取材のモラル：新聞研究　通号218　〔1969.9〕　p75～83
写真取材研究会　写真取材と法律（写真取材の研究―5―）：新聞研究　通号219　〔1969.10〕　p67～73
写真取材研究会　写真取材の研究―6―デモの取材：新聞研究　通号220　〔1969.11〕　p57～64
写真取材研究会　写真取材の研究―7―デスクと一線記者：新聞研究　通号221　〔1969.12〕　p69～76
写真取材研究会　写真取材の研究―8―読者提供写真：新聞研究　通号222　〔1970.1〕　p49～56
写真取材研究会　写真取材の研究―9―カラー写真：新聞研究　通号223　〔1970.2〕　p51～58
宮崎泰昌　新聞写真の現状と将来（現代新聞記者の基礎知識（特集））：新聞研究　通号224　〔1970.3〕　p47～50
写真取材研究会　新聞写真の将来（写真取材の研究―10完―）：新聞研究　通号224　〔1970.3〕　p51～57
大木栄一　報道写真論－－新聞写真とその周辺：総合ジャーナリズム研究　07（04）〔1970.10〕　p58～67
総合ジャーナリズム研究編集部　これからの新聞写真－－ある現場写真の示唆するもの（報道写真論）：総合ジャーナリズム研究所　08（02）〔1971.4〕　p122～154
鈴木茂雄　写真部デスクの課題（取材部デスクの態様と機能）：新聞研究　通号244　〔1971.11〕　p46～47
村川英　アメリカ　アウトオブ　フォーカス―テレビガイド誌より　<特集>活字と映像：放送批評　No.055　〔1972.7・8〕
村木良彦　テレビジョンの原点について　<特集>活字と映像：放送批評　No.055　〔1972.7・8〕
田村紀雄　ミニコミの中の映像と活字　<特集>活字と映像：放送批評　No.055　〔1972.7・8〕
外山滋比古　映像と言語の二重文化　<特集>活字と映像：放送批評　No.055　〔1972.7・8〕
野崎茂　活字メディアと映像メディア―通説への挑戦　<特集>活字と映像：放送批評　No.055　〔1972.7・8〕
菅谷規矩雄　巨大と微少　<特集>活字と映像：放送批評　No.055　〔1972.7・8〕
岡田晋　言葉とイメージ　<特集>活字と映像：放送批評　No.055　〔1972.7・8〕
草森紳一　高を括る　<特集>活字と映像：放送批評　No.055　〔1972.7・8〕
真崎肇　相乗効果・出版の側からテレビ化をみると　<特集>活字と映像：放送批評　No.055　〔1972.7・8〕
斉藤正治　複製時代と演劇　<特集>活字と映像：放送批評　No.055　〔1972.7・8〕
川島吉雄　新聞写真の新しい方向とその模索（現代新聞記者読本）：新聞研究　通号260　〔1973.3〕　p43～48
重森弘淹　フォトジャーナリズム論　いま報道写真になにが可能か：出版ニュース　通号0956　〔1973.12〕　p6～13
福田定良　「コト」の写真と「ヒト」の写真：新聞研究　通号277　〔1974.8〕　p51～54
吉田直哉　放送がつくった「映像」の世界――その反転視的考察（放送技術文化論<特集>）：放送学研究　通号27　〔1975.3〕　p71～96
柴田南雄　放送がつくった「音」の世界（放送技術文化論<特集>）：放送学研究　通号27　〔1975.3〕　p61～70
石井幸之助　世界の顔<70年代の指導者>を撮る：総合ジャーナリズム研究　12（02）〔1975.4〕　p91～97
早川洋一　新聞掲載のスポーツ報道写真についての分析的調査：名古屋学院大学論集．人文・自然科学篇　12（1）〔1975.9〕　p231～254
井上敏夫　「表現」をめぐる果てしない模索（写真部）（新聞記者読本―取材記者論）：新聞研究　通号296　〔1976.3〕　p55～58
三浦幸明　写真部――"決定的写真"を求めての難行苦行（ロッキード事件を追う）：新聞研究　通号298　〔1976.5〕　p9～11
早川洋一　新聞掲載のスポーツ報道写真についての分析的調査―2―：名古屋学院大学論集．人文・自然科学篇　13（1）〔1976.9〕　p173～202
山内公明　「映像との出会い」の行動計画　映像ジャーナリズムの確立を：月刊民放　08（82）〔1978.4〕　p26～27
南川昭雄　'78世界報道写真コンテスト国際審査員の体験（新聞写真の新しい鼓動）：新聞研究　通号326　〔1978.9〕　p62～63
後藤和雄　一枚の写真に体験のすべてを（新聞写真の新しい鼓動）：新聞研究　通号326　〔1978.9〕　p40～41

| | ジャーナリズム | 写真・映像 |

飯塚光男	混乱のさなか成田空港取材（新聞写真の新しい鼓動―カーテンの中のロッキード取材）：新聞研究　通号326　〔1978.9〕　p60〜61
石川文洋	写真のよさをベトナムで知る（新聞写真の新しい鼓動―報道写真を考える）：新聞研究　通号326　〔1978.9〕　p30〜32
若林邦三	写真記者に課されているもの（新聞写真の新しい鼓動）：新聞研究　通号326　〔1978.9〕　p14〜16
大家重夫	新聞写真をめぐるいくつかの法的事例（新聞写真の新しい鼓動）：新聞研究　通号326　〔1978.9〕　p51〜55
桑原史成	人間の尊厳をテーマに（新聞写真の新しい鼓動―報道写真を考える）：新聞研究　通号326　〔1978.9〕　p33〜36
中井征勝	第一線写真記者の現実と意見（新聞写真の新しい鼓動）：新聞研究　通号326　〔1978.9〕　p17〜29
岡村昭彦	独自な世界観を未来の壺に――ナイジェリア内戦の取材体験から（新聞写真の新しい鼓動）：新聞研究　通号326　〔1978.9〕　p8〜10
大木栄一	「不確実性の時代」の新聞写真（新聞写真の新しい鼓動）：新聞研究　通号326　〔1978.9〕　p11〜13
石黒潔	問題のひろがりと写真表現の間（新聞写真の新しい鼓動―現場からの報告・写真取材の制約）：新聞研究　通号326　〔1978.9〕　p56〜57
川島吉雄	「偶然」を超えて「創造」へ（報道写真研究会講演）：新聞研究　通号330　〔1979.1〕　p20〜53
後藤田純生	新しい"映像の文体"とその可能性――ビデオ、あるいはCATVの原点から：総合ジャーナリズム研究　16（02）〔1979.4〕　p59〜65
阪本紀生	警備の壁に拒まれたサミット写真取材：新聞研究　通号337　〔1979.8〕　p41〜43
中西昭雄	「写真の時代」の雑誌の中味　『FOCUS』の創刊に焦点をあわせて：出版ニュース　通号1231　〔1981.10〕　p4〜7
越石建夫	北京写真取材記：新聞研究　通号367　〔1982.2〕　p80〜83
反田良雄	（フォト・ジャーナリズムの断面<特集>）「いくら写真の腕がよくても事実以上のものは撮れないんですよ」――フォト・ジャーナリストの思想から：総合ジャーナリズム研究　19（02）〔1982.4〕　p64〜70
藤岡伸一郎	フォト・ジャーナリズムの断面<特集>：総合ジャーナリズム研究　19（03）〔1982.7〕　p38〜45
総合ジャーナリズム研究編集部	（フォト・ジャーナリズムの断面<特集>）フォトグラファーである前にまず一人のジャーナリストであらねばならぬ――米・フォト・ジャーナリスト教育の体験記：総合ジャーナリズム研究所　19（03）〔1982.7〕　p8〜45
森村進	（フォト・ジャーナリズムの断面<特集>）「決定的瞬間」の大切さは変わらないが，便利な機械に頼る気持ちは強い――カメラ・メカの変化と報道写真界：総合ジャーナリズム研究　19（03）〔1982.7〕　p35〜37
野中ともよ	（フォト・ジャーナリズムの断面<特集>）雑誌編集者の「わがフォト・ジャーナリズム」考：総合ジャーナリズム研究　19（03）〔1982.7〕　p16〜22
別所宗郎	（フォト・ジャーナリズムの断面<特集>）写真が発明される百八十年前に，新聞が登場していた――新聞<報道>写真の世界：総合ジャーナリズム研究　19（03）〔1982.7〕　p8〜15
小西孝道	「時代の複写」とは、現実をありのままの姿ではぎとってくることである（フォト・ジャーナリズムの断面<特集>雑誌編集者の「わがフォト・ジャーナリズム」考）：総合ジャーナリズム研究　19（03）〔1982.7〕　p23〜26
山口一信	写真家個人が、自己内部の言葉に忠実になることが必要だ（フォト・ジャーナリズムの断面<特集>　雑誌編集者の「わがフォト・ジャーナリズム」考）：総合ジャーナリズム研究　19（03）〔1982.7〕　p29〜32
広瀬武男	読者が選んだ、印象的な写真は友だちがスナップした一枚だった（フォト・ジャーナリズムの断面<特集>　雑誌編集者の「わがフォト・ジャーナリズム」考）：総合ジャーナリズム研究　19（03）〔1982.7〕　p32〜34
後藤章夫	編集記者は写真家をかついで、一気に走り抜けなければならない（フォト・ジャーナリズムの断面<特集>　雑誌編集者の「わがフォト・ジャーナリズム」考）：総合ジャーナリズム研究　19（03）〔1982.7〕　p26〜29
常盤恭一	法廷に映像取材の自由を求める（法廷カメラ取材の諸問題）：新聞研究　通号373　〔1982.8〕　p10〜13
田中秀男	写真記者にひとこと（新聞写真活性化への道を探る（第88回新聞講座のパネルトーキングから））：新聞研究　通号374　〔1982.9〕　p41〜45
堀居弘之	写真で読ませるインタビュー記事（新聞がひとを描くとき―ひとを描く）：新聞研究　通号375　〔1982.10〕　p21〜23
広河隆一	連載第十三回　私のなかのパレスチナ　ユダヤ人問題はパレスチナ人問題：マスコミ市民　通号185　〔1983.10〕　p50〜57
山田庄左衛門	東北巡幸の思い出（戦後新聞写真史―3―御真影から人間天皇へ）：新聞研究　通号387　〔1983.10〕　p46〜47
広河隆一	連載最終回　私のなかのパレスチナ　PLOの未来：マスコミ市民　通号186　〔1983.11〕　p48〜55
高橋栄一	神戸新聞にて（戦後新聞写真史―4―スピグラと鳩）：新聞研究　通号388　〔1983.11〕　p52〜53
八木実	福井地震との遭遇（戦後新聞写真史―5―写真時代の夜明け）：新聞研究　通号389　〔1983.12〕　p54〜55
兼子昭一郎	戦後新聞写真史―6―撮るべきか撮らざるべきか：新聞研究　通号390　〔1984.1〕　p64〜72
兼子昭一郎	戦後新聞写真史―7―晴れやかな海外取材：新聞研究　通号391　〔1984.2〕　p60〜70
兼子昭一郎	戦後新聞写真史―8―カメラマンの空中戦：新聞研究　通号392　〔1984.3〕　p60〜69
兼子昭一郎	戦後新聞写真史―9―スポーツ写真四つの原則：新聞研究　通号393　〔1984.4〕　p52〜61
兼子昭一郎	戦後新聞写真史―10―幸運＋ストロボ＋技量：新聞研究　通号394　〔1984.5〕　p62〜71
兼子昭一郎	戦後新聞写真史―11―美と力の祭典――陰の演出者：新聞研究　通号395　〔1984.6〕　p62〜73
兼子昭一郎	戦後新聞写真史―12―新しい船出：新聞研究　通号396　〔1984.7〕　p80〜90
兼子昭一郎	戦後新聞写真史―13―戦争が撮れない！：新聞研究　通号397　〔1984.8〕　p70〜81
兼子昭一郎	戦後新聞写真史―14―カメラマンは悲しからずや：新聞研究　通号398　〔1984.9〕　p46〜53
兼子昭一郎	戦後新聞写真史―15―危険も愉し：新聞研究　通号399　〔1984.10〕　p44〜53
兼子昭一郎	戦後新聞写真史―16―ぼくは、一人三役だ：新聞研究　通号400　〔1984.11〕　p88〜97
兼子昭一郎	戦後新聞写真史―17―地方紙カメラマンの奮戦記：新聞研究　通号401　〔1984.12〕　p60〜71
兼子昭一郎	戦後新聞写真史―18―雪と寒さ、それがどうした：新聞研究　通号402　〔1985.1〕　p66〜75
兼子昭一郎	戦後新聞写真史―19―待つ：新聞研究　通号403　〔1985.2〕　p54〜63
田中康夫	フォト・ジャーナリズム（ジャーナリズム論を探る――メディア変容とジャーナリズム概念の変化<特集>）：新聞学評論　通号34　〔1985.3〕　p39〜50
兼子昭一郎	戦後新聞写真史―20―完全な自由をよこせというのではない：新聞研究　通号404　〔1985.3〕　p68〜77
兼子昭一郎	戦後新聞写真史―21完―21世紀に希望はあるか：新聞研究　通号405　〔1985.4〕　p44〜51
総合ジャーナリズム研究編集部	映像ジャーナリズム<特集>：総合ジャーナリズム研究所　23（01）〔1986.1〕　p120〜126

写真・映像　ジャーナリズム

山口昭男	(“映像”ジャーナリズム<特集>)フォト・ジャーナリズムへの懐疑－－FFE現象，編集者に告ぐ！：総合ジャーナリズム研究　23(01)〔1986.1〕p18〜23
新藤健一	(“映像”ジャーナリズム<特集>)映像神話の解体を…：総合ジャーナリズム研究　23(01)〔1986.1〕p24〜27
金平聖之助	(“映像”ジャーナリズム<特集>)欧米の写真雑誌にみるフォト・ジャーナリズムの浮沈：総合ジャーナリズム研究　23(01)〔1986.1〕p28〜34
黒田清	(“映像”ジャーナリズム<特集>)官報かセンセーショナリズムか－－ジャーナリズムはもっと取材力をつけなければならない：総合ジャーナリズム研究　23(01)〔1986.1〕p56〜61
星野敏子	(“映像”ジャーナリズム<特集>)「沈黙しないテレビ」への願い－－狂っているのは何かを見つめたい：総合ジャーナリズム研究　23(01)〔1986.1〕p51〜55
後藤和雄	鳴り続け“過去からの電話”――急がれる「古い写真」の発掘：新聞研究　通号414〔1986.1〕p64〜67
近藤宏	剛毅で勇気あふれる挑戦者へ――ある写真部デスクの日記(新聞記者読本’86)：新聞研究　通号416〔1986.3〕p57〜60
今城力夫	ディジタル時代のニュース写真電送と処理－－AFPのニュー“エレクトロニクス・ダークルーム”から：総合ジャーナリズム研究　23(04)〔1986.10〕p56〜61
酒井昭, 柳治郎	制作者の“視座”を通じ、交流深める「テレビ映像祭」：月刊民放　16(185)〔1986.11〕p39〜45
麻場栄一郎	「色」も情報――写真部から見る部際取材(「部際取材」の現状と課題)：新聞研究　通号425〔1986.12〕p25〜27
村上孝止	写真の撮影・公表をめぐる人権問題：新聞研究　通号427〔1987.2〕p73〜78
鍔山英次	当世新聞写真記者考(新聞記者の現在位置<特集>)：新聞研究　通号427〔1987.2〕p17〜19
柳治郎	地域の新しい地下水脈の流れを伝える「地方の時代」映像祭の八年を振り返って：月刊民放　17(197)〔1987.11〕p37〜40
小原誠	投射される制作者の「心」――3つのドキュメンタリーから(平和の創造とジャーナリズム)：新聞研究　通号437〔1987.12〕p16〜19
三浦順一	報道カメラマンとは一体何か(テレビとジャーナリズム―“テレビ的ニュース”とは何か)：新聞研究　通号446〔1988.9〕p27〜29
村木良彦	(<90年代>を考える<特集>)「映像」の変容迫る多元化と生活感覚の高度化：総合ジャーナリズム研究　26(01)〔1989.1〕p30〜35
広瀬昌三	写真記者の職業倫理――いま・むかし(「サンゴ事件」が残したもの)：新聞研究　通号457〔1989.8〕p13〜16
柳治郎	21世紀「文化の時代」を担う地方映像祭：月刊民放　19(222)〔1989.12〕p26〜29
柳治郎	「世界テレビ映像祭」の5年 現代文明の抱える3テーマを辿って：月刊民放　20(224)〔1990.2〕p38〜41
西上原裕久	ケーススタディー――海外での写真取材を管理する(パソコンの可能性―2－)：新聞研究　通号465〔1990.4〕p70〜74
滝鼻卓雄	写真取材に無視できない影響――「フォーカス」病院内無断撮影事件(マスコミの焦点)：新聞研究　通号469〔1990.8〕p94〜96
斎藤守慶	東欧変革の主役はテレビ ベルリンの壁を崩した映像・意識革命：月刊民放　20(231)〔1990.9〕p21〜23
安部宏康	写真取材・報道の新視点－－朝日新聞の取り組み，「新写真ノート」の指針から：総合ジャーナリズム研究　28(01)〔1991.1〕p18〜25
伏見勝	自己の内面を表現する記者に――写真記者へ望むこと(次代を担う君たちへ――記者読本’91)：新聞研究　通号476〔1991.3〕p57〜59
斎藤茂男	ジャーナリズムの現場―14―無形の状況をどう撮るか――カメラマンたちを遮るもの：新聞研究　通号483〔1991.10〕p73〜78
鬼塚幹雄	写真の町から――写真文化に力を注ぐ北海道東川町：新聞研究　通号483〔1991.10〕p83〜85
斎藤茂男	ジャーナリズムの現場―15―新聞写真はただの写し絵なのか――いまフォトグラファーとして生きるとは：新聞研究　通号484〔1991.11〕p42〜47
濱島宮矢夫	《大特集》私の発言 フォト・ジャーナリズムはどこへ：マスコミ市民　通号279〔1992.1〕p43〜44
松本逸也	<アジア>書くカメラマン，アジアを追う(専門記者の道)：新聞研究　通号486〔1992.1〕p23〜26
高木尚夫	はばたけ，写真記者(記者を志した君へ――記者読本’92―取材の一線から)：新聞研究　通号488〔1992.3〕p71〜73
平井実	ビジュアル化時代の写真記者(「ビジュアル化」の意味するもの)：新聞研究　通号492〔1992.7〕p49〜51
杉野有充	特集 映像の時代とカメラマン カメラマンへの新たな課題：月刊民放　22(254)〔1992.8〕p6〜9
平間節	特集 映像の時代とカメラマン 苦難の時代こそ自分の力で勝負を：月刊民放　22(254)〔1992.8〕p10〜12
竹越由幸	特集 映像の時代とカメラマン 作品のテーマをどう映像化するか：月刊民放　22(254)〔1992.8〕p19〜21
川生晶子	特集 映像の時代とカメラマン “守りの姿勢”の克服が課題：月刊民放　22(254)〔1992.8〕p25〜26
小川邦子	特集 映像の時代とカメラマン 「女性の視点を」には困惑：月刊民放　22(254)〔1992.8〕p27〜28
天野重幸	特集 映像の時代とカメラマン 人間ドラマの表現めざした「’91世界陸上」：月刊民放　22(254)〔1992.8〕p22〜24
松井忠彦	特集 映像の時代とカメラマン 水中カメラマンの視点：月刊民放　22(254)〔1992.8〕p31〜32
大塚進	特集 映像の時代とカメラマン 成功もたらした器材の調達：月刊民放　22(254)〔1992.8〕p16〜18
大川尚之	特集 映像の時代とカメラマン 八名のスタッフに寄せる期待：月刊民放　22(254)〔1992.8〕p29〜30
榮田剛	特集 映像の時代とカメラマン 歴史のうねり記録する執念：月刊民放　22(254)〔1992.8〕p13〜15
総合ジャーナリズム研究編集部	紛争地からの「私報道」－－あるいは，私のフォト・ジャーナリズム：総合ジャーナリズム研究所　30(01)〔1993.1〕p46〜64
間宮眞	特集 活発化するテレビ映像祭 10年目迎えた「日中テレビ祭」：月刊民放　23(260)〔1993.2〕p18〜20
山田茂人	特集 活発化するテレビ映像祭 8回目迎える「徳島テレビ祭」：月刊民放　23(260)〔1993.2〕p12〜14
木村栄文	特集 活発化するテレビ映像祭 「九州放送映像祭」の17年とこれから：月刊民放　23(260)〔1993.2〕p15〜17
佐藤豊	特集 活発化するテレビ映像祭 視聴者とともに作る映像祭に期待：月刊民放　23(260)〔1993.2〕p6〜8
西野輝彦	特集 活発化するテレビ映像祭 初の「アジアテレビ映像祭」に参加して：月刊民放　23(260)〔1993.2〕p25〜26
鶴見和子	特集 活発化するテレビ映像祭 「地方の時代」映像祭などの審査から：月刊民放　23(260)〔1993.2〕p27〜28
大脇三千代	特集 活発化するテレビ映像祭 「地方の時代」映像祭に参加して：月刊民放　23(260)〔1993.2〕p23〜24
柳治郎	特集 活発化するテレビ映像祭 「地方」「世界」「アジア」3つの映像祭の志：月刊民放　23(260)〔1993.2〕p9〜11

		ジャーナリズム　　　　　　　　　　　　　　　　　写真・映像

志賀信夫　　特集 活発化するテレビ映像祭 中国「上海・四川テレビ祭」を2年続けて審査：月刊民放　23（260）〔1993.2〕　p29
　　　　　　～30
肝付邑子　　特集 活発化するテレビ映像祭 「日中テレビ祭」に参加して：月刊民放　23（260）〔1993.2〕　p21～22
Tewlow, Jules S.　写真ジャーナリズムにおける画像処理と倫理：新聞研究　通号502　〔1993.5〕　p75～77
浜田哲二　　微笑みの意味――カメラマンが見たカンボジア（カンボジアから何を伝えるか―CAMBODIA INSIDE）：新聞研究
　　　　　　通号504　〔1993.7〕　p26～28
須長孝栄　　現代の新聞写真と写真記者（記者読本'94）：新聞研究　通号512　〔1994.3〕　p68～70
今城力夫　　第1回インターナショナル・フォトジャーナリズム・フォーラムから――報道写真の原点「事実を創ってはいけな
　　　　　　い」：総合ジャーナリズム研究　31（04）〔1994.10〕　p58～62
鳥越俊太郎　8mmは映像取材を“進化”させる ＜特集＞ビデオジャーナリズム揺籃期：放送批評　No.306　〔1995.1〕
安木正美　　ソフト人材育成の環境整備を ＜特集＞ビデオジャーナリズム揺籃期：放送批評　No.306　〔1995.1〕
高橋恭子　　ペンの代わりにビデオカメラを！　VJをめぐるニッポンの現状 ＜特集＞ビデオジャーナリズム揺籃期：放送批評
　　　　　　No.306　〔1995.1〕
山路徹　　　視聴者とルワンダを近くする ＜特集＞ビデオジャーナリズム揺籃期：放送批評　No.306　〔1995.1〕
今井一, 石丸次郎　新しい映像ジャーナリズムの先駆者たち ＜特集＞ビデオジャーナリズム揺籃期：放送批評　No.306　〔1995.1〕
小林宏一　　国際社会秩序の再編下における映像コミュニケーション（映像コミュニケーション研究の新展開＜特集＞）：マス・コ
　　　　　　ミュニケーション研究　通号46　〔1995.1〕　p87～98
山田一仁　　人を感動させる写真を――チェチェン紛争を取材して（地域紛争を報じる）：新聞研究　通号525　〔1995.4〕　p42～45
新聞写真研究会　現代新聞写真論―1―転換期迎えた新聞写真（フォトジャーナリズムはいま＜特集＞）：新聞研究　通号532
　　　　　　〔1995.11〕　p11～18
岡井耀毅　　不透明な社会をいかにリアルに描くか（フォトジャーナリズムはいま＜特集＞）：新聞研究　通号532　〔1995.11〕
　　　　　　p19～22
吉村卓也　　米国フォトジャーナリズムの実相（フォトジャーナリズムはいま＜特集＞）：新聞研究　通号532　〔1995.11〕　p27～30
長倉洋海　　歴史の底流を写しとるために（フォトジャーナリズムはいま＜特集＞）：新聞研究　通号532　〔1995.11〕　p23～26
立花嘉乃　　現代新聞写真論―2―取材の最前線で見えること（第一線写真記者座談会）：新聞研究　通号533　〔1995.12〕　p49～63
新聞写真研究会　現代新聞写真論―3―撮るために配慮すべきは何か――人権・肖像権・プライバシーをめぐって〔含 肖像権な
　　　　　　どが問題となったケース〕：新聞研究　通号534　〔1996.1〕　p73～83
新聞写真研究会　現代新聞写真論（第4回）拡大強化される取材規制：新聞研究　通号535　〔1996.2〕　p55～64
新聞写真研究会　現代新聞写真論＜第5回＞伝える使命と内なるモラル：新聞研究　通号536　〔1996.3〕　p81～90
新聞写真研究会　現代新聞写真論―6―＜座談会＞「スポーツ紙の写真はいま」：新聞研究　通号537　〔1996.4〕　p48～62
新聞写真研究会　現代新聞写真論＜第7回＞危険にどう対処するか――個人も組織もシグナルを見落とすな：新聞研究　通号538
　　　　　　〔1996.5〕　p59～69
新聞写真研究会　現代新聞写真論＜第8回＞地元の生ニュースをカラーで――地方紙の新聞写真：新聞研究　通号539　〔1996.6〕
　　　　　　p63～73
広瀬明代, 山岸直子, 小野直美　現代新聞写真論＜連載第9回＞＜女性カメラマン座談会＞「撮ること, 働くことと性差」：新聞研究
　　　　　　通号540　〔1996.7〕　p59～75
新聞写真研究会　現代新聞写真論＜第10回＞技術進歩は何を変えるか：新聞研究　通号541　〔1996.8〕　p73～81
浅川周三　　写真記者の意識と技術の変遷：新聞研究　通号541　〔1996.8〕　p69～72
新聞写真研究会　現代新聞写真論＜第11回＞＜写真部デスク座談会＞変わる環境, 増す責任：新聞研究　通号542　〔1996.9〕　p63
　　　　　　～76
新聞写真研究会　現代新聞写真論＜連載第12回＞岩国哲人, 大宅映子両氏を迎えて――「百の記事より一枚の写真」：新聞研究
　　　　　　通号543　〔1996.10〕　p65～81
殷強　　　　日・中両国におけるフォト・ジャーナリズムの比較：流通経済大学大学院社会学研究科論集　（2・3）〔1996.10〕
　　　　　　p1～17
新聞写真研究会　現代新聞写真論＜第13回＞写真部ならではの写真とは――出稿部・整理部デスク座談会より：新聞研究　通号
　　　　　　544　〔1996.11〕　p68～79
新聞写真研究会　現代新聞写真論 第14回（最終回）＜総括座談会＞次代を担う写真記者へ：新聞研究　通号545　〔1996.12〕　p56
　　　　　　～71
笹本信子　　女性とメディア――インタビュー 笹本恒子――女性初の報動写真家：総合ジャーナリズム研究　34（01）〔1997.1〕
　　　　　　p76～78
浜田純一　　ジャーナリズムにとっての再販問題（記者読本'97）：新聞研究　通号548　〔1997.3〕　p39～41
今城力夫　　「今度は僕の番かもしれないね」――フォト・ジャーナリスト沢田教一の思い出：総合ジャーナリズム研究　34
　　　　　　（02）〔1997.4〕　p52～55
原田浩司　　ペルーの日本大使公邸人質事件「日本人人質の安否など公邸内写真」のスクープ（共同）――「あの時…」自問自答
　　　　　　繰り返す現在（平成9年度新聞協会賞）：新聞研究　通号555　〔1997.10〕　p31～33
坂井信彦　　撮ってもいいですか：総合ジャーナリズム研究　35（01）〔1998.1〕　p4～6
福田文昭　　PHOTO MESSAGE“事実”を正確に記録する：総合ジャーナリズム研究　35（03）〔1998.7〕　p4～6
村木良彦　　二人のドキュメンタリストが残したもの（上）：総合ジャーナリズム研究　35（04）〔1998.10〕　p58～61
萩原一直　　百万語にも勝る時代の証言 報道写真の言語性を考える：新聞通信調査会報　通号431　〔1998.10〕　p4～6
石川文洋　　カメラマン人生―9―報道カメラマンへの道：公評　35（9）〔1998.10〕　p132～139
前島加世子　ビデオ・ジャーナリストは, メディアの一翼を担えるか：放送文化　通号54　〔1998.12〕　p92～95
岡崎栄　　　新しい映像表現の開拓のために（特集 21世紀の放送にむけて）：放送学研究　通号49　〔1999〕　p71～97
田中薫　　　『サン写真新聞』と写真ジャーナリズム：宮崎公立大学人文学部紀要　7（1）〔1999〕　p105～134
横間恭子　　Current 米・ドキュメンタリー制作の現場：総合ジャーナリズム研究　36（01）（通号 167）〔1999.1〕　p42～47
村木良彦　　Journalist 二人のドキュメンタリストが残したもの（下）牛山純一・上坪隆――「時代を記録する」ことの意味を問
　　　　　　う：総合ジャーナリズム研究　36（01）（通号 167）〔1999.1〕　p37～41
伊藤晋　　　インタビュー 自費出版書は独自の貴重な文化財――自費出版図書館館長伊藤晋さんに聞く：社会教育　54（3）通号
　　　　　　633　〔1999.3〕　p4～6

石川文洋	カメラマン人生(16) CMで儲けそこなった話：公評　36(5)〔1999.6〕p142〜149
相田洋	相田洋(NHKスペシャル)吼える——どこまで「真相と深層」に迫れるか勝負してます！：放送文化　通号61〔1999.7〕p44〜49
牧太郎	ルポルタージュとは何か かぎはメディアミックスにあり：新聞研究　通号578〔1999.9〕p35〜38
北田暁大	《意味》への抗い——中井正一の映画＝メディア論をめぐって：マス・コミュニケーション研究　通号56〔2000.1〕p64〜77
石黒重光	十年目迎えたビデオジャーナリストたち——質向上へ早急に必要な教育機関の設置：朝日総研リポート　通号142〔2000.2〕p62〜82
総合ジャーナリズム研究編集部	「女性とメディア」動向レポート 柏原破魔子さんに聞く－－写真記者として：総合ジャーナリズム研究所　37(02)（通号172）〔2000.4〕p67〜69
総合ジャーナリズム研究編集部	PHOTO MESSAGE カメラのこちら側と、向こう側：総合ジャーナリズム研究所　37(03)（通号173）〔2000.7〕p32〜34
池田竜夫	陽の当たらない被写体を：総合ジャーナリズム研究　37(04)（通号174）〔2000.9〕p44〜48
吉田和比古	フォト・ジャーナリズムの戦争報道の歴史とデジタル・メディア時代における新たな課題：法政理論　33(2)〔2000.11〕p257〜202
亀山亮	PHOTO・M 残った目で世界を見続けたい：総合ジャーナリズム研究　38(02)（通号176）〔2001.3〕p4〜6
徳山喜雄	PHOTO・M 写真は世界につながる「通路」：総合ジャーナリズム研究　38(03)（通号177）〔2001.6〕p4〜6
石川文洋	カメラマン人生(38) 私の沖縄ナショナリズム：公評　38(5)〔2001.6〕p118〜121
浅井達三	数々の歴史的瞬間を撮影 カメラマン浅井達三氏：新聞通信調査会報　通号465〔2001.8〕p18〜19
金澤宏昭	PHOTO・M 存在としての「開き直り」：総合ジャーナリズム研究　38(04)（通号178）〔2001.9〕p4〜6
宮嶋茂樹, 元木昌彦	元木昌彦のメディアを考える旅(43) 宮嶋茂樹氏(カメラマン) 行動派カメラマン「不肖・宮嶋」が嘆く写真 週刊誌「フォーカス」休刊の時代背景：エルネオス　7(10)通号83〔2001.10〕p94〜97
石川文洋	カメラマン人生(43) テレビ報道と新聞・雑誌：公評　38(10)〔2001.11〕p118〜121
岸田圭司	Photo Message 写らなかった写真：総合ジャーナリズム研究　38(01)（通号175）〔2001.12〕p4〜6
総合ジャーナリズム研究編集部	Study 変容するテレビ・ドキュメンタリーと社会：総合ジャーナリズム研究所　38(01)（通号175）〔2001.12〕p63〜65
大屋幸恵	写真メディア再考——P.ブルデュー『写真論』および「『写真』に関する意識調査」から：武蔵大学総合研究所紀要（12）〔2002〕p73〜85
川崎けい子	PHOTO MESSAGE アフガン難民を撮るということ：総合ジャーナリズム研究　39(02)（通号180）〔2002.3〕p4〜6
羽田澄子	インタビュー 羽田澄子さんに聞く--記録映画監督として(WOMEN&MEDIA 「女性とメディア」動向レポート)：総合ジャーナリズム研究　39(02)（通号180）〔2002.3〕p71〜75
原田健一	1930年代「報道写真」のメディア構造とその表現——伊奈信男の報道写真論：Intelligence　(1)〔2002.3〕p81〜90
萩原義弘	PHOTO・M 炭鉱、鉱山を撮って二〇年：総合ジャーナリズム研究　39(03)（通号181）〔2002.6〕p4〜6
徳山喜雄	新聞写真「再定義」の試み——「考えさせる」写真をめざして：朝日総研リポート　(156)〔2002.6〕p27〜50
麻生健	「真実を多角的に」の使命感変わらず－デジタル時代のフォトジャーナリズム：新聞研究　(612)〔2002.7〕p38〜41
麻生健	「真実を多角的に」の使命変わらず——デジタル時代のフォトジャーナリズム：新聞研究　(612)〔2002.7〕p38〜41
石丸次郎	PHOTO・M 北朝鮮の人々を記録する：総合ジャーナリズム研究　39(04)（通号182）〔2002.9〕p4〜6
比嘉要	写真報道編 写真は事実を写しているか(FEATURE ジャーナリスト教育の実験報告－－教育プログラム開発プロジェクトの試み（シリーズ1))：総合ジャーナリズム研究　39(04)（通号182）〔2002.9〕p12〜16
川崎博	山へ海へ 映像取材の腕磨く毎日——紙面連動の年間企画でスタッフ倍増(新聞記者 動画取材格闘記)：新聞研究　(614)〔2002.9〕p54〜56
内藤久雄	デジタル時代の写真記者像——ジャーナリスト、芸術家、技術者のはざまで(特集 写真現場のいま)：新聞研究　(616)〔2002.11〕p10〜13
吉田勝憲, 石黒武	写真取材でも代表・プール制(9・17日朝首脳会議の取材体制)：新聞研究　(616)〔2002.11〕p46〜48
今岡昌子	PHOTO・M 人間の「生きる力」：総合ジャーナリズム研究　39(01)（通号179）〔2002.12〕p4〜6
谷本美加	PHOTO・M 「脱北者同志会」を訪ねて：総合ジャーナリズム研究　40(02)（通号184）〔2003.3〕p4〜6
村田信一	PHOTO・M 戦場のバグダッド、不条理の中で：総合ジャーナリズム研究　40(03)（通号185）〔2003.6〕p4〜6
岩崎貞明, 綿井健陽, 鈴木理栄	インタビュー 綿井健陽さん 戦火のバグダッドを取材して：放送レポート　183号〔2003.7〕p12〜16
勝井健二	PHOTO・M アフガニスタンの戦争被害者：総合ジャーナリズム研究　40(04)（通号186）〔2003.9〕p4〜6
村岡和彦	現代の肖像 遠藤盛章——ビデオジャーナリスト：Aera　16(42)通号831〔2003.10〕p64〜69
鈴木嘉一	よみがえる牛山純一——映像記録としてのテレビドキュメンタリー：月刊民放　33(11)通号389〔2003.11〕p32〜35
古居みずえ	PHOTO・M ジェニンの谷は戦車でいっぱい：総合ジャーナリズム研究　40(01)（通号183）〔2003.12〕p4〜6
藤原智子	インタビュー 藤原智子さんに聞く--記録映画監督として(WOMEN&MEDIA 「女性とメディア」動向レポート)：総合ジャーナリズム研究　40(01)（通号183）〔2003.12〕p74〜77
村木良彦	「方法」としてのドキュメンタリー(FEATURE テレビ50歳の危機(1))：総合ジャーナリズム研究　40(01)（通号183）〔2003.12〕p36〜39
大野広幸	PHOTO・M 海上自衛官を目指す女性たち：総合ジャーナリズム研究　41(03)（通号189）〔2004.6〕p4〜6
片野田斉	PHOTO・M 写真で理解しあうには…：総合ジャーナリズム研究　41(04)（通号190）〔2004.9〕p4〜6
浅田悠樹	PHOTO・M エクアドル経済危機の片隅で：総合ジャーナリズム研究　41(01)（通号187）〔2004.12〕p4〜6
越川葉子	報道写真における相互行為の可能性——不在の他者を巡る相互行為への思索：立教大学大学院教育学研究集録（2)〔2005〕p73〜83
綿井健陽	PHOTO・M 映像は何を映し出すのか：総合ジャーナリズム研究　42(02)（通号192）〔2005.3〕p4〜6

ジャーナリズム　　　　　　　　　　　　　　　　　　　　　　　　　　　　　　写真・映像

桃井和馬　　PHOTO・M 伝えられていない視点を見極める：総合ジャーナリズム研究　42（03）（通号 193）〔2005.6〕　p4〜6

入江明廣　　今、幕が下り切る前になすべき事は何か――「何も撮れなくなる」前に写真取材のあり方問い直そう（JR福知山線
　　　　　　　脱線事故報道を振り返る）：新聞研究　（649）〔2005.8〕　p60〜64

広瀬明代　　PHOTO・M「経済好調」報道の背後で：総合ジャーナリズム研究　42（04）（通号 194）〔2005.9〕　p4〜6

田沼武能　　戦後60年とジャーナリズム（5）報道写真の原点を見つめ直す――歴史をビジュアルに伝える責務を果たすために：
　　　　　　　新聞研究　（651）〔2005.10〕　p57〜61

松本浩治　　PHOTO・M 移民の歴史を記録して…：総合ジャーナリズム研究　42（01）（通号 191）〔2005.12〕　p4〜6

古居みずえ　「女性とメディア」動向レポート INTERVIEW 古居みずえさんに聞く――フォトジャーナリスト：総合ジャーナ
　　　　　　　リズム研究　43（02）（通号 196）〔2006.3〕　p32〜35

徳山喜雄　　人間の感覚を呼び覚ます写真を――見届け、考えさせる写真ジャーナリズム（記者読本2006―記者となる君へ）：新
　　　　　　　聞研究　（656）〔2006.3〕　p38〜41

豊田直巳　　PHOTO・M 巨大な暴力を止めさせるために：総合ジャーナリズム研究　43（01）（通号 195）〔2006.12〕　p4〜6

伊藤文美　　人と街の息吹きを感じて――ドキュメンタリー映画『風を聴く――台湾・九彬物語』：マスコミ市民　通号466
　　　　　　　〔2007.11〕　p80〜83

山路徹　　　ニュースな人たち 山路徹――マスコミに撃たれて。：ぎゃらく　通号464　〔2008.2〕　p3〜5

小座野容斉　ネット空間でどう見せるか――「複数写真＋記事」で広がる可能性（デジタル時代の報道写真）：新聞研究　（679）
　　　　　　　〔2008.2〕　p37〜39

鈴木竜三　　技術の大衆化で試される心眼――グラフ面やフォトコラム通じて「視点」を提示（デジタル時代の報道写真）：新聞
　　　　　　　研究　（679）〔2008.2〕　p23〜26

内藤久雄　　体験的写真技術進化論――カメラマンはデジタルの夢を見るか？（デジタル時代の報道写真）：新聞研究　（679）
　　　　　　　〔2008.2〕　p30〜33

戸上航一, 星野浅和, 嶋邦夫　被写体との関係を築く――カメラマン“受難”の時代に（デジタル時代の報道写真）：新聞研究
　　　　　　　（679）〔2008.2〕　p34〜36

吉良治　　　問われる写真記者の企画力――固定観念捨て、時代に応じた役割担おう（デジタル時代の報道写真）：新聞研究
　　　　　　　（679）〔2008.2〕　p27〜29

石川文洋　　続・カメラマン人生（24）心筋梗塞後、初の海外取材：公評　45（6）〔2008.7〕　p56〜63

石川文洋　　続・カメラマン人生（25）心筋梗塞後、初の海外取材（2）：公評　45（7）〔2008.8〕　p56〜63

佐藤賢二郎　南アジアのフォトジャーナリズムと日本――カラチ国際報道写真シンポジウムに参加して：新聞研究　（690）
　　　　　　　〔2009.1〕　p63〜66

藤原幸一　　フォト・ジャーナリストの目 危機遺産の島々、ガラパゴス：Journalism　（226）〔2009.3〕　p87〜90

深田志穂　　フォト・ジャーナリストの目 中国・四川大地震1年――学校倒壊から生き残った子供たち：Journalism　（227）
　　　　　　　〔2009.4〕　p106〜109

Dimmock, Jessica　Picture Power パパラッチの知られざる日常：Newsweek　24（13）通号1146　〔2009.4〕　p86〜89

別府三奈子　ジャーナリズムと映像表現――日米比較試論としての「“国策”報道写真」論（小特集 歴史研究と図像・画像）：メ
　　　　　　　ディア史研究　25　〔2009.5〕　p20〜48

王京　　　　災害航空写真の登場と新聞社（小特集 歴史研究と図像・画像）：メディア史研究　25　〔2009.5〕　p1〜19

菱田雄介　　フォト・ジャーナリストの目 国後島――そこに流れる二つの時間：Journalism　（228）〔2009.5〕　p82〜85

佐藤泰則, 池田正一, 渡辺幹夫　写真部長・デスク座談会 新聞写真の現状と今後：新聞研究　（696）〔2009.7〕　p30〜39

後藤勝　　　フォト・ジャーナリストの目 崩れるタイの民主主義――混乱続くバンコクから：Journalism　（230）〔2009.7〕
　　　　　　　p106〜109

岡原功祐　　フォト・ジャーナリストの目 ゲリラ・シャン州軍の兵士たち――Rebels on the edge：Journalism　（231）〔2009.
　　　　　　　8〕　p104〜107

松野良一　　メディア漂流（9）米軍撮影フィルムから追った「笑顔の謎」：調査情報. 第3期　（490）〔2009.9・10〕　p72〜75

Cazalis, Carlos　フォト・ジャーナリストの目 サンパウロの混沌：Journalism　（232）〔2009.9〕　p83〜86

亀山亮　　　フォト・ジャーナリストの目 いくつもの扉をくぐりぬけると――メキシコの刑務所で：Journalism　（233）〔2009.
　　　　　　　10〕　p92〜95

桑島生　　　フォト・ジャーナリストの目 幻影の果てに――ウクライナの薬物依存者たち：Journalism　（234）〔2009.11〕　p98
　　　　　　　〜101

森本徹　　　フォト・ジャーナリストの目 ナイロビ、アメリカ大使館爆破事件から11年“Interrupted Journey”：Journalism
　　　　　　　（235）〔2009.12〕　p80〜83

別府三奈子　ジャーナリズムと映像表現――昭和/消去（デリート）の類型（特集 昭和の記憶とメディア）：マス・コミュニケー
　　　　　　　ション研究　通号76　〔2010〕　p43〜67

深田志穂　　フォト・ジャーナリストの目 カシュガルの消えるオールドタウン――2009年夏、新疆ウイグル自治区で：
　　　　　　　Journalism　（236）〔2010.1〕　p94〜97

後藤勝　　　フォト・ジャーナリストの目 スリランカ内戦が残したもの――25年以上続いた泥沼の対立：Journalism　（237）
　　　　　　　〔2010.2〕　p76〜79

大瀬二郎　　フォト・ジャーナリストの目 アフリカ・コンゴ、内戦地帯を行く――北キブ州ントト村のPKO 部隊：Journalism
　　　　　　　（238）〔2010.3〕　p98〜101

嘉納愛夏　　フォト・ジャーナリストの目「中米一の最貧国」を襲った悲劇――ハイチ地震の激震地を行く：Journalism
　　　　　　　（239）〔2010.4〕　p80〜83

幸田大地　　フォト・ジャーナリストの目 インドの不可触民を訪ねて――ビハール州パトナで：Journalism　（240）〔2010.5〕
　　　　　　　p84〜87

石井彰　　　一人ひとりの視聴者と出会う――活況呈するドキュメンタリー上映会の意義：月刊民放　40（6）通号468　〔2010.6〕
　　　　　　　p38〜41

宇田有三　　フォト・ジャーナリストの目 見えない国ビルマ：Journalism　（242）〔2010.7〕　p84〜87

谷本美加　　フォト・ジャーナリストの目 バングラデシュの娼婦街で：Journalism　（243）〔2010.8〕　p83〜86

岡原功祐　　フォト・ジャーナリストの目 コロンビアからアメリカへ Almost Paradise密入国者たちの旅：Journalism　（244）
　　　　　　　〔2010.9〕　p78〜81

石川文洋	続・カメラマン人生 (49) 茨城大学講義録 (14) 先輩たちのベトナム報道：公評 47 (9) 〔2010.10〕 p56〜63	
山口元	フォト・ジャーナリストの目 カンザスシティのホームレス・シェルター：Journalism (245) 〔2010.10〕 p88〜91	
後藤勝	フォト・ジャーナリストの目 ファビオ・ポレンギの死——タイ・バンコク騒乱から6ヶ月：Journalism (246) 〔2010.11〕 p82〜85	
宮下洋一	フォトジャーナリズムは終わったのか？——国際フォトジャーナリズム祭の証言者たち：世界 (811) 〔2010.12〕 p200〜206	
安田菜津紀	フォト・ジャーナリストの目 路上に生きる——フィリピンのストリートチルドレン：Journalism (247) 〔2010.12〕 p83〜86	
角英夫	テレビドキュメンタリーの今後 時代を共有するNHKスペシャルという「装置」(総力特集 テレビはどこへ向かうのか——大震災、地デジ化を経て)：放送文化 通号32 〔2011.秋〕 p15〜19	
大山文兄	デジタルで写した野生生物の素顔——生態系保全の重要性伝える写真企画 (生物多様性の捉え方)：新聞研究 (714) 〔2011.1〕 p12〜15	
深田志穂	フォト・ジャーナリストの目 1年後のカシュガル——中国・新疆ウイグル自治区再訪：Journalism (248) 〔2011.1〕 p80〜83	
桑島生	フォト・ジャーナリストの目 癒えない傷口——キルギス、民族衝突から半年：Journalism (249) 〔2011.2〕 p88〜91	
別府三奈子	ジャーナリズムと映像 消去の事例——「南ベトナム海兵大隊戦記」放送中止事件・再考：ジャーナリズム＆メディア ： 新聞学研究所紀要 (4) 〔2011.3〕 p197〜219	
高橋かつお	フォト・ジャーナリストの目 国境の向こうに潜む甘い罠：Journalism (250) 〔2011.3〕 p98〜101	
水口博也	フォト・ジャーナリストの目 南極半島ペンギン最新事情：Journalism (251) 〔2011.4〕 p78〜81	
徳山喜雄	新人記者のための写真撮影講座 (第1回) 事故の現場を撮る 一刻も早く現場へ アップとロングの写真を撮る：Journalism (251) 〔2011.4〕 p68〜77	
高橋美香	フォト・ジャーナリストの目 「分離壁」という名の占領——パレスチナ自治区ビリン村で：Journalism (252) 〔2011.5〕 p100〜103	
徳山喜雄	新人記者のための写真撮影講座 (第2回) 事件・火事の現場を撮る 「驚き」を持って現場へリアリティー、深刻さを伝える：Journalism (252) 〔2011.5〕 p88〜97	
徳山喜雄	新人記者のための写真撮影講座 (最終回) スケッチ・人物を撮る 生き生きした紙面に同時代の「新しい風景」を撮る：Journalism (253) 〔2011.6〕 p80〜90	
幸田大地	フォト・ジャーナリストの目 インドの小さな村で：Journalism (254) 〔2011.7〕 p96〜99	
高橋邦典	至近距離で迫るフォトルポルタージュ連載 気鋭の報道カメラマンが飛び込む21世紀の「戦場」(第1回) そして日常は戦争の色に染まる——リビア・エジプト・バーレーン：Sapio 23 (11) 通号508 〔2011.7〕 p50〜53	
安田菜津紀	フォト・ジャーナリストの目 ウガンダのエイズ孤児たち：Journalism (255) 〔2011.8〕 p89〜92	
高橋邦典	至近距離で迫るフォトルポルタージュ連載 気鋭の報道カメラマンが飛び込む21世紀の「戦場」(第2回) ブッシュとオバマは何も知らない——イラク・アフガニスタン：Sapio 23 (12) 通号509 〔2011.8〕 p50〜53	
高橋邦典	至近距離で迫るフォトルポルタージュ連載 気鋭の報道カメラマンが飛び込む21世紀の「戦場」(第3回) 郷里は戦場「以上」と化していた——岩手・宮城：Sapio 23 (13) 通号510 〔2011.8〕 p54〜57	
岡原功祐	フォト・ジャーナリストの目 2011年3月 内戦のリビアへ：Journalism (256) 〔2011.9〕 p90〜93	
亀山亮	フォト・ジャーナリストの目 世界で最も危険な都市——シウダード・フアレスのギャングたち：Journalism (257) 〔2011.10〕 p83〜86	
アニエス, デルベイ	フォト・ジャーナリストの目 ロバート・キャパ賞受賞 アニエス・デルベイさんに聞く：Journalism (258) 〔2011.11〕 p78〜83	
大瀬二郎	フォト・ジャーナリストの目 アフリカ、飢餓線上をさまよう人たち：Journalism (259) 〔2011.12〕 p96〜100	
深田志穂	フォトジャーナリストの目 PKK (クルド労働者党) の終わらない闘い：Journalism (260) 〔2012.1〕 p87〜91	
藤原幸一	フォト・ジャーナリストの目 消えゆくマダガスカルの森：Journalism (261) 〔2012.2〕 p76〜79	
「女性とメディア」研究会, 中野理恵	「女性とメディア」動向レポート INTERVIEW 中野理恵さんに聞く ： 映画の輸入配給会社社長として：総合ジャーナリズム研究 49 (02) =220 〔2012.3〕 p41〜43	
原田裕介	フォト・ジャーナリストの目 カダフィがいた夏 ：2011年8〜9月、リビア：Journalism (262) 〔2012.3〕 p96〜101	
星野浅和	コダックと報道写真 ： フィルムからデジタルへの移行の中で：新聞研究 (729) 〔2012.4〕 p42〜45	
伊藤大輔	フォト・ジャーナリストの目 リオのファベーラに住んで：Journalism (263) 〔2012.4〕 p87〜91	
佐藤崇	「原発爆発」撮影の舞台ウラ：放送レポート 236号 〔2012.5〕 p2〜5	
福井健策, 鈴木里佳	ピンク・レディー事件最高裁判決 ： 姿を現した、メディアにおける写真利用の新ルール：新聞研究 (730) 〔2012.5〕 p52〜55	
谷本美加	フォト・ジャーナリストの目 非認知の国 ソマリランド共和国：Journalism (264) 〔2012.5〕 p83〜87	
木下繁貴	作品自体が持つ力を信じて (特集 テレビドキュメンタリーの現在)：月刊民放 42 (6) 通号492 〔2012.6〕 p28〜31	
高山剛	フォト・ジャーナリストの目 中国・西の果ての遊牧民たち ： 新疆ウイグル自治区：Journalism (267) 〔2012.8〕 p79〜83	
的場哲朗	戦場写真家とメディア倫理の問題 ： 写真「ハゲワシと少女」を手掛かりにして：白鷗大学論集 27 (1) 〔2012.9〕 p177〜201	
安田菜津紀	フォト・ジャーナリストの目 プノンペン郊外 緑のトタン屋根の並ぶ村で：Journalism (268) 〔2012.9〕 p77〜81	
谷本美加	フォト・ジャーナリストの目 イエメンの春、その後：Journalism (269) 〔2012.10〕 p95〜99	
宇田有三	フォト・ジャーナリストの目 ビルマ 変化の途上：Journalism (270) 〔2012.11〕 p99〜103	
八尋伸	フォト・ジャーナリストの目 戦火の街アレッポで自由シリア軍FSA潜入記：Journalism (271) 〔2012.12〕 p87〜91	
白石草	ビデオを生活の一部にする女性たち ： デジタル時代の映像表現をめぐって (特集 女性による表現文化の現在とメディア)：マス・コミュニケーション研究 (83) 〔2013〕 p65〜73	
緒川直人	明治中期迄の写真舗顧客と写真蒐集家斎藤月岑 ： 写真の大衆化の「受け手」論的一考察：マス・コミュニケーション研究 (82) 〔2013〕 p251〜271	
高橋邦典	フォト・ジャーナリストの目 カトマンズのダーバー・ボーイズ：Journalism (273) 〔2013.2〕 p98〜101	

| 「女性とメディア」研究会, 今村彩子 | 「女性とメディア」動向レポート INTERVIEW 今村彩子さんに聞く ： ろう者の映像作家として：総合ジャーナリズム研究　50(03)＝225〔2013.6〕p45～47 |

「女性とメディア」研究会, 今村彩子　「女性とメディア」動向レポート INTERVIEW 今村彩子さんに聞く ： ろう者の映像作家として：総合ジャーナリズム研究　50(03)＝225〔2013.6〕p45～47

岡原功祐　フォト・ジャーナリストの目 原発事故、その後 福島 変われない日々：Journalism　(278)〔2013.7〕p112～117

戸川覚　フォト・ジャーナリストの目 知床半島・羅臼町 過ぎゆく歳月に学ぶこと：Journalism　(282)〔2013.11〕p138～143

「女性とメディア」研究会, 橋本佳子　「女性とメディア」動向レポート INTERVIEW 橋本佳子さんに聞く ： 放送・映画プロデューサー：総合ジャーナリズム研究　50(01)＝223〔2013.12〕p57～59

日本工房, 白山眞理　フォト・ジャーナリストの目 「日本工房」が見た日本 ： 1930年代：Journalism　(283)〔2013.12〕p150～155

谷本美加　フォト・ジャーナリストの目 中国・貴嶼鎮 電子ゴミと環境汚染：Journalism　(284)〔2014.1〕p100～105

岩根愛　フォト・ジャーナリストの目 ハワイ 名もなき墓：Journalism　(285)〔2014.2〕p138～143

大瀬二郎　フォト・ジャーナリストの目 エチオピア 山岳地のポテト：Journalism　(286)〔2014.3〕p142～147

深田志穂　フォト・ジャーナリストの目 インド 貧困層と乳がん治療：Journalism　(287)〔2014.4〕p148～153

國森康弘　フォト・ジャーナリストの目 子、孫につなぐいのち：Journalism　(288)〔2014.5〕p138～143

村田信一　フォト・ジャーナリストの目 福島、時が止まった地：Journalism　(290)〔2014.7〕p150～155

岡庭璃子　フォト・ジャーナリストの目 インド・西ベンガル地方『コト』の豊かなサンタル族：Journalism　(291)〔2014.8〕p172～177

村田真一　フォト・ジャーナリストの目 絶滅に瀕した生き物たち：Journalism　(292)〔2014.9〕p160～165

原田裕介　フォト・ジャーナリストの目 エジプトのシリア人難民を見る：Journalism　(293)〔2014.10〕p174～179

村田信一　フォト・ジャーナリストの目 流浪に生きる人々 イラク ： Living nowhere—agony of regional people：Journalism　(294)〔2014.11〕p188～193

谷本美加　フォト・ジャーナリストの目 香港「雨傘革命」民主化を求めるパフォーマンス：Journalism　(295)〔2014.12〕p202～207

〔図書〕

戦後ルポルタージュ　〔第3巻〕　独伊篇　鱒書房　1947　120p　18cm

増島得男　新聞写真の研究　朝日新聞社　1952　159p　21cm　（朝日新聞調査研究室報告社内用 第34）

伴俊彦　新聞の写真　同文館　1955　182p　図版20枚　18cm　（新聞の知識シリーズ）

アサヒカメラ編集部　カメラ記者の眼　朝日新聞社　1960　238p　19cm

中山善三郎　写真記者物語　東方社　1962　256p　20cm

読売新聞社　報道写真にみる昭和の40年　読売新聞社　1965　439p（おもに図版）　31cm

岸哲男　写真ジャーナリズム　ダヴィッド社　1969　293p 図版　22cm　1400円

Boulle, Pierre, 三輪秀彦　報道写真家　早川書房　1969　202p　19cm　330円　（ハヤカワ・ノヴェルズ）

日本新聞協会　新聞写真　日本新聞協会　1970　308p　19cm　750円

角田匡　新聞写真の読み方　玄光社　1970　223p　19cm　580円

放送批評懇談会　18,000秒ドキュメント—千葉テレビ「スペシャル・フライデー46」の実験　白川書院　1977.2　237p 図　19cm　1300円

若林邦三　報道カメラマン　増補版　図書出版社　1977.5　302p 図　20cm　980円

藤波健彰　ニュースカメラマン—激動の昭和史を撮る　中央公論社　1977.11　344p　20cm　1200円

日本機関紙協会大阪府本部　ルポルタージュ入門—取材実戦学のすすめ　日本機関紙出版センター　1979.5　59p　26cm　（21世紀技術ブックス）

日本ニュース記録委員会　ニュースカメラの見た激動の昭和　日本放送出版協会　1980.1　310p　21cm　1500円

藤波健彰　ニュースカメラマン—激動の昭和史を撮る　中央公論社　1980.5　340p　15cm　440円　（中公文庫）

西井一夫　写真というメディア　冬樹社　1982.11　219p　20cm　1900円

若林邦三　報道写真を撮る　ダヴィッド社　1982.12　174p　19cm　980円

井上敏夫　シャッター・チャンス—報道カメラマンの記録　日本工業新聞社　1983.8　247p　19cm　1200円

日本新聞協会　新聞カメラマンの証言—戦後新聞写真史　日本新聞協会　1986.2　334p　22cm　2500円

吉田ルイ子　フォト・ジャーナリストとは？—撮れなかった1枚の写真　岩波書店　1987.10　62p　21cm　250円　（岩波ブックレット no0100）

久保雅督　フォト・ジャーナリストへの道　東京書店　1988.1　230p　21cm　980円　（マイウェイ・ブックス 6）

北海道新聞写真部　報道写真入門　北海道新聞社　1988.2　65p　21cm　400円　（道新ブックレット 別版）

桑原史成　報道写真家　岩波書店　1989.9　225p　18cm　550円　（岩波新書）

ジョベール, アラン, 村上光彦　歴史写真のトリック—政治権力と情報操作　朝日新聞社　1989.10　189p　28cm　2500円

奥田裕　報道・広報写真の撮影　理工学社　1990.1　1冊　26cm　2678円

石川保昌　報道写真の青春時代—名取洋之助と仲間たち　講談社　1991.4　255p　27cm　2880円

石川文洋　報道カメラマン　朝日新聞社　1991.9　1052p　15cm　1650円　（朝日文庫）

食生活プランニング, 藤原勝子　フードジャーナリストの世界—暮しのまん中に食卓がある。現場から熱いメッセージ。 食の仕事　群羊社　1991.12　160p　19cm　1300円

石井幸之助　イエスかノーか—若きカメラマンのマレー・千島列島従軍記　光人社　1994.4　243p　20cm　1700円

松沢和正　報道写真家・岡村昭彦—戦場からホスピスへの道　NOVA出版　1995.5　289p　20cm　2600円

神保哲生　ビデオジャーナリストの挑戦—I am a VJ　ほんの木（発売）　1995.11　251p　20cm　2200円

石川文洋　報道カメラマンの仕事　創和出版　1995.12　268p　20cm　2060円

横浜市海外交流協会, 野中章弘　ビデオジャーナリズム入門—8ミリビデオがメディアをかえる　はる書房　1996.1　325p　21cm　2000円

桑原史成　報道写真に生きる　草の根出版会　1997.4　143p　23cm　2200円　（母と子でみる 35）

日本新聞協会　現代新聞写真論—撮ることの意味を考える　日本新聞協会　1997.5　405p　22cm　2476円

松本敏之　パシャッ！—報道カメラマン日記　淡交社　1999.1　255p　19cm　1500円

毎日新聞秘蔵不許可写真　2　毎日新聞社　1999.1　192p　30cm　1714円　（毎日ムックーシリーズ20世紀の記憶）

Miller, Russell, 木下哲夫　マグナム—報道写真半世紀の証言　白水社　1999.6　465, 28p　20cm　3800円

浜口タカシ　報道写真家の目—ドキュメント戦後日本「歴史の瞬間」　日本カメラ社　1999.10　175p　31cm　4600円

橋元良明, 原田悦子, 大井眞脩, 三上俊治, 小林宏一, 石井健一, 船津衛, 張国良, 田村和人, 福田充　映像メディアの展開と社会心理　北樹出版　1999.11　132p　22cm　1700円　（シリーズ・情報環境と社会心理 4）

アジアプレスインターナショナル　アジアのビデオジャーナリストたち　はる書房　2000.7　288p　21cm　2200円

大山真人　ノンフィクションライターの仕事　早稲田大学人間科学部産業社会学研究室　2000.12　26p　26cm　（早稲田大学人間科学部産業社会学調査実習資料 第7集—シリーズ『ジャーナリストへの招待状』 4）

宮野彬　刑事法廷のカメラ取材—アメリカの規制緩和プロセス　信山社出版　2001.1　294p　20cm　2880円

徳山喜雄　フォト・ジャーナリズム—いま写真に何ができるか　平凡社　2001.3　219p　18cm　700円　（平凡社新書）

棚橋利光, 平嶋述司　報道記事より見た幻の高安城を探る　高安城を探る会　2001.6　167p　30cm

遠藤盛章　国際ビデオジャーナリスト世界の最危険地帯をゆく　双葉社　2001.7　310p　19cm　1600円

大村正樹, 渡部陽一　テレビリポーターと戦場カメラマンが伝える報道されなかったイラクと人びと　新風舎　2004.3　254p　21cm　1400円

広河隆一　戦争とフォト・ジャーナリズム　岩波書店　2004.8　77p　16×22cm　1800円　（岩波フォト・ドキュメンタリー世界の戦場から）

佐野寛　メディア写真論—メディア社会の中の写真を考える　パロル舎　2005.10　478p　22cm　3000円

神保哲生　ビデオジャーナリズム—カメラを持って世界に飛び出そう　明石書店　2006.7　265p　19cm　2400円

沖縄アーカイブス写真集—紡がれてきた美しき文化とやさしき人々の記録　生活情報センター　2006.10　176p　31cm　3800円

柴岡信一郎　報道写真と対外宣伝—15年戦争期の写真界　日本経済評論社　2007.1　179p　22cm　2800円

平敷安常　キャパになれなかったカメラマン—ベトナム戦争の語り部たち　上　講談社　2008.9　462p　20cm　2400円

長倉洋海　私のフォト・ジャーナリズム—戦争から人間へ　平凡社　2010.11　286p　18cm　900円　（平凡社新書 558）

安田菜津紀, 幸田大地, 白潟禎　アジア×カメラ—「正解」のない旅へ　第三書館　2011.5　204p　20cm　1600円

小林哲哉　報道写真家和辻隆二—砂嵐の中で何が起きたのか　日本文学館　2011.7　85p　15cm　600円

増本安雄　テレビカメラマンふり返りの記　牧歌舎　2011.10　135p　19cm　1200円

平敷安常　キャパになれなかったカメラマン—ベトナム戦争の語り部たち　上　講談社　2012.5　577p　15cm　943円　（講談社文庫 ひ51-1）

井上祐子　日清・日露戦争と写真報道—戦場を駆ける写真師たち　吉川弘文館　2012.7　248p　19cm　1800円　（歴史文化ライブラリー 348）

西村隆次　報道記者のための取材基礎ハンドブック　リーダーズノート出版　2012.11　203p　19cm　1300円

報道写真でわかる朝日新聞必読ニュース—時事学習に最適の教材　2012年版　朝日新聞社　2012.11　95p　30cm　1600円

報道写真でわかる朝日新聞必読ニュース—時事学習に最適の教材　2013年版　朝日新聞社　2013.11　111p　30cm　1600円

川畑嘉文　フォトジャーナリストが見た世界—地を這うのが仕事　新評論　2014.6　238p　19cm　2200円

北海道新聞社, 北海道新聞社　北海道新聞報道写真集2014—写真が伝える北海道この1年　北海道新聞社　2014.12　143p　30cm　926円

広告・広報

〔雑誌記事〕

井口一郎　新聞広告の浄化装置：思想の科学　3(8)〔1948.8〕p62〜67

小沢豊　アメリカ広告界：新聞研究　通号4〔1948.9〕p6〜9

西部謙治　広告課税反対運動の理由と経過について：新聞研究　通号4〔1948.9〕p14〜17

山岡克孝　広告面が出来る迄：新聞研究　通号4〔1948.9〕p12〜14

日本新聞協会　新聞の広告料と発行部数の関連性：新聞研究　通号4〔1948.9〕p1〜2

日本電報通信社　広告位置の効果：新聞研究　通号9〔1949.11〕p36〜39

中沢道夫　放送と広告宣伝——とくにNHKの場合を中心として：放送文化　5(7)〔1950.7〕p18〜20

長野伝蔵　NHKと広告放送（座談会）：放送文化　5(10)〔1950.10〕p24〜28

柴橋国隆　広告放送考：放送文化　6(6)〔1951.6〕p16〜20

戒能通孝　チャタレイ判決と広告の仕方——「出版の自由」と広告：新聞研究　通号18〔1952.3〕p7〜9

藤沢桓夫　広告放送雑感：放送文化　7(3)〔1952.3〕p38〜39

大島正之　最近のP・R研究について：新聞学評論　2(1)〔1953〕

松富三郎　新聞広告の責任——保全経済会問題に思う：新聞研究　通号30〔1954.1〕p10〜13

植松尚男　総合年鑑収載広告の質と量：新聞研究　通号32〔1954.3〕p23〜25

アンダーソン, ピーター　広告と新聞：新聞研究　通号臨〔1954.8〕p44〜48

杵島隆　コマーシャル・フォトの課題：広告　(082)〔1955.1〕p8〜8

森若正孝　デザインのためのデザインを：広告　(082)〔1955.1〕p6〜6

森岡健二　広告のことば（第一講）：広告　(082)〔1955.1〕p26〜29

祐乗坊宜明　広告ジャーナリズムの問題〈広告時評〉：広告　(082)〔1955.1〕p24〜25

新田宇一郎　広告予算配分に関する公約数的実例：広告　(082)〔1955.1〕p14〜18

やなせ・たかし　広告劔法夢想流入門書：広告　(082)〔1955.1〕p29〜31

南英四郎　セールス・プロモーションの夢：広告　(083)〔1955.2〕p11〜13

深井武夫　広告の科学——ノートからの抜萃：広告　(083)〔1955.2〕p14〜17

小山栄三　映画のタイアップ広告：広告　(084)〔1955.3〕p14〜15

熊本喜一郎, 佐藤亮策　映画調査の機械化とプログラム・アナライザー：広告　(084)〔1955.3〕p16〜18

後上道雄　外交手帖——広告研究の要：広告　(084)〔1955.3〕p19〜19

宇野義方　広告のことば（第二講）：広告　(084)〔1955.3〕p22〜25

梶包喜　広告の形而上学：広告　(084)〔1955.3〕p30〜31

祐乗坊宜明	斬新な全頁広告〈広告時評〉：広告	（084）	〔1955.3〕	p20～21
山口勝弘	視覚と広告：広告	（084）	〔1955.3〕	p27～29
高橋錦吉	デザイン運動よおこれ：広告	（085）	〔1955.4〕	p26～27
栗原亮	ボタン〈広告随想〉：広告	（085）	〔1955.4〕	p28～31
田所太郎	大きい広告小さい広告〈広告時評〉：広告	（085）	〔1955.4〕	p24～25
平尾武義	性広告の影響：新聞研究	通号45	〔1955.4〕	p20～23
中村通夫	広告のコトバ（第三講）：広告	（086）	〔1955.5〕	p18～21
祐乗坊宜明	活字と広告文章：広告	（087）	〔1955.6〕	p10～14
原弘	広告のデザインにおけるタイポグラフィ：広告	（087）	〔1955.6〕	p6～9
山名文夫	広告活字の考察：広告	（087）	〔1955.6〕	p2～5
久住悌三	スポンサーと番組編成：広告	（088）	〔1955.7〕	p2～5
大石初太郎	広告のコトバ（第四講）：広告	（088）	〔1955.7〕	p10～13
芦原治	大阪のコピーライターズ・クラブについて：広告	（088）	〔1955.7〕	p9～9
中町実	誰が為に広告はある：広告	（088）	〔1955.7〕	p15～17
稲生平八	「感」に頼る非科学性——広告効果の測定：新聞研究	通号48	〔1955.7〕	p1～3
近藤貢	新聞広告のプロモーション：新聞研究	通号48	〔1955.7〕	p7～10
朝倉利景	新聞広告効果の諸面：新聞研究	通号48	〔1955.7〕	p3～6
山中喜与藏	広告の生命が尽きないというお話：広告	（089）	〔1955.8〕	p22～23
藤本倫夫	広告時評：広告	（089）	〔1955.8〕	p20～21
美作太郎	新聞広告と中小出版：広告	（089）	〔1955.8〕	p24～25
大伏肇	CMにおける用語上の欠陥：広告	（090）	〔1955.9〕	p7～9
稲田植樹	CMの昧と色：広告	（090）	〔1955.9〕	p2～3
森岡健二	広告のコトバ——第五講：広告	（090）	〔1955.9〕	p20～23
祐乗坊宜明	広告時評：広告	（090）	〔1955.9〕	p24～25
福田定良	広告活動の倫理：広告	（091）	〔1955.10〕	p42～44
深井武夫	広告調査の辿った道：広告	（091）	〔1955.10〕	p18～19
須永三郎	広告媒体としての新聞の推移：広告	（091）	〔1955.10〕	p3～5
五反田勝寿	視覚と聴覚のテレビ広告：広告	（091）	〔1955.10〕	p39～41
池田文痴菴	転換期の広告人：広告	（091）	〔1955.10〕	p22～25
事業部外国課	アメリカの輸出広告：広告	（092）	〔1955.11〕	p28～31
中村通夫	広告のコトバ——第六講：広告	（092）	〔1955.11〕	p18～21
布川尚夫	広告考古学：広告	（092）	〔1955.11〕	p24～26
祐乗坊宜明	広告時評：広告	（092）	〔1955.11〕	p22～23
吉田秀雄	新聞と広告：新聞研究	通号52	〔1955.11〕	p15～18
吉本明光	ラジオCMことしの感想：広告	（093）	〔1955.12〕	p20～21
黒須田伸次郎	継続された広告活動が生むもの：広告	（093）	〔1955.12〕	p12～13
西郷徳男	雑誌広告の性格がはっきりする：広告	（093）	〔1955.12〕	p17～18
栗原亮	綜合雑誌の広告に就て：広告	（093）	〔1955.12〕	p18～19
新田宇一郎	薬品広告と宣伝：新聞研究	通号53	〔1955.12〕	p6～10
山名文夫	ぼくの女の子：広告	（094）	〔1956.1〕	p5～5
椎橋勇	もし私が新聞社の広告部長なりせば：広告	（094）	〔1956.1〕	p32～32
塚田敢	広告文字の字体：広告	（094）	〔1956.1〕	p24～28
衣笠静夫	青春回顧：広告	（094）	〔1956.1〕	p3～3
中川二郎	もし私がスポンサーなりせば：広告	（095）	〔1956.2〕	p32～32
加登川幸太郎	テレビ提供番組の傾向と変遷：広告	（095）	〔1956.2〕	p7～9
稲村明夫	一新聞広告人の願い：広告	（095）	〔1956.2〕	p28～28
植村鷹千代	広告と信頼感：広告	（095）	〔1956.2〕	p21～21
高原基	対外PRの現状：広告	（095）	〔1956.2〕	p29～30
村瀬尚文	もし私がデザイナーなりせば：広告	（096）	〔1956.3〕	p32～32
宮永岳彦	デパートのポスター：広告	（096）	〔1956.3〕	p12～13
奥田晃久	広告と倫理：広告	（096）	〔1956.3〕	p2～4
番匠雄岳	広告雑談：広告	（096）	〔1956.3〕	p22～23
遠藤健一	広告文案家に求められるもの：広告	（096）	〔1956.3〕	p9～11
小林葉三	もし私がコピーライターなりせば：広告	（097）	〔1956.4〕	p32～32
奥村驍	広告の効果とその実例：新聞学評論	通号5	〔1956.4〕	
松宮三郎	広告税は悪税である：新聞研究	通号57	〔1956.4〕	p11～13
植松国臣	デパート広告のレイアウト：広告	（098）	〔1956.5〕	p26～27
近江匡	化粧品広告のレイアウト：広告	（098）	〔1956.5〕	p20～21
遠藤健一,市橋立彦	広告と販売の新しい関係〈対談〉：広告	（099）	〔1956.6〕	p2～7
上野広	広告紙面の組付について：広告	（099）	〔1956.6〕	p26～27
深井武夫	広告調査推進の足がかり：広告	（099）	〔1956.6〕	p20～20
中原史人	映画広告の場合：広告	（100）	〔1956.7〕	p12～13
市橋立彦	広告と販売を結ぶ大陸橋：広告	（100）	〔1956.7〕	p19～21
石原裕市郎	テレビジョン・コマーシャル映画のABC（I）：広告	（101）	〔1956.8〕	p10～14
武本正義	権威ある広告媒体を目指して：広告	（101）	〔1956.8〕	p2～5

豊田正夫	CM記号に期待するもの：広告　(102)〔1956.9〕p12〜13	
瀬木博親	アメリカの広告代理店を語る：広告　(102)〔1956.9〕p26〜30	
石原裕市郎	テレビジョン・コマーシャル映画のABC(II)：広告　(102)〔1956.9〕p5〜9	
菅沼金六	ディスプレイを作る苦心：広告　(102)〔1956.9〕p18〜19	
石田浩一郎	広告調査財団のこと：広告　(102)〔1956.9〕p20〜21	
横田昭次	ユーモア広告一人鼎談：広告　(103)〔1956.10〕p10〜13	
伊藤逸平	ユーモア広告小論：広告　(103)〔1956.10〕p2〜6	
やなせ・たかし	広告のユーモアについて：広告　(103)〔1956.10〕p7〜9	
増田正	デザインにおけるフォト：広告　(104)〔1956.11〕p6〜9	
森重利直	広告費の諸問題——広告予算のたて方について：広告　(104)〔1956.11〕p18〜22	
大辻清司	写真と広告の間：広告　(104)〔1956.11〕p14〜17	
吉田秀雄	マス・メデイアの発達とPR：新聞研究　通号64〔1956.11〕p38〜40	
ムーア, T.G.	広告倫理高揚のため各国のとつている措置（国際新聞発行者協会（F.I.E.J.）1956年第9回年次総会）：新聞研究　通号臨〔1956.11〕p20〜23	
山名文夫	デザイン界の一年：広告　(105)〔1956.12〕p13〜15	
塚田敢	パッケージ・デザインと消費者調査：広告　(105)〔1956.12〕p27〜31	
深井武夫	マーケッティング・リサーチの反省と今後の方向：広告　(105)〔1956.12〕p16〜17	
岩井隆一	三行広告：広告　(106)〔1957.1〕p32〜32	
岡本敏雄	新聞広告と市場調査の交叉点に関する初歩的な考察：広告　(106)〔1957.1〕p30〜31	
久保村隆祐	マーケティングにおける広告の地位：広告　(107)〔1957.2〕p11〜13	
河野鷹思	欧米のデザインを語る：広告　(108)〔1957.3〕p2〜8	
平尾武義	映画広告と倫理：新聞研究　通号68〔1957.3〕p27〜31	
宮本信太郎	雑誌広告の新段階：広告　(110)〔1957.5〕p7〜8	
橘弘一郎	色刷広告のむずかしさ：広告　(110)〔1957.5〕p9〜11	
芦原治	専門メーカーの立場を：広告　(110)〔1957.5〕p19〜19	
原弘	外国のTVコマーシャルのデザイン：広告　(111)〔1957.6〕p12〜17	
溝口敏行	広告効果の統計分析法：広告　(112)〔1957.7〕p18〜21	
久武雅夫	市場形態と広告効果：広告　(112)〔1957.7〕p13〜17	
三樹精吉	新聞形式の広報紙について：新聞研究　通号80〔1958.3〕p42〜44	
榊原彬	出版と広告（鼎談）：出版ニュース　通号412〔1958.4〕	
植原路郎	出版広告側面史—1—：出版ニュース　通号415〔1958.4〕	
植原路郎	出版広告側面史—3—：出版ニュース　通号417〔1958.4〕	
植原路郎	出版広告側面史—2—：出版ニュース　通号416〔1958.6〕	
ウォード, D.C.	各国の広告代理業：新聞研究　通号84〔1958.7〕p39〜40	
稲村禎清	新聞色刷広告の効果測定：新聞研究　通号85〔1958.8〕p10〜16, 折込1枚	
谷口貞固	新聞広告の進路（研究座談会）：新聞研究　通号88〔1958.11〕p17〜31	
石原裕市郎	TVスポット：広告　(130)〔1959.1〕p16〜16	
稲村禎清	色刷の効果を追って：広告　(130)〔1959.1〕p28〜31	
上岡一嘉	セールス・プロモーションと国民性：広告　(131)〔1959.2〕p7〜9	
市橋立彦	マーケティングストーリー(9)クルーエット・ピーボディ社の場合：広告　(131)〔1959.2〕p22〜27	
市橋立彦	マーケティング・ストーリー(10)シンガーミシンの場合：広告　(132)〔1959.3〕p20〜25	
近藤貢	アメリカにおける広告税の問題——ボルティモア市広告条令の制定とその違憲判決を中心に：新聞学評論　通号9〔1959.3〕	
稲村禎清	スポーツ誌をめぐる問題：広告　(133)〔1959.4〕p18〜20	
市橋立彦	マーケティングストーリー(11)U・S・スチールの場合：広告　(133)〔1959.4〕p22〜27	
市橋立彦	マーケティング・ストーリー(12)コルゲート・パルモリーブ社の場合：広告　(134)〔1959.5〕p20〜26	
宮川公男	広告活動のオペレーションズ・リサーチ：広告　(134)〔1959.5〕p12〜15	
松宮三郎	広告用語考：広告　(134)〔1959.5〕p16〜17	
原勲夫	商品宣伝の試み：広告　(134)〔1959.5〕p10〜10	
市橋立彦	マーケティング・ストーリー(13)トム・マッカン靴チェーンの場合：広告　(135)〔1959.6〕p22〜27	
松宮三郎	広告用語考（その二）：広告　(135)〔1959.6〕p18〜20	
椎橋勇	カラー・テレビのCMをめぐる諸問題：広告　(136)〔1959.7〕p15〜18	
市橋立彦	マーケティング・ストーリー(14)コロムビア・レコードの場合：広告　(136)〔1959.7〕p20〜25	
鍋谷清治	広告費の配分について(1)〜(3)：広告　(136)〜(138)〔1959.7〜1959.9〕p26〜27	
市橋立彦	マーケティング・ストーリー(15)ウェスチングハウスの場合：広告　(137)〔1959.8〕p22〜	
鍋谷清治	広告費の配分について(II)：広告　(137)〔1959.8〕p17〜18	
大智浩	パッケージ・デザインと購買動機：広告　(138)〔1959.9〕p17〜	
小林太三郎	マーケティングにおける購買動機の考察：広告　(138)〔1959.9〕p7〜	
鍋谷清治	広告費の配分について(III)：広告　(138)〔1959.9〕p21〜21	
市橋立彦	マーケティング・ストーリー(16)ハワイアン・パイナップルの場合：広告　(139)〔1959.10〕p20〜26	
上野壮夫	コピーの前進：広告　(140)〔1959.11〕p12〜15	
渋谷修	コマーシャル・ミュージックの最近の問題（第一回）：広告　(140)〔1959.11〕p7〜11	
市橋立彦	マーケティング・ストーリー(17)フォード社"エドセル"の場合：広告　(140)〔1959.11〕p16〜22	
渋谷修	コマーシャル・ミュージックの最近の問題（第二回）：広告　(141)〔1959.12〕p12〜16	
市橋立彦	マーケティング・ストーリー(18)ワールプール・シーガー社の場合：広告　(141)〔1959.12〕p20〜26	

	ジャーナリズム	広告・広報

衣笠静夫, 石垣綾子　飛躍する広告産業の現状と今後の課題：広告　(141)〔1959.12〕　p2〜6

藤田正次　　広告の現状と課題：広告　(142)〔1960.1〕　p9〜

衣笠静夫　　東西広告放談(1)〜(11)：広告　(142)〜(152)〔1960.1〜1960.9〕　p11〜11

アンデルセン, P.　新聞と広告主, 広告代理店との関係——国際新聞発行者協会(FIEJ)第12回年次会議報告から：新聞研究　通号103〔1960.1〕　p38〜43

土屋耕一　　コピーに実験はありえない——上野壮夫氏の所説に反論する：広告　(143)〔1960.2〕　p29〜31

市橋立彦　　ヤング・アンド・ルビカム社の場合——これが近代広告代理店の実際——これがマーケティングの中枢：広告　(143)〔1960.2〕　p22〜28

石川弘義　　世界の広告論調を探り日本への定着を試みる——調査への反省：広告　(143)〔1960.2〕　p19〜19

市橋立彦　　マーケティング・ストーリー(20)イーストマン・コダック社の場合：広告　(144)〔1960.3〕　p22〜28

山中二郎　　広告媒体としてのテレビジョン：新聞学評論　通号10〔1960.3〕

川勝久　　　コピーライターの独創力を抑えるもの：広告　(145)〔1960.4〕　p25〜25

平井鮮一　　広告政策の近代化/スポット・インタビュー：広告　(145)〔1960.4〕　p12〜13

遠藤健一　　"舶来"イメージ——国際競争と広告表現：広告　(145)〔1960.4〕　p8〜12

伊藤逸平　　漫画コマーシャルの再スタート：広告　(145)〔1960.4〕　p14〜17

衣笠静夫　　広告は前進する：広告　(146)〔1960.5〕　p16〜16

川勝久　　　世界の広告論調を探り日本への定着を試みる——ラジオCMでイメージを：広告　(146)〔1960.5〕　p23〜23

市橋立彦　　マーケティング・ストーリー(22)フォルクスワーゲンの場合：広告　(147)〔1960.6〕　p26〜32

高橋満寿男　広告商品化と新しい販売/パッケージ・デザインを中心に：広告　(149)〔1960.8〕　p2〜5

室井鉄衛　　広告露出度と閲読日数の調査：広告　(149)〔1960.8〕　p22〜25

相良守次　　広告と実験心理学：広告　(150)〔1960.9〕　p2〜6

坂本藤良　　現代の経営とパブリック・リレーションズ：広告　(152)〔1960.11〕　p2〜6

今泉武治　　広告におけるイメージ：広告　(152)〔1960.11〕　p8〜12

杵島隆　　　ビジュアル・コミュニケーションの眼——《コマーシャル・フォトの課題》：広告　(153)〔1960.12〕　p14〜19

稲生平八　　セールス・エンジニアリング：広告　(154)〔1961.1〕　p7〜7

石光真人　　ABC・広告・経営：新聞研究　通号114〔1961.1〕　p40〜44

芋阪良二　　コピーを動機から再検討する：広告　(155)〔1961.2〕　p14〜

佐野英夫　　広告は三位一体：広告　(155)〔1961.2〕　p13〜

稲生平八　　広告以前の問題：広告　(156)〔1961.3〕　p13〜13

ベーゲ, R.Y0　スイス/三ヶ国語の広告づくり：広告　(157)〔1961.4〕　p22〜26

稲生平八　　アドバタイジング・カウンシル：広告　(158)〔1961.5〕　p24〜24

今村一郎　　企業PRと番組企画の接点：広告　(158)〔1961.5〕　p4〜6

柳田修治郎　企業広告と商品広告の間：広告　(158)〔1961.5〕　p6〜7

ウォルパート, V　イギリス/貿易振興をリードする広告活動：広告　(159)〔1961.6〕　p11〜15

安倍寧　　　ビジネス・ショーとこれからのPR計画：広告　(159)〔1961.6〕　p22〜25

佐野英夫　　消費者保護と広告：広告　(159)〔1961.6〕　p10〜10

稲生平八　　広告プロデューサー：広告　(160)〔1961.7〕　p13〜13

スエンスカ・テレグラムビューローン, 博報堂国際局　自主規制の進んだ北欧の広告環境：広告　(160)〔1961.7〕　p26〜29

ファブリチウス広告代理店, 博報堂国際局　近代化をおしすすめるノルウェーの広告界：広告　(161)〔1961.8〕　p20〜24

カール・ジョンソン　広告計画の10の基本課題：広告　(161)〔1961.8〕　p14〜16

佐野英夫　　広告代理店に必要なもの：広告　(161)〔1961.8〕　p17〜17

上野壮夫　　コピーから見た日宣美展：広告　(162)〔1961.9〕　p16〜17

いずみ・たく　コマーシャル・ソングの曲り角：広告　(162)〔1961.9〕　p20〜23

稲生平八　　"大商品"の誕生：広告　(162)〔1961.9〕　p7〜7

杵島隆　　　企業イメージを定着させるコマーシャルフォトの新しい視角：広告　(163)〔1961.10〕　p12〜16

河合仁四郎, 近藤安之, 今泉武治, 椎橋勇, 和泉清　CMの新しい領域をさぐる：広告　(164)〔1961.11〕　p6〜10

マックビッカー, R・J　テクニカル・コピーの訴求点：広告　(164)〔1961.11〕　p12〜14

レイ・グローブ　パッケージ・デザインの美と機能：広告　(164)〔1961.11〕　p14〜17

並河亮　　　広告計画のなかの番組企画：広告　(164)〔1961.11〕　p2〜5

ギュンテル・F・P・エルプ, 博報堂国際局　西ドイツ/共同市場広告圏の盟主：広告　(164)〔1961.11〕　p18〜23

稲生平八　　貿易自由化とブーム：広告　(164)〔1961.11〕　p11〜11

クロフォード・サービス・パリ, 博報堂国際局　フランス・複雑な市場構造と媒体に挑む：広告　(165)〔1961.12〕　p22〜25

佐野英夫　　東と西の広告：広告　(165)〔1961.12〕　p15〜15

向坂正男　　成長経済のゆく手と広告活動：広告　(166)〔1962.1〕　p2〜5

五反田勝寿, 坂本清, 正田喜久雄, 柳田修治郎　広告予算編成のダイナミクス：広告　(167)〔1962.2〕　p2〜9

安永武巳　　あたらしく広告界へ入った人に：広告　(169)〔1962.4〕　p2〜5

パブリンサ, ロッキード広告代理店, 博報堂国際局　デンマークとスペインの広告界：広告　(169)〔1962.4〕　p30〜35

沢田久男　　レポート/海外PRと取り組む日本の企業：広告　(170)〔1962.5〕　p7〜11

川勝久　　　広告人の未来像：広告　(170)〔1962.5〕　p22〜25

藤本倫夫　　広告はまちがいだらけか：広告　(171)〔1962.6〕　p2〜5

山中二郎　　広告費の媒体別配分：新聞研究　通号131〔1962.6〕　p25〜28

堤清二　　　パブリシティとコンシューマーリレーション：広告　(173)〔1962.8〕　p2〜5

西郷徳男　　広告の四つの顔/総論：広告　(173)〔1962.8〕　p14〜

原篤男　　　CMソングへの率直な示唆：広告　(174)〔1962.9〕　p39〜39

ゴールドバーグ広告社, 博報堂国際局　急速な開拓進む豪州広告界：広告　(174)〔1962.9〕　p34〜38

広告・広報　　　　　　　　　　　　　ジャーナリズム

勝本正晃　　広告と法律の周辺：広告　（174）〔1962.9〕p6〜7
瀬木博親　　レポート/新しい広告代理店の使命：広告　（175）〔1962.10〕p2〜4
デルフォルジュ, M.　新聞のPR：新聞研究　通号135〔1962.10〕p55〜58
ルッシーニ, P.G.ディ, 博報堂国際局　ラテンアメリカの広告界を展望する：広告　（177）〔1962.12〕p30〜35
祐乗坊宜明　広告界'62への手紙：広告　（177）〔1962.12〕p22〜25
加藤秀俊　　広告文化の責任を負うもの：広告　（177）〔1962.12〕p2〜5
森重利直　　世界市場と広告代理店：広告　（178）〔1963.1〕p10〜13
ラトレッジ, R.　コマーシャル・フォトへの提言：広告　（180）〔1963.3〕p30〜33
今井茂雄　　「広告と文化と商魂と」：広告　（180）〔1963.3〕p26〜29
山形弥之助　マーケティング：広告　（181）〔1963.4〕p2〜2
戸田米造, 榊原民江, 守恭助, 上野統, 大石高子, 竹内実昭, 槌屋保雄　若い広告人からのレポート：広告　（181）〔1963.4〕p10〜16
稲葉秀三　　新しい広告人への期待：広告　（181）〔1963.4〕p6〜9
安岡章太郎　一分間化粧法〈あるコピーライターの話〉：広告　（182）〔1963.5〕p12〜13
岡本敏雄　　新聞広告あれこれ──広告と記事の紙面比率をめぐって：新聞研究　通号143〔1963.6〕p48〜50
石光真人　　日本のABCは育つか──その進歩をはばむ素因の分析：新聞研究　通号143〔1963.6〕p42〜46
内田正　　　セールス・プロモーション：広告　（184）〔1963.7〕p4〜5
オールマンス, D.H　南アの媒体情報：広告　（184）〔1963.7〕p30〜33
多田道太郎　日本人の広告風土：広告　（184）〔1963.7〕p13〜16
椎橋勇　　　CMCとそのビジョン：広告　（185）〔1963.8〕p24〜27
亀倉雄策　　デザイン青年に：広告　（185）〔1963.8〕p26〜27
山形弥之助　マーケティング：広告　（185）〔1963.8〕p2〜2
深見和夫　　広告の権威と信頼を育てるもの：広告　（185）〔1963.8〕p6〜9
瀬木博親　　広告の現実と責任：広告　（185）〔1963.8〕p6〜9
浅野修　　　新聞広告の法的再検討：新聞研究　通号145〔1963.8〕p24〜29
ヘンドリックソン, R・S　マーチャンダイジングの実戦的側面：広告　（187）〔1963.10〕p30〜33
今泉武治, 中村昭二, 並河亮　スポットCMにスポットをあてる：広告　（188）〔1963.11〕p17〜20
宇野政雄, 遠藤健一, 岡本敏雄, 若見四郎, 和田可一　「広告の現実と責任」をめぐって：広告　（188）〔1963.11〕p28〜33
山形弥之助　マーケティング：広告　（189）〔1963.12〕p2〜2
シルバーストン, D　メディア戦略の新しい動向：広告　（189）〔1963.12〕p29〜31
山口進, 小沢利一, 大藤好翰, 埜邑義道　広告界'63をふりかえる：広告　（189）〔1963.12〕p32〜37
安永武巳　　消費者像の変化を追って：広告　（189）〔1963.12〕p6〜9
加藤秀俊　　テルスター時代の"映像文明"：広告　（191）〔1964.2〕p6〜9
福田定良　　広告における対話の条件：広告　（191）〔1964.2〕p6〜11
唐津一　　　マーケティング・マンの条件：広告　（193）〔1964.4〕p10〜13
荒瀬豊　　　広告/そのコミュニケーション構造：広告　（193）〔1964.4〕p14〜
久野義治, 小谷靖, 滝沢秀郎, 渡辺蕾, 筒井周一, 片山廉　広告の現場から：広告　（193）〔1964.4〕p36〜45
道面豊信　　新しい社会とマーケティング：広告　（193）〔1964.4〕p6〜9
鶴見俊輔　　私の愛読した広告：広告　（194）〔1964.5〕p38〜41
深見和夫　　記事と広告の接点を探る（座談会）：新聞研究　通号154〔1964.5〕p10〜20
吉田光邦　　広告と物と職人と：広告　（195）〔1964.6〕p42〜46
山崎隆夫　　ある広告制作者の独白：広告　（197）〔1964.8〕p12〜15
キャロライン・ヒル　チャンネル1975──10年後の媒体事晴：広告　（197）〔1964.8〕p42〜49
伊藤逸平　　広告のなかの人間感情：広告　（197）〔1964.8〕p16〜20
加太こうじ　表現のなかの庶民性：広告　（197）〔1964.8〕p21〜24
井沢蠢　　　CMモノローグ：広告　（199）〔1964.10〕p40〜41
加藤秀俊　　もののネウチと形容詞：広告　（200）〔1964.11〕p6〜9
今泉武治　　テレビCMのドラマ：広告　（200）〔1964.11〕p21〜24
金子秀之　　テレビCMのユーモア：広告　（200）〔1964.11〕p25〜28
平井鮮一　　広告界1965への展望：広告　（201）〔1964.12〕p12〜16
埜邑義道　　新聞広告の展望：新聞研究　通号161〔1964.12〕p86〜92
瀬木博親　　広告の力を信じる：広告　（202）〔1965.1〕p1〜1
石川弘義　　広告論争への一アングル：広告　（202）〔1965.1〕p27〜
清宮由美子　東京人の広告観──本誌調査：広告　（202）〔1965.1〕p21〜
中川市郎　　アメリカのショー・ディスプレイと屋外広告：広告　（203）〔1965.2〕p21〜
猪木正道　　広告と政治：広告　（203）〔1965.2〕p6〜9
池田喜作　　パブリシティーと新聞：新聞研究　通号163〔1965.2〕p56〜60
真木宏美　　タバコ広告その後〈NYレポート〉：広告　（204）〔1965.3・4〕p46〜47
広瀬英彦　　海外論潮──トップ広告主、自らを叱る・アメリカCM業界の内幕・広告表現における責任の所在・クリエーティブマンを幸福にする方法：広告　（204）〔1965.3・4〕p88〜91
藤原恒太　　海外論潮──消費者により繁栄するアメリカ経済/トラの当たり年：広告　（204）〔1965.3・4〕p54〜55
村山孝喜　　広告における調査的立ち場：広告　（204）〔1965.3・4〕p50〜53
瀬木博親　　広告のモノサシ：広告　（204）〔1965.3・4〕p1〜1
斎藤太郎　　広告は商品の心をうたいあげたものでなければならない　広告のルール（1）：広告　（204）〔1965.3・4〕p58〜59
佐藤毅　　　広告は批評である：広告　（204）〔1965.3・4〕p11〜16

多々良鎮男	新聞広告の表記についての調査研究——漢字・かなづかいを主として：宇都宮大学学芸学部研究論集. 第1部　通号14　〔1965.3〕　p27～33	
山本明	放送の社会的責任（シンポジウム）：新聞学評論　通号14　〔1965.4〕	
池田諒	パブリシティーへの姿勢——池田喜作氏の立論に反論する：新聞研究　通号165　〔1965.4〕　p75～77	
島矢志郎	パブリシティーと新聞記者の姿勢——池田喜作氏対池田諒氏の論争を読んで：新聞研究　通号168　〔1965.7〕　p68～72	
広瀬英彦, 小宮尊, 大本和秀, 藤原恒太	海外論潮——広告代理店のマーケティングサービス・アドマンとPRマンは協力せよ・アメリカのPOP広告・ままならぬアドマン養成：広告　（207）〔1965.8〕　p88～91	
小林三千夫	経済変動と広告：広告　（207）〔1965.8〕　p24～32	
牧野方也	広告の中の豊かさと貧しさ：広告　（207）〔1965.8〕　p53～57	
斎藤太郎	広告はくり返し行なうことによってのみその効き目を創造することができる 広告のルール（2）：広告　（207）〔1965.8〕　p46～47	
安永武巳	豊かな生活への欲望の歩み：広告　（207）〔1965.8〕　p48～52	
岡本敏雄	官公庁の行政広報と新聞広告：新聞研究　通号170　〔1965.9〕　p67～69	
金子勝昭, 島谷泰彦, 木綿良行	ふぉーらむ——編集者が書く応告/広告の体質改善を/EECの教訓：広告　（208）〔1965.10〕　p102～105	
今井俊博	メガロポリス型社会と広告：広告　（208）〔1965.10〕　p27～31	
広瀬英彦, 小宮尊, 木本和秀	海外論潮——GFの代理店変更騒動/広告哲学の貧困と広告批判/マッキャン式コピー作法/タバコ広告規制その他：広告　（208）〔1965.10〕　p94～97	
広瀬英彦, 小宮尊, 藤原恒太	海外論潮——はでになったカラーCM合戦（藤源恒太）/広告媒体としての新聞の将来（広瀬英彦）/媒体料金の割り引きは是か否か（小宮尊）/ニューヨー世界博の総決算/65年度の米国代理業実績：広告　（208）〔1965.10〕　p90～93	
小幡章	広告に夢を！：広告　（208）〔1965.10〕　p75～79	
斎藤太郎	広告の見出し文句はわかりやすいものでなくてはならない 広告のルール（4）：広告　（208）〔1965.10〕　p60～61	
高本吉和	広告の有効性について：広告　（208）〔1965.10〕　p50～54	
村田昭治	広告はマーケティングの中枢である：広告　（208）〔1965.10〕　p28～32	
島内喬	広告は科学である：広告　（208）〔1965.10〕　p18～22	
斎藤太郎	広告は接する人に負担を感じさせるものであってはならない 広告のルール（3）：広告　（208）〔1965.10〕　p48～49	
島田光雄	広告は表現である：広告　（208）〔1965.10〕　p23～27	
山本明	広告会社における調査の機能：広告　（208）〔1965.10〕　p45～49	
岡田芳郎	レジャー時代の広告：新聞研究　通号177　〔1966.4〕　p28～32	
杉村治津雄	官庁広報の現況と問題点——中央官庁の広報活動と新聞：新聞研究　通号178　〔1966.5〕　p17～19	
加藤富子	最近の自治体広報の傾向と問題点——地方自治体の広報活動と新聞：新聞研究　通号178　〔1966.5〕　p29～32	
井出嘉憲	政府の広報体制と新聞：新聞研究　通号178　〔1966.5〕　p6～16	
柿田一俊	東北六県の広報活動と河北新報——地方自治体の広報活動と新聞：新聞研究　通号178　〔1966.5〕　p32～34	
小野寺猛彦	新聞広告：新聞研究　通号183　〔1966.10〕　p71～77	
平井隆太郎	江戸時代のニュースと広告：新聞研究　通号184　〔1966.11〕　p32～35	
西村二郎	広告媒体としての新聞（座談会）：新聞研究　通号185　〔1966.12〕　p24～39	
町田実道	現代PR戦記−1～15：総合ジャーナリズム研究　04（01）～05（05）〔1967.1～1968.4〕　p117～119	
平尾寿基	ロンドン国際広告会議−−進行する意識革命：総合ジャーナリズム研究　04（09）〔1967.9〕　p90～92	
大出幸政	パブリシティ時代の企業と新聞：新聞研究　通号194　〔1967.9〕　p27～30	
香内三郎	欧米PR史考：新聞研究　通号194　〔1967.9〕　p37～41	
杉浦栄三	現代新聞における編集と広告：新聞研究　通号194　〔1967.9〕　p6～12	
藤原久人	新聞へのパブリシティをこう考える——パブリシストの発言：新聞研究　通号194　〔1967.9〕　p31～36	
黒田光男	編集からみた広告の問題点：新聞研究　通号194　〔1967.9〕　p13～18	
山崎武敏	編集と広告の接点を探る：新聞研究　通号194　〔1967.9〕　p19～22	
池田諒	新聞広告の発達と将来の課題：新聞研究　通号195　〔1967.10〕　p80～89	
小林三千夫	新メディア時代の広告——新聞広告・テレビ広告：新聞研究　通号196　〔1967.11〕　p17～21	
石川弘義	コミュニケーションとしての広告（日本の広告（特集））：新聞学評論　通号17　〔1968.3〕　p7～14	
清水英夫	現代の出版広告——出版革命の一断面（日本の広告（特集））：新聞学評論　通号17　〔1968.3〕　p70～80	
北村日出夫	広告の効果と影響（日本の広告（特集））：新聞学評論　通号17　〔1968.3〕　p15～24	
林伸郎	広告をめぐる倫理と法制（日本の広告（特集））：新聞学評論　通号17　〔1968.3〕　p25～36	
白髭武	広告産業構造の歴史的展望（日本の広告（特集））：新聞学評論　通号17　〔1968.3〕　p37～46	
東季晴	日本の広告代理業（日本の広告（特集））：新聞学評論　通号17　〔1968.3〕　p81～87	
近藤貢	比較対象としてのイギリス新聞広告の展望（日本の広告（特集））：新聞学評論　通号17　〔1968.3〕　p47～60	
松尾博文	放送の広告——現状と課題（日本の広告（特集））：新聞学評論　通号17　〔1968.3〕　p61～69	
岡部竜	CMあれこれ <特集>CM−昨日・今日：放送批評　No.012　〔1968.11〕	
石井幾久子	CMのモラル <特集>CM−昨日・今日：放送批評　No.012　〔1968.11〕	
椎橋勇	くたばれCM <特集>CM−昨日・今日：放送批評　No.012　〔1968.11〕	
阿部欽一, 山本恭子, 大橋弘明, 藤田鐘子, 和田矩衛	座談会 CMいいたい放題 <特集>CM−昨日・今日：放送批評　No.012　〔1968.11〕	
山川浩二	実感 CM蔑視の歴史 <特集>CM−昨日・今日：放送批評　No.012　〔1968.11〕	
生田正輝	政府広報とマス・メディア：新聞学評論　通号18　〔1969.3〕　p194～201	
八巻俊雄	最近の出版広告：出版ニュース　通号0801　〔1969.6〕　p6～9	
小林太三郎	70年代の広告コミュケーション（70年のマスコミ（特集））：総合ジャーナリズム研究　06（04）〔1969.10〕　p74～83	
佐藤毅	広告の社会的責任——その批評的情報への道（現代社会状況とマス・メディア（特集））：新聞研究　通号219	

〔1969.10〕 p47～51

小松一三 　CM批評 テクニックより内容の時代へ <特集>座談会 電波料とは何ぞや2その実体をさぐる3：放送批評　No.024 〔1969.11〕

堀江史朗 　CMにおける人間性の問題 <特集>CMと人間性：放送批評　No.027 〔1970.2〕

草森伸一 　CMの牙―グラフィズムの権力性― <特集>CMと人間性：放送批評　No.027 〔1970.2〕

小松一三 　CM批評 人間こそCM追求の本質 <特集>CMと人間性：放送批評　No.027 〔1970.2〕

西尾忠久 　TV・CMにみる感動とは <特集>CMと人間性：放送批評　No.027 〔1970.2〕

山本喜久男 　現代絵巻・絵解考―CMフィルムについて <特集>CMと人間性：放送批評　No.027 〔1970.2〕

清水正晴 　考察・CMタレントの適・不適―ブラウン管に登場する人たち <特集>CMと人間性：放送批評　No.027 〔1970.2〕

荻昌弘, 志賀信夫, 竹村健一, 堀江史朗 　座談会 ヒューマン・タッチをCMにもりこむには <特集>CMと人間性：放送批評　No.027 〔1970.2〕

川上宏 　PRよりみた現代ジャーナリズム論序説：新聞学評論　通号19 〔1970.3〕 p32～44

土屋清 　広告の先行きをさぐる（70年代のマスコミ展望（第4回ジャーナリズム講座公開シンポジウム）（司会・片岡正巳）)：総合ジャーナリズム研究　07（02）〔1970.4〕 p142～146

川上宏 　出版広告考現学 週刊誌の広告を中心として：出版ニュース　通号0843 〔1970.9〕 p6～12

梶祐輔 　広告における若者の表現（新聞編集と若者）：新聞研究　通号233 〔1970.12〕 p63～66

和田矩衛 　提言 芸術祭'71年を迎えて <特集>情報産業の主役…：放送批評　No.037 〔1971.1〕

石川弘義 　電通 これからの広告代理店の変容 <特集>情報産業の主役…：放送批評　No.037 〔1971.1〕

山下進, 川上宏 　電電 通信サービスの青写真 <特集>情報産業の主役…：放送批評　No.037 〔1971.1〕

大森茂 　TVキイ局 <特集>新ネットワークの問題点 ネットワークに対する持論・私はこう思う…：放送批評　No.039 〔1971.3〕

高橋信三 　セミキイ局 <特集>新ネットワークの問題点 ネットワークに対する持論・私はこう思う…：放送批評　No.039 〔1971.3〕

瓜生忠夫, 関川左木夫, 忠石守雄, 堀江史朗 　ラジオ <特集>新ネットワークの問題点 ネットワークに対する持論・私はこう思う…：放送批評　No.039 〔1971.3〕

大日方忠夫 　ローカル局 <特集>新ネットワークの問題点 ネットワークに対する持論・私はこう思う…：放送批評　No.039 〔1971.3〕

総合ジャーナリズム研究編集部 　選挙宣伝と広告業界：総合ジャーナリズム研究所　08（02）〔1971.4〕 p4～43

田沼修二 　放送キャンペーンの視点（プレス・キャンペーンの今日的意義を探る)：新聞研究　通号237 〔1971.4〕 p43～46

松本芳晴 　官庁・企業の広報活動と新聞：新聞研究　通号239 〔1971.6〕 p16～30

川上宏 　出版広告論：出版ニュース　通号0878 〔1971.9〕 p6～13

鈴木均 　あるルーズなCM視聴音の発言 <特集>映像と音声におけるCMのメッセージ効果を探る：放送批評　No.048 〔1971.12〕

堀工史朗 　テレビCMに於ける映像の役割 <特集>映像と音声におけるCMのメッセージ効果を探る：放送批評　No.048 〔1971.12〕

大林宣彦 　映像はラブレターのように <特集>映像と音声におけるCMのメッセージ効果を探る：放送批評　No.048 〔1971.12〕

日向あき子 　感覚の次元から同時代哲学へ <特集>映像と音声におけるCMのメッセージ効果を探る：放送批評　No.048 〔1971.12〕

西谷尚雄 　心をつかむイメージビルド <特集>映像と音声におけるCMのメッセージ効果を探る：放送批評　No.048 〔1971.12〕

鳥居博 　新しい広告環境下におけるCFのコミュニケーション効果 <特集>映像と音声におけるCMのメッセージ効果を探る：放送批評　No.048 〔1971.12〕

百瀬伸夫 　"統一"国際〔広告〕キャンペーンに対する疑問：コミュニケーション研究　通号5 〔1971.12〕 p53～70

野中清次 　関係団体シリーズ（3）新しいCMをつくるために 全日本CM協議会の現状と将来：月刊民放　02（09）〔1972.2〕 p44～47

山田年栄 　新聞と広報：文部時報　通号1137 〔1972.3〕 p35～41

荻野宏幸 　ヨーロッパの市場特性と広告（特集・フランスのマスコミ)：総合ジャーナリズム研究　09（02）〔1972.4〕 p36～45

山内頴吾 　混迷下のCMと将来の方向：月刊民放　02（12）〔1972.5〕 p48～51

ヤン, C・Y 　特集・放送調査の革新をめぐって いかにして視聴者数を売るか：月刊民放　02（13）〔1972.6〕 p13～17

河野修 　セルフ・コントロールの国の広告：月刊民放　02（14）〔1972.7〕 p14～15

荻昌弘 　CMの今日的課題と対応 I/テレビCMの映像 美しすぎることの危険：月刊民放　02（15）〔1972.8〕 p4～7

外山真理 　CMの再認識と制作条件の改善：月刊民放　02（15）〔1972.8〕 p10～11

伊info元, 吉岡哲雄, 森本建作, 神田明美, 大森建道, 土井啓有 　座談会 テレビ番組宣伝の現状と課題：月刊民放　02（15）〔1972.8〕 p32～41

加太こうじ 　広告の力：マスコミ市民　通号064 〔1972.9〕 p2～3

天野祐吉 　続・CMの今日的課題と対応 実践的広告論広告は原点に帰れ：月刊民放　02（16）〔1972.9〕 p21～26

青山三千子 　続・CMの今日的課題と対応 体験的・主婦とCM論：月刊民放　02（16）〔1972.9〕 p31～34

平岡昇 　続・CMの今日的課題と対応 変革の流れの中で広告機能の拡大にかける：月刊民放　02（16）〔1972.9〕 p27～30

川上宏 　広告の'72年の風土と「新しい波」 <特集>マスコミ'72「総括」の軌跡：放送批評　No.059 〔1972.12〕

志賀信夫, 泉毅一 　対談 番組とCMの調和に向かって コマーシャル過剰論と自主規制：月刊民放　03（20）〔1973.1〕 p24～28

松尾羊一 　局地戦の終焉 <特集>報道とパブリシティの間：放送批評　No.061 〔1973.2〕

末次静二 　広告代理店・パブリシティ操作の元締機能 <特集>報道とパブリシティの間：放送批評　No.061 〔1973.2〕

真野義人, 大久保義昭, 大前正臣 　座談会 アメリカとヨーロッパにおけるパブリシティ―情報操作の実情 <特集>報道とパブリシティの間：放送批評　No.061 〔1973.2〕

松田浩 　報道とパブリシティの間 <特集>報道とパブリシティの間：放送批評　No.061 〔1973.2〕

羽佐間重彰, 指宿忠孝, 石川弘義, 渡辺孝雄, 渡辺宏 　座談会 これからの放送広告 その向上と社会的責任：月刊民放　03（23）〔1973.4〕 p6～15

ワイス, E・B 　放送広告の日・記念研究会特集 社会変化と広告の未来像 講演：月刊民放　03（24）〔1973.5〕 p2～10

桶本正夫 　いくつかの視点からの接近（紙面構成の現状と課題（特集)―広告サイドから見た紙面構成の問題点)：新聞研究　通

		号262 〔1973.5〕 p37〜40
内田克巳	総合的な紙面づくりを念頭に（紙面構成の現状と課題（特集）—広告サイドから見た紙面構成の問題点）：新聞研究 通号262 〔1973.5〕 p34〜37
小里光	NNSR調査の実施へ 放送マーケティングの総合インフォーメーションバンク：月刊民放 03（26）〔1973.7〕 p28〜29
大石準一	広告批判への積極的対応 広告批判にどう対処すべきか 消費者主権とマーケティングの変革：月刊民放 03（26）〔1973.7〕 p1〜5
高桑末秀	放送広告の積極的理想像を 「目的」か「手段」かの論議を超えよう：月刊民放 03（26）〔1973.7〕 p6〜9
山本武利	意見広告と「不偏不党」：新聞研究 通号264 〔1973.7〕 p50〜59
服部禮次郎	広告自主規制の方向 業界別自主規制の積み上げを：月刊民放 03（27）〔1973.8〕 p3〜4
田丸秀治	転換期の放送広告 その課題と対応：月刊民放 03（28）〔1973.9〕 p4〜7
斉藤正治	テレビと異形のモノ作り ＜特集＞意見広告—何を解禁するか：放送批評 No.068 〔1973.10〕
高桑末秀	意見広告のマグナ・カルタ ＜特集＞意見広告—何を解禁するか：放送批評 No.068 〔1973.10〕
隅井孝雄	意見広告は何を解禁するか ＜特集＞意見広告—何を解禁するか：放送批評 No.068 〔1973.10〕
稲葉三千男, 清水英夫, 青木貞伸, 鈴木均	座談会1 意見広告解禁の通底路 ＜特集＞意見広告—何を解禁するか：放送批評 No.068 〔1973.10〕
志賀信夫, 唐島英三, 島崎保彦, 内藤俊夫, 木村甲子雄	座談会2 表現者アドマンの読み ＜特集＞意見広告—何を解禁するか：放送批評 No.068 〔1973.10〕
田原総一朗	「自由」とちまちました自由 ＜特集＞意見広告—何を解禁するか：放送批評 No.068 〔1973.10〕
本多忠頼	広告（テレビジョンの20年テレビ研究の20年（特集）：新聞学評論 通号22 〔1973.10〕 p70〜75
平岡昇	CMの表流と底流 真に自律的な復権を！ いま、CMの世界が考えること：月刊民放 03（30）〔1973.11〕 p12〜14
祐乗坊宜明	出版広告私論 本と読者との出会いの契機として考える：出版ニュース 通号0953 〔1973.11〕 p6〜11
山本武利	出版広告と民衆の購読行動（読者論（特集））：出版研究 通号4 〔1973.12〕 p88〜102
近藤光次	「意見広告」は広告の問題か——ジャーナリズムの復権を占うその意味：マスコミ市民 通号081 〔1974.5〕 p2〜13
津村喬	節電キャンペーンと反・広告の立場 住民包囲工作としてのCR：放送批評 No.075 〔1974.6〕
近藤朔, 砂田允, 大野省治, 竹馬実, 本多忠頼	特集・テレビ広告に問われるもの 上：月刊民放 04（36）〔1974.6〕 p4〜11
岡部一宏, 高田全司, 今井和也, 米田喜一	特集・テレビ広告に問われるもの 中：月刊民放 04（37）〔1974.7〕 p8〜14
高桑末秀, 小柴美知, 土居重正, 福留誠	特集・テレビ広告に問われるもの 下：月刊民放 04（38）〔1974.8〕 p4〜10, 7〜7
鈴木均	「意見広告」の政治的性格 ＜特集＞「意見広告」批判—ニセの公共牲とその政治的使命：放送批評 No.078 〔1974.9〕
よしだともや	割り切れない余りの処置について ＜特集＞「意見広告」批判—ニセの公共牲とその政治的使命：放送批評 No.078 〔1974.9〕
諏訪恭也	製作者の意図不在を目指して ＜特集＞「意見広告」批判—ニセの公共牲とその政治的使命：放送批評 No.078 〔1974.9〕
津村喬	節電キャンペーンと反・広告の立場5 危機の広告と広告の危機 ＜特集＞「意見広告」批判—ニセの公共牲とその政治的使命：放送批評 No.078 〔1974.9〕
木村恒久	批判的公共性としての「意見広告」 ＜特集＞「意見広告」批判—ニセの公共牲とその政治的使命：放送批評 No.078 〔1974.9〕
清水英夫	意見広告と出版広告 少数意見を殺さぬために：出版ニュース 通号0988 〔1974.11〕 p6〜11
鈴木均	「意見広告は是か非か」のティーチ・インを終えて思うこと：放送批評 No.080 〔1974.12〕
田中至	（計量マスコミ学＜特集＞）ABC部数調査と広告料率：総合ジャーナリズム研究 12（04）〔1975.10〕 p105〜115
川上宏	電波メディアと出版広告 テレビを中心にして：出版ニュース 通号1026 〔1975.12〕 p6〜11
総合ジャーナリズム研究編集部	出版のラジオ広告—FM東京にみるその訴求と表現（出版 PART 2（特別企画））：総合ジャーナリズム研究所 13（01）〔1976.1〕 p54〜75
瀬戸丈夫	広告倫理綱領改定の基本理念——編集方針・広告掲載方針と広告掲載者責任：新聞研究 通号299 〔1976.6〕 p43〜47
小倉重男	（広報とマス・メディア＜特集＞）言論の責任と企業PR－－大切な民主主義の原理にのっとったコミュニケーション活動〔資料「企業・経済団体の広報活動」のあり方とマスコミ，「経済4団体の広報活動」〕：総合ジャーナリズム研究 13（04）〔1976.10〕 p44〜57
総合ジャーナリズム研究編集部	（広報とマス・メディア＜特集＞）私論・広報学研究事始め－－理論的根拠として最も重要な行政学：総合ジャーナリズム研究所 13（04）〔1976.10〕 p6〜80
末松満	（広報とマス・メディア＜特集＞）宗教教団の鮮かな広報活動論理－－立正佼成会の広報パターンにみる：総合ジャーナリズム研究 13（04）〔1976.10〕 p6〜13
伊藤慎一	（広報とマス・メディア＜特集＞）情報の量的増加と政府広報－－行政府が市民に情報を流す意味とは：総合ジャーナリズム研究 13（04）〔1976.10〕 p17〜23
野崎茂	（広報とマス・メディア＜特集＞）新聞・放送自身の "広報" 的なるもの：総合ジャーナリズム研究 13（04）〔1976.10〕 p58〜66
総合ジャーナリズム研究編集部	大学 "広報" 関係講座・研究（広報とマス・メディア＜特集＞ 私論・広報学研究事始め－－理論的根拠として最も重要な行政学）：総合ジャーナリズム研究 13（04）〔1976.10〕 p23〜29
津村喬, 木下功	広告の批評と批評する広告 ＜特集＞〔放送批評〕の磁場をもとめて：放送批評 No.101 〔1976.12〕
真鍋一史	広告をめぐる世論—1—広告に関する新聞投書の量的分析—1—：関西学院大学社会学部紀要 通号33 〔1976.12〕 p71〜86
真鍋一史	広告をめぐる世論——広告に関する新聞投書の量的分析—2—：関西学院大学社会学部紀要 通号34 〔1977.1〕 p35〜49
西尾漠	出版広告と「意見」広告 「21世紀の日本」の出版広告を中心に：出版ニュース 通号1085 〔1977.8〕 p6〜9
伊藤正己	意見広告と反論権（意見広告訴訟一審判決＜特集＞）：新聞研究 通号314 〔1977.9〕 p69〜88
有山輝雄	広告取引きからみた戦前期出版広告——朝日新聞社と博報堂の取り引き例：出版研究 通号9 〔1978〕 p95〜113
瀬島博	地域広告の転換期に立って：月刊民放 08（79）〔1978.1〕 p4〜8
宮脇厳雄	「広告コスト評価指標」の発想と開発 フジテレビ・FACE INDEXを事例に：月刊民放 08（80）〔1978.2〕 p16〜18

斎藤守慶	低成長下における広告戦略 III・放送事業はいかに対応するか 「営業」の前提となる「編成」の重要性：月刊民放 08(81) 〔1978.3〕 p14〜19
東海林隆	低成長下における広告戦略 II・トータル・コミュニケーションの必要性 企業の一貫した主張をベースとして：月刊民放 08(81) 〔1978.3〕 p10〜13
小林太三郎	低成長下における広告戦略 I・販売部門との調整と連動化に強い関心 昭和53年広告主の広告課題意識調査をふまえて：月刊民放 08(81) 〔1978.3〕 p4〜9
津村喬	CM時評 電力CMと少年漫画：放送批評 No.119 〔1978.9・10〕
久保道夫, 江藤文夫, 杉本英介, 天野祐吉	広告は言葉を取り戻せるか：広告 (210) 〔1978.9〕 p28〜31
佐々木亨	広告会社と情報活動：広告 (210) 〔1978.9〕 p19〜19
佐川幸三郎	広告業界に望む：広告 (210) 〔1978.9〕 p18〜18
山本明	シンボルへの価値転輸器（昭和41年冬号より）——広告代理店の機能について：広告 (211) 〔1978.11〕 p40〜43
安藤元雄	「レトリック感覚」：広告 (211) 〔1978.11〕 p41〜41
歌川令三	開放経済の実像と虚像：広告 (211) 〔1978.11〕 p2〜6
山本喜久男	現代CM考——文化から文明へ：広告 (211) 〔1978.11〕 p3〜5
加藤雅昭	「出版広告の話」：広告 (211) 〔1978.11〕 p41〜41
加藤秀俊	商品の意味論（昭和40年5月号より）：広告 (211) 〔1978.11〕 p36〜40
亀井昭宏	進むドイツ語圏マーケティング研究：広告 (211) 〔1978.11〕 p43〜42
津村喬	CM時評 空々しい国鉄・角川キャンペーン：放送批評 No.121 〔1978.12〕
斉藤正治, 津村喬, 國弘正雄	座談会 国家・民衆における「宣伝」の位相：放送批評 No.124 〔1979.3・4〕
小里光	調査シリーズ NNSRスペシャル番組調査 スペシャル編成の魅力とは？：月刊民放 09(94) 〔1979.4〕 p40〜43
藤本春郎	特集 民放のPRを考える デザイン・ポリシーを経営戦略に 山陽放送CI計画：月刊民放 09(94) 〔1979.4〕 p19〜21
上滝徹也	特集 民放のPRを考える 基本姿勢の確立と番組への具現を 望まれる“市民と民放”の思想の展開：月刊民放 09(94) 〔1979.4〕 p8〜13
川崎真一	特集 民放のPRを考える 重視されるオンエア・プロモーション アメリカ放送界のPR活動：月刊民放 09(94) 〔1979.4〕 p22〜24
斎藤守慶	特集 民放のPRを考える 民放事業のPR活動 よりよき理解を得てこそ発展への道が拓ける：月刊民放 09(94) 〔1979.4〕 p14〜18
安藤純, 井口文雄, 松田浩, 杉山真太郎	座談会 “広報化”時代を模索する ＜特集＞“広報化時代”：放送批評 No.126 〔1979.6〕
角間隆	政府広報は今 ＜特集＞“広報化時代”：放送批評 No.126 〔1979.6〕
西村五洲	調査シリーズ CMパワー度調査 CMプリテスト法の開発：月刊民放 09(96) 〔1979.6〕 p40〜43
松尾羊一, 清水一成	番宣最前線 事例研究—日本テレビPR部 ある番宣マン編 ＜特集＞“広報化時代”：放送批評 No.126 〔1979.6〕
ロマノ・ブルピッタ	イタリアのテレビ事情：広告 (215) 〔1979.7〕 p20〜20
住吉寛治	（マスコミの現場教育・研修＜特集＞）広告人の“素質”と“素養”：総合ジャーナリズム研究 16(03) 〔1979.7〕 p30〜34
佐藤孝, 田村尚	広告はこうしてつくられる：広告 (215) 〔1979.7〕 p16〜23
染野智司	広告マンの見た中国：広告 (215) 〔1979.7〕 p24〜24
嶋口充輝	広告計画策定のための課題：広告 (215) 〔1979.7〕 p43〜42
小田浩	雑誌の広告的よみ方について：広告 (215) 〔1979.7〕 p28〜28
真鍋一史	広告をめぐる世論——広告に関する新聞投書—1—：慶応義塾大学新聞研究所年報 通号13 〔1979.10〕 p51〜72
渡辺光代	これからの広告に望むこと：広告 (217) 〔1979.11〕 p36〜37
ダッラ・コレッタ, G・M	イタリア広告界にも新時代の波：広告 (217) 〔1979.11〕 p18〜18
副田義也	テレビCM 生活のとらえ方が評価される：月刊民放 09(101) 〔1979.11〕 p20〜21
小松一三	ラジオCM 説得性が大きな課題：月刊民放 09(101) 〔1979.11〕 p18〜19
真鍋一史	広告をめぐる世論——広告に関する新聞投書—2—：慶応義塾大学新聞研究所年報 通号14 〔1980〕 p91〜107
片岡輝	子どもとCM問題改善への提言：月刊民放 10(104) 〔1980.2〕 p34〜37
村崎彰彦	岐路に立つ出版広告 小部数出版物にとっての媒体の選択：出版ニュース 通号1174 〔1980.3〕 p4〜7
稲川和男	広告マネジメント——新製品開発システム(1)：広告 (218) 〔1980.3〕 p46〜47
国米家己三	広告活動と法務——80年代広告の一側面：広告 (218) 〔1980.3〕 p41〜44
小野功一	諸外国の公共広告と日本の課題 世界と日本のキャンペーン比較を通じて：月刊民放 10(106) 〔1980.4〕 p40〜43
中川彰	広告と社会——コンシューマリズムの変化と展望——三年目を迎えた「消費者の日」：広告 (220) 〔1980.5〕 p41〜44
川上宏	広告の新しい波(1) 私と広告・私とアメリカ：広告 (220) 〔1980.5〕 p19〜20
稲川和男	広告マネジメント——新製品開発システム(2)：広告 (220) 〔1980.5〕 p46〜47
小林太三郎	広告選球眼の向上をめざして 消費者保護の潮流と放送：月刊民放 10(107) 〔1980.5〕 p40〜43
岩尾健二, 三堀邦夫, 勝部雄, 猪俣基男	〈特集〉知的番組への志向 知的エンターテインメントと広告主：月刊民放 10(107) 〔1980.5〕 p19〜22
篠原俊行	長寿番組にみる広告戦略(1) ターゲットを確実に捉える〈ライオン奥様劇場〉：月刊民放 10(108) 〔1980.6〕 p28〜29
江尻弘	「ダイレクト・マーケティング」の意義と展望：広告 (221) 〔1980.7〕 p8〜11
清水英夫	広告と社会——情報公開法と企業の立場：広告 (221) 〔1980.7〕 p42〜44
川上宏	広告の新しい波（第二回）いちばんアメリカらしい広告：広告 (221) 〔1980.7〕 p26〜27
藤岡伸一郎	省エネルギーとマスコミ3－政府広報のすべて：総合ジャーナリズム研究 17(03) 〔1980.7〕 p82〜87
伊豫田康弘	長寿番組にみる広告戦略(2) “健土健民”の理念実践の場に〈世界の子供たち〉：月刊民放 10(109) 〔1980.7〕 p34〜35
伊豫田康弘	長寿番組にみる広告戦略(3) 信頼の和音を奏でる〈ごちそうさま〉：月刊民放 10(110) 〔1980.8〕 p34〜35
鈴木均	わが国PR活動の歩み（日本PR懇談会編）：放送批評 No.139 〔1980.9・10〕

伊豫田康弘	長寿番組にみる広告戦略（4）音楽の"場"の拡大と日常化〈TDKオリジナルコンサート〉：月刊民放　10（111）〔1980.9〕　p28〜29
増田毅	中国の広告事情‐‐広告媒体‐‐マス・メディアの現勢をみる：総合ジャーナリズム研究　17（04）〔1980.10〕　p64〜69
伊豫田康弘	長寿番組にみる広告戦略（5）人びととの対話を求めて「生きものばんざい」：月刊民放　10（112）〔1980.10〕　p28〜29
飽戸弘	テレビCM 卓抜なアイディアと斬新な手法を高く評価：月刊民放　10（113）〔1980.11〕　p16〜18
広瀬英彦	ラジオCM 一定の枠から抜け出す創造性が求められる：月刊民放　10（113）〔1980.11〕　p14〜16
荒川恒行	広告が及ぼす生活・意識・風潮：マスコミ市民　通号153〔1980.11〕　p22〜29
山口昌男	広告と記号論：広告　（223）〔1980.11〕　p4〜8
川上宏	広告の新しい波（第四回）広告にみる不安と楽観：広告　（223）〔1980.11〕　p34〜35
武藤恒義	広告マネジメント——パブリック・セクターにおける広報効果予測モデルの開発について：広告　（223）〔1980.11〕　p50〜51
伊豫田康弘	長寿番組にみる広告戦略（6）お笑いで消費者一網打尽めざす〈出前寄席〉：月刊民放　10（113）〔1980.11〕　p28〜29
伊豫田康弘	長寿番組にみる広告戦略（7）堅実な社風を番組にこめて〈塩野義製薬〉：月刊民放　10（114）〔1980.12〕　p30〜31
真鍋一史	広告をめぐる世論——外国人タレントのテレビ広告に対する人びとの態度を中心として：関西学院大学社会学部紀要　通号41〔1980.12〕　p41〜59
中川彰	広告と社会——「国際障害者年」のプログラム：広告　（224）〔1981.1〕　p40〜43
川上宏	広告の新しい波（第五回）広告に見る米中交流：広告　（224）〔1981.1〕　p38〜39
伊豫田康弘	長寿番組にみる広告戦略（8）ふるさとへの旅に誘う〈近鉄〉：月刊民放　11（115）〔1981.1〕　p28〜29
小林基茂	長寿番組にみる広告戦略（9）民謡を通じてのエリアマーケティング〈久保田鉄工〉：月刊民放　11（116）〔1981.2〕　p28〜29
田口大	新聞広告カラー化の動き：印刷雑誌　64（2）〔1981.2〕　p11〜14
坂倉夏彦, 杉本進	広告と社会——ビデオディスク時代の著作権：広告　（225）〔1981.3〕　p47〜50
川上宏	広告の新しい波（最終回）日本へ帰って考えたこと：広告　（225）〔1981.3〕　p36〜37
伊豫田康弘	長寿番組にみる広告戦略（10）消費者との一体感をセールスマンに〈日産自動車〉：月刊民放　11（117）〔1981.3〕　p28〜29
鈴木隆也	「韓国放送広告公社法」（資料）（韓国・言論界再編成の研究-2-）：総合ジャーナリズム研究　18（02）〔1981.4〕　p8〜17
染野智司, 鈴木宙明	海外の広告（第一回）表現戦略のガイドライン 欧米各社の実際：広告　（226）〔1981.5〕　p38〜41
染野智司, 鈴木宙明	海外の広告（第二回）広告戦略立案の手引き書：広告　（226）〔1981.5〕　p41〜43
中川彰	広告と社会——成熟へ向かう海外PR戦略：広告　（226）〔1981.5〕　p48〜50
中川彰	広告と社会——到来する「社外教育」時代——ビジネスマン教育の現状と課題：広告　（226）〔1981.5〕　p51〜54
津金沢聡広	日本の広告人（2）幕末の戯作者集団：広告　（226）〔1981.5〕　p32〜35
菅野謙	新聞広告の形容表現50年の変化：NHK放送文化研究年報　26〔1981.8〕　p59〜90
亀井昭宏	海外の広告（第三回）ドイツ広告会社の広告計画手順：広告　（228）〔1981.9〕　p22〜24
中川彰	広告と社会——高齢化社会と企業の対応：広告　（228）〔1981.9〕　p52〜53
西谷茂	広告収入に支えられる公共放送——ニュージーランドの放送事情（現地調査報告3）：NHK文研月報　31（09）〔1981.9〕　p56
角南浩, 藤本倫夫	特集 民放の初志 放送広告創世記：月刊民放　11（123）〔1981.9〕　p18〜21
山本武利	日本の広告人（3）広告人としての福沢諭吉：広告　（228）〔1981.9〕　p34〜37
真鍋一史	広告をめぐる世論——広告に対する人びとの態度・意見・行動：慶応義塾大学新聞研究所年報　通号17〔1981.9〕　p51〜90, 図2枚
総合ジャーナリズム研究編集部	時代対比・広告研究主要文献一覧（明治・大正・昭和‐‐戦前における広告研究の系譜（日本新聞学会一九八一年春季大会・研究発表））：総合ジャーナリズム研究　18（04）〔1981.10〕　p28〜40
川上宏	テレビCM：月刊民放　11（125）〔1981.11〕　p19〜21
小川彰, 染野智司	海外の広告（第四回）フランスにおける実務的広告理論の一例：広告　（229）〔1981.11〕　p21〜24
渡辺豊和	広告と社会——新しい都市づくりの中の文化拠点：広告　（229）〔1981.11〕　p51〜54
角南浩	日本の広告人（4）草創期の広告代理業者たち：広告　（229）〔1981.11〕　p34〜37
島守光雄	広告・広報（日本新聞学会創立30周年記念——マスコミ研究三十年——回顧と展望<特集>）：新聞学評論　通号30〔1981.11〕　p121〜138
島守光雄	雑誌を中心とする広告効果研究：出版研究　通号13〔1982〕　p131〜160
ウエルツ, ジョン・C	海外の広告（第五回）イギリスの広告表現：広告　（230）〔1982.1〕　p44〜47
津金沢聡広	日本の広告人（5）明治初期の広告主群像：広告　（230）〔1982.1〕　p36〜39
西田昭良	ラジオCM運行システム 関係各部とのコンセンサスがかなめ：月刊民放　12（129）〔1982.3〕　p30〜34
モーリス・ドレイク	海外の広告（第六回）イギリス式広告技術：広告　（231）〔1982.3〕　p22〜24
山本武利	日本の広告人（6）自由民権家と広告：広告　（231）〔1982.3〕　p34〜37
宮脇厳雄	テレビ・マーケティングのすすめ 成長期のメディアに課せられた大きな命題：月刊民放　12（130）〔1982.4〕　p30〜33
牛山俶一	海外の広告（第七回）西ドイツの広告表現 ハード・セルにも変化の兆し：広告　（232）〔1982.5〕　p22〜24
川竹和夫	広告と社会——都市の主婦の生活情報源：広告　（232）〔1982.5〕　p51〜53
角南浩	日本の広告人（7）高木貞衛 草分けの広告業半世紀：広告　（232）〔1982.5〕　p34〜37
工藤弥市	生活情報と主婦の対応——「CMを含む生活情報番組と主婦」についての世論調査から：新聞研究　通号371〔1982.6〕　p63〜69
フレミング・ニボルグ	海外の広告（第八回）スカンジナビア広告事情：広告　（233）〔1982.7〕　p22〜24
山本武利	日本の広告人（8）瀬木博尚 出版広告の開拓者：広告　（233）〔1982.7〕　p34〜37

広告・広報 ジャーナリズム

印刷雑誌編集部　広告写真の製作事情：印刷雑誌　65 (7)〔1982.7〕p27〜32
吉原公一郎　マスコミを操作する日航の広報体制：マスコミ市民　通号173〔1982.9〕p52〜57
栗坂義郎　海外の広告 (9) 経済摩擦と海外広報：広告　(234)〔1982.9〕p46〜49
山本武利　日本の広告人 (9) 光永星郎 広告、通信兼営の推進者：広告　(234)〔1982.9〕p34〜37
山川浩二　テレビCM：月刊民放　12 (137)〔1982.11〕p22〜24
レイトン・D・ゲイジ　海外の広告 (10) 南米広告事情：広告　(235)〔1982.11〕p23〜26
真鍋一史　雑誌広告のイメージ——内容分析と意識調査の統合の試み：関西学院大学社会学部紀要　通号45〔1982.11〕p105〜147
権田万治　広告税反対で新聞, 民放が協力強化 (マスコミの焦点)：新聞研究　通号377〔1982.12〕p86〜88
山本武利　日本の広告人 (11) 出版広告の先駆者たち〈亀井忠一、大橋佐平、増田義一〉：広告　(236)〔1983.1〕p42〜45
村崎和也　いま必要な広告表現の工夫 出版広告の「効率」を改めて問い直す：出版ニュース　通号1281〔1983.3〕p4〜7
ロジャー・ニール　海外の広告 (12) 広告界のニューフロンティア・オーストラリア：広告　(237)〔1983.3〕p48〜51
角南浩　日本の広告人 (12) 化粧品広告の四天王 (上)〈平尾賛平と福原信三〉：広告　(237)〔1983.3〕p43〜47
小川彰, 木全時彦　海外の広告 (13) 中近東の広告コミュニケーション：広告　(238)〔1983.5〕p48〜51
大岡信　短詩の伝統とコピー：広告　(238)〔1983.5〕p21〜23
高橋雅夫　日本の広告人 (13) 化粧品広告の四天王 (下)〈伊東栄と中山太一〉：広告　(238)〔1983.5〕p52〜55
ホーカン・ショーグレン　海外の広告 (14) 南アフリカの広告事情：広告　(239)〔1983.7〕p48〜51
山本武利　日本の広告人 (14) 百貨店広告の推進者たち〈高橋義雄、日比翁助、浜田四郎、岩橋謹次郎〉：広告　(239)〔1983.7〕p52〜55
村崎和也　出会いの場としての出版広告 効率のいい広告をめざして：出版ニュース　通号1294〔1983.8〕p4〜7
ウォルター・ランドー　視点——CIのフィロソフィ——先入観は眼を曇らせる：広告　(240)〔1983.9〕p28〜31
鈴木均　総広告状況への視点 なぜ若者は広告をめざすのか：出版ニュース　通号1297〔1983.9〕p4〜9
津金沢聡広　日本の広告人 (15) 森下博と丹沢善利——売薬広告の王者たち：広告　(240)〔1983.9〕p48〜51
安達生恒　「個食」「孤食」そして「小食」：広告　(241)〔1983.11〕p26〜27
津金沢聡広　日本の広告人 (16) 行商人・呼売り・東西屋：広告　(241)〔1983.11〕p48〜51
橋本治　(1) GUEST＝広告がブームだというけれど、、それをどんな言葉で語ればいいのか：広告　(242)〔1984.1〕p5〜13
ロジャー・A・ハウプト　海外の広告 (15) チリ広告業界の現状：広告　(242)〔1984.1〕p46〜49
山本武利　日本の広告人 (17) 清浄文化の発展に寄与した人たち〈長瀬富郎、小林富次郎、三輪善兵衛〉：広告　(242)〔1984.1〕p56〜59
津金沢聡広　日本の広告人 (18) キャラメル大衆化の広告戦略〈森永太一郎、松崎半三郎、江崎利一〉：広告　(243)〔1984.3〕p47〜51
中村泰次, 木原正博　創刊相次ぐ新広告情報紙 (マスコミの焦点)：新聞研究　通号393〔1984.4〕p105〜107
浅葉克己　デザインのなかの文字：広告　(244)〔1984.5〕p15〜18
キティ・ロチャラシット, ヴェラシン・クナラック　海外の広告 (16) タイ広告界の現状と課題：広告　(244)〔1984.5〕p34〜37
津金沢聡広　日本の広告人 (19) 洋酒を世に広める：広告　(244)〔1984.5〕p47〜51
山本武利　日本の広告人 (20) 広告人としての宮武外骨：広告　(245)〔1984.7〕p47〜51
山本武利　日本の広告人 (21) 鈴木三郎助「味の素」普及への努力：広告　(245)〔1984.7〕p47〜51
藤竹暁　マスコミ研究とPR誌 研究スタイルも博士論文もそこから生れた：出版ニュース　通号1329〔1984.8〕p4〜8
兼城昌昭　特集＝成熟の時代とCMの役割 CMの機能再検討と "場" の開拓を ラジオ全体が戦略を欠くいま、"ハッとする新しい概念" が必要：月刊民放　14 (160)〔1984.10〕p18〜21
島森路子　特集＝成熟の時代とCMの役割 "もの" より "こと" にひかれる時代 時代の "気分" を、「明確に屈折させた映し絵」＝CM：月刊民放　14 (160)〔1984.10〕p10〜13
望田市郎　特集＝成熟の時代とCMの役割 混沌の時代にさまようCMの意志 敏感で無感動な世代と、妙な勢いがついてしまったCMのなかで：月刊民放　14 (160)〔1984.10〕p6〜9
林進　特集＝成熟の時代とCMの役割 自立したCM文化の構造見直しを CMの "モノばなれ" "広告ばなれ" を誘導した視聴者への対応は：月刊民放　14 (160)〔1984.10〕p14〜17
孔尚儀　海外の広告 (17) 韓国の広告産業の現況：広告　(247)〔1984.11〕p34〜37
津金沢聡広　日本の広告人 (22) 私鉄の発展と広告文化〈広告人としての小林一三〉：広告　(247)〔1984.11〕p42〜46
福島鋳郎　終戦直後における出版広告とその周辺：出版研究　通号16〔1985〕p152〜167
スタム, ジャック　ニッポン広告事情 (1) いまの日本に "硬いさびしさ" を感じてしまう：広告　(248)〔1985.1〕p25〜28
ジョルジョ・アリンチ　海外の広告 (18) 変革の時代を迎えたイタリアの広告界：広告　(248)〔1985.1〕p41〜45
山本武利　日本の広告人 (23)「冬の時代」の社会主義者の広告活動〈広告人としての堺利彦〉：広告　(248)〔1985.1〕p55〜59
春遍雀來　ニッポン広告事情 (2) テクニカル・ライティングに弱いネ：広告　(249)〔1985.3〕p41〜44
新井直之　ニューメディア時代の新聞：広告　(249)〔1985.3〕p4〜7
小林保彦, 北出修平, 鈴木隆　新聞広告を活性化させるには：広告　(249)〔1985.3〕p8〜13
津金沢聡広　日本の広告人 (24) 和洋折衷生活と新しい広告主：広告　(249)〔1985.3〕p49〜53
真鍋一史　広告をめぐる世論——内容分析と意識調査の統合の試み：関西学院大学社会学部紀要　通号50〔1985.3〕p121〜137
岩男寿美子　広告モデルの広告効果——外人モデルと日本人モデルの比較：慶応義塾大学新聞研究所年報　通号24〔1985.4〕p49〜75
ロジャー・パルバース　ニッポン広告事情 (3) 日本のCMは演劇的で、とにかく豊かですね：広告　(250)〔1985.5〕p39〜42
河田卓　生活データベースとしての広告：広告　(250)〔1985.5〕p4〜9
山本武利　日本の広告人 (25)「広告学」への苦闘 - 広告研究の先駆者たち：広告　(250)〔1985.5〕p43〜47
リンダ・H・ルーベンスタイン　ニッポン広告事情 (4) 言葉が好きですから、気になる表現もありますネ：広告　(251)〔1985.7〕p39〜42
山崎宗次　新聞広告の再生へ向けて：広告　(251)〔1985.7〕p2〜3

津金沢聡広	日本の広告人(26)図案家から商業美術家へ－戦前広告界における広告デザイナーの活躍：広告 (251)〔1985.7〕 p43～47	
クラッカワー, マーシャ	ニッポン広告事情(5)国際化の中で通用する広告表現がほしいですネ：広告 (252)〔1985.9〕 p39～42	
小林保彦, 倉本卓次, 嶋口充輝	広告・マーケティングの本――十年間のトレンド：広告 (252)〔1985.9〕 p4～11	
石城太造	広告自身の広告PR――『広告面白書』のあとがきにかえて：広告 (252)〔1985.9〕 p24～26	
山本武利	日本の広告人(27)大衆台頭期の出版王、広告王く講談社創業者・野間清治》：広告 (252)〔1985.9〕 p43～47	
伊丹要二	CMコーナー「お知らせ」ですか、コマーシャル：月刊民放 15(172)〔1985.10〕 p36～36	
デベラ, ホセ	ニッポン広告事情(6)面白い広告は多い。でも、コーポレート・イメージが弱い？：広告 (253)〔1985.11〕 p40～43	
津金沢聡広	日本の広告人(28)(最終回)文案家の系譜：広告 (253)〔1985.11〕 p44～49	
真鍋一史	広告に見る人間関係――テレビ・コマーシャルの内容分析：関西学院大学社会学部紀要 通号51〔1985.12〕 p95～112	
河村要助	広告とアートの片思い関係：広告 (254)〔1986.1〕 p26～29	
土屋耕一	広告の風景(1)アカクラだなぁ：広告 (254)〔1986.1〕 p80～80	
中村誠	広告デザインの30年「最後に日本が見えてきた」：広告 (254)〔1986.1〕 p13～19	
伊東順二	広告人のための現代美術講座(1)～(12：広告 (254)～(265)〔1986.1～1987.11〕 p1～3	
桜井乙彦	広報大包囲網の中での闘い――広報エリートにスポイルされないために(情報の"流れ"を考える)：新聞研究 通号415〔1986.2〕 p32～35	
土屋耕一	広告の風景――CIブルース：広告 (255)〔1986.3〕 p88～88	
久田恵	母子家庭から見た広告：広告 (255)〔1986.3〕 p26～27	
真鍋一史	広告に見る人間関係――テレビ・コマーシャルの内容分析―2：関西学院大学社会学部紀要 通号52〔1986.3〕 p83～97	
天野祐吉	広告のなかの大衆(大衆社会論とジャーナリズム<特集>)：新聞学評論 通号35〔1986.3〕 p166～172	
川本三郎	CMは子どもをどう描いてきたか：広告 (256)〔1986.5〕 p22～26	
土屋耕一	広告の風景――レポーターの法則：広告 (256)〔1986.5〕 p88～88	
土屋耕一	広告の風景――ノミ行為：広告 (257)〔1986.7〕 p84～84	
今泉武治	広告は常にバランスの上に立つ：広告 (257)〔1986.7〕 p20～24	
堤仁司	広告の中のシルバーたち――博報堂シルバーマーケット・プロジェクトチーム：広告 (258)〔1986.9〕 p16～19	
土屋耕一	広告の風景――ひっかく広告論：広告 (258)〔1986.9〕 p88～88	
土屋耕一	広告の風景――ネホリハホリ：広告 (259)〔1986.11〕 p88～88	
真鍋一史	広告をめぐる世論――内容分析と意識調査の統合の試み―2：関西学院大学社会学部紀要 通号53〔1986.11〕 p83～105	
権田万治	広告――複雑さ増す広告環境('87年の展望(マスコミの焦点))：新聞研究 通号426〔1987.1〕 p102～104	
砂田允	広告の活性化をもたらすか、比較広告：月刊民放 17(188)〔1987.2〕 p30～35	
末次静二	特集 いまマスコミの危機 さま変わりをはじめた広告業界の状況：マスコミ市民 通号221/222〔1987.2〕 p196～205	
窪田若	アメリカの比較広告にも紆余曲折の歴史がある：広告 (261)〔1987.3〕 p6～6	
窪田若	エイズとアメリカ広告界：広告 (262)〔1987.5〕 p6～6	
井上宏	特集 成熟社会のCM文化と広告戦略 イメージ造出の力を生かし、"もう一つの機能"を発揮して 商品宣伝を超え、生活に影響を与える「社会文化的機能」の開発を：月刊民放 17(191)〔1987.5〕 p6～9	
五井千鶴子, 水野邦夫, 土屋隆昭, 末吉尚身	特集 成熟社会のCM文化と広告戦略 メディアの可能性とCM表現：月刊民放 17(191)〔1987.5〕 p23～27	
小宮山恵三郎	特集 成熟社会のCM文化と広告戦略 攻めのマーケティングへ、多様化を直視し「集」を束ねて 市場開発に求められる、放送広告の柔軟な「蜜蜂型」戦略展開：月刊民放 17(191)〔1987.5〕 p10～13	
今井康夫, 山本文夫	特集 成熟社会のCM文化と広告戦略 放送のインパクトを踏まえたエリア・マーケティングの開発を 広告主の戦略変化を捉え、地域特性を生かす具体的提案が要：月刊民放 17(191)〔1987.5〕 p14～22	
窪田若	企業も主張する、アメリカの意見広告：広告 (263)〔1987.7〕 p6～6	
中村直子	広告界初の輸入広告費調査：広告 (263)〔1987.7〕 p7～7	
阪本昌成	「アクセス権」覚書(サンケイ新聞意見広告訴訟最高裁判決をめぐって〔含 資料〕)：新聞研究 通号432〔1987.7〕 p40～45	
樋口正紀	言論裁判――なぜ13年間も闘ったか(サンケイ新聞意見広告訴訟最高裁判決をめぐって〔含 資料〕)：新聞研究 通号432〔1987.7〕 p46～50	
権田万治	日本における比較広告の可能性(マスコミの焦点)：新聞研究 通号432〔1987.7〕 p94～96	
石井清司	巧妙な番組宣伝 拡大するPRゾーン テレビ局の電波利用度：放送批評 No.217〔1987.8〕	
橘川幸夫	"世界イメージ"商品――無意識とヒット商品：広告 (264)〔1987.9〕 p33～36	
藤竹暁	(<読者>を探る<特集>)異業種の雑誌参入と広告, 消費者：総合ジャーナリズム研究 24(04)〔1987.10〕 p22～28	
中村直子	クーポン付き雑誌、解禁：広告 (265)〔1987.11〕 p7～7	
川上宏	テレビCM：月刊民放 17(197)〔1987.11〕 p30～32	
梶祐輔	広告：広告 (265)〔1987.11〕 p26～27	
村瀬尚文	ザ・新聞広告－－新しい新聞製作システムがもたらす新機軸はホンモノか：総合ジャーナリズム研究 25(01)〔1988〕 p101～107	
奥野卓司	情報のマユ――ポスト・マクルーハンのメディア感性(1)：広告 (266)〔1988.1〕 p75～81	
野口巌	新聞広告をとりまく"棲みわけ理論"：広告 (266)〔1988.1〕 p32～32	
水喜習平	疾駆するマンション、遁走する広告：広告 (267)〔1988.3〕 p9～9	
奥野卓司	情報のマユ――ポスト・マクルーハンのメディア感性(2)：広告 (267)〔1988.3〕 p70～75	
野口巌	新聞広告をとりまく"棲みわけ理論"(PARTII)：広告 (267)〔1988.3〕 p34～34	

広告・広報		ジャーナリズム

君塚洋一	広告コミュニケーションの社会的プロセスにおける意味作用：新聞学評論　通号37　〔1988.4〕 p207～218
亀井忠雄	集中管理から「エリア分権化」へ 広告主のエリア・マーケティング〈講演「地域対応戦略とテレビ広告」から〉：月刊民放　18（203）〔1988.5〕 p29～33
奥野卓司	情報のマユ——ポスト・マクルーハンのメディア感性（最終回）：広告　（268）〔1988.5〕 p67～71
野口巌	新聞広告料金の呼称統一への動き：広告　（268）〔1988.5〕 p34～34
野口巌	広告調査の新しい流れ：広告　（269）〔1988.7〕 p34～34
小沢正光	いま、広告に求められているもの（PART1）：広告　（270）〔1988.9〕 p4～5
金子秀之	金子秀之の海外広告情報——宙に浮いた250億円のアカウント：広告　（270）〔1988.9〕 p32～33
久石譲, 宮川清, 黒田明, 大森昭男	CM音楽のいま、これから：広告　（271）〔1988.11〕 p24～
小沢正光	いま、広告に求められているもの（PART2）：広告　（271）〔1988.11〕 p4～
水喜習平	アメリカを意識した企業広告：広告　（271）〔1988.11〕 p9～
金子秀之	金子秀之の海外広告情報——Federal Expressのヨーロッパ・キャンペーン：広告　（271）〔1988.11〕 p46～
湯浅正敏	メディアとして注目されるアド・オン・ビデオ：広告　（272）〔1989.1〕 p54～54
窪田若	キャンパス・ターゲット・マーケティング：広告　（273）〔1989.3〕 p8～8
黒須治	「印象」を消費する、心優しきトゥイナーたち：広告　（273）〔1989.3〕 p4～5
石平厚一郎	広告会社への期待内容が変わってきた：広告　（273）〔1989.3〕 p9～9
林伸郎	出版広告掲載拒否と天皇問題 緑風出版対中日新聞社の訴訟をめぐって：出版ニュース　通号1489　〔1989.3〕 p8～11
野口巌	DMと電話帳広告に共通しているもの：広告　（274）〔1989.5〕 p34～34
黒須治	ついに、たのしい「LOW化現象」です：広告　（274）〔1989.5〕 p4～5
高田公理	〈近代遺跡〉は美しい：広告　（274）〔1989.5〕 p44～48
野口巌	好調な新聞経営と広告の伸び：広告　（275）〔1989.7〕 p46～46
黒須治	広告が広告でなくなるとき：広告　（275）〔1989.7〕 p4～5
金子秀之	大統領をテーマにした三つの広告：広告　（275）〔1989.7〕 p44～45
長谷川秀行	恒常的な広報体制の確立を——欠かせない企業の休日のマスコミ対応策（取材の現場はいま）：新聞研究　通号457　〔1989.8〕 p45～47
黒須治	「おしゃべり広告」で、友だちもっと増やさなくちゃ：広告　（276）〔1989.9〕 p4～5
ケニー・ニコラス	イギリス人にはどんな広告がうけるか：広告　（276）〔1989.9〕 p8～8
黒須治	コンセプトというより、ジェネライズでいきませんか。：広告　（276）〔1989.9〕 p4～5
窪田若	質の時代に入ったビルボード広告：広告　（276）〔1989.9〕 p9～9
金子秀之	放送中止を余儀なくされたマドンナのペプシのCM：広告　（276）〔1989.9〕 p46～49
窪田若	いきなりフットボールが届くアメリカのDM事情：広告　（278）〔1990.1〕 p8～8
森嶋士郎	「お祝い企業広告」が今年は新聞を席巻する：広告　（278）〔1990.1〕 p44～44
金子秀之	クライスラーの比較広告：広告　（278）〔1990.1〕 p9～9
中村信明	コマーシャルだって「体間距離」を守りましょう：広告　（278）〔1990.1〕 p44～45
ロレンツ, クリストファー	海外からのメッセージ：広告　（278）〔1990.1〕 p24～25
デュマ・アンジェラ	海外からのメッセージ：広告　（278）〔1990.1〕 p26～27
呉柱燮	広告に外国人タレント続々登場：広告　（278）〔1990.1〕 p8～9
黒須治	商品も広告も、ころころと変るから楽しいですね：広告　（278）〔1990.1〕 p4～5
佐藤嘉男	広告界の展望 好況時にこそ対策を（マスコミの焦点）：新聞研究　通号462　〔1990.1〕 p89～91
竹内好美	トータルな人間を描く広告表現を（メディアと性）：新聞研究　通号463　〔1990.2〕 p37～39
呉柱燮	オリンピック特需は去ったが韓国の総広告費は二桁の伸び：広告　（279）〔1990.3〕 p8～9
金子秀之	英国列車強盗の主犯、ロナルド・ビッグスCMに出演：広告　（279）〔1990.3〕 p9～9
金子秀之	外国の優秀テレビCM——動物、映像、ユーモア——五つの流れと二つの特色：広告　（279）〔1990.3〕 p38～45
中島純一	若者の描いた等身大の自己PR広告：広告　（279）〔1990.3〕 p68～69
伊豫田康弘, 小宮山恵三郎	広告論の理論的展開の軌跡（マス・コミュニケーション研究の系譜（1951～1990）——日本新聞学会の研究活動を中心に）：新聞学評論　通号39　〔1990.4〕 p106～119
中村信明	すべてのビデオにCMカット機能が搭載される日：広告　（280）〔1990.5〕 p51～51
金子秀之	ジョン・クリーズ主演、シュウェップスの実験的広告：広告　（280）〔1990.5〕 p9～9
鈴木恵子	広告もオーストリーと密接な調係——ハンガリー：広告　（280）〔1990.5〕 p20～23
佐々木和子	持ち前のセンスで斬新な広告を生む——チェコスロバキア：広告　（280）〔1990.5〕 p16～19
森嶋士郎	待望のクーポン広告解禁へ、業界周辺の動き急！：広告　（280）〔1990.5〕 p50～50
宮川清	解禁速報！ 銀行のラジオCM：広告　（281）〔1990.7〕 p65～72
池内正人	個別銀行のCM実現へ 金融自由化と銀行広告解禁：月刊民放　20（229）〔1990.7〕 p22～24
呉柱燮	広告研究熱が高まる韓国：広告　（281）〔1990.7〕 p4～5
黒須治	広告地政学のすすめ（1）：広告　（281）〔1990.7〕 p4～5
窪田若	増え続ける公共広告と寄付する側の哲学：広告　（281）〔1990.7〕 p8～8
猪狩惇夫	個別銀行のCM実現へ 米国の実情と、わが国での展望：月刊民放　20（230）〔1990.8〕 p26～28
金子秀之	お盛んなデトロイトの自動車キャンペーン：広告　（282）〔1990.9〕 p9～9
岡崎敬得	広告マンの眠りを考える：広告　（282）〔1990.9〕 p24～27
窪田若	雑誌戦国時代の“広告をとるための広告”：広告　（282）〔1990.9〕 p8～8
森嶋士郎	新聞カラー広告をきれいに出すための6つのポイント：広告　（282）〔1990.9〕 p44～44
鈴木孝雄	労働省が「民間求人事業」の在り方で報告書——広告規制に新たな動き（マスコミの焦点）：新聞研究　通号471　〔1990.10〕 p97～99
黒須治	マンガ化のむこうに、「情報としての広告」が見えます：広告　（283）〔1990.11〕 p4～5
窪田若	金融自由化先進国アメリカの銀行広告：広告　（283）〔1990.11〕 p8～8

ジャーナリズム	広告・広報

森嶋士郎　新聞クーポン広告が始動、ターゲットはヤングミセス：広告　（283）〔1990.11〕 p50～50

金子秀之　風変わりな3つの広告：広告　（283）〔1990.11〕 p9～9

金子秀之　一九九〇年の海外優秀CM：広告　（284）〔1991.1〕 p24～31

小田桐誠　機械式個人メーター導入で プライバシーが危ない!? 民放vsスポンサーvs代理店 業界コンセンサスを求めて：放送批評　No.261　〔1991.4〕

伊豫田康弘　世界の視聴率調査 民放vsスポンサーvs代理店 業界コンセンサスを求めて：放送批評　No.261　〔1991.4〕

藤井潔　制作者を縛る "％" 民放vsスポンサーvs代理店 業界コンセンサスを求めて：放送批評　No.261　〔1991.4〕

黒須治　少品種多量時代の広告戦略を探る：広告　（287）〔1991.7〕 p34～39

崔麻砂　アメリカからの手紙――湾岸反戦広告への反響<特集>：Asahi journal　33（28）〔1991.7〕 p3～7, 11～15

猪狩誠也　広報担当者のマスコミ観――マスメディアとのコミュニケーション調査から：新聞研究　通号481　〔1991.8〕 p67～72

太田伸之　デザインの現状とその活かし方：広告　（288）〔1991.9〕 p10～13

尾原蓉子　デザイン活動をマネジメントできる人材を：広告　（288）〔1991.9〕 p14～17

伊豫田康弘　広告界のための『2000年の放送ビジョン』概説：広告　（288）〔1991.9〕 p46～51

仲いつか　広告人のための浅草橋ガイド：広告　（289）〔1991.11〕 p30～37

金子秀之　一九九一年の海外傑作CM：広告　（290）〔1992.1〕 p24～31

石倉昌子　《大特集》私の発言 「新聞の広告」について：マスコミ市民　通号279　〔1992.1〕 p56～56

高木強　新聞広告規制の緩和・撤廃の行方（マスコミの焦点）：新聞研究　通号488　〔1992.3〕 p101～104

浜田純一　書籍広告と表現の自由――いわゆる天皇制批判書籍広告掲載拒否訴訟をめぐって：法律時報　64（3）〔1992.3〕 p48～52

宮田信一郎　EC広告規制の底流：広告　（294）〔1992.9〕 p36～39

オバタカズユキ　広告マンの休日――[20代編] まほろしの香港一週間グルメツアー――[40代編] 課長、本当に人生観を見直してますか？：広告　（294）〔1992.9〕 p10～13

八巻俊雄　質で勝負の時代の広告表現テスト：広告　（295）〔1992.11〕 p18～19

三浦正広　パブリシティの権利と「有名人」概念―2つの判決を手がかりとして（研究ノート）：青山社会科学紀要　22（1）〔1993.10〕 p1～20

田場洋和　テレビ広告はどう捉えられたか 「テレビ営業ハンドブック94」刊行にあたって：月刊民放　24（273）〔1994.3〕 p34～37

古松久俊　テレビスポットの今後の動向：月刊民放　24（274）〔1994.4〕 p27～30

西川潔　サインの科学・屋内編――現場の知恵が空間を活かす：広告　（304）〔1994.5〕 p8～11

佐藤優　サインの科学・街角編――人間の生理に合わせて設計する：広告　（304）〔1994.5〕 p12～15

小宮山恵三郎　広告産業、50年の軌跡を振り返る：月刊民放　24（279）〔1994.9〕 p8～11

横間恭子　NY発・取材レポート－－ビデオ・ジャーナリストが変えるテレビ報道：総合ジャーナリズム研究　31（04）〔1994.10〕 p50～57

窪田若　パソコン通信における広告のジレンマ：広告　（308）〔1995.1〕 p21～21

リンク, ルーサー・J, 金子秀之　広告の面白さを読む：広告　（308）〔1995.1〕 p23～28

延島明恵　テレビ広告が描く男女像：慶応義塾大学新聞研究所年報　通号44　〔1995.3〕 p71～87

加藤敬子　婦人雑誌広告――昭和前期：慶応義塾大学新聞研究所年報　通号44　〔1995.3〕 p49～69

ハル, ・ゴールド, 金子秀之　受賞作品は、売り上げに貢献したか：広告　（311）〔1995.7〕 p26～32

窪田若　量から質へ、アメリカのカタログ販売：広告　（312）〔1995.9〕 p28～28

松尾羊一　テレビCM：月刊民放　25（292）〔1995.10〕 p26～27

山本直人　テレビCMをとりまく空気：広告　（313）〔1995.11〕 p4～5

吉田則昭　多様化する雑誌部数――90年代の雑誌広告の動向を中心に：出版研究　通号27　〔1996〕 p133～152

Dalley, David, 渡辺隆雄　TV-CM from Overseas イギリス/台湾：広告　（314）〔1996.1〕 p34～35

河野龍太　タイアップをもっと戦略的に活用する方法：広告　（314）〔1996.1〕 p22～25

ハル, ・ゴールド, 金子秀之　デモンストレーション広告の強さ：広告　（314）〔1996.1〕 p36～41

秋山晶, 谷山雅計, 仲畑貴志　クリエイターが選ぶ歴代「ビール広告」ベストテン：広告　（315）〔1996.3〕 p18～21

平林千春　「ビール広告」はいまどこにいるか：広告　（315）〔1996.3〕 p4～5

山崎俊郎　海外屋外広告レポート――アトランタの、オリンピックに向けた公共交通広告：広告　（315）〔1996.3〕 p54～55

ONG-ARD, SUMBOONNANONT, 矢野紘造　TV-CM from Overseas――タイ/フランス：広告　（316）〔1996.5〕 p34～35

山本文夫　放送広告とエリア・マーケティング ローカル局のマーケティング戦略：月刊民放　26（299）〔1996.5〕 p26～29

加納みゆき, 島本和彦, 藤沢文洋　もっと深く、もっと楽しい観戦スタイルを追求する人々：広告　（317）〔1996.7〕 p20～23

Lee, Raymond, TBWAクリエイティブチーム　マレーシア/オランダ：広告　（317）〔1996.7〕 p28～29

Wong, Victor, 福井徹　TV-CM from Overseas――香港/オーストラリア：広告　（318）〔1996.9〕 p28～29

ハル, ・ゴールド, 金子秀之　発想の違い、こんなCMに注目！：広告　（318）〔1996.9〕 p40～43

伊東裕司　ラジオCMの実力――接触頻度と広告効果：月刊民放　26（9）〔1996.9〕 p28～31

中西正利　企業 トヨタ自動車 野茂の起用が宣伝戦略の転換点に：新・調査情報passingtime　2期（51）通号413　〔1996.11〕 p74～77

稲増竜夫　時代劇と日本人：広告　（319）〔1996.11〕 p26～28

加瀬夏彦　発想の社会学 パーソナル・アドに群がる寂しいヤングたち：新・調査情報passingtime　2期（51）通号413　〔1996.11〕 p62～67

村田歓吾　政党選挙における報道と政党広告――初の小選挙区比例代表並立制の経験から：朝日総研リポート　通号123　〔1996.12〕 p35～48

黒須美彦　1. CMの顔――いい声のCMアイドルはいい顔してる：広告　（320）〔1997.1〕 p18～19

室田信二　ちょっとおかしいＴ・Ｖ・Ｃ・Ｍ<3> 政党コマーシャルが売り込んだもの：放送レポート　144号　〔1997.1〕 p26～29

室田信二　ちょっとおかしいＴ・Ｖ・Ｃ・Ｍ<4> 最近、CMの表現が保守化してません？：放送レポート　145号　〔1997.3〕

709

広告・広報	ジャーナリズム

	p60〜63
金子秀之	テイストは，すっかり世界商品－－海外の広告会社が制作した日本商品のテレビCM：広告　（322）〔1997.5〕 p32〜37
堀章男	放送局の企業広報を考える――マスメディアとしての姿勢・社会的役割の再確認を：月刊民放　27(7)〔1997.7〕p24〜27
放送レポート編集部　広告代理店も知っていたCM間引き、放送通知書偽造の深刻度：放送レポート　148号〔1997.9〕 p2〜7	
平野恭子	新聞広告活性化へ努力続く 景況不安で伸びに陰りも：新聞通信調査会報　通号419〔1997.10〕p14〜16
永瀬唯	<SF史の視点>脳を直撃する違法広告？－－サブリミナル神話の系譜と実践：広告　（325）〔1997.11〕p56〜57
松井陽通	〈プロジェクトの展開〉広告効果測定における大きな一歩：広告　（325）〔1997.11〕p54〜54
放送レポート編集部　闇に葬られた新聞週間テレビCMの一部始終：放送レポート　150号〔1998.1〕p16〜20	
久野収	「広告とは」(1)：広告　（326）〔1998.1〕p1〜1
難波功士	広告に見る「オヤジ」と「親父」：広告　（326）〔1998.1〕p14〜15
渡辺武達	淡路五色ケーブルテレビのCM打ち切り問題を問う：放送レポート　150号〔1998.1〕p26〜30
リンク，ルーサー・J，金子秀之　話題の海外グラフィック作品を読む：広告　（326）〔1998.1〕p39〜45	
鷲田清一	「広告とは」(2)：広告　（327）〔1998.3〕p1〜1
吉田晃	放送界の輪(5)日本テレビコマーシャル制作社連盟JAC：月刊民放　28(3)〔1998.3〕p38〜39
伊嶋高男	放送界の輪(6)公共広告機構（AC）：月刊民放　28(4)〔1998.4〕p38〜39
阪本節郎	ソーシャルプロモーションで社会が変わる－－SENDAI光のページェント/NEC/ユニセフ：広告　（328）〔1998.5〕p12〜17
井関利明	ソーシャル・マーケティングのパラダイム・シフト：広告　（328）〔1998.5〕p24〜28
大竹伸朗	「広告とは」(3)：広告　（328）〔1998.5〕p1〜1
安部雍子	"ながら"でも記憶に残るラジオCM――「カーラジオにおけるながら聴取とCM効果」調査報告から：月刊民放　28(5)〔1998.5〕p32〜35
黒須美彦	CM界では無防備な声がウケてます：広告　（329）〔1998.7〕p21〜21
荻野アンナ，隈研吾，中ザワヒデキ　プレゼンテーション：広告　（329）〔1998.7〕p42〜	
港千尋	「広告とは」(4)：広告　（329）〔1998.7〕p1〜1
中井久夫	「広告とは」(5)：広告　（330）〔1998.9〕p1〜1
岡田啓人，鈴木健司　よみがえれ！ CM文化：放送文化　通号52〔1998.10〕p12〜24	
大谷優二	あるCMプランナーのつぶやき：広告　（332）〔1998.11〕p49〜49
トラウト，ジャック　偉大なブランド、10の特性：広告　（331）〔1998.11〕p52〜64	
福田和也	「広告とは」(6)：広告　（332）〔1998.11〕p1〜1
大貫卓也	広告表現でいちばん大切なこと：広告　（331）〔1998.11〕p174〜178
放送レポート編集部　「サラ金CM解禁」に待ったをかけた 読売テレビ労組の正論と会社の居直り：放送レポート　156号〔1999.1〕p22〜24	
石井裕子，鈴木樹代子　世界の広告賞ギャラリー(1)「ロンドン国際広告賞」：広告　（333）〔1999.1〕p53〜57	
東浩紀	存在論的、広告的(1)「僕の本の売れ方について」：広告　（333）〔1999.1〕p1〜3
大竹伸朗	日本広告景(1)「花咲く高原の少女たち」：広告　（333）〔1999.1〕p58〜60
楠本和哉	15秒と30秒：テレビ広告効果の差異に関する一考察：日経広告研究所報　33(1)通号183〔1999.2〕p14〜19
丸山昇	「CM間引き」またも発覚で問われる民放連"潔白宣言"のウソ：放送レポート　158号〔1999.5〕p16〜19
放送レポート編集部　あのフジテレビが「全日解禁」した サラ金CMの唖然茫然：放送レポート　158号〔1999.5〕p12〜14	
アーウィン・エフロンのメディア・プランニング講座(2)オプティマイザー：広告　（335）〔1999.5〕p76〜79	
石井裕子	世界の広告賞ギャラリー(3)「アジア・パシフィック広告祭」：広告　（335）〔1999.5〕p63〜67
東浩紀	存在論的、広告的(3)「暗号的な世界について」：広告　（335）〔1999.5〕p1〜3
大竹伸朗	日本広告景(3)「鳴門クリーニング天女」：広告　（335）〔1999.5〕p60〜62
アーウィン・エフロンのメディア・プラニング講座(3)リーセンシー・プラニングを雑誌メディアに適用する：広告　（336）〔1999.7〕p90〜94	
丸山昇	静岡第一テレビCM不正「最終報告書」にみる 驚愕の隠蔽工作と民放連の責任：放送レポート　159号〔1999.7〕p20〜23
東浩紀	存在論的、広告的(4)「不況時の哲学について」：広告　（336）〔1999.7〕p1〜3
大竹伸朗	日本広告景(4)「海の家、午後」：広告　（336）〔1999.7〕p62〜64
須田泰成	広告代理「店」をめぐるケーススタディ：広告　（337）〔1999.9〕p35〜38
東浩紀	存在論的、広告的(5)「時間の不一致について」：広告　（337）〔1999.9〕p1〜3
大竹伸朗	日本広告景(5)「ハワイ銀座インターチェンジ」：広告　（337）〔1999.9〕p68〜70
アーウィン・エフロンのメディア・プラニング講座(4)テレビプラニングのターゲット戦略にリーセンシーを適用する：広告　（338）〔1999.11〕p91〜93	
東浩紀	存在論的、広告的(6)ポストとモダンとポップについて：広告　（338）〔1999.11〕p1〜3
大竹伸朗	日本広告景(6)「赤の湖愁」：広告　（338）〔1999.11〕p72〜74
津田浩司	CM詐欺事件から半年・・・静岡第一テレビの"いま"：ぎゃらく　通号364〔1999.11〕p34〜39
小宮路雅博，石崎徹　CM考査制度の運用と現状――わが国地上波民間放送TV局におけるCM考査：日経広告研究所報　33(5)通号187〔1999.11〕p14〜20	
兼高聖雄	広告デザイン華麗なる20年代への旅：ぎゃらく　通号365〔1999.12〕p36〜39
吉田望	広告メディアとしてのBSデジタル放送――期待される地上波との「パッケージング」展開(特集 衛星放送のデジタルデザイン)：月刊民放　29(12)通号342〔1999.12〕p18〜20
アーウィン・エフロンのメディア・プランニング講座(5)メディア・プランニングの再構築：広告　（339）〔2000.1〕p98〜100	
伊藤洋子	外資参入で強まる－広告業界「ジャパニーズ・スタンダード」への風圧：放送レポート　162号〔2000.1〕p16〜20
和波弘樹	広告ビジネスの現場から発想するスーパーフラット的社会モデル：広告　（339）〔2000.1〕p75〜77

ジャーナリズム　　　　　　　　　　　　　　　　　　　　　　　広告・広報

野辺名豊　　　広告的話題：広告　（339）〔2000.1〕　p13〜13, 15〜15, 17〜17

石井裕子　　　世界の広告賞ギャラリーR2（1）「ロンドン国際広告賞」：広告　（339）〔2000.1〕　p47〜50

東浩紀　　　　存在論的、広告的、スーパーフラット的：広告　（339）〔2000.1〕　p2〜10

アーウィン・エフロンのメディア・プラニング講座（1）広告プラニングの新しい考え方『リーセンシー』：広告　（344）〔2000.3〕　p60〜63

石川旺　　　　テレビCM挿入方法の早急な検討を！：放送レポート　163号　〔2000.3〕　p42〜43

宮坂淳　　　　個人的公共広告（2）「消費衝動への警鐘」：広告　（340）〔2000.3〕　p84〜85

加藤良一, 黒須美彦, 渡辺秀文　広告とバッドテイストの微妙な関係：広告　（344）〔2000.3〕　p40〜43

高野裕子　　　広告のキャラ立ち「bump」：広告　（340）〔2000.3〕　p73〜74

高広伯彦　　　広告的話題：広告　（340）〔2000.3〕　p11〜11, 13〜13, 15〜15

石井裕子　　　世界の広告賞ギャラリー（2）「ニューヨーク・フェスティバル」：広告　（344）〔2000.3〕　p55〜59

黒須美彦, 石井裕子　世界の広告賞ギャラリーR2（2）「ニューヨークフェスティバル」：広告　（340）〔2000.3〕　p75〜78

東浩紀　　　　存在論的、広告的（2）第2期ポストモダンについて：広告　（344）〔2000.3〕　p1〜3

東浩紀　　　　存在論的、広告的、キャラクター的：広告　（340）〔2000.3〕　p2〜8

大竹伸朗　　　日本広告景（2）「ひねもす叫び」：広告　（344）〔2000.3〕　p64〜66

田所泉　　　　週刊誌広告の表現規制問題 週刊誌広告掲載拒否をめぐる確執の経緯：総合ジャーナリズム研究　37（02）（通号172）〔2000.4〕　p7〜10

奥平康広　　　週刊誌広告の表現規制問題 「表現の自由」からみた大衆文化の病理：総合ジャーナリズム研究　37（02）（通号172）〔2000.4〕　p12〜15

兼高聖雄　　　比較広告はなぜ敬遠される？：ぎゃらく　通号369　〔2000.4〕　p36〜39

曽根俊郎　　　スポーツ中継とバーチャル広告〜仮想現実はどこまで許されるか〜：放送研究と調査　50（4）通号587　〔2000.4〕　p2〜13

四方勝治, 大橋久美子, 庭山裕之, 野辺名豊　広告的話題：広告　（341）〔2000.5〕　p7〜11

勝山教子　　　謝罪広告——良心の自由と「謝罪」の強制（特集 メディアと憲法——表現の自由の意味と価値を考える）：法学教室　通号236　〔2000.5〕　p39〜41

八巻俊雄　　　「広告ジャーナリズムの確立」狙う 顧客におもねらない編集方針貫く（証言で綴る広告史（31）新聞メディアプロモーションとしての広告賞とPR誌）：日経広告研究所報　34（3）通号191　〔2000.6〕　p84〜86

高野裕子　　　Art Work Featuring広告「CAKE」：広告　（342）〔2000.7〕　p79〜80

高田宵伸　　　意見広告の歴史とこれから——個人広告主への？ 解禁？ を提案：朝日総研リポート　通号145　〔2000.8〕　p30〜46

巻上文子, 大橋久美子, 野辺名豊　広告的話題：広告　（343）〔2000.9〕　p13〜17

石井裕子　　　世界の広告賞ギャラリーR2（5）「カンヌ広告フェスティバル2000」：広告　（343）〔2000.9〕　p80〜83

兼高聖雄　　　「失われた90年代」を広告はこう描いた：ぎゃらく　通号375　〔2000.10〕　p30〜34

高野裕子　　　Art Work Featuring 広告「FAT」：広告　（344）〔2000.11〕　p79〜80

ジョンCジェイ　すべては文化を理解することからはじまる：広告　（344）〔2000.11〕　p53〜53

丸山昇　　　　穴だらけ！ CM不正防止体制のおそまつ：放送レポート　167号　〔2000.11〕　p14〜16

田中双葉, 野辺名豊　広告的話題：広告　（344）〔2000.11〕　p11〜15

天野祐吉　　　Interview 天野祐吉（コラムニスト）（デジタル社会が見えてくる 2兆円の行方 CMが変わる日）：放送文化　通号77〔2000.11〕　p28〜30

水城雄, 千田利史　対談 IT時代のCMを予測する——千田利史（電通衛星メディア局）×水城雄（作家）（デジタル社会が見えてくる 2兆円の行方 CMが変わる日）：放送文化　通号77　〔2000.11〕　p24〜27

大竹和博　　　テレビCMに求められるもの BSデジタルがもたらす未来——資生堂宣伝部長/大竹和博（BSデジタル特集!!）：放送界　46通号154　〔2001.新年〕　p40〜50

兼高聖雄　　　戦後復興を彩った広告たち——昭和20年代の広告展：ぎゃらく　通号380　〔2001.3〕　p38〜41

木村幹夫　　　産業規模と広告費（特集 放送のプロとして——新放送人に一講座・放送の数字）：月刊民放　31（3）通号357　〔2001.3〕　p17〜19

鈴木孝雄　　　新聞広告に復権の兆し メディア特性に時代の光が：新聞通信調査会報　通号462　〔2001.5〕　p14〜16

多田琢　　　　Person of the Month 多田琢 CMプランナー——TV映像制作はオトナの遊び場：ぎゃらく　通号382　〔2001.5〕　p4〜6

津金沢聡広　　『プレスアルト』（1937〜43年）にみる戦時宣伝論：Intelligence　（1）〔2002.3〕　p73〜80

磯本典章　　　判例研究 週刊誌の記事が一般放送事業者の社会的評価を低下させたものとして損害賠償請求が認められた事例——東京地判平成12.2.21判例タイムズ1064号179頁：学習院大学大学院法学研究科法学論集　（9・10）〔2003〕　p261〜265

岡田芳郎　　　特別寄稿 広告の花——江戸から現代を貫く広告の本質：Advertising　9　〔2003〕　p100〜111

上山進　　　　新聞広告デジタル化目指し利用新聞社も四十社目前へ：新聞通信調査会報　通号483　〔2003.2〕　p8〜10

斎藤憲司　　　英国—2002年タバコの広告及び販売促進に関する法律（海外法律情報）：ジュリスト　（1239）〔2003.2〕　p129

丸山昇　　　　詐欺商法被害者に訴えられた日テレ・テレ朝のCM放送責任：放送レポート　182号　〔2003.5〕　p6〜9

江草普二　　　広告“戦国時代”の幕開け —博報堂・大広・読売広告グループ化の背景：放送レポート　185号　〔2003.11〕　p6〜10

入江たのし　　新“広告空間”パブリック・ビューイング：ぎゃらく　通号413　〔2003.12〕　p27〜29

竹沢泉　　　　媒体調査の仕組み ブランド構築と媒体効果の評価（特集 「新・民放人」読本2004）：月刊民放　34（3）通号393〔2004.3〕　p26〜29

横江広幸, 天野祐吉　連続インタビュー・転換期のメディア（5）広告とメディアとジャーナリズム——コラムニスト・天野祐吉氏：放送研究と調査　54（8）通号639　〔2004.8〕　p80〜91

北健一　　　　武富士報道をつぶした「広告の力」：放送レポート　190号　〔2004.9〕　p22〜25

中原孝子　　　対応迫られる「社会の鏡」 メディア環境の変化と広告：新聞通信調査会報　通号506　〔2004.10〕　p1〜3

丸山昇　　　　増殖するTVショッピング：放送レポート　191号　〔2004.11〕　p16〜19

真野英明　　　真野英明RABJ代表に聞く（特集 ラジオの勝機—RABJ 始動！）：月刊民放　34（11）通号401　〔2004.11〕　p13〜15

広告・広報　　　　　　　　　　　　　　　　　　　　ジャーナリズム

出田稔	デジタル化するメディアと広告評価：放送界　50 (171)〔2005.陽春〕p72〜77

出田稔　　　　デジタル化するメディアと広告評価：放送界　50 (171)〔2005.陽春〕p72〜77

真野英明　　　ニュースな人たち 真野英明——ラジオ広告の環境を整備する！：ぎゃらく　通号428〔2005.2〕p3〜5

関根建男, 元木昌彦　元木昌彦のメディアを考える旅 (87) 関根建男氏 (CM総合研究所代表) テレビCMは「風のメディア」視聴率より好感度に左右される：エルネオス　11 (6) 通号127〔2005.6〕p106〜109

村上拓也, 那須謙介　新聞をより魅力的な広告媒体に——多メディア時代の新聞広告とマーケティングリサーチ (今、調査の現場で)：新聞研究　(648)〔2005.7〕p19〜22

高森雅人　　　生活に欠かせぬメディアに——インターネット広告費急伸の背景：新聞研究　(648)〔2005.7〕p56〜59

片山秀樹　　　新聞広告再活性化のポイント——「広告しにくい時代」の課題 (世界の新聞界の潮流——WANソウル大会から)：新聞研究　(649)〔2005.8〕p27〜30

太駄健司　　　広告 ネット広告はなぜ伸びているのか：エコノミスト　83 (57) 通号3786〔2005.10〕p70〜72

水野由多加　　テレビ広告「連続モデル」の維持 (特集 放送の近未来図——誰のために何を伝えるのか)：月刊民放　35 (11) 通号413〔2005.11〕p14〜17

大石泰彦　　　判例研究 中吊り広告における侮辱的表現 (平成18.1.18東京地裁判決)：青山法学論集　48 (1・2)〔2006〕p298〜284

坂本卓　　　　アジアメディア最前線 (36) イラク・広告合戦のはざまで：マスコミ市民　通号444〔2006.1〕p38〜42

宮田加久子　　新聞とインターネットの新しい関係 (特集 多メディア時代の広告戦略)：日経広告手帖　50 (5)〔2006.5〕p2〜4

片桐圭子　　　社会 駅も通りも広告で街中ジャック：Aera　19 (34) 通号1001〔2006.7〕p44〜46

国分峰樹　　　広告の嘘に対する倫理的責任についての一考察：広告科学　47〔2006.8〕p49〜66

奥野貴司　　　人気CMは独りではいられない——CM好感度調査データで分析する：月刊民放　36 (9) 通号423〔2006.9〕p32〜35

山﨑隆明, 木下一郎, 澤本嘉光　「テレビCMの日」シンポジウム——パネルディスカッション「いいテレビCMって、何だろう」：月刊民放　36 (11) 通号425〔2006.11〕p30〜35

河合弘之　　　NBL—Square NBL—Times 比較広告が適法とされる要件——知財高判平成18.10.18：NBL　通号845〔2006.11〕p4〜6

大家重夫　　　判例紹介/雑誌の記事や写真に「パブリシティ権」を認めた判決——『ブブカ・スペシャル7』事件 (東京高裁平成18.4.26判決)：コピライト　46 (548)〔2006.12〕p35〜49

豊田彰　　　　"冒用プライバシー"からみたわが国のパブリシティ権判例分析：日本法學　72 (3)〔2006.12〕p1139〜1159

杉本俊介　　　広告は消費者の自律を侵害するのか？(特集 広告倫理研究の現在)：社会と倫理　(21)〔2007〕p118〜128

安達雄大, 小林道太郎　広告倫理の新しい問題圏——インターネットマーケティング (特集 広告倫理研究の現在)：社会と倫理　(21)〔2007〕p142〜151

安達雄大　　　広告倫理を問う理由とその基本的視座 (特集 広告倫理研究の現在)：社会と倫理　(21)〔2007〕p114〜117

奥田太郎　　　専門職と広告倫理 (特集 広告倫理研究の現在)：社会と倫理　(21)〔2007〕p129〜141

加島卓　　　　<広告製作者>の起源——1920年代における「商業美術家」と形式主義の言説空間：マス・コミュニケーション研究　通号71〔2007〕p66〜86

入江たのし　　エリアと結びついた屋外広告の王様！　成熟期迎えた街頭大型ビジョン：ぎゃらく　通号453〔2007.3〕p30〜32

林憲一郎　　　47NEWSインタビュー 地方から全国へニュース発信——今後の広告展開が成功の鍵：新聞研究　(669)〔2007.4〕p35〜38

友部孝次　　　最近の新聞広告とクロスメディア——ゲートウェイなど期待される大きな役割：新聞研究　(670)〔2007.5〕p37〜41

丹羽繁夫　　　プロ野球選手のパブリシティ権をめぐる諸問題——東京地判平成18.8.1が積み残した課題：NBL　通号858〔2007.6〕p40〜44

御手洗潤　　　屋外広告物法の理念と運用をめぐる諸問題 (1)：自治研究　83 (7) 通号1001〔2007.7〕p108〜123

草川衛　　　　心に深く突き刺さるメッセージを発信 AC36年の軌跡：月刊民放　37 (12) 通号438〔2007.12〕p30〜33

雪野まり　　　『美しい暮しの手帖』第3号掲載広告をめぐって：出版研究　通号39〔2008〕p153〜167

出田稔　　　　BSデジタルのデータ公開と今後の広告市場：放送界　53 (182)（特集号）〔2008.新年〕p114〜117

出田稔　　　　CSデジタル放送のデータ公開と今後の広告セールス：放送界　53 (183)〔2008.陽春〕p94〜96

出田稔　　　　CSデジタル放送の広告の方向性：放送界　53 (185)〔2008.秋季〕p88〜90

美和晃　　　　インターネット広告の動向に見るネットメディアの展望：AIR21　(212)〔2008.1〕p59〜76

尾関光司　　　人口動態の影響も考慮しデータを読もう——私論的考察2008 (特集 テレビの広告パワーを検証する)：月刊民放　38 (2) 通号440〔2008.2〕p10〜17

森内豊四　　　新聞広告の後退を考える——営業現場の変革に向けて：新聞研究　(682)〔2008.5〕p69〜73

草川衛　　　　ニュースな人たち 草川衛 公共広告は本音で勝負：ぎゃらく　通号468〔2008.6〕p3〜5

藤田明久　　　モバイル広告の新たな展開——新聞社が今、取り組むべきこと：新聞研究　(683)〔2008.6〕p75〜78

岡田真平　　　生活者に愛されるCMの傾向と対策——ラジオCM好感度調査 (首都圏) から (特集「ラジオ」発信)：月刊民放　38 (8) 通号446〔2008.8〕p12〜15

出田稔　　　　CAB-J公表資料からみたCSデジタル放送の広告：放送界　54 (186)〔2009.新年〕p122〜125

植村祐嗣　　　がんばれテレビ広告——ネット広告からのエール：月刊民放　39 (1) 通号451〔2009.1〕p4〜9

田中洋　　　　新聞広告の再活性化を目指して——全社横断組織でマーケティングを：新聞研究　(690)〔2009.1〕p28〜31

伊藤孝一　　　広告クリエイティブと媒体価値——新聞メディアの再生に向けて：新聞研究　(691)〔2009.2〕p42〜45

松本真弓, 村田多恵子　広告 "ググる"で効果拡大 ネット時代の新手法 広がる「じらし (ティザー)」広告：エコノミスト　87 (10) 通号4017〔2009.2〕p40〜41

神余心　　　　メディア激動時代 (3) 新聞広告が過去最高の落ち込みを記録 "聖域"の編集部門までもがリストラへ：エルネオス　15 (4) 通号173〔2009.4〕p64〜67

民放労連関西地連　関西だより ラジオの媒体価値はどうなる？：放送レポート　218号〔2009.5〕p25

恩藏直人　　　コモディティー化と新聞広告——感情的ベネフィットをどう創造するか：新聞研究　(695)〔2009.6〕p72〜77

井上浩史, 岩崎貞明, 後藤浩一, 江草晋二, 谷村智康, 渡辺修平　パネルディスカッション「テレビの媒体価値とCMの未来」(シンポジウム テレビCMの未来)：放送レポート　219号〔2009.7〕p8〜19

谷村智康　　　基調講演「変わる広告」(シンポジウム テレビCMの未来)：放送レポート　219号〔2009.7〕p2〜7

小川浩司	"融合"時代 放送メディアの課題と可能性 (3) テレビの "広告力"の現在値——広告動向に見るテレビの構造変化：放送研究と調査　59 (8) 通号699　〔2009.8〕　p32～44
松井正	ネットニュース、課金への模索——広告不況を背景に急浮上した有料化論議 (米新聞界 再生への道)：新聞研究　(698)　〔2009.9〕　p18～22
杉山恒太郎, 蔵敷大浩, 鈴置修一郎　日本アドバタイザーズ協会・日本新聞協会共催セミナー パネルディスカッション 新聞広告の未来——変化する時代における役割とは：新聞研究　(698)　〔2009.9〕　p26～31
湯淺正敏	次世代におけるテレビCMの広告コミュニケーション戦略——Exposure (媒体露出)からEngagement (関係構築)：ジャーナリズム&メディア　(3)　〔2010.3〕　p87～106
水野由多加	新聞広告の公共性と可能性——成熟社会の「広場」に送るエール：新聞研究　(707)　〔2010.6〕　p42～45
佐藤吉雄	「ニュースは無料」への挑戦——EZニュースEX、エースタンドの取り組み (デジタルメディアの新展開 (第1回))：新聞研究　(708)　〔2010.7〕　p12～15
山田隆司	ロー・アングル 記者ときどき学者の憲法論(6) 巨大広告と景観利益：法学セミナー　55 (9) 通号669　〔2010.9〕　p46～47
井口博充	アメリカ合州国通信 (5) 選挙広告とメディアによる 事実確認の試み：マスコミ市民　通号502　〔2010.11〕　p74～77
小林保彦	メディアの変化からみる広告ビジネス：青山経営論集　45 (3)　〔2010.12〕　p93～121
纂田吉昭	みんなでつくる広告：ジャーナリズム&メディア　新聞学研究所紀要　(4)　〔2011.3〕　p277～279
井出智明	ジャーナリズムと広告：ジャーナリズム&メディア　新聞学研究所紀要　(4)　〔2011.3〕　p235～258
井上嘉仁	屋外広告物規制への表現・財産アプローチ——二分論を超えて：姫路法学　通号51　〔2011.3〕　p1～49
粂川均	メディアスコープ 「日本を元気にする」一斉広告を実施——広告対策プロジェクトチームの活動：新聞研究　(717)　〔2011.4〕　p75～77
望月聡	クチコミをどう巻き起こすか——新聞広告の新たな効果と可能性 (ソーシャルメディアは何を変えるのか)：新聞研究　(719)　〔2011.6〕　p42～46
横山隆治	消費者とつくる広告・紙面へ——トリプルメディアマーケティングとは何か (ソーシャルメディアは何を変えるのか)：新聞研究　(719)　〔2011.6〕　p51～53
山田賢一	台湾メディアを揺るがす「ニュースを装った広告」=「置入」——読者・視聴者を "騙す"悪弊：放送研究と調査　61 (7) 通号722　〔2011.7〕　p56～62
難波功士	広告媒体としてのテレビのこれから——歴史的考察から (特集 テレビ新時代の営業力)：月刊民放　41 (8) 通号482　〔2011.8〕　p22～25
草川衛	ACの40年とその意義——節目の年に経験した東日本大震災：新聞研究　(722)　〔2011.9〕　p46～48
伊藤洋子	CM部門 ラジオCM/テレビCM 3・11大震災を境にCM制作の底流が変化 (特集 平成23年 日本民間放送連盟賞—部門・種目別審査講評)：月刊民放　41 (10) 通号484　〔2011.10〕　p32～35
吉村康祐	脳が反応する新聞広告——ニューロマーケティングがもたらす知見：新聞研究　(724)　〔2011.11〕　p67～71
北健一	「宣伝活動」に自由を！ 相次ぐ「異常」な司法判断：放送レポート　235号　〔2012.3〕　p18～22
出田稔	有料放送における媒体価値評価：放送界　58 (205)　〔2013.秋季〕　p86～90
原尚弘, 生野徹, 澤本嘉光　コンテンツとしてのラジオCM：CMが切り拓くラジオ新時代 第60回民間放送全国大会・シンポジウムから (特集 ラジオと若者)：月刊民放　43 (2) 通号500　〔2013.2〕　p12～17
古川隆	DTC—TV広告の変遷についての分析と考察：CM総合研究所の2000～2012年データより：日経広告研究所報　47 (1) 通号267　〔2013.2・3〕　p24～31
中里好宏	2012年広告と広報の動向：ジャーナリズム&メディア　新聞学研究所紀要　(6)　〔2013.3〕　p199～202
湯淺正敏	論文・フィールド部門 カンヌライオンズ国際クリエイティビティ祭からみた広告の拡張：Beyond Advertising：ジャーナリズム&メディア　新聞学研究所紀要　(6)　〔2013.3〕　p77～100
坂井直樹	"アベノミクス"で日本の広告費は増加するか：企業業績と広告費の関係を探る：新聞研究　(742)　〔2013.5〕　p72～74
遠藤真也, 国友美江　共通広告指標で新たな可能性：3年目に入ったJ—MONITOR：新聞研究　(742)　〔2013.5〕　p68～71
神余心	メディア激動時代(52)「ネット広告」急伸、世界市場の二割に様変わりするメディアの存在感：エルネオス　19 (6) 通号223　〔2013.6〕　p62～65
高橋健三郎	CMは地域に向けて：放送レポート　(243)　〔2013.7〕　p2～6
冨狹泰	ネットメディアの可能性と課題：広告・販促への活用動向調査から考える：日経広告研究所報　47 (4) 通号270　〔2013.8・9〕　p2～9
兼高聖雄	ラジオCM/テレビCM 放送らしいメディア価値を目指して (特集 平成25年日本民間放送連盟賞—CM部門)：月刊民放　43 (10) 通号508　〔2013.10〕　p24～29
出田稔	有料放送2014年をめぐる環境変化：日本の広告費をみながら：放送界　59 (207)　〔2014.陽春〕　p88～92
北原利行	2013年の新聞広告とその動向：新聞研究　(752)　〔2014.3〕　p80～83
伊藤洋子	ラジオCM/テレビCM 受け手の想像力に働きかける創造力を：寝た子を起こす元気を期待して (特集 平成26年日本民間放送連盟賞—CM部門)：月刊民放　44 (10) 通号520　〔2014.10〕　p30～36
巴一寿	イベント、デジタル……立体化する雑誌広告ビジネス：メディア事業局 巴一寿 局長 (特集 雑誌の未来を考える 講談社編)：出版人・広告人　〔2014.10〕　p23～29
湯淺正敏	データクリエイティブ：ジャーナリズムと広告の融合：日経広告研究所報　48 (5) 通号277　〔2014.10・11〕　p30～37
高森代意知	いかに「雑誌のブランド力」を広告ビジネスに活かすか：高森代意知 (よいち) 広告局ゼネラルマネージャー (特集 雑誌の未来を考える 小学館編)：出版人・広告人　〔2014.11〕　p28～36
廣野眞一	新しい時代の宣伝戦略をラガーの突破力で切り開く：廣野眞一 取締役 (宣伝部 広報部 コンテンツ事業部 読者サービス室) 担当 (特集 集英社 8月28日付け役員人事のキーパーソンたち)：出版人・広告人　〔2014.11〕　p13～19
菊地秀一	「スマホ化」「タイアップ増加」で変容する雑誌広告ビジネス (特集 雑誌の未来を考える 集英社編)：出版人・広告人　〔2014.12〕　p45～56

〔図 書〕
新聞廣告の倫理と法理　日本新聞協會　1947.2　53p　19cm　(新聞協會資料 第12號)

広告・広報　　　　　　　　　ジャーナリズム

松宮三郎　　広告文化の課題　千葉商事　1948　180p　19cm
松宮三郎　　新宣伝広告読本　双竜社　1950　193p 図版　19cm
日本電報通信社　広告五十年史　日本電報通信社　1951　552p 図版19枚　22cm
新田宇一郎　新聞広告論　日本電報通信社　1951　215p　19cm　（電通広告選書）
慶応義塾広告学研究会　新しい広告とPR　金星堂　1952　217p　22cm
日本新聞協会　新聞廣告に關する法令解説　日本新聞協會　1952.8　53p　19cm　（新聞協會資料 第16號）
伊集院兼雄　新聞広告の効果と広告収入　朝日新聞社　1953　123p　25cm　（朝日新聞調査研究室報告社内用 第45）
土屋好重　　広告の知識　中央経済社　1954　354p 表　19cm　（現代経済知識全集 第46）
博報堂　　　広告六十年　博報堂　1955　254p 図版　26cm
近藤貢, 朝日新聞社調査研究室　新聞社における広告関係の調査活動　朝日新聞社　1955　34p（表共）　25cm　（朝日新聞社調査
　　　　研究室報告 社内用 第54）
新田宇一郎　新聞の広告　同文館　1955　159p　18cm　（新聞の知識シリーズ 第6）
Sumner, Guy, Lynn, 五味賢太郎, 朝倉利景　私はどうして広告に成功する秘訣を学んだか　ダイヤモンド社　1955　286p　19cm
土屋好重　　広告学　中央経済社　1957　512p　22cm
日本広告会　日本広告会十年史　日本広告会　1957　128p（図版32p共）　26cm
名取順一　　広告心理学　技報堂　1958　388p 19cm　（技報堂全書）
日本生産性本部広告専門視察団　アメリカの広告—広告専門視察団報告書　日本生産性本部　1959　267p（図版, 表, 地図共）
　　　　26cm　（Productivity report 第70）
宮山峻　　　広告三百六十五日　誠文堂新光社　1959　183p　19cm　（商店経営双書）
Bellaire, Arther., 森一祐　テレビ広告入門　パトリア書店　1959　314p　22cm
Agnew, Clark, M., O'Brien, Neil., 中村善泰　テレビ広告のすべて　近代科学社　1959　317p　27cm
衣笠静夫　　テレビ放送の広告　四季社　1959　280p　21cm
電通　　　　PR　電通　1959　278p　19cm　（電通広告読本シリーズ 第2）
永田久光　　現代の広告—消費を創り出す技術　ダイヤモンド社　1960　207p　19cm
Barton, Roger, 博報堂広報部出版課　広告管理—広告代理店の機能と組織　博報堂　1960　565p 表　22cm
川勝久　　　広告の心理—説得の心理学入門　ダヴィッド社　1961　328p　19cm
電通　　　　広告表現　電通　1961　276p　19cm　（広告読本シリーズ 第4）
岡本敏雄　　新聞広告　ダヴィッド社　1961　328p　19cm
杉浦栄三　　図説広告変遷史　中部日本新聞社 東京 東京中日新聞社　1961　202, 141p 原色はり込図版10枚　30cm
アメリカ広告主協会, 博報堂　広告マネジメント　第6巻　広告効果の評価　桐田尚作, 宮川公男/監修　博報堂　1962　270p
　　　　28cm
西尾忠久　　効果的なコピー作法　誠文堂新光社　1963　301p　21cm
粟屋義純　　広告管理　ダイヤモンド社　1963　570p　22cm
博報堂国際局　世界の広告事情　ダヴィッド社　1963　200p　22cm
早稲田大学広告研究会　輸出広告　同文館出版　1963　229p　22cm
花咲一男　　江戸広告文学 続　近世風俗研究会　1964　3冊　14cm
Borden, Neil, Hopper, Marshall, Martin, V., 片岡一郎　広告管理　日本生産性本部　1964　380p　22cm
第一広告社　広告管理の基礎　第一広告社　1964-1967　4冊　25cm
日本経済新聞社　広告三代史—日本経済新聞にみる　日本経済新聞社　1964.11　99p（おもに図）　30cm
電通　　　　広告表現—アートとコピーの実際　電通　1965　321p　19cm　（広告読本シリーズ）
上岡一嘉　　これからの広告　誠文堂新光社　1965　252p　19cm
日本新聞協会　米国新聞界の広告と販売　日本新聞協会　1965　241p 図版　21cm
久保田了平, 上村忠, 川勝久　放送広告マニュアル　ダイヤモンド社　1965　348p　19cm
電通　　　　PR—PRの理論と実際　電通　1965　259p　19cm　400円　（広告読本シリーズ 2）
アドバタイジングエイジ, 誠文堂新光社ブレーン編集部　現代広告の世界　誠文堂新光社　1966　191p　28cm　980円
小林太三郎　広告概論12章—理論と実際　増補版　誠文堂新光社　1966　196p　26cm　580円
植条則夫　　広告コピーの基礎理論　誠文堂新光社　1966　270p　21cm　800円
佐藤信夫　　広告コピーのレトリック—その発想と表現技術　東洋経済新報社　1966　305p　19cm　520円
土屋好重　　現代広告論　中央経済社　1967　306p　22cm　980円
西尾忠久　　No.2主義宣言—広告界の新しい波…芸術派宣言　講談社　1967　209p（図版共）　18cm　240円　（ミリオンブック
　　　　2）
河口静雄　　広告の社会的責任　全日本広告連盟　1967.2　90p　18cm　（全広連シリーズ 3）
日本新聞協会　暮らしに生きる新聞広告—昭和42年「新聞広告の日」論説・記事・論文・意見集　日本新聞協会　1968　230p
　　　　26cm　非売
Baker, Stephen., 坂本登　広告をみる目　誠文堂新光社　1968　273p 図版　17cm　350円　（ブレーンブックス）
永田久光　　広告革命 新版　東洋経済新報社　1968　242p　19cm　500円
小林太三郎　広告管理の理論と実際—広告コミュニケーションの効率化　同文館出版　1968　669p 図版　22cm　2000円
渡紀彦　　　広告実践論　商業界　1968　259p　19cm　580円
梶祐輔　　　広告と創造性　誠文堂新光社　1968　232p　17cm　350円　（ブレーン・ブックス）
本間弘光　　広告の知識　日本経済新聞社　1968　228p　18cm　290円　（日経文庫）
石川弘義　　広告の理論史　誠文堂新光社　1968　227p　17cm　350円　（ブレーン・ブックス）
電通　　　　電通66年　電通　1968　399, 87p（図・肖像共）　31cm
中瀬寿一　　日本広告産業発達史研究　法律文化社　1968　495, 31p　22cm　2000円　（学術選書）
日本広告主協会　日本広告主協会10年のあゆみ　日本広告主協会　1968　254p（肖像共）　27cm
東京アートディレクターズクラブ　日本の広告美術—明治・大正・昭和 第3 パッケージ　美術出版社　1968　278p（おもに図
　　　　版）　26cm　5800円

ジャーナリズム　　　　　　　　　　　　　　　　　　　　　　　　　広告・広報

西尾忠久　　アート派広告代理店―その誕生と成功　誠文堂新光社　1969　199p（図版共）　29cm　1800円
誠文堂新光社ブレーン編集部　現代社会と広告　誠文堂新光社　1969　256p　17cm　350円　（ブレーンブックス）
三浦恵次, 山中正剛　広告・広報論　笠間書院　1969　299p　19cm　900円
久保村隆祐, 村田昭治　広告論　有斐閣　1969　307p　19cm　550円　（有斐閣双書）
市橋立彦　　広告は世界を変える　文芸春秋　1969　234p　20cm　380円　（文春ビジネス）
日本新聞協会広告委員会　新聞は広告戦略の主柱である―新聞広告の成功例　1969　日本新聞協会広告委員会　1969　21枚　30cm
植条則夫　　裸の電通―世界第4位を行く広告代理店の全貌　誠文堂新光社　1969　316p　17cm　350円　（ブレーンブックス）
西尾忠久　　みごとなコピーライター　誠文堂新光社　1969　277p　21cm　1300円　（ブレーンシリーズ）
Roth, Paul, Menken, 小林太三郎　新しい広告媒体計画　誠文堂新光社　1970　106p　29cm　2000円
天野祐吉　　効いた広告―広告が描く人間の一生　秋田書店　1970　230p　19cm　450円
川上宏　　　現代と広告―情報化社会におけるマスコミュニケーションと人間　オリオン出版社　1970　307p　19cm　（Orion Marketing Series）
Bauer, Raymond, Augustine, Greyser, Stephen, A., 魚住信一　広告情報―消費者の声を探る―ハーバート・ビジネス・スクールからの報告書　久保田宣伝研究所　宣伝会議事業社（発売）　1970　140p　19cm　580円　（宣伝会議ユニークブックス）
八巻俊雄　　広告の理論　オリオン出版社　1970　531p　23cm　2500円
木地節郎　　広告要論―マーケティング戦略のために　改訂版　同文館出版　1970　292p　22cm　1200円
志垣芳星　　CM説法―消費者の口説き方　日本経済新聞社　1970　245p　19cm　480円
日本新聞協会　新聞広告―その使い方と効果のとらえ方　日本新聞協会　1970　314p　22cm　850円
日本のTV・CM　第1　誠文堂新光社　1970　171p（図版共）　28cm　2200円
広瀬芳弘　　輸出広告戦略論　有朋堂　1970　276p 図版 表　22cm　3200円
日本新聞協会　明日の生活を予見する新聞広告―昭和45年「新聞広告の日」論説・記事・論文・意見集　日本新聞協会　1971　199p　26cm　非売
広告人会議　広告を考える―消費者のために　三省堂　1971　189p　18cm　250円　（三省堂新書）
電通　　　　広告概論　電通　1971　397p　19cm　580円　（広告読本）
Campbell, Roy, Hilton., 八巻俊雄　広告効果の測定法　日本経済新聞社　1971　214p　19cm　750円
新井喜美夫　広告の知識　ダイヤモンド社　1971　199p　18cm　280円　（ビジネス新書）
日本新聞協会広告委員会広告調査専門部会　新聞広告標準用語集　日本新聞協会　1971　98p　18cm　350円
Zollo, Burt., 松尾光晏　PR―成功と失敗　誠文堂新光社　1971　274p　19cm　900円
東京放送調査部, 民放五社調査研究会　放送広告の効果　続　ダイヤモンド社　1971　356p　19cm　850円
新井静一郎　ある広告人の記録　ダヴィッド社　1972　292p　19cm　860円
日本新聞協会　かしこい暮らしに新聞広告―昭和46年「新聞広告の日」論説・記事・論文・意見集　日本新聞協会　1972　154p　26cm　非売
Obermeyer, Henry., 松尾光晏　広告管理の実務　ダイヤモンド社　1972　306p　19cm　850円
飽戸弘　　　広告効果―受け手心理の理論と実証　読売テレビ放送　1972　324p　21cm　2000円　（YTV reportシリーズ 6）
箱崎総一　　広告心理の分析　技報堂　1972　227p　27cm　2500円
志賀信夫　　CM公害の裏表―知らぬ間にあなたは汚染されている　エール出版社　1972　218p　19cm　600円　（Yell books）
藤本倫夫　　世界の広告　造形社　1972　199p（おもに図）　27cm　2500円
西部謙治　　明治広告人夜話　旭東通信社　1972　169p　19cm　非売
新井静一郎　ある広告人の日記　ダヴィッド社　1973　345p　19cm　980円
日本ABC協会　ABC二十年のあゆみ　日本ABC協会　1973　362p 肖像　22cm
朝日新聞社　海外の新聞に見る政治・意見広告事例集　朝日新聞東本社広告部　1973　131p　26cm　非売品
粟屋義純　　広告管理論　東京教学社　1973　351　22cm　1700円
片山又一郎　広告戦略　ビジネス社　1973　197p　19cm　750円　（ニュー・マーケティング事例研究講座 7）
日本新聞協会　生活の未来を開く新聞広告―昭和47年「新聞広告の日」論説・記事・論文・意見集　日本新聞協会　1973　174p　26cm　非売
朝日の読者―広告媒体としての<朝日新聞>　1973　朝日新聞社　1973.3　31枚　31cm
山中二郎　　新しい広告効果測定法　産業能率短期大学出版部　1974　169p　19cm　900円
新井静一郎　ある広告人のエッセイ　ダヴィッド社　1974　244p　19cm　1000円
木地節郎　　現代広告論　白桃書房　1974　233p　22cm　2200円
土岐坤　　　広告の戦略的構想　ダイヤモンド社　1974　166p　28cm　2000円　（ハーバード・ダイヤモンド・ライブラリー　第1巻―マーケティング・シリーズ No.3）
川勝久　　　新広告の心理　ダヴィッド社　1974　262p　19cm　960円
日本新聞協会　新聞広告は信頼できる生活情報―昭和48年「新聞広告の日」論説・記事・論文・意見集　日本新聞協会　1974　185p　26cm　非売品
広告動向研究会　広告主動向　1975年版　アド・レポート・センター　1975　361p　21cm　7000円　（ARCリポート）
中井幸一　　アメリカの広告写真―写真集　日貿出版社　1976　1021p（おもに図）　31cm　30000円
粟屋義純　　広告監査論　東京教学社　1976　177p　22cm　1200円
広告動向研究会　広告主動向　1976年版　アド・レポート・センター　1976　395p　21cm　8000円　（ARCリポート）
渡辺素舟　　日本広告デザイン史　技報堂　1976　207p 図　22cm　2500円
後藤和彦, 糸川精一, 宣伝会議, 島守光雄　日本の意見広告―資料集　1975　「宣伝会議」スペシャル・エディション　宣伝会議　1976　256p　30cm　20000円
八巻俊雄　　目標による広告キャンペーン　ダイヤモンド社　1976　217p　19cm　1200円
山本明　　　続・社会的広告史―大衆文化としての広告　世界思想社　1976.11　260p　19cm　950円　（Sekaishiso seminar）
織田久　　　広告百年史　明治　世界思想社　1976.12　248p　19cm　1200円　（Sekaishiso seminar）

715

広告・広報　　　　　　　　　　　　ジャーナリズム

新聞広告「自由自在」　朝日新聞社広告部　1977　1冊　30cm　（新・新聞広告10考 4）
新聞読者の広告眼　朝日新聞社広告部　1977　30p　26cm　（新・新聞広告10考 6）
媒体選択再考―145人の証言　朝日新聞社広告部　1977　36p　25×20cm　（新・新聞広告10考 7）
「4Cの新聞広告」時代　朝日新聞社広告部　1977　1冊　31cm　（新・新聞広告10考 1）
新井静一郎　アメリカ広告通信　ダヴィッド社　1977.4　135p　図　19cm　780円
朝日新聞社　新聞広告のはなし　改訂3版　朝日新聞社　1977.4　336p　19cm
梶山皓永, 八巻俊雄　世界の広告事情―比較広告文化論の試み　日本経済新聞社　1977.4　297p　図　20cm　1900円
久保村隆祐, 八巻俊雄　広告の経済効果　日本経済新聞社　1977.5　182p　20cm　1300円
朝日新聞社　新聞広告一〇〇年　朝日新聞　1978.1　2冊　各4800円
大島忠雄　大阪広告協会の三〇年　大阪広告協会　1978.2　127p　26cm
本間弘光　広告の知識　新版　日本経済新聞社　1978.2　199p　18cm　450円　（日経文庫）
今泉武治, 山名文夫, 新井静一郎　戦争と宣伝技術者―報道技術研究会の記録　ダヴィッド社　1978.2　209p　21cm　1900円
村田昭治　現代の広告　同文館出版　1978.3　274p　22cm　2500円
村崎和也　出版広告の話　日本エディタースクール出版部　1978.3　282p　19cm　1600円　（エディター叢書 16）
片山又一郎　現代広告論　実教出版　1978.5　242p　19cm　1800円
渋谷重光　広告の社会心理学　ブレーン出版　1978.5　285, 3p　19cm　1500円
小幡章　広告の創造技法―広告コミュニケーションとクリエイティブ表現　美術出版社　1978.7　310p　22cm　2800円
桜井順　職業としての広告マン―制作者の立場から　中経出版　1978.10　263p　19cm　980円　（職業と人間シリーズ）
朝日新聞社　戦後の新聞広告きのう・きょう・あす　朝日新聞社　1979.1　214p　27cm　2000円
大石準一　広告の社会心理　世界思想社　1979.2　226p　19cm　1500円　（Sekaishiso seminar）
柏木重秋　広告機能論　ダイヤモンド社　1979.4　240p　21cm　2300円
志津野知文　広告人―私の仕事　東洋経済新報社　1979.6　231, 12p　19cm　1200円
津金沢聡広　近代日本の新聞広告と経営―朝日新聞を中心に　朝日新聞社　1979.7　2冊（別冊とも）　27cm　全20000円
Presbrey, Frank, 島崎保彦　ジャーナリズムと広告の歴史―フランク・プレスベリーの世界　青葉出版　1979.11　245p　20cm　1800円
指宿忠孝　広告論序説　白桃書房　1979.12　232p　22cm　2400円
朝日新聞社　朝日新聞を中心に展開された広告事例集　朝日新聞社　198　92p　21×25cm　（Set your target on Asahi Shimbun readers 1）
朝日新聞大阪本社　広告効果の再検討　朝日新聞大阪本社　198　23p　21×21cm　（新聞広告新世紀 関西の市場と文化を考える No.3）
中井幸一　学校で教えない広告論―最前線の人間だけが知っている知恵　経済界　1980.2　268p　18cm　650円　（リュウブックス）
Rotzoll, Kim, B., 小林保孝　現代社会の広告―広告理解のための問題提起　東洋経済新報社　1980.2　222, 8p　22cm　2400円
安本美典　広告の心理学―効果的な表現のために　大日本図書　1980.2　178, 3p　17cm　550円　（現代心理学ブックス）
村田昭治　広告への提言―その知恵と発想法　みき書房　1980.4　242p　20cm　1200円
内川芳美　日本広告発達史　下　電通　1980.5　572p　27cm　20000円
新井静一郎　広告人からの手紙　誠文堂新光社　1980.9　280p　22cm　2200円
JNNデータバンク　テレビCMの広告効果―効果的テレビCMの打ち方・活かし方　誠文堂新光社　1981.1　310p　26cm　2700円
日本新聞協会　これだけは知っておきたい問題別広告表示の基礎知識―新聞広告・折り込み広告に携わる人のために　日本新聞協会　1981.5　129p　21cm　900円
小林太三郎　現代の広告―理論と実際　誠文堂新光社　1981.6　251p　26cm　2200円
関西地区広告労働組合協議会, 関東地区広告労働組合協議会　これからの広告―広告労働者が自ら語る20年　汐文社　1981.8　252p　20cm　1300円　（同時代叢書）
矢野経済研究所　有力広告代理店の経営戦略　矢野経済研究所　1981.8　259p　21×30cm　57000円
電通PRセンター　電通PRセンター20年史　電通PRセンター　1981.9　149p　22cm　非売品
吉田正昭　広告の心理―消費者の心をつかむ　有斐閣　1982.1　204p　18cm　580円　（有斐閣新書）
朝日新聞社　新聞広告の常識　朝日新聞社　1982.3　309p　19cm　980円
丸山正明　広告学概論―計量広告学へのアプローチ　前野書店　1982.4　164p　21cm　2000円
柏木重秋　広告総論　ダイヤモンド社　1982.4　259p　22cm　2500円
鈴木康行　名作コピー読本　誠文堂新光社　1982.6　278p　22cm　2300円
大橋正房　広告化社会　毎日新聞社　1982.8　261p　19cm　1100円　（毎日選書 12）
内田耕作　広告規制の研究　成文堂　1982.9　364p　22cm　4500円
片上晴彦, 堀本和博　拡材―ある"新聞拡販団"体験記　泰流社　1982.12　220p　19cm　1200円　（泰流選書）
朝日新聞大阪本社　関西広告考現学―ヒト・企業・広告　朝日新聞大阪本社　1983　16p　30cm　（ザ関西 2）
天野祐吉　広告の本―人生はそれを模倣する　筑摩書房　1983.2　193p　19cm　900円　（ちくまぶっくす 43）
西尾忠久　効果的なコピー作法　誠文堂新光社　1983.4　304p　21cm　1800円
山本明, 天野祐吉　広告を学ぶ人のために　世界思想社　1983.4　238p　19cm　1600円
片方善治　流通ニューメディア革命―ホームショッピング時代が来る　ビジネス社　1983.4　224p　19cm　980円
矢野経済研究所　広告市場の現状と戦略　no.3　総合分析編　矢野経済研究所　1983.10　88枚　21×30cm　42000円
田原総一朗　電通　朝日新聞社　1984.1　230p　15cm　360円
山川浩二　広告発想論　誠文堂新光社　1984.3　235p　21cm　1700円
日経広告研究所　アメリカの広告表現　日経広告研究所　1984.4　299p　19cm　3000円　（広研シリーズ）
島守光雄　明日の広告メディア―その考え方と活用法　東洋経済新報社　1984.7　310p　19cm　1800円
塩沢茂　CM戦略の内幕　R出版　1984.7　277p　19cm　1000円
加固三郎　戦略広報の手引き―企業の環境適応と創造　東洋経済新報社　1984.9　278p　19cm　1500円
田原晋　普通のコピーライター　宣伝会議　1984.11　360p　19cm　1500円

ジャーナリズム 広告・広報

山本武利　広告の社会史　法政大学出版局　1984.12　458, 21p　27cm　14000円

Williamson, Judith., 三神弘子, 山崎カヲル　広告の記号論―記号生成過程とイデオロギー　柘植書房　1985.2　2冊　19cm　2000円, 2300円　(Culture critique books)

今野信雄　広告世相史―コピーの原点をさぐる　中央公論社　1985.3　194p　18cm　500円　(中公新書)

金子秀之, 天野祐吉　アメリカンコマーシャル傑作大全集―20 years of American commercial films：1961〜1980　誠文堂新光社　1985.5　141p　26cm　1900円

干場英男　アメリカ広告の風と土―バージニアからの手紙　日米比較広告論　電通　1985.8　134p　21cm　950円

O'Toole, John, E., 楓セビル　アメリカ広告事情　電通　1985.10　323p　21cm　1800円

福田定良　広告の哲学　マドラ出版　1985.10　259p　20cm

天野祐吉　広告の言葉「キーワード」　電通　1985.11　109p　21cm　850円

伏見文男　日本の広告写真100年史　講談社　1986.1　240p　30cm　16000円

川勝久　新マスコミ広告入門　ダヴィッド社　1986.3　301p　19cm　1400円

佐藤正忠, 小島正興　戦略広報論―体験からの発言　経済界　1986.3　209p　19cm　1200円　(Ryu selection)

天野祐吉　広告の本　筑摩書房　1986.6　253p　15cm　380円　(ちくま文庫)

スタジオコム　広告業界　イカロス出版　1986.9　104p　21cm　720円　(適職大発見シリーズ 1)

研究集団コミュニケーション'90　広告産業―現代の演出者　大月書店　1986.12　262p　21cm　1800円

日本新聞協会　これだけは知っておきたい問題別広告表示の基礎知識―新聞広告に携わる人のために　改訂版　日本新聞協会　1987.4　147p　21cm　1000円

山川浩二　昭和広告60年史　講談社　1987.7　525p　26cm　9800円

サンケイ新聞データシステム　21世紀は比較広告時代　サンケイ新聞データシステムマーケティング事業部　1987.8　525p　26cm　58000円

木地節郎　広告論　世界思想社　1987.9　199p　19cm　1600円　(Sekaishiso seminar)

天野祐吉　広告批評大会　マドラ出版　1987.11　627p　21cm　1500円

広告記号論研究会　広告の記号論―変革の時代の広告とコミュニケーション　日経広告研究所　1988.2　247p　19cm　3000円　(広研シリーズ)

志津野知文　広告の実際　日本経済新聞社　1988.2　201p　18cm　600円　(日経文庫)

電通出版事業部　新しい広告　改訂4版　電通　1988.3　286p　21cm　1400円　(電通選書)

柏木重秋　広告概論　新版　ダイヤモンド社　1988.5　315p　22cm　3000円

佐々木隆信　「CM・広告業界」全事情―仕事と仕組に通じてしまうガイダンス88項　やじうまマスコミ講座　こう書房　1988.6　222p　19cm　1100円　(Kou books)

棚谷喬　POP広告―理論と実際　4版　電通　1988.6　238p　21cm　1600円　(電通選書)

名古屋広告業協会　名広協のあゆみ　名古屋広告業協会　1988.6　134p　26cm　非売品

大伏肇　日本の広告表現千年の歩み―資料が語る　古代・中世・近世編　日経広告研究所　1988.7　393p　31cm　30000円

長尾治助　広告と法―契約と不法行為責任の考察　日本評論社　1988.12　258, 5p　22cm　4500円

清水公一　広告の理論と戦略　創成社　1989.5　400p　22cm　3980円

日本新聞協会　新聞広告ハンドブック―新聞広告ビジネスに携わる人のために　日本新聞協会　1989.5　183p　18cm　1400円

天野祐吉　もっと面白い広告　筑摩書房　1989.5　276p　15cm　520円　(ちくま文庫)

石川弘義, 尾崎秀樹　出版広告の歴史―1895年…1941年　出版ニュース社　1989.8　562p　27cm　13390円

谷峯蔵　日本屋外広告史　岩崎美術社　1989.9　403p　27cm　10300円

国際貿易投資研究所　日米テレビコマーシャル表現の比較分析―Semiometric approachによる試み　国際貿易投資研究所　1990.4　96p　26cm　非売品　(US-Japan joint research project D-3)

万年社　万年社広告100年史―1890-1990　万年社　1990.6　534p　図版11枚　27cm　非売品

大伏肇　近代日本広告史―資料が語る　東京堂出版　1990.10　269p　27cm　8500円

森俊範　広告進化論―情報化は広告をどう変えるか　ティビーエス・ブリタニカ　1990.10　226, 16p　20cm　1500円

天野祐吉　広告みたいな話　新潮社　1990.10　196p　15cm　320円　(新潮文庫)

小幡章　CM制作ハンドブック　宣伝会議　1990.10　243p　22cm　1800円

内田耕作　広告規制の課題　成文堂　1990.12　348p　22cm　6000円

天野祐吉　私のCMウオッチング　1988〜1990　朝日新聞社　1990.12　243p　18cm　1200円

丸岡吉人, 田中洋　新広告心理　電通　1991.3　359p　21cm　2100円

朝日新聞社広告局　新聞広告読本　朝日新聞社　1991.4　272p　21cm　1750円

小林貞夫　新しい広告効果測定―理論の変遷と14社の実例　日経広告研究所　1991.5　259p　19cm　1500円

中井幸一　日本広告表現技術史―広告表現の120年を担ったクリエイターたち　玄光社　1991.8　841p　27cm　18000円

山中正剛　広告業界　教育社　1991.9　208p　18cm　1100円　(教育社新書―産業界シリーズ 644)

横浜市　美しい広告で住みよい街づくり―横浜市屋外広告物条例の手引き　横浜市緑政局緑政課　1991.10　6p　30cm

天津日呂美, 八巻俊雄　広告表現の科学―独創的クリエーティブへの理論と経験則　日経広告研究所　1991.11　238p　21cm　3800円

毎日新聞社　毎日新聞now・新聞広告now　毎日新聞社　1992　47, 53p　30cm

八巻俊雄　広告とメディア産業―高感度コミュニケーション時代の　日経広告研究所　1992.1　278p　19cm　2500円

Wiener, Robert, 染田屋茂　CNNの戦場　文芸春秋　1992.3　539p　20cm　2200円

クラッカワー, P., 金子秀之, 天野祐吉　笑うCM―世界のユーモアCMオリンピック　マガジンハウス　1992.5　101p　26cm　1400円

日経広告研究所　広告新時代への提言―47学者から広告実務家へメッセージ　日経広告研究所　1992.6　215p　19cm　2000円

山崎浩一　平成CM私観　講談社　1992.8　229p　19cm　1300円

日本経済社, 八巻俊雄　日本広告史―経済・表現・世相で見る広告変遷　日本経済新聞社　1992.10　509p　27cm　10000円

山本武利, 津金沢聡広　日本の広告―人・時代・表現　世界思想社　1992.10　330p　19cm　1950円　(Sekaishiso seminar)

Dilenschneider, Robert, 植山周一郎　攻める/守るPR戦略―危機に強い企業「影響力」をどうつくるか　ティビーエス・ブリタ

広告・広報	ジャーナリズム

ニカ　1992.11　352p　20cm　2200円

小林太三郎　広告　日本経済新聞社　1993.3　223p　19cm　1400円　（日経新・産業シリーズ）

日本ペンクラブ,尾辻克彦　不思議の国の広告　福武書店　1993.3　229p　15cm　520円　（福武文庫）

小嶋外弘,小林貞夫,林英夫　広告の心理学　日経広告研究所　1993.4　340p　21cm　3200円

電通出版事業部　新しい広告　改訂9版　電通　1993.9　296p　21cm　1700円

岩本俊彦　広告戦略論　創成社　1993.11　142p　22cm　1600円

山口朔生　比較広告はここまでできる―活用とその限界　中央経済社　1993.11　211p　21cm　2400円

根本昭二郎　広告人物語　丸善　1994.2　249p　18cm　680円　（丸善ライブラリー 114）

八巻俊雄　比較・世界のテレビCM　日経広告研究所　1994.3　319p　21cm　3800円

Jones, John, Philip,亀井昭宏　満足できる広告効果と予算―広告の経済性をいかに高めるか？　日経広告研究所　1994.3　362p　22cm　3800円

大石準一　広告論概説―歴史と未来を探る　世界思想社　1994.4　289p　19cm　1950円　（Sekaishiso seminar）

大友良行　CMタイムの逆襲―ジャーナリストが見たCMの世界　東急エージェンシー出版部　1994.5　258p　19cm　1400円

岡田米蔵,梁瀬和男　広告法規の知識　日本経済新聞社　1994.9　199p　18cm　750円　（日経文庫）

真鍋一史　広告の社会学　増補版　日経広告研究所　1994.11　331p　26cm　3200円

荒井政治　広告の社会経済史―イギリスの経験　東洋経済新報社　1994.12　326, 6p　20cm　2500円

高桑末秀　広告の世界史　日経広告研究所　1994.12　413p　22cm　3200円

石田収　マスコミ徹底利用！情報時代・PR時代を勝ち抜くノウハウ　学陽書房　1995.4　216p　19cm　1545円

桜井圀郎　広告の法的意味―広告の経済的効果と消費者保護　勁草書房　1995.7　196p　22cm　2472円

岡田米蔵　広告マネジメント―広告実務・虎の巻　宣伝会議　1995.9　290, 4p　21cm　2000円

豊田彰　広告の表現と法規　改訂新版　電通　1996.1　244p　21cm　2400円

Franzen, Giep,丸岡吉人,嶋村和恵,八巻俊雄　広告効果―データと理論からの再検証　日経広告研究所　1996.3　15, 332p　22cm　4200円

出版マーケティング研究会　出版広告必携　日本エディタースクール出版部　1996.6　158p　22cm　2266円

CM制作の基礎知識―プランニングからオンエアまで　宣伝会議　1996.8　272p　21cm　1800円

戸田覚　インターネット広告―安い・簡単・効果抜群の新広告メディア徹底活用術　ダイヤモンド社　1996.10　200p　21cm　1600円

日本雑誌広告協会　日本雑誌広告協会50年史　日本雑誌広告協会　1996.10　226p　27cm

奥野貴司　広告表現バイブル　ティビーエス・ブリタニカ　1997.3　229p　20cm　1500円

小林太三郎,嶋村和恵　新しい広告　新版　電通　1997.4　272p　21cm　2300円

読売広告社　読売広告社50年史　読売広告社　1997.5　331p　27cm

斎藤悦弘　広告会社の歴史　広告経済研究所　1997.8　432p　22cm　6000円

町田忍　戦時広告図鑑―慰問袋の中身はナニ？　WAVE出版　1997.8　219p　21cm　1700円

石川三郎　裏から見た広告業界　エール出版社　1997.9　188p　19cm　1400円　（Yell books）

伊藤洋子,桂敬一,須藤春夫,服部孝章　21世紀のマスコミ　3　広告―広告は市民とマスコミの敵か味方か　大月書店　1997.9　252p　21cm　2200円

小林太三郎,石崎徹,嶋村和恵　日本の広告研究の歴史　電通　1997.10　294p　21cm　2500円

片方善治　インターネット広告革命―テレビとパソコンが融合する時代 デジタル時代の宣伝技法　同文書院　1997.11　238p　19cm　1457円

Dutka, Solomon,八巻俊雄　目標による広告管理―DAGMAR（ダグマー）の新展開　新版　ダイヤモンド社　1998.1　198p　20cm　2000円

清水公一　広告の基本　日本経済新聞社　1998.9　169p　18cm　1000円　（日経文庫―ビジュアル）

都総合法律事務所　広告の法理―紛争と法的責任　民事法研究会　1998.9　440p　22cm　5000円

山田理英　広告表現を科学する　日経広告研究所　1998.10　207p　22cm　4000円

野田正則　広告業界21世紀の勢力地図―広告ビッグバンで動き始めた　ベストブック　1998.11　212p　19cm　1400円

亀井昭宏,電通広告用語事典プロジェクトチーム　新広告用語事典　電通　1998.12　268p　21cm　2700円

藤澤武夫　広告・広報論―広告・広報の基礎理論と実際　佛教大学通信教育部　1999.2　179p　21cm　非売品

インターネットマーケティング研究会,原野守弘,菅野龍彦　インターネット広告―インターネット・マーケティングは進化している　1999　ソフトバンク出版事業部　1999.3　343p　19cm　2300円

西正　図解広告業界ハンドブック　東洋経済新報社　1999.3　190p　21cm　1600円

佐々木宏　ニュースな広告―「告知」から「説得」の時代へ　同文舘出版　1999.5　278p　20cm　1700円

荒俣宏　広告図像の伝説―フクスケもカルピスも名作！　平凡社　1999.6　316p　16cm　1000円　（平凡社ライブラリー）

インターネットマーケティング研究会,原野守弘,菅野龍彦,村田誠　インターネット広告　2000　ソフトバンクパブリッシング　2000.3　270p　19cm　2300円

杉山紳一郎　インターネット広告アクセス倍増技術マニュアル　アーバンプロデュース　2000.4　274枚　31cm　40000円

斎藤悦弘　電通vs博報堂　広告経済研究所　2000.4　276p　26cm　10500円

豊田彰　パブリシティの権利　日本評論社　2000.4　198p　21cm　3800円

小林保彦　アメリカ広告科学運動　日経広告研究所　2000.6　205p　20cm　2600円

日本広告業協会　マスメディアとインターネットの情報融合で広がる広告ビジネス―デジタル時代のメディアと広告　日本広告業協会　2000.6　31p　30cm

経済広報センター　戦略広報を考える―企業広報の実例と経営者・広報担当者の発言　経済広報センター　2000.8　245p　26cm　2000円

仁科貞文,嶋村和恵　昭和・平成期の広告研究論文―助成研究成果の総括　吉田秀雄記念事業財団　2000.11　237p　22cm

建設広報協議会　役に立つ広報の話　建設広報協議会　2000.11　205p　21cm

日本広告業協会　日本広告業協会50年史―1950～2000　日本広告業協会　2000.12　421p　31cm　非売品

須田哲史,田中秀樹　インターネット広告実践法―IT時代の売上拡大の決め手 プランの立て方からポスト・クリック分析まで

ジャーナリズム	広告・広報

PHP研究所　2001.1　157p　21cm　1300円　（Business selection）

Aronson, Bradley, Zeff, Robbin　西和彦　インターネット広告論　流通科学大学出版　2001.2　434p　24cm　7800円

相沢秀一　世界の広告を読む　電通　2001.2　290p　21cm　2300円

伊藤直哉　広告・コマーシャルを読む　北海道大学大学院国際広報メディア研究科・言語文化部　2001.3　151p　21cm　（国際広報メディア研究科・言語文化部研究報告叢書 45）

インターネット広告サーベイレポート　v.1　バガボンド　2001.4　306p　30cm　120000円　（ネットADレポート増刊）

インターネットにおけるネット広告ビジネスの現状と今後　シード・プランニング　2001.4　88p　30cm　85000円　（シード・プランニングの専門マーケティング資料）

井之上喬, 井之上パブリックリレーションズ　入門パブリックリレーションズ―双方向コミュニケーションを可能にする新広報戦略　PHP研究所　2001.4　251p　21cm　1600円　（Business selection）

日本広告業協会　変容する広告意識と広告会社の新たな課題―インターネット時代における広告の機能と役割　日本広告業協会　2001.4　18p　30cm

平田一夫　新聞廣告集―東京日日新聞(明治)・上毛新聞(昭和22年迄)　平田一夫　2001.6　232p　26×37cm

ジスト　広告志本論―21世紀のコミュニケーションビジネスを考える　ジスト　2001.7　127p　21×21cm　非売品

電通　電通一〇〇年史―1901-2001　資料編　電通　2001.7　121p　29cm　非売品

亀井昭宏, 電通広告用語事典プロジェクトチーム　新広告用語事典　改訂　電通　2001.9　294p　21cm　2800円

上田雅信, 西村龍一, 鈴木純一　国際広報メディア学のパースペクティブ　北海道大学大学院国際広報メディア研究科・言語文化部　2002.3　289p　21cm　（国際広報メディア研究科・言語文化部研究報告叢書 48）

中田節子　広告と宣伝　日本図書センター　2002.4　47p　31cm　4400円　（目でみるマスコミとくらし百科 5）

亀井昭宏, 林利隆　デジタル時代の広報戦略　早稲田大学出版部　2002.4　213p　22cm　2400円

大阪広告協会　なにわの新聞広告一〇〇年　大阪広告協会　2002.6　281p　31cm　2857円

天野祐吉　広告論講義　岩波書店　2002.8　221p　20cm　1700円

日本テレビコマーシャル制作社連盟　CM制作40年―JAC40周年記念誌 CM文化をつくりあげたCM制作者たち　宣伝会議　2002.10　311p　21cm　2000円

松前景雄, 平久保仲人　アメリカの広告業界がわかればマーケティングが見えてくる　日本実業出版社　2002.11　283p　20cm　1600円

世界の雑誌広告コレクション　ピエ・ブックス　2003.1　200p　30cm　3700円

岡田米蔵, 梁瀬和男　デジタル時代の広告法規　日経広告研究所　2003.3　285p　22cm　2800円

天野祐吉　私説広告五千年史　新潮社　2003.11　185p　20cm　1000円　（新潮選書）

読売新聞東京本社広告局　メディアと広告 2　読売新聞東京本社　2003.12　348p　21cm　1200円

木戸茂　広告マネジメント　朝倉書店　2004.5　178p　21cm　3500円　（シリーズ〈マーケティング・エンジニアリング〉7）

八巻俊雄　世界の広告12使徒―さよなら西洋、今日は東洋　プラトー出版　2005　230p　20cm　1800円　（アウレア選書 2―八巻俊雄全仕事）

亀井昭宏, 疋田聡　新広告論　日経広告研究所　2005.3　297p　21cm　1800円

植条則夫　広告コピー概論　増補版　宣伝会議　2005.4　494p　22cm　2800円

横山隆治　インターネット広告革命―クロスメディアが「広告」を変える。　宣伝会議　2005.5　249p　21cm　1800円

内田広由紀　目的別チラシデザイン―イメージ・ターゲット・業種からデザインを絞り込む　視覚デザイン研究所　2005.6　157p　26cm　1900円

朱磊　中国における広告の伝統　雄松堂出版　2005.10　225p　27cm　10500円

粟谷佳司, 小川博司, 小泉恭子, 小田原敏, 増田聡, 葉口英子　メディア時代の広告と音楽―変容するCMと音楽化社会　新曜社　2005.11　251p　19cm　2200円

宮原義友, 小林貞夫　入門広告の仕事 1 広がる広告の役割　日本経済新聞社　2006　ビデオカセット1巻(30分)：VHS　36000円　（日経video）

宮麗穎　中国の広告と広告業に関する研究―高度成長期を中心に　雄松堂出版　2006.4　263p　27cm　10000円

岡田光司　小さな会社マスコミデビューの法則―元新聞記者が明かす　竹林館　2006.5　188p　19cm　1429円

Ogilvy, David, 山内あゆ子　ある広告人の告白　新版　海と月社　2006.7　275p　19cm　1800円

天野祐吉　広告　プチグラパブリッシング　2006.7　157p　20cm　1500円　（あたらしい教科書 6）

東電広告株式会社　目で見る電柱広告の歴史―東電広告株式会社創立75周年記念誌 1931-2006　東電広告　2006.10　102p　30cm

真鍋一史　広告の文化論―その知的関心への誘い　日経広告研究所　2006.12　243p　22cm　2500円

電通PRセンター, 電通パブリックリレーションズ　戦略広報―パブリックリレーションズ実務事典　電通　2006.12　256p　21cm　2000円

クロスメディアにおける新聞広告の役割　朝日新聞社　2007　66p　26cm　（『広告月報』別冊）

藤原治　広告会社は変われるか―マスメディア依存体質からの脱却シナリオ　ダイヤモンド社　2007.2　191p　20cm　1500円

北原照久　北原照久の20世紀広告博覧会　pt.2　グラフィック社　2007.3　111p　27cm　2500円　（珠玉のコレクションシリーズ 2）

豊田彰　パブリシティの権利 2　日本評論社　2007.3　161p　21cm　3600円

山田奨治　文化としてのテレビ・コマーシャル　世界思想社　2007.3　298p　22cm　3000円

相沢秀一　世界と日本環境広告最前線―地球破壊を防ぐ先端的取り組み　日経広告研究所　2007.6　225p　19cm　1600円

丸岡吉人, 仁科貞文, 田中洋　広告心理　電通　2007.9　320p　21cm　2000円

梶山皓　広告入門　第5版　日本経済新聞出版社　2007.9　223p　18cm　860円　（日経文庫）

小池玲子　ある女性広告人の告白　日経広告研究所　2007.12　226p　19cm　1500円

岡田米蔵　広告倫理―広告と倫理の復権　商事法務　2007.12　238p　21cm　3300円

尾関謙一郎　メディアと広告―プロが教えるホンネのマスコミ対応術　宣伝会議　2007.12　198p　19cm　1600円

佐藤尚之　明日の広告―変化した消費者とコミュニケーションする方法　アスキー　2008.1　237p　18cm　743円　（アスキー新書）

酒井光雄　視聴率調査はなぜウチに来ないのか―最新マーケティングが90分でわかる本　青春出版社　2008.1　237p　18cm

719

社説・コラム　　　　　　　　　　　ジャーナリズム

　　　　　　　　730円　（青春新書インテリジェンス）
　　日本広告史―写真記録　日本図書センター　2008.3　200, 141p　31cm　24000円
　情報列車　　広告業界がわかる　技術評論社　2008.4　228p　19cm　1480円　（業界×快速ナビ）
　岸志津江, 田中洋, 嶋村和恵　現代広告論　新版　有斐閣　2008.6　361p　19cm　2100円　（有斐閣アルマ specialized）
　鈴木康之　　名作コピーに学ぶ読ませる文章の書き方　日本経済新聞出版社　2008.7　251p　15cm　667円　（日経ビジネス人文
　　　　　　　　庫）
　若林宣　　　戦う広告―雑誌広告に見るアジア太平洋戦争　小学館　2008.8　159p　26cm　2600円
　松本拓也　　小さなニュースに火をつけて売る！―パワーブロガーはお客をこうつかむ　技術評論社　2008.8　237p　19cm
　　　　　　　　1480円
　三田村和彦　広告心得―いま広告に何が足りないのか　すばる舎　2008.11　254p　20cm　2200円
　北田暁大　　広告の誕生―近代メディア文化の歴史社会学　岩波書店　2008.12　249, 5p　15cm　1000円　（岩波現代文庫 G207）
　天野祐吉　　広告も変わったねぇ。―「ぼくと広告批評」と「広告の転形期」についてお話しします。　インプレスジャパン
　　　　　　　　2008.12　255p　20cm　1680円
　椋田政春　　広告論　入門編　椋田政春　2008.12　170p　21cm　1700円
　武友正修　　地方広告　アガサス　2009.2　251p　20cm　1905円
　成田豊　　　広告と生きる―私の履歴書　日本経済新聞出版社　2009.4　273p　20cm　1800円
　百瀬伸夫　　良い広告とは何か　ファーストプレス　2009.4　203, 6p　20cm　1800円
　小野裕三, 植村祐嗣, 新谷哲也, 杉浦友彦, 日高靖　広告新時代―ネット×広告の素敵な関係　電通　2009.6　230p　26cm　2200円
　Graham, Rob, デジタルアドバタイジングコンソーシアム株式会社, 徳久昭彦　生き残るための広告技術―進化したインターネッ
　　　　　　　　ト広告「行動ターゲティング」のすべて　翔泳社　2009.10　195p　21cm　1900円
　日本広告学会　日本広告学会40年史　日本広告学会　2009.11　416p　22cm　5000円
　水野由多加　広告表現倫理と実務　宣伝会議　2009.12　288p　21cm　1800円
　藤田康人　　漂流する広告・メディア―12人のキーパーソンと語る「マス×ネット」の今　日経BP企画　2009.12　231p　21cm
　　　　　　　　1500円
　藤澤武夫　　広告・広報論　新版　佛教大学通信教育部　2010.3　301p　21cm　1429円
　山見博康　　新聞・テレビ・雑誌・ウェブに取り上げられるPRネタの作り方　日本能率協会マネジメントセンター　2010.3
　　　　　　　　277p　21cm　1800円
　金子秀之　　世界の広告たち―知的で、イキで、お洒落な　研究社　2010.3　140p　26cm　3000円
　林恵玉　　　中国の広告とインターネットの実態　中央大学出版部　2010.5　206p　21cm　2100円
　佐野山寛太　追悼「広告」の時代　洋泉社　2010.5　189p　18cm　740円　（新書y 234）
　井出雅文　　広告業界のしくみ―図解雑学　絵と文章でわかりやすい！　ナツメ社　2010.7　255p　19cm　1350円
　馬場マコト　戦争と広告　白水社　2010.9　237p　20cm　2400円
　嶋田健　　　漫画広告の真髄　アイグラフィック　2010.12　28p　21cm　924円　（漫画広告実践事例集 第3弾）
　本田哲也　　戦略PR―空気をつくる。世論で売る。　新版　アスキー・メディアワークス　2011.2　253p　18cm　743円　（ア
　　　　　　　　スキー新書179）
　猪狩誠也　　日本の広報・PR100年―満鉄からCSRまで　同友館　2011.3　314p　22cm　3000円
　福満ヒロユキ　メディアを動かすプレスリリースはこうつくる！　同文舘出版　2011.3　199p　21cm　1600円　（Do books）
　竹内幸絵　　近代広告の誕生―ポスターがニューメディアだった頃　青土社　2011.10　390, 8p　22cm　3400円
　電通, 嶋村和恵　新しい広告　電通　2011.11（4刷）　397p　21cm　2000円
　植田正也　　2015年の広告会社―80%の広告マンが市場から消える　日新報道　2011.11　222p　19cm　2000円
　田中水四門　現代広告事象論―広告遺伝子地図：広告遺伝子論考　明石書店　2011.12　273p　21cm　2800円
　大伏肇　　　資料が語る近代日本広告史　日本図書センター　2012.2　269p　27cm　28000円
　インターネット広告流通自動化とアドテクノロジー業界の動向分析調査　シード・プランニング　2012.8　155p　30cm　200000
　　　　　　　　円　（シード・プランニングの専門マーケティング資料）
　天野祐吉　　クリエイターズ・トーク―13人のクリエイティブ講義　青幻舎　2012.8　319p　19cm　1500円
　目をひく！読ませる！チラシデザイン―つかみが違う！アイデア満載の折込チラシ　パイインターナショナル　2012.10
　　　　　　　　242p　31cm　12000円
　山本ひとみ, 菅原正博, 大島一豊　メディア・ブランディング―新世代メディア・コミュニケーション　中央経済社　2012.10
　　　　　　　　208p　21cm　2400円
　小野田隆雄　職業、コピーライター―広告とコピーをめぐる追憶SINCE1966～1995　バジリコ　2012.11　245p　20cm　1800円
　アメリカの効果的なテレビコマーシャル50年史　アートパブリシティ　2013　ビデオディスク 5枚（475分）：DVD
　笠松良彦　　これからの広告人へ　アスキー・メディアワークス　2013.2　190p　18cm　743円　（アスキー新書233）
　井口理　　　戦略PRの本質―実践のための5つの視点　眞人堂　2013.6　187p　19cm　1200円
　信田和宏　　「電通」成長神話の秘密―ある電通マンの追想　経済産業調査会　2013.7　228p　19cm　1800円　（現代産業選書）
　ADKコミュニケーションチャネルプランニングプロジェクト　メディアプランニングナビゲーション　宣伝会議　2014.2　159p
　　　　　　　　21cm　1600円
　西江肇司　　戦略PR代理店　幻冬舎　2014.3　342p　19cm　1500円
　水野由多加　統合広告論―実践秩序へのアプローチ　改訂版　ミネルヴァ書房　2014.4　336p　21cm　2800円
　佐藤卓己　　大衆宣伝の神話―マルクスからヒトラーへのメディア史　増補　筑摩書房　2014.5　512, 13p　15cm　1500円
　　　　　　　　（ちくま学芸文庫 サ31-1）
　岡田米蔵　　広告倫理のすすめ―価値創造と信頼の科学　創英社/三省堂書店　2014.7　162p　21cm　1600円
　天野祐吉, 島森路子　広告20世紀―広告批評アーカイブ　グラフィック社　2014.9　267p　21cm　1800円

社説・コラム

〔雑誌記事〕
　小田部啓次郎　論題はローカル？――地方新聞の社説：新聞研究　通号5　〔1948.12〕　p13～18

佐原六郎	報道と論説の任務：新聞研究　通号9　〔1949.11〕　p3〜10
仲尾八郎	日本の輿論を左右する面々——各新聞社論説委員室の相貌：ファイナンス・ダイジェスト　5（16）〔1951.10〕　p85〜92
牛島俊作	新聞論説の80年：新聞研究　通号51　〔1955.10〕　p3〜7
阿部真之助	論説の使命：新聞研究　通号62　〔1956.9〕　p13〜15
西島芳二	論説の諸問題（座談会）：新聞研究　通号62　〔1956.9〕　p16〜20
小野秀雄	論説の歴史：新聞研究　通号62　〔1956.9〕　p9〜12
愛川重義	新聞論説と中央の政治：新聞研究　通号140　〔1963.3〕　p53〜55
畑専一郎	地方論説記者の役割り——足で書く論説：新聞研究　通号140　〔1963.3〕　p55〜57
愛川重義	論説委員会の組織と運営（研究座談会）：新聞研究　通号140　〔1963.3〕　p46〜52
御手洗辰雄	論説の現状と将来（座談会）：新聞研究　通号154　〔1964.5〕　p22〜28
青園謙三郎	私説「社説不要論」：新聞研究　通号166　〔1965.5〕　p15〜18
小野秀雄	社説尊重論：新聞研究　通号168　〔1965.7〕　p20〜23
西島芳二	社説：新聞研究　通号183　〔1966.10〕　p37〜39
吉田豊作	社論の解説化への現状に提言する：総合ジャーナリズム研究　04（09）〔1967.9〕　p93〜101
城戸又一	現代新聞における論説の位置——新聞百年にあたっての一考察（新聞百年（特集））：新聞研究　通号208　〔1968.11〕　p17〜21
山本明	新聞ニュース論（現代ニュース論（特集））：新聞研究　通号214　〔1969.5〕　p6〜11
中村菊男	現代新聞の機能と論説の役割り（転換期における論説（特集））：新聞研究　通号220　〔1969.11〕　p7〜11
戸川猪佐武	政治家と論説（転換期における論説（特集））：新聞研究　通号220　〔1969.11〕　p43〜45
後藤基夫	西欧の新聞における論説（転換期における論説（特集））：新聞研究　通号220　〔1969.11〕　p20〜23
清原宣雄	地方紙の論説委員（転換期における論説（特集））：新聞研究　通号220　〔1969.11〕　p17〜19
橘善守	転換期における論説の課題（転換期における論説（特集））：新聞研究　通号220　〔1969.11〕　p24〜42
佐藤嘉男	論説の現状を分析する〔新聞協会加盟57紙アンケート〕（転換期における論説（特集））：新聞研究　通号220　〔1969.11〕　p46〜56
青木彰	論説委員の新しい使命（転換期における論説（特集））：新聞研究　通号220　〔1969.11〕　p12〜16
原四郎	社論と報道（第22回新聞大会特集）：新聞研究　通号221　〔1969.12〕　p7〜18
三雲四郎	「行動する論説委員」−−その反響と今後：総合ジャーナリズム研究　07（01）〔1970.1〕　p46〜50
武山泰雄	激動期における論説の使命（現代新聞記者の基礎知識（特集））：新聞研究　通号224　〔1970.3〕　p14〜17
堀部政男	ビデオを捉える視点：総合ジャーナリズム研究　09（03）〔1972.7〕　p15〜22
永町敏昭	社説（沖縄のコミュニケーション環境と新聞—本土紙はいかに報道したか——帰ってきた沖縄・1972年5月）：新聞研究　通号252　〔1972.7〕　p55〜58
日本新聞協会審査室	「日中復交」と各紙社説：新聞研究　通号258　〔1973.1〕　p62〜65
真鍋一史	新聞社説の内容分析——石油危機・物不足事件を手がかりとして：新聞研究　通号287　〔1975.6〕　p54〜59
三雲四郎	解説・論評・社説について——サンケイの編集方針におけるその位置づけ（現代新聞の解説機能）：新聞研究　通号288　〔1975.7〕　p25〜28
守永正次	社説（統一地方選と新聞報道）：新聞研究　通号288　〔1975.7〕　p73〜77
橋本正邦	米国紙社説の主流——エディトリアル・ページ・エディター制への移行（論説のあり方）：新聞研究　通号318　〔1978.1〕　p12〜18
加藤祥二	論説のあり方とは（論説のあり方）：新聞研究　通号318　〔1978.1〕　p8〜11
グラハム，キャサリン，橋本正邦	《われわれ》とは——社説と集団の声：新聞研究　通号319　〔1978.2〕　p8〜12
長命輝夫	日本の地方紙社説の論調（米原発事故と報道）：新聞研究　通号335　〔1979.6〕　p59〜62
渡辺恒雄	現代社説論（<意見の広場>としての新聞）：新聞研究　通号347　〔1980.6〕　p15〜19
田久保忠衛	朝日新聞・社説子にモノ申す：諸君！　日本を元気にするオピニオン雑誌　16（8）〔1984.8〕　p78〜89
渡辺薫	政治倫理の社説考察：コミュニケーション研究　通号15　〔1985〕　p25〜50
西島芳二	朝日論説20年の回想：諸君！　日本を元気にするオピニオン雑誌　17（8）〔1985.8〕　p221〜228
斎藤良平	県民のための社論（変容する社会と社説の視点）：新聞研究　通号426　〔1987.1〕　p60〜62
島袋数也	民主主義の正念場（変容する社会と社説の視点）：新聞研究　通号426　〔1987.1〕　p67〜69
村尾清一	コラムニストが第一線を離れるとき：総合ジャーナリズム研究　24（04）〔1987.10〕　p62〜66
相馬光男	県民意識の変化と地方紙の論説：新聞研究　通号437　〔1987.12〕　p54〜57
鶴木真	新聞の枠組設定機能に関する一考察——戦後転換期と朝日新聞社説：法学研究　61（1）〔1988.1〕　p97〜114
後藤文康	社説・論説にみる天皇報道（天皇報道を振り返る）：新聞研究　通号454　〔1989.5〕　p47〜52
洪崙杓	日本新聞の韓国関連社説分析：慶応義塾大学新聞研究所年報　通号35　〔1990.9〕　p79〜95
佐藤鉄雄	《大特集》私の発言　読売社説「左派路線の精算を」は暴言：マスコミ市民　通号279　〔1992.1〕　p32〜33
室岡和男	展望　地方紙社説——心をときめかせる何かがある：新聞研究　通号492　〔1992.7〕　p67〜70
関谷高彦	展望　地方紙社説——問題への視点ににじみ出る根性：新聞研究　通号495　〔1992.10〕　p98〜101
石井英夫	朝刊コラムと24年（現代の新聞文章）：新聞研究　通号498　〔1993.1〕　p14〜16
高畠和也	展望　地方紙社説——"やり繰り予算"のため息——93年2月の社説から：新聞研究　通号502　〔1993.5〕　p59〜62
室岡和男	展望　地方紙社説——激動の夏，明暗の鼓動を伝える——93年8月の社説から：新聞研究　通号508　〔1993.11〕　p75〜78
原寿雄	社説廃止論——署名論説による自由闊達な主張の時代へ（下）：マスコミ市民　通号302　〔1994.1〕　p62〜70
八木荘司	社説は闘っているか——新聞論調の役割を問う（提言'94）：新聞研究　通号510　〔1994.1〕　p19〜22
三上瞭	各社の社説から（椿発言とメディア）：新聞研究　通号511　〔1994.2〕　p60〜64
関谷高彦	展望　地方紙社説——農業維新の月にみる生産地の声——93年12月の社説から：新聞研究　通号512　〔1994.3〕　p100〜103
後藤允	展望　地方紙社説——「地球」と「地域」を結ぶ行動の論理——94年3月の社説から：新聞研究　通号515　〔1994.6〕

	p90〜93
高畠和也	展望 地方紙社説——政治の不安定性が投影——94年6月の社説から：新聞研究　通号518〔1994.9〕p61〜65
三上瞻	展望 地方紙社説——地方行革・分権への胎動を計る——94年9月の社説から：新聞研究　通号521〔1994.12〕p56〜59
大沢正道	朝日新聞「素粒子」再考：正論　通号295〔1997.3〕p276〜282
渡辺賚二	より身近に，より多彩に——「敬老の日」社説の変遷：新聞研究　通号557〔1997.12〕p53〜58
玉城素	焦点・論点 展望のない98年元旦「二紙共同社説」：現代コリア　通号378〔1998.2〕p8〜13
原田誠治	なぜ、今、社説なのか——地域作りに期待される新聞の役割は大きく重い（特集「提言報道」を考える）：新聞研究　（599）〔2001.6〕p30〜33
諏訪正人	幻の美女を追って——「余録」の23年：新聞研究　（616）〔2002.11〕p30〜33
門脇正俊	新聞社説からみた21世紀5年間の日本の教育問題——大学生たちの新聞学習報告を兼ねて：北海道教育大学紀要. 教育科学編　57（1）〔2006.8〕p17〜32
門脇正俊	新聞社説からみた20世紀末20年の日本の教育問題——中曽根・臨教審前から小泉・構造改革前まで：北海道教育大学紀要. 教育科学編　57（2）〔2007.2〕p1〜16
潮田道夫	教条主義を排し、自然体で——様々な言説を咲かせる毎日論説室の試み（ネット時代の社説・論説）：新聞研究　（671）〔2007.6〕p14〜17
朝倉敏夫	組織が作る「言論」機関の象徴——社論の中核担う存在として（ネット時代の社説・論説）：新聞研究　（671）〔2007.6〕p18〜21
若宮啓文	闘う社説で提言する日本の針路——異例の紙面づくりで新聞の存在感を狙う（ネット時代の社説・論説）：新聞研究　（671）〔2007.6〕p10〜13
千野境子	読まれる？ 読まれない？ 新聞の主張——言論・解説性に新聞のレゾンデートルをみる（ネット時代の社説・論説）：新聞研究　（671）〔2007.6〕p26〜29
高見修次	ニュースとコラムを分けた新紙面——ウェブ時代の新聞へ変身進める（変わる紙面の表情）：新聞研究　（683）〔2008.6〕p44〜47

〔図 書〕

高部義信	ニューヨーク・タイムス社説選　研究社出版　1958.9　56p　19cm　（Kenkyusha's current English readings 1）
高部義信	アメリカ新聞社説選　研究社出版　1959.6　57p　19cm　（Kenkyusha's current English readings 3）
畑専一郎	論説記者—大東亜戦争から情報化時代まで　神戸新報社　1970　386p 図版　18cm　490円　（兵庫新書 3）
深代惇郎	深代惇郎の天声人語　朝日新聞社　1976　361p　20cm　980円
武藤富男	社説三十年—わが戦後史　第2部　昭和31-36年　キリスト新聞社　1976　446p 図 肖像　22cm　4000円
深代惇郎	深代惇郎の天声人語〈続〉　朝日新聞社　1977.5　334p　20cm　980円
斎藤吉史	社説にみる世界と日本　東洋書店　1988.4　294p　18cm　1600円　（S&BL series）
8・15を読む会	朝日新聞社説にみる戦後—昭和20年〜63年の社説全文掲載！　洋泉社　1989.8　153p　21cm　1030円
エネルギー情報研究会	社説でみるエネルギー・環境・原子力—チェルノブイリから湾岸戦争、ソ連消滅まで '86〜'91　渓声社　1992.5　464, 14p　22cm　30000円
村田聖明	ニューヨークタイムズ社説を読む　ジャパンタイムズ　1993.7　169p　19cm　1500円
産経新聞論説委員室	社説の大研究—新聞はこんなに違う！　産経新聞ニュースサービス　2002.6　343p　20cm　1429円
若宮啓文	闘う社説—朝日新聞論説委員室2000の記録　講談社　2008.10　287p　19cm　1500円
社説・論説読み比べ—新聞報道の記録：保存版：2011元日（平成23年1月1日・土曜日）2010大晦日（平成22年12月31日・金曜日）2010元日（平成22年1月1日・金曜日）2009大晦日（平成21年12月31日・木曜日）　ニホン・ミック総合企画室　2011.6　1冊　30cm　7000円	
水谷もりひと	日本一心を揺るがす新聞の社説ベストセレクション　ごま書房新社　2013.2　133p　21cm　1800円

索　　引
収録誌名一覧

著者名索引

【あ】

阿井 渉介　404
愛川 重義　91 204 312 721
相川 誠一　472
相川 聞一　524
愛敬 浩二　115
合阪 律　308
相崎 由松　266
　　　　267 350 604
相澤 嘉久治　256
相澤 清晴　434
相澤 孝　439
相沢 秀一　719
相島 敏夫　206 579
会津 泉　502
相田 三郎　496
相田 敏彦　58 352 396
　　　397 406 412 463
会田 弘継　272
　　　276 513 572
会田 雄次　206 688
相田 洋　362 373 392 692
愛知 揆一　519
愛知教育大学　82
愛知県大野小学校　59
合庭 惇　201 478
　　　479 480 481 492
愛波 健　153 573 628 631
相原 健郎　76
相原 茂　215
相原 秀起　295
相原 斎　619
藍原 寛子　608
饗庭 孝典　564
青井 未帆　115 148 149
青池 愼一　259
青木 彰　6 131 184 193
　　　205 211 212 218
　　　219 220 221 222
　　　223 224 226 228
　　　251 253 255 272
　　　291 292 294 306
　　　308 310 322 505
　　　510 519 526 557
　　　563 572 576 614
　　　616 623 627 632
　　　640 659 664 721
青木 猪一郎　265
青木 悦　152
青木 理　44 110
　　　119 149 198 259
　　　260 549 550 639
青木 國夫　580
青木 久美子　75
青木 健　31 493
青木 賢児　216
　　　351 352 390
青木 研三　519
青木 宏治　120
青木 吾朗　185
青木 貞伸　73 118 121
　　　123 146 187 190

　　　196 206 208 214
　　　223 227 249 344
　　　345 346 347 348
　　　350 351 352 353
　　　354 356 357 377
　　　383 390 400 406
　　　407 413 414 415
　　　417 419 420 421
　　　423 424 425 426
　　　427 428 451 456
　　　457 461 464 504
　　　507 551 556 585
　　　616 630 641 644
　　　646 647 659 703
青木 茂之　62 405
青木 繁　166
青木 周三　561
青木 章心　59 60
青木 孝　161
青木 隆直　226 272
青木 貴博　447
青木 隆典　422 497
青木 正　132
青木 忠義　181 659
青木 徹郎　527
青木 照夫　187
　　　208 307 628
青木 利夫　562
青木 日照　254
青木 伸方　609
青木 伸行　120
青木 暢之　230
青木 春雄　471 490
青木 久　307 573 627
青木 英明　214
青木 公　336
青木 眞　612
青木 正久　308 519 571
青木 萌　258
青木 靖雄　587
青木 康晋　534 596
青木 裕次　672
青木 洋一　544
青木 里加　102 584
青木塾　256
青潮社　643
青島 顕　149
青島 幸男　360
青園 謙三郎　306 721
青瀧 博文　191
青谷 美穂　410
青地 晨　187 203 209 320
青沼 潔　420
青野 篤　177 178
青野 季吉　203
青野 聡　27
青野 由利　611
青森テレビ　41 42
青森放送　416
青森放送株式会社　31 41 42
青柳 かおり　76
青柳 幸一　135 154 529
青柳 武彦　491
青柳 知敏　542 568
青柳 弘邦　351

青柳 文雄　627
青柳 政吉　344 345 398
青柳 泰彦　349
青柳 良明　188
　　　384 409 425
青柳 卓弥　162
青山 明弘　552
青山 明　664
青山 憲三　44
青山 光一　521
青山 高治　444 468
青山 武憲　100
　　　101 108 120 164
青山 千彰　588
青山 博子　395
青山 裕　14 574
青山 宏充　630
青山 三千子　702
青山 行雄　38 191 421 432
青山 与平　5
青山学院大学　114
青山学院大学総合研究所　58
青山学院大学大学院社会
　情報学研究科ヒューマ
　ンイノベーションコー
　ス　496
赤井 朱美　385 410
赤井 正二　318
赤井 直恭　208
　　　306 674 675 687
赤池 幹　76 78
赤石 正　490
赤岩 友香　180
赤尾 晃一　222 223
　　　422 424 425 496
赤尾 光史　101
　　　103 112 114 132
　　　149 154 217 222
　　　226 228 231 232
　　　256 259 271 294
　　　496 631 646
赤尾 周　438
赤尾 嘉文　438
赤荻 武　112
赤上 裕幸　78
赤川 省吾　243
赤木 昭夫　495
赤木 篤志　591
赤木 海三　8
赤木 孝次　231
　　　232 241 341 499
赤木 準平　466
赤木 孝男　419
赤城 正男　553
赤倉 優蔵　243
赤座 弘一　311 450
赤阪 研二　366
赤阪 大輔　614
赤阪 徳浩　225
赤坂 知泰　589
赤坂 憲雄　595
赤坂 桃子　150
赤沢 早人　76
明石 和康　534
明石 志行　629

明石 昇二郎　110 606
赤石 竹夫　69
明石 紀雄　107
明石 眞彦　423
明石 安哲　317
明石 康　565
赤瀬川 原平　9 13
赤瀬川 隼　616
赤祖父 哲二　252
赤田 貞治　78
安形 輝　21
赤田 靖英　577
赤谷 達　301
あがたはじめ　407
赤津 陽治　278 281
赤塚 オホロ　443
赤塚 行雄　208
　　　218 225 385
赤沼 三郎　25
赤根 洋子　150
赤林 隆仁　451
赤堀 侃司　69
赤堀 正宜　68 71 73 273
赤間 聡　290
赤松 明　205
赤松 恒太　60
赤松 大麓　623
赤松 岳　152
阿川 佐和子　301
阿川 弘之　214
阿木 翁助　391 400
秋岡 家栄　571
秋岡 伸彦　255 630
秋定 鶴造　518
秋田 完　392
秋田 喜代美　71
秋田 公士　493
秋田 安弘　50
秋田魁新報社　246
秋田テレビ　421
秋田文化出版社　643
秋永 一枝　683
秋信 利彦　190 603
秋葉 忠利　219
秋保 尚志　317
秋元 春朝　45 248 263 414
秋元 秀雄　250
秋元 美輝　79
秋山 晶　709
秋山 憲夫　90 312
秋山 和久　547
秋山 耿太郎　293
　　　296 330 531
秋山 栄二　624
秋山 衆一　447
秋山 高志　33
秋山 隆志郎　65 66 67 68
　　　69 70 86 87 355
秋山 侃　613
秋山 哲　573
秋山 哲也　508
秋山 照子　166
秋山 登志之　378
秋山 秀夫　307

秋山 浩之　308 309 558
秋山 真　356 386
秋山 幹男　336
秋山 勇造　137 139 140 147 152 153 33
秋山 雪雄　669
秋山 健次　153 154 155 156 212 647
秋吉 穂　157
阿久 悠　378
阿久澤 雄次　424
芥川 喜好　625
芥川 也寸志　136
阿久津 喜弘　56 63 64
飽戸 弘　185 194 523 524 534 546 565 623 705 715
明峰 治彦　200
浅井 和行　69 71 72 73 74
浅井 久仁臣　85
浅井 修一郎　360
浅井 昭治　66
浅井 隆夫　141
浅井 隆　423 586
浅井 達三　692
浅井 信雄　572
浅井 文和　612
浅井 正義　273 425
浅井 真慧　67 169 407 679 680 681 682
朝居 正彦　302
浅井 基文　221 228 532
浅井 泰範　46 252 316 505
浅海 伸夫　532 544
浅岡 邦雄　35 100 477
浅岡 善治　110 120
浅岡 隆裕　500
浅岡 美恵　145 577 578 633
浅川 周三　691
浅川 保　35
麻木 久仁子　298
朝倉 淳　79
朝倉 和子　63 405
朝倉 喬司　195
浅倉 拓也　186
朝倉 敏夫　139 664 722
朝倉 利景　697 714
朝倉 治彦　31 251
朝倉 弘　268
浅田 彰　51
浅田 孝彦　353 377
浅田 恒雄　504
朝田 富次　192 223
麻田 信之　464
浅田 悠樹　692
安里 慶之助　41
安里 繁雄　426
浅沼 周　185
浅沼 道郎　682
浅野 章　572
浅野 晃之　555
浅野 詠子　140 142
浅野 修　131 332 641 700
あさの おさむ　670
浅野 恭平　302 308 321
浅野 啓児　466
浅野 健一　17 47 57 102 106 109 114 152 153 157 159 162 163

164 165 174 183 193 195 230 240 252 255 275 357 517 539 547 548 555 556 607 629 630 632 633 635 636 639 640 667
浅野 弘次　612
浅野 順一　219
浅野 純次　480
浅野 史郎　87 140 141 235
浅野 碩也　646
朝野 富三　222
浅野 秀満　613
浅野 雅巳　254
浅野 満司　295 613
麻場 栄一郎　690
浅葉 克己　706
朝日 教之　661
朝日イブニングニュース社　28
朝日学生新聞社　30 35
アサヒカメラ編集部　695
朝日カルチャーセンター　249
朝日ジャーナル編集部　551
朝日新聞大阪社会部　639
朝日新聞大阪本社　716
朝日新聞大阪本社社会部取材班　167
朝日新聞「検証昭和報道」取材班　259 517
朝日新聞「原発とメディア」取材班　609
朝日新聞事件報道小委員会　259
朝日新聞静岡支局　303
朝日新聞社　25 26 27 28 29 30 31 114 145 244 248 249 252 255 302 311 490 556 571 602 686 687 715 716
朝日新聞社浦和支局同人　245
朝日新聞社大阪本社社史編集室　26
朝日新聞社会部メディア班　253
朝日新聞社広告局　717
朝日新聞社広告部　27 687
朝日新聞社会部　114 195 251 301 462 516 549 639
朝日新聞社「写真が語る戦争」取材班　517
朝日新聞社ジャーナリスト学校　258
朝日新聞社出版局　27
朝日新聞社調査研究室　186 338 377 571 714
朝日新聞社用語幹事　332 687
朝日新聞社用語幹事校閲部　687
朝日新聞取材班　32
朝日新聞「新聞と戦争」取材班　517
朝日新聞整理部　491
朝日新聞東京社会部OB会　249 639
朝日新聞東京本社企画報道室　253

朝日新聞東京本社広告部　490
朝日新聞名古屋本社社会部豊田商事問題取材班　630
朝日新聞労働組合　248
朝日新聞労働組合新聞研究委員会　253
朝日ソノラマ　571
朝比奈 大作　105
朝比奈 太郎　496
朝比奈 豊　156 157 158 183 184 192 228 294 316 325 330
朝日放送株式会社　40 42
朝日放送株式会社・十周年記念誌編集委員会　40
朝日放送記録グループ　602
朝広 正利　90 121 166 262 412
浅見 淳　623
浅見 源司郎　355
生明 俊雄　256
浅見 雅一　37
朝嶺 朝一　513
浅利 光昭　18
浅利 祐一　174
アジア経済研究所　288 289
アジア動向研究会　271 355
アジアに対する日本の戦争責任を問う民衆法廷準備会　549
アジアプレスインターナショナル　290 452 696
アジア放送教育セミナー事務局　70
芦沢 務　464
安宅 一夫　662
葦書房　643
葦津 泰国　31
芦田 定男　116
芦田 均　204
足羽 潔　629
芦原 治　697 698
芦部 信喜　92 93 100 131
芦原 正義　629
飛鳥 勝幸　244
アスキー総合研究所　503
梓沢 和幸　102 106 152 154 155 156 157 159 166 183 184 197 235 357 514 630 631 632 633 635
亜州奈 みづほ　479 565 566 567
東 功　525
東 修　351
東 狂介　102 511
東 圭吾　594
東 園子　172
我妻 憲利　162
東 浩紀　235 500 710 711
東 守之　561
東 龍一郎　610 611
東根 千万億　593 601
畔上 和也　340
麻生 健　692
麻生 幸次郎　543
麻生 千晶　354 423 457
麻生 誠　64
浅生 幸子　169

麻生 良方　521
熱川 容子　45 54 547
足立 明　313 524
安達 生恒　706
安達 一郎　670
安達 栄司　135
足達 革　616
足立 享祐　572
安達 巻一　412
足立 健二　62
足立 公一郎　200
安達 光治　106 110
足立 利雄　46
安達 尚彦　384 390 422 464
足立 則夫　612 613
足立 倫行　291
足立 正生　346
足立 昌勝　94 149 150
安達 光雄　308
安達 元一　404
安達 雄大　712
安達 洋　118
安達 洋一郎　604
足立 義則　601
安達 貴教　544
足立 研幾　549
熱田 充克　512 611
渥美 育子　266
渥美 勝朗　74
渥美 好司　577 588
渥美 重幸　529
渥美 東洋　134
宛 彪　80
阿刀田 高　6
アドバタイジングエイジ　714
アドラー, ベン　148
穴井 郁夫　276
阿南 愛　443
アナン卿　354
阿野 二郎　207
アノーマ, ジュターベル　358
我孫子 和夫　196 328 570 659
安孫子 誠人　188 292 476 587
我孫子市杉村楚人冠記念館　36
阿武野 勝彦　377 387 393
阿部 穆　524
安倍 栄佑　515
阿部 和彦　429
阿部 克自　346 350
阿部 潔　51 54 58 169 227 401
阿部 欽一　701
阿部 賢一　247
安部 元喜　338
阿部 玄治　46
安部 健児　181 583
阿部 耕一朗　51
阿部 佐智　597
阿部 修二郎　18
阿部 昭二　96
安部 譲二　408
阿部 真之助　187 203 290 721
阿部 岳　104
安部 隆　388 463
阿部 竹松　93

阿部 強 554
阿部 貞一 651
阿部 輝郎 603
阿部 照哉 98
阿部 友康 648
阿部 夏紀 684
阿部 信行 668
阿部 昇 77 78
安倍 甲 645 646
安倍 晴彦 111
阿部 恒子 64
安部 英夫 645
阿部 斉 137 346
安部 裕 391
阿部 博史 601
安部 宏康 690
阿部 裕行 324 359
安倍 宏行 382
阿部 汎克 251 505 559 562
阿部 正樹 440
阿部 雅隆 591
安倍 真慧 389 671 672 673 674 675 676 677 679
阿部 真大 237
阿部 雅美 215 619
阿部 正義 345
阿部 満 320
阿部 泰雄 630
安倍 寧 699
阿部 康彦 201
阿部 康人 512 601
阿部 裕 326 355 424
阿部 幸男 45 46
安部 雍子 348 399 465 466 710
阿部 義正 213 561
阿部 るり 169 276 279 280
阿保 金之助 550
阿保 順子 255
安保 久武 687
英保 怜一郎 613 641
雨谷 武夫 348
尼ヶ崎 彬 206 250
尼崎 拓朗 387
甘糟 章 399
天川 潤次郎 262
天地 諒 449 450 451 455
天池 諒 449
天津 日呂美 717
天野 昭 58 520
天野 勝文 38 67 153 190 233 251 252 253 254 255 256 257 478 508 533 610 660 664
天野 景司 302
天野 重幸 690
天野 七郎 413 414
天野 脩次郎 672
天野 聖悦 462
天野 広行 642
天野 雅道 499
天野 恵一 556
天野 祐吉 192 213 314 357 378 379 428 463 464 624 681 702 704 707 711 715 716 717 719 720
天羽 英二 3

天羽 貞一 261
天谷 修身 391
甘利 省吾 205 343
網野 憲一郎 70
アームストロング, R 559
雨森 勇 212 226 315 322 323 324 336 340 341 555 587
雨宮 次生 610
雨宮 正彦 580
アメリカ合衆国暴力の原因ならびに阻止に関する委員会 288
アメリカ広告主協会 714
アメリカ新聞編集者協会 289 659
アメリカの市民とメディア調査団 289
アメリカプレスの自由委員会 112
阿羅 健一 508 565
荒 正人 313
荒井 昭博 75
新井 明 574 664
新井 和子 41 383 417
新井 克弥 52
新井 喜美夫 715
新井 久爾夫 67 314 315 528 643
新井 豪 498
荒井 宏佑 355
新井 重三 199
新井 淳一 574
新井 信一 221
新井 静一郎 715 716
荒井 政治 718
荒井 魏 22
荒井 忠男 147 475
新井 達夫 10 517 558
新井 利夫 206
新井 敏司 561
新井 直之 5 28 30 97 147 168 174 196 205 207 208 210 213 214 215 223 246 247 248 249 250 251 270 302 308 313 321 322 346 352 353 355 357 419 456 457 476 508 521 522 523 529 551 556 560 577 579 628 630 631 659 664 706
新井 昇 641
荒井 博樹 626
新井 裕 187
新井 洋治 419
荒井 宏祐 356 417
新井 宝雄 262
荒井 正大 262 263 557
荒井 透雅 185 445 458
新井 佑美 231
新井 義夫 465
新井 美史 525 647
荒井 良 292
荒蝦夷 603
荒尾 達雄 305
新垣 毅 626
荒垣 秀雄 90 211 245
新川 明 656
荒川 克郎 640

荒川 邦衛 413
荒川 顕一 443 455
荒川 信治 621
荒川 隆史 535
荒川 恒行 705
荒川 政吉 338
荒川 洋治 477
荒木 亜里幸 369
荒木 功 58 382 549
安楽 城格 191
荒木 啓介 200
荒木 高伸 143 224
荒木 卓郎 655
荒木 暢也 310
荒木 紀幸 65
荒木 英幸 337
荒木 貢 422
荒木 悠三 573
安良城 竜太 67 134 200 317 327
荒木 良一 625
荒鷹 かおり 83
新崎 盛吾 198
新崎 盛暉 292 655
嵐山 光三郎 492
荒瀬 光治 494
荒瀬 豊 4 59 91 204 313 319 321 406 456 550 700
荒田 茂夫 14 142 236 270 280
荒武 正英 574 625
荒牧 央 341 369 374 402 447 499 536
荒牧 万佐行 292
荒俣 宏 718
荒屋 昌夫 528 529
有泉 亨 319
有賀 清 331
有賀 勝 598
有川 賢司 177
蟻川 恒正 160 176
有澤 満紀 327
有路 美紀夫 151
有田 司 144 539
有田 芳生 303
有竹 修二 6
有久 幸子 66
有馬 厚彦 165
有馬 純達 518
有馬 進一 84
有馬 貴司 565
有馬 哲夫 128 168 380 382 550
有馬 正敏 590
有馬 康彦 345
有光 成徳 62 342
有村 浩一 450
有山 輝雄 13 15 16 18 19 20 21 22 23 24 31 32 34 51 105 114 129 200 232 234 235 239 251 257 298 326 328 357 373 478 520 570 576 593 654 703
アルム, ブルノ 305
アレックス・S.ジョーンズ 258
淡路 円治郎 319
粟津 明博 667
粟津 孝幸 462

粟谷 佳司 719
粟原 富夫 587
粟屋 憲太郎 115
粟屋 義純 714 715
安 海龍 276
安 春根 474
安 昌鉉 483
安 春根 475 489
安斉 敏明 500
安西 均 245
アンダーソン, ピーター 696
アンデション, ペッレ 483
アンデルセン, P. 699
安藤 彰 448
安藤 一男 313
安藤 利男 90
安藤 喜代見 388
安藤 清志 237
安藤 聖泰 502
安東 建 529
安藤 純 704
安藤 次郎 136
安藤 高行 114 159
安藤 竜夫 464 465
安藤 徹 310
安藤 俊裕 537
安藤 直正 8
安藤 夏 65
安藤 則子 606
安藤 博 146 149 201 542 548 630
安藤 正人 138
安東 正洋 551
安藤 元雄 704
安藤 元博 594
安藤 守人 169
安東 義隆 142 576
安東 善博 140 505
安藤 欣賢 648
安中 猛彦 527
あんばい こう 479 492
安蒜 豊三 387
安保 宏子 684
安養寺 敏郎 267 338 340

【い】

李 光鎬 52 53 55 56 58 134 374 380 564 565
李 津娥 58
イー, タン 56
李 美淑 55
李 錬 42 46 120 279 282 625
井伊 重之 330
伊井 純子 409
伊井 忠義 569
飯久保 広嗣 310
飯坂 良明 173 521
飯沢 章治 319
飯沢 匡 309
飯島 一孝 290
飯島 一彦 464
飯島 滋比 166
飯嶋 七生 657
飯島 博 394

いいし　著者名索引

飯島 希　387
飯島 正治　556
飯島 裕一　626
飯塚 章雄　65 68
飯塚 銀次　62
飯塚 恵子　513 539 567
飯塚 浩一　21 24
　44 83 105 234 276
飯塚 繁太郎　580
飯塚 光男　689
飯塚 泰弘　65
飯塚 幸宏　294 527 530
飯塚 留美　436 592
飯泉 澄夫　355
飯田 薫　69 192 273
飯田 浩司　469
飯田 経夫　558 573
飯田 仁　59
飯田 浩史　628
飯田 弘之　152
飯田 昌雄　427
飯田 政之　536
飯田 正剛　102 104
　109 128 139 145
　154 155 156 158
　175 176 183 193
　194 197 275 635
飯田 みか　427 428
飯田 稔　135
いいだ もも　98 209
飯田 泰之　82
飯田 豊　469
飯田 裕美子　244
飯田 良明　537
飯田下伊那新聞販売組合
　32
飯沼 和正　579
飯沼 健真　604
飯沼 敏史　591 599
飯野 守　114 117 124 497
飯村 大平　61 463
飯室 勝彦　100 102
　103 104 105 114
　127 133 140 142
　154 156 159 161
　165 167 176 177
　195 197 222 236
　240 316 369 459
　547 549 566 631
　632 633 634 639
家田 豊　654
家永 三郎　92
　188 192 221 225
家の光協会企画調査室
　330
五百旗頭 真　16
伊大知 昭嗣　212 248
五百蔵 洋一　537
筏 陽平　521
五十嵐 勲　31
五十嵐 清　93 95
五十嵐 浩司　287
五十嵐 重明　410
五十嵐 仁　382
五十嵐 正剛　508 651
五十嵐 武士　12
五十嵐 智友　152 289 303
五十嵐 富英　643
五十嵐 二葉　101
　103 104 126 294
　632 633 639
五十嵐 文彦　128
五十嵐 文夫　320

五十嵐 幸雄　521
猪狩 章　209 302
　315 559 571 682
猪狩 惇夫　218
　400 419 420 708
猪狩 淳一　311
猪狩 誠也　709 720
碇 建人　149
伊狩 文隆　315
碇 稔　211
井川 一久　94 293 504 559
井川 智宏　444
井川 充雄　15 17 19
　38 45 197 547 608
井川 陽次郎　251
いき 一郎　547 657
壱岐 一郎　19 23
　107 129 233 241
　289 295 311 326
　349 458 461 468
　514 515 566 638
　647 650 653 657
為郷 恒淳　32 321
イギリス新聞に関する王立
　委員会　186
生井 久美子　222 225 303
生尾 慶太郎　473
生島 淳　622
生島 玲　561
生田 真司　100
　118 126 169 254
生田 孝至　73 84
生田 豊朗　580
生田 誠　364
生田 正輝　5 37 44 48
　56 63 90 187 203
　207 210 247 249
　260 343 412 462
　470 545 641 701
生田 保年　563
井口 昭夫　624
井口 一郎　48 56 342 696
井口 恭子　406 520
井口 真一　189
井口 大介　265 266
井口 武男　61 62 166 181
　261 342 412 462
井口 虎一郎　342
　671 673 675
井口 文男　119
井口 文雄　351 704
井口 正人　600
井口 泰子　199
　348 383 406
井口 裕介　242
生野 徹　713
池井 優　14
池内 紀　17
池内 恵吾　349
池内 一　48
　49 63 312 557
池内 裕美　496
池内 啓　6 551
池内 正人　708
池尾 伸一　568
池上 彰　82
　257 259 298 363
　372 381 550 596
池上 賢　318
池上 次郎　602
井家上 隆幸　474 476
池上 千寿子　57
池島 信平　6
　43 91 206 301

　456 489 493 688
池田 昭雄　355
池田 恵美子　13
　33 46 155 173
　192 213 216 217
　269 270 323 373
　418 475 524 560
　581 659 664 667
池田 恵理子　172
　198 462 610
池田 一貞　56
池田 一彦　643 645
池田 一之　33 195 216 219
池田 亀寿　451
池田 佳代　593
池田 喜作　205 700
池田 公博　115
池田 清志　310
池田 謙一　527 528 584
池田 研一郎　316
池田 孝一郎　355
池田 五法　476
池田 純一　274 430
池田 譲治　465
池田 治郎　469
池田 信一　291
池田 竹司　340
池田 竜夫　199
　255 308 310 362
　509 512 692
池田 千晶　652
池田 鉄朗　464 645
池田 年穂　115
池田 知隆　303
池田 豊一　646
池田 信男　521
池田 信夫　193 199 498
池田 富士雄　574
池田 文痴菴　697
池田 諒　701
池田 正一　693
池田 正憲　422
池田 正之　105 279
　382 428 431 433
　435 467 510 590
池田 守　55 235
池田 瑞穂　80
池田 弥三郎　343
　462 670 674 678
池田 靖　399
池田 祐子　685
池田 幸彦　342
池田 喜彦　525
池田 理知子　86
池田 林儀　4
池信 敬子　537
池端 忠司　98 99 103 167
池松 俊雄　351 384
池松 文雄　48 91
池宮城 秀意　641 655 658
池村 六郎　380
池本 春樹　507
池本 正文　216
生駒 輔　644
居駒 千穂　402
生駒 央正　412
生駒 奉昭　4
伊佐 喬三　579
伊坂 重孝　414 432
井坂 幸雄　336
井崎 均　217 525
井崎 正敏　195
伊崎 恭子　169

伊佐治 健　534
　535 537 543
伊佐早 幸男　530
諫山 修　355 385
井沢 蟲　700
井沢 徹　153
伊沢 尚記　597
井沢 元彦　102 253
　254 332 533 666
石 弘之　559 577
石井 晃　337 445
石井 彰　130 359 370 373
　375 376 388 439
　467 468 589 592
　593 596 649 693
石井 幾久子　701
石井 逸郎　111
石井 和夫　494
石井 清司　37 123
　128 129 265 348
　363 364 370 391
　392 393 415 416
　420 452 453 457
　462 507 523 707
石井 健一　465 696
石井 研士　115
石井 幸之助　35 688 695
石井 智　616
石井 茂雄　574
石井 修平　403 632
石井 潤一郎　103
石井 伸一　16
石井 寿美雄　94
石井 聡　575 593
石井 昂　175 176
石井 勤　162 556 626
石井 経夫　9
石井 徹　578
石井 智弥　165
石井 勇人　575 576
石井 晴朗　552
石井 久雄　84
石井 久　303
石井 英夫　649 721
石井 秀一　20
石井 ふく子　389
石井 道子　176
石井 裕子　710 711
石井 彦澄　473 476
石氏 謙介　385
石岡 克俊　668
石垣 綾子　342
　462 470 699
石上 翔一郎　447
石上 大和　525
石川 明　50 86
　118 121 122 123
　174 188 263 265
　267 268 345 346
　347 349 352 353
　355 362 412 413
　414 420 425 575
石川 巌　505
石川 厳　290
石川 修巳　543
石川 岳　388
石川 一彦　189 584
石川 清彦　455
石川 桂司　63 64 65 67
石川 健治　542
石川 憲朗　65
石川 旺　19 50 168
　215 314 316 352

354　355　368　380
390　398　401　406
532　577　619　711
石川　聡　138　617
石川　三郎　718
石川　秀二　618
石川　昌　571
石川　昌平　465
石川　泰司　560
615　616　623
石川　達三　312
石川　達也　654
石川　ちえこ　625
石川　知明　632
石川　徳幸　21　22　23　36
石川　隼人　299
石川　久男　219
石川　秀樹　478
石川　宏　595
石川　弘義　83　166
179　217　254　312
465　628　699　700
701　702　714　717
石川　文洋　516
553　689　691　692
693　694　695
石川　牧子　556
石川　信　591
石川　雅一　530
石川　正達　181
石川　正信　400
石川　雅彦　619　660
石川　昌行　448
石川　優　492
石川　真澄　138　211　224
231　324　523　528
531　532　533　546
石川　實　82
石川　宗雄　121
石川　めぐみ　69
石川　康昭　266
石川　保昌　695
石川　幸憲　150　287　328
石川　陽治　574
石川　良彦　38　414
石川　好　359　365
石城　太造　707
石久保　義幸　642
石倉　保　642
石倉　とき子　682
石倉　昌子　709
石黒　一成　365
石黒　克己　525
石黒　潔　689
石黒　重光　196　584　692
石黒　新　629
石黒　成治　68
石黒　武　692
石黒　正保　421
石黒　正幸　590
石黒　穣　569
石坂　悦男　121　122
236　251　258　323
331　383　423　532
石坂　丘　37　200
石坂　仁　512
石坂　多嘉生　464
石崎　勝久　389　520
石崎　浩一郎　346　407　417
石崎　徹　710　718
石崎　等　20
石埼　学　106　108　109　110
石沢　友隆　68

石沢　治信　353　477
石沢　靖治　197
241　516　539　549
550　566　592
石地　与一郎　332
石島　庸男　15
石津　博久　63
石塚　さとし　239
243　300　301　548
石塚　茂　309
石塚　純一　17　24　25
石塚　迅　115　118　120
石塚　伸一　636
石塚　博久　371
541　542　543　544
石塚　勝　554
石塚　嘉一　230　556　646
石月　静恵　170　171　172
石成　元雄　199
石田　あゆう　22　228
石田　岩夫　60　421
石田　収　251　718
石田　脩作　93
石田　和一　628
石田　勝利　51　52
石田　恵子　169
石田　憲次　112
石田　浩一郎　698
石田　こずえ　31
石田　紗英子　242
石田　三郎　474
石田　樹生　495
石田　信一　307　677
石田　千　469
石田　健夫　506
石田　雄　513
石田　達郎　463
石田　敏夫　614
石田　栄仁郎　94　141　142
石田　英敬　233　455
石田　博子　508
石田　博士　568　571　593
石田　稔　441
石田　勇治　253
石田　路津子　348
石高　健次　135
364　373　409　538
石瀧　豊美　164
伊地知　孝　547
伊地知　晋一　499
石堂　彰信　25
石堂　平也　518
石飛　仁　665
石野　隆　71
石野　常久　513
石野　博史　51　344　406
674　675　676　677
678　679　680　681
石巻コミュニティ放送株式
　会社　602
石巻日日新聞社　602
石橋　映里　202
石橋　修　215
石橋　冠　411
石橋　孝太郎　251　516
石橋　捷治　586
石橋　真一　588
石橋　審平　333
石橋　丈　318　444　445　446
石橋　湛山　35
石橋　恒喜　332　669
石橋　庸敏　430

石橋　久子　360
石橋　正一　15
石橋　正子　15　17
石橋　雄哉　465
石浜　典夫　646
石原　潤　525
石原　慎太郎　93　353　521
石原　進　530　532
石原　司　508　509
石原　俊輝　642
石原　俊洋　216
石原　智子　138
石原　栄夫　322　559
石原　英雄　572
石原　正人　542
石原　萠記　560
石原　守明　489
石原　裕市郎　342
344　413　697　698
石原　祐市郎　261
石平　厚一郎　708
石福　秀太郎　50　94　116
122　132　136　137
181　210　211　264
265　266　308　313
321　322　472　504
石部　亨　553
伊嶋　高男　710
石巻　靖治　98
石松　俊之　403
石丸　和人　116
石丸　勝彦　616
石丸　次郎　229
236　276　277　278
279　363　365　535
566　569　691　692
石丸　二郎　276　277
石丸　正　250
石光　章　196
石光　真人　312
319　332　338　339
397　699　700
石光　勝　454　455
伊志嶺　恵徹　116
伊志嶺　賢二　658
石村　耕治　129　149　162
石村　善治　93
107　113　114　116
117　121　122　131
136　137　138　144
152　209　264　347
石村　裕輔　627
石本　隆義　523
石本　利康　562
石元　安幸　60
石元　義正　334
石山　脩平　59　60
石山　四郎　320
石山　辰吾　154　386　424
石山　靖男　585　588　629
伊集院　兼雄　714
伊集院　礼子　433　435
井尻　千男　476　625
石若　和男　308
石渡　孝司　319
石渡　高子　405
石渡　洋子　409
伊豆　英一　327
伊豆　富人　6　246　302
伊豆　百合子　188　352
居作　昌果　188
出田　裕　558
井筒　郁夫　201

イーストプレス特別取材
　班　462
泉　あつこ　103
和泉　功水　580
和泉　清　699
伊豆見　元一　145
和泉　聡　636
和泉　淳三　588
泉　毅一　187　702
泉　武博　454
泉　長人　418
泉　洋二郎　398
泉大津市教育委員会　28
泉川　誉夫　665
いずみ・たく　699
出雲　敏　216
出雲路　敬豊　27
伊勢　暁史　229
254　462　544
井関　利明　313　465　710
伊勢田　昭弘　162
伊瀬知　成好　359
井芹　浩文　532
井芹　道一　336
磯貝　陽悟　255
磯貝　芳徳　427
五十川　仁達　265
磯﨑　咲美　39　202
磯崎　洋三　153
191　421　423　424
五十住　和樹　535
磯田　勇　262
磯田　光一　151
磯野　彰彦　239　317
磯野　恭子　188
191　215　349　350
384　386　408　561
磯野　清　311
磯野　正典　87　439　455
磯部　彰　494
磯部　敦　20　21　36　495
磯部　薫　677
磯部　成志　252
磯部　忠男　557
礒辺　憲央　392
礒辺　康子　586　587　600
磯部　佑一郎　45
46　264　265　288
磯部　芳三　489
磯村　英一　205　312
456　518　623　640
磯本　典章　157
159　359　457　711
磯山　甚一　57
磯和　春美　310
井田　和秀　586
井田　香奈子　638
井田　準三　546
井田　進也　17
伊田　浩之　461
井田　正道　534
539　556　575
井田　美恵子　365　432　497
伊高　浩昭　311
板垣　英憲　381
板垣　恭介　303
板垣　雅夫　76
板垣　淑子　387
板垣　竜太　105
板倉　由明　250
井谷　豊　70
伊丹　敬之　295

伊丹 要二 707
伊丹市立美術館 34
板村 英典 232 237 537
一井 泰淳 134 135
市岡 康子 348
市岡 揚一郎 219 294 526
市川 昌 57 66 67 70 73 74 75
市川 克美 360
市川 定夫 211
市川 幸夫 427
市川 重一 37
市川 祥子 19
市川 正三 306
市川 伸一 173
市川 綏 465
市川 精治 658
市川 寿憲 409
市川 速水 256 301 556
市川 尚 74
市川 裕康 501
市川 房枝 136
市川 正人 99 100 103 105 110 112 114 124 169 180 663
市川 美根 172 323
市川 隆太 549
市川学園 256
一木 豊 504
市倉 浩二郎 645
市野 直親 411
一之瀬 正史 238
一ノ坪 俊一 13
一戸 克夫 308
一戸 彦夫 349
一戸 久 343 344
一場 慎司 272
一場 靖彦 464
市橋 立彦 697 698 699 715
市橋 俊雄 420
市橋 史生 401
一橋 文哉 114
市橋 正晴 87
市橋 正光 87 88
市村 香 219
市村 佐登美 196
市村 真一 633
市村 元 141 183 192 219 234 358 360 368 425 431 436 445 595
市村 芳香 330
市山 隆次 475
一力 一夫 27 249 571
一力 次郎 342
一力 雅彦 225 236 327
一柳 東一郎 518 519
井槻 雅裕 385
井出 彰 25 626
井出 昭 504
井出 敬二 290
井出 耕也 220
井出 定利 68 69
井出 重昭 346
井手 純二 518
井出 智明 239 661 713
井出 孫六 13 28 247 385 387
井出 雅文 720
井出 三洋 95
井出 洋一郎 520

井出 嘉憲 93 312 519 640 701
出井 伸之 434
出田 稔 236 237 403 433 434 435 436 437 439 441 443 447 450 712 713
井戸 秀明 128
伊藤 あい子 261
伊藤 愛子 404
伊東 章 73
伊藤 明 393
伊藤 厚史 543
伊藤 文 283
伊藤 一郎 195
伊藤 逸平 4 504 523 603 698 699 700
伊藤 海彦 86
伊藤 英一 283 285 286 373
伊藤 榮一郎 411
伊藤 英太郎 349 465
伊藤 修 574
伊藤 和明 556
伊藤 一男 10
伊藤 一哉 231
伊藤 勝男 219
伊藤 喜久蔵 560 561
伊藤 公雄 258
伊藤 恭子 425
伊藤 清隆 515
伊藤 邦男 218 628
伊藤 粂三 319
伊藤 敬一郎 334
伊藤 恵祐 447
伊藤 元 702
伊藤 憲一 560
伊藤 吾一 523
伊藤 孝一 712
伊藤 浩志 581
伊藤 聖 308
伊藤 悟 168 170
伊藤 三郎 515
伊藤 滋之 622
伊東 淑太 332
伊藤 純 201
伊東 順二 707
伊藤 信一 564
伊藤 慎一 93 136 181 195 196 210 245 246 264 288 306 307 311 319 321 517 545 558 579 640 672 687 703
伊藤 信 37
伊藤 晋 691
伊藤 成南 309 310
伊藤 壮 292
伊藤 大輔 694
伊藤 孝 508
伊藤 高史 52 55 58 99 100 127 168 174 239 256 330 568 607 611 612 635
伊藤 峻 92
伊藤 隆裕 162
伊藤 隆行 374
伊藤 卓郎 316
伊藤 武夫 318
伊藤 正 565 621
伊藤 直 218 555
伊藤 民雄 495
伊藤 誓 57

伊藤 千尋 229 275 290
伊藤 恒夫 122 245
伊藤 強 123 352
伊藤 光彦 253 560 561 562 604
伊藤 徳一 3 26
伊藤 寿男 476 477 493
伊藤 俊行 566
伊東 敏朗 124
伊東 朋吉 317 619
伊藤 智永 548
伊藤 直樹 595 627
伊藤 直孝 111
伊藤 直人 656
伊藤 直哉 719
伊藤 成彦 109 148 532 569 592 607 657
伊藤 暢章 45 282 283 485 489 668 669
伊藤 昇 64 203 612
伊東 則昭 367
伊藤 明己 59
伊東 英朗 449
伊藤 斉 152 322
伊藤 裕顕 381
伊藤 宏 465 581 605 607
伊藤 博道 507
伊藤 裕康 76 77
伊藤 文美 693
伊藤 牧夫 207 291
伊東 誠 323
伊藤 昌亮 80 662
伊藤 正和 678
伊藤 雅子 167
伊藤 正志 162 636
伊藤 正孝 508 560
伊東 正剛 564
伊藤 正徳 13 25
伊藤 正治 610
伊藤 雅彦 617
伊藤 政彦 275
伊東 方洋 577 603
伊藤 雅浩 123 585
伊藤 政文 179
伊藤 正己 91 92 112 113 121 130 146 151 320 703
伊藤 松朗 644
伊藤 守 51 52 53 58 59 256 360 380 382 609
伊藤 未知男 464
伊東 光晴 207 210 574 603
伊藤 美菜子 410
伊藤 元雄 9
伊藤 元博 392 648
伊藤 保太郎 303
伊東 裕司 709
伊藤 友治 305 360 371 401 426 511 512
伊藤 裕造 325
伊藤 豊 336
伊藤 陽一 49 50 53 209 239 328 373 419 420 562 565 570 572 576 577 593
伊藤 洋子 20 21 172 252 380 492 537 566 710 713 718
伊東 義章 568
伊藤 芳明 236 509 510 565

伊藤 嘉男 96
伊藤 義雄 60
伊藤 吉春 136 215
伊藤 嘉英 330 341
伊藤 好道 204
伊藤 嘉之 354
伊藤 芳郎 336
伊藤 礼 179
伊藤 晶子 259
糸数 隆 656
糸川 精一 715
糸島 誠 422
糸田 省吾 668
糸山 敏和 605 611
伊奈 一郎 406
伊奈 かっぺい 408
伊奈 諭 78
伊那 三郎 321
伊奈 信男 688
稲井 達也 79 81
稲生 和子 62 63 342 395 405 697 699
稲生 平八 539
稲生 雅亮 539
稲岡 勝 11 12 13 14
伊中 義明 532
稲垣 昭彦 219
稲垣 恭子 496
稲垣 武 219 252 331 332 381
稲垣 忠 81 656
稲垣 太郎 483
稲垣 嗣夫 234
稲垣 文男 390 673 674 675 676 677 678 679 680 681
稲川 和男 704
稲川 竜雄 178
稲木 甲二 619
稲坂 硬一 646
稲沢 裕子 327
稲塚 秀孝 392
稲積 謙次郎 293
稲積 重幸 111
稲田 二郎 203
稲田 清一 553
稲田 植樹 697
稲田 植輝 380
稲田 力 574
稲田 陽子 304
稲継 文彦 347
稲野 治兵衛 131 205 207 246 291 307 627
稲葉 昭典 190 400 465
稲葉 暁 16 586
稲葉 潔 401
稲葉 一将 128 131
因幡 健悦 543
稲葉 寿 387
稲葉 竹俊 59
稲場 豊実 667
稲葉 治久 103
稲葉 秀三 700
稲場 正洋 599
稲葉 繭子 411
稲葉 三千男 7 26 48 56 57 97 121 122 136 137 181 182 206 208 211 212 214 215 217 218 220 222 226 246 247

```
                        248 249 250 251
                        291 342 343 344
                        345 346 348 351
                        352 353 408 412
                        413 416 420 456
                        457 462 503 521
                        545 551 555 610
                        624 628 679 703
稲葉 通雄                            491
稲葉 悠        360 442 443 447
稲福 健蔵                        643 656
稲増 竜夫                        358 709
稲増 龍夫                        357 466
稲見 亜矢                            618
稲見 宗孝                            292
稲嶺 幸弘                            543
稲村 明夫                            697
稲村 禎清                            698
稲村 徹元                          6 200
稲村 啓                              211
                        346 348 406 456
稲村 三千夫                          116
稲村 隆二                            575
稲元 寛介                            332
いぬ いたかし                        352
乾 昭治                              83
乾 孝                                208
乾 鉄之                              504
乾 照夫        18 19 23 24 232
乾 直明                200 416 421
乾 正人                              239
犬飼 優                              568
犬養 康彦            234 235 326
犬塚 陽介                            501
犬田 充                           57 207
稲野 強                               15
猪野 京子                        363 634
猪野 憲一            184 363 634
猪野 健治                            215
                            348 490 554
井野 めぐみ                          684
井上 勇三                            424
井上 英一                            688
井上 英治                65 267 347
井上 果子                            299
井上 和典                        328 501
井上 勝利                            644
井上 吉次郎          48 203 205
                        245 290 627 670
井上 佳子                            410
井上 啓子                        358 409
井上 紘一                           22 23
井上 禎男            107 125 126
                        128 144 161 500
井上 三郎                            634
井上 茂男                            634
                        678 679 680 681
井上 繁規                            159
井上 鎮雄                390 679 680
井上 実于                            227
                        310 316 324 427
井上 俊                              258
井上 正一                            352
井上 尚美                             85
井上 進                            21 33
井上 澄夫                        524 604
井上 すみれ                          223
井上 誠喜                            460
井上 泰三            121 343 394
井之上 喬                            719
井上 毅                218 340 573
井上 忠靖                        446 501
井上 達男                            559

井上 保                              549
井上 千尋                            364
井上 敦                               18
井上 輝夫                             57
井上 日雄                            549
井上 輝子                              7
                        167 168 171 173
                        217 321 491 631
井上 徹                              201
井上 敏夫                        688 695
井上 稔彦                            626
井上 智太郎                          570
井上 豊久                 76 77 78
井上 波                              191
井上 典之                    106 107
                        143 160 161 538
井上 はねこ                           85
井上 晴夫                            336
井上 ひさし            254 463 492
井上 尚信                            464
井上 如                              474
井上 浩一                            537
井上 宏                     29 93 123
                        191 194 227 252
                        265 270 271 347
                        351 353 359 378
                        382 389 390 393
                        398 400 414 421
                        425 554 563 707
井上 弘                              419
                        421 448 451 461
井上 浩史                            712
井上 広美                             45
井上 裕之                    594 595
                        596 597 598 600
井上 普之                            385
井上 史雄            682 685 686
井上 亮                           24 258
井上 正男                            649
井上 正治                            165
井上 雅博                            499
井上 正博                            417
井上 衛                              357
井上 光晴                            623
井上 靖                                3
井上 泰浩                             85
                        134 176 177 184
                        233 275 565 635
井上 安正                    144 230
                        231 571 630 640
井上 康道                            464
井上 友一郎                          332
井上 祐子                         18 696
井上 豊                              429
井上 善友                            496
井上 嘉仁                        105 713
井上 義文            418 419 464
いのうえせつこ            153 555
井之上パブリックリレーションズ      719
井ノ内 正康                          339
井内 康文                    138 632
猪木 正道                            700
猪口 邦子                    214 254
井ノ口 貞弘                          341
猪口 孝                               16
井口 理                              720
井口 博充                            148
                        283 284 328 467
                        569 570 713
井口 幸久                            300
猪熊 謙吾                            199
猪熊 建夫                        257 258

井倉 大雄                            187
猪嶋 大                              616
猪瀬 直樹                             59
                        251 252 296 297
猪股 英紀            125 286 287
                        288 426 429 439
猪股 和夫                            150
猪俣 勝人                            504
猪俣 敬太郎                          247
猪俣 幸一                            112
猪俣 修二                            618
猪股 征一            613 625 648
猪又 久夫                    211 321
猪俣 基男                            704
井端 好美                    521 642
井原 高忠                            413
伊原 智人                            243
井原 ミナミ                          388
井原 利一                            465
茨木 正治                            244
                            486 541 634
茨城新聞社                        30 643
茨城放送                            592
伊深 太路                            612
伊吹 和子                            491
伊吹 侑希子                       80 81
指宿 忠孝                        702 716
イブラヒーム, ハッサン               233
井部 正之                            282
井部 良一                         71 72
今井                                489
今井 亜湖                             78
今井 功                              420
今井 和也                            703
今井 激                               57
今井 啓子                            624
今井 圭子                             44
今井 賢一                            214
今井 虔二                            345
今井 佐知子                          176
今井 幸彦                            331
今井 茂雄                            700
今井 伸                              457
今井 大介                        503 609
今井 亨                               88
今井 照容                            701
今井 俊博                            340
今井 敬義                            340
今井 一            300 373 375 691
今井 博                              269
今井 福司                    224 315
今井 正俊                            563
今井 克                              563
今井 康夫                        646 707
今井 康雄                             82
今井 義典                            370
今井 隆吉                            508
今泉 さち子                           65
                            86 399 407
今泉 武治                            121
                        699 700 707 716
今泉 浩美                            386
今泉 至明                            123
今尾 登                              245
今岡 赳                               59
今岡 昌子                            692
今城 利之                            586
今里 滋                              142
今里 仁                              251
今里 義郎                            212
今城 力夫                            219

                        220 221 222 223
                        224 511 690 691
今津 孝次郎                           68
今津 弘        303 314 523 525
今田 昭                          334 341
今田 高俊                             52
今田 美香                            167
今田 好彦                            551
                            552 563 660
今中 治                              406
今中 亘        16 215 222 294
今西 珠江                             78
今西 一                              654
今西 正徳                            454
今西 光男                             20
                        21 35 214 326 328
今宮 照久                            646
今橋 盛勝                            137
今林 清志                            190
今福 祝                          344 671
今松 英悦                        574 575
今道 彰                          191 410
今道 潤三                        288 413
今村 彩子                            695
今村 一郎                            699
今村 和朗                            188
今村 研一                            388
今村 浩一郎                          442
今村 誠次                        312 518
今村 孝夫                            526
今村 武雄                            305
今村 司                              374
今村 正大                            665
今村 睦                              213
今村 庸一                    125 126
                        155 223 357 362
                        379 424 532 565
                        566 585 617 661
今村 洋子                            646
今吉 賢一郎                          249
伊牟田 浩平                          217
イムティハニ, ナジ                   120
井村 功                              628
井村 定雄                            314
井本 里士                            531
芋原 一善                    194 374
伊豫田 康弘                           32
                        86 99 123 124
                        133 182 341 353
                        354 355 357 363
                        385 391 400 401
                        402 415 418 419
                        420 421 422 423
                        424 425 463 464
                        465 645 647 648
                        704 705 708 709
伊豫田 祐司                          409
伊予部 滋子                          405
伊従 寛            482 668 669
入内島 修                            604
入江 明廣                            693
入江 さやか                          602
入江 たのし                      370 371
                        375 376 711 712
入江 徳郎                    244 302
                        346 628 672 677
入江 正敏                            427
入江 通雅                          93 94
                        246 288 333 558
入野 達弥                            552
入山 雅樹                            219
岩井 章            136 215 554
岩井 悟                              236
```

いわい　　　　　　　　　　著者名索引

岩井 俊二　450
岩井 隆一　698
岩井 奉信　229 540
岩井 肇　5 7
　8 92 247 250 658
岩井 弘融　290 630
岩井 信　222
岩井 正彦　207
岩井 まつよ　323
岩尾 健二　704
岩男 寿美子　166
　169 417 706
岩生 直子　63 64 396 405
岩垣 保　410
岩上 安身　241 300
岩城 徳治　231
岩木 敏久　235 649
岩城 浩幸　539
岩城 康仁　125
岩切 信　293
岩切 保人　351 353
　354 419 457 644
岩口 忠司　236 316
岩倉 誠一　53 191 205 215
　217 234 264 319
　320 321 554 658
岩倉 秀樹　107 117
岩倉 三好　71
岩畔 伸夫　360 390
岩佐 克彦　84
岩佐 哲　592 600
岩佐 淳一　424 442
岩佐 直喜　5
　10 205 306 627
岩佐 光広　259
岩崎 昶　45 179
岩崎 和夫　409
岩崎 勝海　15 224
　310 470 476 477
　478 489 491 585
岩崎 賢一　492
岩崎 広平　647
岩崎 貞明　104 106 128
　171 194 197 232
　324 368 369 370
　372 429 445 665
　666 667 692 712
岩崎 三郎　347 406
岩崎 庄太郎　319
岩崎 進　626
岩崎 拓郎　193
岩崎 武司　579
岩崎 達也　375 404 451
岩崎 千恵子　168 173
　273 278 324 530
岩崎 勉　577
岩崎 信道　133
岩崎 玄道　666
岩崎 日出雄　589
岩崎 弘　291
岩崎 誠　577
岩崎 八洲民　64
岩崎 康彦　202
岩崎 恭裕　250
岩崎 義雄　136
岩崎勝海追悼集刊行委員会　114
岩沢 敏　467
岩沢 武夫　241 318 485
岩下 俊三　235
岩下 豊彦　37 86
　389 396 397 672
岩下 誠徳　310

岩瀬 孝　630
岩瀬 茂美　612
岩瀬 達哉　237 254
岩瀬 充徳　475
岩田 温　86 89
　253 257 336 356
岩田 淳　191 443
岩田 薫　67
岩田 和夫　102
　125 181 191
岩田 公雄　188 257 561
岩田 清隆　112
岩田 脩　526
岩田 卓士　620
岩田 弘史　410
岩田 正美　625
岩田 雅　507 559 659
岩田 行雄　260
岩立 勲　90
岩立 一郎　290
　306 503 557 627
岩谷 宏　53
岩垂 弘　304
岩附 孚　527
岩坪 充雄　22 23
岩出 貞夫　28
岩手日日新聞社　30 34
岩手日報社　30
岩手日報社編集局　305
岩手放送　465 592
岩手めんこいテレビ編成技術局　597
岩永 兼密　573
岩永 信吉　28
　203 264 305 308
　377 557 559 686
岩永 雅也　67
岩浪 剛太　428
岩浪 弘康　386
岩波 嶺雄　336
岩波書店　26 32 302
岩根 愛　695
岩野 裕一　14
岩橋 八洲民　63
岩淵 明男　453
岩渕 輝義　466
岩淵 悦太郎　670 671 673
　674 675 677 678
岩淵 慶造　249
岩渕 功一　55
　283 370 443 458
岩淵 辰雄　469
岩淵 直作　614
岩渕 真幸　599
岩渕 満　80
岩淵 康郎　413
岩渕 美克　238 336 511
　526 528 530 533
　534 540 542 547
岩堀 喜之助　27
岩間 優希　514 567
岩松 繁俊　98 555
岩見 隆夫　147 216
　217 227 271 523
　525 534 555 664
岩村 正史　17
岩村 立郎　274 509 527
岩村 陽一　410
岩室 紳也　171
岩本 一郎　99
岩本 一善　52
岩本 敏　486
岩本 隆明　112

岩本 太郎　183 185 401
　532 569 633 651
岩本 剛　526
岩本 時雄　61
岩本 俊彦　718
岩本 宣明　251
岩本 広美　69
岩本 政敏　408 414 464
巌谷 大四　6 7
岩谷 忠幸　601 685
尹 韓羅　47
殷 強　691
尹 龍沢　120
尹 良富　45
印刷雑誌編集部　706
インターネットマーケティング研究会　718
インタラクティブプログラムガイド　394
インデックスオンセンサーシップ　114
因藤 泉石　293
印南 正　96
インプレスR&D　495
井辺 洋一　434

【 う 】

于 徳清　571
宇井 純　577
宇井 昇　419
ウィクレメシンゲ, C.E.L0　557
ヴィットインターナショナル企画室　256 394
ウィトカバー, ジュールス　207
ウィーバー, デイヴィッド　56
ウィーバー, デービッド・H.　206 544
ヴィラレアル M.V0　116
ウィリアムズ, ホアン　646
ウィリアム・ブルックス　272
ウィルヘルム, パトリシア　132
植木 枝盛　112
植木 宏治　536
植木 利道　424
植草 光春　341
上阪 徹　495
上沢 孝二　309
植地 南郎　670 671
上江洲 由美子　167
上杉 一紀　448
上杉 隆　150
　185 196 240 241
　257 259 372 503
　607 609 666 667
上田 勝美　137
植田 恭子　79 84
上田 恵子　616
上田 賢　410 558
上田 健一　132 292
上田 耕滋　337
植田 詩織　80
上田 修一　21 240 475

上田 旬司　69
上田 伸治　115
上田 哲　136 207 208
　209 210 248 413
　471 504 526 549
上田 俊英　582
上田 朝一　681
植田 豊喜　102
　190 192 354 357
上田 紀行　226
上田 彦二　400 576 579
上田 秀夫　203
上田 雅信　719
植田 正也　720
上田 美和　36
植田 むねのり　161
植田 康夫　14 15 18 92
　218 249 252 253
　254 255 273 356
　477 478 479 480
　481 491 492 493
　494 555 615 625
　665
上田 泰一　665
植田 康孝　431 434 663
植田 祐子　86
植田 豊　50 71 214
上田 洋介　189
　216 351 616
上田 良樹　440
上谷 宣正　87
上地 一史　641 655
上地 兼恵　656
上地 義男　336
上塚 建次　309 310
上出 浩　119
上仲 輝幸　499
上西 鵬一　9
上野 伊三郎　338
上野 修　354 360 419 424
　465 466 467 585
上野 統　700
上野 邦治　632
上野 昂志　581
上野 淳　450
植野 伸治　330
上野 精一　112
上野 隆紘　355
上野 拓朗　366 441 547
上野 壮夫　698 699
上野 辰美　60 61 62
上野 千鶴子　172
　173 244 475
上野 光子　613
上野 伸子　367
上野 久徳　475
上野 英房　309
上野 丕慮務　669
上野 広　697
上野 正英　270
　419 420 421
植野 妙実子　103
上野 征洋　597
上野 隆三　216
上原 和　623
上原 祥汪　496
上原 進　574
上原 徹　214
上原 伸元　127 281 433
　434 435 436 653
上原 冨士夫　386
植原 路郎　5 245 698
上原 光晴　257 300
上原 有紀子　177

ウェーブ産経事務局 254
上間 隆 326
上前 淳一郎 210
植松 国臣 697
植松 健一 109
植松 正 91 627
植松 恒裕 606
植松 尚男 669 696
上松 道夫 386
上村 晃弘 600
植村 勝慶 147
上村 貞美 101 108
植村 隆 98
植村 鷹千代 697
上村 武志 232
上村 忠 351 353 401 714
植村 鞆音 372 373
　　　374 382 408 641
植村 昌人 75
上村 都 101
植村 八潮 76
　　　89 111 201 244
　　　284 327 479 480
　　　481 482 483 484
　　　485 486 487 488
　　　489 494 496 653
植村 祐嗣 429 712 720
上村 喜孝 182
　　　400 419 641
植本 辰雄 463
上柳 昌彦 468
植山 周一郎 717
上山 進 504 711
ヴェラシン・クナラック 706
ウェルス, ワリス 44
ウエルツ, ジョン・C 705
ウェルトン, ダーナ・アン 87
魚住 昭 103 104
　　　126 128 143 161
　　　198 295 297 300
　　　547 549 550 665
魚住 将司 439
魚住 信一 715
魚住 真司 130 277 648
　　　649 650 651 653
魚谷 忠司 421 681
魚谷 増男 142 160
ウォード, D.C. 698
ウォルズ, セス・コルター 371
ウォルター・ランドー 706
ウォルパート, V 699
宇賀 克也 140
　　　141 142 145
宇賀 博 48
鵜飼 啓 540
鵜飼 新一 29
鵜飼 哲夫 626
鵜飼 信成 90 91 92
鵜飼 宏明 345 642
宇賀村 精介 97
烏賀陽 弘道 109
　　　257 259 499 609
宇川 勝美 61 62 64
浮田 哲 197 393
浮田 徹嗣 317
浮田 裕之 615
右京 大介 417
右崎 正博 94 96 99 102
　　　104 114 118 133

　　　134 135 139 140
　　　141 143 145 146
　　　147 148 150 153
　　　156 159 166 197
　　　535 554 630 665
宇佐波 雄策 296
宇佐美 滋 208 524
宇佐美 昇三 38 69 87 390
宇佐美 毅 404
宇佐美 雄司 460
宇佐美 竜夫 583
鵜沢 七郎 614
宇治 敏彦 194 236
　　　521 538 544 682
氏家 悟 440
氏家 齋一郎 39 357
　　　358 362 432 433
　　　439 442 444 460
氏家 夏彦 447
氏家 尚 573
潮 昭太 183 250
潮田 道夫 722
潮田 三代治 298
宇治川 誠 413 414 416
牛久保 順一 551
牛島 俊作 26 260 305 721
牛嶋 勉 325
牛島 秀彦 213
氏田 宏 349 642
宇治橋 祐之 74
氏原 正治郎 320
牛山 佳菜代 230 654
牛山 俶一 705
牛山 純一 199 200 349
　　　350 351 383 384
　　　385 389 417 507
牛山 雅博 391
後 房雄 534 536
薄井 昭夫 413
碓氷 和哉 433 445
臼井 研一 231 605
臼井 淑子 79 80 81 85
碓井 巧 50 654
臼居 直昭 642
臼井 英雄 307 340
碓井 洋 532 630
碓井 広義 257
　　　377 380 454
臼井 正久 48
臼井 康兆 543
臼井 吉見 7 37
卯月 啓子 74
薄木 秀夫 317 564
碓田 のぼる 33
臼田 弘 679 680 681
宇田 博 345 346
和田 正人 71
宇田 有三 230
　　　279 280 693 694
宇高 衛 500
宇田川 かおり 509
宇田川 勝明 224 311
宇田川 喜八郎 583
宇田川 敬介 259
宇田川 悟 57
歌川 令三 255 304 704
歌代 俊哉 212
歌田 明弘 281 284
　　　482 483 484 485
　　　486 487 488 489
　　　494 498 503 539
右谷 亮次 558
内海 丁三 203 669

内海 紀雄 23 44
　　　239 241 329 515
内垣戸 貴之 76
内ヶ崎 晴男 464
内川 永一朗 313 645
内川 芳美 4 5 9 10
　　　11 12 13 14 15 16
　　　17 26 37 48 90 91
　　　112 113 121 124
　　　125 187 193 199
　　　205 232 248 266
　　　292 293 294 312
　　　333 342 408 504
　　　518 545 571 583
　　　614 630 668 716
内嶋 善之助 272
内田 安伊子 257
内田 明宏 289
内田 栄一 345
内田 克巳 703
内田 清 521
内田 健三 29 212 218
内田 耕作 716 717
内田 茂夫 335
内田 慎一 325
内田 剛弘 19 43 44 95
　　　97 152 179 532 552
内田 正 700
内田 樹 258 329
内田 透 541
内田 紀子 257
内田 汎織 416
内田 広由紀 719
内田 誠 148
　　　149 242 243 244
　　　330 516 541 542
　　　543 544 548 608
　　　609 612 667 658
内田 雅章 487 577 653
内田 雅夫 256
内田 雅敏 111
内田 満 20 518 520 647
内田 盛雄 418 465
内田 安昭 67 69 70
内田 洋子 290
内田 義雄 504
内田 義彦 291
内田 力蔵 131
内仲 英樹 68 530
内布 光 156
内沼 晋太郎 494
内野 茂樹 44 203 288 319
内野 哲也 76
内野 雅一 315
内野 正幸 115
　　　154 155 167
内野 隆司 45 124 274 275
　　　277 435 588 618
内橋 克人 224 232 254
内村 直也 347
内山 伊史 417
内山 一雄 553
内山 勝男 210
内山 健 554
内山 研二 589
内山 聖子 409
内山 敏 116 246
内山 節 227 337
内山 隆 256 366 375 430
内山 卓郎 665
内山 秀夫 224
　　　525 528 530
内山 斉 327

内山 洋紀 498
内山 洋道 384 561
内山 眞 325
内山 政照 640
内山 正之 645
内山 守 69
内山 睦雄 583
内山 良雄 180
宇宙通信政策懇談会 452
宇都宮 恭三 155
宇都宮 健児 144
　　　150 240 575
宇都宮 忠 511
宇都宮 徹壱 623
宇都宮 徳馬 218
内海 愛子 531
内海 成治 67
内海 哲朗 632
内海 紀章 505
内海 元 641
右手 正朝 664
宇波 彰 251 680
采野 吉洋 444
宇野 和博 87 88
ウノ カマキリ 254 453
宇野 晋二 584
宇野 隆保 245
　　　623 669 670
宇野 達興 476
宇野 文夫 590
宇野 政雄 700
宇野 正人 73
宇野 陽子 633
宇野 義方 696
宇野 淑子 355
宇野慎三 112
鵜瀞 光聖 409
生方 淳子 277
宇吹 暁 217
宇部時報社 29 31
ウベニチ新聞社 33
馬野 範雄 78
馬橋 憲男 219
馬屋原 成男 90 150
海野 修太郎 350
梅岡 義貴 48 305
梅垣 理郎 57
梅棹 忠夫 212 306
梅崎 晴光 301
梅崎 義人 582
梅沢 和夫 418
梅津 顕一郎 52
梅津 光弘 365
梅津 八重蔵 181
　　　203 204 245 305
梅津 由美子 159
梅田 恭平 306
梅田 澄子 553
梅田 隆之 341
梅田 尚哉 427
梅田 正己 44
梅田 正行 634
梅津 義宣 172
梅野 啓吉 338
梅林 義雄 379
梅原 一雄 263
梅原 紘児 505 648
梅原 薫明 640
梅原 愛雄 559
梅村 伊津郎 605
梅本 貴市 419

梯本 捨三　27
梅本 浩志　197 331
浦上 五六　3 244 305 306 623 627 669 673
浦川 朋司　71
浦川 浩　121 545
浦里 和弘　85
浦谷 年良　52
浦部 信児　553
浦部 信義　19 39 328 330
浦部 法穂　116 137
浦松 佐美太郎　178 470 623
浦山 毅　493 494
浦山 靖博　597
瓜生 孝　390 420
瓜生 忠夫　347 413 451 702
瓜生田 和孝　134
漆崎 賢二　331
漆戸 靖治　188 619
漆原 次郎　583
漆山 成美　503 545
漆間 治　232 233 512
嬉野 景美　644
海野 稔　13

【え】

永 六輔　367 408
永川 玲二　312
映像産業振興機構VIPO　455
映像情報メディア学会　454 455
映像メディア研究会　453
影平 薫　583
永戸 豊野　573
エイブラムソン, ジル　236
エイミー, ウェブ　566
江上 和夫　418
江上 幸雄　557
江上 武幸　332
江上 照彦　399
江上 フジ　60
江上 芳郎　71
江川 紹子　138 155 184 186 190 221 259 304 328 361 362 477 602 631 633 664
江川 卓　12
江川 昌　51
江種 則貴　605
江草 普二　711 712
江口 勝彦　204 205 305
江口 圭一　8
江口 賢次　413
江口 直彦　354
江口 浩　20 234 235 325 326 328 425 563 572
江口 裕子　314
江口 豊　341
江口 義孝　211
江崎 丈　230
江崎 哲朗　479
江刺 正嘉　296
江澤 昭　510

江沢 和広　220
江下 雅之　34
江島 潔　193
江島 多賀子　61
江尻 一雄　350
江尻 進　11 12 16 50 64 90 91 93 117 145 187 203 206 211 213 262 265 288 290 291 319 321 340 518 658
江尻 弘　704
江代 修　279
エスエル出版会　113
エスペラ　498
エスリッジ, M.F.　518
江田 和宏　635
江田 忠　56
枝川 公一　516
枝川 敏実　567
枝川 充志　112
枝野 幸男　258
枝松 茂之　262 306 571
枝元 一三　79
越後 仁士　329
越後屋 洋子　427
エックンベルグ, C.ウイリアム　687
江戸 太　614
江藤 茂博　59
江藤 秀司　329
江藤 淳　12 13 94 95 96 211 262
衛藤 瀋吉　246
江藤 孝　180
江藤 友彦　211
江藤 英樹　119 141 155
江藤 文夫　19 49 83 95 195 207 216 307 343 358 682 704
江藤 洋　291
餌取 章男　181 344 580
江波 和徳　622
榎並 和雅　39
江成 保徳　491
エニー, J.W0　339
エネルギー情報研究会　722
榎 彰　99
榎村 順雄　59
榎本 晃子　649
榎本 博　319
榎本 久　60
榎本 洋　31 493
江橋 崇　96 97 98 145 153 154 533 555
江幡 清　11 313 526 545
江畑 忠彦　184 586
江波戸 哲夫　380
榎原 猛　120 132 664
江原 直人　225 227 228
江原 由美子　173
海老沢 勝二　38 71 362 365 457 458
海老沢 泰久　254
海老名 聖三　521
海老原 光義　44 290
蛯原 八郎　28
愛媛県歴史文化博物館　37
愛媛新聞社　26 28 32 34
エフエム入間放送　588
エフエムもりぐち　588

エプスタイン, ジェイソ　480
エーベル, ボブ　263
江間 守一　378
エメット, B.P.　262
江森 陽弘　429
エーヤル, カイム・H.　544
恵羅 一彦　60
苑 復傑　77 82
塩尻 茂　344
遠藤 敦司　42
遠藤 織枝　681
遠藤 薫　58 59 144 497 499 594 599 601 602
遠藤 一夫　328
遠藤 和子　682
遠藤 和利　600
遠藤 欽一　335
遠藤 敬二　454
遠藤 絢一　275
遠藤 健一　697 699 700
遠藤 滋　679
遠藤 真也　713
遠藤 武彦　126
遠藤 忠男　682
遠藤 忠夫　667
遠藤 忠　67
遠藤 千舟　200 474 478 479 482 483
遠藤 恒吉　553
遠藤 徳貞　313 628 658
遠藤 敏郎　71
遠藤 利男　437
遠藤 英樹　59
遠藤 比呂通　149
遠藤 澄　555
遠藤 盛章　696
遠藤 泰弘　48 346
遠藤 洋介　440
遠藤 美夫　424
遠藤 嘉基　670 671 672
遠藤 芳朗　442

【お】

及川 淳子　115 283 284
老川 祥一　223 295 317 526 528
及川 仁　232 509 575
及川 正樹　326
及川 正也　226
尾池 和夫　586
王 琪穎　25
王 京　693
王 慧萍　130
王 世蓉　621
王 東順　51 189
王 萍　481 483
王 鳳超　270
汪 蕾　466
オウエンズ, H0　579
王 戈　572
相賀 徹夫　667 668
相賀 昌宏　668
扇畑 忠雄　674
扇谷 正造　244 245 246 247 249 291 301

逢坂 巌　544 550
逢坂 剛　380
逢坂 哲弥　583
旺文社　452
近江 明　307
近江 匡　697
近江 正俊　344
近江 玲　75
奥屋 熊郎　462
大井 浩一　232 255
大井 信一　340 669
大井 眞二　45 54 94 98 124 183 190 194 223 238 240 255 257 275 283 298 324 373 426 597 599 659 661
大井 常利　313
大井 誠　228
大井 道夫　576 577
大井 康祐　430
大家 重夫　689 712
大石 薫　329
大石 剛　653
大石 三郎　669
大石 惰而　624 658
大石 潤　599
大石 準一　703 716 718
大石 高子　700
大石 初太郎　679 697
大石 光之助　339
大石 学　34
大石 泰彦　99 105 108 114 117 118 123 124 138 154 155 157 159 161 177 182 185 192 193 194 271 272 289 376 712
大石 裕　50 52 57 58 89 198 227 253 256 259 336 367 375 419 442 513 541 542 549 550 577 661
大石 芳野　184 275 358 385
大泉 大介　337
大泉 俊雄　70
大分県日田市立大明中学校　65
大分合同新聞社　31
大分放送　42 452
大出 康昭　384
大出 幸政　701
大岩 功典　62
大上 朝美　315
大内 昭剛　465
大内 清　571
大内 茂男　62
大内 孝夫　632
大内 斎之　443 590
大内 文一　81
大浦 哲　661
大浦 猛　60
大江 泰一郎　98
大江 高司　492
大江 伸子　95
大江 昇　79 635 636 637 638
大条 成昭　182 192
大岡 信　254 706
大岡 優一郎　290 297

大鐘 達二 558
大川 一夫 553
大川 隆司 43 44
大川 尚之 690
大川 信夫 77
大川 信行 616
大河原 克行 403 444
大河原 清 71
大河原 聡 374
大河原 宣明 225
大木 明 579
大木 栄一 688 689
大木 薫 81 209
大木 圭之介 185 354 374 526
大木 貞一 329
大木 博 412
大木 勝 268
大木 保男 559
大木 豊 343
大来 佐武郎 320
大草 康雄 407
大串 兎紀夫 68 87 350 408 681
大串 夏身 66 138
大楠 成一 401
大久保 和夫 556
大久保 克也 340
大久保 貞義 520
大久保 正司 68
大久保 史郎 111 112 133
大久保 猛雄 489
大久保 忠利 247 342 517
大久保 徹也 485
大久保 徹 318
大久保 久雄 9 31 34
大久保 真紀 293 611
大久保 義昭 702
大久保 遼 23
大熊 一夫 610
大熊 耕平 325
大熊 健裕 598
大隈 知彦 650
大隈 悠基 162
大熊 由紀子 166 170 173 583
大隈 義和 114
大倉 625
大倉 脩吾 644
大倉 文雄 421 426
大蔵 雄之助 13 15 38 97 269 358 413 421 457 555 604
大黒 岳彦 55 75 284
大胡 勝 646
大河内 一男 48
大河内 美紀 110
大越 健介 382
大越 陸助 384
大坂 遊 81
大阪芸術大学芸術学部 381
大阪広告協会 719
大阪商業大学商業史研究所 31
大阪城天守閣 28
大阪市立大学 56
大阪市立大学大学院文学研究科都市文化研究センター 256
大阪市立博物館 491
大阪新聞社 32

大崎 明子 576
大崎 直忠 432
大迫 順平 376
大里 巌 351
大里 巌 33
大里 坦 96
大澤 章 92
大澤 克之助 594
大沢 紘一 632
大澤 聡 21 240
大沢 正作 19
大沢 真一郎 246
大沢 正 320 672
大沢 恒夫 357
大沢 徹也 427
大沢 秀介 100 126 497
大澤 文護 566 570
大沢 正道 256 257 722
大沢 雄三 664
大沢 悠里 370
大沢 陽一郎 239 638 639
大治 浩之輔 112 120 130 147 197 240 242 243 300 540 541 543 548 549 578 596 606
大治 朋子 144 231 290 515 516
大鹿 靖明 260
大下 英治 251 381 462
大信田 雅二 501
大島 昭 320
大島 宇一郎 511 600
大嶋 楳次郎 686
大島 香織 509
大島 一豊 720
大島 清 583
大島 信太郎 206
大島 十二愛 300 326
大島 泰平 245
大島 忠雄 716
大島 正 66
大島 愼子 597
大島 輝孝 311
大島 豊彦 261
大島 寅夫 234 328
大島 直史 684
大島 渚 136 387
大島 信彦 410
大島 規義 359 360 361 362 467
大島 秀利 234 578
大島 裕史 272 565
大島 宏彦 34 308
大島 正之 696
大島 守 218
大島 光博 80
大島 黎爾 251
大城 克一 334
大城 光雄 249
大城 光恵 352
大城 渡 156
大図 俊朗 521
大須賀 節雄 321
大杉 卓三 78
大杉 豊 189 464 465 466
大角 直也 534
大住 広人 314 324
大住 良之 231
大鶴不二人さん記念会・追悼集編集委員会 303
大瀬 二郎 693 694 695

大囿 純也 315
大薗 光 631
大空 博 279 514 572
太田 愛人 32
太田 秋夫 492
太田 昭子 173
太田 敦 616
太田 阿利佐 511
大田 到 208
太田 一朗 192
太田 巌 299
太田 巖 593
太田 一男 97
太田 克彦 302
太田 清 569
太田 清久 430
太田 欣三 406
太駄 健司 712
太田 貞夫 593
太田 静樹 61 62 63 64 65
大田 堯 613
太田 達雄 664
太田 哲夫 573
太田 俊郎 293 504 523 573
太田 信男 270
太田 伸之 709
太田 英昭 132 218 392
太田 寛 417 421
太田 眞希恵 685 686
太田 雅夫 302
太田 昌克 239 569
太田 昌国 568
太田 昌秀 5 12 218 526 655 656 657 658
太田 昌宏 39 276
太田 正弘 277 280 402 510 28 31
太田 正文 290 320
大田 幹雄 647
太田 喜晟 295
大平 禎介 332
大平 安孝 4
大高 淳 210
大瀧 雅之 576
大滝 公成 511
大滝 亜夫 648
大竹 正 342
大竹 和博 711
大竹 左紀斗 494
大竹 貞雄 262
大竹 秀一 315 532
大竹 伸朗 711
大竹 秀子 45 222 223 231 273 356 508 510 532 564 634
大竹 靖夫 668
大竹 雄介 495
太田代 剛 596
大達 豊 344
大谷 昭宏 81 184 254 295 299 300 302 368 550 636 637 638 640 687
大谷 昭示 416 642
大谷 乙彦 264 400
大谷 和利 495
大谷 克弥 293 665
大谷 健 195 573 624
大谷 堅志郎 93 122 182 250 267 269 345 346 347 348

377 400 414 415 416 417 464 521
大谷 晃一 491
大谷 鉱三 66
大谷 知史 586
大谷 省三 60
大谷 正 19 21 53
大谷 藤郎 610
大谷 正義 173
大谷 優二 710
大地 進 590
大智 浩 698
大津 友美 80
大津 久幸 587
大塚 郁哉 544
大塚 英志 260
大塚 一雄 576
大塚 和彦 411
大塚 一美 129
大塚 将司 255 256 300 325 332 575
大塚 進 690
大塚 直 256
大塚 喬重 272 419 532 604
大塚 保 626
大塚 寿一 117 560
大塚 胙保 142 143
大塚 信一 494
大塚 弘 385
大塚 正宸 325
大塚 利兵衛 610 631 648 39
大槻 きよし 451
大槻 慎二 488
大月 隆寛 361 477 632
大槻 則之 648 656
大月 富美子 453
大辻 清司 698
大坪 茂 391
大坪 信剛 599 636
大坪 威夫 673
大坪 半吾 319
大坪 寛子 58
大坪 檀 291
大手 勉 665
大出 良知 153 632 637
大寺 廣幸 40 394
大友 啓史 411
大友 展也 37 46
大友 春一 669
大友 英紀 190
大友 三子雄 464
大友 良行 718
大鳥 豊彦 61 121 261 412 456
大西 勝也 587 588 589 683
大西 邦彦 315
大西 康司 450
大西 五郎 385
大西 進 525
大西 隆雄 531
大西 高義 386
大西 健文 138
大西 達夫 141
大西 俊彦 466
大西 利尚 120
大西 紀洋 416
大西 仁 307 641
大西 等 345
大西 裕之 392

大西 誠 70 71
大西 雅雄 686
大西 正夫 581 611
大西 正行 258 337
大西 勝司 646
大西 美穂 495
大西 祐資 337 636
大西 好宣 73 74
大西 克寛 309
大西 林五郎 31
大貫 卓也 710
大貫 忠義 642
大沼 郁夫 188
大沼 和子 177 180
大沼 長郎 421
大沼 正 397
大根 仁 374
大野 明男 207 522
大野 晃 618 619
大野 栄三郎 298
大野 喜十郎 464
大野 謹一郎 340
大野 圭一郎 657
大野 三郎 351 352 556
大野 更紗 242
大野 俊 59
大野 純一 529
大野 省治 703
大野 晋 307 677
大野 清司 409
大野 宗次郎 307 308
大野 武徳 555
大野 達郎 528
大野 力 205
大野 照夫 83
大野 広幸 692
大野 正男 132
大野 雅史 645
大野 真義 179
大野 元裕 510
大野 連太郎 60
大野木 裕明 74 84
大場 あい 611
大場 格之助 40
大庭 景利 65 86 87
大庭 元 4
大場 吾郎 290
大羽 綮 63
大場 登志男 303
大場 英幸 197
大場 吉延 39
大橋 伊都子 74
大橋 巨泉 408
大橋 久美子 711
大橋 敏博 668
大橋 八郎 3
大橋 弘明 652 701
大橋 弘 254
大橋 富貴子 61
大橋 正璋 288 472
大橋 正信 16 563
大橋 正房 348 406
407 415 465 716
大橋 充直 180
大橋 充典 85 622
大橋 理枝 687
大畑 太郎 241 593
大畠 俊夫 562
大畑 裕嗣 51 58 273
大浜 信泉 655
大早 友春 132

大早 友章 140
大林 三郎 227 228
229 230 231 232
大林 主一 520 524 526
大林 年雄 419
大林 宣彦 702
大林 宏 381
大林 文敏 157
大原 ケイ 489
大原 総一郎 462
大原 武志 321
大原 哲夫 474
大原 詔久 648
大原 緑峯 491
大日 向一郎 345
大日向 建三 511
大平 岩二 520
大平 和夫 187
大平 健 358
大藤 好翰 700
大伏 肇 697 717 720
大星 公二 432
大星 光次 93 641
大前 研一 228 431 533
大前 正臣 207
263 520 545 702
大町 聡 621 653
大牟田 透 606
大牟田 稔 13 505 646 647
大村 一朗 279 282
大村 和徳 136
大村 立三 13 146 147 529
大村 正樹 696
大村 陽一 205
大村 好久 396
397 641 643
大室 健司 66
大室 真生 538
大室 昌樹 80
大本 和秀 701
大桃 美代子 70
大森 昭男 708
大森 玲子 405
大森 研治 466
大森 繁雄 13 655
大森 茂 702
大森 建道 702
大森 壽郎 447
大森 伸昭 341
大森 浩 307
大森 信 90
大森 信行 96
大森 実 557 571 623
大森 幸男 16 37
41 95 121 122 123
124 152 174 209
264 343 344 345
348 350 352 353
355 356 358 384
413 414 415 417
418 421 423 425
456 463 464 532
563 584 585 655
大森 誉皓 457
大森 弥 573
大宅 映子 358 597
大屋 定晴 234
大宅 壮一 469 472 517
大屋 雄裕 160
大矢 智之 376
大屋 幸恵 692
大山 勝美 35 50 175

190 200 214 358
364 372 373 374
377 382 390 413
419 434 438 449
大山 恭平 374
大山 茂夫 418
大山 昭二 314
大山 甚一 576
大山 努 80
大山 哲 647
大山 寛恭 375
大山 文兄 694
大山 真人 696
大山 盛英 506
大類 啓 647
大輪 進 503 673
大和 博幸 18 31
大輪 盛登 29 490
大脇 一生 598
大脇 三千代 410 514 690
大和田 建太郎 537
大和田 能夫 145 178
203 204 470 517
岡 俊太郎 586
岡 並木 625
岡 久雄 17 339
岡 真理 572
岡 満男 27 166
207 249 256 490
岡 康道 366
岡井 崇之 54 58
岡井 耀毅 691
岡井 光浩 660
岡倉 徹志 561 562
岡崎 勝彦 160
岡崎 鴻吉 3 556 627 669
岡崎 栄 691
岡崎 純一 362
岡崎 醇平 216 604
岡崎 敬得 708
岡崎 正通 465
岡崎 万寿秀 248 302 516
岡碕 幹雄 352
岡崎 満義 159 296 473
479 615 618 619
岡崎 恭一 640
小笠原 紀利 385
小笠原 徹 466
小笠原 信之 154 220
303 555 630 631
小笠原 一清 216 529
小笠原 博毅 546 549
小笠原 倫明 128
小笠原 盛浩 501
小笠原 康晴 538
小笠原 竜三 137 457
岡島 成行 563
岡嶋 守 434 588
岡島新聞舗 31
岡田 章子 495
緒方 彰 292 346
緒方 明 387
岡田 敦 49
岡田 勇 449
岡田 円治 530
緒方 修 506
岡田 要 456
小形 恵一 600
緒方 謙 161
岡田 耕 245
岡田 光司 719
岡田 光正 644

小形 桜子 170
岡田 聡 273
岡田 新一 131
岡田 真平 712
岡田 晋 343 383
406 412 471 688
尾形 誠規 465
岡田 誠太郎 76 317
岡田 貴浩 466
岡田 充 588
緒方 竹虎 3
岡田 力 300 301 305 638
岡田 輝雄 655
岡田 光夫 525
尾形 聡彦 141
緒方 富雄 610
岡田 朋之 236
岡田 直之 49 50
55 58 193 210 251
254 297 312 554
岡田 温 471
岡田 任雄 333
尾形 宣夫 656
岡田 英夫 161
岡田 宏記 391 410
岡田 晋吉 124
175 183 401
岡田 啓人 710
岡田 優 603
岡田 みゆき 451
岡田 靖雄 465
岡田 雪生 308
岡田 之夫 360 613
尾形 幸雄 503
岡田 芳郎 701 711
緒方 良彦 264
岡田 芳宏 467
468 590 592 651
岡田 米蔵 718 719 720
岡谷 義則 318 328
岡留 安則 152
249 255 348 355
473 476 657
岡庭 昇 57 114
167 173 248 251
346 390 457 546
岡庭 璃子 695
岡野 加穂留 523 529
岡野 静二 412
岡野 他家夫 3 4 5 6 26
28 29 90 203 245
岡野 直 514
岡野 恒 448
岡野 弘彦 254
岡林 春雄 258
岡原 功祐 693 694 695
小河原 正己 517
岡久 慶 126
岡部 敦 219
岡部 一明 100
岡部 一宏 703
岡部 慶三 265
312 343 344 579
岡部 拓哉 337
岡部 太郎 523 524
岡部 直明 236 575
岡部 昌樹 74 613
岡部 保男 665
岡部 豊 409
岡部 竜 413 701
岡部 朗一 254
岡明 秀忠 70 71
岡宗 武弘 643

著者名索引

岡村 昭彦　136　208　689
岡村 敬二　36　625
岡村 啓太郎　223
岡村 志嘉子　147
岡村 二一　319　519
岡村 黎明　37　39　122　193　216　232　269　311　346　347　355　356　357　358　361　362　379　381　390　391　416　420　424　507　508　532　586　647
岡本 厚　111　238　239　259　598
岡本 篤尚　145
岡本 栄太郎　663
岡本 幸　515
岡本 幸子　352　390
岡本 順一　203　517
岡本 史郎　414
岡本 末三　580
岡本 進　540
岡本 清一　91　320
岡本 卓　143　366　433　435　512　513　589　664
岡元 隆治　304
岡本 直美　172
岡本 勉　390
岡本 晃明　162
岡本 敏雄　698　700　701　714
岡本 亘弘　359
岡本 能里子　687
岡本 英信　274　507　561
岡本 明　341
岡本 宏　505
岡本 博　346　351　383　385　472
岡本 文夫　520
岡本 文良　331
岡本 光子　80　81
岡本 光正　421
岡本 峰子　301　627
岡本 幸雄　31　347
岡本 愛彦　96　209　214　215　378　521　526　527　552
岡本 隆吉　138
岡谷 大　476
岡安 儀之　22
岡山 一郎　232
岡山 才彦　562
岡山 茂　225
岡山 隆　247
岡山 三智子　77
小川 明子　22　436　662
小川 彰　705　706
小川 和夫　343
小川 和久　82
小川 菊松　26
小川 邦雄　192
小川 邦子　690
小川 浩一　49　51　52　58　209　238　256　450
小川 浩司　403　445　501　713
小川 孔輔　375　404
小川 敏　522　545
小川 澄子　120
小川 隆　48　305
小川 恒夫　51　53　550
小川 哲生　495
小川 敏正　588

緒川 直人　694
小川(西秋) 葉子　55
小川 一　102　530　632
小川 肇　321
小川 秀幸　387
小川 裕夫　105
小川 博　655
小川 博司　39　719
小川 浩　191　586
小川 文弥　34　58　209　343　345　361　398　399　400　412　641
小川 真　53
小川 雅己　568
小河 正義　630
小川 優　91
小川 水路　289
小川 三千彦　87
小川 三和子　259
小川 祐司　652
小川 祐二朗　582
小川 雄二郎　588
小川 有希子　409
小川 葉子　52　220
小川 陽太郎　624
小川 芳宏　532
小川 善美　498
小川 亮　75
小河原 忠治　340
小川原 元春　465　466
荻 作子　66　464
小木 新造　63
荻 孝浩　392
尾木 直樹　186　511
荻 昌弘　209　343　623　702
隠岐 勝　565
沖 好朗　432
荻上 チキ　82　602
小木曽 旭晃　3
小木曽 美和子　604
沖田 和子　398
荻田 則夫　617　621
興津 要　29　32
沖縄国際大学南島文化研究所　654
沖縄タイムス社　27　32
沖縄タイムス出版部　643
沖縄タイムス政経部　642
沖縄タイムス編集委員会　655
沖縄地上デジタル放送推進協議会　441
沖縄テレビ放送株式会社　41　43
沖縄フリージャーナリスト会議　654
沖縄放送協会資料保存研究会　41
荻野 アンナ　710
荻野 祥三　178　364
荻野 綱男　686
荻野 直紀　16
荻野 宏幸　702
荻野 富士夫　43
荻野 文隆　225
荻野 摩耶子　323
沖野 安春　526
沖野 瞭　407
沖本 四郎　377
荻元 晴彦　246
沖山 彰子　182
奥 武則　17　25　32

198　236　253　258　260　484　635　640
奥 英之　429
奥 律哉　327　450
奥秋 義信　685
屋宜 光徳　655
奥沢 清吉　377
奥沢 靖　263
小楠 正雄　248
奥田 暁子　173
奥田 晃久　697
奥田 剣志郎　93　132
奥田 五郎　64　65
奥田 史郎　99　474　682
奥田 数久　207
奥田 教久　207　579
奥田 太郎　712
奥田 敏章　348　350　398
奥田 智子　189
奥田 裕　695
奥田 道大　640　641
奥田 良胤　170　185　186　198　329　402　462　509
奥田 斐規　292
奥平 康広　44　87　92　93　95　96　101　103　104　106　111　113　115　117　120　121　132　136　137　140　144　146　147　150　155　164　174　179　190　214　220　252　258　264　312　355　545　711
奥谷 雅之　79
小口 勝彦　533
小口 弘幸　309
奥地 幹雄　579　630
奥津 茂樹　138　139　140　141　144　145　153
奥寺 淳　570
小邦 宏治　315
奥野 総一郎　447
奥野 貴司　712　718
奥野 卓司　37　252　585　707　708
奥野 知秀　510
奥野 富士郎　626
奥野 昌宏　236　255　293　321　348　526　548
奥野 由明　423
奥原 孝志　141
奥原 孝志　587
奥原 紀晴　379
奥村 清明　554
奥村 訓代　68
奥村 健太　382
奥村 皓一　279　280
奥村 信太郎　244
奥村 驍　697
奥村 哲也　405
奥村 照男　656
奥村 信幸　185　283　328　329　569　661
奥村 宏　257　575
奥村 邦教　206
奥村 倫弘　499
奥本 佳史　433
奥本 健　644
奥山 郁郎　632
奥山 茂信　583

奥山 滋　34
奥山 晶二郎　329
奥山 俊宏　135　284　286　287　608　609
奥山 勇治　319
小倉 いづみ　512
小倉 一志　497　503
小倉 一修　386
小倉 孝誠　255
小倉 貞男　664
小倉 重男　220　703
小倉 信平　586
小倉 孝保　142　276　513
小倉 智昭　358
小倉 秀夫　107
小倉 英敬　510
小椋 広勝　91
小倉 喜久　215　554　675
小栗 泉　544
小栗 敬太郎　294　310　529
小栗 謙一　388
小黒 国司　555
小黒 純　142　178　300　499　539　550　611　635　660　662
桶田 敦　540　594　597　602
桶田 大介　112
桶谷 繁雄　247
桶本 正夫　702
尾古 俊博　582
生越 忠　612
小此木 啓吾　210
苧阪 良二　699
刑部 明　104
刑部 勝好　112
尾崎 章　329　341
尾崎 和典　534
尾崎 宏次　17　330　475　623
尾崎 竹四郎　206
尾崎 敦　593
尾崎 裕敏　154
尾崎 秀樹　12　27　208　470　472　624　717
尾崎 正直　576　579
尾崎 実　196　211　642
尾崎 盛光　519
尾崎 廉　77
笹島 一也　450
笹島 専　443
長田 和子　292
長田 攻一　587
長田 公平　327
長田 庄司　523
小山内 豊彦　380
小山内 美江子　385　408
小山内 道子　570
小沢 昭一　254
小沢 高広　496
小沢 武雄　292
小沢 寅三　673
小沢 正光　708
小沢 勝　508　626
小沢 豊　696
小沢 利一　700
小沢 隆一　111
小沢 遼子　357　528
押川 文子　356
忍田 中　640
尾下 千秋　493
押谷 由夫　73
尾島 明　126

尾島 恵子 335
尾嶋 静 522
尾関 章 581 582 592 607
尾関 謙一郎 299 719
尾関 光司 365 712
小関 健 253
小関 哲哉 298
小田 勝己 289
小田 久栄門 37
　51 153 345 346
　351 420 454
小田 久榮門 363
尾田 清貴 175
小田 紘一郎 315 562
小田 貞夫 424 587
織田 純一 326
織田 正吉 587
小田 昭太郎 196 613
小田 晋 152 217
小田 尚 530
小田 隆裕 309 527
小田 敏三 330
　535 566 589
織田 久 715
小田 浩 704
織田 浩之 326
小田 実 92 507 536 546
小田 迪夫 76
小田 光雄 35 36
小田 光康 304
　575 623 660
織田 稔 306
織田 めぐみ 586
小田 義文 402
尾高 泉 154 309 632 659
小高 正行 385 467
小田川 興 222
小田切 孝夫 556
小田切 秀雄 623
小田桐 誠 126
　127 128 156 177
　183 236 237 289
　324 355 356 358
　359 362 366 368
　369 379 387 392
　394 425 426 428
　431 433 441 443
　446 452 453 454
　458 460 461 462
　466 511 513 533
　537 538 549 566
　578 594 595 597
　598 599 608 609
　633 649 709
小田島 光 617
小田嶋 隆 455
小田嶋 由美子 252
小田中 聡樹 147
小田橋 弘之 303
小田部 啓次郎 244 720
小田部 真紀 425 426
小田原 敦 526 527
小田原 賢二 315
小田原 敏 13 54 260
　351 356 630 719
小田原 肇 63
越智 二良 3
越智 昇 49
越智 正典 347 407 415
越智 貢 195
落 豊 658
落合 矯一 59
落合 恵子 323 551

落合 賢一 602 644
落合 早苗 485
落合 誓子 294
落合 孝幸 451
落合 信彦 371
落合 巳代治 302 333
落合 由治 194
落合書店 643
乙骨 正生 300
尾辻 克彦 718
音 好宏 124
　127 128 129 130
　133 182 236 237
　253 273 276 277
　326 356 359 360
　364 365 369 371
　373 382 401 423
　425 426 427 428
　429 431 433 434
　439 440 441 443
　445 446 448 455
　458 459 460 469
　500 509 511 566
　582 617 632 637
　647 649 656 665
尾中 洋一 133
尾鍋 史彦 329
鬼沢 健太郎 264
鬼塚 幹雄 690
オニール, マイクル 213
小貫 智晴 202
小野 顕 307
小野 昭 626
小野 岩雄 352 354
斧 賢一郎 466
小野 憲次 379
小野 憲生 645
小野 功一 704
小野 耕世 21 120
小野 さおり 365
小野 貞 44
小野 敏 208
小野 智美 646
小野 淳二 564
小野 清一郎 150
小野 高道 243
小野 輝雄 584
小野 俊郎 122
小野 直美 691
小野 昇 516
小野 一 380
小野 光 641
小野 秀雄 3 4 5 7
　25 26 27 29 30 31
　44 45 91 92 146
　204 206 207 209
　245 246 261 470
　627 628 663 721
小野 広司 600
小野 博宣 296 613
小野 昌和 17 664
斧 泰彦 302
小野 雄一 151
小野 裕三 720
小野 義一 452
小野 善邦 211 229
　257 289 381 438
小野 好彦 420
小野 隆助 324
尾上 進勇 250
小野江 公利 536
尾上 規喜 420
尾上 久雄 348

小野塚 倫 330
斧田 大公望 261
小野田 隆雄 720
小野田 正利 614
小野寺 昭雄 487
小野寺 信一 165
小野寺 猛彦 701
小野寺 尚希 330
小野寺 裕 650
小野寺 林治 338
小幡 章 701 716 717
オバタ カズユキ 113 709
小幡 操 136 558
小幡 正 440
小畑 信親 528
小幡 芳和 401
オーバードーファー, D. 264
小浜 維人 528
小汀 利得 35
小汀 良久 477
小原 明 354
小原 武雄 641
小原 勉 610
小原 誠 690
小原 泰 525
尾原 蓉子 709
小尾 俊人 494
小櫃 真佐己 183
大日方 忠夫 702
オフェル・フェルドマン 408
尾吹 善人 91
小渕 敏郎 541
オフチンニコフ, フセヴォ
　ロド・V. 118
於保 浩之 437
小俣 一平 238 239 243
　393 461 661 662
小股 憲明 197
小俣 行男 301
小町 孝夫 526
小見 豊 645
面谷 信 256
表 柳四郎 87
小柳 胖 340
小山 和伸 462
小山 久二郎 472
小山 博也 554
小山田 京子 355
小谷松 明弘 644
織田 幹雄 614
織戸 新 175
折橋 泰男 309
オルストン, ジョシュア 372
オルター, ジョナサン 134
ジョナサン, オルター 279
オールマンス, D.H 700
大和 勇三 206
恩藏 直人 712
御田 重宝 604
恩田 紀明 49 389
雄鶏社 29

【か】

何 威 281
可 越 234
何 義麟 289
賈 珊 277 433
何 初彦 136 687 688
甲斐 静馬 263 557
甲斐 良一 137
海外出版販売専門視察団 490
海外番組販売検討委員会 455
海外放送研究グループ 461
海外メディア研究グルー
　プ 370
海後 宗臣 59 60 61
海後 宗男 68 380
飼牛 康彦 504
外国資料研究班 62 343
貝塚 啓明 573
貝塚 茂樹 557
貝塚 康宣 54 400 528
戒田 節子 650
貝谷 嘉洋 87
海渡 雄一 166
皆藤 幸蔵 288
開沼 博 599
戒能 通孝 90 92
　121 150 181 312
　471 576 627 696
貝原 俊民 588
海部 一男 101
　118 124 125 134
　142 147 161 176
　278 357 367 403
　509 510 512
海保 真人 510
外務省情報部 330 489
外務省情報文化局 27
貝谷 昌治 587
カウィ・チョンキッタボー
　ン 142
楓 セビル 717
楓 元夫 15 304
楓井 金之助 670
替山 茂樹 371 388
加賀 敬章 437
加賀野井 秀一 311
加賀美 幸子 362
各務 英明 256
加賀谷 和樹 567
加川 敬 424
香川 達夫 132
香川 徹也 638
香川 東洋男 184
賀川 洋 493
香川大学法学会 114
柿崎 明二 534
柿澤 弘治 528
垣添 忠生 244
柿田 一俊 701
垣田 達哉 198
柿沼 利昭 68
家喜 冨士雄 672 673
柿本 勇 65
鍵本 優 55
柿谷 勲夫 565

著者名	ページ
郭 慶光	563
角井 佑好	295
学習院大学	57
学習院大学社会学研究室	56
角谷 浩一	596
角谷 優	418
角間 隆	360 451 504 704
掛井 史朗	634
影井 広美	500 581
影浦 峡	602
掛尾 良夫	371
掛川 喜遊	3
掛野 剛史	23
架場 久和	423
懸樋 哲夫	433
景山 佳代子	481
影山 喜一	419
影山 三郎	206 207 312 313 318 521 558 623 659
影山 清四郎	74 76 77 82
影山 貴彦	455
景山 民夫	408
陰山 憲和	391
影山 日出弥	94
影山 樽三雄	66
蔭山 実	622
加固 三郎	716
加古 陽治	301
鹿子木 聡	614
笠井 青年	155 401
笠井 亮	606
笠井 純	346
笠井 助治	26
笠井 千晶	410 514
笠井 宣宏	659
笠井 真男	519 655
河西 三千代	200
風岡 大	410
笠置 隆宜	84
笠置 正明	45 262 291 504 687
笠木 幸彦	474
笠原 明	63
笠原 亨二	174
笠原 唯央	453
笠原 始	64
笠原 英彦	268
笠原 文夫	184
笠間 亜紀子	330
風間 正人	240
笠松 良彦	720
笠谷 寿弘	362
飾り職人グループ	388
加地 巌	338 339
嘉治 隆一	518
梶 拓二	642
鍛治 利也	531
梶 包喜	696
鍛治 真起	627
梶 祐輔	702 707 714
加地 倫三	394
梶岡 茂美	527
梶川 涼子	169
加治木 美奈子	682
梶田 明宏	17 21 479
梶田 叡一	72 74
梶田 進	429 573
梶田 昌史	511
梶谷 素久	46 151 331
梶谷 善久	97 136 206 208 215 247 318 553 558 629 639
神志名 泰裕	535
梶原 紀尚	318 542
櫪淵 めぐみ	75
香島 暁	540 541
鹿島 茂	46 252 254 305
加島 卓	712
鹿島 敬	574
梶村 太一郎	253
樫村 雅章	202
我謝 南夫	555
梶山 皓	719
梶山 皓永	716
梶山 昭	646
梶山 方忠	256 258
梶山 雅史	12 13
梶山季之資料室	35
カーシュ, トシュテン	117
柏 靖博	466
柏木 重秋	716 717
柏木 成樹	113
柏木 千秋	95
柏木 登	392 409
柏木 肇	257
柏木 宏	587
柏木 勇一	183
柏木 友紀	458
柏倉 徳夫	322
柏倉 康夫	195 254 256 358
柏崎 昌彦	5 181 332 627
柏崎 松之助	525
柏田 健次郎	597
柏谷 周希	115
柏村 武彦	127
梶原 健佑	171
梶原 三郎	610
梶原 拓	201
梶原 巧	392
梶原 稔生	392
梶原 ほずみ	303
梶原 学	641
春日 孝之	566
春日 教測	59
春日 由三	342 377
ガスパール, A.	91
楮本 眞澄	366
粕谷 一希	29 207 212 214 251 493
粕谷 進	215
粕谷 卓志	235 310 611
粕谷 賢二	538
粕谷 友介	663
糟谷 雅章	316 341
加瀬 俊雄	4
加瀬 俊一	16 558
加瀬 夏彦	709
加瀬 英明	188 247 303 560
加瀬 昌男	478
加瀬 雄二	77
我孫子誠人	398
加太 こうじ	207 212 700 702
片岡 一郎	714
片岡 啓治	207 289 614
片岡 善治	286
片岡 健	110 635
片岡 俊夫	131 381
片岡 直彦	382
片岡 伸行	324 665
片岡 輝	65 704
片岡 尚	467
片岡 秀夫	448
片岡 正己	471
片岡 正巳	207 220 224 225 248 250 252 470 471 472 556 624 628
片岡 英三	473
片岡 みい子	57
片方 善治	238 274 275 276 277 278 279 280 281 282 283 284 285 286 287 288 435 436 441 444 448 471 716 718
片上 晴彦	716
片桐 薫	215
片桐 圭子	712
片桐 顕智	59 199 262 342 456 669
片桐 松樹	421 423
片倉 尚文	620
片島 紀男	161
片瀬 京子	602
片野 勧	166 195 544
片野 利彦	450
片野田 斉	692
傍示 文昭	683
片柳 英司	210 643
片柳 忠男	472
片山 修	462
片山 廉	700
片山 謙介	616
片山 白人	363
形山 晋治	88
片山 隆康	30
片山 健	535
片山 朝雄	681 687
片山 虎之助	441
片山 秀樹	712
片山 浩子	80
片山 正彦	304 560
片山 雅文	327
片山 又一郎	715 716
片山 学	636
片山 睦三	333
片山 慶隆	21 25 240 517
片山 善博	143 233 243
片寄 好之	595
勝 貴子	493
カーツ, ハワード	172
勝井 健二	692
勝岡 寛次	658
勝岡 宣	246
勝方 信一	221
勝木 晃之郎	600
香月 浩之	573 574 645
勝田 重太朗	301
勝田 節	61
勝田 建	61 346 400 418
勝田 敏彦	310
勝田 洋	640
勝田 洋人	586
勝田 誠	510
勝田 吉彰	79 80
活年情報研究会	453
勝部 雄	704
勝部 領樹	347 348 350
勝間 和代	258
勝又 郁子	561
勝俣 誠	247
勝又 義一	586 587
勝見 亮助	556
勝本 正晃	700
勝山 教子	711
桂 充弘	155
桂 英史	57 502
桂 英治	354
桂 敬一	14 20 31 52 57 102 103 126 133 148 157 158 159 183 184 192 198 214 216 218 219 221 224 229 232 233 241 235 236 239 241 250 251 252 257 289 297 300 310 323 324 326 327 328 331 358 368 373 380 427 431 492 497 507 513 515 516 530 537 554 576 593 633 660 665 666 718
桂木 誠志	610
桂木 隆夫	235
桂田 光喜	418
「ガーディアン」特命取材チーム	150
かでかるさとし	468
角 英夫	387 694
加藤 秋夫	579
加藤 暁子	100 168
加藤 明彦	213 664
加藤 昭	535
加藤 明	316 467
加藤 厚子	102 111
加藤 伊佐雄	329
加藤 理	178
加藤 和昭	88
加藤 和雄	247
加藤 一彦	74
加藤 勝代	491
加藤 吉治郎	428 429
加藤 恭子	490
加藤 清	407
加藤 敬子	15 167 709
加東 康一	132 349 352 354
加藤 紘一	107 258 665
加藤 幸二郎	376
加藤 三之雄	45 91 187 206 262
加藤 滋紀	183 402
加藤 周一	291 343 623
加藤 純一	648
加藤 順一	218
加藤 俊平	519
加藤 庄吉	451
加藤 祥二	524 721
加藤 真吾	576
加藤 節男	429
加藤 高実	310
加藤 隆之	181
加藤 卓哉	593
加藤 武二	339
加藤 岳文	254
加藤 正光	420
加藤 忠彦	65
加藤 千洋	497 509

加藤 地三 313 672
加藤 哲夫 430
加藤 哲郎 19
加藤 登一 338
加藤 咄堂 112
加藤 富子 701
加藤 友規 369
加藤 夏希 172
加藤 修也 648
加藤 延之 522 523
加藤 春恵子 49 167 168 169 170 173
加藤 春樹 574
加藤 青延 572
加藤 晴明 58 468
加藤 晴之 483
加藤 久子 265
加藤 久晴 44 271 353 429 449 515 549 609 634 656
加藤 秀俊 35 48 56 67 187 204 210 247 307 312 343 377 474 518 520 627 674 700 704
加藤 一志 87
加藤 寛 525
加藤 浩丈 195
加藤 博久 219 293 313 523 659
加藤 裕康 54
加藤 文俊 496
加藤 雅昭 704
加藤 雅夫 324
加藤 昌男 40 683 687
加藤 雅毅 569
加藤 雅士 495
加藤 雅信 101 139 154
加藤 雅弘 522
加藤 昌宏 600
加藤 雅之 567
加藤 巳一郎 11
加藤 美喜 638
加藤 幹敏 16
加藤 光夫 190
加藤 六美 65
加藤 睦生 610
加藤 元宣 39
加藤 康治 428
加藤 保弥 58
加藤 裕治 17 461
加藤 雄二 400 401
加藤 祐三 266
加藤 讓 633
加藤 洋一 535
加藤 好雄 417 457
加藤 芳孝 382 421
加藤 雅規 516 633
加藤 利器 652
加藤 良一 711
加藤 廉 337
加登川 幸太郎 697
角川書店 245 492
門倉 正美 84
門静 琴似 303
門田 勲 301
門田 隆将 439 603
門野 隆弘 563
角野 達洋 355
香取 淳子 127 251 355 357 386 408 428 429 430 431 432 433 434 435 438 439 440 441 442 443 444 497 569 649
香取 俊介 201 371 423 514
カドリップ, H0 205
門脇 康郎 638
門脇 正俊 722
海南 友子 172 388
金井 金子郎 113
金井 啓子 241 662
金井 宏一郎 365 450 468
金井 大介 412
金井 隆夫 160
金井 貴 161
金井 忠男 333
金井 辰樹 537 538 540
金井 利博 334
金井 光生 118 119
金井塚 康弘 176
神奈川新聞社 29 36 150
神奈川大学田島ゼミナール 633
金久保 雅 377
金久保 通雄 6 59 60 203 204 246 261 306 339 489 545 583 640
金指 正雄 309 522
金澤 薫 131
金沢 覚太郎 40 62 261 342 377 388
金沢 寛太郎 252 425
金沢 敏子 155 361 409 509
金沢 秀敏 688
金澤 宏昭 692
金澤 誠 164
金澤 勝 444
金沢工業大学ライブラリーセンター 495
金重 紘 572
カナダオンタリオ州教育省 85
金富 隆 387
神余 心 130 135 165 238 239 240 241 242 243 244 286 287 328 329 330 337 446 449 461 468 469 484 485 486 488 500 501 540 541 542 582 592 594 602 712 713
金丸 重嶺 342 688
金村 公一 427 647
金森 千栄子 415 464 644
金森 徳次郎 203
金森 美樹 496
金谷 博雄 113 191
金山 勉 119 274 276 280 281 425 427 430 431 436 438 468 536 546
金山 智子 367 469 503
金山 正直 398
金成 有造 577
蟹瀬 誠一 103 133 141 184 224 356 360 402
鹿糠 敏和 299
金親 不二男 9
兼口 芳成 603
金子 厚男 250
金子 敦郎 236 280 281 298 515 558 572
金子 敦郎 137
金子 勝昭 31 187 701
金子 勝彦 355
金子 喜三 113 136 145 174 247 558
兼子 昭一郎 689
金子 貴昭 36
金子 武史 584
金子 務 581
金子 鉄雄 60
金子 鉄朗 65
金子 俊彦 382
金子 徳好 614
金子 春生 429
金子 秀明 417
金子 秀之 700 708 709 710 717 720
金子 博美 578
金子 弘道 122
兼子 仁 208
金子 勝 93 97 215 236 255 552
金子 マーティン 253
金子 幹夫 80 81
金子 実 74
金子 善雄 313
金坂 健二 333
兼坂 諦一 425 508
兼城 昌昭 706
金田 信一郎 381
金田 信敏 617
金田 秀樹 613
金田 吉弘 645
兼高 聖雄 362 368 434 566 617 710 711 713
金武 伸弥 255 681 685
金谷 明彦 608
金築 修 63 64
金戸 嘉七 91 187 204 205 245 305 306 311 343 517 518 627 658 670
金平 茂紀 148 195 198 226 237 238 239 240 241 242 243 244 328 332 360 363 369 370 371 372 373 374 375 376 377 380 381 382 391 510 511 512 541 547 567 569 585 601 606 657
金平 聖之助 268 470 476 477 478 489 496 580 658 690
金丸 日出一 654
金光 修 429
金光 奎 538 548 549
金村 武敏 188
金本 進一 650
金本 春俊 334 614
加野 和夫 308
鹿野 杉男 624
鹿野 政直 8 34
嘉納 愛夏 298 693
嘉納 新 84
加納 民夫 38
狩野 近雄 247 470
加納 恒男 545
加納 恒夫 343
加納 久朗 557
加納 実紀代 514
加納 みゆき 709
鹿子木 幹雄 215 456
蒲 昌志 643 645
ガーバー，メーガン 548
樺沢 啓之 586
蒲島 郁夫 527 544
カビラ ジョラ 355
冠木 雅夫 223
河北新報 602 603
河北新報社 26 28 29 32 490 602 603
鎌内 啓子 189 389
鎌垣 英人 19
鎌形 清男 629
鎌倉 亀久馬 4
鎌田 厚志 112
鎌田 定夫 554
鎌田 慧 211 227 241 304 338 408 498 590 650 663
鎌田 しん 59
鎌田 隆 78
鎌田 猛 132
鎌田 博樹 492
鎌田 理次郎 154
鎌田 光登 504 558
鎌田 靖 588
蒲田 好弘 586
鎌仲 ひとみ 357 387 388
上 昌広 612
神足 博美 650
神浦 元彰 524
上岡 一嘉 698 714
上垣外 彰 336 648 649
上ヶ原 精一 330
上口 裕 133 196
上子 俊秋 414
神先 秀雄 13
神島 二郎 518 519 545 546 559
神島 治美 454
上条 勝弘 249
上瀬 千春 443
上関 克也 647
神薗 敏明 584
神塚 明弘 222 294
上机 美穂 161
上坪 隆 383
上出 義樹 194 637
上西 朗夫 527
加峯 尋 280
上之郷 利昭 331 544 558
上林 吾郎 12
上村 喜一 464
神村 謙二 190
上村 光司 640 642
上村 幸治 567
上村 修一 361 399 401 402 497 644
神村 伸一 78
神谷 紀一郎 525 527
神谷 則昭 465
神谷 周孝 586
神谷 寿一 645
神谷 不二 519
紙谷 雅子 97 98 102 157 158 175 180 542
神谷 慶男 645
神山 英一 554

著者名	ページ
神山 冴	198
神山 順一	406
上山 正二	320
神山 美智子	582
神山 宗興	210
神威 光一	252
香村 佐斗史	434
亀井 昭宏	704 705 718 719
亀井 旭	558
亀井 一綱	60 203 290 306 312 319
亀井 勝一郎	312
亀井 静香	666
亀井 淳	153 175 195 477 491 555 556 632 633
亀井 忠雄	708
亀井 広	643
亀井 美穂子	81
亀谷 茂	312
亀垣 幸男	215 420
亀倉 雄策	700
亀田 和夫	86
亀田 小蛄	5
亀谷 悟郎	320
亀渕 昭信	367 402 408 464 465 467 469
亀松 太郎	330
亀山 旭	208 559
亀山 千広	438
亀山 亮	692 693 694
亀山 渉	454
加茂 明	621
加茂 紀夫	155
鴨 良弼	136
鴨志田 恵一	288
鴨下 信一	188 201 366 378 411 412 686
茅 誠司	579
萱野 茂	224
茅野 健	339
萱野 稔人	543
萱野 典世	293
香山 リカ	381
粥川 暁	85
唐木 三代造	319
神楽 子治	198
唐木 順三	472
柄子 澄雄	422
唐沢 重光	62
唐島 英三	703
唐島 基智三	517
烏谷 昌幸	56 239 513 597 608
烏谷 昌之	53 54 232
唐津 一	340 579 700
刈田 徹	298 299
刈田 嘉彦	573
ガリナー, ピーター	267 271
苅野 正美	502
苅間澤 勇人	71
仮屋 篤子	156
仮屋 和則	424
狩谷 健	417
苅谷 隆司	645
刈谷 武弥	349
仮谷 朋子	191
仮谷 寛志	532
苅宿 俊文	74 76
カリル, クリスチャン	171
カール・ジョンソン	699
カールソン, マッツ	391
軽部 謙介	536 565
苅部 直	37
カルペンコ, マリア I	271
河合 勇	246
川井 一男	552
河合 重	62
河合 伸	332
河相 全次郎	667
河井 孝仁	597 599
河合 武夫	339
河合 武	579 580
河合 徹	466
河合 直樹	454
河合 信和	498
河合 久光	190 439
川井 仁史	246
河合 仁四郎	699
河合 弘之	607 712
河合 正義	250
川合 道雄	35
川井 行雄	30
河合 善久	220
川井 良介	57 94 217 478 479 480 482 483 484 485 486
河合 良三	59
河内 晶子	66
河内 明子	127
河内 一友	469
川内 友明	201
川内 博史	606
川内 通康	188 357 424 465
川浦 康至	57
川生 晶子	690
川勝 久	399 414 463 699 714 715 717
川上 明希	75
河上 和雄	238
川上 和久	528 539 546 547 549 572 665
川上 啓輔	531
川上 賢一	478 490 646
川上 源太郎	205
川上 幸一	579
川上 行蔵	59 60 62
川上 淳	434
川上 順	511
川上 澄江	250
川上 高志	222
川上 隆史	434 468 469
川上 隆志	493 494
川上 隆夫	413
川上 富蔵	331
川上 量生	502
川上 宏	49 271 378 389 413 414 418 456 702 703 704 705 707 715
川上 泰徳	500 513 515 571
川上 恭正	560
川上 裕一	479
川上 義則	588
川上 善郎	57
川上 力男	97
川岸 近衛	561
川岸 令和	101 135 161 235 636 663
河岸 美穂	76
川喜田 尚	468 622
川口 敬二	553
河口 静男	413
河口 静雄	714
川口 真司	588
川口 翠子	166 471
川口 是	94 173
川口 正	477 645
川口 信行	516
川口 広美	78
川口 裕之	578
川口 幹夫	408
川口 恭	612
川越 史郎	233 234 280
河崎 栄子	86
川崎 けい子	172 692
川崎 堅二	495
川崎 二郎	441 448 450
川崎 真一	704
川崎 隆生	318
川崎 正三郎	673
川崎 勉	593
川崎 剛	286 564
川崎 博	297 692
川崎 博太郎	572 573
川崎 浩良	25
川崎 正雄	204
川崎 泰資	111 143 144 147 148 191 230 250 252 255 257 300 301 328 363 458 461 511 530 531 540 541 544 547 549 592 606 607 637
川崎 良孝	114 145
川崎 吉紀	18 19 22 74 232 304 661 662
川路 善彦	597
川下 修司	409
川嶋 明	323 324 623
川島 賢司	599
川島 建太郎	256
川島 淳一	63
川島 真	256
川島 正	103 176 362 426 432 433 434 617
川島 紳明	634
河島 伸子	332
河島 治之	526
川島 広守	206 519
川島 真理子	65
川島 安博	654
川嶋 保良	251 528
川島 吉雄	678 688 689
河尻 亨一	447
河尻 友紀子	593
川津 市三	299
川瀬 一馬	29 471 473
川瀬 俊治	114 119 121 256
河瀬 直美	368
川瀬 真人	273
川添 永津子	325
川田 篤	165
河田 悦子	155 611
河田 卓	706
河田 卓司	565
河田 亨	335 522 603
河田 正道	430
河田 稔	296 302
河田 惠昭	589 597
川田 龍平	108 665
川竹 和夫	52 252 253 349 352 365 380 424 453 456 629 643 645 705
河谷 史夫	304 311
河地 和子	154
河内 紀	410
河内 鏡太郎	322
河内 光治	13 14 30
河内 進	423
河内 孝	240 429 304 327 328 332
川津 一義	119
河出 一哉	647
河出書房	245
川戸 恵子	547
川名 紀美	212 224 229
川名 壮志	301
川名 英之	577
川中 康弘	8 48 113 116 131 187 205 206 247 262 263 319 470 471 658
川鍋 淳	591
川鍋 孝文	472
川鍋 亮	611
川成 洋	29
川西 到	350 583
川西 平信	519
川西 勝	602
川野 楠己	88
河野 正一郎	236
川野 大介	591
河野 太郎	608
河野 俊史	170
河野 英雄	239 527 613 385
河野 幹人	320 658
河野 正憲	135
河野 昌之	520
川端 馬之助	591
川畑 俊一	610
川畑 年弘	184
川端 信正	583 586
川端 美樹	363 380 544 633
川端 幹人	259
川端 康雄	493
川端 和治	185 186 444
川畑 嘉文	696
川原 一之	212
河原 淳	187
河原 畯一郎	90 112 116
川原 孝美	577
河原 敏男	551
川原 洋文	98
河原 雅史	596
河原 理子	160
河邊 榮一	468 193 294 634 637
川辺 克朗	198 355 532
川邊 健太郎	595
川辺 建生	362
川満 幸弘	648
河邑 厚徳	496
河村 欣二	131 664
河村 好市	69 71 133 152 153 182
河村 幸一郎	504

河村 厚　264 557
川村 公司　536 612
川村 晃司　355
　380 507 508
川村 暁　488
河村 昌子　290
川村 二郎　541
河村 隆　572
河村 達朗　346
川村 哲夫　288
川村 直子　636
川村 尚敬　394
川村 等　644
河村 宏男　664
河村 宏　88 89
川村 史子　168
川邨 亮　460
河村 雅隆　388 456
川村 雅治　349
河村 正行　453 454
河村 要助　707
川村 芳生　344
河本 一郎　109
河本 英三　288 563
川本 和弘　227
川本 一之　317 327
川本 佳代　71
川本 啓介　314
川本 三郎　406 473 707
川本 信正　408
　614 615 617
川本 裕司　233 235 270
　295 368 436 437
　457 458 468 498
川本 浩二　465
川元 麻衣子　495
川本 勝　352 414
河本 みよ子　65
川良 浩和　357 368
　369 381 386 388
河原畑 広　644
姜 京根　120
韓 桂玉　98
　117 217 271 564
韓 景芳　160
菅 聡子　33
韓 勝憲　273
姜 東鎮　289
菅 直人　226
姜 英之　379
環境ジャーナリストの会　578
菅家 延征　587
神古 百市　90 116 571
関西大学経済政治研究所　56 245 654
関西大学新聞学会　245
関西地区広告労働組合協議会　716
関西地区マスコミ倫理懇談会50周年記念誌企画委員会　257
関西テレビ放送株式会社　40 41 43
関西テレビ労働組合　197
関西プレスクラブ　253
　254 255 289
神﨑 友子　80
神作 晋一　78
関西学院新聞部　244
関西学院大学総合政策学部　578
神田 明美　702

神田 和則　133
神田 敬輔　591
神田 孝夫　160 161
神田 俊英　227
神田 利實　556
神田 肇　667 668
神田 裕　587
神田 禎之　521 524 655
ガンディー, D　557
関東地区広告労働組合協議会　716
関東弁護士会連合会　165
香取 啓志　430 446
神南 太郎　460
菅野 篤　601
菅野 謙　389 390 406 670
　671 672 673 674
　675 676 677 678
　679 680 681 705
菅野 達雄　181
菅野 龍彦　718
菅野 長吉　654
菅野 利美　506
観音堂 智子　364
樺 俊雄　60 113
ガンパート, ゲーリィ　250
官林 祐治　74 152 423 529
神戸 金史　374 539
神戸 圭介　466
神戸 務　464
神戸 与夫　64
神戸 陽三　531
神松 一三　42 549
カーン・ユスフザイ　408
カーン, L.E.　206

【き】

紀伊民報　36
木内 英仁　101 104
木内 宏　247
城内 実　106
気賀 すみ子　44
樹木 希林　408
喜閒 広典　589
菊島 斉　409
菊住 昌一　100
　224 227 230
菊田 正弘　598
菊竹 清訓　340
菊池 明郎　495
　595 668 669
菊池 育夫　327
菊池 育三　559
菊池 克彦　608
菊池 克幸　650
菊池 光治　473
菊地 幸介　336
菊池 昌　336
菊地 秀一　713
菊池 章一　389
菊地 四郎　250
菊地 誠一　421
菊池 竹史　228
菊地 武利　527
菊池 武信　96
菊池 哲郎　226 232
　513 536 547 575

菊地 徳造　463
菊地 俊朗　614
菊地 利孝　398
菊池 知之　303
菊池 尚人　375
菊地 信彦　64 396
　398 399 405 406
菊池 啓一　561
菊地 寛　647
菊池 浩佑　385 386
菊地 弘　262
菊地 正史　550
菊地 実　323 478 497
菊地 恵美　184 194
菊地 泰博　19
菊池 之雄　136 553
きくち ゆみ　536
菊村 到　291
喜久村 準　682
菊谷 邦雄　419
木佐 敬久　682
木嵜 章光　533
木皿 泉　373
如月 小春　358
岸 朝子　358
岸 克己　3
岸 志津江　720
岸 盛一　90
木地 節郎　715 717
岸 哲男　695
貴志 俊彦　256
岸 博幸　128 459 469 495
岸 雅裕　14 33
貴志 雅之　324
岸井 成格　211 227 242
　243 296 527 530
　532 535 542 596
岸尾 祐二　68
　80 82 86 250 571
岸川 純治　264
岸田 功　67 192
　216 217 223 350
　351 354 359 378
　399 400 401 407
　457 527 615 659
岸田 圭司　692
岸田 純之助　207 212 490
　519 545 581 604
岸田 勉　615 616
岸田 鉄也　338
岸田 英夫　551 555
岸田 美貴　181
岸野 郁枝　379
岸野 博　489
木島 章　353
貴島 誠一郎　401
杵島 隆　696 699
木嶋 信行　210 535
木島 康之　520
岸本 晃　648
岸本 英治　625
岸本 重陳　218
　318 575 624
雉本 俊一　465
岸本 卓　583
岸本 卓也　193 590
岸本 達也　388 411 445
岸本 千秋　682 683 684
岸本 鉄平　639
岸本 正人　534
岸本 光右　309
岸本 康　579

岸良 征彦　501
木津 薫　586
木塚 建　646
木津川 計　408
来生 えつこ　358
木附 千晶　633
喜瀬 ひろし　444
規制推進連絡協議会　36
北 京三郎　377
北 健一　108 110
　161 162 184 240
　327 648 711 713
木田 重三郎　489
紀田 順一郎　106
　315 391 479 667
北 透　194 240
木田 妙子　398
喜田 尚　148 271 571
木田 隆文　635
北 智揮　555
喜多 恒雄　327 329
木田 宏　64
喜多 冬子　191
北井 良彦　213 522
北尾 正康　291
北尾 幸雄　685
北岡 弘章　160
北川 貞二郎　614
北川 泰三　196
北川 隆吉　291
北川 日出治　313
北川 裕子　76
北川 信　218 351 359
　374 419 421 426
　428 429 431 447
北川 正夫　203
北川 楊村　333
北口 惇夫　355
北口 末広　84 163 164 171
　240 537 548 635
北国出版社　643
北国毎日新聞社　338
北倉 和昭　535
北郷 裕美　598
北沢 海彦　678
北沢 さゆり　476
北島 圭　259 503
北嶋 秋宏　349
北島 元治　488
北爪 裕　630
北詰 洋一　292 505
北清 順一　283 284
　374 445 501 622
北園 克衛　469
北田 暁大　53 692 720
北田 耕也　205
北代 淳二　416
北代 美和子　517
北谷 賢司　106
　223 267 268 272
　273 274 350 391
　418 419 425 427
　452 645 646 662
北出 修平　706
気谷 陽子　82
北日本新聞社　27 34
北日本新聞出版　643
北日本放送株式会社　40
北根 豊　29
北野 栄三　15 253 258
　354 383 424 522
北野 幸子　76
北野 亨　511

北野 宏明 316 550
北野 正光 61 62
北野 隆一 231 336
北野吉内追悼録刊行会 301
北畠 弦太 447
北林 仁 472
北林 由孝 353 444
北原 糸子 33 565 602
北原 一身 520
北原 照久 719
北原 斗紀彦 607 608
北原 利行 713
北原 みのり 159 373
北原 靖 520
北洞 孝雄 573
北村 明広 376
北村 和也 155
北村 兼子 173
北村 公一 214
北村 旬右 424
北村 節子 168
北村 善八 260
北村 毅 170
北村 哲夫 665
喜多村 俊樹 156 157
北村 敏広 81 335
北村 尚善 654
北村 肇 89 102 143 201 237 251 254 258 259 301 665
北村 美憲 133 420
北村 日出夫 49 50 210 307 378 396 497 553 555 615 677 701
北村 正任 234 324
北村 充史 382
北村 幸雄 303
北村 行夫 495
喜田村 洋一 138 157 235 639
北村 順生 20
北元 静也 547
北山 修 293
北山 節郎 32 34 354
北山 六郎 147 151
吉川 実治 312 332
吉川 経夫 94
橘川 幸夫 220 249 428 707
吉田 啓 669
吉田 行範 60
吉田 勇蔵 3
吉波 曽死 219
吉波 良一 552
キティ・ロチャラシット 706
木戸 湊 226 304
城戸 収 318
木戸 茂 719
木戸 哲 638
城戸 朋子 114
城戸 又一 26 57 91 97 116 186 187 198 203 204 261 288 302 312 319 545 546 557 658 721
城戸 礼 301
鬼頭 鎮三 211
鬼頭 鎮雄 9
鬼頭 季郎 110
儀同 保 214 553

鬼頭 誠 534 629
鬼頭 由芽 469
城所 岩生 180
城所 賢一郎 367 432 438 591
城所 洋子 523
木梨 芳一 429
木庭 慎吾 563
衣笠 静夫 697 699 714
衣笠 周司 303 311
絹村 和夫 182 399 407 418
ギネリ, A. 339
木野 主計 14 15 99
紀国 渡 634
木下 功 703
木下 一郎 712
木下 修 478 483 492 668
木下 和寛 135 234 278 325 498 510 511 513 514 516 547
木下 健二 301 306
木下 謙治 651
木下 智史 162
木下 繁貴 694
木下 宗一 245
木下 敬裕 591
木下 毅 179
木下 哲生 682
木下 哲夫 696
木下 輝一 292
木下 晃伸 332
木下 直之 33 253
樹下 春生 302
木下 英臣 540
木下 裕司 456
キノ・トール 406
木畑 研二 586
木林 淳寛 352 525
木原 啓吉 59 664
木原 健太郎 18 81 546
木原 たけし 365
木原 毅 561
木原 俊行 69 70 71 74 75 76 78 357
木原 正博 185 272 278 706
基盤技術研究促進センター 394
吉備 彬 641
岐阜市立長森中学校 81
木部 克己 665
岐部 秀光 512
儀間 朝浩 511
木全 時彦 706
君塚 正臣 105 119 180 185
君塚 洋一 708
君和田 和一 379
君和田 正夫 444 446 574 592
金 日成 247 289
金 正日 289
金 政起 182 446
金 聖雄 388
きむ ちょんみん 120
金 泰昌 114
キム, ヘギョン 279 282
木村 愛二 43 250 379
木村 昭仁 375
木村 朗 640

木村 文 569 590
木村 勲 517
木村 伊兵衛 388
木村 栄文 33 303 348 349 383 384 408 419 516 616 690
木村 和成 161 162
木村 亀二 150
木村 幹枝 670
木村 甲子雄 703
木村 禧八郎 136
木村 京子 156
木村 恭子 136 660
木村 邦彦 80
木村 圭子 672
木村 成忠 384
木村 繁 579 583
木村 旬 575
木村 純 108
木村 晋介 160
木村 真三 598
木村 聖哉 478
木村 壮太 568
木村 草太 110
木村 象雷 332
木村 剛久 481 482
木村 卓而 222
木村 茂 227 228 629
木村 拓郎 584
木村 毅 5
木村 剛 233 502
木村 猛 422
木村 伊量 327 330
木村 正 624
木村 民六 413
木村 太郎 378 379
木村 千夏 78
木村 千旗 250
木村 恒久 703
木村 哲也 634
木村 照彦 305
木村 亨 43 44
木村 時次郎 3
木村 徳三 29 31 406
木村 寿雄 79
木村 義子 375 403 404
木村 哲人 380
木村 治之 610
木村 英生 470
木村 英樹 424
木村 博一 79
木村 まき 44
木村 将夫 631
木村 昌人 252
木村 正人 569
木村 勝 524 642
木村 幹夫 327 371 427 429 436 446 468 594 711
木村 元子 367
木村 靖 536
木村 葉子 260
木村 洋二 232 537
木村 義延 226
木村 利人 551
木村 竜蔵 342
木村 良一 316
木村 緑生 4
キム・ラサン 94
肝付 邑子 349 691
木本 至 13 30

木本 和秀 701
木本 行圀 652
木屋 隆安 214
木谷 忠 208 504 519 557
木山 久男 189
キャロライン・ヒル 700
キャンベル, ダンカン 546
牛 波 289
宮 麗穎 719
宮 麗穎 279
九州朝日放送 416 421
九州朝日放送株式会社 42
久地岡 明子 199
久徳 富子 200
90・2・23集会実行委員会 113
ギュンテル・F・P・エルブ 699
許 在哲 21
許 文道 209
姜 恩貞 281
姜 尚中 370 509
姜 弘美 228
京井 良彦 241
教育学部花田ゼミ 602
京極 昭 340 518 624 644
京極 純一 168 532
ぎょうせい総合研究所 452
京田 光広 356
共同印刷株式会社 30
共同通信社 26 28 32 35 686 687
共同通信社外国特信部 571
共同通信社外信部 555
共同通信社社会部 31
京都出版史編纂委員会 30
郷土出版社編集部 493
京都新聞社 27 28 29 30 31 33 35 654
京都放送労働組合 327
京橋 五郎 205
清河 成美 607
清田 治史 633
清田 義昭 174 220 474 475 478 668
清武 英利 227 231 232 318
喜友名 嗣正 553
清野 徹 220
清原 慶子 54 57 66 87 379 424 444
清原 貞雄 251
清原 聖子 543
清原 武彦 294
清原 宣雄 721
清原 瑞彦 116
清原 芳治 580
清藤 恭雄 157
清宮 克良 134 278 650
清宮 美稚子 172
清宮 由美子 700
吉良 治 693
吉良 至誠 654
桐明 桂一郎 584
桐原 久 188 216 417
桐村 英一郎 575
桐山 紘 427
桐山 勝 255 296

桐山 友一　502
ギルモア, D.M.　178
記録管理学会　202
木脇 豊　192 358
木綿 良行　701
金 一善　265
金 栄培　562
金 学鉉　116 117 265
金 京煥　119 280 648
金 圭煥　11 261
金 甲植　116
金 龍郎　366
金 廷恩　582
金 哲薫　134
金 鐵鏻　661
キーン, ドナルド　81
金 亮都　275
銀河書房　643
近畿放送　416
キング, C.H.　205
キング, セシル　263
近現代史研究会　544
金城 英男　647 656
金田一 京助　669 670
金田一 春彦　673 679
近代文芸社　491
均等法研究会作業部会　169
キンバール, ペン　312
金融タイムス社　576

【く】

陸井 三郎　603
久木 保　190　350 351 552 584
九鬼 通夫　349
久々宮 英一　613 644
日下 知章　337
日下 学　307
草鹿 恵　522
日下 雄一　218　354 367 386 392
日下 幸男　34 35
日下 令光　307
日下部 聡　144　238 458 547
草壁 政一　525
日下部 正樹　273 565
草刈 順　591
草川 衛　712 713
草薙 聡志　20 21 667
草野 光子　631
草野 厚　367 380　404 540 550 592
草野 計　414
草野 浩一　66
草野 満代　358 381
草野 靖夫　270
草森 紳一　688
草森 紳一　702
草柳 伸一　355
草柳 大蔵　183　357 470 663
グジエスダル, T.　658
串田 孫一　408
具島 勘三郎　320
楠田 実　33
楠根 重和　184

葛野 尋之　176
楠 和夫　423
久津間 保治　521
久住 悌三　697
楠美 鉄二　642
楠本 和哉　710
楠本 孝　170
楠本 文夫　616
楠本 光雄　247
楠山 三香男　642
久世 光彦　349 407
久世 善男　687
沓名 秋次　305
轡田 隆史　212　220 224 237 254　316 350 560
轡田 三男　306
工藤 一郎　47
工藤 定一　60
工藤 さほ　77
工藤 習二　673
工藤 俊一郎　201 417
工藤 強勝　494
工藤 哲夫　580
工藤 敏樹　349 383
工藤 英博　392
工藤 浩幸　596
工藤 雅人　22
工藤 美代子　171 172 365
工藤 弥市　705
工藤 泰志　115 536
久東 弥太　451
工藤 幸雄　265 267 271
工藤 洋一　38
工藤 与志男　29
工藤 順雄　392
工藤 宜　475 643
工藤 隆一　336
邦 正美　623
国井 宏幸　436
国枝 忠雄　38 352 418
国枝 藤作　667
国枝 智樹　371
国清 大介　409
国末 憲人　282 327 328
国津 賢三　73
国友 美江　713
国広 忠久　646
國弘 正雄　216　225 537 565 704
国広 陽子　174 255
国正 武重　138　530 532 538　559 561
国政 恒裕　634
国松 孝次　695
國森 康弘　695
国谷 裕子　172 359
国保 徳丸　253 347 421
国保 良江　625
国吉 辰俊　219 629
国吉 真永　559
国吉 美千代　657
功刀 真一　29
椚座 圭太郎　607
久野 収　90　96 187 203 204　292 303 551 710
久野 浩平　408
久野 古夫　454
久野 義治　700
久芳 健夫　664
久保 道夫　704

久保 一陽　456
久保 潔　101 630
久保 健一　512 570
久保 賢治　409
久保 健助　104
久保 紘之　508
久保 秀幹　57
久保 しょう　628
久保 伸太郎　367 620
久保 糾　520
久保 悌二郎　324
久保 哲郎　402
久保 統一　333
久保 勇人　496 618
久保 文男　525
久保 雅督　695
久保 光男　214
久保 康夫　42
久保井 理津男　493
窪岡 文男　657
窪田 雪夫　319
久保木 亮介　111
久保島 武　59
久保嶋 教生　351
久保田 晃弘　57
窪田 充見　156 160
窪田 篤人　245
久保田 泉　575
久保田 きぬ子　91 518
久保田 清　302
窪田 邦倫　585
久保田 啓一　444 454 460
久保田 啓介　582
久保田 賢一　71
久保田 健次　507
窪田 重琉　464
久保田 穣一　525
久保田 正衛　3
久保田 正文　553
窪田 新一　273
窪田 真一郎　625
久保田 誠一　562
久保田 崇　594
窪田 輝蔵　479
窪田 英樹　115 230
久保田 裕之　532 533 650
久保田 誠　559
窪田 正利　618
久保田 美津子　86
久保田 芳太郎　5
久保田 了平　714
窪田 亮明　340
窪田 若　707 708 709
久保田 亘　79
久保谷 洋　140
久保庭 啓一郎　532
久保野 永靖　595
久保村 隆祐　698 715 716
熊 和子　595
隈 研吾　710
熊井 文弘　642
熊谷 耕三　152 153
熊谷 伸一　385
熊谷 伸一郎　20
熊谷 辰男　550
熊谷 徹　242 286 592
熊谷 博子　297 394
熊谷 洋　450
熊谷 幸博　673
熊谷印刷　34

熊谷 和夫　142
熊木 喜一郎　696
熊倉 千砂都　77
熊倉 正弥　30 179
熊坂 隆光　231　254 318 532
熊澤 裕　354 645
熊田 重克　12 504
熊田 忠雄　532
熊田 亘　318
熊谷 明泰　25
熊取 義純　311 341
熊野 伸二　520
熊野 豊治　474
隈部 紀生　278 453
熊本 重清　37 204
隈元 信一　227　360 364 459 468
熊本 喬　81
熊本 良忠　290
熊本朝日放送株式会社　42 43
熊本日日新聞社　26　29 31 33
熊本日日新聞情報文化センター　31
熊本放送　40 42 43
熊本リビング新聞社　33
汲田 和久　22
汲田 伸一郎　593
久米 茂　302 505　527 528 562 616
久米 宏　408 507
粂川 均　713
雲居 恒敬　312
公文 隆雄　88
久門 英夫　623
倉石 武四郎　669 670
クライド・ニュートン　408
クライン, 孝子　497
倉内 均　393
倉掛 崇　81
村上 知行　260
倉木 正晴　390
倉阪 秀史　607
倉沢 進　208
倉澤 治雄　124　149 598 608
倉沢 昌之　264 416 417
倉澤 良一　362
蔵敷 大浩　713
倉重 篤郎　224 546
鞍田 朝夫　201 355
倉田 勝弘　417
倉田 治夫　362
倉田 原志　176
倉田 保雄　262　263 289 560
クラッカワー, マーシャ　707
クラッカワー, P.　717
倉橋 憲史　281
倉橋 耕平　460
倉橋 政道　66
グラハム, キャサリン　225 721
グラフィック社編集部　495
倉持 孝司　133
倉本 正一　13
倉本 聡　378 379
倉本 卓次　707

【く】（続き）

グリア・パターソン 426
栗生 将信 227
クリエイティブビジネス
　エージェンシー 455
クリエンクライラワンク
　ル 379
栗木 千恵子 168 173 244
クリークバウム, H. 262
栗坂 義郎 706
栗栖 武士郎 140
栗田 明子 490
栗田 瑞子 71 72 73
栗田 確也 37
栗田 幸助 15
栗田 純彦 312
栗田 信男 551
栗田 宣義 53 57
栗田 典年 84
栗田 佳泰 118 119
栗田 亘 629
クリッシャー, バーナー
　ド 456
栗林 利彰 247
栗原 彬 521
栗原 清 87
栗原 健太郎 568
栗原 貞子 215 554
栗原 淳 626
栗原 達男 232
栗原 程 614
栗原 秀行 591
栗原 優 685
栗原 裕 491
栗原 隆平 216
栗原 亮 495 697
栗三 直隆 208
栗盛 信太郎 190
栗山 一成 211
栗山 倫子 243
グリーン, ビル 196
クリントン・A・ファイス
　ナー 16
グリーンバーグ, ブラド
　レー・S 386 401
クルカルニ, V.G. 265
来栖 琴子 27
グールド, エミリー 500
グールド, ジャック 261
グループ1947 198
久留米 郁 250
呉 智英 277
クレララ・S・ローガン
　187
グレットン, ジョン 558
グレーバー, ドリス・A.
　544
黒井 千次 213 408
黒井 文太郎 499
黒岩 哲三 177
黒岩 徹 254 292
黒岩 直樹 409
黒岩 比佐子 494
黒岩 祐治 254 610
黒内 和男 529
黒上 晴夫 73 85
黒川 栄三 528
黒川 和美 353
黒川 貢三郎 16
　22 92 252 660
黒川 伸一 154
黒川 洸 520 572

黒川 徳太郎 421
黒川 湛 379 452
黒河 陽平 596
黒木 あきら 615
黒木 香 408
黒木 和雄 387
黒木 隆 411
黒河内 俊夫 518
黒坂 俊介 77
黒崎 昇勝 60
黒埼 精三 490
黒崎 政男 54 364
黒沢 潤 568
黒島 清 334
黒須 治 708 709
黒須 俊夫 54
黒須 美彦 709 710 711
黒須田 伸次郎 697
クロスランド, C.A.R.
　205
黒瀬 悦成 567
黒田 明 708
黒田 勇 368
　369 370 373 375
　376 549 619 652
黒田 理 512
黒田 勝弘 256 272 505
　562 564 565 567
黒田 清 166 198 217 220
　249 252 253 294
　295 302 303 308
　309 313 361 385
　629 630 631 690
黒田 静男 246
黒田 俊太郎 21
黒田 敬雄 208
黒田 卓 71 73 74
黒田 徹 357
黒田 秀俊 6 25 44
　113 207 520 546
黒田 宏 270 563
黒田 真 575
黒田 光男 701
黒田 康弘 115
黒田 泰正 641
黒飛 陽 591
玄永 牧子 62
黒羽 亮一 174 628 680
クロフォード・サービス・
　パリ 699
黒藪 哲哉 257
　325 328 332
黒藪 哲哉 253 332
クロンカイト, W 350
　196
桑沢 一
桑島 生 693 694
桑嶋 誠一 565
桑島 久男 292 365
桑田 弘一郎 520 655 664
桑田 信介 317
桑田 瑞松 422
桑名 淳二 482
桑野 巍 298
桑原 聡 363
桑原 史成 689 695
桑原 武夫 203 205 469
桑原 毅 634
桑原 昇 538
桑原 英彰 612
桑原 宏 389 413
桑原 弘之 586
桑原 雅夫 601

桑原 正樹 632
桑原 通徳 420
桑村 隆之 631
鍬守 幹雄 574
桑山 三郎 60 61
桑山 裕明 70
桑山 稔 337
郡司 和夫 461
軍司 貞則 359
軍司 達男 59
郡司 秀明 486
軍事同盟研究会 516
郡田 弘 528

【け】

慶応義塾広告学研究会
　714
慶応義塾大学 31
慶応義塾大学湘南藤沢学
　会 58
慶応義塾大学法学部 32
　33 34 35 37 42 43
慶應義塾大学メディアコ
　ミュニケーション研究
　所 258
慶應義塾大学SFC研究所
　131
経済広報センター 503 718
警察実務研究会 548
芸術メディア研究会 86
ケイゼ, ジャック 338
鶏徳 啓登 95
気賀沢 洋文 212
下条 泰生 471 476
月刊ニューメディア編集
　部 453
ゲナージー, アリーエヴィ
　チ 563
ケニー・ニコラス 708
ケネス・R, カーター 500
ケリー, レーナ 371 499
兼城 昌昭 463
研究会JU 54 650
研究集団コミュニケーショ
　ン'90 249 717
研究集団21 556
見島 正憲 414
見城 武秀 126
見城 徹 494
原子力ジャーナリストの
　会 609
建設広報協議会 718
現代ジャーナリズムを考え
　る会 516
現代ジャーナリズム研究
　会 186 667
現代人文社 639
現代ニュース研究会 256
ケンブリッジフォーキャス
　トグループ 199
見坊 豪紀 672
言論出版の自由にかんする
　懇談会 113

【こ】

呉 源 637
胡 元輝 446
呉 鎮煥 272
呉 柱燮 708
胡 平 115
呉 連鎬 498
小秋元 隆満 525
五阿弥 宏安 185 626
五井 千鶴子 191 707
小池 幸二 424
小池 振一郎 184
小池 澄男 394
小池 唯夫 292
　523 524 544
小池 信行 187
小池 昇 464
小池 正春 133 191 226
　421 426 428 442
小池 正行 15
小池 三子男 24
小池 保夫 51
　68 69 309 310
　322 335 560 644
小池 玲子 719
小泉 恭子 719
小泉 圭司 464
小泉 敬太 161 637
小泉 澄夫 35
小泉 成史 581
小泉 哲郎 380 595 605
小泉 寿男 252
小泉 雅弘 18
小泉 みね子 219
小泉 陽一 567
小泉 芳孝 382
小板橋 二郎 249
　251 252 260 492
小板橋 靖夫 685
小市 昭夫 537
小出 五郎 387 581
　583 594 605 607
小出 昭一郎 225
小出 鐸男 17 475 477
　477 478 479 492
小出 透 218 421
　422 466 477 496
小出 宣樹 270 311 318
小出 浩樹 337 568 569
小糸 忠吾 3 31 44 45
　57 95 205 207 218
　248 249 261 264
　266 268 288 571
小岩 三郎 597
小岩井 忠道 604
小岩井 宏悦 409
高 瑩瑩 282
高 永才 282
孔 健 31
孔 尚儀 706
黄 升民 435
黄 枝連 558
黄 盛彬 283 372
　373 374 377 430
　538 539 564 590
洪 哲熙 94
郷 富佐子 538
孔 文吉 447

高 文局 498 501 502
黄 璐 301
洪 崙杓 721
香内 三郎 5 6 19 46 113 150 179 187 205 208 212 213 217 248 249 251 262 476 555 576 701
甲賀 辰夫 318
工学院大学新聞創刊OB有志 338
公共政策調査会 165
向後 千春 57
向後 英紀 24 39 46 129 183 277 282 284 328 376 381 382 391 401 427 442 508
広告記号論研究会 717
広告人会議 715
広告動向研究会 715
考古堂書店 643
高坂 純子 45
高坂 扶美子 659
高坂 正尭 655
高坂 龍次郎 39
香坂 玲 582
神崎 洋治 455
郷治 光義 521
甲子園短期大学 257
皇室担当記者OB 556
校条 諭 324
神津 晃生 138 152
高洲 一美 4
神津 洋 136
上月 高子 555
公正取引委員会 394
合田 一道 188 368 516
郷田 俊之輔 323
幸田 大地 693 694 696
幸田 弘子 682
こうたき てつや 358
上滝 徹也 32 50 347 349 350 354 357 362 367 368 370 421 580 704
講談社 26 28 29 30 33 35 36 173 249
講談社サイエンティフィク 30
講談社Web現代 493
香内 信子 12 15
高知市立自由民権記念館 34
高知新聞社 29 34
高知新聞社史編纂委員会 25
高知新聞社社会部取材班 611
高知放送 41
河内山 重高 417 432
神戸 四郎 639
神戸 幸夫 172
高度情報化推進協議会 453
「高度情報化と新聞」研究グループ 315
高度情報通信社会推進本部個人情報保護検討部会 157 158
河野 晃 467
国府 一郎 182 668
河野 逸平 414
河野 英治 588

河野 修 702
高野 国本 199
河野 啓 367 375 392 411 601
河野 健一 577
河野 謙輔 357 359
紅野 謙介 32 36 115
河野 純治 259 572
甲野 泰治 507
河野 鷹思 698
河野 武司 350 351
河野 徹 570
河野 暁之 373
河野 尚行 386
河野 夏子 458
河野 博子 577
河野 光雄 573
河野 実 642
河野 幸男 651
河野 義徳 351
河野 義行 104 155 193 197 255 634 640
河野 龍太 709
鴻池 良夫 418
神戸新聞社 28 30 32 35 253 255
神戸新聞社社史編纂委員会 25 27
江堀 厳男 291
河本 知之 274
河本 仲聖 491
河本 弘 225 479
神山 啓二 289
香山 健一 93 94 188 213 214
幸山 憲治 523
小浦 義文 401
越地 真一郎 79
郡山 辰巳 3
古賀 愛人 190
古賀 和裕 156
古賀 攻 534 536 567
古賀 純一郎 238 257 285 376 449
古賀 洋 646
古賀 正恭 392
古賀 泰司 162
古賀 豊 251
古賀林 幸 258
後上 道雄 696
古川 恒 339 670
粉川 哲夫 51 52 248 259 260 362 475
黒金 泰美 291
国米家 己三 704
国際基督教大学視聴覚センター 63 64
国際交流基金 571
国際社会経済研究所 254
国際出版者著作権協議会 492
国際障害者年日本推進協議会 89
国際新聞技術研究協会 331
国際新聞編集者協会 506
国際シンポジウム実行委員会 252
国際地域研究センター 249
国際通信経済研究所 453
国際日本語普及協会 572
国際貿易投資研究所 571 717

国際連合 89
国際連合教育科学文化機関 288 451
国際連合地域開発センター 33
国分 俊英 316 530 660
國分 幹雄 598
国分 峰樹 712
国分寺 旭 415 522
国分 一太郎 209
国文学研究資料館 33
国民政治研究会 544
国立教育政策研究所 85
国立公文書館 202
国立国語研究所 26 56 686 687
国立国会図書館 202
国立国会図書館関西館 494
国立国会図書館.調査及び立法考査局 130
木暮 啓 170 626
木暮 剛平 419
小榑 雅章 134 440 587 588
木暮 美奈夫 310
木暮太一 495
国蓮教育科学文化機関 100
小阪 英司 646
小坂 憲次 349
小坂 健介 327
小坂 新夫 302
小坂 善治郎 420
小坂 多喜子 44
小崎 裕一 632
小櫻 英夫 350 529 632
小里 光 398 524 703 704
小里 仁 356
小里 広 423
小座野 容斉 693
越 朋彦 290
越石 建夫 689
戸塩 太平 428 429
越川 洋 39 55 124 126 128 238 359 366 403 429 431
越川 葉子 692
古敷谷 義房 196
越桐 国雄 70
越地 真一郎 624
越田 清四郎 82
越谷 和子 313 314 477
小柴 美知 703
小島 章伸 580
児嶋 昭 97 154
小島 明 378 562 574
小島 敦 117 562
小島 郁夫 453
児島 栄吉 306 550
小島 一夫 325
児島 和人 50 57 58 215 248 252 395 396 558 645
小島 慶子 374
小島 源作 413 417
五島 幸一 595 662
小島 孝治 495
小島 祥子 172
児島 宗吉 131
児島 宋吉 7 187 204 205 312 517 518 557

小嶋 外弘 718
小島 徹 191
小島 美子 353
小島 宣夫 224
児島 襄 558
小島 英男 61 62
小島 英人 469
小島 博 446
小島 博志 526
小島 文夫 305
小島 正興 219 574 717
小島 正美 259 316
小嶋 通彦 507
小嶋 勇介 99
小島 良彦 399
小嶋 良太 420
越宗 孝昌 328
越村 佳代子 168 172 294
古城 ゆかり 274 277 278 360 365 427 431 434
小城 英子 58 374 602 634
個人情報保護法制化専門委員会 158
小塚 荘一郎 372
小菅 宏 493
小杉 武 550
小杉 善信 451
小菅 幸一 570
小菅 洋人 539
古住 公義 422 423 424 425 447
小関 謙 473
小関 三平 37 407 416 614
古関 彰一 18 227
小関 道幸 384
小曽 俊之 311
小平 さち子 66 67 68 69 70 71 72 73 74 75 76 77 78 79 80 81 85 363 442
小滝 一志 69
小谷 勇 573
小谷 敏 54
小谷 順子 119 170
小谷 直道 225
小谷 真生子 373
小谷 正一 37 321 346 347 413 416 417
小谷 靖 700
小谷川 拳次 495
児玉 清 370
児玉 邦二 67 70
児玉 久男 410 650
児玉 平生 496
小玉 美意子 133 167 168 169 170 171 173 176 184 198 251 323 347 349 351 355 359 382 417 424 530 544 559 594
五反田 勝寿 697 699
国会テレビを考える会 532
国境なき記者団 508
国連教育科学文化機関 100
コッパー, ゲルト 659
古鉄 勝美 316
小寺 敦之 281 328
小寺 健一 468
小寺 聡 16 646

小寺 敏雄 406
小寺 信良 256
小寺 正一 8 9 10
小寺 佳子 466
後藤 章夫 629 689
後藤 東 185
後藤 嘉一 26
後藤 和雄 688 690
後藤 和子 486
後藤 和彦 5 37 62 68
　81 86 151 191 192
　199 200 206 261
　262 267 308 343
　344 345 346 347
　348 350 353 356
　357 362 396 398
　412 416 417 418
　419 451 463 522
　642 644 658 715
後藤 一也 410
後藤 啓二 180
後藤 謙次 259 299 535
後藤 浩一 712
後藤 曠二 462
後藤 茂 333
小堂 十 69 70 71
後藤 潤平 230 462
後藤 新弥 295 616 619
後藤 総一郎 32
後藤 孝夫 30
後藤 隆行 576
小藤 隆行 464
後藤 武男 3 204 205
　290 305 332 517
後藤 達彦 37 346
後藤 多聞 392
後藤 千恵 376
後藤 力 4
後藤 徹二 316
後藤 俊哉 195
後藤 登 114 128 185 310
後藤 尚雄 575
後藤 秀雄 153 222 223
　310 323 327 586
後藤 英比古 580
後藤 広喜 314
後藤 弘子 634
後藤 寛 110
後藤 弘 470
後藤 富実夫 315
後藤 文生 440 625 681
後藤 文夫 272
後藤 文雄 152
後藤 文康 198 216 309
　313 555 574 721
後藤 丙午 9 10 11 306
後藤 允 16 336 556 721
後藤 政志 598
後藤 雅実 15
後藤 正治 294
後藤 雅彦 643
後藤 将之 253 584
後藤 勝 693 694
後藤 基夫 262 519 721
後藤 基治 27 35 516
後藤 康志 73 77 78 80 81
後藤 靖 16 530
後藤 康行 652
後藤 嘉宏 53 117 229
　255 479 484 587
古藤 了三 615
後藤 亘 430 444 448
　465 466 467 468

後藤基夫さんを偲ぶ文集刊
　行会 544
後藤田 純生 390 689
こどもくらぶ 85
子どもによりよいテレビ
　を！ 行動する市民の会 81
「子どもの生活とテレビ」
　研究会 64
子どものテレビの会 81
子どもの本の明日を考える
　会 173
小中 陽太郎 85 135 146
　256 357 379 385
　402 440 452 459
　504 513 630 631
コナント, T.R. 64
小西 昭之 270 314 505
　507 508 524 530
小西 泉 348
小西 慶三 619
小西 純 526
小西 弘太郎 182
小西 聖一 35
小西 大輔 589
小西 聖子 254
小西 孝道 689
小西 透 165
小西 初彦 340
小西 宏 611
小西 順人 78
小西 康之 134
小西 良太郎 616
小西 聖一 453
小沼 靖 121 348
近衛 正通 370 467
小橋 正哉 347
小波津 稔 643
小林 啓倫 242 503
小林 昭 416 464
小林 章良 385
小林 淳宏 116
小林 勇 35 319
小林 一郎 554
小林 逸雄 197
小林 樹 421
小林 栄一 56 261
小林 英司 628 641
小林 収 362
小林 かおり 411
小林 一男 553
小林 一夫 348
小林 和男 355
小林 和夫 234 345 346
小林 和仁 601
小林 一博 472
　474 475 476 477
　491 530 643
小林 一哉 588
小林 和之 646
小林 一喜 9
小林 克也 408
小林 久三 408
小林 恭子 111
　119 150 164 165
　171 173 278 279
　281 283 284 285
　286 326 327 328
　435 438 440 441
　444 445 498 516
　537 540 548 556
　594 622 635
小林 久美子 75
小林 慶二 564

小林 啓善 26
小林 健一 189
小林 憲一 236 287
　376 403 445 446
　448 498 499 500
小林 健治 541
小林 賢太郎 94
小林 宏一 51
　53 58 100 123
　209 213 322 353
　354 355 356 425
　430 583 691 696
小林 公司 430
小林 貞夫 421
　717 718 719
小林 聡 528
小林 智 450
小林 茂 321
小林 静 3
小林 修一 225
小林 純 526
小林 潤一郎 429 431
小林 二郎 493
小林 伸一 106
小林 晋作 385 646
小林 信司 205
　246 262 519
小林 伸輔 622
小林 朴 306
小林 節 153 538
小林 善八 28
小林 聡明 20 105 230 286
小林 孝輔 92 136
　146 179 215 518
小林 太三郎 698 701 704
　714 715 716 718
小林 正太郎 465
小林 龍生 479
小林 千草 358
小林 千穂 582
小林 哲哉 696
小林 登志生 75
小林 利光 78 315 671
小林 利行 78 370
小林 トミ 398 526
小林 友子 70
小林 豊彦 523
小林 直毅 51
　202 578 596 608
小林 直樹 93 113 208
小林 伸雄 329
小林 信彦 381
小林 紀興 379
小林 紀子 69 70
小林 典子 600
小林 はくどう 394
小林 肇 683
小林 久男 346
小林 寿 303
小林 尚武 645
小林 英昭 218
小林 秀章 242
コバヤシ, ヒデオ 305
小林 英夫 670 671
小林 宏明 303
小林 弘和 58
小林 寛子 349
小林 裕子 289
小林 宏誌 165
小林 洋 591
小林 裕孝 157
小林 弘忠 165 168 639

小林 弘人 58 329 496
小林 弘英 329
小林 啓之 337
小林 宏之 597
小林 史憲 382
小林 雅昭 205
小林 雅一 195 290
小林 政彦 616
小林 正幸 86
小林 三千夫 701
小林 道夫 175 546
小林 道太郎 712
小林 宗之 21 23
小林 元司 401
　417 418 421
小林 基茂 402 705
小林 康夫 253
小林 保彦 706
　707 713 716 718
小林 泰宏 562
小林 雄一 246
小林 葉三 697
小林 良彰 350 525
　532 537 538 546
小林 義雄 319
小林 よしのり 175 253
小林 吉彦 463
小林 義人 216
小林 義寛 469
小林 與三次 37
小林 レミ 541
小林新聞舗 30
小原 友行 70
　76 78 79 80 81
小日向 文世 369
コピーニ, シリル 297
コプカインド, アンドリ
　ュー 263
小堀 和子 61
小間井 俊一 291
小牧 次郎 190
　421 438 450
小牧 利寿 563
駒木根 尚 386
駒澤大学マスコミュニケー
　ション研究所 59
小町 真之 67 68
小町 祐史 492
小町谷 育子 109 135 147
小松 郁夫 598
小松 一三 146 397
　406 463 702 704
小松 恵永 639 651
小松 謙二郎 15
　474 476 551
小松 左京 49
小松 伸 585
小松 直之 645
小松 夏樹 243
小松 秀吉 333 641
小松 浩 111 566
小松 雅明 480
小松 道男 165 182
小松 実 641
小松 錬平 307 390
小松崎 清介 642
小松原 久夫 14
　50 51 94 96 116
　124 137 138 145
　151 152 187 208
　209 210 211 212
　262 263 264 265
　266 267 272 273

278 320 321 323
325 331 343 398
416 418 526 545
546 557 560 561
565 604 641 663
小松原 弘人 217
駒橋 恵子 318
駒村 圭吾 99 102 108 111
115 123 142 159
193 195 235 254
駒谷 真美 76
五味 一男 401
五味 賢太郎 714
五味 三勇 519
五味 陸仁 587
小峰 丈郎 213
小宮 一夫 194
小宮 寛治 17 613
小宮 忠彦 490
小宮 典夫 574
小宮 尊 701
小宮路 雅博 710
小宮山 一衛 15 95 147
小宮山 恵三郎 417
707 708 709
小宮山 博仁 82
小宮山 量平 30 491
小向 国靖 467
小向 太郎 501
小椋 博 615
小室 進 616
小室 直樹 209
小室 広佐子 54 254 256
小室 等 353
米田 喜一 703
米田 公則 260
米田 治雄 261
米谷 南海 653
米谷 雅夫 204
鷹田 高士 385 416
古本 昭三 562
小元 広悦 580
菰淵 緑 211
小森 孝児 33 491 492 687
小森 幸雄 345
小森 陽一 32
43 107 233 254
古森 義久 154
199 332 498 516
560 562 571 572
小屋敷 晶子 341 662
子安 亜弥 114
子安 泰 15
小柳 勇一郎 624
小谷野 修 465 466
小谷野 弘子 78
小山 栄三 204 244
245 246 462 696
小山 帥人 329 330 648
小山 和彦 189 334
小山 薫堂 242 393
小山 敬次郎 575
小山 賢市 62 70
小山 賢二 452
小山 剛 104 105
112 134 143 538
小山 茂樹 507
小山 新三郎 545
小山 武夫 302
小山 猛 279
280 281 283 284
484 485 486 487
小山 虎之助 584

小山 斎 153
小山 仁示 167
小山 齋 153
小山 房二 90 261 504
小山 友介 257
小山 容右 335 577
ゴールドバーグ, ジェラルド・J. 379
ゴールドバーグ, ロバート 379
ゴールドバーグ広告社 699
是枝 裕和 374
382 386 387
是永 論 53 220
コロムビアライト 215
小和田 次郎 207
228 246 302 545
木幡 洋子 279 596
昆 憲治 31
権田 万治 158
159 234 322 326
358 632 633 665
666 706 707
今田 洋三 8 10
渾大防 三恵 481
権平 恒志 568
近藤 勲 70 71
近藤 薫子 55
近藤 和子 580
近藤 勝重 357 399
近藤 侃一 3
近藤 清二郎 678
近藤 邦雄 59
近藤 健 664
近藤 紘一 216 571
近藤 光次 93 703
近藤 耕人 49
近藤 康太郎 572
近藤 静也 126
近藤 四郎 13
近藤 次郎 581
近藤 真史 533
近藤 誠一 571
近藤 操 121
343 518 519 520
権藤 大介 287
権藤 猛 3 203 244 305
近藤 唯一 62
近藤 正 352
近藤 達夫 65
近藤 達彦 458
近藤 哲雄 143
近藤 輝夫 60
61 62 395 404 405
近藤 友子 88
近藤 豊和 542 637
近藤 信行 489
近藤 一 96
近藤 朔 703
近藤 春雄 342 377
近藤 晴嘉 3
近藤 日佐子 587
近藤 日出造 247
近藤 均 67
近藤 宏 690
近藤 紘 381
近藤 汎 629
近藤 誠 552
近藤 正道 605
近藤 守 442
近藤 貢 116 174 187 204

260 261 262 263
319 320 339 470
697 698 701 714
権藤 満 441
近藤 大博 357
近藤 安之 699
近藤 喜幸 386 641
近藤 隆之輔 189
今野 健一 618
今野 耿介 142
紺野 滋 316
金野 千里 450
今野 勉 54
146 179 186 194
197 202 246 364
370 373 382 390
408 435 458 617
今野 敏彦 556
今野 俊宏 589 599
紺野 望 469
今野 信雄 717
今野 徳男 460
金野 徳彦 352 647
紺野 正人 608
今野 洋二 594

【さ】

崔 銀姫 365
崔 禎鎬 220
崔 麻砂 709
崔 洋一 184 393
斎賀 秀夫 305 670 673
災害とコミュニティラジオ
研究会 469
斉木 文武 567
佐伯 芳明 634
在京7社担当者 182
三枝 玄太郎 176
三枝 佐枝子 166 173 294
三枝 博音 204 472
西郷 公子 167
西郷 徳男 697 699
妻城 英治郎 69
西条 昇 372
最相 葉月 595
西条 遊児 587
西前 輝夫 457 528
財前 博 416 647
斎田 一路 137
227 248 253 564
埼玉新聞社出版部 643
斎藤 明子 394
斎藤 彰 560 577
斎藤 明 522 527 562 604
斎藤 彩子 167
斉藤 綾子 173
斎藤 伊都夫 60
61 63 64 65
斎藤 栄一 205 312
斉藤 悦也 533
斉藤 修 227
斉藤 克夫 153
斎藤 岸夫 583
斎藤 宜純 412
斉藤 潔 663
斉藤 清人 467
斉藤 邦史 164
斎藤 邦泰 254
斎藤 啓一 336

斉藤 恵一 595
斉藤 健 173
斎藤 健作 359
斎藤 建作 70
73 403 404 509
斎藤 憲司 711
斎藤 賢治 398 399 463
斎藤 元郎 505
斎藤 禎男 113
斎藤 定良 524
斎藤 薩郎 339 340
斉藤 里美 68
斎藤 早苗 259
斎藤 茂男 150
167 211 219 220
226 293 294 303
385 529 573 574
613 646 663 690
斉藤 茂男 223
斎藤 修一 109
斎藤 純一 115 365
齊藤 潤一 387 388
斉藤 駿介 315
斎藤 史郎 297
斎藤 志郎 560
斎藤 次郎 75
斎藤 慎一 53 175
180 223 380 633
斎藤 信也 302
齋藤 純生 493
斎藤 精一 51 474
斎藤 平 522
斎藤 貴男 105 115 158
231 243 256 258
斎藤 隆雄 50
斉藤 貴雄 461
齋藤 太朗 645
斎藤 隆 16 192
斉藤 孝 243 492 557
斎藤 俊也 219
斎藤 孝光 243
301 576 612
斎藤 忠夫 146
斎藤 禎 489
斎藤 環 257
斎藤 太郎 700 701
斎藤 千代 133 473 508
斎藤 勉 299 327
斎藤 強 309
齋藤 徹 80 341
斎藤 俊則 85
斉藤 富夫 293 314
斉藤 豊治 148 149 175
斉藤 直宏 386
齋藤 紀子 599
斎藤 英夫 7
斎藤 秀夫 677
斎藤 英記 334 641
斉藤 日出治 257
斎藤 仁 278 581
斉藤 斉 410
斎藤 兵衛 305
斎藤 弘樹 591
斎藤 博 156 427
斎藤 裕 664
齋藤 紘二 553
斎藤 博美 534
斎藤 文男 53 97 113
121 132 181 191
215 216 225 335
斎藤 正明 596
斎藤 雅人 339

斉藤 正治　49 93 179 344 345 389 397 407 413 504 614 688 703 704
斎藤 正躬　204
斉藤 正美　53 169
斉藤 正幸　448 450 596
斎藤 学　613 683
西東 万里　467
齋藤 美和　494
齊藤 愛　108 180
斎藤 守慶　38 189 350 357 358 379 419 420 423 452 464 477 496 690 704
斉藤 悠　268
斉藤 譲　240
斎藤 由美子　406
斎藤 友里子　272
斎藤 佳子　410
斉藤 善也　635
斎藤 吉久　17 38
斎藤 悦弘　718
斎藤 嘉博　33 351
斎藤 吉史　269 558 722
斎藤 良平　721
斎藤信也遺稿追悼集編集委員会　303
財徳 健治　619
在阪テレビ局報道部記者　375
斎部 紘子　422
斉間 満　640
佐伯 五郎　288
佐伯 彰一　204 472
佐伯 晋　315
佐伯 敏光　355
佐柄木 俊郎　230 235 278 631
佐伯 奈津子　546
佐伯 昌和　551
佐伯 泰顕　415
佐伯 安彦　18
佐伯 胖　71
佐伯 和歌子　412
三枝 孝栄　400 418
三枝 成章　408
三枝 重雄　112
三枝 博行　586 589 602
三枝 道春　268
嵯峨 景子　23
佐賀 純一　247
嵯峨 仁朗　108 588
佐賀 啓男　67 68 69 70 71
酒井 彰　450 451
酒井 昭　42 179 182 200 464 507 527 563 690
酒井 厚　55
境 治　375 382 502
酒井 和行　70
坂井 克彦　296
坂井 基始良　3
酒井 紀美　256
境 清　309
酒井 啓子　567 571
酒井 健次　165
酒井 謙弥　192
坂井 公介　464
坂井 定雄　505 509 559 579
酒井 幸雄　205 663

酒井 三郎　40 377
酒井 重通　320
酒井 潤　542
境 仁一　640
酒井 信一郎　239
酒井 新二　321
坂井 臣之助　565
坂井 孝之　208
酒井 建美　472
酒井 民雄　613
酒井 亨　438
酒井 寿男　190
坂井 利之　339 340 674
酒井 敏之　329
酒井 寅吉　205 246 301 470
坂井 直樹　713
坂井 信彦　691
酒井 花　657
酒井 治盛　458 631
阪井 宏　260 651
酒井 寛　315 527 624
酒井 富士子　493
酒井 文人　492
坂井 真　134 145 159 165 166
境 政郎　188 366
酒井 昌彦　589 590
坂井 政美　653
境 真良　382
境 真理子　189 382 385 429
酒井 美樹男　410
酒井 道夫　493
酒井 道雄　587
酒井 光雄　719
坂井 泰　223
酒井 康治　479
酒井 安行　635
坂井 康朗　190
境 祐司　495
坂井 律子　88 366 512
酒井 良一郎　422
堺沢 亘　154 629
堺市立文化館　35
堺屋 太一　238
坂上 浩子　75
阪内 駿司　576
寒河江 正　415
坂上 香　126 127 300 386
阪上 順夫　545
榊 直樹　507
榊 博文　49 50 209
榊原 彬　698
榊原 亀之甫　28 263
榊原 廣　370
榊原 正吾　585
榊原 昭二　681
榊原 盛吉　424 465
榊原 民江　700
榊原 一　368
榊原 理恵　598
阪口 昭　526
坂口 あさ　301
阪口 正二郎　99 103 108 110 118 168
阪口 二郎　303
阪口 忠義　578
坂口 徳雄　135
阪口 裕直　88
阪口 由美　144

坂口 義弘　188 302 634
坂倉 杏介　86
坂倉 夏彦　705
坂崎 靖司　492
坂下 修　142
坂尻 顕吾　667
佐賀新聞社　26 29
逆瀬川 尚文　329
坂田 篤志　76
坂田 邦子　276 599
坂田 謙司　468
坂田 二郎　627
酒田 信一　629
坂田 素直　440
坂田 大　113
坂田 奉文　97
坂田 信久　622
坂田 紀行　87
阪田 秀　46 70 74 117 146 147 181 267 268 269 270 309 322 323 335 505 507 546 552 562
酒田 英紀　638
坂田 宏　135
佐方 麻希子　341
坂田 稔　208
坂田 義教　415
坂田記念ジャーナリズム振興財団　36
坂西 志保　204 305 311 312 318
坂根 治美　53
阪根 健二　78 79 81
坂野上 明　647
坂の上の雲ミュージアム　36
坂巻 幸子　281
坂巻 善生　58 316
坂元 章　58 72 75 240
坂本 泉　319
阪本 泉　206 260 658
坂本 清　699
坂本 樹徳　249
坂本 旬　86
坂本 晋　344
坂元 伸一　388
坂本 慎一　43
坂本 真治　205
阪本 節郎　626 710
坂元 昂　81 254
坂元 隆　509 589 622
坂本 卓　280 513 514 712
坂本 健　422
坂本 武久　613
坂本 竜彦　114 227 303 561
坂本 哲男　306
坂本 登志子　419
坂本 敏美　615
坂本 敏幸　435
坂本 朝一　378
坂本 登　714
阪本 紀生　689
坂元 彦太郎　60 61 62
坂本 英昌　558
坂本 弘子　79
阪本 博志　18
坂本 浩　496
坂本 藤良　699
阪本 昌成　94 95 102 103 110 115 138 140 152 154 162 179 634 707
坂本 勝　453
坂本 衛　103 127 133 176 177 193 196 357 361 362 364 368 401 403 423 424 425 429 431 433 434 436 442 443 446 455 461 529 533 566 585 586 647
坂本 倫城　159
坂本 充　169 682 683 684 685
坂本 裕一　626
坂本 祐司　498
坂本 洋　354
坂元 良江　171
坂本 竜之介　590
相良 剛　315
相楽 孝一　528
相良 広明　667
相良 守次　699
相良 悠太　582
佐川 永一　592
佐川 幸三郎　704
佐川 峻　425
鷲実　641
佐木 隆三　138 193 221 231 366 368 633 634
崎川 範行　579
向坂 正男　699
崎山 右京　178
崎山 純一　362
崎山 正毅　56 62 187 342
崎山 敏也　360
崎山 正信　390
崎山 昌広　505
作田 和幸　147 309 555 560
佐久田 昌一　113
佐久間 修　180
佐久間 準　133 220 221 222 323
佐久間 順　607
佐久間 仁　360
作間 澄久　420
佐久間 誠　635
佐倉 潤吾　557
佐倉 敏明　492
桜井 章夫　534
桜井 乙彦　707
桜井 圀郎　718
桜井 孝児　262
桜井 孝三　15
桜井 順　716
桜井 誠一　587
桜井 健　346 417
桜井 武　253
桜井 哲夫　226 364
桜井 哲也　328
桜井 敏郎　179
櫻井 秀勲　34 480 481 482 494
桜井 均　39 201 370 371 372 373 374 375 388 516
桜井 三夫　547
桜井 元雄　289 357
櫻井 康雄　381
桜井 保之助　146

桜井 靖久 610
桜井 陽子 221
櫻井 よしこ 297
桜内 篤子 89
桜木 武史 517
さくらだくらぶ 26
桜庭 幸雄 344
桜間 裕章 589
桜本 富雄 492 516
櫻本 陽一 253
佐桑 徹 211 499
迫 有香 84
酒匂 一郎 142
酒向 莞三 266
酒匂 順一 314 573
佐幸 信介 25 55
　238 450 658 660
酒向 安武 524
座光寺 昭典 218
迫川 緑 410
迫田 勝敏 562
左近 妙子 74
佐々 瑞雄 335
笹尾 敬子 563
笹岡 義彦 465
笹川 巌 522
笹川 洋子 682
佐々木 斐夫 204
佐々木 一朗 426 453
佐々木 和子 170 708
佐々木 和彦 361
佐々木 基一 342
佐々木 欽三 394
佐々木 圭史 236
佐々木 謙一 272
　521 559 663
佐々木 剛 62
佐々木 孝二 603
佐々木 克孝 595
佐々木 繁 470
佐々木 品二 676
佐々木 純 423
佐々木 正一 538
佐々木 昭一郎 49 349
佐々木 多生 68 310
佐々木 孝夫 79
　80 539 548
佐々木 隆 54 335 527 550
佐々木 隆信 717
佐々木 篁 123
佐々木 毅 62 531
佐々木 忠雄 503
佐々木 正 364 512
佐々木 達也 569
佐々木 有美 172
佐々木 束 77
佐々木 輝美 66 73 252
佐々木 亨 463 704
佐々木 俊尚 107 236 237
　304 327 372 382
　403 448 450 494
　498 503 544 650
佐々木 利春 483
佐々木 敏裕 193
佐々木 共成 216
佐々木 朋美 120
佐々木 信雄 252
佐々木 伸尚 310
佐々木 典明 264
佐々木 紀彦 375
佐々木 久雄 424
佐々木 央 175 556

佐々木 久 456
佐々木 秀雄 261
佐々木 秀樹 591
佐々木 秀智 120 127 509
佐々木 宏 532 547 718
佐々木 坦 299
　552 561 562
佐々木 弘通 108
佐々木 実 641
佐々木 眞徳 254
佐々木 学 443
佐々木 光明 174
佐々木 稔 613
佐々木 盛雄 517
佐々木 靖典 645
佐々木 悠亮 243
佐々木 嘉雄 424
佐々木 良寿 282 565
佐々木 嘉治 603
佐々木 佳史 71
佐々木 慶文 488
佐々木 律 410
佐々木 竜介 237 328
佐々木 凛一 289
佐々木 BAKU達也 493
佐々木 凜一 15
笹栗 実根 358
笹下同志会 44
笹島 雅彦 542
笹田 栄司 176
笹田 佳宏 39 147 160 596
笹沼 弘志 106
笹野 洋子 289
笹原 金次郎 308 624
笹原 嘉弘 424 648
笹本 駿二 121 217
　263 312 320 519
笹本 信朗 691
笹本 史子 283 284 651
　287 484 486 488
笹本 利之助 354
篠森 未羽 493
笹山 正勝 466
指出 昭洋 647
佐島 群巳 69 70 71
　506 560 604
佐瀬 稔 616 617
佐田 一彦 379 398 462
佐田 玄一郎 126
佐田 智子 166
　255 613 626
佐高 信 149
　304 305 318 358
佐滝 剛弘 102 371
佐竹 弘造 249
佐竹 秀雄 682 683 685
定森 大治 546
佐塚 正樹 123
　328 356 616 631
目 光紀 648 660
佐々 克明 212 213 214
札幌テレビ放送 40
　41 43 416 420 423
薩摩 正 262 641
薩摩林 正 263
佐藤 章弘 195
佐藤 彰 12 687
佐藤 明 535 591
佐藤 朝子 624
佐藤 竺 333 520 640
佐藤 敦 329

佐藤 睦 299 572
佐藤 綾子 659
佐藤 伊佐雄 384 424 506
佐藤 永充 249
佐藤 修 351 419 463
佐藤 和紀 80
佐藤 和文 230 326 594
佐藤 勝造 37 46
佐藤 紀久夫 248
佐藤 公正 184
佐藤 清 610
佐藤 国雄 251
佐藤 圭一 266 267
佐藤 慶一 244
佐藤 敬一 107
佐藤 敬爾 647
佐藤 健二 82
佐藤 賢二郎 693
佐藤 晃一 386
佐藤 幸悦 591
佐藤 幸治 93 146
佐藤 貞夫 299
佐藤 敏 613
佐藤 薫生 460
佐藤 重喜 468
佐藤 成文 232
　277 278 280 281
　283 299 327 434
　567 572 661
佐藤 茂 630
佐藤 修三 430
佐藤 純 226
佐藤 純子 18
　19 108 234 567
佐藤 潤司 186
佐藤 順彦 189
佐藤 翔輔 598
佐藤 史朗 640
佐藤 次郎 616 617 619
佐藤 伸 212
佐藤 真司 584
佐藤 精 348 349 554
佐藤 清賢 456
佐藤 正忠 717
佐藤 崇雄 505
佐藤 隆夫 605
佐藤 孝 704
佐藤 崇 377 694
佐藤 拓 68 69
佐藤 拓司 85
佐藤 卓己 23 32 34
　37 54 58 59 232
　240 256 259 260
　284 329 367 370
　496 516 622 720
佐藤 毅 51
　52 56 93 97 191
　206 210 211 214
　224 248 249 250
　251 265 268 293
　313 314 315 412
　518 526 530 532
　554 614 700 701
佐藤 健 309
佐藤 武博 435
佐藤 忠男 49 65 208
　343 347 369 371
　372 377 378 383
　387 388 406 407
佐藤 忠雄 333
佐藤 貞 673
佐藤 忠則 223
佐藤 辰雄 216

サトウ,タツヤ 600
佐藤 親賢 119
佐藤 千矢子 168 533
佐藤 宙史 465
佐藤 司 215 554
佐藤 二雄 221 379 380
佐藤 勉 128
　129 441 444 591
佐藤 経明 560
佐藤 鉄雄 721
佐藤 哲司 401
佐藤 藤三郎 646
佐藤 亨 399
佐藤 年緒 581
佐藤 俊樹 231
佐藤 智雄 57
　166 207 217 314
　457 640 644 671
佐藤 知範 472 474
佐藤 知恭 37 414
佐藤 友之 128 129
　459 460 621 639
佐藤 豊道 351
佐藤 直道 143
佐藤 尚之 719
佐藤 信夫 714
佐藤 信行 299 508
佐藤 則男 548
佐藤 紀子 441
佐藤 一 18 227 635
佐藤 悠 523
佐藤 英雄 105
　106 107 108 109
　110 127 200 322
佐藤 日出夫 236
佐藤 英尊 593
佐藤 浩章 497
佐藤 ひろ子 607
佐藤 宏 572
佐藤 弘 612
佐藤 浩之 437
佐藤 文雄 29
佐藤 信 246
佐藤 正晴 18
佐藤 雅彦 274 544
佐藤 正弥 93
佐藤 優 330 609 658 709
佐藤 幹夫 495
佐藤 三千男 535
佐藤 光俊 608 609
佐藤 充彦 437
佐藤 民宝 4
左藤 恵 451
佐藤 元伸 428
佐藤 元状 86
佐藤 泰則 693
佐藤 安弘 615
佐藤 泰正 388
佐藤 勇一 434
佐藤 祐治 336
佐藤 有紀 79
佐藤 豊 385 690
佐藤 友美子 365
佐藤 洋一 74
佐藤 洋子 167
佐藤 嘉男 263
　312 655 708 721
佐藤 吉雄 462
佐藤 吉尚 605 626 713
佐藤 嘉尚 472
佐藤 吉記 591
佐藤 喜春 50

佐藤 善晴 600
佐藤 佳久 111
佐藤 佳弘 196
佐藤 吉哉 240
佐藤 慶幸 354
佐藤 隆二 625
佐藤 亮一 173 301
佐藤 良一郎 311
佐藤 亮策 696
里深 文彦 474 475 580
里見 繁 409 635
里見 脩 19 21 253
　　326 332 509 513
真田 孝昭 583
真田 範行 126 155 159
真田 正明 564
佐怒賀 三夫 49 344
　　345 348 360 364
　　377 389 391 397
　　399 406 407 412
　　413 419 474 520
さねとう けいしゅう
　　203
佐野 和彦 213 349
佐野 健二 583
佐野 眞一
　　255 259 338 363
　　387 458 479 480
　　484 493 496
佐野 尊 339
佐野 徹 447 448
佐野 英夫 699
佐野 寛 696
佐野 浩 456 462
佐野 洋司 216
佐野 博彦 69
　　70 71 73 442
佐野 弘吉 158
佐野 真 560 561 562
佐野 麻由子 55
佐野 幸恵 501
佐野 讓顯 421
佐野 領 574
佐野山 寬太 403 720
佐橋 嘉彦 574
佐原 六郎 721
サープ, デービッド 664
サファイア, ウイリアム
　　196
サミュエルソン, ロバート 236 283
寒川 泰寿 65
鮫島 敬治 293
鮫島 志芽太 333 655
猿山 儀生 4
佐山 峻 350
皿田 修平 251
サリヴァン, ハリー・スタック 57
サリンジャー, P. 545
猿田 量 30
サルツバーガー, A.O
　　210
サルモン, ロベール 338
サルモン, R. 261 339
猿谷 要 507 528
沢 大洋
澤 康臣 148 661
澤 雄二 128 444
沢 佳子 291
沢井 俊光 274
沢井 佳子 75
サワダ オサム 332

沢田 和雄 490
沢田 幸二 469
澤田 茂 424
澤田 隆治 37 194 346
　　370 372 373 374
　　382 390 392 419
佐和田 琢治 527
沢田 猛 234
沢田 正 485 633
澤田 初日子 352
沢田 久男 699
沢田 博 138 218 477
澤田 正彦 650
澤田 康広 180
澤地 久枝 384
沢野 久雄 188
沢野 正邦 426
澤畑 剛 569
沢畠 毅 475
沢辺 栄一 452
沢辺 隆雄 311
沢辺 均 486 494
沢目 健介 17
澤本 嘉光 712 713
沢山 勇三 305
三一書房編集部 301
山陰中央新報社 34 36
山陰放送 42
産業経済新聞社 36 144
サンケイ新聞社 36
産経新聞社 36
サンケイ新聞データシステム 717
産経新聞論説委員室 722
三条 毅史 467
三笑亭 笑三 215
三倉 年男 333
讃文社 643
三辺 吉彦 508
三平 孝雄 407
山陽新聞社 25 26
　　27 30 33 35 587
山陽新聞社編集局 332
山陽放送 41 423
三陸河北新報社 602
三陸新報社 32
山領 健二 290

【し】

史 哲 571
西 茹 115 259 288
志位 和夫 259
志位 素之 525
後田多 敦 656
椎名 健次郎 382
椎名 達人 55
椎名 良吉 209
椎野 博之 554
椎野 礼仁 382
椎葉 昌彦 577
椎橋 勇
　　698 699 700 701
ジェイキャスト 382
ジェイコブ, サー・イアン 456
ジェオフ, アージャ 69
ジェニングズ, スティーブン 259

シェーファー, ジャック
　　329
ジェームス三木 407
塩口 喜乙 153 522 523
塩倉 裕 22 225
塩越 隆雄 316 328
塩崎 勤 158
塩崎 博 200
塩沢 和子 381
塩沢 鴻一 306 307
塩沢 茂 27
　　41 331 343 347
　　397 623 663 716
塩沢 実信 13
　　30 33 36 260
　　474 477 491 492
塩澤 幸登 496
塩路 忠彦 502
塩田 幸司 165 439
塩田 雄大 362 565 682
　　683 684 685 686
塩田 丸男 358
塩田 陽平 12 249
塩田 良平 472
塩野 宏 122
　　124 131 350 583
塩野 充 452
塩見 経央 311
塩原 勉 5
塩原 実 419
潮見 憲三郎 141 527
塩見 戎三 523
塩見 淳 180
潮見 高男 45
　　138 181 214 266
　　267 323 415 422
　　457 477 507 563
塩見 正 453
汐見 稔幸 185
塩見 昇 145 630
塩見 譲 577
塩谷 勇 498
塩谷 裕一 635
塩谷 喜雄 608
志賀 厚雄 502
志賀 史郎 463
志賀 俊彦 161 176
志賀 信夫 40
　　41 64 146 166
　　248 249 250 295
　　321 343 344 345
　　346 347 348 349
　　352 353 360 377
　　378 379 381 382
　　390 394 399 406
　　412 413 414 416
　　417 420 421 422
　　423 433 451 452
　　453 456 457 461
　　464 471 520 555
　　691 702 703 715
志賀 等 427
志賀 錬三 208
志垣 芳星 715
視覚障害者読書権保障協議会 89
視覚デザイン研究所 490
鹿倉 吉次 26
四方 勝治 711
四方 末男 555
四方 洋 66 214 390 653
四方 由美 168 171 172
　　259 514 640 652
鹿野 修三 513

鹿間 孝一 620
式 正次 26 245 288
志岐 裕子 374 403
子規記念博物館 33
執行 文子 370
　　371 435 499 501
　　593 594 595
事業部外国課 697
宿輪 智浩 600
重岡 健司 456
重定 尚志 201
繁沢 敦子 115 517
重田 育哉 232
繁田 清四郎 338 339
重田 光晴 290
茂野 徹太郎 560 571
重野 康人 682
重延 浩 358 365 366
　　367 369 374 391
　　392 394 404 409
　　417 428 436 447
重松 昭生 87
重松 修 218
重松 清 186
重松 敬一 63 205 612 663
重松 英樹 493
重見 晋也 120
重村 智計 566
繁村 長孝 209 247 334
重村 一 218 353 375
　　391 400 407 429
重村 博美 119 120
重森 弘淹 688
重森 万紀 361
　　364 402 509
重森 守 246
茂山 憲史 100
四国新聞社 26 30
四国放送株式会社 42
宍倉 学 59
時事総合研究所 572
時事通信労働委員会 565
宍戸 篤 591
宍戸 啓一 31
宍戸 常寿 112 164
　　194 372 374 434
宍戸 豊和 529
静岡県弁護士会 165 166
静岡新聞社 28 31
静岡第一テレビ 41 423
静岡放送株式会社 40
零石 多都子 646
システムコミュニティズ
　　PFIプロジェクト
　　469
ジスト 719
志津野 知文 716 717
信太 恵子 329
信太 謙三 284
　　299 566 572
志田 陽子 110 115
下久保 聖司 594
自治体国際化協会 145
視聴率グループ 399 400
視聴率調査グループ 398
実 哲也 535
実相寺 昭雄 349
児童言語研究会 86
シードプランニング 492
品川 工 687
品田 卓 542

信濃毎日新聞社　27
　　29　31　338
信濃毎日新聞社科学班　581
信濃毎日新聞社出版部　643
信濃毎日新聞労働組合　32
指南役　382
標葉　隆馬　602
篠木　廣幸　368
篠倉　政昭　191
篠崎　克己　309
篠崎　ただし　555
篠崎　敏男　51
篠崎　正人　149
篠塚　公　141
篠田　昭　646
篠田　鉱造　25
篠田　博之　126
　237　300　476　479
　495　606　635
篠田　悠三　241　242
篠田　靱彦　533
篠原　菊治　10　301
篠原　滋　339
篠原　慎一郎　299
篠原　孝明　420
篠原　俊行　122　123　124
　189　325　352　359
　398　400　418　419
　420　422　423　424
　464　465　466　704
篠原　朋子　681
篠原　信行　209
篠原　一　136　208
　218　334　518　519
篠原　弘志　632
篠原　文陽児　74
四戸　友也　80
四宮　康雅　410　445
篠宮　幸男　248　350　418
篠山　一恕　289
芝　公彦　219
芝　均平　559
柴　隆治　524　525
柴　宜弘　508
芝　則之　340
司馬　文武　273
芝　正　643
司馬　遼太郎　32
志葉　玲　304
柴岡　信一郎　696
志伯　知伊　428　644
芝崎　厚士　568　569
芝崎　順司　69　74　83
柴崎　信三　625
柴田　厚　186　283
　285　370　442　444
　445　446　447　449
　450　468　596　654
柴田　偉斗子　597
柴田　治　554
芝田　収　431
柴田　岳　547
柴田　和広　349
柴田　寛二　507　562
柴田　邦臣　83
柴田　建哉　638
柴田　光滋　494
芝田　進午　215
柴田　隆　39
柴田　剛　690

柴田　武　675　676　677
芝田　正　597
柴田　長　646
柴田　哲志　410
柴田　鉄治　147
　198　222　235　238
　240　241　252　255
　257　300　304　309
　541　543　548　581
　582　583　592　606
　607　608　609　630
　637　652　657　666
柴田　俊治　302
柴田　秀利　31
芝田　正夫　33　46　271
柴田　仁　554
柴田　南雄　688
柴田　実　74
　573　683　684　685
柴田　穂　217　557
芝田　稔　288
柴田　義一　478
柴沼　均　296　618
芝沼　隆一　220
柴野　京子　21
柴橋　国隆　696
芝原　邦爾　573
芝村　源喜　414
柴谷　徹　598
柴山　明寛　600
柴山　佐利　258
柴山　哲也　226　252
　255　256　290　310
　457　508　516　667
じびき　なおこ　493
自費出版編集者フォーラ
ム　36
シーブ, チャールズ B
　196
志富　実　334
志富　靱負　334
渋川　環樹　245
渋沢　輝二郎　262
渋沢　重和　587
渋沢　利久　353
渋田　民夫　316　588
渋谷　修　698
渋谷　明子　55
渋谷　一彦　442
渋谷　才星　458
渋谷　重光　249　250　341
　520　522　545　716
渋谷　武　562
渋谷　博純　645
芝生　瑞和　560
司法研修所　159
島　脩　222
嶋　邦夫　693
島　桂次　379　524　617
島　裕　339
島　修一　376
嶋　信彦　191　193　251　380
島　洋子　658
島内　尭　701
嶋内　義明　586
島上　哲　214
嶋口　充輝　704　707
字幕放送研究会　89
嶋倉　民生　564
島崎　哲彦　58
島崎　栄治　252　256　382　452
　453　533　539　660
嶋崎　栄治　40

島崎　憲一　203　204　244
　246　288　339　451
　519　640　669　672
嶋崎　さや香　21
島崎　淳　509
島崎　洵子　171
島崎　忠雄　353
島崎　諭生　612
島崎　恒夫　526
島崎　英威　47
　275　280　282　480
　483　485　486　488
島崎　文彰　137
嶋崎　素彦　506
島崎　保彦　703　716
島津　邦弘　17　216
島薗　進　582
嶋田　昭浩　567
島田　厚　612
島田　一生　116
島田　一男　173　639
島田　謹介　688
島田　弦　120
嶋田　健　651　720
島田　茂男　97
島田　昭吉　527
島田　匠子　40
島田　親一　407
島田　巽　245　261
島田　晴雄　358　575
嶋田　英男　215
島田　浩志　102
島田　裕巳　625
島田　楓子　150
島田　昌幸　228　393
島田　益吉　73
島田　光雄　701
島田　洋州　352
島田　佳幸　531　650
島地　純　360　463
嶋名　隆　536
しまね　きよし　415
島野　功緒　380　455
島野　剛　195
島袋　数也　656　721
島袋　和幸　658
嶋袋　浩　655
嶋村　和恵　718　720
島本　和彦　709
嶋本　達嗣　447
島森　路子　184
　253　254　706　720
島守　光雄　9　350
　474　705　715　716
島矢　志郎　322　701
島谷　泰彦　701
清水　幾太郎　56
　90　173　342
清水　勲　626
清水　一雄　593
志水　一雄　645
清水　一成　704
清水　一嘉　46　493
清水　克明　616
清水　克雄　216
　217　227　634
清水　克彦　86　381
清水　勝彦　282　498
清水　勝人　211　247
　321　322　323　335
清水　喜由　630
清水　潔　634

清水　邦男　560
清水　健太郎　226
清水　公一　717　718
清水　皓治　465
清水　三郎　4　9　319
清水　純一　242
清水　正三郎　378
清水　孝雄　425　426
清水　豪　401
清水　忠　593
清水　忠彦　510
清水　勉　109　140
　142　149　166　611
清水　哲男　471　473　614
清水　輝子　410
清水　透　425
清水　俊朗　68
清水　知久　93　558
清水　直樹　578
清水　鳩子　137
志水　速雄　209
清水　晴生　149
清水　英夫　17
　91　92　93　94　95　96
　98　99　100　104　106
　113　114　121　122
　123　124　132　136
　137　138　144　145
　146　147　151　152
　153　155　158　165
　174　176　177　179
　181　182　183　184
　185　186　190　192
　193　195　210　215
　233　247　257　269
　270　347　348　357
　403　470　471　472
　473　474　475　476
　477　478　489　490
　491　528　533　546
　549　554　583　646
　678　701　703　704
清水　文裕　643
清水　文吉　30
清水　真輝雄　476　477
清水　真　224　652
清水　誠　411
清水　正男　61
清水　正信　525
清水　正晴　702
清水　雅彦　148　150
清水　幹夫　220　527
清水　幹雄　124
　125　192　358　362
清水　瑞久　402　626
清水　光雄　183
清水　泰　133　134　141　467
清水　康敬　74　77　79
清水　康文　646
清水　康之　613　614
清水　幸雄　262
清水　洋一　216
清水　義昭　466
清水　義範　686
四宮　恭二　91
シム, チュン・キャット
　120
志村　一隆　258
　374　382　447
志村　清一　512
志村　宏忠　571
志村　諭　591
志村　剛　217
志村　豊司　678

志村 正順　671 673
下川 和男　480 481
下川 正晴　106 563 567
下川 靖夫　616
下河原 忠夫　145
下久保 翼　134
下沢 夫美子　307
下嶋 哲朗　220
下島 信夫　384
下重 暁子　349 408 423
下津輝 八洲　426
下世古 幸雄　273 427 430
下田 経　523
霜多 正次　655
下田 勉　591
下田 敏道　521
下田 博次　225
下田 美知夫　642
霜田 雄一　498
下野新聞社　29 31
下斗米 伸夫　571
霜島 秀雄　274 617 618
下中 邦彦　472
下野 誠一郎　274 275 479
下平 欣一　341
下平尾 直　486 487 488 489
下村 昭夫　476 477 478 482 483 484 493 495
下村 海南　3
下村 健一　155 255 258 299 363 632 635
下村 勉　80
下村 博文　193
下村 裕明　598
下村 満子　216 293 646
下山 純　243
下山 進　273 289
下山 哲平　443
下山 徳弘　336
下山 宏昭　386
霜山 富士夫　333 642 643
謝 然之　116
ジャイアント馬場　360
ジャイルズ・リキタ　356
社会経済生産性本部　253
ジャカンデ, L.K0　262
初宿 正典　103 105
写真取材研究会　688
シャドソン, マイケル　328
ジャーナリスト会議　251 253 516
「ジャーナリスト人名事典」編集委員会　305
謝花 直美　626 657
ジャパンプレス　260
シャーフ, エドワード・E.　289
ジャムハウス　494
シャルレ, L.　339
ジャワルデナ, R.D.K.　470
ジャン・マルク・ポチエズ　416
朱 家麟　273
朱 磊　719
朱 利　424
許 力以　583
宗 徳和　203
シュヴァルツ, ウルス

261
週刊誌研究会　489
週刊文春　173
衆議院　89 131 145 462
就職活動研究会　259 332
自由人権協会　114 115 145 166
秋蘋の会　36
自由報道協会　602
寿岳 章子　624
寿岳 文章　8 29 121 472
宿南 達志郎　256
出版ニュース社　489
出版文化国際交流会　490
出版マーケティング研究会　718
出版メディアパル　495
出版流通改善協議会　493
出版労連　640
主藤 孝司　495
シュラム, ウイルバー　48 559
シュラム, ウイルバー　56 57
寿郎社　486
シュロスバーグ, ジャスティン　149
シュワルツ, ハロルド・A　68
春香クリスティーン　81
ジュンハシモト　623
徐 園　22
徐 勝　119
徐 正宇　271
徐 鋳成　288
徐 廷輔　548
城 市郎　27
蔣 樂群　367
城 菊子　385
荘 宏　130
章 蓉　444
小学館　28 34 36
将基面 貴巳　115
升金 勲　422
上甲 克巳　573
東海林 明夫　643
庄子 勝義　422
上路 健介　437
東海林 さだお　254
庄司 修也　251
庄司 浅水　41 471 489
東海林 隆　704
庄司 正　634
庄司 達也　495
荘司 太郎　473 474 475
荘司 徳太郎　32
小路 春美　298
東海林 秀明　492
庄司 昌彦　503
庄司 洋　339
東海林 路得子　199
小松 董　465
正田 諭　322
正田 千瑞子　638
庄田 真人　412
正田 喜久雄　699
上智大学　248
上智大学情報科学教育研究センター　58
上智大学田島泰彦ゼミ　230 237 243 538
生野 慈朗　409

笑福亭 鶴瓶　408
情報環境研究会　416
情報公開制度向上委員会　139
情報公開判例研究会　145
情報処理学会　455
情報通信技術 (IT) 戦略本部　158
情報通信審議会　455
情報通信分野競争政策研究会　131
情報列車　720
上丸 洋一　23 316 495 515 547 608 609
上毛新聞社　30
庄本 恵子　80
城森 外夫　307
ジョエル・マクリー　572
食生活プランニング　695
ショークロス, H.W.　91
女性雑誌研究会　491
女性誌研究会　492
女性と新聞メディア研究会　169 171 172
「女性とメディア」研究会　171 172 173 694 695
女性とメディア研究会　171
ジョセフ・キャロン　348
ジョセフ・ショールズ　259
ジョベール, アラン　695
ジョルジョ・アリンチ　706
ジョンCジェイ　711
白井 清也　188
白井 健策　32 137 560 562 604
白井 浩司　91
白井 聡　150
白井 千尋　609
白井 哲夫　521
白井 宏尚　630
白井 文吾　308
白井 雅子　609
白井 隆二　378
白石 昊一　295
白石 興二郎　297 330
白石 京　319 320
白石 重昭　355
白石 省吾　656
白石 善次郎　573
白石 大二　671
白石 徹　119
白石 信子　53 54 72 235 366 401 403 549 589 654 694
白石 草　172 513
白石 春樹　154
白石 義郎　331
白石 亘　576
白岩 尚　192
白潟 槙　696
白神 鉱一　518
白神 昇蔵　342
白川 勝彦　528
白川 文造　423
白川 政雄　664
白川 通信　452 579
白川 嘉秀　498
白木 勘治　641

白木 龍雄　123
白倉 克文　496
白倉 良太　611
白田 秀彰　233
白土 万次郎　338
白土 康代　22
白戸 圭一　567
白戸 健一郎　24
白戸 正直　349 406
白鳥 邦夫　292
白鳥 正　591
白鳥 元雄　82
白取 祐司　44
白鳥 令　521 522 544
白名 徹夫　26
白根 孝之　451
白畑 準之助　203
白髪 武　701
白水 繁彦　45 53 228 229 252 297 315 335 654
白山 映子　301
白山 眞理　517 695
次呂 久勲　657
シルバーストン, D　700
白田 耕作　491
城田 隆　442
代田 昇　471
城塚 登　187
城野 一憲　110
城山 英巳　567
志波 吉勝　314
沈 揆先　562
辛 淑玉　227 566
沈 霄虹　194 502 597
神 英雄　18
信越放送　416
信越放送株式会社　42
新開 清子　424 537
新宮 一成　256
人権個人情報問題検討会　158
人権と報道関西の会　165
人権と報道研究会　165
人権と報道連絡会　165 640
真後 和男　365
新里 善弘　383
新時代における放送産業の在り方に関する懇談会　452
陣立 昌之　589
新谷 明生　508 564
新谷 恵司　277
新谷 哲也　720
新潮社　26 493
新藤 謙　280 457 549
新藤 健一　201 218 553 555 597 690
新藤 晃　189
進藤 純孝　301
進藤 次郎　332 627
進藤 卓也　68
進藤 直滋　517
新藤 宗幸　145 420
新藤 宗介　23 24
新名 瑛　523
神野 瑳予子　7
神野 武美　138 147
榛葉 英二　589
新聞協会 経営業務部　330
新聞協会開発部　324

しんふ

新聞協会教育文化部 70
新聞協会研究所 155
新聞協会審査室 223
新聞協会デジタルメディア担当 318
新聞協会編集制作部開発担当 589
新聞研究編集部 15 68 86 94 132 147 166 182 188 189 196 218 266 267 268 308 309 313 521 526 551 552 555 559 581 586 603 659
新聞再販問題研究会 668
新聞産業の退職者懇談会 257
新聞写真研究会 691
新聞取材研究会 136
新聞整理研究会 306 311
新聞總合調査委員会 56 245
新聞通信調査会 332
新聞通信調査会世論調査班 318 330 387 543 607
新聞編集関係法制研究会 92 93 113 132 151
新聞問題研究取材班 331
新聞用語懇談会 174
新聞労連 252 303
新聞労連新聞研究部 666
新聞労連第一次ソ連欧州視察交流代表団 331
新聞労連東京新聞労働組合 325
新聞労連報道評議会設立特別プロジェクト 157
神保 太郎 109 135 148 149 197 198 237 238 241 242 243 244 285 459 461 515 539 540 541 542 543 544 570 575 576 606 607 608 622 637 638 657
新保 力 336
神保 哲生 143 236 240 297 301 368 509 550 596 666 695 696
新保 満 331
辛坊 治郎 453
新堀 英二 488
新堀 俊明 361 574 581
新堀 通也 472
信松 茂 4
新名 丈夫 207
人民日報総編集室 330
新友会パピルス 82

【 す 】

水守 亀之助 469
水藤 眞樹太 24 194
水道橋博士 371
水曜会 251
末木 宏典 481
末次 静二 702 707
末常 卓郎 204 305

末永 康仁 455
末広 昭 101
末松 氷海子 263 470
末松 満 245 703
末吉 尚身 707
末吉 南美 85
スエンスカ・テレグラムビューローン 699
スオン, ニール・D. 214
菅 勝彦 581
菅 賢治 361
菅 玄助 187
須賀 潮美 366
須賀 久彌 499
菅 義偉 149
菅田 一郎 422
菅付 雅信 494
菅中 雄一郎 317
菅波 茂 590
菅沼 金六 698
菅沼 堅吾 234
菅沼 定憲 382
菅沼 俊哉 614
菅野 利郎 650
菅谷 明子 83 85 402
菅谷 克行 78 79
菅谷 規矩雄 688
菅谷 定彦 369 432
菅谷 実 56 87 125 256 289 380 423 434 455 457 503 653 654
菅原 勲 11 331
菅原 出 150
菅原 巌 404
菅原 久美 81
菅原 秀 273 426 565 568 569
菅原 淳 576 653
菅原 卓 344 383
菅原 琢 502 608
菅原 透 568
菅原 友子 81
菅原 伸郎 332 625
菅原 政雄 41
菅原 正豊 394 409
菅原 正博 720
菅原 ますみ 79
菅原 洋二 374
菅原 竜蔵 645
杉 捷夫 90 91
杉 靖三郎 204
杉内 有介 186 282 444 447 449
杉浦 栄三 320 701 714
杉浦 欣介 417 418
杉浦 正 27
杉浦 友彦 720
杉浦 英男 208
杉浦 日向子 428
杉浦 真由美 170
杉浦 明平 472 554
杉浦 安 518
杉江 弘充 563
杉尾 秀哉 357 565
杉尾 守 317 576
杉崎 繁 18 19
杉沢 礼 70
杉田 栄三 331 557
杉田 亨一 537
杉田 知裕 282 440

杉田 七重 332
杉田 成道 190 241 349 408
杉田 弘毅 134 177 280 328 510 514
杉田 盛彦 209
杉田 亮毅 309 324 326 573
杉谷 義文 408
杉野 定嘉 566 572
杉野 直道 360 363 426
杉野 信雄 158
杉野 有充 690
杉之下 文康 427
杉橋 隆夫 555
杉原 喜代次 313
杉原 周治 106 107 108 177
杉原 誠四郎 554
杉原 洋 184 311 317
杉原 満 686
杉原 萌 349
杉原 萌 345
杉原 志啓 17 37
杉原 良孝 533
杉村 安幾子 290
杉村 楚人冠 27 246
杉村 武 25 26 92 470
杉村 治津雄 701
杉本 伊津子 166
杉本 英介 704
杉本 薫 67
杉本 清 308 522
杉本 健 292 504
杉本 俊介 712
杉本 進 705
杉本 誠司 369 448 591
杉本 哲男 189
杉本 哲也 562
杉本 時哉 256
杉本 徳太郎 219
杉本 敏男 520
杉本 敏也 404
杉本 久英 14
杉本 裕明 578
杉本 誠 612
杉本 保男 97
杉本 圭優 71
杉森 一 614
杉森 久英 14
杉森 吉夫 424 425
杉山 邦夫 581
杉山 圭一郎 568
杉山 恒大郎 713
杉山 栄 3
杉山 さき 515
杉山 茂 354 618 620 621
杉山 紳一郎 718
杉山 真太郎 704
杉山 隆男 216 252 322
杉山 喬 312
杉山 知之 368
杉山 秀樹 508 529 586
杉山 文彦 301 563
杉山 幹夫 231 444
杉山 光信 51 58 110 209 218 250 251 268 348 555
杉山 明子 252 253 365 389 396 397 398 399
村主 進 84

菅野 昭夫 549
須子 善彦 503
周郷 顕夫 212
須郷 信二 356
厨子 忠純 466
鈴置 修一郎 713
鈴木 亜絵美 353
鈴木 章雄 577
鈴木 明子 169
鈴木 昭伸 200 384 644
鈴木 暁 598
鈴木 明 250 504 673
鈴木 淳生 51
鈴木 彩花 185
鈴木 泉 155
鈴木 一郎 452
鈴木 修 96
鈴木 和枝 173 325 535
鈴木 一雄 418
鈴木 和年 188
鈴木 一彦 353
鈴木 克明 67 71 72
鈴木 克信 426
鈴木 寛 550
鈴木 恭 379
鈴木 希依子 18
鈴木 樹代子 710
鈴木 清文 586
鈴木 邦男 107 109 114 115 143
鈴木 邦夫 603
鈴木 邦和 543
鈴木 邦芳 188
鈴木 ケイ 200
鈴木 啓 36
鈴木 敬一 628
鈴木 恵子 708
鈴木 啓介 267 268 271 477 563 646
鈴木 健司 358 361 373 427 496 710
鈴木 健二 225 232 250 252 351 428 429 430 431 432 434 454 471 516 529 563 574 663
鈴木 賢士 102
鈴木 謙介 82 499 502
鈴木 厚平 579
鈴木 才蔵 150
鈴木 敏恵 70
鈴木 敏 97 688
鈴木 悟 565
鈴木 茂雄 688
鈴木 茂三郎 290
鈴木 重周 288
鈴木 茂嗣 131
鈴木 重幸 671
鈴木 茂 263
鈴木 純一 719
鈴木 省三 29
鈴木 史朗 303
鈴木 志郎康 249 385 390
鈴木 仁 337
鈴木 信一 395 462
鈴木 信次 219 414 641
鈴木 慎治 192
鈴木 信治郎 12
鈴木 沙雄 50 266
鈴木 清治 647
鈴木 勢津子 67
鈴木 宣重 211 248 249

鈴木 泰	321 396 397 398
鈴木 孝雄	222 291 313 316 326 708 711
鈴木 隆	69 706
鈴木 堯	676
鈴木 隆敏	21 257 292
鈴木 隆宏	427
鈴木 隆也	705
鈴木 孝昌	652
鈴木 卓馬	606
鈴木 卓郎	213 629
鈴木 武夫	577
鈴木 猛男	338
鈴木 武樹	181
鈴木 正	7
鈴木 達雄	645
鈴木 達郎	633
鈴木 千秋	137
鈴木 宙明	705
鈴木 努	54 537
鈴木 恒雄	341
鈴木 哲夫	148 541 545 550
鈴木 徹造	473
鈴木 輝志	438
鈴木 寿晃	88
鈴木 敏夫	235 321 413 470 471 472 473 489
鈴木 俊樹	410
鈴木 俊彦	583
鈴木 利正	346
鈴木 淑美	493
鈴木 登美	115
鈴木 智之	687
鈴木 伸男	67 81 82
鈴木 法枝	167
鈴木 紀男	465
鈴木 規雄	228 230 294
鈴木 博信	117 266 268 322
鈴木 光	622
鈴木 久雄	349 383
鈴木 英夫	5
鈴木 秀三郎	4 30
鈴木 秀美	101 106 108 115 118 119 123 124 125 126 130 131 135 143 158 159 160 161 178 183 194 197 358 402 497 635
鈴木 均	49 56 93 146 182 196 208 209 210 211 223 246 247 302 345 346 347 348 350 351 352 356 398 406 407 415 456 471 472 473 474 475 479 490 503 504 522 523 583 614 641 702 703 704 706
鈴木 宏昭	575
鈴木 博	60 61 62 265 549 627
鈴木 広隆	588
鈴木 弘貴	370 371 372
鈴木 裕貴	598
鈴木 裕範	385
鈴木 裕久	57 256
鈴木 富美子	218
すずき 史彦	324
鈴木 文史朗	203 245
鈴木 文弥	671
鈴木 房太郎	91
鈴木 万希枝	56 58
鈴木 正勝	586
鈴木 政治	521
鈴木 正朝	159
鈴木 正豊	440
鈴木 政彦	84
鈴木 将久	290
鈴木 将史	275
鈴木 眞哉	462
鈴木 益民	644
鈴木 守	340
鈴木 幹夫	417
鈴木 操	597
鈴木 みそ	496
鈴木 充	38
鈴木 みどり	65 72 83 84 85 86 167 168 173 183 266 278 318 348 352 357 360 379 400 537 560
鈴木 実	4
鈴木 稔	424
鈴木 宗男	548
鈴木 素雄	593 601
鈴木 安蔵	4 90 91 112
鈴木 康弘	424
鈴木 康行	716
鈴木 康之	394 720
鈴木 泰秀	9
鈴木 雄雅	11 44 45 95 194 236 259 267 270 271 272 284 290 324 597 659 661
鈴木 佑司	507 560
鈴木 祐司	56 127 128 129 233 236 237 238 244 281 367 403 428 431 432 433 434 435 436 437 439 440 442 451 460 498 499 509 651
鈴木 雄介	479
鈴木 幸夫	528
鈴木 胖	477
鈴木 裕美子	85
鈴木 容子	35
鈴木 陽二	35
鈴木 耀太郎	320
鈴木 良男	129
鈴木 嘉一	18 185 194 196 201 276 360 364 367 369 375 376 377 387 388 393 403 408 423 427 430 537 692
鈴木 良和	59
鈴木 良二	331
鈴木 嘉人	568
鈴木 正行	572
鈴木 理栄	566 692
鈴木 里佳	694
鈴木 竜三	693
鈴木 力衛	203
鈴木 玲子	500
鈴木 おさむ	469
薄田 斬雲	303
鈴田 ノブ子	97
煤孫 勇夫	32
須曽野 仁志	80
須田 和博	425
須田 真司	172
須田 慎太郎	639
須田 哲史	718
須田 久夫	614
須田 浩	141
須田 泰成	710
寿田 竜輔	138
スタジオコム	249 717
スタム, ジャック	706
スティンス, M0	181
ステーン, ヤン・V	66
ステンペル, A.	205
須藤 功	462
須藤 出穂	385
須藤 修	451
須藤 克三	518
須藤 こずえ	74
首藤 貞美	62
須藤 忠昭	181 256 346 465 504
首藤 一	302
須藤 春夫	123 127 133 197 252 270 364 380 390 392 398 400 426 429 433 443 452 454 457 492 513 583 718
須藤 久士	684
須藤 正隆	386
須藤 真利	345
須藤 泰秀	264
須藤 由子	67
ストークレー, J.	579
ストーリン, マシュー・V	265
須永 勝之	69
須永 三郎	697
須長 孝栄	691
須永 剛司	318
須永 野歩	112
砂川 労	103 104 158 159 160 177
砂川 浩慶	128 129 130 131 360 425 439 441 444 445 446 447 449 496 548 585
砂田 浩孝	590
砂田 允	703 707
角南 俊輔	92
角南 浩	705 706
須之部 淑男	378
巣原 隆	419
スペクター, デーブ	408
スポーツニッポン新聞社	33
スポールディング, ロバート・M	95
スポンタ中村	304
洲巻 圭介	329
鷲見 重蔵	207 307
角 淳一	355
鷲見 進	317
角 達也	423
隅 俊之	198
角 知行	50
隅井 孝雄	83 256 326 440 452 456 497 507 510 552 565 703
住川 治人	569
スミス, アンソニー	122
スミス, アンドレア・ウィッタム	272
スミス, ジョー・D	86
スミス, スタンフォード	93
スミス, スタンホード	132
スミス, パトリック	286
スミス, バーナード	261
角田 功治	374
角田 卓士	129
住田 良能	101 223
隅田 裕則	191
角田 美穂子	177
住谷 申一	3 4 658
角野 裕之	487
住本 利男	204 245
隅谷 三喜男	5
住吉 寛治	704
住吉 主税	543
皇 達也	390
陶山 幾朗	37
陶山 としか	135
諏訪 澄	133 196
諏訪 哲夫	406 407
諏訪 春雄	28
諏訪 博	11 408 413
諏訪 正人	316 681 722
諏訪 昌広	597
諏訪 道彦	75
諏訪 恭也	390 703
諏訪 雄三	578
諏訪部 道臣	268 340

【せ】

清 勝人	321
斉加 尚代	586
正賀 幸久	384
生活科学研究室	663
世儀 由雄	466
青弓社編集部	165
清家 秀哉	125
成蹊大学文学部	256
政治記者OB会	544
清田 昌弘	28
清野 孝悦	661
清野 博子	292 624
清野 裕	559
誠文堂新光社ブレーン編集部	714 715
誠文堂新光社無線と実験編集部	394
瀬尾 英明	625
瀬尾 政博	414
妹尾 芳郎	91
世界日報「朝日」問題取材班	249
世界編集部	604
瀬川 清茂	562
世川 行介	455
瀬川 至朗	251 578 582 583 606 661
瀬川 武美	71
瀬川 牧子	144 242
瀬川 昌昭	583
瀬川 昌明	389
瀬川 洋一郎	644
瀬川 良明	71 76
関 之	112

関 永堅 221
瀬木 潔 138 334 659 665
関 浩三 225
関 善造 490
関 孝雄 435
関 千枝子 99 167 170 223
　　227 241 356 362
　　363 364 365 366
　　367 368 369 370
　　371 372 373 387
　　400 507 533 534
関 哲夫 138
関 豊作 27
関 秀章 400
関 英祐 589
瀬木 博親 698 700
関 曠野 227
瀬木 博道 220
関 光夫 344
関 泰 558
関 芳樹 411
関 佳史 440
関 祥行 417 424 432 448
世木 義之 138
関 瞭二郎 680
関川 左木夫 702
関口 瑛 346
関口 聰 404
関口 進 364
関口 隆 488
関口 達夫 356 410 506
関口 寿一 332
関口 英男 343
関口 宏 447 565
関口 実 17
関口 泰 136 308 312
関口 安義 474
関口 和一 223
関沢 英彦 214 592
關田 伸雄 537
関田 雅弘 563
関戸 祐守 465
関根 昭義 524
関根 健一 684
関根 進 492
関根 孝則 511
関根 建男 712
関根 智江 403 404 502
関根 登 667
関根 英生 112
関根 弘 204 262
関根 博範 59
関根 光男 79
関満 亜美 595
関本 哲男 616
関谷 繁雄 614
関谷 高彦 16 681 721
関谷 直也 195 593
　　598 599 600 601
関谷 道雄 165
　　376 594 605
関山 豊成 561
関山 道雄 308
瀬口 晴義 638
世古 一穂 257
清湖口 敏 687
瀬下 恵介 475
瀬島 博 703
瀬田 宏 266
瀬戸 秋穂 185
瀬戸 康輝 81
瀬戸 純一 148

　　328 329 613
瀬戸 丈水 703
瀬戸島 正治 411
銭本 三千年 86
瀬沼 茂樹 5 6
セノ, アレグザンドラ 484
瀬野 宏 258
瀬能 繁 576
妹尾 彰 66 67 82
瀬畑 源 143
瀬谷 道子 172
瀬良 晴子 682 683 684
芹川 洋一 534 544
芹沢 俊介 176
　　225 228 338 635
芹沢 彪衛 136
芹澤 英明 142
芹田 希和子 585
芹田 健太郎 590
千 寛宇 46
千 命載 510 582
仙石 和道 19 20
仙石 伸也 132
　　196 315 317 664
全国朝日放送株式会社 41
全国朝日放送報道取材部カメラスタッフ 562
全国消費生活相談員協会 454
全国新聞教育研究会 81
全国新聞情報農業協同組合連合会 30 32
全国文化運動協会 311
全国放送教育研究会連盟 81
全国歴史資料保存利用機関連絡協議会 202
戦後20年・日本の出版界編集委員会 26
善財 優 220
戦時報道研究会 504
千住 方 16
専修大学山田健太研究室 594
「戦争と女性への暴力」日本ネットワーク 199
「戦争とメディア」刊行会 517
扇田 昭彦 295 625
千田 夏光 472
仙田 和吉 682
千田 紘一 584
千田 三郎 188
千田 利史 232
　　251 254 282 370
　　371 431 432 433
　　443 499 711
千田 恒 521 523
仙台放送 451
宣伝会議 715
全日本ジャーナリスト協会 247
全日本新聞連盟 28 29 516
全日本テレビ番組製作社連盟 404
全日本難聴者中途失聴者団体連合会 89
千本 福子 167
千本木 岳 379

【 そ 】

蘇 海河 566
蘇 正平 118
宋 暁陽 370
宋 日準 329
宋 木文 493
曹 良旭 555
創言社 643
総合ジャーナリズム研究所 15 16 20
　　133 141 192 225
　　233 234 246 294
　　310 323 336 424
　　458 511 513 536
　　611 647 665 668
総合ジャーナリズム研究所特別取材班 179
総合ジャーナリズム研究編集部 6 8
　12 14 16 22 38 49
　51 52 65 86 94 96
　　100 101 102 105
　　106 108 109 111
　　128 129 131 132
　　133 135 137 140
　　145 146 147 148
　　151 161 162 166
　　167 168 169 171
　　172 175 178 179
　　182 183 184 185
　　187 188 192 196
　　197 198 205 207
　　210 211 212 215
　　218 219 222 224
　　233 234 236 237
　　239 240 263 264
　　267 268 271 273
　　274 281 286 292
　　294 298 308 310
　　311 320 322 323
　　325 326 327 334
　　335 336 337 350
　　352 353 356 364
　　370 391 398 414
　　415 417 418 421
　　422 427 442 443
　　456 457 459 460
　　463 470 472 473
　　474 475 476 477
　　480 484 500 503
　　504 507 510 511
　　512 513 514 518
　　519 520 522 524
　　525 526 530 533
　　535 536 537 538
　　539 540 541 542
　　545 546 547 548
　　551 557 558 559
　　560 562 563 564
　　565 567 570 576
　　580 583 584 585
　　587 589 592 593
　　594 596 597 598
　　599 600 605 606
　　610 614 615 637
　　632 633 635 637
　　638 646 647 648
　　655 656 658 659
　　660 664 665 666
　　667 688 689 690
　　692 702 703 705
総合文研 397
総合文研 放送事情調査部

　　265 414
総合文研・番組研究部 64 65 397
総合文研番組研究部 64
総合文研・番組研究部 64 396
総合文研・放送学研究室 347
総合文研放送用語研究部 678
想田 和弘 388
宗田 文隆 181
相馬 一郎 64
相馬 健一 207
相馬 宏男 457
相馬 光男 721
相馬 芳勝 525
創未来フォーラムシステムネットワーク研究部会 502
総務省 454 455
総務省情報通信政策局放送政策課 432
総務省総合通信基盤局消費者行政課 131
曾山 克巳 466
蔵楽 知昭 631
副島 隆彦 225
副田 あけみ 407
副田 義也 407 470 704
曽我 興三 307
曽我 健 613
曽我 豪 536
曽我 有紀子 541
曽我部 真裕 107 108 111
　　120 130 141 142
　　143 165 166 638
曽木 耕一 187 204 205
続天 188
外岡 秀俊 193
　　241 243 296 304
　　516 564 663
ゾーニンサイン, マヌエラ 499
曽根 享 419
曽根 英二 357 409 652
曽根 威彦 113
曽根 俊郎 125
　　618 619 620 711
曽野 綾子 546
曽野 裕夫 141
園田 恭一 346
園田 剛民 544
園田 矢 356
園田 哲太郎 261 342 462
園田 針郎 331
園田 寿 175
園田 陽太郎 583
園部 高秀 591
園部 実 491 492
園屋 高志 72 84
祖父江 啓三 346
蘇馬 幸栄 645
杣 正夫 95 518
　　519 521 528 553
杣田 為重 3
染田屋 茂 717
染野 智司 704 705
染矢 為助 261
　　290 517 610
染谷 恵二 682
染谷 学 106
染谷 俶子 215

著者名索引　たかは

征矢野 仁　331
空 健太　78
反田 良雄　146　219　331
　　　　334　336　560　689
ソルジャク, P.L.　319
孫 亜鋒　668
孫 安石　256
孫 旭培　115
孫 錫春　114
孫 正義　425　444　446

【 た 】

戴 煌　120
臺 宏士　102　104
　　111　128　148　149
　　150　159　163　165
　　484　548　549　634
田井 弘幸　620
ダイアモンド, エドウィン　504
第一広告社　714
第一政経研究所　686
大学図書館問題研究会　495
大軒 順三　210
　　　305　306　339
醍醐 聰　198
　　458　459　460　549
大作 光子　78
第三文明編集部　195
大衆書房　643
タイ女性の友　195
第二東京弁護士会　178
大門 一樹　207　209　214
タイヤーマン, D0　204
ダイヤモンド, エドウィン　187　263
ダイヤモンド, E.　603
平良 いずみ　515
平 和博　56　242　258　300
平良 亀之助　97
タイラー, キース　64
平良 絹代　201
平 鹿次郎　29
平良 武　177
平 正人　22　45　485
タイラー, K.　64
大楽 武男　65　504
大和書房　31
田上 倉平　303
田内 志文　150
田岡 浩二郎　521
田岡 俊次　137
　　　505　506　566
多賀 幹子　174
高井 潔司　115
　　198　259　283　550
　　564　566　567　570
　　571　572　621　687
高井 正三　486　487
高井 正憲　355
高井 康行　639
高浦 照明　68　335
高雄 孝昭　507
高雄 宏政　492
高尾 元久　316
高尾 元通　190
高尾 義彦　522
高岡 和弘　620

高岡 健　235　255
高丘 季昭　191　573
高岡 幸雄　245　246
高垣 金三郎　572
高垣 欣也　417　418
高垣 佳典　438
高城 恵子　436
高木 元　34
高木 健介　419
高木 幸子　69
高木 静子　603
高木 純一　579
高木 四郎　307　628
高木 新　578
高木 伸一　346
高木 仁三郎　604　605
高木 進　316
高榎 堯　505
高木 健夫　7
　　8　9　10　11　12　204
　　301　302　627　686
高木 強　174
　　232　259　325　408
　　532　632　669　709
高木 東三　61
高木 徹　316　572
高木 敏子　215
高木 利弘　455
　　484　485　486　489
高木 敏行　182
高木 友三郎　305
高木 教典　189　204
　　207　220　246　269
　　331　339　413　640
高木 伯之　303
高木 尚夫　690
高木 英夫　420　645
高木 まさき　76　80　81　663
高木 正幸　167
　　　173　218　307
高木 盛久　38
高岸 敏雄　646
高岸 勝　220　384
高久 陽男　109　194　238
高久 和夫　616
高久 泰文　538
高倉 新一郎　25
高桑 幸吉　95　306
高桑 末秀　703　718
高桑 純夫　91
高桑 康雄　66
　　67　68　70　81　82
高佐 智美　158
高崎 扶美子　317
高崎 隆治　30　492
高崎 了輔　596
高里 鈴代　633
高沢 正樹　642
高士 薫　97　156　316　589
高階 秀爾　209
高品 晋　122　352
高階 良子　380
高島 国男　32　474
高島 俊男　254　304
高島 利行　494
高嶋 伸欣　67　238　539
　　552　563　568　665
高島 肇久　234
　　　421　568　584
高嶋 秀武　467
高島 秀之　74　459　462　513
高嶋 義典　83　84
高城 剛　252

高須 三郎　519
高須 次郎　668　669
高須 正郎　11　13
　　62　63　65　66　207
　　212　213　220　262
　　265　266　332　339
高杉 晋吾　629
高杉 治男　304
高杉 良　233　240
高瀬 淳一　531　534
高瀬 健史　641
高瀬 毅　595
高瀬 徹朗　411　461
高瀬 広居　48　182　207
　　263　344　345　377
　　406　412　461　551
高瀬 善夫　208　291　292
高田 市太郎　557
高田 和彦　492
高田 義久　653
高田 喜久司　76
高田 景次　306　640
高田 謙二　305
高田 孝治　217　325
高田 茂樹　496
高田 秀二　187
　　206　261　306　307
高田 全司　703
高田 隆　364
高田 知波　10
高田 徹　189
高田 宏　492　587
高田 穹伸　324
　　341　648　683　711
高田 正純　212
高田 公理　708
高田 正人　646
高田 昌幸　241　300
　　317　502　548　550
　　637　640　650　666
高田 元三郎　6　10　301　456
高田 裕都　596
高田 豊　252
高津 幸男　307
高塚 暁　64
高遠 菜穂子　515
高徳 文人　386
高鳥 明　610
高取 勇　404　405
高取 武　256
高梨 明　478
高梨 正樹　14　505　506
高梨 柳太郎　635　645
高波 進　414
高成田 享　257
高根 正昭　213
高根 祐子　278
高野 明彦　609
高野 彰　496
高野 郁郎　573
高野 健一　74
高野 政司　487　488
高野 正巳　651
高野 泰夫　99
高野 裕一　219
高野 裕子　711
鷹野 凌　489
高野 涼　321　559
高羽 国広　440
高萩 竜太郎　60
高橋 昭夫　12　553
高橋 暁子　495

高橋 章子　490
高橋 秋廣　391　428
高橋 昭　31
　　41　379　642　644
高橋 章　346
高橋 郁男　625　632
高橋 郁夫　127　129
高橋 勲　152
高橋 一郎　420
高橋 右京　111
高橋 栄一　689
高橋 修　32
高橋 楽司　464
高橋 一夫　432
高橋 一輝　314
高橋 一清　495
高橋 和志　326
高橋 一永　647
高橋 一美　335
高橋 和之　114
高橋 かつお　694
高橋 克彦　31　368
高橋 一己　591
高橋 京子　467　589
高橋 恭子　288　691
高橋 錦吉　697
高橋 銀次郎　574
高橋 邦次　335
高橋 邦典　510　694
高橋 圭三　361
高橋 健　78
高橋 健三郎　449　450　713
高橋 賢哉　72
高橋 幸市　588　598　599
高橋 孝養　361　422　426
　　427　428　430　435
　　436　437　439　441
　　443　444　446　496
高橋 孝之　444
高橋 宏昇　590
高橋 呉郎　493
高橋 秀範　645
高橋 純　78
高橋 俊一　161　162
　　233　234　235　237
　　240　241　336　660
高橋 純一　626
高橋 純子　536
高橋 純二　338
高橋 彰一　646
高橋 庄治　341
高橋 史朗　196
高橋 信三　181
　　　413　415　702
高橋 審也　181
高橋 琢二　464
高橋 武治　342
高橋 武智　551
高橋 武彦　291　545　655
高橋 佑慈　348
高橋 正　599
高橋 貞之　616
高橋 民夫　585　587
高橋 勉　70
高橋 恒美　229
高橋 哲哉　232
高橋 照明　348　503
高橋 輝次　492
高橋 通　350
高橋 徹　517
高橋 利明　139
高橋 利枝　53

高橋 俊夫 340
高橋 利行 184
高橋 直子 589
高橋 直之 52
高橋 伸子 440
高橋 甫 59
高橋 秀明 254 322
高橋 英夫 61
高橋 秀晴 494
高橋 英彦 589
高橋 浩 404
高橋 博 522
高橋 広成 556
高橋 文夫 484
高橋 文利 253 291 664
高橋 牧子 627
高橋 誠 85 527 649
高橋 雅夫 706
高橋 正剛 644
高橋 正武 628
高橋 正俊 96
高橋 正則 8 28 57 113 188 247 313 549
高橋 正彦 191
高橋 正秀 157 567 577
高橋 正実 12 13
高橋 正美 617
高橋 雅之 599
高橋 勝 310
高橋 増雄 59
高橋 満寿男 699
高橋 守 75
高橋 真理子 612
高橋 美香 694
高橋 未沙 514
高橋 道映 318 328
高橋 光輝 260
高橋 光宏 351
高橋 実 561 562
高橋 康雄 30 31
高橋 雄悦 626
高橋 祐三 563
高橋 幸彦 329
高橋 幸博 649
高橋 佳恵 74
高橋 義夫 97
高橋 義雄 260
高橋 良子 532
高橋 義孝 204 205 312 670
高橋 義人 136 661
高橋 祥友 236 635
高橋 玲嗣 591
高橋信三記念放送文化振興基金 382
高畑 昭男 509
高畑 利雄 491
高畠 直定 261 305 319
高畠 和也 16 604 721 722
高畠 通敏 206 214 529 547
高畠 稔 306
高濱 賛 538
高原 寛司 575
高原 四郎 677
高原 須美子 314
高原 基 697
高比 良昭夫 347
高広 伯彦 711
高藤 圭一 478
高部 義信 722

高間 睦 624
高増 明 257
高松 圭 552
高松 圭子 439
高松 棟一郎 503
高松 敬治 628
高松屋 暢克 575
高見 勝利 98
高見 修次 722
田上 穣治 96 116 224 225 226 426
田上 節朗 155
田上 悌三 188
田上 時子 188
田上 博幸 66
田上 幹夫 316 326
高峰 武 577 578
高嶺 朝光 27
高嶺 朝一 656
高宮 いづみ 361
高宮 由美子 178
高宮 義雄 395 397 398
高村 昭 464
高村 岩雄 615
高村 幸治 545
高村 暢児 301 639
高村 久夫 65
高村 勇作 525 629
高村 裕 184 429
高本 孝 650
高本 吉和 701
高森 和郎 648
高森 代意知 713
高森 雅人 712
多賀谷 一照 101 125 139
高谷 昇 464
高屋 肇 36
高安 秀樹 501
高柳 健次郎 41
高柳 尚 354
高柳 寛樹 201 496
高柳 守雄 624
高山 佳奈子 162
高山 剛 694
高山 智 560
高山 俊吉 237
高山 泰二 574
高山 尚武 31 549
高山 英男 66 399
高山 宏 58
高山 文彦 176 178
高山 真由美 259
高山 裕 351
高良 鉄美 99
宝島社 35
田川 一郎 132 390 398
田川 五郎 97
多川 精一 492
田川 融 424
田川 憲生 216 231
田川 実 556
田川 裕 583
滝 恵秀 522
多喜 弘次 52 214 417 421 630
滝 順子 114
滝 大作 462
滝井 禮夫 314 524
滝川 忠正 293
滝川 洋 571
滝川 幸辰 90

多菊 和郎 38 276
滝口 隆司 621 623
滝口 凡夫 335 525 561
滝沢 功 410
滝沢 岩雄 633
滝沢 克己 92
滝沢 江子 398
滝沢 秀郎 700
滝沢 正樹 96 208 215 218 552 623
滝島 雅子 686
滝田 健二 229
田北 真樹子 512 569
田北 康成 43 103 108 112 160 161 183 392 482
滝波 昭 603
滝野 隆浩 225 516
滝野 俊一 403 430 467 469 501 502
滝鼻 卓雄 153 631 632 690
滝本 大輔 496
田草川 敏男 314
沢岻 悦子 215
田口 恵美子 379
田口 久美子 19 298 477
田口 恵一 512
田口 大 340 341 473 705
田口 達也 132 335
田口 俊樹 259
田口 宜孝 519 521
田口 信義 494
田口 富久治 545
田口 真奈 72
田口 坦 463
宅野 雄二郎 386
田窪 俊司 189
田久保 忠衛 298 551 564 656 721
田熊 邦光 627
詫摩 武俊 174
ダグラス・ラミス 99
田家 秀樹 407 415 464 504
武井 東子 294
武井 務 585
武井 照子 16
武居 信介 386 590
竹井 二三子 624
武井 勝昭 616
武井 康浩 499
武居 征生 563
武市 銀治郎 17
武市 英雄 29 45 55 57 155 191 209 219 226 230 231 253 254 255 257 267 268 270 327 503 522 574 659 661 662
竹内 朗 194
竹内 篤 434
竹内 郁郎 50 53 57 58 65 209 248 312 313 342 343 400 628 654
竹内 功 69 70
竹内 一喜 415
竹内 一郎 573
竹内 薫 583
竹内 一晴 102 103 197 364 458 548

竹内 和芳 182 475
竹内 克巳 419
竹内 希衣子 221 401
竹内 希六 193
竹内 敬二 607
竹内 成明 50 51 218 528 529 595 686
竹内 繁 31
竹内 修司 681
竹内 淳 83 176 180 507 531 646
竹内 精一 155
竹内 大祐 188
竹内 亨 558
竹内 直一 137 214 293
竹内 光 218
竹内 宏 248
竹内 浩 618 619
武内 宏之 593
竹内 誠 47 635
竹内 美津子 69
竹内 実 493 583
竹内 実昭 700
竹内 惠 652
竹内 幸絵 720
竹内 幸男 501
竹内 洋 304 496
竹内 義昭 274
竹内 善昭 628
竹内 芳和 347
竹内 好 5
竹内 好美 708
武内 義行 572
竹内 理一 179 312
竹尾 友里 601
竹川 俊一 55
竹川 昌利 15
竹越 由幸 690
竹崎 潤一 346
竹崎 秀夫 416
竹沢 泉 711
竹下 彊一 224 417 422 451 507
竹下 史郎 473
竹下 隆夫 214
竹下 俊郎 50 54 58 212 229 303 309 310 313 323 417 424 531 544 546 575
竹下 尚子 189
竹下 嘉言 338
竹島 慎一郎 453
竹島 平兵衛 115
竹嶋 和 94
武田 勝彦 247 471 489
武田 邦彦 259 462 550
武田 三作 334
武田 俊輔 461
武田 昭二郎 206
武田 真一 596
竹田 スエ 673 675 676 677 678 679 680
武田 竜夫 255
武田 徹 149 195 239 250 254 255 373 375 409 433 462 502 510 516 545 549 607 609
竹田 徳義 121
武田 直子 586
竹田 直彦 447
武田 信博 200

著者名索引　たなか

武田 春子	173
武田 晴人	43
武田 浩治	466
武田 誠	179
竹田 真夫	245
竹田 昌弘	636 637
竹田 道太郎	8
武田 光弘	201
竹田 稔	96 151 152 155 165 213
武田 美由起	389
武田 裕二	80
竹田 勇三	319
武田 洋平	510
武田 芳明	139
武田 義巳	644
竹田 義行	128
武谷 三男	203 603
武智 一一	4
武知 邦明	646
武智 秀	455
武友 正修	720
竹中 敬一	355 384
竹中 岳彦	97
竹中 労	292 663
竹中 輝夫	643
竹中 ナミ	87
竹中 平蔵	238 369
竹ノ子 昭二	599
竹信 三恵子	167 172 574 575
竹野谷 みゆき	687
竹葉 晶子	410
武塙 修	492
竹林 卓	491
竹原 栄一	466
武久 善彦	97
武部 俊一	581 583
武正 公一	128
竹村 健一	58 470 471 702
竹村 真一	496
竹村 朋子	328
竹村 八郎	625
武村 二三夫	159 183
竹村 峰信	642
武邑 光裕	201 228 252
竹村 安弘	65
武本 正喜	697
竹森 一男	639
竹谷 善弥	586
武谷 雅博	423
竹山 昭子	34 36 39 351 386 506 509 515 516 532 551
竹山 恭二	34
竹山 道雄	91
武山 泰雄	209 291 307 721
ターゲールド, ヤエル	391
多湖 實之	407
田子 由紀	294
田幸 淳男	415
田幸 博樹	468
太宰 信	551 562
田崎 耕次	605
田崎 三郎	453
田崎 篤郎	58 145 346
田崎 智博	605
田澤 秀司	486
田島 一昌	480
田島 祥	75
田島 伸二	476
田島 俊	441 448
田島 力	625
田島 豊明	642
田島 奈都子	19
田島 豪人	613
田島 秀則	120
田島 明朗	191 508
田島 泰彦	18 99 100 101 102 103 104 105 106 107 109 110 111 112 114 115 117 118 120 124 125 126 127 133 134 139 140 141 142 143 147 148 149 150 155 156 157 158 160 163 165 166 175 176 177 178 183 190 192 197 221 231 232 235 257 258 296 360 370 459 509 512 516 538 539 632 633 634 636 638 640 665
田島 弥太郎	603
田島 良郎	349 416
太下 義之	486
田尻 宗昭	577
田代 亜紀	180
田城 明	134 337 508
田城 郁	593
田代 和久	67
田代 喜久雄	93 150 206 306 418 519
田代 公人	425
田代 光一	74 83
田代 友昭	580
田代 範子	39
田代 冬彦	421
田代 昌史	417 420 528 615 646
田代 真人	494
タスクフォース1	492
田勢 康弘	220 295 303 304 531 549
田草川 弘	367 380
多田 昭重	316 648
多田 晃	377 641
多田 治	657
多田 俊五	222
多田 代三	29 523
多田 琢	711
多田 方	67
多田 俊文	48 49 64
多田 道太郎	307 700
多田 実	335 519 520 521
忠田 守雄	463 702
只木 誠	157
只野 哲	271 356
多田 不二	342
多田羅 重信	416
多々良 鎮男	701
たたら書房	643
タタリアン, ロジャー	216
舘 昭	68
舘 勇治	488
立入 勝義	495 602
立尾 良二	531 534
立川 和美	85
刀川 和也	590
立川 熊之助	628
立木 勝	493
橘 弘一郎	698
立花 誠逸	30
立花 隆	71 114 247 289 470 471 639
橘 弘道	152
立花 宗鑑	227
立花 嘉乃	691
橘 善守	557 721
立山 紘毅	96 98 102 103 114 125 154 180
多チャンネル時代における視聴者と放送に関する懇談会	453
立石 直	452
龍川 幸弘	463
立澤 正雄	416
立田 厚子	190
辰濃 和男	307 309
辰濃 哲郎	134
辰野 文人	61
辰野 良彦	618
辰己 慎次	347
辰巳 知二	144
龍村 仁	389
辰村 吉康	98 215
ダッラ・コレッタ, G・M	704
伊達 俊介	374
伊達 智治	587
伊達 宗克	13 208 378
伊達 吉克	435
立川 談志	231
舘沢 貢次	195
館野 哲	274 476 479 493 494
建部 直文	188 580
立松 聖久	337
田所 泉	50 117 122 151 166 182 187 210 217 266 267 310 312 324 333 348 352 414 415 416 420 504 518 519 520 522 556 560 584 640 643 711
田所 竹彦	266 356
田所 太郎	28 697
田所 昌幸	252
田所 承己	365
田所 愛治	315
田所 秋夫	407
田中 晃	616 619
田中 昭	336
田中 伊式	686
田中 至	137 209 271 323 334 414 703
田中 絵麻	85
田中 薫	493 691
田中 和夫	548
田中 和子	167 168 169 171 172
田中 和彦	392
田中 克彦	227
田中 香苗	206 301 557
田中 寛次	187 319 320
田中 菊次郎	8 10 112 306 517 640 670
田中 紀志夫	575
田中 喜美子	171
田中 恭介	417
田中 邦彦	441 464
田中 敬子	76
田中 健一	466
田中 健五	222 624
田中 孝一	76 77
田中 剛三郎	470
田中 紘太郎	196
田中 耕太郎	90
田中 智子	136
田中 早苗	184
田中 秀征	295
田中 淳	430 589 590 592
田中 潤	659
田中 順子	84
田中 正吾	62
田中 章治	86 87
田中 慎次郎	503
田中 水四門	720
田中 卓	314
田中 寿美子	136 645
田中 青史	578
田中 総一郎	359
田中 隆	463
田中 孝宜	594 595 596 598 599 600 601 602
田中 孝宏	73
田中 隆之	540
田中 武文	628
田中 達雄	37 59
田中 太郎	599
田中 周紀	382
田中 哲哉	682
田中 輝雄	464
田中 東子	170 172
田中 稔彦	650
田中 利彦	119
田中 俊行	153
田中 豊蔵	220 526
田中 直紀	177
田中 直吉	518
田中 尚雅	432
田中 信明	317
田中 伸武	478
田中 伸尚	43 97 124 523 631
田中 信之	389 576 641
田中 信義	503
田中 伯知	50 53 57 225 508 531
田中 則広	120 186 282 283 285 286 365 369 373 439 443 446 653
田中 久大	265
田中 秀男	689
田中 秀一	611 612
田中 秀樹	718
田中 秀臣	228
田中 秀幸	257
田中 等	611
田中 寛	569
田中 宏	45 562 572
田中 浩	13 14 30 549
田中 博	217
田中 洋	712 717 719 720
田中 浩史	685
田中 博之	70 73
田中 洋之	511 571
田中 双葉	711
田中 文雄	572
田中 正明	254
田中 正人	113 154 587

田中 正延 522 555
田中 正廷 294
田中 勝邦 647
田中 琢 221
田中 幹人 602
田中 美知太郎 93
田中 満男 250
田中 三彦 605 606
田中 美乃里 652
田中 森一 237
田中 康夫 213 604 689
田中 康成 481
田中 靖政 49
206 207 544 629
田中 優子 168
田中 豊 291 549
田中 良紹 255 363
田中 義久 34
49 50 51 52 208
272 346 624 660
田中 義人 79
田中 義郎 523
田中 竜 536
田中 涼太 394
田中 良太 549
棚木 宏侑 12
棚田 梓 105 449
棚谷 喬 717
棚橋 利光 696
棚橋 美保 78
田辺 希久子 517
田辺 邦夫 625
田辺 建治郎 426
465 466 467
田邊 園子 170
田辺 敏雄 250
田辺 宏 220
田辺 正勝 525 581 644
田辺 靖 646
田辺 龍 317
田波 伊知郎 455
谷 暎子 18 20 34
谷 久光 211 259
谷 正名 370 371
372 403 499 652
谷 峰夫 252
谷 峯蔵 717
谷井 亨 87
谷井 俊仁 47
谷内 真理子 98
谷生 俊治 569
谷岡 久寿子 396
谷岡 理香 332
谷上 健次 162
谷川 健一 347 655
谷川 建司 583
谷川 俊太郎 347
谷川 宗一 16
谷川 哲也 135 143 242
谷川 寛 292
谷川 幹 685
谷川 義行 521
谷口 明生 250
谷口 一郎 509
谷口 和史 574
谷口 源太郎 422
423 616 617 618
619 620 621 622
谷口 幸代 22
谷口 俊治 260
谷口 侑 503
谷口 泰三 74 317

谷口 貞固 698
谷口 透 663
谷口 博邦 412
谷口 誠 597
谷口 正晃 607
谷口 正和 251
谷口 雅春 377
谷口源太郎 623
谷沢 永一 226
227 230 231 232
295 296 297 311
472 473 531
谷野 圭助 653
谷原 和憲 599
谷藤 悦史 18
57 98 231 259
260 316 317 366
373 434 530 534
537 541 550 661
谷藤 典男 599
谷村 功 469
谷村 千絵 85
谷村 智康 593 712
谷本 奈穂 17
谷本 啓之 393
谷本 美加 692
693 694 695
谷本 保夫 423
谷本 泰正 81
谷本 喜嗣 616
谷山 雅計 709
谷脇 清 321
谷脇 守 611
谷脇 康彦 502 601
田沼 修二 523 576 702
田沼 武能 693
種子田 美夜 587
種谷 克彦 78
胤森 裕暢 80
田内 幸一 207
田場 典純 551
田場 洋和 365
418 463 709
駄場 裕司 331
田畑 暁生 115 256
田畑 允 559
田畑 光永 189 218 273
351 353 355 526
田畑 皆彦 141
田畑 豊 142 566
田端 能明 191
田原 音和 343
田原 和政 109
158 163 165 548
田原 恭二 486
田原 茂行 17 38 123
133 198 360 361
379 387 404 448
田原 晋 716
田原 総一朗 93
146 176 258 292
296 297 304 346
348 349 362 370
371 372 373 377
378 379 380 383
389 394 398 503
531 532 537 538
550 605 703 716
田原 拓治 296 512
田原 俊哉 80
田原 牧 301 304 570
田総 恵子 548
田渕 徹郎 639
玉 知夫 353 445

玉川 孝道 647
玉川 博章 482 486
玉木 明 184 221 228 253
294 295 310 358
534 616 683 687
玉置 和宏 574
玉木 研二 221 229 317
玉城 鎮夫 335
玉置 保 90
玉木 存 19
玉木 徹志 64
玉置 哲世 68
玉木 久雄 350
玉木 正之 622
玉木 実 647
玉城 素 722
玉城 朝彦 658
玉城 朋彦 385 657
玉本 英子 278 280
玉利 勲 624
玉利 伸吾 575
田丸 忠雄 113
田丸 秀治 418 703
田丸 美寿々 231 350
民野 九郎 389
田宮 武 154 158 192 205
214 378 380 554
田宮 ふじえ 61
田村 明彦 556
田村 和子 610
田村 和人 696
田村 欣也 529
田村 重信 533 534
田村 正三郎 560
田村 仁二 518
田村 晋也 249
田村 進 132 190 310
476 508 583 631
田村 尚 704
田村 武男 464
田村 侃三 93
田村 哲夫 269 531 632
田村 哲三 35
田村 紀雄 14 19 20
24 25 32 45 53 54
56 57 58 207 215
234 235 247 252
254 255 257 277
303 312 313 326
331 333 334 338
350 383 415 470
471 472 473 474
477 490 521 583
641 642 643 647
654 658 660 688
田村 英彰 88
田村 秀男 213 332 580
田村 昌夫 303
田村 正人 617
田村 穣生 9 15 32
52 57 251 313 352
391 396 397 401
412 423 463 660
田村 泰章 217
為田 英一郎 94 571
田母神 俊雄 260
田山 力哉 345 406
タリーズ, ゲイ 289
田原 清利 467
俵 孝太郎 250 290
俵 萠子 552 556
段 躍中 290
團 康晃 24 487

胆江日日新聞社 32
團藤 充己 24
丹野 恒一 244
丹野 太郎 643
団野 信夫 303

【ち】

池 明観 365
地域の国際交流を進める南
　河内の会 235
蔡 星慧 279 290
482 494 495 662
近内 尚子 684
智片 通博 446
近田 洋一 656
近松 暢子 70
近見 晟道 519
近見 敏之 640
近盛 晴嘉 3 4 5 6 7 10
11 12 27 203 313
近森 行雄 572
知久 敏之 667
筑紫 哲也 126
150 188 214 221
248 249 253 254
258 304 348 350
351 378 379 381
392 407 408 491
507 521 522 549
筑瀬 重喜 325 468
竹馬 実 703
児野 昭彦 460 461
乳井 昌史 292
千野 境子 154 168 174
228 234 598 722
知野 恵子 525 581
千野 幸一 624
茅野 臣平 529 556
千葉 章 365
千葉 和郎 93
千葉 一幹 103
千葉 寛城 350
千葉 壽 552
千葉 次郎 121
千葉 慎一 20
千葉 武夫 68 356
千葉 胤男 199
千葉 俊彦 312
千葉 誠昭 591 599
千葉 信行 531
千葉 英之 629
千葉 光宏 336
千葉 光弘 661
千葉 愛雄 261
千葉 雄次郎 4 48 56
60 61 90 92 136
144 181 187 203
204 205 206 207
209 210 245 290
307 320 342 517
518 545 549 658
千葉 悠志 285
千葉市美術館 35
千早 健三郎 319
地方記者 152 603 604
地方小出版流通センター
31
柴 静 290
茶園 義男 29

著者名索引　つむら

北谷町教育委員会　32
茶本　繁正　53
　　97　104　146　158
　　159　175　215　216
　　223　224　225　226
　　227　228　229　230
　　231　232　233　250
　　291　302　321　458
　　470　479　504　505
　　506　509　510　511
　　512　516　531　532
　　533　534　535　536
　　537　551　556　575
　　617　632　634　659
チャールズ・ベネット　572
チャールズ, ルイス　239
チャン, アグネス　178
張　倩　284
中央公論事業出版　27
中央公論社　26
中央公論社労働組合　26
中央公論新社　36
中央青少年問題協議会　288
中央大学人文科学研究所　30
中郡　英男　192　353
　　358　508　632　633
中国社会科学院新聞研究所　270
中国新聞社　27
　　29　33　36　609
中国新聞社社史編纂委員会　26
中国新聞社出版部　643
中国放送　40　42
中条　一雄　604　615
中日新聞社　27
　　30　32　35　687
中日新聞社会部　251
中日新聞社社友会　31　36
中部経済新聞社　27　36
中部日本新聞社　25　26
中部日本放送株式会社　40　42
中馬　清福　183　193
　　223　238　254　316
　　318　403　527　530
中門　弘　631
長　英太郎　351
張　競　254
趙　軍　19
張　国良　696
張　西明　101
長　新太　245
趙　章恩　287
　　437　497　500　501
張　寧　228
長　典俊　634
張　美芬　477
張　光夫　48
長命　輝夫　721
聴力障害者向けテレビ番組研究グループ　86
陳　愛陽　47
陳　加昌　214
陳　春山　436
沈　成恩　368　439　440　442
陳　先進　272
陳　韜文　446
陳　立新　257
珍田　秀樹　637
陳方　安生　118

【つ】

対木　重次　66
通信社史刊行会　26
つかこうへい　347
塚越　健司　135　150
塚越　孝　191　258
塚越　敏彦　143　575
塚越　喜昭　94　584
墳崎　藤一郎　560
塚田　和　666
塚田　敢　697　698
塚田　暢利　519
塚田　信勝　630
塚田　哲之　100　108　119
塚田　博康　138　220
塚田　祐之　531
津金　聡広　344
津金沢　聡広　4　5　32　33
　　210　248　251　257
　　319　355　378　380
　　417　587　705　706
　　707　711　716　717
塚原　光男　617
塚本　恭子　404
塚本　慶一郎　492
塚本　重頼　132　150
塚本　晴二朗　14　97　154
　　156　158　164　169
　　174　190　194　195
　　221　274　373　480
　　633　659　660　665
塚本　寿一　61　305
塚本　美恵子　467
塚本　三夫　5　14　51　52
　　210　220　222　334
塚本　美穂　144　515
塚本　みゆき　124　125　426
塚本　康　136
津嘉山　朝裕　331
津軽書房　643
津川　泉　464
津川　卓史　428
津川　徹　96　216
月尾　嘉男　228
　　233　430　502
月沢　李歌子　150
築地　達郎　54　237
次田　尚弘　654
継松　和也　349
築山　尚美　180
築山　欣央　485
筑波　常治　207　579
創編集部　491
柘　一郎　643
柘　哲郎　153
辻　功　62　63　64　405　406
辻　泉　193
辻　一郎　133　382　586
辻　和子　166　351　419
辻　重孝　645
辻　真以子　532
辻　清明　205　208
辻　大介　72
　　238　239　445　497
津地　多嘉生　516　658
辻　利幸　137
辻　秀雄　632
辻　秀邦　431

辻　斉　464
辻　昌宏　271
辻　美早子　78
辻　みどり　19
辻　民俊　552
辻　惠　606
辻　泰明　461
辻　靖彦　77
辻　雄一郎　108　110　503
辻　祐介　364
辻田　ちか子　166　625
辻中　明夫　136
津島　信太郎　219
辻村　明　121　187　208
　　212　247　261　262
　　288　530　655　658
辻村　和人　461
辻村　達哉　611
辻村　みよ子　114
辻本　晃一　384　385　644
辻本　芳雄　291　306　520
辻脇　葉子　176
都築　繁幸　87
都築　忠彦　49　51　351
　　389　415　419　457
続橋　芽衣　684
津田　昭　351
津田　公男　149
津田　玄児　174
津田　浩司　710
津田　正太郎　53
　　56　236　649
津田　大介　150
　　243　444　500　592
津田　正憲　553
津田　敏秀　593
津田　元　521　525
津田　正夫　87　239　262
　　284　318　379　648
津田　道夫　86
津田　喜章　596
津田　亮一　464　471
津田　類　389
伝川　幹　240
蔦森　樹　625
土江　真樹子　161　387　511
槌田　敦　603
土田　修　257　259
土田　正太　612
槌田　満文　558
槌田　禎子　506
　　584　585　587
土田　芳孝　625
土橋　覚　411
土橋　幸彦　586
土本　武司　179
土本　典昭　209
土屋　一夫　96
土屋　和之　36
土屋　清　203　206　245
　　291　320　557　702
土屋　耕一　699　707
土屋　繁　292
土屋　忍　618
土屋　俊　195
土屋　正三　136　174
土谷　精作　379
土屋　隆昭　707
土屋　健　352　681
土屋　二彦　67
土屋　勉也　307
土屋　敏男　349

　　428　437　438
土屋　智巳　340
土屋　英雄　462
土屋　裕重　409
土屋　弘　513
土屋　道雄　251
槌屋　保雄　700
土屋　寛　190
土屋　美明　104　536
土屋　好重　714
土屋　礼子　15　16　17　18
　　21　32　33　34　114
　　258　304　513　515
筒井　厚至　226
筒井　周一　700
筒井　哲夫　583
慎　徳子　556
堤　寒三　203
堤　定道　590
堤　哲　260　527
堤　秀司　135　148　176　484
堤　清二　352　699
堤　轍郎　350　463
堤　輝夫　309
堤　仁司　707
堤　寛　190
堤　未果　135
堤　有未　378
堤　佳辰　579
綱島　正人　303
常石　敬一　236
常岡　浩介　589
恒川　昌久　223　272　617
常木　暎生　403　582
常木　照雄　134
恒次　徹　134
常松　裕志　355
常行　邦夫　391　463　466
津野　海太郎　248　479　495
角替　晃　94　116
角田　明　603
角田　明夫　681
角田　匡　695
角田　将士　76
角田　光男　257　642
椿　貞良　189　347
　　350　556　584　629
椿　梨奈　56
鍔山　英次　133　690
蝶良　貞夫　409
円谷　勝男　102　180
円谷　文夫　166
坪井　明典　134
坪井　啓　506
坪井　節子　176
坪井　敏雄　59
坪井　裕　293
坪井　睦子　517
坪井　良一　308
坪内　圭　102　229　230
坪内　寿夫　220
坪内　祐三　484
坪川　常春　520
坪川　博彰　597
坪坂　脩司　583
坪田　譲治　410
坪田　知己　258　326　327
坪田　護　32
津曲　篤子　479
津村　重孝　413

つむら　著者名索引

津村 喬　50 146
345 389 473 549
643 644 703 704
津村 憲文　46
円谷 真路　542
津森 明　333
津山 恵子　119
120 243 284 285
287 328 330 369
440 442 500 501
502 592 598 606
津山 昭英　103
134 176 634
露木 茂　38
58 253 255 358
366 380 381 629
栗花 落光　586
津吉 英男　519 655
釣木沢 淳　460
釣巻 耕秀　188 468
鶴井 亨　535 546
鶴岡 恵一　157
鶴岡 憲一　103 141
142 143 145 157
158 192 194 577
鶴木 真　51 52 53 57 89
195 523 656 721
鶴木 眞　227 300
鶴田 亜希美　71
鶴田 敦　591
鶴田 正三　174
鶴田 総一郎　199
鶴田 卓彦　292 573
鶴田 輝樹　76
鶴田 東洋彦　575
鶴田 有一　556
鶴田 裕子　69 70
鶴橋 康夫　409
鶴見 和子　408 690
鶴見 俊輔　205
209 378 700
鶴見 良行　342

【て】

丁 偉偉　570 609
丁 意平　19
鄭 淵珠　265
鄭 敬謨　265 552
鄭 寿泳　193
鄭 淳日　274
鄭 鍾南　537
鄭 真　568
鄭 晋錫　106
ディジタルアーカイブズ　202
ディーボルド, ジョン　207
テイラー, W.L.　339
出口 一雄　470
出口 秀一　498
出口 進士　413
出口 弘　257
出口 保夫　46
デ・ケリコフ, デリック　252
デザインの現場編集部　493
デザイン編集室　491
デジタルアドバタイジング
　コンソーシアム株式会
　社　720
デジタル放送研究会　455
手島 寛　187
手島 俊作　557
手島 真　338 339
手塚 孝典　411 515
手塚 富雄　670 673
手塚 和寛　337
データバンク21　254
デヒーリ, デヴィッド　289
デベラ, ホセ　348 526 707
デミリア, ビオ　242
デュマ・アンジェラ　708
寺井 睦久　310
寺内 正義　559
寺内 繭　324
寺内 礼治郎　246
寺尾 皖次　616
寺尾 隆　387
寺岡 慎介　323
寺岡 聖豪　76
寺崎 一雄　155
438 505 613
寺崎 道春　331
寺崎 宗俊　624
寺沢 一　518
寺沢 有　550 666
寺師 祥一　19
寺島 正　640
寺嶋 浩介　81
寺島 実郎　233 403
寺島 英弥　244
330 601 602 649
651 652 686
寺島 宏貴　22 23
寺島 宗樹　164
寺島 祐二　177
寺田 健二　427
寺田 嵩　678
寺田 浩章　20 164
寺田 博　486 493
寺田 理恵　228
寺西 淳　110
寺西 五郎　557
寺西 太郎　83
寺西 永弥　597
寺村 誠一　517
寺村 剛　445
寺村 勉　70
寺本 眞名　171 392
寺脇 信夫　65 672
テリー伊藤　186 228
デール, キャロライン　166
照井 大輔　367 403 649
暉峻 淑子　222 624
暉峻 康隆　208
テルケルセン, T.M0　261
デルフォルジュ, M.　700
アニエス, デルベイ　694
デレック, H.　91
テレビ愛知株式会社　42
テレビ朝日映像株式会社　43
テレビ朝日社員　123
テレビ朝日出版部　250
テレビ大阪株式会社　41 43
テレビ神奈川　35
テレビ熊本　33
テレビジョン学会　394
テレビ信州　640
テレビせとうち　423
テレビ東京　41 42
テレビ西日本　40 43 420
テレビについて話す会　380
テレビ北海道　43 421
テレビマンユニオン　42
テレビ山口　421
田 英夫　15 207 246
302 343 346 507
田 勝　571
電気通信政策総合研究所　250
電産中国　604
電子出版研究会　491
電子出版制作流通協議会　496
天上 悠々　461
電通　714 715 719 720
電通広告用語事典プロジェ
　クトチーム　718 719
電通出版事業部　717 718
電通総研　452
電通パブリックリレーショ
　ンズ　719
電通PRセンター　716 719
田頭 勉　71
天皇報道研究会　556
電波監理審議会　452
電波法放送法施行50周年
　記念誌編集委員会　42
天満 幸辰　386

【と】

土井 清之　303
土井 啓有　702
土居 重正　703
土肥 寿郎　486
土肥 尚彦　367
土井 正　325
土居 健　585
土井 敏邦　279 300 515
土井 利泰　380
土居 英雄　328
土井 泰彦　351 353
土居 靖美　180
土井 由三　168 525
土井 亮二　189
土肥 良造　38 217 475
戸井田 道三　383
戸板 康二　13
卓 南生　38
46 47 271 290 465
509 562 564 572
東亜会　47
東奥日報社　28 30
十日市 啓志　644
東海テレビ放送株式会社　35
東海ラジオ　465
東海ラジオ　416
東海ラジオ放送株式会社
　35 40 41
東京アートディレクターズ
　クラブ　714
東京経済大学大学院コミ
　ュニケーション学研究
　科　572
東京社会科学研究所　56
東京社　173
東京12チャンネル　28
東京出版販売株式会社出版
　科学研究所　56
東京女子大学女性学研究
　所　174
東京書籍株式会社　33 36
東京書籍商組合　490
東京新聞社.社会部　245
東京新聞編集局　260 609
東京大学社会情報研究所
　131 452
東京大学出版会　31 33
東京大学情報学環メルプロ
　ジェクト　86
東京大学.新聞研究所　195
東京大学新聞研究所　131
379 452 654
東京地方裁判所損害賠償訴
　訟研究会　159
東京堂　30 36
東京都写真美術館　388
東京都杉並区立社会教育セ
　ンター　379
東京都生活文化局　173
東京都練馬区立美術館　687
東京ニュース通信社　28 30
東京婦人記者会　166
東京弁護士会　165 178
東京弁護士会人権擁護委員
　会　165
東京放送　40 42 416
東京放送調査部　715
東京ホットライン　331
峠 憲治　529
東郷 一朗　319
320 321 338
東郷 吾朗　574
東郷 茂彦　253
田路 圭輔　469
同志社大学浅野健一ゼミ　640
童子丸 開　569
東城 敦也　61
62 63 263 264 388
405 406 670 671
東城 祐司　385
道上 洋三　464
蔦信彦　357
東大社会情報研究所　131
東大新聞研究所　131
東電広告株式会社　719
東北放送株式会社　40 42
百目鬼 恭三郎　28 292 516
道面 豊信　700
堂本 暁子　153 271 323
385 408 533 629
当山 正喜　624 647
東洋インキ株式会社新聞販
　売統括部　591
トゥロー, スコット　480
十重田 裕一　115
遠矢 浩司　280
遠山 昭弘　184
遠山 叡　526
遠山 茂樹　59
遠山 孝　321
遠山 伸彦　646
斗ヶ沢 秀俊　601

冨樫 俊和	595		
冨樫 豊	393		
渡嘉敷 唯夫	645		
十勝毎日新聞社	30 33 43		
戸叶 勝也	46		
戸叶 陽三	248		
戸上 航一	693		
戸川 覚	695		
戸川 猪佐武	413 721		
登川 直樹	406		
戸川 三枝	644		
戸川 幸夫	301		
土岐 島雄	507		
土岐 坤	715		
土岐 義恵	495		
土岐 善麿	669 670 673 675		
時尾 輝彦	358 359 360 361		
時岡 隆志	390		
鴇沢 哲雄	310		
時田 健治郎	574		
時田 英之	514		
時田 昌	684		
時野谷 浩	37 196 214 248 256 268 524		
常盤 恭一	350 689		
常盤 新平	265 266 267 288 472 490 491 580 624		
徳市 慎治	354 529		
徳岡 孝夫	216 265 504 545		
徳川 夢声	40		
徳毛 祐彦	604		
徳島 高義	486		
徳島新聞社	31 32		
徳田 修造	420		
徳武 清助	62		
徳永 和子	249		
徳永 潔	634		
徳永 伸一	458 527 528		
徳永 達哉	110		
徳永 哲哉	523		
徳永 英彦	634		
徳永 博充	447		
徳永 文一	632		
徳永 正明	105		
徳永 正樹	461		
徳永 光展	301		
徳永 康彦	69 155 223		
徳久 昭彦	720		
徳久 勲	509		
徳久 英彦	309		
徳間書店	29 30		
徳松 信男	509 565 605 657		
徳丸 勝博	154 188 190		
徳丸 望	385 506		
徳光 規郎	384		
徳本 照昌	403		
徳本 侑子	76		
徳安 彰	54		
徳安 恂	583		
徳山 裕径	417		
徳山 喜雄	193 201 254 255 510 550 566 598 600 660 665 692 693 694 696		
戸栗 弘	681		
恠住 嘉文	538 657		
所 雅彦	452 648		
所 洋一	202 437		
戸崎 賢二	110 197 198 459 462 549		
利谷 信義	628		
豊嶌 啓司	77		
図書館情報大学	253		
図書新聞社	489		
都総合法律事務所	718		
戸田 晃	591		
戸田 桂太	387 592		
戸田 五郎	110		
戸田 覚	718		
戸田 里和	371 498		
戸田 修一	367		
戸田 孝	581		
戸田 貞三	311		
戸田 寛	490		
戸田 道男	525		
戸田 米造	700		
戸台 俊一	489		
戸高 洋子	350		
栃折 久美子	295		
とちぎ あきら	173		
栃窪 優二	386		
栃沢 助造	342		
栃沢 健史	358		
戸塚 進也	528		
鳥取部 邦夫	138 647		
等々力 健	593		
轟 純夫	466 585		
轟 正克	625		
十七 己之助	577		
戸波 江二	155		
刀襧 隆司	359		
利根川 裕	355		
刀祢館 正明	477		
刀祢館 正久	113		
殿岡 昭郎	113 209 341 504 558		
外岡 立人	582		
殿木 圭一	9 206 260 288 320 628		
鳥羽 信也	199		
土橋 臣吾	58		
土橋 新三	321		
土橋 美歩	380		
飛田 綾子	105		
飛田 秀一	525		
飛田 正夫	284		
戸辺 秀	609		
戸部 恒夫	225		
戸部 大	612		
渡米出版販売専門視察団	489		
トポル, セーラ	515		
トーマス, エバン	539		
戸松 秀典	98 102 168 663		
苫米地 英人	382		
泊 次郎	601		
泊 吉実	635		
戸丸 広安	289		
富岡 幸一郎	37		
富岡 隆夫	476 528		
富岡 正敏	518		
冨狭 泰	713		
冨坂 聰	258		
冨澤 淑光	391		
冨川 雄之	294		
冨沢 満	462 646		
冨重 圭以子	622		
冨塚 秀樹	12 549		
冨塚 秀樹	18 75		
富塚 三夫	213		
冨田 浩太郎	215		
富田 誠一	555		
富田 徹郎	409 421		
冨田 共和	566		
冨田 信男	334 528		
富田 八郎	301		
富田 英典	226		
冨田 博之	97		
冨田 正文	3		
富田 恵	585 664		
富田 百合子	568		
富塚 啓信	643		
富永 邦生	615		
富永 健一	291		
富永 重作	65		
富永 信哉	227		
富永 寿夫	333		
富永 久雄	310		
富永 正文	463		
富野 暉一郎	153		
富森 叡児	292 504 520 521 523 561 577		
富原 薫	38 190 432		
富山 晃	588		
富山 太佳夫	254		
富山 達之	507		
富山 英彦	54 86		
トムソン, R.	320		
戸村 栄子	125 353 380 419 425 431 432 433		
都村 光男	470		
巴 一寿	713		
友岡 史仁	143		
友岡 三治	591		
友清 裕昭	581		
友沢 秀爾	245 342 345 520		
友田 重文	463		
友田 錫	559 564		
友田 浩	17		
朝長 昭生	16		
友永 健三	168		
朝長 則之	583		
友野 庄平	526		
友部 孝次	712		
友松 裕喜	388		
友宗 由美子	357 361 509		
友安 弘	289 663		
友寄 英利	348		
土門 拳	388		
戸谷 真人	616		
外山 滋比古	68 471 472 473 474 478 493 494 667 678 681 688		
外山 繁也	604		
外山 衆司	547		
外山 仁	54		
外山 真理	702		
「富山県言論の軌跡」編集委員会	114		
富山県小学生学力向上研究グループ	82		
富山テレビ放送株式会社	41		
豊川 一美	464		
豊川 雄之	294		
豊倉 好文	521		
豊崎 七絵	150		
豊島 彰	642		
豊島 真介	322		
豊田 彰	101 712 718 719		
豊田 昭	59 60		
豊田 明	546		
豊田 一夫	274 277 279 433 618		
豊田 銀之助	62 204 261 262 264 265 395 415 463 470		
豊田 皓	369 447		
豊田 修二	374		
豊田 拓臣	376		
豊田 年郎	390		
豊田 直巳	693		
豊田 正夫	698		
豊田 泰光	254		
豊原 兼一	28 290		
豊原 幹治	220		
豊福 晋平	78 80		
トラウト, ジャック	710		
虎谷 喜恵子	462		
鳥居 昭夫	59		
鳥居 滋夫	615		
鳥居 俊一	142		
取違 孝昭	310		
鳥井 輝明	68		
鳥居 英晴	23 24 25 212 244 330 390 570		
鳥井 博	352 462		
鳥居 博	48 121 122 246 344 702		
鳥井 弘之	581		
鳥居 元吉	321		
鳥井 守幸	196 336 353 474 476 588 615 643 645		
鳥居 壮行	145		
鳥枝 浩彰	600		
鳥飼 玖美子	563		
鳥越 俊太郎	123 124 182 197 252 253 254 304 329 354 357 358 361 363 403 458 474 507 532 534 556 585 627 634 691		
鳥島 正幸	604		
トリプルウイン	394		
鳥山 忠志	143		
鳥山 拡	49 181 321 344 345 347 348 350 389 397 406 407 413 416 456 614 645		
トローベ, デ・ラ	412		
トロント市教育委員会	85		

【な】

内外問題研究所	26	
内閣官房	178	
内木 敏市	291	
内藤 国夫	6 211 248 302 628	
内藤 茂雄	429	
内藤 大典	420	
内藤 耕	45 275 356	
内藤 武昭	267	
内藤 俊夫	703	
内藤 直樹	259	

内藤 久雄　692 693
内藤 正明　135
　　162 177 235
内藤 正典　516
内藤 正光　129
内藤 泰朗　567
内藤 幸政　669 670
内藤 好之　625
ナイハード, クリストフ　242
ナイム, モイセス　498
内務省警保局　28
直井 謙二　563
直井 武夫　205
直井 正　341
直江 重彦　419
直野 信之　629
仲 晃　49 302 417 559
仲 いつか　709
なかの しげはる　91
中 一　206 557
中 政雄　290
中 正樹　193 195
仲 衛　214 523
中 雄一　457 580
中 善則　76 77
永井 秋雄　463
中井 一平　635
中井 和久　607
永井 亀一　28
永井 清彦　270 505 604
永井 憲一　215
永井 研二　425
永井 豪　317
中井 幸一　715 716 717
長井 暁　198 201 283
中井 俊朗　79
永井 祥一　478 479
中井 誠治　94
永井 大介　633
中井 大助　287 639 653
永井 多恵子　167
中井 多賀宏　115
永井 隆光　588
永井 理　606
永井 敏雄　146
仲井 富　643
長井 展光　442
中井 孔人　194
　　375 531 599
長井 肇　646
中井 久夫　57 710
永井 浩　273 509 517
中井 征勝　689
中井 学　558
仲井 幹也　255
永井 道雄　207 212 213
　　262 560 579 612
永井 靖　425
中井 康郎　561 659
中井 靖治　526
永井 優子　117 561
永井 芳和　257
永井 良和　266
中井 良則　147
　　274 511 534
永井 善之　181
中市 篤志　386
中出 征夫　137
永江 朗　36 480
長江 和弘　97
中江 桂子　548

中江 利忠　212
　　213 293 559
永江 正幸　327
長尾 一紘　99 118 124
中尾 和美　685
中尾 幸嗣　441
長尾 幸次郎　438
中尾 聡　426
長尾 聡　387 410
長尾 三郎　493
長尾 治助　717
長尾 尚　342
中尾 昇司　210
中尾 武生　580
中尾 哲雄　234
中尾 哲郎　361 409
長尾 俊昭　647
中尾 則幸　123 384
仲尾 八郎　721
長尾 長男　308
中尾 庸蔵　300
　　541 576 598
中岡 哲郎　93
長岡 徹　100 111 179
長岡 昇　563
長岡 義博　148 667
長岡 義幸　110
　　115 148 172 173
　　177 178 180 185
　　311 482 484 485
　　487 501 556 669
中奥 宏　556
長尾 粛正　460
中神 武志　601
中川 彰　704 705
中川 一郎　289
中川 市郎　700
中川 英造　573
中川 一徳　304
中川 公夫　407 415 464
中川 健一　156 166 225
中川 剛　91 92 216
中川 作一　208
中川 二郎　697
中川 真昭　349 465
中川 順　291
　　322 417 418 419
中川 善之助　90
中河 孝博　299
中川 隆博　190
中川 尚之　346
中川 友吉　523
中川 昇　390 642
仲川 秀樹　58 258
中川 一史　82
中川 日露史　329
中川 博司　132
中川 寛之　496
中川 勉　198
中川 満利　46 631
中川 未来　47
中川 勇樹　455
中川 佳昭　538
中川 禎昭　354
中川 隆介　167
中北 龍太郎　102
長倉 洋海　356 691 696
長倉 正知　201
中湖 康太　332
中小路 徹　621 622
中込 清皓　496
中込 道夫　212

仲佐 秀雄　53 181 183 351
　　407 408 418 422
長坂 一雄　545
長坂 金雄　27
長坂 端午　59
長坂 進夫　452
長崎 和夫　140 531
中崎 清栄　387 410
長崎 正窮　503
長崎 武昭　254
長崎 新聞社　33
長崎放送　36
　　40 41 42 416
中里 好宏　713
中沢 昭敏　116
中沢 明彦　617
長沢 彰彦　256
中沢 郁　62 261
　　262 342 395 462
長沢 功　629
中沢 一議　68
長沢 規矩也　490
中沢 けい　375
中沢 啓治　554
中澤 啓次　336
中沢 茂夫　63
永澤 征治　442
長沢 泰治　43 342
中澤 孝之　299
中澤 忠正　189
中沢 昇　508
中澤 秀雄　84
長沢 秀郎　394
中ザワ ヒデキ　710
長澤 秀行　260
中沢 学　87 88
中沢 道明　210 291 307
中沢 道夫　203
　　342 456 696
中沢 芽久美　170
中澤 雄大　144
中沢 豊　57 58
中沢 隆司　189 630
中沢 弥　495
長笠原 栄風　266
中島 昭夫　139 142 143
中島 彰子　614
中島 巌　86
　　262 344 347 414
中島 巌　343
中島 及　3 290
長島 一由　394
永島 寛一　245 545
中島 紀久雄　379
中嶋 貴義　83
中島 清成　258
永島 啓一　119
　　194 233 277 363
　　365 367 369 510
　　511 512 515 516
中島 健一郎　222
　　357 560 631
中島 源吾　264 266 278
中島 健蔵　90
　　290 470 471 517
長嶋 甲兵　387 410
長嶋 聡　580
中島 紗由理　240
中島 茂樹　158
中島 繁　321
中島 純一　708
中島 順子　81

中島 祥一　210
中島 正次　66
中島 信一　16
中島 真一　321
中嶋 晋平　21
中島 平　81
中嶋 多圭子　387
中嶋 隆　36
中島 丈雄　327
中島 竜美　348 406
中島 達郎　216
中島 力　400
中島 哲雄　390
中島 暉雄　507 642
中島 俊明　140
中嶋 敏樹　585
永島 宣彦　536
中島 昇　567
長島 晴雄　654
中島 久之　155 354
中嶋 啓明　162 163 164
中島 宏　265 299
中島 章隆　617
中島 誠　215 478 552
長島 又男　245 330 544
中嶋 道生　222
中嶋 嶺雄　491
中島 みゆき　318
中島 美幸　174
中島 基雄　532
中島 泰　685
中島 善範　318
中島 芳郎　655
中条 敏江　82
中城 福治郎　399
中陣 隆夫　477 478
長洲 一二　576
中住 早苗　67
永瀬 昭夫　355
永瀬 郷太郎　294
中瀬 寿一　714
中瀬 信一郎　429
中瀬 剛丸　536
永瀬 唯　710
中仙道 忠春　513
中曽根 佐織　659
中曽根 松衛　203
中園 裕　17 115
中園 ミホ　369
中園 竜二　560
中田 章　525 526
中田 絢子　371
長田 衛　211
中田 一夫　592
中田 君人　342
中田 協　237
永田 清　61 342
中田 郷　445
永田 浩三　198
　　240 375 382 461
　　462 549 550
永田 三郎　664
中田 純司　591
中田 整一　392 515
中田 節子　719
中田 孝久　61
永田 健　568
永田 恒治　157 184
永田 照海　208 217 250
中田 敏夫　339
永田 俊和　364

仲田 稔弥 612
永田 久延 417
永田 久光 245 714
仲田 誠 188 273
中田 正博 326
中田 美喜子 71
中田 美知子 375
中田 睦 125
永田 守男 92
長滝 美都子 78
長竹 成吾 418
長竹 孝夫 531
永谷 和雄 590
長谷 邦彦 585
中谷 鉄也 643
中谷 実 94 179
中谷 洋一 185
中津 泰道 524
中塚 勝三 463
中司 廣志 18
仲築間 卓蔵 257 259
長辻 象平 581
長妻 昭 238
中出 博二郎 416
長戸 雅夫 581
長友 千代治 31
長縄 美智子 65
中西 愛子 66
中西 一彦 78
中西 研精 419
中西 昭雄 385 474 689
中西 輝政 564
中西 豊樹 542
中西 尚道 63 64 152 174 262 343 395 396 405 518 519 625
中西 秀彦 486 494
中西 ひとみ 66
中西 正利 709
中西 正之 102
中西 幸男 595
長沼 修 437
長沼 甲子男 335
長沼 節夫 240 299 478 593 666
長沼 孝仁 391
中根 淳一 79
中根 哲夫 102
中根 鉄弥 366
中根 久太郎 320
中根 正雄 615
中根 学 143 657
長野 章夫 559
中野 明彦 447
中野 恵美子 587
中野 収 37 49 51 53 57 58 195 213 216 221 225 248 250 252 312 360 378 399 464 465 616
永野 和男 71
中野 潔 502
中野 渓子 64
中野 慶之 250
中野 景介 529
永野 健二 230 450
中野 晃一 548
中野 五郎 302 303
中野 佐知子 75 362 369 370 433 498 649
長野 重一 471
長野 真一 461

中野 伸二 410
中野 卓也 314
長野 正 332
中野 達雄 519 521
永野 為光 441
長野 伝蔵 696
中野 利子 323
長野 智子 370 381
永野 信利 559
永野 秀雄 120
中野 祐久 614
長野 忠 648
中野 雅至 382
中野 正志 556
中野 学 523 562 645
中野 康人 317
中野 好夫 91 136 204 312 655
中野 理恵 694
中野 玲子 514
中橋 雄 86 259 372
仲畑 貫志 709
中畑 千弘 375
長畑 誠 271
中畑 仁志 134
永畑 道子 292
永畑 恭典 456
長浜 寛治 521
長浜 孝行 564
中林 暁生 104 105 111 112 164
中原 一歩 337
中原 研一 392
永原 伸 536 542
中原 孝子 711
中原 達也 447
長原 春雄 219
中原 史人 697
中原 佑介 531
中原 雄太郎 20
永原 芳雄 394
長原 緑野 390
中平 邦彦 586
中平 卓馬 208
中平 雅彦 141
永渕 啓 466
中部 博 612
中坊 公平 294
仲正 昌樹 256
仲俣 暁生 494
中町 綾子 375 393 394 410 437
永町 敏昭 146 308 321 521 523 721
中町 英樹 483
中町 実 697
永松 脩 305
永松 元太郎 340
中道 武 212
長嶺 一郎 643 655
長峯 信彦 108 180
永峰 康雄 355
永峰 好美 626
中宮 崇 381
中村 章 458
中村 粲 458
中村 敦雄 85
中村 功 594
中村 伊知哉 131 372 441 442 444 448 449 450
中村 英 200 498

中村 理 52
中村 克明 145
中村 克己 129
中村 幹 18 483
中村 紀一 215 400
中村 菊男 519 721
中村 清 380 431
中村 清治 319
中村 喜代三 27
中村 恵一 209
中村 桂子 581
中村 啓治 435 437
中村 啓三 230
中村 謙 354
中村 建五 519
中村 晧一 86 121 122 150 263 264 267 270 320 343 344 417
中村 耕治 584
中村 幸次郎 339
中村 敏 503
なかむら しげなお 260 261
中村 滋 503
中村 茂 591
中村 修一 573
中村 秀一 166 177 180 479
仲村 祥一 195 209 315
中村 正吾 517
中村 昭二 700
中村 史郎 542
中村 慎一 251 496
中村 信明 708
中村 純子 79
中村 精介 650
中村 隆子 314
中村 卓司 535
中村 健 23
中村 正 379
中村 司 85
中村 哲也 156
中村 輝子 581
中村 輝行 646
中村 登紀夫 359 463
中村 敏明 469
中村 敏夫 188 190
中村 敏雄 623
中村 知喜 393
中村 知子 119
中村 智子 93
中村 直子 707
中村 直弘 424
中村 信郎 466 586 587
中村 憲明 214 338
中村 秀明 576
中村 秀人 4
中村 均 117 289
中村 博 441 624
中村 拓治 645
中村 弘之 200 645 647
中村 文宣 212
中村 誠 707
中村 政雄 573 577 603 609
中村 雅子 353
中村 正近 644
中村 守 352 553 652
中村 通夫 672 697
中村 美千代 119 277
中村 光夫 623
中村 貢 557

中村 睦男 98 114
中村 宗悦 228
中村 元哉 120
中村 泰次 94 97 98 99 123 124 138 139 145 147 152 174 179 188 191 211 220 223 272 419 420 478 508 526 530 531 546 581 706
中村 靖彦 582
中村 保之 380
中村 雄一 667
中村 洋介 178
中村 美子 87 130 186 274 276 282 365 369 370 373 426 429 432 433 434 435 436 438 439 440 441 442 443 444 446 447 512 653
中村 欣資 506 646
中村 義治 667
中村 善泰 714
中村 竜一郎 273
中村 隆二 427
中村 竜太郎 458
中村 竜兵 613
中村 良男 188
中村 亮嗣 554
中本 達雄 527
長元 朝浩 212
中森 謹重 452
仲森 智博 583
中森 広道 601
中森 康友 624
永守 良孝 15
中屋 健一 44 60 63 90 187 206 124 358 421 427
中谷 範行 334
中谷 不二男 306 307 503
中保 章 613
中安 宏規 613
長安 亮太郎 554
中山 明展 649
中山 章 452
中山 伊知郎 572
中山 栄純 611
中山 軍次 4
中山 研一 179
永山 耕三 401
永山 貞義 605
中山 了 206 291 307
中山 昌作 528
中山 善三郎 305 695
中山 素平 580
永山 忠彦 631
中山 保 583
中山 智香子 455
中山 千夏 389 510 530
中山 堵志木 615
中山 憲康 75
名嘉山 秀信 657
中山 広樹 551
中山 実 78
中山 幸彦 553
中山 亮一 580
長与 道夫 321 550
中和 正彦 87 89
梛野 順三 381

ナクトウェイ, ジェームズ 364
名雲 俊忠 275
名倉 礼子 246
名古 光 653
名越 健郎 271 561
名古屋広告業協会 717
名古屋市博物館 28
名古屋市立大学人文社会学部 603
名古屋テレビ塔株式会社 42
名古屋テレビ放送 420
名古屋テレビ放送株式会社 41 43
梨元 勝 230
那須 謙介 712
那須 照市 336
奈須 祐治 105 171
那須 良輔 521
なだ いなだ 216 357
名田 隆司 566
夏目 十郎 323
夏目 大介 123
夏目 漠 320
夏目 浩光 467 468
夏目 求 293
名取 順一 714
名取 洋之助 388
七井 辰男 533
七尾 功 608
七沢 潔 127 202 234 235 372 375 388 437 438 605 649
七海 陽 84
七森 正行 654
鍋嶋 敬三 525 664
鍋島 高明 36
鍋谷 清治 698
生井 俊重 357 574
渡辺 昌司 579
浪江 慶 551 645
並河 亮 342 394 406 699 700
波野 拓郎 377
波野 始 191 374 426
並松 昭光 578
苗村 善久 621
滑川 通夫 504
滑川 峰夫 507
名雪 雅夫 562
奈良 年明 531
奈良 知雄 554
奈良 洋 527 617 644
奈良 道子 289
奈良 陽 358
ナライン, K.V 558
奈良岡 将英 502
楢崎 勲 469
楢崎 観一 245
楢崎 憲二 162
奈良新聞社 29
楢戸 誠 64
楢橋 国武 320 471
成合 正和 531
成合 由香 556
成田 淳 301
成田 健一 57
成田 光治 627
成田 滋 87
成田 憲彦 534
成田 英彦 524

成田 雅博 68
成田 康昭 55 235 398 400 407 436
成田 祐一 498
成田 豊 572 720
成田 龍一 258
成竹 祥一 600
成原 慧 109 111
成松 一郎 88 89
成子 望 367
成沢 栄寿 173
成沢 健一 590
成沢 猛 583
成沢 寿信 153
成瀬 伸次 248
鳴海 景介 347 352
鳴海 正泰 525 645
成宮 恒雄 650
名和 悦子 18
名和 興一 528
縄田 雄二 256
暖 三郎 165
南 永振 616
南 慈郎 623
南海日日新聞社 32
南海放送 416 420 654
南海放送株式会社 40
南崎 英和 589
南条 岳彦 31 453
難波 淳郎 331
難波 功士 55 58 258 502 710 713
難波 栄 4
難波 誠一 69
難波 美帆 593
南部 哲郎 183 184 200 231 309
難武 信明 382
南部 昌敏 80
南部 光枝 384
南保 巧 350
南里 俊策 313

【に】

新潟テレビ21 37
新潟日報事業社 33 643
新潟日報社 26 31 34 338 602
新潟日報社システム室 589
新潟放送 40 41 416 455
新倉 修 175 178
新倉 貴仁 55
新島 繁 204 245 469
新嶋 良恵 56
新妻 莞 27
新妻 義輔 562 604
仁井田 益雄 560
新野 寛 394
新延 修三 302 331
新実 傑 594
新原 雅晴 528
新美 隆 253
新村 弘 564
新山 藍朗 298 369
新山 恒彦 152
新納 剛史 639
ニエルセン, E.R0 658

二階堂 敏文 299
二階堂 友紀 543
ニクソン, R.B. 48
西 和彦 719
西 清子 136 209
西 兼志 201
西 謙次郎 560
西 正 104 126 127 128 131 228 254 258 361 367 380 381 429 430 431 432 433 434 435 436 437 438 439 440 441 442 443 444 445 446 447 448 449 450 451 453 454 455 497 502 663 718
西 英隆 191
西 幸夫 630
西 義之 561
西井 一夫 695
西井 泰之 97 528
西井 美鷹 455
西上原 裕久 690
西浦 英之 676
西浦 義道 205
西江 肇司 720
西尾 出 344
西尾 克彦 385
西尾 幹二 209
西尾 忠久 702 714 715 716
西尾 漠 604 703
西尾 秀和 173
西尾 英之 568
西尾 嘉門 69 310 311 507 629
西岡 香織 122 347 415
西岡 将 256 263 266
西岡 竹次郎 663
西岡 力 118 199 226
西岡 祝 116 137
西岡 宏治 340
西岡 文彦 491
西岡 三夫 531
西垣 通 58 233 253 363 486
西上 潔 513
西川 恵美子 171
西川 潔 709
西川 幸 540
西川 潤 505
西川 孝純 533
西川 哲郎 617
西川 通 529
西川 友之 616
西川 秀男 492
西川 洋 10
西川 恵 562
西口 孝四郎 250
西倉 一喜 548
錦織 俊一 529
西崎 哲郎 237
西崎 裕文 593
西里 喜行 46 47 306
西沢 勇 306
西沢 邦浩 582
西沢 敏 647
西沢 台次 453
西澤 實 408
西沢 行明 314

西島 建男 53
西島 徹 318
西嶋 優 426
西嶋 雄造 211 625 644
西島 芳二 6 205 206 291 319 721
西田 昭良 705
西田 文子 65
西田 貞一 341
西田 俊一 465
西田 二郎 382
西田 善太 469
西田 長寿 3 4 9 10 11 12 26 30 33 614
西田 恒久 200
西田 春彦 56
西田 雅夫 133
西田 正規 625
西田 穣 111
西田 實 424
西田 睦美 548
西田 宗千佳 329 455 486 495 501 502
西田 雄一郎 574
西田 祐二 414
西田 有里 556
西田 陽太郎 427
西田 善夫 614
西田 義洋 627
西田 亮介 330
西台 満 156
西谷 修 455
西谷 茂 266 267 347 350 414 416 417 705
西谷 尚雄 702
西谷 博信 343 463 670 671 672 673 674 675 676 677 678 679 680 681
西谷 能雄 12 474 477 490
西土 彰一郎 108 110 125 126 127 130 131 144 328 590
西所 正道 359 458
仁科 健一 270
仁科 貞文 718 719
仁科 俊介 424
西成 辰雄 553
西日本新聞社 25 26 28 30 32 35
西日本新聞社雲仙災害取材本部 584
西日本新聞出版部 643
西日本放送株式会社 41 42
西野 彰一 87
西野 照太郎 558
西野 輝彦 360 690
西野 宏 426
西野 浩史 554
西野 文章 530
西野 正夫 189 646
西野 泰司 201 380
西野 嘉章 255
西野 瑠美子 199
西橋 慎太郎 688
西橋 真太郎 687
西端 律子 85
西浜 広太郎 338
西林 鎮人 630
西原 博史 101
西原 博之 682
西平 重喜 520 530

西平 直喜　208
西部 謙治　113　696　715
西部 邁　95　217　250　259
西部 忠　497
西俣 総平　581　610
西松 五郎　12
西光 晴彦　75
西宮 公三　658
西向 幸三　469
西村 晃　415　417　464　663
西村 尹雄　457
西村 磨　240
西村 和貴　80
西村 一成　224
西村 克己　206
西村 熊雄　64
西村 幸祐　84　199　258
　　260　462　511　550
西村 五洲　399　417　704
西村 貞枝　166
西村 定仁　413
西村 重雄　521
西村 二郎　545　701
西村 隆次　696
西村 隆幸　589
西村 忠郎　46
西村 敏夫　292
西村 敏雄　107
西村 規子　75　76　77　79
西村 寿子　83　84
西村 秀樹　39　85
　　238　354　607　622
西村 秀俊　212
西村 浩　400
西村 幹夫　18　604
西村 美智子　600
西村 睦生　194　636
西村 裕一　112
西村 陽一　330
西村 洋子　323
西村 嘉郎　441
西村 龍一　719
西元 利盛　517
西本 三十二　59
　　60　61　62　63　65
西本 康男　465　466
西本 泰子　191
西森 章年　75
西森 年寿　77
西山 昭彦　493
西山 明　225　230
西山 清之　87　88
西山 恵子　67
西山 清雄　20　23
西山 太吉　111　143
　　147　148　149　150
西山 猛　532
西山 武典　17　250
　　324　546　664　665
西山 富夫　151
西山 宏　647
西山 弘道　190
　　366　525　530
西山 嘉雄　329
21世紀政策研究所　131
西四辻 公敏　187
西脇 千瀬　603
仁田 豊文　160
仁平 俊夫　192
仁坂 喬一　96
日外アソシエーツ　113
日外アソシエーツ編集部

　　36
日刊工業新聞社　26　29
日刊スポーツ新聞社　28　32
日経　331
日経広告研究所　716　717
日経デザイン　494
日経ニューメディア　332
日経BP　455　494
新田 宇一郎　90　178
　　204　261　319　330
　　342　696　697　714
新田 哲郎　130　186
　　286　447　448　653
新田 豊作　324
新田 博　158　536
新田 理蔵　261　319　412
新田 湧　628
日中コミュニケーション研究会　254
入戸野 宏　260
ニッポン放送　451
二藤 茂雄　204
二藤部 義人　25　117
似鳥 昭雄　594
蜷川 真夫　146　150
　　241　523　526　643
蜷川 真人　314
蜷川 幸雄　55
蜷川 由彦　251
二宮 厚美　33
仁比 聡平　150
仁平 成彦　367
二瓶 互　404　434　435
仁保 竜一　629
日本工房　695
日本アーカイブズ学会　202
日本印刷技術協会　491
日本映画テレビ技術協会　394　452
日本エディタースクール　491　492　494
日本海新聞労働組合　472
日本海テレビジョン放送株式会社　43
日本化学会　583
日本加除出版株式会社　27
日本機関紙協会　338　491
日本機関紙協会大阪府本部　33　695
日本記号学会　382
日本記者クラブ　28
　　30　251　255　258
　　260　583　603
日本共産党　30
　　248　250　544
日本共産党.中央委員会出版局　144
日本経済社　717
日本経済新聞社　26　28　29
　　32　35　245　331　714
日本経済新聞社社史編纂室　26
日本経済調査協議会　549
日本芸能実演家団体協議会　380
日本ケーブルテレビ連盟　42
日本広告会　714
日本広告学会　720
日本広告業協会　718　719
日本広告主協会　714
日本語教育学会　452

日本コミュニケーション学会　57
日本コミュニティ放送協会　42
日本コミュニティメディア研究所　654
日本雑誌協会　26　102　157
日本雑誌広告協会　718
日本実業出版社　29　30　33
日本児童図書出版協会　34
日本ジャーナリスト会議　27
　　247　251　253　516
日本ジャーナリスト会議出版支部　30
日本ジャーナリスト協会　687
日本ジャーナリスト連盟　112　244
日本出版学会　492　494
日本出版クラブ　33
日本出版販売株式会社　490
日本出版労働組合連合会　640
日本障害者雇用促進協会　331
日本障害者リハビリテーション協会　89
日本情報通信振興協会　289
日本女性放送者懇談会　173　174
日本書籍出版協会　27　30
　　33　102　489　493　494
「日本人とメディア」総合調査研究プロジェクト　236　437
日本新聞インキ株式会社　29
日本新聞教育文化財団　639
日本新聞協会　26
　　28　29　32　35　56　82
　　102　112　113　136
　　158　163　165　186
　　198　245　247　250
　　252　260　288　289
　　318　330　331　332
　　341　602　640　663
　　686　687　695　696
　　714　715　716　717
日本新聞協会記者クラブ問題検討小委員会　666
日本新聞協会技術開発特別委員会ニューメディア関係専門研究グループ　331
日本新聞協会業務部　320
日本新聞協会研究所　113
　　251　313　318　322
日本新聞協会広告委員会　715
日本新聞協会広告委員会広告調査専門部会　715
日本新聞協会国際課　91
日本新聞協会国際部
　　95　99　117　210
　　265　321　522
日本新聞協会審議室　628
日本新聞協会審査会　520
日本新聞協会審査室　17
　　519　520　721
日本新聞協会製作技術課　340
日本新聞協会第六百十回編

集委員会　665
日本新聞協会調査課　333
日本新聞協会調査資料室　165
日本新聞協会編集部　112
　　244　288　305
　　506　669
日本新聞博物館　33
　　34　42　602
日本新聞販売協会　27　28
日本新聞百年史刊行会　26
日本新聞連盟　247
日本新聞労働組合連合　112
　　247　248　252　303
　　330　331　338　549
日本新聞労働組合連合.新聞研究部　247　658
日本生活情報紙協会　338
日本生産性本部　490
日本生産性本部広告専門視察団　714
日本生産性本部雑誌調査団　489
日本製紙連合会　591
日本選挙学会　549
日本総合研究所　131
日本大学出版部協会　34
日本大学新聞社　27
日本大学法学部　257
日本大学法学部新聞学研究所　298
日本地域新聞協議会　338
日本テレビ　305
日本テレビコマーシャル制作社連盟　719
日本テレビネットワーク協議会　378
日本テレビ放送網　305
日本テレビ報道局天皇取材班　41
日本テレビホールディングス　305
日本電子出版協会　494
日本電報通信社　696　714
日本図書館協会　114
　　490　491
日本ニュース記録委員会　695
日本農業新聞　35
日本能率協会総合研究所　256
日本のラジオ編集委員会　469
日本婦人放送者懇談会　174
日本プレスセンター　29
日本文化会議　246
日本文教出版社　643
日本ペンクラブ　609　718
日本弁護士連合会　115
　　145　165
日本弁護士連合会情報公開法民訴法問題対策本部消費者問題対策委員会　145
日本弁護士連合会人権擁護委員会　165
日本編集プロダクション協会　491
日本貿易振興会　549　571
日本放送協会　30　40　41　42
　　43　250　377　383　394
　　451　452　461　571

著者名索引

【 ぬ 】 / **【 ね 】** / **【 の 】**

602　623　686　687
日本放送協会総合放送文化
　研究所　　　　81　377
　378　658　686　687
日本放送協会総合放送文化
　研究所放送学研究室
　　　　　377
日本放送協会放送博物館
　　　　202　381
日本放送協会放送文化研
　究所　32　42　56　257
　377　404　469　686
日本放送協会放送文化調査
　研究所　379
日本放送協会放送世論調査
　所　377
日本放送作家協会　43
日本放送出版協会　42　571
日本マスコミ市民会議
　　　　　27
日本マスコミュニケーショ
　ン学会　33　252
日本民間放送連盟　40
　41　42　86　114
　131　136　157　158
　165　178　196　377
　379　388　452　453
　454　456　686
日本民間放送連盟研究所
　114　456
日本民間放送連盟調査部
　　　　　342
日本民間放送連盟放送研究
　所　130　246
　377　404　451　452
日本薬学図書館協議会
　　　　　492
日本ABC協会　715
日本CATV技術協会
　　　　　455
日本NIE学会　82
日本NIE研究会　82
乳井 洋一　153
ニューズラボ研究会　255
ニューフィールド, ジャッ
　ク　263
ニューメディア研究グルー
　プ　266
ニューメディア時代にお
　ける放送に関する懇談
　会　378
ニューヨークタイムズ社
　　　　　244
韮沢 忠雄　31　249　250
楡 周平　487
丹羽 漢吉　29
丹羽 国夫　465
庭 蹴　347
丹羽 小百合　633
丹羽 繁夫　712
丹羽 斌　248
丹羽 俊夫　123　156　167
　168　169　190　531
丹羽 貢　390
丹羽 保次郎　40
丹羽 美之　202
　368　375　634
庭山 英雄　147　152
庭山 裕之　711
人間の科学の会　302

【 ぬ 】

糠澤 修一　450　581
温井 甚佑　384　561
温井 申六　340
沼波 健治　423
布川 角左衛門　6　13　37
　91　187　470　471　490
布川 尚夫　697
沼尾 歩　195
沼沢 洽治　57
沼澤 秀雄　665
沼田 宗純　600
沼田 安広　605
沼田 雄一　553
沼野 修一　450
沼野 充義　254

【 ね 】

寧 新　269　555
根岸 哲　122
根岸 七洋　585
根岸 毅　131
根来 昭一郎　216
　313　562　646
根来 守生　219
根津 清　273　379
根津 武夫　196
根津 朝彦　243
ネットワーク局日経ニュー
　メディア　454
ネプラー, マイケル・K
　　　　　181
根本 かおる　235
根本 軍四郎　419
根本 順吉　390
根本 昭二郎　401　718
根本 清樹　316　538
根本 長兵衛　254　421

【 の 】

納本制度調査会　492
野上 明　57　224
野上 歩美　79
野上 浩太郎　521
　526　533　544
野上 二郎　273
野上 良一　419
野木 克己　508
野口 郁子　166
野口 巌　200　270　707　708
野口 英一　440
野口 英史　332
野口 清人　534　618
野口 圭子　169
野口 悟　462
野口 昌三　391
野口 信　528
野口 高志　598
野口 武悟　81　88　89
　202　489　496　653

野口 武彦　628
野口 純　295　599
野口 元　315
野口 英次　333
野口 光敏　333
野口 実　451
野口 雄一郎　667
野口 由紀　84
野口 雪雄　641
野口 悠紀雄　70　222
野口 義樹　351
野首 武　577
野坂 昭如　360
野崎 勲　231
野崎 清　172　393
野崎 健　420
野崎 茂　16
　50　122　199　200
　247　250　295　349
　351　357　361　383
　390　396　400　413
　416　417　418　419
　420　421　423　452
　457　472　508　520
　641　646　688　703
野崎 浩成　70　74
野崎 雅敏　536　568
野崎 元晴　349
野里 洋　656　657
野沢 和弘　87　89　626　634
能沢 愃　422
野沢 周平　411
野澤 俊司　638
野沢 達雄　595
野沢 達也　601
野下 洋　586
野島 清治　612
野嶋 剛　496　511
能島 登三　576
野島 美保　328
野島 泰二　464
野島出版　643
野尻 裕司　201
野尻 洋平　403
野津 良夫　61　63　64
能勢 順　646
野瀬 隆義　422
野瀬 輝彦　614
能勢 仁　493　667
野瀬 吉信　238
野瀬 義仁　589　649
野添 憲治　30　213　347　523
野田 秋生　338
野田 一郎　451
野田 清行　254
野田 真吉　388
野田 聖子　87　125　127
野田 尚志　341
野田 武則　594
野田 秀春　451
野田 正彰　229　255　587
野田 正則　718
野田 昌宏　390
野田 衛　313
野田 泰弘　200
野田 慶人　32
野田学園幼稚園　66
野津 孝明　79
野中 昭彦　685
野中 章弘　127
　198　237　243　255
　296　369　370　403

510　511　514　695
野中 一夫　399
野中 清次　702
野中 俊彦　525
野中 ともよ　689
野中 博史　75　76　77
野中 広務　160　570
野中 勝　413
野中 康夫　94　117
野々山 真輝帆　96
野原 一夫　491
野原 剛堂　654
野原 仁　143
延 明美　201
信井 文夫　236
信木 三郎　472
信国 一朗　356　391
信国 隆裕　123　457　529
延島 明恵　709
信田 和宏　720
信田 さよ子　625
信友 建志　256
信原 尚武　561　574
饒辺 直　600
野辺名 豊　711
野間 郁夫　63
野間 省一　37　470
野間 裕子　226
野見山 祐史　548
野村 敦子　362　453　454
野村 英一　321
野村 和　55
野村 一夫　217
野村 克之　537　578
野村 敬造　520
野村 尚吾　27
野村 昇平　533
野村 志朗　341
野村 二郎　152　631
野村 精一　63
野村 泰朗　79
野村 武司　139　162
野村 民夫　341
　509　565　566
野村 豊弘　157
野村 秀雄　203　517
野村 秀和　452
野村 裕知　337　575
野村 平爾　136
野村 正男　211
　291　627　628　655
野村 明大　653
野村 保恵　492
野村 保惠　494
能村 庸一　409　420
野村 義男　121　260
埜邑 義道　321　584　700
野村 理恵　80
野村総合研究所　495
野元 菊雄　61
野本 亀久雄　611
野本 昌夫　426
野本 睦美　359　361
野本 好男　341
野山 智章　165
野寄 新吾　591
野依 秀市　245
乗田 幸三　333　334
乗松 三郎　517
ノル, スティーブ　270
野呂 法夫　594

野呂 康　45 281
ノンフィクションクラブ　302

【は】

馬 実彦　629
馬 挺　47 276 277
裴 仁俊　223
バイエット, アルバート・M.　48
南風原 英育　303 519
ばいぽ出版　643
ハイララ, カシム・アリ　267
ハインザーリング, ラリー　560
芳賀 八恵　494
芳賀 綏　29 114
博多 威彦　322
はかま 満緒　42
袴田 直希　634
萩尾 信也　626 631
萩田 梢村　4
萩野 弘巳　254
萩野 弘己　416
萩野 正昭　88 483 485 487 495
萩野 棟省　211
萩原 延寿　6 545
萩原 雅之　233
萩原 道彦　525 526
萩原 豊　568
萩本 和之　318
萩元 晴彦　189 345 382 400
萩谷 美子　13
萩原 一夫　341
萩原 一雄　616
萩原 一直　691
萩原 重夫　98 117 118
萩原 滋　50 65 77 228 255 353 380 382 660
萩原 俊一　654
萩原 純一　422
萩原 尊礼　583
萩原 敏雄　189 432
萩原 利雄　346
萩原 勝　65
萩原 由紀子　421
萩原 由起子　476
萩原 義弘　692
莫 広瑩　107 236 369
朴 明珍　58
白水社　30
葉口 英子　719
バグディキアン, B.H.　263
博報堂　714
博報堂研究開発局　359
博報堂広報部出版課　714
博報堂国際局　699 700 714
パク, ヤンウ　484
羽倉 佐知子　157
箱崎 総一　715
箱島 信一　326 560
波佐場 清　529
羽佐間 重彰　419 420 463 465 702

羽佐間 正雄　355
橋井 昭六　335
バージェス, ジョン　206
橋口 収　473 667
橋口 譲次　631
橋口 ひろし　492
橋爪 順一　418
橋詰 武宏　54
橋田 信介　516
橋田 光雄　225 585 586 587
橋田 幸子　298
橋津 信義　529
羽柴 駿　168
橋場 義之　103
橋場 洋一　138
橋場 義之　77 101 103 118 126 177 235 243 257 667
羽島 知之　32 199 200 201 254 585
橋本 明徳　569
橋本 晃　19
橋本　118 161 283 510 511 513 517 660
橋本 明　262
橋本 亮　608
橋本 栄一　61 62
橋本 治　706
橋本 一夫　41 380
橋本 雅敏　291
橋本 聖美　162
橋本 恵三　359
橋本 憲一　30
橋本 元一　458 459
橋本 健午　106 175 178
橋本 五郎　259 492 594 687
橋本 聡　232 663
橋本 佐与子　387
橋本 修一　472 473
橋本 純一　622
橋本 潤一郎　645
橋本 正一　201
橋本 進司　218
橋本 信也　37 346
橋本 進　43 147
橋本 直　119 141 181 191 225 273 278 289 323 496 532
橋本 大二郎　141 221 224 501
橋本 大也　437 494
橋本 崇　634
橋本 孝良　368
橋本 毅　420
橋本 達明　295 531
橋本 ダナ　477
橋本 太郎　234
橋本 徹馬　246
橋本 テツヤ　197
橋本 徳太郎　333
橋元 俊樹　335 646
橋本 暢夫　76 77
橋本 信之　604
橋本 典明　31 70
橋本 尚江　173
橋本 秀一　62 253 274 425
橋本 泰幸　416
橋本 正邦　93 95 97 117 132 137 139 146 151 152 154 182 188 190

195 196 211 213 214 216 217 219 265 266 267 268 269 270 271 272 289 291 293 313 314 340 418 506 521 523 525 545 546 558 560 563 604 629 656 721
橋本 正信　337
橋本 政之　336
橋本 真理子　388 410
橋本 道夫　576
橋本 恵　165
橋本 基弘　96 111 115
橋本 求　26
橋本 康生　464
橋本 康成　191 410
橋元 良明　58 59 178 185 244 252 284 318 326 358 444 599 681 696
橋本 祥夫　78 79 80 81
橋本 佳子　695
橋本 吉人　173
橋本 良治　63
橋本 義弘　643
橋本 吉史　469
橋本 理恵子　656
ハス, アミラ　279
羽豆 成二　331 453
波津 博明　509 510
筥見 有弘　189
蓮実 一隆　356
蓮見 武雄　137
長谷 誠一　624
長谷 正人　55
土師 守　161
長谷 豊治　329
長谷川 晶子　75
長谷川 綾　198
長谷川 岳　648
長谷川 和明　328
長谷川 勝三郎　305
長谷川 勝彦　338 339 340 687
長谷川 国夫　417 646
長谷川 恵一　508
長谷川 才次　204 206
長谷川 貞之　166
長谷川 聡　81
長谷川 智　589
長谷川 実雄　306 521
長谷川 淳一　98
長谷川 進一　4 5 14 146 261 658
長谷川 善一　84
長谷川 創一　641
長谷川 泰　594
長谷川 孝　403
長谷川 尚　190
長谷川 卓也　179
長谷川 正　475
長谷川 千秋　586 629
長谷川 了　5 187 205 246
長谷川 直樹　552 555
長谷川 如是閑　4 6 25 35 48 203 482 485 493 684
長谷川 一　55
長谷川 古　667
長谷川 秀記　492
長谷川 秀春　191 531

長谷川 秀行　223 708
長谷川 和生　188
長谷川 裕　585
長谷川 大平　553
長谷川 真里　104 114
長谷川 守寿　329
長谷川 幸洋　260 548
長谷川 格　386
長谷川 豊　86 496
長谷川 玲　178
長谷部 務　407
長谷部 剛　294 330
長谷部 牧　84 440 650 653
長谷部 恭男　97 99 102 103 111 112 114 115 123 124 125 129 130 131 135 140 148 156 160 162 180 366 434 458 501 548
羽田 朗　590
畑 源生　19 456
畑 衆　534
畑 俊一　419
波多 尚　557
秦 正流　15 210 214 216 217 292 320 507 643
畑 専一郎　333 721 722
畑 秀夫　146
秦 豊　310 329
葉田 善章　77
畠 奈津子　34
畠 基晃　143 144
畑中 千鶴　193
畠山 和久　550
畠山 武　521 523
畠山 直毅　360 361 362
畠山 理仁　135 258 541 607 667
畑山 美和子　613
畑山 良広　413
畑中 繁雄　28 44 96
畑仲 哲雄　257 295 315 653 654
畑中 美穂　299 592
秦野 一憲　442
波多野 完治　48 60 61 62 63 65 205 244 246 305 341 342 672
波多野 誼余夫　187 307 345 553
波多野 乾一　557
波多野 宏一　558
波田野 静治　400
畑農 敏哉　424
秦野 洋三　355
波多野 敬雄　224
波多野 善大　267
畑谷 広治　535
畑山 博　30 301 613
8・15を読む会　722
八田 慎一　586
八田 正信　252 348 660
八田 真行　144 150
八田 元彦　374
ハッチソン, E.R.　557
八藤 鈴子　214
服部 桂　58 454 498 499
服部 健司　551 564
服部 公一　74
服部 四郎　673

服部 信司　687
服部 孝章　38
　94　99　104　106　114
　124　125　126　127
　128　133　134　143
　155　175　176　177
　182　185　197　221
　241　252　348　351
　353　355　356　360
　370　380　401　403
　407　415　421　422
　427　452　457　459
　492　508　509　528
　529　531　535　536
　547　551　644　718
服部 孝　314
服部 高宏　290
服部 朋子　309
服部 寿人　371
服部 弘昭　99
服部 弘　359　401　431
　509　510　511　512
服部 学　604
服部 光雄　417
服部 康夫　596
服部 敬雄　113　246　338
服部 禮次郎　703
髪林 孝司　401
パッペルト博士　687
鳩山 邦夫　128
羽鳥 昇兵　211
羽鳥 光俊　453　588
ハートレー, ジョン　380
バートン, C.T.　342
花井 喜六　564
花鳥賊 康繁　635
花岡 金光　335
花岡 信昭　229　665　666
花咲 一男　714
花里 康生　189
花島 尭春　14
玻名城 泰山　657　658
花園大学人権教育研究セン
　ター　609
花田 篤信　583
花田 紀凱　221　493
花田 潔　520
花田 達朗　52　79　115　123
　191　221　226　251
　253　255　258　270
　304　356　427　525
　602　614　659　660
花田 昴　604
花田 徳行　321
花田 久徳　687
花田 政幸　681
花谷 美枝　502
バーナード, クリッシ
　ャー　475
花野 敏彦　562
花野 元哉　68
英 誠一朗　627
花房 征夫　561
花村 恵子　357
花村 剛　454
塙 和磨　278　365　582
塙 作楽　30
花輪 不二男　554
塙 嘉彦　302
羽仁 魁　214
羽仁 五郎　92
羽生 健二　126
　184　357　575

羽生 道朝　551
羽生 紀子　33　479
羽田 潤　81
羽田 澄子　692
バーノー, E.　49
馬場 明子　409
ばば こういち　42
　121　132　133　143
　196　230　233　345
　346　347　352　360
　364　378　385　389
　390　401　404　407
　422　552　555　633
馬場 周一郎　153
馬場 淳子　66
巾 昭　422
馬場 四郎　60　61　64　319
馬場 千奈津　571
馬場 俊明　190
　390　421　439
馬場 宣房　311
馬場 マコト　720
馬場 慎　87
馬場 正人　521
バーバー, ライオネル
　289
ハーバート, J.R.　658
羽原 清雅　530
羽原 順司　590
羽原 隆司　499
土生 照子　140
羽生 輝彦　256
羽渕 一代　55　259
パブリンサ, ロッキード広
　告代理店　699
浜 昭臣　188
浜 啓介　335
浜 剛　505　619
浜口 タカシ　696
浜口 武司　193
浜口 哲夫　434　439
浜口 斉周　460　501
濱崎 好治　388
浜崎 廣　479
濱島 宮矢夫　690
浜島 高甪　497
濱田 克則　393
浜田 耕治　68　639
浜田 幸絵　667
浜田 純一　18
　98　99　100　101　102
　103　113　118　122
　123　124　125　133
　140　143　153　156
　157　160　169　174
　176　182　183　184
　192　226　231　257
　266　317　353　355
　364　368　426　442
　500　578　691　709
浜田 隆　573　604
濱田 隆士　585
濱田 正造　348
浜田 忠久　55
浜田 哲二　691
濱田 俊彦　368
浜田 俊宏　251
浜田 奈美　297
濱田 信夫　43　332
浜田 文哉　417
濱田 実玲　183
浜田 謙　155
浜田 嘉昭　463

浜田 善輝　262
濱中 和美　610
濱野 智史　242
浜野 隆　79
浜野 俊彦　75
浜野 満　421
浜野 保樹　67
　218　228　289　454
浜松電子工学奨励会　41
浜村 寿紀　316
浜村 道哉　672
浜村 康弘　620
浜本 明敏　612
浜本 真平　327
浜本 孝久　435
浜本 良一　565
浜谷 靖夫　248
ハミルトン, D.　150　263
早内 高士　629
早川 亜希子　439
早川 和男　645
速川 和男　225
早川 克己　313　624
早川 浩一　50　212
早川 善次郎　343
早川 善治郎　49
　248　258　321　348
早川 仁朗　309
早川 登　554
早川 裕章　368
早河 洋　189　352　354
　408　506　528　563
早川 正也　605
早川 洋一　614　688
早川 与志子　171
早坂 暁　359
　360　361　362　380
早坂 茂　560　573
林 怡媛　438
林 瑛香　173
林 かおり　303
林 香理　102
林 香里　54
　55　58　197　273
　332　368　427　466
　547　581　599　626
林 勝一　504
林 勝彦　609
林 克彦　478
林 強　61
林 恭一　154
　178　329　469　590
林 邦夫　15　474　476　491
林 敬三　526
林 憲一郎　560　712
林 健嗣　409
林 健太郎　520
林 紘一郎　129　324　438
林 定亨　573
林 三郎　206
　246　320　518　571
林 茂雄　527
林 茂樹　53　333
　454　640　641　646
林 重見　581
林 茂　26
林 修三　670
林 駿一　218　292
林 荘祐　402　431
林 四郎　671　672
林 進　211　251　344　706
林 正郁　274

林 高樹　558
林 驪　204
林 尚行　148　606
林 拓也　495
林 建彦　93　524　561　562
林 武文　74
林 正　262
林 達夫　203
林 立雄　324　325　331
林 知己夫　291　312　518
林 利隆　51　133
　181　182　209　218
　223　225　233　251
　252　255　256　277
　293　303　360　480
　530　531　560　632
　641　660　664　719
林 敏彦　428
林 智彦　488　489
林 直毅　523
林 直道　33
林 直哉　74
　75　83　255　640
林 伸郎　48　91
　121　181　205　247
　257　261　472　473
　475　476　478　479
　557　614　701　708
林 法隆　530
林 春男　601
林 光　439
林 英夫　85
　253　588　641　718
林 秀彦　113
林 宏樹　409
林 浩樹　569
林 寛子　626
林 浩　101
林 福松　227
林 文俊　260
林 冬子　353
林 克明　150
林 正儀　42
林 雅行　440　441　515　553
林 衛　582
林 陸奥広　484
林 光繁　335
林 保夫　116
林 由美子　611
林 陽子　154
林 美雄　389
林 芳樹　159　242
林 美子　300　575　659
林 嘉信　597
林 理介　289　559　560
林 亮一　427
林 良輔　328
林ケ谷 昭太郎　250
林薗 照夫　519　654
林田 克己　648
林田 威男　154
林田 広実　150　306
　312　557　603　628
林田 学　145
林田 真心子　85
早瀬 勝明　143
早瀬 圭一　475
早瀬 貫　516
早田 輝洋　672　673　674
　675　676　677　678
早田 立秋　63
早野 透　300　545
羽山 慎亮　88

著者名索引　ひさか

速水 融　626
速水 由紀子　300
速水 健朗　376
原 亮　75
原 篤男　699
原 勲夫　698
原 一男　217
原 勝洋　504
原 清　418
原 敬之助　343
原 憲一　516
原 幸治郎　461
原 哲　88
原 淳一郎　495
原 淳二郎　310
　　324 530 606
原 尚弘　713
原 昌平　194
原 四郎　131
　　179 206 305 721
原 真　107 235 332
　　429 437 456 459
原 孝文　259 309 524
原 龍男　183 401 402
原 幹　465 527
原 剛　255 256 304 576
　　577 578 580 604
原 デーブ　576
原 寿雄　75 102 103 104
　　124 125 126 133
　　134 140 141 148
　　149 166 175 176
　　177 183 184 185
　　189 192 193 211
　　213 216 217 218
　　220 221 223 224
　　225 227 232 234
　　236 251 252 253
　　254 256 257 258
　　292 293 295 302
　　303 310 322 357
　　358 359 361 402
　　459 508 509 512
　　513 514 515 516
　　528 531 537 556
　　558 608 630 631
　　633 662 665 721
原 信郎　452
原 納暢子　683
原 秀樹　613
原 秀成　200 201
はら ひろかず　440
原 弘　697 698
原 宏之　58
原 正寿　639
原 マサル　259
原 麻里子　290
　　369 371 441
原 美和子　403
原 康　558
原 裕二郎　508
原 由美子　54 69 72
　　172 202 235 253
　　317 360 361 362
　　364 365 366 370
　　371 373 401 402
　　424 434 497 509
　　594 595 596 599
原 涼一　384
原 涼一　580
バラエティアートワークス　259
原賀 肇　561
原口 和久　380
原口 一博　130 241

　　372 448 500 663
原口 真一郎　311
原さん、永井さんをNHK
　会長候補に推薦する会　459
原島 博　394
原嶋 浩　336
原尻 英樹　364
原田 章弘　100
原田 悦子　696
原田 和英　503
原田 勝広　629
原田 勝正　215
原田 蛍　559
原田 健一　366 692
原田 宏二　635
原田 浩司　224 589 691
原田 栄　7
原田 三朗　145 190 209
　　421 613 628 660
原田 純　115
原田 淳之助　138
原田 伸一朗　180
原田 真一郎　428
原田 新司　643
原田 誠治　722
原田 想爾　574
原田 大介　84
原田 大禄　577
原田 威男　340
原田 哲哉　317 543
原田 俊夫　319
原田 宏　213
原田 博治　529
原田 正隆　160
原田 実　626
原田 稔　261 670
原田 康久　294 646
原田 泰宏　577
原田 裕介　694 695
原田 裕　37
原田 亮介　613
原敬記念館　34
原野 喜一郎　100 551
原野 城治　523
原野 守弘　718
原野 弥見　559
原納 暢子　361 430
原森 勝成　369
ハーランド、ピーター
　　504
ジョン、バリー　144
針生 誠吉　181
針ケ谷 良一　33
ハリソン、ジョーン　572
播磨町郷土資料館　36 37
播谷 実　182
バルア、A.K.　408
春川 和子　464
春木 進　315 634
ハル・ゴールド　709
春名 亮介　83 84
春名 幹男　18
　　140 149 293 295
　　508 540 563 568
春名 義弘　141
バルナス　331
春原 昭彦　6 9 10 11 12
　　13 14 15 16 17 22
　　27 29 34 41 47 64
　　94 95 131 173 183
　　187 206 210 253

　　255 262 265 268
　　291 293 294 296
　　307 310 312 314
　　326 332 333 340
　　504 614 630 659
春原 晴久　410 610
春原 美樹　88
春遍 雀來　706
春海 一郎　153
春山 明哲　478
春山 泰雄　614
バレス、チャールズ　286
ハローラン、リチャード
　　210
ハワイ報知社　36
潘 王鵬　563
伴 俊彦　305 695
ハーン、ピーター　216
伴 浩美　276
韓 永學　111 118
　　119 121 129 145
　　148 149 161 276
　　288 458 510 582
伴 りか　191
ハンギョレ新聞社　121
番組研究部　396 397
番組研究部外国資料研究
　班　518
番組研究部放送文化財ライ
　ブラリー班　199
番組研究部用語研究班
　　86 550
　　670 671 672 673
伴在 賢時郎　317 336
坂西 友秀　100
半沢 直弘　600
榛沢 典昭　583
番匠 雄岳　697
バーンスタイン、カール
　　285
番組研究部 放送文化財ラ
　イブラリー班　199
番組研究部 用語研究班
　　671 672
伴田 薫　683
半田 久米夫　441
半田 滋　150
　　529 535 561 566
半田 正夫　335
半田 康延　87
反帝同窓会　29
板東 英二　408
半藤 一利　13 35 298 550
坂東 賢治　564 565 566
坂東 太郎　254
坂東 愛彦　304
板東 信浩　380
坂内 雅弘　466
伴野 信　561
伴野 薫　589
半野 秀一　588
坂野 将受　309
半谷 高雄　518
　　557 572 603
半谷 高久　576

【ひ】

日浦 統　593
日枝 久　188 351
　　365 400 424 435

日沖 桜皮　602
比嘉 一雄　525
比嘉 要　295 355 533
　　647 656 657 692
比嘉 辰博　555 658
比嘉 光代　8 655
日垣 隆　221 257 517
比較言論法研究会　115
日笠 昭彦　374
日笠 完治　145
東 季晴　12 264 305
　　320 322 415 701
東 季彦　517
東 哲也　242
東 眞人　355
東 美奈子　686
東 由多加　407
東 玲治　217 304 566
東大阪市史編纂委員会
　　29
東国原 英夫　369
東澤 靖　172
東島 大　578
東谷 暁　233 332 567
東出 三郎　413
東野 真　372 374 375 388
東野 真和　601
東元 春夫　10 14 45
東山 一郎　45
　　130 403 447 652
東山 紀之　312
東山 禎之　214
　　413 417 418 465
樋川 義樹　135
美記 聰史　465
疋田 桂一郎　211 292
疋田 聡　719
疋田 成治　584
引田 惣弥　390 404
蟇田 吉昭　596 713
引野 肇　244 532
樋口 郁子　567
樋口 克次　78 79 637
樋口 勝也　617
樋口 恵子　152
　　166 190 218 219
　　292 349 580 625
樋口 清一　595
樋口 宅三郎　4 5
樋口 秀夫　39
樋口 秀雄　91
樋口 正紀　217
　　313 525 707
樋口 正博　426
樋口 勝　290
樋口 摩彌　23 24 25
樋口 美佐子　161 162
樋口 由紀雄　354
　　384 386 506 561
樋口 陽一　115 137 628
樋口 嘉重　667
日隈 一雄　110
　　111 129 148 237
　　239 240 241 242
　　290 300 370 459
　　576 594 605 606
　　607 609 652 666
日隈 健二　66
肥後 光俊　335
比佐 友香　332
久 実　68
久石 譲　708
火坂 雅志　369

久田 徳二　140 648
久田 成昭　588
久田 将義　259
久田 恵　254 707
久武 雅夫　698
久冨 正美　384
久富 裕司　314
久留 信一　315
久本 三多　645
久守 一敏　445
土方 正己　8
土方 健男　160
土方 鉄　678
土方 奈美　332
土方 正志　653
土方 正巳　15 93 151 292
菱木 一美　20 209 299 561
菱木 昭八朗　157
菱田 雄介　693
飛車 金八　332
菱山 郁朗　541
菱山 隆二　366
「聖嶽」名誉毀損訴訟弁護団　166
日塚 是利　355 420
ビーズリー，モーリン・H.　167
備前島 文夫　218 347 409
肥前 洋一　544
火田 江梨子　167
樋田 毅　103
日高 旺　309 629
日高 一郎　30
日高 貢一郎　644　678 679 680
日高 昭郎　469
日高 敏　585 617
日高 為政　333
日高 普　254
日高 靖　720
日高 義樹　524
日高 六郎　56 81 90　91 98 136 204 246　306 311 319 640
ピーターソン，ジョナサン　181
ピッカーリング，エドワード　313
びっくりデータ情報部　379
ヒッチコック・アルフレッド　572
ビデオリサーチ　404
尾藤 正二郎　38
尾藤 誠司　612
人見 剛　158
人見 剛史　565
日野 啓三　516 517
樋野 健　228
日野 耕之祐　624
肥野 仁彦　331
日野原 定男　416
日野原 信生　617
日比 美游　71
日比野 和幸　218 249 250
日比野 純一　652
日比野 輝雄　61
日比野 正明　252
日比野 守男　171
ヒム，イスラム・モハメッド　635
姫野 完治　75

姫野 良平　4 672
ピヤ，ポンサピタックサンティ　597
桧山 武夫　113
桧山 珠美　186　403 448 449 501
檜山 義夫　673
日向 あき子　702
日向 太郎　528
日向 英実　237
ヒューバート・K.，マクリーン　214　268 269 270
ヒューバーマン，L0　90
ビューリサーチセンター　274
ビュール，バーバラ　581
ビュルジュラン，O.　262
兵藤 裕己　254
日吉 昭彦　54 369 371
玄 武岩　240 569
平井 徳志　623
平井 郁雄　467
平井 佐和子　156
平井 滋子　405
平井 鮮一　699 700
平井 卓也　432
平井 正　549
平井 常次郎　121 417
平井 久志　98　270 271 499 529
平井 正夫　428
平井 正樹　317
平井 正俊　113
平井 実　690
平井 康嗣　136 144
平井 裕子　102
平井 隆太郎　395 701
平石 隆敏　78
平石 典雄　422 464 465
平石 敏之介　342
平出 明弘　67
平尾 寿基　701
平尾 武義　697 698
平尾 直政　410
平尾 道雄　9
平尾 陽一郎　491
平岡 啓　636
平岡 敬　335 605
平岡 忠　619
平岡 昇　401 702 703
平岡 磨紀子　408
平岡 正明　182　351 352 386
平岡 正之　37 404
平岡 洋一　196
平賀 俊　596
平賀 雄二　663
平川 祐弘　562
平川 成一　80
平川 宗信　96 151　152 153 195 632
平久保 仲人　719
平坂 雄二　165 437
平沢 薫　48 56 61 395
平沢 茂　81
平敷 安常　696
平嶋 述司　696
平田 明隆　603
平田 篤州　104　177 325 535
平田 栄一　48

平田 一夫　32 719
平田 啓一　64
平田 聡　153
平田 周　226
平田 恒二　577
平田 久　303
平田 万里遠　10
平田 美姫　329
平田 渡　284
平地 秀哉　498
平塚 千尋　23　54 68 69 363 425　426 429 432 440　496 497 587 588　589 602 649 652
平塚 幸弘　61
平塚 竜　219 355 418
平辻 伸子　493
平手 里奈　162
平野 明　306
平野 篤士　71
平野 敦士カール　503
平野 有益　525
平野 勇夫　209 306
平野 一郎　307
平野 恭子　173 317 710
平野 純一　220
平野 次郎　354 379
平野 岑一　5 330
平野 新一郎　161
平野 敏也　16
平野 秀秋　37
平野 日出木　326
平野 浩　534
平野 裕　314
平野 実　302
平野 宗義　345
平野 義太郎　503
平野 亮一　557
平林 千春　709
平林 俊夫　557
平林 紀子　517 546
平林 久枝　462
平原 日出夫　199 200 561
平原 佳和　610
平間 俊之　531
平間 節　690
平松 毅　138 140 153 162
平松 敏男　646
平松 英俊　191
平松 斉　153
平松 幹夫　470
平松 守彦　344
平松 淑郎　422 423
平本 厚　453
平本 和生　350 531
平山 亜理　638
平山 一城　297
平山 謙二郎　314 644
平山 健太郎　507
平山 定夫　582 610
平山 惟共　573
平山 直樹　364
平山 昇　23
ヒールシャー，ゲプハルト　210 521 558 559
昼間 たかし　120 178
比留間 直和　683
ひろ ゆうこ　258
広井 脩　18　51 584 585 586

　587 602 645 696
広岡 公治　575
広岡 知男　12 93　320 321 340 546
広岡 尚弥　193
弘岡 寧彦　351 384
廣川 聡美　649
広河 隆一　505　515 609 689 696
広木 守雄　200 687
広沢 中任　463
広 堅太郎　614
広重 徹　579
広島市文化協会文芸部会　115
広島ジャーナリスト編集部　337
広島大学文書館　517
広島テレビ　421 423
広島テレビ放送株式会社　41
広瀬 明代　691 693
広瀬 一郎　213 524
広瀬 英治　226
廣瀬 和司　278 590
広瀬 克哉　223
広瀬 恵之佑　471
廣瀬 健二　105
広瀬 昌三　690
広瀬 隆　273
広瀬 武男　689
広瀬 哲雄　175
広瀬 融　546
広瀬 知明　234
広瀬 英朗　356 358
広瀬 英彦　44 45 50　93 94 116 117 131　132 137 146 151　168 171 178 179　181 192 195 209　251 254 264 265　266 267 268 269　270 272 275 279　281 282 291 307　320 321 322 327　351 356 415 416　417 418 419 420　452 473 545 583　584 644 658 659　664 700 701 705
広瀬 博　554
広瀬 勝　664
広瀬 道貞　194　216 219 232 302　326 361 363 368　369 372 375 439　441 444 445 446　447 525 527
広瀬 芳弘　715
広瀬 涼二　198
広瀬 亮輔　203
広田 伊蘇夫　87
広田 栄太郎　670
広田 勝己　75
広田 兼一郎　507 563
広田 常治　564
廣田 典子　256
廣田 文士　10
廣田 誠之　527
広田 亮一　577
廣谷 鏡子　39 40 412
廣谷 美洋　329
広塚 洋子　186 447
弘中 惇一郎　145 156

広中 康司 419
弘中 百合子 240
弘中 喜通 325
廣野 一郎 465
廣野 眞一 713
広畑 一雄 378
広松 毅 249
広山 卓志 598
日和佐 信子 458
樋渡 涓二 345 377
樋渡 光憲 653
ビンガム、エミリー 327
ビンコウスキー、ヨハネス 94

【 ふ 】

巫 坤達 236 239
符 祝慧 233 567
ファイエル・アンドレス 387
ファクラー、マーティン 592 593
ファクラー、マーティン 259
ファスト、ブルース・バン 263
ファブリチウス広告代理店 699
黄 民基 35
ファング、アーヴィング・E. 31
フィスク、ジョン 380
フィッシャー、ロイ 659
フィールズ、ジョージ 183
フィルムアート社 496
フィルムアート社編集部 494
フェザー、ジョン 46
フェレンジ、トマ 236
フォスター、J. 579
フォルーハー、ラーナ 499
フォレスチエ、M. 319
フォレスチェール、M. 319
フォレスティア、H.マッソン 319
深井 武夫 696 697 698
深井 勉 197
深井 徹 10 38
深井 守 377
深井 康行 614
深井 麗雄 601
深江 義幸 251
深尾 勝枝 308
深尾 凱子 293
深尾 隆一 416
深川 由起子 259
深草 耕太郎 169 682 683
深沢 英次 494
深沢 純子 167
深沢 文治 632
深沢 幹彦 421
深沢 竜三 531
深沢 亘 66 219 322 324 664 668
淵 真吉 312
深代 惇郎 302 722

深瀬 和巳 298
深瀬 清夫 553
深田 晃 436
深田 志穂 693 694 695
深田 卓 102 108 109 142 148 158 173 185 296 476 481 483 499
深田 政彦 148
深田 良治 478
深津 真澄 189 198 541
深野 健司 600
深町 泰男 292
深見 和夫 700
深見 喜久男 623
深光 富士男 259 394
深谷 茂美 600
深谷 志寿 271
深谷 安男 302
府川 源一郎 76 77
福湯 豊 627 675
福井 厚 95
福井 惇 151 181 218
福井 逸治 682
福井 一夫 454
福井 健策 111 694
福井 純子 24 649
福井 駿 80
福井 千秋 223
福井 徹 709
福井 直秀 530
福井 尚 97
福井 博孝 223
福井 洋平 461
福井テレビ 42 416
福江 裕幸 326
福生 武 249
福尾 元夫 417
福岡 誠一 305 557
福岡 徹 450
福岡 政行 531 532
福岡 安則 167
福岡 欣治 299 592
福岡 嘉之 465
福沢 亜夫 302
福士 千恵子 225 330 665
福士 力 331
福嶋 聡 484 485 495
福島 市男 213
福島 香織 290
福島 清彦 234
福島 幸助 638
福島 鋳治 11 31 34 96 706
福嶋 次郎 376
福島 新吾 136
福島 慎太郎 206
福島 真平 155
福島 孝雄 64
福島 隆史 601
福島 尚義 314 555
福島 八郎 391
福島 正実 579
福島 勝 388
福島 みずほ 172 241
福島 瑞穂 221 531
福島 力洋 101 118
福島 隆三 4
福島テレビ 41
福島放送 592
福島民報社 31

福田 敦宣 564
福田 和也 710
福田 和幸 555
福田 歓一 90 91
福田 恭助 246
福田 堅吾 333
福田 定良 179 313 688 697 700 717
福田 淳一 590
福田 全孝 356
福田 平 152
福田 卓也 334
福田 辰也 552
福田 垂穂 351
福田 恒存 113 247 312
福田 徹 75
福田 徳郎 581
福田 俊男 438 442 532
福田 伸生 281
福田 伸裕 498
福田 博之 191
福田 文昭 512 691
福田 枏人 226
福田 正彦 208
福田 充 52 358 380 514 517 540 596 602 696
福田 亮 333 684
福田 良平 502
福武 直 48
福武 哲彦 30
福武書店 30
福地 献一 635
福地 聡 394
福地 茂雄 459 460
福知 新太郎 572
福地 恒男 96
福富 哲 349
福富 忠和 252 289
福留 誠 703
福永 伊佐男 263
福永 勝也 237 258 268 512 540 661
福永 光一 496
福永 友保 341
福長 秀彦 590 591 592 595 599 600 601 602 607
福西 七重 296
福原 亨一 268 298
福原 伸司 591
普久原 均 318 652 653
福原 福太郎 225
福原 美穂子 150
福原 義春 238
福原 麟太郎 400 420 421 465 204
福間 正純 486
福間 良明 22 34 513 582 605
福丸 欽也 464
福満 ヒロユキ 720
福光 恵 487 498
福本 一文 340
福本 俊 385
福元 竜哉 543
福本 徹 85
福本 実 410
福本 義裕 289
福山 正喜 531
福好 昌治 552
福良 俊之 572

袋 一平 45 469
奮野 博行 368
冨崎 哲 659
藤 98
富士 昭雄 42
不二 昌男 44
富士 正晴 451
富士 衛 429
藤 慶之 625
藤井 彰夫 575
藤井 旭 322
藤井 彰 427
藤井 淳史 336 337
藤井 勲 580
藤井 和史 566
藤井 冠次 330
藤井 潔 51 358 391 400 407 408 423 709
藤井 清蔵 554
藤井 邦昭 647
藤井 厳喜 199
藤井 康滋 535
藤井 周二 353 477
藤井 潤 543
藤井 昌三 340
藤井 信次郎 688
藤井 誠二 550
藤井 桑正 38 401 424
藤井 太洋 489
藤井 毅 572
藤井 樹也 171
藤井 継男 670 672 673 675 677 678
藤井 恒夫 37 343
藤井 治夫 215 585
藤井 平八郎 98 554
藤井 正希 108 162 239
藤井 正博 590
藤井 通彦 337 561
藤井 稔 393 410 527
藤井 睦夫 401
藤井 靖 301
藤井 慎博 632
藤井 弥太郎 95
藤井 美一 63
藤井 可郭 646
藤井 良広 565 575 578
藤井 良孝 504
藤江 民 113
藤江 俊彦 491
藤枝 泉介 518
藤岡 謙六 307 688
藤岡 伸一郎 132 154 192 197 212 220 252 264 267 269 272 322 334 335 349 362 368 387 390 414 428 429 430 472 475 522 545 580 585 592 628 689 704
藤岡 司 562
藤岡 英雄 65 66 390 406 407
藤岡 博昭 335
藤岡 幸男 175 369
藤岡 和賀夫 418
藤川 岩雄 307
藤川 幸吉 245
藤川 浄之 529
藤川 大祐 85
藤川 魏也 385

ふしか　　　　　　　　　　　　　　　　著者名索引

藤川 忠宏　127
藤川 正信　199
冨士川 祐輔　366
藤木 英雄　136 146
藤倉 修一　671
藤倉 輝夫　686
藤崎 匡史　525
藤実 久美子　20 34
藤沢 桓夫　696
藤沢 仁子　76
藤澤 周平　426
藤沢 高治　150
藤澤 武夫　718 720
藤沢 文洋　709
藤沢 真喜子　71
藤下 超　590
藤島 宇内　92 188
藤島 克己　404
藤島 啓之介　309
藤島 啓之助　309
藤島 誠哉　533
藤島 喜嗣　54
藤代 裕之　244 300
　376 377 499 500
　501 502 541 593
　596 597 599 685
富士ゼロックス小林節太郎
　記念基金　120 289 572
藤田 明久　712
藤田 晃　315
藤田 有郎　552
藤田 薫　54 363
藤田 和之　80
　110 135 149 635
藤田 克己　623
藤田 要　617
藤田 恭輔　315
藤田 恭平　612
藤田 清雄　330
藤田 圭一　40
藤田 光　506
藤田 栄　583
藤田 早苗　149
藤田 淳　446
藤田 鐘子　701
藤田 史朗　357
藤田 真一　610
藤田 進一郎　204
藤田 高弘　53
藤田 忠　319
藤田 達朗　46 95 117
藤田 剛　569
藤田 知隆　641
藤田 信勝　64 246 265 291
藤田 のぼる　154
藤田 初太郎　146
藤田 初巳　471
藤田 英典　175
藤田 浩　152
藤田 博司　20 103 110
　134 136 162 189
　192 194 196 222
　228 230 234 235
　236 239 240 241
　260 273 274 279
　281 289 297 326
　365 501 511 515
　541 542 548 572
　633 637 657 660
藤田 文知　75
藤田 万喜子　16
藤田 昌司　473 625

藤田 正次　699
藤田 真文　51 52 58 196
　221 253 258 336
　356 364 367 372
　375 380 400 428
　477 545 547 661
藤田 昌巳　461
藤田 幹夫　648
藤田 貢崇　582 583
藤田 康人　720
藤田 泰廣　435
藤田 結子　172
　230 232 236 237
藤田 由美子　74
藤田 良治　582
藤高 明　551
藤高 伊都　309
藤竹 暁　8 37 39
　48 56 57 86 131
　168 206 207 208
　213 219 223 234
　246 250 251 253
　255 257 259 263
　289 312 343 344
　346 349 350 353
　357 358 377 378
　395 396 397 398
　406 418 419 428
　470 471 472 507
　552 632 706 707
藤田書店　248
富士通株式会社　311
藤綱 亮三　12
フジテレビジョン
　41 42 43
フジテレビ調査部　379
藤戸 謙吾　317
藤戸 伸一　308
藤永 延代　128
藤波 健彰　695
藤沼 昌次　262
　263 343 344 345
藤野 彰　567
藤野 邦夫　455
藤野 好太朗　312
藤野 真介　325
藤野 寛　115
藤野 優子　442
藤野 幸雄　113
藤野 芳太郎　315
藤延 直道　532
藤原 武弘　496
藤久 ミネ　75
　350 351 352 353
　355 359 364 391
　408 415 419 464
　526 528 678 686
藤平 信秀　623
藤平 みゆき　476
藤平 芳紀　402 404 432
藤間 常太郎　5 262
藤牧 新平　308
藤巻 秀樹　483
伏見 博武　629 659
伏見 文男　717
伏見 勝　626 690
藤村 邦苗　292
　308 352 352
藤村 茂　64 65
藤村 志保　352
藤村 拓郎　248
藤村 忠寿　382 393
藤本 欣也　536
藤本 純子　482

藤本 正信　563
藤本 奈央子　80
藤本 直道　271
藤本 春郎　704
藤本 博一　504
藤本 弘道　623
藤本 倫夫　697
　699 705 715
藤本 有典　664
藤森 勝年　146
藤森 研　101
　102 104 125 127
　141 147 148 183
　224 273 537 540
　542 638 639 665
藤森 文雄　11
藤森 善貢　490 492
藤屋 侃士　425
藤山 一恵　86
藤山 清郷　115
藤山 健二　617 622
藤原 章生　567
藤原 彰　98
藤原 治　236 332 719
藤原 薫　346
藤原 和彦　317 562
藤原 勝子　695
藤原 勝弘　641
藤原 鎌兄　302
藤原 清孝　533
藤原 健　162 561
藤原 健固　92 187
藤原 健史　514
藤原 幸一　693 694
藤原 功達　343
　344 348 354 396
　397 399 400 415
藤原 作弥　299
藤原 繁明　322 559
藤原 静雄　139 157
藤原 大介　606
藤原 隆昭　442
藤原 敬　329
藤原 隆祥　17
藤原 勇彦　645
藤原 千賀　168
藤原 つた　302
藤原 恒太　44 116
　136 206 207 263
　264 519 700 701
藤原 徹朗　190
藤原 智子　692
藤原 肇　252 254
藤原 久人　701
藤原 秀人　662
藤原 弘　530
藤原 浩　641
藤原 洋　453
藤原 宏高　186
藤原 弘達　246 378
藤原 正則　156
藤原 正彦　75
藤原 恵　5 7
　10 65 92 249 291
　321 469 518 583
藤原 康延　185
藤原 良雄　478
藤原 梨恵　172
藤原 亙　352 504 522
藤原書店編集部　493
布施 和博　65
布施 茂芳　264

布施 裕之　117
布施 優子　512 611
二神 重成　67 69
双川 耳介　203
双川 喜文　112
二木 一夫　102
二田 貴広　80
二木 啓孝　298 548
二見 喜章　605
渕 一憲　76
淵沢 行則　409
渕野 新一　513
淵野 貴生　633 634
渕野 貴生　157
ブッキング設立準備会
　479
福生市教育委員会　36
筆坂 秀世　109
太 勇次郎　367
舩木 伸江　602
船木 保美　535
船木 亮介　174
船越 章　377 463
船越 尚武　520
舟越 雅　404
舟越 美夏　567
舟田 正之　104 131 663
船田 三雄　138
船田 宗男　531 535
船津 健一　586
船津 重人　257
船津 貴弘　71
船津 衛　145 696
舩戸 修一　461
船戸 光雄　303 516
舩橋 淳　388
船橋 治　473
舟橋 武志　491
舟橋 信　129
船橋 洋一　561
舟橋 洋介　437
舟橋 良治　276
舟本 雅彰　527
船山 忠弘　506
船山 泰範　146 174
舟山 義雄　339
文室 直人　84
籠 保孝　669
ブライアン, C.R.　545
ブラウ, モニカ　30
ブラウン, ハロウェイ
　264
ブラウン, M.W.　557
部落解放研究所　173
部落解放ジャーナリストの
　会　173
部落解放同盟　173
部落解放同盟中央本部書記
　局　166
フラグニート, マイケル
　480
部落問題研究所　173
ブラッカー, H.　204 205
ブラックマン, S.G.　207
ブラックリッジ, リチャー
　ド　340
プラテン, グスタフ, フォ
　ン　313
ブラドリー, ベンジャミ
　ン　266
ブラムバーグ, ネーザン・
　B.　558

ブラムラー, ジェイ・G 355
フランク・S・馬場 16
ブリスリン, トム 177
フリッツ, エドワード・O. 432
降幡 賢一 193
 515 628 633 645
降簱 学 426
布留 武郎 48 49 56 60
 61 62 63 342 395
古井 大樹 636
古居 みずえ 277
 511 692 693
古市 将樹 84
古垣 鉄郎 260 456 462
古川 純 96 146 507
古川 重樹 409
古川 隆 713
古川 竜彦 576
古川 俊実 154 190 191
古川 博 15 292
古川 洋 292 565 633
古川 博志 467
古川 雅子 501
古川 正之 50 210 398 520
古川 和 153
古川 裕 154
古川 洋一 615
古川 良治 401 424 434
古川 柳子 366 373 595
古川園 智樹 404
ブルカン, J. 90 116 174
古木 博 123
古木 杜恵 375 393 394
 426 588 657 658
古沢 周一 330
古庄 勝美 322
ブルース・ダニング 348 416
古田 晃 7
古田 菊夫 503
古田 恵一郎 337 599
古田 昭作 583 603
古田 信二 294
古田 隆彦 625
古田 知宏 88
古田 尚輝 38 39 72
 73 87 362 382 556
古田 普行 69
古舘 伊知郎 408
古舘 栄達 336
古野 雅美 559 581
古野 喜政 181
 256 625 630
古橋 政次 94 521
古畑 康雄 500
ふるまい よしこ 243
 285 500
古松 久俊 709
古谷 糸子 301
古屋 奎二 623
古谷 浩一 568
古屋 孝樹 409
古谷 綱武 334
古谷 綱正 245 306
 339 347 351 670
ブレア, グゥエンダ 379
ブレイクスリー, A.L. 579
ブライアン, ブレーカー 499
プレスネットワーク94

フレミング・ニボルグ 303
 705
ブロック, アレックス・B. 289
不破 孝一 522 527
文化評論出版 643
文化放送 585
文教大学水野ゼミナール 177
文藝春秋 31 35 382 517
文芸春秋新社 26
文研50周年記念プロジェクト出版分科会 17
分校 由平 189

【へ】

米国プレスの自由調査委員会 290
平凡社教育産業センター 27
平凡出版株式会社 27
ヘイルボルン, H. 319
ベーゲ, R.Y0 699
ヘザリントン, O. 263
ペーター・レルヘ 122 350
ベッカー, リヒャルト 268
別冊宝島編集部 304
別所 智樹 236
別所 正章 436
別所 宗郎 154
 353 526 689
別府 章子 170
別府 三奈子 45
 109 148 256 274
 275 284 286 514
 661 693 694
別役 実 151
ベネット, C.L0 306
ペパー, トマス 206
ペープ, エリック 499
ベリガン, フランシス・J. 89
ベルソン, W.L. 343
ヘルドマン, ルー 314
ヘルフゲン, ハインツ 45
卞 惟行 120
彭 元順 117 269 289
ペン, マイケル 198
編集者同志会 489
編集の学校 493
編集部 322
 456 503 522 524
編成研究グループ 390
ヘンドリックソン, R・S 700
逸見 明正 468
辺見 秀逸 294 560
逸見 宏 418
逸見 稔 415
辺見 幸恵 71
辺見 庸 103 257 633

【ほ】

ホイット, マイケル 548
ホイットモア, ハンク 289
ボイヤー, ピーター 379
方 厚枢 34
宝官 正章 418
宝玉 正彦 627
宝金 敏明 179
宝子山 幸充 132
 147 181 645
北条 澄雄 519
北條 礼子 71
放送を語る会 199
「放送を語る会」番組分析
 作業チーム 513
放送学研究室 342
放送学研究部 122
放送技術研究所 677
放送教育開発センター 81
放送経営比較研究会 451
放送史研究グループ 14
放送事情調査部 37
 122 264 265 268
 389 413 414 463
放送史編集室 7 8 37
放送史編修部 38
放送世論調査所 視聴率グループ 399
放送世論調査所 視聴率調査グループ 398
放送世論調査所 398
放送と人権等権利に関する委員会 166 186
放送博物館 37 388
放送番組委員会 195
放送番組向上委員会 186
放送番組向上協議会 34
 42 82 186 380
放送番組国際交流研究会 378
放送番組国際交流センター 381 382 572 603
放送番組センター 82 202
放送批評懇談会 113
 452 687 695
放送批評懇談会50周年記念出版委員会 43
放送文化基金 42 378
 381 451 603 687
放送文化研究所番組研究部 671
放送用語研究部 673
 675 676 677
 679 680 681
放送用中波空中線60年史編集委員会 29
放送倫理番組向上機構 131 199
放送レポート編集部 80
 104 133 134 147
 183 197 358 370
 372 375 426 433
 458 513 543
 532 539 548
 566 653 710
芳地 昌三 516
報道人ストレス研究会 304

芳文社 27
法務総合研究所 165
宝利 尚一 278
 514 562 566
ホーエンバーグ, J0 320
外間 正四郎 655 656
ホーカン・ショーグレン 706
甫喜本 宏 422
朴 京〔ヨウ〕 94
朴 順愛 16 17
北羽新報社 36
北元 隆教 263
北陸放送 420
北鹿新聞社 35
鉾井 喬 594
保坂 健二 595
保坂 佐智子 61
保坂 修司 285 510
穂坂 俊明 677
保坂 展人 606
保坂 広志 506 549 656
保坂 廣志 554 657
保坂 政和 490
保阪 正康 147
 255 297 550 601
保坂 渉 228 230
星 春海 298 636
星 浩 231 535 538 544
干川 剛史 232
星川 正秋 268 474
星田 良子 409
保科 幸太郎 591
星野 浅和 693 694
星野 一風 331
星野 元 316
星野 降太郎 431
星野 ソラ 537
星野 凱 339
星野 力 516
星野 敏子 349
 391 527 561 690
星野 俊也 569 570
星野 春人 583
星野 光男 334
星野 安三郎 113
 136 222 504 509
星野 好久 87
星野 芳郎 408 581 603
星野 渉 481 483 494
干場 英男 717
ホスキンス, ルエラ 59
穂積 健 221
 508 530 555 565
ホーズレー, ウィリアム 664
細入 藤太郎 288
細貝 亮 540
細川 和仁 75
細川 隆元 26 378
細川 健彦 384 645
細川 弘之 643
細川 康雄 194
細川 祐一 623
細川 隆一郎 209 519
細島 泉 314 340 521 523
細田 悦弘 365
細田 孟 529
細田 朋希 495
細見 孝 330
細谷 耕二 681
細谷 修平 259

細谷 絢子　67
細谷 洋一　659
北海タイムス社　28
北海道札幌市立伏見中学校　66
北海道新聞社　25 26 27 34 36 41 150 696
北海道新聞写真部　695
北海道新聞労働組合　32 249 341 516
北海道大学大学院法学研究科附属高等法政教育研究センター　550
北海道大学大学院メディアコミュニケーション研究院附属東アジアメディア研究センター　602
北海道の出版文化史編集委員会　35
北海道文化放送　423
北海道放送　423 585
北海道放送株式会社　37 40 41
法花 敏郎　586
北国新聞社　26
堀田 一郎　628
堀田 幸二　326
堀田 貢得　173 493
堀田 力　109 358 632
堀田 鶴好　61 63
堀田 昌郎　359
堀田 正男　45 379
堀田 正夫　474
堀田 倫男　681 682
堀田 泰夫　417
堀田 優　585
堀田 佳彦　665
ホフマン、リーム、ヴォルフガング　358
ポメランツェフ、ピーター　469
ポラック、OO　91
堀 章男　710
堀 明子　395 396
堀 健三　263
堀 潤　301 382 502
堀 信一郎　278
堀 太一　6 92 187 209 306 330 339 614 623 674
堀 達陽　64
堀 鉄蔵　107 324 556 584
堀 敏明　150
堀 直行　451 669
堀 成美　612
堀 憲昭　472 474
堀 ひかり　115
堀 秀一　56
堀 宏　379 534
堀 正典　465
堀 康彦　335
堀 義明　21 214 267 268 269 418 526 545 557
堀井 四余男　519
堀井 英喜　336
堀井 憲一郎　237
堀居 弘之　525 689
堀内 克明　681
堀内 京子　301
堀内 敏宏　562
堀内 稔　314

堀内 洋助　231
堀江 潔　664
堀江 邦夫　604
堀江 史朗　702
堀江 秀隆　349
堀江 湛　57 523 525
堀江 固功　57 71 74
堀川 寛一　3
堀川 恵子　410
堀川 敏雄　266 571
堀川 とんこう　390
堀川 直義　401 407 409 56 203 205 206 209 247 292 305 306 307 312 319 342 352 474 658
堀川 雅子　376 387
堀木 卓也　130 441 592
堀口 瑞典　627
堀口 剛　21
堀口 良則　412
堀越 章　612
堀越 作治　256 522
堀越 由美子　587
堀越 洋一郎　495
堀米 庸三　558
堀江 竜也　71 82
堀工 史朗　702
堀野 紀　185
堀野 広　153 586
堀部 政男　89 94 95 116 122 123 131 132 134 137 138 140 141 145 146 150 151 153 154 157 165 174 175 182 183 348 391 611 629 678 721
堀部政男研究室　157
堀本 和博　250 716
ボールズ、C.　518
ボールドウィン、H.　136
ホルムベルグ、R.　339
ホルンベルク、R.　339
本阿弥 清　335
ボーン上田記念国際記者賞委員会　572
本郷 圭一郎　217
本郷 滋　576
本郷 美則　226 253
本沢 二郎　230 296 536 544 546
本城 靖久　561
本多 顕彰　469 623
本田 一二　5 16 222 579 580 585 610
本多 勝一　196 211 214 221 223 226 229 238 239 242 248 249 252 253 293 299 300 301 302 304 462 515 578 607 608 663
本田 来介　314
本田 清　76 77
本多 周爾　53 279 284 369 371
本多 信一　248 249
本多 助太郎　4
本田 清悟　611
本多 清司　409
本田 妙子　347 348 396 397 398 416 615
本田 民樹　372

本田 親男　204
本田 親史　275
本多 忠頼　703
本田 哲也　720
本田 晴光　554
本田 英男　530
本多 秀輝　18
本田 宏　64
本田 裕茂　411
本田 雅一　502
本田 雅和　97 512
本田 正義　627
本田 優　311 566
本田 靖春　189 217 226 228 247 248 249 295 296 491 535 640
本田 裕　317
本地 スマ子　406
本土 雅輝　616
本の雑誌編集部　493
本保 晃　607
本間 一也　96
本間 恵喜　575
本間 尚　338
本間 弘光　714 716
本間 康平　343
本間 義人　293 313 577
本間 龍　609
本谷 裕二　492

【ま】

真板 誠　318
米田 洋次　649
毎日コミュニケーションズ　29
毎日新聞ことばんく　311
毎日新聞社　26 27 28 31 245 247 248 254 302 602 687 717
毎日新聞社大阪本社　639
毎日新聞社学者の森グループ　579
毎日新聞社社史編纂委員会　25
毎日新聞社人口問題調査会　331
毎日新聞総合メディア事業局　253
毎日新聞労働組合　303
毎日放送　33 40 41 687
毎日放送報道局　602
毎日放送ラジオ営業部　414
マイヤール、ロドリグ　589
マウヘンハイム、エゴンフライヘル・フォン　265
前尾 繁三郎　291
前川 恵司　260 628
前川 佐重郎　18 19 38 39
前川 重明　311
前川 茂之　194
前川 静夫　640
前川 徹　502
前川 英樹　100 128 129 224 225 273 421 424 425 426 427 428 432

435 448 496
前川 昌夫　587
前川 裕子　494
真栄喜 啓介　468
前木 理一郎　538
前坂 俊之　18 30 35 113 118 227 236 276 277 302 510 511 512 513 517
前沢 猛　51 52 114 117 134 138 152 153 154 176 182 183 186 191 195 229 251 253 271 274 289 292 295 317 324 325 363 628 632 639
前嶋 かおり　461
前嶋 和弘　290
前島 加世子　358 361 427 428 429 430 435 436 467 509 589 691
真栄城 宏　589
真栄城 正樹　468
真栄城 守定　656
前田 愛　8 35 314
前田 明　616 629
前田 朗　233 535 648
前田 勲　527
前田 英司　569
前田 修　631
前田 絵　635
前田 勝章　335
前田 完治　476
前田 清正　525
前田 啓一郎　96
前田 健太郎　235
前田 耕一　20 234 235 299 304 326
前田 聡　161
前田 秀男　438
前田 昭治　40
前田 武次　457
前田 哲男　507 533
前田 寿一　314 549
前田 俊彦　415
前田 俊秀　492
前田 利郎　138 251 553
前田 寿夫　215 217 553
前田 浩智　148 542
前田 正二　391
前田 真人　97
前田 正義　134
前田 勝　552
前田 益尚　52 232
前田 満寿美　420
前田 稔　114
前田 康博　200 276 277 278 548
前田 康裕　76 80
前田 安正　332
前田 雄二　5 9 92 131 150 174 179 181 187 205 206 261 302 305 319 518 557 627 664 669 670 688
前田 陽一　156
真栄田 義晃　554
前田 義徳　378 413
前田 隆吉　61
前野 和俊　70
前野 和久　187

	212 293 417 641
前野 昭吉	34
前納 弘武	639
前原 信一	410
前原 孝章	485 495
前原 政之	195
マカヒル, C.F.	305
真壁 仁	679
真壁 昊	217
真神 博	250
馬上 康成	324
真柄 和夫	208 309
槙 一樹	337
真木 繁	124 133
真木 進之介	342
牧 太郎	137 167 230 303
	304 505 531 534
	629 639 656 692
牧 利康	409
牧 真	517
牧 義之	110 115 202
牧内 節男	210 252 308
牧内 良平	147 436 437
巻上 文子	711
牧瀬 恒二	245
牧田 喜義	90
牧田 徹雄	38 52 346
	347 348 397 398
	416 432 456 615
牧田 真由美	234
牧田 亮	50
牧野 克一	322
牧野 賢治	271 581
	582 583 610 624
牧野 二郎	158
	161 175 365
牧野 拓司	208 576
牧野 信彦	52
牧野 昇	419
牧野 宏	386
牧野 碩幸	605
牧野 方也	701
牧野 正久	15 476
牧野 守	18
牧野 洋	550
牧野 義司	231
牧原 出	543 544
牧港 篤三	551 655
牧村 健一郎	34 35
マギン, ダニエル	327
マクガイア, ティム・J	189
マクギル, R.E.	320
マクスウェル, ロバート	217
真久田 巧	658
マクドゥーガル, C.	557
マクドナルド, ダンカン	51
マクドナルド, ケネスド	349
マクブライド, ジョン	426
マクブライド, ジョン	426
マクラーレン, サリー	537
マクレガー, オリバー・R	94
マクレーン, 末子	571
マグワイア, スカーレット	114
孫崎 享	259

マコームズ, マックスウェル・E.	544
マーゴリン, M.	116
政井 孝道	508 649
正木 清貴	590
正木 敬造	627
真崎 貞夫	347 351
真崎 哲	242 243 244
	318 376 486 542
	543 544 549 576
正木 鞆彦	51 401 424 496
真崎 肇	688
政木 みき	598 599 601
正木 祐史	175
真崎 理香	404
真境名 弘	656
政光 修一	333
正村 公宏	93
正村 俊之	58
冠 郁夫	576
益子 典文	76 80
真下 信一	342 462
馬島 春樹	121 150
馬島 丕吏	367
間嶋 雅樹	81
真嶋 理恵子	180
真下 孝雄	624
益井 公司	164
桝井 成夫	564
増井 誠	137 496
升家 誠司	189 469
舛岡 明倫	443
増川 雅一	645
「マスコミ」を考える会	211
マスコミを国民のものにする連絡会議	457 545
マスコミ関連産業労働組合共闘会議	144 246
マスコミ市民編集部	609
	639 641
マスコミと人権問題研究会	173
マスコミ問題研究会	302
マスコミ倫理懇談会全国協議会	26
増沢 常夫	659
増島 得男	695
増島 みどり	619
舛添 要一	544
増田 篤	568
増田 悦夫	501
増田 恵里子	114
増田 寛次郎	611
増田 耕一	318 633
増田 五郎	518
増田 幸子	83
増田 聡	719
増田 卓二	346
増田 正	698
増田 辰良	105
増田 毅	705
増田 智子	77
	78 367 369 403
増田 英孝	325
増田 亜	329
増田 寛也	595 598
増田 誠	529
増田 穣	630
益田 裕一	553
増田 れい子	15

	167 214 225 293
	314 423 527 546
増谷 寛	328
増永 良文	86
増淵 安博	625
増本 安雄	696
増山 栄太郎	298
増山 太助	329 330
馬瀬 良雄	683
柵木 真也	547
又木 毅正	228
俣野 秀幸	650
又吉 直人	468
又吉 康広	656
町田 実道	701
町田 忍	718
町田 鶴次郎	123
町田 寿二	468 646
町田 智雄	78
町田 秀夫	633
町田 民世子	171
町田 幸彦	564
町田 律夫	352
町田市立自由民権資料館	35
町田市立博物館	29
町野 朔	132 663
町野 洋一	401
町山 広美	371 372
松井 章	518
松井 石根	125 431
松井 覚進	506
松井 一洋	437 596
松井 陽通	710
松井 邦雄	416 464
松井 孝二	74 83
松井 幸治	355
松井 茂記	99
	103 104 105 113
	114 115 118 119
	120 124 127 135
	139 140 146 147
	148 155 157 158
	159 161 166 174
	175 178 180 234
	499 515 530 542
松井 秀	682
松井 修視	103
松井 純	120 137 152 159
	435 437
松井 進	87 88
松井 高男	643
松井 敬	44
松井 正	498 500 626 713
松居 直	472 493
松井 忠彦	690
松井 輝美	336 559
松井 柏軒	303
松居 秀記	683
松井 英光	404
松井 政和	351 464
松井 幸夫	529
松井 豊	299 593
松井 裕	538
松井 義雄	527
松浦 さと子	439 648
	649 650 651 652
松浦 茂樹	243
松浦 総三	8 10 27
	28 92 93 94 95 96
	121 146 214 247
	292 472 473 474
	490 504 522 524

	527 545 550 556
松浦 代志文	585
松浦 哲郎	594
松浦 直治	45 291
松浦 信子	138
松浦 寿輝	253 254
松浦 正登	387 410
松浦 康成	591 594
松浦 康彦	101
	155 157 162 165
	192 427 480 660
松浦 亮	604 645
松枝 美久	413
松尾 邦之助	256
松尾 健司	393
松尾 伸	407
松尾 信一	496
松尾 尊兌	8 36
松尾 武久	320
松尾 直	139
松尾 竜彦	133
松尾 利彦	408
松尾 倫男	649
松尾 博	147
松尾 博文	117 664 701
松尾 文夫	309 323 558
松尾 允之	385
松尾 守	103
松尾 理也	327 568
松尾 光晏	715
松尾 羊一	51 93 123 146
	209 346 347 348
	349 353 355 357
	362 364 378 391
	400 407 415 423
	456 474 476 504
	521 551 561 585
	649 702 704 709
松尾 洋川	379 654
松岡 悦雄	418
松岡 僙一	19 31
松岡 謙三	569
松岡 孝一	303
松岡 晋作	358
松岡 新児	253 254
	255 356 381 681
松岡 正剛	478 492
松岡 資明	201
松岡 夏雄	305
松岡 信夫	609
松岡 英夫	94 97
	207 307 308 522
松岡 靖	80 85
松岡 由綺雄	250 252 380
松岡 良明	333 628
松岡 義彦	261
真下 聡	329
松家 幸治	445
松垣 吉晃	351
松垣 吉見	616
松方 三郎	90 342 343 412
松上 文彦	310
マッカロック, フランク	289
松川 敦志	657
松川 賢	396 397
松川 八洲雄	378
松木 修二郎	49
	249 264 506
松木 鉦祐	417
マックウェール, デニス	52
マックニール, デイビッ	

777

ド 363
マックニール, デビッド 567
マックビッカー, R・J 699
松倉 健 316
松倉 聡史 176 177
マッケンジー, ジーン 543
マツコデラックス 373
松阪 隆次郎 4
松坂 千尋 570 599 601
松崎 晃 409
松崎 明 221
松崎 巌 471
松崎 幸一 465
松崎 昭一 522
松崎 新一 24 298
松崎 稔 19 525
松崎 泰弘 574
松崎 晧 200
松沢 和正 695
松沢 呉一 181
松沢 弘 323
　324 325 437 442
　443 445 448 606
松澤 雄一 337
松沢 良昌 425 464
松重 美人 681
松下 功 14 642
松下 佳世 284
松下 紀久雄 26
松下 圭一 208 333 518
松下 元武 674
松下 茂 481
松下 次郎 187
松下 丈夫 59
松下 博 642
松下 文男 560
松下 正寿 90 150
松下 宗之 16 293 526
松下電器産業(株)衛星
　ケーブルテレビシステ
　ムセンター 431
松嶋 隆弘 166
松島 道夫 673
松代 洋一 667
松田 伊三郎 552
松田 英一 260
松田 修 678
松田 賢一 358
松田 好哉 188
松田 三郎 227 229
松田 修一 109 194
松田 士朗 153 185
　190 193 194 381
松田 英紀 464
松田 銑 248
松田 稔樹 74
松田 尚士 34
松田 典之 475
松田 博公 167
松田 浩 17 41 106 123
　124 125 127 128
　185 199 224 228
　295 297 344 345
　347 348 350 352
　353 354 361 391
　399 406 413 424
　430 432 434 444
　456 459 460 462
　464 504 508 520
　521 546 552 583

　641 662 702 704
松田 ふみ子 173
松田 政男 246
松田 正義 675
松田 美佐 52 168
松田 道雄 166
松田 光春 602
松田 陽三 593 596
松田 良孝 514 515
松平 定知 370
松平 恒 421 422 452 646
松谷 明彦 326
松谷 敦 646
松任 敏雄 336
松任谷 彦四郎 628
松富 三郎 696
松友 勝俊 440
松友 宏吉 309
マッド渡辺 195
松永 勝利 142
松永 喜久 616
松永 公廣 487
松永 伍一 641
松永 茂生 629
松永 孝 203 456
松永 努 563
松永 年生 294
松中 英忠 353
松永 寛明 114
松永 真理 497
松永 和紀 582 583 606
松波 功 242
松野 修 95
松野 谷夫 557
松野 道男 288
松野 三千雄 528
松野 康典 534
松野 善弘 671
松野 良一 22 23 233 234
　237 371 372 393
　443 468 499 652
　661 662 663 693
松葉 侑子 240
松橋 学 619
松橋 尚 391 527
松林 竹雄 220 669
松林 尚 355
松原 治 668
松原 邦博 421
松原 慶 168
松原 耕二 391
松原 修蔵 292
松原 治郎 166
松原 正 524
松原 英夫 293 531
松原 浩 466
松原 光宏 158 159 160
松原 妙華 148
松原 洋司 465
松原 隆一郎 586
松前 景雄 719
松前 紀男 466
松丸 志摩三 204
松宮 一也 311
松宮 三郎 319
　697 698 714
松村 和夫 623
松村 定男 685
松村 禎彦 131
松村 茂雄 242
松村 純 200

松村 宗臣 443
松村 長 527 647
松村 春彦 407
松村 寛 209
松村 洋 379
松村 雅生 142 144
松村 正義 21 22
松村 光晃 166
松村 由彦 400 414
松本 明 646
まつもと あつし 258
松本 逸也 104 230 234
　256 536 611 690
松本 修 97 410 427
松本 和夫 4 404 405
松本 一弥 225
松本 勝信 67 69 70 71
松本 克美 156
松本 和也 20
松本 喜一郎 61
松本 憲始 383
　436 438 456
松本 健太郎 59
松本 浩治 693
松本 幸輝久 245 345 378
松本 悟 235 275
松本 朱像 4
松本 醇 407
松本 昌悦 97 179 553 577
松元 真 188 351
松元 新一郎 71
松本 晟広 61
松本 貴子 412
松本 拓也 720
松本 忠雄 475
松本 正 294
松本 達夫 597
松本 たま 31
松元 剛 139 142 656 657
松本 徹三 426 427
松本 得三 640
松本 俊博 461
松本 敏之 695
松本 知則 573
松本 伸夫 195
松本 信勝 70
松本 秀太郎 339
松本 英史 527
松本 斉 531 533 648
松本 寛 350
松本 浩行 621
松本 文子 166
松本 誠 648 649
松本 昌樹 79
松本 正樹 529
松本 昌次 33 35 490
松本 正達 61
松本 雅彦 629
松本 正之 447
　448 461 591
松本 真弓 712
松本 芽久美 393
松本 元裕 243
松本 恭幸 85
　87 235 236 259
　365 368 469 606
　608 648 649 650
　651 652 653 654
松本 侑子 71
松本 幸重 563
松本 侑壬子 625
松本 良夫 628

松本 善之助 470
松本 芳晴 702
松本清張記念館 304
松本美須々ヶ丘高校放送
　部 640
松谷 祥三郎 646
松谷 芳比呂 502
松山 巌 13
松山 善三 136
松山 秀明 39 375
松山 浩士 367
松山 幸雄 269 522
マドゥラベルマ, ニッサン
　カ 270
円 より子 353
的場 かおり 119 120
的場 哲朗 694
的場 ひろし 70
真鍋 和彦 298
真鍋 一史 49
　57 251 291 565
　703 704 705 706
　707 718 719 721
間部 耕莘 432 441 442
真鍋 禎男 553
真鍋 繁樹 331
真鍋 毅 210
真鍋 俊永 376
真鍋 弘樹 176
マニ, A.D. 260
間野 孝彦 644
真野 英明 434
　468 711 712
真野 義人 702
マノフ, ロバート・カー
　ル 604
馬淵 澄夫 243
馬淵 直城 227
間部 豊 486
真水 宏美 700
馬見塚 達雄 338
間宮 眞 690
間宮 達男 11 322 490
真村 久三 332
馬屋原 潔 128
真弓 隆三 586
マーリス, ジョージ 44
丸岡 康則 590
丸岡 吉人 717 718 719
丸田 明彦 616
丸田 耕三 474
丸谷 銕士 508
マルチメディア時代におけ
　る放送の在り方に関す
　る懇談会 453
マルチメディア政策研究
　会 453
丸野 真司 316
丸野 不二男 669 670
丸之内リサーチセンター 490
丸橋 透 103
丸林 久信 17
丸茂 昌暉 420
丸谷 才一 29 179 250 251
　253 254 316 626
丸山 明 256
丸山 紀一朗 602
丸山 邦男 207
　247 320 545
丸山 敬子 114
丸山 健 155 156

丸山 謙一 626
丸山 定巳 578
丸山 重威 223 402
丸山 重威 104 155
　　　221 259 537 544
　　　548 570 584 609
丸山 静雄 385
　　　504 558 559 571
丸山 淳一 576
丸山 昭二郎 200
丸山 伸一 176 622
丸山 鐵雄 329
丸山 友美 388
丸山 昇 106 126 128
　　171 186 241 362
　　426 431 432 435
　　458 459 461 512
　　533 534 546 547
　　556 572 710 711
丸山 一保 413
丸山 尚 29 335 473 481
丸山 浩孝 590
丸山 正明 716
丸山 雅夫 177
丸山 真男 205 206
丸山 勝 276 547 558 559
丸山 実 218 248
　　302 472 474 476
丸山 雄一郎 70
丸山 裕輔 78 81 85
丸山 友岐子 153
　　154 555 631
マレー, J.エドワード 269
マレッチ, G. 262
マロリー, スチーブ 216
馬渡 務 339
馬渡 力 471
マン, ピーター, H. 491
万年社 717

【み】

見市 元 574
三浦 明子 407
三浦 昭彦 139 574
三浦 麻子 85
三浦 勲 483
三浦 馨 625
三浦 和義 156 161
美浦 克教 143 299 666
三浦 甲子二 345
三浦 謹一 45 347 389
三浦 啓次 641
三浦 恵次 137
　　145 249 715
三浦 朱門 183
三浦 順一 690
三浦 小太郎 172
三浦 伸也 503 600 609
三浦 拓馬 429
三浦 俊章 222
三浦 元 243
三浦 春子 173
三浦 秀文 332
三浦 均 292
三浦 姫 358
三浦 宏 138 329
三浦 浩 571
三浦 文夫 468

三浦 雅士 253 254
三浦 正広 114 709
三浦 正己 155
三浦 道人 528 546 552
三浦 基 233
　　236 365 403 497
　　498 499 500 649
三浦 保志 613
三浦 幸明 688
三浦 陽治 465
三浦 芳太郎 339
三浦 嘉久 38
三浦 良一 517 519
三重 綾子 653
三重大学人文学部 35
三重テレビ放送株式会社 41
三ヶ野 大典 242
三上 俊次 583
三上 俊治 216
　　353 522 565 696
三上 瞻 309
　　586 647 721 722
三上 貴教 236
三上 智恵 515 657
三上 俊昭 352
三上 久雄 338 339
三上 久代 76 78
三神 弘子 717
三神 正人 124
　　188 274 351 362
　　417 420 421 422
　　425 426 429 521
三上 正良 291
三上 幸雄 628
三木 明博 435 466
三木 淳男 44
三木 一楽 245
三木 賢治 161
三木 佐助 28
三木 修司 621
三木 卓 347
三樹 精吉 207
　　306 311 312 319
　　334 339 627 671
　　677 678 698
三木 健 647 656
三鬼 浩子 20 24
三木 文夫 339
三木 康弘 13
三木 由希子 142 144
　　149 150 165 549
右田 末人 96
右田 千代 387
汀 邦彦 407 464
三国 章 632
三国 一朗 208
三国 晋足郎 533
三国谷 勝寛 574
三雲 四郎 262
　　520 604 721
三崎 敦 56 203 246
三崎 由紀 191
三沢 玲爾 46
見塩 忠彦 345
三科 浩美 276
三島 昭男 250
三島 亮 605
三島 勇 605
三島 聡 180
三島 達也 563
三嶋 毅 291
三嶋 典東 379

三嶋 博之 74
三島 宗彦 145
三島 良広 194 610
三須 秀蔵 672
水出 雅文 561
水上 健也 560
水上 創 124
水喜 習平 707 708
水城 雄 711
水木 楊 238
水口 克昭 66
水口 健次 418
水口 哲也 252
水口 眞人 359
水越 伸 45 53
　　58 59 83 84 85 86
　　227 234 254 275
　　324 356 360 361
　　362 420 496 502
水越 敏行 65 67 85 357
水迫 末廣 257
水沢 周 407
水島 朝穂 115 180 226
水島 太蔵 391
水島 敏夫 505 566
水島 久光 54 58 201
　　233 366 376 402
　　445 501 621 652
水島 宏明 110 238 239
　　240 242 294 375
　　382 383 411 500
　　540 542 606 607
　　608 626 636 652
水島 広子 176
水島 信 594
水田 明 615
水田 朝吉 11
水田 朋花 309
水田 伸生 412
水田 紀久 28
水田 汎 308
水谷 昭 92 150 151 470
水谷 修 685
水谷 公弥 333 673
水谷 静馬 16 155
　　221 222 294 647
水谷 節雄 328
水谷 亨 328
水谷 秀樹 616
水谷 文勇 77
水谷 雅彦 195
水谷 もりひと 722
水谷 玲子 404
水野 晶子 468
水野 厚子 399
水野 勝之 553
水野 清 352
水野 邦夫 707
水野 昂子 68
水野 茂 618
水野 正次 245 342 603
水野 喬 320
水野 隆司 466
水野 隆徳 497
水野 剛也 17
　　18 19 25 118 197
　　237 276 315 509
　　516 538 661 684
水野 忠隆 415
水野 主税 339
水野 尚文 456
水野 成夫 320

水野 肇 211 291 344
　　345 383 388 389
　　391 406 413 420
　　456 610 611 688
水野 一成 216
水野 晴彦 587
水野 久 669
水野 尚三 616
水野 均 544
水野 洋 498
水野 博介 52 59 565 583
水野 富久司 289
水野 雅夫 309
水野 公寿 31
水野 雅博 181
水野 泰志 500 599
水野 由多加 24
　　233 712 713 720
水原 昭夫 407
水間 政憲 381 517 568
水巻 中正 316
溝上 瑛 228 253
溝上 慎一 451
溝口 敦 143 236
溝口 烈 136
　　148 163 296 637
溝口 正 552
溝口 敏行 698
溝口 博史 384
　　409 424 450
溝口 実 291
三田 格 259
三田 和夫 320
三田 英彬 266
三田 誠広 104 160 486
見田 宗介 243
三反園 訓 381
三谷 甲才 318
三谷 茂 425
三谷 太一郎 29
三谷 徹 81
三谷 一 199
三谷 文栄 242 540 543
三田村 和彦 720
御手洗 潤 712
御手洗 辰雄 25 721
御手洗 英親 340
道上 宗雅 620
道本 順一 646
道吉 剛 479 480 482
三井 秀樹 381
三井 美奈 514
光岡 明 647
光岡 寿郎 239
三垣 公寿 565
光田 顕司 312
光多 佐織 532
三津田 透 406 603
満田 康子 171
光永 一三 465
三ツ野 真三郎 333 640
光野 稔 437
三橋 貴明 258 259 550
三橋 規宏 16 577
三橋 鋥 575
三藤 利雄 424
三潴 明子 114
三潴 信吾 114
三潴 信邦 95 629
三森 八重子 192 224
三矢 惠子 25 363
三好 武二 203

御堂岡 潔	353
三富 和則	401
三友 仁志	434 451 663
御供 文範	16
碧川 宗伝	60 62 63 261 342 343 412
美土路 脩一	37 45
南井 徹	296
皆川 純一郎	478
皆川 豪志	582
皆川 治広	165
皆川 博子	358
皆川 広宗	293
皆川 雄一	591
水口 博也	694
港 千尋	455 710
湊吉 正	64 343 671 672
南 英四郎	696
南 次郎	590
皆美 享衛	463
南 千春	207 470
南 利明	11 12 38 390 416 418
南 俊行	451
南 直樹	610
南 博	48 56 58 247 254 260 408 523
南 不二男	671
南 美希子	188
南 善夫	644
南 良平	523
南丘 喜八郎	349
南方 紀洋	360 551
南方 敏尚	176
南川 昭雄	688
南江 治郎	48
南沢 馨	672
南島 信也	120
南日本新聞社	28 33
南日本放送	40 42 585
南日本放送株式会社	40
南本 長穂	66
源 啓美	170 323
峰 北夫	136
嶺 隆	256
峰 政博	639
峰岸 慎一	465
峯島 正行	626
峰久 和哲	238 239 533
峰松 輝文	515
岑村 傑	255
三野 裕之	356
蓑 豊	493
ミノー, N.N.	343
蓑田 剛治	221
美ノ谷 和雄	6 320
美ノ谷 和成	57 254 378 416 454 604 643
簑葉 信弘	273 425 426 427 436 454
簑葉 信弘	127 425
美濃部 嘉一	331 490
箕輪 成男	36 44 46 273 472 473 474 475 476 477 478 480 481 483 492 522 631
箕輪 幸人	105 109 159 161 194 238 374 595
三原 治	467
美原 研	415
三原 浩良	584 654
三原 穂	23
三原 康博	39
三堀 邦夫	704
美馬 のゆり	71
三巻 秋子	573
美作 太郎	37 44 95 203 470 472 474 490 697
三村 晃久	191
三室 恒彦	306
三室 雄太郎	410
宮 弘美	79
宮居 康太郎	303
宮入 郁夫	519
宮内 巌	310
宮内 重蔵	687
宮内 裕	91 145
宮内 令子	293
宮尾 尚志	424
宮尾 哲雄	353
宮川 清	708
宮川 光治	501
宮川 成雄	111
宮川 大介	39 40 202
宮川 公男	698
宮川 定三	61
宮川 裕章	506
宮川 康吉	656
宮城 悦二郎	42 655 656 657
宮城 修	657
宮城 一夫	95
宮城 歓	106
宮城 久緒	657
宮城 孝治	663
宮城 秀一	464
宮城 鷹夫	642 643
宮城 千賀子	151
宮城 みのる	554
宮城テレビ	592
宮口 宏夫	512
三宅 和子	687
三宅 菊子	169
三宅 卓	208
三宅 武郎	669 670
三宅 端	415
三宅 東洲	518
三宅 徳嘉	623
三宅 晴輝	341
三宅 弘	129 138 139 140 141 144 145 158 166 186
三宅 正太郎	84
三宅 正浩	468
三宅 裕一郎	144
三宅 有美	38
三宅 理一郎	524
宮古 康文	13
宮越 正	528
宮古毎日新聞社	35
宮坂 一男	538
宮坂 計一	354 552
宮坂 淳	711
宮坂 有勝	155
宮坂 宜男	511
宮崎 勝治	527
宮崎 健蔵	49 207
宮崎 幸一	340
宮崎 仁一郎	614
宮崎 千勝	51
宮崎 継夫	478
宮﨑 敏英	330
宮崎 寿子	58 65 83 124 272 357
宮崎 仁士	222
宮崎 昌治	235
宮崎 正弘	150 258 331 362
宮崎 勝	501 578
宮崎 緑	379 462
宮崎 泰昌	688
宮崎日日新聞社	28 33
宮崎日日新聞労働組合	32
宮崎放送	41 42
宮里 昭也	505
宮里 武邦	315 656
宮里 立士	19
宮澤 勲	512
宮沢 喜一	526
宮沢 浩一	153 179
宮沢 之祐	651
宮沢 慎一	577
宮沢 徹甫	254
宮沢 徳雄	292 304
宮沢 俊義	91 311
宮沢 信雄	576
宮沢 乃里子	509
宮沢 誠	153
宮地 健次郎	557 558
宮地 裕	671
宮下 修	619
宮下 舜爾	641
宮下 晋吉	318
宮下 丘	20 21
宮下 宣裕	457
宮下 英雄	580
宮下 洋一	694
宮島 郁子	603
宮嶋 茂樹	256 692
宮嶋 實理	546 553
宮島 喬	226 547
宮島 武志	524
宮島 敏郎	357
宮島 真希子	294
宮嶋 泰子	363 617
宮島 善高	4 150 153 203 292 640
宮代 彰一	69
宮住 冨士夫	32
宮瀬 香多士	624
宮田 章	202 376 388
宮田 加久子	57 83 168 496 584 712
宮田 一雄	157 171
宮田 謙一	566 661
宮田 興	74
宮田 伍良	304
宮田 重徳	292
宮田 信一郎	709
宮田 鈴子	186 664
宮田 輝美	81 409
宮田 昇	266 490 492 493 667
宮田 速雄	336
宮田 英和	587 601
宮田 弘司	212
宮田 浩人	564
宮田 生美	132
宮台 真司	233 550 592
宮武 剛	611
宮武 丈嗣	386
宮武 外骨	27
宮武 久佳	225
宮武 実知子	21
宮智 宗七	573
宮地 良和	343
宮永 岳彦	697
宮西 俊秀	143
宮野 彬	381 696
宮畑 譲	514
宮原 淳	497
宮原 喜次郎	333 334 641
宮原 誠二	60
宮原 守男	166
宮原 義友	719
宮部 修	252
宮部 剛	575
宮部 真典	614
三山 秀昭	532
宮前 ゆかり	150 280
みやま書房	643
宮村 啓太	639
宮村 憲章	610
宮村 文雄	520
宮村 真澄	334
宮本 章人	308
宮本 克美	77 499 589 683 684
宮本 馨太郎	199
宮本 源七郎	302
宮本 幸一	188 464
宮本 聖二	202 598
宮本 徹	687
宮本 豊子	467 587
宮本 信太郎	698
宮本 英夫	670
宮本 和	644
宮本 雅史	665
宮本 貢	271
宮本 友丘	330
宮本 百合子	203
宮本 吉夫	9 41
宮本 理江子	393
宮森 淳博	529
宮守 正雄	18 27 493
宮山 峻	714
宮良 健典	647
宮脇 厳雄	413
宮脇 健	414 641 703 705 148 238 540 596 597
宮脇 瑞枝	671
宮脇 良一	27
明神 駆	227 533
明神 正	200
明珍 美紀	100 154
御代川 貴久夫	20
三好 修	93 207 208 246 503 521 558
三好 和昭	348 417 629
三好 崇一	219 268 270 659
三好 仁	417 642
三好 真一郎	96
三好 範英	564 569
三好 晴海	103 184 186
三善 英毅	613
三好 仁司	80
三由 文久	75
三好 誠	114 550
三好 豊	485
ミレー, ジョン	620
美和 晃	712

三輪 和雄　380
三輪 隆正　307 333
三輪 秀彦　695
三輪 正　343
　395 396 399 405
三輪 正信　413
三輪 裕範　45
民間放送教育協会　40 41
民間放送連盟　86
民主教育協会　318
民放五社調査研究会
　404 715
民放連　86
民法連研究所　87
　124 177 430 456
民放連番組著作権部　175
民放連番組部　104
民放労連関西地連　712
民放労連京都放送労働組
　合　326
民放労連東北地連　592

【む】

ムーア, T.G.　698
向井 敏　253 254
向井 貴之　635
向井 千恵子　506 511
向井 吉人　67
向井 嘉之　22 384 578
向出 修一　468
向山 嘉章　59
向江 泰　335
椋尾 尚司　528
椋田 政春　720
六車 俊治　191
向原 祥隆　493
武蔵大学社会学部　166 304
武蔵大学社会学部メディア
　社会学科　58
武蔵野美術大学　491
牟田 昌平　201
務台 光雄　9
牟田口 章人　409 625
睦月 影郎　382
武藤 斌　102 296
無藤 隆　65 72 73 76 83
武藤 恒義　705
武藤 富男　722
武藤 守　333 519
武藤 充朗　586
武藤 芳治　496
武藤 良博　410
宗像 和重　115
棟方 哲弥　72
宗像 朋子　681
宗像 紀夫　632
棟 武郎　351
棟居 快行　134
　141 157 536
宗武 朝子　474
宗政 五十緒　29
むの たけじ　207
　212 221 222 243
　244 347 505 522
『無名会』史編集委員会
　381
武良 徹文　71
村井 純　372 440
村井 仁　262 264

　267 269 413 415
　416 463 505 522
村井 竜彦　139 160
村井 敏邦　149 150 175
村井 道明　60 61
村井 泰彦　681
村石 徳弥　524
村尾 清一　721
村尾 国士　231
村岡 彰敏　535
村岡 和彦　692
村岡 博人　293
村上 亜希子　355
村上 錦吉　331
村上 圭子　129
　374 449 451 499
　501 593 595 596
　599 600 651
村上 玄一　667
村上 光一　433
村上 浩一　82
村上 光太郎　493
村上 重美　201
　306 323 325 574
村上 七郎　38
村上 昭造　65
村上 辰之助　388 515
村上 澄子　48 91 262 343
村上 聖一　23 25 39 129
　130 202 442 443
　444 445 593 595
村上 大介　564
村上 孝止　101 137
　151 152 154 161
　165 179 182 252
　314 334 336 690
村上 拓也　712
村上 武則　125
村上 徹夫　412
村上 尚文　179
村上 直之　13 290 630 631
村上 信夫　165 240
村上 宣雄　134
村上 憲男　386 409
村上 憲郎　372
村上 仁己　437
村上 兵衛　216
村上 裕章　144
村上 弘幸　315
村上 文男　153 155
村上 政彦　380
村上 政博　668
村上 正浩　598
村上 雅通　241 386 393
　404 410 578 611
村上 正行　344
村上 光彦　695
村上 紀子　611 625
村上 元彦　290 305
村上 盛男　222 356
村上 康二郎　164
村上 幸雄　248
村上 陽一郎　212 581 593
村上 吉男　507
　522 560 561
村上 義千代　293 317 337
村上 龍　367
村上 良三　659
村川 英　413 562 688
村川 雅弘　67 75
村川 亘　336 532
村木 正　133
村木 知之　383

村木 真紀　244
村木 正顕　530 584
村木 良彦　39 133
　181 246 349 362
　367 368 377 382
　387 390 391 419
　420 423 424 458
　688 690 691 692
村口 敏也　387
村越 進　158
村崎 彰彦　704
村崎 和也　706 716
村崎 俊男　342 518
村澤 青子　410
村澤 繁夫　130 175 176
　180 354 356 357
村瀬 孝矢　42
村瀬 拓男　487 494 495
村瀬 尚文　697 707
村瀬 正彦　390
村瀬 真文　50 51 122
　125 175 189 192
　362 419 588 618
村田 明隆　531 534
村田 育也　79
村田 歓吾　156
　192 310 324 709
村田 聖明　92 321 722
村田 耕一　315
村田 光二　54 353
村田 昭治　701 715 716
村田 信一　692 695
村田 真一　695
村田 信次郎　641
村田 多恵子　712
村田 為五郎　187
村田 豊明　616
村田 憲正　595
村田 一巳　647
村田 尚紀　118
村田 誠　718
村田 正敏　329 596
村田 光平　605 606
村田 泰夫　574
村田 保太郎　71 72 73
村田 康博　88
村田 良一　65
村手 久枝　252
村中 嘉二郎　247
村中 智津子　402
村西 竜三　615
村主 道美　564
村野 賢哉　62 398 579 583
村野 坦　315 522 527
村野井 均　77
村松 喬　612
村松 岐夫　462
村松 泰雄　232 513 533
村松 泰子　50 167 168
　169 170 173 363
　398 399 406 644
村本 隆史　632
村本 理恵子　431
村山 公之　203
村山 恵一　569
村山 圭一郎　114
村山 士郎　614
村山 創太郎　350
村山 孝喜　700
村山 有　261 319
村山 知博　578
村山 陽　403

室 謙二　516
室 俊司　624
室井 力　140
室井 鉄衛　699
室井 尚　516
室岡 和男　16
　314 315 555 721
室賀 啓希　468
室崎 益輝　588 602
室田 信二　709
室田 武　604
室田 康子　218
室谷 克実　260 272
室伏 勇　67
室伏 哲郎　525 528
室伏 高信　40
室伏 章郎　331
室谷 洋司　416
ムンスカーズ, H.　557

【め】

明治書院　32
メイヤー, フィリップ
　267
メイヤー, マーチン　250
妻鹿 年季子　373
目黒 英一　598
目黒 公郎　600
目黒 重幸　537
目黒 昌　326
目白大学社会学部メディア
　表現学科　59
メスビン, ユージン H.
　49
メディアアクティビスト懇
　談会　259
メディア業界ナビ編集室
　394
メディア研究部番組研究グ
　ループ　595
メディア検証機構　534
メディア総研　392
メディア総研産業構造プロ
　ジェクト　391 392
メディア総合研究所　41
　42 114 145 257
　380 393 454
　455 548 609
メディア総合研究所「検察
　とメディア」プロジェク
　ト　548
メディア総合研究所ジャー
　ナリズムプロジェクト
　660
メディア総合研究所放送
　レポート編集委員会
　602
メディア総合研究所「マス
　メディアの産業構造」プ
　ロジェクト　392
メディア総合研究所「メデ
　ィアの産業構造」プロ
　ジェクト　393
メディアと人権を考える
　会　639
メディアの危機を訴える市
　民ネットワーク　199
メディアの中の性差別を考
　える会　173
メナール, ロベール　297

校条 諭　251

【 も 】

毛利 聖一　538
毛利 子来　176
毛利 透　115 119
最上 勝也　680 681 682
茂貫 正人　307
茂木 一之　252
茂木 乾一郎　188 399
茂木 崇　275 285 290 328 626
茂木 政　5 245
毛坂 一洋　196
門司 良弼　90
モストフシコフ, アレクサンドル M　271
持木 一明　41
望月 和雄　393
望月 和郎　265
望月 一宏　612
望月 聡　713
望月 達史　190
望月 照正　516
望月 規夫　575
望月 裕　625
望月 迪洋　646
望月 義人　260 661
望田 市郎　706
望陀 定雄　308
持田 周三　537
持田 浩志　67
持田 政己　530
持永 秀樹　575
茂木 信幸　88 318
本木 周一　232
元木 昌彦　103 109 135 158 183 227 228 229 230 231 233 234 236 237 238 240 241 243 255 295 296 297 299 363 364 373 447 467 477 480 483 487 489 493 494 498 501 535 541 546 547 548 567 592 607 633 634 666 692 712
本蔵 一茂　568
本沢 義雄　665
本谷 英次　323
本野 義雄　530
本徳 文恵　72
本橋 春紀　38 77 84 103 124 185 222 231 512 589
本林 徹　162 548
本村 隆　618
本村 安彦　53
元村 有希子　317
本谷 強　391
モハマッド・アクバル・アルゾ　66 67
籾岡 宏成　109 115 119 120
桃 圭介　347
桃井 和馬　693
桃井 多聞　585

桃井 恒和　134 311 660 665
桃井 康子　77
百瀬 伸夫　702 720
百田 満広　147
百名 盛之　62 63
桃原 稔　610
モラエス, F.　261
モラエス, F0　261
森 朗　453
森 暁雄　583
森 勇次　587
森 一郎　319
森 巌　642
森 一祐　714
森 勝紀　188
守 恭助　700
森 恭三　28 91 92 93 113 151 187 204 206 208 209 210 212 246 290 320 623 678
森 啓　478 480
森 啓子　388
森 健　304 328
森 浩一　218 219 628 629
森 耕一郎　242
森 賢　194
森 茂樹　525 527
森 茂　212 293 309 331 576
森 修　162
森 潤　174
森 純一　108 135 310
森 正蔵　304
森 治郎　497
森 貴洋　411
森 達也　86 115 171 185 230 233 236 255 259 260 367 368 373 375 382 387 388 513 514 515
森 千春　271
森 徹　196
森 斎　645
森 俊範　717
森 俊幸　423
森 類臣　121 283 286 547 666
森 直久　464
茂利 信男　646
森 紀元　504 559
森 基　412
森 英樹　114
森 秀樹　249
森 英人　415
森 文弥　183
森 炎　638
守 誠　682
森 雅一郎　589 590
杜 正文　223
森 護　342
森 まゆみ　531
森 睦彦　10 91
森 康俊　358
森 保裕　566
森 裕司　495
森 暢平　23 372 666
森 陽平　371
森 可昭　249 332 520 522
森 義雄　338
森 義人　147

森 亘　632
盛合 聡　30
森泉 章　113
森泉 知行　235
森泉 淳　452
森内 薫　150
森内 豊四　712
森岡 健二　669 672 696 697
森岡 孝二　193
森岡 斗志尚　578
森岡 啓人　350
森丘 秀雄　628
森川 暁子　602
森川 金寿　43
森川 貞夫　617 621 666
森川 柊作　430
盛川 宏　614
森川 方達　43 526 629
森口 以佐夫　218 430
森口 尚史　611
森口 宏　125 357
森口 豁　236 351 645
森崎 和江　30
森沢 孝道　625
森重 利直　698 700
森下 和生　216 220 323 336
森下 俊一　636
森下 敏男　117
森下 琉　325 332
森嶋 士郎　708 709
森巣 博　255
モーリス・ドレイク　705
森住 俊美　376
森瀬 明　595
盛田 昭夫　61
森田 明子　277
森田 明彦　564
森田 彰　382
森田 明　140 143 162
森田 英嗣　76 78 79 81 85
森田 修　528
森田 公一　353
森田 潤　353
森田 宗一　174
森田 健宏　73 76
森田 哲史　422 465
森田 智嗣　298
森田 宏　616
森田 博志　521
森田 浩之　621 623
森田 正明　648
森田 芳伸　527
森瀧 市郎　292
森忠 荘　364
森津 千尋　652
森永 昭夫　314
森永 育男　583
森永 和彦　93 213 291 298 559
守永 誠治　143
森永 勉　385
守永 正次　721
森永 玲　638 662
森松 大輔　654
森村 進　689
森本 和夫　677
森本 建作　351 702
森本 茂樹　372
森本 真章　215 452

森本 哲郎　179 208 209 210 290 307
森本 徹　693
森本 仁郎　466
森本 洋洋　604
森本 英之　458 547
森本 光彦　328
森本 充　601
森本 容介　79
森本 洋介　82
森本 良平　583
守屋 英一　503
森谷 和郎　191
森谷 一成　349
守谷 清人　350
守屋 祐光　333
守安 和彦　573
森山 軍治郎　462
森山 浩一　412
盛山 毅　189
森若 正孝　696
森脇 敦史　103 104
森脇 逸男　216 315 335 680
森脇 幸次　518 623
守分 寿男　349 644
モルデン, P.P0　557
モレンホフ, クラーク・R　132
モーロ, トニー　117
諸井 薫　254
諸井 克英　57
諸井 三郎　673
諸江 啓次郎　533
諸岡 達一　21 195 302 311 625
諸澤 英道　184
モロゾフ, エフゲニー　499
諸永 裕司　110
諸根 貞夫　115
諸橋 泰樹　86 167 173 174 540 660
諸藤 絵美　370
諸見里 道浩　657
門前 喜康　586
門奈 直樹　9 11 12 13 27 32 33 46 133 155 190 222 229 243 251 257 260 269 270 271 272 275 277 280 285 298 299 401 423 439 453 459 461 475 506 509 515 516 529 540 546 549 551 583 592 604 606 633 647 652 655 656 657 661 666
文部省社会教育局視聴覚教育課　63 81
門馬 晋　310 583 624 681
門馬 務　77

【 や 】

矢板 明夫　501
八重山毎日新聞社　33
谷上 和貞　336
八川 敏昭　346

八木 健次 512
八木 晃介 173 210
屋宜 聡 507
八木 淳 302 307 628
八木 昌蔵 195
八木 治郎 671
八木 壮一 667
八木 荘司 630 721
八木 信忠 32
八木 実 689
八木 康夫 189
柳下 英彦 355
八木橋 武実 29
薬師寺 克行 570 575
矢口 彩香 165
矢口 純 470
矢口 武郎 465
矢口 俊昭 102
矢口 博之 76 484 486 487
訳藤 恒太 406
矢久保 双雄 315
矢後 政典 426
八坂 健 428
矢崎 孝二 507
矢崎 朋夫 591
矢崎 弘之 567
矢崎 泰久 93 347 353 389 472
矢沢 章二 121 155 183 200 421
矢澤 正之 257
八塩 圭介 404
矢島 貞雄 340
矢島 重巻 17
矢嶋 武弘 527
矢島 道夫 645
矢島 翠 247 546
矢島 亮一 427
八代 栄太 127
八代 保 336 649
安井 明代 81
安井 克也 113
安井 節子 323
安井 忠次 412
安井 英俊 143
安井 康雄 10 309 314 398 399 456 524
安江 伸夫 498 500 501 570 571
安江 則子 285
安江 良介 216 525 526 562 563 624
安岡 章太郎 700
安岡 卓治 108 387
安岡 仁司 611
保岡 裕之 254 503
安川 克巳 388
安川 寿之輔 553
安川 一 251 324
安木 正美 691
安河内 龍太 500
安田 浄 351 643 644 645
安田 景輔 329
安田 浩一 109 172
安田 純平 511 514
安田 将三 251 516
安田 信二 606
安田 尚 85
安田 拓人 180
安田 武 292
安田 正喜 645

保田 竜夫 629
安田 哲夫 344
安田 寿明 206 320 340 424 456
安田 菜津紀 694 696
安田 紀夫 188 629
安田 英昭 574
安田 浩 453
安田 拡 376 433 434 435 439 444 460 468 469
安田 誠 613
安田 雪 600
安田 穰 506
安田 好弘 234
安谷 吉雄 187
安富 信 243 602
安永 興一 574
安永 武巳 699 700 701
安永 寿延 187
安永 道義 335
安西 文雄 170
安原 顕 493
安原 至平 465
安渕 修 386
安間 総介 383 562
安増 武子 353
安本 美典 716
安本 吉雄 275
安吉 寿美子 84
矢田 俊隆 90
矢田 義一 661
谷内 博一 84
八橋 卓 353 356 385
八ッ橋 武明 425
八ツ橋 武明 429
矢内 節男 595
矢内 廣 350
野内 雅彦 578
柳井 道夫 51 57 520 524 529 571 642
柳井 満 349 391
矢内 裕子 461
矢内原 忠雄 91
柳川 実 597
柳川 喜郎 227 583 584
柳 治郎 463 508 644 690
柳 与志夫 486
柳内 啓司 502
柳澤 あゆみ 592
柳沢 和幸 463
柳沢 健 456
柳沢 賢一郎 551
柳澤 健 466
柳沢 助造 341
柳澤 伸司 75 78 79 80 82 97 117 192 274 683
柳沢 紀夫 527
柳澤 紀夫 218
柳沢 秀男 533
柳沢 秀夫 508
柳沢 寛 68
柳沢 恭雄 42 513
柳澤 恭雄 329
柳田 和彦 508
柳田 邦男 40 57 249 250 254 298 491 609
柳田 邦夫 249
柳田 291 303 348 545
柳田 修治郎 699

柳田 正夫 463
柳田 長十郎 63
柳原 和子 647
柳原 滋雄 665
柳原 良江 170
柳町 昭夫 69 427
柳村 喜一 4
柳本 信一 501
柳本 通彦 277 366
柳瀬 璋 646
梁瀬 和男 718 719
柳瀬 翔央 149
やなせ・たかし 696 698
梁瀬 秀臣 190
簗田 欽次郎 3
八浪 英明 202 337 592
矢成 政明 655 670
矢成 政朋 4 342 655
家根 敏明 414 418 463
矢野 一彦 457
矢野 敬一 364
矢野 健一郎 247
矢野 紘造 709
矢野 五郎 319 320
矢野 舜一 208
矢野 誠一 358 418
矢野 輝雄 398
矢野 直明 101 233 253 257
矢野 久義 308
矢野 宏 271 295 585 646
矢野 博也 330
矢野 正美 232
矢野 元昭 527
矢野 義明 575
矢野 良二 295
矢野経済研究所 716
矢野健一郎 246
矢作 勝美 11 629
矢橋 昇 417
八尋 伸 694
藪内 広之 411
籔下 彰治朗 113
藪田 正弘 590 592
藪田 正弘 79 402 586
藪塚 謙一 661
矢部 久美子 450
矢部 利茂 187
矢部 恒造 527 533 565
矢部 裕己 620
矢部謙次郎 244
山 了吉 108 148 162 163 178
山内 郁二 189
山内 公明 350 385 688
山内 重俊 664
山内 節雄 557
山内 大介 211 320 557 558
山内 千代子 85
山内 敏弘 181 524 553
山内 久司 189 345 349 378 408
山内 藤介 203
山内 雅史 193
山内 昌之 563
山内 理夫 188
山内 祐平 72 84
山浦 貫一 3
山浦 正敬 154
山岡 克孝 696

山岡 清二 264
山岡 敏郎 520
山岡 永知 118
山家 誠一 423
山賀 長治 676 678
山県 昭彦 352 360 419 464 465
山形 弥之助 700
山県 裕一郎 303
山縣 由美子 411 444
山形新聞社 82
山形放送株式会社 42
山上 皓 156
山上 通恵 85
山川 暁夫 215 524 525 527 551 629
山川 悦史 410
山川 和雄 412
山川 菊栄 136
山川 清弘 57
山川 健一 381
山川 静夫 355 679
山川 秀一郎 517
山川 次郎 473
山川 武正 59
山川 力 186 655
山川 剛 514
山川 徹 659
山川 均 90
山川 浩二 422 701 706 716 717
山川 富士夫 613
山川 正光 452
山川 洋一郎 115 117 151 165 611 663 668
八巻 和彦 259
八巻 恭子 318
八巻 俊雄 314 416 701 709 711 715 716 717 718 719
八巻 信生 189
山岸 章 220
山岸 郁子 495
山岸 和彦 158
山岸 駿介 69 613
山岸 健 211
山岸 直子 691
山岸 秀雄 363
山岸 靖昌 316
山北 淳 437
山切 敏郎 591
山際 永三 639
山際 和久 581
山際 澄夫 255 257
山口 昭男 546 690
山口 昭徳 555
山口 敦 636
山口 泉 100 379
山口 いつ子 103 106 115 156 160 175 193
山口 栄一 372
山口 香津美 552
山口 香 621
山口 一雄 470
山口 一臣 238 317 464 477
山口 和成 341
山口 一信 689
山口 和秀 96 101
山口 和也 537
山口 勝弘 642 687 697
山口 欣次 633

山口 慶一 504
山口 元 694
山口 光 234 651
山口 功二 6
16 208 209 256
山口 駒夫 245
山口 朔生 718
山口 成樹 155
山口 修平 66 385
山口 俊一 176
山口 順子 13 14 22 234
山口 昌子 45 95 119
134 172 265 270
281 301 564 659
山口 二郎 537 547 550
山口 真 584
山口 進 700
山口 精一 465
山口 勉 511 533
山口 俊明 325 478 553
山口 寿一 107
230 327 669
山口 俊郎 649
山口 智久 569
山口 登 688
山口 治男 258
山口 秀夫 265 267
268 269 270 271
274 275 308 347
348 350 361 390
391 415 416 419
426 451 464 496
523 642 643 644
山口 仁 54
56 241 337 578
山口 響 148
山口 宏昭 613
山口 弘三 603
山口 不二夫 445 460
山口 文憲 93
山口 誠 23 54 127
237 282 367 370
372 401 442 622
山口 昌男 705
山口 真典 541
山口 正紀 57 85 100
111 155 162 163
164 178 253 255
541 548 635 639
山口 正康 574
山口 勝 602
山口 宗芳 81
山口 定 217
山口 靖彦 346
山口 雄二 493
山口 誉恭 632
山口 義人 580
山口 義行 226
山口 朝日放送 423
山口県立防府養護学校華の
　浦分教室 86
山口放送 416
山口放送株式会社 30 35
山腰 修三 54 337 543
578 597 608 657
山越 正道 270
山崎 昭 615
山崎 曜 524
山崎 功 262
山崎 英吉 60
山崎 榮三郎 495
山崎 修 182
山崎 カヲル 717

山崎 一洋 612
山崎 甲子男 191 360
山崎 慶一 578
山崎 浩一 717
山崎 公士 104
山崎 悟 75
山崎 茂男 17 323 340
山崎 順一 441
山崎 俊一 504
山崎 真二 299
山崎 進 643
山崎 征二 630
山崎 宗次 291 628 706
山崎 隆明 712
山崎 隆夫 700
山崎 隆志 528
山崎 武敏 701
山崎 竹宣 211 645
山崎 端夫 206 623
山崎 哲 98 222
山崎 俊郎 709
山崎 智生 154
山崎 登 589 591
山崎 徳吉 313
山崎 秀夫 455 499
山崎 英寿 99
山崎 平男 399
山崎 博樹 495
山崎 宏 534 575
山崎 弘 633
山崎 浩 391
山崎 博康 604
山崎 誠 667
山崎 正和 29 594
山崎 雅子 551
山崎 昌宏 435
山崎 将之 688
山崎 又一 423
山崎 美佳子 173
山崎 安雄 489
山崎 淑行 369
山里 孫存 658
山里 盛智 138
山沢 美智夫 326
山地 修 158
山地 常司 464
山路 昭平 334
山地 進 530 580 581
山路 達也 494
山路 徹 298 357 691 693
山路 伸子 76
山路 憲夫 632
山下 巌 130
山下 国誥 252
山下 重一 211 538
山下 茂 581
山下 静雄 62
山下 淳二 210 578
山下 進 702
山下 惣一 555 643
山下 草園 3 44
山下 毅 543
山下 東子 437 457
山下 晴海 411
山下 久猛 305
山下 弘三 218
山下 裕己 567
山下 真範 601
山下 真須美 410
山下 みどり 366
山下 恭弘 30

山下 幸夫 141
山下 幸秀 524 616 629
山下 洋子 73
683 684 685 686
山下 隆一 123 433 434
436 437 439 441
山下 玲子 54
山城 興勝 74
山城 滋 635
山住 正己 95 555
山瀬 一彦 317
山添 勝寛 217 523
山田 亜紀子 662
山田 昭広 478
山田 昭元 187
山田 明 603 643
山田 厚史 243 244 575
山田 一郎 209 299
307 312 330 623
山田 宰 454
山田 修 336
山田 和雄 465
山田 一成 401
402 517 544
山田 一彦 526
山田 一仁 179 691
山田 勝美 586
山田 克也 618
山田 要 312
山田 喜作 554
山田 健人 586 587
山田 邦見 559 648
山田 計一 326
山田 惠喜 446
山田 圭子 182
山田 経三 577
山田 賢一 107
109 112 119 127
130 185 233 238
277 278 279 280
281 282 283 284
286 364 365 374
376 433 435 436
438 440 445 446
447 497 500 501
502 535 567 568
594 651 652 713
山田 健太 100 103
104 106 107 108
109 110 112 114
115 117 118 124
125 128 129 130
131 141 142 144
145 147 149 153
161 162 163 169
173 175 180 186
189 194 198 237
257 258 260 305
323 324 325 326
357 368 371 483
484 485 501 536
540 545 551 594
595 597 598 599
600 602 603 629
636 638 666 668
山田 剛 567
山田 剛一 325
山田 幸五郎 556
山田 紘祥 616
山田 公平 34 336 538
山田 茂人 690
山田 茂 522
山田 静夫 342
山田 修爾 351
山田 純 557 558 655

山田 俊治 19 21 22 23 34
山田 庄左衛門 689
山田 奨治 719
山田 昭次 29
山田 進一 93
山田 大介 9
山田 太造 76
山田 太一 374 408
山田 孝男 537
山田 卓生 165
山田 高正 597
山田 勉 466
山田 哲夫 148 184
316 508 529 533
山田 年栄 91 94 131 204
245 307 308 517
518 627 664 702
山田 敏雄 117
山田 敏之 201
山田 富秋 54
山田 伴一 350
山田 友二 557
山田 虎吉 614
山田 年宗 150
山田 晴通 13 324
335 420 529 647
山田 英雄 335
山田 博子 584
山田 寛 266 612
山田 史生 389
山田 政寛 79
山田 正弘 522
山田 守 617
山田 満郎 39
山田 実 57 210 217 643
山田 美保子 466
山田 宗睦 207
351 385 490 526
山田 雄一 620
山田 幸男 322
山田 洋次 408
山田 良明 424
山田 芳雄 464
山田 吉孝 648
山田 嘉郎 463
山田 理英 718
山田 りか 156
山田 隆司 111 135 162
164 166 178 713
山田 類 487
山戸 利生 261
大和 武平 461
山登 義明 381 394
山名 文夫 697 698 716
山名 一郎 492
山名 尚志 647
山名 充行 465
山中 昭 152
山中 明 189 191 273
山中 伊知郎 394
山中 央 173
山中 きよ子 613
山中 喜与藏 697
山中 茂樹 592 594
山中 二郎 699 715
山中 正剛 57
166 254 266 334
522 643 715 717
山中 尚 423
山中 季広 285
山中 速人 12
山中 恒 14 506 516

山中 茉莉　337
山中 倫太郎　148
山梨日日新聞社　26
　　　　27　260　643
山西 由之　400　418
山主 俊夫　245
山根 一眞　289
　　　294　368　428　595
山根 浩二　458
山根 康治郎　23　661
山根 真治郎　90　186　627
山根 卓二　521
山根 秀夫　139　294
山根 博生　430
山根 博司　580
山根 芳美　305
山野 公寛　542
山内 あゆ子　719
山内 顗吾　702
山内 豊彦　328
山野目 章夫　166
山部 晶子　101
山部 芳秀　553
山見 博康　720
山村 きよ　60
山村 尭　628
山村 堯　628
山村 武彦　194
山村 俊朗　664
山村 賢明　66
山室 恭子　253
山室 清　33　516
山室 建徳　514
山室 寛之　293
山室 まりや　331
山本 明夫　462　685　686
山本 昭宏　582　608
山本 明　7
　　37　49　91　181　205
　　207　216　235　246
　　251　312　314　319
　　345　351　384　406
　　614　624　641　701
　　704　715　716　721
山本 敦子　565
山本 巖　16　629
山本 栄一　114
山本 治　645
山本 学　551
山本 和弘　189　350　465
山本 一宗　178
山本 勝明　321
山本 加津子　315
山本 佳世子　598
山本 喜久男　406　702　704
山本 喜介　506
山本 恭子　701
山本 潔　363　430
山本 清貴　132
　　191　352　427　508
山本 邦義　532
山本 久美子　355
山本 ケイ　539　636　666
山本 桂一　90　116
山本 健一　625
山本 謙吉　406
山本 憲治　445
山本 賢二　120　287　289
　　330　500　501　609
山本 賢蔵　564
山本 光　81
山本 光蔵　523

山本 恒太　163
山本 コウタロー　537
山本 木ノ実　78
山本 敏　83　391
山本 重樹　309
山本 繁幸　641
山本 七平　210
　　211　472　473　559
山本 修司　299
山本 潤　530
山本 順一　82
山本 駿次朗　31
山本 晶　288
山本 省一　573
山本 昭子　653
山本 昇　463
山本 治朗　329
山本 二郎　531
山本 進　216
山本 正秀　4
山本 草二　121
山本 大二郎　513　536
山本 泰介　644
山本 大輔　436
山本 高樹　495
山本 武　308
山本 武二　528
山本 武利　5　16
　　18　20　21　28　32　53
　　199　200　239　251
　　256　258　272　303
　　313　314　334　473
　　547　578　639　703
　　705　706　707　717
山本 武信　255　654
山本 忠雄　261　412　658
山本 達郎　503
山本 龍彦　608
山本 達也　120
山元 強　442
山本 透　13
　　37　219　344　348
　　389　643　676　688
山本 俊明　483
山本 淑子　34
山本 俊郎　420
山本 朋弘　79
山本 直樹　380
山本 直人　709
山本 夏彦　167　203
山本 名美　501
山本 伸夫　318
山本 展男　559
山本 信人　55　256
山本 登　290
山元 一　158
山本 一次　679　680
山本 英雄　309　340　682
山本 ひとみ　720
山本 博樹　254
山本 浩　290　619
山本 博　253
　　255　258　295　646
山本 博史　125　127　128
　　129　130　197　446
山本 洋　346
山本 浩久　624
山本 文夫　707　709
山本 文雄　3　4　7　11
　　25　27　28　311　320
山本 文二郎　580
山本 牧　16　633

山本 雅章　357
山本 雅生　86　309　521　644
山本 正興　372
山本 正樹　68　352
山本 雅彦　626
山本 雅弘　194　366　367
山本 政己　358
山本 美香　260　305
山本 満　350
山本 実　217
山本 守久　645
山本 安英　292
山本 泰夫　256　259　509
山本 泰弘　356
山本 康正　587
山本 安幸　468　649
山本 祐司　160　195
　　259　522　523　631
山本 芳明　15
山本 義彦　224
山本 慶裕　72　74
山本 隆太郎　493
山本 良昭　561
山本 良平　591
山森 宙史　24
山谷 賢量　646
山脇 伸介　449　501
矢守 克也　601
屋山 太郎　214　521　527
弥吉 光長　6　7　10　13
　　31　50　471　475　490
屋良 朝博　656
鎗田 清太郎　32
八幡 耕一　257　654
ヤン，C・Y　702
山家 篤夫　160　175

【ゆ】

湯浅 明　355
湯浅 俊彦　100
　　168　173　174　179
　　401　466　480　481
　　482　483　484　486
　　493　494　495
湯浅 博　572
湯浅 誠　237　636
湯浅 正次　39
湯浅 正敏　166
　　453　454　708
湯浅 正敏　256　713
湯浅 裕　349
湯浅 佳典　621
由井 晶子　16
結城 摂子　16
結城 利三　384　422
結城 裕也　237　299
結城 和香子　622
有倉 遼吉　92
雄山閣出版株式会社　32
有志記者の会　304
祐乗坊 宜明　696
　　697　700　703
郵政研究所　380　453
郵政省　89　452
郵政省放送行政局　113
　　131　379
郵政省郵政研究所　380　453
郵政省「21世紀に向けた通
　　信放送の融合に関する

懇談会」　131
遊橋 裕泰　600
遊川 和郎　327
湯川 鶴章　254
　　304　498　502　503
湯川 哲生　427　528
湯川 秀樹　204
湯川 松次郎　489
雪野 まり　483　712
雪松 博明　638
行宗 蒼一　461
雪村 まゆみ　107
弓削 達　215　551　605
弓削 信夫　259
遊佐 雄彦　51　182　212
　　220　302　348　351
　　353　357　407　506
　　529　546　551　632
湯澤 巧　443
湯沢 まゆみ　492
柚口 篤　251　491　492
湯田 邦彦　84
豊 秀一　238　240
湯地 英里　229
湯藤 保　615
ユネスコ東京出版セン
　　ター　489　490
湯村 雅彦　526
湯本 守　61
由利 和久　5
　　245　307　308　340
由利 政之　470

【よ】

楊 霜　284
楊 韜　281　568　608
用語問題取材班　169
　　170　683
横井 功司　525
横井 慶子　487
横井 博行　521　613
横井 正彦　194
横井 亮介　218　424
横内 一美　134　510
横内 恭　309
横内 陳正　597
横江 広幸　233
　　365　433　435　711
横江川 欣也　353
横川 以仙　574
横川 和夫　52　174　175
　　211　215　612　613
横川 真顕　50
横川 宏　391
横粂 勝仁　541
横小路 昇　644
横澤 彪　185
　　188　369　408　419
横沢 泰夫　120
横関 洋一　140
横銭 秀一　183
横田 昭次　698
横田 和人　565
横田 賢一　630　651
横田 耕一　113
　　168　179　555
横田 三郎　314　610
横田 喬　559
横田 孝　667

横田 球生　655
横田 俊文　132
横田 一　191　240　533　547　549
横田 ふみ　60
横田 美香　162
横田 光俊　16　310
横田 実　204　338　557
横田 由美子　392　436
横大道 聡　107　110　115　119　193
横館 英雄　415
横地 倫平　312　518　557　623
横橋 修　422
横浜開港資料館　35
横浜市　717
横浜市海外交流協会　695
横堀 克己　563　564
横堀 洋一　554　572　681
横間 恭子　45　272　273　564　691　709
横溝 光暉　5
横溝 幸子　625
横本 宏　630
横山 英志　63　204
横山 香　275
横山 和雄　15　482　492　681
横山 和子　289　303
横山 晃一郎　630
横山 貞利　66　189　423　465　617　625
横山 三四郎　560
横山 滋　38　53　368　369　380　438　439　440　446　497　532　589　620　661
横山 静子　61
横山 修二　588
横山 春陽　3
横山 詔一　70
横山 尊　22　242
横山 孝弘　384
横山 哲夫　368
横山 利勝　646
横山 英治　75
横山 弘三　560
横山 裕道　581　585
横山 真佳　625
横山 岑生　348
横山 隆治　713　719
よしだ ともや　703
吉井 勇　38　39　198　201　202　283　403　434　439　443　448　458　460　461　597　601　657
吉井 清一　315
吉井 博明　256　429
好井 裕明　173
吉井 亮二　329
吉池 節子　340　353
吉浦 宏　552
吉岡 至　51　52　221　222
吉岡 逸夫　510　516
吉岡 大蔵　4
吉岡 郷継　644
吉岡 攻　132　136
吉岡 哲雄　702
吉岡 忍　104　126　159　160　185　221　358　370　373　375　387　401　451　459

吉岡 孝修　612
吉岡 徹也　355
吉岡 斉　606
吉岡 正典　350
吉岡 マリ　167
吉川 忠章　463
吉川 徹　446
吉川 俊夫　310　630　643
吉川 登　36
吉川 学　611
吉儀 利彦　645
吉木 正彦　499
吉崎 隆　370
吉崎 正弘　58　449
吉里 尚明　630　654
吉澤 健吉　337
芳沢 重雄　155
吉沢 正一　196　220　341　584　610
吉沢 久子　313
吉沢 比呂志　348　383　389　397　464
吉澤 弘　652
吉澤 文寿　149
吉沢 信　685　686
吉沢 素夫　199
吉田 昭夫　577
吉田 暁子　556
吉田 晃　710
吉田 昭作　579
吉田 薫　581
吉田 一生　474
吉田 一雄　127
吉田 和人　558
吉田 一敏　465
吉田 和比古　692
吉田 嘉清　196
吉田 克二　317　531
吉田 勝憲　692
吉田 侃二　573
吉田 公彦　474　475　478　479　531
吉田 恭　503　572
吉田 恭爾　470
吉田 清彦　585
吉田 邦子　552
吉田 圭子　67
吉田 賢策　401
吉田 健二　34
吉田 健正　265　415
吉田 貞介　71
吉田 聡　582
吉田 成之　547
吉田 潤　62　63　344　388　395　396　397　398　399　400
吉田 潤史　247　248
吉田 抄子　189
吉田 慎一　137　236　316　531　533　626
吉田 慎吾　258
吉田 伸八　243
吉田 伸弥　82
吉田 誠一　210
吉田 孝　85
吉田 隆治　336
吉田 健　96　99　133　294
吉田 勉　577
市川 晶　71
吉田 時雄　503
吉田 敏江　448
吉田 利固　334

吉田 敏浩　511
吉田 知行　577
吉田 豊明　338　576
吉田 豊作　721
吉田 尚子　375　438
吉田 直哉　19　378　688
吉田 望　432　710
吉田 信弘　581　625
吉田 信行　229　563
吉田 則昭　18　36　230　296　480　495　531　546　668　709
吉田 尚記　469　501
吉田 秀雄　697　698
吉田 秀子　589
吉田 央　657
吉田 弘　448
吉田 弘之　106
吉田 文彦　105　366　572
吉田 実　32
吉田 正昭　716
吉田 昌男　645
吉田 正樹　363
吉田 雅巳　81
吉田 正己　288
吉田 正也　117　561　562
吉田 眞人　129
吉田 光邦　49　208　700
吉田 光宏　659
吉田 満　28　504
吉田 稔　38
吉田 宗夫　28
吉田 康彦　536　564　567
吉田 安三　16
吉田 豊　34
吉田 善明　655
吉田 理恵　235
吉田 ルイ子　695
吉田 渉　500
吉竹 聡　386
吉武 輝子　137
吉武 祐　539
吉竹 幸則　115
吉次 由美　442　444　445　448　500　593　595
吉富 克利　411
吉永 啓二　425
吉永 洸　94
吉永 春子　133　167　182　345　348　349　359　367　383　384　386　390　392　393　402　457
吉永 秀夫　680
吉永 みち子　192　358　364
吉永 亮治　635
吉成 勝好　67　82
吉成 大志　560
吉野 彩子　343
吉野 克彦　626
吉野 源三郎　136　491
吉野 次郎　381
吉野 武彦　454
吉野 達也　191
吉野 夏己　162
吉野 正弘　308　312　627　628
吉野 光久　625
吉野 泰博　363
吉野 嘉高　394
吉野 理佳　226　535　626
芳之内 重信　518

喜花 俊幸　628
吉原 功　215　227　265　272　353
吉原 勇　664
吉原 一真　311
吉原 恵子　68
吉原 圭介　77
吉原 健一郎　33
吉原 公一郎　95　194　212　215　524　549　706
吉原 恒雄　509
吉弘 香苗　226
吉藤 昌代　499
芳見 博子　609
吉見 俊哉　33　58　59　155　201　251　253　254　258　371　458　609
吉見 智文　442
吉峯 康博　154
吉村 育夫　345　346　349　397　463　464
吉村 克己　345
吉村 克巳　347
吉村 桂　438
吉村 孝一　306　312
吉村 康祐　338　713
吉村 繁雄　188
吉村 慎吾　144
吉村 善太郎　41
吉村 卓也　231　294　310　496　648　691
吉村 敏夫　643
吉村 直樹　386　650
吉村 久夫　581
吉村 博人　151
吉村 文庫　409
吉村 正夫　10
吉村 幸雄　522
吉村 芳之　420
吉本 明光　341　697
吉本 治　360
吉本 晋一郎　271　272
吉本 秀明　587
吉本 安江　389
好本 康雄　342　377
吉森 規子　475
吉森 治利　552
依田 彰　97
依田 新　81
四倉 幹木　569
四元 正弘　596
四元 良隆　410
与那原 恵　656
米川 一成　376
米城 一政　597
米倉 外昭　657
米倉 敬介　646
米倉 洋子　111
米倉 律　39　232　235　279　282　365　368　369　370　371　372　374　375　382　403　438　439　442　443　498　501　598　599　652
米沢 麻子　252
米沢 弘　49　50　208　345　346　396　406　407　416
米沢新聞社　27
米田 奎二　379
米田 綱路　258
米田 佐代子　173
米田 武　38　679

著者名索引　わき

米田 利昭	9
米田 満	641
米村 健司	612
米村 秀司	382
米山 哲夫	141
米山 俊直	628
米山 司理	123
米山 リサ	458
読売広告社	718
読売新聞解説部	381
読売新聞芸能部	41
読売新聞校閲部	687
読売新聞社	28 29 30 31 166 249 302 378 602 639 687 695
読売新聞社社史編纂室	26
読売新聞社調査研究本部	254
読売新聞新日本語取材班	687
読売新聞東京本社教育支援部	304
読売新聞東京本社広告局	719
読売新聞張り番の会	556
読売新聞編集局	260
読売新聞論説委員会	254 257 544
読売テレビ放送株式会社	40 43 451
四茂野 修	224
与良 工	319 320
与良 正男	197 536 539
依岡 健一郎	339
寄川 条路	256
依光 隆明	235

【ら】

羅 京洙	23
雷 紫雯	598
ライオンズ, ダニエル	444 485 500
ライリー, ジョン	182
ライリー, J.M.	48
洛西ケーブルビジョン株式会社	43
ラクレ編集部	255
ラザースフェルド, P.	262
ラジオ関西	42
ラジオ福島	602
ラスブリッジャー, アラン	234
ラトレッジ, R.	700
ラボイ, マーク	386
ランドルフ, J.	204

【り】

李 怡	273
李 雲山	47
李 其珍	21 107 539
李 暁鳳	78
李 金鉎	427
李 虎栄	280

李 克世	288
李 宰豪	597
李 作裕	275
李 士永	495
李 子成	143
李 茸	282
李 相禧	49 270
李 相哲	15 33 35 36 47 274 548
李 洋陽	280
李 水香	384
李 節子	364
李 相湖	563
李 相権	136
李 双龍	548
李 治白	263
李 度珩	560 571
李 佩蓉	178
李 洪千	56 500
リウ, メリンダ	499
力武 常次	583
陸口 潤	525
リース, ジョン	309
立教大学社会学部社会学科服部孝章ゼミ	621
立教大学社会学部砂川ゼミ	141
立教大学社会学部服部ゼミ	633
立教大学服部研究室	620
立教大学服部孝章ゼミ	237 243 538
リックニューメディア研究会	452
リッケン, ロルフ	219
立命館大学アートリサーチセンター	381
立命館大学教育科学研究所	57
立命館大学国際平和ミュージアム	32
立命館大学鈴木ゼミ3回生	83
立命館大学鈴木ゼミナール	587
立命館大学鈴木ゼミ2期生	82
立命館大学日露戦争史料調査会	37
リナカー, ゴードン	95
スティーブン, リービー	484
リービー, スティーブン	236
リビィ, マーク・R	401
リープマン, マイケル	289
リプマン, W.	91
林 惠玉	720
リムジンガン編集部	282
劉 光炎	245
劉 志明	278 289
笠 信太郎	90 91 187 204 205 206 245 291 305 319
劉 雪雁	273 275 570
琉球朝日放送株式会社	43
琉球新報社	27 31 36
琉球放送	420 657
琉球放送株式会社	40 42
粒崎 昭夫	642
竜崎 孝	529 593

リュッカー, J.M0	688
梁 永厚	19
料治 直矢	350 351
林 怡[ケン]	661
林 怡容	131
林 暁光	271 272 289 503
林 鴻亦	231 588
林 志行	497
林 福岳	447
林 文川	232
林 芳雄	419
リンク, ルーサー・J	710
リンダ・H・ルーベンスタイン	706

【る】

陸 培春	69 222 273 379 561
ルイス, アンソニー	196
ルイス, チャールズ・J	132
リンク, ルーサー・J	709
ルジュンヌ, P.	339
ルッシーニ, P.G.ディ	700
ルービス, M0	557
ルポルタージュ研究所	110

【れ】

レアード, A.	396
レイ・グローブ	699
冷泉 彰彦	126
レイトン・D・ゲイジ	706
レイノルズ, ポール	470
レガット, ティモシー	386
歴史記者クラブ昭和班	34
暦本 行雄	416
レストン, J.	519
レノン, P.	116
レービンダー, マンフレッド	266
レペタ, ローレンス	148 149
廉 舒	18
連合通信社	257
レント, ジョン・A	51
レンフォルス, ペール・E	211

【ろ】

呂 学如	270
呂 暁慧	170
ローアー, エルマー・W	522
蠟山 政道	48 90 187 205 658
蠟山 道雄	557
蠟山 芳郎	558

六郷 孝也	645
鹿砦社編集部	165
ロジャー, サイモン	289 303
ロジャー・ニール	706
ロジャー・パルバース	706
ロジャー・A・ハウプト	706
ローゼングレン, カール, エリック	391
ロッシャ, ヌノ	116
ロットマン, H.	263
ロード, ジャン・ミシェル	201
ロバーツ, ジョニー	282 283
ロバートソン 黎子	212 571 572
ロビンス, R.	262
ロマノ・プルピッタ	704
ローマン・ドベール	212
ローラ・シャーノフ	356
ローレンス, デビッド	314
ローレンス, マーガレット	260
ローレンソン, ジョン	289
ロレンツ, クリストファー	708
崙書房	643

【わ】

ワイス, E・B	702
ワイズバーグ, ジェイコブ	484 485
和井田 祐三	643
和賀 えり子	287 515
和賀 正樹	486 488
若井 俊一郎	83
和賀井 豊	531
若狭 晃	628
若杉 四郎	346
若杉 光夫	408
若菜 英晴	566 635
若菜 俊文	114
若林 邦三	689 695
若林 邦彦	190
若林 覚	359
若林 重行	478
若林 恂	60
若林 翼	170
若林 東治	673
若林 宣	720
若林 治美	22 578 645
若林 宗男	424 426
若林 盛亮	218
若松 篤	567
若松 茂	67 68 69 71
若松 信重	424 664
若松 昇	237
若松 征男	581 583
若見 四郎	700
若宮 啓文	258 305 722
和歌森 太郎	472
若山 富士雄	573 624
脇 和也	336 337

脇 英世　581
脇阪 紀行　567
脇阪 要太郎　26
脇田 峯　604
脇田 泰子　622
脇浜 紀子　454 653
脇屋 雄介　649
和久 一彦　162
涌井 昭治　208 209 472
涌井 晴之　591
若生 伸一　591
若生 哲旺　590
和佐 徹哉　638
和崎 信哉　269 370 432 438 441 444 458
和崎 宏　503
鷲尾 賢也　493 496
鷲尾 三郎　576 584 645
鷲尾 千菊　624
鷲田 清一　710
鷲嶽 正道　235
和城 信行　337
早稲田大学　28
早稲田大学アジア太平洋研究センター　57
早稲田大学広告研究会　714
早稲田大学広報室　259
早稲田大学ジャーナリズム教育研究所　82 259 663
早稲田大学出版部　29
早稲田大学政治経済学部　36 37
早稲田大学人間科学部河西ゼミ　254
早稲田大学メディア文化研究所　260 654
早稲田マスコミセミナー　663
和田 アキ子　408
和田 敦彦　58
和田 一郎　528
和田 伊都夫　245
和田 恭三　252
和田 真一　156 160
和田 伸一郎　58 195
和田 信賢　377
和田 教美　558
和田 武士　135
和田 千年　380
和田 敏彦　116
和田 矩衛　121 181 344 345 346 383 389 406 412 413 463 701 702
和田 のり子　77
和田 英夫　145
和田 秀樹　382
和田 浩明　537
和田 洋　326
和田 博次　552
和田 博幸　278
和田 文夫　495
和田 勉　394 408 456
和田 雅俊　106
和田 満郎　646
和田 光弘　345 385
和田 稔　14
和田 洋一　3 7 92 150 203 204 208 209 215 248 262 263 312 344 518 656 658
和田 芳恵　36

和田 可一　413 700
和田 義隆　377
和田 芳信　68 69 70
和田 義之　133 555 664
綿井 健陽　197 242 300 367 387 509 510 511 512 566 589 594 692
渡瀬 亮輔　204
渡辺 昭子　289
渡辺 彰　56 81 377
渡邊 あや　78
渡部 永和　16
渡辺 治　150 402
渡辺 修　252 263 321 504
渡辺 牧　663
渡辺 薫　335 336 526 721
渡辺 一雄　3 245
渡辺 和彦　271 272 477
渡辺 一正　450
渡辺 勝敏　611
渡辺 勝之　373
渡辺 喜久雄　308
渡辺 紀士見　555
渡辺 喜蔵　603
渡辺 潔　44
渡辺 清　504
渡邊 清高　612
渡辺 邦雄　615
渡辺 邦彦　341
渡辺 九郎　414
渡辺 恵子　397
渡辺 元　161 438 440 448 460
渡辺 考　382
渡辺 光一　273 428
渡邊 光一　544
渡辺 耕史　393 411
渡辺 興二郎　106 369 512 535 656
渡辺 公平　346 472 473
渡辺 浩平　120 284 290 443 570
渡辺 聡　591
渡辺 敏　288 573
渡辺 重雄　219
渡辺 壽　700
渡辺 茂美　385
渡邉 修平　712
渡辺 淳　116
渡辺 潤　250 619
渡邊 淳子　178
渡辺 正　583
渡辺 昇一　213
渡辺 詔二　452
渡部 伸二　104
渡辺 真次　141 165 182 192
渡辺 眞次　155 159 175
渡辺 素直　165
渡部 誠一郎　217
渡部 誓司　55 77 78 80 81 235
渡辺 節子　227
渡辺 節　529
渡辺 善四郎　389
渡辺 素舟　715
渡辺 園子　574
渡辺 泰造　563
渡辺 敬夫　315
渡辺 孝雄　702
渡辺 孝　340

渡辺 隆雄　709
渡邊 拓也　441
渡辺 武達　82 83 85 86 99 101 114 149 192 193 196 222 223 227 251 252 253 256 257 259 290 338 379 381 531 550 552 587 604 633 710
渡辺 唯男　351
渡辺 忠恕　188 211 262 266
渡辺 辰雄　463
渡辺 勉　543
渡辺 恒雄　228 523 721
渡辺 豪　516 549 657 658
渡邊 輝幸　83
渡辺 友左　205 555
渡辺 豊和　705
渡辺 伸寿　315
渡辺 伸也　597
渡辺 宜嗣　358 381
渡辺 晴子　421 513 534
渡辺 春巳　139
渡辺 美喜男　149 243
渡辺 久男　181
渡辺 久哲　39 373 400 401 402 622
渡辺 秀茂　629
渡辺 英彦　393
渡辺 秀文　711
渡辺 斉　161
渡辺 宏　413 702
渡邊 紘史　142
渡辺 弘　408
渡辺 博之　439
渡辺 藤男　527
渡辺 文雄　646
渡辺 文太郎　181 205 306
渡部 允　525 604
渡辺 允　208
渡辺 雅子　381
渡辺 奨　5
渡辺 雅春　229
渡辺 将人　283 381
渡辺 雅弘　569
渡邉 正博　75
渡邉 正裕　230 255
渡部 正郎　57
渡辺 守　65
渡辺 真由子　85 86 410
渡辺 幹夫　693
渡辺 美知子　492
渡邊 道徳　440
渡辺 光子　398
渡辺 光代　355 704
渡辺 みどり　379 380 384 391
渡辺 実　466 584 585 587 588 590 592 605
渡部 睦美　244
渡辺 孟次　208
渡辺 素行　641
渡部 泰夫　581
渡辺 康人　539
渡辺 優子　611
渡辺 裕子　78
渡辺 祐司　507
渡部 陽一　696
渡邊 洋一　494
渡辺 洋子　404 498 501

渡辺 陽介　593
渡辺 洋三　91 208
渡辺 美明　644
渡辺 良智　269 594
渡邉 義浩　367
渡辺 良行　325
渡辺 資二　508 722
渡辺 礼三　30
渡辺 渉　246 653
綿貫 譲治　213
綿貫 慶徳　621
綿野 憲治　188
綿引 満枝子　398
渡部 経彦　573
亘 英太郎　255
渡 千鶴子　82
亘理 信雄　311 325 511
渡 紀彦　714
渡口 行雄　625
ワット, D.C.　145
和波 弘樹　710

【 ABC 】

ADKコミュニケーションチャネルプランニングプロジェクト　720
Adler, Ruth.　288
Agnew, Clark, M.　714
Altbach, Philip G.　472
Alter, Jonathan　281 282 538
Anderson, Arthur, James.　113
Anderson, Michael, H.　571
Arnett, Peter　57
Aronson, Bradley　719
Auckland, George　78
Auletta, Ken　289
Bagdikian, Ben, H　289
Baker, Stephen.　714
Balle, Francis　659
Ball-RoKeach, Sandra.　57
Balsamo, William, M.　256
Balzac, Honoré, de　252 305
Baran, Stanley, J.　57 58
Barnouw, Erik　45 115
Barron, Jerome, A　144
Barton, Roger　714
Basnet, Suman　468
Bastian, George, C.　245
Bates, Stephen.　544
Bauer, Raymond, Augustine　715
Becker, Lee B.　272
Bellaire, Arther.　714
Berger, Michael　665
Bernard, Fay　288
Bernstein, Carl　545
Bertrand, Claude, Jean.　186 195 288
Beuve-Mery, Hubert　94 322
Binark, F.Mutlu　100
Bloom, Lisa　173
Boivin, Emile.　26
Bolls, Paul, D.　260
Bolter, Jay, David　256

Bond, Frank, Fraser 245
Borden, Neil, Hopper 714
Boulle, Pierre 695
Bound, Charles, F. 489
Bourdieu, Pierre 253
Bradley, Duane. 246
Braguinsky, Serguey 574
Braw, Monica 115
Bray, John 58
Breitner, Miklos 271
Brinkley, Joel 454
BroadcastingResearchUnit 420
Brock, Peter 517
Brown, David. 246
Brul, Caroline van den 439
Bruner, W.Richard. 246
BS放送通訳グループ 394
Buckingham, David 86
Buell, Hal 259
Burmeister, Joachim 101
@bycomet 612
Campbell, Roy, Hilton. 715
Canaris, Claus-Wilhelm 156
Cappella, Joseph N. 534
Cappella, Joseph, N. 517
Carter, Martin, D. 57
Case, Leland, D. 245
CATV技術研究会 452
CATV研究グループ 415 416
Cave, Martin 435
Cazalis, Carlos 693
Chandler, Clay 549
Chevalier, Louis 255
Chung, Minsoo 236 371
Clark, Wesley, Clarke 245
Claude-Jean, Bertrand 69
Coase, R. H. 105
Cole, Charlotte F. 78
Cole, Richard R. 659
Collins, A.S. 31 493
Commins, Dorothy, Berliner 490
Coons, John, E. 130
Coope, Rogerr 467
Cooper, Roger 87 126 177 648
Crandall, Edward 440
Crigler, Ann, N. 544
Cumings, Bruce 381
Curran, James 251 550
Curran, James, Patrick Prendergast 58
CWS創作学校 492
Dalley, David 709
Davis, Dennis, K. 57 58
DeFleur, Melvin, Lawrence 57
de, Kerckhove, Derrick 57
DEN 492
Denham, Suzan 434
Denoyer, Pierre. 288
Desmond, Robert, W. 571

DeWit, Andrew 255
Diamond, Edwin. 544
Dickey, Christopher 135
Dilenschneider, Robert 717
Dimmock, Jessica 693
Domscheit‐Berg, Daniel 150
Donsbach, Wolfgang 230
Dovifat, Emil 258
Dutka, Solomon 718
Greg, Dyke 433
Edith, Updike 223
Edwards, Julia 173
Einsiedel, Edna 57
ELF 115
Elfenbein, Stefan, W 290
Elliott, Osborn. 491
Ellison, Sarah 57 332 493
Emerson, Thomas, Irwin 113
Enderlin, Hans. 195
EP情報センター 491
Escarpit, Robert 489 490
Essoyan, Susan 559
FALK, RAY 264
FCT 85
Feldman, Ofer 527 528
Fenby, Jonathan. 57
Field, Stanley 394
Fiore, Quentin 58
Fiske, John 380
Fletcher, Martin 517
Fletcher, William A. 110
Flichy, Patrice 34
Floyd, Abrams 138
Foote, Daniel, H. 115
Franklin, Bob 257
Franzen, Giep 718
Freeman, Laurie, Anne 667
Frei, Norbert 289
Friel, Howard 493
Fulford, Benjamin 256
Ganley, Gladys, D. 249
Ganley, Oswald, Harold. 249
Garfinkel, Simson 165
Garrett, Julian, Anthony. 245
Gebhard, Hielsher 223
Gellhorn, Walter 112
Gerow, Aaron 362
Gilder, George 452
Gill, Davies 493
Gillmor, Dan 258
Goldstein, Robert, Justin 114
Goodman, Jack 277
Goodman, Matthew 332
Goozner, Merrill 222
Gossel, Karl Heinz 96
Gössmann, Hilaria 173
Graber, Doris, Appel 544
Graham, Katharine 506
Graham, Rob 720
Green, John 252
Greenslade, D.R.W. 94
Greyser, Stephen, A. 715
Gromala, Diane 256

Grunwald, Gerald 95
Guattari, Felix 51
Gurevitch, Michael 251
Gussow, Don. 331
Ha, Kyungjin 55
Haake, Wilmont 476
Haass, Richard 135
Hadl, Gabriele 55
Halberstam, David 248 253 259 265 504
Hamer, Martin 257
Hamill, Pete 254
Hanna, Mark 257
Hannaford, Peter. 250
Hannarohg, Charn 537
Hanson, Edith. 302
Harding, Luke 150
Harmonay, Maureen. 81
Hartley, John 380
Heinze, Ulrich 467
Heningham, J.P. 321
Hewett, Robert 563
Hohenberg, John. 246 302
Holloway, Brown 266
Hotchkiss, Christine. 173
Hudon, Edward, Gerard 113
Hulteng, John, L. 195
Hundt, Reed 446
Hwang, J.J. 453
IBC岩手放送 603
Inglis, Fred 57
Innis, Harold, Adams 57
Ishi, Angelo 260
IT, Pro編集部 254
Ivanovich, Esin, Boris. 46
James, P. Colligan 222
Jamieson, Kathleen, Hall 517
Jean, Daniel 302
Jerry, Norton 221
JNNデータバンク 716
Joachim, Glaubitz 288
Jones, John, Paul. 245
Jones, John, Philip 718
Jose, de Vera 659
Just, Marion, R. 544
Kakuch, Suvendrini P. 222
Kann, Peter 272
Kapuscinski, Ryszard 228
Kaye, Anthony, J. 377
KBS京都 465
Kim, Miho Althea 284
Kim, Sungmin 110 120
Kinsey, Marie 257
Klapper, Joseph, T. 56
Knightley, Phillip 516
Kohler, Rainer 271
Kopper, Gerd G. 55 427 446
Kovach, Bill 254
Krauss, Ellis, S. 462
Krieghbaum, Hillier 583
Krimsky, George 659
Kronenwetter, Michael. 251
Lamloum, Olfa 455
Lang, Gladys, Engel 549
Lang, Kurt 549

Lee, Raymond 709
Leigh, David 150
Le, Monde 262
Lendvai, Paul 289
Lent, John, A. 331
Lenz, Karl-Friedrich 99 124 154
Leonard, Julian. 572
Lepape, Pierre. 246
Levy, Herman, Phillip 195
Levy, Jonathan, D. 452
Levy, Steven 498
Lewis, Anthony 115
Lewis, Scott 447
Liu, Melinda 119
Locke, John 495
Lowe, Gregory F. 446
Luhmann, Niklas 58
Luyendijk, Joris 259
Lyons, Daniel 327
MacKinnon, Catharine, A. 173
Malcolm, Janet 303
Maletzke, Gerhard 56
Manning, Paul 544
Marker, Gary 496
Marshall, Martin, V. 714
Martin, Kingsley 245
Martin, Leo, A. 451
Mathien, Michel 195
Mauhenheim, Freiherr Egon von 116
MBC21 491
McCombs, Maxwell 57
McCord, Richard 252
Mcleod, Kembrew 115
McLuhan, Eric 58
McLuhan, Marshall 58
McNair, Brian 256
McQuail, Denis 57 58 248
Ménard, Robert 290
Menard, Robert 233
Meredith, Williame. 394
Merrill, John, Calhoun 331
MIC 640
Middleton, John 186
MihoAltheaKim 144
Miles, Hugh 572
Miller, Russell 696
Millerson, Gerald. 452
Milton, John 112 115
Milton, John. 112
Mitchell, Greg 150
Mohammad, Akbar Arezo 66
Molina, Antonio G. 50 264
Moon, Youn-Ju 483
Morris, William 493
Mott, Frank, Luther 288
Nasaw, David 45
NEC総研 166
Neuman, W.Russell 544
NGO-AMI 366
NHKエンタープライズ 382
NHKを考える懇談会 457
NHK解説委員室 687
NHK研究会 457

NHKサービスセンター　41　42
NHK取材班　30　462
NHK受信技術センター　454
NHK出版　43
NHK盛岡放送局技術部　596
NHK仙台放送局技術部　596
NHK天気予報最前線取材班　456
NHKの長期展望に関する審議会　462
NHK番組改変裁判弁護団　199
NHK福島放送局技術部　596
NHK放送技術局　394
NHK放送研修センター　42
NHK放送文化研究所　42　257
NHK放送文化研究所放送研究部　683　684
NHK放送文化研究所メディア経営部　454
NHK放送文化研究所メディア経営部放送史グループ　19　39
NHK放送文化研究所メディア研究部番組研究グループ　592　593
「NHK報道の記録」刊行委員会　41
NHK「メディアのめ」制作班　259
Noble, Iris　173
Noble, Iris.　301
Nordenstreng, Kaarle　345
NTTインターコミュニケーションセンター　253
NTV　305
Obermeyer, Henry.　715
O'Brien, Neil.　714
O'Connor, Peter　19
Odrich, Peter　15
Ogilvy, David　719
Okker, Patricia　493
ONG-ARD, SUMBOON-NANONT　709
Osbourne, Graeme　659
Osnos, Peter　239
O'Toole, John, E.　717
Paletz, David L.　223
Pasoin博士　311
P&C　544
Peck, Robert, S.　114
Peter, Kenny　223
Peterson, Theodore, Bernard　112
Peterson, William, S.　493
Pflimlin, Remy　447
Piskorski, Mikolaj, Jan　503
Pomeroy, Charles　572
Porter, Vincent　433
Postman, Neil　379
Potter, Robert, F.　260
Powers, David　221　250
Presbrey, Frank　716
Publishers, Association for Cultural Exchange　490
Pye, Lucian, W.　56

Quaal, Ward, L.　451
Randle, John.　252
Rankin, Nicholas　517
Rao, K.R.　453
Rauch, Jonathan　173
Rees, Gavin　298
Reston, James　220　271　272
Reston, James, Barrett　246
Retter, Hein.　81
Richardson, John, E.　257
Richstad, Jim.　571
Righter, Rosemary.　248
RKB毎日放送株式会社　29　33　40　41　42　43
Robbins, Louise, S.　114
Romi　36
Rosenbach, Marcel　150
Rosenstiel, Tom　254
Roth, Paul, Menken　715
Rotzoll, Kim, B.　716
Ryan, Buck　226
Safarzadeh, Giti　120
Said, Edward, W.　572
Salisbury, Harrison, E.　289
Samuels, Richard J.　143
Samuelson, Robert J.　232　281
Sappak, Vladimir.　451
Scheller, Andreas　125　620
Schiffrin, André　493
Schmitz, Johannes　289
Schramm, Wilbur　56　112
Schwoebel, Jean.　549
Sciffrin, André　545
Servan - Schreiber, Jean - Jacques　289
Servan-Schreiber, Jean, Louis.　247
Setzer, Florence.　452
Sheean, Vincent.　571
Siebert, Fredrick, Seaton　112
Sifry, Micah, L.　150
Silverblatt, Art　85
Silverstone, Roger　58
Smith, Anthony　266　663
Smith, Anthony D.　122
Solal, Lucien.　113
Spindler, Susan　439
Stark, Holger　150
Steed, Henry, Wickham　252
Steele, Philip　114
Steen, Jan Vincens　660
Sterling, Christopher H.　445
Stolte, Dieter　275
Strassner, Erich　46
Strossen, Nadine　181
Sullivan, Betty L.　69
Sumner, Guy, Lynn　714
Swallow, Norman.　377
Sweeney, Michael, S.　114
Talese, G.　263
Tay, Seow Boon　55　403
TBWAクリエイティブチーム　709
Terrou, Fernand.　113　246
Tewlow, Jules S.　118　323　691

Thomas, Dana, Lee　288
Thomson, Thomas D.　294
Tunstall, Jermy　659
TV朝日報道担当有志　545
TVQ九州放送　43
Underhill, William　148
Unwin, Stanley.　490
VAWW - NETジャパン　199
Walt, Potter　99
Watkins, Peter　604
Weaver, David　57
Weaver, David H.　50
Weisberger, Bernard, A　288
Wellman, Bill　293
Weng, Shieu-chi　445
Werth, A.　116
White, Jan, V.　494
Whittemore, Edward, P.　246
Whymant, Robert　303
Wiener, Robert　717
Wilcox, Clyde　315
Wiley, Richard E.　446
Williamson, Judith.　717
Wong, Victor　709
Wright, Charles, Robert　56
Xu, Haowen　128　441
Zeff, Robbin　719
Zhu Jia - Lin　289
Zollo, Burt.　715

事項名索引

【あ】

アカデミック　→（ジャ）科学・農業……………………578
アクセス権　→（制）情報公開・知る権利・アクセス権……136
朝日新聞阪神支局襲撃事件　→（制）言論・表現の自由……90
朝日問題　→（制）誤報……………………196
アルジャジーラ　→（ジャ）ジャーナリズム（海外）…………260

【い】

意見広告　→（ジャ）広告・広報……………………696
石に泳ぐ魚　→（制）名誉・プライバシー……………150
いじめ報道　→（ジャ）教育……………………612
イラク戦争　→（ジャ）戦争……………………503
医療記事　→（ジャ）医療……………………610
医療行政　→（ジャ）医療……………………610
印象形成　→（理）コミュニケーション……………48
インターネットラジオ　→（ジャ）ラジオ……………462

【う】

ウィキリークス　→（制）取材の自由・取材源の秘匿………131
ウォーターゲート事件　→（ジャ）政治・選挙…………517
雲仙普賢岳火砕流取材　→（ジャ）災害……………583

【え】

AM放送　→（ジャ）ラジオ……………………462
衛星放送　→（ジャ）放送産業……………………412
映像ドキュメンタリー　→（ジャ）ドキュメンタリー………383
映像ミュージアム　→（制）アーカイブズ……………199
NIE　→（理）教育……………………59
NHK会長　→（ジャ）NHK……………………456
NHK経営委員会　→（ジャ）NHK……………………456
NHK番組改編事件　→（制）誤報……………………196
ABC協会　→（ジャ）広告・広報……………………696
FM放送　→（ジャ）ラジオ……………………462
MLA　→（制）アーカイブズ……………………199
えん罪　→（制）自主規制・アカウンタビリティ………181

【お】

オウム事件　→（ジャ）社会・事件……………………627
沖縄基地問題　→（ジャ）沖縄……………………655
沖縄返還　→（ジャ）沖縄……………………655

沖縄密約　→（制）取材の自由・取材源の秘匿……………131
沖縄問題　→（ジャ）沖縄……………………655
桶川ストーカー殺人事件　→（ジャ）ジャーナリズム（日本）……………………203
押し紙　→（ジャ）新聞産業……………………319
オーディエンス　→（理）コミュニケーション…………48
オンデマンド出版　→（ジャ）出版ジャーナリズム………469

【か】

外国通信　→（ジャ）国際……………………556
外信記者　→（ジャ）国際……………………556
外信部　→（ジャ）国際……………………556
解説委員　→（ジャ）社説・コラム……………………720
海洋博　→（ジャ）沖縄……………………655
顔写真問題　→（制）少年……………………174
科学記事　→（ジャ）科学・農業……………………578
科学ジャーナリズム　→（ジャ）科学・農業……………578
学芸欄　→（ジャ）生活・文化……………………623
霞クラブ　→（ジャ）メディア特権　記者クラブ………663
カラー印刷　→（ジャ）印刷・技術……………………338
関東大震災　→（歴）日本……………………3
管理教育　→（ジャ）教育……………………612

【き】

記者会見　→（制）取材の自由・取材源の秘匿……………131
記者会見拒否　→（制）言論・表現の自由………………90
記者教育　→（ジャ）ジャーナリズム教育……………658
客観報道　→（制）倫理……………………186
教育テレビ　→（理）教育……………………59
教育報道　→（ジャ）教育……………………612
業界紙　→（ジャ）地方紙ほか……………………332
共産圏　→（ジャ）ジャーナリズム（海外）……………260
玉音放送　→（歴）日本　放送……………………37
均等法　→（ジャ）新聞産業……………………319
キンドル　→（ジャ）出版ジャーナリズム……………469
金融情報　→（ジャ）経済……………………572

【く】

苦情対策　→（制）自主規制・アカウンタビリティ………181
グリコ・森永事件　→（制）自主規制・アカウンタビリティ……………………181

【け】

経済報道　→（ジャ）経済……………………572
経団連記者クラブ　→（ジャ）メディア特権　記者クラブ……663

けいひ　　　　　　　　　　　　　事項名索引

景品　→（ジャ）新聞産業 ……………………………… 319
月刊ペン事件　→（制）自主規制・アカウンタビリティ 181
検閲　→（歴）日本 ……………………………………… 3
言語表現　→（理）コミュニケーション ……………… 48
県紙　→（ジャ）地方・地域・市民 ……………………… 640
原子力　→（ジャ）核・原発 …………………………… 603
原爆報道　→（ジャ）核・原発 ………………………… 603
原発事故報道　→（ジャ）核・原発 …………………… 603
県版　→（ジャ）地方・地域・市民 …………………… 640
言論界　→（ジャ）ジャーナリズム …………………… 203
言論統制　→（歴）日本 ………………………………… 3

【こ】

公害報道　→（ジャ）環境 ……………………………… 576
広告代理店　→（ジャ）広告・広報 …………………… 696
広告表現　→（ジャ）広告・広報 ……………………… 696
校正　→（ジャ）用字用語 ……………………………… 669
公正取引委員会　→（ジャ）メディア特権 再販 …… 667
校閲部　→（ジャ）用字用語 …………………………… 669
皇太后　→（ジャ）皇室報道 …………………………… 550
皇太子妃報道　→（ジャ）皇室報道 …………………… 550
公文書館　→（制）アーカイブズ ……………………… 199
公平の原則　→（制）倫理 ……………………………… 186
広報　→（ジャ）広告・広報 …………………………… 696
国際放送　→（制）放送の自由・放送法 ……………… 121
黒人　→（制）差別・ジェンダー ……………………… 166
誤植　→（ジャ）用字用語 ……………………………… 669
個人情報保護　→（制）自主規制・アカウンタビリティ 181
ご成婚報道　→（ジャ）皇室報道 ……………………… 550
国会図書館　→（制）アーカイブズ …………………… 199
子ども買春　→（制）少年 ……………………………… 174
子どもポルノ　→（制）少年 …………………………… 174
五輪　→（ジャ）スポーツ ……………………………… 614

【さ】

ザ・タイムズ　→（歴）イギリス ……………………… 46
災害報道　→（ジャ）災害 ……………………………… 583
裁判員制度　→（ジャ）社会・事件 …………………… 627
再販適用　→（ジャ）メディア特権 再販 …………… 667
裁判報道史　→（歴）世界 ……………………………… 44
雑誌史　→（歴）日本 …………………………………… 3
雑誌ジャーナリズム　→（ジャ）出版ジャーナリズム 469
差別用語　→（ジャ）用字用語 ………………………… 669
サンゴ事件　→（制）誤報 ……………………………… 196

【し】

自衛隊　→（ジャ）戦争 ………………………………… 503
CS　→（ジャ）放送産業 ……………………………… 412
CATV　→（ジャ）放送産業 …………………………… 412
CNN　→（ジャ）ジャーナリズム（海外） …………… 260
CM　→（ジャ）広告・広報 …………………………… 696
事件記者　→（ジャ）ジャーナリズム ………………… 203
時事新報　→（歴）日本 ………………………………… 3

視聴覚教育　→（理）教育 ……………………………… 59
視聴質　→（ジャ）視聴者・視聴率 …………………… 394
実名報道　→（制）少年 ………………………………… 174
CTP　→（ジャ）印刷・技術 …………………………… 338
自費出版　→（ジャ）出版ジャーナリズム …………… 469
司法記者クラブ　→（ジャ）メディア特権 記者クラブ 663
市民記者　→（ジャ）通信・インターネット ………… 496
市民メディア　→（ジャ）ラジオ ……………………… 462
紙面構成　→（ジャ）紙面作り（編集・制作） ……… 305
写真週刊誌　→（ジャ）出版ジャーナリズム ………… 469
週刊誌　→（ジャ）出版ジャーナリズム ……………… 469
従軍記者　→（ジャ）戦争 ……………………………… 503
集中排除　→（制）言論・表現の自由 ………………… 90
受信料　→（ジャ）NHK ………………………………… 456
出版学　→（ジャ）出版ジャーナリズム ……………… 469
出版教育　→（ジャ）ジャーナリズム教育 …………… 658
出版産業　→（ジャ）出版ジャーナリズム …………… 469
出版史　→（歴）日本 …………………………………… 3
出版の自由　→（制）言論・表現の自由 ……………… 90
障害者　→（理）アクセシビリティ …………………… 86
商業新聞　→（ジャ）放送ジャーナリズム …………… 341
肖像権　→（制）自主規制・アカウンタビリティ …… 181
少年事件報道　→（制）少年 …………………………… 174
少年犯罪　→（制）少年 ………………………………… 174
情報管理　→（ジャ）権力・国益 ……………………… 545
情報誌　→（ジャ）出版ジャーナリズム ……………… 469
情報社会　→（理）メディアリテラシー ……………… 82
昭和天皇崩御報道　→（ジャ）皇室報道 ……………… 550
女性　→（制）差別・ジェンダー ……………………… 166
女性記者　→（ジャ）新聞産業 ………………………… 319
女性雑誌　→（ジャ）出版ジャーナリズム …………… 469
ジョセフ・ヒコ　→（歴）日本 ………………………… 3
書評　→（ジャ）生活・文化 …………………………… 623
人権　→（制）自主規制・アカウンタビリティ ……… 181
人権への配慮　→（制）倫理 …………………………… 186
清国ジャーナリズム　→（歴）世界 アジア ………… 46
人種差別　→（制）差別・ジェンダー ………………… 166
親王　→（ジャ）皇室報道 ……………………………… 550
新聞インキ　→（ジャ）印刷・技術 …………………… 338
新聞学　→（ジャ）ジャーナリズム …………………… 203
新聞学教育　→（ジャ）ジャーナリズム教育 ………… 658
新聞活字　→（ジャ）印刷・技術 ……………………… 338
新聞カルテル　→（ジャ）メディア特権 再販 ……… 667
新聞記者　→（ジャ）ジャーナリズム ………………… 203
新聞経営　→（ジャ）新聞産業 ………………………… 319
新聞研究　→（ジャ）ジャーナリズム ………………… 203
新聞研究所　→（ジャ）ジャーナリズム教育 ………… 658
新聞産業　→（ジャ）新聞産業 ………………………… 319
新聞史　→（歴）日本 …………………………………… 3
新聞写真　→（ジャ）写真・映像 ……………………… 687
新聞小説　→（歴）日本 ………………………………… 3
新聞スト　→（ジャ）新聞産業 ………………………… 319
新聞デジタル事業　→（ジャ）新聞産業 ……………… 319
新聞の自由　→（制）言論・表現の自由 ……………… 90
新聞博物館　→（制）アーカイブズ …………………… 199
新聞文章　→（ジャ）用字用語 ………………………… 669
新聞法制　→（制）言論・表現の自由 ………………… 90
新聞倫理化　→（歴）アメリカ・カナダ ……………… 44
新聞倫理綱領　→（制）自主規制・アカウンタビリティ 181

792

事項名索引　　　　のうし

【す】

スポーツイベント　→（ジャ）スポーツ……………………614
スポーツジャーナリズム　→（ジャ）スポーツ……………614
スポーツ新聞　→（ジャ）地方紙ほか……………………332
スポーツ放送　→（ジャ）スポーツ………………………614

【せ】

性差別　→（制）差別・ジェンダー………………………166
政治介入　→（ジャ）権力・国益…………………………545
青少年条例　→（制）少年…………………………………174
整理記者　→（ジャ）紙面作り（編集・制作）…………305
整理部　→（ジャ）紙面作り（編集・制作）……………305
尖閣列島ビデオ流出事件　→（ジャ）通信・インターネット
　…………………………………………………………496
選挙報道　→（ジャ）政治・選挙…………………………517

【そ】

臓器移植　→（ジャ）医療…………………………………610
ソーシャルメディア　→（ジャ）通信・インターネット…496
ソ連　→（歴）世界 ヨーロッパ……………………………45

【た】

ダイオキシン報道　→（ジャ）環境………………………576
大活字　→（理）アクセシビリティ…………………………86
大新聞　→（歴）日本…………………………………………3
大政翼賛会　→（歴）日本……………………………………3
タウン誌　→（ジャ）出版ジャーナリズム………………469
単純所持　→（制）猥褻……………………………………178

【ち】

地域紛争　→（ジャ）戦争…………………………………503
地デジ　→（ジャ）放送産業………………………………412
地方記事　→（ジャ）地方・地域・市民…………………640
チャタレイ判決　→（制）猥褻……………………………178
中立性　→（制）倫理………………………………………186
調査報道　→（ジャ）ジャーナリズム……………………203

【つ】

ツイッター　→（ジャ）通信・インターネット…………496
通信傍受法　→（制）放送の自由・放送法………………121
通信・放送法　→（制）放送の自由・放送法……………121
椿発言　→（ジャ）社会・事件……………………………627

【て】

TBS成田闘争　→（歴）日本 放送…………………………37
TVドキュメンタリー　→（ジャ）ドキュメンタリー……383
出口調査　→（ジャ）政治・選挙…………………………517
データジャーナリズム　→（ジャ）ジャーナリズム……203
テレビの歴史　→（歴）日本 放送…………………………37
テレビ論　→（ジャ）番組批評……………………………404
テロ　→（ジャ）戦争………………………………………503
電子出版　→（ジャ）出版ジャーナリズム………………469
電子書籍　→（ジャ）出版ジャーナリズム………………469
天声人語　→（ジャ）社説・コラム………………………720
天皇　→（ジャ）皇室報道…………………………………550

【と】

投書欄　→（ジャ）読者・世論……………………………311
特殊制定　→（ジャ）メディア特権………………………663
特定機密　→（制）秘密保護法・国家秘密………………145
特定秘密　→（制）秘密保護法・国家秘密………………145
特派員　→（ジャ）国際……………………………………556
豊田商事事件　→（ジャ）社会・事件……………………627
取次　→（ジャ）出版ジャーナリズム……………………469

【な】

内部告発　→（制）取材の自由・取材源の秘匿…………131
内部的自由　→（ジャ）ジャーナリズム…………………203
長野方式　→（ジャ）メディア特権 記者クラブ…………663
ナチス　→（歴）世界 ヨーロッパ…………………………45
硬派・軟派　→（歴）日本……………………………………3

【に】

新潟県中越地震　→（ジャ）災害…………………………583
2ちゃんねる　→（ジャ）通信・インターネット…………496
日航ジャンボ機墜落事故　→（ジャ）社会・事件………627
ニュージャーナリズム　→（ジャ）ジャーナリズム（海外）…260
ニュースキャスター　→（ジャ）放送ジャーナリズム…341

【ね】

ネット右翼　→（ジャ）政治・選挙………………………517
ネットワーク社会　→（理）メディアリテラシー…………82

【の】

農漁業問題　→（ジャ）科学・農業………………………578
脳死　→（ジャ）医療………………………………………610

793

のうほ　　　　　　　　　　　　　　事項名索引

納本制度　→（ジャ）出版ジャーナリズム･･････････････････ 469

【は】

発掘！　あるある大事典　→（制）誤報･･･････････････････ 196
白虹事件　→（歴）日本･･････････････････････････････････ 3
発表ジャーナリズム　→（ジャ）ジャーナリズム･････････ 203
発表報道　→（ジャ）核・原発･･･････････････････････････ 603
バラエティー番組　→（ジャ）放送産業･･･････････････････ 412
ハラスメント　→（制）自主規制・アカウンタビリティ･･･ 181
バリアフリー　→（理）アクセシビリティ･････････････････ 86
番記者　→（ジャ）放送ジャーナリズム･･･････････････････ 341
番組基準評議会　→（制）自主規制・アカウンタビリティ･･･ 181
番組向上機構　→（制）自主規制・アカウンタビリティ･･･ 181
番組審議会　→（制）自主規制・アカウンタビリティ･････ 181
番組評価　→（ジャ）番組批評･･･････････････････････････ 404
番組論　→（ジャ）番組批評･････････････････････････････ 404
犯罪被害者　→（制）自主規制・アカウンタビリティ･････ 181
阪神淡路大震災　→（ジャ）災害･････････････････････････ 583
ハンセン病　→（ジャ）医療･････････････････････････････ 610
販売競争　→（ジャ）新聞産業･･･････････････････････････ 319
反論権　→（制）情報公開・知る権利・アクセス権･･･････ 136

【ひ】

VOD　→（ジャ）新聞産業･･･････････････････････････････ 319
東日本大震災　→（ジャ）災害･･･････････････････････････ 583
光市母子殺人事件　→（ジャ）ジャーナリズム･････････････ 203
被差別部落　→（制）差別・ジェンダー･･･････････････････ 166
ビデオジャーナリズム　→（ジャ）写真・映像･････････････ 687
BPO　→（制）自主規制・アカウンタビリティ･･･････････ 181
BBC海外ニュース　→（ジャ）放送ジャーナリズム･･･････ 341
秘密文書　→（制）秘密保護法・国家秘密･････････････････ 145
百科事典　→（ジャ）出版ジャーナリズム･････････････････ 469
表現内容中立　→（制）言論・表現の自由･････････････････ 90
ビラ　→（制）言論・表現の自由･････････････････････････ 90

【ふ】

Vチップ　→（ジャ）視聴者・視聴率･･････････････････････ 394
風俗　→（制）猥褻･･･････････････････････････････････････ 178
フェイスブック　→（ジャ）通信・インターネット･････････ 496
フォトジャーナリズム　→（ジャ）写真・映像･････････････ 687
婦人面　→（ジャ）生活・文化･･･････････････････････････ 623
復刻本　→（ジャ）出版ジャーナリズム･･･････････････････ 469
普天間問題　→（ジャ）沖縄･････････････････････････････ 655
不偏不党　→（ジャ）放送ジャーナリズム･････････････････ 341
部落問題　→（制）差別・ジェンダー･････････････････････ 166
フリーペーパー　→（ジャ）地方紙ほか･･･････････････････ 332
プロダクション　→（ジャ）番組制作･････････････････････ 388
文化大革命　→（ジャ）ジャーナリズム（海外）･･･････････ 260
文化欄　→（ジャ）生活・文化･･･････････････････････････ 623
文芸ジャーナリズム　→（ジャ）出版ジャーナリズム･･････ 469
分析調査　→（ジャ）番組批評･･･････････････････････････ 404

【へ】

ヘイトスピーチ　→（制）差別・ジェンダー･･･････････････ 166
米ネットワークニュース　→（ジャ）放送ジャーナリズム･･･ 341
ペンクラブ　→（ジャ）出版ジャーナリズム･･･････････････ 469
編集者　→（ジャ）出版ジャーナリズム･･･････････････････ 469
編成　→（ジャ）番組制作･･･････････････････････････････ 388

【ほ】

防衛　→（ジャ）戦争･････････････････････････････････････ 503
放送界　→（ジャ）放送産業･････････････････････････････ 412
放送教育　→（理）教育･････････････････････････････････ 59
教育放送史　→（理）教育･･･････････････････････････････ 59
放送産業　→（ジャ）放送産業･･･････････････････････････ 412
放送事業　→（ジャ）放送産業･･･････････････････････････ 412
放送の国際化　→（歴）アメリカ・カナダ･････････････････ 44
放送博物館　→（制）アーカイブズ･･･････････････････････ 199
放送免許　→（制）放送の自由・放送法･･･････････････････ 121
放送用語　→（ジャ）用字用語･･･････････････････････････ 669
放送ライブラリー　→（制）アーカイブズ･････････････････ 199
法廷カメラ　→（制）取材の自由・取材源の秘匿･････････ 131
法廷メモ　→（制）情報公開・知る権利・アクセス権･････ 136
報道協定　→（制）自主規制・アカウンタビリティ･･･････ 181
報道写真　→（ジャ）写真・映像･････････････････････････ 687
報道の自由　→（制）言論・表現の自由･･･････････････････ 90
謀略放送　→（歴）日本 放送･･･････････････････････････ 37
捕鯨　→（ジャ）科学・農業･････････････････････････････ 578
ポスター　→（制）言論・表現の自由･････････････････････ 90
ポルノ　→（制）猥褻･･･････････････････････････････････ 178

【ま】

マスコミ　→（ジャ）ジャーナリズム･････････････････････ 203
マスコミ教育　→（ジャ）ジャーナリズム教育･････････････ 658
マスメディア　→（ジャ）ジャーナリズム･････････････････ 203
マスメディア政策　→（ジャ）権力・国益･････････････････ 545
マードック　→（ジャ）ジャーナリズム（海外）･･･････････ 260
マルチメディア　→（ジャ）通信・インターネット･････････ 496

【み】

水俣病　→（ジャ）環境･････････････････････････････････ 576
民間放送史　→（歴）日本 放送･････････････････････････ 37
民放経営　→（ジャ）放送産業･･･････････････････････････ 412

【め】

名誉毀損　→（制）自主規制・アカウンタビリティ･････････ 181
メディア　→（ジャ）ジャーナリズム･････････････････････ 203
メディアスクラム　→（制）倫理･････････････････････････ 186

事項名索引　　　　　　　　　　　　　　　　　わしん

メディアの社会的責任　→（制）倫理……………………… 186

【も】

文字放送　→（ジャ）放送産業……………………………… 412
モデル小説　→（制）自主規制・アカウンタビリティ……… 181

【や】

薬害エイズ事件　→（ジャ）医療…………………………… 610
やらせ事件　→（制）誤報…………………………………… 196

【ゆ】

有害図書　→（制）少年……………………………………… 174
有事法制　→（ジャ）戦争…………………………………… 503
ユニバーサルデザイン　→（理）アクセシビリティ………… 86

【よ】

四畳半襖の下張り　→（制）猥褻…………………………… 178

【ら】

ラジオの歴史　→（歴）日本 放送………………………… 37

【り】

流通　→（ジャ）出版ジャーナリズム……………………… 469
臨界事故　→（ジャ）核・原発……………………………… 603
輪転機　→（ジャ）印刷・技術……………………………… 338

【れ】

レジャー記事　→（ジャ）生活・文化……………………… 623

【ろ】

老人問題　→（ジャ）生活・文化…………………………… 623
ローカルTV　→（ジャ）地方・地域・市民……………… 640
ローカル紙　→（ジャ）地方紙ほか………………………… 332
ローカル放送　→（ジャ）放送産業………………………… 412
匿名報道　→（ジャ）社会・事件…………………………… 627
ロス疑惑　→（ジャ）社会・事件…………………………… 627
論説　→（ジャ）社説・コラム……………………………… 720

【わ】

わいせつ　→（制）猥褻……………………………………… 178
ワイマール憲法　→（制）言論・表現の自由………………… 90
和歌山カレー事件　→（ジャ）社会・事件………………… 627
ワシントン・ポスト紙虚偽報道事件　→（制）取材の自由・
　　取材源の秘匿 ……………………………………… 131

795

収録誌名一覧

【あ】

愛国学園大学人間文化研究紀要（愛国学園大学人間文化学部）
愛知学院大学短期大学部研究紀要（愛知学院大学短期大学部学術研究会）
愛知學院大學論叢. 法學研究（愛知学院大学法学会）
愛知学芸大学研究報告. 社会科学（愛知学芸大学）
愛知教育大学教育実践総合センター紀要（愛知教育大学教育実践総合センター）
愛知県立芸術大学紀要（愛知県立芸術大学）
愛知大学国際問題研究所紀要（愛知大学国際問題研究所）
愛知論叢（愛知大学大学院院生協議会）
愛知淑徳大学論集. メディアプロデュース学部篇（愛知淑徳大学）
青山学院女子短期大学紀要（青山学院女子短期大学）
青山経営論集（青山学院大学経営学会）
青山社会科学紀要（青山学院大学大学院経済学・法学・経営学三研究科）
青山スタンダード論集（青山学院大学青山スタンダード教育機構）
青山法学論集（青山学院大学法学会）
朝日総研リポート（朝日新聞社総合研究本部）
朝日法学論集（朝日大学法学会）
亜細亜法学（亜細亜大学法学研究所）
芦屋大学論叢（芦屋大学）
アメリカ法（日米法学会）
安全・安心社会システム研究 ： 文部科学省「戦略的大学連携支援事業」，ポーアイ4大学による連携事業, 安全・安心・健康のための総合プログラムを軸として（ポーアイ安全・安心ステーション安全・安心社会システム研究会）

【い】

幾徳工業大学研究報告 A 人文社会科学編（幾徳工業大学）
石巻専修大学研究紀要（石巻専修大学）
茨城大学政経学会雑誌（茨城大学政経学会）
茨城大学文理学部紀要. 人文科学（茨城大学文理学部）
異文化. 論文編（法政大学国際文化学部）
伊予史談（伊予史談会）
印刷雑誌（印刷学会出版部）

【う】

潮（潮出版社）
宇都宮大学学芸学部研究論集. 第1部（宇都宮大学学芸学部）
宇都宮大学教育学部紀要. 第1部（宇都宮大学教育学部）

【え】

映画テレビ技術（日本映画テレビ技術協会）
映像情報メディア学会技術報告（映像情報メディア学会）
エコノミスト（毎日新聞社）

エコノミスト（毎日新聞社;毎日新聞出版）
エディターシップ（日本編集者学会）
愛媛法学会雑誌（愛媛大学法学会）
エルネオス（エルネオス出版社）
冤罪file（希の樹出版;宙出版 （発売））

【お】

桜花学園大学研究紀要（桜花学園大学）
桜花学園大学人文学部研究紀要（桜花学園大学）
大分大学経済論集（大分大学経済学会）
岡山大学大学院文化科学研究科紀要（岡山大学大学院文化科学研究科）
岡山大学法学会雑誌（岡山大学法学会）
沖縄大学人文学部紀要（沖縄大学人文学部）
沖縄大学地域研究所年報（沖縄大学地域研究所）
小樽商科大学人文研究（小樽商科大学）
女たちの21世紀（アジア女性資料センター）

【か】

外国の立法 ： 立法情報・翻訳・解説（国立国会図書館調査及び立法考査局）
香川大学経済論叢（香川大学経済学会）
香川法学（香川大学法学会）
学習院大学大学院法学研究科法学論集（学習院大学大学院法学研究科）
学習院大学文学部研究年報（学習院大学文学部）
学習院大学法学会雑誌（学習院大学法学会）
學鐙（丸善）
学校図書館（全国学校図書館協議会）
金沢医科大学教養論文集（金沢医科大学出版局）
金沢法学（金沢大学人間社会研究域法学系）
紙パ技協誌（紙パルプ技術協会）
関西外国語大学研究論集（関西外国語大学）
関西大学外国語学部紀要（関西大学外国語学部）
関西大学社会学部紀要（関西大学）
関西大学社会学論集（関西大学社会学会）
関西大学人権問題研究室紀要（関西大学人権問題研究室）
関西大学新聞学研究（関西大学新聞学会）
關西大學文學論集（關西大學文學會）
関西大学法学論集（関西大学法学会）
関西学院大学共同研究紀要（関西学院大学）
関西学院大学社会学部紀要（関西学院大学社会学部研究会）
関西学院大学心理科学研究（関西学院大学心理科学研究室）
関西学院大学先端社会研究所紀要（関西学院大学先端社会研究所）
環太平洋大学研究紀要（環太平洋大学）
関東学院法学（関東学院大学法学会）

【き】

季刊科学と思想（新日本出版社）
季刊行政管理研究（行政管理研究センター）
企業と法創造（早稲田大学21世紀COE《企業法制と法創造》総合研究所）

収録誌名一覧　　　　　さんた

北九州市立大学外国語学部紀要（北九州市立大学外国語学部）
岐阜大学教育学部研究報告. 人文科学（岐阜大学教育学部）
岐阜大学地域科学部研究報告（岐阜大学地域科学部）
季報唯物論研究（季報「唯物論研究」刊行会）
ぎゃらく（放送批評懇談会;Kadokawa（発売））
九州国際大学法学論集（九州国際大学法学会;九州国際大学図書
　館（発売））
九大法学（九大法学会）
教育メディア研究（日本教育メディア学会）
行財政研究（行財政総合研究所）
京都外国語大学研究論叢（京都外国語大学国際言語平和研究所）
京都教育大学紀要. A, 人文・社会（京都教育大学）
京都精華大学紀要（京都精華大学）
京都大学生涯教育学・図書館情報学研究（京都大学大学院教育
　学研究科生涯教育学講座）
京都橘女子大学研究紀要（京都橘女子大学研究紀要編集委員会）
共立女子大学文芸学部紀要（共立女子大学）
杏林社会科学研究（杏林大学社会科学学会）
季論21（『季論21』編集委員会）
近畿大学法学（近畿大学法学会）
近大法学（近畿大学法学会）
金曜日（金曜日）

【　く　】

陸羯南会誌（陸羯南会）
救現 ： 田中正造大学ブックレット（田中正造大学出版部;随想
　舎（発売））
熊本学園大学経済論集（熊本学園大学経済学会）
暮しの手帖. 第3世紀（暮しの手帖社）
久留米大学法学（久留米大学法学会）
群像（講談社）
群馬県立女子大学紀要（群馬県立女子大学）
群馬県立女子大学国文学研究（群馬県立女子大学国語国文学会）
群馬大学社会情報学部研究論集（群馬大学社会情報学部）
群馬大学社会科教育論集（群馬大学教育学部社会科教育研究室）

【　け　】

慶応義塾大学新聞研究所年報（慶応義塾大学新聞研究所）
慶應義塾大学大学院社会学研究科紀要 ： 社会学・心理学・教育
　学 ： 人間と社会の探究（慶應義塾大学大学院社会学研究科）
慶応義塾大学大学院法学研究科論文集（慶応義塾大学法学部内
　法学研究会）
経済セミナー（日本評論社）
経済系 ： 関東学院大学経済学会研究論集（関東学院大学経済学
　会）
警察研究（良書普及会）
警察学論集（立花書房）
芸術 ： 大阪芸術大学紀要（大阪芸術大学）
藝文（慶應義塾大學藝文學會）
月刊社会教育（国土社）
月刊総務（ウィズワークス）
月刊百科（平凡社）
月刊福祉（全国社会福祉協議会）
月刊放送ジャーナル（放送ジャーナル社）
月刊保団連（全国保険医団体連合会）
月刊民放（日本民間放送連盟;コーケン出版（発売））
月刊労働組合（労働大学出版センター）
月刊労働問題（日本評論社）
月刊国民生活（国民生活センター）
月報（シンガポール日本商工会議所）
月報司法書士（日本司法書士会連合会）
健康科学（九州大学健康科学センター）
研修（誌友会事務局研修編集部）

建設オピニオン（建設公論社）
現代（講談社）
現代刑事法 ： その理論と実務（現代法律出版;立花書房（発
　売））
現代コリア（現代コリア研究所）
現代社会における国家と法 阿部照哉先生喜寿記念論文集（成文
　堂）
現代中国（日本現代中国学会）
現代の眼（現代評論社）
現代の図書館（日本図書館協会）
憲法問題（三省堂）

【　こ　】

公益事業研究（公益事業学会）
皇学館大学紀要（皇学館大学）
広告（博報堂）
広告科学（日本広告学会）
公衆衛生（医学書院）
高知大学教育学部研究報告（高知大学教育学部）
甲南大学紀要. 文学編（甲南大学）
甲南大学文学会論集（甲南大学文学会）
甲南法学（甲南大学法学会）
公評（公評社）
神戸親和女子大学研究論叢（神戸親和女子大学）
神戸大学教育学部研究集録（神戸大学教育学部）
神戸大学史学年報（神戸大学史学研究会）
神戸法学雑誌（神戸法学会）
公法研究（日本公法学会;有斐閣（発売））
公明（公明機関紙局）
國學院雜誌（國學院大學総合企画部）
国学院法学（国学院大学法学会）
国語と国文学（明治書院）
国際公共政策研究（大阪大学大学院国際公共政策研究科）
国際広報メディア・観光学ジャーナル（北海道大学大学院国際
　広報メディア・観光学院）
国際商事法務（国際商事法研究所）
国際人権 ： 国際人権法学会年報（国際人権法学会;信山社（発
　売））
国士舘大学政経論叢（国士舘大学政経学会）
国士館法学会誌（国士館大学法学会）
國文學 ： 解釈と教材の研究（學燈社）
國文學論叢（龍谷大學國文學會）
国連ジャーナル ： 国際情報誌（日本国際連合協会）
国家学会雑誌（東京大学大学院法学政治学研究科）
国会月報（国会資料協会）
子どもと読書（親子読書地域文庫全国連絡会）
コピライト（著作権情報センター）
駒沢史学（駒沢史学会）
駒沢女子大学研究紀要（駒沢女子大学）
駒沢大学大学院公法学研究（駒沢大学大学院法学研究科公法学
　専攻院生会）
駒澤大学法學部研究紀要（駒澤大學）
コミュニケーション研究（上智大学コミュニケーション学会）
コミュニケーション文化論集 ： 大妻女子大学コミュニケー
　ション文化学会機関誌（大妻女子大学コミュニケーション文
　化学会）

【　さ　】

札幌大谷大学社会学部論集（札幌大谷大学社会学部）
札幌大学総合論叢（札幌大学附属総合研究所）
札幌法学（札幌大学法学部）
産業と科学（静岡大学法経学会）
産業能率大学紀要（産業能率大学）
産大法学（京都産業大学法学会）

797

さんて   収録誌名一覧

サンデー毎日（毎日新聞社）

【し】

滋賀大学教育学部紀要, 人文科学・社会科学・教育科学（滋賀大学教育学部）
滋賀大学経済学部研究年報（滋賀大学経済学部）
志學館法学（志學館大学法学部）
時事解説（時事通信社）
静岡大学経済研究（静岡大学経済学会）
システム・制御・情報（システム制御情報学会）
思想（岩波書店）
思想の科学（先駆社）
思想の科学. 第4次（中央公論社）
思想の科学. 第5次（思想の科学社）
思想の科学. 第6次（思想の科学社）
自治研究（第一法規）
実践女子大学人間社会学部紀要（実践女子大学）
時評（時評社）
島大法学 ： 島根大学法文学部紀要. 島根大学法文学部法経学科・島根大学大学院法務研究科篇（島根大学法文学部）
社會科学研究 ： 東京大学社会科学研究所紀要（東京大学社会科学研究所）
社会科学討究（早稲田大学アジア太平洋研究センター）
社会科学論集（九州大学教養部社会科学研究室）
社会技術研究論文集（社会技術研究会）
社会教育（日本青年館「社会教育」編集部）
社会研究（法政大学大学院社会科学研究科社会学専攻委員会）
社会思想研究（社会思想研究会）
社会主義（協同文化社）
社会主義（社会主義協会）
社会情報（札幌学院大学総合研究所）
社会情報論叢（十文字学園女子大学社会情報学部）
社会情報学（社会情報学会）
社会情報学研究 ： 日本社会情報学会誌（日本社会情報学会事務局）
社会情報学研究 ： 大妻女子大学紀要 社会情報系（大妻女子大学社会情報学部）
社会志林（法政大学社会学部学会）
社会心理学研究（日本社会心理学会）
社会正義（上智大学社会正義研究所）
社会正義 ： 上智大学社会正義研究所紀要（上智大学社会正義研究所）
社会と倫理（南山大学社会倫理研究所）
社会評論（スペース伽耶;星雲社（発売））
社会民主（社会民主党全国連合機関紙宣伝局）
社会問題研究（大阪府立大学人間社会学部）
社会理論研究（千書房;JRC（発売））
社会労働研究（法政大学社会学部学会）
社会論集（関東学院大学人文学会社会学部会）
社会学研究年報（立教大学大学院社会学研究科）
社会学研究科論集（立教大学社会学部研究室）
社会学年誌（早稲田大学社会学会）
社会学年報（東北社会学会）
社会学評論（日本社会学会）
社会学論叢（日本大学社会学会）
社会環境学（社会環境学会）
社会情報研究（岡山理科大学総合情報学部社会情報学科）
社学研論集（早稲田大学大学院社会科学研究科）
ジャーナリズム＆メディア ： 新聞学研究所紀要（日本大学法学部新聞学研究所）
自由（自由社）
自由と正義（日本弁護士連合会）
修道法学（広島修道大学ひろしま未来共創センター）
出版研究（日本出版学会;出版ニュース社（発売））
出版ニュース（出版ニュース社）
出版人・広告人（出版人）
ジュリスト（有斐閣）

尚絅学院大学紀要（尚絅学院大学）
上智大学外国語学部紀要（上智大学外国語学部）
上智大学教育学論集（上智大学総合人間科学部教育学科）
上智大学体育（上智大学体育学会）
上智法学論集（上智大学法学会）
聖徳学園岐阜教育大学国語国文学（聖徳学園岐阜教育大学国語国文学会）
尚美学園大学総合政策研究紀要（尚美学園大学総合政策学部）
尚美学園大学総合政策論集（尚美学園大学総合政策学部総合政策学会）
情報研究（文教大学情報学部）
情報研究 ： 関西大学総合情報学部紀要（関西大学）
情報研究 ： 関西大学総合情報学部紀要（関西大学総合情報学部）
情報社会試論（大妻女子大学社会情報学部社会生活情報・図書館情報学研究室）
情報通信学会誌（情報通信学会）
情報と社会 ： 江戸川大学紀要（江戸川大学）
情報ネットワーク・ローレビュー（商事法務）
情報メディア研究（情報メディア学会事務局）
情報学研究 ： 東京大学大学院情報学環紀要（東京大学大学院情報学環）
情報管理（科学技術振興機構）
情報処理（情報処理学会）
情報知識学会誌（情報知識学会）
情報の科学と技術（情報科学技術協会）
諸君！ 日本を元気にするオピニオン雑誌（文藝春秋）
書物・出版と社会変容（[「書物・出版と社会変容」研究会]）
新・調査情報passingtime（東京放送）
仁愛大学研究紀要（仁愛大学）
人権と部落問題（部落問題研究所）
神資研（神奈川県資料室研究会）
新潮45（新潮社）
人文（京都大学教養部）
人文科学（大東文化大学人文科学研究所）
人文科学年報（専修大学人文科学研究所）
人文科学論集（専修大学人文科学研究所）
人文学部研究論集（中部大学人文学部）
新聞技術（日本新聞協会）
新聞研究（日本新聞協会）
人文研究 ： 大阪市立大学大学院文学研究科紀要（大阪市立大学大学院文学研究科）
人文コミュニケーション学科論集（茨城大学人文学部）
人文社会科学研究（琉球大学人文社会科学研究所）
人文社会科学研究所年報（敬和学園大学）
人文社会学部紀要（富山国際大学）
新聞通信調査会報（新聞通信調査会）
人文論究（関西学院大学人文学会）
人文論集（兵庫県立大学神戸学園都市キャンパス学術研究会）
人文論叢（三重大学人文学部文化学科）
新聞学 ： 文化とコミュニケーション（同志社大学大学院新聞学研究会）
人文学（同志社大学人文学会）
新聞学評論（日本新聞学会）
人文学報（首都大学東京人文科学研究科）

【す】

ず・ぼん（ポット出版）
駿河台大学文化情報学研究所所報（駿河台大学文化情報学研究所）
駿河台大学論叢（駿河台大学教養文化研究所）
駿河台法学（駿河台大学法学会）

収録誌名一覧　　　　　　　　　　　　　　　　　　にほん

【せ】

政界往来（政界往来社）
政経往来（民評社）
政経研究（日本大学政経研究所）
政経時潮（政経時潮社）
成蹊大学文学部紀要（成蹊大学文学部学会）
成蹊大学法学政治学研究（成蹊大学大学院法学政治学研究科）
政経論叢（広島大学政経学会）
政経論叢（明治大学政治経済研究所）
政策創造研究（関西大学政策創造学部）
政治（政治社）
政治経済（政治経済研究会）
政治・経済・法律研究（拓殖大学政治経済研究所）
政治経済論叢（国土社）
政治経済史学（日本政治経済史学研究所）
政治研究（九州大学政治研究会）
成城大学経済研究（成城大学経済学会）
成城法学（成城大学法学会）
青少年問題（青少年問題研究会）
正論（産経新聞社;日本工業新聞社（発売））
聖和大学論集（聖和大学）
世界（岩波書店）
世界週報（時事通信社）
世界評論（世界評論社）
摂南法学（摂南大学法学部）
前衛 ： 日本共産党中央委員会理論政治誌（日本共産党中央委員会）
専修人文論集（専修大学学会）
仙台大学紀要（仙台大学）

【そ】

総合ジャーナリズム研究 ： journalism quarterly review（東京社）
捜査研究（東京法令出版）
ソシオロジ（社会学研究会）

【た】

大学図書館問題研究会誌（大学図書館問題研究会・事務局）
大学の図書館（大学図書館問題研究会）
ダカーポ（マガジンハウス）

【ち】

中央大学大学院研究年報（中央大学大学院研究年報編集委員会）
中京法学（中京大学法学会）
調査情報. 第3期（TBSテレビ）

【つ】

筑波法政（筑波法政学会）
創（創出版）

【と】

東海法学（東海大学出版会）
東京都立大学法学会雑誌（東京都立大学法学部）
東北法学（東北大学大学院東北法学刊行会）
東洋法学（東洋大学法学会）
徳山女子短期大学研究紀要（徳山女子短期大学経営情報学会）
常葉学園大学研究紀要. 外国語学部（常葉学園大学）
常葉学園大学研究紀要. 外国語学部（常葉学園大学）
都市文化研究（大阪市立大学大学院文学研究科都市文化研究センター）
都市問題研究（大阪市）
都市連盟（日本都市連盟）
図書（岩波書店）
図書館綜合研究（『図書館綜合研究』編集委員会）
図書館の学校（図書館の学校）
図書館雑誌（日本図書館協会）
独協法学（独協大学法学会）
富山大学教育学部紀要. A, 文科系（富山大学教育学部）
富山大学教養部紀要, 人文・社会科学篇（富山大学教養部）
富山大学総合情報基盤センター広報（富山大学総合情報基盤センター）
富山大学人間発達科学部紀要（富山大学人間発達科学部）

【な】

名古屋外国語大学外国語学部紀要（名古屋外国語大学）
名古屋学院大学論集. 社会科学篇（名古屋学院大学総合研究所）
名古屋学院大学論集. 人文・自然科学篇（名古屋学院大学総合研究所）
名古屋市立大学大学院人間文化研究科人間文化研究（名古屋市立大学大学院人間文化研究科）
名古屋大學教育學部紀要. 教育学科（名古屋大学教育学部）
名古屋大学東洋史研究報告（名古屋大学東洋史研究会）
名古屋大学法政論集（名古屋大学大学院法学研究科）
名古屋短期大学研究紀要（名古屋短期大学）
名古屋文理大学紀要（名古屋文理大学）
鳴門教育大学情報教育ジャーナル（鳴門教育大学高度情報研究教育センター）

【に】

21世紀社会デザイン研究（立教大学大学院21世紀社会デザイン研究科）
日経広告研究所報（日経広告研究所）
日経広告手帖（日本経済新聞社）
日経バイト（日経BP社）
日経ビジネス（日経BP社）
日経ヘルスケア（日経BP社）
日経研月報（日本経済研究所）
日本NIE学会誌（日本NIE学会）
日本医科大学医学会雑誌（日本医科大学医学会）
日本教育工学雑誌（日本教育工学会;日本学会事務センター事業部）
日本教育工学会研究報告集（日本教育工学会）
日本教育工学会論文誌（日本教育工学会;毎日学術フォーラム（発売））
日本教育大学協会研究年報（日本教育大学協会第二常置委員会）
日本教科教育学会誌（日本教科教育学会）
日本教材学会会報（日本教材学会）
日本教材学会年報（日本教材学会）
日本教材文化研究財団研究紀要（日本教材文化研究財団）

にほん　　　　　　　　　　　　　　　　　　　　　収録誌名一覧

日本社会情報学会学会誌（日本社会情報学会）
日本写真学会誌（日本写真学会）
日本出版学会会報（日本出版学会）
日本出版史料（日本エディタースクール出版部）
日本女子体育大学紀要（日本女子体育大学）
日本女子大学紀要. 文学部（日本女子大学）
日本女子大学大学院文学研究科紀要（日本女子大学）
日本新聞教育文化財団研究室年報（日本新聞教育文化財団）
日本体育大学紀要（日本体育大学）
日本大学芸術学部学術研究（日本大学芸術学部）
日本大学芸術学部紀要（日本大学芸術学部）
日本大学工学部紀要（日本大学工学部工学研究所）
日本大学人文科学研究所研究紀要（日本大学人文科学研究所）
日本大学生産工学部報告 B（日本大学生産工学部）
日本大学大学院総合社会情報研究科紀要（日本大学大学院総合
　社会情報研究科）
日本大学大学院法学研究年報（日本大学大学院法学研究科）
日本大学法科大学院法務研究（日本大学大学院法務研究科）
日本の科学者（日本科学者会議;本の泉社 （発売））
日本福祉大学情報社会科学論集（日本福祉大学情報社会科学部）
日本福祉大学全学教育センター紀要（日本福祉大学全学教育セン
　ター）
日本文理大学紀要（日本文理大学）
日本法學（日本大学法学研究所）
日本放送協会放送文化研究所調査研究報告（日本放送協会）
日本印刷学会誌（日本印刷学会）
人間科学： 常磐大学人間科学部紀要（常磐大学人間科学部）
人間科学： 大阪府立大学紀要（大阪府立大学人間社会学部人間
　科学科;大阪府立大学大学院人間社会学研究科人間科学専攻）
人間科学： 琉球大学法文学部人間科学科紀要（琉球大学法文学
　部;琉球大学大学院法務研究科）
人間の発達と教育： 明治学院大学教職課程論叢（明治学院大学
　文学会）
人間文化研究： 京都学園大学人間文化学会紀要（京都学園大学
　人間文化学会）
人間文化論叢（お茶の水女子大学大学院人間文化研究科）

【 は 】

白鷗大学論集（白鷗大学経営学部;白鷗大学 （発売））
発言者（秀明出版会）
阪大法学（大阪大学大学院法学研究科）
判例時報（判例時報社）
判例タイムズ（判例タイムズ社）

【 ひ 】

比較憲法学研究（政光プリプラン）
比較社会文化： 九州大学大学院比較社会文化学府紀要（九州大
　学大学院比較社会文化学府）
比較文化研究（日本比較文化学会）
比較法学（早稲田大学比較法研究所）
比較法（東洋大学比較法研究所）
比較法雑誌（日本比較法研究所;中央大学出版部 （発売））
光射せ！： 北朝鮮収容所国家からの解放を目指す理論誌（北
　朝鮮帰国者の生命と人権を守る会）
ビジネスパートナーSan-in（山陰経済経営研究所）
一橋研究（一橋研究編集委員会）
一橋論叢（日本評論社）
ビブリア. 天理図書館報（天理大学出版部）
ピープルズ・プラン（ピープルズ・プラン研究所;現代企画室
　（発売））
姫路法学（姫路獨協大学法学部）
ヒューマンサイエンス（早稲田大学人間総合研究センター;コロ
　ナ社）

ヒューマンサイエンスリサーチ（早稲田大学大学院人間科学研
　究科）
ヒューマンライツ（部落解放・人権研究所;解放出版社 （発売））
表現と創造（名古屋大学大学院人間情報学研究科社会情報学専
　攻情報創造論講座）
兵庫教育大学研究紀要. 第2分冊, 言語系教育, 社会系教育, 芸術
　系教育（兵庫教育大学）
評論・社会科学（同志社大学人文学会）
弘前大学国史研究（弘前大学国史研究会）
広島経済大学経済研究論集（広島経済大学経済学会）
広島経済大学経済論集（広島経済大学経済学会）
広島ジャーナリスト（日本ジャーナリスト会議広島支部）
広島修大論集, 人文編（広島修道大学人文学会）
広島法学（広島大学法学会）

【 ふ 】

ファイナンス： 財務省広報誌（財務省;日経印刷 （発売））
ファイナンス・ダイジェスト（大蔵出版）
フィルハーモニー（NHK交響楽団）
フィロソフィア（早稲田大学哲学会）
フェリス女学院大学紀要（フェリス女学院大学）
フォトグラフィ（フォトグラフィ）
福井工業大学研究紀要（福井工業大学）
福井大学教育実践研究（福井大学教育地域科学部附属教育実践
　総合センター）
福井大学教育地域科学部紀要. 第4部, 教育科学（福井大学教育
　地域科学部）
福岡学芸大学紀要（福岡学芸大学）
福岡教育大学紀要. 第4分冊, 教職科編（福岡教育大学）
福岡女学院大学紀要. 人文学部編（福岡女学院大学人文学部）
福岡大学人文論叢（福岡大学研究推進部）
福岡大学大学院論集（福岡大学大学院論集刊行委員会）
福岡大學法學論叢（福岡大学研究推進部）
福島大学人間発達文化学類論集（福島大学人間発達文化学類）
婦人公論（中央公論新社）
部落解放（解放出版社）
部落解放研究： 部落解放・人権研究所紀要（部落解放・人権研
　究所）
プリテックステージ（ニュープリンティング）
プール学院大学研究紀要（プール学院大学）
プレジデント（プレジデント社）
文化経済学（文化経済学会 （日本））
文化情報学： 駿河台大学文化情報学部紀要（駿河台大学文化情
　報学部）
文化評論（新日本出版社）
文化学年報（同志社大学文化学会）
文学（岩波書店）
文学・芸術・文化： 近畿大学文芸学部論集（近畿大学文芸学部）
文學界（文藝春秋）
文教大学教育学部紀要（文教大学）
文教大学国際学部紀要（文教大学）
文教大学国文（文教大学国文学会）
文教大学女子短期大学部研究紀要（文教大学女子短期大学部）
文芸春秋（文芸春秋）

【 へ 】

平成国際大学研究所論集（平成国際大学社会・情報科学研究所）
平成国際大学論集（平成国際大学法政学会）
別冊潮（潮出版社）
別冊新聞研究（日本新聞協会）
別冊東洋経済（東洋経済新報社）

収録誌名一覧　　　　　　　　　　　　　　　　　　　　めいし

【ほ】

法と政治(関西学院大学法政学会)
法と民主主義(日本民主法律家協会)
法の科学 : 民主主義科学者協会法律部会機関誌「年報」(日本評論社)
法の支配(日本法律家協会)
防衛大学校紀要. 社会科学分冊(〔防衛大学校〕)
防衛大学校紀要. 人文科学分冊(〔防衛大学校〕)
防衛法研究(内外出版)
法学(東北大学法学会)
法学紀要(日本大学法学部法学研究所;日本大学法学部政経研究所)
法学協会雑誌(東京大学大学院法学政治学研究科)
法学教室(有斐閣)
法学研究(一橋大学)
法学研究(慶応義塾大学法学研究会)
法学研究(北海学園大学法学会)
法学研究論集(明治大学大学院)
法学雑誌(大阪市立大学法学会;有斐閣)
法学ジャーナル(関西大学大学院法学研究科院生協議会)
法学ジャーナル(明治学院大学大学院法学研究科)
法學志林(法政大學法學志林協會)
法学新報(中央大学法学会;中央大学出版部 (発売))
法学政治学論究 : 法律・政治・社会(慶應義塾大学大学院法学研究科内「法学政治学論究」刊行会)
法学セミナー(日本評論社)
法学論集(駒澤大学法学部)
法学論集(鹿児島大学法学会)
法学論叢(京都大学法学会)
訪韓学術研究視察報告書(信濃教育会〔ほか〕)
法経研究(静岡大学法経学会)
放射線教育(放射線教育フォーラム)
望星(東海教育研究所)
法政研究(九州大学法政学会)
法政史学(法政大学史学会)
法政思潮(警察新報社)
法政大学多摩研究報告(法政大学多摩研究報告編集委員会)
法政法学(法政大学大学院法律学専攻委員会)
法政理論(新潟大学法学会)
法政論叢(日本法政学会)
宝石(光文社)
法セミ(日本評論社)
放送批評(放送批評懇談会)
放送・衛星研究会資料(〔郵政省〕)
放送技術(兼六館出版)
放送教育(日本放送教育協会)
放送教育開発センター研究紀要(文部省大学共同利用機関放送教育開発センター)
放送教育研究(日本放送教育学会)
放送教育研究集録(国際基督教大学)
放送教育研究集録(日本放送教育学会)
放送教育の探究(日本放送教育協会)
放送芸術学(日本放送芸術学会・「放送芸術学」編集委員会)
放送芸術学 : メディア研究(日本放送芸術学会・「放送芸術学」編集委員会)
放送研究と調査(NHK出版)
放送評論(放送評論社)
放送文化(NHK出版)
放送文化(日本放送出版協会)
放送メディア研究(丸善プラネット;丸善 (発売))
放送界(マスコミ研究会)
放送学研究(丸善プラネット;丸善 (発売))
放送レポート(大月書店)
法哲学年報(有斐閣)
法律時報(日本評論社)
法律のひろば(ぎょうせい)

法律論叢(明治大学法律研究所)
法令ニュース(官庁法令出版;税務経済社)
北星学園女子短期大学紀要(北星学園女子短期大学)
北星学園大学文学部北星論集(北星学園大学)
北大季刊(北海道大学北大季刊刊行会)
北大法学論集(北海道大学大学院法学研究科)
北陸大学紀要(北陸大学)
北陸法学(北陸大学法学会)
母性衛生(日本母性衛生学会)
北海学園大学人文論集(北海学園大学人文学部)
北海道教育大学紀要. 教育科学編(北海道教育大学)
北海道教育大学紀要. 人文科学・社会科学編(北海道教育大学)
北海道教育大学紀要. 第1部. B, 社会科学編(北海道教育大学)
北海道教育大学紀要. 第1部. C, 教育科学編(北海道教育大学)
北海道大学教育学部紀要(北海道大学教育学部)
北海道東海大学紀要 人文社会科学系(北海道東海大学)

【ま】

マグナカルタ(ヴィレッジブックス)
マス・コミュニケーション研究(日本マス・コミュニケーション学会;学文社 (発売))
マスコミ市民(マスコミ市民フォーラム;アストラ (発売))
マスコミ・ジャーナリズム論集(コマエスクール同人)
松山商大論集(松山商科大学商経研究会)
マンガ研究(日本マンガ学会;ゆまに書房 (発売))

【み】

三重大学教育学部研究紀要(三重大学教育学部)
三田図書館・情報学会研究大会発表論文集(三田図書館・情報学会)
三田評論(慶応義塾)
宮城学院女子大学研究論文集(宮城学院女子大学紀要編集委員会)
宮崎公立大学人文学部紀要(宮崎公立大学)
宮崎大学教育文化学部紀要. 社会科学(宮崎大学教育文化学部)
民商法雑誌(有斐閣)

【む】

武庫川国文(武庫川女子大学国文学会)
武庫川女子大学言語文化研究所年報(武庫川女子大学)
武蔵大学人文学会雑誌(武蔵大学人文学会)
武蔵大学総合研究所紀要(武蔵大学総合研究所)
武蔵大学論集(武蔵大学経済学会)
武蔵野学院大学日本総合研究所研究紀要(武蔵野学院大学日本総合研究所)
武蔵野女子大学紀要(武蔵野女子大学紀要編集委員会)
武蔵野女子大学大学院紀要(武蔵野女子大学大学院紀要編集委員会)
武蔵野大学現代社会学部紀要(武蔵野大学現代社会学部紀要編集委員会)
武蔵野大学政治経済学部紀要(武蔵野大学出版会)
武蔵野美術大学研究紀要(武蔵野美術大学)

【め】

明治学院大学社会学・社会福祉学研究(明治学院大学社会学会)
明治学院大学大学院社会学研究科社会学専攻紀要(明治学院大

801

学大学院社会学研究科社会学専攻）
明治学院大学法科大学院ローレビュー（明治学院大学大学院法
　務職研究科）
明治学院論叢（明治学院大学）
明治大学社会科学研究所紀要（明治大学社会科学研究所）
明治大学心理社会学研究（明治大学文学部心理社会学科）
明治大学大学院紀要．法学篇（明治大学大学院）
明治大学短期大学紀要（明治大学短期大学）
名城法学（名城大学法学会）
名城法学論集 ： 大学院研究年報（名城大学大学院法学研究科）
名城ロースクール・レビュー（名城大学大学院法務研究科）
明星大学研究紀要．日本文化学部・言語文化学科（明星大学青
　梅校）
目白大学総合科学研究（目白大学）
目白大学短期大学部研究紀要（目白大学短期大学部）
目白大学人間社会学部紀要（目白大学人間社会学部）
メディア教育研究（メディア教育開発センター）
メディア教育研究（文部科学省大学共同利用機関メディア教育
　開発センター）
メディア・コミュニケーション ： 慶応義塾大学メディア・コ
　ミュニケーション研究所紀要（慶応義塾大学メディア・コ
　ミュニケーション研究所）
メディア・コミュニケーション研究（北海道大学）
メディア展望（新聞通信調査会）
メディアと文化（名古屋大学大学院国際言語文化研究科）
メディア学 ： 文化とコミュニケーション（同志社大学大学院メ
　ディア学研究会）
メディア史研究（ゆまに書房）
メディアと情報資源 ： 駿河台大学メディア情報学部紀要（駿河
　台大学メディア情報学部）
メディカル朝日（朝日新聞社）
メトロポリタン史学（メトロポリタン史学会）

【 も 】

文部時報（ぎょうせい）

【 や 】

薬学図書館（日本薬学図書館協議会）
八代学院大学紀要（八代学院大学学術研究会）
安田女子大学紀要（安田女子大学・安田女子短期大学）
山形大学法政論叢（山形大学法学会）
山梨英和大学紀要（山梨英和大学）
山梨学院大学現代ビジネス研究（山梨学院大学現代ビジネス研
　究会）

【 ゆ 】

ユダヤ・イスラエル研究（日本ユダヤ学会）
ユリイカ（青土社）

【 よ 】

横浜国際経済法学（横浜国際経済法学会）
横浜国立大学留学生センター紀要（横浜国立大学留学生セン
　ター）
横浜市立大学論叢．人文科学系列（横浜市立大学学術研究会）
横浜国立大学大学院教育学研究科教育相談・支援総合センター
　研究論集（横浜国立大学大学院教育学研究科教育相談・支援
　総合センター）

読売クオータリー（読売新聞東京本社調査研究本部）
ヨーロッパ研究（東京大学大学院総合文化研究科・教養学部ド
　イツ・ヨーロッパ研究室）
ヨーロッパ文化史研究（東北学院大学ヨーロッパ文化研究所）
ヨーロッパ文化史研究（東北学院大学大学院文学研究科ヨー
　ロッパ文化史専攻）

【 り 】

立教大学研究報告．保健体育（立教大学全学共通カリキュラム
　運営センター）
立教大学心理・教育学科研究年報（立教大学文学部心理学研究
　室・教育学研究室）
立教大学大学院教育学研究集録（立教大学大学院文学研究科教
　育学専攻）
立教大学大学院日本文学論叢（立教大学大学院文学研究科日本
　文学専攻）
立教大学大学院法学研究（立教大学大学院法学研究会）
立教法学（立教法学会）
立正大学国語国文（立正大学国語国文学会）
立正大学社会学論叢（立正大学社会学会）
立正大学人文科学研究所年報（立正大学人文科学研究所）
立正大学地域研究センター年報（立正大学地域研究センター）
立正大学文学部論叢（立正大学文学部）
立法と調査（参議院事務局）
立命館国際地域研究（立命館大学国際地域研究所）
立命館産業社会論集（立命館大学産業社会学会）
立命館大学人文科学研究所紀要（立命館大学人文科学研究所）
立命館人間科学研究（立命館大学人間科学研究所）
立命館文學（立命館大学文学会）
立命館法學（立命館大学法学会）
リテラシー史研究（リテラシー史研究会）
リプレーザ0 2期（リプレーザ社；社会評論社 （発売））
リベラシオン ： 人権研究ふくおか（福岡県人権研究所）
リベラルタイム（リベラルタイム出版社）
琉球大学教育学部紀要（琉球大学教育学部）
琉球大学教育学部紀要．第一部・第二部（琉球大学教育学部）
琉球大学文理学部紀要，社会篇（琉球大学文理学部）
琉球大学法文学部紀要，社会篇（琉球大学法文学部）
琉球大学法文学部紀要，社会学篇（琉球大学法文学部）
琉球大学法文学部紀要，地域・社会科学系篇（琉球大学法文学
　部）
竜谷紀要（竜谷大学竜谷紀要編集会）
竜谷史壇（竜谷大学史学会）
龍谷大学国際社会文化研究所紀要（龍谷大学国際社会文化研究
　所）
龍谷大学国際センター研究年報（龍谷大学国際センター）
龍谷大学社会学部紀要（龍谷大学社会学部学会）
竜谷大学大学院研究紀要．社会学・社会福祉学（竜谷大学大学
　院社会学研究科研究紀要編集委員会）
龍谷大学大学院法学研究（龍谷大学大学院法学研究編集委員会）
龍谷法学（龍谷大学法学会）
琉大法學（琉球大学法文学部；琉球大学大学院法務研究科）
流通経済大学大学院社会学研究科論集（流通経済大学大学院）
流通経済大学法学部流経法学（流通経済大学法学部）
流通経済大学流通情報学部紀要（流通経済大学流通情報学部）
流通経済大学論集（流通経済大学経済学部）

【 れ 】

麗沢大学紀要（麗沢大学）
歴史（東北史学会）
歴史地理学紀要（歴史地理学会；古今書院 （発売））
歴史と教育（自由主義史観研究会）
歴史と未来（中嶋ゼミの会）

収録誌名一覧　　　　　　　　　　　　　　　　　　　　**SAP**

歴史と民俗 ： 神奈川大学日本常民文化研究所論集（平凡社）
歴史評論（校倉書房）
歴史学研究（青木書店）
レファレンス（国立国会図書館調査及び立法考査局）
連合研究会論文集 ： 情報文化学研究（情報文化学会）
連合国際レポート（日本労働組合総連合会総合国際局）

【 ろ 】

六甲台論集. 法学政治学篇（神戸大学大学院法学研究会）
論座（朝日新聞社）

【 わ 】

和歌山大学教育学部教育実践研究指導センター紀要（和歌山大
　学教育学部附属教育実践研究指導センター）
早稲田社会科学総合研究（早稲田大学社会科学学会）
早稲田政治公法研究（早稲田大学大学院政治学研究科）
早稲田大学大学院法研論集（早稲田大学大学院法学研究科）
早稲田法学（早稲田大学法学会;成文堂（発売））
早稲田法学会誌（早稲田大学法学会）

【 ABC 】

Advertising（電通）
Aera（朝日新聞出版）
Aging（エイジング総合研究センター）
AIR21（朝日新聞社ジャーナリスト学校）
AIR22（朝日新聞社ジャーナリスト学校）
Asahi journal（朝日新聞社）
Aspekt ： 立教大学ドイツ文学論集（立教大学ドイツ文学研究
　室）
Aura（フジテレビ編成制作局編成情報センター編成マーケティ
　ング部）
B-maga（サテマガ・ビー・アイ）
Север（ハルビン・ウラジオストクを語る会）
CIAJ journal（情報通信ネットワーク産業協会）
CNNニュース（プライバシー・インターナショナル・ジャパン）
CS＆ケーブルテレビ（テレケーブル新聞社）
Flambeau ： 東京外国語大学フランス語研究室論集（東京外国
　語大学欧米第二課程フランス語研究室フランス研究会）
Forbes（ぎょうせい）
Foreign affairs report（フォーリン・アフェアーズ・ジャパン）
Fukuoka UNESCO（福岡ユネスコ協会）
HERSETEC ： journal of hermeneutic study and education of
　textual configuration ： global COE program ： SITE2（名
　古屋大学大学院文学研究科）
Hotel review（日本ホテル協会）
Human security（東海大学平和戦略国際研究所）
ICT world review（マルチメディア振興センター）
ICU比較文化（国際基督教大学比較文化研究会）
Imaging Conference Japan論文集（日本画像学会）
Intelligence（早稲田大学20世紀メディア研究所インテリジェン
　ス編集委員会;文生書院（発売））
ITUジャーナル（日本ITU協会）
JAGAT info（日本印刷技術協会）
Jiji top confidential（時事通信社）
Journal of global media studies（駒澤大学グローバル・メディ
　ア・スタディーズ学部）
Journal of IOND University, Japan（イオンド大学出版局）
Journal of policy studies（関西学院大学総合政策学部研究会）
Journalism（朝日新聞社ジャーナリスト学校;朝日新聞出版（発

売））
Kakushin（民社党本部新聞局）
Keidanren（経済団体連合会）
Keisatsu jiho（警察時報社）
Keisatsu koron（立花書房）
KGゲルマニスティク ： 関西学院大学文学部ドイツ文学研究室
　年報（関西学院大学文学部ドイツ文学研究室）
Kotoba ： 多様性を考える言論誌（集英社）
LA international（国際評論社）
Library and information science（三田図書館・情報学会）
Lisn ： Library & information science news（キハラマーケティ
　ング部）
MJ（日本ジャーナリスト協会）
NBL（商事法務）
New media（ニューメディア）
Newsweek（CCCメディアハウス）
NHK文研月報（日本放送出版協会）
NHK放送文化研究年報（日本放送出版協会）
NHK放送文化研究所年報（NHK出版）
NHK放送文化研究所年報（日本放送協会）
NHK放送文化調査研究年報（日本放送協会放送文化研究所）
Sapio（小学館）

803

編者紹介

山田 健太（やまだ・けんた）

専修大学文学部教授。日本公法学会、日本出版学会（理事）、日本マス・コミュニケーション学会（理事）、国際人権法学会、日本編集者学会に所属。
著書は「法とジャーナリズム　第3版」（学陽書房、2014）など他多数。

植村 八潮（うえむら・やしお）

専修大学文学部教授。元出版デジタル機構取締役会長、日本出版学会（副会長）、情報メディア学会（副会長）、納本制度審議会委員。
著書に『電子出版の構図：実体のない書物の行方』（印刷学会出版部，2010）他。

野口 武悟（のぐち・たけのり）

専修大学文学部教授、放送大学客員教授。日本図書館情報学会、日本出版学会、日本学校図書館学会（理事）、日本子どもの本研究会（会長）等所属。
著書は「新訂　学校経営と学校図書館」（放送大学教育振興会、2013）他。

マスコミ・ジャーナリズム研究文献要覧 1945～2014

2015年8月25日　第1刷発行

編　者／山田健太・植村八潮・野口武悟
発行者／大高利夫
発　行／日外アソシエーツ株式会社
　　　　〒143-8550 東京都大田区大森北 1-23-8 第3下川ビル
　　　　電話 (03)3763-5241(代表)　FAX(03)3764-0845
　　　　URL　http://www.nichigai.co.jp/
発売元／株式会社紀伊國屋書店
　　　　〒163-8636 東京都新宿区新宿 3-17-7
　　　　電話 (03)3354-0131(代表)
　　　　ホールセール部(営業)　電話 (03)6910-0519

　　　　電算漢字処理／日外アソシエーツ株式会社
　　　　印刷・製本／株式会社平河工業社

不許複製・禁無断転載　　　　　　　　《中性紙三菱クリームエレガ使用》
＜落丁・乱丁本はお取り替えいたします＞
ISBN978-4-8169-2552-8　　　　　**Printed in Japan,2015**

現代日本執筆者大事典 第5期

紀田順一郎・井上如・勝又浩・末吉哲郎 編
A5・3分冊　セット定価（本体90,000円＋税）　2015.7刊
日本で唯一の「文献が語る人物事典」の第5期。2003～2015年に発表された470万文献から、現代日本を代表する執筆者5千人を文献計量的に選定。職業・肩書・専門分野・連絡先などの人物紹介、雑誌・図書の代表著作一覧で執筆活動が具体的にわかる。本人への問い合わせによる、最新・正確な内容を掲載。

ジャーナリスト人名事典

日本のジャーナリズムに足跡を残した人物の事典。『明治～戦前編』には1,222人、『戦後～現代編』には1,039人を収録。明治初期のジャーナリズム黎明期から現代まで、言論人、新聞・雑誌・テレビ記者などの経歴を掲載。

明治～戦前編

山田健太 編　A5・440頁　定価（本体13,500円＋税）　2014.9刊

戦後～現代編

「ジャーナリスト人名事典」編集委員会 編
A5・440頁　定価（本体13,500円＋税）　2014.12刊

日本ジャーナリズム・報道史事典　トピックス 1861-2011

A5・490頁　定価（本体14,200円＋税）　2012.10刊
日本初の新聞が発行された1861年から、テレビがデジタル放送へ移行した2011年までのジャーナリズム・報道の歴史を、主要なトピックス4,500件で辿る記録事典。マスコミ各社の創業、メディアの発達と普及、言論統制、放送・通信技術の発達、事件報道などを収録。

3.11の記録　東日本大震災資料総覧

東日本大震災についてマスメディアは何を報じたのか──。「震災篇」「原発事故篇」は図書と新聞・雑誌記事、視聴覚・電子資料の目録を収載。「テレビ特集番組篇」では、震災関連特別番組のタイトルを一覧することができる。

震災篇

山田健太・野口武悟 編集代表　　「3.11の記録」刊行委員会 編
A5・580頁　定価（本体19,000円＋税）　2013.7刊

原発事故篇

山田健太・野口武悟 編集代表　　「3.11の記録」刊行委員会 編
A5・470頁　定価（本体19,000円＋税）　2013.7刊

テレビ特集番組篇

原由美子（NHK放送文化研究所）　山田健太・野口武悟（「3.11の記録」刊行委員会）共編
A5・450頁　定価（本体19,000円＋税）　2014.1刊

データベースカンパニー
日外アソシエーツ　　〒143-8550　東京都大田区大森北1-23-8
TEL.（03）3763-5241　FAX.（03）3764-0845　http://www.nichigai.co.jp/